中国志书精品工程
High Quality Project of China´s Local Records

赣州市志

(1986—2000)

(上册)

赣州市地方志编纂委员会
赣州市地方志办公室
编

顾问 李炳军
主修 曾文明
总纂 陈昌保
谢芳桂

方志出版社
Publishing House of Local Records

图书在版编目(CIP)数据

赣州市志:1986—2000/赣州市地方志编纂委员会,赣州市地方志办公室编. ——北京:方志出版社,2019.1

ISBN 978-7-5144-3639-6

Ⅰ.①赣… Ⅱ.①赣… ②赣… Ⅲ.①赣州—地方志—1986-2000 Ⅳ.①K295.63

中国版本图书馆 CIP 数据核字(2019)第 165738 号

赣 州 市 志(1986—2000)

编　　者:赣州市地方志编纂委员会
　　　　　赣 州 市 地 方 志 办 公 室

责任编辑:王　娜

出 版 者:方志出版社
　　　　地址　北京市朝阳区潘家园东里 9 号(国家方志馆 4 层)
　　　　邮编　100021
　　　　网址　http://www.fzph.org

发　　行:方志出版社图书经销中心
　　　　电话(010)67110500

经　　销:各地新华书店

印　　刷:赣州新博印刷有限公司

开　　本:889×1194　1/16

印　　张:135

字　　数:3749 千字

版　　次:2019 年 1 月第 1 版　2019 年 1 月第 1 次印刷

印　　数:0001~2000 册

ISBN 978-7-5144-3639-6　　定 价:1860.00 元(全三册)

赣州市地方志编纂委员会

（按时间先后顺次排序）

《赣州市志(1986—2000)》编纂机构

《赣州市志(1986—2000)》编纂室(赣州市地方志办公室)

(2001 年 1 月至 2009 年 12 月)

主　　任:谢芳桂

副 主 任:郑廷祯(2003 年 6 月起)

工作人员:张声濂(至 2003 年 5 月)　王之玮　迟宪平　曾 康　李向东　赖建明　徐文菁

江一林(至 2008 年 6 月)　王 宇(2004 年 7 月起)　赖 芳　黄 霖(2007 年 9 月起)

《赣州市志(1986—2000)》编纂室(赣州市地方志办公室)

(2010 年 1 月至 2012 年 12 月)

主　　任:谢芳桂(至 2012 年 7 月)

副 主 任:廖伟东(2011 年 1 月起)

副调研员:朱 俊(2010 年 8 月起)

工作人员:郑廷祯　王之玮　迟宪平　李向东　曾 康　赖建明　徐文菁

王 宇　赖 芳　黄 霖

《赣州市志(1986—2000)》编纂室(赣州市地方志办公室)

(2012 年 12 月至今)

党组书记、主　任:陈昌保(2012 年 12 月起)

党组成员、副主任:廖伟东　徐井生(2014 年 4 月起)

副　调　研　员:朱 俊(至 2019 年 3 月)　郑廷祯(2013 年 9 月至 2016 年 4 月)

工　作　人　员:赖建明　王之玮(至 2014 年 5 月)　迟宪平(至 2014 年 8 月)

徐文菁　曾 康(至 2015 年 11 月)　李向东(至 2014 年 8 月)　王 宇

赖 芳　黄 霖(至 2016 年 6 月)　曹 虹(2017 年 10 月起)

王志辉(2018 年 1 月起)　周 俊(2018 年 5 月起)

《赣州市志(1986—2000)》审验机构

《赣州市志(1986—2000)》初审小组成员

组　　长:胡聚文　市政府副市长

副 组 长:刘建明　市政府秘书长

邓　明　市政府副秘书长

陈昌保　市地方志办公室党组书记、主任,江西省地方志学会副会长

谢芳桂　市档案局党组书记、局长

成　　员:张孝忠　肖　红　朱万玉　赖木森　徐忠堂　刘友辉

卢俊勇　李伟明　廖伟东　徐井生　朱　俊　郑廷祯

《赣州市志(1986—2000)》复审小组成员

组　　长:梅　宏　江西省地方志办公室党组书记、主任,江西省地方志学会会长

副 组 长:周　慧　江西省地方志办公室党组成员、副主任,江西省地方志学会副会长

杨志华　江西省地方志办公室党组成员、副主任,江西省地方志学会副会长

成　　员:胡瑞云　张棉标　杨沂柳　毛珏珺　闵　波　张满满　汪凤娟　赖功赣

《赣州市志(1986—2000)》终审(验收)小组成员

组　　长:胡聚文　市政府副市长

副 组 长:邓　明　市政府副秘书长

陈昌保　市地方志办公室党组书记、主任,江西省地方志学会副会长

成　　员:廖伟东　徐井生　朱永金　李云飞　甘华智　朱万玉　杨　东

刘友辉　徐忠堂　肖　红　赖木森　赖俭发　胡日旺　卢俊勇

《赣州市志(1986—2000)》各单位撰稿人

（以姓氏笔画为序）

丁上锦	丁国斌	万和平	王力平	王文杰	王立之	王礼燧	王成辉
王孝荣	王均标	王建兰	王泽明	王素梅	尤小杰	邓昌全	邓 明
邓思喜	邓耀明	石晓林	叶若青	叶春泉	叶胜舟	史方现	兰祥伦
朱开禧	朱正桂	朱石开	朱明生	朱钦睿	朱祥福	朱盛林	华 芳
刘小娥	刘玉静	刘石星	刘东生	刘立东	刘礼伦	刘伊珞	刘红彦
刘体应	刘明石	刘忠仁	刘建明	刘建赣	刘厚强	刘 星	刘桂元
刘 健	刘家彬	刘淑新	刘毅鹏	池峰龙	安伟凤	许南海	孙 强
苏上倬	巫 琼	李小荣	李臣林	李志辉	李志斌	李 泓	李厚立
李桂明	李 聪	李德安	杨 溢	肖文明	肖 红	肖连红	肖利华
肖国平	肖 铮	肖德源	吴钦军	邱利民	邱荣华	邱泰生	邱祥云
何显银	余名为	邹干昌	冷晓虹	宋 鸣	迟宪平	张 华	张秀云
张明明	张 欣	陈文芳	陈玉书	陈亨桦	陈昌保	陈春发	陈思明
林小兵	林 旻	林房生	林家仁	卓喜贵	易庚长	罗金标	罗承彩
罗晓云	罗盛庄	罗湘辉	周文彪	周兆东	周志军	周国清	周 琪
胡日旺	胡汉东	胡益禄	钟长生	钟玉华	钟庆椿	钟言树	钟荣涵
钟剑霞	钟 健	侯乐锋	俞竟辉	姚启贤	袁乐煌	袁振华	夏青湖
倪贵清	徐 军	郭允金	郭隆元	郭慧敏	郭曙光	黄文长	黄传生
黄华龙	黄奇杰	黄建煌	黄秋明	黄保华	黄振文	黄晓东	黄晓林
黄靖玲	崔源发	康建强	彭兆荣	彭 寿	彭连生	董世缘	韩向阳
程庆吉	程庆吉	傅 兵	曾礼国	曾纪煌	曾寿生	曾明荣	曾晓云
曾裕深	温志辉	温盛荣	温德友	谢年财	谢泽林	谢泽林	谢树新
蓝善栋	蒙在伟	赖书慧	赖景春	赖微音	雷大鸣	腾建德	满 瑾
蔡普石	蔡瑞英	廖春平	廖新宇	谭远明	熊 虔	魏石生	市政协办
矿管局							

民盟市委会	民建市委会	市社会保险处	市工商联	市卫生局	市检察院
市公安局	市司法局	赣南卷烟厂	市盐务局	兴国卷烟厂	市医药公司
有色冶金机械厂	市城建局	市房产局	市环保局	市地震局	市邮政局
市教育局	江西理工大学	赣南师范学院	赣南医学院	崇义县志办	定南县志办
兴国县志办	石城县志办				

宋城赣州。图为始建于宋代的浮桥、古城墙　(2000 年蓝建民　赖国柱 摄)

客家赣州。图为客家先民南迁纪念坛　(2004 年赖国柱 摄)

1986 年的赣州市南门口和文清路

（赣州市地方志办公室提供）

2000 年的赣州市南门口和文清路

（赣州市地方志办公室提供）

2000 年赣州市市政中心建成

（陈昌保 摄）

赣州城章江两岸 (2009年王雪梅 摄)

2000年赣州中心城区新城区黄金广场建成 (何 敏 摄)

1991—2000年，实施“山上再造”和“兴果富民”战略，赣南脐橙开发初具规模。图为1996年位于信丰县的赣南万亩脐橙园（信丰县地方志办公室提供）

1996年，赣南在实施沼气建设和果业开发的实践中，创造出“猪—沼—果”生态农业模式

（赣州市地方志办公室提供）

1997年12月2日，赣南果业股份有限公司股票在深圳证券交易所上市交易。图为1997年江西赣南果业股份有限公司大楼

（赣州市地方志办公室提供）

2001年举办脐橙节活动

（赖国柱 摄）

宁都县农业机械化收割
（2000 年胡军民 摄）

上犹绿茶（国家金奖名茶）生产基地
（1998 年赖国柱 摄）

1986—2000 年，全市农业逐步走向现代化，形成和发展“公司 + 农户”“基地 + 农户”“合作组织 + 农户”等多种农业生产经营形式。图为 2000 年赣县种鸭养殖
（赖国柱 摄）

赣州市素有“世界钨都”之称。图为1993年南方有色金属冶炼厂碳化钨粉生产车间

于都县铁山垄钨矿采矿点（1996年摄）

崇义章源钨制品有限公司生产厂房一角（1999年摄）

赣南钨业有限公司（1998年摄）

赣南钨业有限公司检测中心（2000年摄）

（本版图片由赣州市地方志办公室提供）

赣州市是离子型稀土矿的重要储藏地和生产基地。图为1986年建成的赣南稀土冶炼厂稀土萃取车间

1990年建成的赣州南方稀土矿业有限责任公司检测室

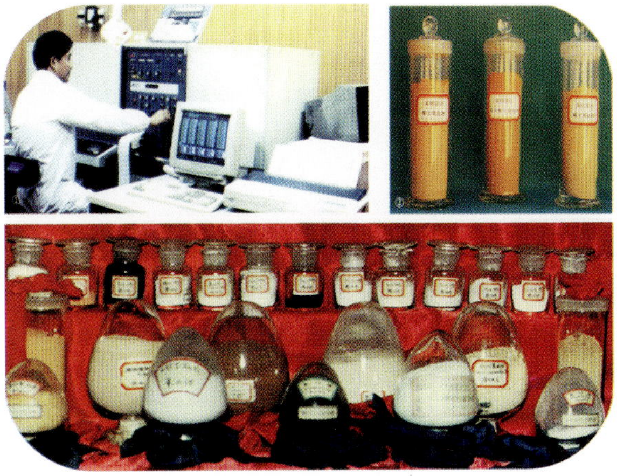

1988年3月，加拿大加太稀土金属公司与赣州地区冶金工业公司合营赣加稀土有限责任公司，成为全国稀土行业第一家中外合资企业。图为赣加稀土有限责任公司检验稀土产品

1987年7月，赣南稀土集团公司成立。图为公司外景

（本版图片由赖国柱 摄）

2000年，赣州市工业初步形成有色冶金业、非金属矿业、机械制造业、食品工业、轻纺工业和电子电器业等六大主导产业。图为1995年赣南卷烟厂卷包车间 (赣州市地方志办公室提供)

赣南制药厂 (1996年摄)
(赣州市地方志办公室提供)

江西齿轮箱厂(赣南)齿轮加工生产线 (2000年摄)
(赣州市地方志办公室提供)

2000年，赣州市引进北京汇源果汁(赣南)有限公司现代化生产流水线
(赣州市地方志办公室提供)

2000年5月，赣州高新技术产业开发区、黄金岭经济技术开发区两个省级开发区合并成立赣州黄金开发区 (蓝建民 摄)

1995年，安远蔡坊电站建成，投资5625万元。图为电站大坝

上犹江水电厂（2000年摄）

1999年，11万伏和22万伏赣州输变电工程建成，并入华中大电网。图为2000年赣州万伏变电站和电网工程

（本版图片由赣州市地方志办公室提供）

1992年2月，赣州进出口商品检验局成立，赣州开始进行进出口商品检验。图为赣州进出口商品检验大楼

1995年6月28日，赣州海关建成开关。图为赣州海关大楼

2000年的中国人民银行赣州市中心支行大楼

(本版图片由赣州市地方志办公室提供)

1996 年 12 月，华夏证券公司营业厅成立

2000 年 12 月，赣州市商业银行成立

1997 年 5 月，赣南贸易广场（赣南商品贸易中心）竣工投入使用。总投资 1.2 亿元，占地面积 14.3 公顷

1997 年 8 月，赣南建材大市场建成。总投资 1.2 亿元，占地面积 17.33 公顷

（本版图片由赣州市地方志办公室提供）

1988年1月，赣州汽车客运站竣工营运。总建筑面积达3.3万平方米，总投资589万元
(赣州市地方志办公室提供)

105国道收费站（2000年摄）
(赣州市地方志办公室提供)

赣定高速公路
(2000年赖国柱 摄)

2000 年年底，全市有超过 70% 的乡（镇）通公路，超过 92% 的行政村通公路，农村公路总里程达 2 万千米。图为 2000 年赣县至王母渡县乡公路一段

（赖国柱 摄）

1996 年 4 月，赣南老区迎来第一列沿京九铁路由广东境内驶入赣州的火车，标志着京九铁路全线投入货物运输

（赖国柱 摄）

1996 年 12 月 1 日，赣州火车站正式启用

（赣州市地方志办公室提供）

1988年7月，黄金机场可供伊尔24型、英制146型飞机起降和供波音737型飞机减载使用。2000年，赣州至全国各地的航线6条、每周有15个航班 （赖国柱 摄）

1990年，赣江水上客运 （赣州市交通运输局提供）

1998 年 10 月，邮电分营。图为分营前的赣南邮电大楼

邮电分营后的中国邮政赣州分公司大楼（1998 年摄）

邮电分营后的中国电信赣州分公司南门营业厅（1998 年摄）

邮电分营后的中国移动通信赣州分公司大楼（1998 年摄）

邮电分营后的中国联通赣州分公司综合大楼（1998 年摄）

（本版图片由赣州市地方志办公室提供）

至 2000 年，赣州市设有 3 所普通高等院校。图为南方冶金学院

赣南师范学院（2008 年摄）

赣南医学院（2000 年摄）

（本版图片由赣州市地方志办公室提供）

赣州市人民医院（2000年摄）

赣州市妇女儿童医院大楼（2000年摄）

1997年10月，在第八届全国运动会上，赣州籍运动员周伟获男子100米、200米冠军

2000年年初，赣州体育中心投入使用

（赖建明 摄）

（本版图片由赣州市地方志办公室提供）

1986 年 10 月 12—30 日，兴国县举办首届兴国县“重阳山歌会”。图为业余剧团《酸辣姻缘》演出现场

（赖国柱 摄）

1994 年 12 月 18—19 日，赣州市（今章贡区）举办自中华人民共和国成立以来规模最大的一次文化活动——中国赣州宋城文化节

（章贡区地方志办公室提供）

1994 年，赣南采茶戏《山歌情》获文化部第四届“文华奖”。图为《山歌情》演出剧照

（赖国柱 摄）

瑞金红井（2000 年摄）

（赣州市地方志办公室提供）

中央红军长征集结出发地——于都

（2000 年赖国柱 摄）

将军县——兴国

（2000 年赖国柱 摄）

崇义阳岭

（2000 年赖国柱 摄）

国家森林公园——宁都翠微峰景区（2000年摄）
（赣州市地方志办公室提供）

东江源——安远三百山国家风景名胜区
（2000年钟　敏　摄）

江南第一石窟——通天岩，国家AAAA级景区　（2000年赖国柱 摄）

赣州宋城古街灶儿巷
（2000年赖国柱 摄）

中国风水文化第一村——兴国县三僚村（2000年摄）
（赣州市地方志办公室提供）

龙南客家关西围屋
（2000年赖国柱 摄）

崇义上堡梯田 (2000 年陈永生 摄)

石城莲乡 (2000 年赖德玲 摄)

国家级自然保护区——九连山 (2000 年摄)
(赣州市地方志办公室提供)

园林城市。图为 2000 年赣州市中心城区红旗大道
(赣州市地方志办公室提供)

上犹陡水湖景区 (2000 年叶 卡 摄)

序　一

习近平总书记指出，一个国家、一个民族的强盛，总是以文化兴盛为支撑的，中华民族伟大复兴需要以中华文化发展繁荣为条件。文化兴国运兴，文化强民族强。没有高度的文化自信，没有文化的繁荣兴盛，就没有中华民族伟大复兴。我国的方志文化在世界上自成一脉，独树一帜，是中华民族特有的文化基因，为传承中华文脉、弘扬核心价值、强化民族特性发挥了至关重要的作用。党的十八大以来，以习近平同志为核心的党中央高度重视地方志工作，为编修地方志赋予了新的内涵和使命。正如习近平总书记所强调的，要高度重视修史修志，让文物说话、把历史智慧告诉人们，激发我们的民族自豪感和自信心，坚定全体人民振兴中华、实现中国梦的信心和决心。中国特色社会主义进入新时代，地方志事业也迎来了前所未有的发展机遇，既要履行好存史、育人、资政的功能，还要发挥好凝聚人心、提升民族自信心和自豪感的作用，为实现中华民族伟大复兴中国梦作出更大的贡献。

“志属信史”，质量是志书的生命和价值所系，坚持质量至上始终是志书编纂的第一原则。特别是按照《全国地方志事业发展规划纲要（2015—2020）》要求，到2020年全国要同步全面完成第二轮修志规划任务，实现省省、市市、县县有志有鉴的“两全目标”，开创世界上从未有过的文化盛举，更需要在质量上下功夫。只有具有科学性、文化价值和社会价值的名志、佳志，才能流芳百世，为后人所借鉴，为当代人资政。我们启动志书精品工程的初衷，就是要树立风向标，将精品意识贯穿于修志工作的全过程，努力形成一套科学、完善的质量保障体系，确保志书真实、准确、权威，做到可信、可读、可用、可传，实现思想性、科学性、资料性的有机统一，为全国志书编纂树立典范。

精品志书必须坚持正确的政治方向、学术导向和价值取向。“根之茂者其实遂，膏之沃者其光晔。”做好志书编纂工作，首先要提高政治站位，增强“四个意识”，坚定“四个自信”，做到“两个维护”，在思想上政治上行动上同以习近平同志为核心的党中央保持高度一致。要旗帜鲜明讲政治，全面贯彻党的基本理论、基本路线、基本方略，决不能出现与党中央精神不一致的言论，决不能为错误思潮提供传播阵地。要坚持马克思主义的指导地位，特别是要用习近平新时代中国特色社会主义思想指导志书编纂，始终保持清醒头脑，提高政治敏锐性和政治鉴别力，牢牢把握正确的政治方向、学术导向和价值取向。要深入学习领会习近平总书记关于方志的重要论述，准确把握其丰富内涵、精神实质和实践要求，特别要掌握贯穿其中的马克思主义立场观点方法，切实用以武装头脑，指导工作。

精品志书必须体现文化自信与传承。习近平总书记强调，中华民族有着深厚文化传统，形成了富有特色的思想体系，体现了中国人几千年来积累的知识智慧和理性思辨。这是我国的独特优势。中华文明延续着我们国家和民族的精神血脉，既需要薪火相传、代代守护，也需要与时俱进、推陈出新。志书编纂绵延数千年而不断，是中国传统文化的瑰宝，是文化自信的重要组成部分。志书通过真实资料和生动史实，准确地再现了各族人民在不同历史时期的奋斗历程，形象地诠释了中华民族自强不息、艰苦奋斗、创造历史的精神风貌，在激发人民热爱祖国、热爱家乡的热情，在增强民族自豪感和民族凝聚力等方面发挥着独特的作用。新时代，方志所体现出来的文化自信，最直接和最具表现力的载体就是一部部高质量的志书。打造精品志书，就是要去粗取精、去伪存真、兼容并蓄融会贯通，在继承和发展好传统文化精髓的同时，充分展现新时代的气魄和风貌。

精品志书必须讲好中国故事。志书要精彩，必须接地气。志书记录着一定行政区域的自然、政治、经济、文化和社会的历史和现状，凝聚着地方历史文化的精华，蕴藏着丰富的历史经验与智慧，正所谓“一邑之典章文物，皆系于志”。志书是记载一方水土至上的人、事、物，具有文化鲜明的地域性特征。而恰恰是“有地方色彩的，倒容易成为世界的”，地方志是国外民众了解中国、中国文化的特殊窗口，是传播中国声音、讲好中国故事的重要途径。特别是第二轮志书记述的是改革开放以来在中国共产党领导下，全国各族人民不懈奋斗、砥砺前行的光辉历程，好戏连台，好故事比比皆是。精品志书，就要讲好中国特色社会主义发展的新故事，讲好中国共产党领导全国各族人民从富起来到强起来的新故事，讲好中国人民勇于追梦、努力实现中国梦的新故事，用真实的事例、贴切的语言、鲜活的镜头记录人民群众的生动实践，把这一段伟大光荣的历史记录下来，让历史的经验和智慧蕴含在丰富多彩、生动活泼的实例当中。

精品志书必须弘扬社会主义核心价值观。习近平总书记指出，核心价值观是一个民族赖以维系的精神纽带，是一个国家共同的思想道德基础。如果没有共同的核心价值观，一个民族、一个国家就会魂无定所、行无依归。中华民族之所以能够在几千年的历史长河中生生不息、薪火相传、顽强发展，很重要的一个原因就是有一脉相承的精神追求、精神特质、精神脉络。培育和弘扬社会主义核心价值观必须立足中华优秀传统文化，使中华优秀传统文化成为涵养社会主义核心价值观的重要源泉。志书作为政府主持编修的“官书”，自古以来其指导思想都必须与国家意识形态相一致。社会主义核心价值是“兴国之魂”。在社会主义制度下，志书作为为党为国为民立言的重要历史传承，应当义不容辞地担负起弘扬社会主义核心价值观的重任。精品志书必须要表现出中国人的精气神和中华民族精神、传统美德，用春风化雨的方式把社会主义核心价值观展现出来，用润物无声的方式渗透进广大人民群众的内心，转化为情感认同和行为习惯。

精品志书必须有高水平的学术质量。一部优秀的志书，必须是传世之作。要把握志书编纂的规律，不能突破规矩，更不可曲笔妄为。一部精品佳志，既要秉承优良的修志传统，更要传承灿若星河的方志名家严谨的治学态度，做到考据精谨，理论融通。只有坚持做到观点正确，体例严谨，内容全面，特色鲜明，记述准确，资料翔实，史实无误，语言精练，文风严谨，编辑精当，装帧大方，才能打造出名副其实的精品志书，得到学界的认同。

千秋志业，质量为本。“板凳宁坐十年冷，文章不著半句空”，编纂出精品志书，是方志事业传承发展的根基所在，是秉承“修志问道、直笔著史”方志人精神、无愧职责使命的基本要求。站在历史的新起点上，方志人任重而道远。广大地方志工作者要始终坚持以习近平新时代中国特色社会主义思想为指导，凝心聚力，勇于开拓，担负起为党立言、为国存史、为民修志的神圣职责，推出更多经得起人民、历史和实践检验的精品佳志，为加快构建中国特色哲学社会科学“三大体系”，实现中华民族伟大复兴的中国梦作出新的更大贡献。

是为序。

中国社会科学院院长
中国地方志指导小组组长　谢伏瞻

序　二

根据国务院办公厅印发的《全国地方志事业发展规划纲要（2015—2020年）》（以下简称《规划纲要》），到2020年必须全面完成第二轮修志规划任务。与此同时，要坚持存真求实，确保地方志质量，将精品意识贯穿于地方志编纂出版工作全过程。2015年10月中国地方志指导小组办公室启动中国志书精品工程（以下简称“精品工程”），受到了全国地方志系统的广泛关注。

实施“精品工程”是地方志事业发展的根基所在。地方志编修之所以能够传承千古，历经砥砺而绵延不断，关键在于留存了极为丰富、高质量的成果。历朝历代编修的8000余种古方志和新中国建立以来编纂出版的7000余种省市县三级综合志书，为精品工程的实施奠定了坚实的基础。一些脍炙人口的名志、佳志，更是成为精品志书的范本。

实施“精品工程”是各级地方志工作者的职责所在。地方志工作者承担着为国存史、为时代立言的神圣职责，是民族文化的建设者与传承人。这就要求我们，一方面要保存信史，以明鉴戒；另一方面要从现实中提出问题，以史经世。新时期地方志工作者必须继续秉承“修志问道，直笔著史”的方志人精神，淡泊名利，笔耕不辍，无愧于时代，无愧于人民。

实施“精品工程”是发挥地方志“存史、资政、教化”功能的本源所在。地方志书作为地方志资源的核心组成部分，质量不过关、问题百出，不仅难以发挥“存史、资政、教化”功能，甚至会造成恶劣影响、贻误后人、谬传千古。因此，要真正发挥地方志功能，打造一系列的精品佳志，让信史传世，让信史说话，是基本前提和根本保障。

实施“精品工程”是贯彻《规划纲要》的目标所在。到2020年全面完成第二轮修志规划任务，实现省省有省志、市市有市志、县县有县志，是《规划纲要》确定的硬指标、硬任务，也是中国自古以来从未有过的文化壮举和全国地方志系统为全面建成小康社会的献礼。“志书千古事，得失寸心知”，编修出堪存堪鉴的高质量志书，是贯彻《规划纲要》应有之举和根本要义。启动“精品工程”，初衷就是要在全国地方志系统起到示范作用，进一步培育精品意识，以点带面，在提高志书质量方面探索出一条切实可行的路子。

“精品工程”前路漫漫，任重道远。编修出精品佳志，需要付出长期艰辛的努力，需要筚路蓝缕、孜孜求索的毅力和精神。怀古以励志、掩卷当奋发，志书质量建设如何强调都不为过。希望通过“精品工程”的深入推进，能够进一步推进志书质量建设，打造出更多的精品佳志，为当代提供资政辅治之参考，为后世留下堪存堪鉴之记述。

是为序。

中国社会科学院副院长
中国地方志指导小组常务副组长

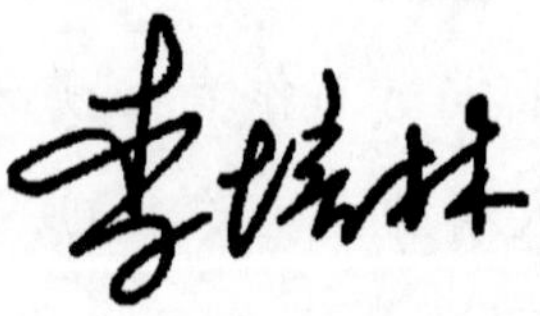

2016年10月于北京

序　三

“修志问道，以启未来。”我国素有易代修史、当代修志的优良传统。《赣州市志（1986—2000）》经十余载寒暑，广征博咨，数易其稿，今即将付梓。全书存真求实、内容丰富、体例严谨、文辞精练，融思想性、科学性、资料性于一炉，是继《赣州府志》《赣州地区志》之后，我市方志事业又一丰硕成果。

“大江东去几千里，庾岭南来第一州。”赣州自古为沟通赣、粤、闽、湘之重镇，素有客家摇篮、江南宋城、红色故都、生态家园、稀土王国、世界钨都和脐橙之乡美誉。秦朝置县建郡；唐代贯穿梅岭驿道，通达南北；宋代“商贾如云，货物如雨”，成“海上丝绸之路”重要节点，跻身全国36大城市之列；土地革命战争时期，作为中央苏区的主体和核心区域，中华苏维埃共和国在此建立，红军二万五千里长征由此出发，南方红军三年游击战在赣南山区浴血坚持，为中国革命胜利做出过重大贡献和巨大牺牲。赣州是国家历史文化名城，孕育或发展了客家、宋城、红色、理学、禅宗、堪舆等文化，影响巨大，令人赞叹不已。

在党中央、国务院深切关怀和省委、省政府正确领导下，中华人民共和国成立后特别是改革开放以来，赣州发生沧桑巨变，面貌日新月异。特别是在时任中央政治局常委、中央书记处书记、中华人民共和国副主席习近平同志殷切关怀下，2012年6月28日，《国务院关于支持赣南等原中央苏区振兴发展的若干意见》出台实施，给予赣州整体性、系统化特殊扶持，为赣州发展带来重大历史机遇。这座千年古城，正焕发出前所未有的活力，朝着建设现代化区域性中心城市阔步前进。

1986—2000年的15年，是赣州深化改革开放、加快追赶跨越，为实现振兴发展奠定坚实基础的重要时期。全市上下围绕建设江西经济体制改革实验区，大力实施工业经济改革、十年绿化赣南、水土保持、扶贫开发、兴果富民、科技兴赣、旅游旺市、招商引资、发展乡镇企业和个私经济等一系列战略决策，赣南老区经济社会发展取得令人欣喜的成就。

《赣州市志（1986—2000）》集百科于一册，汇十五年于一帙。展阅这幅历史画卷，能够触摸社会进步的强劲脉搏，领略客家摇篮的世风民情，真切体会改革开放大潮的蔚然壮观，深刻感受赣南人民在中国共产党的领导下艰苦奋斗、开拓奋进的昂扬风貌。《赣州市志（1986—2000）》的出版，有益于接续和丰富赣州历史，提升赣州美誉度和文化软实力；有益于各级领导干部把握规律、科学决策，推动新时期赣州振兴发展；有益于全市人民全面了解赣州发展轨迹和进程，深切体会当下的奋斗与豪迈，解放思想，加快发展，迈出赣南苏区振兴新步伐！

《赣州市志（1986—2000）》编修从本世纪初启动，经十五年精心雕琢，聚历届地方志编纂委员会全体同志艰辛劳动，成册付印，深表赞贺！

历史是最好的营养剂。以史为镜、以志为鉴，会让我们看得更清、望得更远，开创赣州更加灿烂辉煌的未来！

是为序。

中共江西省委常委
中共赣州市委书记　李炳军

2016年元月

注：作者2018年5月任中共江西省委副书记、赣州市委书记。

凡例

一、《赣州市志（1986—2000）》（以下简称“本志”）以马克思列宁主义、毛泽东思想、邓小平理论、“三个代表”重要思想、科学发展观、习近平新时代中国特色社会主义思想为指导，坚持辩证唯物主义和历史唯物主义的立场、观点和方法，力求全面、客观、系统记述断限内赣州自然、政治、经济、文化、社会的发展与变化，记述赣州改革开放和现代化建设的成果，突出时代特征和地方特色，力求思想性、科学性和资料性相统一。

二、本志为《赣州地区志》的续志，记述时间上起1986年1月，下讫2000年12月。为完整反映事物全貌和方便查阅对照，部分内容和图照适当上溯或下延。记述范围以2000年年底赣州市行政区划为界。本志中的“七五”计划为第七个五年计划（1986—1990年）、“八五”计划为第八个五年计划（1991—1995年）、“九五”计划为第九个五年计划（1996—2000年）。

三、本志横排门类，纵述史实。采用述、记、志、传、图、表、录等体裁，以志为主，图、表随文穿插其中。志首设概述，勾勒市情，总揽全志。大事记采用编年体，个别事物辅以纪事本末体，依时序记载全市大事、要事。全志共设40篇，按篇、章、节、目4个层次设置，目为基本记述单位。设附录以辑存赣州重要文献，设后记以叙本志编纂始末。志末编制索引。

四、1998年12月，国务院批准撤销赣州地区设立赣州市，撤销县级赣州市改为章贡区；1999年7月1日，赣州撤地区设市挂牌，县级赣州市撤市改区挂牌。因本志包含撤地设市前后两个时段，故1999年6月30日前，赣州地区（以下简称“地区”）称谓不变，原县级赣州市称为“赣州市”（今章贡区）；1999年7月1日后赣州地区改称赣州市，原县级赣州市改称章贡区；跨越撤地区设市前后两个时段的内容，则表述为“赣州市（地区）”或“全市

(地区)”。“赣南”指赣州地区或地级赣州市；“全地区”指赣州地区，“全市”指地级赣州市。“全省”或“省”指江西省。

五、人物志由人物传、人物简介和人物表组成。坚持“生不立传”原则，断限内已故人物编入人物传，其余人物编入人物简介或人物表（部分资料不全的已故人物也编入人物表）。人物传收录断限内去世的老红军、新四军将士、革命烈士、受省部级以上表彰的先进模范、享受国务院特殊津贴专家或正高级专业技术职务者，以及知名人士；人物简介收录军队副军级以上将领和省部级领导干部；人物表收录老红军、曾任地厅（师）级以上实职人员、受省部级以上表彰的先进模范个人、享受国务院或省政府特殊津贴专家，以及正高级专业技术职务者。收录人物以赣州籍人士为主，兼收有代表性的客籍人士。人物传的部分人物，因资料缺失只作简单记载。未提供资料者缺载。

六、本志以现代语体文记述，据事直书，述而不论。行文力求严谨、朴实、简洁、流畅。

七、中华民国及其之前年代的纪年，采用历史纪年，括注公元纪年。中华人民共和国成立后采用公元纪年。

八、本志人名，除引文及为反映某一历史事实必要冠以职务（称）外，一律直书姓名，不加称谓，不冠褒贬之词。地名以本市地名委员会办公室公布的名称为准。涉及古地名时，括注今地名。外国的国名、地名、人名和机构、书刊等名称，以新华社发表的译名或社会公认的为准。各种机构、会议等名称，首次出现用全称，之后酌用规范简称。

九、本志资料主要由各县（市、区）、市直驻市各部门、单位提供，并经各地、各单位审核；部分资料来自档案馆、图书馆和调查访问的记录。所用资料经鉴别、考证后入志，均不注明出处。志中所列数据，以统计部门提供的为准；未列入统计部门统计的，采用部门、单位核实后的数据。

十、数字、标点符号的使用，按国家有关规定执行。计量单位，除个别有特定意义和便于表述外，均使用法定计量单位。

目录
CONTENTS

总目录

上册

第七篇　人民政府

第八篇　政治协商会议

第九篇　民主党派

第十篇　人民团体

第十一篇　政　法

第十二篇　人事劳动和社会保障

第十三篇　民政·扶贫

第十四篇　军　事

中　册

第二十三篇　交通·运输

第二十四篇　邮政·通信

第二十五篇　专营专卖

第二十六篇　商业和外经贸业

第二十七篇　粮油购销·供销合作

第二十八篇　旅　游

下　册

第二十九篇　进出口管理

第三十篇　金　融

第三十八篇　名优土特产品

第三十九篇　县（市、区）和开发区概况

第四十篇　人　物

目录

CONTENTS

上册

第一篇　建置·区划

第二篇　自然环境

第三篇　自然资源

第四篇　人口·计划生育

第五篇　中国共产党

第六篇　人民代表大会

第七篇　人民政府

第八篇　政治协商会议

第九篇　民主党派

第十篇　人民团体

第十一篇　政　　法

第十二篇　人事劳动和社会保障

第十三篇　民政·扶贫

第十四篇　军　事

赣州市志（1986-2000）

名志

概 述

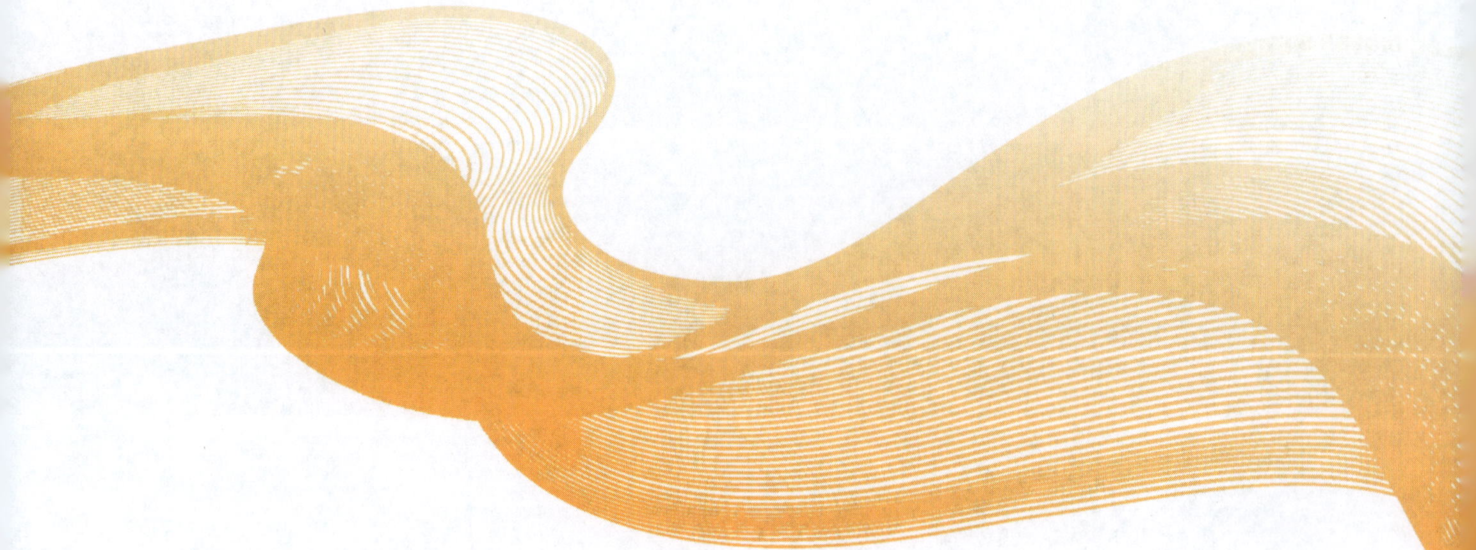

赣州地处赣江上游，江西南部，故俗称“赣南”；两晋时期赣州称“南康郡”，隋开皇九年（589）改南康郡为虔州，故又称“虔州”；南宋绍兴二十三年（1153）诏改虔州为赣州，取章、贡二水合流之义，赣州名始于此。

赣州是江西省最大的设区市，是珠江三角洲、闽南三角洲的腹地，是内地通向东南沿海的重要区域，也是连接长江经济区与华南经济区的纽带。赣州自古就是“据五岭之要会，扼赣闽粤湘之要冲”，“承南启北、呼东应西、南抚百越、北望中州”的战略要地。赣州市人民政府驻章贡区，距省会南昌市423千米，距首都北京市2021千米。

赣州境内多处发掘的新石器时期实物证明，远在四五千年前就有先民在此繁衍生息，旧志亦说赣南“开化远于唐虞”。春秋战国时期，赣南先后属楚、吴、越等国，后又属楚国。秦始皇三十三年（前214）置南壄县，为赣南建置的第一个县。三国吴嘉禾五年（236）析庐陵郡置庐陵南部都尉，治雩都，辖7个县。庐陵南部都尉为赣州设区市的雏形。唐代开凿梅岭驿道，开启唐代通过长江、赣江、珠江连接海外的南方水上丝绸之路，赣州成为唐开元盛世时全国40个经济大州之一。宋代，赣州因水路交通便利、资源丰富、经济繁荣，为全国闻名的30个大城市之一。

从秦代开始，由于战乱，中原汉族居民开始南下，至清代，迁往赣南的客家先民历经6次大迁徙。一代代客家先民，渡黄河、跨长江、溯赣江，落脚赣南，繁衍生息。之后，一部分客家人从赣南再次迁往广东、福建等地。赣南绝大部分是客家人，有17个纯客家县。赣南是客家先民南迁的第一站和客家民系的孕育地，被称为“客家摇篮”。

赣州有着光荣的革命历史。1929年1月，毛泽东、朱德率领红四军进军赣南后，赣南成为中央革命根据地（亦称“中央苏区”）的主体和核心区域。大部分县乡建立苏维埃政权，进行土地革命。中国工农红军在中央苏区进行了5次反“围剿”战争，1934年10月，中央苏区红军主力从赣南的于都、瑞金出发进行举世闻名的二万五千里长征。红军主力长征后，在项英、陈毅等人领导下，在赣粤边、闽赣边开展了艰苦卓绝的三年游击战争。赣南是土地革命战争时期中央苏区的主体和核心区域，是中华苏维埃共和国临时政府所在地，被誉为红色故都、共和国摇篮。

中华人民共和国成立后，赣州人民自力更生，艰苦奋斗，进行生产关系变革和社会主义经济建设，社会生产力得到解放，国民经济得到恢复和发展。特别是1978年12月中共十一届三中全会后，全党的工作重点转移到经济建设上，全市（地区）从农村到城镇进行经济体制改革，实行对外开放，国民经济持续增长。全市（地区）发生巨大变化，社会稳定，人民安居乐业，赣南呈现一片欣欣向荣景象。

一

赣州地处北纬24°29′～27°08′13″，东经113°55′～116°38′。东邻福建省三明市和龙岩市，南毗广东省梅州市、河源市和韶关市，西接湖南省郴州市，北与江西省吉安市和抚州市相连。赣州南北长295千米，东西宽219千米，全市（地区）总面积约为393.17万公顷，占全省总面积的23.6%，是江西省最大的行政区。赣州市中心城区（市政府驻地章贡区），距省会南昌市423千米，距首都北京2021千米。

赣州多山，武夷山脉盘踞于东，南岭山脉的大余梅岭和九连山横亘于南，诸广山脉屏居于西，雩山山脉贯穿中东部，形成周高中低、南高于北且山峦起伏、河溪密布的地貌。全市（地区）海拔千米以上的山峰450余座。崇义、上犹与湖南省桂东县交界处的齐云山海拔2061.3米，为境内最高峰；赣县湖江镇张屋村海拔82米，为境内最低处。境内水系呈辐辏状向中心汇集，由1270条支流汇成上犹江、章水、梅江、琴江、湘江、濂江、绵江、平江、桃江等9条较大支流，分别流入章江、贡江二水，章江、贡江又在赣州市章贡区老城区北端龟角尾处汇合成赣江，由南向北纵贯江西全境，北入鄱阳湖。

赣州地处中亚热带南缘，东距台湾海峡360千米，南至南海230千米。由于距离海洋较近，受海洋气候影响，加上环列四周的高山使得台风和寒潮的侵袭相对减缓，因而具有气候温和、热量丰富、雨量充沛、春夏降水集中、四季分明、酷暑和严寒时间短、无霜冻时间长的特点。

赣州兼天时地利，自然资源较为丰富，堪称一方风水宝地。赣州基本属于富水区，境内大小河流密布，河流密度为每平方千米0.42千米。年均淡水资源336.5亿立方米，人均占有量4649立方米，比全国人均2300立方米高出一倍。赣州是中国商品林基地和重点开发的林区之一，植物区系具有起源古老、种类繁多、成分复杂等特点，保留了大量的第三纪植物区系，是古老植物种属的“避难所”，是东亚植物区系的发源地之一，是中国特有植物和珍贵树种较多的地区。境内矿产丰富，已发现的矿产达106种，全市（地区）保有矿产储量的潜在经济价值达3000多亿元。赣州是全国重点有色金属基地之一，素有“世界钨都”和“稀土王国”之称。

1998年12月24日，国务院批准撤销赣州地区、设立赣州市，原县级赣州市改为章贡区。1999年7月1日赣州撤地区设市挂牌。2000年，赣州市辖1个区、2个市、15个县、1个省级经济技术开发区、217个乡、136个镇、5个街道办事处、4457个村（居）委会。2000年年末，全市总人口794.16万人，占全省总人口数的1/5，人口密度202人/平方千米。赣州有少数民族41个，6.3万人，以畲族为主，分布在18个县（市、区）和黄金开发区的204个乡（镇）486个村，其中回族集中在章贡区，瑶族集中在全南县，有少数民族村30个。

二

从中华人民共和国成立至1985年，赣州经济总量明显增加，经济结构趋于合理，各项社会事业迅速发展，人民物质文化生活水平有较大提高。但由于种种原因，赣南老区经济发展仍然滞后，贫困落后面貌没有得到根本改变，特别是基础设施薄弱、产业结构单一、生态环境脆弱等制约经济社会发展的问题比较突出，赣州仍属欠发达地区。1986—2000年，中共赣州市（地）委、市人民政府（行署）以经济建设为中心，加强农业，提高工业，搞活流通，改善能源交通，发展社会各项事业，推动国民经济以较高的速度持续增长。全市（地区）上下顺应全国加速发展和扩大开放的新态势，把握被列为全省经济体制改革试验区和京九铁路建设的历史机遇，围绕赣州国民经济和社会发展“七五”（1986—1990年）、“八五”（1991—1995年）、“九五”（1996—2000年）计划，充分发挥区域优势，逐步扩大开放，发展具有赣南特色的商品经济和面向粤闽，以及海外的外向型经济。以乡（镇）为重点，大力发展农村综合经济。结合产业分工和地方实际，积极调整生产力地域布局，形成一县一业、一乡一品、一村一品的产业新格局。以企业改造为突破口，大力调整产业结构，大幅度提高经济效益，财政收入和城乡居民收入明显增加。加强对外经济技术交流与合作，以开放促开发，以开发求发展；把发展科学技术和教育事业放在优先位置，使经济建设转到依靠科学技术进步和提高劳动者素质的轨道上来。通过努力，赣南“七五”“八五”“九五”计划得到了较好的执行与完成，国民经济和社会事业各个领域取得新成就。2000年，全市实现生产总值266.2亿元，是1986年26.9亿元的9.9倍；农业总产值138.36亿元，是1986年15.2亿元的9.1倍；工业总产值202.71亿元，是1986年13.45亿元的15.07倍；财政收入20.38亿元，是1986年2.36亿元的8.64倍；社会消费品零售总额90.06亿元，是1986年16.51亿元的5.45倍；农村居民人均年纯收入2100元，是1986年321元的6.54倍；城市居民人均年可支配收入 4811 元，是 1986 年 688 元的 6.99 倍；城乡居民年末储蓄存款余额 167.07 亿元，是 1986 年 5.33 亿元的 31.35 倍。全市经济实力不断增强，社会事业持续进步，人民生活水平明显提高。

1986—2000 年，围绕“农业增产、农民增收”这个中心，按照区域性生产布局，因地制宜发展农业、林业、牧业、副业、渔业，农业产业化水平不断提高，农业结构不断优化。全市（地区）粮食播种面积由 1986 年的 51.83 万公顷调整至 2000 年的 50.57 万公顷，粮食亩产由 1986 年的 225 千克增加到 2000 年的 327 千克，粮食总产量由 1986 年的 174.61 万吨增至 2000 年的 248.06 万吨。大力发展烤烟、蔬菜、果业、花卉、中药材、蚕桑、茶叶、白莲、食用菌等特色种植业，以及宁都三黄鸡、大余麻鸭和兴国灰鹅等特色养殖业，这些特色养植业和养殖业迅速发展壮大成为农村经济发展的主要增长点。2000 年，全市超过粮食产值的农业主导产业达 26 个，产值达 33.9 亿元，占农业总产值的 24.74%。多种经营产值占农林牧渔业总产值的 81%。全市（地区）实施“兴果富民”战略，大力发展赣南果业。利用丰富的山地资源和得天独厚的气候优势，发动千家万户开发果园，扶持引导规模化开发、产业化经营、标准化管理、品牌化营销和社会化服务，形成以赣南脐橙为龙头，甜柚、甜橙、蜜橘、蜜梨、大盒柿等共同发展的果业生产格局，水果产量逐年增加，生产效益不断显现。1997 年 10 月 4 日，江西赣南果业股份有限公司成功上市，成为全国柑橘产业第一股。2000 年，全市果园面积 10.09 万公顷，水果产量 19.98 万吨，产值 8.4 亿元，果业成为赣州农村经济的重要支柱和农民发家致富的“摇钱树”。全市（地区）实施农业综合开发，提高农业生产效益。1989—2000 年，分期分区域实施 4 期近千个农业综合开发项目，完成投资 42426.8 万元，改造中低产田 10.13 万公顷，开荒 369.33 公顷，造林 1.33 万公顷。新增灌溉面积 1.96 万公顷，改善灌溉面积 4.77 万公顷，新增排涝面积 3493 公顷，改善排涝面积 4433 公顷。新增粮食生产能力 23.35 万吨、油料 1.64 万吨、肉类 3.5 万吨。

1986—2000 年，经济发展由以农业为主导逐步向主攻工业转变，企业发展从主要依靠政府向主要依靠市场转变。国有（营）工业企业通过承包经营、自主经营、建立现代企业制度、国有（营）经济布局战略性调整等几个阶段的改革，一大批落后企业被淘汰，一大批私营企业加速成长，工业所有制结构明显改善，基本形成以公有制为主体、多种所有制共同发展的格局。2000 年，国有和集体工业占全市规模以上工业的 56.11%，股份制和外商投资企业所占比重达到 35.74%。各地立足当地资源优势，积极调整产业结构，培育具有地方特色的优势产业，全市工业经济得到长足发展，工业经济总量大幅增长，工业化进程明显加快。2000 年，全市工业总产值递增 16.56%，全年独立核算的国有、国有控股及销售收入达 500 万元以上的非国有工业企业完成工业产值 67.95 亿元，比 1999 年增长 11.87%，其中地方工业产值 57.37 亿元，比 1999 年增长 10.41%。1992—2000 年，全市（地区）规模以上工业增加值年均增速达 20.6%，生产总值中工业占比 34.07%，工业主导型格局初步形成。矿产资源开发是工业发展中的一个亮点。1986—2000 年，通过深入的地矿调查，发现 47 个新矿点，对 60 个矿点进行普查评估，完成 17 个矿区的详查、3 个矿区的勘探，提供稀土、金银、钨、锡、铅、锑、煤、萤石、陶土等 12 种矿产储量，为开发利用矿产资源提供第一手资料。依托得天独厚的矿产资源优势，冶金工业成长为重要支柱产业，生产包括有色金属、稀土、原煤、黄金石等 10 大类 55 种上百个规格产品，基本形成集地质勘探、采矿选矿、冶炼加工为一体的综合型产业体系。2000 年，冶金煤炭行业国有企业 63 家，固定资产净值 9.26 亿元，年产品销售收入 11.68 亿元，年创税利 4235 万元。电力工业为工业发展提供支撑和保障。利用水能资源丰富的优势，大力开发水电资源，逐步形成以水电为主、火电为辅的供电方式。2000 年，全市小水电拥有装机容量 33.24 万千瓦，年发电量 8.87 亿千瓦时，装机容量单机 500 千瓦以上的水电站 36 座，总装机容量 21.71 万千瓦。全市火力发电装机容量 6.47 万千瓦。赣州电网并入江西电网，缓解了全市电力供需矛盾。投资建成一批 110 千伏和 220 千伏重点电网工程，电压等级主网架实现由 110 千伏向 220 千伏升级的历史性跨越。

1986—2000年，随着改革开放的深入，适时制定、调整财政政策，着力培植财源，壮大财力，保障地方经济和社会事业发展。赣州财政总收入年均增长11.56%，其中“七五”“八五”“九五”期间分别增长11.72%、12.3%和10.73%，实现“缩差距、略高于、站前列，争一流”的目标。财政支出年均增长11.64%，保证了社会各项事业发展的资金需要。15年间，除2000年因消化粮食历年亏损等原因发生财政赤字5556万元外，其他年度均实现当年财政收支平衡，财政困难状况得到改善。随着商品经济的繁荣，政府征税、公民纳税意识增强，政府税收收入实现较大增长。其间，税收体制进行了重大改革，机构上实行国税、地税分设，并由地方管理改为系统垂直管理；税制上由单一税制过渡到以流转税和企业所得税为主体的多税种、多环节、多层次复合税制；征收管理上试行“征、管、查”相分离和纳税申报、税务代理、税务稽查“三位一体”的征管改革；记账、统计方式由单式记账改为复式记账，由收付记账法改为借贷记账法，并从征收数开始核算扩大到从应征数分税种、分预算级次核算，确保税收计划完成和财政收支平衡，实行公平税赋。全市（地区）工商税收入库由1986年的2.26亿元增加到2000年的6.68亿元，工商税收减免由1986年的1026.8万元增至2000年的5048万元。通过深化改革等措施，金融活力增强，金融对地方经济建设的作用得到彰显。2000年，全市各项存款219.58亿元，比1985年增长26.87倍。累计发行长城、牡丹、金穗、龙卡等信用卡17.1万张，受理网点458家，特约商户554家，卡存款余额2.89亿元，交易额达10.33亿元。全市各项贷款余额165.62亿元，是1985年的10.72倍，其中银行贷款占78.38%。保险事业从无到有，群众保险意识增强，保险事业渐被了解和接受。开办险种227种，保费收入3.62亿元。1986—2000年，给付各类财产保险赔款金额5.39亿元，各类人寿险赔款金额1.4亿元。证券业务发展迅速，1993—2000年，全市（地区）开户股民16.36万户，交易量396.82亿元。

1986—2000年，深化市场流通体制改革，由国有（营）商业为主的封闭型市场向多种经济成分并存的开放型市场转变，国有（营）商业独家经营和计划分配的局面被打破，以市场为导向的流通模式基本形成，市场空前繁荣。全市（地区）个体工商户和私营企业由1986年的62984户增加到2000年的18.35万户；各类交易市场由1986年的3个增加到2000年的602个，市场总面积由1986年的4.39万平方米增加到2000年的236万平方米，个体、私营销售总额由1986年的3.59亿元增加到2000年的137.07亿元，个体、私营工商税收由1986年的2391.7万元增加到6.21亿元。对外贸易从中央经营向地方自营、从计划经济到市场经济转变，市场活力增强。1986—1994年，全区出口商品门类有19个，供货总值21.52亿元。1995年，全区计划出口供货业务终止，自营进出口业务发展迅猛，成为进出口业务的新亮点。2000年，全市享有自营进出口权企业53家，自营进出口商品总值4.79亿美元，商品出口日本、也门、科威特、南非、德国、意大利、荷兰、英国、阿根廷、美国、沙特阿拉伯等11个国家，并销往中国香港、台湾地区。全市批准外商投资企业924家，合同外资额9.63亿美元，实际利用外资6.81亿美元；共签约内联项目合同8574个，实际引进境内市外资金92.5亿元。全市（地区）区域经济合作不断扩大，招商引资成效显著。赣州市（地区）先后加入闽粤赣边区经济区，闽西南、粤东、赣东南十三市经济协作区，大京九经济协作带等3个区域性经济合作组织，各方按照平等协商、优势互补、共同发展的原则，在基础设施建设、区域性市场培育、信息共享、招商引资、旅游资源开发等方面加强合作，有力推动区域经济发展。招商引资经历由小到大的变化。1986年始，前10年处于摸着石头过河的初级阶段，年均引资额6859.76万元，单个项目平均投资额15.7万元，主要投向资源类初加工项目；后五年在政府强力推动下，各地招商氛围浓厚，年均引资24.4亿元，单个项目平均投资额318.6万元，主要投向基础设施建设、房地产开发项目和劳动密集型企业。1999年，随着京九铁路的开通和香港回归，赣州连接东南沿海及港澳台的区位优势进一步显现，与广东、福建的经济技术合作日益增多。

1986—2000 年，有效构建公路、水路、铁路、航空综合交通运输网络。1988 年，105 国道赣州至龙南中村坳路段二级公路全线竣工，实现二级公路贯通南北。2000 年，昌厦一级公路和 323 国道瑞金至江口改建工程竣工。2000 年年末，全市公路总里程 1.7 万千米，实现 73.74%的乡（镇）通水泥路，92.71%的行政村通公路。1996 年 9 月 1 日，贯穿赣南“五县二市”［兴国县、赣县、南康市、信丰县、龙南县、定南县，赣州市（今章贡区）］的京九铁路全线开通，赣南人民盼望已久的“铁路梦”终成现实。此外，赣龙铁路建设前期准备工作基本完成，为 2001 年开工建设奠定基础。1987 年和 1992 年两度对民航赣州站进行改建和扩建，1997 年赣州机场获得 4C 级机场使用许可证，结束了 30 多年只能起降小型飞机和只能在白天气候好的条件下飞行的历史。先后开通北京、广州、上海、厦门、深圳、珠海、晋江、南昌等地航班，至 2000 年年底，有赣州至各地航线 6 条，年飞行起降 519 架次，年旅客吞吐量 2.06 万人次。通信水平升级换代步伐加快，光纤通信、数字微波、智能网、数据通信与多媒体通信技术得到广泛应用，固定电话、移动电话日渐普及。1991 年 7 月 1 日，赣州万门程控电话割接开通。1993 年 12 月 24 日零时，定南县 1000 门程控电话割接开通，全区最后一个“摇把子”电话县脱帽，县以上区域全面实现市话交换自动化。1994 年 12 月，17 个县（市）实现电话交换程控化和长途传输数字化。至 1995 年年底，全区电话普及率由“六五”（1981—1985 年）期末的每百人 0.27 部提高到每百人 21.42 部。2000 年年末，全市公用电话 8647 部，其中磁卡电话 3 部，IC 卡电话 3532 部。1991 年 7 月 14 日，赣州开通无线寻呼通信，无线寻呼业务迅速发展，BP 机成为大众时尚选择。1993 年和 1996 年，分别从美国摩托罗拉公司和芬兰诺基亚公司引进移动通信设备，先后开通模拟和数字移动通信，移动通信迅速取代寻呼通信，手机用户由寡而众。2000 年年末，全市移动用户 16.11 万户，无线寻呼用户 12.99 万户，同年 11 月开通放号的中国联通赣州分公司 GSM 网用户迅速达到 1.3 万户。

三

20 世纪 80 年代中期，省政府批准原县级赣州市（今章贡区）及 17 个县的第一轮城市（县城）总体规划（1985—2000）；至 20 世纪 90 年代前期，多数县（市）的城市规模达到或者超过规划末期预定目标的一半以上，且发展势头强劲。20 世纪 90 年代中期，原县级赣州市（今章贡区）及 15 个县的总体规划进行第二轮修编，瑞金市、南康市进行第三轮修编。编制完成融原县级赣州市（今章贡区）、赣县和南康市部分地区为一体的大赣州城市总体规划，城市发展空间实现重大突破。“七五”期间，各县（市）的城市建设总体处于小修小补阶段，城市主干道建设小有成果。“八五”期间，各县（市）的城市建设进入小步快走阶段，以构筑城市框架和完善市政公用设施为主，城市供水、绿化、市容环卫日益受到重视。“九五”期间，全市（地区）城市建设得到空前重视，城市发展进入快车道，建成区面积迅速扩大，城市框架基本形成，配套设施更加完善，城市面貌日新月异。至 2000 年年底，全市城市建成区面积 128.06 平方千米，是 1986 年的 2.01 倍，其中章贡区增加 1.51 倍，龙南增加 8.75 倍，定南增加 6.83 倍，兴国增加 4.46 倍，瑞金增加 3.17 倍。

村镇建设持续推进。以村镇总体规划、集镇建设规划和村庄建设规划为引领，不断推进集镇和村庄建设。建制镇从 1986 年的 12 个发展到 2000 年的 120 个，108 个乡撤乡设镇，镇区面积从 1986 年的 51.62 平方千米扩展到 2000 年的 99.98 平方千米，人口增至 138.48 万人，城镇化率提高到 19.1%。全市有 22 万户以上的农户盖起砖混结构住宅楼。村镇基础设施日趋完善，新修镇区道路 591.86 千米，安装路灯 3616 盏，新建桥梁 177 座，新建或扩建自来水厂 103 个，受益人口从 1986 年的 24.6 万人增加到 2000 年的 40.01 万人，农民新村、小康楼院坐落于国道两旁，农民街、农贸市场、街心花园、休闲广场商贸云集。

房地产产业逐渐兴起，房地产市场开始形成。以 1988 年县级赣州市（今章贡区）、崇义县作为全省住房制度改革试点为标志，全市（地区）房地产经营管理跳出直管公房的圈子，从福利型管理向经营、租赁及综合开发转化，住房建设投资不断加大，房地产市场逐渐兴起，住房供应体系逐步建立。全市（地区）房地产投资由1992年的7403万元增至2000年的5.2亿元，全市（地区）住宅竣工面积由1991年的5.87万平方米增至2000年的35.58万平方米，全市（地区）住宅实际销售面积由1995年的15.13万平方米增至2000年的23.72万平方米，预售住宅面积由1995年的6.59万平方米增至2000年的12.12万平方米。城镇居民住房条件显著改善，户型设计和装修、装饰向多元化、人性化和艺术化发展。

四

1986—2000年，实施“科教兴国”战略，坚持“巩固、深化、提高、发展”的方针，教育事业快速、持续、协调、健康稳步发展。至2000年，全市除寻乌外的17个县（市、区）均通过省政府“两基”（基本普及九年义务教育和基本扫除青壮年文盲）评估验收，全市“两基”人口覆盖率达96.5%，小学适龄儿童、少年入学率分别为99.9%和95.2%，小学、初中在校生辍学率分别为0.65%和4.84%，青壮年非盲率99.8%。高中教育和职业技术教育得到长足发展，2000年，全市有普通高（完）中58所，职业高中29所。各类形式的成人教育不断完善，全市建有乡（镇）成人文化技术学校1333所，开办农技校3862所。中等师范教育进一步加强，2000年，全市师范学校在校学生20565人、在校教职工2205人，累计为国家输送小学教师24708人。高等教育规模扩大，招生人数和毕业生数逐年增长。

2000年，全市有各级各类科研机构493个，专业技术人员7.74万人，有享受国务院特殊津贴专家64人、省政府特殊津贴科技专家23人。市直科研机构完成各类科研课题823项，其中9项达到国际水平、48项达到国内先进水平、92项达到省内先进水平。1986—2000年，全市（地区）共组织实施各级科技计划1043项，其中国家级44项、省级647项、市级352项。全市（地区）4家企业被认定为高新技术企业，6种产品被认定为高新技术产品。全市（地区）获市（地）级以上奖励的重大科技成果395余项，其中获国家级奖励的13项、省级奖励的96余项。申请专利755项，其中发明专利122项、实用新型专利404项、外观设计229项。推广市（地）级以上科技成果181项，其中国家级7项、省级22项。

2000年，全市共有综合性的群众文化事业机构426个、群文专业人员660人、群文业余文化户4616个、业余演出团队300个、文化俱乐部1008个。1986—2000年，累计组织各级各类文艺活动1650次（项），累计创作发表各类文艺作品8250件，大型戏曲《山歌情》获中共中央宣传部“五个一工程奖”、文化部“文华大奖”和中国剧协“1992—1993曹禺戏剧文学奖”，大型歌舞剧《长长的红背带》获文化部“文华新剧目奖”、江西省“五个一工程奖”。2000年，全市各级公共图书馆馆藏图书318.24万册；有各级文物保护单位304处，其中全国重点文物保护单位4处，省级重点文物保护单位55处。1986—2000年，各级文博单位馆藏文物2.75万件，其中国家一级文物49件、二级文物164件。赣州形成包括文化娱乐市场、演出市场、书报刊市场、音像市场、网络文化市场、美术品经营市场、艺术培训市场、电影市场和文物旧货市场在内的综合型文化市场体系。

2000年，全市有各级各类卫生机构1204个（所），其中三级甲等医院2所、三级乙等医院1所、二级甲等医院17所、二级甲等中医院9所、一级甲等医院24所、一级乙等医院2所、一级丙等医院1所；床位12120张；医务人员20715人，其中卫生技术人员16616人；7590人获得医师资格，其中执业医师6664人、助理执业医师926人。1986—2000年，实现“县县有中医院”的目标，5所中医院被列为全省特色中医院建设单位，16个专科被列为全省中医特色专科建设对象。全市（地区）村级卫生机构由1986年的2356个（所）增至2000年的5493个（所），乡村医生数由1986年的2919人增至2000年的5927人。2000年，全市18个县（市、区）已达到或基本达到贫困地区农村初级卫生保健低限标准。

城乡医疗防保网络基本形成，各种传染病的总发病率控制在国家规定范围之内，疟疾、脊髓灰质炎、新生儿破伤风等传染病基本消灭，麻风病接近消灭标准，霍乱得到有效控制。

全市（地区）市级行业体育团体机构由1986年的72个增至2000年的294个，基层体育协会由1986年的107个增至2000年的2107个。举办县（市、区）级以上的群众体育活动由1986年的372次增至2000年的862次，参加人数由1986年的10万人次增至2000年的20万人次。2000年，全市共有公共体育设施2765个，其中体育场3个、运动场190个、体育馆8个、游泳池12个、灯光球场48个、排球场70个、射击场6个、门球场100个、其他2328个。1986—2000年，全民健身意识明显增强，群众体育活动蓬勃开展，全市有国家级体育先进乡（镇）7个、省级体育先进乡（镇）103个，群众体育名列全省前茅，步入全国先进行列。1986—2000年，竞技体育屡创佳绩，全市（地区）先后选派20余人代表江西省参加全国性的体育比赛，共获金牌46枚、银牌9枚、铜牌4枚，2人打破4项残疾人田径全国纪录；5人代表中国参加国际性体育比赛，共获金牌11枚、银牌4枚、铜牌2枚，1人打破1项残疾人跳高世界纪录和奥运会纪录。

1986—2000年，随着收入水平的提高，城乡居民生活质量逐步改善，生活水平进一步提高。2000年，全市农村居民人均年消费支出1422元，比1987年增加1090元；全市城市居民人均年消费支出3484元，比1987年增加2787元。居民饮食从追求吃得饱到讲究吃得好，饮食消费不断走向多样化，呈现“主食不主，副食丰富”的格局。城市居民衣着消费向成衣化、时装化、个性化和品牌化发展，农村居民消费在注重经济实用和物美价廉的同时，也逐渐趋同于城市消费需求。城市居民新建、改建住房渐成热潮，农村居民纷纷将茅草房和土砖房改建为砖混房，到城镇和城市建房或买房者越来越多。农村居民人均居住面积由1990年的23.49平方米增加到2000年的23.99平方米，城市居民人均居住面积由1990年的8.85平方米增加到2000年的13.85平方米。耐用消费品进入持续的升级换代阶段，新型电器、新型通信设备与家用计算机消费迅速增长，摩托车成为基本交通工具，小轿车进入城乡富裕家庭。2000年，城市家庭每百户拥有彩电102台、电冰箱79台、洗衣机84台，95%的家庭安装有住宅电话，38%的家庭安装有空调机，91%的家庭使用管道煤气或液化气；农村家庭每百户拥有彩电38台、电冰箱3台、洗衣机3台，54.6%的家庭安装有住宅电话，3%的农户使用液化气作为燃料。

五

20世纪80年代，由于历史和人为等原因，曾经山清水秀、美丽富饶的“江南绿洲”赣南，山林遭受严重破坏，全区荒山面积达98.47万公顷，水土流失面积达100万公顷，森林赤字达194万立方米，是全省荒山面积最大、水土流失最严重的地区，赣南成为山光、水恶、田瘦、人穷之地，严重的水土流失造成十年九灾。1984年冬，面对生态环境严重恶化的现状，中共赣州地委、赣州行署作出“十年绿化赣南”的历史性决策，向全区号召“全党动员，全民动手，消灭荒山，绿化赣南”，以图“富当代之民、造后人之福”。在1986—1995年10年里，全区以封山育林为主，封、造、管、改、节相结合，全面实行“山上管严，山下节能”措施，累计灭荒造林95.73万公顷，荒山栽植率97.2%，水土流失面积减少30.27万公顷，森林覆盖率增加24.6个百分点，达到和超过国家规定的灭荒造林标准，创造了赣南造林史上的奇迹。同时，实施商品林基地、世行贷款国家造林、长防林工程、“四旁”（路旁、沟旁、渠旁、宅旁）植树、毛竹低产林改造、飞机播种等项目建设。至2000年，全市森林覆盖率达到74.2%，境内森林植被得到恢复，动植物种群数量增加，生态环境明显改善。

1986—2000年，全民环保意识日益增强，环境保护工作日益受到重视，环境治理工作取得成效。全市（地区）共投入治理污染源资金8217.9万元，依法关停一批经济效益低、污染严重、治理无望的小企业，工业污染势头得到遏制。2000年，全市297个涉污企业有294家实现达标排放，达标率

98.99%，主要污染物排放总量控制在国家规定排放指标内。开展饮用水保护区污染整治工作，加强章江流域生态建设和环境保护，对流域内企事业单位实施排污总量控制，中心城区饮用地表水水源水质得到明显改善。加强生态功能保护区、自然保护区和生态示范区建设，保护自然生态系统及生物多样性。至2000年，全市建有东江源、赣江（章江）源、赣江（贡江）源3个国家和省级生态功能保护区，总面积180.47万公顷，占全市国土面积的45.8%。建立自然保护区16个，总面积7.25万公顷。信丰、宁都、崇义、上犹、大余、安远、兴国、石城等8个县先后被列为全国生态示范区试点地区，总面积为192.09公顷。

1986—2000年是全市（地区）在改革开放中逐步发展的一个重要时期，经济和社会事业持续快速发展，为21世纪的赣州发展奠定了坚实基础。在前进过程中也遇到一些困难和问题，至2000年，存在的主要问题是经济生活中结构性矛盾比较突出、农民收入增长缓慢、工业化水平明显偏低、财政收支平衡矛盾尖锐、城镇化进程明显滞后等。面对21世纪发展的机遇和挑战，中共赣州市委、赣州市政府精心描绘发展蓝图，制定了“十五”（2001—2005年）计划，提出“迈向新世纪、建设大赣州”，把赣州建设成为赣闽粤湘四省边际现代化区域性中心城市的战略目标，以加快发展和“略高于”为主题，以提高人民生活水平为根本出发点，紧紧依靠体制创新和科技创新，以推进工业化、城镇化和农业产业化为突破口，加大经济结构战略性调整力度，加快与沿海经济和国内外市场的接轨和融合，走特色兴市、开放带动、民营突破、城镇辐射和可持续发展之路，促进经济跨越式发展和社会全面进步。

21世纪，赣州历史翻开崭新的一页。中共赣州市委、赣州市人民政府大力弘扬“坚定信念、求真务实、一心为民、艰苦奋斗、清正廉洁、争创一流、无私奉献”的苏区精神和苏区干部好作风，团结和带领全市790多万人民，齐心协力，励精图治，开拓进取，共同建设一个更加美好、幸福的新赣州。

赣州市志（1986-2000）

名志

大事记

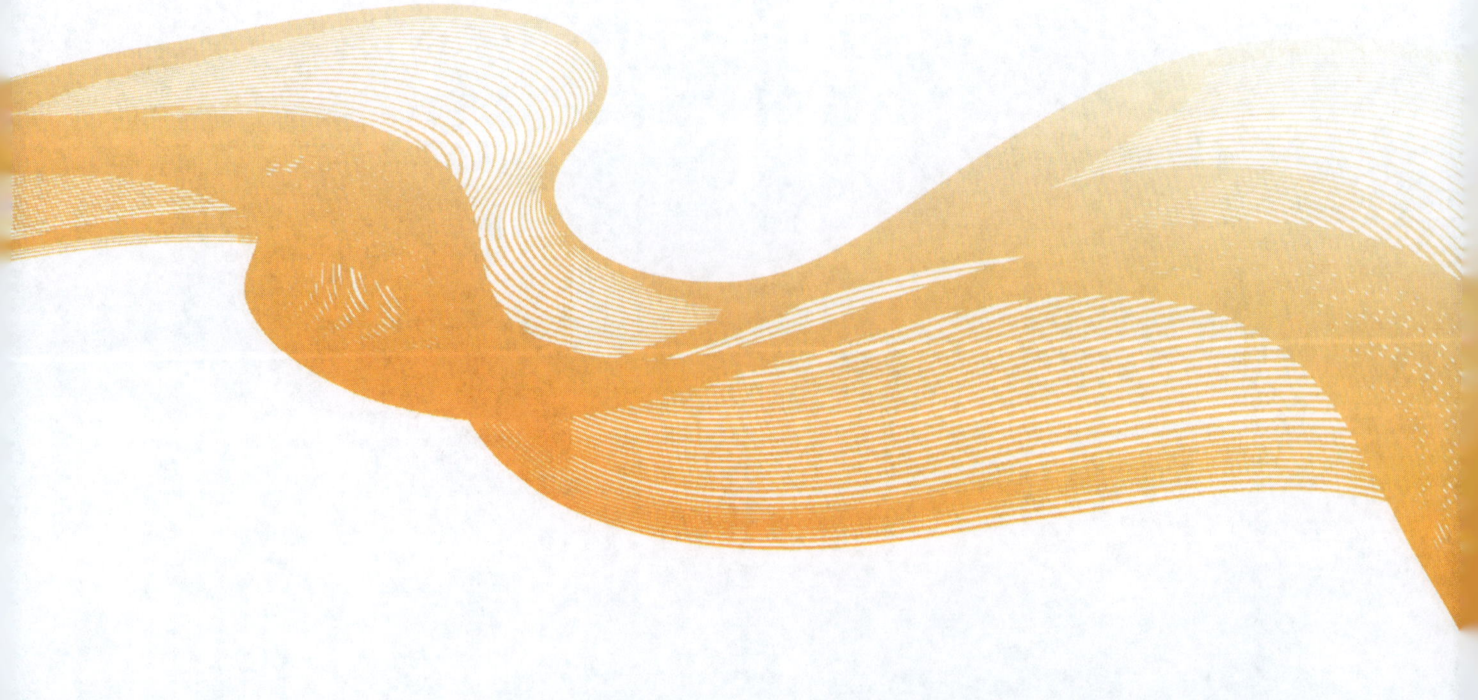

1986年

1月3日　赣南建筑总公司第一批赴科威特劳务输出30人启程。

1月15日　由赣州有色冶金化工厂和马鞍山矿石研究院共同研制的NG303－A型30段高精度毫秒电雷管，通过冶金工业部鉴定。

1月21日　定南县104岁的何丙珍老人获中国老年人体育协会授予的“健康老人”称号。

同月　兴国县被林业部、民用航空总局、解放军空军司令部评为全国飞机播种造林先进单位。

2月21日　赣南稀土冶炼厂建成试产。

2月26日至3月1日　江西省文物工作队组成联合调查组，对孙中山先祖孙诩墓地地址进行实地考察，并确认孙诩及其原配陈氏墓葬遗址在宁都县刘坑乡富塘村马家坑。

2月28日　赣南化工厂从美国引进的高级墙纸生产线试产成功。生产的“杜鹃”牌聚氯乙烯高级墙纸，填补了江西省轻化工业一项空白。

3月11—13日　省政府在赣州召开全省加速赣州、吉安老区经济建设，大力发展横向经济联合会议。省直43个部门、省属11所大专院校、10所科研所、39个产值3000万元以上的大型企业，省经贸厅15个外贸进出口公司及地区定点挂钩单位等负责人参加会议。

3月15日　赣州市（今章贡区）通天岩、郁孤台、七里镇古瓷窑、古城墙、文庙被省政府列为省级风景名胜区。

同月　创办赣州地区计划生育职工中等专业学校，设计划生育管理专业，学制3年，为全国第一所计划生育职工中等专业学校。

4月17日　13时40分，南康县镜坝乡观河小学学生从坞深井乘渡船去镜坝圩看电影，核载29人，实载154人，因严重超载，造成沉船，致50人溺亡，其中学生47人、教师1人、其他人员2人。

4月26日　毛泽覃纪念碑在瑞金县泽覃乡建成并举行落成典礼。该纪念碑于1985年6月经中共中央批准动工兴建。

5月14—16日　全地区县（市）人民武装部交接工作会议在赣州召开。从7月1日起，所属的各县（市）人民武装部正式改为地方建制。

5月30日至6月14日　行署专员张振刚率地区经济技术合作办公室、地区林业局、地区商业局、地区二轻局和赣州市（今章贡区）人民政府等9个单位负责人，赴深圳、广州等地，与广东客商和港商洽谈经济技术合作事宜。

6月8日　江西赣州、广东韶关、湖南郴州物资局协商建立韶关、赣州、郴州物资经济联合区，并在韶关市正式成立联合区理事会。

同月　全地区进行第一次房屋普查，普遍开展对房屋所有权的登记发证工作。

7月　赣州地区代表队在省第七届运动会体操比赛中获7枚金牌、2枚银牌和5枚铜牌，在游泳比赛中获11枚金牌、2枚银牌和3枚铜牌，并荣获“精神文明代表团”称号。

8月12—13日　省军区在赣州召开会议，传达《全军南方三年游击战争史料》丛书编纂会议精神，研究部署《赣粤边、闽赣边三年游击战争史料》丛书编纂的相关工作。

8月12—16日　由赣州地区主办的第三届三市（地）（江西赣州、广东韶关、湖南郴州）物资交流会在赣州市（今章贡区）举行。其间，成交1.2亿多元，签订合同2700份。

8月25日至10月11日　赣州市（今章贡区）颁发居民身份证试点工作结束，并在江西齿轮箱总厂召开试点发证大会。10月11日，行署发出《关于批转全区颁发居民身份证工作实施意见的通知》。

同月　宁都县小布岩茶被商业部评为全国优质名茶。

9月6日　赣州汽运公司“东风”牌客车（车号42－10236），在开往厦门行至福建连城县庙前镇藏溪村地段时，发生燃烧事故。全车42人（其中司乘人员3人）24人死亡，其余全部烧伤。

9月30日　赣州地区第一部社会主义新方志《宁都县志》（内部出版）出版发行。

同月　经国务院授权，公安部公布江西省21个对外开放县（市），赣州地区的赣州市（今章贡区）、瑞金县、宁都县、于都县、兴国县、会昌县、全南县榜上有名。

同月　辖区遭受特大旱情，为1949年以来首次。全地区受旱面积18.8万公顷，占晚稻面积的65%；绝收3.3万公顷，占播种面积的16%；主要经济作物甘蔗受旱面积1.1万公顷，占种植面积的51.5%。

10月17日至11月2日　地区行署派出柑橘考察组赴美国加利福尼亚州和佛罗里达州进行柑橘种植考察。同时，国内9个省（市）15位柑橘科技课题协作组专家考察全地区柑橘生产，并就赣南柑橘基地建设提出意见。

11月1—2日　由中国林木种子公司和江西省林业厅联合组织的检查验收小组，对赣州地区建立最早的部省合建林木良种基地信丰县林木良种场进行全面检查验收并获通过。这是全国第一个通过验收的部省合建林木良种基地。

11月2日　经文化部、中国戏剧家协会推荐，赣南采茶戏汇报演出团在北京中南海演出《钓蚜》《试妻》《补皮鞋》3部传统小戏。

11月16日　南康县西华乡洋坝村农民古某，因对现实不满，携带雷管炸药，于当日18时23分左右窜入唐江电影院制造爆炸，致包括古某在内的11人死亡、55人受伤。

11月18—30日　省长吴官正在区内17个县（市）调研，30日听取地委、行署工作汇报后发表重要讲话。

11月25—30日　法国总理顾问温明登一行到赣南访问，并代表法国索哥巴公司与地区行署签订《法国索哥巴公司和江西省赣州地区农牧渔业联营公司关于合建养牛屠宰生产线可行性研究的意向书》。

同月　兴国均福山至赣州峰山微波站线路开通，全地区数百万人能及时收看江西电视台电视节目，收听江西广播电台广播。

12月1日　赣县、寻乌县经国务院批准为对外开放县。

同月　由赣南无线电厂生产的SF－826立体声汽车收放机获机电部颁发的优秀产品证书。

同月　全省第一家厂办开蔗试验研究系统全套试验设备工程，在江西省第一制糖厂建成，并开启使用。

同年　赣县的黑荆树综合开发项目、柑橘高产栽培和保鲜加工技术推广项目被列为国家“星火计划”。

同年　农牧渔业部批准宁都县为江西省沼气发展重点县。

同年　经省政府核准，确认兴国、宁都、赣县、全南等县雷氏、蓝氏两姓居民属畲族。

1987年

1月1日　全地区开征个人收入调节税。

1月16日　8时50分，会昌县水东小学因厕所楼板主梁断裂，致73名学生掉入粪池，楼板覆压在学生身上，事故造成28名女生遇难、10人受伤。

1月17日　由江西气体压缩机厂生产的ZL3·5－20/T型无基础空压机（带罩）被国家机械工业委员会评为1986年度优质产品。

1月28日　地委、行署、赣州军分区致电云南老山前线，向赣南籍战士暨前线全体指战员恭贺新年。

同月　总投资2.2亿元，装机容量3.75万千瓦，年发电量1.3亿千瓦时的寻乌斗晏电站动工兴建，是全国县级排名第三的中型水电站。

2月3—12日　赣县下山寮林场发生特大森林火灾，受灾面积610.33公顷，烧毁林木933立方米、幼树213万株，经济损失15万元。

同月　大余南安板鸭厂和赣县沙地板鸭厂生产的南安板鸭获国家"银质奖"。

3月7—8日　世界银行派专家卡斯特罗到兴国检查江西省第一批世界银行贷款公路项目执行情况。

3月23日　安远县鹤子、镇岗等6个乡遭持续时间达6小时的特大冰雹袭击，冰雹最大直径20厘米，造成1人死亡、24人受伤，损坏房屋1100多间，46.67公顷秧田受灾，经济损失50多万元。

3月25日　省政府核定并公布兴国县革命烈士陵园为第一批全省重点革命烈士纪念建筑保护单位。

同月　赣州市（今章贡区）体育委员会宋瑜林、闵敦、潘志轩、周瑞龙和安远县体育委员会王绍环被国家体育委员会授予"新中国体育开拓者"称号。

4月1日　全地区开征耕地使用税。

4月3日　20时10分，赣南大桥煤矿3号井+40北区+50水平作业面发生一起高温高压气流窜入残采工作面，严重灼伤人员的重大事故，导致4人死亡。

4月5—7日　南斯拉夫联邦马其顿社会主义共和国对外文化联络委员会副主任伍斯维坦·斯坦诺耶夫斯基到赣南考察访问。

4月26日　林业部在崇义县召开南方集体林区经营方式研讨会。南方9个省（区）代表出席会议。

5月13日　全国稀土应用开发领导小组副组长李东英一行3人到赣州考察稀土开发情况。

同月　宁都县被国务院批准为"七五"期间全国第一批100个商品粮基地县之一。

6月14日　今日长征路摄影艺术联合展览在赣州展出，展览由长征路上赣、湘、粤、桂、黔、滇、蜀、甘、宁、陕10个省（自治区）的13个地（州、市）联合主办。

6月26—29日　省政府山江湖开发治理领导小组与赣州行署联合召开赣州山区综合开发治理会议，会议研究"龙头"开发治理的战略，制定开发治理的措施，总结推广南康县龙回乡开发治理的经验。

6月29日　由赣州地区志编纂委员会组织整理的清同治《赣州府志》，经断句、标点、注释、校正后出版。

7月10日　赣州黄金机场改造工程正式动工。1988年7月1日，改造工程试航成功。改造后的黄金机场可供伊尔24型、英制146型飞机起降和供波音737型飞机减载使用。

同日　赣州港煤码头扩建工程竣工，新码头年吞吐量为20万吨。

7月17日　赣南稀土集团有限公司成立。地委、行署领导，冶金工业部、中国有色金属工业总公司、国家经济委员会稀土办公室的代表和兄弟省、市有关部门的代表，集团成员单位和地区有关部门、部分县（市）的代表共100多人出席成立大会。

7月24日　全地区整党工作总结会议召开。整党工作从1984年10月开始，分地、县、乡、村4个层次进行，有566个党委、389个党总支、1166个党支部、213103名党员参加整党。

8月2—20日　寻乌、安远、会昌、全南、瑞金等县先后发生中、小地震132次（含余震），波及全地区15个县（市）。其中，寻乌三标乡2日18时7分发生里氏5.8级地震，3日8时发生5.5级地震，15日1时55分发生5.1级地震。地震导致55746户居民受灾，0.13万公顷农田受损，833间房屋倒塌，2.77万平方米房屋损坏，一些公路、桥梁、水利水电、通信设备被破坏，直接经济损失达3390.13万元。

8月15—17日　广东梅县、福建龙岩、江西赣州3个地区暨江西省12个城市国营商业单位在赣州市（今章贡区）举行商品展销会，参展单位达208个。展销会期间成交总额3800多万元。

8月27日　赣县被林业部确定为国家长江防护林建设重点县。

9月7—9日　赣州地区首届老年人体育运动会在赣州市（今章贡区）章江体育馆举行，有近500名老年人参加运动会，比赛项目有门球、乒乓球、围棋、中国象棋等。

9月17日　赣州市（今章贡区）工商局查获一起重大走私倒卖文物案件，缴获宋代珍贵文物47件、南朝文物14件，抓获走私违法犯罪分子1名。

9月20日　1987年“群星杯”全国排球锦标赛赣州赛区开赛。

9月22日　220千伏虎岗变电站开工。至1989年9月27日完工并投入使用，并入江西电网，实现省内南北联网。变电站安装主变1台，主变容量12万千伏安，最大功率9万千瓦。结束赣州电网年供电量长期停滞在5亿千瓦时的历史，跃进至近8亿千瓦时。

9月28日至11月13日　提利夫、岩平五郎率领的由日本京都大学、冈山大学、岛根大学、岩平大学组成的日本森林生态及水土保持考察试验学术团到兴国、龙南等县访问，主要考察水土保持现状，开展有关合作研究活动。

10月6日　赣州地区红十字会成立。

同月　航空用F4绝缘屏蔽护套安装线在瑞金县电线厂研制成功，填补了国内的空白。

同月　中日森林生态国际合作研究团一行12人访问赣州。根据中日双方共同商定的《江西南部森林合作研究大纲》，到九连山自然保护区进行实地考察。拟用3年时间分段对九连山森林生态系统、植物区系、土壤性质、水文气象以及生物与环境的关系进行系统考察。

11月4日　赣州籍台胞钟二秀回乡探亲。中央电视台予以报道，称她为台湾当局开放台胞赴大陆探亲第一人。

11月15日　赣州至南昌数字微波通信开通，形成“辐射汇接式”的长途通信传输骨干网络。

11月24—27日　省委书记万绍芬、省长吴官正先后到大余县、信丰县、南康县、赣县的企业和农村调查，并就深化企业改革、开发山区资源等问题召开座谈会。

11月27日　南昌至赣州联网送电仪式在七里镇变电站举行。该网正式接通降压送电，实现江西省电力南北联网，有效缓解赣南电力紧张状况。

11月29日　朝鲜吉州机器厂厂长金俊通等4人访问江西气压机厂，洽谈向朝方转让气压机先进技术问题。

11月30日至12月2日　地委、行署在北京举行建设老区振兴赣南座谈会。部分在京赣南籍老红军、老干部、老战士和在京工作的中青年干部及首都有关部门的负责人应邀出席会议。

12月15日　省委、省政府印发《关于赣州地区为经济体制改革试验区的决定》。从1988年1月1日起，在经济体制改革、计划管理、技术改造、财政、对外经济贸易、粮食、物价、林业、物资协作、信贷10个方面进一步扩大赣州地区经济管理权限。

同年　全地区企、事业单位首次职称改革工作全面铺开，共成立21个系列23个中级职称评审委员会。

同年　兴国县灰鹅商品生产获农牧渔业部、财政部“丰收计划”二等奖，国家“星火计划”二等奖。

1988年

1月5日　中共赣州地委办公室、赣州行署办公室联合印发《关于当前进一步搞好企（事）业单位承包、租赁工作的几点意见》，全面启动全地区企事业单位承包、租赁工作。

1月11日　赣州汽车客运站竣工营运。总建筑面积达3.3万平方米，候车大厅可容纳旅客1500人，停车场1800平方米，总投资589万元。

1月16日　驻赣州的解放军第362医院正式移交地方，48名医职行政人员、医疗设备等编入赣州地区医疗系统。

1月19日　803－Ⅰ型30段塑料导爆管高精度毫秒雷管由赣州有色冶金化工厂研制成功，并通过冶金部鉴定。

2月6日　地委、行署印发《赣州地区经济体制改革试验区实施方案（讨论稿）》。5月11日，省委、省政府批转该方案。

2月28日　地委、行署联合印发《关于大力发展乡镇企业的决定》。

同日　赣州电机厂SFW－800瓦新系列水轮发电机获国家经济贸易委员会优秀新产品设计奖。

3月12日　加拿大加太稀土金属公司与赣州地区冶金工业公司合作成立赣加稀土有限公司，成为全国稀土行业第一家中外合资企业。

同月　由江西汽车改装厂生产的赣运牌QG06型4吨汽车全挂车（原JT－851型4吨双轴全挂车）被交通部评为优质产品。

4月2日　驻赣州高校江西冶金学院更名为南方冶金学院，面向全国招生和分配毕业生；赣南医学专科学校更名为赣南医学院。

4月15日　全国水土保持工作协调小组授予兴国县龙口乡“全国水土保持重点治理区先进单位”称号。

6月20—21日　中国地区开发研究咨询中心在北京召开赣州、龙岩地区经济开发咨询会。

6月30日　江西省第一部县级综合年鉴——《宁都年鉴（1983—1986）》（内部出版）出版发行。

6月30日至7月4日　应中国港湾工程公司和赣州行署邀请，保加利亚索菲矿业工程公司代表彼得柯夫等2人到赣州进行考察和合作洽谈，与地区林业工业公司和崇义县政府就合建项目达成协议。

7月29日　由赣南地质调查大队承担、其他5个单位协作共同研究的江西省新类型重稀土矿床发现勘探及成矿理论研究，获1988年国家科学技术进步一等奖。该成果居世界领先地位。

9月1日　全省第一所私立中学——宁都县青塘私立中学成立。该校由原宁都县青塘中学教师何林长创办。

9月15日　全地区第一家享有进出口经营的外贸公司——赣南进出口公司成立。

同月　中秋节前夕，由68名兴国籍台胞组成的江西省兴国探亲团回到兴国县，与亲人共度分离近40年后的第一个团圆节。这是回赣州地区的第一个大型台胞探亲团。

10月10日　由赣南医学院医学遗传学研究发现的“易位染色体核型”，经遗传细胞学国家培训中心鉴定，属世界尚未报告的新型“易位染色体核型”。

10月28日　定南县公安局岿美山钨矿分局遭犯罪分子袭击。值班员胡诚牺牲，枪、子弹被盗，办公楼被焚。公安机关迅速破案，抓获犯罪嫌疑人陈某、李某、许某，并缴获被盗枪支和弹药。

11月7日　全省第一个县级城市广播电台——赣州人民广播电台正式开播。

11月20日　赣州市第一人民医院遗传室发现世界首例异常核型染色体。

同月　大余县被国务院授予“扫盲先进县”称号。

12月1日　经行署批准，地区档案馆首批民国档案（资料）2876卷（册）正式向社会开放。

12月20日　赣州市（今章贡区）财政收入达1.01亿元，为全省第一个财政收入超亿元的县级市。

12月25日　由赣县沙地板鸭厂生产的南安牌板鸭和县蜜饯厂生产的“三梅”牌丁香李在首届中国食品博览会上分获金牌和银牌奖。

同年　江西省人民政府确定宁都县青塘镇、龙南县武当山镇为全省小城镇建设样板点，同时把赣州市（今章贡区）沙石、瑞金县叶坪等区内31个集镇列入全省集镇规划建设试点单位。

同年　宁都县被国家计划委员会列为牛黄培植基地。

1989年

1月1—5日　省长吴官正到石城、瑞金、于都、赣县、兴国等县考察农业开发工作，并对赣南试验区创办一年情况进行调研。

1月14日　赣州港新建一座杂件码头，国家投资884万元，形成综合港口，年通过能力40万吨。

1月19日　105国道赣州至中村坳路段（赣粤西线）改建工程在信丰举行通车仪式。赣粤西线全线186.65千米，为二级技术标准。该项目于1986年8月开工，总投资1.3亿元。

1月22日　水利部批准大余县为全国农村初级电气化达标县。

3月21日　行署决定对全地区工业企业逐步实行放开经营，并就有关问题作出若干试行规定。

4月14日　兴国县正式接受联合国儿童基金会、联合国人口基金会援助的妇幼卫生和计划生育服务项目。

4月16日　联合国粮农组织开发署博内尔、布朗、桑德福一行3人以及省山江湖领导小组办公室的领导到兴国县、南康县龙回乡访问，考察森林资源开发、河流治理与开发等项目。

5月　宁都县农业服务中心土肥站在全县推广水稻半旱栽培技术1931.21公顷。该技术使亩产增加85.2千克，获省农牧渔业厅颁发的半旱式耕作技术推广一等奖。

同月　在全省名茶评比中，宁都小布岩茶、上犹五指峰银毫、兴国均福山云雾茶获“全省创新名茶”称号，其中宁都小布岩茶获全省第一名。

8月22—25日　赣县梅林中学陈风雨代表江西省参加全国少年田径赛（万载赛区），获14岁男子短跑组全能第一名、三级跳远第二名，并以6.22米的成绩打破省少年乙组跳远纪录。

9月18日　由宁都县农业技术服务中心农业技术公司主持实施的宁都稻谷综合丰收技术获农业部“全国农牧渔业丰收计划”三等奖。

9月25日　第一部介绍全地区历史与现状的方志类书——《赣南概况》由人民出版社正式出版。全国人大常委会原副委员长周谷城、陈丕显分别为该书题写书名和题词。

9月29日至10月1日　全地区第二届运动会在赣州举行。是继1959年全地区第一届运动会后，时隔30年的又一次体育盛会。有23个代表团，2700名运动员、裁判员和工作人员参加。

10月8—10日　全地区首届农民戏剧节在赣州开幕。

10月24—26日　全地区科技兴赣南大会召开。

11月18日　由联合国教科文组织中国委员会邀请的西班牙、泰国、苏联、英国、加拿大、日本等国专家10人到西华山钨矿、漂塘钨矿访问参观。

11月23日　中国林科院亚热带林业研究所和澳大利亚联邦科工组织林业林产品研究所联合举办的中澳合作项目黑荆树栽培研讨会在赣州召开。

11月26日　零时14分，受广东河源地震中心影响，龙南县境内发生5.3级地震。

12月13日　中央顾问委员会常委陈丕显到瑞金考察并题词“中华人民共和国最早的红都——瑞金，为现代化建设做出更大贡献”。

同月　江西齿轮箱总厂“力”牌CPC-3叉车变速箱总成被评为1989年度机电部优质产品。

同年　全地区恢复征收契税。

1990年

1月1—5日　省长吴官正到赣州市（今章贡区）和定南、全南、龙南、信丰、南康等县考察，看望老红军、老干部和劳模代表，听取对政府工作的意见。

1月19日　赣州市煤气公司一期工程投产。一期工程投资2900万元，投产后日产煤气5万立方米，供10余万户家庭用气。

同月　瑞金机床厂与广州机床厂研究所联合开发出替代进口产品YBXV5变量叶片泵，为国内第一床。

2月4日　地区汽车运输公司客车从会昌返回赣州途中，在于都峡山十里河排地段落入离公路20.1米深的河中，车上56人全部落水，造成14人死亡、36人受伤。

2月18—21日　全国第三次农村沼气工作会议在于都县召开。

4月4日　赣南地质调查大队在上犹县首次探明银矿床，银金属工业储量达中型规模。

4月10日　赣州地区首次组建的援外医疗队启程赴突尼斯。

5月1日　赣州黄金机场开通赣州至广州航班，每周二、周五从赣州起飞，当日返回。

5月20日　宁都、于都、兴国、瑞金、石城5个县被农业部列为全国水稻“丰收计划县”。

5月20—26日　铁道部第四勘测设计院副总工程师田代勋一行6人，首次到赣州勘察京九铁路赣南段走向及各车站定位，标志着京九铁路正式进入勘测阶段。

6月7—9日　地委、行署在兴国县召开全地区造林绿化工作会议，总结“十年绿化赣南”前6年工作，部署后4年的任务。

6月18日　行署在赣南宾馆召开赣南经济体制改革试验区鼓励外商投资优惠政策新闻发布会。

6月30日　赣南建筑工程总公司获国家对外承包工程资格证书，为省内首家。

同月　省林业厅把赣县、兴国、于都、南康、瑞金等县列入长江中上游防护林体系第一期工程建设县，建设总规模为35.13万公顷，10年内完成。

同月　赣粤西线公路配套项目高频无线电通讯网工程开工兴建。这一工程以赣州市（今章贡区）为中心、赣粤西线为主干道，沟通南康、信丰、龙南直至广东交界的中村坳。

7月1日　零时，全地区开展第四次人口普查。

7月6日　世界卫生组织顾问、美国籍专家温格尔博士到宁都县访问。考察卫生防疫选点情况。世界卫生组织决定当年在全世界3个地区进行预防流脑新疫苗科技成果的推广工作，宁都是国内唯一推广县。

7月20日　省“七五”重点工程——龙潭水电站举行开工典礼。该电站位于上犹江水电厂上游，设计装机容量4万千瓦，水库容量1.56亿立方米，投资1亿多元，是全地区第一座调峰性电厂。1995年11月19日，龙潭电站下闸蓄水。

7月22—24日　全省创建国家卫生城市经验交流会在赣州召开。

8月3日　《江西省赣州地区水土流失现状遥感调查》通过地矿部航空物探遥感中心的鉴定。

8月14日　国家“星火计划”项目、年产500吨赣南黑荆树栲胶厂在地区林科所举行投产典礼。

8月21日　赣州地区、于都县分别被评为全国夏油生产先进地、县，受到国务院表彰。

8月24日　南方花岗岩剧烈侵蚀区综合治理研究成果鉴定会在兴国县召开。水利部、长江区划委员会、珠江区划委员会和省有关部门的领导、专家到会。

同月　全省第一个地市级有线电视台——赣州有线电视台正式成立。

同月　南康县东山镇金鸡岭发现1亿多年前的恐龙化石100余块，种类较多较全，这是继东山兰田、唐西店前之后该县第三次发现的恐龙化石。

9月中旬　江西省有色地质勘探二队在赣南境内找到一处以钨和锡为主，伴生钼、铜、锌的特大型隐伏石矿床，在省内属首例，实现"钨都"地质找矿史上的突破。

9月24日　"赣人庆10338号"人力渡船因超载、人货混装和无证人员偷船渡运，在瑞金县绵江谢坊村大埠头渡口附近的河中与桥墩相撞，致船体折断，船上55人全部落水，造成27人死亡、3人失踪的特大恶性事故。

9月29日　由赣州市（今章贡区）造船厂设计制造的全地区第一艘150吨级航油船下水。

10月5—6日　赣州青光岭（后改名黄金岭）、南康金鸡岭两个经济开发区相继动工兴建。

10月6日　联合国开发计划署首次援助的江西省山江湖区域开发项目进入实施阶段。10日，该项目首席技术顾问戴维·兰博士实地考察南康县龙回乡和赣县梅林镇生态农业试验示范点。

10月11—13日　中共中央政治局常委、国务院总理李鹏到赣州考察。国务院副秘书长刘仲藜、国务院政策研究室主任袁木和农业部部长刘中一等国务院部委负责人随行。先后考察赣加稀土有限公司和赣州木材厂；参观郁孤台、八境台，到赣州市（今章贡区）田螺岭了解居民生活情况，观看赣南采茶戏；与大余、南康、信丰、赣县以及南昌、临川等13个县的负责人座谈粮食工作。

11月7日　经省政府重新核定，赣南革命老根据地乡（镇）为327个，占全地区乡（镇）建制总数的87.6%，18个县（市）均有老区乡（镇）。

11月11日　以广东省人大代表、香港公共事业工会联合会副主席温彦举为团长的香港各业工人赣南参观团一行81人到江西气体压缩机厂参观。此后，香港连续组织40余批工会会员和各界人士共1500多人，到赣南参观考察。

11月20—23日　赣州市（今章贡区）博物馆考古工作者在赣州市（今章贡区）南郊陆续挖掘出土2窝较为完整的恐龙蛋化石，第一窝7枚、第二窝23枚。据考证，属中生代晚白垩纪，有7000万年至1亿年历史。

11月23—26日　省委书记毛致用到扶贫联系点兴国县调查，并考察于都县、会昌县、瑞金县、石城县、宁都县等老区重点扶贫县。

12月10日　亚太地区国际红壤开发治理专家学者一行17人到兴国县考察红壤开发治理工作。

同日　大余县印刷厂"层次版彩印复合膜包装袋"新产品获CLP90第二届国际包装技术展览会优秀奖。

12月22日　经全国城市卫生检查团评比，赣州市（今章贡区）被评为全国县级卫生城市。之后于1992年、1994年、1996年先后3次被评为全国县级卫生城市。

12月31日　南康县税务局工商税收突破亿元大关，成为江西省工商税收唯一超亿元的县。省长吴官正致电祝贺。

同年　全南、大余、上犹、崇义、石城、定南、寻乌、赣县等县被国家列为农村电气化试点县。

同年　赣县被列为国家"星火计划"蚕桑工程技术配套及示范项目实施县。

同年　南康县粮食生产夺得丰收，总产量达19.71万吨，比上年增长8.5%，超历史水平，获"1990年全国粮食先进县"称号。

1991年

1月1日　赣州南河大桥竣工通车。该桥长320米、宽16米、主桥3孔，每孔净跨80米，荷载量为重车30吨、挂车100吨。

1月5日　行署开始执行每月5日为行署专员接待群众来访日制度。

1月18日　全国政协副主席钱正英到兴国县考察水土保持工作。后建议国家在“八五”期间将兴国治理水土流失的做法扩大到贡江流域。

2月26日　国家科学技术委员会确定“八五”期间在赣南的3个山区开发项目：南康万亩良种柚基地建设和龙回河流域综合开发、宁都万亩脐橙基地和青塘流域综合开发、上犹笋竹两用低产竹改造和竹制品加工。总拨资约3000万元，由国家贴息贷款。

3月2日　地委、行署下发《赣州地区国民经济和社会发展十年规划和“八五”计划纲要》。

4月16日　中央电视台影视部和江西电影制片厂联合拍摄的8集电视连续剧《宁都兵暴》在宁都县开拍。

同日　以澳门工会联合会副理事长潘汉荣为团长的澳门社团、工会工作人员赴赣参观团一行30人抵达赣州观光旅游，这是澳门同胞首次组团到赣州参观。

5月3日　经国务院批准，崇义、定南、上犹、寻乌、石城5个县被确定为国家“八五”期间建设农村水电初级电气化县。

5月14日　5时30分，强龙卷风夹冰雹暴雨灾害袭击南康县西华、浮石、赤土、横寨、朱坊5个乡（镇）52个行政村，造成541户27753人受灾，其中死亡1人，受伤70人，损坏民房6662间，倒塌民房595间，农田、学校遭严重破坏，直接经济损失达957.9万元。

同月　行署决定，对全地区国营商业和供销社的经营范围、价格、用工、分配四方面实行放开经营试点。

6月3日　省林业厅同意宁都、石城、会昌、信丰、上犹等县为长江中上游防护体系建设工程辐射县。全地区10个县被列入长防林第1期工程建设，总规模为64.51万公顷，其中人工造林28.53万公顷、飞播造林7.88万公顷、封山育林11.53万公顷、低产林改造16.57万公顷。

6月4日　地委、行署印发《关于继续深化农村改革的意见》，提出全地区拓宽农村改革思路、加大农村改革力度的具体措施。

6月5—7日　全省第二次荒山造林工作会议在会昌县召开。省长吴官正、副省长舒惠国出席会议。

6月6—8日　地委、行署在宁都县召开全地区造林绿化工作会议，要求大战“今冬明春”，基本消灭全地区荒山，省长吴官正到会并讲话。

7月8—9日　中共中央政治局委员、国务委员兼国家教育委员会主任李铁映到赣州市（今章贡区）和瑞金、石城等县考察。访学校、看医院、参观叶坪和沙洲坝革命旧址。

7月11日　地委、行署作出《关于贯彻乡镇企业大发展大提高方针的决定》，制定了促进乡镇企业大发展、大提高的主要措施。

7月13日　地委、行署下发《关于积极开展以公有制为主体的多种形式股份制试点的通知》，要求在进一步提高对股份制认识的基础上，全地区推开100个左右企业进行试点。

7月17—24日　省委书记毛致用到干旱严重的龙南、全南、定南、信丰、南康等县察看灾情。

8月1日　省委办公厅、省政府办公厅批转省体改委、省委政研室、省决策咨询委员会《关于赣州地区经济体制改革试验区“八五”时期改革开放和发展思路的建议》，要求省直各有关部门对赣州地区经济体制改革试验区的改革给予积极支持。

8月13日　瑞金县被林业部确定为全国长防林体系建设试点示范县，成为江西省唯一的全国试点示范县。

8月17—18日　地委、行署印发《关于大力兴办股份制果园的通知》，计划全地区在3年内发展30万股股份，每股500元，用股份制形式开发果业。18日，地委、行署印发《关于大力发展“果业工程”

的实施方案》，提出“八五”期间全地区新建果园3.33万公顷，力争到20世纪末，全地区果园面积达6.66万公顷以上。

8月27日　由中国老区建设促进会、地区文化局、中国摄影家协会江西分会、信丰酒厂、地区群艺馆联合举办的红土地江西赣南摄影作品展览在北京人民大会堂举行首届座谈会。中共中央顾问委员会常务委员王平、王首道，全国人大常委会委员黄玉昆，中共中央顾问委员会委员乔晓光等出席座谈会。

9月21日　中共江西省委、中共赣州地委、中共吉安地委在北京人民大会堂举行纪念中央革命根据地创建60周年座谈会。国家副主席王震致辞，省委书记毛致用主持，省长吴官正作汇报讲话。

10月3日　崇义县长龙乡胡卢村樟坡岭出土一批汉代铜钱，总重量16千克，约510枚，有西汉五铢、货泉铜臬、东汉五铢3种类型。

10月7日　经国务院批准，利用世界银行贷款，由全南县承担国家在南方开展的造林项目开工。项目规划1.67万公顷山地，新建上山东、高峰、园明山、全竹、五指山5个国营林场和1个森林苗圃。

10月10日　联合国专家戴维·兰博士到赣州访问，对联合国开发计划署首次投赣项目“江西省山江湖区域开发”进行实地考察。

同日　赣粤湘三省地市改革发展信息交流会在赣州举行。交流会从1988年开始在赣州、韶关、清远、郴州4个地市轮流召开，旨在互通信息，互相借鉴改革发展经验。

10月12日　全国八片水土保持重点治理区第八次会议在兴国县召开，陕西、河北、山西、内蒙古、辽宁、甘肃、北京、湖北、江西9个省（自治区、直辖市）水利部门的负责人以及新闻单位记者300余人参加会议。

10月17日　由瑞金电线厂生产的航空用扁形搭铁线、圆形搭铁线、金属编织带、柔性钢索、金属编织管5项新产品通过部级鉴定，其中扁形搭铁线、圆形搭铁线填补了国内空白。

10月22日　由赣州地区主办的《赣水苍茫闽山碧》百米画卷、《苏区标语漫画》历史资料和《今日红土地》摄影作品展在中国人民革命军事博物馆展出。全国政协副主席康克清和中共中央顾问委员会常务委员王平、陈丕显为开幕式剪彩，中共中央顾问委员会委员乔晓光、汪东兴、罗贵波、曾志等参加开幕式。

11月3日　江西省首届采茶戏观摩调演暨研讨会在赣州举行。南昌、抚州、萍乡、宜春、九江、吉安、赣州7个地（市）剧团出席并参加演出。

11月7—11日　为纪念中央革命根据地创建暨中华苏维埃共和国临时中央政府成立60周年，中央领导分别题词。江泽民题词：“发扬江西老区的光荣传统，建设有中国特色的社会主义”；邓小平题词：“纪念中央革命根据地创建六十周年”；李鹏题词：“发扬苏区革命传统，促进老区经济建设”；聂荣臻、杨成武、刘澜涛等中央领导也分别题词。11日，纪念中央革命根据地创建暨中华苏维埃共和国临时中央政府成立60周年大会在瑞金县沙洲坝原中央政府大礼堂举行。中共中央顾问委员会常务委员陈锡联、省委书记毛致用、省长吴官正、地委书记黄名鑫、行署专员刘祖三、老红军代表李贻树、江西和福建两省苏区各县代表及瑞金县各界代表1000余人出席会议。

11月7日　中共华南分局扩大会议会址暨叶剑英住址纪念碑在赣南漂染总厂院内落成。

11月14日　省长吴官正在瑞金县考察县办、乡办果业基地。

11月18日　在文化部、人事部举办的首届全国文化先进地区、先进集体和先进工作者表彰大会上，于都县被授予“全国文化工作先进地区”称号，赣南画院被授予“全国文化工作先进集体”称号。

11月24日　省政府在赣州召开帮助办好赣州地区改革试验区现场办公会议。省委常委、常务副省长舒圣佑主持会议，行署专员刘祖三汇报赣州地区创办试验区三年改革和建设情况。省政府办公厅、省计划委员会、省经济委员会等部门负责人分别在会上发言。

12月14—17日　国务委员、国家科学技术委员会主任宋健一行22人到赣州地区考察工作，国家科学技术委员会副主任李效时、省委常委张逢雨陪同考察。

12月17—23日　中国银行江西省信托咨询公司代理赣州钴冶炼厂在全省范围内发行企业债券1000万元，是赣州地区首次发行债券为企业融资。

同月　全地区18个县（市）有375个乡（镇）通公路，实现乡乡通汽车。其中，南康县实现乡乡村村通汽车；赣州市（今章贡区）、于都县、宁都县、石城县、安远县、定南县、大余县、崇义县8个县（市）实现乡乡通客班车。

同年　赣州电视台与中央电视台联合摄制电视音乐艺术片《杜鹃红·茶林绿》《赣南采茶戏集锦》，第一次将赣南采茶戏搬上荧屏与全国人民见面。

1992年

1月3日　行署在瑞金召开全地区农村宅基地有偿使用工作现场会。此后，全地区农村开展宅基地申报登记发证工作。

同月　9日，地委、行署作出《关于进一步深化国合商业企业改革的暂行规定》，指出搞好国合商业，已成为全地区继农业开发总体战和工业调整提高攻坚战之后发展经济的又一项重大措施。15日，地委、行署印发《关于在全区国营工业企业进行“六自主”试点的决定》，决定选择部分企业进行以经营、价格、人事、劳动、分配、技改和基建投资等“六自主”为主要内容的综合改革试点。16日，地委、行署印发《关于深化国合商业批发企业改革的实施方案》，决定从1992年4月16日起，在国合商业批发领域实行经营活动、商品定价、劳动用工、工资分配“四放开”，并实行税利目标责任制。

2月6—9日　省长吴官正到赣州供电局虎岗变电站、赣南科技城和地区畜牧科研所考察。

2月17日　地委、行署印发《关于进一步加快水土保持工作步伐的决定》，要求认真学习、推广兴国县水土保持工作经验。

2月18日　中国老区建设促进会和中国市场学会在人民大会堂联合召开座谈会，为赣南老区生产企业开拓市场。中共中央顾问委员会常务委员、中国老区建设促进会顾问杨得志、陈锡联等参加座谈会。

2月20日　撤销兴国师范学校，保留赣州、宁都、龙南、瑞金4所中等师范学校。赣南教育学院由赣州市（今章贡区）迁至原兴国师范学校校址。

2月25日　地委书记黄名鑫应新华社香港分社邀请，赴香港、澳门进行为期10天的考察。

3月1日　地委印发《关于认真传达学习和贯彻落实邓小平同志南方重要谈话的通知》。

3月3日　信丰、大余、南康等县被列为全省红壤二期开发项目县，总投资为9720万元人民币，其中世行贷款900万美元。

3月13日　地委决定，在大余县开展城市社会主义思想教育试点工作，并印发《关于开展社会主义思想教育试点工作的意见》。

3月25—29日　全地区普降大到暴雨，安远县、会昌县、赣县、南康县、上犹县、赣州市（今章贡区）等县（市）受灾严重，受灾面积17.24万公顷，受灾人口257.5万人，因灾死亡73人，大批房屋倒塌，水利、电力、交通、通信设施遭到严重破坏，经济损失达10.15亿元。

4月1日至9月1日　根据国务院规定和省政府批准，从4月1日起全面放开龙南县、定南县、全南县粮油购销价格。从9月1日起，其他15个县（市）粮价全面放开，完成粮食价格改革。

4月2日　赣州市（今章贡区）运动员王晖在广州举行的第三届全国伤残人运动会上获跳高、跳远

2个项目金牌，其中跳高成绩刷新全国纪录。1993年6月18—20日，王晖参加全国残疾人田径分区赛湘潭赛区比赛，获男子LAF5级跳高、跳远、标枪3个第一名，其中跳高成绩为1.86米，打破了美国肢残运动员创造的1.81米的世界纪录。

4月17日　地区支援京九铁路建设领导小组成立，下设办公室。

5月1日　纪念中华苏维埃共和国邮政总局成立60周年大会在瑞金县召开。萧克、陈丕显、张爱萍、杨成武、杨泰芳、钟辉、毛致用等领导为中华苏维埃共和国邮政总局成立60周年题词。同日，地区邮电局在瑞金宾馆举办苏区邮票展览，并在全省率先开办“160”电话信息服务台。

5月18—23日　行署在澳门举办赣州地区商品展销暨经济技术洽谈会，全国人大常委会委员霍英东、马万祺到会祝贺。

6月8日　地区水文站及所辖坝上、峡山水文站受到国家防汛抗旱总指挥部办公室的通报表彰。

同日　地委、行署发出鼓励地直党政机关、事业单位创办经济实体的通知。

同日　由赣州市（今章贡区）章贡龙舟队、水南体育中心等农民龙舟队组成的市农民龙舟队，作为江西代表队赴京参加由国家体育运动委员会举办的龙舟大赛，在国内外百支龙舟队中夺得大奖赛第八名，进入南方片四强行列。

6月15日　赣州天气预报进入中央电视台城市天气预报站网点，正式在全国天气预报栏目中播出。

6月27日　行署召开专员办公会议，决定扩大崇义、全南、定南、龙南、寻乌、会昌、瑞金、石城等边际县经济管理权限，增办定南、瑞金经济小特区和大余、全南、龙南、定南、瑞金、寻乌经济技术开发区。

6月30日　南康县被林业部确定为全国60个长防林建设首批达标县之一。

7月4日　20时至7日5时，全地区13个县（市）普降大到暴雨，平均雨量为140.6毫米，上犹、兴国、石城3个县降雨量达200毫米以上。洪灾殃及18个县（市）的321个乡（镇）、274万人，直接经济损失达15.6亿元。

7月15日　信丰县铁石口镇股份制联营煤矿发生瓦斯爆炸事故，造成11人死亡、6人受伤。

同日　全国千吨以上甘蔗糖厂第二协作组第二十二次会议在信丰糖厂召开。粤、闽、桂、赣等省（区）的27家大型糖厂的代表和特邀代表出席会议。

7月16日　黄金机场扩建工程开工。

7月27日　省重点工程宁都县三门滩水利枢纽工程开工兴建。该工程为赣中南农业综合开发首期骨干项目，总投资为2800万元。

7月30日和31日　地委、行署分别作出《关于在山上再造一个高效益赣南的决定》《关于苦战五年实现全区绿化达标的决定》。

8月11—13日　铁道部部长李森茂率铁道部、上海铁路局、广州铁路局、南昌铁路分局、铁四院有关人员到赣州，就京九铁路赣南段的一些重大问题与省地有关领导进行磋商。13日，铁道部与省政府签署《关于加快江西省境内铁路建设有关问题的商谈纪要》，决定京九铁路途经兴国县。

8月23日　行署提出全地区粮食购销改革实施意见，决定自1992年9月1日起，取消城乡居民平价粮食供应，全面放开粮食供应价格，国家不再给城镇居民增加新的粮价补贴；区内粮票停止流通，停止办理城镇居民粮食支拨的迁出、迁入；城乡居民和机关团体单位积存的定量指标，价格放开。

8月27日　南康县隆木中学初三学生刘传东、黄丽丽制作的“双向双管喷雾器”获全国第六届青少年创造发明比赛和科学讨论会创造发明一等奖。

9月9日　赣南采茶剧团《试妻》获全国戏剧小品比赛二等奖。

10月6日　南康龙回早熟柚获全国农业博览会金奖。

10月10日　行署批转地区工商局《关于进一步鼓励城乡个体、私营经济发展的意见》。

10 月 13 日　地区财会职工中专被国家教育委员会授予“全国成人中等专业教育先进学校”称号，成为江西唯一获此殊荣的成人中专。

11 月 19 日　经国务院批准，龙南、会昌、宁都、定南、于都等县被列入对外国人开放地区。

11 月 25—26 日　省长吴官正考察赣州市（今章贡区）、南康县、大余县、信丰县、龙南县、全南县等县（市），对赣南改革开放和经济发展进行调研。

12 月 8 日　全国风化壳淋积型稀土矿学术交流会在赣州召开。

12 月 30 日　地区授勋大会在赣州军分区召开，赣州军分区司令员宣读中央军委命令和南京军区命令：授予钟振汉等 13 人中国人民解放军二级红星功勋荣誉章；授予赵德海中国人民解放军独立功勋荣誉章；授予钟义宣等 6 人中国人民解放军胜利功勋荣誉章。

同日　全地区实现无线寻呼。

同年　兴国一中刘健民等 17 名学生分获全国初中数学竞赛一、二、三等奖；赣州一中廖华、赣州三中谢启鸿等 16 名学生分获全国高中数学竞赛一、二、三等奖，其中廖华、谢启鸿作为江西代表队参加全国数学奥林匹克冬令营活动，谢启鸿取得第三名。

1993 年

1 月 12 日　地委书记刘培均、省政协赣州地区联络处主任梅继尧等领导代表地委、行署和赣南 728 万人民，走访慰问京九铁路赣南段的工程建设人员。

1 月 16 日　地委、行署作出《关于促进乡镇企业超常规发展的决定》《关于在新形势下加强计划生育的决定》《关于切实减轻农民负担的决定》《关于加快工业经济发展的决定》《关于进一步加强农业和农村工作的决定》。

2 月 12 日　地委书记刘培均等领导率全地区县（市）委书记到南康县参观果业开发现场。

2 月 15 日　地直机关抽调 191 名干部下至各定点乡、村抓小康示范村，帮助发展果业生产和乡镇企业。

3 月 1 日　国家“星火计划”项目——全南县万亩蚕桑基地建设及加工配套技术开发通过国家验收，产品质量达到国家标准。

3 月 4 日　赣州有色冶金研究所承担的国家火炬项目——Slon－1000、Sion－1500 立环脉动高梯度磁选机通过国家科学技术委员会委托江西省科学技术委员会组织的专家验收。同月，Slon、SQC 型系列磁选机代表国内强磁选机设备水平，参展由中国科学技术协会首次组团参加在澳大利亚举办的国际选矿设备展览会。

3 月 8—9 日　全地区个体私营经济工作会暨先进个体劳动者表彰大会召开，500 名先进个体劳动者、先进私营企业主受到表彰。

3 月 19 日　赣南人民对外友好协会成立。

3 月 22 日　地委、行署作出《关于加快公路建设步伐的决定》，要求把公路建设摆到优先发展的战略地位。

4 月 15—20 日　铁道部建筑总公司第十三工程局在贡水特大桥施工现场举行京九铁路赣南段开工典礼，揭开京九铁路赣南段建设的序幕。20 日，铁道部部长韩杼滨率京九线吉安至赣州段现场办公人员到赣州，了解铁路设计、施工、地方支援铁路建设等有关情况。

4 月 17 日　赣州无线移动通信系统开通。

4 月 20 日　以地委书记刘培均为团长、行署专员邱禄鑫为副团长的赣州地区赴港考察团一行 22

人，赴香港进行为期7天的招商引资考察。

4月25日　上犹县社溪镇农机厂研制开发的VT-91型拼花地板机获'93常德全国“星火计划”成果展销洽谈会金奖。

同月　由赣州电视台摄制的电视专题片《来自赣南的报道》在北美、新加坡等地播出，并获全国外宣片一等奖。

5月8日　南康县连遭2次特大龙卷风夹冰雹暴雨袭击，最大风力达11～12级，最大冰雹直径达10厘米，有2498间房屋倒塌、8人死亡、5人重伤、1697.2公顷庄稼遭到破坏，直接经济损失达5200万元。

5月14日　由中国化工进出口总公司捐资26万元兴建的全地区第一所希望小学在兴国县五里亭乡奠基。

5月16日　安远县三百山被林业部批准为国家森林公园。

6月28日　国家级“星火计划”重点项目100吨镨钕金属扩建工程在赣州竣工投产。

同月　信丰县与安远县交界处发生3.1级地震。

7月12—28日　铁道部、中央电视台大型系列专题片《京九大会战》摄制组在赣南采访拍摄。

7月21日　信丰县被确定为第八个五年计划中全国第二批商品粮基地县。

8月2—8日　中等林校南方省区第九次协作会议在赣州林业学校召开，南京、宁波等17所林校的49名代表出席会议。

8月9日　赣州至厦门航线正式开通。

8月10日　赣州水泵厂研发的D型多级离心式消防泵，填补了国内多级离心消防泵标准的空白。

8月30日　万安—兴国—宁都110千伏输电线路竣工通电。该项目总投资3000万元，全线142.5千米。

9月8日　全地区打击走私会议召开，传达全国、全省打击走私会议精神，部署全地区打击走私工作。

同日　瑞金液压件厂YBXV5-14型变量叶片泵通过鉴定，该产品填补了国内空白，获江西省优秀新产品一等奖。

9月27日　京九铁路龙南金鸡岭隧道进口先后发生3次大面积塌方，9名民工被堵在隧道内。经组织抢救，至10月3日，3人生还，6人死亡。

同月　江西省小煤窑清理整顿工作现场会在赣南高桥煤矿召开。整顿后，全地区小煤窑由800多个减至320个。

10月6日　江西齿轮箱总厂JCMFD60T型液力叉车变速器、CPQ6型机械叉车变速器通过鉴定，2项产品均填补了国内空白。

10月30日　全省“八五”重点建设项目——南康县罗边水利枢纽工程动工，该工程属上犹江流域第五级开发工程，总投资6056万元。

11月10日　江西省考古队在赣州市（今章贡区）沙石镇竹园下发现古人类活动遗址。发现柱洞（古人类建房挖洞时用的立柱）1个、墓葬2处、灰坑12个、陶片几十种、文化堆积层约1米厚。出土的文物有石簇，石锛，陶制器皿簋、鼎、盆、缸等。该遗址的发现填补了吴城文化和岭南文化流向断层的空白。

11月16日　由赣南卷烟厂生产的“百花洲”牌卷烟在卷烟工业华东第二协作区第二十次会议上被评为质量第一的卷烟。

11月26日至12月4日　省委书记毛致用到赣州地区考察。其间，召开赣州地区果业发展座谈会。

12月13日　应文化部邀请，赣南采茶剧团《山歌情》剧组赴北京演出。之后，该剧分获“文华大奖”“文华剧作奖”“首届曹禺戏剧文学奖”“五个一工程奖”。

12 月 16—18 日　以美国德克萨斯州麦卡伦市市长奥塞尔·布兰德为团长的德克萨斯州访华团一行 4 人到赣州地区进行友好访问。其间，宾主双方就建立经济、贸易、技术、文化、教育、科研等方面的交流与合作进行洽谈。

12 月 18 日　地区行署行政复议委员会成立。

12 月 22—24 日　地委、行署举行纪念毛泽东 100 周年诞辰文艺晚会和纪念大会，缅怀毛泽东的丰功伟绩。

12 月 24 日　零时，定南县 1000 门模拟程控电话割接开通，全地区县以上城市全部实现电话交换自动化。

同月　全地区煤炭行业管理工作获 1993 年度甲级矿、甲级通风井、小煤窑整顿成果全省第一，原煤产量突破百万吨（121 万吨）大关，国有煤矿创井下无人员死亡事故的历史最好成绩。

同年　由地区水产科研所副所长杨小林主持的《草鱼营养缺乏性脂肪肝致病因素的研究》被列为江西省自然科学发展基金项目，该项目技术水平属国内领先，作为地区一级科研机构首次获该基金资助。

同年　全地区共接受 184 名台胞捐赠 186.88 万元，兴办 79 项社会公益事业。

同年　为减轻农民负担，全地区清理自 1980 年以来涉及农民负担文件 88 个、废止 24 个、修正 11 个，并将废止的 18 个负担项目和 7 种收费向社会公开。

1994 年

1 月 5 日　地委、行署作出《关于进一步鼓励发展个体私营经济的决定》。

1 月 20 日　赣州市（今章贡区）新建卫府里市场开业。该市场占地 1 万平方米，建筑面积 3 万多平方米，总投资 2000 多万元。

1 月 25—29 日　省委书记毛致用到崇义县调查研究，重点调查研究农村基层组织建设情况，走访茶滩乡茶滩村的部分贫困农户和乡敬老院的孤寡老人。

同月　赣南首部地区级社会主义新方志——《赣州地区志》由新华出版社正式出版。

同月　全地区全面推行住房公积金制度，对住房公积金实行“银行专户储存、统一管理、专项使用”的管理方式。

2 月 16 日　寻乌县城附近发生 3.3 级地震。

3 月 3—4 日　地委、行署在赣州召开全地区工业工作会议。会议研究和讨论全地区工业形势以及发展工业生产的措施。

3 月 17 日　全国人大代表邱禄鑫等，在全国人民代表大会期间提交修建赣龙铁路的议案，引起大会重视。

3 月 23 日　江西齿轮箱总厂 MSB-5S 型汽车变速器通过技术鉴定，当年获“江西省优秀新产品”一等奖。

3 月 24 日　区内第一条通信光缆赣州—南康—上犹—崇义光缆线正式放缆。

4 月 22 日　国家环境保护局组织人员对京九铁路赣南段重点工程建设环境保护及拆迁安置情况进行实地调查。

4 月 25 日　私营企业主黄泽兰以 260 万元的价格购买国有崇义县陶锡坑钨矿，开创区内私营企业购买国有企业的先河。

同月　行署在深圳召开'94深圳（赣南）经济发展促进及招商洽谈会。

5月1—3日　全地区普降暴雨，15个县（市）受灾，直接经济损失达9亿多元，其中石城、宁都等雨区平均降水量达214毫米，石城水文站连续24小时降水量375.9毫米，连续48小时达417毫米，超过全地区有雨量记载以来的最高纪录。

5月18日至10月18日　经国务院批准，同意撤销瑞金县，设立县级瑞金市，以瑞金县的行政区域为瑞金市的行政区域。8月1日，行署转发《江西省人民政府关于撤销瑞金县设立瑞金市的通知》。10月18日，瑞金举行撤县设市庆典大会，省长吴官正、行署专员邱禄鑫出席并讲话。

5月19日　南康县唐江镇、宁都县青塘镇和赣州市（今章贡区）沙石镇被列为建设部小城镇建设试点镇。

5月20—24日　民政部救灾专员张立秀一行到石城等县考察灾情并慰问灾区群众。

6月1日　瑞金市东升小学刘立平、叶坪中心小学钟浦云、云石山中心小学曾艳平、泽覃五龙小学章萍萍4位少先队员获全国百对"手拉手"好朋友称号，进京参加表彰会，受到中共中央总书记江泽民、国务院总理李鹏的接见。

同日　江西省证券登记公司赣州代理处成立。

6月13日　经国务院批准，信丰县被列入对外国人开放地区。

6月15—18日　全地区遭暴雨袭击，平均降雨量165毫升，石城、瑞金达250毫升以上，市政基础设施遭到严重破坏，直接经济损失1935.2万元。

6月16日　信丰县小江镇排高村一小煤窑发生塌窑事故，井下11名工人全部遇难。

6月26—29日　省长吴官正考察赣州市（今章贡区）、南康县、于都县、石城县、宁都县等灾区。

7月2—6日　中央文献研究室、中央电视台、省党史委到赣州拍摄《邓小平》纪录片。

7月10日　地委、行署下发《关于打好扶贫攻坚战的实施意见》。

7月11日　汉仙岩、梅关—丫山、通天岩、翠微峰、罗汉岩、小武当、三百山、聂都溶洞和陡水湖等9个风景名胜区，被列入省政府重新调整审定的全省24处省级重点风景名胜区。

7月16—18日　国家稀土办在龙南县召开南方离子型稀土矿管理工作座谈会。江西、广东、福建3个省的98位代表出席会议。

同月　赣州市（今章贡区）与美国得克萨斯州麦卡伦市缔结为友好城市。

同月　在会昌县清溪乡境内发现中国珍稀濒危植物突托蜡梅。

9月12日　赣州地区国家安全局成立。

9月14日　日本临济宗派国泰寺日中友好佛迹参拜访华团一行21人，到赣县田村镇宝华寺参拜。

9月26—30日　地区组团参加在马来西亚吉隆坡召开的中国江西省招商引资暨贸易洽谈会。

10月9—13日　铁道部第四勘测设计院副总工师于连第率队到赣州，对赣龙铁路沿线地区进行现场踏勘，核实铁路走向等事宜。

10月11—12日　第二届赣粤闽交界区防震抗震联防协作会议在赣州召开。会上，三省地震专家交换地震资料，并对各项抗震联防工作达成共识。

10月13日　全南县酿酒厂福满堂牌长寿糯酒在1994年乌兰巴托国际博览会上荣获国际金奖。

10月13—20日　省长吴官正到石城、瑞金、会昌、寻乌、安远、上犹、崇义等县（市）考察。

10月24日　行署专员邱禄鑫率团出访美国麦卡伦市。

10月25日　地矿部在信丰县召开全国矿产储量登记统计赣州地区试点工作总结验收会。河南省、内蒙古自治区、甘肃省等省（区）的专家代表和省地矿局及各地市地矿局的代表出席会议。

同月　赣南籍运动员刘显斌与队友，在日本广岛举行的第十二届亚运会上，以6分42秒65和6分23秒80的成绩，荣获男子双人双桨赛艇2000米金牌和男子4人单桨无舵手赛艇2000米金牌。1995年

10月21日，刘显斌在香港举行的第十七届香港赛艇锦标赛暨国际赛艇邀请赛中，与队友合作分别获男子4人单桨有舵手赛艇2000米和男子4人双桨赛艇2000米金牌。

11月10日　赣州市（今章贡区）被国家体育运动委员会命名为“全国田径之乡”，成为全省唯一获此称号的县（市）。

11月18日　赣州市（今章贡区）财政收入突破2亿元大关。

11月23日　’94中国赣州宋城文化节座谈会在北京人民大会堂陕西厅举行。全国人大常委会副委员长雷洁琼、李沛瑶及有关方面领导芮杏文、万绍芬等出席。

同日　全地区通信实现交换程控化，电话总容量达11.9万门。

同月　国家教育委员会批准赣州地质学校为国家级重点中专，地矿部同意该校更名为南方工业学校。

12月18日　省委书记毛致用到赣州地区考察工作。

同日　’94中国赣州宋城文化节在赣州开幕。省、地（市）领导，省有关部门负责人；江西景德镇，广东韶关、梅州，湖南郴州，海南省有关人士；京九铁路赣州指挥部负责人及海内外人士共1300余人出席。党和国家领导人李铁映、雷洁琼、王光英、李沛瑶等为文化节题词。

同年　全地区完成供电量112156万千瓦时，售电量104663万千瓦时，首次突破10亿千瓦时售电量大关。

1995年

1月18日　京九铁路贡水特大桥合龙。

1月20日　兴国县通过全国造林绿化最佳县检查验收，成为全国造林绿化最佳县。

3月7日至9月19日　国务院批准南康撤县设市。新设立的南康市为县级市，以南康县的行政区域为南康市的行政区域。9月19日，南康举行撤县设市庆典。

同日　赣州、龙岩、韶关三地（市）在北京燕京饭店召开韶赣龙铁路筹建工作第一次会议，就兴建韶赣龙铁路的有关问题进行磋商。

3月14日　地委书记刘培均率地区柑橘考察团启程赴美国考察。

3月30日　在首届中国特产之乡命名大会上，赣县被命名为“板鸭之乡”，南康为“甜柚之乡”。

同月　由返沪知青在赣州捐建的第一所希望小学在信丰县油山举行奠基典礼。至1995年年底，上海知青共为全地区捐建希望小学5所。

同月　由地区民间艺术协会选送的《于都唢呐》《石城灯彩》等4部录像片参加第二届中国民艺录像片会演评奖，《于都唢呐》进入中国10部优秀作品之列。

4月5日　地委、行署召开全地区县（市）委书记、县（市）长会议，传达贯彻中共中央总书记江泽民考察江西的重要讲话和全省地（市）委书记、专员（市长）会议精神。

4月14日　东方红水泥厂425号普通硅酸盐水泥、赣州钴冶炼厂仲钨酸铵、赣南农药厂50%甲硫磷乳油、大余食品厂多味花生、安远化工厂松节油、赣州木材厂胶合板、赣南卷烟厂的赣烟被省标准局批准为免检产品。

5月9日　大余县青龙镇农民尤书胜发明的多功能高效木梢升温炉获国家专利。

同月　中国有色金属工业总公司赣州粉尘监测中心在赣州冶金研究所建成并通过部级验收。

6月2日　行署印发《赣州地区全面实行劳动合同制度实施意见》。提出要在1996年6月前，全地区所有企业、个体经济组织和与之形成劳动关系的劳动者全面实行劳动合同制度。

6月10—11日　地委、行署召开全地区乡镇企业工作会议。会议确定“立足农业、主攻工业，主攻工业主要是主攻乡镇企业，主攻乡镇企业的重点主要是主攻乡镇工业”的指导思想。

6月12日　世界卫生组织官员麦克·里南一行4人到赣州，考察脊髓灰质炎强化免疫和急性弛缓性麻痹监测情况。

6月20日至7月5日　国际农发基金援助项目专家评估团到兴国、于都、赣县、龙南、上犹等县开展援助项目评估活动。

6月28日　赣州海关正式开关。

同日　赣南贸易广场动工兴建。

6月30日　'95赣州地区（香港）招商引资暨贸易洽谈会在香港举行，香港100多家企业的客商应邀参加。

6月30日至7月1日　全省水稻抛秧现场会在寻乌县召开，该技术具有省工、省力、省种、省秧田、增产等特点。

8月1日　地委、行署召开纪念抗日战争胜利50周年座谈会。地委、行署领导分4个组走访慰问抗战老干部、老党员及抗战老干部的遗属。

8月20日　以行署常务副专员周英棠为团长的访美代表团，启程前往美国，对美国的德克萨斯州麦卡伦市、纽约市和华盛顿市进行友好访问。

9月2—3日　地委、行署在赣州召开十年绿化赣南总结表彰会暨全地区林业工作会议，会议宣布全地区宜林荒山基本消灭。

9月15日　湘粤赣三省四地（市）改革与发展信息交流会在赣南宾馆举行。

9月16日　全省第二大模拟移动通信交换站赣州交换站割接开通。

同日　赣州市（今章贡区）聋哑人周建祥参加在澳大利亚佩恩举行的第四届国际残疾人职业技能比赛中，获标版广告美术项目银牌奖。

10月11日　地区劳动局与赣州市（今章贡区）政府签订《赣州灯泡厂合资出售合同》。这是赣州市（今章贡区）出售的第一家国有工业企业。

10月15日　行署批转赣州地区住房制度改革领导小组《关于在我区全面推进住房公积金制度的实施意见》。决定自1995年9月1日起，住房公积金必须由在职职工及其所在单位按个人工资总额的3%执行，1997年1月再调至5%。这是改革福利分房制度的重要一环。

10月22—29日　地区友协赴日友好访问团，到日本福冈县的甘木市、冈山县及井原市、汤原町进行访问。

10月24日　国家“863计划”（国家于1986年3月启动实施的“高技术研究发展计划”）两系法杂交水稻试开发项目责任专家卢兴桂，到地区农科所考察两系法杂交稻新组合试种实施情况。

同月　地区广播电台制作的戏曲专题《茶乡古韵》节目获全国戏曲广播节目评比一等奖。

11月16日　11时36分，京九铁路接轨仪式在赣粤边界的定南县老城定河特大桥南端举行。中共中央政治局委员、国务院副总理邹家华宣布：京九铁路全线铺通。1996年4月1日6时，机头号为“东风47486”的火车沿京九铁路由广东境内驶入定南火车站，是赣南老区迎来的第一列火车，标志着京九铁路全线投入货物运输；9月2日凌晨，京九铁路全线开通运营后的第一列进京客车——深圳至北京106次列车经过赣州站；同日8时32分，首列237次九江至深圳直快客车准点驶入赣州站，赣州车务段在站台举行京九铁路开通运营暨迎送首列九深客车仪式。

11月25日　地委、行署召开全地区县（市）机构改革和推行公务员制度工作会议。会议要求地直机关在当年内完成机构改革任务，县（市）、乡（镇）的机构改革次年3月底前完成。

11月26日　第二届中国农业博览会公布：赣州地区茶叶盘古龙珠、大沽白毫、梅岭剑绿获金奖，小布岩茶、通天岩茶、武华云雾、梅岭毛尖获银奖。

11月27—30日 全省发展特色农业暨计划生育"三结合"（计划生育工作同发展农村经济相结合、同农民勤劳致富奔小康相结合、同建设文明幸福的家庭相结合）工作现场会在赣州召开，省委书记吴官正到会讲话，随后到赣州市（今章贡区）、定南县、全南县、龙南县、信丰县等县（市）考察工业企业、乡镇企业和果业基地。

12月26日 信丰县财政收入突破亿元，为全地区第二个财政收入过亿元的县（市），被誉为"长征路上第一个财政收入亿元县"。

1996年

1月3日 对外贸易经济合作部同意赣州市（今章贡区）创业工业集团享有国家经营业务进出口权，为全地区企业第一家。

1月9—11日 美国德克萨斯州麦卡伦市市长奥塞尔·布兰德率友好访问团，到赣州进行为期3天的友好访问。双方共同签署《1996年合作交流活动备忘录》。

1月11日 行署召开全地区小城镇综合改革试点工作会议，确定赣州市（今章贡区）蟠龙镇等18个镇为全地区小城镇改革试点镇。

1月20日 地委、行署在会昌、寻乌召开全地区"猪－沼－果"（养猪—沼气—种果）工程建设工作会议，要求全地区上下努力，加快建设"猪－沼－果"富民工程。

1月26日 全国政协原副主席吕正操一行到赣州考察京九铁路建设情况。

1月29日 行署召开全地区生猪定点屠宰工作会议，要求在春节前后全地区县城以上城镇全面推行上市生猪"定点屠宰"办法。

同月 江西九连山自然保护区入网国家"人与生物圈"。

2月21—24日 省长舒圣佑到赣州地区考察，要求各级干部要有新思路、新姿态、新举措，把县域经济推上新台阶。

同月 瑞金中央革命根据地纪念馆被文化部评选为全国十佳爱国主义教育基地。

同月 赣州市（今章贡区）涌金门仿宋城楼建成并通过验收。该城楼为适应万安水电站运行需要，投资170万元，在城门原址修建仿宋城楼，是集观光、防洪于一体的现代化闸门城楼。

3月26日 地委、行署召开地直机关机构改革动员大会。机构改革范围为地委、行署、省人大地区工委、省政协地区工委、中级人民法院、检察分院、人民团体、民主党派机构。改革后，地委机构设7个部门，行署机构设39个部门，精简25.81%；地直单位行政编制1300名，比原实有人数2079人减少779人，精简幅度37.47%。

同月 大余县被国务院命名为"中国瑞香之乡"。崇义县被林业部命名为"中国竹子之乡"。

4月6日 赣州地区境内两项光缆工程同时开工建设，并于6月竣工投入使用，全地区各县（市）全部实现数字化光缆传输。

4月8日 赣州军分区在八一宾馆举行人民武装部收归军队建制后的首次授衔仪式。

4月9—13日 文化部纪念红军长征胜利60周年特区老区人民心连心慰问演出在赣州市（今章贡区）、瑞金市等地举行。组委会向瑞金市捐赠30万元用于发展教育事业。

4月12—17日 省委书记吴官正到赣县、兴国县、于都县，就库区、老区打好农业上台阶、农民奔小康攻坚战等问题进行调研。

4月17—20日 全省乡镇企业工作会议在赣州召开。省委书记吴官正、省长舒圣佑出席会议并讲话。

4月26日晚　全地区公安机关在全地区范围内组织开展严打统一行动。至6月，此次行动共破获各类刑事案件1001起，其中大案400起，抓获犯罪嫌疑人2591人（其中逃犯495人），摧毁犯罪团伙265个。

5月7日　赣州至珠海首航式在赣州黄金机场举行。

5月8日　由中国人民革命军事博物馆和中国集邮总公司共同组成的“军民重走长征路”联队，从瑞金出发，一枚由集邮公司发行的特种纪念封同时从瑞金寄出。

5月20—21日　全国人大常委会副委员长布赫到赣州，就贯彻实施《中华人民共和国教育法》情况进行视察。

5月22日　赣州市（今章贡区）荣获“全国文化先进市”称号。

6月5日　地委召开地区直属机关副科级以上干部开展“三讲”（讲学习、讲政治、讲正气）活动动员大会。

6月18—19日　全省推广稀土开采管理龙南模式现场会在龙南县召开。

7月4—5日　行署在兴国召开以工代赈现场会，内容为用活以工代赈资金，搞好贫困地区基础设施建设。

7月11日　地委、行署在大余县召开全地区果业生产工作会议，确定下一步全地区果业工作的目标任务。

7月13日　全地区固定电话号码从6位升至7位。

7月25日　行署在赣县召开全地区鹅鸭工程现场会，提出确保全地区年内完成1000万羽灰鹅和800万只板鸭的生产任务。

7月29日　赣州黄金机场二期扩建工程通过验收。工程按4C级通航要求建设，仪器设备可满足夜航及复杂气象条件下通航要求。

7月30日　全地区召开石油成品市场整顿会，要求对石油成品销售实行统一政策、统一价格、统一调拨、统一质量标准。

7月29—31日　全地区开展“严打”斗争第三次集中统一行动。该行动共查破各类刑事案件132起（其中大案31起），抓获各类刑事犯罪嫌疑人158人（其中逃犯31人）；摧毁犯罪团伙16个，成员92人；缴获各类非法枪支553支、管制刀具和凶器103件、摩托车17辆以及其他赃款赃物。

8月1—13日　受8号台风影响，全地区各地发生严重的洪涝灾害。8月2日凌晨，特大暴雨使赣县吉埠乡建于20世纪50年代的上堡水库大坝崩裂，下游20多公顷稻田和100多间民房被洪水冲毁。8月上旬全地区各地持续降雨，共有12个县（市）292个乡（镇）受灾，受灾310万人，房屋倒塌62746间，其中全倒户6360户，因灾死亡46人，10余万公顷农田受灾。12—13日，民政部灾情考察组到瑞金市、于都县了解灾情，慰问灾民。

8月15日　赣州市（今章贡区）公安局“110”报警台开通。

8月30日　地委、行署作出《关于加快赣南高新技术产业发展若干问题的决定》。

9月10日　全地区推行公务员制度和参照管理工作会议召开。要求加快推行公务员制度工作进度，确保年底前全地区地县乡机关基本建立起国家公务员制度。

9月15日　地委、行署在北京召开赣南籍人士智力返乡座谈会。出席会议的有赣南籍在中央和北京有关部委局、院校、科研单位工作的领导和专家、学者20余人。

9月19—20日　中共中央总书记、国家主席、中央军委主席江泽民考察赣南。中共中央政治局候补委员、书记处书记温家宝，中共中央办公厅主任曾庆红，铁道部部长韩杼滨，农业部部长刘江等随行。其间，先后参观考察兴国烈士陵园，赣州郁孤台，瑞金叶坪、沙洲坝革命旧址群以及兴国甜橙、兴国灰鹅；考察兴国县龙口乡文院村发展庭院经济，赣县梅林镇红金村承担江西省山江湖扶贫开发项目，南康市潭口镇金塘村高科技粮食生产项目区；看望兴国龙口乡文院村农户刘冬元、刘春元，瑞金叶坪乡禾仓村小学师生，信丰县大塘埠镇长岗村民肖承忠；接见兴国、瑞金和赣州军分区离休老红军、老干部，军分区副团职以上军官，地区党政领导班子成员；召开座谈会，听取江西省委、省政府和赣州地委、行署扶贫工作汇报并作重要讲话。

9月23日　在北京国际发明展览会上，区内企业赣州嘉乐酒厂生产的“苦瓜”酒获得银牌；赣州煤气公司生产的“双保险燃气灶”、华强氨基酸厂的“氨基酸系列产品”、赣南卷烟厂的“百花洲”和“彩龙”香烟、信丰酒厂的“麦饭石”酒和七一九矿铜管厂的“异型钢管”获得金奖产品奖。

10月3日　赣州地区计算信息网络中心开通，这是一个集动态信息传递发布、电子邮件公告、国内联机检查、光盘数据查询以及国际联网等服务于一体的计算机信息网络系统，是赣州地区第一条信息快车道。

10月18日　由宝山钢铁公司为纪念中国工农红军长征胜利60周年捐建的全国10所“宝钢希望小学”竣工总典礼在瑞金市举行，团中央书记处书记周强出席。

同月　由地区组织创作、排练的大型音乐舞《长长的红背带》参加’96江西音乐、舞蹈艺术节演出，获得演出一等奖、优秀剧目奖、特别组织奖及编导等20多个单项奖。1997年4月18日，应文化部邀请，大型客家风情组舞《长长的红背带——献给客家母亲》剧组进京献演；4月22日，《长长的红背带——献给客家母亲》在北京首演成功。

11月7日　新华社在其诞生地瑞金召开座谈会，纪念新华社建社65周年。

11月14—15日　全省特色林业现场经验交流会在安远召开，总结和推广安远县、寻乌县特色林业建设的先进经验。

12月2日　经铁道部批准，赣州火车站第一趟始发旅客列车——赣州至南昌的318次“创业集团”号列车开通。

1997年

1月10日　赣州地区科学技术委员会和赣州有色冶金研究所合办的赣州星光新电源有限公司成功研制镍氢电池阴极粉、镍氢电池及用于大哥大（手机）的镍氢电池块，填补了省内空白。

2月7—9日　中共中央政治局常委、国务院总理李鹏到赣州考察，与干部群众共同欢度春节。

2月9日　邱娥国先进事迹报告会在地委礼堂举行。被誉为“群众贴心人”的南昌市筷子巷派出所户籍民警邱娥国，讲述从警后全心全意为人民群众服务的事迹。

2月15日　深圳信息化建设委员会与赣州行署签订协议，双方决定共同建设京九信息网络，进行信息交流与合作。

2月19日　邓小平逝世，全地区干部群众认真学习《告全党全军全国各族人民书》，深切缅怀邓小平的丰功伟绩。

2月28日　全地区勘界工作会议在赣州召开。省下达地区勘界工作的任务是：闽赣线省界1条，区内县级界线10条，确定3个县（市）边界线交会点（起止点）19个。

同月　经国务院发展研究中心、中国农学会、中国特产报社联合评审，寻乌县被命名为“中国蜜橘之乡”。

3月　经农业部批准，南康市金鸡工业小区被列为全国乡镇企业东西合作示范区。

同月　石城县被国务院发展研究中心、中国农学会、中国特产报社联合评审并命名为“中国烟叶之乡”。

同月　信丰县被国家环保局批准为“全国生态示范区建设试点县”。

4月11日　省政府在安远县召开三百山风景区开发建设现场办公会议。

4月13—14日　全国人大常委会副委员长王丙乾率全国人大《中华人民共和国森林法》执法检查团到赣州，听取行署就贯彻实施森林法情况的汇报，检查赣州市（今章贡区）、崇义县、信丰县森林绿化工作，对“在山上再造一个赣南”给予肯定。

4月21日　京九文化列车艺术团在信丰县举行慰问演出。

同月　兴国县被文化部命名为“中国民间艺术之乡——山歌之乡”。

5月8—9日　省委书记舒惠国到崇义、上犹、赣县和赣州市（今章贡区）4个县（市）调研。

5月10—11日　'97赣州地区经济情况介绍暨项目恳谈会在上海召开，这是赣州首次在沪举行大规模招商引资活动。与中外客商签订项目合同83个，引进境外资金4606万美元、境内资金33623万元人民币，签订销售合同金额50147万元人民币，争取上海有关部门无偿援助144万元人民币。

6月11—13日　国务委员、国家科学技术委员会主任宋健到信丰县、赣州市（今章贡区）、赣县等县（市）考察。

6月12—13日　省委书记舒惠国率省直有关部门负责人到石城、瑞金等地考察灾情。

6月15日　由国家科学技术委员会、国家计划委员会召开的江西山江湖工程经验交流会在赣州闭幕，国家科学技术委员会副主任邓楠主持会议并作总结讲话。

6月17日　江西赣州、广东韶关、福建龙岩3个地（市）在赣州召开赣韶龙铁路建设工作会议。

6月24—25日　由省人事厅组织的全省竞争上岗工作经验交流会在赣州市（今章贡区）召开。全省11个地（市）人事局及已开展竞争上岗工作的省直有关部门的负责人参加会议。至此，全地区地、县两级已有55个单位254个职位进行竞争上岗。

7月8—15日　'97全国桥牌俱乐部“国兴杯”锦标赛在赣州举行。

7月10—11日　国家乒乓球队副总教练陆元盛率队员邓亚萍、刘国梁等到赣州开展“心连心、继传统”活动，并向于都县长征小学捐款10万元。

7月23日　赣州首届科研项目推介洽谈会在赣州举行。来自中国科技大学、中南工业大学、山东工业大学、华东交通大学、中国科学院、广州化学研究所等25所高等院校和科研单位，向驻市、市属企业推介科研项目。

8月　会昌县被农业部授予“中国肉兔之乡”称号。

9月27日　地委、行署召开“山上再造”果业工作会议，要求各地强化经营管理，全面提高“山上再造”果业生产总体水平。

10月4日　经中国证监会批准，江西赣南果业股份有限公司（筹）2250万A股股票在深圳证券交易所成功上市。这次股票发行共募集资金1.25亿元。10月28日，域内首家上市公司——江西赣南果业股份有限公司在赣州正式创立。

10月8日　赣州大桥建成通车。赣州大桥于1995年动工兴建，位于赣州城区五里亭处。大桥全长1500米，桥面宽26米，双向四车道，总投资5378万元。

10月14—22日　地区运动员刘显斌和队友在全国第八届运动会水上项目男子赛艇4人双桨决赛中夺冠，为江西代表团获得首枚金牌。10月19日、22日，赣州籍运动员周伟分别在田径100米、200米决赛中获得第一名，并打破百米全国纪录。

10月15日　定南县恩荣村妇代会主任缪长莲获妇女世界高峰基金会“农村妇女生活创造奖”。

10月15—16日　省长舒圣佑到崇义县、上犹县、赣州市（今章贡区）等县（市）调查研究，考察3个县（市）林业、水面养殖、厂矿企业和市场建设情况。

10月19日　中部五省及京九沿线经济发展规划座谈会在赣州召开，中共中央政治局委员、国务院副总理邹家华及有关部委的领导出席会议。

10月22—23日　全国县（市）商业改革座谈会在赣州召开。

同月　会昌县被国务院农业发展中心授予“中国米粉之乡”称号。

11月4日　赣州—北京航班首航仪式在赣州举行。

11月5日　反映中国早期工人运动领袖、中共赣南党组织创建人陈赞贤革命业绩的电视剧《铁面县长》，在赣州八境公园陈赞贤烈士纪念亭举行开机仪式。

11月17日　全国光彩事业重点项目赣南光彩大市场在赣县举行授牌仪式。

11月下旬　寻乌县在全地区率先实现农业人均一亩果的目标。

同月　经外贸部批准，石城县外贸公司被赋予对外贸易白莲进出口经营权。

12月27日　中共中央政治局常委、国务院总理朱镕基到赣州考察。考察江铃齿轮股份有限公司，对企业改革和妥善安置下岗职工的经验给予肯定；考察赣县茅店镇洋塘村富坑村民小组，走访农户。

12月29日　赣州体育中心奠基仪式在赣州市（今章贡区）章江新区举行。赣州体育中心总投资1.6亿元。

同年　赣州地区的章贡牌白酒、赣石牌麦饭石酒、绿凉牌苦瓜酒、群星牌汽车收放机、赣南牌P-转移因子等5种产品被省工业实施名牌战略领导小组命名为省名牌产品。

1998年

1月14日　行署召开全地区小城镇示范镇建设工作会议，提出要抓示范、创精品、树样板，推进全地区小城镇建设快速发展。

1月上旬　地委、行署先后印发《关于进一步改进干部作风密切同农民群众联系的决定》《关于乡镇创办示范服务基地决定》《关于认真搞好“猪—沼—果”工程示范点建设的决定》《关于加快小城镇建设的决定》《关于大力发展生猪生产的决定》。

3月1日　全地区首家戒毒机构——赣州戒毒中心在赣州市（今章贡区）第二人民医院挂牌成立。

4月2日　反映赣南人民在新民主主义革命时期斗争历史的《赣南人民革命史》一书由中央党史出版社出版。

4月6日　地委、行署决定1998年为食品工业发展年，作出《关于加快食品工业发展的决定》，推动全省食品工业强区建设。

4月11日　地委、行署印发《关于促进个体私营经济新一轮大发展的决定》。

4月29日　行署印发《关于在全区建立城市居民最低生活保障制度的实施意见》，要求全地区县级市和县政府所在地的镇政府，务必在1998年7月1日前全面建立城市居民最低生活保障制度并开始运行。年底，全地区城市居民保障对象共2257户，51917人。

6月　地委、行署印发《赣州地区再就业培训实施办法》，确定南方冶金学院、赣南师范学院、赣南医学院等9个首批再就业培训基地，计划3年内为6000名国有企业下岗职工提供再就业培训。

同月　赣州地区被国家列为全国生态环境建设重点工程项目示范区。示范区分3年实施，总投资9000万元以上。

7月9—10日　全国百名民营企业家应地委、行署邀请，到赣州地区观光考察、洽谈项目。其间，洽谈项目59个，总投资48965万元，其中合同引进区外资金41326万元。

7月29日至8月7日　地区派出民兵应急营赶赴九江参加抗洪抢险，主要任务为守住永修县永北大堤，确保京九铁路安全畅通，受到解放军总参谋部、总政治部、总后勤部、总装备部的通报表彰。

地委、行署、军分区决定，给予民兵应急营集体嘉奖，通报表彰116名先进个人。

8月6日　地委下发《关于加快全区公路建设的决定》，提出打好3年公路建设的攻坚战，到20世纪末实现全地区县乡（镇）通水泥（油）路，98%的行政村通公路，改变赣南交通落后状况。

8月6—7日　'98赣南优化资本结构暨招商引资洽谈会在赣州举行。洽谈会共签订94个项目合同，其中租赁22个、合资合作34个、兼并4个、其他34个，可盘活存量资产12亿元；引入资金2.2亿元，获得租赁金2400万元。

8月13日　全地区延长土地承包期工作会议召开，提出全面理顺和完善土地承包关系，推进农业和农村经济持续健康发展。

8月15日　全国政协副主席安子介、香港广播电视有限公司董事长暨香港邵氏影业公司董事长邵逸夫一行50余人到赣州市（今章贡区）参观访问。

8月18日　地委召开电话会议，对全地区政法机关不再从事经商活动进行全面部署。

9月2日　赣州地区首批由社会各界捐赠的价值约138.8万元的食品饮料、药品和衣服等各类物资，分装13辆汽车，启程送往九江、上饶等重灾区。至9月1日，全地区社会各界向灾区捐款捐物价值900多万元。

9月12日　地委、行署确定大余、龙南、宁都3个县为事业单位综合改革试点县，主要内容是在事业单位中实行全员聘用制、活工资分配制及专业技术职务聘任制。

9月18—23日　全国政协副主席毛致用到赣州地区部分县（市）考察，强调要围绕富民目标加快农业产业化进程。

9月20日　省重点工程寻乌斗晏电站下闸蓄水。至次年3月11日，斗晏电站总装机容量为3.75万千瓦的3台机组全部投产发电，年发电量达1.32亿千瓦时，并入广东电网运行。

10月1日　赣州火车站站前广场竣工。该广场是赣州站北新区的重点建设工程，总面积5.28万平方米，工程总投资1.166亿元。

10月25日　地委、行署召开全地区打击走私工作会议，要求各地开展一场声势浩大的反走私斗争。

10月28—29日　“中国竹子之乡”第三届联谊会暨全国竹产业发展研讨会在崇义县召开。

10月30日　经南京军区批准，中国人民解放军赣州警备司令部正式成立，挂牌仪式在赣州军分区举行。

11月21—23日　'98江西食品展销会在赣南光彩大市场举行。展销会有659家企业、2230种展品参展。展销会顾客20万人次，展品零售总额3671.3万元，签订销售合同460个，合同金额8.017亿元。

12月3日　全省经济适用住房建设工作现场会在赣州召开。赣州市（今章贡区）介绍经济适用住房建设情况。

12月4日　经对外贸易经济合作部批准，新组建的赣南外经贸集团公司正式成立。该公司是综合性外贸集团企业，自营和代理除国家专项规定以外的商品和技术进出口业务。

同日　全地区加快农村电网建设与改造工作会议召开，对全地区改革农电管理体制作出部署，制订改革目标。

12月17—18日　全省国有企业下岗党员培训推动再就业工程现场会在赣州召开，赣州地区作经验介绍。

12月24日　国务院批准同意赣州撤地设市，原赣州市撤市改区。1999年2月14日，江西省人民政府下发通知，决定撤销赣州地区，设立赣州市；原县级赣州市改为章贡区。以原县级赣州市的行政区域为章贡区的行政区域。新设立的赣州市辖原赣州地区的15个县和新设立的章贡区；原赣州地区所辖的南康市、瑞金市由省直辖，赣州市代管。

12月25日　定南县个体经销户何华平从深圳市龙岗区河湾镇新安贸易部购进“三无”（无厂名、

无标志、无合格证）有毒工业用猪油42桶，分别销售给定南县历市、岿美山、老城、龙塘、月子和龙南县汶龙等地居民食用，造成1002人中毒（其中60人严重中毒，3人中毒死亡）的严重事件。事件发生后，地、县和有关职能部门采取紧急措施，及时组织抢救中毒人员，控制有毒猪油蔓延。1999年8月，公安部门将林某等7名犯罪嫌疑人移送检察机关起诉。

1999年

1月1日　赣州市（今章贡区）滨江大道工程竣工，滨江大道首期工程全长3000米，宽35米，总投资达7000万元，是赣州市建设“三江两岸”（赣江、章江、贡江两岸）跨世纪工程的重要组成部分。

1月10日　南康市潭口镇代卫村杜屋组发生一起因违背政府禁令，无证、非法生产爆竹而造成的特大爆炸事故，造成13人死亡、9人受伤。

1月18日　潭东220千伏输变电工程举行奠基仪式。该工程是经国家批准列入丰城电厂外送配套建设工程，是赣州地区规模最大、综合自动化水平最高的枢纽变电站。

1月21日　省、地专家学者30余人在寻乌县为赣南“猪—沼—果”生态农业模式研究与开发成果进行综合鉴定。认为赣南“猪—沼—果”生态农业模式及其配套技术居全国领先水平，适宜在中国南方推广使用。

1月23—24日　农业部部长陈耀邦到瑞金、会昌、信丰等县（市）调研。

1月25日　赣南客家联谊会在赣州成立。

2月18—20日　省委书记舒惠国到赣州地区考察。

3月1日　为适应市场经济发展的需要，根据国务院的统一部署，工商行政管理体制由原来的分级管理改为垂直管理。

3月3日　地委、行署印发《关于加快我区城乡居民住宅建设的意见》，提出加快城乡居民住宅建设的优惠政策和主要措施。

3月8日　地委“三讲”教育领导小组召开会议，对县级以上党政领导班子和领导干部深入开展“三讲”教育工作进行专题研究部署。

3月29日　行署印发《关于在全区建立农村居民最低生活保障制度的实施意见》，从当年7月1日起运行，决定每人每月不低于40元的农村最低生活保障线。

4月21日　赣州撤地设市动员大会召开，要求全地区认真贯彻省委有关指示精神，确保由地管县体制向市管县体制的平稳过渡。

4月27日　全国政协副主席陈锦华、毛致用一行到赣州市（今章贡区）考察。

4月27—28日　全省县乡公路油（水泥）路建设质量工作会议在南康市召开。会议提出，县乡公路建设质量争创第一流，不搞“豆腐渣”工程。

5月17—18日　由省政府发展研究中心、民盟江西省委、赣州地区行署、南方冶金学院主办的面向21世纪赣州经济发展高级研讨会在赣州召开，40多名专家、学者参加学术交流和研讨活动。全国人大常委会副委员长、民盟中央主席丁石孙，全国人大常委会原副委员长、民盟中央名誉主席、社会学家费孝通出席会议并讲话。

5月19—21日　全国人大常委会原副委员长、民盟中央名誉主席、社会学家费孝通在赣州考察，提出赣州要发挥大京九的优势，办好农业兴工业，建好城镇活流通，用10年时间把赣州建成一座50万人口的区域性中心城市。

5月26—30日　以泰国泰中艺术家联合会会长、泰国泰中经贸交流中心总裁蔡义为团长的泰国、中国港台地区企业家赴赣州经贸考察团一行14人到赣州进行为期4天的考察活动，并签订泰中科技工业园项目意向书。

6月11—13日　泰国总理顾问、商业部副部长、中泰国际文化交流中心协会副会长徐秀辉到赣州市（今章贡区）、南康市等地考察。

6月16—17日　中国共产党赣州市第一次代表大会在赣州召开。571名代表出席大会，省委副书记钟起煌代表省委到会祝贺并讲话。17日上午，大会选举产生由41名委员、8名候补委员组成的中共赣州市第一届委员会和由29名委员组成的中共赣州市第一届纪律检查委员会。

6月17日下午　中共赣州市第一届委员会举行第一次全体会议。会议选举产生中共赣州市第一届委员会常委和书记、副书记，并通过中共赣州市纪律检查委员会领导成员的选举结果。张海如当选为市委书记，吴赣生当选为市纪委书记。

6月中旬　国土资源部农业地质扶贫项目赣南名特优农作物产地地质环境调查在赣南启动。

6月26—28日　赣州市第一届人民代表大会第一次会议在赣南剧院召开，522名代表出席大会。28日，大会选举产生市一届人大常委会组成人员、市政府领导班子成员、市法检两长，张海如当选为市人大常委会主任，王昭悠当选为市人民政府市长。

6月29—30日　中国人民政治协商会议赣州市第一届委员会第一次会议在赣南剧院召开，312名委员出席会议。30日上午，大会选举产生市政协第一届委员会常务委员会组成人员，胡国铤当选为市政协第一届委员会主席。

7月1日　设立地级赣州市庆典大会在赣南剧院举行。中央、省直部分单位领导，省内各兄弟地（市）和周边邻省地（市）领导，区域合作办等友好地（市）领导，县（市、区）各套班子成员，市直各部门暨驻市中央、省属单位负责人，离休干部，各界人士代表共1000余人出席。民政部，民盟中央，中国铁道建筑总公司，上海市静安区委、区政府，全国人大常委会委员暨民盟中央副主席冯之浚等200多个单位和个人发贺电贺信。省委副书记钟起煌讲话，省政府领导宣读国务院、省政府关于赣州撤地设市的批文。省领导分别为市委、市纪委、市人大、市政府、市政协授印。同日，中共赣州市委、赣州市人大常委会、赣州市政府、政协赣州市委员会分别举行挂牌仪式。

7月11日　市委、市政府在北京召开“迈向新世纪、建设大赣州”座谈会。市委书记、市人大常委会主任张海如出席并讲话。国务院有关部委领导，市政府聘请的顾问，在京赣南籍老红军、老干部等80余人出席座谈会。

7月23—24日　全国农业生态环境和农村可再生能源工作会议在赣州召开。农业部和有关科研院校，全国环境保护学会、协会，各省（自治区、直辖市）、计划单列市农业厅（局）的领导、能源办主任、环保站站长出席会议。

8月6日　赣州市级领导班子和领导干部“三讲”教育动员大会召开。市委书记张海如作动员报告，省委“三讲”巡视组组长李爱荪讲话。

同月　在市首届科技进步奖评奖会上，赣州有色冶金研究所研究员邱道益完成的“X射线激光全息显微术”居国际领先水平；赣州农科所研究员张瑞祥完成的“863”项目“两系法杂交水稻先育及配套技术的研究”达国内先进水平（全国类似项目仅4个、江西省2个）；“赣南生态农业‘猪—沼—果’模式研究与开发”技术全国领先。

9月3—7日　中共中央原副主席汪东兴到宁都、于都、瑞金等县（市）考察。

9月4日　市委召开面向全省公开选拔10名副县（处）级领导干部动员大会。

同月　省地质研究所在上犹县双溪乡芦阳村发现储量达600万立方米的“蒙古黑”高档石材，该类型石材在省内属首次发现。

10月上旬　赣州市人民政府网站开通，网址为 www. ganzhou. gov. cn。

10月12日　赣州市召开市级领导班子和领导干部“三讲”教育总结电话会议。

10月14日　瑞金市沙洲坝镇沙洲坝村农民杨荣棋发明的多功能脚踩抽水机获国家专利。

10月27—31日　全国政协副主席任建新到章贡区、瑞金市、兴国县考察城市建设和革命旧址情况。

11月15—17日　全国10个省（自治区）部分县（市）人大工作横向联系会在信丰县召开。省人大常委会副主任黄名鑫，山东、江苏、福建、辽宁、河南、湖北、广西、陕西、内蒙古、江西10个省（自治区）的14个县（市）人大常委会有关人员参加会议。

11月23—26日　南源永芳集团有限公司董事长姚森良率马来西亚赴赣客家文化考察团到赣州市进行文化考察活动。

12月23日　闽粤赣三边经济技术协作会在赣州市举行。

12月下旬　经由北京预防医学科学院、中医预防医学救治中心、全军军事医学科学院等组成的7人专家鉴定委员会鉴定，定南县人民医院组织的有机锡群体中毒救治技术成果达国内医学领先水平。

12月24—27日　省长舒圣佑到章贡区、龙南、信丰、南康等县（市、区）考察县域经济发展情况。

12月26—27日　全省个体私营经济工作经验交流会在赣州市举行。省委书记舒惠国致信祝贺，省长舒圣佑出席并讲话。

12月30日　赣州市市政工程公司副总工程师、机修厂厂长吴绍林设计、研制的集装箱密封式升降垃圾中转站获1999年全国职工重大技术成果奖。

2000年

1月12日　全市召开看特色、看变化座谈会。之前，由市委书记张海如、市长王昭悠率市级领导班子成员、老领导代表和部分市直单位负责人到全市18个县（市、区）察看64个项目，体验各地的特色和变化。

1月13日　全省中央财政债券林业项目实施工作会在赣州召开。宁都、石城、信丰、安远4个县被列入1999年第二批中央财政债券林业项目建设工程。

1月中旬　南康市果业局选送的斋婆柚在中国’99昆明世界园艺博览会参展品种评选中获金奖。

3月8—10日　全省消除碘缺乏病评估工作动员会在赣州召开。

3月30—31日　全省预备役部队军事训练工作会议在赣州召开。会议总结推广预备役二团组织预任官兵进行为期40天军事训练的成果经验。省军区司令员出席，解放军总参谋部、南京军区派员指导。

4月2日　中澳白内障合作项目赣州市培训中心在赣南医学院附属医院挂牌成立。

4月5日　市委召开“三讲”教育“回头看”动员会。

4月上旬　会昌县被列入全国生态农业示范建设县，为全国50个示范建设县之一。示范县建成后，将有70%的农户达到“121”(户均1口沼气池、人均年出栏2头猪、人均种植1亩果）的目标。

4月28日至5月3日　赣州根艺作品在中国第七届根艺美术优秀作品展上，获1枚金牌、2枚银牌、9枚铜牌和团体一等奖。

5月14日　赣州市黄金开发区成立并举行挂牌仪式，市委书记张海如、市长王昭悠出席仪式并揭牌授印。

6月上旬　兴国县樟木乡樟木村发现一条长约21.5千米的宋代古驿道。该古道对研究古代赣南经济文化发展有重要的参考价值。

6月8日　客家与赣南学术研讨会在赣州举行，新加坡和北京、天津、广东、香港、台湾等地80

余名专家学者参会。

6月中旬　寻乌、崇义、龙南、定南等县因暴雨受灾严重，寻乌县晨光镇和崇义县杰坝乡分别发生山体滑坡，共造成6人死亡、47人受伤，龙南县因洪涝造成3人死亡、13人受伤。

6月22日　市委召开县（市、区）“三讲”教育工作动员部署会，市委书记张海如作动员讲话。

6月22—23日　全省第二次“村村通”广播电视工作会议在赣州召开。

7月20—22日　“建设赣州区域性中心城市”专家讨论会在赣州召开。与会专家提出建设全国绿色农产品集散地，培植稀土等主导产业，树立品牌意识，弘扬客家文化、宋城文化、红土地文化等建议。

7月下旬　安远县三百山国家森林公园在“全国‘保护母亲河’生态教育基地”评选活动中，被评为全国生态教育基地，是全国首批14个创建单位之一。

8月10—13日　省委书记舒惠国到赣州考察调研乡镇组织建设工作，要求身体力行“三个代表”，创新乡镇组织建设工作。

8月中旬　赣龙铁路获国务院批准正式立项。

9月18日　赣南师院专科部举行挂牌仪式。撤销赣州师范学校建制，并入赣南教育学院，实行两块牌子、一套机构的管理体制。

同月　大余县获国家林业局和中国花卉协会颁发的“中国花木之乡”的称号。

10月20—21日　全国干线公路检查组到赣州市检查公路情况，对赣州公路养护体制改革，实行管养分开的做法予以肯定。

10月28—29日　全国政协副主席周铁农到赣州考察教育工作。

10月31日至11月7日　省长舒圣佑到赣州考察经济工作情况。

11月2日　江铃齿轮股份有限公司通过国家863/CIMS应用示范第一期工程验收。该工程属于国家高技术研究发展计划（“863”计划）。

11月上旬　中央电视台到赣州，将赣州首创的“猪—沼—果”生态农业模式拍摄成科教片。

11月18日　赣州市在江西（南昌）招商引资项目洽谈会上，共签约62项合同项目，引资项目名列全省前茅。

12月8日　日本驻华使馆、香港绿化中国基金会在北京举行捐款仪式，共同捐款100万元人民币资助赣港绿化工程龙南基地建设。全国人大常委会副委员长布赫、全国政协副主席万国权及日本驻华使馆代表出席仪式。

12月17日　昌厦（南昌至厦门）一级公路南城至瑞金段、323国道瑞金至江口二级路面改建工程分别在宁都县和瑞金市举行通车典礼。

12月25日　全省生态林业建设暨长江防护林建设领导小组扩大会在赣县召开。

同年　寻乌县被农业部、对外贸易经济合作部确定为中国脐橙出口基地县。

赣州市志（1986-2000）

名志

第一篇

建置·区划

赣州市（地区）俗称“赣南”，为江西的南大门；与闽、粤、湘毗邻，为赣粤闽湘四省通衢区域性中心城市。因隋开皇九年（589）改南康郡为虔州，故又称“虔州”；南宋绍兴二十三年（1153）诏改虔州为赣州，取章、贡二水合流之义，赣州名始于此。

赣州历史悠久，秦始皇帝三十三年（前214）置南壄县，为赣州建置的第一个县。三国吴嘉禾五年（236），置庐陵南部都尉，治于都，辖7个县，赣南设区市的前身始于此。苏维埃时期，苏维埃区域赣州设数省。1949年8月赣州解放，设赣州、宁都二个分区，之后又合并。1978年成立赣州地区行政公署。1998年12月，国务院批准赣州撤地设市，撤销赣州地区设立赣州市，撤销县级赣州市改为章贡区。1999年7月1日，赣州撤地设市挂牌。

赣州行政区划自三国吴嘉禾五年（236）设置庐陵南部都尉以来，行政区域的划分基本稳定。1986年，赣州下辖1个市、17个县。2000年，赣州市下辖1个区、2个市、15个县。

第一章　建　置

赣州建置历史悠久，秦始皇三十三年（前 214）置南壄县，为赣州建置的第一个县。1949 年赣州解放后分设赣州、宁都 2 个分区。1952 年撤销宁都分区，赣南合二为一。1954 年 5 月成立赣南行政公署，1964 年 5 月成立赣州专员公署，1978 年改称“赣州地区行政公署”。1998 年 12 月，经国务院批准，撤销赣州地区，设立赣州市。1999 年 7 月 1 日，赣州撤地设市挂牌。

第一节　境　域

一、区位

赣州市（地区）位于江西南部，赣江上游。东邻福建省三明市和龙岩市，南毗广东省梅州市和河源市，西接湖南省郴州市和广东省韶关市，北连江西省吉安市和抚州市。地处北纬 24°29′～27°09′，东经 113°54′～116°38′。南北长 295 千米，东西宽 219 千米。赣州市（地区）是珠江三角洲、闽南三角洲的腹地，是内地通向东南沿海的重要通道，也是连接长江经济区与华南经济区的纽带。“据五岭之要会，扼赣闽粤湘之要冲”，自古就是“承南启北、呼东应西、南抚百越、北望中州”的战略要地。赣州市人民政府驻章贡区，距省会南昌市 423 千米，距首都北京市 2021 千米。

二、面积

2000 年，全市总面积约为 393.17 万公顷，其中耕地 38.89 万公顷，占土地面积 9.9%；山地（含园林牧地）310.66 万公顷，占 79.01%；建设用地城镇村庄及工矿交通用地 13.18 万公顷，占 3.35%；水域 13.01 万公顷，占 3.31%；未利用地 17.43 万公顷，占 4.43%。赣州占江西总面积的 23.6%，是江西省最人的行政区。赣州地理轮廓大致为“八山半水一分田，半分道路和庄园。”

第二节　沿　革

一、秦朝

秦灭六国，一统九州，秦始皇二十六年（前 221），分天下为 36 个郡，赣南属九江郡，郡治寿春（今安徽寿县）。秦始皇三十三年（前 214），秦使尉屠睢将五军，一军守庾岭之界，设置南壄县，隶属于九江郡，赣南有行政建置县始于此。

二、汉朝

西汉高祖元年（前 206），楚项羽立英布（黥布）为九江王，赣南属楚；西汉高祖五年（前 202），汉灭楚，赣南始隶汉。西汉高祖六年（前 201），置豫章郡，治南昌，领 18 个县，其中赣南有 3 个县：赣（约辖今章贡区、赣县、兴国等地）、雩都县（约辖今于都、宁都、石城、瑞金、会昌、安远、寻乌等地）、南壄县（约辖今南康、大余、上犹、崇义、信丰、龙南、定南、全南等地）。西汉末年，王莽废汉自立，史称“新莽”（9—23），改豫章郡为九江郡，赣南 3 个县属之。东汉建武元年（25），九江郡复豫章郡之名，南壄改为南野县。赣、雩都、南野 3 个县仍属豫章郡。东汉兴平元年（194），孙策据江南，分豫章郡置庐陵郡，郡治石阳（今吉水县境）。赣、雩都、南野 3 个县改隶庐陵郡。

三、三国

三国吴嘉禾五年（236），分庐陵郡置庐陵南部都尉，治雩都（赣南设立设区市一级行政机构始于此）。同时，析赣县置平阳，析南埜置南安，析雩都东北白鹿营地置阳都；后析阳都的陂阳置陂阳县，不久又改为揭阳。庐陵南部都尉领7个县：雩都、赣、平阳（由赣县分出，即今兴国）、阳都、揭阳（析雩都白鹿营地置阳都；又析阳都陂阳地置陂阳县，随后改为揭阳）、南安（由南野分出，约辖今南康、信丰、龙南、定南、全南等地）及南野（约辖今大余、上犹、崇义等地）。一说南野仍属庐陵郡。

四、晋朝

西晋太康元年（280），南部都尉辖县中有3个县易名：南安改为南康，阳都改为宁都，平阳改为平固。西晋太康三年（282），罢庐陵南部都尉，置南康郡，仍辖6个县。南野，一说并入南康县，一说改属庐陵郡。西晋太康五年（284），揭阳县复名为陂阳。西晋太康十年（289），赣县移县治于葛姥村（今章贡区虎岗一带）。西晋元康元年（291），分荆扬地设置江州都督府，治豫章（今南昌），南康郡属之。东晋永和五年（349），郡治从雩都迁至赣县。南康郡守高琰始筑土城于赣县（今章贡区的章、贡二水间）。东晋义熙七年（411）南康郡土城毁于战乱，移至贡水东南（今章贡区七里镇）。

五、南北朝

南朝宋永初元年（420），改南康郡为南康国，治所迁回雩都。南朝宋大明五年（461），由宁都分出虔化屯置虔化县。至此，南康国统领8个县。南朝齐永明元年（483），改南康国复郡，仍名南康郡，治所及辖县如前。一说南朝齐永明六年（490）复改为南康国，至南朝梁天监元年（502）又改为南康郡。南朝梁大同十年（544），由雩都分出三乡地设置安远县，后废（废有两说：一说南北朝陈，撤安远并入虔化；一说隋开皇中，废安远仍入雩都）。南朝梁大宝元年（550），南康郡地大余转属广东东衡州始兴郡。南朝梁承圣元年（552），南康郡治复迁于章、贡二水间（今章贡区）。自此，章贡二水间（今章贡区）一直相沿为设区赣州市的治所地。南朝陈（557—589），赣与南康互易县名，隋大业初互复原名；南朝陈太建十三年（581），大庾改隶广东东衡州安远郡。

六、隋朝

隋开皇九年（589）隋灭陈，改南康郡为虔州，治所沿旧，隶洪州总管府。同年，平固并入赣县，南野并入南康，虔化并入宁都。隋开皇十三年（593），陂阳县设石城场，同年一并并入宁都。虔州辖4个县：赣、雩都、南康、宁都。隋开皇十年（590），改安远郡为大庾县，隶广州总管府始兴郡。隋开皇十六年（596），始兴改郡为县，大庾亦改县为镇，并以处在庾岭北境之地并入江西，隶虔州南康县。隋开皇十八年（598），宁都县改名为虔化。隋大业元年（604），一说隋大业三年（607），改虔州为南康郡，仍辖4个县。隋大业十二年（616），鄱阳林士弘率农民起义军，据虔州后称帝，国号楚。南康郡属之。

七、唐朝

唐武德五年（622），林士弘降唐，南康郡复名虔州，仍隶洪州总管府，州治及辖县如隋。唐贞观元年（627），分天下为十道，虔州隶江南道，辖县如前。永淳元年（682），分出南康东南地复置南安县（约辖今信丰、龙南、定南、全南等地）。虔州辖5个县：赣、雩都、南康、南安、虔化。唐神龙元年（705），复置大庾县，虔州领6个县：赣、雩都、南康、南安、大庾、虔化。一说同年还分出南康地置太康县。唐开元二十一年（733），分江南道为东、西两道，江南西道治洪州（今南昌市）；虔州属江南西道，领县如旧。天宝元年（742），虔州复为南康郡，仍隶江南西道。同年，南安改名信丰县；并分出原南安地置百丈镇，后改虔南镇。南康郡辖6个县：赣、雩都、南康、信丰、大庾、虔化。唐乾元元年（758），南康郡又改为虔州，辖县如旧；隶江南西道都防御团练观察处置使。唐贞元四年（788），分出雩都三乡和信丰一里复置安远县。虔州领7个县：赣、雩都、信丰、南康、大庾、虔化、安远。唐咸通六年（865），并江南西道置镇南军，虔州属之。唐乾符元年（874），废镇南军。唐龙纪元年（889），复镇南军，虔州隶之。唐天祐元年（904），从雩都县分出象湖镇淘金场置瑞金监。

八、五代十国

后梁天平三年（909），卢光稠依附于后梁，虔州属后梁。后梁天平四年（910），以虔、韶两州设置百胜军，授卢光稠为防御史兼五岭开通使。同年，改虔南镇为虔南场。翌年，分出南康西南地置上犹场。后梁贞明四年（918），吴王杨隆演遣刘信克虔州，仍称“百胜军”，虔州属之。南唐升元元年（937），灭杨吴，改百胜军为昭信军，虔州属之。南唐保大十年（952），改上犹场为上犹县；翌年，改瑞金监为瑞金县、虔南场为龙南县、石城场为石城县。至此，虔州辖11个县：赣、雩都、信丰、南康、大庾、虔化、安远、上犹、瑞金、龙南、石城。

九、宋朝

北宋开宝八年（975），改昭信军为军州，领县如旧。北宋太平兴国元年（976），分江南为东、西路，改军州为虔州，隶江南西路。北宋太平兴国七年（982），从赣县分出潋江镇7个乡及庐陵泰和部分辖地置兴国县，从雩都分出县东南6个乡于九州镇置会昌县。虔州辖13个县：赣、雩都、信丰、南康、大庾、虔化、安远、上犹、瑞金、龙南、石城、兴国、会昌。北宋淳化元年（990），以虔州原辖南康、大庾、上犹3个县另置南安军，治大余。虔州领赣、雩都、信丰、兴国、虔化、会昌、瑞金、龙南、安远、石城10个县。自此，赣南分为两个政区，均隶江南西路。北宋宣和三年（1121），龙南县改名为虔南。南宋建炎四年（1130），并江南东、西路为一，置3个帅，虔州、南安军均隶鄂州帅，领县各如旧。次年，即南宋绍兴元年（1131），罢3个帅，复分江南东、西路；虔州、南安军仍隶江南西路，治所与领县不变。南宋绍兴二十三年（1153），校书郎董德元以“虔”字为虎头，虔州号“虎头城”，廷臣亦谓有“虔刘”之义，非佳名，奏请改名；诏改虔州为赣州（取章、贡二水合流之义），赣州之名始此。同时，虔化县改名为宁都，虔南县复名为龙南。南宋嘉定四年（1211），上犹县改名为南安。南宋绍定四年（1231），升会昌为军，南宋咸淳五年（1269）复为县。

十、元朝

元世祖至元十三年（1276），平江南，改江南西路为江西行中书省，简称“行省”。赣州、南安军均隶江西行省，辖县如宋时。元世祖至元十四年（1277），赣州与南安军分别改为赣州路总管府、南安路总管府。隶属与领县均如旧。元世祖至元十六年（1279），南安县改名为永清，直隶江西行省；次年复名上犹县，改隶南安路。元世祖至元二十四年（1287），并龙南县入信丰，并安远县入会昌。赣州路总管府领8个县：赣、雩都、信丰、兴国、宁都、会昌、瑞金、石城。元元贞元年（1295），升宁都、会昌2个县为州，并以石城县隶宁都州，瑞金县隶会昌州。至此，赣州路辖宁都、会昌2个州及赣、雩都、信丰、兴国4个县，瑞金、石城2个县亦统隶赣州路。元至大二年（1309），复置龙南、安远2个县，隶赣州路。

十一、明朝

元至正二十五年（1365），赣州、南安两路改为府，宁都、会昌2个州复为县，领县均如旧。明洪武九年（1376），分全国为13个承宣布政使司，江西行中书省改为江西承宣布政使司。赣州府和南安府均属之。明洪武十八年（1385），江西分为五道。赣州、南安两府均属岭北道。明成化十三年（1477），设分巡岭北道于赣州，赣州、南安两府属之。明弘治七年（1494），置南赣巡抚都察院于赣州，称虔院；明弘治十七年（1504）撤销。明正德四年（1509）复设。明正德十一年（1516），置巡抚南赣汀韶等处地方提督军务，辖江西的南安、赣州，广东的韶州、南雄州，湖南的郴州和福建的汀州等州府。明正德十二年（1517），从上犹、南康、大庾3个县划出部分辖地设立崇义县，属南安府。至此，南安府辖大庾、南康、上犹、崇义4个县。明嘉靖三十六年（1557），增设分守岭北、岭东、岭南、漳南四道，统于虔院。岭北巡、守两道治赣州，赣州、南安两府隶之。明嘉靖四十年（1561），分出潮州程乡县及武平、安远、兴宁、上杭等县辖地置平远县，隶赣州府；明嘉靖四十二年（1563），只以程乡之义化等镇及兴宁之大信都为平远县，余地划回原辖县；平远县改隶广东潮州。明隆庆三年（1569），从安远、信丰、龙南3个县划出部分辖地置定南县，隶赣州府。明万历四年（1576），析安远县原辖寻邬等15堡，另置长宁县，属赣州府。至此，赣州府领12个县：赣、雩都、信丰、兴国、宁都、会昌、瑞金、龙南、安远、石城、定南、长宁；南安府仍辖大庾、南康、上犹、崇义4个县。

十二、清朝

清顺治三年（1646）十月，清兵攻克赣州，沿袭明制，赣州、南安两府辖县各如明时，改隶江西承宣布政司，并自清顺治十年（1653）至清康熙八年（1669），先后撤销南赣守抚和巡、守两道。清康熙十年（1671），设置分巡赣南道，辖赣州府、南安府。两府领县如旧。清雍正九年（1731），改分巡赣南道为分巡吉南赣道，增辖吉安府。清乾隆十九年（1754），升宁都县为直隶州，辖瑞金、石城两县。赣南自此分为赣州府、南安府与宁都直隶州3个政区。同年，改分巡吉南赣道为吉南赣宁兵备道，增辖宁都直隶州。清乾隆三十八年（1773），改定南县为厅，隶赣州府。清光绪二十九年（1903），划龙南、信丰两县部分辖地，设置虔南厅，隶赣州府。至此，赣州府领8个县（赣、雩都、信丰、兴国、会昌、龙南、安远、长宁）、2个厅（定南、虔南）；南安府、宁都直隶州辖县如旧。

十三、中华民国时期

民国政府 民国元年（1912）冬，废府、州、厅。次年，统一全国县制，地方政权只设省、县两级，江西省政府治南昌。原宁都直隶州及定南、虔南两厅均改为县，赣南17个县，统辖于江西省政府。民国3年（1914），江西省设浔阳、豫章、庐陵、赣南4个道。赣南道，治赣县，领17个县：赣县、雩都、信丰、兴国、会昌、安远、长宁、龙南、虔南、定南、宁都、瑞金、石城、南康、大庾、上犹、崇义。民国4年（1915），改长宁县为寻邬县。民国15年（1926），废赣南道，其辖县复直隶于江西省政府。民国20年（1931），国民党出于“围剿”共产党领导的革命根据地需要，将会昌、寻邬、安远、龙南、定南、虔南、上犹、崇义、大庾9个县划为安全县，直属于陆海空军司令部南昌行营党政委员会；将赣县、雩都、信丰、南康、兴国5个县划为江西省第五行政区党政委员会分会统辖；将广昌、宁都、石城、瑞金4个县划为江西省第六行政区党政委员会分会统辖。但民国17—23年（1928—1934），赣南多数县先后成立苏维埃政府，分别辖于江西、湘赣、粤赣、赣南省苏维埃政府。在此期间，国民党行政区对苏区各县的领导权实际丧失。民国21年（1932），撤销军事委员会南昌行营党政委员会及其各分会，将全省划为13个行政区，赣南各县分属第九、十一、十二、十三行政区。兴国县归第九行政区。第十一区行政长官公署（后改称“赣南行政长官公署”）设在赣州，辖赣县、南康、信丰、上犹、崇义、大庾6个县。第十二区行政长官公署设在宁都，辖宁都、广昌、石城、瑞金、雩都、会昌6个县。第十三区行政长官公署设在龙南，辖龙南、定南、虔南、安远、寻邬5个县。民国22年（1933），第十一、第十三2个行政区合并，改名赣南政务专员公署（次年春又改称第九行政专员公署）。赣南政务专员公署先设大庾，后迁赣州钴鉧，直隶于赣粤闽鄂“剿匪”军南路总司令部，辖上述2个区原领11个县。民国24年（1935），全省改划为8个行政区。赣南各县分属第四、第八行政区。

第四区行政督察专员公署设在赣州，辖赣县、南康、信丰、大庾、上犹、崇义、龙南、定南、虔南、安远、寻邬11个县；第八区行政督察专员公署设宁都，辖宁都、广昌、石城、瑞金、会昌、雩都、兴国7个县。民国28年（1939），全省增为11个行政区。民国31年（1942），又改设9个行政区，赣南18个县仍分属第四、第八两个行政区，直至民国38年（1949年9月30日止）未变。

苏区政府 中国共产党领导的10年土地革命战争，把土地革命、武装斗争和政权建设紧密结合起来。1928年春，赣南农民纷纷举行武装暴动，南康县潭口、赣县大埠和信丰县、寻邬县建立工农革命委员会；8月，雩都县成立雩北区革命委员会（后曾一度称“兴雩边界革命委员会”）。

1929年春，在红四军帮助下，雩都、兴国、宁都3个县建立县工农革命委员会。1930年“二七”陂头会议后，赣南红色政权蓬勃发展。到1934年，赣南先后建立县或相当于县级（包括新设县）苏维埃政府34个，成为全国苏维埃运动的中心区域；瑞金、兴国、宁都、雩都、上犹、会昌、寻邬、安远、石城9个县成为全红县，瑞金成为苏维埃中央政府驻地。

1930年3月下旬，赣西苏维埃政府改为赣西南苏维埃政府。5月，赣西南苏维埃政府下设办事处（派出机关）5个，赣南设东河、西河、东路3个办事处，东河办事处曾驻雩都县步前冈等地，下辖雩都、兴国、赣县、瑞金、寻邬等县苏维埃政府，安远县革命委员会，于雩北特区和安（远）会（昌）赣（县）边界特区苏维埃政府；西河办事处曾驻南康县龙回等地，下辖信丰县苏维埃政府、上犹县革命委员会；东路办事处驻宁都县东韶，下辖宁都、南丰（今属抚州市）、永丰（今属吉安市）、乐安（今属抚州市）县苏维埃政府和宜黄县（今属抚州市）、广昌甘竹区（今属抚州市）革命委员会。6月，东河、西河办事处合并为赣南革命委员会，为赣南首个统一临时红色政权，先后驻雩都县步前岗、赣县江口、信丰县城等地，下辖瑞金、兴国、赣县、信丰、雩都、南康、寻邬、安远、石城9个县苏维埃政府（革命委员会），安（远）雩（都）会（昌）赣（县）边界特区和雩北区苏维埃政府，一度还辖南雄县苏维埃政府（今属广东省韶关市）；寻邬县苏维埃政府改隶东江苏维埃政府（今属广东省）。9月，寻邬县苏维埃政府复隶江西省。10月7日，江西省临时苏维埃政府在吉安成立，后又成立江西省行动委员会。同月28日，赣南行动委员会在信丰成立，为党政工团合一机构；赣南革命委员会改称赣南办事处，仍驻信丰，下辖雩都、兴国、信丰、瑞金、寻邬、安远6个县和雩北区苏维埃政府；东路办事处撤销，成立赣东行动委员会，仍驻宁都东韶（后一度驻乐安），下辖宁都、永丰、乐安、南丰、广昌和吉水水东地区（今属吉安市）。

1931年1月，蕉平寻县苏维埃政府成立，辖寻邬和广东省平远、蕉岭3个县毗邻苏区，隶闽粤赣特区。10月，复为寻邬县，隶江西省苏维埃政府。4月，江西省苏维埃政府在赣西南苏区分设东、南、西、北4路办事处，赣南设南、东2路办事处，南路办事处实际未设立，原议所辖兴国、赣县、雩都、万安4个县和雩北区一直直辖于江西省苏维埃政府；东路办事处驻宁都，下辖宁都、石城、永丰、南丰、乐安、广昌、宜黄7个县。5月，崇义、上犹县苏维埃政府成立，隶江西省苏维埃政府。10月下旬，上犹、崇义、信丰、南康、大庾5个县改隶湘赣省苏维埃政府。6月，东路办事处撤销，其所辖县（区）改为直隶江西省苏维埃政府。9月，宁都县分设宁都、彭湃2个县，两县苏维埃政府分别驻黄陂、固村，均直辖于江西省苏维埃政府。10月，会昌县革命委员会成立，驻庄埠。12月5日，会昌县苏维埃政府成立，直辖于江西省苏维埃政府。11月，中华苏维埃共和国临时中央政府中央执行委员会和中央人民委员会成立，改瑞金为瑞京，为机关驻地，瑞金县直隶中央，瑞金因此被称为“红都”。

1932年1月，雩北区苏维埃政府改为胜利县苏维埃政府，驻雩都马安乡上宝排脑，辖雩都县车头、仙霞及其北部地区，兴国县江背、樟木、古龙冈等地，隶江西省苏维埃政府。2月，宁都、彭湃县复并为宁都县，成立县苏维埃政府，直隶江西省苏维埃政府；信丰县归隶江西省苏维埃政府；信丰西北部和南康县苏区机关工作人员在赣县韩坊一带合设信康县，并成立县革命委员会。9月，信丰、南康2个县党组织合并，成立信康县苏维埃政府，仍隶江西省苏维埃政府。石城县苏维埃政府改归福建省苏维埃政府（次年2月复隶江西省苏维埃政府）。10月，上犹、崇义县苏区失陷，这2个县苏维埃政府停止活动。

1933年1月，宁都县改名博生县。7月，博生县析为博生、洛口、长胜县，均成立县苏维埃政府，分别驻宁都县城、洛口麻田、长胜圩北（后迁黄石陂塘），同隶江西省苏维埃政府。8月，析会昌县西江、筠门岭地区，西江与雩都县毗邻的黄龙、宽田、沙心等区，成立西江、门岭2个县，分别成立县苏维埃政府；析石城县横江、大由、珠江、洋地、龙岗等区和与之毗邻的瑞金、福建省宁化县部分地区设太雷县，以兴国县均村地区为中心设杨殷县，均隶江西省苏维埃政府。8月16日，中央人民委员会决定成立粤赣省，辖雩都、会昌、西江、门岭、寻邬、安远、信康7个县。9月16日，粤赣省临时苏维埃执行委员会成立。12月23日，粤赣省苏维埃政府成立，驻会昌县文武坝。

1934年2月，寻邬全县、安远县大部苏区失守，2个县合并成立寻安县苏维埃政府，隶粤赣省。3月，信康县改名登贤县，辖雩都县畲岭、小溪，赣县长洛、大田，会昌茶梓、乱石等6个区，隶江西省苏维埃政府（6月改隶赣南战地委员会）。5月，长胜、西江、太雷3个县改为直属中央。夏，中央决定成立赣粤边军政委员会，把游击区域扩大到信丰、南康、大庾、龙南、虔南、定南和广东省南雄等县。7月下旬，中央决定设立赣南省，驻雩都县城；8月，赣南省苏维埃政府成立，辖赣县、雩都、登贤、杨殷4个苏区县。9月，门岭、寻安县并为寻安会县，并在雩都小溪成立县苏维埃政府，隶赣南省。原定在雩都罗坳、罗江一带苏区设立雩西县，在雩都禾丰地区成立兴（宁）龙（川）寻（邬）安（远）县革命委员会，因局势严重，雩西县未正式成立，兴龙寻安县革命委员会成立不久即停止活动。10月，中华苏维埃共和国中央政府办事处在瑞金成立，驻瑞金云石山。兴国县东南部和胜利县西南部苏区并为兴胜县，成立县苏维埃政府，隶江西省苏维埃政府。中共中央、苏维埃中央政府、中央军委率中央红军主力8.6万多人开始长征。11月上旬，中华苏维埃共和国中央政府办事处迁驻雩都宽田，决定以宽田为中心成立瑞西县苏维埃政府，直属中央政府办事处。

1935年春，国民党军全面占领赣南苏区。二三月间，苏维埃中央机关和红军部队在雩都南部分9路突围，大部分失败。项英、陈毅转战到信丰油山一带，与当地红军游击部队会合后，成立粤赣边界军政委员会，领导游击战争。瑞西县苏维埃政府机关工作人员随县独立营突围到闽赣边，继续坚持游击战争。

十四、中华人民共和国

1949年5月，中国共产党领导的中国人民解放军解放南昌，成立江西省人民政府。同年7月向赣南进军，设立赣州和瑞金两个分区。1949年8月14日，赣县解放，划出所辖的赣州镇设赣州市。当时因瑞金分区待批，先置赣州分区行政督察专员公署，驻赣州市，辖18个县（市），即赣州市、赣县、南康县、信丰县、大庾县、上犹县、崇义县、龙南县、定南县、虔南县、安远县、雩都县、宁都县、兴国县、瑞金县、会昌县、寻邬县、石城县。1949年8月27日，成立江西省赣西南行政公署（次年改名为赣西南人民行政公署），驻赣州市。辖赣州、宁都（原议名瑞金分区）、吉安3个分区。1949年8月29日，宁都解放。9月中旬成立宁都分区行政督察专员公署，驻宁都。原赣州分区管辖的宁都、雩都、兴国、瑞金、会昌、石城、寻邬7个县及抚州分区所辖的广昌县，改由宁都分区管辖。1949年11月27日，撤销赣州分区行政督察专员公署，其所辖县（市）改由赣西南行政公署直接领导。1951年6月17日，撤销赣西南人民行政公署，成立赣州区专员公署，为江西省人民政府派出机关，驻赣州市，辖原赣州分区所领11个县（市）；宁都、吉安两专署为省直接领导。1952年8月29日，撤销宁都分区行政督察专员公署，所辖8个县除广昌划归抚州分区管辖外，余均改隶赣州区专员公署。至此，赣州专署辖18个县（市）：赣州市、赣县、南康县、信丰县、大庾县、上犹县、崇义县、龙南县、定南县、虔南县、安远县、兴国县、雩都县、宁都县、瑞金县、会昌县、寻邬县、石城县。1954年5月25日，成立赣南行政公署，同时撤销赣州区专员公署。赣南行署驻赣州市，辖原赣州专署所辖18个县（市）；同年7月，广昌县划入，赣南行政公署共辖19个县（市）。1957年，经国务院批准，赣南有4个县改变县名用字：雩都改于都，大庾改大余，虔南改全南，寻邬改寻乌。1964年5月15日，撤销赣南行政公署，成立赣州专员公署，驻地与辖县如旧。1967年1月25日，受"文化大革命"中的上海"一月风暴"影响，赣州地区革命造反总指挥部对地区党、政领导机关非法夺权，赣州专员公署陷于瘫痪。后由中国人民解放军驻赣州地方部队和来赣州"支左"的六八一〇、〇四八四、〇四八五部队先后实行军事管制。同年9月，成立赣州专区临时领导小组。1968年2月，成立赣州专区革命委员会（1971年1月改名赣州地区革命委员会），为地区一级政府，实行党、政"一元化"领导。驻地与辖县均与原赣州专员公署相同。1978年7月5日，撤销赣州地区革命委员会，成立赣州地区行政公署，为江西省政府派出机关，驻地与辖县照旧。1983年10月，广昌县划归抚州地区。赣州地区行政公署辖1个市、17个县：赣州市、赣县、南康县、信丰县、大余县、上犹县、崇义县、龙南县、定南县、全南县、安远县、兴国县、于都县、宁都县、瑞金县、会昌县、寻乌县、石城县。

1986年，赣州地区行政公署辖1个市、17个县，即赣州市、赣县、南康县、信丰县、大余县、上犹县、崇义县、龙南县、定南县、全南县、安远县、兴国县、于都县、宁都县、瑞金县、会昌县、寻乌县、石城县。

1994年5月，撤销瑞金县，设立瑞金市；1995年3月，撤销南康县，设立南康市。两市都隶属于赣州地区。1998年12月，国务院批准撤销赣州地区设立赣州市，撤销县级赣州市改为章贡区；1999年7月1日，赣州撤地设市挂牌，县级赣州市撤市改区挂牌。新设立的赣州市辖原赣州地区的15个县和新设立的章贡区；原赣州地区所辖的南康市、瑞金市由省直辖，赣州市代管。

2000年，赣州市管辖1个区、2个市、15个县、1个省级经济技术开发区，即章贡区，瑞金市、南康市，赣县、信丰县、大余县、上犹县、崇义县、龙南县、定南县、全南县、安远县、于都县、宁都县、兴国县、会昌县、寻乌县、石城县，赣州市黄金开发区。

第二章　区　划

赣州市（地区）的行政区划自三国吴嘉禾五年（236）设置庐陵南部都尉以来，建置称谓虽屡经变易，但行政区域的划分基本稳定；区划名称虽有变易，也多为区域内的分合。2000年，赣州市辖18个县（市、区）、1个省级经济技术开发区、358个乡（镇、街办）、4457个村（居）委会。

第一节　市（地区）级行政区划

一、区划设置

1986年，赣州地区辖1个市、17个县，即赣州市，赣县、南康县、信丰县、大余县、上犹县、崇义县、龙南县、全南县、定南县、安远县、宁都县、于都县、兴国县、瑞金县、会昌县、寻乌县、石城县。

2000年，赣州市辖1个区、2个市、15个县，即章贡区，瑞金市、南康市，赣县、信丰县、大余县、上犹县、崇义县、龙南县、全南县、定南县、安远县、宁都县、于都县、兴国县、会昌县、寻乌县、石城县。行政区划代码 360700。

二、区划调整

1994 年 5 月 18 日，经国务院批准，撤销瑞金县，设立瑞金市。赣州地区辖 2 个市、16 个县。

1995 年 3 月 7 日，国务院批准南康撤县设市。赣州地区辖 3 个市、15 个县。

1998 年 12 月，经国务院批准，撤销赣州地区，设立赣州市；撤销县级赣州市，设立赣州市章贡区。

2000 年赣州市行政区划统计表

表 1－2－1　　单位：个

县（市、区）	街道办事处	镇	乡	居委会	村委会	行政区划代码	邮政编码
章贡区	5	7	2	60	98	360702	341000
赣　县	—	9	15	14	315	360721	341000
南康市	—	12	17	11	376	360782	341400
信丰县	—	11	12	4	319	360722	341600
大余县	—	8	7	10	144	360723	341500
上犹县	—	4	14	6	180	360724	341200
崇义县	—	7	11	5	154	360725	341300
安远县	—	5	16	7	242	360726	342100
龙南县	—	9	6	7	171	360727	341700
全南县	—	5	11	9	108	360729	341800
定南县	—	6	7	5	151	360728	341900
兴国县	—	8	20	6	372	360732	342400
宁都县	—	10	16	19	347	360730	342800
于都县	—	9	18	22	402	360731	342300
瑞金市	—	7	12	8	271	360781	342500
会昌县	—	7	15	6	277	360733	342600
寻乌县	—	7	8	4	179	360734	342200
石城县	—	5	10	8	140	360735	342700

说明：不含林场

1986—2000 年赣州市（地区）行政区划变化情况统计表

表 1－2－2　　单位：个

年 份	县	市(县级)	区	乡	镇	街道办	区公所
1986 年	17	1	—	331	29	3	1
1987 年	17	1	—	318	45	4	1
1988 年	17	1	—	285	74	4	1
1989 年	17	1	—	285	77	4	1
1990 年	17	1	—	286	77	4	1
1991 年	17	1	—	286	77	4	—
1992 年	17	1	—	279	81	4	—
1993 年	17	1	—	264	96	4	—

续表 1-2-2

年份	县	市(县级)	区	乡	镇	街道办	区公所
1994年	16	2	—	253	105	4	—
1995年	15	3	—	244	114	4	—
1996年	15	3	—	237	123	4	—
1997年	15	3	—	230	130	5	—
1998年	15	3	—	226	135	5	—
1999年	15	2	1	226	135	5	—
2000年	15	2	1	217	136	5	—

第二节　县（市、区）级行政区划

2000年，全市217个乡、136个镇、5个街道办事处，下辖4457个村（居）委会。

一、章贡区

章贡区设5个街道办事处、7个镇、2个乡，辖60个居委会、98个村委会。

解放街道办事处驻西津路，区域面积1.3平方千米，辖9个居委会。赣江街道办事处驻厚德路，区域面积2.95平方千米，辖18个居委会。东外街道办事处驻文明大道，区域面积5.5平方千米，辖6个居委会、1个村委会。南外街道办事处驻文明大道，区域面积4.8平方千米，辖9个居委会、1个村委会。黄金岭街道办事处驻金岭路，区域面积11.3平方千米，辖1个居委会、7个村委会。水西镇政府驻赤珠岭，区域面积63.2平方千米，辖1个居委会、11个村委会。水东镇政府驻岗上，区域面积24.7平方千米，辖4个居委会、8个村委会。湖边镇政府驻石公坑，区域面积99.8平方千米，辖6个居委会、10个村委会。水南镇政府驻岭头上，区域面积20.5平方千米，辖2个居委会、6个村委会。沙河镇政府驻麻巷岭，区域面积67.3平方千米，辖10个村委会。沙石镇政府驻沙石圩，区域面积138.2平方千米，辖2个居委会、10个村委会。蟠龙镇政府驻蟠龙圩，区域面积43.4平方千米，辖2个居委会、15个村委会。蛤湖乡政府驻横江，区域面积53平方千米，辖8个村委会。龙埠乡政府驻龙埠，区域面积73平方千米，辖11个村委会。

二、赣县

赣县设9个镇、15个乡，辖14个居委会、315个村委会。

梅林镇政府驻县城赣新大道，区域面积34.8平方千米，辖3个居委会、6个村委会。王母渡镇政府驻王母渡圩，区域面积232.8平方千米，辖1个居委会、19个村委会。沙地镇政府驻沙地圩，区域面积179.4平方千米，辖1个居委会、15个村委会。江口镇政府驻江口圩，区域面积120.9平方千米，辖1个居委会、18个村委会。田村镇政府驻田村圩，区域面积144.3平方千米，辖1个居委会、26个村委会。吉埠镇政府驻樟溪圩，区域面积132.9平方千米，辖1个居委会、15个村委会。南塘镇政府驻南塘圩，区域面积136.2平方千米，辖1个居委会、22个村委会。茅店镇政府驻茅店圩，区域面积110.2平方千米，辖1个居委会、14个村委会。五云镇政府驻五云圩，区域面积126.6平方千米，辖1个居委会、18个村委会。韩坊乡政府驻韩坊圩，区域面积236.8平方千米，辖1个居委会、16个村委会。小坪乡政府驻小坪圩，区域面积69.2平方千米，辖5个村委会。阳埠乡政府驻阳埠圩，区域面积138.6平方千米，辖14个村委会。大埠乡政府驻大埠圩，区域面积237.3平方千米，辖15个村委会。

长洛乡政府驻长洛圩，区域面积 137.1 平方千米，辖 10 个村委会。大田乡政府驻大田圩，区域面积 132.9 平方千米，辖 10 个村委会。储潭乡政府驻储潭圩，区域面积 97.5 平方千米，辖 1 个居委会、9 个村委会。石芫乡政府驻石芫圩，区域面积 79 平方千米，辖 8 个村委会。白石乡政府驻白石圩，区域面积 70 平方千米，辖 13 个村委会。三溪乡政府驻三溪村，区域面积 57.6 平方千米，辖 10 个村委会。湖江乡政府驻连坳圩，区域面积 137.4 平方千米，辖 1 个居委会、16 个村委会。湖新乡政府驻湖江面圩，区域面积 63.2 平方千米，辖 6 个村委会。攸镇乡政府驻攸镇圩，区域面积 94.1 平方千米，辖 8 个村委会。古田乡政府驻古田圩，区域面积 79.2 平方千米，辖 8 个村委会。白鹭乡政府驻白鹭圩，区域面积 78 平方千米，辖 14 个村委会。

三、南康市

南康市设 12 个镇、17 个乡，辖 11 个居委会、376 个村委会。

蓉江镇政府驻蓉江西路，区域面积 4 平方千米，辖 2 个居委会、3 个村委会。金鸡镇政府驻金鸡，区域面积 54 平方千米，辖 1 个居委会、13 个村委会。潭口镇政府驻潭口圩，区域面积 63 平方千米，辖 2 个居委会、20 个村委会。唐江镇政府驻新街，区域面积 4.8 平方千米，辖 3 个居委会、1 个村委会。凤岗镇政府驻凤岗圩，区域面积 63 平方千米，辖 1 个居委会、18 个村委会。赤土镇政府驻赤土圩，区域面积 157 平方千米，辖 22 个村委会。横市镇政府驻横市圩，区域面积 122 平方千米，辖 1 个居委会、17 个村委会。龙回镇政府驻龙回圩，区域面积 53 平方千米，辖 12 个村委会。三益镇政府驻三益，区域面积 82 平方千米，辖 10 个村委会。潭东镇政府驻东坑，区域面积 49 平方千米，辖 11 个村委会。龙岭镇政府驻樟桥，区域面积 51 平方千米，辖 17 个村委会。镜坝镇政府驻岭足下，区域面积 61 平方千米，辖 12 个村委会。浮石乡政府驻贤女埠，区域面积 110 平方千米，辖 16 个村委会。西华乡政府驻蓉江泰康中路，区域面积 64 平方千米，辖 17 个村委会。横寨乡政府驻黄田，区域面积 31 平方千米，辖 11 个村委会。朱坊乡政府驻朱坊，区域面积 99 平方千米，辖 18 个村委会。太窝乡政府驻圆岭，区域面积 35 平方千米，辖 11 个村委会。大岭乡政府驻唐南，区域面积 13 平方千米，辖 7 个村委会。三江乡政府驻浮桥头，区域面积 38 平方千米，辖 17 个村委会。龙华乡政府驻崇文，区域面积 107 平方千米，辖 19 个村委会。唐西乡政府驻平头山，区域面积 36 平方千米，辖 11 个村委会。平田乡政府驻章石，区域面积 31 平方千米，辖 12 个村委会。内潮乡政府驻内潮圩，区域面积 48 平方千米，辖 6 个村委会。坪市乡政府驻坪市圩，区域面积 91 平方千米，辖 1 个居委会、14 个村委会。圩下乡政府驻圩下圩，区域面积 59.1 平方千米，辖 10 个村委会。麻双乡政府驻麻双圩，区域面积 64.4 平方千米，辖 10 个村委会。隆木乡政府驻隆木圩，区域面积 91 平方千米，辖 15 个村委会。大坪乡政府驻大坪圩，区域面积 107 平方千米，辖 16 个村委会。十八塘乡政府驻十八塘圩，区域面积 82 平方千米，辖 10 个村委会。

四、信丰县

信丰县设 11 个镇、12 个乡，辖 4 个居委会、319 个村委会。

嘉定镇政府驻县城解放路，区域面积 18 平方千米，辖 4 个居委会、5 个村委会。大塘埠镇政府驻大塘埠圩，区域面积 107 平方千米，辖 19 个村委会。古陂镇政府驻古陂圩，区域面积 156 平方千米，辖 13 个村委会。大桥镇政府驻营下，区域面积 91 平方千米，辖 11 个村委会。新田镇政府驻新田圩，区域面积 242 平方千米，辖 15 个村委会。油山镇政府驻油山圩，区域面积 146 平方千米，辖 11 个村委会。安西镇政府驻安西圩，区域面积 224 平方千米，辖 24 个村委会。小江镇政府驻小江圩，区域面积 232 平方千米，辖 20 个村委会。铁石口镇政府驻铁石口圩，区域面积 86 平方千米，辖 18 个村委会。大阿镇政府驻大阿圩，区域面积 95 平方千米，辖 17 个村委会。小河镇政府驻小河圩，区域面积 105 平方千米，辖 17 个村委会。九渡乡政府驻九渡圩，区域面积 98 平方千米，辖 12 个村委会。万隆乡政府驻万隆圩，区域面积 119 平方千米，辖 13 个村委会。正平乡政府驻正平圩，区域面积 68 平方千米，辖 11 个村委会。龙舌乡政府驻龙舌头，区域面积 147 平方千米，辖 17 个村委会。西牛乡政府驻西牛圩，区域面积 82 平方千米，辖 15 个村委会。同益乡政府驻东岳庙，区域面积 120 平方千米，辖 20 个村委会。坪石乡政府驻坪石圩，区域面积 101 平方千米，辖 11 个村委会。金盆山乡政府驻金盆山圩，区域面积 155 平方千米，辖 4 个村委会。虎山乡政府驻隘高圩，区域面积 200 平方千米，辖 12 个村委会。星村乡政府驻星村圩，区域面积 99 平方千米，辖 11 个村委会。黄泥乡政府驻黄泥圩，区域面积 64 平方千米，辖 9 个村委会。崇仙乡政府驻崇仙圩，区域面积 141 平方千米，辖 14 个村委会。

五、大余县

大余县设 8 个镇、7 个乡，辖 10 个居委会、144 个村委会。

南安镇政府驻县城伯坚大道中段，区域面积 9.8 平方千米，辖 6 个居委会、1 个村委会。樟斗镇政府驻樟斗圩，区域面积 89.2 平方千米，辖 7 个村委会。新城镇政府驻新城圩，区域面积 38 平方千米，辖 1 个居委会、11 个村委会。池江镇政府驻池江圩，区域面积 120 平方千米，辖 1 个居委会、20 个村委会。黄龙镇政府驻黄龙圩，区域面积 92 平方千米，辖 12 个村委会。吉村镇政府驻吉村圩，区域面积 218.2 平方千米，辖 12 个村委会。青龙镇政府驻草坪里，区域面积 108.2 平方千米，辖 17 个村委会。左拔镇政府驻左拔圩，区域面积 99.76 平方千米，辖 1 个居委会、4 个村委会。赤石乡政府驻赤石，区域面积 23.4 平方千米，辖 4 个村委会。南丰乡政府驻渡头，区域面积 60 平方千米，辖 12 个村委会。京州乡政府驻水松山，区域面积 37.5 平方千米，辖 8 个村委会。浮江乡政府驻娘娘庙，区域面积 131.63 平方千米，辖 10 个村委会。内良乡政府驻内良圩，区域面积 114.8 平方千米，辖 8 个村委会。梅关乡政府驻县城东郊，区域面积 131.95 平方千米，辖 1 个居委会、10 个村委会。河洞乡政府驻河洞圩，区域面积 92.3 平方千米，辖 8 个村委会。

六、上犹县

上犹县设 4 个镇、14 个乡，辖 6 个居委会、180 个村委会。

东山镇政府驻县城，区域面积 53.8 平方千米，辖 3 个居委会、14 个村委会。陡水镇政府驻陡水，区域面积 47 平方千米，辖 1 个居委会、6 个村委会。社溪镇政府驻社溪圩，区域面积 63.9 平方千米，辖 1 个居委会、13 个村委会。营前镇政府驻营前圩，区域面积 64.9 平方千米，辖 1 个居委会、13 个村委会。黄埠乡政府驻黄沙村，区域面积 73.7 平方千米，辖 13 个村委会。中稍乡政府驻中稍圩，区域面积 75.7 平方千米，辖 9 个村委会。沿湖乡政府驻盆形岗，区域面积 41.5 平方千米，辖 6 个村委会。梅水乡政府驻梅子坝，区域面积 96.8 平方千米，辖 13 个村委会。油石乡政府驻油石圩，区域面积 87.6 平方千米，辖 12 个村委会。安和乡政府驻陶朱口，区域面积 66.7 平方千米，辖 8 个村委会。蓝田乡政府驻蓝田圩，区域面积 63.7 平方千米，辖 8 个村委会。紫阳乡政府驻高基坪，区域面积 123.5 平方千米，辖 8 个村委会。寺下乡政府驻寺下圩，区域面积 95.7 平方千米，辖 12 个村委会。双溪乡政府驻双溪圩，区域面积 123.6 平方千米，辖 10 个村委会。水岩乡政府驻罗屋排，区域面积 64 平方千米，辖 6 个村委会。金盆乡政府驻樟树，区域面积 74.7 平方千米，辖 9 个村委会。平富乡政府驻茶园，区域面积 87.6 平方千米，辖 11 个村委会。五指峰乡政府驻象形，区域面积 239.5 平方千米，辖 9 个村委会。

七、崇义县

崇义县设 7 个镇、11 个乡，辖 5 个居委会、154 个村委会。

横水镇政府驻县城阳岭大道，区域面积 185 平方千米，辖 5 个居委会、12 个村委会。古亭镇政府驻古亭圩，区域面积60.7平方千米，辖3个村委会。过埠镇政府驻过埠圩，区域面积100.43平方千米，辖13个村委会。扬眉镇政府驻扬眉寺，区域面积79平方千米，辖12个村委会。铅厂镇政府驻铅厂街，区域面积174.6平方千米，辖7个村委会。关田镇政府驻关田圩，区域面积145.7平方千米，辖8个村委会。长龙镇政府驻长龙圩，区域面积136平方千米，辖9个村委会。龙勾乡政府驻龙勾，区域面积66平方千米，辖10个村委会。茶滩乡政府驻茶滩圩，区域面积68平方千米，辖6个村委会。杰坝乡政府驻瓦窑潭，区域面积55平方千米，辖7个村委会。金坑乡政府驻金坑圩，区域面积71平方千米，辖7个村委会。思顺乡政府驻思顺圩，区域面积213平方千米，辖10个村委会。麟潭乡政府驻独石，区域面积96平方千米，辖8个村委会。上堡乡政府驻上堡圩，区域面积147平方千米，辖12个村委会。聂都乡政府驻聂都圩，区域面积165.7平方千米，辖11个村委会。文英乡政府驻文英圩，区域面积102平方千米，辖7个村委会。乐洞乡政府驻乐洞圩，区域面积56平方千米，辖6个村委会。丰州乡政府驻丰州圩，区域面积93平方千米，辖6个村委会。

八、安远县

安远县设5个镇、16个乡，辖7个居委会、242个村委会。

欣山镇政府驻县城解放路，区域面积1.4平方千米，辖5个居委会、4个村委会。龙布镇政府驻龙布圩，区域面积141平方千米，辖1个居委会、13个村委会。天心镇政府驻天心圩，区域面积152平方千米，辖15个村委会。版石镇政府驻版石圩，区域面积155平方千米，辖1个居委会、17个村委会。孔田镇政府驻孔田圩，区域面积108平方千米，辖16个村委会。濂江乡政府驻郭爷庙，区域面积182.6平方千米，辖25个村委会。塘村乡政府驻白兔，区域面积116.5平方千米，辖10个村委会。浮槎乡政府驻浮槎圩，区域面积77平方千米，辖6个村委会。双芫乡政府驻双芫圩，区域面积100平方千米，辖7个村委会。长沙乡政府驻水东圩，区域面积76平方千米，辖9个村委会。重石乡政府驻重石圩，区域面积62平方千米，辖12个村委会。蔡坊乡政府驻蔡坊圩，区域面积96平方千米，辖9个村委会。崇坑乡政府驻崇坑圩，区域面积96平方千米，辖9个村委会。车头乡政府驻车头圩，区域面积147平方千米，辖16个村委会。新龙乡政府驻新龙圩，区域面积81平方千米，辖11个村委会。高云山乡政府驻沙含圩，区域面积203.5平方千米，辖9个村委会。江头乡政府驻江头圩，区域面积110平方千米，辖7个村委会。凤山乡政府驻凤山圩，区域面积94平方千米，辖8个村委会。新园乡政府驻新田圩，区域面积126平方千米，辖11个村委会。鹤子乡政府驻鹤子圩，区域面积135平方千米，辖16个村委会。镇岗乡政府驻镇岗圩，区域面积115平方千米，辖12个村委会。

九、龙南县

龙南县设9个镇、6个乡、2个林场，辖7个居委会、171个村委会。

龙南镇政府驻马牯塘，区域面积90.2平方千米，辖6个居委会、12个村委会。渡江镇政府驻渡江圩，区域面积77.9平方千米，辖10个村委会。汶龙镇政府驻汶龙圩，区域面积84.4平方千米，辖12个村委会。东坑镇政府驻东坑圩，区域面积85平方千米，辖9个村委会。杨村镇政府驻杨村圩，区域面积144.8平方千米，辖25个村委会。武当镇政府驻大坝圩，区域面积110.1平方千米，辖1个居委会、10个村委会。里仁镇政府驻里仁圩，区域面积55.1平方千米，辖10个村委会。程龙镇政府驻程龙圩，区域面积127.1平方千米，辖9个村委会。关西镇政府驻关西圩，区域面积80.4平方千米，辖9个村委会。南亨乡政府驻南亨圩，区域面积97.2平方千米，辖12个村委会。夹湖乡政府驻夹湖圩，区域面积132.2平方千米，辖10个村委会。临塘乡政府驻临江圩，区域面积110.5平方千米，辖6个村委会。东江乡政府驻玉壶寨，区域面积49.8平方千米，辖10个村委会。黄沙乡政府驻李屋，区域面积49.6平方千米，辖9个村委会。桃江乡政府驻石桥头，区域面积90.7平方千米，辖9个村委会。安基山林场辖 2 个村委会。九连山林场辖 7 个村委会。

十、全南县

全南县设 5 个镇、11 个乡，辖 9 个居委会、108 个村委会。

城厢镇政府驻城区车站西路 2 号，区域面积 13.1 平方千米，辖 1 个居委会、3 个村委会。大吉山镇政府驻公司坪，区域面积 15.7 平方千米，辖 8 个居委会、1 个村委会。陂头镇政府驻陂头圩，区域面积 183 平方千米，辖 9 个村委会。金龙镇政府驻城厢镇，区域面积 110.9 平方千米，辖 13 个村委会。南迳镇政府驻南迳圩，区域面积 85.7 平方千米，辖 8 个村委会。木金乡政府驻木金坑，区域面积 65.6 平方千米，辖 7 个村委会。小慕乡政府驻小慕圩，区域面积 66.7 平方千米，辖 9 个村委会。中寨乡政府驻黄竹龙，区域面积 85.9 平方千米，辖 10 个村委会。乌柏坝乡政府驻乌柏坝圩，区域面积 109 平方千米，辖 8 个村委会。大庄乡政府驻大庄，区域面积 48.6 平方千米，辖 6 个村委会。寨下乡政府驻寨下圩，区域面积 57 平方千米，辖 4 个村委会。龙源坝乡政府驻龙源坝圩，区域面积 72.6 平方千米，辖 7 个村委会。竹山乡政府驻竹山圩，区域面积 84 平方千米，辖 5 个村委会。社迳乡政府驻社迳圩，区域面积 82.8 平方千米，辖 8 个村委会。上江乡政府驻上江圩，区域面积 36.8 平方千米，辖 4 个村委会。龙下乡政府驻龙下圩，区域面积 106.7 平方千米，辖 6 个村委会。

十一、定南县

定南县设 6 个镇、7 个乡，辖 5 个居委会、151 个村委会。

历市镇政府驻县城胜利南路，区域面积 165.9 平方千米，辖 4 个居委会、24 个村委会。岿美山镇政府驻三亭圩，区域面积 128.5 平方千米，辖 1 个居委会、9 个村委会。老城镇政府驻老城圩，区域面积 85.9 平方千米，辖 14 个村委会。天九镇政府驻天花圩，区域面积 114.9 平方千米，辖 18 个村委会。月子镇政府驻月子圩，区域面积 133.88 平方千米，辖 13 个村委会。龙塘镇政府驻桐坑圩，区域面积 157.1 平方千米，辖 14 个村委会。九曲乡政府驻九曲圩，区域面积 53.7 平方千米，辖 8 个村委会。鹅公乡政府驻鹅公圩，区域面积 102.6 平方千米，辖 16 个村委会。镇田乡政府驻木杨圩，区域面积 61.9 平方千米，辖 6 个村委会。柱石乡政府驻柱石圩，区域面积 52.9 平方千米，辖 6 个村委会。车步乡政府驻事前圩，区域面积 69.3 平方千米，辖 11 个村委会。龙头乡政府驻龙头圩，区域面积 112.2 平方千米，辖 7 个村委会。迳脑乡政府驻迳脑圩，区域面积 74.4 平方千米，辖 5 个村委会。

十二、兴国县

兴国县设 8 个镇、20 个乡、4 个林场，辖 6 个居委会、372 个村委会。

潋江镇政府驻县城潋江大道，区域面积 55.18 平方千米，辖 4 个居委会、14 个村委会。江背镇政府驻江背圩，区域面积 105 平方千米，辖 14 个村委会。陈也镇政府驻陈也，区域面积 27 平方千米，辖 2 个居委会、2 个村委会。古龙冈镇政府驻古龙冈圩，区域面积 206 平方千米，辖 20 个村委会。梅窖镇政府驻梅窖圩，区域面积 76 平方千米，辖 7 个村委会。高兴镇政府驻高兴圩，区域面积 210 平方千米，辖 21 个村委会。良村镇政府驻背坑，区域面积 163.5 平方千米，辖 17 个村委会。龙口镇政府驻龙口圩，区域面积 66 平方千米，辖 10 个村委会。兴江乡政府驻江口圩，区域面积 129 平方千米，辖 12 个村委会。樟木乡政府驻樟木圩，区域面积 70 平方千米，辖 10 个村委会。东村乡政府驻黄冈，区域面积 85 平方千米，辖 9 个村委会。兴莲乡政府驻莲塘圩，区域面积 104 平方千米，辖 11 个村委会。杰村乡政府驻杰村圩，区域面积 112 平方千米，辖 16 个村委会。留龙乡政府驻上村，区域面积 54 平方千米，辖 7 个村委会。社富乡政府驻社富圩，区域面积 116 平方千米，辖 13 个村委会。埠头乡政府驻埠头圩，区域面积 92 平方千米，辖 14 个村委会。隆坪乡政府驻隆坪圩，区域面积 54 平方千米，辖 9 个村委会。

永丰乡政府驻永丰圩，区域面积161平方千米，辖21个村委会。均村乡政府驻均村圩，区域面积193平方千米，辖20个村委会。茶园乡政府驻茶园圩，区域面积97平方千米，辖15个村委会。崇贤乡政府驻崇贤圩，区域面积123平方千米，辖11个村委会。贺堂乡政府驻贺堂圩，区域面积66平方千米，辖6个村委会。枫边乡政府驻枫边圩，区域面积147.5平方千米，辖14个村委会。南坑乡政府驻南坑圩，区域面积128平方千米，辖9个村委会。城冈乡政府驻城冈圩，区域面积144平方千米，辖20个村委会。方太乡政府驻方太圩，区域面积88.5平方千米，辖9个村委会。鼎龙乡政府驻鼎龙圩，区域面积117平方千米，辖15个村委会。长冈乡政府驻上社，区域面积104平方千米，辖17个村委会。园岭林场辖3个村委会。均福山林场辖3个村委会。蕉坑林场辖2个村委会。龙山林场辖1个村委会。

十三、宁都县

宁都县设10个镇、16个乡，辖19个居委会、347个村委会。

梅江镇政府驻县城沿江路，区域面积16.8平方千米，辖7个居委会、5个村委会。青塘镇政府驻青塘圩，区域面积179.9平方千米，辖1个居委会、11个村委会。长胜镇政府驻长胜圩，区域面积185.1平方千米，辖1个居委会、20个村委会。黄陂镇政府驻黄陂圩，区域面积204.2平方千米，辖1个居委会、21个村委会。赖村镇政府驻赖村圩，区域面积178平方千米，辖1个居委会，14个村委会。固村镇政府驻固村圩，区域面积185.1平方千米，辖1个居委会，18个村委会。洛口镇政府驻洛口圩，区域面积255.5平方千米，辖1个居委会，12个村委会。小布镇政府驻小布圩，区域面积152.6平方千米，辖1个居委会，10个村委会。东山坝镇政府驻东山坝圩，区域面积171.4平方千米，辖1个居委会，12个村委会。石上镇政府驻石上圩，区域面积174.1平方千米，辖1个居委会，18个村委会。大沽乡政府驻大沽圩，区域面积170.5平方千米，辖15个村委会。东韶乡政府驻东韶圩，区域面积268平方千米，辖13个村委会。员布乡政府驻上员布，面积11.7平方千米，辖4个村委会。肖田乡政府驻肖田圩，区域面积228.6平方千米，辖8个村委会。钓峰乡政府原驻钓峰圩，1990年7月迁驻下湾圩。区域面积92.8平方千米，辖8个村委会。安福乡政府驻安福圩，区域面积88.1平方千米，辖7个村委会。蔡江乡政府驻蔡江圩，区域面积84平方千米，辖11个村委会。湛田乡政府驻湛田圩，区域面积189平方千米，辖11个村委会。会同乡政府驻会同圩，区域面积183.9平方千米，辖16个村委会。田埠乡政府驻田埠圩乡，区域面积165.1平方千米，辖1个居委会，16个村委会。竹笮乡政府原驻竹笮圩，2000年迁驻大富村。区域面积94.3平方千米，辖1个居委会，11个村委会。固厚乡政府驻固厚圩，区域面积141.7平方千米，辖17个村委会。田头乡政府驻田头圩，区域面积66平方千米，辖15个村委会。黄石乡政府驻黄石圩，区域面积78.8平方千米，辖17个村委会。对坊乡政府驻对坊圩，区域面积142.4平方千米，辖1个居委会，17个村委会。刘坑乡政府驻蓟背岭，区域面积188.2平方千米，辖20个村委会。

十四、于都县

于都县设9个镇、18个乡，辖22个居委会、402个村委会。

贡江镇政府驻县城长征大道，区域面积154.7平方千米，辖8个居委会，28个村委会。银坑镇政府驻银坑圩，区域面积107.1平方千米，辖2个居委会、20个村委会。岭背镇政府驻岭背圩，区域面积141.2平方千米，辖29个村委会。祁禄山镇政府驻畲岭圩，区域面积171.2平方千米，辖4个居委会、12个村委会。铁山垄镇政府驻丰田圩，区域面积70.7平方千米，辖3个居委会、9个村委会。罗坳镇政府驻罗坳圩，区域面积162.7平方千米，辖21个村委会。禾丰镇政府驻禾丰圩，区域面积131.7平方千米，辖23个村委会。盘古山镇政府驻仁风圩，区域面积156.6平方千米，辖5个居委会、12个村委会。梓山镇政府驻梓山圩，区域面积173.6平方千米，辖27个村委会。桥头乡政府驻桥头圩，区域面积 39.2 平方千米，辖 8 个村委会。葛坳乡政府驻葛坳圩，区域面积 116.5 平方千米，辖 16 个村委会。马安乡政府驻马安圩，区域面积 50.4 平方千米，辖 8 个村委会。曲洋乡政府驻曲洋圩，区域面积 80.9 平方千米，辖 9 个村委会。汾坑乡政府驻汾坑圩，区域面积 63.7 平方千米，辖 8 个村委会。仙下乡政府驻仙下圩，区域面积 149 平方千米，辖 21 个村委会。高龙乡政府驻新高陂圩，区域面积 41.7 平方千米，辖 7 个村委会。车溪乡政府驻车头圩，区域面积 85.4 平方千米，辖 16 个村委会。段屋乡政府驻段屋圩，区域面积 43.3 平方千米，辖 11 个村委会。沙心乡政府驻沙心圩，区域面积 54.7 平方千米，辖 6 个村委会。宽田乡政府驻上山头，区域面积 105.2 平方千米，辖 15 个村委会。黄麟乡政府驻老村，区域面积 137.1 平方千米，辖 16 个村委会。罗江乡政府驻罗江圩，区域面积 117.3 平方千米，辖 17 个村委会。利村乡政府驻利村圩，区域面积 148.2 平方千米，辖 17 个村委会。新陂乡政府驻新陂圩，区域面积 36.7 平方千米，辖 11 个村委会。于阳乡政府驻新于阳圩，区域面积 50.3 平方千米，辖 7 个村委会。小溪乡政府驻小溪圩，区域面积 160.8 平方千米，辖 16 个村委会。靖石乡政府驻黄鳅形，区域面积 153.6 平方千米，辖 12 个村委会。

十五、瑞金市

瑞金市设 7 个镇、12 个乡，辖 8 个居委会、271 个村委会。

象湖镇政府驻县城解放路，区域面积 31 平方千米，辖 5 个居委会、11 个村委会。瑞林镇政府驻瑞林，区域面积 151 平方千米，辖 14 个村委会。壬田镇政府驻壬田，区域面积 106 平方千米，辖 1 个居委会、23 个村委会。九堡镇政府驻九堡，区域面积 206 平方千米，辖 1 个居委会、27 个村委会。沙洲坝镇政府驻新茶亭，区域面积 85 平方千米，辖 11 个村委会。谢坊镇政府驻谢坊，区域面积 131 平方千米，辖 18 个村委会。武阳镇政府驻武阳，区域面积 131 平方千米，辖 1 个居委会、16 个村委会。丁陂乡政府驻丁陂，区域面积 50 平方千米，辖 6 个村委会。下坝乡政府驻下坝，区域面积 50 平方千米，辖 7 个村委会。大柏地乡政府驻大柏地，区域面积 163 平方千米，辖 12 个村委会。冈面乡政府驻店背，区域面积 161 平方千米，辖 14 个村委会。日东乡政府驻日东圩，区域面积 184 平方千米，辖 13 个村委会。合龙乡政府驻合龙圩，区域面积 46 平方千米，辖 10 个村委会。叶坪乡政府驻云集，区域面积 95 平方千米，辖 22 个村委会。黄柏乡政府驻新茶亭，区域面积 107 平方千米，辖 16 个村委会。万田乡政府驻万田圩，区域面积 100 平方千米，辖 10 个村委会。云石山乡政府驻高围圩，区域面积 112 平方千米，辖 15 个村委会。泽覃乡政府驻光辉，区域面积 254 平方千米，辖 14 个村委会。拔英乡政府驻拔英圩，区域面积 223 平方千米，辖 12 个村委会。

十六、会昌县

会昌县设 7 个镇、15 个乡，辖 6 个居委会、277 个村委会。

湘江镇政府驻县城沿伸街，区域面积 14.3 平方千米，辖 5 个居委会、6 个村委会。筠门岭镇政府驻筠门岭圩，区域面积 189.4 平方千米，辖 1 个居委会、23 个村委会。西江镇政府驻西江圩，区域面积 142.8 平方千米，辖 21 个村委会。周田镇政府驻周田圩，区域面积 221.9 平方千米，辖 26 个村委会。麻州镇政府驻麻州圩，区域面积 117.7 平方千米，辖 16 个村委会。庄口镇政府驻庄口圩，区域面积 129.9 平方千米，辖 12 个村委会。文武坝镇政府驻水东，区域面积 119.2 平方千米，辖 21 个村委会。长岭乡政府驻长岭圩，区域面积 108.5 平方千米，辖 8 个村委会。清溪乡政府驻清溪圩，区域面积 97.2 平方千米，辖 5 个村委会。右水乡政府驻右水圩，区域面积 128.9 平方千米，辖 14 个村委会。高排乡政府驻高排圩，区域面积 87.9 平方千米，辖 10 个村委会。晓龙乡政府驻晓龙圩，区域面积 159.3 平方千米，辖 11 个村委会。珠兰乡政府驻珠兰圩，区域面积 124.6 平方千米，辖 15 个村委会。洞头乡政府驻洞头圩，区域面积 155 平方千米，辖 10 个村委会。中村乡政府驻中村圩，区域面积 201.7 平方千米，辖6个村委会。站塘乡政府驻站塘圩，区域面积103.9平方千米，辖12个村委会。永隆乡政府驻永隆圩，区域面积120.3平方千米，辖10个村委会。富城乡政府驻富城圩，区域面积203.7平方千米，辖15个村委会。小密乡政府驻小密圩，区域面积85.2平方千米，辖7个村委会。凤凰岽乡政府驻凤凰岽圩，区域面积115.1平方千米，辖10个村委会。庄埠乡政府驻庄埠圩，区域面积56.5平方千米，辖6个村委会。白鹅乡政府驻白鹅圩，区域面积95.8平方千米，辖13个村委会。

十七、寻乌县

寻乌县设7个镇、8个乡，辖4个居委会、179个村委会。

长宁镇政府驻县城新桥西路61号，区域面积11.56平方千米，辖4个居委会，3个村委会。南桥镇政府驻南桥村，区域面积138.15平方千米，辖17个村委会。澄江镇政府驻汶口村，区域面积189.74平方千米，辖14个村委会。吉潭镇政府驻吉潭村，区域面积238.49平方千米，辖17个村委会。桂竹帽镇政府驻上坪村，区域面积235.86平方千米，辖6个村委会。晨光镇政府驻沁园春村，区域面积180.36平方千米，辖21个村委会。留车镇政府驻留车村，区域面积231.29平方千米，辖21个村委会。三标乡政府驻三标村，区域面积202.95平方千米，辖12个村委会。水源乡政府驻龙塘村，区域面积98.86平方千米，辖11个村委会。罗珊乡政府驻罗塘村，区域面积113.23平方千米，辖8个村委会。文峰乡政府驻县城岳家庄大道10号，区域面积274.98平方千米，辖18个村委会。项山乡政府驻项山村，区域面积77.06平方千米，辖8个村委会。菖蒲乡政府驻菖蒲村，区域面积81.05平方千米，辖9个村委会。龙廷乡政府驻龙廷，区域面积73.23平方千米，辖4个村委会。丹溪乡政府驻丹溪村，区域面积164.57平方千米，辖10个村委会。

十八、石城县

石城县设5个镇、10个乡，辖8个居委会、140个村委会。

琴江镇政府驻县城，区域面积20.7平方千米，辖4个居委会、2个村委会。小松镇政府驻小松圩，区域面积167.1平方千米，辖1个居委会、15个村委会。屏山镇政府驻屏山圩，区域面积113.5平方千米，辖1个居委会、13个村委会。横江镇政府驻横江圩，区域面积145.3平方千米，辖1个居委会、14个村委会。高田镇政府驻高田圩，区域面积168平方千米，辖1个居委会、10个村委会。木兰乡政府驻木兰圩，区域面积164.5平方千米，辖7个村委会。长天乡政府驻长天，区域面积56.5平方千米，辖7个村委会。丰山乡政府驻丰山圩，区域面积122.9平方千米，辖9个村委会。岩岭乡政府驻岩岭圩，区域面积80.3平方千米，辖8个村委会。洋地乡政府驻洋地圩，区域面积115.8平方千米，辖8个村委会。小姑乡政府驻小姑圩，区域面积46.4平方千米，辖4个村委会。珠坑乡政府驻珠坑圩，区域面积63.2平方千米，辖7个村委会。龙岗乡政府驻龙岗圩，区域面积71.8平方千米，辖6个村委会。大由乡政府驻大由圩，区域面积124.1平方千米，辖10个村委会。观下乡政府驻观下，区域面积200.9平方千米，辖20个村委会。

第三节　乡（镇）行政区划调整

1986年，赣州地区18个县（市）辖331个乡、29个镇、3个街道办事处、1个区公所；2000年，赣州市18个县（市、区）辖217个乡、136个镇、5个街道办事处。

一、撤乡建镇

1986—2000年，经省政府批准，全市（地区）撤乡建镇112个，其中撤乡建镇且更名2个。

1987 年，撤乡建镇 14 个：赣州市（今章贡区）沙石乡、蟠龙乡，信丰县大桥乡、极富乡（改为铁石口镇），上犹县营前乡、社溪乡，安远县版石乡、孔田乡，全南县陂头乡，宁都县青塘乡、长胜乡、黄陂乡，寻乌县澄江乡，崇义县过埠乡。

1988 年，由乡（林场）建置改为镇建置 31 个：寻乌县桂竹帽林场（改为桂竹帽镇），赣县江口乡、田村乡、王母渡乡、沙地乡，会昌县西江乡、筠门岭乡，寻乌县晨光乡、留车乡、南桥乡、吉潭乡，南康县凤岗乡、横市乡、赤土乡、东山乡，信丰县小江乡、大塘埠乡、安西乡、新田乡、古陂乡、大阿乡，安远县天心乡、龙布乡，兴国县江背乡，瑞金县壬田乡、谢坊乡，石城县横江乡、屏山乡、小松乡，于都县银坑乡、祁禄山乡。

1989 年，由乡建置改为镇建置 3 个：崇义县扬眉乡、龙南县武当乡、信丰县油山乡。

1992 年，由乡建置改为镇建置 4 个：龙南县杨村乡、程龙乡、汶龙乡，玉岩乡（改为马牯塘镇）。

1993 年，由乡建置改为镇建置 16 个：大余县池江乡、青龙乡、吉村乡，赣州市（今章贡区）水东乡，瑞金县九堡乡、瑞林乡、沙洲坝乡；定南县老城乡、月子乡、天花乡；全南县南迳乡、金龙乡，兴国县梅窖乡，赣县南塘乡，大余县新城乡，大余县撤销樟斗乡、下垄镇，合并组建樟斗镇。

1994 年，由乡建置改为镇建置 9 个：兴国县高兴乡、良村乡、古龙岗乡；于都县罗坳乡、禾丰乡，崇义县长龙乡、关田乡、铅厂乡，信丰县小河乡。

1995 年，由乡建置改为镇建置 8 个：赣县吉埠乡，会昌县周田乡、麻州乡、庄口乡，宁都县固村乡、赖村乡，定南县龙塘乡，大余县黄龙乡。

1996 年，由乡建置改为镇建置 10 个：赣县茅店乡，龙南县东坑乡、里仁乡、关西乡，南康市潭东乡、三益乡、龙回乡、龙岭乡、镜坝乡，于都县岭背乡。

1997 年，由乡建置改为镇建置 7 个：宁都县石上乡、东山坝乡，石城县高田乡，会昌县文武坝乡，大余县梅关乡，于都县梓山乡，兴国县龙口乡。

1998 年，由乡建置改为镇建置 5 个：赣州市（今章贡区）湖边乡、沙河乡、水南乡，瑞金市武阳乡，宁都县洛口乡。

2000 年，由乡建置改为镇建置 5 个：章贡区水西乡，宁都县小布乡，龙南县渡江乡，赣县五云乡，大余县撤销漂塘镇、左拔乡，合并组建左拔镇。

二、乡（镇）撤并与设立

分设行政区划的撤并与设立，报经省人民政府同意，由省人民政府办公厅或省民政厅批复。

1987 年，瑞金县瑞林分为瑞林、丁陂两个乡。瑞林乡辖上芜、大坌、稳村、大坪、瑞红、元田、民主、保卫、水口、禾塘、长沙、建设、盖洲、龙卧 14 个村民委员会，乡政府驻瑞红村；丁陂乡辖丁陂、水溪、里田、山溪、山潭、山龙 6 个村民委员会，乡政府驻丁陂村。

赣县湖江乡分为湖江、古田、湖新 3 个乡。湖江乡辖街坪、新枫、石坑、庄前、坑田、松村、下站、镇江、高道、洲坪、厦村等 12 个村民委员会，乡政府驻地连坳；古田乡辖小良、尧口、石伍、古田、野坑、牛岭、中坑、上陂等 8 个村民委员会，乡政府驻地祠堂下；湖新乡辖湖田、中塘、新畲、文芬、上站、黄竹、片塘、竹田等 8 个村民委员会，乡政府驻湖江面。

信丰县同益乡辖的水东、花园、同益、水北村民委员会划归信丰县嘉定镇管辖。定南县老城乡所辖的羊陂、石陂 2 个自然村划归定南县三亨乡管辖。赣州市设立水上办事处。

1988 年，崇义县撤销横水乡，其行政区域划归横水镇管辖；定南县撤销下历乡，其行政区域划归历市镇管辖。

1989 年，赣州市（今章贡区）设立蛤湖、龙埠两个乡。蛤湖乡管辖原湖边乡的蛤湖、叶山、横江、坳头、永安、上禾 6 个村民委员会；龙埠乡管辖原沙石镇的龙下、马山、火燃、龙埠、下茹、甘霖、壬田、龙岗、新建、石角、峰山等 11 个村民委员会。湖边乡的石铺、石珠、和乐、白田、黄沙、罗边、凌源共 7 个村委会划归水西乡管辖。水南乡红旗、白云 2 个村委会划归南外街道办事处管辖；蟠龙镇的黄金、金星、金龙、金湖、高楼、长场等 6 个村委会划归水南乡管辖。

寻乌县设立河角乡，管辖原晨光镇的河角、龙图、金星、民裕 4 个村民委员会。于都县撤销西郊乡，其行政区域划归贡江镇管辖。

1990 年，赣县沙地镇分设为沙地镇和攸镇乡，沙地镇管辖湖溪、中庄、新田、螺田、马口、银村、永边、坳下、高峰、五龙、沙地、洋村、坳上、石鼓、蚌岩等 15 个村民委员会，攸镇乡管辖利群、里堡、芳村、攸镇、韶溪、锡溪、西山、岗上共 8 个村民委员会，乡政府驻攸镇村。

1991 年，上犹县撤销城关乡，其行政区域并入东山镇管辖；南康县东山镇改名为金鸡镇，其管辖行政区域不变。

1993 年 11 月 17 日，大余县新城区公所撤销，将大余县樟斗乡、下垄镇合并，设立樟斗镇，同时撤销樟斗乡、下垄镇。

1994 年，南康县潭口乡撤销，合并到潭口镇。

1997 年 6 月 5 日，赣州市（今章贡区）水南乡金星村、湖边乡杨梅村和大坪村析出，设立赣州市（今章贡区）黄金岭街道办事处。

1998 年，赣州市（今章贡区）撤销水上办事处，将其居民划归解放街道办事处管辖，将南外办事处的东外、水南、关刀坪、张家围、牛岭、赣州地区人民医院、赣南无线电厂、赣州地区外贸局、赣州酒厂、赣州地区肉联厂、赣州钴钨有限责任公司、赣州水泵厂、赣州汽运公司、赣州地区物资局、赣州地区医药公司等 18 个居委会和白云村委会析出，设立东外街道办事处。

南康市唐西乡庄禄村、平田乡章石村成建置划归唐江镇管辖。

石城县小别乡更名为长天乡，乡政府驻地由小别村迁至长天村。

2000 年，龙南县撤销马牯塘镇，成建置并入龙南镇。

大余县撤销荡坪镇，将洪水寨村划归浮江乡管辖；将荡坪村和荡坪矿居委会划归梅关镇管辖。撤销漂塘镇，成建置并入左拔乡。

兴国县撤销五里亭乡，成建置并入潋江镇。

寻乌县撤销长安乡、剑溪乡、岑峰乡、河角乡，分别并入三标乡、吉潭镇、丹溪乡、晨光镇。桂竹帽镇政府驻地由蕉子坝迁至上坪圩。

第二篇

自然环境

赣州市（地区）地层自上元古界震旦系至新生界第四系，中间除缺失下古生界志留系和新生界上第三系外，其余各系均有露布。各类岩浆分布面积 1.23 万平方千米，占总面积近 1/3，变质岩占比超过 1/3，沉积岩所占面积不到 1/3。大地构造上，赣州处于华南加里东褶皱带的中部。武夷山、雩山、诸广山及南岭的九连山、大庚岭等山脉及其余脉环绕四周，地貌以山地、丘陵为主。境内海拔千米以上的有名或无名山峰 450 多座。最高峰齐云山海拔 2061.3 米，位于崇义县思顺乡齐云山村。

赣州属于亚热带丘陵山区湿润季风气候，气候温和宜人，四季分明，雨量充沛。全市多年平均降水量为 1580.2 毫米，径流总量 336.5 亿立方米。赣州的自然灾害主要包括气象灾害和地震灾害，气象灾害主要有干旱、洪涝、冰雹、冰霜冻等。赣州溪水密布、河流纵横，水系多呈辐辏状向中心——章贡区汇集。章水、贡水汇成赣江，向北流入鄱阳湖。另有百余条支流注入珠江流域。全市（地区）土壤总面积为 3685381.73 公顷，境内土壤分有 9 大类。

第一章　地质　地貌

赣州在震旦纪—志留纪时期，即从距今 7 亿多年的震旦纪早期开始，处在一片汪洋大海中，及至 4 亿年前左右的志留纪末，地壳隆起成山，使岩层发生褶皱，岩石变质，并有花岗岩侵入。3 亿多年前的泥盆纪至 2 亿多年前的三叠纪，赣南曾数度沧桑，海水进退反复，形成以陆棚浅海环境为主的沉积岩。大约在距今 7000 万年至 2 亿年之间，即侏罗纪—白垩纪时，群山起伏的陆壳，经历了频繁而强烈的断块运动，导致大规模的火山喷发或喷溢、花岗岩侵入，以及一系列红色断陷盆地的形成。此后，又经新生代构造运动的多次作用，遂奠定了现今的地貌。

第一节　地　质

一、地层

赣州市（地区）的地层，自上元古界震旦系至新生界第四系，中间除缺失下古生界志留系和新生界上第三系外，其余各系均有露布。

震旦系　分上、下两个统。下统细分为上施组和下坊组，分布广泛，以石城县、宁都县、兴国县、瑞金市 4 个县（市）较为发育。上统称“老虎塘组”，分布更广，只全南县未见出露。上施组为深灰色厚层状变余沉凝灰岩，偶夹变余凝灰质砂岩。下坊组主要为一套含砾岩系，局部夹板岩或千枚岩。老虎塘组由变余长石石英砂岩硅质岩或大理岩组成。

寒武系　分布范围广，除石城县仅在洋地上缎有少量分布外，其余各县（市）均有分布。下统以变余沉凝灰岩、岩质板岩、硅质岩为主，夹有石煤；中统和上统主要为变余砂岩和板岩，并发育灰岩。

奥陶系　由于风化剥蚀的缘故，市内大部分地方已不保存有奥陶系，仅在崇义县、上犹县两县有较大面积分布，大余县和全南县西部有零星分布。由下而上细分为爵山沟组、七溪岭组、龙溪组、韩江组、石口组和蒲陇组。其岩性主要为一套含大量笔石化石的板岩、硅质板岩及变余砂岩。

泥盆系　缺失下统，仅发育中统和上统。大致以万安—南康—定南连线为界，分东西两区。西区为一套陆相、海相交互沉积，主要包括石英砂岩、砂砾岩、页岩和白云岩；东区以陆相为主，夹有海相层，几乎全为碎屑岩。

石炭系　石城—广昌一带，缺失石炭纪的沉积。大致以崇义县古亭和铅厂、信丰县油山及龙南县汶龙连线为界，分为崇义—于都区和龙南区。前者石炭系下统以陆相沉积为主，夹有海相层，划分为横龙组和梓山组；后者则为海相至海陆交互相沉积，划分为岩关组和大塘组。及至石炭系上统，两区与全省情况基本一致，为碳酸盐岩建造，统一划分为黄龙组和船山组。

二叠系　分布于信丰县、龙南县、于都县、瑞金市、赣县和崇义县等县（市）。下统分栖霞组和茅口组，前者为含燧石结核的灰岩，后者主要为页岩、灰岩和硅质岩。上统分龙潭组和长兴组，前者为赣南最主要的含煤地层，发育于信丰—龙南一带；后者为灰岩夹透镜状燧石层。

三叠系　仅有下统的大冶群和上统的安源组。分布局限。大冶群见于信丰县铁石口、崇义县左溪、龙南县汶龙和程龙等地，岩性主要为黄绿色泥质页岩、粉砂岩及钙质页岩，夹少量泥质灰岩。安源组为陆相含煤地层，见于于都县利村。

侏罗系　发育齐全，但分布局限。下统称“林山组”，中统称“罗坳组”，上统分为菖蒲组和鸡笼嶂组。其中，林山组分布于宁都县、于都县、信丰县、寻乌县和安远县等县，主要为砂岩、砂砾岩、夹页岩和“煤线”；罗坳组分布于宁都县、于都县、会昌县、寻乌县和信丰县等县，岩性为砂岩、粉砂岩，夹少量泥灰岩、钙质页岩和凝灰岩；菖蒲组，在龙南岩区由灰绿色玄武岩、安山质玄武岩夹玄武安山岩及流纹质凝灰岩等组成，在菖蒲岩区主要为凝灰质页岩、含砾凝灰岩、深灰绿色玄武岩和灰黑色英安岩；鸡笼嶂组，主要为流纹质熔结凝灰岩、杂砂质巨砾岩及沉凝灰岩。

白垩系 为一套巨厚的陆相红色碎屑岩建造，习称“红层”或“红色岩系”。其下统称“火把山群”；上统分为赣州组和南雄组，分布于章贡区、南康市、兴国县、信丰县、于都县、宁都县、石城县、瑞金市及会昌县等地。

第三系 只见下第三系，分布于大余县池江、信丰县、寻乌县留车少数几个盆地中，为红色岩系，属河流——湖油沉积。

第四系 由老而新划分：1. 赣县组，以河流砾石层为主；2. 进贤组，以网纹红土为特征；3. 莲塘组，为冲积、洪积相沉组；4. 联墟组，为砂砾（卵）石层及亚黏土或亚砂土。

二、岩浆岩

赣州各类岩浆岩分布面积合计 1.23 万平方千米，占全市面积的近 1/3。其余为变质岩，占比超过 1/3；沉积岩所占面积不到 1/3。各大岩类包括超基性岩、基性岩、中性岩、酸性岩和碱性岩均有露布；其中以酸性岩尤其是花岗岩类分布最广。

震旦纪（澄江期）岩浆岩 这个时期的岩浆活动，一是火山喷发，形成沉凝灰岩或凝灰熔岩；二是深源岩浆上侵，形成基性—超基性岩。前者发育于早震旦世地层中，后者仅见于安远县鹤子，赋存于震旦系，与围岩同受混合岩化作用。

超基性岩有洛水、阳佳、下田坑等 18 个岩体。形态多呈透镜状，长 20～267 米，宽 5～104 米，延深不超过 100 米。其种属主要有橄榄岩、透辉石岩以及经蚀变交代形成的透闪石岩和阳起石岩。

基性岩类呈脉状产生，充填于震旦系变质岩的裂隙中。岩石种属有黄长煌斑岩、白榴石黄长煌斑岩和辉绿岩等。

早古生代（加里东期）岩浆岩 加里东运动甚为强烈，震旦纪和早古生代地层发生剧烈褶皱，断裂发育，同时伴随大规模的岩浆活动，形成大量花岗岩类侵入体，并发育混合花岗岩。

加里东早期混合花岗岩类 分布于会昌县、寻乌县、南康市、赣县、兴国县及定南县。其中，会昌县岚山岩体和定南岩体具代表性。前者呈岩株状赋存于震旦—寒武纪地层中，与围岩的界线为渐变关系；后者为中粗粒似斑状黑云母二长花岗岩，呈不规则的岩基产出，具片麻状构造。属于加里东早期的混合花岗岩类岩体还有南康市里海混合花岗岩岩株和赣县清溪混合斑状黑云母花岗岩岩基。这类岩体均有弱稀土矿化，原岩含有稀土一般自 0.02%～0.04%。

加里东晚期第一阶段花岗岩类 这个阶段的花岗岩类岩体多呈岩基状或岩株状侵入于震旦—寒武纪地层，围岩俱接触变质带，热变质明显，有的岩体边缘出现混染作用，岩性较复杂，岩石类型较多，且常见聚斑结构和斑杂构造。这是与其他期次花岗岩类岩体不同的特点。主要岩体有赣县甘霖、南康市内潮、上犹县大坪、崇义县上堡、于都县古嶂、宁都县鹅婆及信丰县大江圩。

加里东晚期第二阶段花岗岩类 分布广泛。岩体多呈中小型岩基和岩株状产出，侵入震旦纪、寒武纪及奥陶纪地层中，热接触变质现象明显。有些岩体见中上泥盆沉积覆盖于其上，有确切的地质依据。代表性岩体有上犹、万田（又称“公馆”）黑云母花岗岩基和南康龙回黑云母花岗岩岩株。此外，还有大余县城南、于都县马岭和长潭、赣县坳子下、上犹县蓝田埠等花岗岩体。

晚古生代（华力西期）岩浆岩 这一运动期的岩浆岩，已发现有基性喷出岩和花岗岩类侵入岩。基性喷出岩见于崇义县，在上泥盆统锡矿山组上部的碳酸岩中夹有玄武岩。花岗岩类侵入岩见有大余县漂塘、塘下、罗家背，会昌县富城和于都县水坞等岩体。

三叠纪（印支期）岩浆岩 印支运动在市内表现明显，造成中三迭的缺失，但岩浆活动相对较弱，只见有少数几个侵入体，它是宁都县会同、石城县营里黑云母花岗岩岩基和会昌县富城一带的花岗岩岩体群。

侏罗纪—白垩纪（燕山期）岩浆岩 燕山期是赣南岩浆活动的极盛时期，喷发、侵入活动甚为频繁而强烈。与之有关的成矿作用也相当发育，特别是钨、锡、稀有、稀土等矿产与燕山期花岗岩类有成因联系，是一次重要的成矿时期。

燕山早期第一阶段（早侏罗世）花岗岩类 主要是一些呈岩基状产出的花岗岩体，有寻乌县三标、兴国县江背、上犹县营前、崇义县文英、宁都县桃山、会昌县珠兰埠等岩体。

燕山早期第二阶段（中侏罗世）岩浆岩 基性岩类：分布于龙南县、定南县及全南县一带。主要岩体有车步、社背、黄洞和牛牯炼等。呈岩瘤、岩墙或岩株状，均为辉长岩类。中性岩类：主要为闪长岩类。多呈岩瘤产出。分布于定南县、龙南县和全南县 3 个县。有赤水、高龙、富竹山、调子炼等岩体。花岗岩类：除个别岩体呈岩基产出，面积大于 100 平方千米外，大多数岩体均较小，呈岩株、岩瘤或岩墙产出。这个阶段的不少岩体，侵入于早侏罗世岩体中，构成同时代多阶段的复式岩体。主要的有大余县西华山、兴国县月形、于都县铁山垄、大余县九龙脑、全南县五里亭等花岗岩体。

燕山早期第三阶段（晚侏罗世）岩浆岩 中性岩类：零星露布，呈岩株或岩瘤产出，以寻乌县中和、崇义县关田两岩体为代表。前者为石英二长岩，后者为黑云母花岗闪长岩。此外，宁都县对坊石英闪长岩也属于这一阶段的产物。花岗岩类：主要岩体有龙南县寨背、寻乌县单观嶂、赣县大埠、定南县三亨岩基、石城县姜坑里岩株及会昌县旱叫山岩瘤。此外，龙南县的陂头、程龙、竹山及崇义县宝山、全南县中寨等长岗岩体也归属于这一阶段。碱性岩类：分布于龙南—全南一带，呈小岩株产出。主要岩体有龙南县大峰脑、塔背和全南县黄埠。其中，大峰脑岩体出露面积 15 平方千米，为正长岩、二长岩、石英正长岩碱性杂岩体。塔背、黄埠两岩体岩性与之相似。火山岩类：晚侏罗世有早晚两期火山活动；其中早期菖蒲组发育玄武岩及集块角砾凝灰岩，晚期鸡笼嶂组发育流纹岩、英安岩、流纹质凝灰熔岩和熔结凝灰岩。另有一类与火山岩在成因上和时空上均有密切联系的次火岩，呈岩墙、岩瘤或岩株产出，侵入火山岩系中。在安远县、寻乌县火山岩区见有中寨、鸡笼嶂、石子岭等粗安玢岩体和鹅公坑石英二长斑岩体、上甲花岗斑岩体。

燕山晚期第一阶段（早白垩世）花岗岩类 时代依据比较充分的有下汶滩、高全山、径脑及假茶村岩体。呈岩株状分别侵入燕山早期第三阶段的大埠、寨背和陂头岩体中。岩性均为黑云母花岗岩。另有寻乌县帽子顶岩体和安远县南坑岩体。前者为黑云母花岗岩岩株，侵入三标岩体中；后者为花岗二长岩岩株，侵入最新地层为晚侏罗世火山岩系。

燕山晚期第二阶段（晚白垩世）岩浆岩 晚白垩世岩浆活动比较微弱，规模和强度远不及燕山早期。岩石类型主要有花岗斑岩和石英斑岩。岩体呈岩瘤、小岩株或岩墙等。此外，在晚白垩世盆地边缘，分布有基性熔岩及火山碎屑岩。花岗斑岩体主要有寻乌县铜坑嶂、牛栏坑及会昌县红山、岩背和宁都县古寺等。在赣县茅店、石城县必子排、于都县南坑等地，于晚白垩世赣州组底部，夹有橄榄玄武岩或伊丁玄武岩和安山质凝灰岩。

三、地质构造

大地构造上，赣州位于华南加里东褶皱带的中部。这个带经历了地槽、地台和滨太平洋大陆边缘活动三大阶段，各自形成了一些特有的构造形迹。下面就市（地区）内主要的分别予以叙述。

基底褶皱 志留纪末，由于加里东运动，地槽回返时而形成紧密线状褶皱，即基层褶皱。就赣州而言，有武夷大型复背斜和万洋山—大庾岭大型复向斜。

武夷大型复背斜　分布于兴国县永丰—定南县九曲连线以东，及至福建省明溪—广东省平远一带。总体呈北北东向延伸。核部广布震旦系，翼部发育寒武系。由西而东包括 1. 于都—安远复背斜，其核部露布较多的下震 F1 统；2. 宁都—寻乌复向斜，轴部分布有上寒武统；3. 武夷山复背斜，核部出露大片下震旦统。在两个复背斜中，出现一系列倒转褶皱，而且混合岩化片麻岩和混合岩甚为发育，局部形成混合花岗岩。

万洋山—大庾岭大型复向斜　轴部在宁冈—崇义—大余一带，向南延入广东始兴，略作南北向伸展。核部分布奥陶系，翼部由寒武系、震旦系组成，由于次级褶皱发育，后二者常重复出现。上犹县、南康市、信丰县、龙南县等县（市）位居大型复向斜的东翼，它包括陡水—聂都复向斜、麻桑—扬眉寺—竹山复背斜和均村—韩坊复向斜。往东即过渡为武夷大型复背斜。

盖层褶皱　泥盆世至早三迭世（赣州市缺中三迭世）地层，在印支运动的作用下，形成了一些开阔平缓的箱状褶皱。残留下来的主要有：

全南向斜　轴部主要为石炭系，两翼广布泥盆系，总体呈北西西向延伸。

龙南向斜　大体呈北北西向延展。轴部由下三迭统或二迭系组成，翼部依次出露石炭系和泥盆系。向斜的东南部受到后期的侵入岩、火山岩及断裂的严重破坏。

信丰向斜　大部已被白垩系覆盖。中心零星出露二迭系，翼部分布石炭系和泥盆系。从上述地层的分布产状看，向斜呈北东东向延伸。

于都向斜　东部、南部被红层覆盖，轴部地层仅在罗坳附近出露二迭系，西翼依次见有石炭系、泥盆系。向斜略作南北向伸展，北头偏转为北东向。

仁风向斜、禾丰向斜　轴向均为北西向。前者由石炭系和泥盆系构成，后者由二迭系、石炭系及泥盆系构成。

银坑—青塘复向斜　包括马安、银坑、青塘等规模不同的向斜，总体呈北东—南西方向延展。轴部分布二迭系或上石炭统，翼部相应地出露石炭系或下石炭统。由于后期地质构造的破坏，向斜仅保存某一翼或某一段。

此外，类似的向斜还有分布于宝山—陡水一带的崇义向斜、赣州附近的湖边向斜。

断陷盆地　华南加里东褶皱带在经过印支运动之后，即进入滨太平洋大陆边缘活动阶段。在此期间，地壳以断块作用为主，从而形成一系列断陷盆地和相应的断隆带，其中断陷盆地在市（地区）内主要的有：

池江盆地　呈菱形展布，北东—南西方向延伸。其形成和发展主要受大余—兴国断裂控制。内部分布上白垩统南雄组及下第三系池江组、坪湖组，后者主要分布于靠断裂所在一侧，即北西侧的中段。岩层大致向中心倾斜，略呈一平缓向斜。

赣州盆地　主体呈北东向展布。南西与池江盆地呈侧幕式交错，北东与兴国盆地连通，三者同受大余—兴国断裂的控制。盆地内广布上白垩统南雄组，下伏的赣州组仅在赣县茅店、储潭和赣州市蟠龙一带出露。岩层向南东倾斜，为一单斜构造，但其间有波状起伏或挠曲。

兴国盆地　受大余—兴国断裂和一组北西向断裂联合控制，构成一略向东凸出的弯月形断陷盆地。东部靠断裂所在一侧分布南雄组，西部则分布赣州组。岩层向东倾斜，为一单斜构造。

会昌盆地　位于寻乌—石城断裂中段，受北东、北北东和北西向的多组断裂复合控制，并受武夷山环状构造的影响，盆地呈弧形展布。靠主干断裂所在的西侧有上白垩统南雄组分布，另一侧则广布下伏的赣州组。岩层普遍西倾，为一单斜构造。在周田西部，上述地层厚度最大，向东及南北两端厚度逐渐变薄，这是沉积中心迁移的结果。在赣州组沉积期间，中心迁移较为显著，并在中心迁移过程中，盆地沉积范围逐渐变小，以致变为封闭或半封闭的沉积环境，周田岩盐矿床就是在这样的条件下形成的。

瑞金—石城盆地　同受寻乌—石城断裂控制，其内部主要分布上白垩统赣州组和南雄组，东南边缘断续出露下白垩统，整体呈一平缓向斜，轴向北东至北北东向。由于断裂抬升剥蚀，有的地段裸露出基底，破坏了向斜的完整。

类似的断陷盆地还有宁都、于都、信丰、安远版石等盆地。

基底断裂　赣州市（地区）在地壳发展过程中，产生了一些规模和深度都较大的基底断裂，这些断裂都有继承发展的特点。它们对地层、岩浆岩以及矿产的分布有控制作用。

寻乌—石城断裂　为广东河源—福建邵武断裂的一部分。由一系列性质不同、大小不等的断裂组合而成，曲折延伸于赣州市（地区）内长达 300 千米。沿线有温泉和震中分布。在石城段以烧湖里断裂为主干，并以大型硅化带形式出现，倾向北西西，倾角陡缓不等。在会昌盆地，主干断裂位于西侧，断层崖非常发育，由北北东、北东和北西向数组断裂复合而成弧形，显然受武夷山环状构造的影响；盆地东侧也有短而散的断裂，并伴有硅化带、古火山口和玄武岩墙的产出。在寻乌丘坊，位于红层盆地东侧的主干断裂自西而东可分为三带：1. 硅化破碎带，宽 10 米，走向北 20°～30°东，倾向北西，倾角 60°～70°；2. 糜棱岩化带，宽 160 米；3. 碎裂—糜棱岩化带，宽 80 米。另据爆破测震资料，从福建泰宁到江西寻乌，存在一构造变异带，位置与这条断裂带分布一致。从整个断裂带来看，在会昌县城附近，控制了加里东早期混合花岗岩体的产出，而在寻乌东部，对加里东期花岗二长岩体的分布也起着控制作用，在加里东期间，已经形成一些断续分布的断裂。及至中生代，既控制火山岩的分布，又控制白垩纪红层盆地的形成，断裂已发展、衔接成为一个整体。据记载，民国 30 年（1941）寻乌吉潭曾有破坏性地震发生，这显然与此断裂有关。这是一条长期活动至今未止的基底断裂。

鹤子—洛口断裂　分布于安远鹤子—宁都洛口一带，南西延入广东，北东直至鹰潭，总体呈北北东—南南西向延伸。断裂在航片上反映清晰，迹线规则、平直。沿线发育加里东期混合岩、混合花岗岩、花岗岩和晚侏罗世火山岩，并有温泉分布。在于都仁风附近，断裂切过泥盆系石英砂岩，其中有三种发育不同的压扭性透镜体岩块。在版石以南，花岗岩中呈现压扭性断裂迹象，且在混合岩中发育一系列北北东向的片麻岩带。这是一条自加里东以来长期活动的以压扭性为主的断裂带。

大余—兴国断裂　呈北东—南西方向延伸，北东达南城附近，南西入广东，江西省内延长约 330 千米，是由一系列数十千米长不同产状的断裂组合而成，略呈雁行式排列。沿线挤压片理化带、硅化破碎带均较发育，并分布有小震中和温泉。赣州至大余间存在重力梯度带，兴国北东以远线形重力异常与断裂分布一致。有的地段裂显示左行扭动特征，有的则为冲断层。断裂带的发生、发展与寻乌—石城断裂类似。

遂川—乐安断裂　具有与上述断裂相似的特征和发生、发展过程。主要分布于吉安市，只有一小段分布于赣州市（地区）。

武夷山环状构造　位于瑞金市、会昌县、福建省武平县和长汀县 4 个县（市）之间，面积近 6000 平方千米，赣州所占面积不到 1/2。主要由两条环形断裂构成，其中部偏西北方有富城花岗岩体，构成砥柱；福建河田岩枝向东北方向伸出未被环形断裂切穿，形成“梗子”。据多处所见断裂面上擦线及挤压透镜体等，显示环形断裂既扭又压，具有旋扭特性，而且反映环状构造中部岩块作顺时针向旋转上升，四周岩块则反时针向旋转下降。

环形断裂一般切过上侏罗统火山岩和上白垩统红层，故其形成时间应在白垩纪末。但在会昌盆地，外环明显地限制红层的分布，这是由于复合利用先期断裂的结果。

综合上述地质构造基本特征，全市（地区）自东而西划分为下列 4 个构造带。

武夷山隆褶带 位于赣州市（地区）东部，包括寻乌—石城断裂带及其东面地段，至福建省、广东省，大致以明溪—平远一带为界，波及宽度40～50千米。带内主要由震旦系和少量寒武系构成复背斜，岩石变质程度较高。此外，泥盆—石炭系有零星露布，白垩系红层分布于石城—瑞金—会昌—寻乌一带的断陷盆地中。岩浆活动以加里东期、华力西期花岗岩为主，并发育燕山期花岗岩类小岩体，包括花岗岩、花岗斑岩、石英斑岩等浅成侵入体，伴有铌、钽、钨、锡等矿产；还发育隐爆角砾岩，伴有钨、锡、铜、放射性等矿化。

安远—宁都隆断带 位于鹤子—洛口断裂与寻乌—石城断裂之间。带内广布震旦—寒武系，上古生代地层仅局部有零星分布。断裂发育，主要有三组，即北北东向、北东向和东西向断裂。岩浆活动，北段主要为印支期和加里东期花岗岩，南段则以燕山期花岗岩和晚侏罗世火山岩为主。与岩浆岩有关的矿产主要为稀土，南段还分布有铅、锌、钨、锡等。安远鹤子附近，在震旦系中赋存有超基性岩和基性岩小岩体群，内有铂、钯矿化。

龙南—于都坳褶带 位于鹤子—洛口断裂与大余—兴国断裂之间。晚古生代以来相对处于下陷状态，所以分布较广和较厚的晚古生代地层，并形成和保存较多由上古生界组成的向斜坳陷盆地。基底褶皱多属紧密线型或同斜倒转褶皱，轴向因地而异。带内的断裂，以北北东向、北东向及东西向断裂较发育。岩浆岩甚为复杂，基性、中性、酸性及碱性侵入体均有分布，但以燕山期各阶段的花岗岩体分布最广。晚侏罗世的酸性火山岩，出露于南段龙南—全南一带。内生、外生矿产均较丰富，其中以钨、稀土、煤及放射性矿产为最。

崇义—兴国隆断带 位于大余—兴国断裂与遂川—乐安断裂之间。褶皱基底广泛剥露，震旦系、寒武系、奥陶系均有大片出露，总厚度约万米。上古生界仅零星分布于少数几个向斜盆地中。北东向、北北东向和北西向断裂甚为发育。其中，崇义左溪—南康焦坪脑断裂由一系列斜冲断层作侧幕状排列组成，在江西省内延长约150千米，南西延出省外；单条断裂显示追踪北东向、北北东向两组先期断裂的特点。它控制晚古生代崇义向斜盆地的展布以及油石中生代红盆地的形成。带内岩浆活动以加里东期和燕山期为主，北东段主要为花岗岩岩基或大岩株，与之有关的矿产有稀土、钨、铍等；南西段主要为燕山期的花岗岩小岩株和隐伏岩体，伴有丰富的钨、锡、铅、锌等矿产。

四、地震断裂带

北北东向石城—寻乌断裂带 该断裂带是邵武—河源断裂带的中段，展布于南武夷山脉西缘的石城、瑞金、会昌、寻乌一线。北至福建邵武，南达广东河源，在江西省境内长约160余千米；总体走向北北东，局部为北东；北段倾向北西，中段倾向南东，南段倾向北西；断裂破碎带一般宽几十到二百多米，力学性质为压扭性；东南盘相对向北东方向推移。它严格控制了白垩系—早第三纪石城、瑞金、会昌、寻乌断陷盆地的发育。这些盆地第四纪以来仍继续发育，沉积了厚度20米左右的第四系。在兰田坝西侧，会昌、周田、寻乌、珊贝、澄江、河田等地，见有晚第三纪玄武岩或橄榄玄武岩呈北东向展布，说明该断裂切穿地壳。

该断裂在瑞金地表上断续出现，位于瑞金北部的称日东大断裂，南部的是右水—谢坊大断裂。前者控制了瑞金白垩系—早第三纪红色盆地的东部边界，规模巨大，硅化破碎带宽800余米，岩层遭受强烈挤压，形成大量糜棱岩。右水—谢坊大断裂在武阳附近中断，并且断裂走向由北北东向转为北东东向，断裂北西盘第四纪以来强烈上升，发育了比高近300米的断层陡崖，形成了众多的瀑布和重力堆积物、断层三角面、峡谷、冲洪积扇。石城—寻乌主干断裂向南通过周田盆地西侧和寻乌东边，在周田附近呈“S”形急剧拐弯，并在倾向上有明显的转变，寻乌东边倾向北西，会昌周田盆地西侧转向南东。在瑞金、长汀、武平、寻乌、会昌一带有环状构造展布。在瑞金沙洲坝，大埠—超田、信丰—

会昌东西向构造与上述环状构造复合。

石城—寻乌白垩系—早第三纪断陷带由几个北北东或北东向延伸的断陷盆地所组成，面积较大的有瑞金和会昌 2 个断陷盆地，面积分别为 670 平方千米和 640 平方千米，沉积了巨厚的红色岩层，如会昌周田一带，白垩系红色岩层厚达 3700 米。断裂西侧为中低山，东侧为海拔千米以上的南武夷山，而且南武夷山断块掀斜方向在寻乌罗珊珊贝附近发生明显的置换现象，北东向鹅湖—三标断裂和周田盆地东侧断裂有喜山期玄武岩分布，在一些地方还有温泉出露。

上述断陷盆地中，发育有三级阶地和河漫滩。在瑞金盆地中，由于受东西向构造影响，由北西到南东，阶地的高度和性质都发生显著变化，第四纪以来盆地西北部相对上升，特别是从沙洲坝塔下寺到沙背，在不到 2 千米的距离内第二级阶地高差达 20 米。沙背二级阶地为基座阶地，沉积厚度在 10 米以下；沙洲坝则为堆积阶地，发育有 20 多米厚的网纹红土，反映中更新世以来具有差异活动。

据地壳形变测量资料，从赣州经瑞金到福建省长汀，1954—1973 年的地壳形变曲线一直趋于上升，最大幅度为 30.6 毫米，形变速率最大值为每年 1.6 毫米，形变梯度 0.8 毫米/千米。寻乌到蕉岭从 1957—1973 年的地壳形变曲线趋于下降，最大下降量为 15 毫米，形变速率最大值每年 1 毫米，形变梯度 0.3 毫米/千米。

该断裂带是江西省境内最活跃的一条断裂带，历史上发生过 8 次 5 级以上的破坏性地震，江西省最大的一次 6 级地震就发生在该断裂带上。1987 年 8 月，又在寻乌发生 3 次 5 级以上地震。1995 年 1 月，再次发生一次 4.5 级地震。

东西向全南—寻乌断裂带　该断裂带展布于南岭山脉中的全南、龙南、定南至寻乌一带，属南岭纬向构造带的一部分，长 140 余千米，宽 40 多千米。它由近东西向褶皱、冲断裂、挤压带、花岗岩体和中新生代沉积盆地组成，呈多组断裂展布，断层挤压破碎带发育，并具右旋扭动特点。在断裂带的东段所测同位素年龄 51.5×106 年和 44×106 年。断陷盆地内河流阶地和第四纪沉积物发育有差异，反映该断裂第四纪以来仍在活动。温泉沿断裂带成串出露。历史地震和现今小震活跃。

大余—章贡区—兴国—南城断裂带　该断裂西起大余，经南康、赣州中心城区、兴国延绵直达抚州南城侧，全长 300 余千米，走向北东 40°～50°；南东、北西均有，小于 50°～70°不等。断裂成生于中新生代，挽近时期至今仍有活动。它控制大余—池江盆地和章贡区—兴国中新生代盆地的展布边界，切割燕山期花岗岩。断裂带硅化破碎，绿泥石化、糜棱岩化强烈。历史上在大余、章贡区发生 2 次中强地震。兴国—宁都间中小地震频繁，宁都 1978 年 3.9 级地震震源机制解显示断裂右旋平移运动。

宜黄—宁都—定南断裂带　该断裂带北起宜黄，过宁都、安远西，直达定南东，全长 300 余千米，走向北北东，主要倾向南东东，个别北西倾角为 40°～80°不等。它由几条北北东走向的断裂带组成，整体规模巨大，北段地貌反差强烈，卫星影像相当醒目，形成直线状峡谷，控制宜黄、宁都中新生盆地展布边界，该处表现正断性质，南段其强烈的硅化，同时，具械旋扭动性质，南段时有小震活动。

第二节　地　貌

一、地貌骨架

地质构造带控制着山脉的分布和走向，并由此组成地貌的骨架。环绕全市（地区）四周的武夷山、雩山、诸广山及南岭的九连山、大庾岭等山脉及其余脉，向中部及北部逶迤伸展，形成周高中低、南高于北、群山环绕四周、断陷盆地贯穿于全市（地区），以山地、丘陵为主，兼有近 50 个大小不等的红壤盆地。海拔高度，全市（地区）平均在 300～500 米之间，最高点为崇义、上犹、桂东 3 个县交界处的齐云山 2061.3 米，最低处在赣县湖江乡张屋村一带 82 米。

根据地形起伏程度和海拔高度具体划分如下：

盆地 包括谷地、岗地和平原，海拔小于200米，面积6706.35平方千米，占全市（地区）土地总面积的17.03%。以赣州盆地为最大，面积有1500多平方千米；较大的还有兴国盆地、大余的池江盆地、信丰盆地、寻乌（葫芦洞—车头）盆地、会昌盆地、宁都盆地、于都盆地、瑞金—石城盆地、安远的版石盆地等。

丘陵 在总面积中比重最大，全市（地区）达24053.08平方千米，占土地总面积的61.08%。内有：低丘陵（海拔200～300米）面积9923.67平方千米，占土地总面积的25.2%；高丘陵（海拔301～500米）面积14129.41平方千米，占土地总面积的35.88%。高丘陵主要由变质岩和花岗岩组成。花岗岩丘陵呈团块状，风化壳很发育。植被破坏后，地表物质较疏松，是产生水土流失的成因之一。

山地 总面积8620.21平方千米，占全市（地区）土地总面积的21.89%。内有低山（海拔501～800米）面积7430.94平方千米，占土地总面积的18.87%；中山（海拔大于800米）面积1189.27平方千米，占土地面积的3.02%。多数由古老的震旦系的变质岩和中生界的花岗岩组成，主要分布在边缘县和各县的边缘地带，构成区域的天然屏障、邻县或邻省交会的分界线和河流的分水岭。

二、地貌类型

地层决定地貌。按地层动力和成因不同，全市地貌划分为5种类型：

西部中低山构造剥蚀地貌 主要分布在上犹县的紫阳、寺下以西，崇义县的西部及大余县的内良、河洞、荡坪、左拔一线，主要山体为罗霄山脉南的诸广山脉和南岭山脉的大庾岭，海拔500～2061米，相对高度大于500米。其特点是新构造运动上升强烈，基岩裸露，山坡陡峭，山顶多呈锯状、垄状，局部地方因沿节理裂隙风化和强烈流水侵蚀切割，可见锯齿状峰林、石笋、蘑菇山；有“V”形峡谷和嶂谷发育，也有瀑布、温泉分布。境内为赣江支流上犹江、章水等河流发源地，植被茂密，森林、草场、水利资源丰富。

南部低山、丘陵构造剥蚀地貌 分布在赣县、于都县、会昌县、瑞金市的南部及信丰县、安远县、寻乌县、龙南县、全南县、定南县的全境，主要山体为九连山和武夷山南段。其中分为1. 强烈上升和侵蚀切割较强的低山地貌。分布在中山的山前地带，如会昌县北面的武夷山南段，寻乌县的中排山、桂竹帽，信丰县的金盆山、油山，全南县的龙源坝，龙南县的九连山，海拔500～1000米，相对高度大于500米。其特点是新构造运动上升较强，山坡陡峻，山脊呈鳍状、垄状、尖峰状，流水切割较强，有“V”形谷发育，局部有石蛋地形堆积。境内为赣江支流桃江、湘江、濂水等河发源地。植被覆盖好，为主要林区，但砍伐过量，以次生林居多，草场、矿产、水利资源丰富。2. 间歇抬升、中等侵蚀和剥蚀丘陵地貌。主要分布在低山区的山前地带，海拔200～500米，相对高度50～200米。其特征是新构造运动缓慢，具有间歇抬升现象，基岩裸露，有薄层风化壳发育，并有崩塌、滑坡现象；在花岗岩地区有球状风化物及石蛋地形堆积，流水切割中等，山坡较陡，山脊平缓，呈长垣状、垄状、馒头状。植被较稀疏，多河曲和侵蚀小盆地发育，为林农垦殖区。

中部丘陵河谷侵蚀堆积地貌 主要在于都红色盆地的底部及赣江主要支流上犹江、章水、桃江、贡水等河流中、下游两岸，海拔小于300米，相对高度20～50米。其特点是新构造运动升降缓慢，有间隙性；风化强烈，风化壳厚，沟谷宽广，流水平缓，水土流失严重，有崩塌、滑坡、坳谷和冲沟发育，垄岗多向河谷倾斜，坡度平缓，山脊多呈垄岗状、馒头状、波浪状。植被稀疏，岗地、阶地自然水源不足，但土壤肥沃，交通便利，水利设施较好，是重要的农业区。

东北部低山、丘陵构造剥蚀地貌 分布在兴国、宁都、石城及于都、瑞金北部，主要山体为雩山山脉及武夷山脉的北段。其中又分为1. 较强上升中度侵蚀切割低山地貌。分布在雩山山脉两侧和武夷山山脉北段。其特点是新构造运动上升较强，流水侵蚀切割中等，山势较陡，山脊呈锯状、垄状；在花岗岩地区受构造断裂影响，呈块状、垣状分布，在坡麓带，常有沟谷切割，有明显水土流失。境内为赣江支流平江、梅江、绵江等河流发源地。植被覆盖较差，森林资源较少，水利资源较丰富，草山、草坡较多，为森林培植、农牧区。2. 以剥蚀为主中等侵蚀缓慢抬升的丘陵地貌。分布在低山前缘和断陷盆地地区。其特征是新构造运动缓慢抬升，山势平缓，呈缓坡状、垄状、馒头状，风化强烈，风化壳深厚。在花岗岩地区，因强烈风化剥蚀，形成球状风化和石蛋地形。由于水土流失严重，有崩岗、崩塌、滑坡现象。由红色岩系及其砂页岩组成的地区，多馒头状，地面微波起伏，局部地区有梳状、朵状和单面山，以及丹霞地形的发育。境内植被稀疏，森林资源贫乏，水土流失严重，为水土保持和主要农业区。

溶蚀侵蚀地貌 由灰岩组成的岩溶丘陵地貌，主要在于都的梓山及银坑、瑞金的云石山、会昌的西江等地。山体多奇峰怪石，呈锯状、垄状或为面牙式、石林式山脊，有暗河、溶洞发育。由红岩形成的丹霞低丘陵地貌，主要在龙南的武当山、宁都的翠微峰和赖村、章贡区的通天岩等地。由含钙质的厚层砂砾岩，经流水沿裂隙长期侵蚀，形成了岩壁直立或近似直立的石柱、桌形山、方山、单面山和各种洞穴等。

三、山　脉

赣州地处南岭之北，山峰环列，山峦起伏较大，坡度较陡，一般在16°～45°之间，其中26°～35°的占34%，36°以上的占14%。武夷山山脉盘踞于东，为赣闽两省天然分水岭，东属福建省，西属江西省；南岭山脉的大庾岭和九连山横亘于南，是赣、粤两省天然屏障，岭南是广东省，岭北为江西省；诸广山山脉居于西缘，连接赣、湘两省，西麓是湖南省，东麓为江西省；雩山山脉贯穿于中东部，以宁都肖田发端，从东北向西南的兴国、于都延伸至赣县、安远和会昌，斜座在贡水岸边。众多山溪从山峦中流出，故此，赣州成为赣江的发源地，亦为珠江之东江、北江的源头之一。赣州市（地区）境内，海拔千米以上的有名或无名山峰约计450多座。

武夷山山脉 起自牛牯，迄于狮子岩（岩溪），蜿蜒在石城、瑞金、于都、会昌、寻乌及宁都的部分地方。版幅：东西121.5千米，南北213.75千米，面积7932.65平方千米，占全市（地区）土地总面积的20.14%。其西麓主要山峰有项山甑和鸡公岽、牙梳山、金华山、仙人湖岽、梅山顶、洋石岽、大顶岽等。

南岭山脉（大庾岭和九连山） 盘踞在大余、信丰、全南、龙南、定南全境和安远、寻乌、会昌、南康、赣县、于都、章贡区的部分地方。版幅：东西191千米，南北168.75千米，面积17613.28平方千米，占全地区土地总面积的44.73%。大庾岭，长202.5千米。九连山，起自饭池嶂，迄于河背，长225千米。其北麓主要山峰有黄牛石和帽子峰、油山、饭池嶂、仙人嶂、登高岽、基隆嶂、九龙嶂、乱罗嶂等。

诸广山山脉 起自罗霄山脉的烂泥湖，迄于板坳，长93千米。盘踞在上犹县、崇义县的全部和大余县、南康市、赣县、章贡区的部分地方。版幅：东西106.5千米，南北105千米，面积6707.73平方千米，占全市（地区）土地总面积的17.03%。主脉从东北走向西南，支脉则西北向东南往东。其东麓主要山脉有齐云山和赤水岭、聂都山、烂泥湖、五指峰、白鹤岭、天华山、蛤湖岽等。

雩山山脉 起自宁都县肖田的王陂嶂，迄于赣县韩坊的鸭子嶂，盘踞在宁都县、于都县、兴国县、会昌县、安远县、赣县等县的部分地方。版幅：东西120千米，南北142.5千米，面积7125.98平方千米，占全市（地区）土地总面积的18.1%。其主要山峰有凌云山和王陂嶂、大乌山、云峰嶂、雩山等。

四、山　峰

赣州市（地区）境内，海拔千米以上的有名或无名山峰约计450多座。各县（市、区）已定名的主要山峰和分水岭、界山、名山的坐落地点、山脉走向、海拔高度情况记述如下：

章贡区

峰山　位于沙石镇，呈西南往东北走向，海拔1016.4米。原名崆峒山，清末以主峰大峰山得名。古名宝盖峰，峰顶又名龙头顶，为章贡区最高峰。“宝盖朝云”为赣州古“八景”（三台鼎峙、二水环流、玉岩月夜、宝盖朝云、储潭晓镜、天竺晴岚、马崖禅影、城堞桥浮）之一。

杨仙岭　位于沙河镇，主峰海拔412米，相传唐代风水祖师堪舆家杨筠松修炼于此，后人在山顶建有杨仙祠，故名。

蛤湖岽　位于湖边镇，海拔680.2米，为章贡区境西北最高峰，曾建有杏林禅寺。

菩提山　位于湖边镇，呈东西走向，海拔549.6米，系章贡区、赣县之界山，唐代在山腰建法云寺，清末民初曾二次重修佛殿及藏经楼。寺内藏经书120箱计2000余卷。“文化大革命”期间佛殿及经书被毁，20世纪80年代重修。

笔架山　位于湖边镇，呈东西走向，海拔513米，是章贡区、赣县的界山。以三峰突起，状似笔架而得名。蕴藏钨、金、锡矿。赣县钨矿笔架山矿区位于山的东北侧。

田螺岭　位于中心城区老城区西津路之西，章水东岸，海拔129.8米，原名文壁山，又名贺兰山，为老城区内最高点。岭头建有赣州主要名胜之一——郁孤台。

赣县

水鸡岽　位于小坪乡小坪村，系赣县境内最高点，海拔1185.2米。山顶茅草丛生，山腰以下竹、松、杉林茂密。

杨嶂岽　位于小坪乡大坪村，赣县第二高峰，今名为宝莲山，海拔1176.9米，为赣县旅游景区。森林茂密，产药材，多阔叶林、瀑布、溶洞。

锅头岽　位于长洛乡下含村，海拔1079.4米，系赣县、于都县两县之界山，东南属于都县。

瑞峰山　位于田村镇斜坑村，海拔823.3米，系赣县、万安县两县之界山，西属万安县。

龙王寨　位于三溪乡土龙村，海拔749米，为赣县、于都县、兴国县三县的界山。东北属兴国县，东南属于都县，西南、西北属赣县。

鸭子嶂　位于韩坊乡小垄村，海拔858米，为赣县、安远县两县的界山。

一脚踏三县　位于白鹭乡里仁村，海拔592.3米，系赣县、兴国县、万安县三县之界山，故名。

荷树坳　位于沙地镇银村。海拔592米，为赣县、南康两县的分界坳。

鹿山　位于南塘镇劳田村，海拔418.9米，峰顶建有妙高寺，山下原有赣州至兴国的驿站。

南康市

白鹤岭　位于隆木乡邹家地，海拔1042米，南北走向，西与遂川县交界，系南康市内最高山峰。

石高里　位于隆木乡小东村，呈东西走向，海拔1005米。其西界遂川县、南邻上犹县，东属南康市，为三县（市）界山。

斗笠脑　位于赤土镇莲塘村，海拔768.4米，南界大余县新城，主峰形似斗笠，故名。

尖峰岭　位于金鸡镇文峰村，东西走向，海拔531米，古为南康市八景之一，以其峰尖得名，又称文峰、独秀峰。

信丰县

油山　位于油山镇，主峰海拔1073米位于南雄县，古名犹山，系信丰县与广东省南雄县之界山，东北属信丰县，为20世纪30年代中央苏区留守红军三年游击战争的中心地带。

谷山　位于大阿镇，海拔547.8米，山临谷水，故名。古称“谷山积翠”，为信丰县八景之一。

南山　位于县城南，海拔217.3米，东靠桃江，南毗嘉定镇花园村。此山古为佛教圣地，唐代即建有南山寺。

天华山　位于星村乡星村圩东北6千米处，海拔748.5米，以山势雄伟，高耸入云，水木清华，故名。顶峰丰崇如廪，又名廪山。唐代改信丰县名时，以此山得名。

大虎山　位于虎山乡隘高圩东南处18千米处，海拔1015.7米，亦名壶山、虎山，为全县最高峰。系信丰县与安远县之界山，山顶有天池、风洞，古时山下建有大龙寺。

金盆山　位于金盆山乡，毗邻安远县，最高峰北嶂海拔970米，1975年建立省级森林自然保护区，保护区里森林覆盖率达80%以上，有荷、枫、酸枣等阔叶林带及栎、樟、楠、红豆杉林等珍贵树种，林地面积5300多公顷，为赣州市（地区）主要林区之一。

大帽山　位于小江镇小江圩南9千米处，海拔754.6米，横亘信丰县、定南县、龙南县三县交界处。山顶高大平圆，形似雨帽，故名。

大余县

天华山　位于内良乡，海拔1383.6米，系大余县、崇义县两县之界山，别名大头岭，为大余县境最高山峰。

大庾岭　大余县与广东省南雄市（县）的分水岭，延袤百千米，东北往西南走向，海拔1058.4米，是著名的南方五岭之一。岭上有通往岭南的大小山隘即名胜大、小梅关，古驿道穿关而过，为古今南北交通要道和兵家必争之地。大庾岭古名庾岭，相传汉代伐南越，监军庾胜筑城于此，因名。

帽子峰　位于吉村镇右源村，海拔1058.4米。其山峰耸立，雾罩顶峰，如峰戴帽，因称帽子峰。

丫山　位于黄龙镇，海拔906米。中部山窝建有名胜古迹——灵岩寺。以山顶双峰尖削如马耳，并立成丫形而得名。森林茂密，飞瀑流泉众多，一向为赣南胜景。

西华山　浮江乡、梅关乡两乡的界山，海拔827.9米。花岗岩山体，蕴藏着钨、钼、铜、锡、铋等有色金属矿。相传山上有华山寺，故名西华山。西华山钨矿建于此。

上犹县

鼎锅寨　位于齐云山东北，海拔1920米，处上犹县、崇义县和湖南省的交界点，为齐云山第三峰，上犹县最高山峰。

五指峰　位于五指峰乡北边，南北走向，最高峰海拔1607米。因五个山峰并列宛如伸张之五指而得名。为赣州市（地区）著名自然景观之一。多高山茶园。

大水湖　位于五指峰乡西部，南北走向，海拔1409.3米，系赣、湘两省之界山。山多松、杉林，顶有较大水湖，故名。

风打坳　位于双溪乡北边，与遂川县交界，东西走向，海拔1058米。

油石嶂　位于县城西油石乡西北，与梅水乡相连，海拔939.9米，原名犹石嶂，后称油石嶂。山体巨大雄奇，如神兽蹲踞，有上犹县祖山之称。上犹之“犹”故名于此。

崇义县

齐云山　位于思顺乡齐云山村上十八垒，海拔2061.3米，为赣州市（地区）最高峰，是赣、湘两省天然分界岭和诸广山主峰。东属崇义县、上犹县，西邻湖南省汝城县、桂东县。山顶有神庙，山中有珍稀动物麻鹿、猴、白鹇，珍稀植物楠、樟、水杉，蕴藏有铀、钨、铁、钾长石等矿。

猴牯垴　位于上堡乡上堡圩西30千米，海拔1579.1米，是赣、湘两省的界山，古时山顶常有猴群活动。

范水山　位于乐洞乡乐洞圩西10千米，海拔1559米，系赣、湘、粤三省的自然界山，山中多画眉鸟，又称“画眉山”。

聂都山　位于横水镇西南65千米，海拔1346.3米，是崇义县、大余县两县及聂都乡、关田镇、文英乡3个乡（镇）的天然界山。章水出其下，山南为南源，山北为北源。

阳岭　位于横水镇南4千米，南北走向，海拔1259.5米，山腰以下为原始阔叶和松、杉、毛竹混交林。以其“天然氧吧”闻名。

高山　位于铅厂镇铅厂街西南10千米，海拔1275.5米，系崇义县、大余县两县之界山，以山高而得名。

风大山　位于乐洞乡圩南6千米，海拔1137米，为乐洞通广东省长江要隘。以天水为界，南粤北赣。

张网山　位于乐洞乡西9千米，海拔1130米，为赣、湘两省的界山，东赣西湘。山顶设有航标。

八仙堖　位于扬眉镇樟背西南20千米，海拔1038.7米。传说八仙曾在此山顶下棋，故名。

诸广山　位于崇义西部，东与上犹县、遂川县交界，南与大庾岭接壤，西与湖南汝城县、桂东县相交，北与万洋山毗邻，面积2300平方千米，主峰海拔2061.3米。有楠木、樟木、水杉。蕴藏铀、钨、铁、钾长石等矿。

万长山　位于上堡乡竹溪村埂头子东北12.5千米，东至白竹头，南至丰坪，西至茶坳，北至雪竹窝，面积约9平方千米，主峰海拔1278.6米。山上林木茂密。

安远县

九龙嶂　位于欣山镇西南，海拔1099米，东西绵亘17千米，九峰矗立，山脊蜿蜒如龙，似一道屏障。山内奇峰怪石，嵯峨嶙峋，古树密林，云岚雾嶂，飞瀑流泉。有大、小龙潭，仙人堆石，仙人下棋和观音湖等自然景观。山中珍稀与药用植物资源丰富，并产九龙名茶。亦为赣南采茶戏的发源地之一。山之东段天狮堖系濂江的发源地。

阴刀子　位于塘村乡北缘，海拔1194.4米，是安远县、于都县两县的界山，北属于都县，为安远县境内最高点。

盘古嶂　位于高云山乡圩岗村，海拔1184米，是安远县、寻乌县两县的界山。东、北属寻乌，西、南属安远。

乌石嶂　位于高云山乡圩岗村，海拔1125米，是安远县、会昌县两县的界山，东侧属会昌县。以山峰裸石黑色，山形为屏障而得名。

龙王嶂　位于双芫乡合头村，海拔754米，昔在山腰建有龙王庙，故名。系安远县、信丰县两县之界山。

千斤崇　位于鹤子乡棉地村，海拔768米，是安远县、定南县两县界山。

龙泉山　位于欣山镇，海拔406米，清末，山腰建有赣州地方神道教派真空教道堂。

三百山　位于县城东南25千米的新园乡，是贡水与东江的分水岭和东江源头之一。主峰东源峰，海拔1164.5米。三百山名，系附近300多平方千米范围内300余座山峰的统称。其山森林密布，古树参天，巨藤倒挂，遮天蔽日，集山势、林海、瀑布、温泉四大自然景观为一体。是香港游客饮水思源之寻源目的地。

龙南县

九连山　位于龙南县城西70千米，赣、粤两省交界处，主峰黄牛石海拔1430米。北侧属武当、杨村两镇及九连山垦殖场，南面属广东省连平县九连、上坪两乡，西与全南县大吉山镇毗邻。该山自东向西蜿蜒逶迤，九十九峰相连，故名。其地势由南向北、由北向西南递降，山脊向北伸展，向西南延伸。北连龙南县、全南县、定南县，东连广东省和平县，西接广东省翁源县，南延伸到广东省新丰县、清远市的北江东岸，是赣江与东江、东江与翁江的分水岭。山上有千年红豆杉林。

登高　位于临塘乡竹山下东南12千米，海拔1062.6米，系龙南县、定南县两县之界山。

南山坳　位于杨村镇西北9千米，海拔970.6米，系龙南县与全南县两县之界山。因山峰高耸入云，呈天蓝色，又名蓝山。

小武当山　位于武当镇石门村，海拔813米，又名南武当。有99座山峰并排耸立，犹如直戟刺天，奇石峭立，千姿百态，绵亘数千米。

定南县

大坳山　位于鹅公乡留畲村，海拔1072米，为赣、粤两省交界山之一，是定南县境内的最高峰。

岿美山　位于岿美山镇，海拔1062米，即定南登高，原名龟尾山。岿美山钨矿建于此。

云台山　位于月子镇，东西走向，海拔890米，山顶云雾笼罩，宽大似台，故名。盛产绿茶。

千家寨　位于车步乡上坑村，海拔578.4米，系定南县境内两条大河的分水岭，北麓为长江水系，南麓为珠江水系。

双山嶂　位于镇田乡，海拔892米，为赣、粤两省界山。

磨刀坳　位于龙塘镇白沙村，海拔500米，是定南县、安远县、寻乌县三县的界山，以山形似刀，坳里有一大石，故名。

全南县

饭池嶂　位于大庄乡西面，呈东西走向，海拔1145米。南、西、北与广东省始兴县交界，为桃江发源地。是全南县境内最高点和江西省最南端。

雪峰山　位于中寨乡，海拔1113.3米。南、西、北与广东省始兴县交界，山顶设有国家测量三脚架标志，为赣、粤两省边境要地。

大吉山　位于大吉山镇东南，海拔1025.2米，东南与龙南县交界。山中储藏大量钨矿，是江西省著名钨矿区，大吉山钨矿建于此。

大帽峰　位于茅山垦殖场东南，海拔986.7米，西与广东省始兴县交界，矿藏丰富，以山顶形似帽状得名。

青龙山　位于社迳乡黄田江中游北岸，海拔476.1米。山中树木苍翠，四季常青，山峰姿如青龙，有沿河上腾之势，故名。明末，山上建有青龙庵。

宁都县

凌云山　位于东韶乡，海拔1454.9米，系宁都县、永丰县、乐安县三县之界山。山势挺峭，山顶与山脚高差约1000米。属雩山山脉，为宁都县第一高峰。山中林木蔚然葱郁，奇岩异石众多，山腰、山顶建有古寺。民间传说汉高祖刘邦祖父葬于此，中有天子地。登顶可远眺宁都县、永丰县、乐安县、广昌县、兴国县诸县山川景色。

大龙山　位于肖田乡美佳山村，海拔1326.2米，系宁都县、乐安县、宜黄县三县之界山。因形似大龙盘绕，故名。山上建有古寺。

王陂嶂　位于肖田乡朗际村，海拔1266.8米，宁都县、宜黄县两县界山。东、北侧属宜黄县，南连朗际村，西靠大龙山。是梅江的发源地，千里赣江的源头之一。

钩刀嘴　位于小布镇磜下村，海拔1190.6米，系宁都县、永丰县两县之界山。因山巅弯曲似钩刀状，故名。山中有瀑布，高约百米，蔚为壮观。

猴子嶂　位于东韶乡漳灌村，海拔1152.1米，系宁都县、乐安县两县之界山。山形似猴，层峦叠嶂，故名猴子嶂。山中杉、松、阔叶林茂密。

莲花山　位于梅江、青塘两镇交界处，海拔953.8米，距县城西15千米，因山形如莲花，故名。山上有始建于西晋的青莲古刹，寺内有大雄宝殿等16座宝殿。山中有白茅峰、出水岩、出风洞、太平洞、石林岩海等景观，呈奇献巧。为游览胜地，被列为省级重点寺观。

武华山　系武夷山余脉。位于会同乡田埠、湛田乡交界处，与莲花山遥相对峙。海拔1080.8米，山上有庵堂建筑5座。植被以松、杉、竹和灌木林为主。

牛牯岽　位于蔡江乡大坑村，海拔1075米，系宁都县、兴国县两县之界山。因山势高耸雄伟似牛牯得名。

牛背脊　位于大沽乡内草坝，海拔1041米，系宁都县、永丰县两县之界山。因山顶形似牛背脊得名。

于都县

屏坑山　位于靖石乡、利村乡与盘古山镇之间，海拔1312米，山高如屏，坑沟纵横。是县境内最高山峰。

密石顶　位于祁禄山镇，海拔1215米，以山顶石块密集得名。峰顶有国家测量标志。

龙王山　位于盘古山镇。海拔1210米，又称“盘古山”“仁风嶂”，古时山上有龙王庙，天旱人们去朝拜龙王求雨，故名。盘古山钨矿建于此。

禄山　位于祁禄山镇上岭岗，海拔1183米，原名棋路山，后人为祈祷福禄而谐音，称南岭为祁山，北岭禄山。

祁山　位于祁禄山镇，海拔1065米，系于都县、安远县两县之界山，南侧属安远县塘村乡，东侧为盘古山镇，西侧为祁禄山镇。主产毛竹，有山牛（苏门羚）、山鹿、山羊等动物。

磊石顶　位于梓山镇磊石村，海拔911.8米，山间乱石成堆，山顶三石重叠，故名。

古嶂岽　位于罗坳镇，海拔848.3米，系于都县、赣县之界山。山腰有梯田和村庄，传系古姓开拓，以姓氏名山。岽顶设有国家测量标志。

青云嶂　位于宽田乡龙泉村，海拔698.9米，因山高入云而得名。长有阔叶林，山顶建有祖师庙，并设有测量标志。

雩山　位于岭背镇，海拔634.2米。相传邑人祈雨于此山下，故名雩山，于都原名雩都，此山亦为邑内祖山。

天华山　位于银坑镇，海拔631米，是桥头、银坑两乡（镇）之分水岭。以山高耸天得名。山顶有一古庵。

兴国县

大乌山　位于潋江镇北偏东51千米，海拔1204.5米。位于兴国县、吉安县两县交界处，是兴国县境内最高峰。山顶一庵，正中是三仙殿，内有龚、杨、刘三仙石像，正殿前有三枋，仍存宋代文天祥题“永镇江南”和明代邹元标题“乌石仙境”石刻横额各一。

莲花山　位于潋江镇东北44千米，海拔960米，是南坑、兴江、古龙冈三乡交界之山。山顶有邱、王、郭三仙祠。山坳有清康熙年间（1662—1722）重修的脚庵，为宋代文天祥驻兵开行府处。

十八排　位于潋江镇西偏北43千米，海拔1170千米。位于泰和县、兴国县两县交界处，为兴国县境内第二高峰，县西北之屏障。山脉横亘长达6千米，共18个排，故名。

方山岭　位于方太乡与鼎龙乡之间，海拔907.2米，山形为方矩得名。山顶原设有两庵。山顶的井水、田间的泉水终年不竭。设有鼎龙山林场，辟有油茶林、茶叶53.33公顷。

宝华山　位于县城东偏北84千米梅窖镇境内，海拔1157.1米，在兴国县、宁都县两县交界处，是平固江的发源地之一。明万历年间（1573—1620）建有“宝华名山”庵，山因庵得名。

佛子山　位于贺堂乡齐分村，海拔1125.7米，以山顶庵中供奉佛祖得名。因形为覆置的笊笥，又名覆笥山。有马鞍等七石胜景和读书岩。为县内第一名山和较高山峰之一。

轿顶石　位于均村乡坪源村，海拔1094米，兴国县、万安县、泰和县三县交界处。因岩石山形似花轿顶，故名。

酒篓岽　位于陈也镇东南，海拔1092.8米，兴国县、宁都县两县交界之处，为县境东北之屏障。以山形得名。

云峰嶂　位于杰村乡云峰村，海拔1081.9米。兴国县、于都县两县的界山。为县境南面最高峰。晴日站立，山顶可眺望赣州城。因山峰直插云霄，故名。

十八曲　位于均村乡坪源村，海拔1020米，兴国县、万安县两县交界处。因山脊有18道弯曲，故名。

三县岽　位于贺堂乡大龙村，海拔934.4米，兴国县、泰和县、吉安县三县交界之处，故名。

均福山　位于县城北40余千米，覆笥山北坡，平均海拔800米，有林地1404.6公顷，森林覆盖率达78%，已辟为森林公园。景区涵盖大乌山、覆笥山诸峰。有高80米、宽30米的龙下瀑布等胜景。

瑞金市

仙人湖岽　位于日东乡南8千米黄竹村，海拔1138.3米，为赣、闽两省分水岭，是瑞金市境内最高山峰。山坳建一古刹，山顶凹陷似湖，山上植被为松、杉、毛竹、木荷等阔叶乔、灌林，有麂子、山牛、野猪、鹰、锦鸡、穿山甲等多种珍稀动物。

三县岽　位于北纬25°48′25″、东经116°21′16″，武夷山脉山峰，原属无名山，海拔1232.9米，属瑞金市、石城县与福建省长汀县交界点。20世纪90年代末，江西省赣江源头科学考察队将三县（市）界山命名为“三县岽”。

陈石山　位于壬田镇境内，以罗汉峰为至高点，海拔419米。《江西通志》载：“陈武帝微时常居此”，山上怪石奇峰林立，取名陈石山。属江西省AAA级风景名胜。

铜钵山　位于九堡镇莲塘村。海拔885米，山顶设有国家测量标志和“绵江第一峰”古碑。植被为松、杉多种阔叶乔灌木，并产方竹等珍贵植物。此山古为“瑞金八景”之一，在开基建庙时，“掘地得一铜钵”，故名。

云石山　位于城西19千米的云石山乡境内，面积0.3平方千米，平地凸起一小山，石灰岩构造。其自然如云朵集聚，故名。山上树木苍翠，山顶古寺独尊。1934年7月，中华苏维埃共和国临时中央政府迁驻山顶寺内，有“长征第一山”之称。

梅山顶　位于拔英乡高岭村，海拔1113.3米，多杨梅，故名。

石水牛　位于拔英乡东南18.5千米的洪门村境内。面积9平方千米，海拔1053.1米，山顶一巨石形似水牛而得名。

会昌县

丫髻钵　位于清溪乡青峰村，海拔1101.9米，系会昌县、安远县、寻乌县三县的界山。东北为会昌县，西南接寻乌县，西连安远县。山有二峰，中间有一丫髻叉，且叉形象钵，故名。

羊石岽　位于洞头乡河头村，海拔1107.8米，系赣、闽两省之界山。东南属福建省武平县东留乡南方村，西北属洞头乡河头、洞头两村。山有一大石，形似羊，故名。

大顶岽　位于洞头乡丰胜村，海拔1092米，系赣、闽两省之界山。东南属福建省武平县。与龙狮峰相接，山顶高阔，故名。

分金嶂　位于清溪乡半坑村，海拔1013.5米，系会昌县、寻乌县两县之界山，南属寻乌县，北属会昌县。传说山中藏有金矿，故名。

盘古嶂　位于清溪乡七姑坑，海拔1184米，与安远县交界，为县内最高峰。

钟公嶂　位于白鹅乡，海拔942米，系会昌县、于都县两县之界山。山下建有钟公庙，故名。

牛马骑岽　位于周田镇，会昌县、安远县两县交界处，海拔921米，山顶有两石，一似牛形，一似马形，故名。

凤凰岽　位于富城乡粗石坝，海拔848.4米，系赣、闽两省之界山。东南与福建省长汀县红山乡交界。山形似凤凰，故名。

锡牛嶂　位于白鹅乡河迳村，海拔831.8米，是会昌县、于都县两县的界山。山中有锡矿，植被为松、杉、阔叶林等，有山牛出没，故名。

五指广书　位于西江镇西源村，海拔597米，山有五峰，犹如手指，山顶有一坪，因名五指冈。后人以之比作五位大儒，尊为五子耕书，后又谐音成五指广书。

寻乌县

项山甑　位于项山乡，海拔1529.8米，在赣、粤两省交界处，南接广东省平远县仁居乡。是县内最高点。以山顶二峰象饭甑，故名。

馒头石　位于项山乡，海拔1475米，是赣、粤两省的界山。东南接广东省平远县仁居乡，西北抵项山乡聪坑村。其植被多为茅草，远眺山形似馒头，故名。

基隆嶂　位于三标乡，海拔1444.7米，山体多为茅草覆盖。原名鸡笼嶂，是东江上游九曲河的发源地之一。

乱罗嶂　位于三标乡双村，海拔1348米。此山除主峰外，还有海拔1334米、1287米、1114.9米、1003.7米、1012米的5座无名山峰相互拥簇。

白水磜岽　位于三标乡黄陂村，海拔1286米，因山水从高处泻下形成白色瀑布，故名。有5座千米以上山峰与主峰相接。植被多草甸，为天然牧场。

乳姑墩　位于项山乡福中村，海拔1199米，与福建省坪畲、剑溪汉地交界。以山形似乳房，故名。

帽子岽　位于三标乡大湖村，海拔1115米，寻乌县、安远县两县交界之处。以山形似帽得名。

笔架山　位于三标乡，海拔1100米，为赣、闽两省的界山。东属福建省武平县民主乡，西属剑溪乡赖地村。

苏州笔　位于三标乡，海拔1074米，赣、闽两省交界处。其峰高耸矗立，与笔架山相对。

马鞍石　位于项山乡，海拔1088米。系赣、粤两省的界山。以山顶两块大石形似马鞍，故名。

角山嶂　位于留车镇上磜村，海拔1030.4米，系赣、粤两省的界山，山顶尖似牛角，故名。植被多为茅草、松、杉、阔叶树等。

桂龙嶂　位于桂竹帽镇白面石村，海拔1026.9米，为寻乌县、定南县两县界山。

桂竹帽　位于桂竹帽垦殖场，海拔884.4米，为寻乌县、安远县两县界山。以20世纪60年代大批赣州知青上山下乡于此闻名。

屏风嶂　位于南桥镇上游村，海拔819.3米，居赣、粤两省交界处。东北接广东省平远县八尺乡，西南连南桥。以山形横列为屏障，故名。

文笔秀峰　位于县城南郊桃园村，海拔625.3米。因山势雄伟，秀丽多姿，主峰为笔尖，故名。古为“寻乌八景”之一。

石城县

鸡公岽　位于洋地乡桃花村境内，为石城与福建省宁化县、长汀县三县界山。海拔1389.9米，面积约3600平方米，为石城境内最高山峰，以其形似公鸡而得名。

牙梳山　位于高田镇胜江村境内，为石城县、广昌县、福建省宁化县三县界山。主峰海拔1387.3米。

金华山　原名北华山，后以五行属相取名金华山，位于高田镇遥岭村境内，与福建省宁化县安远乡交界。主峰海拔1314米，面积约8000平方米。山上以灌木为主，植被繁茂，是琴江发源地。

八卦脑　位于高田镇胜江村，与广昌县塘坊乡交界。主峰海拔1226米。山上多杜鹃（映山红），其高处不长树木，却有清泉终年不竭，杂草丛生，盛产黄连和甘草等多种药材。

东华山　位于观下乡何坑村境内，又名白水顶，地处石城东南，故名。清乾隆十年（1745）《石城县志》载："顶跨宁化、石城两县，为南龙之祖。"主峰海拔1148.9米。1979年，山顶重建三仙庙，山上植被繁茂，矿藏丰富。

正顶脑　位于横江镇张坑村，海拔1222米，系赣、闽两省之界山。盛产松、杉、阔叶树。据传此处古时曾为战场，得名战顶脑，后又以此山顶平正，改名正顶脑。

过风坳　位于洋地乡东南，为赣、闽两省界山，海拔1200米。因山口高，成凹形，风由两边进出，故名。

刘家坳　位于洋地乡桃花村境内，海拔1100米，为赣、闽两省之界山。山下刘姓在山坳处建一凉亭，故名。

石寮岽　位于洋地乡上塅村，北纬25°57′，东经116°22′，海拔1150米。2000年10月，江西省赣江源头科学考察组把石寮河南溪中的"石泉I"定为赣江的源头。

灵华山　位于小松镇，海拔991米，系宁都县、广昌县、石城县三县界山。以山顶建有灵华仙庵得名。

仙山脑　位于岩岭乡大秀村，海拔946.5米，为石城县与福建省宁化县之界山。主峰东边百米处有座天仙主师庙（古称"北角寨"），故名。植被以松、杉、阔叶林为主。

王贯头　位于木兰乡东北部，石城、广昌两县界山。海拔940.2米，植被多松、杉、阔叶林。原名"望景楼"，意谓登山顶可眺望石城、广昌之全景。后人谐音为王贯头。

八卦顶　位于大由乡濯龙村，海拔618.4米。系石城县与宁都县的界山，山上植被繁茂。因其山四周有八埂，形似八卦而得名，又因山顶似四方香炉而名香炉山。

通天寨　位于观下乡大畲村境内。主峰海拔600米，面积6000平方米。山上植被繁茂，各种岩石千姿百态，有石钟、石鼓、龙麟石、试剑石等，更有一奇石突兀而起，高76米，形同春笋，名为通天石；又因元末陈友谅余部曾于此山建寨屯兵，故将此山取名为通天寨。该山为石城县境内游览胜地。

第二章　气　候

赣州属于亚热带丘陵山区湿润季风气候，其特点是气候温和宜人、四季分明，酷暑和严寒时间短，无霜期长，光照充裕，雨量充沛。全市（地区）的多年平均降水量为1580.2毫米，赣州的河流总的径流量达336.5亿立方米。20世纪90年代，由于稀土矿业的开掘和大力种植脐橙、茶叶等，低海拔丘陵山头被过度开垦，致使河流泥沙量增加，严重地区甚至以成十倍的基数增长。

赣州的自然灾害主要包括气象灾害和地震灾害。赣州地形复杂，气候多变，由气象原因造成进而影响农业生产的主要灾害性天气有干旱、洪涝、寒潮、冰霜冻、大风、冰雹、春季低温阴雨和寒露风。

第一节　气候特征

赣州处于武夷山脉、南岭山脉与罗霄山脉的交汇地带，属中亚热带南缘，是典型的亚热带丘陵山区湿润季风气候，具有冬季风、夏季风盛行，春、夏降水集中，四季分明，气候温和，酷暑和严寒时间短，无霜期长等气候特征。其光热充足，降水丰沛，生长季长，冷暖变化显著，降水分配不均，既具有发展大农业的优越气候条件，又存在旱、涝、低温等对农业生产不利的气候因素。

一、四季划分

赣州的四季，依自然天气的气温变化划分，即多年平均日平均气温稳定通过 10℃的初日为入春，大于 22℃的初日为入夏，小于 22℃的终日后一天为入秋，小于 10℃的终日后一天为入冬。赣州各地四季时间见表 2-2-1。

1986—2000 年赣州市（地区）各地四季时间统计表

表 2-2-1　　单位：天

县(市、区)	春		夏		秋		冬	
	开始时间	持续日数	开始时间	持续日数	开始时间	持续日数	开始时间	持续日数
章贡区　赣县	3月15日	66	5月20日	136	10月3日	63	12月5日	100
南　康	3月13日	67	5月19日	139	10月5日	65	12月9日	94
信　丰	3月11日	70	5月20日	133	9月30日	64	12月3日	98
大　余	3月15日	70	5月24日	126	9月27日	63	11月29日	106
上　犹	3月14日	68	5月21日	133	10月1日	61	12月1日	103
崇　义	3月15日	71	5月25日	119	9月21日	66	11月26日	109
安　远	3月8日	76	5月23日	126	9月26日	65	11月30日	98
龙　南	3月9日	72	5月20日	129	9月26日	67	12月2日	97
全　南	3月9日	72	5月20日	131	9月28日	64	12月1日	98
定　南	3月11日	71	5月21日	130	9月28日	67	12月4日	97
兴　国	3月16日	65	5月20日	132	9月29日	61	11月29日	107
宁　都	3月16日	69	5月24日	126	9月27日	63	11月29日	107
于　都	3月10日	67	5月16日	143	10月6日	61	12月6日	94
瑞　金	3月12日	69	5月20日	133	9月30日	60	11月29日	103
会　昌	3月10日	70	5月19日	135	10月1日	61	12月1日	99
寻　乌	3月8日	74	5月21日	133	10月1日	64	12月4日	94
石　城	3月15日	73	5月27日	121	9月26日	64	11月29日	107

二、四季特征

以赣州鲜明的地域性，按春夏秋冬四季划分，赣州四季气候的特点可概括为：

春季阴雨连绵灾害多。3—5 月，冷暖气流在赣州频繁交汇，天气变化无常，时冷时热，阴雨常现。一旦冷暖气流对抗剧烈，雷雨、大风、冰雹、强降水等灾害性天气均可发生。据资料统计，3—5 月全市（地区）平均总雨日为 55 天，总降雨量为 619.6 毫米。大风、冰雹、暴雨等灾害性天气频发。雨日、暴雨之多，灾害天气频率之大，皆为全年各季之冠。此外，在春播期还经常出现连续低温阴雨天气，危害早稻播种育秧。

夏季先涝后旱少酷暑。初夏，全市（地区）正处于副热带高压边缘西南气流中，水汽充足，一遇到冷空气，降雨大且易集中。6 月，全市（地区）平均雨量为 222.8 毫米，历史上雨量最多的 1968 年 6 月，高达 534.2 毫米，是全年月雨量之冠。6 月平均暴雨 17 站次，是全市（地区）最易发生洪涝灾害的主汛期。7—9 月，受单一的西太平洋副热带高压或大陆高压控制，多连续晴热天气，只有受台风或东风波影响时，才可能产生大的降水过程。由于降水分配不均，气温高、蒸发大，因此每年都有不同程度的干旱发生，有的年份甚至连续几十天不下一场透雨，农业生产受到严重危害。盛夏七八月，中部盆地白天最高气温一般都在36℃以上，但早晚气温一般均在30℃以下，虽然白天较炎热，但少酷暑。四周丘陵山区，最热的7月平均气温不到28.5℃，气候较凉爽。

秋季风和日丽、天高气爽。10—11月，常受北方南下的高气压天气系统控制，大气层结稳定，天气晴好。月平均雨日只有6～8天，月平均气温14～21℃，月平均相对湿度70%～80%，是全年阴雨日数最少、温和干爽、最宜人的季节。

冬季冷而不寒、少雨雪。赣州纬度较低，北面有高山阻拦冷空气直驱南下，入冬较迟，冻害较轻。受北方干冷气团控制，少有云雨形成。白天太阳照射，气温较高；晚上辐射冷却，气温可降到零下，形成霜冻。受强寒潮袭击时，可产生俗称的"雪籽"、棉花雪等固体降水或冰凌天气。但概率很小，平均每年降雪日数只有2～3天。

第二节 热 量

赣州气候温暖，一般夏无酷热，冬无严寒。其分布特征：南部冬暖夏凉，中部冬暖夏热，北部冬冷夏热。随着海拔高度上升，热量条件趋于减少，其年际和年内变化也趋于和缓。

一、年、季、月平均气温

全市（地区）多年平均气温18.9℃，受盆地地形影响，呈中高周低分布。中部于都县、章贡区、南康市、信丰县及会昌县在19℃以上，暖中心是于都县，达19.6℃；南部仅次于中部，在18～19℃之间；东北部宁都县、石城县和西部大余县、崇义县较中部低，18℃多；冷中心是崇义县，仅18.1℃；其他县气温在18.8～19.1℃。

春季（3—5月）：平均气温18.8℃。中部、南部略高于平均值，在19℃以上，以会昌县19.3℃为最高；北部、东北部和西部略低，均不到18.5℃，以宁都县18℃为最低。

夏季（6—8月）：平均气温27.3℃。中部和北部最高，在28℃左右，其中于都县、章贡区达28.4℃；东北部和东北次之，27～28℃；南部和西部最低，26～27℃，其中崇义县26.4℃。

秋季（9—11月）：平均气温20.1℃。东北部宁都县、石城县，西部崇义县、大余县，南部安远县、全南县，在20℃以下，以崇义县19℃为最低；其他地区都在20℃以上，以章贡区、于都县20.9℃为最高。

冬季（12—2月）：平均气温9.6℃。其分布与春季相似。最高是寻乌县，达10.6℃；最低是宁都县，为8.7℃；其他地区在8～10℃。

全市（地区）月平均气温1月最低，7月最高。1月平均气温最低，为8.5℃，于都县、会昌县和信丰县以南在8℃以上。7月平均气温28.1℃，呈中高周低、北高南低分布。中部于都县、章贡区均在29℃以上，其中于都县29.4℃最高，是全市（地区）的高温中心；最低是崇义县27.1℃和全南县27℃。

1986—2000年赣州市（地区）各地月平均气温统计表

表2-2-2　　单位：℃

县(市、区)	1月	2月	3月	4月	5月	6月	7月	8月	9月	10月	11月	12月	年平均
章贡区 赣县	8.50	10.00	13.50	19.80	23.90	27.20	29.30	28.80	25.80	21.20	15.70	10.80	19.50
南　康	8.30	9.90	13.40	19.80	23.70	26.90	28.90	28.30	25.10	20.50	15.10	10.20	19.20
信　丰	8.80	10.20	13.70	19.80	23.80	26.80	28.70	28.20	25.40	21.00	15.60	10.90	19.40
大　余	8.30	9.70	13.10	19.10	22.80	25.90	27.40	26.90	24.30	20.00	14.70	10.10	18.50
上　犹	8.20	9.60	13.10	19.20	23.30	26.50	28.30	27.80	25.00	20.40	14.90	10.10	18.90
崇　义	8.00	9.40	13.00	18.90	22.60	25.70	27.10	26.50	23.70	19.30	13.90	9.60	18.10

续表 2-2-2

县(市、区)	1月	2月	3月	4月	5月	6月	7月	8月	9月	10月	11月	12月	年平均
安　远	8.80	10.20	14.00	19.80	23.20	26.10	27.50	26.70	24.00	19.80	14.70	10.20	18.80
龙　南	9.00	10.30	14.00	19.80	23.40	26.10	27.60	27.20	24.50	20.50	15.40	10.80	19.10
全　南	9.00	10.30	14.00	19.60	23.10	25.80	27.00	26.60	24.10	20.10	15.00	10.50	18.80
定　南	9.10	10.20	13.90	19.50	23.10	25.90	27.20	26.70	24.40	20.50	15.50	10.90	18.90
兴　国	7.70	9.20	12.80	19.20	23.40	26.70	29.00	28.30	25.10	20.30	14.70	9.90	18.90
宁　都	7.50	9.10	12.60	18.60	22.70	26.20	28.40	27.60	24.80	20.10	14.50	9.60	18.50
于　都	8.80	10.20	13.80	20.00	23.90	27.20	29.40	28.70	25.80	21.30	15.70	10.80	19.60
瑞　金	8.50	10.00	13.70	19.80	23.50	26.60	28.60	27.90	25.00	20.40	15.10	10.30	19.10
会　昌	9.00	10.40	14.20	20.10	23.60	26.60	28.60	27.70	25.10	20.70	15.30	10.50	19.30
寻　乌	9.60	10.80	14.40	19.70	23.00	25.80	27.20	26.70	24.60	20.80	15.80	11.30	19.10
石　城	7.60	9.10	12.70	18.90	22.80	26.00	28.00	27.40	24.30	19.70	14.40	9.60	18.40

二、最高气温

赣州年极端最高气温，一般出现在7—8月，个别年份出现在9月上旬。全市（地区）多年平均最高气温24℃，最大值的会昌县、寻乌县是24.5℃，最小值的宁都县是23.3℃。7月，全市（地区）平均最高气温33.7℃，最大值的于都县是34.7℃，最小值的定南县是32.3℃。1月，全市（地区）平均最高气温13.3℃，最大值的寻乌县是14.8℃，最小值的宁都县是12℃。1986—2000年，全市（地区）极端最高气温为40℃，1988年7月9日出现在赣州中心城区。

三、最低气温

赣州的年极端最低气温，一般出现在1月，少数出现在12月或2月。全市（地区）多年平均最低气温15.1℃，最大值的于都县是16℃。最小值的崇义县是14.1℃。7月平均最低气温24.1℃，最大值的于都县是25.4℃，最小值的全南县、崇义县是22.7℃。1月平均最低气温4.3℃，最大值的于都县、信丰县是5℃，最小值的崇义县3.6℃。1986—2000年全市（地区）极端最低气温为−7.8℃，1991年12月29日出现在石城县。

四、气温年较差

气象学将最热月与最冷月平均气温之差称气温年较差。全市（地区）平均气温年较差为20.4℃。其中，东北部、中部在20℃以上，最大值的兴国县是22℃；西部、南部在20℃以下，最小值的寻乌县是18.5℃。

五、积温

赣州平均年总积温为6862℃，仅次于沿海诸省，是全国第二个积温最多的地区。其分布与年平均气温相同。于都县、南康市、信丰县、会昌县等县（市）和章贡区年总积温在7000℃以上，是赣州积温最多的区域；大于和等于全市（地区）平均值的有兴国县、瑞金市、寻乌县、龙南县、上犹县、定南县等地；其他地区小于全市（地区）平均值，以崇义县6497℃为最小。各地历年总积温最多与最少的差值，在330℃（寻乌县）至510℃（上犹县）之间。

日平均气温稳定通过5℃的初日，全市（地区）平均是2月6日，终日是1月3日，初终相间332

天，积温 6690.7℃，初日最早的寻乌县是 1 月 30 日，最迟的石城县是 2 月 14 日。终日最早的崇义县是 12 月 24 日，最迟的全南县是 1 月 10 日。初终相间日数最长的寻乌县是 342 天，最短的石城县是 319 天。积温最多的于都县是 7042.3℃，最少的崇义县是 6269.1℃。

日平均气温稳定通过 10℃的初日，全市（地区）平均是 3 月 12 日，终日是 11 月 30 日，初终相间 263 天，积温 5987.8℃。初日最早的寻乌县、安远县是 3 月 8 日，最迟的宁都县、兴国县、大余县是 3 月 16 日。终日最早的崇义县是 11 月 25 日，最迟的于都县、南康市、寻乌县是 12 月 5 日。初终相间日数最长的寻乌县是 273 天，最短的崇义县是 256 天。积温最多的于都县是 6300.4℃，最少的崇义县是 5587.4℃。

日平均气温稳定通过 20℃的初日，全市（地区）平均是 5 月 6 日，终日是 10 月 11 日，初终相间 160 天，积温 4141.65℃。初日最早的龙南县、会昌县是 4 月 30 日，最迟的石城县是 5 月 12 日。终日最早的崇义县是 10 月 3 日，最迟的于都县、南康市是 10 月 17 日。初终相间日数最长的于都县、南康市是 167 天，最短的崇义县是 148 天。积温最多的于都县是 4487.5℃，最少的崇义县是 3722.5℃。

表 2-2-3　　1986—2000 年赣州市（地区）日平均气温变化统计表　　单位：℃

县(市、区)	平均稳定≥5℃				平均稳定≥10℃				平均稳定≥20℃			
	初日	终日	相间天数	积温	初日	终日	相间天数	积温	初日	终日	相间天数	积温
章贡区 赣县	2月2日	1月3日	334	6855.70	3月14日	12月4日	265	6161.10	5月5日	10月16日	165	4107.70
南　康	2月7日	1月6日	334	6834.00	3月13日	12月5日	268	6143.70	5月4日	10月17日	167	4443.70
信　丰	2月2日	1月6日	339	6933.30	3月11日	12月4日	269	6199.10	5月6日	10月15日	163	4435.30
大　余	2月2日	1月3日	334	6565.80	3月16日	11月28日	257	5781.40	5月5日	10月9日	158	4079.70
上　犹	2月8日	1月5日	332	6680.20	3月14日	11月29日	260	5982.50	5月6日	10月10日	158	4140.40
崇　义	2月8日	12月24日	320	6269.10	3月15日	11月25日	256	5587.40	5月9日	10月3日	148	3722.50
安　远	2月6日	1月1日	330	6651.10	3月8日	11月29日	267	5928.70	5月10日	10月5日	159	4062.10
龙　南	2月4日	1月7日	338	6741.60	3月9日	12月2日	269	6075.20	4月30日	10月10日	164	4211.90
全　南	2月11日	1月10日	334	6607.90	3月11日	11月30日	264	5888.20	5月7日	10月8日	155	4017.20
定　南	2月6日	1月4日	333	6683.50	3月11日	12月4日	269	5988.80	5月2日	10月9日	161	4136.20
兴　国	2月7日	1月4日	332	6671.90	3月16日	11月28日	258	5993.60	5月8日	10月11日	157	4112.40
宁　都	2月10日	12月30日	324	6456.30	3月16日	11月28日	258	5807.40	5月11日	10月9日	152	3956.70
于　都	2月3日	1月9日	341	7042.30	3月10日	12月5日	271	6300.40	5月4日	10月17日	167	4487.50
瑞　金	2月8日	1月3日	330	6705.50	3月11日	11月29日	264	5993.80	5月4日	10月11日	161	4151.70
会　昌	2月5日	1月5日	335	6874.00	3月10日	11月30日	266	6115.60	4月30日	10月11日	165	4314.10
寻　乌	1月30日	1月6日	342	6746.10	3月8日	12月5日	273	6059.10	5月1日	10月12日	165	4103.90
石　城	2月14日	12月29日	319	6424.60	3月15日	11月28日	259	5786.90	5月12日	10月8日	150	3925.00
全市(地区)平均	2月6日	1月3日	332	6690.70	3月12日	11月30日	263	5987.80	5月6日	10月11日	160	4141.65

六、无霜期

全市（地区）平均初霜日为 12 月 1 日，终霜日为 2 月 17 日，无霜期 286 天。初霜日平均最早的瑞金市是 11 月 27 日，最晚的崇义县是 12 月 10 日。终霜日平均最早的崇义县是 2 月 9 日，最晚的瑞金市是 3 月 1 日。平均无霜期是 303 天，最短的瑞金市是 268 天。

七、地面温度

全市（地区）年平均地面温度 21.4℃，最高的于都县是 22.7℃，最低的信丰县是 19.7℃。其他各县均在 20～22℃之间。7 月是地面温度最高月，全市（地区）平均为 33.2℃。平均最高地面温度为 51℃。极端最高地面温度为 74.1℃，1986 年 7 月 29 日出现在崇义县。1 月是地面温度最低月，全市（地区）平均为 9.3℃。平均最低地面温度为 3.3℃。

第三节　水　份

赣州的水资源来自大气降水，其特征是雨水充沛，年降水总量大于蒸发总量（包括作物叶面蒸腾和下垫面蒸发），但年际变化和季节变化较大，因而旱、涝经常出现。降水地域分布不均匀，中部较少，东北部和东南部较多。

一、降水量

全市（地区）年平均降水量 1562.18 毫米。宁都县、石城县、瑞金市、会昌县、全南县属多雨区，年降水量为 1600～1700 毫米，以宁都县 1788.4 毫米为最多；章贡区、南康市、上犹县、信丰县、龙南县属少雨区，年降水量为 1400～1500 毫米，以南康市 1403.9 毫米为最少；其余县为 1500～1600 毫米。

表 2-2-4　赣州市（地区）各地年降水量统计表　单位：毫米

县(市、区)	年平均	年最大降水量		年最小降水量	
		降雨量	年份	降雨量	年份
章贡区 赣县	1421.00	2181.90	1961 年	969.60	1986 年
南　康	1403.90	2083.90	1975 年	914.90	1963 年
信　丰	1485.90	2221.40	1975 年	984.70	1991 年
大　余	1531.60	2234.00	1983 年	1091.10	1963 年
上　犹	1482.00	2148.10	1961 年	935.20	1971 年
崇　义	1547.40	2437.90	1961 年	1042.00	1971 年
安　远	1530.30	2366.00	1975 年	997.20	1991 年
龙　南	1485.50	2137.10	1975 年	916.40	1963 年
全　南	1616.00	2463.50	1975 年	963.00	1963 年
定　南	1563.00	2595.50	1975 年	938.50	1991 年
兴　国	1529.20	2284.40	1997 年	898.40	1963 年
宁　都	1788.40	2790.20	1997 年	1114.20	1986 年
于　都	1549.40	2309.90	1975 年	915.70	1971 年
瑞　金	1626.80	2398.20	1975 年	1065.10	1971 年
会　昌	1616.90	2486.40	1975 年	1028.70	1963 年
寻　乌	1599.60	2488.70	1961 年	959.50	1991 年
石　城	1780.10	2750.90	1997 年	1039.70	1971 年
全市(地区)平均	1562.18	2237.00	1975 年	1049.40	1963 年

二、降水日数

全市（地区）年平均降水日数160.5天。其中，崇义县、安远县、全南县最多，为166～168天；章贡区、南康市、兴国县、于都县最少，为154～156天；其他县为160天左右。

三、降水月、季变化

全市（地区）平均年降水量1575.1毫米，平均各季降水量占年降水量的百分比：一季度占25.28%，二季度占40.62%，三季度占25.51%，四季度占8.59%。上半年各月降水量呈逐渐递增趋势，下半年8月降水量较多，其他各月呈逐渐递减趋势。

由于季风气候特征和各地地形地貌的差异，各地降水变化较大。同一地方，最多年、季、月降水量可比最少年、季、月降水量多1倍以上。同一年度，全市（地区）各地雨量也不相同，最多的地方可比最少的地方多1倍以上。

表2-2-5　　1986—2000年赣州市（地区）平均月、季降水量统计表　　单位：毫米

月份	月(季)平均降水量	最多降水量	地　点	最少降水量	地　点
1月	71.60	79.00	宁　都	58.70	寻　乌
2月	115.50	126.80	瑞　金	105.70	龙　南
3月	207.80	248.80	瑞　金	174.20	定　南
4月	188.10	226.90	全　南	147.00	上　犹
5月	223.70	282.40	石　城	194.60	南　康
6月	222.80	292.70	石　城	182.70	章贡区
7月	140.30	174.00	定　南	104.90	瑞　金
8月	161.90	201.60	寻　乌	122.20	南　康
9月	96.30	129.30	全　南	69.10	兴　国
10月	54.00	76.40	宁　都	38.80	龙　南
11月	39.90	52.20	宁　都	26.10	龙　南
12月	40.20	49.20	安　远	32.80	上　犹
1—3月	394.90	450.40	瑞　金	114.20	定　南
4—6月	634.60	774.00	石　城	543.10	南　康
7—9月	398.50	454.00	定　南	334.00	章贡区
10—12月	134.10	171.00	宁　都	102.90	龙　南

四、相对湿度

全市（地区）年平均相对湿度为80%。崇义县、安远县、定南县等山区湿度较大，为81%～83%；中部盆地章贡区、于都县、信丰县湿度较小，为76%～77%；其他县为79%～30%。2—6月湿度大，平均为80%～36%。7月至翌年1月湿度小，平均为75%～80%。全市（地区）极端最大相对湿度为100%，多出现在雾天。

五、蒸发量

全市（地区）年平均蒸发量为1418.7毫米。信丰县、章贡区、赣县、于都县、宁都县、石城县是高值区，年蒸发量为1500～1600毫米；崇义县、上犹县、安远县是低值区，年蒸发量为1000～1300毫

米；其他各县为1300～1500毫米。盛夏气温高，蒸发很大。7月，全市（地区）平均蒸发量达211毫米，为该月降水量的2倍左右，极易发生伏旱。2月，全市（地区）平均蒸发量仅57.3毫米，为全年蒸发量最少的月份。

表2-2-6　　1986—2000年赣州市（地区）各地年平均蒸发量统计表　　单位：毫米

县(市、区)	年平均	7月平均	2月平均
章贡区 赣县	1601.80	249.10	58.80
南　康	1455.90	237.60	56.20
信　丰	1608.30	232.80	66.00
大　余	1417.90	201.00	60.20
上　犹	1277.70	191.90	49.10
崇　义	1082.10	164.10	40.60
安　远	1296.00	182.50	56.60
龙　南	1364.40	183.80	62.50
全　南	1322.50	185.90	55.10
定　南	1403.30	188.00	59.60
兴　国	1440.60	235.50	50.90
宁　都	1513.00	234.00	59.00
于　都	1517.70	242.60	55.40
瑞　金	1407.40	228.30	53.20
会　昌	1440.20	222.40	59.70
寻　乌	1436.40	185.10	66.80
石　城	1532.60	221.90	64.50
全市(地区)平均	1418.70	211.00	57.30

六、干燥度

赣州全年平均干燥度为0.63，属湿润地区。干燥度较大的安远县、于都县、会昌县、章贡区为0.7～0.8，干燥度较小的全南县、寻乌县、崇义县为0.4～0.5，其他县为0.5～0.7。第一季度阴湿，全地区平均干燥度为0.32～0.6；第二季度多雨，干燥度为0.16～0.47；第三季度，中部、东北部晴热，干燥度为1.02～1.52，西部、东南部多台风雨，干燥度为0.56～0.91；第四季度晴冷，干燥度为1.2～2.31。

第四节　日　照

赣州气候光能资源的特点：实际日照时数与可能日照时数之比较小，到达地面的太阳光谱中短波成分较北方少，相应的太阳辐射强度也较弱。

一、日照时数

全市（地区）平均年日照时数为1600.6小时。其地理分布情况：会昌—南康—章贡区一线的东部、北部，年日照时数达1800小时以上，最多的是宁都县，达1903.6小时；此线的西部、南部在1800

小时以下，最少的是崇义县，只有1429.8小时。全市（地区）各地日照时数以7月为最多，2月为最少。2—7月呈逐渐递增趋势，8月至翌年1月呈逐渐递减趋势。1986—2000年，全市（地区）年平均日照时数为1602.9小时，年均最多的石城县是1796.7小时，最少的崇义县是1361.4小时。

二、日照百分率

赣州年平均日照百分率为39%。其地理分布与日照时数分布相似。会昌—南康—章贡区一线的东北部，年平均日照百分率大于40%，最大的宁都是43%；此线的西、南部小于40%，最小的崇义县是32%。月平均日照百分率，1—6月小于40%，其中2—4月还不到30%；7—12月大于40%，其中7—8月最大，东北部、中部达60%～70%，西部、南部为50%～60%。

第五节 风

一、风向

一年之中，全市（地区）除宁都县、兴国县、章贡区、大余县、信丰县外，其他县（市）均以静风天数最多，以北风为最盛。受局部地形影响，崇义县风向较乱，大余县夏季以西风最多，章贡区北风最多，宁都县东北风最盛行。

风向随季节而变化，9月至翌年3月，全市（地区）盛行偏北风；4—6月，南风、北风势均力敌，但仍以北风稍多；7月、8月，南风最多。

二、风速

赣州风能资源贫乏，全年平均风速1～3.1米／秒。宁都县、石城县、南康市、大余县、信丰县偏大，在2米/秒以上，最大是大余县，达3.1米/秒。西部崇义县、上犹县和南部全南县、寻乌县偏小，在1.5米/秒以下，最小是崇义县，只有1.1米/秒。

风速随时间季节变化，冬秋偏大，春夏偏小。章贡区、于都县、南康市、安远县、会昌县、全南县、崇义县、瑞金市等地都以7月风速最大。一日之间，一般是中午风大，早晚风小。

第六节 气象谚语与物候谚语

赣州有传统的二十四节气歌、二十四花信风。“春雨惊春清谷天，夏满芒夏暑相连，秋处露秋寒霜降，冬雪雪冬小大寒。”二十四节气中，表示寒来暑往变化的有立春、春分、立夏、夏至、立秋、秋分、立冬、冬至8个节气；象征温度变化的有小暑、大暑、处暑、小寒、大寒5个节气；反映降水量的有雨水、谷雨、白露、寒露、霜降、小雪、大雪7个节气；反应物候现象或农事活动的有惊蛰、清明、小满、芒种4个节气。反映花开与时令自然现象的二十四花信风，五日为一候，三候为一节气。从小寒到谷雨这8个节气里共有二十四候，每一候有一种花卉绽蕾开放，花开时吹来的风即为花信风，二十四候每一候内花期最准确的植物代表即为这一候的花信风：

小寒：一候梅花、二候山茶、三候水仙；大寒：一候瑞香，二候兰花，三候山矾；

立春：一候迎春、二候樱桃、三候望春；雨水：一候菜花、二候杏花、三候李花；

惊蛰：一候桃花、二候棣棠、三候蔷薇；春分：一候海棠、二候梨花、三候木兰；

清明：一候桐花、二候麦花、三候柳花；谷雨：一候牡丹、二候酴醿、三候楝花。

赣州民间积累了丰富的通过物候观察气候、看天观测风云和年岁丰歉的传统经验，流传着许多有关天气变化规律和有关农事、花木、虫草等方面的物候谚语。“花木管时令，鸟鸣报农时”，这些物候谚语具有明显的地域性、地带性和季节性，择其要者辑录。

一、气象

赣州常见的气象谚语：

早看东南，晚看西北

早雨晏晴，晏雨落得成

早起浮云走，中午晒死狗

早怕南云漫，晚怕北云翻

早雾晴，晏雾雨

朝霞雨，晚霞晴

朝霞不出门，晚霞行千里

日出红云升，劝君莫远行；日落红云升，来日是天晴

日落云里走，雨落半夜后

春雷十日阴，春雷十日寒

露水闪，来日晴

久晴西风雨，久雨西风晴

久晴大雾雨，久雨大雾晴

南风转东风，三天不落空；雨后西南风，三天雨淋淋；西南转西北，还得半个月

一日春霜十日晴

五月南风下大雨，六月南风井见底

十月雷打冬，十只牛栏九只空

十月小阳春，冇雨暖烘烘

南风不过三，过三不雨就阴天

急风行雨暴

雨后生东风，未来雨更凶

风轻闷热，雷雨强烈

风乱转，不用算

顶风上云，不雨就阴

有雨山戴帽，冇雨云拦腰

东闪空，西闪雨，南闪火门开，北闪连夜来

云走东，雨不淋；云走南，水满塘；云走西，水满陂；云走北，晒死贼

虹降东，雨不凶；虹降南，雨不长；虹降西，水漫陂；虹降北，雨滴滴

东虹日头西虹雨，南虹北虹雨不长

春雾晴，夏雾雨，秋雾晒干泥，冬雾多雪雨

雷公先唱歌，有雨冇几多

天上鱼鳞斑，晒谷不用翻

日出红云升，劝君莫远行；日落红云来，来日是天晴

乌云拦东，不是雨就是风

乌云接落日，不落今日落明日

乌云接日高，有雨在明朝；乌云接日低，有雨在夜里

乌云是风头，白云是雨兆

鱼鳞云，不雨风也狂

云绞云，雨淋淋

云从东南涨，有雨不过晌

云在东，雨不凶；云在南，河水满

云结亲，雨更猛

天上钩钩云，地上雨淋淋

天上棉絮云，地上有雨淋

天上堡塔云，地下雨淋淋

西北黄云现，冰雹到跟前

西北来云无好货，不是风灾就下雹

晚上西北暗，有雨还有闪；晚若西北明，来日天气晴

霜重见天晴

二、植物候

植物物候受地形、气温、日照影响大，赣州境内东北部和西南部、山地和丘陵盆地地区多有不同，山地和盆地农作物播种、开花、收获期，树木发芽吐翠落叶，花卉开放凋落，都要相差几天甚至半月。赣州常见的物候植物谚语：

一梅、二桃、三李花

九尽杨花开，农活一齐来

桃花开，燕子来，准备谷种下田间

柳树发芽暖洋洋，冷天不会有几长

惊蛰早，清明迟，春分下种正当时

清明栽芋，谷雨栽姜

懵懵懂懂，清明浸种

三月三，擂椎棍子插得生

三月枇杷，四月西瓜

黄荆叶子包粒谷，桐树叶子鸡蛋——早稻浸种

柳絮乱攘攘，家家下稻秧

荷树开花，春寒将尽

桐子树开花，霜雪不再落

枫树发芽，天气渐暖；枫树落叶，天气渐冷

桂花飘香，蛇虫不安——天气渐冷

晚稻不吃芒种水

小暑小割，大暑大割

七月荞，八月蒜

处暑不栽秧，白露不栽薯

禾到白露止，草到白露枯

霜降不割禾，一夜少一萝

毛粟开口，九月初头；毛粟纯黄，九月重阳

苦槠乌，十月初；苦槠颤，十月半

三、动物候

动物的蛰眠、复苏、始鸣、绝鸣、迁徙等均与节候关系密切，如民间称大雁、燕子为候鸟，以其南来北往预测天气变化。赣州常见的物候动物谚语：

家燕清明后始见，秋分离去

大雁清明始现，秋分绝见

蝉小暑始鸣，秋分绝鸣

青蛙春分初鸣，秋分终鸣

蟋蟀清明初鸣，秋分终鸣

蟾蜍清明出现，寒露不见

布谷鸟清明始鸣，立夏后绝鸣

燕子低飞要落雨

布谷布谷，种禾割麦

白鹭低空飞翔，或成排站着，涨大水前兆

喜鹊搭窝高，当年雨水涝

鹅叫风，鸭叫雨

鸡翅打窝，天要下雨

雨中闻蝉叫，预告晴天到

大蛇出洞，大雨来临

蚂蚁结队迁徙，将降大雨

蚂蚁垒窝要落雨

蚂蚁上树，大水铺路

白蚁出窝，将有雨落

蜘蛛张网晴，蜘蛛收网雨

今夜蚊子恶，明朝有雨落

青蛙呱呱叫，正好种早稻

蛇惊蛰出洞活动，立冬进洞冬眠

七月蛇拦路，八月蛇上树，九月蛇进洞

蜻蜓成群低飞，将降暴雨

蜻蜓飞得高，天气晴得好

鱼鳅在水面上打花，将有雨降

泥鳅静，天气晴

癞蛤蟆出洞，下雨靠得稳

蚯蚓爬上路，雨水乱如麻

鱼跳水，有雨来

龟背潮，下雨兆

田螺浮水面，风雨在眼前

鸡迟宿，鸭欢叫，风雨不久到

画眉多藏粮，大雪下得长

麻雀囤食要落雪
狗猫换毛早，冬季冷得早
狗进灶，雪就到
猪衔草，寒潮到

四、节候

赣州常见的节候谚语：
春暖春晴，冬暖冬雨
立春晴一日，惊蛰雨三天
隔年春，慢吞吞；当年春，早耕耘
二春连一冬，冬天暖烘烘
清明晴，打秧莳草坪；清明雨，蓑衣斗篷高挂起
清明要晴，谷雨要淋
春暖晴，春寒雨
春霜不隔宿，隔宿就要赖
谷雨在月头，冇秧不用愁
谷雨不雨，干旱连连
惊蛰不冻，冷到芒种
春分不雨到清明
谷雨无雨是旱年
立夏小满，塘满溪满
夏至西北风，菜园一扫空
夏至打雷五月旱，芒种响雷谷满仓
芒种晴，夏至雨；芒种雨，夏至旱
端午节落雨好丰年
食了端午粽，还有三天冻
六月六，冻痹脚
七月秋风起，八月秋风凉
大暑小暑，有吃懒得煮
大暑凉，秋后不用穿衣裳
小暑大暑不算暑，立秋处暑才是暑
一场秋雨一场寒
寒露刮大风，禾苗一场空
霜降大风，暖到立冬
十月小阳春，无雨暖烘烘
小雪见天晴，雨雪到年边
立冬日晴晴一冬，立冬下雨会烂冬
冬至大白霜，来年谷满仓
冬天有浓霜，必有好太阳
十二月南风，当夜雪

不见雪花不过年
三朝迷雾刮西风，若无西风雨不空
春雾有雨夏雾热，秋雾转凉冬雾雪
晨雾即收，旭日可求；晨雾不收，细雨不休
大雾不过三，过三十八天
露水重，天气晴
霜夹雾，旱井枯
霜后南风连夜雨

五、非生物候

赣州常见的非生物候谚语：
枕头回潮，雨在明朝
炊烟塞灶，大雨将到
烟唔出屋，滴滴笃笃
家具发潮，有雨淋头
水缸出汗，大雨报到

第三章 水 文

赣州四周山峦重叠，丘陵起伏，形成溪水密布，河流纵横。由于整个地势周高中低，南高北低，水系多呈辐辏状向中心——章贡区汇集。即由千余条支流汇成上犹江、章水、梅江、琴江、绵江、湘江、濂江、平江、桃江九条较大的支流。其中，由上犹江、章水汇成章水；由其余七条较大支流汇成贡水；又由章、贡二水汇成赣江，然后向北流入鄱阳湖，属长江流域赣江水系。另有百余条支流分别从寻乌县、安远县、定南县、信丰县流入珠江流域东江、北江水系和韩江流域梅江水系。市（地区）内各河支流，上游分布在西、南、东边缘的山区，河道纵坡陡，落差集中，水流湍急；中游进入丘陵地带，河道纵坡较平坦，河流两岸分布着宽窄不同的冲积平原。

赣州市（地区）多年平均降水量为1580.2毫米，径流量336.5亿立方米。春天是赣州的雨季，夏秋季雨水减少，冬季是全年雨量最少的季节。

第一节 水 系

根据对流域面积300平方千米以上的河流进行支流分解，分解到3平方千米为止的原则，全市（地区）共有大小河流1270条。按照流域水系的归属划分，长江流域赣江水系1156条；珠江流域东江水系109条，北江水系1条；韩江流域梅江水系4条。按照流域面积的大小划分，3000平方千米以上的大河流5条，1000～3000平方千米的中等河流（一）9条，300～1000平方千米的中等河流（二）21条，100～300平方千米的中等河流（三）80条，100平方千米以下的小河流（含30～100平方千米的小河流、10～30平方千米的小河流、3～10平方千米的小河流）1155条。

上述河流按直接流入大河（如赣江）的为一级支流，一级支流的支流为二级支流，二级支流的支流为三级支流……的原则，所有河流都是各水系的1～5级支流。

全市（地区）河流面积144.85万公顷。流域面积，按照流域水系的完整划分，包括由湖南省、广东省和福建省流入赣州市（地区）的流域面积统计在内，共计40099平方千米，其中流域面积在10平方千米以上的河流有1028条，总长度16626.6千米，河流密度为每平方千米0.42千米。主要河流赣江，3000平方千米以上的赣江一级、二级支流，1000平方千米以上的赣江三级支流，以及东江支流的基本情况分述于下：

一、赣江

赣江以章、贡二水在章贡区八境台下汇合而得名，古代传说是以“赣巨人”而命名。主源为贡水，发源于石城县洋地乡石寮岽，是赣州市（地区）最大河流，也是全省最大的河流。境内赣江的长度45千米（自章贡区八境台至赣县尧口），自南向北蜿蜒流过章贡区和赣县的丘陵岗地之间，河流落差11米，平均坡降0.24‰。著名的十八滩（如白涧滩、西龙爪、人头石等），多在此河段。万安水电站建成后，滩险淹没，百吨位大轮可常年航行无碍。

赣江在市（地区）内的主要支流，除章、贡两条大河外，有100～300平方千米的中等河流（三）3条（五云溪、沙地溪和湖江溪），3～100平方千米的小河流18条；另外，南康市有3～100平方千米的小河隆木溪等3条，经遂川江流入赣江；赣县有白鹭水（100～300平方千米的中等河流），经万安良口水流入赣江；兴国县有良村水（337平方千米的中等河流）和3～100平方千米的小河5条，经永丰县孤江流入赣江，有均村水（100～300平方千米的中等河流），经良口水流入赣江，有3～100平方千米的小河2条，经泰和县云亭水流入赣江；宁都县有大沽溪（100～300平方千米的中等河流）和3～100平方千米的小河流3条，经孤江流入赣江。

赣江在赣州市（地区）境内，流域面积36408平方千米（包括由湖南省、广东省、福建省流入的流域面积1016平方千米，由遂川江、良口水、孤江和云亭水流出的流域面积1193平方千米，其中赣江干流流域面积1027.77平方千米），约占赣江总流域面积81200平方千米（扣除清丰山溪水2300平方千米）的44.84%。流域形状近似侧面开口的马头形。全市（地区）18个县（市、区）基本上都属赣江上游区。

二、赣江一级支流

章水 古称“豫章水”，赣县、章贡区俗称该水为西河、章江。发源于崇义县聂都山张柴洞，流经崇义县、大余县、上犹县、南康市，在章贡区八境台流入赣江，属赣江一级支流。章水主河长199千米，由西向东流，落差861米，平均坡降4.33‰；自南康浮江至章贡区，河长157千米，落差91米，平均坡降0.58‰。河道在小水口以上，河面窄，坡降大，植被覆盖率高；小水口至蓉江，河道弯曲夹有礁石险滩，两岸农田稀少，多为狭谷地带；蓉江以下，陂坝不少，水土流失较严重，河床逐年抬高，导致农田受淹，影响航运。上游建大余油罗口水库后，对低水流量略有调节，河道进入章贡区，经过4个近90°的大弯，流速减缓。章水流域面积7696平方千米，其中有599平方千米来自湖南省和广东省。流域形状近似四方形，地势西南面高，东北面低。流域面积大于100平方千米的支流有25条，总长129千米，河流密度为每平方千米0.17千米，其中有中等河流朱坊河、内良水、蓉江水、扬眉水、龙回水、赤土河等；还有3～100平方千米小河70条。

贡水 古称“湖汉水”，也称“雩江”“会昌江”。章贡区、赣县俗称境内贡水为赣州东河、贡江。发源于石城县石寮岽。流经石城县、瑞金市、会昌县、于都县、宁都县、兴国县、全南县、龙南县、信丰县、安远县、赣县，于章贡区八境台流入赣江，属赣江一级支流。贡水主河长278千米。落差309米，自会昌县至章贡区，河长153千米，落差66米，平均坡降0.43‰。按河道特性划分，大致会昌县以上为上游，会昌县至于都县为中游，于都县至赣县和章贡区为下游。上游情况在绵江中记述。中游会昌以下至花桥为一长峡谷，水流湍急，由东南流向西北，主要滩险有老虎垴及白鹅滩。澄江汇入后，两岸有冲积地段。开始进入于都盆地，下游流向改为自东向西，开始仍为于都盆地，至中埠后两岸有冲积平原互相交错；过三门滩后复进入狭山狭谷地带，俗称“十里河排”，水深流急；江口以下，河道开阔，水流较缓。贡水流域面积26589平方千米，其中282平方千米来自广东省和福建省。流域形状近似倾斜的菱形，东西狭、南北长、东南高、西北低。主要支流有大河2条（桃江、梅江），中等河流（一）4条（湘水、濂水、绵江、平江），中等河流（二）2条（小溪水、澄江）；还有3～100平方千米小河60条。按大于100平方千米河流的总河长计算，河流密度为每平方千米0.15千米。

三、赣江二级支流

上犹江 原名豫水，唐避代宗讳，以豫与犹义同，改为犹水。一名北章水。发源于湖南省汝城县东岗岭（海拔1479米），流过集龙圩后进入江西省，经崇义县、上犹县，于南康市凤岗镇三江口流入章水，属赣江二级、章水一级支流。上犹江主河长189千米，落差615米，平均坡降3.25‰。自崇义县麟潭至三江口，河长127千米，落差114米，平均坡降0.9‰，主流自西向东蜿蜒于山岭之间，河床多礁石险滩，如上犹陡水大坝之铁扇关下就是著名的陡水滩，有碍航行。河道流过上犹县后进入丘陵地区；抵龙华江口后，河谷较开阔，水流较缓，两岸有较大平原。上犹江流域面积4583.35平方千米，其中510平方千米来自湖南省。流域形状近似梯形。流域面积大于100平方千米的支流有14条，总长717千米，河流密度为每平方千米0.16千米。其中，主要支流有中等河流（一）龙华江，中等河流（二）2条（崇义水，448平方千米；营前水，385平方千米），100～300平方千米中等河流（三）4条（上犹水、思顺水、犹石水、内潮河）；还有3～100平方千米的小河56条。

朱坊河 朱坊河水又称“扬眉水”“河田水”，发源于崇义县长龙镇新溪村云山西麓，经崇义县扬眉、南康市朱坊，于南康市镜坝流入章水，属赣江二级、章水一级支流。朱坊河主河长80千米，自西向东流，落差475米；自扬眉至镜坝，河长44千米，落差61米，平均坡降1.4‰。流域面积367平方千米，有3～100平方千米的小河14条，按大于100平方千米河流的总长度计算，河流密度为每平方米0.22千米。

湘水 湘水又称“雁门水”。相传韩湘子云游过此，四下游观，流连忘返，故名湘水。河流发源于寻乌县大坳上，流经寻乌县罗珊和会昌县筠门岭、右水、麻州，在会昌县城与绵江汇合流入贡水，属赣江二级、贡水一级支流。湘水主河长101.34千米，自南向北流，落差743米，平均坡降1.63‰；自筠门岭至会昌县城，河长61千米，落差49米，平均坡降0.8‰；汛期可通船。流域面积2056.2平方千米，其中133平方千米来自福建省。流域形状近似长方形，其支流有上坝水、丰岗水、新圩水、没石礅水、板坑水、罗坊围水、庙前水共7条，总长445千米，河流密度为每平方千米0.22千米；还有3～100平方千米的小河34条。

濂江 濂江又称“梅林江”“安远江”“濂水”，发源于安远县与寻乌县交界的大湖山东部河口村以东大坑迳山区，流经安远县、会昌县、于都县，在会昌县境内桑园坝流入贡水，属赣江二级、贡水一级支流。濂水主河长126千米，自西南流向东北，落差508米，平均坡降4.13‰，自版石至桑园坝，河长66千米，落差78米，平均坡降1.18‰。水流湍急，险滩较多，只可通行小木船。流域面积2259.4平方千米，形状近似菱形。其支流有大于100平方千米的河流10条，总长427千米，其中100～300平方千米的中等河流（三）有五渡水、龙布河、盘古山河、下庄河、蔡坊河、天心河、水头河共7条，河流密度为每平方千米0.19千米，还有3～100平方千米的小河57条。

小溪水 小溪水又名新陂河，发源于安远县塘村乡粑泥嶂，流经于都县祁禄山、小溪、新陂，于小溪口入贡水，属赣江二级、贡水一级支流。小溪水主河长60千米，自南向北流，落差305米，平均坡降3.2‰。流域面积664平方千米，形状近似柳叶形。其主要支流有100～300平方千米的中等河流

（三）禾丰水，河流密度为每平方千米 0.14 千米；还有 3～100 平方千米的小河流 19 条。

桃江 桃江又名信丰江，发源于赣、粤交界的全南县饭池嶂，流经全南县、龙南县、定南县、信丰县、赣县，于赣县茅店流入贡水，属赣江二级、贡水一级支流。桃江主河长 289 千米，自西南流向东北，落差 558 米，平均坡降 1.93‰，自龙南县城至桃江口，河长 180 千米，落差 106 米，平均坡降 0.59‰，主河在全南县以上，除南迳圩外，多呈峡谷状，其中曲头峡谷和高溪峡谷尤为险峻；全南县以下，地势逐渐开阔，出现龙南盆地，但险滩仍然不少；信丰县以上有上十八滩，信丰县以下有下十八滩，其中龙头滩礁石林立，水流湍急，更碍航行；加之沿河陂坝较多，木船仅可通至信丰县铁石口一带。桃江流域面积 7803.44 平方千米，其中有 149.27 平方千米在广东省。流域形状近似关刀形，地势东、南、西三面高，北面低，成马蹄形。流域面积大于 100 平方千米的支流有 20 条，总长 1332 千米，河流密度为每平方千米 0.17 千米，其中主要支流：中等河流（一）古陂河（1086 平方千米），中等河流（二）6 条：黄田江（古称黄藤江，732 平方千米），大阿水（古称"梦水"，也称"油山水""西河水"，381 平方千米），太平江（又名罗盘江，445 平方千米），渥江（信丰称"东河"，463 平方千米），濂江（古称"廉江"，495 平方千米），虎山水（古称"方溪水"，也称"龙迳河"，614 平方千米）；中等河流（三）5 条，即小河水、牛颈水、龙仔头水、阳埠水和小坌水；还有 3～100 平方千米的小河 99 条。

绵江 绵江也称"瑞金河"，是贡水在会昌县城以上的上游河道，发源于石城县洋地乡石寮岽和瑞金市日东赣源岽之石寮河南溪，流经日东、瑞金城区、武阳、谢坊，在会昌县城注入贡水本流。属赣江二级、贡水一级支流。绵江主河长 130 千米，自东北流向西南，落差 243 米。平均坡降 2.13‰，自瑞金城以上，河面狭窄曲折，险滩内水浅流急，无航行之利；在瑞金城区以下，河道弯曲成"S"字形并呈阶梯状，水流缓慢，唯遇险滩时，礁石林立，水势汹涌，航行甚险。绵江流域面积 1863 平方千米，其中有 135 平方千米来自福建省。流域形状近似梯形。其主要支流有 100～300 平方千米的中等河流（三）6 条（日东水、合龙水、古城水、泽覃水、拔英水和院溪水），河流密度为每平方千米 0.15 千米，还有 3～100 平方千米的小河 47 条。

澄江 澄江又名西江河，在瑞金市称"九堡水"。发源于瑞金市仙坛垴，流经瑞金市九堡、云石山和会昌县西江、小密，在于都县水口江流入贡水，属赣江二级、贡水一级支流。澄江主河长 88 千米，落差 239 米，自会昌火坝至水口江，河长 47 千米，落差 60 米，平均坡降 1.28‰。流域面积 831 平方千米，形状近似"L"字形。其主要支流有 100～300 平方千米的中等河流（三）万田河，河流密度为每平方千米 0.13 千米；还有 3～100 平方千米的小河 35 条。

梅江 梅江古称"汉水"，也称"梅水""梅川""宁都江"，发源于宁都县与宜黄县交界的王陂嶂，流经宁都县吴村、洛口、东山坝、县城，瑞金市瑞林寨，于都县曲洋、汾坑、段屋，于龙舌嘴流入贡水，属赣江二级、贡水源头一级支流。梅江主河长 220 千米，自北向南流经宁都县城后改向西南，落差 528 米，平均坡降 2.4‰；自宁都县城至梅川口，河长 135 千米，落差 58 米，平均坡降 0.43‰。河道在宁都县城以上弯曲较少，过后弯曲增多，至新街河道弯曲接近 360°，俗称"吊洲湾"，现已截弯取直，建成水电站。有河道固定中洲约 50 个，每洲面积约 9000 平方米，洲上灌木丛生，高出水面 2～3 米。两岸水土流失较严重，造成河道淤积。宁都县城至于都县全年可通木船。上游建团结水库后，对枯水期略有调节。梅江流域面积 6789.12 平方千米，东、西、北 3 面高，南面低，形状近似"Y"字形，流域面积大于 100 平方千米的支流有 22 条，总长 1143 千米，河流密度为每平方千米 0.55 千米。主要支流有中等河流（一）琴江，中等河流（二）3 条：固厚水（旧称"白沙河"，353 平方千米）、黄陂水（旧称"下西江"，769 平方千米），坎田水（也称"赖村水"，445 平方千米）；有 100～300 平方千米中等河流（三）7 条（会同水、渡头水、瑞林水、琳池水、公馆水、银坑水和仙霞水），有 3～100 平方千米小河 94 条。

平江 亦称“兴国江”，古时兴国县境曾置平固县，故又名平固江。发源于宁都县猴子嶂，流经兴国县陈也、古龙冈、长冈、县城、龙口和赣县南塘、吉埠，于江口塘流入贡水，属赣江二级、贡水一级支流。平江主河长 132 千米，自东北向西南，过兴国县城后改向南流，落差 753 米，平均坡降 5.7‰；自兴国县城至平江口，河长 35 千米，落差 58 米，平均坡降 0.6‰。流域面积 2926 平方千米，形状近似“T”字形，其中水土流失面积约占 57%。兴国县流域范围内 85%山地面积都有不同程度的水土流失，造成近 60 年来河床普遍淤高 2～4 米，不少河床高于农田，激水的柿陂附近河底高出平田 1 米多，江背水河底与街上较低房屋的门顶齐平，因而航运能力很差，一年中仅有半年通行竹筏。上游建长冈水库后，有利航运。平江的主要支流有中等河流（二）2 条，即激水（兴国称“东河”，957 平方千米），涉水（兴国称“北河”，760 平方千米）；中等河流（三）5 条（富口水、社富水、永丰水、田村水和石芫水）；大于 100 平方千米河流的总长 321 千米，河流密度为每平方千米 0.11 千米；还有 3～100 平方千米的小河 24 条，其中永丰水为季节性河，一些小河为临时性河。

四、赣江三级支流

龙华江 龙华江发源于上犹县双溪乡筑峰顶，流经上犹县寺下、安和、社溪，在南康市龙华流入上犹江，属赣江三级、章水二级、上犹江一级支流。龙华江主河长 60 千米，自西北流向东南，落差 253 米；自南康市坳子上至龙华江口，河长 14 千米，落差 35 米，平均坡降 2.5‰。流域面积 1002 平方千米，形状近似扇形。其主要支流有中等河流（二）麻双河（478 平方千米），中等河流（三）紫阳河，河流密度为每平方千米 0.15 千米。还有 3～100 平方千米的小河 18 条。

古陂河 古陂河又名新田河，发源于信丰县与安远县交界的蛇婆，流经信丰县新田、大桥、古陂、坪石、龙舌，于龙虎口流入桃江，属赣江三级、贡水二级、桃江一级支流。古陂河主河长 70 千米，自东向西流，经太平后改向西北流，落差 250 米，平均坡降（下河站）为 1.8‰，流域面积 1086 平方千米，形状近似扇形。其主要支流有中等河流（二）安西水（325 平方千米），中等河流（三）新田溪，河流密度为每平方千米 0.13 千米；还有 3～100 平方千米的小河 20 条。

琴江 古名白鹿江，又名石城江、牛牯水。清道光版《石城县志》称：“坝水、琴水上出高原，下绕城隅，声淙淙如琴韵，因号琴江。”琴江发源于石城县与福建省交界的金华山，流经石城县丰山、县城、屏山、大由和宁都县固村、长胜，于宁都县黄石江口注入梅江，属赣江三级、贡水二级、梅江一级支流。琴江主河长 153.1 千米，自东北向西南，经大由后改向西北，落差 566 米，平均坡降 4.13‰；自宁都县五斗塘至江口，河长 49.6 千米，落差 31 米，平均坡降 0.62‰。在石城县以上，水流湍急，不利航行；石城县以下，流速减缓，但弯曲较多，固村回龙处有近 360°的大转弯。琴江流域面积 2124 平方千米，形状近似“Y”字形。其主要支流有中等河流（三）6 条（岩岭水、横江河、秋溪河、王坊水、木兰河和小松河），河流密度为每平方千米 0.15 千米。还有 3～100 平方千米小河 46 条。

五、东江支流

寻乌水 寻乌水发源于会昌、寻乌、安远 3 个县交界的桠髻钵山，流经寻乌县三标、水源、澄江、吉潭、文峰、南桥、留车，于龙廷斗晏出境，进入广东省龙川县。水流经枫树坝水库后流进东江，属珠江流域东江一级支流。寻乌水在吉潭以上称“澄江河”，至留车又称“留车河”。在赣州市（地区）境内主河长为 126.1 千米，自西北流向东南，经吉潭后改向南流，落差 604 米，平均坡降（水背站）为 2.55‰。沿河岩层坚固，水流湍急，如九曲弯呈多级狂泻，在留车附近，两岸始有盆地和农田，全河不能通船。寻乌水在赣州市（地区）境内的流域面积 1965 平方千米，流域形状近似菱形。其主要支流有中等河流（二）龙图河（304 平方千米），中等河流（三）5 条：剑溪水、青龙水、大田河、马蹄河

(此河流过寻乌县城，当地又称“寻乌河”)、莒蒲水，河流密度为每平方千米 0.12 千米。还有 3～100 平方千米的小河 31 条。

九曲河 九曲河发源于寻乌县与安远县交界的基隆嶂，流经安远县、寻乌县、定南县，进入广东省后流入贝岭水，再经龙川县流入枫树坝水库和东江，属珠江流域东江二级、贝岭水一级支流。九曲河在赣州市（地区）境内主河长 91 千米，自东北流向西南，至九曲后改向南流，落差 794 米，平均坡降（定南县）为 1.87‰。河流蜿蜒弯曲，急流深潭不少，无通航之利。九曲河在赣州市（地区）境内的流域面积 1554.14 平方千米，流域形状近似树叶。流域面积大于 100 平方千米的支流有 7 条，总长 294.4 千米，河流密度为每平方千米 0.18 千米。其中，主要支流有中等河流（二）定南水（478 平方千米），中等河流（三）4 条：孔田溪、柱石水、鹅公水和历市水，还有 3～100 平方千米的小河 36 条。

六、珠江水系北江支流——信丰中坝河

中坝河发源于信丰县油山镇爬栏寨，经信丰县九渡乡中山、中坝，过潭头水于猫公头出境流入珠江水系的孔江水库，是广东省北江支流浈水的源河。境内河长 9.1 千米，集水面积 37.12 平方千米，自然落差 110 米，平均坡降 12.1‰。多年平均流量 0.84 立方米/秒，径流量 0.26 亿立方米。水能理论蕴藏量 470 千瓦。

图 2-3-1 1992 年赣州市河流水系图

第二节　水文特征

一、自然特点

赣州市（地区）是以暴雨洪水为主要自然灾害的地区，暴雨主要有两种：以西南方向输送水汽为主的锋面雨，以东南方向输送水汽为主的台风雨。其中，3—6月多出现锋面雨，7—9月多为台风雨，有时也出现锋面雨。受气团和地形的影响，全市（地区）大致分为5个雨区：梅江、琴江流域和兴国山区，位于雩山的南坡，地势由北向南倾斜，一般高程300～500米，最高点1252米，年平均降水量1700毫米左右，是暴雨的高值区和频发区；绵江、湘水流域，位于武夷山脉南部和西坡，由东南向西北倾斜，一般高程300～500米，最高点1500米左右，年平均降水量1600毫米左右；上犹江中上游山区，位于诸广山的东侧，由西向东倾斜，一般高程300～500米，最高点1673米，年平均降水量1600～1800毫米，是暴雨的高值区，但不经常发生；赣江上游南部山区（包括寻乌县、定南县山区），位于南岭山脉，地势由北向南倾斜，一般高程300米左右，最高点1541米，是南海台风进入江西省的通道，年平均降水量1600毫米左右；章水、平江、桃江三水的中下游和贡水，基本上属于赣南盆地和小平原区，一般高程300米左右，最高点1016米，年平均降水量1450毫米左右，是全市（地区）降雨量最少的区域。

二、降水

根据1986—2000年的水文雨量站降水观测记录统计，赣州市（地区）多年平均降水量为1580.2毫米；最大值为石城县胜江站，2046.1毫米；最小值为赣县大湖江站，1381.7毫米。最大年降水量为1997年石城县胜江站，2814.6毫米；最小降水量为宁都县老嵊场站，857.9毫米。降水天数，全市（地区）最多的为大余县内良站，达204天；最少的为廖村站，100天。暴雨（日降水量≥50毫米）天数，全市（地区）最多的为宁都县赤水站，达13天；最少的于都县横坑站无一天暴雨。一年中连续无降水的天数全市（地区）最长的龙南县杨村站，达44天；最短的安远县羊信江站为13天。

按降水时段划分，春季是赣州的雨季，全市（地区）平均降水量629.8毫米，占年雨量的39.2%；夏季全市（地区）平均降水量539.2毫米，占年雨量的33.6%；秋季全市（地区）平均降水量237.1毫米，占年雨量的14.8%；冬季是全年雨量最少的季节，平均雨量199.3毫米，占年雨量的12.4%。4—6月是赣州市（地区）降雨最集中的时期，各地雨量平均在650～880毫米之间，占年雨量的43%～51%，极易形成洪水。汛期雨量呈空间分布不均特点，即东部最多，章贡区、上犹县、南康市等地最少，其他地方介于平均值之间。

三、径流

赣州市（地区）径流总量336.5亿立方米（不含外省流入赣州过境水量6.66亿立方米）。其分布趋势与降水趋势一致，存在两个高值和一个低值区。高值区在西部及西南部边缘山区一线，多年平均径流深900毫米以上，局部地区达1100毫米，以上犹江麻仔坝站为最大，高达1174毫米；另一高值区在东部山区一线，多年平均径流深在900毫米以上；低值区在中部丘陵、盆地地带，多年平均径流深在700毫米以下，尤以赣江干流段径流深最小，为567毫米左右。径流系数与径流深的分布趋势相同，西部及东部山区为0.55～0.6，西中部盆地为0.45左右。年径流的年际变化规律与年降水量年际变化规律基本一致，最大年径流深在1450～1850毫米之间，以麻仔坝站1973年2159.6毫米为最大；最小年径流深在250～400毫米之间，以羊信江站1963年220.6毫米为最小。各站年径流丰、枯比为3.96～7.46。

赣州市（地区）径流量的年内分配不平衡，一般汛期（4—9月）平均径流量为243.7亿立方米，占全年径流量的72.6％，非汛期（1—3月、9—12月）平均径流量为92.0亿立方米，占全年径流量的27.4％。

四、洪水

赣州的洪水季节与暴雨季节一致，5—6月为洪水的主要季节，最早出现在3月，具有明显的早汛特点，6月是洪水的多发月份，全市（地区）性大洪水易在6月形成。各地水文观测站多在这个时期观测到最高水位。

由于赣州大部分是山区性河流，河槽落差大，调蓄能力差，一次暴雨即形成一次洪水过程，在多雨季节易形成陡涨、陡落的连续洪峰。各条大河流呈辐辏状向赣州市中心城区汇集，因此，这一带发生洪涝灾害较频繁。

五、泥沙

1986年前，赣州是江西省水土流失较严重的地区之一，特别是南康县唐江镇上犹江和兴国县的平江，其中唐江麻双站是赣州市（地区）多年平均含沙量最大的站，平江翰林桥站次之，含沙量最小的河流是安远的濂水。

随着赣州全市（地区）植被覆盖率的大范围提高，河流含沙量呈逐年减少的趋势，但有部分河流由于山洪暴发或大面积土壤开挖，含沙量超出正常值的几倍甚至几十倍。如安远县，由于上游稀土矿的开采，造成严重的水土流失。濂水羊信江站2000年观测资料显示，该站的单位含沙量是1991年的26.7倍，含沙量由全市（地区）最小变为全市（地区）最大。

据1986—2000年的泥沙资料分析：章水、贡水平均年悬移质输沙量有595万吨流入赣江，其中章水占14.9％，贡水占85.1％。最多的1992年达到1160万吨，最少的1991年为288万吨。在全市（地区）8个沙量站中，年平均输沙量最大的是峡山站，289万吨；最小的是羊信江站，6.08万吨。

第四章　自然灾害

赣州位于赣江上游，地形复杂，气候多变，自然灾害主要包括干旱低温、暴雨洪涝、大风冰雹和地震灾害。由气象原因造成进而影响农业生产的主要灾害性天气有干旱、洪涝、寒潮、冰霜冻、大风、冰雹、春季低温阴雨和寒露风等。

第一节　干旱低温

一、干旱

赣州为大陆性季风气候，虽然年平均雨量较多，但降水季节分布不均，年际变化较大，一年四季都可发生干旱天气。其中，出现较多、影响最大的是伏秋干旱。

雨季结束后至10月10日，持续20天以上日降水小于10毫米，或过程降水小于20毫米的少雨时段为干旱天气过程。8月10日前出现的为伏旱，8月10日后出现的为秋旱。将同年伏秋干旱天数累加，干旱时间20～30天的定为轻度干旱年；60天以上定为重度干旱年；介于两者间为中度干旱年。

赣州伏秋干旱十分频繁，大部分地方平均3年就有2年旱。其中，干旱最多的是章贡区、南康市，干旱年份达88％；其次是宁都县、石城县、兴国县、于都县，干旱年份达80％以上；最少的是龙南县、全南县，干旱年份为56％～57％；其余各地干旱年份占66％～76％。

各种干旱比例，赣州以秋旱最多，占 44.1%；伏旱次之，占 42.4%；伏秋连旱较少，占 11.8%。干旱程度，轻度干旱年和中度干旱年均等，各占 44%，重度干旱年占 12%。

1986 年，赣州出现持续时间最长的连续干旱，许多地方连旱天数都在 60 天以上，宁都长达 92 天，创全地区连旱最长纪录。

二、低温冷害

对全市（地区）双季稻和脐橙柑橘等果树造成危害的天气有春寒、小满寒和寒露风、强冷空气、大雪、冰冻等。

春寒 在早稻播种育秧期的 3 月中旬至 4 月上旬，遇较强冷空气入侵，常出现 3 天以上日平均气温低于 10℃，日照小于 3 小时，或日平均气温低于 12℃，日照小于 1 小时的连续低温阴雨天气，造成烂种烂秧，称“春寒”。按节气，出现在 3 月 15—27 日的为春分寒，出现在 3 月 28 日至 4 月上旬的为清明寒。赣州春寒天气较多，北部、西部平均三年两遇，中部两年一遇，南部三年一遇。其中，春分寒多于清明寒，除北部、西部约 1/3 的年份有清明寒外，中部、南部极少出现清明寒。出现连续 5 天以上的严重春寒年份有 1986 年、1987 年、1988 年，共 3 年。其中，特别严重的是 1988 年，早稻育秧损失很大。1989—2000 年，出现严重春寒天气的年份较少。

小满寒 在早稻分蘖期 5 月中旬至 6 月上旬，若遇上连续 3 天以上日平均气温小于或等于 20℃的低温天气，则对早稻幼穗分化和花粉细胞形成不利，因在小满前后，故称“小满寒”。1986—2000 年，共有 2 年出现小满寒。其中，1987 年、1990 年两年影响范围大，维持时间达 4～6 天。小满寒多出现在 5 月 15—23 日，24 日以后无小满寒的保证率达 97%。因此，早稻的孕穗期安排在 5 月 23 日以后，比较安全。

寒露风 秋季首次强冷空气入侵，使气温急剧下降，影响二晚抽穗扬花，造成严重空壳秕粒，此称“寒露风”。其中，连续 3 天日平均气温等于小于 20℃或 2 天日平均气温低于 20℃，且有 1 天最低气温低于 16℃，称“重型寒露风”；连续 3 天日平均气温等于小于 22℃，称“轻型寒露风”。赣南轻型寒露风多出现在 9 月中旬至 10 月上旬。其中，9 月中旬占 27.3%，9 月下旬占 39.4%，10 月上旬占 24.2%。最早日期是 9 月 6 日，出现在安远县；最晚日期是 10 月 23 日，出现在于都县。重型寒露风多出现在 10 月上中旬，其中 10 月上旬占 33.3%，10 月中旬占 36.4%。最早日期是 9 月 11 日，出现在崇义县；最晚日期是 11 月 1 日，出现在会昌县、于都县、寻乌县。

第二节 暴雨洪涝

一、暴雨

日雨量等于大于 50 毫米的降水，称“暴雨”。大范围的连续性暴雨常常造成河水暴涨、山洪暴发的洪涝灾害。

赣州年平均暴雨中部各县较少，为 4 天左右；沿武夷山、九连山一线的东北部和南部各县为 5 天左右。时空差异较大，有的站有的年份暴雨日数可达 11 天之多。

赣州全年各月均可发生暴雨，以 4—6 月暴雨较多，占全年暴雨的 57.3%。其中，6 月最多，占全年暴雨的 27.2%；其次是 7—9 月，占全年暴雨的 24.5%；再次是 3 月，占全年暴雨的 10.1%；1 月发生暴雨最少，仅占全年暴雨的 1.2%。

暴雨强度较大值多出现在东北部和南部各县。各地历年最大日降雨量多出现在 6 月，其次是 8 月和 10 月。

赣州历年4—6月的暴雨，多出现在锋面低槽形势下，受锋面抬升作用影响和沿武夷山、九连山一线受地形抬升影响下的各县，多出现暴雨。在台风影响下，7—10月也可产生台风暴雨。

二、洪涝

赣州洪涝主要发生在4—6月，特别是6月。这段时间为降雨量集中期，多年平均雨量600～900毫米，占全年平均雨量的50%，多的年份占70%～80%，季雨量可达1000多毫米。6月是全年平均雨量最多的月份，月雨量可达300毫米以上。4—6月受西南暖湿气流影响，容易产生全市（地区）性连续暴雨或大暴雨。前期多阴雨，也是造成洪涝的主因。4—6月雨水多，山塘水库基本蓄满，接着下一两场暴雨，水灾即成。

赣州的洪涝不如干旱频繁，影响范围不及干旱面积大，所以有“旱一片、涝一线”之说。1988年出现局部大暴雨造成的洪涝灾害。1989—2000年，全市（地区）4—6月降水明显减少，发生全地区性洪涝灾害的年份为1992年、1995年、1996年、1998年。

1986—2000年，赣州市（地区）共出现9场特大洪水：

桃江大水 受切变线影响，从1989年5月19日开始，全地区普降暴雨，局部出现大暴雨，25日降水结束。这次降雨100毫米以上的雨区主要分布在西部及南部，暴雨中心在桃江上游的全南县和信丰县一带。降水量以龙南县古坑站371毫米为最大，依次是龙南县杜头站284毫米、全南县南迳站210毫米、信丰站167毫米。龙南县古坑站24小时降水达163毫米，3小时降水50毫米。这次暴雨的特点是雨量集中，降水强度大，持续时间长，暴雨中心自上游向下游移动。由于前期降雨，土壤含水量基本饱和，河流起涨水位较高。龙南县杜头水文站出现了自1949年以来的第二大洪水，水位为94.76米。全南县南迳站出现自1949年以来的第三大洪水，水位为301.78米；信丰县枫坑口站出现自1949年以来第五大洪水，水位为172.81米。

1992年赣州早汛 受切变线影响，1992年3月25—30日出现2次较大的降水过程。25日，全地区平均降雨量为99毫米，有11个县（市）降雨量超过100毫米，以安远县羊信江站141毫米为最大，宁都站53毫米为最小。27日，全地区平均降雨量63毫米。由于2月份以来，全地区降雨连续不断，土壤前期含水量达到饱和，各大中型水库均已蓄满，因此前期降雨和两次集中的大暴雨形成了全地区性的大早汛。26日，贡水葫芦阁站出现142.34米的洪峰水位，桃江信丰站出现148.8米的洪峰水位；27日，贡水峡山站出现111.51米的洪峰水位，桃江居龙滩站出现110.8米的洪峰水位，贡水赣州站出现101.8米的洪峰水位；29日，章水坝上站也出现101.99米的洪峰水位。这些均为历史同期最高洪峰水位。在这次洪水过程中，全地区共出现超警戒线水位41站次。其中，绵江3站次，以瑞金站192.26米的洪峰水位为最大；梅川7站次，以汾坑站129.86米为最大；平江4站次，以翰林桥站112.26米为最大；濂水3站次，以羊信江站197.6米为最大；贡水10站次，以赣州站101.8米为最大；章水7站次，以坝上站101.99米为最大；桃江出现7站次；以信丰站和居龙滩站为最大，分别为148.8米和110.8米，均超过警戒线1.8米。水文部门洪水预报及时准确，政府和有关部门采取防范措施，洪水没有进入赣州中心市区，避免沿江58家企事业单位和数百个商业点以及2000多户居民遭受巨大损失。

1994年赣州东北部大洪水 1994年5月1—2日，石城县、宁都县等地普降特大暴雨，雨区平均降水量达214毫米。5月1日，石城站及丰山站、宁都县东韶站日降水量140多毫米。5月2日，宁都、石城、丰山、长胜、羊信江、�门岭、田头等站降水量超过100毫米。其中，石城站3小时最大降水量达83毫米，6小时降水量达140毫米，12小时降水量达251毫米，24小时降水量达376毫米，48小时降水量达417毫米，超过赣州地区有雨量记载以来的最高纪录。这次暴雨覆盖面近1.5万平方千米，主要集中在琴江、梅江6500平方千米范围内。5月2日，琴江石城站出现228.49米的洪峰水位，超警戒

线2.99米，是1915年“乙卯年大水”以来的最大洪水；石城县屏山一带河段出现1853年以来的最大洪水。5月3日，梅江宁都站出现188.26米的洪水，超警戒线2.76米；梅江汾坑站出现134.11米的洪峰水位，超警戒线5.11米，是1915年以来的最大洪水，通过频率计算为30年一遇的大洪水。在这次洪水中，水文部门及时准确地预报出石城、汾坑站超历史的特大洪水，为抗洪抢险提供了水情信息。这些信息使石城县减少洪灾直接经济损失1.8亿元；使于都县减少洪灾直接经济损失1.5亿元，及时转移2.3万人，保护耕地1400公顷；使宁都县及时封堵东门码头闸口，防止洪水进城，减少损失216万元。共减少洪灾直接经济损失3.32亿元。

梅江、章水大水 1994年6月14—17日，降雨量在100毫米以上的站有宁都站、窑邦站、石城站、丰山站、长胜站、灵潭站、大余站和肖田站，其中石城站日雨量221毫米，丰山站日雨量177毫米，暴雨笼罩面积近2万平方千米，主要集中在梅江、章水流域。6月15日，石城站洪峰水位227.69米、宁都站186.69米、汾坑站132.13米、贡水赣州站99.44米。6月16—18日，各江河水位先后复涨，宁都站洪峰水位187.01米、赣州站洪峰水位101.57米。由于上犹江水电站严重超蓄，6月17日达到2020立方米/秒的泄洪流量，造成上犹江田头站超警戒线2.88米，水位达119.38米，坝上站超警戒线4.18米，水位达103.18米，是两站有纪录以来的第二大洪水。

赣南大水 1995年6月中旬，全地区普降暴雨，15日、16日降水量超过100毫米的站有麻州、丰山、石城、宁都、青塘、窑邦、瑞金、翰林桥、南迳等9站。降雨强度较大的集中在梅江、贡水，其次集中在平江流域和桃江上游。全地区3天平均降雨量157毫米，大于150毫米的有12个县，大于200毫米的有4个县，最大的为石城站272毫米。15日起，全地区各江河水位先后上涨，各主要河流控制站出现超警戒水位。其中，峡山站超过4.66米，涨幅达5.98米；赣州站超过3.48米，涨幅达8.13米。有9个站水位涨幅大于5米，有4个站水位超过警戒线3米以上。贡水峡山、赣州站出现1949年以来仅次于1964年的第二大洪水，赣州站的洪水规模为20年一遇。

赣南洪水 受8号台风影响，1996年8月1—3日，全地区普降暴雨，平均降水量140毫米，局部出现特大暴雨。最大降水量出现在兴国站，为263毫米，依次是峡山站253毫米、中村站237毫米、翰林桥站232毫米。日最大降水量出现在峡山站，为214毫米，依次是兴国站196毫米、翰林桥站191毫米。6小时最大降水量出现在峡山站，为146毫米。降水量超过200毫米的站有8站，占总发报站的16%；降水量超过100毫米的有36站，占总发报站的72%。1日，各江河水位急骤上涨；2日，贡水葫芦阁站洪峰水位142.48米，超警戒线3.48米；3日，峡山站出现111.11米的洪峰水位，超警戒线2.61米。超警戒线2米以上的还有羊信江、翰林桥、赣州等站，均为历史同期第一位。平江翰林桥站6小时涨幅达3.49米，为赣州市（地区）洪水历史上罕见。水文部门预报准确及时，转移人口2.23万人。

1997年赣南东北部大洪水 1997年6月8日5时至9日10时，东北部出现两次降水过程，石城县平均降水量为278.4毫米，石城县城和小松站降水量分别为327.1毫米和299.3毫米。第一次降水过程8日5—14时，石城县、宁都县、兴国县出现间歇性降水，3个县平均降水65毫米。第二次降水过程从8日14时至9日20时，宁都县、石城县两县出现特大暴雨，石城站最大，10分钟降水为31.8毫米，9日7—10时，宁都站3小时降水量达158毫米；9日6—9时，宁都站3小时降水量达133毫米。为历史罕见，降水主要集中在石城县城附近及宁都县城以下一块狭窄地带，24小时平均降水量达112毫米，以石城站225毫米为最大，依次是丰山站160毫米、宁都站159毫米。由于降水历时短、强度大、汇流时间极短，江河水位暴涨。石城站从9日3时开始缓慢上涨，7时以后水位开始以每小时1.5米的涨率急骤上涨，11时30分出现228.62米的洪峰水位。这次洪水涨幅达4.71米，超警戒线3.12米，为有实测资料以来最大洪水，超过1994年0.13米，经频率计算，属50年一遇的大洪水。与此同时，梅江宁都站出现187.18米的洪峰水位，梅江汾坑站出现132.61米的洪峰水位。

1998年赣南早汛 受厄尔尼诺现象影响，1997年冬以后降水连续不断，1998年1—3月全地区平均降水量达650毫米，比历年同期均值多90%以上。3月6—10日，全地区普降大到暴雨，平均降水量达174毫米。以全南县南迳站244毫米最大，依次龙南县杜头站217毫米、瑞金市瑞金站195毫米。从已有17个站点资料统计，8日全地区降水量超过100毫米的站有5个，且集中在中部。这次降水从南部开始，逐渐北移，然后又在中部附近摆动，最后向南移去。受前期降水影响，土壤含水量已达到饱和，各江河水位较高，各大中型水库基本蓄满。各水文（位）站多次出现洪水过程，洪峰水位逐次增高。贡水峡山站于10日16时出现112.22米的洪峰水位，桃江居龙滩站10日21时出现110.91米的洪峰水位，平江翰林桥站9日11时出现113.1米的洪峰水位，贡水赣州站于10日20时出现102.22米的洪峰水位，超警戒线3.22米，涨幅6.5米，为1949年以来的第四大洪水。以上各站均为历史同期第一大洪水。章水坝上站受上犹江泄洪影响，10日5时30分出现101.83米的洪峰水位，超警戒线2.83米，比1992年低0.16米，为历史同期第二大洪水。

贡江上游大水 1999年5月23—26日，全地区平均降水量148毫米，降水超过200毫米的站有8个，以会昌县麻州站229毫米为最大，于都县祁禄山站226毫米次之。降水在150～199毫米的站有14个，这次降水主要集中在赣州东部地区。26日，贡水上游麻州站、羊信江站及瑞金站先后出现洪峰。27日，贡水葫芦阁站出现143.18米的洪峰水位，超警戒线4.18米，为有实测资料以来的第三大洪水。

第三节 大风冰雹

一、大风

瞬间风速达到或超过17米/秒的风为大风。全市（地区）年平均大风2.7站次。中部和东北部较多，西部的上犹县、崇义县和沿九连山、武夷山的南部、东部较少。出现最多的是大余县，年平均大风6.6次；出现最少的是上犹县，年平均大风0.6次。赣州全年各月均可发生大风，但冬半年发生较少，夏半年发生较多。

二、冰雹

赣州冰雹较少。全市（地区）年平均3.9站次，主要集中在2—4月，占全年冰雹日数的83%，5月、8月次之。冰雹发生的年际差异较大，有的年份全市（地区）多县没有冰雹发生，有的年份如1987年冰雹次数达12站次之多。1989年5月12日，石城县出现风雹及暴雨灾害，受灾农田167公顷，倒塌房屋57间，吹倒水泥电线杆15根、广播线杆30根，总计损失131万元。1990年4月3日，受冷空气影响，赣州市（今章贡区）、大余县、安远县、信丰县、上犹县、南康县、赣县、会昌县、兴国县、瑞金县等县（市）出现7级以上雷雨大风，会昌县、上犹县、安远县等县下起冰雹。全地区损坏房屋2431间，倒塌房屋163间，损失屋瓦1146万片，损坏电信线路34千米，损坏秧田1450公顷、其他农作物10000多公顷，死亡3人，受伤38人，经济损失达999万元。

第四节 地震灾害

1986年，境内发生2级以上地震7次、3级以上地震2次，最大震级3.8级，震中位于寻乌县（北纬25°00′，东经115°42′）。

1987年，发生2级以上地震30次、3级以上地震10次，最大震级5.8级，震中位于寻乌县（北纬25°02′，东经115°36′）。

1988 年，发生 2 级以上地震 8 次、3 级以上地震 1 次，最大震级 3.2 级，震中位于寻乌县（北纬 25°00′，东经 115°45′）。

1989 年，发生 2 级以上地震 3 次、3 级以上地震 2 次，最大震级 3.3 级，震中位于龙南县（北纬 24°56′，东经 114°52′）。

1990 年，发生 2 级以上地震 9 次、3 级以上地震 2 次，最大震级 3.7 级，震中位于定南县（北纬 24°54′，东经 115°12′）。

1991 年，发生 2 级以上地震 4 次、3 级以上地震 1 次，最大震级 3.7 级，震中位于大余县和崇义县之间（北纬 25°36′，东经 114°18′）。

1992 年，发生 2 级以上地震 6 次、3 级以上地震 1 次，最大震级 4.0 级，震中位于大余县和崇义县之间。

1993 年，发生 2 级以上地震 4 次、3 级以上地震 2 次，最大震级 3.1 级，震中位于安远县西南。

1994 年，发生 2 级以上地震 4 次、3 级以上地震 1 次，最大震级 3.3 级，震中位于寻乌县城。

1995 年，发生 1 级以上地震 73 次、2 级以上地震 22 次、3 级以上地震 2 次，最大震级 4.5 级，震中位于寻乌县。

1996 年，发生 1 级以上地震 160 次、2 级以上地震 43 次、3 级以上地震 7 次，最大震级 3.2 级，震中位于龙南县、定南县各 1 次。

1997 年，发生 1 级以上地震 52 次、2 级以上地震 6 次、3 级以上地震 3 次，最大震级 3.3 级，震中位于龙南县武当山。

1998 年，发生 1 级以上地震 42 次、2 级以上地震 13 次、3 级以上地震 1 次，最大震级 3.2 级，震中位于龙南县。

1999 年，发生 1 级以上地震 45 次、2 级以上地震 7 次、3 级以上地震 1 次，最大震级 4.0 级，震中位于宁都县至永丰县间。

2000 年，发生 1 级以上地震 35 次、2 级以上地震 18 次、3 级以上地震 2 次，最大震级 3.4 级，震中位于定南县、寻乌县各 1 次。

第五章　土　壤

境内土壤共分为水稻土、潮土、黑色石灰土、紫色土、粗骨土、红壤、黄壤、黄棕壤、山地草甸土 9 个大类。山地丘陵土壤里蕴藏着丰富的稀有化学元素稀土，其储量之广，属世界之最，有“稀土王国”之美誉。

2000 年，全市（地区）土壤总面积（指毛面积，如耕地土壤包括农田中的房屋和线形村道、沟渠等）368.51 万公顷，内有耕地土壤 49.64 万公顷，占土壤总面积的 13.47%；山地土壤 318.9 万公顷，占土壤总面积的 86.53%。

第一节　土壤类型

赣州市（地区）土壤有 9 个土类，16 个亚类，88 个土属，303 个土种。土类和亚类的主要特征及其分布概况：

一、水稻土

水稻土是市（地区）内主要的农业土壤，面积 46.45 万公顷，占土壤总面积的 12.6%。耕地 90%

以上为水稻土，全市（地区）各县（市、区）均有分布。它由各种自然土壤和旱地土壤经长期种植水稻，在水耕熟化过程中，使土体发生一系列的变化而形成的。按其剖面形态特征，划分为4个亚类。

淹育型水稻土 面积8213.3公顷，占水稻土面积的1.77%。各县（市、区）均有零星分布，大部分是丘陵和山地的排田或梯田，地下水位深（大于2米），灌溉水源缺，易受干旱威胁。它属地表型水稻土，是土壤肥力较低的一个亚类。成土母质主要是紫红色砂岩、页岩、砂页岩、紫红色砂砾岩、花岗岩、石英砂岩、第四纪红色黏土和河流冲积物等，颜色接近旱作土或成土母质的本色。其土体受水作用轻，耕作层浅，耕作性能差，熟化程度低，有机质中等。

潴育型水稻土 面积41.57万公顷，占水稻土面积的89.49%。分布在全市（地区），一般在沿河两岸的塅田，丘陵、山地的垄田和坑田的中、下部位，地下水适中，水源条件较好。它是在地面水与地下毛细管水共同作用下形成的水稻土中肥力高的一个亚类。成土母质主要有紫红色砂岩、页岩、砂页岩类风化坡积残积物、河流冲积物及第四纪红色黏土、石英砂岩、花岗岩、紫红色砾岩、砂砾岩、千枚岩类风化坡积残积物等，色泽呈灰或乌色。土壤熟化程度高，有机质含量较高，耕作良好。

潜育型水稻土 面积34404.13公顷，占水稻土面积的7.41%。全市（地区）均有零星分布，多在河谷平原洼地、山区的垄田和坑田的下部以及一些排水不良的地域，地下水位较高，一般在0.6米以上，使土体长期渍水。它属囊水型和滞水型水稻土，是各种母质的成土在长期渍水的条件下，由于土壤通气性差、还原性强所形成，常呈青灰、蓝色、蓝绿等颜色，其土层深厚、糊烂，土壤温度低，有机质含量高，养分不易释放。

漂洗型水稻土 也称侧渗型，俗谓“漏水田”，面积6110.3公顷，占水稻土面积的1.32%。全市（地区）除崇义县外均有零星分布，多为具有倾斜坡面上的塅田、排田、梯田。成土母质主要有河流冲积物和第四纪红色黏土，也有石英砂岩、花岗岩、紫红色砂岩、页岩、砂页岩类风化残积物或坡积物，土体粗糙有灰白色漂洗层，土壤结持力较差，漏水漏肥。

二、潮土

面积8828公顷，占土壤总面积的0.24%。耕地有10%左右为潮土，该土类有一个亚类，也称“潮土”。全市（地区）均有零星分布，处于章、贡二水及其主要支流的沿岸漫滩和低阶地，是在河流冲积物上进行旱耕利用的一类耕作土壤，有砂土、壤土、黏土3种。由于河水涨落，受地下水活动和温度变化影响而具有“夜潮”现象，故名潮土，也称“旱作土”或“潮沙泥田”。其土层深厚，土体潮润，质地均一，通透性好，磷、钾含量较高。

三、黑色石灰土

面积9076.8公顷，占土壤总面积的0.25%。分布在章贡区和赣县、信丰县、上犹县、崇义县、龙南县、全南县、宁都县、于都县、兴国县、会昌县、瑞金市等县（市）。是由石灰岩类风化物所形成的岩性土壤，土体中富含钙质，土质黏重，有微碳酸盐反应，土层较薄，磷、钾缺乏，肥力偏低。

四、紫色土

面积63284.5公顷，占土壤总面积的1.72%。除崇义县、定南县、安远县外，各地均有分布，地处低丘陵地区。成土母质主要是紫色砂岩、沙砾岩、泥岩、页岩等风化物发育的岩性土壤，土壤颜色与母岩颜色一致，为均一的暗紫色、紫色、棕紫色，土层较薄；植被繁茂的缓坡地，土层深厚，发育较好。按其性质划分为两个亚类，即石灰性紫色土，面积38814公顷；中性紫色土，面积24470.5公顷。

五、粗骨土

面积23974.7公顷，占土壤总面积的0.65%。分布在信丰县、上犹县、龙南县、兴国县等地，是丘陵地区的石质山地土壤。由于植被遭受破坏，水土流失加剧，表土侵蚀、土层较薄，剖面中无明显的淋溶、淀积层，并夹有较多碎石。按其性质划分为两个亚类，即面积为23665.5公顷的铁铝质粗骨土和面积为309.3公顷的酸性碳质粗骨土。

六、红壤

面积295.42万公顷，占土壤总面积的80.16%。分布在各地的丘陵、低山地区，它是在中亚热带生物气候条件下所形成的典型的地带性土壤，呈红色、棕红色。其主要特性：一般土层深厚，剖面发育完整，由于植被遭受破坏，土壤冲刷严重，残存淀黏层或母质层土壤养分贫瘠；但在植被繁茂的森林中，有机质可高达10%左右。红壤的成土母质类型较多，有酸性结晶岩类、石英岩类、泥质岩类、红砂岩类和红黏土类等。按照土壤发育程度，划分为三个亚类，即红壤，面积为2357134.9公顷，占红壤总面积的79.78%，分布在海拔500米以下的丘陵地区；红壤性土，面积28775.9公顷，占红壤面积的0.97%，分布在植被破坏、土壤侵蚀比较严重的丘陵山区，土体属发育不明显的幼年土壤，具酸性至强酸性；黄红壤，面积568670.6公顷，占红壤面积的19.25%，分布在低山地区海拔500～800米范围内，是位于红壤之上、黄壤之下的过度土壤类型，黏土具弱酸性。

七、黄壤

面积147043.2公顷，占土壤总面积的3.99%。分布在海拔800～1200米的中低山地区，它是位于黄红壤之上、暗黄棕色壤之下的过度土壤类型。是在中低山地区云雾多、日照少、相对湿度较大、温度较低的气候条件下所形成的山地土壤，有机质含量较多，颜色深暗，呈微酸性。

八、黄棕壤

面积7652.8公顷，占土壤总面积的0.21%。分布在上犹县、崇义县、赣县3个县海拔1200米以上的中山地区，是山地垂直带谱中最高部位的山地土壤。该土类在市（地区）只有暗黄棕壤一个亚类，其土层较薄，夹有较多的岩石碎屑，有枯枝落叶层和腐殖质淋溶层，酸性较强。

九、山地草甸土

面积6489.3公顷，占土壤总面积的0.18%。分布在崇义县、上犹县、赣县、大余县、龙南县、宁都县、于都县、寻乌县、石城县9个县海拔1000米以上的中低山地区的平缓坡地或山坳处。是在草灌植被条件下形成的山地土壤，具微酸性。在高山寒湿气候条件下，草本植物生长茂密，土壤湿度大，形成腐殖质层，山坳处土层犹厚，有淋溶、淀积现象。

第二节 土壤分布

一、盆地土壤

在赣州市（地区）的山岭和丘陵之间，分布着许多山间谷地及盆地，面积最大的是章贡区及其周边的赣州盆地，达1500余平方千米。以这一盆地为例，从赣江河谷至峰山一线，阶地有近代河流沉积物所形成的潮土和潮沙泥田，岗台地有第四纪红黏土红壤和黄泥田，丘陵地有紫色土、红壤、紫砂泥田、麻沙泥田和黄沙泥田等；低山区有黄红壤和黄壤；山间谷地有少量麻沙泥田和黄沙泥田。从赣江至摇篮寨一线，与上一线土壤类型趋于一致，仅分布面积有差异。其他盆地土壤分布，趋势大致如此，呈现盆地土壤分布规律性。

二、土壤垂直分布

随着山体升高，气候发生明显变化，植物类群也相应变化，从而出现了与地形、植被相适应的土壤类型。以赣州市（地区）最高山峰崇义县齐云山为例，海拔500米以下是红壤，500～800米是黄红壤，800～1000米是黄壤，1200～1800米是暗黄棕壤，1800～2061米是山地草甸土。此外，龙南县的九连山、宁都县的莲花山、章贡区的峰山，海拔在1500米以下，除缺暗黄棕壤外，也与山体垂直由低至高呈同上规律分布，即红壤—黄红壤—黄壤—山地草甸土。

三、土壤肥力和养分

由于自然条件和人力耕作活动的影响，全市（地区）土壤肥力和养分呈现如下规律性的变化：按照气候条件，赣州市（地区）水源、热量丰富，植物生长期长，生物积累量高速度快，促进了土壤养分的积累；但在高温多雨的条件下，土壤中的有机质分解快、消耗多，矿物质养分易在土壤中迁移、淋失，土壤有机物的积累，除山区外并不多，尤其是土壤侵蚀严重地区，土壤有机质很少，土壤肥力极低。在一般情况下，土壤肥力呈现以村镇为中心由高到低有规律的变化。但也有极少村镇附近由于不合理地利用土壤，自然植被遭受破坏，导致水土流失严重，自然土壤肥力较低；而离村镇较远由于植被生长较好，自然土壤肥力反而较高。

赣州市（地区）土壤有机质丰富级不多，中等量和缺乏量占绝对优势。土壤肥力情况：氮元素含量情况较好，但磷、钾元素缺少；耕地土壤有机质情况：全市（地区）平均值2.83%，其中低于平均值的有章贡区及赣县、大余县、兴国县、瑞金市、宁都县、石城县等地；含量等级情况：丰富级、中等量、缺乏量分别占40.04%、44.27%、14.69%；肥分含量情况：全氮、全磷、全钾丰富级所占比重较大，但速效磷严重缺乏，丰富级仅占5.7%，缺乏量高达76%。

第三篇

自然资源

赣州自然资源较为丰富。国土总面积 3931714.14 公顷，山地多，平原少，耕地面积较少；水土流失面积大，土壤肥力较低；土地绝对数量较大，但人均占有量偏少，耕地呈逐年减少趋势。水资源丰富，降水是地表水形成的唯一来源，地下水补给主要依靠降水渗透，多年平均水资源量 336.5 亿立方米，人均水资源量 4649 立方米。

赣州保留了大量第三纪植物和古第三纪植物区系，是东亚植物区系的发源地之一，也是中国特有植物珍贵树种较多的地区。全市（地区）约有 1600~1800 余种灌木（含藤本）树种，其中乔木约 500 种、灌木约 650 余种（含藤本）、竹类 20 余种。野生动物资源丰富，全市（地区）有陆生野生动物 336 种，分别隶属于 29 目、86 科。

赣州是全国重点有色金属基地之一，享有“世界钨都”“稀土王国”美誉。全市（地区）已发现矿产 106 种，其中查明有资源储量的 72 种，已开发利用的 63 种，最具特色和规模的优势矿种是钨、稀土和萤石。全市（地区）有矿产地 1254 处，其中大型矿床 28 处、中型矿床 60 处、小型矿床 712 处、矿点 454 处。

第一章　土地资源

赣州市（地区）国土总面积 393.17 万公顷。土地资源的主要特点是土地类型地域性强，土地利用差异明显；山地多，平原少，现有耕地面积小，耕地后备资源严重不足；水土流失面积大，土壤肥力比较低；土地绝对数量较大，但人均占有量偏少，特别是耕地呈逐年减少趋势。全市（地区）耕地面积由 1986 年的 40.04 万公顷减少到 2000 年的 38.9 万公顷，减少 1.14 万公顷；人均耕地面积由 1986 年的 0.05 公顷减少到 2000 年的 0.04 公顷。除林地高于全国人均占有量外，其余如园地、牧草地、交通运输用地、水利设施用地等均低于全国的人均占有量。

第一节　土地总量及构成

2000 年，全市土地面积 393.17 万公顷，其中耕地 38.9 万公顷、园地 13.81 万公顷、林地 296.37 万公顷、牧草地 0.48 万公顷、居民点及工矿用地 11.03 万公顷、交通运输用地 2.15 万公顷、水利设施用地 13 万公顷、未利用地 17.43 万公顷。

一、耕地

2000 年，全市耕地面积 38.9 万公顷，占土地总面积的 9.89%。主要是灌溉水田，面积为 27.83 万公顷，占总耕地面积的 71.54%。1986 年，全地区耕地面积 40.04 万公顷，虽然农民自主开垦荒地增加了一些耕地，但由于土地开发建设和居民建房等各方面原因占用耕地，至 2000 年耕地面积净减 1.14 万公顷。

二、园地

2000 年，全市园地面积 13.81 万公顷，占土地总面积的 3.51%。主要分布在寻乌县和安远县两个果业大县，这些园地绝大部分可作为可调整耕地。

三、林地

2000 年，全市林地面积 296.37 万公顷，占土地总面积的 75.38%。赣州是林业大市，森林面积比较大。1985 年，全地区林地面积 301.2 万公顷，由于开发建设等原因，至 2000 年林地面积减少 4.83 万公顷。

四、牧草地

2000 年，全市牧草地面积 0.48 万公顷，占土地总面积的 0.12%。主要分布在于都县、上犹县。

五、居民点及工矿用地

2000 年，全市居民点及工矿用地面积 11.03 万公顷，占土地总面积的 2.81%。由于农民建房大规模增加，到 2000 年年末，村庄面积 8.71 万公顷，占居民点及工矿用地的 78.97%。

六、交通运输用地

2000 年，全市交通运输用地面积 2.15 万公顷，占土地总面积的 0.55%。随着铁路、公路网以及“村村通”工作的推进，到 2000 年年末，农村道路面积 1.17 万公顷，占交通运输用地面积的 54.42%。

七、水利设施用地

2000 年，全市水利设施用地面积 13 万公顷，占土地总面积的 3.31%。由于建设占用坑塘水面、沟渠等水域用地，比 1985 的 19.02 万公顷减少 6.01 万公顷。

八、未利用地

2000 年，全市未利用地面积为 17.43 万公顷，占土地总面积的 4.43%。由于土地开发复垦等原因，未利用地面积大大减少。

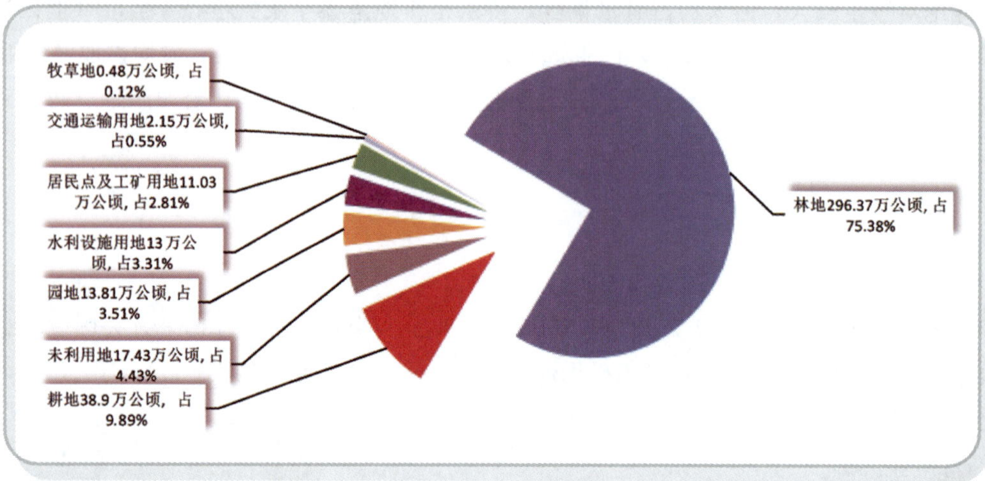

图 3－1－1　2000 年赣州市土地面积构成

表 3－1－1

2000 年赣州市土地分类及构成统计表

单位：公顷

县（市、区）	土地总面积	其中 耕地	园地	林地	牧草地	居民点及工矿用地	交通运输用地	水利设施用地	未利用地
赣州市	3931714.14	388984.77	138101.91	2963660.25	4841.88	110326.53	21479.23	130068.00	174251.57
章贡区	48657.10	10614.83	2400.00	21716.59	10.00	5130.00	1004.98	3827.02	3953.68
赣　县	299221.00	27808.37	2336.50	235820.54	71.50	8509.30	1692.46	15503.64	7478.69
南康市	185468.29	32570.87	13333.00	110018.37	0.00	9965.70	1622.23	8349.35	9608.77
信丰县	286648.01	32600.44	13800.00	202568.18	0.00	10163.90	1362.65	10180.34	15972.50
大余县	132450.08	13816.18	5400.00	101542.65	0.00	5410.65	992.83	3617.13	1670.64
上犹县	153778.19	13067.97	4400.00	120972.68	840.00	3678.00	475.00	4908.61	5435.93
崇义县	221133.01	10780.60	3000.00	190705.23	50.00	3024.20	1213.84	5193.07	7166.07
安远县	235132.54	15523.78	11900.00	191003.71	100.00	4821.30	622.89	3259.41	7901.45
龙南县	164236.31	12505.53	5800.00	133735.77	100.00	4356.00	1154.07	3494.85	3090.09
定南县	131853.41	8642.77	7400.00	105601.76	50.00	3424.00	1217.98	3058.26	2458.64
全南县	150566.48	10851.95	3900.00	127790.51	0.00	2491.60	753.49	3101.49	1677.44
宁都县	405509.70	46037.33	5852.41	289845.13	12.38	8219.65	2402.15	16016.26	37124.39
于都县	289547.59	34593.99	11580.00	205382.64	3608.00	10145.50	1301.66	10719.09	12216.71
兴国县	320933.12	34382.56	13900.00	237754.51	0.00	10041.50	1898.83	10499.09	12456.63

续表 3-1-1

县（市、区）	土地总面积	其中							
		耕地	园地	林地	牧草地	居民点及工矿用地	交通运输用地	水利设施用地	未利用地
瑞金市	245037.75	24707.16	9100.00	186303.24	0.00	7660.00	1474.64	8030.12	7762.59
会昌县	270990.64	23999.52	7600.00	209364.46	0.00	5599.00	933.83	7245.48	16248.35
寻乌县	232294.75	16623.46	12800.00	176614.13	0.00	4655.30	600.58	9095.12	11906.16
石城县	158256.17	19857.46	3600.00	116920.15	0.00	3030.93	755.12	3969.67	10122.84

第二节　耕地变化

全市（地区）耕地面积呈逐年减少趋势，1986 年，全地区耕地面积 400369 公顷，其中水田 358811 公顷、旱地 41558 公顷，人均耕地面积 0.05 公顷，比 1985 年减少 87.47 公顷，减少 0.02%。1990 年，全地区耕地面积 398446 公顷，其中水田 356413 公顷、旱地 42033 公顷，人均耕地面积 0.05 公顷，比 1986 年减少 1923 公顷，减幅 0.48%。1995 年，全地区耕地面积 391421 公顷，其中水田 349685 公顷、旱地 41736 公顷，人均耕地面积 0.05 公顷，比 1990 年减少 7025 公顷，减少 1.76%。2000 年，全市耕地面积 388985 公顷，其中水田 344746 公顷、旱地 44239 公顷，人均耕地面积 0.04 公顷，比 1995 年减少 2436 公顷，减幅 0.62%。

表 3-1-2　　1986—2000 年赣州市（地区）耕地面积及人均耕地统计表　　单位：公顷

年份	年末实有耕地面积	其中		人均耕地
		水田	旱地	
1986 年	400369.00	358811.00	41558.00	0.05
1987 年	400715.00	358890.00	41825.00	0.05
1988 年	400277.00	358282.00	41995.00	0.05
1989 年	398616.00	356658.00	41958.00	0.05
1990 年	398446.00	356413.00	42033.00	0.05
1991 年	398115.00	356074.00	42041.00	0.05
1992 年	397487.00	355599.00	41888.00	0.05
1993 年	394789.00	352934.00	41778.00	0.05
1994 年	392883.00	351028.00	41855.00	0.05
1995 年	391421.00	349685.00	41736.00	0.05
1996 年	389165.00	347165.00	42000.00	0.04
1997 年	388871.00	346533.00	42338.00	0.04
1998 年	387711.00	345634.00	42077.00	0.04
1999 年	388272.00	342322.00	45950.00	0.04
2000 年	388985.00	344746.00	44239.00	0.04

第二章 水资源

赣州市（地区）水资源丰富，多年平均水资源量336.5亿立方米，人均水资源量4649立方米，略高于全省人均水资源量。水资源量基本能够满足社会和经济发展需求，但隐藏水资源短缺危机。

第一节 地表水

一、年降水量

赣州市（地区）雨量充沛，降水是地表水形成的唯一来源，年降水量多年均值为1580.2毫米。1986—2000年，境内降水量年际变化较大，年降水量最大的年份是1997年，为1975.7毫米；年降水量最小的年份是1991年，为1212.3毫米。

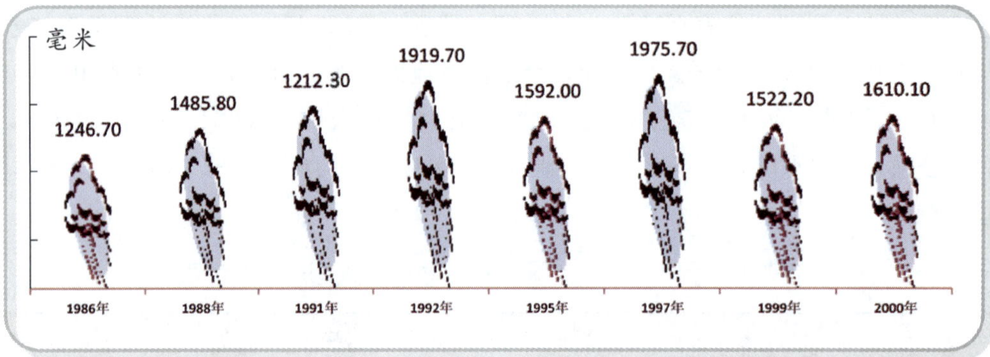

图3-2-1 1986—2000年部分年份赣州市（地区）降水量

降雨的地理分布趋势大致是东、南、西部三面山区大于中部的丘陵和平原区。东部以瑞金市的湖洋站，南部以全南县的大吉山站，西部以上犹县的鹅形站为高值区。章贡区以西、南康市以北、上犹县以东的平原地带是低值区，以南康田头站多年平均降雨量1395.4毫米为全市（地区）最低。

境内降雨量表现出季节分布不均且差别较大的特点。1—6月，降水呈逐月增加的趋势，占年降水量的43%～50%左右，特别是5月、6月，各占年降水量的15%和18%左右，7月降水量有较明显地减少，8月又有所增加，9—10月降水量逐日减少。一般而言，春季（3—5月）全市（地区）降雨量为621毫米左右，约占年降雨量的39.2%；夏季（6—8月）全市（地区）降雨量为534毫米左右，约占33.6%；秋季（9—11月）全市（地区）降雨量为235毫米左右，约占14.8%；冬季（12—2月）全市（地区）降雨量为197毫米左右，约占12.4%。

赣南区域大部分是山区性河流，河槽落差大，调蓄能力差，洪水主要由暴雨形成，在多雨季节易形成陡涨陡落的洪水过程。汛期一般从3月下旬至9月底，主汛期4—6月降雨多且集中，易形成洪涝灾害。洪水发生的时间和地区，与暴雨时空变化基本相对应；洪水的大小，与降水范围、强度、暴雨的移动路径等密切相关。4—6月的暴雨多为锋面雨，锋面暴雨洪水是造成全市（地区）性灾害的主要原因。7—9月的暴雨多为台风雨，台风暴雨洪水是造成中小流域山洪灾害的主要原因。

二、年径流量

径流量是水文循环的重要环节之一，赣州区域径流量基本代表全市（地区）的水资源量，其来源主要依靠降水，属雨水补给型。赣州市（地区）河流年径流量多年均值为 340.29 亿立方米［不含外省流入本市（地区）的过境水量 6.66 亿立方米］。在赣州市（地区）的径流总量中，赣江水系占径流量的 87.8%，约有 310 亿立方米。径流量的分布趋势与降雨基本一致，存在两个高值区和一个低值区。高值区在西部及西南部边缘山区一线，多年平均径流深在 900 毫米以上，局部地区达 1100 毫米，以上犹江麻仔坝站为最大，高达 1174 毫米；另一高值区在东部山区一线，多年平均径流深在 900 毫米以上；低值区在中部丘陵、盆地地带，多年平均径流深在 700 毫米以上，尤以赣江干流段径流深最小，为 567 毫米。

径流量的年际变化规律与降水量的年际变化规律基本一致。由于降水分配不均，径流量年际变化较大。年径流量最大的年份是 1992 年，为 505.80 亿立方米，年径流量最小的年份是 1986 年，为 246.82 亿立方米。

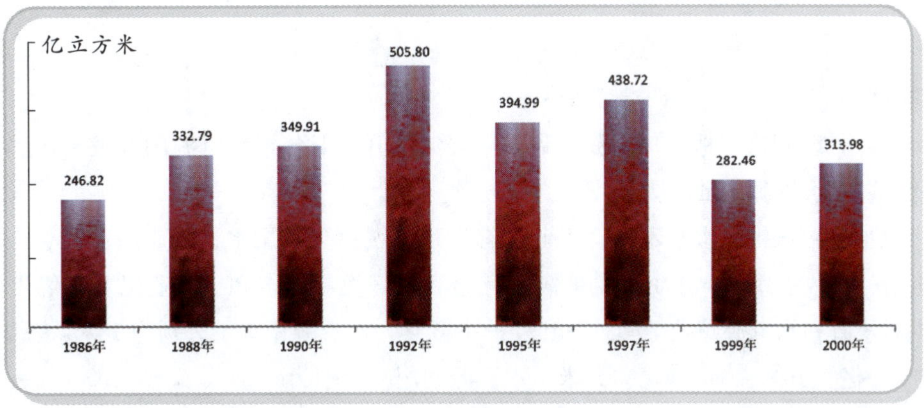

图 3-2-2　1986—2000 年部分年份赣州市（地区）河流径流量

径流量的年内分配不平衡，汛期（4—9 月）平均径流量为 243.7 亿立方米，占全年径流量的 72.6%；非汛期（1—3 月、9—12 月）平均径流量为 92.0 亿立方米，占全年径流量的 27.4%。

三、人均水量

赣州市（地区）水资源总量比较丰富，人均水量多年均值为 4649 立方米，略高于全省人均水量，比全国人均水量高出 70%。人均水量最大的年份是 1992 年，为 6980 立方米；人均水量最小的年份是 1991 年，为 3010 立方米。

表 3-2-1　1986—2000 年部分年份赣州市（地区）人均水量统计表

单位：立方米

年　份	1986 年	1988 年	1990 年	1991 年	1992 年	1995 年	1997 年	1999 年	2000 年
人均水量	3720	4840	4920	3010	6980	5290	5740	3610	3950

四、亩均水量

赣州市（地区）每亩占有地表径流量（以下简称“亩均水量”）多年均值为 576 立方米。亩均水量最大的年份是 1992 年，为 860 立方米；亩均水量最小的年份是 1991 年，为 370 立方米。

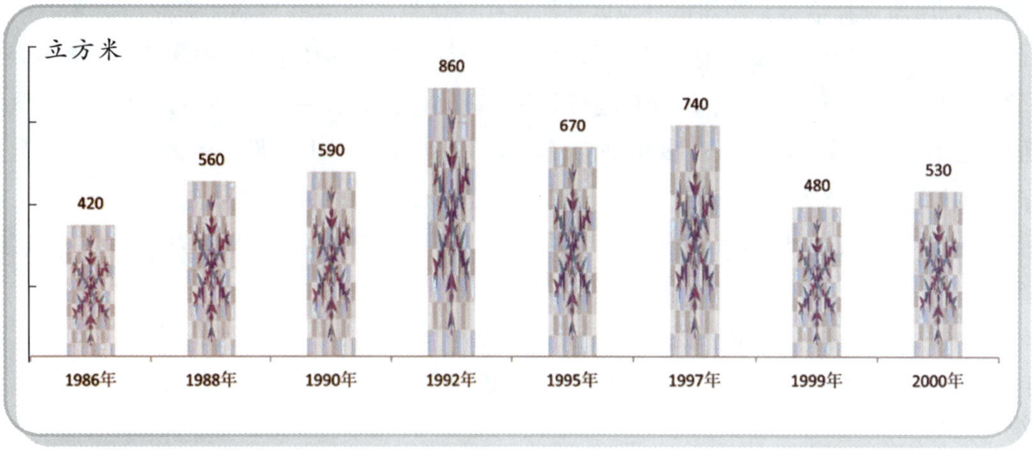

图3-2-3 1986—2000年部分年份赣州市（地区）亩均水量

五、水资源利用

1986—2000年，赣州市（地区）水资源利用量逐年上升，但各地水资源的开发利用参差不齐，利用率整体较低，造成水资源大量浪费。

由于全市（地区）城镇化水平不高，工业不够发达，城镇公共用水、工业用水较少，主要是农田灌溉、居民生活、林牧渔用水。水资源量能满足社会和经济发展需求和工农业以及人们生活用水量的需要，没有供需矛盾和水资源短缺等问题。1997—2000年，水资源用水量分别为18.64亿立方米、24.6亿立方米、27.21亿立方米、34.14亿立方米，水资源利用率分别为4.3%、5.8%、9.6%、10.9%。

赣州市（地区）水资源较丰富，开发潜力巨大，但水资源量的时空分布不均，季节性缺水时有发生。随着人类活动以及工业废水、农业污水的大量增加，水环境污染日趋严重，河流水质多年来呈下降趋势。加之生态环境的破坏，不仅直接导致水土流失，而且植被的涵养水能力下降，造成水资源量减少，以至有些山区性小河一到枯季就断流，隐藏着缺水危机。

第二节 地下水

赣州市（地区）地处山丘区，雨量充沛，地下水补给主要依靠降水渗透，河川基流量代表了浅层地下水量。

一、水资源总量

赣州市（地区）地下水资源总量多年均值为89.28亿立方米。总量最大的年份是1992年，为115.39亿立方米；总量最小的年份是1991年，为65亿立方米。

二、可开采量

赣州市（地区）地下水资源的可开采量多年均值为26.78亿立方米。可开采量最大的年份是1992年，为34.62亿立方米；可开采量最小的年份是1991年，为19.5亿立方米。

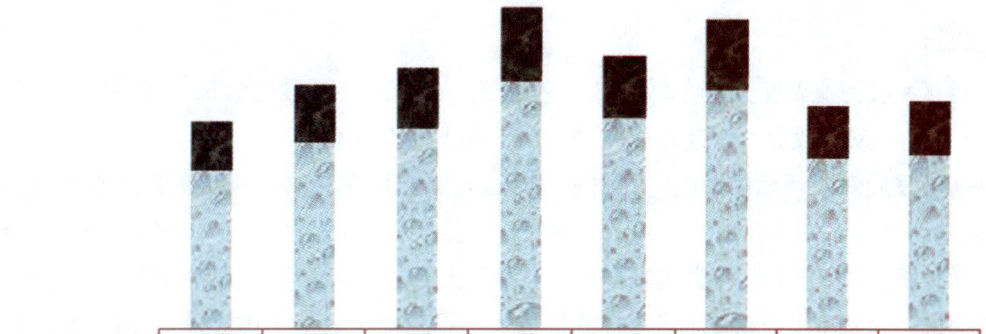

	1986年	1988年	1990年	1992年	1995年	1997年	1999年	2000年
■可开采量（亿立方米）	22.21	26.16	28.08	34.62	29.36	33.22	23.93	24.48
资源总量（亿立方米）	74.03	87.21	93.60	115.39	97.88	110.73	79.76	81.60

图 3-2-4　1986—2000 年部分年份赣州市（地区）地下水资源总量和可开采量

三、地下水资源利用

1997—2000 年，赣州市（地区）地下水资源的利用量较低，分别为 1.32 亿立方米、1.42 亿立方米、1.97 亿立方米、1.92 亿立方米，利用率分别为 1.2%、1.4%、2.5%、2.4%。

地热　全市（地区）有地热点 25 处，其中热温热泉 5 处，总自流量 6769.3 吨/日。已开发 4 个地热矿山，分布在安远、龙南、石城、信丰等 4 个县。矿区面积 5.23 平方千米，生产井 8 个，2000 年开采量 8800 立方米/日。

矿泉水　全市（地区）有天然饮用矿泉水 16 处，医疗矿泉水 13 处。有 10 个矿泉水矿山，分布在安远、龙南、定南、信丰、兴国、赣县等 6 个县，矿区面积 3.5 平方千米，生产井 11 个，年开采量 15 万立方米。2000 年实际生产矿泉水 6.49 吨。

第三节　水　质

赣州市水质监测站，布设在全市（地区）各河流的上下游以及章水、贡水和赣江在赣州中心城区附近的河流，以监测工业废水和生活污水等对河道水质污染的情况，重点是监测氰化物、砷化物、挥发酚、六价铬、汞（以下简称“五毒”）对水质的污染。

一、pH 值

全市（地区）各河流 pH 值多年均值为 7.3，以全南南海塘 7.6 为全市（地区）最大值，寻乌人民医院 7.2 为全市（地区）最小值。地表、地下水经取样化验，pH 值为 6.7～8.3，质量符合工业、农业和生活用水标准。

二、离子含量

全市（地区）在翰林桥、坝上、汾坑、居龙滩、峡山 5 个水文站开展 8 种离子含量测定，离子总量翰林桥水文站多年均值为 59.7 毫克/升，坝上站多年均值为 60.7 毫克/升，汾坑站多年均值为 57.7 毫克/升，居龙滩站多年均值为 72 毫克/升，峡山站多年均值为 63.4 毫克/升。

三、矿化度

全市（地区）各河流矿化度多年均值为 62.1 毫克/升，崇义塔下桥矿化度 90.7 毫克/升，为全市

（地区）最大值，大余吉村矿化度 36 毫克/升，为全市（地区）最小值。

四、硬度

全市（地区）各河流硬度多年均值为 22.8 毫克/升。崇义社下桥硬度为 53.1 毫克/升，是全市（地区）最大值；瑞金拔英硬度是 6.9 毫克/升，为全市（地区）最小值。

为反映工业发展对水环境的影响，赣州市（地区）水文局在完成各河流正常的水质监测任务外，从 1999 年至 2000 年 2 月对赣州市（地区）所辖的 9 个县（市）进行入河排污口的调查。通过对 52 个排污口的取样分析发现，有近一半监测断面的氨含量呈上升趋势，少数监测断面的酚含量呈上升趋势，个别监测断面的砷含量呈上升趋势。污水排放量最大的是章贡区，每年排放量达 1465 万立方米；“五毒”污染物排放量最大的是章贡区厚德路排污口，其中氰化物排放量为 0.64 吨/年。于都县造纸厂挥发酚排放量为 10.1 吨/年。高锰酸盐指数最大的出现在于都造纸厂排污口，含量为 2.8×10^3 毫克/升，最小的出现在上犹中山巷和水南大桥两个排污口，其含量为 2.5 毫克/升。化学耗氧量最大的出现在于都造纸厂排污口，含量为 8.04×10^3 毫克/升，最小的出现在兴国县筲箕河排污口，含量为 16.2 毫克/升。铵最大值出现大余县伟良钨业排污口，其含量为 294 毫克/升，最小的出现在瑞金市七堡河排污口，含量为 0.17 毫克/升。挥发性酚出现在章贡区厚德路排污口，含量为 29.1 毫克/升，瑞金大桥、河背侍小河、农业局路口、章贡区南河路排污口、信丰化肥厂花园排污口、于都马子口排污口、宁都县水电施工队和师范两个排污口均未检出挥发性酚。氰化物最大值出现在章贡区厚德路排污口，含量为 0.06 毫克/升，大部分排污口都未检出氰化物。

第三章　森林资源

赣州市（地区）地处中亚热带南缘，未受到第四纪大陆冰川的侵袭，一直处于较稳定的气温气候条件的孕育之中，保留了大量第三纪植物和古第三纪植物区系，是许多古老物种的“避难所”和“扩散地”，是东亚植物区系的发源地之一，也是中国特有植物珍贵树种较多的地区。据 1986—2000 年调查，全市（地区）约有 1600～1800 余种乔灌木（含藤本）树种，其中乔木约 500 余种、灌木约 650 余种（含藤本）、竹类 20 余种。这些树种中，有珍稀濒危树种 124 种，属于国家一、二级保护树种 40 余种。赣州市（地区）野生动物资源也相当丰富，1997—2000 年调查，全市（地区）有陆生野生动物 336 种，分别隶属于 29 目、86 科。全市（地区）森林昆虫主要有 912 种，分属 18 目、130 科。赣州市（地区）林副土特资源非常丰富，历来都受到国内外客商的青睐。

第一节　森林类型与树种

一、森林类型

全市（地区）森林植物类型多样，基本类型有针叶林、常绿阔叶林、针阔混交林、竹林、亚热带沟谷雨林等。

针叶林　此类型以马尾松、杉木为主，广泛分布在全市（地区）各地高丘低山，林分面积大，森林活立木蓄积量也大，据 1999 年森林分类区划调查资料显示，针叶林面积 212.27 万公顷，占全市（地区）现有森林面积的 72.62%。

常绿阔叶林　此类型是天然的多树种、多层次、多类型的阔叶林。主要由壳斗科、樟科、山茶科、杜英科、金缕梅科、山矾科、木兰科、桑科等树种组成。原在全市（地区）广为分布，垂直分布在海拔1000米左右的林区，但由于人类长期的生产经营活动的缘故，大部分原生性常绿阔叶树遭到破坏，至2000年，除自然保护区有所保留以外，其他地方纯原生性常绿阔叶林基本绝迹。

针阔混交林 此类型主要是马尾松和阔叶树的混交林、杉木和阔叶树的混交林、马尾松杉木和阔叶树的混交林。该类型树种较多，树龄较老，树干通直，单位面积林木活立木蓄积量较高，是全市（地区）森林质量较好的森林类型。1999年森林分类区划调查资料显示，面积10.64公顷，垂直分布于海拔1000米以下的低山高丘。

竹林 全市（地区）有竹类20余种，以毛竹为主。据1999年森林分类区划调查资料，毛竹林面积9.87万公顷。2000年，对赣县、南康市、信丰县、大余县、上犹县、崇义县、安远县、龙南县、定南县、于都县、兴国县11个县（市）开展杂竹普查，小山竹、黄竹、坭竹、甜笋竹、其他竹共计5824.4公顷、81.41万丛、3.99亿株。竹林多分布于海拔800米以下的山地丘陵。

亚热带沟谷雨林 在靠近广东省的局部低海拔沟谷地段，存在有近似南亚热带的常绿雨林——亚热带沟谷雨林。

在其他局部地段，还有落叶阔叶林和山顶矮林，面积都不大。

二、树木种类

已掌握的乔灌藤木本树种中有乡土树种1000多种，按树种用途可分为3大类：用材树种、经济树种和庭院绿化树种。用材树种以杉木、马尾松、湿地松、毛竹、木荷、枫香、楠木、苦楝、泡桐、杨树、壳斗科类为主的400余种；经济树种以油茶、油桐、乌桕、茗茶、柑橘类、柿、枣、南酸枣、山苍子、杨梅、樟树、桉树、黑荆树为主的200余种；庭院绿化树种以天竺桂、樟树、银桦、黄杨、女贞、观光木、含笑、荷花玉兰、雪松、龙柏、银杏、冬青、山茶花、月季、杜鹃、海桐为主的100余种。

据《江西森林》、《江西木本植物名录》和《赣南树木》等资料介绍，赣南引进树种有：南洋杉（*Araucaria cunninghamii Sweet*）、雪松［*Cedrus deodara*（*Roxb. ex Lamb.*）*G. Don*］、加勒比松（*Pinus caribaea Morelet*）、火炬松（*Pinus taeda L.*）、黑松（*Pinus thunbergii Parl.*）、金钱松［*Pseudolarix amabilis*（*J. Nelson*）*Rehder*］、柳杉（*Cryptomeria fortunei Hooibr. ex Otto & Dietrich*）、池杉（*Taxodium ascendens Brongn.*）、落羽杉［*Taxodium distichum*（*L.*）*Rich.*］、水杉（*Metasequoia glyptostroboides Hu & W. C. Cheng*）、湿地松（*pinus elliottii*）、木麻黄（*Casuarina equisetifolia Forst.*）、美国香柏（*Thuja occidentalis*）、台湾松（*Pinus taiwanensis*）、侧柏［*Platycladus orientalis*（*L.*）*Franco*］、龙柏［*Sabina chinensis*（*L.*）*Ant. cv. Kaizuca*］、罗汉松［*Podocarpus macrophyllus*（*Thunb.*）*D. Don*］、苏铁（*Cycas revoluta Thunb.*）、红茴香（*Illicium henryi*）、海桐（*Pittosporum tobira*）、栀子皮（*Itoa orientalis Hemsl.*）、博白大果油茶（*Camellia gigantocarpa Hu et Huang*）、蒲葵［*Livistona chinensis*（*Jacq.*）*R. Br.*］、番石榴（*Psidium guajava Linn.*）、广宁油茶（*Camellia semiserrata*）、藻桃、木棉（*Bombax malabaricum DC.*）、白背桂花、木薯（*Manihot esculenta Crantz*）、苹果（*Malus pumila Mill.*）、庐山樱花、凤凰木（*Delonix regia*）、格木（*Erythrophleum fordii Oliv.*）、木豆［*Cajanus cajan*（*L.*）*Millsp.*）］、龙眼（*Dimocarpus longan Lour.*）、美登木（*Maytenus hookeri Loes.*）、橄榄［*Canarium album*（*Lour.*）*Raeusch.*］、油橄榄（*Olea europaea L.*）、大果山香圆（*Turpinia pomifera*）、黄花夹竹桃［*Thevetia peruviana*（*Pers.*）*K. Schum.*］、苦梓（*Gmelina hainanensis Oliv.*）、伊拉克蜜枣（*Phoenix dactylifera*）、银杏（*Ginkgo biloba L.*）、桂花［*Osmanthus fragrans*（*Thunb.*）*Lour.*］、油桐［*Vernicia fordii*（*Hemsl.*）*Airy Shaw*］、茶树［*Camellia sinensis*（*L.*）*O. Ktze.*］、柑橘（*Citrus reticulata Blanco*）、柚［*Citrus maxima*（*Burm*）*Merr.*］、枇杷［*Eriobotrya japonica*（*Thunb.*）*Lindl*］、葡萄（*Vitis vinifera L.*）、无花果（*Ficus carica Linn.*）、黑荆树（*AcaciamearnsiiDeWilld*）、紫穗槐（*Amor-*

pha fruticosa Linn.）、木莲（*Manglietia fordiana Oliv.*）、香椿（*Toona sinensis*）、臭椿（*Ailanthus altissima*）、泡桐（*Paulownia.*）、苦楝（*Melia azedarach*）、川楝（*Melia toosendan Sieb. et Zucc.*）、刺槐、悬铃木（*Platanus acerifolia*）、合欢（*Albizia julibrissin Durazz*）、光皮桦（*Betula luminifera H. Winkl.*）、杜仲（*Eucommia ulmoides Oliver*）、广玉兰（*Magnolia Grandiflora Linn*）、214 杨、榕树（*Ficus microcarpa Linn. f.*）、菜豆树［*Radermachera sinica*（*Hance*）*Hemsl.*］、庐山厚朴、南酸枣［*Choerospondias axillaris*（*Roxb.*）*Burtt et Hill.*］、山桐子（*Idesia polycarpa Maxim.*）、紫树（*Nyssa sinensis Oliv.*）、日本香柏（*Thuja standishii Linn.*）、线柏（*Chamaecyparis pisifera' Filifera'*）、美国尖叶扁柏［*Chamaecyparis thyoides*（*L.*）*Britton，Sterns et Poggenburg*］、云片柏（*Chamaecyparis obtusa' Breviramea'*）、凤凰柏（*Juniperus phoenicea L.*）、孔雀柏（*Chamaecyparis obtusa var. formosana' Tetragona'*）、铺地柏［*Sabina procumbens*（*Endl.*）*Iwata et Kusaka*］、糖槭（*Acer saccharum*）、银荆（*Acacia dealbata Link*）、赤松（*Pinus densiflora Sieb. et Zucc.*）、白兰花（*Michelia alba DC.*）等200 多种。

三、树种分布

赣南地形复杂，地域差异大，森林树种垂直分布比较明显。海拔 500 米以下丘陵岗地的林木树种多为马尾松（*Pinus massoniana Lamb.*）、杉木［*Cunninghamia lanceolata*（*Lamb.*）*Hook.*］、油茶（*Camellia oleiferaAbel*）、毛竹［*Phyllostachys heterocycla*（*Carr.*）*Mitford' Pubescens'*］、黄竹（*Dendrocalamus membranaceus Munro*）、茅栗（*Castanea seguinii Dode*）、白栗（*Castanopsis delavayi Franch.*）、樟树（*Cinnamomum bodinieri H. Lév.*）、苦槠［*Castanopsis sclerophylla*（*Lindl.*）*Schottky*］、银木荷（*Schima argentea E. Pritz. ex Diels*）、红楠（*Machilus thunbergii Siebold & Zucc.*）等；海拔 500～700 米的低山多为壳斗科的麻栎（*Quercus acutissima Carruth.*）、锥栗［*Castanea henryi*（*Skan*）*Rehd. & E. H. Wils.*］、丝栗栲（*Castanopsis Fargesii*）等，黄檀（*Dalbergia hupeana Hance*）、拟赤杨［*Alniphyllum fortunei*（*Hemsl.*）*Makino*］、马尾松（*Pinus massoniana Lamb.*）、毛竹［*Phyllostachys heterocycla*（*Carr.*）*Mitford' Pubescens'*］、杉木［*Cunninghamia lanceolata*（*Lamb.*）*Hook.*］、泡桐（*Paulownia Sieb. et Zucc.*）、漆树［*Toxicodendron delavayi*（*Franch.*）*F. A. Barkley*］、深山含笑（*Michelia maudiae Dunn*）、乌桕［*Sapium sebiferum*（*L.*）*Roxb.*］、观光木（*Tsoongiodendron odorum Chun*）、茶梨（*Anneslea fragrans Wall.*）、猴喜欢［*Sloanea sinensis*（*Hance*）*Hemsl.*］、天料木（*Homalium cochinchinense Druce*）、苦梓（*Gmelina hainanensis Oliv.*）、杜英属（*Elaeocarpus Linn.*）、小山竹、黄樟［*Cinnamomum porrectum*（*Roxb.*）*Kosterm.*］、大叶楠（*Machilus kusanoi Hayata*）、厚皮树［*Lannea coromandelica*（*Houtt.*）*Merr.*］、枫香（*Liquidambar formosana Hance*）等树种；海拔 700～1000 米的山地多为甜槠栲、钩栗（*Castanopsis tibetana Hance*）、山合欢［*Albizia kalkora*（*Roxb.*）*Prain*］、椴树（*Tilia tuan Szyszyl.*）、冬青（*Ilex chinensis Sims*）、光皮桦（*Betula luminifera H. Winkl.*）、化香（*Platycarya strobilacea Sieb. & Zucc.*）、竹柏［*Podocarpus nagi*（*Thunb.*）*Zoll. & Mor. ex Zoll.*］、黄杨［*Buxus sinica*（*Rehder & E. H. Wilson*）*M. Cheng*］、枫香（*Liquidambar formosana Hance*）等树种；海拔 1000 米以上低中山地多为天然灌木类，如杜鹃（*Rhododendron L.*）、乌饭、檵木、小叶石楠［*Photinia parvifolia*（*E. Pritz.*）*C. K. Schneid.*］、马银花［*Rhododendron ovatum*（*Lindl.*）*Planch. ex Maxim.*］、猴头杜鹃（*Rhododendron simiarum Hance*）、野山茶［*Camellia cordifolia*（*Metcalf*）*Nakai*］、吊钟花（*Enkianthus quinqueflorus Lour.*）、冷剑竹等树种。

尽管赣南林地纬度相差 2°～ 3°，但林木树种水平分布上差异不大，树种分界线不明显。

第二节 植物资源

境内森林野生有经济价值的植物主要有3类220科2298种。其中蕨类植物31科74种，裸子植物9科29种，被子植物180科2195种。另有主要野生大型真菌2纲6目21科84种。在这些植物中，有乔、灌、藤本树种1600～1800多种，已掌握的有134科1736种，采集有标本的126科384属1170余种，其中，乔木树种500余种，灌木（含藤本）树种650余种，竹类20余种；有珍稀濒危树种124种，属于国家一、二、三级保护树种40余种；引进树种200多种。赣南树木园采种育苗上山造林和原有的树种保存1300多种，其中珍稀树种131种。境内被列入《国家重点保护野生植物名录（第一批）》的植物31种，其中一级4种，二级27种；被列入省级重点保护植物78种。

赣州森林主要野生有经济价值的植物资源具体类、科及种属：

一、蕨类植物

赣南蕨类植物有石杉科、石松科、卷柏科、木贼科、阴地蕨科、瓶尔小草、莲座蕨科、紫萁科、瘤足蕨科、里白科、海金沙科、膜蕨科等31科，常见科具体如下：

石杉科　蛇足石杉［*Huperzia serrata*（*Thunb.*）*Trevis.*］。

石松科　藤石松［*Lycopodiastrum casuarinoides*（*Spring*）*Holub ex R. D. Dixit*］、石松（*Lycopodium japonicum Thunb.*）。

卷柏科　深绿卷柏（*Selaginella doederleinii Hieron. subsp. doederleinii*）、江南卷柏（*Selaginella moellendorffii Hieron.*）、伏地卷柏（*Selaginella nipponica Franch. & Sav.*）、翠云草［*Selaginella uncinata*（*Desv.*）*Spring*］。

水蕨科　水蕨（*Ceratopteris thalictroides*（*L.*）*Brongn.*）。

槲蕨科　槲蕨（*Drynaria roosii Nakaike*）。

剑蕨科　柳叶剑蕨［*Loxogramme salicifolia*（*Makino*）*Makino*］、褐柄剑蕨（*Loxogramme duclouxii H. Christ*）。

二、裸子植物

赣南裸子植物共9科，各科具体如下：

苏铁科　苏铁（*Cycas revoluta Thunb.*）。

银杏科　银杏（*Ginkgo biloba L.*）。

松科　雪松［*Cedrus deodara*（*Roxb. ex Lamb.*）*G. Don*］、江南油杉（*Keteleeria cyclolepis Flous*）、湿地松（*Pinus elliottii Engelm.*）、马尾松（*Pinus massoniana Lamb.*）、火炬松（*Pinus taeda L.*）、黄山松（*Pinus taiwanensis Hayata*）、铁杉［*Tsuga chinensis*（*Franch.*）*Pritz.*］、长苞铁杉（*Tsuga longibracteata W. C. Cheng*）。

杉科　柳杉（*Cryptomeria fortunei Hooibr. ex Otto & Dietrich*）、杉木［*Cunninghamia lanceolata*（*Lamb.*）*Hook.*］、秃杉（*Taiwania flousiana Gaussen*）、池杉（*Taxodium ascendens Brongn.*）。

柏科　绒柏［*Chamaecyparis pisifera*（*Siebold & Zucc.*）*Endl. cv. Squarrosa*］、干香柏（*Cupressus duclouxiana Hickel*）、福建柏［*Fokienia hodginsii*（*Dunn*）*A. Henry & H. H. Thomas*］、刺柏（*Juniperus formosana Hayata*）、侧柏［*Platycladus orientalis*（*L.*）*Franco*］、垂柏（又名柏木，*Cupressus funebris Endl.*）、圆柏［*Sabina chinensis*（*L.*）*Antoine*］。

罗汉松科　罗汉松［*Podocarpus macrophyllus*（*Thunb.*）*Sweet*］、短叶罗汉松［*Podocarpus macro-*

phyllus (Thunb.) Sweet var. maki Siebold & Zucc.]、竹柏[Podocarpus nagi (Thunb.) Zoll. & Mor. ex Zoll.]。

三尖杉科 三尖杉(Cephalotaxus fortunei Hook.)、粗榧[Cephalotaxus sinensis (Rehder & E. H. Wilson) H. L. Li]。

红豆杉科 南方红豆杉[Taxus chinensis (Pilg.) Rehder var. mairei (Lemée & H. Lév.) W. C. Cheng & L. K. Fu]。

买麻藤科 小叶买麻藤[Gnetum parvifolium (Warb.) W. C. Cheng]。

三、被子植物

双子叶植物 有木兰科、八角科、五味子科、番荔枝科、樟科、蔷薇科、蜡梅科、豆科、山梅花科、绣花科、鼠刺科、安香科、山矾科、山茱萸科等。各科种类齐全,其中,在赣南常见科具体如下:

樟科 毛黄肉楠[Actinodaphne pilosa (Lour.) Merr.]、广东琼楠(Beilschmiedia fordii Dunn)、厚叶琼楠(Beilschmiedia percoriacea Allen)、山桂皮(又称"毛桂",Cinnamomum appelianum Schewe)、华南桂(Cinnamomum austrosinense H. T. Chang)、阴香[Cinnamomum burmannii (C. G. et Th. Nees) Bl.]、樟树(又称"猴樟",Cinnamomum bodinieri Lévl.)、浙江樟(Neocinnamomum chekiangense)、普陀樟(又称"天竺桂",Cinnamomum japonicum Sieb.)、沉水樟[Cinnamomum micranthum (Hay.) Hay.]、黄樟[Cinnamomum porrectum (Roxb.) Kosterm.]、香桂(Cinnamomum subavenium Miq.)、辣汁树(Cinnamomum tsangii Merr.)、川桂(Cinnamomum wilsonii Gamble)、厚壳桂[Cryptocarya chinensis (Hance) Hemsl.]、狭叶山胡椒(Lindera angustifolia Cheng)、香叶树(Lindera communis Hemsl.)、红果山胡椒(Lindera erythrocarpa Makino)、江浙钓樟(又称江浙山胡椒,Lindera chienii Cheng)、绿叶甘橿[Lindera neesiana (Wallich ex Nees) Kurz]、山胡椒[Lindera glauca (Sieb. et Zucc.) Bl.]、长叶乌药[Lindera pulcherrima (Wall.) Benth. var. hemsleyana (Diels) H. P. Tsui]、黑壳楠(Lindera megaphylla Hemsl.)、绒毛山胡椒[Lindera nacusua (D. Don) Merr.]、山橿(Lindera reflexa Hemsl.)、红脉钓樟(Lindera rubronervia Gamble)、乌药[Lindera aggregata (Sims) Kosterm.]、毛豹皮樟[Litsea coreana Lévl. var. lanuginosa (Migo) Yang et P. H. Huang]、豹皮樟[Litsea coreana Lévl. var. sinensis (Allen) Yang et P. H. Huang]、山鸡椒[Litsea cubeba (Lour.) Pers.]、毛山鸡椒[Litsea cubeba (Lour.) Pers. var. formosana (Nakai) Yang et P. H. Huang]、黄丹木姜子[Litsea elongata (Wall. ex Nees) Benth. et Hook. f.]、石木姜子[Litsea elongata (Wall. ex Nees) Benth. et Hook. f. var. faberi (Hemsl.) Yang et P. H. Huang]、潺槁树[Litsea glutinosa (Lour.) C. B. Rob.]、毛叶木姜子(Litsea mollis Hemsl.)、假柿木姜子[Litsea monopetala (Roxb.) Pers.]、红皮木姜子[Litsea pedunculata (Diels) Yang et P. H. Huang]、木姜子(Litsea pungens Hemsl.)、轮叶木姜子(Litsea verticillata Hance)、浙江润楠(Machilus chekiangensis S. Lee)、基脉润楠(Machilus decursinervis Chun)、华润楠[Machilus chinensis (Champ. ex Benth.) Hemsl.]、黄绒润楠(Machilus grijsii Hance)、宜昌润楠(Machilus grijsii Hance)、大叶润楠[Machilus japonica Siebold & Zuccarini var. kusanoi (Hayata) J. C. Liao]、薄叶润楠(Machilus leptophylla Hand.—Mazz.)、建润楠(Machilus oreophila Hance)、刨花润楠(Machilus pauhoi Kanehira)、凤凰润楠(Machilus phoenicis Dunn)、润楠[Machilus nanmu (Oliver) Hemsley]、红楠(Machilus thunbergii Sieb. et Zucc.)、绒毛润楠(Machilus velutina Champ. ex Benth.)、新木姜子[Neolitsea aurata (Hay.) Koidz.]、粉叶新木姜子[Neolitsea aurata (Hay.) Koidz. var. glauca Yang]、浙江新木姜子[Neolitsea aurata (Hay.) Koidz. var. chekiangensis (Nakai) Yang et P. H. Huang]、云和新木

姜子［*Neolitsea aurata*（*Hay.*）*Koidz. var. paraciculata*（*Nakai*）*Yang et P. H. Huang*］、锈叶新木姜子（*Neolitsea cambodiana Lec.*）、鸭公树（*Neolitsea chui Merrill*）、大叶新木姜子（*Neolitsea levinei Merr.*）、显脉新木姜子（*Neolitsea phanerophlebia Merr.*）、新宁新木姜子（*Neolitsea shingningensis Yang et P. H. Huang*）、闽楠［*Phoebe bournei*（*Hemsl.*）*Yang*］、山楠（*Phoebe chinensis Chun*）、浙江楠（*Phoebe chekiangensis C. B. Shang*）、竹叶楠［*Phoebe faberi*（*Hemsl.*）*Chun*］、湘楠（*Phoebe hunanensis Hand.－Mazz.*）、白楠［*Phoebe neurantha*（*Hemsl.*）*Gamble*］、紫楠［*Phoebe sheareri*（*Hemsl.*）*Gamble*］、檫木［*Sassafras tzumu*（*Hemsl.*）*Hemsl.*］。

蜡梅科 蜡梅［*Chimonanthus praecox*（*Linn.*）*Link*］、柳叶蜡梅（*Chimonanthus salicifolius Hu*）。

杨柳科 响叶杨（*Populus adenopoda Maxim.*）、垂柳（*Salix babylonica L.*）、银叶柳（*Salix chienii W. C. Cheng*）、长梗柳（*Salix dunnii C. K. Schneid.*）、河柳（*Salix Chaenomeloides Krimura*）、旱柳（*Salix matsudana Koidz.*）、粤柳（*Salix mesnyi Hance*）、南川柳（*Salix rosthornii Seemen*）。

杨梅科 杨梅［*Myrica rubra*（*Lour.*）*Sieb. & Zucc.*］

荨麻科 序叶苎麻［*Boehmeria clidemioides var. diffusa*（*Wedd.*）*Hand.－Mazz.*］、海岛苎麻（*Boehmeria formosana Hayata*）、大叶苎麻（*Boehmeria longispica Steud.*）、苎麻［*Boehmeria nivea*（*L.*）*Gaudich.*］、伏毛苎麻（*Boehmeria strigosifolia W. T. Wang*）、悬铃叶苎麻［*Boehmeria tricuspis*（*Hance*）*Makino*］、小赤麻［*Boehmeria spicata*（*Thunb.*）*Thunb.*］、微柱麻（*Chamabainia cuspidata Wight*）、楼梯草（*Elatostema umbellatum var. maius*）、石生楼梯草［*Elatostema rupestre*（*Buch.－Ham.*）*Wedd.*］、庐山楼梯草（*Elatostema stewardii Merr.*）、糯米团［*Gonostegia hirta*（*Bl.*）*Miq.*］、珠芽艾麻［*Laportea bulbifera*（*Sieb. & Zucc.*）*Wedd.*］、艾麻［*Laportea cuspidata*（*Wedd.*）*Friis*］、水丝麻［*Maoutia puya*（*Hook.*）*Wedd.*］、毛花点草（*Nanocnide lobata Wedd.*）、紫麻［*Oreocnide frutescens*（*Thunb.*）*Miq.*］、赤车［*Pellionia radicans*（*Sieb. & Zucc.*）*Wedd.*］、蔓赤车（*Pellionia scabra Benth.*）、大叶冷水花［*Pilea martinii*（*Levl.*）*Hand.－Mazz.*］、透茎冷水花［*Pilea pumila*（*L.*）*A. Gray*］、冷水花（*Pilea notata C. H. Wright*）、矮冷水花［*Pilea peploides*（*Gaudich.*）*Hook. & Arn.*］、三角形冷水花（*Pilea swinglei Merr.*）、宽叶荨麻（*Urtica laetevirens Maxim.*）。

瑞香科 芫花（*Flos Genkwa*）、瑞香（*Daphne odora Thunb.*）、毛瑞香［*Daphne kiusiana var. atrocaulis*（*Rehd.*）*F. Maekawa*］、白瑞香（*Daphne papyracea Wall. ex Steud.*）、结香（*Edgeworthia chrysantha Lindl.*）、白花荛花［*Wikstroemia trichotoma*（*Thunb.*）*Makino*］、荛花［*Wikstroemia Canescens*（*Wall.*）*Meisn.*］、一把香（*Wikstroemia dolichantha Diels*）、了哥王［*Wikstroemia indica*（*L.*）*C. A. Mey.*］、小黄构（*Wikstroemia micrantha Hemsl.*）、北江荛花（*Wikstroemia monnula Hance*）。

山茶科 四川红淡（*Adinandra bockiana E. Pritz. ex Diels*）、红楣（*Anneslea Fragrans Wall.*）、大萼红淡（*Adinandra macrosepala*）、黄瑞木［*Adinandra millettii*（*Hook. et Arn.*）*Benth. et Hook. f.*］、短柱茶［*Camellia brevistyla*（*Hayata*）*Cohen－Stuart*］、长尾毛蕊茶（*Camellia caudata Wall.*）、浙江红山茶（*Camellia chekiangoleosa Hu*）、心叶毛蕊茶［*Camellia cordifolia*（*Metcalf*）*Nakai*］、尖连蕊茶（*Camellia cuspidata Wright var. cuspidata*）、尖萼红山茶（*Camellia edithae Hance*）、柃叶连蕊茶（*Camellia euryoides Lindl.*）、连蕊茶［*Camellia cuspidata*（*Kochs*）*Bean*］、山茶（*Camellia japonica L.*）、细叶短柱茶［*Camellia microphylla*（*Merr.*）*Chien*］、油茶（*Camellia oleiferaAbel*）、柳叶山茶（*Camellia salicifolia Champ. ex Benth.*）、茶树（*Camelliasinensis*）、毛枝连蕊茶［*Camellia trichoclada*（*Rehder*）*S. S. Chien*］、红淡比（*Cleyera japonica Thunb. var. japonica*）、厚叶红淡比（*Cleyera pachyphylla Chun ex Hung T. Chang*）、尖萼毛柃（*Eurya acutisepala Hu & L. K. Ling*）、翅柃（*Eurya alata Kobuski*）、短柱柃（*Eurya brevistyla Kobuski*）、米碎花（*Eurya chinensis R. Br.*）、二列叶柃

（Eurya distichophylla F. B. Forbes & Hemsl.）、微毛柃（Eurya hebeclados Ling）、柃木（Eurya japonica Thunb.）、细枝柃（Eurya loquaiana Dunn）、黑柃（Eurya macartneyi Champ.）、格药柃（Eurya muricata Dunn）、细齿叶柃（Eurya nitida Korth.）、矩圆叶柃（Eurya oblonga Y. C. Yang）、窄基红褐柃（Eurya rubiginosa H. T. Chang var. attenuata H. T. Chang）、半齿柃（Eurya semiserrulata Hung T. Chang）、单耳柃（Eurya weissiae Chun）、舟柄茶（又称"折柄茶"，Hartia sinensis Dunn）、银木荷（Schima argentea E. Pritz. ex Diels）、疏齿木荷（Schima remotiserrata Hung T. Chang）、木荷（Schima superba Gardner & Champ.）、紫茎（Stewartia sinensis Rehder & E. H. Wilson）、厚皮香［Ternstroemia gymnanthera（Wight & Arn.）Bedd.］、厚叶厚皮香（Ternstroemia kwangtungensis Merr.）、尖萼厚皮香（Ternstroemia luteoflora L. K. Ling）、亮叶厚皮香（Ternstroemia nitida Merr.）、长柄石笔木（Tutcheria greeniae Chun）、粗毛石笔木（Tutcheria hirta（Hand.－Mazz.）H. L. Li）、小果石笔木（Tutcheria microcarpa Dunn）、石笔木（Tutcheria championii Nakai）。

马齿苋科 大花马齿苋（Portulaca grandiflora Hook.）、马齿苋（Portulaca oleracea L.）、土人参［Talinum paniculatum（Jacq.）Gaertn.］。

茄科 辣椒（Capsicum annuum L.）、枸杞（Lycium chinense Mill.）、番茄（Lycopersicon esculentum Mill.）、烟草（Nicotiana tabacum L.）、挂金灯［Physalis alkekengi L. var. francheti（Mast.）Makino］、苦职（Physalis angulata L.）、刺天茄（Solanum indicum L.）、白英（Solanum lyratum Thunb.）、茄（Solanum melongena L.）、龙葵（Solanum nigrum L.）、海桐叶白英（Solanum pittosporifolium Hemsl.）、珊瑚樱（Solanum pseudocapsicum L.）、牛茄子（Solanum surattense Burm. f.）、马铃薯（又称"阳芋"，Solanum tuberosum L.）、龙珠［Tubocapsicum anomalum（Franch. & Sav.）Makino］。

单子叶植物 有水鳖科、泽泻科、水蕹科、眼子菜科、茨藻科、鸭跖草科、谷精草科、芭蕉科、姜科、美人蕉科等。各科种类齐全，其中，在赣南常见的有：

芭蕉科 芭蕉（Musa basjoo Siebold & Zucc. ex Iinuma）。

姜科 华山姜［Alpinia chinensis（Retz.）Rosc.］、山姜［Alpinia japonica（Thunb.）Miq.］、高良姜（Alpinia officinarum Hance）、蘘荷［Zingiber mioga（Thunb.）Rosc.］、姜（Zingiber officinale Rosc.）。

棕榈科 麒麟血藤、黄藤［Daemonorops margaritae（Hance）Becc.］、棕竹［Rhapis excelsa（Thunb.）Henry ex Rehd.］、矮棕竹（Rhapis humilis Bl.）、棕榈［Trachycarpus fortunei（Hook.）H. Wendl.］。

灯芯草科 翅茎灯芯草（Juncus alatus Franch. et Sav.）、星花灯芯草（Juncus diastrophanthus Buchenau）、灯芯草（Juncus effusus）、江南灯芯草（Juncus leschenaultii Gay）、野灯芯草（Juncus setchuensis Buchen. ex Diels）、羽毛地杨梅（Luzula plumosa E. Mey.）

第三节 动物资源

在动物地理区划上，赣南属东洋界华中区东部丘陵平原亚区。历史上曾有剑齿象（stegodon）、犀牛（Dicerorhinus）、大熊猫（Ailuropoda melanoleuca）、金丝猴（Rhinopithecus）、长臂猿（Hylobatidae）、麋鹿（Elaphurus davidianus）等动物繁衍生息。随着气温的下降，北宋以后，上述动物逐渐向西南退缩，先后绝迹于赣南。中华人民共和国成立后，有关部门曾多次开展野生动物调查，基本查清了赣南森林野生动物（包括昆虫）的种类和分布。除森林昆虫 18 目、130 科、912 种，并发现有全国新种、江西新种 69 种外，赣南有陆生野生保护动物 125 种。其中，国家级保护的有 48 种，省级保护的有 77 种。这些野生动物，既有南北广泛分布的种类，也有分布于华南亚区的种类，还有与西南亚区相似的部分动物种类。

1997—2000 年，全省统一调查结果显示，赣州共有森林陆生脊椎类野生有经济价值动物 336 种，分别隶属于 29 目、86 科。其中，鸟类 17 目、43 科、198 种，属东洋界区系的 103 种，古北界的 63 种，白喉斑秧鸡（*Rallina eurizonoides*）等 19 种是江西的新纪录，雀形科种类占 99 种；在境内繁殖的鸟有 125 种，占鸟类总数的 66.14%；冬候鸟 51 种，旅鸟 13 种；按 80%可靠性对 12 种珍贵鸟类种群数量进行估算，大约灰胸竹鸡 53193 只、环颈雉 27205 只、画眉 38799 只。野生兽类 7 目、23 科、55 种；栖息于山地的兽类 47 种，占 85.45%；东洋界区系的 45 种，占 81.82%；野猪的数量估计为 13268～15824 头。两栖类 2 目 7 科 26 种。爬行类 3 目、13 科、56 种（蛇类调查于 1992 年 5 月至 1994 年 10 月，发现 38 种）。赣州的爬行动物区系以东洋界成分为主体，占 85.71%。另据初步调查，境内有陆生非脊椎类野生动物昆虫类 18 目、130 科、912 种，主要为森林昆虫，其中鳞翅目最多，鞘翅目、半翅目次之。在这些动物中，属国家一级保护的有 7 种，国家二级保护的有 41 种，属省级保护的有 77 种。

赣州森林主要陆生脊椎类和非脊椎类野生动物具体纲、目、科属种：

一、哺乳纲

赣南动物哺乳纲有猴科、鼹科、鼩鼱科、蹄蝠科、蝙蝠科、兔科、松鼠科、竹鼠科等 19 科。常见科具体如下：

兔科 华南兔（*Lepus sinensis*）。

竹鼠科 中华竹鼠（*Rhizomys sinensis Gray*）、银星竹鼠（*Rhizomys pruinosus Blyth*）。

鼠科 中华姬鼠（*Apodemus draco*）、黑线姬鼠（*Apodemus agrarius*）、褐家鼠（*Rattus norvegicus*）、黄胸鼠（*Rattus flavipectus*）、黄毛鼠（*Rattus losea*）、社鼠（*Niviventer niviventer*）、小家鼠（*Mus musculus*）。

豪猪科 豪猪（*Hystricidae*）。

犬科 赤狐（*Vulpes vulpes*）、貉（*Nyctereutes procyonoides*）、豺（*Cuon alpinus*）。

熊科 黑熊（*Ursus thibetanus*）。

猪科 野猪（*Sus scrofa*）。

二、鸟纲

赣南动物鸟纲有鹏鹛科、鸬鹚科、鹭科、鸭科、鹰科、隼科、雉科等 43 科。常见科具体如下：

雉科 中华鹧鸪（*Francolinus pintadeanus*）、鹌鹑（*Coturnix coturnix*）、灰胸竹鸡（*Bambusicola thoracica*）、白眉山鹧鸪（*Arborophila gingica*）、黄腹角雉（*Tragopan caboti*）、白鹇（*Lophura nythemera*）、白颈长尾雉（*Syrmaticus ellioti*）、环颈雉（*Phasianus colchicus*）。

鹎科 领雀嘴鹎（*Spizixos semitorques*）、白头鹎（*Pycnonotus sinensis*）、黑喉红臀鹎（*Pycnonotus cafer*）、绿翅短脚鹎（*Hypsipetes mcclellandii*）、黑短脚鹎（*Hypsipetes madagascariensis*）。

椋鸟科 灰背椋鸟（*Sturnus sinensis*）、黑领椋鸟（*Sturnus nigricollis*）、丝光椋鸟（*Sturnus sericeus*）、灰椋鸟（*Sturnus cineraceus*）、八哥（*Acridotheres cristatellus*）。

鹟科 红胁蓝尾鸲（*Tarsiger cyanurus*）、蓝歌鸲（*Luscinia cyane*）、鹊鸲（*Copsychus saularis*）、北红尾鸲（*Phoenicurus auroreus*）、黑背燕尾（*Enicurus leschenaulti*）、紫啸鸫（*Myophonus caeruleus*）、虎斑地鸫（*Zoothera dauma*）、橙头地鸫（*Geokichla citrina*）、灰背鸫（*Turdus hortulorum*）、乌鸫（*Turdus merula*）、斑鸫（*Turdus naumanni*）、棕颈钩嘴鹛（*Pomatorhinus ruficollis*）、锈脸钩嘴鹛（*Pomatorhinus erythrogenys*）、红头穗鹛（*Stachyris ruficeps*）、小黑领噪鹛（*Garrulax monileger*）、黑领噪鹛（*Garrulax pectoralis*）、画眉（*Garrulax canorus*）、白颊噪鹛（*Pterorhinus sannio*）、红嘴相思鸟（*Leiothrix lutea*）、灰眶雀鹛（*Alcippe morrisonia*）、白腹凤鹛（*Yuhina zantholeuca*）、矛斑蝗莺（*Lo-*

custella lanceolata）、褐柳莺（*Phylloscopus fuscatus*）、黄腹柳莺（*Phylloscopus affinis*）、黄腰柳莺（*Phylloscopus proregulus*）、黑眉柳莺（*Phylloscopus ricketti*）、棕腹柳莺（*Phylloscopus subaffinis*）、黄眉柳莺（*Phylloscopus inornatus*）、黄胸柳莺（*Phylloscopus cantator*）、长尾缝叶莺（*Orthotomus sutorius*）、棕脸鹟莺（*Abroscopus albogularis*）、褐头鹪莺（*Prinia inornata*）、白喉林鹟（*Rhinomyias brunneatus*）、白眉鹟（*Ficedula zanthopygia*）、鸲（姬）鹟（*Ficedula mugimaki*）、橙胸姬鹟（*Ficedula strophiata*）、乌鹟（*Muscicapa sibirica*）、寿带鸟（*Terpsiphone paradisi*）。

山雀科 大山雀（*Parus major*）、黄腹山雀（*Parus venustulus*）、红头（长尾）山雀（*Aegithalos concinnus*）。

三、两栖纲

赣南动物两栖纲有蝾螈科、锄足蟾科、蟾蜍科、雨蛙科、蛙科、树蛙科、姬蛙科等 7 科。常见科具体如下：

蟾蜍科 中华大蟾蜍（*Bufo gargarizans Cantor*）、黑眶蟾蜍（*Bufo Melanostictus Schneider*）。

蛙科 沼蛙（*Hylarana guentheri*）、阔褶水蛙（*Hylarana latouchii*）、泽蛙（*Fejervarya multistriata*）、黑斑蛙（*Pelophylax nigromaculatus*）、金线蛙（*Rana plancyi*）、花臭蛙（*Odorrana schmackeri*）、大绿臭蛙（*Odorrana graminea*）、虎纹蛙（*Rana rugulosa*）、镇海林蛙（*Rana zhenhaiensis Ye，Fei et Matsui*）、日本林蛙（*Rana japonica*）、华南湍蛙（*Amolops ricketti*）。

四、爬行纲

赣南动物爬行纲有鬣蜥科、壁虎科、石龙子科、蜥蜴科、平胸龟科、龟科、鳖科、盲蛇科、蟒科、闪鳞蛇科、游蛇科、眼镜蛇科、蝰科等 13 科。常见科具体如下：

壁虎科 多疣壁虎（*Gekko japonicus*）。

蜥蜴科 北草蜥（*Takydromus septentrionalis*）、南草蜥（*Takydromus sexlineatus*）。

眼镜蛇科 金环蛇（*Bungarus fasciatus*）、银环蛇（*Bungarus multicinctus*）、眼镜蛇［*Naja naja*（*Linnaeus*，1758）］、眼镜王蛇（*Ophiophagus hannah*）。

第四章　矿产资源

赣州是全国重点有色金属基地之一，素有“世界钨都”“稀土王国”之美誉。全市（地区）已发现矿产 106 种，其中查明有资源储量的 72 种，已开发利用的 63 种，最具特色和规模的优势矿种是钨、稀土和萤石。查明资源储量的矿床中，以有色金属最多，主要有钨、稀土、锡、铅、锌、钼、铜、锂、铀、钽、铌等，萤石、石灰石、煤矸石等非金属矿占有一定比例。全市（地区）有矿产地 1254 处，其中大型矿床 28 处、中型矿床 60 处、小型矿床 712 处、矿点 454 处。在赣州 18 个县（市、区）中，每个县（市、区）都有一定数量的矿产资源和矿山企业。

赣州在全国和世界上具有优势的矿种是中重稀土、黑钨矿两种。其中，中重稀土保有储量分别占全国和世界的 54.9%和 36.2%；钨的保有储量分别占全国和世界的 39%和 26%。在省内具优势的矿种有铀、钍、锡、铋、萤石、麦饭石、轻稀土、岩盐。具有区位优势的矿产有煤、水泥灰岩、金、银（铅锌）、建筑用砂。具潜在经济优势的矿种有钽、晶质石墨、高岭土、硅石、透闪石、大理岩、铌、钛、铪（锆）、滑石、泥炭、水泥灰岩、矿泉水、地热、白云岩。具较大资源潜力的矿种有金、银、钨、锡、铋、离子型稀土、膨润土、铜、钽铌、钼、高岭土。

第一节　金属矿产

境内矿产种类多，特别是钨、锡、铋、稀土、钽等矿产储量极为丰富。矿产资源分布相对集中，钨、锡、稀土3种矿产探明储量的，70%～90%集中在大中型矿区。区域上，南部龙南县、定南县、信丰县、寻乌县等县以稀土为主，中西部钨、锡、铋、银（铅锌）丰富，独立锡矿主要分布在东部会昌县。北部兴国县、于都县以金、银为主。赣州有色金属主要有钨、锡、钼、铋、铜、铅、锌；稀有金属主要有铌、钽、锂、铍、锆、铷、铯；贵重金属主要有金、银、铂、钯；黑色金属主要有铁、锰、钛、钒；稀土金属主要有钪、轻稀土、重稀土；分散元素金属主要有镉、硒、铟；放射性金属主要有铀、钍。

一、钨矿（三氧化钨）

有矿区99个，保有储量48.85万吨，累计查明117.86万吨，主要分布在信丰县、上犹县、崇义县、安远县、于都县、兴国县、寻乌县等地。

二、铅矿

有矿区30个，保有储量35.33万吨，累计查明51.25万吨，主要分布在赣县、上犹县、崇义县、大余县、于都县、全南县、龙南县、兴国县、会昌县、南康市、宁都县、章贡区等县（市、区）。

三、铜矿

有矿区59个，保有储量22.19万吨，累计查明31.91万吨，主要分布在赣县、上犹县、崇义县、大余县、于都县、全南县、龙南县、兴国县、会昌县、石城县、南康市、宁都县等县（市）。

四、锌矿

有矿区40个，保有储量30.09万吨，累计查明42.52万吨，主要分布在信丰县、上犹县、崇义县、安远县、于都县、兴国县、寻乌县等县。

五、锡矿

有矿区51个，保有储量23.39万吨，累计查明31.12万吨，主要分布在赣县、上犹县、崇义县、大余县、于都县、全南县、龙南县、兴国县、会昌县、南康市等县（市）。

六、金矿（岩金）

有矿区4个，保有储量2079千克，累计查明4509千克，主要分布在安远县、于都县、兴国县、赣县、崇义县、瑞金市、寻乌县等县（市）。

七、银矿

有矿区33个，保有储量2512吨，累计查明3125.07吨，主要分布在安远县、于都县、兴国县、上犹县、瑞金市、寻乌县等县（市）。

八、铌矿（Nb205）

有矿区9个，保有储量1273吨，累计查明2173吨，主要分布在石城县、宁都县、赣县、定南县等县。

九、钽矿（Ta205）

有矿区9个，保有储量1917吨，累计查明2135吨，主要分布在石城县、宁都县、赣县、定南县等县。

十、重稀土矿（重稀土氧化物）

有矿区 9 个，保有储量 11.18 万吨，累计查明 20.21 万吨，主要分布在龙南县、安远县、赣县等县。

十一、重稀土矿（磷钇矿）

有矿区 4 个，保有储量 1.06 万吨，累计查明 1.06 万吨，主要分布在赣县、大余县、上犹县等县。

十二、稀土矿（稀土氧化物）

有矿区 9 个，保有储量 1.09 万吨，累计查明 1.49 万吨，主要分布在赣县、宁都县等县。

十三、轻稀土矿（轻稀土氧化物）

有矿区 28 个，保有储量 20.63 万吨，累计查明 57.01 万吨，主要分布在赣县、寻乌县、安远县、定南县、全南县、会昌县等县。

十四、硫铁矿

有矿区 4 个，保有储量 1261.21 万吨，累计查明 1263.21 万吨，主要分布在于都县、兴国县、安远县、宁都县等县。

十五、钼矿

有矿区 3 个，保有储量 1.97 万吨，累计查明 3.42 万吨，主要分布在赣县、上犹县、崇义县、大余县、于都县、全南县、龙南县、兴国县、会昌县、南康市、宁都县等县（市）。

十六、铋矿

有矿区 28 个，保有储量 1.43 万吨，累计查明 6.07 万吨，主要分布在赣县、龙南县、会昌县、大余县、崇义县、定南县、于都县、宁都县等地。

第二节　非金属矿产

境内非金属矿产主要有岩盐、普通萤石、滑石、透闪石、硅石、高岭土、陶瓷土、膨润土、水晶、石墨、石棉、石膏、芒硝、重晶石、云母、冰洲石、钾长石、硫、磷、砷、碘、硫铁矿、白云岩（冶金用白云岩、化工用白云岩、建筑用白云岩）、石英岩（冶金用石英岩、玻璃用石英岩）、脉石英（冶金用脉石英、玻璃用脉石英、水泥配料用脉石英）、电石用灰岩、含钾岩石、电气石、石灰岩（水泥用灰岩、制灰用石灰岩）、砂岩（玻璃用砂岩、水泥配料用砂岩）、粉石英、水泥配料用页岩、黏土（陶粒用黏土、水泥配料用黏土）、玄武岩（饰面用玄武岩、建筑用玄武岩）、水泥用辉绿岩、麦饭石、水泥用凝灰岩、大理岩（饰面用大理岩、水泥用大理岩、建筑用大理岩）、饰面用板岩等。

一、普通萤石

有矿区 50 个，保有储量 619.24 万吨，累计查明 978.04 万吨，主要分布在全南县、龙南县、崇义县、瑞金市、宁都县、石城县、赣县、于都县、兴国县、上犹县等县（市）。

二、脉石英（冶金用）

有矿区 9 个，保有储量 86.39 万吨，累计查明 92.72 万吨，主要分布在上犹县、崇义县、龙南县、定南县、南康市、于都县等县（市）。

三、白云岩（化工用）

有矿区4个，保有储量23768.7万吨，累计查明23768.7万吨，主要分布在会昌、瑞金等县（市）。

四、水泥用灰岩

有矿区33个，保有储量50280.1万吨，累计查明53556.84万吨，主要分布在赣县、信丰县、上犹县、崇义县、龙南县、全南县、宁都县、于都县、兴国县、会昌县、瑞金市等县（市）。矿区面积7平方千米，生产规模1405万吨/年。

五、玻璃用脉石英

有矿区41个，保有储量270.64万吨，累计查明282.07万吨，主要分布在赣县、信丰县、崇义县、安远县、龙南县、全南县、宁都县、兴国县、会昌县、寻乌县、石城县等县。

六、高岭土

有矿区16个，保有储量3070.41万吨，累计查明3093.98万吨，主要分布在赣县、南康市、宁都县、信丰县、上犹县、崇义县、安远县、全南县、兴国县、石城县、瑞金市等县（市）。

七、陶瓷土

有矿区9个，保有储量68.1万吨，累计查明75.7万吨，主要分布在章贡区、龙南县、安远县、信丰县、石城县等县（区）。

八、长石

有矿区29个，保有储量83.08万吨，累计查明92.29万吨，主要分布在赣县、崇义县、安远县、龙南县、全南县、宁都县、于都县、兴国县、会昌县、寻乌县、石城县、瑞金市等县（市）。

九、大理岩

有矿区3个，保有储量153.6万立方米，累计查明163.3万立方米，主要分布在宁都县、兴国县、会昌县等县。

十、电气石

有矿区1个，保有储量1131.8吨，累计查明1131.8吨，主要分布在安远县。

十一、麦饭石

有矿区1个，保有储量252万吨，累计查明252万吨，主要分布在信丰县。

十二、盐矿

有矿区1个，矿区面积0.72平方千米，生产规模60万吨/年，主要分布在会昌县。

十三、煤

2000年，全市有矿区45个，保有储量6976.89万吨，累计查明9905.96万吨，主要分布在信丰县、赣县、龙南县、崇义县、宁都县、于都县、瑞金市等县（市）。矿区面积49.91平方千米，生产能力194万吨/年，2000年实际产原煤86.13万吨，生产煤气1517立方米。

第四篇

人口·计划生育

1986—2000年，赣州市（地区）人口数量持续上升，14年间增长19.56%。人口死亡率较为平稳，稳定在6.19‰~7.2‰之间。人口密度逐年增大，1986年为169人/平方千米，2000年达到202人/平方千米。人口年龄结构由1990年的成年型逐步向2000年的老年型发展。家庭规模逐年缩小，大家庭逐年减少。人民群众的身体素质不断提高，人口的受教育程度有较大提高。2000年，全市人口以汉族为主，有杂散居少数民族41个，少数民族人口6.3万人。

计划生育工作采取宣传教育、行政制约和政策鼓励等措施，推动广大育龄夫妇实施避孕节育、计划生育，降低人口出生率，提高出生人口素质。1999年，全市（地区）计划生育工作基本实现“三为主”（以宣传教育为主、以避孕为主、以经常性工作为主）。2000年，育龄妇女总和生育率已降至更替水平（2.1）以下，全市平稳度过第三次人口生育高峰。

第一章 人 口

1986—2000年，全市（地区）人口数量持续上升。1986年为6641873人，2000年为7941569人，14年间增长19.56%；全市（地区）人口出生率起伏较大，1986年为23.07‰，1989年、1990年24.62‰为最高，2000年降至16.21‰；全市（地区）人口密度逐年增大，1986年为169人/平方千米，2000年达到202人/平方千米。

第一节 人口数量

1986年年末，全地区户籍人口总户数1272739户，总人口6641873人，其中男3386657人、女3255216人。1990年，全地区户籍人口总户数1493474户，总人口7105217人，其中男3637570人、女3467647人。1995年，全地区户籍人口总户数1659878户，总人口7468126人，其中男3845324人、女3622802人。2000年，全市户籍人口总户数1994489户，总人口7941569人，其中男4092857人、女3848712人。2000年比1986年增加1299696人，增长19.57%。

一、出生率

1986—1990年，全地区人口出生率在较高水平上起伏上扬。1986年，全区出生率为23.07‰。1991年，遏止上升势头，除1993年比1992年略有回升外，各年均呈下降趋势。1995—2000年，全市（地区）人口出生率稳定在20‰以下，并逐年下降，人口再生产类型实现“高出生率、低死亡率、高增长率”向“低出生率、低死亡率、低增长率”的转变。

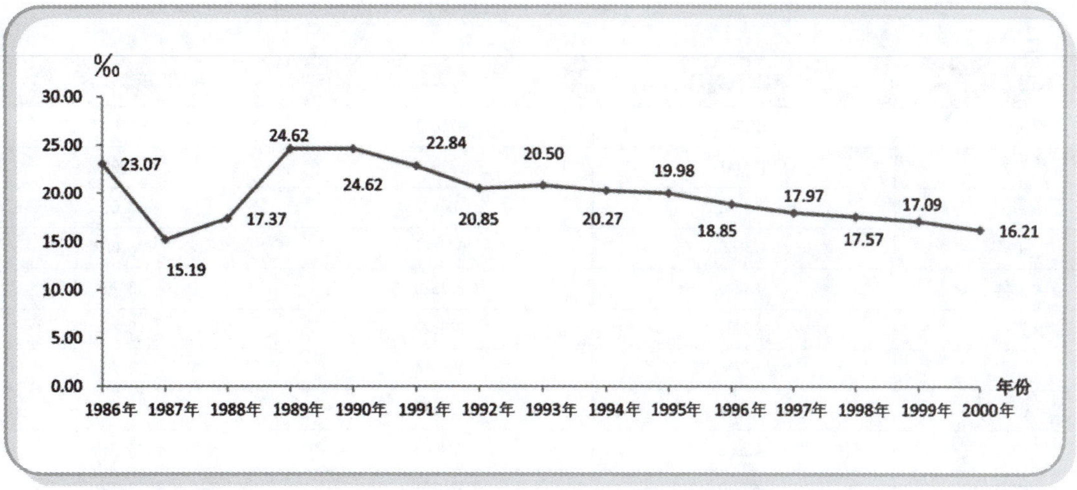

图4-1-1 1989—2000年赣州市人口出生率折线图

二、死亡率

1986—2000年，全市（地区）人口死亡率较为平稳，稳定在6.19‰～7.2‰之间。1986年全地区死亡率为6.19‰，2000年全市死亡率为6.34‰。人口死亡率最高的年份是1998年，为7.2‰。

三、自然增长率

全市（地区）自然增长率变化情况与人口出生率大致相同，1986—1990 年，人口自然增长率在较高水平上起伏。1986 年，全地区人口自然增长率为 16.88‰。1991 年，遏止住上升势头，除 1993 年比 1992 年略有回升外，各年均呈下降趋势。2000 年，全市人口自然增长率为 9.87‰。

表 4-1-1　1986—2000 年赣州市（地区）户数和人口数量统计表

年度	年末总户数(户)	年末总人口(人)	男(人)	女(人)	出生率(‰)	死亡率(‰)	自然增长率(‰)
1986 年	1272739	6641873	3386657	3255216	23.07	6.19	16.88
1987 年	1321491	6724620	3435945	3288675	15.19	—	—
1988 年	1349702	6881935	3510509	3371426	17.37	—	—
1989 年	1423389	6994242	3569302	3424940	24.62	—	—
1990 年	1493474	7105217	3637570	3467647	24.62	6.83	17.79
1991 年	1531353	7196780	3692470	3504310	22.84	—	—
1992 年	1554379	7244337	3719452	3524885	20.50	—	—
1993 年	1589945	7287637	3738780	3548857	20.85	—	—
1994 年	1621168	7352945	3791991	3560954	20.27	—	—
1995 年	1659878	7468126	3845324	3622802	19.98	6.97	13.01
1996 年	1696861	7556171	3884429	3671742	18.85	7.16	11.69
1997 年	1732796	7648959	3936598	3712001	17.97	7.01	10.96
1998 年	1806878	7733634	3975286	3758348	17.57	7.20	10.37
1999 年	1875326	7823205	4024683	3798522	17.09	6.92	10.17
2000 年	1994489	7941569	4092857	3848712	16.21	6.34	9.87

表 4-1-2　2000 年赣州市各县（市、区）户数和人口数量统计表

县(市、区)	年末总户数(户)	年末总人口(人)	平均每户人口数(人)
章贡区	122842	471661	3.84
赣　县	134141	533614	3.98
南康市	209186	766437	3.66
信丰县	175655	646821	3.68
大余县	86226	277328	3.22
上犹县	75537	276827	3.66
崇义县	51714	196224	3.79
安远县	74904	334378	4.46
龙南县	72903	294164	4.04
定南县	50149	189841	3.79
全南县	47724	179660	3.76
宁都县	175847	696065	3.96
于都县	190651	838107	4.40
兴国县	156777	658844	4.20
瑞金市	132275	586368	4.43
会昌县	98680	417552	4.23
寻乌县	69786	286565	4.11
石城县	69492	291113	4.19

第二节　人口分布与密度

一、人口分布

全市（地区）的人口分布与各县（市、区）经济发展水平及交通状况密切相关，经济发展较快和交通便利的地区，人口较为集中。章贡区、赣县、南康市、信丰县、宁都县、于都县、兴国县、瑞金市人口数占全市（地区）总人口数的一半多。人口最多的是于都县和南康市，2000 年人口数分别为 838107 人和 766437 人。随着国民经济和社会事业的发展，城市化进程进一步加快，人口流向城镇特别是中心城区逐年增加。1986 年，全地区市镇人口数为 845082 人，乡村人口数为 5796791 人。1990 年，全地区市镇人口数为 2321528 人，乡村人口数为 4783689 人。1995 年，全地区市镇人口数为 4117443 人，乡村人口数为 3350683 人。2000 年，全市市镇人口数为 5085405 人，乡村人口数为 2856164 人。

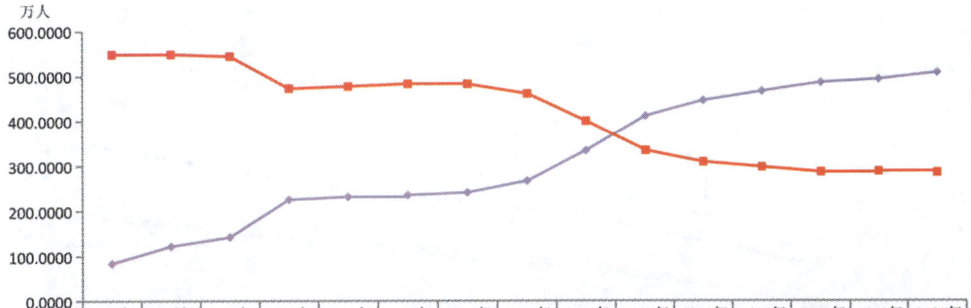

	1986年	1987年	1988年	1989年	1990年	1991年	1992年	1993年	1994年	1995年	1996年	1997年	1998年	1999年	2000年
市镇人口	84.5082	122.706	142.810	225.747	232.152	235.818	241.254	267.070	334.503	411.744	446.271	466.853	486.512	493.708	508.540
乡村人口	549.679	549.755	545.383	473.676	478.368	483.859	483.179	461.693	400.791	335.068	309.345	298.042	286.851	288.612	285.616

图 4－1－2　1986—2000 年赣州市（地区）市镇、乡村人口数

二、人口密度

1986—2000 年，赣州市（地区）人口密度逐年加大。1986 年，全地区人口密度为 169 人/平方千米。1990 年，全地区人口密度为 180 人/平方千米。1995 年，全地区人口密度为 190 人/平方千米。2000 年，全市人口密度为 202 人/平方千米。各县（市、区）的人口密度差异加大，经济发展相对较快和交通便利的县（市、区）人口密度较高，周围山区县人口密度较低。赣州市政府所在地章贡区人口密度达 985 人/平方千米。南康市人口密度为 415 人/平方千米，于都县人口密度为 290 人/平方千米。地处山区的寻乌县人口密度为 124 人/平方千米，崇义县人口密度仅有 89 人/平方千米。

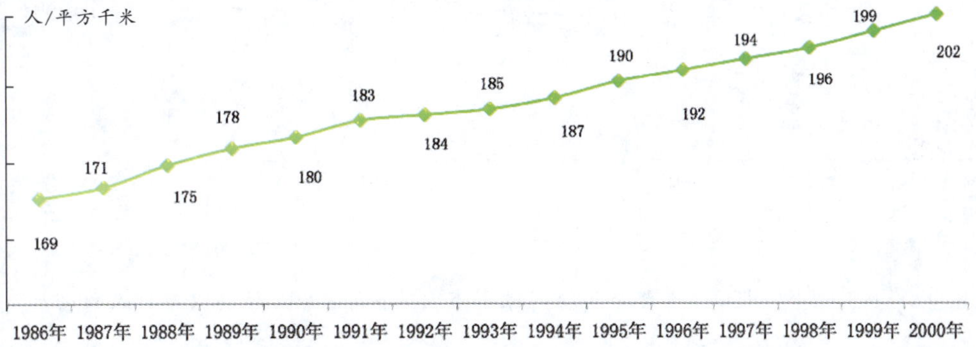

图 4－1－3　1986—2000 年赣州市（地区）人口密度

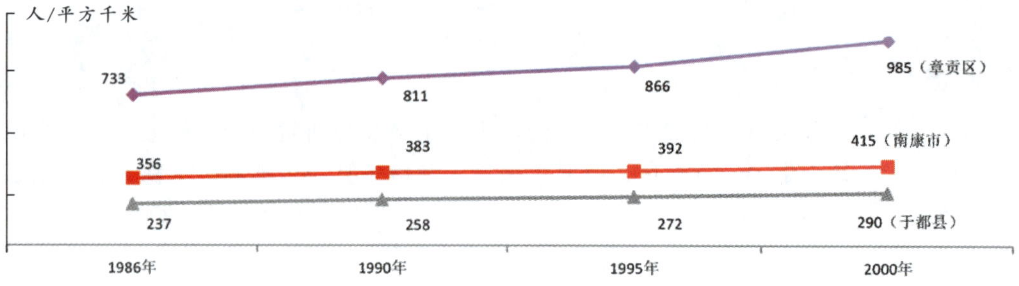

图 4-1-4 1986—2000 年部分年份列赣州市（地区）前三位的县（市、区）人口密度

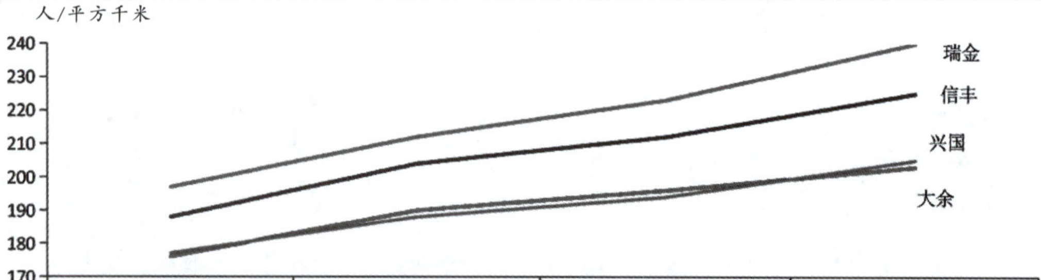

	1986年	1990年	1995年	2000年
信丰	188	204	212	225
大余	176	190	196	203
兴国	177	188	194	205
瑞金	197	212	223	240

图 4-1-5 1986—2000 年部分年份列赣州市（地区）4～7 位的县（市）人口密度

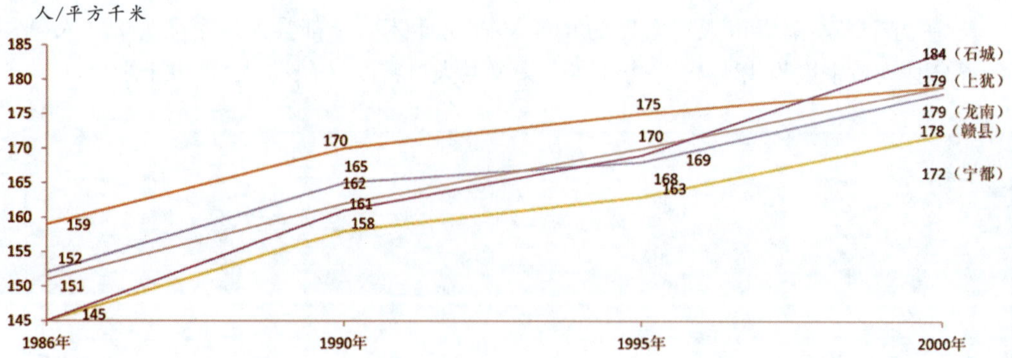

图 4-1-6 1986—2000 年部分年份列赣州市（地区）8～12 位县（市）人口密度

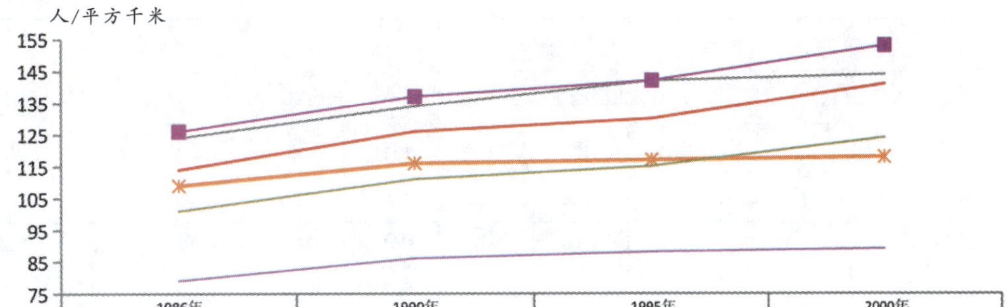

	1986年	1990年	1995年	2000年
崇义	79	86	88	89
安远	114	126	130	141
定南	124	134	142	144
全南	109	116	117	118
会昌	126	137	142	153
寻乌	101	111	115	124

图 4-1-7　1986—2000 年部分年份列赣州市（地区）13～18 位县（市）人口密度

第三节　人口构成

人口的构成包括年龄、民族、性别、家庭、婚姻、就业构成等。

一、年龄构成

据 1990 年 7 月 1 日第四次人口普查（以下简称“四普”）和 2000 年 11 月 1 日第五次人口普查（以下简称“五普”）资料，全市（地区）的人口年龄结构发生很大变化。“五普”时，0～4 岁人口比重比“四普”时下降 3.19 个百分点，5～9 岁人口比重比“四普”时下降 0.26 个百分点，10～14 岁人口比重比“四普”时下降 0.49 个百分点；15～64 岁年龄组“五普”比“四普”增加 406460 人，成年人口占人口比重比“四普”增加 2.74 个百分点；65 岁以上老年人口“五普”比“四普”增加 106577 人，占总人口比重比“四普”增加 1.2 个百分点。按照国际通用人口结构类型标准，全市（地区）人口年龄结构由 1990 年的成年型逐步向 2000 年的老年型发展。

表 4-1-3　1986—2000 年赣州市（地区）“四普”“五普”人口年龄构成统计表

年龄组（岁）	“四普”						“五普”					
	人口数(人)			占总人口的比重(%)			人口数(人)			占总人口的比重(%)		
	合计	男	女	合计	男	女	合计	男	女	合计	男	女
0～4	752120	396093	356027	10.63	5.60	5.03	550390	311633	238757	7.44	4.21	3.23
5～9	648561	336777	311784	9.17	4.76	4.41	658694	362364	296330	8.91	4.90	4.01
10～14	827307	424998	402309	11.69	6.01	5.69	828607	432909	395698	11.20	5.85	5.35
15～19	872188	449020	423168	12.33	6.35	5.98	554527	294809	259718	7.50	3.99	3.51
20～24	801393	407592	393801	11.33	5.76	5.57	608004	301002	307002	8.22	4.07	4.15
25～29	570820	292262	278558	8.07	4.13	3.94	716450	356178	360272	9.69	4.82	4.87
30～34	482529	252531	229998	6.82	3.57	3.25	702625	345388	357237	9.50	4.67	4.83
35～39	445014	231409	213605	6.29	3.27	3.02	564310	279577	284733	7.63	3.78	3.85
40～44	337311	176897	160414	4.77	2.50	2.27	454335	233239	221096	6.14	3.15	2.99

续表 4－1－3

年龄组（岁）	“四普”						“五普”					
	人口数(人)			占总人口的比重(%)			人口数(人)			占总人口的比重(%)		
	合计	男	女	合计	男	女	合计	男	女	合计	男	女
45～49	268737	140294	128443	3.80	1.98	1.82	434972	222783	212189	5.88	3.01	2.87
50～54	278590	141359	137231	3.94	2.00	1.94	330171	172409	157762	4.46	2.33	2.13
55～59	219191	110695	108496	3.10	1.56	1.53	251372	128977	122395	3.40	1.74	1.65
60～64	190261	93942	96319	2.69	1.33	1.36	255728	128403	127325	3.46	1.74	1.72
65～69	156689	73747	82942	2.21	1.04	1.17	184357	88240	96117	2.49	1.19	1.30
70～74	110797	48349	62448	1.57	0.68	0.88	139996	64267	75729	1.89	0.87	1.02
75～79	67894	25749	42145	0.96	0.36	0.60	94009	39478	54531	1.27	0.53	0.74
80～84	31702	10189	21513	0.45	0.14	0.30	46427	17433	28994	0.63	0.24	0.39
85～89	10988	2948	8040	0.16	0.04	0.11	17280	5253	12027	0.23	0.07	0.16
90～94	1722	370	1352	0.02	0.01	0.02	3816	938	2878	0.05	0.01	0.04
95～99	286	49	237	—	—	—	743	169	574	0.01	—	0.01
100 以上	33	3	30	—	—	—	60	7	53	—	—	—

二、性别构成

2000 年 11 月“五普”，全市总人口中男性为 3003196 人，占 51.09%；女性为 2875493 人，占 48.91%，男女性别比 104.44。“四普”时的男女性别比 104.52，男女性别比基本稳定。

表 4－1－4　1986—2000 年赣州市（地区）“四普”“五普”性别对比统计表

单位：人

县(市、区)	“四普”				“五普”			
	合计	男	女	性别比	合计	男	女	性别比
章贡区	391454	204647	186807	109.55	166291	85250	81041	105.19
赣　县	475884	242764	233120	104.14	438302	217949	220353	98.91
南康市	683411	338419	344992	98.09	562525	271769	290756	93.47
信丰县	571314	287652	283662	101.41	504901	253520	251381	100.85
大余县	260488	135400	125088	108.24	167572	86988	80584	107.95
上犹县	254902	130422	124480	104.77	220356	112341	108015	104.00
崇义县	197319	105440	91879	114.76	146339	75728	70611	107.25
安远县	293291	147625	145666	101.34	282190	144074	138116	104.31
龙南县	263094	132438	130656	101.36	222435	113019	109416	103.29
定南县	172978	87974	85004	103.49	129466	67121	62345	107.66
全南县	174949	89366	85583	104.42	125215	63973	61242	104.46
宁都县	631194	325146	306048	106.24	525394	274846	250548	109.70
于都县	732993	373176	359817	103.71	653139	335850	317289	105.85
兴国县	595323	307837	287486	107.08	548513	283641	264872	107.09
瑞金市	507824	262816	245008	107.27	424625	221975	202650	109.54
会昌县	363027	185650	177377	104.66	321264	165744	155520	106.57
寻乌县	251419	128842	122577	105.11	219161	114417	104744	109.23
石城县	253248	129641	123607	104.88	221001	114991	106010	108.47

三、民族构成

“五普”资料显示，2000年全市有杂散居少数民族成分41个，人口59095人（含外出人口），分布在18个县（市、区）和黄金开发区的204个乡（镇）、486个村。主要以畲族为主，其中回族集中在章贡区，瑶族集中在全南县。有少数民族村30个，这些少数民族分别是畲族、蒙古族、回族、藏族、维吾尔族、苗族、彝族、壮族、布依族、朝鲜族、满族、侗族、瑶族、白族、土家族、哈尼族、哈萨克族、傣族、黎族、傈僳族、高山族、佤族、拉祜族、水族、东乡族、纳西族、景颇族、独龙族、土族、达尔族、仫佬族、羌族、布朗族、撒拉族、毛南族、仡佬族、锡伯族、塔吉克族、怒族、乌孜别克族、鄂温克族等民族。

表4-1-5

2000年赣州市各县（市、区）民族人口数量统计表

县(市、区)	汉族(人)	少数民族(人)	县(市、区)	汉族(人)	少数民族(人)
章贡区	491111	3489	定南县	178901	222
赣　县	489679	2386	全南县	169860	987
南康市	685718	9269	宁都县	655245	1996
信丰县	583818	7144	于都县	742551	4057
大余县	255976	5635	兴国县	604948	6215
上犹县	252730	3508	瑞金市	533925	1574
崇义县	185884	2035	会昌县	384304	3811
安远县	308228	1313	寻乌县	268569	3285
龙南县	282591	923	石城县	264040	1246

四、家庭构成

1986—2000年，全市（地区）家庭结构的总体变化是家庭规模逐年缩小，大家庭逐年减少。“四普”总计家庭户1377578户。其中，1人户有42994户，占3.12%；2人户96368户，占7%；3人户208396户，占15.13%；7人户96875户，占7.03%；9人户24335户，占1.77%。户中二代户923354户，占总户数的67.03%；三代户340817户，占24.74%；四代户16896户，占1.23%。“五普”家庭总计家庭户1823897户。其中，1人户有103845户，占5.69%；2人户240494户，占13.19%；3人户436480户，占23.93%；7人户55747户，占3.06%；9人户12757户，占0.7%。户中二代户1089762户，占总户数的59.75%；三代户436343户，占23.92%；四代户23025户，占1.26%。

表4-1-6

1986—2000年赣州市（地区）“四普”“五普”家庭规模统计表

单位：户

户规模	“四普”						“五普”					
	家庭户数	一代户	二代户	三代户	四代户	五代户以上	家庭户数	一代户	二代户	三代户	四代户	五代户以上
合计	1377578	96491	923354	340817	16896	20	1823897	274727	1089762	436343	23025	40
1人户	42994	42994	—	—	—	—	103845	103845	—	—	—	—
2人户	96368	53497	42871	—	—	—	240494	156065	84429	—	—	—
3人户	208396	—	203716	4680	—	—	436480	10070	410411	15999	—	—
4人户	351265	—	315299	35902	64	—	490166	2749	391799	95165	453	—

续表 4-1-6

户规模	"四普"						"五普"					
	家庭户数	一代户	二代户	三代户	四代户	五代户以上	家庭户数	一代户	二代户	三代户	四代户	五代户以上
5人户	304491	—	219114	84740	637	—	333163	1402	162846	164805	4110	—
6人户	180510	—	95602	83343	1565	—	112042	266	28443	78393	4938	2
7人户	96875	—	34447	60076	2351	1	55747	117	8174	42064	5382	10
8人户	48499	—	9661	35609	3229	—	25662	75	2307	19549	3724	7
9人户	24335	—	2149	18564	3618	4	12757	49	723	9826	2150	9
10人及以上户	23845	—	495	17903	5432	15	13541	89	630	10542	2268	12

五、农业非农业构成

1986—2000 年，全市（地区）小城镇建设步伐加快，产业结构不断调整，农村越来越多的劳动力从第一产业转移到第二、三产业，大批农村剩余劳动力进入城镇务工、经商或从事其他生计。城镇户籍制度改革，"农转非"（农业户口转非农业户口）力度加大，农业人口逐渐减少，非农业人口逐年增加。按粮食关系划分，2000 年年底，全市农业人口 6600926 人、非农业人口 1340643 人。

表 4-1-7　　1986—2000 年赣州市（地区）农业、非农业人口统计表

年份	农业人口		非农业人口	
	人数(人)	占总人口(%)	人数(人)	占总人口(%)
1986 年	5815604	87.56	826269	12.44
1987 年	5871861	87.32	852759	12.68
1988 年	6005289	87.26	876646	12.74
1989 年	6094073	87.13	900169	12.87
1990 年	6187127	87.08	918090	12.92
1991 年	6261580	87.00	935200	13.00
1992 年	6270584	86.56	973753	13.44
1993 年	6282583	86.21	1005054	13.79
1994 年	6305381	85.75	1047564	14.25
1995 年	6325337	84.70	1142789	15.30
1996 年	6374930	84.37	1181241	15.63
1997 年	6421666	83.95	1227293	16.05
1998 年	6471656	83.68	1261978	16.32
1999 年	6553597	83.77	1269608	16.23
2000 年	6600926	83.12	1340643	16.88

第四节 人口素质

1986—2000年，全市（地区）财政对医疗、教育的投入逐年加大，医疗科学事业快速发展，人民群众的身体素质不断提高，少年儿童生长发育普遍良好，人均寿命明显延长。教育事业快速发展，基本上普及九年义务教育，各级各类学校的教学水平和教育质量不断提高，越来越多的人能接受中高等教育，人口的文化素质有较大的提高。“四普”显示，6岁及6岁以上人口具有各种文化程度的为6191386人，其中大学本科14124人，大学专科27608人，中专83126人，高中378755人，初中1304958人，小学2996619人，不识字或识字很少的文盲为1386196人。“五普”显示，全市6岁及6岁以上人口具有各种文化程度的为6718329人，其中研究生599人，大学本科34713人，大学专科86333人，中专165021人，高中460426人，初中2359231人，小学3044998人，不识字或识字很少的文盲567008人。

1986—2000年赣州市（地区）“四普”“五普”人口（6岁及以上）分性别受教育程度统计表

表4-1-8 单位：人

类型	合计		男		女	
	“四普”	“五普”	“四普”	“五普”	“四普”	“五普”
合计	6191386	6718329	3151227	3402448	3040159	3315881
不识字或识字很少	1386196	567008	319500	99186	1066696	467822
小学	2996619	3044998	1497912	1332234	1498707	1712764
初中	1304958	2359231	950148	1445662	354810	913569
高中	378755	460426	287733	333053	91022	127373
中专	83126	165021	60521	100949	22605	64072
大学专科	27608	86333	23182	63971	4426	22362
大学本科	14124	34713	12231	26908	1893	7805
研究生	—	599	—	485	—	114

第二章 计划生育

1986—2000年，全市（地区）计划生育工作坚持“两种生产”（物质资料生产、人口生产）一起抓，一手把经济建设搞上去，一手把人口增长速度降下来。通过宣传教育、行政制约和政策鼓励，推动广大育龄夫妇按国家法律和政策规定实行避孕节育、计划生育，降低人口出生率，控制全市（地区）人口增长过快势头。全市（地区）计划生育工作逐步实现“四个转变”，即由以高潮突击为主向经常性工作为主转变、由孕后补救型向孕前管理型转变、由单纯行政制约向行政制约与利益导向相结合转变、由以县乡组织力量抓为主向乡村组干部共同抓转变。1993年1月，行署作出《关于在新形势下加强计划生育工作的决定》。1997年5月，地委、行署提出经过两三年努力，全地区要基本落实计划生育工作“三为主”（以宣传教育为主、以避孕为主、以经常性工作为主）的方针。1999年，全市（地区）基本实现“三为主”。2000年，育龄妇女总和生育率已降至更替水平（2.1）以下，在完成省下达年度人口计划的同时，全市平稳地度过第三次人口生育高峰，人口再生产类型实现由“高出生率、低死亡率、高增长率”向“低出生率、低死亡率、低增长率”的转变。

第一节　机构　队伍

一、机构

1986 年，地区计划生育委员会内设 3 个科室。

1986 年 3 月，设立赣州地区计划生育职工中等专业学校，由赣州行署主管，学校学生规模为 200 人，事业编制 35 名。设计划生育管理专业，学制 3 年，为全国第一所计划生育职工中等专业学校。1987 年 10 月，赣州地区计划生育协会成立。1988 年，赣州地区计划生育宣传技术指导站更名为赣州地区计划生育服务站。12 月，成立赣州地区计划生育药具管理站，定编 5 名，科级建制事业单位。1991 年，地区计划生育委员会增设政策法规科。1992 年 5 月，地区计划生育委员会增设科技科。同年，地区计划生育协会顾问组成立，由地区和地直单位的离退休老干部组成。1994 年，设立地区计划生育协会办公室，地区计划生育职工中专设立学生科。1996 年 9 月，地区计划生育委员会内设 6 个科室：办公室、政策法规科、计划统计科、宣传教育科、科学技术科、基层工作科，机关编制 21 名。1997 年 8 月，计生协会挂靠计划生育委员会。11 月，地区计划生育协会办公室升格为副县级事业机构，挂靠计划生育委员会。2000 年，市级计划生育工作机构有市计划生育委员会，内设 6 个科室和市计划生育服务站、市计划生育药具管理站、市计划生育职工中专 3 个事业单位。市计划生育协会下设办公室。

1988 年，全地区 18 个县（市）成立计划生育协会。至 2000 年，全市各县（市、区）的计划生育工作机构有计划生育委员会、计划生育协会办公室、计划生育服务站。1989 年 11 月，明确乡镇计生办为股级机构，与乡镇服务所、计生协合署办公，实行三块牌子、一套机构的体制。1995 年年底，全地区基本建立乡镇服务所机构和村服务室，初步形成以县站为中心、乡所为纽带、村室为基础的综合服务网络。2000 年，全市乡（镇、街办）一级的计划生育工作机构有计划生育办公室、计划生育协会、计划生育服务所；村一级有计划生育服务室。全市市、县、乡、村、组，基本形成行政管理、技术服务和群众工作的网络和队伍。

二、队伍培训

短期业务培训　市（地区）级组织计划生育干部培训以市（地区）计划生育职工中专为基地组织实施。

1986 年，地区计划生育委员会组织地、县、乡和厂矿企业计划生育专职干部学习人口理论、计划生育管理、计划生育统计、优生优育、节育与避孕等方面的内容。当年举办县级计划生育委员会干部、乡级计生办主任轮训班 4 期，每期 1 个月，共培训 461 人。1987 年，共培训计划生育干部 3163 人次。1988 年 5—6 月，举办乡级上环员培训班。1989 年，地区计划生育委员会与地委宣传部联合举办 2 期全地区人口理论师资培训班。地区计划生育委员会举办县计划生育委员会和乡级计生办统计员学习班 2 期。1990 年，与地委组织部、宣传部联合举办 2 期人口理论教员培训班。同时，各县（市）层层开展辅导员培训工作，全地区共培训辅导员 113052 人，其中乡村两级 11284 人。地区计划生育委员会举办为期 5 天的计划生育法规学习班，学习《中华人民共和国行政诉讼法》和《江西省计划生育条例》，举办超声妊娠仪使用、避孕药具管理培训班，分类对县乡有关人员进行培训。

1991 年，举办全地区乡（镇）计生办主任培训班 2 期，共培训 355 人，培训面达到 95%以上。1992 年 1 月，举办全地区 P35 项目师资培训班。10 月，举办全地区第一期计划生育干部岗位专业培训班，400 名乡级计生办主任参加培训，设人口理论、计划生育管理、人口统计与计划、计划生育技术 4 门课程。同年，举办第二期乡（镇）服务所技术人员培训班，112 人接受培训，全年共培训县、乡、村三级计划生育专干3972人次。1993年，根据国家计划生育委员会《干部岗位专业培训三年规划》，派送31名县级计划生育委员会主任参加省级培训，完成三年规划任务的57%。地区分别举办5期乡级专干岗位培训班，每期1个月，培训专干486名。举办8期B超培训班，395人参加培训。举办统计人员、药管人员、计划生育年鉴联络员培训班；结合实施P35项目，培训计划生育宣传员108人；举办第3期乡（镇）服务所技术人员培训班，94人参训。1991—1993年，举办乡（镇）服务所技术人员培训班3期，学制1年，学员350人，向338名合格者颁发上岗证书。1994年，地区计划生育委员会举办乡级计生专干岗位专业培训班3期，每期1个月，培训245人。同时，各县（市）结合网络建设开展培训工作，帮助乡（镇）培训村专干、组中心户长和服务员及协会小组长1.2万多人。当年地区计生协会举办3期由400人参与的县乡协会干部培训班。

1995年5月、9月，地区共选派20名县级党政分管计划生育工作的领导，参加南京人口管理干部学院举办的专题研讨班。8月，地区举办2期乡级计生办主任培训班。至年底，全地区737人次参加乡级计划生育专干岗位培训，并颁发国家计划生育委员会统一制作的岗位培训证书。1996年，地区举办2期乡级计划生育统计专干培训班。1997年4—5月，地区举办4期微机培训班；下半年，分别举办3期每期1个月的县乡服务站所医务人员技术培训班，共188人参训。1999年8—9月，市计划生育委员会举办县（市）区计划生育委员会副科级（不含）以下公务员专业培训班，共培训76人。

中专学历教育 1986年9月，赣州地区计划生育职工中等专业学校招收学员，开设计划生育管理专业，学员57人。设置18门课程，其中文化基础课7门、专业基础课7门、专业课4门。1992—1999年，先后增设统计、医学、计算机、护理等4个专业。学校生源以赣州市（地区）为主，招收部分省内和广东省的学员。至2000年，共招生2016人，毕业1672人。

第二节 人口政策

一、人口计划

市（地）委、市政府（行署）每年初专门召开全市（地区）三级干部会或全市（地区）计划生育工作会，对上年计划生育工作进行总结表彰，对当年工作进行部署，并下发进一步抓好计划生育工作的决定或意见。坚持把计划生育工作列入经济、社会发展总体规划，做到“两种生产”一起抓、“两个文明”（社会主义物质文明、精神文明）一起建，像抓经济工作一样抓好计划生育工作。通过逐级下达年度人口计划、实行目标管理、建立各级（单位）党政“一把手”计划生育工作责任制、下级向上一级签订责任状、落实计划生育“一票否决权”、开展持久的宣传教育活动、组织每年3～4次为育龄夫妇提供避孕节育措施的技术服务高潮、查处违反或破坏计划生育的人和事，加强对流动人口为主体特殊人群的管理、实施农村“三结合”（计划生育工作与发展农村经济结合、与帮助农民脱贫致富结合、与建设文明幸福家庭结合）富民工程等措施，动员全社会力量齐抓共管，确保省下达人口计划的完成。

二、生育政策

1986年9月，国家计划生育委员会在《关于开展宣传中共中央“公开信”活动的通知》中概述生育政策是普遍提倡一对夫妇只生育一个孩子，提倡晚婚晚育，对确有实际困难的群众有计划地安排生育两个孩子，对少数民族要宽些，严禁计划外二胎、多胎和“开口子”。1988年，中共中央政治局常委会讨论计划生育工作，明确提出：提倡晚婚晚育，少生优生，提倡一对夫妇只生育一个孩子；国家干部和职工、城镇居民除特殊情况经过批准外，一对夫妇生育一个孩子；农村某些确有实际困难，包括独女户，要求生二胎的，经过批准可以间隔几年以后生第二胎；少数民族地区也要提倡计划生育，具体要求和做法可由有关省、市、自治区根据当地实际制订。

1986 年至 1990 年 8 月，赣州地区生育政策是对城镇晚婚晚育的和农村达到法定婚龄又办理了结婚登记的第一胎做到保生（安排生育指标），对省人民政府规定的城镇 10 种人、农村 14 种人给予照顾，在第一个孩子年满 5 周岁后安排第二胎指标。

1990 年 6 月，省人大常委会颁发《江西省计划生育条例》（以下简称“省条例”），于 1990 年 9 月 1 日起施行。

1991 年 7 月，根据省条例和赣州实际，地委、行署规定：国家干部和职工（含配偶在农村的）、城市居民、乡（镇）聘用干部职工、乡镇企业干部职工、民办教师等有稳定收入来源的家庭，以及已生育第一胎是男孩的农户，除有特殊情况经过批准以外，一对夫妇只生育一个孩子。在农村（含城市郊区）也要提倡一对夫妇只生育一个孩子。农村基层干部和党团员、民兵要带头做到只生育一胎，城市郊区和生活水平较高的乡村要努力做到“普遍只生一胎”，严格控制二胎。对某些确有特殊情况、符合政策照顾生二胎的，必须按“有计划、按指标、够间隔年限”的规定严格审批，坚决杜绝多胎生育，禁止早婚早育和近亲婚姻。

1995 年 6 月，省人大常委会第一次修订省条例，于当年 9 月 1 日起施行。1997 年 6 月，省人大常委会第二次修订省条例，于当年 7 月 12 日公布施行。至 2000 年，赣州市生育政策的主要内容：提倡晚婚晚育，推行优生优育，禁止未到法定婚龄结婚生育、非婚生育和计划外生育。男方年满 25 周岁，女方年满 23 周岁初婚为晚婚；已婚女子 24 周岁以上生育第一胎为晚育。提倡一对夫妇只生育一个子女，严格控制生育第 2 个子女，禁止生育第 3 个子女。一胎生多子女的除外。符合下列情况之一的夫妻，领取再生一胎计划生育证后，方可再生育一胎子女：1. 双方均为独生子女，只生育 1 个子女的；2. 独生子女死亡的；3. 只生一个子女，该子女经县级以上两级计划生育技术鉴定小组确诊患有非遗传性残疾，不能成长为正常劳动力的；4. 一方为革命烈士亲生独生子女或者二等乙级以上伤残军人，只生育 1 个子女的；5. 一方在煤矿井下连续从事生产作业 5 年以上，并仍在从事井下生产作业，只生育 1 个女孩的；6. 双方均为少数民族，且居住在县级以上人民政府确定的的少数民族聚居地，只生育 1 个子女的；7. 归侨、侨眷或者在江西省定居的台湾同胞、港澳同胞，其子女均在国外或者台湾、港澳定居的；8. 双方均系归侨，一方回国时间在 6 年以内，只生育 1 个子女的；9. 再婚夫妻一方再婚前只生育 1 个子女，另一方未生育的；10. 双方均为农民并具有下列情况之一的：（1）只生育 1 个女孩的；（2）男方到无兄弟的女方家结婚落户只生育 1 个子女的，但女方姐妹有两人以上的，只能照顾 1 人；（3）一方为独生子女，且其父亲或者母亲亦无兄弟姐妹，只生育 1 个子女的；（4）男方的兄弟均无子女并已丧失生育能力，只生育 1 个子女的；11. 省人民政府计划生育行政部门根据国家法律、法规和政策规定批准的其他特殊情况。除第 2 条、第 7 条外，再生育一胎的间隔期不得少于 5 周年。特殊原因需要缩短间隔期的，需由夫妻双方申请，所在地县级人民政府计划生育行政部门批准。

1990 年，地区病残儿鉴定小组成立。至 2000 年，全市有 903 对夫妻因第一个孩子病残申请再生一胎，经县、市两级计划生育鉴定小组确诊，有 500 个孩子患非遗传性残疾，不能成长为正常劳动力，批准其父母再生一胎。

三、奖惩政策

1981 年初，地委、行署对实行计划生育和违反计划生育的奖惩作出明确规定。1988 年，进一步强调厂矿企业要按标准兑现独生子女保健费，也可以采取给独生子女母亲在规定的产假和晚育假之外再增加一年产假的办法。

1990 年 9 月，省条例实施后，行署办公室批转地区计划生育委员会《关于县市人民政府制定实施江西省计划生育条例具体规定的意见》，要求各县（市）按“从优从严”的原则，制定实施省条例的奖励规定。

奖励计划生育家庭 实行晚婚、晚育的夫妻，干部、职工除享受国家规定的假期外，晚婚的增加婚假15日，晚育的增加产假30日，并给予男方护理假7日，假期工资和奖金照发；农民免除夫妇双方1年的集体义务；领取独生子女父母光荣证的夫妻，从其领证之日起至独生子女14周岁止，每月发给独生子女费（每月不少于8元）；在同等条件下，独生子女入托、就医、招生、招工等方面优先照顾；优先照顾分配住房或分配责任田、帮助发展生产、审批宅基地，独生子女的住房标准或宅基地按两人计算；男方到女方农村家庭依法结婚落户的家庭，男方与当地农民有同等的权利和义务。独生子女的父母，可视为女婿的直系亲属，享受有关福利待遇。

表彰奖励单位和个人 赣州市（地区）对各县（市、区）的表彰和奖励，原则上每年初的全市（地区）计划生育工作会议上兑现。1987年，地委、行署决定，从奖励年度计划生育工作达标县（市）的奖金中，拿出一部分奖励县（市）委书记、县（市）长、县（市）分管计划生育工作的副书记、副县（市）长和县（市）计划生育委员会主任（以下简称“五职”）。

处罚违反计划生育夫妻 城镇人口超计划生育1个子女的，对夫妻双方除征收计划外生育费外，属干部、职工的10年内每月降低本人工资10%～20%，5年内不得提职、晋级、晋升专业技术职务、招干、转干、评先，5年内不得发给奖金（科技成果奖、创造发明奖和特殊贡献奖除外）及生活困难补助，5年内不得增加住房面积，并给予直至开除的行政处分；农民超计划生育1个子女，对夫妻双方除征收计划外生育费外，5年内不得安排进乡（镇）、村办企业工作，不得转为非农业户籍，不得分给宅基地、不得享受其他集体福利；私营企业主、个体工商户超计划生育1个子女的，按规定的标准从重征收计划外生育费；超生两个以上子女的，按征收前1个超生子女计划外生育费的标准加倍征收；未达到间隔期生育第2个子女的，以及未达到法定婚龄生育及其他非法婚姻生育的，按超生1个子女征收计划外生育费；属于干部、职工的产假期间不发工资，不享受有关生育的福利待遇，妊娠、分娩等一切费用自理；重婚生育加倍征收计划外生育费，并依法追究刑事责任；违反《中华人民共和国收养法》收养子女的，按超计划生育1个子女的规定处理；共产党员违反计划生育的，除应按规定受法纪政纪处分和经济处罚外，还应视其情节和后果，给予必要的党纪处分。

处罚单位和责任人 未完成年度计划生育指标的地方和单位，当年不得评为综合性先进；出现计划外生育的单位，由上级主管部门或者行政监察机关视情节轻重对该单位主要负责人给予行政处分。

四、管理政策

赣州市（地区）计划生育管理政策：禁止未到法定婚龄结婚，男女结婚前必须进行健康检查。育龄夫妻应当按国家有关规定接受优生指导；按计划生育的要求，接受医疗卫生或计划生育服务机构的节育指导，采取有效的避孕节育措施。实行计划生育证制度。除法律另有规定外，禁止任何单位和个人对胎儿进行性别鉴定。实行已婚育龄妇女孕检、登记等制度；实行婴儿出生与死亡报告制度。实行流动人口计划生育管理制度，流动人口的计划生育工作由其户籍所在地和现居住地政府共同管理，以现居住地管理为主。对破坏计划生育的行为，视情节处以罚款、行政处分、依法取消执业资格；触犯《中华人民共和国治安管理处罚条例》的由公安机关依法处罚，已构成犯罪的依法追究刑事责任。实行各级人民政府人口与计划生育工作目标管理责任制，实行计划生育持证执法制度。

第三节 宣传教育

赣州市（地区）把宣传教育摆在计划生育工作的首位，广泛开展计划生育宣传教育活动。全市

（地区）每年都要结合中央“公开信”发表周年日、世界和中国人口纪念日、传统节日及计划生育中心工作等，开展大型集中的专项宣传教育活动。

一、联合宣传

1986年“三八”国际妇女节期间，地区计划生育委员会与地区妇联、卫生局在全地区组织开展“优生优育”“妇幼保健”科普知识教育活动。1987年，全地区开展“世界50亿人口日”宣传活动，行署专员张云川发表电视讲话。地区计划生育委员会组织6部计划生育影片、13部录像片，在18个县（市）巡回放映，全地区共放映4100余场，观众达280余万人次。1988年，全地区开展“亚洲30亿人口日”和中央“公开信”发表8周年宣传活动。地区计划生育委员会与地委宣传部共同组织“计划生育在我心中”演讲团，彭南江、曾永红、刘生莲在全地区县（市）巡回演讲19场，听众8660人次。1989年，分别与地委宣传部、地区司法局编印《计划生育宣传讲话材料》《有关计划生育法律知识问题》册子发到乡村。1990年9月，地区计划生育委员会举行“纪念中央‘公开信’发表10周年报告会”，400多名党团员、群众代表参加；《赣南日报》开辟专版纪念；11月，地区计划生育委员会、民政局联合下文要求全地区城乡普及婚前教育。

1991年2月，地区计划生育委员会与地区教育局联合下文，要求将人口教育列入学校教育工作的目标管理内容。当年，全地区中学普遍开设青春期教育课程，360个乡（镇）、街办（占乡镇街办总数的95.2%）建立计划生育学校。1992年2月，地委、行署要求每个乡（镇）都要办好计划生育学校和婚前教育班，各级党校、干校应开设人口理论和计划生育法制课程，在中小学开设人口常识和计划生育基础知识课。10月，地区计划生育委员会与地委组织部、宣传部、党校、团地委、地区教育局联合发出通知，要求全地区各级党校、干校、团校和各类高、中等学校都要在年内开设人口和计划生育教育课程。1993年，全地区以孕前管理为中心，各县（市）、乡（镇、街办）利用婚育学校为群众开展婚前教育，提供“三生”（生产、生活、生育）服务知识和技术等经常性的计划生育宣传教育。5月，全地区各地集中开展计划生育“三为主”方针发表10周年纪念活动。1994年，全地区围绕“孕前服务年”主题开展宣传教育。向全地区县（市）和乡（镇）党政主要领导印发《奏响孕前管理的主旋律，谱写计划生育的新篇章》的信。向全地区农民家庭印发10万份《致全区农民的春节贺信》。1995年2月，召开纪念“中国11亿人口日”宣传大会，再次向全地区人民敲响“人口警钟”。全地区向广大育龄夫妇印发《计划生育须知》120万份。《致育龄夫妇的公开信》45万份、计划生育年画15万份、各种宣传资料180万份。

1996年，地区计划生育委员会在《赣南日报》开辟《人口、资源、环境》专栏，宣传协调可持续性发展的重要性，树立“先立业后成家”和“先发财再生孩”的新婚育观念。1998年，赣州地区在全省率先建立由地委宣传部、地委党校和地区计划生育委员会、地区教育委员会、地区广播电视局、地区文化局、地区卫生局、地区民政局、赣南日报社、地区总工会、团地委、地区妇女联合会、地区科学技术协会等13家共同参与的计划生育宣传教育协调制度。

二、“婚育新风进万家”活动

1999年1月，地区计划生育委员会制定《赣州地区开展婚育新风进万家活动实施方案》。1999—2000年，在全市（地区）开展“婚育新风进万家”活动，确定赣州市（今章贡区）、南康、上犹3个县（市）为全地区示范点。2000年初，赣州市将“婚育新风进万家”活动纳入精神文明建设的总体规划，印发宣传贯彻《中共中央、国务院关于加强人口与计划生育工作稳定低生育水平的决定》的宣传提纲和宣传标语。9月，全市开展纪念中央“公开信”发表20周年活动，副市长叶玉忠发表电视讲话，并在《赣南日报》发表署名文章。当年国家计划生育委员会举办人口与计划生育对联征集活动，赣州有2幅作品获佳作奖。

第四节　技术服务

一、节育手术服务

1986—1998 年，地区每年根据省下达的目标管理指标和赣州的实际情况，给县（市）下达节育手术任务，组织每年 3～4 次全地区集中统一行动的技术服务。从 1999 年起，全市（地区）加快计划生育工作实现“三为主”的步伐，改变计划生育工作的组织方式和管理要求。1986—2000 年，全市（地区）共做节育手术 2049551 例，从技术上保证计划生育的实现。

1991—1996 年，全地区先后推广节育手术新技术，并组织术后随访调查，有效节育率达 95%以上。在做好节育手术，提高手术质量的同时，为群众进行节育手术并发症、不孕症、妇科病治疗和符合政策的吻合术等多项服务。1987 年，地区计划生育委员会与地区妇联、教育局、公安处、卫生局联合下文，在全地区推行“儿童计划免疫保健责任制”。宁都县实行“孕妇—产妇—婴幼儿”母子一条龙健康管理服务，进入全县 1.2 万多个家庭，使全县高危孕妇发病率、胎位性难产发生率、小儿常见病和多发病分别由原来的 8%、2.9%、3%，下降到 4%、1.4%、0.6%，婴儿的体重、身高、脑围发育指标显著上升。1997 年后，全市（地区）各级广泛开展生殖健康服务活动，为群众提供 95.42 万人次的生殖保健优生优育服务。

二、避孕药具服务

1987 年，地区计划生育委员会、医药分公司对全地区避孕药具工作进行部分改革，不再通过地、县（市）医药公司渠道，由地区计划生育委员会直接调拨各县（市）计划生育委员会，由县（市）计划生育委员会调拨乡（镇）和驻县（市）厂矿企业单位。从 1989 年 5 月 1 日开始，对全地区避孕药具供应实行双轨制，实行计划免费发放与市场零售相结合的供应办法。各地（县城以上）医药商店、医院开展避孕药具零售工作。1990 年，在农村开展使用避孕药具试点，推广普及面达到 30%以上。同时，在有条件的部分企业推行药具有价供应，在机关集中地设立药具计划发放点。

1994 年是全地区计划生育孕前服务年。各级医药、卫生、供销、商业部门扩大避孕药具零售业务，18 个县（市）有 360 个乡（镇）建起零售点。1996 年，确定已婚育龄夫妇中 8 种人为使用药具避孕对象。全地区使用药具避孕人数达到 63922 人，占落实综合节育措施总人数的 4.99%。

三、环检、孕检服务

1991—1992 年，全地区相继开展早孕试剂等主要检查手段的环情孕情监测工作。1993 年，地区财政拨 60 万元专款扶持乡（镇）计划生育服务所添置器械设备。当年全地区 366 个乡（镇）全部配备 B 超机。全地区统一推广使用《育龄妇女计划生育管理手册》，实现环检、孕检 B 超化。1998 年开始，地区计划生育委员会先后在流动人口相对集中的广东省、福建省的一些计划生育服务机构设立赣南籍育龄妇女环孕检服务站，实现流出地与流入地双向管理，就地就近为群众开展环检、孕检服务。

四、技术服务高潮

1986 年 5 月，地委、行署召开当年第二次全地区计划生育工作会议，部署 6 月 10—30 日集中力量在全地区城、乡实施一次技术服务统一行动。1987 年 9 月 15 日至 10 月 15 日，开展全地区秋季计划生育服务高潮。1987—1998 年，地区每年组织 3～4 次全地区统一行动的服务高潮，基本是每季一次。

1997 年 5 月，地委、行署在崇义县召开全地区计划生育工作“三为主”经验交流暨夏季高潮动员会议。会议确定，通过两三年的努力，全地区所有的县（市）要基本落实“三为主”，力争在 21 世纪初，基本实现全地区人口与经济社会的协调发展。

1998年初，地委、行署在《关于加快“三为主”步伐、增强“三结合”力度，努力提高全地区计划生育工作整体水平的决定》中，要求崇义县、赣州市（今章贡区）、上犹县、全南县、宁都县、大余县、信丰县、南康市、赣县、龙南县、石城县、会昌县等县（市）年内基本实现“三为主”目标，其余县（市）要有2/3以上的乡（镇）基本实现“三为主”。1999年，全市（地区）18个县（市）和90%以上的乡（镇、街办），结束高潮突击的计划生育工作模式，走上“三为主”的轨道。

第五节　计划生育措施

一、目标管理

1987年6月，省委、省政府决定在全省范围内建立各级计划生育目标管理责任制。7月，行署向各县（市）政府批转地区计划生育委员会《关于1987年地区对各县市实行计划生育工作目标管理及评比奖励办法的报告》。全地区开始层层实行计划生育目标管理责任制。1988年2月，对上年完成计划生育工作目标任务的11个县（市）发给奖旗和奖金。行署批转地区计划生育委员会《关于1988年地区对各县市实行计划生育工作目标管理及评比奖励办法的报告》。1991年，地区对计划生育目标管理实行“双项双轨”管理，即计划生育目标由党政一把手负总责，工作目标由计生部门主要负责人负责。

二、签订责任状

1988—1995年，县（市）主要领导每年初在全地区计划生育工作会上，向地委、行署递交当年的计划生育工作责任状。1995年，增加地区劳动局、公安局、工商局、城建局、民政局、卫生局6个部门的一把手向地委、行署递交计划生育工作部门配合责任状。1996—2000年，改为由市（地）委、市政府（行署）向各县（市、区）下达年度计划生育工作任务书。

1989年，地委明确各级党委和政府的一把手亲自抓计划生育工作，并有1名副职具体负责。1991年7月，地委、行署印发《关于进一步加强计划生育工作的决定》，明确规定各级党政一把手是计划生育工作第一责任人。1992年6月，地委、行署在《关于进一步加强我区计划生育工作的通知》中规定：实行“五职”同考核、同奖同罚。1993年1月，确定把党政一把手亲自抓负总责的计划生育工作责任制延伸到村一级。

1996年4月，落实一把手计划生育工作责任制，对赣县、南康市、大余县、信丰县、龙南县、定南县、全南县、宁都县、兴国县、于都县、瑞金市、会昌县、安远县、石城县、寻乌县等15个县（市）委书记或县长挂点乡（镇）中的18个行政村，进行计划生育工作力度调查，并向全地区通报检查结果。2000年，市委、市政府再次明确坚持党政一把手亲自抓、负总责。强调每年对县（市、区）党政领导落实人口与计划生育工作责任制的情况进行考核，任期内逐年考核，离任时审核，工作失职的追究责任。

三、行政管理

1986年，地区纪委、地委组织部、地区劳动人事局在审查考核干部、职工的招工、顶编、转正、调资、晋级时，把计划生育情况列入考核内容，对违反计划生育规定的人和事督促有关部门及时作出处理。1989年7月，行署要求民政、司法、妇联等部门维护妇女和儿童的合法权益，对虐待生育女孩妇女严肃教育处理，对遗弃伤害女婴事件坚决查处。

1990年2月，地区计划生育委员会印发《赣州地区计划生育准生证发放管理办法》，规定凡是按生育政策可以生育子女的夫妇，必须申请领取准生证，在领取准生证后方可怀孕，无准生证怀孕、生育的，按计划外怀孕、生育处理。1998年，地区计划生育委员会对243个单位、154名个人的评先评优资格进行审核，有4个单位和6名个人因计划生育问题被否决。

四、保险帮扶

保险 1991年，全地区开始推广独生子女“两全”保险和母婴安康保险。至2000年，全市（地区）投入计划生育保险资金5062.7万元，为18.5万人办理农村、城镇独生子女“两全”保险、26.4万人办理母婴安康保险。

“三结合”帮扶工作 1994年下半年，学习江苏盐城、扬州市的经验，全地区各县（市）在30个乡（镇）的64个村先行开展计划生育“三结合”工作和“三生”服务试点。1995年初，地委、行署分别组织各县（市）分管领导、计划生育委员会主任和计生协常务副会长到江苏盐城和扬州市实地参观学习“三结合”经验，先后作出《关于认真落实“三为主”，积极推广“三结合”，进一步提高计划生育工作水平的决定》《关于推广计划生育“三结合”，引导农民少生快富文明奔小康的意见》。7月，“三结合”工作在全地区全面推广。11月底，省委、省政府在赣州地区召开全省发展特色农业暨计划生育“三结合”现场会，在会上赣州地区介绍“推行计划生育‘三结合’引导农民少生快富奔小康”的经验。当年，全地区有346个乡（镇）932个村开展“三结合”富民工程，分别占乡（镇）和村总数的92.5%和21.2%，共扶持21420户计划生育困难户。80%的被帮扶户1995年的人均收入比上年增长30%以上。大余县利用“公司+农户”方式，帮助计划生育户脱贫致富的经验，在全国扶贫开发与计划生育相结合工作经验交流会上，得到国务委员陈俊生的肯定。1996年1月，在兴国县召开全地区计划生育“三结合”工作现场经验交流会，全地区18个县（市）均介绍了各自制订和扶持计划生育困难户的优先优惠政策。至2000年，全市（地区）累计帮扶计生户106706户，投入17473万元，80%被帮户脱贫。

五、综合管理

1987年3月，地区计划生育委员会与地区卫生局、工商局、财政局、物价局联合颁发《赣州地区村卫生组织和乡村医生、卫生员管理暂行办法》，规定乡村医生、卫生员必须承担行医范围内的卫生防疫、妇幼保健、计划生育、卫生宣传等义务。1989年9月，地区计划生育委员会转发国家计划生育委员会科技司转发卫生部《关于严禁用医疗技术鉴定胎儿性别和滥用人工授精技术的紧急通知》（以下简称“通知”），规定任何卫生机构、计划生育部门（包括个体开业医生）不许以任何理由用医疗技术及设备作胎儿性别鉴定。

1992年5月，制定《赣州地区计划生育工作领导小组成员单位计划生育职责分工及考评办法》。1994年1月，地委组织部与地区计划生育委员会联合制发《关于对“五职”建立计划生育工作年度实绩审计制度的意见》。省委组织部、省计划生育委员会作为经验转发全省各地（市），并上报中共中央组织部、国家计划生育委员会。

1995年1月，地委组织部组织实施对县（市）党政“五职”1994年度计划生育工作的审计。各县（市）推广实行企业法人代表向主管部门和所在乡（镇）递交计划生育工作责任状。7月，地区计划生育委员会与地区监察局联合下文要求各县（市）迅速建立起计划外生育费“乡收县管、财政监督”的管理体制。

1996年，地区纪委、计划生育委员会、监察局、财政局联合制发《赣州地区计划外生育费、罚款及其他收费管理和处罚规定》。1997年，全省城市计划生育工作会议在赣州市（今章贡区）召开，赣州市（今章贡区）、崇义县和赣州市（今章贡区）工商局、公安局、卫生局、赣州市（今章贡区）南外街道办事处分别在大会上作经验介绍。

1998年2月，地区计划生育工作领导小组印发《赣州地区计划生育工作综合治理考核方案》，规定纪检、组织、宣传、财政、公安、民政等31个相关部门的计划生育工作职责及考核的办法和要求。1999年2月，地委、行署首次把“乡收县管”工作列为对县（市）计划生育目标考核评比“一票否决”的硬指标。

2000年7月，市人大常委会把“乡收县管”工作列入监督检查的一项重要内容。市委、市政府下发《关于贯彻落实〈中共中央国务院关于加强人口与计划生育工作稳定低生育水平的决定〉的意见》。要求公安、工商、税务、城建、民政、劳动保障、卫生、房产等部门在办证、租房、用工等环节中，严把计划生育审核关，实行流动人口婚育证明一证优先制，承担计划生育的管理和服务责任。

六、基层管理

1988年，地区计划生育委员会印发《关于深化计划生育改革的方案》，将现有地、县计划生育宣传指导站改办成服务站，实行宣传服务、技术服务、药具服务三位一体；村（居）委会建立计划生育服务室。计划生育协会建到村上，以育龄妇女为主体，以计划生育积极分子和“五老”（老党员、老干部、老模范、离退休老干部、老前辈）为骨干，组织群众开展计划生育自我管理、自我教育、自我服务。1991开始，地委、行署在全地区开展乡（镇）计划生育规范化管理达标活动。1993年，计划生育工作向经常化、孕前型管理过渡，逐步实现“三个转变”（以突击为主转到突击与经常并举，从重点盯着“四术”手段上转到盯着提高计生率上，从孕后补救型转到孕前管理型）。地委、行署明文规定，全地区计划生育基层网络建设实现“5个100%”（乡计生服务所建成率100%、村专干配备率100%、村服务室建成率100%、村小组计生服务员配备率100%、村小组协会小组建成率100%）。1995年，全地区抓好县、乡、村、组计划生育网络建设“五落实”（房屋设备落实、人员配备落实、工资报酬落实、工作职责落实、上岗到位落实），村专干不占村干部职数、不能兼职、享受村副主任待遇。12月，全省计划生育村级建设工作现场会在崇义县召开，地区计划生育委员会在大会作题为“狠抓基层织牢网底，苦战五年夯实基础”的经验介绍。1997年，地区开始将在县（市）年度考核中的后进乡（镇）列为地区重点管理。1998年，地区首次把乡（镇）计划生育服务所建设列为对县（市）年度计划生育工作“一票否决”的考核指标。全地区各地计划生育工作重心下移，逐渐把着力点由乡（镇）转移到村组，开展创建“合格村”活动，当年全地区有85个村连续3年达到“合格村”标准。1999年春季，全地区开展计划生育村民自治试点。地区在上犹县试点，并将各县（市）试点情况列入当年计划生育综合目标考核内容。2000年，抓好全市182个“合格村”验收挂牌工作，总结推广村民自治和“合格村”建设的经验，强化村级基础，全面推进计划生育工作重心下移。

第五篇

中国共产党

1986—2000年，中国共产党赣州市（地区）委员会在中共江西省委领导下，带领赣州人民贯彻中共十三大、十四大、十五大精神，以经济建设为中心，坚持党的基本路线，坚持改革开放，结合赣州实际，科学决策，统筹兼顾，完成赣州市（地区）“七五”“八五”“九五”计划，国民经济持续、健康、快速发展，各项社会事业长足进步，中国共产党的建设成效显著。

纪检监察工作对党政机关及其工作人员进行有效监督。坚持从严治党，查处大案、要案。抓党风廉政建设，着重从源头上预防和治理腐败；开展纠风专项治理执法监察，党员干部廉洁自律意识得到增强，党风政风和社会风气好转。

组织工作认真抓好党的建设，为党的事业打好干部基础。加强党员队伍建设和基层组织建设，加强各级领导班子思想作风建设，提高干部政治素质。开展干部人事制度改革，推进公开选拔党政领导干部，加大干部交流力度。宣传工作加强党内理论学习、理论宣传和理论研究工作，组织抓好思想政治工作，强化新闻宣传工作，积极宣传赣州。开展精神文明建设工作，在文明城市、文明村镇、文明行业、文明单位创建等方面取得实效。

统战、党史、党校、政策研究等各项工作有序开展，发挥职能作用。

第一章　组织机构

1986—2000年，中共赣州市（地）委不断完善组织架构，合理设置机构部门，加强干部队伍建设，建立完善会议审批制度、廉政建设制度、重大突发事件报告制度、领导干部外出报告制度、市委常委会议事规则。

第一节　中共赣州地委

1986年至1999年6月30日，中国共产党在赣州的领导机关为中国共产党赣州地区委员会（以下简称“中共赣州地委”）。

一、机构人员

1986年，中共赣州地委实行委员制，由11人组成，设书记1人、副书记3人、委员7人，下辖县级市委1个、县委17个。

1991年，全地区有镇党委77个、乡党委286个、街道党委4个、党支部13392个，地直机关党组57个、机关党组织101个，共有党员237447人。

1995年，中共赣州地委由14人组成，设书记1人、副书记3人、委员10人，下辖县级市委3个、县委15个。全地区有镇党委114个、乡党委244个、街道党委4个、党支部13574个，地直机关党组57个、机关党组织111个（其中机关党委15个、党总支40个、党支部56个），共有党员253644人。

二、地委工作部门

1986年，地委工作部门有地委办公室、组织部、宣传部、统战部、农村政策研究室、纪检委、地直机关党委、老干局、政法办、党史办、对台办、信访办、档案处、精神文明研究中心、地委党校、赣南日报社、讲师团等17个，群众团体有工会办事处、妇联办事处、团地委、文联、社联、科协等6个。

1996年，党政机构改革，地委工作部门改设办公室、组织部、宣传部、统一战线工作部、政法委员会、台湾工作办公室、机关工作委员会等7个部门及纪律检查委员会；直属事业单位有地委党史工作办公室、地委党校、地委讲师团、赣南日报社、机关事务管理局和地委、行署接待处等6个；议事协调机构有地委农村工作委员会、地区编制委员会办公室等2个；归口机构有老干局、政策研究室、信访办。机要局、保密局并入地委办公室，组织员办公室并入地委组织部，对外宣传小组办公室、精神文明建设活动委员会办公室并入地委宣传部。

表5-1-1

1986—1999年中共赣州地委领导成员一览表

职务	姓名	学历	籍贯	任职时间
书记	黄名鑫	大学	江西广昌	1984年10月至1992年11月
	刘培均	中专	江西萍乡	1992年11月至1995年4月
	张海如	大专	江西宜丰	1995年4月至1999年6月
副书记	叶发有	大专	江西赣州	1983年6月至1988年12月
	张振刚	高中	河北卢龙	1979年2月至1986年5月
	张云川	大学	浙江东阳	1986年11月至1991年3月
	梅继尧	高中	湖北黄梅	1983年6月至1988年12月
	刘祖三	研究生	江西乐平	1988年10月至1992年11月

续表 5-1-1

职务	姓名	学历	籍贯	任职时间
副书记	刘学文	大学	江西永新	1983年6月至1995年11月
	刘培均	中专	江西萍乡	1991年3月至1992年10月
	邱禄鑫	高中	江西铅山	1992年1月至1996年12月
	刘上洋	大专	江西上饶	1994年4月至1995年3月
	肖茂普	大专	江西广丰	1993年5月至2000年1月
	周英棠	大专	江西遂川	1995年9月至1999年6月
	罗春涛	大学	广东兴宁	1996年10月至1999年6月
	王昭悠	大专	江西吉安	1999年4月至1999年6月
地委委员	郭文华	中专	辽宁大连市	1984年10月至1990年9月
	张世琦	初中	吉林	1979年2月至1988年7月
	陈本玮	大专	湖南澧县	1983年6月至1986年11月
	冯帮虎	大学	安徽长丰	1983年6月至1989年1月
	钟　斌	大专	江苏南通	1983年6月至1990年7月
	刘作柏	中专	江西南昌	1983年6月至1991年8月
	钟耀庭	高中	江西于都	1986年1月至1990年8月
	邓扬辉	大专	江西石城	1989年1月至1990年7月
	胡国铤	初中	江西上犹	1989年1月至1991年12月
	钟定清	初中	江西兴国	1989年1月至1995年6月
	汪永森	大专	浙江嵊州	1990年7月至1997年
	黄南雄	大专	江西南康	1990年8月至1999年6月
	邱禄鑫	高中	江西铅山	1991年3月至1991年12月
	罗春涛	大学	广东兴宁	1991年8月至1994年4月
	刘显族	中专	江西兴国	1991年8月至1994年11月
	周英棠	大学	江西遂川	1992年12月至1995年8月
	谢亦森	大学	江西宁都	1994年11月至1999年6月
	李南生	高中	江西宁都	1994年11月至1999年6月
	胡长林	大专	江西瑞金	1994年11月至1999年6月
	吴赣生	大专	江西南昌	1995年6月至1999年6月
	赖禧彬	大专	江西大余	1995年8月至1999年6月
	廖桂明	大专	江西安远	1996年12月至1999年6月
	李家润	大专	湖北汉川	1998年2月至1999年6月
	邝小平	大专	江西寻乌	1998年10月至1999年6月
巡视员	李侦绩	高中	山东章丘	1986年11月至1988年12月
	张志中	初中	河南许昌	1986年7月至1987年3月

第二节　中共赣州市代表大会和中共赣州市委

1999年7月1日，中国共产党在赣州的领导机关为中国共产党赣州市委员会（以下简称“中共赣州市委”）。

一、中共赣州市第一次代表大会

1999年6月15—17日，中国共产党赣州市第一次代表大会在赣州召开。出席大会代表581名，分21个代表团。肖茂普作市党代会筹备工作报告，张海如致开幕词，王昭悠致闭幕词。会议选举王昭悠、尹礼山、龙德华（女）、叶玉忠、邝小平、汤存忆、杨人平、杨阳春、李蔚、李南生、李家润、肖茂普、吴赣生、张海如、陈江林、林金梧、欧阳锋、罗春涛、周英棠、胡长林、胡伦贵、钟际跃、钟祖恩、袁元顺、凌会招、黄光南、黄南雄、黄信龙、彭诗光、温声高、谢亦森、谢宝春、谢碧联、赖义金、赖联明、赖禧彬、谭晓林、黎金辉、潘昌坤、潘贻明等41人为委员，邓才秀（女）、刘刚、刘聪玲、肖文群、曹晓秋（女）、雷良骍等为候补委员。

二、中共赣州市委

1999年7月1日，中共赣州地委改为中共赣州市委，常务委员会由13人组成，设书记1人、副书记4人、常委8人。下辖区委1个（章贡）、县级市委2个（南康、瑞金）、县委15个（赣县、信丰、大余、上犹、崇义、安远、龙南、全南、定南、兴国、宁都、于都、会昌、寻乌、石城）。

2000年，全市有镇党委136个、乡党委217个、街道党委5个、党支部13367个；市直机关党组63个、机关党组织156个（其中机关党委18个、党总支46个、党支部45个、企事业党委47个），共有党员262761人（其中市直机关党员17463人）。

三、市委工作部门

2000年，市委有工作部门7个：办公室、组织部、宣传部、统一战线工作部、政法委员会、台湾工作办公室、机关工作委员会；直属事业单位6个：党史工作办公室、接待处、党校、讲师团、赣南日报社、机关事务管理局；议事协调机构2个：农村工作委员会、机构编制委员会；归口机构3个：老干部局、政策研究室、信访办。

1999—2000年中共赣州市委领导成员一览表

表5-1-2

职　务	姓　名	学　历	籍　贯	任　职　时　间
书　记	张海如	大　专	江西宜丰	1999年6月至
副书记	肖茂普	大　专	江西广丰	1999年7月至2000年1月
	周英棠	大　专	江西遂川	1999年7月至
	罗春涛	大　学	广东兴宁	1999年7月至
	王昭悠	大　专	江西吉安	1999年7月至
	胡长林	大　专	江西瑞金	2000年3月至
市委常委	黄南雄	大　专	江西南康	1999年7月至
	谢亦森	大　学	江西宁都	1999年7月至
	李南生	高　中	江西宁都	1999年7月至
	胡长林	大　专	江西瑞金	1999年7月至2000年2月
	吴赣生	大　专	江西南昌	1999年7月至
	赖禧彬	大　专	江西大余	1999年7月至
	李家润	大　专	湖北汉川	1999年7月至
	邝小平	大　专	江西寻乌	1999年7月至2000年8月
	谢碧联	大　学	江西宜春	2000年8月至

说明：任职时间至2000年12月以后的未注明终止时间

第三节 制度建设

一、会议审批制度

1986 年 7 月，地委制定地委委员会议制度。规定部门提请地委委员会议讨论的议题，须先向地委、行署分管领导汇报，经分管领导审定后，报地委办公室汇总，由地委书记确定。列入会议议题，由部门打印书面材料，地委办公室提前分送全体委员。

1990 年 4 月，地委建立会议审批制度。规定地委召开全地区性会议，须经地委集体讨论或由地委书记批准；部门以地委名义召开、需县（市）领导参加的专题性会议，由部门提出意见报地委办公室，经地委分管领导批准后方可，会务和经费由主办单位负责；部门召开全地区性会议，须经分管领导批准，并报地委办公室备案。可开、可不开的会议坚决不开，能开电话会的就开电话会，能合并开的会不单独开，能开短会的不开长会，能开小会的不开大会，部门负责人参加能解决问题的会不安排县（市）党政领导参加。

1996 年 11 月，地委办公室、行署办公室联合下文，要求精简会议，严格控制党政机关“片会”，并将其作为加强机关作风建设、减轻基层和群众负担的一项重要举措。规定确需召开的“片会”须分别报主办单位所在地（市）和县（市）党委、政府审批，并做到谁审批谁负责，控制经费开支，实行监督审计。

1997 年 4 月，地委办公室、行署办公室就精简会议作出补充规定。严格会议审批制度，安排会议主办单位必须填报会议审批单报地委、行署有关领导审批；下发会议通知时须注明会议审批单批准字号，否则，被通知参会人员可拒绝参会；按会议内容确定开会形式和规模，压缩会议时间，提高会议质量。

1998 年 6 月，地委、行署决定每季第二月原则上为“无会月”，除特殊情况，不召集县（市）领导开会。

二、廉政建设制度

1989 年 2 月，地委制定《关于加强自身廉政建设的若干暂行规定》。提出 6 项要求：1. 严于律己，做好表率，做到“八个不”（不受贿贪污、使权勒索、进行权钱交易和牟取不正当收入；不用公款大吃大喝，挥霍浪费；不接受下级礼品，坚决杜绝不送礼就不办事的不正之风；不借出差、开会、参观学习等名义用公款绕道旅游，自觉带头执行财经制度；不侵占国家、集体和群众的利益营建私房或超过标准多处占用公房；不在企业兼职和领取报酬；不利用职权在招工、招干、招生等问题上为家属、亲属谋求特殊照顾；不以权向下属压价索购物品）。2. 敢抓敢管，敢于碰硬，建立廉政工作责任制、人民检举制度，以及上一级对下一级教育、下级对上一级负责责任制。3. 坚持把廉洁奉公作为推荐、考察、任用干部的重要条件，坚决把好干部关。4. 坚持决策民主化，实行办事公开，不断消除不廉洁行为赖以生存的条件。5. 自觉接受党内外监督，在党纪国法面前人人平等。6. 加强地委自身建设，把廉政工作作为一项经常性工作来抓。

1989 年 3 月，地委建立廉政工作联席会议制度。联席会议由省人大驻赣州地区联络处、地区纪检委、赣州检察分院、地委办公室、组织部、宣传部、地直机关党委、行署办公室、地区监察局等单位主要负责人参加，必要时安排地区工商、税务、审计、物价等部门负责人参加，由地委分管廉政工作的副书记主持，日常工作由地委办公室负责。主要负责加强廉政工作指导；制订完善各项廉政工作制度，通报全地区廉政工作情况，协调各方关系，向上级报告和反映廉政工作情况、问题及建议。

1990年11月，地委建立干部廉政情况通报制度。规定地委定期召开由地委组织部长、地区纪委书记、人事局长、监察局局长、信访办主任参加的联席会议，必要时安排检察、审计等部门负责人参加。由地委组织部牵头召集，地委分管干部的副书记主持，原则上每季度召开一次，必要时可临时召开。主要了解掌握地委、行署管理干部遵守党纪、政纪情况；分析干部、群众举报信件，并转有关部门受理；通报干部违法违纪立案查处情况；对违纪违法干部任用、调动、惩处交换意见。

1998年8月，地委印发文件，对领导干部的“五子”（妻子、孩子、房子、票子、车子）加强监督管理。规定县（市）领导干部配偶应随迁到县（市），确有困难不能随迁的，应报地委同意；已迁至县（市）的，不得先于领导干部本人调进地区。县级领导配偶、子女在本辖区内调动或提拔，必须报地委组织部批准。领导干部本人离婚、再婚，在履行法定手续前须向地委组织部提交书面报告。必须对身边工作人员和家属亲友严加管束，不准利用职权为配偶、子女和亲友经商办企业提供任何优惠条件。干部调动和提拔、大中专毕业生分配、转业军人安置、基建工程招标等群众关注的热点问题，领导身边工作人员和家属亲友不可乱打招呼，更不可打着领导旗号乱加干预，不得利用领导权力和影响办私事谋私利。严格控制新建和装修办公楼，停止福利分房，严格按上级规定面积标准控制单位全额集资建房。地直单位建房应报行署批准。严格领导干部收入申报制度，每半年必须如实申报收入一次。全地区党政机关、企事业单位必须严格按规定配备、购置和管理使用小汽车。严禁任何县（市）、部门违规购车。严格移动电话审批手续，地直县处级单位（含事业单位）确因工作需要的，经批准可限额批购一部，科级单位一律不准用公费购置；国有企业公费购置移动电话视生产经营效益状况而定，亏损企业一律不批购。各县（市）单位参照执行。严格控制话费标准，实行话费月登记、季申报制度，限额报销，超额自负；建立公费话机交接处理制度。

三、重大突发事件报告制度

1990年2月，地委制定重大突发事件报告制度。规定各地发生的重大政治事件、重大政治动向、群众性纠纷、械斗、特大事故、特大恶性案件、重大自然灾害和疫情、大规模上访及群体性事件等重大突发事件或其他重大情况，除按工作职能向地区有关部门报告外，应随时向地委办公室报告。

四、领导干部外出报告制度

1995年，地委办公室、行署办公室制定领导干部外出报告制度。规定县（市）委、政府和地委各部门、地区各单位正副职离开本地区1天以上，不论因公因私，均应事先报告，经批准方可外出。县（市）委书记、县（市）长外出，需报地委主要领导批准，副职外出需报地委分管领导批准；行署各部门主要负责人外出，需报经行署主要领导批准，副职外出需报经行署分管领导批准；检察分院、中级人民法院正副职外出，需分别报地委主要领导、分管领导批准；如有关批准人不在家，则需报在家主持工作的地委、行署领导批准。违反上述规定擅自外出的，第一次通报批评，第二次给予纪律处分。

五、市委常委会议事规则

2000年10月，市委常委会议制定《中共赣州市常务委员会议事规则（试行）》。市委全委会闭会期间，市委常委会行使委员会职权，执行上级党组织指示和全委会决议，主持日常工作。会议制度规定，市委常委会会议一般每月召开2次，遇重要情况可随时召开。常委会会议必须有半数以上常委到会方可举行，讨论干部问题应有2/3以上常委出席。讨论某些重大问题和议题时，也可召开常委扩大会议，吸纳有关人员列席会议。常委会会议决定问题，须通过充分酝酿讨论，实行少数服从多数原则，采取口头、举手、无记名投票或记名投票等方式逐项表决。常委会会议作出决议、决定后，由常委会成员按照分工组织实施，遇新情况可由常委会会议复议，并可在规定范围内传达、公布。

第二章　重要会议和重大决策

1986—2000 年，中共赣州市（地）委全面贯彻中共十三大、十四大、十五大精神，坚持党的基本路线，坚持改革开放，解放思想，与时俱进，以经济建设为中心，科学决策，顺利完成赣州市（地区）“七五”“八五”“九五”计划，国民经济持续、快速、健康发展，综合实力不断提高，各项社会事业全面发展，人民生活明显改善。

第一节　重要会议

一、地委委员会议

地委委员会议由地委正副书记、委员参加，必要时人大、政协联络处主任列席会议。不定期召开，主要传达中共中央、中共江西省委重要会议和重要文件精神，提出贯彻落实意见；研究制定改革开放、经济建设、党的建设等方面重大决策和政策措施；研究部署重大工作；研究县（市）、地直机关领导班子建设，讨论副县级以上干部任免等。

1986 年，召开地委委员会议 42 次。传达中共中央、中共江西省委有关会议精神，研究全地区经济工作指导思想、奋斗目标和发展措施。传达全省农村工作会议精神，提出具体贯彻意见，研究端正党政机关党风问题、计划生育工作、干部任免等。传达全国、全省政法工作会议精神。研究人民银行、工商银行等 4 家银行和地区工商局提出的清理贷款和处理意见。传达全省农村工作会议精神，提出贯彻意见。传达省委常委扩大会议精神。讨论向中央汇报全地区旱情有关问题。研究学习中共十二届六中全会精神问题。研究纪念中国工农红军长征胜利 50 周年活动安排。传达中共江西省委八届二次全委扩大会议精神。

1987 年，召开地委委员会议 33 次。传达全省计划工作会议精神，讨论 1987 年全地区经济工作盘子。作出《关于加强农村能源建设的决定》，研究全地区发展柑橘生产、老区建设和春节活动安排。学习中央文件，部署深入开展坚持四项基本原则、反对资产阶级自由化斗争教育，研究讨论县（市）领导班子建设和干部任免。传达全省承包经营责任制座谈会和全省工交会议精神，听取财政、税收工作情况汇报，传达贯彻中共江西省委八届四次全委扩大会议精神。传达学习中共中央、中共江西省委政法工作座谈会精神，传达全省对外宣传工作会议精神。传达全省山区综合治理开发会议和全省核查工作会议精神，讨论重点核查对象定性处理意见，研究计划生育工作，制定《关于深化改革的若干规定》《赣州地区贫困县经济发展规划》《关于干部管理审批任免几个问题的意见》。传达学习中共十三大会议精神。传达全省贯彻三个条例，全面推行厂长负责制工作会议精神，研究清理非常设机构、全地区乡（镇）党政机关人员编制问题。研究讨论全地区经济发展思路和 1988 年经济工作的奋斗目标以及财政工作。

1988 年，召开地委委员会议 20 次。讨论通过《关于当前事业单位租赁承包的几点意见》《关于大力发展乡镇企业的决定》，讨论建立地委办公会议制度。讨论创办试验区有关问题。传达全省乡镇企业工作会议精神，决定召开县（市）委书记会议进行传达贯彻。讨论制定发展甘蔗生产有关政策。审议 1989 年全地区国民经济发展规划、1988—1995 年全地区农业开发总体规划，1989 年全地区乡镇企业发展目标。讨论通过《关于打好农业开发总体战的决定》《县（市）党政领导干部考核办法》，讨论干部任免。

1989年，召开地委委员会议37次。讨论通过《赣州地区1988年创办试验区总结和1989年的工作要点》，传达全省经济工作会议精神。讨论通过《关于全面深化艺术体制改革的意见》《赣州市住房制度改革方案》《1989年财政计划安排意见》。传达公安部5月18日传真电报精神。讨论通过《关于加强基层政权建设工作的意见》《关于进一步做好计划生育工作的意见》《关于妥善解决村干部工资报酬的意见》。讨论通过《关于"科技兴赣"若干问题的决定》《赣州地区机构编制委员会工作规则》等。讨论县（市）领导班子换届干部调整任免，讨论违纪案件审定处理意见。

1990年，召开地委委员会议29次。讨论党政干部违纪建私房案件，传达全省县乡换届工作会议精神，研究讨论机构编制问题。传达全省体改工作会议和全省第四次人口普查工作会议精神。研究加强和改善老龄委、侨联、地直机关党建、地直机关工会、妇联工作。讨论通过《关于加强农村推广服务体系建设的决定》《关于改进地委、行署领导参加会议和活动的若干规定》。研讨赣州地区"八五"计划和十年规划，向省委、省政府《关于在治理整顿形势下进一步推进经济体制改革试验区的请示》等。讨论通过地委、行署《关于确保十年绿化赣南如期实现的决定》，建立地委、行署领导信访办公会议制度。传达学习李鹏视察赣南的讲话，研究讨论加强企业班子建设的意见。研究在全区农村开展党的基本路线教育、治理"三乱"（乱收费、乱摊派、乱罚款）、纠正行业不正之风、开展党风党纪教育的意见，讨论关于在全区开展向瑞金壬田乡柏坑村党支部学习的决定。通报毛致用视察赣州地区的情况，研究1991年全地区主要经济指标安排意见，讨论纪念中华苏维埃临时中央政府暨中央革命根据地创建60周年活动筹备工作安排。

1991年，召开地委委员会议28次。听取计划生育工作情况汇报和全地区农村基层建设工作会议筹备情况汇报。研究法制教育工作、开展县（市）人武部达标评比活动。研讨《赣州地区国民经济和社会发展规划和"八五"计划纲要》，评定县（市）目标管理等次。传达全省经济工作会议精神，布置全地区经济工作。传达全省组织、宣传、对台工作会议精神，听取全地区党建目标管理评选情况汇报。研究地委副书记分工职责。讨论通过《关于进一步加强计划生育工作的决定》《关于进一步加强统战工作的意见》，讨论县级干部晋级、领导干部违纪案件、兴建赣南工人文化宫事宜。讨论通过《关于进一步搞活工商企业的决定》《关于支持搞活企业，促进经济发展的意见》《地直机关公费医疗制度改革方案》《关于积极试行以公有制为主体的多种形式股份制意见》。研究中央革命根据地创建60周年纪念活动筹备工作。听取省委、省政府在北京召开的纪念中央革命根据地创建60周年座谈会的情况汇报。讨论通过干部违纪案件处理意见。讨论通过《赣州地区1992年经济体制改革工作意见》《关于进一步深化国合商业企业改革的暂行规定》。

1992年，召开地委委员会议26次。讨论地区1988—1990年农业总体开发先进典型名单，研究成立地区农村工作委员会及领导联系社教点问题。讨论推荐中共十四大代表候选人，研究赣州机场的有关问题，讨论全地区先进纪检组织和优秀纪检员名单。讨论建立大余县经济小特区、加强青年干部培养教育工作、1992年县（市）党建目标管理，研究地直机关党委换届问题及地委、行署领导接待来访群众日问题，研究部署抗洪救灾问题。讨论退休干部管理规定、1992年度财政预算安排，组建地、县（市）供销总公司。讨论鼓励各类人才支援乡镇企业的意见，传达全省农业书记会议精神，研究计划生育、乡镇企业工作。研究召开地直有关部门、有关县（市）负责人会议有关事宜，讨论对农民人均纯收入超千元村活动达标单位进行表彰，进一步放活科研机构和科技人才的暂行规定，地、县（市）侨联体制，进一步扩大县级经济管理权限问题等。讨论成立经贸委和外贸局、招商局、"三资"（侨资、外资、中外合资）企业管理局问题，讨论进一步扩大开放，做好利用外资工作问题。传达全省林业工作会议精神，讨论《关于苦战五年实现全区绿化达标的决定（讨论稿）》、《关于赣南九十年代经济上新台阶的意见》、计划生育服务网络建设问题。讨论《关于群众反映南康县朱坊乡在计划生育工作中弄虚作假问题的调查报告》及1991年度党建目标县（市）考评情况。传达中共十四大会议精神。研究地委扩大会议有关事项及干部任免问题。研究地区旅游局单设及成立地区地震局、地区果业局、柑橘指挥部党组问题，讨论在地、县（市）烟草专卖局设立检察室（组）问题。讨论赣州地区省政协委员推荐名单。通报省委关于设置处级非领导职务系列问题的精神，讨论地直机关干部下基层原则。

1993年，召开地委委员会议22次。讨论关于发展乡镇企业的决定及加强计划生育工作，严格控制人口增长的决定，讨论关于减轻农民负担，保护农民积极性及发展工业的决定，研究地直党政机关干部分流实施意见。研究全地区三级干部大会发言典型。研究干部任免及下派干部抓小康村示范点问题。传达全省政法工作会议、全省组织部长会议、全省粮食工作会议精神，研究地区物资局、地区商业局关于成建制转为经济实体的实施方案，讨论地区粮食局、地区物资局组建总公司及成立海关实施方案。讨论机构改革试点县问题，研究1993年度财政预算，讨论地区经贸局和地区招商局合并问题，讨论成立赣州地区农村社会养老保险事业管理处问题。讨论地区纪委、监察局合署办公方案。传达中央政法委和省委《关于“六四”敏感期有关工作的通知》精神。讨论地委各书记分工问题，讨论地委、行署关于兴果富民的决定和责任状，讨论《关于加快发展我区外向型农业的决定》，审议《关于加快我区教育改革和发展的决定》，研究老干局关于提高无固定收入的老红军遗孀生活困难补助标准的请示和关于干休所八户特殊户购房问题的请示。传达省纪检监察案件检查工作会议精神及中央政治局常委会关于综合治理工作的指示精神等。传达全省地（市）委书记、专员（市长）会议及全省打击走私工作会议精神，讨论地区领导挂钩联系点事宜，审议《地委、行署关于切实改进领导作风的通知》，讨论对党政机关收费问题开展清理检查。讨论1992年度县级干部奖励工资问题，传达全省党管武装工作会议精神，通报赴新加坡招商引资情况。讨论《关于贯彻中央近期反腐败斗争部署的实施意见》及在党政机关领导干部中开展清退礼金礼券活动问题，研究选派反腐败斗争检查组及党政机关经济实体管理意见。讨论全南、寻乌县机构改革试点方案及机构设置意见。讨论全地区1994年国民经济和社会发展计划初步安排意见，审议《关于大力推行股份制，进一步促进乡镇企业快速高效发展的决定》，讨论关于赣南试验区立法问题及大力发展个体私营经济意见。传达中共中央、国务院《关于控制财政支出和信贷、货币发放、稳定市场的通知》，研究《关于加快脐橙、甜柚发展的决定》，讨论成立地区文化市场管理委员会；复议全南、寻乌县机构改革方案。

1994年，召开地委委员会议25次。听取全省经济工作会议、纪检工作会议、统战工作会议精神传达，讨论《关于纠正党政机关领导干部在房改中几个问题的通知》及地直公费医疗改革方案，讨论招商局与经贸局合并问题及在中国香港地区、新加坡设立办事处问题。讨论全地区工业工作会议事宜。传达全国、全省政法工作会议精神。传达全省宣传工作会议、组织工作会议精神，传达中共中央纪律检查委员会三次全体会议精神。讨论行署办公室党组建设问题，地委台办成立赣州地区台胞台属联谊会、省检察院赣州分院调整内设机构问题。传达全省乡镇企业工作会议精神。传达全省粮食工作会议精神，传达全国打击经济犯罪电话会及全省党校工作会议精神，听取全地区清理“五子”工作情况汇报，传达省委、省政府关于开展生产自救和省领导视察赣州地区的指示精神。传达全国、全省扶贫工作会议精神，研究赣州市城建规划，讨论国庆45周年纪念活动方案，讨论关于组建公安支队及成立地直机关、事业单位职工保险处的问题等。研究瑞金撤县建市庆典活动安排及班子充实问题；讨论全省农村基层组织建设座谈会及全省农村社会治安综合治理会议、全省保密工作会议精神的贯彻问题；研究召开全地区冬种工作会议、个体私营经济工作会议问题；讨论计划生育工作及’94中国赣州宋城文化节活动方案等。传达贯彻吴官正10月13—20日考察赣南的讲话精神。研究1995年经济工作基本打算，研究农村基层组织建设工作，讨论成立地区机关事业单位社会保险事业管理处及成立个体私营经济管理局机构问题，讨论地区纪检委提交的案件的处理意见。传达、贯彻全省经济工作会议精神；研究成立地区安全处筹备领导小组问题。

1995 年，召开地委委员会议 16 次。讨论审议推荐省劳动模范、先进工作者候选人。讨论全地区三级干部大会表彰先进典型名单。研究设立地区地方税务局直属分局及建立爱国主义教育基地问题；讨论推荐全国劳模问题等。听取地区公安局、检察院、中级人民法院、政法委及总工会、团地委、妇联工作汇报。审定全地区工业工作会议筹备方案和主攻工业意见，传达中央、省对台宣传工作会议精神，讨论纪检委提交的案件。审议《关于撤销南康县设立南康市有关问题的请示》。讨论赣州地区党政机构改革方案，讨论领导干部廉洁自律实施办法及超标准用车处理意见。研究省十次党代会候选人事宜，研究成立地区计生协会问题。研究 1995 年财政预算安排，审议住房公积金制度建设及提高离休老干部护理费问题，研究地区农业利用外资办公室升格问题。学习江泽民在中共十四届五中全会召集大会上和闭幕时的讲话，听取减轻农民负担检查组情况汇报，讨论地区编委《关于实施地直党政机构改革方案的通知》和《关于实施县（市）、乡（镇）党政机构改革方案的通知》，讨论地委、行署《关于加快“一点两线”区域经济开发的决定》及《地委关于制定全地区国民经济和社会发展“九五”计划和 2010 年远景目标的建议》，审议行署公安处《关于组建特种警察支队的报告》及行署办《关于将地区妇幼保健院恢复为副县机构级别的请示》等。听取省人大常委会赣州地区工作委员会关于全地区开展《中华人民共和国土地管理法》执法检查的情况汇报。

1996 年，召开地委委员会议 28 次。研究 1996 年经济工作思路、进一步解决部分群众生活困难问题等问题。研究政协工作，听取“扫黄打非”情况汇报。传达贯彻省纪委会议精神，全国、全省政法工作会议精神，全省组织工作会议精神，讨论 1995 年度县（市）实施“131”工程考评方案。研究财政工作的几个政策性问题，研究讨论地委、行署《关于强化“三为主”、普及“三结合”，进一步提高全区计划生育工作整体水平的决定》，研究贯彻省委、省政府推出的 10 项支持农业措施问题。审议地委、行署表彰的 1995 年主攻工业先进单位。学习中央政法委关于当前社会治安、社会稳定方面的突出问题和加强工作的意见，传达全省严打工作会议、全省加强社会治安和维护社会稳定工作会议和全省公安工作会议精神，研究全地区开展严打斗争工作方案及公安工作有关问题、地区“七一”表彰优秀党务工作者问题，审议地委政法委《关于加强社会治安和维护稳定工作的实施意见》。听取地本级 1996 年财政预算安排汇报，讨论《江西省人大常委会地区工委工作条例》及当前发展、稳定工作。传达全省“双学”（学中国特色社会主义理论，学《中国共产党章程》）现场会精神，学习《中国共产党地方委员会工作条例》，审议地委、行署《关于进一步深化改革、搞活流通的决定》，地委、行署《关于加快“一点两线”七县（市）改革与发展步伐的指导意见》。传达中共江西省委十届三次全会精神，讨论关于举办赣州地区食品工业产品展销会暨经贸洽谈会实施方案，听取“严打”工作、全地区工业普查情况汇报，听取全省精神文明建设工作会议精神汇报；听取加快赣南高新技术产业发展问题汇报，听取地直公费医疗支出管理意见汇报，听取统战工作汇报、对台工作汇报。组织部汇报检查基层党校办学及“双学”宣传工作开展情况，研究地直机构改革“三定”（定职能、定机构、定编制）方案，研究贯彻省第九次法制宣传教育工作会议、全省社会治安综合治理工作会议精神。学习传达贯彻江泽民视察赣南的重要讲话精神。研究乡（镇）党政机构改革方案；传达全省纠风工作、征兵工作会议精神。研究全地区扶贫攻坚若干问题及全国技术改造工作会议方案，传达全省组织部长会议精神。讨论 1997 年全地区国民经济和社会发展计划的初步安排意见、地本级公费医疗问题、赣州地区科学技术协会“九五”期间全面建设计划、兴建赣州地区体育中心、1997 年全国水保工作会议筹备方案、地直机关党组织设置有关问题，研究机构问题。

1997 年，召开地委委员会议 16 次。讨论全地区经济工作会议材料，传达全省政法工作会议精神，讨论地委关于 1997 年政法综治工作意见。传达学习李鹏 2 月 7—9 日视察赣南时的讲话要点，传达全省农村工作会议精神。讨论地委、行署《关于抢抓机遇、加大力度实现招商引资突破的决定》，听取工口关于几个重点项目建设情况的汇报，传达全省经济工作座谈会精神、全省宣传工作会议、全省国有企业党建工作会议、全省组织工作会议精神，听取加快全地区烟草产业问题的汇报及全地区检察工作情况汇报。审定“3433”[“三攻四上三控三突破”的简称。三攻：攻特色农业，促常规农业；攻名牌产品，促名牌效应；攻“一点两线”[赣州市（今章贡区），京九铁路、105国道线]，促全区发展。四上：国有企业上效益，乡镇企业上质量，民营经济上水平，招商引资上台阶。三控：控制企业亏损面，控制物价涨幅，控制人口出生率。三突破：全区国民生产总值突破180亿元，增长16.12%；财政收入（老口径）突破18亿元，增长26.76%；农民人均纯收入突破1800元，增加360元，增长24.48%]目标考评先进县（市）和全地区发展经济先进个人名单，审议地委、行署《关于大力发展农村个体私营经济的决定》。审议1997年度财政预算支出安排，讨论召开闽粤赣经济协作区13个地市党政领导第三次会议方案，听取关于赴省政府和吉安行署学习考察决策咨询工作和加强决策咨询工作建议的报告。审议推荐出席省党代会代表人选，听取减轻企业负担四个调查组综合汇报情况，审议地、市有线电视台合并事宜。研究抗洪救灾问题，讨论地委、行署贯彻中共中央、国务院《关于党政机关厉行节约、制止奢侈浪费行为的若干规定》实施细则。讨论军队部分干部的安置问题，听取全省土地管理会议及全地区土地管理情况汇报。研究加快公路建设步伐问题，部署冬种、猪沼果工程、计生协工作，听取全省公安派出所会议精神汇报，研究讨论农资市场和医药批发市场整顿问题。讨论案件，研究向省申办全省第一届全运会、中共十五大前后全地区社会稳定工作。传达、学习中纪委“10·15”电视电话会议精神、舒圣佑10月15—16日考察赣南的讲话要点，研究建设赣州通天岩风景名胜区项目可行性报告。审议全国、全省人大代表推荐人选，审议推荐省表彰的村建工作先进集体和优秀个人名单。

1998年，召开地委委员会议25次。传达全省纪委六次全会、全国全省政法工作会议、全省农村工作会议、全省组织工作会议精神，研究贯彻意见。学习中共十五届二中全会公报、江泽民在周恩来100周年诞辰纪念大会上的讲话精神。传达九届全国人大一次会议精神，研究全国百家民营企业赣南考察团方案，研究个体私营经济会议有关问题，听取农资体制调查情况汇报。传达学习中央国有企业下岗职工基本生活保障和再就业会议、全省领导干部会议、全省清房工作会议精神，讨论1998年度财政预算方案。研究全地区流通体制改革有关问题，研究军队转业干部和退伍军人安置、大中专生安置问题。讨论清理领导干部在住房、建房、购房、装修住房等方面违反规定的实施细则等。传达全省地市委书记、专员市长会议精神。审议城市信用社规格问题，讨论两所学校召开党代会等问题。传达学习江泽民在江西视察抗洪救灾工作时讲话精神。听取全地区政法队伍集中教育整顿情况汇报，听取赣县光彩大市场承办全省食品展销会筹备情况、赣州市城市防洪设施建设规划情况等汇报。传达中共江西省委十届九次全会精神。传达学习中央、省经济工作会议精神，传达全省党管武装会议、全省村建会议、全省武警基础建设“内转外”会议精神，研究预备役团建设问题。学习中共中央《关于实行党风廉政建设责任制的规定》《关于在县以上领导干部开展“三讲”教育的通知》，胡锦涛在全国“三讲”（讲学习、讲政治、讲正气）教育电视电话会议上的讲话等。传达全省农村基层组织建设工作会议精神。

1999年，召开地委委员会议35次。传达全省加快烟酒发展座谈会、全省组织部长会议精神；研究成立地改市领导小组事宜。审定经济工作“考核评先”表彰奖励名单，讨论全地区三级干部大会有关材料及地委、行署《关于加快城乡居民住宅建设的决定》，审定1999年“五一劳动奖状”“五一劳动奖章”申报名单。听取全省政法工作会议、全省统战工作会议、全省党委秘书长、办公室主任座谈会议精神。学习九届全国人大二次会议精神；研究部署维护稳定工作；研究召开中共赣州市第一次代表大会、赣州市第一届人民代表大会第一次会议、政协赣州市第一届委员会第一次会议有关事项。传达学习江泽民给中央政治局、书记处和军委同志的批示。研究撤地设市工作。通报省委就中共赣州市委、市人大、市政府、市政协选举提名班子候选人名单。讨论研究市党代会、人代会、政协委员会有关事项；审议1999年地本级财政预算；研究人事问题。听取市一届人代会筹备工作汇报；研究政协一届委员会有关事项；传达全省分流乡镇人员、减轻农民负担现场会精神。1999年6月29日，召开最后一次地委委员会议，讨论赣州市人民政府《关于鼓励外商投资的优惠办法》，讨论撤地设市庆典大会筹备情况。

二、地委扩大会议

地委扩大会议由地委研究决定召开，地委委员，地区纪委书记，行署党员副专员，人大、政协联络处党员负责人，地委各部门主要负责人，地直各单位党委、党组书记，各县（市）委书记参加。不定期召开。主要传达贯彻中央、省党代会、全会精神，中央、省委重要文件精神，全省地市委书记会议精神，研究讨论贯彻落实措施，讨论通过加强党的建设、经济建设等有关决定。

1986年，召开地委扩大会议1次。于9月召开，主要传达贯彻省委常委扩大会议精神，研究部署下半年工作。

1987年，召开地委扩大会议3次。3月27日会议，主要传达贯彻省委召开的地市委书记、组织部长会议精神，协商推荐出席中共十三大代表候选人预备名单和省党代会代表。6月会议，主要传达贯彻全国、全省贫困地区经济发展规划工作座谈会精神。11月会议，主要传达学习中共十三大精神，探讨发展赣南经济的战略和途径。

1988年，召开地委扩大会议3次。1月会议，主要讨论《关于大力发展乡镇企业的若干决定》《关于组织干部力量转移的初步意见》《关于加快农业资源开发的几项规定》《关于鼓励和扶持城乡个体经济、私营经济发展的意见》《关于进一步调动国营工业企业和经营者积极性的意见》《关于放宽政策、搞活商品流通的若干意见》《关于贯彻省委、省政府24号文件、扩大县市经济管理权限的意见》《赣州地区1988年经济体制改革实施意见》《关于干部管理的几个问题的通知》等15个政策性文件。8月会议，主要传达贯彻省委八届六次全委会议和全国、全省组织工作会议精神。9月会议，主要传达贯彻中央工作会议和省委常委扩大会议精神。

1989年，召开地委扩大会议2次。2月会议，主要传达贯彻全省地市委书记会议精神，研究加强党和国家机关廉政建设等问题。12月会议，主要传达学习中共十三届五中全会和省委八届九次全会精神。

1990年，召开地委扩大会议1次。主要传达贯彻中共江西省委八届十次全会精神。

1991年，召开地委扩大会议2次。1月会议，主要传达贯彻中共十三届七中全会和省委九届二次全会精神，讨论通过全地区“八五”计划和十年规划纲要，表彰1990年度目标管理先进单位。12月会议，主要传达学习中共十三届八中全会和省委九届三次全体（扩大）会议精神，研究部署全地区农业和农村工作。

1992年，召开地委扩大会议1次。于10月召开，主要传达中共十四大和省委扩大会议精神，研究部署学习、宣传、贯彻中共十四大精神和当年后两个月的工作。

1993年，召开地委扩大会议1次。于4月召开，主要传达学习中共十四届三中全会及中央5号文件精神，研究部署有关工作。

1994年，召开地委扩大会议1次。于10月召开，主要传达学习、贯彻中共十四届四中全会和省委九届十次全体会议精神。

1995年，召开地委扩大会议1次。于12月召开，主要讨论、研究《全区国民经济和社会发展“九五”计划和2010年远景目标（草案）》。

1996年，召开地委扩大会议2次。8月会议，主要传达贯彻省委十届三次全会精神，研究部署有关工作。11月会议，主要传达贯彻省委十届四次全会精神，研究部署进一步加强精神文明建设工作意见。

1997年，召开地委扩大会议1次。于9月召开，主要传达贯彻中共十五大精神。

1998年，召开地委扩大会议2次。10月会议，主要传达学习中共十五届五中全会精神及省领导干部会议精神。11月会议，主要传达贯彻省委十届九次全体会议精神，部署经济工作。

三、市委全委（扩大）会议

中共赣州市委一届一次全会 1999年6月17日召开。会议通过《中共赣州市第一届委员会第一次全体会议选举办法（草案）》。选举张海如、王昭悠、肖茂普、周英棠、罗春涛、黄南雄、谢亦森、李南生、胡长林、吴赣生、赖禧彬、李家润、邝小平等13人为常务委员会委员，张海如为书记，王昭悠、肖茂普、周英棠、罗春涛为副书记。

中共赣州市委一届一次全体（扩大）会议 1999年6月18日召开。会上，张海如作题为《迈向新世纪，建设大赣州》的报告。

中共赣州市委一届二次全体（扩大）会议 1999年10月8—9日召开。会议传达贯彻中共十五届四中全会精神和中共江西省委十届十次全会精神，研究部署国有企业改革发展工作，讨论通过市委《贯彻〈中共中央关于国有企业改革和发展若干问题的决定〉的实施意见》。

中共赣州市委一届三次全体（扩大）会议 2000年11月9—10日召开。会议传达贯彻中共十五届六中全会精神和中共江西省委十二次会议精神，审议并原则通过《关于制订国民经济和社会发展第十个五年计划的建议》。

四、市委常委会议

1999年7—12月，市委召开常委会议18次。研究市人大、市政府、市政协成立党组及政府部门组成等问题，研究赣州市《贯彻落实〈关于实行党风廉政建设责任制的规定〉的实施细则》。研究赣州市、章贡区事权调整方案，市人大、市政协机关人员编制配备。传达省“三讲”会议精神，研究市四套班子开展“三讲”工作初步方案。研究1999年面向全省公开选拔部分市直单位副县级领导干部实施方案。传达全省经济工作座谈会（片会）、全省扶贫开发工作会议精神。讨论民革、民盟、民建、民进、九三学社赣州市委会第一届领导班子人选名单；传达全省解决法院执行难会议精神。传达学习省委十届十次全会精神。研究市委一届二次全会有关事项，讨论市委“三讲”整改方案，传达贯彻省农产品流通工作会议精神。讨论请求省政府将赣南继续列为江西省经济体制改革试验市的请示，研究赣州京九大道、迎宾大道工程建设项目有关问题，讨论《赣州市治理“三乱”优化经济发展环境的暂行规定》，研究赣南高新技术产业开发区和黄金岭经济开发区有关问题，讨论成立赣州市章江新区开发建设机构。讨论赣州市城区开发建设工作方案，讨论黄金新区筹备工作。讨论组建赣州市商业银行有关问题，研究贯彻全省天主教工作会议、全省民宗工作会议精神，讨论市直单位干部职工增加补贴事项，讨论市委关于加强班子自身建设、加强和改进干部工作、加强党风廉政建设和反腐败斗争力度等意见，讨论撤地设市事权调整、单位党组织隶属关系调整问题。审定、任命公开选拔副县级领导干部人选。传达江泽民、朱镕基在中央经济工作会议上的讲话精神。研究市直单位“三讲”教育安排工作，讨论2000年主要经济指标安排。传达全省经济工作会议、全省政法工作会议精神，研究贯彻意见。

2000年，市委召开常委会议25次。研究决定召开“看特色、看变化”流动现场总结会，讨论全市经济工作会议有关材料，讨论推广龙南县、南康市经验，开展招商引资、推进个体私营经济发展的决定。讨论关于贯彻中共中央关于进一步加强政治干部队伍建设的决定，讨论市委党校办班计划。讨论调整市直单位科级干部管理权限，调整市乡镇党委书记、乡镇长管理权限，传达全省农村工作会议精神。传达省纪委八次全会精神。讨论《政府工作报告》，审议1999年度经济工作先进县（市、区）、城镇职工基本医疗保障实施方案，讨论市商业银行筹建工作有关问题、《党政机关县以上干部出国（境）管理工作意见》。审议部分中央、省驻市及市属企事业单位党组织隶属关系，传达全省组织部长会议精神。讨论财政预算、教育工作、拔尖人才、科技大会、卫生体制改革、地方史编写、劳模表彰大会等问题。讨论县（市、区）领导班子“三讲”教育活动有关事项，讨论《赣州市依法治市三年规划》。研究军转干部安置，传达全省培养选拔年轻干部工作座谈会精神，讨论培养选拔年轻干部工作意见。研究市区户籍管理改革、全省思想政治工作会议精神贯彻，听取市委、市政府检查组检查减轻农民负担、维护农村稳定情况汇报。研究2000年面向全省公开选拔部分副县级领导干部实施方案，听取全省财政地税工作会议精神汇报，讨论市国家安全局机关领导体制改革有关事项，研究成立支援赣龙铁路建设领导小组、召开市第一次社科工作者代表大会等问题，讨论市政府关于财政经费有关问题的请示，听取重庆至厦门修建高速公路汇报，讨论研究中共中央、国务院《关于加强人口与计生工作稳定低生育水平的决定》贯彻意见。听取招聘赣南果业股份公司总经理两名人选介绍，确定人选。传达全省领导干部会议和中共十五届五中全会精神。讨论《关于制订赣州市国民经济和社会发展第十个五年计划的建议》，传达全省农村税费改革会议精神。传达全省经济工作会议、政协工作会议、农村“三个代表”重要思想学习教育工作会议、政法工作会议、计划工作会议精神，讨论机构问题以及成立落实党风廉政建设责任制工作领导小组问题，讨论强化社会养老保险、市中级人民法院党组关于加强人民法院基层建设的报告，讨论市委、市政府大院公有住房出售问题。

五、县（市）委书记　县（市）长会议

县（市）委书记、县（市）长会议，由地委、行署研究决定召开，地委委员、行署副专员，地区人大、政协联络处负责人，各县（市）委书记、县（市）长参加。主要传达贯彻中共中央、省重要会议精神，传达学习中共中央、省有关文件精神，研究部署工作。

1986年，召开1次。于5月召开，主要学习中共中央文件，传达全省地（市）委书记、专员市长会议精神，讨论研究进一步端正党风，加强各级领导班子建设，抓好工农业生产和老区建设。

1987年，召开2次。主要传达学习中共中央有关文件精神，坚决拥护中共中央政治局扩大会议所作的四条决定，同党中央保持高度一致，继续坚持四项基本原则，反对资产阶级自由化，继续坚持以经济建设为中心，集中力量发展社会生产力，努力实现第七个五年计划任务。部署地震后自力更生，生产自救，相互支援；加强党委对经济工作的领导。

1988年，召开1次。于4月召开，主要传达贯彻全省地（市）委书记、专员市长会议和全省农村工作会议精神，汇报全地区乡镇企业工作会议贯彻情况，研究深化农村第二步改革问题。

1990年，召开3次。2月会议，主要研究如何做好全地区工作，为召开全地区三级干部大会作准备。7月24—27日会议，传达贯彻全省地市委书记、专员（市长）会议精神。10月会议，主要传达学习李鹏视察江西、赣南所作的重要指示，传达贯彻省委、省政府落实李鹏重要讲话召开的地市委书记、专员市长会议精神。

1991年，召开2次。8月会议，主要传达贯彻全省地（市）委书记、专员市长会议精神，进一步把农村社教工作引向深入。10月会议，主要传达贯彻中央工作会议和省委工作会议精神，集中研究进一步搞活赣州地区国营大中型企业和重点企业，确保全地区经济建设持续稳步健康发展。

1993年，召开1次。于5月召开，主要传达贯彻全省地（市）委书记、县（市）长会议精神，研

究如何推进改革开放和现代化建设的措施。

1994 年，召开 2 次。5 月会议，主要传达贯彻全省乡镇企业工作会议精神，研究进一步解放思想，扩大开放，促进全地区乡镇企业上规模、上效益、上水平，实现乡镇企业高速高效发展，全面完成各项经济计划。9 月会议，主要传达省委、省政府召开的地（市）委书记、专员（市长）会议精神。

1995 年，召开 2 次。8 月会议，主要传达贯彻全省地（市）委书记、专员（市长）会议精神，分析总结上半年经济工作，部署下半年经济工作任务。10 月会议，主要传达贯彻中共十四届五中全会、中共江西省委十届二次全会及全省地（市）委书记、专员（市长）会议精神。

1996 年，召开 5 次。4 月会议，主要研究部署全省乡镇企业会议精神，动员和部署在全地区开展进一步解放思想大讨论活动，听取各县（市）有关减轻农民负担问题的情况汇报，研究和促进项目的立项、储备和建设问题。5 月会议，分别在南康市召开南康、大余、崇义、上犹 4 个县（市），在赣县召开赣州、赣县、于都 3 个县（市）县（市）委书记、县（市）长会议，听取“严打”斗争、减轻农民负担、制止公路“三乱”、农业田间管理、计划生育、乡镇企业等项工作汇报，研究部署有关工作。7 月会议，主要研究解决宁都县 4 个乡（镇）群体性上访事件问题，学习贯彻江泽民关于努力建设高素质的干部队伍和关于讲政治的讲话精神，贯彻落实党在现阶段的农村政策，切实改进干部作风，减轻农民负担。9 月召开 2 次，主要部署冬种、山上再造、冬修水利和工业生产，传达贯彻江泽民在赣州地区视察时的重要讲话。

1997 年，召开 4 次。3 月会议是机要专线电话会议，主要部署吴官正 3 月 8 日给各地市党政主要负责人的信的贯彻落实问题。6 月会议，主要传达省委关于进一步抓好稳定工作指示精神，研究部署贯彻意见，参观上犹县、赣县抓特色农业、支柱工业和部门办实业现场，交流工作经验，提出工作要求。9 月会议是机要专线电话会议，主要部署国有企业改革、招商引资和发展个体私营经济工作。12 月会议，主要研究部署 1998 年经济工作。

1998 年，召开 3 次。3 月会议是机要专线电话会，主要研究部署当前有关工作。5 月会议，主要传达学习中央国有企业下岗基本生活保障和再就业工作会议、全省领导干部会议精神，部署清房工作。7 月会议，主要传达全省地（市）委书记、专员（市长）会议、全省乡镇企业会议精神，交流上半年经济运行主要情况和典型，分析、研究当前经济形势和下半年经济发展走势，部署下半年经济工作。

1999 年，召开 1 次。于 5 月召开，主要传达全省专员（市长）会议和乡镇企业会议精神，研究工业、农业、乡镇企业、招商引资和个体私营经济等工作。

2000 年，召开 3 次。3 月会议，在寻乌县召开，主要贯彻落实中央、省、市经济工作会议精神。6 月会议，在大余县召开，主要围绕“发展思路创新、县域经济创特、发展环境创优”的总体要求，落实“寻乌会议”精神。9 月会议，在宁都县召开，主要学习贯彻“三个代表”重要思想。

六、全地区三级干部大会

全地区三级干部大会参加会议人员为地区、各县（市）党委、政府、人大、政协、纪检和军分区、人武部的班子成员，各乡（镇、场）、街道办事处党委书记、乡（镇、场）长、街道办事处主任，地直各单位以及县（市）部分单位负责人。会议内容：全面总结分析经济工作，表彰先进，部署各项工作。1986—1999 年，召开全地区三级干部大会 12 次。1999 年 7 月以后，由全市领导干部大会替代三级干部大会。全地区三级干部大会主要会议：

1990 年 2 月 14—17 日，全地区三级干部大会召开。会议主题：以发展经济、提高人民生活水平为目标，贯彻治理整顿和深化改革的方针，继续办好经济体制改革试验区，为经济持续发展，为在 20 世纪末实现小康水平而努力奋斗。地委书记黄名鑫作题为《坚持党的基本路线　发挥政治优势　把试验区的建设和改革不断推向前进》的讲话，行署专员张云川作题为《众志成城 以新的姿态 朝着治理整顿的目标迈进》的报告。

1992年1月21日，全地区三级干部大会召开。地委书记黄名鑫在会上作重要讲话；行署专员刘祖三作《认真贯彻落实中央决定，努力开创农业和农村工作新局面》的报告，要求农业再上新台阶，开创农村工作新局面，为20世纪末实现小康目标而奋斗。

1993年2月9日，全地区三级干部大会召开。会议主要议题：以农业为基础、工业为主导、市场为导向，实现小康为目标，解放思想，加大改革力度，加快发展步伐，群策群力，真抓实干，使全地区经济上新台阶。地委书记刘培均作题为《充分调动农民发展社会主义市场经济的积极性 把农民推向市场 朝着小康目标迈进》的讲话，行署专员邱禄鑫作题为《团结奋斗勇于开拓 努力实现国民经济上新台阶》的报告。

1994年2月17—18日，全地区三级干部大会召开。会议表彰先进，各县（市）向地委、行署递交社会治安综合治理责任状。地委书记刘培均作《解放思想、深化改革，为实现国民经济持续、快速、健康发展而奋斗》的讲话，行署专员邱禄鑫作《团结奋斗 乘势而上 实现农业和农村经济的新发展》的报告。

1995年2月8—9日，全地区三级干部大会召开。会议号召全地区广大干部埋头苦干，加快发展，进一步解放思想、把握大局，善谋实干，艰苦创业，率领全地区人民奔小康。地委书记刘培均作题为《把握大局 加快发展 奋力夺取经济建设和社会进步新胜利》的讲话，行署专员邱禄鑫作工作报告。

1996年2月27—28日，全地区三级干部大会召开。会议动员全地区各级领导和广大人民群众，为实现国民经济和社会发展计划，为实现赣南跨世纪大发展开好头起好步而努力奋斗。地委书记张海如作题为《抢抓机遇鼓实劲 打好“九五”第一仗》的讲话，行署专员邱禄鑫作题为《抓住机会 奋力拼搏 为实现赣南经济和社会事业的更大发展而奋斗》的报告。

1997年12月6—7日，全地区三级干部大会召开。会议主题为扎扎实实推进试验区新一轮创业 开创全地区农业和农村工作新局面，加快农民致富奔小康步伐，把全地区“两个文明”建设推上新台阶。地委书记张海如作题为《解放思想 开拓奋进 扎实推进试验区新一轮创业》的讲话，行署专员作题为《高奏改革主旋律 开创发展新局面》的报告，地委副书记肖茂普作题为《抓龙头 建基地 塑形象 努力把农村基层组织建设提高到一个新水平》的讲话。

1999年2月25—26日，全地区三级干部大会召开。会议内容为贯彻落实中央和省经济工作会议精神，分析当前经济形势，明确部署全地区改革和发展目标任务。地委书记张海如作《振作精神 善谋实干 以改革和发展的新成就迎接新世纪》的讲话，行署专员作题为《坚定信心 排难而进 推进赣南经济持续快速健康发展》的报告，地委副书记罗春涛作题为《突出重点 狠抓落实 把我区农业和农村工作推上一个新台阶》的讲话，地委副书记肖茂普作题为《开拓进取 勤政廉政 为实现我区改革和发展的新突破提供坚强的组织保证》的讲话。

七、全市（地区）经济工作会议

全市（地区）经济工作会议通常由市（地）委、市政府（行署）组织召开。参加会议人员为各县（市）委书记、县（市）长，地委各部门、地直各单位负责人。会议内容：传达上级经济工作会议精神，总结全市（地区）经济工作，表彰先进，部署经济工作任务。1986—2000年，召开全市（地区）经济工作会议15次。

1986年1月18—22日，全地区经济工作会议召开。会议传达全省经济工作会议精神，研究部署1986年及“七五”期间经济的方针、任务和措施。地委书记黄名鑫作题为《发扬愚公精神 坚持改革

方向　为振兴赣南而努力奋斗》的讲话，行署专员张振刚作题为《团结奋斗　加快步伐　治穷致富　振兴赣南》的报告。

1990 年 4 月 9 日，全地区经济工作会议召开。会议分析全地区农业、工业经济形势，研究加快经济发展、治理整顿、深化改革措施。地委书记黄名鑫，行署专员张云川，副专员郭文华、邱禄鑫分别讲话。

1991 年 4 月 17 日，全地区经济工作电话会召开。总结分析经济工作情况，部署经济工作，动员全地区各级党委、政府以及广大干部职工振奋精神、迎难而上努力实现各项经济指标。行署专员刘祖三、行署副专员邱禄鑫在会上讲话。

1995 年 1 月 3—5 日，全地区经济工作会议召开。会议传达贯彻中共中央和全省经济工作会议精神，总结部署经济工作。会议还传达省委书记毛致用考察赣南的重要讲话，传达全省发展乡镇企业潜力大县会议精神。实地参观上犹、南康、信丰、龙南等县和赣南卷烟厂的一些典型特色。地委书记刘培均作《统一认识奋起直追　开创全区经济持续快速健康发展的新局面》的讲话，行署专员邱禄鑫代表地委行署作工作报告。

2000 年 1 月 14—15 日，全市经济工作会议召开。会议总结部署经济工作，动员全市人民进一步解放思想，抢抓机遇，坚定信心，开拓进取，加快赣州经济发展，以优异成绩迎接新世纪的到来。

第二节　重要决策

一、体制改革

1986 年 5 月，地委、行署作出《关于进一步增强国营工业企业活力的暂行规定》。提出继续推行厂长负责制，落实企业劳动人事管理权限；鼓励企业开发新产品和创优质产品；实行燃料和原料节约奖励，改进物资供应和产品销售办法；提高企业固定资产折旧率；调减调节税，增强企业自我改造能力；减轻企业不合理负担；调动企业出口创汇积极性。10 月，地委制定《关于推行农村合作制意见》。要求从耕地承包、山林承包、水面承包、乡镇企业“一包三改”（经济承包责任制；改干部任免制为选聘制，改工人录用制为合同制，改固定工资制为浮动工资制）、水利水电承包等 9 个方面，进一步完善农村合作制。

1987 年 7 月，地委、行署制定《关于深化工业企业改革的暂行规定》。就进一步深化企业改革，推进企业联合，加快城乡集体和个体经济发展等问题作出规定，就简政放权、强化服务、为深化企业改革创造良好的外部环境提出要求。年底，省委、省政府确定赣州地区为全省经济体制改革试验区，从 1988 年 1 月起，扩大赣州地区经济体制改革、计划管理、技术改造、财政、对外经济贸易、粮食、物价、林业、物资协作、信贷等 10 个方面经济管理权限。同月，地委、行署就进一步深化企业改革，推进企业联合，加快城乡集体和个体经济的发展问题作出决定，要求“简政放权、强化服务”，为深化企业改革创造良好的外部环境。

1988 年 1 月，地委办、行署办联合印发《企事业单位承包租赁工作的意见》，租赁承包兴起。2 月，地委印发《赣州地区经济改革试验区实施方案》（以下简称“方案”）。赣州地区作为全省经济体制改革试验区，以粤闽和港澳市场为主要导向，大力发展富民经济，加快赣南经济发展。方案就搞好企业，改革计划、投资、物资、外贸体制，调整经济结构，大力发展乡镇企业，鼓励和扶持城乡个体经济、私营经济发展，搞活流通，促进横向经济联合发展，深化金融体制改革，完善市场体系，改革分配形式，扩大县（市）经济管理权限，加快中心城市和小城镇建设，转变政府管理职能，加强精神文明建设等 14 个方面提出实施要求。省委、省政府于 5 月批转赣州地委、行署《赣州地区经济体制改革试验区实施意见》。2月，地委、行署作出《关于扩大县（市）经济管理权限的决定》，扩大县（市）经济体制改革、计划管理、技术改造、物价、税收、信贷、林业、物资协作、粮食等方面经济管理权限，以增强县（市）经济活力。7月，地委、行署制定《关于深化农村改革办好经济体制改革试验区的意见》，着重抓好完善土地承包制，搞活土地使用权；发展村级经济，强化村级服务；大力发展个体经济与私营企业，推进乡镇企业新突破；大搞农业开发，开展农户家庭“五小三高”（小种植、小饲养、小林果、小加工、小运销；高产出率、高商品率、高人均纯收入）经营活动；发育市场机制，搞活商品流通等工作。11月，地委、行署印发《关于全区国营工业企业党政机构改革的意见》。1989年9月，地委制定充分发挥企业党组织政治核心作用的意见。12月，地委制定《贯彻〈中共中央关于进一步治理整顿和深化改革的决定〉的意见》。

1990年5月，地委、行署向省委、省政府呈报《关于进一步推进赣南经济体制改革试验区的请示》，内容包括14个方面：把企业改革不断引向深入；进一步完善农村改革；搞活流通，催化统一市场发育；进一步完善财政、粮食包干体制；扩大对外开放，拓宽国内经济联合渠道，发展对外经济贸易和合作；在加强宏观调控的同时，继续搞活金融；在“控涨”“治乱”中，继续稳妥地推进价格改革；在坚持公有制为主体的基础上，继续发展多种经济成分；完善政策，搞活物资管理改革；进一步改善经济发展条件，增强发展后劲；进一步改进基建、技改计划管理；改革人事、劳动、工资制度；加快科技改革，实现“科技兴赣南”；加强和改革经济监督工作。同时，在不违背国家大政方针前提下，允许赣南主动与粤闽衔接，采取灵活措施加快赣南改革开放步伐。

1991年1月，地委制定《关于加强企业领导干部管理意见》。规定实行任命制的地属企业党政县级领导的任免，由企业主管部门党委（党组）或县（市）委报地委组织部，由市委组织部分别报地委、行署审批任免；企业承包招标经营者人选，按干部管理权限，经组织审查同意后，按有关程序确定；企业行政职别（含三总师），由厂长（经理）提名或由企业党组推荐，经企业主管部门同意，报地委组织部考核审查后，由企业主管部门任命或聘（解）任；地属重点合资企业需本地干部担任董事长、总经理、厂长，由企业主管部门报地委组织部审查同意后，由企业主管部门推荐合资企业董事会任命或聘任；合资企业专职党委（总支、支部）书记人选，由企业主管部门党组织，报地委组织部，按干部管理权限审批任免。3月，地委、行署制订全地区村级集体经济发展规划。提出村级经济发展“全面规划、分类指导、重点扶持、分步实施”方针，1991年全地区改变“空壳村”（集体经济薄弱，财政亏空村）600个，1992年扶助“空壳村”533个，1993年扶助“空壳村”500个，3年基本摘掉“空壳村”帽子，达到三类村标准；二类村集体经济纯收入达到3万元，一类村达到4万元。6月，印发《关于继续深化农村改革的意见》，要求拓宽改革思路，加大农村改革分量，稳定家庭承包，完善双层经营体制；加强社会化服务体系建设，强化基层服务，发展村级经济，壮大集体经济实力；大力发展农产品流通。7月，地委、行署印发《关于加大改革分量，进一步办好经济体制改革试验区的试行意见》，主要内容：进一步建立以公有制为主体的多种经济成分并存的所有制结构；深化农村改革，建立农工贸、产供销联合体，加快农业工业化进程；加大改革分量，逐步建立适应社会化大生产的企业制度和新的运行机制；对国合小型商业企业实行“四个放开”（经营放开、价格放开、用工放开、分配放开），进一步搞活流通，改革宏观经济体制，推进县级综合改革试点；搞好干部聘任试点。10月，制定进一步加强老建扶贫工作的意见，提出“八五”期间，全地区特困户人均纯收入年递增7.5%，到1995年达到660元；每个贫困县初步建成3个以上种养加工一条龙、农工贸商一体化、年产值1000万元以上的扶贫支柱产业；每年重点扶持200个“空壳村”办好一个村级开发项目，力争三五年内村级集体经济纯收入达到1万元以上。

1992年1月，地委、行署制定《关于进一步深化国企商业企业改革的暂行规定》。同月，地委、行署作出《关于在全区国营工业企业进行“六自主”试点的决定》。选择部分企业进行以经营、价格、人事、劳动、分配、技改和基建投资等为主要内容的综合改革，进一步深化国有工业企业改革，转换经营机制，增强企业活力。3月，地委、行署印发《关于进一步扩大大余县经济管理权限的决定》，在计划管理、技术改造、财政、土地管理、税务、对外贸易、信贷、融资、林业管理等9个方面，扩大大余县经济管理权限，发挥大余县毗邻广东的地理优势、资源条件、自然环境优势，加速大余县经济发展。7月，地委、行署作出扩大县（市）管理权限的决定，进一步扩大各县（市）在计划管理、技术改造、财政、金融信贷、税收管理、工商管理、物价管理、劳动人事、土地、老建资金、林业、外贸进口等15个方面的管理权限；在创办大余县经济小特区、建立赣州市（今章贡区）、南康经济技术开发区的基础上，增设定南、瑞金经济小特区，大余、全南、定南、瑞金、寻乌、信丰经济技术开发区和赣州市（今章贡区）黄金岭技术开发区、台资开发区。作出进一步扩大开放、做好利用外资工作的决定，实行比沿海更优惠政策；加快经济技术开发区建设，加强开放引资工作的宣传、服务和管理；理顺健全引资工作机构，加强招商引资领导。根据中共中央全体会议和邓小平南方谈话精神，提出赣南经济20世纪90年代上新台阶意见，力争提前2～3年实现国民生产总值比1990年翻一番，主要经济指标在全省排名前移，经济结构有明显改善，人民生活赶上全国、全省平均水平。8月，地委、行署作出《关于进一步落实国营工商企业自主权的决定》。

1993年1月，地委作出《关于加快工业经济发展的决定》。在转换企业经营机制、转变政府职能、简政放权、依靠科技、引进人才、发展多种经济成分、加强对工业经济的领导等方面提出25条要求和措施。6月，地委、行署作出《关于加快发展外向型农业的决定》。要求通过进一步解放思想、把握机遇、扩大开放、加大投入、开拓市场，对外向型农业产品的生产、加工、出口、经营在政策上给予优惠，力争到“九五”期末，全地区农业利用外资达到2亿美元以上，引进新品种30项、新技术4项，农副产品出口收购总值达8.4亿元。同年，地委、行署作出《关于切实减轻农民负担的决定》。对农民负担实行总量控制，定项限额管理；严格收费、派工管理和使用，建立申报审批制度；推行《农民负担管理手册》制度；全面清理有关农民负担的文件，核查农民负担情况；严格监督管理。并作出《关于进一步加强农业和农村工作的决定》。

1994年1月，地委、行署制定《关于在国有企业实行公司制的实施办法》。3月，提出全面实施主攻工业战略工作意见，以工业增效为中心目标，重点加强技术改造和企业管理，并制定主攻工业有关政策和奖励办法。11月，出台《关于加强和改进国有企业党建工作意见》。就坚持党组织的政治核心地位，严格履行党组织的职责任务；按照现代企业制度要求，加强领导班子建设，建立制度，保证党组织参与重大问题决策；坚持党管干部原则，改进企业人事管理等方面提出10条意见。同月，地委、行署作出《关于加快发展农村股份合作制经济的决定》。要求对现有的乡村集体企业，全面进行股份制改造，争取2年内完成。新办的乡村集体企业和城镇街道工业，按照股份合作制原则组建。并在优惠政策、形式、加强领导等方面作出规定。作出《关于加快赣州地区小城镇建设的决定》。提出抓紧调整完善小城镇建设规划；强化管理、提高效率；多渠道筹措建设资金；进一步落实优惠政策，鼓励农民和城市工矿人员进入集镇办实业；重视环境保护；加强小城镇建设的领导。

1995年2月，地委、行署作出举全地区之力，实施“131工程”的决定，提出在粮食生产、乡镇企业、个体私营经济、国有工业企业、果业生产、特种养殖、招商引资等13个方面达到“1亿”。制定《农业大区、工业强区、财政富区建设纲要》，提出举全地区之力，在20世纪末把赣州建成农业大区、工业强区、财政富区目标。到2000年，全地区国民生产总值达到350亿元，财政收入达到36亿元，经济总量进入全省先进行列，人均占有量达到或超过全省平均水平。4月，地委、行署作出《关于进一步加强农业技术推广服务体系建设的若干规定》。要求健全农业技术推广服务体系，完善乡（镇）“四站”

（农技站、畜牧兽医站、水产站、经管站）管理体制，保障农技推广经费，切实维护乡（镇）“四站”合法权益，加强农技推广和经营服务工作，落实乡（镇）农技人员投资优惠政策，加强农技队伍自身建设，加强对农技推广服务工作的领导。5月，制定《关于拍卖“五荒”使用权的工作意见》，就拍卖荒山（稀疏林、残次山地及经营不好的集体茶、果园）、荒坡、荒地、荒水、荒滩使用权的原则、使用期限、拍卖价格、管理等作出规定。9月，地委、行署作出《关于贯彻落实中央5号文件，深化供销合作社改革的实施意见》，要求按照“自愿、民主、联合、企社分开、社企分开”原则，把供销合作社办成农民的合作经济组织，并对办社体制、宗旨、经营机制、外部环境、监督管理作出明确规定。12月，地委、行署提出《全区国民经济和社会发展“九五”计划和2010年远景目标意见》。确定全地区“九五”期间主要奋斗目标为全面实施第二步战略目标，确保国内生产总值（按可比价计算）比1980年翻3番，经济总量进入全省先进行列，综合经济实力达到省中上水平，把赣南建成经济文化繁荣、社会安定团结、人民生活小康地区。2010年远景目标为人均国内生产总值比2000年翻1番，人民生活更加宽裕；形成较完善、较规范的社会主义市场经济体制，生产技术水平显著进步，经济质量整体明显提高，基本实现工业化。

1996年1月，地委、行署作出《关于加快猪—沼—果工程建设的决定》。以把赣南建成全国最大的脐橙、甜柚生产基地和生态农业区为目标，要求到2010年，全地区有70%以上的农户达到猪—沼—果工程“121”（户平1口池、人平2头猪、人平1亩果）目标，到“九五”期末，全地区果业面积达到26.67万公顷，兴建沼气池70万个，生猪出栏800万头，1000个行政村实现“121”目标。6月，地委、行署制定《关于强化促销措施搞活地产品流通的意见》。11月，地委、行署提出加快“一点两线”（赣州市和京九铁路、105国道赣南段沿线）7个县（市）改革与发展步伐的指导意见。提出通过倾斜发展战略，加快“一点两线”7个县（市）改革发展步伐，使之成为规模大、实力强、效益好的经济增长带，辐射带动全地区经济腾飞，以加速实现“农业大区、工业强区、财政富区”战略目标。

1997年2月，地委、行署作出《关于大力发展特色农业产业化的决定》。确立以市场为导向，以资源为依托，以收益为中心，以建设龙头企业、主导产业、生产基地为重点，在决不放松粮食生产、不断提高常规农业生产力水平的同时，力保特色农业上规模、上水平、上效益，提高特色农业占经济总量比重的发展思路。到2000年，全地区特色农业产值占农业总产值比重和农民特色农业收入比重均达到60%以上，把赣州建成以优质水果、特种养殖和其他高效种养业、食品加工业为特色的农特产品生产、加工、出口的重要基地。8月，地委、行署作出《关于加快沼气生态农业建设的决定》。提出坚持“因地制宜、多能互补、综合利用、讲求效益”的农村能源建设方针和“抓监测促管理，抓生态促生产”的农业环保原则，全面贯彻可持续发展战略，运用生态经济学原理，开发能源，保护生态，促进农业生产力发展。总体奋斗目标为按照“立足示范、着眼推广、注重基础、讲究效益”原则，以建设京九铁路，105国道、323国道、206国道沼气生态农业走廊为重点，到2000年全地区建成生态乡（镇）100个，生态村1000个，生态户、生态庄园70万户。

1998年1月，地委、行署作出《关于乡镇创办示范服务基地的决定》。要求各地围绕发展农村经济、培植农村经济新的增长点、引导农民奔小康，积极推进乡（镇）创办示范服务基地，1998—2000年，全地区所有乡（镇）至少创办3个以上服务基地。至2000年，各县（市）有1个以上乡（镇）示范服务基地税利超100万元，2个以上乡（镇）示范服务基地税利超50万元。作出《关于认真搞好“猪—沼—果”工程示范点建设的决定》，要求着重抓好“猪—沼—果”示范点工作，以示范点为中心，完成“十、百、千、万”沼气池建设任务，即村干部每年负责抓好10～20个，乡（镇）领导班子每年负责抓好100个以上，县（市）领导班子和县（市）直单位每年负责抓好1000个，地区领导班子和地直单位每年负责抓好几个“万池县”。至2000年，全地区沼气池达到50万个，各示范点有70%以上的农户实现“猪—沼—果”工程建设“121”目标，作出大力发展生猪生产的决定，并提出关于大力发展农村民间流通组织、搞活农产品流通的意见。4月，地委、行署作出《关于加快食品工业发展的决定》。提出以市场为导向，以资源为依托，以科技进步为手段，依靠现有企业，通过“三改一加强”（改制、改组、改造，对国有企业加强管理），搞好多层次的、多种经济成分的产权制度改革，实施“食品强区”战略。从提高工农业关联度入手，着力培植依托农业的食品工业增长点。使食品工业成为赣州地区第一支柱产业，赣南成为全省乃至全国的食品工业强区。

1999年10月，市委印发《贯彻〈中共中央关于国有企业改革和发展若干重大问题的决定〉的实施意见》。

2000年11月，市委印发《关于制定赣州市国民经济和社会发展第十个五年计划的建议》。提出全市“十五”期间经济和社会发展主要目标为进一步缩小与全省经济发展差距，国内生产总值年均增长达9%，人均指标在全省排位明显前移，财政收入和城乡居民收入稳定增加；以特色经济、优势产业的加快发展推进城镇化、工业化进程，三大产业比重调整为26 ∶ 38 ∶ 36，二、三产业占主导地位；基本建立起社会主义市场经济体制，开放型经济和非公有制经济有较大突破；城镇化水平显著提高，城镇辐射功能明显增强；社会保障体制更加健全，贫困问题基本解决；社会主义精神文明和民主法制建设取得新进展，人民生活全面向小康迈进。

二、经济发展

乡镇企业 1987年2月，地委、行署作出《关于发展乡镇企业的决定》。要求坚持大发展方针，实行“两路并行，四轮驱动”，拓宽发展思路；创造宽松发展环境，推进横向经济联合，搞活流通，增加乡镇企业投入，解决乡镇企业的人才问题；深化企业改革，健全乡镇企业管理网络。11月，作出《关于1988年乡镇企业进一步大发展的意见》，提出年内实现乡镇企业总产值13.44亿元，工业总产值7.84亿元，上缴税金5500万元，实现利润1.58亿元，分别比上年增长40%、40%、25%、30%。

1991年7月，地委、行署作出《关于贯彻乡镇企业大发展大提高方针的决定》，提出“八五”期间，加快发展乡镇企业和工业，总产值增长最少不低于25%，至1995年，全地区乡镇企业总产值达到55亿元，乡镇工业总产值达到33亿元，均比1990年翻1.5番，实现每个县乡镇企业工业总产值过亿元。

1993年1月，地委、行署作出《关于促进乡镇企业超常规发展的决定》。要求千方百计快速发展乡镇企业，确保至1995年总产值年均递增50%以上，力求发展速度高于全省平均速度；1993年乡镇企业总产值实现55亿元，工业产值实现33.4亿元，利税总额实现7.31亿元，分别比1992年增长50%、50%、40%以上，乡镇企业总产值超过农业总产值；1994年全地区乡镇工业产值与全地区地县工业产值持平；1995年全地区乡镇企业实现利税总额15亿元，农民从中获得人均250元以上收入。

1994年1月，地委、行署作出《关于进一步促进乡镇企业快速高效发展的决定》。总体要求：乡镇企业总产值、利税总额、资金投入和外向型经济要在1993年的基础上翻1番，并创建“三资”乡镇企业54个，力争增长速度全省排位前移两位以上。坚持“多轮驱动、多轨运行”发展乡镇企业，加大资金投入，加快乡镇工贸小区建设和“三资”乡镇企业发展步伐，提高乡镇企业整体素质，拓宽乡镇企业经销流通渠道。

1997年5月，地委、行署作出《关于加快乡镇工业小区建设战略意见》。要求从当年起到2000年，各县（市）集中力量，重点抓一个规模大、起点高、服务配套的省级乡镇工业小区。每个工业小区2000年前开发33.33公顷以上，长期规划不少于133.33公顷；2000年全区工业小区内工业产值实现2亿元，利税1000万元以上，远景规划产值突破10亿元。

2000 年 8 月，市委、市政府作出《关于进一步加快乡镇企业改革与发展的意见》。推进以产权制度为核心的改革，加快乡镇企业结构调整，优化乡镇企业发展环境，加强乡镇企业领导。

个体私营经济 1994 年 1 月，地委、行署作出《关于进一步鼓励发展个体私营经济的决定》。要求按照“个体起步、股份突破、小区发展、规模经营”的思路，促进全地区个体私营经济的发展，力争 1994 年个体私营经济新增税收在 1993 年新增税收的基础上翻 1 番，达到财政收入的 25%以上，到 20 世纪末，个体私营经济税收达到财政收入的 50%以上。

1997 年 5 月，地委、行署对发展个体私营经济作出补充决定。要求各县（市）、各部门要把握机遇，更加放胆、放手、放开、放量发展；进一步放宽政策、放开发展；进一步强化服务，促进发展；加强引导管理，确保强劲发展势头。到 2000 年，个私经济总产值达到工农业总产值的 30%以上，社会消费品零售额占全部社会消费品零售额的 70%，个私经济税收达到财政收入的 40%。

1998 年 4 月，地委、行署作出《关于促进个体私营经济新一轮大发展的决定》。要求加快发展速度，迅速增加个体私营经济总量；提高发展质量，力促个体私营经济上规模、上档次、上质量；进一步放宽和落实发展政策；加强部门服务，坚决治理“三乱”（乱收费、乱罚款、乱摊派）；强化领导责任制，全面推行党政领导挂钩联系个体私营企业制度。

招商引资 1997 年 2 月，地委、行署作出《关于进一步抓好招商引资工作的决定》。要求充分发挥优势，拓宽引资渠道，改变招商方式；精心组织各项招商引资活动；突出重点，提高利用外资质量和水平；注重包装、充实和完善项目库；以诚招商，兑现政策；完善和落实招商引资奖励政策；简化办事程序，提高办事效率，优化投资环境；整治“三乱”；加强已开工企业生产管理，搞好服务；加强招商引资工作领导，落实领导责任制；建立督查考核制度，把招商引资工作列为县（市）、部门年度目标管理考核，组织部门干部政绩考核重要内容。

小城镇建设 1997 年 6 月，地委、行署作出《关于加快民房改造步伐的决定》。提出到 20 世纪末，各县（市）全面完成乡镇总体规划修编调整；砖混砖木结构农房达到 35%左右。至 2010 年，全面完成村庄规划编制，85%左右的县（市）、乡（镇）、村庄农民住房基本达到小康居住标准，砖混砖木结构的农房分别达到 80%、85%和 90%，人均居住面积达到 28 平方米。

1998 年 1 月，地委、行署作出《关于加快小城镇建设的决定》。提出贯彻中共十五大关于加快小城镇建设精神，按照高标准规划、高水平设计、高质量施工、高效能管理要求，集中精力和财力抓典型、抓示范，尽快建设一批规模较大、规划科学、布局合理、设施完备、功能齐全、环境优美，具有独特风貌的新型小城镇，改善赣南老区形象和投资环境，促进农村经济发展和社会全面进步。所有乡镇的小城镇建设，每年都要有新的面貌。地区重点抓好沙地、潭口、江口、大塘埠、马牯塘、新城等 6 个镇建设；各县（市）委重点抓好铁路、国道沿线小城镇建设，3 年内至少有 1～2 个小城镇达到“示范镇”标准。

1999 年 3 月 3 日，地委、行署下发《关于加快城区城乡居民住宅建设的意见》。

旅游发展 2000 年 7 月，市委、市政府作出《关于大力发展旅游经济的决定》。提出“旅游旺市”战略，确立旅游产业地位。“十五”期间，各项主要旅游指标年均增长幅度确保 15%，力争 20%，至 2005 年，全市旅游业总收入占 GDP 比重达到 8%以上，旅游成为市内国民经济新兴支柱产业，通过 10～20年努力，把赣州市建设成为粤闽港澳台的旅游目的地；实施“精品名牌”战略，科学合理规划旅游，力争 2002 年赣州市跻身中国优秀旅游城市行列；采取走出去、请进来方法，开拓旅游客源市场；实行“谁投资、谁受益”原则，多渠道筹集旅游开发资金；实施政府主导型战略，加强旅游业领导和管理。

绿化赣南 1984 年冬，地委、行署作出十年绿化赣南的战略决策。号召全地区“全党动员，全民动手，植树造林，绿化赣南，打一场消灭荒山的人民战争”，1985—1994 年全部消灭空林荒山。

1990 年 6 月，地委、行署作出《关于确保实现“十年绿化赣南”的决定》。提出全社会办林业，全民搞绿化；实行劳动积累造林，大搞造林绿化的群众运动；狠抓封山育林，搞好开源节能工作；进一步强化林政资源管理，稳定和落实林业政策；抓好科技兴林；大力发展乡村林场和国营林场，办好“绿色企业”；广辟资金来源，多渠道、多形式、多层次筹集林业发展资金。

1992 年 7 月，地委、行署作出《关于在山上再造一个高效益赣南的决定》。提出在 20 世纪末实现在山上再造一个高效益赣南的目标，在基本消灭荒山的基础上，用 8 年时间在山上重点建成水果、人工速生丰产林、工业原料林、封改结合丰产林、毛竹丰产林、油茶丰产林、特用经济林、茶叶、畜牧业 9 大商品基地。至 2000 年，新增山地产出 33.18 亿元，实现山地产出综合效益 40.75 亿元，增加地方财政收入 4 亿元，增加农民人均纯收入 400 元以上。同月，地委、行署作出《关于苦战五年实现全区绿化达标的决定》，提出 1993—2000 年 1 年消灭荒山、2 年消灭森林赤字、5 年绿化达标、8 年基本实现在山上再造一个高效益赣南的目标。

公路建设 1991 年月，地委、行署作出《关于加快公路建设步伐的决定》，提出力争到 2000 年使交通运输对经济的发展由制约型变为适应型，基本消除交通制约经济发展的瓶颈现象。

1998 年 8 月，地委、行署作出《关于加快全区公路建设的决定》。要求统一认识，明确目标，落实责任，大干快上，采取有力措施，加快公路建设步伐。提出“三年决战”目标：完成改建国道、省道 500 千米，国道和地至县（市）公路基本达到二级公路标准，确保县与县之间有一条三级公路标准以上的连接线，省际出口路达三级以上标准；县至乡公路实现等级化，新建县道油（砼）路 1000 千米，基本实现县至乡通油（砼）路，98%以上的村通公路；力争 2000 年启动赣粤高速公路赣州至定南段建设。

三、社会事业决策

科技教育 1988 年 6 月，地委、行署印发《关于我区拔尖人才选拔管理的试行意见》，从 1988 年开始在全地区范围内选拔拔尖人才，进行重点管理。

1989 年 1 月，地委、行署作出《关于实施“科技兴赣”若干问题的决定》。要求提高认识，明确战略目标和任务；建立健全支撑体系；进一步落实政策，调动科技人员积极性；增加投入，加强领导。10 月，地委、行署作出科技兴赣南决定，在全省率先推动科技兴赣南战略，以发展社会生产力为中心，建立起依靠科技进步和现代化管理发展经济的新机制，促进农业、工业、人才和资源的合理开发和利用。到 20 世纪末，科技进步占经济发展的比重由 25%左右提高到 45%以上。推进赣南经济和社会协调发展。

1993 年 6 月，地委、行署作出《关于加快赣州地区教育改革和发展的决定》。提出把教育摆在优先发展的战略地位；加快九年义务教育发展步伐，扫除青壮年文盲；推进教育综合改革、积极发展职业教育、成人教育和各类教育事业；改善中小学办学条件；加强师资队伍建设，全面提高教育质量。

1995 年 12 月，地委、行署作出《关于大力推进科技进步的决定》。明确科技进步奋斗目标；大力推广应用先进科技成果，在科技兴农上取得新突破；推进工业技术改造和技术创新，大幅度提高工业增长中的科技贡献率；重视生态环境，依靠科技推动社会全面发展。

1996 年 7 月，地委、行署制定《关于加速赣州地区高新技术及其产业发展的通知》。提出全地区发展高新技术及其产业目标：到 20 世纪末，高新技术产业产值达到 30 亿～40 亿元，占全地区国民生产总值的比重达到 10%～15%。“九五”期末，全地区要有国家、省级“火炬”计划项目 5 项以上，列入国家、省级科技攻关计划 10 项以上，各县（市）有 1～2 个高新技术产业。至 2010 年，全地区高新技术产业产值达到 225 亿元，占全地区国民生产总值的 25%。8 月，作出关于加快赣南高新技术产业发展若干问题的决定，就赣南科技城体制、开发区管委会职能和管理权限、开发区优惠政策等作出具体规定。

2000年9月，市委、市政府作出《关于加强技术创新促进科技产业化的决定》。要求提高创新意识，加快实施科技兴市战略，经过5年左右努力，基本建立以企业技术创新为主体，以政府宏观调控为支撑，以知识创新和中介服务为两翼的科技创新体系，全市高新技术产业产值占工业产值的比重达到10%以上，科技进步对经济增长的贡献率达到40%。深化科技改革，加快建立技术创新体系。促进企业成为技术创新的主体，推动科研机构向科技型企业转变，加快建设高新技术产业开发区，鼓励发展民营科技企业；加强技术创新源头建设，积极发展中介服务机构，建立新型科技管理机制。营造良好环境，促进科技产业化发展。大力引进创新人才，不拘一格选拔技术带头人，鼓励大专以上毕业生到基层工作，鼓励科技人员取得合法收入，增加财政对科技投入，实行税收扶持政策，加大金融扶持政策，加大科技奖励力度，加强领导，开创科技产业化新局面。

扶贫开发 1993年4月，地委、行署作出《关于加强老建扶贫开发工作的意见》，提出落实和完善老区、贫区各项优惠政策，用好用活老建扶贫开发资金。

1994年7月，制定《关于打好扶贫攻坚战的实施意见》，贯彻落实国家“八七”扶贫攻坚计划。提出通过5年努力，至1998年，全地区105万贫困人口越过温饱线，人均年纯收入达到500元以上（1990年不变价）；通过7年努力，至2000年，人均年纯收入达到700元以上（1990年不变价）。

1999年11月，市委、市政府制定《关于进一步加强扶贫开发工作的意见》，提出到2000年基本解决全市农村在册贫困人口的温饱问题。

兴果富民 1991年8月，地委、行署决定大力兴办股份制果园，并制定大力发展“果业工程”实施方案，力争到20世纪末把赣南建成全省的果业大区和全国脐橙的主产区，全地区果园面积达6.67万公顷以上，果品产量达100万吨，总产值15亿元，创税利3亿元，创汇100万美元。

1993年6月，地委、行署作出《关于“兴果富民”的决定》。按照“在山上再造一个高效益赣南”的要求，制定全地区果业生产计划：1993—1997年，每年要以新增1.33万公顷的速度发展，5年内新增果园面积6.67万公顷。至2000年，全市果业新增产值20.2亿元，加上原有果园和林木的投入，山上产值超过田里产值。

1994年1月，地委、行署作出《关于加快脐橙、甜柚发展的决定》。提出从1994年起，用3年时间，每年发展脐橙、甜柚2.67万公顷，至1997年春，全地区新增脐橙、甜柚面积8万公顷，总面积达到10万公顷。全部投产后，总产达到225吨，产值达90亿元，使赣南成为全省、全国闻名的脐橙、甜柚之乡，实现兴果富民目标。

1997年4月，地委、行署作出《关于抓改制、促管理，夺取果业高产优质高效的决定》。要求全地区以果园经营体制改革为突破口，以果园抚育管理为重点，以果品销售、加工为龙头，推进果业生产向高产优质高效跨越，到20世纪末，建成26.67万公顷果业基地，其中脐橙、甜柚13.33万公顷，实现水果产量300万吨、果业产值100亿元的目标，把赣州地区建成全国最大的脐橙、甜柚生产和集散地。

2000年4月，市委、市政府作出《关于大力推进果业产业化经营的决定》。提出通过加快现有低产果园的改造和加大新果园开发力度，每年更新改造果园0.33万～0.67万公顷，新增高产、优质、高效果园0.67万公顷；到2005年，全市果园面积达到14.67万公顷，水果总产量110万吨，其中优质果品率达到80%以上，果业总产值达到20亿元以上。

四、政治建设决策

领导班子建设 1987年1月，地委制定县（市）领导班子换届工作的意见。明确县（市）委常委一般为9人，设书记1人，副书记2～3人；常委一般由县政府常务副县（市）长、党委主要部门负责人、军队部门的负责人担任，不设专职常委；县（市）政府设县（市）长1人，副县（市）长3～5人；县（市）人大常委会设主任1人，副主任3～5人，有条件的县（市），副主任中应有1名党外人士；县（市）政协设主席1人，副主席3～5人，正副主席中党外人士一般应多于党员；县（市）纪律检查委员会设常委5～7人，书记1人，副书记1～2人。

1989年10月，地委制定乡（镇）领导班子换届工作意见。明确乡（镇）党委设委员7～9人，党政领导班子总职数4～6人，大乡（镇）可设8人；乡（镇）纪检委设委员5人，书记1人；乡（镇）人大主席团设常务主席1人。乡（镇）党政班子主要由30～50岁的干部组成。任职年龄界限男在55周岁内、女在52周岁内；新进领导班子者一般年龄应在45周岁以下，具有高中以上文化程度。乡（镇）党政领导成员任满2～3届或在一地连任职10年的应进行交流。

1991年4月，地委批转地委组织部培养选拔女干部规划。规划提出：至1993年县乡领导班子换届时，县（市）党政领导班子中至少有女干部1名，60%的乡（镇）党政班子配备女干部；各县（市）党政系统科级女干部数达到同级干部数的7%。至1996年，县（市）党政领导班子中应配女干部1～2名，人大、政协领导班子中尽可能配备女干部，乡（镇）领导班子中配备女干部面达到90%以上；县（市）党政系统科级女干部数达到同级干部总数的9%。

1992年3月，地委印发《关于加强县级领导班子思想作风建设的意见》。提出加强政治理论、班子团结、联系群众、民主集中制和领导谈话等方面建设，把县级领导班子建设成为政治坚定、纪律严明、勤政廉政、群众信赖、团结战斗的坚强战斗集体。

1995年9月，地委制定《关于培养选拔优秀年轻干部的意见》。要求更新观念、增强培养选拔优秀年轻干部责任感和紧迫感；明确目标，实现各级领导班子年龄结构梯次配备；坚持德才兼备原则，深化干部制度改革，创造优秀干部脱颖而出的环境和条件。11月，地委制定关于加强地级领导干部思想作风建设的若干规定。

1996年12月，地委制定《关于进一步加强乡镇领导班子建设的若干意见》。

1999年11月，市委提出《关于加强市级班子自身建设的意见》。

思想作风建设 1990年4月，地委提出《关于在全区开展党的基本路线教育的意见》。重点开展形势任务，四项基本原则，治理整顿、深化改革，弘扬赣南苏区精神等四方面教育。11月，地委制定民主评议党员和处置不合格党员工作的意见。

1991年9月，地委部署全地区开展农村社会主义思想教育。至1993年，以县为单位安排，以乡（镇）为单位开展活动，以村和乡（镇）机关为基点，全地区农村分4批先后开展社会主义教育活动，每批为期4个月。活动坚持以思想教育为主线，用社会主义思想占领农村阵地；坚持以经济建设为中心，促进农村商品经济的发展；坚持以加强基层组织建设为重点，强化以党支部为核心的基层组织建设。

1996年8月，地委制定《关于整顿干部作风、密切干群关系的工作意见》。

1998年1月，地委印发《关于进一步改进干部作风、密切同农民群众联系的决定》。

2000年3月，市委制定贯彻《中共中央关于加强和改进思想政治工作的若干意见》的实施意见。

党风廉政建设 1986年5月，地委、行署印发《关于划清正常经营活动与不正之风界限的暂行规定》。提出“八个严格划清”：严格划清改革过程中的工作失误与经济犯罪的界限，严格划清正常的议购议销与乱涨价的界限，严格划清正常的物资协作与倒买倒卖、投机倒把的界限，严格划清按规定提取留利与非法截留税利的界限，严格划清正当收入与非法牟利的界限，严格划清正当奖励与滥发钱物的界限，严格划清必要的应酬招待与大吃大喝的界限，严格划清正常的业务活动与送礼行贿的界限。6

月，制定端正党风几项暂行规定，明确端正党风责任，建立健全对照检查、党风分析、考核评比、请求汇报、处理群众来信来访等制度。

1989年2月，地委制定《关于加强自身廉政建设的若干暂行规定》。

1990年7月，地委印发《进一步加强党风建设的通知》。要求从根本上提高党员政治素质，查处党内违纪案件，坚决惩治腐败，加强党内纪律监督。

1991年9月，地委、行署提出《关于加强廉政建设坚决纠正行业不正之风的意见》。

1993年9月，地委、行署印发《关于深入开展反腐败斗争，进一步加强党风廉政建设的决定》。要求领导干部廉洁自律，制止公款大吃大喝、跳舞点歌、挥霍浪费；严格控制党政机关干部公费出境出国，切实解决权力经商、权钱交易问题；制止党政机关乱收费；严禁用公款为领导干部超面积建房和高标准装饰，制止乡（镇）干部在县城、市区建房；严格控制社会集团购买力；切实减轻农民负担和企业负担；严肃查处违法违纪案件，坚决惩治腐败。

1999年11月，市委印发《关于进一步加大党风廉政建设和反腐败工作力度的意见》。要求切实负起党风廉政建设领导责任，认真履行职责，加强检查监督，对党风廉政建设责任制情况进行考核，严格执行责任追究；加大查办违法违纪案件力度。集中力量查办案件，严格实行办案工作责任制，提高办案效率，建立案件查处通报和新闻发布制度；抓好领导干部廉洁自律工作，严格遵守领导干部廉洁自律各项规定，严禁公款吃喝玩乐和收受礼品礼金，改进机关车辆管理办法；进一步从源头上遏制腐败，坚决执行“收支两条线”规定，加强对预算外资金管理和监督，逐步推行政府采购制度，推行领导干部任期经济责任审计制度和会计委派制度，建立和完善有形建筑市场，加强建筑市场监督管理。

基层党组织建设 1987年3月，地委制定《关于在全区基层党组织和党员干部中开展“一先双优”活动的意见》在全地区基层党组织、广大党员和干部中开展“一先双优”活动，并明确先进党支部、优秀党员、优秀干部评选标准。

1989年8月，地委提出《关于在全区农村开展中间状态党支部转化升级活动的意见》。要求在巩固整顿农村后进党支部成果的同时，转化升级中间状态党支部。

1990年上半年，地委印发《关于开展先进基层党组织达标活动的意见》。制定走综合建设道路、加强农村党支部建设的意见。11月，地委作出全地区农村开展向柏坑村党支部学习活动的决定。12月，地委制定在农村党支部综合建设中搞好后进党支部整顿的意见。

1991年3月，地委、行署制定《全区村级组织建设规划》。提出1991—1993年全地区村级组织建设规划的指导思想、目标任务和方法措施。12月，地委发出《加强农村党支部在完善双层经营责任制、发挥社会化服务体系中领导作用的通知》。

1994年5月，地委印发《关于进一步加强村级建设的决定》。提出在原来农村党支部三年综合建设的基础上，从1994年起用3年时间再打一个村级建设的总体仗，使全地区村级建设整体水平有明显提高。

1995年11月，地委制定《关于加强村党支部书记培养选拔工作意见》。要求按照中共十四届四中全会《中共中央关于加强党的建设几个重大问题的决定》，正确把握农村党支部书记培养选拔标准，建设德才兼备的农村党支部书记队伍。

1998年2月，地委印发《关于进一步加强农村基层组织建设工作的意见》。要求全地区围绕深化农村改革、确保农业和农村经济发展、农民增收，大力推进农村基层组织建设，确保中共十五大提出的农村工作任务在全地区基层全面落实。

精神文明建设 1992年3月，地委决定开展城市社会主义思想教育试点工作。要求按照党的基本路线，用爱国主义、集体主义、社会主义思想团结、教育广大干部群众，深化城市改革，扩大对外开放，繁荣城市经济，加强精神文明和民主法制建设，促进城市政治、经济、社会稳定发展。

1996年11月，地委制定《关于贯彻落实党的十四届六中全会精神，进一步加强社会主义精神文明建设的意见》。

第三章　中共赣州市纪律检查委员会

中共赣州市（地区）纪律检查委员会在上级纪委的领导下，维护党的章程和其他党内法规，检查党的路线、方针、政策和决议的执行情况，协助中共赣州地委加强党风廉政建设和组织协调反腐败工作。中共十四大后，党政监督体制实行重大改革。1993年5月，地区纪检、监察机关合署办公，全地区纪检监察机关围绕反腐败三项工作格局和“党委统一领导，党政齐抓共管，纪委组织协调，部门各负其责，依靠群众的支持和参与”的反腐败领导机制，开展以清房为重点的清理“五子”活动，加大对领导干部遵守政治纪律和廉洁自律监督检查、查处大案要案、纠正部门和行业不正之风工作力度。中共十五大后，全市（地区）纪检监察机关按照中共中央、中共江西省委要求，紧密联系实际，围绕全党工作大局，坚持从严治党、标本兼治和综合治理，狠抓工作落实，反腐败斗争和党风廉政建设工作取得新成果，在查处大案要案、落实《中国共产党党员领导干部廉洁从政若干准则（试行）》和《关于党政机关厉行节约制止奢侈浪费行为的若干规定》，从源头上预防和治理腐败方面成效更为明显，党员领导干部党性觉悟和廉洁自律意识进一步增强，一些多年来群众反映突出的问题得到纠正或解决，腐败势头一定程度上得到遏制，党风政风和社会风气有所好转。

第一节　机　构

一、委员会组成

中共赣州地区纪律检查委员会　1983年3月，中央纪委下发《关于健全党的纪检机构组织建设的通知》（以下简称“通知”）。根据通知规定，省委决定同年10月地委纪委改称“中共赣州地区纪律检查委员会”（以下简称“地区纪委”），为副地级机构，是同级党政领导班子之一。县（市）纪委亦以此类推。地区纪委由5名专职委员组成，其中设正副书记各1人。1993年5月，地区纪委、地区监察局合署办公，委员增至7～9人，其中设书记1人，副书记2～3人。

中共赣州市纪律检查委员会　1999年7月1日，赣州撤地设市。中共赣州地区纪委改称“中共赣州市纪律检查委员会”（以下简称“市纪委”）。原县级赣州市纪律检查委员会更名为中共赣州市章贡区纪律检查委员会。撤地设市后的市纪律检查委员会，由同级党的代表大会选举产生。每届任期和同级党的委员会相同。其机构级别和人员编制不变。中共赣州市第一次代表大会选举，市纪委设委员26人，由市纪委全会产生常委9人，设书记1人，副书记3人。

二、内设机构

1986年，中国共产党赣州地区纪律检查委员会，内设办公室、信访处、纪律检查处、案件审理处（1990年处改称“室”），代管中共赣州地区打击经济领域犯罪活动办公室（简称地区“打办”），定编33名。1988年3月，地区“打办”撤销，人员转归地区监察局。1989年3月，增设研究室。1991年3月，增设教育室，地区党风廉政建设领导小组办公室（正县级办事机构）由地委政研室改设于地区纪委。1991年年底，地区纪委机关内设7个室。

1993年5月15日，地区纪委、地区监察局合署办公，实行一个机构、两个机关名称、履行两种职能体制，定编76名。合署后内设办公室、信访室、研究室、案件审理室、干部管理室、纪检监察一室、纪检监察二室、纪检监察三室、执法监察室、宣传教育室、监察综合室、举报中心、地区党风廉政建设领导小组办公室等13个室（中心）。

1999年7月1日，中共赣州市第一次党代会选举产生中共赣州市第一届纪律检查委员会及其常委会，其职能、内设机构和人员编制不变。

三、派驻机构

1986年3月，地区纪委向地区商业局、物资局、林业局、外贸局、粮食局、劳动人事局、教育局、文化局、卫生局、人民银行、农牧渔业局、乡镇企业局、交通局、二轻局、计划委员会、经济委员会、冶金煤炭局、水电局、公安处、检察分院、工商银行、农业银行、保险公司、广播电视局、供销社等单位派驻纪检组（纪委）。1993年6月，地区纪检、监察机关合署办公，地区各单位纪检组（纪委）履行纪检、监察职能。1996年，地区机构改革，地直机关工委、计委、经贸委、教育委员会、劳动局、建设局、交通局、外经贸局、农业局、乡镇企业局、水电局、商业局、粮食局、广电局、环保局、文化局、卫生局、审计局、司法局、物价局、机电局、二轻局、冶煤局、林业局等部门设立纪检组（纪委），此后又在中级人民法院、人事局、财政局、房产局、检察院、土管局、公安局、民政局、赣南日报社、黄金开发区等单位设立纪检组（纪委）。2000年，共设市直单位纪检组（纪委）34个。

第二节　党风廉政建设与纠风专项治理

1986—2000年，重点整治以党政机关干部弄权勒索为主的“五个问题”（弄权勒索牟取不正当收入、违纪建私房、用公款请客送礼滥发钱物、用公款借机绕道旅游、在招工招干招生中利用职权为亲属谋求特殊照顾），以违纪建私房多占住房为主的“五子”问题，以清理农民负担减轻企业负担为主的行政乱收费问题等；对重点部门和行业进行纠风整纪，推行服务承诺制度和党政机关厉行节约，制止奢侈浪费等制度。

一、党风廉政建设

1986年6月23日，地委建立领导干部抓党风责任制，并作出纠正党员干部在建房住房中的不正之风、制止干部用公款旅游、严禁用公款请客送礼等规定。

1988年，针对赣州地区创办经济体制改革试验区的特点，围绕“经济要发展，党政机关要廉洁”的要求，加强党风廉政建设。3月，地委批转地区纪委《关于正确处理改革开放中若干问题的意见》，进一步明确政策界限。5月，地区纪委提出地、县两级机关要争创廉洁单位，要求党政机关及其全体党员干部，要严于律己，廉洁奉公，艰苦朴素，不搞特权，不谋私利，不徇私情，全心全意为人民服务。7月中下旬，地区纪委对9个县（市）、10个地属企业、5个乡（镇）进行党风情况调查，总结在改革开放中搞好党风建设的5条经验：确立正确的指导思想，坚持经济建设和党风建设一起抓；坚持从严治党，坚决查处党内违纪案件；靠改革和制度建设减少滋生不正之风的土壤；抓好“两个考验”（执政考验、改革开放考验）教育，不断提高党员素质；充分发挥纪检机关的职能作用。

1989年，围绕省委、省政府提出的廉政建设九件事和《中共中央、国务院关于近期做几件群众关心的事的决定》，真抓实干，取信于民，党风廉政建设出现新局面。2月17日，地委建立纪检、检察、监察联席会议制度，协调处理党纪、政纪、法纪交叉案件。3月13日，地委建立地区廉政工作联席会议制度（后改称“地区廉政建设领导小组”），分别成立地区整顿农资供应和分配领导小组、清理干部在城镇建私房领导小组、清理干部职工拖欠公款领导小组。

1990年7月9日，地委贯彻《中共中央关于加强党同人民群众联系的决定》，批转《关于进一步加强党风建设的通知》。12月，地委批转地区纪委意见，重申各级领导机关和领导干部不准收受礼物，不准用公款互请吃喝，不准以任何名义滥发奖金实物和收受红包，坚决纠正在区内公务活动中的大吃大喝现象。

1992年年初，召开全地区县（市）委书记、县（市）长和地直机关65个单位负责人会议，部署党风廉政工作。组织全南县、宁都县和赣州市（今章贡区）进行党风廉政建设状况问卷调查。11月10日至12月10日，地区纪委组织党风廉政建设先进典型报告团，在18个县（市）和地直机关巡回报告19场。

1993年5月中旬，开展对党政机关干部公费变相出国（境）旅游的清理，制止已办和正在办理出国手续的54人。8月，重点抓领导干部廉洁自律和纠风工作，1100名县级以上干部参加自查自纠，有17人自查接受礼金、礼券共3万元，有2人在经济实体中兼职领取报酬1470元，有16人接受赠送或本单位的信用卡为个人使用的18张计2.23万元，13人持有各种股票计6.2万元。

1995年，开始实行领导干部个人收入申报制度、党政机关工作人员接受礼品登记制度、国有企业业务招待费向职代会报告制度。

1996年3月，建立全地区党政机关和企业事业单位1162名县级领导干部和1.3万多名科级干部的廉政档案。

1997年5月，地委、行署制定《贯彻〈中共中央、国务院关于党政机关厉行节约制止奢侈浪费行为的若干规定〉实施细则》。同年，全地区停建、缓建和取消建办公楼71项，面积124037平方米，节约资金8110万元；取消和压缩有关会议，节省资金296.9万元；取消各类庆典80个，节约经费130多万元；严禁用公款大吃大喝、挥霍浪费，全地区接待费用比1996年减少1476.8万元；清理出违规用公款安装的住宅电话1431部、移动电话1147部，收回资金320.2万元；县（市）取消各种检查评比和达标活动68项；地、县两级党政机关配备的小汽车基本符合规定要求；全地区取消和压缩用公款出国（境）6批共19人次，节约经费37万元。

1999年，在县级以上党政领导班子和领导干部中，深入开展以“讲学习、讲政治、讲正气”为主要内容的党性党风教育。8月初，市四套班子及领导干部“三讲”教育开始，至10月中旬集中教育告一段落。7月7日，印发《赣州市贯彻落实〈关于实行党风廉政建设责任制的规定〉的实施细则》。9月，对在职地级领导的配偶、子女及配偶从业情况进行登记。

2000年，8月，市纪委设立廉政专用账户。同年初，开展市直行政事业单位领导班子及领导干部“三讲”教育，6月下旬，开展县（市、区）领导班子及领导干部“三讲”教育。

二、纠风专项治理

1986年，着重纠正不正之风。4月19日，地区纪委、招生委发出《关于重申进一步杜绝招生考试中不正之风的通知》，要求各级领导干部带头执行有关端正党风、严肃考风考纪的规定。1987年，继续纠正新的不正之风和强调严格遵守党的政治纪律。5月11日，地委印发《关于进一步加强党内监督的通知》，强调各级领导干部要增强监督意识。

1989年2月12日，地委扩大会议提出重点抓好坚决制止党政机关干部弄权勒索牟取不正当收入、违纪建私房、用公款请客送礼、滥发钱物、用公款借机绕道旅游、在招工招干招生中利用职权为亲属谋求特殊照顾等五个问题。6月4日，地区清理干部建私房领导小组抽调40多名干部，组成9个工作组分赴各县（市）开展清房工作。根据省委、省政府办公厅《关于坚决刹住吃喝风的试行规定》，接待工作实行分餐制。清理整顿公司取得成效：全地区各类公司（中心）总数1324家，拟撤并公司432家，撤并 103 家；在公司（中心）任职、兼职的在职机关干部总数为 188 人，办理脱钩手续的 167 人；离退休干部在公司（中心）任职、兼职数为 44 人，办理脱钩手续的 39 人。

1990 年，开始纠正行业不正之风。5 月 8 日，地区纪委调查组写出《安远县是怎样整顿“七所八站”的》调查报告。

1991 年，加强检查监督，完善制度，重点抓纠正行业和部门不正之风工作。3 月，全地区召开清房工作总结表彰电话会议，通报清房结果。全地区在城镇建私房的党政干部 2421 户，有 2409 户干部有不同程度的违章、违纪、违法问题，占建房干部总数的 99.75%；经过清查审理，建房户交各种补（罚）款 211.4 万元，退出土地 54048 平方米，没收、拆除和征收私房 6957 平方米，退出公房 28443 平方米；全地区有 57 人受到党纪政纪法纪处理，其中县级干部 6 人、科级干部 38 人、一般干部 13 人。

1993 年，在纠风工作方面，继江西省政府公布取消 87 项收费项目后，行署先后宣布取消收费项目 18 项，废止收费方法 7 种，废止收费性文件 24 个，行政性乱收费行为明显收敛；对 1992 年 7 月 1 日以后公费出国（境）旅游的 252 名党政机关干部，区分情况作出处理，收缴制装费、零用费和伙食费 9 万多元。地区廉政办编印《在圣洁的党旗下》一书。

1994 年，全地区纠风工作围绕“三清一刹”[清理乱收费、用公款变相出国（境）旅游、党政机关及其工作人员利用职权无偿占企业钱物，狠刹部门和行业不正之风] 继续抓落实，清退占用企业交通工具（含超标准车）6 辆，清退占用其他物品（含通信工具等）193 件，清退占用企业资金 239 万多元；作出脱钩处理的机关经济实体 1063 个，近 900 名兼职的机关干部绝大多数辞去一头职务。地区开展清理多占住房、公款安装住宅电话、用公款送子女上学、用公款侵害性钓鱼、竞相购买豪华小汽车专项活动。18 个县（市）、112 个地直单位和 12 个省属单位开展清理，自查人数 32906 人，其中县级干部 1810 人。据统计，全地区在房改中购买住房超标准的 4780 户，共超面积 48114 平方米；191 户多购住房 193 套，共 10493 平方米；在同一城镇建有私房又购公房的 301 户，面积合计 15739 平方米；公款超标准装修住房的 173 人，经清理退出住房 253 套，计 17164 平方米，收缴各类差价款 434.07 万元，占应缴数的 91.16%。全地区清理科级干部用公款安装的私宅电话 2590 部，其中转为自费的 2324 部，收缴初装费 172.45 万元，占应缴数的 96%，补交电话费 10 万余元。全地区清理用公款送子女上学的 1558 人，收回费用 136.99 万元，占应退数的 96.27%。用公款侵害性钓鱼得到遏制，竞相购买豪华小汽车的现象有所收敛。

1995 年，开展清车换牌、制止公款“吃喝玩乐”两项检查，全地区党政机关换下超标准小汽车 96 辆，其中地级干部的 12 辆、县级干部的 84 辆，地级干部换下军警车号牌 9 块、县级干部换下 34 块。

1996 年 3 月，建立全地区党政机关和企业事业单位 1162 名县级领导干部和 1.3 万多名科级干部的廉政档案。1996 年 7 月 12—20 日，宁都县黄陂、蔡江、小布、大沽等 4 个乡（镇）因农民负担等问题引发群体事件。事件平息后，全地区开展宣传贯彻农村政策暨勤政爱民月活动，印发《关于加强农民负担监督管理的通告》6 万多份，选派机关干部到宁都、兴国、瑞金、于都、石城等 5 个县（市）的 58 个乡（镇）宣讲农村政策，对不合理农民负担项目进行检查清理，5 个县（市）废止不合理收费项目 31 项，清退不合理收费 746.36 万元，制止部门乱收费项目 124 项，全地区减轻农民负担工作得到加强。对重点行业和部门进行刹风整纪。

1997 年 5—6 月，在全地区开展企业负担集中清理整顿活动，取消不合理收费项目 228 宗，清退金额 250.7 万元，减轻企业负担 1000 多万元。

1998 年，继续落实中央“若干规定”，加大通信工具清理力度，将所有领导干部（包括离退休干部）的公费通信工具折价处理给个人，全地区 18 个县（市）、103 个地直单位的近 600 名县级以上现职干部、238 名地县两级离退休干部的 840 部住宅电话、410 部移动电话全部折价处理，收回资金 155 万元，重申话费报销范围，调低话费限额报销标准，规定话费管理办法。8月4日，开展清房工作，全地区18个县（市）和地直159个单位的11万多名干部职工开展自查申报。12月9日，地区清房办严格按照省、地清房政策，开始部署对多占住房、超面积住房、用公款装修住房、违规建私房等情况进行处理。

1998年4月，对全地区农民负担情况进行全面检查。4月，对地县两级涉及企业的自立收费项目进行全面的清理，累计取消涉及企业的收费、集资、基金项目476个，涉及金额3000万元，降低或合并收费项目25个。6月，抓好地区公安局、检察院、中级人民法院、司法局、国家安全局和工商局6个部门"收支两条线"工作，取消各类不合理收费项目61项，调低收费标准8项，撤销单位自设账户42个，废止单位自制收罚票据8种。8月，对政法机关从事经商活动的情况进行调查摸底和清查处理，全地区政法机关清理出企业80家。

1999年，清房工作按规定作出处理，全市有清房对象117999人，核查117996人；应退房1821人1836套，退房1819人1834套；购（租）公房、集资建房超面积应补款5614人691.53万元，补款5614人691.15万元；处罚违规建私房1516人1516栋，收缴罚款640.53万元。同年，市委、市政府印发《关于切实做好1999年减轻农民负担工作的意见》。6月10日，中央电视台《焦点访谈》披露于都县盘古山镇扫盲工作弄虚作假问题，市委、市政府对有关责任人严肃处理并通报全市，对全市扫盲工作逐乡、逐村、逐户复查。6月，在部分国有企业中进行厂务公开试点工作。9月，对全市医药购销中的不正之风进行专项整治，对各县（市、区）的856个诊所、药店进行调查摸底，12月起全面整治。

2000年1月，继续对医药购销中的不正之风进行专项整治，全市开展专项检查176批1546人次，取缔无证照或证照不全药品经营企业和药品经营户88户，取缔非法医疗诊所和非法个体药品经营户194户，整顿非法卖药的医疗诊所100个，查没假劣药品302种，查处案件106件，收缴违纪金额和罚款10.5万元，给予党纪、政纪处分7人。3月开始，在公安、卫生、医药、电力、电信、邮政、移动通信等7个系统开展民主评议行风工作。4月，对18个县（市、区）和154个市直单位的清房工作进行检查验收。

第三节 违纪查处

1986—2000年，全市（地区）各级纪检监察机关把查处党员违纪案件，特别是大案要案，作为从严治党、惩治腐败的重要举措，重点查处贪污受贿等经济方面违纪违法案件、侵犯国家和群众利益的严重以权谋私案件，以及腐化堕落、道德败坏的案件。全市（地区）立案9144件；处分党员6502人，其中开除党籍1453人。

1986年，全地区各级纪检机关共立案823起，结案699起，结案率84.93%。地区纪委直接查办案件35起（含上年遗留5起），结案30起（含未构成违纪6起）。年内处分党员540人，其中开除党籍133人，留党察看134人，撤销党内职务28人，严重警告和警告245人。

1987年，全地区各级纪检机关查处违纪案件778起，结案696起，结案率89.46%。地区纪委直接查处案件17起，结案13起。年内处分党员606人，其中开除党籍162人，留党察看157人，撤销党内职务26人，严重警告和警告261人。

1988年，全地区各级纪检机关查处党内违纪案件475起，结案425起，结案率89.47%，受到党纪处分党员384人，其中开除党籍87人，留党察看113人，撤销党内职务13人，严重警告和警告171人。受政纪处分100人，挽回经济损失204万元。

1989年，全地区查处党内违纪案件456件，结案345件，结案率75.66%。地区纪委直接查处案件

14 起。所查案件中，经济案件 209 件，占案件总数的 45.83%，其中违纪金额万元以上的 9 件。全地区有 370 名党员受到党纪处分，其中开除党籍 134 名，留党察看 81 名，撤销党内职务 14 名，党内严重警告和警告 141 名。

1990 年，全地区各级纪检机关受理党内违纪案件 506 起，结案 435 起，结案率 85.97%，地区纪委直接查处 10 名副县级以上干部的违纪案件，结案 8 起。所查案中，贪污受贿等经济违纪案件 247 起，占总数的 48.81%。年内受处分的党员 456 人，其中受党内警告处分 110 人，严重警告 87 人，撤销党内职务 15 人，留党察看 96 人，开除党籍 148 人，受“三大处分”（撤销党内职务、留党察看、开除党籍）的占受处分党员总数的 56.8%。

1991 年，全地区各级纪检机关立案检查党员违纪案件 559 件，结案 530 件，结案率 94.81%。地区纪委直接查处案件 8 件。所查案件中，贪污受贿等经济案件 249 件，占总数的 44.54%；腐化堕落、道德败坏案件 123 件，占总数的 22%；违犯计划生育政策案件 90 件，占总数的 16.1%。全年处分党员 535 名，其中党内警告 99 名，党内严重警告 112 名，撤销党内职务 15 名，留党察看 115 名，开除党籍 194 名。

1992 年，全地区各级纪检机关共立案 450 件（含上年遗留案 29 件），结案 408 件，结案率 90.67%。地区纪委直接查办案件 19 件，立案 7 件，结案 6 件。全地区处分党员 406 人，其中开除党籍 121 人，留党察看 108 人，撤销党内职务 19 人，严重警告 81 人，警告 77 人。

1993 年，全地区纪检机关查处违纪案件 459 件，结案 339 件，结案率 73.86%，年内处分党员 339 人，其中开除党籍 111 人，留党察看 62 人，撤销党内职务 10 人，严重警告 78 人，警告 78 人。地区纪委立案查处县级干部违纪案 5 件。

1994 年，全地区纪检监察机关立案 500 件（含上年遗留 54 件），结案 460 件，结案率 92%。地区纪委监察局直接查办 33 件，结案 28 件。全年处分党员 305 人，其中开除党籍 100 人，留党察看 60 人，撤销党内职务 18 人，严重警告 60 人，警告 67 人；年内受政纪处分 201 人，其中开除 28 人，开除留用察看 19 人，撤职 25 人，降级 58 人，记大过 34 人，记过 20 人，警告 17 人。挽回经济损失 237.66 万元。

1995 年，全地区纪检监察机关立案 515 件（含上年遗留 40 件），结案 464 件，结案率 90.1%。地区纪委监察局直接查办 34 件。全地区受党纪处分 332 人，其中开除党籍 94 人，留党察看 56 人，撤销党内职务 12 人，严重警告 87 人，警告 83 人；受政纪处分 204 人，其中开除 46 人，开除留用察看 10 人，撤职 28 人，降级 21 人，记大过 44 人，记过 31 人，警告 24 人。查办万元以上大案 89 件，挽回经济损失 490.365 万元。

1996 年，全地区纪检监察机关立案 639 件。地区纪委监察局直接立案查处县级干部违纪案 22 件，科以下干部违纪案 11 件，年内结案 31 件。全地区受党纪处分的 412 人，其中开除党籍 109 人，留党察看 76 人，撤销党内职务 16 人，严重警告 97 人，警告 114 人；受政纪处分 298 人，其中开除 23 人，开除留用察看 20 人，撤职 59 人，降级 49 人，记大过 43 人，记过 46 人，警告 58 人。

1997 年，全地区纪检监察机关立案 766 件，查结 651 件，给予党纪政纪处分 375 人，其中开除党籍 60 人，开除党籍又受到刑事处罚的 13 人。地区纪委监察局立案查处县级干部 19 件，科级干部 13 件。

1998 年，全地区纪检监察机关共查处立案案件 660 件，涉及 729 人，结案 544 件，处分党员干部 588 人。地区纪委、监察局立案查处县级干部 6 件 6 人，结案 4 件；处分县级干部 18 人，其中受开除党籍处分的县级干部 5 人，移送司法机关处理的县级干部 2 人。

1999 年，全市纪检监察机关立案 603 件，涉及人数 646 人，其中县处级干部 10 人，乡科级干部

149 人。结案 495 件，处分党员干部 511 人。市纪委监察局立案查处县级干部 10 件 10 人。

2000 年，全市纪检监察机关立案查处 955 件（其中大案要案 396 件），查结 914 件。给予党纪政纪处分 918 人。挽回经济损失 844.3 万元。市纪委、监察局立案查处县级干部违纪案 27 件（含上年遗留件），结案 19 件，处分县级干部 19 人，移送司法机关处理 6 人。市纪委监察局、于都县纪委监察局、宁都县纪委监察局被省委、省政府评为 1993 年以来全省查办大案要案先进单位。

第四节 案件审理

1986—2000 年，全市（地区）共审理各类违纪案件 366 起，其中县级干部 46 人，副县干部 98 人，正科干部 222 人；处分干部 345 人，免予处分 21 人；复查复议案件 76 起，其中撤销处分 38 人。

一、案件审理制度

1986 年，地区纪委拟订《关于案件审理工作规范化具体要求（讨论稿）》，1987 年发至各级纪检组织试行。

1993 年，地区纪委对原报送案件材料的有关规定作修改和补充，形成《关于报送案件材料的规定》印发各县（市）纪委和各企事业单位纪委。

1996 年，印发《县（市）纪检监察机关审理工作目标》，将县（市）纪检监察机关审理工作纳入对县（市）纪委工作的考评范围。

1999 年，市（地区）纪委制定印发《关于办理征求意见案件的暂行办法》和《关于呈报备案案件有关规定》。

2000 年，市纪委印发《关于办理党纪处分申诉案件办法（试行）》和《关于统一处分决定执行报告表的通知》。

二、案件审理工作

1986—1991 年，全地区纪检机关共审理案件 142 起，处分党员 131 人，免予处分 11 人。

1990 年，建立和健全乡级纪委案件审理小组，至 1991 年，全地区 18 个县（市）纪委均设有案件审理室，配备审理干部 48 名；全地区 375 个乡（镇、场）全部成立案件审理小组，有专兼职人员 1231 人；81 个设有纪委的县级以上企事业单位有 49 个建有审理小组，配有专兼职人员 218 人。1994 年，采取以县（市）自办案件为实例，交叉分散评审和集中当面评议的方式，组织各县（市）纪委审理室主任开展案件质量评审活动。

1995 年，在新余市召开的全省纪检监察案件审理工作会议上，地区纪委书面汇报《组织案件质量评审活动的做法与体会》。5 月，召开全地区纪检监察案件审理工作会议，传达贯彻全国全省纪检监察案件审理工作会议精神，总结交流县（市）审理工作经验。10 月，组织县（市）审理室主任分河东、河西两个片，观摩宁都、信丰案件材料的归档及档案的管理工作，开展案件审理工作研讨活动。12 月，编印以案件审理业务为主的《纪检监察机关常用条规选编》，指导基层做好案件审理工作。组织征集和撰写《赣州地区平反冤假错案工作回顾》《对复查纠正“大跃进”时期错案工作的回顾》等党史资料。

1996 年，纪检监察机关审理案件 42 起，为案件审理数最高年份。处分党员 39 人，3 人免予处分。

1997 年 2 月，中共中央公布《中国共产党纪律处分条例（试行）》，全地区各级党组织和纪检监察机关采用各种形式进行宣传。地区纪委对县（市）纪委疑难案件加强协审的做法，在 1997 年 12 月召开的全省纪检监察案件审理工作会议上交流。

1999 年 9 月，部署各县（市、区）纪委对 1997 年 1 月至 1999 年 6 月 30 日作出的处分决定执行情况进行自查、自纠，抽查被处分人员 224 人，纠正处分执行中存在的问题。11 月，召开全市案件审理工作经验交流会，市纪委监察局的《我们重视审理队伍自身建设的两点做法》和章贡区纪委监察局的《稳、实、准、快审结经济违纪复杂疑难案件》在省纪委召开的全省案审工作会议上交流。

2000 年 12 月 12—14 日，对全市纪检监察机关 1999 年 1 月至 2000 年 6 月 30 日已结案中的 25 种错误类型的 55 个案件逐案检查，对发现的问题进行纠正，检查情况通报全市。当年，市纪检监察机关审理各类案件 36 起，处分党员 35 人，行政处分 1 人。

第五节　信访举报

1986—2000 年，全市（地区）纪检监察机关共受理信访举报 106018 件次，办结 83617 件次，办结率 78.87%。

一、信访举报制度

1986 年，地区纪委要求纪检信访当年结案率 90%以上，初信初访结案率 80%以上，重信重访和越级信访率各降低至 15%以下。全地区县（市）纪委开展纪检信访达标活动。

1987 年，地区纪委制定《纪检信访工作规范化意见》，全地区 18 个县（市）纪委信访工作全部达标。1988 年，地区纪委制定《全区纪检信访工作目标管理考评细则（试行）》。

1992 年 7 月 28 日和 8 月 4 日，地区纪委分两个片在大余县、于都县召开全地区纪检信访工作会议，传达贯彻第三次全国纪检信访工作会议精神，总结全地区 1989—1991 年纪检信访目标管理工作，研究制订 1993—1995 年目标管理工作措施。

1993 年，地区纪委制定《赣州地区 1993—1995 年纪检信访工作达标实施方案》。

1996 年，建立发现同级或接到对检举、控告下一级党委（党组）或成员违纪问题情况报告制度，统一制发报告单（表）。

1997 年，制定《赣州地区纪检监察信访举报工作 1997—1999 年目标管理实施方案》，在全地区开展新一轮纪检监察信访举报工作目标管理。

2000 年，印发《赣州市纪检监察信访举报工作暂行办法》。

二、信访举报办理

1989 年，对全地区县（市）纪委的信访专（兼）职干部及分管领导进行纪检信访业务知识考评。

1990 年，地区纪委推广石城县纪委聘请党风监督员的经验。全地区县（市）纪委聘请党风监督员 2483 名。

1991 年，全地区纪检信访部门建立健全基层信访网络。全地区有纪检信访机构 19 个，专（兼）职信访干部 102 人，聘请党风监督员 6852 人，达到县有纪检信访机构、乡有纪检信访人员。

1993 年 9 月 12 日，全地区重新公布举报电话。10 月，各级纪检监察机关组织宣传学习中纪委颁发的《中国共产党纪律检查机关控告申诉工作条例》。

1994 年，地区纪委按照《控告申诉工作条例》和《举报工作办法》规定，加强对信访案件的查办督办工作，规范纪检监察信访工作程序，全地区信访案件按期结案率和优质结案率明显上升。8 月，组织全地区纪检监察信访举报干部开展理论研讨和经验交流，撰写调研文章 40 篇。

1995 年，创办《信访情况交流》。10 月，地区纪委《加强查核督办，确保信访工作质量》的经验材料，在全省纪检监察信访工作会议上交流。12 月，召开全地区纪检监察机关合署后第一次信访（举报）工作会议。全地区各县（市）纪委配有信访举报干部 49 人，372 个乡（镇）配有专（兼）职信访员 500 人，4306 个行政村配有信访信息员 5515 人。

1996 年，组织 18 个县（市）纪委对基层信访工作进行总结，撰写经验材料 18 篇，理论调研文章 10 篇。组织对县（市）纪委 3 年信访举报目标管理工作进行检查。省纪委对全地区纪检监察信访举报目标管理工作进行检查验收，18 个县（市）全部达标。赣州市（今章贡区）纪委、监察局被中纪委、监察部授予“全国纪检监察基层信访工作先进单位”称号。

1997 年，确定信丰县、瑞金市纪委为省、地纪委信访举报转办跟踪点，对省、地纪委转办的信访件办理情况全部进行反馈和跟踪管理。

1998 年，全地区分 3 片在于都县、南康市、龙南县召开会议，传达贯彻全省纪检监察信访工作座谈会精神，总结交流信访工作经验。全地区纪检监察系统加强对信访信息的收集、分析和反馈工作，以《要信摘报》和综合、专题分析报告等形式逐级上报，为领导决策服务。地区纪委率先使用微机进行跟踪件登记和统计分析的尝试，逐步实现信访业务现代化管理目标。

1999 年 9 月，对全市基层纪检监察信访举报工作 1997—1999 年 3 年目标管理达标情况检查。12 月，省纪委对赣州市纪检监察信访举报目标管理工作进行检查验收。全市纪检监察机关完成信访举报目标管理三年达标工作的任务，县（市、区）纪委信访举报工作达到“五项要求、四项指标”（领导重视、队伍适应、制度完善、充分发挥职能作用、密切配合中心工作；信访问题当年办结率 100％，按时办结率在 90％以上、信访案件的当年结案率 100％、当年结案案件中按其优质结案率 85％以上）要求，乡（镇）纪委信访举报工作达到“四有三无一办结”（有工作人员、有规章制度、有信访网络、有工作设施，无重复访、无越级访、无信访积案，当年信访问题当年全部办结）目标。组织全市纪检监察信访举报“直查快办”工作和信访举报目标管理达标工作经验交流活动，共收集调研文章 25 篇。

2000 年，新增宁都县、南康市纪委为市纪委信访举报转办跟踪点，当年下转四县（市）信访件为 208 件次，对办理情况进行全面反馈，并作定性、定量、定向分析。配合“三讲”教育活动，市纪委对举报县级、科级党员干部各类违纪问题的 1838 件次来信来访进行排查梳理。

第六节　执法监察

1989—2000 年，全市（地区）开展执法监察 800 余项。

一、经济检查

1995 年 6 月，各级纪检监察机关会同建筑、工商部门开展建筑市场清理整顿，涉及建设单位 685 个、施工单位 360 个、项目 1041 个，处理违规项目 92 个。

1999 年，市委、市政府成立市经济环境整治领导小组。

2000 年 8—10 月，开展国债资金管理使用情况监督检查。

二、专项检查

1990 年，对扶贫资金、救灾救济款、农用物资专营、烟叶收购、甘蔗砍运、预算外资金管理使用等 25 个项目开展专项检查。纠正违纪行为 851 起，取消不合理收费项目 153 个，撤销关卡 120 个，受理案件线索 314 起，立案 101 起，给予政纪处分 89 人，挽回经济损失 350 万元。

1991 年，对企业失散资金、粮食购销、土管经费、农用资金的管理和使用等 139 个项目进行专项检查；立案 27 起，给予处分 35 人；查处违纪金额 189 万元；清理失散资金 800 万元；挽回经济损失 650 万元；收回资金 500 万元；收缴违纪金额 32 万元；提出整改建议 404 条，被采纳 86 条。

三、执法检查

1989 年，对《中华人民共和国统计法》《中华人民共和国矿产资源法》进行执法检查。

1993 年 5 月，地区纪委、监察局合署办公，设立执法监察室，开展减轻农民负担和全民所有制工业企业转换机制等执法监察 32 项。至 10 月底，配合有关部门重点清理地委、行署自 1990 年以来下达的涉及农民负担的文件 88 个。行署组织对全地区预算内工业企业贯彻落实《全民所有制工业企业转换经营机制条例》情况进行检查。全地区对企业反映的 49 个“三乱”（乱检查、乱收费、乱罚款）典型事例开展执法监察，进行调查核实或交有关部门处理。

1994 年，开展执法监察 22 项，对全地区 13 个重点工程建设、救灾款物发放、灾民重建家园工作、控制消费基金增长、加强现金管理、果苗生产与经营、维护甘蔗砍运及烟叶收购秩序和拖欠教师工资等 15 个问题进行专项检查。

1995 年，开展《中华人民共和国统计法》《中华人民共和国义务教育法》《中华人民共和国药品管理法》《中华人民共和国土地管理法》等执法监察 85 项。

1996 年，开展执法监察项目 39 项，查出违纪金额 4071.1 万元，挽回经济损失 891.5 万元，纠正、清退违法违纪金额 3179.6 万元。组织实施“清理乡（镇）对农民的乱收费、乱集资、乱摊派”专项执行监察，检查乡（镇）481 个，县直单位 35 个，查出违纪款 4006.97 万元，收缴违纪款 820.53 万元，向地委、行署提出“减负”工作建议，地委、行署批转印发全地区执行。

1997 年，开展执法监察项目 34 项。分别组织对万安水库库区的赣州市（今章贡区）、赣县的移民安置费、防护工程资金、开发基金，以及上犹水库库区的崇义县、上犹县的库区生产周转金、维护基金、生产建设补偿金及地区移民办移民资金的管理使用情况进行专项执法监察。对 10 个县（市）1993 年以来以工代赈资金的管理使用、全地区救灾款物发放，以及京九沿线赣南段 7 个县（市）铁路征地、拆迁补偿资金管理使用情况进行执法监察。7 月，协同地区建设局、工商局、计委等单位对县（市）重点工程项目执法监察，查出各类违章违规工程项目 201 个，追缴各种税费 39.4 万元；发现案件线索 95 起，立案查处 45 起。

1998 年，开展对教育部门预算外资金管理使用情况的执法监察，查出违纪资金 95.46 万元，收缴违纪款 17.06 万元。3—4 月，组织对全地区县（市）土地管理情况执法监察，清查出违法用地 453 宗，非法交易土地 25 起，查出违纪金额 838.43 万元；取消和纠正乡镇政府（土管所）自立收费项目 12 个、超标准收费项目 23 个。6—7 月，开展对全地区社会保险基金管理使用情况的执法监察，查出违纪违规金额 2923.3 万元，收缴 11.53 万元。

1999 年 5 月，开展粮改情况执法监察。全地区取缔无照经营 258 户，关闭不符合条件的批发企业和加工企业 919 家，查处各类涉粮案件 1267 件，没收粮食 1385.5 吨，罚款 249 万元。8 月，开展预算外资金管理执法监察，全市清理出未入专户资金 3750 万元，停止自立项目收费 38 项，收缴资金入财政专户 20 余万元。

2000 年，开展“优化发展环境年”活动，市督查办收到各种举报 112 件，调查处理案件 84 件。4 月 13—25 日，对全市老建发展资金管理使用情况进行执法监察，抽查项目 396 个，查出历年违纪金额 1704.4 万元，对挤占、挪用、坐支、公款私分等问题进行处理。8 月 28 日至 9 月 4 日，对全市国有企业下岗职工基本生活保障资金、失业保险基金、基本养老保险基金和城市居民最低生活保障资金等“四项资金”的管理使用情况进行全面检查。

第七节 宣传教育和调查研究

一、宣传教育

1986 年 3 月，地委在章江体育馆召开地直机关干部大会，2000 多人参加，会议传达中共中央有关领导的讲话，以及中共中央、国务院、中共江西省委、省政府有关端正党风的规定和通知，地委书记黄名鑫在会上作题为《从地直机关做起，从领导做起，为全区端正党风作出表率》的讲话。9 月，地委抽调 98 名干部组成 8 个检查组，对地直 85 个单位进行党风党纪检查，评选出党风党纪先进单位 16 个。

1987 年 7 月 3 日，地区纪委发出《必须重视党员的道德品质教育》的通报，剖析一批严重违反社会主义道德的典型案件，要求各级党组织和党员干部从中吸取教训。年内，首次开展电化教育，全地区各县（市）和地直机关单位轮流播放《党性党风党纪教育》和话剧《悬崖》两部录像片，效果良好。

1989 年上半年，学习中共中央领导同志重要讲话，维护党的政治纪律，与党中央保持一致。

1990 年 9 月，地区纪委将中央纪委公布的 9 个党内纪律条规汇编成册，印发党员干部学习。10 月初，中央纪委内刊《党风与党纪》第十九期刊登地区纪委采写的地区民政局刘昌万先进事迹。10 月 20 日，地委批转地区纪委《关于对党员进行党的纪律检查工作条例规定教育的意见》。11 月 27 日，地委召开学习党的纪律条规教育动员大会。

1991 年 1 月，地区纪委会同地区文化局等单位，组织地直单位党员观看省京剧团演出现代剧《大潮中的漩涡》，运用文艺形式进行党风党纪教育。

1992 年 11 月，筛选出政法、卫生、金融、商业、供电、供水等不同部门和行业的 7 个先进典型单位和个人，组成全地区党风廉政建设先进典型报告团，到各县（市）和地直机关作巡回报告。

1993 年 9 月 14 日，地委、行署召开地直单位副科级以上干部大会，部署机关作风整顿。

1994 年，地区纪委对赣州电机厂、赣南水轮机厂、赣州自来水公司和赣州市（今章贡区）城建局党委书记陈肇林等 4 个勤廉兼优的先进典型事迹进行宣传报道。同时，通过广播、电视、报刊对一批违法违纪典型案件进行曝光。

1995 年，配合学理论、学党章活动，进行共产主义理想和信念教育。8 月底，全地区开展“领导干部在房地产开发工程建设中廉洁自律教育周”活动。

1996 年，在全地区党员干部中开展讲学习、讲政治、讲正气，学理论、学党章活动。同时，在全地区党员干部中开展学习党纪政纪条规、国家法律法规活动，组织全地区党员干部参加中央纪委举行的党纪条规知识竞赛，赣州地区、赣州市（今章贡区）和定南县分别获得党纪条规知识竞赛组织奖，受到中央纪委表彰。同年，地区纪委、监察局制定《纪检监察机关为企业服务的暂行办法》。

1997 年 9 月，在全地区范围内开展“艰苦奋斗、勤俭节约”专题教育月活动，组织党员干部学习《中国共产党党员领导干部廉洁从政若干准则》、《中国共产党纪律处分条例》、《中华人民共和国行政监察法》和《党政机关厉行节约制止奢侈浪费行为若干规定》等重要法规，提高党员干部艰苦奋斗、拒腐防变的能力和树立勤俭节约的优良作风。全地区纪检监察机关还运用典型案例进行警示性教育，剖析典型案件 43 件。赣州地区纪委、监察局的新闻报道工作获“全国纪检监察系统信息、新闻工作先进单位”称号。

1998 年 7 月，在全地区范围内开展中央纪律、监察部组织的《中华人民共和国行政监察法》知识竞赛活动，33500 名国家工作人员参加竞赛，于都县获全国知识竞赛优秀组织奖，安远县财政局刘昌生等 13 名公务员分别获全国一、二、三等奖。8 月，地区纪委和大余县纪委联合制作的《绿色——永恒的本色》专题片在地区电视台播出，并由省纪委推荐参加中央纪委“卫士奖”评选，获全国纪检监察系统第二届“卫士奖”专题片纪念奖。

1999年，组织全市（地区）领导干部重点读《邓小平论党风廉政建设和反腐败》和《党风廉政建设责任制及相关条规》两本书，观看《中国共产党纪律处分条例》电视系列片。12月，市纪委、监察局总结《坚持五个结合，增强培训效果》的经验材料在全国纪检监察宣传教育工作会议上书面交流。

2000年5月，在全市各级党委、政府及其职能部门的领导班子和领导干部中开展“党风廉政建设责任制”专题教育。9月，在全市党员干部中开展以胡长清、成克杰等重大典型案件为反面教材的警示教育。

1986—2000年，以市（地）委党校为依托，培训纪检监察干部1264人次；选送纪检监察干部到省以上纪委培训355人次。

二、调查研究

1991年11月18日，为纪念中央苏区工农检察部成立60周年，瑞金县监察局、监察学会组织召开纪念中央工农检察部成立60周年、苏区监察史理论研讨会。

1993年，针对群众反映的热点问题，地区纪委先后派人到地、县有关单位和宁都县石上乡调查研究，分别写出《关于纠正党政机关领导干部在房改中搞不正之风的规定》和《关于减轻农民负担的调查报告》。

1994年5月，对8个县开展为期一个半月的“农村党群关系状况”专题调查。

1995年3月，地区纪委、监察局召开全地区纪检监察理论研讨会。

第四章　组织工作

1986—2000年，全市（地区）狠抓班子思想政治建设和作风建设，基层组织建设和党员干部队伍建设，加强干部管理与培训，加大干部人事制度改革，做好知识分子管理工作，加强老干部管理，从严管党，增强党组织的凝聚力和战斗力，为全市（地区）经济社会发展提供组织保证。

1986年，地委组织部内设办公室、干部科、青年干部科、干部培训科、干部审查科、组织科、知识分子工作办公室等7个科室。1988年，增设干部二科，1989年，增设地委组织员办公室（副县级机构，挂靠地委组织部）、调研科。1992年，撤销干部科，增设干部一科、干部二科、干部三科；撤销干部审查二科，其职能转归干部审查科；青年干部科、知识分子工作科并为青年干部知识分子科，增设党员电化教育科。1995年1月，成立地委农村基层组织建设办公室，为正县级临时机构，归口地委组织部。1995年6月，增设干部教育培训中心。1996年，机构改革，地委老干部工作局归口地委组织部。2000年，市委组织部内设办公室、干部一科、干部二科、干部三科、组织科、青年干部知识分子科、干部审查科、干部培训科、党员电化教育科、干部教育培训中心、组织员办公室，有人员44人。

第一节　党员队伍建设

一、党员发展

1986年，党员发展遵循坚持标准、改善结构、保证质量方针，积极慎重发展新党员，把先进青年、生产科研第一线的先进分子吸收到党员队伍中来。全年共发展新党员6367名，其中高中以上文化程度4652名，35岁以下的4417名。各级对1985年发展的新党员质量进行全面检查，确保新党员的质量。

1989年，加强建党对象培养教育考察，党支部定期分析建党对象的思想状况，坚持组织员定期找建党对象谈话制度和发展党员每半年检查制度，确保新党员质量。全地区发展党员 3958 名，其中女党员 504 名，占发展总数的 12.73%；35 岁以下的 2725 名，占 68.85%；高中以上的 2823 名，占 71.32%；工人、营业员、服务员、农牧渔民、农村教师、医生等基层工作一线的 2095 名，占 52.93%。

1990 年，地委印发《一九九〇年全区发展党员工作意见》。全地区发展党员 3917 名，其中女党员 576 名，少数民族党员 18 名，工人干部党员 2701 名，农村党员 1216 名。

1991 年 3 月，转发中组部《关于进一步做好在企业、农村生产第一线发展党员工作的意见》，提出要努力在生产一线建立一支数量多、质量好的入党积极分子队伍。要求在农村要消灭三年未发展党员的自然村，在村民小组、企业消灭没有党员的村民小组、企业班组，关键岗位、艰苦岗位、要害岗位都要有党员。全地区生产一线的工人、农民党员发展得到加强和改善，企业无党员班组、农村无党员的村民小组数量逐步下降，全年发展党员 4250 名。

1993 年，印发《赣州地区推荐优秀团员作为入党积极分子工作细则的通知》，规定吸收 28 周岁以下青年入党，一般应从团员中发展，发展团员入党，必须经过团组织推荐。

1994 年，在地委组织部、各县（市）委组织部，规模较大的国有企业设置组织员，并设立地委组织员办公室，为副县级单位，归口地委组织部合署办公，各县（市）相应成立组织员办公室，级别为正科级，并配备组织员，主要负责入党积极分子的培养和党员的发展工作。

1995 年 5 月，为改变农村党员年龄偏大、文化程度偏低、致富能力偏弱的状况，印发《关于进一步加强在青年中发展党员的工作意见》。要求生产一线发展党员占 85%，35 岁以下、高中以上文化程度占 80%，致富能手占 52%，各县（市）根据这个目标作调整。

1997 年，重点抓好企业、农村生产第一线党员发展工作，降低党员空白村民小组和车间班组的比例。

1998 年，印发《关于在全区开展发展党员质量年活动的意见》，要求围绕“均衡发展、适度增长、严格程序、提高质量”主题开展发展党员质量年活动，地委组织员办对此项工作专门进行了认真部署，年中督促、年底检查，并将检查情况作为党建目标考核的重要内容之一。为严把质量关，南康市委组织部提出发展党员实行“票决制”。采取的无记名投票表决办法相较于之前发展党员一般举手表决通过的方式，更能充分发扬民主。

1999 年始，推广发展党员公示制，在党员大会表决前对入党积极分子名单张榜公示，一周内没有群众投诉，或有投诉经调查未出现问题再召开党员大会，由大会进行表决。

1999—2000 年，针对农村、企业生产一线女党员越来越少，村妇女主任后继乏人等问题，转发中组部《关于进一步做好培养选拔女干部发展女党员工作的意见》，着重加强培养发展女党员工作。2000 年上半年召开培养女干部、发展女党员工作大会，对这项工作提出要求，6 个县（市、区）在会上作经验介绍，市委组织员办在同年 8 月召开调度会，查缺补漏，检查总结落实会议的情况。

二、党员教育

1986 年，党员教育工作坚持“三会一课”（党支部大会、党员大会、党小组会、党课）制度。重点抓乡（镇）基层党校建设工作。宁都县、寻乌县、瑞金县、赣州市（今章贡区）实现每个乡（镇）有党校，12 个县 2/3 以上乡（镇）有党校。各县（市）利用党校阵地，分层次对乡村党员和干部进行轮训。

1987 年，把党员教育列入单位年终目标管理。8 月，全省党员电化教育工作座谈会在石城县召开。兴国县、宁都县、石城县、瑞金县被列为全省试点县。

1988 年，全地区 365 个乡（镇）建立乡（镇）党校。共轮训农村党支部书记、支委 5000 人；轮训党员 15 万名，占农村党员总数的 80%以上。全地区拍摄党员电教片 14 部，组织第一次观摩评比会。宁都县委组织部拍摄的党教片《不尽浪潮滚滚来》获全地区一等奖和全省评比三等奖。

1989 年，采用电化教育、对话教学、分层次教育等多形式的教育方法，增强教育效果。全地区购买近 80 万元的党员电化教育设备，配备专职电教人员 11 名，兼职电化教育人员 166 名。全年播放电教片 1456 场，拍摄党员电教片 32 部，购买电教片 93 部，翻录党员电教片 127 部。党员教育内容主要有“三基教育”（马克思主义基本理论、党的基本知识、党的基本路线）、科学文化知识、商品经济知识等。以乡（镇）党校和企业党校为依托，以党员活动室为阵地，对党员进行经常性教育和专项培训，全地区办起基层党校 447 所，党员活动室 4071 个，基层党校举办各类培训班 4508 期，培训党员和建党对象 283385 人次，培训基层党支部书记 4282 人次。

1991 年起，抓好坚持四项基本原则、反对资产阶级自由化教育，党的基本路线、党的基本认识以及革命传统、爱国主义、集体主义、自力更生、艰苦奋斗的教育。利用乡（镇）业余党校、党员电化教育、党员活动日以及“三会一课”等形式提高教学效果。全地区党员普遍轮训 1 次，时间 7 天。对 1985 年入党的新党员干部逐级进行培训，其中地委组织部对副县以上领导干部新党员集中培训。

1992 年，全地区购买印发党员学习资料 30 多万册，《中国共产党章程》10 多万册，发至每位党员，在党员中广泛开展“学理论、学党章”活动。乡（镇）党员电化教育设备普及率达到 100%，村级电化教育设备普及率达到 15%。

1994 年，地委组织部与辽宁省委组织部联合举办《辽宁刊授党校》，党校开设经济管理和会计两个专业，江西学区赣州分学区设 11 个辅导站，第六、第七、第八、第九、第十届学区分别招收学员 48 人、1017 人、2337 人、2665 人、1665 人，学制为 2 年，教材以期刊的方式寄给每位学员，每年组织 2 次考试，考试结束后享受大专学历，省委组织部、省委宣传部、省人事厅、省财政厅联合下文对毕业后学员待遇作出规定，与国民教育大专毕业享有同等待遇，20 世纪 90 年代末乡（镇）对以工代干，转为国家干部的乡（镇）干部要通过理论考试及及格后方可录用，有大专以上文凭可以免试，参加刊授学习毕业均可免试。

1995 年，《赣南党建》电视栏目开播。根据中共江西省委组织部、省科学技术协会联合下发的《关于在江西省 1995—2000 年农村党员、基层干部实用技术和市场经济知识培训规划要点》文件精神，深入基层调研了解农村党员干部对实用技术的需求，并对培训教育方法，培训的人员情况认真调查，出台培训规划。

1996 年，开展“两学”（学建设有中国特色的社会主义理论、学《中国共产党章程》）活动，学习活动同民主评议党员相结合，同学习孔繁森和其他优秀党员先进事迹相结合，用整风精神解决党员中存在的突出问题。

1998 年，按照《江西省 1998—2000 年党员教育纲要》要求，对不同行业、不同层次的党员实行分类指导。在时间安排上，大体上分为两个阶段，用两年时间对全地区科级以上领导干部和新党员，普遍进行一次系统的邓小平理论、中共十五大精神和社会主义市场经济知识教育，再用一年时间，抓住几个突出问题，进行进一步专题教育。对 1996 年以来入党的 14222 名党员进行培训、考试。开展党员争先锋、作表率活动，组织党员收看《我身边的共产党员》等电视专题片，观看 1998 年抗洪救险先锋赞巡回摄影展。

1999 年，党员电化教育工作主要是抓好电教网络建设和精品电教片的摄制。

2000 年，全市各级党组织贯彻落实《中共中央关于加强和改进思想政治工作的若干意见》和“三个代表”重要论述，开展“致富思源，富而思进”和“两学习、两反对”（学习唯物论反对唯心论，学习科技知识反对封建迷信）教育活动。

三、党员管理

1986年，针对农村党员外出务工经商逐年增多情况，出台加强外出党员管理意见，先后推广南康县横市乡、兴国县均村乡加强外出党员管理经验，建立外出党员管理制度，采取走访、去信去函等形式，解决外出党员长期不能接受党组织教育、监督管理和过组织生活等问题。同年，开始整党，全地区参加整党党员219580名，占党员总数98%；予以登记党员160385名，占正式党员总数的98%。

1987年，开展“一先双优”（先进党组织、优秀党务工作者、优秀党员）活动。7月，全地区整党结束，参加整党党委566个、党总支389个、党支部1166个、党员213103名（其中预备党员7230名），基本达到统一思想、整顿作风、加强纪律、纯洁组织目的。

1988年，推行党总支（支部）、党员年度目标管理责任制，全地区13527个党总支（支部），18万名党员签订年度目标管理责任状。部分县（市）基层党组织试行对长期外出党员推行流动党员活动证制度。

1989年，推行党员目标管理、党员党风党纪监督、民主评议党员、外出党员管理制度。

1991年，会昌县列为全省农村无职务党员培训试点县，探索农村无职务党员培训经验。

1995年，全地区试行流动党员活动证制度。规定党员外出6个月以上需携带流动党员活动证，参加当地组织生活。

1997年，强化困难企业、外商投资企业、新经济组织中的党员管理和流动党员管理，探讨新形势下研究发挥党员作用的途径和方法。

2000年，对全市党员队伍思想状况进行抽样调查，共调查党员2151名。组织全地区党员参加全省党建知识竞赛，赣州市代表队获三等奖。开展民主评议党员，处置不合格党员，保持党员队伍先进性。在瑞金市等5个县（市）、单位开展“疏通党员出口”、保持党员队伍先进性工作试点。全市除名不合格党员186名。

四、民主评议党员

1987年第四季度，根据中共十三大提出的从严治党的要求，解决部分党员中共产主义信念不坚定，理想目标产生动摇，导致不能很好地发挥党组织党员的先锋模范作用等问题，不搞政治运动，依靠改革和建设的新路子，开展民主评议党员工作。先在瑞金县、安远县两县抓试点，地委印发《关于做好民主评议党员工作意见》，组织部印发《搞好民主评议党员工作宣传提纲》，随后评议工作在全地区全面展开。

1988年2月，全省民主评议党员工作座谈会在瑞金县召开。部署全省民主评议党员工作。12月，地委印发《赣州地区各级党委评议党员制度》，围绕中心工作搞评议，遵循“坚持标准，立足教育，区别对待，综合表现”的方针，掌握政策界限，妥善处理不合格党员。全地区评出合格党员183731人，基本合格党员38193人，不合格党员1451人。

1990年，地委组织部制定《民主评议党员的程序和不同格次党员的表现》，推行南康县分类处置不合格党员的经验。对1989年评出的1055名不合格党员，分别进行组织处理，其中除名328名，劝退18名，限期改正709名。各级党组织年终召开专题民主生活会，对党员进行民主评议，评出“合格、基本合格、不合格”三个格次，作为每年坚持的一种制度。

1991年，印发《关于在民主评议党员工作中做好民主评议党支部工作的意见》，在开展民主评议党员的基础上，增加民主评议党支部。要求机关事业单位、企业、农村所有基层党支部都要广泛听取群众意见，由全体党员对党支部一年的工作进行实事求是的评价。6月，地委组织部印发《关于认真开好今年上半年领导班子民主生活会的通知》，要求各级党组织要认真安排，精心组织，充分准备，本着

“大事讲原则、小事多谅解”，按照团结一批评一团结的要求，揭露矛盾、查摆问题，积极开展批评与自我批评，切实解决班子和个人的问题，通过民主生活会达到改进作风，求真务实，增强团结，提高领导班子战斗力。

1995 年 2 月，印发《关于开好领导班子民主生活会的补充通知》，要求地委各部门，地直各单位党委、党组凡召开领导班子民主生活会，须事先向地区纪委、地委组织部报告开会时间和要解决的主要问题，呈送报告单，同时，也须向地直机关党委呈送报告单。

1997 年 4 月，地委组织部印发《1996 年下半年县（市）和地直单位党委（党组）民主生活会情况通报》，通报的主要内容：至 1997 年 3 月底，全地区 167 个县级以上单位党委（党组）有 145 个召开了民主生活会，占 86.83%；会议质量较高的 48 个单位，占 33.1%；一般的 91 个，占 62.76%；较差的 6 个，占 4.14%。

1998 年 6 月，地区纪委、地委组织部联合印发《1997 年下半年县级领导班子召开民主生活会情况通报暨 1998 年上半年民主生活会安排意见》，通报指出，有的单位未按上级的要求召开民主生活会，讲工作多，讲成绩多，开展批评和自我批评少，把民主生活会开成工作总结会、调度会。对 1998 年上半年民主生活会提出要求，克服通报中提到的不足，要认真对照《中国共产党党员领导干部廉洁从政若干准则》，开展自查、自纠，推动领导干部廉洁自律工作。

2000 年年初，市纪委、市委组织部下发文件，对领导班子民主生活会质量评定制度制定等级评定的具体要求，界定民主生活会好、中、差的标准，被评为差的单位，在通报批评外还要重新召开。确定这一制度后，半年和年底领导班子民主生活会质量明显提高，好的占 20%，中等占 80%，差的未出现。12 月，根据省委组织部印发《江西省民主评议党员、严肃处置不合格党员工作细则》精神，印发《关于开展民主评议党员、严肃处置不合格党员试点工作意见》，决定在瑞金市开展民主评议党员，疏通不合格党员出口，保持党员队伍先进性工作试点。为搞好试点，组织有关试点单位到樟树市考察取经。经过一年多的摸索，总结了经验、明确了做法，党员的评定层次分为合格、基本合格、不合格 3 种。不合格限期改正的党员，期限为一年，一年后按程序进行复议、评议，如不能及时改正劝其退党或除名处理。民主评议党员工作分为学习动员、民主评议、组织处置、总结提高四个阶段。

第二节　领导班子建设

一、党性教育

1989 年，坚持党要管党、从严治党和“一个中心、两个基本点”，贯彻上级党组织指示决定，组织全地区副县以上干部学习马克思主义哲学，用马列主义立场、观点、方法分析问题，解决问题。在思想上行动上密切跟党中央保持一致，反对资产阶级自由化。

1992 年，进行马列主义基本理论、党的基本路线和党的基本知识以及党的历史教育，开展以讲政治、讲学习、讲党性为主要内容的党性、党风、党纪教育。地委印发《加强县级领导班子思想政治建设意见》，认真贯彻中共十四大精神，学习邓小平南方谈话，在全地区范围内开展解放思想大学习、大讨论。同时，努力改进干部作风，针对少数干部“假、浮、蛮、奢”等群众反映强烈的问题，在全地区范围内开展“戒不良作风，树公仆形象”为主要内容的干部作风整顿。加强领导干部遵守政治纪律和廉洁自律方面的监督检查，狠刹吃喝风。

1997 年，学习贯彻中共十四届四中、五中、六中全会精神和中共十五大精神，按照领导班子思想政治建设的要求，建立和实行党委抓思想政治建设责任制，继续深入开展以讲政治、讲学习、讲党性为主要内容的党性党风党纪教育，在领导干部中弘扬“学习、团结、廉洁、务实”精神。

1998 年，加强领导班子民主集中制建设。1999 年，贯彻落实中共十五大和十五届三中、四中全会精神，开展“三讲”教育活动，在市（地区）六套班子和市（地区）直副县以上机关企事业单位开展干部教育活动。

2000 年，按照中央、省委部署，在县级班子中开展“三讲”教育，在市、县两级班子中开展“三讲”教育“回头看”。县（市、区）“三讲”集中教育从 6 月下旬开始到 8 月底结束。教育对象包括县（市、区）党委、人大、政府、政协四套班子以及纪委、组织部、宣传部、法院、检察院、公安局等 6 个单位和部门的领导班子及其成员。

二、典型引导

1992 年，组织领导干部开展向孔繁森、邱娥国、吴成生等先进典型学习，进一步弘扬勤政为民、廉洁奉公、勇于奉献的精神。

1998 年，结合“三讲”教育，在领导干部中开展向吴成生、毛野德等先进典型学习，完善领导干部挂钩乡村蹲点、扶贫帮困、领办高效示范田和抓“猪—沼—果”（养猪—沼气池—果业开发）示范制度，转变工作作风，密切党群、干群关系。

三、检查督促

1993 年对县以上领导干部开展自查自纠；1994 年对领导干部超标准买车子、盖私房、多占房、公费送子女上学、钓鱼杆子、电话机子等“五子”问题进行全面清理，控制公款吃、喝、玩、乐现象。

1995 年，解决换届考察中发现的一些思想作风问题。5 月，对县（市）和地直单位领导班子整改工作进行督促检查。

第三节 干部人事制度改革

一、机关事业单位干部人事制度改革

1986 年，开展干部异地交流，全地区交流县级干部 64 人；理顺和明确机构级别和干部职级，完善管理制度；坚持干部离退休制度；招聘乡（镇）干部，全地区聘用合同制乡（镇）干部 1014 人，其中聘用副乡（镇）级干部 202 人。

1987 年，推行干部能上能下，以政绩、实绩衡量干部，调离原岗位另行安排，不称职县级领导干部 16 名。

1988 年，下放干部管理权限。公开选拔县（市）局长，选聘县（市）党政机关一般干部，组织干部支持发展乡镇企业。

1989 年，按照政治体制改革要求，采取“小范围试点，区域突破，总结经验，逐步拉开”方法，试行领导干部年度考核制、公开招选政府机关工作人员和领导干部试用制。

1990 年，建立干部考察工作责任制。

1997—2000 年，引入参与机制，推行干部能上能下，及时调整不称职领导干部，严格执行干部离退休、党政干部辞职降职制度，疏通干部能下渠道；加大领导干部交流力度，扩大交流范围，异地任职、部门与部门横向交流、上下级机关纵向交流、部门之间岗位轮换等方法；重点交流党委主要领导和组织、纪检、监察、政法等部门领导干部，采用推行国家公务员制度，推进参照管理工作，完善地区本级工作，县（市）、乡（镇）参照工作入轨运行，建立考试、考核、录用、轮岗、奖励、回避、辞退等各项配套制度，结合职位分类、人员过渡和干部职务晋升，尝试竞争上岗，推行和完善干部能上能下制度，建立科学有效的干部激励机制；推进干部锻炼性、回避性交流，部门与部门、县（市）与

县（市）横向交流，上下级机关纵向交流。

1999年9—12月，印发《关于在党政机关推行竞争上岗的意见》，面向社会公开选拔领导干部，面向全省公开选拔市委政研室等单位9个副县级领导干部。市、县党政机关逐步推行竞争上岗、干部交流轮岗和机关内部竞争上岗，并实行公示制；实行县（市、区）党政领导班子成员和纪检监察、公检法机关以及组织人事部门领导干部异地交流制度，共交流县级干部38人。对干部管理权限进行调整，规定乡（镇）党委书记、乡（镇）长和市直机关科级干部的考察、任免、教育、监督等分别由县（市、区）和市直单位党委（党组）负责，市委组织部、人事局负责任免前的审核和任免后的备案工作。

2000年，规范公开选拔领导干部程序，改进公选办法，加大公选力度，13个副县级职位面向全省公开选拔。加大干部交流力度，对县（市、区）纪委书记、公安局长、法院院长、检察院检察长、交警大队长实行避籍交流，全市交流县级干部106人，换岗87人。全市共有291个单位安排1477个职位竞争上岗，1444名科级干部通过竞争上岗任职。印发《关于实行党政领导干部任前公示制暂行办法》《关于对乡（镇）党委书记，乡（镇）长实行备案管理的若干规定》《关于市直单位科级干部管理若干规定》。

二、国有企业干部人事制度改革

1986年，完善企业干部任期目标制；推行厂长（经理）负责制。

1987年，国营企业实行承包承租，企业厂长、经理通过公开招标、平等竞争、择优录用。全地区工商企业实行承租经营82个、承包经营237个。

1988年，把竞争机制引入企业干部管理。12月，地委印发《关于全民所有制企业人事管理制度改革的意见》。

1998年，地委印发《赣州地区民主选择企业经营者试点工作方案》，选定20家企业进行民主选择经营者试点。

2000年，赣南果业集团公司向全国公开选拔总经理。印发《关于加强国有（国有控股）企业领导干部管理的意见》，对原县（市）企业按资产、规模及效益情况分类，确定重点企业和非重点企业，取消企业行政级别，市委改为主要管理16个重点企业的党政正职，非重点企业领导干部改由县（市、区）委或企业主管部门管理。

第四节　干部审查监督

一、干部审查

干部审查工作主要为平反冤假错案，处理历史遗留问题，落实干部政策，处理中华人民共和国成立前党员脱党期间党籍党龄问题的认定，更改中华人民共和国成立前参加革命工作时间等。

1986年2月，召开全地区落实干部政策会议，部署落实干部政策任务。至1989年，基本落实党员干部政策。复查“文化大革命”中立案审查案件7152件，平反冤假错案。被开除的1014名干部，除极个别确有严重问题不能收回外，都安排工作。对被迫致死的540名干部进行平反昭雪，亲属按政策给予抚恤和照顾，补发1193名干部在“文化大革命”中被停发、减发的工资，计285.05万元。清退3493名干部“文化大革命”中被查抄的财物，折款80.16万元，清退“文化大革命”中被占私房84363.59平方米，清理20117名干部的人事档案，落实农村基层干部政策4824件。对“文化大革命”前的历史老案进行复查处理。全地区复查历史老案1797件，其中平反纠正的1454件，占复查数的80.91%，维持原案的占19.09%。恢复公职作离休处理的14人，恢复公职作退休处理的541人，恢复公职作退职处理的 199 人，纠正前已死亡的 235 人，其他 230 人，二次加重处理的 504 件，收回安排工作的 235 人。对“文化大革命”前受限制使用的 2756 名干部和被特殊登记的 1748 名干部进行复查。属错被限制、特殊登记予以撤销的 758 名，解除限制使用登记意见的 1764 人，注销限制使用意见的 1982 人。处理中共地下党历史遗留问题。中共地下党籍遗留问题 150 件，结案 98 件，恢复党籍 35 人，不能恢复党籍 58 人，查无党籍 5 人。中共领导的三支游击武装组织 73 人，党的秘密地下组织（赣州地下团、大余青年自由民主同盟）成员 146 人，承认其历史，并以他们加入组织的时间计算为参加革命工作时间。解放战争时期，党领导的 2 支游击武装组织（寻邬游击队和定东游击队）170 人得到承认和落实。与统战部门配合，改正错划右派 3327 人，纠正错划右派 1725 人。更改中华人民共和国成立前干部参加革命工作的时间。确定和更改 445 名干部参加革命工作的时间。对确定和更改中华人民共和国成立前干部参加革命工作的原则、程序、方法和要求开展调查研究，编写工作程序。中共江西省委组织部转发赣州地委组织部更改中华人民共和国成立前参加革命工作的程序和方法并在全省推广。

1992 年 4 月，在全国干部调查审理座谈会上，赣州地委组织部介绍在新形势下做好干部调查审理的经验和做法。建立犯错误干部资料库，并与执纪、执法部门建立联系制度。

二、干部监督

1995 年，制定干部收入申报制度，掌握全地区县级以上领导干部合法收入情况。

1996 年，对干部在执行公务和个人生活中遵守法律法规和有关规章制度的情况进行监督，同时依据《党政领导干部选拔应用工作暂行条例》对选拔任用干部工作进行监督。对领导干部的监督管理，重点是单位主要领导、年轻领导干部、实行双重管理单位领导干部和掌管人、财、物部门及执法部门领导干部的监督管理。重视群众来信来访，发挥群众监督等渠道作用，加强与纪检、监察、信访、公安等部门的联系，并作为考察干部的必经程序。坚持和完善领导干部诫励谈话、信访函询制度，干部的考察选拔使用与管理监督相结合。

1998 年，制定领导干部重大事项报告制度、离任审计制度，强化对领导干部的监督和管理。

2000 年，对县级干部公款配备住宅电脑、配偶子女从业等情况进行调查监督。建立干部工作监督员制度，聘请全市首批 10 名干部工作监督员，各县（市、区）也先后聘请干部工作监督员，加强对领导干部或组织人事的监督。

第五节　知识分子工作

一、人才培养、选拔

1986 年，吸收优秀知识分子 3163 名入党，选拔优秀中青年知识分子 125 名担任县级领导，调整一大批学非所用知识分子工作，并为一批知识分子解决医疗、住房、科研经费等问题。

1987 年，组织全地区知识分子开展理论研讨活动，参加单位 35 个，收集论文 57 篇。

1988 年，进行知识分子拔尖人才选拔试点。全地区选出拔尖人才 87 名。“五一”国际劳动节期间，地委组织部、赣州市（今章贡区）委组织部组织开展“地市知识分子服务日”活动，中央、省驻地市和地直 31 个单位 564 名知识分子参加。

1988—1991 年，地、县表彰奖励知识分子 7989 人，吸收知识分子 3065 人入党，选拔知识分子 137 人担任副县以上职务。

1989 年，利用各种宣传媒体宣传党的知识分子政策。全地区选出拔尖人才 17 名。组建地委组织部人才库，选拔出各类有贡献、有专长的专业人才 276 人。

1990年，选拔38名专家上报省委组织部人才库。选入地委组织部人才库276名，各县（市）委组织部人才库选入人才5534名。全地区建立知识分子联系点298个，聘请知识分子工作联络员394名。

1991年9月，举办全地区党员拔尖人才社会主义理论学习班，参加学习的党员拔尖人才50名。全地区有知识分子75405人，各类专业技术职称75405人，其中高级职称1192人，中级职称12420人。分布在工业1710人（高级职称158人）、农业529人（高级职称103人）、科研教育文化卫生8905人（高级职称900人）、财经商贸1276人（高级职称31人）。

1995年召开全地区“为赣南献良策”科技人员专家学者座谈会，收集建议310条。选拔10名科技人员为地区第二批拔尖人才。选派11名科技人才下派县（市）任科技副县（市）长。

1998年，建立和完善科技人才库和乡土人才库建设，印发《关于加强优秀乡土人才队伍建设意见》。组织县（市）科技副县长、部分科技人员参加省科技成果对接转化活动。

2000年，对全市符合拔尖人才条件的80多名对象进行考察，选拔拔尖人才33名，在全市技术创新大会上表彰。加强青年科技人才管理教育，掌握148名优秀乡土人才队伍。向国家有关部委及省委组织部上报全市县（市、区）科技副职的需求，对科技副职明确任期目标和职责任务。

二、落实知识分子政策

1986年，清理知识分子人事档案7782份，为知识分子办理家属子女农转非3883人，解决夫妻两地分居574对。

1988—1991年，解决知识分子子女农转非3615人，就业3001人，住房6882人，夫妻分居1963对。

1990年，印发《拔尖人才管理暂行规定》，选出伍仁山（地区种子站）、陈逢彩（地区甘蔗研究所）两名专家享受国务院特殊津贴，每人每月100元。

1994年、1995年向中共中央和国家直属机关请派科技人员到赣南任科技副职，机械工业部、林业部、地矿部、农业部、建设部、中科院、保险总公司等单位派出15名干部到赣南任科技副职。

1995年，对78名专业技术人员进行考核，推荐48名享受省政府特殊津贴，每人每月100元。

2000年，在江西电视台和《赣南日报》宣传介绍赣州市5位拔尖人才和优秀中青年专家的先进事迹。向20多位专家发出联系信函，对专家、拔尖人才进行走访。向省推荐享受国务院特殊津贴人员6名，享受省政府特殊津贴人员4名。

第六节　干部管理与培训

一、干部管理

1986年，地委印发《关于严格按照党的原则选拔调用干部的规定》，对1983年机构改革以来选拔调用干部情况进行全面检查，调整、填平补齐县（市）、地直单位领导班子，共调整配备县级干部133人，提拔县级干部66人；接收安排县（市）人武部队改归地方建制县级以上干部36人。

1987年，县（市）换届。全地区调配县级领导干部461名，交流县级领导干部33人；调配地直行政、企事业单位领导48名，干部87人。建立顾问、调研员工作制度。

1988年12月，根据中央组织部《关于试行地方党政干部年度工作考核制度的通知》精神，对全地区县（市）党政领导干部进行年度考核。当年，调配县（处）级领导干部96名。

1989年5月，对地直企事业县级以上领导班子进行全面考察，对全地区1000多名县级干部进行考察。10月，对全地区18个县（市）六套领导班子进行全面考核。

1990年，地委印发《关于加强干部宏观管理的通知》，调配地直机关、企事业领导544名。县（市）换届共配备班子成员472人，其中新进县（市）党政班子59人，新进人大、政协班子48人，新提拔法院院长、检察院检察长7人；由副县提升为正县23人，交流干部42人，换岗56人。有8个县（市）配备1名党外副县（市）长，11个县（市）党政班子配备1名以上女干部。

1991年1月，地委印发《关于加强企业领导干部管理的意见》。7月，印发《关于干部任免等办文的有关规定》。

1992年，县（市）换届。上半年，对地直单位领导班子进行考察，6月，由市委组织部管理的县（市）劳动人事局长、县（市）公安局长、政委下放县（市）管理任免。8月，对县（市）领导班子进行考察，调整县（市）县级干部56人，审批新一届县（市）领导班子候选人455名，任免地直企事业单位县级干部16名，审批企业党委换届3个。

1993年，任免县（市）级干部123人，审批提升为县级干部待遇328人，调整任免企事业单位县级干部20人，科级干部22人。审批企事业单位党委换届4个。

1994年，任免县（市）县级干部119人，审批提为县级干部待遇31人，调整企事业领导成员21人，审批企事业单位党委换届9个。

1995年，任免县（市）县级干部127人，审批县级干部待遇11人，调整任免企事业单位领导班子16人，审批企事业单位党委换届16人。

1996年3月，地委组织部印发《关于进一步加强和改进干部考察与监督工作若干问题的意见》。下半年对县（市）、地直机关、地直企事业副县级以上干部进行全面考核。

1997年，按照中共中央、中共江西省委有关换届政策规定，对县（市）领导班子的年龄结构、知识结构，妇女干部、党外干部的比例等进行摸底分析。第三季度，对县（市）领导班子进行全面考察，对县（市）领导班子调整配备作初步安排。

1998年，县（市）领导班子换届。科级干部提拔副县级59名，副县级干部提拔正县级干部16名，正县级提拔为副地级3名。乡（镇）领导班子年初全部到位，调整面控制在25%左右。对地直机关领导班子县级领导干部以及县（市）法检两院和反贪局领导班子进行考察，配备和调整充实。

1999年，开展“三讲”教育活动，对市（地区）直县级领导班子成员普遍进行民主评议和民主测评，对班子成员进行全面考察。年内调整县级干部137名。

2000年，任免干部401人次，其中提拔任职91人，提高干部待遇22人，审批任免科级干部21人，审查调整乡（镇）党政正职167人。对赣州农校、宁都师范、赣州师范、市农科所、市高级技工学校、市商业银行、国有九连山林场、东方红水泥股份公司8个企事业单位的领导班子进行考察、调整、补充。

二、干部培训

干部培训分教育培训和学历培训。教育培训主要是县级领导干部、乡（镇）党政正职短期培训，后备干部、地直科级以下干部分类培训，培训时间在半年之内。干部学历教育主要是把一些年轻有培养前途的干部送到党校、行政管理学院、干部管理学院进行深造达到大专文化，对45岁以下未达初中毕业的进行补习达升初中；方法上采取长训与短训相结合，脱产培训与业余学习相结合。

1986年，开展干部教育培训工作。包括学历教育：选送具有高中、中专学历的优秀干部114人到江西行政学院，150人到赣州地委党校进行为期2年的大专学历培训，4000人参加其他成人大专学历培训；在职教育：对在职没有达到初中文化水平的干部（45岁以下1322名），集中组织补习半年，当年补习合格425人，至1988年基本完成补习任务；领导干部培训班：举办县级干部培训班7期，县（市）

组织人事干部轮训班 3122 期，培训干部 9387 人。

1987 年，全地区干部学历教育培训 4401 人次，其中大专学历培训 3528 人次，中专（高中）学历培训 873 人次。短期培训干部 25854 人次。

1988 年，全地区干部学历教育培训 8051 人次，其中大专以上学历培训 6976 人次，中专（高中）学历培训 1075 人次。赣州地区首次开办中央党校函授专科班，招收新生 439 人。短期培训干部 6745 人次。

1989 年，干部短期培训 2973 人次。举办地直单位县级领导干部学习马克思主义哲学培训班 3 期，县（市）党政、人大政协领导班子成员参加马克思主义学习班 6 期。干部学历教育，鼓励干部读夜大、电大、函大，送干部到省委、市地委党校、江西行政院、江西经济学院脱产学习，1989—1990 年共送 472 人脱产进修。

1990 年，干部短期培训 30200 人次，其中县级干部学习马克思主义哲学读书班 5 期 654 人，科级干部包括乡（镇）干部培训 1056 人，主要为在岗培训。

1991 年，干部短期培训 1348 人次，其中县级干部学马克思主义哲学读书班 710 人。举办 1 期乡（镇）女干部培训班。

1992—1995 年，加大干部教育培训工作力度，先后制订全地区干部教育培训五年规划和年度教育培训计划，加强对全地区干部教育的指导、检查、督促。4 年共举办各类干部短期培训班 1589 期，培训干部 965000 人次。抓县级干部“一年一训”读书制度。

1996 年，印发《赣州地区 1996—2000 年干部教育培训规划》。

1997 年，落实《赣州地区干部教育培训“九五”规划》，重点抓好县级以上党政领导干部、乡（镇）党政正职、国有企业领导干部培训以及年轻干部政治理论学习，全年举办县级干部培训班 2 期，乡（镇）党政正职培训班 3 期，青年干部培训班 1 期。

1998 年，重点抓好县（市）换届后新进领导班子成员以及 1995 年以来未参加过党校培训的县级干部脱产培训，举办 6 期县级干部、乡（镇）党政正职脱产培训学习。全地区各级党委举办政治理论培训班 934 期。

1999 年，抓好各级领导干部的政治理论和业务培训，在办好以主体班为主的教育培训的同时，结合撤地设市举办专题研讨班，在主体班开设“三讲”教育学习专题。全市（地区）举办培训班 565 期，培训领导干部 45226 人次。

2000 年，对 5 年内未参加党校培训的县级干部和 3 年未参加党校培训的科级干部进行轮训。全市举办各种短期培训班 598 期，培训干部 48613 人次。选派 8 名企业领导干部到上海、北京经济管理学院学习培训，组织 50 名乡（镇）领导干部到浙江温州学习考察。

第七节　基层组织建设

一、农村基层党组织建设

1986 年，全地区农村整党，按照党中央“统一思想、整顿作风、加强纪律、纯洁组织”要求，调整整顿农村党支部 1221 个，占应调整整顿的 94.22%。

1987 年，围绕改革和经济建设中心，增强党组织活力，发挥党组织战斗堡垒作用和党员的先锋模范作用。召开全地区“一先双优”经验交流大会。采取分类指导、重点帮扶措施推动“一先双优”活动。地委组织部在石城县丰山乡、瑞金县壬田乡进行党员目标管理试点，随后在全地区推行农村党支部对党员进行目标管理的做法。对乡（镇）税务所党组织进行调整。转发省委组织部《关于转发万载县委组织部〈乡镇企业党的组织建设工作意见〉的通知》，重点解决乡镇企业联合党支部“不联心”的问题，规定有正式党员3名以上的乡镇企业独立建立党支部，不足3名党员本着就近、利于开展活动、利于管理的原则建立联合支部。

1988年，总结交流全地区农村党建工作经验。地委组织部在龙南县进行整顿农村后进党支部试点工作，经验在全地区推广。

1989年，抓后进党支部的转化工作。地委对农村党支部的综合建设和后进党支部的转化工作，提出2～3年全地区20%的村达到年收入2万元以上，10%的村年收入达到1万元以上。抓农村后进党支部的整顿，调整农村党支部书记527名，支部委员673名，下派机关干部和集体编制干部55名到村任职；对村干部实行养老保险，妥善解决村干部的误工补贴；建立地、县、乡三级党委抓党建工作联系点制度。

1990年，地委印发《关于在全区农村党支部建设中推进综合配套建设的通知》，要求农村党支部抓好党建工作、村级经济建设、民主政治、思想文化、群团组织等工作。在上犹县抓综合建设的试点工作，大部分县成立村级组织建设办公室，制订三年规划。

1992—1993年，把农村党支部分为一类、二类、三类支部。农村基层组织建设主要是整顿不能发挥战斗堡垒作用、多年没有发展党员、村级没有经济收入的农村后进党支部（三类支部）。

1994年，地委和各县（市）成立村级建设领导小组和村级建设办公室，负责整顿农村后进党支部工作。全地区调整后进党支部书记、村主任785名，调整其他村干部971人，对一时没有合适人选的后进党支部，县（市）委选派497名乡（镇）干部担任村党支部书记和村主任。

1995年，以“创五好”为目标，组织干部下基层，按照重点攻坚，分类指导，整体推进的三年规划目标要求，抓好农村后进党支部的整顿工作。地委制定《关于进一步加强农村基层组织建设工作意见》《关于1995年度农村基层组织建设工作考评意见》《关于加强选拔培养农村党支部书记的意见》。地委组织部和村建办制订农村整顿后进党支部等工作具体实施意见。按照分类标准，全地区442个后进党支部经过整顿，新任村党支部书记179人，村主任184人，调整村级班子成员489人，配备村级后备干部6693人，发展党员494人，392个后进党支部转化升级，其中96个跨入先进行列。

1996年，做好第三届村民委员会选举工作。年底90%以上的村主任、50%以上的村民小组长由党员担任。印发《关于1996年农村基层组织建设工作意见》，对农村基层组织建设在班子配备、党员队伍建设、村级经济发展、社会治安综合治理等方面提出10项工作任务。印发《关于加强对后进乡镇党委整顿的工作意见》，从1996年10月至1997年4月对后进乡（镇）党委进行整顿，分为三类乡（镇）：一类是1996年以来未曾发生群体事件、集体上访、群众集体联名向领导机关反映干部思想作风等方面问题的乡（镇）党委；二类是发生过重大事件等问题的乡（镇）党委；三类是县（市）委认为有必要整顿的乡（镇）党委。

1997年，按照地委《关于进一步加强乡镇领导班子建设的若干意见》，加强乡（镇）党委思想政治建设，着重解决思想作风方面存在的问题和群众反映强烈的问题，搞好后进乡（镇）党委的整顿，推广先进乡（镇）党委的经验。农村党支部建设落实县委书记为第一责任人，乡（镇）党委书记为直接责任人的要求。7月，对全地区442个后进村和1445个经济薄弱村进行检查验收。年底，通过中央和省地检查验收。

1998年，全地区各级党组织在总结农村基层组织建设三年整顿的基础上，抓好新一轮农村基层组织建设工作，落实领导干部抓村建责任制，抓后进村的整顿和提高，加强中间状态村党支部建设和小康示范村建设。做好“包乡扶村”工作，全地区组织地、县两级机关干部3125名，抓好120个乡（镇）和1491个村建点，各项包扶工作一定3年不变，地区财政每年下拨150万元，县（市）财政每年下拨

30万～50万元，乡（镇）每年拿出2万～5万元，用于包乡扶村。地委组织部、地委村建办、地区民政局联合印发《关于在全区农村全面推行村务公开，民主管理工作通知》，在龙南县召开现场会，全地区推行“村务公开，民主管理”工作，全地区有415个行政村推行村务公开、民主管理工作。在部分县（市）进行乡（镇）政务公开试点，把政务公开、民主管理逐步延伸到乡（镇）。进一步发展规范乡（镇）示范服务基地，全地区创办示范基地1016个，选派分流干部5239名。加强乡（镇）村干部理论培训、农村应用技术培训工作，地、县、乡三级培训乡村干部38657人次。

1999年，按照中共中央提出的总体目标，以加强乡村班子思想作风建设为重点，抓好“两务”（政务、财务）公开、民主管理、乡（镇）干部分流以及农村党员、干部教育培训等工作，对乡（镇）党委进行集中整顿，共调整乡（镇）党委书记、乡（镇）长41名，调整村党支部书记1057名，配强配齐村党支部班子，对后进党支部进行重点整顿。发挥县（市、区）和乡（镇）党校主阵地作用，加强乡（镇）干部培训。举办7期学习中共十五届三中全会精神培训班，对全市（地区）361个乡（镇）党委书记、乡（镇）长普遍进行轮训。进行第四届村委会换届选举工作，全市（地区）有4000个村完成换届选举工作，占全市（地区）行政村的92.8%，全市（地区）所有的乡（镇）、村都实行政务、财务公开。

2000年，制定印发《关于在农村基层组织建设工作中进一步狠抓落实的意见》。3月，省委组织部在龙南县召开全省新阶段农村基层组织建设研讨会。印发《关于组织县、乡、村干部大力创办经济服务组织的意见》，在安远县召开现场会，总结推广创办经济服务组织的经验。全年选派7258名乡村干部，创办32494个经济服务组织。推广崇义县“两推一选”（党员推荐、群众推荐，党内选举）和村民直接选举的做法。全市4310个村委会，选举村委会成员17399人，其中党员8480人，占48.74%；初中以上文化程度16208人，占93.15%；40岁以下的10525人，占60.49%。加强对市直机关包乡扶村工作的督促指导。召开省直、市直包乡扶村工作组长会议，督促各单位人员到位、资金到位、工作到位。全市下派干部2735名，其中市直255名，落实资金2773.17万元，包扶1164个贫困村。村务公开、政务公开的形式和内容更加规范。

二、企业党组织建设

1986年，召开全地区企业党的基层组织建设工作座谈会。在中外合资企业中，对具备条件的建立党的组织，暂不具备条件创造条件开展党的活动。全地区有国营独立核算企业640个，其中工业企业417个，属大中型的30个，建立党委的78个，建立党支部的408个。

1987年，地委组织部、地区纪委、地区工会联合召开全地区贯彻3个条例、全面推行厂长负责制工作会议，会议讨论通过《关于执行租赁企业贯彻三个条例的实施意见》。

1988年，根据《江西省中外合营企业党的工作暂行条例》规定，指导和督促全地区中外合营企业加强党的组织建设，按照党员人数建立健全党的组织。

1989年，对企业进行改革，出现企业党组织发挥核心作用和党管干部问题没有得到解决、党组织活动难开展、党务工作经费难保障、党员的先锋模范作用难发挥的矛盾日益突出等问题，地委组织部召开一系列座谈会、研讨会深入调查研究，找出解决问题的途径和方案，提供领导决策。

1990年，健全企业党委工作机构，帮助企业党组织正确履行职责，充分发挥企业党组织的政治核心作用。先后召开部分中央、省、地属企业党委书记座谈会和企业党组织工作会议，集中研究、布置、加强企业党建工作。进行企业党委换届选举工作，帮助企业创造条件召开党代会，11个党委召开党代会，选举新一届党委。

1993年7月，地委组织部在安远县召开全地区股份合作制企业党建工作座谈会，推动全地区新经济组织党建工作。

1995 年，地委印发《关于加强和改进全区国有企业党的建设的意见》。

1996 年，对企业加强和改进党组织的工作方法和活动方式提出意见，对做好企业的党建工作作出明确的规定。对全地区县级企业领导班子进行全面考察，重点对企业的经理和书记进行考察，重点培养 50 名大中型企业集团董事长、总经理，100 名适应跨世纪需要的企业经营管理者。

1997 年，加强企业领导班子的建设。对国有企业领导班子进行全面考察。加强对企业领导干部的培训，用 3 年时间对国有企业领导班子成员普遍进行一次轮训。落实各级党委和组织部门领导到企业挂点制度，党委成员和工业主管部门领导，地直部门领导每人挂点联系 1 个企业，督促指导企业加强党的建设和经济建设。

1998 年，围绕中央关于国企三年摆脱困难的总要求，进一步加强企业党的建设和国有企业领导班子建设。在全地区开展《中共中央关于进一步加强和改进国有企业党的建设工作的通知》的再学习、再宣传、再教育活动。加强对企业领导干部的培训教育，举办 2 期企业领导干部、管理人员工商管理培训班。地委印发《关于做好改制企业党的建设和干部管理工作的若干意见》，召开全地区改制企业党建工作座谈会。抓好下岗职工党员的培训教育管理和再就业工作。地、县成立下岗职工党员管理和再就业领导小组和协调机构，建立培训网络，地委组织部编辑《下岗党员教育管理有关文件汇编》印发全地区。12 月中旬，全省推进企业下岗职工教育培训和再就业工程现场会在赣州地区召开。

1999 年，对国有企业领导班子进行考核调整。全年共考核县、科级国有企业 331 个。其中列入扭亏脱困企业领导班子 128 个，考核调整班子成员 151 名。加强对企业领导人的管理培训，推行“制度保廉”、财务公开等措施，全年培训企业厂长、经理 277 人次，企业中层以下干部 549 人次。按照《关于做好改制企业党的建设和干部管理工作若干意见》，规范企业党组织的组织设置、工作方法和活动方式。加强下岗职工基本生活保障和再就业工作，按照市委《关于加强企业下岗职工党员教育管理实施意见》，对下岗职工党员加大就业技能培训。全市（地区）有 3600 名下岗职工党员先后通过各种技能就业培训。

2000 年，对市委原直接管理的中央、省驻市及市属企业单位党组织隶属关系适当调整，集中力量抓重点企业的党建工作。对省、市属国有中型企业和兼并、破产、停产、关闭的企业党组织进行调整，印发《关于认真贯彻中组部〈关于在实施关闭、破产国有企业中加强党的工作意见〉的通知》，促进困难企业党建工作。按照市委《关于加强企业职工下岗党员教育管理的实施意见》，加大下岗党员的就业培训。组织对全市非公有制组织党建工作调查，印发《关于加强非公有制经济组织党建工作意见》，在南康市召开全市非公有制经济组织党建工作现场会。

三、机关街道社区党组织建设

1987 年，机关党建主要加强干部学习，更新知识、更新观点，开阔视野，解决门难进、脸难看的官僚衙门作风。

1989 年，从 2 月开始，地委决定分五批，每批 200～300 人，其中副县以上干部不少于 30%，时间 3 个月，深入农村基层同农民同吃、同住、同劳动，密切联系群众，帮助基层解决一些实际问题，在实践中增长知识才干，加深对工人农民的感情。

1990 年，对机关党建工作实行目标管理，派遣机关干部深入农村第一线抓村建工作。

1996 年 6 月，地委召开地直机关副科级以上干部开展讲学习、讲政治、讲正气活动动员大会。8 月，地委召开地直机关整顿干部作风动员大会。11 月，全省地直机关党建工作经验交流会在赣州召开。

1997 年，进一步加强机关、街道和学校党的建设工作，发挥机关党组织的作用，促进机关反腐倡廉，转变工作作风。

1998 年，将街道社区党建列为基层党建内容之一。省委组织部在赣州市西津路社区抓点，认真贯彻中央组织部《关于加强街道党的建设工作意见》，积极发挥街道党组织在促进“两个文明”建设，保持社会稳定中的积极作用。印发《关于加强全区城镇街道党建工作的实施意见》《赣州地区街道基层组织建设“达标争优”活动三年规划》，召开全地区城镇街道党建工作现场会。机关党的建设围绕“三讲”“三服务”，在地直机关党组织开展创建规范化党支部和“五个一”（联系一个困难企业、挂钩一个乡镇党委、带好一个后进村、培育一批文明示范户、扶助一名失学儿童或困难户）竞赛活动。

1999 年，城市街道社区党建围绕“有人办事、有地方办事、有钱办事和有章理事”的目标，实行领导挂点、部门挂钩、干部挂职制度。普遍建立由县（市、区）组织部门牵头抓总，民政、财政、公安、城建其他部门齐抓共管的运行机制。在全省第二次城区基层组织建设工作会议上，市委组织部和章贡区委介绍经验和做法。

2000 年，印发《关于在街道社区党建工作中实行“一会三员”制的意见》。在全省第三次城区基层组织建设上作经验介绍。

第八节 老干部工作

1985 年，撤销地委组织部老干部管理科，设立赣州地区老干部局，同年改为中共赣州地委老干部局，内设生活福利科、接待安置科和办公室，编制 16 名。赣州地区老干部休养所由地区民政局划归地委老干部局管理。1989 年 10 月，地区、赣州市老干部活动中心建成，归属地委老干部局直接管理。1991 年 3 月，增设退休干部科，增编 4 名。1991 年 7 月，老干部局内部科室调整为离休干部科、退休干部科、调研科、办公室，编制 20 名。

1997 年，赣州市委老干部局被中共中央组织部授予“全国老干部工作先进集体”称号。1999 年，瑞金市沙洲坝离退休干部党支部被中共中央组织部授予“全国先进离退休干部党支部”称号。

一、政治待遇落实

1986 年，全地区办理离休手续 404 人，建立老干部活动室 117 处。各地、各单位因地制宜组织老干部开展活动。

1987 年，全地区办理离休手续 366 人，其中就地安置的 341 人，易地安置的 25 人。地委每月组织地直单位副地级以上离休干部进行一次政治学习活动。各县（市）及地区干休所普遍建立学习小组，健全学习日制度，基本做到县、乡和地直单位、干休所有老干部党支部，村有老干部学习小组。全地区组织老干部开展较大型的文体娱乐活动 256 次，建立各种不同规格的活动室 227 个。

1989 年，全地区重点抓“四项制度”（老干部政治学习、阅文、向老干部传达重要会议精神及通报政治经济形势、走访慰问）的落实。全地区建立老干部学习小组 812 个。地委向驻赣州市（今章贡区）老红军及副地级以上老干部印发《赣州地区 1988 年创办经济体制改革试验区总结和 1989 年工作要点》《赣南经济体制改革试验区进程纪事》，为老干部举行 6 场形势报告会。全地区组织 91 批共 991 名老干部外出参观，考察工农业生产建设情况。12 月，地委、行署召开全地区离退休干部、老干部工作“双先”（先进集体，先进个人）表彰大会。

1990 年，地委老干部局制定季度和年度老干部走访制度。地、县、乡三级坚持每季度或半年一次向老干部通报形势。全地区建立离休干部党总支 10 个，党支部 345 个，党小组 418 个，与单位在职的合建支部 440 个。

1995年，组织老干部参加纪念世界反法西斯和抗日战争胜利50周年活动。1996年，围绕江泽民视察赣南和纪念中国工农红军长征胜利60周年纪念活动，开展系列活动。组织10位平均年龄84岁以上的长征老红军代表赴深圳参加文化部组织的“纪念长征胜利60周年，老区人民与特区人民心连心”活动。中共中央组织部老干部局和解放日报社组织的“长征路上访红军”采访队到赣州地区采访。地委老干部局代表地委对全地区82位老红军、130位老红军遗属进行走访慰问。开展百位老红军在给青少年的题为《发扬长征精神，进行新的长征》的倡议书上签名活动。组织28位老红军参加地委在瑞金召开的中国工农红军长征胜利60周年纪念大会。地委老干部局与团地委联合举行有28位红军与74名新长征突击手、杰出青年参加的座谈、联谊活动；与北京同仁堂药酒厂、深圳市冬冬宝纺织品有限公司等单位联合开展与老红军心连心活动。组织老干部开展歌咏赛、书画展等活动，赣州地区选送30幅书画作品参加全省纪念长征中国工农红军胜利60周年老干部书画展。组织李德有、温盛禄两位老红军赴北京参加中共中央举办的纪念中国工农红军长征胜利60周年活动。

1997年，印发《关于离退休干部享受社会优待的几项规定》，为老干部统一制发“优待证”。围绕“庆七一，迎回归”组织老干部开展丰富多彩的活动。承办“’97松龄杯”全省老干部台球赛。

1998年，地委组织部、老干部局印发《关于进一步发挥离退休干部党员作用的意见》，组织老干部考察工作。地委老干部局组织曾任地区领导实职的离退休干部代表赴信丰县、寻乌县、安远县、南康市、大余县、崇义县、上犹县、赣县等8个县（市）进行工作考察。

1999年，重点抓老干部的思想政治工作，提高老干部的政治敏锐性和政治鉴别力。市委老干部局与市老龄委、老年体协、赣州酒厂联合举办首届“章贡王杯”夕阳红歌咏大赛。组织市老干部艺术团参加全省庆祝中华人民共和国成立50周年、澳门回归、国际老年人文艺会演。当年，全市有离退休干部党员16368人、党总支15个、党支部472个、党小组1078个。

2000年，市委组织部、老干部局、市直机关工委联合举办市直单位离退休干部党支部书记培训班。市委召开全市老干部思想政治工作暨党支部建设经验交流会，表彰瑞金市沙洲坝镇离退休干部党支部等24个先进集体和22名老干部优秀党员。编印《全市老干部思想政治工作暨党支部建设经验交流会专辑》。

二、生活待遇落实

1986年，对就地安置的离休干部优先安排住房，对要求易地安置的离休干部帮助联系。除跨县（市）易地安置以外，全地区有7名离休干部要求跨省、地安置，其中有4名得到落实。对回农村安家落户的离休干部，按规定发给建房补助费。全地区发放建房补助费总金额428.1万元。全地区为240余名保健对象和1600余名优先就诊对象颁发保健医疗证和优先就诊证，离休干部医疗费包干问题得到纠正。对483名不同革命时期的离休干部按相应提高的工资级别标准审批补发工资。对13名中华人民共和国成立前入伍、1955年前后退休无固定收入的红军干部家属，解决生活补助费。全地区配置老干部专用小车44辆。建立和补充落实老干部“两项待遇”（政治待遇、生活待遇）的有关规章制度，逢年过节或平时对老干部在物资供应方面实施从优照顾。

1987年，全地区1457名安置在农村的离休干部有1373人按规定落实建房补助费。地、县（市）分别成立保健委员会，管理和协调老干部医疗保健科室19个、病床287张，基本上解决老干部看病难、住院难问题。各地普遍对离休干部进行健康检查，建立健康档案。离休干部公用经费的标准按每人每年300元列支。对享受用车待遇的老干部实行发放交通费。对老红军干部和享受地专级待遇的离休干部安装保健电话。

1988年，全地区安置在城镇的离休干部住房达到规定标准的有88%。各级财政累计拨出34万多元，为离休干部修理住房。地区财政从当年度开始对地直单位老干部的经费实行计划单列，为离休干部增发每人每月5元的物价补贴费。为75名不到行政十四级的离休老红军办理享受地专级待遇。

1989年，对全地区老干部经费落实情况进行逐人逐项统计调查，按级发放交通费，新增老干部护理费发放达100%，特需经费落实面达100%。督促解决微利亏损企业和承租企业离休干部生活待遇不够落实的问题，在微利亏损企业的离休干部按标准计发工资。全地区老干部建房补助费发放达到99.3%。医药费实报实销面达到85%。

1990年，对地直单位老干部公用经费、特需经费、交通费、建房补助费的提取、管理和发放情况进行检查。解决医疗费实报实销问题。全地区配备保健医务人员170名，设立保健病房148间，病床345张，坚持每年为老干部体检一次，建立老干部保健档案，老干部医疗费实报实销面达91.5%。地区人民医院老干部保健病房"回春楼"交付使用，建筑面积3000平方米，床位90个。

1991年，住房制度改革，落实从优照顾老干部的政策原则。赣州市（今章贡区）、崇义县、上犹县等地出台房改方案对老干部的房租或购买公房实行减、免、补优惠规定，对离休干部按参加工作时间分类补助。

1994年，解决亏损、困难单位拖欠老干部离退休费和医疗费问题。对在企业的5位老红军按行政单位标准增加离休费、护理费，1996年调整至主管局机关管理。对1981年以前交地方安置由老干部局管理的原军队干部，按规定办理工资调整手续。

1995年，由地委组织部牵头，地委老干部局、地直机关党委、地区人事局、地区劳动局、地区财政局、地区卫生局等单位组成8个检查组，对18个县（市）和地直机关9个系统58个单位进行老干部工作全面检查。

1996年，地委组织部、老干部局召集地区林业局、地区林业工业公司、地区社保局以及赣州森铁处等有关部门、单位负责人现场办公，解决企业亏损大户赣州森铁处700多名离退休干部、职工离退休费发放问题。

1997年，调整离休干部的护理费、特需经费、公用经费。护理费由51元提高到100元；特需经费由150元提高到200元；公用经费由330元提高到400元。对公用经费和活动经费实行县（市）委老干部局统管。调整老干部的医疗保健措施：地区人民医院建立老干部门诊专用保健室；老干部公费医疗根据病情需要开药，款额、时间适当放宽；副地级以上离退休干部医疗费实行单列。开展老干部"两费"（离休费、医药费）清欠工作，采取特殊措施解决"两费"拖欠问题。

1998年，对全地区93名无工作的老红军遗孀的生活补贴标准进行调整，在每人每月120元的基础上增加100元。

2000年，各地开展经常性的落实"两费"督查工作。

三、发挥老干部作用

1986年，根据老干部意愿、专业和身体状况，支持和组织他们从事力所能及的工作。据抽样调查统计，在参加搜集资料，编写地方志（史）的人员中，有65%以上为离退休干部。

1987年，全地区有1043名离休干部在继续发挥作用，其中受聘留用62人，参加中心工作17人，搞调查研究23人，编地方志（史）120人，做老干部自身管理教育工作121人，搞革命传统教育132人，参加技术指导和咨询服务181人，从事公益活动和帮助群众脱贫致富387人。

1988年，引导和组织老干部为振兴赣南经济，办好经济体制改革试验区做贡献。全地区发挥作用的有1175人。地委老干局整理出10篇离休干部发挥作用的典型经验材料，将28名出席全省离休干部、老干部工作"双先"表彰会代表的先进事迹在全地区通报表彰。

1989年，引导和组织老干部搞开发性项目，发展种植业和养殖业。全地区有1240名老干部通过各种方式从事新的公益活动，占可发挥作用人数的73.7%，其中393人搞种植养殖业，帮助群众脱贫致富，兴办集体福利事业等。

1990年，全地区老干部可发挥作用人数1845人，发挥作用1459人，占79.08%，其中地厅级43人、县处级382人、一般干部1034人。从事专题调查研究85人，担任荣誉职务82人，参加中心工作、为党政做参谋259人，参加各种社会公益事业建设223人，从事技术咨询服务93人，参加史志编写103人，从事关心下一代和革命传统教育105人，有830人参加农业开发总体战，开展种养殖业。

1991年，各县（市）建立发挥作用协会和关心下一代工作协会等组织。全地区有2229名离退休干部参加农村社会主义教育，10468名离退休干部通过各种方式进行青少年教育工作，2016名老干部参加城乡创"三优"（优质服务、优良秩序、优质环境）工作，322人参加修志写书，3101人为群众公益事业做贡献。把开发庭院经济作为老干部在农村发挥作用重要途径。全地区有1.2万名老干部参加庭院经济开发。

1992年，全地区有发挥作用协会254个，会员3406人，创办老干部经济实体190家。举办赣州地区老干部开发庭院经济先进事迹展览。召开全地区老干部经济实体现场经验交流会。赣州地区《充分发挥老干部优势，为老区建设做出新贡献》在全国老干部工作经验交流会上交流。3月15日，《中国老年报》头版头条报道赣州地区老干部张世琦等创办400公顷股份制柑橘场的事迹。中央电视台和省电视台报道大余县千名离退休干部投身农业开发的新闻。

1993年，全地区有发挥作用协会317个，会员4200余人。地、县老干部门树立老干部发挥作用典型近百个，全地区性的典型有30多个。老干部门建立321个庭院经济示范乡、35个示范村、173个示范户。

1995年，召开全地区老干部工作"三先"（先进干休所、先进离退休干部和先进老干部工作者）表彰大会，地委、行署印发《关于表彰全区有突出贡献的老干部的决定》。《赣南日报》、赣州电视台、赣州地区广播电台开辟专栏，进行为期半个月的老干部先进事迹宣传活动。组织担任过地区领导实职的老领导到18个县（市）考察改革开放及经济建设情况。

1996年，地委老干部局与地委组织部、赣州电视台联合摄制反映全地区老干部发挥作用的纪实性电视专题片《夕阳风采》。召开全地区老干部"老有所为"经验交流会。全省离退休干部老有所为现场会在于都县召开。

四、关心下一代工作

1995年3月，赣州地区关心下一代工作委员会（以下简称"地区关工委"）成立。成员由地委宣传部、教育局、财政局、人事局、劳动局、司法局、工会、共青团、妇联、文联、体育运动委员会、军分区、广电局、赣南日报社等单位组成。委员会下设办公室，设在地委老干部局。5月，地区关工委召开第一次全委会，讨论赣州地区关工委1995年工作要点等。7月，在兴国县召开第一次全区关心下一代工作会议，研究和部署全地区关工委工作。至1999年年底，全地区18个县（市）相应建立县级关工委，全地区组建乡、镇、村、街道、学校、企业等关工委组织2005个。成立老干部报告团96个。配备老干部校外辅导员6713人，法制辅导员1800多名。唐进新获全国关心下一代工作先进个人。

1996年，工作重点为抓基层组织建设，抓学校、家庭、社会"三结合"教育，开展农村关心下一代工作试点。开展纪念中国工农红军长征胜利60周年"中华魂"《寻红军足迹，树革命理想》青少年读书教育活动。地区关工委获全省纪念中国工农红军长征胜利60周年"中华魂"读书教育活动先进集体。

1997年，关工委工作逐步向农村延伸，把农村关心下一代工作作为工作重点，确定宁都县、于都县、赣县、赣州市（今章贡区）、瑞金市5个县（市）为地区关工委工作示范点。

1999年，召开全地区关心下一代工作会议暨全地区“中华魂”《伟大的祖国》青少年读书教育活动动员大会。举行全市“中华魂”《伟大的祖国》青少年读书教育活动演讲、征文、讲故事、绘画比赛，对读书教育活动总结表彰。市关工委获全省“中华魂”《伟大的祖国》青少年读书教育活动特别组织奖。

2000年，宁都县关工委、宁都县关工委主任谢明生、崇义县关工委主任黄俊衍分别被评为全国关心下一代工作“三先”表彰会表彰的先进集体和先进个人。印发《赣州关心下一代工作委员会关于进一步加强关心下一代工作意见》。

第九节　机关党建

1986年，地直机关委员会内设办公室、组织部、宣传部，另设地直机关纪工委、工会工委和团工委。1996年3月，撤销地直机关委员会，成立地直机关工作委员会，为地委工作部门。1999年7月，地直机关工作委员会改为市直机关工作委员会（以下简称“市直工委”）。

一、基层组织

市（地）直工委管理范围内的基层党组织，包括市（地）直党政群机关及其所属的企业、事业和部分中央、省驻市（地）及市（地）属企事业单位的党组织。基层党组织设置原则：正式党员100人以上的，设立机关党委；正式党员50人以上不足100人的，设总支部委员会；正式党员3人以上不足50人的，设党支部或党支部委员会。正式党员接近50人或接近100人的，根据需要，经党委同意，可设总支部委员会或机关党委。1986年年底，地直工委下属有3个机关党委、30个党总支部、179个党支部，党员总数3252人。2000年5月，市委将51个市委原直接管理的中央、省驻市及市属企事业单位党组织关系改由市直工委管理。至年底，市直工委下属68个党委（其中机关党委18个）、109个党总支部、931个党支部，党员总数17903人。

表5－4－1　　1986—2000年市（地）直工委所属党组织及党员人数

年度	党委(个)	总支(个)	支部(个)	党员(人)
1986年	3	30	179	3252
1987年	4	32	204	3676
1988年	4	34	228	3880
1989年	7	36	246	4487
1990年	7	38	268	4684
1991年	10	36	287	4783
1992年	14	37	280	4943
1993年	13	36	280	4807
1994年	14	41	298	5127

续表 5－4－1

年度	党委(个)	总支(个)	支部(个)	党员(人)
1995 年	15	46	339	5407
1996 年	15	45	347	5692
1997 年	18	49	381	6009
1998 年	14	49	372	5588
1999 年	17	58	434	6910
2000 年	68	109	931	17903

二、创先争优

市直工委在市直机关坚持开展争创先进党委、先进党总支、先进党支部，争当优秀共产党员和优秀党务工作者的“创先争优”活动，每年在“七一”前评选表彰 1 次，1999 年后，每两年表彰 1 次。

三、党员发展

1986—2000 年，市（地）直工委管理的党组织共发展党员 1880 人。其中，年龄在 45 岁以下的 1748 人，占 92.98%；高中、中专以上文化的 1730 人，占 92.02%；女党员 502 人，占 26.7%。

表 5－4－2　1986—2000 年赣州市（地区）直工委管理的党组织发展党员情况　单位：人

年度	发展党员总数	年龄结构						文化结构				
		25 岁以下	26～35 岁	36～45 岁	46～55 岁	56～60 岁	61 岁以上	大专以上	中专	高中	初中	小学
1986 年	94	14	42	26	12	—	—	39	26	20	7	2
1987 年	95	8	44	25	16	2	—	45	20	21	8	1
1988 年	50	10	27	7	6	—	—	16	13	12	9	—
1989 年	119	15	46	53	5	—	—	38	32	36	13	—
1990 年	101	9	39	38	14	1	—	37	22	26	15	1
1991 年	75	6	29	29	11	—	—	28	11	24	12	—
1992 年	117	9	60	35	10	2	1	62	25	19	10	1
1993 年	76	10	45	20	1	—	—	42	14	15	4	1
1994 年	107	7	53	36	10	1	—	65	17	14	11	—
1995 年	120	9	75	31	3	2	—	72	26	17	5	—
1996 年	120	13	66	33	8	—	—	80	17	20	3	—
1997 年	139	9	82	44	4	—	—	86	30	23	—	—
1998 年	124	10	76	35	3	—	—	88	22	13	1	—
1999 年	143	17	97	21	8	—	—	104	19	17	3	—
2000 年	400	88	187	113	12	—	—	231	60	66	32	11

四、民主评议党员

民主评议党员始于 1988 年。市（地区）直工委于每年第四季度就民主评议党员工作的指导思想、评议内容、评议方法、评定格次等提出意见，指导基层党组织做好民主评议党员工作。民主评议党员的格次：合格党员、基本合格党员、基本不合格党员（1991—1993 年有该格次）和不合格党员。

五、党代表会议

1986—2000 年，市（地）直机关工（党）委共召开 3 次党代表会议。

1990 年 9 月，地直机关党委召开中共赣州地区直属机关代表会议。应到代表 150 人，实到 137 人。会议以无记名投票方式和直接差额选举的办法，选出赣州地区直属机关选区出席中共江西省第九次代表大会的代表，审议《赣州地区直属机关党委关于在地直机关开展“学习焦裕禄，争做人民好公仆”的意见》。

1995 年 7 月，中共赣州地区直属机关代表会议举行。会议应到代表 132 人，实到 116 人。会议以无记名投票方式和差额选举办法，选举地直机关出席中共江西省第十次代表大会的代表。

1999 年 6 月，地直机关工委召开中共赣州地区直属机关代表会议。会议选举产生地直机关选区出席中共赣州市第一次代表大会的代表。会议应到代表 200 名，实到代表 188 名。采取无记名投票和差额选举方式，选举地直机关出席中共赣州市第一次代表大会代表。

六、党员和干部教育

思想理论教育 1986 年，举办哲学读书班 3 期，政治经济学读书班 2 期。1989 年，举办学习社会主义初级阶段概论辅导员培训班。1990 年，举办 4 期科级干部马克思主义哲学读书班；组织坚持改革开放、深化经济体制改革专题报告会 5 次。1991 年，组织学习《关于社会主义若干问题学习纲要》。1992 年，组织党史党建理论学习教育，举办 2 期中央文件和中共党史理论学习班。1993 年，举办 2 期邓小平建设有中国特色社会主义理论科级干部学习班。1994 年，举办 2 期社会主义市场经济理论和基本知识学习班。1995 年，开展建设有中国特色社会主义理论和党章的学习活动；举办 2 期科级干部学习《关于社会主义若问题学习纲要》读书班。1996 年，在地直机关党员中开展新时期共产党员标准讨论活动；举办 2 期科级干部中共十四届六中全会《中共中央关于加强社会主义精神文明建设若干重要问题的决议》学习班。1997 年，组织学习贯彻中共十五大精神，继续开展“双学”活动。1998 年，重点抓《中国共产党党和国家机关基层组织工作条例》的学习教育，举办 5 期骨干培训班。1999 年，市（地区）直机关党员、干部开展“三讲”教育活动。2000 年，开展以“三个代表”重要论述和“学习唯物论反对唯心论，学习科技知识反对封建迷信”为主要内容的学习教育活动。

党风党纪和廉政教育 1986 年，组织所属单位学习贯彻中央、省、地关于端正党风的重要规定，会同地委整党办、组织部召开地直机关端正党风交流会。1989 年，作出《关于充分发挥党组织的监督作用，加强机关廉政建设的决定》。1995 年，组织学习中纪委提出的《关于党政机关县（处）级以上领导干部廉洁自律补充规定的实施和处理意见》。1996 年 9 月，组织党员和干部参加中纪委、监察部组织的党纪政纪条规知识竞赛。1997 年，开展以讲学习、讲政治、讲正气为主要内容的党性教育，以党纪政纪为中心内容的党纪教育，以艰苦奋斗、勤俭建国为重要内容的革命传统教育。1998 年，组织机关党员干部学习江泽民在中纪委二次全会上的讲话，学习《中国共产党纪律处分条例（试行）》，开展关于加强党风廉政建设的理论研讨。1999 年，组织党员干部观看《中国共产党纪律处分条例（试行）》的电视系列片。2000 年，利用胡长清等重大典型案件对党员干部进行警示教育，组织党员干部观看《生死抉择》影片和专题电教片。

七、职工普法教育

“一五”普法 1985—1987 年，组织学习“十法一条例”（《中华人民共和国宪法》《中华人民共和国刑法》《中华人民共和国刑事诉讼法》《中华人民共和国民事诉讼法》《中华人民共和国民法通则》《中华人民共和国婚姻法》《中华人民共和国继承法》《中华人民共和国兵役法》《中华人民共和国经济合同法》《中华人民共和国森林法》《中华人民共和国治安管理处罚条例》），所属党组织单位的职工参加学习法律的有 7050 人，占总数的 97.2%；参加考试合格的 5896 人，占应学对象的 83.6%。1988—1990 年，普法教育转为补学补考"十法一条例"和各单位根据各自业务选学专业法规。

"二五"普法 1991 年，印发《关于地直机关实施法制宣传教育第二个五年规划的意见》。1992 年，组织地直机关副县级以上领导干部参加《中华人民共和国宪法》讲座、"社会主义法制"讲座的考试。1993 年，重点学习《中华人民共和国宪法修正案》《中华人民共和国税收征收管理法》《中华人民共和国未成年人保护法》《中华人民共和国道路交通管理条例》《中华人民共和国全民所有制工业企业转换经营机制条例》《江西省社会治安综合管理条例》等"三法三条例"，并组织考试。1994 年，重点普及《中华人民共和国农业法》《中华人民共和国公司法》《中华人民共和国消费者权益保护法》《中华人民共和国产品质量法》《中华人民共和国反不正当竞争法》《中华人民共和国经济合同法》《中华人民共和国国防教育条例》《国家公务员暂行条例》《江西省实施〈中华人民共和国归侨侨眷权益保护法〉办法》等法律法规。开展学习法律宣传月活动。组织法律考试。1995 年，进行"二五"普法考核验收工作。

"三五"普法 1996—2000 年，进行以《中华人民共和国宪法》为核心、以《中华人民共和国刑事诉讼法（修正案）》等基本法律和社会主义市场经济法律及相关法规为重点的法制宣传教育。1996 年，印发《第三个五年规划的实施意见》。1997 年，实施《江西省法制宣传教育工作条例》，重点普及《中华人民共和国行政诉讼法》《中华人民共和国国家赔偿法》《中华人民共和国香港特别行政区基本法》等法律，开展依法治理工作月活动。1998 年，重点普及《中华人民共和国防洪法》《中华人民共和国建筑法》《中华人民共和国行政监察法》等法律，施行干部学法合格证制度。组织干部法律知识考试。1999 年，重点普及《中华人民共和国村民委员会组织法》《中华人民共和国澳门特别行政区基本法》等法律，组织市（地）直机关副科级以上领导干部的法律集中统一考试。2000 年，开展依法行政活动，进行"三五"普法考核验收。

八、案件查处

1986—2000 年，市（地）直机关党员违纪被立案查处的有 123 宗。受党纪处分的 116 人。其中，县级干部 20 人，占 17.24%；科级干部 44 人，占 37.93%。腐化堕落、道德败坏的 37 人，占 31.9%；贪污、受贿的 47 人，占 40.52%。38 人被开除党籍，16 人留党察看。

第五章 宣传工作

1986—2000 年，全市（地区）宣传工作以科学的理论武装人，以正确的舆论引导人，以高尚的精神塑造人，以优秀的作品鼓舞人，全面宣传贯彻中共十三大、十四大、十五大精神，大力宣传改革开放和经济建设的新举措、新变化和新成绩，努力营造有利于改革开放、经济发展、社会稳定的舆论氛围，为全市（地区）"两个文明"建设提供有力的思想保证和舆论支持。

1986 年，地委宣传部内设办公室、宣传科、理论科、文化教育科、党员教育科，行政编制 31 名。1989 年 10 月，增设干部科、新闻出版科。1990 年 10 月，地区对外宣传小组成立，下设办公室。1992 年 2 月，成立地委报道组，为正科级事业单位，定编 3 名，隶属赣南日报社，成立《半月谈》杂志赣州地区通联站，为地委宣传部下属自收自支事业单位，定编 2 名；地委对外宣传小组办公室由正科级单位升为副县级单位，归口地委宣传部管理。1996 年 10 月，地区精神文明建设活动委员会办公室（以下简称"地区文明办"）划归地委宣传部管理，为副县级单位，内设秘书科、综合科，定编 9 名。1997 年 1 月，地区文明办更名地区精神文明建设指导委员会办公室，升格为正县级单位，内设秘书科、调查研究科和创建管理科。2000 年 9 月，市委报道组升格为副县级事业单位，改归市委宣传部管理，人员编制不变。

第一节 理论武装

一、理论学习

1986 年，学习马克思主义基础理论。举行 4 次在职干部马克思主义哲学统考和 1 次政治经济学统考。1987 年，学习坚持四项基本原则反对资产阶级自由化的论述，举行 3 次在职干部政治经济学统考；举办 3 期地直单位领导干部学习“两本书”读书班；组织 7 个学习小组分专题学习中共十三大精神。1988 年，学习中共十三大关于生产力标准问题。举办 1 期驻地区副县级以上领导干部生产力标准读书班；举办 2 期地直单位领导干部形势与任务培训班。1989 年，重点学习邓小平关于 1989 年春夏之交发生在北京的政治风波的重要讲话和中共十三届四中全会精神。举办 3 期学习江泽民国庆 40 周年讲话和 16 个法律法规读书班。1990 年，重点学习中共在社会主义初级阶段的基本路线。1992 年，学习邓小平南方谈话和中共十四大精神。全地区举办科级以上干部学习班 254 期，作辅导宣讲 190 余场；地直机关举办社会主义市场经济理论报告会，招商引资培训班和金融市场知识培训班；分 8 个系统、3 个阶段组织驻地区单位县级干部学习中共十四大文件。1993 年，学习邓小平建设有中国特色社会主义理论。举办 2 期地直科级干部学习班；举办 1 期企业宣传部长学习班；作辅导报告 102 次场。1994 年，举办 4 期县级干部学习《邓小平文选》第三卷读书班；举办 2 期地直科级干部培训班；抽查 176 名县级干部读书笔记；召开地直单位学习《邓小平文选》第三卷经验交流会。1995 年，学习《邓小平同志建设有中国特色社会主义理论学习纲要》（以下简称“纲要”）。查阅全地区 309 名县级干部读书笔记；举办 1 期县级干部培训班。全地区举办学习纲要读书班 360 多期。1996 年，学习中共十四届六中全会精神。举办 3 期县级干部读书班，举办地直科级干部学习班，抽查 600 多名县级干部读书笔记。1997 年，举办宣传文化系统学习中共十五大文件研读班，举办地直科级干部学习中共十五大文件培训班。1998 年，学习邓小平理论和中共十五届三中全会精神。召开全地区宣传部长专题学习邓小平理论会议。1999 年，学习江泽民关于“三讲”重要论述。检查全市（地区）中共十五大以来中心组学习情况；召开全市（地区）大中专院校学习邓小平理论经验交流会。2000 年，学习江泽民“三个代表”重要论述和中共十五届四中、五中全会精神。贯彻中央、省委关于加强和改进党委（党组）中心组理论学习的有关文件。

二、理论宣传

1986 年，开展政治、经济形势宣传，马克思主义基础理论宣传教育。1988 年，征订《党的基本路线通俗读本》1940 册；办好改革试验区宣传；发行《时事政策问答》8.3 万册，至 1991 年共发行 21 万多册。1991 年，编写《学习社会主义理论辅导提纲》，发行 1.7 万多册。1992 年，在《赣南日报》、《赣南社会科学》、赣州电台、赣州电视台开设学习邓小平南方谈话精神、中共十四大精神专栏；在《赣南宣传》刊发《邓小平同志论建设有中国特色社会主义》专刊。1993 年，举办全地区学习贯彻《全民所有制工业企业转换经营机制条例》知识竞赛，组织优秀队员赴省参赛。1994 年，组织学习《邓小平文选》第三卷，体会文章 30 篇在省、地级报刊发表；组织召开新闻、教育、文化、农经委、工青妇、旅游、外事等部门座谈会，搞好《爱国主义教育实施纲要》的宣传贯彻；在《赣南日报》开设《学习》专栏；组织讲课 25 次场。1995 年，总结全地区 30 家企业和 10 个乡（镇）学习运用邓小平理论的经验做法。1996 年，开设专栏宣传中共十四届六中全会精神，在电视台播放《擎天之柱》，邀请中央专家作理论报告。1997 年，召开 3 次新闻工作例会，专题部署宣传中共十五大精神。1998 年，部署安排纪念中共十一届三中全会 20 周年的宣传活动。1999 年，开展唯物史观宣传。2000 年，在报刊开设《学习贯彻“三个代表”重要论述》专栏。

三、理论研究

1986 年，召开思想政治工作经验交流会，开展马克思主义哲学、政治经济学研讨。1987 年，开展中共十三大精神和有中国特色社会主义的研究。1988 年 6 月，召开经济体制改革试验区理论研讨会；8 月，召开全省经济体制改革理论研讨会；9 月，召开全地区山地开发理论研讨会。1989 年，开展在社会主义初级阶段的基本路线和坚持四项基本原则、反对资产阶级自由化研讨。1990 年 9 月，召开深化赣南试验区改革理论研讨会。1991 年，开展党史党建理论研究和中央苏区史研究，编写《南天红中华》。1992 年 6 月，会同讲师团进行“赣南机遇”课题研究；9 月，地委宣传部会同地区经济委员会、体改委、社联召开全地区转换经营机制理论研讨会。1993 年，开展农村奔小康、京九铁路与赣南旅游业发展、京九铁路与赣南乡镇企业发展 3 个专题调研。1994 年，专题研究邓小平关于加强和改进宣传思想工作的思想，撰写《整个思想战线的工作都需要加强》；对物价问题、社会治安综合治理问题进行专题调研。1995 年，组织实施 1995 年度江西省建设有中国特色社会主义理论课题研究；印发 74 个研究重点课题，组织完成研究课题 105 篇；成立赣州地区建设有中国特色社会主义理论研究会；建立地委党校、地区社联、南方冶院、赣南师院、赣南医学院 5 个邓小平理论研究基地；11 月，召开全地区第一次邓小平理论研讨会。1996—2000 年，印发每年度《邓小平理论研究参考选题》。1996 年，召开全地区转变经济增长方式理论研讨会、纪念中国工农红军长征胜利 60 周年理论研讨会、第二次邓小平理论研讨会。1998 年，召开全地区纪念中共十一届三中全会召开 20 周年暨第三次邓小平理论研讨会、赣南光彩大市场与赣南经济理论研讨会。

第二节　思想宣传

一、企业宣传

1986 年 11 月，地委宣传部会同有关部门召开全地区企业思想政治工作研究会首届论文发布会。1988 年 9 月，地委召开深化企业改革座谈会，制定《关于加强和改进企业思想政治工作建立企业思想政治工作新格局的意见》《关于我区国营工业企业党政机构设置的若干规定》。1989 年，地委宣传部会同地区经济委员会抓好地区企业思想政治工作研究会工作。1990 年 2 月，在赣州钴冶炼厂、赣州有色冶金机械厂、赣州森铁处、赣江造纸厂、江西气体压缩机厂、地区副食品公司等 6 家企业建立思想政治工作联系点。8 月，在企业部署开展“双基”（基本路线、基本国情）教育活动。1991 年，召开全地区企业思想政治工作经验交流会。5 月，与地区经济委员会联合召开职工思想研究会第四届年会。组织企业“双基”教育观摩教学活动。1992 年，组织 40 家企业单位利用今日中国杂志社出版的《中华风采》台历扩大产品在境外的知名度。开展企业政工人员专业职务评定工作，全地区有 16 人获高级政工师任职资格，254 人获政工师任职资格。1993 年，组织全地区 187 个预算内工业企业开展《全民所有制工业企业转换经营机制条例》学习宣传活动。1994 年，先后到 20 多家企业开展调查，召开企业政工人员、部分困难企业稳定与发展以及建立现代企业制度试点单位等各种类型座谈会。开展企业政工人员专业职务评定工作，全地区有 21 人获高级政工师任职资格，478 人获政工师任职资格。举办 4 期政工师岗位培训班。1995 年，召开全地区企业思想政治工作会议。地区职工思想政治研究会由经贸委管理变更为宣传部管理，成立地区政工师协会。开展企业政工人员专业职务评定工作，全地区有 3 人获高级政工师任职资格，215 人获政工师任职资格。开展企业减负工作检查。1998 年，完成赣南食品工业基本情况调查，开展企业再就业工作调查，组织全地区下岗职工再就业先进典型巡回报告团进行巡回演讲，开展评选推荐省优秀思研会、优秀思研会干部、优秀政工师和优秀论文的工作。1999 年，组织编辑《1998 年度职工思想政治工作优秀论文集》，做好“百城万店无假货”活动的组织协调工作，组织编辑《1999 年度职工思想政治工作优秀论文集》。2000 年，学习贯彻落实中共十五届四中全会精神，深入企业进行座谈，开展问卷调查，了解企业现状，总结改制经验，推出一批优秀典型和先进个人，报省、市表彰。

二、农村宣传

1989 年 3 月，把圩镇宣传作为加强和改进农村宣传思想工作的重点，印发《关于加强农村圩镇宣传工作的若干意见》，对全地区圩镇宣传进行规划和部署。6 月，召开全地区圩镇宣传工作电话会，强调各地应本着坚持方向、贴近实际、解决问题、满足需要的指导思想和充分体现教育、服务、娱乐三个功能的要求设计安排圩镇宣传内容。11 月，召开全地区圩镇宣传工作经验交流会。1990 年，把圩镇宣传工作纳入县（市）委党建目标管理，规划首批达标的 126 个乡（镇），经验收，120 个达标，6 个不达标。8 月，抽查圩镇宣传达标巩固情况。新华社播发《赣州地区在农村集镇开展丰富多彩的社会主义思想文化宣传教育活动》文章。12 月，在全地区村级建设会议上提出村级宣传思想工作逐步实现“六有”，即有一个宣传员、有广播喇叭、有黑板报、有农民业余学校、有活动室、有移风易俗理事会。1991 年 1 月，对 130 个第二批圩镇宣传工作达标乡（镇）进行抽查验收，村级宣传思想工作“六有”达标建设正式铺开。12 月，对 32 个第三批达标乡（镇）进行抽查验收。1992 年，颁布《全区圩镇宣传工作管理办法》。2 月始，在全地区农民中进行社会主义思想教育，开展商品意识、科技意识、奔小康意识教育。12 月，召开全地区圩镇宣传工作经验交流会。1993 年 1 月，开展农业基础地位、“三高”（高产、高质、高经济效益）农业、“在山上再造一个赣南”形势教育。3 月，召开全地区圩镇宣传表彰大会。5 月，围绕农民奔小康，以典型推动全地区农村宣传工作。1994 年，抓农村宣传文化阵地建设试点工作（赣县江口镇、全南县陂头镇星光村两个点）。1995 年，召开全地区农村精神文明建设座谈会。至年底，全地区 70%的乡（镇）建起有线电视网络，其中信丰县、寻乌县、全南县、上犹县、崇义县等 5 个县各乡（镇、场）全部建起有线电视网络。全地区有 48%的乡（镇）开通调频广播，全地区调频喇叭入户率达 23%。255 个乡（镇）、13.2 万户农民装上有线电视，占有电视机户数的 16%。全地区实施中宣部倡导的“百村书库工程”，推荐宁都县青塘镇坳背村、赣县沙地镇沙地村、安远孔田镇太平村为中宣部“百村书库工程”受表彰单位。1997 年 1 月，印发《关于全区进一步搞好农村“双教”活动的通知》。3—6 月，督促抓好上犹南河一村全国精神文明创建示范村的文明创建工作。4 月，印发《赣州地区农村精神文明创建活动方案》《农村、城市创建“五好家庭”、“十星级农户”活动的实施意见》。7 月，推荐宁都县固厚乡固厚村民兵营长曾小平的先进典型事迹，地委、行署向全地区人民发出向曾小平学习的号召。1998 年 4—11 月，重点检查验收全地区 18 个县（市）开展“1133”［“一员”（党建指导员、“一会”（党建工作联席会）、“三联”（企镇共联、企村互联、党群心联），“三促”（服务企业促发展、服务中员工促聚心、服务社会促和谐）］工程情况，推出“1133”工程先进典型。开展全地区“猪—沼—果”工程基本情况和创建文明村镇情况调查。1999 年 3 月，制定全地区文明圩镇、文明村的考评细则。6 月，组织参加迎接新世纪亚农杯全国农民读书征文活动。

三、社会宣传

1986 年，社会宣传分 5 个专题，即开展形势政策教育，认清大好形势；改革带来好形势，祖国面貌日日新；认清事物主流，坚定改革信心；正确认识改革，献身改革事业；团结一致共奋斗，振兴赣南建功业。对各层次的干部群众开展形势政策教育，编印宣传材料 5000 多份、《时事政策学习问答》

5200多册。在地区、赣州市（今章贡区）机关、商业、医疗、交通、邮电等部门开展职业道德教育试点工作，制定在全地区各行业中开展职业道德教育的意见。

1987年，编印改革理论宣讲材料和《时事政策问答》2万册。在赣州有色冶金机械厂等5个单位开展“两个基本点”教育试点工作。召开地区、赣州市（今章贡区）工交企业“两个基本点”教育经验交流会。

1988年3月，对全地区思想解放薄弱的表现等问题开展调查。编印《关于调整部分食品价格和职工补贴的宣传提纲》；组织地直机关干部观看省物价巡回报告团《物价改革报告》录像。5月，会同军分区在瑞金开展国防教育试点工作，召开全地区国防教育现场经验交流会。12月，会同行署公安处等5家单位，对赣州市（今章贡区）刑满释放回籍不久人员的情况进行调查。

1989年，地委宣传部会同地区计生委编印《计划生育宣传讲话》7500册。1990年3月，地委宣传部会同赣州军分区、地区精神文明办公室组织“赣州地区向雷锋同志学习先进事迹报告团”在全地区各县（市）作巡回演讲。联系形势任务和干部群众的思想实际，开展形势与任务、坚持四项基本原则，反对资产阶级自由化教育。

1991年，编印学习宣传《中共中央、国务院关于1991年农业和农村工作的通知》材料8500册，发至全区各村委会；地委宣传部会同地区农经委等单位把全地区农村经济发展中的26个典型汇编成《在奔向小康的路上》，印制7100册发至乡、村。

1992年，组织两场全省解放思想，加快改革开放报告团巡回报告。开始设立商品广告牌工作，组织实施在城区繁华地段集中设立商品广告牌，有6个县（市）在县城建广告区。

1993年3月，组织科技宣传月活动。组织质量监督在赣南活动。11月，组织赣州地区社会治安综合治理知识电视大奖赛。组织全省青少年“中国有个毛泽东”读书知识电视竞赛赣南片选拔赛。11—12月，组织改革开放15年成果展活动。

1994年，与地区综治委联合组织地区见义勇为先进事迹报告团巡回演讲。组织地区离休副地级以上干部收看国际时事录像。组织地区、赣州市（今章贡区）庆祝中华人民共和国成立45周年歌咏大会。

1995年3—4月，组织全地区第三个“科技进步活动月”全地区性大型活动，开展《现代科学技术基础知识》读书活动。5月，组织全地区公安系统英雄、模范警察事迹报告团巡回演讲活动；组织开展科学技术基础知识读书活动和电视竞赛；举行县级领导干部知识竞赛。

1997年2月，地委宣传部与地直机关党委联合部署贯彻落实省委宣传部《关于开展向邱娥国同志先进事迹学习活动的决定》。组织调查和宣传赖庆新先进事迹活动，在省、地两级党报作宣传报道。3月，到各县（市）调查行业先进典型情况，向省新闻单位推荐甘正香、钟八莲、赣州市（今章贡区）三八粮店等典型。组织参与全地区科技进步月大型宣传活动。5月，地委宣传部与地区司法局举办京九沿线县（市）迎回归法制宣传活动。4—5月，做好全地区京九沿线矿产资源开发利用工作座谈会、全国七大流域水土保持治理工程工作经验交流会的宣传报道工作。6月，布置全地区各地香港回归倒计时10天的庆祝活动。7月，做好国家乒乓球队健将到赣州参观学习及清华大学青年科技工作者到赣州参观考察的宣传报道工作。8—12月，组织中共十五大各项宣传工作。

1998年2月，确立于都县、兴国县、上犹县等县为中国影视文化中心扶助单位。5—7月，报道组织全国百名民营企业家赴赣州参观考察活动情况。10月，协调新闻单位摄制《赣南改革开放20周年》专题片。做好在赣州召开的全国沼气生态建设工作现场会的宣传报道工作。

1999年1—2月，为地区三级干部大会召开营造社会氛围。3月，地委宣传部与军分区一起拟定新修订的《中华人民共和国兵役法》宣传方案。6—10月，在南昌举办中华人民共和国成立50周年成就展。

2000年，组织开展“致富思源、富而思进”学教活动和赣州市“优化发展环境年活动”的宣传工作。组织2000年“两会”及市体育中心竣工庆典宣传工作。组织撤地设市一周年宣传活动。组织全国第五次人口普查（赣州区）宣传工作。

四、基层党员教育

1986年，举办以“深化改革，大力发展农村商品经济”为内容的农村党员培训班。7月，地委宣传部会同组织部召开全地区创办乡（镇）党校工作会议。年底，全地区366个乡镇创办党校189所，占乡镇总数的53%，并达到“五有”，即有领导班子、有教师队伍、有固定教学场所、有可行的教学计划、有规章制度。

1987年2月，开展反对资产阶级自由化斗争的教育。5—7月，对11个县（市）及一厂一校进行摸底调查，探讨如何办好业余党校。全地区办乡（镇）党校364个，占乡（镇）总数的99.5%。12月，大中型企事业单位创办党校9所，推广赣州供电局业余党校试点经验。

1988年，举办全地区党群、宣传领导干部生产力标准学习研讨会。

1989年7月，会同地区文化局举办“七一”电影宣传周活动。11月，召开全地区企业业余党校工作座谈会。至年底，创办企业业余党校107所，占应办企业党校的53%。

1990年3月，在兴国江背开展党的基本路线教育试点。5—7月，分期分批派遣工作组赴农村开展党的基本路线教育。编印《农村党员学习材料》5500册。

1991年5—7月，围绕迎接、庆祝中国共产党建党70周年和中央革命根据地创建暨中华苏维埃共和国临时中央政府成立60周年，在全地区党员中开展以学习党的历史、发扬苏区革命传统、加强党的建设、密切党群关系为主题的宣传教育活动。7月，拨专门经费下发各乡（镇）党校订购《中共党史党建理论》《社会主义问题系列党课》《中共党史党建理论通俗讲话》《“三基本”教程》等书籍6种17980册。至年底，全地区有基层党校559所，党校固定教学场所面积53319平方米，专兼职教员4273人，教育经费达135.99万元。全年举办各类培训班2149期，党员受训率达93.1%。

1992年初，在基层党员中深入开展党的基本理论、基本路线和基本知识教育。9月，编印《农村奔小康教育讲座》教材4700多册。12月，召开全省先进基层党校、优秀党课教员表彰会。

1993年，在基层党员中重点开展建设有中国特色社会主义理论的学习。组织征订《学习建设有中国特色社会主义理论》等教材3775册。11月，分别召开农村和企业党员教育座谈会。

1994年1—3月，在党员中开展《邓小平文选》和党性教育以及社会主义市场经济知识教育，全面实施《赣州地区1994—1996年党员教育实施方案》。4月，会同地委组织部、地区纪委组成调查组，开展党员教育专题调查。7月，召开全地区党员教育工作会议。

1995年年初，在党员中开展邓小平建设有中国特色社会主义理论和党章的学习活动。3月，组织各县（市）委宣传部进行党员冬训工作检查。6—9月，全地区基层党校共举办“双学”培训班1445期。10月，与地委组织部联合印发《关于在全区党员、干部中认真开展向孔繁森同志学习活动的实施意见》。

1996年年初，地委宣传部会同地委组织部、地区纪委对全地区“双学”活动进行督查。召开全地区“双学”现场会。贯彻中共十四届六中全会精神，分期分批举办党员干部培训班。6—7月，全地区各级各类党校举办邓小平理论读书班、骨干培训班160多期。8月，地委部署开展讲学习、讲政治、讲正气活动。地直机关召开副科级以上党员干部动员大会。10—12月，在全地区开展基层党校创先争优和评教评学的评选活动。

1997年1—8月，在全地区党员中开展“双学”活动。9月，学习贯彻中共十五大会议精神，全地区举办各类学习中共十五大精神研读班、培训班82期。

1998年初，在全地区农村党员中开展以学习贯彻中共十五大精神为主要内容的专题学习活动。2—3月，会同组织部、纪检委等部门，分别在农村和企业开展党建工作调查，指导创办各级基层党校532个，其中县（市）、乡创办485所，地直企事业单位47所。4月，印发《关于在全区基层党校中广泛开展创先争优活动的实施意见》。5月，印发《邓小平理论宣传画册》6000余套。8—10月，地委宣传部会同组织、纪检等单位，在企业实施党员职工下岗培训再就业工程，在机关行政事业单位党员干部中开展“三讲”等教育活动。

1999年初，部署农村党员以学习贯彻中共十五届三中全会为核心内容的冬训。4月，制定《“两学习、两反对”实施方案》，在全地区党员中深入开展学习唯物论反对唯心论、学科学精神反对封建迷信教育活动。5月，印发《赣州市1998—2000年党员教育规划及实施方案》。8月，贯彻《江西基层党校工作条例》，印发《赣州市基层党校六套管理制度》。9月，培养和建立19个市级党员教育联系示范点。11—12月，在全市基层党校中，分层次开展“评教评学”“创先争优”检查考评活动。

2000年，举办农村党员冬训班3542期。2—6月，督导各地各单位开展“两学习、两反对”教育活动，举办专题教育培训2084期。6—9月，组织参加全市的县（市、区）“三讲”教育。10月，建立三级党员教育联系示范点，其中省级3个、市级9个、县级36个。

第三节　新闻宣传

新闻宣传工作以正确的舆论引导人，坚持团结稳定鼓励和正面宣传为主的方针，围绕中心工作开展宣传工作。建立健全新闻例会制度和审看、审听、审读制度，加强对新闻出版工作的指导、协调和管理。

一、新闻报道管理

1987年，对各县（市）上稿情况实行每月一统计，每季一通报制度。

1988年，对报刊进行整顿，全年审批签发内部报刊准印证76份。

1990年，全年召开7次新闻单位联席会议，组织4次全地区优秀新闻稿件评选活动。完成内部报刊的压缩整顿工作，全地区内部报刊由48种压为17种；严格内部出版物审批制度，审批一次性印刷图书94种，审批内部工作简报、工作研究类出版物19种。对全地区印刷厂进行清理检查和整顿。年度党报党刊发行地区级排序中列全国前4名。

1994年，与地区文化局联合印发《关于切实加强内部报刊管理的通知》，对全地区24家内部报刊进行年检审核和清理。组织对全地区书报刊摊点等进行清理整改。

1995年，地委办公室印发《关于减少一般性工作会议和领导同志一般性活动报道的请示报告》。完善《全区新闻报道工作考核评比细则》。加强全地区23家内部报刊和一次性印刷报刊的管理。会同有关部门查处全国首届性健康教育展览会江西组委会在南康市、兴国县举办分展时扩大播放范围、对象的事件，查处于都县传播淫秽录像案件。

1997年，贯彻执行《中国新闻工作者职业道德准则》和《关于禁止有偿新闻的若干规定》。修改完善《全区新闻报道要闻记分的若干规定》和《全区新闻报道工作奖励办法》。举行赣州地区记者协会和新闻学会换届选举。

2000年，加强舆论调控工作，坚持新闻例会等各项制度，通报审读员审读情况，组织各新闻单位学习贯彻关于报刊、广电“警告制度”的通知，严格宣传纪律。调整全市新闻报道要闻考核办法。

二、新闻引导

1987年，全地区在三级党报用稿6172篇。

1988 年，全地区在地以上报刊（台）用稿 9896 篇，其中中央级 82 篇。1989 年，赣县等 12 个县相继成立县委报道组，当年在中央、省、地三级 7 个新闻单位用稿 9991 篇。全地区报刊发行量和党报党刊发行量均名列全省第一。

1990 年，全地区被省级以上新闻单位采用稿件和要闻 2155 篇和 1675 篇。

1991 年，全地区通讯员在中央、省、地三级 13 个报刊台共上稿 9800 余篇，在中央级报刊台上稿 203 篇，其中 11 篇被中央、省新闻单位评为好新闻。组织和协调举办新闻发布会 12 次。全地区设立科级新闻报道组 14 个，中心报道组 4 个，有专职报道员 56 人，基层报道员 843 人，业余报道员 5100 人。

1992 年，全地区在中央、省、地三级 15 个报刊台上稿 1.2 万多篇，其中要闻总数 2688 篇，在中央级报刊台上要闻稿 284 篇，在省级报刊台上要闻稿 374 篇。召开新闻单位联席会 3 次，审批 20 多种内部资料。

1993 年，全地区在中央、省、地三级报刊台上要闻数达 2524 篇，其中中央级报刊台 384 篇，省级报台 503 篇。3 月中下旬和 11 月中旬，中央新闻单位“南方万里纪行”记者采访团和中央新闻单位驻赣记者联谊会组织的 14 家新闻单位记者、编辑先后到赣南采访，两批记者共在《人民日报》《经济日报》《新华每日电讯》等报台发表稿件 20 多篇。

1994 年，全地区新闻报道工作重点宣传经济发展典型和成效。制定完善《全区新闻报道工作考核评比细则》。上中央级报刊台要闻稿件 458 篇，其中《人民日报》39 篇，中央电视台《新闻联播》6 条，《江西日报》1441 篇，新闻报道在全省名列前茅。

1995 年，重点抓全地区经济工作目标、京九铁路赣南段建设、“以线带片、沿边接九、中心辐射、借港兴区”战略等方面的宣传。京九铁路在定南县定河桥接轨报道在中央电视台《新闻联播》和《焦点访谈》中播出。全地区在中央级报刊台上要闻 1148 篇，《人民日报》368 篇，中央电视台《新闻联播》10 条，《神州风采》4 条，《江西日报》头版头条 18 篇。有 13 个县（市）委宣传部配置高档次摄像机。

1996 年，开展纪念红军长征胜利 60 周年宣传活动。宣传“缩差距、略高于、站前列、争一流”的进取精神。赣州地区在中央电视台、《人民日报》、《江西日报》等新闻媒体要闻用稿大幅度增加，主要指标均在全省各地市之首。出版 1995 年度全地区优秀新闻作品集。

1997 年，宣传地委、行署确定的“突破三大增长点，打好三大攻坚战”经济工作方针。

1998 年，组织改革开放 20 周年和赣南经济体制改革试验区创办 10 周年的系列纪念、宣传、报道活动；组织’98江西食品展销会和’98赣南优化资本结构暨招商引资洽谈会宣传报道工作，召开新闻发布会 4 次。邀请、接待中央电视台春节特别报道组，共同采制新闻 8 条，并在《新闻联播》中播出。全地区全年上中央级报刊台 889 篇（条），名列全省前茅。

1999 年，全市（地区）新闻报道工作围绕喜迎澳门回归、庆祝中华人民共和国成立 50 周年、赣州经济发展高级研讨会召开、赣州市“两会”、撤地设市庆典、接待泰国和中国香港、中国台湾地区经贸考察团、全省个体私营经济经验交流大会等在赣州举办等大型活动，做好宣传报道工作。分别在中央、省及香港的重要媒体组织专版和专稿，邀请记者来赣州采访，组织新闻发布会。

2000 年，组织市属各新闻单位开辟学习“三个代表”重要思想教育活动、加强和改进思想政治工作专栏。组织主题宣传活动，突出宣传赣州市“九五”成就和“十五”计划建议，组织“优化发展环境年”活动、撤地设市 1 周年、“贯彻落实‘三个代表’重要思想、加速建设大赣州”的新闻宣传工作。全市上中央级报刊新闻 900 多篇、省级报刊 1836 篇、电台 412 条，均名列全省前茅，被《江西日报》评为 2000 年度宣传报道先进单位。

第四节 市（区）外宣传

一、赣州形象宣传

1992年，全地区制作外宣电视片12部、音带2种1万盒、书籍3种2万册、图片类5种3万份。组织拍摄的外宣电视专题片《来自赣南的报道》荣获全国第二届“金桥奖”评比一等奖，由中央外宣领导小组作为《变化中的中国》系列之一，在国外播放；旅游风光片《东江源》在深圳等地播出后，迎来大批海内外游客观光。1993年，全年制作外宣品25种136万份，其中外宣电视片11部，反映客家民居的电视专题片《神奇的龙南围屋》被省电视台选送到美洲东方电视台播出。

1995年10月，为在香港举办的京九铁路及沿线经济开发状况推介会制作外宣品67种14万份。地委外宣办摄制电视外宣专题片10多部，其中《柚子之乡》《美山秀水看犹江》《京九接轨话定南》《桃江两岸脐橙香》等在中央电视台《神州风采》栏目中播出。摄制的区情片《赣南欢迎您》制作成普通话、粤语、英文3个版本，被省委外宣办和省政府新闻办评为优秀地（市）情电视片。制作的画册《京九线上新赣南》被评为优秀外宣品。1996年，地委外宣办摄制3集《变化中的中国》对外宣传系列专题片《来自红军故乡的报道》《今日库区人》《农民致富闯新路》，参加第四届全国“金桥奖”评比，送往美洲东方电视台播出。1997年，全地区制作外宣品59种、发行50多万份，其中电视专题片36部。

二、大众传媒宣传

1992年3月，在香港作苏区革命史及赣南改革开放、经济发展进程专题介绍。5月，行署在澳门举办商品展销暨经济技术洽谈会，举行新闻发布会。同年，在《人民日报》（海外版）、《中国新闻》、香港《文汇报》、《澳门日报》发稿90余篇宣传赣州。

1993年，胡国铤与地区党史办合撰的《创建中央苏区秘闻》在香港《文汇报》连载；《南天红中华》一书在香港发行2000册。地区在中国香港地区、新加坡举办3次招商暨经贸洽谈会，在《中国日报》、香港《文汇报》组织2个专版，摄制电视专题片《赣南欢迎您》。1994年，全地区全年在对外报刊、电视台用稿70多篇。1995年6月，赣南客家歌舞团赴香港演出。7月，在香港举办的招商引资经贸洽谈会期间，组织两个专版在香港《文汇报》《大公报》刊发。全年在对外报刊、电视台用稿451篇，刊登专版22个，其中《瞭望》专刊汇集全地区18个县（市）的内容。

1997年，接待美国、日本、荷兰等国外记者和驻京外国记者采访团，接待香港《文汇报》、香港有线电视、中国国际广播电视台、中新社、《人民日报》（海外版）等新闻媒体记者25批。中新社为赣州地区摄制2集电视专题片，在香港凤凰卫视《神州博览》栏目播出。《家住白鹭》《今日库区人》《赣南欢迎您》等一批外宣电视专题片在法国举办的“欧洲电视周”展播。1998年，全地区在对外新闻媒体发稿510多篇，组织对外宣传专刊10个。1999年，参加澳门回归新闻竞赛，赣州4篇作品获奖。在对外新闻媒体发稿360多篇，组织专版20个。全年制作外宣品40多种10多万份。2000年，全市全年制作外宣品40多种15万份。

第五节 精神文明建设

市（地区）精神文明办公室是赣州市（地区）精神文明建设指导委员会下设的办事机构，设于市（地）委宣传部，受指导委员会及宣传部的双重领导，主要担负对全市（地区）精神文明建设的指导协调、督促检查的职能，具体承担群众性精神文明建设活动中的关于创建文明城市、创建文明村镇、创建文明行业等三大创建的组织指挥、协调检查工作。1985 年 4 月，组建赣州地区“五讲四美三热爱”（五讲：讲文明、讲礼貌、讲卫生、讲秩序、讲道德；四美：心灵美、语言美、行为美、环境美；三热爱：热爱祖国、热爱社会主义、热爱中国共产党）活动委员会办公室，简称“五四三”办公室。1986 年，地区“五四三”办设地委宣传部，机构为副县级，编制 4 名。1989 年 4 月，地区“五四三”办更名为赣州地区精神文明建设活动委员会办公室，机构为正县级，划入行署系列。1990 年建立赣州地区社会治安综合治理联席会议制度，下设办公室，与地区文明办合署办公，实行两块牌子、一套机构。1991 年 7 月，地区综治办的工作职能移交地委政法委。1989 年 7 月，地区成立清理整顿书报刊及音像市场领导小组，下设办公室与文明办合署办公，具体负责全地区“扫黄”、打击非法出版工作。1996 年 9—11 月，地区文明办机构由正县级降为副县级，为地委宣传部内设机构。同年 12 月，赣州地区精神文明建设活动委员会办公室更名为赣州地区精神文明建设指导委员会办公室，机构恢复为地委宣传部的内设正县级单位，编制 9 名，内设秘书科、创建科、调研科。

一、文明城市创建

开展以提高市民素质，提高城市建设管理水平，促进社会经济全面发展为内容的创建文明城市竞赛活动，以创优质服务、优良秩序、优美环境（“三优”）为主要内容，根据社会发展要求，竞赛标准逐步提高，竞赛内容更为广泛，囊括社会经济发展的各方面，群众从中得到实惠，群众参与面更加广泛。

1986 年，全地区创“三优”竞赛活动突出以优质服务为重点，提高窗口单位文明经商、优质服务水平。宁都县获一等奖；寻乌县、崇义县获二等奖；安远县、赣县获三等奖。

1987 年，全地区创“三优”竞赛活动以加强职业道德建设，提高人的素质为重点，增强干部群众的文明意识，提高创“三优”整体水平。各地采取办培训班、演讲比赛、知识竞赛等多种形式，开展“满意在县城”“微笑在我店”等系列活动。获创“三优”一等奖的是宁都县、崇义县；二等奖是寻乌县、安远县；三等奖是南康县、赣县、龙南县、于都县。

1988 年，全地区在总结前 3 年创“三优”竞赛活动的基础上，坚持以提高人的素质，促进经济的发展为目标，充实竞赛内容，突出竞赛重点，着力为发展经济提供精神动力和思想保证。各县（市）继续抓好县城参加创“三优”竞赛的同时，组织乡（镇）参加地区创“三优”竞赛。获创“三优”一等奖的是崇义县、宁都县、赣县；二等奖是南康县、瑞金县、安远县、寻乌县；三等奖的是于都县、龙南县、信丰县、兴国县、定南县。

1989 年，各县（市）所在城镇继续参加竞赛之外，另推荐 1 个乡（镇）参加地区创“三优”竞赛。全地区把抓县城、保圩镇与带动农村紧密结合起来。崇义县获全省县城创“三优”竞赛一等奖。

1990 年，全地区创“三优”建设文明城镇竞赛活动突出抓好基层基础工作，调动群众参与的积极性，实行综合治理。以赣州市（今章贡区）为中心，着力抓好宁都县、全南县、崇义县、兴国县东南西北四县，形成连点成线，均衡发展的态势。赣州市（今章贡区）、宁都县获特别奖，南康县、崇义县、瑞金县、寻乌县获一等奖；赣县、安远县、定南县、会昌县获二等奖；信丰县、大余县、上犹县、龙南县、全南县、于都县、兴国县、石城县获三等奖。宁都县获全省县城创“三优”竞赛一等奖。

1991 年，地区确定以“树文明新风，做文明公民，创文明单位，建文明城镇”为创“三优”竞赛的总体目标，提出以一个或数个文明单位牵头，带动周邻单位，共建文明小区的任务，群众性精神文明建设活动连点成线，连线成片，创“三优”竞赛活动跨入新的发展阶段。获创“三优”特别奖的是赣州市（今章贡区）、瑞金县，获一等奖是崇义县、宁都县、南康县、寻乌县、定南县；获二等奖是信丰县、安远县、全南县、大余县、兴国县、赣县；获三等奖的是于都县、石城县、上犹县、全南县、龙南县。瑞金县获全省县城创“三优”竞赛一等奖。

1992 年，全地区创“三优”建文明城镇工作，以创建文明片区为重点，在文明片区的创建中，发挥各级文明单位的示范辐射作用。南康县城的东北文明片区，赣州市（今章贡区）的张家围文明片区建设得到省文明办的充分肯定。

1993—1995 年，全地区创文明城镇活动，侧重集中整治“脏、乱、差”，为经济建设创造良好环境。地区在于都县召开全地区整治“脏、乱、差”工作会议。抓住群众反映强烈的环境卫生脏，交通秩序乱，赌博、淫秽出版物、卖淫嫖娼等问题，开展清理“三乱”，打击假冒伪劣商品等活动。提高城镇创“三优”水平。在大余县召开全地区整治城镇“脏、乱、差”工作现场会。通过整治，城镇文化市场、特种行业、街道秩序、环境卫生等都有较大改观。全地区各县（市）着重抓好 1～2 个文明片区试点工作。地区在南康市（县）进行文明片区试点工作，并召开文明片区经验交流会。加大力度进行规划整治，强化南康市（县）城区各项管理，整顿和加强城镇管理队伍，实行领导包干责任制。在文明片区试点工作中，实行一个文明单位帮带一个非文明单位争创文明单位，开展互帮、互学、互促共建精神文明。

1997 年，地委、行署授予赣州市（今章贡区）张家围小区等 5 个片区“文明小区”称号，授予武警龙南县消防大队、龙南师范等 18 个单位“军警民共建先进单位”称号。

1998 年，地区在信丰县召开全地区创建文明城市活动现场经验交流会，地区文明委印发创建文明城市竞赛活动方案，规定 1998—1999 年度为首届竞赛评比，然后每两年进行一届竞赛评比。年中，地区文明委分 5 个组对创建工作情况进行督查。向省文明办、中央文明办申报推荐全国创文明城市活动示范点赣州市文清路商业街，全国创文明村镇示范点上犹县南河一村获中央文明办批准并向全国公布。

1999 年，市（地区）文明委授予赣州市（今章贡区）“创建文明城市竞赛活动特别奖”荣誉称号，授予信丰县等 5 个县（市）“创建文明城市竞赛活动优胜单位”荣誉称号，授予定南县等 3 个单位“创建文明城市竞赛活动先进单位”荣誉称号。

2000 年，市委、市政府按照《赣州地区创建文明城市竞赛活动实施方案》，对全市各县（市）、区 1998—1999 年度的创建工作进行考核评审，授予章贡区、大余县、南康市、宁都县、全南县先进单位称号。省委、省政府对 1998—1999 年度参加全省创建文明城竞赛的城市进行表彰，章贡区、大余县、崇义县获“江西省首届创建文明城市工作先进城市（区、县）”称号。

二、文明村镇创建

赣州地区文明村镇创建工作，主要与创“三优”竞赛和文明单位创建结合进行，强调以城市带农村，单独组织乡（镇）竞赛始于 1989 年。每届文明单位的命名都有一定数量的乡（镇）和村委会。1999 年始，文明村镇创建工作，以抓农村精神文明活动中心的建设、申报、督促落实工作为主，同时坚持在文明单位创建工作中，把乡镇村列为创建工作表彰对象。

1989 年，各县（市）各推荐 1 个乡（镇）参加地区创“三优”竞赛，把抓县城与促圩镇、带农村紧密结合起来。首次获全地区乡（镇）创“三优”竞赛一等奖的是宁都县青塘镇、崇义县古亭镇；二等奖是信丰县金盆山镇、南康县龙回乡、安远县版石镇；三等奖是赣县沙石镇、石城县横江镇、大余县新城县、寻乌县晨光镇。

1995 年，地区部署县（市）创文明圩镇工作，以城区带动圩镇的创建工作，以圩镇的创建促进农村的经济文化繁荣，树立南康县横市镇为圩镇创建的典型。

1998 年，地委宣传部、地区文明办对已公布的创建国家文明村镇示范点上犹县东山镇南河一村的创建工作进行复查评议，评议结果合格。

1999 年，赣州市（地区）文明委向省文明委推荐石城县小松镇申报全国创建文明村镇工作先进镇，上犹县东山镇南河一村申报全国创建文明村镇工作先进村。中央精神文明建设指导委员会对全国创建城市、文明村镇、文明行业工作先进单位进行表彰，石城县小松镇被评为全国创建文明村镇工作先进镇。

2000年，中央文明办、省文明办拨付赣州市文化事业建设费75万元，用于补助兴国县鼎龙乡、宁都县长胜镇、会昌县筠门岭镇、寻乌县澄江镇、安远县版石镇兴建农村精神文明活动中心。中央文明办、省文明办下达第二批农村精神文明中心兴建指标5个，确定赣县田村镇、于都县罗坳镇、大余县青龙镇、全南县南迳镇、石城县珠坑乡为兴建点。

三、文明行业创建

以系统行业为单位开展精神文明建设活动，起始于1991年地区文明办组织的宾（馆）招（招待所）"创优质、争一流"竞赛，其后根据群众的要求和上级的部署，逐步向规范化的文明行业创建过渡。文明行业的创建成为三大群众性精神文明创建任务之一。

1991年，全省文明单位建设与管理经验交流会在宁都县召开，宁都县保险公司作经验介绍。由地区文明办牵头，在全地区客运站和宾馆、招待所开展"创优质、争一流"竞赛活动。赣州市（今章贡区）、寻乌县、大余县、定南县、龙南县汽车客运站被评为全地区"创优评佳"竞赛优胜单位。龙南宾馆、赣南宾馆、赣州宾馆、兴国宾馆、崇义宾馆、于都宾馆获全地区宾馆"创优质、争一流"竞赛优胜单位。

1992年，地委、行署批转《赣州地区文明单位建设与管理办法》。地区开展精神文明建设先进系统竞赛活动，地委、行署对邮电、税务、人民银行、工商银行、教育等5个先进系统进行表彰。

1993年，地区精神文明建设指导委员会（以下简称"地区文明委"）制定《关于开展创建文明系统活动的实施意见》，全地区在工商、城建、人行、工行、保险、医药、教育、人武、税务、邮电、公路等11个系统中，开展文明系统创建活动。地区税务局、工商银行、人民银行、赣州军分区政治部、保险公司、邮电局被评为创建文明系统活动先进单位。

1994年，创建文明行业系统调整扩展到21个行业系统参赛。

1995年，地区文明行业系统创建活动参赛系统扩展到30个系统参赛。年终由地委、行署对先进单位予以表彰。

1996年，地区文明委部署组织全地区商业、粮食、物资、供销、石油、医药六大行业系统开展"百家放心店"竞赛活动。竞赛活动立足于人民群众日常生活密切相关的行业，通过开展多种形式的教育活动，使参赛单位干部、职工树立起优质优价，为人民服务好的经营理念。

1997年，地委、行署授予赣州地区信访办等10个单位"文明窗口单位"称号。地区文明委授予赣州市（今章贡区）副食品公司红旗商店等18个单位为"百家放心店"竞赛活动先进单位。地区文明办组织对全地区30个行业中的60个"文明示范窗口单位"进行明察暗访，向未按标准提供服务和环境不规范的中行文清路储蓄所等窗口单位发出整改通知单。

1998年，地区文明委授予赣州市（今章贡区）公安局"110"报警服务台等4个单位"文明示范窗口达标先进单位"称号，地区地税局稽查分局等53个单位"文明示范窗口达标单位"称号。赣州市（今章贡区）人民影城等3个单位为文明示范不达标单位，并撤销3个单位"文明示范窗口单位"荣誉称号。

1999年，地区文明办组织以"为人民服务、树行业新风"为主要内容的竞赛活动，授予赣州市（今章贡区）公安局特警大队"110"等10个单位"文明示范单位标兵"称号。根据中央精神文明建设指导委员会对全国创建文明城市、文明村镇、文明行业工作的部署，市（地区）对全市（地区）的创文明行业工作进行部署，统一纳入创文明城市竞赛检查。赣州市煤气公司用气管理所、赣州供电局用电管理所被中央精神文明建设指导委员会评为全国创建文明行业先进单位。

2000 年，召开全市宣传部长、文明办主任会议，对大力推进创建文明行业活动进行部署。3 月，围绕文明行业的创建，以打击假冒伪劣商品，维护消费者权益为重点，由市委宣传部、市文明办、工商局、质量技术监督局、商业局共同组织在赣州市的文清路南段开展“百城万店无假货、购物放心示范街”活动。

四、文明单位创建

1986 年，全地区受省“五四三”委员会表彰的文明单位 2 个，受地委、行署表彰的文明单位 15 个。

1987 年，文明单位的建设与管理工作得到加强，全地区 18 个县（市）制订符合各地实际的管理办法，文明单位建设走上规范化轨道。年底，全地区有省级文明单位 42 个，地级文明单位 98 个。

1991 年，地委、行署转发地区精神文明建设活动委员会《赣州地区文明单位建设与管理办法》明确，文明单位是由县（市）以上党委、政府命名的综合性最高荣誉称号，对各级文明单位实行精神奖励为主，物质奖励为辅的原则，凡被命名为省、地、县（市）级文明单位的行政、企事业单位，每人一次性给予 40 元、30 元、20 元奖金的奖励。凡被命名为省、地、县（市）级文明单位的村镇，分别按每人 40 元、30 元、20 元一次性奖励村镇党政主要领导及分管领导。年底，全地区共有省级文明单位 65 个，地级文明单位 151 个。

1992 年，地区表彰 10 个文明单位标兵。

1993 年，全地区各级文明单位开展“树形象、创一流”活动，以塑造“精神面貌好、言行作风好、工作作风好、工作态度好、团结互助好”和争创“一流的服务、一流的环境”的主要内容，倡导为党和人民的事业不断开拓进取，改革创新。全地区有 219 个省、地级文明单位获国家、省级表彰 466 项次。在原有 151 个地级文明单位的基础上，地委、行署新命名赣南水轮机厂等 39 个单位为地级文明单位。

1995 年，各地按照“做一等工作、创一流业绩”的要求，把文明单位建设成培育“四有”新人的重要基地和文明窗口，创造两个效益的先进集体。全地区共有省级文明单位 100 个、地级文明单位 372 个，对创建滑坡的和出现严重问题的 13 个省级文明单位予以摘牌。

1996 年，地区文明委行文撤销创建意识不强，工作滑坡的上犹县医药公司等 29 个单位地级文明单位称号。

1997 年年初，地委、行署授予赣州地区工商行政管理局等 35 个单位地级文明单位荣誉称号。年底，地委宣传部、地区文明办对 1996—1997 年度申报省、地级文明单位的单位进行全面考核推荐。省委、省政府，地委、行署审定行文予以命名。该年度全地区保有省级文明单位 100 个、地级文明单位 347 个。地区文明委行文撤销地区粮食局等 4 个单位地级文明单位称号。

1998 年，增补于都县公路段、定南县气象局为 1996—1997 年度地级文明单位。

1999 年，中央精神文明建设指导委员会表彰赣州市江铃齿轮股份有限公司、龙南国家税务局为全国创建文明单位工作先进单位。江西省委宣传部、省文明办、省军区政治部对军民共建社会主义精神文明先进单位进行表彰，赣州军分区机关与章贡区大公路居委会等 7 对 14 个单位获得表彰。

2000 年，市文明办为加大公开办事、促进廉政建设的力度，在报刊上将 1998—1999 年度省、市（地）级文明单位候选名单予以公示。赣州市有 111 个单位被命名为省级文明单位，393 个单位被命名为市级文明单位。

五、思想道德建设

在开展各种常规的创建活动中，把思想道德建设纳入创建活动内容、标准之中。着眼于广大人民群众思想道德素质的提高，注意根据不同时期人民群众的要求以及经济社会发展的需要，适时组织开展社会公德、职业道德、家庭伦理道德的教育，切实开展移风易俗，树文明新风活动，抓好“扫黄、打非”工作，通过树立正面典型，打击丑恶现象，匡扶社会正气。

1986 年，地委宣传部、地区文明办在地区邮政局、赣州市第一人民医院（今赣州市立医院）、赣州饭店、赣州市（今章贡区）百货商场等 6 个单位，进行优质服务试点，制定商业、邮电、医护、客运等 15 个行业优质服务规范。

1987 年，全地区推行“四职”（讲职业道德、尽职业责任、守职业纪律、学职业技能）教育，在原 6 个行业典型基础上，发动全社会各行业，根据各自行业的特点，制定优质服务规范。地区文明委专门下文，要求全地区各行业集中时间和力量，广泛开展“四职”教育。全年全地区共有 11.47 万干部、职工参加学习，受教育面 81.4%。

1988 年，全地区职业道德教育形式更加多样，效果更为明显。省委宣传部、省“五四三”委员会对中共宁都县委宣传部、宁都县“五四三”办、赣南农药厂、赣州汽车运输公司客运站、赣州市（今章贡区）“五四三”办、寻乌县邮电局通报表彰。

1989—1991 年，全地区职业道德教育将纠正行业不正之风列入教育内容，教育的重点由抓服务态度的改善转变到讲职业道德，纠正行业不正之风上。

1992 年，开展以“讲究文明礼貌，遵守公共秩序，爱护公共财物，讲究公共卫生”和“讲职业道德，尽职业责任，守职业纪律，学职业技能”为基本内容的社会公德和职业道德学习讨论。配合学习讨论，地区文明办编印《社会公德、职业道德问题解答》20000 册。突出“树立为人民服务，纠正行业不正之风”重点，在地、县两级机关开展“文明办公、当好公仆”竞赛，组织全地区“两德”（社会公德、职业道德）知识竞赛。先后在南康县、安远县、宁都县、赣州市（今章贡区）举行“两德”知识的分片预赛和决赛。地直机关、驻军及宁都县、安远县、崇义县、赣州市（今章贡区）、寻乌县、兴国县等 8 个代表队参加决赛，赣州市（今章贡区）代表队获一等奖，地直机关、宁都县代表队获二等奖，驻军等 5 个代表获三等奖，于都县、赣县等 5 个县获教育活动先进单位奖。

1993 年，继续在地直机关开展“文明办公，当好公仆”活动，在宣传普及“两德”基本知识的基础上，对全地区各行业干部职工进行系统的职业道德教育，以“四职一纠”（职业理想、职业纪律、职业技能、职业责任及纠正行业不正之风）为主要内容，工作重点放在与经济工作关系直接的机关部门和窗口单位。

1994—1995 年，工作重心放在强化“两德”教育的实践上。以“树立赣南人形象”为主题，从正面教育入手，强化“两德”教育实践；以勤政廉洁为主要内容，以反腐败教育入手，强化“两德”教育实践。按照创文明系统，文明单位的标准，制定行业规范，纠正行业不正之风，向社会公布纠风电话，接受社会各阶层的监督。

1996 年，地区文明委根据社会的发展和群众的要求，开始在有关群众生产生活的行业和窗口推行以“为人民服务，树行业新风”为主题的职业道德教育活动，在一些行业和窗口试点推行“三公开”（公开办事内容、公开办事程序、公开办事结果）和“社会服务承诺制度”。

1997 年，地区文明委在全地区铁路等 30 个系统行业开展以“为人民服务、树行业新风”为主题的竞赛活动。同年，根据中央文明办和省文明办的要求，地区文明委召开地直单位“讲文明、树新风”活动动员大会，活动内容包括社会公德、职业道德和家庭伦理道德的各个道德层面，全地区各个社会各阶层共同参与，形成强大声势，影响和涉及面前所未有。至 2000 年，“讲文明，树新风”活动作为常年必抓的综合性活动，包括创文明城市、创文明村镇、创文明行业三大创建，成为全市（地区）文明委（办）、宣传部系统组织开展的一个龙头活动。

1999 年，市（地区）文明办会同市（地）委组织部、宣传部、市（地区）人事局在市（地）委各部门、市（地）直各单位以及各县（市、区）深入开展“做人民满意的公务员”活动，促进机关工作人员按照“三讲”和“三个代表”的要求，切实改进工作作风，提高公务员的职业道德水准。

2000 年，组织开展“百城万店无假货、购物放心示范街”活动。活动对文清路南段 70 多家经营户提出具体的职业操守和经营规范：严把商品进货、验货、入库、上柜台销售的质量关；自觉建立“说假、抵假、打假”的自律机制；秤准量足，使用的计量器具符合标准要求；不准销假冒伪劣和“三无”（无生产日期、无质量合格证、无生产厂家名称）产品、无标识和标识不全的商品；明码标价，无欺诈行为；公开质量承诺，诚实守信；保障售后服务，严格执行“三包”（包修、包换、包退）规定；方便消费者投诉，处理认真及时；热情文明接待顾客，美化环境。活动街区被中央文明办公布为无假冒伪劣、购物放心一条街。市文明办举办“供电杯”提高服务水平、优化发展环境演讲比赛，全市 5 万多名干部职工参与，25 个行业单位的 27 名选手参加决赛。

第六节　讲师团工作

市（地区）委讲师团为正县级事业单位，归市（地区）委宣传部管理。1985 年，讲师团内设办公室、哲学教研室、政治经济学教研室、科学社会主义教研室、党史党建教研室，编制 20 名。1996 年机构改革，讲师团内设办公室、政治理论教研室、经济理论教研室，编制 13 名。

一、办班培训

1986 年，举办 5 期经济理论和法制知识读书班，全地区党政县级以上领导干部经济和法制知识读书班。

1987 年，举办 3 期地直单位领导干部“两本书”读书班，主要学习邓小平《建设有中国特色的社会主义》《坚持四项基本原则、反对资产阶级自由化》两本书；与地委宣传部、组织部联合举办县级干部学习中共十三大文件骨干培训班。

1988 年，地委讲师团与地委宣传部、组织部、党校联合举办驻地、地直单位县级干部生产力标准读书班。与地委宣传部举办 2 期地直单位县级干部形势教育短训班。

1989 年，地委讲师团与地委宣传部、地区经委联合举办全地区地属企事业单位《社会主义初级阶段概论》辅导员备课会。地委讲师团与地直机关党委联合举办地直单位社会主义初级阶段理论骨干培训班。与地委宣传部、地区司法局等单位举办 3 期地直机关和驻地地属以上企事业单位县级干部江泽民国庆讲话读书班。

1990 年，地委讲师团与地委宣传部举办全地区马克思主义哲学辅导员培训班，主要学习《马克思主义哲学学习纲要》以及毛泽东、邓小平、江泽民等的著作和讲话。与地直机关党委举办 3 期科级干部马克思主义哲学读书班。

1991 年，地委讲师团与地委宣传部等单位联合举办县级干部学习社会主义理论首场专题报告会。与地委宣传部等 5 个单位举办 3 期地直机关、地属以上企事业单位县级干部中共党史和“二五”普法学习班。

1992 年，地委讲师团协同地直机关党委举办 2 期地直机关科级干部学习中共中央《关于传达学习邓小平同志重要谈话的通知》和党史党建理论学习班；协同地委宣传部举办全地区学习经济理论知识骨干培训班；协同地委宣传部、地委党校举办全地区学习中共十四大文件理论骨干培训班；与地区经贸局联合举办全地区“关贸总协定信息”讲习班。

1993 年，地委讲师团协同地委宣传部、地直机关党委举办 1 期全地区企业宣传部长读书班，2 期地直机关科级干部建设有中国特色社会主义理论学习班；协同地委宣传部举办全地区学习《邓小平文选》第三卷骨干培训班。

1995年，地委讲师团协同地委宣传部举办2期全地区学习《邓小平建设有中国特色社会主义理论学习纲要》理论骨干培训班。

1996年，地委讲师团协同地委宣传部连续举办5期全地区学习中共十四届六中全会《关于加强社会主义精神文明建设若干重要问题的决议》骨干培训班。

1997年，地委讲师团协同地委宣传部、地直机关工委、地区文明办、地区妇联、地区邮电局等单位举办6期学习中共十五大文件研读班。

二、学习辅导

1986年，组织全地区在职干部学习政治经济学。1989年，组织全地区在职干部学习省委宣传部和讲师团合编的《社会主义初级阶段概论》。1990年，组织全地区干部学习中宣部理论局编写的《马克思主义哲学学习纲要》。1991年，组织全地区干部学习社会主义理论。1992年，讲师团分组对工业、商业、乡镇企业关于转换经营机制等方面进行调查；协助地委宣传部抓地委中心组“社会主义市场经济理论”的辅导；开展中共十四大文件和党史党建以及马克思主义哲学、科学社会主义理论的学习辅导。1993年，开展“邓小平建设有中国特色社会主义理论是对毛泽东思想的继承和发展”“关于社会主义的根本任务和我国社会主义建设的战略步骤”“关于社会主义发展动力和社会主义建设的外部条件”“关于社会主义建设的政治保证和领导力量、依靠力量”“抓住机遇，深化改革，加快赣南经济的发展”5个专题的辅导。1994年，开展《邓小平文选》第三卷学习辅导。对全地区妇女干部培训班、地区卫生局、文化局和建设银行、教育局、外事侨务办进行市场经济、中国共产党十四届四中全会文件的学习辅导。1995年，拟定“社会主义本质”“社会主义初级阶段理论”“社会主义市场经济理论”“党的基本路线”“改革、发展和稳定的关系”“两手抓、两手都要硬”6个专题，对在职干部进行辅导。1996年，开展中共十四届五中全会、六中全会文件、江泽民《领导干部一定要讲政治》《正确处理社会主义现代化建设中若干重大关系》等重要讲话的辅导。承担领导干部学习中共中央《关于加强社会主义精神文明建设若干重要问题的决议》等各类培训班的理论辅导。1997年，地委讲师团与地区邮电局、地区妇联、地直机关工委、地委组织部所属刊授党校等单位建立辅导和教学联系点。开展迎香港回归、八届人大五次会议精神、妇女发展纲要、国有企业改革、邓小平理论、中共十五大精神等的辅导。1998年，辅导中共十五大精神与邓小平理论。1999年，开展“深入学习邓小平理论”“全党上下都要讲政治”“大力弘扬共产党人的浩然正气”等专题辅导。2000年，开展“学习邓小平理论”“全党上下都要讲政治”“弘扬共产党人的浩然正气”的专题辅导，进行“正确对待加入世贸组织问题”“学习十五届四中全会精神”“加强和改善企业管理”“十五届五中全会精神”“九届人大三次会议精神”“当前的国际国内形势问题”“坚持科学的唯物主义和无神论”“民主法制建设”“科教兴国战略”等专题辅导。

三、理论成果

1987—1991年，地委讲师团先后编印《“两本书”学习辅导材料》、《生产力标准学习辅导材料》、《形势教育参考资料》、《〈社会主义初级阶段概论〉专题复习考试资料》、《学习江泽民总书记国庆讲话领读性辅导材料》（与地委宣传部合编）、《马克思主义经典著作辅导提纲》、《〈中国共产党的七十年〉复习考试参考资料》、《社会主义理论辅导提纲》（与地委宣传部合编）。

1993年，对全地区国合商业体制改革进行调查研究，撰写《国合商业转变经营机制与产权制度改革》论文。为全地区经济体制改革、全省讲师团系统纪念毛泽东100周年诞辰和全省纪念毛泽东100周年诞辰等理论研讨会提交论文4篇，其中3篇分别获全省讲师团系统纪念毛泽东100周年诞辰理论研讨会优秀论文一、二、三等奖，《知识分子中国改革开放和现代化建设的生力军——试论邓小平对毛泽东知识分子思想的继承和发展》一文入选全省纪念毛泽东100周年诞辰理论研讨会。

1994年，围绕建立社会主义市场经济体制、物价和市场经济体制改革等问题，选择“发展私营经济”和“流通体制改革”等课题进行调查，撰写论文8篇，在省、地级报刊发表4篇。

1995年，撰写论文8篇，其中《邓小平理论是当代中国的马克思主义》《深化改革需要坚持和健全民主集中制》《论市场经济条件下的党性修养》《社会主义市场经济仍需要加强宏观调控》《企业社会功能扩张的原因和对策》5篇论文在省、地级报刊中发表。

1996年，完成理论文章10篇，其中《论苏区调查研究传统发扬光大》《构建赣南特色农业稳定发展的保障体系》等6篇论文分别在省、地级报刊中发表。

1997年，撰写论文和调查报告12篇，其中《打特色牌、走致富路》获江西省讲师团系统第四次邓小平理论研讨会优秀论文一等奖，并入选江西省第四次邓小平理论研讨会。

1998年，配合江西省委讲师团在赣州地区开展“猪—沼—果”工程与生态农业模式调查，论文《一项功在当代福泽千秋的伟业——赣南生态农业建设调查》获江西省讲师团系统学习《学习邓小平理论纲要》暨第五次邓小平理论研讨会优秀论文一等奖。

1999年，开展农产品流通、小城镇建设与县域经济发展、新时期农村社会经济矛盾调查，撰写《农业产业化与农村城镇协调发展研究》等多篇调查报告。

2000年，撰写并发表论文7篇，其中《适应“五个”要求，做好思想政治工作》在江西省讲师团系统第七次邓小平理论研讨会获二等奖。

第七节　社联工作

市（地区）社联是市（地）委的理论工作部门，是全市（地区）社会科学社团的业务主管部门，领导机构是理事会。1986年5月，赣州地区第三次社会科学工作者代表大会召开。大会通过新的章程，选出75人组成第三届理事会，17人组成常务理事会，选举产生主席、副主席。1990年，地区社联由选举制改为派任制。1991年6月，地区社联理事（扩大）会召开，由地区社联、地区学会、县（市）社联主要领导和有名望、有影响的社会科学工作者56人组成新的理事会，由理事会选举20人组成常务理事会，并选出主席、副主席。会议通过社联章程。1986—1987年，地区哲学社会科学联合会设有办公室，属正县级单位。1988年12月，增设《赣南社会科学》编辑部。2000年，市社联内设办公室、《赣南社会科学》编辑部，编制9名，实有7人。

一、基层学会

1986—2000年，市（地）属学会有市（地区）哲学学会、市（地区）历史学会、市（地区）统计学会、市（地区）档案学会、市（地区）科学社会主义学会、市（地区）新闻学会、市（地区）林业经济学会、市（地区）商业经济学会、市（地区）会计学会、市（地区）金融学会、市（地区）价格学会、市（地区）法学会、市（地区）民政学会、市（地区）妇女学会、市（地区）财政学会、市（地区）审计学会、市（地区）文艺学会、市（地区）企业管理协会、市（地区）税务学会、市（地区）钱币学会、市（地区）计划学会、市（地区）法学会、市（地区）大中专职工思想政治教育研究会、市（地区）教育学会、市（地区）新四军历史研究会、市（地区）心理学会、市（地区）老年教育学会、市（地区）粮食经济学会、市（地区）图书馆学会、市（地区）地方志学会等36个学会，先后召开会员代表大会，改选理事会和常务理事会。1990年12月，撤销地区林业经济学会。1986年，全地区18个县（市）成立社联。至2000年，会昌县、瑞金市、石城县、兴国县、龙南县、宁都县、上犹县、全南县、章贡区、赣县、于都县等县（市、区）社联先后召开社会科学工作者代表大会，选举出新的理事会和常务理事会。

表 5－5－1

1986—2000 年赣州市（地区）成立学会一览表

学会名称	成立时间	学会名称	成立时间
市(地区)口才学会	1986 年 1 月	市(地区)大中专职工思想政治教育研究会	1988 年 10 月
市(地区)企业管理学会	1986 年 1 月	市(地区)地方志学会	1989 年 10 月
市(地区)价格学会	1986 年 3 月	市(地区)心理学会	1990 年 3 月
市(地区)计划学会	1986 年 5 月	市(地区)图书馆学会	1990 年 5 月
市(地区)中共党史学会	1986 年 5 月	市(地区)老年学会	1990 年 9 月
市(地区)妇女学会	1986 年 7 月	市(地区)新四军历史研究会	1990 年 10 月
市(地区)统战学会	1986 年 12 月	市(地区)粮食经济学会	1991 年 5 月
市(地区)群众文化学会	1987 年 4 月	市(地区)工商行政管理学会	1991 年 12 月
市(地区)钱币学会	1987 年 12 月	市(地区)老年教育研究会	1992 年 1 月
市(地区)党建学会	1988 年 6 月	市(地区)秘书学会	1992 年 1 月
赣南中华客家研究会	1992 年 1 月	市(地区)政工师协会	1995 年 10 月
市(地区)煤炭研究会	1992 年 3 月	市(地区)税务学会	1995 年 12 月
市(地区)劳动学会	1992 年 12 月	市(地区)城市金融学会	1995 年 12 月
市(地区)农村金融学会	1994 年 10 月	江西赣南中华客家联谊会	1998 年 7 月（由赣南中华客家研究会更名）
市(地区)警察学会	1994 年 11 月		
市(地区)冶金煤炭经济研究会	1995 年 5 月		
市(地区)邓小平理论研究会	1995 年 5 月	赣南诗词学会	2000 年 11 月

二、理事（常务理事）会议

地区社联理事会，按章程规定每年召开一次常务理事会议，1986—2000 年，召开会议 15 次，重点研究和决定社联重大事项，布置理论学习与探讨等。

1986 年 4 月、5 月，地区社联先后两次召开常务理事会议，集中研究第三次社会科学工作者代表大会代表名额分配、大会议程、主席团和秘书长名单，审议将提交大会的社联工作报告、修改社联章程、理事和常务理事候选人名单。

1986 年 11 月、1987 年 4 月，地区社联召开两次常务理事会议，分别传达省社联工作会议和理事（扩大）会议精神，审议确定年度工作任务和完成任务的指导原则与措施，决定从 1986 年起每两年进行一次评“双优”活动。

1988 年 3 月、5 月，地区社联分别两次召开常务理事会议，研究首次召开经济体制改革试验区讲座会的筹备工作，审定全地区社联系统首次评选“双优”的优秀论著篇数、等级和先进工作者名单。

1989 年 4 月，地区社联召开第三届四次理事（扩大）会议，与会代表 80 人。会议总结交流社联学会工作，探讨在深化改革和治理整顿的形势下如何发挥社联功能，努力做好工作，为实现“四化”（工业现代化、农业现代化、国防现代化、科技现代化），振兴赣南，办好试验区，繁荣发展社会科学等理论与实践问题。

1990 年 1 月、5 月，地区社联分别召开常务理事会议，讨论改革地区社联权力机构和产生理事会的办法，拟定理事会的产生由选举制改革为派任制，呈报地委审批。同时确定建立赣州地区社会科学奖励基金，研究筹集基金的路子、办法和来源。

1992 年 1 月、1993 年 3 月、1994 年 5 月，地区社联依据章程分别召开常务理事会议。

三、工作会议

1986 年 1 月，地区社联召开地属学会理事长、秘书长会议，会议根据地委关于对开放“南门”、振兴赣南经济研究的意见，确定召开相应的学术讨论会。12月，在瑞金县召开赣州地区第二次社会科学工作者大会。

1987年1月、6月，地区社联召开地区学会秘书长会议。会议传达华东地区第四次社联协作会议精神和六省一市九地（市）社联的经验。

1988年9月、11月，地区社联分别召开各县（市）社联、老建办负责人会议，回顾赣南老区的历史与现状，总结交流工作经验，重点研究老区宣传、典型调查，组织稿件，做好《老区建设》《赣南社会科学》等刊物的发行工作。

1989年10月、1991年1月，地区社联分别召开县（市）社联工作会议，研究组织全地区社会科学工作者深入学习江泽民庆祝中华人民共和国成立40周年国庆讲话。

1990年5月，地区社联与地区政法委、地区法学会联合举行“北京·世界法律大会”精神报告会。

1991年4月，地区社联召开11个边际县社联负责人座谈会，专题座谈开展与闽、粤、湘邻县商品经济发展比较的调研活动。

1992年，地区社联召开部分学会、社联负责人会议，围绕解放思想、加快赣南经济发展步伐等3个专题进行座谈。

1993年9月，地区社联召开学会秘书长会议，研究开展社科理论学习、纪念毛泽东100周年诞辰、建立社会主义市场经济体制、反腐败等研讨活动。

四、学术研讨会

1986年4月，地区社联召开“开放‘南门’、振兴赣南经济”学术讨论会。在面向闽粤全方位开放，发挥赣南优势，引进资金、技术，发展横向经济联系，实行灵活政策等方面进行探讨。研究会的观点综述在《赣南社会科学》刊出专辑。9月，地区社联与省社联、省中共党史学会在南昌联合举行“纪念红军长征胜利50周年”学术讨论会。讨论会围绕纪念中国工农红军长征的重大历史和现实意义，以及长征的原因、准备、时间、出发点等问题展开讨论。观点综述登载于《争鸣》。12月，邀请宣传、文教、科研和有关学会的理论和实际工作者，专题座谈社会主义初级阶段精神文明建设的规律、地位、作用、目标、主要内容、根本任务与物质文明、改革开放的关系，加强城乡精神文明建设的重点、措施、途径以及当前的现状、难点、对策等。座谈中提出建设有老区特色的精神文明等许多具有建设性的观点、意见和建议。登载于上海《社会科学报》。

1987年10月，地区社联与地区老建委联合召开“赣南老区经济建设”理论讨论会，围绕老区建设的工作重点、资金投放、农村市场、人才建设等问题，进行经验交流和理论探讨。会议综述和建议，分别登载于上海《社会科学》、江西《老区建设》。

1988年1月、5月，地区社联分别召开座谈会和讨论会。讨论会联系中国的历史和现实，分析资产阶级自由化产生的原因、实质及其危害，批判资产阶级自由化错误言论，探讨在中国为什么只能搞社会主义，社会主义现代化离不开党的领导，要旗帜鲜明地坚持马列主义、毛泽东思想，努力发展社会主义民主等问题。上海《社会科学》对会议作报道。2月，地区社联召开新春座谈会。会议对发展赣南经济和乡镇企业的战略思想、观念更新、速度规模、管理权限、放开价格、建立开发区、发展市场经济、实行优惠政策、增加资金投放等问题展开讨论。6月，与地委宣传部、党校、讲师团和地区体改委联合召开“赣南经济体制改革试验区”理论研讨会。研讨会从创办试验区的指导思想，内、外部环境，目标模式，政策措施，方法途径，优化工业结构，农业发展战略，开拓市场经济，搞活边际贸易等方面展开探讨。9月，与地委宣传部、地区农委联合召开山地开发理论研讨会。会议围绕山地开发在农业总体开发中应有的地位、战略意义、对策路子、智力开发，以及相配套的农、林、牧、副、渔、水电、金融、乡镇企业、商品流通等问题，进行经验交流和理论探讨。

1989年6月，地区社联与地区金融学会、商业经济学会、价格学会联合召开“流通领域治理整顿理论与实践”讨论会。对经济环境和秩序的一般理论，当前流通领域的主要成绩、突出问题，治理整顿的目标、原则、对策及其改革的关系等方面进行探讨；对赣南试验区的内涵与功能、经济运行机制的选择、搞活边际贸易、引进外资以及中国台湾地区资金、深化改革等问题进行交流和研讨。11月，地区社联、地区农经学会联合召开“赣州地区农村改革与发展”研讨会。会议联系赣南农村实际，重点研讨农村现状与发展、深化农村改革、农业工业化、山地“绿色工业”、建立农村改革试验区、农村社会经济关系等问题。会议综述刊登于《上海社会科学报》。

1990年7月，地区社联与地区科学技术委员会、地区科学技术协会联合召开“科技兴赣南战略”研讨会。研讨会就科技兴赣南战略的基本思想、战略目标、实施步骤、政策措施以及科技示范企业、示范乡（镇）建设等进行经验交流和深入探讨。9月，地区社联与地委宣传部、地区体改委联合召开深化赣南试验区改革讨论会。会议就赣南试验区的内涵与功能、经济运行机制的选择、搞活边际贸易、引进外资台资、深化改革等问题进行交流和研讨。11月，地区社联参与地矿部赣南老区经济开发工作团举办赣州地区区域经济开发研讨班。探讨老区区域经济开发的指导思想、基本思路、支柱产业、产业结构调整、县级经济发展等专题。研讨班研究成果以《赣南社会科学》专辑出刊。

1991年7月，地区社联组织11个边际县分别到闽、粤、湘毗邻各县开展商品经济的对比调查，召开“边际县商品经济协调发展”研讨会。会议交流考察学习闽、粤、湘毗邻县的先进经验，围绕搞好接轨、搞活边贸、协调发展等议题，联系实际分析对比，提出许多接替跟进的思路与对策。9月，地区社联与地区企管协会、金融学会、商经学会联合召开“质量、品种、效益年”活动理论研讨会。研讨会结合赣南实际，以提高经济效益为主线，深入探讨转变经营思想、优化生产力要素、增强质量意识、提高企业素质、搞好工商衔接、发挥金融杠杆作用等问题。研讨会成果以《赣南社会科学专辑·赣州地区“质量、品种、效益年”活动论文集》印发全地区。10月，与地委宣传部、地委党史办联合组织召开“苏区革命传统”理论讨论会。会议集中讨论中央苏区革命传统的内涵与成因，苏区革命传统教育的现实意义和方法措施，弘扬革命传统、促进老区经济发展等问题。

1992年9月，地区社联与地委宣传部、地区体改委、地区经济委员会联合举办“转换企业经济机制、提高经济效益”理论研讨会。会议对宣传贯彻《全民所有制工业企业转换经营机制条例》起推动作用。11月，与地委政研室、地区农经委联合召开“赣南农村奔小康”理论研讨会。围绕农村小康的内涵、量化指标、奔小康的战略意义，农村奔小康与精神文明建设、在山上再造一个高效益的赣南等问题进行研讨。

1993年8月，地区社联与地区金融、财政、税务、工商、法学会联合召开赣州地区建立完善社会主义市场经济体制研讨会。12月，与地委宣传部联合举办纪念毛泽东同志100周年诞辰座谈会。

1994年10月，地区社联与地区支铁办、地区计划学会、地区农村金融学会联合召开研讨会。对京九铁路与调整赣南产业结构，京九铁路通车与赣南经济发展的政策环境等问题进行研讨。

1996年8月，与地区财政局、地区国税局、地区地税局联合举办全地区转变经济增长方式理论研讨会。与地委宣传部、地区体改委、地区经济委员会联合召开“学习江泽民重要讲话，深化国有企业改革”座谈会。9月，地区社联与瑞金市委、市政府联合举行“红都精神”理论研讨会，开展“纪念红军长征胜利60周年”理论研讨活动。《赣南社会科学》开设《纪念长征胜利60周年》专栏。与地矿部驻赣扶贫团、地区老建办联合开展“加快赣南老区脱贫致富奔小康步伐”征文活动。

1998年1月，地区社联，地委统战部，赣县县委、县政府联合举办“赣南光彩大市场与赣南经济”理论研讨会。10月，地区社联参与地区政协工委组织的“进一步优化赣江源头生态环境”调研活动。

12月，地区社联与地委宣传部、地委讲师团、地委党校、地区教育委员会联合召开纪念中共十一届三中全会20周年暨第三次邓小平理论研讨会。

1999年5月，地区社联参与由民盟江西省委、省发展研究中心、赣州地区行署、南方冶院联合召开的“面向21世纪赣州经济发展”高级研讨会。

五、理论研究和探讨

1986年1月，江西省商业经济学会与赣州地区商业经济学会在赣州市（今章贡区）联合召开江西省贸易中心理论研讨会，就全省贸易中心建立情况，贸易中心的概念、职能、模式、地位、作用与国营专业批发公司关系及如何办好贸易中心等问题，进行广泛经验交流和理论探讨。5月，中国金融学会利率研究会、江西省金融学会联合召开全国民间借贷利率学术讨论，就民间借贷的地位和作用，民间借贷利率的性质，以及如何加强民间借贷的引导、管理等问题，进行研究和探讨。12月，吉安、赣州两地农村金融学会在瑞金县召开发挥县级人民银行作用、贯彻银行管理条例学术研讨会，交流和探讨发挥县级人民银行作用、金融体制改革、贯彻银行管理条例、完善金融有关法规等问题。

1988年8月，江西省委宣传部、赣州地委、省委党校、省体改委、省社科院、省社联等单位在于都盘古山钨矿联合举办江西省经济体制改革理论研讨会，围绕深化企业改革、物价改革、农村第二步改革、乡镇企业的发展以及赣南试验区的改革与发展等课题进行探讨。

1989年2月，赣州地区、吉安地区、九江市农村金融学会在兴国县联合召开治理经济环境、整顿经济秩序、深化金融改革学术研讨会，会议就治理整顿、深化金融改革、促进经济发展等议题，进行交流探讨。修改赣州地区人民银行草拟的《疏通汇路，维护正常结算秩序规则》、《治理整顿金融工作若干规定》和《信贷资金监督与调控办法》，赣州地区行署根据会议讨论观点制定《关于疏通汇路、维护结算秩序的若干规定》印发全地区。12月，省历史学会、赣州地区历史学会、瑞金县社联联合在瑞金县召开“陈炽与戊戌维新运动”学术研讨会，对陈炽生平家事、政治态度，及其农业、商业、教育、货币、消防等思想进行探讨。

1991年5月，闽赣11个县工商银行在瑞金县召开盘活资金存量研讨会，围绕信贷资金存量现、存量沉淀增多的成因以及盘活资金存量的金融措施等问题，从理论和实践上进行探讨。5月，赣州、抚州、吉安三地税务学会和省税务学校在赣州联合召开税务理论研讨会，围绕如何运用税务杠杆，调查个人所得，缓解社会分配不公等问题，进行学术交流和探讨。

1995年3月，省社联到寻乌县、兴国县开展“全国百县县情调查”工作，地区社联参与调研完成承担的章节任务。5月，省政府决策咨询委员会到赣州地区调研京九线赣南段生产力布局，地区社联参加调研、搜集、提供资料。5月，全省地市社联第四次协作会议在赣州召开。会议主题是探索市场经济条件下社联学会的自身建设。地区社联向会议提交“自重自强自立之探索”的论文。

1998年11月，江西省心理学会、社会心理学会、赣州地区心理学会学术交流会在赣州召开。

六、理论刊物

《赣南社会科学》是市（地区）社联主办的社会科学综合杂志，创办于1984年10月，1989年起为季刊，1990年改为双月刊。1986—2000年，《赣南社会科学》设有《京九与赣南》《县域经济》《县（市）领导论坛》《赣南发展战略》《兴赣南“隆中对”》《赣南食品工作》《赣南广角》《中央苏区史论》《红土地今昔》《决策者手记》《客家文化研究》《宋城文化研究》等近50个栏目。旨在探讨建设有中国特色的社会主义实践中的理论和实际问题，交流社会科学研究成果，展现赣南古今社会风貌，推动赣南社会科学事业的繁荣，振兴赣南经济。1986—2000年，《赣南社会科学》出81期，收稿14624篇，用稿2409篇。

《赣南社会科学》从 2000 年开始实施审读员制。审读员实行一年一换。当年，聘请 4 名审读员，召开 3 次审读员会议，评改 2000 年度《赣南社会科学》和评选 2000 年度《赣南社会科学》优秀论文。

第六章　统战工作

1986—2000 年，全市（地区）做好落实统战政策工作，加强海外统战工作和统战理论研究工作，加强民主党派和工商联的组织建设和思想建设，安排一批党外人士担任人大、政府、政协及政府有关部门领导，开展统一战线为经济建设服务工作，为赣州的政治稳定、社会发展服务。全市（地区）对台工作主要开展对台经济、台胞接待、交流交往、对台宣传、台情调研和涉台教育，台办认真履行组织、指导、管理、协调职能，在推进祖国统一，促进赣州经济发展中做出贡献。

1986 年，地委统战部设办公室、社会科、民族宗教科。1989 年 4 月，增设干部科。1990 年 1 月，成立省工商联赣州地区办事处，与地委统战部合署办公；11 月，民族宗教科改为地区民族宗教事务处，升格为副县级单位归行署办公室管理。1993 年，省工商联赣州地区办事处从地委统战部析出，升格为副县级单位。1996 年，干部科更名一科、社会科更名二科。2000 年，市委统战部内设办公室、一科、二科，定编 16 名，有工作人员 15 人。

第一节　联系民主党派与工商联

一、联系民主党派工作

1986 年，支持赣州市（今章贡区）成立民主党派，共设立支部（直属组）46 个，有成员 496 人。

1988 年，召开赣州市（今章贡区）各民主党派、工商联主委和部分无党派知名人士座谈会，就赣南经济体制改革试验区实施方案征求意见。全国、省政协委员座谈会在赣州召开，地委统战部通报全地区治理经济环境、整顿经济秩序情况，并听取与会委员意见。

1989 年，各民主党派普遍放慢发展速度，着重巩固健全组织，提高成员素质，发展成员 26 人。

1992 年，地委统战部支持各民主党派加强班子建设，完成换届工作。

1995 年，民主党派除民进赣州市（今章贡区）委会，其余各民主党派在各县（市）均配备主委、副主委。推荐部分民主党派人士为后备干部。

1997 年，地委统战部支持赣州市（今章贡区）各民主党派完成换届工作。

1998 年，各民主党派完成基层支部换届工作。

1999 年，经各民主党派中央同意，撤销 6 个赣州市（今章贡区）各民主党派组织，分别成立地级赣州市各民主党派组织，并相继召开成立大会，选举产生第一届领导班子。民盟南康支部由省直管改为市委会管。赣州市（今章贡区）各民主党派机关干部及其离退休人员分别转至地级赣州市各民主党派。在过渡期，各民主党派暂停发展党员。

2000 年，各民主党派市委会进行基层支部调整或换届，共发展成员 60 名。市委建立双月座谈会、情况通报会、民主协商会、交友联谊、谈心活动等一系列民主党派工作制度，就“三讲”、市一届三次会议筹备工作，召开情况通报会，就赣州区域中心城市战略、赣州市“十五”规划等议题征求各民主党派意见。在民主党派成员及无党派人士中聘请特约监察员、教育督导员 30 名。在市人大、政协一届二次会议上，各民主党派提交提案和建议 200 余件。

二、指导工商联工作

1986 年，组织召开全地区工商联工作座谈会。年底，全地区 18 个县（市）全部恢复工商联组织。

1989年，地、县两级党委建立党政领导联系民主党派、工商联、无党派知名人士制度。

1991年，全地区各级党政开展政治协商、民主监督活动395次，聘请党外人士特约监察员、检察员、审计员和教育督导员238名。

1992年，地委统战部支持各县（市）工商联加强班子建设，完成换届工作。全地区发展工商联会员678人（家），其中个体工商户620人、私营企业21家、“三资”企业23家、乡镇企业14家。

1995年，各县（市）配齐工商联领导班子。推荐部分工商联成员为后备干部。

1996年，地委贯彻《中共中央关于坚持和完善中国共产党领导的多党合作和政治协商制度的意见》，把民主党派和工商联工作纳入各级党组织目标管理考核内容。地委、行署召开民主协商会议8次。

1997年，各民主党派、工商联组织大型专题考察活动15次，形成各种调查考察报告28篇、提案150件。

1998年，各民主党派、工商联组织110多人次，开展系列调查考察活动，形成考察报告14份；开展“咨政日”活动20余次。

第二节　党外干部工作

一、党外干部政治推荐

1987年，在县（市）换届中，有67名党外人士被选为县（市）人大常委会委员，占总数的21.7%；有625名党外人士被选为县（市）人大代表，占总数的19.5%。有328名党外人士被选为县（市）政协常委，占总数的64%；有1584名党外人士被推荐为县（市）政协委员，占总数的60%。全地区有64人推荐为省六届政协委员，其中党外人士55名，占85.94%。

1990年，在县（市）换届中，全地区县（市）人大代表、人大常委会委员、政协委员、政协常委中党外人士比例基本达到中央规定的要求。有62名党外人士担任县（市）人大、政协领导班子职务。全地区聘任214名民主党派成员和党外人士担任特约监察员、检察员、审计员和教育督导员。

1991年6月，地委组织部、统战部联合印发《关于推荐党外代表人物的通知》。18个县（市）推荐74名民主党派成员、无党派人士为代表人物。地委统战部向省委统战部推荐25名党外代表人物，为1993年省人大、省政协换届作准备。向省推荐8名文史馆员人选。

1992年，全地区推荐170余名党外代表人物，向省推荐54名作为七届省政协委员提名候选人。推荐2名党外代表人物为全国人大代表候选人，推荐1名党外代表人士为七届省政协常委提名候选人。

1993年，省政协六届常委会第22次会议通过政协江西省第七届委员共704名，其中赣州地区64名（含驻地、市单位）。64名委员中中共党员19名，民主党派成员、无党派代表人士45名。全地区29名民主党派成员、党外知识分子及无党派代表人士当选为八届省人大代表。

1995年，县（市）人大、县（市）政协例会期间，增选68名党外人士担任县（市）人大代表、常委会委员、县（市）政协委员或常委。全地区有党外省政协委员45名，党外县（市）政协委员1707名，党外全国人大代表1名，党外省人大代表30名，党外县（市）人大代表1486名。全地区聘请306名民主党派成员、无党派人士担任特约监察员、审计员、教育督导员。

1996年，地区监察局聘任12名民主党派成员、无党派代表人士为第二批特邀监察员。

1997年，全地区推荐728名民主党派成员、无党派人士作为县（市）人大常委会委员、政协常委提名候选人，其中人大常委会委员候选人381名，政协常委候选人347名。推荐近3000名党外代表人士作为新一届人大代表、政协委员候选人。

1998年，省人大、省政协换届。赣州地区有26名党外代表人士当选为省政协委员，其中常委1

人；33 名党外人士当选为省人大代表；1 名党外人士当选为九届全国人大代表。全地区各县（市）人大、政协换届，有 1708 名党外代表人士当选为政协委员，其中常委 342 名；有 1232 名党外代表人士当选为人大代表，其中人大常委会委员 96 名。全地区聘请 391 名党外人士担任特约“四员”（特约检察员、特约监察员、特约审计员、特约教育督导员）。

1999 年，市人大、市政协一届一次会议安排 384 名党外人士。其中 189 名党外人士当选为市人大代表（其中人大常委会委员 10 名，党外副主任 1 名），195 名党外代表人士当选为市政协委员（其中政协常委 28 名，党外副主席 4 名）。

2000 年，市政协一届一次会议增补 1 名党外人士为政协委员。全地区聘请 340 余名党外人士担任特约“五员”（检察员、监督员、审计员、教育督导员、陪审员）。

二、党外干部实职推荐

1987 年，在县级换届中，推荐 11 名党外人士为县（市）人大常委会副主任，37 人为县（市）政协副主席。推荐 279 名党外人士担任行署、县（市）政府机关和企事业单位科级职务。1989 年，推荐 45 名党外人士担任县（市）政府工作部门领导职务。1990 年，地委推荐 7 名党外干部担任政府副县长或县长助理。全地区担任科级领导职务的党外干部有 488 名。

1991 年，全地区有党外副县（市）长或县长助理 15 名，县（市）政府工作部门配有科级党外干部 175 人。1992 年，全地区 18 个县（市）政府均选配党外副县（市）长或县长助理。

1993 年，县（市）换届中，县（市）人大、政府、政协班子配齐党外领导干部。其中 10 名党外人士当选为副县（市）长，8 名党外人士被推荐为县（市）人大常委会副主任，38 名党外人士当选为县（市）政协副主席。推荐 7 名党外人士担任地直有关单位的领导，推荐 549 名党外人士担任科级职务。

1994 年，有党外副县（市）长 11 名，地区轻化纺工业局、地区食品工业局、地区农科所各配有 1 名党外领导。1996 年，全地区有党外副县（市）长 18 名，地直有关部门党外领导 5 名，地、县（市）司法、审判、检察机关配备党外科级领导 6 名，县（市）政府部门、乡（镇）政府和行署部门配备科级党外干部 232 名。全地区有县（市）人大常委会党外副主任 18 名，县（市）政协党外副主席 43 名。

1997 年，全地区新推荐 35 名党外干部担任县（处）级领导职务。1998 年，各县（市）换届，18 名党外人士当选为县（市）人大常委会副主任，18 名党外人士当选为县（市）政府副县（市）长，34 名党外人士当选为县（市）政协副主席。推荐 8 名党外人士担任地直单位副局长（副主任），推荐 495 名党外人士担任科级职务。

1999 年，5 名民主党派成员和无党派人士当选为市人大常委会副主任和市政协副主席，1 名党外人士当选为市工商联会长。2000 年，全市有党外地（厅）级干部 5 名，县（处）级干部 93 名，科（局）级干部 530 名。

三、党外干部培训

1992 年，开始进行党外干部培训。地、县两级党委把党外干部培训工作列入各级党校培训计划。

1993 年，地委统战部推荐党外干部、民主党派领导后备人选和优秀党外知识分子 119 名到省社会主义学院、地委党校培训。

1994 年，地委统战部在地委党校举办党外中青年干部培训班 1 期；与地委组织部合办县级干部学习研讨班 7 期，党外干部同时参加学习。1995 年，地、县统战部（含与组织部合办）举办党外干部培训班、研讨班 23 期，选送县级党外干部 14 名到省、地学习培训。

1996 年，地委明确地委统战部负责全地区党外干部培训，把党外干部、统战干部两支队伍建设纳入《赣州地区 1996 年—2000 年干部教育培训规划》。至 2000 年，地委统战部、组织部、党校联合举办党外中青年干部培训班 5 期，党外干部、统战干部培训班 376 期；选送党外领导干部 76 名到省社会主义学院培训。

第三节　理论研究与服务经济

一、统战理论研究

1986 年 12 月，召开全地区统战理论会议，成立地区统战学会，交流学术论文 43 篇。于都县、兴国县、定南县、南康县 4 个县成立统战学会，上犹县、赣州市（今章贡区）、瑞金县、赣县、龙南县统战学会召开年会。

1987 年，石城县、信丰县成立统战学会。

1988 年，会昌县、寻乌县、宁都县、全南县、安远县、崇义县、大余县成立统战学会，实现全地区 18 个县（市）全部有统战理论研究机构。全地区统战干部和党外人士围绕生产力标准展开讨论。

1991 年，地区统战理论学会配合中华苏维埃共和国临时中央政府暨中央革命根据地创建 60 周年纪念活动，搜集整理苏区统战史料，开展苏区统战工作研究，形成论文 50 余篇。

1992 年，全地区各级统战系统围绕学习贯彻邓小平南方谈话和中共十四大精神，开展统战理论政策研究，交流学术论文 43 篇。

1993 年，重点研讨邓小平统一战线理论，全地区统战干部撰写论文 250 余篇。

1994 年，重点学习、研究全国全省统战工作会议精神。

1995 年 9 月，召开全地区统战理论学会年会，交流学术论文 22 篇。

1996 年，开展党外知识分子、党外干部、企业统战、民族和宗教工作五大专题调研。召开统战学会年会，交流学术论文 32 篇。

1997 年初，地委统战部制订调研计划，要求全地区统战干部每人至少撰写 1 篇理论文章，并列为考核评优内容。10 月，召开全地区统战理论学会年会，交流、表彰优秀理论文章 32 篇。

1998 年初，按照省委统战部要求，全地区完成统战理论调研课题 9 个。12 月，召开全地区统战理论学会年会，评选表彰优秀统战理论论文 44 篇。

1999 年，市（地）、县两级举办统战系统研讨会 27 次，共评选出优秀统战理论文章 70 余篇。召开全市统战理论学会年会，表彰优秀论文 38 篇。

2000 年，市委统战部制定调研计划，全市统战部门围绕 11 个重点课题，开展调研，取得一批理论成果。10 月，召开全市统战理论学会年会，增补学会理事 10 名，表彰优秀论文 54 篇。

二、服务经济建设

1992 年，全地区工商联创办经济实体 17 个，实现产值（营业额）290 万元。10 月，地区工商联办事处组织 13 家企业会员参加华东六省一市与安徽省举办的“皖交会”，签订购销合同 64 份，成交总额 302.14 万元。全地区统战部门协助有关单位签订招商合同 27 份，引进资金 1431.33 万元。

1993 年，地委统战部、工商联办事处组织各县（市）工商联企业会员参加华东六省一市工商联第七届商品交易会，成交 2967.25 万元。

1994 年，地委统战部在全地区党外人士中开展“肝胆杯”献良策、做贡献竞赛活动，在非公有制经济代表人士中开展“‘金彩杯’——我为翻番做贡献”竞赛活动。全地区统战部门服务经济建设，加强海外统战工作，直接引进招商项目 11 个。7 月，地委统战部召开全地区国有大中型企业统战工作会议。

1995 年，各地成立“光彩事业”推动委员会，参与光彩事业活动的民营企业家达 600 余名，实施光彩事业项目近百个，协议投资近 6000 万元。

1996 年，将“肝胆杯”竞赛纳入“兴赣杯”竞赛活动。地委表彰年纳税 10 万元以上非公有制经济人士 51 名。

1997 年，成立地区光彩事业促进会和地区总商会。

1998 年 6 月，中国光彩事业促进会在赣州召开全国“光彩事业”市场与扶贫研讨会。

1999 年，“光彩事业”成为非公有制经济人士参与开发性扶贫主要模式之一。市（地）委统战部直接引进省外工商经济社团兴建学校、商业中心、生态农业等项目资金 2000 多万元。

2000 年，全市实施“光彩事业”项目 7 个。深圳光彩会有关理事成立赣州市深圳光彩市场开发有限公司。各级统战部门共引进外资 7000 万元，兴办项目 19 个。

第四节　对台事务

市（地）委台湾工作办公室、市政府台湾事务办公室是市（地）委和市政府主管台湾工作和台湾事务的办事机构，两块牌子、一套机构。主要负责贯彻中共中央、国务院确立的对台方针政策，组织、指导、管理、协调对台工作。1987 年 11 月，地委对台工作办公室增挂赣州地区行政公署台湾事务办公室；1988 年 4 月，地委台办升格为正县级机构，内设秘书科、接待科；1991 年 8 月，地委对台工作办公室更名为地委台湾工作办公室；1992 年增设对台经贸科，1995 年增设对台宣传科。

一、对台宣传

对台宣传以正面宣传为主，宣传中共对台方针政策，突出宣传“和平统一、一国两制”的基本对台方针，介绍祖国大陆基本情况和成就，反对台湾当局搞台独、搞分裂的图谋，增进台胞对祖国大陆的认同感和向心力，努力推进和平统一进程。

1986 年，中央人民广播电台台播部客家乡亲节目组稿会在赣州召开。1987 年，赣州市（今章贡区）籍台胞钟二秀回赣州探亲，中央电视台予以报道，称钟二秀为台湾当局开放台胞赴大陆探亲后第一个回大陆的台胞。1988 年，《人民日报》海外版《赣州地区》专版见报。地委对台办编印《接待台胞须知》。1989 年，中央人民广播电台台播部客家乡亲节目汇稿会在赣州市（今章贡区）举行。台湾《八千里路云和月》电视摄制组到赣州拍摄赣州市容、八境台、郁孤台及蒋经国旧居。1990 年，《人民日报》海外版《庆祝新中国成立 41 周年》专栏刊登《赣南大变样》。1991 年，中央对台办、国务院台办第 10 期《参阅件》转发龙南县委对台办《引进外资、合资十六个项目洽谈失败的原因及对策》。1992 年，中央人民广播电台台播部与省台办共同举办“赣江情”征文比赛，赣州地区有 11 篇文章获奖。1993 年，全地区对台宣传工作加大经济宣传力度，重点宣传政府鼓励台商投资的各项优惠政策。1995 年，配合’95赣台经贸洽谈会暨台资企业产品展销会召开，全地区组织 200 多篇经济稿件发往海内外新闻媒体。1997 年，台湾江西旅台新闻文化界返乡访问团到赣州参观旅游。江西省’96年度对台宣传优秀稿评比，赣州地区 11 篇获奖。1998 年，地区台办组团参加第二届厦门对台商品交易会。全地区对台宣传工作会议召开。1999 年，市（地）委党校开设涉台教育课程。2000 年，市台办与市人大民宗工委、司法局联合在全市开展《中华人民共和国台湾同胞投资保障法》及其实施细则宣传月活动。

二、涉台教育

涉台教育主要通过对干部、群众进行中共对台方针政策、两岸形势任务教育、介绍台湾情况等，动员全社会参与做好对台工作。赣南涉台教育的主要形式有广播电视、宣传栏、座谈会、报告会、走访慰问等，组织干部群众进行对台形势、两岸关系、台湾问题的教育，宣讲涉台法规政策。1986—2000年，全市（地区）举行报告会706场、台胞台属座谈会688次场、党校讲课367堂次。根据不同工作对象开展宣传教育：对涉台部门，包括公安、海关、商检、工商、税务、银行等进行涉台法律法规教育；对台胞接待场所，包括汽（火）车站、机场、宾馆等涉台场所，宣传搞好文明优质服务、增强保安意识、加强防范措施；对台属进行思想政治教育工作，教育台属在接待台胞中坚持做到自尊、自重、自爱、自强。

三、对台经贸

对台经贸工作贯彻中央确定的“同等优先、适当放宽”的原则，改善投资环境，完善优惠政策。随着赣台两地经济交往的不断发展，对台经济成为赣南经济的重要组成部分。

台资企业 1987年12月，台胞郭蒲生与崇义县茶滩乡合资兴办江西崇宁竹制品厂，为赣南利用台资兴办的第一家企业。1988年12月，兴办台湾达泰兴业有限公司。1989年，宁都县林业工业公司与台商黄朝养合资兴办江西台宁竹制品有限公司。1990年，地委对台办印发《关于做好对台经贸工作的意见》，鼓励台胞到赣南投资兴业。先后兴办江西新光金属制品有限公司、江西全欣纸业有限公司、嘉美日用品有限公司、龙能蓄电池有限公司等16家台资企业。10月，赣南省亲联谊投资贸易恳谈会在赣州举行，签订独资、合资、合作“三来一补”（来料加工、来料装配、来样加工，补偿贸易）项目27个，签约金额19684万美元。至1991年，全地区兴办台资企业20家，引进台资948.81万美元。1992年，随着政府鼓励台胞投资优惠政策的出台和赣南投资环境的改善，引资面逐步扩大。至1995年，台资企业基本遍布全地区。引进资金3252万美元，新办台资企业57个，台商投资产业逐渐由资源型、劳动密集型转向农业开发型。全地区67个台资企业中有14个属农业开发型项目。1995年10月，行署组织代表团参加’95赣台经贸洽谈会和台资企业产品展销会，签订6个贸易项目协议，总金额2770万美元；招商项目43个，总投资8251万美元。1996年，赣州地区举办地产食品博览会暨经贸洽谈会，与会台商签约项目8个，总投资为1700万美元。地区台办推荐48名台商参加’96江西省对外贸易暨招商引资洽谈会。4月，地区台办组织河西片、河东片县台办赴广东省、福建省学习考察对台经贸，参观部分大型台资企业，重点考察农业开发型台资企业。1997年4月，地委、行署组团赴厦门参加对台贸易洽谈会并与中华海峡两岸企业交流协会商谈经济合作；地区台办组织到韶关考察对台经济工作并参观台资企业韶关沛懋林业股份公司，到厦门参加第一届对台商品交易会。5月，参加省政府在深圳举办的招商引资新闻发布会。9月，邀请30名港台地区商人及外商参加行署在厦门召开的农业项目招商推荐会，参加在厦门召开的’97全国投资贸易洽谈会。当年引进台资企业20家，台商投资突破2000万美元。1998年，地区台办组织参加招商引资活动26次。4月，地区台办组团参加中国第二届厦门对台商品交易会。5月，台湾海峡两岸农业经济合作协会到赣州地区考察农业项目，与大余县签署共同开发花卉合作意向协议和销售花卉协议。9月，行署组团到福建省漳州市、泉州市等地考察引进台资工作，参加’98厦门中国投资贸易洽谈会。1999年，兴办台资企业9家，引进台资项目少于往年，投资额却比上年增长6.85%，台商投资2322万美元，实际进资953万美元。石城籍台胞孔祥祯投资1.2亿元在赣州（今章贡区）创办英华学校，为全省台资规模最大的私立学校。5月，行署组织赣南农业考察团赴台考察，参观花莲农业改良场等农业科技推广机构，对台湾农业的现代化、产业化、专业化、管理科学化、销售全球化及科学技术在农业中的应用等进行全面考察。12月，海协会副会长刘震涛到章贡区、赣县、于都县考察对台经济工作。2000年，市台办加强对台资企业管理，对台资企业进行全面调查，建立招商引资项目库，建立台办干部挂钩联系台资企业制度，为台资企业排忧解难，依法保护台商的合法权益，营造良好投资环境。11月，组织12位台商参加在南昌举行的江西2000年招商引资洽谈会，签订台资项目7个，合同台资765万美元。11月，台湾炬谷科技股份有限公司在赣州顺元高科技农业示范基地召开产品展示说明会。全年引进台资企业24家，合同台资2336万美元。至2000年，全市（地区）引进台资企业177家，合同台资16515万美元，实际进资8100万美元。台资企业中，有农业开发、农资饲料10家，农副产品加工及食品加工企业29家（其中竹木加工12家），二轻企业22家，电子工业4家，机械维修企业3家，房产建筑、建材工业企业9家，文化娱乐企业10家。台资企业独资项目比例大，有101个独资项目，占57%。台商投资产业广泛，包括电子工业、农业、房产建筑、旅游业及服务业等。投资类别逐渐由资源型、劳动密集型向农业开发型、工业、技术密集型产业转化。

台胞捐赠 1988—2000年，全市（地区）收到2942名台胞捐款2845万元，办公益事业989项，主要用于建桥修路、兴修水利、架设电线、办学、办幼儿园等。1990年1月，地委对台办印发《关于颁发台胞捐赠证书的规定》，嘉勉台胞捐赠办公益事业、爱国爱乡、造福桑梓的热情，捐赠1万元以上者，由地区台办颁发捐赠证书。至1991年，地区台办为林辉清等28位捐赠万元以上办公益事业的台胞颁发捐赠证书，其中捐赠最多的为赣县台胞刘涵仙，捐18.16万元给赣县韩坊乡大屋村建小学；其次为石城台胞陈正品，捐13.95万元为石城县屏山乡修路、建桥、办校、办福利事业。1992—1995年，全地区接受1274位台胞捐赠1128万元人民币，兴办公益事业315项，主要用于兴办学校、修路建桥、架电设线、建医院等公益性社会事业。地区台办为63位捐赠万元以上的台胞颁发捐赠证书，省政府为2位捐赠10万元以上的台胞颁发捐赠荣誉证书。南康籍台胞彭华云捐赠87万元，瑞金籍台胞谢国材捐款80万元修筑乡村公路，石城籍台胞陈正品捐款48万元帮助家乡灾后重建家园，信丰籍台胞黄东北捐款10万元给母校沛东小学建图书馆。1996—2000年，全市（地区）接受769位台胞捐赠1400.87万元，兴办公益事业233项，兴建希望学校4所。主要用于兴办教育、修路、建桥等社会公益事业。台胞个人捐赠额达百万的有2人，捐赠20万元以上的有16人，捐赠10万元以上的有23人。于都籍台胞邹国汶捐赠55万元给黄麟初中建教学楼，赣县刘涵仙捐资135万元给韩坊中学和明德小学建校舍，浙江荣联陶瓷工业公司董事长黄颧杰捐款41.9万元兴建于都县仙下乡上方希望小学，台商陈富泽捐赠40万元给宁都县第三中学建教学楼，瑞金籍台胞谢国林捐90万元修建瑞金市首条村级水泥路。

台胞资金利用 1986—1991年，全地区台属收到台胞银行汇款2396.53万元；台胞带回钱物（折合人民币）17亿元；台属调汇480.19万美元（赣州地区外汇局于1989年1月开办个人外汇调剂中心）。1988年，全地区各级台办引导台属用好台胞转移资金，采取技术培训、联系生产门路和销售渠道、解决建房地皮、经营场地等多种形式，扶持台属发展生产。据对全地区部分台属个体户（私营企业、专业户）调查，至1991年上缴国家税收221.82万元，安排社会劳动力3000余人。1992年，各级台办引导台胞将台湾转移资金用于办企业、搞农业开发，采取多种扶持措施，使之上项目、上档次。至1995年，全地区台属"两户一企"（个体户、专业户、私营企业）1504户，上缴税收1542万元，为社会安排大批劳动力。1996年，台属"两户一企"进一步发展壮大。县（市）台联会办企业12个。全地区台联会企业和台属"两户一企"上缴税收938.92万元。1997年，赣州市（今章贡区）台属企业赣州五金厂生产的汽动钉等产品，填补了江西省的空白；崇义台属黄泽兰被评为1997年全地区个体工商纳税大户，纳税141.68万元；台属企业华声塑料厂生产的汽车录放机外壳占领长江以南主要市场。1988年，台属企业年交10万元以上税收的有21个，台联企业华盛集团在上饶德兴投资120万元开办铜钼矿。2000年，台属"两户一企"1797家，上缴税收1802.2万元。台属黄泽兰的章源钨制品有限公司年上缴税收300万元；大余台属刘洲际的鑫盛钨制品有限公司年上缴税收109万元，成为赣州市私营企业纳税大户。

四、对台交往交流

台胞接待 在台胞接待工作中，建立良好的接待秩序，宾馆、机场、车站、码头等接待窗口为台胞提供安全、文明、优质、廉洁的服务，帮助解决探亲中的具体困难。加强对台胞出入境管理，教育台胞遵守大陆法律法规，按时往返。教育台属自尊、自爱、自强、自立。1986—2000 年，全市（地区）接待台胞 26742 人次。

因私赴台 因私赴台指大陆居民应台湾亲友邀请前往台湾探亲、探病、奔丧和定居等。1987 年 11 月 2 日，台湾当局开放一般民众赴大陆探亲，但台湾党政军在职人员和上层人士仍受到限制，他们与大陆亲属仍需在中国香港地区或国外会亲。1988 年 11 月 9 日，台湾当局开始有条件地开放大陆民众赴台探亲、探病、奔丧后，因私赴台人员逐年增多，境外会亲逐年减少。1986—1991 年，境外会亲 326 人次，历年分别为 62 人次、67 人次、86 人次、61 人次、26 人次、24 人次；因私赴台 211 人次，1988 年、1989 年、1990 年、1991 年分别为 2 人次、38 人次、50 人次、121 人次。1992 年后，赣州市（地区）因私赴台人员逐年增多。1992—2000 年，全市（地区）共有 4483 人次因私赴台，其中 1992 年 93 人次，为最少年份；2000 年 862 人次，为最高年份。因私赴台人员中有 109 人在台定居。做好台胞台属因私赴台人员的行前教育和归后回访工作。行前教育内容主要有向赴台人员宣传中共对台政策和大陆的政治经济形势，介绍台湾情况，教育赴台人员保守国家机密，防止出现“两个中国”“一中一台”问题，不参与台湾的政治活动；教育赴台人员保持中华民族传统美德，讲究文明礼貌，尊重台湾当地风俗习惯和有关规定；妥善处理亲友关系，自尊、自爱、自强、自立。赴台人员在台湾没有发生政治问题和生命财产安全事故。

两岸交流 两岸交流指祖国大陆与台湾在新闻、出版、教育、科技、文化、艺术、体育等方面的交往活动，是沟通两岸同胞感情的纽带和桥梁。1994—2000 年，赣州市（地区）与台湾交流共 8 项 52 人次，实现双向交流，其中 6 项 26 人次赴台交流，2 项 26 人次的台湾学者到赣南交流。交流活动人数、项目逐年增加：1994 年 2 项 2 人次，1998 年 1 项 3 人次，1999 年 1 项 8 人次，2000 年 4 项 39 人次。

台胞定居 申请在大陆定居的台胞，必须符合下列条件：在台孤身一人，无人赡养，无直系亲属；在大陆拟定居地有直系亲属；本人有足够的生活费用（包括住房、安家、生活及医疗费用）；大陆亲属愿意照顾、赡养；能解决定居用房。赣州市（地区）有相当一部分去台老兵符合条件要求回家乡定居。台胞定居经县（市、区）、市、省三级台办、三级公安部门分别作初审、复审和审批。获准定居的台胞，由省公安厅发给台湾同胞定居证，原则安置原籍落户。1986—2000 年，全市（地区）接受 286 名台胞定居，其中 1987 年 1 人为最少年份，1994 年 43 人为最多年份。

台湾省籍同胞 赣州市（地区）第一代台湾省籍同胞大多数为女性，为二十世纪二三十年代与到台湾弹棉、补锅的赣南籍男性结婚后被带回赣南的。2000 年，全市有台湾省籍台胞 600 余人，约占全省的1/2。大部分居住在于都县仙下乡，兴国县、全南县、宁都县、安远县、会昌县、寻乌县、章贡区也有少量。1995 年 12 月，全国台联台湾事务部部长焦万曼、省台联会长何大欣到于都仙下乡考察台湾省籍同胞扶贫工作。1995 年，江西省第五届台胞代表会上，赣州地区 3 名台湾省籍同胞担任省台联理事，1 名被推选参加全国台联会。2000 年，赣州市政协增设台联界别，4 位台湾省籍同胞安排为市政协委员。

五、台胞台属联谊会

台胞台属联谊会是台胞台属自愿结合的爱国群众团体，是党和政府联系台胞台属的纽带和桥梁。台胞台属联谊会宗旨：以宪法为活动准则，高举爱国主义旗帜，团结台胞台属和联络台湾岛内同胞，为推动“和平统一、一国两制”的实施服务，为赣台经济文化科技交流、促进两岸共同繁荣振兴中华服务，为增进两岸民间的各种交往和联谊活动服务，为台胞台属服务。凡居住在赣州市（地区）范围年满 18 周岁以上的台湾省籍同胞、返乡定居台胞及其亲属、旅台同胞亲属，均可自愿申请入会。

自1985年石城县台联会在全地区率先成立至2000年，全市（地区）有13个县（市、区）台联成立：1989年于都县、会昌县、龙南县成立，1990年安远县、兴国县、崇义县、寻乌县、上犹县成立，1991年赣县、赣州市（今章贡区）成立，1992年宁都、信丰县成立，1993年大余县成立。1994年5月，赣州地区台胞台属联谊会成立。2000年9月10日，赣州市台胞台属联谊会召开成立大会暨第一次会员代表大会，有800多名会员。会议通过《赣州市台胞台属联谊会章程》，选举周英棠、李南生、叶发有、胡国铤、李承道、刘学文为市台联会第一届名誉会长，选举刘芳榕为会长，选举市台联会理事50名，常务理事28名。

第七章　党史　党校

1986—2000年，全市（地区）开展新民主主义革命时期赣南党史资料的征集编研工作，并初步开展中华人民共和国成立后赣南地方党史资料征集工作和宣传教育工作，取得重要成果。

党校以教学为中心，以科研为基础，以管理为保障，担负全市（地区）县级领导干部、后备干部、乡（镇）主要领导干部的培训任务。不断拓宽办学渠道，形成层次办学格局，成为赣州干部教育的重要基地。

第一节　党史工作

1986年5月，地委党史资料征集办公室内设秘书科、征集编研科。1990年7月改称“地委党史工作办公室”。1996年，内设科室调整为秘书科、编研科、宣教科，编制12名。

一、资料征集

新民主主义革命时期党史资料征集　1982—2000年，全市（地区）党史系统征集党史资料4.36万多件，计9459.23万字，其中文献资料2.27万件8455.24万字，调查访问资料1.23万件315.59万字，图片资料1065件，文物资料465件。1987年，从北京购回全套《石叟资料》复印件1300余件，计3000万字；在征集资料过程中，各地发现和发掘一批珍贵的革命历史文物和旧政权档案史料；章贡区发现一组陈赞贤烈士的遗墨和手稿；寻乌县征集到1922年《寻乌》杂志；全南县征集到三年游击战争时期项英编写的《群众工作讲话》和《政治教育宣传提纲》2份原件；兴国县征集到苏区刊物《革命与战争》第三期，从县档案馆准备销毁的废纸中，清理出1933年红军总政治部编印的《中国地理常识》和苏区各种票证、税单和收据等155件。市（地区）委党史办对全市（地区）征集的部分党史资料进行集中，图书资料分类建卡归档管理。其中，历史资料以成文级别分为中央、省、县、乡四级，以成文时间为排列顺序建卡立卷，建立图书资料目录1万多张。将各县（市）党史办库存资料汇编成《党史资料目录》1～3册，收目录5187条，汇编印发《中央革命根据地党史资料目录》1～4册，收目录7691条。

社会主义时期党史资料征集　1999年年底前完成新民主主义革命时期党史资料征集任务的县（市），相继将工作重点转入社会主义时期党史资料的征集。2000年，全市党史工作转向征集社会主义时期的地方党史资料。除会昌县、章贡区、大余县外的其他县（市）全面转入社会主义时期党史资料的征集。

二、编纂研究

党史专题研究　根据党史领域拨乱反正和深入研究、立准立好党史的需要，中央、省、地、县四级党史工作部门分别确立一批党史资料征研专题。1982—2000年，全市（地区）完成各级专题任务893个，其中完成中央下达的专题任务9个，省下达的专题任务238个，地区下达的专题任务523个，县下达的专题任务123个。这些专题，特别是中央专题和省专题，都是中国共产党历史上发生的一些重大事件，如《关于中央革命根据地的建立和巩固》《1932年10月中共苏区中央局召开的“宁都会议”》《苏区江西省》《苏区粤赣省、赣南省的建立及其活动》《临时中央政治局领导人从上海秘密进入瑞金的情况》《红军主力长征后中共中央分局和苏维埃中央政府办事处的成立及其活动》《赣粤边、汀瑞边红军三年游击战争》等。

党史编研协作 1984年起，由中共江西省委党史资料委员会牵头，以赣州地委党史办为主，组织赣、闽、粤、湘4个省14个地（市）50余个县的党史工作者，开展中央革命根据地党史资料征集研究协作。1988年，地委党史办会同中共江西省委党史研究室、龙岩地委党史研究室，开始编纂《中央革命根据地史料》丛书（五卷本）。1989年，中央革命根据地党史专题110余个基本完成，查清中央革命根据地斗争历史中许多重大史实。1989年，地委党史办将其中部分专题资料和论文辑成《中央苏区史研究文集》，内部出版发行。湘赣边、湘粤赣边党史资料编研协作活动活跃。1989—1999年，牵头协作或参与协作的《中央苏区江西省》《中央苏区粤赣省、赣南省》《中央苏区闽赣省》《中央苏区史研究文集》《粤赣边三年游击战争》《汀瑞边三年游击战争》《中共闽粤赣边区斗争史》《东江纵队史》等先后出版。

组织史资料编纂 1985年，根据中央和省委的布置，地委党史办会同地委组织部、地区档案局共同协作编纂《中国共产党赣州地区组织史资料》。1986年，完成《中国共产党赣州地区组织史资料》（上报本）。1989年，由江西人民出版社出版《中国共产党赣州地区组织史资料（1926—1987）》。各县（市）组织史资料编纂工作同时进行，1988年出版上犹县、全南县组织史资料；1989年，出版赣州市（今章贡区）、瑞金县、崇义县、兴国县4个县（市）组织史资料；至1993年，全地区18个县（市）组织史资料全部出齐。宁都县、会昌县、于都县等县党史办承担完成中央苏区江西省、粤赣省、赣南省和赣粤边、赣南、瑞金、杨赣特委等组织史资料上报任务。

人民革命史编纂 1989年，地委决定用3～5年时间组织编写好地区和各县（市）人民革命史（1919年至1949年9月），赣州地区成立《赣南人民革命史》编纂领导小组，同时成立各县（市）人民革命史书稿审查小组和革命史编纂委员会。组织全地区各县（市）革命史编写人员赴福建龙岩地区学习考察人民革命史编纂经验，研究各县（市）人民革命史的编写提纲，着手编写地、县两级人民革命斗争史。1993年，《宁都人民革命史》出版。1998年，地委党史办编写的《赣南人民革命史》出版。至2000年，全市18个县（市、区）人民革命史完成编写任务，基本完成新民主主义革命时期党史研究的主要任务。

社会主义时期党史资料征集和编研 1999年年底前完成新民主主义革命时期党史资料编研任务的县（市），相继将工作重点转入社会主义时期党史资料的编研工作。2000年，全市党史工作转向编研社会主义时期的地方党史资料，编写出版《中国共产党赣州地方史（1949—1999）》。市委办公室转发市委党史办关于编写《中国共产党赣州地区史（1949—1999）》和各县（市、区）社会主义时期地方党史书稿的工作意见。全市社会主义时期党史资料编研工作全面启动。与市地方志办公室、市档案局联合完成《赣州地区大事记（1949年至1999年7月）》的编纂并内部出版发行。会昌县、章贡区、大余县等县（区）完成中华人民共和国成立后前50年大事记的编纂出版工作。其他县（市）全面转入社会主义时期党史资料编研。完成社会主义时期党史专题132个，编写中华人民共和国成立后前50年的市、县两级地方党史工作。

三、宣传服务

市（地）县两级党史机构利用征集的党史资料，通过召开党史报告会、座谈会、发表纪念文章、出版党史书籍、举办党史图片展览、开展党史知识竞赛、参观革命旧居旧址等各种形式开展党史、革命史、苏区革命传统和爱国主义宣传教育。先后举办纪念中国工农红军长征胜利 50 周年，中央革命根据地创建暨中华苏维埃共和国临时中央政府成立 60 周年、70 周年，毛泽东、周恩来、刘少奇等 100 周年诞辰等大型纪念活动。至 2000 年，在地（市）级以上报刊发表党史研究文章 1397 篇。举办党史宣传讲座、报告 2000 余次。1986 年，举办纪念中国工农红军长征胜利 50 周年学术讨论会，编辑出版《纪念红军长征胜利 50 周年论文专辑》。1987 年，举办纪念陈赞贤烈士殉难 60 周年学术讨论会，出版《工运先驱——纪念陈赞贤》；与赣州军分区联合举办纪念中国人民解放军建军 60 周年学术讨论会。1998 年，举办"苏区干部好作风"学术研讨会。1991 年，以纪念中国共产党建党 70 周年和中央革命根据地创建 60 周年为重点，与地委宣传部等单位联合举办中央苏区精神研讨会、苏区革命传统理论研讨会。1989 年，赣州市（今章贡区）委党史办建立单位兼职党史报告员队伍 196 名。地区总结推广赣州市（今章贡区）的经验，地委办公室印发《关于在全区开展革命传统教育的报告》，各地逐步配备兼职的党史、革命史宣传报告员。1998 年，地委办公室印发《关于组建全区兼职党史宣传员队伍的报告》。至 1999 年 8 月，全市各县（市）副科级以上单位都按要求配备 1 名以上兼职党史宣传员，党史宣传员队伍人数 1847 人。

四、党史书籍出版

1982—2000 年，全市（地区）党史工作者出版党史革命史书籍 111 部，其中公开出版 52 部，内部出版 59 部，总印数达 39.46 万册，2000 多万字。有些研究成果填补了国内外相关领域的空白，开拓了国内党史、革命史研究新领域。市（地）委党史办凌步机编著出版和发表的《中华苏维埃共和国史》《中央苏区党的建设》等学术专著，关于"赣南会议"、"宁都会议"、中国工农红军长征及中国工农红军长征后中共中央分局和中央政府办事处的成立及其活动，以及关于毛泽东、朱德、周恩来、刘少奇、陈云、邓小平等老一辈无产阶级革命家在赣南活动的研究文章，引起国内外史学界的重视。赣南地方党史、革命史研究取得丰硕成果。从 1919 年五四运动到 1949 年 9 月赣南全境解放，30 年间有关赣南地方党史和革命史的所有重大事件、重大问题，绝大部分都已研究清楚。综合体现新民主主义革命时期赣南地方党史、革命史研究成果的《赣南人民革命史》和宁都县、大余县、章贡区、于都县、上犹县、赣县、瑞金市（县）、龙南县、全南县、崇义县、信丰县、安远县、寻乌县、南康市（县）、会昌县、石城县等县（市、区）的人民革命史陆续出版发行。对大批有重要影响的赣南籍党史人物和革命英烈进行深入研究，写出并发表一批党史人物和革命英烈传记，编辑出版《赣南英烈》丛书等书稿。

至 2000 年，全市（地区）党史工作部门共有 108 项研究成果获市（地）级以上奖励 [国家级 2 项、省地（市）级 106 项]。其中市（地）委党史办凌步机编写的《邓小平在赣南》和《中华苏维埃共和国史》两书分别获江西省第七届、第九届社会科学优秀成果一等奖和二等奖，后者还被评为 2000 年华东地区优秀图书二等奖。《邓小平在赣南》被江西省社会科学院作为学术精品收藏。

第二节　党校教育

1986 年，地委党校内设办公室、教务处、哲学教研室、政治经济学教研室、科学社会主义教研室、党史党建教研室、文化基础课教研室、图书馆、后勤处等 9 个部门。1988 年，增设中央党校函授学院江西分院赣州学区。1989 年，增设理论研究室。1991 年，设办公室、教务处、后勤处、图书馆、理论研究室、函授学区及哲学、政治经济学、科学社会主义、党史党建4个教研室，共10个部门。1994年，党校由党委制改为校委制，设办公室、教务处、学员工作处、后勤处、理论研究室、图书馆、函授学区、生产经营办公室、马克思主义基础理论教研室、经济学教研室、科技文史教研室、政法教研室及管理学教研室共13个部门。1996年10月，党校内设机构调整为13个：办公室、教务处、学工处、后勤处、马克思主义基础理论教研室、经济学教研室、党史党建教研室、政法教研室、科技文史教研室、管理学教研室、理论研究室、图书馆、中央党校函授学院江西分院赣州学区，同时设有机关党委。1999年7月，赣州撤地设市，中共赣州地委党校更名为中共赣州市委党校。2000年7月，市委党校增挂赣州社会主义学院牌子，实行两块牌子、一套机构。内设机构增设统战理论教研室、财务科。编制132名，有教职工113人，其中教员51人（副教授8人、讲师22人、助教16人、教员5人）。

一、干部培训

市（地）委党校先后开设县级干部培训进修班、乡（镇）干部培训进修班、中青年干部进修班等，培训干部6525人。

县级干部培训班 1987年，举办新进县（市）领导班子干部培训班1期，学习内容为建设有中国特色社会主义、现代领导学、社会主义经济管理原理等。1990—1991年，举办9期县级领导干部哲学读书班，学习内容为哲学原著，培训干部1364人。1991年举办1期党史党建进修班，学习内容为中共党史、党的建设等。1994年举办4期《邓小平文选》县级领导干部读书班，学习内容为《邓小平文选》一、二、三卷，培训干部166人。1996年举办县级干部中共十四届六中全会学习班，学习内容为中共十四届六中全会精神，培训干部213人。

县级领导干部进修班 学习内容为《邓小平文选》一、二、三卷，建设有中国特色社会主义理论、社会主义市场经济基本理论和基本知识、现代科技、法律知识等。1988—2000年，共举办30期，培训干部1563人。

乡（镇）主要领导（正职）岗位职务培训班 1988—1990年共举办5期，学习内容为省委组织部干教处主编的培训教材，共培训干部815人，结业802人。1996年，举办乡（镇）党委书记学习班1期，学习内容为发展形势和农村工作等，培训干部350人。

乡（镇）领导干部进修班 学习内容为邓小平建设有中国特色社会主义理论、党的方针政策、社会主义市场经济理论、现代科技、法律和管理知识，结业待遇。1992—2000年，举办19期，培训干部1133人。

中青年干部培训 培训对象为企业、党政、科技、党外中青年干部。学习内容为哲学、科学社会主义、政治经济学、中共党史、党的建设学说等课程，结业待遇。1989—2000年，举办19期，共培训干部921人。

二、委托办班

市（地）委党校受部门委托举办干部培训班，提高在职干部业务工作水平和政治理论水平，共培训干部4971人。

纪检干部培训班 受赣州市（地区）纪律检查委员会委托，市（地）委党校举办纪检干部培训班，学习内容为纪检理论、案审、信访、党的方针政策等。每年举办1期，1988—2000年，共举办13期，培训纪检干部1120人。

政工师培训班 地委党校与地委宣传部联合举办，学习内容为邓小平理论、社会主义市场经济知识、企业管理、党的方针政策等。1994—1995年，举办6期，培训干部1112人。

乡（镇）党委宣传委员培训班 地委党校与地委宣传部联合举办，学习内容为邓小平理论、市场经济知识、党的方针政策等。1995 年，举办 2 期，培训干部 343 人。

团干培训班 地委党校受共青团赣州地委委托，1991 年、1995 年、1998 年分别举办团干部培训班各 1 期，学习内容为团章、公文写作、青少工作、邓小平理论、管理科技知识等，培训干部 637 人。

企业党委书记培训班 地委党校受赣州地委组织部、地区经济委员会委托，1995 年举办 1 期地属企业党委（支委）书记岗位职务培训班，内容为党的方针政策、经济管理，培训干部 43 名。

公选干部培训班 1999 年、2000 年，市委组织部在市委党校分别组织全市公开选拔副县（处）级领导干部岗前培训班各 1 期，培训干部 22 人。

乡（镇）女干部培训班 学习内容为乡镇妇女工作、《中华人民共和国妇女权益保障法》等。分别于 1991 年、1992 年、1995 年举办乡（镇）女干部培训班各 1 期，培训干部 132 人。

妇女干部培训班 地委党校与地区妇联联合举办妇女干部培训班，学习内容为邓小平理论、市场经济、管理科技知识、心理学等。1995 年、1998 年各举办 1 期，培训干部 308 人。

人大主席培训班 地委党校受省人大常委会赣州地区联络处委托，举办乡（镇）人大主席岗位职务培训班。学习内容为《中华人民共和国全国人民代表大会和地方各级人民代表大会选举法》、乡（镇）人大工作等。1989 年、1990 年各举办 1 期，培训干部 217 人。

党史党建理论研讨班 1991 年，举办 1 期全地区党史党建理论学习研讨班，64 人参加学习。

先进村支书（主任）培训班 举办全地区先进村支书（主任）培训班，学习内容为邓小平理论、中共十四届四中全会关于加强和改革党的基层组织建设问题、市场经济理论知识、农村政策及农业技术知识等。1994 年举办 2 期，培训村支书（主任）92 人。

三、联合办学

市（地）委党校拓宽与省内外单位办学渠道，形成多层次办学格局，先后与江西省行政管理学院、南方工业学校、江西师范大学、中国人民大学以及市人大（省人大赣州地区工作委员会）、市（地）直工委、团市（地）委、市（地区）妇联、保险、公安、纪检等部门（单位）联合办学，培训学员 5975 人。

与江西省行政管理学院联合办大专学历班，学制 3 年。于 1994 年、1995 年、1996 年分别招生 19 人、8 人、27 人。

与南方工业学校联合办中专班，学制 1 年，在党校学习生活 1 年。于 1996 年、1997 年、1998 年、1999 年分别招生 5 个班 240 人、5 个班 229 人、4 个班 169 人、2 个班 79 人。

1996 年，分别与省人大常委会赣州地区工作委员会、地区林业公安局、人寿保险公司联合办学，培训学员 1380 人，其中省人大常委会赣州地区工作委员会 319 人、林业公安局 61 人、人寿保险公司 2 期 1000 人。

1997 年，与中保人寿赣州分公司联合办学，开办保险代理人资格考试培训班 3 期，培训学员 310 人。

1998 年，分别与团地委、地区妇联、地区纪检委、人寿保险公司、地直工委、地委组织部、农工办联合办学 14 期，培训学员 1875 人，其中团地委全地区辅导员培训班 1 期 177 人，地区妇联全地区妇联干部培训班 1 期 203 人，地纪检委纪检监察干部培训班 1 期 99 人，人寿保险公司代理人资格考试培训班 1 期 450 人，地直工委地直机关科级干部培训班 1 期 106 人，地委组织部、农办农村领导干部学习中共十五届三中全会培训班 9 期 840 人。

1999 年，分别与市（地区）纪检委、市人大、市（地）直工委、江西师范大学等部门（单位）联合办学 8 期，培训干部 573 人，其中与市（地区）纪检委、市人大、市（地）直工委联办 5 期，培训干部410人。举办江西师大学士学位班43人，全市（地区）党校校长研讨班1期35人，全市（地区）党校系统“三讲”教育师资培训班1期85人。

2000年，分别与市委组织部、农工委、宣传部、纪检委、中级人民法院、土管局、司法局、人寿公司、天竺山小学等部门（单位）联合办学13期，培训干部1762人次。举办基层支部负责人培训班1期43人；中国人民大学区域经济管理专业研究生课程进修班1期32人。

四、其他办班

两年制大专培训班 党校自1983年起通过省成人高考招收两年制大专培训班学员。学习内容为马克思主义哲学、政治经济学、科学社会主义、党的建设学说及文化基础课等。1986年新招学员178人，1984级学员100人于7月毕业；1987年新招学员133人，1985级学员198人于7月毕业；1988年新招学员100人，1986级学员178人于7月毕业；1989年招收培训班学员22人，理论班学员30人，1991年7月毕业。此后，停招两年制大专培训班。

成人高考文化补习班 配合赣州地区成人教育，地委党校为报考江西省党校、江西行政干部管理学院、江西省委团校、赣州地委党校等成人高校的考生举办成人高考文化补习班。补习内容为语文、数学、历史、地理、政治等文科课程，每年1期。1986—1995年举办10期，参加学习1042人。

民主党派干部培训班 2000年10月，赣州市社会主义学院举办全市民主党派基层支部负责人培训班，参训人员51人。

五、函授教育

1988年，开设中央党校函授学院江西分院赣州学区，招收函授大专班学员，设经济管理、党政两个专业，在赣州市（今章贡区）、南康县、兴国县、龙南县、石城县、于都县等6个县（市）建立辅导站，经济管理学习内容为工业企业管理、市场学、宏观经济等；党政专业学习内容为马克思主义理论、思想政治概论、社会学等。至1991年，两个专业分别招收学员679名、600名。

党校函授考试在巩固质量的基础上，继续扩大招生规模，开设经管、党政两个专业。1992年开始招收本科班学员，至2000年，招收学员24071名，其中大专班学员14481名，本科班学员9590名。

六、科研工作

校刊《理论教学》 1988年，由理论研究室编辑，季刊，设学习与探讨、党史党建、企业论坛、争鸣等栏目。至1991年出刊15期，刊登文章282篇。1992年，由季刊改为双月刊，至1994年出版18期，刊登文章393篇。1995年，《理论教学》更名为《赣南论坛》，双月刊，至1999年出版28期，刊登文章700余篇。改名后的校刊为赣州地区综合性思想理论刊物。1999年，《赣南论坛》更名为《赣州论坛》，双月刊。

理论研讨会 1988年召开2次全地区党校系统论文发布会。1988年，第一次论文发布会以创办赣南经济体制改革试验区为主题，发布论文35篇，第二次论文发布会以贯彻执行中共十三届三中全会提出的“治理经济环境，整顿经济秩序，全面深化改革”为中心，发布论文47篇。

1989年，第三次论文发布会以“加强党的制度建设，拒腐防变”为主题，发布论文33篇；第四次论文发布会以贯彻执行社会主义初级阶段党的基本路线为中心，发布论文34篇。党校和地委宣传部等5家单位联合召开“总结建国四十周年来的伟大实践”理论讨论会。

1990年，第五次论文发布会以研究农村经济、社会发展问题及教学中遇到的理论和实际问题为中心，发布论文33篇；第六次论文发布会集中探讨党的建设问题和加强党校工作的问题，发布论文43篇。

1991年，第七次论文发布会以探讨“党的建设问题和当前加强农业发展”问题为中心，发布论文50篇。组织1989年以来党校系统优秀论文的评选工作。

1992年6月，党校系统第八次论文发布会在中共崇义县委党校召开。提交会议发布的论文共34篇；12月，党校系统第九次论文发布会在中共赣县县委党校召开，会议发布论文33篇。

1993年6月，党校系统第十次论文发布会在赣州地委党校召开。会上宣读、交流论文23篇；12月，党校系统第十一次论文发布会暨纪念毛泽东100周年诞辰理论研讨会在中共宁都县委党校召开。会议共收到论文30余篇。

1995年10月，在中共上犹县委党校召开赣州地区党校系统“邓小平理论与县域经济发展”理论研讨会暨优秀教师、先进工作者表彰会，共收到论文42篇。

1996年7月，赣州地区党校系统深化国有企业改革理论研讨会在地委党校召开，收到论文42篇。

1997年4月，地委党校和中共赣州地区农村工作委员会在中共龙南县委党校联合召开全地区党校系统和全地区农委系统“农业、农村和农民问题”理论研讨会，会议收到论文60余篇。

1998年7月，赣州地区党校系统邓小平改革开放理论与赣南新一轮创业理论研讨会在地委党校召开，入选论文26篇。

1999年10月，赣州市党校系统纪念中华人民共和国成立50周年暨第六次邓小平理论研讨会召开，会议入选论文41篇。

2000年7月，赣州市党校系统学习“三个代表”重要思想暨第七次邓小平理论研讨会在赣州市委党校召开，入选论文50篇。同年9月，中共赣州市委党校与市委政研室、市体改委在信丰县迎宾馆联合举办了以“WTO与赣南经济发展”为主题的“一点两线”理论研讨会。

专著出版 1989—2000年，市（地）委党校人员参与编写专著并出版共26部，专著如下：

1989年，肖锡洵参与编写《马克思主义经济理论》（厦门大学出版社出版）。

1990年，石求煌参与编写《哲学原著教程》（江西高教出版社出版）。王达全参与编写《马克思主义哲学学习纲要》（江西高教出版社出版）。刘根源参与编写《社会主义教育若干问题》前言（南海出版社出版）。肖锡洵主编《农村工作概要》（海洋出版社出版）。刘涵润参与编写《中共党史知识问答》（文史出版社出版）。

1991年，肖锡洵主编《在开发的道路上》（海洋出版社出版）。刘礼菁参与编写《中央苏区政权建设研究》（江西人民出版社出版）。肖锡洵主编《建设有中国特色的社会主义讲座》（海洋出版社出版）。组织全地区县（市）委党校编写村级干部培训系列教材：《村级组织建设》《村级经济建设》《苏区革命传统教育》《农村适用科技》《村级精神文明建设》《村级经营管理》一套共6本，黄瑞森、肖锡洵任主编。内部出版石求煌、刘根源、钟昭锋主编的《马克思主义基本原理参考》；刘涵润、刘玉金主编的《中共党史、党建理论专题讲义》。黄声华《新时期领导工作研究》（著作）由新华出版社出版。刘涵润任编辑组副组长，参与编写《南方三年游击战争——赣粤边游击区分册》（中国人民解放军出版社出版）。

1992年，石求煌、刘涵润、张常平参与编写《马克思主义原著导读》（江西人民出版社出版）；肖锡洵、刘礼菁主编《毛泽东在中央苏区》（厦门大学出版社出版）。

1993年，陆建平等主编《社会主义市场经济理论与实践》（海洋出版社出版）。

1994年，刘涵润任编辑组副组长，参与编写《南方三年游击战争——闽赣边游击区分册》（中国人民解放军出版社出版）。

1998年，黄声华、张卿均编写《新时期领导工作研究》（新华出版社出版）；张常平、胡宗洪编写《走向二十一世纪的中国三农问题研究》（江西人民出版社出版）；黄东霞编写《中国一百个宰相》（江西人民出版社出版）。

第八章 保密 政策研究

1986—2000年，全市（地区）保密工作部门不断健全和完善保密规章制度，严肃保密纪律，强化保密执法监督，加大执法力度，严肃处理泄密事件，做好定密管理和保密宣传服务。

政策研究围绕市（地）委工作部署，服务决策，服务基层，在工业、农业、商业、文教、科技、经济社会、党建等方面开展调查研究。做好市（地）委的决策参谋工作，促进全市（地区）经济社会发展。

第一节 保密工作

1986年，地委保密委办公室挂靠行署公安处。1990年8月，设立地区保密局，与地委保密委办公室合署办公。1995年8月，地区保密局并入地委办公室，为地委办公室内设副县级机构。

一、保密督查和执法

健全和完善保密规章制度，严肃保密纪律，强化保密执法监督，加大执法力度，市（地区）保密局查处泄密事件16件。

1986年，会同公安，地、县委办等部门，对全地区481个废旧收购点进行统一检查，收缴涉密文件（资料）一批。全年查处失泄密事件4件。

1987年，配合地委办公室在全地区清理清退中共中央、中共江西省委文件，对丢失或下落不明的涉密文件资料进行追查和处理。会同公安部门在全地区范围内对118个营业性的复印、誊印社和小型印刷厂进行保密大检查。查获文件资料和非法违禁品15件，其中机密级内部资料3件。全年查处失泄密事件2起。

1990年，依据国家保密局、国家工商局、公安部、新闻出版署、文化部、轻工业部《印刷、复印等行业复制国家秘密载体暂行办法》，对全地区印刷复印行业进行保密检查和清理整顿。部署赣州地区稀土行业保密工作。

1991年，督促指导重大活动专项保密工作。在瑞金县举行纪念中央革命根据地创建暨中华苏维埃临时中央政府成立60周年大庆活动，成立保密工作小组。对参加保卫保密工作的人员举办2期业务学习班，对有关场所、设施进行3次检查、整改。

1992年，对废品收购行业进行检查，对印刷复印行业进行清理整顿。配合招考部门对普通高考和成人高考进行保密检查，重点督促检查试卷保密室建设，试卷室落实防泄密、防盗、防火、防雨、防水、防潮、防鼠等“七防”措施。参与无线电通信的保密检查。

1993年，组织开展电话通信保密检查。经省保密局核准，国家保密局审批，赣南印刷厂、赣州印刷厂为印刷国家秘密载体定点单位，地区科技情报所为复印国家秘密载体定点单位。全年查处窃密案件1件。

1994年，会同地区文化局、地区广播电视局，对《新闻出版保密规定》执行情况进行保密检查。开展以清理核对1993年文件为主要内容的保密检查。全地区清理地级以上单位1993年制发的各类文件55770份，其中密级文件7560份。办理清退、造册、销毁51050份，归档4720份。

1996年，全面清理整顿全地区印刷复印行业，对398户印刷、打字、复印单位进行注册备案。配合省委保密委完成对赣州地区地厅级领导保密工作的检查。对寻乌县与外商某合资项目进行保密审查。

1997 年，对 107 个新开张的印刷打字复印工商户进行保密检查和注册备案，颁发省保密局验印的注册备案证。审核 7 个县（市）14 个符合保密条件的印刷、复印点作为国家秘密载体定点复制单位。

1999 年，对全市（地区）《印刷、复印等行业复制国家秘密载体暂行管理办法》的执行情况、计算机及其互联网有关情况和各地保密委、保密工作机构设置情况分别进行调查，重新审批定点复制国家载体单位。在全市（地区）范围进行保密工作全面检查，对市政府（行署）网站和市（地区）领导办公室环境进行保密检查。

2000 年，与建设部门合作，对全市测绘成果开展以清查核对 1995—1999 年购取的密级测绘成果资料进行保密抽查。重新审定复制国家秘密载体定点单位，保留 17 个、新增 3 个、取消 4 个。对全市计算机上国际互联网情况进行调查。

二、保密规章制度

市（地区）保密工作部门制定和贯彻保密规章制度。督促地直单位制定《保密工作细则》、《保密工作制度》和《保密规定》，配备专职文件管理员。涉密文件处理，在打字、收文、发文和文件处理等环节建立保密责任制。

1987 年，针对国内外关注赣州地区离子吸附型稀土资源的重大经济价值和战略意义的情况，与地区稀土领导小组共同制定《关于加强稀土保密工作的若干规定》。

1989 年，印发《关于加强文件、内部刊物和资料的管理意见》，建立《档案保密制度》《文书处理工作制度》《文件收、发、登记、传阅、办理、归档、立卷制度》等。转发地区统计局《关于加强统计数字保密管理的报告》，凡绝密、机密、秘密统计资料未经批准，任何人不得擅自对外发表。各报纸、杂志发表未公布过的统计数字，先送统计部门或有关部门核对审批。

1991 年，行署就对外开放中做好稀土保密工作作出部署，划定稀土保密禁区，设立禁区标志牌。

1996 年，对印刷复印行业实施注册备案和年审制度。地委办公室制定《机关工作人员保密制度》。

1998 年，实施国家保密局《计算机信息系统保密管理暂行规定》和《涉及国家秘密的通信、办公自动化和计算机信息系统审批暂行办法》。实施《国家秘密技术项目持有单位管理暂行办法》。地委办、行署办制定加强地直机关文件资料保密管理工作的规定。

2000 年，贯彻执行中央保密委《计算机信息系统国际互联网保密管理规定》。

三、定密管理和保密宣传服务

定密即确定国家秘密及其密级与保密期限。市（地区）保密局协同有关部门做好保密咨询工作，尤其是涉外方面的保密咨询工作。

1986 年，全地区 184 个县级以上单位，完成定密工作的 70 个，占单位总数的 38.04%。1987 年，地委保密办接待涉及经济、科技、外事等方面的保密咨询 10 次。1 月 2 日《人民日报》第三版刊登《江西一妇女研制出观音财神等形象珍珠》的文章后，及时与全南县委保密办联系，研究观音财神等形象珍珠的科研保密工作。1989 年，根据《中华人民共和国保密法》《中华人民共和国保密法实施办法》《国家秘密及其密级具体范围的规定》，指导全地区调整和修订各系统、各单位的定密工作。慎重研究部分县对外开放事宜。1992 年，会同地区科学技术委员会对科技涉密人员进行保密法规学习、培训和考核。1998 年，在全地区范围内对 1995 年至 1997 年年底的定密情况进行调查。1999 年，组织撰写有关商业秘密保护调研文章，提供 13 个调研课题，收集文章 12 篇。

第二节 政策研究

1986 年，地委办公室设有政策研究科。1989 年，地委政策研究室成立，为正县级机构，归口地委办公室管理，内设经济一科、经济二科、政文科和秘书科，主要负责通过调查研究为地委提供决策参谋。2000 年增设《赣州通讯》编辑部，定编 16 名。

一、主要课题调研

市（地）委政研室围绕市（地）委重大工作部署和中心工作，积极开展调查研究，为市（地）委的决策做好参谋助手，调研成果进入市（地）委决策层。1986—2000 年，完成专题调查和课题研究 60 余项。

1987 年，完成在治理整顿中继续办好经济体制改革试验区的调查。1990 年，完成赣州地区“八五”期间经济发展思路研究。1990 年，完成关于“科技兴赣南”战略实施情况调查。1990 年，完成完善农村双层经营体制的调查。1991 年，完成优化赣南产业结构及配套政策研究。1991 年，完成农业社会化服务体系建设的研究；开展对林业政策的调查研究。1992 年，通过区内调查、广东考察，结合赣州地区资源特点、产业布局，提出建设赣州地区南北经济走廊、西南边际开发带，简称“T”形开发战略设想。1992 年，开展赣南科技人才现状及管理政策问题研究。1993 年，承担“科技兴赣南”软课题重点研究项目——建立和完善赣南市场体系研究。1993 年，向地委提出加快赣南外向型农业发展的若干政策性建议。1993 年，开展京九铁路、国道沿线和边际县赣南农村小城镇建设情况调查。1993 年，对国有、集体企业推行“国（公）有民营”改革进行跟踪调查。同年，在崇义县开展村级组织建设调查。1994 年，在石城县开展乡镇企业转制调查；在安远县开展以开放促发展的调查；与地委组织部共同承担地区科学技术委员会软课题项目“赣南村级建设研究”；到广东省东莞市、韶关市等地对劳动密集型外资企业内迁和安远县、于都县等县打工人员回乡办企业进行调查；在赣县茅店乡开展吸引机关单位办果园的调查。1995 年，在瑞金市日东乡龙头村进行村级建设经验总结；与地区供销社共同承担赣南供销合作经济研究课题。1997 年，牵头对全地区一千个村一万户农户进行问卷调查。1998 年，牵头就农资经营中主渠道与辅渠道关系及其相关存在的问题进行调查；围绕总结和完善赣州市（今章贡区）部分国有企业实行职工身份股权化改革工作进行调查。1999 年，就农民负担现状、原因等情况进行调查。2000 年，开展农村税费改革调查。开展赣南新一轮果业开发的调查。

二、编辑《赣州通讯》

1999 年，赣州市委机关刊物《赣州通讯》创刊，编发工作由市委政研室承担。至 2000 年年底，编发 11 期。选编优秀调研文章近 300 篇，配合市委中心工作，选登 200 余张新闻图片，发表一系列经济运行情况文章和国内外重大事件及赣州市情的小资料，发挥了宣传党的政策、交流工作情况、指导基层工作、展示赣州风貌的作用。

赣州市志（1986-2000）

名志

第六篇

人民代表大会

1986—2000年，赣州市（地区）各级人大在中国共产党的领导下，认真贯彻党的路线、方针、政策和国家的法律法规，代表人民行使法律赋予的各项职权，积极参与国家法制建设和执法检查，组织县乡换届选举和各级人民代表大会代表视察调研，开拓创新，扎实工作，有力地推动社会主义民主和法制建设。

1986年之前，赣州就设立了县（市）人民代表大会常务委员会，作为代表人民行使权力的常设机关，依法开展工作。此后，乡（镇）陆续设立人大主席团负责乡（镇）人大工作的日常事务。1995年8月，省人大常委会赣州地区联络处更名为省人大常委会赣州地区工作委员会，承担省人大常委会安排的各项工作。1999年7月，赣州撤地设市挂牌，召开赣州市第一届人民代表大会第一次会议，选举产生市人大常委会组成人员及市人大内务司法委员会、财政经济委员会。市人大常委会在大会闭会期间依法行使管理赣州地方国家事务的职权，对市人民代表大会负责并报告工作。至2000年年底，市第一届人民代表大会共召开2次会议。

第一章 省人大常委会赣州地区联络处

1986—1995年，赣州地区各级人大在各级党委的领导下，认真贯彻党的路线、方针、政策和国家的法律法规，代表人民行使法律赋予的各项职权，积极参与国家法制建设和执法检查，组织县乡换届选举和各级人民代表大会代表视察调研，开拓创新，扎实工作，有力地推动社会主义民主和法制建设。

第一节 机构组成

省人大常委会赣州地区联络处（以下简称“地区联络处”），于1983年12月经省第六届人大常委会决定成立，1984年7月开始正式办公，为省人大常委会派出机构，在省人大常委会和中共赣州地委的领导下进行工作。其主要职责是加强同赣州地区各县（市）人大常委会的联系；加强同赣州地区的省人大代表的联系；调查研究，总结交流县（市）人大常委会的工作经验；承办省人大常委会交办的其他工作。1986年后，联络处工作开始步入制度化、规范化轨道。

1984年，联络处定编5名，设主任和副主任。1988年5月，联络处被省委确定为正地级单位，下设办公室为正县级办事机构，定编10名。1990年6月，办公室设秘书联络科、政法文卫科、财政经济科。

1986—1995年赣州地区人大联络处领导成员一览表

表6-1-1

职　务	姓　名	籍　贯	政治面貌	任职时间
主　任	孙恒吉	山东省	中共党员	1986年4月至1988年10月
	叶发有	江西省赣州市	中共党员	1988年11月至1995年8月
副主任	孙恒吉	山东省	中共党员	1988年11月至1990年6月
	王世华	辽宁省沈阳市	中共党员	1984年7月至1987年1月
	张忠廷	江西省信丰县	中共党员	1988年12月至1994年4月
	钟耀庭	江西省于都县	中共党员	1990年9月至1995年8月
	吴荣逢	江西省瑞金市	中共党员	1991年10月至1995年8月
	陈章义	江西省安远县	中共党员	1991年10月至1995年8月
	钟定清	江西省兴国县	中共党员	1994年12月至1995年8月

第二节 出席省人民代表大会

人民代表大会会议听取和审议人民政府工作报告及其他各项报告，通过相应决议，代表团向大会提交议案、批评意见和建议。

一、出席省第六届人民代表大会

省第六届人民代表大会在南昌共召开6次全体代表大会，地区联络处组织赣州地区代表团出席第三、四、五、六次会议。

省六届人大第三次会议　1985年6月23—30日在南昌召开。会议听取和审议省人民政府工作报告及其他各项报告，通过相应决议，赣州代表团向大会提交议案。

省六届人大第四次会议 1986年5月4—10日在南昌召开。赣州代表团代表152人，实际到会150人，列席13人。提交《建议尽快制定价格管理的若干规定》《建议尽快安排兴建赣粤边区游击战纪念馆》等13件议案、意见建议。

省六届人大第五次会议 1986年10月22—25日在南昌召开。赣州代表团代表150人，实际到会138人，列席18人。会议补选省人民政府省长，传达学习中共十二届六中全会精神。

省六届人大第六次会议 1987年4月23—27日在南昌召开。赣州代表团代表147人，实际到会128人，列席15人。讨论决定省第七届人民代表大会代表名额分配和选举办法。提交《建议制定江西省经济合同管理条例或实施办法》《建议切实解决赣南交通问题》等13件议案、意见建议。

二、出席省第七届人民代表大会

省七届人大第一次会议 1988年1月26日至2月3日在南昌召开。赣州代表团代表88人，实际到会87人，列席20人。会议听取和审议省人民政府、省人大常委会、省高级人民法院、省高级人民检察院工作报告；听取和审议计划和财政工作报告；选举江西省出席第七届全国人民代表大会代表（赣州地区张云川、康芳芬、陈逢、毕兆华当选）；选举产生省人民政府省长、副省长和省高级人民法院院长、省高级人民检察院检察长；通过各项报告及相关决议，提交《关于要求对边沿山区特困县在林业生产和经营中实行优惠政策》等11件议案。

省七届人大第二次会议 1989年5月5—13日在南昌召开。赣州代表团代表89人，实际到会78人，列席17人。提交《关于要求制订县（市）、乡（镇）人大代表活动经费标准的建议》等2件议案。

省七届人大第三次会议 1990年4月21—26日在南昌召开。赣州代表团代表90人，实际到会85人，列席24人。提交《建议省政府解决因建万安电站移民工作中的几个急迫问题》等5件议案。

省七届人大第四次会议 1991年3月7—13日在南昌召开。赣州代表团代表90人，实际到会86人，列席28人。会议审议和通过《江西省国民经济计划和社会发展十年规划》、“八五”计划纲要（草案）；选举省人大常委会副主任、委员和省人民政府副省长。提交《要求提高老年职工的工资福利待遇》等6件议案。

省七届人大第五次会议 1992年3月5—9日在南昌召开。赣州代表团代表90人，实际到会86人，列席15人。审议关于省第八届人民代表大会代表名额和选举问题的决议案。大会期间，代表团向大会提交议案、建议和意见。

三、出席省第八届人民代表大会

省第八届人民代表大会在南昌共召开5次会议，地区联络处组织赣州代表团出席第一、二、三次会议。

省八届人大第一次会议 1993年1月29日至2月5日在南昌召开。赣州代表团代表93人，实际到会93人，列席13人。会议听取审议并通过省人民政府、省人大常委会、省高级人民法院、省高级人民检察院工作报告；听取和审议计划和财政工作报告；通过各项工作报告和相应决议草案；选举产生省人大、省政府领导成员及省高级人民法院院长、省高级人民检察院检察长；选举江西省出席第八届全国人民代表大会代表（赣州地区邱禄鑫、黎金辉、王水长、陈祥娣当选）；通过省八届人大各专门委员会组成人选及6项决议。

省八届人大第二次会议 1994年2月25日至3月1日在南昌召开。赣州代表团代表93人，实际到会89人，列席13人。补选省八届人大常委会组成人员。

省八届人大第三次会议 1995年2月20—25日在南昌召开。赣州代表团代表93人，实际到会89人，列席13人。

第三节 主要工作

一、执法检查

1986—1995年，联络处按照省人大常委会的工作部署，先后组织有关单位，对赣州地区贯彻实施《中华人民共和国宪法》《中华人民共和国刑法》《中华人民共和国刑事诉讼法》《中华人民共和国经济合同法》《中华人民共和国土地管理法》《中华人民共和国森林法》《中华人民共和国矿产资源法》《中华人民共和国义务教育法》《中华人民共和国药品管理法》《中华人民共和国治安管理处罚条例》《中华人民共和国婚姻法》《中华人民共和国行政诉讼法》《中华人民共和国民事诉讼法》《中华人民共和国消费者权益保障法》《中华人民共和国妇女权益保护法》《中华人民共和国统计法》《江西省国防教育条例》《中华人民共和国地方各级人民代表大会和地方各级人民政府组织法》《中华人民共和国食品卫生法》《中华人民共和国环境保护法》《中华人民共和国文物保护法》《中华人民共和国技术合同法》《江西省技术市场管理条例》《中华人民共和国水土保持法》《江西省计划生育条例》《江西省保护妇女儿童合法权益的若干规定》《江西省劳动保护暂行条例》《中华人民共和国全民所有制工业企业法》《中华人民共和国全民所有制工业企业转换经营机制条例》《中华人民共和国农民承担费用和劳务管理条例》《江西省农民负担管理条例》《中华人民共和国教师法》等法律法规情况进行执法检查或抽查。配合全国、省人大及其常委会在赣州地区开展《中华人民共和国义务教育法》《中华人民共和国环境保护法》《中华人民共和国妇女权益保障法》《中华人民共和国土地管理法》《中华人民共和国归侨侨眷权益保护法》《中华人民共和国城市规划法》《中华人民共和国科学技术进步法》等法律法规的执法检查。通过执法检查，促进上述法律法规在赣州的贯彻实施。

二、视察调研

1986—1995年，联络处组织部分全国人大代表、省人大代表，对国民经济和财政预算执行、县乡换届选举、医疗卫生和农业生产、打击犯罪和社会治安、教育、物价、民兵工作及有关法律法规的贯彻实施等情况进行视察调研。配合全国、省人大及其常委会组织的视察组，视察或调研赣州山江湖综合治理、国民经济计划执行、老区人民生产生活等情况。联络处在每次视察调研活动结束时都将结果反馈给地区行署及有关部门，完成视察调研的各项工作任务。

三、法制建设

1986—1995年，联络处先后组织有关单位负责人或部分全国、省、县、乡人大代表进行座谈，征求对有关法律法规（草案）的修改意见。具体有《中华人民共和国地方各级人民代表大会和地方各级人民政府组织法》《中华人民共和国全国人民代表大会和地方各级人民代表大会选举法》《关于惩治贪污罪贿赂罪的补充规定》《关于惩治走私罪的补充规定》《江西省人大常委会关于监督司法工作的暂行规定》《江西省保护归侨侨眷权益法实施细则》《中华人民共和国华侨捐赠保护法》《江西省老年人保护条例》《江西省实施〈中华人民共和国归侨侨眷权益保护法〉办法》《中华人民共和国全国人民代表大会和地方各级人民代表大会代表法》《江西省社会治安综合治理条例》《江西省保护公民举报权利的规定》《江西省实施〈中华人民共和国未成年人保护法〉办法》《江西省会计管理条例》《江西省国有企业职工失业保险条例》《江西省义务教育经费筹措和使用管理办法》《江西省实施〈中华人民共和国台湾同胞投资保护法〉办法》《江西省行政执法监督条例》《江西省人大常委会地区工作委员会工作条例》《江西省股份合作企业条例》。配合省人大及其常委会制订、修改和完善上述法律法规（草案）在赣州地区的征求意见工作。

第二章 省人大常委会赣州地区工作委员会

1995年8月至1999年6月，省人大常委会赣州地区工作委员会（以下简称“地区工委”）在省人大常委会和中共赣州地委的领导下，围绕省人大交办的工作任务和地委的中心工作，认真履行《江西省人民代表大会常务委员会地区工作委员会工作条例》赋予的工作职责，开展执法检查，参与法制建设，传达学习全国、省人大会精神，组织代表视察调研和指导县、乡人大换届选举等，为进一步完善人民代表大会制度，推动“两个文明”建设上新台阶，创造良好的法制环境。

第一节 机构组成

一、机构

省人大常委会赣州地区工作委员会，于1995年8月经省八届人大常委会第十六次会议决定，由地区联络处更名，是省人大常委会在赣州设立的派出机构。根据《江西省人民代表大会常务委员会地区工作委员会工作条例》的规定，主要职责是按照省人大常委会的工作部署，负责对赣州地区行署、中级人民法院、检察分院的法律监督和工作监督等工作。

1995年，增加领导职数和干部编制，地区工委正副主任由在职的原联络处正副主任继续担任，增设副主任3名。地区工委设秘书长和副秘书长；办公室为地区工委正处级综合办事机构，定编20名，设秘书联络科、财政经济科、内务司法科、教科文卫外侨民宗科。1997年8月，增设信访科。

二、领导成员

1995—1999年，省人大常委会赣州地区工作委员会设主任1名，副主任若干名，秘书长1名。

表6-2-1

1995—1999年赣州地区工委领导成员一览表

职 务	姓 名	籍 贯	政治面貌	任职时间
主 任	叶发有	江西省赣州市	中共党员	1995年8月至1999年6月
副主任	钟耀庭	江西省于都县	中共党员	1995年8月至1996年5月
	刘学文	江西省永新县	中共党员	1995年12月至1999年6月
	陈本玮	湖南省澧县	中共党员	1996年5月至1999年6月
	吴荣逢	江西省瑞金市	中共党员	1995年8月至1999年6月
	陈章义	江西省安远县	中共党员	1995年8月至1997年10月
	刘安民	江西省万安县	中共党员	1996年12月至1999年6月
	刘运明	江西省信丰县	中共党员	1998年2月至1999年6月

第二节 出席省人民代表大会

一、出席省第八届人民代表大会

省第八届人民代表大会在南昌共召开5次会议，地区工委组织赣州代表团的代表出席第四、五次会议。

省八届人大第四次会议 1996年2月5—11日在南昌召开。会议审议通过《江西省国民经济与社会发展“九五”计划和2010年远景目标纲要（草案）》及《江西省人民代表大会议事规则》。补选省人民政府省长及4名省人大常委会副主任、1名委员，通过7项决议。

省八届人大第五次会议 1997年2月18—22日在南昌召开。赣州代表团代表91人，实际到会91人，列席22人。赣州代表团向大会提交《关于建议补充修改（江西省人民代表大会常务委员会地区工作委员会工作条例）的议案》等4件议案及22件意见建议。

二、出席省第九届人民代表大会

省第九届人民代表大会至2000年在南昌共召开3次会议，地区工委组织代表出席第一、二次会议，第三次会议由撤地设市后的赣州市人大常委会组织代表参加会议。

省九届人大第一次会议 1998年1月12—21日在南昌召开。赣州代表团应到会议代表96人，实际到会96人，列席14人。会议听取和审议省政府、省人大、法检两院以及计划、财政工作报告，酝酿、选举产生省人大、省政府领导成员及法检两长。选举江西省出席第九届全国人民代表大会代表79名（赣州地区肖毅、胡淑华、钟八莲、兰玉招等当选），通过6项决议和省九届人大各专门委员会人选。

省九届人大第二次会议 1999年1月3日至2月5日在南昌召开。赣州代表团出席会议代表95人，列席22人。赣州代表团向大会提交19个议案、21项意见建议。

第三节 主要工作

一、执法检查

1995年，地区工委配合全国、省人大及其常委会在赣州先后开展《中华人民共和国环境保护法》《中华人民共和国归侨侨眷权益保障法》《中华人民共和国妇女权益保护法》《中华人民共和国土地管理法》《中华人民共和国城市规划法》《中华人民共和国科学技术进步法》执法检查，组织有关单位对赣州地区执行《中华人民共和国土地管理法》《中华人民共和国森林法》《中华人民共和国环境保护法》《中华人民共和国水土保持法》的情况进行检查或抽查。

1996年至1999年6月，地区工委组织有关单位先后检查《中华人民共和国农业法》《中华人民共和国环境保护法》《中华人民共和国矿产资源法》《中华人民共和国水土保持法》《中华人民共和国村民委员会组织法》《中华人民共和国食品卫生法》《中华人民共和国税收征收管理法》《中华人民共和国教育法》《中华人民共和国农业技术推广法》《江西省义务教育经费筹措和管理使用办法》《江西省计划生育条例》《中华人民共和国科技成果转化法》《中华人民共和国档案法》《江西省生猪屠宰管理条例》等14个法律法规在赣州的贯彻实施情况。配合全国、省人大及其常委会在赣州地区开展《中华人民共和国土地管理法》《中华人民共和国环境保护法》《中华人民共和国教育法》《中华人民共和国台湾同胞投资保护法》《中华人民共和国森林法》《中华人民共和国农业法》《中华人民共和国矿产资源法》《江西省义务教育经费筹措和管理使用办法》《中华人民共和国进出口商品检验法》《江西省实施〈台湾同胞投资保护法〉办法》《中华人民共和国烟草专卖法》《江西省计划生育条例》等12个法律法规执法检查或整改复查。督促有关单位加强对上述法律法规的贯彻执行。

二、视察调查

1995年，地区工委组织在赣州的部分全国、省人大代表对于都、兴国、宁都、石城4个县进行视察。主要包括1994年地、县国民经济和社会发展计划，财政预算的执行情况，农业生产和农业经济发展情况，《中华人民共和国反不正当竞争法》《中华人民共和国消费者权益保护法》《中华人民共和国产品质量法》《关于惩治生产、销售伪劣商品犯罪的决定》等法律法规执行情况，教育、物价工作情况。同年，地区工委（地区联络处）配合省人大常委会部分委员调查国有大中型企业扭亏增盈情况和乡（镇）换届选举工作情况。

1996年至1999年6月，地区工委组织部分在赣州的全国、省人大代表，对国民经济和社会发展计划执行、财政预算执行、“菜篮子”“米袋子”工程实施、果业工作、农村政策贯彻落实、社会治安综合治理、减轻农民负担、精神文明建设、司法公正等情况进行视察或调查。配合全国、省人大及其常委会有关调查组或组织有关调查组调查部分县（市）、乡（镇）换届，国有、乡（镇）、侨资企业，特色农业发展，“三五”普法工作，国民经济和社会发展计划、财政预算的执行，旅游业和少数民族经济发展，企业负担，教科文卫和财经工作，以及《中华人民共和国环境保护法》《中华人民共和国矿产资源法》《中华人民共和国森林法》《中华人民共和国水土保持法》《中华人民共和国科学技术进步法》《中华人民共和国科技成果转化法》《中华人民共和国村民委员会组织法》《中华人民共和国体育法》《中华人民共和国预算法》《中华人民共和国高等教育法》的实施等情况。

三、法制建设

1995年，地区工委召开座谈会及征求有关人员对《江西省实施〈台湾同胞投资保护法〉办法》《乡镇人大工作条例》《江西省人大常委会地区工作委员会工作条例》《股份合作企业条例》4个法律法规草案的修改意见，完成省人大常委会在赣州的征求意见工作。

1996年至1999年6月，地区工委先后组织有关单位负责人或部分全国、省、县（市）、乡（镇）人大代表进行座谈，征求相关法律法规草案的修改意见。主要有《江西省生猪屠宰管理条例》《江西省农作物种子管理条例》《江西省司法机关错案追究条例》《江西省公路规费征缴管理条例》《江西省征用土地管理办法》《江西省义务植树规定》《江西省标准化管理条例》《江西省侨属企业优惠办法》《江西省人大财经委关于加强审查监督预决算的意见》《江西省外商投资企业工会条例》《江西省人大常委会地区工作委员会工作条例》《江西省县级以上人大常委会评议工作条例》《江西省体育活动管理条例》《中华人民共和国村民委员会组织法》《中华人民共和国土地管理法》《江西省关于对各级人民代表大会代表采取限制人身自由措施的规定》《江西省烟草专卖条例》《江西省水产种苗管理条例》《中华人民共和国经济合同法》《中华人民共和国行政复议法》《江西省居住区物业管理条例》《江西省实施〈人民防空法〉办法》《江西省技术监督管理条例》。

第三章　市人民代表大会

人民代表大会制度是国家的根本政治制度，地方各级人民代表大会及其常务委员会是地方国家权力机关。1980年，赣州开始设立县（市）人民代表大会常务委员会，作为代表人民行使权力的常设机关，依法开展工作。此后，乡（镇）陆续设立人大主席团负责乡（镇）人大工作的日常事务。1999年6月，赣州市第一届人民代表大会第一次会议召开，选举产生市人大常委会组成人员及市人大两个专门委员会成员，选举“一府两院”负责人。至2000年2月，市第一届人民代表大会共召开2次会议。

第一节　市人大代表和代表大会会议

一、市人大代表

代表选举　依法确定代表名额。按照选举法第九条第二款的规定，市一届人大代表总数按240名为基数，每2.5万人口增加1个代表名额的原则，赣州地区1998年年底总人口为770多万人，可增加代表309名，经省九届人大常委会第八次会议审议决定，确定赣州市第一届人民代表大会代表名额为549名。

部署和组织代表选举。1999年5月初，地区专门召开选举工作会议，部署市人大代表选举工作。此后，各县（市、区）迅速进行传达贯彻，组织各政党、人民团体，推荐、酝酿市人大代表候选人，经过由上而下，由下而上，上下结合，反复协商，严格考察，并经市人代会筹备组和地委组织部共同审查后，最后确定正式代表候选人655名，为应选代表的1.21倍，符合法定要求。各县（市、区）和驻军部队按照市人代会筹备组的工作部署，分别于6月中旬相继召开人民代表大会和军人代表大会，选举产生了赣州市第一届人民代表大会的代表。经选举产生的代表，由市人代会筹备组代表资格审查委员会审查，报市人代会筹备组确认，代表资格全部有效，并在《赣南日报》上进行公布。

代表构成 代表的总体结构合理，较好地体现了人大代表的广泛性和代表性，工人、农民、干部、知识分子、民主党派人士、无党派人士、妇女等，都占有适当比例。当选的540名代表中，工人57名，占10.56%；农民80名，占14.81%；党政干部284名，占52.59%；知识分子57名，占10.56%；民主党派、无党派爱国人士24名，占4.44%；归侨、侨眷5名，占0.93%；军人12名，占2.22%；妇女131名，占24.26%；非中共党员189名，占35%；少数民族17名，占3.15%。从代表的文化结构看，大专以上352名，占65.19%；从年龄结构看，50岁以下472名，占87.41%。

代表工作 市一届人大常委会认真学习贯彻《中华人民共和国全国人民代表大会和地方各级人民代表大会代表法》和《江西省实施〈中华人民共和国全国人民代表大会和地方各级人民代表大会代表法〉办法》，积极为代表知情知政、履行职务创造条件，提供服务。每次开展执法检查、工作评议、述职评议和专题调研等工作，都邀请市人大代表参加。为使代表更好地了解全市改革和建设的实际，了解人民群众的意愿和要求，组织代表先后就市重点工程建设、农业产业结构调整、深化国企改革、搞好生态环境保护、城市建设、城区管理、市容整治、旅游景点开发、交通稽查征费、公路建设等进行了视察。对代表在视察中提出的意见和建议，及时转请市政府认真研究，并督促其积极采取措施改进工作。为提高代表自身素质，增强参政履职的意识和能力，常委会先后举办多期市人大代表培训班。

市一届人大常委会高度重视并认真督促办理人大代表依法提出的建议、批评和意见。对代表提出议案、建议、批评和意见，及时召开代表建议、意见交办会，提出具体办理要求，并通过走出去、请进来、组织代表视察、上门走访、召开座谈会等形式，开展督办工作。对督办重点，坚持不懈的跟踪督查，提高办理质量，解决一些实际问题。

二、市人民代表大会会议

市第一届人民代表大会第一次会议 1999年6月26—28日，赣州市第一届人民代表大会第一次会议在赣南剧院召开。大会应到代表540名，实到522名，因事因病请假18名。会议通过有关决定、决议，选举产生撤地设市后的赣州市第一届人大常委会组成人员、市人民政府领导成员、市中级人民法院院长和市人民检察院检察长。

大会选举张海如为赣州市第一届人民代表大会常务委员会主任，廖桂明、刘运明、黄光南、陈清华为副主任，刁德连为秘书长，刘兰玉等23人为委员；选举王昭悠为第一届赣州市人民政府市长，李南生、钟祖恩、黄信龙、尹礼山、谢碧联、叶玉忠为副市长；选举杨阳春为赣州市中级人民法院院长，彭诗光为赣州市人民检察院检察长。大会通过《关于设立赣州市人民代表大会专门委员会的决定》和市一届人大内务司法委员会、财政经济委员会主任委员、副主任委员、委员名单，通过《关于授权市人民代表大会常务委员会审议赣州市1999年度国民经济和社会发展计划、财政预算的决议》。

市第一届人民代表大会第二次会议 2000年2月27日至3月1日，赣州市第一届人民代表大会第二次会议在赣州艺术剧院召开。大会应到代表538名，实到代表511名，因事因病请假27名。市人大常委会主任张海如，副主任廖桂明、刘运明、黄光南、陈清华，秘书长刁德连出席会议。大会听取、审议并批准市长王昭悠所作的政府工作报告，审查批准赣州市1999年国民经济和社会发展计划执行情况与2000年国民经济和社会发展计划的报告；审查1999年市本级总预算执行情况的报告和2000年市本级总预算草案，批准1999年市本级预算执行情况的报告和2000年市本级预算；审议批准市人大常委会、市中级人民法院、市人民检察院的工作报告。大会通过上述各项报告的决议。

第二节 市第一届人民代表大会常务委员会

赣州市人民代表大会常务委员会作为市级权力机关的常设机构，在大会闭会期间依法行使管理地方国家事务的职权，对市人民代表大会负责并报告工作。根据《中华人民共和国地方各级人民代表大会组织法》的规定，市第一届人大常委会集体行使“在本行政区域内，保证宪法法律、行政法规和上级人民代表大会及其常务委员会决议的遵守和执行”等14项职权。

一、组成人员

市第一届人大常委会组成人员由主任、副主任若干人，秘书长和委员若干人组成。市第一届人大常委会组成人员共29人，于1999年6月28日市一届人大一次会议选举产生。

主　任：张海如

副主任：廖桂明、刘运明、黄光南、陈清华

秘书长：刁德连

委员（姓氏笔画为序）：刘兰玉（女）、李荣、严诺夫、吴国胜、何红满（女）、邱荣锋、邹军、宋燕（女）、卓民生、周绍富、郑尔旺、郑宗华、唐年珍（女）、黄振珑、黄景钦、黄瑞樟、韩振飞、谢华生、谢金水、谢鹏燕、雷良骕、黎德辛、樊耀。

表6-3-1

赣州市第一届市人大常委会领导成员一览表

职　务	姓　名	籍　贯	政治面貌	任职时间
主　任	张海如	江西省宜丰县	中共党员	1999年6月至2002年1月
副主任	廖桂明	江西省安远县	中共党员	1999年6月至2004年5月
	刘运明	江西省信丰县	中共党员	1999年6月至2004年5月
	黄光南	江西省石城县	中共党员	1999年6月至2004年5月
	陈清华	江西省会昌县	民革党员	1999年6月至2003年8月

二、工作机构

市人大常委会下设6个正处级工作机构，即办公室、选举任免联络工作委员会（以下简称“选任联工委”）、教育科学文化卫生工作委员会（以下简称“教科文卫工委”）、农业和农村工作委员会（以下简称“农业农村工委”）、城乡建设环境与资源保护工作委员会（以下简称“城建环资工委”）、外事华侨民族宗教工作委员会（以下简称“外侨民宗工委”）。其主要职责是协助常委会开展对“一府两院”及其部门的法律监督和工作监督等工作。常委会办公室内设秘书科、政工调研科、信访科、行政接待科4个科室（正科级），常委会各工作委员会分别设1个正科级办公室为其办事机构。

市人大常委会机关编制为55名（工勤人员8名）。处级领导职数16名（其中正处9名，含秘书长1名、副秘书长2名，秘书长和1名副秘书长分别兼常委会办公室主任、副主任，专职副秘书长1名）；科级职数16名（其中正科11名）。

三、常务委员会议

第一次会议（1999年8月26—27日） 审议通过《关于设立赣州市人民代表大会常务委员会工作机构的决定》《关于设立赣州市人民代表大会常务委员会代表资格审查委员会的决定》《赣州市人民代表大会常务委员会组成人员守则》《赣州市人大常委会1999年下半年工作要点》《赣州市1999年国民经济和社会发展计划》；表决有关人事任免。

第二次会议（1999年11月1—2日） 审议通过《关于开展依法治市的决议》《赣州市1999年市本级预算》《赣州市人大常委会主任会议议事规则》《赣州市人大常委会议事规则》《赣州市人大常委会人事任免办法》《赣州市人大常委会代表联络工作办法》；听取市中级人民法院关于执行工作情况的汇报。

第三次会议（1999年12月28—29日） 审议通过《赣州市人民代表大会常务委员会关于在市直机关推行执法责任制的决定》；听取审议市人大常委会执法检查组关于《中华人民共和国审计法》实施情况的报告；听取市人民检察院关于反贪污贿赂工作情况的汇报；审议通过市人民政府和市人民检察院提请的人事任免名单。

第四次会议（2000年1月30日） 审议通过关于赣州市第一届人民代表大会第二次会议于2月27日召开的决定；审议市人大一届二次会议议程、主席团和秘书长名单（草案）以及列席人员范围；审议通过《赣州市人大常委会工作报告（讨论稿）》等报告；补选市人民政府市长王昭悠为省九届人大代表。

第五次会议（2000年3月30—31日） 传达九届全国人大三次会议精神；审议通过《赣州市人大常委会2000年工作要点》《赣州市人大常委会与"一府两院"工作联系办法》；审议通过市人民检察院提请的人事任免名单。

第六次会议（2000年6月2—3日） 审议通过《关于对市农业局局长郑隆焜、市卫生局局长田克仁进行述职评议的决定》《关于加强人民法院执行工作的决定》；听取市教育委员会关于义务教育法执行情况汇报、市经贸委工作情况汇报和市人大常委会调查组关于赣州市农村基层卫生院建设情况的调查汇报；审议通过人事任免。

第七次会议（2000年8月1—2日） 对市农业局局长郑隆焜、市卫生局局长田克仁进行述职评议；听取并审议市计委主任林金梧《关于赣州市2000年上半年国民经济和社会发展计划执行情况的报告》和市财政局局长李安泽《关于我市2000年上半年财政预算执行情况的报告》；听取市水电局局长陈发美《关于赣州市水利基础设施建设情况的工作汇报》；审议通过市中级人民法院、市人民检察院分别提请的人事任免事项。

第八次会议（2000年9月19—20日） 听取并审议市审计局关于1999年市本级预算执行和其他财政收支的审计工作报告；审查批准1999年市本级决算；听取市粮食局、市劳动局工作汇报以及市人大常委会调查组关于瑞金、于都、寻乌、安远4个县（市）计划外生育费"乡收县管"执行情况的调查报告；审议通过关于接受谢金水辞去市人大常委会委员职务请求的决定；审议通过市人民政府、市中级人民法院分别提请的人事任免事项。

第九次会议（2000年11月28—29日） 对市交通局进行工作评议；听取市统计局关于统计工作的情况汇报和市旅游局关于赣州市旅游工作的情况汇报；听取市人大常委会调查组关于会昌、于都、信丰、大余 4 个县少数民族村经济和社会发展情况的调查报告；听取市人大常委会执法检查组关于检查市中级人民法院、市人民检察院、市公安局执行《江西省司法机关错案责任追究条例》情况的报告；通过关于接受郑尔旺辞去市人大常委会委员职务请求的决定。

四、日常工作

代表工作 1999 年 12 月，常委会及有关工作委员会配合省人大及其常委会组织省直及驻市的部分全国、省人大代表对大余、南康、信丰、赣县等县（市）进行视察。2000 年 1 月和 12 月，组织部分省、市人大代表及在赣州的全国人大代表视察部分县（市）特色农业、生态农业和小城镇建设等情况。在市一届人大一次、二次会议期间，收到 10 名（含）以上代表联名提出的建议、批评和意见 63 件，10 名以下代表联名的建议意见 114 件。常委会及有关工作委员会进行分类、编号和登记，及时转交有关单位办理，并跟踪督办。2000 年，举办 1 期市人大代表培训班，增强代表的履职意识；组织部分市人大代表到广东、福建等地考察个私企业的发展情况。

信访工作 结合人大信访工作程序性、法制性强的特点，对收到的来信来访进行登记，分门别类，定期向常委会领导反映情况，提出拟办意见，抓好催办、督办工作。1999 年 7 月至 2000 年，受理群众来信 2347 件，接待群众来访 656 人次。对反映的情况，凡符合法规政策的及时转给和督促有关部门认真办理；对不符合法规政策规定的，耐心做好说服解释工作；对重要的符合法规政策规定而久拖不决的问题，市人大常委会领导亲自深入实地了解情况，提出处理建议，督促有关部门认真解决，化解社会矛盾。

法制工作 1999 年 7 月至 2000 年 12 月，市人大常委会组织有关单位负责人和部分全国、省、县、乡人大代表进行座谈，征求对有关法律法规草案的修改意见。具体有《江西省实施〈中华人民共和国人民防空法〉办法》《江西省各级人民代表大会常务委员会监督工作条例（草案）》《江西省人民代表大会常务委员会关于个案监督的若干规定（草案）》《江西省省本级预算审批监督办法（征求意见稿）》《江西省反窃电办法（草案）》《中华人民共和国婚姻法（修正草案）》《江西省实施〈土地管理法〉办法（修订草案修改稿）》《江西省义务教育经费筹措、使用和管理办法》《江西省发展中医条例》《江西省防震减灾条例》《江西省计划生育条例》《江西省文化市场管理条例》《江西省矿产资源开发管理条例》《江西省建筑条例》《江西省环境污染防治条例（征求意见稿）》《中华人民共和国环境影响评价法（征求意见稿）》《江西省城市房屋权属登记管理条例》《江西省资源综合利用条例（讨论稿）》《江西省旅游业管理条例（征求意见稿）》。

五、常委会及其机关建设

1999 年 7 月，成立中共赣州市人大常委会党组，由张海如、廖桂明、刘运明、黄光南、刁德连组成，张海如任党组书记，廖桂明任党组副书记。

2000 年 4 月，成立中共赣州市人大常委会机关党组。

中共赣州地区人大工委机关支部委员会更名为中共赣州市人大常委会机关支部委员会，1999 年 9 月 13 日召开全体党员大会，选举刁德连等 5 人为中共赣州市人大常委会机关第一届支部委员会委员，刁德连任支部书记。市人大常委会加强常委会及其机关建设，开展“三讲”教育及其“回头看”活动，组织学习邓小平理论、“三个代表”重要思想及有关人大的业务知识，举办法制讲座 6 次。2000 年 4 月，机关工会成立。市人大常委会加强常委会机关制度建设，制定并通过《赣州市人大常委会组成人员守则》《赣州市人大常委会主任会议议事规则》《赣州市人大常委会人事任免办法》《赣州市人大常委会代表联络工作办法》《市人大机关内部管理制度》等制度。

第三节 职权履行

一、决定决议

1999年8月至2000年12月，市第一届人大常委会依法行使对地方国家事务重大事项的管理权，先后作出决定决议12个，主要有关于设立赣州市人民代表大会常务委员会工作机构的决定；关于设立赣州市人民代表大会常务委员会代表资格审查委员会的决定；关于赣州市1999年国民经济和社会发展计划的决议；关于开展依法治市的决议；关于赣州市1999年市本级预算的决议；关于在市直机关推行执法责任制的决定；关于召开赣州市第一届人民代表大会第二次会议的决定；关于对市农业局局长郑隆焜、市卫生局局长田克仁进行述职评议的决定；关于加强人民法院执行工作的决定；关于批准1999年市本级决算的决议；关于接受谢金水辞去赣州市人民代表大会常务委员会委员职务请求的决定；关于接受郑尔旺辞去赣州市人民代表大会常务委员会委员职务请求的决定。

二、人事任免

1999年，起草《赣州市人大常委会人事任免办法》，组织被任命人员进行法律考试和作表态发言，任免干部165人次；2000年，任免常委会机关和“一府两院”工作人员35人次，其中常委会机关工作人员1人，政府组成人员3人，“法检”两院法官、检察官31人，人事任免工作走上程序化、规范化、制度化轨道。

三、法律监督

1999年，市人大常委会配合全国、省人大及其常委会在赣州开展《中华人民共和国体育法》《中华人民共和国森林法》《中华人民共和国水土保持法》《中华人民共和国测绘法》《中华人民共和国村民委员会组织法》《中华人民共和国工会法》《江西省实施〈中华人民共和国工会法〉办法》等执法检查，组织有关单位对执行《中华人民共和国档案法》《中华人民共和国森林法》《中华人民共和国水土保持法》《中华人民共和国建筑法》《中华人民共和国审计法》的情况进行检查或抽查。2000年，市人大常委会组织有关单位检查或抽查《中华人民共和国工会法》《中华人民共和国税收征收管理法》《中华人民共和国统计法》《中华人民共和国义务教育法》《中华人民共和国台湾同胞投资保护法》《中华人民共和国城市规划法》《江西省司法机关错案责任追究条例》《江西省实施〈中华人民共和国工会法〉办法》《江西省农业机械管理条例》《江西省种畜禽管理条例》等10个法律法规在赣州的实施或整改情况。配合全国、省人大及其常委会开展《中华人民共和国村民委员会组织法》《中华人民共和国统计法》《中华人民共和国义务教育法》《中华人民共和国文物保护法》《中华人民共和国乡镇企业法》等5个法律法规执法检查或整改复查。

四、调研视察

积极开展调研活动，了解掌握一些实际情况，先后对乡（镇）基层卫生队伍建设、少数民族村经济和社会发展、计划外生育费管理、宗教工作等情况进行调研，调研结束时将意见建议以不同形式向市政府及有关单位反馈。1999年，对市直涉农收费部门的减轻农民负担工作、323国道于都县峡山段下河土石清理、滨江大道排污、黄金岭经济开发区的环保以及章江水资源保护等情况进行视察或调查。配合省人大及其常委会开展钨业生产经营秩序的清理整顿情况的视察；参与对省林业厅、省农业厅的工作评议；参与对’99环保赣江行在赣州的采访等活动。2000年，组织对市农业局局长、市卫生局局长、市环保局、市交通局进行述职评议和工作评议；开展对减轻农民负担工作、气象环保工作以及优化农业结构等情况调查；组织对城区管理情况进行视察；开展对少数民族村经济和社会发展情况、全市宗教工作情况的调查；加强对重大个案的督办工作。召开与市直对口部门主要负责人联席会议，制定学习联系办法，听取和审议政府及其组成部门、“法检”两院的工作汇报，提出意见和建议。

第四节　专门委员会工作

1999年6月，赣州市第一届人民代表大会决定设立市人民代表大会内务司法委员会、市人民代表大会财政经济委员会，在市人民代表大会及其常委会领导下开展工作。

一、内务司法委员会

机构设置　市一届人大内务司法委员会（以下简称“内司委”），由市一届人大一次会议决定设立，在市人大闭会期间，接受市人大常委会的领导，下设办公室（正科级）为其办事机构（编制4名）。其主要职责为审议和办理本级人大及其常委会交付的内务司法部门的议案、意见和建议；办理对内务司法机关实施执法监督并对司法机关进行个案监督等9项事宜。

主要会议　1999年12月1日召开第一次会议，审议通过市人大内司委工作联系办法，初审《赣州市人大常委会关于在市直机关推行执法责任制决定（草案）》。2000年3月20日召开第二次会议，听取市中级人民法院关于对赣县吉埠镇吉埠村新厅下小组山林纠纷判决情况的汇报。2000年3月28日召开第三次会议，讨论《赣州市人民代表大会内务司法委员会关于受理控告、申诉案件的若干规定》；讨论建立内务司法工作联系点会议制度问题，决定赣县、瑞金、兴国、定南、大余5个县（市）人大常委会为内务司法工作会议联系点。2000年8月3日召开第四次会议，分析研究省人大内司委转办的于都县“陈某过失致人死亡、陈某包庇案”案情，决定提请市人大常委会列入个案监督。2000年8月30日召开第五次会议，听取市民政局撤地设市以来工作情况汇报。2000年11月17日召开第六次会议，向市公检法机关反馈市人大常委会对《江西省司法机关错案责任追究条例》进行执法检查的情况。

主要工作　1999年7月至2000年12月，内司委协助市人大及其常委会起草《关于在市直机关推行执法责任制的决定》等12个决定决议（草案），完成省人大及其常委会修改婚姻法等5部内务司法方面的法律法规草案的征求意见工作，配合市人大及其常委会开展法律监督和工作监督，包括听取和审议“两院”及政府内务司法对口部门的工作汇报，对与内务司法有关的问题和重大事项进行调查研究以及开展执法检查和负责常委会个案监督的具体工作。召开内务司法工作联系点会议1次，处理重要信访件36件，接待群众来访721人次，安排法制讲座6次，参与对市直机关7个行业的行风评议工作。

二、财政经济委员会

机构设置　市一届人大财政经济委员会（以下简称“财经委”），由市一届人大一次会议决定设立，在市人大闭会期间，接受市人大常委会的领导，下设办公室（正科级）为其办事机构（编制4名）。其主要职责为审议与财经委有关，需要提请市人大会或常委会审议和表决的议案，提出审议报告；向市人大会或常委会提出属于市人大会或常委会职权范围内同财经委有关的议案等15项。

主要会议　1999年8月19日召开第一次会议，初审市计划委员会关于赣州市1999年国民经济和社会发展计划草案。1999年10月20日召开第二次会议，讨论研究财政预算等问题，为审议财政预算报告草案做准备。1999年10月27日召开第三次会议，初审市财政局关于赣州市1999年财政预算报告草案。1999年11月5日召开第四次会议，讨论并通过《赣州市人民代表大会财政经济委员会工作联系办法》。1999年12月4日召开第五次会议，讨论修改《中华人民共和国审计法》执法检查情况报告文稿。2000年2月17日召开第六次会议，初审《关于赣州市1999年国民经济和社会发展计划执行情况与

2000 年计划（草案）的报告》《关于赣州市 1999 年本级总预算执行情况和 2000 年市本级总预算草案的报告》，讨论修改财经委 1999 年工作报告与 2000 年工作初步意见文稿。2000 年 2 月 28 日召开第七次会议，审议并通过《赣州市第一届人民代表大会财政经济委员会关于赣州市 1999 年国民经济和社会发展计划执行情况与 2000 年计划（草案）的审查报告》《赣州市第一届人民代表大会财政经济委员会关于赣州市 1999 年市本级总预算执行情况和 2000 年市本级总预算草案的审查报告》。2000 年 7 月 19 日召开第八次会议，听取市计委《关于赣州市 2000 年上半年国民经济和社会发展计划执行情况的报告》和市财政局《2000 年上半年预算执行情况汇报》。

主要工作 1999 年 7 月至 2000 年 12 月，协助市人大及其常委会起草有关决定决议 17 个，完成省人大及其常委会与财经委有关的 2 部法律法规草案征求意见工作，配合市人大及其常委会开展法律监督和工作监督，包括听取和审议政府及其财经部门的工作汇报、对与财经委有关的问题和重大事项进行调查研究以及开展执法检查和工作评议。召开对口联系单位座谈会和全体委员座谈会，起草并实施《财经委对口联系单位工作联系办法》《关于进一步加强文件信息交流的函》；组织人员参加昆明“人大财经工作研讨班”的学习和省人大财经工作会议。

第四章　县乡人民代表大会

县（市、区）和乡镇设立人民代表大会，人民代表大会代表由选民直接选举产生，闭会期间，每年至少召开一次人民代表大会。县（市、区）人民代表大会设立常务委员会，乡（镇）人民代表大会设立人民代表大会主席团。县（市、区）和乡（镇）人民代表大会依法行使宪法赋予的权力。

第一节　县（市）、乡（镇）换届选举

1980 年始，县（市）、乡（镇）换届选举每 3 年举行一次，1992 年后县（市）换届为每 5 年举行一次。

一、三年一届换届选举

1986—1993 年，赣州地区进行 3 次县（市）、乡（镇）换届选举工作。第一次县（市）、乡（镇）换届选举于 1987 年 1—5 月举行，全地区 18 个县（市）360 个乡（镇）共登记选民 3876497 名，选出县（市）代表 3201 名，乡（镇）代表 15299 名。召开新一届县（市）、乡（镇）人民代表大会第一次会议，18 个县（市）依法选出人大常委会主任 18 名，副主任 61 名，委员 229 名，县（市）长 18 名，副县（市）长 73 名，法检两长各 18 名；360 个乡（镇）选出乡（镇）长 360 名，副乡（镇）长 701 名，每个乡（镇）选出人民陪审员 2～4 名。第二、第三次县（市）、乡（镇）换届选举分别于 1989 年 11 月至 1990 年 5 月和 1992 年 10 月至 1993 年 1 月进行，登记选民分别有 4240846 人、4535856 人，参加投票选举分别有 4012108 人、4331880 人，分别选出县（市）代表 4583 名、4660 名和乡（镇）代表 2267 名、22814 名，依法选出县（市）人大常委会主任、县（市）长、“法检”两长和乡（镇）人大主席团常务主席、乡（镇）长。

二、五年一届换届选举

1993—2000 年，进行 2 次乡（镇）换届和 1 次县（市）换届选举工作。第一次乡（镇）换届选举于 1995 年 10 月至 1996 年 2 月举行。18 个县（市）共登记选民 4367650 人，选出乡（镇）代表 19230

名，第二次乡（镇）换届选举于1998年11月至1999年2月举行，18个县（市）361个乡（镇）500多万选民，依法选举产生乡（镇）人民代表近2万名，乡（镇）国家机关领导人员1800多名。

县（市）换届选举于1997年年底至1998年初举行，完成县（市）人大代表的直接选举及县（市）人大换届工作，全地区选出县（市）人大代表3791名，18个县（市）分别依法选出县（市）人大常委会主任、县（市）长和法检两长。

第二节　县（市、区）历届人民代表大会

一、职权行使

县（市、区）人民代表大会是地方国家权力机关。根据《中华人民共和国地方各级人民代表大会和地方各级人民政府组织法》和《中华人民共和国全国人民代表大会和地方各级人民代表大会选举法》及其实施细则的规定，县（市、区）人民代表大会行使在本行政区域内，保证宪法、法律、行政法规和上级人民代表大会及其常务委员会会议决议的遵守和执行，保证国家计划和国家预算的执行等15项职权；县（市、区）人民代表大会代表由选民直接选举产生，名额基数为120名，每5000人可以增加代表1名，结合各地实际，各县（市、区）人大代表人数大约为200名。召开代表会议是人民代表大会行使职权的基本形式。县（市、区）人民代表大会的每次会议须超过半数代表出席，方可举行，且每年至少举行一次会议。会议的主要议程是听取和审查政府、计划、财政报告以及人大常委会、法检两院的工作报告，并作出相应决议，审议通过国民经济和社会发展长期规划，以及选举事项等。

二、省人大代表选举

1987年和1992年开展省第七届、第八届人大代表的选举工作，分别选出省第七届、第八届人大代表88名和93名。

第三节　县（市、区）人大常委会及其主要工作

一、机构设置

县（市、区）人大常委会是县级人民代表大会的常设机关，对本级人民代表大会负责并报告工作。根据《中华人民共和国地方各级人民代表大会和地方各级人民政府组织法》的规定，县（市、区）人大常委会的主要职权是行使在本级行政区域内，保证宪法、法律、行政法规和上级人民代表大会及其常务委员会决议的遵守和执行，领导或者主持本级人民代表大会代表的选举，召集本级人民代表大会会议等15项职权。县（市、区）人大常委会组成人员依法履行上述职权，由本级人民代表大会在代表中选举产生主任、副主任和委员，委员名额为11～23人，人口超过100万人的县（市、区）不超过29人，各县（市、区）人大常委会组成人员数为20名左右。常委会会议和主任会议是常委会组成人员履行职权的主要形式。主任会议由常委会主任、副主任组成，负责处理常委会的日常工作，每月至少举行一次会议；常委会会议由常委会主任、副主任、委员组成，依法听取和审议“一府两院”的工作情况汇报，决定域内的重大事项和国家机关工作人员的人事任免，每2个月至少举行1次。1986年，县（市、区）人大常委会的内设机构为1室3科，即办公室、政法科、财政经济科、教科文卫科。南康县增设议案信访科，为1室4科；赣州市（今章贡区）为4个办公室，即常委会办公室、政法办公室、经济办公室、科教文卫办公室；会昌县为1室3委（员会）。1988年后，大部分县（市）人大常委会陆续增设选任联办公室。各县（市、区）人大常委会的科、室、委、办的规格级别，均属正科级单位，其

主要负责人由县（市、区）人大常委会任命，机关人员编制为15～25名。

二、主要工作

县（市、区）人大常委会的主要工作职责是讨论、决定该县（市、区）行政区域内各方面工作的重大事项；监督本级人民政府、人民法院和人民检察院的工作；撤销本级人民政府不适当的决定和命令；撤销下一级人民代表大会的不适当的决议；依照法律规定的权限决定国家机关工作人员的任免；在本级人民代表大会闭会期间，罢免和补选上一级人民代表大会的个别代表和负责县人民代表大会代表议案、信访的交办和督办工作；确保宪法、法律法规在本行政区域内的有效贯彻实施；指导乡镇人大工作以及搞好自身建设等。

第四节 乡（镇）人民代表大会及其主席团主要工作

一、机构设置

乡（镇）人民代表大会是基层地方国家权力机关，根据乡（镇）人大工作条例的规定，乡（镇）人民代表大会行使在本行政区域内，保证宪法、法律、行政法规、地方性法规和上级人民代表大会及其常务委员会决议、决定的遵守和执行，在职权范围内通过和发布决议等13项职权。乡（镇）人民代表大会主席团在乡（镇）人民代表大会举行会议时选举产生，由7～9人组成，设主席1名，经济发达、人口较多的乡（镇）可增设副主席1名。乡（镇）人民代表大会主席团对乡（镇）人民代表大会负责并报告工作，任期每届3年。1986年以前，乡（镇）人民代表大会，由乡（镇）人民政府主持召开，并办理闭会期间的日常工作。乡（镇）人民代表大会每年至少举行一次会议，其主要议程是传达县（市、区）人民代表大会精神；听取和审查乡（镇）人民政府工作报告，并作出相应决议；审查批准乡（镇）财政决算和预算；选举产生乡（镇）人大主席团成员，乡（镇）正副乡（镇）长；决定向县（市、区）人大提出的议案。1987年后，设立乡（镇）人民代表大会主席团，负责乡（镇）人民代表大会的召开及其闭会期间的日常工作，每3个月至少举行1次会议。乡（镇）人民代表大会主席团配专职常务副主席1名，专职或兼职干部1～2名。

二、主要工作

乡（镇）人民代表大会主席团的主要工作职责：在该乡（镇）行政区域内，保证宪法、法律、行政法规、地方性法规和上级人民代表大会及其常务委员会决议、决定的遵守和执行；主持乡（镇）人民代表大会会议，负责筹备和召集下一次人民代表大会会议，并审议代表资格；检查乡（镇）人民代表大会的决议、决定的遵守和执行情况，督促乡（镇）人民政府及时办理代表的议案、建议和意见，听取乡（镇）人民政府有关工作报告，提出意见和建议；审查乡（镇）人民政府对乡（镇）人民代表大会通过的建设计划和财政预算的部分变更，并向下一次人民代表大会报告；组织代表联系选民，开展视察调查和代表小组活动，组织代表向选民负责，接受选民监督；组织代表检查、评议乡（镇）人民政府及有关单位的工作，并向乡（镇）人民代表大会或者县级人大常委会报告；办理乡（镇）人民代表大会和县级人民代表大会常务委员会交办的其他事项。

第七篇

人民政府

1986—2000年，赣州市人民政府（地区行署）在中共赣州市（地）委领导下，认真贯彻落实中共中央、国务院和省委、省政府的决策部署，自觉接受市人大（省人大常委会赣州地区联络处）监督，围绕改革开放和经济社会发展，科学决策，依法行政，带领全市（地区）人民艰苦奋斗，奋力拼搏，经济社会发展取得明显成就。全市（地区）国民经济综合实力逐年增长，社会事业不断发展，人民生活明显改善。

按照“依法治国、建设社会主义法治国家”总体要求，以经济建设为中心，积极拓展政府法制工作，努力推进依法行政，从严治政。积极开展经济技术合作、经贸往来、文化艺术交流、革命史迹参观考察、政府友好访问等外事活动；做好海外联络事务，全市（地区）回乡华侨华人4万多人次。

信访工作实行党政领导责任制，做到“三亲自”（亲自办信、亲自接访、亲自办案），帮助群众解决实际问题。信访工作在推动经济发展、维护社会稳定、促进社会和谐方面起到重要作用。

民族工作贯彻执行党的民族政策，促进全市（地区）各民族的全面进步和共同繁荣，各民族和睦团结，社会稳定。宗教工作以经济建设、社会稳定为本，依法加强对宗教事务的管理，打击利用宗教进行违法犯罪活动，抵制境外敌对势力利用宗教进行渗透，引导宗教活动与社会主义社会相适应。

第一章　机构设置

赣州的行政机关，1986 年称赣州地区行政公署（以下简称“行署”），为江西省人民政府派出机构，设有 38 个工作部门。1999 年 7 月，撤地设市，成立赣州市人民政府，为赣南最高行政机关，市政府设工作部门 39 个、归口管理机构 2 个、部门管理或挂牌机构 32 个、市政府派出机构 10 个。

第一节　赣州地区行政公署

一、领导成员

1986 年，赣州地区行政公署为江西省人民政府派出机构。行署领导设有专员、副专员、专员助理等。

1986—1999 年赣州地区行署领导成员一览表

表 7-1-1

职　务	姓　名	籍　贯	政治面貌	任职时间
专　员	张振刚	河北省卢龙县	中共党员	1983 年 6 月至 1986 年 6 月
	张云川	浙江省东阳市	中共党员	1986 年 11 月至 1991 年 4 月
	刘祖三	江西省乐平市	中共党员	1991 年 6 月至 1992 年 11 月
	邱禄鑫	江西省信州区	中共党员	1992 年 11 月至 1996 年 12 月
	王昭悠	江西省吉安区	中共党员	1999 年 3 月至 1999 年 6 月
副专员	孙嘉文	吉林省前郭尔罗斯蒙古族自治县	—	1979 年 3 月至 1986 年 11 月
	薛云蒲	吉林省永吉县	—	1979 年 3 月至 1986 年 11 月
	郭文华	辽宁省大连市	—	1983 年 6 月至 1990 年 9 月 1992 年 11 月至 1996 年 11 月
	熊小江	江西省南昌市	—	1985 年 6 月至 1986 年 12 月
	丁福仁	上海市	—	1985 年 6 月至 1986 年 12 月
	张世琦	吉林省敦化市	中共党员	1979 年 8 月至 1988 年 10 月
	池宝库	辽宁省海城市	中共党员	1988 年 3 月至 1991 年 5 月
	邱禄鑫	江西省信州区	中共党员	1987 年 6 月至 1992 年 11 月
	周英棠	江西省遂川县	中共党员	1990 年 9 月至 1995 年 9 月
	陈本玮	湖南省澧县	中共党员	1986 年 12 月至 1995 年 11 月
	刘安民	江西省万安县	中共党员	1991 年 9 月至 1996 年 11 月
	万金之	—	—	1992 年 5 月至 1993 年 5 月(挂职)
	钟祖恩	江西省南康市	中共党员	1992 年 11 月至 1999 年 7 月
	罗春涛	广东省丰顺县	中共党员	1994 年 4 月至 1995 年 6 月
	黄信龙	福建省福州市	中共党员	1995 年 6 月至 1999 年 7 月
	黄素英(女)	江西省赣州市	中共党员	1995 年 9 月至 1996 年 12 月
	尹礼山	江西省于都县	中共党员	1996 年 4 月至 1999 年 7 月
	谢碧联	江西省宜春市	中共党员	1996 年 4 月至 1999 年 7 月
	李南生	江西省宁都县	中共党员	1996 年 11 月至 1999 年 7 月
	叶玉忠	江西省安远县	中共党员	1996 年 12 月至 1999 年 7 月
	黄家培	—	—	1993 年 5 月至 1994 年 8 月(挂职)
	徐法奎	—	—	1995 年 7 月至 1997 年 9 月(挂职)
	邹宝山	—	—	1996 年 2 月至 1997 年 10 月(挂职)

二、行署工作部门

1986 年，赣州行署设有工作部门 38 个：行署办公室、计划委员会、经济委员会、科学技术委员会、经济体制改革委员会、农业委员会、对外经济技术合作办公室、财政局、劳动人事局（机构编制委员会，两块牌子、一套机构）、城乡建设环境保护局、民政局、司法局、公安处、统计局、审计局、物价局、工商行政管理局、标准计量局（副县级）、税务局、物资局、交通管理处、二轻工业局、乡镇企业管理局、土地利用管理局、柑橘基地建设指挥部、农牧渔业局、林业局、水利电力局、对外经济贸易局、商业局、粮食局、文化局、教育局、广播电视局、卫生局、体育运动委员会、计划生育委员会、革命老根据地建设委员会办公室。1987 年，增设矿产资源管理局。

1988 年，行署设有工作部门 45 个，挂牌机构 23 个，派出机构 6 个。增设监察局、档案局、外事办公室（侨务办公室、旅游局，三块牌子、一套机构）。另增设行署驻南昌、上海、广州、厦门、深圳、韶关联络（办事）处。

1989 年，行署设有工作部门 52 个，挂牌或部门管理机构 26 个，派出机构 6 个。劳动人事局分设为劳动局、人事局（机构编制委员会办公室）。增设冶金煤炭工业局、轻化纺工业局、食品工业局、建材工业局、机电（农机）工业局、精神文明建设委员会办公室（社会治安综合治理办公室合署办公）。

1991 年，行署设有工作部门 55 个，挂牌或部门管理机构 28 个，派出机构 7 个。增设行署法制局（副县级），商业局分设商业局、供销社。增设国有资产管理局（副县级）。另增设行署驻北京联络处。

1992 年，行署设有工作部门 57 个，挂牌或部门管理机构 31 个，派出机构 7 个。城乡建设环境保护局分设为建设局、环境保护局（副县级）；增设口岸办公室；另增设招商局、水土保持局、地震局、支援铁路建设领导小组办公室。1994 年，行署增设地方税务局。

1995 年，行署设有工作部门 59 个，部门管理或挂牌机构 32 个，行署派出机构 10 个。增设国家安全局。另增设行署驻汕头、海口、香港办事处。

1996 年，机构改革，对地直部门机构进行调整、撤并、转制。行署设有工作部门 37 个：行署办公室、计划委员会、经济贸易委员会、科学技术委员会、计划生育委员会、教育委员会、公安局、国家安全局、司法局、监察局、审计局、民政局、财政局、人事局、劳动局、统计局、建设局、交通局、农业局、林业局、水利电力局、土地管理局、地质矿产局、对外贸易经济合作局、乡镇企业局、卫生局、广播电视局、文化局、物价局、粮食局、商业局、地方税务局、工商行政管理局、农村工作办公室、口岸办公室、环境保护局、技术监督局。归口管理机构 2 个：外事侨务办公室、革命老根据地建设委员会办公室。

第二节　赣州市人民政府

一、领导成员

赣州市人民政府于 1999 年 7 月 1 日挂牌成立。市政府领导设有市长、副市长、市长助理等。

表 7-1-2　　赣州市第一届人民政府领导成员一览表

职　务	姓　名	籍　贯	政治面貌	任职时间
市长	王昭悠	江西吉安	中共党员	1999 年 7 月至 2004 年 4 月
副市长	钟祖恩	江西省南康市	中共党员	1999 年 7 月至 2004 年 4 月
	黄信龙	福建省福州市	中共党员	1999 年 7 月至 2004 年 4 月
	尹礼山	江西省于都县	中共党员	1999 年 7 月至 2004 年 4 月
	谢碧联	江西省宜春市	中共党员	1999 年 7 月至 2004 年 3 月
	李南生	江西省宁都县	中共党员	1999 年 7 月至 2001 年 12 月
	叶玉忠	江西省安远县	中共党员	1999 年 7 月至 2004 年 4 月

二、市政府工作部门

1999年7月1日，赣州市人民政府挂牌成立，赣州地区行政公署改称赣州市人民政府。行署工作部门改称市政府工作部门，机构设置保持不变。市政府设有工作部门37个，归口管理机构2个、部门管理或挂牌机构32个、市政府派出机构10个。

第二章　政府会议

1986—2000年，赣州市人民政府（赣州地区行署）在市委（地委）的领导下，认真贯彻落实党中央、国务院和省委、省政府重大决策，在改革开放、经济建设、社会建设、民生福祉等方面，紧密结合赣南实际，广泛集中民智，科学决策，为赣州经济和社会发展提供强有力的制度和政策保证。

第一节　专员办公会

专员办公会由行署专员召集。行署正副专员、督导员、正副秘书长、调研员参加，根据工作需要不定期召开。会议主要内容是传达学习上级重要指示、决定；研究全地区经济和社会发展的重大问题；决策带全局性的改革部署和政策性措施；决定县（市）人民政府和地直单位报请的重大事情；确定上报省政府的重大事项和提交讨论决定的事项；分析决定阶段性工作；协调工作关系。行署办公室负责会议记录，负责会议决定事项的传达、抄告、批复、呈报。

1986年，召开专员办公会和行署办公会议。贯彻全省经济工作会议精神，研究全地区经济工作会议内容；研究乡镇企业发展工作、试行甘蔗带税问题、爱国卫生先进城镇奖励、审计部门参与宏观控制加强审计监督、审批"基本扫除文盲县"、农村广播网建设、中国人民解放军第三六二医院移交地方。研究面向广东省、福建省做好改革开放、经济发展工作；研究"星火计划"。研究设立经济技术社会发展中心，信息中心，南昌、韶关、广州、深圳、厦门办事处；研究物资管理体制改革、粮食包干方案。研究控制各种检查和会议、申请美国花旗银行贷款问题。调整专员分工；讨论行署若干工作制度。传达省计划会议精神，研究贯彻意见；听取财政平衡汇报。

1987年，召开专员办公会6次。研究农用柴油分配供应管理问题、甘蔗收购政策、年度财政结余资金安排；讨论经济体制改革试验区工作及政策措施；设立地区企业管理领导小组、地区飞播指挥部、地区经济协调小组、赣南画院、峰山管理处。

1988年，召开专员办公会14次。研究向省领导汇报赣州经济体制改革试验区的政策措施和实施办法；审议地直部门目标管理评比情况；讨论《关于山区开发的若干优惠政策》。讨论《关于赣州地区改革试验区实施意见（征求意见稿）》；讨论《人民日报》于5月30日披露的江西一些地方私设关卡一事，提出处理意见；研究加强对外合作、外企和外资引进协调问题；研究农业重点开发项目，分析乡镇企业发展情况，进一步发展个体、私营和合作经济问题；传达全省老区建设工作会议精神；研究召开全地区甘蔗工作会议；讨论修改全地区经济发展战略（草案）问题；研究贯彻国务院和省政府关于治理经济环境、整顿经济秩序的部署；听取关于国家压缩基本建设投资、收紧银根有关精神和赣州地区金融形势分析；讨论与友好地市加强联系合作问题；听取清理乱涨价乱收费情况汇报；传达全国农村工作会议精神；讨论扶持乡镇、二轻集体企业发展问题。

1989年，召开专员办公会14次。研究贯彻全省经济工作会议精神；听取龙潭电站建设问题汇报、住房制度改革情况汇报；调整地区征兵领导小组成员；发行赣州地区大化肥建设奖券；确定财政税收增长指标；原则通过《赣州行署关于加强政府机关廉政建设的意见（讨论稿）》。传达全省财贸专员会议精神、全国农村改革试点县会议精神；讨论《赣州行署关于化肥、农药、农膜实行专营决定的实施办法》；讨论并原则通过《赣州行署关于1989年深化改革和经济建设的意见》；讨论建立农业发展基金问题、农副产品收购问题；听取关于赣南卷烟厂技改工程、赣南稀土冶炼厂、赣加稀土有限公司、赣州市（今章贡区）煤气工程建设情况汇报；传达全省马路经济座谈会精神；听取农业开发总体战情况总结；讨论贯彻落实中共十三届四中全会精神；研究防止经济滑坡措施；审定1988年度全地区最佳企业、明星厂（矿）长、经理；讨论《关于创办经济体制改革试验区有关税收问题的意见》。

1990年，召开专员办公会14次。通报传达省长吴官正考察赣州地区情况；部署拥军优属、停产半停产企业工资发放工作；研究全地区社会治安综合治理工作；研究《关于进一步办好经济体制改革试验区的意见》等5个政府性规定；研究赣州地区"八五"计划初步设想、赣州农校招生等问题；听取"2·4"特大交通事故调查情况汇报、研究有关发展蔗糖生产政策、《赣州地区物资体制改革方案》、《关于进一步加强城镇劳动就业工作的通知》；讨论向省政府上报将京九铁路南段吉安—赣州—龙川线设计、集资报告，讨论《赣南经济体制改革试验区鼓励外商（含港澳台商）投资的优惠政策》；传达省长吴官正就抓好工业生产电话批示精神及研究贯彻措施，研究赣南宾馆基建还贷、行署聘请法律顾问等问题；通报全地区工交生产和财政收入情况；分析全地区经济形势；讨论企业第二轮承包工作、工交生产、农业开发等问题；传达学习国务院总理李鹏视察江西及赣南时的重要指示和省委、省政府召开的贯彻国务院总理李鹏指示的地（市）委书记、专员、市长会议精神；成立地区防震、抗震、救灾领导小组，研究住房制度改革问题和建立行署领导接待群众来信来访接待日制度问题；研究全地区国民经济和社会发展计划主要指标的初步安排意见；传达省委书记毛致用考察赣南时的指示，讨论四项财政支出和关于农村能源发展中沼气建设问题、发展龙潭电站建设债券1000万元等事项；传达省政府全体会议精神，听取地区粮食局、食品工业局关于超过94万吨工业蔗糖部分兑现粮食差价款处理办法的汇报。

1991年，召开专员办公会议21次，召开行署办公会议1次。审议《赣州地区国民经济和社会发展十年规划和八五计划纲要》《赣州地区经济体制改革试验区八五时期改革开放和发展的思路要点》；审定1990年度县（市）目标考评结果，会昌县、安远县、定南县为目标管理先进单位；讨论《赣州地区工业结构调整方案》《赣南橙柚带建设报告》；传达全省经济工作会议精神，研究国民经济和社会发展计划；研究金融工作；传达全省地震工作会议精神，研究赣州防震抗震工作；讨论赣州至厦门航线通航问题；讨论经济体制改革意见、于都110千瓦变电站建设问题；研究赣南卷烟厂生产、销售、技改问题；传达全省地、市、县委书记会议精神，介绍省长吴官正赴广东省学习考察情况，研究学习借鉴广东发展经济的经验；研究处理瑞金县谢坊镇大布头渡口特大恶性事故；审议《关于充分发挥各行各业专家作用的暂行规定》《关于继续加强农林水第一线科技队伍建设的若干规定》《关于进一步加强企业技术改造工作的决定》《关于进一步鼓励支持个体、私营、合作经济发展的意见》；讨论合资兴建赣南铁路问题；讨论《地直公费医疗改革试行方案》《关于进一步发展二轻集体经济的若干意见》、抗旱救灾工作、工商企业扭亏增盈工作；研究支持京九铁路赣南段勘测问题、黄金机场二期工程建设问题、万安—兴国—宁都—石城输变电线路建设问题；研究榨季蔗糖生产销售问题；讨论开通赣州至厦门、赣州至深圳航班问题；审议《八五时期地区财政财源建设规划》《赣州地区经济体制改革工作意见》；讨论拟在澳门举办商品展销和经贸洽谈会问题；审议《关于国合商业深化改革的暂行规定》；讨论深化粮食体制改革问题。

1992年，召开专员办公会议20次。研究讨论赣南卷烟厂问题，甘蔗生产发展政策，取消县（市）煤炭补贴，赴京参加中国市场学会、中国老区建设促进会召开的支持赣南老区生产企业召开现场座谈会的问题，金融部门支持经济发展问题，甘蔗收购和粮食产销问题，全地区深化改革的有关工作和部署工农业生产、财贸工作；讨论黄金机场扩建工程地区自筹资金筹措办法，1991年度县（市）和行署部门目标管理考评办法，教育工作，创办“三集中”（集中食宿、集中学习、集中训练）少儿体校问题，免收专业技术骨干家属子女“农转非”粮油差价问题和地区采茶剧院产权归属及建设赣南文化中心大楼问题；传达省长吴官正3次重要指示，地区粮食局关于1988—1990年度粮食包干结算结果多购少销粮食处理意见，春夏荒生活用粮指标问题，地区商品交易中心、饮食服务公司调级问题，推销地产卷烟问题，对自行车开征车船使用税问题，国合商业“四放开”问题，全地区文化事业“八五”计划和十年规划意见及贯彻《国务院批转文化部关于文化事业若干经济政策意见报告的通知》的意见，建立大余县经济小特区问题，部署全地区经济发展的重大问题，调整现行甘蔗收购政策，成立赣南海外交流协会问题，机构设置问题，地区中西医结合医院的军队离退休干部医药费开支问题和人事任免；研究关于在龙南县、定南县、全南县3个县试行粮油购销全面放开意见，深化改革加快卫生事业发展的决定；听取地区人民银行和各专业银行、保险公司改革情况汇报、地区劳动局深化城镇劳动就业工作配套改革问题汇报，讨论建立寻乌县经济开发区问题和人事任免；听取行署驻北京联络处、南昌办事处、厦门办事处关于购房地皮问题汇报、地区本级财政预算和行政事业单位开展创收活动汇报、地区机电行业“八五”期间深化企业改革和农业机械化工作汇报，讨论于都齿轮箱厂调级问题；研究全地区县（市）长会议主题报告及议程，传达省政府领导对赣州地区卖“农转非”指标的批示，利用加拿大、比利时政府贷款用于赣州程控电话增容和引进S1240程控长途电话交换系统问题；听取行署考察组赴河源市、惠州市学习考察机关办实体的情况汇报，讨论《地直党政机关、事业单位创办实体的暂行规定》、《关于进一步放活科研机构和科技人才的决定》、龙潭电站1992年建设资金安排和调整淹没区补偿费问题、地区人民医院购买CT诊断仪问题、中央电视台增加赣州城市天气预报点所需经费问题；听取关于在澳门举办招商引资暨经贸洽谈会情况介绍；讨论《关于再造一个高效益赣南的实施意见》和《农业开发总体战第五战役的安排意见》，赣州市（今章贡区）政府提出的《赣州市房改方案第二步实施办法》；讨论关于在全地区扩大开放问题，赣州市（今章贡区）政府关于黄金开发区情况汇报，成立地区招商局问题，筹建地区交通银行问题，发展第三产业问题，讨论省委、省政府《关于进一步扩大对外开放加速经济发展的决定（送审稿）》；讨论实行粮食购销放开问题；讨论关于在全地区放开粮食购销价格问题，传达全省利用外资工作会议精神和讨论《赣州地区利用外资优惠政策》；听取、讨论地区财政局关于扩大瑞金县、会昌县、石城县、崇义县、龙南县、定南县、寻乌县等县财政管理权限的报告，“八五”时期财政收入上台阶方案和实施办法；听取讨论地区冶金煤炭局关于赣州稀土冶炼厂情况汇报及归属问题，通过《赣州地区外商投资企业用地管理暂行办法》、会昌锡矿有关问题，地区建设局关于地震工作问题汇报，地区财政局关于地直行政单位发放奖励工资和中餐补贴问题；讨论关于成立地区粮食总公司及建立赣南粮油批发市场问题，《关于做好因公出国（境）工作意见（讨论稿）》，赣州地区与复旦大学建立长期经济技术合作关系问题，行署赴广东省深圳市、珠海市等地学习考察土地使用制度改革情况汇报及区内土地使用制度改革问题；讨论会昌锡矿管理体制问题，地区汽运公司管理体制改革问题，传达全省转换企业经营机制工作会议精神；讨论龙潭电站大坝建设问题，关于地属全民企业行政领导干部管理权限问题，地区科技兴赣办关于赣南籍在外科技专家返乡工作问题汇报；听取地区建设局关于全地区公有住房出售有关问题情况汇报，赣州地区邮电“八五”计划调整，地区组团赴美国考察果业并进行经贸洽谈问题汇报；听取财政局关于全地区财政收入形势情况汇报，地区、赣州市（今章贡区）房改办赴吉安考察房改情况和赣州市（今章贡区）公有住宅出售情况汇报。

1993年，召开专员办公会议15次。讨论《赣州地区一九九三年经济体制改革工作意见（送审稿）》、《关于加快工业经济发展的决定（送审稿）》以及成立地区经贸委等问题；听取地区计委关于赣南铁路产业带构想要点汇报，瑞金、南康撤县设市问题，地区商业职工医院建制移交问题，地区旅游局单设问题；讨论地区粮食局体制改革实施方案，地区物资局、地区商业局成建制转经济实体的实施方案，地区经贸局深化体制改革问题；听取地区科学技术委员会关于建立赣南科技城的汇报，地区教育局关于建立赣南教育电视台的汇报，地区安委会关于信丰铁石口镇联营煤矿 1992 年 7 月 1 日瓦斯爆炸特大伤亡事故调查处理意见的汇报；讨论地区本级财政年度预算，赣南大厦建设问题，行署机关院内新建办公楼分配问题；听取关于解决南河电厂库区群众生产生活困难问题，地区经贸委组建赣州江环汽车有限公司情况汇报；听取关于地区水费计收、管理、使用的暂行规定，赣州市（今章贡区）国有土地使用权出让、转让管理暂行办法和建设文明大道实施意见，地区赴穗洽谈团与印尼京光集团洽谈合资兴建赣州木浆厂项目情况汇报，讨论设立赣州海关问题，《关于加快我区教育改革和发展的决定》、建立赣南工业学校，设立赣州国境卫生检疫局等问题；调整 1993 年全地区国民经济和社会发展计划部分指标，讨论对驻赣州市（今章贡区）中央部属、省属、地直单位劳动就业实行归口管理问题，关于赣南文艺学校独立办校问题，关于地属企业行政领导干部的管理意见和《关于投入产出总承包试点工作的实施方案》等 4 个企业改革实施办法；研究赣州民航开通赣州—厦门航班，《地区公费医疗改革试行方案》补充规定，举办全地区第三届运动会，调整赣州市（今章贡区）管道煤气销价，地区武警支队营房建设征地经费补助，黄金机场建设贷款，关于做好研究生、大中专毕业生就业工作等问题；研究地本级及全地区财政工作；研究讨论关于清理纠正地方税收优惠政策和越权减免，地区外建公司五年内免交所得税，清理整顿高桥煤矿区小煤窑非法开采，讨论《严禁在国营矿区范围内非法开办小煤窑的决定》《赣州地区水利工程水费计收、管理、使用暂行规定》，建设 110 千伏黄金、城中变电站及配套线路等问题；听取地区科学技术委员会'93新技术、新产品信息发布暨项目洽谈会、地区计委"九五"计划框架设想及 20 世纪 90 年代经济发展战略要点汇报；研究赣州地区与香港大合有限公司合作兴建龙潭电站、寻乌县与广东省兴宁县合作办斗晏电站等问题；传达全省加强预防保健和农村卫生建设工作会议精神，讨论《赣州地区地直公费医疗制度改革方案（试行）》。

1994 年，召开专员办公会议 10 次。研究召开全地区经济工作会议问题，传达全省第四次政府法制工作会议精神；传达全省维护社会稳定和反腐败工作会议精神，讨论停征自行车车船使用税问题和暂缓设立地方税务局问题，地区财政局对全地区行政性收费、罚没收入实行预算管理实施意见，《赣州地区残疾人工作管理办法》和维修赣南剧院等问题；传达全省利用外资工作会议精神，研究成立地区民营科技企业管理委员会，赣州港水上运输市场放开经营，赣州市（今章贡区）政府关于有限期有偿转让赣南化工厂原墙纸所有资产等问题；研究地本级财政安排、县（市）工作目标管理考评和防洪救灾问题；讨论行署评选最佳企业、明星厂（矿）长经理有关条款，听取全地区稀土工业、甘蔗生产情况汇报；研究全地区民族宗教工作，行署驻上海联络处在上海浦东新区购房设基地，行署驻南昌办事处在南昌建设赣南大厦和龙潭电站建设中外合作担保问题，讨论《赣州地区科学技术进步奖励办法》和建立地区副食品价格调节基金征集使用和管理办法，调整赣州市（今章贡区）煤气销售价格，成立地区对外贸易总公司；讨论《赣南旅游发展总体规划》，研究赣州地区与厦门经济协作问题和瑞金撤县建市后有关问题，成立江西侨业（集团）公司；研究贯彻《国务院关于深化城镇住房制度改革的决定》实施意见和《赣州地区个体私营经济发展统筹基金管理办法（试行）》以及黄金机场 15000 万元建设贷款还款措施；传达全省生资、棉花流通体制、石油流通体制、打私工作会议精神；筹建赣南慈善救济会；讨论赣州地区 1995 年国民经济和社会发展计划安排，赣州地区粮油公司和赣州地区虔城粮油贸易集团定为副县级企业；传达全省血吸虫、地方病防治工作会议精神，研究信丰县小江镇排高村林长生股份制煤矿"6·18"透水重大死亡事故处理意见，听取地区财政局财政工作汇报。

1995 年，召开专员办公会议 10 次。传达全省计划、财税、物价、体改、经贸工作会议精神，评选推荐全省劳动模范；讨论全地区土地使用制度改革决定；听取推行住房公积金、20 世纪末赣南外经贸发展计划、九连山营林林场与江西省国有林场开发公司联营、环境保护等工作汇报；传达全省粮食、棉花、化肥工作会议精神；讨论《赣州地区推行国有工业企业转制建制试点工作实施意见》；听取地区卫生局关于实施联合国妇幼卫生合作项目促进全地区妇幼卫生事业发展的工作汇报；赣州市（今章贡区）自来水公司等 4 家企业享受副县级待遇。筹建地区国家安全局，讨论财政支出验算，讨论对兴国卷烟厂偷税情况处理，讨论《赣州地区狼犬暂行办法》；研究信丰县铁石口镇坳丘村鹏翔股份制煤矿“1·10”瓦斯爆炸重大事故处理意见、赣州海关房地产权、赣南印刷厂离退休人员费用负担等问题；讨论加快赣南科技城建设的决定，小城镇房籍管理制度改革试点，加快黄金机场扩建工程建设和贷款抵押问题、深化供销合作社改革的实施意见；传达全省商业工作会议和全省银行业经营管理工作会议精神；讨论赣州地区城镇从业人员失业保险规定，1995—1996 年榨季蔗糖生产政策；组建赣州国际经济技术合作集团公司和地区对外贸易集团公司，恢复犹江林场为事业单位，地委党校兼办赣南行政学院；提高全地区竞技体育水平备战十运会；讨论赣州地区国民经济和社会发展第九个五年计划，地区外建公司赴科威特劳务输出人员工资，开通赣州二类口岸地区物资局机关人员经费由财政拨款等问题；传达全省农村社会养老保险工作会议和全省地震工作会议精神；研究对全地区建筑业职工离退休费实行统筹，整顿区内建筑市场和对国有大中型建筑施工企业承揽业务给予适当政策倾斜，赣南轴承厂划归南康市管理，联合生产赣南牌农用车方案，理顺地区税务局直属分局税收计划管理体制和征管范围等问题。

1996 年，召开专员办公会议 10 次。调整赣州市（今章贡区）管道煤气销售价格及自来水收费标准。研究赣州地区征集防洪保安资金暂行规定细则、地直以上机关企事业单位国有土地使用权出让和划拨管理问题、住房制度改革、勘界工作；审核《赣州地区国家公务员制度实施方案》《关于振兴我区中医事业的决定》；研究赣南科技城高新技术产业发展、在赣州召开微量元素与食物链国际学术会议问题；处理崇义柯树岭锡矿“1·31”重大透水事故；听取全省社会治安综合治理基层基础工作会议精神，部署社会治安综合治理工作，设置“110”报警台；组建地区水电集团。筹建成立赣南果业（集团）股份有限公司并发行股票及上市、筹建地区体育中心；审议《赣州地区村提留和乡统筹费财务管理办法》；研究发展甘蔗生产、整顿稀土流通秩序问题。调整行署领导分工。

1997 年，召开专员办公会议 14 次。研究关于闽粤赣十三地市区域经济协作赣州会议有关问题、赣州地区国有企业产权转让洽谈问题、赣州市委市政府新建办公大楼问题、银行支持区域改革的意见；研究寻乌斗晏电站工程建设、龙潭电站建设资金还贷、减轻企业负担、地直企业深化改革问题；传达全省编制工作会议，开通赣州口岸问题；学习贯彻中共十五大精神；研究地直企业改革、加大个体私营经济发展和招商引资力度。研究榨季甘蔗价格问题、国有（集体）企业产权制度改革；研究中部五省地区及京九铁路沿线经济发展规划座谈会、赣南经济体制改革试验区 10 周年座谈会召开问题；研究科威特政府贷款还贷工作、赣州地区以工代赈资金管理办法、与深圳中成企业集团有限公司合作问题、赣州地区实施再就业工程促进就业工作的意见；讨论赣南果业股票发行情况和募集资金的使用。

1998 年，召开专员办公会议 17 次。研究地区有色冶金工业总公司依法破产问题、赣南果业股份有限公司在香港组建控股子公司、举办赣州地区第五届运动会、《赣州地区国有产权转让管理暂行规定》、赣州机场搬迁建设问题；传达全省经贸工作会议精神；取消涉及企业行政事业性收费项目；讨论《赣州地区实施再就业工程促进就业工作若干政策》、《赣州地区以工代赈资金管理办法》、《关于加快我区食品工业发展的决定》、赣南建筑工程总公司改革方案；建立城市居民最低生活保障制度；研究加快地区电网和赣州市（今章贡区）城网建设、赣州地区国有（集体）企业产权转让若干政策；研究粮食流通体制改革问题；听取住房公积金、社保、农保、机关事业单位保险经费管理使用情况汇报；审议《赣州城市商业银行组建方案》；研究建立农村居民最低生活保障制度、在赣县光彩大市场承办全省食品展销会；传达全国全省打私工作会议精神，并研究召开全地区打击走私工作会议；传达全省农村电网建设与改造工作会议，研究全地区农网改造和农电体制改革；审议赣州地区农村合作医疗制度实施办法；创办赣州地区肿瘤医院。

1999 年，召开专员（市长）办公会议 10 次。传达全省财政、经贸、计划工作会议精神；研究赣南果业股份有限公司配股问题、地区粮食局及直属单位改革问题、使用 4 亿元国债转贷资金问题；研究制糖企业改革问题；研究赣南卷烟厂与昆明卷烟厂合作问题；研究保留中央电视台赣州天气预报点问题、引进美国银行贷款建立空气自动监测系统问题；研究全市国有企业债务重组实施办法、赣粤高速公路（赣定段）项目建设问题、在章江新区建设市级儿童公园问题；研究召开“面向 21 世纪赣州经济发展高级研讨会”、利用日本政府贷款建设城市供水项目、赣龙铁路建设、赣州图书馆建设、稀土开发利用等问题；研究扫盲工作、赣龙铁路建设优惠政策鼓励外商投资优惠办法。

第二节　市长办公会

2000 年，召开市长办公会议 13 次。传达全省经济工作会议精神并决定召开全市经济工作会议；提出《关于进一步做好增收节支工作的意见》；研究调整师范布局问题、赣州卫校并入赣南医学院问题，审议《关于加大企业破产力度和扶持优强企业的意见》，成立赣州市中小企业信用担保中心，创建中国优秀旅游城市，调整寻乌县和兴国县部分乡（镇）区划；传达全省外经贸工作会议精神并决定召开全市招商引资暨外经贸工作会议；研究赣州地区对外建筑工程公司实行租赁经营；审议《赣州市城区城镇建设增容费征收实施办法》《赣州市新城区房屋拆迁补偿安置暂行规定》《赣州市新城区建设征用土地管理暂行办法》《赣州市城区建设工程项目报建收费征收暂行办法》《赣州市城镇职工基本医疗保险实施方案》《关于章贡区南市街东侧道路开发建设的实施方案》；研究组建赣州南方稀土矿冶有限责任公司，关于对站北区、滨江大道、古城墙防洪堤工程债务清欠的综合审计；研究《关于深化卫生改革的实施意见》；传达全省工业经济座谈会精神并分析赣南工业运行情况；研究《关于推进我市国有经济战略重组的实施意见》、赣南大桥煤矿解困方案、赣州稀土冶炼厂依法破产、公布赣州市历史文化保护区和文物保护单位；听取赣州市第五次人口普查赣州情况汇报；审议《赣州市基建财务管理暂行办法》《赣州市市本级会计委派实施办法（试行）》、研究道路交通安全管理调节基金征收、赣州体育中心建设资金问题；审议《关于加快赣州市区内危旧房改造和经济适用房建设的实施方案》《关于赣江路西侧危旧房改造的实施方案》；传达全省农业税征收工作会议精神并召开全市农业税征收工作紧急会议；审议《赣州市建设项目稽查办法》《赣州市国有企业职工持股试行办法》、研究关于市委市政府大院公有住房出售问题、关于中国体育彩票发行额度、关于客家先民南迁纪念碑筹建、关于亚洲银行贷款江西省农村能源生态建设项目承诺函问题；审议《关于贯彻落实〈江西省实施失业保险条例办法〉的意见》《赣州市居民最低生活保障实施办法（送审稿）》《赣州市烟花爆竹安全经营管理细则》《关于进一步强化养老保险工作的通知》、研究赣州机场借用科威特政府贷款、关于赣州市“四路一桥”（龙南至广东翁源公路、寻乌至信丰公路、206 国道石城至寻乌公路、宁都至于都公路；梅林大桥）申请贷款、关于续修《赣州地区志》问题；传达全省小城镇建设工作会议精神；审议《关于加强赣州市城区建设用地管理的规定》《关于进一步深化城镇住房制度改革加快住房建设的实施方案》《赣州市城市建设专项资金管理办法》，研究关于赣州市城镇职工基本医疗保险制度实施问题；传达全国第四次人民防空会议精神；研究销售中国体育彩票问题、举办赣州市第一届运动会问题、关于市直林业企业改革问题。

第三章　施政纪略

赣州市人民政府（地区行署）按照市（地）委的决策部署，围绕经济社会发展，民主决策，科学施政，依法行政，自觉接受人大监督，认真办理人大代表、政协委员议案、提案、意见建议。带领全市（地区）人民艰苦奋斗，奋力拼搏，经济社会发展成就显著，全市（地区）国民经济综合实力逐年增长，社会事业全面发展，人民生活明显改善。全市（地区）生产总值由1986年的26.9亿元提高到2000年的266.2亿元，2000年人均国内生产总值达3407元；“九五”时期年均增长10.1%，高于全国、全省水平；全市（地区）工农业总产值由1986年的32.61亿元提高到2000年的341.06亿元；全市（地区）财政收入由1986年的2.36亿元提高到2000年的20.38亿元。产业结构得到优化，2000年全市三产比为34.6 ∶ 29.4 ∶ 36。

第一节　经济发展

1986年，地区行署把改革放在首位，深入进行城乡经济体制改革。搞好宏观经济指导和控制协调，加强计划调度，集中精力抓经济建设。主攻乡镇企业发展，重点抓养殖业和采矿业，努力建立“一县一业”“一乡一品”的经济格局。全地区社会总产值46.64亿元，国内生产总值26.9亿元，工农业总产值32.61亿元，财政收入2.36亿元，比1985年增长10.2%。1991年，地区行署进一步加大治理整顿和深化改革力度，积极发展农村社会化服务体系和逐步壮大农村集体经济。对企业特别是国营大中型企业、重点企业，进行企业内部分配、劳动和人事制度改革，努力建立企业的经营风险机制、利益分配机制、技术进步机制、自我约束机制。“三资”企业有较大发展，个体私营经济保持上升势头。全地区社会总产值110.17亿元。国民生产总值64.97亿元，工农业总产值98.83亿元，财政收入5.63亿元。

1995年，地区行署围绕“131”“五三三”目标，在“一点两线”重点展开生产力布局，大力发展县域经济，继续推进改革开放和现代化建设，国民经济持续、稳定、快速发展，综合经济实力增强，经济运行环境明显改善，物价明显回落。全地区国内生产总值181.82亿元，工农业总产值231.7亿元，地方财政收入8.91亿元（新口径），比1994年增长43.7%。2000年，市人民政府围绕改革、发展、稳定工作要求，坚持发展环境创优、县域经济创特、发展思路创新的目标工作，较好完成“九五”计划提出的各项目标和任务。国民经济运行出现重要转机，结束持续5年增速下滑的局面，全市国内生产总值266.2亿元，“九五”时期年均增长10.1%，高于全国、全省水平。财政收入稳定增长，全市财政总收入20.38亿元，地方财政收入15.14亿元。

一、农业经济改革发展

1986年，贯彻1986年中共中央一号文件精神，完善农村土地承包责任制，继续深化农村改革；加强农业基础设施建设，地方财政直接投入农业生产的资金达1660万元。开展土地利用示范推广，狠抓农田水利建设，进一步调整农业产业结构，大力发展种植业，把养殖业作为主业抓，重点发展乡镇企业，积极发展多种经营。全地区农业总产值15.2亿元，比1985年增长9.4%，占全省农业总产值的15.3%。经济作物以种植甘蔗、花生、烤烟、麻类为主，当年经济作物种植面积为中华人民共和国成立以来最多的一年，达7.03万公顷。牧业产值突破3亿元，比上年增长10.9%。1月，行署决定全民上阵，动员千家万户植树造林，绿化赣南。8月，行署制定《国营与集体、个体合作造林试行办法》，规定山权不变、自愿联合、收入分成、签订合同、法律公证。12月，行署印发《关于切实加强森林资源保护工作的通知》，要求加强木材市场管理，限额采伐，加强采伐和运输管理，推广节能节柴措施，压缩森林资源消耗，制止乱砍滥伐。当年完成造林5.33万公顷，飞播3.53万公顷，四旁植树400万株。全地区造林面积10万公顷，向国家提供商品材47.21万立方米，竹材53.47万根。

1988年3月，行署印发《关于山区资源开发的若干优惠政策》，推动山区资源开发，发展经济。1989年3月，根据省委、省政府关于用5～7年的时间打一场农业开发总体战的决策，按照地委的要求，行署就打好赣南农业开发总体战作出决定，坚持综合开发和总体开发，进一步放宽政策，实行多种形式开发；增加对农业开发的投入，多渠道筹集资金，扩大劳动积累；依靠科技进步，提高农业开发水平。1990年6月，地委、行署作出《关于确保如期实现十年绿化赣南的决定》。

1991年，地区行署实施早稻"六九"工程，大力推广杂交稻和常规稻保温育秧，提高早稻单位面积产量。加大对农业经济结构调整力度，加快农村工业、商业、运输业、建筑业、服务业等业的发展，特别是大力发展乡镇企业，农村二、三产业比重上升，同时，着力提高种植、养殖、加工效益，农业在遭受较严重自然灾害情况下仍然获得好收成。3月，按照地委的要求，行署制定《赣州地区村级集体经济发展规划》，要求3年内全部摘掉"空壳村"的帽子，其他各类村集体经济要上升一个档次，建立一批村级集体经济纯收入10万元以上、双层经营搞得好、社会体系较健全的样板村。8月，地委、行署决定大力兴办股份制果园，并制定大力发展"果业工程"实施方案，力争到20世纪末把赣南建成全省的果业大区和全国脐橙的主产区，全地区果园面积达6.67万公顷以上，果品产量达100万吨，总产值15亿元，创税利3亿元，创汇100万美元。全地区农村社会总产值71.28亿元，比1990年增长14.52%。农业总产值实现49.29亿元，比1990年增长4.91%，其中多种经营产值36.07亿元，增长12.15%；种植业产值24.63亿元，比1990年增长2.14%，粮食种植面积有所减少，但总产量为历史上第二个高产年，经济作物面积扩大，产量提高。全地区林业产值6.48亿元，比1990年增长23.69%；造林面积23.66万公顷，比1990年增长1.53倍；全地区森林覆盖率55.52%，比1990年提高3.66个百分点；油茶产量3.76万吨，增长16.68%；牧业产值11.72亿元，比1990年增长6.44%；渔业产值1.53亿元，比1990年增长0.99%。

1992年2月，行署决定进一步加快水土保持工作步伐，推广兴国水保工作经验，全力抓好以贡水流域为主的综合防治。7月，根据地委的部署，行署作出《关于在山上再造一个高效益赣南的决定》，在20世纪末实现在山上再造一个效益赣南的目标，在基本消灭荒山的基础上，用8年时间在山上重点建成水果、人工速生丰产林、工业原料林、封改结合丰产林、毛竹丰产林、油茶丰产林、特用经济林、茶叶、畜牧业9大商品基地。同月，地委、行署作出《关于苦战五年实现全区绿化达标的决定》，加快城镇、"四旁"绿化和山地造林步伐，提高全民义务植树水平和造林绿化效益。8月，行署印发《全区粮食购销改革实施意见》，从1992年9月10日起，取消城乡居民平价粮供应，全面放开粮食供应价格。1993年1月，行署作出《关于进一步加强农业和农村工作的决定》。6月，行署作出加快赣州地区外向型农业发展的决定，进一步拓展农业对外开放格局，对外向型农业产品的生产、加工、出口、经营在政策上给予优惠，加大外向型农业投入，依靠科技进步，培养外向型农业人才。1994年1月，行署作出加快发展农村股份合作制经济的决定。放宽政策，形式多样，逐步规范，发展农村股份合作制经济。2月，行署印发《关于加快供销合作社改革与发展步伐的实施意见》。同月，地委、行署制定《关于加快脐橙甜柚发展的决定》，从1994年起用3年时间，每年发展脐橙甜柚2.66万公顷，到1997年全地区新增脐橙甜柚面积8万公顷，总面积达到10万公顷。5月，行署印发《关于切实搞好京九铁路赣南段绿化带建设的通知》，京九铁路穿越赣南7个县36个乡（镇），赣南段绿化带总任务9.32万公顷，其中荒山造林0.71万公顷，补植造林0.84万公顷，封山育林4.57万公顷，四旁植树3.2万公顷。

1995年，地区行署继续把农业放在经济工作首位，按照"田里抓提高、水面抓特色、山上抓再造"

的发展思路，发展“三高”农业、特色农业和外向型农业，优化农业结构，加大科技和资金投入，农业经济全面健康发展。进一步加强农业技术推广服务体系建设，健全农业技术推广服务体系，完善乡镇“四站”管理体制。农林牧渔总产值达到115.54亿元，比1994年增长10.1%，其中多种经营产值83.61亿元，占农林牧渔总产值的72.36%；农业商品产值68.6亿元，商品率59.4%。农业生产获得好收成，粮食、油料和蔬菜产量均创历史新纪录。果业开发面积8.77万公顷，比1994年增长48.28%，“猪—沼—果”工程发展迅速。林业完成造林面积2.76万公顷，油茶产量3.24万吨。全地区牧业产值达到43亿元，比1994年增长9.67%。全地区渔业产值7.34亿元，比1994年增长59.15%；养殖面积3.01万公顷，比1994年增长6.06%；水产品产量8.06万吨，比1994年增长29.08%。

1997年2月，根据地委的指示，行署作出大力发展特色农业产业的决定，就主攻特色农业十八大产业系列，建立多元化的产业化组织，实行更加优惠政策等方面作出明确规定。1998年1月，行署作出《关于认真搞好“猪—沼—果”工程示范点建设的决定》《关于大力发展生猪生产的决定》。1999年11月，市政府印发《关于加快我市油茶产业建设的通知》。

2000年，农业结构调整力度加大，农村经济保持平稳发展。全市以市场为导向，以农业增效、农民增收为目标，因地制宜进行产品结构调整，大力推广良种良法，拓展农产品销售市场。全年农林牧渔总产值138.36亿元，比1999年增长1.6%。其中，农业产值64.28亿元，增长0.24%；林业产值8.01亿元，增长6.62%；牧业产值51.57亿元，增长2.4%；渔业产值14.5亿元，增长1.04%。多种经营产值占农林牧渔总产值81%，农产品商品率达67.6%，分别比1999年提高4.2个百分点和2.7个百分点。全地区把培育森林资源作为重点，全年完成荒山造林面积7840公顷，比1999年下降3.69%；迹地更新面积6910公顷，比1999年下降18.03%；低产林改造面积3.95万公顷，比1999年增长67.64%；封山育林面积140.22万公顷，比1999年增长0.12%；林木蓄积量8015.18万立方米，比1999年增长1.46%；森林覆盖率74.4%。

二、工业经济改革发展

1986年，精心组织工业生产，抓好工业重点县（市）、重点行业和重点企业的生产，优先安排能源、原材料，特别是下半年出现电力严重不足情况，优先保重点企业的生产用电。在企业内部，推行厂长（经理）负责制，建立和完善企业内部的经济责任制，劳动体制改革开始起步，全区有1万多工人实行劳动合同制。挖掘企业内部潜力，全地区共安排技改项目115个，贷款、财政投入资金9682.88万元，狠抓以新产品为龙头、以工艺为基础的技术开发和新技术的推广应用，增强企业发展后劲。全地区工业在“改革、开放、搞活”中加快发展。全地区拥有工业企业2495个，职工17.1万人，独立核算工业企业拥有固定资产原值16.67亿元，其中全民所有制工业占90.5%。全地区工业总产值13.45亿元，比上年增长13%。工业产品获国家优质产品银质奖2个，部优质产品奖7个，省优质产品奖29个。轻工业以食品、制糖和造纸业为主，轻工业产值7.82亿元，比1985年增长12.5%，占工业总产值的41.8%；重工业以冶金、机械、森林和电力工业为主，重工业产值10.13亿元，比1985年增长13.4%。

1988年2月，行署印发《关于创办经济体制改革试验区有关税收问题的意见》，运用减免税手段，支持名、特、优产品和基础工业的发展。3月，行署制定《关于进一步调动企业经营积极性的暂行规定》，提出20条意见。4月，行署制定关于加快发展二轻集体经济的若干规定，就支持二轻集体经济发展提出25条措施。1989年3月，行署决定对全地区工业企业逐步实行放开经营，进一步改革工业企业经营机制，进一步实行企业所有权和经营权分离，赋予企业更多的经营自主权，提高经济效益，促进生产力发展。

1991年，着力调整工业结构，调整企业技术结构和产品结构，加强技术履行和新产品开发，提高企业技术水平，调整企业组织结构，组建企业集团，同时，按照产业合理布局的原则，应用新技术、新成果，培植发展新的优势产业。工业生产稳定增长，全地区工业总产值49.54亿元，比1990年增长12.62%，其中全民工业产值30.39亿元，增长5.97%；集体工业产值18.98亿元，比1990年增长24.54%。乡镇工业发展速度加快，完成产值14.39亿元，比1990年增长29.19%。调整工业产业结构，轻工业增长速度明显快于重工业，全地区乡及乡以上轻工业产值17.62亿元，比1990年增长10.92%，重工业产值21.91亿元，比1990年增长6.9%。开展“质量、品种、效益年”活动，加强工业企业经营管理，提高产品质量。地区考核的质量指标34个，稳定提高的31个。经济委员会系统所属企业产品获国优银质奖2个、部优11个、省优49个。1992年6月，行署决定进行劳动、工资、社会保险制度综合配套改革试点，全面推进劳动、工资、社会保险的深层次改革，确定于都齿轮箱厂等35户国营企业为首批改革试点单位。8月，行署作出进一步落实国营工商企业自主权的决定，增强工商企业对市场的应变能力。1993年1月，行署作出《关于促进乡镇企业超常规发展的决定》。1994年1月，行署制定《关于在全区工业企业进行“一试点两推开”改革的实施意见》，在国有大中型企业及重点企业进行公司化改造试点，在国有中小型企业和城镇集体企业、乡镇企业推行“国有民营、公有私营”及股份制改革。2月，行署印发《关于深化体制改革、提高企业效益、振兴粮食经济的实施意见》。7月，行署制定《国有企业比照中外合资企业政策综合改革试点实施方案》，选择一批国有企业进行改革试点，在生产经营、资产处置、产品、劳务定价、机构设置、人事用工等方面给予自主权。

1995年，明确提出“主攻工业在县以下主要是主攻乡镇企业、主攻乡镇企业重点又在主攻乡镇工业上”的发展思路，采取“一集、二引、三挖、四带、五扶、六贷、七联、八卖、九租、十靠打工仔”（集资、引资、挖潜、帮带、扶持、贷款、联合、出卖、租赁、依靠外出找工人员）的方法，广泛筹措乡镇企业发展资金，并集中人力、物力、财力抓好工业小区的建设，重点抓“一点两线一边”[赣州市（今章贡区）、京九铁路沿线和105国道沿线、城镇边、区界边、省界边]，调动一切积极因素上好的乡镇工业项目、上大的乡镇工业项目。工业克服资金紧张等困难，面向市场，调整产业和产品结构，工业快速增长。全地区完成工业总产值116.16亿元，比1994年增长59.86%；全地区乡及乡以上工业总产值86.35亿元，比1994年增长29.67%。轻工业生产发展快于重工业，轻工业产值37.26亿元，比1994年增长33.17%；重工业产值49.09亿元，增长27.24%。企业经济效益好转，全地区独立核算工业企业产品产销率为95.36%，全员劳动生产率8976元，比1994年增加292元；产品销售收入比1994年增长30.17%，全地区乡及乡以上列入考核的独立核算工业经济效益综合指数为80.66%。全地区预算内工业亏损企业比1994年减少14.29%，亏损额下降8%，实现利税比1994年增长8.71%。在坚持公有制的前提下大力发展个体私营经济，全地区重点抓鼓励动员打工人员回乡办企业，变“打工潮”为“创业潮”。

1996年5月，行署制定《赣州地区国有小型企业实行股份合作制试行办法》。7月，行署制定发展赣州地区高新技术及其产业规划，到20世纪末，全地区高新技术产业产值达到30亿～40亿元，占全地区生产总值的比重达到10%～15%；到2010年，全地区高新技术产业产值达到225亿元，占全地区生产总值的25%，重点发展生物工程技术、新材料技术、精细化工技术、微电子和计算机技术、机电一体化技术等高新技术产品及产业。8月，行署作出《关于加快赣南高新技术产业发展若干问题的决定》。1998年3月，行署颁发《赣州地区企业国有产权转让暂行规定》，规范企业国有产权转让行为，防止国有资产流失，推动国有资产合理流动和优化配置，提高国有资产运营效益。4月，行署作出《加快食品工业发展的决定》。6月，行署制定《关于国有（集体）企业产权转让若干政策规定》，推动企业资产流动与重组，盘活存量资产，加大经济结构调整力度，培植新的经济增长点，对区内外优势企业等社会各方面力量到赣州地区收购、兼并、租赁国有、集体企业的操作办法及优惠政策作了明确规定。1999年1月，行署制定《关于加强全区乡镇煤矿管理的规定》。5月，行署制定《关于在全区国有企业开展债务重组的指导意见》。8月，市政府制定《赣州市工业污染源达标工作方案》。12月，市政府制定《关于进一步加强全市稀土开采经营管理的意见》，就坚持依法办矿、计划开采、加强监督管理，打击违法经营活动提出措施。

2000年，工业生产快速增长，经济效益明显好转，工业企业实现整体扭亏为盈。围绕国企改革和三年脱困目标，坚持“有所为、有所不为”和“有进有退”的原则，采取多种形式对国有企业进行产权改革，加大工业结构调整力度，部分陷入困境的企业重现生机，部分生产效益一般的企业增强市场竞争能力，优势企业的优势更加明显，初步扭转工业生产的被动局面。7月，市政府制定《关于推进我市国有经济战略重组的实施意见》，就赣州市国有经济战略重组的任务，国有资本退出的方式，改革和完善现行国有资产管理体制，进一步完善相关配套改革措施等提出要求。全年实现工业总产值202.71亿元，比1999年增长10.8%，其中乡镇工业产值132.36亿元，比1999年增长6.93%。全市独立核算国有工业和年产品销售收入500万元及以上的非国有工业实现产值67.95亿元，比1999年增长11.87%，其中地方工业产值57.37亿元，比1999年增长10.41%。全市轻工业产值28.67亿元，比1999年增长14.6%；重工业产值39.29亿元，比1999年增长9.89%。在各类经济类型中，国有及国有控股实现产值39.02亿元，比1999年增长8.04%；集体企业产值7.12亿元，比1999年下降8.41%；股份制企业产值16.21亿元，比1999年增长23.43%；“三资”企业产值9.58亿元，比1999年增长11.02%；其他工业产值6.31亿元，比1999年增长40.54%。新产品开发步伐加快，全市新产品产值1.66亿元，比1999年增长66.99%。工业产品产销衔接良好，全年工业产品销售率为96.76%，略高于1999年，工业企业全年实现利润总额3272万元（1999年亏损6524万元），一举扭转连续5年亏损的局面。

三、促进国内贸易

1986年5月，行署印发《闽粤赣边区经济技术协作区协作章程》，推动地区之间资金、物资、技术和人才等方面的协作交流，扩大出口创汇、开展外引内联，共同促进商品经济发展。城乡市场繁荣活跃，商业部门纯购进总额8.02亿元，比1985年增长5.8%，社会商品零售总额达16.51亿元，比1985年增长15.7%，占全省的14.8%。对外贸易有新起色，全地区出口商品供货总额16535万元，比1985年增长1.23倍。出口商品有粮油、食品、土产、畜产、轻功、工艺、纺织、五金矿产、化工类等70多个品种，产品行销欧美、东南亚等20多个国家和地区。

1988年4月，行署转发《闽粤赣边区经济技术协作若干优惠政策措施（试行）》，就独资、合资企业和联合企业技术转让、贸易以及鼓励奖励等协作事项作出规定。对独资、合资企业3年内免征土地使用税，部门产品免征产品税、增值税、所得税3年；对联营企业新增利润部分免征所得税2年。

1990年8月，行署决定，县以下单位自行设置的各种关卡即日起一律撤除；原经行署以上机关批准设立的170个检查站撤除120个。全地区保留公路检查站32个，其中综合检查站和木材检查站各保留16个。

1991年，行署印发《关于在国营商业、供销企业进行改革试点的实施意见》，在全地区商业企业推动企业改革发展。城乡市场商品丰富，全地区社会商业国内纯购进16.25亿元，比1990年增长7.68%；全年实现社会商品零售总额26.17亿元，比1990年增长7.1%；农业生产资料零售额4.24亿元，增长4.74%。市场物价平稳，居民购货心理安定。全年全社会零售物价总指数102.4%，职工生活费用价格指数103%，与1990年基本持平。

1992年4月，行署制定深化国合商业批发企业改革方案，在国合商业批发领域实行经营活动、商品定价、劳动用工、工资分配“四放开”，实行税利目标责任制。1994年2月，行署制定《关于国有商业深化改革加快发展的实施意见》。

1995年，城乡市场繁荣兴旺。全年社会消费零售总额达52.85亿元大关，比1994年增长25.09%。全地区共有城乡各类市场571个，比上年增加17个，集市贸易成交额31.78亿元，比1994年增长44.38%。物价涨幅明显回落，全年区内商品零售价格总水平比1994年上升15.4%，涨幅回落9个百分点。居民消费价格总水平上升15.8%，涨幅回落11.9个百分点。

2000年，随着全市经济增长速度的加快，消费品市场稳中见活。全市社会消费品零售总额90.06亿元，比1999年增长8.53%，其中城镇消费品零售额56.64亿元，农村消费品零售额33.42亿元。全市（地区）社会消费品零售总额“八五”时期为175.23亿元，“九五”时期为382.58亿元。

四、放手发展个体私营经济

1986年，全地区重点扶持农村和边远山区发展个体私营经济。个体户发展到62984户，其中农村个体户41901户，占总户数的66.53%。1991年6月，行署作出《关于进一步鼓励扶持个体私营经济发展的决定》。1993年2月，行署颁布《关于加快发展个体私营经济的若干规定（试行）》。1994年1月，按照地委的决策部署，行署作出《关于进一步鼓励发展个体私营经济的决定》，按照“个体起步、股份突破、小区发展、规模经营”思路，切实改善个体私营经济的发展环境，加快个体私营经济发展速度，促进全地区个体私营经济发展。1997年5月，地委、行署作出《关于进一步鼓励发展个体私营经济的补充决定》，提出到2000年个体私营经济工农业总产值达到全部工农业总产值的30%以上，社会消费品零售额占全部社会消费品零售额的70%以上，个体私营经济税收达到财政收入的40%。1998年4月，行署作出《关于促进个体私营经济新一轮大发展的决定》。2000年1月，市政府制定《关于推广南康经验推进个体私营经济大发展的决定》。2000年，全市个体工商户达17.3万户，私营企业达5086户，其中私营企业注册资本1000万元以上的有10户，注册资本500万～1000万元的有17户。

五、扩大招商引资

1986年，发展同广东、福建等省的横向经济联系，全年签订经济技术协作项目合同272项，其中省际项目80个，省内项目192个。10月，行署印发《关于推进横向经济联合的优惠政策和措施》，对经济联合性质的建设项目，独资从事开发性建设或开办其他企业，合资开矿办厂、经商或经营其他服务业，独资或合资开发能源、交通设施建设项目，兴办内联企业（包括基建和技改项目），以技术入股、商标入股、专利入股提供信息、转让技术的单位和个人，以及到赣州地区落户的高、中级科技人员，均从税收、分成、待遇上予以优惠。

1991年，对外开放步伐加快，横向联合进一步拓展。外引内联全年共签订各种经济技术合同项目399项，其中投产项目270项，实际引进资金2804万元。全年新签利用外资项目38个，比1990年增加26个，实际利用外资234万美元，创汇208.6万美元，比1990年增长3.96倍。全年接待港澳台同胞和外国人15846人，比1990年增长42.07%，旅游外汇收入189万美元，比1990年增长13.3倍。1992年7月，行署制定《赣州地区外商投资企业生产经营管理暂行规定》。

1995年，进出口总额比1994年成倍增长。全地区地方进出口贸易总额12348万美元，比1994年增长1.43倍。利用外资居全省前列，全年新签利用外资协议项目138个，协议金额14972万元，比1994年增长77.57%；实际利用外资6478万美元，比1994年增长5.09%。全年新签对外承包工程和劳务合作合同金额160万美元，完成营业额155万美元，分别比1994年增长31.15%和37.17%。全年签订省际省内经济技术协作项目合同550个，比1994年增长13.6%；实际引进资金24993万元，比1994年增长29.1%。全年接待海外游客18346人次，比1994年增长42.16%；旅游外汇收入388.49万美元，比1994年增长7.6倍。

2000年，全市外贸出口总值6009万美元，比1999年增长8.68%。“九五”期间全市累计出口总值为6.71亿美元，比“八五”时期增长2.44倍。全市引进外资9411万美元，比1999年增长0.75%。引进内资23.05亿元，比1999年增长8.22%。“九五”期间，全市累计引进外资5.41亿美元，比“八五”时期增长2.3倍。全市接待境外和国外游客3.77万人次，比1999年增长8.87%，其中外国人1500人次，增长86.36%。旅游外汇收入774.67万美元，比1999年增长2.97%。

六、发展金融服务

1986年，城乡储蓄存款大幅增长，年末余额达5.33亿元，比1985年年末增长37.2%。1988年10月，行署印发《关于加强银行信贷资金综合调控的紧急通知》。

1991年，全地区年末各项存款比1990年年末增加5.42亿元，增长22.8%。各项贷款余额比1990年末增加6.48亿元，增长19.89%。贷款投向固定资产贷款和农副产品收购贷款大幅度增长，分别比1990年年末增长24.9%和39.45%。保险业为恢复受灾者正常的生产和生活发挥了良好作用，全年国内财产险及短期人身险保费收入3300万元，比1990年增长12.68%；处理各种赔案总赔款2151.5万元，赔付率65.19%。

1995年，存款大幅度增加，年末金融机构各项存款余额104.35亿元，比1994年末增加24.8亿元，增长31.17%；各项贷款余额104.05亿元，比1994年年末增加19.59亿元，增长23.62%。银行全年净回笼货币8623万元，比1994年增长8倍。全地区承保总额146.66亿元，比1994年增长28.58%；保险业务收入1.3亿元，比1994年增长6.48%；全年处理各种保险赔案3.79万件，支付赔款5990万元。

2000年年末，全市金融机构各项存款余额219.58亿元，比1999年年末增加18.81亿元，增长9.3%。全市金融机构各项贷款余额165.62亿元，比1999年年末增加10.52亿元，增长6.78%。全年保费收入36605万元，比1999年增长11.9%。财产险赔款金额6506万元，人身险满期给付金额2891万元。

第二节　城乡建设

一、固定资产投资

1986年，全地区完成固定资产投资2.37亿元，生产性建设所占比重由1985年的52.1%上升到62.8%。全地区新增固定资产1.76亿元，一批重点项目建成投产，固定资产交付使用率由上年的67.1%提高到74%。全地区新增住宅面积29.36万平方米。

1991年，投资规模扩大，新开工项目增多，基础设施、能源建设和原材料工业得到增强。全年全社会固定资产投资总额9.35亿元，比上年增长31.04%。新增的年生产能力和设施有煤炭、钨、供电、机制纸、火柴、自动电话交换机、重型机械制造、商业经营用房、粮食仓库、医院病床、中小学生席位等。

1995年，控制投资规模，投资向基础产业和基础设施倾斜，用于第一产业的投资比上年成倍增长，重点工程建设成果显著。全年全社会固定资产投资总额32.3亿元（含京九铁路赣南段投资8.64亿元），比1994年减少16.67%。其中，国有单位投资21.5亿元（含京九铁路赣南段投资），剔除京九铁路赣南段投资，减少15.15%；城乡集体单位投资1.85亿元，增长52.37%；城乡个人投资8.95亿元，增长82.19%。在投资规模下降的同时，投资继续向基础产业和基础设施倾斜，农林牧渔业投资成倍增长；

文教科卫投资 9142 万元，增长 22.83%；在连年投资向交通邮电能源工业倾斜的基础上，全年达 3.6 亿元，占全部基建投资的 32.4%，经济发展所依赖的交通能源通信大为改善。京九铁路在赣南接轨全线贯通，黄金机场二期扩建竣工，开辟至广州、厦门、深圳、南京、南昌等地航班；完成 4 条国道公路整治，地县（市）公路实现通油路。全地区以铁路、公路为主体，以航空、航运为两翼的立体交通网络基本形成。龙潭电站首台机组发电运行以及宁都三门滩等 10 座中小型电站建成，为赣南增加发电装机容量达 12 万千瓦；万—兴—宁—石输变电线路和赣州城中、黄金输变电工程建成，提高赣南电网的运行质量。实现县以上通信“两化”（电话交换程控化、长途传输数字化）和乡镇电话程控化，建成公众移动通信网和无线寻呼，赣南的通讯业得到突飞猛进发展。赣州海关建成并运行开关。赣南制药厂生化工程、崇义中密度纤维板厂和赣中南第二期农业开发项目建成。

2000 年，固定资产投资规模继续扩大。全社会固定资产投资完成 61.5 亿元，比 1999 年增长 16%；其中国有单位投资 22.01 亿元，增长 7.02%。基础设施建设加快。电力、煤气及水生产和供应业投资 6.57 亿元，比 1999 年增长 46.96%；交通运输、仓储及邮电通信业投资 5.51 亿元，比 1999 年增长 48.43%。水利设施建设、城市农村电网改造力度加大。公路建设加快，105 国道全线贯通，昌厦一级公路赣州段、323 国道江口至瑞金段改建工程竣工通车；县乡公路实现水泥（油）路贯通，至 2000 年，全市累计完成投资 6 亿多元，新建县乡水泥（油）路 1184 千米，新建乡村公路 1200 千米。商品住宅销售活跃，房地产开发投资持续增长，2000 年商品房销售面积 32.76 万平方米，比 1999 年增长 44.19%。

全市（地区）“八五”“九五”期间分别累计完成固定资产投资 126.49 亿元、238.17 亿元，“九五”期间比“八五”期间增长 88.29%。

二、发展交通运输

1986 年，交通以公路运输为主，公路通车里程 13325 千米，内河通航里程 1103.5 千米，全年完成客运量 2462 万人，货运量 1359 万吨。全地区邮路长度 10242 千米，农村投递线路 22268 千米，电话到达户数 11768 户，邮电业务总量 1077 万元，比上年增长 8.9%。

1991 年，交通条件得到改善，区内公路四通八达，通车里程 1.45 万千米，所有乡（镇）和 80%的村通公路。全社会货运周转量 17.3 亿吨千米，比上年增长 5.8%；客运周转量 161404 万人千米。1993 年 3 月，地委、行署作出《关于加快公路建设步伐的决定》，力争到 2000 年使交通运输对经济的发展由制约型变为适应型，基本消除交通制约经济发展的“瓶颈”现象。

1995 年，交通运输条件得到较大改善，随着大京九的全线贯通，黄金机场第二期扩建的基本完成，全区初步构成以铁路、公路为主体，以航空、航运为两翼的立体交通网络。修通铁路 262 千米，公路通车里程达 16082 千米，其中高级、次高级公路 1379 千米比上年增长 19.39%，乡村通公路比例达 90.79%。全年公路、水运货运量 2880 万吨，货运周转量 16.37 亿吨千米，增长 8.14%；客运量 4818 万人，客运周转量 26.85 亿人千米，增长 10.93%。全年完成邮电业务总量 15011 万元，比 1994 年增长 57.07%。1998 年 7 月，地委、行署作出《关于加快全区公路建设决定》，提出打好三年公路建设攻坚战，到 20 世纪末实现全地区县乡（镇）通水泥（油）路，98%的行政村通公路，改变赣南交通落后状况。

2000 年，交通运输状况明显改善。全市公路通车里程 17911 千米，其中高级、次高级路面 3249 千米，新增 804 千米。行政村通公路的比例 92.71%。铁路全年完成货物发送量 512 万吨，比 1999 年增长 4.33 倍；旅客发送量 167.4 万人次，比 1999 年增长 23.1%。公路全年完成货物周转量 24.73 亿吨千米，比 1999 年增长 28.38%；旅客周转量 362664 万人千米，比 1999 年增长 15.04%。

三、城乡规划建设管理

1995 年 10 月，行署批转地区体改委等 12 个部门提出的《关于赣州地区小城镇综合改革试点实施意见》，在农村积极发展小城镇，缩小城乡差别，加速农村城市化进程，实现城乡经济一体化。1996 年 9 月，行署颁发《赣州地区城市规划管理规定》。1998 年 1 月，行署作出《关于乡镇创办示范服务基地决定》《关于加快小城镇建设的决定》。2000 年 11 月，市政府印发《赣州市城镇国有土地使用权出让和转让及划拨管理暂行办法》《赣州市城区房屋拆迁补偿安置暂行规定》。2000 年，全市城市居民人均房屋使用面积达 13.85 平方米，农村居民人均住房面积达到 23.99 平方米，其中楼房面积占 33.7%，农民建房以砖混结构为主。

四、加快邮电通信发展

1991 年，邮电通信现代化程度提高，赣洪数字微波通信工程、赣州万门程控电话工程先后建成投入使用，全地区有 11 个县（市）用上自动电话，8 个县进入全国长话自动网，赣州长话直拨可达国内 300 多个城市、国外 180 个国家和地区，传真业务县（市）全部开办。

1995 年，邮电通信现代化水平提高，全区实现电话交换程控化、长途传输数字化。长途自动交换机总容量达 20790 路端，比上年增长 1.14 倍；电话交换机装机总容量达 21.47 万门，比上年增长 20.76%；局用电话交换机全部实现程控化。城乡电话户数猛增到 9.28 万户，比上年增长 73.95%。年末电话机数达 10.47 万户，增长 60.33%。移动通信用户达 2509 户，增长 3.11 倍。

2000 年，邮电通信事业加快发展。全市完成邮电业务总量 9.13 亿元，比上年增长 28.4%。住宅电话发展迅速，年末用户 42.76 万户，比上年年末增加 14.78 万户；全市电话普及率 6.43 部/百人。已通电话的行政村 3836 个，占行政村总数的 88.8%。移动电话用户 1724 万户，新增 8.74 万户。因特网用户 2.8 万户，增长 7.5 倍。

第三节　社会事业

一、大力推进科技进步

1986 年，有 38 项科研成果通过中央和省、地技术鉴定。其中填补国内空白的 3 项，达国内先进水平的 3 项。全年实施“星火计划”的 23 个项目取得较好经济效益。全地区全民单位有各类科技人员 4.22 万人，比上年增加 1000 人。

1990 年 1 月，行署作出《关于组织成立我区科技人员开展技术承包和技术服务的若干决定》，动员和组织科技人员到工农业生产第一线开展技术承包和技术服务，促进科学技术成果转化为生产力。出台《关于推动企业技术进步的通知》，要求企业建立技术开发机构、技术开发基金及总工程技术负责制，广泛开展群众性技术革新技术革命活动。

1991 年，广泛开展科技兴赣南活动，实施科技计划 33 项，新增产值 7444 万元、税利 2900 万元。全年有 32 项科研成果通过中央和省、地技术鉴定，其中达国内先进水平的 7 项；25 项科技成果获省、地科学技术进步奖。

1995 年，科技事业蓬勃发展。赣南科技城产业化步伐加快。全地区有 28 项科研成果通过中央和省、地技术鉴定，其中填补国内空白的 3 项，达国内先进水平的 10 项；有 88 项科技成果获省、地科学技术进步奖，其中获省三等奖以上的 7 项。全地区国有单位共有各类专业技术人员 6.68 万人，其中自然科学技术人员 2.84 万人，社会科学专业人员 3.84 万人，中级技术职务以上人员 1.35 万人。全年受理专利 50 件，批准授权专利 20 件；签订技术合同 205 个，协议金额 1909 万元，比 1994 年增长 27.28%。12 月，地委、行署作出《关于大力推进科技进步的决定》，大力推广应用先进科技成果。

二、推动教育优先发展

1986 年，全地区 3 所高等学校在校学生 5850 人，比 1985 年增长 13.8%；9 所中等专业学校在校学生7638人，比1985年增长22%。全地区482所普通中学在校学生27.04万人，比1985年增长6.7%；46所农职中学在校生1.81万人，比1985年增长22.7%；全地区7625所小学在校生105.19万人，小学学龄儿童入学率97%；各类成人高等学校在校生1531人，比1985年增长16.7%；成人中等专业学校在校生1948人，比1985年增长79.4%。

1987年3月，行署决定加快中小学危房改造步伐，并向机关、团体和企事业单位公职人员集资修缮中小学危房。1991年，全年修建中小学校舍集资8034万元，完工面积66.33万平方米，中小学校园"六配套"（大门、院墙、教室、厕所、操场、桌、凳配套）乡（镇）122个，比1990年增加52个，学龄儿童入学率98.49%。成人教育发展迅速，年末有成人中等学校46所，成人技术学校2038所。年内参加高等教育自学考试取得大学单科结业证有11650人次。1993年6月，行署作出加快教育改革和发展的决定，提出继续把教育摆在优先发展战略地位，加快职业技术等各类教育事业发展，改善中小学办学条件，提高教育质量。

1995年，依法多渠道筹措教育经费，办学条件得到逐步改善，"两基"工作水平有新提高。区内3所普通高校招生2800人，比1994年增长2.49%；在校生8950人，比1994年增长3.78%；毕业生2450人，比1994年增长36.72%。9所中等专业学校招生4770人，比1994年增长6.12%；在校生12222人，比1994年增长18.13%；毕业生2891人，比1994年增长3.77%。全地区职业中学及技工学校在校学生30506人，占高中段在校学生总数的36.65%。全地区小学在校学生73.41万人，初中在校学生28.19万人，小学毕业升学率由1994年的86.6%提高到94.9%，适龄儿童入学率达99.4%，初中入学率达到84%。全地区成人高校招收本、专科学生1847人，在校生4591人，比1994年增长29%。1995年扫除青壮年文盲3.85万人，全地区非盲率达96.6%。

2000年，市内3所高校招生6628人，比上年增长20.4%；在校学生17523人，增长29%。9所中等专业学校招生5001人，下降20.7%；在校学生16946人，增长0.5%。普通中学招生16.23万人，在校学生42.95万人，分别增长7.5%和5.7%，初中入学率95.2%。小学招生13.86万人，在校学生79.98万人，小学学龄儿童入学率99.9%。成人高校招收学生4845人，增长53.5%，在校学生9952人，增长19%。全市参加高、中等教育自学考试共9.11万人次。获单科合格证3.11万科次，获得本科、大中专毕业证书803人。

三、促进文化繁荣发展

1986年，全地区有各类电影放映单位975个，艺术表演团体20个，广播发射台和转播台4座，电视台1座，电视人口覆盖率80%。1987年5月，行署召开全地区第二次地方志工作会议，把地方志工作纳入全地区经济社会发展计划和各级政府工作任务之中。1989年4月，行署批转《关于深化文化体制改革的意见》，提出实行多种所有制形式；实行灵活多样的经营管理方式；建立健全能够反映文化艺术劳动特殊规律的劳动人事制度，强化文化艺术工作者的竞争意识和创造精神；打破平均主义分配制度，鼓励拔尖人才脱颖而出；发展壮大专业和业余创作队伍，繁荣文艺创作等措施。

1991年，全地区有广播发射台及转播台4座，广播站496个，广播人口覆盖率为56.4%，农户广播普及率由1990年的24.3%提高到26.7%；电视台2个，电视发射台和转播台314座，电视人口覆盖率为85%。

1995年，文化工作围绕提高艺术质量和加强农村文化建设这两个重点开展。全地区广播人口覆盖率为66%，电视人口覆盖率为86%。有各类电影放映单位430个。

2000年，实施精品战略，抓规划、抓创作，涌现出一批优秀文艺作品，举办农民艺术节，开展文化、科技、卫生"三下乡"活动，群众文化生活丰富。开展"扫黄打非"，文化市场得到净化。全市有艺术表演团体19个，民间职业剧团120个，群众业余演出队295个。全年演出3438场，其中到农村演出2354场。有文化馆、群艺馆19个；文化站359个；公共图书馆18个，藏书151万册；博物馆14个，文物藏品2.3万件。全市广播人口覆盖率92.9%，电视人口覆盖率89.8%。

四、深化卫生事业改革发展

1986年，全地区有各种卫生机构917个，其中医院423个，病床1.16万张，卫生技术人员1.55万人。1988年12月，行署印发《全区城市医院改革方案》。1994年2月，行署制定《赣州地区地直公费医疗制度改革方案（试行）》。

1995年，深化卫生改革，农村卫生“三项建设”（乡镇卫生院建设、县防疫站建设和县妇幼保健所改造建设）进展顺利，全地区有各类医疗卫生机构833个，其中医院431个，病床12347张，专业卫生技术人员16948人，比上年增长2.39%。1997年2月，地委、行署作出《关于深化卫生改革和加快卫生事业发展的决定》。1999年1月，行署出台《赣州地区农村合作医疗实施办法（暂行）》。

2000年9月，市委、市政府出台深化卫生改革的实施意见。全市卫生机构达1222个，其中医院83个，卫生院338个，拥有病床位1.21万张，专业卫生技术人员1.66万人，其中医生7300人。

五、着力发展体育事业

1986年，全地区有体育馆5个，四百米跑道运动场9个，灯光球场72个，游泳池6个。在省级运动会比赛中获得奖牌205枚，其中金牌61枚。全地区达到《国家体育锻炼标准》的人数达10.42万人。

1991年，全地区在省级比赛中获体育奖牌187枚，比1990年增长71.56%，其中获金牌65枚。全地区达到《国家体育锻炼标准》的人数达21.72万人，比1990年增长5.03%。

1995年，全地区体育健儿在省级比赛中共获得奖牌129枚，其中金牌32枚。全地区达到《国家体育锻炼标准》的人数达47.39万人。

2000年，体育运动员在省级体育比赛中获得奖牌46枚，其中金牌12枚。各类学校的在校学生中有87.53万人达到《国家体育锻炼标准》。

六、加强扶贫与社会保障事业

1991年7月，行署印发《关于农村五保户供养和特困户补助工作暂行规定》，要求全地区各级政府落实国务院《五保供养条例》，保证五保户的实际生活水平不低于当地农户平均生活水平。

1993年4月，行署印发《关于切实加强老建扶贫开发工作的意见》，落实和完善老区各项优惠政策，用活用好老建扶贫开发资金。7月，根据地委的决定，行署印发《认真抓好减轻农民负担等项工作的通知》，废止18个农民负担项目和7个收费办法。

1995年6月，行署印发《赣州地区全面实行劳动合同制度实施意见》，建立适应社会主义市场经济的新型劳动用人制度，全地区所有企业、个体经济组织和与之形成劳动关系的劳动者全面实行劳动合同制度；国家机关、事业单位、社会团体和与之建立劳动关系的劳动者依法订立劳动合同。

1998年4月，行署印发《关于在全区建立城市居民最低生活保障制度的实施意见》，城市居民最低生活保障线标准为每人每月70～90元。9月，地委、行署制定《赣州地区国有企业下岗职工基本生活保障和再就业工作实施细则》。

1994—2000年，老建系统扶持经济薄弱村2116个，扶持项目2138个，扶持资金2000多万元，村级集体收入不断增长，村级集体经济年收入达4万元以上村297个。至2000年年底，全市（地区）扶持兴办乡村扶贫经济实体4270个，安排特困户劳力就业73832人。

第四章 法制局工作

政府法制建设工作按照“依法治国、建设社会主义法治国家”总体要求，围绕经济建设中心，积极拓展政府法制工作，努力推进依法行政，从严治政，在行政规范性文件制定、执法监督、行政复议、行政争议协调、治理公路“三乱”、减轻农民负担、权属纠纷调处等方面取得一定的成效。

1986年，政府法制工作具体由行署办公室负责。1990年5月，行署办公室内设法制科，编制3名。1991年12月，行署办公室法制科升格为行署法制局，挂靠行署办公室，副县级机构。1993年1月，法制局内设综合科、法规规章科、复议应诉督查科，编制12名。随后各县（市）政府相继成立政府法制局。

第一节 规范性文件制定与清理

一、规范性文件制定

各级政府和工作部门依照法律、法规和政策，结合地区、部门实际制定规范性文件，是行政机关依法履行行政职能的重要手段。市（地区）、县（市、区）两级政府为制定规范性文件，建立了草拟、协调、论证、修改、签批、发布、备案等制度，全市（地区）规范性文件的制定工作纳入制度化、规范化轨道。政府法制机构在规范文件制定、审核工作中严把法律依据关、可操作关、管理主体关、文字体例关，全市（地区）出台的规范性文件总体质量较高。1993年11月起，实行规范性文件备案制度。2000年，以政府令形式发布《赣州市人民政府行政规范性文件制定程序规定》，进一步对规范性文件体例等作出要求。

1986—2000年，市政府（行署）法制局起草、审核规范性文件156件，由市政府（行署）发布实施127件；办理省政府规章征求意见草案123件。内容涉及经济体制改革和社会、经济管理各个领域，包括农业、林业、果业、交通、水电、教育、文化、卫生、审计、国资、税务、矿管、土地、建材、人才交流等方面。

二、规范性文件清理

1990年4月，清理1980—1989年期间省政府发布的规章性文件，重点对规章中涉及行政处罚规定的合法性和可行性进行论证，特别是对可能引起行政诉讼的有关规定进行清理。6月，组织清理、废止与国务院文件精神相抵触的地区性文件规定。并要求各县（市）各部门对自行制定的有关文件以及领导人的有关讲话进行清理。9月，对1980—1989年由行署和各县（市）政府制发的规范性文件、乡（镇）制定的乡规民约进行清理：符合现行法律法规的继续执行；部分内容与法律法规相抵触的，经修正完善后继续执行；不能继续执行的要明令废止。

1992年7月，《江西省农民负担管理条例》颁布实施。省人大赣州工委和行署联合召开会议布置《江西省农民负担管理条例》执法检查工作。

1993年，行署法制局代地委、行署草拟《中共赣州地委、赣州地区行署关于切实减轻农民负担的决定》和《关于减轻农民负担的通告》。编印《减轻农民负担工作简报》4期，在《赣南日报》开辟减轻农民负担宣传专栏。对地委、行署各部门1980—1993年制定的有关涉及农民负担和社会性收费、集资的文件进行清理，共清理文件88件。在《赣南日报》上公布地区废止的第一批农民负担项目18个，废止收费（税）办法7个，废止文件24个。制定乡统筹、村提留款使用审计办法，实行农民负担监督卡制度，编印《减轻农民负担政策问题解答》和《农民负担手册》发至农户，取缔乡（镇）向农民收钱收物的“小分队”；设立专门监督机构查处违法收费和集资摊派行为。对行署各部门1982—1993年制发的涉及向企业收费、集资的文件进行逐个清理，清理出16个不合理收费和集资文件。

1994年3月，审核31个单位的82个收费项目，下发取消向个体工商户、私营企业收费的通知，公布取消24个收费项目。

1995年，印发《关于加强农民负担监督管理工作的通知》，查处违反农民负担政策案件3起。

1999年，开展行政执法单位收费情况调查，清理、审核收费项目538项。

第二节　行政执法监督

一、行政执法检查

1988年4—9月，在全地区范围开展行政执法大检查。1989年5—7月，组织全地区整顿烟草市场，打击不法烟贩专项整治活动。1989年10月，组织全地区各行政执法部门执法情况大检查。1989年4—8月，开展统计法规执行情况大检查。1990年3月，组织全地区医药市场整顿，重点整治批发市场、医药企业内部、制售伪劣药品的违法活动。1991年，整顿全地区烟草市场。1992年，组织治理减轻农民负担、企业负担以及治理在公路上乱设卡、乱检查、乱收费、乱罚款（以下简称“四乱”）等执法检查。1994年，组织18个县（市）以及地直13个主要行政执法单位开展具体行政行为检查。配合卫生、教育、环保、技术监督、劳动、矿管等部门开展执法检查活动。全地区组织行政执法检查92次。1995年，组织对矿管、农机、烟草、饲料、生猪运销等5次检查。开展打击破坏森林资源犯罪活动专项斗争。进行土地、水利、林业、果业、档案、“二五”普法、社会治安综合治理等7项检查。全地区组织行政执法检查140项。1996年，制定行政执法监督检查、行政争议调处、行政执法证件管理、规范性文件制定和备案程序规定、行政执法责任制、行政执法举报制度、罚没款罚缴分离和行政事业性收费收支两条线制度、行政执法主体资格证制度、行政处罚听证制度等行政执法监督制度。2000年，制定《关于制止“三乱”优化经济发展环境的暂行规定》《关于政务公开的实施办法》。

二、行政执法队伍整治

各级政府法制机构运用多种形式宣传行政法律法规，提高行政执法人员法律素质。1995年3月，组织全地区各级执法机关人员参加《中华人民共和国国家赔偿法》《行政复议条例》学习考试。1996年起，全地区政府法制系统清理和整顿行政执法队伍，对不具备执法资格而又从事执法工作的人员，一律予以清理；对具备执法资格的执法人员，重新组织资格认定和考试考核，颁发行政执法证。至2000年，全市（地区）培训行政执法人员2万多人次，核发行政执法证17468份，选聘领导干部担任行政执法监督员470人；全市（地区）培训行政处罚听证主持人1465人；市、县两级行政执法部门的行政执法主体资格全部重新审查，并向社会公布。

三、检查站整治

1986年6月，行署对全地区各类检查站进行全面整顿，撤销检查站189个。1989年12月，行署整顿检查站，制止不利于搞活流通的做法。1990年7月，对全地区原经行署以上机关批准的170个检查站进行清理，撤除120个检查站（县以下设置的检查站全部撤除），保留50个，其中联合检查站16个，单项检查站34个。1991年，省政府批准赣州地区保留公路检查站62个，其中综合检查站17个，专项检查站45个。5月，行署责成工商、税务、林业、农牧渔业、冶金、煤炭、烟草等参检单位，对其参检项目的检查情况和规章制度执行情况进行检查。8月，对全地区公路、水上检查站进行清理整顿，撤除擅自设立的检查站 18 个，清理临时检查人员 56 人。1993 年，清理整顿路检队伍。

四、权属纠纷调处

1986—2000 年，全市（地区）调处纠纷 1750 起，其中山林权属争议 226 起，土地权属争议 1006 起，矿产资源权属争议 44 起，水事纠纷 392 起。全市（地区）未发生因权属争议而引发的群众性械斗事件。

1991 年，地区和各县（市）成立预防调处群众性纠纷械斗工作领导小组。领导小组办公室设行署法制局，与法制局合署办公。全地区预防调处群众性纠纷械斗工作走上法制化、规范化轨道。

1993 年，对全地区资源权属争议案件进行分类摸底。全年受理并调处权属争议案 15 起，其中房产纠纷 9 起，山林、水事纠纷 3 起。

1995 年 5 月，召开全地区预防调处群众性纠纷械斗工作会议，通过协调、督促、检查工作，消除辖区内权属争议和纠纷械斗隐患，做好预防调处工作。林业、水电、土管、地矿、民政、环保等部门每季度书面上报群众性械斗情况统计表。调处权属争议 18 起。

第三节　治理“三乱”

一、治理措施

治理乱收费、乱罚款、乱摊派（以下简称“三乱”）工作是政府法制部门职责之一。1986—2000 年，政府法制部门采取积极有效措施，持续加大治理“三乱”力度。

1990 年 11 月，地委、行署成立地区制止“三乱”工作领导小组及其办公室，下设清整收费组、清整罚款组、清整企业社会摊派组、清整基建摊派集资组、清整农民负担组等 5 个专业组。各县（市）相应成立治理“三乱”领导机构和办事机构，全地区直接从事治理“三乱”的工作人员近 3200 人。

1992 年，设立举报电话“0797－8226745”，在《赣南日报》公布并受理“四乱”举报案件。1993 年，行署印发两个严禁“四乱”的文件。1994 年 4 月，行署法制局与行署公安处、地区交警支队组成联合调查组，对群众反应比较强烈的宁都县、瑞金县、会昌县等县的路检路查问题进行实地调查，形成《关于群众反映我区几个县在公路上乱收费、乱罚款问题的调查报告》，由行署印发各地贯彻落实。5 月，地委召集有关部门就贷款路收费的整顿工作进行研究。法制局撰写《关于我区贷款路收费站有关情况和整改意见的报告》。制定《公路执法巡查员督察的范围和对象》《公路执法巡查须知》，组织第一批 68 名公路执法巡查员。

1995 年，行署印发《关于采取切实措施制止公路“三乱”的通知》。1997 年，行署法制局印发《关于做好公路执法监督的通知》《关于在“七一”期间做好有关工作的通知》等文件。全年组织全地区范围内的公路巡查 4 次，不定期巡查 17 次。

1999 年 10 月，市政府印发《赣州市治理“三乱”优化经济发展环境的暂行规定》。年底，在 105 国道旁赣县沙地镇、龙南县武当镇各竖立 1 块醒目警示牌。

二、治理成效

1986—2000 年，审核收费、罚款、集资等项目 667 项，其中取消项目 368 项，拟保留项目 299 项。全地区因“三乱”问题受到党纪政纪处分的领导干部和执法人员 59 人。

1989 年、1990 年两年被清查的收费总金额 6.56 亿元，其中自查出非法收费项目 310 项，金额 719.29 万元；罚款项目 486 个（归并为 44 项），总金额 3539.49 万元，上缴国库 2478.27 万元，自查面达 100%。对 1302 个单位进行重点检查，检查面为 36%，查出乱收费项目 647 个，金额 416.81 万元，处理违规收费金额 154.54 万元；查出乱罚款项目 35 个，金额 252.41 万元；清查出不当的农民负担项目 184 个，金额 8061.41 万元，义务用工 1542.42 万个工日。撤除公路检查站卡 120 个，登报公布取消 21 项不合法的收费、罚款、集资项目，查处一批违法违纪案件。

1999 年，全市（地区）开展公路“三乱”监督检查 192 批 571 人次，受理并查处“三乱”案件 7 件，收缴违纪款 2230 元，处理违纪人员 5 人。

2000 年，发挥公路巡查点作用，加大巡查力度，全市公路“三乱”状况基本得到遏制。全年查处公路“三乱”案件 60 起，因公路“三乱”行为受到党纪政纪处分 7 人。

第四节　行政复议应诉

一、机构设置

行署行政复议委员会于 1993 年 12 月成立，委员会下设办公室，与行署法制局合署办公。负责办理县（市）人民政府、行署本级的行政机关行政复议案件向行署备案工作，承办行署行政复议案件的审理事务，承担应诉代理工作；与涉及行政复议的县（市）人民政府和行署部门联系，指导县（市）人民政府、行署本级的行政机关的行政复议、应诉工作。

1997 年，调整行署行政复议委员会，各县（市）相应调整充实。

2000 年，成立赣州市人民政府行政复议委员会，市长任主任委员，副市长、市政府秘书长任副主任委员，委员由市政府有关部门领导担任。行政复议委员会下设办公室，为行政复议委员会的办事机构，由法制局长兼任办公室主任。

二、复议、应诉工作

1994 年 9 月，赣州地区建立行政复议、应诉案件统计制度。瑞金市、龙南县、定南县被省政府法制局列为行政复议工作联系点。

1995 年 9 月，行署首次受理全南县南迳镇武合村申请的 2 件山林权属争议行政复议案件，作出维持全南县人民政府的处理决定。

1999 年，根据省政府《关于贯彻执行国务院关于贯彻实施〈中华人民共和国行政复议法〉的通知》，市政府印发《关于贯彻实施〈中华人民共和国行政复议法〉的通知》，对全市贯彻实施《行政复议法》的各项工作进行安排部署。当年，市政府法制局收到行政复议案件 14 件，其中立案受理 4 件、不予受理 9 件、退回补正 1 件。全市办理行政复议案件 315 件，代理行政诉讼案件 372 件。

2000 年，市政府法制局编印《行政复议法资料汇编》，对市直机关和县（市、区）政府法制机构和有关部门的行政复议人员进行培训考核。建立《行政复议来信来访接待登记制度》《复议案件立案审批制度》《复议案件受理制度》《复议案件承办责任制度》《疑难问题请示制度》《复议案件集体研究和领导审定制度》《行政复议案件公开制度》《复议案件跟踪监督制度》《特邀复议员制度》《复议案件归档制和复议、应诉统计分析制度》等 10 项制度，规范行政复议行为。全年接收复议申请 31 件，受理 19 件。

第五节　行政争议协调

一、计划生育管理争议

1995 年，地区计划生育委员会和地区民政局重复向外出打工人员核发未婚证，双方各执一词，引起外出打工人员的强烈不满。行署法制局对这一行政争议进行协调，根据法律依据，提出未婚证由民政部门核发的意见。同时，建议行署对《赣州地区流动人口计划生育管理实施细则》中第六条“未婚证由计生部门核发”的规定停止执行，意见被行署采纳。

二、行政执法协调

1996年，开展行政执法协调工作，加强对土地、财税、农业、林业、交通、供销、卫生、医药、烟草、煤炭、地矿等重要经济管理部门的服务，培训执法人员，建立执法规范，强化执法措施。同时，法制局做好省际关系协调工作。

1998年11月，福建省长汀县针对赣州地区依照省政府第59号令收取省外散装水泥专项资金，组织企业人员采取报复性乱收费行为，法制局协同有关部门积极协调，并向省政府办公厅、省政府法制局及时作出书面汇报，较好地化解矛盾。

第五章　外事　侨务　港澳事务

1986—2000年赣州外事工作，认真做好经济技术合作、经贸往来活动、文化艺术交流、革命史迹参观考察、政府友好访问等。外事活动来往频繁，合作密切。

市（地区）外事侨务办公室为市政府（行署）主管外事侨务工作的机构。1986年为行署办公室外事侨务科，执行外事任务时称行署外事侨务办公室。1988年7月，成立赣州地区外事办公室、赣州地区侨务办公室，实行两块牌子、一套机构，为行署副县级直属部门，内设外事旅游科、侨务科、秘书科，编制13名。1989年6月，地区外事办公室、地区侨务办公室升格为正县级机构，新设地区旅游局，与外办、侨办合署办公，编制16名。1993年3月，地区旅游局划出单设，成立赣州地区外事侨务办公室，设外事科、侨务科，编制13名。1999年9月，赣州地区外事侨务办公室更名为赣州市外事侨务办公室。

第一节　外　事

一、外宾来访

赣州外宾来访，主要有政府间友好访问、经贸往来、科技合作、文化交流等活动。1986—2000年，到赣南从事各类活动的外宾，有38个国家1998人次。

友好访问　赣州市（地区）接待外国政府代表团始于1993年，至2000年接待3个国家8批58人次。1993年12月，美国德克萨斯州麦卡伦市市长奥赛尔·布兰德博士率德克萨斯州友好代表团到赣州访问，签署麦卡伦市与赣州地区结好意向书。1996年1月，美国麦卡伦市市长奥赛尔·布兰德博士第二次率友好代表团到赣州访问，签署《美国麦卡伦市友好代表团访问赣州会谈备忘录》。1994年7月，美国驻华使馆一等秘书艾坚恩访问瑞金市、赣州市（今章贡区）。1996年9月，日本冈山县汤原町助役金佐秀率友好代表团访问瑞金市，并到赣州市（今章贡区）访问，双方表达瑞金市与汤原町结好的意向。1997年11月，日本汤原町助役金佐秀率友好代表团到瑞金市和赣州市（今章贡区）访问。1998年11月，以日本汤原町町长池田辉美为团长的友好代表团到瑞金市、赣州市（今章贡区）进行友好访问，双方愿意结成友好关系。1998年11月，南非新堡市秘书助理菲尔迪·阿尔伯兹与赣州市（今章贡区）副市长陈清华在赣州会谈，签署《中华人民共和国赣州市与南非共和国新堡市建立友好城市关系有关事宜协商备忘录》。2000年8月，日本汤原町中学生友好访问团对瑞金市进行友好访问。访问团与瑞金市学生进行友好结对、互赠书画、访问家庭、师生联欢等活动。

经贸活动 1986—2000年，接待经贸代表团41批141人次。

1986年11月，法国索哥巴公司代表团在赣州市（今章贡区）、安远县、寻乌县、会昌县、瑞金县等县（市）考察草场，洽谈合资创办肉牛基地，协助组建安远县饲料公司。1987年4月，澳大利亚国际农业研究中心林业项目协调人坦布尔博士到赣州市（今章贡区）湖边乡引种黑梨树试验地（中澳8458号项目）调查第一期计划执行情况，商谈第二期计划。5月，法国高级技术转让公司代表团到赣州市（今章贡区）、南康县、瑞金县、兴国县等地考察养兔加工合作项目。11月，加拿大国际磷钾肥研究所所长普雷蒂等，在南康县凤岗乡朱家村出席甘蔗钾肥肥效田间收获日活动。同月，朝鲜吉州机器厂厂长金俊道一行4人到江西气体压缩机厂洽谈向朝方转让气压机技术问题。1988年3月，赣州地区冶金工业公司与加拿大加太稀土金属公司达成合资兴办赣加稀土有限公司的协议，获国家有关部门批准，成为国家稀土行业第一家中外合资企业。1992年6月，日本客商平松钦二、松下俶男、不石井雅美3人到赣州地区冶金工业公司洽谈业务。1991年4月，世界银行红壤项目检查团信贷专家德士潘达到赣州市（今章贡区）、信丰县、南康县、大余县等县（市）考察，同意将信丰县、大余县、南康县3个县列为江西第二期红壤开发治理县。5月，日本伊藤忠商事到赣州钨钼材料厂洽谈合作事宜。1992年5月，澳大利亚专家考察组项目评估专家帕克·威德拉、机构合作及研究专家约翰·考特、社会经济学家杰瑟夫·瑞曼依就无偿援助720万澳元扶贫项目到赣州市（今章贡区）、南康县、信丰县等县（市）考察。同月，日本王阳明遗迹日中联合考察团考察赣州市（今章贡区）。7月，科威特基金代表团到赣州，洽谈赣州地区申请借用科威特政府贷款扩建黄金机场有关事项。8月，法国海外科技局Bvikoff夫妇等到兴国考察水土流失及崩岗治理情况。9月，以法国JBrebnrda教授一行根据中国与欧洲共同体土壤合作交流计划，到兴国县进行合作研究。1993年6月，新西兰籍世界银行加工业专家贝塞尔·韦克林到赣州地区畜科所考察扩建10万吨饲料厂的可行性。9月，新西兰籍世界银行林业专家尔·胡登逊到崇义林场考察天然阔叶林资源情况。10月，英国BESO组织退休专家罗伯特·贝恩到赣州造纸厂对低定量生活用纸的生产加工项目进行指导咨询。同年，国际农发基金加拿大籍专家菲利普·杨到兴国县考察被国际农业发展基金会列入奖励的备选项目。1994年1月，南非红河勘探采矿公司理事拉克和顾问斯维伯达到赣州冶金研究所对拟购买的SLON磷选机进行试验，洽谈业务。同月，德国技术合作公司总裁拉格曼和农经专家康娜到赣州市（今章贡区）、赣县、崇义县、大余县、南康县等县（市）考察，预定德国政府无偿援助项目投向，项目总资金1200万马克，最终确定援助项目投放到赣县、南康县、崇义县、于都县4个县的10个乡（镇）、25个村。4月，法国罗纳普朗克公司经理托尼和雷孟德·古龙到龙南洽谈稀土贸易。同月，以色列发展研究中心主任德芙纳·斯奇沃滋女士及中心国际合作部主任朱莉亚·玛格丽斯女士到赣州地区柑橘研究所、赣州市（今章贡区）蔬菜基地、南康县龙回小流域开发及柚子基地考察，就赣州地区山江湖开发治理提供技术合作。同月，德国维唐奈公司技术人员到赣州木材厂安装调试引进的公司设备。5月，欧洲共同体国际农业研究发展中心执行主任理查德·霍金斯（英）到赣州市（今章贡区）和南康县考察，协商1995年4—7月在龙回小流域治理区举办国际农业发展研修班事宜。6—8月，加拿大工程师吉姆·沃利在于都县、信丰县邮电局安装程控设备。8月，D·拉格等到赣州市（今章贡区）、兴国县、于都县、赣县、上犹县、龙南县等县（市）进行农业综合开发项目社会经济和生产制度调查，为立项设计作准备。同月，D·拉格等到兴国县古龙岗、城岗、江背调查贫困农户状况，为贷款立项作准备。11月，联合国粮农组织项目规划设计团焦斯·巴卡勒若（西班牙）、大卫·拉格（英）、贝努斯特·维拉瑞（法）到赣州地区帮助国际农发基金进行江西（赣州）农业综合开发项目设计。1995年2月，国际粮农投资中心项目全面准备团卡巴雷诺等到于都县、兴国县、赣县、上犹县、龙南县等县考察。6月，国际农发基金项目评估团威廉斯等到龙南县、于都县、兴国县、赣县、上犹县5个项目县及地区进行项目评估，提出投资2381.4万美元，加上国内1 ：1配套资金，扶助15万农户进行低产田改造、养殖、农产品加工等。同年，美国爱德基金会退休教师6人，利用暑期为赣州地区培训英语教师100名；赣州酒厂通过地区、赣州市（今章贡区）引资办申报、邀请德国酿酒专家海因茨·亭宁到赣州酒厂指导生产。1996年3月，国际农业发展基金会所任中国项目主管马腾斯（比）等专家在赣州举办江西（赣州）农业综合开发项目启动研讨会，会后到于都县、兴国县等县考察。1—5月，德国比松公司和蒂芬巴赫公司5位专家到赣州第二木材厂指导安装调试从德国引进的OBS生产线设备。6月，以董事威廉姆斯领导的美国新奇士公司代表团访问赣州，双方座谈交流各自脐橙生产情况，参观信丰县、于都县5个脐橙场。同月，德国工程师杜多夫到于都齿轮箱厂指导设备安装调试。10月，以国际农业基金会代理助理总裁沙弥尔·河斯玛（约旦）为团长的项目视察团和联合国项目服务办公室派出的由希坝姆·哈特卡（尼泊尔）等组成的项目检查团，先后对赣州农业综合开发项目（国际农发基金会贷款）进行项目全面检查，在赣州市（今章贡区）、于都县、兴国县、龙南县、赣县、上犹县等县（市）考察。11月，德国专家万德科霍夫到赣南无线电厂对汽车音响的生产设计进行技术指导咨询。同月，国际麻风病救济会项目主任沃森女士和闻士路女士到赣州地区麻风康复中心和南康市横市镇麻风村进行督导考察。11月，美国脐橙专家迪安·甘布列尔教授到定南县指导柑橘病虫害防治。1998年11月，美国驻广州总领事馆农业贸易处主任秦淑珊到大余县等地考察柑橘生产，寻求合作机会。1999年3月，赣州地区广播电视局接待法籍和美籍专家，就引进广播电视光缆传输网事宜进行考察洽谈。4月，法国专家海因里希·马克罗特2人到安远县饲料公司作配方咨询。2000年3月，国际农发基金丹麦专家克里斯蒂纳女士到于都县岭背、车溪视察生态农业项目。5月，德国专家克劳斯考察于都县罗江乡扶贫项目。10月，美国专家柯翰到于都县考察赣龙铁路环境情况。

科技合作 赣州对外科技合作主要有农、林、医、地质矿业、接受实习生、文化交流等。1986—2000年，接待22批84人次。

农林医技术合作交流 农林医技术合作交流主要有水土保持、森林、柑橘、畜牧、麻风病、白内障等领域，有22批84人次。

1986年5月，南斯拉夫马其顿共和国斯科普包大学教授彼它尔·耐合夫斯基和农工商联合公司经理艾耐夫到赣州地区畜牧研究所、南康农科所、赣县农科所、赣州市（今章贡区）畜牧场及南康县考察赣白猪，到上犹县农村参观家庭沼气池。同月，日本京都大学森林生态研究室教授、农学博士堤利夫一行，到兴国县城岗水保站和龙口小流域领域试验区、全南县北坑林场、龙南县九连山自然保护区考察水土保持和生态保护。日本福冈贸易（株）横地冈和方木正义，分别于1986年3月、10月和1987年2月3次到兴国县考察野漆树，交流漆树嫁接技术。1987年3月，美国杜邦公司中国区经理刘元虎到崇义县天台山林场和大余县烂泥迳林场考察林业化学除草。4月，美国施钦仁教授到赣州地区皮肤病研究所和南康县横市乡麻风村进行麻风病防治考察。6月，奥地利路易斯·石甫弗博士到兴国县、宁都县、石城县、瑞金县、会昌县、信丰县等县考察烟草生产并讲学。9月，美国佛罗里达大学柑橘教育中心教授、柑橘营养分析专家顾仲仁到兴国县、宁都县、瑞金县、会昌县、寻乌县、于都县、安远县、信丰县、南康县和地区柑橘研究所的23个不同类型橘园进行实地考察、咨询、讲学。9—11月，日本京都大学、冈山大学、岛根大学、岩手大学的堤利夫为首的日本森林生态及水土保持合作研究考察团到兴国考察水土保持，并到九连山考察。1989年4月，西德专家格罗斯到赣县、南康县、兴国县、宁都县等县考察水土保持。5月，英国农业学家、欧共体委员会项目考察组组长贝克，法国土壤学家、欧共体项目顾问雷费尔等到兴国考察水土保持。1995年4—6月，荷兰国际农业发展研究中心（ICRA）考察研究小组4人（加纳2人、越南1人、英国1人）到南康县实地研究考察农业与农村发展的研究方法。6月，世界卫生组织官员麦克·里南到赣州考察脊髓灰质炎强化免疫和急性弛缓性麻痹监测情况。

1997年7—10月，英国剑桥大学博士生瑞雪·莫非（澳大利亚籍）到信丰县、于都县就农村流动人口与经济发展进行专题调研。1999年3月，澳大利亚霍洛基金会经理琼·汤姆森女士到赣州对中澳白内障显微手术培训项目进行考察。5月，澳大利亚医学专家玛丽等到安远施行复明手术工程义诊。5—6月，由国际残联澳大利亚霍洛基金会和国家残联联合主办的白内障项目赣州研讨会在赣州举办，有5名外籍专家（澳大利亚3人、巴基斯坦1人、尼泊尔1人）出席研讨会。

地质矿业考察　地质矿业考察交流主要有花岗岩、钨锡、地质盆地等资源考察，接待14批78人次。1986年4月，加拿大钨业公司经理莱顿和汤姆·赫伯参观考察西华山钨矿、盘古山钨矿和大吉山钨矿。5月，英国皇家地质考察团赫顿等人到会昌县考察花岗岩。同年，朝鲜安正龙率钨锡地质考察团到会昌县清溪锡坑迳考察。1987年10月，出席南京大学东南亚、大洋洲、太平洋地区锡钨花岗岩对比及资源评价国际学术会议的6名代表，在澳大利亚泰勒博士率领下，到西华山钨矿、荡坪钨矿、漂塘钨矿参观考察。11月，智利选矿专家乔治·罗杰斯到西华山钨矿、大吉山钨矿考察。1989年4月，苏联地质代表团瓦洛彼纹夫到江西冶金学院和西华山钨矿访问考察。4月，美国、加拿大两客商参观考察西华山钨矿、铁山垅钨矿、赣州有色金属冶炼厂和华兴钨业公司。11月，参加IGCP 282项目国际会议的西班牙、加拿大、法国、苏联、澳大利亚、韩国、英国、日本、泰国的15名专家学者访问江西冶金学院、西华山钨矿、漂塘钨矿。1993年8月，韩国资源研究所海外资源研究室主任、理学博士文健柱等，到会昌磋商合作开发锡矿事宜。11月，国际钨协会代表团到赣州有色冶金研究所交流、考察。1994年10月，法国奥尔良大学教授福赫到兴国县进行野外地质考察。1995年1月，美国印第安纳州圣姆大学17名学者到大余县进行池江盆地地质考察。1996年4月，德国联邦地学和原料研究院费舍费尔特教授和施泰因巴赫博士到大余漂塘钨锡矿和荡坪钨铍矿考察。

接受实习生　接受实习生包括学习、培训、实习人员4批21人次，主要是钨业、轻工业等领域。1986年11月，江西冶金学院接受南斯拉夫2名锑选矿工程师进修。1988年12月，江西第一糖厂接受无锡轻工学院留学生7名（卢旺达、多哥、马达加斯加各2人，中非1人）到厂实习，历时半月。1992年3—6月，泰国联合实业有限公司派出10人到江西气压机厂柠檬酸生产线实习培训。1997年4月，泰国宗卡王子大学2名学生到江西气压机厂实习2个月。

文化交流　赣州对外文化交流主要有外国教师聘用，外国记者采访，地域文化、革命史迹考察。

外国教师聘用　南方冶金学院从1986年9月起，每年聘请2名外籍英语教师。赣南师范学院从1987年9月起，每年聘请2名外籍英语教师。赣南医学院从1988年6月起，每年聘请1名外籍英语教师。赣南地质学校受地矿部委托，1990年6—8月，举办首期英语教师培训班，由美中教育服务机构（ASEC）的5名外籍教师授课；1991年6—8月，举办第二期英语教师培训班，由ASEC的4名外籍教师授课。赣州地区教育局于1995年6月，接待美国爱德基金会退休教师6名，利用暑假为赣州地区培训英语教师100名。

外国记者采访　到赣州采访的外国记者主要来自美国、日本、英国、韩国等国，接待记者15批33人次。1988年9月，日本记者野丁到兴国县考察旅游资源开发。1991年4月，英国《独立报》驻京记者希金斯（中文名贺安雷）到访。1993年7月，美国美联社驻北京记者白丹黎和贝克2人到兴国县采访粮食收购、计划生育、经济发展等情况。1996年9月，日本中日新闻社上海支局长川村范行和近藤笃2人到赣州市（今章贡区）、定南县等县（市）采访。3月，韩国《朝鲜日报》记者吕始东、崔淳湖到兴国县采访龙口农户及兴国县支持京九铁路建设情况。8月，日本《经济新闻》《北海道新闻》记者到赣州地区采访。1997年1月，外交部新闻司和江西省外办新闻文化处组织驻北京外国记者团（5个国家9人），到赣州地区采访。随后，日本、韩国等多家外国媒体对赣州地区进行宣传报道。4月，韩国韩中文化交流协会副会长徐淳一到瑞金市、兴国县、于都县、赣州市（今章贡区）等县（市）采访。7

月，日本经济新闻社香港友局局长村山宏、铃木健到龙南县、赣州市（今章贡区）采访“客家的世界”。同月，荷兰《每日汇报》记者到于都县采访长征历史。1999 年 4 月，英国广播公司（BBC）两名记者到于都县、瑞金市等县（市）采访。5 月，日本《韩日新闻》中国总局长加藤千洋及其夫人加藤优子到赣州、瑞金、宁都采访扶贫和义务教育等。6 月，美国《费城问讯报》驻北京记者村忱到瑞金市采访。7 月，日本中日新闻记者白石彻到兴国、于都、瑞金、赣州采访革命老区历史和发展现状。9 月，日本放送协会（NHK）国际部摄制组田岛则之、佐伯一郎、权田裕已到瑞金、赣州采访。10 月，日本 NHK 上海友局记者松冈正顺采访信丰奇人顾亮光及其“单人乐队”。

地域文化、革命史迹考察　外国友人到赣州参观学习考察的文化、革命史迹主要有中国革命史迹、佛教遗迹、古窑址、客家文化、王阳明遗址等，共接待 26 批 189 人次。1986 年 6 月，美国自由撰稿人魏苏丹女士到瑞金县、于都县采访杰出妇女事迹。11 月，荷兰阿姆斯特丹大学本顿博士到瑞金县采访 3 年游击战争史。同月，瑞士专家未来尔到安远县考察文化资源。1987 年 4 月，南斯拉夫马其顿共和国对外文委副主席斯维坦·斯坦诺耶夫斯基访问赣州市（今章贡区）和盘古山钨矿，为撰写《江西概况》一书搜集资料。9 月，日本爱知学院教授铃木哲雄等人，到大余梅关、丫山灵岩古寺、赣县田村宝华寺进行佛教史考察。11 月，日本星火产业集团学习中国人民革命战争访华团石川士郎等访问瑞金。1988 年 2 月，美国安布理卡电影公司苏·威廉姆斯女士和卡玛·欣顿（韩凉）女士到兴国县筹拍《革命中华》大型纪录片。4 月，《革命中华》摄制组（制片人苏·威廉姆斯）一行到赣州摄制。9 月，日本东京大学教授丸山松本、爱腾邦康到于都县、瑞金县考察革命遗址。同月，日本学者野町、嘉台池来到兴国县、宁都县、于都县、瑞金县考察长征史迹。1990 年 1 月，以贾拉尔·萨迪尔为团长的巴基斯坦空军代表团一行到兴国县、大余县、赣州市（今章贡区）参观。5 月，在赣州任职的外国文教专家 21 人到兴国、大余、赣州参观。1992 年 9—12 月，意大利国家电视一台两次到于都县拍摄中国工农红军长征纪念地。5 月，中日联合王阳明遗迹考察团（日方 15 人）到崇义、赣州参观考察王阳明活动遗址。1993 年 6 月，澳大利亚“长征”旅行团到于都县参观中央红军长征出发地纪念馆和长征渡口等遗址。7 月，法国驻华大使馆参赞鱼江东夫妇到兴国县、于都县参观革命遗址。同年，英国剑桥大学学生巴纳比到于都县考察红军长征史。1994 年 7 月，日本长征旅行团到瑞金市参观革命遗址。9 月 14 日，日本临济宗派国泰寺日中友好佛迹参拜访华团一行，到赣县田村镇宝华寺参拜。1995 年 5—6 月，美国学者艾嘉礼到赣南考察客家文化。7 月，日本名古屋名城大学教授加藤英到赣县七里镇、赣县瓷厂、于都县考察古窑址。6—7 月，法国远东学院劳格文博士到赣州市（今章贡区）、赣南师院、地区博物馆、于都县、石城县、宁都县、会昌县等地考察客家文化。6 月，美国学者、前外交官杰·泰勒到赣州、赣南师院蒋经国研究所和虎岗儿童新村、文庙、夜话亭参观考察。8 月，俄罗斯艾斯特拉音乐舞蹈团一行在赣州、于都演出。1996 年 8 月，日本驹泽大学中国佛迹调查团到大余梅关、赣州市（今章贡区）考察佛迹遗址。1997 年 2 月，法国文教专家若茜琳·菲娜齐到安远旅游考察。10 月，马来西亚易经文化寻亲团到兴国县参观考察梅窑三僚村的地理风水文化，参观潋江书院、竹坝陈氏宗祠、华坪霏汉堂。1999 年 7 月，日本中日新闻上海友局记者白石澈到兴国县采访老区革命史和发展现状，参观潋江书院和红军村。

二、因公出国

赣南对外交往活跃，因公出国人次逐年增加，并开始自组出访团组，包括政府代表团、友好联谊代表团、技术输出团组等，足迹遍及五大洲 67 个国家和地区。1986—2000 年，主要出访国家和地区有美国（128 批）、日本（57 批）、德国（56 批）、新加坡（49 批）、法国（27 批）、泰国（24 批）、澳大利亚（23 批）、英国（15 批）、意大利（15 批）、加拿大（12 批）、荷兰（12 批）、马来西亚（6 批）、以色列（6批）、科威特（6批）、阿联酋（6批）、瑞典（5批）、奥地利（5批）、菲律宾（5批）等，共585批2645人次。

三、外事管理

接待管理 外事接待有三种方式。第一种方式为外办直接组织安排接待，主要有地委、行署出面的重大外事活动，如外国党政代表团、高官、知名人士或影响大的记者团、经贸团等；第二种方式为部门安排接待为主，外办参与协助指导；第三种方式为对口接待，接待计划和陪同活动由接待部门负责，接待活动完毕后，接待部门向外办填报接待外宾登记表。

外国专家管理 聘请外国专业人士在赣南任职的主要有江西冶金学院、赣南师范学院、赣南医学院3所高校和赣良啤酒厂、赣州酒厂2家酒厂，至2000年，共聘用59人。聘用外国教师、专家的日常工作和生活管理由聘用单位外事办负责，地区外事办对外国专家管理进行指导、协调。重大节日（如圣诞节）进行慰问，组织外出参观。1987年和1994年国庆前夕，行署举办国庆招待会，邀请所有外国专家及临时来访的外宾参加。

地区外事办与有关单位推荐表彰优秀外国专家。1991年，赣南师范学校美籍英语教师被江西省政府表彰；1997年，赣良啤酒厂日本专家井上乔、1988年赣州酒厂德国专家海因茨·亨宁被授予江西省友谊奖。

出国管理 1988年5月，省外事办公室下放部分出国手续管理权限，行署转发地区外事办公室《关于做好因公出国护照管理工作的意见》。地区外事办开始办理区内因公出国团组的审核申报手续，进行出国人员教育和护照管理，包括赣州地区自组出国团组的审核申报办照；参加省、部团组和跨省团组的备案。因公出国管理，地区外事办负责审核把关。

四、开放县（市）与对外参观点

开放县（市） 赣南对外开放县（市）始于1985年。赣州市（今章贡区）于1985年被列为国家乙级对外开放城市。随后被列为的对外开放县：1986年有赣县、寻乌县、全南县；1990年有上犹县、崇义县、石城县、安远县、瑞金县、兴国县；1992年有龙南县、会昌县、宁都县、定南县、于都县；1994年有信丰县。至1994年，赣州地区有16个县（市）被列为对外开放县（市）。

对外参观点 赣南对外参观点1986年有128个，主要包括开放的县（市）4个、革命纪念地28处、工矿企业46个、农林牧业和文教科研单位40个、风景名胜10多处等。

1991年4月，地区外办与地委宣传部、行署公安处联合印发《关于选定调整对外参观点的通知》，提出对外参观点建设的暂行规定。1992年1月，行署批准108个单位为对外参观点：

赣州市（今章贡区） 江西气压机厂、江西齿轮箱总厂、赣州钨钼材料厂、赣州一中、赣州三中、经济技术开发区、水东马祖岩村、第一人民医院、健康路居委会、保育院、机绣童装厂、红旗商店、赣江造纸厂、红旗二小、第一职业学校、红旗电影院。

赣县 赣县中学、畜牧良种场、梅林镇章贡村、茅店乡汶潭村、城关幼儿园、吉埠乡光荣敬老院、赣县瓷厂、赣县丝绸厂、梅林国土开发整治实验场。

兴国 长冈电站、均福山林场、兴国糖厂、烈士陵园、潋江书院。

宁都 宁都中学、孙中山祖先墓、田头璜山村、宁都起义指挥部旧址、县罐头厂。

石城 岩岭电站、经济林场、县家畜改良站、屏山村柑橘场、县国土综合开发实验场、小松新圩镇、小别有色冶金机械厂、车辆改装厂、轴瓦厂。

瑞金 瑞金一中、革命烈士纪念馆、叶坪革命旧址群、沙洲坝革命旧址群、云石山革命旧址、化工机械厂、化工厂。

于都　革命烈士纪念馆、长征渡口、县中学、何屋毛泽东旧居、齿轮箱厂、县文化馆、县示范幼儿园恩美楼、力杰夏橙试验场、盘古山钨矿。

会昌　凤凰岽林场、石壁坑水库、锡矿、制革转鼓厂、筠门岭镇州场村。

寻乌　县园艺场、革命历史纪念馆、古柏烈士纪念馆、革命烈士纪念馆。

安远　县化工厂、新园乡乌石村坪岗脑村民小组。

定南　历市镇井坑村、礼亨水库、定南中学、九曲电站、黄龙岗园艺场。

龙南　龙南中学、龙南师范学校、电珠厂、中医院。

信丰　酿酒厂、制糖厂、金盆山林场。

南康　卷烟厂、一糖厂、橘科所、蔗科所、皮防所、南康中学、金鸡岭开发区、成衣市场、园艺场、龙回乡山湖综合开发治理区。

大余　食品厂、南安板鸭厂、民族羽绒厂、西华山钨矿。

崇义　崇义中学、木材公司、百货公司、木材厂、冶金化工厂、罐头厂、食品厂、供销大厦。

上犹　赣南树木园、上犹江电厂、上犹中学。

1995 年，调整赣州市（今章贡区）、南康市、瑞金市、兴国县、信丰县部分参观点。赣州市（今章贡区）增加 6 个参观点：南方冶金学院、赣州地区邮电局、人民影城、中大百货大厦、创业集团公司、自来水公司。

第二节　侨　务

一、侨情

赣南人侨居国外始于 20 世纪初，以中华人民共和国成立前夕出境出国侨居者为多。20 世纪 80 年代后，新移民有所增加，主要为出国留学生就地转为定居从业，成为华侨或外籍华人。其祖籍全市（地区）各县都有，较集中于章贡区、兴国县、瑞金市、南康市、宁都县、大余县、龙南县、于都县、寻乌县、信丰县等县（市、区）。分布于印度尼西亚、马来西亚、泰国、缅甸、新加坡、越南、柬埔寨、菲律宾、日本、美国、加拿大、巴西、英国、丹麦、瑞典、德国、法国、澳大利亚、毛里求斯、阿根廷、玻利维亚、印度、新西兰、荷兰、俄罗斯、斐济、智利、巴拉圭、墨西哥、比利时、韩国等国家和地区。其中定居新加坡、美国、加拿大、澳大利亚、印度尼西亚、泰国、马来西亚为最多。主要在商业、工业、矿业、科技、教育、文化、卫生等行业工作。在政治、经济、文化和科技领域较有成就的知名人士有 600 余人，其中获得学位者 211 人（博士学位 83 人、硕士学位 49 人、学士学位 79 人）。

二、侨务信访

冤假错案处理　始于 1979 年的落实历次政治运动中所造成的冤假错案工作，至 1989 年基本结束。全地区对归侨的安置、归侨、侨眷中的历史老案 240 余件，全部得到妥善处理；440 户土地改革时被没收的侨房和“文化大革命”期间被挤占的侨房基本得到落实。

来信来访落实　1990—2000 年，全市（地区）接待归侨、侨眷和海外侨胞来信来访 4000 余人次（件），其中市（地区）本级接待上访近千人次，收到来信 600 余件；走访侨户 800 多户，其中市（地区）侨办走访 300 余户。来信来访涉及的问题主要有家庭生活困难，要求政府帮助解决；要求退回土改时没收的房产；土地征用、补偿费不到位；出国定居人员待遇和归侨退休待遇问题。

“三侨”考生　做好华侨、归侨、侨眷参加高考生优先照顾工作。高考政策规定，“三侨”生报考大中专院校可享受加分，同等条件优先录取等优惠政策。1986—2000 年，为 100 多名符合优惠条件的归侨子女报考大中专院校开具证明，其中有 90 多位考生得到加分和优先照顾录取。

三、海外联络

1986—2000 年，全市（地区）回乡华侨华人 4 万多人次。兴国县美籍华人范新亚于 1979 年第一个回乡探亲。至 1988 年，先后 4 次回国探亲，其间，在北京中国科学院、中国人民大学、上海复旦大学、江西师大、南方冶院、赣南师院进行讲学。1984 年，给兴国县教师进修学校等捐赠第一批图书资料和计算机。1986 年在母校平川中学设立“范新亚教育奖”，每年汇寄 500 元美金。兴国县美籍华人李电白于 1992 年和 1993 年两次回国探亲，应邀在江西大学、南方冶院、赣南师院和兴国县进行讲学，为赣州市（今章贡区）和美国德克萨斯州麦卡伦市牵线搭桥结为友好城市。1993 年年初，地区侨办组织县（市）地直侨务工作者，前往泰国、新加坡考察侨务经济工作。1995 年 12 月，地区侨办组团赴缅甸考察访问，开展缅甸侨务工作。2000 年，市外侨办参加江西省友好城市、侨务工作赴美访问团期间，拜访一批华侨华人，与美国南加州江西同乡会、全美江西同乡会和纽约协进会、芝加可江西同乡会、洛杉矶江西同乡会等社团进行座谈，与一些重点赣南籍人士联系接触，建立友谊。

四、侨胞服务桑梓

服务经济建设 1986—2000 年，有侨胞及其眷属近千人给赣南家乡捐款捐物，折合人民币约 4000 万元，赡家侨汇 6000 万元。

奖学救困基金 旅外侨胞热心于教育、扶贫事业，设立教育奖学、扶贫救困基金 12 个。主要有兴国范新亚教育奖，兴国县旅外侨胞奖学基金会，兴国朱添伟奖学金，兴国郭德楷、潘西萍扶贫救困基金，于都段氏教学奖学基金会，于都段绍汉奖学基金，于都丁心普纪念奖励学金，赣南侨务正气奖励基金等。

服务教育文化卫生事业 至 2000 年，教育文化卫生事业方面捐款折合人民币 2000 多万元，其中兴建教学大楼 34 座、学校校舍 10 多所、医院大楼 20 余幢、保育院大楼 5 幢，修筑名山古寺 4 座。

服务水利电力交通事业 至 2000 年，捐建一、二级排灌站 3 座，捐赠汽车 18 辆，修桥 16 座，铺路 12 条，照明用电线路和电话线路设备 4 套，折合人民币 600 多万元。

服务学术交流、科技事业 1986—2000 年，应邀回到北京、上海、天津、广州、武汉、西安、重庆、成都、杭州、南昌、赣州等地参加国际学术交流、理论研讨，或到大专院校科研单位讲学、访问考察、教育应用人才等活动的赣南侨胞有 40 余人次。回大陆人员中，陈璋有、沈士俊、赖正亮、刘宗源、廖蓓莉、李电白多次往返。

五、发展侨务经济

侨属集体企业 20 世纪 80 年代中期，各级侨办、侨联把侨务工作转向为经济建设服务，发展侨务经济。1986 年，各级侨办发动归侨、侨眷和外籍华人眷属，自己申请、自筹资金、自负盈亏，兴办侨属集体企业；指导扶持一批个体工商户、种养专业户。至 1990 年，全地区侨办侨属企业有资产 400 余万元，流动资金 400 余万元，每年营业额 4000 万～9000 万元，纯利润 150 万元，上缴国家税金 100 多万元，购买国库券 20 万元，职工 600 多人，其中侨属子女 100 多人。1992—2000 年，全市（地区）有侨办企业 26 家，固定生产和流动资金 2361 万元，每年营业额 2400 万～3000 万元，上缴税收 300 万元，职工人数 707 人。较大型企业有赣南侨汇物资总公司（拥有资产千万元）、赣南华侨企业总公司、瑞金华侨企业公司、寻乌县华侨企业公司、赣州市中侨旅行社等。

侨属民营企业 从 1992 年开始，先后成立寻乌县新桥酒楼、赣州港源服装有限公司、宁都郑爱群梅苑果园、大余钟学缘金边瑞香园、赣县吕志成脐橙果园等一批颇有影响的侨属民营企业。至2000年，在外侨办系统登记在册，直接联系的有420户，拥有固定资产和流动资产3500万元，每年营业额（产值）5800万元，上缴国家税金300万元，安排从业人员1531人。

第三节　港澳事务

一、建立港澳赣南同乡会

1985年1月，地区侨办到深圳邀请港澳同胞陈亨湖等酝酿发起建立港澳赣南同乡会。同年4月，地区第二次侨代会期间，成立由12位港澳同胞组成同乡会筹备小组，此后地区侨办每年派人到深圳、珠海与筹备小组共商组建工作，拟订《港澳赣南同乡会章程》、选定会址、出版《征求会员手册》、在港澳报纸刊登启事、筹集资金等。筹备小组成员扩大到几十人。1986年9月，香港政府社团注册署批准设立。1988年1月，召开成立大会，参会100多人。同乡会宗旨为精诚团结、服务桑梓、增进友谊、繁荣港澳。港澳赣南同乡会是江西省最早经香港政府批准的民间组织。

二、互访活动

1988年1月，应港澳赣南同乡会邀请，行署专员张云川率团参加港澳赣南同乡会成立大会。同年12月，赣南海外联谊会率团访问香港，进行联谊活动和项目洽谈。1989年6月，地区侨办派员前往澳门看望旅澳赣南籍同胞。1995年4月，地区侨办随行署团出访香港，为港澳赣南同乡会换届改选做准备。

从1984年开始，地区多次邀请港澳同胞回乡参加中秋书画会、侨代会、中秋赏月晚会和观光游览。1988年中秋、国庆期间，邀请港澳赣南同乡会主要成员12人回赣州观光。1989年9月，召开全地区第三次侨代会期间，邀请港澳同胞参加会议。1993年，赣南海外交流协会成立，邀请港澳赣南同乡会的成员参加会议。1994年4月，在深圳举办深圳赣南发展促进大会和赣南海外交流协会港澳理事座谈会。1995年，于都县外事侨务办公室邀请港澳同胞回乡参加长征大桥开工典礼；南康市外事侨务办公室邀请46位港澳同胞回乡参加撤县设市庆典活动。1995年4月，香港国际济丰股份有限公司执行副总裁谈理平到赣州市（今章贡区）、石城县、瑞金市、会昌县、安远县、信丰县金盆山、龙南县九连山、全南县小叶岽等地考察造纸材料基地。1997年10月，香港易经文化寻亲团到兴国县参观考察梅窖三僚村的地理风水文化，参观潋江书院、竹坝陈氏宗祠、华坪霏汉堂。1998年8月，香港广播电视有限公司、香港邵氏影业公司董事长邵逸夫和夫人方逸华到赣州参观访问，应邵逸夫邀请一同来访的有全国政协副主席安子介，以及香港政、商、教、医、法律、金融等各方人士50多人次。2000年9月，香港社会福利服务机构国庆考察交流团到赣州市考察。

第六章　信访　监察

随着改革的不断深入，各种表层的和深层的社会矛盾和问题暴露出来，引起信访增多，信访主体范围扩大，信访层次提高，来访对象由原来的一般群众扩展到离退休干部、教师、技术人员、困难企事业单位职工和下岗职工，并有突发性、交叉性、复杂性特点。全市（地区）各级实行党政领导责任制，“三亲自”（亲自办信、亲自接访、亲自办案）办信访，帮助解决实际问题。信访工作在推动经济发展、维护社会稳定、促进社会和谐方面起到重要作用。

1988年，全地区各级成立监察机关，对各级政府及其工作人员在贯彻执行国家政策和法律、法规的情况实施更有效监察。全地区各级监察机关接受信访举报，开展执法监察，着力违纪查处，有效推进建立廉洁政府。

第一节 信 访

一、机构

市（地）委、市政府（行署）信访办公室为市（地）委、市政府（行署）直属部门，编制归口市（地）委系列。1986年10月，地委、行署信访办公室编制由8名增至12名，内设秘书科、办信接访科。1992年5月，增设查办科。1996年9月，编制增加到13名，级别为正处级。1999年7月1日改为市委、市政府信访办公室，编制保持不变。2000年保持不变。

二、来信来访

全市（地区）各级党政领导实行“三亲自”参办信访制度，为民排忧解难，化解矛盾，解决实际问题。1986—2000年，全市（地区）各级党政领导参办信访案件107770件次，召开信访工作会议925次。

来信办理 办理群众来信来访，采取党政领导亲自阅批，遇阻力难题的请有关单位主要负责人磋商、设信箱和专号电话等方式处理。

1986—2000年，市（地）委、市政府（行署）领导阅批群众来信10306件，其中市（地）委领导阅批群众来信5433件，市政府（行署）领导阅批4873件；市（地区）县（市、区）领导阅批群众来信97464件。

1986年，地委主要领导阅批群众来信30件，移交给石城县有关部门处理的255件，先后3次到石城县听取地委信访检查组的情况汇报，研究信访处理问题。

1987年，中共中央、国务院办公厅信访局直接给地委主要领导转来赣州地区群众给中共中央领导写的信件3批129件。地委召开地委、行署秘书长会议专题研究，召开全地区信访工作会议布置查办工作任务，限期上报结果。

1988年，农民联名来信反映甘蔗补助粮不兑现，收购价格偏低问题，招致蔗农改种。行署领导召开专题会议，提高收购价格和补助标准，稳定蔗农的生产积极性。

1989年，赣县五云乡千丈村村民陈群信给省委写信，反映他10岁的女孩陈小燕抢救本村森林大火，冲入火海，致使被烧伤面达60%，生命垂危，要求政府帮助解危。省领导批示信件转到赣县后，县委和县政府及地委、行署领导先后到医院看望慰问陈小燕及其亲属。干部职工踊跃捐款，解决陈小燕医疗经费问题。同年，宁都县一些村民反映由于长期饮用含氟的水产生明显生理变异现象，迫切需要解决饮水问题，地委、行署领导批示宁都县委、县政府解决，宁都除氟改水工程启动，当年氟水区新建改建水井330眼，22个村用上自来水，84个村饮水含氟量达到国家卫生标准，氟中毒病人92%症状逐步消失。

1990年，地委、行署主要领导亲自阅批群众来信681件。各县（市）领导阅批4937件。全南县委书记李道贱于8月接到40多名1977年退伍军人联名信，请求解决“农转非”及安排工作，阅批后，决定由县委牵头，信访、组织、民政、公安等部门派出干部分赴乡、村，配合乡（镇）党委耐心宣传政策，疏导情绪，就地解决。

1993年，全年阅办群众来信6984件，其中地委、行署领导阅办来信895件，县（市）党政领导阅办6089件。行署主要领导接到赣州市（今章贡区）蟠龙镇刘某反映打捞赣江沉船合同执行中，遇到难题和纠纷的申诉信后，亲自过问，对欺诈的单位和人员作出处分。

1994年，群众联名信件数比往年增多，集中反映新形势下的群体性利益矛盾。地委、行署领导阅办1058件，各县（市）党政领导阅办6315件。

1995年，省长吴官正要求各级党政领导每月至少处理一件群众关心的信访问题。地委、行署及各县（市）党政领导积极响应，全年阅办群众来信7834件。

1996年，各级党政领导把信访工作提到与人民“鱼水”关系高度来抓，阅办群众来信达8301件，其中地委、行署领导阅批群众来信1325件。

1997年，地委、行署和各县（市）领导实行信访工作党政领导和分级归口责任制，形成在党政统一领导下的全方位、开放型、齐抓共管、超前防范的大信访工作格局。定南县、宁都县、赣州市（今章贡区）设立县（市）长信箱和乡（镇）长信箱。

1998年，地委、行署领导阅批群众来信1248件。特别注重与有关部门共同解决一些困难、兼并、破产企业拖欠离退休职工养老金，国有企业下岗职工基本生活保障问题等。

1999年，坚持实行党政领导分级归口责任制。市（地）委、市政府（行署）领导亲自批阅群众来信1081件。

2000年，坚持实行党政领导分级归口责任制。市委、市政府主要领导抓信访，将排民忧、解民愁、安民心当作为政之要。落实党政一把手负总责，分管领导具体抓，各口领导切实抓，一级抓一级，层层负责的信访工作领导责任制，把信访工作列为综合实责和综治工作考评的重要内容。崇义县、龙南县、南康市、章贡区等设立县（市、区）长热线电话。

接待上访群众 1991年起，每月5日为地委、行署领导接访日。1986—2000年，市（地）委、市政府（行署）领导接待来访群众2256人次；县（市、区）党政领导接待群众来访48706人次。

1987年，地、县（市）党政领导坚持亲自接待群众来访。群众反映比较集中的情况有20世纪60年代精简下放职工要求增加救济费的问题；“文化大革命”中下放城镇人员要求恢复吃商品粮问题；乡镇广播人员和农技员要求转编定级问题；农村山林、土地、矿山纠纷问题等。各级党政领导一抓到底，妥善解决。

1989年，地、县（市）党政领导密切关注反映不安定的因素，及时排解集体上访。地委、行署领导召开电话会议，对群众来访反映干部作风不实、治理整顿中的一些经济效益差的问题、“农转非”、山林土地、住宅基地纠纷等问题，派出6个工作组深入10个重点县（市）、31个县直单位、28个乡（镇），实地调研，及时解决。

1991年1月15日，为行署领导首次公开挂牌接访群众日。行署领导坚持每月的5日接访群众制度，直接倾听群众呼声，面对面商谈问题。全年地委、行署领导接待来访群众266人次。全地区有16个县（市）建立领导接访日制度，接访群众3454人次。

1993年，群众集体上访118批2171人次，比上年上升1.62倍。上访内容多为劳动就业、工资福利、城乡生产、经济纠纷等问题。地区领导接访292人次，先后数次接访与协商解决赣兴公路民工和外建公司劳务人员的工资问题。

1994年，信访主体范围扩大、层次提高。来访对象由原来的一般群众，扩大到退休干部、教师、技术人员、困难企业干部职工，并具有突发性、交叉性、复杂性特点，处理难度加大。地区领导接访220人次。

1995年，群众集体上访、越级上访上升。地委、行署要求落实党政领导责任制，齐抓共管。地区领导接访242人次。4月，行署召开地区有关部门负责人会议，专题研究解决龙潭电站库区移民问题。

1996年，群众上访量激增。当年比1992年增加5139人次，上升3.82倍。全地区信访部门认真贯彻落实全国、全省信访工作会议和《信访工作条例》，通过广播、电视、报刊宣传，明确信访的权利和义务，越级信访、集体信访减少。至年底，除10件赴省政府集体上访外，无赴京、赴省委集体上访。

1997年，各级党政领导热情接访群众，地区及各县（市）党政领导共接访22274人次，其中地委、行署领导接访群众319人次。

1998年，“四访”（集体访、重复访、越级访、异常访）问题出现上升势头，地委、行署领导高度重视，接访群众325人次，妥善处理一大批集体访。

1999年，市（地）委政法委和市（地区）信访办实行涉法信访问题，公安、检察、法院、司法、信访5个部门领导联合接访群众制度，每月12日为“五长”（公安局局长、检察院检察长、法院院长、司法局局长、信访局局长）联合接访日。接访群众69批108人次。

2000年，各级领导进一步完善接访日制度和“五长”联合接访制，轮流值班接访有新突破。

办理案件 各级党政领导把受理群众来信来访中的老大难问题、涉及有关政策的疑难重大问题立案查办。1986—2000年，市（地区）县（市、区）党政领导参与查处的信访案件达32172件。

1986年，各级党政领导办理群众信访案件769件。身居瑞金县边远山区的80高龄老知识分子钟治民给瑞金县县长尹礼山写信反映，年事已高，膝下无儿，生活极其困难。尹礼山批示“八十岁高龄，风烛残年之人，无论如何不能使他生活无着”，交代有关部门妥善安置。

1987年，各级党政领导办理群众信访案件867件。行署领导接到于都县钎头厂职工易奏生因揭发工厂偷税漏税问题受到不公正的待遇的信访件后，经调查了解，澄清是非，维护易奏生的合法权益，县税务局发给奖金500元，敦促钎头厂补交国家税收。

1989年，石城县长郑隆琨受理一起长达32年的山权争执信访案件，及时召开有关乡（镇）党政负责人和村组干部、群众代表会议，作出公平处理，干部群众满意，办结这起信访老案。

1992年，各级党政领导参办信访案件大都为重大、典型、疑难、久拖不决的案件，全年参办1240件。地委主要领导先后5次主持召开办理信访案件专题会议，研办解决38件疑难案件。

1993年，以信访老户、疑难信访案件为重点，全地区各级党政领导参办信访案件1680件，其中地委、行署领导参办65件。

1994年，各级党政领导参办重大疑难案件，全年参办1442件。石城县党政领导就岩岭乡90名烟农与烟草站发生纠纷问题、琴江镇兴隆村部分干部和村民因被拆除在建加油站到城建局集体上访、官桥头检查站乱收费问题等案件查处，走村串户，召开各种形式座谈会19次，与群众公开对话260多人次，把矛盾化解在基层。

1995年，省委、省政府交办的需上报结果的69件信访案件，提前全部报结，结案率100%。地委、行署领导协调重大疑难信访案件110件。

1996年10月，宁都县委书记汤存忆主持召开会议，对宁都师范教师刘某因20世纪60年代初以反“三面红旗”罪行解职劳教，历经30多年的信访老案进行研究甄别并决定从实际出发，实事求是，按政策规定办，否决原案，恢复其公职。

1998年，地委、行署领导协调参办重大疑难信访案件83件。认真清理信访老户27户，至年底对20户信访老户重新作出处理。

1999年，省交办的信访案件52件，市（地区）立案交办要结果的37件，到期结案率100%；向省报结材料合格率100%。几个在省、市（地区）知名度很高的上访老户基本停访息诉。

2000年，各级党政领导对信访案件查办工作跟踪督查。各县（市、区）党政领导，认真贯彻朱镕基总理“9·6”重要批示精神，确保信访案件报结质量。如省交办要结果信访案件26件，期限内结案率96%，市交办信访要案40件，结案率达100%。

三、信访信息

1988年，在全地区信访部门建立信访信息兼专职员，订立联系制度，纳入目标管理范围；对群众信访件认真筛选、分析、综合，如企业租赁、承办、物价、工农业生产等方面的一些带普遍性、政策性、苗头性和具有指导意义的信息，及时准确地向领导和有关部门提供；鼓励群众参政议政，为办好赣南试验区献计献策，信访信息成为信访工作的重要内容。1986—2000年，全市（地区）信访部门提供重要信访信息7267条，被各级党政有关部门采用2748条，占总数的37.81%。其中，市（地区）信访办提供1848条，被采用的649条；各县（市、区）信访办提供5419条，被采用的2099条。全地区信访部门《要信摘报》11002件，编写《信访简报》4219期，各县（市）信访办编写《信访信息》279期。

1988年，转报建设性建议35件。如上海仿益塑胶电器厂汉钦等4人，出于对创办赣南试验区兴趣，写出“利用赣、粤、沪密切相连的交通条件，共同开发种、养殖农产品和精湛工业品，通过合作，沟通国内外销售新路，促进加工、建筑业、饮食业发展壮大”的建议，地区领导签发有关部门领导参阅。赣县、南康县、于都县等县蔗农反映甘蔗补助政策不兑现，收购价格偏低，影响蔗农的生产积极性，不少蔗农挖蔗改种。此信息得到领导重视，召开电话会议和印发文件，要求各级政府切实做好甘蔗政策兑现和宣传解释工作，帮助蔗农解决实际问题。

1989年，全地区信访部门关注研究反映治理整顿、深化改革和经济建设中新情况、新问题的信息，进行筛选、提炼、综合，提供领导决策和指导服务。全年提供信访信息643条，其中地区信访办提供190条，各县（市）信访办提供453条。如反映“于都部分乡（镇）甘蔗生产计划为何难以落实”“宁都县粮食政策调整后遇到迫切需要解决的问题”“群众揭发一些干部严重违法乱纪问题”“瑞金县部分干部农民呼吁救救耕地”“农村村级组织急待加强”“建议重视承包后的新问题”“农民对承包责任田不搞小调整的反映”，等等。引起领导重视，采取针对性措施逐一查处与解决。

1991—1994年，建立地、县（市）、乡（镇）信访信息员制度，有的建立乡（镇）或村级信访信息联系点，形成多层次的信息网络，提供大量有价值的信访信息。

1995—2000年，拓宽深化服务领域，发挥“第二政研室”的作用，提高为领导决策服务的水平，进一步加强信息与调研工作。全市（地区）信访部门提供重要信访信息2551条，被采用872条。如赣州玻璃厂、灯泡厂企业停止生产，拖欠职工工资和职工生活区停水停电问题；地区奶牛良种场欠发退休职工工资；地区外贸局和商业局下属企业改制遗留问题；信丰县拖欠蔗农甘蔗款等问题。各级党政针对不同问题，分别召开协调会议，协助有关部门和县（市、区）企业妥善解决。

第二节 监　察

一、机构

1988年3月，赣州地区监察局成立，为行署负责行政监察工作专门机构，定编45名。内设监察一科（监察地区工交财贸系统）、监察二科（监察除工交财贸以外的所有地直单位及综合部门）、监察三科［监察县市政府及其主要负责人，指导县（市）监察局工作］、调研科、信访科、办公室等6个科室。1988年11月，增设廉政举报中心。同月，地直各单位纪检组（纪委）兼为本单位行政监察室。1990年2月，增设案件审理科。1990年3月，成立监察工作咨询委员会。

1993年5月15日，地区纪委、地区监察局合署办公，实行一个机构、两个机关名称、履行两种职能体制。

二、违纪查处

1988 年，地、县监察局相继成立，受理各类违纪案件 289 件，立案 115 件，结案 107 件，其中地区监察局受理违纪案件 17 件。10 月，地区监察局配合省监察厅在宁都县抓公开办事制度试点，总结推广宁都经验。

1989 年，全地区监察机关受理违纪案件 552 件，立案 285 件，结案 264 件，受政纪处分 141 人，挽回经济损失 258. 5 万元，收缴违纪金额 306 万元。地区监察局受理违纪案件 85 件，立案 24 件，结案 20 起，挽回经济损失 104. 2 万元，收缴违纪金额 95. 9 万元。全地区监察机关贯彻省委、省政府五项廉政制度，主抓刹吃喝风、清理党政干部违纪建私房，协办抓好“农资专供”、清理拖欠公款、严禁购买豪华进口小汽车等工作。年内清理干部职工拖欠公款：全地区清理 5245 个单位，查拖欠人数 23447 人，拖欠公款总额 1367. 4 万元；收回拖欠公款 1252. 1 万元；地委、行署办公室随后印发《关于严格控制行政机关、企事业单位工作人员借支公款的通知》。

1990 年，全地区监察机关受理违纪案件 871 件，立案 224 件，结案 221 件，受政纪处分 153 人，挽回经济损失 420 万元，收缴违纪金额 130. 61 万元。地区监察局受理违纪案件 77 件，立案 13 件，结案 12 件，挽回经济损失 320 万元，收缴违纪金额 22 万元。

1991 年，全地区监察机关受理违纪案件 862 件，立案 230 件，结案 229 件，受政纪处分 174 人，挽回经济损失 1689. 3 万元，收缴违纪金额 25. 58 万元。

1993 年，全地区监察机关立案 103 件，结案 103 件，年内处分干部 107 人，其中开除 11 人、开除留用察看 18 人、撤职 10 人、降职 2 人、降级 15 人、记大过 18 人、记过 17 人、警告 16 人。

三、信访举报

1988 年，全地区监察机关信访举报部门接受信访举报 1437 件次，受理监察范围信访 967 件次。其中涉及县级干部 78 件次。

1989 年，全地区监察机关信访举报部门接受信访举报 5857 件次，受理 1998 件次，其中涉及县级干部 111 件次，完成上级和本级交办 214 件次。

1990 年，全地区监察机关信访举报部门接受信访举报 4000 件次，受理 2015 件次，其中涉及县级干部 196 件次，完成上级和本级交办 56 件次。

1991 年，全地区监察机关信访举报部门接受信访举报 2647 件次，受理 1229 件次，其中涉及县级干部 87 件次，完成上级和本级交办 74 件次。

四、执法监察

1989 年，对《中华人民共和国统计法》《中华人民共和国矿产资源法》进行执法检查，地区监察局在地区工商局进行执法监察试点。

1990 年，与地区纪委联合对扶贫资金、救灾救济款、农用物资专营、烟叶收购、甘蔗砍运、预算外资金管理使用等 25 个项目开展专项检查，地区监察局对救灾救济款和老建扶贫资金的管理使用情况开展专项检查。

1991 年，与地区纪委联合对企业失散资金、粮食购销、土管经费、农用资金的管理和使用等 139 个项目进行专项检查，地区监察局对农业开发资金、赣中南开发资金、山江湖开发资金的管理使用以及重点工程建设情况等项目开展监督检查。

第七章　民族宗教事务

全市（地区）民族工作贯彻执行党的民族政策，从民族平等、民族团结、民族进步和相互学习、共同致富出发，以经济建设为中心，加大扶持力度，帮助其发展经济、文化、卫生、体育等各项事业，促进全地区各民族的全面进步和共同繁荣。少数民族群众生产、生活基础设施建设进一步得到改善，生活水平有较大的提高。

宗教工作以经济建设、社会稳定为本，贯彻执行党的宗教信仰自由政策，加强对信教群众和宗教界人士爱国主义、社会主义、遵纪守法的教育，调动其积极因素。依法加强对宗教事务的管理，保护正常的宗教活动，维护宗教团体、宗教活动场所和信教公民的合法权益，教育和制止超过有关法律、法规规定的宗教活动，打击利用宗教进行违法犯罪活动，坚持“独立自主，自办教会”的原则，开展对外友好交往，抵制境外敌对势力利用宗教进行渗透，引导宗教活动与社会主义社会相适应。

1986 年，地区从事民族宗教工作的部门为地委统战部民族宗教事务科、行署民族宗教事务科，实行两块牌子、一套机构，归口地委统战部统一管理。1990 年 11 月，行署民族宗教事务科改设为赣州地区民族宗教事务处，升格为副县级机构，编制序列归赣州行署。由地委统战部统一管理。1996 年 3 月，地区民族宗教事务处更名为地区民族宗教事务局，为赣州行署办公室内设机构（副县级）。

第一节　民族事务

赣州市（地区）是少数民族杂散居市（地区），是全省民族工作重点设区市。2000 年，全市有少数民族成分 41 个，人口 6.3 万人，分布在 18 个县（市、区）、204 个乡（镇）、486 个村，以畲族为主，其中回族集中在章贡区、瑶族集中在全南县。有少数民族村 30 个。少数民族人均纯收入 1000 元以上的有 22 个民族村；民族村集体收入增长较快，有 13 个村集体纯收入达 2 万元以上；各民族之间和睦团结，社会稳定。

一、少数民族权利保障

恢复和改正民族成分　1986 年，安远县、寻乌县、于都县、会昌县、兴国县、石城县、赣县、龙南县等县群众得知邻省福建省等地根据国家有关政策恢复畲族民族成分，也先后向所在县的民族部门要求恢复畲族民族成分。为保障少数民族享有民族平等权利，尊重一切少数民族正确表达本民族成分的自由，有关县（市）民族部门根据国务院人口普查领导小组、公安部、国家民族事务委员会《关于恢复或改正民族成分的处理原则的通知》、国家民委《关于恢复或改正民族成分问题的补充通知》和地委统战部、行署办公室《关于恢复或改正民族成分有关问题的通知》精神，开展恢复和改正民族成分工作。至 1988 年 1 月，经赣州行署办公室批准恢复畲族民族成分的有 7431 户、37853 人，主要是蓝（兰）、雷两姓。最早批准恢复少数民族畲族成分的是安远县。

批准确定少数民族村　1989 年，有些县少数民族较多的行政村群众，向民族部门递交申请，要求批准确定为民族村。地委统战部、地区民政局参照国务院有关确定民族乡的比例和省政府有关村委会设立、撤销、更名的要求，联合下发《关于确定少数民族村的通知》，明确少数民族群众人口占所在行政村总人口 30%以上的村，经县人民政府批准，可以确定为民族村。至 1995 年，全地区经县人民政府批准，先后有 30 个少数民族群众较多的行政村被确定为民族村。民族村主要分布情况：兴国县有枫边乡社坪村、崇贤乡龙潭村、古龙岗乡建设村、古龙岗乡瑶前村；信丰县有正平乡球狮村、安西乡田垅村、古陂镇太平村、龙舌乡月岭村；南康市有赤土镇花园村、赤土镇河坝村、赤土镇富田村；大余县有池江乡九水村、青龙乡元龙村、内良乡李洞村；会昌县有洞头乡洞头村、筠门岭镇上增村、筠门岭镇龙头村；崇义县有长龙乡沈埠村、乐洞乡高洞村、聂都乡竹洞村；安远县有龙布镇新村村、高云山乡圩岗村；寻乌县有澄江镇汶口村、澄江镇北亭村；上犹县有平富乡信地村、平富乡横坑村；全南县有竹山乡瑶族村；瑞金市有泽潭乡安治村；龙南县有黄沙乡畲族村；于都县有宽田乡上堡村。

尊重少数民族风俗习惯 在饮食上，尊重回族群众的生活习惯。1988 年，赣州市（今章贡区）办起第一家回族副食品商店，解决回族等少数民族群众的牛（羊）肉补助和食油供应问题。由赣州市（今章贡区）食品公司和赣州市（今章贡区）粮食局凭票平价购买。1991 年 7 月开始，每年从财政拨出 1700 元专款，解决回族群众过伊斯兰教“三大节日”（伊斯兰教历七月十七日登霄节、十月一日开斋节、十二月八至十日的宰牲节）的牛（羊）肉补助问题。1990 年 9 月开始，南方冶金学院为回族学生开设清真食堂，解决回族学生的饮食问题。在节日上，尊重各少数民族的节日，按规定给予放假。在丧葬上，尊重少数民族的殡葬方式［1983 年 12 月，赣州市（今章贡区）人民政府将水南公社长青大队刁子坑生产队大路下坪上小山岭面积 0.27 公顷的地块作为赣州市区回族群众的土葬地］；修缮和开放清真寺，满足回族群众正常宗教生活的需要。

二、民族经济发展

优惠政策和措施的制定 赣州市（地区）的少数民族大部分居住在边远山区，经济发展缓慢，文化教育事业落后。为帮助少数民族地区经济、文化、教育事业的发展。1992 年，地委、行署专门制定倾斜政策，加大对少数民族地区农业、教育和科技的投入，增强少数民族的经济发展后劲。从 1993 年开始，地区财政每年安排扶助少数民族经济发展专项资金。至 1995 年，共计扶持 74 万元。1998 年，赣州地区争取省直单位 10 个厅（局）对口支援赣州地区的 10 个民族村，3 年扶持 28 个项目，支援资金 256.3 万元。1999 年 11 月，市委、市政府确定市直 20 个单位对口支援 20 个民族村，时间 3 年。到 2000 年年底，共扶持项目 27 个、资金 66.45 万元。市委、市政府要求各级财政和有关部门要对少数民族村给予政策倾斜。如返还农业税，用于帮助少数民族村脱贫致富。信丰县、南康市 2 个县（市）人民政府规定为少数民族村返还农业税，其中信丰县自 1987 年开始，采取“公粮退库”的措施，连续 13 年先征后退 110 万元农业税用于畲族村发展集体经济和社会事业。把少数民族村所在乡（镇）统筹费中的民工建勤费、农村教育附加费倾斜到少数民族村，用于改善交通、教学条件；对山林资源比较丰富的少数民族居住山区，则增加竹林抚育资金投入和竹木采伐指标，并单列到村；在边远少数民族村工作的大、中专毕业生和公办教师在原工资的基础上浮动一级工资，工作满 8 年以上的可固定这一级工资。分配到这些地方任教的大、中专毕业生，可不实行见习工资而直接进行定级；对初中升高中的少数民族考生降低分数线给予录取。这些政策措施的制定，在一定程度上为发展少数民族经济和扶持少数民族群众脱贫致富注入生机。

产业结构调整优化 少数民族大多数居住区资源比较丰富，原材料工业和初级工农业产品占有一定优势。各级党政部门帮助当地少数民族地区调整农村产业结构。种植业从单一的粮食生产逐步向在稳定粮食生产的基础上，扩大经济作物生产以及发展农产品的加工和综合利用。1992 年，瑞金县泽覃乡安治畲族村经济作物种植面积 31.73 公顷，占农作物总面积的 59%，仅烤烟 1 项便实现产值 6 万多元。林业生产从单纯的用材林生产到扩大经济林生产。兴国县少数民族村开发荒山、荒坡 108 公顷。牧业生产也逐步从单纯的牛、羊生产转向牛、羊、兔以及家禽的多样化生产，同时发展转化畜产品的加工。村办企业和联户办企业，从农产品加工到商业、运输业、建筑业、服务业的综合发展。兴国县通过扶助发展加工业，创办 16 座小型农副产品加工厂，方便群众生活，增加经济收入。1996 年，寻乌县澄江镇北亭畲族村创办1个拥有40多名技术工人、年产值40多万元的仿古家具厂，生产的龙凤椅、联邦椅、钢琴桌、圣经桌、梳妆台等产品远销法国和荷兰等国际市场。至2000年，全市少数民族村村办企业50多个，其中有碾米、榨油、榨糖、木材加工企业18个，茶场、果园18个，砖厂7个，采石场2个，家具厂2个，综合养殖场3个和一些小型商店、煤矿等。

基础设施建设 1986—2000年，市（地区）民族宗教部门筹集专项扶助资金291.66万元，争取扶持项目224个，其中市（地区）财政24万元，扶持项目15个，帮助少数民族发展村级经济和社会事业。2000年，兴国县争取国家民委扶持灰鹅养殖项目资金100万元。各县（市）少数民族村、组利用扶持资金和自筹资金共修建桥梁25座、水陂18座、水库4座，维修河堤13处，修建和改建电灌站32座、架设高（低）压线路30余万米，基础设施建设得到加强。

三、少数民族干部培养和使用

1986—2000年，全市（地区）加大对少数民族干部培养和使用力度，培养和使用一批少数民族干部。1999年7月，中共赣州市委第一次党代会代表中少数民族代表8名，占与会代表总数的1.37%；赣州市第一届人民代表大会有少数民族代表17名，占与会代表总数的3.1%；政协赣州市第一届委员会有少数民族政协委员7名，其中常委2名，分别占委员、常委总数的2.18%和4%。1998年，县（市、区）人大、政协换届有少数民族（含群众）分别担任所在县（市、区）人大常委会常委、人大代表和政协常委、委员，其中人大常委会常委4人、代表46人，政协常委5人、委员58人。至2000年，全市（地区）培养和使用少数民族国家干部639人，其中县（处）级7人、科级115人、一般干部74人，高级工程师3人、一般技术员421人，高级教师19人。全市（地区）先后有265名考生被民族院校和其他院校录取，其中中央民族大学23人、中南民族学院80人、西南民族学院27人、西北民族学院15人、其他院校120人。选送一些少数民族干部到省、地、县党校和其他院校学习深造，推荐和选派参加全国少数民族参观团并到发达地区考察学习，推荐和组织参政议政。

四、民族学校与实用技术培训班

民族学校 2000年，全市有民族小学30所，在校学生5183人，教职人员243人。少数民族村地区的儿童入学率达95%，文盲率逐步减少。改善民族学校的教学条件，全市有40%以上的民族小学新建教学楼和附属房，添置教学设备，解决体育场所；加强教师队伍建设，民族学校任教的民办教师先后转为公办教师的有65人。充实和选调一批有一定教学经验的教师到民族学校任教，确保教师队伍的稳定。

实用技术培训班 1992—1995年，地区民族宗教部门先后2次选送50余名少数民族村书记（或主任）和青年骨干参加由省民族宗教事务局举办的经济管理和实用技术培训班；各县（市）还举办各类少数民族科技培训班100多期，培训1万多人次。1995年，兴国县制订和实施少数民族科技培训3年规划，举办灰鹅养殖、红鲤鱼养殖、烤烟生产等实用技术培训，有1000多人先后参加培训。选聘25名科普宣传员，定期在4个少数民族村播放科技录像。资助60多名少数民族干部和青壮年参加农函大学习，有27人获得毕业证书。全市（地区）各少数民族村基本配备了农技员，不定期由科技人员提供科普宣传和科技服务。

五、民族团结进步奖励

开展评选民族团结进步先进集体、先进个人活动。先后受国务院表彰的个人3人、集体1个，受国家民族事务委员会表彰的个人6人、集体2个，受江西省人民政府表彰的个人14人、集体14个。

第二节 宗教事务

2000年，全市有佛教、道教、天主教、基督教、伊斯兰教5大教。有寺观教堂1257所（含省重点寺观教堂7所），其中依法登记的755所。有宗教教职人员1633人，信徒32万人；有宗教团体25个，其中依法登记的宗教团体19个（市级3个，即赣州市佛教协会、赣州市三自爱国会暨基督教协会、赣州市天主教爱国会）。

1986—2000年，市（地区）民族宗教局落实宗教政策，加强宗教管理。1999年10月，市政府办公室下发《关于将市内中山路寿量寺等五处寺观教堂上收的通知》，明确将赣州市中心城区内中山路寿量寺、桥儿口清真寺、罗家巷天主堂、大公路耶稣堂和水东镇万松山五虚观等5处寺观教堂的管理权上收，由市民族宗教事务局管理。

一、政策法规宣传

1998—2000年，全市（地区）组织县级以上领导学习宗教法律法规40余次，人数4000余人；在各级党校授课普及宗教法律法规知识52次，20713人参加，受教育面达应参加人数的80%以上。发挥新闻媒体作用，开展喜闻乐见的宣传教育活动。利用广播、电视播放宗教法律法规125次，在报纸杂志刊登宣传文章56篇，报道学法守法典型26篇，办宣传栏239期，组织编印有关学习资料37270份，印发宗教法规单行本4000余册。组织100余名民族宗教干部参加由省民族宗教局组织的宗教法律法规和知识竞赛活动；开展学法用法争先创优活动。1998—2000年，全市（地区）少数民族和宗教界人士较多的30个村被评为文明村、350多户被评为文明户，227个宗教活动场所被评为“五好”宗教活动场所、43人被评为“五好”宗教教职人员。

二、宗教政策落实

宗教团体房产政策落实 自1986年以来，各级党委、政府本着“尊重历史，照顾现实，执行政策，协商解决，互谅互让，不留尾巴”的原则，实事求是地落实宗教团体房产政策。对“文化大革命”期间被有关单位挤占的宗教团体房产全部落实，“文化大革命”前被单位占、拆的天主教和基督教的宗教团体房产，大部分已经落实。到1991年年底，全地区共落实宗教团体房产132栋（1137间、32549.2平方米），院落8361.53平方米，土地29.11公顷，山林125.7公顷。1999—2000年，先后落实被龙南县医院占用的天主教教堂（一次性补偿16万元）、宁都县天主教教堂被占（县人民政府一次性补偿8万多元）和赣县宝华寺、契真寺部分房产的问题。

宗教活动场所安排 经县（市）以上人民政府批准，对历史上有名的宗教活动场所和教徒聚居的地方，先后开放宗教活动场所755所，其中1984年经省政府批准的有7所［石城县普照寺、玉孟寺，宁都县青莲寺，赣州市（今章贡区）海会寺、罗家巷天主教堂、大公路基督教耶稣堂、桥儿口伊斯兰教清真寺］。在教徒较少、影响不大且寺观教堂又已拆毁的地方，按照“因教制宜、因陋就简、便利群众生产和生活”的原则，在教徒自愿的基础上，指定121处简易宗教活动点。至2000年，全市恢复和建立市、县（市、区）爱国宗教组织23个，其中佛教9个（市级1个）、道教3个、天主教5个（市级1个）、基督教6个（市级2个）。

三、宗教界合法权益维护

宗教场所登记 1994年，地区民族宗教事务局依照省民族宗教事务局《关于决定在赣州地区进行宗教活动场所登记试点工作的通知》精神，在赣州市（今章贡区）、瑞金市和于都县、会昌县进行宗教活动场所登记试点，历时两个半月，10月中旬结束试点工作。有4个县（市）应参加登记工作的活动场所355处，已参加登记的场所350处，占应参加登记的98.6%，其中予以登记119处、临时登记145处、暂缓登记59处、不予登记27处。10月底，省民族宗教事务局在于都县召开全省宗教活动场所登记试点工作总结会，各地（市）宗教部门负责人参加会议。国务院宗教事务局有关领导亲临会议指导并讲话。执行省民族宗教事务局《关于在全省全面进行宗教活动场所登记工作的通知》，在全地区全面进行宗教活动场所登记。至2000年，全市（地区）共登记404处、临时登记351处、暂缓登记106处、不予登记46处，还有一部分尚未登记。

宗教事务管理 1986—2000年，重点抓寺观教堂的制度建设。各宗教团体和宗教活动场所制定管理制度（《教务活动制度》《财务管理制度》《学习制度》《防火制度》等），逐步形成完善和有效的自我管理机制。建立和健全管理组织。以佛教、道教为主，实行分片管理式，选择一个地理位置较居中的寺观，由各场所负责人参加组成管理小组，管理所属宗教活动场所的日常事务；以天主教、基督教为主，采取"以堂代点"的形式进行管理。重要节日，由教堂选派教牧人员前往开放活动点主持宗教活动。从1997年开始，每年第一季度对上年度已登记的宗教活动场所进行年检，年检合格的宗教活动场所，由宗教部门在该场所的宗教活动场所年度检查证上加盖年检印章。至2000年，全市有535所寺观教堂参加年检。1997年5月，地委办公室、行署办公室联合转发《地委统战部、地区民族宗教事务局关于贯彻赣办字〔1997〕34号文件的意见》的通知，在全地区开展制止乱建庙宇和露天佛像的活动。崇义县、赣县、石城县、寻乌县、会昌县、宁都县、安远县等县先后下发《对乱建庙宇开展专项治理的规定》等文件，对当地农村存在的乱建庙宇、跨地区传教、乱化缘等现象进行综合治理。全地区清理乱建庙宇69处，其中停建6处、拆除8处、改作他用49处、重新批准开放1处、取缔2处、待后处理3处。

制止和打击非法、违法宗教活动 各级民族宗教事务局配合有关部门，先后取缔非法基督教聚会点15处，查处地下天主教派遣在赣州市（地区）活动的8人，教育和转化自由传道人45人，对1.7万名受骗群众进行说服教育，提高信教群众的思想认识，增强同非法宗教活动斗争的自觉性。

四、引导支持宗教界参与社会活动

宗教界人士参政议政 全市（地区）贯彻落实党和国家民族宗教政策，发挥民族宗教界人士在促进全市（地区）经济社会发展的积极作用，引导宗教界人士参政议政。至1999年年底，市（地区）、县（市、区）共安排32名宗教界人士为人大代表和政协委员（其中市政协委员4名、常委1名）。宗教界人士代表和政协委员在会议上的建议提案得到妥善处理。召开宗教界人士为"四化"服务经验交流会。石城县、兴国县、宁都县、瑞金市等县（市）每年利用各种形式对社会做出贡献的宗教团体和个人进行表彰。1995年年底，瑞金市表彰近百名基督教信教群众，其中有办厂能手、养殖种植专业户和义务行医、修桥铺路、拾金不昧的先进典型。

支持宗教团体兴办社会公益事业 各级民族宗教事务工作部门鼓励和支持各自所在地宗教界开展对外交往，增进与各国人民及宗教界的相互了解和友谊，为赣州的经济建设和社会事业做出贡献。赣州宗教界人士通过各种渠道，共引进资金2607.5万元，全部用于寺庙建设和社会公益事业。1995年，香港莉娜公司董事长、总经理陈小萍捐款45万港币，支援少数民族聚居区南康市朱坊乡新民小学购置电教、实验器材。1999年，香港宝莲寺捐款90万元，为石城县屏山镇援建胜利小学及为石城县横江镇横江村、宁都县田埠乡王沙排村共建桥梁2座。

1986—2000年，各宗教团体向社会资助1538.37万元，用于修桥25座、修路163千米、修建校舍1所、资助贫困户68个、调解民事纠纷3300多起。全市（地区）大多数寺庙开垦茶山、茶园，有的拥有成片毛竹林。依托宗教名山大寺，开发和促进当地旅游业的发展。1992—1995年，全地区各个寺观教堂先后接待国内外游客达100万人次以上，吸引资金达500万余元。

赣州市志（1986-2000）

名志

第八篇

政治协商会议

1986年，省政协赣州地区的联络机构全称为中国人民政治协商会议江西省委员会赣州地区联络处。1995年8月，江西省政协赣州地区联络处更名为江西省政协赣州地区工作委员会，1999年6月29日，成立政协赣州市委员会。赣州市政协机关设办公室和6个专门委员会。

1986—2000年，省政协赣州联络处、省政协赣州地区工作委员会、政协赣州市委员会（以下简称“市政协”）认真履行政治协商、民主监督、参政议政职能，在赣州物质文明和精神文明建设中发挥了重要的作用。

省政协赣州联络处、省政协赣州地区工作委员会、市政协组织全市（地区）政协委员围绕市（地）委、市政府（行署）的中心工作和社会关注的问题，开展视察、考察、调研，提出有针对性意见建议，为经济社会发展献策。市政协以《政协工作信息》形式编发社情民意专刊，为市委、市政府了解民情、体察民意、集中民智、科学决策发挥桥梁纽带作用。市政协各专委会积极开展提案办理、学习文史、经济科技、文化教育卫生体育、农业农村、社会法制与民族宗教、联谊等工作，均取得较好成效。

第一章 省政协赣州地区联络处

1985年6月，江西省政协五届常务委员会第12次会议决定，在各地区设立省政协的联络机构。赣州地区的联络机构全称为中国人民政治协商会议江西省委员会赣州地区联络处（以下简称“政协联络处”），主任由地委统战部长兼任，当时未挂牌子，未配工作人员，也没有单独的办公地点。1987年9月，王治国任主任。1988年6月，中共江西省委常委会研究确定，省政协的地区联络处为地级机构。1988年11月，经中共赣州地委同意，江西省政协批准，赣州地区政协联络处下设1个县级办公室，负责处理日常工作。1989年5月，经地区编委同意，联络处办公室内设秘书科和组织联络科。

1986—1995年政协赣州地区联络处领导成员一览表

表8-1-1

职务	姓名	籍贯	政治面貌	任职时间
主任	鄢鹤龄	江西省南城县	中共党员	1985年6月至1986年3月
	王治国	辽宁省磐石县	中共党员	1987年9月至1988年9月
	梅继尧	湖北省黄梅县	中共党员	1988年10月至1995年8月
副主任	王治国	辽宁省磐石县	中共党员	1986年3月至1987年9月 1988年10月至1995年8月
	刘显族	江西省兴国县	中共党员	1994年12月至1995年8月
	张兴民	吉林省辉南县	中共党员	1990年11月至1995年8月
	凌少斌	广东省蕉岭县	中共党员	1989年2月至1994年9月
	龙德华	江西省赣州市	中共党员	1993年1月至1995年8月
	王文塘	江西省信丰县	中共党员	1993年6月至1995年8月

第一节 县（市）政协主席会议

1986年，政协联络处召开县（市）政协主席会议2次。5月，在南昌市召集参加省政协五届四次会议的各县（市）政协主席召开座谈会，会议研究加强联络和开展横向联系等问题，并提出中国共产党各级地方委员会要加强对政协工作的领导等建议。9月，在全南县召开河西片11个县（市）政协主席座谈会，会议研究基层政协工作的重点、方法，提出政协以咨询服务为主，一年走访一次政协委员。10月，在瑞金县召开河东片7个县政协主席座谈会，交流“三胞”（港澳同胞、台湾同胞、海外侨胞）联络工作。

1987年，政协联络处召开县（市）政协主席会议3次。1月，在赣县召开，会议总结交流1986年工作。7月，在上犹县召开，会议研究探讨履行政治协商、民主监督职能等问题。中共赣州地委批转政协联络处《关于实现政治协商、民主监督经常化、制度化的请示报告》。12月，在南康县召开，会议听取《中共中央邀请党外人士共商国是》录音，并就录音内容进行座谈交流。

1988年，政协联络处召开县（市）政协主席会议3次。5月，在大余县召开，会议传达全国政协七届一次全会精神，通报全地区办经济改革试验区情况。7月，在兴国县召开，会议传达省政协六届二次常委会精神，座谈讨论生产力标准问题，通过并形成《关于生产力标准问题讨论纪要》。10月，在赣县召开，会议传达省政协召开的地（市）政协主任（主席）会议精神，专题讨论县（市）政协机构设置、人员配备问题。会议确定：县政协撤组建委；办事机构设3～4个办公室（政协办公室、专门委员会办公室、学习文史办公室、经济联络办公室）。

1989年，政协联络处召开县（市）政协主席会议3次。3月，在崇义县召开，会议总结交流贯彻省委有关文件的经验。联络处向地委专题汇报会议情况，地委印发《关于进一步贯彻省委〔1988〕24号文件精神，加强政治协商、民主监督的几点意见》。7月，在赣州市（今章贡区）召开，会议学习中央领导同志的重要讲话，传达全国政协七届七次常委会议精神，部署政协换届的有关工作。12月，在寻乌县召开，会议总结部署年度工作，研究讨论县（市）政协换届工作。

1990年，政协联络处召开县（市）政协主席会议3次。2月，在赣州市（今章贡区）召集参加全地区三级干部大会的县（市）政协主席，学习中共中央《关于坚持和完善中国共产党领导的多党合作和政治协商制度的意见》以及中共中央总书记江泽民在全国统战部长会议上的讲话精神；交流政协换届工作情况。6月，在赣州市（今章贡区）召开新一届县（市）政协主席会议，学习《中共中央关于坚持和完善中国共产党领导的多党合作和政治协商制度的意见》和总结交流政协换届工作的情况，研究部署下半年工作。11月，在信丰县召开，总结工作交流经验，部署1991年工作。

1991年，政协联络处召开县（市）政协主席会议2次。5月，在会昌县召开全地区政协工作为经济建设服务经验交流会。12月，在石城县召开，会议总结1991年工作，部署1992年工作，会议强调政协工作必须服从和服务于全地区经济建设。

1993年，政协联络处召开县（市）政协主席会议2次。4月，在赣州市（今章贡区）召开，会议研究贯彻全国政协八届一次会议和省政协七届一次会议精神，把全地区政协工作推上一个新台阶。11月，在赣州市（今章贡区）召开，会议学习中共十四届三中全会公报，交流换届后的政协工作情况和为经济建设服务重点是为发展乡镇企业服务的经验。听取地委对全地区经济工作和反腐败斗争情况的通报。

1994年，政协联络处召开县（市）政协主席会议2次。6月，在赣州市（今章贡区）召开，学习讨论全国政协八届二次会议修订后的《中国人民政治协商会议章程》，交流政协为发展个体私营经济服务的情况和经验。11月，在龙南县召开，与会人员联系各自工作实际，围绕充分发挥人民政协的主要职能作用，重点交流参政议政经验。

1995年，政协联络处召开县（市）政协主席会议1次。5月，在赣州市（今章贡区）召开，学习中共中央〔1995〕7号等有关政协工作的文件精神，交流各县（市）政协视察乡镇企业的情况和经验，围绕自身建设、贯彻落实《政协全国委员会关于政治协商、民主监督、参政议政的规定》等进行讨论。

第二节 调研视察

1986年，全地区县（市）政协组织开展视察、考察、调研115次，撰写专题调研报告93篇，提出意见和建议735条，被有关部门采纳385条。1987年，全地区县（市）政协组织开展视察、考察、调研168次，撰写专题调研报告144篇，提出意见和建议735条，被有关部门采纳489条。1988年，全地区县（市）政协组织开展视察、考察、调研152次，撰写专题调研报告120篇，提出意见和建议490条，被有关部门采纳228条。

1989年，政协联络处组织赣州市（今章贡区）城区及部分县的省政协委员开展视察调研2次，写出专题调研报告2篇，提出意见建议11条。10月，组织赣州的省政协委员就省重点项目赣州稀土冶炼厂、赣州市（今章贡区）市政建设重点项目南河大桥、煤气厂、自来水厂进行视察，委员们针对被视察单位存在的困难和问题，提出意见建议。全年，县（市）政协组织开展视察、调研193次，撰写调查报告 159 篇，提出意见建议 745 条，被采纳 473 条。

1990 年，政协联络处组织赣州市（今章贡区）城区的省政协委员开展视察调研 4 次，写出专题调研报告 2 篇，提出意见建议 23 条。3 月，组织省、地、赣州市（今章贡区）属单位和大余县的 28 名省政协委员，分成农林、工交、科技 3 个小组，分别到大余县和江西气压机厂、赣州酒厂等单位进行视察调研，提出意见建议。全年，县（市）政协组织开展考察调研 239 次，撰写专题调研报告 184 篇，提出意见和建议 1028 条，被采纳 652 条。

1991 年，政协联络处组织赣州市（今章贡区）城区的省政协委员，围绕农村畜牧业生产、山地开发、科技兴厂、发展农村林场、师范教育等方面开展视察考察 5 次，写出专题调查报告 5 篇，提出意见建议 34 条。7 月，省政协委员科技卫生联系小组，对赣州市造纸厂和国营农药厂进行科技兴厂考察。10 月，省政协委员农村经济组对南康县瘦肉型猪商品基地的建设情况进行视察调研，撰写《关于南康县建设瘦肉型猪商品基地的视察情况汇报》。全年，县（市）政协组织开展视察调查 217 次，撰写调查报告 179 篇，提出意见和建议 1008 条，被采纳 662 条。

1992 年 5 月，政协联络处和赣州市（今章贡区）政协联合组织部分省、市政协委员对江西齿轮箱总厂、赣南农药厂等 8 家企业进行转换经营机制的考察。委员们就进一步搞好工业企业转换经营机制工作提出建议。9 月，组织省政协委员农村经济组考察兴国县农牧业生产和水土保持工作。

1993 年 5 月，组织科技医卫组部分省政协委员，对赣州铝厂进行实地考察。7 月，组织部分省政协委员就社会办学问题进行视察，对今后搞好社会办学提出建议。

1994 年 7 月，政协联络处组织文教组部分省政协委员到大余县考察《中华人民共和国教师法》贯彻执行情况。组织科技医卫组部分省政协委员对会昌县乡镇企业发展状况进行考察。11 月，组织科技医卫组的部分省政协委员，对崇义县矿产资源开发利用情况进行考察。

1995 年 4 月，政协联络处组织赣州市（今章贡区）内科技界的省政协委员视察赣南科技城。同月，组织住赣州的部分省政协委员，到安远、寻乌、瑞金、石城等地，就乡镇企业发展情况进行视察。

第三节 文史联谊

一、文史资料

1986 年，各县（市）政协征集史料 346 篇 134 万字，出版 129 篇 50 万字，印 15860 册。1987 年，各县（市）政协征集史料 247 篇 88 万字，出版 163 篇 59 万字，印 8330 册。1988 年，各县（市）政协征集史料 313 篇 92 万字，出版 109 篇 36 万字，印 7000 册。1989 年，各县（市）政协征集史料 293 篇 104 万字，出版 210 篇 76 万字，印 29500 册。1990 年，各县（市）政协征集史料 413 篇 142 万字，出版 347 篇 109 万字，印 13010 册。1991 年，各县（市）政协征集史料 551 篇 188 万字，出版 288 篇 105 万字，印 15410 册。

二、工作交流联谊

1987 年，政协联络处参加宜春地区政协联络处发起的赣吉辽鄂 4 个省 10 个地（市）政协横向联系会议。

1988 年 8 月，政协联络处派员参加在吉林省白城地区召开的吉赣鄂黑蒙 5 个省（自治区）的 8 个地（盟）横联协作会议。

1990 年 10 月，政协联络处与广东梅州、惠州、河源市和福建龙岩地区政协建立闽粤赣 3 个省的 5 个地（市）政协横向联谊关系。与湖南郴州地区政协工作委员会建立湘粤赣 3 个省的 3 个地（市）政协横向联谊关系。

1991 年 11 月，闽粤赣 3 个省的 5 个地（市）政协横向联系第二次会议在赣州举行。同年 10 月，政协联络处参加在湖南郴州地区召开的湘粤赣 3 个省的 3 个地（市）政协横向联系第二次会议。

1992 年，在赣州召开湘粤赣 3 个地（市）（郴州、韶关、赣州）政协第三次横向联系会议。

第二章　省政协赣州地区工作委员会

1995 年 8 月 31 日，省政协七届常委会第十三次会议通过《关于将省政协地区联络处改为地区工作委员会的决定》。江西省政协赣州地区联络处更名为江西省政协赣州地区工作委员会（以下简称“政协工委”），内设 1 个县级办公室，下设秘书科、组织联络科。1996 年 9 月，办公室下设科室为秘书科、联络科、组宣科。

表 8-2-1　　1995—1999 年政协赣州地区工委领导成员一览表

职　务	姓　名	籍　贯	政治面貌	任职时间
主　任	梅继尧	湖北省黄梅县	中共党员	1995 年 8 月至 1998 年 5 月
	胡国铤	江西省上犹县	中共党员	1998 年 5 月至 1999 年 6 月
副主任	池宝库	辽宁省海城市	中共党员	1996 年 5 月至 1998 年 5 月
	王治国	辽宁省磐石县	中共党员	1995 年 8 月至 1997 年 1 月
	刘显族	江西省兴国县	中共党员	1995 年 8 月至 1999 年 6 月
	张兴民	吉林省辉南县	中共党员	1995 年 8 月至 1997 年 12 月
	龙德华	江西省赣州市	中共党员	1995 年 8 月至 1999 年 6 月
	王文塘	江西省信丰县	中共党员	1995 年 8 月至 1999 年 6 月
	李道贱	江西省全南县	中共党员	1995 年 8 月至 1996 年 6 月
	龚运连	湖南省益阳市	中共党员	1997 年 1 月至 1999 年 6 月
	陈阜东	江西省新干县	中共党员	1998 年 5 月至 1999 年 6 月
	肖中强	江西省南昌县	中共党员	1998 年 5 月至 1999 年 6 月

第一节　县（市）政协主席会议与提案工作

一、县（市）政协主席会议

1996 年，政协工委召开县（市）政协主席会议 1 次。6 月，在崇义县召开，会议总结交流落实中共江西省委《关于贯彻〈政协江西省委员会关于政治协商、民主监督、参政议政的实施办法〉的通知》精神的经验。

1997 年，政协工委召开县（市）政协主席会议 1 次。6 月，在大余县召开，会议汇报交流各县（市）政协机关建设、服务接待、宣传报道、兴办实体等情况。

1998 年，政协工委召开县（市）政协主席会议 2 次。7 月，在崇义县召开，会议传达省政协八届二次常委会和全省政协提案工作研讨会议精神，总结汇报上半年工作情况，研究部署下半年的工作。通报京九铁路沿线地市区政协第二次联谊会、闽粤赣 3 个省的 5 个地（市）政协第八次联系协作会和 7

个省（市）政协文史工作经验交流会情况，参加省政协组织的基本知识竞赛情况和第三届全地区政协好新闻评选结果。12月，在赣州市（今章贡区）召开，会议总结1998年工作，研究下一年度工作意见。

二、提案工作

1998年4月，政协工委在全南县召开全地区政协提案工作座谈会。总结上届政协提案工作的经验，部署新一届政协提案工作。会议提出，要增强对提案工作重要性的认识，努力提高提案质量；要加大提案工作的宣传力度，扩大社会影响。

1999年4月，政协工委在大余县召开全地区政协提案工作会议。总结交流县（市）政协提案工作情况，研究部署提案工作。会议要求，提案工作要坚持人民政协的政治基础，关注改革和稳定的大局；增强委员履行职能的使命感和运用提案方式参政议政的责任感；发挥群体功能优势，倡导集体、党派提好提案；狠抓督办、回访，让政协委员知情；注重办理实效，提高提案办理质量。

第二节　调研视察与交流联谊

一、调研视察

1996年6月，政协工委组织驻赣州市（今章贡区）的省政协委员视察赣州海关的建设发展情况。11月，组织部分省政协委员，对部分工业企业负担情况进行调查并撰写调查报告。建议要从源头上对各种收费项目进行清理；要加大监管力度，严肃查处“三乱”（乱检查、乱收费、乱罚款）；要在深化企业改革中增强企业的活力，形成抵制“三乱”的监督约束机制。

1997年3月，政协工委组织部分县（市）的省政协委员，对全地区果业生产、管理、销售、储藏、服务机构建设等情况进行调查。委员们建议：果业发展要掌握速度，立足现有果园，加强管理，力保效益；在搞好果业生产的配套服务、技术、资金、销售、加工、贮存保鲜等方面给予大力扶持，形成产、供、销一条龙的果业产业结构。3月下旬至4月中旬，组织部分省政协委员，对外资企业和个体私营经济发展情况进行调查并撰写调查报告。委员们建议：各地对制定的各项优惠政策进行回顾，认真总结经验；加大各项优惠政策的宣传力度，增加应收税费的透明度；对现有较混乱的市场，下大力气进行综合整顿；增加项目库建设投入，加大招商引资力度；组建个体私营经济合作基金，进行互助性融资，解决中小个体私营业主贷款难的问题。8月，就农业服务体系建设情况进行调查。

1998年7月，政协工委组织部分省政协委员，邀请地区财政局、国税局和地税局等单位负责人，对崇义、南康2个县（市）的财源建设情况进行调查，撰写调查报告。9月，政协工委组织部分省政协委员和地区经贸委、食品工业局、粮食局等单位负责人对会昌、宁都、龙南、大余4个县的食品工业发展情况进行调查。对进一步加快全地区食品工业发展提出建议：提高认识、加强领导，把推进食品工业的发展作为进一步加强农业和农村工作，开拓市场，扩大内需的一个重要着眼点和着力点；突出重点，扩大规模，继续推动现有多种经济成分生产的多层次系列食品的大发展；重视开辟新的投资渠道，实施多元化投资战略，加大对食品工业的投入；提高工农业关联度，把食品工业的发展与农业产业化紧密结合起来；要重视科技开发，走产、学、研联合之路，推动食品工业的科技创新。

二、工作交流联谊

1996年11月，在赣州召开闽粤赣3个省的5个地（市）政协第七次联系协作会议。

1997年5月，参加在安徽省阜阳市召开的京九铁路沿线地市区政协联谊会第一次会议。

1998年5月，参加在河北省廊坊市和北京市丰台区召开的京九铁路沿线地市区政协联谊会第二次会议。

第三章 政协赣州市委员会

1999年6月9日，省政协八届常委会第七次会议决定：政协赣州市第一届委员会第一次会议召开之日起，省政协赣州地区工作委员会相应撤销。1999年6月29日，成立政协赣州市委员会。1999年6月30日举行一届一次会议，选举产生主席1名、副主席8名、秘书长1名、常务委员若干名（2000年3月1日举行一届二次会议，增补常务委员2名）。赣州市政协机关设办公室和提案委员会、学习文史委员会、经济科技委员会、教文卫体委员会、法制社团委员会、“三胞”联谊委员会等6个专门委员会。2000年1月18日，经市委同意，增设农业和农村工作委员会。办公室下设4个科：秘书科、调研宣传科、组织联络科、行政接待科。

表8-3-1　政协赣州市第一届委员会领导成员一览表

职　务	姓　名	籍　贯	政治面貌	任职时间
主　席	胡国铤	江西省上犹县	中共党员	1999年6月至2004年4月
副主席	龙德华	江西省赣州市	中共党员	1999年6月至2004年4月
	陈阜东	江西省新干县	中共党员	1999年6月至2004年4月
	龚运连	湖南省益阳市	中共党员	1999年6月至2004年4月
	肖中强	江西省南昌县	中共党员	1999年6月至2004年4月
	潘其乐	江西省寻乌县	农工党员	1999年6月至2004年4月
	雷汉生	湖北省黄冈市	无党派人士	1999年6月至2004年4月
	满　瑾	浙江省杭州市	民进会员	1999年6月至2004年4月
	李承道	河南省浚县	民盟盟员	1999年6月至2004年4月

第一节 政协委员

一、委员推举

根据《中国人民政治协商会议章程》的规定，政协的参加单位、委员名额和人选，由上届政协常委会协商决定。由于政协赣州市委员会是新成立的，参照全国政协筹备时的做法，经中共赣州地委研究决定，于1999年6月14日成立政协赣州市第一届委员会筹备委员会。筹委会由中共、各民主党派、工商联、人民团体和各族各界代表人士45人组成。同日，政协赣州市筹备委员会召开第一次会议，会议通过《关于召开中国人民政治协商会议赣州市第一届委员会第一次会议的决定》，确定第一届委员会的组成规模、界别设置、界别名额分配和委员名单，政协赣州市第一届委员会推举产生委员324名。委员的任期为5年，委员会每年召开一次全体会议。委员会全体会议的职权为选举政协赣州市委员会主席、副主席、秘书长和常委，听取和审议市政协常委会工作报告，讨论政协赣州市委员会重大方针、任务并作出决议；参与赣州市大政方针的讨论，对中国共产党和人民政府提出建议和批评。

二、委员构成

政协赣州市第一届委员会委员任期为1999年6月至2004年7月，由28个界别的代表人士组成，实有委员324人。界别组成情况如下：中国共产党26人、中国国民党革命委员会10人、中国民主同盟

12人、中国民主建国会9人、中国民主促进会10人、中国农工民主党11人、九三学社8人、无党派人士5人、归国华侨联合会6人、总工会12人、中国共产主义青年团6人、青年联合会6人、妇女联合会16人、工商业联合会14人、科学技术协会7人、社会科学界9人、文学艺术界12人、科学技术界17人、经济界16人、农业界14人、教育界17人、体育界5人、新闻出版界6人、医药卫生界11人、社会福利界5人、少数民族5人、宗教界5人、特别邀请人士44人。

第二节　主要会议

一、委员会全体会议

政协赣州市第一届委员会第一次会议　1999年6月29—30日在赣州召开。选举产生政协赣州市第一届委员会主席、副主席、秘书长和常务委员。胡国铤当选为政协赣州市第一届委员会主席，龙德华、陈阜东、龚运连、肖中强、潘其乐、雷汉生、满瑾、李承道当选为副主席，黄先浪当选为政协赣州市第一届委员会秘书长，马大喜等41名委员当选为政协赣州市第一届委员会常务委员。通过政协赣州市第一届委员会第一次会议决议。

政协赣州市第一届委员会第二次会议　2000年2月27至3月1日在赣州召开。会议听取和审议政协赣州市第一届委员会常务委员会工作报告、政协赣州市第一届委员会第一次会议以来提案工作情况报告；听取和讨论市人民政府工作报告及有关报告；审议通过市政协一届二次会议决议，市政协一届二次会议提案审查情况的报告和人事事项。

二、常务委员会会议

市政协一届常务委员会会议自1999年6月至2000年12月举行8次。

市政协一届一次常委会议　1999年6月30日召开。会议通过关于设置专门委员会的决定，通过市政协副秘书长和专门委员会主任、副主任、各专门委员会人员名单。

市政协一届二次常委会议　1999年10月26日召开。听取市政府副市长谢碧联《关于赣州个体私营经济发展情况的通报》和市政协经济科技委员会《关于章贡区等6个县（市、区）个体私营经济发展情况的调查报告》，进行分组讨论和协商。审议通过市政协常委会工作规则、专门委员会工作规则、提案工作条例。

市政协一届三次常委会议　2000年2月14日召开。会议听取和讨论政府工作报告（征求意见稿），讨论通过《关于召开市政协一届二次会议的决定》，原则同意市政协一届常委会工作报告稿、提案工作情况的报告稿，一届二次会议议程和日程安排、选举办法、总监票人、监票人名单（草案），关于同意徐兆麟辞去市政协常委、委员职务和钟晓春辞去市政协委员职务的决定以及增补委员名单。通过关于增设农业和农村工作委员会的决定。

市政协一届四次常委会议　2000年2月28日召开。会议审议提交一届二次会议闭幕大会通过的有关事项。

市政协一届五次常委会议　2000年3月1日召开。通过市政协一届委员会人事任免名单。

市政协一届六次常委会议　2000年6月8日召开。会议听取市政府副市长尹礼山关于赣州市旅游业发展情况的通报以及市政协副主席龚运连关于赣州市中心城区和西部3个县旅游业发展情况的调查报告。审议并原则通过《关于加快发展赣州市旅游业的建议案》《政协赣州市关于政治协商、民主监督、参政议政的实施办法》及人事事项。

市政协一届七次常委会议　2000年9月21日召开。会议听取市政府副市长谢碧联关于赣州市发展环境情况的通报、法制社团委员会关于南康等县（市）非公有经济投资法制环境情况的调查报告、经济科技委员会关于优化个私经济发展环境座谈会情况的介绍以及南康市政协关于民主评议行风的经验介绍。审议并原则通过《政协赣州市委员会关于开展民主评议行风的实施意见》及人事事项。

市政协一届八次常委会议 2000年12月29日召开。会议传达全省政协工作会议精神，听取市政府副市长谢碧联关于年度全市经济工作运行情况的通报；审议并原则通过《政协赣州市委员会提案工作评比表彰办法》，关于增设台联界别、增加委员名额的决定，关于同意俞钦祥辞去委员职务的决定。

三、主席会议

市政协一届委员会自1999年6月至2000年12月召开主席会议11次。

市政协一届一次主席会议 1999年6月30日召开。会议通过关于设置专门委员会的决定，研究市政协副秘书长和专门委员会主任、副主任名单，各专门委员会委员名单。

市政协一届二次主席会议 1999年7月22日召开。会议研究市政协主席、副主席、秘书长工作分工，通过拟提交市委讨论的《关于赣州市庆祝人民政协成立50周年活动的安排》，听取赴兄弟市政协考察情况的汇报，通过《政协赣州市委员会常委联系委员制度》，讨论办公室和各专门委员会工作职责和下半年工作要点。

市政协一届三次主席会议 1999年10月22日召开。会议审议提交市政协一届二次常委会会议有关文件和事项。

市政协一届四次主席会议 2000年1月30日召开。会议审议并原则同意市政协一届常委会工作报告（草案）和一届一次会议以来提案工作情况的报告（草案），审议各专门委员会1999年度工作总结；通过市政协一届三次常委会的有关事项。

市政协一届五次主席会议 2000年3月1日召开。会议讨论各专委会组成人员名单。

市政协一届六次主席会议 2000年3月20日召开。会议听取市政协办公室和专门委员会全年工作安排，研究重点提案办理事宜，审议增选副秘书长事项。

市政协一届七次主席会议 2000年5月26日召开。会议审议《关于加快赣州市旅游经济发展的建议（草案）》等有关文件。

市政协一届八次主席会议 2000年7月24日召开。会议听取市政协副主席陈阜东和提案委员会负责人关于全省政协第二次法制社团工作座谈会和第三次提案工作座谈会精神的传达并研究贯彻意见。

市政协一届九次主席会议 2000年9月11日召开。会议审议通过市政协一届七次常委会的有关事项，研究关于召开"江泽民总书记在庆祝人民政协成立五十周年大会上的讲话"讨论会的相关事项以及第四季度各专门委员会主要工作安排。

市政协一届十次主席会议 2000年12月4日召开。会议围绕市委《关于制定赣州市国民经济和社会发展第十个五年计划的建议》进行座谈；审议并原则通过《政协赣州市委员会提案工作评比表彰实施办法（草案）》；研究市政协一届三次全会的有关工作，商议召开市政协一届八次常委会议的有关事项。

市政协一届十一次主席会议 2000年12月21日召开。会议传达全省政协工作会议精神，决定召开市政协一届八次常委会会议有关事项。

第三节 履行职责

一、政治协商

常委会协商 市政协一届常委会第一次会议协商关于设置专门委员会的决定。市政协一届常委会第三次会议讨论通过《关于召开市政协一届二次会议的决定》，原则同意市政协一届常委会工作报告稿、提案工作情况报告稿。市政协第一届常委会第五次会议协商市政协一届委员会人事任免名单。市政协一届常委会第六次会议审议并原则通过《政协赣州市关于政治协商、民主监督、参政议政的实施办法》，协商有关人事事项。

主席会议协商 一届二次主席会议，协商《关于赣州市庆祝人民政协成立50周年活动的安排》，协商《政协赣州市委员会常委联系委员制度》。一届五次主席会议协商各专委会组成人员名单。

二、民主监督

常委会监督 市政协一届常委会第二次会议听取市政府副市长谢碧联关于赣州个体私营经济发展情况的通报。

主席会议监督 一届七次主席会议，审议一届一次会议以来提案工作情况的报告（草案）。

民主行风评议 民主评议行风是扩大基层民主，让群众和社会各界对行业和部门作风加强监督的一项重要工作，是人民政协履行民主监督职能的重要载体，是人民政协开展民主监督的有益探索。市政协坚持在行风评议、民主评议中充分彰显政协民主监督的特色，有力地推动被评议单位和部门的工作。

2000年，全市开展“优化发展环境年”活动，市政协结合市情和政协工作的特点，根据市行风评议领导小组的统一安排，由法制社团委员会牵头，对供电局、电信局、邮政局、移动通信公司开展民主评议；进行投资法制环境情况的调查。经济科技委员会召开优化个私经济发展环境座谈会。市政协推荐37名市政协委员、市政协机关干部担任公安、卫生、城建等20个单位的行风评议员或监督员。同年9月，市政协以“民主评议行风，优化发展环境”为一届七次常委会议的专题。会上，市政府副市长谢碧联通报全市开展“优化发展环境年”活动的情况。与会人员联系实际积极建言，从规范政府行为、整治“三乱”现象、加大执法力度、加强队伍管理等方面提出中肯的意见和切实可行的建议。会议通过《关于开展民主评议行风的实施意见》。《关于开展民主评议行风的实施意见》对民主评议行风的目的、原则、主要内容和形式以及民主评议行风的步骤作出详细的规定。

三、参政议政

常委会参政议政 市政协一届常委会第六次会议听取市政府副市长尹礼山关于赣州市旅游业发展情况的通报。审议并原则通过《关于加快发展我市旅游业的建议案》。市政协一届常委会第八次会议听取市政府副市长谢碧联关于年度全市经济工作运行情况的通报。

主席会议参政议政 一届七次主席会议，审议《关于加快赣州市旅游经济发展的建议（草案）》。一届十次主席会议，围绕市委《关于制定赣州市国民经济和社会发展第十个五年计划的建议》进行座谈。

视察调研 1999年11—12月，市政协法制社团委员会组织部分市政协委员，分两个组对会昌县、寻乌县和兴国县、宁都县法院的执行工作和“两庭建设”情况进行视察，撰写《关于会昌等四县法院执行工作和“两庭建设”情况的视察报告》，对法院执行工作和“两庭建设”提出建议。

2000年6月，市政协学习文史委员会组织视察赣州中心城区园林绿化建设与管理情况，形成视察报告。建议要围绕“创建国家园林城市”目标，加大工作力度，形成创建合力；多渠道筹措资金，切实加大投入，推动园林绿化建设与改造并进；尽快制定出台赣州中心城区园林绿化的地方性法规，强化依法监督和管理；加大宣传力度，提高全民爱绿护绿意识，要着手规划市级中心公园，改造扩建八境公园。同月，部分市政协委员对赣州中心城区的环境保护情况进行视察。8月，市政协农业和农村工作委员会组织调查组对龙南、信丰、安远、赣县等4个县的水土保持监督执法工作进行视察，形成视察报告。建议各级党委、政府要不断提高对水土保持、生态环境建设的认识；加大宣传力度，努力营造全社会重视、关心、支持水土保持监督执法工作的良好氛围；推进水土保持监督执法的规范化建设；引进多元投入的新机制，加强水土流失防治工作。同月，部分委员视察赣州顺元高科技农业试验基地等台资企业。10月，围绕如何发挥乡镇企业对调整农业和农村经济结构、增加农民收入、发展县域经济的重要作用，市政协农业和农村工作委员会组织调查组赴信丰县、南康市、大余县、上犹县、赣县和黄金开发区视察乡镇企业和工业小区建设情况，形成《关于部分县、市、区乡镇企业和工业小区建设情况的视察报告》。建议提高认识，加强领导，把发展乡镇企业作为经济工作的重点来抓；健全机构，理顺关系，为乡镇企业的大发展创造条件；深化改革，加强管理，在提高乡镇企业质量效益上下功夫；加强工业小区管理，加快工业小区建设进程，促进乡镇企业发展；加快乡镇企业产业和产品结构调整，促进企业上规模上档次；加大乡镇企业投入，力促乡镇企业上台阶上水平。市政府办转发视察报告。同月，市政协组织部分居住在赣州的省政协委员赴吉水县视察优化投资环境、推动个私经济发展情况。

意见建议 1999年8月，市政协经济科技委员会组织部分驻市的省政协委员、市政协委员，到章贡区、于都县、兴国县、南康市、龙南县、全南县6个县（市、区）进行实地调查，形成《关于章贡区等六县（市、区）个体私营经济发展情况的调查报告》。建议提高对加快发展个私经济重要性的认识；实施产、学、研结合，逐步走上科技创新之路；扬优成势，把特色经济做大做强；抓住银行利率下调的有利时机，多渠道筹措发展资金；加大培训力度，全面提高管理人员素质；强化服务，优化个私经济发展环境。10月，市政协教文卫体委员会组织部分委员，到寻乌县调查了解中小学网点布局调整情况，形成调查报告。建议加大宣传力度，保证工作到位；优先增加教育投入，尽快改善办学条件，多渠道筹措资金，为布局调整提高教育质量，提供强有力的保证；建立健全制度，规范学校管理；加大教育改革力度，优化教师队伍结构；加强培训工作，提高师资素质。12月，市政协“三胞”联谊委员会组织部分市政协委员，对赣州市台资企业经营发展的情况进行调研。

2000年4月，市政协组织部分驻市的省政协委员、市政协委员，并邀请相关职能部门负责人，到赣州市区及大余、崇义、上犹等3个县，就旅游业发展情况开展专题调研，形成《关于市区和西部三县旅游业发展情况的调查报告》。同月，法制社团委员会组织调查组赴信丰、寻乌、会昌、瑞金、章贡区等县（市、区）进行预防青少年违法犯罪工作的调研。撰写《关于章贡区等5县（市、区）预防青少年违法犯罪工作的调查报告》。建议把预防和减少青少年违法犯罪工作摆上重要议事日程，进一步加强领导；加大综合治理力度，净化文化市场与娱乐场所，提供良好的校园周边环境；积极争取全社会的关心和支持，注重解决预防工作中的实际问题；要充分发挥学校教育的主渠道作用，切实加强青少年的思想品德和法制教育；要切实做好帮教与挽救工作，有效减少青少年的违法犯罪以及重新犯罪。市委将调研报告转发至各县（市、区）委、人民政府及市直有关部门参阅。同月，市政协经济科技委员会组织调查组，赴通天岩风景区、峰山森林公园和上犹、崇义、大余3个县进行旅游业发展情况的调研，形成调查报告。在调查报告的基础上，市政协一届六次常委会议形成《关于加快发展赣州市旅游业的建议案》，提出立足当前，着眼长远，全面推进“旅游旺市”战略；搞好规划，扩大投入，积极有序地开发旅游资源；全力做好宣传促销，抓好旅游商品开发；加强领导，统一认识，搞好管理，形成合力。6月，市政协农业和农村工作委员会组织调查组，针对赣州高海拔山区如何搞好农业产业结构调整问题，对石城、会昌、赣县部分高海拔山区烟稻轮作情况进行调查，形成《关于我市高海拔山区烟稻轮作情况的调查报告》。建议形成共识，再创烟叶生产的新辉煌；调整布局，把高海拔一季稻区作为主要烟叶生产基地来抓；科技兴烟，努力提高生产水平和经济效益；优化收购环境，保护和调动农民种烟的积极性；典型示范，稳步扩大高海拔一季稻区烟稻轮作面积；改革烟叶生产收购管理体制。8

月，部分驻市的省政协委员、市政协委员，对燕京啤酒（赣州）有限公司、赣州虹飞钨钼材料有限公司等 10 家企业进行为期 5 天的调研，形成《关于我市工业企业“三靠、三组”改革情况的调查报告》。

第四节　专委会工作

一、提案工作

政协提案是参加市政协的各民主党派、人民团体和政协委员建言献策的主要方式。市政协的参加单位和各界委员，围绕市委、市政府的中心工作和社会关注的问题，运用提案形式履行职能，为赣州“两个文明”建设献计出力。1999 年 10 月 27 日，市政协一届二次常委会议审议通过《政协赣州市委员会提案工作条例》。该条例共 6 章 29 条，对提案的提出、提案的审查和处理、提案的办理等内容和程序作了明确的规定。2000 年 12 月 29 日，市政协一届八次常委会议审议通过《政协赣州市委员会提案工作评比表彰办法》，对优秀提案的评选条件，评选与表彰办法等提出明确要求。

一届一次会议共征集提案 77 件，立案 73 件。提案建议被承办单位采纳的 57 件，采纳率 78.08%。一届二次会议共征集提案 282 件，立案 265 件。提案建议被承办单位采纳的 250 件，采纳率 94.34%。

提案交办　1999 年 8 月，市人大常委会、市政府、市政协联合召开人大代表建议、政协委员提案交办会。会议部署市政协一届一次会议提案的办理工作。全年市政协收到提案 77 件，经审查立案 73 件（党派提案 1 件、委员提案 72 件），4 件转作来信处理。提案情况分类：工业交通、农林水利、财贸金融、城乡建设等方面的提案 39 件，占 53.42%；科学技术、文化教育、医药卫生、体育事业等方面的提案 14 件，占 19.19%；政治法律、党群统战、劳动人事等方面的提案 20 件，占 27.4%。提案委员会通过电话催办、协商督办、现场办案等形式，促进提案的落实。办复提案 72 件，办复率 98.63%。

2000 年 3 月，市人大常委会、市政府、市政协联合召开人大代表建议、政协提案交办会。会议部署市政协一届二次会议提案的交办工作。市政协收到提案 282 件，经审查立案 265 件（党派、团体和专委会提案 15 件，委员提案 250 件），17 件转作来信处理。提案情况分类：工业交通、农林水利、财贸金融、城乡建设等方面的提案 136 件，占 51.32%；科学技术、文化教育、医药卫生、体育事业等方面的提案 95 件，占 35.85%；政治法律、党群统战、劳动人事等方面的提案 34 件，占 12.83%。办复提案 265 件，办复率 100%。

提案办理座谈会　2000 年 5 月，市政协办与市政府办联合召开由宣传、文化、旅游、规划、城建、工商等部门及提案单位负责人和委员参加的客家文化提案办理座谈会，集中办理弘扬客家文化、发展赣南旅游业等 6 件提案。座谈会形成的意见、建议被市委、市政府及有关部门采纳。会议提出“申办 2004 年第 19 届世界客属恳亲大会”的建议。6 月，市政协提案委员会、市政府办、市教育委员会联合召开办理政协提案答复座谈会。市教育委员会就市政协一届二次全会有关教育方面的 32 件提案办理情况，向提案委员会委员进行面对面的答复，并征求意见建议。9 月中旬至 10 月下旬，市人大常委会办、市政府办和市政协办联合对南康等部分县（市、区）和市直单位办理人大代表建议、政协提案工作进行评比检查。

二、学习文史工作

学习工作　市政协成立之初，就设置学习文史委员会，明确由学习文史委员会作为市政协专门负责政协委员学习的工作机构，具体负责委员学习活动的内容安排和组织工作等。市政协的学习活动主要形式有短期培训班、专题学习会、报告会、座谈会、研讨会、经验交流会等。

1999 年，市政协一届委员会成立，委员们认真学习庆祝人民政协成立 50 周年大会上的主要精神、政协基本知识等内容，加深了对政协工作性质、地位和作用的认识，增强了履行职能，维护团结稳定的荣誉感、责任感和使命感。2000 年，根据形势发展的要求，市政协举办“网络经济与 WTO 知识”讲座，先后组织《一个中国的原则和台湾问题》白皮书、中共中央总书记江泽民《关于教育问题的谈话》以及在庆祝人民政协成立 50 周年大会上的讲话等专题学习座谈会；与赣州电视台联合摄制播出《政协委员关注环保》和《政协委员谈“十五”计划》等专题；发动委员撰稿，丰富《赣州政协》的办刊内容；注重理论和实际相结合，制定市政协《关于政治协商、民主监督、参政议政的实施办法》；加强机关思想作风建设，开展机关县级干部“三讲”教育及“回头看”、警示教育和进村入户与农民同吃、同住、同劳动的“三同”活动。

文史工作 1999 年，赣州市政协编写《政协工作学习材料》，主要内容为人民政协的历史发展、性质、地位、职能、任务、组织机构、主要工作及有关方针政策等。

2000 年，为编辑出版《赣南客家风情丛书》，召开 3 次史料征编工作会议，制订征编计划，组建编委会。为省政协《文史大观》征集赣南客家有关史料 9 篇 3 万多字。学习文史委编写《丹崖悠悠——赣州市通天岩摩崖题刻集编》，该书主编胡国铤，通天岩当年存北宋以来摩崖石刻 128 品，该书汇集其全部并略加注释，中共全国文联党组书记高占祥为该书作序。

三、经济科技工作

1999 年 11 月上旬，市政协经济科技委员会组织部分驻赣州的省政协委员、市政协委员对赣南卷烟厂、赣州酒厂等 6 家企业的发展情况开展为期 8 天的调研活动，形成《关于我市烟、酒重点企业发展情况》的调研报告。建议立足抓大，实现烟、酒工业的规模效益；力拓市场，增加烟、酒品牌的市场认识度和覆盖面；技术创新，推动烟、酒产品上档次上水平；优化管理，建立烟酒企业新的增长机制；政府要搞好服务，为企业创造良好的发展环境。市委办将调研报告转发各县（市、区）委、市直有关单位。11 月 25 日，市政协经济科技委员会、市科学技术委员会在赣州召开技术创新座谈会，来自市内农业、畜牧业、果业、稀土工业、食品工业的 20 多名专家参会，围绕粮食生产、生态农业、畜牧业、烟草业、果业、稀土工业、食品工业、农业结构调整、技术创新中介组织等专题进行座谈讨论，对推进全市的科技创新工作提出意见建议。

2000 年 6 月，市政协经济科技委员会组织调查组对中心城区的环境保护情况进行视察，形成《环境保护情况的视察报告》。建议采取有力措施，尽快治理水土污染问题；拓宽筹资渠道，强化城市环境基础设施建设和管理，实行环保实业化；加强宣传教育，提高公众环保意识。8 月 21—25 日，市政协经济科技委员会组织部分驻市省政协委员、市政协委员对全市 10 家工业企业进行专题调研，形成《关于我市工业企业“三靠”、“三组”改革情况调查报告》。建议进一步解放思想，更新观念，加大“组、靠”力度；调整工业结构，形成具有赣州特色的工业支柱和优势产业；建立健全制度，防止国有资产流失，妥善安置下岗职工；各级党委政府要形成支持国企改革的合力；加快技术创新步伐，提高企业技术创新能力。

四、文化教育卫生体育工作

1999 年 9 月中下旬，市政协教文卫体委会组织部分市政协委员对寻乌县中小学网点布局调整进行调查，进而了解全市民办教育现状，促进社会办学工作，撰写《寻乌县中小学网点布局调整情况调查的报告》。10 月下旬，组织部分政协委员，对章贡区、南康市少儿体校发展状况及全市少儿体育竞技人才培养工作进行调查。建议尽快转变观念，增加竞技体育投入；创办赣州市“三集中”少儿体校，加速优秀体育后备人才基地建设；强化管理，为办好少儿体校提供有力的保障。11 月上中旬，组织部分省、市政协委员，就赣州中心城区、瑞金市社会力量办学情况进行专题调查，撰写《关于我市社会力量办学情况的调查报告》。建议尽快制订赣州市社会力量办学实施办法和赣州市民办教育十年发展规划，纳入赣州市教育事业发展总体规划；营造社会力量办学的良好氛围；规范管理社会力量办学；切实帮助民办学校分忧解困；筹备成立赣州市社会力量办学协会。

2000年6月初，为贯彻落实中共中央总书记江泽民《关于教育问题的谈话》精神，市政协组织召开学习座谈会，与会的省、市政协委员和有关专家、学者围绕加强青少年的思想政治品德教育、切实减轻学生负担、推进素质教育、突出创新精神和实践能力的培养、加强师德校风建设、认真做好预防和减少青少年违法犯罪工作等方面，进行座谈分析，提出许多意见和建议。6—7月，市政协教文卫体委员会组织调查组到章贡区、南康市、大余县、龙南县，对中小学校实施素质教育情况进行调研，了解全市贯彻落实《中共中央国务院关于深化教育改革，全面推进素质教育的决定》精神，撰写《关于我市实施素质教育情况的调查报告》。建议扩大宣传，切实转变教育观念；加强教师队伍建设，建立适应素质教育的高质量的教师队伍；以减轻学生学习负担为突破口，改革现行应试教育体制；改进思想品德教育，始终把德育工作放在首位；加强督导，抓好典型，促进实施素质教育；加大教育投入，逐步改善办学条件。8月15—19日，组织部分政协委员并邀请有关部门负责人对瑞金市、于都县、石城县群众文化工作进行调查，撰写《关于我市群众文化工作情况的调查报告》。建议群众文化工作应摆上党政的议事日程；完善网络建设，推动群众文化健康发展；切实加强群众文化队伍建设；增加投入，拓宽文化事业投资渠道；强化管理，健全机制。9月中旬，组织部分省、市政协委员，对赣州市容环境卫生情况进行视察，并撰写《关于赣州市城区创卫工作情况视察报告》。11月20—24日，组织部分省、市政协委员对崇义县、宁都县乡村卫生组织一体化工作进行调研，以了解全市乡村卫生组织一体化管理情况。11月30日，教文卫体委员会召开“村村通”广播电视工作情况通报会，听取市广播电视局关于全市“村村通”广播电视工作情况的通报。

五、农业农村工作

1999年11—12月，市政协牵头组织督查组，对市直涉农部门的涉农收费情况进行督查。先后对市农业局、粮食局、广电局、国税局、地税局、民政局、农机局、劳动就业局、财政局、土管局、公安局等11个涉农部门的有关涉农收费情况进行督查，形成专题报告，并整理出11个部门的《涉农收费（税）项目清理审核表》。

2000年4月3—7日，市政协农业和农村工作委员会组织部分市政协委员，就寻乌县撤并乡（镇）的情况进行调查，在听取寻乌县委、县政府关于撤并乡（镇）的情况介绍后，到合并后的吉潭、丹溪、晨光、三标4个乡（镇）实地调查，查看有关文件资料，召开部分干部座谈会，走访听取部分群众意见，并撰写《关于寻乌县撤并乡镇情况的调查报告》，认为撤并乡（镇）的做法有利于优化乡（镇）干部队伍结构；有利于精简乡（镇）机关人员，减少财政支出；有利于加快乡（镇）建设步伐；有利于形成具有特色的区域经济。5月15日，市政协农业和农村工作委员会召开老建工作情况通报会，会议通报全市“八七”扶贫工作情况，部分省、市政协委员及市计划委员会、科学技术委员会、农业局等15个有关部门负责人出席会议并发言，委员们建议赣州市要努力争取进入新一轮国家扶持范围，列入国家扶持计划，进一步加大扶贫工作力度，积极探索扶贫工作方法。12月5日，市政协农业和农村工作委员会召开农业科技队伍建设协商座谈会，部分驻市省政协委员、市政协委员和有关部门负责人参加会议，形成《关于农业科技队伍建设的几点建议》。

六、社会法制与民族宗教工作

1999年9月，法制社团委员会对全市贯彻落实省委办公厅、省政府办公厅《关于转发〈省政协八届五次主席会议关于在反腐倡廉中进一步发挥政协民主监督作用的建议案〉的通知》的情况进行调查。

10月12—14日，法制社团委员会组织部分委员旁听市中级人民法院公开审理定南特大食用工业猪油中毒案的庭审。

2000年4月，市政协法制社团委员会组织调查组，赴南康、龙南等地进行非公有制经济投资法制环境情况调查，形成《关于南康等县（市）非公有制经济投资法制环境情况的调查报告》。建议要深化对投资法制环境重要性的认识；加快建章立制步伐，为非公有制经济提供更有力的政策法律保护；强化监督措施，确保政令畅通；规范政府行为，强化服务意识。

七、联谊工作

港澳台侨联谊 港澳台侨同胞是中国爱国统一战线不可缺少的重要组成部分，加强同港澳台侨同胞的联系和团结，开展港澳台侨联谊工作，促进祖国和平统一和中华民族的团结振兴，是人民政协的一项重要工作。

1999年11月，市政协"三胞"联谊委员会与中共章贡区委统战部等单位联合在赣州市南门广场举办迎澳门回归游园会。12月，与中共章贡区委统战部举行迎澳门回归知识竞赛，市港澳台眷属参加竞赛，市政协领导到场观看并颁奖。同月，市政协组织部分委员联合市侨联、赣州电视台赴澳门采访赣南籍同胞，完成制作并播映《走进澳门》专题片。

2000年4月，旅港江西同乡会赴赣州考察团一行37人，由同乡会会长王华湘，省政协港澳委员、会长周起鸿，省政协港澳委员、副会长张良琛、王波如、陶秀英、王忠椒带领到赣州市参观考察，市政协主席胡国铤会见考察团一行，副主席龙德华陪同考察。9月，市政协"三胞"联谊委员会、市侨联、台联、文联联合举办赣州市侨、台、港、澳同胞中秋联谊会。市政协副主席潘其乐、李承道出席联谊会。11月，马来西亚文化寻根团新山客家公会会长肖光麟先生一行32人应邀到赣州观光。台北县客家文化协会秘书长陈元勳和吕锦明教授到赣州商谈赣台两地文化交流事宜，市政协副主席潘其乐参加接待。

专题联谊活动 市政协注重加强对外联系协作。参加"闽粤赣三省七市政协联系协作会议"等联谊组织，通过"联系协作会议"这一平台，加强交流，沟通情谊，提高政协履行职能的能力和水平，促进地区间经济、科技、旅游、文化以及各方面的交流与合作。

闽粤赣三省五地（市）政协联谊活动 始于1990年，起初为闽粤赣三省五地（市）政协联系协作会议，由广东省梅州市牵头发起，参加单位有福建省龙岩地区，江西省赣州地区，广东省惠州市、河源市、梅州市政协。闽粤赣三省五地（市）政协联系协作会议的宗旨：建立联系协作，加强相互交流，扩大联谊，提高政协履行职能的能力和水平，促进地区间经济、科技、文化以及各方面的协作，推动各地经济社会的发展。通过联系协作会议这一形式，进一步促进闽粤赣三省区域边缘地区之间的联系协作，丰富泛珠三角区域合作交流的内涵；通过建立政协之间的联系协作关系，不断探索和交流新时期做好地方政协工作的新经验，充分发挥人民政协的基本职能作用，使政协工作更好地为地方"两个文明"建设服务，推动各地经济社会更好更快发展，为发展和壮大爱国统一战线，为祖国统一大业做出贡献。闽粤赣三省五地（市）政协联系协作会议的主要内容有围绕全国政协章程，在加强政治协商、民主监督方面，经常互通情况，取长补短，交流和总结经验；经常交流开展"三胞"工作的经验和体会；为五地（市）之间的经济和技术交往协作，做好穿针引线的工作；探讨和交流政协其他方面的工作经验。联系协作的主要方式：联系协作会议每年召开一次（10—11月），在三省五地（市）之间轮流举行。每次会议由东道主的市政协主持，并提前2个月发出会议通知，召开会议的顺序为梅州、赣州、惠州、龙岩、河源，依次周而复始轮流。1991年11月，闽粤赣三省五地（市）政协横向联系第二次会议在赣州市（今章贡区）举行。1996年11月，在赣州市（今章贡区）召开闽粤赣三省五地（市）政协第七次联系协作会议。会议交流各地政协自第六次协作会议以来贯彻全国政协《关于政治协商、民主监督、参政议政的规定》，履行政协职能的新经验、新情况；介绍各地经济建设和社会发展的新成就；探讨新形势下，发挥优势，履行职能，为“两个文明”建设和社会发展献计出力的新做法。1999 年 12 月，在广东省梅州市召开闽粤赣三省五地（市）政协第九次联系协作会议，市政协副主席潘其乐出席会议。2000 年 11 月，在广东省河源市召开闽粤赣三省五市政协第十次联系协作会议，市政协副主席陈阜东出席会议。

京九沿线八省十九市（区）政协联谊活动　1997 年 5 月，由安徽省阜阳市政协发起京九沿线地市（区）政协联谊会，旨在通过依托京九这条纵贯南北的“大动脉”，使京九沿线十九市（区）政协，加强区域间联系与沟通，推进区域经贸、文化交流和合作，在提高大京九经济协作带的整体竞争力方面发挥独特的优势。同时，利用京九沿线地市区政协研讨会这种形式，创新思路、丰富内容，为提高各市（区）政协履职工作水平和成效，促进区域经济发展和交流作出积极的努力。京九沿线地市区政协联谊会（后称研讨会）当时参加单位有北京市丰台区，河北省廊坊市、衡水市、沧州市、邢台市，山东省聊城地区、菏泽地区，河南省濮阳市、商丘地区、信阳地区，湖北省黄冈市，江西省南昌市、吉安地区、宜春地区、赣州地区，广东省河源市、惠州市，安徽省阜阳市等 8 个省、市，19 个地、市、区政协。第一次会议于 1997 年 5 月在安徽省阜阳市举行，会议共收到论文和经验材料 32 篇，与会人员考察阜阳市的经济建设项目，会议于 5 月 21 日在安徽省亳州市闭幕。1999 年 10 月，在广东省河源、惠州两市召开京九沿线地市区政协第三次联系协作会议，市政协副主席龚运连出席会议。2000 年 8 月，在河北衡水、沧州两市召开京九沿线地市区政协第四次联谊会议，市政协副主席雷汉生出席会议。

八、社情民意工作

编印《政协工作信息》　反映社情民意是政协履行职能、服务大局的重要内容。市政协以《政协工作信息》的形式编发社情民意专刊，为市委、市政府了解民情、体察民意、集中民智、科学决策发挥桥梁和纽带的作用。至 1999 年年底共编发 6 期。2000 年增设《社情民意简报》，全年编发《社情民意简报》22 期。有 13 件得到市委、市政府领导的批示。

建立反映社情民意机制　1999 年 7 月，市政协一届二次主席会议对反映社情民意工作专门进行研究，制定《政协赣州市委员会常委联系委员制度》，反映社情民意的渠道更加畅通，内容更加丰富。1999 年 10 月，市政协办公室印发《关于进一步加强政协宣传报道和信息工作的意见》，对市政协委员、各专门委员会、县（市、区）政协提出具体要求和任务，建立和完善考核奖励机制，建立起市、县政协收集、反映社情民意的渠道。

第九篇

民主党派

2000年，赣州市有民主党派地方组织6个，分别是中国国民党革命委员会赣州地方组织、中国民主同盟赣州地方组织、中国民主建国会赣州地方组织、中国民主促进会赣州地方组织、中国农工民主党赣州地方组织、九三学社赣州地方组织。

1986—2000年，各民主党派贯彻执行“长期共存、互相监督、肝胆相照、荣辱与共”方针，围绕经济建设中心，不断加强自身建设；认真履行参政党的职能，发挥自身优势和特点，履行参政议政、民主监督、服务社会、祖国统一等方面的职能，为赣州的改革开放、经济建设和社会全面进步作出积极贡献。

第一章 民革赣州地方组织

中国国民党革命委员会（以下简称“民革”），是由继承孙中山先生爱国、革命和不断进步精神的原中国国民党民主派和其他爱国民主人士所创建的，具有政治联盟特点的、致力于建设中国特色社会主义和祖国统一事业的政党，是与中国共产党通力合作的一个参政党。

民革赣州市委员会（以下简称“民革赣州市委会”）工作服务于经济建设中心，发挥自身优势和特点，履行参政议政、民主监督、咨询服务、祖国统一等方面的职能。至2000年年底，共有4人次获民革中央和省部级以上单位的表彰，民革中央领导周铁农、李赣骝、胡敏曾先后到民革赣州市委会考察。

第一节 机构设置

1986—2000年，民革赣州地方组织坚持在中国共产党领导下的多党合作和政治协商制度，贯彻执行“长期共存、互相监督、肝胆相照、荣辱与共”的方针，坚持以经济建设为中心，不断加强自身建设，注重发挥自身优势和特点，认真履行参政党的职能。1999年撤地设市后，由原来的正科级机构升格为正县级机构。

一、机构

1986年，民革赣州市（今章贡区）委员会有支部5个。1986—1999年，民革赣州市（今章贡区）委员会换届四次，宋耀祖、邱道益、陈清华先后担任主任委员。1999年7月，民革赣州市委会筹备组成立，陈清华任组长，民革赣州市（今章贡区）委员会自行撤销。民革赣州市委会由原来的正科级机构升格为正县级机构。1999年10月9日，民革赣州市第一次党员大会召开，选举产生由13位市委委员组成的民革赣州市第一届委员会，陈清华当选为主任委员，朱祥基、何红满、陈平当选为副主任委员。2000年4月，民革赣州市委会机关内设办公室和组宣部。年底，民革赣州市委会机关有7个支部。

二、队伍

1986年，民革赣州地区委员会有党员71人。2000年4月，民革赣州市委会机关定编6人。年底，民革赣州市委会有党员132人，平均年龄56.87岁，大专以上文化程度占55.3%，有“三胞”关系的占40%以上。

第二节 职能履行

一、参政议政

1986—2000年，有64人次担任省、市、县（市、区）的人大代表和政协委员，提交提案和议案260件，大部分提案和议案被有关部门采纳，4人次获优秀提案人和优秀人大代表。

1995年《关于修缮开放蒋经国先生旧居》提案，1996年《加强我市建筑市场的管理》提案被赣州市（今章贡区）政协评为优秀提案。1998年，民革党员陈清华在省政协八届一次全委会上《适当提高万安水库电价，扶持移民发展生产》的建议得到省政府及省财政厅的重视并采纳。2000年，陈清华《为私营企业参与国有企业改革营造良好环境》在省政协八届三次会议上发言，《江西民革》登载。民革党员朱祥基1999年《关于强化农村屠宰税的征管的建议》被赣州市（今章贡区）政府采纳，印发

《赣州市屠宰税征管实施办法》。民革赣州市委会《关于建设宋城大街的建议》《关于开发蒋经国旧居旅游线》《以赣台高科技农业示范基地为依托，加速推进赣州市蔬菜生产产业化进程》《关于在全市各级党校增设“统一战线理论知识”教育课程的建议》《关于赣州市商品房为什么积压的思考》《关于引种推广元宝枫，建立试验示范林基地》《赣州市目前农电管理的现状和发展的思考》《赣南地区矿产资源开发利用现状的调研报告》等提案和调研报告得到政府有关部门重视。2000 年，市委会获中共赣州市委统战部颁发的“肝胆杯”献良策做贡献先进组织奖。

二、民主监督

1986—2000 年，有 17 人聘任为市、章贡区党风廉政建设监督员、人民检察院监察员、人民法院监督员、审计局特约审计员、教育督导员、城市建设监督员及行风评议员，参加人民法院先进法庭评议，审计、城建监察等纠风工作检查，参与公安、供电、电信等 7 个部门行风评议，提出 21 条建设性建议。

第三节 社会服务

一、教育服务

1993 年，民革赣州市（今章贡区）委会在章贡业余补习学校的基础上，成立中山成人高级中学。学校坚持社会效益第一，管理水平第一，师资队伍第一的宗旨，共培养学生 3178 人，其中考入各类学校 2679 人。1996 年，中山成人高级中学获江西省民主党派咨询服务工作先进集体，1997 年被民革中央评为民革全国办学先进单位。1999 年中山成人高级中学拓宽办学路子，在黄金开发区新建 1 栋教学楼，添置各种设备，开办 2 个全日制班级，改变业余办学的历史。

1998 年成立中山书画院，多次面向社会办画展，经常参与民革中央或民革省、市地方组织在各地举办的画展。1998 年 11 月，中山书画院为纪念改革开放 20 周年举办书画展，以艺术的形式回顾国家改革开放 20 年历程，丰富广大人民群众文化生活。2000 年 10 月，民革江西省委员会副主委李友祥，江西省文史馆馆员徐浩然一行 4 人专程到赣州转赠全国人大常委会副委员长程思远为赣州中山书画院题写的院名及《中华文化源远流长》书法作品。

二、科技服务

组织民革党员中的专家学者开展科技、文化、卫生“三下乡”活动，把医药、科技、文化送给贫困山区的广大农民，1997—1998 年，参加义诊 200 多人次，送科技书 200 余册，赠送给乡村幼儿园风琴 1 台、“三用机”1 台，赣州电视台、《赣南日报》《赣州晚报》进行专题报道。

民革党员邱道益用英文撰写的《X 射线激光全息显微术》，入选第 12 届国际 X 光与显微术学会论文，应邀赴波兰出席学术会议，宣读论文，获大会唯一授予国际合作开展此项新技术的评议推荐书，此后，连续 3 次应邀出席国际会议，1995 年被赣州市（今章贡区）政府评为科技兴市先进个人。

三、扶贫帮困

民革党员陈清华致力于为乡镇、街道企业解困帮扶工作，尽力资助农村贫困学生，1994 年，民革中央《团结报》《江西民革》杂志先后报道他的事迹，1997 年被江西省各民主党派、工商联评为“两个文明”建设先进个人。1998 年，九江等地遭受历史罕见的洪涝灾害，民革赣州市（今章贡区）委员会连续 3 次动员全体党员开展募捐赈灾活动，收到捐款 3416 元，衣物棉被 364 件。

第四节 祖国统一工作

一、推动共识

1986—2000年，民革赣州地方组织举行有关台湾问题的报告会、宣讲会、研讨会、学习座谈会近170次，参加人数9000多人次。

香港、澳门回归祖国期间，市委会分别组织庆香港回归知识竞赛和迎澳门回归大型游园活动，社会各界人士近千人参加。

二、促进交流

1986年，民革赣州市（今章贡区）委员会成立“三胞”联谊组，代管黄埔军校同学会具体工作，促进海峡两岸的交流与共识。

1986—2000年接待港澳台及海外人士700多人次，帮助100多位“三胞”及其眷属解决各类困难，引进外资4000余万元，协助20人次赴台探亲，为祖国的统一事业做出贡献。

第二章 民盟赣州地方组织

中国民主同盟（以下简称“民盟”）主要由从事文化教育以及科学技术的高中级知识分子组成，是具有政治联盟特点、致力于社会主义事业的政党。是中国共产党领导的爱国统一战线组成部分，是同中国共产党通力合作的参政党。

民盟赣州市委员会（以下简称“民盟市委会”）以经济建设为中心，不断加强自身建设，充分发挥参政党的作用，履行参政议政、政治协商、民主监督、社会服务、祖国统一等方面的职能。1986—2000年，民盟市委会有35人次获得省部级以上奖励或表彰，2人享受国务院政府特殊津贴。民盟中央领导费孝通、丁石孙、冯之浚先后到民盟市委会及所办力行高中考察。

第一节 机构设置

1986—2000年，民盟赣州市地方组织坚持在中国共产党领导下的多党合作和政治协商制度，贯彻执行“长期共存、互相监督、肝胆相照、荣辱与共”的方针，坚持以经济建设为中心，不断加强自身建设，注重发挥自身优势和特点，认真履行参政党的职能。

一、机构

1986年，民盟赣州市（今章贡区）委员会有支部9个，1986—1999年，民盟赣州市（今章贡区）委员会召开第九届至十二届盟员大会。李驹良、曾庆华、李承道先后担任主任委员。1999年7月，民盟赣州市委会筹备组成立，李承道任组长，民盟赣州市（今章贡区）委员会自行撤销。民盟赣州市委会由原来的正科级机构升格为正县级机构。1999年10月17日，民盟赣州市第一次盟员大会召开，选举产生由15位市委委员组成的民盟赣州市第一届委员会，李承道任主任委员，邓佐国、肖桃芳、刘小玉、邱吉英任副主任委员。1999年年底，民盟市委会内设机构有办公室、组宣部。2000年，民盟市委会有2个基层委员会、17个支部，其中南康支部于1999年由省直属支部划入民盟市委会。

二、队伍

1986年，民盟赣州市（今章贡区）委员会有盟员136人。1999年年底，民盟市委会机关定编6人。

2000年，民盟市委会有盟员191人（10人同时为中共党员），全市盟员中具有大专以上文化程度的143人，其中硕士学位9人，硕士研究生导师5人，93人具有高级职称，67人具有中级职称，6人被选为省部级学科带头人，1人为国家级裁判员。

第二节 职能履行

一、参政议政

1986—2000年，盟员中有130多人次担任省、市（地区）、区（市）的人大代表和政协委员，提交提案（议案）420多件，大部分被有关部门采纳，5人次获优秀提案和优秀人大代表。

民盟赣州市委会的大会发言文章和调查报告内容涉及城市建设、工农业生产、科教文卫体等多方面，反响较大的有《大力发展我市民办教育》《让璀璨的明珠更加璀璨》《依靠科技教育，实现赣州振兴》《优化发展环境要坚持辩证思维》《关于少儿体校发展状况的调查报告》《关于赣州市实施全民健身计划纲要的视察报告》等。

1997年，盟员李承道《关于提高有线（闭路）电视质量的建议》被省政协评为优秀提案。盟员刘世群的《建议省政府对赣州市最近出台的房改新政策进行调查》，省建设厅召开专题厅长办公会，责成省房改办作为重点督办提案，派专人赴赣州进行调查，推进住房制度改革政策的贯彻落实。

2000年，李承道《关于治理章江西段水污染问题》提案，市政府现场办案，制定治理方案，较好地缓解章江西段水污染问题。7月，中共赣州市委、市政府邀请国家和省、市17位专家学者在赣州举行建设赣州区域性中心城市讨论会，盟员邓佐国以《促进赣州的稀土资源优势转化为经济优势》为题在会上发表意见和建议。

民盟南康支部围绕科教兴市主题，开展专题调查，组织考察，提出合理建议。以政府办学为主体，公办学校与民办学校共同发展的建议，为南康市的教育改革探索新的思路，推动创办实施九年一贯制教育的南康新世纪中英文学校。

二、民主监督

民盟赣州市（地）委会切实有效地发挥民主监督作用。1986—2000年，有20余人担任特约“五员”，参加各种检查、监督、评议，提出建议近百条。

第三节 社会服务

一、教育服务

1989年，民盟赣州市（今章贡区）委员会把所办的章贡补习班更改为赣盟补习学校。1993年5月，创办赣南第一所民办高中——赣州市力行高级中学，全国人大常委会委员、香港金利来集团董事局主席曾宪梓题写校名。1995年创办虔州艺术学校。1996年创办赣州工商贸易学校。力行高级中学2次被各民主党派省委会、省工商联联合评为两个文明建设服务先进集体，虔州艺校被赣州市教育委员会评为社会办学先进单位。至2000年年底，培养学生4200余人，大部分升入大中专院校深造或到沿海发达地区就业。

二、科研服务

1999年5月，民盟江西省委员会等单位主办的“面向21世纪赣州经济高级研讨会”在赣州召开，民盟赣州市（今章贡区）委会撰写的《加强林业生态建设，促进赣南经济发展》论文，在研讨会上交流发言。

邓佐国、徐廷华受赣州市（今章贡区）委会委托，1988年开办稀土培训班1期，讲解稀土元素化学、稀土冶金学、稀土萃取冶金学等课程，培训技术骨干 40 多人，参与赣南稀土工业的咨询、决策服务。邱克逢长期在农业第一线从事科研和技术推广工作，获国家级奖励 1 项，省部级 14 项，地市级 14 项，在省部级以上专业杂志发表论文 50 多篇，享受国务院政府特殊津贴。肖桃芳主持和参与完成国家世行贷款课题 2 项、省级课题 2 项、院级课题 2 项，主编或参编专著教材 7 部，发表论文 40 多篇，1993 年获得曾宪梓教育基金高等师范院校教师奖三等奖，被选为省高校中青年学科带头人，2000 年享受国务院特殊津贴。

三、文化体育服务

民盟赣州市委会每年举行 1 次科技、文化、卫生“三下乡”活动，组织各个领域的盟员专家学者，深入乡村，帮助农民朋友解决实际问题，丰富农村文化生活。

张曼君 1994 年编导和主演的《山歌情》获全国第四届戏剧梅花奖、中共中央宣传部“五个一”[一部好的戏剧作品、一部好的电视剧作品、一部好电影、一部好的图书（限文艺类）、一部好的理论文章（限社会科学方面）] 工程奖。2000 年，国家级裁判员徐焰成功策划、筹备、组织全国女子篮球俱乐部（赣州）赛区的比赛和全国男子篮球甲 A 精英赛。

第四节　祖国统一工作

一、推动共识

香港、澳门回归，民盟赣州市委会组织盟员参加各种庆祝活动。开展以“爱中华、促统一”为主题的爱国主义教育活动，宣传“和平统一，一国两制”方针。

二、促进交流

1989 年，民盟赣州市（今章贡区）委会号召全市盟员协助党和政府做好海外亲友工作，增强他们继续往来和在大陆投资的信心。1994 年，应台湾音乐文化基金会和台湾省立交响乐团的邀请，李承道作为江西省唯一的代表，出席第三届中国作曲家研讨会，提交《赣南客家山歌的调式研究》论文。

第三章　民建赣州地方组织

中国民主建国会（以下简称“民建”）主要是由经济界人士组成的、具有政治联盟特点的、致力于中国特色社会主义事业的政党，是与中国共产党通力合作的参政党。

民建赣州市地方组织发扬优良传统，坚持在中国共产党领导下的多党合作和政治协商制度，贯彻执行“长期共存、互相监督、肝胆相照、荣辱与共”的方针，坚持以经济建设为中心，不断加强自身建设，注重发挥自身优势和特点，认真履行参政党的职能。紧紧把握同经济界紧密联系的特点，充分发挥会员在经济管理、专业技能等方面的专长和优势，开展社会服务，为赣州的改革开放、经济建设和社会全面进步做出应有的贡献。

第一节　机构设置

一、机构

1987 年 12 月召开民建赣州市（今章贡区）第六次会员大会，选举产生民建赣州市（今章贡区）第六届委员会，委员 9 名，钱源恒任主任委员。1990 年 11 月召开第七次会员大会，选举产生第七届委员会，委员 11 名，钱源恒任主任委员。1992 年 12 月召开第八次会员大会，选举产生第八届委员会，委员 11 名，钱源恒任主任委员。1997 年 10 月召开第九次会员大会，选举产生第九届委员会，委员 11 名，隋咸山任主任委员。1999 年撤地设市后，赣州市民建地方组织由原来的正科级机构升格为正县级机构，机关设办公室、组织科、宣传科。1999 年 9 月 29 日召开民建赣州市第一次会员大会，选举产生民建赣州市第一届委员会，委员 13 名，唐玉英任主任委员，邹军、郭德明、伍仁贤任副主任委员。2000 年 11 月增补市委会委员 1 名。同年，民建市委会机关设办公室、组宣部。同年，民建市委会对基层组织设置进行调整，设 4 个总支部，下设行政、机关、综合、教育、工业、印刷、交通、商业、供销、个私 10 个支部。

二、队伍

1986 年，民建赣州市（今章贡区）委员会有会员 74 人。1999 年年底，会员发展到 127 人。设机关、工商、综合、印刷、退休等 6 个支部。2000 年发展会员 14 人，会员总数 140 人。会员的成分结构发生较大变化，原工商业者由 1986 年占会员总数的 43%，下降到 2000 年的 12%。发展的成员主要为财经界人员中的经济师、会计师、统计师，工商企业界（含私营）担任一定领导职务的经理、厂长，专业技术人员等。此外，尚有部分律师、教师、教授、医师等。2000 年，会员平均年龄 53 岁；大专以上学历占 53%；有各类专业技术职称的占 66.4%，其中中高级职称占 42%；女会员占 30%。同年，民建市委会机关定编 6 人。

第二节　职能履行

一、参政议政

1986—1998 年，会员中共有 7 人次担任各级人大代表，57 人次担任各级政协委员。会员厉志成任赣州市（今章贡区）副市长、市人大常委会副主任；会员钱源恒曾任民建中央委员、省政协委员、赣州市（今章贡区）政协副主席；会员曾信琼任赣州市（今章贡区）副市长、市政协副主席；会员隋咸山任赣州市（今章贡区）政协副主席。1999 年，有 2 人任市人大代表，其中会员邹军任市人大常委会委员，有 31 人次任省、市、区（章贡区）政协委员，其中会员唐玉英任省政协委员、市政协常委兼副秘书长，郭德明、伍仁贤、梅仁莲任市政协常委，隋咸山任省政协委员、章贡区政协副主席。

民建赣州市委会通过参加各级人大、政协的会议和协商会、座谈会以及考察、调研等活动，围绕经济建设和社会发展主题，充分履行职能，积极建言献策、反映社情民意。撰写考察调研报告 20 余篇，提交各类提案和建议 180 余件，其中 11 件被评为省、市优秀提案。1989 年，《关于赣州市个体、私营经济的调查报告》由赣州市（今章贡区）市长批转有关部门办理。1993 年，《抓住机遇，合理布局，积极建设和启动市场》的报告和 1997 年《如何提高国有企业营销策略的考察报告》，被政府采纳。1995 年，隋咸山撰写的提案《京九铁路贯通后，江西省食品工业面临的机遇和挑战》被推荐到省政协作大会交流发言。1999 年，《发展食品工业必须走贸工农一体化道路》《重视城市房屋白蚁防治，提高居住环境质量》入选民建省委会《调研建言选编》。2000 年，紧扣经济建设中心，运用提案形式履行职能，加大参政议政力度，向省、市、区政协提交提案建议 32 件。《关于赣州市建立特约监察员、检察员、审计员和教育督导员制度的建议》和《红旗大道人行道增设路灯的建议》被评为优秀提案。

1999—2000 年，有 9 人次荣获中共赣州市委统战部“肝胆杯”献良策做贡献先进个人奖。民建赣州市委会评为 2000 年度全省民建工作目标管理提案工作先进单位。民建中央刊物《民讯》2000 年 11 期工作交流栏，刊载提案工作回顾文章《切实而不表面，认真履职建言》。

二、民主监督

2000 年，有 5 人聘为市特约监察员、检察员、陪审员、审计员和教育督导员，有 8 人担任特邀职务。

第三节 社会服务

民建赣州市地方组织发挥人才优势，开展经济技术咨询服务和专业培训工作，为“两个文明”建设献计出力。

一、服务经济发展

1987 年，与工商部门联合成立经济咨询服务部，创办《工商信息》刊物。5 月，咨询服务部对全地区中药材品种、种植及药工培训情况组织专题调查，调查报告送“两会一党”（民建、工商联、农工党）中央中药咨询中心理事会及省、地有关部门参考。1994 年，会员、食品专家隋咸山率队考察市内 4 家肉类加工食品企业，形成《捕捉机遇，发挥优势，重振赣州市食品工业雄风》的调研报告，提出的 5 条建议均被采纳。连续 3 年派专家到肉类加工企业给予技术指导，使濒临倒闭的企业得到振兴，产品畅销省内外。1996—1998 年，为寻乌食品厂、赣州东升集团新产品开发提供技术支持，有 2 项产品分别达到国家名牌和省优水平。1986 年以来，接受各类咨询项目近 60 个，开发新产品 7 项；举办营业员培训班、会计培训班、造纸工艺函授班、食品技术培训班、书法班等 10 余期，为社会培训一批技术骨干和业务人才。2000 年，提交《创农业特色经济，大力发展甜笋竹生产》的建议，得到章贡区政府的重视和采纳，决定把开发甜笋竹列为农村产业结构调整、农民脱贫致富的示范项目实施。

二、扶贫济困

民建赣州市地方组织热心公益事业，参与扶贫济困工作，为社会办实事。1997 年，经“三胞”眷属会员吴爱莲、王荣芳牵线搭桥，港商为赣州市立医院赠送价值 1.9 万元的现代婴儿床，向赣南慈善救济会捐款 10 万元。1998 年抗洪赈灾中，会员捐款 58040 元、捐衣被 246 件。同年，会员万志新捐赠 15 万元兴建会昌县右水希望小学。1993—2000 年，会员参与送温暖和情系西部共享母爱募捐活动，捐款 6000 余元、衣被 100 余套（件）。1998 年，民建赣州市（今章贡区）委会开办安居职业介绍所，介绍待业下岗人员就业 1500 人；会员企业万新集团、赣州华联日用品公司、顺达油漆化工有限公司安排就业 1070 人，受到民建江西省委会通报表彰并颁发荣誉证书。会员、执业律师何依群、叶鹰被聘为市总工会法律援助中心顾问。

第四章 民进赣州地方组织

中国民主促进会（以下简称“民进”）成立于 1945 年 12 月 30 日，是以从事教育、文化、出版、科学和其他工作的高中级知识分子为主组成的致力于建设具有中国特色社会主义事业的政党，是中国共产党领导的多党合作中的参政党，是爱国统一战线的组成部分。

民进赣州市地方组织积极履行参政议政职能，在招商引资、咨询服务等方面发挥积极的作用，为赣州经济和社会事业发展做出积极贡献。

第一节 机构设置

1986—2000 年，民进赣州市地方组织坚持在中国共产党领导下的多党合作和政治协商制度，贯彻执行“长期共存、互相监督、肝胆相照、荣辱与共”的方针，坚持以经济建设为中心，不断加强自身建设，注重发挥自身优势和特点，认真履行参政党的职能。

一、机构

原在陕西省西安市任教的赣州籍民进会员罗传耀于1963年调回赣州三中任教，是赣州的第一位民进会员。1983年5月，在中共赣州地委的关怀协助下，以罗传耀当时所在的赣州师范为中心，发展会员10名。1984年，江西省民进筹委会成立，同年10月成立民进赣州市（今章贡区）筹委会。筹备委员会（1984年10月至1985年2月）由肖昌璜任主任委员。至1984年年底，有会员24人。1985年2月召开民进赣州市（今章贡区）第一次会员大会，正式成立民进赣州市（今章贡区）委会。

第一届委员会（1985年2月至1987年11月）主任委员肖昌璜。下设8个支部。第二届委员会（1987年11月至1993年6月），主任委员肖昌璜，1989年11月经全委会选举谢万陆为主任委员。下设12个支部。第三届委员会（1993年6月至1997年10月）主任委员彭鞠华（1996年6月起任），下设12个支部。第四届委员会（1997年10月至1999年8月）主任委员韩振飞，下设12个支部。

1999年7月，赣州撤地设市，8月，成立民进赣州市委会筹备组。10月31日，民进赣州市第一次会员大会召开，选举产生民进首届赣州市委员会。选举满瑾为主任委员，韩振飞、曾寿生、罗捍华（专职）、刘中蔚为副主任委员，委员13人。2000年，民进市委会机关内设办公室、组宣部。

二、队伍

2000年，民进赣州市委会共有民进会员160人，设14个支部。会员中，具有中高级职称的132人，占会员总数的82.5%；教育界会员111人，占69.38%，文化界21人，占13.13%。会员中有省政协委员2人；市人大代表3人（其中常委会委员2人），市政协委员15人（其中副主席1人、常委1人）；章贡区人大代表1人，章贡区政协委员13人（其中常委4人）。担任民进省委委员的2人。民进市委会机关编制6名。

第二节　职能履行

一、参政议政

民进赣州市地方组织采取提案、会议发言等方式进行建言献策，充分履行参政党政治协商、民主监督的职能，在历次政协会上所作的《警惕拜金主义严重干扰教育事业的健康发展》《抓住“两个创新”促进赣州市经济快速发展》《关于组织评定当代八景》《加强赣州市传染病防治的规范化管理》《强化服务功能，创造更佳金融环境》《进一步发扬地方优秀文化遗产优势，促进我市两个文明建设》等大会发言，得到重视和关注。如《关于评定赣州当代八景》的发言被政府采纳，新的“赣州八景”（三江飞虹、峰塔凌霄、城堞联珠、江滨耀金、丹崖览胜、古苍探幽、长街叠翠、葫芦育宝）的评定，在社会上产生积极反响。

民进赣州市地方组织通过提案、议案的形式积极参政议政。《开发赣南客家食品，使之成为省食品行业的支柱产业》《关于加快市中心水南新城区建设的建议》《建议尽快在赣州市范围内开展近现代文物普查工作》《关于加强对赣南客家文化宣传的建议》等提案受到有关部门的重视与采纳。一批提案被评为优秀提案，市人大代表民进会员提出的《关于在沙石、沙河京九沿线建宋城景区和赣南客家民俗文化村》的提案，受到市领导重视，市政府常务会议决定由市旅游局制定发展规划，市财政局拨款实施。

二、民主监督

2000年，民进会员有8人担任特约“四员”，主要在检察、审计、监察等领域，认真履行职责，积极发挥作用。5名会员获“全国荣誉”称号，9名会员获“省级荣誉”称号，12名会员获“地（市）级荣誉”称号。有15名会员被省民进评为优秀会员，3个支部为先进支部。36人次被授予省、市“双好委员”等先进称号。会员出版专著 29 本，发表学术论文 116 篇。

第三节　社会服务

一、咨询服务

民进赣州市地方组织先后举办育才文化补习学校、自考辅导中心、虔州工业中专学校、少儿英语乐园、中小学生足球夏令营等社会咨询活动。1997 年民进赣州市委会利用《少儿智力开发报》组织数千名学生参加全国中小学迎香港回归知识竞赛活动。组织 100 多名青少年参加中国少年儿童美术、文学竞赛活动，有 50 多名学生的作品获奖。香港回归前夕，与有关部门联合组织 10 场以爱赣州为主题的报告会，听众达数千人。澳门回归前夕，联合市政协举办忆澳门历史，迎澳门回归报告会。

二、扶贫济困

开展智力扶贫活动，多次组织会员中的优秀教师到水西等郊区农村中小学进行示范教学，帮助农村学校教师提高教学水平。积极组织会员向灾区群众捐款捐物活动。1998 年，民进会员就捐款 9340 元，捐衣被 769 件（床）。民进会员、民营企业家王纬海个人捐款 2000 元，2000 年他又捐资 2.6 万元，资助 52 名特困生解决入学困难。

第五章　农工党赣州地方组织

中国农工民主党（以下简称“农工党”）是以医药卫生界高中级知识分子为主，具有政治联盟特点，致力于建设中国特色社会主义事业的参政党。农工党赣州市（今章贡区）委员会自 1957 年召开第一届党员大会成立市委会以来，农工党党员人数逐年增加，2000 年年底，农工党赣州市委员会有党员 166 名。农工党赣州市委会积极履行参政党职能，充分发挥参政议政和民主监督的作用，为经济建设、城市规划、教育、卫生及社会事业等方面提交提案和建议，为党政领导科学决策提供实情和依据。

第一节　机构设置

1986—2000 年，农工党赣州市地方组织坚持在中国共产党领导下的多党合作和政治协商制度，贯彻执行“长期共存、互相监督、肝胆相照、荣辱与共”的方针，坚持以经济建设为中心，不断加强自身建设，注重发挥自身优势和特点，认真履行参政党的职能。

一、机构

1987 年 11 月，农工党赣州市（今章贡区）第七次党员大会召开，选举产生农工党第七届委员会，委员 11 名，康来元为主任委员，下设 12 个基层支部。1990 年 11 月，农工党赣州市（今章贡区）第八次党员大会召开，选举产生农工党第八届委员会，委员 13 名，何侠宝为主任委员，下设 12 个基层支部。1992 年 12 月，农工党赣州市（今章贡区）第九次党员大会召开，选举产生农工党第九届委员会，委员 13 名，何侠宝为主任委员，下设 12 个基层支部。1997 年 9 月，农工党赣州市（今章贡区）第十次党员大会召开，选举产生农工党第十届市委会，委员 13 名，何侠宝为主任委员，下设 12 个基层支部。1999 年撤地设市后，由原来的正科级机构均升格为正县级机构。1999 年 9 月，农工党赣州市第一次党员大会召开，选举产生农工党赣州市第一届市委会，委员 15 名，潘其乐为主任委员，严诺夫、刘生鑫、黄振文、黄居林为副主任委员，下设 11 个基层支部，农工党员 162 名。农工党市委会机关内设办公室、组织宣传部 2 个职能科室。

二、队伍

1999 年，农工党市委会机关定编 6 名。2000 年年底，全市 166 名农工党党员中，医卫界占 70%，工程技术、财会经济、文化教育等界别占 30%；具有中高级职称的占 80%。担任省政协委员 3 名，其中常委 1 名；省人大代表 1 名。市政协委员 13 名，其中副主席 1 名、常委 3 名；市人大代表 2 名，其中常委会委员 1 名。章贡区政协委员 14 名，其中副主席 1 名、常委 3 名；章贡区人大常委会委员 1 名。10 名农工党员担任市、区“特约监督员”。

第二节　职能履行

一、调研建议

农工党赣州市地方组织积极履行参政议政、民主监督的职能，服务地方经济社会发展。20 世纪 80 年代中期，农工党员中的财经专家撰写《面向“特区”，开放江西“南大门”，振兴赣南经济的再思考》的调研文章，主要执笔人应邀在中共赣州地委举办的县级领导干部读书班讲课，《江西内参》全文刊登。

农工党赣州市地方组织每年均有质量较高的调研报告、建议、提案提交，主要有《关于赣州市当前经济改革和经济建设的几点建议》《关于加强生猪定点屠宰的建议》《关于建立市中心血站的建议》《关于创建卫生城的建议》《加强赣州市行政事业收费管理的建议》《关于建立赣州市物价调节基金的建议》《京九铁路建设与大力发展赣州旅游》等，被党委、政府采纳。

二、发言提案

农工党市委会每年有 1～2 件材料在省、市政协会上作大会发言；每届有几件提案被市政协评为优秀提案。至 2000 年年底，担任省、市、区人大代表和政协委员的农工党员向各级党委、政府提交质量较高的建议、提案、社情民意调查近百件。1999 年，《尽快拆除市区濂溪路、中山路、赣江路靠贡江一面所有房屋，裸露古城墙》建议，政府采纳并付诸实施；1999—2000 年多次提出的《要巧打“客家”牌，促赣州经济发展》建议，引起中共赣州市委、市政府高度重视，成立赣南客家联谊会，组团参加在福建龙岩举行的世界客属恳谈会，赣州市在会上正式提出申办世界客属恳谈会，表达赣州市打“客家”牌的信心和决心；2000 年农工党赣州市委会提出的《建议将赣州公园改造成为开放式街心公园》集体提案被政府采纳，改造后向市民全面开放。同年农工党赣州市委会提出的《关于成立市区“120”统一调度指挥中心的建议》提案被市政府卫生主管部门采纳。

第三节　社会服务

一、咨询服务

农工党赣州市委会注重发挥人才优势，开展咨询服务工作。1986—1994 年，农工党赣州市（今章贡区）委会开办赣州前进业余财会高等自学考试补习班，招生近 3000 人，2000 人取得单科合格证；赣州前进中西医函授中心，招生 360 名，70%的学生顺利毕业；光明中医函授大学赣州辅导站，招生 350 名，180 人获得毕业证书。在赣州前进补习学校相继举办口才与公关、日语快速入门、涉外经济知识等单科班，培训人员近 1500 人次。1996—2000 年，为农工党江西省委员会创办的江西光明中西医结合专修学院招生 30 多人。

二、义诊服务

1986—2000 年，为社会各界义诊 5 万多人次，开办医疗讲座 60 多场次，牵线搭桥捐款、赠送药品器械价值约 5 万元。1994 年 6 月和 2000 年 12 月农工党赣州市委会组织医疗专家分赴京九铁路兴国老营盘工地和寻乌、安远山区进行咨询义诊，社会反响较大，《人民政协报》《江西日报》《光华时报》均作报道。1997 年，经农工党赣州市（今章贡区）委员会争取，农工党中央“全国初级卫生保健基金会”在赣县江口镇定为第一批“全国农村合作医疗”中西部 5 个扶持点之一，当年无偿提供 3 万元启动资金。农工党市委会创办的专家医疗门诊部，每年接诊病人近万人次，方便社区居民就近看病，深受患者的欢迎。

第六章　九三学社赣州地方组织

九三学社是以科学技术界高中级知识分子为主体的参政党。九三学社赣州市委员会（以下简称“九三学社赣州市委会”）坚持和完善中国共产党领导的多党合作和政治协商制度，坚持弘扬“民主与科学”精神，认真履行参政党职能，切实加强自身建设，开展科技服务，各项工作不断取得新成绩。1997 年 8 月，江西省政府副省长、九三学社省委主委黄懋衡到赣州考察。

第一节　机构设置

1986—2000 年，九三学社赣州市地方组织坚持在中国共产党领导下的多党合作和政治协商制度，贯彻执行“长期共存、互相监督、肝胆相照、荣辱与共”的方针，坚持以经济建设为中心，不断加强自身建设，注重发挥自身优势和特点，认真履行参政党的职能。

一、机构

1984 年 11 月，在九三学社江西省工作委员会筹备组指导下，由吴正平、余南廉、叶鹏鸿 3 人组建省九三学社赣州市直属小组。1985 年 5 月，成立九三学社赣州市（今章贡区）筹备组，负责发展社员、筹建九三学社地方组织，吴正平任筹备组组长。1986 年 3 月，九三学社赣州市（今章贡区）第一届委员会召开，选举产生吴正平为主任委员，有社员 21 人。1990 年 3 月，九三学社赣州市（今章贡区）第二次社员大会召开，选举产生九三学社赣州市第二届委员会，吴应格当选为主任委员，有社员 72 人。1992 年 11 月，九三学社赣州市（今章贡区）第三次社员大会召开，选举产生九三学社赣州市第三届委员会，吴应格当选为主任委员，有社员 76 人。1997 年 10 月，九三学社赣州市（今章贡区）第四次社员大会召开，选举产生九三学社赣州市第四次委员会，张祖清当选为主任委员。

1999 年 6 月，由钟健生、彭兰秀、李荣、侯乐锋组成九三学社赣州市筹备组；8—9 月，九三学社赣州市委员会筹备组召开 3 次会议；10 月 26—28 日，九三学社赣州市第一次社员大会召开，选举产生九三学社赣州市第一届委员会，钟健生当选为主任委员，彭兰秀、侯乐锋、葛立生当选为副主任委员，有社员 93 人。撤地设市后，九三学社赣州市委会由原来的正科级机构升格为正县级机构。2000 年，九三学社赣州市委会机关内设办公室和组织宣传部，下设机关、冶金研究所、南方冶院、林业 4 个支社和医卫、水轮机厂、齿轮箱厂、供电、农业 5 个小组。

二、队伍

1997 年 10 月，九三学社赣州地区委员会有社员 86 人。2000 年，九三学社赣州市委会有社员 93 人，其中高级职称 61 人，占社员总数的 65.59%。社员中，省、市人大代表 3 人，其中市人大常委会委员 1 人；省、市政协委员 14 人，其中市政协常委 2 人。

第二节 职能履行

九三学社赣州市委会主要采用提案、建议、调研、考察、民主评议等方式进行参政议政和民主监督。

一、调研提案

1986—2000 年提交提案 155 件，采纳 80 件；其中集体提案 35 件，优秀提案 15 件。开展社会调查 13 次，提交调查报告 13 份；向政府提出书面建议 12 份，采纳 10 件。

2000 年，钟健生《加强对破坏市场经济秩序犯罪的打击和预防》提案，获九三学社中央突出贡献奖。《关于加快赣州高新技术产业发展》调研报告，得到市政府采纳并批转到各县（市、区）参考。

二、决策咨询服务

1988 年，赣州市（今章贡区）政府成立决策咨询委员会，社员吴正平、余南廉被聘为委员，吴正平任主任委员。为党委、政府和有关部门科学决策，提供咨询服务。

第三节 社会服务

九三学社赣州市委会充分发挥人才智力优势，积极组织社员中的专家、学者，开展科技咨询服务，创办经济实体。

一、咨询服务

1996—2000 年，开展科技咨询服务 30 余次，举办医药卫生保健知识讲座 4 次，送医送药下乡 3 次。1987 年创办通达科技咨询服务部，为机关企事业单位修理复印机等办公设备 12 台，安装仓库专用提升机 3 台，制造钢丝绳检测仪之传感器 12 台，修理轴承 2 付。

二、创办实体

1992 年创办九九九珠宝行，推动赣州珠宝行业发展。响应国家节约能源，保护环境的号召，吴正平等社员在无资金、无设备、无技术资料的情况下，成功研制太阳能热水器，填补赣州市场上的空白。1997 年创办九三计算机中心，为赣州市（章贡区）检察院设计安装办公自动化系统。为赣州驾校汽车倒桩电子遥控器的研制，提供信息咨询服务。

第十篇

人民团体

人民团体具有群众基础深、组织网络广、工作机制灵活、凝聚力较强等多方面优势，是党和政府联系人民群众的桥梁和纽带。1986—2000年，赣州市（地区）各社会团体发挥桥梁优势、纽带优势和组织优势，结合自身工作特点，积极开展工作，为赣州经济社会发展发挥重要作用。

赣州市（地区）各级工会动员广大职工开展社会主义劳动竞赛和群众性经济技术创新，维护职工合法权益，做好职工生活保障工作；加强工会自身建设，提升工会工作水平。全市（地区）各级共青团组织开展“一个基础建设，三大重点工程”，团员青年思想政治素质不断得到提高，团组织建设不断完善，“服务万村行动、希望工程、跨世纪两大工程、京九绿化”等重点工作不断深化。赣州市（地区）妇女联合会积极开展各项活动，团结、引导、教育、凝聚广大城乡妇女，积极参与文明城市、文明村镇和文明家庭等群众性精神文明创建活动，切实维护和保障妇女儿童合法权益。赣州市（地区）科学技术协会围绕赣南经济建设，严格履行“三主一家”（学术交流主渠道主力军、科普工作主力军、民间科技交流主要代表，科技工作者之家）职责，团结带领广大科技工作者积极从事科研活动，推动赣州科技水平提高和科技普及。赣州市（地区）归国华侨联合会有效履行职能，在维护侨益、海外联谊等方面卓有成效。

工商界联合会是中国共产党领导的面向工商界、以非公有制企业和非公有制经济人士为主体的人民团体和商会组织，是党和政府联系非公有制经济人士的桥梁和纽带，是政府管理和服务非公有制经济的助手。工商联工作是党的统一战线工作和经济工作的重要内容。1986—2000年，赣州市工商界联合会团结赣州广大工商界人士，开展纳税竞赛，推动光彩事业，在参政议政、民主监督和引导会员积极参与全市（地区）经济建设方面都发挥积极的作用。

第一章　工　会

1986—2000 年，全市（地区）各级工会围绕经济建设中心，贯彻执行《中华人民共和国工会法》《中华人民共和国劳动法》，动员广大职工开展社会主义劳动竞赛和群众性经济技术创新；建立健全职工民主管理、民主参与和民主监督制度，拓宽民主渠道，维护职工合法权益；实施送温暖工程，协助党政做好职工生活保障工作；狠抓职工教育，提高职工队伍素质，促进“三个文明”（物质文明、精神文明、生态文明）建设；加强工会自身建设，开展“建家创先争优”竞赛活动和工会干部培训，提高工会工作整体水平。

第一节　工会组织

一、出席省代表大会

1988 年 9 月，江西省工会第八次代表大会在南昌召开，全地区有 96 名代表、3 名特邀代表出席会议。11 月 4 日，李瑞桃、熊长路、汪全英出席中国工会第十一次代表大会。熊长路当选中国工会十一届执行委员会委员。

1993 年，全地区有 65 名代表、3 名特邀代表出席江西省工会第九次代表大会，涂怀东、蔡华添等 6 人当选省工会九届委员会委员，刘世润当选经审会委员；曾光华、熊长路、王建中出席中国工会第十二次代表大会，熊长路当选中国工会十二届执行委员会委员。

1998 年，地区召开工会代表会议，选举 57 名代表出席江西省工会第十次代表大会，雷良骍等 8 人当选省工会十届委员会委员，曾明坤当选省总经审会委员。同年，雷良骍、王斌、曾广清、宋燕当选省出席中国工会第十三次代表大会代表。曾广清当选中国工会十三届执行委员会委员。

二、赣州市工会第一次代表大会

2000 年 3 月 26—28 日，赣州市工会第一次代表大会召开，雷良骍当选市总工会主席，张祥裕、曾明坤、易伍秀当选市总工会副主席。

三、江西省总工会赣州地区办事处

1986 年，赣州地区工会内设组织部、宣传部、女工部、生产部、生活保障部、办公室、地区企业民主管理办公室。1987 年，设立经济开发部。1989 年，设立工会财务部，生产部改为生产保护部，宣传部改为宣教部，增设法律顾问处，成立教育工会赣州办事处，配备专职干部。同年，地区工会成立劳动服务公司；赣州天竺山疗养院和白塔疗养院由地区工会代管。1994 年，地区工会宣教部与教育工会、生活保险部与女工部合署办公。1999 年，撤销江西省总工会赣州地区办事处。

四、赣州市总工会

1999 年，赣州撤地设市，撤销江西省总工会赣州地区办事处，设立赣州市总工会。根据《中国工会章程》的有关规定，新成立的赣州市总工会实行代表大会制度。2000 年 5 月，赣州市工会法律援助中心成立。至年底，市总工会内设办公室、经济工作部、组织部、财务部、教育工会、法律工作部、事业部、监审办公室、基层工作部、职工互助保险会、生活保障部、女职工部。行政编制 34 名、事业编制 5 名。

五、基层工会组织建设

1986年，地区工会辖18个县（市）总工会，73个地属企业基层工会，基层工会委员会2900多个，工会小组1.8万多个，职工人数29.3万多人，工会会员27万多人，专职工会干部1300多人。

1990—1992年，地区工会组织县（市）工会开展“创先争优双服务”竞赛、基层工会开展“建家创先争优”竞赛。各县（市）和基层工会普遍采用抓好典型、以点带面的方法，推动建家工作的深入开展。通过考核验收，表彰6个先进县（市）总工会、27个先进集体、80个先进职工之家、146个先进职工小家（工会小组）、34名模范职工之友（支持工会工作的党政领导）、135名优秀工会工作者和350名优秀工会积极分子。

1993年，地区工会重点做好工会干部协管工作，协助同级党委配备工会班子。1995年，地区工会在全地区推行乡镇企业和外商投资企业组建工会工作，坚持条件成熟一个，组建一个，确保建会工作健康发展。至1996年，全地区外商投资企业有54家建工会，乡镇企业有68家建工会，私营企业有6家建工会。

1995—1997年，地区工会注重工会干部的教育，提高工会干部素质。在井冈山自办3期工会干部培训班，与省总工会干部学校合办2期培训班。

第二节　民主管理和劳动竞赛

一、民主管理

1985年，地区工会选择赣州冶金机械厂、赣南水轮机厂进行基层工会与民主管理相结合试点工作，推行“三合一”体制，即职代会与工会组织、职工代表与会员代表合一；职代会常任主席团与基层工会委员合一；职代会的专门委员会工作小组与工会相关工作委员会合一。1986年，全地区有25个企业开展第二批民主管理体制改革试点，改变职代会与工会内部机构、人员、工作重复的现象。次年，在全地区普遍开展企业民主管理达标活动。到1989年，全地区实现达标单位1023个，全面完成规划达标任务。1987年，地区工会印发《〈全民所有制工业企业职工代表大会条例〉实施意见》，强调落实职代会的职权，职代会对租赁、承包者应进行考核，对承包、租赁方案进行审改。同年，在企业中推行工会代表职工与企业经营者签订集体合同制度的试点。赣州市（今章贡区）率先建立市长联络员制度。各级工会召开民主恳谈会，设立领导接待日制度，开拓职工参与民主建设的新途径。1988年始，全地区工业企业推行厂长负责制、任期制、责任制，实行第一轮承包、租赁经营。1989年，地区工会针对企业承包租赁经营后，民主管理有所削弱的现象，调查4个县和15个承包租赁企业的情况，写出调查报告。对承包租赁企业的厂长（经理）进行民主评议，提高经营者的民主意识。同年，在赣州冶金机械厂、赣州印刷厂和会昌锡矿进行签订集体合同试点。次年，在全地区普遍推广，有41家企业签订集体合同。

1992年，全地区工会组织按照《中华人民共和国全民所有制工业企业法》规定帮助企业健全完善职代会制度，拓宽民主管理、民主参与和民主监督的渠道，推行集体“共保”（企业厂长、全体职工共同担保）合同制度和推广赣州市（今章贡区）建立市长联络员制度。当年，全地区876个企事业单位建立职工代表大会或职工大会制度，有职工代表32064人，召开职代会1878次，提出各种提案6685件，其中实施提案5268件。全地区有85个单位开展民主选举先进领导，568个单位开展民主评议企业领导干部，被评议的6211名领导干部中，受奖励的687名，被免职的138名。1993年，地区工会召开国有企业转换经营机制民主管理工作经验交流会，进行集体所有制企业民主管理工作试点，对各类型企业在维护职工主人翁地位、保护职工合法权益等方面出现的新情况、新问题和新经验加以总结，推进民主管理的深入开展。1994 年，全地区工会组织就公司制、股份制企业工会负责人和职工代表进入董事会、监事会、参与企业民主管理和决策工作进行协调，对党政机关和文教事业单位的民主管理进行探索。1995 年，各级工会对亏损企业职工的困难问题，配合行政积极谋划企业出路，采取各种有效措施启动生产，组织职工生产自救和开展互助互济活动，密切关注职工思想动态，及时发现不稳定苗头，做好疏导工作。

1996 年，全地区各级工会重点在企业中推进平等协商、签订集体合同、厂务公开、职工代表进入董事会、监事会等制度的建立和实施。1997 年，省总工会制定《江西省基层工会社团法人资格管理试行办法》，地区工会认真组织学习宣传贯彻，依法确定和保障基层工会的法律地位及其在民事活动中的权利和义务。1999 年，在全市（地区）开展《中华人民共和国工会法》和《江西省基层工会社团法人资格管理试行办法》宣传月活动。2000 年，配合市人大对全市贯彻执行《中华人民共和国工会法》和《江西省基层工会社团法人资格管理试行办法》进行跟踪问效检查，重点抽查信丰县、安远县、会昌县、宁都县、于都县、兴国县等 6 个县。

二、劳动竞赛

1986 年，在全地区 73 家企事业单位开展以“振兴赣南经济”为主要内容的建功立业竞赛，主要是在职工中开展“争创业务能手”竞赛，推荐 17 家企业参加省“百厂竞赛”，组织 12 个县的 63 个企业开展县与县之间的同行业竞赛。全地区有 31 家企业获“振兴赣南经济建功立业”优胜单位、82 个先进班组、151 名先进个人；9 家企业获省“百厂竞赛”优胜单位。同年，国家经济贸易委员会、全国总工会制定的《合理化建议和技术改进奖励条例实施细则》出台，全地区职工提出合理化建议 20.3 万多条，创造经济价值 7000 多万元。1987—1989 年，在全地区开展以“增产节约、增收节支”为主要内容的社会主义劳动竞赛（以下简称“双增双节”竞赛），竞赛实行计分办法进行评比，采取条块结合、以块为主，分级组织，分级表彰的方式进行。地区组织地属以上企业和税利百万元以上的大户共 64 家企业，划分为 10 个赛区开展厂（矿）际竞赛；各县组织本县税利大户，开展县内厂际竞赛，全地区有 640 家企业参赛。全地区有 8 家企业获“省级百厂竞赛”优胜企业，4 家企业获全省“双增双节”竞赛优胜企业，涌现 79 个先进班组，106 名先进个人。1989 年，全地区有 54 名一线工人被省政府授予“江西省有突出贡献工人”称号，并给予每人一级工资奖励。刘法祯等 7 人被授予“全国劳模”“全国先进工作者”光荣称号。

1990 年，组织开展以“抓管理、增效益”为重点的“双增双节”劳动竞赛，全地区投入竞赛的单位有 1635 个，创经济效益 6468 万元。全地区 41 人被评为省劳模，并给予每人一级工资奖励。1992 年，各级工会围绕搞活企业和充分发挥职工主人翁作用，以提高职工技术素质为突破口，大搞岗位练兵和技术比武，组织劳动竞赛和合理化建议活动，全地区有 1288 个企事业单位开展劳动竞赛，通过竞赛，实现产值比上年增长 10%的目标。提出合理化建议 10.6 万件，被采纳 2.5 万件，创造（节约）价值 3535.16 万元。瑞金红都糖厂锅炉青年运行班获全国“五一劳动奖状”；西华山钨矿钻工赖贤福、大余食品厂厂长陈维生、赣州钴冶炼厂工会主席王水长等获全国“五一劳动奖章”。1993 年，围绕经济上新台阶，开展以“双增双节”为目标的“岗位创一流，班组创先进，企业创效益”竞赛活动。各单位把组织职工开展合理化建议、技术革新、技术协作等活动，作为竞赛重要内容。全地区有 24 个单位申报合理化建议重大成果，创造（节约）价值 1571 万元。各级职工技协组织攻破技术关键，推广新技术，创造经济价值 708 万元。1994 年，在全地区 14 个竞赛片中开展锅炉同工种竞赛，与 9 个县（市）工会开展帮扶企业扭亏增盈活动。共收到合理化建议 41186 件，被采纳 3859 件，创造（节约）价值 245 万元。1995 年，组织 16 家骨干企业，76 家地属或同行业开展厂（矿）际竞赛。

1997—2000 年，开展以提高经济效益、节能降耗、产品更新、扩大销售和市场占有率为内容的劳动竞赛，全省有 300 多家企业参赛。2000 年，郭荣英、罗义华、邹毅、黄正瑞、邓选星、谢金水、罗晓航、陈来生等 8 人获“全国劳模”或“先进工作者”称号。1986—2000 年，对在社会主义建设和历次生产竞赛中涌现的劳动模范、先进生产（工作）者，由市（地区）以上各级人民政府表彰、授予荣誉称号，享受休养、增资等方面的待遇。

第三节　生活救济和财务管理

一、生活救济

1986 年，地区工会要求所有国营企业按照《中华人民共和国劳动保险条例》规定，对已实行劳动保险的单位进行整顿、全面登记、建立档案。全地区有 257 个基层工会成立劳保委员会，有 320 个单位建立劳动保险卡，享受劳动保险待遇的职工达 342869 人。1987 年秋，寻乌县、会昌县、安远县发生地震，部分职工财产遭受严重损失，地区工会筹集 102 万多元支援灾区重建家园。至 1988 年，全地区建立互助储金会 5085 个，参加互助储金会人数 17.7 万多人，互助储金 568.99 万元。

1989—1990 年，地区工会、省总工会、全国总工会等共拨款 5 万多元，对 474 名特困职工（其中 68 名退休职工）给予经济上的补助。各企事业单位开展相应的救济活动。全地区建立物价监督站 18 个、物价监督分站 44 个、物价监督基层站（组）46 个、群众物价监测网 26 个，设有专职物价监督员 23 人、兼职物价监督员 452 人、群众物价监督员 65 人，通过群众性的物价监督，协助政府正确贯彻国家物价政策，检举揭发不法分子任意抬价捣乱市场行为，维护广大消费者的利益。1992 年年初，地区各地连降暴雨，出现历史上罕见的洪涝灾害，给不少职工家庭造成严重经济损失。各级工会开展职工生活困难补助和送温暖活动，补助困难职工 710 人，补助金额 5 万元。1993 年，全地区补助困难职工 4000 人，总金额 25 万元。在国庆、中秋节前夕，地区工会拨出补助专款 6 万元，集中补助赣州森铁处等 8 个困难企业的特困职工。1994 年，上犹县、石城县遭受暴雨、龙卷风和冰雹灾害后，地区工会争取救济款 2.2 万元。1995 年，各县（市）成立送温暖基金委员会。全地区各级工会陪同党政领导共走访慰问困难企业 581 个，特困职工 14221 人。

1996 年，地区工会成立职工互助保险会，全地区建职工互助保险基层分会 66 个，发展会员 1.3 万人，参加投保单位 150 多家，保险储金 260 多万元。1997 年元旦春节期间，全地区各级工会多方筹集资金 410 多万元，走访慰问困难企业 866 家，慰问补助困难职工 31252 人。1998 年，成立赣州地区职工消费合作社配售中心，为特困职工生活服务。地区工会印发《关于在全区职工中开展“送温暖工程”捐款活动的通知》《关于帮助做好特困职工子女入学工作的通知》，为特困职工解决实际问题。

1999 年 7 月，市总工会印发《关于建立职工补充保障体系的规划的通知》，各级职工保障体系逐步建立。1999—2000 年，全市（地区）工会贯彻全国总工会《关于进一步加强工会法律顾问工作意见》，市（地区）工会及县（市）工会相继建立法律顾问处，开展法律宣传和职工法律咨询工作，提供法律帮助，处理职工来信来访。开通维权热线电话。各级工会协助党政做好国有企业下岗职工基本生活保障、再就业，“两个置换”（置换企业产权、置换职工身份）中的社会保险关系接续工作。全市（地区）工会帮助特困职工进入城镇最低生活保障的有 13088 人，占特困职工总数的 45%。培训下岗职工 10900 多人，帮助 4673 名下岗职工实现再就业。推动全市（地区）领导干部联系帮扶特困职工家庭制度的建立，有 2619 名领导干部联系特困职工 7584 户。各级工会普遍开展扶贫助学和献爱心活动，资助 300 余名特困子女就学，资金 20 余万元。市（地区）总工会开通特困职工救助热线电话，受理热线电话 346

次，帮助特困职工解决实际困难 293 人次。在元旦春节送温暖活动中，全市（地区）筹集送温暖资金 1168 万元，送温暖基金 530 余万元，走访 1216 个困难企业，补助困难职工 35624 人，为特困职工解决实际问题和办实事 1688 件。全市（地区）职工互助保险会发展会员 4817 人，累计 48766 人；收缴储金 2405 万元，累计 4622 万元，保费 8.3 万元。全年发生理赔案件 238 起，赔付金额 8.29 万元。

二、财务管理

1986 年，地区组织各级工会财务工作竞赛和开展财务大检查，有 118 个单位进行自查和互查。全地区工会经费收入 195.41 万元，其中地区本级收入 75.86 万元，上解经费 27.57 万元。1988 年，省总工会确定在赣州地区进行财务体制改革试点，把原由省总直管赣州地区各县（市）总工会的财务，改由赣州地区工会办事处全权管理，并在上解省总留成 10%的经费中减免 4%。

1990 年，成立地区工会财务实业部，实行全地区财务归口管理。同年，地区工会经济部和劳动服务公司成立。1992 年 9 月，赣州职工教育活动中心动工。1998 年 3 月，地区工会将职教中心环城路地段开发兴建商业网点商品住宅所得收入，全部用于建设职教中心主楼。同时发动地区工会职工集资，完成职教中心主体工程。4 月，地区工会与中意实业有限公司签订协议，共同开发。

1992 年，各级工会重点抓工会财务、经济事业和基本建设工作。开展财务工作竞赛，对 13 个县（市）和 64 个基层工会表彰奖励。工会经费依法实行独立管理，工会经费的来源为工会会员按工资收入的 0.5%缴纳会费，建立工会组织的企业、事业单位、机关按每月全部职工工资总额的 2%向工会拨缴经费；工会所属企业、事业单位上缴的收入；人民政府和单位行政的补助等。企业事业单位、机关行政拨缴的经费占工会经费收入的 70%以上。当年，全地区工会会费总收入 172.1 万元，总支出 161.3 万元。1994 年，以县（市）总工会为主，分成 3 个片，开展工会会费收、管、用检查。1995 年，全地区工会会费总收入 216.1 万元，总支出 42.8 万元，当年，地区工会被全国评为地（市）级工会财务工作一等奖。

1993—2000 年，各级工会坚持财务归口管理和一支笔审批经费（有关工会经费方面的收、支由财务部门按规定统一管理和安排，其他任何部门和个人都无权乱开口子）。建立健全各项财务制度和资产管理制度。

第四节　女职工工作

一、女职工劳动保护

1986 年，全地区各级工会贯彻《女职工保健工作暂行规定》，地区工会与地区妇幼保健院在赣南纺织厂、赣州钴钨冶炼厂、西华山钨矿、赣南制药厂等 5 个单位开展女职工劳动保护试点工作，随后全面推广。

1990 年，重点对《江西省女职工劳动保护实施办法》执行情况进行检查。1991 年，地区工会联合地区人大联络处、地区政协联络处、地区劳动部门等，对全地区万名女职工进行有关劳动保护问题的问卷调查，对部分单位执行《女职工劳动保护规定》的情况进行抽查。

二、女工工作达标

1987 年始，全地区各单位（系统）分 3 年开展女工工作达标活动。各县（市）、大中型企事业单位建立女工工作委员会，设立女工部、配备专（兼）职女工干部。地区工会制定《女工小组工作条例》，指导基层开展女工工作。全地区有 765 个单位达标，建立女职工委员会 790 个，女工小组 2993 个。1988 年，全地区各级工会对女干部和工会积极分子采取以会代训培训 1.7 万多人次。地区工会组织 85

名女工干部脱产学习写作、摄影知识等。选送一批女工部长到省总工会和全国总工会举办的女干班学习。1989 年，全地区各级工会对女职工组织进行全面整顿，将女工委员会或女工工作委员会改为女职工委员会。全地区有 16 个县（市）和 42 个企事业单位，产生女职工委员会 390 个，女职工小组 1316 个。1999 年起，开展“女职工成才自我达标”活动。

三、劳动竞赛

1990 年 10 月，地区工会女职工委员会成立并举行第一次全委会，通过工作条例，决定在全地区女职工中开展技术比武活动。

1995—2000 年，围绕贯彻实施《中华人民共和国劳动法》和迎接第四次世界妇女大会在北京召开，在全市（地区）女职工中开展“巾帼双文明建功立业”竞赛活动。各级工会女职工组织围绕企业改革和发展的目标，开展学比创“九五”立功行动和争当“岗位女能手”“巾帼文明班组”“我为企业添光彩”“我为企业献一计”等活动。

第二章　共产主义青年团

1986—2000 年，全市（地区）各级团组织坚持“一切从实际出发，大胆探索创新，突破重点难点，力求实绩实效”的工作原则和要求，狠抓“一个基础建设，三大重点工程”，团结带领全市（地区）团员青年艰苦努力，扎实奋斗，团员青年思想政治素质不断得到提高，团组织建设不断完善，团的“服务万村行动、希望工程、京九绿化”等重点工作不断深化，为推进全市（地区）“两个文明”建设发挥积极作用。

第一节　共青团组织

一、出席共青团全国代表大会

1992 年 10 月，中国共产主义共青团第十三次代表大会在北京举行，潘昌坤、吴良明 2 名代表参加，潘昌坤当选为委员。

1998 年 6 月，中国共产主义共青团第十四次代表大会在北京召开，刘醒吾、吴晶、包月妃等代表参加。刘醒吾被推荐为大会主席团成员。

二、出席共青团省代表大会

1992 年 5 月，共青团江西省第十一次代表大会在南昌召开，全地区有 101 名代表参加，潘昌坤、谭宝森、陈雪梅等 3 人当选为委员，邓泽林、任圣娣等 2 人当选候补委员。

1998 年 4 月，共青团江西省第十二次代表大会在南昌召开，全地区有 106 名代表参加，刘玉林、肖林兴等当选为团省委委员，温元章、余芳、刘小安 3 人当选为候补委员。

三、共青团赣州市第一次代表大会

2000 年 5 月，共青团赣州市第一次代表大会在赣州召开。大会有正式代表 320 人，实到代表 309 人。大会选举产生共青团赣州市第一届委员会委员、候补委员、常委和书记。

四、共青团赣州市委员会

1986 年，团地委全称为中国共产主义青年团赣州地区工作委员会，1988 年改称为中国共产主义青年团赣州地区委员会，恢复党组建制。1986—1994年，内设机构有办公室、组织部、宣传部、学少部、青工部和青农部，其中办公室和青工部、组织部和青农部合署办公，实行两块牌子、一套机构。1995年3月，成立赣州地区青少年发展基金会，为全额拨款正科级事业单位。1997年7月，成立江西省青年联合会赣州地区联络处，与办公室合署办公，青工部合并到宣传部，维权部合并到办公室。8月，成立赣州地区青年旅行社，为团地委内设的自收自支科级事业单位，同月，设立海荣扶助发展中心，为自收自支的事业单位。1999年7月，赣州撤地设市，共青团赣州地委更名为共青团赣州市委。原赣州市（今章贡区）青少年宫上划到团市委，为正科级事业单位。到2000年年底，共青团赣州市委内设机构有办公室（含维权、青联）、组织部、宣传部（含青工）、学校少先队工作部，下属事业机构有青少年发展基金会、青少年宫、海荣扶助发展中心和青年旅行社，编制41名。

五、团组织与团员

1986年，全地区有团委635个、团总支613个、团支部11436个，其中团地委直辖团委102个、团总支1个。有青年165万人、团员35.5万人、专职团干部1038人。至2000年，全市有团委609个、团总支889个、团支部12176个，其中乡镇团委304个、村团支部4290个。团市委直辖团委109个、团支部3个。有青年157.38万人、团员30.88万人。

第二节 组织工作

一、基层团组织建设

1986年，全地区各级团组织工作围绕“加强组织活力”，对基层团委进行整顿建设，当年全地区有356个乡（镇）配齐团委领导班子。1987年，全面整顿基层团支部。村团支部均建立领导班子，配备书记，建立团的工作制度，村级团支部工作进入正常轨道。1988年，全地区以颁发团员证，实行团员证制为主要组织建设工作。上半年团地委重点抓赣州市（今章贡区）和兴国县的试点工作，年底颁证工作全面展开，全地区32万多名团员获得团员证。1989年，各团县（市）委换届选举，163名团干部被提拔到团的领导岗位。1990年，全地区各级团委、团支部开展“争先创优”为主题的达标竞赛活动，对30个红旗团支部、15个先进团委、65名优秀团干、135名优秀团员进行表彰。1992—1993年，全地区各级团组织加大整顿力度，以农村为重点和难点，以村级组织配套建设为契机，把团建纳入党建工作目标。团地委实行中层以上干部分片责任制。通过整顿，全地区一类团支部达到45%，二类团支部占40%，三类团支部控制在5%以下；95%的村设有团支部，386个乡（镇）和街道办配齐专职团干，共有乡级团干471名，其中配三线的有36个乡（镇）、双线的有51个乡（镇）。1998年11月，团地委与地直机关工委联合印发《关于在赣州地区公安局等十六个部门建立系统团委的意见》，至年底，地区城市信用社中心社在系统内率先建立团委。

二、干部队伍建设

1989年，团地委重点向党组织推荐团干部到党政部门任职，278人被录用。1991年，全地区团委组织建设工作以“向党组织推荐优秀团干，推荐优秀团员入党”（以下简称“双推”）为重点，向党组织推荐优秀团干部535名，推荐194名优秀团员入党。1992—1993年，加强“双推”工作，向党组织推荐入党积极分子5000多名，有1857名优秀团员入党；向党组织推荐优秀青年干部618名，有197名优秀青年干部充实到领导岗位。1998年，团地委采取“试点先行、辐射推广”形式，重点抓农村青年致富能手、村团支部书记、村党支部后备干部“三位一体”配置工作，在农村青年致富能手中选拔团支书，打破格局大胆实行“不是团员的青年可发展入团再上岗，团支书不占村级职数”构想。3月，团地委在南康市潭口镇进行试点。

第三节　宣传工作

一、青年志愿者行动

1994—2000年，全市（地区）青年志愿者在发展生产、社会治安、抗洪抢险、扶贫济困、社会公益等为主题的活动中，发挥表率作用。1994年，团地委号召全地区组织团员青年组成青年突击队和青年志愿者服务队，奔赴果业开发第一线，在全地区范围内开展青年志愿者交通法规宣传教育活动。期间成立25支青年志愿者服务总队，600多支分队，7060个活动小组，近10万名青年志愿者参与活动。举行全地区交通法规知识竞赛，比赛分七大竞赛片，有1.1万多人参加竞赛。1995年，全地区开始实施“赣州地区青年志愿者‘一助一’服务计划”，结对3000对，建立“一助一”长期服务对象档案。1996年，启动以“集体＋农户”“个人＋农户”等形式对贫困家庭提供劳动、技术、资金等帮助。1998年，团地委以“扶贫济困”为主题，开展以困难职工特别是下岗职工为主要对象的“百万青年志愿者奉献爱心行动”。组织驻市（地区）单位团委和地属单位团委千余名青年志愿者举行“青年志愿者奉献爱心行动”。全地区大中专学生志愿者暑期科技、文化、卫生“三下乡”，全地区近万名大中专学生参加。1998年，江西省北部遭受百年不遇的洪涝灾害。全地区团员青年开展青年志愿者赈灾行动，筹集赈灾款5万多元，赈灾物资60余万元，支援灾区。2000年，团市委组织开展“中国青年志愿者服务日”活动。在大中专院校组织青年志愿者科技、文化、卫生“三下乡”活动；在各县（市、区）青年志愿者中开展“绿化周围环境、建设美好家园”志愿服务活动；在机关青年志愿者中开展社区服务活动。

二、青年文化园

1986年，团地委、地区工会和地区体育运动委员会联合举办纪念红军长征50周年“长征杯”青少年环城长跑赛；举行青少年“长征颂”歌咏会。1987年，组织开展“八一”南昌起义、秋收起义、创建井冈山革命根据地60周年纪念活动。1989年，围绕纪念五四运动70周年，开展一系列青年文化艺术活动。1991年，举办以学苏区革命传统为内容的书法、苏区革命故事大赛及青少年革命传统教育夏令营。1992年，团地委与赣州团市委举办“1992年赣州首届青年艺术节”。1993—1996年连续4年，举办全地区青年卡拉OK大赛。1997年，团地委在全地区范围内评选“十佳敬老青年”。傅华秀、范德文、周德贵、袁秀莲、廖六娣、钟其松、胡年英、许佳、李振林、刘小明等10人获全地区“十佳敬老青年”称号。全地区开展以“告别不文明行为”“你我共做文明人”为主题，以创建文明场所、文明小区、文明道路为重点，以优美环境、优良秩序、优质服务为目标，以青年志愿者、青年文明号、手拉手活动为载体的“讲文明、树新风”活动。1998年，团地委联合地委宣传部等有关部门开展“高举旗帜，再创辉煌”读书教育活动。伍世红、曾国敏、叶海燕、洪晓峰、黄立玲、朱达宣、黄小康、杨建明、唐桂兴、姜芳龙等10人被团地委与地区公安交警支队联合授予全地区首届“十佳青年交警”称号。1999年，团市委组织市直单位14个团委举办国庆游园活动。10月，成立赣州市青少年“新世纪”读书俱乐部。2000年，团市委联合市台办、市教育委员会在市属单位及驻市学校举行“盼祖国早日统一”万名青少年巡回签名活动。举办“客家新人擂台赛”，弘扬客家精神。联合赣州电视台、赣州酒厂等单位举办“广场之声”青年歌手大擂台赛。与市建设局启动创建“青年文明一条街”活动。

三、青年思想教育

1987年，团地委以宣传“继传统、讲文明、倡新风”为主题，开展“实用技术培训、法律和纪律教育、职业道德教育和移风易俗教育”四项工作的宣传教育；开展“中学生实践教育”活动宣传，提出中学生实践活动“一年打基础，二年抓提高，三年力求见成效”的具体要求。1988 年，以广泛开展形势与任务教育为主题，配合治理环境，整顿经济秩序，全面深化改革，对广大团员青年进行个人利益服从集体、国家利益，局部利益服从整体利益的教育。1989 年，团地委成立赣南青年思想政治工作协会。1990 年，团地委以培养“四有”（有理想、有道德、有文化、有纪律）新人为重点，“学雷锋，学赖宁，做‘四有’新人”为主线，作为全地区青少年思想政治工作的基点，在龙南县召开“双学”（学雷锋、学赖宁）动员报告会，掀起“双学”活动高潮，采取专题报告会，祭扫烈士陵墓等形式，对青少年进行革命传统和艰苦奋斗教育。全地区成立“青少年学雷锋、学赖宁服务队”300 多个，6 万多名青少年参加。1991 年，全地区以“学苏区传统，做‘四有’新人”主题活动为龙头，开展振奋精神的宣传教育。1992 年，组织观看团中央、中央电视台联合拍摄的大型纪录片《共青团之光》。举办“九十年代活雷锋”演讲暨演讲培训班。地区汽运公司一〇四车队青年司机蔡厚强果断处置一个塞在客车座位下已被引燃的炸药包，保护国家财产和 25 名旅客安全，团地委授予蔡厚强“新长征突击手”荣誉称号。1995 年，在全地区青年干部中举行学习孔繁森先进事迹演讲比赛。组织 1000 多名年满 18 周岁的青年举行全地区首次 18 周岁青年成人仪式。并明确规定，各地各级团组织在每年的“五四”青年节和国庆期间要组织这项活动，上半年出生和下半年出生的青年分别参加“五四”青年节期间和国庆期间举行的仪式。1996 年，地委组织部、团地委在瑞金市中华苏维埃旧址举行千名新党员、新团员入党、入团宣誓仪式。地委老干部局召开纪念中国工农红军长征胜利 60 周年老红军与新长征突击手、优秀青年座谈会。1997—2000 年，以思想政治教育和形势教育为主题，先后在全地区团员青年中开展“学习邱娥国、争当好青年”活动，在全市（地区）大中专院校召开学习邓小平理论经验交流会，在全市（地区）青少年中开展学习“三个代表”重要思想和学习教育等活动。

第四节　学校与少先队工作

一、主题活动

1986 年，全地区学少工作围绕“以共产主义教育为中心的创造性活动征文”主题，团地委召开观摩研讨会，8 篇征文获全国少工委奖励。“六一”国际儿童节期间，兴国县潋江一小学生姚晨赴天津参加全国“六一”国际儿童节庆祝晚会，受到团中央书记王兆国等领导的接见。当年，全地区 30 万名少年儿童佩戴少先队徽章。

1998 年 3—8 月，在学习“全国十佳少先队员”活动中，全地区选出 300 余篇读书文章参加全国评选，其中赣南师院附小的罗恩杰、兴国县潋江中学的江臣慧、安远县合子中学的郭明荣获国家一等奖，团地委被全国少工委、中国少年报社授予优秀组织奖。11 月，团地委举行首届少先队鼓号队演奏录像比赛，选送 2 个学校参加全省比赛，兴国县实验小学获优秀奖。

1999 年 10 月，团市委发动近 10 万名大、中、小学生参加“江西邮政杯”学习书信有奖竞赛。12 月，开展首批“全市红领巾示范学校”评选活动。2000 年 12 月，团市委与全国少先队辅导员协会联合开展“智力七巧板”科技竞赛活动。

二、出席全国、全省少年先锋队代表大会

1986 年 10 月，曾繁荣、蒋太群等 28 人代表全地区少先队员和辅导员出席江西省首届少年先锋队代表大会。

1995 年 6 月 1—4 日，中国少年先锋队第三次代表大会在北京举行，赣州市（今章贡区）红旗二校三年级少先队员谢宁、团地委学少部长董赣雄分别出席和列席大会。

三、创五星雏鹰行动

“雏鹰行动”是1994年年初由共青团中央、全国少工委发起的面向全体少年儿童的一项素质训练活动。以实践活动为基本途径，以培养少年儿童的生存与发展意识和技能训练为基本内容，以进度性分列基础奖章为主要激励措施，运用少先队特有的组织形式，引导和帮助广大少年儿童学会生存、自强、自立，学会服务、乐于助人，学会创造、追求真知，提高全面素质。

1994年9月，团地委全面部署“跨世纪中国少年雏鹰行动”，在全地区各县（市）城区小学开展试点。11月，全地区少先队“雏鹰行动”现场会在赣县召开。1995年4月，召开全地区少先队工作会议，专题总结和研究全地区“创五星雏鹰行动”，部署《创五星雏鹰行动达标手册》的颁发工作。

2000年9—11月，团市委与市公安消防支队联合开展全市少年儿童争获雏鹰奖章“消防章”系列活动。

四、手拉手活动

1992年，号召城乡学校开展联谊活动，帮助贫困山村的乡村小学建成手拉手图书架，城乡小伙伴一对一交朋友，全地区先后建立手拉手图书架16个。1994年，团中央和全国少工委将手拉手活动纳入“跨世纪中国少年雏鹰行动”中，并改名为“手拉手互助活动”。全国评出百对手拉手好朋友相会在北京，瑞金市东升小学刘之平、叶坪中心小学钟浦云、云石山中心小学曾艳平、泽覃玉龙小学章萍萍等4名少先队员获此殊荣，受到中共中央总书记江泽民的接见。瑞金市代表江西老区少年参加上海东方广播电台等单位联合主办的联谊活动。1995年，全国少工委发出倡议，要求积极开展“手拉手互助结对”活动，全地区有68名少先队员与上海小朋友结对，有百余名辅导员与上海结对，开展以交一个红领巾手拉手好朋友，写一封红领巾手拉手交友信，赠寄一份学习用品，看一次结对好朋友为内容的“四个一”活动。瑞金市泽覃玉龙小学、叶坪新华希望小学、宝钢希望小学分别列为全国手拉手联谊学校，辅导员邓光信被评为“全国手拉手优秀辅导员”，瑞金少工委获优秀组织奖。“六一”国际儿童节期间，宝钢希望小学的刘立年参加全国“手拉手”互助活动表彰会。1996年，全地区建立起手拉手通信、交流、互访和表彰制度，完成少先队员结对2万个，少先队辅导员结对百余名，联谊学校百余对。1997年，全国少工委发起“实施辅导员手拉手互助交流计划”和“手拉手红领巾助残活动”。上犹县、兴国县、会昌县辅导员分别与新余市、萍乡市、宜春市优秀辅导员结对，接受扶贫助教。在“手拉手红领巾助残活动”中，全地区少先队员为残疾人献爱心、办实事、做好事，赣州市（今章贡区）文清路小学四（2）中队一小队被评为“全国雏鹰助残小队”。1999年，全市（地区）开展实施“ ’99手拉手访友乐百氏援助计划”方案活动。全地区有28个单位获全省“手拉手”互助先进集体。2000年，团市委开展“城乡少年手拉手”助学活动。

五、夏令营活动

1995年，全地区15名学生赴朝鲜参加全国少工委事业发展中心组织的中朝国际夏令营。1996年，全地区派出29名同学和2名团干赴朝鲜参加团省委、省少工委组织的中朝少年“手拉手”国际夏令营。1998年，全地区 ’98希望工程手拉手夏令营在香港开营，128名营员参加夏令营。团地委组织全地区38名优秀队干、优秀少先队员、优秀学生干部和三好学生，参加在北京举行的’98全国青少年科技夏令营。1999年，团市（地）委组织70余名学生参加北京青少年科技夏令营活动。组织20名学生赴韩国参加PP韩国手拉手夏令营；组织45名学生参加港澳学生手拉手互访夏令营。2000年7月，团市委开展全市青少年科技夏令营活动，全市有45名优秀中小学生赴北京参加夏令营。

六、少年军校

1993年4月成立赣州地区少年军校，当年，团地委和赣州（今章贡区）团市委联合举办2期少年军校，有400名少年参加军训，典型经验材料在江西省第二次少代会上交流。各县（市）成立相应的少年军校，每年暑期开展军训活动。1996年，南康市少年军校评为全国先进少年军校。

七、“校园之声”文艺会演

1990年至2000年每年的4月，团市（地）委共主办11届“校园之声”文艺会演，全市（地区）大中专院校的师生每年通过层层筛选，选出优秀代表和优秀节目参加调演。

第五节　农村青年工作

一、青少年义务植树造林活动

1986年，团地委组织全地区青少年开展植树造林，争当绿化标兵、能手活动。造林8000公顷，建青年林基地93个，渠库绿化1.87万公顷，公路绿化231千米。1987年，全地区100多万名团员、青年参加植树活动，造林面积0.53万公顷，当年，团地委被团省委授予“绿化先进单位”。1992—2000年，团市（地）委与市（地区）绿委、林业局、水电局、交通局、公路分局联合在全市（地区）青少年中开展植树造林活动。全市（地区）各级团组织以基地造林为抓手，广泛动员、层层签订责任书，积极开展植树造林活动，全市（地区）参加植树造林的青少年达1267万人次，全市（地区）植树造林0.1万公顷，绿化公路5765千米，建立青年绿化工程2013个，建立青年营林基地308个，成立青年护林队（组）3363个。

二、营建“大京九赣南青年林”活动

1995年，团地委联合地区林业局、支铁办在京九铁路线赣南段两侧种植黄竹，营建“大京九赣南青年林”，在铁路两侧种植黄竹60万株。成立赣州地区营建“大京九赣南青年林”工程领导小组，在兴国县召开动员大会。1996年，地区营建工程领导小组在赣州市（今章贡区）组织千人种竹活动。1997年，在兴国组织“迎香港回归青年纪念林”活动。在1997年全省实施江西青年“翠竹工程”电话动员会上，赣州地区作经验介绍，《江西青年报》进行整版报道。

三、青年长江防护林工程建设活动

1990年，团地委开展青少年长江防护林工程活动，赣州市（今章贡区）、赣县、于都县、宁都县、兴国县、上犹县、南康县、崇义县、信丰县、瑞金县等10个县（市）被定为实施县，当年，建防护林基地198个，造林面积达0.44万公顷，实施县93%的团员青年参加这项活动。1991年，团地委印发《赣南地区青年长江防护林工程建设方案》，实施时间为1991—1995年。各县（市）按照各县（市）团委要抓好一个造林面积20公顷以上的青年林基地，督促指导80%以上的乡（镇）团委抓好一个面积为13.33公顷以上的青年林基地；每个乡（镇）团委抓好10千米以上的（双排）公路绿化工程；各乡镇团委抓好100项乡级以“‘五小园’［小果园、小茶园、小竹园、小松（杉）园、小桑园］为主要内容的庄园经济”的总要求。全地区新建“五小园”8308公顷，绿化公路371条，总长1945千米，江河库渠绿化面积0.08公顷。

四、培育青年星火带头人活动

1992—2000年，团市（地）委在全市（地区）开展培养农村青年星火带头人活动。全市（地区）18个县（市）354个乡（镇）成立领导机构；地区确定15645名带头人为培养对象，举办各类培训班2235期，培训青年125801人，重点推广新技术130项。1992—1997年，共有8419名带头人获农民技术职称。有21人受到团中央和国家科学技术委员会的表彰，有14人、6个单位受到省级表彰。

五、“333”工程

1995 年，团地委与地区农业局、乡镇企业局联合在全地区团员青年中开展“333 工程”竞赛活动。活动主要内容是地区培养表彰 300 个典型，其中青年养猪能手 100 名，青年果业能手 100 名，青年私营企业能手 100 名；各县（市）培养扶持 30 个典型，其中青年养猪能手 10 名，青年果业能手 10 名，青年私营企业能手 10 名；各乡（镇）扶持 3 个典型，其中青年养猪能手 1 名，青年果业能手 1 名，青年私营企业能手 1 名。全地区培养表彰各级“333 工程”典型 1994 人，参赛青年 24 万多人。当年开发果园 2.27 万公顷，出栏生猪 146 万头，兴办私营企业 648 个，年总产值 3.8 亿元，上缴利税 3502 万元。

六、服务万村行动

1995 年，团中央在全国范围内开展实施“服务万村行动”，团地委制定在农村基层组织建设中抓好“服务万村脱贫致富奔小康行动”实施方案，当年启动 930 个村，建立 20 个重点示范村，确定命名 10 个“农村青年科技示范培训基地”，培训青年 6000 多名。1996 年，与地区农业银行联合开展“万村致富储蓄”与“万村致富书库”活动，至年底，共为农村团支部捐献建立“万村致富书库”58 个，全地区万村致富储蓄近 200 万元。1997 年，推进“服务万村行动”的实施，全地区实现“三位一体”的行政村有 914 个，农村发展团员 24776 人，农村团支部健全各项制度，建立适合当地实际的青年服务组织。

七、“猪—沼—果”111 工程

1996 年，团地委联合地区农牧渔业局、地区能源办、地区爱委会、地区果业局印发《赣州地区青年“猪—沼—果”111 工程实施方案》。方案要求各县（市）团委抓一个青年“猪—沼—果”示范村，各乡（镇）团委抓一个青年“猪—沼—果”示范组，各村团支部抓一个青年“猪—沼—果”示范户。示范村的标准为 80%以上的青年农户达到人平一亩果、二头猪、户平一个沼气池；示范组的标准为 90%以上的青年农户达到人平一亩果、二头猪、户平一个沼气池；示范户标准为人平一亩果、二头猪，建有一个沼气池。全地区开发果园 5932.73 公顷，出栏生猪 22.79 万头，建沼气池 27997 个，建卫生厕所 26211 个。

八、保护母亲河行动

1999 年，团市（地）委和市（地区）林业局、环保局、广电局联合开展“绿化长征路、保护母亲河”活动。10 万名青年参加，种植黄竹 1000 余株、荷树 1 万多株。安远县列入全省“保护母亲河行动”重点实施县（全省 2 个）。2000 年，为在青少年中树立生态环境意识和可持续发展意识，推进全国生态环境建设，团中央在全国范围内启动“保护母亲河行动”。3 月起，赣粤湘三省四市青少年开展声势浩大的“保护母亲河，保护我们的明天”系列活动。6 月，在赣州站举行保护生态环境小建设、小发明、小制作评选颁奖活动。

第六节　青年工人工作

一、青年岗位能手赛

1988 年以来，全地区先后在青年工人中开展岗位练兵、技术比武、争当青年岗位能手等活动。1988 年，团地委在江西齿轮箱总厂举办车、钳工青工技术比赛。1990 年，联合地区经贸委等 8 家单位，组织全地区 28 岁以下的青工 30 多万人，参加地区第三届青工技术比武活动，通过选拔，60 名选手参加瓦工、抹灰工、烹调、理发 4 个工种的比赛。对获得前 6 名的选手分别晋升一级工资并授予全区“新长征突击手”称号。1991 年，在全地区机械、冶金、交通、纺织、建材、轻化、化工等 7 个行业 15

个工种的青工中开展“青工建功赛”活动，举行第四届技术比武，全地区800多名青工参加。1992年，团地委先后联合地区工会、轻化纺工业局和冶金煤炭工业局等单位举办青工技术比赛，比赛工种涉及陶瓷成型工、彩绘工、造纸工、拈字排版工、钳工、电工、行车工。对每个工种的前三名优胜者授予“赣州地区技术能手”和“新长征突击手”称号。1993年，开展赣州地区首届青工奥林匹克技能竞赛，比赛涉及车工、钳工、女式服装设计等7个工种，有14人分别获地区一、二等奖，赣州市（今章贡区）个体劳动者郭海燕参加全省女工服装设计比赛获二等奖。开展参加首届江西省青年科技成果大奖赛暨科技成果博览会活动，征集科技成果60多项，选出32项科技成果参加全省评选，夏广兴研制的“垂直分条矿柱线眼留矿法”获二等奖，赖姜德研制的“中西结合治疗慢型前列腺炎”等五项成果获三等奖。1994年，在全地区企业青工中开展“争当青年岗位能手”竞赛活动，培养命名青年岗位能手1000名。团地委制定《赣州地区青年职工岗位成才奖励条例暂行规定》。1995年，团地委与金融系统联合举行“赣州地区金融杯”青年岗位能手大奖赛。1996年，全地区评选出卢燕、吴俊岭等10人为赣州地区青年岗位能手标兵，授予龚玉霞、胡万青等40人“全地区青年岗位能手”称号。

二、青年创新创效活动

1987年，在全地区开展青年创新创效活动，全地区95%以上的青工参加小发明、小革新、小建设、小设计和小改造的“五小”活动，收到“五小”成果3500多项，实现经济价值700多万元。年底，团地委举办全地区第二届“五小”智慧杯成果评选和成果发布会，评选出一等奖14项、二等奖20项、三等奖30项。1991年，团地委重点巩固“五小”竞赛，全地区实现“五小”成果1500多项，创经济效益3000多万元，举办全地区青工“五小”成果发布会和“五小”成果展览。1992年，在全地区青工中开展科技“五小”活动，全地区建立群众性的科技“五小”活动组织2000多个，取得“五小”成果8550项，推广应用率38.6%，新增产值98.6万元。开展“五小”成果评比竞赛，由各基层推荐“五小”成果30多项，从中评选出10项成果参加江西省优秀“五小”成果评比。

三、双增创百元活动

1988年，全地区开展增产节约、增收节支的“双增创百元”活动，各企业团组织组织青年工人积极参加，努力降低能耗，降低产品成本，修旧利废和开发新产品，节约开支6000万元，增加收入1500多万元。1991年和1992年，团地委继续开展“双增创百元”活动，分别实现双增节支2000多万元、1356万元。

四、青年文明号创建

1994年4月，全地区创建“青年文明号”活动启动，命名全地区首批10个地级“青年文明号”。1995年，团省委对全地区部分省级“青年文明号”进行检查考核，全地区第一批省级“青年文明号”全部通过考核。1996年，全地区金融、卫生、邮电、商业等行业的“青年文明号”集体首次推出“青年文明号”服务卡，发放服务卡3万张。团地委代表江西省创建青年组委会迎接团中央“青年文明号”检查组的检查，抽查赣州市（今章贡区）金融系统等3个国家级“青年文明号”的创建工作。1997年，团地委联合工商、个协、商业、国税、邮电、金融、广播、公安、技术监督等系统开展“创建青年文明号一条街”活动。团省委把这项活动列为全省典型，向全省推广。印发《赣州地区“青年文明号”规范化管理办法》，“青年文明号”创建工作纳入规范化、制度化轨道。在全地区推出“青年文明号服务卡助万家”行动，发放服务卡1000多张。1999年，团市（地）委表彰赣州电视台等200家单位为市级“青年文明号”。2000年，对全市各级“青年文明号”集体采取明察暗访的形式进行抽查，保证全地区“青年文明号”的质量和声誉。

五、评先活动

1994年，团地委在全地区开展首届江西省优秀青年企业家和青企协个人会员推荐活动，推荐省青企协会员20多名，优秀青年企业家6名，其中廖方红、王华南、龚斌、邱让华、冯幸平、王福平被评为省优秀青年企业家。联合地区环保局开展评选“江西省十佳青年优秀环保企业家”活动，全地区选送林祥群等5人参加全省评选。1995年，开展第二届江西省优秀青年企业家和青企协个人会员推荐活动，全地区有15人加入省青企协，王福平、龚斌获得“全省十佳优秀青年企业家”称号，黄青、肖苏华、张元珍等11人获得“第二届全省优秀青年企业家”称号。1996年，在全地区开展评选表彰先进个体工商户、私营企业主活动，各县（市）推荐30名青年个体工商户、私营企业主参加评选，南康市黄卿等10人入选。1998年，彭春波、肖毅、冷军卫、赖德贵、王军民、吕林生、伍祥峰、湛永昌、邓小毛、罗睛等10人被授予“全地区十佳青年再就业明星”称号。

第七节 青联与希望工程

一、青年联合会

1997年7月，江西省青年联合会赣州地区联络处成立。1999年3月，省青联驻赣州委员会议召开，新当选的19位省青联驻赣州委员参加会议。2000年10月，召开出席省青联七届一次会议和省学联第六次代表大会代表座谈会。1989—1999年，共举办六届十大杰出青年评选活动。

1989年，团地委开展全地区首届十大杰出青年评选活动。陈小燕、陈祖清、林祥群、李宇涛、徐泽源、张苏蓉、彭景福、陈正中、刘香花、周益华等10人当选。

1991年，团地委开展第二届十大杰出青年评选活动。廖长春、赖贤福、伍圣娣、伍翠凤、江谓湖、武晓江、谢金水、舒能源、曾庆华、官秀英等10人当选。

1994年，团地委开展第三届十大杰出青年评选活动。邹洁、欧阳海华、朱元国、赖剑峰、陈维生、龚斌、黄友斌、罗军、吴小慧、钟小敏等10人当选。

1996年，团地委开展第四届十大杰出青年评选活动。王福平、廖家槐、王华南、廖泽方、古林峰、廖方红、康宇、刘俊奎、李韶公、李晋让等10人当选。

1998年，团地委开展第五届十大杰出青年评选活动。李人才、肖承忠、周少龙、谢成旺、曾传美、曾祥福、陈春生、刘辅良、曾会华、钟华荣等10人当选。当年，赣州润田公司总经理林小湖当选为江西省十大杰出青年。

1999年，团地委开展第六届十大杰出青年评选活动。朱丽琴、余宏海、赖丹、刘小林、曾小平、黄正瑞、吉灵、朱志林、方春林、谢瑶等10人当选。9月，印发《关于进一步加强对我市十大杰出青年培养的意见》《赣州市十大杰出青年自律条例》，规范全市各级十大杰出青年的培养、表彰和管理。当年，黄正瑞当选为江西十大杰出青年。

二、希望工程

赣州地区是希望工程重点实施和布点地区。自1991年9月实施希望工程以来，团市（地）委及全市（地区）各级团组织将其纳入重要工作内容。至2000年，全市累计筹集希望工程基金3700多万元。1993—2000年，先后救助5869名贫困家庭的失学或即将失学学生。

1991年9月，江西省正式推出希望工程。11月，地委召开全地区实施希望工程电话会议，标志着赣州地区开始全面实施希望工程。12月，印发《关于进一步抓好希望工程有关工作落实的通知》，向全地区各县（市）、企事业机关学校团委分配集资和募捐任务。至1992年8月，全地区收到希望工程捐款

52万元。

1992年7月，为配合中国青少年发展基金会推出的“希望工程——百万爱心行动”，在全地区实施“希望工程——百万爱心行动”计划。全地区共有584名党政领导、团干部及社会各界人士参加“百万爱心行动”。当年，全地区18个县（市）436名贫困家庭的失学或即将失学的小学生，成为全地区第一批被救助的人。1993年，全地区希望工程助学基金救助贫困失学或即将失学的小学生476名。1994年，地区部署“希望工程——1+1助学行动”，即一个有能力的家庭（或个人）结对资助一名失学儿童，一个或几个有能力的企业（单位）援建一所希望小学。同时，在全地区共产党员、共青团员、工会会员（以下简称“三员”）中开展为“希望工程”募捐活动。至11月底，“三员”捐款66万多元，“1+1”结对款8.3万元，结对救助270多名贫困孩子。1995年8月，在全地区个体工商户和私营企业主中开展建立赣州地区希望工程爱心基金活动，至1997年5月共捐款5.7万元，用于援建上犹五指峰乡希望小学。12月，赣州酒厂向希望工程捐款8万元，结对全地区18县（市）贫困学生200名。

1993年5月，全地区第一所希望小学在兴国县五里亭乡奠基，至2000年，全市兴建希望小学107所。

1995—1996年，团地委先后与地区工商银行、地委组织部、地区工会、地区工商局、地区农业银行、个协工委联合开展“希望工程爱心建功有奖储蓄”和“希望工程爱心储蓄”活动。在全地区分别吸收储蓄1170多万元、1000多万元。

1998年4月，在全地区开展“1998希望工程劝募行动”，希望工程最后一轮劝募行动在全地区展开。动员全地区副科以上领导干部结对救助1名以上贫困学生；动员全地区党政机关、企事业单位的一般干部职工积极参加希望工程捐款。全地区收到1100多名领导干部的结对款40多万元，个人一般性捐款100多万元，建校款40万元，累计捐款总额200多万元。9月，南昌卷烟厂向赣南希望工程受助生捐赠价值近30万元的1.4万只书包支持希望工程。

2000年8月，在全市开展“救助贫困大学生希望工程再行动”活动，向社会发出倡议书，开展现场募捐活动。活动共筹集捐款83212元。9月，举行助学金发放仪式，73名贫困生得到捐助。当年，上海市慈善基金会、上海市特殊奥林匹克运动委员会向赣州市希望小学师生捐赠价值51万元的运动鞋1.5万双；厦门龙力康生物制品有限公司向团市委捐赠价值100万元的龙力康产品。

第三章 妇女联合会

1986—2000年，赣州市（地区）妇女联合会团结广大妇女投身经济建设，维护妇女儿童合法权益，推动妇女儿童事业健康发展。在农村妇女中开展“双学双比”（学文化、学技术，比成绩、比贡献）竞赛活动，在城镇妇女中开展“巾帼建功”活动。通过各种有效形式团结、引导、教育、凝聚广大城乡妇女，积极参与文明城市、文明村镇和文明家庭等群众性精神文明创建活动。各级妇联加大实施维权的力度，进一步维护和保障妇女儿童合法权益。

1986年，江西省妇女联合会赣州地区办事处属省妇联派出机构，正县级单位。内设机构有办公室（含法律顾问室）、组织宣传部、生产福利部（含托幼办公室）。1989年7月，增设儿童工作部。1990年7月起，儿童工作部含托幼办公室。1992年5月，生产福利部更名农村工作部，增设城市工作部（含法律顾问室）。1993年，办公室与组宣部、农工部与城工部、儿童部合署办公。1996年9月，托幼办公室移交地区教育委员会。1999年7月，江西省妇联赣州地区办事处更名为赣州市妇女联合会。2000年3月，组织宣传部分设为组织部、宣传部。至2000年年底，赣州市妇女联合会内设机构有办公室、组织部、宣传部、城乡工作部（挂地直机关妇委会牌子）、权益工作部（挂法律顾问信访处牌子）、儿童工作部，有干部职工14人。

第一节　妇联组织

一、赣州市妇女第一次代表大会

2000年5月，赣州市妇女第一次代表大会召开，出席会议正式代表360名。会议选举第一届妇联执委47人、常委15人、主席1人、副主席2人。

二、赣州市妇联执委会

按照《中华全国妇女联合会章程》《妇女联合会选举工作暂行条例》，2000年5月，赣州市妇联第一次代表大会选举产生由邓才秀等47人组成的第一届执行委员会。执委中，有专职妇女干部26名，占55.32%；各界妇女干部21名，占44.68%；非中共党员11名，占23.4%；初中学历的1名，占2.13%；高中、中专学历的6名，占12.77%；大专学历的26名，占55.32%；大学学历的13名，占27.66%；硕士学位的1名，占2.13%。平均年龄40岁。

三、妇女组织建设

1986—1990年，各级妇联贯彻省农村基层妇女组织建设工作现场会精神，抓住农村整党的有利时机，加强基层组织建设。1988年，各地普遍采取建制、培训、抓点、竞赛、推荐等方法，整建基层妇代会。全地区4346个村妇代会，一类的有1805个，占41.53%，二类的2272个，占52.28%。次年，各级妇联把加强农村基层妇代会建设，列入以党支部为核心的村级组织配套建设的重要内容。具体任务是建设一个好的妇代会班子，建立一套学习、工作、会议制度和妇女代表联系户制度，创办一个固定的活动场所和经费基地；开展一系列因地制宜，适应妇女特点的活动。开展达标创先和创评“五好”（好班长、好队伍、好制度、好阵地、好活动）妇代会活动。1990年，各地从各部门和大中专毕业生中挑选一批优秀妇女干部充实到各级妇联，交流输送71名妇干到其他战线。至年底，全地区有县、乡（镇）妇干576人，有82个乡（镇）配备双线以上妇干。1991年，全地区通过达标验收，4283个村妇代会中有一类妇代会1167个、二类妇代会2298个、三类妇代会818个。妇代会主任进村党支部班子1115名，进村委会班子2967名。1992年，重点抓好三类妇代会的转变、二类妇代会上台阶、一类妇代会上水平的工作。在全地区范围内开展基层“五好”妇代会达标升级、创先争优活动。地区妇联表彰21名“五好”妇代会主任，19个“五好”妇代会及重视妇女工作特别奖党支部。1993年，妇联组织精简机构、分流人员、转变职能。地、县二级妇联实行内部合署办公，分成抓中心、抓业务、抓实体三块，全地区50.5%的乡（镇）妇联与其他部门合署办公。1995年，各级妇联将妇代会建设纳入以党支部为核心的村级组织配套建设规划，加强整顿。全地区有4304名村妇代会主任进入村党支部或村委会班子，占妇代会总数的100%，有1295名村妇干享受定工补贴和养老保险。1998年，各县（市）分别对村级妇代会三年来的整建工作进行全面自查。9月，地区妇联开展“妇代会建设百村抽查”。各村妇代会整建到位、制度完善、活动正常，妇代会作用得到进一步发挥。

四、女干部培养选拔

1988年，全地区各级妇联把培养推荐优秀女干部列入妇联工作目标管理考评内容，要求各县（市）妇联定量向组织部门推荐优秀女干部。当年，地区妇联向地委组织部推荐12名正科级女干部，向省妇联推荐4名县级以上女干部，县（市）妇联向地区妇联和县委组织部门推荐54名优秀女干部。1989年，全地区推荐副科级以上女干部54名，副县级以上女干部12名，副地级以上女干部4名。1990年，各级妇联对女干部情况进行调查摸底并作专题汇报。在县、乡换届中，全地区18个县（市）推荐妇女参选人151名，当选的128名，占参选妇女的84.77%。县、乡人大女代表比例提高。全地区党政机关县处级女领导比例提高5.8%；乡科级女领导增加177名。1991年，印发《全区培养选拔妇女干部五年规划》，把培养选拔女干部工作列入各县（市）、各单位党建目标管理和县、乡换届工作的重要内容。4月，地委组织部、统战部、地区妇联联合组成考察组，对18个县（市）副县以上后备干部进行考察，对1990年换届新上岗的县级领导干部进行跟踪考察。当年，妇联系统推荐的108名女干部中，有38人（其中妇干16人）被党委提拔任命或重用。1992年，全地区各级妇联推荐副科级以上女后备干部144人，副县以上后备干部26人。18个县（市）党政班子中配备女干部38名，乡镇党政班子女干部262名。其中，乡（镇）正副女书记、正副女乡长147名，党委委员103名，全地区100%的县（市）党政班子和72%的乡（镇）党政班子配备女干部。1993年，各级妇联抓住县、乡人大换届契机，地、县二级推荐优秀女干部170名，使用率达50%以上。至年底，全地区副县级以上女领导58人，其中正县级10人，全地区有48名以工代干、招聘妇干破例进入党政班子。1994年，地区妇联被省妇联授予“举荐妇女人才特别奖”。1996年，各级妇联建立妇女人才信息网络和妇女人才档案。全地区推荐乡镇党政班子候选人330名，采纳使用201名。加强妇联干部交流换岗锻炼。换届时，县、乡妇干被提拔到乡（镇）党政班子的有131人。1997年5月，全地区向组织部门推荐342名优秀女干部，其中县级女干部候选人50名，提拔上岗的正县级女领导2名，副县级女领导9名。全地区有女干部25057人，占全地区干部总数的21.07%；全地区18个县（市）党政班子全部配备女领导干部；361个乡（镇）领导班子中有女干部364名，配备面达83.52%。1998年，全地区建立健全优秀妇女人才、优秀女青年一般干部人才、副科级以上女干部、妇联干部档案，人才信息库中存档1000多人。全地区有女干部26357人，其中地级以上女干部2名，县级女干部82名，科级女干部1050名。18个县（市）党政班子中有20名女领导干部，配备面达100%，364个乡（镇）领导班子中有304个乡（镇）配备了女干部，配备面达83.52%。1999年，全市（地区）储备女后备干部1080人。乡（镇）换届前，全市（地区）推荐优秀女干部150人，提拔108人，占推荐数的72%。各级妇联积极参与人大、政协换届工作，提高女代表当选比例。全市（地区）有17个县（市）乡（镇）女人大代表比例在20%以上，实现既定目标。

第二节　妇女参加经济建设

一、农村妇女发展生产

1986年，在全地区农村妇女中开展十大养殖（养猪、牛、羊、兔、鸡、鹅、鱼、蜂、蚕等）竞赛活动。全地区举办各类养殖技术培训班3611期，参训参赛妇女22483名。评出全地区农村妇女养殖致富竞赛活动先进集体2个，养殖标兵10名，养殖能手272名。

1987年，全地区农村妇女工作的重点为开展以“五小三高”［小果园、小茶园、小竹园、小松（杉）园、小桑园，高投入、高产出、高收入］为内容的开发利用庭院，振兴赣南经济活动。各级妇联因地制宜开展“红旗庭院”能手赛、“一种二养三加工女状元”赛、“千元大嫂”赛等，激励妇女在小庭院唱大戏。广大农村妇女以庭院为依托，巧借地势营造“绿色银行”，活用科学制作“聚宝盆”，全地区涌现出“养猪能手”“养鸡状元”“养蜂专家”“果树大王”等庭院经济典型户1.5万户。次年，全地区参赛妇女12万多名，有47.79万户农家建立初具规模的“五小”，占总农户的51%。

1989年，在全地区农村妇女中开展“双学双比”（学文化、学技术，比成绩、比贡献）竞赛活动，各地围绕地委在各个时期的中心工作，组织妇女开展竞赛。当年，开展庭院经济竞赛，全地区有32万多户妇女劳力参赛。至1990年，受省、地表彰女能手200多名。

1992年，按照地委、行署“在山上再造一个高效益赣南”的要求，开展“三八”绿色工程赛活动。

全地区县、乡妇联建“三八”基地2106.67公顷，建“三八”林2266.67公顷，组织指导妇女营造连片0.33公顷以上的“三八”绿色工程3904处，面积1.17万公顷，组织妇女义务植树841.92万株。开展以“三八”绿色工程赛为龙头的百万妇女参赛、参赛妇女增收百元的“双百”活动，各县（市）开展桑蚕工程赛、鹅鸭工程赛、养猪竞赛、果业工程赛、一建二养三丰产赛等“赛中赛”。全地区4295个行政村有3896个建立“青兵妇之家”，为妇女举办蚕桑、果业、饲养家禽畜等实用技术培训班6429期。

1993年，各级妇联开展以普及实用技术为主的培训。全地区举办各种培训班1751期，受训妇女达3万人次，9000名妇女掌握1～2门专业技术。配合教育、农业、科技等部门开展文化技术培训，联手创办夜校、成人文化技术学校等，先后举办妇女扫盲班6964个，组织21万名文盲妇女参加各种形式的扫盲学习。至1994年年底，有15万名妇女扫除文盲，12万名脱盲妇女进入成人文化技术学校，7470名农家女获农函大毕业证书。

1994年，全地区开展以“养殖大户”竞赛为龙头，一赛带多赛的“学比”活动。参加地区养殖大户赛的546户中，达标的290户。各级妇联签订《1994—1997年各级妇联建设“三八”绿色工程责任状》。1997年自查验收统计，全地区各级妇联组织建“三八”林果基地1.4万多公顷，完成下达任务数的194%。1995年，地区妇联被地委、行署表彰为“十年绿化赣南”先进单位。

1995年，在全地区开展“十百千万”种养大户赛，即培养十户特种养殖年产值20万元，百户种果6.67公顷，千户养猪100头，万户养禽1000羽以上的种养大户。参加地区竞赛的大户1万多户。地区财政拨出20万元专款设立“双学双比”活动发展基金，专项用于支持妇女发展生产项目。基金实行有偿使用，滚动增值，逐年增加，1999年滚动使用156万元，扶持妇女种养加工业项目70个，形成项目申报、核查审定、贷款发放、跟踪管理、资金回收等一套规范的基金管理制度。

1997年，各级妇联动员组织广大妇女投入“猪—沼—果”万池工程建设活动，开发生态立体农业。各县（市）分别开展“猪—沼—果（菜、蔗、鱼、花）”等活动。至2000年，全市建立3万户“猪—沼—果”万池工程建设示范户档案，建示范点383个。

1998年，开展“十万农家女、十项新技术”推广服务活动。至1999年，全市（地区）有1430人获得女农民技术员职称，800余人参加农村致富技术函授大学、中央农业广播电视学校的学习和绿色证书培训。2000年，全市启动“赣州市农村妇女科技培训工程”，编辑培训工程学习资料5000册，举办各类实用技术培训班1017期，培训妇女4268万人次，2927名农村妇女毕业于农函大、农广校。陈祥娣、梁菊香、刘苏梅、钟冬梅、刘文娥等5人被授予全国“双学双比”竞赛活动女能手称号；曹云兰、杨兰香、谢传坤、廖三香等4人被授予全国“三八”绿色工程奖；地区妇联被全国妇联、林业部评为“三八”绿色工程活动先进集体。

二、城镇妇女岗位建功

1988年5月，在全地区个协劳动者协会建立起妇女组织，为城镇妇女工作开辟新领域。1988—1994年，地区妇联连续7年联合地区建设银行、地区农业银行，在全地区城乡开展“好当家有奖储蓄”“双整、集零储蓄”“女子爱国储蓄”“巾帼建功储蓄”等活动，全地区完成揽储金额2691.02万元。

1991年始，全国妇联在城镇妇女中开展做“四有”（有理想、有文化、有道德、有纪律），“四自”（自尊、自信、自立、自强）女性，为“八五”计划建功立业活动。全地区围绕“四有”“四自”精神开展以“五学、四比、三创”（学政治、学文化、学科学、学技术、学管理，比进步、比技术、比质量、比贡献，创最佳成绩、创最优服务、创最高效益）为主要内容的“巾帼建功”活动。

1993年，开展“技术比武，岗位练兵，岗位建功”活动。党政群团开展“服务基层比效率”、厂矿企业开展“双增双节比效益”、科研战线开展“攻克难关比成果”、教育战线开展“教书育人比质量”、卫生系统开展“救死扶伤比医德”、服务行业开展“优质服务比贡献”、金融系统开展“钻研业务比技能”、工商个体户开展“遵纪守法比信誉”、街道妇女开展“团结互助比文明”、军队女干部战士开展“军营建设比斗志”等建功活动。当年，兴国县种子公司质检站站长李淑芳获全国“巾帼建功”标兵奖。

1994—1995 年，在女个体劳动者中开展“三比三好”（执行政策比觉悟，合法经营好；勤劳致富比本领，服务技能好；发展经济比贡献，依法纳税好）竞赛活动、“巾帼百面红旗赛”，女个体私营经济队伍迅速壮大，1994 年比 1993 年增加近 6000 户，女从业人员达 12 万多人。

1995 年，在全地区树立 100 名经营信誉最好，发展速度最快，营业额（产值）和纳税额最高，为社会公益做好事最多的典型大户。

1996 年，开展“巾帼成才行动”和“巾帼创业行动”。全地区在城市重点开展教育、科技、文化、经贸委、政法、金融、税务、商业、个协等十大行业（系统）的巾帼建功竞赛活动。各级妇联结合“再就业工程”，协助有关部门做好下岗、转岗女工的技能培训和再就业工作，实施“巾帼创业行动”，帮助千名失业女工再就业。当年，寻乌县保险公司经理杨洪珍、崇义县公路段丰州养路队队长简荣兰被评为全国“巾帼建功”先进个人，杨洪珍被授予全国“三八红旗手”“优秀女企业家”称号。

1997 年，开展“文明示范窗口”系列建设。全地区妇联系统建文明示范窗口试点 38 个。地区妇联成立“巾帼职业介绍所”，当年就业接待咨询 3977 人，登记报名 1125 人，介绍就业 429 人。各县（市）陆续成立女性求职指导中心、巾帼服务中心、职业介绍所或再就业服务部等。次年，开展以树行业新风为目标的“巾帼文明示范岗”创建活动。全地区创建文明示范窗口试点 46 个，评出“巾帼文明示范岗”先进集体 19 个，先进个人 113 人。

1999 年，在全市（地区）实施“社区服务工程”。各级妇女组织以社区居民需要为宗旨，以安置下岗妇女为目标，创办一批便民利民服务网点，建立一支志愿服务队，为行动不便的老人设立家庭门诊，为居民提供送奶、代洗衣被、代购生活用品服务等。次年，“巾帼文明示范岗”创建活动实行规范化管理，严格按逐级申报评选、建档立卡、表彰授牌、不定期检查的工作程序运作。中国银行赣州支行文清路储蓄所、市人民医院急诊科、章贡区红旗粮店被授予全国“巾帼文明示范岗”荣誉称号。

第三节　家庭文明创建

一、“五好”家庭创建

1986 年，“五好”（爱国守法，热心公益好；学习进取，爱岗敬业好；男女平等，尊老爱幼好；移风易俗，少生优育好；勤俭持家，保护环境好）文明家庭创评活动纳入精神文明建设总体规划。在 29 个城镇开展创评“五好”文明家庭、文明楼院竞赛活动。评出“五好”家庭 140992 户，文明家庭 20835 户，文明楼院 833 个，文明村 1199 个，文明单位 1228 个。

1988 年，提高“五好”家庭创建水平，以城乡带农村，以竞赛促创评，“五好”家庭创评活动“新、活、实”，评出“五好”家庭 232955 户，文明家庭 33214 户，文明楼院 277 个。

1989 年，把着眼点放在提高家庭成员素质上，有针对性地开展家庭文化建设活动，如“家家为赣南添光彩，户户为‘八五’做贡献”为主题的家庭文化建设活动，把“五好”创建活动引向深入。在农村开展“美在家中，乐在楼院”为主题的家家学、家家美、家家巧、家家乐，融趣味性、娱乐性、教育性于一体的家庭文化建设活动。

1994 年，以纪念国际家庭年为主线，继续开展家庭文化建设活动，全地区表彰“五好”家庭标兵 704 户。向省推荐一批“家庭文化建设”先进典型，有 13 户被评为省“五好”家庭标兵户，南河水电实业总公司等 3 个社区被评为省文明社区。

1996 年，为全面实施全国妇联提出的“巾帼文明行动”，全地区“五好”文明家庭活动以家庭文化建设为载体，以“五进五比”（思想教育进家庭，对家庭成员进行“四有”“五爱”教育，比对国家的贡献；科学技术进家庭，鼓励学文化、学科学、学技术，比家庭成员素质的提高；传统美德进家庭，倡导尊敬老人，团结和睦，勤俭持家，移风易俗，比家庭风气好；文化艺术进家庭，倡导净化环境，美化生活，开展有益的文体活动，比建立文明、健康科学的生活方式；法律知识进家庭，比知法懂法，遵纪守法，做个好公民）为主要内容，重点搞好家庭美德建设，并在妇女中开展“五心”（忠心献给祖国，爱心献给社会，关心献给他人，孝心献给父母，信心留给自己）竞赛活动。

1997 年，地区妇联编辑《家庭美德建设知识手册》1 万册在全地区发行，组织 1.1 万户家庭参加“全区家庭美德建设知识竞赛”。在全地区开展《写给年轻妈妈》读书评比活动，李田、吴勋华获全国妇联“年轻妈妈读书活动”评选委员会颁发的荣誉奖。

二、参与环保活动

1998 年，在全地区开展“妇女、家园、环境”宣传活动，组织全地区妇女参加全国妇联举办的“金花杯”妇女与环境知识竞赛活动；全地区开展妇女环保先进个人评选表彰活动；举办《美在家庭》电视系列节目展播和评比活动，郭军获“全国妇女环保百佳”“省妇女环保十佳”荣誉称号，范检梯获全省妇女环保先进个人；地区妇联和地区环保局、南康市妇联和南康市环保局被评为全省“妇女、家园、环境”宣传教育活动组织奖。南康市农业银行家属楼院被评为省“十佳”文明楼院，赣州市（今章贡区）李田、赵宝椿家庭被评为省“十佳”文明家庭。

1999 年，全市（地区）以“环保进万家，健康你我他”为主题，以“搞好植树绿化，清理白色垃圾，治理水源污染，改善生活质量”为主要任务，集中开展全民参与的大型环保活动。开展“告别塑料袋，提起菜篮子、布袋子”活动。组织家庭志愿者开展家庭志愿者环保活动日。在全市（地区）开展“五好文明家庭奉献月”活动。

2000 年，在全市开展“百万家庭环保行”系列活动，在农村开展“美在农家”创评活动，推动“四改”（改水、改圈、改灶、改厕）“三化”（净化、美化、绿化）。在城市开展“星级楼院”创建活动。章贡区温世化、郭家禧夫妇被评为省“十佳五好文明家庭标兵户”，南康市陈玉英被评为省“十佳杰出母亲”。

第四节　妇女儿童合法权益维护

一、宣传贯彻法律法规

1986 年，全地区举办学习班 840 期，重点学习《中华人民共和国婚姻法》《中华人民共和国继承法》和《中华人民共和国治安管理处罚条例》等法律常识。1988 年，全地区各级妇联适时将工作扩展到经济领域中，为女能人、女专业户、女个体户提供法律帮助。同时，配合有关部门，对包办买卖婚姻、干涉婚姻自由；虐待、伤害妇女、老人；女个体工商户的婚姻状况、女童辍学、妇女卖淫等情况进行专项调查。全地区妇女普法面达 82%以上。1990 年，为纪念全国第二部《中华人民共和国婚姻法》颁布一周年，做好《江西省保护妇女儿童合法权益若干规定》第一年的实施工作，在全地区范围开展“一法一规定”宣传月活动。全地区举办各类培训班 1050 期。严厉打击破坏《中华人民共和国婚姻法》的人和事。1991 年，地、县（市）开展打击拐卖妇女儿童和查禁卖淫嫖娼宣传月活动，配合有关部门开展解救帮教、“扫黄”、除“六害”（卖淫嫖娼、制作贩卖传播淫秽物品、拐卖妇女儿童，私种吸毒贩运毒品、聚众赌博、利用封建迷信骗财害人）等工作。1992 年 4 月，《中华人民共和国妇女权益保障法》颁布，全地区各级妇联围绕《中华人民共和国妇女权益保障法》的颁布实施开展普法活动。4—7

月，在全地区开展《中华人民共和国妇女权益保障法》百日学习宣传活动。1994 年 7 月，地区妇联与地区金融系统 6 家单位联合举办“金融杯”妇女儿童法律法规知识竞赛。当年，赣州市（今章贡区）被评为全国维权先进单位，安远县廖家煌被评为全国维权工作先进个人。1995 年，向全地区宣传发行《保护妇女儿童权益法规汇编（三）》及录像片《女人河》，举办妇女权益保障法万份书面知识竞赛。在全地区进行“家庭及暴力”问题调查。1996 年，宁都县妇联被全国妇联、省妇联表彰为维权工作先进集体，地区妇联被评为全省维权工作先进单位。1997 年，地、县妇联开展“法律下乡、送法上门”宣传月等活动。当年，全地区开展《中华人民共和国妇女权益保障法》颁布实施五周年纪念活动。次年，地区妇联与电视台联合拍摄以打击拐卖妇女为内容的专题纪实电视在全地区播放，联合中级人民法院、电视台拍摄《零岁女婴索赔启示》宣教片送省参评，获一等奖。2000 年，妇联与司法部门联合开展“148”妇女维权周活动。市妇联配合省妇联在章贡区、于都县的 20 个乡（镇）、街（办）开展《中华人民共和国婚姻法》修正案民众意愿调查。在全市进行“预防和制止家庭暴力”状况调查。

二、协助查处侵权案件

1986 年，地、县、乡三级受理来信 2119 件，处理 1920 件；接待来访 10062 人，处理 9887 件，妇联专职干部参与诉讼活动 533 次。1987 年，全地区三级信访网受理来信来访 8461 人次，为受害妇女参谋，进行法律咨询 8018 次，代理诉讼 117 起，查处典型案例 59 起。1989 年，全地区各级妇联加强对倾向性侵权问题的调查研究。针对妇女文盲、女童入学和辍学等问题，地区妇联组织人员到 7 个乡、村及部分中小学进行调研。1992 年，针对群众来访反映对女高级知识分子采取“一刀切”、全部办理退休手续的情况，地区妇联认真研究，派员到女高级知识分子比较集中的南方冶金学院、地区人民医院、地区教育局等 6 个系统进行调查，及时写出报告向地委建议和呼吁，问题得到妥善解决。1994 年 4 月，设立地区女法律工作者联谊会会员信访接待日，对上访到地区妇联的一些侵权典型案例，分别按司法程序从速处理。1997 年，全地区接待来信来访 2000 多起，处理率 99%。1999 年，全市（地区）18 个县（市、区）成立维权合议庭，建立妇联干部陪审员制度，全市（地区）有妇女干部陪审员 46 名。至 2000 年，参与陪审案件 37 起，调处、诉讼处理婚姻家庭纠纷 66 起，参与协调执行案件 23 件。市妇联开通“160”妇女儿童之声权益专线，接受各项政策法规咨询、司法诉讼和心理健康咨询。维权合议庭受理案件 76 起，调处庭外诉讼案件 116 起。

第五节　儿童工作

一、托幼教育

1986 年，全地区有各类长年托幼组织 2195 所，入托入园婴幼儿 9328 人，入托入园率达 14.13%，有保教人员 3798 名（其中幼师毕业 228 名）。举办幼师培训班 176 期，培训幼师 3847 人。

1987 年，地区妇联召开全地区民办教师研究会和家教经验交流会，举办民办合格中心幼儿园幼师学习班，组织 32 名优秀保教工作者赴厦门参加夏令营活动。1988 年，举办幼师培训班，全地区有 1365 名幼师参加考试，考试合格 218 人；组织参加全省“妈妈的巧手”展评，获团体总分第一名，个人获一、二、三等奖各一名；组织参加“幼儿电子琴比赛”，赣州地区小选手获第一名，被选送代表江西省队赴京参赛，另有 2 名选手荣获二、三等奖；参加全省“幼儿故事比赛”，获 2 个三等奖。1990 年，举办幼师“三学”（学前教育学、学前心理学、学前卫生学）、“六法”（常识教学法、语言教学法、体育教学法、音乐教学法、绘画手工教学法、计算教学法）、舞蹈、自制玩教具展评。地区择优选出 20 件参加省第二届幼师自制玩教具展评，4 件获二等奖，3 件获三等奖。其中，6 件展品送北京参加全国幼儿玩教具展评，1 件获三等奖。向省托幼办推荐 3 篇关于幼儿玩教具论文，其中 2 篇获省优秀论文奖，参加全国论文交流，获全国优秀论文奖。1992 年，全地区举办民办、厂办幼师民族、民意舞蹈比赛，17 个县（市）14 个厂矿企事业单位幼儿园的 64 名幼师参加角逐。表彰一批先进托幼组织、优秀家长、“好孩子”和“健美儿童”。1994 年，举办全地区幼师技能技巧培训班及“全区幼师技能技巧比赛”，组织 16 名幼师参加联合国儿童基金会在南昌、吉安举办的两期培训班。抓好托园所建设，各县（市）有重点联系园所 111 所，发展和巩固 135 所由妇联管理的园所。1996 年 9 月，赣州地区托幼工作领导小组办公室移交地区教育委员会。

二、儿童、少年协调工作

1986 年，地区妇联联合有关部门开展“一切为孩子、一切为四化”为内容的“六一”国际儿童节庆祝活动。举行庆祝会、游园会；举办小制作、少儿书画摄影评比展览、儿童少年“书市”、幼儿智力游艺赛；开展为孩子们献上一首歌、组织少儿参观革命旧址、游览风景名胜等活动。

1987—1990 年，全地区除定南县外的 17 个县（市）相继制定“七五”期间儿童事业发展规划，各级妇联贯彻关于“爱护儿童、教育儿童、为儿童做表率、为儿童办实事”的精神，本着“提高民族素质从儿童抓起，努力培养一代新人”的宗旨，为儿童少年开展有益活动。1987 年，地区及 14 个县成立儿童少年基金会，集资 55943.74 元。同年，全地区建起一批儿童乐园、少年宫、活动中心，建图书阅览室 96 个，活动室 127 个。各地设有新华书店儿童专柜、儿童用品商店或专柜、儿童用品食品厂家或车间，基本建立健全儿童保健三级网。1988 年，“六一”国际儿童节期间全地区为儿童办实事 2265 件，捐款 56024.08 元，赠送玩教具、图书等 9211 件（本）。1989 年，召开庆祝“六一”国际儿童节 40 周年大会。1990 年，举行以“学雷锋、学赖宁、做党的好孩子”为主题的“六一”国际儿童节庆祝大会、举办以“五爱”教育为主题的《花儿朵朵向太阳》幼儿大型团体操表演。

1992 年，贯彻《九十年代中国儿童发展规划纲要》（以下简称“规划纲要”），地区儿童协会制定《赣州地区实施〈规划纲要〉“八五”计划》。

1993—1995 年，围绕“规划纲要”开展儿童各项工作。1993 年，地区举办“规划纲要”培训班。地区妇联开展“规划纲要”实施情况调查。1994 年，地区协调有关部门开展慰问灾区儿童，举办全地区儿童钢琴比赛、迎“六一”我为儿童献儿歌创作比赛、“三优”咨询一条街活动、开展“伸出一双手、奉献一片爱心”活动。1995 年，为做好“规划纲要”中期评估工作，协同有关部门举办“规划纲要”及“三优”知识有奖问答，举办全地区“规划纲要”中期监测评估培训班。各县（市）开展“保护明天”为主题的系列活动。

1996 年，响应全国妇联“亿万爱心献春蕾”号召，落实《江西省“春蕾计划”实施方案》，在全地区进行“千名失学女童救助行动”。全地区接受捐款 13 万多元，救助失学儿童 1577 名。

1997 年，各级妇联加大“春蕾计划”的宣传力度、再掀募集“春蕾”基金的高潮。全地区募集“春蕾”基金 16 万元，救助失学女童 1857 人。各地建立基金管理制和回访制度，对复学女童实行跟踪管理，“春蕾计划”的实施进入规范化轨道。1998 年，赣州市（今章贡区）水南乡郭秀恒和定南县历市镇赖春洪被评为 1998 年度“全国百名优秀春蕾女童”。

1999 年，对儿童状况进行分析，完成县级儿童状况监测统计工作。各级妇联联合有关部门开展保护儿童权利系列活动。全市（地区）妇联系统发放《保护儿童权利法律法规学习手册》800 册，组织各界人士参加省举办的保护儿童权利研讨班。当年，全市（地区）接受捐款 11.65 万元，资助贫困女童 1653 人。

2000 年，各级妇联建立实施《妇女发展规划纲要》和《儿童发展规划纲要》的监测评估体系。市妇联协调有关部门对全市儿童状况进行自查自评，撰写《妇女儿童发展状况基础调查报告》。6月，市妇儿工委办公室由政府科教科改设到市妇联，起草2001—2010年《妇女发展规划纲要》和《儿童发展规划纲要》。各级妇联开展“手拉手，心连心”助春蕾活动，兴国县黄慧春获“全国百名优秀春蕾女童”称号。“春蕾计划”实施以来，全市募集春蕾资金93.59万元，资助贫困女童9120名。

三、家庭教育

全市（地区）有1000多所家长学校，形成学校、家庭、社会“三位一体”的少儿教育网络。1988年，在广大妇女中开展“争当好母亲”“合格家长”“为国教子”活动。全地区表彰“好母亲”“优秀家长”等1163名。1990年，全地区举办家教骨干培训班387期。1991年，全地区儿童工作以家教为重点，以“三优”为内容，协调各方面力量，改善优化育人环境，为儿童的健康成长创造条件。各县（市）都设有家庭教育机构，大多数园所、学校成立家长委员会，开办各类家长学校1095所。开展以“振兴中华，热爱赣南”为主题的家教活动。1992年，地区组织30人参加省家教骨干培训班。同年，在联合国儿童基金会的援助下，地区在上犹县举办家教骨干培训班一期，16个县（市）进行再培训。

根据《儿童发展规划纲要》的要求及目标，地区妇联与地区教育委员会联合制定赣州地区家庭教育工作“九五”计划，开展家教达标活动。各级妇联以自办园所为阵地，办好幼儿家庭学校推动家教工作发展。1996年，赣州市（今章贡区）妇联获全国家庭教育工作先进单位。1997年，地区妇联举办家教骨干培训班，召开全地区家庭教育研讨会。1998年，全地区发放《家教手册》5000册；各县（市）对家教工作进行自查自评。1999年，市（地区）妇联在《赣南日报》开设《家庭教育》专栏，组织广大家长撰写家庭教育文章40余篇，传播科学的教子方法。2000年，各级妇联通过召开家教理论研讨会、家庭教育座谈会、评选优秀家长、开展“把知识送给家长”活动，宣传普及科学育儿知识，提高家长自身素质，实现家长受教育率90%以上；在全市开展家教工作“九五”计划终期评估工作。

第四章　科学技术协会

1986—2000年，赣州市（地区）科学技术协会遵循《中国科学技术协会章程》，弘扬“献身、创新、求实、协作”的科学精神，围绕赣南的经济建设，以提高全民科技素质和促进科技进步为目标，严格履行“三主一家”（学术交流主渠道、科普工作主力军、民间科技交流主要代表，科技工作者之家）职责，团结带领广大科技工作者积极从事科研活动，为赣南的科技进步、经济繁荣和社会发展做出贡献。

第一节　组织建设

一、赣州市科协

1986年，地区科协内设办公室，下属事业机构赣南科协通讯编辑部。1987年4月，成立中国农村致富技术函授大学赣州分校（以下简称“赣州农函大”），接受江西省农函大的领导和中国农函大的指导。1992年10月，成立地区科协科技咨询服务中心。2000年，市科协内设学会工作部（事业发展部）、普及工作部、办公室，行政编制11名；下属赣南科学通讯编辑部、中国农函大赣州分校、科技咨询服务中心，事业编制11名。

二、基层学会

1986年，地区科协有地级学会43个，县级学会（协会、研究会）250个，农村专业技术协会（农研会）426 个。1997 年 10 月，在寻乌县召开赣州地区农村专业技术协会联合会成立大会暨第一届理事会，率先在全省成立地级农技协组织。1998 年，地区科协配合地区民政部门，对所属学会（协会、研究会）进行清理整顿，注销生物、纺织、通信、土木建筑、木材行业、厂矿医药科协、情报、农业经济等 9 个学会（协会、研究会）。1999 年注销地区气功科学研究会。1996—2000 年，全市（地区）新发展市（地）属学会 1 个、县级学会 5 个、农研会 543 个。至 2000 年，市属学会（协会、研究会）61 个（具备法人资格的 29 个），学会理事 1700 人，会员 17866 人；全市有厂矿（企业）科协 19 个，会员 2427 人；全市县级学会（协会、研究会）816 个，乡村级专业技术协会（研究会）2065 个。

1986—2000 年赣州市（地区）科协所属部分学会（协会、研究会）成立统计表

表 10-4-1　　单位：人

学会名称	成立时间	会员数	说　明
地区企业家协会	1986 年	57	—
地区企业管理协会	1986 年	234	—
地区木材检验学会	1986 年	220	—
地区标准化学会	1987 年	57	—
地区科普创作协会	1987 年	91	—
地区机电工程学会	1987 年	431	—
赣南板鸭协会	1987 年	—	已注销
中国中西医结合研究会赣州分会	1987 年	328	—
地区土壤学会	1987 年	152	—
地区气功科学研究会	1988 年	2000	1999 年注销
地区针灸学会	1988 年	110	—
地区麻风防治协会	1988 年	254	—
地区化工协会	1988 年	130	—
地区粮油科技学会	1988 年	208	—
地区翻译工作者协会	1989 年	20	—
地区农村卫生协会	1989 年	150	—
地区盆景根艺研究会	1989 年	20	—
地区制糖协会	1990 年	75	已注销
地区纺织协会	1990 年	35	—
地区厂矿医药科技工作者协会	1990 年	—	已注销
地区酿酒协会	1990 年	165	—
地区公路学会	1992 年	316	—
地区厂矿科协研究会	1992 年	49	—
地区畜牧兽医工作者协会	1992 年	2600	—
地区植保学会	1993 年	100	—

第二节 科学普及工作

一、科普宣传

1987 年，地区科协等 6 家单位联合举办“农村科教电影放映月”活动，全地区 18 个县（市）及乡（镇）电影放映队深入各村、组，放映科技影片 422 部。1988 年，地区科普创作协会在《赣南日报》开辟《科普园地》专栏。1989 年 3—4 月，全地区科协系统开展“相信科学技术、破除封建迷信”的展览。1992 年 3 月，于都县、南康县组织“科普一条街”活动，每逢圩日在街头散发科技资料。1998 年 5—6 月，地区科协举办“百万公众学科学图展”，在全地区 18 个县（市）巡回展出。同年，瑞金市被中国科协确定为“全国一百个科普示范县（市）”。1998—2000 年，章贡区科协在赣州公园文化长廊设立“科普之窗”，解放街道办科协在解放路建立“科普阵地”，南外街道办科协在羊婆巷建立“科普长廊”。1999 年，瑞金市科协以创建“全国科普示范县（市）”为契机，兴建科普文化长廊。同年，兴国县、于都县、寻乌县等县科协及部分乡（镇）科协在文化长廊上开设“科普之窗”。

2000 年 3 月，市科协组织实施“百万公众学科学工程”，启动“十百千”工程，开展首届“科普周”活动。

1986—2000 年，地（市）、县（市、区）、乡（镇）三级科协组织放映科普影视 3.6 万场；举办科普展览 7740 次；组织科普集市 6675 次，散发科技资料 8655 万份；创办“科普长廊”“科普窗口”396 个。全市（地区）科协系统举办专题科普宣传 4999 次。

二、农村科普

1986—2000 年，全市（地区）科协系统举办各类农技培训班 22260 期，培训人员 3450 万人次。

1991 年，地、县、乡三级科协与有关部门配合，围绕当地农业开发项目，开展农村实用技术培训。1992 年，信丰县县、乡两级科协举办烤烟技术培训班 310 期，传授烤烟育苗、移栽、烤房建设、科学烘烤技术。1993 年，崇义县科协与县委组织部联合编印《农村党员实用技术培训教材》。1994 年，地区科协与地委组织部制定印发《赣州地区农村党员和基层干部“七五”期间实用技术和市场经济知识培训规划》。当年，全地区举办短期培训班 3957 期。1998 年 10 月，地区科协组织农业科技人员编撰《高效示范田适用技术简编》，为全地区领导干部领种高效示范田活动提供技术支持。11—12 月，地区科协组织全地区科协系统干部和科技工作者，深入农村开展“科技兴农服务月”活动。2000 年，兴国县长冈乡榔木村被列为江西省科协创建“世纪科普致富示范村”试点村。同年，市、县两级科协资助建立乡、村科普书库、书屋 30 个。

三、社区科普

1986 年，全地区有厂矿科协 14 个。1987 年，赣南造纸厂科协坚持每周六为“科技活动日”，解决生产技术难题，为瑞金县、宁都县、于都县等贫困县的乡镇企业进行技术指导。1989 年，全地区的厂矿科协发展到 30 个。1990 年，赣州木材厂科协组织工程技术人员对厂 10 千伏专柜专线供电项目进行技术攻关，该项目获省合理化建议和技术革新成果奖。1992 年，赣州木材厂科协攻克酚醛胶合板坯预压效果差、板面剥破、胶合强度不稳定问题。同年，地区厂矿科协研究会成立。1997 年，地区科协、地区劳动局、地区商业局、地区工商局、地区教育委员会和赣州军分区司令部联合成立赣州地区家用电器维修培训工作领导小组，印发《关于进一步加强家电维修培训管理，适用市场经济发展需要的几点意见》。至 2000 年，所属的成员单位赣州育才电子学校、三江电子技术学校、赣州电子工业技术学校、赣州市科技职业技术学校，实施“学历教育与短期培训、长班与短班相结合、多专业培训并举”

办学路子，开设10余个专业班，每年招收学员4000多名，在广东的深圳、珠海、顺德、东莞等地设立办事处，每年解决毕业学员就业2000人以上。1996—2000年，全市（地区）厂矿科协为企业决策层提交合理化建议2400条，被采纳实施800条，立项200余项，其中技术攻关150项，开发新产品、推广技术46项，技术论证4项。1986—2000年，地（市）科协、厂矿科协研究会组织126个厂矿（企业）科技人员参加“讲理想、比贡献”竞赛活动，提出科技建议7720条，完成技术创新（改造）3560项。

四、青少年科普

1986年10月，赣州地区青少年科学辅导协会组织“科学月”活动，全地区有65所中、小学参与。同年，赣州三中高三学生赵全忠撰写的论文《外层空间植物细胞有丝分裂》，参加中国青少年航天飞机科学实验方案评审答辩，被北京航空航天学院免试录取。

1990年6月，在全省“八一杯”小学生数学竞赛中，赣州地区获团体总分第一名，8人获一等奖。7月，地区科协、地区青少年科学辅导协会组织中、小学生到厦门等地举办海洋生物夏令营。

1991年10月，地区化学学会组织全地区学生参加全国中学生化学竞赛，4人获一等奖，7人获二等奖。11月，赣州市（今章贡区）、瑞金县、宁都县等举办青少年科学辅导指导教师培训班。

1992年7月，在辽宁省举办的全国第六届青少年发明创造和科学讨论会上，南康县隆木中学学生刘传东、隆木小学学生黄丽丽的合作作品双向双管喷雾器，获全国发明创造一等奖。9月，会昌县二中学生肖勇辉创作的三维多功能倾角仪，参加由中国科协、国家教育委员会等6家联合举办的第七届青少年发明创作比赛和科学研讨会，获全国（高中组）一等奖。

1995年8月，在全国青少年信息（计算机）奥赛中，赣州三中学生李宇龙获“国家计算机奥赛一级选手”称号。

1996年10月，在由中国数学学会主办的全国中学生数学竞赛中，于都中学学生赖春桥、赣州一中学生黄文卿、卢汉等分别获全国（高中组）一、二等奖。12月，赣州市（今章贡区）科协、教育委员会、青少年科学辅导协会联合组织中小学生科技创新15年回顾展。

1997年9月，在中国科协、国家教育委员会等4家组织的第四届全国青少年生物百项评选活动中，宁都师范学校学生王小忠等4人合作完成的“二系法”杂交水稻制种试验，获优秀项目一等奖。

1998年8月，在香港举办的“第九届全国青少年发明创造比赛和科学讨论”中，南康市横市中学学生谢万莉发明的“三行式耕耘器”获全国一等奖，同时获中国发明协会光华青少年科技发明奖。

2000年4—6月，章贡区科协、教育委员会联合举办“飞向蓝天，畅想21世纪”航模比赛。9月，市青少年科学辅导协会主办青少年科技创新大赛。

1996—2000年，市（地区）青少年科学辅导协会于每年10月在18个县（市、区）中小学中组织开展“科技活动月”活动，内容有“小论文”“小发明”评比及生物百项、信息学（计算机）奥林匹克竞赛，择优选拔参加全省、全国的竞赛。其间，瑞金市被列为联合国儿基会社区非正规教育援助项目第五周期示范县，宁都县、上犹县被列为受益县，3个县（市）建立培训（宣传）示范行政村15个、示范小学1所。

1986—2000年，市（地区）科协和市（地区）青少年科学辅导协会组织中小学生各种竞赛120次，参与者2.4万人次，获全国奖186人次，获省级奖578人次；组织科技作品展览18次，评出一、二、三等奖385人次；举办青少年科技夏令营12次，参与者2200人。

第三节 学术活动

一、学术交流

1986—2000年，市（地区）科协所属学会会员发表学术论文18860篇，其中在地（市）级刊物发表8250篇，省级刊物发表6250篇，国家级刊物发表3650篇，国际研讨交流710篇；举办学术报告（讲座）1200次；举办学术研讨会985次；规划方案、病案论证360例。

理论研讨 1990年，地区科协、地区科委、地区社联联合举办科技兴赣研讨会。同年，地区企业管理协会和地区经济委员会联合组织全国质量管理基本知识竞赛，参赛论文编辑成《赣南能源论》。1991年7月，地区针灸学会邀请江西省针灸学会副会长黄延龄副教授到赣州作《针灸治疗中风的时辰》学术报告。1992年8月，地区农学会邀请中国农函大种植系教授卜久宇到赣南讲学。1995年，在省科协、省政府发展中心联合召开的京九铁路与江西发展研讨会上，赣州地区4个地级学会的5篇论文被大会录用，其中3篇在大会上交流。1996年，地区化学学会常务理事胡跃华撰写的《利用高新技术发展我省精细化工产业》论文以及另外4篇论文，入选江西省首届青年学术讨论会交流。1999年，市科协征集京九铁路沿线县（市、区）优秀论文16篇，参加在赣州市召开的“京九铁路南段（九江以南）沿线地区资源开发利用与可持续发展研讨会”。

科技著作 1990年，地区物理学会名誉理事长、南方冶金学院副教授周增撰写的《光子传递的弛豫时间与原子天度的光学测定》论文，在第四届全国物理力学会议上宣读，编入论文集。1991年，地区畜牧兽医协会理事、高级畜牧兽医师华兴周撰写的《杂交肉牛育肥与综合开发研究》课题论文，入选中国科技文库（农业科学卷）。1993年，地区医药学会理事长、赣南医学院副教授杨敬格编著的《药理标准化指南》《医院拉西文与处方》，由海洋出版社和人民卫生出版社出版。1998年，地区农学会《加强监督检验，确保种子质量》论文，被省质量检验协会评为优秀论文，在中国农业科技出版社出版。

科技论文 1987—2000年，地区种子管理站高级农艺师伍仁山的《论发展双季杂优吨粮田技术是提高粮食产量的有效途径》等30多篇论文；地区医学会理事、地区人民医院主任医师廖建贤撰写的《倍他乐克治疗严重慢性充血性心力衰竭的疗效观察》等多篇论文；地区林科所高级工程师、地区林学会会员简根源的30余篇论文；赣南农药厂高级工程师罗天祯的《4-硝基间甲酚的制备》等10多篇论文；地区农科所研究员、地区农学会会员邱克逢的《百背飞虱发生量与水稻品种密切相关》等30多篇论文；江铃齿轮股份有限公司副总经理、高级工程师谢信孚的《引进差速器齿轮设计分析与变换》等24篇论文，在国家、省、地级刊物上发表。地区人民医院副主任医师王建中的《现代妇产科理论与临床》等10多篇课题论文，在省、国家级刊物上发表，获国家科技进步三等奖、卫生部科技进步二等奖。

二、国际民间科技交流

1989年8月，地区物理学会会员、赣州有色冶金研究所高级工程师邱道益，应邀参加在波兰举行的第十二届国际X射线光学与显微镜分析学术会议，宣读其论文《X射线激光信息微术》，被收入大会论文集。1990年，地区物理学会理事、南方冶金学院教授李连香撰写的论文《关于粉尘量子力学与电磁学》，参加第四届国际电除尘会议，收入论文集。1991年8月，地区物理学会理事长、赣南师范学院副教授吕家鸿，应邀参加在美国密苏里州召开的国际第二十二届力学会议，宣读其论文《优于爱因斯坦相对论的牛顿四大定律》，收入大会《力学论文集》。1992年，地区物理学会会员、赣州有色冶金研究所高级工程师邱道益，应邀参加在英国曼彻斯特召开的第十三届国际X射线光学与显微镜分析学术会议，宣读《X射线激光进展》和《相干X射线激光器及其应用》2篇论文，并被邀请到伦敦大学的国王学院、帝国科技学院和剑桥大学作学术报告。1994 年 10 月，地区畜牧兽医工作者协会副会长、高级畜牧兽医师肖龙英，应邀参加在台湾举行的第一届亚太地区华沼养猪研讨会。同年，地区老科技工作者协会高级工程师杨体鹏撰写的论文《勤勤恳恳为民奉献》，编入《今月中华英才》大型丛书，并被中国科协邀请参加二十一世纪人才资源开发与利用国际研讨会。1991 年、1994 年，美泛美大学教授、计算机技术博士李电白（美籍华人，祖籍江西兴国），应邀分别到南方冶金学院、赣南师范学院作学术报告。

1995 年，赣州有色冶金研究所高级工程师熊大和，被国际磁电选矿 Magnetic and Electrical Separation 杂志聘为编委，他研制的 Slon 磁选机 1996 年首次出口到南非，用于分选钛铁矿。

1990—2000 年，地区林学会会员、林科所高级工程师刘石俊，赴澳大利亚考察黑荆树，主持中澳合作“8458”（黑荆树栽培及其提取物的利用）项目《赣州黑荆树地理种源试验》，分获省和林业部科技进步奖，出席国际学术研讨会 2 次。其间，在国家、省、地级刊物上发表论文 20 余篇。

三、“建家交友”工作

1986 年 6 月，地区科协副主席彭玉麟和高级工程师、赣南机械厂厂长张耀川，出席在北京召开的中国科协第三次代表大会。7 月，召开地区科协委员会扩大会议，传达中国科协第三次代表大会精神。1991 年 8 月，召开传达中国科协第四次代表大会精神报告会。1996 年 5 月，高级畜牧兽医师、地区科协调研员华兴周出席中国科协第五次代表大会。

1992 年 7 月，地区农学会在大余县召开赣州地区早稻丰产配套技术研讨会。同年，地区科协向人事部门推荐并协助考察一批享受国家特殊津贴的优秀人才，向统战部门推荐 4 名科技人员为省政协委员和省科协代表大会代表候选人，向地区行署推荐 12 名科技人员分别参加 8 个专业的咨询组织。1993 年，地区科协协助人事局专管科对全地区享受 1993 年政府特殊津贴的科技人员进行专家评审。1994—1997 年，地区科协先后 3 次向省科协推荐“江铃科技奖”候选人 10 名。其中，1996 年推荐的高级农艺师、甘蔗专家胡百森获“江铃科技贡献奖”；1997 年推荐的高级工程师唐宗和获“江铃科技精英奖”，高级农艺师谢金水获“江铃青年科技奖”。1997 年 3—8 月，地区科协组织所属学会及县（市）科协对全地区中专以上学历、有技术职称的科技人员，以及乡土技术人才进行调查、登记、建档管理，建立赣南科技人才档案。同年 7 月，地区科协组织青年科技工作者参加江西省首届青年学术讨论会征文活动，全地区有 8 篇论文入选，4 名青年科技工作者参加讨论会。同年，组织“企业科技论坛”征文活动，择优选送 5 篇论文参加省征文活动并获奖。2000 年，市科协编印《赣南优秀科技工作者名录·卷一》[其中获国家级奖科技工作者 35 人，获省（部）级奖科技工作者 30 人]；出版《赣南科技工作者建议文集》第一、二辑。当年，市科协首次评选表彰科技著作、科普著作各 3 部：地区医学会刘健生《刘健生医药 100 谈》（专辑），获 1997 年“科技著作”奖；地区农学会郭达周的《漫话赣南农业》（专辑）、地区气象学会吴锦岳等的《赣南科技工作者建议文集》（一），获 1997 年科普著作奖；地区自然辩证法学会吴锦岳等《论地方高等师范院校改革》、地区老科技工作者协会简根源《简根源林业文集》，获 1998 年科技著作奖；谢上海、陈远东、郭宏文等《高效示范田适用技术简编》，获 1998 年科普著作奖。

1996—2000 年，全市（地区）科协系统推荐并被上级表彰的各类典型 51 个，科技人才 846 名；推荐的 719 名农业科技人员被中国科协吸纳为全国农村实用技术讲师团团员，提交科技工作者建议 671 条，其中有 300 多条获得较好的社会效益和经济效益。

第四节 函授教育与科技咨询

一、函授教育

1987年4月，中国农村致富技术函授大学赣州分校成立。赣州农函大为地区科协下属事业机构，全地区18个县（市）科协同时设立农函大辅导站。该校学制为一年，当年招生，开设4个系、10个专业。赣州农函大自1987年成立至2000年，坚持“实际、实用、实效”的办学原则，为赣南农村培养10.65万名学员。赣州农函大多年被中国农函大、省农函大评为先进集体；1998年11月，被中共中央组织部、中国科协评为全国农村党员基层干部实用技术培训工作先进单位；2000年，被省委宣传部、省科学技术委员会和省科协评为江西省科普工作先进集体。1989年10月，中央电视台拍摄赣州农函大于都县学员《李有福吨粮田高产栽培》和兴国县学员《汪光基灰鹅养殖》《吕忠源红鲤鱼养殖》的专题片，当年11月在中央电视台农函大节目播放。1996年9月，中共中央总书记、国家主席、中央军委主席江泽民视察赣州农函大。1998年9月，地区科协、赣州农函大挑选和组织17名农业科技人员到瑞金市、于都县等县（市）6个乡（镇）进行授课、讲座。次年5月，编印农函大优秀学员先进事迹集之六《富民兴县、科普在先、赣州地区农村致富技术函授大学优秀学员六十例》。2000年，赣州农函大与江西农业大学在寻乌县柑橘学校联合开设高等教育自学考试园艺、农艺学专业班（专科）。

二、科技咨询

1985年，赣州地区科协科技咨询服务联络站成立。1987年5月，更名为赣州地区科协科技咨询服务中心。至1992年，先后有30个地区级学会成立咨询机构，为地区科协科技咨询服务中心直属分支机构。2000年发展到35个。1987—1993年，全地区科协系统开展为中、小乡镇企业提供技术服务工作，75个服务项目通过验收。1988年，科技咨询服务中心获中国科协颁发的“金牛奖”（优秀奖）。1996年，地区机械工程学会在全省12个厂家推广数控机床125台，提高产品的精密度和劳动效率，创直接经济效益180万元。1997年，地区粮油科技学会为地区运输公司粮油加工厂提供无粘连米生产线，获纯利8万元。1998年，地区老科技工作者协会组织专家到上犹县双溪乡右溪村实地考察，撰写上犹县竹木开发可行性报告，获得50万元的扶贫贷款支持。1999年，赣州市（地区）林学会引进PT菌根芽苗法，在信丰县林科所推广应用，比传统育苗法表现出明显的生长优势。2000年，赣州市机电工程学会为全市18个县（市、区）的农电网改造工程提供总体设计，在农电网安装施工中引入优化施工技术，获经济效益2000余万元。1986—2000年，赣州市（地区）科协于每年的三四月间，在赣州市南门文化广场或文清路举办大型科技咨询活动，每次均有几十个市（地）级学会、上百名科技人员参与。其间，赣州市（地区）科协科技咨询服务中心及分支机构共提供技术服务咨询项目1235项，其中技术咨询632项、技术开发120项、技术转让210项、技术服务273项，获咨询服务纯收入120万元；提供无偿咨询服务386项，完成无偿合同125项。

第五章 归国华侨联合会

1986—2000年，赣州市（地区）归国华侨联合会［以下简称“市（地区）侨联”］履行参政议政、维护侨益、海外联谊职能，做好侨界群众工作，广泛团结归侨、侨眷和海外侨胞，反映归侨、侨眷和海外侨胞的意见和要求，维护其合法权益，维护世界和平，促进祖国统一。

第一节 组织建设

一、推选政协委员

丁应俊、何红满（女）、周立森、潘其乐被推选为第七届江西省政协委员，何红满（女）、林建华、潘其乐被推选为第八届江西省政协委员。

吕志成、利刚、林玉凤（女）、钟学缘、康俊达、黄寻梅、潘其乐被推选为第一届赣州市政协委员。

二、代表大会

赣州地区第三次归侨侨眷代表大会 1989年9月11—13日召开，156名归侨侨眷代表出席，陈歆才作工作报告。大会选举产生地区侨联第三届委员会委员39名，常委11名。陈裕贤当选为主席。

赣州地区第四次归侨侨眷代表大会 1996年9月6—7日召开，147名归侨侨眷代表出席，周立森作工作报告。大会选举产生地区侨联第四届委员会委员31名，常委9名。张曜川当选为主席（兼）。

三、侨联机构

1981年1月8—9日，赣州地区归国华侨联合会成立大会召开，大会通过《赣州地区归国华侨联合会章程》，选举产生赣州地区归国华侨联合会第一届委员会。配备专职干部1名，与地区侨办合署办公，为一级群团单位。1992年12月由地区侨办划出单列，内设办公室，编制5名。1999年7月撤地设市后，赣州地区归国华侨联合会更名为赣州市归国华侨联合会。2000年，侨联内设机构和编制未变。

第二节 侨益维护

一、法律学习宣传

1990年，《中华人民共和国归侨侨眷权益保护法》颁布，全地区各级侨联组织归侨、侨眷学习、座谈。7月，《中华人民共和国归侨侨眷权益保护法实施办法》颁布，地区侨联翻印2000册发到归侨、侨眷手中，召开各种类型座谈会38次，举行专门学习班。

二、帮助解决问题

1993年，地区侨联在原有4家直属企业的基础上，发展5家企业，其中1家为国有企业，安排归侨侨眷及其子女就业98人。1994年9月，地区侨联与地区劳动局联合招收劳务人员300余人，输送到广东省中山、珠海等地务工。年内，地区侨联依法解决侨房政策问题13户，其他问题41件。2000年，市侨联开展“新千年献爱心，迎新春送温暖”活动，走访、慰问24户归侨侨眷特困户家庭。全市各县（市、区）侨联走访慰问归侨侨眷困难户180户。

第三节 海内外联谊

一、联谊交流

1988年1月，在香港召开港澳赣南同乡会成立大会。港澳赣南同乡会是江西省最早经香港政府批准的具有合法地位的民间组织。1992年1月，赣州地区侨联、侨办在深圳市召开港澳同胞迎春座谈会。1997年6月，地区侨联争取有关单位的支持和资助，在赣州南门口西园组织迎接香港回归游园联欢活动。地区侨联在赣南宾馆举办“赣州地区港澳同胞、亲属迎’97香港回归酒会”。1998年7月，地区侨联与赣州电视台、地区商业银行联合举办“迎澳门回归”大型游园活动。12月，地区侨联组织部分县（市）侨联主席、侨联委员赴广东梅州、汕头等侨乡考察学习。1999年10月，市侨联组团出访泰国。2000年10月，市侨联在深圳召开港澳赣南乡亲团庆茶话会。

二、恳亲大会

2000年，市委、市政府决定申办2004年第18届世界客属恳亲大会。11月，市侨联利用在福建省龙岩市召开的第16届世界客属恳亲大会，积极参与其中，赣州市代表团在乡情报告会上演讲，陈述赣州市举办世界客属恳亲大会的优越条件和理由，得到与会客家乡亲的认同。

第四节 公益事业

一、成立同胞奖学金

1986年2月，成立兴国县旅美侨胞、港澳台同胞奖学金。1989年开始颁奖，每年1次。至2000年，有谢福明等11位华侨、侨人，23位港澳同胞，4位台胞捐献基金，计折合人民币6.98万元；全县有350名品学兼优的中小学生及教学成绩突出的教师和“三胞”亲属子女获奖，颁发奖励金额4.36万元。

二、捐资捐物

1986年，由兴国县美籍华人、加州科技大学教授范新亚在母校兴国平川中学设立范新亚教育奖。范新亚为赣南最先发起捐献教育事业的带头人，每年汇寄500元美金，至2000年共计捐资折合人民币4.8万元，平川中学有477名师生获此奖；寻乌县新加坡华侨廖经慧捐款6.4万元给澄江乡桂岭村修建思源桥1座和架设照明用电线路。

1987年3月，香港大业制造有限公司董事长沈炳麟首次捐款9.1万元给兴国县龙岗乡卫生院，兴建1幢30张床位的住院大楼。至1993年，沈炳麟捐建项目遍及大余、崇义、全南、会昌等地，计捐建项目50个，金额900万元，捐赠布匹折合人民币50多万元，为赣南各地敬老院添置过冬衣被。同年，由旅美华侨罗萍设立资琼女士奖学金，资琼为罗萍的夫人，至2000年，资琼女士奖学金进行14次颁奖，奖励2所学校品学兼优的学生和优秀教师。

1989年，香港同胞钟峻文捐款2000美元修建瑞金县象湖镇云龙桥。

1990年4月，南康县香港豪生书局总公司董事长陈亨湖捐5万元扩建2座二级排灌站、延长灌溉渠道，解决路塘村千亩农田灌溉问题，1991年秋竣工通水。同年，美籍华人朱添伟在兴国县设立朱添伟奖学金。至2000年，累计发放奖学金1.2万元，平川中学品学兼优的学生获此奖。由香港同胞段海鹏和段坚忍在于都县设立段氏奖学基金，至2000年，段氏奖学基金共进行10届颁奖活动，全县共有293名师生获奖，共发放奖金7.72万元。同年，石城县侨联接受香港同胞廖信源、温海等捐赠10万余元，成立石城县益侨基金会，支持石城侨务部门的基础建设和开办经济实体，并利用基金利息，奖励学习成绩优秀的归侨、侨眷子女，帮助困难侨眷户。

1991 年，香港人士何冬青、美籍华人廖经星回寻乌参加校庆大会，何冬青捐港币 10 万元给母校修建冬青楼，廖经星捐 2 万元给家乡修建校舍。同年，香港同胞邵逸夫捐款兴建上犹二中教学楼，至 1999 年捐献港币 50 万元。

1993 年 1 月，赣南籍港胞蔡秀华女士向赣州地区妇幼保健院无偿捐赠日本（丰田）小轿车、中小型旅行车各一辆。同年，港胞王宝庭先生捐资 6.8 万元给家乡兴国县兴办公益事业。港胞段绍汉先生捐赠 15 万元为于都县段屋乡中心小学兴建教学楼。港胞段坚忍等人发起海内外段氏宗亲捐资 11 万元给家乡作为教育奖励基金。香港同胞澳门同胞黄平言先生、黄存词先生等捐资 16 万元兴建南康县龙岭“心良小学”。港胞陈亨湖先生、黄存注先生、黄剑峰先生为罗边电站捐款 3 万多元。全年全地区接受捐资（不包括接受捐赠物资）449.18 万元。

1994 年 3 月，美籍华人王鸿宾向赣南师范学院、赣一中、赣州师范学校、赣四中捐款 2.86 万元，用于资助 49 名在校学生。

1995 年 10 月，香港同胞陈亨湖在南康投资 23.4 万美元兴建凤岗农贸市场，投资 13.45 万美元投资兴建交易市场。

1999 年 1 月，由香港练马师协会主席简炳墀捐资 20 万港币给宁都县钓峰乡兴建希望小学，这是全地区第一所“侨心学校”。7 月，市侨联主席潘其乐带头捐资，并得到港商的支持，使 23 名品学兼优的特困生和归侨侨眷子女得到资助，继续完成学业。2000 年 7 月，市侨联向赣南慈善会捐款 1.5 万元，资助在校贫困生。

第六章　赣州工商界联合会

赣州市工商界联合会（以下简称“工商联”）团结广大工商界人士，在参政议政、民主监督、政治协商，引导会员积极参与全市经济建设方面做出积极贡献。

第一节　机构队伍

一、机构

1986 年 5 月，县（市）工商联相继恢复。主要工作是落实原工商业者政策，进行老会员的调查、登记等。1987 年，各县（市）工商联开始在国营、集体、乡镇企业和私营企业中进行吸收新会员的试点工作。次年，重点转入吸纳非公有制企业会员。1991 年，明确工商联工作对象由原来做老工商业者的思想工作转为主要做非公有制经济人士的思想政治工作。

1990 年 1 月，江西省工商联赣州地区办事处成立。1993 年年底，省工商联赣州地区办事处升格为副县级单位。1997 年 11 月，赣州地区总商会成立，与办事处合署办公。1999 年 7 月，赣州市工商联（总商会）成立，内设办公室、联络科。

二、队伍

1990 年 1 月，江西省将工商联赣州地区办事处定编 9 名，在编 4 人。1999 年年底，全市有工商联会员 8043 名，其中企业会员 704 名、团体会员 264 名、个人会员 7075 名。

第二节　职能履行

一、参政议政

参政议政是工商联的主要职能之一，1990 年后，全地区安排进入各级人大、政协组织的工商联会员逐年增多。2000 年，全市担任县（市、区）以上人大代表、政协委员的各级工商联机关干部 37 人、非公有制经济人士（会员）192 人。围绕经济发展和社会热点问题，特别是有关如何发展赣南非公有制经济问题，向各级党政提出议案、提案。

二、纳税竞赛

从 1995 年开始，全市（地区）各级工商联、统战部联合在全地区非公有制经济人士中开展以纳税竞赛为主的“光彩杯”活动。活动由全市（地区）各级工商联和统战部深入非公有制企业中宣传政策、深交朋友，帮助解决在经营中遇到的各种困难，引导企业主照章经营比贡献。每年评选出近百名年纳税额 10 万元以上的非公有制经济人士为“光彩杯”竞赛先进个人，奖励按纳税幅度分为三等次。2000 年，全市选出 138 名非公有制经济人士为“光彩杯”先进个人，其中纳税 50 万元以上的 46 名非公有制经济人士获一等奖。

三、经贸活动

全市（地区）各级工商联为帮助会员企业扩大产品销售渠道、开拓境内外市场，充分发挥工商联自身网络优势，组织全市（地区）会员企业开展经贸活动。1990 年以来，组织全地区工商企业参加每年一次的华东六省一市工商联联合举办的商品展销会、交易会，以及全国及各地工商联举办的展销会。组织全地区民营企业主到沿海发达地区参观民营企业和调研市场需求；赴中国港澳地区、东南亚国家考察，与当地工商社团建立联系。赣州市（今章贡区）、南康县、兴国县、信丰县、龙南县、全南县等县（市）工商联组织当地工商企业带着项目至粤、闽、浙、港、澳等地考察，寻找合作伙伴，签订项目合同。市（地区）、县工商联根据当地的实际适时举办会员企业产品展销会。赣州市（今章贡区）工商联从 1994 年起，与有关部门联合举办五届会员企业产品展销会，邀请周边省、市民营企业参展，有来自省内外的参展者 1400 多户，成交总额达 3171 万元。

四、光彩事业

光彩事业始于 1994 年 4 月，10 名私营企业主向全国工商联倡议：“让我们投身到扶贫的光彩事业中来。”这一行动得到党和国家鼓励，此后带动全国非公有制经济人士投身到“老、少、边、穷”地区兴办项目、开发资源，与当地共谋发展。

1995 年此项活动在赣南推广，至 1997 年形成高潮，地、县（市）普遍成立以党委统战部、工商联为主体的光彩事业促进会，主要负责组织实施调整、筛选、建立光彩事业项目；从区外引进私营企业到贫困县、乡投资兴业。1997 年，地区光彩事业促进会从深圳引进私营企业资金在赣县兴建光彩大市场；帮助瑞金市、大余县分别从河南聘请私营企业家陈书法指导农民饲养、繁殖大型黄牛，并引进数百头种牛。同时，各地光彩事业促进会引导当地非公有制经济人士就地支援贫困乡村，进行扶贫开发投资或捐助。1998 年，赣州万新摩托车集团总裁万志新捐资 15 万元，援建会昌县右水小学。

第十一篇

政 法

1986—2000年，全市（地区）各级政法部门围绕维护稳定工作重点，开展依法严厉打击刑事犯罪分子活动（以下简称“严打”）整治斗争，加强治安防范，为全市（地区）改革开放和经济发展创造公平高效的司法环境和安全稳定的社会环境。公安机关、检察院、法院、司法行政机关充分发挥各自职能，切实维护社会安全稳定，为改革开放和经济社会发展保驾护航。

1986—2000年，全市（地区）公安机关积极抓好治安管理，开展刑事侦查与“严打”专项斗争，及时侦破各类刑事案件，查处各类治安案件，有力查处违法犯罪；做好户政管理、监所管理、道路交通管理、消防管理工作，为改革开放和经济建设，维护社会稳定做出贡献。全市（地区）检察院按照“公正执法，加强监督，依法办案，从严治检，服务大局”的工作方针，以反腐败查办大案要案、惩治严重刑事犯罪、执法监督工作为重点，加大对侵权犯罪、渎职犯罪的惩治力度，各项工作平稳推进。全市（地区）法院发挥审判职能，加大审判力度，为保护国家、公民、法人及其他组织的合法权益，维护社会稳定，服务经济建设发挥应有的作用。

全市（地区）司法行政机关认真组织实施“一五”“二五”“三五”普法规划，完成三个五年普法工作任务，公民的法治观念和法律意识增强。开展矛盾纠纷大排查、大调处活动，充分发挥“第一道防线”作用。

积极做好刑满释放、解除劳动教养人员的安置帮教工作，预防和减少重新犯罪，有效维护社会稳定。不断深化公证、律师和乡镇法律服务三项制度的改革，形成多种法律服务机构体制并举的格局。

第一章　政法委及综治

中共赣州市委政法委员会是市委组织、领导、协调、管理政法工作的专门机构，担负着全市政法和维护稳定工作的重要任务。1997—2000 年，赣州市（地区）连续 4 年被评为全省社会治安综合治理目标管理先进市（地区），被中共中央社会治安综合治理委员会授予“1997—2000 年全国社会治安综合治理优秀单位”称号，成为全国 152 个优秀单位之一。

1986—2000 年，全市（地区）加大社会治安综合治理力度，建立“纵向到底、横向到边、左右联系、上下互动”的社会治安综合治理防控体系，积极开展综治宣传，组织开展严惩各类刑事犯罪的专项斗争，多举措做好基层调解工作，化解社会矛盾，切实保障社会平安和谐稳定。

第一节　机构　队伍

市（地）委政法委和市（地区）综治委主要领导由市（地）委、市政府（行署）党政领导担任，委员由政法有关部门（单位）负责人担任。市（地）委政法委机关与市（地区）综治委同为正县级常设机构，实行合署办公，一个机构、两块牌子。下设办公室、综治科等科室。各县（市、区）党委政法委机关为同级党委工作部门、正科级机构。

一、市（地区）、县（市、区）政法委

中共赣州地委政法委员会成立于 1981 年。1988 年 1 月，撤销中共赣州地委政法委员会，成立中共赣州地委政法领导小组，下设办公室，为赣州地委工作部门，正县级常设机构。领导小组成员单位有地区中级人民法院、检察院、公安局、司法局组成。工作人员为行政编，享受公安待遇，经费单列。1990 年 4 月，撤销中共赣州地委政法领导小组，恢复成立中共赣州地委政法委员会，下设办公室，办公室内设秘书科、调查研究科、政工科，1991 年 5 月增设综合治理科。1999 年 7 月，赣州撤地设市，中共赣州地委政法委员会改为中共赣州市委政法委员会。

1986 年，中共赣州地委政法委员会办公室编制 8 名，在编 7 人；1990 年，编制 13 名，在编 12 人；1991 年，编制 23 名，在编 18 人；2000 年，编制 24 名，在编 23 人。

各县（市、区）均成立政法委，政法委机关为各县（市、区）委工作部门，正科级机构。

二、市（地区）、县（市、区）综治委

市（地区）综治委　赣州地区社会治安综合治理委员会成立于 1991 年 5 月，下设办公室，为正县级行政机构，与地委政法委机关合署办公，两块牌子、一套机构。综治委主任由地委副书记担任，副主任由地委政法委机关及地区政法有关部门负责人担任，综治委成员由部分地直单位负责人组成。1999 年 7 月，赣州撤地设市，赣州地区社会治安综合治理委员会改为赣州市社会治安综合治理委员会。每个市（地）直单位均有分管综治领导，设有综治室。

市（地）综治委主要职责：根据全地区社会治安状况，研究提出落实社会治安综合治理的重大措施，供市委、市政府决策参考；对一个时期的社会治安综合治理工作作出总体部署，并督促实施；领导、组织、指导、协调、推动各部门（单位）落实社会治安综合治理各项措施及办理上级综治委员会交办的有关工作。

县（市、区）综治委　各县（市、区）均成立社会治安综合治理委员会，并下设办公室，为各县

（市、区）委工作部门，正科级机构。每个县（市、区）直单位均有分管综治领导，设有综治室。每个乡（镇）均由党委副书记分管综治工作，乡（镇）均设有综治办，根据乡（镇）大小设置若干名工作人员。每个行政村设有村综治室，均配备治保主任。全市（地区）建立各类调解组织，配齐调解员；建立调委会和治安联防队，成立保安服务公司和经济民警组织，设立护厂（校、店、院、路）队等。

第二节　调查研究

一、理论研讨

1989 年，召开全地区第一次政法工作理论研讨会。1990 年，召开全地区第二次政法工作理论研讨会。1991 年，召开全地区第三次政法工作理论研讨会。1992 年，开展政法工作如何为经济建设提供安全保障和法律服务，加强综合治理、加强政法队伍建设和加强社会主义民主和法制建设等专题调研。1993 年，地委政法委确立 7 大专题调研课题。1994 年，地委政法委提出 12 个方面 60 个课题。

二、专题调研

1986 年，开展强化综治工作，深化“严打”斗争等专题调查研究。1987 年，围绕“严打”斗争，如何做好新形势下政法工作，抓好社会治安综合治理及配合形势服务中心等方面开展调查研究。1988 年，围绕强化政法综治工作推动改革试点区赣南经济发展开展调查研究。

1995 年，全地区撰写各类调研文章 3226 篇，先后在国家及省、地级报刊和研讨会采用 2167 篇。1996 年，围绕社会治安综合治理和维护稳定工作，以及政法队伍建设中存在的难点、热点问题，确定 17 个调研课题。1997 年，围绕基层基础工作、执法监督、队伍建设等方面内容，确定 13 个调研课题。1998 年，重点开展政法队伍建设、京九铁路赣南段治安问题、企业治安状况等专题调研活动。1999 年，重点开展农村社会稳定、青少年违法犯罪、政治经费保障、新形势下社会治安问题等专题调研。

2000 年，重点开展预防和处置群体性事件，如何为优化投资环境提供法律服务和司法保障、企业及周边治安环境问题，以及非法宗教、邪教势力现状及其危害等 7 大专题调研。

第三节　综治宣传教育

1986 年，地委、行署制定领导干部学法制度，实行每周组织 1 次领导干部学习法律知识。在全地区布置全民“一五”普法活动。举办副县级以上干部普法学习班。

1987 年，举办县级以上干部普法学习班 5 期。开展普法学习活动。1988 年，推动综治宣传工作。举办司法助理员培训班、全国律师统考辅导员培训班，以及《中华人民共和国宪法》《中华人民共和国刑法》《中华人民共和国刑事诉讼法》《中华人民共和国婚姻法》《中华人民共和国经济合同法》《中华人民共和国民事诉讼法》《中华人民共和国继承法》《中华人民共和国民法通则》《中华人民共和国森林法》《中华人民共和国宪法》《中华人民共和国兵役法》《中华人民共和国治安管理处罚条例》，即“十法一条例”培训班 1 期。

1989 年，在赣州市（今章贡区）、宁都县和部分乡（镇）开展依法治县（市）试点工作。完成“十法一条例”普法任务。1990 年，开展法制宣传教育活动，着重通过剖析典型案例宣传法制。设立少年合议庭，帮教挽救违法青少年。完成“一五”普法任务，开展依法治理试点工作。

1991 年，开展“综治宣传月”活动。组织干部职工综治考试。配备“二五”普法宣讲员 48294 人，培训宣讲骨干 7 期，确定普法试点 63 个。1992 年，全地区发行综治宣传标牌 5 万块。《赣南日报》开辟《综治宣传》栏目。分发《江西省社会治安综合治理条例》5.3 万册，发行“二五”普法教材 18 万册。开展综治成果展览和《江西省社会治安综合治理条例》考试等活动。

1993 年，开展全地区综合治理知识会考；举办全地区综合治理知识电视公开赛。召开公开宣判大会 45 次。1994 年，开展“综治宣传月”活动，组织万人街头宣讲咨询；组织社会治安百家访谈录活动、见义勇为先进事迹报告团巡回报告活动。

1995 年，结合反法西斯战争和抗日战争胜利 50 周年纪念活动，开展爱国主义、英雄主义教育。以圩镇宣传为阵地，开展综治宣传教育。全地区表彰见义勇为先进典型 47 人。

1996 年，组织全地区干部职工综合治理知识考试；举办综合治理知识电视大奖赛；配合“严打”行动，通过出动巡回宣传车、发布联合通告规劝犯罪嫌疑人自首、领导发表电视讲话、举办“严打”成果图片展览等，营造“严打”舆论氛围。在铁路沿线开展《中华人民共和国铁路法》宣传和安全知识教育。

1997 年，《江西省社会治安综合治理条例》颁布实施 5 周年，开展综合治理集中宣传活动。地区综治办印制发行综治标牌 800 多套；开展“迎回归、促发展、保稳定、法律进万家”“法律下乡、送法上门”等法制宣传活动，确定依法治县（市）9 个、依法治乡（镇）179 个、依法治村 1938 个、依法治校 2366 所、依法治厂矿企业 89 个。

1998 年，全地区规划依法治理试点 100 个；推进“三五”普法，每个乡（镇）举办普法集中宣传活动。抓好学校流失生、辍学生、落后生以及城镇待业青年、下岗青工和外出打工青年农民的法制教育；宣传维护稳定领导责任制、基层创安、见义勇为先进分子，开展 100 名杰出（优秀）青年、“双十佳”综治好新闻评选等活动。

1999 年，中共中央《关于加强社会治安综合治理的决定》颁布 8 周年，开展“综治宣传年”活动。赣州电视台开辟《民与法》栏目，以案释法。《赣南日报》创办《律师咨询台》《监督岗》等栏目。城镇小区普遍开展“小区是我家，情系你我他”“邻里相处好，等于一个宝”等活动；政法部门选派一批干警担任学校辅导员，定期为学生上法制课。

2000 年，重点加强青少年法制宣传教育，全市建立青少年法制教育基地 46 个，各中学和小学选聘法制副校长 725 人、法制辅导员 1792 人。教育、公安、检察、法院、团市委等部门联合举办“为了孩子——预防青少年违法犯罪巡回展览”。

第四节　组织开展综合治理

一、组织领导

1986—2000 年，全市（地区）各级党政牢固树立“稳定压倒一切”的政治意识，始终把政法综治工作摆在突出位置，抓紧抓实。市（地）委、市政府（行署）每年年初向各县（市、区）党委、政府及市直、驻市单位下达年度政法、综治工作任务书，层层签订责任状，明确党政一把手是“第一责任人”。并建立严格的检查监督、定量考核、评比奖惩，重大问题“一票否决权”和追究领导责任制度，实行党政一把手、分管领导和专职政法委书记分级述职报告制度，在全市（地区）建立起“纵向到底、横向到边、左右联系、上下互动”的责任网络和“结构合理、重点突出、运作有序、充满活力”的工作机制。

市（地）、县（市、区）两级党委政法委和综治委强化组织领导，推动工作落实。加强隐蔽战线斗争，强化对敌斗争，严防境内外敌对势力颠覆破坏活动；坚持“打防结合，预防为主”，狠抓矛盾纠纷排查调处，加强青少年的法制宣传教育及流动人口教育管理、刑满释放解除劳动教养人员安置帮教等工作；大力夯实基层工作基础，加强基层政权组织、政法组织和群防群治组织建设。

加强队伍建设，提高队伍素质。在全市（地区）政法系统中广泛开展解放思想学习教育、队伍集中教育整顿及“三讲”“三个代表”重要思想学习教育活动，积极开展“创人民满意”活动，加强业务培训、队伍整体素质明显提高，战斗力加强，有力促进全市（地区）政法综治工作的开展。

二、协调监督

1986—2000 年，市（地）政法委积极开展执法协调与监督工作，重点开展严厉惩治刑事犯罪“第三战役”，以及以惩治杀人、抢劫、强奸、盗窃、诈骗、车匪路霸、流窜犯罪等为主要内容的专项斗争，并对每次专项斗争和行动进行跟踪督查。1996—2000 年 5 年中，就先后组织开展 30 多次较大规模的“严打”专项斗争，在 12 个县（市、区）、200 个乡（镇）、40 个单位、4 条国道及京九铁路赣南段开展重点整治，有效维护社会治安稳定。

1986 年，组织开展严厉惩治刑事犯罪第三战役。第三战役共 3 仗，从 1986 年 4 月开始，至 1987 年 2 月结束。1987 年，组织开展以惩治杀人、抢劫、强奸、重大盗窃犯罪为主要内容的专项斗争；组织开展惩治盗伐、滥伐森林犯罪专项斗争；组织开展惩治偷税抗税犯罪专项斗争。1988 年，组织开展惩治盗窃、杀人抢劫、盗窃、诈骗等犯罪为主要内容的专项斗争；组织开展集中惩治流窜犯罪专项斗争。1989 年，组织开展惩治盗窃、抢劫和流窜犯罪的集中统一行动；组织开展查禁取缔和惩治处理卖淫嫖娼、传播贩卖淫秽物品统一行动。1990 年，组织开展清查整顿爆炸物品专项斗争、惩治偷盗自行车犯罪专项斗争；组织开展惩治取缔卖淫嫖娼活动，加强旅店、公共娱乐场所活动管理专项斗争；组织开展惩治流窜、追在逃人员、破大案集中统一行动。

1991 年，组织开展反盗窃斗争、清查爆炸物品专项斗争、惩治偷盗自行车专项斗争；组织开展惩治卖淫嫖娼活动。1992 年，组织开展惩治车匪路霸专项斗争、反盗窃专项斗争。1993 年，组织开展围歼车匪路霸、反盗窃斗争、追捕在逃人员大会战及扫“六害”（卖淫嫖娼、制作贩卖传播淫秽物品、拐卖妇女儿童、私种吸食贩运毒品、聚众赌博、利用封建迷信骗财害人）专项斗争；组织开展“一线两县”（105 国道，瑞金县、崇义县）治安整治。1994 年，组织开展惩治车匪路霸专项斗争、反盗窃专项斗争、严厉惩治经济犯罪活动专项斗争；组织对特种行业和公共娱乐场所进行整顿；组织开展“二县二线”（赣县、信丰县，105 国道、323 国道）治安整治。1995 年，组织开展春季“严打”攻势；组织开展“百日破案大会战”。

1996 年，组织开展严厉惩治刑事犯罪活动，把“破大案、打团伙、追在逃人员”列为工作重点，集中惩治杀人、抢劫、车匪路霸和重大盗窃等严重危害社会治安犯罪；组织开展县（市）边际接合部、铁路治安、金融安全、校园治安、村区治安、矿山治安、重点单位、重点部位整治和惩治邪教、制止非法宗教活动专项斗争等 9 个专项整治。1997 年，组织开展惩治车匪路霸、追逃、禁毒、林业冬季“严打”、扫黄打非等专项斗争；组织开展铁路治安整治，组织全地区公安民警、民兵、乡村干部昼夜巡逻，确保京九铁路赣南段的安全畅通；组织开展邮电通信设施安全整治；组织开展校园及周边环境整治。1998 年，组织开展惩治盗抢机动车犯罪专项斗争、收枪治暴专项斗争、惩治和防范投毒犯罪活动专项斗争；组织开展夏季“严打”整治百日活动，对南康市、瑞金市、于都县、信丰县 4 个县（市）和 50 个乡（镇）进行重点整治。1999 年，组织开展追逃专项斗争、反扒窃反拎包反盗窃自行车专项斗争；组织开展校园及周边治安整治、村区治安整治，对宁都县、石城县进行重点整治。

2000 年，组织开展制止和取缔非法传销专项整治、校园及周边治安集中整治、公共娱乐场所及电子游戏经营场所专项整治；组织开展惩治经济犯罪活动专项斗争，对信丰县和下垄钨矿进行重点整治。

三、矛盾排查与化解

坚持“打防结合、以防为主”的方针，做好群众的来信来访工作，定期开展矛盾纠纷和不稳定因素大排查，组织有关部门调处民事纠纷，消除影响稳定各种隐患。2000年，全市坚持每月开展一次全市性矛盾纠纷和不稳定因素大排查，县（市、区）每半月一次，乡（镇、街道）每周一次。对排查出来的问题，采取召开会议、下发督办通知、派出督查组的方式，督促责任单位（部门）限期整改解决。全市排查出矛盾纠纷23320起，调处成功22378起，调处成功率95.96%；排查出影响稳定的重大问题和隐患20个，市维稳办发出督办函16件，派出督查组10批200人次，消除大量不稳定因素。

四、组织“创安”活动

1996年起，在12个县（市、区）、200个乡（镇）、40个单位、4条国道以及京九铁路赣南段深入开展“创安”活动。2000年年底，全市安全小区达到376个、安全乡（镇）97个、安全村1963个，人口覆盖率68.1%。

第二章　公　安

1986—2000年，全市（地区）公安机关破获各类刑事案件42846起，查处各类治安案件8728起，为改革开放和经济建设，维护社会稳定做出贡献。其间，全市（地区）公安机关有118个单位和721名公安干警受到各级的表彰奖励。其中，全国先进集体11个，先进个人27人；全省先进集体166个，先进个人141人。集体一等功1个，二等功11个，三等功96个；个人记一等功14人，二等功41人，三等功646人。荣获全国优秀公安局1个，优秀人民警察21人；全省优秀公安局10个，优秀人民警察70人。

第一节　机构设置

一、机构编制

1996年3月，行署公安处更名为赣州地区公安局。2000年，市公安局内设机构：办公室、政治处、机关党委、指挥中心、机要通信科、警卫处、文化保卫科、监所管理科、出入境管理科、法制科、户政科、财务科、后勤装备科、信访科、警务督察科、纪检监察科、老干部管理科、国内安全保卫支队、经济犯罪侦查支队、治安警察支队、行动技术支队、特种警察支队、巡逻警察支队、刑事警察支队、人民警察培训学校、警犬训练基地、赣州市第一看守所、赣州市戒毒所、交通警察支队。全市共设县（市、区）公安局（分局）19个，公安基层派出所（分局）348个。企业公安局（分局）11个，企业公安派出所4个，其中院校派出所2个。

全市（地区）公安机关实有编制人员，1986年2226人，2000年5617人。1992年实行警衔制，首批授衔2809人，其中警监1人、警督920人、警司1736人、警员152人。

二、公安基层基础建设

1986年，全地区增设公安派出所28个，成立大吉山钨矿公安局、赣州汽车运输公司公安分局。1995年，全地区实现达标派出所87个，批准新建农村派出所159个，增编民警870人。于都县、宁都县、寻乌县、赣县、兴国县、瑞金市、南康市、信丰县、崇义县9个县（市）达到一乡（镇）一所。公安派出所已基本覆盖城镇水陆交通沿线、治安复杂地区和绝大部分农村。

按照公安部“把警察摆上社会面”的新思路，1994年，瑞金市公安局率先组建成立治安巡逻大队，其他县（市）陆续组建。1996年，按省公安厅部署，各地先后组建“110”报警服务台和出警队，形成以“110”为龙头、巡警为主体的多警种协同作战的快速反应机制。

1988年，地区公安处在全省率先成立保安服务公司。1990年，赣州市（今章贡区）、全南县、兴国县、大余县、信丰县陆续组建县一级保安服务公司。至2000年，全市公安机关保安服务公司为企事业单位、经济实体、大型文娱活动、物资商品交流展销和居民住宅小区等提供保安需求服务，在执勤中消除安全隐患，协助公安机关共同维护治安秩序。

第二节　治安管理

一、禁娼禁赌和查禁淫秽物品

禁娼禁赌　20世纪80年代，公安部先后下发《关于坚决取缔卖淫活动和制止性病蔓延的通知》《关于对卖淫嫖宿人员收容劳动教养问题的通知》等文件。按照部署，全地区各级公安机关开展查禁卖淫嫖娼整治行动和扫除“六害”集中统一行动。1986—1990年，侦破查处卖淫嫖娼案件1278起，查处卖淫团伙6个，2147人。查处赌博案件448起，查处赌博团伙87个，抓获赌头赌棍118人，参赌人员1751人，缴获赌具240件，收缴赌资9940元。20世纪90年代后期，按照省公安厅《关于在全省开展禁娼禁赌专项斗争的通知》，针对饭店、招待所、开发区及国道沿线路边店等场所，多次开展查禁嫖娼、赌博违法犯罪活动专项斗争，查破卖淫嫖娼案件136起，抓获犯罪嫌疑人1977人，其中引诱、介绍、容留卖淫1101人，失足妇女510人，嫖娼人员1050人，查处团伙18个，卖淫窝点6个，对764人强制性病检查，对确诊的47人采取强制性治疗措施。1999年秋季禁娼、禁赌专项斗争行动中，查处卖淫嫖娼案件1051起，查处团伙20个，查处赌博案件1947起，抓获查处2838人。

查禁淫秽物品　1986—1989年，根据国务院《关于严禁淫秽物品的规定》和公安部《关于进一步制止卖淫活动和查禁淫秽书画、淫秽物品的通知》，多次组织专项行动，对全地区328个营业性录像队334个放映点等进行全面清理整治，收缴淫秽录像带406盒，查封5800盒，收缴非法出版淫秽刊物8000余件，其中逮捕9人，治安处罚93人。1990—2000年，多次与全省同步开展“扫黄、打非”集中统一行动，有效遏制淫秽物品，制黄贩黄等违法犯罪活动蔓延势头，净化社会环境。

二、禁毒缉毒

20世纪80年代，全地区各级公安机关针对毒品犯罪活动特点，结合开展全省性的扫“六害”专项斗争，多次进行清理和检查统一行动。1996—2000年，遵照中共中央、国务院批转国家禁毒委员会《关于“九五”期间加强禁毒工作的报告》文件精神和全国禁毒会议、江西省禁毒委员会的部署，组织开展禁毒专项斗争统一行动，查处毒品案件8起，涉毒犯罪人员14人次，收缴海洛因70克、鸦片2.55千克。

三、特种行业及公共娱乐场所管理

1986年，全地区各级公安机关按上级关于加强特种行业及公共娱乐等场所的治安管理部署，联合有关部门，组成有228人参加的54个工作小组，对特种行业及公共娱乐场所进行全面检查和专项整治活动，有113家特种行业停业整顿，28家有违法经营活动的被取缔。1990年，根据省公安厅《江西省娱乐场所管理办法》要求，全地区组织检查治理和专项整治，116家娱乐场所限期整改，取缔非法经营服务性营业场所197处。旧货市场、旅店、印刷、刻字等行业中，限期整改的49家，取缔非法经营旧货业74家，破获刑事案件18起，查处犯罪嫌疑人138人。1996—2000年，对厂矿企业和学校周边及城乡接合部开展重点专项整治行动。查封、取缔非法经营的歌舞厅、发廊、桑拿按摩、电子游戏室、桌球室等166家，爆炸物品、制黄贩黄地下网点，废品收购站（点），出租私房等517处。

四、枪支弹药和危险物品管理

危险物品管理 贯彻“积极预防、从严管理、服务生产、保障安全”的工作方针，全面推行安全防范责任制，定期或不定期开展安全监督检查，发现安全隐患，及时查处和限期整改。1987 年，国务院办公厅下发《关于加强民用爆炸物品管理的通知》，开展清理、查处、收缴民用爆炸物品的集中整治统一行动，收缴炸药 343.8 千克、雷管 1079 枚、导火索 132 米、氯酸钾 2000 千克，查处违反危险物品管理规定的案件 32 起，涉案人员 46 人次。1990 年 3 月，为确保北京亚运会和国庆期间安全，在全地区范围组织开展清理整顿危险爆炸物品和收缴枪支弹药等集中统一行动，收缴各式枪支 104 支、子弹 147 发、炸药 6475 千克、雷管 386 枚、导火索 109 米，查处非法贩卖炸药、导火索等危险物品案件 10 起，涉案人员 13 人。1998 年 4 月，开展为期 3 个月的收枪治爆和民间爆破物品管理专项集中整治行动。收缴非法枪支 1362 支、子弹 216 发、炸药 1640 千克，取缔非法生产、销售民用爆炸物品 84 户，查处违法犯罪人员 139 人次。1999 年，为确保国庆 50 周年庆典和迎接澳门回归安全稳定，全市（地区）各级公安机关全力开展强化民用爆炸物品管理，严厉惩治涉爆犯罪活动专项斗争统一行动，取缔无证烟花爆竹生产个体作坊 2127 户，非法销售经营点 1034 个，吊销许可证 1114 份，查处违法犯罪案件 246 起，处罚涉案人员 493 人。

枪支弹药管理 1986 年，按照《中华人民共和国枪支管理办法》（以下简称“枪支管理办法”）规定，经地委、行署批准印发《关于党政干部佩带枪支管理的通知》，按规定收回不应佩带的枪支 153 支及部分子弹；对公安（保卫）人员佩带枪支也作出制度规范，实行定编定人，枪支分类建档，一枪一卡，枪弹分开，集中归口专人保管等制度。1996 年，按照省公安厅《公安机关公务用枪原则》规定，枪支统一归口公安机关治安科统一管理。1999—2000 年，公安部下发《关于启用新版枪支管理证件的通知》，重新核发新版公务用枪持枪证、公务用枪证，枪支管理更加严格规范。

五、林业治安管理

1986 年以前，全地区两级公安机关内设有林业治安管理科（股）。1987 年 7 月，成立赣州行署林业公安局，各县（市、区）随之成立林业公安分局，原内设的林业治安科（股）被撤销。林业公安局（分局）隶属林业局和公安局双重领导，其公安干警属林业事业编制。增设林业公安派出所 42 个，新增干警 397 人，原有护林人员 3487 人增加到 4471 人。

1988—1990 年，多次开展集中统一行动，共破获林业案件 231 起，查处涉案人员 1308 人，缴获木材 4000 余立方米，将一批受保护动物放归大自然。1992—1995 年，全地区林业治安管理工作坚持“打防并举、标本兼治，重在治本”的方针，紧紧依靠群众，有力地查处林区内的各种违法犯罪活动，为国家挽回直接经济损失 726.19 万元。

全地区林业公安在惩治毁林犯罪活动的同时，加强林区治安管理，强化基层基础工作和林区法制宣传。通过法制宣传，增强林区群众法制观念，提高群众守法自觉性以及同毁林犯罪作斗争的积极性。

六、治安处罚

各地公安部门对扰乱社会管理秩序，妨害公共安全，侵犯公民人身权利、公私财产等违反治安管理行为，尚不够犯罪者，依照《中华人民共和国治安管理处罚条例》的规定，给予拘留、罚款、警告等处罚教育。1986 年 9 月，第六届全国人民代表大会常务委员会第 17 次会议通过新《中华人民共和国治安管理处罚条例》，自 1987 年 1 月 1 日起实施。各级公安机关建立健全治安管理处罚立案、查证、审批、裁决的办案制度，严格依法办案。1987—2000 年，全市（地区）查处治安案件 99842 起，处罚 215586 人，其中拘留 45720 人、罚款 160110 人、警告 9756 人。

第三节 刑事侦查与“严打”专项斗争

1986—2000 年，全市（地区）公安机关共立各类刑事案件 66922 起，其中重特大案件 24106 起；侦破各类刑事案件 44846 起，其中重特大案件 18647 起，侦破率分别为 67.01%和 77.35%。

1983 年 8 月至 1987 年 2 月，在全国性开展的严厉惩治严重刑事犯罪活动的三次战役中，全地区共破获各类刑事案件 6105 起，其中重大案件 978 起，特大案件 34 起，破获隐积案件 1836 起，侦破和查明反革命案件 74 起；摧毁各种犯罪团伙 607 个，涉案成员 2727 人，抓获 13492 人；缴获各种枪支 36 支、各式子弹 2970 发、炸药 4968 千克、雷管 31425 枚，各种犯罪工具、管制刀具等一批。收缴赃款、赃物折款 228.96 万余元。

1995 年 3—5 月，全地区与全国同步在辖区范围内开展春季“严打”，侦破各类刑事案件 1168 起，其中重特大案件 549 起，抓获 2067 人（其中在逃人员 120 人），摧毁犯罪团伙 176 个，成员 774 人，缴获赃款和赃物折款 155 万元。查处各类治安案件 2329 起，查处率 96.92%，查处违法人员 5943 人。

一、侦破和惩治流窜犯罪

1985 年起，根据流窜犯罪活动的特点，与相邻地（市）及县（市）公安机关建立联防协作关系，每年轮流召开协作区会议，互通情报信息，形成查处流窜犯罪和追捕在逃人员的网络体系。1986—1992 年，共抓获流窜犯和在逃人员 419 人，破获刑事案件 205 起。1993 年后，两级公安机关把查处流窜犯罪与追捕在逃人员相结合纳入刑事侦查的经常性工作，每年开展 1～2 次查处流窜犯罪和追逃统一行动。

二、惩治暴力犯罪

1988 年 3 月，地区行署公安处下发《关于开展惩治杀人、抢劫、盗窃、诈骗犯罪活动专项斗争》的通知。各级公安机关按照部署快速行动，取得显著成效。年内，侦破各类刑事案件 1593 起，其中杀人案件 84 起、伤害案件 49 起、抢劫 66 起、盗窃 1394 起，抓获 2216 人，缴获赃款、赃物折款 13.49 万多元。1988 年 10 月，定南县岿美山钨矿公安局发生一起赣州地区自中华人民共和国成立以来罕见的抢枪杀人纵火案。值班民警被歹徒杀害，枪支被抢，公安分局楼房被纵火烧毁。案发后，在省公安厅统一指挥下，采取“侦、挖、堵”的措施，一周内告破，抓获隐藏在该矿职工内部的陈某等全部涉案成员，缴获被抢 54 式手枪 4 支、64 式手枪 1 支、79 式冲锋枪 1 支、子弹 1080 发。1990 年，公安机关建立“反暴”警值班室，组建“反暴”队，进行“反暴”专业训练，提高“反暴”整体作战水平。

三、惩治车匪路霸犯罪

随着公路交通运输业的迅速发展和公路上流动的人、财、物增多，公路沿线、交通要道拦车抢劫、爬车盗窃犯罪案件频发，车上杀人甚至强奸乘客等恶性案件上升。1990 年，全地区以 105 国道、206 国道、319 国道、323 国道等 4 条国道沿线及“车匪路霸”案件多发地段为重点，组织开展惩治“车匪路霸”专项整治行动。4—5 月，3 次集中统一行动，侦破拦车抢劫、爬车盗窃团伙 26 个、成员 117 人，其他团伙 30 个、成员 98 人；破获刑事案件 526 起，抓获 648 人。1993—1994 年，全地区组织开展为期一年的“围歼车匪路霸”犯罪专项斗争，采取集中与分散的办法，破获“车匪路霸”案件 312 起，侦破团伙 133 个，抓获 624 人，缴获一批赃款、赃物。

四、惩治盗窃犯罪

1987 年 6 月，组织开展以龙南县、全南县、安远县、信丰县、上犹县、崇义县 6 个县为重点，以惩治盗伐、滥伐和破坏森林资源犯罪为主要内容的专项整治，历时 3 个月，侦查破获林业案件 231 起，查处盗伐、滥伐林木团伙 12 个，抓获 1308 人，收缴木材 4000 余立方米，赃物折款及罚款计 182 万多元。1988—1990 年，采取统一部署、整体作战的方式，开展以集中惩治盗窃、抢劫犯罪为主要内容的专项整治行动，破获盗窃案件 2198 起、抢劫案 187 起，侦破团伙 109 个，抓获 2001 人。1991 年 5 月，开展惩治盗窃自行车犯罪专项斗争，破获相关案件 217 起，收缴被盗自行车 163 部。11 月，全地区集中统一行动，破获盗窃、诈骗等刑事案件 181 起，查处盗窃团伙 34 个、成员 146 人，抓获 575 人。1995 年 9 月，与全省同步开展为期 100 天的破案大会战。全地区破获各类刑事案件 1606 起，其中重大案件 406 起、特大案件 75 起；抓获 1201 人，其中负案在逃 194 人、批捕在逃 38 人、“两劳”（劳动教养、劳动改造）在逃 1 人；缴获各种凶器 175 件、雷管 651 枚、炸药 7.2 吨、导火索 860 米、赃款 136 万多元、摩托车 123 辆、汽车 5 辆及其他赃物，折款 185 万多元。1991—1999 年，在全地区多次组织开展的惩治盗、抢机动车犯罪集中统一行动中，侦破盗、抢机动车案件 176 起，缴获被盗抢车辆 177 辆，连带破获其他刑事案件 176 起，查处盗、抢机动车犯罪团伙 8 个，抓获 350 人。

五、惩治拐卖妇女、儿童犯罪

1986—1990 年，各地拐卖妇女儿童犯罪活动日益增多。1990 年 7 月，开展历时 2 个月的全地区性集中惩治拐卖妇女儿童和查禁卖淫嫖宿专项整治行动，查破一批拐卖妇女儿童犯罪案件，抓获犯罪嫌疑人 38 人，解救被拐卖的妇女 187 人、儿童 5 人；查处卖淫嫖宿案件 238 起，依法惩治查处违法犯罪人员 357 人。1991—2000 年，结合惩治刑事犯罪斗争行动，不间断地开展惩治拐卖妇女儿童专项整治行动，使拐卖妇女儿童犯罪案件逐年下降，有效地保护妇女儿童的合法权益。

表 11-2-1　1986—2000 年赣州市（地区）公安机关刑事案件立、破案统计表　单位：件

年度	受理立案查处		破案	
	总数	其中 重特大案件	总数	其中 重特大案件
1986 年	1479	402	1281	350
1987 年	1539	420	1864	426
1988 年	1848	676	1602	584
1989 年	3124	1091	2466	857
1990 年	5730	1396	3195	901
1991 年	7335	1580	4307	1014
1992 年	4084	1417	2683	981
1993 年	3984	1908	3093	1471
1994 年	4177	2095	3710	1832
1995 年	3877	2067	3525	1861
1996 年	3319	1565	2749	1580
1997 年	2437	1261	2202	1135
1998 年	3116	1505	2692	1335
1999 年	7066	2736	4983	1430
2000 年	13807	3987	4494	2890
合计	66922	24106	44846	18647

第四节 户政管理

1988年4月，成立地区公安处户政科，实行户政管理。各基层派出所配备专职户籍内勤，未设派出所的乡（镇）配备兼职户籍员，并设立城乡村（居）级户口协管员。各级户政部门在做好户口日常登记、加强常住人口登记底册管理的同时，结合人口统计年报工作，开展户口核对。从1992年起，在全地区范围内推行农村户口城市化管理。1995年，开展全地区范围内的小城镇户籍管理制度改革。

一、常住人口管理

户口管理是户政管理工作的基础。1990年，按照上级公安机关部署，配合全国第四次人口普查，开展户口整顿工作，解决居民人户分离的问题，进一步建立健全户口管理制度，落实管理措施，查清人口底数。7月1日零时为第四次全国人口普查登记时间，全地区有1486350户，7074110人（男3615569人、女3458541人）。1995年年底全地区户政管理统计，总户数1659878户，7468126人（男3845324人、女3622802人）。2000年年底全市人口总户数为1994489户，总人口7941569人（男4092859人、女3848710人）。

二、暂住人口管理

随着社会人员流动日趋频繁，人口管理工作随之变化，登记办理暂住证的人数逐年增加。1992年，登记和办理暂住证35040人；1995年，登记暂住人口51795人，办理暂住证43572份，在清理整顿中查处违法犯罪人员642人。2000年，省公安厅下发《关于进一步加强暂住人口管理意见》《暂住人口管理工作责任倒查规定》，全市登记暂住人口89326人，办理并发给暂住证54560份。1995年10月，根据公安部《租赁房屋治安管理规定》，对全地区租赁房屋进行普查登记，符合安全规定要求的，准予核发租赁房屋安全合格证，14720家出租房屋业主与用工单位、用户签订治安责任状。

三、重点人口管理

1986年，根据公安部《重点人口管理试行规定》及省公安厅要求，开展重点人口普查与清理，全地区列管重点人口847人，均按常住或暂住户口建档、建卡管理。1990年6月，开展重点人口清理整顿工作，做到不漏管、不凑数、不失控，健全管理制度，提高防、控、管能力。1992年，全地区列管重点人口21893人，提供侦察线索2269件，破案3942起。1995年，根据公安部要求，全地区进一步加大暂住人口管理的同时，加强对重点人口管理，年内登记暂住人口51795人，其中列管重点人口304人。2000年，全市登记暂住人口89326人，其中列管重点人口546人。

四、“农转非”户口改革

1992—2000年，对农业户口转非农业户口（以下简称“农转非”）审批进行改革。在办理“农转非”过程中，坚持“三公开一监督”（指标、政策、落户人情况三公开，群众监督），张榜公布，三榜审定。1992年，全地区审批“农转非”1863人，参加计划委员会、粮食部门“农转非”4644人，办理“农转非”落户手续6507人。同年，各县（市）政府决定，收取城市增容费办理“农转非”，先后办理“农转非”27593人。针对这种买卖或变相买卖“农转非”户口的错误做法，各级公安机关予以停止和纠正。1993年，全地区审批职工居民家属“农转非”1461人，向省公安厅呈报落实人员材料907份，省公安厅批准810人。1995年审批办理“农转非”8765人。

从1999年开始，“农转非”户口审批权下放到县（市、区）公安局（分局），简化程序，方便群众，改变过去划分“农转非”指标，全市（地区）集中讨论审批的做法，同时落实“三投靠”（在城区投资办实业、购买商品房、直系亲属随迁）的“农转非”迁移政策。至2000年年底，全市共办理“农转非”35471人。

五、人口信息系统建设

1986年，全地区进行居民身份证的制证、发证、用证、查证工作，居民身份证的使用和管理随之开始。1992—1995年的4年中，累计制发居民身份证94万多份。至2000年，全市开展换发新户口簿工作，办理居民身份证39.84万份，快证2.68万份，临时身份证8.6万份。全市282个办理户籍的派出所，有87%建立人口信息系统，录入人口信息718万人，占全市总人口的91.6%，完成万人以上的派出所配置电脑（计算机）单机任务，实现全国联网查询。

第五节　监所管理

一、监所建设

1986—1988年，全地区监所建设工作全面展开。按照省公安厅统一要求，统一标准（人犯睡房、放风间、卫生间分开），由省公安厅和地方财政拨款迁建、改建、扩建监所。2000年，全市有18个看守所。行政拘留所和收容审查所，均设在看守所院内。修改后的《中华人民共和国刑事诉讼法》颁布后，根据公安部通知，取消收容审查措施，各地及时撤销收容审查所。

二、人犯收押管理

按照公安部制定的《看守所工作制度》，建立健全《人犯收押制度》《看管值班制度》《人犯出所制度》《生活卫生制度》等，并根据不同时期的不同情况采取相应的安全管理措施。制定执行分监号被羁押人员每天学习4小时制度，订阅《江西日报》《新生日报》《江西法制报》及有关法律书籍，供阅读学习。

看守所对被羁押人员的生活、卫生实行人道主义政策，开展文明管理，严格按照上级规定标准，给足定量粮油，让被羁押人员吃熟、吃热、吃得卫生。监号由被羁押人员自己轮流打扫卫生。每个看守所均设有专门的医疗室，备有常用治疗药物及设施，对患急重病的被羁押人员及时送医院检查治疗。

1987年，开展安全大检查357次，发现制止被羁押人员企图自杀67人次，越狱逃跑、行凶等事故苗头90人次，查收违禁物品405件，公安、检察、法院、司法4个部门法制教育讲课64次，个别谈话教育13691人次。通过教育，主动交待犯罪事实的有64人，检举揭发他人违法犯罪线索452条，查破刑事案件116起（其中大案9起），追捕在逃人员30人，缴获赃物折款38872元。

1988—1992年，看守所在被羁押人员中开展争创“文明监星”活动，经评定全地区有“文明监星”144个，遵规服法积极分子1045人，有14名留所改造的余刑罪犯获得减刑。对表现特别突出的，及时报送审判机关，建议在判决量刑时考虑从轻或减轻处罚。

1992年，全地区看守所收押管理各类人员2954人，其中被刑事拘留243人，被逮捕2711人。检察院、法院自办案件178人，清理出监1343人，代理收审人员4947人，代押治安拘留人员1136人。同年，开展惩治牢头狱霸的专项治理，惩治牢头狱霸50人，查出有牢头狱霸行为的253人，有其他违法行为的152人，整改漏洞隐患91个，收缴违禁物品95件。

1995年，全地区收审关押各类人员10538人，其中逮捕1934人，拘留437人，检察院、法院自办案件298人，收审人员6559人，其他1310人。已处理10304人，其中逮捕1827人，拘留428人，检察院、法院自办案件267人，收审人员6484人，其他1298人。1996年，开展为期1个月的集中整顿和惩治牢头狱霸斗争，发现查清有牢头狱霸行为的50人。通过集中整顿，看守所监号秩序明显好转。

1995年9月，崇义县看守所被公安部授予“全国模范看守所”称号。至2000年，全市看守所已全面推行等级化管理，18个看守所实现安全无事故，监所管理工作排在全省前列。

第六节　经济文化保卫

一、经济保卫工作

从1986年起，全市（地区）加强经济文化系统保卫组织机构建设。全市（地区）先后成立企业公安机构15个，其中企业公安局1个、公安分局10个、派出所4个，配备干警268名。未成立企业公安机构的县级以上单位设保卫处3个、保卫科76个，配备保卫干部290名，组建经济民警队1450人、大中专院校卫队482人。

1986年至1987年3月，在继续开展的“严打”斗争第三战役中，各经济文化保卫系统单位重视和支持，精心组织干部职工2.9万多人次直接参加“严打”斗争，收捕各类违法人员993人，查处犯罪团伙77个，查处治安案件175起。

随着经济的快速发展，经济犯罪发案数持续上升，涉案金额巨大，给被害单位造成重大经济损失，甚至导致一些单位停产或半停产、拖欠工资等，严重影响社会稳定。1992年，内部单位发生刑事案件531起，破获276起，查处团伙41个，查获371人，挽回经济损失210万元；开展安全检查3837次，发现隐患1493处，整改1392处。1994年，针对西华山、大吉山等9个大型国有钨矿治安状况，结合“严打”斗争，开展专项重点整治，破获盗抢钨矿、钢材、破坏矿山生产设施等案件5起，查处犯罪团伙12个，成员186人，清理无证采矿人员1.2万多人，查处治安案件203起，治安秩序逐步稳定。1995年，按照省公安厅的部署，进一步加强严厉惩治刑事犯罪，加大惩治经济犯罪力度。全年侦破刑事案件185起，其中经济犯罪案件108起，查处犯罪团伙38个，缴获赃款赃物一批，挽回经济损失96万多元。9月，侦破西华山钨矿“8·11”矿选厂白钨精矿被盗案，稳定内部治安效果明显。同时组织安全防范大检查，以金融财经系统、重要物资、各类危险品仓库、生产资料、保管大宗现金金库为重点，发现安全隐患784处，及时整改698处。

二、文化保卫工作

文化保卫工作，其任务是保卫党政机关、文化教育卫生等单位安全。“文化大革命”时期，经济、文化保卫机构合二为一，各级公安机关内设经济文化保卫部门，对外称内保科或二科。1997年3月，根据省公安厅的要求，分设经济、文化保卫科。

1990年以后，文化系统内部治安问题日趋突出，刑事犯罪活动增加。1996—2000年，按照省委、省政府和省公安厅的部署，在全地区范围内多次开展学校治安环境清理清查工作。其间，清理整顿电子游戏室517宗、桌球室208宗、录像放映室49宗，查封和停业45宗；清理整顿卡拉OK厅74宗、舞厅27宗、商业摊点140家、废品收购站（点）31个、拆除违章搭建924处，清理校内外来人员474人。侦破刑事案件89起，查处盗窃团伙、赌博团伙8个；查处治安案件208起，抓获和处理违法犯罪人员234人，有力地惩治违法犯罪活动，净化校园内外的治安环境。

第七节　国内安全保卫

一、处置不安定因素

贯彻“稳定压倒一切”的方针，坚持“及时发现、严密侦控、果断处置、防止危害”的原则，以维护社会政治稳定为中心，以努力提高发现、控制、处置能力为重点，紧密结合“严打”专项斗争，强化各项对敌斗争、基层基础和情报信息工作，有效地防范和惩治境内外敌对势力、敌对分子的破坏活动，及时掌握、妥善处置各种不安定因素和闹事苗头。1986—2000 年，及时发现处置各种不稳定因素和闹事苗头 108 起。1989 年，侦破特务间谍案件 2 起，及时发现并查清敌特线索 4 条，抓获特务和特务嫌疑人各 2 人。

二、惩治境内外敌对势力

随着改革开放的深入和国家政策的调整，境内外的敌对势力、敌对分子以及邪教组织的非法活动有抬头趋势，伺机进行宣传渗透活动。公安机关积极开展广泛调查，扩宽情报信息渠道，强化侦控措施，不间断地开展惩治境内外敌对势力、敌对分子的各种阴谋破坏活动。1990 年，查明不要立案的政治性案件 78 起，发现查清侦查线索 44 条。1991 年，侦破特务案件 2 起，抓获特务分子 2 人，查明不要立案的案件 36 起。1992 年，查明不要立案的政治性案件 119 起，查清侦控线索 28 起，收缴空飘传单、标语 15 种 1500 张，查处非法宗教活动案件 9 起 18 人。1995 年，查明不要立案要查的案件 15 起，及时发现处置各种闹事 29 起。

三、出入境人员管理服务

1986—1994 年，全地区按上级规定受理承办出境（国）人员 973 人次，接待办证，国外华人华侨来华探视、旅游观光及投资办实业的人员达 2 万多人次。1995 年 2 月，行署公安处成立出入境管理科。2000 年，全市共办理入境人员 2839 人次，审批办理出国（境）人员 3310 人次。

第八节　道路交通管理

1987 年 6 月，根据国务院《关于改革道路交通管理的通知》，车辆与道路交通管理工作统一由公安机关管理。赣州车辆监理所及所属各监理站，由交通监理部门移交地区公安处建制领导，改称赣州公安车辆管理所。1988 年 7 月，地区公安处交通科与赣州车辆管理所合并，组建地区公安处交通警察支队。1999 年 7 月，支队改称为赣州市公安局交通警察支队（副县级），内设办公室、政工科、交通秩序科、事故处理科、机动车辆管理科（车辆管理所）、驾驶员考试科（驾驶员考试中心）、财务科、宣传教育科、交通指挥中心、直属大队（公路巡逻民警直属大队）。

1986 年，有原交通监理人员 41 名。1988 年 7 月支队组建之始，干警人数 37 名。1999 年 7 月，赣州市（今章贡区）公安局交通警察大队上划支队，称直属大队。至 2000 年，支队机关在编人数 53 人，直属大队干警 150 人。

一、车辆注册登记与牌证管理

新车上户核发牌证　1988—1992 年，办理新车上户，持购车发票、车辆合格证、单位介绍信到支队车管所办理。业务人员依据车辆合格证审核车辆型号是否属《国家机电产品目录》范围及《使用说明书》所示技术参数，对车辆进行人工检验后，在办理相关业务的同时代收车辆购置附加费，核发牌证。1993 年 3 月，凡机动车新车上户、过户、转籍、改型、改造、办理临时牌照，必须经车辆检测站对授检车辆进行安全技术性能检测，凭检测合格表办理有关业务手续。1996 年 1 月起，G、D、E 类车辆上户、核发牌证等业务工作由支队车管所下放到各县（市）交通警察大队办理。1997 年 8 月，本区新车上户登记事项：车主、住址、电话、单位代码、居民身份证、车辆类型、牌型号及车辆参数等。1998 年 8 月起，赣州地区进口汽车、摩托车注册登记和转籍、过户登记，须经省交警总队进口机动车审批小组审批，开具“准予注册通知单”或“转出单”，持“单”在机动车所在地办理注册登记。

号牌及证照 1986年5月，省交通厅印发《关于更换机动车号牌的通知》，启用、换发新的车辆号牌，赣州代号为江西31，牌面全称上排江西31，下排00001～99999，红底白字。自7月1日正式启用，全地区换发牌证工作历时一年。1995年1月1日，启用“九二”式牌证。赣州地区车辆号牌的牌面结构为“赣B·×××××”，“赣”为江西省的简称，“B”为赣州地区发牌机关代号，后5位是阿拉伯数字，为顺序编号；大型客、货车号牌为黄底黑字，小型车号牌为蓝底白字，小四轮、摩托车号牌为黄底黑字，轻骑号牌为蓝底白字。行驶证采用微机打印车辆信息及该车全貌彩照，分正、副证折叠式。

警用车辆号牌 1987年启用公安专用号牌，江西公安号牌为“GA36·0001～9999”，地区公安系统专用号牌在此编号范围，该式样号牌于1996年1月废止。1996年4月，全地区公安、检察、法院、国家安全、司法行政等部门启用警车号牌和公安专段号牌。当年，换发小型汽车警车号牌880副，其中公安专段号牌263副，三轮摩托车号牌100副，二轮摩托公安专段号牌268副，其他号牌249副。

二、车辆检验检测

1986年5月，全地区结合启用、换发新牌证，开展机动车年度检验工作，对车辆技术状况实施人工检验，经检验不合格的老旧汽车及各类机动车1517辆被吊销牌证，注销档案。1987年，交警支队和赣港汽车运输有限公司在赣州市（今章贡区）西河桥头河排上联合设立赣港检测中心，负责机动车新车上户、年度检验和补检，并对机动车实行分片定点维修。1992年6月，全地区启用全国统一的汽车定期检验合格证。1998年、1999年，瑞金市和信丰县增设机动车辆安全技术检验站，分别承担河东片和河西片各县（市）的机动车辆定期检验工作。

2000年3月，下发《年度检审通知》，规定自4月1日起至12月31日进行年度检审工作；送检车辆须进行二级技术保养，持二级技术保养合格证并已办理第三者责任保险方予办理车辆年检。因部分机动车二级技术保养维修定点存在乱收费、贩卖二级技术保养合格证等问题，11月支队又下发通知，取消二级技术保养合格证，各检测站严格按照国家（GB 7258—1997）机动车安全运行技术条件进行机动车检测。

表11-2-2

1986—1999年各类机动车保有量统计表

单位：辆

类别＼年份		1986年	1987年	1988年	1989年	1990年	1991年	1992年	1995年	1996年	1997年	1998年	1999年
总数		22657	24433	28605	30684	29901	30038	34066	61090	88971	116568	129466	184453
大型汽车		8563	9029	9337	8747	8334	7865	8330	9246	8541	8055	10440	10739
其中	客车	880	938	1058	1026	1100	1066	1222	1476	1544	1583	1686	1763
	货车	7378	7785	7990	7461	6993	6588	6929	7643	6869	6350	8648	8863
	特种车	305	306	289	260	241	211	179	127	128	122	106	113
小型汽车		3176	3515	4059	4463	4857	5530	6506	9566	9929	10186	11812	12864
其中	客车	1337	1383	1533	1609	1837	2320	3159	5034	5382	5600	6771	7324
	货车	1595	1841	2241	2454	2599	2766	3187	4019	4240	4303	4593	5079
	特种车	244	291	285	400	421	444	160	513	307	283	448	461
摩托车		1312	1773	4612	7336	7692	8486	10449	32594	56977	84130	96841	144881
其中	二轮	—	—	—	6570	—	—	—	31494	55886	83076	95263	141465
	三轮	—	—	—	766	—	—	—	1100	1091	1054	1578	3416

续表 11-2-2

类别＼年份		1986年	1987年	1988年	1989年	1990年	1991年	1992年	1995年	1996年	1997年	1998年	1999年
拖拉机		8140	8137	7359	6911	5698	4401	3748	3309	5607	5198	2976	6720
其中	方向盘式	2957	2954	2884	2816	2209	1338	717	109	3476	1828	1046	2374
	手扶	5183	5183	4475	4095	3489	3063	3031	3200	2131	3370	1930	4346
简易机动车		1449	1954	3218	3199	3292	3737	4995	—	—	—	—	—
全挂车		1118	1181	1169	1023	945	769	668	134	34	—	33	23
半挂车		17	25	20	28	28	19	38	13	38	37	16	21
农用运输车		—	—	—	—	—	—	—	6362	7879	8962	7381	9228

说明：根据公安部机动车、驾驶员统计表统一制表分类内容整理。表中全挂车不属于机动车，总数不包含全挂车数

表 11-2-3

2000年各类机动车保有量统计表

单位：辆

项目		机动车保有量					报废
		合计	其中		国产	进口	
			出租	私人			
总计		261254	707	242146	255389	5865	251
大型汽车	合计	11626	—	4568	10946	680	123
	客车	2042	—	558	2032	10	42
	货车	9471	—	4003	8804	667	80
	特种车	113	—	7	110	3	1
小型汽车	合计	14271	707	2295	12411	1860	109
	客车	8040	707	1033	6690	1350	101
	货车	5756	—	657	5291	465	—
	特种车	475	—	5	430	45	8
摩托车	合计	215156	—	215156	211831	3325	5
	二轮	201917	—	201917	198592	3325	5
	三轮	5228	—	5228	5228	—	—
	轻骑	8011	—	8011	8011	—	—
农用车	合计	11582	—	11579	11582	—	14
	三轮	1186	—	1186	1186	—	2
	四轮	10396	—	10393	10396	—	12
挂车	合计	43	—	1	43	—	—
	全挂车	7	—	—	7	—	—
	半挂车	36	—	1	36	—	—
专用机械		22	—	—	22	—	—
拖拉机	合计	7251	—	7244	7251	—	—
	大型	270	—	270	270	—	—
	小型	4477	—	4470	4477	—	—
	手扶	2504	—	2504	2504	—	—
其他		1303	—	1303	1303	—	—

三、驾驶员管理

驾驶员培训 驾驶员培训的条件与方式。1986 年，根据江西省交通厅《江西省汽车驾驶员培训暂行规定》，公民初次申领驾驶证年龄为 18～30 周岁，具有初中以上文化程度的正式职工、人民公社社员，因工作需要凭所在单位介绍信、个人身份证明（工作证或工资表）、户口簿，经所在单位领导同意可向赣州车辆监理所申领机动车学习证。1996 年，申领驾驶证参照执行公安部发布的《中华人民共和国机动车驾驶证管理办法》《中华人民共和国机动车驾驶员考试办法》新规定，不再需要单位和第三方面审批盖章，持本人居民身份证（外省公民凭身份证和 1 年以上暂住证）、照片 6 张，经适应性检测合格后，直接到支队汽车驾驶员报名处进行学员资格审查、开具《机动车驾驶员入学通知单》，到机动车驾驶员考训中心办理入学手续。放宽初次申领学习驾驶证年龄，申请大型客车、无轨电车者 21～45 周岁；申请大型货车者 18～50 周岁；申请其他车型者 18～60 周岁，终止驾驶年龄由男 60 周岁、女 50 周岁改为 70 周岁。

1988—1990 年先后有会昌糖厂、赣州军分区干休所、崇义县、龙南县开办汽车驾驶员培训学校。1991 年后，学开车人员剧增，各县（市）交警大队均举办机动车驾驶员培训班。1995—1997 年，地区交警支队投资 2000 余万元，在南康市金鸡镇新建赣州机动车驾驶员考训中心。考试中心总占地面积 10.87 公顷，建筑面积 11761.12 平方米。驾驶员技能训练、考核设施：道路教练、考试专用公路 2.8 千米，红外线桩考仪计算机监控室、桩考库 4 个、桩考专用东风大货车 4 辆，学员教练场地设有桩考训练库 13 个、公路调头 4 处。大货教练车 9 辆、大客教练车 7 辆、教练吉普车 13 辆、其他专用车 5 辆。考试中心负责区内 18 个县（市）机动车驾驶员的初考、复试、增驾车类的考核，以及初学大、小型汽车类培训，大货车增驾大客车的培训，承担全地区机动车驾驶员培训学校的资格审查，技术指导、培训质量的监督，对教练员的培训、考核等工作。

驾驶员考核 1988—1996 年，对申考各类驾驶证的学习驾驶员，必须在指定的培训学校进行专业培训期满后，由支队组织全地区各培训学校的应考学员进行分类造册登记，呈报总队审核办理准考证后，方可申考。准考学员经交通法规与机械常识（俗称“文科”）考试合格，进入场地和道路驾驶（俗称“术科”）考试考核。

1997 年，驾驶员培训执行新《教学大纲》，规定学员学习交通法规和相关知识（科目一）、场地驾驶（科目二）、道路驾驶（科目三）的时间：大型客车为 4 个月，大型货车和小型汽车为 3 个月，农用运输车和拖拉机为 2 个月，摩托车为 1 个月。学员必须经科目一考试合格后，持有“学习驾驶证”方可进入科目二和科目三的驾驶技能学习，学习期满后预约考试。7 月，全地区汽车类驾驶员科目二考试，启用红外线桩考仪，从此结束人工加竹竿监考的原始方法。1999 年 11 月，统一启用驾驶员无纸化考试系统进行交通法规和相关知识（科目一）考试，投资 34.9 万元购进计算机服务器 1 台，终端机 30 台，供学员科目一考试使用。

驾驶证发放 1986 年，江西省交通厅交通监理处负责驾驶员发证和分类管理，分为学习驾驶证，实习驾驶证，正式驾驶证。1989 年 6 月，结合年度审验更换新驾驶证，停止使用原监理机关制作的驾驶证；新颁发的分正、副证，有效使用期为 4 年的中华人民共和国机动车驾驶证折式驾驶证。当年，全地区共换发新证 36477 本。1993 年 3 月起，原持农用运输车驾驶证的驾驶员，必须增学大型货车驾驶，经培训考核合格后，换发大货车驾驶证，方准驾驶后双胎农用运输车。1995 年 2 月，G、D、E 类驾驶员下放到各县（市）交通警察大队管理。

启用新驾驶证。证号为驾驶员身份证号；档案编号“3621××××××”，“21”为赣州地区代码，后 6 位数为驾驶证序号，分正、副证，新证不再用人工手写，实行电脑通过微机打印制作，有效期由 4

年改为6年。1998年3月，换发防伪膜汽车类驾驶证。1999年1月，启用农用运输车、摩托车、拖拉机防伪膜驾驶证。

计算机应用与管理 1996年1月起，凡办理驾驶员转籍过户、变更、吊扣、注销驾驶证时必须经计算机办理有关手续。1997年起利用计算机对汽车类驾驶员进行适应性检测。对患有“黄昏视力”或血压、听力等生理功能不适应驾驶工作者，不予办理申领驾驶证手续。

1997年10月，启用驾驶员管理IC卡制度，持有驾驶证的驾驶员，实行证、卡并用，不可缺一。驾驶员违章、发生交通事故应负责任需处罚者，由发生地公安交警在IC卡中标记扣分，累计达12分者，须参加交警部门组织的学习班。超过6个月，无正当理由不接受处理者，吊销其驾驶证。

驾驶员审验与档案管理 1992年，驾驶员须进行《中华人民共和国道路交通管理条例》及安全知识考试，合格者方可办理审验。2000年起，取消对汽车类驾驶员进行适应性检测。对持有准驾车型A、B、N、P驾驶员，年满60周岁的，须改为准驾车型C记录后，方可办理审验。对年龄超过70周岁的驾驶员收缴其驾驶证。

1986—1989年，对原监理机关考核、发证的驾驶员档案资料逐步进行整理，清理驾驶员档案30804份。1997年，设立永久性驾驶员档案室，实行专人负责、专人保管。学习驾驶员建档资料有驾驶证申请表、初领驾驶证业务流程记录单、学习证、报考表等；正式驾驶员档案有学习驾驶员建档资料、应考科目内容合格及3人以上监考签章等原始记录。相关信息同时录入计算机作永久性储存后，仍将原始资料分别按其所在县（市）以档案编号的单、双尾号排序旋转保存双重管理。如此，可按驾驶员身份证号码、姓名随机查阅或调阅原始档案资料，相互印证办理各项业务。吊销或2年以上未年审的档案按规定时间销毁，超过法定年龄的驾驶员档案不予保存。

四、道路交通管理

交通安全法规宣传 1988年4月，地区公安处下发《百日交通安全活动的意见》。共检查机动车379640辆，纠正违章25674辆，遏制恶性交通事故上升势头。1991年9月至年底，交警部门在全地区范围配合全省开展“百日交通安全”活动。运用报刊、广播、电视、影前宣传、橱窗、标语、宣传车等各种宣传工具大造舆论，增强人们的交通安全意识，确保行车安全。到1995年，每年均在不同季节开展1次相关活动。1996年4月，首次开展“交通安全宣传周”活动。支队及各大队成立交通安全宣传周办公室，赣州电视台作专题报道。支队与赣州电视台联合摄制《祝您平安》专题片11期，出宣传栏112期，出动宣传车220车次，印发各类安全学习资料8000份。1997年，《祝您平安》宣传栏目改版为《安全之路》，制作专题24期。1999年3月，根据公安部关于在农村开展交通安全法规宣传教育活动的工作部署，各县（市）在国道或省道沿线选择1个村，开展“交通安全村”建设，先后创建19个“交通安全示范村”，开拓农村道路交通管理新模式，提高农民交通安全意识。

路面管理与交通安全联防 1986年年初，根据行署《关于公路路面管理若干规定》，各县（市）联合交通、监理、公安等部门力量，共同做好路面综合治理工作，用6个月的时间，对道路两旁“公路用地”范围内搭建的违章建筑、棚点、堆物等路障，限期拆除，不予补偿。1989年，与广东省韶关市、湖南省郴州地区公安交通部门在赣州召开粤赣湘边界地区道路交通安全联防协作会议，就三地（市）交通违章处罚，营运客货车交通安全、交通事故处理、肇事逃逸协查、路面治安等公安交通管理工作达成一致协议，决定由成员单位轮流主持，每年召开1次联防协作会议。至1999年，联防协作范围扩大到赣、粤、湘、闽4个省，成员单位包括赣州、吉安、惠州、河源、梅州、韶关、郴州、龙岩8个地（市）。1992年，根据省公安厅赣公明发〔1992〕420号《紧急通知》，从5月11日起，辖区公安机关不再参加工商、税务、烟草等部门在公路上和检查站（点）进行检查活动。至8月1日，在105国道、

323国道等设置的公安交通检查站全部撤除。

公路巡警队伍建设与平安大道创建 1997年4月，南康市公安局率先组建全省第一支公路巡逻民警大队。其后，各县（市）公安局先后组建公路巡逻民警大队。12月，地区公安局公路巡逻民警支队组建。2000年5月，市公安局下发通知，在赣州过境的105国道、323国道开展创建“平安大道”活动，解决国道沿线圩镇经营、逢圩塞车等顽症，把“平安大道”“畅通工程”“交通安全村”创建活动有机结合起来，达到交通安全通畅，路面治安秩序良好，执法公正文明，警力保障有力，人民群众满意的目标任务。

交通秩序整治 1994年9月，赣州市（今章贡区）公安局交警大队招收7名女民警，率先组建全省第1个女警执勤班，先后在赣南饭店岗亭、人民影城岗亭、文清路章江岗亭一线负责交通执勤。1995年，女警班改为女警中队。1997年8月，赣州中心城区撤除路口岗亭，改建环型岛，全面实行交通指挥信号自动转换装置，交警走下岗台，采取“高峰站点、平峰巡线”的工作方式，维护文清路一线交通秩序，缓解交通阻塞现象。1999年，文清路被列为全国百条文明示范街。同年，女警中队被共青团中央、公安部授予“全国青年文明号”荣誉称号。1999年7月，支队下达关于集中治理城市交通秩序突出问题的通知，整治重点为中心城区和各县城所在镇和105国道、323国道沿线乡（镇），整治主要内容为取缔机械助力自行车、三轮车和城市、国道沿线违章建筑。11月，在大余县召开现场会，推广大余交警大队整治城市道路交通秩序先进经验。2000年2月，启动城市交通管理“畅通工程”，赣州中心城区建成文清路、文明大道、红旗大道3个严管街（区），大余县建成南安大道、梅关大道2条严管街（区）。

五、道路交通事故

事故预防 强化辖区路面动态管理，组织警力上路检查，纠正违章，疏导交通，及时发现交通隐患，堵塞漏洞，遏制交通事故的发生。1990年8月始每年实行季度检验，加强对驾驶员的安全教育，不断提高安全意识和驾驶素质。1993年起，强化春运期间的事故预防，落实“谁主管、谁负责”，加强路检路查，重点控制主要干线和事故多发地段，对严重超载（座）、超速、疲劳驾驶、占道行车和酒后驾车等违章者从严处罚。2000年12月起，春运期间的客运车辆和驾驶员实行春运临检合格证和春运客车准驾证“两证”制度，在105国道、323国道、319国道、206国道省界出入口的龙南、大余、瑞金、寻乌等地设立春运服务站，加强对进出辖区春运客车检查、查堵客运超载违章行为。

事故处理 1987年6月，随着道路交通移交公安机关统一管理，依据江西省《道路交通事故处理办法》，道路交通事故由发生地的公安交警大队受理，重大事故呈报支队。1992年起，道路交通事故处理执行国务院89号令《关于道路交通事故处理办法》、公安部10号令《道路交通事故处理程序规定》和省政府87号令《江西省道路交通事故处理若干规定》。4月，支队下发通知，规定凡属重大以上交通事故、一般事故及违章吊扣驾驶证6个月以上的，均应呈报支队审批，并建立“事故案件”副本。年内，支队审批的重大交通事故案件273起、吊销驾驶证123本，接受申诉复议案件54起、复议事故案件41起、维持原判39起、申诉人撤诉2起。1998年，全地区发生有影响的交通肇事逃逸案件40起，侦破38起，破案率95%。支队受理交通事故申请复议案件125起、结案122起，其中维持原责任认定92起、改变原责任认定27起、撤销2起、撤回申诉1起。1999年6月，支队下发《关于道路交通事故处理“阳光作业”实施办法》，对交通事故处理工作进一步公开化、民主化、规范化。

信息化建设 1993年，省总队配发第1台美国康柏286计算机，用于交通事故统计。1994年9月，支队投资60万元组建全地区交警系统无线电通信网络，执勤民警可配戴对讲机，相互通报交通信息。1995年5月，组建交警指挥中心，安装公安专线电话、无线对讲系统、传真机等设备，可对辖区交通管理动态实施24小时值守监控。1995年，邮电部、公安部联合决定启用“122”特种业务号码为全国道路交通事故报警报务号码（以下简称“122”报警台），全省“122”事故报警电话，自8月1日零时起统一开通启用。各县（市）于1996年初陆续开通使用“122”交通事故报警电话。1998年，赣州市（今章贡区）公安局交警大队实现“122”与“120”联动，率先在全省开通交通急救绿色通道，使事故伤者能得到及时救治。

表11-2-4　　1986—2000年赣州市（地区）公路交通事故统计表

年份	事故次数(次)	死亡人数(人)	受伤人数(人)	损失折款(万元)
1986年	671	179	368	58
1987年	963	230	624	77
1988年	923	243	540	59
1989年	756	204	443	119
1990年	663	200	490	47
1991年	743	255	387	62
1992年	700	331	431	141
1993年	767	407	511	171
1994年	588	401	433	163
1995年	470	345	288	128
1996年	519	368	339	167
1997年	480	340	297	119
1998年	409	371	234	112
1999年	723	398	677	228
2000年	3602(含轻微)	611	2967	1237

第九节　公安法制工作

1990年1月，龙南县公安局在全地区率先成立法制科。7月，地区公安处法制科成立。至1991年6月，全地区18个县（市）公安局均成立公安法制机构。2000年年底，全市公安机关共有专职法制干部95人。

一、公安行政复议、应诉

1987年1月《中华人民共和国治安管理处罚条例》实施，公安机关开始设立行政复议、应诉工作。《中华人民共和国行政诉讼法》和国务院《行政复议条例》颁布实施后，公安机关的复议、应诉工作进入规范化、法制化轨道。1991年，赣州选派法制干部40余人次参加省公安厅举办的委托诉讼代理人和各类公安法制干部培训班。之后，地、县（市）采取集中与分散相结合等多种形式，开展法制工作培训，1991—1993年先后举办各种法制培训班91期，受训240人。

全市（地区）公安法制部门认真履行行政复议、应诉职责，坚持依法行政，有错必纠，为保护公民、法人和其他组织的合法权益，维护公安机关的执法权威，发挥重要作用。1994年、1995年审核各类案件（除刑事案件）38712件（人），其中治安处理24031人，收容审查11115人，劳动教养1286人，审核呈报延长收容审查期限的案件2280件（人）。1994年受理治安复议案件223件（地区公安处复议136件），其中维持106件、变更77件、撤销40件。1995年，受理各种复议案件70件（人）。其中，维持的 42 件，占 60%；申请人自己撤回申请复议的 9 件（人），占 12.85%。2000 年，全市公安行政复议案件受理 90 件，其中维持 68 件、变更 11 件、撤销 8 件、申请人自己撤回 3 件。

1994 年，因不服复议，起诉至人民法院的共 12 件（人）（其中治安案件 10 件，收审 1 人、劳教 1 人），其中法院维持原判 8 件、撤销 3 件、自行撤诉 1 件。1995 年，全地区提起行政诉讼案件 14 起（县级 13 起），其中治安拘留 7 人、收审 7 人，经法院审理，依法维持原判 6 人，原告撤诉 8 人。2000 年，全市提起行政诉讼案件 20 件，经法院审理维持原判的 19 件，原告自行撤诉 1 件。

二、执法监督

1987 年开始，省公安厅每年都部署 1～2 次全省性的执法检查。1987 年检查执行《中华人民共和国治安管理处罚条例》和公安部《公安机关办理刑事案件程序规定》情况。1988 年，根据省人大常委会《关于在全省范围内进行执法大检查的决定》，检查执行《中华人民共和国刑法》和治安法规情况。1991 年上半年，根据中共中央、国务院，省委、省政府和公安部的部署，在全地区组织检查乱收费、乱罚款、乱摊派和清理、整顿检查站；下半年根据省人大内务司法委的安排，开展检查《中华人民共和国行政诉讼法》和《中华人民共和国刑法》执法情况。1992 年，按照省公安厅通知，检查有关严惩走私、制作、贩卖、传播淫秽物品、卖淫嫖娼、拐卖妇女儿童等法律的施行情况。1993 年，全地区部署检查公安司法机关滥用收容审查手段问题和少数干警徇私枉法、贪赃枉法、钱权交易、执法犯法等问题。对查出的问题均追查到底、严肃处理。

为贯彻落实《江西省公安机关追究错案责任执行规定》，各级公安机关均成立错案追究委员会。从 1992 年起，每年上半年组织开展执法检查 2 次，案件质量检查 1 次，下半年开展全地区性公安执法交叉检查 2 次。同时，公安法制部门加强案件审核把关，提高审核效果，改善公安机关的执法活动，推动公安法制建设。

三、劳动教养审批

1986 年 4 月，省劳动教养工作委员会授权省公安厅负责劳动教养对象的审批工作。1986—1992 年，劳动教养审批工作由地区公安处预审和治安部门审批并负责受理劳动对象的申诉案件。1993 年开始，行署劳动教养工作委员会授权地区公安处并设劳动教养审批办公室于法制科，负责劳动教养案件审批和日常事务工作。1986—2000 年，全市（地区）审批劳动教养和收容教育人员 8377 人，其中收容教育人员 224 人。

第十节　消　防

一、机构设置

1987 年 1 月，赣州地区成立消防支队（正团级现役），隶属省消防总队和赣州地区行署公安处，实行双重领导。1991 年，支队机关内设战训科（对外称“司令部”）、政工科（对外称“政治处”）、后勤科（对外称“后勤处”）和防火监督科（对外称“防火监督处”）4 个科，均为正营级编制。各县（市）基层消防管理体制实行消防科（副营级）与消防中队（正连级）合一，科领导队的体制，县（市）消防科隶属地区消防支队和县（市）公安局双重领导。1993 年，赣州地区消防支队机关各部门升格为副团级，称谓正式改为司令部、政治处、后勤处和防火监督处。

1996 年，支队机关各部门开始设正营级科室。其中司令部设秘书、警训 2 个科；政治处设干部、组教 2 个科；后勤处设财务、装备 2 个科；防火监督处设指导、建审、宣传 3 个科。各县（市）消防科改为消防大队，编制由副营级升格为正营级。2000 年，支队防火监督处增设验收科。

二、政治工作

思想政治教育 1990年以来，支队党委围绕政治合格的要求，努力提高官兵思想政治素质，开展以“四个教育”（理想信念、战斗精神、遵纪守法和拒腐防变教育）为主要内容的政治教育。1996—1998年，分别开展学济南交警、学天津消防、学邱娥国为主要内容的专题教育，帮助官兵树立正确的人生观、价值观。1999年6月，全地区消防部队在瑞金召开政治教育改革试点现场会，总结政治教育新模式，有力调动官兵的工作积极性和创造性，使官兵始终保持昂扬的精神状态。至2000年，有2个单位荣立集体二等功，10个单位荣立集体三等功，10名官兵荣立个人二等功，1名警官评为全国优秀人民警察，1名警官评为全国公安现役部队优秀基层干部，1名战士评为全国公安现役部队优秀班长。

精神文明建设 消防官兵牢记全心全意为人民服务的宗旨，继承和发扬赣南苏区拥政爱民的优良传统，扎实开展拥政爱民活动，积极为驻地群众做好事、办实事。1990—2000年，长期照顾26名孤寡老人，资助106名失学儿童重返校园，向灾区、希望工程、爱心献功臣活动捐款10余万元。15年间，全市（地区）消防部队有48个单位被评为拥政爱民先进单位，72人被评为拥政爱民先进个人。积极主动参与创建文明城市、文明村镇活动，先后与100多家单位结警民共建对子，开展多种形式的共建活动。1997年，赣州市（今章贡区）消防大队与赣州煤气公司共建对子被中共中央宣传部、解放军总政治部评为全国军民共建社会主义精神文明先进单位。1999年，章贡区消防大队被评为全省警民共建先进单位。各基层大队充分发挥自身优势，主动承担地方急难险重任务，为驻地群众排忧解难。赣县消防大队官兵舍身堵水库涵洞护堤坝，南康消防大队在香港回归前夕抢救京九光缆，石城消防大队在洪灾期间不顾自身安危抢救群众感人事迹，在赣南大地广为传诵。1997年12月，省委副书记钟起煌到赣州市（今章贡区）、上犹县消防大队考察时，对赣州消防部队的精神文明建设给予高度评价。至2000年，大力开展“青年文明号”创建升级活动，全市18个大队均被评为县级以上“青年文明号”和文明单位，其中省级“青年文明号”2个、省级文明单位3个，市级“青年文明号”14个、市级文明单位12个。

三、行政管理

按照军队建设的标准严格行政管理，以军队条令条例为依据，不断加强部队正规化建设，坚持规范管理，做好安全防事故工作。赣州消防支队的正规化建设走在全省消防部队的前列。

正规化建设 1992年，支队从完善机关各项工作制度，明确各级职责入手，狠抓机关作风纪律的整顿，每周用3个上午的时间进行队列训练，纠正机关作风松散的现象。1993年，支队下发《支队机关正规化建设标准实施细则》，建立首长带班、机关干部值班制度，全年分3个阶段展开正规化建设，较好地解决兵紧官松，严下不严上的现象，通过上级机关正规化建设达标验收。1995年，根据机关兵员管理特点，成立机关直属分队，规范机关兵员管理。1999年，充分利用赣州撤地设市的有利时机，搞好事权交接和其他职能转换工作，规范机关各部门正规化建设，强化警勤分队的管理，建立量化考评管理机制，健全党团和群众组织，严格人员、车辆和日常生活制度。

预防事故 1993年，支队和所属各中队都先后成立安全防事故领导小组，完善各种安全防事故制度，层层签订安全责任状。1994年，支队下发《赣州地区消防支队安全防事故奖惩规定》。1996年，先后下发《关于加强安全防事故工作的决定》《安全防事故工作实施细则》，开展“安全整顿月”和“百日安全无事故”竞赛活动。1999年，为指导部队认真开展“百日安全无事故”活动，支队制定《赣州市消防部队“百日安全无事故”活动实施方案》，将日常执勤、训练、工作、生活中常见的安全苗头、事故隐患划分为4大类25项，要求对照检查，抓好整改。2000年，支队结合“贯彻条令年”活动进一步抓好车辆制度的落实，严格派车手续，落实干部带车等制度。

四、战训工作

部队训练 赣州消防部队的训练主要依据《公安消防部队体育训练规定》《江西省消防部队技能训练单项能手和技术标兵标准》，重点围绕体能、技能、战术以及军事训练等 50 多个训练项目进行，实行新老兵分训、按人定标升级制。基层县（市）中队按季节、气候、任务不同，灵活安排新兵训练、各季训练及平时训练，支队组织验收。积极组织人员参加省总队的各种竞赛。1994 年和 1995 年，连续 2 年取得全省消防部队业务竞赛金牌总数和团体总分第 1 名的成绩。1995 年，按照公安部消防局《公安消防部队训练大纲》要求，大胆实施训练改革，改“单打一”向多层次、多结构、多样化发展，训练方法、训练秩序以及训练基础资料收集整理等方面都取得较好成就。根据辖区内高层建筑、地下工程、易燃易爆化学危险物品不断增多的新情况，开展针对性适应性训练。1998 年《中华人民共和国消防法》颁布实施，明确消防部队担负抢险救援的职责。为此，赣州消防支队适时开展抢险救援和特勤项目的训练。

执勤备战 贯彻落实《公安消防部队执勤条令（1980）》，搞好执勤备战工作。执勤中队采取一班一车制，每天进行交接班，填写执勤记录，战斗员则根据其工作经验、身体素质和消防装备的熟练程度确定各自分工。全天 24 小时值班，节假日坚持备勤，一般不安排学习和训练，离队人员以不影响执勤为原则。平时，认真维护保养消防车辆及其他装备，保持良好的技术状况，车辆归队后，及时对消防车辆装备检查保养，恢复战备状态。1995 年，公安部消防局对 1980 年颁发的《公安消防部队执勤条令》进行修改。完善交接班、请销假、车辆器材管理和门卫值班等制度；明确灭火战斗中采取速战速决、集中优势兵力打歼灭战的指导思想和“先控制、后消灭”的战术原则；规范力量调动的顺序和梯次以及现场指挥部的职能。1991—2000 年，赣州消防部队共接警出动 3459 次，投入战斗 2741 次，投入人员 36319 人次，出动车辆 5000 多台（辆），为保护赣南的经济建设和人民生命财产安全做出应有的贡献。

表 11－2－5

1991—2000 年赣州消防支队灭火战斗情况统计表

年份	出动(次)	投入战斗(次)	投入人员(人次)	出动车辆(台、辆)
1991 年	92	64	1011	—
1992 年	113	99	1477	165
1993 年	121	114	1351	163
1994 年	269	128	1946	306
1995 年	256	104	1028	308
1996 年	272	133	2055	331
1997 年	333	289	4631	613
1998 年	590	507	8577	1460
1999 年	804	736	8851	1269
2000 年	609	567	5392	840

五、后勤保障

经费保障 消防部队经费实行部队和地方“两条线”保障体制。干部工资、战士津贴、伙食费、福利费等费用由省消防总队后勤部下拨，车辆购置、营房修建，消防器材的购买等业务开支由地方各级财政保障。1998 年以前，为缓解经费紧张局面，支队先后办经济实体，取得一定效益。1998 年 12 月，中共中央办公厅、国务院办公厅《关于转发〈财政部关于政法机关不再从事经商活动和实行收支两条线管理后财政经费保障的若干意见〉的通知》，赣州消防支队不再从事经商活动，同所办经济实体脱钩。地方政府在资金拨付上对赣州消防部队有所增加。

装备保障 1990—2000年，赣州消防部队投入经费783.23万元，先后购置消防车及各类消防行政用车42辆；1996年，支队依据装备配备标准，添置大批破拆、救援、检测、照明、个人防护等特勤装备；至2000年，全市消防部队有各类消防执勤车辆41辆，各类行政用车24辆，基层18个消防大队灭火器材、抢险救援器材、个人防护器材和备用器材的配置基本达到部颁标准。1992年制定《赣州消防支队车辆、器材管理规定》，加强平时的日常维护和保养管理，车辆、器材管理实现制度化规范化。2000年8月，省消防总队在赣州召开全省消防部队车辆管理工作会，参观章贡区、瑞金市消防大队车辆管理现场。

基建营房 1990年5月，赣州消防支队在于都县召开全地区消防部队基层后勤设施建设现场会。1990—1995年，全地区消防部队共投入资金298万多元，新建营房5284.86平方米。1996年，赣州消防部队掀起营院建设的高潮，1996—2000年，支队共投入资金1064.07万元，新建营房16171.46平方米。省消防总队先后于1997年7月、1998年7月在赣州召开全省消防部队基层建设现场会，推广赣州消防支队的经验，至2000年，全市消防部队营区总占地面积17.21万平方米，总建筑面积3.63万平方米，营区面貌得到明显改观。

卫勤保障 1991年前，赣州消防支队有1名军医和1名卫生员，部队人员的患病主要由地方医疗机构保障。1991年年底，支队卫生队成立。卫生队坚持以部队为主，为基层服务的宗旨，同时开展烧、烫伤特色治疗并兼顾为民服务。支队卫生队有军医4人，卫生员1人，医疗用房64平方米，设有门诊和病房。1995年7月2日，江西省财政厅、卫生厅、司法厅、武警江西省总队联合下发《关于武警部队驻县（市）中队实行就地医疗的通知》，基层官兵医疗保障明显改善。

六、消防宣传

消防工作，宣传系于一半。1990年以后，各级公安消防部门，充分运用各种宣传工具和手段，开展形式多样的消防宣传，不断增强人民群众的消防安全意识，提高全民防火灭火和逃生自救能力。

学生消防安全教育 1994年，新疆克拉玛依友谊馆特大火灾事故发生后，消防部门开始将中小学生消防安全教育列入消防宣传教育的一项重要内容，在各中小学校的学生中广泛开展消防知识宣传。1996年11月，全国第5个消防日，联合赣州市（今章贡区）少工委成立赣州地区少年消防团，有100余名队员参加，自此每年的“119”消防宣传日，组织团员青年上街散发宣传资料。寒暑假期间，少年消防团的成员在学生中讲解防火灭火常识。1999年3月，以全国中小学生消防安全教育月为契机，在全地区中小学校开展消防安全宣传教育月活动，采取消防专题板报墙报宣传消防知识，举办小型灭火演习，取得良好效果。赣州市（今章贡区）红旗第二小学率先开展消防知识进入学生课堂。2000年，赣州消防支队与团市委联合开展全市少年儿童争获雏鹰奖章“消防章”活动，成立少年儿童争获雏鹰奖章“消防章”教育基地18个，举办知识竞赛，为普及中小学生消防宣传教育起推动作用。

职工消防安全教育 每年派出专人到各地各机关、企事业单位开展消防安全培训，向干部职工讲解消防法律法规，灭火器材使用等知识，提高消防安全意识。1998年，《中华人民共和国消防法》颁布实施后，支队在易燃易爆行业、特殊工种人员中推行持证上岗制度，从事易燃易爆行业等特殊工种的人员必须经消防安全培训合格方可上岗。1999年，赣州市消防安全培训中心成立，专门负责对重点单位防火负责人、易燃易爆场所、公众聚集场所和特殊工种工作人员进行消防培训，赣州的消防安全教育工作走上规范化的轨道。

消防法制宣传 1992年，确定11月9日为全国消防宣传日。此后，每年的11月9日，赣州消防支队都要举行丰富多样的消防宣传活动。1996年4月，支队开展《江西省消防条例》宣传活动，制作、发放录像带20盒、宣传手册7万多册，赣州市（今章贡区）、赣县、大余、兴国、安远、宁都等地相继举办学习宣传《江西省消防条例》电视大奖赛。《中华人民共和国消防法》颁布实施，支队举行大型宣传活动，城市各主要街道、繁华路段都悬挂宣传横幅和标语，出动宣传车、设立咨询站，解答群众提出的各种问题。1998年的“119”消防宣传日，消防支队与上海金盾艺术团联合举办3场消防宣传专场文艺晚会，近万名观众观看演出。1999年的“119”消防宣传日，市政府、市防火安全委员会在中心城区举行《火灾警示录》VCD光盘发行仪式，发放《火灾警示录》光盘2300张。

七、消防监督

消防监督是公安消防部队的重要职责和发现消除火灾隐患、落实防火措施、预防火灾事故的重要手段，也是发动群众做好防火安全工作的有效形式。《中华人民共和国消防法》、《江西省消防条例》和公安部《消防监督检查规定》等消防法律、法规、规章出台后，赣州消防部队高度重视消防监督工作，有效地预防和减少火灾事故的发生。

专项治理 1994年4月，针对赣州市（今章贡区）赣江路电气线路老化、乱搭乱接现象严重等问题，支队联合地区防火用电检测中心，对赣江路开展1次全面的专项整治，将该路所有的火灾隐患全面登记造册，并向赣州市（今章贡区）政府写出专题报告，受到市民的欢迎。1995年，对全地区18个县（市）新建的邮电大楼进行专项治理。1996年，在全地区范围内分别开展易燃易爆化学危险物品、高层建筑、邮电通信设施专项治理，开展检查1220次，发现隐患1729个，下发整改通知书235份。2000年，萍乡上栗烟花爆竹爆炸、广东惠来打火机厂、河南焦作天堂录像厅等多起重特大恶性群死群伤事故发生后，支队积极响应中央领导的批示，联合工商、文化、教育、旅游、公安等部门，在全市范围内开展易燃易爆场所、高层建筑、公共娱乐场所、宾馆、饭店等5次消防安全大检查，发现和整改火灾隐患，查封不符合安全条件的单位和场所，促使卫府里市场等一批重大火灾隐患单位迅速整改。

监督执法 《中华人民共和国消防法》颁布之前，对消防违章行为依据《中华人民共和国治安管理处罚条例》执行。1998年，《中华人民共和国消防法》《江西省消防条例》《消防监督检查规定》相继出台后，消防监督开始走向依法监督、规范监督的轨道。同年，开展学天津消防活动，加强消防监督规范化建设，着力查处火灾隐患。将于都欧阳大厦、赣州卫府里市场、名流大酒店3个单位列入全省通报的30家重大火灾隐患单位，并确定30家全地区通报的重大火灾隐患单位。率先在全省设立消防警务区，对消防条件不合格单位实行黄牌警告，赣州卫府里市场等10家单位名列其中。1999年，支队成立执法大队，重点对一些难以查处的消防违法违章行为进行监督执法，5月开展执法月活动。年内，共查处火灾隐患2679起，整改1810处。2000年，支队消防监督规范化建设应用软件开发使用，标志着支队消防监督工作走上一个新的台阶。

重点单位管理 1990年，省公安厅下发《江西省消防监督工作标准》，要求各级公安消防监督机关对消防重点单位做到“四知五熟悉”（知单位情况、重点部位、责任制度和重大火灾隐患，熟悉防火负责人、防火员、消防组织、生产性质和火灾危险性）。每年进行1次核定和验收。1999年，公安部发布《消防监督检查规定》，明确消防安全重点单位的划分标准，改变过去消防监督随意性大的问题，逐步形成支队管理一级消防重点单位，大队（科）管理二级消防重点单位，公安派出所管理三级消防重点单位的分级管理体系。2000年，赣州市首届一级消防安全重点单位工作会议召开，在全市消防安全重点单位中推行“三自一监督”（单位自查、隐患自除、责任自负，接受监督）制度。

建筑审核 开展建筑审核，是消防安全的源头和消防监督工作的治本之道。1993年5月，赣州消防支队制定《赣州地区建筑审核实施细则》，明确各自职责，并采取以会代训的形式，召开全地区消防建审人员会议，使各级建审人员的业务素质得到提高。1995年，按照《江西省建筑防火监督程序规定》，建审工作实行分级审核，实行“谁设计、谁负责、谁审核、谁负责”制度。1996年，与城建部门联合成立建审办公室，共同对赣州市（今章贡区）的建筑设计进行审核。1999年，为加强对建筑装修（饰）队伍的管理，严格审批发证手续，取缔一批不合格的非法施工队。2000年，支队成立验收科，实行建筑审核与建筑验收的分离。

易燃易爆物品管理 随着用油、用气量的日益增多，赣州消防支队积极采取有效措施，严格易燃易爆物品的消防安全管理。1992年，对液化石油气经营户进行检查、登记，合格者发放液化石油气使用许可证。1994年，根据公安部《易燃易爆化学物品消防安全监督管理办法》，各县（市）对易燃易爆场所进行全面清理整顿，重新核发危险品运输牌260副，消防安全储存许可证220套，消防安全经营许可证550套，长期准运证550本，临时准运证110本，化学危险物品品名表30本。1998年，支队下发《关于调整审批权限的通知》，将易燃易爆场所的审批发证权由基层大队收回支队。1999年，又下发《关于进一步明确审批权限的通知》，进一步明确易燃易爆场所审批发证权限，规范监督管理。

第三章 检 察

1986—2000年，全市（地区）检察机关按照“公正执法，加强监督，依法办案，从严治检，服务大局”的工作方针，以反腐败查办大案要案、惩治严重刑事犯罪、执法监督工作为重点，加大对侵权犯罪、渎职犯罪的惩治力度，反贪污贿赂工作成绩显著，为国家和集体挽回经济损失1.13亿元。积极开展预防职务犯罪工作，探索一条有效的预防职务犯罪新途径、新路子；惩治刑事犯罪力度加大，执法监督有较大起色，检察调研、检察技术、检察装备等各项工作协调发展。

第一节 机构设置

一、市（地）级检察院

1986年，江西省人民检察院赣州分院（以下简称“赣州检察分院”）设刑事检察室、经济检察室、法纪检察室、监所检察室、驻江西省第二监狱检察组、人事科、办公室共7个科（室、组）。10月增设刑事技术侦查科和控告申诉科。1988年4月增设法律政策研究室，8月，成立经济罪案举报中心，9月设立江西省广播电视大学检察分校赣州工作站。1989年9月，将原来的科改为处，并增设监察处，与纪检组合署办公，人事科改为政治处，经济检察科改为贪污贿赂检察处。1989年10月，贪污贿赂检察处改为反贪污贿赂检察处，1990年10月改为反贪污贿赂工作处，1996年又改为反贪污贿赂工作局。1992年增设民事行政检察处，1995年，电大检察分校改为检察官培训中心；1997年增设审查批捕处，1999年增设行政装备处和法警处。1999年7月，赣州检察分院更名为赣州市人民检察院。2000年，市检察院共有处、局、室、组内设机构15个。即办公室、政治处、审查批捕处、审查起诉处、反贪污贿赂局、法纪检察处、监所检察处、民事行政检察处、控告申诉检察处（与举报中心和刑事赔偿工作办公室实行一个机构、三块牌子）、检察技术处、法律政策研究室、监察处、行政装备处、法警处（对外称“法警支队”）和驻江西省第二监狱检察室。

1986年，赣州检察分院定编79名。1988年，增编10名。1989年8月根据“三定”（定职能、定机构、定编制）方案，分院设10个处，分别为刑事检察处、贪污贿赂检察处（经济罪案举报中心）、法纪检察处、监所检察处、控告申诉检察处、技术处、政治处、法律政策研究室、监察处（党组纪检组）、办公室。1991年7月增编5名，1994年4月增编4名，编制总数98名。1999年，赣州市检察院编制 107 名。

二、派出（驻）人民检察院、检察室

1988 年，部分县级检察院相继设立乡镇办事处和林业、税务检察室。至 1989 年 6 月底，南康县唐江、于都县银坑、寻乌县留车和澄江等设立检察办事处，赣县、宁都县、会昌县、上犹县、龙南县等 5 个县设立林业检察室，赣县、于都县、宁都县、瑞金县、上犹县、大余县、信丰县等 7 个县设立税务检察室。1990 年 8 月，赣州检察分院设立驻地区税务检察室。

1993 年，赣州检察分院相继设立驻地区金融系统检察室、驻地区供销社检察室、驻地区稽查征费分局检察室、驻地区烟草专卖局检察室。

1995 年，根据上级检察机关整顿各类检察室的工作要求，经报省检察院批准，调整赣州检察分院所辖单位设立的 106 个各类检察室，保留 29 个，撤销 77 个。

1998 年，根据最高人民检察院和国家税务总局《关于撤销税务检察机构有关问题的通知》要求，撤销驻赣州地区税务局检察室。

第二节 反贪污贿赂

自侦部门案件的审查批捕、审查起诉工作归刑检部门办理。1987 年 7 月，批捕和起诉工作移交刑事检察科审查办理。

1988 年 8 月，赣州检察分院成立经济罪案举报中心，主要受理检察机关依法管辖的贪污、贿赂、偷抗税、挪用公款等经济犯罪案件和刑讯逼供、非法拘禁、非法搜查、玩忽职守、泄露国家机密等法纪犯罪案件。9 月，赣州检察分院在宁都召开全地区检察机关侦查经济犯罪案件座谈会，推动侦查工作的开展。10 月，挪用公款案、巨额财产来源不明案、隐瞒不报境外存款案由检察机关直接受理。

1989 年 2 月，赣州检察分院举办预审工作培训班，培训干警 34 名。3 月 22 日，非国家工作人员投机倒把和诈骗案件划归公安机关管辖。12 月 5—6 日，赣州检察分院召开全地区检察机关第一次反贪污贿赂侦查工作会议，传达全国、全省检察机关第一次反贪污贿赂侦查工作会议精神，讨论加强反贪污贿赂侦查工作问题。

1991 年 4 月 8 日，最高人民检察院印发《人民检察院侦查贪污贿赂犯罪案件工作细则（试行）》。6 月，赣州检察分院在南康县检察院召开全地区检察机关反贪污贿赂斗争现场会，会议传达省检察院在广昌县召开的反贪污贿赂斗争经验交流会精神。南康县检察院和兴国县检察院分别介绍在粮食系统、建筑行业深挖“串案”“窝案”，掀起反贪污贿赂斗争“小高潮”的经验。赣州市（今章贡区）检察院召开群众大会奖励举报有功的 13 个单位和 61 名个人，发放奖金 5500 元。全地区检察机关召开惩治贪污贿赂动员大会 15 次、宽严大会 6 次、新闻发布会 4 次，举办成果展览 1 次，挽救教育违法犯罪的干部群众。

1993 年，建立案件分级管辖和大要案请示报告制度；确定大要案旬报制度，及时反馈反腐败斗争信息；加强信访举报工作，召开全地区举报工作专门会议，赣州检察分院，信丰县、龙南县、大余县检察院等单位以电视、广播讲话形式宣传反腐败斗争的意义和措施，公布举报电话，建立检察长接待日制度。

1997 年 1 月，根据修改后的《中华人民共和国刑事诉讼法》规定，检察机关贪污贿赂检察直接受理立案侦查的案件为贪污案、挪用公款案、受贿案、单位受贿案、行贿案、对单位行贿案、介绍贿赂案、单位行贿案、巨额财产来源不明案、隐瞒境外存款案、私分国有资产案、私分罚没财产案。偷税抗税案、假冒商标案划为公安机关管辖。

一、查办贪污案

1986年，全地区检察机关严厉惩治严重经济犯罪，全年共逮捕160人，有18人主动投案自首，缴回赃款13.75万元。1987年，坚持“一手抓建设，一手抓法制”的方针惩治严重经济犯罪，积极查处一批经济犯罪案件。全年共处理重大疑难案件17件，逮捕62人，挽回经济损失246.34万元，帮助12个企业扭亏为盈。1988年，以“治理经济环境，整顿经济秩序，全面深化改革”为中心查处经济犯罪，重点查处贪污犯罪。全年共受理贪污、受贿案件167件，其中立案侦查70件，挽回经济损失252.37万元。1989年，贯彻全国、全省检察长工作会议精神，把查处贪污犯罪作为惩治经济犯罪的第一位工作，取得受案、立案、大要案、挽回经济损失“四超”历史的成绩。全年办理贪污、受贿案180件；大要案62件，其中县处级犯罪的7件7人。最高人民法院、最高人民检察院发布《关于贪污受贿投机倒把等犯罪分子必须在限期内自首坦白的通告》（以下简称“两高通告”）。8月15日至10月31日两高通告期限内，全地区受理举报665件，共有177人到各县（市）检察院投案自首（其中贪污的有51人），交代犯罪金额111.7万元，退缴赃款79.6万元。1990年9月，地委印发《关于继续深入开展惩治反贪、贿赂犯罪活动的意见》，进一步推动反贪污斗争。全年全地区受理各类经济犯罪案件552件。共受理群众举报案件线索799件，其中立案侦查179件（大要案），含县处级干部3件3人。

1991年，全地区检察机关共受理各类经济犯罪案件582件，立案296件，其中贪污117件、挪用公款102件、大要案3件，挽回经济损失3777万元。赣州检察分院反贪处受理案件5件，立案侦查3件，挽回经济损失11万多元。1993年，赣州检察分院反贪污贿赂工作处直接立案侦查经济犯罪案件18件。在重点行业、重点部门查办一批经济犯罪案件，8—12月全地区共查办党政机关、行政执法、经济管理部门工作人员贪污贿赂等经济犯罪案件47件，占同期经济罪案立案总数的41.2%。1994年，赣州检察分院反贪污贿赂工作处立大案要案6件。发生在“三机关一部门”（党政机关、司法机关、行政执法机关和经济管理部门）的经济犯罪案40件40人，占立案总数的25.5%，挽回经济损失834万多元。

1996年，全地区检察机关加大查办贪污贿赂犯罪案件的力度，查办发生在“三机关一部门”的经济犯罪案件40件。立案查处万元以上贪污贿赂大案63件。1998年，查办10万元以上的大要案13件，查办国家机关工作人员贪污贿赂等职务犯罪案件52件。1999年8月6日，最高人民检察院制定《关于人民检察院直接受理立案侦查案件立案标准的规定（试行）》，对贪污罪的认定和立案标准作出明确的规定。所立案件中贪污受贿5万元，挪用公款10万元以上的大案24件，要案2件。2000年，按照最高人民检察院和省检察院的部署，集中精力查办有影响、有震动的大案要案和群众反映强烈的案件。查办金融、证券、房地产、土地管理、建筑工程等领域的职务犯罪案件，国有大中型企业中发生的贪污贿赂特别是造成国有资产流失的犯罪案件，负有管理市场、维护市场经济秩序、保护经济安全职责的行政执法部门发生的滥用职权、徇私舞弊犯罪案件。基层检察院查办发生在乡镇站、所的贪污、贿赂等职务犯罪案件。查办一批“三机关一部门”及土地、建筑领域工作人员的职务犯罪案件112件114人，占立案总数的53%，其中党政机关57件59人，行政执法机关23件23人，司法机关2件2人，经济管理部门20件20人，土管系统5件5人，建筑领域5件5人。深挖国企“蛀虫”，查处这类案件90件，挽回经济损失1500万元。

二、查办挪用公款案

1990年，全地区查处挪用公款案12件。1993年，赣州检察分院立案侦查胡某挪用养老保险和简易人身保险费案，建设银行赣州市（今章贡区）支行钟某利用职务之便挪用公款案。1994年，于都县院破获一起挪用公款203万元的特大案件。

1999 年，全市（地区）所立案件中贪污受贿 5 万元、挪用公款 10 万元以上的大案 24 件。

三、查办贿赂案件

1987 年，全地区检察机关把惩治经济犯罪作为主要任务来抓，查处一批经济犯罪案件。1988 年，办结立案案件 90 件，其中属国家工作人员的 71 人。1989 年，8 月 15 日至 10 月 31 日“两高通告”期限内，分院先后派出两批 22 人，分 10 个工作组到县（市）指导协助并直接参与办理大要案。各县（市）检察院先后抽调 339 名干警组成 166 个办案小组，到办案单位办案。全地区投案自首受贿的 93 人。在集中力量查处大要案的同时，把发生在“三机关一部门”的职务犯罪案件作为重点进行深挖细查。1990 年，查办贿赂案件 99 件，其中查办受贿案件 84 件、行贿案件 15 件；查办大要案 55 件，其中贿赂 9 件。

1991 年，全地区查办贿赂案件 60 件。1994 年，全地区检察机关贯彻最高人民检察院“严格执法，狠抓办案”的工作方针，以查办“三机关一部门”中发生的贿赂大案要案、查办法人犯罪为重点，共受理各类经济犯罪案件 440 件，立案侦查经济犯罪案件 157 件，其中贿赂案 42 件。立案侦查经济犯罪大案 43 件、要案 3 件。1995 年，全地区检察机关共立案侦查各类经济犯罪案 178 件，其中贿赂案 75 件。

1996 年，全地区两级检察机关共立案查处各类经济犯罪案件 154 件，其中贿赂案 45 件。1997 年 12 月，最高人民检察院制定《关于检察机关直接受理立案侦查案件中若干数额数量标准的规定（试行）》。全地区检察机关贯彻中共中央反腐败斗争的总体部署，坚持“严格执法，狠抓办案”的工作方针，努力适应新的法律规定执法办案。2000 年，全市检察机关坚持“公正执法、加强监督、依法办案、从严治检、服务大局”的工作方针查办贿赂犯罪案件。

第三节　法纪检察

一、查办侵权案件

非法拘禁案　1988 年，立案侦查非法拘禁案 12 件，矿山非法拘禁案件较多。1989 年，根据全国检察机关关于查处侵权案件工作会议精神，全地区法纪检察部门把查处侵权类案件作为工作重点，立案侦查非法拘禁案 8 件。1990 年，立案侦查非法拘禁案 12 件 19 人。1991 年，立案侦查非法拘禁案 12 件 18 人。1992 年，立案侦查非法拘禁案 18 件。7 月，赣州检察分院协调赣州市（今章贡区）、崇义县检察院，28 小时查获全地区首起罕见的扣押人质非法拘禁案。被害人家属向分院赠送“排千险解救人质，惩罪犯为民除害”的锦旗。1993 年，全年立案侦查非法拘禁案 8 件 14 人。1994—1997 年，全地区共立案侦查非法拘禁案 53 件 118 人，其中重特大案件 3 件。

刑讯逼供、诬告陷害案　1988—1990 年，全地区检察机关贯彻全国检察机关查处侵权案件工作会议精神，共立案侦查刑讯逼供案件 4 件 6 人。1992—1996 年，贯彻落实全国检察机关第二次、第三次侵权、渎职案件侦查工作会议精神，共立案侦查刑讯逼供、诬告陷害案 18 件 22 人。1997—1998 年，新《中华人民共和国刑法》《中华人民共和国刑事诉讼法》颁布，全地区把突出查办国家工作人员徇私舞弊、刑讯逼供、玩忽职守、非法拘禁等案列为办案重点，共立案侦查刑讯逼供、诬告陷害案 12 件 24 人，其中重特大案件 2 件。

非法搜查、非法侵入他人住宅案　1987—1996 年，随着改革开放的深入，非法搜查、非法侵入住宅案多为农村居民因宅基地、田土、林权、婚姻等民事纠纷引起。全地区共立案侦查非法搜查、非法侵入住宅案 42 件，其中重特大案件 2 件。

二、查办渎职案件

玩忽职守案　根据中共中央“严肃党纪，端正党风”的指示，全地区检察机关加强对国家工作人员严重不负责任，不履行或不正确履行职责，致使公共财产、国家和人民利益遭受重大损失的犯罪行为的查处力度。1986—1987年，全地区检察机关共立案侦查玩忽职守案29件35人，其中大案11件。1988—1992年，全地区检察机关保障经济发展，整顿经济秩序，把查处国家工作人员玩忽职守犯罪列为重点。共立案侦查玩忽职守案38件，其中重大案件3件。1993—1995年，共立案侦查玩忽职守案45件49人，其中重特大案件13件。1996—1998年，全地区检察机关法纪部门贯彻执行最高人民检察院、省检察院提出的“要把法纪检察工作列入检察工作三项重点之一”的指示，共立案侦查玩忽职守案35件37人，其中重大案件9件。1999—2000年，全市（地区）检察机关根据最高人民检察院《关于人民检察院直接受理侦查案件立案标准的规定（试行）》，共立案侦查玩忽职守案24件27人，其中重大案件4件。

徇私舞弊案 1994年7月，赣州检察分院贯彻全国检察机关查办徇私舞弊案郑州现场会和全省检察机关查办徇私舞弊案座谈会会议精神，着力查办徇私舞弊犯罪，当年全地区立案侦查徇私舞弊案6件10人。1995—1997年，全地区共立案侦查徇私舞弊案34件41人。1997年，《中华人民共和国刑法》修改实施后，取消徇私舞弊罪名。

滥用职权案 全地区各级检察机关按照1997年《中华人民共和国刑法》规定，积极开展查办滥用职权案。至2000年，共立案侦查滥用职权案11件12人。

三、其他案件

重大责任事故案 1986—1990年，随着工业生产和乡镇企业发展，重大责任事故案趋于多发。全地区各级检察机关立案侦查重大责任事故案31件。1991年，全地区乡镇企业蓬勃发展，私人投资矿产开采行业逐渐增多，有的单纯追求经济利益，重产出轻投入，忽视安全生产，重大责任事故不断发生。3月和7月赣州检察分院分别举办2期法纪案件重大责任事故现场勘查和刑事照相培训班，培训人员30人。至1997年，全地区各级检察机关共立案侦查重大责任事故161件209人，其中重特大案39件。1997年后，重大责任事故案划归公安机关管辖。

重婚案 1987—1989年，全地区检察机关法纪检察部门把人民群众、社会团体或有关单位提出控告的重婚案列为法纪检察受案范围之一，全地区检察机关共立案侦查重婚案17件。1989年以后再未查处过该类案件。

妨害邮电通信案 1986年2月，省检察院与省邮电管理局联合制定《关于办理邮电工作人员违法犯罪案件工作联系制度》，推动对邮电工作人员违法犯罪案件的查处。全地区共立案侦查破坏邮电通信案6件。1990年6月，最高人民检察院与邮电部联合制定《关于查处邮电工作人员渎职案件的暂行规定》，全地区各级检察机关积极查处妨害邮电通信案件。至1996年，全地区共立案侦查妨害邮电通信案4件。

第四节 刑事检察

一、审查逮捕

1986年，全地区刑事检察部门积极投入“严打”斗争第三战役。通过采取对重特大案件提前介入的做法和实行“三定一包”（定案件、定人员、定时间，包质量）岗位责任制的方法，加快办案进度。1987年，刑事检察工作适应从战役方式向经常性工作的转变，坚持“一手抓惩治，一手抓治理”的方针，主动协助公安、法院、林业等部门，分别开展和参加对盗窃、诈骗、盗伐滥伐林木、卖淫嫖宿、流氓奸宿、拐卖妇女儿童、非法出版等违法犯罪活动的专项集中惩治和专项治理。批捕案件均在时限内办结，全地区刑检批捕、起诉案件正确率达100%。1988年，坚持贯彻依法“从重从快”和依法“从严惩处”的方针，严厉惩治刑事犯罪活动和经济犯罪活动，整顿经济秩序，保障赣南经济体制改革试验区良好的经济环境。1989年，充分发挥检察建议的积极作用，全年共向有关单位提出书面检察建议93次。1990年，主动参与严厉惩治严重刑事犯罪、维护社会治安行动，派出检察干警122人参与公安行动，提前介入62起案件。在坚持各项办案制度的同时，推广和完善“三定一包”岗位责任制。

1991年，全地区刑事检察部门配合公安、林业、税务等部门，组织248人参与反盗窃、打流窜、追在逃人员、抗偷税、“扫黄”、扫“六害”等专项斗争和制止乱砍滥伐活动。共批捕人犯361人，建立治安联系点15个。1992年，全地区刑事犯罪案件有所下降，但故意杀人、抢劫、盗窃、强奸等重大案件仍有上升趋势。1994年9月，全地区第三次刑检工作会议在龙南召开。针对赣州地区重大恶性案件居高不下且呈上升趋势的严峻治安状态，全地区刑检部门加大对重特大杀人、抢劫、盗窃及流氓团伙犯罪的惩治力度，配合公安机关开展专项斗争，破获一批犯罪团伙，抓获一批在逃人员、流窜犯。1995年，根据中共中央关于在全国范围内开展集中整顿治安和集中惩治严重刑事犯罪活动的部署，配合林业部门开展林业整顿专项斗争。同年，赣州检察分院创办《赣南刑检信息》刊物，掌握并推动全地区刑检工作。

1996年4月，赣州检察分院与地区中级人民法院、地区公安局、地区司法局联合发布《关于督促犯罪分子投案自首的通告》，提出“抓效率、保质量、强监督、讲配合”的工作思路，要求3天内审结报捕案件，全地区刑检部门批捕案审查批捕时间平均为3天，保证案件在检察环节的依法从快。1997年，严格执行修改后的《中华人民共和国刑事诉讼法》和《中华人民共和国刑法》，保持“严打”斗争声威，依法严惩杀人、抢劫、爆炸等严重暴力和走私、贩卖、运输毒品等刑事犯罪。1998年，开展多种形式的集中惩治和重点整治，全年共收到各县（市）检察院不捕案件119件172人，自侦案件32件32人，毒品案件7件13人，经审查纠正不捕的错误案件5件。2000年，市检察院在赣县组织召开全市审查批捕工作暨立案监督工作现场会，传达贯彻省检察院审查批捕工作会议精神，严把案件质量关，准确把握案件定性及逮捕条件，严厉打击拐卖妇女儿童、卖淫嫖娼活动，积极开展打黑除恶等专项斗争。全市改变公安机关定性102人。市检察院批捕处被最高人民检察院确定为全国第一批侦查监督工作联系点。12月，组织召开全市检察机关第一次侦查监督工作会议，学习全国检察机关第一次侦查监督工作会议、第一次侦查监督联系点工作会议相关文件及精神，赣县、章贡区、瑞金市等检察院作典型经验介绍。

二、职务犯罪案件审查逮捕

1988年，贯彻执行最高人民检察院关于“提高办案质量，加强内部制约机制”的指示以及省检察院下发的《关于自侦案件审查批捕、审查起诉内部程序的试行规定》，加强内部制约，保证自侦案件的质量。全年共受理自侦部门移送审查逮捕的人犯66人，经审查决定逮捕64人、不捕2人。

1989年，严格执行“两高通告”精神，逮捕一批执迷不悟、拒不投案的贪污、受贿等严重犯罪嫌疑人。全年共受理自侦部门提请批捕各类人犯145人。

1990年，执行省检察院《关于自侦案件的审查逮捕、审查起诉内部程序的试行规定》，同时建立健全各项基本工作措施，加强内部制约。

1993年，强化内部制约机制，对自侦部门移送审查逮捕案件，不办“台阶案”“人情案”，强化内部制约意识，保证案件质量，所有自侦案件诉至法院均作有罪判决。

1997年，全地区审查批捕工作把查处贪污、贿赂、徇私舞弊等职务犯罪作为批捕部门的重要工作来抓，对自侦部门移送审查的案件，坚持“一要坚决，二要慎重，三要搞准”的原则，依法严惩一批影响大、危害大的犯罪分子。

2000 年，进一步加大对职务犯罪的惩治力度，做好发生在“三机关一部门”中贪赃枉法、徇私舞弊等大要案的审查批捕工作。同时，对发生在企业中的贪污、贿赂、挪用公款等严重犯罪案件，大肆侵吞国有资产导致国有资产严重流失的案件，依法从快从严办理。

三、立案监督

1994 年，刑事检察部门重点抓刑事立案监督工作，对公安机关曾一度出现的屡纠不改的有罪不究、以罚代刑案件实施强有力的监督。全年共发现这类案件 36 件 62 人，提出纠正后得到改正的 26 件 46 人。1995 年，加强对重大刑事案件立案的监督。如石城县邓某奸淫幼女案，嫌疑人于 1992 年和 1993 年先后 2 次奸淫在校幼女，公安机关只作治安处罚，向公安机关发出书面建议后，未被采纳，群众反映强烈。石城县检察院根据《中华人民共和国刑事诉讼法》第 13 条决定对该案立案侦查。起诉后，邓某某被法院判处 7 年有期徒刑。

1996 年《中华人民共和国刑事诉讼法》修改，1997 年开始实施，法律明确赋予检察机关立案监督职权。全年共审查立案监督线索 73 件 82 人，经审查，向公安机关发《说明不立案理由通知书》33 份，发《通知立案书》19 件 35 人，公安机关立案 24 件 37 人，逮捕、起诉 29 人。2000 年，贯彻最高人民检察院关于立案监督工作试行规定，组织召开全市立案监督工作座谈会，赣县、章贡区、信丰县、崇义县等县检察院批捕科介绍经验。全年共开展立案监督案件 101 件，向公安机关发出《说明不立案理由通知书》87 件，公安机关立案 62 件。立案监督工作在全省排名第一。

四、侦查活动监督

1986 年 4 月，贯彻最高人民检察院、省检察院关于开展“两个活动监督”（侦查监督和审判监督）的会议精神，开展“两个活动监督”。全年对公安机关侦查活动书面提出《纠正违法通知》7 次，口头提出纠正违法通知 38 次，追捕 25 人。其中通过开展案件复查，追捕 8 件 12 人，纠正漏捕 4 件 6 人。

1987—1988 年，根据全国检察长会议精神及省检察院下发的《关于尽快批捕、起诉重特大案件的通知》要求，对重特大案件提前介入，其间，全地区发生 108 起重特大案件均提前介入，为快捕、快诉创造条件。

1989 年，根据省检察院要求，把对重特大刑事案件提前介入列为刑事检察工作的重点之一，共提前介入公安机关刑事案件侦查、预审活动 138 次，其中重特大案件 73 起，在提前介入活动中向公安机关提出侦查建议和纠正建议 80 次，其中有 76 次被公安机关采纳。

1990 年，全地区刑事检察部门建立和完善“提前介入”有关工作制度。龙南、瑞金等县检察院实行“提前介入”登记表制度。全年共提前介入公安机关刑事案件侦查、预审活动 168 次，其中重特大案件 109 件，介入后提出建议 117 次，被采纳 108 次。

1993 年，在侦查活动监督上，重点抓纠正以罚代刑、有罪不究的问题。全年共追捕人犯 38 人。

1995 年，全地区刑检部门加强对另案处理、批捕在逃人员的跟踪调查，主动发现线索，有效防止遗漏。

1997 年，加强对刑事诉讼程序行为监督和侦查部门办案期间的监督，在审查中注意通过案件审查中发现的线索深挖犯罪，还注意加强逮捕强制措施的跟踪监督。全地区共向公安机关提出口头纠正建议 226 次、书面纠正建议 32 次，追捕 61 人。

1999 年，龙南县、定南县猪油中毒事件发生后，市检察院迅速组成专案组提前介入，并及时向公安机关提出追捕犯罪嫌疑人，补充收集有关物证书证，使该案做到依法快捕快诉。针对公安机关存在的案件质量下降、遗漏犯罪嫌疑人、超期羁押和随意变更强制措施等突出问题，全市（地区）检察机关加大侦查监督力度。全年共提前介入公安机关侦查案件 9 件，改变公安机关定性 8 件 13 人，提出口头建议 24 次，书面检察建议 8 份，纠正违法通知书 9 份，追捕犯罪嫌疑人 20 名。

2000 年，市检察院下发延长犯罪嫌疑人侦查羁押期限必须报送有关材料的通知，进一步规范监督。

表 11-3-1　　1986—2000 年赣州市（地区）审查起诉和审判监督情况统计表

年份	审查起诉								审判监督			
	受理起诉		决定起诉		免诉		不诉		抗诉（件）	改判（件）	维持原判（件）	发出检察建议（件）
	件	人	件	人	件	人	件	人				
1986 年	988	1468	866	1217	24	76	9	18	3	1	—	158
1987 年	939	2131	835	1283	21	68	7	9	4	—	—	163
1988 年	967	1571	845	1359	33	99	8	15	5	—	—	151
1989 年	1309	2340	1148	1981	34	105	—	—	5	—	—	196
1990 年	1676	2829	1250	2178	88	391	6	6	10	2	—	94
1991 年	1371	2299	1215	2035	119	230	—	—	13	4	—	309
1992 年	1110	1787	973	1538	145	268	1	1	12	5	4	265
1993 年	905	1623	731	1300	151	270	—	7	5	2	—	292
1994 年	1137	2348	1073	1886	95	165	—	—	11	3	3	130
1995 年	1248	2305	1044	1759	198	366	—	11	30	—	—	234
1996 年	1821	3201	1215	2076	369	621	2	11	10	2	1	109
1997 年	1142	1796	790	1240	26	47	75	125	17	2	4	112
1998 年	1321	1951	1027	1568	—	—	22	40	16	2	1	130
1999 年	1646	2373	1284	1802	—	—	30	49	9	3	—	127
2000 年	1477	2187	1152	1677	—	—	32	48	17	3	—	276
合计	19057	32209	15448	24899	1303	2706	192	340	167	29	13	2746

第五节　控告申诉检察

一、信访接待与办理

1986—2000 年，全市（地区）控告申诉部门根据最高人民检察院和省检察院的要求，结合深入贯彻《江西省保护公民举报权利条例》，加大举报宣传力度，广泛开展反腐败斗争的宣传发动，激发群众的举报热情。全市（地区）两级检察机关认真处理群众来信，热情接待群众来访，做到事事有交待，件件有着落。从 1987 年 5 月 1 日赣州检察分院第一个检察长接待日开始，各县（市）检察院都相继设立检察长接待日制度。为解决群众告状难的问题，全地区检察机关又开展定期巡回设点，挂牌接待活动。

1994 年，开展“假如我是上访人”的联想活动。全年，赣州检察分院共受理群众告急案件 37 件，来信来访反映主要有基层司法人员和乡村级干部法制观念淡薄，在抓公购粮入库、植树种果和处理民事纠纷等工作时，简单粗暴，群众不满，甚至怨声载道。1995 年，完善信访接待群众来访制度，信访工作开始走上规范化、法制化轨道。赣州检察分院和赣州市（今章贡区）检察院的正副检察长备有专门接待登记簿，随时把接待来访情况记载入册，及时交办处理。全地区正副检察长全年共处理集体上访和告急上访 33 件，上访老户 25 户。1996 年，结合开展“文明执法年”活动，树立全心全意为人民服务的思想，做好群众信访工作。共妥善处理告急访 25 件，集体访 60 件。1997 年，以创建文明接待室活动为契机，做好文明信访接待工作。南康市向社会公开承诺做到“三声四有四快”，即来有迎声、问有回声、走有送声；有座椅、有茶水、有报刊、有意见簿；受理快、调查快、处理快、回访快。全年处理告急信访 45 件，集体上访和信访老户 94 件。1999 年，市（地区）、县两级检察院分别与同级公安、法院、司法和信访办等 5 个部门建立“五长”接待日制度，共同处理一些疑难信访问题。全市（地区）检察机关共妥善处理群众集体上访 452 件，告急上访 407 起，上访老户 34 户。

1986—2000 年，全市（地区）两级检察院共有 197 位正副检察长参加 4650 余次检察长接待月活动，接待来访群众 1.3 万多人次。共受理群众来信 25210 多件，做到认真审阅，按照管辖地及时分流，并告知来信人。1999 年，赣州市人民检察院和章贡区、瑞金市、兴国县、赣县 4 个基层检察院的控告申诉检察部门被评为全国文明接待室，章贡区检察院被评为全国文明接待窗口单位。

二、举报宣传与受理

全市（地区）两级检察机关充分发动群众，揭露犯罪，利用广播、电视、报纸等宣传工具，发表电视讲话，召开新闻发布会，出动宣传车，印发宣传资料，上街设点等多种形式宣传检察机关职能、受案范围和立案标准。

1991 年，赣州市（今章贡区）检察院在赣州新闻联播节目中，连续数天全文播放《关于保护公民举报权利的规定》，并将此规定制成录音带，到乡、镇、厂矿挂牌设点进行宣传，扩大宣传覆盖面。1992 年，根据最高人民检察院和省检察院的要求，做好《大地的回声》的宣传发行工作，超额完成发行任务。1994 年，做好《江西省保护公民举报权利条例》的宣传工作，翻印该条例宣传材料 3400 份分发地直单位和全地区各乡（镇）张贴。

1997 年始，全地区检察机关建立举报宣传周制度。1998 年，贯彻最高人民检察院关于在全国开展“人民检察为人民”为主题的“举报宣传周”活动，全地区检察机关全面开展“检察机关举报工作十周年法律咨询日活动”，赣州检察分院下发《全区检察机关举报工作十周年宣传活动方案》。全地区检察机关控申举报工作突出抓举报宣传和举报初查，加强执法监督。共派出检察干警 619 人次，在赣州市（今章贡区）乡（镇）开展举报宣传活动 81 次，接待来访和法律咨询群众 10447 人次，散发举报宣传材料 143426 份。

1999 年，市检察院决定 6 月为“检察宣传月”。市、县（市、区）两级院领导带领广大干警走上街头，深入乡（镇）、厂矿，接受群众咨询，解答法律问题，散发宣传手册。市检察院建立健全要案线索专人管理和上报备案制。2000 年，赣州市检察院制定《关于举报线索归口管理规定》，成立举报线索审查协调小组，主抓要案线索管理工作。

1986—2000 年，全市（地区）检察机关在举报宣传活动中，共有 3361 人次检察干警参加不同形式的宣传活动，分发宣传资料 20 余万份，接受群众法律咨询 11 万余人次。

三、举报初查与反馈

1986—2000 年，全市（地区）两级检察机关控告申诉部门认真做好举报线索的初查，对群众举报的案件线索性质不太明朗的，由举报中心组织力量进行初查，然后再移交有关部门处理。1988 年，查办控告检举案件 75 件，立案 8 件。1990 年，办理控申案件 116 件，其中重婚案件 16 件，立案 4 件 8 人，起诉 3 件 5 人，免诉 1 人。1992 年，共受理控申案件 157 件，其中控告案件 17 件，申诉案件 38 件，举报初查 89 件，重婚案件 13 件。1994 年，全地区举报线索开始实行统一登记，专人保管，及时消化处理制度。对举报大要案线索，及时报批。赣州检察分院成立大要案督查小组，适时追踪调查。全年赣州检察分院举报中心共发催办函 17 件，上报查办 4 件。1995 年，制定下发《关于加强举报、控申检察工作的决定》，赣州检察分院及赣州市（今章贡区）、瑞金市、会昌县、寻乌县等县（市）检察院按照要求，设立奖励举报有功人员基金，全地区共奖励 49 人 37946 元。

1996 年，全地区坚持初查与服务相结合，为发展经济保驾护航。查处贪污、贿赂等经济犯罪案件，挖企业蛀虫。全地区举报部门把查处经济犯罪与整顿经济秩序相结合。1997 年，根据《人民检察院举报工作规定》，全地区控申、举报部门建立健全各项管理机制，举报线索管理与目标管理责任制相结合，遵照最高人民检察院《关于要案线索备案、初查的规定》，赣州检察分院控申处、举报中心建立要案线索专人管理和上报备案制度。2000 年，全市举报中心初查各类举报线索 731 件，移送立案 61 件，挽回经济损失 2000 余万元。

其间，全市（地区）两级检察机关控告申诉部门做好举报线索的初查。举报中心共初查 4165 件举报线索，初查后移送反贪、法纪、侦查部门立案 320 件。

四、申诉案件复查复核

1987 年，全地区检察机关先后抽调 167 名干警投入历史老案的复查工作，共复查“文化大革命”前的免诉案件 59 件 65 人，其中反革命案件 13 件 13 人，经济犯罪案件 23 件 24 人，其他刑事犯罪案件 23 件 28 人。经复查，纠正错案 14 件 15 人，维持原处理决定 45 件 50 人。

1991 年，在执法检察中，复查案件 668 件，其中自侦免诉案 81 件，不捕不诉案 157 件，纠正 4 人，向有关部门提出建议 65 条，采纳 27 条。1995 年，根据《人民检察院控告申诉检察工作细则》《人民检察院复查刑事申诉案件规定》的要求，全地区各级控申部门把复查刑事申诉案件作为一项重要工作来抓，办理一批申诉案件。1997 年，复查一批不服检察机关处理决定的刑事申诉案件，其中当事人在 7 日之内提出申诉和在 7 日外提出申诉的比例都比较大，赣州检察分院控申处视情况予以复查。

1986—2000 年，全市（地区）检察机关共受理刑事申诉案件 1719 件，经立案复查纠正错案 112 件。1995 年，《中华人民共和国国家赔偿法》颁布实施后共受理赔偿案件 22 件，经立案审查复核后确认赔偿金额 28.4 万元。

第六节　监所检察

一、监内监督

1986—2000 年，全市（地区）监所检察部门加强刑罚执行监督，促进公安机关公正执法，保障刑罚的正确执行。1986 年 2 月，省检察院下达《关于春节前后加强监所检察工作的通知》，全地区监所检察部门认真做好安全检察和各项防范工作，确保监所安全。1987 年，根据最高人民法院和最高人民检察院的通知，余刑 1 年以上的已决犯要到劳改单位服刑。赣州检察分院督促公安部门及时做好清理工作，全地区留用已决犯 26 名。1988 年 3 月，根据第八次全国检察工作会议有关规定及省检察院《关于对超期羁押和留用已决犯情况进行检察的通知》要求，监所检察部门对看守所留用的已决犯是否合法实行重点监督，对判决生效的 1 年以上已决犯督促看守所上送劳改机关执行。全年留用 1 年以上已决犯 24 名。1989 年，全地区县（市）检察院与同级公安机关建立《共建文明看守所公约》，全年共评出文明监室 126 个，评出遵规服法积极分子 1142 人，获得减刑 27 人，获得假释 9 人。1990 年，评出文明监室 109 个，遵规服法积极分子 1077 人，罪犯获得减刑 354 人，获得假释 54 人。1992 年，评出文明监室 53 个，遵规服法积极分子 389 人，获减刑、假释的罪犯 78 人。

1995 年，全地区共有留所服刑罪犯 248 人（其中 1 年以下的 144 人，1 年以上的 104 人）。严把余刑 1 年以上罪犯留所服刑审批关，严把经济案犯留所服刑关。1998 年，省检察院转发江西省公安厅

《关于加强看守所留所罪犯管理的通知》，全地区两级监所检察部门严格留所服刑罪犯的审批程序，规定余刑超过1年不满3年的罪犯留所服刑由所在地、市公安局批准，县检察院监所科签署检察意见，余刑3年以上的由地、市公安局审查后，报省公安厅批准，由检察分院监所处签署检察意见。同时加强对经济罪犯刑罚执行活动的检察，对1995年以来的经济犯罪刑罚执行情况，开展专项检察。2000年，全市加强对判决、裁定执行的检察。全年共检察纠正罪犯未按期交付执行79人，未按期释放3人，刑期计算错误4件35人，纠正违法保外就医16人。

二、监外监督

1986年，全地区共有监外执行罪犯243人，其中管制犯6人、缓刑犯142人、假释犯12人、暂予监外执行罪犯83人，有15个县（市）检察院对监外执行罪犯进行1次以上的检察。1987年，开展对“缓刑、管制、假释、监外执行、剥夺政治权利”五种犯罪的检察，督促落实监管措施。全地区共有监外执行罪犯230人，其中管制犯2人、缓刑犯157人、假释犯12人、暂予监外执行罪犯59人，有17个县（市）对监外执行罪犯进行1次以上的检察，其中表现好的约占35%，表现一般的55%，重新犯罪的3人。1989年，全地区检察机关监所检察部门把对监外罪犯执行情况的检察同开展法制教育、运用社会力量帮教结合起来。全年全地区共有监外执行罪犯327人，其中管制17人，剥夺政治权利11人，缓刑216人，假释13人，暂予监外执行70人。327人监外执行罪犯中，考察1次的264人（监管措施落实的221人），其中表现好的184人，一般的66人，表现差的14人；考察2次的152人（监管措施落实的145人），其中表现好的81人，表现一般的60人，表现差的11人。没有发现重新犯罪现象。

1991年，全地区共有监外执行罪犯368人，其中缓刑犯214人，保外就医80人，假释58人，剥夺政治权利16人。赣州市（今章贡区）检察院提出《关于对监外执行罪犯进行监督考察工作的意见》，得到赣州市（今章贡区）政法委的重视和支持。赣州市（今章贡区）政法委决定，由公安、检察、法院、司法行政等部门抽调干部，组成联合考察组，对55名监外执行罪犯进行全面考察。1994年，全地区共有监外执行罪犯594人，其中保外就医61人，假释58人，缓刑376人，剥夺政治权利21人，暂予监外执行78人。大部分监外执行罪犯均分布在各个乡（镇）。当年考察277人，经考察表现好的70人，一般的121人，表现差的31人，脱管的55人。通过考察发现的脱管问题及时向监管组织提出纠正意见，落实监管措施。

1997年8月，赣州检察分院转发中央政法委及最高人民检察院监所检察厅、省检察院监所处《关于开展罪犯保外就医活动专项检察的通知》，各县（市）检察院按要求认真开展专项检察。各地监所科向县（市）公安部门提出纠正保外就医及收监书面意见书19份，对法院裁定减刑与假释不当提出纠正意见书2份。

2000年，全市监所检察部门针对监外执行罪犯监督管理难度大的问题，为防止脱节、脱管、失控、再犯罪现象的发生，普遍对监外执行罪犯进行2次重点检察。第一次重点检察基层派出所对监外罪犯的教育管理是否到位，第二次重点抽查监外执行罪犯的现实表现。通过检察，全市监所检察部门共向公安机关提出检察建议63件次，使一些监外罪犯脱管及违法问题得到纠正。

三、监狱检察

1986年，驻江西省第二监狱检察组有编制4名，配备3名工作人员。全年受理审查起诉案件4起，有3起作起诉决定；受理犯人及其家属的申诉案件40起，其中控告1起，配合监管单位，开展安全防范检察；对刑满犯人进行离监的法制教育；对假释、保外就医的犯人进行发函考查。1987年开展执法检察，提出检察建议30多条；惩治经济犯罪，受理公安机关移送的审查批捕案件1起2人；受理审查起诉案件1起2人。受理犯人及其家属的申诉案件26件。与监狱共同对《罪犯双百分考核奖惩试行办法》的试行情况进行检察，配合监狱在犯人中开展惩治牢头狱霸的专项斗争。1989 年，最高人民法院和最高人民检察院发布《关于贪污受贿投机倒把犯罪分子必须在限期内自首坦白的通告》后，有 15 名犯人揭发检举贪污受贿投机倒把和其他犯罪线索 18 件。

1994 年，贯彻落实最高人民检察院及省检察院“关于对罪犯减刑、假释、保外就医是否合法开展一次专项检察”通知，与监狱共同组织对保外就医对象的考察，与赣州市（今章贡区）检察院共同组织对赣州市（今章贡区）假释人员进行检察。1996 年 7 月，全省监狱、劳教所派驻检察室工作座谈会在赣州召开，驻江西省第二监狱检察组作“加强两化建设，做好监狱检察工作”的专题发言。1998 年，配合监狱开展安全防范检察，全年共开展专项安全检察 19 次，提出检察建议 30 条。

四、看守所检察

1986 年，根据最高人民检察院的要求，全地区各县（市）检察院全部实行驻所检察。5 月，落实省人民检察院《关于继续认真做好对看守所留用已决犯的清理工作的通知》精神。全地区清理出留用罪犯 295 人，余刑 1 年以上的 93 人，已上送 26 人，待上送 15 人。1987 年 8 月，赣州检察分院召开全地区监所检察工作会议，赣州市（今章贡区）、信丰县、兴国县、瑞金县检察院会上作经验介绍。1988 年，全地区两级监所检察部门把安全防范检察工作列入监所检察工作的重要内容，协助公安机关健全看管制度，落实安全防范措施。全年全地区监所检察干部进行安全检察 409 次。1989 年开展清理混关混押工作，各县（市）检察院协助看守所对在押人员进行分类，对罪犯、犯罪嫌疑人和收审人员进行全面的调整。1990 年，加强对外劳、外出就医在押人员进行安全检察督促，对重刑犯、认罪态度差的罪犯严格控制等措施，确保看守所的安全稳定。全地区全年配合看守所进行安全大检查 767 次。

1991 年，全地区各级监所检察部门开展看守所检察工作规范化建设，及时检察纠正看守所无证收押、未经检察机关批准非法逮捕人犯、应收监而未收监、未按期交付劳改、超期羁押等问题。提出口头纠正意见 160 次，发纠正违法通知书 8 件。1993 年，抓好《人民检察院看守所检察规范化》的落实，当年有南康县、信丰县、赣州市（今章贡区）、宁都县、兴国县、瑞金县、会昌县、赣县、崇义县、寻乌县、于都县、安远县、上犹县、大余县、龙南县 15 个县（市）检察院达到规范化的要求，占全地区县（市）院总数的 83.3%。1994 年，继续贯彻执行《人民检察院看守所检察工作规范化》，对监管改造单位的活动和执行刑事判决、裁定是否合法进行监督。全地区 19 个监管改造单位全部实现挂牌驻所（场）检察。驻所干部实行法定工作日办公，月平均驻所 22 天以上。

1996 年，全地区驻所检察室积极配合看守所安全大检查 1051 次，上法制课 2030 次，找在押人员、罪犯谈话帮教 2132 次，驻所检察干部配合看守所做好安全防范及人犯的思想帮教工作。1998 年，加强对收押、释放犯罪嫌疑人、被告人的法律手续的检察。驻所检察人员坚持每天检察看守所收押、释放人犯的法定手续，严格把好进、出入看守所的手续关。全年共发现不应收押人数 11 人，督促上送已决犯 95 人，应送未送 178 人，提出纠正意见 128 次。2000 年，根据中央政法委和最高人民检察院关于纠正超期羁押问题的通知精神，全市监所部门通过建立健全催办制度、诉讼文书送达登记制度、责任追究制度，切实加强对犯罪嫌疑人、被告人羁押期限的检察力度。对犯罪嫌疑人、被告人超期羁押予以纠正。

第七节 民事行政检察

一、严格执法

1992 年，赣州检察分院开始设立民事行政检察机构。按照最高人民检察院提出“敢抗、会抗、抗准和公正、公开、合法”的办案原则，以办理民事行政抗诉案件为重点，抓办案效率、办案质量和办案效果，积极履行民事行政检察的监督职能。1993 年，依据《最高人民检察院关于民事审判监督程序抗诉工作暂行规定》，赣州检察分院下发《关于加强民事行政检察工作的意见》，全地区检察机关开展民事行政检察工作。

1996 年，全地区检察机关认真总结办理民事行政案件的经验，提高民事行政检察效果，赣州检察分院民事行政处实行提请抗诉或提出抗诉的民事行政案件一律报当地人大常委会备案审查，接受人大监督。

1999 年，全市（地区）民事行政检察部门坚持"公开、公正、合法"的工作方针，贯彻落实最高人民检察院《人民检察院办理民事行政抗诉案件公开审查程序试行规则》，将公开审查制度落实到民事行政检察工作中。

二、案件办理

1992 年，全地区检察机关受理民事申诉案件 20 起，经济申诉案件 9 起，行政申诉案件 6 起。全地区民行检察部门有 1 起经济纠纷案件提请省检察院抗诉。1994 年，全地区受理民事案件 56 件，经济纠纷案件 16 件，行政案件 17 件。1995 年，全地区检察机关通过广播电视、挂图、印发材料等形式宣传民事行政检察工作。实施《专人审查，集体讨论，检察委员会或检察长决定》的办案制度。1998 年，结合"举报十周年"、"检务公开"、法律咨询等宣传活动，宣传民事行政检察工作，扩大影响，拓宽案源。地区本级全年共审结民事行政案件 80 件。1999 年，市本级审结民事行政案件 90 件，市本级抗诉的案件法院系统当年审结 12 件，改判率达 83%。2000 年，全市检察机关审结 241 件民事行政申诉案件。市本级审结民事行政案件 97 件，其中终止审查 2 件。

1992—2000 年，共受理各类民事、经济行政申诉案件 1703 件，提出抗诉 197 件，建议提请和提请抗诉 107 件，发出检察建议书 33 件。抗诉后，法院再审改判 137 件，抗诉改判率 69.54%。

第八节　纪检监察

一、党风廉政建设

1989 年 9 月，赣州检察分院监察处成立，主要职责是负责全地区检察机关的廉政建设，组织安排实施对检察干警的党纪、政纪教育，受理对检察干警违纪违法案件的举报和查处，受理检察干警不服政纪、党纪处分的申诉。1995 年后，各县（市）检察院党组纪检相继成立。至 2000 年，先后制定《开展党纪政纪条规教育的实施计划》《检察工作人员不准接受发案单位或个人、亲属的宴请和歌舞娱乐活动》等规定，《党内民主生活会制度》《赃款赃物管理制度》《办案监督制度》《错案追究制度》《关于实施个案跟踪监督的规定》《领导干部个人及家庭重要事项报告制度》《检察干警八小时以外行为规范》《党风廉政建设责任制监督办法》等制度，并在工作实践中，逐步健全和完善，逐步规范化、制度化。

1991 年，制定《党建目标管理实施方案》《机关行政管理》等 12 种监督制度。全地区检察干警共抵制说情风 271 人次，拒请吃喝 421 人次，拒收礼品 87 人次，拒收贿赂 243 人次，共计金额 20420 元。全地区共收到群众控告检举干警违纪的来信 5 件 5 人。1992 年，重新制定《开展"文明办公，当好公仆"活动的实施意见》。全地区检察干警共抵制说情风 182 人次，拒请吃喝 279 人次，拒收礼 64 人次，共计金额 18850 元。全地区共收到群众控告检举干警违纪的来信来访 10 件 10 人。1993 年，贯彻落实最高人民检察院《关于贯彻中发〔1993〕9 号文件，进一步开展自身反腐的实施意见》，赣州检察分院制定《检察院科级以上干部反腐倡廉十个不准》《全区检察机关加强廉政建设十二个不准》。全地区检察干警拒收礼、拒贿赂金额 7.2 万元，拒说情 702 人次，拒吃请 672 人次。共受理涉及检察机关人员违法违纪来信来访31件（其中重复访10件）。1995年，全地区干警拒吃请138人次，拒说情239人次，拒收礼22人次，金额3.7万元，拒收礼品礼金价值1500元，受理来信来访36件。

1996年，开展讲学习、讲政治、讲正气的“三讲”活动。7月赣州检察分院党组纪检组、监察处、政治处联合转发最高人民检察院《关于在全国检察机关开展党纪政纪条规教育的通知》，并制定下发《开展党纪政纪条规教育的实施计划》。全地区检察机关组织全体党员和干警参加全国《党纪政纪条规》和全地区检察纪律知识竞赛，参赛率达到90%以上。全地区检察机关干警拒贿14.9万元，拒礼2.8万元。其中县级干部拒贿5.5万元，拒礼1.6万元；科级干部拒贿9.4万元，拒礼1.2万元。受理信访件22件。1997年5月，在全地区检察机关纪检监察工作会议召开后，各级机关各部门开始设立纪检监察监督员，负责对部门干警遵纪守法、反腐倡廉工作的监督。全年受理举报信件23件。1998年，根据中央及省、地关于军队、武装部队、政法机关不再从事经商活动的指示精神，对全地区检察机关所办的10个企业（不含果园）进行清理，其中撤销或注销的自办企业3个，脱钩的挂靠企业3个，退股脱钩的合办股份企业4个。1999年4月，召开全地区检察机关队伍建设工作会议，组织学习中共十五大和中纪委三次全会精神及中央政法工作会议和上级检察机关的工作会议精神。当年受理举报信件11件。2000年，组织全市检察干警学习《党风廉政建设责任制规定》、最高人民检察院《党风廉政建设责任制实施办法（试行）》以及十五届中央纪委四次全会精神。签订党风廉政建设责任状。在全市检察机关开展“严格办案纪律，坚持秉公执法”的作风纪律教育整顿活动、“反特权思想和霸道作风”专题教育活动。全年受理举报信件30件。

1989—2000年，全市（地区）检察干警拒贿、拒礼22万多元，156人次，拒吃请258人次，拒说情339人次，形成一套用制度管人管事的有效监督机制。全市（地区）共受理举报信件107件，全部查结。

二、检务督察

1990年，根据省人大内务司法委员会的部署和省检察院关于开展执法检查的通知，对全地区检察机关执法执纪情况开展检查。1993年，贯彻最高人民检察院《关于坚决制止利用监察职权乱收费、乱罚款的通知》，全地区检察机关对“乱收费、乱罚款”进行自查自纠。1999年5月，开展1997年以来“严禁刑讯逼供”落实情况的专项检查，经查全地区未发现刑讯逼供问题。同年，修改并下发《关于实施个案跟踪监督的规定》，全市（地区）两级检察机关共实施个案跟踪监督136件次，其中市检察院（地区检察分院）实施个案跟踪监督13件次，走访5个案发单位，回访当事人或亲属23人次。2000年，全市检察机关纪检监察部门实施自侦案件个案跟踪监督275件。11月，根据最高人民检察院的部署，开展自1998年至2000年10月31日止的扣押物品管理情况和枪支弹药管理情况的专项检查工作。

第九节 检察技术

1986—2000年，全市（地区）两级检察技术工作按照“突出重点，合理布局，边工作边建议，以办案求发展”的工作思路，立足服务检察业务，不断充实科技人才，加大科技投入，坚持运用高新技术加强技术取证、质证，逐步形成优势互补、互相协作的检察技术工作网络体系，提高了各项检察工作的科技含量。全市（地区）检察技术工作在全省检察系统排名前列。1991年，赣州市（今章贡区）检察院技术处被省院授予“先进集体荣誉”称号，1996年，赣州市（今章贡区）检察院技术处、南康市院技术科分别记集体二等功、集体三等功一次。

一、法医检验鉴定

1987年，全地区开展法医检验工作，配备8名法医。全年共出具法医鉴定书8件，出具法医检验报告1件，进行法医检验41次。1988年，全年进行法医学检验172次。4月，本级技侦科开展对外法医门诊业务。1990年7月，组织法医学习并研讨《人体重伤鉴定标准》《人体轻伤鉴定标准（试行）》《人体损伤分级鉴定标准（试行）》等。1991年，赣州检察分院印发《关于刑事检察部门与技术部门相互配合的几点意见》。1992年，地区本级技术处参与社会治安综合管理，开展伤情检验等业务，协助联防办处理打架斗殴事件，为群众解答技术问题，提供法律咨询服务。全年全地区进行法医学检验737件。1994年，全地区法医学检验738件（含法医门诊246件），通过文证审查纠正原法医错误结论13起。1995年，通过文证审查及复核鉴定纠正错误鉴定结论6起。

1996年，全地区受理法医学检验案件1017件，创历年之最。3月，在兴国县召开全地区检察机关第二次法医工作经验暨法医学术交流会。8月，赣州检察分院技术处对赣州监狱的12名保外就医犯进行鉴定考察。1997年，举办一期法医培训班，下发《关于运用技术手段强化办案工作的通知》。1998年，两级检察机关与同级保险公司联合成立保险理赔鉴定中心。1999年，全市（地区）召开首次保险理赔鉴定工作会议，规范保险理赔鉴定制度。

二、文件检验鉴定

1987年，赣州检察分院设立技术侦查科后，开始文件检验鉴定工作。至1994年，全地区受理文件检验案件227件。1997年，全年共受理文件检验案件70件。3月，赣州检察分院文检人员受理1起贪污案中涉及33份证据的笔迹鉴定任务，在检验中对1份检材笔迹作出系左手正常笔迹的鉴定结论，结案后该判断被证实是正确的。

2000年，全市文件检验案件150件。文检技术人员在受理叶某贪污案时，对其经手发放的国道拆迁改建补偿费3本领条进行鉴定，发现其中有30多张领条是叶某模仿他人签字，面对鉴定结论，叶某终于供述贪污公款的犯罪事实，使该案顺利侦结。

三、司法会计鉴定

1987—1995年，全地区进行司法会计鉴定40件。1996年，全年共进行司法会计检验鉴定24件。兴国县检察院在审查鉴定县糖厂酒精分厂账务时，寻找疑点，为办案人员提供侦查方向，为企业和国家挽回损失30余万元。1997年，全地区共进行司法会计鉴定31件。赣县检察院司法会计在对赣县某村支书钟某贪污一案进行审查后，认定其贪污数额，但赣州地区审计事务所对此案作完全相反的结论，在案件重审阶段，司法会计与案件承办人对该鉴定结论提出有力的反驳证据，合议庭最终采纳检察院的鉴定结论，对钟某作有罪判决。

1999年，全市（地区）共作出司法会计鉴定94件。

四、视听技术

1994年，在赣州检察分院烟草检察室、云南玉溪卷烟厂“打假”斗争中，摄制的“烧假烟现场会”录像在赣州电视台播放。在全省率先录制重大责任事故法制教育专题片《血的警示》。该片通过全地区检察机关参与调查的重大生产责任事故中一组组真实的镜头，教育人们珍惜生命，生产不能忽视安全。赣州检察分院技术处全年录制14条有关检察工作的电视新闻，有13条被赣州电视台采用。

1995年，视听技术逐渐应用到办案中，发挥其在法律监督及查办经济犯罪案件中保全证据、搜集资料的作用。3月，在查办某县生产假冒酒一案时，摄录下制造假酒窝点、工具、成品及办案中遇到的阻力和被不明真相的人围困等执法过程全景，一举捣毁这个制造假酒的窝点，解救出被围困的办案干警。1996年，视听技术工作分为法制宣传、一般性声像记录及在案件查办过程中搜集、固定证据三部分。当年，全地区共进行物证照相169件，物证录像21件。

1998 年，全年共受理视听技术案 254 件。赣州市（今章贡区）与赣县检察院对 1998 年所立的贪污贿赂案件均利用音像固定下来。赣州市（今章贡区）检察院在办理一起公安人员刑讯逼供致人死亡案时，针对公安人员懂法律，有反侦查能力的特点，利用监控设备对每一位嫌疑人、证人音像固定，保证证据的真实性、可靠性，为案件侦破打下基础。1999 年，于都县检察院率先建立全市（地区）第一个标准化规范监控室。2000 年，市检察院建成标准化监控室。

第四章　法　院

1986—2000 年，全市（地区）审判机构不断健全，审判队伍不断扩大，办案条件不断改善，审判职能全面发挥。全市（地区）法院 15 年累计审结各类一审案件 297561 件、二审案件 12689 件。为保护国家、公民、法人的合法权益，维护社会稳定，服务经济建设发挥应有的作用。其间，有 19 个单位和 29 人受到省委、省政府的表彰；有 8 个单位获省高级人民法院（以下简称“省高院”）荣记集体二等功，2 人次荣记个人一等功，32 人次荣记个人二等功。

第一节　审判机构

一、机构设置

赣州中级人民法院（以下简称“中院”）先后设立案庭、经济审判第二庭、行政审判庭、执行庭、审判监督庭、司法技术处、司法警察支队、纪检组、监察室、研究室、司法行政处，撤销司法行政科。其间，先设后撤的有告诉申诉审判庭、经济纠纷调处中心，原政工科改称政治处，原经济审判庭改称经济审判第一庭。2000 年，中院内设机构有立案庭、刑事审判第一庭、刑事审判第二庭、民事审判庭、经济审判第一庭、经济审判第二庭、行政审判庭、执行庭、审判监督庭、司法技术处、司法警察支队、纪检组、办公室、政治处、监察室、研究室、司法行政处、业余法律大学分部。全市共设 18 个县（市、区）人民法院，全市法院设有人民法庭 84 个。

表 11-4-1　2000 年赣州市各县（市、区）法院人民法庭设置情况一览表　单位：个

单位	法庭数	法庭名称
章贡区	3	湖边、蟠龙、沙石
赣县	6	田村、南塘、江口、湖江、沙地、王母渡
南康	6	唐江、横市、潭口、凤岗、赤土、龙回
信丰	6	大阿、安西、正平、铁石口、大桥、大塘埠
大余	3	池江、吉村、新城
上犹	4	社溪、营前、寺下、城关
崇义	3	古亭、扬眉、过埠
安远	5	欣山、版石、孔田、龙布、天心
龙南	3	杨村、临塘、里仁
全南	2	陂头、南迳
定南	4	天花、月子、三亨、鹅公
兴国	6	龙岗、崇贤、杰村、城岗、永丰、江背

续表 11-4-1

单位	法庭数	法庭名称
宁都	6	黄陂、长胜、洛口、固厚、石上、刘坑
于都	7	银坑、盘古山、禾丰、黄麟、利村、城郊、铁山垅
瑞金	5	壬田、九堡、瑞林、谢坊、城郊
会昌	6	周田、西江、庄口、湘江、高排、中村
寻乌	4	澄江、留车、晨光、长宁
石城	5	横江、屏山、高田、小松、琴江
合计	84	—

森林审判庭 1991年10月，在中院设立森林审判庭，依法受理由中院管辖的林业权属纠纷案件以及在经营木材过程中发生的经济纠纷案件和盗伐滥伐林木、森林失火、投机倒把贩卖木材等刑事案件。随后，在赣州市（今章贡区）、崇义县、安远县、会昌县、全南县、宁都县、上犹县、寻乌县、大余县、赣县、瑞金县、龙南县和信丰县等13个县（市、区）法院先后设立森林审判庭。1999年11月，根据最高人民法院《关于人民法庭若干问题的规定》精神，先后予以撤销。

金融法庭 改革开放之初，由于金融机构实行计划管理和行政干预，加之有的金融机构风险意识差，对借贷人的借款动机及偿还能力审查不严，导致大批逾期贷款无法收回，成为呆账、死账。为支持金融机构盘活资金，搞活流通，服务经济，全地区法院加大对这类案件的审理力度。1992年前后，宁都县、瑞金县、会昌县、安远县、信丰县、龙南县、崇义县等7个县法院与金融机构协商，设立金融法庭，专司金融机构起诉的借贷合同纠纷案件。1999年11月相继撤销。

二、队伍建设

1986—2000年，全市（地区）法院共分4次增加人员编制503名（中院40人）。2000年，全市法院人员编制1327人（中院145人），实有人数1397人（中院152人）。

法官职级与等级 1987年起，按照中共中央办公厅《关于加强地方各级法院、检察院干部配备的通知》（中办发〔1985〕47号）精神，逐步落实法官职级待遇。1999年起，按照《中华人民共和国法官法》、《中华人民共和国法官等级暂行规定》文件，评定法官等级。

法官培训 全市（地区）法院按照最高人民法院制定的“七五”“八五”“九五”全国法院干部教育培训规划，通过多种渠道，采用多种形式抓好法官业务培训。1985年，最高人民法院创办全国法院干部业余法律大学中院成立业大分部，各县（市、区）法院成立业大教学班。业大通过全国成人高考招收学员，学制3年，国家承认学历。1994年起进行以大专为起点的本科学历教育，至2000年，全市法院具有大专以上学历及法律（审判）专业证书的占总人数的89%，比1986年提高80个百分点。

司法警察 人民法院的司法警察是人民警察中的独立警种。1992年，全地区法院按照最高人民法院关于司法警察按总编制数的12%配备法警。10月，中院设立司法警察中队。1993年4月，根据最高人民法院《关于做好司法警察警衔评定授予工作的意见》，司法警察被授予警衔。1995年9月改称司法警察大队，1999年10月改称司法警察支队。至2000年，章贡区、赣县、兴国县、于都县、宁都县、瑞金市、会昌县、寻乌县、安远县、信丰县、大余县、崇义县、南康市等基层法院相应设立法警大队。自1996年起，中院先后制定《司法警察工作制度》《关于保障各类案件庭审安全的实施细则》《关于加强人民法院司法警察队伍建设的实施办法》《全市法院司法警察装备管理制度》《押解值庭规则》《法警参与强制执行工作规则》《枪支弹药管理制度》等一系列规章制度，规范司法警察工作。2000年，全市司法警察编制159人（中院17人），实有172人（中院4人）。

三、“两庭”建设

1985年前，审判法庭和人民法庭（以下简称“两庭”）建设比较落后。全地区只有赣州市（今章贡区）、于都县、定南县、全南县4个县（市）法院建有简易审判法庭，中院和其他14个基层法院均无审判法庭，开庭审理案件时只有临时租借其他场所，有的只好在办公室开庭，甚至有的一间办公室同时审理几个案件。全地区63个人民法庭均无办公用房，靠租借办公。

1986年，根据《国务院批转最高人民法院关于全国法院系统急需解决的两个问题的报告的通知》和最高人民法院、国家计划委员会《关于加强建设各级人民法院审判法庭的通知》精神，中院与地区计划委员会联合转发最高法院和国家计划委员会的通知，要求各县（市）法院采取措施，尽快解决审判法庭业务用房问题。1989年，中院向地委、行署提出《关于加强全区审判法庭和人民法庭建设的报告》，地委、行署批转全地区执行。1992年，中院将“两庭”建设纳入全地区法院年度工作目标管理考核，1993年又将“两庭”纳入“全区法院院长5年任期目标责任制”。1996年10月，中院在信丰县召开全地区法院“两庭”建设工作会议，总结交流经验。“两庭”建设的落后状况得到初步改变。

中院于1987年6月在环城路兴建的办公大楼有审判法庭，其中大、中审判法庭各1个，小审判法庭4个，并建有合议庭评议室，公诉人、证人、律师休息室、羁押室等，建筑面积1345平方米。1991年6月，中院办公场所由大公路120号迁至环城路7号。2000年，在章江北大道兴建新办公楼和审判法庭，审判法庭建筑面积7586平方米，有大审判法庭1个、中审判法庭2个、小审判法庭26个。其间，章贡区、于都县、瑞金市、会昌县、安远县、信丰县、龙南县、全南县、大余县、崇义县、上犹县、南康市等法院兴建审判、办公综合大楼，在建的有赣县、兴国县、宁都县、定南县等县法院。至2000年，全市基层法院建有大审判法庭16个、中审判法庭14个、小审判法庭31个，建筑面积11290平方米。其间，全市法院累计投资约1200万元，为67个人民法庭（占人民法庭总数的78.8%，建筑面积30459平方米）兴建审判、办公、住宿用房。章贡区、南康市、瑞金市、安远县、信丰县、龙南县、大余县、上犹县等8个县（市、区）法院全面完成人民法庭建设任务。

第二节　刑事审判

一、刑事政策落实

1986年，全地区法院按照中央“从重从快”的方针，积极投入“严打”第三战役，审理故意杀人、强奸、抢劫、流氓犯罪等七类案件258件，判处无期徒刑以上刑罚35人。与此同时，进一步加强经济犯罪案件的审判，审结620件，占同期刑事结案数的51.62%，挽回经济损失124.64万元。

1987—1990年，全地区法院调整惩治重点，加大对重大恶性案件的审理力度，严厉惩治一批罪恶昭彰的罪犯，对其中罪大恶极者判处死刑。判处七类案件罪犯4309人，其中判处重刑（5年以上有期徒刑、无期徒刑等）的占31.8%。积极参与惩治盗伐林木、拦路拦车、入室抢劫、盗窃、流窜作案以及卖淫嫖娼、拐卖妇女儿童、贩卖毒品、聚众赌博等犯罪的专项斗争，采取公开审判、公开宣判等形式，震慑犯罪分子，教育群众。针对少年犯罪不断增加的情况，1988年中院和赣州市（今章贡区）、宁都县等15个基层法院成立少年合议庭，采取同少年犯生理、心理特点相适应的审判方式和方法，把惩罚犯罪、矫治犯罪和预防犯罪结合起来，教育、感化和挽救失足少年。当年审结此类案件132件185

人。随着公民法律意识的不断增强，全地区法院受理的刑事自诉和附带民事案件逐年上升，1990 年为 105 件 180 人，比 1986 年增加 49 件 78 人。

1993—1995 年，全地区法院贯彻"两高两低"（提高重刑比例，降低缓刑免刑比例；提高结案率、降低超期结案率）的方针，依法从重从快审结各类案件，判处 5 年以上有期徒刑、无期徒刑和死刑的罪犯 1775 名，占罪犯总人数的 39.5%。针对"车匪路霸"犯罪猖獗的实际，开展惩治"车匪路霸"的专项斗争。1994 年，全地区审结"车匪路霸"案件 253 件 700 人，惩治犯罪分子的嚣张气焰。

1996 年 4 月起，开展新一轮的"严打"专项斗争，办案中坚持"基本事实清楚、基本证据充分"和"整体从快、个案从细"的原则，对严重刑事犯罪坚决适用重刑。同时贯彻惩办与宽大相结合的刑事政策，对具有投案自首、坦白交代、犯罪中止等法定、酌定从轻减轻情节的罪犯，依法予以从轻或减轻处罚。1997—1998 年，全地区法院以惩治投毒杀人犯罪为重点，公开审理一批有重大影响的案件，共审理此类案件 36 件，判处罪犯 33 人。并向有关部门提出司法建议，积极预防和遏制投毒杀人犯罪。其间，全地区法院坚持"既要坚决，又要慎重，务必搞准"的原则，继续依法严厉惩治经济领域的严重犯罪，重点审理一批大案要案。1997 年，全地区有 81 名国家工作人员因经济犯罪而被判刑。如原寻乌县经济开发总公司经理彭某，指使他人及本人参与虚开增值税专用发票金额高达 2.16 亿元，一审判处其无期徒刑。

1997 年 10 月《中华人民共和国刑法》实施以后，全地区法院加大刑事审判惩治力度，全面准确地运用《中华人民共和国刑法》惩罚犯罪，尤其是严重危害社会治安和人民生命财产安全犯罪，带有黑社会性质的团伙犯罪、贪污贿赂和严重扰乱社会主义市场经济秩序犯罪。1998—2000 年，全市（地区）法院审理危害国家安全罪 1 件 1 人，危害公共安全罪 278 件 296 人，破坏社会主义市场经济秩序罪 102 件 143 人，侵犯公民人身、民主权利罪 1459 件 2009 人，侵犯财产罪 1687 件 2616 人，妨害社会管理秩序罪 194 件 321 人，贪污贿赂罪 196 件 248 人，渎职罪 5 件 5 人，累计 3922 件 5639 人。1999 年，中院审理在全国有重大影响的"赣南特大污染猪油中毒案"和陈某、林某骗购外汇案。陈某、林某于 1997—1998 年 5 月伙同李某（另案处理）以进口原材料为名，伪造海关报关单、销售合约、提货单、海关 2 次核对函等，在赣州地区农业银行、工商银行和吉安地区中国银行骗购外汇 4875.28 万美元。中院以陈某、林某犯非法经营罪，分别判处陈某、林某 2 人有期徒刑 15 年和 14 年，并各处罚金 40 万元和 35 万元。

二、刑事案件审判

1986—2000 年，审结刑事案件 17927 件，其中危害公共安全罪占 4.02%，侵犯公民人身、民主权利罪占 27.1%，侵犯财产罪占 49.7%，妨害社会管理秩序罪占 3.83%，贪污贿赂罪占 6.94%，其他占 8.4%；判处人犯 23606 人，其中判处刑罚 23113 人，免予刑罚 271 人，无罪 222 人。

强奸、奸淫幼女案件审判 1986—2000 年，全市（地区）法院审结强奸、奸淫幼女案件 1076 件，占同期刑事结案的 6%，其中 1986—1990 年 543 件，占同期刑事案件的 7.95%；1991—2000 年 533 件，占同期刑事结案的 0.48%。改革开放之初，受不健康思想的影响和黄色淫秽书刊、音像制品的毒害，强奸、奸淫幼女案较以前增多。由于政法机关加大对此类犯罪的惩治力度，从 1992 年开始，强奸、奸淫幼女案呈下降趋势。1996—2000 年的 5 年中，全市（地区）法院审结强奸案 75 件，奸淫幼女案 54 件，与 1986 年一年的同类案件数基本持平。此类犯罪手段残忍，社会危害性大，严重损害妇女、幼女的身心健康。全市（地区）法院依照《中华人民共和国刑法》对这类犯罪严惩，有力地保护妇女、儿童的合法权益。

抢劫案件审判 抢劫罪是严重危害社会治安的重罪之一。1986—2000年，全市（地区）法院审结抢劫案件2117件，判处案犯4741人，占同期刑事结案的11.8%。1991年起抢劫案件开始增多，同年审结124件，是1986年的4.13倍；1998年、1999年、2000年分别审结抢劫案163件、271件和178件，是1986年的5.4倍以上。前期，抢劫犯罪多选择在早、晚人员较少的时段和偏僻地段或者山区，以单独作案为主。后期，团伙抢劫增多，人数一般为3～4人，多则5～6人。案发地以城镇及公路交通要道为主，有的还在光天化日之下当众抢劫。这一时期的抢劫犯罪呈现低龄化的特点，多数为青年，少年抢劫呈增多趋势。从抢劫罪犯的职业看，主要是城镇无业人员和农民。其间，抢劫案还出现用色情、麻醉、骗乘出租车等方法进行抢劫的新类型犯罪。

故意伤害案件审判 案件主要由民事财产、相邻关系纠纷和农村争水争地等引起，有一些是因口角引发的打架或持械斗殴事件，还有少部分因行为人个性偏激、心存积怨而报复行凶。1986—2000年，全市（地区）法院审结故意伤害案2215件3004人，占同期刑事结案的12.5%，其中1998年297件、1999年308件、2000年344件，呈明显上升趋势。1998年和2000年的故意伤害案件数已居当年度各类刑案之首。故意伤害致人重伤或残废的，均判处重刑；情节恶劣的，或者以报复行政机关、司法机关工作人员等特定对象的故意伤害行为，依法从重判处刑罚。1998—2000年，故意伤害案件的案犯，被判处无期徒刑以上刑罚33人，5年以上有期徒刑392人，5年以下有期徒刑325人，拘役、缓刑、管制215人。

盗窃案件审判 盗窃案在1995年以前一直是审理数最多的案件。1986—1992年，全地区法院审结盗窃案3751件，占同期刑事结案的40%，居首位。这一时期，犯罪分子白天潜入城镇居民住宅作案，晚上撬开机关、企事业单位的办公室作案，特别是自行车盗窃案件严重。在农村，犯罪分子则盗窃村民的家禽家畜和农产品。为惩治盗窃犯罪的嚣张气焰，全地区法院积极参与反盗窃专项斗争，对起诉到法院的盗窃案件坚决依法从重从快处理。对盗窃团伙的首要分子、重大盗窃犯及盗窃惯犯、流窜犯、共同盗窃的主犯等实施重点惩治。1990—1992年，全地区盗窃案犯一审判处无期徒刑以上刑罚28人。如上犹县舒某连续作案64次，被判处无期徒刑。1992年以后，盗窃案件判处重刑的明显减少。1997年新《中华人民共和国刑法》调整盗窃罪的量刑幅度，犯罪数额起点提高，而且限制适用死刑，大量的一审盗窃案转由基层法院审理。1986—2000年，全市（地区）法院审理一审盗窃案5921件9494人。

贪污贿赂案件审判 1986—2000年，全市（地区）法院依照《中华人民共和国刑法》、全国人大常委会《关于严惩严重破坏经济的罪犯的决定》和最高人民法院、最高人民检察院联合发布的《关于贪污、受贿、投机倒把等犯罪分子必须在限期内自首坦白的通告》的规定，审结贪污案件974件，受贿案249件，行贿案15件。1986年以后，贪污贿赂案件呈现一些新特点：共同贪污犯罪案件增多；犯罪主体多数是单位掌管事权、财权的人员，其中不少是单位的领导干部；贪污、贿赂的金额越来越大。在严惩犯罪分子的同时，注意区分对待，宽严相济，对能投案自首、积极退赃和有立功表现的，依照“两高通告”精神予以从宽处理。1989年8—12月，全地区有25名罪犯因此得到宽大处理。2000年，全市法院审结贪污、贿赂案79件，对101名罪犯作出有罪判决，其中县（处）级干部2人，科级干部14人。

第三节 民事审判

1986—1995年，民事案件结案数呈逐年上升趋势，1995年结案14678件，是1986年的3.66倍；1996—2000年，每年的结案数与1995年基本持平略有下降。为适应新形势，全市（地区）法院增设人民法庭，充实人员，15 年间新设人民法庭 26 个，其中 1986—1989 年新设 21 个；至 2000 年，配备法庭干部 210 名。为推进民事审判方式的改革，中院先后制定《第一审民事案件办案细则》《第一审民事案件开庭审理操作细则》《关于民事案件庭审和签发制度改革的若干意见（试行）》《民事审判方式改革的若干意见》等规定，以指导全市法院的民事审判方式改革。至 2000 年，民事审判基本实现公开开庭，加强当事人举证责任，强化合议庭的职能作用，改变过去庭审不规范、办案人员包揽取证、审案的人不定案而定案的人不审案等做法。1986—2000 年，全市（地区）法院共审结民事一审案件 168727 件，二审案件 7929 件。

一、债务案件审判

1986—2000 年，审结债务案件 84138 件，占同期民事结案数的 49.87%，居第一位。其中最多的 1995 年审结 9253 件，是 1986 年的 14.4 倍。其间，此类案件呈以下特征：出现之前从未有过的新类型案件，1995—2000 年，全市（地区）法院审结不当得利案件 89 件、无因管理案件 17 件；债务数额比以前更大；主体扩大到个体工商户、农村种养户、合伙组织、私营企业；债务的形成发生变化，由生活困难、婚娶嫁丧、建房扩展到生产经营、货物流转等。审判中，按照自愿、互利、公平、合法的原则，保护债权人和债务人的合法权益。

二、婚姻家庭案件审判

1986—2000 年，全市（地区）法院审结婚姻家庭案件 41636 件，占同期民事结案的 24.6%，居第二位。其中，离婚 35603 件，占 85.5%；抚养 719 件；赡养 1268 件；扶养 157 件；收养 669 件；财物析产 2687 件；其他 533 件。因外出打工而夫妻两地分居的日益增多，家外有“家”及为逃避计划生育和因债务搞假离婚后假戏真做等现象越来越多，导致离婚案件呈明显上升趋势。2000 年审结 3315 件，是 1986 年的 2.45 倍。在审理离婚案件时，按照《中华人民共和国婚姻法》的规定，以夫妻感情是否确已破裂作为判离与不离的条件，并先行调解。对准予离婚的，注意保护妇女儿童的合法权益，认真处理好夫妻共同财产的分割和子女的抚养问题。1999 年 7 月，中院与赣州市妇联联合发出《关于在全市法院成立“维护妇女儿童合法权益合议庭”的通知》，至 9 月底，全市各基层法院均成立维护妇女儿童合法权益合议庭，负责审理涉及妇女儿童合法权益保护的案件，并聘请妇联干部为特邀陪审员，参与案件的审理。针对离婚案件中的新情况，实行新的处理原则：对因家外有“家”和因起初为逃避计划生育或逃债进行假离婚，事后一方假戏真做又与他人同居或结婚引起的离婚，原则上维持原来的婚姻关系，但双方同意离婚且对财产、债权债务进行合理分割的，则准许其离婚；对股票等有价证券的分割，实行“谁主张谁举证”并按当时的市场价格进行认定加以分割的原则；对“优惠房”的分割，中院于 1995 年 8 月制定《离婚案件处理“优惠房”分割问题的若干意见》，规定在夫妻关系存续期间，以一方或双方名义购买的“优惠房”，属购房者拥有的那部分产权，作为夫妻共同财产进行分割，但双方另有约定的则按约定分割。

三、民事损害赔偿案件审判

1986—2000 年期间，审结民事损害赔偿案件 22766 件，占同期民事结案的 13.4%，居第三位，其中人身损害和财产损害案件 22515 件，人身权案件 243 件，知识产权案件 8 件。侵犯人身权和知识产权民事纠纷，是在《中华人民共和国民法通则》颁布实施后才开始由法院受理的。对于民事损害赔偿案件的审判，本着有利于安定团结，根据《中华人民共和国民法通则》的规定，分清是非责任，对有错误的进行批评教育，责令其检查、赔礼道歉；对造成经济损失的，按照过错责任原则予以赔偿。

四、房地产及其他物权案件审判

1986—2000年期间，审结房地产及其他物权案件15196件，占同期民事结案数的9%，居第四位，其中房屋案件4826件，土地案件1314件，其他物权案件9056件。随着国家房地产政策的落实、建房租房买房的增多，以及京九铁路和105国道、323国道的建设及房地产开发事业的发展，以房地产及其他物权为标的的案件大幅度上升，且其种类已扩展到房屋拆迁补偿、房地产开发工程承包、房地产开发工程款、房屋建筑装潢质量等纠纷。为审理好该类案件，中院于1993年在民事审判庭内成立房地产案件合议庭，专门研究和审理房地产案件。1997年6月，中院制定《关于审理房地产案件若干问题的意见》，指导全地区法院房地产案件的审理。

五、继承案件审判

1986—2000年期间，审结继承案件2141件，占同期民事结案数的1.26%，居第五位。审判坚持继承权男女平等、互相扶助、养老育幼和权利义务相一致的原则。审结的继承案件，尽管个别年份数量较多，但总的是呈下降趋势。

六、劳动争议案件审判

随着经济体制改革的深入和企业承包、股份制的实行及个私企业的发展，劳动者与企业承包人、个体业主等的劳动争议逐渐增多。1986—1994年，劳动争议纠纷由政府劳动部门处理。1994年《中华人民共和国劳动法》颁布实施后，此类纠纷由法院受理。1995年以后，审结劳动争议案件78件。中院在1995年3月举办2期基层法院民庭庭长和法庭庭长培训班，学习《中华人民共和国劳动法》《中华人民共和国消费者权益保护法》等法律。1997年6月，中院邀请地区劳动仲裁委员会的有关领导、专家和基层法院部分法官进行专题座谈讨论，研究制定《关于审理劳动案件的若干意见》，指导劳动争议案件的审理。

第四节　经济审判

1986—2000年，全市（地区）法院年度审结经济纠纷案件数曾两次突破万件大关，即1989年的15948件和1996年的10978件，分别是1986年的16.8倍和11.5倍；诉讼标的额也大幅度上升，1993年首次突破亿元大关，达1.56亿元，1999年最高达5.88亿元，分别是1986年的6.1倍和22.8倍。全市（地区）法院审结一审经济纠纷案件108134件，其中判决21627件、调解64880件、撤诉6813件、其他处理14814件，诉讼标的金额达25.32亿元；审结二审经济纠纷案件2549件，其中判决维持原判1512件、改判655件、调解281件、其他处理101件。

1985年前，全地区各级法院设立经济审判庭，1986年配有经济审判干部92人，是1985年的1.67倍。至2000年年底，全市经济审判干部增至142人。针对经济审判任务日益繁重的状况，中院于1993年4月设立经济纠纷调处中心，各县（市）法院也相继设立此机构。该机构根据最高人民法院关于经济纠纷调处中心办理经济纠纷案件“一要有管辖权，二要进行诉前调解，三不采取强制措施”的规定，快速、及时、高效地处理一大批经济纠纷案件。1995年起，中院和各基层法院相继撤销此机构，人员并入经济审判庭。1995年1月，中院设立经济审判第二庭，原经济审判庭改称经济审判第一庭，分别审理一、二审经济纠纷案件。

一、借款合同纠纷案件审判

全市（地区）法院共审结借款合同纠纷案件41421件，占同期经济纠纷案件的38.1%，居第一位。改革开放初期，由于金融系统实行"双转制"，加上部分金融机构缺乏风险意识，导致大量到期贷款无法收回。为帮助金融系统收回逾期贷款，支持经济建设，开展金融系统清收欠款的专项审判活动。1988年初，受理农业银行、农村信用合作社起诉的贷款合同纠纷案。1989年受案数猛增，为适应新情况各级法院依照《中华人民共和国民事诉讼法》的规定，对争议较小的案件，依法适用简易程序，提高办案效率。当年审结农贷案件13851件，标的额达1670.5万元。1994年，鉴于农贷案件涉及农户多、范围广、标的小等特点，为方便农户讼诉，各基层法院采取先发送催款通知书的形式，告知欠款人自动履行义务，逾期不履行的，依法通过诉讼程序处理。1999年，全市（地区）法院再次开展金融专项审判工作，共审结借款案件4093件，其中中院经济审判第一庭审结106件，诉讼标的额共计32196.35万元。2000年，全市法院受理借款案件3264件。其中，中院经济审判第一庭受理的金融借贷案件占其当年受案总数的55%，总标的额15312.26万元。

二、购销合同纠纷案件审判

1986—2000年，全市（地区）法院共审结购销合同纠纷案件2.43万件，占同期各类经济纠纷案件的22.25%，居各类经济纠纷案件的第二位。通过对这类案件的审判，保护当事人的合法权益，维护商品市场秩序，对于促进物尽其用，货畅其流，推动社会主义经济建设的发展，发挥积极作用。

三、破产案件审判

破产案件是经济体制改革中出现的新类型案件。1992年以前，全市（地区）法院未受理过企业破产案件，1993—2000年共收结破产案件181件，通过审理这类案件，依法支持国有企业的转制和改制，维护企业的经营自主权，使国有资产管理步入良性循环。

1998年7月，举办全地区法院审理企业破产案件研讨班，总结审判经验、交流审判实践。在审判中严格执行有关政策和法律，防止假破产真逃债行为的发生；审判中注意把握"三个条件"（企业有财产可变现；变现财产足以支付职工工资、安置费；职工同意破产，不会上访闹事）、"四项原则"（对破产企业实行公开拍卖，防止低价转让；拍卖破产企业生产资料时，尽量盘活资金，保证破产后的资产能迅速投入生产；对企业回收的债权要优先兑现下岗职工的工资，为其下岗后再就业打下基础；将职工安置工作纳入审理破产案件的全过程）。如石城县塑料厂申请破产案，由于法院坚持依法办案和坚持"三个条件"的原则，派员赴省内外收回债权，确保破产企业100多名职工的安置，保护债权人的合法权益。

四、若干新类型案件审判

随着新旧体制的转轨变型，经济体制改革的深化和政府工作职能的转变，以及国家一系列与市场经济体制有关的新法律的颁布实施，伴随而来的广告侵权、股票交易、期货欺诈、知识产权、企业转制纠纷等新类型案件不断出现。

1996年，中院经济审判第一庭审理3起股票被盗卖索赔案。如王某诉赣龙经济信息咨询服务有限公司期货交易保证金赔偿纠纷案，审理时，发现被告无期货经纪业务的经营许可证，私自开设期货经纪场所，非法经营期货经纪业务，同时采取欺诈行为误导客户下单。为此，中院及时向地委汇报，建议有关部门查处并关闭私设期货经纪场所，收审犯罪嫌疑人，有效维护经济秩序和社会稳定，为期货市场的健康培育起保障作用。同年，中院还受理一起商业秘密侵权赔偿案，中央电视台《经济半小时》

专栏曾作专门报道。

1997 年，全地区法院积极配合国有企业的改革，审理一批国有企业改组、联合、兼并、租赁、承包和股份合作制、出售等过程中发生的与企业转制相关的新类型案件。同年，中院经济审判第二庭受理 2 件不服一审判决的股票交易案，一件是股民炒股引发的纠纷；一件是证券公司工作失误使股民不当得利，后强行平仓引发的纠纷。审理时，法官认真学习相关的法律、法规，请教股市专家，在大量取证的基础上依法判决，使当事人服判息讼。

1999 年，中院审理省内具有一定影响并为社会各界所关注的崇义县食品厂诉南昌市凤凰三维动画工作室、大余县食品二厂、赣州地区广播电视节目传输中心广告侵权案，法院在查清事实、分清责任的基础上认定被告构成广告侵权，判令被告停止侵权，赔偿损失，维护原告的合法权益。法院除依法公开审理外，主动接受多家新闻媒体的全程追踪报道，赣州电视台对 2 次庭审进行现场录播。

第五节　行政审判

1987 年 4 月，赣州市（今章贡区）法院被列为全省试点法院，率先设立行政审判庭，配备人员 5 人。同年 8 月，中院设立行政审判庭，配备人员 2 人，至 1988 年年底，全地区基层法院均设立行政审判庭。

1987—2000 年，全市（地区）法院共审结一审行政案件 2772 件，其中判决维持 524 件、撤销 463 件、变更 20 件、撤诉 1247 件、驳回 188 件、不予受理 252 件、其他处理 78 件。审结二审行政案件共 430 件，其中维持 294 件、改判（全改或部分改）98 件、发回重审 14 件、撤回上诉 9 件、其他处理 15 件。

一、治安行政案件审判

1987—2000 年，全市（地区）法院对治安行政案的审理，贯彻“慎重、稳妥”的方针，严格执行最高人民法院《关于人民法院审理治安行政案件具体应用法律的若干问题的暂行规定》。对公安机关裁决事实清楚，证据充分，适用法律、法规正确，程序合法，处理恰当的，或在认定事实和适用法律上没有原则性错误的，只是在一般程序上违法或在法定幅度内处罚偏轻偏重的 305 件案件予以维持，支持公安机关依法行使职权，对其执法上的瑕疵则用司法建议促其加以纠正。对公安机关裁决事实不清、证据不足，或适用法律有原则错误的 87 件案件，则予以撤销、改判或部分改判。其间，审结一审治安行政案件 469 件，主要有治安罚款、拘留、收审、劳教等。审结二审治安行政案件 84 件，占同期审结各类二审行政案件数的 19.53%。

二、土地行政案件审判

1987—2000 年，全市（地区）法院共审结一审土地行政案件 565 件，占同期审理各类行政案件数的 20.38%。审结二审土地行政案件 114 件，占同期各类二审行政案件的 26.51%，其中维持 69 件、撤销 34 件、其他处理 11 件。依照《中华人民共和国土地管理法》《江西省实施〈中华人民共和国土地管理法〉办法》等法律法规，审查土地管理部门或乡（镇）政府作出的行政处理或处罚决定是否在其权限范围内依法作出。依法判决维持的 107 件，占同期一审土地行政案件的 18.9%；判决撤销或变更的 98 件，占 17.42%。

三、国家赔偿案件审判

1995 年 1 月 1 日《中华人民共和国国家赔偿法》正式实施。同年 2 月，中院设立赔偿委员会，负责审理国家赔偿案件。1995—2000 年，审结单项行政赔偿案件 41 件，其中判决 16 件、调解 21 件、其他处理 4 件。中院赔偿委员会审结刑事赔偿案 15 件，其中决定赔偿 2 件、决定不赔偿 7 件、撤回申请 2 件、不予受理 4 件，赔偿义务机关分别涉及公安局、检察院和法院。如林某申请信丰县检察院赔偿案，信丰县检察院自 1998 年 4 月 24 日起，以涉嫌贪污对林某刑事拘留后转逮捕，计 118 天，并扣押其“案款”1 万元。1999 年 5 月，该院作出撤案决定。林某向信丰县检察院申请赔偿，该院作出不予赔偿决定。林某不服，向赣州检察分院提请复议，分院经复议，撤销信丰县检察院的决定，认为对林某的错误拘留、逮捕应依法予以赔偿。信丰县检察院据此作出执行决定，但在赔偿金中，扣除其被羁押期间已领取的工资部分，对扣押的 1 万元“案款”也未作处理。林某不服，向中院赔偿委员会提出赔偿申请。中院依法受理。案件审理过程中林某又向中院提出撤回赔偿申请。2000 年 11 月 22 日，中院赔偿委员会依照《中华人民共和国国家赔偿法》及有关司法解释，作出《准许赔偿请求人林某某撤回赔偿申请》的决定。

四、其他行政案件审判

1987—2000 年，全市（地区）法院审结其他行政案 1738 件，占同期审理各类一审行政案件数的 62.70%，包括林业、工商、烟草、医疗卫生、计量、城建、计划生育、环保、矿产、渔业、交通运输等。其中，审理山林纠纷案 538 件，占同期审结各类一审行政案件数的 19.41%；审理烟草专卖行政案件 19 件。受理诸如赣州电业广告装潢公司不服章贡区城建局收取广告场地占用费案及王某不服南方冶金学院不授予学士学位案等新类型案件或具有重大影响的案件。

第六节　审判监督

一、案件监督

1988 年以前，全地区法院的申诉再审实行自审自监的做法，即由原来承办该案件的审判业务庭另组合议庭，对当事人申诉、上级法院交办或检察机关抗诉、法院主动复查的再审案件重新审判。自 1989 年 9 月开始，全地区法院先后将申诉再审和其他审判监督案件的立案和审判划归告诉申诉庭办理，实现原审与再审的分立。2000 年，中院和章贡区、赣县、兴国县、于都县、石城县、瑞金市、会昌县、安远县、信丰县、定南县、龙南县、上犹县、南康市等 13 个基层法院撤销告诉申诉庭，设审判监督庭，专门办理各类审判监督案件。其间，全市法院共审理各类再审案件 3645 件，占同期生效案件的 1.2%，其中维持 1590 件、改判 1538 件、发回重审 35 件、撤诉 82 件、驳回 64 件、调解 153 件、其他 183 件。

刑事审判监督　1986—1995 年，全地区法院审理刑事审判监督案件 1938 件，占同期再审案件的 68.4%。从 1996 年开始，刑事再审案件明显减少，至 2000 年的 5 年中仅受理 53 件。1986—2000 年，全市（地区）法院审结刑事再审案件 2107 件，其中维持 1153 件，改判 885 件（宣告无罪 510 人、减轻刑罚 261 人、免予刑事处分 99 人、加重刑罚 15 人），发回重审 2 件，调解 1 件，其他 66 件。1986—1987 年，刑事审判监督案件以“文化大革命”前和“文化大革命”期间的居多，分别为 815 件和 135 件，占同期刑事申诉再审案件的 80.8%。1987 年，全地区法院贯彻落实《转发中办、国办关于进一步贯彻落实〈中央落实政策小组扩大会议纪要〉补充意见》文件精神，抽调 113 名审判人员复查落实政策案件，全年全地区审结落实政策案件 414 件 601 人，维持原判 246 件 428 人，改判 161 件 166 人，有 123 人宣告无罪。在 1987 年 10 月中共十三大召开之前，基本完成落实政策的任务。1987—1993 年的刑事申诉再审案件以“严打”申诉再审案件为主。全地区法院在办理“严打”再审案件时，不脱离当时治安环境和政策，对具体案件客观分析处理，对在量刑上偏轻偏重的，原则上不作变动；对属于基本事实、基本性质有出入的，或者适用法律明显有错误的则予以纠正。其间，共审结“严打”申诉再审案件255件，维持166件254人，改判89件106人，其中减轻处罚78人、免予刑事处罚6人、宣告无罪11人、加重刑罚1人、其他处理10人。1989—2000年，全市（地区）法院认真审理经济犯罪申诉再审案件，共审结139件，其中维持49件、改判90件。

民事审判监督 从1989年起，全地区法院民事再审案件明显增加，当年为62件，比1988年上升44.2%。到1990年民事再审案件已超过其他类型再审案件。2000年，全市法院受理民事再审案件180件，是1988年的4.19倍。在审判中，全市法院针对山林、邻居间等纠纷案情复杂，当事人抵触情绪大的特点，注重实地调查，与基层组织共同做好调解说服工作，平息当事人间的纷争。1986—2000年，全市（地区）法院审理民事再审案件1139件，其中维持323件、改判494件、撤诉55件、驳回45件、调解108件、发回重审13件、其他处理101件。

经济审判监督 1986—2000年，全市（地区）法院受理经济纠纷再审案件470件（其中1996—2000年为271件，占57.6%），审结456件，其中维持109件、改判219件、发回重审19件、撤诉22件、驳回19件、调解44件、其他24件。1999—2000年，全市（地区）经济纠纷再审案件大大超过以往年份。1999年审结98件，其中维持23件、改判60件、发回重审2件、撤诉3件、驳回7件、调解1件、其他2件。2000年审结96件，其中维持24件、改判49件、发回重审3件、撤诉5件、驳回2件、调解10件、其他3件。

行政审判监督 行政审判监督始于1992年，当年受理案件1件，作撤诉处理。由于行政案件的特殊性，全市（地区）行政再审案件一直较少，1992—2000年，全市（地区）法院受理17件，其中1999年、2000年分别占35%和29%。1999年审结6件，其中维持1件、改判2件、撤诉2件、其他1件；2000年审结4件，其中维持2件、改判1件、其他1件。

二、审查立案

告诉申诉审查立案由各审判庭自行负责，或由信访接待室兼管。1988年4月起，全地区两级法院相继设立告诉申诉审判庭，具体办理来信来访和告诉申诉审查工作。2000年3月起，中院和16个县（市、区）法院撤销告诉申诉审判庭，设立案庭，负责信访接待和审查立案工作。

1989年8月，中院下发《关于加强告申工作的意见》，确定立案与审案分离、审判与监督分离的原则，明确规定告诉申诉审查立案是告诉申诉庭的主要职能之一。1990年1月起，全市（地区）两级法院除行政、执行案件仍由相关业务庭审查立案外，刑事自诉、民事、经济案件的告诉及各类申诉案件均由告诉申诉庭审查处理，实行统一立案、编号、收费，人民法庭的告诉立案由人民法庭受理审查，并定期向告诉申诉庭报告立案情况。自2000年4月起，中院及章贡区、赣县、兴国县、于都县、宁都县、瑞金市、会昌县、寻乌县、安远县、信丰县、定南县、龙南县、大余县、崇义县、上犹县、南康市等16个县（市、区）法院先后交由立案庭处理告诉申诉审查立案，即依法应由人民法院管辖的刑事、民事、经济、行政一审案件、各类上诉、抗诉案件，申诉再审及执行案件，均由立案庭审查（登记）立案，实现立案与审判分立、审判与监督分立、审判与执行分立，彻底改变以往自立自审、自立自执、自审自监的做法。同时立案审批、登记移交、通知催办、审限跟踪等制度也随之建立健全，为案件公正高效审判奠定坚实基础。1986—2000年，全市（地区）法院告诉审查立案297820件，其中刑事17958件、民事168947件、经济108143件，行政2772件；审查申诉案件8606件，其中立案再审3671件、驳回申诉3015件、其他处理1920件。

三、来信来访

全地区两级法院的信访工作一般由办公室下设的信访接待室或专职信访接待员负责。1987 年 2 月，中院召开全地区法院信访工作座谈会，专门研究和部署信访工作。当年，全地区法院建立健全来信来访登记、转办、催办、回访、请示报告、总结分析等制度。根据省高级人民法院《关于建立告诉审查制度和院长接待来访制度的通知》，1991 年全地区法院建立院长定时定点接待来访制度。各基层法院院长还定期深入到乡（镇）、圩场开展接访工作，解决群众信访难的问题。

1992 年起，信访工作纳入全地区法院年度工作目标管理。同年开展"完善以统管型为主的告申机制，年内越级信访不超过 20%"为内容的争先创优活动，当年申诉类信访比上年下降 80.6%，其中来信下降 82.2%，来访下降 76.9%，中院受理的刑事、民事案件申诉分别比上年减少 71.4%和 71.3%。1999 年，中院采取不定期巡回公开信访、电话接待上访和召开信访听证会等形式，畅通群众的信访渠道，倾听群众的呼声；并分别与赣县、龙南县、信丰县、定南县、宁都县等县政府信访机构或县法院联合开展巡回公开信访，接访群众 358 人次，当场交办促办 32 件，调卷复查 3 件，审查受理告诉 8 件，法律咨询 270 余人次。建立大信访格局，构建通畅的信访网络。加强与人大常委会、党委政法委、信访办和公安、检察机关的联系，及时移送、处理有关信访材料，增强整体协作功能；积极参与市（地区）公安、检察、法院、司法、信访"五长"联合接访活动；建立每季度向基层法院及有关部门通报信访情况的制度，创办信访动态刊物，及时向有关领导和部门反映信访情况。

1986—2000 年，全市（地区）法院处理群众来信 201105 件，接待群众来访 424774 人次，其中告诉类 282203 人次，申诉类 70634 人次，非诉类 64876 人次，其他 7061 人次。

第七节 执 行

1986 年以前，案件的执行实行审执结合的原则，即谁审判谁执行，重大疑难案件由执行员协助执行。1987 年 8 月，中院设立执行庭。至 1989 年年初，所辖基层法院均设立执行庭，共配备专职人员 52 人。此后，案件的执行实行审判庭执行与执行庭执行并举的原则，即一般案件由审判该案的审判庭执行，重大疑难案件移送执行庭执行。自 1999 年 1 月起，实行审执分离，即除审理民事、行政案件中作出的财产保全和先予执行裁定及人民法庭审结的案件由审理案件的审判庭、人民法庭负责执行外，其他有财产执行内容的生效判决、裁定全部归口执行庭执行。至 2000 年年底，全市法院配执行人员 140 人，其中中院 17 人。

全市（地区）法院采取措施，开展执行活动，以解决执行难的问题。1989—1993 年和 1996 年的每年 11 月开展"突击执行月"活动，集中时间、集中人力物力，共执行案件 47473 件，执行标的额 6084.69 万元，分别占同期执行数的 65.2%和 53%。1999 年 9 月，市委下发《关于切实认真解决人民法院"执行难"问题的通知》，并召开全市解决人民法院"执行难"工作会议，要求全市各级党委切实加强对执行工作的领导，协调、监督、支持和保障法院解决"执行难"问题。1999 年 11 月至 2000 年 6 月，全市法院开展"集中清理执行积案"专项执行活动，共执结案件 4212 件，占积案的 38.23%，执行标的额 5741.23 万元。2000 年 3 月起，全市法院集中力量开展为全市 25 户优强企业追回在外债权的专项执行活动，共执结案件 276 件，执行标的额 999.56 万元。1999 年、2000 年分别开展交叉执行活动。2000 年 10 月，中院组织 5 个执行小组分赴 10 个基层法院开展交叉执行，共执结案件 12 件，部分执行 14 件，明确作出还款计划 9 件，执行标的 42.88 万元，并查封部分房产、扣押部分车辆。此外，还开展赴外省、外市执行活动，节假日突击执行活动，收获季节突击执行周活动，金融清欠执行活动等。1986—2000 年，全市（地区）法院共受理执行案件 241334 件，执结 189185 件，执结率为 78.39%，执行标的款 154744.28 万元。

表 11-4-2　　1986—2000 年部分年份赣州市（地区）法院系统执行案件统计表

年份		民事	经济	行政	刑事有关财产部分	行政申请执行	其他	合计	执结率(%)
1986 年	受理(件)	2691.00	1100.00	—	—	—	—	3791.00	—
	执结(件)	2215.00	783.00	—	—	—	—	2998.00	79.08
	标的(万元)	103.73	389.75	—	—	—	—	493.48	—
1987 年	受理(件)	3660.00	1832.00	—	—	—	—	5492.00	—
	执结(件)	3240.00	1410.00	—	—	—	—	4650.00	84.67
	标的(万元)	153.67	439.12	—	—	—	—	592.79	—
1991 年	受理(件)	7145.00	4557.00	73.00	81.00	—	—	11856.00	—
	执结(件)	5931.00	2238.00	61.00	78.00	—	—	8308.00	70.07
	标的(万元)	836.47	1597.59	15.39	3.17	—	—	2452.62	—
1992 年	受理(件)	8799.00	6993.00	69.00	83.00	593.00	342.00	16879.00	—
	执结(件)	6508.00	4085.00	60.00	63.00	513.00	268.00	11497.00	68.11
	标的(万元)	1167.53	2037.23	20.63	3.63	256.89	25.78	3511.69	—
1993 年	受理(件)	10246.00	9764.00	39.00	72.00	1374.00	182.00	21677.00	—
	执结(件)	7693.00	6300.00	32.00	33.00	1264.00	114.00	15436.00	71.21
	标的(万元)	1353.37	3852.04	26.02	5.48	331.92	33.30	5602.13	—
1994 年	受理(件)	10873.00	9941.00	46.00	85.00	885.00	156.00	21986.00	—
	执结(件)	7803.00	7856.00	38.00	61.00	814.00	128.00	16700.00	75.96
	标的(万元)	2010.37	8659.47	63.59	6.86	398.21	11.35	11149.85	—
1995 年	受理(件)	11705.00	8106.00	496.00	163.00	1856.00	137.00	22463.00	—
	执结(件)	10763.00	7328.00	453.00	149.00	1820.00	129.00	20642.00	91.89
	标的(万元)	2980.33	13014.19	107.70	13.56	558.62	10.30	16684.70	—
1996 年	受理(件)	9214.00	8532.00	188.00	121.00	1693.00	25.00	19773.00	—
	执结(件)	8233.00	6758.00	145.00	108.00	1550.00	19.00	16813.00	85.03
	标的(万元)	2429.49	14584.82	39.61	13.38	435.70	17.26	17520.26	—
1997 年	受理(件)	8618.00	8439.00	53.00	113.00	3519.00	13.00	20755.00	—
	执结(件)	7756.00	7355.00	45.00	95.00	3402.00	11.00	18664.00	89.93
	标的(万元)	3468.13	18871.36	37.56	12.37	987.93	12.35	23389.70	—
1998 年	受理(件)	7762.00	7561.00	17.00	97.00	2351.00	—	17788.00	—
	执结(件)	6876.00	6509.00	8.00	69.00	2152.00	—	15614.00	87.78
	标的(万元)	3552.98	14573.81	9.38	10.83	853.69	—	19000.69	—
1999 年	受理(件)	11501.00	10330.00	82.00	201.00	2707.00	11.00	24832.00	—
	执结(件)	8747.00	7900.00	78.00	160.00	2545.00	11.00	19441.00	78.29
	标的(万元)	4863.31	24785.61	67.83	15.73	1573.25	29.53	31335.26	—

续表 11-4-2

年份		民事	经济	行政	刑事有关财产部分	行政申请执行	其他	合计	执结率（%）
2000 年	受理(件)	10579.00	9419.00	32.00	238.00	1546.00	8.00	21822.00	—
	执结(件)	7141.00	5501.00	25.00	97.00	1368.00	8.00	14140.00	64.80
	标的(万元)	2965.56	15687.26	53.35	18.79	651.73	23.22	19399.91	—
总计	受理(件)	102793.00	86574.00	1095.00	1254.00	16524.00	874.00	209114.00	—
	执结(件)	25884.94	64023.00	945.00	913.00	15428.00	688.00	164903.00	78.86
	标的(万元)	82906.00	118492.25	441.06	103.80	6047.94	163.09	151133.08	—
执结率(%)		80.65	73.95	86.30	72.81	93.37	78.72	78.86	—

一、民事案件执行

1986—2000 年，全市（地区）法院受理、执结案件最多的是 1995 年，分别是 11705 件和 10763 件。在执行民事案件时，注意优先执行赡养、抚养、扶养案件和申请人经济困难的案件，坚持教育疏导为主，促使被执行人自觉履行义务，对有履行能力经教育仍拒不履行的，依法采取执行措施强制执行。

二、经济纠纷案件执行

1986—2000 年，经济执行案件逐年上升，1999 年已突破万件大关，达到 10330 件。在执行该类案件时，注意优先执行那些与社会主义市场经济关系密切及影响社会稳定的案件，并注意对一时难以全部履行义务的被执行人，包括困难企业，实行“放水养鱼”的办法，允许其分期分批履行债务，允许当事人达成执行和解协议；对暂无履行能力的，依法中止执行，待履行能力恢复后再执行；对经查证确无履行能力的，依法终结执行。

三、行政案件和非诉行政案件执行

1986—2000 年，全市（地区）法院共受理行政执行案件 1745 件，其中 1995 年为最多年份 496 件，1998 年为最少年份 17 件。自 1992 年起，开始受理行政机关依法申请的非诉行政执行案件。1994 年和 1996 年，中院分别制定《非诉讼行政案件执行程序》《关于进一步规范非诉行政案件执行工作的规定》，以规范这类案件的执行工作。

四、刑事案件和刑事附带民事案件执行

对生效的非死刑判决，由一审法院填写执行通知书，并分别送达给罪犯、关押单位、执行劳改单位及罪犯亲属，关押单位收到通知书后，及时按要求将罪犯送交有关单位服刑；对判处罚金、没收财产的，一般由承办该案的审判人员负责执行。1986—2000 年，全市（地区）法院共受理刑事附带民事执行案件 1490 件，执结 1080 件，执结率为 72.48%，执行标的款 132.23 万元。

第八节　司法技术

一、人员、设施配备

全市（地区）法院法医配备逐步增强，1983 年 13 人、1989 年 21 人。1994 年 5 月，中院法医技术室正式列编，1999 年 10 月改称司法技术处。至 2000 年，全市法院配备司法技术人员 24 人，其中中院 4 人；章贡区、赣县、兴国县、于都县、宁都县、石城县、安远县、龙南县、全南县、上犹县、崇义

县、大余县、南康市等13个县（市、区）法院先后设立法医技术室。

至2000年年底，中院司法技术处配置X光机1台、显微镜2台、摄影机2台、照相机5架、电冰箱1台、录放像机1台、法医学检验鉴定器材解剖器械2套等，各县（市、区）法院法医技术室相应配备必要的检验器材。

二、技术鉴定

1983年后，中院先后制定《全区法院法医工作细则》《法医学鉴定细则（试行）》《人体重伤鉴定标准》《人体轻伤等级及医疗费用暂行规定（试行）》等相关文件，以规范全市（地区）法院的法医学检验鉴定工作。1986—2000年，全市（地区）法院进行法医学活体检验89990件，法医学鉴定13879件。为刑事、民事、行政案件的审理提供科学依据，协助审判人员查明案件事实真相、公正判决，防止和纠正冤假错案的发生发挥应有的作用。如安远县唐某兄弟2人被多人（其中手持田刨的1人，手持木棒的多人）打伤致死案，有关部门检验认定被害人的致命伤均系颅脑多处损伤，且致命伤均为田刨刃部惩治所致。受主审法官的委托，中院司法技术处对该案进行法医学鉴定，认定2名被害人的多处致命伤，有的系由田刨刃部所致，有的则是由木棒等钝器所致。主审法官根据这一鉴定结论，结合其他证据材料，作出实事求是的判决，使罪犯得到应有惩罚，避免漏判和重罪轻判事件发生。

第五章　司法行政

1986—2000年，全市（地区）司法行政工作认真组织实施“一五”“二五”“三五”普法规划，顺利完成3个五年普法工作任务，公民的法制观念和法律意识明显增强，各级干部依法办事、依法行政的水平明显提高。开展矛盾纠纷大排查、大调处活动，充分发挥“第一道防线”作用，积极做好刑释解教人员的安置帮教工作，预防和减少重新犯罪，有效维护社会稳定。不断深化公证、律师和乡镇法律服务三项制度的改革，形成多种法律服务机构体制并举的格局。

第一节　机构设置

一、机构队伍

1986年1月，地区司法局内设秘书科、法制宣传科、公证律师管理科、劳改劳教管理科、调解工作管理科。直属事业单位有赣州地区政法干部学校和赣州地区律师事务所。12月，劳改劳教管理科改为调查研究科。1988年12月，公证律师管理科分为公证工作管理科和律师工作管理科。1991年7月，调解工作管理科改为基层工作管理科。1993年8月，成立赣州地区公证处，与公证工作管理科合署办公。1996年9月，地区司法局内设机构有办公室、律师工作科、公证工作科、法制宣教科（普法办）、基层工作科、法制调研科等6个职能科室。1997年7月增设政治处。2000年8月，内设机构增设赣州市法律援助中心。全市有司法行政人员583人，其中市局机关45人，县（市、区）司法局机关人员356人，乡镇司法助理员182人。

二、法学教育

政法干校　赣州政法干校是隶属市（地区）司法局的中等法律专业培训学校。2000年年底有编制10人。1986—1996年共举办各类培训班18期，培训全地区司法行政干部、乡镇司法助理员、人民调解员、法律宣传骨干和各类法律工作者1185人。1996—1999年，经省教育委员会批准，江西省司法学校、市（地区）政法干校、于都县技校联合在于都县举办脱产法律中专班。该期共招生156人，毕业148人。1998—2000年，省司法学校与市（地区）政法干校在赣县联合创办成人中专赣州分部98级法律班，招生196人，毕业188人。

函大法律教学 1989—1993年，全地区先后有26278名各类经济管理干部参加江西省经济法律法规培训班学习，经过1年的自学和广播函授学习，全部达到合格标准。1992—1995年，中华全国律师函授中心大专部辅导站招收580名学员，参加全国统一自学考试，有280人获得国家承认学历的法律大专文凭。

第二节 普法宣传

法制宣传是普及法律常识的主要方法，通常采用的形式有各级党政领导和主管部门组织的报告会、宣讲会，制定下发各种文件和学习材料，组织普法考试以及采取标语、广播、电视、报刊、山歌、编排文艺节目，组织专门的宣传队（组）等。1986—2000年，是全国范围开展"一五""二五""三五"3个五年普法教育时期，法制宣传形式呈多样化。全市（地区）法制宣传工作取得较好成效。

一、"一五"普法

1986—1990年，是落实中共中央、国务院在1985年11月批转的《关于在全体公民中基本普及法律常识的五年规划》的第一个五年普法教育时期。全地区各机关、企事业单位、学校、城市居民、个体户和广大农村，广泛开展《中华人民共和国宪法》《中华人民共和国刑法》《中华人民共和国民法通则》《中华人民共和国经济合同法》《中华人民共和国婚姻法》《中华人民共和国继承法》《中华人民共和国兵役法》《中华人民共和国刑事诉讼法》《中华人民共和国民事诉讼法》《中华人民共和国治安管理处罚条例》等"十法一条例"为主要内容的普法教育活动。

1986年，各级领导机关和干部带头学法，全地区有161万多名普法对象先后进入普及法律常识的阶段。共举办法制宣传展览229次，受教育人数104.2万人，开展法律知识竞赛133次，召开法制宣传报告会2216场，编印法制宣传材料33种，召开经验交流会73场，编写法制文艺剧目35个。

1987年，普法工作以宣传全国人大常委会下发的《关于在公民中开展法制宣传教育的第一个五年规划》和《中华人民共和国宪法》为中心，先后举办5期县级以上干部读书班，参加学法的人数672人。地区普法办公室先后组织6个调查组到11个县，对农村普法的情况进行调查，研究总结普法经验，并与团地委、教育局、电视台共同举办学生法律知识竞赛。全年全地区学法人数249.91万人，占普法对象总数的51.99%，已学完"十法一条例"的有67.05万人。

1988—1989年，全地区着重抓农村普法工作。寻乌县、定南县、信丰县、全南县、龙南县等县，采取普法宣传月的形式，利用农闲季节，从县直机关抽调干部组成工作队，下到乡镇帮助制订普法计划，培训乡村普法骨干。全地区农村普法全面铺开，农民学法人数222万人，占农村普法对象总数的76.6%。通过学法，广大农民的法律意识逐步增强。1990年是"一五"普法的最后一年，地区普法领导干部小组狠抓考核验收工作，全地区合格率达100%；已发干部、职工普法合格证371096个，占应发总数的98%；学校全部开展法制教育，236.8万人完成学法任务。

二、"二五"普法

1991—1995年，实施法制宣传教育第二个五年规划。全地区560余万名普法对象（不含学生）有98%以上的人参加普法学习，普及面达97.8%，各级各类学校学生按照国家教育委员会的要求，不同程度地接受法律常识的教育。

1992年，开展以《中华人民共和国宪法》为核心，以专业法为重点的“二五”普法教育及《社会主义法制建设若干问题讲话》《宪法讲话》的学习活动。为纪念《中华人民共和国宪法》颁布实施10周年，开展学习宣传《中华人民共和国宪法》知识和宪法理论研讨活动，统一开展街头法律咨询活动。

1993年，广泛开展《中华人民共和国宪法》《中华人民共和国税收征收管理法》《中华人民共和国未成年人保护法》《中华人民共和国道路交通管理条例》《江西省社会治安综合治理条例》《全民所有制工业企业转换经常机制条例》“三法三条例”的宣传活动。地、县（市）两级举办骨干培训班86期，培训人数1.2万多人。共刊出《法制宣传》专栏32718期，专题广播2794次，出动宣传车185辆次，受教育群众达150余万人次。10月，地区普法办就“三法三条例”内容进行统一命题，组织全地区430多万人参加考试。

1994年，重点抓《中华人民共和国农业法》《中华人民共和国公司法》《中华人民共和国消费者权益保护法》《中华人民共和国产品质量法》《中华人民共和国反不正当竞争法》《中华人民共和国经济合同法》《国家公务员暂行条例》《中华人民共和国残疾人教育条例》《江西省实施〈中华人民共和国归侨侨眷权益保护法〉办法》“六法二条例一办法”的宣传和普及。开展“六法二条例一办法”学习宣传月活动，有264.8万人参加地区统一组织的考试。

1995年7月，地委、行署在大余县召开全地区“二五”普法考核验收现场会，总结推广该县“二五”普法考核验收经验，部署全地区“二五”普法考核验收的各项工作。11月，顺利通过省“二五”普法考核验收组的抽查考核验收，并评为“二五”普法达标地区。

三、“三五”普法

1996—2000年，全市（地区）组织实施法制宣传教育第三个五年规划。1996年，地委宣传部与地区法宣办联合组织开展法制宣传月活动，10月22日当天，全地区各县（市）496个单位走向街头开展法律咨询活动，印发宣传资料16万份，展出宣传展板近2000块，图片标语6000余幅，解答法律咨询10多万人次，受教育的干部群众达100余万人次。整个宣传月活动期间，做到电视上天天有影像，广播上天天有声音，报纸上天天有文章，营造浓厚的“三五”普法氛围。

1997年，为迎接香港回归，地直机关工委组织地直机关干部2000余人参加《中华人民共和国香港特别行政区基本法》的学法考试。京九铁路沿线的兴国县、赣县、赣州市（今章贡区）、南康市、信丰县、龙南县、定南县7个县（市）广泛开展“迎回归、保稳定、促发展、法律进万家”的法制宣传活动，组织沿线干部群众学习与铁路安全有关的法律法规。全地区司法部门参照科技、文化、卫生“三下乡”活动的模式，在全国及全省较早地开展“法律下乡、送法上门”的创新特色的法制宣传活动，影响广泛。兴国县“以山歌为载体，探索普法新路”经验做法在1997年全国法制文艺工作座谈会上作交流。3月，在司法部举行的“金剑文化工程”活动中，寻乌县司法局干部曾令达撰写的《学习劳动法　干戈化玉帛》获金剑新闻三等奖，南方律师事务所的所歌《我的南方》获金剑艺术奖。

1998年6月，地委、行署批转地区法制宣传教育工作领导小组《关于建立领导干部学法制度的若干意见》。各地各部门就此普遍建立党委（组）理论中心组学法制度、法制讲座制度、法制培训（轮训）制度和学法考试考核制度并统一实行“干部学法合格证”制度。全地区18个县（市）人大常委会作出规定，对拟任国家机关工作人员实行任前法律知识考试，对不合格者不予任命，明确把是否具备必要的法律知识和能否严格依法办事作为干部任命的一项重要依据。1999年，赣州撤地设市后，继续利用“送法下乡”，围绕减轻农民负担，密切干群关系，在全市范围开展送法下乡宣传月活动。市法宣办与市科技情报研究所联合在国际互联网中设立栏目进行法制宣传。全市各中小学校把《中华人民共和国义务教育法》《中华人民共和国教师法》《中华人民共和国预防未成年人犯罪法》《中华人民共和国未成年人保护法》《中华人民共和国国旗法》等列入法律学习的重点内容。各学校通过主题班会、制作“法制小报”，与市教育委员会、市司法局、团市委等部门联合开展“法制夏令营”“模拟法庭”“小法官”等系列活动，提高在校青少年学习的法律意识。全市各大中学聘请兼职法制副校长837名。

2000年3月，市法制宣传教育工作领导小组召开会议，研究部署“三五”普法考核验收工作，10月，组成17个考核验收组，对各县（市、区）“三五”普法进行验收。经考核，全部按要求达标并通过检查组的抽查验收。完成“三五”普法规划确定的目标任务。

四、依法治理

1989年开始，结合法制宣传教育，着手抓依法治理工作，各县（市）先后抓好不同类型的试点单位，依法治乡（镇）、治村、治校、治街道、治厂、治店等试点由点到面逐渐铺开。1990年，全地区有16个县制定依法治县规划。各行各业逐步开展依法治税、治水、治林，依法管理土地等专项活动。1994—1995年，全地区依法治理试点单位增加到91个，并推广一批典型。18个县（市）的162个乡镇、982个村、181个厂矿企业和150所学校开展依法治理活动。至2000年，各地、各部门坚持以点带面，典型引路，依法治理全面展开，整体推进地方、行业、基层依法治理“三大工程”。

1998年7月，地委印发《关于推进依法治区的决定》；1999年10月，市人大常委会作出关于推进依法治市的决议。2000年9月，市委印发《赣州市依法治市规划》。各县（市、区）开展依法治县（市、区）活动，党委、人大常委会、政府分别出台相应的决定、决议和规划。全市行业依法治理工作广泛开展，环保、工商、税务、土管、文化、交通等行业依法治理取得显著成效。基层依法治理工作于1998年开始启动，全市（地区）建立100多个各种类型的依法治理示范点，大力宣传《村民委员会组织法》。各地农村普遍推行村务公开，村民自治，民主决策，民主管理，兴国县“坚持依法治山水，江南沙漠变绿洲”的经验，在全国依法治县经验交流会上被推介。

第二节 基层法律服务

一、人民调解

人民调解工作，运用群众自我管理、自我教育、民主协商的基本手段，把大量的民间纠纷解决在基层，消除在萌芽状态，有效配合社会治安综合治理，促进社会安定和谐。

调解组织 1986年，各级人民调解组织进一步健全和完善，有街道、厂矿、村调解委员会4621个，调解人员27145人。18个县（市）司法局均设立调解科（股）、配备干部37人。地、县两级分别成立由司法局、民政局牵头，公安、检察、法院、工会、共青团、妇联等部门参加的调解纠纷工作指导小组。形成上下畅通、左右联片的调解网络。

1991年，赣州市（今章贡区）与南康县签订《联防联调工作协议》，成立联防联调指导小组，双方相邻的8个乡（镇）、27个村委会，由双方分管公安、检察、法院、司法行政机关的领导轮流担任正副组长，每年举行1次会议进行交流，调解大量边际、界址、山林、土地纠纷，为维护边邻地区的治安发挥重要作用。

1992—1997年，贯彻国务院《人民调解委员会条例》，新组建一批联合调解组织，按照组织、制度、工作、报酬等落实的原则，重点抓调解组织网络化建设和标准化建设。至1997年年底，有基层人民调解委员会（以下简称“调委会”）5033个，其中标准化调委会1316个。

1998—2000年，全市（地区）18个县（市、区）因地制宜建立跨省、跨县的联合调解组织，部分人民调解组织延伸到外资企业、合资企业、私营企业，全市（地区）各乡（镇、街道）普遍成立受司法行政部门指导的新型司法调解组织乡镇调解中心。

至2000年，全市有调委会5027个，其中村民调委会4277个，居民调委会266个，厂矿、企业调委会379个，联合调委会105个。有调解人员25344人。

调解工作 1986—1990年，全地区各级调解组织贯彻全国第二次调解工作会议精神，坚持“调防结合，以防为主”的方针，以防止民间纠纷激化为重点，采取全面预防和重点预防相结合、长年预防和季节预防相结合、调解纠纷和宣传法制相结合的方法，努力做到从小事情、从苗头上把大量的民间纠纷消除在萌芽，解决在基层。

1991年，部分县遭受严重旱灾，针对田间缺水，极易发生争水、抢水的纠纷，地区司法局及时下发《关于在抗旱救灾中积极做好防纠纷激化工作的意见》，指导全地区搞好纠纷的预测、防范、疏导、调解工作。同年，全地区各级人民调解组织调解的争水、抢水纠纷达300余件，确保抗旱工作的顺利进行。1992年，地区司法局制定下发《规范化法律服务所条例》和《等级法律工作者条例》，得到省司法厅的肯定，并向全省进行推广，司法部就此专门编发信息予以报道。全地区各类调解组织调处民事纠纷34506起；防止可能发生非正常死亡488起715人，防止民转刑611起1100人。

1993年4月，地委、行署批转《关于在全区开展民间纠纷大排查、大调处工作的意见》。全地区排查出各类民间纠纷2890件，调处2782件，防止民间纠纷激化370起。在年底召开的全省第三次人民调解工作经验交流暨表彰大会上，全地区有5个调委会、22名调解员受到表彰。年内有41名基层司法调解员解决“农转非”户口。1994年5月、6月，全地区连降暴雨，16个县（市）、255个乡（镇）遭灾，25万人被洪水围困。地区司法局迅速组织力量，开展抗洪抢险，并及时下发《关于抗洪救灾中做好防止民间纠纷激化工作的通知》，动员全地区5000余名调解人员投入抗洪救灾战斗，做好预防纠纷激化的工作，发挥“第一道防线”的作用。全年调解民事纠纷25784起，成功24856件。1995年5月，地委、行署作出《关于表彰全区防止民间纠纷激化暨基层法律服务先进集体、先进个人的决定》，对30个先进集体和100名先进个人进行表彰。全地区各类调解组织调处民事纠纷27579起，成功率96.1%，防止可能发生非正常死亡299起238人，防止民转刑案件311起495人；基层法律服务所调处各类疑难纠纷5098起。

1996年4月，全地区严厉惩治刑事犯罪分子活动会议后，调解人员对困难地区、流动人口聚集地出现的纠纷及时处理；对历年的“积、大、难”纠纷逐个摸排梳理，调解大批民间纠纷，配合“严打”斗争。1997年9月，在全地区开展“学英模、见行动、百县千乡创‘四无’（无因民间纠纷自杀、无因民间纠纷转为刑事案件、无因民间纠纷产生群众性械斗、无因民间纠纷集体上访）活动”。共排查出各类民间纠纷3977件，调处3594件，其中疑难纠纷366件，民转刑案件158起，制止群众性械斗173起，有162个乡（镇）达到“四无”乡（镇）标准。1998—2000年，人民调解工作注重重大时期和重大、疑难、群体性纠纷的调处工作，全市（地区）各级调解组织和广大调解人员充分发挥扎根基层、服务群众的优势，定期开展纠纷排查活动，重点排查农村生产经营性纠纷、干群纠纷、下岗待岗职工纠纷、危房改造引起的拆迁和安置纠纷，努力化解矛盾，确保社会政治稳定。

二、基层法律服务所

1986年始，地区司法局以乡（镇）司法助理员为骨干，在13个经济较好的乡（镇）试办法律服务站。1987年，法律服务站更名为法律服务所。1989年，地区司法局下发《关于整顿乡镇法律服务所的意见》，按照“整顿、提高、完善、发展”的方针，对全地区154个乡（镇）法律服务所进行整顿，全地区有93个乡（镇）法律服务所达到一、二类标准。1990年，全地区乡（镇）法律工作者开展协办公证、民事代理、担任法律顾问、代写法律文书、解答法律咨询等业务，为乡镇企业挽回经济损失

107.45 万元。

1993 年，按照省司法厅等级法律服务所的标准化要求，经地区司法局检查验收，全地区 236 个基层法律服务所全部达到省厅的标准。1994 年，地区司法局在全地区法律服务所开展争先创优活动，年终评出 5 个优秀法律服务所和 12 名优秀法律工作者，宁都县刘坑法律工作者罗毛仔荣立三等功。12 月，全地区有 12 个县（市）成立法律事务中心。全地区乡（镇）法律服务所担任法律顾问 2734 家。

1995 年，为整顿法律服务市场，地区司法局在《赣南日报》对全地区 170 个乡（镇）法律服务所进行公告。宁都县刘坑法律服务所被省司法厅授予“全省十佳法律服务所”称号，会昌县郑晓东、兴国县吴添钰被授予“全省十佳法律工作者”称号。至年底，全地区有基层法律服务所 236 个，基层法律工作者 667 人。

1996—1998 年，全地区基层法律工作者积极拓宽服务领域，敢于承办标的大、难度高的案件。1998 年，石城县屏山镇法律工作者陈式有通过非诉讼方式，为该镇养鳗场避免经济损失 200 余万元。1992—1998 年，地区司法局解决基层司法人员“农转非”户口 225 人。

1999 年，注重加强基层法律服务的规范化建设，12 个县（市）的乡（镇）法律服务所落实“三定”（定机构性质、定机构职称、定人员编制）。2000 年，全地区认真贯彻落实司法部《基层法律服务所管理办法》《基层法律工作者管理办法》，对基层法律服务所进行全面清理整顿，对不符合要求的法律服务所不予注册或予以合并，对不符合要求的法律工作者不予注册或限期改正。截至 2000 年年底，全市已建基层法律服务所 249 个，有基层法律工作者 601 人。

三、司法所

1996 年，根据省委赣发〔1996〕2 号文件精神和省司法厅《关于加强乡镇司法所建设的意见》，地区司法局拟在人口较密集、经济较好的 78 个乡（镇）进行建所试点。1997 年，地区编委明确司法所的性质、级别、职能和管理等，即司法所是县（市、区）司法局派驻乡（镇、街道）的机构，是司法行政工作在基层的延伸，司法所的人、财、物由县（市）司法局统一管理。地委政法委、地区编制办、地区人事局、地区司法局联合行文，提出具体工作措施和要求。随即，地区司法局在崇义县进行组建司法所试点工作。当年，全地区已有 17 个县（市、区）批准建立司法所 89 个，其中 12 个县（市、区）明确乡（镇）司法所为副科级单位。1998 年，全地区 18 个县（市、区）已批建司法所 93 个，已组建并挂牌 76 个。各司法所充分发挥各项工作职能，成为一支维护基层稳定、促进农村经济发展的中坚力量。

2000 年，93 个司法所全部正式挂牌，工作人员 200 余人。全年各司法所共举行法律宣讲 1330 场次，协助调委会调解纠纷 3896 件，制止群众性械斗 99 次，向基层政府提供司法建议 568 次，协助政府制定规范性文件 675 个。

四、“148”法律服务专用电话

“148”系“要司法”的谐音，起源于山东省菏泽地区东明县。1998 年 12 月，中央社会治安综合治理办公室、信息产业部、司法部联合召开全国法律服务专用电话推广工作电视电话会议，把“148”专线电话作为统一组织律师、公证、基层法律服务组织和乡（镇、街道）司法所，面向广大群众和社会组织，提供便捷、高效的法律咨询和法律服务。

为贯彻全国“148”专线电话推广工作会议精神，1999 年 1 月，地区司法局组织部分县（区）专程前往东明县考察“148”建设的经验。2 月，在章贡区、会昌县、兴国县开始试点。7 月，全市 18 个县（市、区）全部开通“148”专线电话。至 11 月底，全市“148”法律服务专用电话共接受电话咨询 6444 人次。接待群众来访 2338 人次，上门服务 282 人次，提供法律援助 103 件，解决纠纷 1056 件，避免、挽回经济损失 498.75 万元。

五、安置帮教工作

对刑满释放、解除劳教人员进行工作安置和帮助教育，在20世纪90年代中期得到各级党政部门的高度重视。1995年10月，省委办公厅、省政府办公厅批转省综治委等部门《关于进一步加强对刑满释放、解除劳教人员安置帮教工作的意见》。1996年12月，地委办公室、行署办公室批转地区综治委等部门《关于贯彻省委办公厅、省政府办公厅〈关于进一步加强对刑释解教人员安置帮教工作意见〉的实施办法》，成立赣州地区刑释解教安置帮教领导小组，由地委政法委书记赖禧彬任组长，成员由地委政法委、地区司法局、地区公安局、地区民政局、地区工商局、地区税务局、地区总工会、共青团地委、地区妇联等12个部门的负责人担任，负责对全地区安置帮教工作的组织、协调、检查和督导。

1988—2000年，全市（地区）18个县（市、区）相继成立由党政分管领导牵头的安置帮教领导小组，乡（镇）成立不同形式的帮教组织，村（居）委会和企事业单位普遍建立帮教小组。1987年，建立帮教组织2043个，确立帮教对象3418人。1993年，建立后进或轻微违法青少年帮教小组4733个。2000年，全市（地区）共有帮教小组4000多个，帮教人员达1万多人，形成纵向到底、横向到边、覆盖城乡的三级四层工作网络。

司法行政部门在“做好衔接、抓好安置、落实帮教”三个环节上做细致的工作。1999年，市（地区）司法局组织人员对1998年以来的刑释、解教人员进行逐村、逐组、逐人排查，建立档案，掌握情况。至2000年年底，全市共接收刑释解教人员4922人，安置3204人，安置率达65.1%。各级帮教组织认真落实教育、感化、挽救的政策，采取建立“联系卡”“一对一”“三帮一”“学习班”等方式进行帮教。在已建立联系卡的3540名刑释解教人员中，通过帮教，使97%以上刑释解教人员重新树立生活的信心，成为改过自新、重新做人、自食其力的劳动者。

第四节　公证事务

一、机构设置

1986年，全地区有公证处18个，公证员49人。1997年7月，赣州地区公证员协会成立，有团体会员19个、个人会员110人、正副会长4名、理事22名、常务理事7名。至2000年年底，全市有公证处19个、公证员69人，其中涉外业务公证员5人。市本级和章贡区、崇义县、兴国县、南康市5个公证处具有办理涉及外国的公证业务资格，其余各公证处均可办理涉及台湾地区等相关公证业务事宜。

二、公证业务

全市（地区）办理的公证事项种类有工业产品购销合同、建筑工程承包合同、加工承揽合同、供用电合同、财产租赁合同、借款合同、科技协作合同、商品赊销合同、农业生产承包合同、林业承包合同、畜牧业承包合同、农副业承包合同、渔业承包合同、工副业承包合同、农机具使用承包合同、农副产品购销合同、劳务合同、其他经济合同和银行储蓄开奖、福利、体育彩票发行等。还有收养子女、亲属关系、继承权、遗嘱、房屋买卖、房屋搬迁、房屋租赁、分家析产、解除收养关系、确认产权亲属关系、签字印鉴、协议书、委托书、赠予书、声明书、证明书、执行许可证明、有奖储蓄、宅基地使用权、副本影印本与原本相符、其他公民权利义务关系的文件及法律事实的事项等数十种。

随着经济体制改革的深入，各行各业迫切需要使用法律手段来解决经济中的问题。1987年6月，赣州地区司法局首次召开公证工作座谈会，总结和研究各项公证业务工作，要求全地区公证机关，积极开展各项公证业务，努力提高办证质量，确保各项公证真实、合法。

1988年，地区司法局制定《关于认真做好农业开发总体战略中公证工作的通知》，突出租赁、承包等经济合同公证重点。1989年，公证工作围绕治理整顿和深化改革，努力拓宽公证新领域，开展土地承包经营合同公证，山林承包经营合同公证，荒山荒地开发、甘蔗种植、公路养路费征缴合同公证及宅基地使用权公证等。至年底，全地区办理各类公证28998件，超额完成省司法厅下达任务数的292.3%，增长165%。1990年，公证工作继续以农业总体开发为服务重点，地区司法局下发《关于认真做好部分老区建设项目合同公证的通知》。在《赣南日报》开辟“我所知道的赣南公证”有奖征文活动。

1991年，公证工作突出经济建设重点。赣县公证处为该县引进台资381万美元筹建的江西全欣纸业有限公司等7个台资企业工程进行公证。1992年，全地区公证机关为纪念《中华人民共和国公证暂行条例》颁布实施10周年，开展公证宣传月活动，印发公证宣传材料10万余份，解答公证法律咨询5万多人次，公民和法人的公证法律意识普遍提高。大余县、兴国县、崇义县、宁都县、寻乌县、上犹县、信丰县、于都县等县司法局分别与县体改委等16个部门就开展乡镇企业承包合同等公证项目联合行文13件。

1993年，公证工作以市场需求为导向，以服务市场发展为宗旨，紧抓公证宣传效果、业务重点突破、服务方式转变和聘任公证顾问、发展公证联络员4项主要工作。瞄准金融体制、住房体制、土地管理体制改革以及企业经营机制转化过程中的热点问题，积极办理抵押贷款、房地产劳务合同、拍卖、股份制、招标投标等方面的公证，做到主动服务、超前介入。全地区办理经济类公证件数占公证总数的59.6%，标的3.4亿多元。其中信丰县、定南县公证出售公有房合同800多件，于都县办理劳务输出合同702件，发展公证顾问和公证联络员300多名。1994年，全地区公证工作通过发展公证联络员、公证协办员和公证顾问，把公证业务迅速扩大到政府、乡（镇）企事业单位及各个部门（行业），使当年的办证数量大幅度上升。地区司法局根据地委、行署《关于兴果富民的决定》，及时与地区果业局联合下达《关于开展果苗购销合同公证的通知》，受到各级政府及有关部门的重视和支持，促进赣南柑橘果业的发展。1995年，开展全地区公证质量检查活动。地区司法局组织力量对各县（市）公证处在自查的基础上进行抽查，公证质量的完好率均在99.5%以上。积极开展涉外、涉台公证业务，省司法厅以司公字〔1995〕7号文件批复，增加于都县、崇义县、会昌县、寻乌县、定南县、石城县、信丰县、南康市等8个县（市）公证处及地区公证处办理涉台公证业务，全地区具有同等资格的公证处达到15个。全地区共办理各类公证事项30285件，其中涉外、涉台公证1244件，比上年增加52.7%，收费突破10万元。

1996年10月，行署印发《赣州行署批转地区司法局关于加强公证工作意见的通知》，要求各级政府要切实加强对公证工作的领导，大力推进全地区公证事业的发展。1997年，地区司法局与赣州农业发展银行联合开展农业发展项目的抵押贷款合同的公证业务；与赣南日报社协作，在《赣南日报》进行“公证在你身边”征文活动，有效地宣传公证工作。1998年，各项证源得到拓展，上犹县、崇义县、大余县开拓计划生育公证新领域。全地区全年共办理各类公证事项38405件，比1997年增长20%。定南县公证处任少平撰写的《试析两岸继承证据冲突问题》被在北京召开的海峡两岸首届涉台公证学术和实务研讨会采用。1999年，全地区公证办证总数突破4万件，公证业务收费达156.09万元，比历史最好的1998年高20%。章贡区公证处率先拓展“婚前财产约定协议”公证事项。市（地区）公证处和部分县（市、区）为公开招考领导干部进行公证服务，使公证进入政治生活领域。2000年，市司法局根据国务院批准司法部拟定的“公证改革”方案精神，提出分类实施改革的方案，在崇义县、大余县进行行政体制改为事业法人单位、经费与财政脱钩的试点，为全市公证体制改革探索路子，积累经验。定南县、石城县、兴国县相继参照试点的做法进行改制。

表 11-5-1 1986—2000 年部分年份赣州市（地区）公证办证、收费情况统计表

年份	国内办证数（件）	涉外、涉台办证数（件）	合计（件）	办证收费(元)		
				国内	涉外、涉台	合计
1986 年	355	116	471	27565	1734	29299
1990 年	30342	236	30578	110782	6317	117099
1995 年	29041	1244	30285	489884	109677	599561
2000 年	44690	5446	50136	1458945	210000	1668945

第五节 律师事务

一、机构队伍

1986 年，全地区共有律师事务所 19 个，专职律师 83 名。1987 年，赣州地区律师事务所在全地区率先进行体制改革，由财政全额拨款改为自收自支。1992—1995 年，强化律师行业管理，拓展服务领域，在机构发展上突破所有制界限，全地区律师事务所发展到 36 家，其中有合作制、合伙制律师事务所各 1 家。有专职律师 255 人。1993 年始，先后成立赣州地区律师协会、律师惩戒委员会、律师职称评审委员会，使司法行政管理与律师行业管理相结合的律师管理体制初步建立。1999 年，天格律师事务所与双江律师事务所合并，组建仁天律师事务所，实现不同专业的律师优势互补。2000 年 7 月，根据国务院办公厅《关于经济鉴证类社会中介机构与政府实行脱钩改制的意见》精神，市司法局按照“服务大局、正确对待、做细工作、稳妥进行”的原则，对 39 个国资律师事务所进行脱钩改制，25 个国资律师事务所转制为合伙所或合作所。至 2000 年，全市共有律师事务所 42 个，其中国资律师事务所 15 个，合伙律师事务所 15 个，合作律师事务所 12 个。

全地区律师事务所大胆突破人员编制界限，采取向社会公开招聘、选调等方式接收律师从业人员。自 1995 年始，执业人员全部实行聘任上岗，分配形式出现多元化的格局。用人制度的改革，使律师队伍迅速发展，到 2000 年，全市取得律师资格人员 731 人，执业律师 254 人，律师助理（实习律师）31 人。

表 11-5-2 1986—2000 年部分年份赣州市（地区）律师事务所专职人员情况统计表

单位：人

年度	人　数			合　计
	专职	兼职	特邀	
1986 年	83	26	16	125
1990 年	87	32	18	137
1995 年	225	84	22	331
2000 年	177	89	—	266

二、律师业务

全市（地区）律师事务所开办法律顾问、刑事诉讼辩护及代理、民事案件诉讼代理、经济案件诉讼代理、行政案件诉讼代理、非诉讼法律事务、涉外及涉中国港澳台地区法律事务、解答法律咨询、代写法律事务文书、法律援助等项目的业务。1986 年，地区司法局召开全地区律师工作会议，专题研究如何为经济建设提供法律服务，要求全地区律师积极创造条件，为各级党委、政府做好法律顾问工作。1987 年，与政法部门密切配合，以事实为依据，以法律为准绳，认真进行刑事辩护，有效配合严

厉惩治刑事犯罪分子的专项斗争。1988 年，地区行署专员张云川聘任地区律师事务所主任、律师狄贻发为专员法律顾问，法律顾问工作引起各级政府的高度重视。1989 年，地区司法局下发《关于积极组织律师开展为债权人提供法律服务活动的通知》，组织部分律师到广东省等地学习考察，大胆引进发达地区的成功经验。同年试行《主任任期目标责任制》《律师聘用协议制》《办案质量信誉卡制度》，使律师的办案数量、质量和工作效率都有新的起色。1990 年，地区司法局组织全地区律师开展“如何为办好实验区做贡献”的大讨论。瑞金县律师事务所试行律师轮流到顾问单位坐班的制度，做到“三查三助”，即查顾问单位生产经营的方式是否正确，查顾问单位的生产管理是否科学，查顾问单位的合法权益是否受到侵害；协助建章立制，协助审查和修改合同，协助宣传法律。为顾问单位避免经济损失 60 万余元。

1991 年，律师工作强化中心服务意识，围绕加快经济运行机制转换这个重点，正确运用法律手段，为企业追讨和清理“三角关系债务”。1992 年，地区司法局先后组织全地区律师事务所主任参加全省律师事务所主任培训班，组织部分律师参加华东地区律师实务经验交流会和全省第 8 次律师业务联席会等业务学习活动，提高律师队伍的政治素质和业务水平。为推进律师事务所的改革，地区司法局、地区财政局批准地区律师事务所实行律师效益工资制改革，经过实践，该所全年业务收费比上年增收 25%。同年，全地区有 600 多名律师受聘担任 600 余家企事业单位常年法律顾问，追回欠款 3146 万元。

1993 年，兴国县律师事务所，针对当地刚刚兴起的股份制企业试点工作，超前介入，为试办股份制的企业提供可行性研究报告、招股说明书、企业章程等法律服务，促进试点工作的开展。信丰县律师事务所瞄准招商引资工作活跃的有利时机，为信丰县引进的所有外资企业提供法律服务。全地区共办理非诉讼法律事务 1390 件。其中兴国县律师事务所运用非诉讼手段，为顾问单位画眉坳钨矿收回欠款 200 多万元。

1994 年 7 月，在《赣南日报》刊登《赣州地区司法局公告》，将全地区依法设立的 24 个律师事务所及其从业律师名单向社会公告，便利社会各界对律师事务所及其从业律师进行公开监督，加强对律师的整体管理。1995 年，法律顾问领域扩展到各级党政领导部门、企事业单位、群众组织和个人，一些社会名流、家庭也聘任法律顾问。南方律师事务所办理的标的 500 余万元的全省特大保险纠纷案，经过三级法院的三审审结，为赣南卷烟厂挽回经济损失 499.4 万元。主任律师廖泽芳荣获 1995 年度江西省唯一的首届全国十佳律师提名奖。

1996 年 7 月，为配合“严打”斗争，18 个县（市）均成立以司法局长为组长的刑事辩护协调小组，明确规定对重大疑难案件必须由律师事务所指定骨干律师办理，并提交协调小组讨论。1997 年，以贯彻落实《中华人民共和国律师法》《中华人民共和国刑事诉讼法》为重点，强化法律服务市场的管理，主动为援助对象提供法律服务，全年共办理援助案件 156 件。天格律师事务所代理的 2 起房地产纠纷案件，经过 2 年的艰辛，成功结案，为当事人挽回经济损失近亿元。1998 年，伦诚律师事务所为维护当事人的合法权益，敢于碰硬，依照法律，促使福建省晋江市公安局纠正违法羁押当事人的行为。1999 年 9 月，在市商业银行的组建中，天格律师事务所派出律师团为其承担其中的法律事务，起草的 38 份法律意见书及法律文书全部符合相关要求，得到中国人民银行和当事人的好评。2000 年，仁天律师事务所协助当事人达成 1 份贸易额 5 亿元的合作协议，受到双方当事人的好评。全市广大律师恪守职业道德，向社会庄重承诺：法律咨询，做到有问必答；法律服务，做到有求必应；法律援助，做到有贫必扶；法律保障，做到有难必上。

第六节　监狱管理

监狱贯彻“改造第一、生产第二”“惩罚与改造相结合、以改造人为宗旨”的监狱工作方针，确保监狱安全和改造秩序稳定。围绕创建省级优秀特殊学校、创建现代化文明监狱工作主线，不断提高教育改造质量。

一、机构设置

江西省第二监狱，1995年更名为江西省赣州监狱，隶属江西省监狱管理局（原省劳动改造管理局）。1986年，机关设12个科室：政治处、纪委办公室、秘书科、管教科、生产经营科、技术检验科、供应科、财务科、劳动工资科、生活卫生科、公安科、职工教育办公室。1990年，将管教科一分为三，分为狱政管理科、狱内侦查科（二科）、教育改造科，恢复设置劳动工资科，撤销总工程师办公室，增加老干部科，科室数增加到16个。1993年，生产办公室恢复为生产技术科，增设监管稽查科，扩建办，撤销全面质量管理办公室，科室增加到17个。1994年，增设特殊学校上等级办公室和目标考核办公室（与监察室合署办公）。1996年，机关设18个科室：政治处、老干部科、行政办公室、秘书科、纪委办公室、监察室、审计室、财务科、装备福利科、狱政管理科、狱内侦查科、教育改造科、生活卫生科、监管稽查科、公安科、劳动工资科、生产计划科、技术检验科。1997年，撤销秘书科、监管稽查科，科室减少2个。1998年，增设工会办公室，科室数增加到17个，直至2000年。

1986年，基层设一大队、二大队、三大队、四大队（入监大队）、医院（大队级），直属中队（内管中队）。1987年，增设两脂车间。1988年，四大队改为综合大队，增加五大队，保留入监大队。1989年，基层设一大队、二大队、三大队、四大队、特种油脂分厂、入监大队、医院（大队级），直属中队（内管中队）。1993年，将直属中队（内管中队）升格为大队级单位，成立内管大队。1994年，成立干警接待站（东阳山大酒店），四大队改为副业大队。1996年，成立化工分厂。1997年，成立华鑫制品厂，1999年3月撤销。2000年，基层设一监区、二监区、三监区、四监区、五监区、六监区、七监区（入监队）、八监区（内管队）、医院、干警接待站（东阳山大酒店）。

二、罪犯改造

罪犯收押 监狱入监大队负责罪犯的集中收押、入监教育、调遣等工作，监狱收押成年男性罪犯，主要收押赣州地区18个县（市）罪犯，还收押吉安地区的井冈山县、遂川县、泰和县、万安县4个县及抚州地区广昌县的罪犯，1988年起停收广昌县罪犯，1996年停收吉安地区4个县的罪犯。收押的罪犯由省劳改（监狱）局统一分配。

教育改造 罪犯收押后，在入监队集中时间进行教育，入监教育以政治思想教育和服刑指导为主，向罪犯宣传讲解在监狱服刑的法律、政策、常识，初步养成行为规范，打消思想疑虑，稳定思想情绪，接受刑罚和改造；刑期届满的罪犯，在其刑满前进行出监教育，巩固改造成果，为罪犯重新返回社会做准备。

个别教育 遵循因人施教的原则，建立基层民警对罪犯的“四知道”（知道罪犯基本情况、知道主要犯罪事实、知道家庭成员及社会关系、知道改造情况）和每月不少于1次谈话教育。

社会帮教 邀请社会人士、罪犯亲属、罪犯原所在单位等对罪犯进行帮教并签订帮教协议。1998年3月后，监狱开通帮教热线电话，开辟罪犯快速与亲属联络沟通的新途径，有利于罪犯亲属帮教。

监区文化 利用报纸、广播、狱内小报、墙报、戏剧、电影、电视等宣传工具，成立文艺表演队、篮球队等开展文娱体育活动，寓教于乐，陶冶情操。

特殊学校 1986年12月成立江西赣州光明学校，设政治教研室、文化教研室、技术教研室。分设若干个教学班，配备干警班主任。政治教员由干部担任，文化教员一般由文化基础、表现较好的犯人担任，技术教员由犯人和少数懂技术的干部、职工担任。

劳动改造 1986年起，监狱以工业生产为主，有少量农副业生产。工业产品主要有玛钢管接件、潜水电泵、电机、黏土砖等，有少量服务和现代工业，如汽车保养维修，水稻、果树种植，鱼、家禽家畜养殖。罪犯从事的工种有翻砂、浇铸、车工、钣金、装配、检验、制砖、种植、养殖、杂工以及服务于罪犯改造的烹饪等。

劳动考核 监狱对罪犯劳动实行定额管理、岗位计分，公开绩效。定额管理主要分为计件管理、计时管理，每天公布罪犯劳动绩效，罪犯本人签名确认，对难以计算工作量的岗位，在监狱规定的原则范围内，按照岗位技术含量、操作难易程度区分实行计分记效；为照顾罪犯个体差异，对参加劳动的老病残罪犯实行差别化考核，即完成同等工作量可以多计分，监狱对罪犯劳动每月考核一次。监狱对罪犯劳动改造依法实行劳动保护，发放保护用品等。

罪犯减刑假释 监狱根据法律规定的内容和程序，对在服刑期间确有悔改或立功表现的罪犯，依法向有管辖权的人民法院提请审理减轻其刑罚。1986 年起，赣州地区中级人民法院每年在监狱召开减刑假释宣判大会 2～3 次，自 1990 年起，改为每季度一次。同时对假释罪犯实行签保证书制度。

保外就医 罪犯服刑期间，因患有严重疾病、又有条件取得监外医治的，依法暂予监外执行。1991 年后，执行最高人民检察院、公安部、司法部颁发的《罪犯保外就医执行办法》。1986—2000 年，监狱共有保外就医的罪犯 115 人，其中因不遵守保外就医规定收监执行的 5 人。因重新犯罪收监执行的 4 人，因病死亡 9 人，刑罚执行期满释放 67 人。

罪犯申诉控告检举 罪犯写给检察院、人民法院等司法机关的申诉书，监狱一般照转；罪犯写给党政领导人个人反映申诉请求的，一般进行教育，引导他们按法律程序向司法部门申诉，监狱将其写给个人的申诉材料退回；监狱和驻监检察组（室）均在狱内设有信箱供罪犯投送申诉控告检举信，监狱对检举控告人保密和保护。

释放与安置 监狱罪犯执行期满或经人民法院裁定假释的，监狱作出出监鉴定，连同罪犯档案材料（包括判决书）送交被释放人员落户地区的公安机关。罪犯刑满释放时，监狱发给释放证明书、回家路费、途中伙食费，并办理粮油供应的转移手续。刑释人员凭刑满释放证明书办理落户手续。罪犯刑满或假释后，主要由社会安置，少数留厂就业。1987 年年底，根据上级规定，监狱对 1981 年年底以前留厂的在册就业人员转为固定工，对 1982 年 1 月以后就业满 5 年的转为全民所有制合同工。1990 年，省人民政府批转《江西省加强刑满释放解除劳教人员安置帮教工作暂行规定》，该监狱的刑释人员全部由社会安置。

三、狱政管理

江西省第二监狱主要关押死缓、无期、有期徒刑 10 年以上的罪犯，押有少量 10 年以下有期徒刑的罪犯。1991 年起，为监狱扩建的需要以及监狱扩建后押犯容量增加，江西省第二监狱收押 10 年以下罪犯逐渐增加，仍以关押原判 10 年以上的罪犯为主。

监狱警戒 1986 年 1 月，由武警赣州地区支队直属中队武装看押，设有固定哨、大门哨、围墙哨、流动哨等。1995 年，监狱农场扩建完成，分东区、西区 2 个关押点，西区无武警看押。1996 年，增加 1 个武警中队并增设大队部，原驻监（东区）武警中队更名为武警赣州地区支队直属大队二中队。监狱监舍区和生产区全部押犯区均有围墙，围墙上设置高压电网。自 1998 年，陆续建设狱内电视监控系统，到 2000 年监狱初步建成狱内重点部位、重点监区视频监控网络。1986 年起，每年召开 1 次监狱联防工作会议，联防成员单位有赣州军分区，地、市公安部门，附近市、乡（镇）人武部和驻地单位，制定联防方案。

分押分级分管 监狱依据罪犯刑期、案情等将重刑犯与轻刑犯分别关押、分类管理。1991 年 10 月根据司法部规定，分财产型犯罪、性犯罪、暴力型犯罪、其他类型犯罪四大类，实行分押。1995 年按监狱法要求，分押类型分为暴力型、财产型、性犯罪、混押型四大类，对数罪并罚的罪犯，按其主罪划类。分级管理，对罪犯表现划分 A、B、C（C_1、C_2）、D 级 4 级 5 档，分别为从宽管理、一般管理、从严管理（分两级）、严格管理，罪犯分级挂牌识别。1995 年，监狱将罪犯分为一级宽管、二级宽管、普通管理、二级严管、一级严管5个等级。根据罪犯表现及原判刑罚情况，实行升降级制度，按罪犯所处的宽严管理级在通信、会见、离监探亲、离监参观、劳动工种、评选改造积极分子等方面区别对待。禁闭严管，对加戴戒具不能消除危险的罪犯、在狱内重新犯罪或脱逃捕回正在司法追究的罪犯、报处死刑待批或待执行死刑的罪犯、抗改行为情节严重的罪犯实行禁闭。

考核奖惩 1987年6月起，实行《罪犯双百分考核奖惩细则（试行）》，细化对罪犯的考核，实行“日记载、周评议、月考核”，根据考核分数的高低，评出积极、较好、一般、落后、抗改5类，分别对应的奖惩为记小功、表扬、不奖不罚、警告、记过。1990年12月，监狱制定实施《罪犯计分考核细则》，并将《罪犯改造行为规范》纳入考核内容，实行考核分数排名，按30%～40%的表扬控制指标，择优确定表扬人员。获得一定的表扬数后，可提请减刑假释。

安全防范 监狱每月召开1次犯情分析调研会，汇集全监犯情，分析突出犯情，形成犯情报告，并制定相应对策措施。对罪犯实行“三五”制度，即对在同一小组的罪犯3～5人编成1个互监小组，小组成员在改造生活中按规定互相监督，制止违规，若发生违规或事故，成员要承担相应的连带责任。监狱设有专门的狱内侦查、应急防暴处突民警队伍。1990年成立狱内侦查科负责监狱的安全防范、案件侦破、提请公诉业务。1986—2000年，监狱共侦破狱内案件20余起，涉及罪犯逃跑、盗窃、破坏生产、行凶案，逃跑罪犯12起16人，全部追捕归案。

四、生活管理

监舍配备 罪犯监舍以押犯单位分层或分栋居住。1995年监狱西区扩建后，每栋监舍增设有活动室，洗漱间、阅览室、谈话室以及民警值班室，各押犯单位之间划分活动区域，不允许串队，各单位内又以小组为单位分间居住。

被服管理 按照“御寒遮体，厉行节约，整齐清洁，便于识别”的原则，罪犯被服由省局统一制作供应。要求罪犯着囚服，若囚服不够穿着，允许着自带的衣服，但须印制监狱囚服标记。2000年起罪犯统一着囚服，不得穿着自带外衣。罪犯囚服、被褥等按省监狱管理局规定配发。刑满释放或假释时，囚服与监狱发放的被褥按规定收回。

伙食供应 监狱有东、西区（农场）2个伙食供应单位。1995年罪犯粮油、副食品定量，按赣州地区同类国有企业同工种标准供给。粮价放开后，罪犯每人每月粮食按18千克供应，根据罪犯劳动强度不同区别对待。罪犯每人每月伙食费标准按实物量计算，监狱保证罪犯伙食营养指数在1.38（司法部标准）以上。监狱组织罪犯自种自养的蔬菜、家禽家畜均用于犯人生活。1987年5月，监狱成立罪犯伙食管理委员会，负责核实伙食开支情况，向罪犯公布账目，调剂和改善罪犯的伙食，保证吃饱、吃熟、吃得卫生。

财物管理 罪犯财物由生活卫生科统一管理。1986年6月起，罪犯的现金、粮票、汇款等由生活卫生科建立总账，支付整笔现金、粮票，以大、中队为单位设立分户账目的财物管理制度。监狱规定罪犯不准使用现金。监狱设有罪犯生活供应站，物品与市场同质同价。监狱每月发给罪犯零用钱用于购买日常生活用品，购物由罪犯本人填报计划，基层单位统一到供应站采购。

医疗卫生 1986年3月，监狱设江西直流电机厂医院，医院设立狱内医务所和职工医务所。罪犯医务所住院部共有30个床位，设有传染病房，对患传染病的犯人进行隔离治疗。罪犯医疗费用在监狱罪犯假定工资附加费中开支，由监狱医务部门统一掌握使用。经申请允许罪犯自费购药或自费治疗。罪犯患较重病症，监狱医院难以治愈或患疑难病症难以确诊的，经民警医生检查同意，监狱领导批准，送驻地医院检查或医治。检查和诊治须有民警带押，指定专人看管；患有严重疾病，需较长时间住院，在监狱医院住院难以治愈的，送省劳改中心医院医治，危重病人就近社会医院救治，或办理保外就医手续，保外医治。

赣州市志（1986-2000）

名志

第十二篇

人事劳动和社会保障

1986—2000年，市政府（行署）人事劳动和社会保障部门正确履职，依法行政，积极发挥各自的职能作用，推动经济社会发展，树立政府良好形象。

人事工作做好行政机关、事业单位的人员规划和工资计划，研制人事制度改革方案，推行国家公务员制度；实施政府机构改革与人员分流，管理专业技术人员队伍，培育人才市场；组织人才交流，做好机关、事业单位工资福利、职位职称、人事考试、人才培训、军队转业干部安置、社会保险等工作。

机构编制工作严格执行中央和省、市（地区）机构编制工作政策法规，深化行政管理体制和机构改革，健全机构编制管理制度，确保机构编制适应经济社会发展需要。

劳动工作有效做好全市（地区）劳动管理、劳动就业和劳动保护工作。认真抓好计划劳动力管理，开展技术工人交流，做好劳动仲裁工作，规范劳动力市场管理；做好工资福利工作，推进工效挂钩；做好职业技能鉴定和技师评聘工作，开展技能竞赛。抓好就业安置、就业培训和失业保险工作。开展矿山安全、职业安全卫生、锅炉压力容器安全监察，做好安全生产管理。

强化社会保障工作，根据经济和社会发展状况，逐步增进公共福利水平。积极实施社会养老保险、职工生育保险、职工工伤社会保险、职工大病医疗保险。

第一章 人 事

1986—2000 年，市（地区）人事工作主要开展编制行政机关、事业单位的人员规划和工资计划，研制人事制度改革方案，推行国家公务员制度，实施政府机构改革与人员分流，管理专业技术人员队伍，培育人才市场，组织人才交流，做好机关、事业单位工资福利、职位职称、人事考试、人才培训、军队转业干部安置、社会保险并代管老龄等。

第一节 机 构

一、机构队伍

人事局是政府综合管理人事工作的职能部门。2000 年，市人事局内设办公室、录用调配科、考核任免奖惩科、职称科、综合计划科、专业技术人员管理科、工资福利科、军官转业安置科 8 个行政科室和机关党总支、纪检组；下设人事考试中心、人事培训中心、人才交流中心、军队转业干部培训中心、专家服务中心、工资福利咨询服务中心等 6 个科级事业单位。人员编制 62 名，实有 55 人。

二、机构调整

1983 年 10 月，人事局、劳动局、科技干部管理局合并，成立赣州地区劳动人事局。1989 年 4 月，撤销地区劳动人事局，成立地区人事局，内设干部管理科、干部任免科、职位职称科、专业技术人员管理培训科、工资保险福利科、办公室、军队转业干部安置办公室，代管赣州地区编制委员会办公室，代管赣州地区老龄工作委员会办公室（1990 年 6 月）。1990 年 8 月，增设赣州地区干部录用、聘用、培训及专业技术职务评审考试中心（1992 年 9 月更名为赣州地区人事考试中心）。1994 年，成立赣州地区机关事业单位社会保险处。1999 年 1 月，地区编制委员会办公室列党委系列。2000 年，增设中共赣州市纪律检查委员会驻市人事局纪检组，撤销赣州市机关事业单位社会保险处，移交赣州市社会保险事业管理处，赣州市老龄工作办公室移交赣州市民政局管理。

第二节 公务员管理

一、干部录聘用

录（聘）用干部指经过特定程序，通过考试考核，将作为国家干部编制的工作人员录（聘）为国家干部。录（聘）用干部工作坚持为经济建设服务的宗旨，对在国有（营）企业一线岗位工作的管理人员和技术骨干、事业单位的基层技术人员、乡（镇）机关事业单位的业务骨干、乡村小学工作 15 年以上的民办教师，采取政策倾斜。坚持公开、平等、竞争、择优的录（聘）用原则，在规定范围内实行公开报名、统一考试、严格考核、择优录用。录（聘）用的基本条件：遵纪守法、廉洁奉公、为多数群众所拥护、热爱本职工作、有实际工作能力、在现职岗位上表现好，身体健康、具有高中以上文化程度、年龄一般在 35 周岁以下。考试考核相结合，从高分到低分择优录（聘）用。1986—2000 年，根据省委组织部、省劳动厅、省人事厅统一部署，在全民所有制事、企业单位以及乡（镇）党政机关，推行以聘用制为主要形式的录（聘）用干部制。全市（地区）录（聘）干部 16369 人，其中聘用干部 10176 人，录用干部 6193 人。

1986—1987 年，从民办或代课教师中选招公办教师 509 人，从农村中有基层工作经验的人员、回乡知识青年、复员退伍军人、专业户、经济联合体人员中招聘乡（镇）干部2309人。录用乡（镇）干部213人，录用乡（镇）财政干部420人。

1988年，全地区第一次大规模面向社会公开招干工作，报名应试11066人，录取475人，其中城镇待业青年337人，在职工人82人，农村青年56人。

1989年，全地区录（聘）干部1108人，其中从“五大”（电大、夜大、职大、自大、函大）毕业生中聘用干部290人，从以工代干的乡（镇）专职人武干部中录用专武干部215人，聘用乡（镇）农技干部365人，录用农业税收干部161人，录用计划生育干部77人。

1990—1991年，全地区录（聘）干部347人，其中从“农业开发总体战”中做出特殊贡献的人员中录用干部18人，录用计划生育干部82人，录用乡（镇）干部147人，从“五大”毕业生中聘用干部100人。

1992年，全地区录（聘）用干部4740人，其中从民办教师中选招公办教师400人，从乡镇聘用制干部中录用121人，从农行系统在职工人中录用干部59人，从全民所有制事业单位及乡（镇）机关聘用干部3542人，从交通系统企事业单位聘用干部506人，聘用“五大”毕业生103人，办理有突出贡献人员录用手续9人。

1993年，全地区录（聘）用干部4957人，其中从民办教师中选招公办教师325人，从以工代警人员中录用人民警察300人，从法检系统录用干部88人，从国有企业聘用干部4048人，聘用乡镇专职人武干部196人。

1994—1995年，全地区录（聘）用干部513人，其中招收巡警112人，聘用村干部331人，从法检系统考录干部12人，聘用乡（镇）专职人武干部58人。

1996年，全地区16个部门的59个职位首次面向社会公开考试录用主任科员以下非领导职务国家公务员和机关工作人员。报考人数685人，面试177人，录用54人。

1997—1998年，全地区录（聘）用干部3308人，其中从乡村小学民办教师中录用公办教师2432人，录用人民警察61人，聘用村干部105人，为乡（镇）机关216名担任副乡级领导职务的非干部身份人员办理聘干手续，聘用乡（镇）专武干部32人，从乡（镇）农业“五站”（农技站、畜牧兽医站、农经站、水产站、农机站）农民技术人员中聘用干部402人，从乡（镇）基层统计人员中聘用干部60人。

1999年，全市（地区）录用公务员636人，其中分别从地税、司法系统录用公务员467人、53人，选拔25名应届大学毕业生充实到市（地）直行政、事业单位，择优选拔91名应届高校毕业生到农村基层工作。

2000年，全市录（聘）用干部140人，其中择优选拔118名高校毕业生到农村基层工作，为章贡区聘用土管所工作员22人。

二、干部考核任免奖惩

1986年，地区劳动人事局设干部教育监察科，负责国家机关工作人员行政奖励惩戒工作。全地区机关、事业单位奖励晋升一级工资14人。

1987年，在行署各部门工作人员科级以下非领导职务科长、办事员中确定奖励晋升，奖励晋升一级工资有38人。

1988年，地委调整科级干部任免权限，明确行署各委（办、局）的中层正、副职，县级事业单位的中层正、副职，副县级事业单位的副职、中层正职，由行署委托地区劳动人事局任免；代行署草拟各委、办、局（处）和正县级事业单位行政正、副职，以及上述职级正、副调研员的任免通知。当年任免中层干部 79 人，奖励晋升一级工资 78 人。

1989 年，地区人事局设干部任免科。地区直属商业、供销、物资、建设、经贸部门所辖正、副县级国营企业的行政正职及相当此职务的调研员，由地区人事局考核提交行署讨论，同时，对地区人事局管理任免的科级领导干部颁发干部任职证书。

1993 年，对物资、供销、外贸、商业下属的 23 个县级企业 100 名领导干部进行考核，首次采用“先自下而上、再自上而下推荐和筛选”的方法考核。同年，升级奖励 225 人，任免干部 208 人。

1994 年，人事部颁发《国家公务员考核暂行规定》，全地区机关、事业单位开展工作人员年度考核和平时考核工作。1995 年，选择地区审计局进行推行公务员制度工作试点，制定《公务员考核实施细则》，对全地区各县（市）、地直部门单位公务员考核工作进行检查、评比、验收。

1994 年、1995 年，分别考核 8342 人、8767 人，其中优秀分别为 803 人、805 人，称职分别为 7526 人、7938 人，不称职分别为 13 人、24 人。任免干部 1994 年为 331 人，1995 年为 90 人。

1996 年，行署印发《赣州地区国家公务员制度实施方案》，开展行署机关、依照公务员制度管理单位现有工作人员过渡为国家公务员的工作，办理国家公务员过渡资格审查，进行职位设置，编制国家公务员职位说明书等。

1997 年，县（市）、乡（镇）完成国家公务员过渡审查，完成全地区推行国家公务员制度总结验收工作，印发《关于国家公务员非领导职务设置工作的通知》，对非领导职务设置范围、职数比例、任职条件作出规定。对竞争上岗制度进行试点，选择地区技术监督局实行竞争上岗试点，随后在全地区地、县（市）两级 95 个单位 484 个职位实行竞争上岗。

1998 年，制定《年度考核量化测评试行办法》，首次在全地区各级行政、事业单位工作人员年度考核中实行定性与定量相结合的量化测评办法，考核结果与工资挂钩。首次开展人民满意公务员评选工作，全地区有 12 人被省委组织部、省人事厅授予“人民满意的公务员”称号。

1999 年 7 月，对地区人事局任命的行署所属行政事业单位科级领导和非领导职务，由赣州市人事局重新任命。与市委组织部联合制定《关于党政机关推行竞争上岗的实施意见》，市直机关开始逐步开展竞争上岗工作。

2000 年，市委印发《关于调整市直单位科级干部管理权限的通知》，市人事局不再任免市政府各部门、直属事业单位的科级领导干部。

第三节 职称评聘

一、首次专业职称评聘

赣州地区职称改革工作始于 1985 年。是年 12 月，成立赣州地区职称改革领导小组，下设办公室。1986 年 7 月，对全地区企事业单位申报各级各系列专业技术职务的人员进行摸底，同时在赣南日报社、部分高校等单位进行专业技术职务评聘工作试点。1987 年，全地区企事业单位首次职称改革工作全面铺开，先后成立高校、中专、中小学、卫生、农业、图书资料、档案、工程、经济、新闻、播音、出版、统计、会计、艺术、体育、律师、公证、技校、科研、工艺美术等 21 个系列 23 个中级职称评审委员会，各县（市）、地直有关主管局相应成立初级职称评审委员会。根据省职称改革领导小组下达赣州地区事业单位的职数，经相应级评委会和相应级职改领导小组审批，赣州地区首次职称改革共评审通过高级职称 1586 人、中级 13567 人、助理级 24619 人、员级 18526 人，共计 58298 人，其中事业单位 41099 人（高级 1281 人、中级 10782 人、助理级 16331 人、员级 12705 人），企业单位 17199 人（高级 305 人、中级 2785 人、助理级 8288 人、员级 5821 人）。1988 年，各企事业单位根据工作需要，对已获高、中、初级专业技术职务进行聘任，全地区共聘56007人，其中高级1423人、中级12631人、助理级24080人、员级17873人。

二、专业技术职务过渡性评聘

1989年3月，根据省职称改革领导小组《关于全省事业单位专业技术职务聘任工作经常化过渡性评聘的若干规定》精神，全地区事业单位开展过渡评审工作，在原21个系列基础上，新增党校、讲师团等2个系列，全地区评审通过各级各类专业技术人员14302人，其中高级582人、中级1503人、助理级7735人、员级4482人。受聘14107人，其中高级539人、中级1443人、助理级7643人、员级4482人。1990年5—11月，根据人事部、省政府和省职改领导小组统一部署，对全地区已受聘专业技术职务资格人员进行复查，主要解决专业技术职务评聘中假文凭、假学历、假资历和不在技术岗位挤进来，降低条件、降低标准等“假、挤、降”问题。复查66005人，除国家机关以及评聘专业技术职务后调入国家机关的专业技术人员1030人办理解聘手续外，全地区查出不同类型问题的专业技术人员287人。

从1990年开始，对某些层次的专业技术职务，逐步实行由国家统一组织的资格考试制度，以考代评。1990年11月，首次组织全国统计员任职资格考试，全地区参加考试1570人，及格1123人，及格率为71.53%。1991年11月，组织全国经济员任职资格考试，参加考试9120人，及格444人，及格率为4.87%。

1991年8月，首次组织全省晋升专业技术职务的外语统一考试，设置英语、俄语、法语、德语、日语5个语种，以及医古文、古汉语等考试，全地区参加考试4605人，平均合格率为35%。

三、专业技术职务正常化评聘

1992年后，专业技术职务进入经常化、正常化评聘阶段，人事部门收回企业职称评审管理权限，加强对职称工作的统一领导和统一管理。加强专业技术职务岗位数额管理，对专业技术职务结构比例实行总额调控。1993年，对企业单位不再采取下达职数的直接控制办法，由企业自主决定岗位设置，自主聘任专业技术人员。1994年，对自收自支和差额拨款事业单位实行结构比例管理。1996年，对全额拨款事业单位实行空额审核。2000年，取消对事业单位下达指标，按结构比例实行分类管理，全额和差额拨款事业单位实行结构比例控制，自收自支和企业化管理单位实行结构比例指导。至2000年全市专业技术人员总数达80889人，其中高级2464人、中级18428人、初级59997人。

1992年，首次在林果业和农民专业技术人员中进行区域性职称评定试点。1993年召开区域性职称评审会议，申报农林果茶专业技术人员区域性职称1058人，获得通过652人。1994年，职称工作拓宽评审范围，打破所有制界限，统一开展集体、“三资”、股份制、私营企业及个体从业人员的职称评审工作。非国有企业专业技术人员的专业技术资格得到社会的认可。

1993年，省人事厅将工程、卫生（中、西医）、中教等3个高级专业技术人员资格评审委员会下放赣州地区评审，1994年收回。2000年，将卫生（西医内外科）、中教等系列评审权下放至赣州市，并简化评审程序。

1994—1995年，对卫生、轻工、建筑、机械、劳动就业、乡镇企业等集体单位的专业技术人员职称实行统一管理，按全省制定的条件标准，统一进行审核，换发全省统一制定的职称证书。全地区共计5872人，其中高级22人、中级2050人、初级3800人。

1996年，选择章江医院、赣州一中、赣南农药厂等3个单位开展专业技术职务聘任管理试点工作。之后，逐年在事业单位推行全员合同聘用制试点工作。

1998—2000年，卫生系列中级职称实行人机对话，以考代评，3年中参加考试3157人，成绩合格1575人。

2000年开始，对专业技术职务评聘实行分类分级管理，改变统一评聘模式，实行评审、考试、考评结合、认定等多种评价办法。初级职务分别实行以考代评、职务认定，不再组织资格的评审；中级职务分别实行以考代评，资格评审和职务认定；高级职务分别实行资格评审、考评结合和职务认定。职称工作的重点由身份管理转移到岗位管理，由指标控制转移到结构比例控制，由职称评审转移到职务聘任上。

第四节　专业技术人员管理

1985年，行署办公室批转地委组织部、地区劳动人事局、地区科学技术委员会、地区教育局、地区卫生局《关于全区科学技术干部分口管理的报告》规定：劳动人事局具体分管全地区各级国家机关和企、事业单位中的从事社会科学各种专业和管理工作的干部；科学技术委员会具体分管全地区各级国家机关和企、事业单位中实际从事工程技术、农村技术和自然科学研究的干部，以及实际从事科学技术管理工作的干部。随后，地区科学技术委员会、劳动人事局分别成立科技干部科，分别负责自然科学和社会科学专业技术干部的使用、调配、考核、晋级、奖惩、培训及落实知识分子政策等工作。1989年7月，地区科学技术委员会科技干部科整建制划归地区人事局，设立专业技术人员管理培训科，负责全地区具有中专以上学历及已获技术员以上专业技术职务的专业技术人员的考核、继续教育，评选国家级有突出贡献中青年专家及国家、省政府津贴人员，协助地委组织部选拔地区拔尖人才，办理中级以上专业技术人员家属子女“农转非”，审查“农转非”第一线科技人员享受浮动转固定一级工资的资格。

1989年，制定《关于实行专业技术职务聘任人员进行业绩考核的通知》，开展专业技术职务聘任人员业绩考核工作。1990年，组织赣州木材厂、江西齿轮箱总厂参加全国继续教育成果展览的备选。1991年，组织2200名专业技术人员参加全省电视英语讲授班学习。1994年，对全地区享受国务院特殊津贴、省政府特殊津贴的49名专家进行全面考核。从1995年开始，对批准享受国务院特殊津贴人员一次性发放津贴5000元。对1991年、1993年享受国务院特殊津贴，1992年享受省政府津贴的专家进行两年一度的考核。1995年，推荐伍仁山、张瑞祥、简根源、许先达、李传梅等专家材料报省人事厅《赣江之子》电视栏目编播。

1996年，举办国家公务员过渡培训班，全地区培训师资骨干3400人，参训总人数35590人，合格33843人。1997年，全面启动专业技术人员继续教育工作，全地区设立继续教育基地23个，培训人员2000人。会同地委组织部在全地区筛选140名优秀人才，初步建立赣州地区科技人才库。1998年，制定卫生、水电、教育、建设、林业等系统专业培训大纲，印发《赣州地区继续教育基地考评意见》。全地区5000名专业技术人员参加“创造学”培训，3000人参加计算机知识培训考试。组织4000名专业技术人员开展技术咨询、科技示范等为农服务活动。1999年，全市（地区）1.6万名专业技术人员参加公共和专业科目继续教育，选派3000名专业技术人员建立科教示范点468处，培训农民33.54万人次。2000年，全市3万人参加知识经济等公共和专业科目的培训考试，在1768个村设立为农服务联络点，派出8000名专业技术人员开展技术咨询12万人次，赠送书籍资料20万份，举办培训班380期，培训农民8万人次。

2000年，全市有专业技术人员84277人，分布在17个系列。其中事业单位专业技术人员75912人，分别为工程类 3705 人、农业类 3597 人、卫生类 11484 人、教学类 51804 人、经济类 871 人、会计类 1755 人、统计类 156 人、翻译类 1 人、图书档案文博类 409 人、新闻出版类 175 人、律师公证类 104 人、工艺美术类 22 人、艺术类 1302 人、政工类 352 人、科学研究类 14 人、体育类 54 人、播音类 107 人；企业单位专业技术人员 8365 人，分别为工程类 3171 人、农业类 92 人、卫生类 357 人、教学类 179 人、经济类 1622 人、会计类 1464 人、统计类 360 人、翻译类 8 人、图书档案文博类 42 人、新闻出版类 1 人、律师公证类 5 人、工艺美术类 30 人、艺术类 8 人、政工类 1026 人。

一、有突出贡献专家选拔

选拔国家级、省级有突出贡献专家工作，由地区人事局牵头，地委组织部、地区科学技术委员会、地区科学技术协会协助的形式进行。1989 年，寻乌稀土公司尹拙夫被评为江西省有突出贡献的科技人员。1990 年，地区种子站伍仁山被评为国家级有突出贡献的中青年专家。1991—2000 年，全市（地区）选拔批准享受国务院特殊津贴 62 人，其中 1991 年 2 人、1992 年 21 人、1993 年 21 人、1994 年 2 人、1995 年 3 人、1996 年 3 人、1997 年 2 人、1998 年 2 人、1999 年 2 人、2000 年 4 人；全市选拔批准享受江西省人民政府特殊津贴 43 人，其中 1992 年 18 人、1994 年 16 人、1998 年 5 人、2000 年 4 人。

二、拔尖人才选拔

选拔拔尖人才以地委组织部牵头，地区人事局、地区科学技术委员会、地区科学技术协会协助的形式进行。1989 年，全地区选拔出拔尖人才 127 名，其中地区级 17 名，县级 110 名。2000 年，选拔市级拔尖人才 33 人。

三、农林水一线科技人员浮动、固定工资

根据《赣州行署继续加强农林水第一线科技队伍建设的若干规定》，适当提高农林水第一线科技人员待遇，对农林水一线科技人员实行浮动工资奖励。1991 年，全地区审批农林水系统科技人员浮动一级工资转固定工资 416 人。1992 年，全地区审批农林水系统科技人员浮动一级工资 126 人，由浮动工资转固定工资 547 人。1993 年，审批农林水系统科技人员浮动一级工资 88 人。

四、专业技术人员家属子女“农转非”

专业技术人员家属子女“农转非”工作始于 1980 年，对象为获中级以上专业技术职务的技术干部家属，“农转非”工作止于 1993 年。1989—1993 年，全地区办理专业技术人员家属子女“农转非”分别为 369 人、725 人、532 人、678 人、704 人，共 3008 人。

第五节　工资福利

国家机关、事业单位工作人员工资，按国家统一规定，分别于 1956 年、1985 年、1993 年进行工资改革。1956 年第一次工资改革，国家机关、事业单位实行统一职务等级工资制，一职数级，上下交叉。1985 年第二次工资制度改革，将企业与机关、事业单位工资制度分离，企业工资与经济效益挂钩，内部分配自主；机关事业单位由职务等级工资制改革为结构工资制。1993 年第三次工资制度改革，机关与事业单位工资制度分离。机关实行职级工资制，由基础工资、职务工资、级别工资、工龄工资 4 个部分组成；事业单位专业技术人员按五大类不同行业，建立专业技术职务等级工资制；管理人员建立职员职务等级工资制，其工资由固定工资和活的部分组成。建立工资正常晋升机制，在职务不变的情况下，可以正常晋升工资档次和工资级别。在职务变动后，可以按新的职务晋升到相应的工资档次和

级别。建立工资动态调整机制，国家根据经济发展、物价水平和财务情况，对工资标准适时进行调整，保证实际工资水平稳步增长，提高职工生活水平。2000 年，全市机关、事业单位职工年末人数 182364 人，职工年工资总额 12.54 亿元，职工年平均工资 6875 元。

一、工资普调与微调

1989 年，根据《国务院批转人事部、国家计委、财政部 1989 年调整国家机关、事业单位工作人员工资实施方案的通知》和江西省政府《关于贯彻执行国务院 1989 年调整国家机关、事业单位工资实施方案的通知》《批转省人事厅执行国务院 1989 年调整国家机关、事业单位工作人员中解决工资突出问题的通知》文件精神，全面调整国家机关、事业单位工作人员的工资。全地区参加普调一级工资 111048 人，占职工人数 97.75%，月增资额为 734236 元，人均月增资 6.61 元；全地区符合再升一级工资的 106194 人，占普调职工人数 95.63%，人均月增资 6.87 元；全地区提高离退休人员待遇 23175 人，月增资 285723 元，人均月增资 12.33 元；全地区提高研究生、大中专毕业生的初期工资和见习期工资待遇 2713 人，月增资 32556 元，人均月增资 12 元。1990 年，根据省人事厅《关于我省国家机关、事业单位使用机动增资标准的通知》文件精神，使用机动指标用于解决国家机关、事业单位工作和任职时间长，工资相对较低，表现好的职工，升级指标为 5%。全地区使用升级指标 5617 人，月增资 43437 人，人均月增资 7.73 元。

二、工龄工资与奖励工资调整

1986 年，适当解决部分工作人员职务工资平台问题，重点解决专业技术人员工资上的突出问题。

1987 年，适当提高部分专业技术人员的工资。

1992 年，根据省人事厅《关于贯彻执行国务院关于调整机关、事业单位工作人员工龄津贴标准的通知的实施意见》精神，全地区机关、事业单位调整工龄津贴 150734 人，月增资 18.1 万元；根据省政府《批转省人事厅、省计委、省财政厅关于贯彻执行调整国家机关和部分事业单位工作人员奖励工资（奖金）标准的具体规定的通知》精神，全地区机关、事业单位调整奖励工资 130294 人，月增资 299.68 万元；根据省政府《批转省人事厅关于贯彻执行国务院关于机关、事业单位离退休人员增加离退休费的通知的实施意见的通知》精神，全地区机关、事业单位离退休人员增加离退休费 23465 人，月增资 37.7 万元，人均月增资 16 元。

三、工资制度改革

1994 年，根据《国务院关于机关和事业单位工作人员工资制度改革问题的通知》《国务院办公厅关于机关工作人员工资制度改革实施办法》《江西省人民政府关于贯彻实施机关、事业单位工作人员工资制改革方案有关问题的通知》《江西省人事厅关于贯彻执行〈江西省关于贯彻实施机关、事业单位工作人员工资制度改革方案中有关问题的通知〉的补充意见》精神，全地区国家机关、事业单位工作人员参加工资套改的在职人员 148375 人，月增资 1209.75 万元，人均月增资 81.53 元；离退休人员 23826 人，月增资 147.97 万元，人均月增资 62.1 元。根据人事部《关于机关、事业单位工人技术等级考试考核实施意见》，规范全地区机关、事业单位技工考试考核程序和办法。

四、职务工资档次晋升

根据《江西省政府转发国务院关于机关、事业单位离退休人员增加离退休费的通知》《江西省政府办公厅转发人事部、财政部、国家计委关于机关事业单位工作人员正常晋升工资档次办法的通知》精神，1995 年，全地区国家机关事业单位在职人员晋升职务工资档次 143513 人，月增资 311.07 万元，人均月增资 21.68 元；离退休人员 25831 人，月增资 53.05 万元，人均月增资 20.54 元。1997 年，全地区国家机关、事业单位在职人员晋升职务工资档次 138947 人，月增资 310.58 万元，人均增资 22.35 元；离退休人员 31574 人，月增资 125.39 万元，人均月增资 39.71 元。1999 年，正常晋升职务工资档次 142948 人，月增资 322.49 万元，人均月增资 22.56 元；离退休人员 35895 人，月增资 445.1 万元，人均月增资 124 元。

五、工资标准调整

1997 年，根据江西省政府办公厅《转发人事部、财政部关于 1997 年调整机关、事业单位工作人员工资标准等问题的通知》《转发人事部、财政部关于机关、事业单位离退休人员增加离退休费的通知》精神，全地区国家机关、事业单位工作人员调整工资标准 161332 人，月增资 338.71 万元，人均月增资 20.99 元。1999 年，根据省政府办公厅《关于印发江西省调整机关事业单位工作人员工资标准和增加离退休人员离退休费三个实施方案的通知》、省人事厅《关于机关、事业单位工作人员正常晋升职务工资档次和离退休人员增加离退休费的通知》精神，全市（地区）国家机关、事业单位工作人员调整工资标准 17.82 万人，月增资 2068 万元，人均月增资 116.05 元。

六、级别工资晋升

1998 年，根据人事部、财政部《关于机关实行职级工资制的部分人员正常晋升级别工资问题的通知》，江西省人事厅、财政厅《关于机关工作人员正常晋升级别工资有关问题的通知》精神，全地区国家机关公务员晋升级别工资 15321 人，月增资 28.29 万元，人均月增资 18.46 元。

第六节　人事计划与考试

一、人事计划

1991 年 5 月，地区人事局设立综合计划科，负责编制下达国家机关、事业单位职工人数计划、工资总额计划，编制企业单位人员计划；负责国家机关、事业单位干部统计、工资统计及工资基金管理。同年，地区人事局、劳动局、编制委员会、计划委员会、人民银行等 5 家协调，制定赣州地区机关事业单位《工资基金管理暂行办法》，建立工资基金管理档案，实行宏观调控，加强机关、事业单位职工人数的计划控制和工资基金管理。

1993 年，根据省人事厅、人民银行江西分行统一部署，地区人事局、人民银行赣州地区分行联合组织就工资基金管理的范围、对象、内容、制度、成效等方面，对全地区 4250 个国家机关、事业单位实行工资基金管理工作全面检查，完善工资基金管理制度。

1995 年，与地委组织部共同完成中华人民共和国成立以来 1949—1992 年干部资料汇编工作，在全省率先对各县（市）普及微机，实现县（市）干部年报统计用微机审核报盘。

1996 年 5 月，印发《赣州地区机关、事业单位增人计划卡管理办法》，加大机关事业单位人员总量调控力度，强化人事计划管理工作。

1997 年，根据《江西省 1996—2000 年国家公务员培训规划》，制定《赣州地区“九五”期间国家公务员培训规划及实施意见》。

1999 年，按照中共中央组织部、人事部要求，组织进行中华人民共和国成立以来赣州市（地区）干部统计资料的整理汇编工作。完成 1988—1998 年人事部门工资统计资料整理汇编工作。

2000 年，制定《赣州市实行机关、事业单位增人计划卡管理办法实施方案》以及实施细则。在全市范围内布置开展非公有制企业专业技术人员及管理人员的调查工作。

二、人事考试

1991年10月，赣州地区干部录用、聘用、培训及专业技术职称评审考试中心成立，1992年9月更名为赣州地区人事考试中心，主要负责全地区公务员录用、聘用、培训、选拔人才及专业技术职务评审等各类人事考试工作。至2000年，组织各类人事考试21种，其中专业资格考试有经济、会计、审计、统计、国际商务、图书资料、文博、律师、公证、职称外语；执业资格考试有监理工程师、价格鉴证师、执业药师、注册资产评估师、注册税务师、房地产估价师、造价工程师、企业法律顾问、消防设计师以及质量专业资格、录（聘）用国家公务员和机关事业单位工作人员考试等。

1992年，组织全国经济员资格考试，设工业、农业、商业、物资、财政、金融、保险、运输、劳动、邮电、房地产、旅游、价格管理等13个专业。其中商业分设购销、物流、饮服3个子专业；运输分设水运、公路、铁路、民航4个子专业；财政分设财政、税务2个子专业。

1993年，组织公安、检察、法院系统录用干部，事业单位聘用干部，专职武装系统聘用干部考试。1993年度经济专业资格考试与1994年度合为一次报名考试，首次分中级和初级考试。同时规定从1993年7月1日起不再进行经济系列初、中级专业职务任职资格评审工作，其任职资格通过考试取得。经济专业中级资格考试分甲、乙两种，甲种考试为中级资格应具备的专业水平和业务能力考试，具备大专以上学历或有乙种考试合格证人员方可报名；乙种考试为经济基础理论和专业知识考试，具备规定学历的人员均可报名考试。1994年，组织国际商务专业资格考试、经济系列工商行政管理专业独立考试。

1995年，经济专业资格考试专业增加建筑，取消价格管理专业，中级考试仅组织甲种考试。组织执业药师资格考试，分设药化、药剂和生药、药剂3个专业。

1996年，组织注册资产评估师资格考试；组织职称外语考试。

1997年，组织注册建筑师和注册结构工程师资格考试。

1998年，组织企业法律顾问、房地产估价师、造价工程师、监理工程师资格考试；组织地税、司法录用公务员考试。

1999年，组织注册税务师资格考试；组织消防设施设计师考试。

2000年，组织价格鉴证师资格考试；组织工商录用公务员考试。

第七节　人才交流与军转干部安置

一、人才交流

1984年，赣州地区人才咨询服务中心成立，1992年更名为赣州地区人才交流中心。主要负责全市（地区）人才交流工作的管理指导；市（地）直企事业单位专业技术人员和管理人员的流动调配，乡镇企业、二轻等集体企业的干部聘用和管理工作；企事业单位专业技术人员和管理人员的辞职、辞退、停薪留职的鉴证和流动人员的档案管理，出国人员的政审，人事代理，人才资源开发，人才培训，人才交流大会的筹办，人才技术智力的引进、转让，不包分配大中专毕业生的择业聘用和计划内统招未分配大中专毕业生的择业管理等工作。

人才市场建设　1993年6月，赣州地区人才市场成立，制定《赣州地区人才市场管理规定》《赣州地区人才招聘管理办法》，1994年与地委宣传部联合印发《关于加强人才招聘广告（启事）审批的通知》。至2000年，全市政府人事部门成立人才市场19个，在各乡（镇）建立人才服务站296个，全市50%以上的县（市、区）配备微机、传真机等，人才市场硬件设施和办公条件得到改善。

人事代理工作 人事代理工作始于1992年。开展人事档案、人才中介服务、企事业单位内部人员管理等人事代理。人事档案代理项目包括转正定级、档案工资调整、连续工龄计算、申报专业技术职务、预备党员转正、接转党团关系、流动手续、整理档案材料等。人事代理业务包括委托单位提供人才技术咨询、人才培训、人才招聘、人才测评、人事诊断、人才规划；为委托个人推荐就业、求职登记、信息服务等。人事代理范围，代理的个人包括辞职、辞退、下岗人员、未分配和不包分配大中专毕业生；代理的单位包括国有企事业单位、个体私营、外资企业和各类非公有制单位。人事代理的地域包括城市居民、农村乡土人才。1996年，制定《关于做好挂编人员养老保险工作的意见》，1997年，印发《关于开展人事代理工作的通知》，并制定相关的政策规定。至2000年，市人才交流中心人事代理总人数2000余人，人事代理的单位27家；全市人事代理人数9700余人，单位200余家，代理业务超过15项。

人才资源开发 人才理论研究 1996年，地区人事局与南方冶金学院合作，开展赣州地区2010年人才需求预测与总体规划的课题研究，1998年1月专家评审鉴定会评审通过，填补赣州地区人事工作史空白。

人才开发利用 1995年，制定《关于国家不包分配大中专毕业生就业实施办法》及具体实施意见，行署下发《赣州地区国家不包分配大中专毕业生就业管理办法》。1997年，印发《关于进一步做好我区国家不包分配大中专毕业生择业工作的通知》，至2000年，全市为3000余名国家不包分配大中专毕业生办理择业聘用手续，落实有关待遇。

人才培训 1994—2000年，地区人事局与乡镇企业局、财政局联合印发《关于为乡镇企业定向培养财会统计人员的通知》《关于做好赣州地区财校中专毕业生择业推荐工作的通知》；与地区果业局联合印发《关于积极培养果树栽培与果品加工专业技术人才的通知》。与南方冶金学院等省、地几十所大中专院校签订办学协议，建立联合办学、联合招生、联合培训的协作关系。至2000年，全市人才中心联合举办培训班60余次，培训人数4000余人，联合办学、委托学校培训4000余人，联合招生3000余人。

人才流动 1992年，完善流动人员的社会化管理，建立人才信息库。组织4000多名专业技术人员为全地区国营大中型企业、“三资”企业及农业生产服务。1993年，组织县（市）、地直企事业单位参加江西省人才智力技术大会。全年为各类人才办理求职登记110人，办理流动手续226人，从区外引进41人。1994年，地区邮电局开设168人才求职咨询信息台，批准15个用人单位在赣州地区招聘人才197人，为各类企、事业单位招聘人才363人，办理流动手续208人。1995年，为区内外22家用人单位在区内招聘人才325人，办理各类人才求职登记421人。1997年，开展人才现状需求调查，组织人才交流，印发《关于对国有、二轻、乡镇企业进行人才现状与需求情况调查的通知》。1998年，组织赣州地区1998年春季人才交流大会，组团参加江西省人才智力交流大会。1999年，举办人才（集市）招聘交流会10场。2000年，召开新世纪首届赣州市人才智力交流大会。

1997—2000年，市（地区）人才交流中心共组织人才交流会15场，参加大会单位250多个，接待洽谈人数23.5万人次，签订就业协议2200人次；全市（地区）人才市场进行人才求职登记6.76万人次，推荐就业成功2.58万人次，办理人才流动手续2.85万人次。

二、军队转业干部安置

市（地区）人事局军队转业干部安置办公室组织实施军队转业干部安置工作，主要负责落实军队转业干部安置计划，组织市（地）直单位和中央、省驻地单位接收和选调军队转业干部，负责军队转业干部的培训和有关服务工作。

1986—2000年，全市（地区）接收安置军队转业干部2525人，其中师职3人、团职231人、营职

681 人、连排职 1164 人、技术干部 446 人。安置到行政机关 1491 人、事业单位 506 人、企业单位 528 人，随调家属 785 人。

1986—2000 年赣州安置转业干部统计表

表 12-1-1　　　　单位：人

年度	总数	师职	团职	营职	连排职	技术干部	行政机关	事业单位	企业单位	随调家属
1986 年	674	—	29	143	435	67	367	154	153	246
1987 年	415	—	6	68	270	71	210	74	131	101
1988 年	269	2	16	51	118	82	97	129	43	59
1989 年	98	1	13	31	29	24	53	26	19	27
1990 年	78	—	9	20	32	17	50	11	17	23
1991 年	71	—	8	22	27	14	44	9	18	25
1992 年	63	—	8	14	21	20	32	9	22	27
1993 年	120	—	7	44	44	25	64	19	37	50
1994 年	89	—	8	33	24	24	66	5	18	24
1995 年	108	—	15	51	22	20	79	9	20	37
1996 年	109	—	11	47	35	16	86	8	15	38
1997 年	77	—	11	35	19	12	61	9	7	28
1998 年	104	—	22	31	29	22	79	15	10	27
1999 年	130	—	31	44	36	19	108	11	11	44
2000 年	120	—	37	47	23	13	95	18	7	29
总计	2525	3	231	681	1164	446	1491	506	528	785

第八节　干部培训

1985 年，赣州地区行政管理干部培训中心成立，1996 年更名为赣州地区人事培训中心。主要承担全市（地区）国家公务员初任、任职、专业业务、知识更新培训，专业技术人员培训和继续教育工作，提供培训与咨询服务。为全市（地区）政府机关、企事业单位和社会提供培训服务。

一、文化基础知识培训

1986—1991 年，开办编制干部岗位培训班 1 期；干部高中文化补习班 8 期；成人高考补习班 6 期；招聘干部岗前培训班 21 期。

1987 年，开办劳动人事专业正规化教育培训班 1 期。1988 年，开办招干考试文化补习班 2 期。1989—1992 年，开办招聘干部考前补习班 3 期。1990 年，开办劳动人事专业证书考前补习班 1 期。1991 年，举办人事干部学习研讨班 2 期。1993 年，举办全地区乡镇企业聘干岗前培训班 2 期。

二、学历教育培训

1986—1994 年，开办 3 届江西广播电视大学人事管理专业和劳动经济管理教学班。1986—1994 年，举办 3 届人事管理、劳动经济管理 2 个专业大专班。1990—1992 年，承办省人事厅电大工作站、省行政学院联合开设的人事、劳动管理专业证书班。1993 年，承办省电大、省人事厅工作站开设的行政管理、劳动经济管理专业大专班。1994 年、1995 年、1996 年连续招收 3 届初中毕业生就读财务会计、幼师、电脑文秘专业中专班，学制 2 年。

三、招聘用干部岗前培训

对全地区乡（镇）农业“五站”、乡（镇）计划生育部门、乡（镇）机关及基层工商行政管理所、税务所、民政事业部门、全民所有制事业单位聘用的全体干部进行岗前培训，系统学习行政管理、公文写作、法律知识等基础理论知识。1986—1993 年，办班 23 期。

四、军队转业干部培训

1986—2000 年，全市（地区）分别举办党政群、公安、法院、检察、工商、商业、粮食等军转干部专业培训班 23 期。

五、专业技术职务晋升资格考试培训

为各类专业技术人员晋升中、高级职称举办考前外语培训班。1991 年，开办外语补习班 8 个；经济员资格考前补习班 8 个 429 人。1994—1995 年，开办英语、日语补习班 2 个。1995 年，组织全地区综合类、出纳会计、文字录入等专业工人技术等级晋升前的培训和技能考核。

六、公务员培训

1992 年，印发《赣州地区地直科级行政干部岗位任职培训实施方案》《关于全区政府系统秘书人员岗位培训实施方案》。对全地区乡（镇）农业“五站”、乡（镇）计划生育部门、乡（镇）机关及基层工商行政管理所、税务所、民政事业部门、全地区所有制事业单位聘用的干部进行岗前培训。至 1993 年，举办岗前培训班 3 期。

1993—1994 年，为推行国家公务员工资制度做准备，开展机关工作人员的岗位培训和以公务员基本知识为内容的骨干培训，举办培训班 2 期。承办江西广播电视大学省人事厅工作站开设的行政管理、劳动经济管理专业大专班。

1995 年，对地区政府机关正副科长全面开展公务员知识培训。组织全地区综合类、出纳会计、文字录入等专业工人进行技术等级晋升前的培训和技能考核。

1996 年，开展国家行政机关工作人员向国家公务员过渡培训，面向地直、县（市）举办过渡培训师资班。1997 年，印发《赣州地区国家公务员培训实施办法》《关于在全区国家公务员中进行计算机知识教育的通知》《关于举办专业技术人员计算机知识培训及考试的通知》。组织地直单位国家公务员计算机知识培训 8 个班次；专业技术人员计算机知识培训 18 个班次。1998 年，组织参加国家公务员计算机知识培训考试。协同地区计划委员会开展全地区计划委员会系统国家公务员专门业务培训 2 期。

1999 年，举办地税系统、司法系统新录用公务员初任培训班 5 期。组织全市（地区）事业单位管理人员进行计算机知识培训考试、发证。

2000 年，创办计算机培训基地，组建以 1 台联想万全服务器为主机，30 台清华同方电脑为工作站的计算机培训网络。全年组织全市国家公务员、事业单位管理人员、申报高中初级职称专业技术人员的计算机知识培训考试。

第二章 机构编制

全市（地区）机构编制工作严格执行中央和省、市（地区）机构编制工作的政策法规，适应不同时期改革开放和经济建设的要求，不断深化行政管理体制和机构改革，健全机构编制管理制度，改进机构编制管理办法，确保机构编制工作有效运行。1986—2000年，机构编制工作主要负责全市（地区）的机构编制管理，市（地）直机关机构改革、市（地）直机关机构的设置与调整工作。1992年，全地区13个县（市）进行县乡机构改革、事业单位管理体制改革和机关后勤服务改革试点工作，改革思路是“小机关、大社会”，减少对企业和基层的行政干预，进一步发展服务体系。1996年，全地区党政机构改革以政企、政事职责分开和精简、统一、效能为原则，转变政府职能，理顺关系，精兵简政，提高效率，促进经济建设和社会的发展。地委设工作部门7个，比原13个精简46.15%；行署设工作部门39个，比原57个精简31.58%；地直党政群机关实有人数由原2173人减少为1678人，精简22.78%；内设机构由原450个减为398个，精简11.56%；撤销非常设机构66个。全地区18个县（市）党政机关精简2484人，精简15%；乡（镇）精简2988人，精简26.6%；县（市）党政工作部门平均设置35个，比改革前平均68个减少33个，精简48.53%。

第一节 机　构

一、市（地区）机构编制委员会

市（地区）机构编制委员会（以下简称“市编委”）是市（地）委、市政府（行署）领导下的负责全市（地区）行政管理体制和机构改革以及机构编制管理工作的常设议事协调机构。市（地区）编委统一管理全市（地区）党政机关，人大常委会机关、政协机关、法院和检察院机关，各民主党派、群众团体机关及事业单位的机构编制工作。市（地区）机构编制委员会办公室（以下简称“市编办”）是市（地区）编委的常设办事机构，既是市（地）委的机构，又是政府的机构。

二、市（地区）机构编制委员会办公室

地区机构编制委员会办公室于1986年11月升格为副县级机构，挂靠地区劳动人事局。1989年6月，地区劳动人事局分设为劳动局和人事局，地区机构编制委员会办公室挂靠人事局，内设秘书科、编制科。1997年11月，地区编委办公室升格为正县级机构，内设秘书科、业务科。1999年1月，地区编办列党委系列。2000年，市机构编制委员会办公室内设秘书科、业务科、登记科，下设机构编制研究室。

第二节 机构编制管理

机构编制管理工作严格执行党和国家的机构编制政策法规，不断完善机构编制管理制度，改进管理办法和管理手段。

一、管理工作

1986年，地直党政群机关、事业单位开始实行编制管理卡片管理办法对人员编制进行管理，从严控制编制增长。

1987年，地区编委印发《关于严格制止地直机关事业单位增设机构、扩大编制、调入工作人员的通知》，禁止擅自增设机构，严格按编制配备领导干部和工作人员，严禁调入工作人员，严格执行《编制管理卡片管理办法》。根据中共中央、国务院和省委关于清理非常设机构文件精神，对地直120个非常设机构进行清理，撤销地区非常设机构59个。

1988年，地区编委、地委组织部、地区劳动人事局联合发文，加强对选拔调用干部的监督和指导，纠正与防止超职数配备干部，对地直机关、事业单位科级领导职数实行限额管理。地区编委制定《全区党政群机关事业单位工资基金管理规定》。

1989年，制定《赣州地区机构编制管理规定》，在全地区全面推行人员编制与工资基金统一管理制度，全地区一次性减少各类人员842人，核减各种不合理工资基金总数168.4万元。部分县（市）试行人员编制包干制和机关事业单位人员结构管理办法。

1990年，机构编制工作执行中共中央《关于制止机构编制和干部队伍膨胀的通知》，省委办公厅、省政府办公厅《关于停止审批机构和人员编制的通知》，地委、行署《关于严格控制增加机构和人员编制的通知》及《关于认真贯彻〈国务院关于进一步加强机构编制管理的通知〉的意见》等文件精神。对党政群机关的机构设置、机构编制、领导职数、人员编制等情况和存在的问题进行全面检查清理；严格控制增设机构，提高机构规格，增加人员编制和领导职数；严格执行机构编制审批制度。当年，地直机关少增机构15个，少设内设机构91个；少增编制649人，暂缓机构升格31个；6个县（市）抽样调查统计少增机构143个，少增编制709个。11月，地委办、行署办印发《关于在全区党政群机关事业单位实行〈核编准调通知单〉的通知》，从1991年1月1日起，在全地区党政群机关、事业单位实行《核编准调通知单》制度：凡党政群机关、事业单位调入人员，含招工、招干、大中专毕业生分配、转业、退伍安置，借调试用及其他人员，必须由主管部门到编制部门核编开具《核编准调通知单》后，才能办理其他相关手续。

1991年1月，地区人事局、劳动局、编委办和中国人民银行赣州分行联合印发《关于印发〈赣州地区机关、事业单位工资基金管理暂行办法〉的通知》，在全地区机关、事业单位全面实行工资基金与机构编制管理相结合的管理办法。

1994年，机构编制工作执行省编委《关于加强对机关事业单位人员、工资基金和机构编制管理的通知》要求，县（市）党政机构比1993年减少144个，县（市）党政机构平均数由61个下降到53个。

1995年8月，根据地委、行署《关于进一步加强机构编制管理的通知》，对行政机关事业单位人员一律实行冻结，严格机构编制审批程序。

1996年，在全地区开展事业单位登记工作，建立党政群机关事业单位机构编制管理台账工作。至1997年，地区编委办对70个行政单位，290多个事业单位办理换册建卡手续。全地区地直、县（市）党政群机关和事业单位全部建立编制管理册和台账。

1997年，根据中共中央办公厅、国务院办公厅《关于加强管理防止机构编制再度膨胀的通知》精神，加强机构编制管理，保持机构编制相对稳定，严禁上级业务主管部门干预下级的机构编制，对机构编制实行“冻结机构升格、冻结编制、冻结领导职数；不得以任何形式恢复已经撤并或精简为经济和服务实体的机构，不得擅自分设实行合署办公或一个机构、两块牌子的部门，不得随意更改机构名称、规格和层次，不得给内设机构升格；停止机关事业单位调入人员。”根据省政府办公厅转发省编委《关于在全省开展事业单位法人登记工作报告的通知》和《关于事业单位法人登记工作的实施意见》，对全地区开展事业单位法人登记工作。至年底，地直事业单位法人登记完成98%，其中法人单位完成95%；县（市）完成登记80%。

1998年，全地区开展首次事业单位登记年检工作，年检率达100%。

1999年，地区编委办负责撤地设市的事权调整。根据“强市活区”的指导思想和工作原则，地区编委办拟定《赣州市撤地设市事权调整方案》，报地委、行署审批通过。为保证撤地设市后涉及事权调整部门单位工作正常运转，地区编委办对公安、土管、地税、环保、总工会、人防、规划、房产、城管和部分部门管理的事业机构的职能配置、内设机构和人员编制及时报请地区编委和地委、行署审批，及时调整市与区相关部门的职权关系，明确各自职责范围，理顺相互关系。会同市、章贡区财政、人事部门完成17个事权调整部门共52个单位3834名行政事业编制的上划和3545名工作人员的交接工作。市编委办对市直机关单位的内设机构、人员编制、实有人数及年龄、文化程度、专业结构进行全面的调查摸底，重新建立机构编制台账。

2000年，全市机构编制部门开发机构编制信息管理系统并在全市各县（市、区）全面推广，基本实现机构编制工作微机自动化管理目标。全市开展首次全国统一的事业单位法人登记工作，市直登记发证234个，完成登记63%，县（市、区）完成登记50%。

二、机构编制情况

2000年，全市市、县、乡党政机关机构共有1803个，其中市级4个、县级716个、乡级1083个；人员编制23152名，其中市级1488名、县级10319名、乡级11345名；实有人数26697人，其中市级1759人、县级14545人、乡级10393人。市直党政群机关机构共有78个，其中市委工作部门9个、纪检委1个、人大常委会1个、市政府工作部门37个、法院1个、检察院1个、政协1个、人民团体10个、民主党派6个、市政府驻外机构10个、临时机构1个，人员编制总计3371名。

第三节 市直机关机构设置与调整

组织机构包括中国共产党领导机关、民主党派机关、人大常委会机关、人民政协机关、工青妇等人民团体机关、检察院法院机关和国家行政机关的组织结构，以及上述机关所属事业单位的组织结构。

一、市（地）直党政群机关机构设置与调整

市（地）直党政群机关包括党委、政府工作部门，人大常委会、政协、纪检会机关，检察院、法院，人民团体，民主党派，政府驻外机构。1986年共有机构56个，人员编制1878名，实有1894人；2000年共有机构78个，人员编制3371名，实有2814人。

市（地）委机关机构设置与调整 1986年，赣州地委机关设有办公室、组织部、宣传部、统战部、政法委员会、老干部局、信访办、直属机关党委、档案处等9个工作部门和纪律检查委员会。

1988年，地委对台工作小组改为地委对台工作小组办公室；3月，设立地委、行署接待处；地委政法委员会更名为地委政法领导小组办公室；知识分子工作小组办公室与地委组织部知识分子工作科合并；地委组织部增设地委组织员办公室，副县级行政机构，由地委组织部管理。地委工作部门为10个。

1989年，增设地委政策研究室。地委组织员办公室改为副县级事业单位；地委党史资料征集小组办公室改为副县级事业单位。地委工作部门11个，挂牌机构1个。

1990年，在地委保密委员会办公室的基础上成立赣州地区保密局，同时挂地委保密委员会牌子；地委党史工作办公室（原地区党史资料征集小组办公室）列地委工作部门；地委政法领导小组办公室更名为地委政法委员会办公室。地委组织员办公室由组织部管理的副县级事业单位改为由组织部管理的副县级行政机构。地委工作部门13个，部门管理机构或挂牌机构3个。

1991年，设立地委机要局，为地委办公室管理的副县级行政机构；设立地区对外宣传小组办公室，

为地委宣传部管理的副县级行政机构；增设地区民族宗教事务处，为地委统战部管理的副县级行政机构；地区社会治安综合治理委员会办公室由原与地区精神文明建设活动委员会办公室合署办公，改为与地委政法委员会办公室合署办公。地委工作部门13个，部门管理或挂牌机构7个。

1992年，赣州地区对台工作小组办公室更名为赣州地区台湾工作办公室。赣州地区廉政建设领导小组更名为赣州地区党风廉政建设领导小组，下设办公室，由地区纪律检查委员会管理。

1993年，中共赣州地区纪律检查委员会机关与赣州地区监察局合署办公，一套工作机构，两个机关名称，两种职能体制。

1994年，成立地委密码工作领导小组办公室，与地委机要局合署办公，两块牌子、一套机构。地委工作部门13个，部门管理或挂牌机构8个。

1996年，地直党政群机关机构改革，赣州地委共设工作部门7个，归口机构3个，议事协调机构的办事机构2个。

保留机构：地委办公室、组织部、宣传部、统一战线工作部、政法委员会（与社会治安综合治理委员会办公室合署办公）、台湾工作办公室、地直机关工作委员会，共7个工作部门。纪律检查委员会机关与监察局合署办公。

归口机构：老干部局归口地委组织部；政策研究室、信访办归口地委办公室；地委党史工作办公室改为地委直属事业单位；地委、行署接待处改为地委直属事业单位。

议事协调机构的办事机构：设立地委农村工作委员会，其日常工作由行署农村工作办公室承担；地区机构编制委员会为地委议事协调机构，下设办公室为常设办事机构，为地委、行署的机构。

撤并机构：地委机要局、保密委员会办公室（地区国家保密局）并入地委办公室，为地委办公室内设机构，对外保留机要局、保密办（局）名称；地委组织员办公室并入地委组织部，为地委组织部内设机构，对外保留组织员办公室名称；地区对外宣传领导小组办公室，精神文明建设活动委员会办公室并入地委宣传部，为地委宣传部内设机构，对外保留对外宣传领导小组办公室、精神文明建设活动委员会办公室名称。

1999年，赣州地委工作部门改称赣州市委工作部门。

2000年，赣州市委工作部门7个：办公室、组织部、宣传部、统一战线工作部、政法委员会（社会治安综合治理委员会办公室）、台湾工作办公室、市直机关工作委员会。

市人民政府（地区行署）机构设置与调整 1986年5月，成立地区老区建设委员会办公室，归口地区民政局管理。

1986年，地区行署工作部门38个：办公室、计划委员会、经济委员会、科学技术委员会、物资局、财政局、税务局、统计局、劳动人事局、城乡建设环境保护局、经济体制改革委员会、对外经济技术合作办公室、审计局、物价局、工商行政管理局、交通管理处、二轻工业局、农业委员会、乡镇企业局、农牧渔业局、林业局、水利电力局、粮食局、对外经济贸易局、商业局、文化局、教育局、广播电视局、卫生局、体育运动委员会、计划生育委员会、民政局、标准计量局、司法局、公安处、土地管理局、柑橘基地指挥部、革命根据地建设委员会办公室。

1987年3月，设立地区矿产资源开发管理局，既是行署职能部门，又是省地矿局派出机构，编制由省管理；地区文化局增挂地区社会文化管理委员会牌子；地区农业委员会增挂赣南山区开发建设委员会牌子；地区交通管理处更名为地区交通管理局。

1988年，地区农业委员会更名为地区农业经济委员会，为行署工作部门；增设赣州地区监察局、外事办公室（侨务办公室）、档案局，为行署工作部门；地区革命老根据地建设委员会办公室与地区民政局分设，为行署工作部门。地区城乡建设环境保护局增挂赣州地区抗震领导小组牌子；赣州地区计划委员会增挂赣州地区国土资源委员会牌子；赣州地区交通局增挂地区交通战备领导小组牌子；赣州地区林业局增挂地区绿化委员会牌子；增设赣州行署驻上海、广州、厦门、南昌、韶关办事处，为行署派出机构，副县级事业单位。

行署工作部门46个，挂牌机构23个，派出机构6个。

1989年4月，赣州地区冶金煤炭工业公司、建材工业公司、机械电子工业公司（农业机械服务公司）、轻化纺工业公司、糖业工业公司分别更名为地区冶金煤炭工业局、建材工业局、机械电子工业局（农业机械局）、轻化纺工业局、食品工业局，并由事业单位改为行署工作部门。赣州地区五讲四美三热爱活动委员会更名为赣州地区精神文明建设活动委员会，下设办公室（社会治安综合治理办公室与其合署办公）；增设赣州地区旅游局，与外事办公室、侨务办公室三块牌子、一套机构；赣州地区劳动人事局分设为地区劳动局和地区人事局，为行署工作部门；土地利用管理局由地区农牧渔业局管理的行政机构改为行署工作部门。

行署工作部门46个，挂牌或部门管理机构26个，派出机构6个。

1990年，地区农业区划委员会办公室由地区农村经济委员会管理改由地区计划委员会管理；撤销地区职工教育管理委员会，其职能和人员编制划入地区劳动局；增设地区外商投资服务中心，由地区对外经济技术合作办公室管理。

1991年，地区商业局分设为地区商业局、地区供销社，为县级行政机构，行署工作部门；撤销赣州地区社会治安综合治理办公室。设立地区国营资产管理局，为地区财政局管理的副县级行政机构；设立地区行署北京联络处，副县级派驻机构；地区安全委员会办公室更名为地区安全生产委员会办公室，由地区劳动局管理。

行署工作部门47个，部门管理或挂牌机构28个，派出机构7个。

1992年，赣州地区环境保护局从地区城乡建设环保局划出单设，副县级行政机构；地区城乡建设环保局更名为地区建设局；成立赣州地区招商局，与地区利用外资工作领导小组合署办公；设立赣州地区口岸办公室；地区标准计量局更名为地区技术监督局，副县级机构。

在原防震抗灾办公室的基础上组建赣州地区地震局，副县级行政机构，挂靠地区建设局；地区地名办公室由行署办公室管理划转地区民政局管理；成立地区农村社会养老保险管理处，由地区民政局管理；成立地区支援铁路建设领导小组办公室，副县级机构，挂靠地区计划委员会；成立地区水土保持局，与地区水土保持委员会办公室合署办公，两块牌子、一套机构。

行署工作部门49个，部门管理或挂牌机构31个，派出机构7个。

1993年，赣州地区矿产资源开发管理局更名为地区地质矿产局；地区监察局与地区纪律检查委员会机关合署办公。地区行署驻上海、广州、北京联络处升格为正县级机构；地区行署驻厦门、深圳、南昌办事处升格为正县级机构；江西省手工业合作联社赣州地区办事处更名为赣州地区工业合作联社；江西省水利厅赣州地区水文站更名为江西省水利厅赣州地区水文分局。

1994年，成立赣州地区地方税务局；地区招商局、地区利用外资办公室并入地区对外经济贸易合作局，三块牌子、一套机构。赣南山区建设委员会办公室调整与地区科学技术委员会计划科合署办公；成立赣州地区个体私营经济管理局，副县级行政机构，隶属地区工商局，与地区个体私营经济协会合署办公；江西省工商联赣州地区办事处为副县级机构。

行署工作部门49个，部门管理或挂牌机构32个，派出机构7个。

1995年，成立赣州地区国家安全局。增设赣州地区行署驻汕头、海口、香港办事处，为正县级机构。

行署工作部门50个，部门管理或挂牌机构32个，派出机构10个。

1996年，地直党政群机关机构改革，赣州地区行署工作机构改革调整如下：

保留机构：行署办公室、计划委员会、科学技术委员会、经济体制改革委员会、人事局、劳动局、国家安全局、法制局、监察局、民政局、财政局、地方税务局、工商行政管理局、物价局、审计局、建设局、农业局、林业局、水利电力局、乡镇企业局、商业局、粮食局、文化局、卫生局、计划生育委员会、广播电视局、体育运动委员会、口岸办公室。为行署工作部门。

更名机构：农村经济委员会更名为农村工作办公室，教育局更名为教育委员会，农牧渔业局更名为农业局，行署公安处更名为公安局，对外经济贸易局更名为对外贸易经济合作局；交通管理局更名为交通局，乡镇企业管理局更名为乡镇企业局。为行署工作部门。

重新组建的机构：撤销经济委员会，组建经济贸易委员会，为行署工作部门。

归口管理机构：外事（侨务）办公室归口行署办公室，为正县级；革命老根据地建设委员会办公室归口地区民政局，为正县级。

撤并机构：地区民族宗教事务处更名为地区民族宗教事务局；行署法制局、民族宗教事务局、地震局改为行署办公室内设机构，对外保留牌子；地区国有资产管理局、地区（税务、物价、财务）大检查领导小组办公室改为地区财政局内设机构，对外保留牌子；地区个体私营经济管理局改为地区工商行政管理局内设机构，对外保留牌子。上述机构为副县级。

转制机构：二轻工业局改为二轻工业行业办公室（保留二轻工业局和手工业合作联社牌子），冶金煤炭工业局改为冶金煤炭工业行业办公室（保留冶金煤炭工业局牌子），机械电子工业局改为机械电子工业行业办公室（保留机械电子工业局、农业机械局牌子），建材工业局改为建材工业行业办公室（保留建材工业局牌子），轻化纺工业局改为轻化纺工业行业办公室（保留轻化纺工业局牌子），食品工业局改为食品工业行业办公室（保留食品工业局牌子）。上述6个行业办公室为行署直属事业单位。

地区档案局、对外经济技术合作办公室改为行署直属事业单位，为正县级；地区物资局改为行署直属事业单位（同时挂物资总公司的牌子）。

经上述改革和调整，赣州地区行署设工作部门37个：行政公署办公室、计划委员会、经济贸易委员会、科学技术委员会、计划生育委员会、教育委员会、公安局、国家安全局、司法局、监察局、审计局、民政局、财政局、人事局、劳动局、统计局、建设局、交通局、农业局、林业局、水利电力局、土地管理局、地质矿产局、对外贸易经济合作局、乡镇企业局、卫生局、广播电视局、文化局、物价局、粮食局、商业局、地方税务局、工商行政管理局、农村工作办公室、口岸办公室、环境保护局、技术监督局。归口管理机构2个：外事（侨务）办公室、革命老根据地建设委员会办公室。

1999年，赣州地区行政公署工作部门改称赣州市人民政府工作部门。至2000年，市人民政府工作部门（机构）设置如1996年。

1986—2000年赣州市（地）直党政群机关机构设置统计表

表12－2－1　　单位：个

年份	党委工作部门	政府工作部门	人大常委会机关	政协机关	纪检会机关	检察院	法院	人民团体	民主党派	政府驻外机构	临时机构
1986年	10	34	1	1	1	1	1	7	—	—	—
1987年	10	34	1	1	1	1		9	—	—	—
1988年	11	36	1	1	1	1	1	9	—	—	—
1989年	12	52	1	1	1	1	1	9	—	—	—
1990年	14	52	1	1	1	1	1	11	—	—	—
1991年	14	53	1	1	1	1	1	12	—	—	—

续表 12-2-1

年份	党委工作部门	政府工作部门	人大常委会机关	政协机关	纪检会机关	检察院	法院	人民团体	民主党派	政府驻外机构	临时机构
1992 年	19	62	1	1	1	1	1	12	—	—	—
1993 年	19	61	1	1	1	1	1	12	—	—	—
1994 年	19	61	1	1	1	1	1	12	—	—	—
1995 年	18	67	1	1	1	1	1	12	—	—	—
1996 年	16	47	1	1	1	1	1	12	—	10	1
1997 年	8	38	1	1	1	1	1	12	—	10	1
1998 年	8	38	1	1	1	1	1	12	—	10	1
1999 年	7	40	1	1	1	1	1	10	6	10	1
2000 年	9	37	1	1	1	1	1	10	6	10	1

1986—2000 年赣州市（地）直党政群机关人员编制统计表

表 12-2-2

年份	党政群机关机构数(个)	人员编制数(人)			实有人数(人)		内设机构数(个)
		总数	其中		总数	其中工人	
			行政	自定			
1986 年	56	1878	127	—	1894	—	286
1987 年	57	1900	149	—	1945	—	281
1988 年	61	2035	221	—	2039	—	302
1989 年	78	2170	420	—	2187	—	345
1990 年	82	2306	547	—	2256	—	367
1991 年	84	2428	621	—	2321	—	405
1992 年	98	2536	725	—	2494	—	450
1993 年	97	2536	725	—	2492	—	448
1994 年	97	2587	766	—	2509	—	475
1995 年	102	2742	837	—	2474	321	499
1996 年	90	2327	624	199	2123	249	470
1997 年	73	2362	646	192	2214	263	468
1998 年	73	2473	721	192	2324	283	486
1999 年	78	3291	976	199	3218	297	536
2000 年	78	3371	1012	174	2814	269	498

群众团体机关机构设置与调整 1986 年，赣州地区群众团体机关 7 个：江西省总工会赣州地区办事处、共青团赣州地区委员会、江西省妇女联合会赣州地区办事处、科学技术协会、文学艺术界联合会、哲学社会科学联合会、归国华侨联合会。

1987 年，设立赣州地区老龄问题委员会、赣州地区红十字会（设在地区卫生局内）。

1999 年，设立赣州市总工会，同时撤销江西省总工会赣州地区办事处；设立共青团赣州市委员会；

成立赣州市妇女联合会，同时撤销江西省妇女联合会赣州地区办事处；成立赣州市工商联，同时撤销江西省工商联赣州地区办事处、赣州地区总商会。

2000 年，群众团体机关机构 10 个：总工会、共青团赣州市委员会、妇女联合会、工商业联合会、科学技术学会、文学艺术界联合会、社会科学联合会、归国华侨联合会、残疾人联合会、红十字会。

人大常委会、政协机关机构设置与调整 1986 年，设有江西省人大常委会赣州地区联络处、江西省政协赣州地区联络处。

1999 年，人大常委会机关调整：成立赣州市第一届人民代表大会常务委员会，江西省人大常委会赣州地区工作委员会自行终止。设立赣州市人大常委会办公室及内务司法委员会、财政经济委员会、选举任免联络工作委员会、教育科学文化卫生工作委员会、农业和农村工作委员会、城乡建设环境与资源保护工作委员会、外事华侨民族宗教工作委员会等 7 个专门委员会。

政协机关调整：成立政协赣州市第一届委员会，江西省政协常委会赣州地区工作委员会自行终止。设立赣州市政协委员会办公室及提案委员会、学习文史委员会、经济科技委员会、教文卫体委员会、法制社团委员会等 5 个专门委员会。

检察院、法院机构设置与调整 1986 年，设有江西省人民检察院赣州分院、赣州地区中级人民法院。

1999 年，成立赣州市人民检察院、赣州市中级人民法院。

民主党派机构设置与调整 1999 年，成立中国国民党革命委员会赣州市委员会、中国民主同盟赣州市委员会、中国民主建国会赣州市委员会、中国民主促进会赣州市委员会、中国农工民主党赣州市委员会、九三学社赣州市委员会。

二、市（地）直属事业单位设置与调整

1986 年，地区直属副县级以上事业单位 39 个：其中地委、行署所属事业单位分别为 3 个、36 个。

地委所属 3 个：地委党校、赣南日报社、地委讲师团。

行署所属 36 个：水土保持办公室、柑橘基地建设指挥部（赣南柑橘开发中心）、冶金工业公司、轻化工业公司、糖业工业公司、建材工业公司、机械电子工业公司（农机管理工业公司）、赣州市农机职工中等专业学校、地区志编纂委员会办公室、赣南宾馆、地区科技情报所、地区财会职工中专、地区劳动服务公司、地区技工学校、地区粮食职工中专学校、江西商业技工学校、地区农业科学研究所、地区畜牧研究所、地区柑橘研究所、地区农业良种场、赣州农业学校、地区林科所、九连山营林林场、九连山自然保护区管理处、江西第一林校、赣州教育学院、江西省电大赣州地区分校、赣州师范学校、宁都师范学校、龙南师范学校、瑞金师范学校、兴国师范学校、地区人民医院、地区卫生学校、地区计划生育职工中专、地区信托投资公司。

1987 年，设立赣州地区社会保险事业管理处，副县级，归口赣州地区劳动人事局；设立赣州地区工程咨询中心，副县级，与地区经济技术社会发展研究中心、地区经济信息中心合署办公，三块牌子、一套机构，归口地区计划委员会；赣州地区律师事务所升为副县级事业单位，由地区司法局管理。

1988 年，中国人民解放军三六二医院移交赣州地区管理，更名为赣州地区中西结合医院，副县级事业单位；江西商业技工学校增挂地区商业职工中专牌子。

1989 年，设立赣州地区基本建设投资公司，副县级事业机构，归口地区计划委员会；地委党史资料征集小组更名为地区党史资料征集小组办公室，由行政机构改为副县级事业机构，归口地委办公室；地委组织员办公室由行政机构改为副县级事业机构，归口地委组织部；设立赣州地区港航管理处，副县级事业机构，归口地区交通管理局；江西商业技工学校更名为赣州地区商业职工中专，副县级事业

单位，由地区商业局管理。

1990年，成立赣州地区输变电工程建设指挥部办公室，与地区建设投资公司合署办公；赣州地区公路运输管理处为副县级事业机构，由地区交通局管理；赣州地区劳动服务公司更名为赣州地区劳动就业服务管理局，仍为赣州地区劳动局下属副县级事业单位；地区党史资料征集小组办公室更名为地委党史工作办公室，调整为地委工作部门，正县级行政机构。

1991年，赣州地区志编纂委员会办公室，更名为赣州地区地方志办公室；赣州地区甘蔗科学研究所由赣州地区食品工业局划转赣州地区农牧渔业局管理，为副县级事业机构；成立赣州地区果茶局，与柑橘指挥部合署办公，两块牌子、一套机构，正县级事业机构；江西省个体私营经济协会赣州地区工作委员会升格为副县级事业单位；赣州地区输变电线路建设领导小组办公室更名为赣州地区资源开发公司，副县级事业机构；设立赣州地区重点工程建设办公室，与地区基建投资公司合署办公，副县级事业单位。

1993年，江西文艺学校赣南分校更名为赣南文艺学校，副县级事业单位，由行署管理改为文化局管理；成立赣州地区农村社会养老保险事业管理处，为副县级事业单位，由地区民政局管理；成立赣州地区旅游局，正县级事业单位；赣州地区行署驻上海联络处、驻广州联络处、驻北京联络处、驻厦门办事处、驻深圳办事处、驻南昌办事处升格为正县级事业机构。

1994年，成立赣州地区机关事业单位社会保险事业管理处，副县级事业机构，由地区人事局管理；赣州军供站升格为副县级事业机构。

1995年，地区赣中南农业开发办公室升为副县级事业单位，由地区计划委员会管理；赣州地区林业工业公司升格为副县级事业单位，由地区林业局管理；赣州地区农业利用外资办公室升为副县级事业单位，由地区农业局管理；赣州地区有线电视台升为副县级事业单位，由地区广播电视局管理；赣州地区社会保险事业管理处更名为赣州地区企业社会保险事业管理处。

1996年，地区计划生育协会办公室、地区住房制度改革领导小组办公室、赣州地区赣南建筑勘察设计院、地区水电勘察设计院升为副县级事业单位；地区赣南科技城更名为赣南高新技术产业开发区，设立赣南高新技术产业开发区管理委员会，为地委、行署直属正县级事业单位。

1996年，机构改革，地区直属事业单位机构设置共75个。

地委直属事业单位6个：地委党史工作办公室、地委行署接待处、地委党校、地委讲师团、赣南日报社、地区机关事务管理局。

行署直属事业单位17个：地区二轻工业行业办公室（地区手工业合作联社）、地区冶金煤炭工业行业办公室、地区机械电子工业行业办公室（地区农业机械局）、地区建材工业行业办公室、地区轻化纺工业行业办公室、地区食品工业行业办公室、地区物资局、地区对外经济技术合作办公室、地区档案局、地区水土保持局（水土保持办公室）、地区果业局、地区旅游局、地区地方志办公室、赣南高新技术产业开发管理委员会、地区供销社、地区老龄工作委员会办公室、赣南宾馆。

部门管理事业单位51个：地区工程咨询中心（地区经济技术社会发展研究中心）、地区重点工程建设办公室（地区基本建设投资公司）、地区农业综合开发办公室、地区科技信息研究所、地区计划生育职工中等专业学校、地区计划生育协会办公室、赣州教育学院、江西广播电视大学赣州分校、赣州师范学校、宁都师范学校、龙南师范学校、瑞金师范学校、赣州军供站、地区农村社会养老保险事业管理处、地区财会职工中等专业学校、地区信托投资公司、地区机关事业单位社会保险处、地区劳动就业服务管理局（地区职业介绍中心）、赣州地区技工学校、地区企业社会保险事业管理处、赣南建筑设计院、地区住房改革领导小组办公室、地区港航管理处、地区公路运输管理处、地区农业科学研究所、赣州农业学校、地区农业良种场、地区农业利用外资办公室、地区林业科学研究所、国有九连山营林林场、地区公局交通警察支队、地区林业公安局（地区公安局）林业警察大队、犹江林场、地区林业工业公司、地区水电勘察设计院、地区人民医院、地区三六二医院、地区妇幼保健院、地区卫生防疫站、赣南文艺学校、赣州电视台、赣州有线电视台、地区广播电台、江西七〇七电视台、地区地方税务局赣州分局、地区地方税务局稽查分局、地区粮食职工中等专业学校、地区柑橘研究所、地区畜牧研究所、地区烟草科学研究所、地区律师事务所。

1997 年，赣州师范学校、宁都师范学校、龙南师范学校、瑞金师范学校、赣州农业学校、赣州地区卫生学校、赣州地区技工学校升为正县级事业单位。

1999 年，设立赣州市城区管理委员会办公室、赣州市城市规划局、赣州市房地产管理局，为市政府直属事业机构，正县级；设立赣州市通天岩风景名胜区管理局、市容环境卫生管理局、园林管理处，副县级事业单位，由市建设局管理；赣州农业学校增挂赣州市农业干部学校牌子；赣南文艺学校增挂赣南客家艺术学校牌子；赣州市肿瘤医院与赣州市三六二医院实行两块牌子、一套机构。

2000 年，市直事业单位共 81 个，其中市委直属事业单位 6 个，市政府直属事业单位 19 个，部门管理事业单位 55 个。详见表 12－2－3。

表 12－2－3　1986—2000 年赣州市（地区）市（地）直各类事业单位机构编制统计表

年份	机构数（个）	机构级别(个)					编制总数（人）	实有人数(人)		内设机构数（个）
		正县级	副县级	科级	副科级	未定级		总数	其中工人	
1986 年	158	17	22	99	11	9	8663	7740	—	246
1987 年	160	17	25	98	11	9	8761	7951	—	262
1988 年	166	15	27	108	12	4	8940	7943	—	274
1989 年	174	10	30	119	11	4	8949	8004	—	236
1990 年	173	10	32	125	1	5	8931	8076	—	255
1991 年	180	10	32	131	1	6	8882	8272	—	265
1992 年	202	11	30	149	6	6	8886	8290	—	283
1993 年	229	12	32	165	11	9	9376	8760	—	311
1994 年	252	12	34	181	12	13	9593	8966	—	317
1995 年	292	12	38	216	13	13	9906	9183	3688	296
1996 年	312	25	43	224	11	9	9773	9066	3433	394
1997 年	352	32	44	249	20	7	10621	9657	4021	517
1998 年	357	32	42	249	27	7	10608	9395	3879	517
1999 年	411	35	45	272	42	17	13331	12124	4990	562
2000 年	387	34	47	277	18	11	14124	12462	4994	585

表 12-2-4

1986—2000 年赣州市（地区）党政群机关人员编制统计表

年份	合计			市(地)本级机构编制			县(市、区)机构编制			乡(镇)、街(道)机构编制		
	党政机构数（个）	编制数（人）	在职人数（人）	党政机构数（人）	编制数（人）	在职人数（人）	党政机构数（个）	编制数（人）	在职人数（人）	党政机构数（个）	编制数（人）	在职人数（人）
1986 年	2896	18309	20484	48	1389	1450	828	9869	11983	2020	7051	7051
1987 年	2896	26093	26309	48	1754	1926	828	14469	17085	2020	9870	7298
1988 年	2789	26275	27945	54	1857	2069	836	15689	18119	1899	8729	7757
1989 年	3182	27005	28988	57	1820	2267	1152	15315	18659	1973	9870	8062
1990 年	3182	23131	21327	57	1873	2298	1152	11388	10579	1973	9870	8450
1991 年	2882	22204	26039	57	1516	2011	846	10818	15309	1979	9870	8719
1992 年	3565	22214	28306	77	1526	2118	1386	10818	15665	2102	9870	10523
1993 年	3006	22214	26896	71	1526	2124	1062	10818	14731	1873	9870	10041
1994 年	2933	21849	26603	72	1544	2098	954	10962	14997	1907	9343	9508
1995 年	3017	23433	27124	65	1300	2007	954	12518	16411	1998	9615	8706
1996 年	1766	23446	24957	46	1313	1678	637	10788	12665	1083	11345	10614
1997 年	1766	23502	24170	46	1369	1763	637	10788	12360	1083	11345	10047
1998 年	1766	23502	23986	46	1369	1662	637	10788	12568	1083	11345	9756
1999 年	1766	23135	26316	46	1471	1774	637	10319	14392	1083	11345	10150
2000 年	1845	23152	26697	46	1488	1759	716	10319	14545	1083	11345	10393

第三章 劳 动

1986—2000 年，全市（地区）劳动部门围绕经济建设中心，转变职能、转型发展，开拓社会保险、劳动监察工作领域，恢复劳动争议仲裁职能，以及调整企业工资福利分配形式、强化行政管理安全生产、拓展职工培训教育和技能鉴定、打破企业员工身份界限，实施全员劳动合同制、建立规范统一的劳动力市场、培养市场就业服务体系，推动国有（营）企业深化改革和建立现代企业制度。

第一节 机 构

1983 年 10 月，地区人事局、劳动局、科技干部管理局合并，成立赣州地区劳动人事局。1989 年 6 月，地区劳动人事局分设为地区劳动局和地区人事局。地区劳动局内设计划劳动力管理科、工资保险福利科、矿山安全监察科、锅炉压力容器安全监察科、职业安全监察科、培训教育科、办公室、技术工人交流中心。下属单位有地区劳动服务公司（1984 年 1 月成立，1990 年 6 月更名为地区劳动就业服务管理局）、地区技工学校、地区社会保险事业管理处（1987 年 6 月成立）、地区锅炉压力容器检验所、地区职业安全卫生检测检验站、地区矿山呼吸性粉尘监测中心和矿山安全监察技术中心。挂靠单位有地区安全生产委员会办公室、地区老龄工作委员会办公室（1987 年 5 月成立，1990 年 6 月挂靠地区人事局)。1991年9月，地区职业教育委员会办公室并入劳动局，将培训教育科分为职工培训教育科、技校管理科。1992年，设立劳动争议仲裁科（1995年6月成立地区劳动争议仲裁委员会，下设办公室，与劳动争议仲裁科合署办公)，1994年，设立劳动监察科。1996年，地区劳动局内设10个职能科室：办公室、职业培训教育科、技工学校管理科、劳动监察科、计划工资福利科、劳动关系与仲裁科、安全生产管理科、职业安全卫生监察科、锅炉压力容器安全监察科、矿山安全卫生监察科；下属事业单位10个：地区劳动就业服务管理局、地区社会保险事业管理处、地区技工学校、地区锅炉压力容器检验所、地区职业安全卫生检测检验站、地区劳动安全卫生检测检验中心、地区工业粉尘检验站、地区劳动培训中心、地区技术工人交流咨询服务中心、地区劳动工资保险福利咨询中心；成立地区劳动学会，地区技校招生分配办公室与技校管理科合署办公，地区劳动监察大队与劳动监察科合署办公；挂靠单位1个：地区安全生产委员会办公室。1997年3月，成立赣州地区职业技能鉴定指导中心。2000年，市劳动局人员编制51名，实有51人。

第二节　劳动管理

一、劳动关系与仲裁

计划劳动力管理　劳动用工由地区计划委员会下达招工计划，地、县（市）劳动人事部门组织实施。1986—1991年，全地区招工75627人，其中全民所有制29792人、集体所有制45835人。6年中全地区招工分别为8771人、16562人、12915人、12790人、14033人、10556人。

1992年始，地区劳动局逐步取消向所辖县（市）和企业下达招工计划，把用工自主权交给企业，企业用人到政府部门办理备案即可。企业的管理岗位和生产岗位实行竞争上岗，干部、工人之间能上能下，固定工、合同制工、计划内临时工劳动待遇一样。建立企业内部劳务市场，富余下岗职工可在厂内劳务市场登记待业，经短期培训后，重新竞争上岗就业；确无竞争上岗能力的，可到当地劳动就业部门登记，由劳动部门的职业介绍所推荐就业。至1995年年底，全地区劳动部门建立劳动就业介绍所64家。选择南河电厂等57家国有企业进行劳动、工资、社会保险三项制度综合配套改革试点，以及商业、供销的“四放开”（经营放开、价格放开、分配放开、用工放开）和工业企业“六自主”（经营活动自主、商品定价自主、劳动用工自主、工资分配自主、投资发展自主、机构设置自主）的改革试点工作。至1994年，全地区国有企业全部推行劳动合同管理，企业建立健全定员定额、厂规厂纪等规章制度。

1993年，地区劳动局简化职工流动调配手续，尤其简化农林水、县以上集体企业职工流入非农林水单位和国有企业的调动手续。1992—1995年，全地区办理职工调动分别为639人、827人、574人、685人。

1995年1月，取消向用人单位下达招工计划做法，由用人单位自主招收员工，劳动部门办理劳动合同制工人转移手续，以及国家政策性工人调配、军队转业干部家属随迁安置等，当年为12名军队转业干部家属办理随迁调动手续。4月，行署印发《赣州地区全面实行劳动合同制度实施意见》，成立以劳动、人事、宣传、广电等13个部门参加的全面实行劳动合同制度领导小组，全地区有实行劳动合同制度单位4045家，签订劳动合同240193人，另有45个国有、非国有单位建立集体合同。至1996年年底，全地区国有企业全面实行劳动合同制工作基本实现，企业内部取消原有的干部、工人固定工、合同制工、集体工、临时工等各种身份界限，统称为企业职工。开展劳动合同鉴证和签订集体合同工作。至2000年，全市（地区）签订集体合同的单位814家，职工人数82497人，其中国有企业624家67062人，“三资”企业11家1418人，其他经济类型企业179家14017人。

1997年，行署组织开展企业改制工作。印发《关于企业改制中富余职工分流安置意见》。企业根据自身实际，采取有的实行职工置换身份，有的实行一次性经济补偿，有的实行破产、拍卖、兼并、联合等多种形式的产权制度改革，与原企业解除劳动关系。由于企业改制，出现大量国有企业下岗职工。1998年6月，地委、行署制定《关于印发〈赣州地区国有企业下岗职工基本生活保障和再就业工作实际细则〉的通知》。8月，全地区开展国有企业下岗职工进再就业服务中心工作，至2000年年底，全市（地区）进再就业服务中心的国有企业下岗职工达75466人，3年筹集资金1.9亿元，确保国有企业下岗职工基本生活。

技术工人交流 1986年，行署批准成立赣州地区技术工人交流咨询服务中心，与劳动人事局合署办公，负责开展区内外技术工人交流和调动手续办理，为企业单位职工保留人事关系寄存档案，并代理用人单位人事关系和劳动保障事务。

1992年2月，地区劳动局印发《关于简化工人调配手续有关问题的通知》，明确规定企业有权办理同一县（市）范围内隶属关系相同、所有制相同的工商企业之间工人的调动。至1995年，经技术工人交流机构的调动、招聘、技术咨询等形式向乡镇、个体、私营、“三资”企业输送交流技术工人2297人，保留职工原身份就业400人，安置富余人员13731人。

1996年，地区劳动局印发《关于对企业用人单位实施劳动事务代理的通知》，为企业下岗职工、富余人员提供保职挂编服务，技术工人交流的环境更加宽松，消化安置大量富余技术职工，输出富余劳动力，解决富余职工再就业难题。至2000年年底，经技术工人交流机构调动、招聘、技术咨询等形式向乡镇、个体、私营、“三资”、国有、集体企业和区外交流、保留职工身份就业人数达17088人。

劳动仲裁 20世纪90年代初，全地区相继成立县（市）劳动争议仲裁委员会，下设办公室，设在县（市）劳动人事局计划劳动力管理科（股）。地区劳动争议处理事务由劳动局计划劳动力科负责。1992年，地区劳动局增设劳动争议仲裁科。1995年6月，成立地区劳动争议仲裁委员会。1996年，劳动争议仲裁科与计划劳动力管理科合并，成立劳动关系与仲裁科，仲裁业务纳入劳动关系范围。1999年10月，重新设立赣州市劳动争议仲裁委员会，下设办公室，劳动仲裁由原来单纯业务指导，变为直接处理劳动争议案件。至2000年，全市建立企业劳动争议调解组织1877个，有劳动争议仲裁员76人。全市劳动争议仲裁体制初步建成，设立仲裁员、仲裁庭办案制度。

劳动争议案件处理 1992年，地区劳动争议受理范围较小，仅限于国有工业企业中因职工开除、辞退、除名和因履行劳动合同发生的争议，处理方式采用案外调解或以来信来访处理。1993年，《中华人民共和国企业劳动争议处理条例》颁布实施，明确受案、仲裁时效、法律文书等仲裁处理要求，受案范围由国营企业扩大到所有企业，案件处理由开除、除名、辞退等方面扩大到执行工资、保险、福利、培训、劳动保护及其他方面，凡属劳动保障业务范围发生的争议纠纷，当事人均可要求申请仲裁。1993—2000年，全市（地区）受理劳动争议案件603件，涉及2270人，其中团体争议38件1372人，市（地区）本级处理劳动争议案件111起。

劳动合同鉴证 1986—1994年，劳动部门只对国有（营）单位所招收全民合同制工人实行签订并鉴证合同手续，数量较少。1995年，推行劳动合同制度。至2000年，全地区鉴证劳动合同222422份，其中纠正无效劳动合同869份，督促补签劳动合同2009份，制止招用童工6人，补交社会养老和待业保险金125万元。地区劳动局对地直企业142个单位24961名职工办理劳动合同订立和鉴证手续。

集体合同审查 从1995年开始，地区劳动局与地区工会办事处协作，在全地区企业中开展以工会为职工代表一方同企业行政平等协商，签订集体合同工作。劳动部门作为政府代表机构依法进行审核，制作集体合同审核意见书。至2000年，全地区有462个单位开展平等协商，签订集体合同职工53304人，其中国有企业302家43319人，集体企业132家7902人，“三资”企业19家1995人，私营企业9

家 88 人。

劳动力市场 1998 年，行署制定《赣州地区劳动力市场管理暂行办法》，规范职业中介服务行为。至 2000 年，全市（地区）清理违规职业中介机构 6 所；市本级建立统一规范的劳动力市场，有 12 所职业中介机构在劳动力市场内办公，形成职业介绍一条龙服务。

二、工资福利

工效挂钩 1986 年，赣州地区确定赣江造纸厂、赣南无线电厂、赣州钨钼材料厂、江西齿轮箱总厂等 4 家为工效挂钩试点单位。1988 年，行署批转《赣州地区国营企业实行工资总额同经济效益挂钩办法的实施意见》，推动全地区工效挂钩工作，当年全地区工效挂钩企业达 144 家。1991 年，地区工资改革办公室、地区税务局联合印发《关于集体企业实行工资同经济效益挂钩的实施意见》，将企业工效挂钩推广到县以上集体企业，当年全地区批准工效挂钩企业 261 家，其中国营企业 230 家，集体企业 31 家。1992 年，全地区实行工效挂钩企业 259 家，升（晋）级职工 71224 人，其中全民企业 228 家 66005 人，集体企业 31 家 5219 人。1995 年，实行工效挂钩企业 680 家 123806 人。

岗位技能工资 1991 年，行署确定赣南水泥厂、于都齿轮箱厂、赣南火柴厂、南河水电厂为地区国营企业岗位技能工资制度试点企业。1992 年 6 月，行署印发《关于进行劳动、工资、社会保险制度综合配套改革试点的通知》，实行岗位技能工资制。内容包括定员定额、岗位培训考核、岗位劳动评价、全员劳动合同管理、岗位技能工资标准制定、社会保险等配套改革。全地区有 57 家企业列入综合配套改革的试点，其中 3 家被列为省试点企业。地区南河水力发电厂、赣州酒厂、赣州市自来水公司、江西第三糖厂、赣州木材厂、信丰化肥厂、信丰酿酒厂、东方红水泥厂、地区百货公司等 9 家企业从 12 月起投入试运行。于都齿轮箱厂、赣南水泥厂岗位技能工资方案通过初审报省劳动厅验收。1993—1995 年，全地区实行岗位技能工资制企业和职工分别为 31 家 19388 人、114 家 53162 人、192 家 71338 人，占国有企业职工总数的 50.3%。1997 年 7 月以后，按照省劳动厅统一和规范企业工资标准精神，全市（地区）绝大部分企业实行岗位技能工资标准。

工资调整 1986 年，根据赣劳人薪〔1986〕47 号文规定，对 1983—1986 年符合晋级条件的企业使用职工人数 10%的晋级指标进行晋升工资（1983 年为 1%，1984 年至 1985 年为 3%）。1988 年，工效挂钩企业可以用一部分新增效益工资给职工升级，升级面根据企业当年新增效益工资确定。1989 年，根据省政府赣府发〔1989〕36 号文件，对全地区获得省级先进企业和国家二级企业员工上浮工资。

1990 年，根据国发〔1989〕83 号文件，普遍提高企业职工工资。工效挂钩企业对于 1987 年以来实行浮动工资的，将平均一级浮动工资转为标准工资。没有安排浮动升级和实行计件工资制的，参照企业实际情况按上述规定办理。政策性亏损企业，在尽快完成国家下达的生产经营计划和减亏任务的前提下，再根据实际情况安排企业职工增加工资的执行时间和兑现增加工资。

1992 年，根据省劳动厅赣劳薪〔1992〕17 号、省财政厅赣财工字〔1992〕116 号文件，配合粮食购销改革措施出台，从 4 月 1 日起为全地区企业职工调整工资标准。同时调整新参加工作人员待遇和企业领导干部、专业技术人员的进档工资标准。这次调整人数为 155928 人，月增资额 642423 元，人均月增资 4.12 元。

1993 年，根据省劳动厅和省委宣传部赣劳薪〔1993〕4 号文件，对集体所有制企业政工专业人员聘任后兑现职务工资，工资标准按赣劳薪〔1992〕17 号的标准执行。

1994 年，按照全省调整和统一的企业职工工资标准提高一个工资序号，同时将干部工资标准表和工人工资标准表调整统一为江西省企业职工工资标准表。全地区审批调资企业 2259 家，调资职工 205596 人，其中国有企业 1753 家 169650 人，集体企业 506 家 35946 人。全地区月增资额 1111.89 万元，人均 54.08 元，其中国有企业增资 9350104 元，人均 55.11 元；集体企业 1768885 元，人均 49.21 元。

1995 年，根据省劳动厅《关于 1995 年 9 月 30 日前未实行岗位技能工资的企业职工固定一级工资的通知》精神，为未实行岗技工资制国有企业职工人均月增资 31 元。

1999 年，根据省劳动厅赣劳计〔1999〕45 号文件，统一将工资标准过渡到省劳动厅赣劳薪〔1994〕8 号文件技能工资参改标准上。

退休福利 1987 年以前的企业职工退休按国发〔1978〕104 号文件规定的退休条件审批，即男满 60 周岁，女满 55 周岁退休。从 1988 年开始，退休费由社保机构实行统筹。赣州地区企业对 1988 年以来因年老体弱不能坚持正常生产工作的老职工，普遍实行企业内部离岗退养（内退）制度，内退期间工龄连续计算，按一定比例发给工资，所需经费在企业列支，到达法定正常退休年龄时，按国家有关规定正式办退休手续。1992—1994 年，全地区审批退休职工分别为 3535 人、4242 人、4109 人。其中，正常退休分别为 1560 人、3413 人、2698 人；因病退休分别为 1890 人、769 人、1347 人；因工（公）致残退休分别为 85 人、60 人、64 人。

1996 年和 1997 年，部分单位违反国家政策，突击办理退休，致使退休人员大增，加重国家、社会及企业负担。赣州地区于 1998 年 6 月至 1999 年 3 月，暂停办理病退和特殊工种提前退的审批工作。对提前退休工种进行清理。1999 年 4 月，恢复办理病退和特殊工种提前退休审批工作，同时规范退休审批程序和退休条件。职工病退或因工致残丧失劳动能力，统一由地级劳动部门指定的县以上医院负责医疗诊断并出具证明。地区劳动鉴定委员会负责定期审核指定医院开具的疾病证明，并根据《职工工伤与职业病致残程序鉴定标准（GBT 16180—1996）（1～4）级》进行鉴定。

三、职工技能

职能技能鉴定 1992 年 10 月，地区经济委员会职业教育办公室划归地区劳动局，组建地区劳动局职工培训教育科。地区劳动局原职工培训科改称技工学校管理科。至年底，全地区完成县（市）级职教办撤并工作，相应成立工人考核委员会以及工人技术评审委员会。首次开展“双证”（毕业证、执业资格证）考核试点工作。对技校 89 级发配电班 50 名和 89 级财会班 64 名毕业生进行“双证”考核，110 名学生获得中级技术等级证书。

1993 年，开展技校、职业高中和就业前培训毕（结）业“双证”考核试点工作。技校“双证”考核发证 3771 人；11 个县（市）14 所职高学校，725 人获技术等级证书。全地区累计考核颁发各项各类技术等级证书 5760 份。

1994 年 3 月，地区劳动局印发《赣州地区职工技能鉴定实施细则（讨论稿）》和《赣州地区职业技能培训鉴定审批程序》，建立职业培训机构和职业技能鉴定机构。至年底，全地区有各类职业培训实体 46 个，其中社会力量办班点 26 个。设立汽车维修、中式烹调、汽车驾驶员、计算机操作工、维修电工、电工、建筑专业、家电维修、商品营业员等 16 个地级职业技能鉴定站，2 个省级鉴定站。全地区有 22 个工种考评员 110 人，举办地级考评员培训班 2 期。83 家企业参加培训考核 33329 人，获得证书 5546 人。完成全年职业技能鉴定指导性计划 15530 人，占省下达目标任务的 155.3%。

1995 年，全地区职工技能鉴定发证 18781 人，占年度目标任务的 125.2%。全地区新设中级以下职业技能鉴定站 8 个，获得考评员资格 117 人。组织 4094 人参加全地区初、中级统考和全省高级工统考，其中高级 3369 人、中级 521 人、初级 204 人，5 人参加全国计算机文字录入处理员高级工试题考核。会同有关部门在石城县开展乡镇企业技术工人实行职业技能鉴定试点工作。1997 年 3 月，成立赣州职业技能鉴定指导中心。1998 年，行署印发《赣州地区劳动预备制度暂行办法》。2000 年，全市有劳动预备制定点学校 26 所、鉴定所（站）30 个，计算机及高新技术考核站 3 个，其他社会力量办学机构 75 个。

参加各类职业技能鉴定人数 63564 人次，59867 人获得职业资格证书，占鉴定人数的 94.18%，其中初级 15194 人、中级 35936 人、高级 8350 人、技师 361 人、高级技师 26 人。

技师评聘 1992 年，地区召开全地区技师颁证大会，500 多名工人技师代表出席颁证大会。1993 年，地区制定技师管理工作情况考核表、技师分类情况表，进行技师管理和年度考核工作。当年全地区评审批准技师 197 人，共有技师 1584 人。1994 年，省劳动厅对技师评聘工作进行改革，将评聘结合的单轨制改为评聘分开的双轨制。开办交通、机械、粮食、商业等 4 个行政工种技师（经营师）资格培训班。全地区 381 人获技师资格。2000 年，全市有技师 2510 人、高级技师 45 人。

技能竞赛 1992 年，地区劳动局与地区总工会、团地委、商业局组织开展本年度青年工人比武大赛。1993 年，地区成立首届青年奥林匹克技术能手竞赛领导小组。全地区组织 5 个行业 7 个工种分别在赣州、龙南等地进行全地区青奥技能竞赛。在省青奥技能竞赛中，赣州地区选手获家具制作第二、第四名，女式服装制作第三名，钳工第七、第十名，赣州地区代表队获省大赛优秀组织奖。1995 年 10 月，劳动部开展全国“技能月”活动。选拔 12 名优秀选手组成赣州地区参赛代表队参加全省比赛。12 月，地区召开全地区“技能月”活动表彰大会。1997 年，开展全国技术能手评选活动。

第三节 劳动就业

1986—2000 年，全市（地区）安置城镇失业人员 263021 人，组织劳务输出 345075 人次。城镇登记失业率控制在 3.5%以内。

一、就业安置

1986 年，地区劳动就业局做好管理社会劳动力、组织劳务输出、开展职介和就业培训工作。为矿山和城镇就业困难户安置大批失业青年就业。至 1991 年，全地区有城镇待业人员 87500 人，安置城镇待业人员 81710 人，劳务输出 813165 人。

1992 年，地区和县（市）相继开放劳动力市场，劳动力配置方式向市场转变，各级就业服务网络逐步健全。至 1995 年，全地区劳动部门有职业介绍机构 228 家［含乡（镇）站］，社会办职业介绍机构 11 家，配备专兼职人员 500 多人，乡（镇）建站率 57.78%；全地区城镇待业人员 92050 人，安置就业 89201 人，劳务输出 846126 人，年创劳务收入 10 亿元。

1996 年，全地区就业安置工作开始向建立市场导向的就业机制转变，全面施行“农村剩余劳动力跨地区流动有序化工程”和“再就业工程”。1998 年 5 月以后，重点抓国有企业下岗职工基本生活保障和再就业工作，劳动力市场迅速发展。赣州地区劳动力市场被劳动和社会保障部列为全国劳动力市场“三化”（科学化、规范化、现代化）建设试点城市之一。劳动力市场建设被列入国民经济发展规划，建立市（地区）、县、乡三级劳动力市场信息网络。2000 年，全市有城镇待业人员 98670 人，安置就业 92110 人，劳务输出 1485804 人。

二、就业培训

全市（地区）就业培训工作坚持以市场需求为导向，按照市场需求设置培训专业、确定培训规模和培训时间，培训与就业相结合，实现培训工作向市场机制的转换。采取自办、委托办、定向办、联办等多种形式开展就业培训和再就业培训，至 2000 年建立就业训练中心 20 所。

1986 年，就业培训主要对城镇失业人员及在职就业人员进行就业前培训和在职培训。至 1991 年，培训结业 52910 人，占年计划任务数的 101.3%。1992 年，全地区就业服务机构按照“先培训、后就业”的原则开展就业训练工作。至 1995 年，培训结业 61038 人，培训就业率为 60%。地区就业局开设计算机、家电维修等多工种的技能鉴定站，投资120万元建设培训大楼，成立地区电脑培训中心和赣南科技应用学校，走出一条集岗前培训、学历培训、技能鉴定、职业介绍于一体的办学新路。1996年后，就业培训工作重点抓多种专业技术人员的定向培训、下岗职工的再就业培训和失业人员的技能培训鉴定工作。至2000年，全市（地区）培训结业88073人，再就业培训74758人。市就业训练中心被劳动和社会保障部授予全国重点就业训练中心称号。

三、失业保险

赣州地区于1986年建立失业保险机构并开展失业保险业务。1992年6月，行署转发《地区劳动局关于赣州地区国营企业职工待业保险工作实施细则（试行）的通知》，加强全地区的失业保险工作。1993年4月，国务院颁布《国有企业职工待业保险规定》，省、地先后出台贯彻实施办法，对失业保险的实施范围、统筹方式、收缴基数等进行调整。至1995年，全地区有3662个国有企业参加失业保险，190046人参保，收缴保险金2851万元。再就业工程全面启动，全地区投资120万元建生产自救基地40个，转业转岗训练基地18个，转业转岗位训练6800人，安置失业职工4180人，安置企业分流富余人员21000人。1999年1月，国务院颁布《失业保险条例》。赣州地区出台贯彻意见，加强扩面征缴力度和规范管理工作，失业保险事业进入规范发展时期。至2000年，全市（地区）失业保险参保单位4030个，参保人数27.6万人，收缴失业保险金7481.15万元，失业保险支出3731.55万元。

四、劳动就业服务企业

赣州市（地区）劳动就业服务企业创始于1986年。劳动就业服务企业经营门类日趋齐全，由创办初期的简单商业、饮食服务业发展到第一、二、三产业的企业群体，企业规模逐步扩大，经济实力不断增强。至2000年，全市（地区）劳动就业服务企业485家，从业人员14223人，累计生产经营总值70536.5万元，实现利税5284.9万元。1997年6月，赣州地区列为全国劳动就业企业综合配套改革试点地区。

第四节　劳动保护

一、矿山安全监察

1992年12月，国家颁布《中华人民共和国矿山安全法》，矿山企业安全生产工作步入法制管理轨道。

特种人员培训　地区劳动局举办特种作业人员（包括电工、电焊工、卷扬机工、起重工等）培训班。1986—1995年，举办特种作业人员培训班74期。1996—2000年，举办各种形式的安全培训40期。

矿山安全整顿　1989年和1990年，地区劳动局会同有关主管局组织对信丰、龙南、于都等县重点产煤乡（镇）进行清理整顿。全地区保留217个生产矿井。1991—1995年，做好预防性安全监察工作，下达整改通知书386份，提出整改意见1037条，整改率80%以上。1996—2000年，下达安全监督指令书1897份，提出事故隐患整改意见4478条，纠正违章行为2502人次，整改率90%以上。

伤亡事故处理　1992—2000年，全市（地区）矿山企业发生生产事故175起，死亡313人。依据《江西省职工伤亡事故调查处理办法》，市（地区）劳动局会同有关部门对伤亡事故进行妥善处理。

二、职业安全卫生监察

1986年，职业安全卫生监察与矿山安全监察合署办公，为劳动安全监察科。1989年9月单设职业安全卫生监察科。

职业安全监察　1986—1991年，组织开展春季安全生产检查、夏季防暑降温检查、冬季安全生产检查12次；对154个易燃易爆和具有特别危险因素的企业进行定单位、定时间、定内容专门监察。全地区非矿山企业职工死亡127人，重伤173人。1992—2000年，开展日常监察8965人次、查出事故隐患12843件，其中重大事故隐患367条。

特种作业人员培训 1986—1992年，开展电工、金属焊接、建筑登高架设、起重机械驾驶、制冷等特种作业工种培训。1993年，考核管理发证工作由地（市）级劳动部门组织实施。地区劳动局对现有培训基地进行清理整顿。至2000年，全市（地区）培训特种作业人员17400人，其中举办厂（矿）长经理培训班180期次，培训企业负责人3900名。

特种设备管理 加强对电梯、起重机等设备的检测检验工作。1993年，地区劳动局印发《关于实施〈江西省特种生产设备安全管理暂行规定〉有关事项的通知》，加强特种设备管理，对在用特种设备进行建档管理。至2000年，提出整改意见2800条，其中重大事故隐患整改意见262条。

劳动防护用品管理 1991年，全地区有26家企业定点生产经营劳动防护用品，其中2家是特种劳动防护用品。1993年，地区劳动局会同省劳动厅对全地区26家劳动防护用品生产企业进行清理整顿，有6家企业获得审查通过。

职业安全卫生检测检验 1988年组建地区安全卫生检测检验站，开展电梯、起重机械、厂内机动车辆、避雷装置等特种生产设备检验业务。1992年制定《质保手册》。1995年受理对生产性事故现场进行勘测鉴定，为事故结案提供资料。至2000年，通过设备检测检验，提出整改意见2230条，其中重大事故隐患整改意见190条。

三、锅炉压力容器安全监察

锅炉安全管理 1992年，全地区有生产、生活锅炉917台，其中新装蒸汽锅炉64台、E级锅炉23台；1995年，全地区有固定式压力容器2260台，移动式压力容器50100台（只），其中新装固定式压力容器36台。完成区内38家气体充装站的注册登记工作。地区锅炉压力容器检验所气瓶检验站、赣州有色冶金机械厂制氧分厂、赣南化工厂制氧站和大余化工厂制氧站等4家通过省劳动厅资格认可，获得气瓶检验资格。全地区有合法气体充装单位41家，气瓶检验单位4家。

特种作业人员培训 地区、县（市）劳动部门分别对司炉工、锅炉压力容器焊工、锅炉水处理人员及压力容器操作人员进行培训和考核发证。1992—1995年，培训司炉工682人、锅炉压力容器焊工100人、锅炉水处理人员291人、压力容器操作人员350人。

锅炉压力容器检验 对在用锅炉压力容器、新安装（含移动）锅炉压力容器设备、压力容器的生产厂家产品质量实施监督检验。1992—1995年，检测在用锅炉2509台、压力容器2096台；监督检验新安装锅炉压力容器设备359台、压力容器193台；检验移动式压力容器：液化石油气钢瓶18373只、汽车槽缸98台，焊接气瓶515只；监督检验压力容器生产厂家产品质量2487台。

四、安全生产管理

综合管理 安全生产委员会每年年初召开安全生产工作会议，依据“企业负责、行业管理、国家监察、群众监督”的原则，协调处理重大的安全事故。同时，对县以上企业和乡镇企业、道路交通、水上交通等事故死亡人数进行目标控制，细化安全生产目标，分别下达到各县（市）和有关部门，年终进行目标考核。1997年，建立安全生产责任制，地区与各县（市）签订安全责任状。2000年，建立与安全生产责任制配套的黄牌警告及一票否决制度。市委、市政府将各级领导干部安全稳定责任列入干部考核范围。

安全大检查 安全生产委员会对全市（地区）生产、交通、防火等行业部门进行定期和不定期安全生产大检查，对检查中发现的事故隐患提出整改意见并进行督查。1992—1995年，全地区企业（含乡镇企业）发生安全事故 296 起，死亡 178 人、受伤 162 人；全地区公路与城市交通发生安全事故 2525 起，死亡 1484 人、受伤 1663 人，经济损失 603 万元；全地区水运发生安全事故 13 起，死亡 3 人，经济损失 894 万元；全地区山林火灾事故 420 起，死亡 35 人、伤 39 人；全地区城乡火灾事故 260 起，死亡 125 人、受伤 153 人，经济损失 1684 万元。

第五节　技工学校

一、学校机构

赣州地区技工学校（以下简称“赣州技校”）成立于 1986 年，隶属地区劳动人事局。1993 年、1995 年龙南、信丰县分别设立分校，属县劳动人事局下属事业单位。1997 年，劳动部批准赣州地区技工学校为全国十大综合性职业培训基地。1998 年，学校更名为赣州高级技工学校。

二、办学规模

1986 年，赣州技校初创时批准办学规模为 600 人，设选矿、机电、建筑 3 个专业，主要采取与厂矿企业和县（市）劳动部门联合办学形式。1989 年，学校迁址于赣州市（今章贡区）东桥路，始有办学场所。1991 年，学校在赣州市（今章贡区）天竺山开辟教学新区，招收新生 2290 名，新增设冶炼、粮油加工、中药材、发配电、制冷、制糖等 20 多个专业。被省政府列为全省重点技校。1993 年，技校招生、培训、专业设置、教学管理按照“信息引导、组织协调、提供服务、检查监督”方针开展工作。同年，劳动部全面推行“双证”制度，规定技校毕业生必须获得“双证”才能准许毕业分配工作。1994 年，技校采取“定向招生合同”，招生重点由城市转向农村，参与市场竞争，拓宽招生和就业分配渠道。1996 年，随着劳动制度改革，技校办学发展为社会化办学格局。地区劳动局在全省率先探索出“培训引导就业，就业促进培训”的办学路子，得到省劳动厅、劳动部的认可。当年批准以赣州地区技校为龙头的《赣州地区综合性职业培训基地实施方案》，并将赣州地区综合性职业培训基地列为全国十大综合性职业培训基地之一。同年，地区劳动局批准龙南、信丰、兴国、于都、瑞金等县（市）的技校分校、就业训练中心列为综合性职业培训基地试点单位。1998 年，技校根据市场需求，在专业设置方面新增模具、电子、电工、机电一体化、产品检验、幼师等专业，技校招生生源、渠道由城市转向农村，就业渠道由本地转向外省，招生量、就业率连续 6 年在全省 87 所技校中名列前茅。至 2000 年，累计为社会培养各级技术人才 22511 人，就业安置 17153 人。

第四章　社会保障

社会保险是通过国家立法，规定劳动者因生、老、病、死、伤残、失业等中断劳动过程之后，从社会获得物质帮助的一种社会保障制度。1986—2000 年，社会保险工作主要负责全市（地区）的养老保险、生育保险、工伤保险和大病医疗保险。至 2000 年，全市全面实施社会养老保险、职工生育保险、职工工伤社会保险、职工大病医疗保险。其中社会养老保险参保 23.2 万人，职工工伤社会保险参保 15.57 万人，职工大病医疗保险参保 6.3 万人。

1987 年，地、县（市）相继成立社会保险机构，社会保险事业在赣州开始运行。1987 年 6 月，成立赣州地区社会保险事业管理处，副县级事业单位，隶属于地区劳动人事局，编制 7 名，内设秘书科、业务科。1989 年 10 月增设财务科、编制 13 名。1993 年 12 月增设审计科、直属业务科，编制 16 名。1999 年 7 月，由原县级赣州市社保局属地管理的地级以上（含中央、省属）企业单位（含大集体）的社会保险业务划归赣州市社会保险处直接管理。2000年编制26名。

第一节 养老保险

社会养老保险分为两种模式，一种为劳动合同制职工养老保险，采用积累式模式；另一种为国营企业和大集体企业固定职工离退休费统筹，采取现收现付模式。两种模式所筹集的养老基金原则上不能合并使用，其所筹集基金的比例、基数、支付、结算、管理方法也不同。

一、合同制职工养老保险

1987年，对1986年3月以后的劳动合同制实有人数、累计工资总数、养老保险金的缴纳情况进行全面复查，建卡、造册建账，查清劳动合同制实有职工人数、用工单位数和工资总额数。1987年12月，全地区共有劳动合同制工人27873人，应缴纳养老金527.32万元，实收养老金505.92万元。1988年12月，全地区实有劳动合同职工人数30571人，实收养老金516.6万元。1989年，全地区劳动合同制职工34594人，分布在全地区2845个企事业单位，收缴养老金743.1万元。对劳动合同制职工换发江西省劳动厅养老保险手册。对1986年3月以后劳动合同制职工欠交的养老金进行清欠，当年补交金额70.41万元。1990年全地区补缴人数12128人，占应补缴人数的100%，补缴金额88.95万元，占应补缴金额的100%。1990年，简化养老基金收缴手续，调整收缴标准，统一收缴时间。在劳动合同制工人的录用、转移、辞退及养老金的转移制定配套措施，实行合同制工作登记卡，建立合同制工人养老金台账，养老保险纳入制度化规范化轨道。全年收合同制养老金78.55万元。全地区一次性足额上缴省社会保险局20%的合同制养老金210.1万元。1991年，合同制职工人数42252人，当年新增3732人，实收养老金996.34万元，收缴率为98.82%。1992年，合同制职工人数53079人，全年收养老金1021万元，养老金累计结余4592万元。1993年合同制职工人数76635人，全年收养老金1483.7万元，收缴率95%。全年支付22.18万元，养老金累计结余6138.41万元。1994年劳动合同制职工人数66257人，全年收养老金1974万元，收缴率97.6%。全年支付54万元，养老金累计结余8284万元。1995年劳动合同制职工人数69014人，全年收养老金2104万元，收缴率为96.5%，养老金滚存结余8962万元。1996年以后实施养老保险一体化，劳动合同制职工的养老金纳入部分积累式的国有企业固定职工社会统筹。

二、国有（营）企业固定职工退休费统筹

国营企业退休费统筹，1986年分为以县（市）为单位统筹和以地区为单位统筹两种形式，1990年7月起为省级统筹。

以县（市）为单位统筹 以县（市）为单位的国营企业退休费统筹，1986年在会昌县试点起步。1987年11月，各县（市）以县（市）为单位制定统筹方案并经地区社保处审查批准。1987年10月，南康县、信丰县率先进入实际运作阶段。统筹对象：全民所有制单位的固定工和1971年11月30日以前的计划内长期临时工及按国务院国发〔1978〕104号文件规定的离、退休（职）人员。劳动合同制职工和其他职工不参加统筹。统筹项目包括国家按规定发放的离休费、退休费、退职生活费、生活补贴、粮贴、副食品补贴。征缴基数为“双基数”即在职职工工资总额加离退休人员离退休费之和。征缴比例依各县（市）离退休人员、离退休费的多少，即负担的轻重而各不相同，比例最小的为信丰县、寻乌县，分别为20.7%和21.5%，最高的为全南县、大余县，分别为31%和29.3%，退休费的县（市）统筹均衡县（市）内企业的退休费负担。

以地区为单位统筹 1987年8月，行署召开全地区国营企业退休费工作会议。1988年12月，行署

颁发《赣州地区全民所有制企事业单位退休费用统筹办法》，全地区统筹执行时间为1989年2月1日，对退休费大进大出的县（市）进行调整。全地区统筹后当年参加统筹的在职职工人数128289人，离退休人员37447人，参加统筹的单位1433个，平均每月收统筹基金372万元，拨付离退休费用340.7万元，得到调剂金的县有7个，受益人数由1988年县（市）统筹的17744人提高到18112人。1990年上半年共征集统筹基金2222.83万元，占上半年应收数的96.95%。地级统筹实施至1990年6月底转入省级统筹。

省级统筹 省级统筹从1990年7月起共运行三轮方案，第一轮方案执行时间为1990年7月1日至1995年9月30日。第二轮方案执行时间为1995年10月1日至1998年12月31日。第三轮方案从1999年1月开始实施。

第一轮方案 退休养老基金实行统一筹集、统一核算、统一调剂、分级平衡、余额上缴、缺额下拨。参加省统筹后，赣州地区得到省、地调剂金的县有17个，41797人受益。省统筹后全地区月养老金理论缺口129万元，省每月调剂22.49万元。第一轮方案执行期间，赣州地区共筹集统筹金41942.74万元，共拨付养老金41963.73万元。

第二轮方案 基本养老保险费按部分积累模式，全省统一比例征集。养老保险基金实行统一管理、分级核算、调剂使用，全省按实际征缴基金的10%提取调剂金和管理费，其中3%留各地市社保局用于地市范围内调剂；4%上缴省社会养老保险局用于全省调剂；3%上缴省局用于各级社保局管理费用。第二轮方案执行期间，全地区实征收统筹金46293万元，实付养老金53085万元（含补发历年旧欠），1998年年底参保人数19.65万人（含封存人数8465人），离退人员5.98万人。

第三轮方案 基本养老保险的实施范围扩大到城镇个体工商户及其帮工。至2000年12月，全市（地区）共收统筹金45242万元，实拨养老金55836万元。2000年，参加养老保险的人数为231986人，离退休人员70719人，实行基本养老金社会化发放人数61294人，社会化发放率为86.67%。

三、第二、三层次的养老保险

第二、三层次的养老保险即企业补充养老保险（第二层次）和职工个人储蓄性养老保险（第三层次）的别称。国家提倡、鼓励企业实行补充养老保险和职工参加个人储蓄性养老保险。1991年，赣州地区南河电厂、赣南水泥厂、于都齿轮箱厂等几家企业开展企业补充保险试点。同时在赣县进行个人储蓄性养老保险的试点。

1992年，全地区达到奖金税或工资调节税起征点的已参加统筹的企业及其在职职工都实行企业补充养老保险和个人储蓄性养老保险，当年全地区参加企业补充养老保险和个人储蓄性养老保险的国有单位516个，职工7416人，全年征集企业补充养老保险金13万元，征集个人储蓄性养老金15.99万元。

2000年年底，全市征收企业补充养老保险金735.27万元，支付79万元；征收个人储蓄性养老保险金533.4万元，支付11.3万元。

四、大集体统筹和非全民养老保险

县以上集体企事业单位统筹 1988年8月，行署批转《赣州地区县以上集体所有制企、事业单位职工退休费用统筹试行办法》，统筹范围为区内县以上集体企事业单位的全民职工和集体固定职工。统筹项包括离退休（职）费、粮贴、副食品补贴、物价补贴、生活补贴。统筹基金的提取原则为“以支定筹、略有节余”，以县（市）为单位统一比例。统筹基金提取基数，按工资总额加离退休费总额之和，或基本工资总额加离退休费总额之和，或部分工资总额、部分退休费总额分别规定不同比例提取，但一个县只能采用一种办法。地区在南康试点后全面铺开，于当年12月27日全部实现以县（市）为单位的大集体企、事业单位退休费统筹。参加统筹的大集体单位765个、职工38558人、退休人员10588人。

大集体统筹自1988开始运行至1995年9月30日。征集养老基金7246.16万元，拨付离退休费6263.67万元。从1995年10月1日起，大集体统筹纳入“一体化”省统筹的实施办法。

非全民所有制养老保险 1989年8月，地区印发《开展非全民所有制职工养老保险工作的试行意见》，规定参加非全民养老保险的实施范围为：城镇县以下集体企业、劳动服务公司所属企业以及在上述单位的临时工，乡（镇）企业经政府批准招收的职工；县以上集体企业1988年1月1日以后参加工作的固定工和中央部属、省、地（市）、县属全民企业中办的小集体职工。养老保险基金采取积累的模式征集，由用工单位按月按该单位参加养老保险人员的工资总额的18%缴纳，个人缴纳部分按1.5～3元的幅度掌握。当年，全地区共有1067个非全民单位8156人参加养老保险。

非全民养老保险工作，1992年累计参加人数31866人，累计征收养老金968万元。1993年，随着非全民职工大量转入国有企业（买全民劳动指标），参加人数不断下降，至1994年参加人数只有24862人。1999年4月，省政府颁发《江西省统一企业职工基本养老保险制度实施办法》，省统筹将城镇个体工商户及其帮工纳入实施范围，这项养老保险工作停止施行。

第二节 生育保险

一、生育保险政策

1990年以前，女职工生育按照1953年颁布的《中华人民共和国劳动保险条例》由企业自行解决生育待遇。

1991年9月在赣县试点后，生育保险基金所需费用按照“以支定筹、略有结余”的原则，由各县（市）社会保险局统一筹集、统一管理、调剂使用。生育保险费的征集比例各县（市）有所不同，大部分县以工资总额的一定比例征收。全地区18个县（市）除崇义县以工资总额的1.3%征收外，其余各县（市）按低于工资总额的1%的比例征收。职工个人不缴生育保险费。享受生育保险待遇的女职工必须同时符合3个条件：连续工龄满一年，符合婚姻法结婚规定，符合《江西省计划生育条例》规定。生育待遇各县（市）有所不同，一般包括所需的接生费、手术费、住院费、药费等。有部分县（市）采取按绝对金额一次性拨给已生育女职工所在单位包干使用。同一胎多胞生育的，每多生育一个增加一定数量的生育费。女职工在计划内怀孕7个月以上、胎儿死于子宫内或出生后夭折，按正常生育拨付生育费用。

1996年，地区劳动局印发《关于调整和改进企业女职工生育保险基金收缴比例及补偿办法的通知》，各县（市）将参加基本养老保险而未参加生育保险的企业纳入生育保险范围，生育保险基金征集比例在企业工资总额的0.5%～0.8%之间。超过控制比例上限的县（市）作相应调整。对符合计划生育规定的女职工因分娩死亡者，按“非因公及因病死亡”标准发给一次性丧葬抚恤补助费1800元。企业男职工，其配偶在农村或属城镇无固定收入符合计划生育的，一次性发给300元的生育补助费。

二、生育保险工作

赣州市（地区）生育社会保险工作始于1991年。

1991年9月，在赣县试点。其后，各县（市）制定各县（市）女职工生活费用社会统筹的办法。统筹范围为辖区内凡已参加养老保险的国营企、事业单位（含省、地驻县单位），县以上集体所有制企、事业单位。已列入统筹范围的单位在职全民、集体固定职工、劳动合同制工人，1971年11月30日以前参加工作的计划内长期临时工和1988年1月1日以后招收的大集体职工均为统筹对象。

1994年，生育保险覆盖全地区，参保单位2440个，参保职工181516人。

1997 年起，建立地区级生育保险应急储备金，按实际征缴总额的 5%交地区社保处。

至 2000 年，全市（地区）征集生育保险基金 2834.95 万元（其中储备市级生育保险应急储备金 63 万元），拨付生育费用 1638.59 万元，全市滚存结余 1573 万元（含利息收入）。

第三节 工伤保险

一、工伤保险政策

1991 年以前，职工发生工伤（亡）事故后按照 1953 年国家颁布的《中华人民共和国劳动保险条例》，由企业自行负责工伤（亡）待遇。

1992 年，地区体改委、劳动局、财政局、工会办事处、税务局联合颁发《赣州地区国有企业职工工伤社会保险暂行办法》。

1997 年，地区建立工伤保险风险储备金制度，用于调剂本地区重大事故工伤保险待遇。各县（市）实行浮动费率：对两年及以上时间内发生重大伤亡事故（指一次死 1～3 人或重伤 3 人以上）或累计赔付金额达到实际缴费额的 50%的，提高其下年度缴费率一个档次，直至最高费率；反之，则降低下年度缴费率一个档次，直至最低费率。

二、工伤保险工作

赣州市（地区）工伤社会保险工作始于 1992 年。1992 年年底，全地区收工伤保险费 210 万元。

1996 年，工伤保险覆盖全地区。参保单位 1987 个，职工人数 184433 人，当年收工伤基金 268 万元，收缴率 87%，拨付工伤费用 53 万元，拨付率 100%，全地区滚存结余（含利息收入）405 万元。

工伤保险从 1993 年开始运转至 2000 年，征集工伤保险基金 2350.78 万元，共支付工伤费用 905.53 万元，全市滚存结余（含利息收入）1677 万元，其中收市级风险储备金 69 万元。参保的职工人数 1998 年达到最高峰为 18.8 万人，以后逐年减少，至 2000 年年底参保人数为 15.57 万人，占参加养老保险人数的 67%。

第四节 社会保险与大病保险

一、机关事业单位社会保险

赣州地区机关事业单位社会保险处于 1994 年 11 月成立，1995 年 4 月，各县（市）机关事业单位社会保险基金从城镇企业职工养老基金中分出，单独立账，专账管理。11 月，行署办公室印发《关于在全地区开展机关事业单位社会保险工作的通知》。参照江西省城镇企业职工养老保险办法，制定《赣州地区机关事业单位工作人员养老保险意见和实施办法》。

1996 年 1 月，开办赣南日报社等 13 家自收自支事业单位社会保险业务。

1998 年 1—10 月，《赣南日报》开辟《社会保险制度改革大家谈》专栏，登载稿件 20 多篇。

2000 年 12 月，撤销赣州市机关事业单位社会保险处，人员、编制、职能成建制移交市社会保险事业管理处。

二、大病医疗保险

1993 年，兴国县启动大病医疗保险。1994 年，增加龙南、南康、上犹、赣县 4 个县，龙南县同时创办全地区第一家社保医院，保证统筹对象的基本医疗。1995 年，增加安远、定南、于都 3 个县。1996 年，增加信丰、崇义、寻乌 3 个县。1997 年，增加全南、瑞金、宁都 3 个县（市）。龙南县同时实行统账结合医疗保险试点。1998年增加赣州市（今章贡区）、大余县（在部分改制企业推行），全地区共有16个县（市）实施大病医疗保险。当年收大病医疗基金805万元，支付大病医疗费用479万元。1999年受转换经营机制影响，为确保离退休人员离退休费的及时足额发放，部分县（市）停止实施大病医疗保险。2000年，全市有8个县（市）仍在实施大病医疗保险，参加保险人数63400人，占参加养老保险人数的27%。

大病医疗保险从1994年年底开始实施至2000年，实收大病医疗保险基金3225万元，支付大病医疗费用2010万元。

第五节　公费医疗

一、公费医疗管理

1986—2000年，市（地）直单位的公费医疗行政上由市（地区）卫生局公费医疗办公室管理，先由独立的公费医疗门诊部进行管理，后将享受公费医疗的单位及其人员就近分别划入市（地区）人民医院和市（地区）妇保院2个医疗点进行管理。再后，由市（地区）人民医院独家进行包干管理。

二、费用报销

1986—1990年，赣州地直公费医疗的人员全部由地区公费医疗门诊部进行就诊和实施管理。享受人员就诊时，除缴纳挂号费外，其余则全由公费医疗门诊部报支，费用只记药费开支，其余检查、治疗费不计价，公费医疗门诊部职工工资由财政实行全额拨款。

1991—1995年，根据定点医疗的原则，将地直享受公费医疗的151个单位的5000余人分别就近划入赣州地区人民医院和赣州地区妇保院2个点就近就医，实行“预算管理，定点医疗，个人负担少量费用，经费节约归定点医院，超支经审核合理部分由财政拨付”的办法。

1996—1997年，撤销地区妇保院公费医疗门诊点，地直公费医疗所有单位及人员全部划入赣州地区人民医院公费医疗点就诊。至1997年年底，全年公费医疗开支高达380余万元。

2000年，执行《赣州市直公费医疗管理办法》，市财政每年拨付420万元，由赣州市人民医院承担所有160多个单位6500多人的医疗任务；实行费用总包干，节约归医院，超支由医院自付。规定患者门诊用药量及出院带药量，规定专职职工和退休职工的门诊费用及住院费用，个人必须分别负担10%～20%和5%～10%，离休人员实行实报实销。

赣州市志（1986-2000）

名志

第十三篇

民政·扶贫

1986年，地区民政局内设办公室、社会科、优抚科、民政科、移民办、军队离退休复员退伍军人安置办，行政编制28名。下属单位有赣州地区民政局招待所、赣州退伍军人接待站。1996年9月，机构改革，核定地区民政局机关编制40名，下设9个职能科室。2000年，赣州市民政局有机关编制40名，内设9个职能科室，有二级事业单位2个，机关科级事业单位2个，全额拨款事业单位6个，差额拨款科级事业单位1个，自收自支科级事业单位8个，共有事业编制122名。

1986—2000年，赣州市（地区）民政部门把依法维护和保障人民群众基本生活权益和“上为中央分忧，下为百姓解愁”作为工作的出发点和落脚点，围绕经济建设中心，全面推进各项民政事业，认真做好救灾救济、优待抚恤、拥军优属、行政区域界定、基层政权建设、社区服务、婚姻登记、社会登记、殡葬管理、移民安置、收养管理、农村养老、慈善福利事业、军供保障等工作，初步建立起与市场经济体制相适应的社会保障体系和社会事务管理体系。

赣州市(地区)老龄工作贯彻实施《中华人民共和国老年人权益保障法》，制定和出台赣州市70岁以上高龄老人优待措施，充分调动涉老部门和有关单位的积极性，全社会通力协作，广泛开展敬老助老和老年文体活动等，努力实现“老有所养、老有所医、老有所教、老有所学、老有所为、老有所乐”的工作目标。

赣州市（地区）残疾人联合会广泛深入宣传《中华人民共和国残疾人保障法》，制定贯彻残疾人保障法地方法规，积极开展残疾人康复、劳动就业、扶贫解困、宣传教育等工作。

赣南是第二次国内革命战争时期的中央苏区所在地，是著名的革命老区。中华人民共和国成立后，中共中央、国务院高度重视老区建设和扶贫工作，但贫困现象仍然较多。1986—2000年，全市（地区）通过老建扶贫政策性扶持，实施扶贫开发等方式，解决群众温饱，帮助群众脱贫致富、改变贫困落后面貌，使老区、贫困地区经济走上持续稳步协调发展之路。

第一章 基层民主建设

基层政权建设主要是贯彻落实《中华人民共和国村民委员会组织法》、《中华人民共和国城市居民委员会组织法》及江西省有关实施条例，加强村（居）民自治组织建设和村规民约建设。全市（地区）城乡基层自治组织，以民主选举、民主管理、民主决策、民主监督为中心，开展“自我管理、自我教育、自我服务”活动，促进赣州市（地区）基层民主政治建设。1989年，增设基层政权建设科。至2000年，全市（地区）90%以上的村民委员会建立村民代表会议制度，95%以上的村民委员会建立村务公开栏，崇义县被命名为全省村民自治模范县，有245个乡（镇）被命名为全市（地区）村民自治模范乡（镇）。

第一节 村民自治

一、村民自治组织建设

村民自治组织建设示范乡镇 崇义县横水镇为赣州地区村民自治组织建设示范镇。1989年，横水镇所辖12个村民委员会广泛进行村干部换届选举，明确村民委员会和村干部职责，建立村规民约，建立村民自治组织章程并开展活动。

村民自治组织建设全面推进 1990年，村民自治组织建设工作由点到面在全地区全面展开。各县（市）在一个乡（镇）开展试点工作的基础上全面铺开。全地区有228个乡（镇）539个示范村开展村民自治建设工作，示范村全面达标。随后在全市（地区）开展村民自治组织建设，全市（地区）有3215个村建立村民自治组织，并建立红白理事会，建立村规民约。

二、村民自治示范

1993年10月，地区民政局对全地区村民自治示范工作提出具体规划和村民自治示范标准。1994年4月，按照民政部“一个局长抓一个示范村”的要求，各县（市）民政局抓好村民自治示范村建设。1995年，对全地区村民自治示范村进行达标验收，有5个乡（镇）人民政府、1个街道办事处、20个村（居）民委员会、20名村（居）民委员会主任受到省民政厅表彰。1997年11月，在崇义县召开全地区村民自治工作现场会，总结崇义县村民自治工作经验。1999年6月，崇义县横水镇等16个乡（镇）被赣州行署命名为全地区村民自治模范乡（镇）。同年7月，崇义县被省人民政府命名为全省村民自治模范县。2000年12月，龙南县马牯塘镇等245个乡（镇）被赣州市人民政府命名为全市村民自治模范乡（镇）。

三、村民委员会换届选举

第三届村委会换届选举 1995年11月至1996年11月，赣州地区进行第三届村民委员会换届选举。这是一次大规模、有组织、相对集中的村委会换届选举。1995年11—12月，在全地区村民自治示范县崇义县进行全地区换届选举工作试点，取得经验后向全地区推广。第三届换届选举，选举产生村委会委员19372人，其中村主任4025名，副主任、委员15347人，村委会委员中中共党员10209人，占

52.7%。全地区选民参选率92.9%。

第四届村委会换届选举 1999年10月至2000年4月，赣州市进行第四届村（居）民委员会换届选举。依照《中华人民共和国村民委员会组织法》，第四届村居委会换届选举首次进行村民直接选举。全市4307个村委会，选举产生村委会委员17399人，其中中共党员8480人，占48.7%；40岁以下的10525人，占60.49%；初中以上文化程度16208人，占93.15%。选民参选率95.3%。推选产生新一届村民代表153358名，小组长49454名。全市201个居民委员会，选举产生居委会委员659名。居委会主任中，从性别看，男性117人占50.87%；女性113人占49.13%；居委会主任中，从党派看，中共党员130人占56.52%；从文化程度看，初中以上文化程度168人占73.04%。

第二节 社区建设与农村养老保险

一、社区建设

1996年1月，地区民政局增设赣州地区社区服务中心，为民政局下属自收自支科级事业单位。1996年，由赣州市（今章贡区）民政局牵头，工商、税务、物价、卫生等17个部门（单位）联合制定《关于赣州市加快发展社区服务业的实施意见》。至年底，建有社区服务中心3个，社区服务网点18个，各类群众性社区服务小组485个，社区服务志愿者队伍开展为孤寡老人、优抚对象做好事、办实事、排忧解难服务，社区服务逐渐向纵深发展。2000年年底，章贡区城区居委会普遍建立“一居一支部”，街道社区服务中心4个，社区服务站48个，社区服务网点200多个，社区康复医疗点12个，社区志愿者队伍2000多人，接受居民求助8000多人次。区政府拨出资金80多万元用于24条小街小巷的路面硬化，30%以上的居委会设有简易健身体育设施，各类社区体育协会和文化娱乐组织562个，居委会5年安置下岗职工2600多人，推荐介绍就业3000余人次。

在章贡区的影响和带动下，南康市、瑞金市、大余县、龙南县、于都县等县（市）开展城市社区建设的试点。

二、农村养老保险

农村养老保险是在农村开展解决农民老有所养的工作。1991年，民政部门开始引导农民参加个人储蓄积累式农村养老保险。1992年，在南康县太窝乡开展全地区农村养老保险工作试点。1993年，地区民政局成立赣州地区农村养老保险事业管理处，为民政局下属二级事业单位，之后相继建立地区、县、乡三级养老保险工作机构。1997年，核定赣州地区农村养老保险事业管理处自收自支事业编制10名，设业务科和综合科。至2000年，全市累计有833229人投保，收取保费12087.61万元。

表13-1-1 1993—2000年赣州市（地区）农村养老保险情况统计表

年份	投保(人)	收取保费(万元)	年份	投保(人)	收取保费(万元)
1993年	55801	2016.62	1998年	56000	1100.07
1994年	306499	1372.43	1999年	40500	810.00
1995年	166284	3346.95	2000年	26800	537.85
1996年	100200	1801.29	累计	833229	12087.61
1997年	81145	1102.40			

第二章 社会行政管理

1986—2000年，社会行政管理工作围绕行政区域界定、婚姻登记、殡葬管理、收养管理、社团与民办非企业单位登记管理等方面开展，把“上为中央分忧，下为百姓解愁”作为工作的出发点和落脚点，围绕经济建设中心，积极实施社会政策，不断促进社会公平。

第一节 勘 界

根据国务院有关文件精神，从1996年开始，用5年时间在全国全面开展省、县两级行政区域界线勘定工作。在省政府统一部署下，赣州市（地区）开展行政区域界线勘定工作。1996—2000年，勘定省界3条1150千米、县界50条3287.75千米、三省交会点2个、三县交会点32个、界线起止点12个、埋设界桩153个，全面完成勘界工作。

一、界线勘定

赣州行署于1996年6月成立赣州地区勘界工作领导小组，成员单位有农业局、民政局、公安局、财政局、土管局、林业局、地矿局、水电局、建设局。勘界工作领导小组下设办公室，设地区民政局。

1996年，勘定县级行政区域界线1条（赣州南康线），三省交会点1个（赣闽粤三省交会点），三县（市）交会点2个［赣州（今章贡区）南康赣县北点，赣州（今章贡区）南康赣县南点］。

1997年，勘定省级行政区域界线1条：赣闽线，赣州地区涉及寻乌、会昌、瑞金、石城4个县（市）。

勘定县级行政区域界线10条：赣州市（今章贡区）赣县线、于都兴国线、信丰龙南线、南康上犹线、信丰全南线、大余崇义线、会昌寻乌线、安远定南线、瑞金宁都线、宁都石城线。

勘定三县交会点16个：宁（都）于（都）兴（国）、赣（县）于（都）兴（国）、信（丰）龙（南）定（南）、南（康）上（犹）遂（川）、南（康）上（犹）崇（义）、南（康）大（余）崇（义）、安（远）会（昌）寻（乌）、安（远）信（丰）定（南）、瑞（金）宁（都）石（城）、安（远）定（南）寻（乌）、瑞（金）宁（都）于（都）、宁（都）石（城）广（昌）、信（丰）龙（南）全（南）、乐（安）宜（黄）宁（都）、南（丰）宁（都）广（昌）、南（康）遂（川）万（安）。

勘定界线起止点3个：信丰与全南、大余与崇义、会昌与寻乌。

1998年，完成三省交会点1个：赣粤湘三省交会点。

完成县级界线16条：龙南全南线、于都会昌线、瑞金于都线、上犹崇义线、赣县信丰线、安远寻乌线、南康赣县南线、南康信丰线、信丰大余线、定南寻乌线、永丰宁都线、吉安兴国线、泰和兴国线、万安兴国线、永丰兴国线、广昌石城线。

完成三县交会点13个：南（康）信（丰）大（余）、安（远）于（都）会（昌）、赣（县）信（丰）安（远）、瑞（金）于（都）会（昌）、赣（县）信（丰）安（远）、瑞（金）于（都）会（昌）、南（康）赣（县）信（丰）、永（丰）兴（国）、赣（县）万（安）兴（国）、吉（安）永（丰）兴（国）、永（丰）乐（安）宁（都）、吉（安）泰（和）兴（国）、泰（和）万（安）兴（国）。

完成起止点5个：龙南与全南、信丰与大余、上犹与崇义、定南与寻乌、广昌与石城。

1999年，完成省界勘定任务2条：赣粤线与赣湘线。

完成县界勘定19条：赣县于都线、赣县兴国线、瑞金会昌线、瑞金石城线、信丰安远线、信丰定南线、赣县安远线、安远会昌线、安远于都线、宁都于都线、宁都兴国线、南康大余线、南康崇义线、龙南定南线、上犹遂川线、乐安宁都线、南丰宁都线、宁都广昌线、宜黄宁都线。

完成三县交会点 2 个：南（丰）宜（黄）宁（都）、赣（县）安（远）于（都）。

完成界线起止点 4 个：龙南与定南、上犹与遂川、瑞金与会昌、瑞金与石城。

2000 年，完成 4 条县界：南康赣县（北）线、遂川南康线、万安赣县线、万安南康线；完成三县交会点 1 个：万（安）南（康）赣（县）。

二、边界纠纷调处

定南、龙南岿美山地段边界和权属纠纷。赣州行署 1987 年裁决：维持原边界，属定南方，同意龙南县采矿。

崇义、大余生龙口、小樟坑地段采矿权属争议。赣州行署 1990 年裁决：生龙口矿区由大余矿开采，两县在该矿区的乡镇集体企业和民工无条件撤出，矿区范围和开采范围由地区矿管局、冶金煤炭局按荡坪钨矿下放该坑口时的资料核定。荡坪钨矿划给地方开采的小樟坑矿区，由崇义县国营或组织乡（镇）集中开采，并适当确定开采人数，该矿区范围内的大余县民工全部无条件撤出，崇义县无偿提供安置大余荡坪钨矿 43 户职工家属的建房用地。

崇义、大余县垅埂、麻布带地段边界、林权纠纷。赣州行署 1990 年裁决：维持原边界，林业局处理森林权属。

赣县、南康横坑地段金矿开采边界纠纷。赣州行署 1991 年裁决：确定南康县、赣县横坑地段的行政界线，以五里岭山脊分水线的自然走向为界，即分水线东侧属赣县辖地，两侧属南康县辖地；两县在横坑地段的插花山和插花地，由地区林业、土管部门按有关规定调处，明确权属后，颁发权属证明；横坑地段的黄金矿产资源，属国家所有，严禁非法开采。该地段黄金矿产资源的开采，由地区矿管局和地区黄金生产领导小组规划安排。

南康、赣县在南康龙回与赣县阳埠横坑地段边界争议。赣州行署 1992 年裁决：在横坑地段维持以五里岭山脊为界的边界线，对于边界线两侧的插花山、插花地所引发的山林、山地、矿产等权属问题，分别由林业、土管和矿管等部门按有关法规处理。

1996—2000 年，全国全面开展省、县两级行政区域界线勘定工作，边界纠纷调处结合勘界工作进行认定。

三、地名标牌设立

20 世纪 80 年代，赣州市（今章贡区）在市区设立地名标志，为赣南设立地名标志标牌之首。随后，瑞金县、宁都县、安远县、信丰县、南康县、石城县、兴国县、龙南县等地也先后设立地名标志。

1992 年，全面部署地名标志设置工作。全地区采取先城镇、公路沿线，后农村，分两步走，开展地名标志设置工作。设置范围：县级建制以上的城镇设置路（街）牌、巷牌、门牌；公路沿线交叉分支路口设置指路牌；车站、码头、渡口设置标志；县、市车站、广场、进出城路口设置城市（县城）街道示意图，并标注重要行政、企事业单位、公共场所位置；圩镇出入口设置圩镇牌，并注明乡政府驻本地；行政村（村委会驻地所在自然村）村民小组或集中居住 100 人以上的自然村设地名牌；与邻省、邻区公路交界处设县牌；全地区内各县（市）公路交界处设县界牌；纪念地、名胜古迹、风景名胜区及重大建筑设施，根据需要设立名称牌。

1994 年，完成城镇（含建制镇和乡政府所在地的集镇）和公路沿线的地名标志设置工作。1996 年，完成农村地名标志设置工作。

1996 年，省民政厅、交通厅、公安厅、建设厅联合印发《关于在全省国道两侧设置统一地名标志的通知》，地区民政局于 1996 年 5 月召开全地区地名工作会议，部署国道设置地名标志工作，当年全地区 4 条国道线上 13 个县（市）的 62 个乡（镇）完成设置地名标志任务。

1999 年 4 月，国家质量技术监督局发布中华人民共和国地名标牌国家标准（GB 17733.1—1999），1999 年 10 月 1 日实施。2000 年 3 月，省民政厅、省交通厅、省工商局、省技术监督局印发《关于贯彻执行国家标准搞好全省城市地名标志建设的通知》。

第二节　婚姻登记

一、国内公民婚姻登记

国内公民婚姻登记有结婚登记和离婚登记，由基层乡（镇）民政所、街道办事处办理。婚姻登记员根据申请结婚或离婚的当事人所提供的有关有效证件，依法予以登记，发给结婚证件或离婚证件。1986—2000 年，全市（地区）结婚 763911 对，离婚 15450 对。从登记结婚和离婚人数看，离婚人数呈上升趋势。

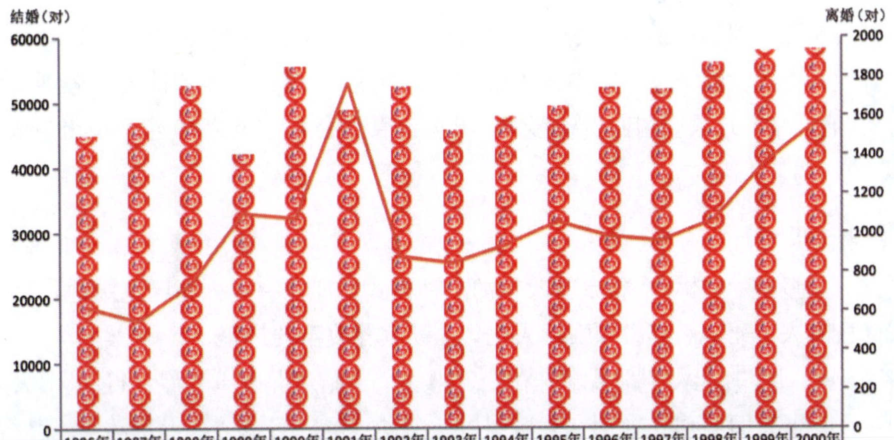

	1986年	1987年	1988年	1989年	1990年	1991年	1992年	1993年	1994年	1995年	1996年	1997年	1998年	1999年	2000年
结婚	45162	47135	52676	42309	55632	49013	52419	45773	47822	49351	52388	51965	56164	57910	58192
离婚	621	548	736	1098	1072	1762	876	844	932	1053	979	955	1059	1355	1560

图 13-2-1　1986—2000 年赣州市（地区）国内公民婚姻登记情况

二、涉外及涉港澳台婚姻登记

1991 年，开始办理涉外及涉港澳台婚姻登记。赣州 1999 年撤地设市前，涉外及涉港澳台婚姻登记管理委托县级赣州市民政局办理，2000 年 1 月起由市民政局直接办理。

三、婚姻登记相对集中办理

部分县（市、区）在婚姻登记管理体制方面进行改革，婚姻登记相对集中办理。1996 年 5 月，全南县将县城附近 6 个乡（镇）的婚姻登记相对集中到县民政局办理；1999 年 12 月，石城县将县城附近 4 个乡（镇）婚姻登记相对集中到县民政局办理。

第三节 殡葬管理

殡葬管理工作主要是提倡文明节俭办丧事，破除封建迷信，改革旧的丧葬习俗，推行火葬，改革土葬。1999 年 11 月，根据市委、市政府《关于市与区事权调整的通知》，将原隶属于章贡区民政局管理的殡葬管理所上收市民政局管理。

一、火化殡仪馆建设

1998 年以前，全地区仅赣州市（今章贡区）、于都县、南康市（县）、宁都县、信丰县、大余县建有火化殡仪馆，大部分火化殡仪馆设施设备陈旧落后。1998 年，各级民政部门采取银行贷款，系统内干部职工集资、招商引资等多种渠道筹集资金，新建、改造殡仪馆。先后有龙南县、瑞金市、石城县、会昌县新建火化殡仪馆，赣州市（今章贡区）、大余县异地新建火化殡仪馆，南康市、于都县、信丰县、宁都县对火化殡仪馆进行改造。

1995 年，赣州市（今章贡区）殡仪馆被民政部定为国家三级殡仪馆。

二、经营性公墓开发

开办经营性公墓是进行殡葬改革的重大举措。1995 年，先后有赣州市（今章贡区）、信丰县、南康市、宁都县等地开办经营性公墓，其中赣州市（今章贡区）、南康市经营性公墓分别实现盈利 120 万元和 10 万元。其他县（市）采取招商引资形式，开办经营性公墓。至 2000 年，全市建成并投入使用的经营性公墓 15 个。

三、零点行动

“零点行动”是城乡一体化实行殡葬改革的一种模式，即在一定火葬区范围内，从规定的日期零时起，该火葬区所有人员死亡后都必须实行火化，推动殡葬改革的进程。

2000 年 4 月 1 日零时起，宁都县率先在全省第一个实施殡葬改革“零点行动”，火葬区内火化率达到 100%；同年 6 月 30 日零时，龙南在县城周边 6 个乡（镇）实施“零点行动”。随后，瑞金市、信丰县、于都县等地也相继实施“零点行动”，全市火化率得到显著提高。

四、遗体火化

遗体火化量逐年增加。1986 年，全地区火化遗体 3488 具，火化率 9.7%；1991 年，全地区火化遗体 4430 具，火化率 12.3%；1996 年，全地区火化遗体 5353 具，火化率 14.1%；2000 年，全市火化遗体 8327 具，火化率 24%。

五、殡葬发展规划

1999 年 9 月，制定《赣州市 2000—2010 年殡葬改革发展规划》，规划明确殡葬改革工作 10 年发展目标任务及措施：火化率达 72%以上，建立市、县、乡三级殡葬管理与服务网络，发展一批红白理事会等群众组织；各县（市、区）均要建有火化殡仪馆、公墓、农村公益性基地、骨灰堂等殡葬服务设施，力争建成国家一级馆 1 个、二级馆 3 个、三级馆 3 个。

第四节 收养登记

一、国内收养登记

1992 年 4 月 1 日，《中华人民共和国收养法》颁布实施。根据《中华人民共和国收养法》，收养关系到民政部门登记，也可经司法部门公证和当事人协议。1999 年 4 月 1 日起施行新修订的《中华人民共和国收养法》，收养关系由民政部门登记成立。1996—2000 年，全市（地区）办理国内收养登记 500 件。

二、涉华侨及涉港澳台收养登记

赣州市（地区）民政局自 1999 年开始办理华侨及港澳台收养登记，实行办证程序、收费项目和标准及登记规章制度“三公开”。

三、涉外送养

涉外送养工作指办理外国人到中国经指定的福利院进行收养登记的工作。赣州市（今章贡区）福利院、瑞金市福利院、宁都县福利院分别于 1994 年、1998 年、1999 年被省民政厅列为涉外送养定点福利院。1996—2000 年，3 家涉外送养定点福利院共送养 204 人。

第五节　社团与民办非企业单位登记管理

国务院于 1998 年 10 月 25 日发布《社会团体登记管理条例》，条例规定，社会团体登记管理机关为中华人民共和国民政部和县以上地方各级民政部门，结束社会团体由社联、科协、文联、体育运动委员会等多头审批、多头管理的局面。1998 年 10 月，国务院将民办非企业单位登记管理纳入民政工作范畴，游离于社会团体和企业之间的各类民办非企业单位得到有效管理。

一、社团清理整顿

第一次社团清理整顿　1991 年 2 月，成立赣州地区社会团体清理整顿工作领导小组，开展社会团体清理整顿和复查登记工作。5 月，召开第一次社会清理整顿领导小组会议，审议通过《赣州地区社会团体清理整顿工作实施方案》。8 月，地委行署印发《关于进一步加强我区社会团体管理工作的通知》，对社会团体设立的基本条件，社团审批、登记的基本程序作出规定。11 月，第一次社会团体清理整顿工作基本结束。

第二次社团清理整顿　1998 年 1 月，成立赣州地区清理整顿社会团体工作领导小组，在全地区开展第二次社会团体清理整顿工作。2 月，召开赣州地区清理整顿社会团体工作领导小组第一次会议，布置社会团体清理整顿工作。领导小组印发《关于在全区开展清理整顿社会团体的通知》，经地、县两级民政部门登记的社会团体均在清理整顿之列。清理整顿之后，全地区有社会团体 595 个，其中地属社会团体 168 个。对赣州地区林业经济学会等 13 个经过清理整顿仍不合格的社团予以注销。10 月，国务院发布《社会团体登记管理条例》，社会团体按照该条例管理。2000 年 5 月，根据中共中央、国务院《关于处理对社会有危害的气功组织有关问题的意见》文件精神，在全市范围内对气功类社团进行专项清理整顿，注（撤）销气功类社团 15 个（注销 13 个、撤销 2 个）。6 月，成立赣州市民间组织管理工作领导小组，对全市民间组织加强管理工作。

二、社会团体登记

1991 年 12 月，地区民政局对赣州地区图书馆学会等 23 个社会团体进行核准、注册登记，颁发社会团体登记证书，在《赣南日报》公告。至 2000 年，全市有社会团体 584 个，其中市属社会团体 166 个。

表 13-2-1 1992—2000 年赣州市（地区）社会团体统计表 单位：个

年份	社会团体总数	其中市(地区)属社团	当年新增社团	注销、撤销社团
1992 年	329	129	11	—
1993 年	342	150	9	—
1994 年	355	150	10	—
1995 年	576	159	3	—
1996 年	586	162	6	—
1997 年	589	168	—	—
1998 年	595	168	—	13
1999 年	595	172	4	—
2000 年	584	166	8	15

三、民办非企业单位登记管理

1998 年 10 月，国务院发布《民办非企业单位登记管理暂行条例》，规定民政部和县级以上地方各级人民政府民政部门是本级人民政府的民办非企业单位登记管理机关。2000 年 6 月，市委办公室、市政府办公室印发《关于成立赣州市民间组织管理工作领导小组的通知》，开始对全市民办非企业单位的登记管理进行部署。

第三章 拥军 优抚 安置

1986—2000 年，民政部门积极开展慰问军队、拥军优属活动，做好军工保障、双拥（拥军优属、拥政爱民）表彰工作，推进群众优待、国家抚恤、政府补助等优待抚恤工作，妥善安置复员退伍军人和军队离休退休干部，不断加强军政军民关系，促进社会稳定。

第一节 拥军优属

拥军优属在地方双拥领导小组组织下开展拥护军队、优待军人家属活动。拥军优属活动主要有节日慰问军队，建立群众性拥军优属组织，召开优抚对象代表会和表彰会。组织优抚对象参观、疗养，帮助优抚对象解决实际问题等。

一、节日慰问军队

每年“八一”中国人民解放军建军节、春节，全市（地区）普遍进行慰问活动，慰问驻赣州解放军和武警部队以及优抚对象。

二、拥军优属活动

全市（地区）建立群众性拥军优属服务组织 40300 个，其中乡（镇）优抚服务组织 360 个，城市街道服务站 4 个，大中型厂矿服务中心 82 个，县（市、区）优抚服务网络 18 个，参加服务人员 10 余万人。组织慰问团走访慰问部队、优抚对象、伤病员等。

三、军供保障

军供站是地方政府支援过往部队的组织机构和战备设施。赣州军供站坚持为部队服务，为国防服务的宗旨，其间先后接待过往部队、入伍新兵、复退军人、军队离退休干部和优抚对象16万多人，为部队和地方中转救灾物资1700多吨，达到优质、快速、准确、安全、保安的军供保障要求，为赣南的重要军供基地。

1988年4月，经省民政厅同意设立赣州复退军人接待站。1991年5月，赣州复退军人接待站改名为江西省赣州军供站。1993年，中国人民解放军总后勤部、交通运输部确定京九铁路在赣州站修建二级军供站一处。1994年5月，赣州军供站升格为副县级事业单位，为地区民政局下属二级单位。1997年，核定赣州军供站事业编制11名。1999年7月，赣州军供站升为一级军供站。

四、双拥表彰

1993年，赣州市（今章贡区）、于都县、兴国县、定南县被省政府命名为双拥模范县，信丰县化肥厂、兴国县均村乡、瑞金县沙洲坝乡被授予双拥工作模范单位称号，李道海被授予模范军属荣誉称号。1994年，瑞金市被省政府命名为双拥模范城。

1996年，省委、省政府、省军区命名瑞金市、南康市为双拥模范城，命名兴国县为双拥模范县，命名于都县、定南县为拥军优属模范县；1999年命名瑞金市、南康市、章贡区为双拥模范城，命名兴国县、于都县、信丰县为双拥模范县。

第二节 优待抚恤

优待指从政治上给予优扶对象良好待遇；抚恤指国家对因公伤残疾人员，因公牺牲及病故人员家属所采取的物质抚慰形式。优抚对象为中国人民解放军现役军人（含中国人民武警部队现役指战员）、革命伤残军人、复员退伍军人、革命烈士家属、因公牺牲军人家属、病故军人家属、现役军人家属。优抚方针是思想教育、扶持生产、群众优待、国家抚恤。优抚内容有开展拥军优属活动，做好现役军人（含人民武装警察部队指战员）、革命伤残军人、在乡红军老战士、在乡复员退伍军人、参战民兵民工、革命烈士家属、因公牺牲军人家属、病故军人家属、现役军人家属的优待抚恤工作；国家机关工作人员包括国家党政机关、人民警察、民主党派、中央财政开支的人民团体工作人员的伤亡抚恤工作；审批和褒扬革命烈士；举办军医院、复员军人慢性病医院、复退伍军人福利和光荣院；革命烈士纪念建筑等日常管理工作。2000年，全市有优扶对象55万多人，其中革命烈士家属、病故军人家属33万多人，现役军人家属8万多人，退伍红军战士和红军失散人员1万多人，复员军人1万多人，退伍军人10万多人，革命伤残人员5000多人。

一、群众优待

群众优待是在一定范围内的群众对烈士军属等优待对象给予物质和政治上关怀的一种形式。享受群众优待的对象范围为家居农村的革命烈士家属、义务兵家属、革命伤残军人和带病回乡复员、退伍军人。享受群众优待原则为烈士家属、伤残军人和带病回乡复员，退伍军人在享受国家抚恤或定期补助基础，生活水平尚未达到当地群众一般水平的，可享受群众优待。对义务兵家属实行普遍优待，对享受定期抚恤的烈士家属实行普通优待。农村群众优待金标准为当地乡（镇）的年人均收入70%。1986—2000年，全市（地区）统筹优待金99932.72万元。

1986年，全地区有烈属8923户、义务兵家属9158户、伤残军人340户、复员军人713户。优待金以乡统筹 330 个，以村统筹 32 个，统筹优待金 227.1 万元。

1987 年，大余县在全地区首先实现以县统筹优待金，其余县全部实现以乡统筹优待金，统筹优待金 238.25 万元。全地区有烈属 11784 户、义务兵家属 7135 户、伤残军人 875 人、带病回乡复员军人 300 户，城镇义务兵优待 67 户。

1988 年，全地区有烈属 9126 户、因公牺牲家属 46 户、病故军人家属 31 户、现役军人家属 6090 户、革命伤残军人 424 户、退伍红军老战士 18 人、红军失散人员 497 人、苏区老干部 358 人、在乡复员军人 1201 人、带病回乡退伍军人 564 户。继大余县之后，南康县实现以县统筹优待金，统筹优待金 214.03 万元。

1992 年，全地区统筹优待金额 414.55 万元，兑现总金额 359.73 万元，优待总户数 2.11 万户，户均 170.49 元，其中农村义务兵家属优待金 268.52 万元，户均 378.94 元；城镇义务兵家属优待金 19.31 万元，户均 131.63 元；对义务兵奖励优待，二等功 3 人 299 元，人均 99.67 元；三等功 196 人 1.42 万元，人均 72.48 元；海边防前线 96 人 3368 元，人均 35.08 元；超期服役 312 人 1.99 万元，人均 63.78 元；烈属 8279 户 47.43 万元，户均 57.29 元；伤残军人 581 人 4.13 万元，户均 71.08 元；复员军人 1517 人 7.4 万元，人均 48.78 元。

1995 年，全地区统筹优待金总额 647.7 万元，兑现总金额 587.88 万元，优待总户数 1.49 万户，户均 394.55 元，其中农村义务兵家属优待金 494.3 万元，户均 604.5 元；城镇义务兵家属优待金 22.38 万元，户均 175.53 元。对义务兵奖励优待，二等功 2 人 480 元，人均 240 元；三等功 257 人 2.65 万元，人均 103.11 元；海边防前线 79 人 4740 元，人均 60 元；超期服役 756 人 11.43 万元，人均 151.19 元；复员军人 1588 人 14.6 万元，人均 91.94 元；带病回乡退伍军人 393 人 2.51 万元，户均 63.87 元。1996 年，全地区统筹优待金总额 1064.97 万元，优待总户数 15776 户，其中农村义务兵家属优待金户均 902 元。

2000 年，全市统筹优待金总额 1495.09 万元，优待总户数 21602 户，其中农村义务兵家属优待金户均 1189 元。

二、国家抚恤

民政部门主管的伤残抚恤工作对象：在部队受伤残退出现役的军人（包括武警部队官兵）和伤残人民警察（不包括企事业单位享受劳保待遇的伤残人民警察）；国家和机关伤残工作人员（包括国家权力、行政机关工作人员、由国家补贴的民主党派、人民团体的工作人员、人民解放军、人民武装警察部队列入编制内的无军籍的工作人员）；参战伤残民兵民工；参加军事训练的民兵（指无工作单位的农民、城市居民、学生）；因维护社会治安伤残无工作的人民群众。

死亡抚恤包括依法审批烈士和其他死亡性质的认定，死亡一次性抚恤和定期抚恤等内容。

革命烈士 根据《革命烈士褒扬条例》规定及其陆续发布的有关解释文件确定。由省人民政府批准。1986—2000 年，赣州市（地区）被批准为革命烈士的有 17 名。

1986 年，追认信丰县邹昌涛（1948 年 11 月参加革命，系中国人民解放军战士，1948 年 12 月 19 日牺牲）为革命烈士。1987 年，追认石城县屏江镇孙如冈（原任国民党第 36 军副团长，1942 年在缅甸抗日作战中牺牲）为革命烈士，追认石城县横江镇因抢救触电农民而牺牲的张素珍为革命烈士。1989 年，追认龙南县桃江乡抗洪抢险中牺牲的张建忠为革命烈士。1991 年，追认信丰县在第二次世界大战时期共产党领导的对敌斗争中牺牲的曾人超、郭同薪、温国德、熊其家等 4 人为革命烈士，追认南康县在解决三江乡寨岭村水利纠纷中牺牲的卢和忠为革命烈士。1992 年，追认兴国县长冈水库抢救 2 名落水少年时不幸遇难的叶兴友为革命烈士。1993 年，追认崇义县在扑救山火中牺牲的陈红招为革命烈士。

1994年，追认寻乌县在追捕犯罪分子过程中，与歹徒英勇搏斗壮烈牺牲的林志华为革命烈士。1995年，追认龙南县为保护国家财产，在与歹徒搏斗中牺牲的叶新为革命烈士。1996年，追认安远县在执行国家税法时，被歹徒报复杀害的陈章林为革命烈士。1997年，追认会昌县在制止不法分子偷盗林木，被歹徒杀害的江九龙生为革命烈士；追认瑞金市在执行盐政检查任务时，为追捕贩运私盐的不法分子牺牲的陈文伟为革命烈士。2000年，追认安远县在抗洪排险、加固沟坝时，遭遇山体滑坡而不幸遇难的尧章明为革命烈士。

一次性抚恤与定期抚恤 由民政部门管理的死亡抚恤性质分为三类：革命烈士抚恤、因公牺牲抚恤、病故抚恤。抚恤金发放分为一次抚恤和定期抚恤。

1986年，全地区有7172人享受定期抚恤，发放定期抚恤金211.27万元。

1988年，报省审批烈士3人。全地区享受一次性抚恤50人，其中烈士2人、因公牺牲4人、病故44人。发放一次性抚恤金5.69万元，其中烈士抚恤金3600元。伤残人员5902人，发放伤残抚恤金172.92万元。有6986人享受定期抚恤，发放定期抚恤金223.3万元。

1992年，"三属"（烈士遗属、因公牺牲军人遗属、病故军人遗属）抚恤总人数10341人，定期抚恤金总额261.18万元，其中烈士家属5451人，农村每月35元，城镇每月45元，定期抚恤金额247.63万元；有病故军人家属129人，农村每月35元，城镇每月40元，定期抚恤金额13.55万元；有享受死亡抚恤71人，其中烈士1人，因公牺牲5人，病故65人，发放一次性抚恤金12.08万元（其中烈士3360元）；有革命伤残军人4690人，伤残抚恤金额155.43万元。

1993年，"三属"抚恤总人数5822人，发放定期抚恤金235.2万元，根据省民政厅赣民发〔1993〕16号文件规定，每人每月增加定期抚恤费10元。

1994年，"三属"抚恤总人数5700人，发放定期抚恤金额367.89万元。根据省民政厅赣民〔1994〕36号、省财政厅赣财发字〔1994〕138号文件规定，抚恤标准每人每月增加5元。有烈士家属5052人，农村每月50元，城镇每月60元，发放定期抚恤金329.55万元；因公牺牲军人家属155人，农村每月50元，城镇60元，发放定期抚恤金9.78万元；有病故军人家属493人，农村每月45元，城镇每月55元，享受死亡抚恤42人，其中烈士1人，因公牺牲7人，病故34人，发放一次性抚恤金10.59万元，革命伤残军人抚恤人数4728人，抚恤金总额215.9万元。

1996年，享受抚恤总人数10240人，发放抚恤总额651万元，其中革命烈士家属4932人，农村每月60元，城镇每月75元；因公牺牲军人家属159人，农村每月60元，城镇每月75元；病故军人家属393人，农村每月55元，城镇每月70元；在乡伤残人员2874人，享受在乡伤残抚恤金；在职伤残人员1882人，享受在职伤残保健金。

2000年，享受抚恤总人数10383人，抚恤总金额1200万元，其中革命烈士家属5008人，农村每月115元，城镇每月130元；因公牺牲军人家属242人，农村每月115元，城镇每月130元；病故军人家属370人，农村每月110元，城镇每月125元；享受在乡伤残抚恤金的在乡伤残人员2794人；享受在职伤残保健金的在职伤残人员1969人。

三、政府补助

政府补助是国家、社会、群众对烈士军属等优抚对象给予物质帮助和政治上关怀的一种形式。主要给特等、一等伤残军人补助护理费，对老复员军人、革命烈士家属、红军失散人员老苏区干部给予定期补助，以及进行临时补助等。

享受政府补助人员和金额 1986年，享受抚恤补助人数32512人，抚恤金额730万元，其中革命伤残人员6227人，抚恤金额148万元；"三属"抚恤人数7219人，抚恤金额216万元；享受定补人数

19066人，补助金额366万元。

1988年，享受定期补助28606人，发放定期金额578.34万元，享受临时补助5125人，发放补助金42.11万元。

1992年，享受国家补助优抚对象30561人，定期补助金额861.69万元，其中革命烈士家属3176户91.77万元，革命伤残军人58人1.53万元，在乡退伍红军老战士87人11.07万元，红军失散人员7867人193.47万元，苏区老干部5707人176.8万元，在乡复员军人10459人322.27万元，在乡退伍军人3294人64.78万元。

1994年，享受国家补助的优抚对象31099人，定期补助总额1331.09万元，其中革命烈士家属3692户126.94万元，因公牺牲家属1户450元，病故军人家属5户1900元，革命伤残军人298人3.4万元，在乡退伍红军老战士82人22.26万元，红军失散人员7438人387.72万元，苏区老干部5474人285.04万元，在乡复员军人10220人410.49万元，在乡退伍军人3889人95万元。

1996年，享受政府补助优抚对象33018人，补助总金额1801.9万元，其中在乡退伍老红军战士82人，红军失散人员（含苏区干部）13406人，在乡复员军人12072人，带病回乡退伍军人4278人，革命烈士家属3180人。

1998年，享受政府补助总人数33120人，补助总金额2105万元，其中红军失散人员（含苏区老干部）12779人，在乡复员军人12042人，带病回乡退伍军人5029人，革命烈士家属3270人。

2000年，享受政府补助总人数32476人，补助总金额3214万元，其中在乡退伍红军老战士73人，红军失散人员（含苏区老干部）13986人，在乡复员军人11110人，带病回乡退伍军人5354人，革命烈士家属1953人。

老复员军人定期补助 1986年，对孤老残疾的复员军人，苏区老干部和抗日战争时期入伍的复员军人，在部队荣立二等功以上、贡献较大、生活困难的复员军人，因年老丧失劳动能力或因病不能从事生产劳动、生活困难的复员军人给予定期定量补助。定期定量补助标准为农村每人每月12~16元，城镇（包括县城以下吃商品粮）每人每月16~21元。全地区有5048名老复员军人开始享受定期定量补助，发补助金79.01万元。

特等、一等革命伤残人员护理标准 1987年，提高特等、一等革命伤残人员护理费标准，六类工资标准地区，特等、一等革命伤残人员每月护理费增加到51元，五类工资标准地区，特等、一等革命伤残人员每人每月护理费增加到50元。全地区有特等、一等革命伤残人员51人（其中在职12人、在乡39人），享受51元护理费，在乡人员护理费由民政部门发放。

红军失散人员定期补助 1937年7月6日以前，正式参加中国工农红军（包括东北抗日联军）因伤、因病、因战斗失利或组织动员分散隐蔽、离队失散、并在离队后表现较好，经当地群众公认，乡（镇）人民政府审查，县（市）人民政府批准，可以认定为红军失散人员，红军失散人员补助标准为农村每人每月12~16元，城镇每人每月16~20元。1987年，全地区红军失散人员摸底认定人数为10042人，享受定期定量补助7078人。

四、褒扬优抚

褒扬 1999年11月，根据市委、市政府《关于市与区事权调整的通知》，将原隶属于章贡区民政局管理的革命烈士纪念馆上收市民政局管理。2000年，全市有烈士陵园13座，烈士纪念馆8个，其他烈士纪念建筑物70座。烈士纪念建筑物属中央管理1个、省级管理8个、县级管理35个、乡镇管理47个。全市有县办光荣院6所、乡镇办光荣院91所，有床位3500床，入院老人3000余名。1995年4月，兴国县烈士陵园、瑞金市革命烈士纪念馆被民政部定为全国爱国主义教育基地。

爱心献功臣行动 1999年，民政部开展爱心献功臣行动。经民政部门指定，由上海市、浙江省2个发达省市对口帮扶兴国县和瑞金市。上海市投入资金1700万元，帮助兴国县新建高标准光荣院1所、整修烈士陵园，帮助128个优抚对象新建住房11584平方米，维修住房252户6657平方米，建立优抚对象医疗保障基金；浙江省投入资金500万元，帮助瑞金市象湖镇新建浙江爱心光荣院1所，帮助388个优抚对象新建住房39692平方米，维修住房249户796平方米。

第三节 复退离退军人安置

复员退伍军人和军队离休退休干部安置工作，主要任务为城镇退伍义务兵，转业士官、军队复员干部的接收安置，农村退伍军人两用人才的开发使用；军队离休退休干部、无军籍退休退职职工的接收、安置、管理和服务。1986—2000年，接收第一、第二、第三、第四批军队离退休干部109人、军队落实政策移交政府安置的离退休干部15人，其中军队无军籍退休职工16人。复员军人安置工作实行指令性计划的同时，试行“供需见面，双向选择，保底安置”办法，鼓励退役士兵自谋职业，推行安置任务有偿转移，确保城镇安置任务完成。农村退伍军人两用人才开发使用工作，采取培训、引导、推荐、服务四轮齐转办法，军地两用人才得到较好开发使用。

一、军队离退休干部安置

县（市）武装部离退休人员 1986年，县（市）人民武装部管理的离退休干部移交地方政府管理。全地区接收县（市）武装部移交的离退休干部35人。1999年11月，根据市委、市政府《关于市与区事权调整的通知》，将原隶属于章贡区民政局管理的军队离退休干部休养所上收市民政局管理。

军队离退休干部接收 1986年，接收安置军队离退休干部38人，其中参加抗日和副师职离休干部8人，因病离休干部7人，团以下退休干部23人，1987—1995年，分别接收安置军队离退休干部16人，同时接收安置第一批无军籍退休职工6人；1996—2000年，接收第四批军队移交政府管理的退休干部11人，接收第二批军队无军籍退休退职职工22人。

军队离退休干部生活待遇 1993年，军队离退休干部医疗基本标准由每人每年420元调整为600元，同时增加离退休费。1994年，移交政府安置的军队离退休干部和志愿兵，随军队工资制度改革调整生活待遇，从1993年10月1日起执行。此后，军队离退休干部，退休志愿兵生活待遇按军队统一的项目和标准执行，不再执行安置地政府规定的各项补助补贴。

军队离退休干部住房建设 1986年，军队离退休干部建房以统建住房为主。1996年，国家对第三批安置的军队离退休干部建房进行改革，将过去统建房住房为主改为采取多种形式建房，主要有统建、自建、代建、合建、军民共建、自购商品房、维修扩建私房等形式。1987年，统建房20套1292平方米。1993年，下达第四批军队移交地方安置的离退休干部建房任务11套，其中师职4套，团职4套，营以下3套，同年建立第一、第二、第三批军队离退休干部住房档案，全地区共计76套。1994年，完成第四批建房任务，建房12套，其中赣州市（今章贡区）9套，赣县、全南、安远各1套。1999年，出售移交政府安置的军队离退休干部统建住房27套，其中赣州市军休所23套，于都县、安远县、全南县各1套，总面积2138平方米。2000年，出售移交政府安置的军队离退休干部统建房2套。

军队离退休干部参与社会活动 1990年，赣州市（今章贡区）、地区军队离退休干部代表队参加全省首次军队离退休干部钓鱼比赛，获团体总重量第2名。1991年，纪念中国共产党建党70周年，开展“关心下一代”活动。地区军队离退休干部办公室组织传统教育团，赴瑞金县叶坪、沙洲坝等中小学校作传统报告。同年，赣州地区军队离退休干部门球队参加在鹰潭市举行的全省“首届军队离退休干部龙虎杯门球赛”，获第三名。1995 年，赣州地区选派 5 名老干部代表全省参加全国纪念抗日战争胜利 50 周年座谈会。同年，赣州市（今章贡区）军队离退休干部休养所完成住房、车辆、服务管理三大改革目标。1997 年 6 月，地区军休办承办全省军休系统迎接香港回归祖国、庆祝“八一”中国人民解放军建军节 70 周年文艺会演。

荣誉称号授予 根据《中华人民共和国中央军事委员会关于授予军队离休干部中国人民解放军功勋荣誉勋章的规定》，移交赣州地区地方政府管理的军队离休干部，有 36 人被授予功勋荣誉章，其中授予独立勋章的 3 人，授予胜利勋章的 33 人。1989 年，赣州市（今章贡区）军队离退休干部休养所彭大莅被评为全国军队离退休干部服务管理先进工作者。1992 年 12 月，在赣州军分区举行授予 1981 年前军队移交政府安置的离休干部功勋荣誉章，全地区有 8 名军队离休干部（含老干部局管理的）获功勋荣誉章，其中红星勋章 1 人、胜利勋章 1 人、解放勋章 6 人。1996 年，大余县接收安置的军队离休干部周启琢被评为全国先进军队离休干部。

二、复员退伍军人安置

接收安置 根据国家对复员退伍军人安置工作的政策规定，按照“热情接待、妥善安置”的要求和“从哪里来，回哪里去”的原则，全市（地区）各级政府对复员退伍军人进行妥善安置。1986—2000 年，全市（地区）接收退伍义务兵 34785 人，转业志愿兵（士官）1551 人，由政府统一分配工作 16786 人，回农村安置 19550 人，接收复员干部 2 人。

1986 年，全地区接收退伍义务兵 4170 人，统一安排工作 1835 人，回农村安置 2335 人。

1992 年，赣州地区开始接收转业志愿兵。当年接收转业志愿兵 200 名、退伍义务兵 1963 人，统一安排工作 1435 人、回农村安置 728 人。

1996 年，地区退伍军人安置办公室在南康市进行“双向选择，供需见面，保底分配”安置退伍军人试点工作。但退伍军人隐性失业问题较突出。

1999 年 4 月，行署召开专员办公会议，对退伍军人安置工作进行专题研究，出台自谋职业、有偿转移的安置政策。由于城镇退役士兵待分配的时间延长等因素，就业安置的退役士兵不上岗现象较为普遍。

2000 年，全市接收退伍义务兵 2351 人，转业士官 184 人，其中需由政府统一分配工作的 978 人，回农村安置 1557 人。接收复员干部 2 人。

农村退伍军人两用人才开发使用 按照培训、推荐、引导、服务的办法，对农村退伍军人两用人才进行开发使用，开发使用率逐年提高。1986—1991 年，省、地、县（市）投入 50 多万元，帮助解决农村退伍军人的生活生产困难。

1993 年，地区民政局组织全地区分管退伍安置工作的县（市）民政负责人，进京参观全国两用人才开发成果展。

1995 年 12 月，省退伍军人和军队离退休干部安置领导小组办公室、省民政厅通报表彰全省“十佳退伍军人乡村干部”和“十佳退伍致富能手”，信丰县铁石口镇陈析金、瑞金市象湖镇肖小平分别获“双十佳”称号。

1996 年 7 月，赣州地区复员退伍军人和军队离退休干部安置领导小组，对全地区退伍军人十佳乡村干部、致富能手进行通报表彰：许德春（瑞金市壬田镇洪习村党支部书记）、陈良和（赣州市水东镇马祖岩村党支部书记）、曾永康（定南县天花镇天花村党支部书记）、李高峰（赣县五云乡南田村党支部书记）、钟慰光（南康市东山镇上垅村党支部书记）、毛永新（兴国县均村乡运输专业户）、何东海（崇义县古亭镇古亭村木材加工厂厂长）、钟士长（于都县桥头乡种养专业户）、魏兴金（安远县孔田镇和务村种养专业户）、许小平（会昌县西江镇华赣达鞋业有限公司经理）。

1998 年 6 月，赣州地区退伍军人和军队离退休干部安置领导小组、赣州地区民政局、赣州军分区政治部联合印发《赣州市培养和使用军地两用人才工作发展规划》，军地两用人才使用逐步走上规范、制度化发展轨道。

第四节　移民安置

移民安置工作主要有上犹江库区移民安置工作、万安库区移民安置工作。上犹江库区移民主要是解决 1957 年建库以来遗留问题，包括库区移民存在的生产和生活中的困难。上犹江库区移民主要分布在上犹县、崇义县境内。万安库区移民主要搬迁安置，包括帮助移民发展生产，搞好经济建设。万安库区移民主要分布在赣县、章贡区境内。移民安置工作指导思想是开发性移民，改善生产和生活条件，搞好农田基础设施，做到水通、路通、电通，解决上学难、就医难、赶集难等社会福利事业问题。利用库区资源，深挖潜力，通过科技培训，选准路子，典型示范，搞好开发性生产，做到一种、二养、三加工、四经商。增强移民自身发展能力，提高生产力水平，使移民生活接近或赶上当地群众生活水平，逐步在移民区建立良性运转的生产和生活系统。

一、上犹江库区遗留问题处理

库区基础设施建设　1986—1991 年，上犹江库区修建机（电）灌站 5 座，增加灌溉面积 8 公顷，架设高（低）压输电线路 61.5 千米，解决 3648 户 15 万名移民的生产生活用电；修小型水库 12 座，增加农田灌溉面积 8 公顷；开荒造田围堤造田 34.5 公顷，修建库区周边便道、机耕道 9875 米，解决库区周边 3751 人的行路难问题；架设桥 21 座，修造渡船 4 艘，解决库区 2500 余人的过渡难问题；修建饮水工程 7 处，解决库区 25246 人的饮水问题，修建中小学校 20 所 5178 平方米，解决库区 1 万多名儿童上学难问题。

库区移民扶贫攻坚规划编制　1997 年，编制《上犹江等库区移民遗留问题和扶贫攻坚 1998 年至 2000 年规划》。规划移民人数 67582 人（上犹县 29400 人、崇义县 24500 人、赣县 5239 人、南康市 5200 人、兴国县 3243 人）。1998—2000 年，国家扶持资金按人均 1500 元，加上地方配套和群众自筹资金，规划总金额 15944 万元。

二、万安电站水库移民安置

万安电站于 1982 年动工兴建，1988 年第一台机组发电，1993 年建成封水发电，实施 96 米初期运行。电站库区淹没赣县 6 个乡（五云、湖江、储潭、古田、湖新、攸镇）、赣州市（今章贡区）2 个乡（水西、湖边）48 个行政村 292 个村民小组，涉及移民 4288 户 22893 人，淹没房屋面积 61 万平方米，耕地 1223.33 公顷，鱼塘 809 口，经济林 606.67 公顷，用材林 833.33 公顷，公路 67.8 千米，圩镇 4 个，企事业单位 2 个，以及大小桥梁、输电、通信线路等公共设施。

移民安置工作于 1985 年试点，1986 年开始实施移民搬迁，1990 年移民搬迁基本结束，1993 年全面完成。库区搬迁移民 4288 户［赣县 3859 户、赣州市（今章贡区）429 户］，22893 人［赣县 19424 人、赣州市（今章贡区）3469 人］。

1996 年，地区民政局编制《万安库区 1996 年至 1998 年移民后期扶持生产开发项目计划》，计划由国家安排扶持奖金 1100 万元，其中赣县 700 万元，赣州市（今章贡区）400 万元，主要用于完善库区基础设施、处理遗留问题，公益事业建设，扶持移民发展种植业和养殖业。1998 年，编制《万安水库赣县 1998 年至 2002 年移民后期扶持规划》，规划由国家在 1998—2002 年扶持 1205 万元，赣县自筹 1861

万元，赣州市（今章贡区）自筹246万元，进行移民的扶贫开发。

库区移民开发。坚持开发性移民方针，国家投入大量资金，扶持移民搞好生产开发。1986—2000年，国家扶持数千万元，扶持移民发展种养加工业，特别是1999年起，在库区开展“大稳定、大开发、大服务”活动，开展招商引资，开展水面综合开发，走出一条“山上果、水中鱼、水面禽、岸边猪、水尾莲、屋边池（沼气池）”的水面综合开发之路。赣县库区6个乡（镇）有土地面积6.53万公顷，占库区总面积的84%，全县库区先后创办大小果业基地62个47公顷，林业基地7个502.8公顷，白莲基地13个27公顷，全县库区有库湾5666.67公顷，其中开发水面2573.33公顷，引进外地客商17个及14个县（市）单位，引进资金1216万元，开发大小库湾141处计水面1353.33公顷。

库区基础设施建设。包括乡村公路、码头渡船、输变电线路、排灌设施等。至2000年，赣县新修乡村公路178.2千米，便道160.3千米，桥梁172座，涵洞470座；新建码头20座，购置渡船20艘，机帆船224艘，木帆船411艘；架设高压线219千米、低压线703千米，新增变压器108台计3658千伏安；新修山塘204口，水陂189座，水圳2716米，水井（池）1345口，水库13座；新建电（排）灌站59座，机灌站29座，新增抽水机517台，改善库区耕地二次灌溉条件，受益移民9888人。投入公益事业建设资金192.2万元，扶助新建湖新、古田2所卫生院，复建五云、储潭、湖江、攸镇4所卫生院，复建湖新、攸镇、湖江等14所中小学校，维护和新建敬老院7所，安置孤寡老人180人。

第四章　救灾救济　慈善事业

1986—2000年，救灾救济工作以依法维护和保障人民群众基本生活权益为目的，积极开展各项自然灾害救济、社会救济、社会福利、最低生活保障工作，不断增进社会福利、满足弱势困难群体需要，有效促进社会和谐稳定。

1994年10月，赣南慈善救济会成立。至2000年，赣南慈善救济会先后发展90个团体会员和146个个人会员，动员组织社会各界向灾区、贫困弱势群体捐款捐物，救助孤残鳏寡、失学儿童、特困学生及社会特困人员6000余人。

第一节　救灾救济

一、自然灾害救济

赣州为自然灾害频发区，每年均有发生，主要有干旱、洪涝、风雹、霜冻、龙卷风、地震、病虫等灾害。特别是1994年以后，连续遭受几次百年未遇的自然灾害。1986—2000年，赣州市（地区）因灾造成直接经济损失近百亿元。国家下拨救灾款2.03亿元。救灾捐赠款1.5亿元，帮助灾民重建家园，其中建灾民新村264个，安置灾民4392户，为28160户各类民政救济对象减免税费847.8万元。

1986年，自然灾害有旱、涝、风雹、霜冻和病虫等灾害。受灾农作物面积31万公顷，因灾倒塌房屋550间，成灾人口325.92万人。国家下拨救灾款373.29万元，共救济灾民8.2万户39.8万人。

1987年，自然灾害有旱、涝、风雹、地震等。受灾农作物面积12.17万公顷，因灾倒塌房屋12679间，损坏房屋208583间，成灾人口218.5万人，其中特重灾民16.9万人，因灾死亡40人。自然灾害中尤以地震灾害为重。8月2—20日，寻乌县、会昌县、全南县、瑞金县等地先后发生中小地震132次（含余震），涉及15个县（市）。8月2日18时7分，寻乌县三标乡发生5.8级地震，3日8时发生5.8级地震，15日1时55分发生5级地震。地震导致1266.67公顷农田受灾，833间房屋倒塌。公路、桥梁、通信等设施受损，直接经济损失3390万元。震中地区84人受伤，3人间接死亡。地震发生后，民政部致电江西省人民政府和地震灾区广大群众表示慰问，赣州地区行署副专员罗春涛率地震局技术人员赶赴寻乌，指导、协助该县展开地震救援工作。年内，国家下拨救灾款947.1万元，共救济灾民8.68万户44.6万人。1988年，自然灾害主要有旱灾、水灾，受灾农作物面积30万公顷，倒塌房屋11273间，成灾人口260.5万人，因灾死亡28人。6月13日，瑞金县发生50年未遇特大暴雨，11个小时降雨量216.2毫米，县城最高水位达194.62米，超过警戒水位3.62米，造成特大洪灾，毁房6803间，淹没农田1.2万公顷，减产粮食6000吨，部分公路、桥梁、涵洞、水利设施毁坏严重，直接经济损失2185万元。年内，国家下拨救灾款616.87万元，共救济灾民2.06万户10.24万人。

1990年，自然灾害有洪涝、风雹、霜冻。受灾农作物面积14.81万公顷，粮食减产面积6.56万公顷，倒塌民房8485间，损坏房屋9.2万间，成灾人口12.16万人。国家下拨救灾款492.4万元，救济9.8万人。

1991年，自然灾害主要有旱灾、水灾、风雹、龙卷风等。受灾农作物24.12万公顷，倒塌民房5054间，损坏民房4.75万间，因灾死亡65人，成灾人口264.2万人。5月14日，南康县遭受龙卷风和冰雹袭击，造成1人死亡，损坏民房6662间，倒塌民房595间，直接经济损失957万元。7月，龙南县、定南县、全南县、信丰县、南康县等地遭受严重干旱。年内，国家下拨救灾款473.5万元，救济5.4万户25.14万人。

1992年，主要自然灾害是洪灾。1月，全地区大部分县（市）遭受暴雨袭击。210个乡（镇）59万人受灾，洪水冲垮房屋9000间，伤210人，死亡37人，直接经济损失4亿元。3月25—29日，全地区普降大到暴雨。安远县、会昌县、赣县、上犹县、南康县、赣州市（今章贡区）等县（市）受灾严重，农作物受灾面积17.24万公顷，大批房屋倒塌，受灾人口257.5万人，因灾死亡73人。一些水利、交通、电信设施被毁，经济损失10.15亿元。4月下旬，全地区普降暴雨，部分乡镇被冰雹袭击，工农业和生产遭受严重损失。7月4—7日，全地区普降大到暴雨，平均降雨量140.6毫米，降雨量达200毫米以上的有上犹县、兴国县、石城县，洪灾造成直接经济损失15.6亿元。年内全地区347个乡镇52.63户受灾，受灾人口257.7万人，倒塌房屋4.1万间，全倒户2824户，因灾死亡109人，直接经济损失25.23亿元。国家下拨救灾款1378.26万元，救灾粮1.95万吨，接收社会各界捐款71.8万元，衣物1.56万件发放灾民。5月30日，全地区表彰抗洪救灾先进单位107个，先进个人208人。

1993年，全地区主要自然灾害有洪涝、冰雹、龙卷风等，受灾人口77.27万人。倒塌房屋3.13万间，因灾死亡90人，直接经济损失9.32亿元。5月8日，南康县遭受特大龙卷风和冰雹袭击，最大风力达12级，最大冰雹直径达10厘米，造成2498间房屋倒塌，大批农作物被毁，因灾死亡8人伤5人，直接经济损失5200万元。年内，国家下拨救灾款772万元，接收社会各界捐款41万元救济灾民。

1994年，赣南历史大灾年，主要灾害有冰雹、龙卷风、暴雨等。5月12日，全地区普降暴雨，石城县、宁都县、于都县等地平均降雨量达214毫米，其中石城县在24小时内降雨量达375.9毫米，为石城县历史最高记录。6月14日，全地区普降暴雨，石城县、瑞金县降雨量达250毫米以上。年内，全地区315个乡（镇）2796个村93万人受灾，倒房4.3万间，全倒户8565户，因灾死亡91人，伤3609人。严重灾情受到区内外广泛关注。5月20—24日，国家民政部门救灾专员张立秀到石城重灾县考察慰问灾民，国家下拨救灾款1929万元，救灾粮345吨，港澳同胞捐款1900万元，区内外群众捐款221万元、衣物60万件救济灾民，建灾民新村86个。为让港澳捐款者了解抗灾和捐赠使用情况，国务院邀请港澳台捐资代表考察。1995年6月，应国务院邀请，以全国人大常委会委员、澳门中华总商会副会长何厚铧为团长的澳门救灾捐赠考察团，对赣州地区救灾救济工作进行为期3天的考察。考察团视察石城、南康灾民新村，对全地区的灾民新居建设表示满意，对捐赠的1900万元救灾捐款使用情况表示认可。

1995 年，主要灾害有洪灾，全地区受灾人口 400 万人，全倒户 2619 人，因灾直接经济损失 32 亿元。国家下拨救灾款 1101 万元，建灾民新村 7 个，帮助 2423 户分散全倒户建起新居。上海大众汽车有限公司向赣州地区捐赠 100 万元救济灾民。1 月 24 日 21 时 43 分，寻乌县发生 4.5 级中强度破坏性地震。从 1 月 24 日至 2 月 10 日，该县共发生 47 次小震群。省、地、县党政领导高度重视，省长吴官正、副省长舒圣佑和行署专员邱禄鑫、副专员周英棠等领导多次打电话到寻乌县询问震情，指示做好抗震救灾工作。行署副专员罗春涛赶赴寻乌指挥、部署抗震救灾工作。江西省民政厅和地区行署分别拨出 10 万元、15 万元用于灾民的安置转移。

1996 年，主要灾害有龙卷风、冰雹、洪灾，全地区 18 个县（市）270 个乡（镇）151.23 万人受灾，倒房 62746 间，因灾死亡 96 人，直接经济损失 22.36 亿元。8 月 12—13 日，民政部救灾考察组到瑞金市、于都县等地视察灾情、慰问灾民。9 月 14 日，全地区重灾县（市）灾民新居建设工作会议在于都县召开，会议要求各地采取得力措施，组织和帮助灾民重建家园，确保灾民春节前搬进新居。年内，国家下拨救灾款 2145 万元，建灾民新村 56 个。

1997 年，主要灾害有洪水、龙卷风等。全地区 316 个乡镇受灾，受灾人口 556 万人，倒房 68500 间，全倒户 11500 户，因灾死亡 67 人，伤 12673 人。6 月 9 日，石城县、宁都县发生特大洪灾，石城县琴江河洪峰水位达 228.62 米，涨幅 4.7 米，石城县城内涨水平均水深近 2 米。年内，国家下拨救灾款 2063 万元，建灾民新村 66 个，安置灾民 1016 户 4576 人。

1998 年，赣州地区在 3 月和 8 月分别发生较严重的洪涝灾害。紧接着又发生大范围的严重干旱，全地区受灾人口达 814 万人次，直接经济损失 16.1 亿元。为支援九江、上饶地区抗灾救灾，赣州地区各界向灾区捐款捐物，接收捐款 3670.73 万元，棉被、衣物等 44.65 万件（床），药品文具食品 4663 箱，大米 18.6 吨，编织袋等其他物件 1.12 万件。所接收捐赠物分别于 9 月 2 日、9 月 18 日、11 月下旬分三批全部送达九江、上饶灾区；在 8 月 26 日江西省举办的赈灾义演晚会上，行署向灾区捐赠 100 万元。年内，国家下拨救灾款 2028 万元，建灾民新村 26 个，安置灾民 367 户，帮助 3046 户全倒户分散建房。同年，崇义县、上犹县率先建立县、乡两级救灾预备金制度，受到省民政厅肯定，随后在全地区范围推广。

1999 年，先后发生 6 次洪灾，其中 5 月 24—26 日洪涝灾害最为严重，安远县、寻乌县、信丰县、会昌县、瑞金市、于都县、石城县等县（市）受灾。全市（地区）受灾人口 300 万人次，倒塌房间 33175 间，直接经济损失 6.4 亿元。信丰县、赣县等地因灾发生禽畜“五号病”，一批耕牛、生猪死亡。年内，国家下拨救灾款 2912 万元，建灾民新村 2 个（南康市赤土镇竹坑灾民新村，安置灾民 10 户 43 人；全南县龙源坝乡瑶族灾民新村，安置灾民 17 户 68 人）。同年，市政府规范自然灾害救助方法、救灾款物管理，印发《关于救灾款管理使用实施办法》《赣州市自然灾害救助预案》，对救灾款物的管理、使用、发放、监督、审计等程序，对灾前应急救助工作准备，灾后应急救助行动等作出明确规定。

2000 年，主要灾害有霜冻、旱灾、洪涝灾害等。5—8 月的洪灾，7—8 月的旱灾，全市受灾人口达 565.77 万人，农作物受灾 1.89 万公顷，因灾直接经济损失 16.52 亿元，国家下拨救灾款 2601.4 万元，建灾民新村 11 个，安置灾民 196 户 784 人。年内，为解决农村贫困户生活问题，赣州市组织开展扶贫济困送温暖活动，接收捐赠棉衣 800 件、羽绒服 1200 件、毛衣 4600 件、皮衣 242 件、绒衣 4600 件、棉被 2100 床、毛毯 1262 床，其他衣物 80.41 万件。所接收款物分别送往扶贫挂钩点和受灾地区。

二、社会救济

社会救济主要包括灾荒、贫病、孤独、老弱病残等社会困难救济。救济形式有享受国家、集体定期定量救济和临时救济等，救济对象有农村社会救济（农村贫困户、五保户）、城镇社会救济（无依无靠孤老残疾、无生活来源、呆傻、城镇贫困户、其他人员）、收容遣送。1996年1月，地区民政局增设赣州地区救济服务中心，为民政局下属自收自支科级事业单位。1999年11月，根据市委、市政府《关于市与区事权调整的通知》，将原隶属于章贡区民政局管理的收容遣送站上收市民政局管理。

1986—2000年，全市（地区）社会救济享受国家、集体定期定量救济和临时救济301.47万人，发放救济款近1.2亿元。

三、社会福利

社会福利有农村救灾扶贫互助储金会、城镇福利院、乡村敬老院以及福利企业。1989年，地区民政局设民政福利企业管理所。1994年5月，地区民政局增设赣南社会福利服务中心，为民政局下属自收自支科级事业单位。2000年，全市有农村救灾扶贫互助储金会4192个，入会农户92万户，入会总金额4403万元；社会福利事业单位377个，安置孤寡老人9397人；福利企业30家，安置就业732人，年产值2686万元，年利润161万元。

互助储金会 互助储金会是农村村办救灾扶贫互助扶持的一种形式，扶持困难群众发展生产，为农民生产、生活、发展农村经济提供服务。1986年，全地区有农村村办救灾扶贫互助储金会3527个，占行政村总数的84.2%。入会农户52.24万户，占农户总数的60%；入会资金金额1151.23万元，其中国家拨款264.61万元。1988年，全地区有农村救灾扶贫互助储金会4285个，入会农户93.38万户，占农户总数的86.5%，入会资金3007.6万元，其中国家拨款790.53万元。1991年，全地区有农村救灾扶贫互助储金会4295个，入会农户99.2万户，占农户数的89.5%，入会资金4452万元，其中国家拨款1144万元。1992年，对全地区互助储金会进行清理整顿，统一换发会员证，收回逾期未收回资金547.97万元，追回挪用资金206.12万元，进一步完善资金管理办法，全地区互助储金会金额达4749万元。1994年，赣州地区大灾之年，储金会救灾扶贫的作用在救灾救济中得到充分发挥。1995年，储金会投入生活借贷1165.69万元，生产贷款2507万元，扶持部分困难户发展生产。1999年，对全市（地区）储金会进行清理整顿。全市（地区）有储金会4192个（其中村级4169个，乡村共管23个），入会农户92万户，入会总金额4403万元（其中国家资金1231万元、集体资金727万元、个人入会资金2226万元、增值资金219万元）。储金会中，运转正常的有1301个，占31%；“半停会”有1802个，占43%，“死亡会”有1089个，占26%。清理整顿结果，撤销乡级村级设立的储金会23个，对“半停会”和“死亡会”进行清理，共收回欠账资金46.2万元，116个储金会恢复运转。

福利事业 1986年，全地区有社会福利事业单位298个。其中，县级福利院16个，安置孤寡老人298人；乡级敬老院282个，安置孤寡老人9048人。全地区办福利工厂50家，安置就业1336人，其中残疾职工641人，年产值374.9万元，年利润30.14万元。1995年，全地区有社会福利事业单位396个。其中，县级福利院16个，安置孤寡老人305人；乡级敬老院380个，安置孤寡老人9038人。有福利工厂296家，安置就业4115人，其中残疾职工2113人，年产值4890万元，年利润390.4万元。2000年，全市有社会福利事业单位377个。其中，县级福利院16个，安置孤寡老人335人；乡级敬老院361个，安置孤寡老人9062人。有福利工厂30家，安置就业732人，其中残疾职工367人，年产值2686万元，年利润161万元。

“三院”危房改造 赣南敬老院兴办于二十世纪五六十年代，大多数敬老院住房由农场仓库、知青点和寺庙改建而成，年久失修，危及入院老人生命财产安全。1996年，全地区各级民政部门把敬老院、光荣院、福利院（以下简称“三院”）危房改造和基础建设摆上议事日程，启动“三院”危房改造工程。1997年11月，全地区敬老院（福利院）工作会议召开，提出用3年时间消灭敬老院危房，不把危房敬老院带入21世纪工作目标。至2000年，通过上级技改、本级筹集和社会捐助等方式投资5600万元，新建、改建敬老院280所，其中光荣院86所、福利院12所，改造“三院”危房10.87万平方米，新建房屋226栋4.75万平方米，全市“三院”原有的286所危房12.87万平方米改造完成。

四、最低生活保障

实施城市居民最低生活保障制度是健全社会保障体系的基础工程。1998年4月，行署根据国务院和省政府关于建立城市居民最低生活保障制度的规定，印发《关于在全区建立城市居民最低生活保障制度实施意见的通知》，在全地区18个县（市）建立城市低保制度，7月1日起开始实施。按照低标准起步，重在建制的原则，全年全地区有4403人纳入保障范围，支出最低生活保障金61.35万元。保障标准为赣州市（今章贡区）每人每月90元，兴国县每人每月50元，其余县（市）每人每月70元。1999年，全市（地区）有4464户11039人纳入低保范围，全年发放最低生活保障金228.9万元。7月1日，民政部将城市居民最低生活保障水平在原有基础上提高30%，调整后标准为章贡区每人每月117元，其余县（市）每人每月91元。2000年，全市有6148户15249人纳入低保范围，全市发放最低生活保障金471.8万元。

第二节　慈善与彩票

一、慈善事业

1994年10月，赣南慈善救济会成立，为江西省第一个慈善机构。港商刘焕黎向赣南慈善救济会捐赠价值约100万元的物资，为赣南慈善救济会百万元基金的建立奠定基础。当年发展团体会员66个，个人会员98名，筹集专用资金9.19万元，并申请加入中华慈善总会。1995年1月，增设赣南慈善救济办公室、赣州地区有奖募捐委员会办公室，为地区民政局下属自收自支科级事业单位。1995年11月，赣南慈善救济会被批准加入中华慈善总会，成为首批团体会员。

1996年，召开在校孤儿大学生代表迎春座谈会并发放慰问金。3月，资助37名特困生。

1997年6月，宁都县、石城县发生严重水灾，赣南慈善会与市红十字会联合开展为灾区人民募捐善款的赈灾募捐活动，募捐现金67875.16元，衣物45075件。同年，接受TCL王牌公司捐赠6台21寸彩电，并全部捐赠赣州市（今章贡区）、南康市、赣县光荣敬老院和福利院。4月，捐助赣三中学生朱慧5000元到外地治疗恶性淋巴瘤。

1999年2月9日，与赣州寿量寺、赣南啤酒厂等单位慰问赣州市（今章贡区）108户特困家庭；2月，与赣州金沙湾娱乐有限公司慰问140名孤寡老人、孤儿；9月，与赣州侨联共同资助23名特困学生。

2000年初，资助52名特困中小学生；6月，开展向孤儿一日捐活动，200多个单位的5万多名干部职工捐款24万多元；9月，争取省财政厅下拨赣州市助学金8.4万元，赣南慈善配套6000元，资助71名特困高考录取生。

至2000年，赣南慈善救济会先后发展90个团体会员和146个个人会员。直接接收和动员组织社会各界向灾区捐款捐物超过4000万元。赣南慈善会直接接收捐赠款和物资折价300万元，建立百万元慈善基金，支出善款及物资折价140万元，直接救助6000余孤残鳏寡、失学儿童、特困学生及社会特困人员。

二、福利彩票

1988年，赣州地区开始发行福利彩票，至2000年，共销售彩票19580.51万元，筹集福利基金

5874.15万元，其中上缴国务院赈灾资金390万元，为赣州市（地区）筹集福利基金4011.02万元，上级返还资助福利资金783.22万元。自筹资金和上级返还资金先后用于赣州市（地区）改造（或新建）乡镇敬老院138所，社会福利院（包括老人公寓）21所，市（地区）和县（市、区）社区福利（社区）服务中心17个，扶持社会福利企业45个。2000年11月，赣州市筹备江西风彩电脑福利彩票销售网站。

第五章　老龄事业

赣州市（地区）老龄工作贯彻实施《中华人民共和国老年人权益保障法》，制定和出台赣州市（地区）70岁以上高龄老人优待措施，围绕“老有所养、老有所医、老有所教、老有所学、老有所为、老有所乐”的工作目标，涉老部门和有关单位通力协作，广泛开展敬老助老和老年文体活动。

1987年5月，成立赣州地区老龄问题委员会及其办公室。1989年1月，成立赣州地区老年基金会，与老龄委合署办公；1990年3月，更名为赣州地区老龄工作委员会（以下简称“地区老龄委”）；6月，地区老龄工作委员会办公室升格为副县级机构，挂靠地区人事局。1992年12月，老龄办下设赣州地区老龄事业服务管理所。1997年2月，老龄办内设秘书科，编制7名。

第一节　敬老助老

一、敬老助老活动

1987年10月，行署召开地直单位负责人会议，部署重阳敬老活动。地区老龄委召开重阳敬老茶话会，邀请40余名党政军各界离退休老同志参加。

1988年1月，地区老龄委举办老年健身舞短训班，地直单位离休干部50余人参加。2月，举行老年健身舞和交谊舞会。《赣南日报》登载地区老龄委致全地区各界各族老年人春节慰问信。11月，省政府常务会议决定将每年农历九月初九定为全省“敬老日”。

1989年8月，省老龄委发出《关于我省首次敬老日开展敬老活动的通知》。地委、行署召开纪念赣州解放40周年地、市（县级赣州市）各界老人茶话会。10月，召开地、市（县级赣州市）重阳敬老茶话会，举行全地区首届老年人书画展，展出62位作者的92幅作品。

1990年重阳节，地区老龄委对全地区3位百岁以上烈属老人走访慰问，在《赣南日报》刊登致全地区老年人慰问信。10月，地、市（县级赣州市）老龄委举办重阳敬老文艺晚会；召开地、市（县级赣州市）重阳敬老茶话会，邀请各界老领导、老前辈百余人参加。

1991年8月，行署印发《关于在1991年敬老日期间广泛开展尊老敬老活动的通知》。10月，地区老龄委举办赣州地区重阳敬老文艺晚会。组织咨询服务活动，就离退休人员工资福利政策、维护老年人权益的法律法规等开展咨询。

1992年2月，地区老龄委在《赣南日报》刊登致全地区老年人春节慰问信。9月，出动宣传车宣传《江西省保护老年人合法权益条例》，开展老龄工作及保护老年人合法权益咨询服务活动。10月，举办老人节专场电影招待会。

1993年1月，地区老龄委在《赣南日报》登载致全地区老年人春节慰问信。9月，行署部署在1993年国际老人节和“九九”重阳节期间开展尊老敬老活动，庆祝“十一”国际老人节和“九九”重阳“敬老日”，地区老龄委与赣州电视台在2个节日期间为全地区老年人点歌祝福。

1994年8月，行署印发老人节期间广泛开展尊老敬老活动的通知。老人节敬老活动有《赣南日报》

刊发敬老尊老专版、商业部门悬挂巨幅标语、走访慰问老人代表、举办老年人书画展。

1995年9月，地区老龄委与地区老年书画协会等单位联合举办纪念抗日战争胜利50周年老年书画展。开展《江西省保护老年人合法权益条例》检查和老年奖章的评选工作。全地区有360余人获得老年奖章。10月，地区老龄委组队参加在北京举行的全国中老年戏曲会演。

1997年10月，地区老龄委、赣州电视台和崇义阳岭度假村联合主办欢度好时光重阳敬老专场综艺节目。

1998年10月，地区老龄委与赣州电视台、地区科普食品厂联合主办庆重阳暨国际老人年启动“欢度好时光”“金秋韵”电视文艺节目。

1999年8月，市老龄委与章贡区老龄委、赣州电视台主办，赣南卷烟厂协办庆祝赣州解放50周年老年人文艺晚会。9月，开展重视老龄工作功勋奖、敬老好儿女金榜奖、老有所为奉献奖评选活动。举行赣州市首届夕阳红歌咏大赛。

2000年春节，赣州市8位特困老人获全国助老工程办公室助养。5—6月，市老龄委与省老龄协会联合在赣州市开展为老年人义务普查心脑血管送健康活动。10月，走访慰问住在章贡区的5位百岁老人。举行新千年重阳节敬老文艺演出。12月，组建赣南客家老年艺术团。

二、高龄老人优待

《中华人民共和国老年人权益保障法》自1996年10月1日起施行，对老年人权益提供法律保证。1999年10月，市政府印发《关于做好全市70岁以上老年人优待工作的通知》，对全市行政区域内具有常住户口、年满70周岁以上老年人颁发高龄老人优待证。凭高龄老人优待证享受在市、县（区）、乡（镇）属医院优先就医、免交普通挂号费；进入公园、风景区、博物馆、纪念馆免购门票；免费使用收费公厕；免费乘坐市内大公共汽车，乘务员应主动为老年人安排座位；白天到市、县、乡（镇）属文化娱乐场所看戏、看电影、看录像票价减半；律师事务所免费提供法律咨询，老年人合法权益受到侵害需要提起诉讼，交纳诉讼费确有困难的给予减半或全免，老年人需要获得律师帮助又无力支付律师费用的，律师事务所免费给予法律援助；享受各社会性的服务单位、行业窗口对老年人实行优先、优惠服务；百岁以上（含100周岁）的老年人，每人每月发给50元优待金，资金由同级财政负担。外地到赣州市探亲、旅游观光的70岁以上老年人，持有同级政府或老龄委颁发的优待证，可享受以上优待。

高龄老人优待证由市老龄委统一颁发。至2000年，全市有1万多名高龄老人办理领取优待证。

第二节　老年经济实体

一、实体发展

贯彻“老有所为”的老龄工作目标，地区老龄委先后兴办一批老年经济实体。

1988年5月，开办赣州地区老龄事业服务公司。1989年1月，成立赣州地区基金会，与地区老龄委合署办公，兼职管理。

1991年4月，地区老龄委、人事局、劳动局、税务局、工商局联合印发《关于兴办老年公益事业有关问题的通知》，对兴办老年公益事业、经济实体和解决老年人再就业问题给予政策扶持，三年内免征产品税（增值税）、营业税和所得税。8月，成立赣南华泰矿产品加工厂。12月，赣州地区老专家诊所开业。

1992年起，发挥免税政策作用，当年确认地区单位老年经济实体10家，吸收实体12家。12月，全省地市老龄委负责人会议在赣州召开，赣州地区兴办老年经济实体，走社会化发展老年事业路子的做法得到省老龄委的肯定。

二、实体调整消失

1993 年，确认 7 家，组建或吸收 13 家，对若干企业停止享受优惠政策。1994 年，确认 1 家，吸收 9 家，整顿清退一批没有经济效益的实体。1995 年，联办实体 1 家、吸收 2 家。11 月，为贯彻执行国务院《医疗机构管理条例》，将地区老专家诊所移交地区结防所。1996 年后，享受政策扶持的老年经济实体逐年减少，至 2000 年基本消失。

第三节 老龄事业表彰

一、表彰大会

1988 年，全国老龄委倡导、《中国老年》杂志社发起，由全国 26 家老年报刊共同举办“老有所为精英奖”“敬老好儿女金榜奖”评选活动。10 月，赣州地区老有所为精英奖、敬老好儿女金榜奖表彰大会召开。大会表彰全地区精英奖 54 名、金榜奖 94 名。赣州地区获江西省老有所为精英奖 8 人：杨体鹏[赣州市（今章贡区）]、刘兰芳（大余县）、彭国涛（女，宁都县）、周生元（寻乌县）、彭声铭（龙南县）、唐进新（安远县）、黄钰文（石城县）、王瑞金（会昌县）；获江西省敬老好儿女金榜奖 10 人：易梦华（女，于都县）、许兰英（女，南康县）、邓名辉（全南县）、刘跃梅（女，赣南医学院）、张英庭（上犹县）、李年洋（兴国县）、黄翠妃（女，定南县）、王祥昌（瑞金县）、钟贞华[赣州市（今章贡区）]、廖光廉（龙南县）。其中获全国老有所为精英奖 3 人：杨体鹏、刘兰芳、彭国涛；获全国敬老好儿女金榜奖 2 人：易梦华、许兰英。1989 年，全国老有所为精英奖、敬老好儿女金榜奖专辑出版，赣州地区 5 名获全国表彰者名列其中。

二、专辑出版奖项

1992 年 12 月，全国重视老年工作领导者功勋奖、老有所为先进集体创新奖专辑出版。赣州地区王安富、陈子光、叶生才 3 人获功勋奖；赣州地区离退休干部柑橘基地董事会（带头人张世琦）、兴国县江背镇高寨村老年协会（带头人邓世金）获创新奖。

三、推荐全国评奖

1997 年，赣州地区评选推荐全国重视老龄工作功勋奖、敬老好儿女金榜奖、老有所为奉献奖表彰人员。1998 年，赣州地区获功勋奖、金榜奖、奉献奖项 10 人。张苏云（女，兴国县）、廖长春（宁都县）、刘赣英（女，龙南县）、钟丽娜[女，赣州市（今章贡区）] 4 人获全国敬老好儿女金榜奖；刘焕章（南康市）、甘正香（信丰县）、张瑞祥（地区农科所）、邹纪民（全南县）4 人获全国老有所为奉献奖；邓世炎（于都县）、麦志成（南康市）2 人获全国重视老龄工作功勋奖。

第六章 残疾人保障

1986—2000 年，赣州市（地区）残疾人联合会贯彻实施江西省残疾人事业“八五”“九五”计划，广泛深入宣传《中华人民共和国残疾人保障法》，制定贯彻《中华人民共和国残疾人保障法》地方法规，对残疾人实行优惠政策，残疾人康复、劳动就业、扶贫解困、宣传教育等各项工作取得显著成效。广大残疾人的生活状况有明显改善，平等参与社会的机会和能力得到增强。

1990 年，地区民政局增设社会团体登记科、赣州地区残疾人联合办公室（为局属二级事业单位）。7 月，赣州地区残疾人工作办公室成立。9 月，经地委批准，赣州地区残疾人工作办公室为副县级事业单位，挂靠地区民政局；1993 年 8 月，赣州地区残疾人工作办公室更名为赣州地区残疾人联合会。1994 年 6 月 16 日，赣州地区残疾人联合会第一次代表大会召开，选举产生地区残联第一届主席团和执行理事会，赣州地区残疾人联合会正式成立。1996 年 9 月，地区残联由副县级机构升格为正县级机构。1997 年，赣州地区残疾人联合会内设办公室、康复就业科，行政编制 10 名。

第一节　康复工作

一、三项康复工作

1988 年，全地区开始开展白内障复明、小儿麻痹后遗症矫治和聋儿语训三项康复工作。1991—1995 年，地、县（市）成立残疾人康复工作领导小组，下设康复办公室。地区设立儿麻矫治康复中心、白内障复明治疗中心、低视力康复指导中心。1994 年，地区残联聘请赣南医学院专家医疗队赴部分县（市）进行低视力检测康复工作，检查各类眼科病人 400 余人，为 12 名白内障患者做复明手术。除利用当地医疗、教育部门力量外，地区残联还聘请解放军福州总医院骨科副主任、全国康复学会理事温端生到宁都县、赣县、信丰县对小儿麻痹症患者作矫治手术，共施行手术 50 例。派员参加全国、全省各种康复培训班 14 人次，全地区举办康复技术培训班 100 多期，培训骨干 1000 余人。至 1995 年年底，全地区完成白内障复明手术 4977 例，小儿麻痹症矫治手术 2435 例，收训聋儿 516 人，低视力残疾配用助视镜 193 人；建立低视力主录复点 10 个，低视力随班就读 217 人；培训智力残疾儿童家长 399 人；开设智残儿童培训班 2 个，智残儿童康复站 7 个；为 21.6 万人补用碘油。

二、社会家庭康复

1996 年，全地区康复工作开始实现工作重点转移，由传统的白内障复明、小儿麻痹症矫治、聋儿语训三项康复转向社会康复和家庭康复。全地区各地普遍办起残疾儿童家长培训班、家庭函授班，全年有 3000 多名各类残疾人在社区和家庭中得到康复服务。

1998 年 2 月，澳大利亚霍洛基金会中国项目组到赣南进行项目考察，考察组初步确定赣南医学院附属医院作为地级眼科培训中心项目预选实施单位。10 月，赣南医学院附属医院对筛选出的 50 名白内障患者进行白内障人工晶体植入术，在澳大利亚霍洛基金会的援助下，此次手术所用人工晶体全部免费赠送给贫困残疾人患者，每例全部费用仅 600 元，比正常费用减少近 2000 元。全地区实施“视觉第一、中国行动”和“中澳白内障复明”两个国际合作项目，完成白内障复明手术 1025 例。1999 年，外国专家为赣南山区 134 例白内障盲人施行复明手术。

2000 年，全市有各类残疾人 37.97 万人，其中听力语言残疾 13.03 万人，占 34.32%；智力残疾 7.48 万人，占 19.7%；肢体残疾 5.54 万人，占 14.59%；视力残疾 5.54 万人，占 14.59%；精神残疾 1.44 万人，占 3.79%；综合残疾 4.94 万人，占 13.01%。全市完成白内障复明手术 6566 例，小儿麻痹后遗症矫治手术 320 例，聋儿语训 381 人，低视力残疾配用助视镜 299 人，智残儿童训练 436 人，肢残系统训练 544 人，残疾人用品用具供应 13782 件。

第二节　劳动就业

一、集中就业

残疾人就业主要采取集中就业的办法。1992—1995 年，全地区除民政部门办有福利企业 218 个，安置残疾人2100余人工作外，各地残办、残联成立后，兴办残联企业30个，安置残疾人270余名。1995年，全地区城镇共有6758名残疾人就业，成为自食其力的劳动者。

二、按比例就业

1998年6月，行署出台《赣州地区贯彻〈江西省按比例安排残疾人就业办法〉实施意见》，规定各机关、团体、企事业单位和其他经济组织，应当按不低于该单位在职职工总数1.5%的比例安排残疾人就业，未安排残疾人就业或安排残疾人就业未达到规定比例的，应当按所在县（市）统计部门公布的上年度职工年人均工资标准，每少安排1名残疾人按职工年人均工资的100%缴纳残疾人就业保障金。1999年10月，残疾人按比例就业工作在全市全面推开。

1992—2000年，全市（地区）举办盲人按摩培训班4期，培训盲人医疗、保健医师84名。每年选送6～8名盲人到省残疾人职业培训中心或盲人按摩中心进行培训，全部实现稳定就业，其中部分远聘到广州、深圳、厦门就业。

至2000年，全市城镇残疾人安排就业15680人，其中集中就业6500人，按比例就业2920人，个体就业6260人；农村残疾人就业79000人，其中稳定就业58450人。征收残疾人就业保障金267万元；全市残联系统举办残疾人实用技术培训班169期，培训残疾人6660人次。

第三节　扶贫工作

一、康复扶贫

1992年，全地区在兴国县方太乡开展康复扶贫工作，随后，地区残联积极争取中央康复扶贫款，分别在南康县、大余县开展康复扶贫工作。至1995年，全地区接受国家康复扶贫贴息贷款45万元，地方筹集康复扶贫资金35万余元，扶持贫困残疾人2597人，其中有173人脱贫致富。

全面推行小额信贷，利用国家康复扶贫贷款开展扶贫。“八五”“九五”期间，全市（地区）有9个县（市、区）获得国家康复扶贫贷款计1785万元，其中70%用于直接扶贫，以小额信贷方式扶持农村残疾人直接参与种、养、加工业，扶持残疾户1017户。

二、助残扶贫

1994年1月，行署公布《赣州地区保障残疾人合法权益规定》，此后各县（市）相继出台对残疾人的优惠政策。

1996年起，全地区持续开展“单位包村、干部帮户”“一帮一”“众帮一”等助残扶贫活动，共有4800户贫困残疾户得到结对定人、定单位的扶助。各地残联广泛募集社会资金，对特困残疾户予以救援。

各地残联参与政府扶贫攻坚中心工作，把解决贫困残疾人的温饱问题列为扶贫解困工作的重点，从政策、资金等方面给予扶持。2000年，各县（市、区）对残疾人优惠政策进行修订完善，出台新的政策。重点对从事个体工商业的残疾人减免工商管理费和个人所得税，农村残疾人减免统筹费，残疾人的民工建勤投工投劳免收以资代劳金额。全地区将特困残疾人纳入各类社会保障（如享受城乡最低生活保障、五保供养、定期补助），特困残疾人生存权益得到保障。

第四节　教育文体

一、教育工作

1992 年，赣州市（今章贡区）创办聋哑学校，在校学生 39 名。1993 年，江西省农村致富技术函授大学招收赣州地区残疾学员 325 名，列入地区老建办补贴对象之内。当年，赣州市（今章贡区）分别获全国、全省“特教工作先进市”称号。1994 年，瑞金市创办特教学校。

2000 年，全市开展义务教育阶段适龄视力残疾儿童少年统计工作，全市义务教育阶段适龄视力残疾儿童少年有 1208 人，其中入学 922 人、未入学 286 人。

1992—2000 年，全市（地区）在大力推行残疾儿童少年随班就读的同时，开办弱智儿童特教班 61 个，接收学生 1105 人，基本满足残疾儿童就学需求；开展扶贫助学活动，通过争取福彩助学金、社会募捐等渠道，资助贫困残疾学生。举办各类残疾人职业技术培训班 124 期，培训残疾人 4509 人次。

二、文体活动

1991—1995 年，地区组织残疾人运动员参加全省、全国和国际残运会，取得金牌 20 余枚。残疾人运动员王晖在全国残疾人田径选拔赛的 F44 级跳高比赛中，超过美国运动员创造的同级别世界纪录，在第三届全国残疾人运动会上，获跳高、跳远金牌各 1 枚，并在 1994 年远东及南太平洋运动会上获得银牌。1993 年，地区首次举办残疾人艺术会演，有声乐、器乐、舞蹈、戏剧小品四种艺术类型，54 名残疾人参加演出。聋哑人周建祥分别于 1992 年、1995 年参加在中国香港地区、澳大利亚举行的国际展能节并获得银牌。

1996—2000 年，残疾人运动员王晖分别在第四届全国残疾人运动会、第七届远东及南太平洋运动会上获得金牌各 1 枚，并与其他 4 名残疾人运动员，在第五届全国残疾人运动会上，获得 4 枚金牌、12 枚银牌。1994 年，赣州地区残联与市有线电视台合作拍摄残疾人事业专题片《春天的事业》。

第七章　老区建设与扶贫开发

赣南是第二次国内革命战争时期的中央苏区核心区域，是著名的革命老区。党中央、国务院高度重视老区建设和扶贫工作。全市（地区）老建扶贫通过政策性扶持，振兴赣南老区经济，解决群众温饱，逐步脱贫致富，改变贫困落后面貌，使老区、贫困区经济持续稳步协调发展。

地区革命老根据地建设委员会办公室成立于 1980 年，为地区民政局内设科室。1986 年 12 月，老建办升格为正县级单位，下设综合科、计划财务科、经济协作科，行政编制 15 名。主要职责为贯彻落实党和国家关于老区建设和扶贫开发的方针、政策，提出扶贫资金的分配方案，检查督促扶贫项目的实施，协调全地区老建扶贫工作。

第一节　老区与贫困地区分布

赣南有全苏区县 9 个，苏区县 5 个，游击区县（市）4 个，老区乡（镇、场）322 个。有贫困县 10 个，特困乡 146 个，特困户 33.4 万户。

一、老区标准与分布

老区标准　第二次国内革命战争根据地的划定标准：曾经有党的组织，有革命武装、发动了群众、进行了打土豪、分田地、分粮食、分牲畜等运动，建立工农政权并进行武装斗争，坚持半年以上时间的；抗日根据地的划定标准：曾经有党的组织，有革命武装，发动了群众，进行了减租减息运动，建立抗日民主政权并进行武装斗争，坚持一年以上时间的。对于虽没有建立工农政权但在共产党领导下建立了游击队组织，坚持半年以上武装斗争的地方，也可列入革命老根据地。划定革命老根据地以村为单位。一个乡内属于革命老根据地的村超过半数，这个乡可算革命老根据地乡；一个村属于革命老根据地的小组超过半数，这个村可算作革命老根据地村。凡符合这一规定的乡、村、小组，均由县人民政府核定为"革命老根据地"乡村。

老区分布 全地区18个县（市），苏区时建立县苏维埃政府的有兴国县、瑞金县、宁都县、于都县、会昌县、石城县、寻乌县、安远县、信丰县、赣县、南康县、上犹县、崇义县等13个县，其余县（市）有部分区、乡建立区、乡苏维埃政府或游击区，其中兴国县、瑞金县、于都县、宁都县、会昌县、石城县、寻乌县等7个县为全红县。

依据国家和省有关划分老区的标准，1986年调查核定，全地区老区乡（镇）为287个，占全地区乡（镇）总数的79.4%，其中赣县16个、南康县26个、信丰县12个、大余县3个、上犹县18个、崇义县16个、安远县20个、龙南县7个、定南县3个、全南县10个、宁都县26个、于都县28个、兴国县29个、瑞金县18个、会昌县22个、寻乌县18个、石城县15个。

1990年，根据省人民政府《关于核定全省革命老根据地乡、镇、场的通知》核定，赣州地区全苏区县9个：兴国县、瑞金县、石城县、寻乌县、安远县、会昌县、宁都县、于都县、上犹县；苏区县5个：信丰县、南康县、崇义县、赣县、定南县；游击区县（市）4个：大余县、龙南县、全南县、赣州市（今章贡区）。老区乡（镇、场）321个，占全地区乡（镇、场）的87.6%，其中苏区乡（镇、场）264个，游击区乡（镇、场）57个。

表13-7-1

1990年核定赣州地区苏区（游击区）乡、镇、场一览表

单位：个

县(市、区)	数量	苏区乡、镇、场	游击区乡、镇、场
兴国	33	长冈、鼎龙、城冈、良村、南坑、枫边、崇贤、方太、贺堂、高兴、茶园、均村、永丰、埠头、龙口、社富、留龙、杰村、江背、东村、樟木、兴江、古龙冈、五里亭、梅窖、兴莲、隆平乡，潋江、陈也镇，均福山、蕉坑、园岭、龙山林场	—
瑞金	19	日东、合龙、万田、九保、拔英、黄柏、叶坪、下坝、泽覃、谢坊、瑞林、云石山、沙洲坝、壬田、武阳、大柏地、冈面乡，象湖镇，日东垦殖场	—
石城	15	观下、小别、小松、木兰、丰山、高田、岩岭、屏山、大田、龙岗、泽地、横江、珠坑、小姑乡，琴江镇	—
寻乌	18	菖蒲、留车、南桥、吉潭、坝山、剑溪、澄江、文峰、晨光、水源、罗珊、丹溪、龙廷、长安、三标、岑峰乡，长宁镇，桂竹帽垦殖场	—
安远	21	鹤子、镇岗、新园、凤山、濂江、高云山、车头、江头、蚕石、天心、崇坑、长沙、龙布、浮槎、双芫、塘村、新龙、蔡坊乡，孔田、版石、欣山镇	—
会昌	22	清溪、筠门岭、周田、凤凰崇、长岭、右水、高排、晓龙、麻州、洞头、中村、站塘、永隆、富城、西江、白鹅、庄口、珠兰、庄埠、小密、文武坝乡，湘江镇	—
宁都	26	刘坑、竹笮、赖村、田头、黄石、对坊、固村、固厚、田埠、会同、湛田、石上、安福、洛口、东山坝、东韶、肖田、钓峰、蔡江、大沽、小布、员布乡，梅江、黄陂、长胜、青塘镇	—
于都	28	小溪、利村、禾丰、靖石、梓山、黄麟、罗坳、沙心、宽田、高龙、汾坑、曲洋、葛坳、桥头、仙下、车溪、岭背、西郊、新陂、段屋、罗江、于阳、马安乡，铁山垄、盘古山、祁禄山、银坑、贡江镇	—

续表 13-7-1

县(市、区)	数量	苏区乡、镇、场	游击区乡、镇、场
上犹	18	城关、黄埠、中稍、梅水、油石、营前、社溪、蓝田、紫阳、水岩、沿湖、金盆、平富、双溪、五指峰、安和乡，东山、陡水镇	—
信丰	22	油山、大阿、黄泥、西牛、星村、崇仙、金盆山、古陂、龙舌、安西、虎山、新田、同益、大桥乡，嘉定镇，信丰脐橙场	九渡、万隆、小江、小河、正平乡，铁石口镇
南康	25	东山、西华、赤土、朱坊、龙华、凤岗、内潮、十八塘、麻双、横市、大坪、隆木、潭口、龙回、三益、浮石、坪市乡，蓉江、唐江、潭口镇	圩下、镜坝、大窝、龙岭、大岭乡
崇义	17	金坑、杰坝、思顺、上堡、麟潭、过埠、茶滩、横水乡，横水镇	关田、文英、长龙、丰州、乐洞、聂都、扬眉乡，古亭镇
赣县	19	小坪、韩坊、阳埠、大埠、长洛、大田、湖江、储潭、茅店、江口、石芫、吉埠、南塘、三溪、田村、白鹭、白石、王母渡乡	梅林镇
定南	8	柱石乡	龙塘、三亨、龙头、迳脑、月子、鹅公、镇田乡
大余	9	—	河洞、吉村、内良、池江、南丰、梅关、浮江乡，荡坪、漂塘镇
龙南	9	—	程龙、武当、桃江、南亨、夹湖、东坑、里仁乡，安基山、九连山垦殖场
全南	11	—	社迳、龙下、大庄、乌柏坝、上江、竹山、龙源坝、寨下、木金乡，陂头、大吉山镇
赣州市（今章贡区）	1	—	水东乡

二、国家定点贫困县标准与分布

贫困县标准 《国务院贫困地区经济开发领导小组第三次全体会议纪要》确定贴息贷款扶持县的定点标准，即划定贫困县的标准：1985 年全县人均纯收入 150 元以下的县，1985 年全县人均纯收入 150～200元的老区县和民族自治县；井冈山、赣南、闽西南、武陵山、四川大巴山、大别山、太行山和沂蒙山等对革命贡献大、影响大的革命老根据地当中的一部分 1985 年全县人均纯收入 200～300 元之间的县，以及内蒙古、青海、新疆等少数民族困难县。1987 年，《国务院贫困地区经济开发领导小组第四次全体会议纪要》确定全国 271 个贫困县，其中赣州地区 10 个贫困县。

贫困县乡分布 国家定点贫困县。赣州地区国家定点贫困县有兴国县、瑞金县、寻乌县、会昌县（含安远县的濂江、塘村、新园、浮槎、鹤子、龙坑、蔡坊、天心等 8 个乡）、于都县、宁都县、石城县、上犹县、赣县、定南县等 10 个县。

1994 年，根据国务院扶贫开发领导小组《关于列入〈国家八七扶贫攻坚计划〉贫困县的通知》精神，对国定贫困县作出调整，1992 年全县人均纯收入 700 元以下的县为国家定点扶贫县。重新确定全国 592 个贫困县，全省 18 个贫困县。赣州地区的兴国县、寻乌县、宁都县、会昌县、于都县、上犹县、赣县、安远县等 8 个县被列为国家定点贫困县。

1994 年，根据江西省革命老根据地建设委员会《关于确定我省〈八七扶贫攻坚计划〉贫困乡的通知》精神，1992 年全乡人均纯收入 600 元以下的乡为省定贫困乡。确定全省 487 个贫困乡，其中 18 个国定贫困县中的贫困乡 276 个，省重点扶持的贫困乡 211 个。赣州地区有 177 个乡被列为省定贫困乡，其中 8 个国定贫困县中的贫困乡 118 个，非定点贫困县的贫困乡 59 个。

省定特困乡。根据省人民政府《关于划定全省革命老根据地特困乡的通知》精神，全省 399 个乡划为革命老根据地特困乡，其中赣州地区 146 个特困乡。

表 13－7－2　　1986 年赣州地区特困乡、镇、场一览表　　单位：个

县(市、区)	数量	乡、镇、场
兴国	31	樟木、长冈、江背、城冈、留龙、鼎龙、均村、社富、崇贤、永丰、东村、杰村、南坑、枫边、兴江、良村、古龙冈、贺堂、五里亭、龙口、方太、茶园、埠头、高兴、陈也、兴莲、梅窖、隆坪、园岭林场、龙山林场、焦坑林场
瑞金	19	九堡、云石山、武阳、日东、冈面、合龙、黄柏、壬田、叶坪、万田、拔英、瑞林、谢坊、下坝、泽潭、大柏地、沙洲坝、象湖、日东场
于都	20	高龙、葛坳、利村(含新陂乡)、车溪(含段屋乡)、小溪、岭背、汾坑、银坑、西郊、曲洋、罗江、马安、桥头、禾丰、宽田、仙下、沙心、梓山、盘古山、铁山垅
宁都	9	竹窄、赖村、黄石、田埠、肖田、黄陂、蔡江、大沽、小布
寻乌	14	项山、晨光、水源、菖蒲、三标、岑峰、罗珊、澄江、剑溪、留车、丹溪、龙庭、长安、桂竹帽场
会昌	12	洞头、富城、长岭、白鹅、高排、站塘、筠门岭、凤凰岽、周田、麻州、庄口、庄埠
石城	6	珠坑、大由、小姑、屏山、观下、龙岗
上犹	10	五指峰、水岩、营前、油石、梅水、沿湖、平富、陡水镇、金盆、双溪
赣县	7	田村、大埠、白鹭、白石、小坪、石芫、南塘
安远	8	濂江、塘村、新园、浮槎、鹤子、岽坑、蔡坊、天心
南康	6	镜坝、横寨、赤土、浮石、三益、东山
信丰	3	崇仙、大桥、油山
龙南	1	武当

第二节　扶贫开发

一、解决温饱

目标　解决温饱是老区建设扶贫开发的第一步战略目标。1985 年 11 月，省委、省人民政府《关于加快老区建设，帮助老区人民治穷致富的决定》中规定二、三年解决温饱，两年摆脱贫困，力争尽快赶上全省经济发展的中等水平。1986 年 6 月，国务院办公厅〔1986〕45 号文件提出争取在“七五”期间解决大多数贫困地区人民的温饱问题。从 1994 年开始，全面实施《国家八七扶贫攻坚计划》即用 7 年时间（1994—2000 年），集中人力、物力、财力，动员社会各界力量，基本解决全国农村 8000 万贫困人口的温饱问题。赣南列入“八七”攻坚计划的国定贫困县 8 个，占全省的 44%；省定贫困乡 177 个，占全省的 36%，贫困人口 105 万人。

标准　1986 年 3 月，地委、行署确定到 1988 年，全地区特困户全部解决温饱问题。温饱标准划定为经济标准：人均收入达到 200 元（1985 年不变价）以上。随着物价指数上升，经济标准随之调整，人均纯收入 1988 年 270 元，1990 年 300 元，1992 年 350 元，1994 年 400 元；口粮标准：1985 年 8 月省委、省级人民政府《关于老区特困乡若干政策问题的补充规定》，确定解决温饱口粮标准为 250 千克以上。

进度　1986 年，全地区有 11.69 万户特困户解决温饱，占特困户总数的 35%。1987 年，全地区贫

困县和特困乡80.2%的特困户解决温饱。1988年，全地区贫困县和特困乡92.3%的特困户解决温饱。1989年，解决温饱的占贫困县和特困乡中特困户总数的97.8%。1990年，解决温饱的特困户巩固率达到99.2%，贫困县和特困乡有98.45%的特困户解决温饱。1991年，在上年累计解决温饱的贫困户中，巩固率达97%，贫困县和特困乡累计解决温饱的特困户占92.8%。至1993年，全地区有94.3万人解决温饱、贫困户人均纯收入达到350元以上。1994年，赣州地区因2次遭受特大洪涝、冰雹和龙卷风的袭击，给老区人民生产生活带来困难，使25万刚解决温饱的贫困人口又陷入贫困。1994年，全国实施“八七”扶贫攻坚计划，地委、行署《关于打好扶贫攻坚战的实施意见》确定：力争通过5年（1994—1998年）的努力，使全地区105万贫困人口越过温饱线。

二、重点扶贫区域

赣州地区的老建扶贫开发坚持“突出重点，分批治理”的原则。1986年，集中力量解决温饱特困乡问题，重点扶持兴国县、会昌县、安远县3个老区贫困县和55个老区特困乡、8万多特困户发展生产。1987—1991年，重点扶持扩大到10个定点贫困县的所有乡，以及南康县、信丰县、龙南县等县的特困乡共233个特困乡。1994—2000年，赣州地区实施“八七”扶贫攻坚计划，以赣县、上犹县、安远县、宁都县、于都县、兴国县、会昌县、寻乌县8个国家贫困县中118个贫困乡，南康市（县）、信丰县、崇义县、龙南县、定南县、全南县、瑞金市、石城县9个非定点贫困县（市）中的59个贫困乡为扶贫开发重点区域，合计177个贫困乡（镇）。

赣县（14个）：大埠乡、古田乡、湖江乡、小坪乡、石芫乡、湖新乡、攸镇乡、白石乡、白鹭乡、田村镇、长洛乡、大田乡、吉埠乡、三溪乡。

上犹县（11个）：陡水镇、水岩乡、双溪乡、沿湖乡、金盆乡、平富乡、寺下乡、梅水乡、安和乡、蓝田乡、五指峰乡。

安远县（12个）：天心镇、龙布镇、长沙乡、重石乡、凤山乡、浮槎乡、宗坑乡、车头乡、鹤子乡、新园乡、濂江乡、塘村乡。

宁都县（17个）：田头乡、黄石乡、固村乡、钓峰乡、对坊乡、固厚乡、竹笮乡、赖村乡、田埠乡、湛田乡、石上乡、安福乡、洛口乡、东韶乡、肖田乡、蔡江乡、小布乡。

于都县（17个）：罗江乡、段屋乡、桥头乡、小溪乡、高龙乡、车溪乡、沙心乡、罗坳乡、禾丰乡、梓山乡、宽田乡、汾坑乡、曲洋乡、葛坳乡、马安乡、仙下乡、岭背乡。

兴国县（24个）：城岗乡、东村乡、贺堂乡、良村乡、兴莲乡、茶园乡、南坑乡、樟木乡、隆坪乡、枫边乡、古龙岗乡、社富乡、方太乡、梅窖乡、兴江乡、留龙乡、长岗乡、鼎龙乡、崇贤乡、高兴乡、均村乡、永丰乡、龙口乡、杰村乡。

会昌县（11个）：筠门岭镇、永隆乡、珠兰乡、长岭乡、凤凰岽乡、站塘乡、麻州乡、庄埠乡、洞头乡、富城乡、白鹅乡。

寻乌县（12个）：长安乡、河角乡、留车镇、吉潭镇、澄江镇、三标乡、菖蒲乡、龙廷乡、岑峰乡、丹溪乡、水源乡、罗珊乡。

南康市（14个）：潭东乡、龙岭乡、三益乡、浮石乡、横寨乡、镜坝乡、太窝乡、三江乡、十八塘乡、圩下乡、麻双乡、大坪乡、坪市乡、隆木乡。

信丰县（3个）：坪石乡、万隆乡、九渡乡。

大余县（8个）：赤石乡、新城乡、南丰乡、京州乡、池江乡、青龙乡、黄龙乡、浮江乡。

崇义县（3个）：龙勾乡、上堡乡、丰州乡。

龙南县（3个）：黄沙乡、南亨乡、夹湖乡。

定南县（4个）：老城乡、鹅公乡、镇田乡、柱石乡。

全南县（2个）：中寨乡、木金乡。

瑞金市（12个）：沙洲坝乡、合龙乡、日东乡、黄柏乡、瑞林乡、丁陂乡、岗面乡、万田乡、云石山乡、泽覃乡、武阳乡、大柏地乡。

石城县（10个）：屏山镇、观下乡、小别乡、木兰乡、岩岭乡、大由乡、龙岗乡、洋地乡、珠坑乡、小姑乡。

三、重点扶贫对象

全地区33.4万户特困户中，有4万户食不果腹、衣不御寒、住不避风雨的“三不户”，贫困县特困乡中有25.8万户特困户。由于发展资金、专项贴息贷款使用范围的局限性，老建扶贫重点扶持的对象为贫困县特困乡中的25.8万户特困户。1986年和1987年两年注重扶贫资金到户、项目到户、效益到户、解决温饱到户，重点解决4万户的食不果腹、衣不御寒、住不避风雨问题。1988年以后，通过扶持举办乡村扶贫经济实体，发挥经济实体扶贫辐射功能，服务到户、效益到户、解决温饱脱贫致富到户。1994—2000年，以全地区117个贫困乡中的105万贫困人口作为扶贫攻坚的重点对象。

四、重点扶贫产业

1986—1991年，扶持产业开发分为三个阶段：第一阶段为1986—1987年，其间多数特困户生活非常贫困，难以维持正常的生活和生产，扶持的产业以重点发展“短、平、快”常规生产，当年见效的项目为主。重点扶持发展种植业、养殖业、加工业、采矿业。第二阶段为1988—1990年，其间，赣南大多数特困户解决温饱，依靠自身力量基本可以维持日常生产与生活。为巩固温饱成果，增强发展后劲，引导他们逐步走向脱贫致富的道路，扶持的产业重点转到以开发山地为后劲产业为主，初步建立一批规范化、系列化、商品化的农业开发基地。第三阶段为1991年以后，扶持的产业重点转到以开发扶贫覆盖面大，带动力强，具有精深产品加工的龙头，乡村有初级产品加工的群体，有为产品加工提供原料的基地的区域性扶贫支柱产业上来，重点扶持发展果茶、蔗糖、烟草、桑莲、矿产、畜禽及经济技术。

1994—2000年，在扶贫开发中，走一县一支柱或几支柱，一乡一业或几业，一村一品或几品，一户一项或几项的扶贫开发路子，选择发展投资少、易掌握、见效快且覆盖面大、吸纳劳力多的种植业、养殖业及以种养为原料的加工业。重点发展果茶、蚕桑、经济作物（甘蔗、烤烟、白莲）、林化和畜禽五大扶贫支柱产业。“八五”期间，全地区累计投入扶贫资金1.04亿元，发展果茶5.25万公顷、蚕桑1.7万公顷、经济作物4800公顷、经济林和用材料林1.6万公顷。历年来形成2公顷以上基地15.4万个，其中66.67公顷以上基地71个、33～66.67公顷基地254个、6.67～33公顷基地2034个、2～6.67公顷基地151630个。五大支柱产业辐射全地区291个乡（镇）3259个村，覆盖333.6万人，其中贫困户70%以上。

五、重点扶贫实体

1987年后，地区重点扶持、大力举办乡村扶贫经济实体。乡村扶贫经济实体实行政企分开、自主经营、独立核算，直接从事生产、经营和服务活动，承担具体扶贫任务，达到扶持一个点、安排一批人、辐射一大片的扶贫功效。扶贫发展资金用在乡、村、组、户办的扶贫经营实体上达89.7%。至2000年年底，全市（地区）扶持兴办乡村扶贫经济实体4270个，其中1987—1991年2450个，1992—2000年1820个；安排特困户劳力就业73832人，其中1987—1991年30832人，1992—2000年达43000人。

第三节 老建扶贫开发资金

一、发展资金

全称为支援经济不发达地区发展资金。发展资金是国家财政于1980年设立的专项资金，用于经济不发达的革命老根据地、少数民族地区、边远地区以及贫困地区，促进这些地区加快发展生产建设事业，发展农村商品经济，逐步改变贫困落后面貌。赣州地区1986—1993年共享受这笔资金7232万元，主要用于老区、特困乡改变农业生产条件，发展多种经营、农村商品经济，修建农村道路、桥梁，兴建乡村校舍、卫生院，进行技术培训，防治地方病等方面，实行有偿或无偿扶持。1994—2000年，上级共投入赣州地区发展及财政扶贫资金17197万元。扶贫资金管理采取两项措施：集中使用，实行项目管理。坚持资金跟着项目走，把扶贫资金的投入与项目、效益、偿还期限联系起来，同解决贫困户温饱挂钩，克服资金使用上的分散性和盲目性；扶贫资金投向，90%重点投向贫困乡、村及库区、边远山区，70%以上用于能使贫困户直接受益的种养业上；建立台账，实行跟踪检查。所投入扶贫资金，各县（市）、乡（镇）实行分年度、分乡（镇）、分类别、分资金渠道建立台账，每年对下达的扶贫资金进行跟踪检查管理，建立健全并实行项目立项评估、项目实施验收、资金到位检查、项目效益分析等制度，用好管好扶贫资金。从1999年开始，将年度发展资金安排情况抄送审计、监察等部门，接受监督。

二、贴息贷款

全称为扶贫专项贴息贷款。是国家于1986年为解决贫困地区群众温饱问题而设立的专项资金，中国人民银行每年专项安排，由农业银行发放。贷款利率为月息6厘，其中由中央财政贴息4厘，贷款农户或单位付2厘。赣州地区1986—1993年共享受贴息贷款26072万元，主要用于有助于扩大就业，能够尽快解决温饱问题，能脱贫致富的生产性开发项目，以及直接为开发项目服务的急需的商品生产，基础设施建设，实行有偿扶持。1994—2000年，上级共投入赣州地区农行信贷规模81772万元。

三、跨度资金

全称为东西大跨度扶贫项目资金。1988年5月，国家为发展贫困地区同发达地区的横向联合，决定从1988年起，新增联合开发贫困地区的县办企业专项贷款，以此为引导，吸引和组织发达地区到贫困地区开发资源。发展县办企业，开辟财源，增强其经济实力。专项贷款由中国工商银行专项安排和管理，贷款期限最长不超过5年，贷款利率按中国工商银行技术改造贷款的同期限规定利率下浮20%。主要用于国家重点扶持的贫困县，重点扶持投资小、见效快，能充分发挥联合双方优势，产品有较强的竞争力，能带动千家万户发展商品经济的区域性龙头骨干项目：改造和扩建效益好、有发展前途的老企业，发达地区产品的转移和零部件的扩散以及出口创汇产品。赣州地区1988—1991年共得到2090万元的扶持，其中1988年750万元，用于会昌岩背锡矿400万元，上犹焦里白银铅锌矿350万元；1989年200万元，用于安远保鲜库100万元，瑞金萤石矿100万元；1990年990万元，用于上犹焦里铅锌矿390万元，赣县三糖厂木糖项目开发200万元，会昌岩背锡矿200万元，江西九二盐矿200万元；1991年150万元，用于上犹焦里白银铅锌矿。

第四节 扶贫项目开发

1986—1993年，国家拨给赣州地区发展资金5806万元，专项贴息贷款19218万元，共25024万元，安排建设项目 5495 个。1994—2000 年，老建扶贫资金投入种植业 46106.28 万元，占总投入的 46.6%；养殖业 15622 万元，占 15.8%；农田建设 6791.82 万元，占 6.9%；县办（龙头）工业 6046 万元，占 6.1%；电力建设 6288.1 万元，占 6.4%；乡镇企业 10794 万元，占 10.9%；交通建设 3970.6 万元，占 4%；科教文卫 1616.8 万元，占 1.6%；其他项目 1715.6 万元，占 1.7%。

一、生产建设性开发项目

种植业 扶持发展的种植业，为老区人民脱贫致富的主导产业。1986—1993 年安排种植项目 1514 个，安排资金 9589 万元，占发展资金和专项贴息贷款总额的 39.9%。在这些种植项目中，新种柑橘 1.93 万公顷，抚育柑橘 9800 公顷，柑橘低产园改造 726 公顷；新种茶叶 3533 公顷，抚育茶叶 1200 公顷，茶叶园低产改造 2733 公顷；新种落叶果 1200 公顷；新种油茶 933 公顷，抚育油茶 3600 公顷，垦改油茶 5667 公顷；新种油桐 1000 公顷；新种杉木 2466 公顷，抚育杉木 6066 公顷；飞播造林 9.3 万公顷；新种毛竹 4200 公顷，垦改毛竹 9800 公顷；苗木 89.7 公顷；新种葡萄 240 公顷，新种黄檀 2400 公顷，新种湿地松 1933 公顷，新种其他经济林 1533 公顷；扶持杂交水稻 1.29 万公顷，新种药材 36.67 公顷，白莲 256.67 公顷，油菜等经济作物 1713 公顷。扶持的种植业年产值在 1.5 亿元以上，年创税利 2400 万元。1994—2000 年，全市（地区）投入 2.7 亿元扶贫资金，在贫困乡、村中建立以柑橘、脐橙、甜柚、落叶果为主的果业基地，面积 8.52 万公顷；投入 635 万元，新植垦复油茶 2950 公顷；投入 1275.7 万元，新植、改造茶园 2773.53 公顷；投入 4130 万元，新植、垦复毛竹林 2.68 万公顷；投资 512 万元，种植蚕桑 2807 公顷；投资 523.6 万元，培育各种苗木 5132 公顷；投入 1444 万元，建立中药材基地 782.6 公顷。

养殖业 扶持发展的养殖业，为老区人民解决温饱的主要产业。1986—1991 年安排养殖项目 691 个，安排扶持资金 3609 万元，占发展资金和专项贴息贷款的 14.4%。在这些养殖项目中，养牛 7826 头，养猪 30.2 万头，养家禽 441.8 万只，养蜜蜂 1563 窝，养鱼 346 万尾，养蚕 3000 张，鱼苗 4260 万尾，建鱼池 64 公顷，扶持养殖业的年产值 4000 万元以上，年创税利 500 万元。1994—2000 年，投入 19618 万元，用于猪、牛、鱼、鹅、鸭、鸡、羊、兔、鹧鸪、地鸽等养殖项目的良种改良、繁殖和养殖。

加工业 扶持发展的加工业，为老区经济的发展发挥龙头作用。1986—1991 年扶持 1841 个乡镇、村办加工企业，投入资金 6903 万元。扶持县办加工企业的资金占 21.6%，乡办占 47.3%，村办占 26.8%，户办、联办占 4.3%，在这些加工业中，兴办粮食加工厂 266 个，饲料厂 78 个，制药厂 33 个，食品厂 87 个，造纸厂 59 个，建材厂 128 个，化工厂 52 个，陶瓷厂 10 个，竹木草加工厂 64 个，福利厂 96 个，采矿厂 112 个，菌种场 68 个，柑橘保鲜库 4 个，纺编织厂 14 个，农机厂 25 个，羽绒厂 3 个。1994—2000 年，投入扶贫资金 16690 万元，扶持 522 个项目，县、乡龙头企业带动农户 82 万多户（其中贫困户 13 万多户）。于都主味食品厂建立的原料青梅基地，面积达 1000 公顷，辐射 11 个乡（镇），覆盖 6500 农户，其中贫困户 3600 户。宁都、赣州（今章贡区）甜叶菊糖厂、萤石精选厂、赣县板鸭厂等 40 多家较大型的龙头项目，基本上扶持一个点，安排一批人，辐射一大片，带动千家万户发展商品生产。

基础设施 1986—1991 年安排农田水利基本建设项目 456 个，资金 849.3 万元，其中 1986 年 81 个资金 152 万元，1987 年 79 个资金 146 万元，1988 年 71 个资金 136 万元，1989 年 76 个资金 128 万元，1990 年 70 个资金 141 万元，1991 年 79 个资金 146.3 万元。兴建小水库 20 座，蓄水量 2634 万立方米，建排灌站 121 座，其他水利设施 622 处，新增灌溉面积 1.86 万公顷，年增粮食 1.8 万吨；扶持柑橘水利项目 216 个，灌溉柑橘面积 173.33 公顷；安排农村电力建设项目 330 个，资金 2734 万元，其中扶持新建小型水电站174座，装机容量21613千瓦，年增发电量6500万千瓦时，产值12600万元；架设输电线路177条857千米，解决110个乡、925个村、15万户农户的生产、生活用电；扶持新建沼气池1500个、省柴灶2537个。1994—2000年，通过老建扶持、集体经济投入和群众投劳，全市（地区）贫困县、乡的基础设施得到较大改善，累计新改建乡、村公路793条7396.8千米，桥梁229座3691米，解决531个村的通路问题；建成人畜饮水工程20172处，打井20270口，解决90余万人的饮水问题；新建电站73处（座），其中扶持200万元以上的有9座，装机40511千瓦，架设输电线路202条638.27千米，解决1428个村46.2万农户的用电问题；完成47个乡（镇）邮电线路改造1251千米，解决384个村的通电话问题；新建、续建、加固水库205座，渠系配套351千米，整修河堤200千米，建电力提灌站189座，新修、恢复小水陂3878处，增加或恢复灌溉面积3.44万公顷，改造中低产田2866.67公顷，治理水土流失面积48万公顷；老建扶持新建沼气池19万个，生态农业示范村360个。2000年，赣州市被农业部列入全国两个贫困生态农业示范市之一。

二、非生产性建设项目

兴建学校校舍 扶持乡村学校，缓解上学难困难。1986—2000年，全地区安排资金600.8万元，兴建中小学校舍320所17.29万平方米，解决农村9万多名学生的就学困难。

改善医疗及饮水条件 老区农村医疗卫生条件在老建扶贫资金扶持下得到改善。全地区安排资金137万元，扶持兴建卫生院和妇幼保健站95个5.93万平方米，方便近8万人就医。改善老区人民饮水条件，扶持改水工程87处，打井68口，使5万多人饮上清洁卫生水，改造高氟区9个村5万多人的饮水设施。

三、社会服务体系

从1986年开始，老建扶贫把发展社会化服务体系作为扶持经济实体的重要内容，包括发展家禽防疫网络、乡村植物医院、畜禽改良站和其他类型服务组织。

畜禽防疫网络 全地区安排60万元老建扶贫资金用于建立畜禽防疫体系。11个贫困县、149个特困乡达到县有防疫流动冰库、乡有防疫冰箱，1893个村有防疫冰瓶、注射器等器械。开展乡村防疫员培训。

乡村植物医院 全地区为贫困县、特困乡兴建植物医院101所。具体指导农民科学施肥、用药，医治植物病、虫、害，并提供农药、化肥和各种产前、产中服务。

畜禽改良站 全地区扶持97个特困乡兴办畜禽改良站，冷配繁殖良种耕牛1.5万头，瘦肉型猪改良占繁殖母猪数的50%以上。牲畜品种单一，结构不合理的状况，逐步得到改善。

其他类型服务组织 1988年起，老建扶贫把发展各种类型的服务组织作为扶持乡村扶贫经济实体的重要内容，重点扶持发展柑橘协会、服务中心、西瓜协会、养鱼协会、养鸭养鹅协会、流通实体、农机服务站、科技服务部等类型组织270个，为农村发展商品生产，提供产前、产中、产后服务，促进农村经济发展。

第五节 智力开发扶贫

一、实用技术培训

根据“实际、实用、实效”的原则，对农户开展乡村实用技术培训。1986年起，全地区安排用于开展乡村实用技术培训的扶持资金755万元，地、县、乡举办橙柚种植、“三高”农业、畜禽养殖、企业管理、新技术推广应用等各种类型实用技术培训班20505期，培训174万人次。至1993年年底，有

85%以上的特困户劳动力初步掌握1～2门以上实用技术，其中不少成为“土专家”“田秀才”。

1994—2000年，投入培训经费537万元，累计招收农函大学员19680名；开展农村实用技术培训班5729期68.3万人次。开展科技人员下乡入户到农村第一线从事技术承包活动和科技、图书、文化“三下乡”活动；建起362个万村书库、8个“万册农民图书馆”。

二、县乡村干部培训

1988年，地区组织67名县级领导到江苏省无锡市、苏州市参加全国贫困地区县级领导培训班；1987—1991年组织1746名老区乡（镇）领导轮训，举办村干部培训152期，培训村干部30500人次。1992—2000年，全市（地区）老建部门举办乡村干部培训班85期，培训乡村干部6500人次；组织县（市）老建办业务干部25期，培训干部510人次；组织全地区177个贫困乡老建专干轮训，配合市（地）委组织部对100个经济薄弱村支部书记、村主任进行培训。

三、科技示范

全地区建立科技示范基地63个，科技示范乡93个，示范村137个，示范户2.2万户。有222个村实现开发一个经济骨干项目，建立一支科技队伍，健全一个服务组织，建立一所科技文化夜校的“四个一”目标。2000年，安远县被列为国家财政支持科技扶贫示范工作县。

四、农函大学习培训

1987—1991年，全地区安排参加全国农业函授大学学习的农民29200名。1992—1994年，全地区安排42.3万元培训费用于招收贫困户子女参加全国农函大学习，招收农函大学员14050名，1996—2000年招收农函大学员13800名，其中85%以上的毕业学员达到初级农民技术员水平。

五、新技术新品种推广

组织以粮、蔗、烟、油、肉增产技术为主要内容的农业科技成果推广应用。重点组织推广抛秧技术、杂交水稻及其农、林、畜、鱼良种技术的应用，推广“叶面宝”在水稻、果树、瓜类、蔬菜等经济作物上的使用，吨粮田、吨糖田和烤烟调养模式化栽培，中低产田综合改造治理，半旱式免耕栽培，间作套种，优化配方饲料及速生林、经济林、优质水果培育、森林资源综合利用等开发技术和微肥激素应用。推广叶面宝、喷施宝600万瓶（支），试种巴西旱稻133.33公顷。

六、扶贫与计划生育相结合

从1994年起，全地区老建系统每年将计划生育“三结合”工作纳入年度扶贫开发工作的总体规划，确定帮扶户数，落实帮扶任务。分别与被扶计生贫困户签订帮扶协议书，制定落实帮扶措施，对率先脱贫的计生户发放“帮扶计生户致富牌”。在项目、资金、培训、进厂务工等方面对帮扶的计生户优先，普遍推进“公司+贫困计生户”的经营模式，一些县（市）建起计生户“养老园”“致富林”。1996年9月，赣南计划生育与扶贫相结合的经验在广西召开的全国扶贫开发工作会议上作经验介绍。至2000年，全地区扶持贫困计生户1.86万多户。

1994—2000年，老建系统扶持经济薄弱村2116个，扶持项目2138个，扶持资金2000多万元，村级集体收入不断增长。村级集体经济年收入4万元以上297个村，占14%，2万元以上892个村，占42%。

第六节 联合与定点扶贫

一、横向联合扶贫

扶贫横向联合是国务院提出的扶贫工作的重大改革，目的在于促进经济发达地区从资金、技术、人才、信息全方位帮助贫困地区尽快改变落后面貌，实现全国范围内生产要素的优化组合，建立一个高效益的投入产出机制。通过横向联合，赣南一些贫困县在吸引先进的生产要素、寻求最佳合作伙伴等方面取得较好效果。

1986 年，上海市嘉定县与瑞金县结成友好协作县。瑞金县的乡（镇）均与嘉定县的乡（镇）结成友好协作乡（镇）。嘉定县先后无偿支援瑞金县 7 个项目：1988 年 10 月，赠送瑞金县 5000 株优良品种葡萄苗；1988 年冬，赠送瑞金县叶坪乡衬衫流水生产线设备等，折价 10 万元；1990 年 11 月，支援 20 万元兴建瑞金县人民医院传染病房；1990 年 11 月，赠给瑞金县壬田镇上海牌小轿车一辆；1991 年 2 月，赠送瑞金县泽潭乡长毛兔种 200 只；1991 年 3 月，赠送瑞金县教育局长毛兔 500 只；1991 年 4 月，赠送瑞金县壬田镇种鸡孵化场设备、种蛋等折价约 7 万元；1991 年 11 月，捐赠 10 万元给瑞金县民政局兴建福利院。

1987 年，上海静安区与赣州地区结成友好协作区。1986 年 9 月，静安区捐赠 30 万元给瑞金县兴建瑞金第一中学图书馆。1988 年冬，捐赠 1 万元给瑞金沙洲坝修建列宁小学。静安区推荐香港同胞沈炳麟捐款近 100 万元给瑞金县建学校。

1987 年，石城县与江苏省吴县结成友好县。

1990 年，上海市崇明县与寻乌县结成友好县。

1987 年，上海市淞江县与兴国县结成友好县。淞江县帮助兴国县办工厂，引进项目，提供物资、技术、信息等方面的支持。

二、定点挂钩扶贫

中央所属单位定点赣南扶贫 中央所属单位有地质矿产部、中国人民保险总公司、中国船舶总公司定点赣南扶贫。

自 1987 年起，地矿部每年派出一届由司局长带队的赣南老区经济开发工作团到赣州地区进行扶贫工作。至 1991 年，共派出 57 名专家、学者和工作技术人员（其中司局级干部 10 人，处级干部 19 人，高级工程师 12 人，工程师 9 人，一般干部 7 人）深入赣南老区。安排扶贫项目 121 项，投入地质事业费 2700 万元，其中对口安排的项目投入资金 1400 万元，无偿提供资料由地方开发的项目投入资金 1300 万元。完成的主要工作量有：各种大比例尺的地质填图 67 平方千米；岩心钻探 8.3 万米，槽探 14 万多立方米，成为赣州地区“八五”期间脱贫致富的开发基地。为整治国土、开发土壤资源，地矿部拨出专款 100 余万元在赣南开展航空遥感调查和研究，完成 4 万平方千米的飞行任务和 4 项研究课题。工作团人员为赣南培训 430 名各类初级人才，帮助赣南老区人民找水、打井，许多农户告别世代饮用不清洁水的历史，农田灌溉条件得到改善。1993 年，地质矿产部成立地质矿产部赣南老区扶贫开发中心，作为事业实体长期驻点赣南开展扶贫开发工作，人员相对保持稳定。1992—1995 年派出 36 人次（其中司局级干部 6 人次、县处级干部 9 人次、一般干部 21 人次）。投入扶持资金 534 万元，安排扶贫项目 78 项，重点挂钩扶持赣县、于都县、会昌县的 10 个贫困乡。主要扶持发展种植业、养殖业、乡镇企业、基础设施、科技培训、希望工程及地质勘查等项目。有 6 个贫困乡摘掉贫困帽子，5 万人脱贫。

1988 年 6 月，中国人民保险总公司主动与宁都县挂钩联系，安排专项贷款 100 万元，帮助宁都县开发稀土、双效灵农药、出口浴巾3个项目。

中国船舶总公司在安远县扶贫，投资100万元帮助安远县兴建1座柑橘保鲜库。

省直单位定点赣南扶贫 省直属单位定点在赣南挂钩扶贫的有22个单位。1988年，省委老干部局、省水保办挂钩兴国县扶贫；省轻工业厅、省委宣传部、省农业大学挂钩瑞金县扶贫；省物资局、省委组织部挂钩宁都县扶贫；省华兴钨业公司、省公安厅挂钩于都县扶贫；省地质矿产局、省社会科学院挂钩会昌县扶贫；省交通厅挂钩寻乌县扶贫；省民政厅挂钩石城县扶贫；省政协办公厅挂钩安远县扶贫；省工商银行、省劳动厅挂钩上犹县扶贫；省邮电管理局挂钩赣县扶贫；省人民银行挂钩南康县扶贫；省对外经济贸易厅、省气象局挂钩信丰县扶贫；省华赣企业公司挂钩定南县扶贫。扶贫单位为赣南老区的建设办了一些实事好事，省人民银行为南康县提供贷款总额520万元；省委组织部、省物资局从人力、物力、财力上给予宁都县大力援助；省工商银行给上犹县提供贷款近千万元；省农业大学在瑞金县黄柏乡、大柏地乡开展水稻半旱式栽培、柑橘"小老树"改造，植物医院等18项科技扶贫项目的推广应用；省邮电局在赣县投资519.78万元，扶助邮电项目22项。

地属单位挂钩扶贫 地区直属单位挂钩扶贫对口支援的有121个单位。1985年10月，地委、行署决定组织地属单位到贫困县、特困乡对口支援，挂钩扶贫。到兴国县的有农委、水电局、水保办、农业银行、劳动人事局、供电局、粮食局、教育局、建材公司、农资公司、卫生局、机电公司、副食品公司、农科所、煤炭公司、汽运公司、建筑工程公司、邮电局、百货公司、小汽车修理厂、人民医院、印刷厂、精神病医院。到瑞金县的有税务局、科协、城建环保局、食品公司、煤炭工业公司、赣南制药厂、钴冶炼厂、气压机厂。到宁都县的有宣传部、讲师团、地区工商银行、中级人民法院、物资局、五交化公司、赣南医专附属医院、卫生防疫站。到于都县的有农牧渔业局、广播电视局、贸易中心、石油公司、土产公司、糖业公司、建设银行、统计局、冶金研究所、冶金汽车修理厂、齿轮箱厂、纺织厂、有色金属冶炼厂、酶制剂厂、化工厂、冶金机械厂、冶金化工厂。到会昌县的有司法局、商业局、文化局、盐业公司、储运公司、地调大队、赣州铝厂、炼锡厂、结核病院。到寻乌县的有公安处、公路分局、保险公司、医药公司、团委。到石城县的有民政局、计划生育委员会。到安远县的有林业工业公司、森林铁道处、林建公司、林业汽修厂、木材一厂、木材二厂、贮木场。到上犹县的有交通局、果杂品公司。到赣县的有科学技术委员会、妇联、财政局、物价局、经济委员会、航运公司、农药厂、赣南无线电厂、水轮机厂、皮防所。到南康县的有党校、组织部、轻化工业局、审计局、二轻局、二糖厂、赣南卷烟厂。到信丰县的有乡镇企业局、气象局、烟草公司、经贸局、工业卫生防治所。到龙南县的有冶金工业公司、东江煤矿。到定南县的有统战部、纪检委、赣南日报社、中国银行、协作办、岿美山钨矿。全地区地、县派驻乡村扶贫的干部约有8000人。

省领导挂县联系扶贫 1989年，省委办公厅、省政府办公厅联合下文，明确省领导到国家定点的贫困县建立扶贫联系点。省委书记毛致用联系兴国县，省委常委、宣传部部长王太华联系瑞金县，省委常委、组织部长卢秀珍联系宁都县，省委常委、政法委书记王昭荣联系于都县，省政府副省长钱家铭联系寻乌县，省委常委、南昌市委书记马世昌联系石城县，省政府副省长孙希岳联系上犹县，省政协副主席方谦联系赣县，省委常委、农工部长张逢雨联系定南县。

领导干部"321"结对扶贫 从1996年起，全地区领导干部与贫困户"结对子""攀穷亲"，地（市）级干部每人帮扶3户，县级干部帮扶2户，科级干部帮扶1户。1996—2000年，全年有23967名党员干部结对贫困户30203户。累计落实贷款、引进帮扶资金5633万元（其中个人捐款630.38万元），救助失学儿童9233名。至2000年年底，结对帮扶的贫困户有95%解决温饱。1998年、1999年赣州市（地区）"321"结对扶贫经验在全省扶贫开发工作会议上介绍。

地区领导挂县联系扶贫 1989年8月，地委、行署建立领导干部扶贫联系点。黄名鑫联系赣县，张云川联系信丰县，刘祖三联系龙南县，刘学文联系南康县，钟耀庭联系寻乌县，郭文华联系全南县，刘作柏联系赣州市（今章贡区），邓扬辉联系于都县，胡国铤联系会昌县，钟定清联系兴国县，陈本玮联系石城县，邱禄鑫联系上犹县，池宝库联系定南县，周英棠联系崇义县、大余县，叶发有联系瑞金县，梅继尧联系宁都县，军分区领导联系安远县。

1994 年 7 月，地委、行署调整领导干部扶贫联系点。刘培均联系信丰县，邱禄鑫联系上犹县，刘上洋联系赣州市（今章贡区），刘学文联系南康县，肖茂普联系于都县，胡国铤联系全南县，黄南雄联系兴国县，周英棠联系大余县，钟定清联系会昌县，汪永森联系安远县，周根保联系崇义县，刘显族联系赣县，陈本玮联系石城县，刘安民联系龙南县，钟祖恩联系定南县，叶发有联系瑞金市，梅继尧、罗春涛联系宁都县。

“八七”扶贫攻坚期间，赣南的社会扶贫形成 10 种模式：挂钩扶贫、“321”结对扶贫、村建扶贫、“希望工程”扶贫、巾帼扶贫、新闻信息扶贫、扶贫企业带村帮户、“光彩事业”扶贫、幸福工程、计划生育“三结合”富民工程。

第十四篇

军　事

1986—2000年，赣州的军事机构有市（地区）、县两级19个，即赣州军分区和18个县（市、区）人民武装部。

军分区、县（市、区）人民武装部为同级人民政府的兵役机关。军分区、县（市、区）人武部和驻军各部队广泛开展科技练兵和网上练兵，提高军事斗争实质性准备质量。同时，积极抓好本区域内兵员征集和预备役人员的登记工作。全市（地区）各级党委、政府认真抓好人民武装工作的基础工作，县、乡、村和各类企事业单位以及部分个体私营企业建立基层民兵组织，组织开展民兵政治教育、军事训练。1995年12月，赣州地区国防动员委员会成立。1995—2000年，市（地区）国防动员委员会积极组织实施全市（地区）国防动员工作。1986年人民防空改革，加强人民防空建设。至2000年，拟制完成防空袭预案，组织培训人防专业队伍，形成一套较为完整的人民防空体系。

军分区系统和驻赣州市（地区）部队积极支持赣州地方经济建设，为赣州经济社会发展做出贡献。

第一章 军事组织

1986—2000年，驻赣州的军队组织有地方军事机构19个，即赣州军分区和18个县（市、区）人民武装部（以下简称“人武部”）。县（市、区）人武部经历由军队建制到地方建制，再收归军队的过程；1998年12月，在赣州组建江西预备役步兵师步兵第二团。武警部队有中国人民武装警察部队赣州市（地区）支队及18个县（市、区）的中队。

第一节 军事机构

一、赣州军分区

1986年，赣州军分区随江西省军区隶属南京军区。设司令部、政治部、后勤部，根据省军区命令，赣州军分区进行整编，撤销司、政、后机关业务科编制。6月，赣州军分区所辖18个县（市）人武部改归地方建制。1991年7月1日，军分区司令部、政治部、后勤部机关恢复科建制。1996年4月，县（市）人武部收归军队建制。1997年4月，军分区司令部设作训科、军务装备科、动员科；政治部设组织干部科，宣传保卫科；后勤部设战勤科、供应科。1998年10月，司令部军务装备科和动员科合并为军务动员科；成立警备司令部，由军务动员科履行其职能。军分区下辖18个县（市）人武部和1个离职干部休养所以及机关公勤队、教导队、民兵武器装备仓库。至2000年未变。

二、人民武装部

根据中共中央〔1985〕16号文件《关于省、地（市）委书记分别兼任省军区、军分区党委第一书记，不再兼任第一政委的规定》，从1986年3月起，各县（市）委书记兼任的人武部第一政治委员职务自行免除。同年6月，根据中共中央、国务院、中央军委《关于县（市）人民武装部改归地方建制有关问题的通知》精神，全地区18个县（市）人武部由军队序列改为地方建制，工作性质、任务不变，实行地方和军队双重领导，为当地最高军事领导指挥机关。改建后的人武部为副县级单位，编配部长、政委各1人，设办公室、军事科和政工科。1987年1月1日起，各县（市）人武部按新体制办公。1994年8月1日，瑞金县人武部改为瑞金市人武部。1995年3月7日，南康县人武部改为南康市人武部。1996年4月1日，县（市）人武部由地方建制收归军队建制。全地区18个县（市）人武部收归赣州军分区领导。1999年6月15日，赣州市人武部改为章贡区人武部。

第二节 驻 军

一、中国人民解放军第362医院

1967年1月1日，江西省公安总队医院划归福州军区建制领导，番号为解放军362医院。1968年6月起，由江西省军区后勤部代管。1969年3月15日，医院由南昌迁至赣州白塔。同年11月，迁至赣州水东万松山下。医院设院部、医务科、院务科、内科、外科、传染科、辅助诊疗科，有床位160张（1983年11月，缩减为80张）。1988年，为支援老区卫生事业，江西省军区所属的362医院整体移交给赣州地区，改称为赣州地区中西医结合医院。

二、江西陆军预备役步兵师第2团

1984年，南昌陆军预备役步兵第2团在南昌进贤县成立。1998年12月，改南昌陆军预备役步兵师为省建师，其步兵第2团移防到赣州，组建江西陆军预备役步兵师第2团。1999年9月，召开成立大会，正式成立。团机关设司令部、政治处、后勤处、装备处4个部门，下辖4个营，分别在章贡区、兴国县、于都县、信丰县、赣县和南康市等地的少数乡（镇）及部分企事业单位组建。

三、中国人民武装警察部队赣州市（地区）支队

1983年1月，成立中国人民武装警察部队江西省赣州地区支队（以下简称“武警支队”），隶属中国人民武装警察部队江西省总队和赣州行署公安处领导。赣州行署公安处武装民警科和消防科一起编入武警支队，武装民警科、消防科干警转为现役。与此同时，县（市）公安局消防中队编入武警支队序列，改称为中国人民武装警察部队江西省某某县（市）消防中队。支队机关内设司令部、政治处、后勤处和消防科，管辖18个县（市）武警中队，1个监狱武警中队，1个直属武警中队，18个县（市）消防中队。

1986年1月1日起，各县（市）公安消防中队由武警支队划出，由县（市）公安局和赣州行署公安处消防大队直接领导，武警支队消防科由支队系列划出，由行署公安处直接领导。

1990年3月，组建机动中队；撤销直属中队警卫班编制，减少战士6名。1992年3月，武警赣州地区支队定编为二类支队，正团级，下设司令部、政治处、后勤处，为副团级机关，司、政、后所辖股为副营级，中队为连级，编制中队21个，其中担负执勤任务的中队19个，担负机动任务中队1个，担负保障任务中队1个（支队警通中队）。支队机关增设6个股（司令部通信股和机要股，政治处保卫股和干部股，后勤处的财务营房股分为财务股、营房股，军械运输股分为军械股、运输股）。组建军人服务社，司令部招待所，政治处放映组，后勤处修理所、生产基地、运输排。改编支队直属中队为警通中队，轮训队为教导队。内卫训练股改称为警备训练股，被装给养股改称为军需股，机动中队改番号为一中队，二监中队改番号为二中队。1997年11月，新增直属大队部和第三中队、第四中队。直属大队下辖第一、第二、第三中队，兼管第四中队。1999年7月，番号改为中国人民武装警察部队赣州市支队。

第二章 军队建设

1986—2000年，军分区、县（市、区）人武部和驻军各部队坚持把军事斗争准备摆上重要议事日程，思想上向军事斗争准备聚焦，财力上向军事斗争准备倾斜。把高科技学习纳入教育训练计划，广泛开展科技练兵和网上练兵，有效地提高军事斗争实质性准备质量。同时，把加强党委班子和干部队伍建设作为部队建设的重点，从思想上、组织上、作风上和制度上加强建设，提高各级党委班子的凝聚力、创造力和战斗力。通过抓学习、抓教育、抓整改，解决党委班子和党员队伍中存在的倾向性问题，各级党组织的战斗力明显增强。加强后勤建设，全面提高保障水平。重视抓好基础建设，完善各种配套设施，营院建设有较大改观，军分区机关和18个县（市、区）人武部先后跨入省、市文明营院行列。

第一节 军事工作

一、训练

军分区首长机关军事训练 1986年4—7月，军分区首长机关干部进行为时35天的战时兵员动员函授训练，并参加省军区国防动员理论考试。年内，全地区部队62名干部参加自修大学考试。

1987 年，机关干部在职训练 30 天，主要进行《内务条令》、《纪律条令》、《队列条令》、保密知识、机关业务文书培训及手枪射击训练。1990 年，主要进行队列，参谋“六会”（会写、会画、会传、会读、会记、会算）基本功等课目。县（市）人武部领导和科室领导分别参加地、县（市）组织的集中培训。

1993 年 2 月下旬至 4 月上旬，分批组织全地区人武、专武干部进行为期半个月的集训，提高武装干部做好新形势下民兵工作的本领。《赣州军分区组织千名武装干部集训做法》在南京军区司令部动员部主办的《民兵预备役工作简报》第 11 期刊发。1994 年 3 月，军分区组织师团两级机关干部集训，主要进行军事高科技知识、参谋“六会”、邓小平新时期建军思想等共同课目的训练，历时 32 天。1995 年，军分区训练内容增加高、新和实用性课目的训练。

1997 年 7—8 月，军分区组织师团两级机关干部 40 余人，在赣州市（今章贡区）民兵训练基地进行高科技知识学习和参谋业务集训。

1999 年 1 月，军分区后勤部为全地区 20 个团单位配备带有财务管理软件的计算机，并在教导队进行为期 5 天的后勤助理员财务软件电算化集训。2000 年，军分区组织开展为期 2 周的队列和手枪射击训练，举办 10 天科技练兵和“四新”（新科技、新战法、新技能、新装备）集训。6 月，全地区 19 名参谋参加省军区在教导大队组织的为期 2 个月的参谋集训，取得 9 门课目考试总分第一、作风纪律养成量化部分总分第一、单位总评第一的好成绩，被省军区通报表彰。

武警支队军官训练 1989 年，支队利用总队举办总队长、支队长、大队长、中队长主官集训机会，对中队主官进行集中轮训，提高带兵、练兵、管兵、用兵能力。1991—1992 年，支队举办 2 期干部教学法集训。1993 年，支队以机关干部“四会”训练和参谋业务训练为重点，着力提高机关干部自身军事业务技能和指导基层按纲施训能力。1996 年，支队在组织参加总队支队、中队军政主官集训的基础上，对机关干部和基层主官进行集中训练，并组织军事业务比武。1999 年，支队为提高干部教学法水平，组织人员重新编写示教示范教案，统一教学程序、教学方法和军事动作。2000 年 8 月，支队举办 1 期机关干部室内作业综合演练暨参谋新“六会”集训，突出“处突”理论，战法、技法和训法等科目。

专武干部军事训练 1995 年 8 月，军分区在地区国防教育训练中心举办专武干部集训。对全地区 1992 年以后任职且没有军事工作经历的专职武装干部进行民兵预备役工作业务知识和军事基础等训练。1998 年 8 月，军分区举办 1 期新任职专武干部集训。

二、行政管理

赣州军分区行政管理 1987 年，军分区机关被省政府命名为“文明单位”。1989 年 9—11 月，军分区部队开展清理整顿生产经营和公司，清查财务、税收和物价的工作。军分区被南京军区通报表彰为 1989 年度贯彻共同条令先进单位。1993 年 7 月，军分区召开“两抓一促”（一手抓军事工作，一手抓劳武创收，促进人武部正规化全面建设）流动现场会。同年，开始从 10 个县（市）挑选 10 名符合征兵政审、身体条件的预备兵担任机关、仓库警卫工作。1995 年 6 月上旬至 7 月底，军分区成立以军分区首长为组长的清查小组，对军分区机关及所属单位开展清查“小金库”工作。同月，按照省军区颁发的《实施封闭式管理教育若干问题的规定》，开始实施封闭式管理教育。1996 年 4 月，军分区在兴国试点取得经验的基础上，制定并下发《江西省赣州军分区县（市）人武部工作制度》。要求人武部建立正规的战备、训练、工作制度和生活秩序。2000 年 6 月，开展暑期安全竞赛活动，着重加强人员、车辆、枪弹、贵重物品和秘密载体的管理。组织警备执勤 140 次，共查处出租（出借）军车和军车号牌 7 起，收缴假军车号牌 7 付，查处假冒军人 2 名。

江西预备役步兵师步兵第 2 团行政管理 江西陆军预备役步兵师第 2 团结合团队实际和工作特点，先后制定《团现役官兵管理规定》《预任军官管理制度》《预备役官兵暂行管理规定》《基层政治教育实施办法》等9个规范性制度规定。层层签订正规化和安全管理工作责任状，一级抓一级，一级对一级负责，形成正规化和安全管理工作横到边、竖到底、全时间、全员额、全方位的系统管理。成立团勤务队，对士兵实行集中管理。抓好勤务队的日常管理，加大勤务队条令化、正规化管理的力度，军官对士兵切实做到“四个知道，一个跟上”（知道在哪里、在干什么、在想什么、需要什么，跟上做好思想工作和管理工作），士兵要做到“四个报告，一个依靠”（主动报告在哪里、在干什么、在想什么、需要什么，有问题和困难依靠组织解决），严防“灯下黑”现象的发生。

武警支队行政管理 1993年4月，制定《支队兵员管理规定》，对士官进行评定授衔工作。1994年1月，总队规定动用兵力，不论数量多少和执行何种任务，必须事先请示总队，紧急任务可边执行任务边报告，但事后要进行详细报告。年内支队被总部评为连续3年无事故、无案件单位。1995年5月，制定《关于加强部队“双休日”管理的指示》《机关干部十不准》《机关干部下基层暂行规定》，指导基层修订和完善《中队管理工作补充规定》，强化封闭式管理。1996年6月、1997年7月、1999年5月，在全地区范围内先后组织3次打击“三假”（假冒武警人员、假冒武警车辆、假冒武警企业）专项治理活动。2000年9月，召开安全工作检查暨机关作风纪律整顿工作会议，部署机关作风纪律整顿及安全大检查工作。10月，支队在教导队对98名士官进行为期4天的教育整训，针对士官制度改革后出现的新情况新问题，强化士官条令条例意识、组织纪律观念，进行正确对待婚恋观教育。支队被总部评为连续5年无严重行政责任亡人事故、无执勤事故、无案件“三无”单位。

第二节 政治工作

一、思想教育

赣州军分区 1986年，全地区团级单位开展整党，促进和保证县（市）人武部移交工作顺利进行。1987年，开展坚持四项基本原则，反对资产阶级自由化的教育。1988年2月，军分区召开直属机关党支部书记和县（市）人武部政工科长会议，部署在全地区部队和人武部党员中开展经受“两个考验”（执政的考验、改革开放的考验）的教育。1989年4月，军分区党委要求全体官兵和职工坚持用党中央、国务院、中央军委的决策来统一思想，消除疑虑和担心情绪，组织全体人员进行专题教育，端正思想，统一认识，表明态度。1990年5月，军分区党委印发《关于开展学习“南京路上好八连”活动的决定》，在全地区县（市）人武部开展“一对好主官”评比活动。1992年5月，组织创作、录制并下发《赣南民兵之歌》，年底，军分区党委总结的民兵基层建设经验，先后被总政治部群工部、新华社内参转载及《解放军报》《中国民兵》刊用，得到南京军区和省军区的肯定。1994年9月底至10月初，在军分区、县（市）人武部两级机关开展警惕“酒绿灯红”侵蚀教育，该经验被省军区政治部转发。1996年5月，以纪念中国工农红军长征胜利60周年为契机组织全地区现役干部用8天时间集中进行“弘扬红军长征精神，保持艰苦创业本色”的教育，试点教育的典型材料被南京军区政治部转发。1999年，军分区党委重点抓以弘扬抗洪精神为主线的艰苦奋斗教育。结合中华人民共和国成立50周年和恢复对澳门行使主权，着重抓以“赞颂光辉成就，迎接新世纪”为主题的爱国主义教育。军分区政治部组织团职以上领导干部集中进行以“讲学习、讲政治、讲正气”为主要内容的党性党风教育。2000年1月下旬至3月中旬，军分区政治部、纪委配合省军区政治部、纪委在会昌县进行党风廉政建设责任制试点工作，省军区政治部、纪委向全省转发会昌县人武部实行党风廉政建设责任制试点的经验做法。

武警赣州市（地区）支队 1991年6月，支队对党组织建设中普遍存在“组织不健全、制度不落实、领导不坚强”问题进行教育整顿。1994年5月，支队党委制定《关于加强县（市）中队党支部建设意见》。1996年4月，支队开展正确行使民主权利教育，纠正少数单位存在乱告状的不良风气。1997

年2—9月，组织全体党员深入进行增强党性观念和民主集中制教育。6月，提高基层党支部工作标准和增强党员的先锋模范作用，支队组织所属党支部开展“学习井冈山中队，弘扬优良传统，建设过硬支部”的专项教育整顿。1999年7月开展以“讲学习、讲政治、讲正气”为主要内容的党性党风教育。2000年3月中旬至4月底，开展“永远做党和人民忠诚卫士”专题教育。

二、干部工作

20世纪80年代，军分区为加强对干部的教育管理，组织营以下干部读书班，开展思想、作风、纪律整顿。下发《关于当前干部工作的几点意见》，并作出向优秀共产党员、模范民兵干部邝茂松、“雷锋式干部”胡师文等学习的决定。90年代，军分区印发《关于开展学习“南京路上好八连”活动的决定》《关于进一步加强县（市）人民武装部干部管理工作的规定》。2000年，赣州军分区政治部制定《人武部主官探亲休假若干规定》。

江西陆军预备役步兵师第2团于1999年9月4日，在赣南宾馆举行江西陆军预备役步兵师第2团预任军官授衔仪式，245名地方各级领导、企事业单位干部被选配为预任军官。

1991年12月，武警支队制定《1992年度干部管理指标测算计划》，从1992年起对干部实行计划管理。同时执行公安部下发《关于贯彻执行解放军总政治部〈上校以下军官晋升军衔的暂行办法〉的通知》。1993年3月制定《干部休假具体规定》，4月制定《支队机关干部教育管理规定》。

第三节　后勤保障

一、经费管理

1986年，赣州军分区成立财经纪律检查组，对所属单位进行财经检查。1987年，军分区明确经费的审批权限和开支手续，开支经费必须坚持预算审批制度。1989年，军分区制定《1989年财务管理规定》。1992年，军分区成立经费决算审计领导小组，对军分区本级上年度的经费账目、凭证报表等有关财务资料进行审核，审计金额1051.58万元。1993年，军分区机关实行经费包干责任制，并制定《财务管理10项措施》。1994年，军分区对预算外经费实行收支两条线，加强对生产经营单位财务审计。1995年3月，军分区实行各项经费收支纳入后勤财务部门统一核算，制定《财务管理措施》，清查“小金库”，有效控制经费支出。1997年，军分区强化预算管理意识，建立标准经费制度，制定达标细则、考评方法，规范财务管理秩序。

1999年1月，江西预备役步兵师第2团落实训练经费，以人均0.3元的标准在全地区范围内进行统筹。9月，成立江西陆军预备役步兵师第2团财务保障机构，团部第1期基础设施建设经费投入650万元。

1986年1月，武警支队后勤处要求各县（市）中队主动与当地政府和财政局联系，争取解决县（市）武警中队营房维修和水电费开支负担问题。1987年，支队以执行后勤供应标准制度情况为依据，对部队后勤工作进行检查评比。1990年5月，开始实行集中审计制度，规定各单位经费、粮秣账本和各种凭证、收（付）据存根，每季度报账时交支队财务部门审计。1996年2月，支队对全地区部队1995年11月以来地方费、生产费、卫生费、招待费进行审计。1998年2月，总队财务处在支队进行生活费规范化试点，支队制定《生活费使用细则》，进一步强化生活费使用管理监督检查力度。1999年2月，支队财务股对基层中队家底经费进行核算，有90%的中队达到家底经费限额。

二、医疗卫生

1985年，军分区卫生所配有一般的医疗保健、抢救和防疫器械，以及配有必备的常用药品，能完成正常的医疗门诊和防疫任务，卫生所负责军分区机关和直属队的医疗卫生工作。1986 年，军分区机关被南京军区爱委会评为“除害灭病”先进单位。1987 年，南京军区福州总医院、175 医院、180 医院派出的 3 个医疗队在瑞金县支援卫生事业。1992 年，完成上级赋予的饮用水调查和水质检查工作，被地区、赣州市（今章贡区）评为“文明卫生先进单位”，卫生所被评为“拥政爱民”先进单位。1995 年，军分区实行计划生育教育和孕情普查责任状管理，计划生育率、节育率、晚婚率、独生子女领证率均达到 100%。

1999 年 9 月，江西陆军预备役步兵师第 2 团卫生队成立，分别由赣州市人民医院、赣南医学院附属医院、赣州市卫生防疫站和赣州市中医院 4 家医疗单位的人员组成。2000 年 10 月，江西陆军预备役步兵师第 2 团机关卫生所成立，负责保障团机关现役官兵及家属的医疗保障。

1986 年 9 月起，武警支队各县（市）中队官兵在当地医院实行医疗包干就地医治。同年 11 月，卫生队开设对外门诊部。1992 年，卫生队制定《赣州支队计划生育工作承包责任书和奖惩细则》。

三、交通运输

江西陆军预备役步兵师第 2 团的交通运输保障工作分为平时和战时的保障体制。平时的运输保障由上级装备的车辆负责保障，训练和完成急难险重任务时在装备车辆难以保障的情况下，征用或租用地方车辆进行保障。

1987 年 9 月，武警支队执行《车辆管理条例》等制度。1992 年 9 月，支队所属车辆换挂新式车辆号牌。1993 年 4 月，对外借车辆号牌和从事生产经营活动的车辆进行清理并及时收回。10 月，成立驾驶排，设 1 个小车班，2 个大车班，对车辆和驾驶员实行统一管理。1998 年 2 月，支队按建制中队编制将原驾驶排扩编为汽车队。1999 年 3 月，支队筹资 10 余万元，在赣州市（今章贡区）中队院内新建贮油 40 立方米的战备加油站。2000 年，加大打击假冒警车力度，全年共查处各类假冒武警车辆 9 辆。

四、生产经营

1986 年，落实“斤半加四两”（总后勤部规定，官兵每人每天达到 1 斤半蔬菜、1 两肉、1 两油、1 两豆制品、1 两禽蛋或鱼的饮食标准）。1987 年，军分区与地区运输公司联合兴建 1 座服务大楼（赣州大厦），安装有电梯，有较完备的生活设施和服务体系，设有床位 310 余张。1989 年，军分区制定《生产经营财物管理暂行规定》，对第二招待所进行部分更新改造，扩大服务项目。1990 年 6 月，行署、军分区召开全地区以劳养武现场经验交流会，明确全地区 3 年奋斗目标和规划。对农场生产经营进行调整，制定农场发展规划，配强管理人员，中止地方承包合同，开挖水井，整修鱼塘，维修猪圈、鸡舍。1993 年，军分区本级兴建加油站 1 座，开发经营靶场，改造招待所。军分区从司、政、后机关抽调 5 名干部（职工）充实到生产经营办公室，加强生产经营的领导，实行目标责任制，统一责、权、利关系，各经营单位制订 3 年规划及指标任务。1995 年，军分区投资 500 万元，新建教导队和拆建军分区招待所。1999 年，在军队不经商的情况下，军分区始终把副食品基地建设放在后勤工作重要位置。

1990 年 3 月，支队成立生产基地。1991 年 7 月，支队制定《生产经营若干问题暂行规定》，规定现役人员不准个人经商，不准个人办企业或入股分红。1992 年 1 月，支队制定《基层中队业余生产管理规定》。1994 年 6 月，制定《“菜篮子”工程建设 3 年规划》。1995 年 3 月，支队制定《农副业生产 1995—1997 年 3 年规划》。1996 年，各中队签订《农副业生产责任书》。10 月，在安远县中队开展大棚蔬菜种植试点工作。1998 年 10 月，支队对全地区 18 个县（市）中队“菜篮子”工程建设进行验收，有 11 个县（市）中队达标。2000 年 10 月，为全市 18 个县（市）中队统一制作不锈钢放物架。

第三章　兵　役

军分区、县（市、区）人民武装部为同级人民政府的兵役机关，负责区域内兵员征集工作。依据《中华人民共和国兵役法》的规定，为强化对征兵工作的组织领导，根据人事变动情况，对征兵领导小组作出相应调整。同时每年兵役机关在年度民兵整组时，对域内年满18周岁的男性公民进行兵役登记，年满17周岁的应届高中毕业男性公民且本人自愿，也可进行登记，为年度新兵征集做好基础性工作。

第一节　机　构

一、征兵工作领导小组

每年征兵工作开始之前，市（地区）、县（市、区）均成立征兵领导小组。征兵领导小组成员由宣传、公安、卫生、教育等单位领导和军分区（人武部）有关领导组成。

二、征兵办公室

征兵办公室在征兵领导小组的领导下，具体组织实施征兵工作的相关事宜。1986年，设秘书、政审、体检3个组。1987年后，增设宣传组。至2000年征兵办公室各组不变。

县（市、区）征兵办公室设主任1人，副主任1～2人，由人民武装部、公安局、交通局、卫生局、教育局等单位抽调人员组成。

第二节　兵员征集

1986—2000年，依照《中华人民共和国兵役法》实施征兵。征集的程序：由省政府、省军区下达当年度征兵命令，市人民政府（地区行署）、军分区根据实际情况，向各县（市、区）人民政府、人武部发布本年度征兵命令，并在征兵命令中规定征集时间、征集对象和范围、征集年龄、征集条件、经费保障等项目内容，以及对各县（市、区）征兵任务的指标分配数量和去向。军分区和县（市、区）人民武装部为兵役机关，在征兵期间，各级人民政府组织兵役机关，负责输送该域内兵员征集和输送工作。

一、宣传发动

征兵宣传发动工作是指在平时征兵准备和征兵实施过程中，在公民、法人和其他社会组织中进行的爱国主义、革命英雄主义、兵役法制和端正公民入伍动机教育。

二、体格检查和政治审查

体检工作即由兵役机关统一组织协调，卫生部门具体承办，依照国防部颁发的《应征公民体格检查标准》《应征公民体格检查办法》，实施对预征对象的身体检查。政治审查工作即由兵役机关统一组织协调，公安部门具体承办，依照应征公民政治条件对体检合格对象实施的政治历史和现实表现的审查。

三、审批定兵

审批定兵先由乡（镇、街道）根据上级下达的任务，对合格青年提出推荐意见，再由县（市、区）征兵办提出方案，县（市、区）征兵领导小组召开定兵会议确定兵员，对合格青年进行全面衡量，择优定兵。

第四章 人民武装

1986—2000年，全市（地区）各级党委、政府认真抓好人民武装工作的基本建设和长远发展，县、乡、村和各类企事业单位以及部分个体私营企业建立基层民兵组织，完善各类民兵制度，按照“打得赢”“不变质”的要求，以民兵工作“组织落实、政治落实和军事落实”“招之即来、来之能战”为标准，组织开展民兵政治教育、军事训练。及时调整充实市（地）委和县（市、区）委人民武装委员会的成员，落实两级人民武装委员会的办事机构，安排工作经费，定期召开会议，分析形势任务，研究解决人民武装工作中的重大问题，确保党对武装工作的绝对领导落到实处。2000年，民兵组织进行调整改革，由数量型逐步向质量型转变。

第一节 人民武装委员会

一、人员组成

中共赣州市（地）委人民武装委员会和各县（市、区）委人民武装委员会分别由市（地区）、县（市、区）两级地方党委书记或市（县）长兼任主任，由党、政、军、群的有关部门的负责人组成。市（地）委、县（市、区）委武委会办公室分别设在军分区和人民武装部，负责承办委员会的具体工作。

二、职能

中共赣州市（地）委人民武装委员会和各县（市、区）委人民武装委员会是领导全市（地区）、各县（市、区）人民群众武装力量的专门机构，研究解决全市（地区）人民武装工作中的重大问题，组织与推动各种组织力量，保证人民武装建设任务的完成。

第二节 民 兵

一、政治教育

1986年，各县（市）把专职武装干部和民兵干部列入各级培训计划。在抓好新《中华人民共和国兵役法》教育的同时，重点进行经济体制改革教育。各地根据改革开放的新形势，对民兵政治教育进行改革，宁都县刘坑乡创办民兵育才学校，信丰县试行民兵刊授教育，兴国县围绕脱贫致富开展民兵政治教育。各县（市）围绕“四化”（工业现代化、农业现代化、国防现代化、科学技术现代化）办民兵、发动民兵干“四化”这一目标，进一步巩固和发展民兵俱乐部、青年民兵之家。至年底，全地区有民兵俱乐部和民兵之家2100余个。1988年5月，地委、军分区联合在瑞金县进行全民国防教育试点，摸索教育经验。与此同时，各县针对教育对象的不同层次、不同类型，分别进行试点。全地区各级党政重视国防教育，利用广播、电影、知识竞赛、撰写文章等形式开展教育。宁都县组织开展“国防知识宣传月”活动，受教育的干部、民兵和群众10余万人。1989年12月，地委、行署、军分区作出向“雷锋式民兵”张建忠学习的决定。1990年，按照“大余会议”精神，各县（市）人武部联合共青团、妇联等群团组织，积极创办“青年民兵妇女之家”。全地区办起“青年民兵妇女之家”2517个，拥有各类文体器材1660余件，书刊15万余册，初步形成建、管、用、养一体化的完整体系。有99个“青年民兵妇女之家”，59名管理人员分别被地区评为“红旗之家”和“优秀管理员”。“青年民兵妇女之家”成为广大民兵学习政治、军事、科技、文化的课堂。1991年，军分区把民兵政治教育重点放在学习贯彻中共十三届七中全会精神上，组织党的基本路线教育，进行“一个中心，两个基本点”（以经济建设为中心，坚持四项基本原则，坚持改革开放），社会主义信念、爱国主义、集体主义和自力更生、艰苦奋斗等教育，进一步增强民兵坚信党的领导，坚定走社会主义道路的信心，提高坚持四项基本原则，坚持改革开放的自觉性。1992 年，军分区以坚持党对民兵的绝对领导和走有中国特色社会主义道路为主要内容，有计划地搞好“二五”普法教育和国防教育，继续深入开展“兴赣强兵”活动。2000 年 1 月，军分区在会昌县人武部召开全地区民兵政治教育观摩会。会昌县人武部介绍对民兵政治教育探索和改革的基本做法。6 月，省军区政治部《政治工作情况》转发会昌县人武部《改革方法形式，确保民兵政治教育落到实处》的经验做法。按照会议精神，市委宣传部、军分区政治部联合下发《关于加强民兵政治教育的若干规定》，统一教育内容，改进教育形式，规范教育秩序。

二、军事训练

1986 年，贯彻“突出重点，改进方法，注重实效”的训练方针，重点抓好专武干部、民兵干部和专业技术兵的训练。

1987 年，全地区专武干部开始实行“二改一”训练。即将每年训练 30 天，2 年为 1 个周期共训练 60 天，改为 1 年训练 60 天，1 年为 1 个训练周期。

1988 年 3 月，军分区在崇义县进行“民兵训练优化教学”试点，探索与总结民兵训练教学中的最优方法，提高训练质量。主要内容包括组合教学、前导教学、电化教学。6 月，在崇义县召开现场会，总结推广崇义的做法和经验。同年，军分区举办 2 期专武干部集训，集训专武干部 140 余人，全部取得省军区颁发的训练合格证书。

1989 年，狠抓训练落实，在民兵规范化训练试点的基础上，开展创先活动。全地区人武干部、专武干部和基干民兵均完成年度训练任务，合格率 100%。

1990 年 1 月，行署、军分区在信丰县召开民兵规范化训练现场经验交流会，部署 1990 年的民兵规范化训练任务。4 月，地区民兵侦察分队参加省军区在南昌举行的 7 个地（市）民兵专业技术分队规范化训练教学表演竞赛，获得表演竞赛总分第一名和优秀教员第四名的成绩。9 月，赣州市（今章贡区）民兵高炮分队在于都县进行对水平（航模）机实弹射击训练，总评成绩优秀，其中连射命中拖靶 1 次。

1994 年，赣州市（今章贡区）民兵在于都县完成 4 年 1 次的高炮（机）实弹射击任务中，取得直接命中拖靶 6 发、击落拖靶 1 架的好成绩。组织地区民兵应急营进行 2 次应付突发事件拉动和接受省军区对赣州市（今章贡区）民兵军事训练的考核，在 9 名应试民兵中，8 人实弹射击优秀，1 人良好，名列全省第一。

1996 年 7 月，地区女子轻武器对抗射击班、82 迫击炮排参加南京军区民兵应急分队建设座谈会军事训练汇报表演，获表演奖。

1997 年，组织民兵应急分队训练 15 天，合格率 100%。专武干部和新任职的民兵营（连）长训练 980 人，民兵专业教员集训 18 天，经考核，均取得良好以上成绩。

1998 年 4 月，军分区组织新组建的地区民兵应急营第 4 连（舟艇连）进行为期 5 天的业务技能训练。学习冲锋舟基础知识和抗洪抢险基本常识。

1999 年 6 月，军分区在赣州市（今章贡区）进行城市民兵重点通信连科技练兵训练试点。

2000 年 1 月，军分区指导赣县、南康市、瑞金市人武部组织民兵对口专业分队应用训练试点，重点在训练的组织领导、训练方法、内容以及经费器材保障上探索路子，总结“四个着眼、一个突出”即要着眼实战，精选训练内容；着眼效能，搞好训练编组；着眼质量，灵活施训；着眼效益，突出高技术条件下的综合演练这一重点课目的经验做法，及时在全地区进行推广，并展开对口专业分队应用训练。省军区转发这一做法。

三、重要会议

第四届民兵代表会议 1988年1月，赣州地区第四届民兵代表会议在赣州市（今章贡区）召开。会议总结交流在新形势下适应国防后备力量建设指导思想的战略性转变，围绕经济建设中心，坚持改革创新，搞好民兵、预备役建设的经验。地委、行署、军分区联合决定，通令表彰44个先进单位和60名先进个人。

民兵组织调整改革暨整组工作会议 1999年6月8日，军分区召开全地区民兵组织调整改革暨1999年度民兵整组工作会议。会议总结全地区1998年度民兵整组工作。全面部署2000年前全市（地区）后备力量建设总体规划及工作安排。

民兵调整改革经验交流会 2000年1月，军分区组织召开全市民兵工作调整改革经验交流暨战争动员潜力资料核对会议，会议认真总结上级赋予赣州市民兵组织建设“九五”规划实施2年来民兵工作调整改革的经验成果，客观科学地评估分析和核对赣州市战争动员潜力的数量和分布情况，为进一步深化民兵工作调整改革，扎实做好各项战争动员准备奠定基础。省军区转发赣州市的这一做法。

先进民兵连（营）表彰大会 2000年6月，市委、市政府与军分区联合召开纪念毛泽东民兵工作“三落实”（组织落实、军事落实、政治落实）发表38周年大会，分析全市民兵基层建设形势，研究贯彻落实市委办、市政府办和军分区司令部、政治部《关于加强民兵基层建设的意见》，总结经验，树立典型，促进民兵工作“三落实”。会上，军分区司令员就全市民兵基层建设作《适应军事斗争准备要求，抓好民兵工作“三落实”，努力把全市民兵基层建设全面推上新台阶》的主题报告，充分肯定近年来民兵基层组织建设、民兵思想政治建设、民兵军事工作质量、基层基础设施建设、民兵参建、党管武装等方面所取得的成效，并就当前和今后一个时期抓好民兵基层建设提出要求，市委副书记周英棠就如何加强新形势下全市民兵基层建设提出具体要求。会上表彰100个基层武装部、100个民兵连（营），交流于都县、瑞金市等4个县（市）典型经验。

第五章　国防动员

根据《国务院、中央军委关于成立国家国防动员委员会的通知》的要求。1995年12月，赣州地区国防动员委员会成立（以下简称“地区国动委”）。1995—2000年，市（地区）国防动员委员会在市（地）委、市政府（行署）的领导下，认真贯彻落实上级有关国防动员工作指示要求，积极组织实施全市（地区）国防动员工作，指导协调并组织赣州市（地区）军事、经济、社会等方面的国防动员工作，检查监督国防动员法规在赣州市的贯彻落实，组织领导和协调人民武装动员、国民经济动员、人民防空动员、交通战备、政治动员、科技动员、信息动员和综合办公室各办事机构的工作。组织全民国防教育，不断增强全市（地区）人民群众的国防意识；开展动员潜力调查，摸清动员潜力基础；注重平战结合，坚持军民融合，不断增强全市（地区）国防动员的实效性。

第一节　动员体制

一、机构

市（地）、县（市、区）两级国防动员委员会成立前，国防动员工作由各级党委、政府和军事机关领导。1995年地区国动委成立后，地区国动委在省国动委和地委、行署、军分区领导下，主管全地区国防动员工作。

2000年11月，市国防动员委员会秘书组改为市国防动员委员会综合办公室。综合办公室是国防动员委员会的综合办事机构，在市国防动员委员会的直接领导下，主要负责国防动员的综合计划、组织协调和文秘服务等工作。

二、职能

市国防动员委员会是在市委、市政府、军分区领导下，主管全市国防动员工作的议事协调机构。主要任务是贯彻积极防御军事战略方针，组织实施全市国防动员工作；协调国防动员工作中经济与军事、军队与政府、人力与物力之间的关系，以增强国防实力，提高平战转换能力。市国防动员委员会工作职责是贯彻党中央、国务院、中央军委和南京军区、省国防动员工作的方针、政策和指示；组织制定国防动员工作的规章和措施，依法开展国防动员工作；组织领导人民武装动员、政治动员、国民经济动员、人民防空、交通战备、科技动员、信息动员工作，做好应付突发事件和高技术条件下局部战争的动员准备工作；根据军队的战略方针、作战计划和军事需求，组织编制国防动员规划、计划，拟制战时动员方案及各种保障计划；检查监督国防动员法规的实施和国防动员计划的执行，确保国防动员工作的落实；协调和领导政治、经济、军事等社会方面的重大国防动员工作。

第二节　国防教育

全市（地区）党、政、军和社会各部门、各单位积极开展国防教育，实行经常教育与集中教育、普及教育与重点教育、理论教育与行为教育相结合的原则，对全市（地区）人民进行国防精神、国防知识和技能等方面的教育，使人民增强国防观念，掌握国防知识，发扬爱国主义精神，自觉履行国防义务。

一、国情和国防观念教育

国防教育的主要内容是以爱国主义为核心的国情、国防观念和革命英雄主义的教育。1986—2000年，全市（地区）各级国防教育委员会结合国庆、“八一”中国人民解放军建军节和征兵、军训等工作，先后组织电视、广播开展专题教育节目965期，在大街小巷开办宣传站点1220次，张贴悬挂宣传标语3万多条次。各单位及各学校聘请老红军、老八路讲爱国主义的报告会1076场次。全市（地区）举办爱国主义电影、电视片展播130部1600余场，党政机关及学校组织参观爱国主义教育基地4000余场次，百万余人次观看。

二、国防法制和军事常识教育

在国防知识教育方面，主要开展以国防历史为主的国防地理、国防法制和军事常识教育。1996年、1998年，地区国防教育委员会各组织1次全民国防和双拥知识大赛，各地、各部门精心组织，认真筹划，参加竞赛总人数60万人次以上。先后组织参加全省、全国国防知识竞赛，有400多人获得名次和奖励。组织和参加国防教育征文活动，撰写各类论文、演讲稿、新闻稿件900余篇。

三、军事日活动

在军事技能教育上，主要组织军事日和军事训练活动。1995年以后，每年“八一”中国人民解放军建军节前组织一次由地区领导参加的军事日活动。内容包括参观军营，观看军事教育片，开展轻武器实弹射击，增强领导干部的国防观念。全市（地区）所有高中新生入学第一课就是进行国防知识教育，开展队列训练和轻武器技能训练，培养军人素质和良好的军事作风，使学生树立从军报国的志向。

第三节 国防动员重要会议

一、赣州地区国动委联席会议

1995 年 12 月，召开赣州地区国防动员委员会第 1 次联席会议，明确各自职责，标志着地区国防动员委员会成立。

1998 年，全地区国防动员工作得到加强，理顺 8 个办公室的领导与工作关系，使各办公室工作得以正常开展。4 月，召开地区国防动员委员会第 2 次联席会议，研究解决机构改革、企业改制中保持基层武装部稳定和民兵工作正常进行的问题；现役干部家属就业及随军家属安置问题；武装工作正常经费保障问题。

二、赣州市国动委联席会议

1999 年 8 月，召开中共赣州市委人民武装委员会、市国防动员委员会第 1 次联席会议。会议围绕新形势下如何进一步加强党管武装工作，认真贯彻落实全省县（市、区）人武部建设座谈会议精神，不断适应撤地设市后民兵、预备役建设发展的需要，进行认真探讨和研究，着重研究解决确保国防动员机构在政府机构调整改革中保持稳定；全面实行全市民兵教育训练经费以县（市、区）为单位向全社会进行统筹；落实全市国防动员指挥广域网建设经费；召开江西陆军预备役步兵师第 2 团成立大会；县（市、区）民兵训练基地用地问题；完善市及所属县（市、区）民兵应急分队应急器材和解决县（市、区）人武部副食品基地的用地问题。

2000 年 11 月，召开赣州市国防动员委员会第 2 次联席会议。会议就新形势下党管武装工作，贯彻落实上级指示精神，不断推进全市民兵、预备役建设发展，着重研究解决武装工作中的实际问题。成立市国防动员委员会综合办公室；扩大市国防动员委员会交通战备办公室组成单位；制定下发《赣州市国防动员委员会有关成员单位工作职责》；落实县（市、区）人武部职工工资全额发放；开展全市国防教育、民兵预备役等工作执法大检查；各县（市、区）人武部民兵装备仓库增配军犬，确保武器装备安全和民兵装备仓库与公安“110”报警台联网；军分区民兵武器装备仓库搬迁。

第六章 人民防空

1986 年 1 月，贯彻国务院、中央军委批转国家人民防空委员会《关于人防工作改革几个问题的意见》，赣州地区的人防建设，实行平战结合，提高战备和社会、经济效益，由消耗型向增值型转变，全面开展各项人防业务工作，形成一套较为完整的人民防空体系。至 2000 年，拟制完成防空袭预案，组织培训人防专业队伍，在人防重点城市学校开展防核武器、防化学武器、防生物武器（以下简称“三防”）知识教育，通过报刊、录像、广播电视、展览等形式，开展普及教育，增强群众的防空意识，推动人防建设发展。

1986—1994 年，全地区人民防空工作由地区建设局代管，赣州市（今章贡区）城市人民防空工作由赣州市（今章贡区）人民防空办公室组织实施。1995 年，赣州地区成立国防动员委员会，各县（市、区）也相应成立国防动员委员会。赣州地区国防动员委员会下设赣州地区人民防空办公室，办公室设在地区建设局内，主任由地区建设局局长兼任，并配备 2 名兼职人员。1999 年 11 月，原县级赣州市人民防空办公室上划，升格为地级赣州市人民防空办公室。

第一节 工程建设

一、人防工程

1986年后，人防工程建设以结合民用建筑修建防空地下室为主，赣州市（今章贡区）内一些商场、酒店和企业单位修建防空地下室。至1995年，赣州市（今章贡区）人防工程大幅度增加，人防工程初具规模。战时可供防空指挥机构、人防专业队伍和部分人员隐蔽。

1999年，《江西省实施〈中华人民共和国人民防空法〉办法》颁布实施，该办法明确规定人民防空工程建设规划应当纳入城市整体规划。2000年，市政府制订赣州市新城区人防工程建设控制性规划。

二、通信警报

1986年，警报控制开关由赣州市人防办负责，每月20日6时试鸣警报1次，时长3分钟。2000年开始，市政府下发《赣州人民防空建设管理规定》，规定每年8月14日（赣州解放纪念日）试鸣防空警报信号。防空警报信号分预先、空袭、解除3种，时间各3分钟。

三、人防通信站

1984年12月，成立赣州市（今章贡区）人防通信站，开始赣州市（今章贡区）人防通信警报的正规化建设。1985年，联通赣州市（今章贡区）人防办与赣州军分区有线电话。1988年，安装警报集中控制机、传真机，实现赣州中心城区警报集中控制施放。1991年，根据省人防办的要求和安排，配备电台，并安装启用。12月正式开通赣州市（今章贡区）人防通信站与省人防通信站的无线通信联络，随着其他各市无线通信的建设发展，赣州市（今章贡区）人防无线通信进入江西省人防系统无线网络。1995年，加装有5台电动报警器，市区音响覆盖率达80%。1996年，安装1部300门程控有线电话总机，至此，赣州市（今章贡区）人防办具有电台室、警报控制室、电传室、程控机房等设备设施，赣州市（今章贡区）人防通信警报初具规模。

各县（市）人防办在县城内新安装警报器，赣州中心城区在2000年新增设电动警报器，使赣州新老城区警报音响覆盖面达到70%以上。其他省级重点人防城市的人防办每年按政府通知在中国人民解放军解放县城纪念日的上午10时整进行1次警报试鸣。

第二节 人防队伍与演练

一、队伍建设

1984年，根据上级有关文件和市级预案，在公安、供水、邮电、城建、交通、商业、粮食等有关单位和部门组建抢险抢修、通信、医疗救护、运输、防化5种人防专业队伍以及治安、消防2种专业队伍。

1986年，制订赣州市第1套防空袭预案及保障计划，根据防空袭预案的要求，组建防化、医疗救护、通信、抢险抢修、运输等5种专业队。临战时增建消防、治安2种专业队。

二、防空演练

根据预案，每年对各专业队伍进行整组和训练。1993年9月，组织市消防中队进行消防灭火演习，有40余人参加，出动消防车6辆。经过演习，市消防中队为此制订该地下工程的专门消防应急预案。1995年5月，结合赣州汽车运输分公司50部东风车由宁都运粮至韶关的时机，在途中设立化学武器染毒区域，成功组织运粮汽车通过染毒区域的防护演练。抢险抢修专业队在赣州五中地道内结合封堵作业面工程，进行抢险抢修训练。医疗救护专业在赣南医学院进行医疗救护训练。供电局外线班根据外线工程安装的实际进行室外抢修训练。

第三节 防空知识宣传

一、法规宣传

1986年，赣州市（今章贡区）人防办在赣州公园设立一处固定宣传栏，按月刊出1期宣传人防政策、法律法规、防空知识与防空信息等内容。1986年元旦和春节期间，在21个电影放映点，放映“三防”知识和《人民防空条例》宣传影片及幻灯片共28场，教育人数达2万多人。

1993年7月20—22日，开展纪念国务院、中央军委《人民防空条例》发布9周年，利用宣传车在赣州市区主要街道、繁华闹市区域宣传人民防空条例，在赣州公园门口展出人防图片，并利用广播器材宣传人防建设效果。

1996年《中华人民共和国人民防空法》颁布，10月1日，赣州市（今章贡区）人防办在南门口百货大楼门前小广场开展3天《中华人民共和国人民防空法》宣传活动，发放《中华人民共和国人民防空法》宣传册2000余份。

二、人防知识宣传

1990年，江西省率先在高等师范院校一年级学生中开展人防知识教育，赣州地区贯彻上级指示精神，在赣南师范学院一年级学生中使用解放军防化学院编印的教材进行“三防”教育。教育成果得到有关部门的肯定。同年，赣州市（今章贡区）在对初中二年级学生进行“三防”知识教育同时，暑期交替开展“三防”知识夏令营、“三防”知识竞赛演讲、征文比赛等教育活动。

1996年，暑期举办赣州城区8所学校的中学生人防知识竞赛，赣州市（今章贡区）的人防知识教育工作得到省教育厅和省人防办的通报表扬。

1997年1月，人民防空法开始实施，“三防”知识教育改称为人防知识宣传教育。1998年在全地区范围内征集“人民防空”比赛文章。1999年，赣州市人防办与赣州市体育运动委员会联合举办“’99人防杯”澳门回归环城跑活动；在《赣州晚报》刊登、赣州电视台播出1个月的“居安思危、人民防空”公益广告；在赣州人民广播电台陆续播放人防知识有奖收听征答试题，收到答卷400份；在赣州中心城区的南门文化广场举办板报展、人防法律咨询，与《赣州晚报》联合举办“战争、和平与人防”征文活动，收稿80余篇，选取13篇作品在《赣州晚报》专栏刊登。1999年和2000年元旦，市人防办在南门口西园进行猜灯谜的人防知识宣传活动。2000年，市人防办、市教育局、团市委、赣州电视台等单位和媒体在赣州电视台联合举办中学生人防知识智力竞赛，赣州一中、赣州二中、赣州三中、赣州四中、赣州六中、赣七中、赣九中和师院附中等8所中学学生参加竞赛。

第七章 支援地方建设

军分区系统和驻赣州部队视赣州为故乡，把赣州人民当亲人，积极支持赣州地方经济建设。组织驻赣州部队官兵和民兵预备役人员大力兴修水利。积极配合、参与打击各种违法犯罪活动，维护社会稳定。参加道路施工、新农村等建设，开展扶贫帮困，参加抗洪抢险。从 1986 年开始，军分区和各级人武部坚持把组织民兵参加“两个文明”建设作为加强新时期民兵预备役工作的突破口来抓，发动民兵开发后劲产业、开展以劳养武作为民兵工作与经济工作相结合的基本途径。1998 年 7 月，组织地区民兵应急营千里驰骋赴九江参加抗洪抢险，确保京九铁路安全畅通，受到解放军总参谋部、总政治部、总后勤部、总装备部的通报表彰。1999 年，坚决落实军队“不经商”的指示，以劳养武工作逐渐减弱。军分区和人武部机关工作人员和广大民兵预备役人员在抢险救灾、维护社会治安、开发果业、兴修水利、植树造林、“双抢”、冬种以及农业结构调整中，发挥积极作用，促进当地经济建设和社会的发展。

第一节 参加“两个文明”建设

一、参加地方重点工程建设

1996 年 12 月，南京军区某集团军部分官兵在赣州地区铺设京九光缆支线。1998 年 2 月，军分区向各县（市）人武部转发地委、行署关于改进干部作风，提升示范服务，搞好“猪—沼—果”工程等方面的决定，号召全地区人武系统、民兵组织积极发动干部职工和广大民兵落实“五个决定”，为振兴赣州经济做贡献。2000 年，军分区协调配合完成“九、赣、上、萍”（九江、赣州、上饶、萍乡）光缆工程的建设任务。

二、扶贫帮困

1987 年，全地区建立民兵扶贫帮困小组 8200 余个，兴国县人武部、瑞金县人武部的经验被南京军区推广，全地区民兵中各种专业生产户发展到 4. 3 万多户。全地区乡村已有以劳养武项目 421 个，收入 37 万多元。1988 年，全地区有共建扶贫点 1500 余个，初步形成军分区、县、乡、村四级扶贫网络，“以劳养武，富民强兵”活动在全地区民兵中全面开展。人武部门积极组织和发动民兵兴办经济实体；鼓励民兵带头承包荒山、果园、水塘（库）、稻田，大力开发山区资源，带动群众脱贫致富。

1995 年，军分区机关在安远县风山乡山下村挂钩扶贫，受到地委、行署联合表彰，获“挂钩扶贫先进单位”称号。1996 年 11 月，军分区党委发出通知，按照总政治部的指示要求，贯彻落实中央扶贫开发工作会议精神，组织发动民兵参加扶贫帮困，为振兴赣南经济做贡献。各级要建立扶贫帮困挂钩点，军分区机关重点挂 1～2 个乡（镇），县（市）人武部挂 1～2 个村。1997 年，于都县人武部动员全县广大民兵预备役人员围绕地方中心工作，围绕军分区扶贫帮困决策部署，在全县民兵组织中开展扶贫帮困“三帮三带”（县人武部机关帮 10 户带 1 个乡，专武干部每人帮 1 户带 1 个村，民兵连、营长每人帮 1 户带 1 个村民小组）活动，共实施脱贫项目 505 个。1998 年，军分区从自身资金中挤出部分资金，购买水泥 25 吨，为 20 户农户建沼气池，发展“猪—沼—果（菜、鱼）”工程，为果业户送化肥 1000 千克，发展柑橘生产。

2000 年 6 月，为总结 1997 年来民兵预备役部队开展扶贫活动的主要工作和成效，部署之后三年全省民兵预备役部队开展科技扶贫工作，省军区在赣州召开全省民兵预备役部队生产科技扶贫工作座谈会。会上，军分区和兴国县人武部分别作《铭记殷切嘱托，率领民兵大力开展扶贫致富活动》《弘扬

"模范兴国精神"，率兵开展开发式扶贫》的经验介绍。与会代表参观兴国县、赣县民兵科技扶贫示范基地和赣州市民兵以劳养武基地。军分区及时制定下发《开展民兵科技扶贫三年规划措施》。

三、军（警）民共建

1986年，军分区与赣州市（今章贡区）人民政府协商，成立军（警）民共建赣州文明城领导小组。赣州军分区民兵装备仓库与驻地沙河镇五龙村群众一起共建精神文明，治穷致富，协助村民委员会办起"青年民兵之家"、铸造厂和水泥厂，向村里赠送马尾松、梧桐等树苗4万株，为群众修建3座小桥，修整1000多米长的村道，经常为群众义务修理农机具，为军属做好事。20世纪90年代，全地区民兵大力开展以劳养武活动。县乡两级人武部门、民兵组织围绕地委、行署提出的"三年解决温饱，五年脱贫致富，十年绿化赣南"的奋斗目标和农业开发总体规划，开发"三荒"（荒山、荒坡、荒水），开展"三业"（种植业、养殖业、加工业）。结合扶贫帮困，兴办养武、扶贫"两结合"的经济实体，同时利用基地教学场所，举办实用技术培训班，培养农村致富人才。1995年8月，军分区组织官兵到大街小巷打扫卫生，为共建国家卫生城尽义务。9月，军分区司令部、政治部会同地区体育运动委员会、教育局、广电局、卫生局等9个单位联合向全地区发出《关于转发国家体委等9部委〈关于坚持开展广播体操活动的通知〉的通知》。配合《全民健身计划纲要》和"121工程"的实施，大力推广和普及群众性体育活动，增强人民体魄、促进社会主义物质文明和精神文明建设。1997年7月，地区召开双拥模范、先进单位和个人命名表彰暨优抚对象奔小康经验交流会。会议总结全地区近5年来的双拥工作，部署今后任务，号召全地区军民发扬优良传统，进一步提高双拥工作整体水平，促进地方发展和部队现代化建设。1997年12月，瑞金市人武部挂钩抓的民兵预备役部队带头参加社会主义精神文明建设示范点——瑞金市壬田镇柏坑村，被江西省军区司令部、政治部联合通报表彰为"十佳文明示范点"。1998年9月，由全地区军民捐赠的现金、食品饮料、药品和衣服等900多万元各类物资，分装13辆汽车，启程送往九江、上饶等重灾区。12月下旬，龙南县汶龙镇4个村发生因食用有毒猪油而中毒的恶性事件，其中有2户现役军人家属和15名基干民兵家庭。事件发生后，该县人武部迅速通知所属镇人武部组织民兵开展"帮战友活动"，组织3个救护小组共24人，奔赴出事地点和医院护理中毒病人；组织全镇民兵捐款捐物，捐款1452元，捐物325件，为受害现役军人家庭和基干民兵家庭解除燃眉之急。1999年1月，宁都县人武部党委下发《关于春节期间组织基干民兵开展"回连日"活动的通知》。据统计，全县基干民兵回到连队5362名，回到率93.6%。在活动中有学习时事政策、学习《中华人民共和国兵役法》、开展为军烈属做好事、送温暖等各方面内容，强化"兵"的意识和组织观念。2000年4月11日"京九广"通信光缆兴国至赣县江口段中断，章贡区民兵光缆抢修分队紧急出动，经2小时30分抢修，光缆恢复通信。

驻市部队医院、卫生所（门诊部），除完成治疗部队病员外，还扩大门诊，派出巡回医疗队（组）为群众治病，解除群众病痛。

武警支队制定《拥政爱民公约》，开展以先进人物为榜样，以"四有三讲两不怕"（有理想、有道德、有文化、有纪律，讲军容、讲礼貌、讲卫生，不怕艰难困苦、不怕流血牺牲）为主要内容的创建社会主义精神文明活动。武警支队每年元旦、春节和3—4月都要组织部队开展以"学雷锋、树新风、为人民、做好事"等为主要内容的拥政爱民活动。支队机关与赣州六中开展警民共建活动，至2000年，全支队共建精神文明单位（文明学校、文明车站、文明工厂）等46个，学雷锋小组74个，为民做好事2422件，参加助民劳动1491人次；义务植树59109株，种花354盆，为民理发6598人次，为群众治病看病525人次。武警赣州市（今章贡区）中队每逢节假日，派出官兵协助赣州汽车站打扫卫生、维护秩序、检查违禁物品，帮助旅客解决实际困难。2000年，武警支队共派出60人次，为共建单位和学校培训民兵、学生1750人，共建活动由原来单一为群众做好事发展到交流工作经验、普及法律知识和培养两用人才等方面。其间，武警支队向灾区、困难群众捐款20660元，捐衣物2850件，义务植树13578棵，无偿献血34500毫升。组织部队官兵到赣州市（今章贡区）聋哑学校开展学雷锋活动，给聋哑学校学生赠送1800余元的学习用品，并与2名特困学生结成助学对子。赣县、安远县、石城县等6个中队共资助14名失学儿童重返学校。支队以京九沿线警民共建为龙头，共建立警民共建点28个。

第二节 维护社会稳定

1986年9月，赣州市（今章贡区）人武部组织出动民兵1500人，担负站岗、放哨、巡逻，守护工厂、仓库、桥梁，保卫重点目标等任务，配合公安部门收容各种审查对象293人，破获刑事案件4起，缴获假币6.55万元，追缴赃物价值1245元。行署、军分区对全地区的民兵应急分队进行调整，加强对民兵应急分队的领导，进一步明确民兵应急分队的任务。1988年10月28日，岿美山钨矿发生一起杀人盗枪、纵火特大案，值班民警胡诚被歹徒残忍杀害。案发后，定南县人武部迅速组织382名民兵担任设卡、拦截和现场警卫任务，配合公安部门将案犯全部抓获归案。定南县人武部被地委、行署记集体三等功，部长、参谋分别荣立三等功。1989年1月，地区行署、军分区联合发出《关于组织民兵配合公安部门维护社会治安的通知》，要求各级人武部门组织民兵配合公安部门在全地区范围内即将开展的以打击拦路、拦车抢劫等重大犯罪活动的专项斗争，保证中共中央关于治理环境、整顿经济秩序，全面深化改革重大决策的深入贯彻落实。5—6月，军分区和各人武部门，坚决执行上级指示，坚守工作岗位，组织民兵协助公安部门维护社会秩序，进行巡逻、护厂、护村、护店、护卫重点目标。1989年，全地区共出动民兵1.7万多人次配合公安部门开展严厉打击各类刑事犯罪分子行动。1990年1月，军分区组建应急民兵营。应急民兵营的主要任务是担负赣州军分区、赣州市（今章贡区）平时和节假日期间战备值班，抢险救灾，打击刑事犯罪，维护社会治安及在紧急情况下保卫当地党政军领导指挥机关和主要目标安全的任务，并随时准备担负该地区的应急机动任务。全年全地区共出动17859名民兵配合政法部门开展“严打”，协助抓获犯罪分子449人。

1991年1月23日凌晨，武警瑞金县中队接到瑞金县公安局指令，派出应急小分队设卡抓捕持枪杀人犯陈某。凌晨2时许，战士魏先锋将罪犯擒获，缴获54式手枪1支，子弹4发，赃款1000余元，魏先锋荣立二等功。5月，武警信丰县中队官兵奉命参加追捕持刀伤人抢劫团伙战斗，抓获嫌犯4名，缴获刀、匕首4把，赃款2.5万多元。1992年5月1日零时至9时30分，武警瑞金县中队派出7名官兵协助公安机关前往叶坪乡寨下村，围捕拒捕杀人抢枪犯，活捉罪犯7名，缴获54手枪2支、子弹11发。5月5日，寻乌县中队派出应急小分队参加该县中和乡制止200余群众集体械斗事件。6月27日，武警于都县中队率5人小组，执行抓捕于都县工商银行盘古山办事处营业厅持枪伤人的犯罪分子，共缴获54手枪、56式半自动步枪各1支，子弹40发。1993年4月1日至5月10日，支队从南康县、信丰县、龙南县、定南县中队抽调88名官兵协助公安机关参加打击“车匪路霸”专项斗争，抓获犯罪分子8名，缴获各种违禁品45件。8月18日，武警寻乌县中队派出14名官兵，成功处置寻乌县因发行希望工程“爱心券”工作不当引发近5000余名群众参与的群体性事件。12月28日，武警瑞金县中队派出应急小分队6人，成功处置持枪（弯刀、匕首、自制火枪数支、单双管猎枪6支）斗殴事件（死亡2人、重伤3人的恶性事件）。1994年5月，地区行署公安处制定《关于预防和处置突发事件的预案》，成立预防和处置突发事件总指挥部。7月中旬，地区武警支队协助赣州公路分局，担负105国道流芳坳至赣州市（今章贡区）路段水泥路面改建工程，施工现场交通管制执勤任务。11月20日，派出53名官兵、运输车4辆，配合检察机关、烟草专卖局，赴瑞金市九堡镇，参加捣毁制造假卷烟“地下工厂”和“黑窝点”行动，收缴假卷烟210件，烧毁假商标、假包装700余件，拆毁2台价值40余万元制烟机。1995年8月21日，支队派出一中队、上犹县中队、教导队近200名官兵参与处置上犹县五指峰乡龙潭电站库区因建设电站移民补偿问题引发部分移民群体性事件。9月19日，浙江青年夏某手持尖刀，身捆3千克炸药，挟持大余县公安局6名民警，大余县中队指导员谢富源、副中队长杨忠平带领4名战士携带武器赶赴事发现场，成功解救人质，战士卢斌荣立一等功。1996年，于都县人武部发出《关于组织民兵维护社会稳定的通知》，积极组织干部和民兵配合公安人员上路巡逻，设卡放哨，协助公安部门抓获犯罪嫌疑人30余名。

1997年5—6月，兴国县人武部组织27个乡（镇）2000多名民兵，参加“严打”会战，协助公安部门捣毁犯罪团伙5个，抓获犯罪嫌疑人86人，缴获赃款、赃物折价30多万元；会昌县人武部组织20个乡（镇）2145名民兵，协助公安机关参加严打；石城县人武部组织1000多名民兵分成若干小组进行巡逻设卡，抓获在逃杀人嫌疑犯2名，端掉盗窃窝点3处，铲除黑社会性质团伙2个。11月5日，赣州市（今章贡区）民政局组织开展社会福利彩票有奖募捐活动。因组织失误，造成上万名群众哄抢奖品，事态失控。支队接到命令后，出动官兵迅速赶到现场，耐心疏导群众，保护奖品安全，使事态得以平息。1998年，武警石城县中队，抓获行凶杀人后畏罪潜逃的犯罪嫌疑人1名，成功处置1起因民事纠纷而引发的劫持人质事件；武警南康市中队班长参加处置劫持人质战斗，当场击伤犯罪嫌疑人，成功解救1名人质。1999年，武警赣县中队协同赣县公安局民警在梅林镇抓获带黑社会性质的犯罪团伙成员14人，缴获自制双管火药枪1支，砍刀（匕首）7把；武警定南县中队组织16名官兵搜捕并抓获1名犯罪嫌疑人；武警南康市中队与公安民警参加围捕1个杀人团伙，生擒8名犯罪嫌疑人。同年11月，武警直属大队一中队先后派出官兵526人次，分别担负东河大桥维修、贸易广场福利彩票发行等临时执勤任务。

2000年，军分区加强打击“三假”（假军队企业、假军车、假军人）和查处“三私”（私借军车、军车号牌、军服）力度。全年外出执勤627次，查处假军车103台次，收缴假军车号牌51块，查处违规违纪现役军人16人次。

第三节　抢险救灾

一、抗洪抢险

1992年，赣州地区境内先后发生多次百年不遇的特大洪涝灾害，全地区有14个县（市）遭灾，驻区解放军指战员、武警官兵和广大民兵奔赴抗洪第一线，积极参加当地抢险救灾战斗。3月25—29日，全地区普降大到暴雨，安远县、会昌县、赣县、南康县、上犹县、赣州市（今章贡区）等县（市）遭受灾害严重，持续时间长，全地区受灾面积大。灾情发生后，军分区和武警支队及时组织部队和民兵预备役人员参加抗洪抢险，军分区投入多名部队指战员、人武部干部及民兵预备役人员参加抗洪救灾，抢救和转移群众1.1万余人，抢运物资1840余吨，加固堤坝3000余米，清除塌方土石8700余立方米。武警支队先后共出动兵力2360人次，车辆144台次，解救和转移被洪水围困群众1700多人次，抢运物资1100多吨，贵重物资600多件，书籍16万册，历史文物350多件，价值200多万元。5月4日，地委、行署、军分区联合发出通报，表彰全地区人武系统抗洪救灾先进集体和先进个人，21个基层人武部、民兵营、连、排和34名人武干部、民兵干部与民兵受到表彰。武警赣州地区支队“1992年抗洪抢险事迹”被评为江西省首届“文明新风十件新事”之一，一中队、南康县中队因抗洪抢险成绩突出被总队记集体三等功。

1993年5月2日，南康县章水流域遭受特大洪水袭击，有67个村1000余人被围困，倒塌房屋

5500多间、淹没农田5600公顷。军分区及时指挥南康县人武部组织民兵投入抢险救灾。

1994年6月中旬，全地区几次普降暴雨，遭受特大洪涝灾害。16个县（市）受灾，面积达1292平方千米，其中重灾县（市）8个、重灾乡（镇）255个。灾情发生后，全地区各级军事机关及时组织发动数万民兵投入抢险救灾。赣州市（今章贡区）人武部成建制动用民兵连，调集各种车辆、机械150台次，转移群众4300人，抢运各种物资2310吨，清理倒塌房屋1123间，畜圈310个，封堵防洪城门3处，加固河堤9处450米，搬运土石方2700立方米。广大民兵奋战9个昼夜，完成抗洪救灾任务。全地区人武系统有石城县人武部等20个先进单位和41位先进个人受到地委、行署、军分区的联合通报表彰。武警支队共投入兵力460人，出动车辆68台次，在赣州市（今章贡区）蟠龙镇、湖边乡等灾区抗洪抢险，共运送各种物资380余吨，挽回经济损失100余万元。

1995年6月中旬，全地区遭受特大洪水灾害，受灾乡（镇）300个，受灾人口达170余万人。各级军事机关迅速发动民兵、预备役人员投入抗洪救灾第一线，保护人民群众的生命财产安全。赣州市（今章贡区）人武部紧急调动民兵应急分队60人，基干民兵960人投入到水灾最严重的水东镇，堵住被洪水冲垮的河堤3处，加固堤坝1200米，被军分区授予“抗洪抢险先进单位”称号。全地区共动用民兵10万余人次。6月18日，于都县沿河乡（镇）受淹，县城3条主要街道被淹没，东方红大街水深4.5米，沿街数十家商店、仓库的商品、物资即将被水淹没或冲走，许多老人不愿离开即将倒塌的楼房。于都县人武部组织全体干部职工和参训民兵140余人投入抢险工作，以木板、床板当船只，在被脏水臭水污染的江水中抢险，经过12小时奋战，转移群众193人，抢运化肥20多吨，搬运棉花21捆、布料近100匹，挽回直接经济损失12万多元。于都县土产公司向县人武部赠送写有“人民军队急人民之所急”字样的锦旗。6月20日，武警支队参加赣县江口镇抗洪抢险，共出动官兵68人，车辆12台次。先后加固堤坝60余米，加高堤坝1米，装填沙袋500余袋，抢运物资9吨。

1998年3月，全地区18个县（市）先后遭受暴雨山洪、山体滑坡等自然灾害。3月7—12日，于都县16个乡（镇）84个村12.6万人受灾，3306.67公顷农田被淹，323国道和银（坑）于（都）公路中断，近百辆过境汽车在县境内受阻2个昼夜。军分区和武警支队积极组织部队投入抗洪抢险第一线，军分区动用民兵多人，组织巡逻小分队16支，帮助转移群众678名，抢运各种物资器材和家具1830件，搬运农药化肥35吨，拆除危房12幢，疏通车辆125辆。武警支队一中队、新兵营出动210余名官兵，运输车9辆，投入抢险救灾，连续奋战13个小时，抢运木材200余立方米，化肥2000吨。8月5—6日，受2号台风影响，于都县又一次遭受水灾。利村、盘古山、银坑、禾丰、梓山、仙下等18个乡（镇）196个村受灾尤为严重，受灾人口31.6万人，特重灾民8.6万人。灾情发生后，于都县人武部领导亲临一线指挥抗洪抢险，共组织机关干部80人次，民兵350余人，转移群众1500余人，牲畜200余头，抢运物资20吨，排除险情250处，拆除危房35幢，完成土石方500立方米，修复公路0.5千米，修筑河堤250余米。7月29日至8月7日，地委主动派出地区民兵应急营赴九江参加抗洪抢险。全体指战员与灾区群众一道加固险堤，堵泡泉，修公路，送物资，为守住永修县永北大堤，确保京九铁路安全畅通做出贡献，圆满完成任务。地委、行署、军分区通令给予该营集体嘉奖一次，有116人被表彰为先进个人。

2000年6月中旬，龙南县普降暴雨，山洪暴发。19日上午，龙南县黄沙乡黄沙小学120余名学生被洪水围困。武警龙南县中队接到求救电话后，迅速派出6名官兵赶赴受灾地点，经过3个多小时奋战，学生全部被安全转移。20日，龙南县汶龙镇“京九”光缆被山洪冲悬。武警龙南县中队接到县政府电话通知后，迅速派出10名官兵，经过6个多小时奋战，圆满完成抢险任务。

二、扑灭火灾

1989年2月，赣南农药厂1605车间发生火灾，赣州市（今章贡区）人武部组织60多名基干民兵参加灭火，避免损失 2 万多元。全年，全地区民兵参加灭火救灾 3840 人次，救出群众 2 人、物资 810 吨，减少经济损失 28. 3 万元。1991 年 5 月 30 日傍晚，赣州市赣江造纸厂露天原料仓库发生严重火灾，几十垛高 15 米、重 1000 吨的芦苇、甘蔗渣垛陷入火海，情况十分危急。18 点 20 分，武警支队机关、直属中队、卫生队、机动中队共 110 余名官兵迅速赶赴现场，投入灭火救灾战斗，参战官兵连续奋战 13 小时，将大火扑灭，抢救出部分物资，使国家财产损失降到最低。1994 年 1 月 6 日，赣南造纸厂堆放在露天的 4 垛 480 吨稻草突发大火，武警支队接到救火命令后，派出 385 名官兵赶赴现场，经过 5 个多小时奋力扑救，终于扑灭大火，挽回经济损失 100 余万元。1997 年 2 月 1—2 日，武警支队动用兵力 268 人，车辆 6 台次，参加赣州市（今章贡区）龙埠乡森林火灾扑救行动。1999 年 3 月 5 日，全南县木金乡禾合岽山林场发生森林火灾，过火面积 102. 69 公顷，全南县人武部接到报告，迅速组织灭火应急分队，并紧急动员民兵上山灭火，经过两昼夜的奋战，将遍及 10 多个山头的山火扑灭。全南县民兵应急分队受到县委、县政府的通报表彰。同月，大余县樟斗乡终南山麓发生森林大火，大余县中队派出 12 名官兵，协助当地群众奋战 5 个多小时，将大火扑灭。

三、抗震和地质救灾

1987 年 8 月 2—15 日，寻乌县和安远县先后发生地震，寻乌县震级达 5. 8 级。寻乌县、安远县 2 个县人武部迅速组织数千名民兵参加抢救伤员和财产，帮助群众搭建抗震棚等。1998 年 7 月 2 日下午，于都县桥头乡朱屋村发生一起山体滑坡自然灾害，造成 10 人死亡，6 人受伤，2 辆货车被压。灾害发生后，于都县人武部部长立即率领民兵应急分队队员赶赴现场，协同地方党政机关干部封锁现场，抢救伤员，排除险情，清理土石方近 2000 立方米，共排除险情 9 处，挖出尸体 1 具。

四、其他救灾

1990 年 2 月 4 日，赣州汽车运输公司 1 辆东风大客车从会昌开往赣州，途经于都县罗坳乡十里河排路段时，不慎翻入河中，车上 56 名乘客全部落水。罗坳乡全角村 16 名民兵闻讯后，迅速赶赴出事地点，救起 18 名落水乘客，并协助打捞遇难乘客尸体。全角村民兵见义勇为、救死扶伤的行为，受到省、地的表彰。1992 年 9 月 8 日，兴国县东村乡谭背村小组优秀民兵叶兴友，为抢救 2 名落水群众而英勇献身，被江西省人民政府批准为革命烈士。1995 年 6 月 30 日，于都县罗坳乡三门滩圩发生毒气（液氯）泄漏，造成几十人中毒。于都县人武部接到报告后，在迅速上报军分区的同时派人赶至出事地点，立即控制现场，组织疏散附近群众。军分区司令员率赣州市（今章贡区）应急防化小分队在第一时间内赶到现场，成功将液氯泄漏处封闭，控制事态的发展，保护群众的安全。

中国志书精品工程
High Quality Project of China´s Local Records

赣州市志

(1986—2000)

(中 册)

赣州市地方志编纂委员会
赣州市地方志办公室 编

顾 问 李炳军
主 修 曾文明
总 纂 陈昌保
谢芳桂

方志出版社
Publishing House of Local Records

目录

CONTENTS

中 册

第十五篇 经济要览

第十六篇　经济调控

第十七篇　经济综合管理

第十八篇 农业·乡镇企业

第十九篇　林　业

第二十篇　水　利

第二十一篇　金属矿业

第二十二篇　工　业

第二十三篇　交通·运输

第二十四篇 邮政·通信

第二十五篇 专营专卖

第二十六篇　商业和外经贸业

第二十七篇　粮油购销·供销合作

第二十八篇　旅　　游

赣州市志（1986-2000）

第十五篇

经济要览

1986—2000年，赣州市（地区）经济发展取得长足进步。2000年，全市生产总值266.2亿元，按可比价计算比1986年增长8.75倍。人均生产总值达到3407元，比1986年增加2993元。财政总收入20.38亿元，比1986年增长7.64倍。城市居民可支配收入和农民人均纯收入分别由1986年的688元、321元增加到2000年的4800元和2100元。

全市（地区）调整和完善所有制结构，改变过去“一大二公”的所有制结构，基本形成以公有制经济为主体、多种所有制经济相互融合并共同发展的所有制结构。产业结构不断优化，第一产业比重逐步下降，二、三产业比重不断上升。工业内部结构不断优化，轻工业比重逐渐上升，重工业比重不断下降。农业结构调整力度不断加大，由农业（种植业）为主开始向农业、林业、牧业、渔业协调发展。

1986—2000年，全市（地区）深入推进经济体制改革。第一阶段，改革起步阶段，推广农村家庭联产承包生产责任制，农业生产迅速发展；第二阶段，改革全面开展阶段，赣州地区被列为全省经济体制改革试验区，深化企业内部的领导体制、劳动人事体制、工资分配制度等方面的配套改革，市场机制的作用日益增强；第三阶段，改革攻坚和制度创新阶段，着重进行以国有（营）企业改革为中心的综合配套改革，转换经营机制，进行宏观体制改革和外贸体制改革，进行住房和社会保障制度改革。

1986—2000年，全市（地区）围绕“扩大开放，加快发展”这一主线，采取“走出去、请进来”等各种有效形式，开展对外经济技术合作。全市签约内联项目合同8574个，实际引进资金92亿元。

全市（地区）人民生活水平不断提高，生活质量得到明显改善。城乡居民收入持续增加，由1986年的人均年收入741元增加到2000年的2646元；城乡居民储蓄显著增加，城乡居民消费观念、消费结构发生较大变化；城乡居民的居住条件不断改善，人均房屋使用面积增长较快。

第一章　经济发展成效

2000年，全市生产总值266.2亿元，按可比价计算比1986年增长8.75倍。人均生产总值达到3407元，比1986年增加2993元。全社会固定资产投资61.49亿元，比1986年增长14.63倍。财政总收入20.38亿元，比1986年增长7.64倍。城市居民人均可支配收入和农民人均纯收入分别由1986年的688元、321元增加到2000年的4811元和2100元，城乡居民人均储蓄存款则由1986年的80元增加到2000年的2138元。

第一节　生产总值

一、“七五”期间

“七五”期间，省委、省政府为加快赣州地区的改革开放步伐，作出从1988年1月1日起在赣州地区创办经济体制改革试验区的重大决策。全地区贯彻省委、省政府的决策，通过一系列的超前改革试验，克服改革中遇到的各种困难，取得明显的成效。全地区社会总产值、国民收入、生产总值分别以平均每年8.94%、7.98%、8.56%的速度增长。1990年，全地区生产总值62.65亿元，比1986年增长50.81%。其中，第一产业生产值30.58亿元，增长29.34%；第二产业生产值16.84亿元，增长96.41%；第三产业生产值15.23亿元，增长71.41%。工农业总产值84.03亿元，比1985年增长57.3%，年均增长9.48%；工业总产值、农业总产值分别年均增长13.47%、4.92%。其中，地县（市）工农业总产值43.01亿元，平均每年增长9.65%；工业总产值23.03亿元，平均每年增长15.06%。在工业总产值中乡镇工业产值9.3亿元，为1985年的3.7倍，平均每年增长29.89%。粮食总产达到237.16万吨，平均每年增加5.87万吨。

二、“八五”期间

“八五”期间，全地区把握“抓住机遇、深化改革、扩大开放、加快发展、保持稳定”的工作大局，立足农业，主攻工业，大力发展第三产业，着力抓好宏观调控和市场调节，使国民经济呈现持续快速、健康发展的好局面。1995年，全地区生产总值161.82亿元，比1990年增长85.08%，年均增长13.1%，提前6年实现比1980年翻两番的目标。其中，第一产业生产值71.75亿元，增长39.42%；第二产业生产值48.84亿元，增长165.71%；第三产业生产值41.23亿元，增长103.14%。工农业总产值223.33亿元，比1990年增长2.33倍，年均增长27.2%。农业总产值115.54亿元，年均递增7.48%，乡镇企业工业总产值116.16亿元，年均递增39.88%。

三、“九五”期间

“九五”期间，全市（地区）以撤地设市为契机，坚持“缩差距、略高于、站前列、争一流”指导思想，国民经济继续保持快速健康的发展势头。2000年，全市生产总值266.2亿元，比1995年增长61.46%，年均递增10.06%。其中，第一产业生产值92.04亿元，增长28.07%；第二产业生产值78.22亿元，增长75.25%；第三产业生产值95.94亿元，增长98.12%。工农业总产值341.06亿元，比1995年增长73.1%，年均增长11.6%。工业总产值202.71亿元，年均增长16.56%；农业总产值138.36亿元，年均增长4.46%。

表 15-1-1　　1986—2000 年部分年份赣州市（地区）国民经济主要比例关系统计表　　单位：%

项　目	1987 年	1990 年	1996 年	1997 年	1998 年	1999 年	2000 年
生产总值中三次产业比例							
第一产业	48.18	48.81	43.16	41.17	38.71	36.76	34.58
第二产业	29.34	26.88	27.40	27.41	28.32	28.57	29.38
第三产业	22.48	24.31	29.44	31.42	32.97	34.67	36.04
工农业总产值中农轻重比例							
农业	48.88	49.88	52.33	48.48	44.76	43.17	40.60
轻工业	19.69	21.87	20.64	24.18	26.39	26.21	26.80
重工业	31.43	28.25	27.03	27.34	28.85	30.62	32.60
工业总产值中轻重工业比例							
轻工业	38.51	43.63	43.30	46.96	47.77	46.13	45.11
重工业	61.49	56.37	56.70	53.04	52.23	53.87	54.89
农业总产值中农林牧渔业比例							
农业	62.50	59.90	48.38	46.94	45.96	48.12	46.46
林业	11.06	8.69	5.23	5.19	5.35	5.19	5.79
牧业	22.78	27.68	37.43	37.48	37.75	36.47	37.27
渔业	3.66	3.73	8.96	10.39	10.94	10.22	10.48
从业人员中三次产业比例							
第一产业	76.50	75.52	62.39	61.18	60.20	60.20	55.24
第二产业	11.83	11.95	13.47	12.75	12.41	13.09	15.19
第三产业	11.67	12.53	24.14	26.07	27.39	26.71	29.57
科学文教卫生事业费							
占财政支出的比例	32.85	31.73	30.67	28.31	24.69	24.61	22.24

第二节　固定资产投资

一、投资额度

1986—2000 年，全市（地区）固定资产逐年增加，重点项目投资进展顺利，基础设施建设进一步加快。1986 年，全社会固定资产投资完成 3.96 亿元，比 1985 年增加 2.29 亿元，增长 137.12%，其中国营单位投资 0.71 亿元。1990 年，全社会固定资产投资完成 7.13 亿元，比 1986 年增加 3.17 亿元，增长 80.05%，其中国营单位投资 4.31 亿元。1995 年，全社会固定资产投资 34.81 亿元，其中国有单位投资 12.86 亿元。2000 年，全社会固定资产投资完成 61.5 亿元，比 1995 年增加 26.69 亿元，增长 76.67%，其中国有单位投资 22.18 亿元。

二、投资领域

固定资产投资向基础设施倾斜，能源、交通、通信状况显著改善。改造和新建二级以上公路

808.41千米，昌厦一级公路赣州段、323国道江口至瑞金段改建工程竣工通车，县乡公路累计完成投资6亿多元。黄金机场二期改造完成。邮电通信基本实现现代化，实现城乡电话交换程控化、传输数字微波化，建立通信光纤、公众移动通信网和计算机国际互联网以及无线寻呼。2000年，城乡建设步伐加快，城市供水、煤气、道路、园林、能源、环境卫生等不断完善，一批新型小城镇崛起。2000年，全市城镇建成区面积达99.98平方千米，城市绿化覆盖面积5138.2公顷。与此同时，商品房销售活跃，销售面积大幅增加，带动房地产开发投资持续增长。2000年，商品房销售面积32.76万平方米，其中个人购房31.53万平方米，比1999年增加57.18%。

表15-1-2

1986—2000年赣州市（地区）全社会固定资产投资统计表

项　目	1986年	1990年	1995年	1996年	1997年	1998年	1999年	2000年
一、固定资产投资总额(万元)	39643.00	71334.00	348086.00	360549.00	332737.00	501893.00	529247.00	614896.00
按隶属关系分								
中央、省属项目(含铁路)	—	8678.00	108939.00	66840.00	25539.00	133227.00	161075.00	136207.00
地方项目	—	62656.00	239147.00	293709.00	307198.00	368666.00	368172.00	478689.00
市(地区)属项目	—	—	30381.00	20288.00	17728.00	28982.00	50027.00	57973.00
县(市、区)项目	—	—	103610.00	115432.00	115054.00	165799.00	140901.00	140781.00
其他项目	—	—	105156.00	157989.00	174416.00	173885.00	177244.00	279935.00
按经济类型分								
国有(营)经济(不含铁路)	22593.00	43095.00	128640.00	134899.00	143504.00	201503.00	207151.00	221799.00
#地市县项目	—	—	111166.00	112538.00	120489.00	167624.00	163951.00	163164.00
铁路建设	—	—	86400.00	40000.00	2524.00	71056.00	60000.00	9108.00
集体经济	1674.00	4340.00	18515.00	27430.00	30829.00	39874.00	39066.00	87569.00
城镇集体	1182.00	1377.00	9635.00	9255.00	10229.00	15725.00	8404.00	7404.00
农村集体	492.00	2963.00	8880.00	18175.00	20600.00	24149.00	30662.00	78012.00
联营经济	—	—	762.00	500.00	124.00	1240.00	—	1200.00
股份制经济	—	—	7719.00	11693.00	4452.00	—	15522.00	33123.00
私营经济	—	—	—	—	—	2854.00	7730.00	14906.00
"三资"企业	—	—	11507.00	18820.00	19506.00	18576.00	13958.00	17903.00
港澳台商投资经济	—	—	4907.00	7393.00	10293.00	17616.00	11349.00	16019.00
外商投资经济	—	—	6600.00	11427.00	9213.00	960.00	2609.00	1884.00
其他经济	—	—	5020.00	1222.00	50.00	—	894.00	2920.00
个体经济	—	—	—	—	—	—	—	2034.00
城乡个人	15376.00	23899.00	89523.00	125985.00	131748.00	138790.00	119905.00	15942.00
城镇个人	1802.00	3802.00	24781.00	44740.00	45848.00	63473.00	64130.00	89183.00
农村个人	13574.00	20097.00	64742.00	81245.00	85900.00	75317.00	55775.00	70459.00
按管理渠道分(不含铁路)								
基本建设	—	—	85201.00	93016.00	96429.00	160071.00	152733.00	197913.00
更新改造	—	—	42414.00	42167.00	41510.00	49595.00	54514.00	41816.00
房地产开发	—	—	28212.00	28389.00	25400.00	25090.00	40082.00	52003.00
其他投资	—	—	105859.00	156977.00	166874.00	168081.00	164043.00	247211.00

续表 15-1-2

项　目	1986 年	1990 年	1995 年	1996 年	1997 年	1998 年	1999 年	2000 年
二、新增固定资产(不含铁路)(万元)	—	—	214064.00	290633.00	308683.00	347146.00	407351.00	385486.00
基本建设	—	—	56613.00	94889.00	82998.00	121217.00	157156.00	150852.00
更新改造	—	—	30872.00	24541.00	40500.00	42554.00	48547.00	35274.00
房地产开发	—	—	21789.00	16277.00	22359.00	14969.00	38101.00	35930.00
其他投资	—	—	104790.00	154926.00	162826.00	168406.00	163547.00	163430.00
三、竣工房屋面积(万平方米)	—	427.01	573.28	649.09	722.96	741.25	1015.51	918.81
基本建设	—	—	70.13	87.98	84.24	102.16	119.03	97.32
更新改造	—	—	6.70	3.22	9.20	5.95	8.89	5.60
房地产开发	—	—	41.41	27.51	37.40	21.15	56.95	52.04
其他投资	—	—	455.04	530.38	592.12	611.99	830.64	763.85
四、竣工住宅面积(万平方米)	—	368.40	437.04	515.51	570.51	588.39	578.48	859.31
基本建设	—	—	34.08	42.36	40.25	49.67	61.85	39.48
更新改造	—	—	0.57	0.38	0.33	0.31	4.09	3.71
房地产开发	—	—	28.66	18.51	26.40	16.52	38.79	35.58
其他投资	—	—	373.73	454.26	503.53	521.89	473.75	780.54

说明：部分年份的个别项目，因统计口径不同，出现空白数据

第三节　国民经济和社会发展主要指标

1986—2000 年，全市（地区）国民经济持续快速发展，经济总量迅速壮大，区域经济综合竞争力明显增强，财政收入实现较快增长。全地区所有制独立核算工业企业全员劳动生产率逐年提高，单位固定资产交付使用率逐年提高。1990 年，全地区财政收入 5.17 亿元，比 1986 年增长 1.22 倍，平均每年增长 17.29%。工业产品质量稳定提高率 80%以上。全地区社会商品零售总额 20.39 亿元，比 1985 年增长 63.1%，年均增长 10.37%。1995 年，全地区财政总收入 14.32 亿元，比 1990 年增长 1.77 倍，年均增长 35.4%。全民所有制独立核算工业企业全员劳动生产率 8976 元。全社会商品零售总额 52.85 亿元，比 1990 年增长 1.59 倍，年均递增 21%。2000 年，全市财政总收入 20.38 亿元，比 1995 年增长 42.32%，年均增长 7.31%。全民所有制独立核算工业企业全员劳动生产率达 15675 元。全社会商品零售总额达 94.61 亿元，比 1995 年增长 79%，年均增长 12.3%。

1986—2000 年部分年份赣州市（地区）国民经济和社会发展主要指标统计表

表 15-1-3

指　标	单位	1985 年	1990 年	1995 年	1999 年	2000 年
一、年末总人口	万人	655.33	710.52	746.81	782.32	794.16
#非农业人口	万人	81.92	91.81	114.28	126.96	134.06
二、年末社会从业人数	万人	289.49	340.50	410.16	416.09	413.59
#职工人数	万人	39.07	43.52	46.98	45.44	33.19
三、生产总值(当年价格)	亿元	25.84	62.65	161.82	250.52	266.20
第一产业	亿元	14.03	30.58	71.75	92.10	92.04

续表 15-1-3

指　标	单位	1985 年	1990 年	1995 年	1999 年	2000 年
第二产业	亿元	6.96	16.84	48.84	71.57	78.22
第三产业	亿元	4.85	15.23	41.23	86.85	95.94
人均生产总值(当年价格)	元/人	396.00	886.00	2127.00	3152.00	3407.00
四、工农业总产值(当年价格)	亿元	36.10	84.03	223.33	323.03	341.06
五、固定资产投资						
固定资产投资总额	万元	34338.00	71334.00	348086.00	529247.00	614896.00
#国有(营)经济	万元	18624.00	43095.00	128640.00	207151.00	221799.00
#地方投资	万元	15123.00	34429.00	111166.00	163951.00	163164.00
城镇集体	万元	669.00	1377.00	9635.00	8404.00	9557.00
新增固定资产	万元	27987.00	61913.00	214064.00	407351.00	385486.00
#国有(营)经济	万元	12540.00	33588.00	91120.00	205665.00	173086.00
城镇集体	万元	402.00	1463.00	7652.00	5950.00	7977.00
六、财政						
财政收入	万元	23294.00	51696.00	143164.00	200109.00	203797.00
人均财政收入	元/人	36.00	73.00	188.00	252.00	261.00
地方财政收入	万元	—	—	89186.00	149467.00	15144.00
地方财政支出	万元	27867.00	60401.00	133608.00	240239.00	272503.00
七、物价指数(以上年价格)						
居民消费价格总指数	%	107.00	102.70	115.80	98.50	99.00
商品零售价格总指数	%	107.00	102.00	115.40	96.90	98.20
农业生产资料价格总指数	%	103.70	104.70	121.70	96.60	96.90
八、人民生活						
全部职工年平均工资	元/人	925.00	1717.00	3775.00	5664.00	6608.00
城市居民人均年可支配收入	元/人	621.00	1329.00	3087.00	4599.00	4811.00
城市居民人均年消费性支出	元/人	554.00	1097.00	2854.00	3636.00	3484.00
农村居民人均年纯收入	元/人	321.00	602.00	1478.00	2095.00	2100.00
农村居民人均年生活消费支出	元/人	266.00	504.00	1202.00	1644.00	1422.00
城乡居民储蓄存款年末余额	万元	38812.00	172558.00	751165.00	1525142.00	1670654.00
人均储蓄存款	元/人	59.00	243.00	981.00	1909.00	2138.00
九、农业						
农林牧渔业总产值(当年价格)	万元	189641.00	419154.00	1151867.00	1394442.00	1383585.00
主要农产品产量						
粮　食	万吨	207.80	237.16	255.50	265.15	248.06
油料折油	万吨	2.05	3.03	5.22	4.58	4.84
油　料	万吨	4.43	8.36	16.13	13.94	15.23
甘　蔗	万吨	117.60	122.23	92.94	64.97	36.06
烟　叶	吨	4917.00	13369.00	8955.00	9982.00	10388.00
茶　叶	吨	1103.00	1469.00	2277.00	2022.00	1803.00
蚕　茧	吨	19.55	475.00	3022.00	802.00	781.00
水　果	万吨	2.00	5.91	24.48	34.30	19.90
水产品	万吨	2.27	3.63	8.07	13.99	14.81

续表 15－1－3

指　　标	单位	1985 年	1990 年	1995 年	1999 年	2000 年
肉类总产量	万吨	11.47	19.57	40.41	41.99	42.84
#猪肉产量	万吨	10.61	15.95	29.59	27.11	26.10
猪年末存栏	万头	168.41	201.65	290.26	266.14	258.98
当年出栏肉猪	万头	142.71	195.68	379.91	355.29	353.25
年末耕地面积	公顷	358116.00	355388.00	349116.00	348863.00	344825.00
农作物播种面积	公顷	670622.00	830457.00	910796.00	866716.00	856577.00
农业机械总动力	万瓦特	51230.00	78491.00	80192.00	113508.00	120054.00
化肥施用折纯量	吨	81600.00	113800.00	153452.00	162500.00	170900.00
农村用电量	万千瓦时	12598.00	18872.00	35257.00	42826.00	46710.00
十、工业						
工业总产值(当年价格)	万元	171310.00	421108.00	1077884.00	1835848.00	2027056.00
#轻工业产值	万元	69864.00	183732.00	460987.00	846812.00	914475.00
#重工业产值	万元	101446.00	237376.00	616897.00	989036.00	1112581.00
主要工业产品产量						
纱	吨	2368.00	2495.00	3476.00	1381.00	1518.00
布	万米	1578.00	1611.00	1484.00	442.00	412.00
机制纸及纸板	万吨	2.90	3.46	4.87	2.17	0.97
机制糖	万吨	10.02	7.85	5.98	6.15	0.33
饮料酒	万吨	1.91	3.55	7.66	9.72	10.75
原煤	万吨	75.29	81.05	187.57	84.22	86.13
发电量	亿千瓦时	7.45	7.26	9.69	9.98	11.85
农用化肥(折合量)	万吨	1.14	1.65	2.24	1.32	2.68
水泥	万吨	31.09	39.06	110.08	151.71	153.00
木材	万立方米	88.75	41.24	38.45	29.20	31.91
松香	万吨	1.72	1.64	0.98	0.30	0.12
卷烟	万箱	8.60	18.53	16.69	11.66	17.15
独立核算工业企业						
年末固定资产原值	万元	158186.00	247229.00	567679.00	917148.00	831717.00
工业总产值(当年价格)	万元	144416.00	312562.00	752389.00	783179.00	794409.00
工业增加值(当年价格)	万元	56093.00	—	204844.00	239653.00	216873.00
产品销售收入	万元	145452.00	283187.00	710845.00	709600.00	753382.00
利润和税金总额	万元	24418.00	38077.00	69766.00	39597.00	72385.00
十一、运输、邮电						
公路通车里程	千米	12945.00	14530.00	16082.00	17588.00	17911.00
客运量	万人	2218.00	2909.00	4823.00	4223.00	4741.00
客运周转量	万人千米	94113.00	147270.00	268531.00	315895.00	363429.00
货运量	万吨	144.00	1532.00	2880.00	2716.00	2841.00
货运周转量	万吨千米	43443.00	163539.00	163701.00	206914.00	262902.00
邮电业务总量	万元	1839.00	3113.00	15011.00	70597.00	91275.70
电话机拥有量	万部	1.78	2.68	10.47	35.11	51.06
十二、内外贸易						

续表 15-1-3

指　标	单位	1985 年	1990 年	1995 年	1999 年	2000 年
社会消费品零售总额	万元	125021.00	203882.00	528521.00	829787.00	900602.00
出口贸易总额	万美元	—	72.00	12014.00	15414.00	6009.00
实际利用外资额	万美元	—	389.00	6478.00	9341.00	9411.00
十三、教育						
高等学校在校学生	人	5143.00	6102.00	8950.00	13582.00	17523.00
中等专业学校在校学生	人	6260.00	7732.00	12222.00	16862.00	16946.00
普通中学在校学生	万人	25.34	28.86	31.61	40.63	42.95
职业中学在校学生	万人	1.48	2.13	2.59	3.39	2.62
小学在校学生	万人	108.40	76.16	73.41	80.20	79.98
小学毕业升学率	%	57.90	57.50	94.90	95.50	95.23
学龄儿童入学率	%	97.40	98.50	99.40	99.90	99.90
十四、卫生						
卫生机构数	个	911.00	910.00	833.00	1222.00	1204.00
#医院、卫生院	个	422.00	430.00	431.00	423.00	421.00
卫生技术人员	人	14940.00	16673.00	16948.00	16678.00	16616.00
#医生	人	6812.00	7356.00	7425.00	7140.00	7296.00
病床数	张	11248.00	12586.00	12347.00	12285.00	12120.00

第二章　经济结构

1986—2000 年，全市（地区）经济工作坚持以生产资料社会主义公有制为主体，允许和鼓励其他经济成分共同发展，经济结构发生明显变化，乡镇企业、个体私营经济和“三资”企业得到较快发展，经济结构呈现出以公有制为主体，多种经济成分、多层次、多形式共同发展的格局。

第一节　所有制结构

积极调整和完善所有制结构，由单一公有制发展为多种所有制形式并存，改变过去“一大二公”的所有制结构，基本形成以公有制经济为主体、多种所有制经济相互融合并共同发展的所有制结构。国有（营）集体及其他各种所有制竞相发展，特别是其他所有制经济迅速发展，逐渐成为国民经济新的增长点。

一、工业

1986 年，全地区国营工业企业 546 个，工业企业总产值 12.22 亿元。1990 年，全地区国营工业企业 303 个，工业企业总产值 42.11 亿元。1995 年，国有工业企业 361 个，工业企业总产值 107.79 亿元。2000 年，全市国有工业企业 385 个，工业企业总产值为 31.8 亿元。集体所有制经济获得巨大的发展，特别是乡镇企业异军突起，提高了广大农民的收入水平，加速了赣州农村地区的工业化和城镇化进程。1986 年，全地区乡镇企业 124523 个，从业人员 294430 人，总收入 6.48 亿元。1990 年，全地区乡镇企业124350个，从业人员334135人，总收入18.62亿元。1996年，全地区乡镇企业136317个，从业人员454405人，总收入105.86亿元。2000年，全市乡镇企业134945个，从业人员494621人，总收入234.99亿元。集体经济改革转制工作取得很大发展。通过兼并、破产、承包、租赁、出售、股份制、股份合作制等形式进行重组转制，提高企业的产品档次，增强市场竞争力。集体经济的发展和国有（营）企业改革的深化为股份制经济的发展提供机遇，股份制经济迅速发展。全市（地区）股份制企业1990年63个，1995年253个，2000年386个。1990年，在工业增加值中，股份制经济工业增加值为1.02亿元、1995年3.32亿元、2000年14.82亿元。股份制企业成为国有企业改革的方向。

全地区外商投资企业1986年1个、1990年3个、1995年303个。2000年，全市“三资”企业达427家，合同外资金额达8亿美元。在外资数量不断增加的同时，外资质量也有所提高，外资来源地区日益多元化，项目规模扩大。1990年为1.02亿元、1995年8.79亿元、2000年10.59亿元。“三资”企业在引进国外先进技术、出口创汇、促进经济增长，增加就业岗位等方面发挥重要作用。

二、建筑业

1986—2000年，建筑业总产值中，国有（营）经济、集体经济所占份额大幅度下降。特别是1987年12月赣南建筑工程总公司实行承包责任制后，全地区的许多县级集体企业都进行改制，走上由个人租赁承包经营国营企业和集体企业的改革之路，县（市）多数企业实行全员合同承包责任制。1986年，全地区有建筑企业7332个，其中国营企业及国营独资公司4个、集体企业152个、私营企业7176个。国营企业、集体企业所占建筑业总产值分别为3527万元、9289万元，其他经济所占份额为1643万元。1995年，全地区有建筑企业151个，其中国有或国有控股企业20个、集体企业128个、私营企业3个。国有、集体建筑企业建筑业产值分别为2.25亿元、4.88亿元，其他经济所占份额为0.13亿元。2000年，全市有建筑企业136个，国有、集体企业分别为22个、104个，国有、集体建筑企业产值分别为4.05亿元、6.9亿元。

第二节 产业结构

一、三次产业结构

产业结构不断优化，第一产业比重逐步下降，二、三产业比重不断上升。1986年三次产业结构比为49.2 ∶ 30 ∶ 20.8，“七五”期末（1990年）为48.8 ∶ 26.8 ∶ 24.3，“八五”期末（1995年）为44.3 ∶30.2 ∶ 25.5，“九五”期末（2000年）为34.6 ∶ 29.4 ∶ 36。

“七五”期间，在不放松粮食生产的同时，加快多种经营的发展，重点发展商品流通等传统行业，积极开拓金融、旅游、信息、技术咨询等新兴行业，使第三产业产值增长快于生产总值的增长，第二、三产业占生产总值的比重，由1986年50.8%提高到1990年51.2%，其中第三产业由20.8%提高到24.3%。“八五”期间，大力培植和发展工业优势产业，通过优势产业的发展，把相关产业带动起来，形成产业链和产业群，使工业生产以优势产业为主的结构调整为以加工业为主的结构。第二产业在生产总值中的比重提高3.3个百分点。同时积极发展第三产业，使第三产业产值有了较快增长。“九五”期间，进一步调整产业结构，工业化水平明显提高，第三产业快速发展，年增长14.65%。第一产业比重继续下降，二、三产业比重上升。2000年开始，赣州的产业结构向三、一、二产业结构演变。

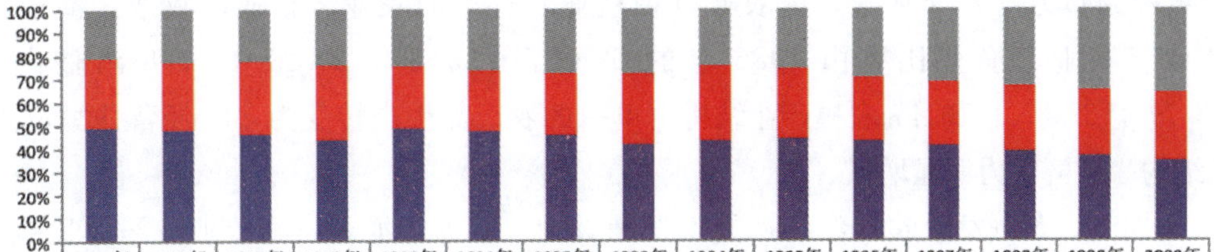

	1986年	1987年	1988年	1989年	1990年	1991年	1992年	1993年	1994年	1995年	1996年	1997年	1998年	1999年	2000年
第三产业	20.8	22.5	22.1	23.8	24.3	26.2	27.4	27.5	24.2	25.5	29.4	31.4	33.0	34.7	36.0
第二产业	30.0	29.3	31.5	32.4	26.9	26.3	26.8	30.7	32.5	30.2	27.4	27.4	28.3	28.6	29.4
第一产业	49.2	48.2	46.4	43.8	48.8	47.5	45.8	41.8	43.3	44.3	43.2	41.2	38.7	36.7	34.6

图 15－2－1　1986—2000 年赣州市（地区）三次产业构成

二、工业结构

建成拥有 37 个行业大类、224 个行业小类的具有一定规模、门类比较齐全的工业体系，形成以食品、有色冶金、医药、机电、建材、林化等新老支柱产业群，工业内部结构不断优化，轻工业比重逐渐上升，重工业比重不断下降。轻重工业比重由 1985 年的 40.8 ∶ 59.2 调整至 2000 年的 45.11 ∶ 54.89。

"七五"期间，以有色稀有金属为主攻方向，以食品、森工、饲料、轻纺为重点，搞好深度加工和综合利用，增加轻工业的比重，1990 年轻重工业的比重为 43.63 ∶ 56.37。"八五"期间，把有色稀有金属工业作为全地区的主导产业来抓，形成包括开采、冶炼、分离、应用和配套工业等较完整的生产体系和产业链，建立从原料生产到深加工及应用产品较为完整的木竹及林产化工体系。大力发展食品工业、轻纺工业，以及为区内优势产业配套的基础化工和农用化工业。1995 年，轻重工业的比重为 42.8 ∶ 57.2。"九五"期间，加大工业结构调整力度，具有地方特色的支柱产业和优势产业开始形成，轻重工业比重开始趋于合理，2000 年，轻重工业的比重为 45.11 ∶ 54.89。

1986—2000 年赣州市（地区）工业总产值及构成统计表

（按当年价格计算）

表 15－2－1　　单位：万元

年份	工业总产值	轻工业产值	重工业产值
1986 年	134500	56258	78242
1987 年	238364	91799	146565
1988 年	338779	132036	206743
1989 年	405627	163489	242138
1990 年	421108	183732	237376
1991 年	465082	208433	256649
1992 年	577798	263956	313842
1993 年	844966	379505	465461
1994 年	1646970	703366	943604
1995 年	1077884	460987	616897
1996 年	1215638	526337	689301
1997 年	1490361	699584	790777
1998 年	1722058	822681	899377
1999 年	1835848	846812	989036
2000 年	2027056	914475	1112581

三、农业结构

农业结构调整力度不断加大，由农业（种植业）开始向农业、林业、牧业、渔业协调发展。农业、林业、牧业、渔业比重由 1986 年的 62.06 ： 10.58 ： 24.18 ： 3.18 调整为 2000 年的 46.46 ： 5.79 ： 37.27 ： 10.48。农村产业结构由单一的农产品生产转变为多种经营并举，非农产业兴旺的多元结构，经济实力明显增强。

“七五”期间，大力发展农村经济，重点发展林业、牧业、渔业，使牧业、渔业比重不断加大。1990 年，农业、林业、牧业、渔业的比重为 59.9 ： 8.69 ： 27.68 ： 3.73。“八五”期间，根据赣南特点和农村社会经济状况，打好农业开发总体战，山、水、田并举，着重林业和草地开发。在有条件的区域，以乡镇企业为依托，集中连片发展优势农产品，重点放在商品基地建设和产品系列开发上。大力发展生态农业、效益农业、商品农业和创汇农业，扩大面积，提高单产，增加总产，形成规模经营，提高规模效益。搞好山地资源开发、耕地集约经营和畜牧水产业，优势农产品和草食动物产品有较快发展。1995 年，农业、林业、牧业、渔业的比重为 50.74 ： 5.57 ： 37.33 ： 6.36。“九五”期间，大力发展“三高”（高产、高质、高效）农业、立体农业、创汇农业、生态农业，加快农业产业化、农业工业化进程。

1986—2000 年赣州市（地区）农林牧渔业总产值及构成统计表

（按当年价格计算）

表 15-2-2　　单位：万元

年份	农林牧渔业总产值					构成(以农林牧渔业总产值为 100)			
	总量	农业产值	林业产值	牧业产值	渔业产值	农业产值	林业产值	牧业产值	渔业产值
1986 年	186737.00	115879.00	19758.00	45155.00	5945.00	62.06	10.58	24.18	3.18
1987 年	227955.00	142466.00	25207.00	51923.00	8359.00	62.50	11.06	22.78	3.66
1988 年	300318.00	166500.00	29861.00	92789.00	11168.00	55.44	9.94	30.90	3.72
1989 年	317647.00	171635.00	28352.00	104711.00	12949.00	54.03	8.93	32.96	4.08
1990 年	419154.00	251085.00	36401.00	116026.00	15642.00	59.90	8.69	27.68	3.73
1991 年	455301.00	261754.00	55671.00	121323.00	16553.00	57.49	12.23	26.65	3.63
1992 年	504575.00	277872.00	63324.00	145046.00	18333.00	55.07	12.55	28.75	3.63
1993 年	573131.00	299264.00	57820.00	192564.00	23483.00	52.21	10.09	33.60	4.10
1994 年	924337.00	400604.00	66441.00	410313.00	46979.00	43.34	7.19	44.39	5.08
1995 年	1155367.00	586243.00	64345.00	431341.00	73438.00	50.74	5.57	37.33	6.36
1996 年	1334631.00	645689.00	69769.00	499602.00	119571.00	48.38	5.23	37.43	8.96
1997 年	1402237.00	658254.00	72766.00	525530.00	145687.00	46.94	5.19	37.48	10.39
1998 年	1395317.00	641306.00	74689.00	526772.00	152550.00	45.96	5.35	37.76	10.93
1999 年	1394442.00	670936.00	72418.00	508558.00	142530.00	48.12	5.19	36.47	10.22
2000 年	1383585.00	642827.00	80090.00	515723.00	144945.00	46.46	5.79	37.27	10.48

第三节　产品结构

农业产品由低质、低产、低效益向高质、高产、高效方向转化，主要农产品产量大幅度增长，商品率明显提高。工业产品初步呈现初级产品少、终端产品多，粗加工产品少、精深加工产品多，低附加值产品少、高附加值产品多，低科技含量产品少、高科技含量产品多的局面，增强了主导产业整体竞争力。

一、农业产品结构

“七五”期间，全地区在确保粮食稳定增长的同时，大力发展林业、牧业、渔业，建成年产 80 万立方米的赣南林区林产品基地，建立柑橘、牛、羊、猪、鹅、鸭、兔等一批商品生产基地，提高农产品商品率。全力抓好农产品质量，加大新品种、新技术的引进和推广力度，不断提高农产品的内在品质。1990 年，全地区农业多种经营产值占农业总产值的比重为 64.66%。“八五”期间，坚持以乡镇企业为依托，集中连片发展优势农产品，重点是进行产品系列开发。确保全地区人均占有粮食水平有所提高，优势农产品和草食动物产品有较快发展。“九五”期间，大力优化农业产品结构，提高产品品质，发展多种经营，调优粮食产品结构，发展优质、高效绿色产品，培优果业产品，加大对草食畜禽的开发力度，提高产品占肉类总量的比重。2000 年，农业多种经营产值占农林牧渔业总产值的 81%。

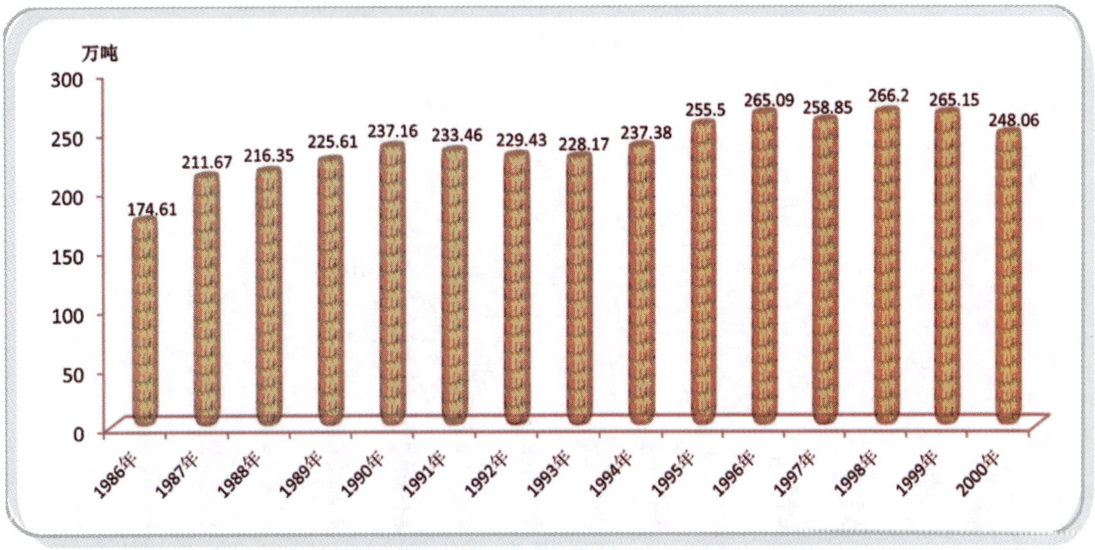

图 15－2－2　1986—2000 年赣州市（地区）粮食产量

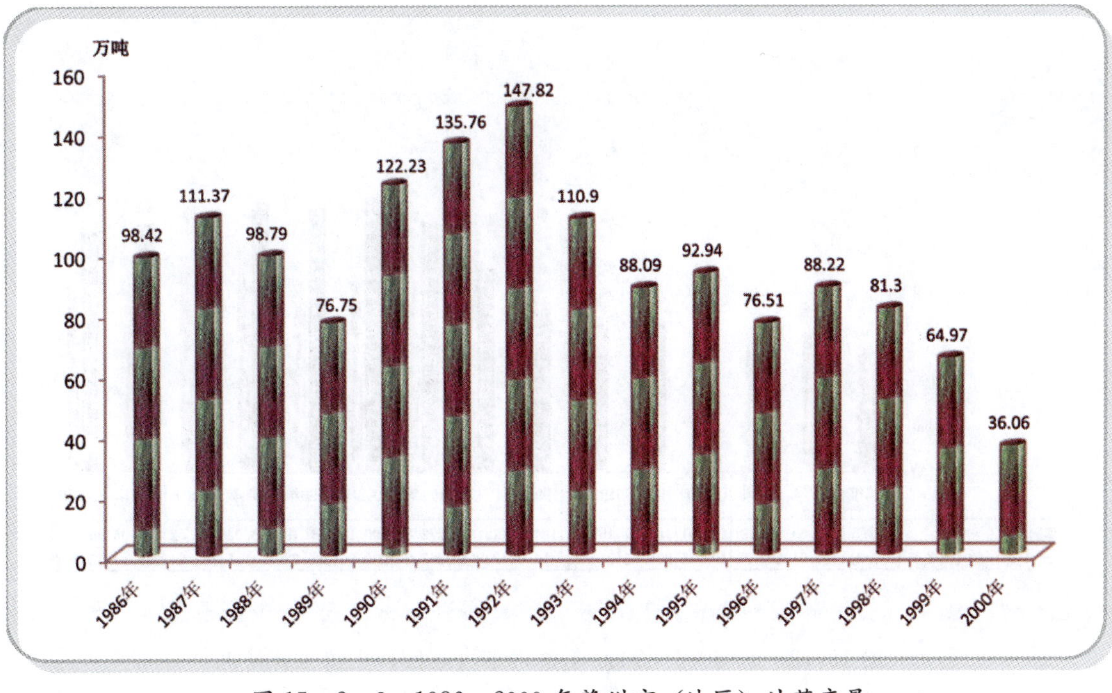

图 15－2－3　1986—2000 年赣州市（地区）甘蔗产量

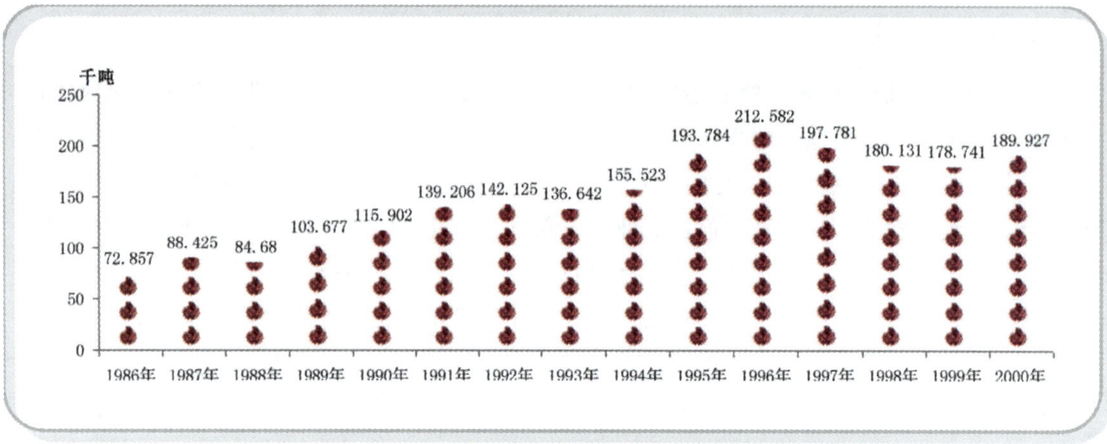

图 15－2－4　1986—2000 年赣州市（地区）油料产量

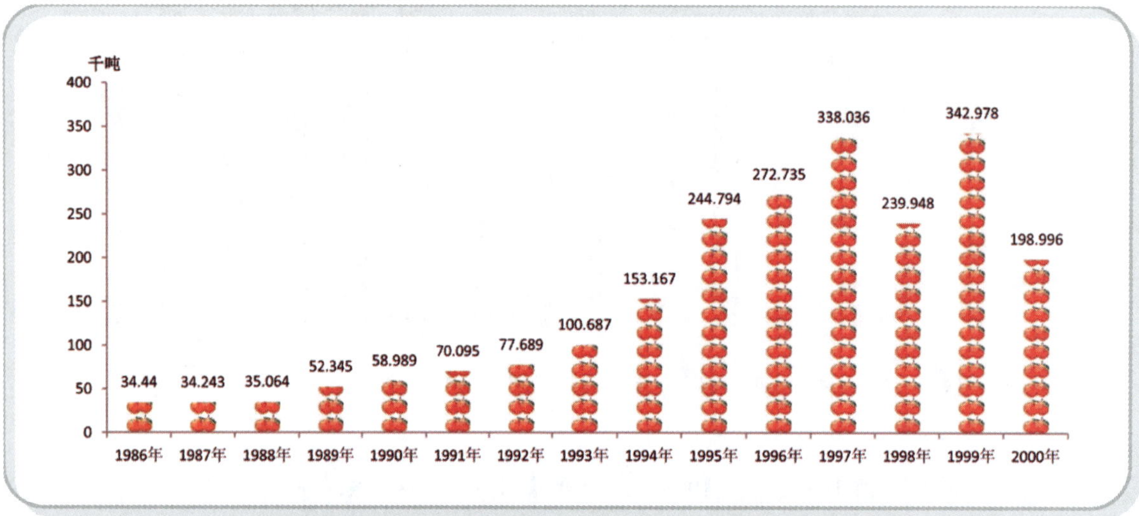

图 15－2－5　1986—2000 年赣州市（地区）水果产量

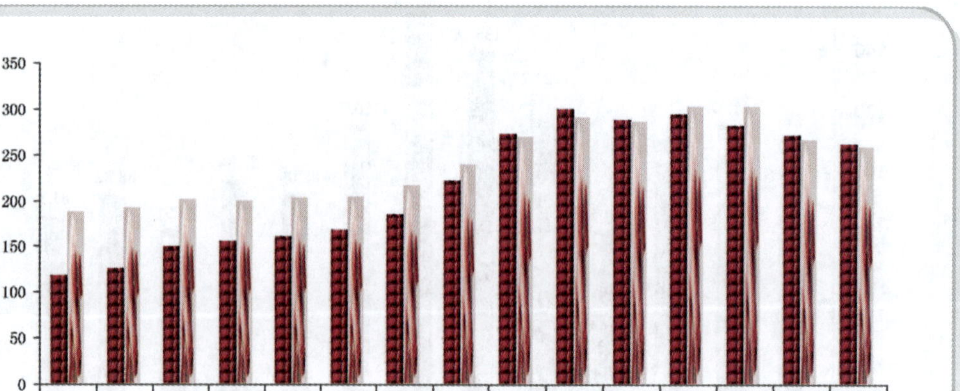

	1986年	1987年	1988年	1989年	1990年	1991年	1992年	1993年	1994年	1995年	1996年	1997年	1998年	1999年	2000年
猪肉（千吨）	117.5	125.35	149.19	154.91	159.51	167.96	184.29	221.21	272.83	300.11	287.19	293.03	281.52	271.05	260.99
生猪存栏（万头）	187.41	191.54	200.23	199.45	201.65	204.42	216.09	238.55	268.94	290.26	286.73	303.15	302.84	266.14	258.98

图 15－2－6　1986—2000 年赣州市（地区）生猪生产情况

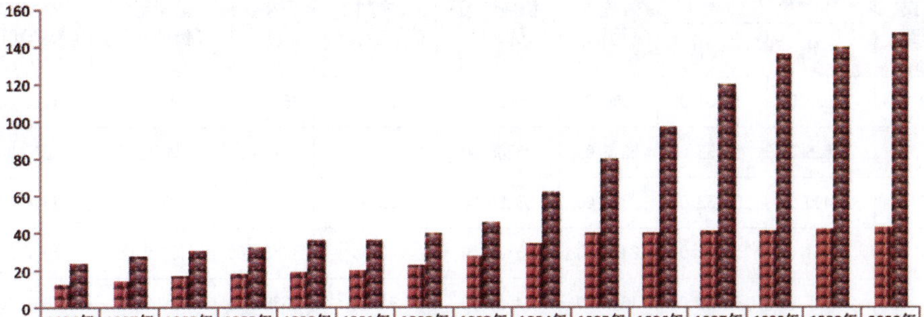

	1986年	1987年	1988年	1989年	1990年	1991年	1992年	1993年	1994年	1995年	1996年	1997年	1998年	1999年	2000年
肉类总产量（万吨）	13.069	14.536	17.716	18.825	19.570	20.697	23.018	27.637	34.879	40.415	39.892	41.051	41.681	41.991	42.842
水产品产量（千吨）	23.941	27.546	30.499	33.227	36.310	36.774	40.070	45.951	62.500	80.672	97.300	120.011	136.003	139.864	148.077

图 15-2-7　1986—2000 年赣州市（地区）肉类和水产品产量

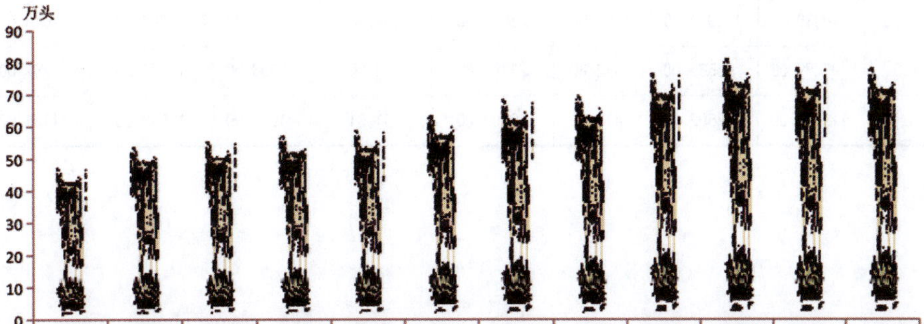

	1986年	1990年	1991年	1992年	1993年	1994年	1995年	1996年	1997年	1998年	1999年	2000年
牛年末存栏	49.46	57.11	58.74	60.47	61.91	66.92	71.75	72.74	80.73	85.54	82.54	82.82

图 15-2-8　1986—2000 年赣州市（地区）牛年末存栏

二、工业产品结构

“七五”期间，全地区大力调整工业产品结构，产品由原料型向加工型发展，由低档向高档发展，由单一型向系列化和深加工型发展。工业产品质量稳定率 80%以上，优质产品有所提高，竞争能力提高。“八五”期间，工业生产继续调整以优势产品为主的优势导向结构，在工业企业中大力开展技术改造，开发新产品，实施名牌战略，提高市场竞争力。工业产品质量稳定率保持在 80%以上。“九五”期间，工业产品调整力度加大，继续实施名牌战略，创出一批特色鲜明、竞争力强、知名度高的名牌产品，具有地方特色优势产品开始形成。工业产品质量稳定率达 85%以上。

表 15－2－3

1986—2000 年赣州市（地区）主要工业产品产量统计表

年份	原煤（万吨）	发电量(万千瓦时)		布（万米）	机制纸及纸板(吨)	木材（万立方米）	松香（吨）	化学肥料（折纯）(吨)	化学农药（原药）(吨)	水泥（万吨）	原盐（吨）
		总量	水电								
1986 年	80.43	71994.00	53761.00	2080.00	29856.00	79.32	16610.00	9723.00	1120.00	32.67	7609.00
1987 年	77.74	68525.00	52533.00	2015.00	33365.00	72.45	18732.00	9076.00	831.00	35.57	7018.00
1988 年	89.74	80490.00	67233.00	2395.00	33250.00	53.43	18120.00	12822.00	1344.00	41.58	8270.00
1989 年	91.79	77441.00	59884.00	2400.00	35107.00	42.48	14836.00	15139.00	907.00	41.82	8005.00
1990 年	81.05	72637.00	65128.00	1611.00	34589.00	41.24	16386.00	16499.00	1060.00	39.06	8144.00
1991 年	81.68	70564.00	61051.00	1571.00	32180.00	45.31	13128.00	18053.00	1010.00	47.59	14600.00
1992 年	93.33	96135.00	88796.00	1889.00	41361.00	45.51	11300.00	17629.00	1368.00	56.37	16100.00
1993 年	119.29	77600.00	73700.00	1556.00	44000.00	47.62	15747.00	21800.00	1145.00	71.67	30900.00
1994 年	167.84	98479.00	96157.00	1866.00	38877.00	45.78	12678.00	20766.00	1209.00	92.56	34263.00
1995 年	187.57	96945.00	95176.00	1484.00	48700.00	38.45	9840.00	22421.00	1642.00	110.08	30703.00
1996 年	145.62	104437.00	102878.00	1806.00	42044.00	42.35	9645.00	27125.00	1227.00	109.97	26726.00
1997 年	160.68	122620.00	120980.00	1961.00	32219.00	38.78	12922.00	17305.00	1868.00	121.08	19673.00
1998 年	125.05	116030.00	113874.00	1195.00	25879.00	34.45	6461.00	8867.00	1019.00	145.09	26868.00
1999 年	84.22	99779.00	98566.00	442.00	21707.00	29.20	2996.00	13178.00	787.00	151.71	26061.00
2000 年	86.13	118449.00	117602.00	412.00	9703.00	31.91	1240.00	15542.00	1351.00	152.60	22591.00

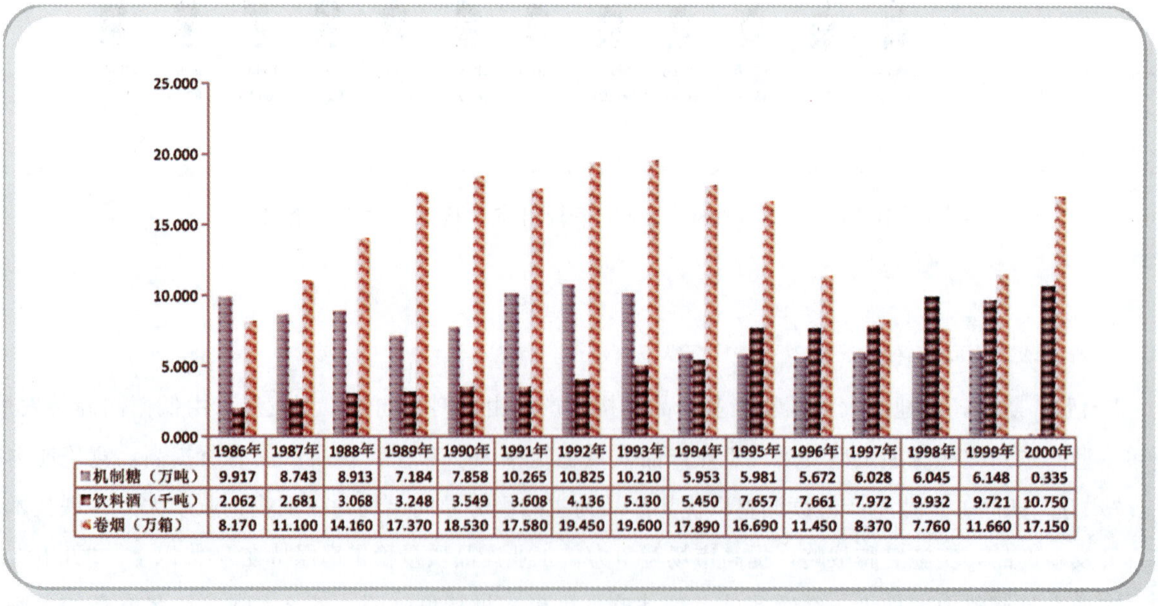

图 15－2－9　1986—2000 年赣州市（地区）机制糖、饮料酒和卷烟产量

第四节 投资结构

一、“七五”期间

“七五”期间，生产性建设项目主要安排交通、通信、能源、水利水电、稀土、农业等基础设施和优势产品的项目建设，非生产性建设主要安排文教卫生、城市建设和住宅等。从经济类型来看，全地区全民所有制单位完成投资额 20.65 亿元，新建项目 2191 个，新增固定资产 15.37 亿元。在此期间，竣工投入使用的项目有 11 个：兴国留龙金矿、上犹焦里银铅锌矿、赣州稀土冶炼厂、黄金机场第一期扩建工程、石城岩岭电站、大余峡口电站、兴国长龙水库（加固）、上犹灵潭水库（加固）、崇义长河坝水库（加固）、瑞金龙山水库（加固）、宁都老埠水库（加固）。新建 17 座 35 千伏输变电工程，总投资 2931 万元。

二、“八五”期间

“八五”期间，全社会固定资产累计完成 86 亿元（不含铁路，铁路投资 20.07 亿元），比“七五”时期增长 2.8 倍。从经济类型来看，国有（营）单位投资 55 亿元，集体和个体投资 31 亿元，分别增长 3.2 倍和 2.2 倍。投资重点明显向基础设施倾斜，能源、交通、通信状况有显著改善，京九铁路赣州段开工建设，新增水电装机 12.3 万千瓦；龙潭电站一号机组正式并网发电；新增 220 千伏主变 1 台，110 千伏输变电线路 400 千米，110 千伏变电站 9 座；黄金机场扩建大 4C 级通航标准；新增公路通车里程 1400 千米，新增程控电话 22.4 万门，全地区县以上实现市话交换程控化，长途传输数字化；增加农田有效灌溉面积 2.33 万公顷，改造中低产田 1.33 万公顷；建成海关和商检大楼。

三、“九五”期间

“九五”期间，累计完成固定资产投资 238.66 亿元，比“八五”期间增长 2.25 倍。投资结构发生明显变化，从经济类型看，非国有经济投资 79.74 亿元，增长 8.3%，民间投资比重进一步提高。基础设施不断完善，公路通车里程 17911 千米，比 1995 年新增 1829 千米，京九铁路复线完工；发电装机容量 36 万千瓦，新增 11 万千瓦，城乡电网输变电能力大大改善，城市建设取得突破性进展，居民生活环境与生活质量明显提高。

第五节 劳动力结构

全市（地区）劳动力结构从就业人员比例，第一产业从业人员所占比重呈逐年下降趋势，1986 年 76.51%、1990 年 75.52%、1995 年 61.36%、2000 年 55.24%。第二产业从业人员所占比重基本保持稳定提高态势，1986 年 11.22%、1990 年 11.95%、1995 年 14.48%、2000 年 15.19%。第三产业从业人员所占比重得到较大提高，1986 年 12.27%、1990 年 12.53%、1995 年 24.16%、2000 年 29.57%。

一、城镇劳动力结构

1986 年，全地区城镇单位从业人员 43.79 万人。从经济类型看，公有制经济单位从业人员 40.6 万人，非公有制经济单位从业人员 3.19 万人。非公有制经济单位从业人员占城镇从业人员的比重为 7.3%。1996 年，全地区城镇单位有从业人员 62.9 万人。从经济类型看，公有制经济单位从业人员 46.07 万人，非公有制经济单位有从业人员 16.83 万人。非公有制单位从业人员占城镇单位从业人员的比重为 26.76%。1997 年，全地区国有企业亏损面扩大、国企亏损额增加、国企销售收入增长缓慢、破产倒闭企业越来越多、企业进行改制，使国企职工失业人数增加。2000 年，全市城镇单位有从业人员 53.27 万人。从经济类型看，公有制经济单位有从业人员 31.41 万人，非公有制经济单位有从业人员 21.86 万人。非公有制经济单位从业人员占城镇单位从业人员的比重 41.04%。全市实现城镇 1.8 万下岗失业人员再就业。

二、农村劳动力结构

1986 年农村劳动力 253.74 万人，2000 年为 349.78 万人。随着农村产业结构的调整，大量的农村劳动力流向二、三产业，农村劳动力非农业化趋势日渐明显，从事非农产业劳动力的比重明显上升，外出打工人员逐年增加。与此同时，在农业内部随着对山水资源广度和深度的开发，林业、果业和畜禽水产养殖业的快速发展，一批农业从业人员逐步转向林业、牧业、渔业。1986 年，全地区主要从事非农业人员数占农村从业人员的比重 36.78%，从事林牧渔业人员占农业劳动力的 63.22%。1990 年从事非农业人员和林牧渔业人员分别为 36.5%、63.5%。1995 年，从事非农业人员和林牧渔业人员分别为 35.91%、64.09%；2000 年，从事非农业人员和林牧渔业人员分别为 35.27%、64.73%。农村劳动力就业结构趋于合理，劳动力资源配置逐步优化。

1986—2000 年赣州市（地区）按三次产业分的社会从业人数（年末数）统计表

表 15-2-4　　单位：万人

年份	社会从业人数				构成(以合计数为 100)			职工人数	国有(营)经济单位	城镇集体经济单位	其他各种经济单位	城镇个体劳动者	乡村劳动力
	总计	第一产业	第二产业	第三产业	第一产业	第二产业	第三产业						
1986 年	297.53	227.64	33.38	36.51	76.51	11.22	12.27	40.61	33.57	8.03	0.01	3.18	253.74
1987 年	304.86	233.22	36.06	35.58	76.50	11.83	11.67	41.92	33.77	8.12	0.03	3.27	259.67
1988 年	327.01	249.18	38.18	39.65	76.20	11.68	12.12	42.78	34.89	7.86	0.03	4.34	279.89
1989 年	330.99	249.90	39.53	41.56	75.50	11.94	12.56	43.23	35.62	7.56	0.05	5.65	282.11
1990 年	340.50	257.14	40.70	42.66	75.52	11.95	12.53	43.52	35.96	7.50	0.06	5.97	291.01
1991 年	345.58	261.13	42.35	42.10	75.56	12.26	12.18	45.26	37.31	7.82	0.13	7.55	292.77
1992 年	346.58	247.73	43.66	55.19	71.48	12.60	15.92	46.54	38.31	7.93	0.30	7.32	292.72
1993 年	356.90	226.50	45.66	84.74	63.46	12.80	23.74	46.74	38.77	7.50	0.47	8.61	300.11
1994 年	400.10	246.37	55.34	98.39	61.58	13.83	24.59	46.82	38.89	7.54	0.39	11.37	339.41
1995 年	410.16	251.70	59.38	99.08	61.36	14.48	24.16	46.98	39.17	7.26	0.55	14.91	344.24
1996 年	417.14	260.25	56.20	100.69	62.39	13.47	24.14	47.06	39.23	6.84	0.99	15.84	349.87
1997 年	427.57	261.58	54.53	111.46	61.18	12.75	26.07	47.01	39.05	6.77	1.19	18.34	357.23
1998 年	423.68	255.05	52.58	116.05	60.20	12.41	27.39	46.08	38.58	6.20	1.30	19.22	353.08
1999 年	416.09	250.50	54.44	111.15	60.20	13.09	26.71	45.44	38.22	5.88	1.34	20.47	349.23
2000 年	413.59	228.46	62.82	122.31	55.24	15.19	29.57	33.19	28.41	3.00	1.78	20.08	349.78

第三章　经济体制改革

全市（地区）经济体制改革分为三个阶段。第一阶段，改革起步阶段。以中共十一届三中全会的召开为标志，农村家庭联产承包生产责任制的推广，农业生产迅速发展，农村经济空前活跃。第二阶段，改革展开阶段。1987 年 12 月，江西省委、省政府决定，把赣州地区列为全省经济体制改革试验区，并从经济贸易、粮食、物价、林业、物资协作、信贷等十个方面扩大管理权限。大力深化企业内部的领导体制、劳动人事体制、工资分配制度等方面的配套改革。实施“以线带片，沿边接轨，中心辐射，供港兴区”的战略，市场机制的作用日益增强。第三阶段，构建社会主义市场经济体制框架阶段。以中共十四大的召开为标志，改革进入以全面建立社会主义市场经济体制为目标的新的历史时期，着重进行以国有企业改革为中心的综合配套改革，转换经营机制，进行宏观体制改革和外贸体制改革，进行住房和社会保障制度改革。

1985 年，地区经济体制改革委员会（以下简称“地区体改委”）成立，人员编制 2 人。1987 年 3 月，地区体改委下设办公室，为正县级机构，内设信息调研组和改革试点组。1988 年 7 月，地区体改委内设生产体制科、流通体制科和办公室。1991 年 5 月，增设农村经济体制科和综合研究室。2000 年，市经济体制改革委员会（以下简称“市体改委”）内设办公室、生产体制科、流通体制科、农村和区域改革试点科，下辖综合研究室和赣南企业改革咨询服务中心。人员编制 19 人。

第一节　农村经济体制改革

一、农村经营体制改革

1984 年起，全地区开展延长土地承包期工作。至 1986 年上半年，全地区大部分乡村完成延长土地承包期工作。

1988 年，随着婚嫁、死亡、“农转非”等人口变动，人地矛盾愈来愈突出。根据群众要求，一些地方对土地承包相继开展“大稳定、小调整”工作；全地区在上犹县的安和乡和宁都县的田头乡开展“两田制”（由村组集体经济组织将承包地分为“口粮田、责任田”两部分，口粮田按人头平均分包，以满足个人基本生活需要，其余的责任田承担国家农产品定购任务）试点。随后各县（市）均不同程度开展土地“大稳定、小调整”和“两田制”试点。这次“小调整”全地区调整耕地 3.33 万公顷，调整农户 22.3 万户，分别占耕地面积和农户总数的 9.3%和 13.2%。“两田制”弥补了绝对平均的缺陷，但有的村组借“两田制”之机将责任田高价招标承包，侵犯农民对责任田的承包经营权，引起许多农民对“两田制”的不满，全地区实行“两田制”停留在试验阶段。全地区在推行家庭联产承包责任制前后，主要是将农村生产单位缩小，把生产队划分为若干生产小组，实行分段包干，按件计酬，然后演变成以家庭联产承包为主的责任制。1990 年后，逐年对承包合同进行完善。

1990 年，农村改革在稳定和完善家庭联产承包责任制的同时，积极进行一些试点探索，在南康县龙华乡双江村开展建立农户提供生产资料和生活资料服务的综合服务社试点。进行“农工贸一体化、产供销一条龙”的试点，推行农村科技承包试点。1991 年，家庭联产承包责任制逐渐走向规范化。稳定土地承包关系，对个别人地矛盾突出的地方，采取“动账不动田”和“以出补进”的办法妥善解决。完善土地承包合同，加强各种承包管理制度建设，以解决某些合同不完善，手续不健全，不按规定的标准收取承包费和多项提留的现象，使家庭联产承包责任制逐步走向规范化。

1991年，农业社会化服务体系初步建成。年底，全地区建立各级各类农业服务组织8854个，直接从事服务业的人数达3.85万人，其中村级合作服务和民间服务组织6447个，服务人数2.5万人。全地区有10个县（市）建立农技推广中心，大多数乡（镇）建立农技站、畜牧兽医站、经营站、林管站、水管站、农机站。农村股份合作制经济方兴未艾，全地区兴办大小股份制果园245个，面积4266.67公顷，入股单位250个，入股个人8680人，股金总额733万元，通过股份合作制形式，调动农民开发荒山的积极性，解决农业开发中人才紧缺、资金匮乏的矛盾，提高土地、资金、劳力、技术的综合利用效益。

1991—1992年，结合农村社会主义路线教育工作，全地区87.7万户农户续订承包合同，这次续订是完善土地承包合同。

1992年，在稳定和完善家庭联产承包责任制的基础上，调整农村产业结构，探索发展集体经济的新模式。进一步完善健全农村双层经营机制，村一级成立经济联社，强化农村合作经济组织的管理、经营、组织、服务、指导职能。以市场为导向、效益为中心、科技为支撑，积极调整产业结构，大力发展种植业和养殖业，开拓农村二、三产业。

1995年，农村土地使用权制度改革。地委、行署出台《关于拍卖“五荒”使用权的工作意见》，全年共拍卖“五荒”（荒山、荒坡、荒沟、荒滩、荒水）2.47万公顷。“公司＋农户”经济组织和合作经济呈现大发展的趋势，全地区“公司＋农户”组织发展到3000多个。

1996年，于都县、宁都县进行“两田制”试点，土地出让比例比上年同期增长30%，加快了全地区土地资源的合理流转和适度规模经营步伐。

1997年，全地区各县（市）把“五荒”土地使用权拍卖、租赁、入股，盘活土地资产作为深化农村改革的新举措来抓，土地使用权流转制度进一步建立。全地区拍卖“五荒”4200公顷。农业产业化成为农村经济新的经营模式，水果、甘蔗、烤烟、毛竹、茶叶、蚕桑、大棚蔬菜、莲子、瘦肉型猪、野鸭、灰鹅、鹧鸪、山鸡、甲鱼、鳗鱼、花卉等10余个主导产品已成为全地区农村经济新的增长点。

1998年4月，地委、行署贯彻落实中共中央办公厅、国务院办公厅《关于进一步稳定和完善农村土地承包关系的通知》精神，下发《关于认真做好农村土地延长承包期工作的通知》，要求各县（市）及时认真做好第2轮农村土地再延长30年承包期工作。此次土地延包是在第1轮土地承包基础上进行，大多数农户的承包土地继续保持稳定，没有打乱重分，落实延包面积33.04万公顷。各地上半年开始土地登记和发放土地经营权证工作，至年底，全部农户领到由农业部统一规定式样的、盖有县级人民政府公章的土地承包经营权证。开展“两田制”，控制机动地试点的地方，将土地重新分给农户，对个别人地矛盾突出、群众愿意调整的地方作微调，“两田制”得到彻底纠正。

1999年，全市（地区）农业产业化稳步推进，初步建立区域性农业产业化新格局，培植以优质米及米制品、果业、甘蔗、烟叶、林产、花卉、家禽等十大主导产业，形成具有地方化特优产业群、产业链。联合组织18个县（市、区）体改委、农办对全市农业产业化经营情况进行专题调查。

2000年，积极调整和优化农业产业结构，推进农业产业化经营，高效经济作物的比重加大，特色养殖比重上升，农产品新品种增加，生态农业有新的特色。

二、乡镇企业改革

1988年，大力发展村办、户办、联户办企业，加速乡镇企业和多种经济成分企业的发展。全地区筹集1.58亿元扶持乡镇企业发展。

1992年，坚持“立足本地、面向市场、四轮驱动、加快步伐”的原则，大力发展乡镇企业。

1993年，积极推进股份合作制，发展乡镇企业和林果园，全地区各种类型的农村股份合作制企业已达 1.1 万多个，有一定规模的股份合作制乡镇企业 1723 个。

1994 年，全地区继续把乡镇企业作为国有经济的主要增长点和农民致富奔小康的着力点。全面展开乡镇企业转制工作，有力地促进乡镇企业的快速、高效发展，全年新发展股份合作制企业 2226 个，筹集股金 3.17 亿元。年底，全地区乡镇企业完成总产值、工业产值、实现利税分别比上年增长 145.5%、143.86%和 136.2%。乡镇企业投入比上年增长 148%。

1997 年，乡镇企业产权制度改革不断推进，各县（市）在贯彻地区体改委、地区乡镇企业局《关于进一步深化乡村集体企业改革的意见》的基础上，有 1538 户乡镇企业改制。

1998 年，建立农产品加工销售生产为一体的大小龙头企业 1034 家。乡镇企业改制有新的突破，全地区乡镇企业改制 6251 家，乡镇企业改制面 93.6%，其中拍卖 556 家、兼并 119 家、破产 113 家、股份合作 1958 家、有限公司 32 家、承包 2487 家、租赁 208 家、目标管理 195 家、其他 583 家。

1999 年，按照“深化、完善、提高”要求，规范乡镇企业产权制度改革，实现乡镇企业二次创业。

第二节 国有（营）企业改革

一、生产经营体制改革

1986 年 5 月，地委、行署印发《关于进一步增强国营工业企业活力的暂行规定》，规定厂长有经营决策权、生产指挥权和人事任免权。同时，地委、行署要求划清改革与不正之风的界限，实行厂长（经理）负责制，突出厂长（经理）在行政指挥的中心作用。全地区工交企业有 133 家推行厂长（经理）负责制，占全地区预算内企业 69.2%，所有推行厂长（经理）负责制的企业，生产、经营效果明显好转。

1987 年，按照政企分开和企业所有权与经营权分离的原则，积极探索企业经营机制改革。1987 年全地区预算内工业企业实行承包经营的有 447 家，占企业总数的 77.4%；国营中型商业企业实行承包经营的有 86 家，占该类企业总数的 67.2%；实行租赁经营的国营工业企业 50 家，其中预算内工业企业 37 家，占小型企业的 25%；国营小型商业企业实行改制、转制、租赁的有 451 家；有 23 家集体企业实行股份制。企业实行承包、租赁、股份制等经营形式，明确国家、企业、经营者和职工的责、权、利关系，调动企业和职工的积极性，促使企业更好地挖掘内部潜力，提高经济效益。在探索企业经营机制改革中，把竞争机制、风险机制、法律手段引进承包、租赁，1987 年，全地区各行各业实行招标竞争的有 718 家，其中国营预算内工业企业有 67 家，占企业总数的 9.33%。企业领导体制改革和企业内部分配制度的改革，主要形式有计件工资制、定额工资制，部分工资与奖金一起浮动，对管理人员实行联利联责浮动工资制、岗位工资等，在全地区 190 家预算内工业企业试验中，工资全浮动的企业占 30%，部分浮动的企业占 70%。

1988 年，省委、省政府决定把赣州地区作为经济体制改革试验区。全地区以深化企业改革、发展完善经营机制为重点，引入竞争机制，通过公开招标、考评答辩等规范化的程序择优选用合格的经营者。突破过去确定承包时“一对一”的谈判格局，多数企业实行企业内、系统内和社会公开招标承包，全地区预算内国营工业企业承包租赁经营面 94.15%，其中 75%以上实行公开招标。国营合作商业企业承包租赁面达 97%，全地区 187 家大中型国有合作商业企业中，向社会公开招标承租的占 90.9%；国营小型商业企业实行改制、转制、租赁的有 666 家，比上年增加 215 家。全地区有 77 家国营工商企业推行全员抵押承包，占承包企业的 71.88%。承包租赁期的延长，抑制了一些企业的短期行为，1987 年承包租赁企业的期限多为 1 年，1988 年后，多数企业将承租期延长到 3～5 年，企业内部配套改革不断深化。实行厂长负责制、中层干部招聘、选聘或聘任制，层层承包，搬掉“铁交椅”，打破终身制，促进干部的合理流动和优化配备，全地区有194家国营工商企业的中层干部实行招聘制；改革劳动制度，全地区有323家工商企业推行优化劳动组合，突破改革的难关，采取“兵选将”“将点兵”的双向选择，使职工有危机感和动力感。

1989年，继续拓宽承包面，抓好招标承包。地区体改委在调查的基础上，制定《企业承包经营责任制考核兑现办法》，规范《企业承包经营合同书》，并配合企业主管部门和审计、财政等单位，对1988年企业承包租赁合同执行情况进行考核兑现，对亏损较严重的经营者，给予经济处罚，情况严重的中止合同，重新招聘或委托经营者。做好承包企业合同到期的转换工作，1989年，全地区有77家国营工商企业承包租赁合同到期，占承包租赁企业总数的11%。地区体改委把做好承包企业的转换工作作为坚持和发展承包制的关键环节，及时发出实行滚动承包的通知，强化企业风险机制和自我约束机制，1989年，全地区国营工商系统有283家企业推行全员抵押承包，缴纳抵押金571.2万元。企业内部改革，坚持和完善厂长（经理）负责制，推行工资总额与经济效益挂钩，一些挂钩企业除考核实现利润、上缴税利等主要指标外，还考核质量、劳动效率、消耗、安全等多项经济指标。年底，全地区有244家国营工商企业推行工资与效益挂钩，比上年增加138家。改进和发展“内部银行”“优化劳动组合”，较好地完成承包任务，制订长期目标，把承包租赁期，厂长（经理）任期目标与长远发展战略相结合。3月，决定对全地区工业企业逐步放开经营改革试点，批准赣南造纸厂、赣南机械厂、赣南小车厂、赣州钨钼材料厂、江西气体压缩机厂等5家企业为全地区首批放开经营试点。企业放开经营以后，充分利用放开所给的优惠条件，深化改革，发展生产，使企业的经济效益大幅度增长。按照“政企分开”“两权分离”的原则，进行国营资产管理体系的改革试点，切实理顺国营资产产权关系。

1991年，推开“三项制度”（劳动、人事、分配）改革。国营合作商业企业实行经营、价格、用工、分配“四放开”改革。至年底，全地区推行“三项制度”改革的预算内工业企业达175家，改革面占预算内工业企业总数的96.97%。国营合作商业企业比上年减亏707万元，实现税利总额比上年增长4.6%。为搞活企业，地委、行署批转下发《关于在国营工业企业进行“六自主”试点的意见》，在经营、价格、人事、用工、分配、投资6个方面实行放开。

1993年年初，贯彻落实国务院《全民所有制工业企业转换经营机制条例》。全地区的大部分国有企业除用工、人事、拒绝摊派、进出口自主权以外，其他各项自主权已基本得到落实。企业反映强烈的负担重问题逐步解决，企业的外部环境得到改善。同时，积极探索多种企业转制形式，企业经济效益逐步好转。推进资产优化配置，企业组织结构调整有新的进展，有的县（市）推出兼并、分立、优化结构、划小核算单位等措施，对企业组织结构进行调整。对长期亏损企业试行破产。据统计，1993年，组建企业集团（总公司）12家，有8家优势企业兼并9家劣势企业，有4家企业进行破产试点。

1994年，认真做好“转机建制”的基础性工作。地区和大部分县（市）出台全年改革的具体实施意见，并结合实际制定企业改革的单项实施方案。地委出台《关于在国有企业实行公司制的实施办法》《关于搞活中小型商业企业的实施意见》《二轻集体企业股份合作制试点办法》。地区体改委举办2次全地区企业股份制及公司制改造培训班，培训人员近200人。同年，探索企业“转机建制”的实现形式，按照省、地的部署，结合赣州地区实际选择一批国有企业进行公司制改组试点。全年全地区新增股份有限公司5家，有限责任公司25家。20家企业试行公司制过渡试点。江西东方红实业股份有限公司和江铃齿轮股份有限公司的正式创立，标志着全地区规范化股份制试点工作进入一个新的阶段。全面推开国有民营、公有私营和社有自营改革，全年全地区实行国有民营改革的国有小型企业211家，占全地区520家小型工业企业的40.58%。国有商业有92%的小型零售网点实行国有民营。供销合作企业近95%的基层供销社实行社有自营。

1995年，通过多种形式，新组建一批企业集团。如赣南造纸（集团）有限公司、赣南粮油实业集团公司、赣州印刷集团公司、崇义华森集团公司、于都汽车集团公司、南康美边食品工业集团公司。进行公司制改造，新成立赣州百货股份有限公司，完成赣州中大集团和赣州自来水股份有限公司的筹备工作。同时，组建一批有限责任公司。大型企业改革取得突破，崇义县开展县乡企业"拍卖加租赁"试点工作，全县拍卖加租赁企业21家。瑞金市、赣州市（今章贡区）、定南县、龙南县开展企业拍卖试点工作。探索企业托管经营的新路子，企业的兼并、嫁接取得进展，江西第一糖厂兼并南康造纸厂，使连年亏损的造纸厂效益明显好转；部分企业实行母体裂变、分块搞活，取得较好的改革效果。

1996年，放手进行企业的联合、兼并、托管、嫁接、拍卖等多项改革。赣州汽车天线厂、赣南小车厂、赣县印刷厂、大余印刷厂等一批企业被托管，赣州铸造厂、瑞金啤酒厂、定南陶瓷厂、于都羽绒厂等一批企业破产，赣县汽运公司、上犹铅锌矿、瑞金萤石粉厂等一批企业与外资嫁接，大余化工厂、上犹滤清器厂、赣南机械制造有限责任公司等一批企业实行母体裂变、分块搞活。据统计，实行上述改革的企业总户数达40多家，改革对于盘活存量、调整结构、优势扩张起到促进作用。

1997年，全地区进一步贯彻中央关于加快国有企业改革与发展的重要指示。改革由工业企业向交通、商贸、农口企业和社会事业领域全面推进。地直冶金煤炭、交通、商业、粮食、外贸、物资、供销、林业、建筑、农业等10个部门所属的99个独立核算企业分别采取职工身份股权化、股份合作、租赁、破产等形式进行改制，改革面达到87%。

1998年，全地区本着"不求名分求实质、不求所有求所在、不求其纯求其佳"的指导思想，积极探索公有制的多种形式，通过"靠大、靠强、靠优"重组一批企业。如瑞金制药厂被三九集团兼并，安远县制药厂与海南卫企药业公司合资，福建龙马集团出资3600万元与赣南矿机厂合资组建赣州龙马农用车制造有限责任公司。同时，通过个体私营经济参与国有（集体）企业改革，促进公私经济融合生长，全地区个体私营企业收购、兼并、租赁国有（集体）企业619家，其中收购34家、兼并90家、租赁495家。开展产（股）权招商，举办'98赣南优化资本结构暨招商引资洽谈会，有60个项目签约，其中合同签约项目43个、意向签约项目17个，签约总金额达16亿元。继续推进企业改革，全地区国有企业改制面92.6%，集体企业改制面91%。

1999年，在"坚持有进有退，有所为有所不为"的原则下，以攻坚破难为重点，从战略上调整国有经济布局和改组国有企业。地区行署下发的《关于在全区国有企业开展债务重组的指导意见》，被省政府办公厅转发。抓稀土高科技股份公司和赣州机械齿轮股份公司的筹建工作。对市（地）直企业改革进行一次"回头看"的督查活动，推动市（地）直企业改革的深化。

2000年，各县（市、区）积极开展国有经济重组的实践与探索。因企制宜，因企施策，继续推进股份制、收购、兼并、出售、破产、资产重组、租赁、承包等多种形式的改革，企业改革力度进一步加大。

二、股份制改革

1988年，试行股份制经营，全地区有36家国营小型工商企业、49家集体工商企业试行职工股份经营。

1991年，进行内部股份制试点，地、县（市）成立股份制工作领导小组，地委下发27号文件，行署下发89号文件，加强这一工作的组织领导和改革指导。7月，地区体改委组织地直部门、企业负责人共30人赴深圳学习。9月，举办8期股份制培训班，培训500多名企业干部，为股份制工作的下一步推开打下基础。抓好赣南火柴厂、赣州市阀门厂、赣州市造纸厂、赣南贸易中心等企业内部股份制的试点工作。

1992年，1家国营企业（赣州光大股份有限公司）和3家集体企业（赣州金凤股份有限公司、赣州捷成汽车配件股份有限公司、赣阀股份有限公司）先后完成内部股份制改造，4家企业的股本金总额达1531万元。19家企业积极进行股份制改造的准备工作。加快乡镇企业股份合作制的改革，900多家乡镇企业实行股份合作制。乡镇企业股份合作制形式多样，有的法人持股，有法人和个人共同入股，也有农民自发组织入股。农村股份制果园得到迅速发展，全地区共建立股份制果园276个，果园面积3035.2公顷，股份23203股，股金总额1282万元。

1993年，行署下发投入产出总承包、企业无主管部门、税利分流、比照中外合资企业有关政策综合改革及国有民营等一系列企业改革实施方案（办法），至年底，全地区工商企业中已落实试行股份制25家，国有民营609家，无主管部门试点32家，“三资”企业综合改革36家，税利分流5家。还有一些企业试行“一厂两制”等形式。

1994年，各县（市）围绕“转机建制”的各种形式，进行股份制改组、公司制过渡办法等项“转机建制”试点。全年进入各项试点的企业有147家，参加试点人员5万多人。年底，全地区实施股份合作制改组的城镇集体企业121家，基本完成年度任务。

1996年，重点推开股份合作制改革试点。年初，组织联合考察组赴山东诸城学习，结合赣州实际，行署出台《国有小企业实行股份合作制的试行办法》，地区体改委举办4期股份合作制培训班，培训部门和企业干部300多人。全地区实行股份合作制改制的企业达到28家。

1997年，以股份制、股份合作制为主要形式的改革由1996年的试点转入全面推开，至年底，全地区国有企业改制面达88.6%，独立核算工业企业改制面达85.6%，集体企业改制面达85%，其他企业改制面达82.1%。全地区有上犹县、大余县、会昌县、南康市、全南县、龙南县、定南县、崇义县、瑞金市、石城县、于都县等11个县（市）改制面达到90%以上。

1999年，改造和规范股份有限公司，主要是对赣南果业公司运作情况进行专题调查，对公司运作中存在的一些突出问题提出应对措施和建议。

2000年，继续推进股份制改革，筹划赣州创业集团公司、赣南南方有色金属冶炼厂、江西豪德集团生物工程实业有限公司等5家企业的股份制改造。

三、建立现代企业制度

1995年，现代企业制度试点工作起步，全省首批现代企业制度试点的赣州中大集团和赣州木材厂完成前期工作。

1996年，现代企业制度试点工作正式启动。赣州中大集团实施方案进入实质性的运作，东方红实业股份有限公司、南河水电实业总公司积极主动提前进入试点。遵照国务院和省有关文件精神，对已组建的7家股份有限公司和22家有限责任公司依据《中华人民共和国公司法》加以规范，加快现代企业制度试点进程。

2000年，认真抓“二板市场”的企业上市筹备工作，探索赣州市策应“二板市场”上市企业发展的新思路、新政策、新举措，对全市具有股份上市潜质的中小企业开展预选调研工作，举办企业上市工作研讨会。面向全国公开招聘赣南果业股份有限公司总经理，进一步完善赣南果业股份有限公司法人结构，开创上市公司公开招聘总经理的先河。

第三节　流通体制改革

一、国有（营）商业体制改革

1988年，本着生产与流通并重的指导思想，推进国营合作商业企业的改革。建立多成分、多渠道、少环节的流通体制，逐步改变由行政部门层层调拨商品的封闭式、多层次、少渠道的批发体制，实行商企挂钩、厂商挂钩、产供销一条龙的新流通方式。当好商品流通的“二传手”，做活大生意，在毗邻闽、粤的400千米边界上开放近100个集市，建立一批初具规模的区域性专业市场，撤销189个阻碍流通的关卡。鼓励开展远购近销、近购远销，瞄准国际市场，大力发展对外贸易。全地区清查各类公司1088个，经过整顿，撤销9个公司，有36个公司与主管部门人、财、物脱钩后进行转型。

1989年，全地区撤销公司380个，占公司总数的24.8%，其中撤并党政机关办的公司198个，占党政机关所办公司总数的57.7%。抓党政机关开办公司的人、财、物“三脱钩”工作，至年底，全地区有206名公司兼任职的党政机关干部办理脱钩手续。

1991年，率先在全省对国营合作商业企业进行经营、价格、用工、分配“四放开”试点，以探索搞活国营合作商业企业的新途径。至年底，先后有200多个国营合作商业企业进入试点运行，试点面达50%。同时，改革外贸体制，积极探索外贸办实业，多渠道经营和贸工农一体化的新路子。

1998年，全地区商业系统已实行公司制的企业有13家，实行股份合作制的企业有16家，租赁经营的有197家，总经销总代理制的有71家，合资企业的有4家，终结破产企业有2家。

2000年，商贸流通企业以产权制度改革为重点，市商业局确定赣州商品交易中心（赣龙大酒店）、赣州肉联厂为产权制度改革试点单位。

二、供销合作社改革

1995年，供销社改革全面启动，由体改委牵头组织有关部门对供销社进行调研，在瑞金市、宁都县、南康市三地召开供销社改革现场会。

1998年，供销系统86个经营门店中实行社有民营74个，实行风险抵押承包门店12个；地区供销社对地区供销总公司、韶关转运站、地区农资公司等3家骨干企业进行股份制改造，分别组建有限责任公司。

2000年，市供销社对经营不善、扭亏无望的市信托公司、市装潢公司、市棉麻公司等单位进行“买断身份”的改革试点。

三、粮油流通体制改革

1992年，大胆探索深化粮油购销体制改革的路子，4月先行在毗邻广东的龙南县、全南县、定南县3个县进行全面放开粮油购销价格试点，9月全地区全面放开粮食购销价格。

1996年，赣州市（今章贡区）有13家粮站和粮油经营部实行统一进货，统一定价，统一服务，统一库存、统一配送的连锁经营。11月中旬举办赣州食品贸易博览暨经贸洽谈会，为赣州的产品走向区外市场提供平台。

1998年，粮食系统对商业性经营的9个粮站、6个加工厂实行风险抵押承包，4个粮站实行抽资经营。

2000年，粮食系统对企业实行分块搞活重组，在合理分割资产和相应债务的前提下，分块搞活，形成新的专业化法人实体。

四、物资流通体制改革

1990年，撤并一批党政机关开办的和流通领域中过多、过滥的公司，清理整顿公司的工作初见成效。流通秩序进一步好转，各类市场体系逐步建立健全，逐步形成农特产品市场、生产资料市场、短期资金市场、产权交易市场、房地产市场、科技市场等专业市场为主体的市场体系。

1992 年，流通领域改革步伐加快。全地区各县（市）物资部门相继成立物资总公司，实行政企职责分开，按新的机制运行。

1996 年，进行商业连锁经营试点。赣南华侨友谊公司被列为全省商业连锁经营试点企业，通过运转已取得初步效果。

1998 年，物资系统把原有所属市金属材料公司、轻化建材公司，生产资料公司，物资贸易公司、物资调剂中心整合为市轻化建材公司，并以股份合同制形式新组建市物资供应站。

2000 年，物资系统采取改组、收购、兼并、出售、破产等形式，放活物资企业。

五、市场体系建设

1993 年，增加市场建设资金投入。投入市场建设资金 1.5 亿元，县城及乡（镇）兴建农民街 222 条，新建各类专业市场 180 个，市场面积达到 177.5 万平方米。市场培育百业兴旺，许多县（市）大力培育各类市场，并充分发挥其辐射作用，促进域内经济的发展。个体私营经济持续发展，到 11 月底，全地区个体工商户、私营企业达 92445 户，从业人员 22.01 万人，个体私营经济税收超亿元。

1994 年，全地区投入市场建设资金 1.02 亿元，完成市场建筑面积 34.58 万平方米，新建市场面积比上年增长 113.3%。个体私营经济发展速度加快，全地区个体工商户、私营企业达 128289 户（其中私营企业 941 户），从业人员达 327775 人（其中私营企业主 2496 人）分别比上年同期增长 27.4%和 33.9%。全地区个体私营经济纳税达 2.2 亿元，比上年总额增长 71.88%，占财政收入的 20%以上。

1995 年，全地区把培育市场体系作为深化改革的重要举措来抓，全年投入资金 1.29 亿元。新增各类专业市场、批发市场 78 个，新增市场面积 27.3 万平方米，赣州市（今章贡区）与香港豪德（集团）有限公司合作开发的赣南贸易广场，总投资 1.2 亿元，是全地区最大的商贸中心。

1997 年，各类商品市场初具规模，全地区有各类商品交易市场 584 个，总面积 201 万平方米，引进中国光彩事业促进会深圳分会投资兴建的赣南光彩市场已完成投资 400 万元，建店面面积 8000 平方米。资本市场开始启动，组建江西赣南果业股份有限公司，并成功在深圳上市。开展江西赣州企业法人和职工个人股实行集中托管工作。继续抓土地、劳动力、金融、技术、信息、产权、房地产等要素市场的建设。

1998 年，市场体系日益完善。全地区已建立农产品市场 58 个、工业消费品市场 46 个、生产资料市场 18 个、城乡集贸市场 613 个，市场建筑面积 201 万平方米。

1999 年，市场培育逐步成熟，先后有赣南建材大市场、五洲大市场等 4 个大型市场动工兴建，投资额达 1.3 亿元，逐步形成统一开放、竞争有序的市场体系。

第四节　宏观调控领域和其他领域的改革

一、计划投资管理体制改革

1989 年，推进计划、劳动力、财政、物资、金融、外贸、投资等宏观管理方面的改革，开始形成有效的调控体系。加强计划的综合平衡和调控职能，完善财政包干体制，推进金融体制改革。

二、财政税务管理体制改革

1991 年，改进和完善核定基数、递增包干、定额上缴、超收全留、自收自支、自筹平衡等财政包干办法。为加强行业和企事业单位的国营资产管理，防止国营资产流失，地区和许多县成立国营资产管理局，加强国营资产管理。

1994年，以财税体制改革为重点，金融、计划、投资外贸体制改革顺利推进。

1995年，完善地、县、乡三级以税务申报、代理、稽查为一体的税收征管体制，发展税务代理户6960户。

三、金融体制改革

1986年，各级银行在金融体制改革上，普遍开展同业资金拆借业务，改革资金纵向分配，建立资金融通网络，加速货币流通。赣州市（今章贡区）建立第一个城市信用合作社，吸收股金12万元，存款总额45万元，放贷总额4万元。1987年，金融体制改革进展加快，全地区金融部门不断深化改革，在加强宏观控制、开拓业务领域、扩大金融服务等方面取得成效。

1988年，初步形成资金市场，全地区金融部门建立跨省、跨区的资金融通网络，中国人民银行赣州地区分行、赣州市（今章贡区）支行和各专业银行及其信托投资公司等11家金融单位共同组建全省唯一股份制形式的资金融通公司，集中分散资金，增强资金吞吐能力。开辟生产资料市场，部分生产资料进入市场调节，冲破长期以来生产资料由物资部门统一调拨，计划分配，管得过死的框框。

1993年，认真贯彻实行宏观调控改革措施。金融秩序整顿效果明显，金融形势稳定。全地区应收回的违章拆借资金已基本收回，城市存款月月上升，货币回笼大幅度增加，贷款增幅逐月扩大，银行支付能力增强。

四、社会保险制度改革

1990年，开展社会保障制度改革，全地区退休费统筹开始逐步纳入全省统筹，至年底，全地区有28万名固定职工参加退休费统筹。

1992年，行署颁布《赣州地区国营企业职工待业保险工作实施细则》，扩大待业保险范围和保险对象，把基金筹集比例提高到工资总额的1%；职工每月再缴1元，按救济标准不低于50元标准发放。

1994年，加大社会保险制度改革的力度，进一步扩大和完善城镇职工养老和失业保险范围。积极推行农村社会养老保险，全地区有1557家不同所有制的企业、事业单位参加保险。

1995年，以职工养老保险为重点的社会保障制度改革取得较大进展，12月底，全地区职工参加养老保险人数达21.7万人、失业保险18.2万人、工伤保险12万人、生育保险18.6万人、大病保险3.2万人、农村养老保险52万人。

1997年，完善养老保险制度，适时调整养老保险的有关政策措施，明确改制企业必须继续执行基本养老保险的政策。全地区企业投保面加宽，投保金到位率加大，全地区投保企业3323个，占企业总数的90%，投保金到位率92%。在完善国家基本养老保险的同时，逐步建立个人储蓄养老保险及工伤、生育、医疗、失业保险等企业职工的补充养老保险制度。

1998年，全地区参加养老保险社会统筹的企事业单位（含城镇集体）5940个，职工290172人。私营、个体工商户及雇工和“三资”企业中方职工的养老保险开始起步，农村社会养老保险步入新阶段，入保人数62.8万人，收（缴）保费9383.88万元。

1999年，通过社会保险改革与探索，以养老保险为龙头，逐步形成养老、失业、工伤、生育、医疗等项改革相互促进、重点突出、整体推进的新格局。重点抓全市（地区）职工医疗保险启动前的各项准备工作，制定《赣州市城镇职工基本医疗保险实施方案》及有关配套文件。

五、其他配套改革

1988年，改革人事管理制度，除文化、教育、卫生、科研等系统向社会公开招聘负责人，引进承包人外，一些县（市）实行公开招聘行政机关的科级干部，在社会上引起强烈反响。开办人才、技术、劳务市场。2月，举办全地区首届人才、技术、劳务市场洽谈会，登记洽谈4600多人，意向成交568个，意向成交科技项目567个，有34个乡镇企业在市场公开招聘人才。

1991年，改革公费医疗制度，9月，地区出台公费医疗改革试行方案，健全和完善医疗管理制度。

1993年，深化医疗卫生体制的改革，赣州市（今章贡区）在卫生系统进行劳动、人事、分配制度、经营机制、卫生投入补偿机制等配套改革。

1994年，卫生、教育体制改革进行积极探索。兴国县卫生系统以国有民营为主体，以股份制、租赁为补充的管理模式，推行综合管理，使一度陷入困境的医疗单位焕发生机。

1995年，全员劳动合同制推行面达到80%。开展公务员制度、人事制度综合改革试点，地、县、乡三级机构改革全面展开。国有企业清产核资工作基本完成。

2000年，制定卫生改革实施方案和配套措施，市体改委与市卫生局联合起草《深化卫生改革的实施意见》，市委办、市政府办印发各县（市、区）。市卫生系统以《深化卫生改革的实施意见》为依据，在市直卫生单位自下而上地开展全员聘用、竞争上岗为主要内容的人事制度改革，以及以绩效工资为主要内容的分配制度改革。

第四章　区域经济技术合作

1986—2000年，全市（地区）围绕“扩大开放，加快发展”这一主线，采取“走出去、请进来”等各种有效形式，开展对外经济技术合作。全市（地区）签约内联项目合同8574个，实际引进外资92.5亿元。赣州市（地区）先后加入到闽粤赣边区经济技术协作区，闽西南、粤东、赣东南经济协作区和大京九经济协作带等3个区域经济技术协作组织。先后与上海市静安区、卢湾区缔结为友好城市。

第一节　机构设置和合作组织

一、机构设置

赣州市（地区）对外经济技术合作办公室主要负责全市（地区）招商引资，全市（地区）省际区域经济技术协作。1986年，赣州地区对外经济技术合作办公室内设秘书科、业务科、综合科、物资科。1988年6月，综合科外引审批职能划归地区计划委员会，综合科连人带编并入地区计划委员会。1990年7月，外商投资服务中心与合作办合署办公，增设招商部、项目部。1992年8月，外商投资服务中心职能及人员划归地区招商局，增设综合科。2000年，内设秘书科、业务科、综合科，在编12人。

二、区域经济合作组织

1986—2000年，赣州市（地区）先后加入闽粤赣边区经济区，闽西南、粤东、赣东南十三地（市）经济协作区，大京九经济协作带等3个区域经济合作组织。1986年，闽粤赣边区经济协作区成立，由闽粤赣边区的龙岩、梅州、赣州3个地区组成。协作区成立后，以交通、流通、融通为重点，广泛开展项目合作、共建基础设施、物资交流、商品流通、资金融通、边贸市场建设与政策协调。1995年，闽西南、粤东、赣东南十三地（市）经济协作区成立。由福建的厦门、泉州、漳州、三明、龙岩，广东的汕头、揭阳、梅州、潮州、汕尾，江西的赣州、抚州、鹰潭十三地（市）组成，是国家确定的八大经济区之一的南部沿海经济区重要组成部分。协作区成立后，各方按照“优势互补、协调发展”的原则，充分发挥各自优势，在基础设施建设、区域商品市场管理、建立区域信息网络、招商引资、企业联合兼并、旅游资源开发等方面加强合作。1997 年，大京九经济协作带成立，由京九铁路沿线的广东东莞、惠州、河源，江西赣州、吉安，湖北黄冈、麻城，安徽阜阳、亳州，河南商丘、濮阳，山东菏泽、聊城，河北衡水、霸州、任丘等 16 个地（市）组成。

第二节 区域合作

1986—2000 年，在平等协商、求真务实、互惠互利、共同发展的原则下，赣州市（地区）与协作区内各地（市）开展卓有成效的广泛合作。

一、联席会议

闽粤赣边区经济区，闽西南、粤东、赣东南十三地（市）经济协作区，大京九经济协作带均建立定期联席会议机制，每年在协作区内各城市轮流召开党政联席会议。通过定期会议，制定合作规划，研究解决协作区内重大问题，达成区域合作协议。1996 年 12 月，在赣州地区召开闽粤赣边区经济技术协作区第十一次联席扩大会议。会上通过《关于加强协作区政策调研协调的意见》《关于继续加强协作，搞活边界贸易的决定》《关于加强协作区交通基础设施建设的决定》等重要文件。1997 年 11 月，在赣州地区召开闽粤赣十三地（市）党政领导第三次联席会议，邀请国家计划委员会、国家经贸委、铁道部、交通部等部委派员参加会议，闽粤赣三省的计划委员会、交通厅、合作办等部门的领导出席会议。会上，赣州地区项目被列入区域合作重点项目，与福建省有关方面达成共建特种养殖基地的协议，与广东省有关方面达成农副产品和劳务合作协议。

二、基础设施建设

公路方面，对连接广东梅州的 206 国道寻乌境内的部分路段进行二级改造，铺筑水泥路面。对连接福建龙岩的 319 国道瑞金境内路段进行改造，铺筑沥青路面。修通 4 条沟通福建龙岩和广东梅州的断头公路，改造 2 条通往广东梅州的县乡公路。铁路方面，联系铁四院工程技术人员完成赣龙铁路的可行性研究报告，向全国人大常委会提交建设赣龙铁路的提案。电力方面，寻乌县与广东兴宁县合资建设斗晏电站，总投资 1.88 亿元，总装机容量 3.75 万千瓦，为全国县办电站规模第二位，被列入全省“八五”建设计划。寻乌县岑峰乡与兴宁黄陂镇联合建设电站 4 座，总投资 350 万元。

三、林业治安联防

成立边区林业治安联防领导小组，联合进行联防情况检查，年终召开林业联防交流、总结、表彰大会，互通信息，依法办案，强化林区治安管理。1993 年，参加三边联防的林业公安部门受理林业案件 559 件，破案 557 件，破案率 99.6%。调处山林地界纠纷，本着“安定团结、互谅互让，共同富裕、创造新风”的调处方针，协调解决毗邻县的山林纠纷。

四、边贸合作

优化边际贸易软环境，采取一系列灵活优惠政策，放宽经营范围和方式。经江西省批准，1991 年，赣州地区撤销 11 个边际县 309 个关卡。除龙南县征费站外，在国道的各类关卡一律撤销。摊位保证金、牌匾费等收费项目全部废止，促进省际商品交流和互通有无。边际县工商部门对来自闽粤湘三省边际经商客户，一律实行优惠政策，优先安排摊位，收费从优。

第三节 利用内资

1986—2000年，全市（地区）引进合同项目8574个，实际引进市（地区）外国内（境内）资金92.49亿元。招商引资为赣州市（地区）引进一批先进的实用技术，许多项目填补了国内技术空白，使许多行业的大批产品更新换代，一大批老企业得到新技术。如钨和稀土、钴生产企业通过引进技术，使赣州的钨制品、稀土产品、钴产品成为国内重要的有色金属产品，有的项目在国内外填补技术空白。同时，大量客商投资企业的建立和投产开业，为赣州增加地方财政收入，拉动第三产业和物流产业的迅猛发展，创造大量就业岗位，吸纳大量农民进入城镇务工、经商或从事第三产业。

一、物资串换

1986—1995年，计划经济向商品经济转轨，商品经济氛围浓厚，物资串换成为主要对外经济合作内容，招商引资处于“摸着石头过河”的初期萌芽阶段。引进资金6.86亿元，年均引资额为6859.76万元。项目投资规模小，共引进项目4363个，单个项目平均投资额为15.7万元。合作领域和形式较单一，主要为资源类的初加工项目，合作形式主要以与国有（营）企业合资合作为主，兼有少量捐赠项目。引资手段简单，主要通过与省外有关地市缔结友好城市、外出访问和召开座谈会等形式。

二、招商引资

1996—2000年，以招商引资为工作重点的赣州对外经济技术合作办正式成立，推动了全市（地区）招商引资工作。1996年，在各级政府强有力的推动下，各地各部门招商氛围异常浓厚，招商环境日趋完善。其间，引资数量大幅攀升，共引资195.6亿元，年均引资24.4亿元，是起步萌芽期年均引资的35.5倍。项目投资规模增大，共引进项目6136个，单个项目平均投资额为318.6万元，引进投资500万元以上项目逐年增多。项目投资主要以基础设施建设、房地产开发和劳动密集型企业为主。客商合作形式以独资企业为主。招商形式更为灵活多样，除传统的大型节会招商外，还有小分队招商、以商招商、网上招商等形式。赣州市（地区）承接项目的工业园区渐成气候。龙南县、信丰县、赣州市（今章贡区）、于都县、兴国县、南康市等县（市、区）都掀起建设工业园区的热潮。1999年，京九铁路的开通和香港回归，使赣州成为东南沿海及港、澳、台连接内地的过渡地带，赣州的区位优势进一步显现。赣州与广东省、福建省的经济技术合作日益增多。2000年，全市签约合同940个，实际引进资金23.05亿元。

1986—2000年赣州市（地区）引进资金统计表

表15-4-1

年度	签约合同数(个)	实际引进资金(万元)	年度	签约合同数(个)	实际引进资金(万元)
1986年	272	1096.45	1994年	481	13365.55
1987年	406	2169.00	1995年	552	24993.40
1988年	601	5394.00	1996年	468	67475.37
1989年	417	3002.00	1997年	1050	156650.00
1990年	442	2003.89	1998年	837	188700.00
1991年	399	2803.90	1999年	916	213000.00
1992年	406	4958.41	2000年	940	230513.00
1993年	387	8811.00	合计	8574	924935.97

第五章 人民生活

随着经济持续较快发展，全市（地区）人民生活水平不断提高，生活质量明显提升。城乡居民收入持续增加，城镇居民人均收入由1986年的741元增加到2000年的4811元，农民人均总收入由1986年的430元增加到2000年的2646元；城乡居民储蓄显著增加，人均储蓄存款由1986年的80元增加到2000年的2138元；城乡居民消费观念、消费结构显著变化，生活质量逐步改善，城镇居民人均年消费型支出由1987年的697元增加到2000年的3484元，农村居民人均年消费型支出由1987年的332元增加至2000年的1422元；城乡居民居住条件不断改善，城镇居民人均房屋使用面积由1990年的8.85平方米增加到2000年的13.85平方米，农村住户人均住房面积由1990年的23.45平方米增加到2000年的23.99平方米。

第一节 收入

城乡居民收入持续增加。2000年，全市城镇居民人均可支配收入达4811元、农民纯收入达2100元，分别比1986年增长549.26%和554.07%。从收入构成来看，收入渠道进一步拓宽，呈现多元化发展态势。

一、农村居民收入

1986年，农民收入渠道单一，总体收入水平较低。全地区农民人均总收入430.72元，其中农业收入162.26元、林业收入15.77元、牧业收入94.28元、渔业收入13.14元，人均纯收入321元。1990年，全地区不断加大牧业、渔业的投入，农副产品产量大量增加。同时，大力发展乡镇企业，拓宽农民收入渠道，提高农民收入，农民收入大幅度提高。农民人均纯收入602.03元。2000年，农民人均总收入达到2646.43元，其中农业收入919.17元、林业收入22.82元、牧业收入465.29元，人均纯收入2100元。

1986—2000年部分年份赣州市（地区）农村住户人均总收入、纯收入统计表

表15-5-1 单位：元

指标	1986年	1990年	1995年	2000年
总收入	430.72	810.36	2097.85	2646.43
其中农业	162.26	358.13	789.66	919.17
林业	15.77	21.88	26.60	22.82
牧业	94.28	177.23	536.77	465.29
渔业	13.14	23.10	53.73	77.16
工业	10.71	13.92	9.96	18.29
建筑	3.02	4.13	11.52	50.38
交通运输邮电业	5.21	4.51	10.75	22.96
批发和零售贸易、餐饮业收入	10.62	17.64	32.53	32.15
社会服务业	3.29	5.18	25.69	30.49
文教卫生业	31.03	63.13	—	1.16
其他家庭经营	38.63	54.40	99.03	62.59
其他收入	42.76	67.11	501.61	943.97
人均纯收入	321.07	602.03	1478.00	2100.00

二、城镇居民收入

1987 年，全地区城镇居民人均可支配收入 741 元。1990 年，全地区城镇居民人均可支配收入 1329 元。1996 年，全地区城镇居民人均可支配收入 4225 元。2000 年，全市城镇居民人均可支配收入 4811 元。

1986 年，全地区全民所有制单位职工年人均工资 1137 元，城镇集体所有制职工人均工资 822 元。1990 年，全地区全民所有制单位职工年人均工资 1802 元，城镇集体所有制职工人均工资 1302 元。1995 年，全地区全民国有经济单位职工年人均工资 3949 元，城镇集体经济职工人均工资 2865 元。2000 年，全市全民国有经济单位职工年人均工资 6782 元，城镇集体经济职工人均工资 5133 元。

从居民收入构成来看，就业范围不断扩大，居民收入渠道进一步拓宽，呈现多元化发展态势。国有、集体经济单位的主渠道作用下降，个体经营、打工等收入在总收入中的比重明显增加。随着收入水平的进一步提高，城镇居民家庭收入结构发生趋势性的变化，工薪收入一直是居民家庭收入的主要来源，但比重逐渐下降，非工资性收入所占比重逐步上升。在工薪收入中，标准工资所占比重下降，奖金、津贴、浮动工资等其他工资收入所占比重逐步上升，逐步成为工资性收入的重要组成部分。

从居民收入结构比例来看，人均可支配收入中工薪收入所占比重在逐渐下降，非工资性其他收入所占比重则逐步上升。

表 15－5－2　1986—2000 年赣州市（地区）全民所有制（国有经济）职工工资统计表

年　度	工资总额(万元)	年人均工资(元)	年　度	工资总额(万元)	年人均工资(元)
1986 年	35902	1137	1994 年	132210	3472
1987 年	39337	1195	1995 年	152481	3949
1988 年	50134	1473	1996 年	166246	4284
1989 年	56799	1620	1997 年	168274	4702
1990 年	63631	1802	1998 年	158003	4820
1991 年	68948	1890	1999 年	176990	5799
1992 年	80862	2153	2000 年	194650	6782
1993 年	91684	2397			

表 15－5－3　1986—2000 年赣州市（地区）城镇集体经济单位职工工资统计表

年　度	工资总额(万元)	年人均工资(元)	年　度	工资总额(万元)	年人均工资(元)
1986 年	6405	822	1994 年	16885	2332
1987 年	6879	879	1995 年	20257	2865
1988 年	8254	1083	1996 年	21092	3165
1989 年	8515	1147	1997 年	20561	3626
1990 年	9468	1302	1998 年	17436	3707
1991 年	10846	1429	1999 年	18142	4551
1992 年	11791	1549	2000 年	15054	5133
1993 年	14528	1980			

三、城乡储蓄

1986 年，全地区城乡居民储蓄存款年末余额 53276 万元，城乡居民人均储蓄存款 80 元。1990 年，全地区城乡居民储蓄存款年末余额 172588 万元，城乡居民人均储蓄存款 243 元。1995 年，全地区城乡居民储蓄存款年末余额 751165 万元，城乡居民人均储蓄存款 981 元。2000 年，全市城乡居民储蓄存款余额 1670654 万元，城乡居民人均储蓄存款 2138 元。

表 15－5－4　1986—2000 年赣州市（地区）城乡居民储蓄存款统计表

年度	城乡居民储蓄存款年末余额(万元)	人均储蓄存款(元)	年度	城乡居民储蓄存款年末余额(万元)	人均储蓄存款(元)
1986 年	53276	80	1994 年	559324	740
1987 年	73444	109	1995 年	751165	981
1988 年	97429	141	1996 年	954839	1233
1989 年	130273	186	1997 年	1114787	1424
1990 年	172588	243	1998 年	1320644	1670
1991 年	223634	308	1999 年	1525142	1909
1992 年	286114	389	2000 年	1670654	2138
1993 年	396229	531			

第二节　支　出

农民消费结构逐步由数量型向质量型转变，农民基本生存类消费比重下降，教育、保健、交通、通信等消费比重上升。城镇居民生活品质逐步改善，生活水平进一步提高，城镇居民消费观念不断变化，消费结构不断优化。越来越多的城镇居民从重视生活水平的提高转向重视生活质量的提高，从追求物质消费转向追求文化消费。2000 年，全市农村居民人均年消费型支出为 1422 元/人，比 1987 年增加 1090 元/人；全市城镇居民人均年消费型支出 3484 元/人，比 1987 年增加 2787 元/人。

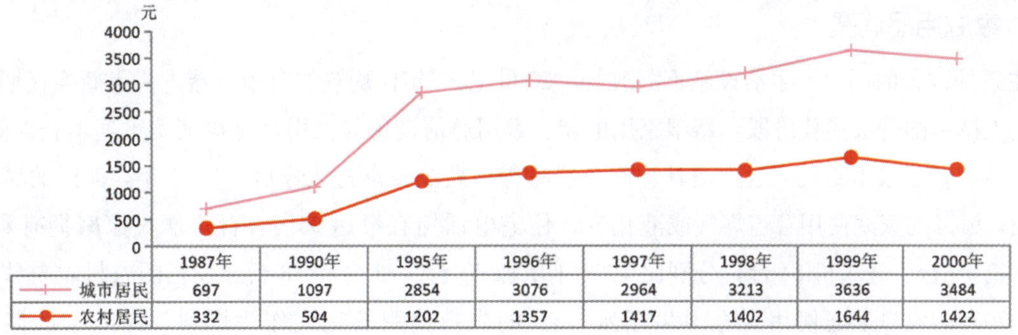

图 15－5－1　1987—2000 年部分年份赣州市（地区）人均年消费型支出

一、食品消费

农民在吃饱的基础上向吃好转化，追求饮食多样化和营养价值。2000 年，农民人均主要实物消费量中，粮食 273.92 千克、蔬菜 145.4 千克、肉类及肉制品 13.91 千克、蛋类及蛋制品 2.02 千克、家禽 2.93 千克、奶及奶制品 0.06 千克、水产品 2.91 千克、酒和饮料 7.21 千克。城镇居民食品消费结构不断改善，饮食更加讲究营养和绿色、有机、保健，呈现“主食不主，副食丰富”的消费格局。高营养、低脂肪的副食品消费比重上升。2000 年，全市城镇居民人均粮食消费量分别比 1986 年减少 44.85 千克，下降 16.07%。奶及奶制品、家禽、水产品等消费量不断增加，与 1986 年相比，城镇居民分别增长 6.4 倍、50.71%和 26.09%。

表 15-5-5　1986—2000 年部分年份赣州市（地区）农村住户食品人均消费统计表　单位：千克

名　称	1986 年	1990 年	1995 年	2000 年
粮食	286.56	299.90	299.24	273.92
蔬菜	170.52	159.78	184.11	145.40
肉类及制品	10.67	9.88	10.19	13.91
水产品	1.89	1.63	2.33	2.91
蛋类及蛋制品	1.09	1.24	1.31	2.02
家禽	1.76	1.88	2.51	2.93
奶及奶制品	—	—	0.02	0.06
酒和饮料	3.93	4.62	5.29	7.21

二、衣着消费

城镇居民衣着消费观念不断更新，穿衣戴帽已不仅仅为保暖御寒，大众化的服装消费也有了时尚、休闲的新内涵，向着成衣化、时装化、个性化，以及休闲化和品牌化发展。消费中服装的个性化、中高档化倾向日益明显，品牌消费逐渐成为潮流。农村仍以经济实用和物美价廉的一般服装消费为主。2000 年，城镇居民人均用于衣着消费支出达 533.04 元，比 1986 年增加 230.76 元，增长 76.34%。1986 年农村住户人均衣着支出 24.35 元，1990 年 31.04 元，1995 年 66.33 元，2000 年 61.28 元。

三、家庭用品消费

居住条件改善的同时，生活设施不断改善。20 世纪 80 年代购置的家用电器进入更新换代期，耐用消费品进入持续的升级换代阶段，新型家用电器、家用通信设备与家用计算机消费迅速增长。摩托车、空调器、各类新型家用厨具、卫生洁具、健身器具等消费品渐渐进入家庭。2000 年，38%的城市家庭拥有空调，91%的家庭使用管道煤气或液化气，住宅电话拥有量达 95%。百户居民家庭拥有彩电 102 台、电冰箱 79 台、洗衣机 84 台，分别比 1986 年增加 90 台、76 台和 43 台。73%的农村农户住房有卫生设备，70%的农户家庭使用安全卫生用水，3%的农户使用液化气作为燃料，住宅电话拥有量达 54.6%。每百户农民家庭拥有彩电 38 台、电冰箱 3 台、洗衣机 3 台，空调、摄像机也已进入农民家庭。

1986—2000年部分年份赣州市（地区）农村住户耐用物品年末百户拥有量统计表

表15-5-6

品　名	单　位	1986年	1990年	1995年	2000年
大型家具	件	178.82	237.23	500.63	283.00
洗衣机	台	—	—	0.87	3.00
电风扇	台	10.25	47.82	104.05	148.00
电冰箱	台	0.17	0.25	1.03	3.00
热水器	台	—	—	—	3.00
自行车	辆	68.57	108.32	136.75	121.00
摩托车	台	—	—	4.13	22.00
电话机	台	—	—	—	22.00
寻呼机	台	—	—	—	2.00
彩色电视机	台	0.25	0.84	6.19	38.00
黑白电视机	台	4.12	32.86	68.65	67.00
录放机	台	—	—	1.59	4.00
影碟机	台	—	—	—	9.00
组合音箱	台	—	—	—	8.00
收录机	台	5.97	20.76	28.65	19.00
照相机	架	0.25	0.42	0.63	3.00
家用计算机	台	—	—	—	2.00

四、教育消费

城乡居民越来越认识到知识的重要性。从整个社会到单个居民家庭都非常重视教育投入，教育支出已成为城乡居民家庭的必需开支。部分家庭不惜降低生活水平，也要增加对子女教育和自身教育的投资力度。2000年，城镇居民年人均用于教育支出达316.56元，占居民消费性支出的9.09%。农村居民在教育方面同样加大投入，农村居民年人均用于教育支出139.74元，占农村居民消费性支出的9.83%。

五、交通、通信消费

随着生活水平的提高，工作、生活节奏加快，城乡居民用于交通、通信支出快速增长。2000年，城镇居民人均交通通信支出为179.76元，农村居民人均交通、通信支出为77.87元。方便、快捷的交通工具已融入居民生活之中，每百户城镇居民家庭拥有摩托车24辆，每百户农村居民家庭拥有摩托车22辆。电话已不再是奢侈品，已成为居民生活的必需品。2000年，每百户城镇居民家庭拥有移动电话8部；每百户农民家庭拥有固定电话22部。

六、文化消费

城乡居民文化生活日益丰富。买音响听音乐，享受家庭影院；或者与亲朋好友外出旅游享受自然风光，外出垂钓等已成为生活时尚。2000年，城镇居民人均文化娱乐用品及服务支出为428.64元，农村居民人均文化娱乐用品及服务支出为162.65元，占消费性支出的比重分别为12.3%和11.44%。在百户城镇居民家庭中拥有电脑2台、影碟机21台和照相机29架。旅游逐渐成为消费热点，2000年，城镇居民人均旅游花费34.2元。

七、居住消费

城乡居民将关注热点逐步转向住房，追求幽雅、舒适的居住环境，人均居住消费和面积逐步上升。

城镇居民人均居住消费 1986年，全地区城镇居民年人均居住消费为19.8元。1990年，全地区城镇居民年人均居住消费为22.8元，人均房屋使用面积8.85平方米。1995年，全地区城镇居民年人均居住消费为282.36元，人均房屋使用面积10.1平方米。1997年，为解决城镇居民住房问题，满足不断增长的住房需求，开展住房制度改革，主要是健全住房公积金制度，出售公房，推行职工集资建房，逐步实现住房分配货币化和住房消费商品化，城镇居民的住房消费成为消费热点，住房支出大幅度增加。2000年，全市城镇居民年人均居住消费为475.92元，人均房屋使用面积13.85平方米。

农村居民人均居住消费 1986年，农村住户人均住房消费支出22.4元。1990年，农村住户人均住房消费支出为100元，人均住房面积达到23.45平方米。1995年，农村住户人均住房消费支出为158.9元，人均住房面积达到23.49平方米。2000年达192.77元，人均住房面积达到23.99平方米，其中楼房面积占33.7%。农民建房以砖混结构、二层以上为主。

1986—2000年部分年份赣州市（地区）城市住户居住抽样调查统计表

表15-5-7

年份	调查户常住人口数(人)	居住面积(平方米)	居住间数(间)	辅助面积(平方米)	平均每户居住面积(平方米)	平均每人居住面积(平方米)	平均每户居住间数(间)	平均每户辅助面积(平方米)	平均每人辅助面积(平方米)
1990年	394	3485	251	1734	34.85	8.85	2.51	17.34	4.40
1995年	332	3353	218	2201	33.53	10.10	2.18	22.01	6.63
2000年	329	4556	232	1968	45.56	13.85	2.32	19.68	5.98

说明：抽样调查的样本点为赣州市（今章贡区）、信丰县城区

第十六篇

经济调控

1986—2000年，赣州市（地区）充分发挥计划、统计、物价、财政、税务等部门职能作用，对经济进行有效调控，促进了经济的持续健康快速发展。

计划部门编制并组织实施全市（地区）国民经济和社会发展“七五”“八五”“九五”3个五年计划和年度计划，充分履行计划部门在国民经济和社会发展过程中的宏观调控职能。统计部门改革不断深化，逐步实现数据处理高速化、通信传输网络化、信息贮存数字化，有效提高统计数据的准确性、及时性和统计资料的利用率。统计内容和范围日益扩大，统计为社会经济宏观管理发挥的作用日益提升。全市（地区）物价管理按照“既要稳定物价，又要振兴经济”的要求，用好赣州地区为“全省经济体制改革试验区”物价管理权限，深化物价体制改革，适度下放管理权限，灵活变通计价办法，管稳管活市场，加强价格监督检查。

全市（地区）各级财政部门围绕办好赣州经济体制改革试验区，着重深化改革、健全财政管理体制、加强财源建设、实现财政增收、优化支出结构、促进事业发展，取得“深化改革，发展经济，开辟财源，收支增长，保证改革和各项事业发展”的良好效果。1986—2000年，财政总收入年均增长15.56%，财政支出年均增长11.64%。

全市（地区）税务部门在机构和人事管理上完成由地方管理改为系统垂直管理以及国税、地税机构的分设，在税制上完成由单一税制过渡到以增值税、消费税、营业税等流转税和企业所得税为主体的多税种、多环节、多层次的复合税制改革，税收收入实现大幅度增长。

第一章 计 划

1986—2000 年，计划部门编制并组织实施全市（地区）国民经济和社会发展“七五”“八五”“九五”3 个五年计划和年度计划，逐步建立和健全长期规划、中期规划、短期规划以及基础设施、基础产业、支柱产业等专项发展规划相配套的计划体系。检查督促计划的执行，建立起计划主导型的协调机制，充分履行计划部门在国民经济和社会发展过程中的宏观调控职能，优化经济结构，促进全市（地区）经济持续健康发展。

第一节 管理体制

一、机构设置

1986 年，地区计划委员会（以下简称“计委”）内设办公室、综合科、基建科、农财科、社会发展科、信息科、设审科、工交科。下辖地区经济信息中心（副县级）。在职职工 31 人。1987 年，成立地区工程咨询中心（副县级），与地区经济信息中心合署办公。1988 年 5 月成立地区基本建设信托投资公司，8 月更名为地区基本建设投资公司（副县级）。1990 年增设对外经济计划科，成立地区输变电工程建设指挥部办公室，与地区基本建设投资公司合署办公；地区农业区划办公室和地区土地开发建设基金管理领导小组办公室由地区农委划转地区计划委员会。1991 年成立地区重点工程建设办公室，与地区基本建设投资公司合署办公；地区土地开发建设基金管理领导小组办公室更名为地区农业综合开发领导小组办公室；设立以工代赈工作领导小组办公室；撤销经济信息预测科、农业财贸科，设立农业计划科、财贸计划科。1992 年成立地区支援铁路建设领导小组办公室。1996 年成立行署经济信息化联席会议办公室，与地区经济信息中心合署办公。1997 年撤销行署经济信息化联席会议办公室，成立地区信息化工作领导小组办公室，与地区经济信息中心合署办公。1999 年增设稽查科，成立地区计划干部培训中心。

2000 年，市重点工程建设办公室与市基本建设投资公司分设。市计划委员会内设办公室、综合科、农业科、工交科、投资科、财贸科、外经科、社会发展科、设审科、国土科、稽查科、以工代赈办公室、党总支。下辖市支援铁路建设领导小组办公室、市农业综合开发办公室、市工程咨询中心、市经济信息中心（市信息化工作领导小组办公室）、市重点工程建设办公室、市基本建设投资公司、市计划干部培训中心。有在职职工 39 人。

二、计划体制改革

1986—2000 年，计划工作的管理过程，是逐步从计划经济到有计划的商品经济，再到市场经济管理的过程。从微观经济的管钱、管物、管人的计划管理模式中，逐步转移到宏观经济管理的规划、协调、监督、服务上来。1988 年，省委、省政府作出《关于赣州地区为经济体制改革试验区的决定》，扩大赣州地区计划管理权限，2 月，地委、行署相应地扩大县级计划管理权限。按照全省经济和社会发展总体要求，制定全地区国民经济和社会发展计划。区内计划管理以指导性计划为主，除国家和省下达的指令性计划外，绝大多数逐步实行指导性计划，并逐步实行市场调节。江西省一般不再增加指令性调拨计划，已有的要逐步减少。计划工作重点转向制订产业政策和宏观调控，综合运用各种经济杠杆，促进产业政策的实现。改革投资体制，合理划分地区、县（市）企业投资范围，对经营性项目的投资，实行有偿使用。搞好地区基本建设基金管理，成立地区投资公司，全面推行建设项目投标招标制，提高投资效益。合理设置物资机构，搞好物资体制改革。

按照“大的方面管住管好，小的方面放开放活”的原则，逐步缩小指令性计划。除粮油、木材和指令性调拨的食糖外，其他产品均实行指导性计划，实行市场调节。对指令性计划的调拨产品实行比例分成和超计划全留，允许自销的办法。对大专、中专毕业生的分配方法进行改革。中专毕业生由主管部门提出分配意见，计委纳入分配计划；对外省、部委院校及江西省重点院校的部分专业毕业生进行“双向选择”的分配试点。建设用地从1988年起纳入国民经济计划管理。

1992年7月，行署批转地区计委《关于深化全区计划体制改革意见的报告》。减少计划指标，全地区农村经济指标由44个减为19个，工业由68个减为16个，商业由27个减为6个，列入指令性计划分配的物资由18种减为8种。取消地方出口商品供货计划，改由市场调节。部分指令性计划取消或改为指导性计划，取消全民所有制企业的指令性劳动工资计划，企业招工完全自主，技校招生计划由指令性改为指导性。部分社会事业计划只列全地区总量指标，不再分解下达。如文化、卫生、体育、民政事业计划。1996年，按照建立社会主义市场经济体制的要求，计划工作的职能从偏重年度计划转到重视中长期规划的制定，对过去经济活动的分析转到重视对经济的监测与预测，从只着眼于全民所有制经济活动转到重视非公有制经济发展，从等待上级分钱分物转到主要跑项目、争资金。

三、宏观管理

宏观管理是计划管理部门工作的重点。“七五”期间，编制下达《赣州地区第七个五年经济和社会发展计划》，完成《赣州地区国民经济和社会发展十年规划和“八五”计划纲要》《赣州地区国民经济和社会发展第八个五年计划纲要》《赣州地区经济和社会发展纲要（1981—2000）》。“八五”期间，着重抓十年规划和“八五”计划的修改工作，“八五”各年度计划的编制工作。对20世纪90年代经济发展的基本思路、京九铁路沿线赣州段产业带建设规划、沿105国道贸工农经济走廊规划等重大课题的研究工作，编制国民经济和社会发展“九五”计划和2010年远景规划。“九五”期间，编制下达1996—2000年地区各年度的国民经济和社会发展计划，完成一批中长期规划的编制工作。完成上报《赣州地区国民经济和社会发展第九个五年计划和2010年远景目标纲要》；编制《赣州地区农村经济发展“九五”及2010年远景目标规划纲要》及全地区工业、交通、能源和通信发展的“九五”计划和2010年远景目标，“九五”和2010年市场发展规划；修订《赣州地区农业综合生产力总体布局》，经行署批转下发；编制上报《赣州地区农业综合区划更新的报告》《赣州地区1998—2000年“菜篮子”建设规划》《赣州地区“九五”期间农业产业化项目规划》《赣州地区生态环境建设3年（1998—2000年）总体规划》《赣州地区农业综合开发3年规划》等。

第二节　计划编制

一、“七五”计划

在编制“七五”计划时，坚持把改革放在首位，坚持更大胆地开放、更大胆地搞活，坚持物质文明和精神文明建设一起抓，坚持社会总需求和总供给的基本平衡，正确处理效益和速度的关系。针对省“七五”期间投资重点的调整，力争全地区“七五”期间经济发展的综合水平接近或达到全省平均水平。继续抓好老区建设，为振兴赣州经济打好基础。

社会总产值，按照1985年价格计算，1990年计划达到61.3亿元，比1985年增长61.74%，平均每年递增10.1%。国民生产总值，按照1985年价格计算，1990年计划达到36.7亿元，比1985年增长60.26%，平均每年递增9.9%。工农业总产值，按照1980年不变价格计算，1990年计划达到42亿元，比 1985 年增长 54.81%，平均每年递增 9.15%。其中：农业总产值（不包括乡村工业产值），1990 年计划为 20.5 亿元，比 1985 年增长 30.5%，平均每年递增 5.5%；工业总产值（包括乡村工业产值），1990 年计划为 21.5 亿元，比 1985 年增长 88.27%，平均每年递增 13.5%。国民收入生产额，1990 年计划为 33.2 亿元，比 1985 年增长 59.62%，平均每年递增 9.8%。财政收入，1990 年计划为 4 亿元，比 1985 年增长 71.67%，平均每年递增 11.41%。经济效益，全民所有制独立核算工业企业全员劳动生产率，1990 年计划为 11222 元，比 1985 年增加 3030 元，平均每年递增 6.5%；每万元工业产值耗原煤，1990 年为 42 吨，比 1985 年下降 16%；每万元工业产值耗电 3600 千瓦时，比 1985 年下降 7.5%；全民所有制单位固定资产交付使用率由 1985 年的 63.82%，提高到 1990 年的 80%。城乡居民收入，1990 年农民人均年纯收入为 520 元，比 1985 年增长 62%，平均每年递增 9.26%。1990 年全地区职工工资总额为 31486 万元，平均每年递增 8.15%；职工平均工资达 1180 元，比 1985 年增加 232 元，平均每年递增 4.45%。

二、"八五"计划

在编制"八五"计划时，坚持超前改革试验，强化农业基础意识，以资源开发为龙头，以经济效益为中心，以发展多种经济成分、对外开放、搞活流通为突破口，加强基础工业和基础设施建设，坚持科技进步，合理调整产业结构，保持国民经济的持续、稳定、协调发展，为"九五"乃至更长时期的经济增长准备必要的物质技术条件。全地区经济和社会发展重点是农业、能源交通、工业优势产业和教育。在扶持国有骨干企业发展的同时，大力发展集体经济，特别是乡镇企业，积极扶持和发展个体经济，适当发展私营经济。

到 1995 年实现的目标为社会总产值 160 亿元，按可比价计算，比 1990 年增长 45.2%，平均每年递增 7.75%。国民收入生产额 74.5 亿元，按可比价计算，比 1990 年增长 39%，平均每年递增 6.8%。国民生产总值 88 亿元，按可比价计算，比 1990 年增长 41.5%，平均每年递增 7.2%。工农业总产值，按 1980 年价格计算，达到 67.6 亿元，比 1990 年增长 38.3%，平均每年递增 6.7%。其中地县（市）属工农业总产值达到 60.48 亿元，比 1990 年增长 40.39%，平均每年递增 7%。农业总产值，按 1980 年价格计算，达到 24.32 亿元，比 1990 年增长 21.72%，平均每年递增 4%。工业总产值，按 1980 年价格计算，达到 43.28 亿元，比 1990 年增长 49.76%，平均每年递增 8.4%。地方财政收入 8.02 亿元，比 1990 年增长 55.13%，平均每年递增 9.2%。地、县全民所有制独立核算工业企业全员劳动生产率达到 13730 元，比 1990 年增加 2972 元，平均每年递增 5%。社会商品零售总额达到 42.1 亿元，比 1990 年增长 72.54%，平均每年递增 11.5%。外贸收购总值，按 1980 年价格计算，达到 2.5 亿元，比 1990 年增长 78.57%，平均每年递增 12.3%。农民人均年纯收入达到 800 元（不含粮食调价因素），比 1990 年增加 268 元，平均每年递增 8.5%；职工平均工资扣除物价上涨因素，实际平均每年递增 2.5%。年末人口控制在 760 万人以内，自然增长率 14‰。

三、"九五"计划

在编制"九五"计划时，坚持"略高于"的指导思想，实现快速与高效的统一。把发展机遇变成加快发展的现实，尽快缩小与全省人均占有量的差距，立足赶超，自我加压，实现由粗放型经济向集约型经济的转变，按"略高于"和"持续快速"的原则安排经济增长速度。同时注意提高经济运行的质量，坚持以"效益为中心"，把经济发展重点放在优化结构、增大科技含量、提高管理水平、降低物资和能源消耗、提高产出比率。全面实现第二步战略目标，确保国内生产总值比 1980 年翻三番，全地区经济总量进入全省先进行列，综合经济实力达到省中上水平，把赣州建设成一个经济文化繁荣、社会安定团结、人民生活小康的地区。

经济总量，2000 年实现国内生产总值 315 亿元，平均每年递增 14%，其中第三产业 100 亿元，平均每年递增19%；财政总收入29亿元，平均每年递增15%，地方财政收入18亿元，平均每年递增15%；工业总产值560亿元，平均每年递增20%；农业总产值110亿元，平均每年递增10%；社会消费品零售总额100亿元，平均每年递增14%；累计实际利用外资4.8亿美元，累计出口6.6亿美元；全社会固定资产投资累计总额200亿元。经济效益，全社会劳动生产率平均每年提高6%；国民生产总值综合能耗平均每年降低2%；工业流动资金周转次数2次；科技进步对经济增长的贡献率由25%提高到40%，科技成果转化率达到70%。经济结构进一步优化，工业化水平显著提高，在国内生产总值中，一、二、三产业结构调整为25∶43∶32。人口出生率控制在17‰以内，基本普及九年义务教育，基本扫除青壮年文盲；广播人口覆盖率达到95%，电视人口覆盖率达到98%；医院病床达到1.5万张；就业率达到97%以上；各项社会保险参加人数123万人；县（市）文化馆、博物馆、图书馆达到省级规定的等级。农民人均年纯收入3000元，职工年平均工资8000元；城市住宅成套率达到70%以上，城市人均居住面积10.5平方米，城镇人均居住面积13平方米；农村人均居住面积30平方米，60%以上的农户建起砖木（砖混）结构的“小康楼”；农村饮用卫生水达80%以上，实现人人享受医疗保健，人均平均期望寿命达72岁。

第三节 计划执行

一、“七五”计划执行情况

“七五”期间，省委、省政府决定从1988年1月1日起，在赣州地区创办经济体制改革试验区。通过改革试验，全地区国民经济和社会事业的各个领域都取得新的成就。全地区社会总产值、国民收入、生产总值分别以平均每年8.94%、7.98%、8.56%的速度增长。工农业总产值、工业总产值、农业总产值平均每年分别增长9.48%、13.47%、4.92%，完成工业总产值超过农业总产值的“七五”目标。其中，地、县（市）工农业总产值43.01亿元，平均每年增长9.65%；工业总产值23.03亿元，平均每年增长15.06%。在工业总产值中乡镇工业产值9.3亿元，为1985年的3.7倍，平均每年增长29.89%，大大超过“七五”乡村工业产值增长1.5倍的目标。粮食总产达到237.16万吨，平均每年增加5.87万吨，总产和单产创历史最高水平。全地区经济结构趋于合理，第二、三产业占生产总值的比重，由45.7%提高到48.3%，其中第三产业由18.8%提高到19.81%。在工农业总产值中，工业总产值的比重由49.5%提高到59.2%。农业多种经营产值占农业总产值比重为64.66%。

经济效益有所提高，1990年财政收入5.17亿元，比1985年增长1.22倍，平均每年增长17.29%。全民所有制独立核算工业企业全员劳动生产率达到10320元，比1985年增长29.79%，平均每年提高5.35%，快于“六五”时期。工业产品质量稳定提高率80%以上，优质产品有所提高，竞争能力增强。内外贸易进一步繁荣，1990年，全地区社会商品零售总额达到24.44亿元，比1985年增长71.33%，平均每年增长11.37%。其中，消费品零售额20.39亿元，平均每年增长10.28%；外贸收购总值按1980年价格计算，比1985年增长1.19倍，占农业总产值比重由1985年的2.05%提高到2.89%，上升0.84个百分点。利用外资从无到有，对外开放形成大气候。人民生活继续改善，农民人均年纯收入达到602元（不包括粮食调价因素），比1985年增加280元，职工年平均工资1717元，比1985年增长85.62%，平均每年增长13.17%。城乡居民储蓄存款超过17亿元，比1985年增长3.43倍。城市和农村住户平均每人居住面积分别达到8.85平方米和18.77平方米。环境保护得到进一步加强，老建扶贫取得重大成绩，相当部分的贫（特）困户解决温饱。

经济在加快发展的同时，1988年出现通货膨胀、物价上涨，全地区的零售物价总指数由1987年的7.5%上升到1988年的25%，上升17.5个百分点。地委、行署采取积极的措施，有效遏制消费基金的过快增长，大幅度压缩社会集团的购买力，控制固定资产投资规模，清理在建项目，调整投资结构，压缩过热的投资需求，大力发展生产力。通过治理整顿，全地区零售物价总指数由 1988 年的 25%、1989 年的 19.2%迅速回落到 1990 年的 2%。城乡居民储蓄存款大幅度增加，1990 年达到 17.26 亿元。通过严格控制基建规模，严禁楼堂管所建设，全地区基本建设规模得到控制。1988 年下半年，对全地区在建项目进行清理，全地区停缓建项目 87 个，占基建项目的 33.5%，压缩投资 6798 万元。对省下达的 745 万元［不包括赣州市（今章贡区）］切块自筹基建规模进行严格控制，采取分期分批下达，最终没有突破省下达的指标。1989 年，全地区基本建设计划投资 7903 万元，比 1988 年减少 43%，其中生产性建设投资占总投资的 73.3%，非生产性建设投资占 26.7%，投资结构更趋合理。主要集中在能源、农业和水利水电、原材料、文教卫生、城市建设等方面。竣工投入使用的项目有兴国县留龙金矿、上犹县焦里白银铅锌矿、赣州稀土冶炼厂、黄金机场第一期扩建工程、石城县岩岭电站、大余县峡口电站、兴国县长龙水库（加固）、上犹县灵潭水库（加固）、崇义县长河坝水库（加固）、瑞金县龙山水库（加固）、宁都县老埠水库（加固），共计 11 个。全地区新上 17 座 35 千瓦输变电工程，总投资 2931 万元。这批项目的建成使赣州的基础产业有了一定的改善。

"七五"时期，经济发展中存在的问题：农业发展缓慢，产业关联程度和技术水平偏低，经济效益和竞争能力较差；消费基金增长过快，物价上涨过快，消费品生产与人民生活水平提高的要求尚有差距；人口增长突破计划控制指标，人口压力继续增大。

表 16－1－1

赣州地区"七五"期间年度计划和执行情况统计表

指标名称	单位	1986 年		1987 年		1988 年		1989 年		1990 年	
		计划	实际	计划	实际	计划	实际	计划	实际	计划	实际
一、综合计划											
国民生产总值	亿元	27.22	27.31	26.60	33.36	29.90	45.15	40.00	50.35	—	63.25
社会总产值	亿元	42.20	46.64	44.30	55.59	51.30	77.26	—	88.40	—	99.73
国民收入	亿元	22.90	23.71	24.00	28.91	26.30	39.00	34.20	42.60	—	51.97
工农业总产值	亿元	30.00	32.70	32.00	31.98	34.62	37.19	40.68	40.19	42.74	43.00
二、农业计划											
1. 产值计划											
农业总产值	亿元	17.00	15.20	17.35	17.24	18.45	18.29	19.38	18.88	19.64	19.97
种植业产值	亿元	9.50	7.87	9.28	9.05	9.50	9.27	9.77	9.67	10.00	10.57
林业产值	亿元	1.80	1.57	1.80	1.78	1.85	1.81	1.86	1.74	1.78	1.81
牧业产值	亿元	3.22	3.01	3.40	3.15	3.52	3.65	4.06	3.85	4.10	4.09
副业产值	亿元	2.20	2.45	2.55	2.92	3.20	3.18	3.27	3.21	3.32	3.06
渔业产值	亿元	0.28	0.30	0.32	0.34	0.38	0.38	0.42	0.41	0.44	0.44
多种经营产值	亿元	11.48	10.03	—	10.96	11.92	11.94	12.92	12.18	12.86	12.92
农民人均纯收入	元	—	321.00	350.00	366.00	400.00	439.00	480.00	501.00	551.00	602.00
2. 主要产品产量											
粮食总产量	万吨	217.50	174.61	217.50	211.67	222.50	216.35	220.00	225.61	228.00	237.16
油料折油产量	万吨	2.11	1.77	2.32	2.06	2.43	2.05	2.44	2.50	2.81	3.03
机榨甘蔗产量	万吨	160.00	98.42	136.00	111.37	135.00	98.79	130.00	76.75	120.00	122.23

续表 16－1－1

指标名称	单位	1986 年		1987 年		1988 年		1989 年		1990 年	
		计划	实际	计划	实际	计划	实际	计划	实际	计划	实际
烤烟产量	吨	4250.00	1664.00	7210.00	3421.00	14300.00	6171.00	12740.00	7135.00	12500.00	11597.00
茶叶产量	吨	1100.00	1239.00	1320.00	1208.00	1500.00	1331.00	1500.00	1387.00	1500.00	1469.00
蚕茧产量	吨	20.00	39.00	46.00	50.00	46.00	93.00	100.00	219.00	250.00	475.00
水果产量	万吨	2.55	3.44	2.60	3.42	4.00	3.51	4.35	5.23	6.00	5.90
肉类总产量	万吨	11.25	13.07	14.90	14.54	15.30	17.72	15.65	18.82	19.55	19.57
水产品产量	万吨	2.25	2.39	2.50	2.75	3.10	3.05	3.25	3.32	3.50	3.63
生猪存栏	万头	170.00	187.41	185.00	191.54	200.00	200.23	206.00	199.45	205.00	201.65
肉猪出栏	万头	157.00	155.90	175.00	170.27	188.00	185.54	193.00	192.92	203.00	195.68
耕牛存栏	万头	47.00	49.46	53.00	52.96	53.00	53.36	56.00	55.25	56.00	57.11
家禽存笼	万只	1200.00	1689.00	1800.00	1607.00	1837.00	1837.09	1928.00	1867.44	2000.00	2018.10
家禽出笼	万只	1500.00	1368.80	—	1412.34	—	1824.80	—	1825.00	2200.00	2206.00
造林面积	万公顷	9.50	9.49	10.53	8.77	9.27	9.15	8.00	6.92	8.00	9.34
三、工业计划											
1. 产值计划											
工业总产值	亿元	13.00	13.45	14.65	14.73	16.17	18.90	21.30	21.30	23.10	23.03
2. 主要产品产量											
原煤	万吨	75.00	80.43	75.00	77.74	76.50	89.74	85.00	91.79	87.00	81.05
发电量	亿千瓦时	3.63	3.26	4.00	3.60	4.08	4.50	4.50	4.45	4.28	4.80
木材	万立方米	64.60	79.32	64.60	72.45	64.60	53.43	58.20	42.48	58.20	41.24
松香	吨	23000.00	16610.00	18000.00	18732.00	20500.00	18120.00	20500.00	14836.00	20500.00	16386.00
水泥	万吨	29.00	32.67	33.00	35.57	41.60	41.58	46.60	41.82	47.00	39.06
合成氨	万吨	1.65	1.35	1.40	1.19	—	1.28	1.70	1.79	1.80	1.94
化学农药(原药)	吨	1610.00	1120.00	1350.00	831.00	1225.00	1344.00	1280.00	907.00	1000.00	1060.00
配混合饲料	万吨	19.60	7.00	19.60	8.63	18.00	9.79	12.00	7.16	12.00	8.61
机制纸及纸板	万吨	2.80	2.99	3.13	3.34	3.50	3.33	3.60	3.51	3.75	3.46
机制糖	万吨	10.72	9.92	10.14	8.74	9.70	8.91	9.73	7.18	8.40	7.85
饮料酒	万吨	2.15	2.06	2.67	2.68	4.00	3.07	3.70	3.25	3.30	3.55
四、财贸计划											
财政收入	亿元	2.39	2.36	2.81	3.02	3.32	3.84	4.20	4.46	4.86	5.17
社会商品零售总额	亿元	17.12	16.51	18.97	18.16	20.72	23.44	28.60	25.58	28.70	24.44
出口商品供货总额	亿元	0.81	0.82	1.00	2.24	2.86	3.71	2.53	2.85	1.84	2.88
粮食定购计划	万吨	22.50	12.90	18.50	16.60	19.30	16.75	19.3	17.55	19.30	17.55
食用植物油收购计划	吨	4000.00	2590.00	3200.00	2890.00	3000.00	2112.80	3000.00	2455.50	3000.00	3454.00
棉花收购计划	吨	125.00	404.00	100.00	390.00	100.00	43.65	100.00	724.00	100.00	—
烤烟收购计划	吨	1500.00	255.00	6250.00	1725.00	5000.00	3965.00	5000.00	4345.00	5000.00	8695.00
松香收购计划	吨	23000.00	16445.00	20500.00	11163.00	20500.00	12390.00	20500.00	13921.00	20500.00	14821.00

续表 16-1-1

指标名称	单位	1986 年		1987 年		1988 年		1989 年		1990 年	
		计划	实际	计划	实际	计划	实际	计划	实际	计划	实际
晒烟收购计划	吨	—	—	—	—	1250.00	405.00	1250.00	590.00	675.00	380.00
五、社会发展计划											
1. 教育事业计划											
小学招生	人	148000	150743	123000	130514	120000	124919	118000	127482	118000	—
普通初中招生	人	76500	82436	70000	80761	80000	84321	82000	87359	93300	95700
普通高中招生	人	13500	13010	11000	11812	12000	12972	11000	11428	12000	12100
中等专业学校招生	人	2170	2175	2000	2004	2080	2150	1930	2024	1950	2612
职业初中招生	人	2000	1812	1500	1326	—	1602	—	1802	—	3000
职业高中招生	人	7500	6693	6000	5883	6000	5368	6000	6676	6500	7450
技工学校招生	人	—	220	250	382	302	—	1233	1144	700	920
2. 医疗卫生事业计划											
年末病床数	张	10720	10732	10811	10896	12035	11047	11247	11404	11554	11724
专业卫生（技术）人员	人	18829	19378	19843	19351	23643	19774	16213	20107	16582	20780
3. 广播电视事业计划											
广播人口覆盖率	%	64.00	56.40	64.00	56.40	62.20	56.40	62.20	56.40	—	56.40
电视人口覆盖率	%	85.00	84.60	82.50	84.60	84.30	85.00	84.00	85.00	—	85.00
4. 劳动工资计划											
年末地方全民所有制单位职工人数	万人	—	24.61	—	25.58	—	26.99	—	27.62	—	27.97
全民所有制独立核算工业企业全员劳动生产率（80 年不变价）	元	8541.00	8514.00	9053.00	8889.00	9620.00	9990.00	11268.00	10347.00	10925.00	10320.00
5. 人口计划											
人口年末到达数	万人	659.30	644.18	664.54	672.46	676.39	688.19	695.04	699.42	709.05	710.52
人口出生率	‰	13.88	13.93	15.19	13.93	14.30	13.54	16.14	17.72	19.00	16.05
人口自然增长率	‰	7.83	10.19	7.94	8.58	8.24	7.95	9.96	12.53	12.71	10.55
六、固定资产投资计划											
全民所有制单位投资	万元	—	7079.70	—	11083.00	—	13883.00	—	7903.00	—	9257.00
其中基本建设投资	万元	—	3548.40	—	4162.00	—	1883.00	7903	903.00	—	1257.00
更新改造投资	万元	—	4068.30	—	8400.00	—	1200.00	—	7000.00	—	8000.00
集体所有制单位投资	万元	—	4575.00	—	6105.00	—	6105.00	—	4244.00	—	8717.00
个体固定资产投资	万元	—	22033.00	—	29280.00	—	29280.00	—	23205.00	—	33860.00
七、物资分配计划											

续表 16－1－1

指标名称	单位	1986 年		1987 年		1988 年		1989 年		1990 年	
		计划	实际	计划	实际	计划	实际	计划	实际	计划	实际
钢材	吨	45688.00	—	25360.00	—	24549.00	—	24545.00	—	27253.00	—
水泥	吨	142000.00	—	50000.00	—	52000.00	—	38000.00	—	52000.00	—
铸造生铁	吨	5626.00	—	5981.00	—	6407.00	—	5413.00	—	5286.00	—
铜	吨	470.00	—	365.00	—	346.00	—	392.00	—	436.00	—
铝	吨	253.00	—	280.00	—	265.00	—	300.00	—	494.00	—
焦炭	吨	10010.00	—	6870.00	—	3620.00	—	8979.00	—	6617.00	—
汽车	辆	107.00	其中小轿车10 辆	140.00	其中小轿车12 辆	109.00	其中小轿车15 辆	220.00	其中小轿车23 辆	192.00	其中小轿车29 辆

说明：1. 国民生产总值、社会总产值、国民收入，绝对数按当年价，增长速度按可比价计算
2. 工农业总产值、农业总产值、工业总产值［地、县（市）］按 1980 年不变价计算
3. 工业总产值含村及村以下和城镇合作、个体工业。发电量为地方水电
4. 固定资产投资计划按计划口径统计，含国家包干补助、地方统筹、国家和省贷款、省财政拨款、自筹等
5. 物资计划为省分配下达的物资指标，用于机械制造、固定资产投资、补助老区建设等

二、“八五”计划执行情况

1995 年，经济快速增长，整体实力增强，结构有所改善，生产总值完成 161.82 亿元，年递增 13.1%，国内生产总值提前 6 年实现比 1980 年翻两番的战略目标。农村经济全面发展，农业总产值 67.37 亿元，年递增 27.53%，乡镇企业大幅度增长，年递增 75.31%，粮食、油料、肉类总产分别由 1990 年的 237.16 万吨、3.03 万吨、19.57 万吨增加到 255.5 万吨、5.22 万吨、40.41 万吨。工业总产值完成 107.79 亿元，年递增 36.16%，乡镇工业超常规发展。发电量、建材、食品等一批工业产品产量大幅度增长。社会消费品零售总额完成 52.85 亿元，年递增 20.99%。财政总收入 8.92 亿元，年递增 22.6%。全地区一、二、三产业比重由 1990 年的 48.8 ∶ 26.9 ∶ 24.3 调整为 44.3 ∶ 30.2 ∶ 25.5。固定资产投资成倍增加，结构趋于合理，重点建设成绩显著，全社会固定资产 5 年累计完成 73.34 亿元（不含铁路），比“七五”期末增长 2.39 倍。其中国有（营）单位投资 33.18 亿元，集体和个体投资 31.49 亿元，分别增长 3.2 倍、2.2 倍。投资重点明显向基础设施倾斜，能源、交通、通信状况有显著改善，赣南铁路实现“零”的突破，新增水电装机 12.3 万千瓦。龙潭电站 1 号机组正式并网发电；新增 220 千伏主变 1 台、110 千伏输变电线路 400 千米，110 千伏变电站 9 座；黄金机场扩建达到 4C 级通航标准；新增公路通车里程 1400 千米；新增程控电话 22.4 万门，全地区县以上通讯实现市话交换程控化，长途传输数字化；增加农田有效灌溉面积 2.33 万公顷，改造中低产田 1.33 万公顷；建成海关和商检大楼。竣工投入使用的重点项目有赣县杨雅电站、全南县虎头陂电站、东江煤矿 2 号井、虎岗至于都 110 千伏输变电线路、安远县蔡坊电站、赣南制药厂生化工程、万安至宁都至石城 110 千伏输变电线路、宁都县三门滩电站、赣州黄金城中变电站、赣州程控电话、崇义县中密度纤维板厂、信丰县商品粮基地、赣州虎岗 2 号主变等 13 个项目。对外开放取得突破性进展，对外贸易迅速增长，出口创汇 1.95 亿美元，平均每年增长 178.27%，1995 年出口突破 1 亿美元，达 1.2 亿美元。商品结构得到改善，出口商品达 19 个大类 140 个品种，出口到 33 个国家和地区，出口商品中工业制成品比重逐步上升。利用外资居全省前列。有 13 个国家和地区的外商到赣南投资，批准“三资”企业 507 家，外商实际投资 1.64 亿美元，利用国外优惠贷款 4540 万美元。对外开放的规模和领域不断扩大，形成沿海开放地区—赣州经济改革试验区—内地边际县（区）“梯级推进的开放格局”。流通活跃，商贸繁荣，加快市场设施建设，新建市场 106 万平方米，投资约 3.5 亿元，累计面积 158 万平方米，其中 1 万平方米以上的市

场24个。人均市场面积0.21平方米，高于全省水平，初步形成遍布城乡，多元化、多层次、开放式的市场流通网络。各种生产资料和生产要素相继建立，建立一批煤炭、石油、化肥、粮食、食糖等关系国计民生的重要商品中转储备库，增强商品的吞吐能力。城乡居民收入增加，生活继续改善，农民人均年纯收入达到1478元，职工年平均工资达到3775元，分别比1990年增加876元和2058元。城乡居民储蓄存款75.12亿元，人均981.26元，分别比1990年增长3.35倍和3.04倍。城市人均居住面积由1990年的8.85平方米提高到10.1平方米，农民人均居住面积由1990年的18.77平方米提高到23.49平方米。城乡居民消费日趋多样化，消费质量有较大提高，农村贫（特）困户的生活有不同程度的改善，基本解决温饱问题，部分走上致富道路。科技教育进一步加强，全地区共有134项科研成果通过国家和省、地技术鉴定，其中有7项填补国内空白，42项达到国内先进水平，科技成果转化为生产力的步伐加快，产业部门的生产技术有很大的进步。教育结构和中小学办学条件有较大改善，小学适龄儿童入学率99.4%，初中适龄入学率达到94.9%，中等职业技术教育迅速扩大，成人教育和技术培训得到新的发展；青壮年文盲率下降到3.7%。人口增长得到有效控制，人口自然增长率控制在13.01‰以下。广播人口覆盖率75%，电视人口覆盖率86%。经济运行中存在的困难和问题是资金短缺，部分国有企业生产经营比较困难，农业基础比较薄弱，物价涨幅偏高。

表16-1-2

赣州地区“八五”期间年度计划和执行情况统计表

指标名称	单位	1991年		1992年		1993年		1994年		1995年	
		计划	实际	计划	实际	计划	实际	计划	实际	计划	实际
一、综合计划										（国内生产总值）	
国民生产总值	亿元	56.00	69.47	71.20	81.76	85.50	105.35	106.00	146.58	135.00	161.82
二、农业计划											
1. 产值计划											
农业总产值	亿元	48.86	49.28	51.26	53.33	56.53	56.60	60.56	61.19	65.50	67.37
农民人均纯收入	元	640.00	635.00	700.00	709.00	788.00	810.00	920.00	1114.00	1300.00	1478.00
2. 主要产品产量											
粮食总产量	万吨	237.50	233.50	225.00	229.40	225.00	228.17	230.80	237.38	240.00	255.50
油料折油产量	万吨	3.22	3.72	4.34	3.69	4.34	3.52	4.00	3.98	4.20	5.22
机榨甘蔗产量	万吨	132.00	135.80	136.00	147.80	136.00	110.90	136.00	88.09	101.50	92.94
烤烟产量	吨	20000.00	17306.00	24000.00	21186.00	24000.00	23544.00	17700.00	10638.00	17600.00	7818.00
肉类产量	万吨	20.00	20.70	21.80	23.02	25.50	27.64	30.00	34.88	45.00	40.41
水产品产量	万吨	3.79	3.67	4.00	4.07	4.35	4.60	5.20	6.25	7.80	8.07
水果产量	吨	67500.00	70095.00	80000.00	77689.00	—	100687.00	—	253167.00	—	244794.00
造林合格面积	万公顷	11.23	24.21	18.40	14.17	7.73	9.09	8.40	4.04	7.73	2.76
三、工业计划											
1. 产值计划											
工业总产值	亿元	36.00	39.00	44.07	49.70	64.03	70.97	89.96	136.48	174.00	107.79
2. 主要产品产量											
发电量	亿千瓦时	4.53	4.31	4.35	4.35	4.55	5.30	4.30	5.00	5.20	5.40
原煤	万吨	75.00	81.68	75.00	93.33	75.00	119.29	—	167.84	130.00	187.57
合成氨	万吨	1.95	2.17	2.55	2.17	2.50	2.50	2.50	2.33	3.00	2.91

续表 16－1－2

指标名称	单位	1991 年		1992 年		1993 年		1994 年		1995 年	
		计划	实际	计划	实际	计划	实际	计划	实际	计划	实际
机制纸及纸板	万吨	3.64	3.22	3.46	4.14	3.50	4.40	—	3.89	4.70	4.87
机制糖	万吨	10.00	10.26	11.20	10.83	10.50	10.21	—	5.94	7.50	5.98
木材	万立方米	58.20	45.31	66.80	45.51	69.60	47.62	66.80	45.78	71.58	38.45
水泥	万吨	45.40	47.59	47.00	56.37	64.50	71.67	75.00	92.56	120.00	110.08
配混合饲料	万吨	9.20	7.07	9.20	7.86	—	8.99	12.00	9.16	14.00	15.55
饮料酒	万吨	3.30	3.61	3.75	4.14	3.55	5.13	5.40	5.45	5.40	7.66
四、固定资产投资计划											
全社会固定资产投资额	亿元	7.71	8.43	8.22	11.23	13.64	12.48	20.54	17.29	23.61	23.91
国有(营)单位投资额	亿元	2.05	3.65	2.10	6.04	6.78	7.45	13.54	9.92	13.61	11.12
其中基本建设投资	亿元	1.05	1.62	0.60	2.50	4.28	3.82	9.88	5.86	8.92	6.76
更新改造投资	亿元	1.00	1.65	1.50	2.75	2.50	2.74	2.80	3.05	3.00	2.59
集体和个人投资额	亿元	5.26	4.77	5.64	5.19	6.30	4.60	7.00	6.13	10.00	10.80
五、外经计划											
出口贸易总额	万美元	—	—	1.54 亿元	1024.00	1700.00	2010.00	2971.00	3947.00	4750.00	12014.00
实际利用外资	万美元	253.37	234.00	1116.18	1102.00	2370.00	2386.00	5471.00	6164.00	5000.00	6478.00
六、财贸计划											
社会消费品零售总额	亿元	27.00	26.17	28.80	30.52	34.10	32.27	43.00	42.25	50.00	52.85
全社会零售物价总指数	%	108.00	102.40	—	106.70	108.00	112.50	112.00	124.40	113.00	115.40
地方财政收入	亿元	5.49	5.64	6.00	6.06	6.79	7.92	8.80	6.20	6.83	8.92
粮食定购计划	万吨	17.25	16.40	15.10	12.55	15.00	15.00	15.50	15.50	16.20	16.20
食盐收购计划	吨	—	—	20000.00	7950.00	12000.00	18799.00	15000.00	9421.00	20000.00	19649.00
烤烟收购计划	吨	11000.00	11970.00	20000.00	11750.00	14000.00	11450.00	13700.00	4350.00	15500.00	3250.00
七、社会发展计划											
1. 教育事业计划											
中等专业学校											
招生数	人	1820	2060	1850	2104	2025	2462	3005	3225	3285	3300
普通高中招生数	人	12200	—	12450	12600	12600	10413	12600	12274	12800	12567
普通初中招生数	人	93300	95218	93800	92481	93300	94113	96500	98506	101000	109404
小学招生数	人	129142	—	—	—	115000	133989	120000	145152	125000	149613
职业高中招生数	人	7500	8040	—	7565	8500	7072	8000	7990	8000	7521
职业初中招生数	人	3340	—	—	3786	3500	3933	3800	3896	4000	4257
技工学校招生数	人	800	—	—	619	700	917	500	730	730	1382

续表 16－1－2

指标名称	单位	1991 年		1992 年		1993 年		1994 年		1995 年	
		计划	实际	计划	实际	计划	实际	计划	实际	计划	实际
2. 医疗卫生事业计划											
年末医院病床到达数	张	12750	11874	12024	12400	11730	12300	11700	12200	11994	12300
专业卫生（技术）人员数	人	21330	—	—	16690	21433	20358	20800	16552	17050	16948
3. 广播电视事业计划											
广播人口覆盖率	%	—	—	75.00	56.40	75.00	56.40	88.70	66.00	67.00	75.00
电视人口覆盖率	%	85.00	—	85.00	82.00	—	83.00	84.00	86.00	90.00	86.00
4. 劳动工资计划											
年末地方全民所有制单位职工数	万人	—	45.26	29.31	46.54	—	46.74	—	46.80	47.76	47.00
全民所有制单位职工工资总额	亿元	4.88	4.96	5.26	9.31	—	107.00	9.50	15.00	16.80	16.96
5. 人口计划											
人口年末到达数	万人	720.47	721.80	732.82	724.40	734.65	728.76	749.17	735.29	745.61	746.81
人口自然增长率	‰	14.00	10.00	15.00	12.97	14.00	14.26	13.00	13.24	12.00	13.01
出生人口	万人	—	11.10	—	14.97	14.00	15.43	—	15.21	13.33	15.19
人口出生率	%	—	22.84	—	20.50	19.00	20.85	—	20.27	18.00	19.98
6、旅游											
旅游入境人数	人	—	—	—	17948	21579	11812	13350	12905	15500	18346
旅游外汇收入	万美元	—	—	—	25.47	37.47	28.64	32.00	45.00	200.00	388.49
八、主要物资分配计划											
钢铁	吨	25229.00	—	23992.00	—	—	—	—	—	—	—
铸造生铁	吨	5656.00	—	6125.00	—	—	—	—	—	—	—
铜	吨	357.00	—	388.00	—	—	—	—	—	—	—
铝	吨	364.00	—	352.00	—	—	—	—	—	—	—
焦炭	吨	8238.00	—	9298.00	—	—	—	—	—	—	—
国产汽车	辆	164.00	其中小车 37 辆	99.00	其中小车 11 辆	—	—	—	—	—	—

说明：1. 国民生产总值按当年价格计算，1995 年为国内生产总值；农业总产值按 1990 年不变价计算；工业总产值计划 1991—1994 年按 1990 年不变价计算，含村及村以下和城镇合作、个体工业；从 1995 年开始按当年价格计算，含乡（镇）及乡（镇）以上工业，实际数按新规定计算

2. 全社会固定资产不包括联营、股份、“三资”企业；国有单位投资额 1994 年、1995 年两年含房地产开发；1995 年的地方财政收入不包括中央部分

3. 中等专业学校招生指 7 所地区管的学校；技工学校招生数为地区和市属 2 所学校

4. 1993 年以后物资计划由指令性计划改为指导性计划，计划物资价格全部放开，实行计划内外并轨，此处只列到 1991 年、1992 年 2 年的计划

三、“九五”计划执行情况

“九五”期间，贯彻“抓住机遇，深化改革，扩大开放，促进发展，保持稳定”的方针，较好地完成国民经济和社会发展第九个五年计划，实现第二步战略目标。经济总量继续增长，2000年，国内生产总值266.2亿元，年递增10.06%，高于全省0.84个百分点。产业结构进一步调整，第一产业比重继续下降，二、三产业比重上升，三大产业在生产总值中的比重由1995年的44.3 ∶ 30.2 ∶ 25.5调整为34.6 ∶ 29.4 ∶ 36。经济结构不断优化，特色农业蓬勃发展，农业产业化进程加快，多种经营产值占农林牧渔业总产值的81%。牛奶产量由1995年的78吨增加到2000年的1240吨；特种水产品从无到有，产量3.87万吨；禽肉由9.57万吨增加到15.29万吨；瘦肉型猪210.43万头。农、牧、渔业产品产量结构的变化，有效地改善部分城镇人口的饮食结构。工业生产稳步增长，工业总产值递增16.56%，结构调整力度加大，具有地方特色的支柱产业和优势产品开始形成。第三产业快速发展，年均增长14.65%。财政收入稳定增长，财政总收入20.38亿元，年递增7.32%，地方财政收入15.14亿元，年递增11.17%。内外贸易和利用外资有较大增长，社会消费品零售总额90.06亿元，年递增11.5%；5年实际利用外资5.41亿美元，比“八五”时期增长2.3倍，引进市外资金78亿多元。出口贸易总额6.71亿美元，比“八五”时期增长2.44倍。固定资产投资规模继续扩大，“九五”期间累计固定资产投资238.66亿元，比“八五”时期增长2.25倍。基础设施不断完善，公路通车里程17911千米，比1995年新增1829千米，京九铁路复线完工；发电装机容量36万千瓦，新增11万千瓦，城乡电网输变电能力大大改善，电信能力进一步提高。“九五”期间竣工的重点项目有龙潭电站，寻乌县斗晏电站，罗边电站，安远县蔡坊电站，定南县长滩电站，上犹县仙人陂电站，220千伏万韶龙线路，潭东变电站，黄金机场，赣州滨江大道一期、二期及防洪堤，赣州大桥，于都县长征大桥，昌厦公路，323国道改造，龙南至全南公路改造，赣州粮库，信丰粮库，赣南果业集团，赣州三水厂，南康二水厂，赣州市体育中心，赣州市广电中心，赣州市急救中心，赣州市通天岩旅游区，安远县三百山旅游区，共计25个。旅游事业进一步发展，旅游入境人数和旅游外汇收入分别由1995年的18346人和388.49万美元，增加到37712人和775万美元，均成倍增长，起到拉动内需的作用，成为赣州的新型产业。人民生活水平继续提高，初步建立“三条保障线”（下岗职工基本生活保障、失业保险制度、城镇居民最低生活保障制度）并提高保障水平，城乡居民收入增加。2000年，职工年平均工资6608元，城市居民平均可支配收入4811元，年均增长8.3%；农民年人均纯收入2100元，年均增长6.1%。居民住房条件继续改善，农村居民人均居住面积28.72平方米，比1995年增加5.23平方米，其中楼房面积占33.7%；城市居民人均居住面积13.9平方米，比1995年增加3.8平方米，生活质量逐步提高。科研成果推广转化力度加大，通过国家、省、市技术鉴定的科技成果15项，其中填补国内空白的1项，达到国内先进水平的8项，批准授权专利31件，签订技术合同的252个，协议金额4196万元。九年义务教育基本普及，青壮年文盲基本扫除，教育质量不断提高；人口自然增长率控制在10.03‰。全市广播人口覆盖率92.93%，电视人口覆盖率89.82%。

表 16-1-3

赣州市（地区）“九五”期间年度计划和执行情况统计表

指标名称	单位	1996 年		1997 年		1998 年		1999 年		2000 年	
		计划	实际	计划	实际	计划	实际	计划	实际	计划	实际
一、综合计划											
生产总值	亿元	192.00	195.96	228.00	222.64	251.66	239.70	263.00	250.52	270.00	266.20
第一产业	亿元	77.00	84.57	94.50	91.66	99.87	92.78	98.50	92.10	94.00	92.04
第二产业	亿元	66.00	53.69	66.00	61.02	73.01	67.88	76.00	71.57	81.70	78.22
第三产业	亿元	49.00	57.70	67.50	69.96	78.78	79.04	88.50	86.85	93.40	95.94
二、农业计划											
1. 产值计划											
农业总产值	亿元	72.76	73.43	77.16	78.58	—	80.86	—	82.45	—	138.36
农民人均纯收入	元	1838.00	1803.00	2130.00	2034.00	2244.00	2045.00	2245.00	2095.00	2195.00	2100.00
2. 主要产品产量											
粮食总产量	万吨	263.00	265.09	265.10	258.85	265.00	266.20	260.00	265.15	258.00	248.06
油料折油产量	万吨	5.85	5.74	5.50	5.25	5.80	4.73	14.60	13.94	14.62	15.23
机榨甘蔗产量	万吨	130.00	76.51	90.00	88.22	110.00	81.30	67.30	64.97	40.00	36.06
烤烟产量	吨	20000.00	9560.00	20000.00	22250.00	13900.00	11645.00	15000.00	9286.00	13500.00	9603.00
肉类产量	万吨	50.00	39.89	46.00	41.05	44.50	41.68	43.76	41.99	43.70	42.84
水产品产量	万吨	9.50	9.73	11.50	12.00	14.40	13.60	14.96	13.99	15.00	14.81
水果产量	万吨	38.00	27.27	65.00	33.80	—	23.89	34.00	34.30	—	19.90
造林面积	万公顷	3.94	1.81	2.00	0.64	2.85	0.69	0.67	0.81	5.53	0.78
三、工业计划											
1. 产值计划											
工业总产值	亿元	281.00	121.56	122.20	149.04	—	172.21	—	183.58	—	202.71
2. 主要产品产量											
发电量	亿千瓦时	6.50	10.29	7.00	12.10	9.80	11.39	9.00	9.86	9.00	11.76
原　煤	万吨	170.00	145.62	140.00	160.68	120.00	125.05	81.00	84.22	81.00	86.13
合成氨	万吨	3.00	3.70	3.50	2.29	4.50	1.10	1.70	1.49	1.25	1.65
机制纸及纸板	万吨	4.50	4.20	5.00	3.22	1.80	2.59	1.95	2.17	2.00	0.97
机制糖	万吨	7.00	5.67	9.00	6.03	7.40	6.04	6.10	6.15	3.50	0.33
饮料酒	万吨	8.00	7.66	8.00	7.97	8.00	9.93	12.00	9.72	13.00	10.75
卷　烟	万箱	—	11.45	18.89	8.37	1.59	7.76	1.59	11.66	9.45	17.15
木　材	万立方米	68.59	42.35	66.36	38.78	65.56	34.45	—	29.20	—	31.90
水　泥	万吨	155.00	109.97	130.00	121.08	129.00	145.09	150.00	151.71	151.00	153.00
化学农药（原药）	吨	1750.00	1227.00	1350.00	1868.00	1500.00	1019.00	1200.00	787.00	1100.00	1351.00
配混合饲料	万吨	—	13.94	15.00	23.54	—	11.45	—	21.49	—	20.07
四、固定资产投资计划											
全社会固定资产投资	亿元	29.89	32.05	37.60	33.02	43.70	40.28	52.66	41.14	61.00	53.89

续表 16－1－3

指标名称	单位	1996 年		1997 年		1998 年		1999 年		2000 年	
		计划	实际	计划	实际	计划	实际	计划	实际	计划	实际
其中基本建设投资	亿元	12.79	9.30	9.20	9.64	12.50	16.00	22.00	15.27	30.50	19.79
更新改造	亿元	3.00	4.22	4.00	4.15	6.00	4.96	5.00	5.45	5.50	4.18
房地产开发	亿元	3.10	2.83	4.60	2.54	3.50	2.51	4.30	4.01	3.60	5.20
其他投资	亿元	11.00	15.70	19.80	16.69	21.70	16.81	21.36	16.40	21.40	24.72
五、外经计划											
出口贸易总额	万美元	9800.00	12680.00	10800.00	16333.00	14700.00	16705.00	16000.00	15414.00	6310.00	6009.00
实际利用外资	万美元	8520.00	9003.00	9390.00	14620.00	13467.00	11706.00	10322.00	9341.00	8589.00	9411.00
六、财贸计划											
社会消费品零售总额	亿元	61.60	62.26	74.71	69.74	80.20	77.55	85.00	82.98	90.00	90.06
零售商品价格总指数	%	111.00	106.00	106.50	100.50	103.00	99.10	103.00	96.90	100.00	98.20
财政总收入	亿元	16.38	16.75	19.05	18.27	20.00	20.00	21.28	20.00	20.20	20.38
地方财政收入	亿元	10.50	10.98	13.03	13.28	14.70	14.84	15.80	14.95	14.75	15.14
居民消费价格总指数	%	112.00	108.60	108.50	104.20	105.00	100.50	102.00	98.50	101.00	99.00
七、社会发展计划											
1. 教育事业计划											
中等专业学校招生	人	3440	3501	3440	3493	3430	3568	3660	4391	5230	3999
普通高中招生	人	12900	12318	13085	12869	13000	13756	13900	17538	20240	21967
职业高中招生	人	8400	6667	8750	5995	9240	9332	10150	9014	8102	6147
2. 医疗卫生计划											
千人病床数	张	2.26	1.53	1.52	1.55	1.56	1.53	1.60	1.57	1.60	1.53
千人口卫生技术人员数	人	1.66	2.10	2.30	2.14	2.19	2.15	2.30	2.13	2.30	2.09
3. 广播电视计划											
广播人口覆盖率	%	75.00	66.00	78.00	72.00	80.00	72.00	74.00	80.00	84.00	92.93
电视人口覆盖率	%	86.00	86.00	80.00	86.00	90.00	86.00	88.00	86.00	90.00	89.82
4、劳动工资计划											
年末职工人数	万人	47.50	47.06	49.50	47.01	47.01	46.08	45.60	45.44	—	33.19
职工年平均工资	元	4760.00	4225.00	4860.00	4568.00	5018.00	4690.00	4890.00	5664.00	6100.00	6608.00
5、人口计划											
人口年末到达数	万人	756.50	755.62	765.31	764.90	772.83	773.36	780.73	782.32	790.00	794.16
6、旅游计划											
旅游入境人数	人	29800	23752	26000	32048	35253	32602	33986	34639	38100	37712
旅游外汇收入	万美元	427.34	450.00	480.00	652.00	717.76	774.00	781.72	752.00	828.00	775.00

说明：1. 国内生产总值按当年价计算　2. 农业总产值按 1990 年不变价计算；油料折油产量栏 1999 年、2000 年为油料产量；2000 年的造林面积计划，含迹地更新面积和疏林补种面积　3. 工业总产值按当年价计算，含乡（镇）及乡（镇）以上工业

第四节 以工代赈

以工代赈是国家的一项特殊扶贫政策，是救济对象通过参加当地必要的社会公益劳动、工程建设而获得赈济的一种救济方式。这种方式既能解决当前温饱问题，又为今后经济发展创造条件。

一、基本情况

赣州地区是全国最大的集中连片的贫困地区之一。从1984年开始，兴国县、于都县、宁都县、赣县、会昌县、上犹县、安远县、寻乌县、瑞金县、石城县、定南县等11个县被确定为国家级贫困县，南康县、信丰县、龙南县3个县为省定贫困县，享受国家以工代赈资金扶持。1994年，兴国县、于都县、宁都县、赣县、会昌县、上犹县、安远县、寻乌县等8个县再次被确定为实施国家“八七扶贫攻坚计划”的国定贫困县，瑞金县、石城县、定南县3个县为省定贫困县，继续享受国家以工代赈资金扶持。在8个国定贫困县中，被认定的贫困乡有118个。

二、计划安排

1984—2000年，国家共安排全市（地区）以工代赈项目总投资11.4亿元，其中国家以工代赈资金6.22亿元，共实施10批以工代赈项目计划：1984—1987年，粮棉布以工代赈资金2822.62万元；1987—1989年，老3年项目以工代赈资金1443万元；1990—1992年，新3年项目以工代赈资金2400万元；1991—1995年，粮食以工代赈资金5653.33万元，江河治理以工代赈资金3549万元；1993—2000年第6批和1996—2000年新安排以工代赈资金合计32713万元；1994—2000年，第7批以工代赈资金9565万元；1998—2000年，国债以工代赈资金3030万元；2000年，增拨国债以工代赈资金975万元，主要用于贫困地区县乡道路、农田水利、水土保持、人畜饮水、基本农田建设等为主的农村基础设施建设。

三、建设成就

1984—2000年，新建和改造公路4474.9千米，新建公路桥153座15885.4米，新建人行桥47座3107米；新建、续建和加固水库468座，渠系配套1359.45千米，整修河堤369.35千米，增加和改善灌溉面积8.64万公顷，改造中低产田1.33万公顷；扶持小水电装机42座118065千瓦，架设农电线路390.7千米，在81个乡（镇）改造邮电线路1585.2千米；修复水毁商业、供销网点57处29410平方米；打井46857眼，改善133.48万人、72.28万头牲畜饮水条件；实施退耕还林7466公顷，治理水土流失面积9.85万公顷。

第五节 重点工程建设

一、项目前期工作

“八五”期间，地区计划委员会组织力量做好重点项目的前期工作，主要有与福建省龙岩地区计划委员会共同的拟制赣龙铁路项目预可行性研究报告，经铁道部第四勘测设计院编制完成，报国家计划委员会、铁道部，争取列入国家“九五”计划；编制完成赣州中密度纤维板厂项目可研报告，报国家计划委员会和林业部，要求进入国家“九五”计划；编制完成赣兴水泥厂项目可研报告，报国家计划委员会和建材总局，要求进入国家“九五”计划；完成赣州火电厂项目预可研报告；完成万安—虎岗—龙南220千伏输变电线路前期工作，第1期工程万安—虎岗段于1995年年底开工建设。赣粤高速公路工程进入勘设阶段，赣州中密度纤维板厂和赣兴水泥厂项目被省列入上报国家的江西“九五”11个重大建设项目之内。做好项目储备库工作，至1995年，共收集筛选项目417个。

“九五”期间，项目前期工作有进展。1997年，赣州中密度纤维板厂通过国家计划委员会有关业务部门的审查；赣南水泥厂15万吨旋窑水泥项目，通过中国节能投资公司组织的评审，安排节能专项资金3600万元；赣州铁路储煤场由国家计划委员会以煤代油办立项，并同意安排资金用于该项目的建设；向国家计划委员会争取赣州保温材料厂的超轻耐热高温硬硅酸钙节能项目资金500万元。2000年，完成会昌县、瑞金市、兴国县、于都县自来水管网工程，章江新广场大厦，章江新区防洪工程，赣州市煤气公司扩改建工程，赣县梅林大桥等一批基础设施工程的初步设计审查和上报工作。争取赣龙铁路的国家计划委员会立项以及赣韶铁路的前期工作，初步确定赣粤高速公路赣南段的建设事宜。争取“十五”期间的区域经济重点干线渝厦高速公路经过赣州，配合省交通厅做好渝厦高速赣州境内的走向预测，经崇义县、上犹县至赣州市，沿323国道接福建省长汀县，2000年省政府将此方案上报交通部。继续抓好项目储备库的工作，至2000年储备项目249个。

二、重点工程项目管理

加强重点工程项目全过程的管理。1992—1995年，对在建的施工项目，地区计划委员会每年组织召开协调会，协调建设项目与地方、部门的关系，及时解决处理建设中存在的问题，积极筹措建设资金，保证重点工程的顺利进行。“八五”期间，全地区被列入省、地重点工程20个，建设总规模15.1亿元，按期建成和投入使用的重点项目14个。“九五”期间，全市（地区）共投资建设重点工程28项，投资金额达29.42亿元，其中开工并投产项目25个，未完工投产的重点工程项目4个。

三、地方电力基金征收管理

1988—2000年，按照国家计划委员会电力建设基金使用原则的要求，全市（地区）征收地方电力建设基金5592.94万元，其中“七五”期间征收861.29万元，“八五”期间征收2400.28万元，“九五”期间征收2331.37万元。基金借贷给龙潭电站和虎于输变电线路工程建设，其中借贷给龙潭电站4540.98万元、虎于输变电线路334.71万元，支持赣州电力建设事业，缓解电力项目建设资金不足。

四、重点项目建设筹资

1988—2000年，全市（地区）开工建设的重点项目39个，基本建设投资公司适时为重点项目建设筹集建设资金，弥补项目建设中资金短缺的问题。筹资的主要项目：

龙潭电站　1990年，筹集建设资金2800万元，争取设备贷款250万元和1000万元重点项目债券发行指标。1993年，积极做好龙潭电站工程引资工作，争取香港大合实业公司100万美元合作资金。1994—1995年采取统借统还的方式，为电站筹集资金1400万元。

黄金机场扩建工程　1993年，组织捐款资金150万元，会同扩建办、建设银行等单位，向社会发行彩票500万元，向上争取资金650万元，引进科威特政府贷款524万美元。1995年完成机场候机楼施工队伍公开招标工作。

万兴宁输变电线路　1993年筹集建设资金370万元，1994年筹集线路资金334.7万元。

表 16-1-4

1986—2000 年赣州市（地区）部分重点工程项目一览表

单位：万元

项目名称	建设性质	隶属关系	起止年限	建设规模	总投资	经济效益	批准项目单位及文件
赣南制药厂生化工程	新建	省医药	1992 年 7 月至 1995 年 2 月	生产转移因子针剂 1800 万支，口服液 1000 万支	3400	年产值达 7155 万元税利达 2900 万元	国家原材料投资公司、省计划委员会原投资〔1992〕48 号
万—兴—宁—石 110 千伏输电线路	新建	省电力	1992 年 7 月至 1995 年 6 月	石城 1.8 万千伏安兴国、宁都 1 万千伏安 2 台	4146	—	市计划委员会赣地计工字〔1990〕26 号
宁都三门滩电站	新建	县	1992 年 7 月至 1995 年 10 月	装机容量 0.64 万千瓦	4391	年发电量 2495 万千瓦时	省计划委员会赣计设字〔1991〕68 号
赣州程控电话	新建	省电信	1993 年 11 月至 1994 年	增加市话 12.9 万门	35289	解决市民装电话要求	省计划委员会赣计能字〔1993〕95、96、128、139、140、141、142、143 号
崇义中密度纤维板厂	扩建	县	1993 年 12 月至 1995 年 1 月	年产中密度纤维板 15000/立方米	4074	产值 3750 万元、税 1357 万元	省计划委员会赣计〔1987〕工字 55 号
上犹仙人陂电站	新建	县	1992 年 9 月至 1997 年	装机容量 1.05 万千瓦	4907	年发电量 4195 万千瓦时	市计划委员会赣地计〔1987〕农财字 21 号
220 千伏万赣龙线路	新建	省电力	1992 年 9 月至 1997 年	线路长 126.56 千米、变压器容量：12 万千伏安 2 台	10847	解决赣州市、南康、信丰、龙南用电	省电力局赣电计〔1994〕14 号
黄金机场	扩建	市	1992 年 7 月至 1998 年	扩建成 4C 级机场	7834	—	省计划委员会、国家计划委员会计交通字〔1991〕1325 号
赣州大桥	新建	市	1995 年 12 月至 1998 年	长 1500 米、宽 60 米	4880	—	省计划委员会赣计投资字〔1998〕140 号
赣州三水厂	新建	市	1999 年	日供水 10 万吨	13028	—	省计投资字〔1998〕139 号
南康二水厂	新建	南康市	1999 年	日供水 10 万吨	11800	—	省计投资字〔1998〕140 号
广电中心	新建	市	1998 年	建筑面积 2.5 万平方米	5000	—	市计划委员会赣市计社字〔1999〕7 号
赣州滨江大道一、二期及防洪堤	新建	章贡区	1997 年 9 月至 1999 年	长 4800 米、宽 26 米	15730	—	区计划委员会市计字〔1998〕165 号
通天岩旅游区	扩建	市	1996 年	0.56 平方千米扩大至 5.6 平方千米	14300	—	—
潭东变电站	新建	省电力	1999—2000 年	主变 12 万千伏安 2 台	4136	完善赣州南部电网	省电力公司赣电公司基〔1995〕30 号
昌夏公路	新建	省交通厅	1998—2000 年	一级路 118 千米	63600	—	省计划委员会赣计能交〔1997〕68 号
323 国道改造	改建	省交通厅	1998—2000 年	二级路 113.5 千米	36300	—	省计划委员会赣计能交〔1999〕24 号
龙潭电站	新建	市	1989—1997 年	装机容量 4 万千瓦	27505	年发电量 8839 万千瓦时	省计划委员会赣计〔1988〕能字 14 号
斗晏电站	新建	市	1992—1998 年	装机容量 3.75 万瓦	24572	年发电量 1.31 亿千瓦时	省计划委员会赣计〔1987〕能字 57 号
罗边电站	新建	县	1993 年 10 月至 1997 年 3 月	装机容量 1.05 万千瓦	9580	年发电量 4020 万千瓦时	省计划委员会赣计设字〔1992〕67 号
安远蔡坊电站	新建	县	1992 年 3 月至 1997 年	装机容量 0.77 万千瓦	5625	年发电量 2617 亿千瓦时	省计划委员会赣计〔1987〕设字 31 号
定南长滩电站	新建	县	1992 年 8 月至 1997 年	装机容量 0.8 万千瓦	5023	年发电量 3400 亿千瓦时	省计划委员会赣计设字〔1991〕61 号
章江南岸防洪堤	新建	市	1999—2001 年	全长 4.4 千米	13478	—	省计划委员会赣计投资字〔1999〕45 号
安远至寻乌公路	新建	县	1999—2001 年	二级路 31.45 千米	3500	—	省计划委员会赣计能交字〔1997〕48 号、50 号

第六节 咨询与信息

一、工程咨询

1987年11月，设立地区工程咨询中心，主要对重大建设项目进行咨询评估，对区域内的投资机会进行研究，并对区域内工程咨询业进行行业管理。至2000年，累计完成项目评估62个，编制可行性研究报告26个，完成课题研究10多个。

项目评估 1988—1990年，共咨询评估项目32个，其中清山划界项目18个。在这批项目中，评估结论可行26个、基本可行4个、不可行2个。1991—1995年，对《崇义县商品肉牛生产基地可行性报告》等11个项目进行评估论证。1996—2000年，对《3万吨赣良啤酒生产线扩建为5万吨规模可研报告》《上犹县沿江路可研报告》等19个项目建设的可行性进行评估。

编制项目可行性研究报告 1997年开始，工程咨询中心充分利用原有的人力资源、信息资源，接受项目业主委托，开展项目可行性研究报告的编制工作。1997年，编制《安远县三百山风景名胜区虎岗温泉宾馆可研报告》。1998年，编制《瑞金云辉水泥厂项目》《三百山国家森林公园旅游景区开发项目》等5个项目的可行性研究报告。1999年，完成《瑞金市内环路西延工程建设项目》《安远县食用菌开发项目》等17个项目的可行性研究报告编制工作。2000年，编制完成《赣南现代生态农业村建设项目》《于都屏山草场山区经济产业化项目》等3个项目的可行性研究报告。4年共完成26个建设项目的可行性研究报告编制工作，项目报告均受到项目业主的好评。

二、经济信息

市（地区）经济信息中心按照经济信息系统“为领导决策提供支持，为企业微观导向服务”的宗旨，开展多方面的信息研究和工作交流。

信息刊物 1987—1996年，编发《信息、研究、咨询》内部刊物，每月1～2期，主要采编国内外经济、政策动态和赣州经济分析，发送地委、行署领导以及有关部门和企业。1990—1996年，通过摘取新华社内部信息，编印《特供信息》周刊。该刊以特区和港澳台经济信息为主，为地委、行署了解中央领导对经济工作的决策和沿海特区、港澳台经济动态提供信息参考。2000年，通过互联网及内部信息渠道，编辑《经济决策参考》内刊，为市领导提供政策动态、经济分析、专家观点、外地经验等信息。

信息交流 1990—1992年，组织全地区近300家企业加入广东经济特区信息网络，在网络刊物上发布产供销及经济协作信息，并分别在广州和赣州组织信息发布会，为区内企业开拓广东市场提供信息服务。1991年，地区计委和地区经济信息中心与湖南省郴州市和广东省韶关市计划委员会、信息中心，成立郴州、赣州、韶关三地（市）信息交流网理事会。至2000年，共召开14届理事会，其中第二、第五、第八、第十一、第十四届在赣州召开。信息交流网理事会主要介绍3个市（地区）经济运行及计划安排，交流信息工作经验，商讨合作项目，促进信息交流及区域经济合作。

信息化服务 1996年7月，成立行署经济信息化联席会议办公室。联席会议及其办公室承担着对全地区信息服务业进行行业管理的职能。1997年6月，行署印发《赣州地区经济信息市场管理暂行办法》。同月撤销经济信息化联席会议，成立地区信息化工作领导小组，负责对全地区信息化工作的组织、协调。1999年，根据国家和省政府的部署，为避免和减少“计算机2000年问题”（又称“千年虫”）对国民经济和社会发展的危害，保持社会稳定，市信息办承担解决全市“计算机2000年问题”

的组织和协调工作。1999 年和 2000 年第一季度，通过宣传发动，组织培训，检查验收，各县（市、区）、市直各单位采取有效方法和手段解决各部门各单位的“计算机 2000 年问题”，使全市的计算机系统安全通过 2000 年时针过渡。

党政信息网 赣州市党政机关计算机骨干网（以下简称“党政信息网”）是全省党政机关计算机骨干网的市级分网。通过先进技术手段，实现全市党政机关计算机网络的互联，实现与国家和省党政机关的联通，为全市党政部门通过计算机网络相互交流信息以及与省和国家交换信息提供内部公用通道。市政府授权经济信息中心负责全市党政信息网的建设和管理。2000 年 4—6 月，进行市党政信息网第 1 期工程建设，完成机房装修和市政府 1 号楼的综合布线及机房设备的调试，建立市级党政信息网网管中心，联通市政府办、市计委、市经贸委、市科学技术委员会、市计划生育委员会、市编办、市侨办、市农保办、市法制局等 9 个部门。7 月，党政网通过专线接入因特网，联网部门可通过党政网查询因特网上的信息。

赣州经济信息网 2000 年 5 月，在国际互联网上注册国内一级域名（www.gzcei.com.cn）的赣州经济信息网。网站设有赣州概况、经济动态、投资兴业、市场行情、县市之窗、企业风采、名优特产、旅游资讯、为你服务等十余个栏目，主要介绍赣州的经济发展和投资环境，为宣传赣州、为赣州走向世界提供窗口。

第二章 统 计

1986—2000 年，统计改革不断深化，逐步实现数据处理高速化、通信传输网络化、信息贮存数字化，有效提高统计数据的准确性、及时性和统计资料的利用率。统计信息收集、统计指标体系和统计调查方法不断改进。统计内容和范围日益扩大，统计为社会经济宏观管理发挥的作用日益提升。《中华人民共和国统计法实施细则》颁布实施后，统计法制建设得到强化，依法治统力度不断增强，统计工作走上法制化轨道。

1986 年，地区统计局内设秘书科、综合科、工交统计科、农财统计科 4 个职能科室，辖统计信息咨询中心、统计计算站、统计干部培训站 3 个事业单位。5 月，增设农村抽样调查队。1991 年 4 月增设法制科。1997 年 6 月，成立国家统计局赣州企业调查队。2000 年 7 月，赣州市城市社会经济调查队由章贡区统计局上划赣州市统计局管理。2000 年，市统计局内设人事秘书科、综合核算统计科、统计法制科、工交投资统计科、农业统计科、贸易物价统计科、社会人口统计科和市农村社会经济抽样调查队、市统计信息中心、市统计计算中心、市统计干部培训中心、市城市社会经济调查队、国家统计局赣州企业调查队。

第一节 统计制度

一、统计报表制度

1993 年，全地区统计部门贯彻执行国家统计局新的国家统计报表制度，包括企业、事业、行政单位 8 套基层统计报表制度和有关的 9 套综合统计报表制度。统计报表制度分全面统计报表和各项普查、抽样调查。地、县（市）统计部门严格按国家统计报表制度的规定，规范采集、整理、计算、汇总的方法和程序，完成月报、季报和年报等各项定期报表工作任务。

二、数据质量监控

统计部门为保障统计资料的准确性、客观性和科学性，改变数出多门的状况，做到统计资料管理档案化、规范化和统计资料公布程序化、制度化。市（地区）、县（市、区）两级统计部门均建立质量评估小组，设立第一责任人制度，完善统计数据“三审一评估”（专业人员初审、科室负责人复审、局领导终审，主要经济指标与相关专业、部门数据进行评估论证）制度。严格审核基层上报的报表，尤其对生产总值等重要统计指标进行科学评估论证。建立健全基层单位统计台账和原始记录，完善各项工作制度，规范数据采集、整理、计算、汇总的方法和程序，做到数出有据，确保统计数据质量。

第二节　统计调查

一、普查

第三次工业普查　以1995年为调查年度，开展第三次全国工业普查，这是按照国家普查制度进行的一次重大的国情国力调查，调查范围是辖区内的全部工业企业和附营工业单位。调查内容主要包括企业基本情况、财务状况、劳动状况、主要工业产品产销情况、科技活动情况、技术经济指标、产品生产能力、原材料及能源消费与库存、能源加工转换、主要工业生产设备拥有量及新旧程度与技术状况、工业产品质量和销售收支情况等方面。该次工业普查结果，对于深入研究工业经济的运行质量、制订长期工业发展规划、调整工业结构、提高工业经济效益、保证工业经济持续快速健康发展具有重大意义。

人口普查　1989年5月，国务院印发《关于进行第四次人口普查的通知》。9月，地区成立人口普查领导小组及其办公室。普查项目共21项，其中按人口填报的项目15项、按户填报的项目6项。普查的标准时间为1990年7月1日零时。普查工作从1989年9月开始，至1993年10月结束，经过普查登记、复查、手工汇总、计算机录入、数据汇总和资料开发应用研究等阶段，历时近5年。1999年1月，行署印发《关于做好第五次人口普查工作的通知》。此次人口普查调查有10%的抽样户及其常住人口调查表、90%的户及其常住人口调查表、暂住人口调查表、死亡人口调查表。普查标准时间为2000年11月1日零时。普查采用按常住人口登记注册办法，由每位普查员上门登记。普查工作从1999年1月开始，历时3年。此次人口普查目的是摸清第四次人口普查以来的10年中人口的数量、素质、结构以及人民生活水平和质量等方面的变化情况，为各级政府决策提供科学依据。

第三产业普查　根据国务院决定，自1993年6月开始对1991年和1992年第三产业进行普查。1993年8月，地区成立普查协调领导小组及其办公室。普查的范围是全地区所有的第三产业，含企事业、行政单位和社会团体。普查的年度为1991年、1992年。普查的主要内容包括单位数、从业人员，企业的营业收入、营业成本、费用、税金、利润，行政事业单位的经费收支、业务收支、预算外收支、专项资金收支和固定资产等情况。普查至1994年12月结束。

第一次农业普查　1995年12月，行署成立地区第一次农业普查领导小组及其办公室。1996年6月，行署印发《关于认真做好农业普查工作的通知》，全面开展全地区农业普查工作。普查的对象是辖区范围内各种类型的农业生产经营单位、农村住户、乡镇企业、行政村和乡（镇）。普查表分为农村住户调查表、非农村住户类农村经营单位调查表、行政村调查表、乡（镇）调查表、非农乡镇企业基本情况卡片、农业用地卡片。普查的主要内容是1996年农业生产经营单位数、规模、结构、生产性固定资产数量结构和性能、劳动力数量和素质及流动情况等。普查工作从1996年1月1日开始至1996年12

月 31 日结束。普查工作 1999 年 12 月结束，历时 4 年。

第一次基本单位普查 1996 年 5 月，成立地区第一次基本单位普查领导小组及其办公室。普查范围为全地区范围内除农户和个体经济以外的所有法人单位及法人单位所附属的产业活动单位。普查的内容主要是反映单位的基本信息、单位的属性和单位的基本活动情况等。普查的标准时间为 1996 年 12 月 31 日。普查工作自 1996 年 10 月 10 日开始，至 1997 年 7 月结束。

投入产出调查 5 年一次的投入产出专项调查是一项经国务院批准的周期性调查。国务院办公厅《关于进行全国投入产出调查的通知》规定每 5 年进行一次全国性投入产出调查工作。全地区于 1987 年、1992 年、1997 年开展 3 次投入产出调查，主要是对区内一些重点单位进行重点调查。

二、抽样调查

随着城市社会经济调查队、农村社会经济调查队、企业调查队的成立，全市（地区）抽样调查得以广泛运用。1986—2000 年，除原有的农产量调查、农村住户调查、城市住户调查、物价调查外，还陆续开展人口变动抽样调查、农村固定资产投资调查、企业景气调查、规模以下工业抽样调查等。

城市住户调查 国家在赣州选定章贡区和信丰县为调查点，确定章贡区 100 户、信丰县 50 户为调查户进行调查，了解城市居民家庭人口、就业、收入、支出、消费等家庭生活状况，为研究制订就业、社会保障、货币流通、商品生产和供应提供依据。

农村住户调查 国家和省确定赣州 10 个县为农村经济调查点，每年对县调查点进行抽样调查，每个县调查户为 70 户。

规模以下工业抽样调查 1999 年，根据国家统计局统一部署，全市（地区）开展以省为总体的规模以下工业抽样调查。

第三节 统计服务与监督

一、统计服务

每年年初发布《国民经济和社会发展统计公报》；每年编辑《统计年鉴》，定期编辑《统计提要》《内部资料》。汇编各个时期的统计普查、抽样调查资料，先后编印《赣州地区第四次人口普查资料》《赣州地区第一次全国第三产业普查资料》《赣州地区第一次全国基本单位普查资料》《赣州地区第一次全国农业普查资料》《赣州地区第五次人口普查资料》等。根据各个时期经济和社会发展情况撰写专题或综合性统计调查报告和分析文章，为党政领导、有关部门提供定期或临时性、突击性统计资料。

二、统计执法

1989 年 4 月，地区统计局、地区监察局联合印发《转发〈关于在全省范围内开展统计法规执行情况大检查的通知〉的通知》，全地区开展《中华人民共和国统计法》实施以来的第一次统计执法大检查。地区统计局每年会同有关部门对《中华人民共和国统计法》的执行情况进行专项检查，重点查处虚报、瞒报、伪造、篡改、屡次迟报统计资料的违法行为，依据《中华人民共和国统计法》《中华人民共和国统计法实施细则》《江西统计管理条例》对各违法单位进行通报批评或进行经济处罚。1988 年 2 月，针对一些地方、单位和部门违反《中华人民共和国统计法》，在统计上虚报、浮夸、弄虚作假等问题，中共中央办公厅、国务院办公厅发出《关于坚决反对和制止在统计上弄虚作假的通知》，地委办公室、行署办公室印发《关于坚决反对制止在统计上弄虚作假，进一步加强统计工作的通知》，制定全地区检查方案，自查面要求达到 100%。地区统计局强化执法力度，对在统计工作中的违法行为严厉查处。

第三章 物 价

1986—2000年，全市（地区）物价管理按照“既要稳定物价，又要振兴经济”的要求，用好赣州为全省经济体制改革试验区的物价管理权限，深化物价体制改革，适度下放管理权限；灵活变通计价办法，管稳管活市场，加强价格监督检查；平抑2次物价上涨高峰，做好价格监测分析，开展价格认证咨询；转换价格管理模式，做好社会价格评估。2000年，全市实行市场调节价的商品比重达95%以上，高于全国、全省平均水平。

地区物价局于1981年成立。1986年，内设秘书科、综合信息科、工农业产品价格科和非商品收费科。1989年5月，成立地区价格信息中心（事业编制）；1992年10月，地区价格事务所，与地区价格信息中心合署办公；1994年，设价格调节基金科；1999年7月，非商品收费科改为收费管理科，11月设物价干部培训中心；2000年6月，价格事务所更名为价格认证中心。

2000年，市物价局内设办公室、综合科、收费管理科、价格管理科、价格调节基金科和机关党总支，有在岗人员20人，下辖市物价检查所、市价格信息中心、市价格认证中心和市农产品成本调查队及物价干部培训中心，在岗人员25人。

第一节 物价改革

1986—2000年，物价改革经历展开、深入、扩展、规范四个阶段。

一、展开阶段

1986年至1988年9月为展开阶段。改革主要以放为主，以转换价格形成机制为重点，逐步放宽地区的价格管理权限。地管农产品收购和销售分别由119种和155种的价格减为17种，放开面为85.71%和89.03%。地、县（市）管的工业消费品价格由160种减为20种，放开面为87.5%。与此同时，工业生产资料价格实行平价与高价并存的“双轨制”，价格因供货对象不同而不同。对一些仍由国家定价的商品价格进行调整。适当提高粮食收购价和部分烟酒、城市主要副食品购销价格，称为“调放结合”。其间，全国逐渐趋于通货膨胀。1988年，赣州地区零售物价上升25%，超过全省、全国的平均水平，其中赣州市（今章贡区）物价升幅30.2%。

二、深入阶段

1988年10月至1991年年底为深入阶段。1988年10月，省委、省政府决定授予赣州地区行使省级物价管理权限，作为试验区，全地区价格改革以建立完善价格间接调控系统为重点，增加对价格的宏观控制和综合管理能力。按照“搞活、管理”的要求，地区物价部门有计划地采取“放、调、控”进行物价改革。其改革的主要内容：简政放权，适度下放物价管理权限。地区行使省级管理权限后，除煤炭、水泥、化肥和棉纺织品以及主要工业品地区差率和物资管理费率等少数品种外，原地区管理的物价权全部授权县（市）管理；对边境县给予更宽的政策，可由当地政府批准自主衔接邻省价格水平；原县（市）管理的物价权限大部分下放给业务主管部门或企业管理；乡（镇）、二轻集体企业，基层供销社的价格除国家有专门规定外，全部自主定价。为减少粤闽等经济特区高价格、高消费对赣南的物价影响，采取“计划内管严，计划外放活；国计民生重要商品管紧，一般小商品放活；区内市场管稳，多余商品出省放活”的原则，大胆试行灵活计价规定。如国家定价的地方工业品试行“双轨制”；计划外紧缺原材料在核定生产成本时，按“平议综合计价”；小化肥（碳铵、磷肥、普钙、复合肥）分县（市）半年或一年统一销价，控制利润，超利润部分滚动使用，冲减下期成本；对 21 种计划外重要生产资料协调价格，规定限价，挂牌经营，实行验证；放开商品提价申报制度，对饮食业、旅店业的经营收费按毛利率分档定价。1991 年，中央作出关于搞活企业特别是国营大中型企业的决定后，全地区各级物价部门结合毗邻粤闽的实际，提出深化价格改革，增强企业活力，促进试验区经济发展的物价管理实施意见，确定《40 条物价管理暂行规定》，规定企业对国家计划分配不当、不对路或剩余的原材料，经审查批准，允许按市价销售，验证监督；计划外自采主要原材料生产的产品，国家没有明文规定的价格或没有作出价格管理办法的，价格放开。企业生产指令性计划产品，应认真执行合同，因购货单位逾期不提货的，可按有关规定进入市场销售，并由企业按供应对象，分别执行国家规定的销售价格。将服装、儿童玩具等 12 类商品改国家指导价为市场调节价；取消电冰箱等 8 类商品实行的提价申报，改由行业协调定价；将计划外重要生产资料实行价格验证的品种范围由 21 种缩小为 14 种。乡（镇）、二轻企业生产的产品价格，除国家供应主要原材料，又属于国家定价和计划收购的，应执行国家定价外，其余产品价格全部由企业自定。经济开发区内的“三资”企业和外向型企业生产的产品，自开业起 3 年内由企业定价，实行市场调节；从事商业、物资经营的企业，除有特殊规定的外，价格全部放开。同年，全地区零售物价涨幅逐渐降低，上升 2.4％并保持相对稳定，市场与价格结构初步形成稳妥而灵活的格局。

三、扩展阶段

1992—1994 年为扩展阶段。本着“超前、搞活、完善、稳定”的原则，加快改革的步伐，价格管理继续放开和放权。1992 年 4 月起，定南县、龙南县、全南县 3 个县实行粮油购销价格全面放开。9 月起，除人民解放军和武警部队的现役军人按规定供应平价粮油外，取消城镇居民平价粮食供应，全面放开粮食供应价格。按照工业消费品价格能够放开尽量放开的要求，放开彩电、省产优质白酒、酒精、肥皂、火柴、麻袋、粮油副产品的厂销价格；放开文艺演出、体育比赛、表演门票、电影录像带租价等收费价格；机制米粉干价格由县（市）管理。县（市）属企业生产的地方工业消费品和农副业加工产品价格，不论计划内外，销往何处，由县（市）物价局制定，报地区备案。并对大余县经济小区和定南县、瑞金县、寻乌县 3 个边际县及赣州市（今章贡区）赋予比其他县更宽的价格管理权限。取消计划外钢材、生铁、铜、铅、锌、锡、镍、纯碱、烧碱等部分生产资料最高限价。1993 年，在国家放开部分煤炭产区的原煤价，调整原油、铁路、水运等价格的基础上，地区相应调整地产碳铵、重点工程用的水泥价格及民用、工业用、公共福利、饮食行业用管道煤气价格；对部分地产中成药价格、用电服务收费、自来水收费、报纸杂志等价格进行适度调整。1994 年，粮价一度大幅度上升，为配合粮食流通体制的改革，地区将合同收购粮食重新纳入国家定价管理，恢复对居民定量口粮的平价供应。同时，大幅度提高粮食购销价格。1995 年，地区对定购粮价格实行价外补贴，在适当提高粮食销价的同时给职工增加价格补贴。至此，除垄断性的邮电、交通、水电、石油、食盐、煤气或普及性的社会福利、文教建设、公益事业如医药、书刊、报纸、学费、宾馆、旅社等方面的商品价格和服务收费仍由国家定价以外，其他有竞争性的行业全部放开。市场调节消费品零售占社会消费品零售总额的 97％以上，社会商品价格体系的市场机制基本形成。这时期，恰逢原油、煤炭、水电、化肥等为缩小价格“双轨制”矛盾而进行价格结构性调整的项目出台，加之受税率、利率、汇率变动的影响，又一度增大通货膨胀的压力。

四、规范阶段

1995—2000 年为规范阶段。物价管理的重点是调控监测、清理整顿、监督检查，积极开展价格服务，促使市场物价规范化。粮食购销收回由政府定价，转而成为由物价部门向市场发布指导价。继续并完善1994年开始的副食品价格调节基金征集使用制度，用于“菜篮子”工程建设和引导市场价格的补助。对行政事业价格违法案件的查处不仅是日常业务，还作为物价部门重点专项检查的内容。农村“清费、治乱、减负”成为重要课题，其中农村用电的“两改一同价”（改造农村电网、改革农电管理体制，城乡生活用电同网同价）显见成效。1996年，地区物价局开始参与交通肇事车辆定损、国有资产评估等方面的价格评估。1997年5月，地区物价局、财政局根据省厅、局通知的精神，核定城市房屋拆迁管理费标准，按房屋拆迁安置费的0.6%执行。允许产权单位自拆自建项目的拆迁费由地、市物价部门在不超过对房屋拆迁安置补偿费的0.3%范围内具体核定。1996年，全地区消费物价涨幅回落到8.6%；1997年，回落到4.2%；1998—2000年，每年消费物价和零售物价相继出现负增长。价格负增长是价格不到位，可见市场疲软，供过于求。

第二节 价格管理

一、作价原则

物资供应收费标准 改革开放之初，物资供应采取“双轨制”分计划内、外的流通体制。计划内物资供应价格，由计划内出厂价加定额运杂费和管理费组成；计划外价格，执行有关部门协商的协调价格，不得突破。

计划外重要生产资料 1986年，地区规定石油、汽车、钢材、拖拉机、铜及铜材、铝及铝材、铅、锌、锡、生铁、水泥、木材、纯碱、硫酸、硝酸、盐酸、平板玻璃、化肥、烧碱、高效低残留农药、焦炭等21个品种，实行进场交易，定期协商议价，挂牌成交，价格验证监督。1989年，将上述品种压缩为16种。1991年，又将其压缩和调整为14种，即在原定的21种中减去拖拉机、铅、锌、生铁、硝酸、盐酸、化肥、农药和焦炭9种，另加钨和液铵（工业用）。1992年，按照省物价局印发的《计划外重要生产资料价格管理暂行办法》，地区对国家未实行限价的石油、汽车、钢材、各类有色材料、有色金属矿和中间产品、硫酸、硝酸、盐酸、烧碱、纯碱、焦炭、煤电等主要能源、平板玻璃、化肥、农药、水泥、木材、轻纺重要原料、二类汽车配件等19类（种）计划外重要生产资料价格实行指导价，继续进行验证监督管理。由地区会同有关部门，分期协商挂牌价格，对外公布。1993年，撤销该规定。1992年，省物价局、物资局颁发《流通领域生产资料价格管理试行办法》，对物资价格的形成和构成，计划内外作价，计划内外物资串换作价等作出规定，全地区照此办理。

耐用消费品价格 地区在1984年对名牌自行车、名牌缝纫机、名牌洗衣机、名牌电冰箱实行价格放开，由企业定价。1987年，由于市场情况变化，必须加强管理，实行限价办法。限价计算办法：以上4种名牌以其原生产地批发价，加上牌价差价，加上批零差价，即得出批发与零售的基准价。在基准价基础上，自行车加价20%，其他3类加价10%，即为赣州市场企业定价的限价，各县根据赣州的价格加上地差制定限价下达。1988年，随着创办赣南经济体制改革试验区，改进物价管理，对上述4类耐用消费品取消限价和申报，改由企业根据进价，加上规定差率制定销价。

粮油议购议销作价 随着粮油购销体制的改革，议价粮油在市场的品种增多。1986年，执行省物价局、粮食局的作价办法，即议销价＝基价×（1＋进销差率），进销差率为12%。1990年，作出修改，其内容主要有粮油议购价格可按随行就市略低于市价的原则收购；议销价格继续按差率控制。地产地销粮油作价差率与办法仍按1986年的办法执行，同时补充外购内销的粮油进销差率10%，即外购内销价＝进价×（1＋进销差率10%）＋县（市）外运杂费。

小化肥销售价格 1992年，小化肥作价依据省物价局规定按保本或微利的原则，执行综合平均作价办法：核实进行，控制差率，综合作价，相对稳定。制定综合平均销价，可以1年1次或1年2次。经营企业低价进的，需套高价（综合平均销价），由同级物价部门审定后，扣除商业正常利润，多余价差款应列入“小化肥价格调节基金”，由同级物价部门掌握，用于平衡小化肥销售价格水平。小化肥市场销售价按省定综合差率计价，碳铵10.7%，其中县级5.2%、基层5.5%；钙镁磷肥和普钙9.5%，其中县级4.9%、基层4.6%。1994年3月，对信丰化肥厂、于都化肥厂和地区农资公司建立农资专项价格调节基金和改变作价办法，即厂家每销售1吨碳铵，不分销售对象，一律在出厂价外征收价格调节基金2元；地区农资公司凡批发环节每销1吨化肥（含各种大化肥、小化肥）均在价外征收价格调节基金5元（国家计划统配化肥免征）。1995年，地区对信丰化肥厂、于都化肥厂的价格调节基金由2元调为5元。农资供销部门经销碳铵时，必须按规定差率制定销价报物价部门审批。具体差率：地区、县级、基层三级综合差率分别为1.4%、3.8%、5.5%，县级、基层两级综合差率仍为5.2%、5.5%。1994年年底，省物价局作出新规定：小化肥综合差率及作价办法变动为县级12%（包括经营管理费2%、利息3.5%、损耗5%、利润1.5%），作价公式：零售价（调拨价）＝进价×（1＋综合差率）＋合理运杂费。1995年，全地区按省物价局1994年年底的规定执行，并将具体差率进行分解。

交通运价　1986年，地区对汽车货物运价及杂费率实行限价。1991年实行价格放开，由企业定价。

二、农产品价格

粮食　粮食自1985年4月1日取消统购政策后，1986年至2000年6月仍执行粮食合同定购，完成合同定购的粮食允许议购议销。稻谷实行合同定购，初期按“倒三七”比例作价。全地区统一作价为每50千克中等早籼稻15.58元，晚籼稻16.07元。城镇商品粮人口定量粮油仍按统销价不变。赣州市（地区）标二早籼米每500克0.14元，县城及以下每500克0.13元；标二晚米，赣州市（地区）每500克0.14元，县城及以下每500克0.14元。之后，随着改革逐步深化，粮食购销价格又经过多次调整，并曾实行粮食定购价与保护价定购，销价顺加的制度，价格也有变动。至2000年7月1日，江西省退出早籼稻保护价收购范围，在继续实行粮食定购制度的前提下，取消早籼稻定购任务，早籼稻的收购价格主要通过市场形成。

表16-3-1

1986—2000年部分年份赣州市（地区）粮食生产成本及效益统计表

项　目	早　稻				晚　稻			
	1986年	1989年	1995年	2000年	1986年	1989年	1995年	2000年
每亩主产品(千克)	395.50	399.00	390.05	361.40	303.50	370.50	323.06	350.50
每亩主产品产值(元)	124.42	200.50	541.45	320.08	100.62	177.23	471.66	395.83
每亩物质费用(元)	51.38	101.08	156.08	132.47	40.54	85.98	149.28	133.57
每亩用工量(个)	27.12	28.58	22.61	16.50	25.22	26.70	18.35	15.60
每亩总成本(元)	92.06	182.53	237.48	327.26	78.31	162.08	215.34	330.56
每亩净产值(元)	83.76	119.43	420.19	187.61	68.38	111.91	350.67	301.93
每亩税金(元)	3.19	5.11	13.71	7.79	3.17	7.72	13.54	9.79
每亩减税纯收益(元)	39.89	32.86	325.08	−7.18	27.38	28.09	271.16	13.61
每劳动日净产值(元)	3.09	4.25	18.58	22.87	2.71	4.19	19.11	19.35

食油　食油价格取消统购以后，执行合同定购价格。合同定购的油菜籽、油茶籽等按“倒四六”（60∶40）比例作价。1986年，茶油每50千克定购价153.4元，赣州市统销价为90元，县及县以下89

元（购销价格倒挂）；1987—1988年，食油实际收购价中含价外补贴，茶油每50千克收购价233元，其中含价外补贴44.3元；1991年9月，全省实行购销同价，茶油每50千克统销价287元转为下浮与235元统购同价。此后，食油价格由市场调节。

甘蔗 甘蔗收购价历来采取保护措施，以促进蔗糖生产的发展。1986—1988年2个榨季收购价基价每吨为51元，奖售稻谷156.5千克；1989年8月，地区对甘蔗收购价政策作出重大调整，收购价每吨定为110元，蔗农每交售1吨工业蔗奖售统销价稻谷指标100千克，奖售平价化肥20千克（折算尿素为8千克），回供免税糖2.5千克，实行要粮给粮（按统销价购买），要钱给钱（按平转议补给相应差价）。自1989年起，由于连续多次调整粮食购销价格，而市场粮价逐年下跌，牌市差价不断缩小，尿素（化肥）价格又不断提高，粮肥与原平价差价变动较大，1990—1991年榨季的甘蔗实际收购价（含实物折价）达到每吨154.71元。1992年，江西省调整蔗糖价格政策，食糖价格由国家指导价改为市场调节价，甘蔗价格由国家定价改为国家指导价，赣州的甘蔗定价权由省下放给地区管理。地区决定1992—1993年榨季，甘蔗收购价格原则上放开，由各县（市）政府和糖厂根据市场变化自行决定，与蔗农签订合同。1995年，省物价局通知，甘蔗收购价格仍委托地（市）管理，并建议1995—1996年榨季甘蔗价每吨按230元收购，上浮10%。1998年，行署通知蔗区各县（市）：1998—1999年榨季甘蔗收购价格每吨综合价由上个榨季的280元调为240元（基本价226元加农业特产税返回14元）。

表16-3-2 1986—2000年赣州市（地区）各糖厂所在县（市）甘蔗收购价统计表

单位：元/吨

县(市)	1986—1987年榨季	1992—1993年榨季	1993—1994年榨季	1994—1995年榨季	1998—1999年榨季
赣州市	120.00	120.00	120.00	220.00	240.00
南康市	120.00	120.00	145.00	242.00	240.00
信丰县	120.00	120.00	145.00	244.20⑤	240.00
赣　县	120.00	120.00	140.00	230.00	240.00
兴国县	120.75①	120.75②	152.25③	238.00⑥	240.00
于都县	120.75	120.75	147.25④	220.00⑦	240.00
会昌县	120.00	120.00	150.00	220.00	240.00
瑞金市	121.00	121.00	143.00	223.00⑧	240.00

备注：①兴国县含价外补贴0.75元 ②兴国县含价外补贴0.75元 ③兴国、于都含价外补贴2.25元 ④瑞金含价外补贴2元 ⑤信丰含价外补贴24.2元 ⑥兴国13元 ⑦于都2元 ⑧瑞金3元

烤烟 烤烟收购价均执行省下达的国家牌价。实际收购中，各产区县另加专项县乡财政外贴款和质量补贴。以标准级（中黄四级）为例，1986年每500克0.87元，1987年调为0.9元，1990年调为1.05元。石城县1991年则在国家收购基价每50千克105元之外，加质量补贴50元，实际收购价每50千克为155元。在1990年以前全地区各地对烟农的物资扶持均不准折价计入收购价格。

表16-3-3 1986—2000年部分年份赣州市（地区）中黄四级烤烟收购价格统计表

单位：元/50千克

年　份	1986年	1990年	1992年	1993年	1994年	1995年	2000年
购　价	87	155	155	155	215	290	240
其中生产扶持费	不入价	50	50	25	85	125	—

表 16-3-4　1986—2000 年部分年份赣州市（地区）甘蔗、烤烟生产成本及效益统计表

项　目	甘　蔗				烤　烟			
	1986 年	1989 年	1995 年	2000 年	1986 年	1989 年	1995 年	2000 年
每亩主产品(千克)	4492.00	4645.50	4407.55	4503.03	114.00	126.00	127.08	127.00
每亩主产品产值(元)	314.09	756.29	1375.51	1077.44	320.75	640.99	1138.71	999.96
每亩物质费用(元)	79.25	226.90	411.75	450.12	100.66	231.46	415.75	390.92
每亩用工量(个)	55.78	58.80	40.41	33.82	69.63	57.10	57.08	46.20
每亩总成本(元)	162.92	394.48	557.23	843.59	205.11	394.20	621.24	945.19
每亩净产值(元)	248.73	602.52	1011.67	713.97	223.30	434.14	735.80	629.12
每亩税金(元)	7.57	9.16	24.23	18.90	3.02	7.29	13.74	16.85
每亩减税纯收益(元)	157.49	425.78	841.96	320.50	115.83	264.11	516.57	82.92
每劳动日净产值(元)	4.46	10.25	25.04	21.11	3.21	7.60	12.89	13.62

中药材　中药材作价办法和作价差率均按省物价局和省医药管理局的联合通知安排。销售价按统一差率在批发环节基础上控制在 30%以内，批零差率控制在 35%以内。但收购价时有不同，随产销情况的变化常有变化，销售价格也相应随之变化。黄连 1978 年每 10 克零售价 0.5 元，1994 年升为 0.94 元，至 1995 年降为 0.6 元；麦冬 1978 年每 10 克 0.08 元，1995 升为 0.28 元。

三、工业品价格

白砂糖　赣州是江西省食糖的主要产区。区内 8 家糖厂年产白砂糖 10 万吨左右。1986 年以来，由于甘蔗收购价的不断提高，食糖出厂价和零售价也随之提高；产地批发价以出厂价为基价，倒扣 7.13%的进销差率。1991 年 11 月，根据国家的统一安排，全地区将食糖零售价格全面放开。

全地区 8 家糖厂的经营情况：1994—1995 年榨季制糖成本（不含税及财务费用）每吨平均 3085.5 元，1995—1996 年榨季 3662.5 元，成本增加 18.7%（主要原因是蔗价提高，1994 年每吨 220 元，1995 年 300 元；此外，因糖厂开工不足而使固定费用照摊）。甘蔗收购价格提高，同时化肥、农药价格攀升，1994 年甘蔗专用的复合肥每吨 840 元，1995 年则升为 1250 元。同期农药中的乐果每吨 17500 元也升为 1.95 万元，这也是影响制糖成本增加的原因。这 2 个榨季相当于 1995 年、1996 年 2 个市场年度。2 年的市场白砂糖每吨由 5600 元反降为 5200 元，出厂价也随着由每吨平均 4550 元降为 4200 元。成本与卖价升降的反差，再加税金和停工费用，糖厂只有微利甚至亏损，因为糖厂还要支付银行的贷款利息。

表 16-3-5　1986—2000 年赣州市（地区）各糖厂白砂糖出厂价格统计表　　单位：元/吨

年　份	1986 年	1988 年	1990 年	1992 年	1993 年	1994 年	1995 年	1996 年	1997 年	1998 年	1999 年	2000 年
江西第一糖厂	1120	1825	2470	1818	2393	3820	4254	3675	3987	3650	3300	—
江西第二糖厂	1120	1825	2470	1847	3575	4486	3821	—	—	—	—	—
江西第三糖厂	1120	1825	2470	1755	2611	3974	4127	3487	3287	3328	2670	—
兴国糖厂	1120	1825	2470	3600	3200	4100	4600	4600	4000	3163	2700	3100
于都糖厂	1120	1825	2470	2400	2600	4700	4100	—	—	—	—	—
红都糖厂	1120	1825	2470	1900	2300	3510	3836	—	—	—	—	—
会昌糖厂	1120	1825	2470	2080	3050	4800	4350	4023	3741	3356	2667	2371
信丰糖厂	1120	1825	2470	1740	1974	3520	4557	4400	4000	3700	2700	2800

说明：一级白砂糖零售价：1986 年 1.36 元/千克、1988 年 2.22 元/千克、1990 年 3.06 元/千克、1994 年 4.8 元/千克、1995 年 4.8 元/千克、2000 年 4.4 元/千克

地产酒 赣州地产白酒、果酒从1988年起下放给企业定价。啤酒仍实行国家定价，附以季节差价浮动。赣江啤酒（赣州酒厂生产）和赣良啤酒（大余南安啤酒厂生产）执行中准价基础上带瓶上浮8%，瓶装（640毫升）进销差11%，批零差12%。白酒，以地产章贡酒为代表品。章贡酒瓶装进销差率规定为10%，批零差11%（瓶装500毫升）。啤酒价格上浮时间规定为每年旺季从4月16日起至9月30日止。1988年的旺季，啤酒批发价未浮。1992—1995年，散装章贡酒零售价分别为每千克5元、5.4元、6元、6.04元。

1986—2000年部分年份赣州市（地区）地产啤酒出厂价、批发价、零售价统计表

表16-3-6　　单位：元/瓶

年度	赣江啤酒(中准价)			赣良啤酒(中准价)		
	出厂	批发	零售	出厂	批发	零售
1986年	0.74	0.79	0.88	—	—	—
1992年	1.03	1.14	1.28	1.25	1.38	1.55
1994年	1.60	1.76	1.85	1.45	1.60	1.68
1995年	1.80	1.98	2.07	1.76	1.94	2.03
2000年	1.42	1.44	1.50	1.40	1.40	1.50

1987—1995年部分年份赣州地区地产白酒出厂价、批发价、零售价统计表

表16-3-7　　单位：元/瓶

年度	章贡酒普通瓶装			章贡酒吉祥如意		
	出厂	批发	零售	出厂	批发	零售
1987年	1.87	2.06	2.28	—	—	—
1992年	2.91	3.20	3.55	4.25	4.68	5.19
1994年	3.75	4.13	4.58	5.30	5.83	6.07
1995年	4.60	5.06	6.07	5.40	5.95	6.25

农业生产资料 区域内有于都、信丰2家化肥厂，以生产小化肥碳铵为主。化学农药则有赣南农药厂生产的“1605”原油乳油粉剂及敌敌畏、甲胺磷、乐果、叶蝉散等10余个灭虫除草品种。尿素零售价三级综合差率：地区3%、县2.9%、基层3.6%；碳铵零售价二级综合差率：县5.2%、基层5.5%；农药零售价三级差率为：地区4%、县4%、基层6.7%。1992年，于都、信丰2家化肥厂单包装的碳铵出厂价同为315元/吨。1995年的出厂价，两厂都规定有8%的上浮幅度，1996—1998年上浮幅度为12%，1999—2000年上浮幅度为10%，1996—1999年碳铵出厂价分别为每吨500元、430元、450元、450元，2000年为420元。

1986—2000年赣州市（地区）化肥、农药零售价统计表

表16-3-8

年度	化肥(元/吨)			农药(元/千克)					
	尿素		碳铵	50%1605乳油	50%甲胺磷乳剂	80%敌敌畏	乐果乳剂	40%叶蝉散粉剂	2.5%1605粉剂
	进口	国产							
1986年	895.50	—	255.00	—	6.75	6.76	6.40	—	—
1987年	1080.00	—	279.50	—	7.44	7.95	7.06	—	—
1988年	1160.00	—	335.00	—	9.36	15.29	13.04	—	—
1989年	1295.20	—	498.80	—	20.05	19.46	15.72	—	—

续表 16-3-8

年度	化肥(元/吨)			农药(元/千克)					
	尿素		碳铵	50%1605乳油	50%甲胺磷乳剂	80%敌敌畏	乐果乳剂	40%叶蝉散粉剂	2.5%1605粉剂
	进口	国产							
1990年	1240.00	—	432.00	—	17.30	18.90	15.12	—	—
1991年	1300.00	—	420.00	—	16.32	16.48	14.30	—	—
1993年	1280.00	1130.00	470.00	14.82	14.05	—	—	1.66	1.09
1994年	1500.00	1360.00	510.00	14.20	16.80	—	—	1.75	1.13
1995年	2515.00	2295.00	640.00	18.00	18.00	—	—	1.84	1.39
1996年	2567.00	2353.00	705.00	19.73	22.35	—	—	2.32	1.40
1997年	2139.00	1973.00	605.00	17.99	19.09	—	—	1.96	1.39
1998年	1930.00	1460.00	—	17.45	17.60	—	—	1.45	1.36
1999年	1861.00	1390.00	510.00	17.21	15.80	—	—	1.28	1.27
2000年	—	1219.00	459.00	16.11	14.74	—	—	1.26	1.16

民用煤 民用煤关系到人民群众的日常生活，由国家定价。1988年7月，为适应改革的需要，地区放开民用煤销价，每吨由45元上升为130元（最高限价）。同时将暗补改为明补，每个职工由单位月补3.5元。

1986—1995年赣州地区民用煤出厂（矿）价统计表

表 16-3-9　　单位：元/吨

年度	高桥煤矿		大桥煤矿原料	小岔煤矿原煤
	原煤	块煤		
1986年	41.23	51.09	40.74	35.56
1987年	44.80	57.03	40.60	35.60
1988年	60.76	99.06	55.54	50.62
1989年	74.72	130.12	67.79	59.25
1990年	72.37	123.03	68.24	52.72
1991年	76.79	117.12	67.10	64.50
1992年	88.94	138.78	78.94	112.00
1993年	118.95	164.40	108.95	121.00
1994年	122.57	182.39	112.57	121.00
1995年	134.86	214.26	124.86	130.00

钨毛砂 钨毛砂属地区管理的国家定价品种。1986年后，钨毛砂收购价格经过多次调整，1995年放开钨毛矿的收购价，实行市场调节价。

1986—1995年赣州地区钨毛砂收购价格统计表

表16-3-10 单位：元/千克度

年度	一级（含 $WO_3 \geq 60$）		二级（含 WO_3 55～59.999）		三级（含 WO_3 50～54.99）		四级（含 WO_3 40～49.99）	
	含税	不含税	含税	不含税	含税	不含税	含税	不含税
1986年	0.11	—	0.10	—	0.10	—	0.09	—
1987年	0.12	—	0.12	—	0.11	—	0.11	—
1989年	0.15	—	0.15	—	0.15	—	0.14	—
1992年	0.16	0.14	0.15	0.13	0.14	0.13	0.126	0.11
1993年	0.13	0.11	0.12	0.10	0.11	0.09	0.091	0.08
1994年	0.32	0.28	0.31	0.27	0.30	0.26	0.284	0.25
1995年	0.42	0.37	0.41	0.36	0.40	0.35	0.383	0.33

电石、炭黑 赣南化工厂生产电石、炭黑，1986年实行国家指导价，1995年放开销价。

1986—1995年赣州地区电石、炭黑年平均出厂价统计表

表16-3-11 单位：元/吨

年份	电石（一级）	乙炔炭黑（一级）	年份	电石（一级）	乙炔炭黑（一级）
1986年	649.46	3467.06	1991年	1356.93	6849.74
1987年	640.65	6766.91	1992年	1460.82	6873.31
1988年	1054.18	6770.38	1993年	2114.48	8666.06
1989年	1831.21	9665.30	1994年	1784.04	8416.91
1990年	1445.73	7771.33	1995年	1896.47	8892.16

说明：1994年前含税价，1995年为不含税

石油 1986年，赣州地区《关于重要生产资料市场价格管理试行办法》及实施细则，规定21个计划外重要生产资料实行进场交易，定期协商议价，挂牌成交，价格验证监督。经1989年、1991年的2次压缩和调整，石油始终是其中的一种。最后保留需进场交易的品种是钢材、石油、铜及铜材、铝及铝材、锡、钨、纯碱、烧碱、硫酸、水泥、平板玻璃、汽车、液铵（工业用）、木材（地销部门）。

1986—2000年部分年份赣州市（地区）石油公司计划外石油进场销售价统计表

表16-3-12 单位：元/吨

年份	70号汽油		0号柴油		灯用煤油	
	批发价	零售价	批发价	零售价	批发价	零售价
1986年	1410	1550	1400	1560	—	—
1987年	1620	1780	1600	1760	—	—
1988年	1660	1980	1640	1800	—	—
1989年	1670	1840	1650	1820	—	—
1990年	1500	1650	1500	1650	—	—
1991年	1510	1660	1510	1660	1500	1650
1992年	2225	2450	2150	2365	1550	1700
1993年	2450	2695	2250	2475	1650	1815
1994年	2550	2655	2250	2345	2200	2300
1995年	2600	2700	2280	2370	2200	2350
1999年	2333	2707	2310	2672	2142	2386
2000年	3474	3748	3132	3343	3570	—

说明：1.2000年起全国统一使用90号汽油，70号汽油不再生产，表内价格为90号汽油的价格 2.90号汽油，1999年批发2422元，零售2662元

第三节 收费管理

一、收费项目调整

服务收费包括行政性收费、事业性收费和经营性收费3类。事业性收费有许多是经营性的（如中介机构收费），可分政府收支和企业（社团）收支两类。1986—2000年，全市（地区）统一对中小学收费标准，城市住房改革和医疗收费改革，公交客运票价，报纸杂志收费，汽车、拖拉机驾驶员培训收费，自行车年审收费，饲料种子检验收费，房地产仲裁收费，电气试验收费，公园、旅游点收费（门票），宾馆饭店客房收费，商品房、住房房租，自来水，电影票，理发，复印，照相，刊刻等收费（价格）进行规范清理。

收费项目清理 1986年，省六届人大常委会第十七次会议通过《江西省收费集资罚款没收管理条例》，明确非商品收费实行分级管理。根据该条例的规定，经过1年多清理现行收费项目，保留合法的，取消非法的，1988年行署制定《赣州地区地区以上管理收费目录》，目录包括250个收费项目。按收费类别分，行政性收费95项、事业性收费100项、经营性收费55项；按分管权限分，国务院及各部门管理的63项、省管的121项、地区管理的66项。另外明确7个项目属市场调节范围。1989年，省政府为保护企业和群众的合法权益，制止乱收费行为，使收费步入规范化、制度化的轨道，发布《江西省收费许可证管理办法》。全地区各级物价部门采取措施，规范程序，当年核发证照6867份，其中行政性收费731份、事业性收费1950份、经营性收费4186份。1990年，国家物价局发布《关于商品和收费实行明码标价制度的规定》。全地区各地认真贯彻，加强管理和监督，整顿现行各类商品价格标签，并从1991年起对一些收费项目实行全地区统一监督的标价牌，如公路营运客车标价牌，电影、电视录像标价牌；同时附以相应的管理制度，如营运客车明码标价制度、经营性舞厅收费管理制度、录像标价管理办法等。2000年10月，国家计划委员会发布8号令《关于商品和服务实行明码标价的规定》，赣州市开展为期2个月的清理和规范明码标价工作。

服务性收费改革 1992年，地区制定《宾馆、招待所、饭店、旅店收费管理办法》，明确收费的管理范围和管理权限，制定收费标准的原则和客房等级划分的条件等。同年，将现行地区管理的文艺演出、游览参观等5个收费项目下放给县（市）管理；将剧院场租、货物仓库堆存费等7项收费下放给企业自主确定。2000年3月起，执行国家计划委员会、经济贸易委员会、财政部、监察部、审计部等六部（委）《关于服务收费管理办法》。服务收费改革向社会活动的边缘延伸。该办法规定：中介服务费实行在国家价格政策调控引导下，主要由市场形成价格的制度；对咨询、拍卖、职业介绍、婚姻介绍、广告设计等，具有市场竞争的中介服务收费实行市场调节价；对评估、代理、认证、招标服务等项收费，竞争不充分或服务双方达不到平等公开服务条件的服务收费实行政府指导价；对检验、鉴定、公证、仲裁收费等少数具有行业和技术垄断的中介服务费实行政府定价。政府定价、政府指导价按中央、省价格主管部门颁布的定价管理目录执行。7月，市财政局、市物价局转发省厅（局）通知，要求价格鉴证师执业资格认定考试、执业资格全科考试，注册城市规划师资认定考试的考务费为每人10元。对1998年6月26日前取得医学专业技术服务任职资格的人员执行执业医师审定的审定工作收费标准，每人64元。

住房价格改革 1992年，赣州市（今章贡区）在总结第一步房改经验的基础上，实施第二步房改。其主要内容：小步提租不增补，鼓励和优惠买房，即在第一步房改基础上，每平方米加0.1元，住房补贴仍为6%；优惠售房，成套旧住宅原则上售给原住户，新住宅先出售后出租。出售价分新、旧住宅按市场价和标准价出售。1990年6月30日前建的旧住宅每平方米115.68元，1992年新住宅每平方米

138.82元（河套外旧、新住宅分别为每平方米107.42元和128.9元）。当年买房和一次性付款给以优惠。同年，宁都县和会昌县正式实施县城住房改革，其基本做法都是分步提租，相应补贴。宁都县将提租补贴按定额住房、超标加租、优惠售房、新房新法、建立基金、筹资开发、管理配套、实转到位的规划，分3步实施（从1992—2000年分起步标准租金阶段、准成本租金阶段到成本租金阶段）；会昌县的具体模式：提租补贴分步到位，租房抵押、买房优惠、建立基金、管理配套。1996年12月19日，赣州市（今章贡区）政府印发《赣州市住房制度改革第3步实施方案》及其配套办法的通知。其配套办法有《住房公积金管理办法》《住房租赁管理办法》《住宅业售办法》《安居工程建设管理办法》《住房资金管理办法》，均经行署、省政府批准执行。为保持出售公有住房价格的连续性，1996年售房价格时限延至1997年6月30日。赣州市房改第3步实施方案自1997年1月1日正式执行。住宅出售办法：高收入家庭以市场价购买住宅；中低收入家庭以标准或成本价购买住宅；安居工程住宅出售给住房困难户。新房价格（河套内）的成本价：1991年304元/平方米、1992年335元/平方米、1993年401元/平方米、1996年520元/平方米；标准价：1996年441.5元/平方米；旧房成新折扣：成本价的每年折扣2%，标准价的每年折扣1.5%，使用年限超过30年的均按30年计算。价格增减：楼层加减（选定某楼为基准，最低最高层加减1%～3%），设施装修加价，坐落位置增减，柴棚层高低于2.2米的按实际售价减半计算。售房优惠：现住房折扣，1995年按标准价购买的每平方米给折扣13.52元，按成本价购买的给折扣每平方米26元，此项折扣逐年减少，至2000年全部取消：工龄折扣，分成本价购买和标准价购买；一次性付款的按房价的20%折扣；职工购买单位自管住宅，可不购共同面积部分；职工购买住宅免交一次性契税。

二、乱收费治理

1986年，全地区复查收费、集资、罚款634项。根据《江西省收费集资罚款没收管理条例》（以下简称“条例”），允许继续执行的362项，需申报待批的172项，责令停止执行的100项，其中取缔明显不符合此条例的84项。1987年，全地区各地共成立清整领导小组110个，地、县（市）物价局19个，各主管部门91个，经审查，合并收费项目546个，取消不合理项目86个，减轻群众经济负担171.2万元。1989年，行署批转地区物价局、财政局《关于开展清理整顿农村收费工作意见的报告》，全地区各地按照统一部署，先抓试点，后分3个阶段全面展开。通过清理整顿，取消不合理的农村收费项目164个，使农民人均减少约40元的不合理负担。1990年，贯彻国务院《关于坚决制止乱收费、乱罚款和各种摊派的决定》和省政府电话会议精神，把清理整顿乱收费作为治理整顿的一项重要内容。以行政机关为重点的乱收费现象得到全面清理整顿，并取得初步成效。全地区成立19个清整机构、62个检查小组，对560个单位进行重点抽查，取缔违纪乱收费项目153个，查出违法金额180.7万元，退回被收费单位11.07万元，上缴财政16.9万元。1991年，再次组织重点检查组117个，对全地区1114个行政事业单位进行重点检查。查出有问题单位420个，收费项目647个，违法收费416.8万元，处理154.54万元，其中退回用户55.85万元，余额收缴财政。1995年，地区物价局、财政局整理汇编《赣州地区行政事业性收费项目目录》印发全地区执行。1998年，全地区推行使用企业缴费卡、中小学生缴费卡，规范收费行为，遏制乱收费现象。南康市实行行政性收费公务证制度，必须持证收费；会昌县对行政性收费实行“一证一票一报表”管理制度。1996年，加大“清费、治乱、减负”力度，扩大监督范围，地区物价局配合各有关部门对全地区预算外资金进行清查，核实1995年预算外资金总额76346万元，其中行政事业性收费29141万元，查出违规收费1576万元，擅自提高标准收费296.5万元，收取已取消项目费用280.1万元，按预算外资金纳入财政统管，并制止违规收费。2000年，为优化发展环境，全市物价部门按照要求，通过年度审验，查处乱收费金额890多万元，取消乱收费项目

260 项，降低收费标准 320 项，减轻企业和农民负担 1128 万元。

1986—2000 年部分年份各县（市、区）居民用水电价统计表

表 16－3－13

县(市、区)	1986 年		1990 年		1995 年		2000 年	
	民用电（元/千瓦时）	民用水（元/吨）	民用电（元/千瓦时）	民用水（元/吨）	民用电（元/千瓦时）	民用水（元/吨）	民用电（元/千瓦时）	民用水（元/吨）
章贡区	0.22	0.16	0.22	0.20	0.35	0.35	0.48	0.58
赣　县	0.12	0.20	0.20	0.30	0.52	0.74	0.54	0.98
南康市	0.25	0.20	0.25	0.22	0.35	0.49	0.52	0.90
信　丰	0.22	0.20	0.22	0.50	0.54	0.80	0.52	1.15
大　余	0.22	0.20	0.24	0.23	0.44	0.32	0.58	0.90
上　犹	0.27	0.18	0.27	0.24	0.33	0.70	0.46	1.00
崇　义	0.27	0.20	0.32	0.20	0.38	1.15	0.50	1.30
安　远	0.24	0.24	0.27	0.26	0.48	0.60	0.58	1.10
龙　南	0.21	0.25	0.32	0.34	0.39	0.50	0.53	1.05
全　南	0.20	0.20	0.27	0.40	0.36	0.50	0.49	1.10
定　南	0.06	0.14	0.24	0.22	0.43	0.50	0.55	1.10
兴　国	0.20	0.20	0.22	0.24	0.38	0.70	0.56	1.10
宁　都	0.35	0.20	0.35	0.30	0.58	0.48	0.60	1.08
于　都	0.21	0.17	0.21	0.25	0.44	0.70	0.62	1.00
瑞金市	—	—	—	—	—	—	0.60	1.05
会　昌	0.22	0.20	0.22	0.20	0.33	0.45	0.60	0.83
寻　乌	0.21	0.22	0.36	0.23	0.51	0.79	0.54	1.02
石　城	0.25	0.16	0.25	0.25	0.55	0.47	0.60	1.10

说明：瑞金市有 3 年资料缺失

第四节　价格调控

一、物价运行特点

1986—2000 年，零售物价总体合理趋升，但连年递增比例呈现双峰驼背形态。1986—1987 年是个位数递增，1988 年则突升为 25%，升幅高于全国、全省平均水平。之后，升幅以两位数或个位数递减，至 1994 年突升为 24.4%，出现第 2 个高峰。高峰过后，升幅逐年递降，至 1998 年、1999 年、2000 年连续 3 年以-0.9%、－3.1%、－1.8%的低位出现负增长。物价运行的基本特点是城镇与农村物价相比，有些年份城镇涨幅高于农村，有些年份农村高于城镇，而以农村特有的农业生产资料价格指数与零售价格总指数相比作为参数来看，农村物价涨幅高于城镇的情况居多。1986 年，居民消费品价格指数 105，农资价格指数则为 101.6，相比可认为农村物价涨幅低于城市。1987—1990 年，对比参数，农村物价涨幅都高于城镇（农资价格上涨快）。1992 年，城镇与农村物价指数明显分开。当年由于放开粮价及调整城市公用事业价格，对城镇居民影响较大，城镇物价涨幅 7.5%，高于农村 1.7 个百分点。至 1997 年，城镇市场中占比重最大的粮食蔬菜等食品类价格降幅最大，使城镇零售物价涨幅较小，为 0.5%，相反农村高于城镇 1 个百分点。农村物价涨幅高于城镇的情况直至 1997 年后，受农村水电、化肥价格和涉农收费整顿成效的影响，渐与城镇同步负涨。

生产资料价格涨势较猛，牵动相关产品价格上升。1992 年，钢材、水泥、煤炭等民用建材价格年上升 14.1%，高于其他各类产品，牵动消费品价格上升 6.9%；1995 年，农业生产资料价格猛涨 21.7%，致使零售价格总指数大幅升高 15.4 个百分点。如当年进口尿素零售价由上年的每吨 1500 元上升为 2515 元，升幅达 67.67%，国产尿素和碳铵价格以 68.75%和 25.49%的较大幅度上升。1998 年后，化肥、钢材价格逐年递降，国产尿素至 2000 年降到 1140 元，同期碳铵降至 410 元，带动整个物价的下降，化肥、钢材价格下降，有利于工农业生产。

粮食价格的涨落，导致相关商品价格起伏，尤其影响食品类价格。1994 年，粮食价格年升 59.2%，使消费品总价上升 27.7%。1997 年，粮价趋低，致使整个食品类价格负增长 0.7%，商品零售总价上涨 0.5%。食品类价格涨幅高低一向占零售商品价格涨幅的 70%左右。1993 年，全地区城镇零售物价总指数增加的 13.3 个百分点中，食品类价格上涨的因素占 10.4 个百分点，达 78.8%。

经营性收费标准居高不下，与人民生活息息相关的房租、水电费、交通运输费、学杂费和卫生医疗费都有明显的上升。1986—1991 年的服务项目价格以 5.6%～16.2%的幅度逐年上涨，1992—1995 年逐年递涨高达 10.1%～26%。2000 年的公用事业和公益服务价格较之 1995 年高出一倍至数倍。

二、物价指数

1986—1991 年，全地区全社会零售物价指数涨幅呈现“山坡”形。1986 年上升 4.5%，然后逐年上涨，至 1988 年上涨到 25%的最高点，从 1989 年起渐次下降，当年上涨 19.2%，1990 年跌至 2%，1991 年又略有起伏，上涨 2.4%。1992—1994 年，零售物价指数继续逐年攀升。1992 年上涨 6.7%，1993 年上涨 12.5%，1994 年上涨 24.4%，为全地区物价涨幅第 2 个高峰年，具有起点高、涨面宽、升幅大的特点，不仅逐月涨幅均为两位数，且吃、穿、住、行的价格普遍上涨。1995—2000 年，零售物价指数涨幅逐年下降，呈“直线下落”形，由 1995 年 15.4%的两位数降至 1996—1997 年的个位数；1998—2000 年连续 3 年负增长；1995 年尽管起点高，但呈逐月下降态势；直至 1996 年年平均涨幅 6.1%；1997 年年平均涨幅为 0.5%；1998—2000 年，连续 3 年的负增长为历史罕见。

三、商品比价

商品比价以统计部门编制的物价指数中采价的 16 种主要食品、副食品进行对比，以反映物价的升降情况。

1986—1991 年赣州市（今章贡区）和信丰县主要食品（副食品）价格对比统计表

表 16－3－14　　单位：元/千克

品名	规格	1986 年		1987 年		1988 年		1989 年		1990 年		1991 年	
		赣州市	信丰县	赣州市	信丰县	赣州市	信丰县	赣州市	信丰县	赣州市	信丰县	赣州市	信丰县
面　粉	标准粉	0.34	0.43	0.34	0.47	0.53	0.91	0.48	0.70	0.45	0.88	0.53	0.92
早籼米	标　二	0.30	0.31	0.30	0.39	0.32	0.43	0.34	0.31	0.33	0.51	0.35	0.55
晚籼米	标　二	0.31	0.31	0.31	0.35	0.34	0.34	0.46	0.31	0.36	0.33	0.48	0.52
黄　豆	一　等	1.13	0.83	1.21	1.14	1.37	1.33	2.21	2.02	1.89	2.06	2.10	2.00
菜　油	二　级	2.09	1.55	2.01	1.57	3.66	2.48	4.51	4.37	4.14	3.70	4.12	4.18
猪　肉	统装去骨	3.29	2.88	3.62	3.11	5.89	5.24	7.11	6.04	7.00	5.46	6.45	5.60
活　鸡	中等母鸡	3.86	5.52	4.52	6.16	5.67	7.64	6.87	10.53	7.54	10.52	7.35	9.60
活　鸭	中　等	2.65	2.40	3.52	3.11	4.43	4.21	5.34	4.63	4.85	4.45	4.64	6.00
鸡　蛋	新　鲜	3.56	3.39	4.29	3.78	5.64	5.13	6.89	6.38	6.27	6.29	6.11	6.09

续表 16-3-14

品名	规格	1986年		1987年		1988年		1989年		1990年		1991年	
		赣州市	信丰县	赣州市	信丰县	赣州市	信丰县	赣州市	信丰县	赣州市	信丰县	赣州市	信丰县
草鱼	500克以上	3.36	2.78	4.10	3.25	5.35	4.72	5.84	5.49	6.27	5.74	6.39	5.24
精盐	再制盐	0.38	0.38	0.38	0.38	0.41	0.43	0.49	0.64	0.75	0.75	0.75	0.70
酱油	二级	0.51	0.52	0.56	0.58	0.67	0.67	0.70	0.71	0.70	0.73	0.70	0.74
白糖	机制一级	1.36	1.36	1.36	1.46	1.86	2.64	2.22	3.00	2.36	2.60	2.58	2.40
啤酒	644毫升瓶装	0.87	1.12	0.92	1.21	1.15	1.36	1.28	1.41	1.25	1.39	1.41	1.46
橘子	一级	1.88	1.51	1.60	1.18	2.38	2.30	1.78	1.29	1.52	1.09	1.26	1.08
西瓜	一级	0.28	0.23	0.37	0.36	0.49	0.46	0.49	0.38	0.56	0.38	0.51	0.44

表 16-3-15 1992—2000年赣州市（地区）主要食品副食品价格对比统计表

单位：元/千克

品名	规格	1992年	1993年	1994年	1995年	2000年
面粉	标粉	1.36	1.50	2.40	2.70	—
早籼米	标二	0.84	1.40	1.96	2.28	1.60
晚籼米	标二	1.00	1.56	2.16	2.50	1.80
黄豆	一等	2.00	2.60	5.60	6.40	3.60
菜油	二级	5.00	5.80	8.00	10.94	—
猪肉	统装去骨	5.60	7.00	13.00	13.60	10.00
活鸡	中等母鸡	10.00	11.20	12.40	14.80	—
鸡蛋	新鲜	5.80	6.80	8.00	8.60	—
草鱼	500克以上	6.20	7.60	9.60	10.20	—
精盐	再制盐	0.78	0.78	0.78	1.18	—
酱油	二级	2.12	2.30	2.46	2.60	—
白糖	一级	2.60	3.00	4.80	5.20	4.40
啤酒	644毫升瓶装	2.56	2.88	3.70	4.14	—
活鸭	中等	5.40	6.40	8.40	9.60	—
橘子	一级	1.20	1.30	1.72	1.92	—
西瓜	一级	0.60	0.76	0.90	1.20	0.60

说明：表内价格为年平均价

第五节 价格监督检查

一、商品价格检查

1986年，实行物价检查与宣传物价政策相结合、物价检查与调查研究相结合、物价检查与物价业务指导相结合、重点检查与自查相结合、专项检查与常规检查相结合，达到以检查促进企业管理，提高经济效益的目的。1987年5月，国务院颁布《加强生产资料价格管理，制止乱涨价、乱收费的若干规定》，全地区对化肥、农药、农膜、柴油、石油、钢材、水泥等工农业生产资料和交通运输价格进行检查。1988年，配合全省放开4类物品（猪肉、食油、行业用糖、行业用粮）价格、调整纺织品价格等重大调价方案出台进行检查。在春耕期间对农用柴油、农药、化肥等农资价格进行检查。1989 年，对全地区煤炭价格进行检查和对实行监控的 111 种商品和收费进行经常性检查；同时贯彻国家《关于检查整顿棉花供应价格的通知》，对棉花供应价格进行检查。1990 年，国家实行明码标价制度，对明码标价情况进行检查。1992—1994 年，分别开展 2 次邮电价格、石油价格专项检查。重点查处擅自提高邮电收费标准，扩大收费范围和甲种用户按乙种用户收取电话月租费等价格违法行为；严厉处理石油产品借平价转议价牟取差价以及双挂钩柴油违纪等价格违法案件。地、县（市）物价部门每年都在重大调价项目出台前后和节日期间开展市场物价检查。按照国务院统一部署，每年开展年度财务、税收、物价大检查。1995 年，全地区按照国家《关于开展全国粮食行业价格检查的通知》，采取下查一级的办法，分 6 个组对县直粮食部门 90 个单位进行检查，处理将平价专储粮、定购粮就地加价、转议价销售；不按规定价格销售灾供粮、居民定量粮或乱加费用等违纪案件 18 件，收缴价格违法金额 77.89 万元，对稳定市场粮价起到积极作用。1997 年后，主要是由国家计划委员会和省物价局统一安排专项检查，实行下查一级。重点开展邮电、电力、自来水、医疗药品、教育收费、房地产、土地管理及各种行政事业性收费等专项价格检查。1999 年 5 月，《中华人民共和国价格法》颁布实施，全地区认真贯彻依法行政，严格按价格违法行为处罚规定，查处各类违法案件。

二、物价监督

1987 年，全地区各县（市）建立职工物价监督检查站。1988 年 7 月，赣州市（今章贡区）出现部分商品抢购，有些经营者乘机哄抬物价，地、市物价部门及时与报社、电视、广播等新闻单位联系，实行跟踪报道，及时披露违法行为，制止乱涨价现象。1991 年，全地区物价监督检查部门主动服务企业，将监督检查与服务指导有机地结合，严格执行物价政策，实行物价检查结论书制度，即在检查结束后，及时给企业单位作出检查结论，以保证企业单位在遵纪守法基础上，增强活力，谋求发展。1992 年后，全地区以整治明码标价为突破口，努力提高明码标价普及率。同时贯彻执行反暴利、反价格欺诈等法规，开展“执行物价政策法规最佳商店、优秀商店”和“双信”（物价信得过、计量信得过）活动，经过推荐、验收和广泛听取社会各界反映，有 202 家商店被评为最佳商店，5 家商店先后评为全省执行物价政策法规最佳商店。1993 年，商品价格逐步放开，行政事业收费项目逐年增多，收费范围不断扩大，行政事业收费检查随之成为价格监督的重点工作。2000 年，全市价格监督以“消费、治乱、减负”为重点，组织实施电信资费、电力价格、公安收费、中小学教育收费标准的监督检查和取消项目落实情况等专项检查，以及春运票价、明码标价、旅游价格检查。全年查处违法案件 1134 件，违法所得金额 1002.25 万元。

1986—2000 年赣州市（地区）物价监督检查情况统计表

表 16-3-16

年度	查处价格违法案件数（件）	查处违法所得金额（万元）	退回用户金额（万元）	没收违法所得金额（万元）	罚款金额（万元）	经济制裁总金额（万元）	上缴财政（万元）	
							总金额	其中上缴市（地区）财政
1986 年	2771	—	9.30	112.95	1.47	114.42	105.10	—
1987 年	1840	—	3.30	250.80	13.67	264.47	239.52	—
1988 年	2771	—	35.53	194.40	5.15	201.53	166.00	—
1989 年	2378	—	32.48	253.10	15.18	268.28	235.80	—
1990 年	1462	—	5.20	253.25	3.10	253.25	201.20	—
1991 年	792	—	20.20	151.78	0.95	152.44	132.21	—
1992 年	476	71.02	5.76	64.91	1.25	71.92	66.16	—

续表 16-3-16

年度	查处价格违法案件数(件)	查处违法所得金额(万元)	退回用户金额(万元)	没收违法所得金额(万元)	罚款金额(万元)	经济制裁总金额(万元)	上缴财政(万元)	
							总金额	其中上缴市(地区)财政
1993 年	481	292.67	136.75	132.61	—	269.73	132.98	—
1994 年	893	327.51	56.86	260.57	3.36	321.10	264.23	—
1995 年	1003	335.36	82.15	229.97	4.13	316.25	234.10	—
1996 年	1096	478.68	88.25	265.81	11.49	364.92	276.67	41.70
1997 年	1119	912.54	286.06	561.91	10.49	858.46	572.40	220.55
1998 年	1336	676.84	90.73	582.58	7.68	680.99	590.26	178.77
1999 年	1428	884.47	250.70	581.08	8.66	840.38	589.68	220.48
2000 年	1134	1002.25	510.57	417.28	22.29	950.14	439.55	140.21

第四章　财　政

1986—2000 年，赣州市（地区）各级财政部门认真贯彻执行中共中央和国务院“对内搞活，对外开放”“治理整顿”、财政信贷双紧、积极的财政政策和建立公共财政基本框架等一系列方针政策，围绕办好赣州经济体制改革试验区，发展经济，振兴财政，建设财政富区，着重深化改革、健全财政管理体制、大力促进经济发展、加强财源建设、实现财政增收、调整优化支出结构、加强支出管理、提高资金使用效益、促进事业发展，取得“深化改革，发展经济，开辟财源，收支增长，保证改革和各项事业发展”的良好效果。财政总收入年均增长 11.56%，其中“七五”期间平均增长 11.72%，“八五”期间平均增长 12.3%，“九五”期间平均增长 10.73%，实现地委、行署提出的“缩差距、略高于、站前列、争一流”的战略目标；财政支出年平均增长 11.64%，保证社会各项事业发展的资金需要。

第一节　财政体制

一、市（地区）对县（市、区）财政管理体制

1986 年，继续实行“划分税种，核定收支，分级包干”的财政管理体制。地区、县（市）财政收入范围：固定收入，包括地、县（市）所属企业收入、市场用煤、价差补贴、工商所得税、城市房地产税、屠宰税、牲畜交易税、集市交易税、农业税（含农林特产税）、契税、税款滞纳金和补税罚款收入，其他收入，耕地占用税、房产税、车船使用牌照税、营业税（不含中央石油、石化、电力、有色金属 4 个部门所属企业及铁道部，各银行总行、保险总公司交纳的部分）、资源税、建筑税、个人所得税、国营集体企事业单位奖金税，地、县（市）合资企业的工商统一税、所得税以及中央 4 个部门所属企业交纳的产品税、营业税、增值税的 30%部分，省和地县（市）财政共享收入，除中央 4 个部门所属企业以外的产品税和增值税。地、县（市）财政支出范围：地、县（市）办企业挖潜改造资金，地、县（市）级各部门的事业费加行政费、城市维护费、知识青年业务费、环境保护补助资金和其他支出。地、县（市）收支基数确定：收入以 1983 年决算收入为基数，按照上述收入划分范围和利改税第二步改革后的收入转移情况，以及企业隶属关系变化因素分别计算确定固定收入基数和共享收入基数；支出按 1983 年决算收入数和当年财政体制确定的地方分成比例（其中补助地区加上定额补助数额）计算出地方应得的财力确定支出基数。财政包干具体形式：对固定收入基数大于支出基数的，将

地方固定收入总额分成；地方固定收入小于支出基数的，将地方固定收入加上业务收入计算总额分成；全部收入小于支出基数的，收入全部留给地方，差额实行定额补助。省核实赣州地区收入基数为16133万元，支出基数14843万元，留成比例92%，上解省比例8%。省委、省政府为了支持赣州经济的发展，1986年起实行优惠政策，对实行总额分成上缴省财政的68%免缴3年。地区将免予上缴省财政部分收入用于解决区内机制糖厂糖粮挂钩差价和县（市）生产的发展。

县办工业收入从1985年起全部纳入国家预算内收入，并相应调增地、县（市）收支包干基数。农业税从1985年起改按粮食“倒三七”比例折扣代金后，比原统购价提高价格而增加的税收，未列入地、县（市）的包干收入基数，全部单独结算上缴；新开征的城市维护建设税，列入地方预算，不参与体制分成，专项用于城市维护建设；征收的排污费收入列作专款收入，其中20%作省级预算收入，80%作地、县（市）预算收入，不参与体制分成，各级的排污费收入专项用于环境保护补助支出；地、县（市）卷烟和酒的产品税当作实际入库数，比上年实际入库数增加的部分40%上缴中央财政，年终进行结算。省集中企业的基本折旧基金，从1985年起不再纳入各级预算管理，实行“专户储存”，专项使用。

1988年，地区制定《关于改善财政包干的实施意见》，在省确定的财政体制基础上，对县（市）财政分别采取核定基数定额上缴，核定基数自求平衡，核定基数定额补贴，并限期摘掉补贴帽子等多种形式的财政包干办法，即对收入上缴的县（市）由原来总额分成改为定额上缴或递增上缴，把增收的部分收入全部或大部分留给县（市）；对补贴县实行比上年增收部分奖励10%的办法；对少数上缴县免予上缴，实行自收自支，自求平衡。除财政包干管理体制作变动外，地区对县（市）财政给予部分宽松政策，如根据中央返还赣州的中央借款给县（市）相应减免；对能源、交通重点建设基金超过1987年基数增收部分，除上缴中央的部分外，全部留县（市）用于发展农村生产，增强县（市）财政活力。实施这一新的包干办法后，地区财政每年让利给县（市）约1500万元。同时，对省给予地区免予收入上缴8%的优惠政策，除去省转移给地区承担的糖粮差价补贴外，从1986年起，地区每年固定补助给县1051万元，建立预算发展基金。

1990年，省取消给予地区免交收入8%的优惠政策后，地区对县（市）的固定补助维持不变，并且对部分补贴采取借给生产发展基金的办法，扶持生产发展，开辟财源。

1991年，按照省政府的规定，除继续执行“划分税种，核定收支，分级包干”的财政管理体制外，新增几条规定：省冶金企业税利包干后，冶金“三税”（增值税、营业税、消费税）以省核定的包干基数和递增比例（2%），“三税”收入超过基数部分上缴省财政，列支返还企业143.5万元；省收回优惠政策上解比例为4.2%，由1990年定额上解1000万元改为1500万元，超过部分全部返还地区。

1994年，根据国务院《关于实行“分税制”财政管理体制的决定》和省政府《实行“分税制”财政体制办法》，结合赣州实际，制定《“分税制”财政体制办法》，1994—2000年实行“分税制”财政体制。对地区与县（市、区）的收入、支出范围进行划分，对税收返还确定了基数，对原体制的上解、补助等有关结算问题作出规定。

市（地区）级固定收入 市（地）属企业所得税（不含地方银行和外资银行及非银行金融企业所得税），赣南卷烟厂增值税的25%部分，市（地）属企业事业缴纳的其他收入。

县（市、区）级固定收入 营业税（不含铁道部门、各银行总行、保险总公司缴纳的营业税）、增值税的25%部分（不含赣州钴冶炼厂、赣州铝厂和赣南卷烟厂的增值税）、县属企业所得税（不含地方银行、外资银行及非银行金融企业所得税）、国定资产投资方向调节税、城市维护建设税（不含铁道部门、各银行总行、保险总公司集中缴纳的部分）、车船税、屠宰税、农业特产税、农业税、耕地占用税、契税、县属企业事业单位缴纳的其他收入。

地区与县（市、区）共享收入 其他资源税、土地使用税、印花税、土地增值税、个人所得税、房产税、遗产税等税种除省分享40%外，地区分享20%，县（市）分享40%；证券交易税除中央分享50%，省分享20%外，地区分享10%，县（市）分享20%。地、县（市）原实行比例分成收入项目继续按原比例分成。

市（地区）级财政支出 市（地区）级财政支出用于市（地）级企业挖潜改造资金、地方地质勘探费、支援农业生产支出，市（地）级农口各部门事业费、工交商部门事业费、文教科学卫生事业费，其他部门事业费、抚恤和社会救济费，市（地）级行政管理费、公检法支出、价格补贴和其他支出。

县（市、区）级财政支出 县（市、区）级财政支出用于县级企业挖潜改造资金、支援农村生产支出，县级农口各部门事业费、工交商部门事业费、城市维护建设经费、文教科学卫生事业费、其他部门事业费、抚恤和社会救济费，县级行政管理费、公检法补贴支出、价格补贴支出、环境保护补助资金和其他支出。

税收返还处理 地区对县（市）的税收返还数额以1993年县（市）实际收入及税制改革和收入划分来核定县（市）净上划收入数额（上划中央消费税＋上划中央75%的增值税＋上划省地的其他资源税、个人所得税、房产税的60%——中央和省下划的收入）。1993年，县（市）净上划收入全额返还县（市），保证既得财力，又以此作为地区对县（市）税收返还基数。1994年起，税收返还额在1993年基数上逐年递增。递增率与省对地（市）的递增率一致，即地区对县（市）的税收返还递增额按省对地（市）的递增率计算确定，但如果上划收入达不到1993年基数，省即扣减地区税收返还基数，地区也相应扣减县（市）税收返还基数。

原体制上解、补助以及有关结算事项处理 实行“分税制”后，对原体制上解县（市）按1993年实际上解数额（体制上解）和递增率递增上解，赣州市（今章贡区）递增率为8%、其他县递增率为5%。原体制定额补助的县继续按原补助数额给予补助。县（市）1993年承担的20%出口退税以及其他年度结算上解和补助项目相抵后，确定一个数额，作为一般上解或一般补助处理，以后年度按此定额结算。

二、县（市、区）对乡镇财政管理体制

1985年，财政部颁发《乡（镇）财政管理试行办法》，省人民政府相应制定《江西省乡镇财政管理实施办法》，规定各乡（镇）都要设立财政所，统一财政管理。从1986年起，全地区各县（市）均建立乡（镇）级财政。县（市）对乡（镇）财政实行“划分收支，收支挂钩、总额分成或分项分成、支出包干”“定收定支、收支包干、收支差额定额补助或定额上缴”“收支两条线、收入超额分成（或增收分成）、支出结余留用”和新的“分税制”等多种形式的财政管理体制。

第二节 财政收入

一、预算内收入

1986—2000年，全市（地区）财政总收入累计159.12亿元。2000年，全市财政总收入20.38亿元，比1985年的2.32亿元增长7.78倍，15年平均增长15.56%；全市地方财政收入15.14亿元，比实行“分税制”前1993年的4.5亿元增长2.36倍，7年平均增长18.9%。在地方财政收入中，工商税收入6.68亿元，占财政收入的45.11%；农牧业税收入2.65亿元，占财政收入的17.5%；企业收入1.22亿元，占财政收入的8.1%；其他收入4.31亿元，占财政收入的28.5%；专款收入2598万元，占财政收入的1.72%。

工商税收入 1986—2000年，全市（地区）工商税收入累计72.68亿元，占同期财政总收入的45.68%。1986年，全地区工商税收入2.27亿元。1987年起，工商税收入逐年增加，至1990年，全地

区工商税收入4.17亿元，比1986年增长0.84倍。1994年，国家为了统一税法，公平税负，简化税制，合理分权，保障国家财政收入的稳定增长，建立与社会主义市场经济体制相适应的税制体系，实行以增值税为主体，消费税、营业税为补充的流转体制，统一内资企业所得税，建立统一的个人所得税，扩大资源税征收范围，开征土地增值税，工商税由32种改革为18种。从1994年实行“分税制”至2000年，工商税收入平均增长8.2%，实现增加财政收入的目标，国家税收稳定增长。

农业四税收入 1986—2000年，全市（地区）农业四税（农业税、农业特产税、耕地占用税、契税）收入累计18.5亿元，占同期财政总收入的11.63%。

农业税 1986年，全地区农业税依率计征税额实物（稻谷）84655.9吨，依法减免税额实物31549.8吨，应征收税额实物53106.1吨，实征正税1706.41万元，实征地方附加208.71万元，占实征正税的12.23%。1987年、1989年、1992年和1994年相继提高粮食收购价，使农业税收入有新增加。1990年，全地区实征正税3399.58万元，实征地方附加343.69万元。1995年，全省实征正税6674.48万元，实征地方附加618.85万元。2000年，全市实征正税7598万元，比1986年增收5891.59万元，增长3.45倍，实征地方附加547万元，比1986年增长1.62倍，但占正税的比例却有所下降，由1986年12.23%降至7.2%。

农业特产税 1986年，农业特产税合并在农业税中征收，有12个县（市）开征茶叶、柑橘特产税，6个县开征竹木特产税。1987年，全地区全面恢复农业特产税征收工作，并按政策扩大征收范围和品种，增加水果、淡水养鱼、油茶等特产，当年收入118.7万元。1989年，进一步建立健全征管制度，加强清算汇缴和对拖欠偷漏的清收，全年实征正税1102.14万元，附加85.05万元。1995年，实征正税9919.14万元，附加574.99万元。至2000年，实征正税16563万元，比1987年增长138.54倍。农业特产税成为县乡财政的重点财源，收入占农业四税的60%以上，占全市地方财政收入的11%，占全省农业特产税收入的8.13%。

耕地占用税 全地区从1987年4月1日起开征。当年，计征税额313.36万元，依法减免税额116.12万元，应征税额197.24万元，实征122.73万元。1990年，计征税额162.76万元，减免税额12.39万元，应征税额150.37万元，实征税额175.58万元。1995年，计征税额1041.46万元，减免税额189.86万元，应征税额851.6万元，实征税额785.07万元。2000年，计征税额282万元，减免税额26万元，应征税额256万元，实征税额244万元，实征税额比1987年增长98.81%。

契税 全地区于1989年起开征。当年，房屋成交额103.1万元，税率5.9%，依率计征税额6.08万元，扣除减免，应征税额4.57万元，实征税额4.5万元。1990年，税率调整为6%。1995年，计征税额252.75万元，实征252.75万元。1998年，税率调整为4%。2000年，计征税额3067万元，减免税额776万元，实征税额2291万元，比1989年增长508.11倍。

企业收入 1986—2000年，全市（地区）企业收入累计56964万元，占同期财政总收入的3.76%。1986年，全地区企业收入在盈利企业上缴的利润与国家拨补给亏损企业的资金相抵后，亏损1798万元，如剔除工业小化肥降价损失退库160.3万元，商业小化肥降价损失退库1.11亿元，粮食预算补贴退库1350万元等3种不可比因素，同年企业收入为853.3万元。1987年，企业收入略有回升，全地区收入1379万元，1988年升至2516万元。1989年起，由于工业企业产品存在“四多四少”（老产品多，新产品少；低档产品多，名牌产品少；初级产品多，精加工产品少；传统产品、低附加值产品多，高技术、高附加值产品少）、产品资金占用大，企业管理机制不健全和企业实行包干责任制，国家给企业减利让税，包干基数偏低等问题，以及国营商贸物资企业存在经营机制不适应市场开放形势等情况，致使国营工业、商业、森工企业收入普遍下降，1992年收拨倒挂144万元，1993年收拨倒挂1314万元。1994年，企业收入有所回升，全地区企业所得税收入2324万元，国有企业上缴利润1365万元，减除国家补贴489万元后，实现企业收入3200万元。1995年以后，随着私营集体和股份制企业以及外商投资企业的发展，企业收入逐年增长，当年实现5215万元。至2000年，全市实现企业收入1.22亿元，比1986年剔除不可比因素后的853.3万元增长13.34倍，年均递增12%。

其他收入 1986—2000年，全市（地区）其他收入累计25.74亿元，占同期财政总收入的16.18%。1986年，收入项目主要是审计收入，当年审计收入599.3万元，占同年其他收入978万元的61.28%。进入20世纪90年代，其他收入的主要项目增加国有土地有偿使用收入、行政性收费和罚没收入。1990年，其他收入2561万元，1995年1.79亿元。至2000年，其他收入4.58亿元，比1986年增加4.47亿元，增长40.64倍，年均递增30.52%。

专款收入 1986—2000年，专款收入主要是排污费收入和教育费附加收入。全市（地区）累计收入19351万元，占同期财政总收入的1.28%。1986年，专款收入97万元，1990年959万元，1995年2384万元。至2000年，专款收入2598万元，比1986年增加2501万元，增长25.78倍，年均递增12.6%。

预算调节收入 1989年2月17日，国务院发布《国家预算调节基金征集办法》，财政部随即颁布《国家预算调节基金征集办法实施细则》，规定地方财政预算外资金，所有国营企业事业单位、机关团体、部队和地方政府的各项预算外资金，所有集体企业、私营企业以及个体工商户缴纳所得税后的利润，均按基金征集办法规定的征集范围和项目，以当年收入的10%计算缴纳国家预算调节基金、调节基金的征集任务由各级政府负责分配，税务机关负责征集，各级国库和专业银行办理收纳、报解和入库；调节基金中属于中央单位缴纳的部分全部归中央财政，属于地方单位缴纳的部分，50%上缴中央财政，50%留归地方财政，即省财政和地、县（市）财政。赣州地区于1989年开征预算调节基金，当年分成收入114万元。1990年，中国人民银行江西省分行、江西省财政厅印发《关于改进预算调节基金分成缴库办法的通知》，规定从1月1日起，地方单位缴纳的预算调节基金超任务部分，地市财政留成由15%提高为25%；地方单位缴纳的预算调节基金改为全额缴入县（市）国库，由国库按50%交中央库，50%留县（市）库进行分成。1990年，全地区此项收入为888万元，1995年为252万元，1996年停征。

表16-4-1

1986—2000年赣州市（地区）财政总收入分项目统计表

单位：万元

年度	市(地区)级收入(含市、县、区)					上划收入			收入转移	财政总收入
	企业收入	工商税	农业四税	其他收入	小计	上划省收入	上划中央收入	小计		
1986年	－1798	22662	1706	1075	23645	—	—	—	—	23645
1987年	1379	25775	2017	1009	30180	—	—	—	—	30180
1988年	2516	31507	2866	1507	38396	—	—	—	—	38396
1989年	1602	36659	4278	2086	44625	—	—	—	—	44625
1990年	962	41704	4622	4408	51696	—	—	—	—	51696
1991年	299	45862	4909	5286	56356	—	—	—	—	56356
1992年	－68	49345	5563	5786	60626	—	—	—	—	60626
1993年	－1255	68470	5967	6050	79232	—	—	—	—	79232
1994年	3200	35464	12163	11218	62045	1838	45854	47692	970	110707
1995年	5215	46756	16628	20587	89186	3272	49096	52368	1609	143163
1996年	6068	55301	20813	27647	109829	3480	52574	56054	1643	167526
1997年	7895	59769	25482	37789	130935	3746	44518	48264	1580	180779
1998年	8918	69090	25862	44564	148434	4510	47401	51911	—	200345
1999年	9794	71530	25515	42628	149467	4810	45832	50642	—	200109
2000年	12237	66875	26571	45761	151444	5415	46938	52353	—	203797

政府性基金收入 政府性基金，由各级人民政府根据法律、法规为支持其各项事业发展，按照国家规定程序批准向公民、法人和其他组织征收的具有专项用途的资金。包括各种基金、上级下拨资金、附加和专项收费。基金收入按相关规定上缴中央国库或地方国库，实行收支两条线管理。

表 16－4－2　　1996—2000 年赣州市（地区）政府性基金收入统计表　　单位：万元

内　容	1996 年	1997 年	1998 年	1999 年	2000 年
一、工业交通部门	—	—	—	—	63
二、商贸部门	—	—	—	—	—
三、文教部门	—	2562	865	1037	635
四、农业部门	—	—	—	—	—
五、土地有偿使用	—	—	—	—	
六、政府住房基金	—	—	—	—	—
七、其他部门基金等	—	542	—	—	—
八、其他财政税费附加	—	915	1758	1759	976
九、其他	—	—	—	—	—
本年基金收入合计	—	4019	2623	2796	1674
上年结余收入	—	171	613	1627	2274
上级补助收入	—	1776	1118	816	1480
调入资金	—	403	634	317	346
基金收入总计	—	6369	4988	5556	6551

二、预算外资金收入

1986—2000 年，全市（地区）预算外资金收入累计 81.03 亿元，占同期预算内收入的 50.92%。

1986 年，全地区预算外资金收入 1.72 亿元。1992 年 4.47 亿元，比 1986 年增长 1.61 倍，年均递增 10.7%；占预算内收入的比重由 1986 年的 72.7%上升到 73.78%，上升 1.08 个百分点，其中地方财政部门收入增长 2.44 倍，年均递增 22.8%；事业和行政单位收入增长 2.28 倍，年均递增 21.9%；国营企业及其主管部门收入增长 1.2 倍，年均递增 14%。

1993—1995 年，预算外资金收入剔除国营（有）企业及其主管部门收入部分，收入有所减少。1993 年，全地区预算外资金收入 2.68 亿元，比 1992 年减少 40.04%。1995 年，全地区预算外资金收入 3.9 亿元，比 1993 年增长 45.52%，年均增长 20.19%。其中，地方财政部门收入增长 25.1%，年均递增 11.8%；事业和行政单位收入增长 48.59%，年均递增 21.9%。预算外资金收入占预算内收入的比重，由于实行分税制财政体制后调动了地方增收节支的积极性，预算内收入比预算外资金收入增长更快而有所下降：1993 年占 33.76%，1995 年占 27.23%。

1996—1997 年，预算外资金收入项目有较大变化，把政府基金、乡统筹、自筹和社保基金纳入其中。1996 年收入 9.68 亿元，1997 年收入 9.9 亿元，分别占预算内收入的 57.79%和 54.76%。

1998—2000 年，预算外资金收入逐年增加。至 2000 年，全市预算外资金收入 10.79 亿元，比 1996 年（同口径部分）增长 11.52%，年均递增 10.86%。其中，行政事业性收入增长 41.59%，年均递增 10.9%；基金、附加收入下降 28.02%；乡统筹、自筹资金增长 92.03%，年均递增 18.91%。占预算内收入的比重由 1998 年的 45.41%上升至 2000 年的 52.94%。其间，通过加强管理，预算外资金收入缴存财政专户管理的资金逐渐增多，至 2000 年，上缴财政专户管理的资金达 9.2 亿元，占当年预算外资金收入的 85.27%，比 1997 年上缴财政专户管理的资金增长 42.6%，预算外资金收支两条线管理格局基本形成。

表 16-4-3

1986—1995 年赣州地区预算外资金收入统计表

单位：万元

年度	收入			
	合计	地方财政部门收入	事业行政单位收入	国有(营)企业及主管部门收入
1986 年	17190.60	770.60	5539.10	10880.90
1987 年	23994.70	906.20	7623.30	15465.20
1988 年	33586.40	1042.10	10719.90	21824.40
1989 年	35246.50	1020.50	11630.00	22596.00
1990 年	34966.50	1123.60	12099.30	21743.60
1991 年	36817.60	150.20	14016.30	22651.10
1992 年	44729.00	2652.00	18179.00	23898.00
1993 年	26752.00	3239.00	23513.00	—
1994 年	32525.00	3274.00	29251.00	—
1995 年	38990.00	4052.00	34938.00	—

表 16-4-4

1996—2000 年赣州市（地区）预算外资金收入统计表

单位：万元

年度	收入				
	合计	行政事业性收入	基金、附加收入	乡统筹、自筹	社保基金
1996 年	96759	49607	13133	14687	19332
1997 年	98989	48347	13320	18110	19212
1998 年	90474	57217	13309	19948	—
1999 年	91363	56502	10612	24249	—
2000 年	107896	70239	9453	28204	—

第三节　财政支出

一、预算内财政支出

赣州财政按照“以收定支、确保平衡”的基本原则，合理安排财政支出，可用财力不断增长，财政支出从 1986 年的 3.36 亿元增加到 2000 年的 27.25 亿元，15 年累计支出 179.49 亿元。

基本建设支出　1986 年，全地区基本建设支出 593.5 万元。1995 年，基本建设财务管理职能收回，基本建设投资拨款改建设银行拨付为由财政直接开支，基本建设支出开始增大，1995 年达到 1962 万元，1996 年 2482 万元，1997 年 6695 万元。1998 年，国家增发国债资金，中央补助地方的基本建设资金列入地区财政的基本建设支出。同时，地方财政贯彻“一要吃饭，二要建设”方针，在财政支出紧张的情况下安排基础设施建设，基本建设支出 1.06 亿元，1999 年增至 1.71 亿元。2000 年达到 2.24 亿元，比 1986 年增长 36.74 倍，年均递增 29.6%。

企业挖潜改造支出　1986 年，全地区支出企业挖潜改造资金 1109 万元。2000 年，全市支出企业挖潜改造资金 2321 万元，比 1986 年增长 1.09 倍，年均递增 10.5%。15 年累计支出 3429 万元，占同期财政总支出的1.9%。

支持农业支出 1986年，全地区支持农业支出3642万元。至2000年，支持农业支出（包括农业综合开发支出）增至3.63亿元，比1986年增长8.97倍，年均递增17.85%。其中，支持农村生产支出9073万元，增长4.52倍，年均递增11.3%；农业综合开发支出5085万元，比开始发放农业综合开发支出的1995年增长2.56倍，年均递增12.9%。15年中，财政共安排农村造林和树木保护、小型水利和水土保持专款、赣中南中低产田改造专项基金、农业发展专项资金、农村合作生产组织资金、发展粮食生产专项资金和粮食生产基地发展基金、农业综合开发资金17.15亿元。

文教科技卫生事业费支出 1986年，全地区文教科学卫生事业费支出1.18亿元。随着文教科学卫生事业的发展，至2000年，全市文教科学卫生事业费支出达6.59亿元，比1986年增长4.58倍，年均递增11.3%。15年累计支出52.16亿元，占同期财政总支出的29.1%，尤其是科技、教育支出，贯彻"科教兴国"方针，增长幅度高于同期经常性财政收入增长比例，支持科技、教育、卫生、文化、广播电视、体育事业发展，达到法定支出要求。

抚恤和社会救济费支出 1986年，全地区抚恤和社会救济费支出7563万元。2000年，全市抚恤和社会救济费支出54572万元，比1986年增长6.22倍，年均递增15.16%。15年累计支出14.48亿元，占同期财政总支出的8.1%，按标准保证抚恤和社会救济对象的供给，较好地解决自然灾害地区灾民吃穿住和治病等方面发生的困难。

社会保障补助支出 1998年，各级财政增加社会保障补助支出项目，主要用于社会保险基金补助（基本养老保险基金、失业保险基金、基本医疗保险基金）、就业补助（劳动力市场建设、再就业培训补贴，职业介绍补贴、社会保险补贴、岗位补贴、小额担保贷款贴息和担保基金）和国有企业下岗职工补助。1998年支出4682万元，1999年支出6285万元，2000年支出1.31亿元。各级财政部门以"两个确保"和"一个低保"为重点，加大筹资力度，确保企业离退休人员基本养老金、国有企业下岗职工基本生活费和城镇居民最低生活保障支出按时足额发放的需要，建立健全一系列社会保障机制，保证社会稳定。

行政管理费支出 1986年，全地区行政管理费支出5522万元。随着人员增加和工资改革及调整工资，至2000年，全市有在职人员40475人，比1986年增加18188人，增长81.61%；行政管理费支出50033万元，比1986年增长8倍，年均递增11.7%。1986—2000年，累计支出35.01亿万元，占同期财政总支出的19.51%。

政策性补贴支出 政策性补贴支出主要包括国家储备粮油费用补贴、粮食老挂账消化款、地方粮食企业所增挂账消化款、粮食风险基金、粮食加价款和少量的市镇居民肉食价格补贴、平抑市价肉食价差补贴、居民用煤销售价差补贴以及其他农业生产资料价差补贴。1986年，全地区政策性补贴支出5302万元，比1985年增长77.8%。2000年，全市政策性补贴支出8929万元，比1986年增长68.41%。15年累计支出7.07亿元，占同期财政总支出的3.9%。

支援不发达地区支出 1988年，全地区财政部门将用于贫困地区改变生产和生活条件、生态环境的专项资金纳入预算支出，主要有以工代赈的扶贫资金和老区建设扶贫资金，当年支出923万元。随着支援不发达地区工作的深入，至2000年，全市支援不发达地区支出达1.14亿元，比1988年增长11.35倍，年均递增12.3%。13年累计支出5.55亿元，占同期财政总支出的3.2%，为革命老区经济发展和贫困地区群众解决温饱问题起到重要作用。

专款支出 1987年，全地区财政部门将排污费支出和教育费附加支出纳入预算支出，当年支出133.3万元。2000年，全市专款类支出2958万元，比1987年增长21.19倍，年均递增26.93%，1987—

2000年累计支出2.14亿元，占同期财政总支出的1.34%。

经济建设费支出 1986—2000年，全市（地区）经济建设支出共计55.09亿元（此为财政预算支出数，不含实际用于经济建设的行政事业性收费，政府基金、国债用于地方的资金及各种商业金融机构借贷政府还款等资金）。“九五”计划时期市（地区）财政在全市（地区）经济建设费的预算内支出平均每年达到7.51亿元。

表16-4-5

1996—2000年赣州市（地区）经济建设费支出统计表

单位：万元

年度	合计	基本建设支出	企业挖潜改造支出(含“五小”)资金	地质勘探费	科技三项费	流动资金	简易建筑费	支持农业支出	工、交、商事业费	其他部门及社区事业费	城市维护及环境保护费
1996年	52908	2482	4139	47	270	—	391	23337	2516	14257	5469
1997年	63849	6695	4954	45	376	—	369	30639	3524	10653	6594
1998年	76611	10555	4802	49	486	—	259	33886	2499	16617	7458
1999年	86672	17110	3288	42	550	—	—	37343	3102	15427	9810
2000年	90161	22422	2321	37	510	—	—	36267	2819	15223	10562

政府性基金支出 政府性基金支出是把纳入预算内管理的政府性基金收入安排的支出，其支出原则是：专款专用和实行先收后支，一般由主管部门提出计划、财政部门按规定拨付与执行过程中监督问效。自“一五”计划实施以来，赣州市（地区）的政府性基金在1996—2000年的“九五”计划中发挥得最好，平均每年的基金收入高达6000万元以上，支出高达5000万元以上。

表16-4-6

1997—2000年赣州市（地区）政府性基金支出统计表

单位：万元

支出项目	1997年	1998年	1999年	2000年
一、工业交通部门	—	712	720	831
二、商贸部门	—	—	—	—
三、文教部门	4327	862	783	751
四、农业部门	234	205	415	586
五、土地有偿使用	—	—	—	518
六、政府住房基金	—	—	—	—
七、其他部门基金等	548	—	—	30
八、其他财政税费附加	605	1581	1100	1267
九、其他	—	—	—	—
当年基金支出合计	5714	3360	3018	3986
上年结余支出	42	—	264	168
上级补助支出	—	1	—	—
调出资金	613	1627	2274	2397
基金支出总计	6369	4988	5556	6551

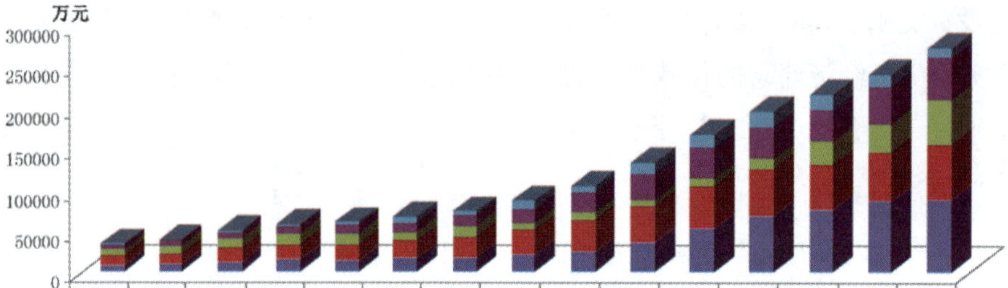

	1986年	1987年	1988年	1989年	1990年	1991年	1992年	1993年	1994年	1995年	1996年	1997年	1998年	1999年	2000年
其他支出类	717	1374	1648	2231	4053	7339	3887	9798	7288	14643	16221	18079	18626	15016	11849
行政管理费类	5522	5909	8029	9356	10412	11326	14408	17918	25323	31285	36790	39595	39044	45072	50033
抚恤和社会救济事业费类	7563	9446	12035	12579	12622	10510	12449	7948	8096	7115	10047	12010	28363	34354	54572
文教科学卫生费类	11817	12740	16228	17825	19168	20423	25271	29773	39023	43367	51306	56306	53314	59126	65888
经济建设费类	8007	9318	11827	15029	14146	16872	17232	21138	24493	37198	52908	69249	76611	86672	90161

图 16－4－1　1986—2000 年赣州市（地区）财政支出分项目情况

二、预算外资金支出

1986—1992 年，全地区预算外资金支出 21.97 亿元。1992 年预算外资金支出 4.28 亿元，比 1986 年的 17730.2 万元增长 1.41 倍，年均递增 15.8%。其中，地方财政部门支出增长 89.5%，年均递增 11.1%；事业和行政单位支出增长 2.48 倍，年均递增 23.1%；国营企业部门支出增长 98.3%，年均递增 12%。

1993—1995 年，全地区预算外资金支出 90783 万元。1995 年预算外资金支出 3.58 亿元，比 1993 年的 2.49 亿元增长 43.78%，年均递增 19.8%。其中，地方财政部门支出增长 21.5%，年均递增 10%；事业和行政单位支出增长 45.3%，年均递增 20.5%。

1996—2000 年，全市（地区）预算外资金支出 45.26 亿元。2000 年预算外资金支出 10.74 亿元，比 1996 年的 8.87 亿元增长 21.08%，年均递增 4.9%。其中，行政事业性支出增长 39.2%，年均递增 8.6%；乡统筹、自筹支出增长 1.41 倍，年均递增 24.7%；基建支出增长 6.8%；城市维护费支出减少 40%。

三、财政收支平衡

1986—2000 年，全市（地区）财政部门坚持“收支平衡、略有结余”的方针，基本做到每个年度的收支平衡，略有结余，其中的滚存净结余负数年度是 1984 年和 1985 年出现财政赤字滚存而来。经过 1986—1996 年财政赤字逐步消化，1997 年消化全部财政赤字。2000 年，因省扣缴处理粮食亏损挂账到位，致使当年出现财政赤字 5556 万元。

预算外资金的收支，各个年度均实现收支平衡，略有结余。

第四节　财政管理

一、管理机构

1986 年，赣州地区财政局内设秘书科、预算科、行政文教财务科、农业财务科、工业交通企业财务科、商业企业财务科、综合财政科、驻厂员管理科、财政干部训练科等 9 个职能科室和地区税收、财务、物价检查办公室，社会集团购买力控购办公室，国库券推销办公室等挂靠的科级单位，以及地区财会职工中专、地区信托投资公司等直属副县级单位，下辖 18 个县（市）财政局。1988 年，增设会计事务管理科和赣州会计师事务所。1990 年 7 月增设财政监察科，8 月设立地直机关住房资金管理处。1991 年 7 月，成立地区国有资产管理局，增设地区国债服务部。1992 年，农业税收征管工作由农财科划出成立农业税征收管理科。1993 年 6 月，成立招待所。1994 年设立外资管理科，同时将住房资金管理处更名为住房资金管理科，将地区产权交易公司更名为产权交易所，设立地区资产评估事务所。1996 年 8 月设立驻北京办事处，9 月增设办公室、人事教育科、社保科、基建科和预算外资金管理科，撤销秘书科。1997 年 6 月设立驻南昌办事处，12 月，地区信托投资公司收购中国银行赣州、鹰潭、吉安证券部。1999 年 11 月，市政府采购办公室、市农税征收管理局挂牌。2000 年 3 月成立市契税管理所，4 月 3 日，赣州综合办证服务大厅正式挂牌，同时，地区税收、财务、物价大检查办公室更名为市政府财经监督检查办公室。

随着财政事业的发展和机构的逐步健全，职工人数也不断增加。1986 年，全地区财政职工 1119 人，其中地区本级 74 人、县（市）405 人、乡（镇）640 人，大专以上 52 人、中专（高中）693 人、初中以下 374 人，具有中级专业技术职务人员 11 人、初级 80 人、无职称 929 人。至 2000 年，全市财政职工增至 3318 人，其中市本级 212 人、县（市、区）1342 人、乡（镇）1764 人、大专以上 1408 人、高中 737 人、初中 244 人，具有中级以上专业技术职务人员 221 人（含高级 4 人）、初级职务 829 人。

二、预决算管理

预算执行　1986 年，全地区遭受历史上罕见的大旱，但工农业总产值仍比上年增长 5.2%，商品零售总额比上年增长 15.7%，财政收入完成预算的 111.2%，比上年增长 10.2%；财政支出比上年增长 21.6%，当年收支平衡，净结余 120 万元（其中赣县、信丰县、瑞金县、石城县 4 个县当年赤字，其余县、市及地区本级均有净结余）。

1987 年，财政经济形势继续好转，预算执行情况：收入比上年增长 27.64%，财政支出相应比上年增长 15.35%，收支相抵，地区本级和县（市）全面实现收支平衡略有结余，净结余 396 万元，比上年增长 276 万元，增长 2.3 倍。

1988 年是赣州地区创办经济体制改革试验区的第一年。坚持稳定经济，深化改革，以改革总揽全局的方针，财政收入有较大增长，占预算的 116.35%，比上年增长 25.71%；财政支出也有相应增加，比上年增长 28.31%。全地区 18 个县（市）及地区本级全面实现当年收支平衡，略有结余，消灭赤字县。

1989 年，财政收入（包括新开征的国家预算调节基金）在上年增长较大的基础上，又上新台阶，突破 4 亿元，占预算的 106.6%，比上年增长 16.2%，财政支出达到 5.7 亿元，比上年增长 14%，全面实现当年收支平衡，净结余 404.8 万元。

1990 年，通过贯彻治理整顿和财政、银行双紧的方针，广泛深入开展“增产节约，增收节支”运动，在市场疲软、经济效益下降的情况下，财政收入突破 5 亿元，完成预算 110.91%，比上年增长 15.84%，财政支出比上年增长 5.93%，当年收支平衡，净结余 455.7 万元，其中由于大部分县财力增长少，而新增支出数额大，财政平衡难度大，有 14 个县（市）出现财政赤字，共 361 万元。

1991 年，围绕搞活经济、发展生产、提高效益、开辟财源，促进增收节支，实现收支平衡开展财政工作，全地区财政收入 5.64 亿元，占预算的 102.28%，比上年增长 10%，实现当年收支平衡净结余 658.6 万元。从 1991 年开始，社会保险基金收支列入总决算。当年社会保险基金收入 7178.2 万元，社会保险基金支出 5751.4 万元，收支相抵结余 1426.8 万元。

1992 年预算执行结果：财政收入完成预算的 105.3%，比上年增长 7.6%；财政支出比上年增长 10.2%，收支相抵，当年净结余 744 万元。

1993 年预算执行结果：财政收入完成预算的 118.2%，比上年增长 30.7%；财政支出比上年增长

18.2%，收支相抵，当年净结余 522.5 万元。

1994 年是实行“分税制”财政管理体制的第一年，全地区财政总收入（老口径）完成 110706 万元，比上年增长 24.5%；地方财政收入完成 62045 万元，占预算的 122.4%，比上年增长 52.7%，财政支出 104223 万元，占预算的 92.6%，比上年增长 31.1%，收支相抵，当年净结余 637 万元。

1995 年，全地区财政总收入完成 143163 万元，比上年增长 29.3%；地方财政收入完成 89186 万元，占预算的 121.8%，比上年增长 43.74%；财政支出 133608 万元，占预算的 94.5%，比上年增长 28.19%，收支相抵，当年净结余 709 万元。

1996 年，全地区财政总收入完成 167526 万元，比上年增长 17.02%，地方财政收入完成 109829 万元，占预算的 100%，比上年增长 23.15%；财政支出 167272 万元，比上年增长 25.2%，收支平衡，当年净结余 2759 万元。

1997 年，按照地委、行署制定的国民经济和社会发展目标及“突破六大增长点，打好三大攻坚战”的工作思路，财政总收入完成 180779 万元，比上年增长 7.91%；地方财政收入完成 130935 万元，比上年增长 19.22%；财政支出 195239 万元，比上年增长 16.72%，收支平衡，当年净结余 772 万元。

1998 年，在连续多年高速度增长的基础上，虽然受到亚洲金融危机的冲击，国内遇到历史上罕见的特大洪灾，财政经济继续保持较快的增长速度，全地区财政总收入完成 200345 万元，比上年增长 10.82%；地方财政收入完成 148434 万元，占预算的 105.5%，比上年增长 13.36%；财政支出 215957 万元，比上年增长 10.61%（其中支农、教育、科技三项支出增长幅度分别达到 13.4%、17%、10.6%，高于经常性财政收入的增长，达到法定增长要求），当年收支平衡，净结余 2204 万元。

1999 年，以撤地设市为契机，围绕市委、市政府制定的经济工作目标，发展经济，培植财源，国民经济继续保持稳步增长，财政总收入完成 200109 万元，占预算的 95.3%，同比增长 2.6%；地方财政收入完成 149467 万元，占预算的 95.8%；财政支出 240239 万元，同比增长 11.2%，当年收支平衡，净结余 1778 万元。

2000 年预算执行结果：财政总收入完成 203797 万元，占预算的 101.1%，同比增长 1.84%；地方财政收入 151444 万元，占预算的 103.2%，同比增长 1.32%；财政支出 272503 万元，同比增长 13.43%，收支相抵，净赤字 3786 万元，主要是上级财政部门对粮食政策性财务挂账进行预算内扣缴所致。

决算编报 1986 年，继续实行“划分税种，核定收支，分级包干”的财政管理体制，并补充规定罚没收入全额上缴国库，不提成，不退库，办案费用补助由财政机关专项拨款。各地财政总决算，在编报全套决算一个月前，先报收支总表。

1987 年，决算以大力压缩和控制支出为重点，提前于 11 月 1 日起停止办理追加支出预算。对基本建设财务决算认真审查，对“拼盘”项目（来源不同的资金合并兴建的项目），按照资金来源渠道分别编报决算，不准先花国家预算的钱留下自己的钱，变相增加财政支出。对于各项支出，审查是否按照财务会计制度规定的列支原则，根据所属单位决算如实汇总编列，虚列支出的一律剔除。凡因事业计划或工作任务未完成而未支出的经费，一律不得算作包干结余转账下年使用。当年各部门科研事业费划转同级科学技术委员会归口管理，由各级科学技术委员会统一向同级财政部门编报决算。对于实行承包经营责任制的企业，比利改税多得的留利不得从收入中退库，不得从企业应交的所得税、调节税中抵留，一律在“国营企业改革支出”科目中列支。

1988 年，决算对于中央下放江西外贸企业亏损，按核定的有关数据拨付，超亏不补，减亏全留。国营企业超承包上缴利润应多得的部分改为由财政部门从收入退库，影响上级财政收入的，年终结算。耕地占用税比应征税额超收部分，全部留给各地，短收的由当地财政补足，农业、林业特产税超基数增收部分，全留地方用于扶持农业、林业特产的发展。从这一年起，乡（镇）财政决算工作由省统一布置。

1989年，财政决算编审工作强调实事求是地核实各项收入，防止发生虚报和“寅吃卯粮”的情况，各项财政支出，除价格补贴外，其他各项支出一律在年初预算的基础上压缩5%，坚决贯彻各项廉政措施，刹住滥发奖金和实物的歪风。对支出预算余额的结转，进行认真整顿，避免一方面有赤字，一方面又有大量结转支出的情况。各级财政总决算的编审，以“三清”（清理收支、清理往来、清理结转）为重点，做到应收尽收，应退则退，实事求是，如实报账。重点清理暂存、暂付款项，应收应支的列入1989年决算，原则上要清理完毕。国家规定某些财政支出由无偿使用改为有偿使用，可在预算内列支报销，同时列入财政预算外“财政专项周转金”账户控制周转使用。对利用历年财政结余搞的周转金性质的借垫款，属于国家政策制度允许的，可在当年财政决算“支出合计”线下，以增设“财政专项周转金”科目列支，同时列入财政预算外“财政专项周转金”账户控制周转使用；对属于不符合国家政策规定的，如搞基建、办公司、信贷资金性质的借垫款等，坚决清理收回。清理结转坚持“收付实现制”的原则，1989年预算结余下年需继续办事的经费，在下年作为动用上年财政结余，通过预算再安排。财政结余仍留归各级财政，基本建设支出（停缓建项目除外）、企业挖潜改造资金、科技三项费用、支农支出、抚恤和社会福利救济费、价格补贴支出、城市维护费、支援不发达地区支出、教育三项补助费（中小学危房修缮费、师范教育补助和职教经费补助）和落实政策经费及各级行政、事业单位的年终预算包干结余，可结转下年继续使用，但应列入下年度的预算和拨款进行管理。1990年，决算工作仍按往年规定办理。

1991—2000年，继续按照编制财政决算原则进行编制。坚持按照国家政策征收财政收入，既不搞寅吃卯粮，即征“过头税”，也不搞卯吃寅粮，即留一手。做到该收的收，不该收的坚决不征收。坚持厉行节约，财政支出控制在可用财力的范围内进行安排，不搞年终赶花钱。坚持财政收支平衡，略有节余原则，不出赤字。寻乌县1991年因特殊原因将出现赤字，采取上下共同努力，省、地两级财政补助248万元，从而实现平衡。对已出的财政赤字，按照省财政厅的要求，县（市）逐步自行消化。在经济形势好，财政收入稳定持续增长，财力充裕的情况下，通过1994—1997年的努力，赤字县（市）全部消化赤字挂账，甩掉赤字包袱。2000年，因处理欠拨新增粮食财务亏损账和其他不合理占用贷款贴息资金等问题，全市有17个县（市）出现赤字，共5556万元。

三、预算外资金管理

1986年，全地区财政部门按照国务院颁发的《关于加强预算外资金管理的通知》精神，强调不能巧立名目乱收费，化预算内收入为预算外收入，搞“小钱柜”；不能用预算外资金乱上计划外项目，盲目扩大固定资产投资规模；不能挪用生产发展基金发放奖金、实物和搞福利等。在具体管理中，实行在资金所有权不变的前提下以不同方式管理的办法，即对事业、行政单位管理的预算外资金，原则上采取由财政部门专户储存、计划管理、财政审批、银行监督的方式；对国营企业及其主管部门的预算外资金，原则上采取计划管理、政策引导，不由财政部门专户储存的方式。1987年起，行政事业单位的预算外资金陆续实行“专户储存”管理。1992年，各县（市）建立和完善行政事业性收费收据的购买与销废登记制度、事后检查制度和收据核验制度，年内全地区有16个县（市）实行财政“专户储存”，纳入集中储存的单位461户，代管资金5335万元。同时，对乡（镇）预算外资金开始采取“专户储存”管理。

1994年，为进一步强化预算外资金管理，地区行署于年初批转地区财政局《关于对行政事业性收费实行财政“专户储存”管理实施意见的通知》，各县（市）政府相继印发有关文件，对未纳入预算内管理的行政事业性收费一律纳入财政预算外“专户储存”。全年纳入财政“专户储存”管理单位712户，代管资金7928万元。1995年，为继续抓好“专户储存”工作，地区财政局按照“积极推进、全面铺开、抓住重点、以点带面”的原则，以行政和经济措施为手段，以政策宣传和监督管理辅以耐心服务的工作方法，抓住重点户、发展新户、巩固老户，并会同地区税收、财务、物价检查办公室对全地区“专户储存”工作进行全面检查，对应纳入“专户储存”而未纳入的预算外资金的进行处罚，使财政“专户储存”工作全面开展，全年纳入财政“专户储存”管理的单位达到971户，代管资金13696万元。

1996年，全地区开展清理预算外资金工作。7月，按照国务院《关于加强预算外资金管理的决定》要求，开展预算外资金收支两条线管理工作。1998年，中共中央、国务院、财政部和江西省政府有关预算外资金实行收支两条线管理的文件和会议精神贯彻后，赣州市于1999年成立行政事业性收费收支两条线工作领导小组，召开专题会议，提出实施意见并认真组织实施。在实施“票款分离”的前提下，1999年，全市全面推行预算外资金收支两条线管理，财政专户率94%，2000年提高到95.7%，预算外资金收支两条线管理格局基本形成。

表16-4-7　1997—2000年赣州市（地区）预算外收入缴存财政专户统计表

单位：万元

年份	合计	其中			
		行政事业性收入	基金、附加收入	乡统筹、自筹收入	社保基金收入
1997年	64545	41833	9967	12632	113
1998年	77386	46552	12946	17888	—
1999年	75760	41782	10522	23456	—
2000年	92056	54849	9453	27754	—

四、企业财务管理

1986年起，按照“包死基本，确保上缴，超收多留，欠收自补”的原则，对工商企业实行承包经营责任制，调整国家与企业的利益分配关系，扩大企业自主权，增添企业活力。

1988年，省委、省政府确定赣州为经济体制改革试验区，全地区国营工业企业生产和销售收入持续增长，但因产品结构不合理，产品资金占用大，企业管理机制不健全和减税让利等因素，导致亏损企业增加，税利下降；国营商贸物资企业经营机制未适应市场开放的形势，经济效益低。为加快企业改革步伐，转换国营企业经营机制，1994年，地委、行署根据《中共中央关于建立社会主义市场经济体制若干问题的决定》，先后提出关于深化企业改革，逐步建立产权清晰、权责明确、政企分开、管理科学的现代企业制度；关于国有工业中小型企业和城镇集体企业、乡镇企业推行“国有民营、公私合营”及股份合作制改革；关于国有商业深化改革加快发展；深化体制改革，提高企业效益，振兴粮食经济等一系列意见。通过深化企业改革、转换经营机制和不断完善企业内部管理，增强了企业的市场竞争力，企业生产经营面貌有了改观，利税有所增长，亏损企业的亏损额下降。1994年，工业企业实现利税16227.9万元，比上年增长19.2%；亏损企业亏损总额1229.4万元，比上年下降40%；商业企业虽然全行业亏损，但比上年减亏453万元，下降56.8%；外贸企业减亏606万元，扭亏幅度为71%。1997年，全地区国有企业开始以产权制度改革为重点，继续加大推进国有经济战略重组，通过股份制、股份合作制、拍卖、出售、收购、兼并、破产、资产重组等多种形式，救活部分企业，关闭、破产一批资源缺乏、严重资不抵债、扭亏无望的企业，产业结构得到调整，现代企业制度建设加强，企业为国家提供的税收逐年上升。

五、事业、行政财务管理

1986—2000年，在全市（地区）的财政支出中，各项事业和行政经费占财政支出的80%以上，事业、行政财务管理成为财政管理工作的重点之一。其间，全市（地区）财政部门不断进行财政支出管理改革，采取一系列措施加强管理。

对事业行政经费支出实行经费包干办法。“七五”计划期间，为落实“过紧日子”的要求，对行政、事业单位的经费实行“核定预算、包干使用、结余留用、超支不补，节约提奖”的预算管理办法。同时，采取一些具体措施，如对公费医疗经费管理采取定额（经费）定点（看病）办法，超支费用由财政、医院、个人（或单位）共同负担，有效控制支出过快增长；对单位采取冻编（不超编）、砍会（减少会议）、限话（限制电话费）、定车（小汽车）等办法严格支出管理。“八五”计划期间，按照“过紧日子”的要求加强经费管理，支持和鼓励行政、事业单位创收，增强自身发展能力。地区财政局在财力紧张的情况下，支持新闻单位以文补文，以广告养报、养电视台，不仅从财力上予以扶持，而且对创收收入的上缴税费方面给予优惠政策，使这些单位实现社会效益和经济效益双丰收，赣南日报社从 1994 年起即全面实现自收自支。

对事业单位实行综合财政预算管理办法。根据财政部颁发的《事业单位财务规则》和“大收入、大支出、大结余”的改革要求，行署印发《地区本级事业单位综合预算编制办法》，从 1998 年起，财政对单位实行“核定收支、定额补助、超支不补、结余留用”的预算管理办法，即对事业单位核定收支基数，按照各单位经费自给程度高低，确定财政补助数额，并在上年基础上核减 5%～10%。1998—2000 年，在市（地区）本级 99 个财政拨款单位中核减 76 个单位预算拨款 1475 万元。这一综合预算管理办法在全市（地区）全面实行，在一定程度上缓解财政供需矛盾，加快事业单位走向市场，推动财政改革的深入发展。

六、住房资金管理

1988 年，省政府印发《关于搞好我省住房制度改革的通知》，将赣州市（今章贡区）和崇义县列为全省房改试点［全省 4 个县（市）］。1990 年，赣州市人民政府正式出台“提租补贴、分步到位、鼓励售房”的房改方案，并于同年 8 月 1 日实施运转（崇义县于 1991 年 5 月 1 日起正式实施）。地区直属行政、企业单位、事业单位按国务院《关于在全国城镇推行住房制度改革的决定》参加当地的房改，按赣州市（今章贡区）人民政府的部署和方案实施。地区于 1990 年成立赣州地区直属机关行政事业单位住房资金管理处，挂靠地区财政局。为保证房改方案的正确实施和住房资金的正常运转，地区住房资金管理处积极参与赣州市房改基数的测定，并先后制定《地直机关行政事业单位住房资金管理办法》《地直机关行政事业单位住房资金会计核算制度》《地直机关行政事业单位办理住房补贴异动的有关规定》，规范住房资金管理和会计核算，保证住房资金的筹集和划转到位。

1992 年，全地区 18 个县（市）相继成立住房资金管理所，出台房改方案和配套政策，全面推行住房制度改革，模式大同小异，一般为“租售并举，提租促售”，改福利分房为货币分房，改国家、单位投资为国家、单位和个人共同投资，拓宽住房投资渠道。为加强和规范住房资金管理，按国务院房改领导小组、财政部、建设部联合制定的《关于住房资金筹集、管理和使用的办法》，建立三级住房基金（城市住房基金、单位住房基金和个人住房基金），理顺住房资金渠道，规范资金用途，确保住房资金规范化、科学化和制度化管理。1993 年，对单位住房资金的使用实行审批制度，未经住房资金管理机构批准，单位不得使用，房地产信贷部不得付款。同时，对住房资金的筹集、使用和管理进行检查，查出挪用资金 1863.7 万元，追回 300 万元。1994 年，全地区住房制度改革进一步深化，实行住房公积金制度，通过“多提租，少补贴或不补贴”以及“集资、合作建房”等途径筹集住房资金，拓宽资金渠道，加大解危解困步伐，促进住房建设，改善干部职工居住条件。同时，对城市住房基金实行预算内管理，对单位住房基金、住房公积金、租赁保证金、集资合作建房资金实行“财政专户储存、计划管理、财政审批、银行监督”的方式，加大对住房资金的监管力度。为加强对全地区住房资金的管理，同年将地直机关住房资金管理处更名为地区财政局住房资金管理科。

1995 年，按照《国务院关于深化城镇住房制度改革的决定》和财政部、省财政厅文件精神，全地区的城市住房基金纳入预算管理，对住房公积金实行“银行专户储存，专项使用”的管理方式，对住房公积金管理机构实行自收自支事业单位财务体制，对专业银行房地产信贷部实行年终决算审批制度，并对全地区国有住房出售收入上缴财政情况进行全面清理。自 1991 年售房以来至 1995 年，全地区出售国有住房 247.1 万平方米，回收售房资金 20491.5 万元。1996 年，制定《赣州地区住房公积金管理机构财务管理实施细则》和《赣州地区住房公积金管理机构会计核算办法》。1997 年，对住房公积金采用预算内管理办法进行管理，对单位住房基金、住房租赁保证金、集资建房采用预算外资金管理方式或部分采用银行专户管理方式进行管理。下半年起，全地区实施第三步房改方案，推行住房公积金制度，稳步出售公有住房，加大租金改革力度，加快安居工程建设。各县（市）执行公积金管理办法，逐步完善公积金核定、归集、使用制度，出台《职工住房公积金抵押贷款方法》。为稳步出售公有住房，制定部分产权向全产权过渡的衔接政策，确定售房价格及各项优惠政策。1998 年 1 月 1 日起，除会昌县、寻乌县 2 个县外，其余 16 个县（市）均按成本价售房，不再执行标准价。为加强售房收入管理，进一步规定财政拨款单位仍应按一定比例上缴售房款，上缴比例在 15%～100%之间，自留单位的售房收入进入专户统一管理，并按售房收入的 10%建立“共用部位、设施维修基金”，以强化住房售后服务。为加大租金改革力度，住房租金按双职工家庭平均工资的一定比例逐步增加，1998 年房租达双职工家庭平均工资的 7.6%，2000 年达 10%，并对超标加租和租金的减、免、补等作出新的规定。为加快安居工程建设步伐，坚持“政府扶持，单位支持，个人负担”的原则，采取“一家主办，各方配合，多家开发”的办法，多渠道筹措资金，实行质量一票否决制度，有计划、有步骤地推行和实施。1998 年，全地区行政事业单位参加房改 120100 人，购房职工 45931 人，占参加房改职工人数的 38.2%，城镇未购房职工 51943 人，其中无房职工 16299 人。1999 年，对住房公积金继续实行“银行专户储存”“统一管理，专项使用，财政监督”的方式进行管理，住房公积金管理机构经费从同年 7 月起实行收支两条线方式，建立预决算管理制度，对国有商业银行政策性住房金融业务财务收支实行财务决算审批制度。至 2000 年，全市公有住房面积 666 万平方米（直管房 97 万平方米、单位自管房 308 万平方米、企业自管房 261 万平方米），可出售面积 435 万平方米（直管房 34 万平方米、单位自管房 250 万平方米、企业自管房 151 万平方米），出售住房 368 万平方米（直管房 20 万平方米、单位自管房 228 万平方米、企业自管房 120 万平方米）。

表 16-4-8

1992—1999 年赣州市（地区）住房基金收支统计表

单位：万元

年度	住房基金收入						住房基金支出						收支相抵滚存结余	其中当年结余
	合计	城市住房基金收入	企业住房基金收入	行政事业单位住房基金收入	其他住房基金收入	公积金收入	合计	城市住房基金支出	企业住房基金支出	行政事业单位住房基金支出	其他住房基金支出	公积金支出		
1992 年	17213.50	4107.60	7265.60	3808.90	2030.30	1.10	6449.20	1726.10	1500.40	1445.50	1777.20	—	10982.40	10764.30
1993 年	23724.10	6746.60	9453.00	4590.80	2897.40	36.30	17302.90	2909.60	8444.10	3463.00	2481.10	5.10	11774.60	6421.20
1994 年	19204.20	7249.20	—	2445.30	9439.10	70.60	15208.50	4786.20	—	2150.70	8259.40	12.20	8549.60	3995.70
1995 年	13146.00	1047.00	—	1126.10	10285.20	687.70	11778.20	522.30	—	1596.20	9610.80	48.90	8050.30	1367.80
1996 年	10821.70	618.30	—	931.90	8393.90	877.60	11831.10	601.20	—	2871.30	8305.10	53.50	7064.10	－1009.40
1997 年	19627.00	1927.60	—	4746.30	9314.30	3638.80	12233.60	1151.80	—	2151.80	8460.30	469.70	14507.50	7393.40
1998 年	23690.40	2855.30	—	3654.60	12469.60	4710.90	15958.30	1604.60	—	2884.10	10859.30	610.30	22239.60	7732.10
1999 年	14313.20	1911.10	—	5369.10	1617.00	5416.00	12663.50	1551.00	—	5705.40	4480.50	926.60	23889.30	1649.70

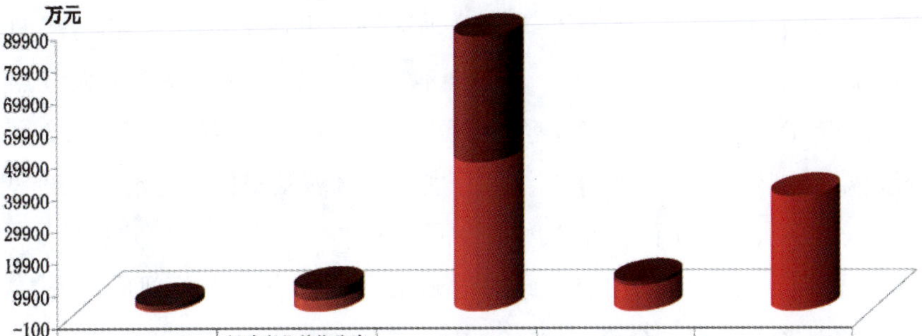

	财政性住房资金	行政事业单位住房基金	公用住房出售收入	住房公积金	年终滚存结余
支出（使用）	1315	3394	39212	1235	—
收入（归集）	312	3178	46028	7597	35493

图 16－4－2　2000 年赣州市住房基金收支情况

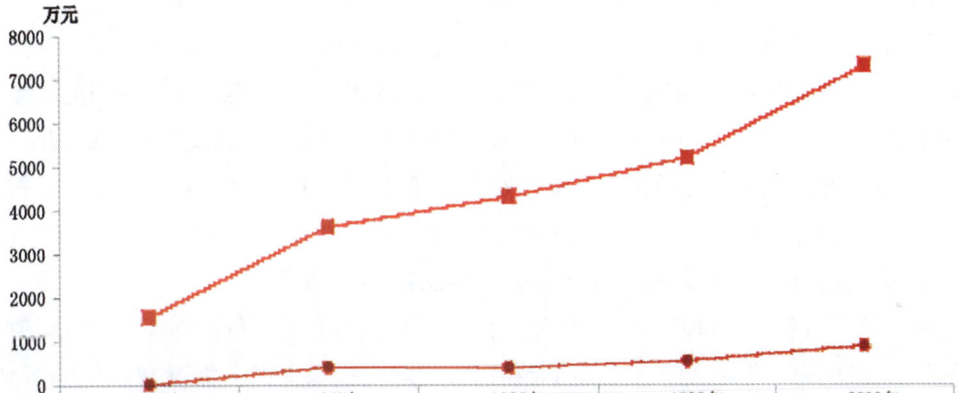

	1996年	1997年	1998年	1999年	2000年
缴存	1556.31	3629.30	4311.27	5208.64	7325.78
提取	22.15	419.23	398.80	551.60	901.04

图 16－4－3　1996—2000 年赣州市（地区）住房公积金缴存、提取情况

七、国有资产管理

地区于 1991 年 7 月成立赣州地区国营资产管理局，它是地区财政局下属副县级机构，1992 年 1 月正式挂牌。至 9 月底，全地区 18 个县（市）相继成立国营资产管理机构，开展国营资产管理工作。

产权登记和资产统计　1992 年 7 月，首次开展全地区企业国营资产产权登记工作。全地区有产权登记户 1646 户，登记 1574 户，占应登记户数的 95.63%；登记资产总额 57.77 亿元，其中国营资产总额 16.87 亿元、国营资本金 16.46 亿元、其他 24.44 亿元。1993 年起，对企业的国有资产产权登记年检工作均于每年的上半年完成。1996 年 1—3 月，首次开展行政事业单位国有资产产权登记工作，登记户数 3092 户，资产总额 35.64 亿元，负债总额 9.8 亿元，国有资产总额 25.83 亿元。1997 年，首次开展全地区国有资产年报统计工作，登记户数 4207 户，资产总额 48.72 亿元。1999 年起，按财政部要求，国有资产年报与单位财务会计决算年度决算报表合并为统一会计报表，实现一表多用，数据共享。全市（地区）登记户数 3294 个，资产总额 57.03 亿元。

清产核资和财产清查 1992年10月，开展全地区行政事业财务清查工作，登记户数156户，全部资产清查核实数2.91亿元。1993年3—6月，全地区行政事业单位财产清查登记户数4886户，核实后资产总额22.58亿元。1994年3—10月，开展全地区国有企业清产核资扩大试点工作。1995年3—12月，开展全地区国有企业清产核资工作，全地区1549户国有企业资产总额89.35亿元，负债总额72.92亿元，所有者权益16.44亿元。1996年3月，开展全地区城镇集体企业清产核资试点工作。1999年4—6月，开展全地区第一次城镇集体企业年度报表汇总工作，全地区1044户城镇集体企业资产总额78亿元，负债总额75亿元。5—8月，按照省政府的要求和省国有资产管理局的统一部署，开展全市（地区）行政事业单位财产大清查，全市（地区）3185户行政事业单位资产总额51.26亿元，负债12.24亿元，净资产39.02亿元。8—10月，根据市委、市政府关于市与区事权调整的通知要求，对58个章贡区上划单位进行资产清查核实，共核实资产9.99亿元，负债4.56亿元，国有资产4.95亿元，盘盈资产2878万元，盘亏报损资产277万元，保证市与区事权调整顺利进行。

行政事业国有资产管理 1994年，开始对行政事业单位国有资产处置和非经营性资产转经营性资产加强管理，先后出台并实施《赣州地区行政事业单位国有资产管理办法》和《地直行政事业单位资产占有用费计收办法》，核实经营性资产总额1088万元，年上缴资产占用费10.8万元；加强国有资产管理制度的建设，因地制宜制定《赣州地区行政事业单位国有资产管理办法》《地直行政事业单位非经营性转经营性资产计收资产占用费办法》《地直单位产权交易实施办法》，全地区产权交易市场资产成交额4000多万元。1995年，坚持把非经营性资产转为经营性资产，实行有偿使用的原则，全地区收取行政事业单位资产占用费约100万元；开展产权交易业务，全地区产权交易额2000万元。1998年3月9日，印发《赣州地区行政事业单位国有资产处置管理实施细则》。1999年10—12月，按照市政府《规范市直机关经济实体国有资产产权登记工作方案》要求，对全市122户机关经济实体的国有资产运营状况进行深入调查，核实资产总额6786万元，负债总额6122万元。

企业国有资产管理 1995年，首次对全地区1412户国有企业进行国有资产保值增值指标考核，年初下达基数为17亿元，年底会同有关部门考核时，实际完成国有资产总额17.99亿元，保值增值率为105.8%。1997年，为保证赣南果业股份有限公司的成功上市，进行资产重组方案的制订申报和资产评估的立项、确认工作。5月19日，地区国有资产管理局与地委组织部联合印发《关于加强企业国有资产经营业绩考核的通知》，进一步加强对国有企业经营者和国有股权代表的监督考核。1998年8月，地区国有资产管理局组织和参与地委、行署举办的赣南优化资本结构暨招商引资洽谈会，并筛选出193个项目，有82个项目签约，资产总额10.9亿元。

八、会计事务管理

会计人员任职资格考试管理 1987—1989年，会计专业人员任职资格由地区会计系列职称改革领导小组审核评定。1990年8月，此项工作移交至地区财政局会计事务管理科负责。1992年起，按国家财政部、人事部规定，首次对会计员、助理会计师、会计师等3个档次的技术职务资格实行以考代评制度，全地区12736人参加会计专业技术资格考试，132人获会计师任职资格，883人获助理会计师任职资格，1302人获会计员任职资格。1992—2000年，除1993年和1995年未举行考试外，共组织会计专业技术职务资格考试7次，参加考试48676人，297人获中级任职资格，5785人获初级任职资格。1993—2000年，组织注册会计师资格考试8次，参考5778人，及格117人。

会计人员培训与再教育 1986—2000年，对从事会计工作岗位人员的培训和再教育主要依托地区财会职工中等专业学校、江西财经学院赣州函授站、江西中华会计函授学校赣州分校和地区财政、会计学会进行。其间，举办会计专业技术资格考试考前培训班190期，培训14283人；会计人员岗位培训班202期，培训11386人；贯彻会计法规、制度、企业会计准则、财务通则培训班936期，培训70433人；会计专业知识培训班82期，培训3214人；委派会计培训班23期，培训351人。1995年，为促进会计工作向管理型发展和建立现代企业制度提供基础条件，制订全地区会计电算化人才培训计划。至2000年，共举办会计电算化培训班203期，培训5974人，提高会计电算化合格率。

会计基础工作规范化建设 1998年，根据财政部和省财政厅关于开展会计基础工作规范化的文件精神，制定《赣州地区实施会计基础工作规范化活动的办法》，确定试点单位。经考核确认，当年有190户单位达到会计基础工作规范化标准。1999年，结合会计委派制工作的实施，确定各县（市、区）规范化考核单位1068个，通过考核验收665个，批准会计电算化手工甩账单位1个。2000年，对行政、企事业单位继续深入开展会计基础工作规范化活动，推进会计电算化，进一步规范会计工作秩序，会计基础工作规范化达标单位495个，批准会计电算化手工甩账单位6个。会计事务管理工作逐步走上正常化轨道。

会计委派制 1998年，根据中纪委十五届二次全会提出的“改革会计人员管理体制。在国有企业、国有控股企业进行会计委派制度试点。有条件的地方和部门，也可以试行会计委派制”的部署，赣州行署确定赣县为全地区推行会计委派制试点县，1999年1月开始试点，5月30日召开现场会。会后，全地区18个县（市）均开展会计委派制试点，试点单位311个，派出委派会计309名，集中直接委派的单位255个，集中核算（代理记账）单位56个，乡（镇）零户统管单位40个。2000年，在巩固试点成果基础上，继续将此项工作推向深入，制定《赣州市本级会计委派实施办法》，公开招聘16名素质较高的委派会计派驻30个集中核算单位和10个直接派驻单位。各县（市、区）继续进行第二批、第三批单位的会计委派，全市共向955个单位委派594名会计。通过推行会计委派制，强化账务会计管理，各有关单位比上年节约小车费用413.57万元，下降11.75%；节约招待费575.87万元，下降12.31%。

九、财政监督

财政财务大检查 1986年，全地区清理并收回各项违纪收入926.5万元，其中审计收入599.3万元，罚没收入288.2万元，财务大检查收入25.4万元，追回赃款赃物变价收入7万元，上缴财政的“小钱柜”资金6.6万元；在税务、财务、物价大检查中，查出违纪金额1790万元，其中应交库1390万元，均如数交库。1987年，收回各项违纪金额837.9万元，其中罚没收入458.3万元，审计收入320万元，财务大检查收入54.5万元，追回赃款赃物变价收入5.1万元；在税务、财务、物价大检查中，查出违纪金额1735万元，其中应交库1209万元，均如数交库。1988年，收回各项违纪资金1036.4万元，其中罚没收入660.4万元，审计收入295.9万元，财务大检查收入68.7万元，追回赃款赃物变价收入11.4万元；在税务、财务、物价检查中，查出违纪金额2605万元，其中应交库1635万元，均如数入库。1989年，收回各项违纪金额1483.3万元，其中罚没收入1035.1万元，审计收入336万元，财务大检查收入99.7万元，追回赃款赃物变价收入12.5万元；在税务、财务、物价大检查中，查出违纪金额2355万元，其中应交库1549万元，均如数入库。

1990年7月，地区和部分县财政局恢复财政监察机构。收回各项违纪金额2145.5万元，其中罚没收入1336.2万元，审计收入591.8万元，追回赃款赃物变价收入38.6万元，上缴财政的“小钱柜”资金18万元，其余160.9万元；在税务、财务、物价检查中，查出违纪金额2617万元，其中应交库1825万元，均如数交库。1991年，各县（市）均建立财政监督机构，当年的工作重点是贯彻中共中央、国务院《坚决制止乱收费、乱罚款和各种摊派的决定》和省、地党委和政府的部署。全年收回违纪金额2729.8万元，其中罚没收入2110.6万元，审计收入518.8万元，财务大检查收入90.7万元，追回赃款和赃物变价收入9.7万元；在税务、财务、物价大检查中，查出违纪金额2486万元，其中应交库1820

万元，交库1809万元。1992年，查处各种违反财经纪律的行为。对全地区4807个企事业、行政单位和个体工商户进行自查，地区财政监督部门对4507个企业、行政、事业单位和19095户个体工商户进行重点检查，全地区查出违法违纪金额2111万元，其中应上缴财政1551.5万元，入库1506.7万元；依法处理一批严重违反财经纪律的案件，其中受到经济处罚的单位89个，受到经济处罚的个人75人。1993年，查出违纪金额931.7万元，其中应入库466万元，均如数入库。1994年，全地区查出各种违纪金额5410万元，其中应入库4389.5万元，入库4319.3万元。1995年，全地区自查和重点检查共查出各种违纪金额5808万元，其中应入库4749万元，入库4678万元；受到经济处罚的单位2个，有679人受到经济处罚，其中2人移交司法机关处理。

1999—2000年，全市（地区）检查2691个单位，有1255个单位受到经济处罚，有11名违纪责任人受到经济处罚，4名违纪责任人受党纪政纪处分，1名违纪财会人员吊销会计证。两年共查出违纪金额7554万元，其中应入库2616万元，入库2431万元。

社会集团购买力管理 1986年，地区和各县（市）均设有社会集团购买力控购办公室，对社会集团购买力采取指标管理和专项商品控购的办法进行管理。专控商品目录按1985年国务院颁发的《关于严格控制社会集团购买力的紧急通知》所规定的小汽车、大轿车、摩托车、沙发、地毯、沙发床、空气调节器、录音机和多用机（单价在500元以上的）、录像机、照相机和放大机、大型或高级乐器（单价在300元以上的）、家具（单价在100元以上的）、呢绒及其制品、纯毛毯、彩色电视机、电冰箱、洗衣机等17项。1987年，增加多种电取暖器和电煮水设备。这19种商品中，除小汽车、大客车、摩托车、录像机、彩色电视机、空调设备等6种需报省控购办公室审批外，其余13种由地区控购办公室审批。1988年，增加复印机为控购商品。同年10月，按国务院规定将专项控购商品扩大到29种，增加电子打字机、电传机、羽绒衣、风雨衣、吸尘器、丝绸及其制品、50元以上的各种钟表、100元以上的各种灯具、国产13种名牌卷烟和进口香烟、国产13种名牌酒和进口酒等10项，并将纯毛毯改为毛毯。当年实际支出4130万元，其中专项控制产品832万元。

1989年，专控商品目录增加布匹及其制品、针织品、书写印刷纸等3种。全地区社会集团购买力控制指标4160万元，实际支出4025.4万元，其中专项控制商品1022.2万元，比上年上升22.86%，主要是小汽车、摩托车、家具、复印机、打字机、电传机、布匹及其制品、书写印刷纸等项目开支增大。1990年，全地区社会集团购买力控制指标7500万元，实际支出6903.6万元，比上年上升71.5%，其中行政单位上升1.5倍，事业单位上升40%，企业单位上升58.8%；在总支出中，属于专项控制商品上升27.86%，原因是有些控制商品放开审批，其中小汽车、电取暖器、电煮水、电打字机、电传机、布匹及其制品比上年增加327.4万元。1991年，全地区社会集团购买力控制指标8000万元，实际支出7055万元，比上年上升2.19%，其中行政单位上升5.48%，事业单位下降1.3%，企业单位上升2.42%；在总支出中，小汽车数量增加11%，因高档车购买多，使小汽车支出金额增加58.68%。

1992年，贯彻中央“适度从紧”财政政策，加大控购力度，省控购办下达全地区指令性指标7900万元，小汽车控购指标95辆；实际支出6428万元，批购小汽车95辆，其中非生产性用车60辆、生产性用车35辆。1993年，国家对专控商品进行调整，将原3大类32种调整为8种：小汽车、大轿车、摩托车、录像设备、空气调节器、各种音响设备、单价在500元以上的照相机和放大机、无线寻呼机和无线移动电话。省下达赣州全地区专控商品指令性指标6400万元，实际支出3837万元，其中批购小汽车113辆。收取专控商品附加费22.5万元。1994年，省未下达控购指令性指标，全地区实际支出3633万元，批购小汽车169辆，其中非生产性120辆、生产性49辆；收取专控商品附加费75万元，附加费支出92.6万元。1995年，省下达全地区专控商品指令性指标7800万元，小车控购指标96辆，实际支出4032万元，批购小车339辆，其中非生产性200辆、生产性139辆；收取专控商品附加费83万元，附加费支出 78.8 万元。同年 9 月，与地区纪律检查委员会等 5 个单位组成工作组，对县（市）和地直单位县以上领导工作用车超标问题进行检查，更换超标准用车 96 辆。为加强对领导干部工作用车的管理，行署办公室印发《关于做好小汽车定编管理工作的通知》，对领导干部配车、换车作出具体规定。

1996 年 5 月，行署办公室印发《关于改进全区社会集团购买专控商品管理工作的通知》，对事业单位购买 12 座以下的小汽车实行定编管理。6 月，地委办公室、行署办公室印发《关于加强公费购置使用"大哥大"管理的通知》，规定地直单位购置使用"大哥大"须向地区控购办提出书面申请，由控购办会同行署办公室审核报行署分管领导审批后办理控购手续，发给准用证后方可购置使用。7 月，地区纪委开展清理整顿公费购置"大哥大"工作，地区控购办对全地区专控违纪情况进行检查，查处一批违规购置小汽车、空调机、摩托车、"大哥大"等控购商品的单位，收缴罚款和补交附加费近 3 万元。省下达专控指令性指标 3200 万元，小车控购指标 145 辆，实际支出 3766 万元，批购小车 145 辆。1997 年，行署决定，年内一律不能购买小汽车，党政机关一律暂停购置移动电话。同年，省下达专控指令性计划 4500 万元，小车控购指标 152 辆，实际支出 3036 万元，批购小汽车 84 辆。1998 年，贯彻"适度从紧"的财政政策，继续搞好小汽车、无线移动电话的清理工作。同时，按省下达 3540 万元专控费用指标和小汽车 146 辆控购指标再度从严控制，全年实际支出 1736.33 万元，批购小汽车 81 辆。

1999 年，省控购办未下达专控商品费用专控指标，下达小汽车控购指标 156 辆，全市（地区）实际批购小汽车 156 辆。年初，地委办公室，行署办公室印发《全区公费住宅电话和移动电话规范管理暂行办法》，规定公费住宅电话、移动电话作价处理过户给个人后，各级党政机关、事业单位以及群众团体，要严格按照规定一律不能用公款为领导干部个人安装住宅电话和配置移动电话，并规定话费报销范围和限额标准。2000 年，控购工作重点转向政府采购制度的管理，按财政部政府采购品目分类表和《政府采购信息公告管理办法》开展政府采购工作。市财政局于 8 月专门举办政府采购培训班，为政府采购工作稳步推行奠定基础。

第五章 税　务

1986—2000 年，全市（地区）按照《中华人民共和国税收征收管理暂行条例》和《中华人民共和国税收征收管理法》的要求，在机构和人事管理上完成由地方管理改为系统垂直管理以及国税、地税机构的分设，在税制上完成由单一税制过渡到以增值税、消费税、营业税等流转税和企业所得税为主体的多税种、多环节、多层次的复合税制改革，在组织收入上实现大幅度增长，在征收管理上试行征、管、查相分离和纳税申报—税务代理—税务稽查"三位一体"的征管改革，在税收计会统方面实行由单式记账改为复式记账，由收付记账法改借贷记账法，并从征收数开始核算扩大到从应征数分税种、分预算级次核算，全面加强税收资金的核算管理，确保税收计划的完成和财政收支的平衡。

第一节 税收体制

一、税制变革

1986 年，继续执行 1983 年以利改税为核心，以产品税、增值税、营业税等流转税和企业所得税为主体的多税种、多环节、多层次的复合税制。1994 年 1 月 1 日起，国务院对工商税制进行全面改革，其核心是全面推行改革后的增值税，使中国的工商税制逐步与国际惯例接轨；指导思想是统一税法、公平税负，简化税制、合理分权，理顺分配关系，保障财政收入，建立符合社会主义市场经济要求的税制体系。主要内容是推行以增值税为核心，全面进行税制改革，取消国有企业、集体企业、事业单位奖金税和国有企业工资调节税、集市交易税、牲畜交易税、国有企业调节税、工商统一税、城市房地产税、车船使用牌照税，以及向国有企业征收的能源交通重点建设基金和国家预算调节基金，将国有企业所得税、集体企业所得税和私营企业所得税合并为企业所得税，将个人所得税、个人收入调节税和城乡个体工商业户所得税合并为个人所得税，盐税并入资源税，烧油特别税、特别消费税并入消费税，新开征消费税、土地增值税、证券交易税、遗产和赠予税。税种由改革前的 31 个减至 18 个（赣州未开征烧油特别税）。1994—2000 年，税制处于基本稳定状态。

二、分税制

1994 年税制改革，将税种统一划分为中央税、地方税、中央与地方共享税，建立中央和地方两套税收管理制度，设立国家税务局和地方税务局两套税务机构分别征管。在核定地方收支基数的基础上，实行中央财政对地方财政的税收返还和转移支付制度，实现在中央政府与地方政府之间税种、税权、税管的划分。

分税制按照征收管理权和税款支配标准划分。征收管理权、税款所有权划归中央财政的税种属中央税，即关税，消费税，海关代征增值税、消费税，中央企业所得税，地方银行、外资银行和非银行金融企业所得税，铁道部门、各银行总行、各保险公司集中缴纳的营业税、所得税和城市维护建设税，对储蓄存款利息征收的个人所得税。征收管理权、税款所有权划归地方财政固定收入的税种属地方税，即营业税、城市维护建设税、个人所得税（不含列入中央收入的部分）、地方企业所得税（不含地方银行、外资银行和非银行金融企业缴纳的部分）、城镇土地使用税、耕地占用税、固定资产投资方向调节税、土地增值税、房产税、车船使用税、印花税、契税、屠宰税、筵席税、农业税及地方附加、牧业税及其附加、遗产税。征收管理权、税款所有权由中央和地方按一定方式分享的税种属共享税，即增值税（中央政府分享 75%、地方政府分享 25%），资源税（海洋石油企业缴纳的部分归中央政府），证券交易税。

第二节　税种　税率

1984 年税制改革时，赣州地区对国内企业、单位和个人开征的工商税种有产品税、增值税、营业税、盐税、资源税、建筑税、集市交易税、牲畜交易税、屠宰税、国营企业所得税、国营企业调节税等 11 种；对外资企业和外商征收的工商税种有工商统一税、城市房地产税、车船使用牌照税、个人所得税、中外合资经营企业所得税和外国企业所得税等 6 种。1985—1989 年，陆续增加 15 个税种，即城市维护建设税、集体企业所得税、国营企业工资调节税、国营企业奖金税、集体企业奖金税、事业单位奖金税、个体工商业户所得税、房产税、车船使用税、个人收入调节税、城镇土地使用税、印花税、筵席税、特别消费税、私营企业所得税。1991 年，将建筑税改称固定资产投资方向调节税。7 月 1 日，将中外合资经营企业所得税和外国企业所得税合并，改为外商投资企业和外国企业所得税。至 1993 年年底，由税务部门负责征收的工商税种有 31 个，另承担“三金一费”（国家能源交通重点建设基金、国家预算调节基金、粮食专项基金，教育费附加）的征收管理工作。

1994 年税制改革，推行以增值税为核心，全面进行税制改革。取消 10 个税种 2 种基金，合并 9 个税种，新增 4 个税种，工商税制体系的税种由原来的 31 种减为 18 种，即增值税、消费税、营业税、资源税、企业所得税、外商投资企业和外国企业所得税、个人所得税、土地使用税、土地增值税、房产税、车船使用税、固定资产投资方向调节税、城市维护建设税、印花税、证券交易税（赣州地区未开征）、遗产和赠予税（赣州地区未开征）、屠宰税、筵席税（江西省暂停征收）。

一、产品税

产品税1984年10月1日开征。凡在境内从事生产、经营和进口应税产品的单位和个人，均交纳产品税。产品税分工业和农林牧水两大类，按产品设置税目税率。工业产品24类260个税目，税率最高为60%，最低为3%；农林牧水产品类以烟叶税率最高为38%，食用生猪、菜牛、菜羊税率最低，为3%。赣州地区应税产品主要有卷烟、原木、钨砂、酒、机制糖、机制纸、电力等。1984—1993年，国家先后4次扩大增值税的征收范围，将产品税中的174个税目改为征收增值税，产品税的税目税额均相应减少。1994年1月税制改革时，取消产品税。将产品税中的工业产品类分别归入增值税和消费税中征收，将农林水产品类归入农林特产税中征收，将牧产品类归入屠宰税中征收。

二、增值税

1981年，赣州地区在部分协作生产较集中的机器机械、农用机具和日用机械行业中择定12种产品试行征收增值税。1984年9月，国务院颁布《中华人民共和国增值税条例（草案）》及其施行细则，规定凡是从事生产和进口应税产品的单位和个人都是纳税人，以其生产经营活动实现的增加价值——增值额为课税依据。征收范围分甲、乙两大类12种产品，税率从6%～16%不等。1986年1月1日起，将纺织产品、日用机械、日用电器、电子产品和搪瓷产品、保温瓶纳入征收范围。1987年，将服装、中成药、轻工等产品纳入征收范围。1988年，将建筑材料等纳入征收范围。1989年，将工业性加工和转售原材料纳入征收范围。1993年12月，国务院颁布《中华人民共和国增值税条例》，规定凡在中国境内销售货物或者提供加工、修理修配劳务以及进口货物的单位和个人均为增值税的纳税义务人，1994年1月1日起执行，税率3个档次，即17%、13%和零税率，实行凭增值税专用发票注明税款抵扣制度，由国税机关负责征收。1994年，全地区增值税入库4.29亿元。2000年，全市增值税入库5.33亿元。

三、营业税

营业税是1984年税制改革时恢复的独立税种，有11个税目，25个税率，最高为15%，最低为3%。1994年，国务院发布《中华人民共和国营业税暂行条例》，同年1月1日施行。税制改革后，货物的生产、销售以及加工、修理、修配劳务纳入增值税征收范围，保留下来的营业税征收范围仅限于提供应税劳务、转让无形资产和销售不动产，税率最高，20%为娱乐业，最低为3%，由地税机关负责征收。1997年1月1日起，金融保险业营业税率由5%提高到8%，提高的3%部分由国税机关征收。1998年起，农村信用社营业税由5%提高到6%，提高的1%部分归国税机关征收。1994年，国税机关营业税入库1.29亿元，地税机关营业税入库1.6亿元。2000年，国税机关营业税入库1890万元，地税机关营业税入库3.45亿元。

四、盐税

盐税是1951年确立的独立税种。1984年，按国务院颁布的《中华人民共和国盐税条例（草案）》实行从量定额征收，每吨征税50元，由生产单位出场时缴纳。1985年7月1日起，盐矿生产的盐统一销给盐业部门者，每吨盐减税18元。1994年税制改革时，取消盐税，将其并入资源税征收范围。

五、资源税

资源税1984年10月1日开征。1993年12月，国务院重新修订颁布《中华人民共和国资源税暂行条例》（以下简称"资源税暂行条例"），财政部颁布《〈中华人民共和国资源税暂行条例〉实施细则》，同时取消盐税，将盐税纳入资源税征收范围，执行定额税率，由地税机关征收。1994 年 1 月 1 日起，赣州地区按修订后的资源税暂行条例征收，当年地税机关征收资源税入库 246 万元。2000 年，全市征收资源税 542 万元。

六、建筑税

1983 年 9 月开征，税率 10%。1986 年，征收建筑税 737.4 万元。1991 年，改为固定资产投资方向税。

七、城市维护建设税

城市维护建设税 1985 年 6 月开征。凡缴纳产品税、增值税和营业税的单位和个人都是纳税人，税率分别为 7%、5%、1%。1986 年，全地区征收城市维护建设税 1019 万元。1994 年税制改革后，凡缴纳消费税、增值税和营业税的单位和个人均为纳税人，执行比例税率，市区为 7%，建制镇为 5%，农村为 1%，由地税机关负责征收，当年征收入库 3172 万元，2000 年征收入库 4651 万元。

八、集市交易税

集市交易税 1962 年 4 月执行财政部《集市交易税试行规定》开征，1964 年停征，保留税种。1985 年征收入库 4.5 万元，1986 年全南县征收该税 1.7 万元，1987 年起未再征收。1994 年税制改革时，取消集市交易税。

九、国有（营）企业所得税

国有（营）企业所得税 1983 年开征，按大中型企业 55%的固定比例税率、小型企业 8 级超额累进税率执行。1986 年征收国营企业所得税 4018.8 万元，1990 年征收入库 4280.45 万元。1994 年税制改革时，将该税合并到企业所得税中由地税机关征收。

十、集体企业所得税

集体企业所得税 1985 年 4 月开征，执行 8 级超额累进税率。1986 年征收 787.1 万元，1990 年征收 737.38 万元。1994 年税制改革时，将该税合并到企业所得税中由地税机关负责征收。

十一、私营企业所得税

私营企业所得税 1988 年 6 月开征，税率为 35%的比例税率。1989 年，全地区征收私营企业所得税 0.1 万元，1993 年征收入库 0.6 万元。1994 年税制改革时，将该税种合并到企业所得税中由地税机关负责征收。

十二、企业所得税

1994 年，国家将国有企业所得税、集体企业所得税、私营企业所得税统一为企业所得税。《中华人民共和国企业所得税暂行条例》规定，中华人民共和国境内的企业，除外商投资企业和外国企业外，应当就其生产、经营所得和其他所得，依照该条例缴纳企业所得税。企业所得税的纳税人都是内资企业，包括国有企业、集体企业、私营企业、联营企业、股份制企业、有生产经营所得和其他所得的其他组织。基本税率为 33%，但对一些利润低或规模小的企业，年应纳税所得额 3 万～10 万元的按 27%比例税率征收，年应纳税所得额在 3 万元以下的按 18%征收。同年，全地区征收企业所得税 5179 万元，其中国税机关征收 1877 万元，地税机关征收 3302 万元。2000 年，全市征收企业所得税 6148 万元，其中国税机关征收 855 万元，地税机关征收 5293 万元。

十三、国有（营）企业调节税

1984 年 10 月 1 日起按国务院《国营企业调节税征收办法》试行国营企业调节税。国营大中型企业按55%税率缴纳所得税后，其超过合理留利部分，按一户一率核定企业调节税税率。1989年，全地区征收国营企业调节税377.6万元。1994年税制改革时，取消国有企业调节税。

十四、国有（营）企业工资调节税

国有（营）企业工资调节税1985年7月开征。工资总额随经济效益挂钩浮动的国营大中型企业为纳税人，依环比工资增长率按超额累进税率计征，税率7%～300%不等。1986年，全地区征收国营企业工资调节税46.7万元，1990年征收40.74万元，1993年征收41.8万元。1994年税制改革时，取消国有企业工资调节税。

十五、国有（营）企业奖金税

国有（营）企业奖金税1985年开征。凡未实行工资总额随经济效益挂钩浮动的国营企业均为纳税人。税率实行超额累进，从零税率至300%不等，按年计征。1986年，全地区征收国营企业奖金税181.9万元，1993年征收55.3万元。1994年税制改革时，取消国有企业奖金税。

十六、集体企业奖金税

集体企业奖金税1985年8月开征。凡从事工业、商业、物资供销、交通运输、建筑安装、金融、出版业、娱乐业、服务业和其他行业的城乡集体所有制企业都是纳税人。税率实行超额累进，从零税率至300%不等，按年计征。1986年，全地区征收集体企业奖金税29万元，1993年征收16.1万元。1994年税制改革时，取消集体企业奖金税。

十七、事业单位奖金税

事业单位奖金税1985年9月开征。各类事业单位为纳税人。按4类4档税率计征。1986年，全地区征收事业单位奖金税17.8万元，1993年征收10.5万元。1994年税制改革时，取消事业单位奖金税。

十八、工商统一税

工商统一税1958年将货物税、商品流通税和营业税合并后改称的税种。1973年简化税制时合并在工商税中，但对侨民的纳税事项仍按工商统一税规定办理。1986年，全地区征收工商统一税6.6万元，1993年征收237.7万元。1994年税制改革时，取消工商统一税，分别归入增值税、营业税和消费税中征收。

十九、车船使用税

车船使用牌照税赣州地区于1978年停征。1986年9月15日，国务院颁布《中华人民共和国车船使用税暂行条例》，规定凡在中国境内拥有并使用车船的单位和个人均需纳税，按年征收，分期缴纳。具体征收标准：乘人汽车按座位计算，9座以下每辆120元，10～19座144元，20～39座180元，40座以上240元；载货汽车按净吨位计算，每吨45元；二轮摩托车每辆36元；三轮摩托车每辆48元；非机动车按辆计算，畜力驾驶车16元，人力驾驶车12元；机动船按净吨位计算，6个档次，最高1000吨以上每吨5元，最低150吨以下每吨1.2元；非机动船按载重吨位计算，10吨以下每吨0.6元，300吨以上每吨1.4元。1987年2月，江西省人民政府印发《〈中华人民共和国车船使用税暂行条例〉施行细则》，赣州地区于1987年起开征车船使用税，当年征收154.9万元，1990年征收153.23万元。1992年1月1日起，对自行车和轻骑征收车船使用税，按自行车每辆每年4元、轻骑每辆每年12元的标准征收，1994年1月1日停征自行车（含轻骑）车船使用税。1994年税制改革时，将车船使用牌照税并入车船使用税。当年，全地区征收车船使用税458.9万元，其中国税机关征收225.9万元，地税机关征收233万元。1996年起，由地税机关征收。2000年，全市征收车船使用税531万元。

二十、城市房地产税

1950年7月将房产税和地产税合并为城市房地产税，1973年起对企业征收的房地产税并入工商税，从此只对个人征收城市房地产税。1986年，全地区征收城市房地产税1.7万元。1994年税制改革时，取消城市房地产税。

二十一、房产税

按照《中华人民共和国房产税暂行条例》规定，于1986年10月1日开征。征收范围限在城市、县城、建制镇和工矿区，由产权所有人缴纳。房产税依照房产原值一次减除10%～30%后的余值为计税依据，税率1.2%；房屋出租的，以房产租金收入为计税依据，税率12%，按年征收，分期缴纳。1987年2月，省政府印发《〈中华人民共和国房产税〉施行细则》，赣州地区从1987年起开征，当年征收500.6万元，1993年征收1222.5万元。1994年税制改革时，保留此税，当年全地区征收2410.7万元，其中国税机关征收1022.7万元，地税机关征收1388万元。1996年，由地税机关负责征收，当年征收入库2115万元。2000年，全市征收房产税2539万元。

二十二、牲畜交易税

牲畜交易税1982年恢复开征。凡进行牛、马、骡、驴、骆驼等5种牲畜交易者均应缴纳牲畜交易税，以购买者为纳税人，税率按成交额征5%。1986年，全地区征收牲畜交易税2.1万元，1993年征收3.2万元。1994年税制改革时，取消牲畜交易税。

二十三、屠宰税

屠宰税为征收历史较长的老税种。1985年8月起，仅对农民、城市居民、集体伙食单位屠宰牲畜按肉价征收10%的屠宰税，并规定春节时宰猪自食减半征收屠宰税。实行先税后宰，以委托兽医所、农村行政村代征为主。1986年1月2日起，按省政府批准的屠宰税征收办法执行，即猪每头由3元调为4元，菜牛每头由3元调为4元，羊每头由3角调为5角，贫困乡实行减半征收。1986年，全地区征收屠宰税201.1万元，1993年征收230.5万元。1994年税制改革时，将产品税中的牧产品归入屠宰税，当年全地区征收屠宰税1446万元，其中国税机关征收625万元，地税机关征收821万元。1995年，按省政府规定将屠宰税由每头4元调整为12元。1996年，该税由地税机关负责征收，当年全地区征收入库3046万元。2000年，全市征收屠宰税4871万元。

二十四、城镇土地使用税

1988年9月27日，国务院颁布《中华人民共和国城镇土地使用税暂行条例》，规定在城市、县城、建制镇、工矿区范围内使用土地的单位和个人，为城镇土地使用税纳税人。计税依据以纳税人实际占用的土地面积，依照规定的税额计算征收。赣州地区于1988年11月1日开征，每平方米的年税额：赣州市河套内0.6元，赣州市河套外0.4元，各县县城0.3元，建制镇、工矿区0.2元（原属特困乡改为建制镇的0.14元）。当年全地区征收城镇土地使用税37万元，1993年征收619.7万元。1994年税制改革时，将该税改为土地使用税。1996年，调整每平方米的征税标准：赣州市（今章贡区）河套内2元，赣州市（今章贡区）河套外1.2元，南康市、瑞金市1.2元；县城1元，建制镇和工矿区0.4～0.6元。当年，全地区征收城镇土地使用税1226万元，2000年征收1069万元。

二十五、城乡个体工商业户所得税

1986年1月7日，国务院颁布《中华人民共和国城乡个体工商业户所得税暂行条例》，随后，江西省印发《〈中华人民共和国城乡个体工商业户所得税暂行条例〉施行细则》。凡从事工业、商业、服务业、建筑安装、交通运输以及其他行业，经工商行政管理部门批准开业的城乡个体工商业户，都是纳税人。纳税人的全部生产、经营所得以及与经营活动有关的所得，均按《中华人民共和国城乡个体工商业户所得税暂行条例》规定缴纳所得税。该税实行十级超额累进税率，最低7%，最高60%。对全年所得额超过5万元的部分，按省规定加征10%～40%的幅度执行。当年，全地区征收城乡个体工商业户所得税118.3万元，1993年征收629.7万元。1994年税制改革时，将该税归并到个人所得税中征收。

二十六、个人所得税

1980年9月10日，全国人大五届三次会议通过《中华人民共和国个人所得税法》，同年12月14日，财政部公布《中华人民共和国个人所得税法施行细则》，对中国公民和外籍个人工资薪金和劳务报酬所得以及其他所得征收个人所得税。工资、薪金所得适用超额累进税率，劳务报酬所得及其他所得适用比例税率，税率为20%。1980—1991年，无人达到起征点，没有征收。1992年，仅在大余县征收1000元个人所得税。1994年税制改革时，执行新的《中华人民共和国个人所得税法》，把原开征的个人所得税、个人收入调节税、城乡个体工商业户所得税合并为个人所得税。征税范围有工资、薪金所得，个体工商户的生产、经营所得，企事业单位的承包经营、承租经营所得，劳务报酬所得，稿酬所得，特许权使用费所得，利息、股息、红利所得，财产租赁所得，财产转让所得，偶然所得，经国务院财政部门确定征税的其他所得等11类。税率实行分项目的税率：工资、薪金所得适用超额累进税率，在月收入额减除费用800元后，分9级，最低1级不超过500元的税率5%，最高9级超过10万元的部分45%；个体工商户的生产、经营所得和企事业单位的承包经营、承租经营所得，适用累进税率，以每一纳税人年度的收入总额减除成本、费用以及损失后的余额后，分5级，最低1级不超过0.5万元的税率5%，最高5级超过5万元的部分税率35%；稿酬所得，税率为20%，并按应纳税额减征30%；劳务报酬所得，税率为20%，对一次收入畸高的可以加成征收；特许权使用费所得，利息、股息、红利所得，财产租赁、转让所得，偶然所得和其他所得，税率为20%。按照1996年划分征管范围的分工，个人所得税全部归地税机关征收，但从1999年11月1日起开征的对个人储蓄存款利息所得征收的个人所得税，国务院规定该项收入属中央收入，由国税机关负责征收管理。1994年，全地区征收个人所得税入库4191.4万元，其中国税机关征收2036.4万元，地税机关征收2155万元。2000年，全市征收个人所得税12121万元，其中国税机关征收3597万元，地税机关征收8524万元。

二十七、特别消费税

特别消费税1989年2月1日开征。主要对彩色电视机生产企业，库存彩色电视机，生产、进口小轿车征收特别消费税。赣州地区没有这类企业，只在1989年对库存彩电征收0.6万元的特别消费税。1994年税制改革时，将特别消费税合并到消费税中征收。

二十八、消费税

1994年1月税制改革时，原征收产品税的产品全部改征增值税后，有不少产品的税负大幅度降低，为保证国家财政收入，体现基本保持原税负的原则和考虑对一些消费品进行特殊调节，国家选择11类消费品在征收增值税后再征一道消费税，同时将原开征的特别消费税和烧油特别税并入消费税征收。消费税按比例税率和从量定额税率（固定税率）两种税率征收。比例税率3%～45%，共10档；从量定额单位税额0.1～240元不等，共4档税额。由国税机关负责征收。当年，全地区征收消费税13103万元，2000年征收8088万元。

二十九、外商投资企业和外国企业所得税

1991年4月9日，全国人大七届四次会议通过《中华人民共和国外商投资企业和外国企业所得税

法》，规定在中国境内的外商投资企业和外国企业生产、经营所得和其他所得，在减除成本、费用以及损失后的所得额，均应缴纳外商投资企业和外国企业所得税，1991 年 7 月 1 日施行。所得税率为 30%和地方附加 3%，同时还规定优惠税率和税收优惠政策。1991 年前，赣州地区没有该税收入。1992 年，全地区征收外商投资企业和外国企业所得税 1.5 万元，1993 年征收 8.6 万元。1994 年国税、地税征管范围划分时，由国税机关负责征收。随着改革开放的不断深入，外商投资企业有所增加。2000 年，全市征收外商投资企业和外国企业所得税 570 万元。

三十、固定资产投资方向调节税

1991 年 4 月 16 日，国务院颁布《中华人民共和国固定资产投资方向调节税暂行条例》，规定在中国境内进行固定资产投资的单位和个人，均为固定资产投资方向调节税的纳税人。税率按 0%、5%、10%、15%、30%等 5 个档次的差别税率执行。赣州地区于 1991 年 1 月起开征固定资产投资方向调节税，同时停征建筑税。当年征收固定资产投资方向调节税 675.9 万元（含建筑税欠税入库）。1993 年征收 1571.8 万元。1996 年划分国税、地税征管范围时，由地税机关负责征收。1996 年，全地区征收固定资产投资方向调节税 3621 万元。为适应国家扩大内需积极财政政策的需要，鼓励社会投资，拉动经济增长，国务院决定从 1999 年 7 月 1 日至 12 月 31 日减半征收固定资产投资方向调节税。2000 年 1 月 1 日起暂停征收。

三十一、印花税

1988 年，国务院颁布《中华人民共和国印花税暂行条例》，财政部发布《中华人民共和国印花税暂行条例施行细则》，规定中国境内书立、领受该条例所列举凭证的单位和个人都是印花税的纳税义务人。计税依据按凭证所载金额或凭证数量，税率分别执行比例税率和定额税率。赣州地区于 1988 年 10 月开征，当年征收印花税 122 万元，1993 年征收 273.1 万元。1996 年划分国税、地税征管范围时，全部由地税机关征收，当年征收入库 277 万元，2000 年，全市征收印花税 395 万元。

三十二、筵席税

1988 年 9 月 22 日，国务院颁布《中华人民共和国筵席税暂行条例》，规定凡在中国境内设立的饭店、酒店、宾馆、招待所以及其他饮食业场所举办筵席的单位和个人，为筵席税纳税义务人。筵席税按次从价计征，税率 15%～20%，江西省定为 15%，赣州地区确定起征点为 300 元。赣州地区于 1988 年 11 月 1 日起开征。1989 年全地区有 9 个县共征收筵席税 1.4 万元，1990 年有 11 个县共征收 0.98 万元，1991 年未征收。1992 年 10 月 5 日，江西省税务局决定暂停征收筵席税。1994 年税制改革时，江西省保留税种，暂不开征。

三十三、粮食专项基金

赣州地区于 1989 年 4 月 1 日开征。征集对象是所有在境内的国营企业（含企业化管理的事业单位）、城镇集体企业、联营企业、私营企业、“三资”企业等企业职工，以及城镇个体工商户。征收标准：1989 年，全民所有制企业每人每月 2.8 元，集体所有制企业每人每月 2 元；1990 年，国营企业、联营企业、“三资”企业职工，以及城镇个体工商户人平每月 2.8 元，城镇集体企业人平每月 2 元。1989 年，全地区征收粮食专项基金 490.8 万元。1992 年 1 月 1 日起停征。

三十四、国家能源交通重点建设基金

1983 年 1 月 1 日开征。征集范围：地方财政的预算外资金、行政事业单位的预算外资金、国营企业及其主管部门提取的专项基金、其他没有纳入预算管理的资金、城镇集体企业交纳所得税后的利润，

征集比例为10%。1983年7月1日起提高到15%。1987年5月1日起，对未征收能源交通重点建设基金的城乡集体企业和个体工商户也列入征集对象，按税后利润的7%征集。能源交通重点建设基金收入全部上缴中央，1991年起，中央对省和县超任务部分给予一定比例返还，由地方直接用于能源交通建设投资。1986—1993年，全地区征收能源交通重点建设基金20302.7万元。1994年、1995年、1996年，先后停止对国有企业、非国有企业（集体企业、私营企业、个体工商户）和行政事业单位征收能源交通重点建设基金。1994年，全地区征收能源交通重点建设基金1190.3万元，1995年征收261.7万元。

三十五、国家预算调节基金

国家预算调节基金1989年1月1日开征。调节基金的征集范围：地方财政的预算外资金、行政事业单位的预算外资金、国营企业及其主管部门提取的各项专项基金，其他没有纳入预算管理的资金、集体企业和私营企业以及个体工商户缴纳所得税后的利润，征集比例为10%。调节基金属中央单位缴纳的部分，全部归中央财政；属地方单位缴纳的部分，50%上缴中央财政，50%留归地方财政。1989年，全地区征收调节基金954.4万元，1990—1993年征收2038.56万元。1994年、1995年、1996年，先后停止对国有企业、非国有企业和行政事业单位征收国家预算调节基金。1994年全地区征收预算调节基金872.8万元，1995年征收505.5万元。

三十六、教育费附加

分农村教育事业费附加和教育费附加。农村教育事业费附加：开征于1986年1月1日，按乡镇企业、基层供销社和个体工商户缴纳的产品税、增值税、营业税和所得税税额，征收13%的农村教育事业费附加，1986年12月，省政府决定对农村基层供销社改按5%计征，并自1986年1月1日起执行。1987年10月1日起，按省政府决定改按5%附征，同时对所得税额不再附征。教育费附加：开征于1986年7月1日，征收对象为除缴纳农村教育事业费附加以外的单位和个人，按实际缴纳“三税”（产品税、增值税、营业税）税额附征1%的教育费附加，1989年1月1日起提高到2%，对从事生产卷烟和经营烟叶产品的单位减半征收。1986—1993年，全地区征收教育费附加610.7万元。

三十七、土地增值税

针对1993年房地产开发过热，国家为规范房地产交易秩序，合理调节土地增值收益而开征的税种。赣州地区于1994年开征，按普通住宅销售收入0.5%、其他项目以销售收入1%预征。当年全地区征收土地增值税2.6万元，其中国税征收0.6万元、地税征收2万元。1995年起由地税机关负责征收。2000年，全市征收305万元。

表16-5-1

1986—2000年赣州市（地区）工商税收分税种入库统计表（一）

单位：万元

项目	1986年	1987年	1988年	1989年	1990年	1991年	1992年	1993年
一、工商税合计	23807.40	27029.10	33037.70	38291.30	43568.44	46637.70	54789.00	76982.20
产品税	13194.80	13347.10	10298.40	10439.70	14847.04	16999.20	20096.60	27610.20
增值税	911.70	2225.20	8199.80	9695.00	9112.34	11286.20	10896.70	17465.20
营业税	6527.20	7619.80	10311.60	12574.50	12485.18	12496.70	16257.00	22348.80
工商统一税	6.60	7.00	9.80	12.90	11.34	20.20	63.70	237.70
集体企业所得税	787.10	697.30	706.20	911.10	737.38	654.50	669.10	619.20
城乡个体工商业户所得税	118.30	147.20	146.30	172.10	160.49	203.50	333.00	629.70
城市维护建设税	1019.00	1120.70	1516.20	1852.50	1923.42	1902.10	2166.50	2965.30

续表 16－5－1

项　　目	1986 年	1987 年	1988 年	1989 年	1990 年	1991 年	1992 年	1993 年
车船使用税	0.20	154.90	136.40	164.00	153.23	172.30	510.30	606.60
房产税(城市房地产税)	1.70	500.60	488.50	625.10	774.11	876.90	1064.70	1222.50
屠宰税	201.10	216.00	208.10	187.90	206.24	210.60	259.30	230.50
牲畜交易税	2.10	2.60	10.20	3.40	2.76	1.80	3.30	3.20
资源税	1.70	2.50	3.70	6.30	3.82	13.50	23.10	21.60
国有(营)企业奖金税	181.90	96.30	91.00	143.30	147.81	59.60	46.90	55.30
国有(营)企业工资调节税	46.70	2.50	—	12.00	40.74	159.40	67.90	41.80
事业单位奖金税	17.80	6.00	9.10	22.80	18.21	18.20	14.20	10.50
集体企业奖金税	29.00	8.60	21.20	20.00	38.03	16.70	14.00	16.10
建筑税(固定资产投资方向税)	737.40	831.60	642.20	739.90	1523.20	675.90	—	—
盐税	—	—	—	—	14.79	—	36.80	47.00
个人所得税	—	2.20	—	0.20	0.19	—	0.10	—
个人收入调节税	—	1.30	6.80	82.80	134.77	130.40	178.90	268.80
私营企业所得税	—	—	—	0.10	4.82	—	2.80	0.60
城镇土地使用税	—	—	—	348.10	929.64	—	690.00	619.70
印花税	—	—	122.00	156.70	147.30	—	175.10	273.10
筵席税	—	—	—	1.40	0.98	—	0.60	—
特别消费税	—	—	—	0.60	—	—	—	—
外商投资企业和外国企业所得税	—	—	—	—	—	—	1.50	8.60
固定资产投资方向调节税	—	—	—	—	—	675.90	1104.00	1571.80
消费税	—	—	—	—	—	—	—	—
土地增值税	—	—	—	—	—	—	—	—
企业所得税	—	—	—	—	—	—	—	—
税款滞纳金、补税罚款收入	23.10	39.70	110.20	118.90	150.61	64.10	112.90	108.40
二、国有(营)企业所得税	4018.80	—	—	4930.40	4280.45	—	—	—
三、国家能源交通建设基金	—	—	—	2810.60	3077.35	—	—	—
四、国家预算调节基金	—	—	—	954.40	2038.56	—	—	—
五、国有(营)企业调节税	—	—	—	377.60	—	—	—	—
六、粮食专项基金	—	—	—	490.80	—	—	—	—
七、粮食调节基金	—	—	—	0.10	—	—	—	—
八、教育费附加	—	—	—	610.70	—	—	—	—
九、烟酒专项收入	—	—	—	43.60	—	—	—	—
十、其他收入	—	—	—	0.10	1463.53	—	—	—

表 16－5－2

1986—2000 年赣州市（地区）工商税收分税种入库统计表（二）

单位：万元

项　　目		1994 年	1995 年	1996 年	1997 年	1998 年	1999 年	2000 年
一、工商税合计	国税	77486.00	70016.50	67461.00	58897.00	62809.00	61643.00	68252.00
	地税	30600.00	41983.00	48801.00	56868.00	65985.00	69647.00	64628.00
产品税		—	—	—	—	—	—	—
增值税		42859.80	46579.40	55823.00	50856.00	52035.00	49470.00	53252.00

续表 16-5-2

项目	1994年		1995年	1996年	1997年	1998年	1999年	2000年
营业税	国税	12935.50	5217.50	—	1094.00	1413.00	1388.00	1890.00
	地税	16013.00	21164.00	26458.00	27337.00	32574.00	31565.00	34536.00
工商统一税	—	—	—	—	—	—	—	—
集体企业所得税	—	—	—	—	—	—	—	—
城乡个体工商业户所得税	—	—	—	—	—	—	—	—
城市维护建设税	国税	2144.00	416.30	—	—	—	—	—
	地税	3172.00	3859.00	4325.00	4323.00	4335.00	4523.00	4651.00
车船使用税	国税	225.90	73.60	—	—	—	—	—
	地税	233.00	212.00	250.00	355.00	420.00	500.00	531.00
房产税(城市房地产税)	国税	1022.70	40.70	—	—	—	—	—
	地税	1388.00	1822.00	2115.00	2035.00	2705.00	2443.00	2539.00
屠宰税	国税	625.00	956.00	—	—	—	—	—
	地税	821.00	3948.00	3046.00	3354.00	3555.00	3202.00	4871.00
牲畜交易税	—	—	—	—	—	—	—	
资源税	国税	164.30	159.30	—	—	—	—	—
	地税	246.00	642.00	503.00	419.00	484.00	516.00	542.00
国有(营)企业奖金税	—	—	—	—	—	—	—	—
国有(营)企业工资调节税	—	—	—	—	—	—	—	—
事业单位奖金税	—	—	—	—	—	—	—	—
集体企业奖金税	—	—	—	—	—	—	—	—
建筑税	—	—	—	—	—	—	—	—
盐税	—	—	—	—	—	—	—	—
个人所得税	国税	2036.40	1826.00	—	—	—	19.00	3597.00
	地税	2155.00	2980.00	2888.00	5074.00	5793.00	6902.00	8524.00
个人收入调节税	—	—	—	—	—	—	—	—
私营企业所得税	—	—	—	—	—	—	—	—
城镇土地使用税	国税	491.00	3.00	—	—	—	—	—
	地税	628.00	631.00	1226.00	1350.00	1524.00	1149.00	1069.00
印花税	国税	127.90	10.80	—	—	—	—	—
	地税	176.00	233.00	277.00	274.00	419.00	379.00	395.00
筵席税	—		—	—	—	—	—	—
特别消费税	—		—	—	—	—	—	—
外商投资企业和外国企业所得税	国税	3.60	72.30	171.00	108.00	210.00	380.00	570.00
	地税			—	—	—	—	—
固定资产投资方向调节税	国税	1686.10	275.70	—	—	—	—	—
	地税	2420.00	2748.00	3621.00	6096.00	8601.00	12904.00	1372.00

续表 16－5－2

项　目		1994 年	1995 年	1996 年	1997 年	1998 年	1999 年	2000 年
消费税	国税	13103.00	14238.40	11204.00	6443.00	8796.00	9897.00	8088.00
	地税			—	—	—	—	—
土地增值税	国税	0.60	—	—	—	—	—	—
	地税	2.00	38.00	52.00	66.00	157.00	276.00	305.00
企业所得税	国税	1877.00	556.30	263.00	396.00	355.00	489.00	855.00
	地税	3302.00	3641.00	3981.00	6055.00	5418.00	5288.00	5293.00
税款滞纳金、补税罚款收入	国税	60.20	147.50	—	—	—	—	—
	地税	44.00	65.00	59.00	130.00	—	—	—
二、国有(营)企业所得税		—	—	—	—	—	—	—
三、国家能源交通建设基金		1190.30	261.70	—	—	—	—	—
四、国家预算调节基金		872.80	505.50	—	—	—	—	—
五、国有(营)企业调节税		—	—	—	—	—	—	—
六、粮食专项基金		—	—	—	—	—	—	—
七、粮食调节基金		—	—	—	—	—	—	—
八、教育费附加		1476.10	1106.80	—	—	—	—	—
九、烟酒专项收入		—	—	—	—	—	—	—
十、其他收入		—	—	—	—	—	—	—

第三节　税收减免

一、综合减免

1986—1993 年，按国家规定对需要鼓励发展的产业和照顾的产品给予政策性减免；对某些行业（如食品、轻纺行业等）实行财政拨款改涉税贷款；对一些困难企业确实无力按税法规定按期足额交纳税款，需要税务部门短期支持的给予困难减免；对需培植梯级税源、后续税源及新产品开发的重点行业、重点企业给予定期或一定数额的促产减免；对需扶持的乡镇企业给予减免税照顾。其间，全地区批准减免税 14873.7 万元，其中 1986 年 1026.8 万元、1987 年 1307.3 万元、1988 年 1716.8 万元、1989 年 1763.4 万元、1990 年 2633.2 万元、1991 年 1816.2 万元、1992 年 1906.2 万元、1993 年 2703.8 万元。

二、政策性减免

1994 年，为适应市场经济的客观要求，按照新税制的规定，取消地方减免税权限，仅保留政策性减免规定，税收减免批准权限全部收归国家税务总局。

国税系统从 1994 年开始执行的政策性减免，主要是民政福利企业增值税先征后返、森工企业增值税即征即返、资源综合利用企业生产建材产品免征增值税和营业税等税收政策。1994—2000 年，全市（地区）国税系统减免税收 2.04 亿元，其中减免最少的为 1995 年的 482.2 万元，减免最多为 2000 年的 5048 万元。

地税系统按国家规定，从 1994 年起对“老、少、边、贫”地区新办企业、民政福利企业、校办企业、劳动就业服务企业、监狱劳教企业，利用“三废”（废液、废气、废渣）企业及安置下岗职工企业等实行政策性减免。

第四节 管理与稽查

一、机构

地区税务局 1986 年，全地区税务机构、干部由地方管理改为由省税务局垂直管理。地区税务局内设秘书科、人事监察科、计会统科、税征一科、税征二科和税务干部学校，下辖 1 个市 17 个县税务局，1 个税务分局，207 个税务所，实有职工 2164 人。1987 年 8 月，地区税务局将人事监察科分设为人事教育科和监察审计科。1989 年 4 月，增设征管科和计算机室，秘书科改为办公室。1991 年 2 月和 12 月，分别增设税务监察室和促产培财办公室。3—7 月，各县（市）税务局先后成立税务稽查分局。7 月，撤除 13 个出省边界税务检查站。1993 年 5 月，成立税务咨询事务所。1994 年 9 月，撤销地区税务局，成立地区国家税务局和地区地方税务局。

市（地区）国家税务局 1994 年 9 月 10 日，地区国家税务局正式挂牌运行，各县（市）国家税务局随之先后成立。地区国税局内设办公室、税政科、涉外税收管理科、征管科、计财科、教育科、人事科、党办、工会和监察室，直属机构有直属分局、税务干校、信息中心和发票所。至年底，全地区国税系统基层单位有稽查分局 18 个，税务咨询事务所 18 个，发票管理所 18 个，涉外分局 1 个，征收分局 124 个，征收站 24 个，职工 1324 人。1995 年 3 月，增设地区税务事务所，8 月，增设进出口税收管理分局，并将基层税务分局调整为 121 个，征收站 14 个。1998 年 6 月 3 日，地区国税局稽查分局更名为地区国税局稽查局。2000 年，市国税局内设直属机构有税政、涉外、征管、计财、人事、教育等科和办公室、监察室、党办、工会、稽查局、直属分局、涉外税收管理分局、进出口税收管理分局，信息中心，发票所、税务干校等。辖 1 个区 2 个市 15 个县国税局和征收分局 112 个，稽查局 18 个，发票管理所 18 个，信息中心 18 个，税务师事务所 12 个，全市国税系统职工 2032 人。

市（地区）地方税务局 1994 年 9 月 19 日，地区地方税务局正式成立，各县（市）地方税务局随之相继成立。地区地方税务局内设办公室、人事教育科、监察审计科、税政一科、税政二科、征管科、计划会计统计科、微机室、稽查队、咨询事务所等机构，全地区地税系统干部职工 987 人。1995 年 6 月，增设地区地方税务局直属分局。1995 年 8 月，增设地区地方税务局稽查局。至年底，全地区有 18 个县级局，10 个直属分局，18 个稽查分局，308 个税务所，16 个事业单位。1997 年，全地区地税系统直属分局增至 20 个，各级地税机构达到 400 个。2000 年，全市有各级地方税务机构 403 个，其中市、县（市、区）局 19 个，市、县（市、区）直属行政单位 30 个，市、县（市、区）税务分局（所）341 个，市、县（市、区）直属事业单位 13 个。全市地税系统职工 2353 人。

二、国税征收管理

1986—1987 年，按照国务院颁布的《中华人民共和国税收征收管理暂行条例》和《关于严肃税收法纪加强税收工作的决定》进行税收征管工作，并结合赣州实际，于 1987 年 5 月制定《工商企业事业单位税收征管制度》《矿产品税收管理办法》《城乡个体工商业户税收管理制度》《集贸市场税收征管制度》《税务违章处理工作制度》，统一规范全地区征管行为。1993 年 1 月 1 日起，严格遵照《中华人民共和国税收征收管理法》开展税收征收管理，并利用各种媒体，广泛宣传《中华人民共和国税收征收管理法》，推广安远县做法，在各个县成立税务警务室，成立赣州地区中级人民法院驻地区税务局执行室，税收征管工作逐步走上全面系统化、规范化、法制化轨道。

税务登记 1985 年在全地区进行大规模换发税务登记证后，1990 年又一次在全地区进行大规模换证工作，全地区换发或补发税务登记证 58350 户，查出漏管户 419 户。1994 年，全地区发放国税登记证 52440 户，其中国有企业 3201 户，集体企业 4916 户，“三资”（中国境内设立的中外合资经营企业、中外合作经营企业、外资企业）企业 76 户，其他企业 1023 户，个体工商户 43224 户。1999 年，全市（地区）验证国税登记证 46670 户，其中国有企业 2408 户，集体企业 2810 户，私营企业 411 户，股份制企业 1032 户，联营企业 8 户，有限责任公司 366 户，股份有限公司 338 户，港澳台企业 102 户，外商投资企业 86 户，个体工商户 39109 户。2000 年，全市验证国税登记证 50472 户，其中国有企业 2016 户，集体企业 2313 户，私营企业 446 户，股份制企业 87 户，联营企业 14 户，有限责任公司 251 户，股份有限公司 554 户，港澳台企业 185 户，外商投资企业 66 户，个体工商户 44540 户。

纳税申报 1986—1998 年，全地区税务部门主要沿用传统的直接上门纳税申报方式，辅之以邮寄申报和委托代理等纳税申报方式。1999 年，市（地区）国税部门与工商银行联合推出牡丹卡纳税申报方式，纳税人既可沿用传统方式纳税申报，也可在任何营业网点用牡丹卡完成纳税申报程序，方便纳税人，提高工作效率和申报质量。

发票管理 *普通发票管理* 1986—1992 年，按照财政部颁发的《全国发票管理暂行办法》和江西省财政厅制定的《江西省发票管理实施办法》，由税务机关统一管理发票，并负责对一切印制、使用发票的单位和个人进行监督和管理。发票由税务机关统一设计式样，指定印刷厂印制，并套印县（市）以上税务机关发票监制章。1988 年 9 月起，各县（市）税务局陆续增设发票管理所，发票管理改税政科（股）兼管为专门机构管理。同时，对饮食、修理修配、石油销售等容易偷税漏税的行业实行用剪贴式发票，对商业零售等印制限额发票，对自行车、摩托车实行用专用发票办法，发票管理逐步走上系统化、法制化、规范化轨道。1994 年 1 月 1 日起，按照财政部发布的《中华人民共和国发票管理办法》执行。

增值税专用发票管理 根据 1993 年 12 月 28 日国家税务总局发布的《增值税发票使用规定（试行）》和 1994 年 1 月 3 日江西省税务局颁发的《江西省增值税专用发票管理办法》，1994 年 3 月 10 日，赣州地区税务局印发《赣州地区增值税专用发票管理实施（暂行）办法》，规定增值税专用发票的发放与购买，必须由发票管理所派专人专车到地区税务局领取，由县税务局发票管理所直接发售给增值税一般纳税人，用完后实行以旧换新，将存根交回发票所。1994 年 3 月，在全地区范围内对增值税发票是否确定专人保管、存放地点是否安全、填开是否符合规定等情况进行专项检查。4 月，开展增值税专用发票专项检查，全地区检查增值税一般纳税人 3858 户，检查面 100%，检查使用的专用发票 87434 份，发现不符合要求的有 5166 份，差错率 5.91%，作废 4223 份，作废率 4.83%；检查取得专用发票 27317 份，发现不符合要求的 3066 份，差错率 11.2%。在检查中还发现，上犹县宏达实业公司经理胡宗游借税制改革之机，弄虚作假，骗取增值税一般纳税人资格，携带专用发票与广东等地犯罪分子相互勾结，虚开、代开增值税专用发票 58 份，销项税额 2667.5 万元。案发后，上犹县国税局与检察机关密切配合，于 1995 年 8 月将其缉拿归案，并于 1997 年 5 月经赣州地区中级人民法院判决其无期徒刑。1994 年 7 月 1 日起，统一使用由中国人民银行印钞公司印制的增值税专用发票，同时收缴清理原来发售的江西省增值税专用发票。1999 年起，增值税专用发票、电脑增值税专用发票、机动车发票、粮食销售发票、农产品收购凭证等一律由上级国税机关印制。同时，防伪税控体系也与各县（市）发票管理所联网。

税务代理 1994 年年初，全地区各县（市）国税局均设置税务咨询事务所，专门从事税务代理业务，推行税务代理制度。1995 年，各县（市）税务咨询事务所改为税务师事务所，同时成立地区税务师事务所。1996 年，全地区 19 个税务师事务所设有代理部 144 个，取得税务师资格人员 1483 人，申报办理执业税务师 95 人，专职从事税务代理 180 人，发展税务代理业户 10705 户，其中全面代理户数 2643 户，单项代理户（次）8062 户。1997 年，根据国家税务总局和省国税局关于规范税务代理工作的通知精神，各级国税机关领导均不兼任税务师事务所职务，其他在职人员要兼任的则免去原单位职务，并在工资、工作、人员管理上与原单位脱钩。税务代理机构成为独立核算、自负盈亏的经济实体。

1998 年起，因寻求税务代理的纳税人偏少，有些县（市）的税务师事务所没有运营下去。2000 年，全市有税务代理事务所 12 个。

税务代理服务的收费标准，1995 年 4 月起按地区财政局、物价局、国税局联合规定的标准执行。同年 8 月 22 日省国税局转发省物价局《江西省税务代理业务收费项目及标准的通知》后，全地区税务代理服务收费按该通知执行。

征管模式 1986—1988 年，全地区税务部门对纳税单位和个人实行分片、分行业、分地段管理的征管模式，即税收专管员定户管理制度，一人进厂，各税统管。对账证健全、账务管理规范的纳税企业，由企业办税人员自己计算应纳税款，自行申报，税务专管员审核后开具缴款书缴纳税款；对账证不健全、财务核算不规范纳税企业和个体工商业户，采取“双定”（定营业额、定税额）方式缴纳税款。

1989 年，地区税务局在于都县开展征管改革综合试点，从改革干部人事制度和分配制度入手，实行征、管、查的分离，把竞争机制、监督机制引入征管领域，改变了吃“大锅饭”的局面。1990 年，全地区各县（市）借鉴于都县试点的经验，分别选择 1～2 个所试点。1991 年，征管改革由局部试点转为全面实施，全地区 18 个县（市）税务局所属的分局和建制镇均实行不同形式的征管改革，由“一人进厂，各税统管”的征管模式过渡到征管、检查两分离或征、管、查三分离的征管模式。

1994 年，为配合税制改革，探索税收管理新途径，地区税务局选择 4 个县（市）进行征管改革试点：在瑞金市进行自核自缴、强化纳税申报制度试点，在信丰县进行强化税务稽查、建立严密的监控体系试点，在大余县进行强化增值税专用发票管理、堵塞税收漏洞试点，在于都县进行加强增值税小规模纳税人管理、控制税款流失试点。同时，还选择于都县税务局进行征管改革综合试点。在总结试点经验的基础上，地区税务局制定《自核自缴税款管理办法》《加强稽查工作的意见》《专用发票管理办法》《加强小规模纳税人管理的意见》发至全地区执行，为逐步建立申报、代理、稽查“三位一体”征管格局奠定了基础。

1995 年，各县（市）城区先后设立征收分局，建立办税大厅，取消城区专管员管户制度，并在各城区征收分局配备微机办理开税票和处理税收统计业务，形成“纳税申报—税务代理—税务稽查”三位一体的征管模式。

1997 年起，随着税务代理机构的独立核算、自负盈亏和税务人员不得在税务代理机构兼职，税务代理机构有所减少，税收征管基本上采取在经济中心设立征收分局，实行征收、管理、稽查三分离征管模式。2000 年 4 月，按国家税务总局和江西省税务局规定要求，全市税收管理模式统一调整为“税款征收—管理和审核评税—税务稽查”。

企业税收管理 1984—1995 年，除对少数乡镇企业、小型企业账据不健全的实行查定征收外，其余一般实行查账征收。对流转税年税额 300 万元以上的重点企业派专管员驻厂征收；对纳税态度好、账据健全的其他企业，普遍实行自行申报、自行填票、自行缴税；而对纳税态度较差的企业则实行自行申报、税务机关审核填票，到银行转账缴税。

1995 年 6 月起，对纳税人试行“蓝黄白”申报表纳税办法，即按遵守税法和财经纪律状况、纳税态度是否良好、有无偷欠税行为等条件将纳税人纳税申报划为 3 类：获准使用蓝色申报表的企业，可以参加“纳税先进单位”的评选，连续 3 年保持使用蓝色申报表的可取得“依法纳税信得过单位”荣誉称号，在税收大检查中可不作为重点检查对象；使用黄色申报表的企业，无资格参加“纳税先进单位”的评选；使用白色申报表的企业，在日常征管中定为重点控管对象和重点检查单位。对不同申报表的使用，先由企业申请，经税务机关综合考察后确定。1995 年各城区设置办税大厅后，实行微机开税票，到银税一体化的银行缴交税款，农村则逐步实行微机开票和缴税。

1999 年，按照省国税局印发的《江西省重点税源企业驻厂征收管理试行办法》中关于凡上年度纳“两税”在 1000 万元以上的企业、年纳“两税”在 300 万元以上（2000 年改为 500 万元以上）的酒类企业和所有上市公司，必须实行税收驻厂征收管理的规定，对赣南卷烟厂、兴国卷烟厂、赣南农药厂、赣州有色冶金化工厂、赣州供电局、赣州龙潭水电实业有限公司、江西华丽美纺织品有限公司、赣州酒厂、信丰麦饭石酒业有限公司等重点企业选派驻厂员（组）驻厂征收，对其他企业则推行“户籍式”管理，即对纳税户逐户进行税务登记和户籍登记，设置片区管理员，划片定人，对纳税户实行除办税大厅提供服务和专项、专案稽查之外的涉税事宜进行动态跟踪管理，以最大限度杜绝漏征漏管。

农村税收管理 1986—1996年，全地区农村主要税收有生猪、砖瓦窑、红砖厂、石灰窑、榨油碾米、加油站和自营店。各级税务机关针对农村税收收入不高、点多分散的情况，区别不同情况分别采取多种征管方法：在行政村建立协税护税组织，生猪税收委托村（大队）干部代征；“双定”（定营业额、定税额）征收、查定征收。对砖瓦窑实行以窑定产，以产定税，对需要用电的加工户，根据耗电多少查定征税；对加油站，1986—1995年实行“双定”征收，1996年起实行定期查加油机表查定征收；设置税务检查站，堵住税源外流。1985年起，各县（市）在出县出省的交通要道设立29个税务检查站，与林业、兽医、工商人员一道办公，有效堵住税源外流，促进生猪等农村税收就地起运征收。1992年7月起，根据省政府通知，各地先后撤销税务检查站；开展税收大检查和税收清理。1986—2000年，每年均开展税收清理和税务大检查，把漏交、偷逃的税收清理入库。

私营企业和个体工商户税收管理 *“双定”征收* 1986—1996年，针对绝大部分私营企业和个体户不愿做账或不愿拿真账给税务部门的情况，税务机关主要采取“双定”办法征收税款，同时辅以突击检查、蹲店了解情况、发榜公开及集体定税、民主评税等手段征收税款。

批发扣税 1983年起，各县（市）先后对私营企业主和个体户在进货批发环节扣缴零售营业税。1988年3月11日起，为搞活赣南边际贸易，暂停批发扣税。1989年12月，全地区恢复批发扣税。1991年4月起，全地区停止批发环节代扣零售营业税。

“双定”和发票计税相结合 1990年起，对“双定”征收业户（特别是饮食业户和商品销售业户）实行双定与发票计税相结合的办法征税。即填开发票的按发票销售额计税，“双定”只对不需要填开发票的部分征税，或按超过“双定”额的部分计税。

建账建制 查账征收 1989年和1996年前后，全地区税务部门两度投入大量人力、物力，要求私营企业和个体工商户建账建制，辅导、培训私营企业和个体户建账，并辅之以进货登记，对未经批准不建账的业户调高税负。因多数建账户不愿坚持，或作两本账，把假账给税务人员看，建账成效不大，只有少数私营企业实行建账建制，查账征收，大多数私营企业和个体户均以“双定”征收为主。

查定征收 1986—1999年，对加油站以分地段实行定税的办法征税。2000年7月起，对有电脑控制装置的加油站改为按铅封后加油机记载的销售数量查定征收。

专项检查和税收大检查 1986—1998年，按照国务院关于严肃税收法纪，加强税收工作和开展税收大检查的通知精神，全地区税务部门适时进行税收专项检查和税收大检查。1999年，按照中央提出的“加强征管、堵塞漏洞、惩治腐败，清缴欠税”的治税思想扭转欠税居高不下的局面。

集贸市场税收管理 *应税产品入市登记* 1982年，随着改革开放的实施，全地区集贸市场日趋活跃，农村剩余劳动力积极从事养殖业、加工业、修理修配、纺织业和商品贩卖。赣州应税产品主要有鲜鱼、鞭炮、铁、木、竹、藤器、猪肉等。对应税产品进入集贸市场交易的，必须履行入市登记，并留存纳税保证金或扣押应税产品，成交后按当天市价计算缴纳税款。应税产品凡能盖印的，盖上“登记”印，对已交税款产品则盖上“税讫”印。

按日（圩）定额征收和按月定额征收 对固定摊点按月定额征收的，业主必须在当月10日前缴清当月税款；对临时摊贩则实行按日（圩）定额征收。1993年起，为使区域间、行业间的税负趋向平衡，防止专管员收“人情税”，不少县（市）按行业、按地域制定集贸个体摊点最低应纳税额表，规定专管员按日征税的最低起点。

集贸税收提成　1983年起，为调动税务部门征收集贸税收的积极性，解决税务部门经费不足的困难，按照财政部文件规定，全地区各县（市）税务局按收入返回1%～2%给基层征收单位。1995年1月1日起，取消城乡集贸税收分成，所征税款全部缴入国库。

白纸发票验印　1986—1994年，对个体工商户和农民向行政、企事业单位出售应税产品和提供应税劳务所开具的“白条子”收（领）款凭单，由收款人到税务机关缴交应纳税款，然后由税务机关在“白条子”凭单上盖上“税讫”印，付款单位才能付款，否则，所漏税款由付款单位补交。1995年起，个体户或农民向行政、企事业单位出售应税产品或提供应税劳务，改为由收款人到税务机关缴交税款后取得税务发票，再到付款单位领款，否则，所漏税款由付款单位补交。

涉外税收管理　1986—1993年，全地区涉外税收由税政科（股）负责征收。1994年，地区税务局成立涉外税收管理科，赣州市（今章贡区）设立涉外分局负责征收涉外税收，各县（市）则由综合业务科负责征收。1999年，地区国税局设立涉外税收管理分局，负责涉外企业较多的赣州市（今章贡区）外商投资企业和外资企业的税务登记、纳税申报、税款征收和税务稽查，涉外税收征管步入正常轨道。

三、地税征收管理

税务登记　1996年，全地区首次换发地方税务登记证件，全地区发放地方税务登记证59360户，其中企业类8140户，其他类3050户，个体工商户类48170户。同年8—9月，首次换发涉外企业地方税务登记证件，共换发外商投资企业和外国企业地方税务登记证193户。1998年，开展税务登记证验证工作，全地区查验53269户，其中国有经济4654户，集体经济5152户，私营经济275户，个体经济42181户，联营经济41户，股份经济364户，外商投资经济178户，港澳台投资经济59户，其他经济365户。1999年6—10月，在全市（地区）范围对所有纳税人进行换发税务登记证工作。全市（地区）换发税务登记证54694户，其中国有企业3458户，集体企业3831户，联营企业139户，有限责任公司691户，股份有限公司53户，私营企业396户，港澳台商投资企业29户，外商投资企业123户，个体工商户45264户，注册税务登记证710户。

纳税申报　1994年至2000年9月，全市（地区）地税部门沿用传统的直接（上门）申报、邮寄申报等纳税申报方式。2000年10月始，为解决城区个体“双定”业户在申报纳税过程中遇到的分头缴纳国税和地税核定税款、办税程序复杂、排队等候拥挤等一系列问题，章贡区地税局率先在原有建设银行网点缴税基础上，与中国银行和电信公司“168”信息台联合开发并推出全新纳税申报、税款缴纳方式——电话报税，纳税人只要使用通信工具拨通信息台报税电话号码，按指示操作，便可及时完成纳税申报程序，提高了工作效率和申报质量。

税务代理　1995年，成立赣州地区税务咨询事务所。1996年，成立赣州地区方圆税务事务所及18个县（市）分部。经省地税局认定，1996年全地区地税系统有税务师499名。1998年，全地区经省地税局认定的执业税务师有83人。1998—1999年，经全国注册税务师资格考试合格人员56人。1999年12月，全地区完成税务代理机构的财务和人员编制的脱钩工作。2000年，全市有税务代理机构7家。

税务代理服务的收费标准，1995年4月起按地区财政局、物价局、国税局联合印发的《关于税务代理收费问题的通知》规定的标准执行。同年9月起，改按省物价局《江西省税务代理业务收费项目及标准的通知》规定的标准执行。

发票管理　1995年，全地区使用江西省统一的地方税务发票。4月，对全地区原使用的旧发票进行清理，共清理旧发票25841本，车票9633本。全年开展3个层次的发票检查：开展日常检查249次，检查单位2244个，查补税款5.01万元；重点检查单位1620个，查实税款14.46万元，处以罚款1.66万元；专项检查抽查纳税户386户，查补税款1.46万元，罚款1.39万元。

1996年5月，开展全地区性地税发票专项检查，检查乡（镇）350个，行政事业单位1219户，工商企业2169户，个体工商户6942户，查补税款84.98万元，处以罚款8.62万元。9月，制定《赣州地区饮食业税收征管办法》，首先在全地区饮食行业实行以票计税和双定征收税款相结合的双向控管办法。10 月，印发《赣州地区建筑业税收征管办法》，在全地区建筑安装行业实行预收工程价款专用章和工程决算专用章制度。

1997 年，全地区统一使用新版地方税务发票，并开展发票换版重点检查，共检查用票单位和个人 9143 户，销毁各类废旧票据 67.35 万份，查补税款 36.7 万元，罚款 9.4 万元。同年 5 月，制定《关于进一步加强饮食业、住宿业税收征管具体实施办法》，在全地区住宿和饮食行业推行“以票计税”控管办法。

1998 年，制定《赣州地区县（市）地方税务发票管理制度》和《赣州地区发票违规行为检举奖励办法》，进一步规范全地区的发票管理。同时，继续扩大“以票管税”范围，制定《赣州地区服务业、照相业“以票管税”征收管理办法》，在全地区服务行业实行“以票管税”；制定《关于在饮食行业推行定额发票的通知》，全地区饮食行业从同年 10 月 1 日起一律使用定额发票。

1999 年 3—6 月，开展全国统一的发票专项检查工作，全地区重点检查用票户 3242 户，查补税款 111 万元，罚款 60 万元。同年，地区地方税务局印发《关于规范邮政、电信、移动通信业发票管理的通知》，将邮政、电信、移动通信业的票据使用纳入地税发票管理范畴，防止税源流失。

2000 年 4 月 1 日起，在全市娱乐行业实行“以票管税”，一律使用定额发票或剪填式限额发票。同年，印发《关于进一步加强地方税务发票管理的通知》，从贯彻办法、执行制度、处罚程序、内部监控程序等方面进一步规范全市地税发票管理工作。

征管改革 1995 年 4 月 13 日，地区地方税务局印发《赣州地区地方税征管改革试点的意见》，确定全地区地方税征管改革的实施步骤分为“试点（1995 年）—巩固（1996 年）—推广（1997）”3 个阶段。征管改革的主要内容是建立纳税人“自行申报、自行缴库”制度，取消专管员管户制度；逐步建立税法、规章公告制度和办税人员合格证制度；逐步建立和完善税务代理机构和代理工作制度；进一步完善税务稽查机构；加快征管工作电算化进程。

1996 年，实行以纳税申报和优质服务为基础，以计算机网络为依托，集中征收，重点稽查的新的征管模式。同时，在石城县、信丰县、大余县、瑞金市等 4 个县（市）进行全省第一批征管改革试点。1998 年 9 月 18 日，印发《赣州地区地税系统办税系统办税服务厅规范化服务标准》，从服务环境、窗口设置、服务质量、服务纪律、社会监督等方面规范服务标准。1999 年，在市直、章贡区、于都、崇义等县（区）局进行城区征管模式转换和机构调整试点工作。2000 年，章贡区分局在“双定”户中实行委托银行各储蓄网点代收税款。为深化农村地税征管改革，市地税局组织人员对农村税收征管情况开展专题调研，为进一步的改革做好准备。

四、税务稽查

市（地区）、县（市、区）两级税务机关均设有稽查机构进行税务稽查工作。1986 年冬至 1998 年，为严肃税收法纪，加强依法治税，确保国家财政收入，全地区税务机关每年按上级要求组织开展税收、财务、物价大检查，由地区行署和税务局发出通知，对三大检查的范围、对象、重点和要求作出规定，先由纳税人自查，再由税务、财政、物价部门分别组成工作组或联合工作组，对自查不彻底或重点单位开展重点检查，自查面要求达到 100%，重点检查面要求达到 40%以上。在税收大检查中，按照“自查从宽、被查从严、实事求是、宽严适度”的政策执行。对自查出来的税款只补税不罚款，经税务部门重点检查出来的税款则计算滞纳金，对偷税的另加罚款。1999 年起，改由各地自行组织开展税收、财务、物价大检查。

在开展税务、财务、物价大检查的同时，税务部门不定期地与检察机关联合开展打击偷税抗税犯罪活动的专项斗争，税务部门也组织开展对个人收入调节税、固定资产投资方向调节税、六项清理、八项清理等专项检查，以及税务稽查机构开展的日常稽查、专项稽查、专案稽查。

赣州市志
（1986-2000）

名志

第十七篇

经济综合管理

1986—2000年，赣州市（地区）以经济建设为中心，依法加强审计、经贸、工商、土管、矿产、质量技术监督管理，促进赣州经济持续、有序、快速发展。

发挥审计在经济建设中的参谋助手作用，形成国家审计、内部审计、社会审计相结合完整的审计监督体系，为政府决策提供大量审计综合报告和审计建议。经贸管理按照“改革、改组、改造，加强企业管理”的要求，在工业企业中推行厂长负责制以及承包、租赁、公司制改造等企业改革，广泛开展招商引资，发展非国有经济。工商行政管理部门积极培育发展多种经济，活跃繁荣城乡市场，加快市场建设步伐；加强市场秩序的整顿和管理，为企业发展和搞活营造良好的外部环境。

土地管理工作认真做好土地资源详查，编制土地利用总体规划；强化土地执法监察，调处重大土地权属纠纷，查处土地违法案件。矿产管理工作贯彻实施《中华人民共和国矿产资源法》，整顿矿业秩序，调处地方矿业纠纷，建立规范有序的矿产品经营市场；实行勘查资格证书和勘查项目登记制度，加强地质灾害防治工作。

质量技术监督工作加强对强制检定工作计量器具的管理，打击各种违反标准计量、质量和生产经销假冒伪劣产（商）品的违法行为，保护消费者的权益。

第一章　审计管理

1986—2000年，全市（地区）审计工作以经济建设为中心，以促进赣州地区经济体制改革试验区经济发展为主线，有计划、有重点地进行审计监督，形成国家审计、内部审计、社会审计相结合完整的审计监督体系。完成审计项目27901个，查出违纪违规金额1941亿元，上缴财政金额2.18亿元，移送司法机关案件164件。注重发挥审计在经济建设中的参谋助手作用，通过对社会热点、经济难点和重点问题的审计，为政府决策提供大量的有价值的审计综合报告和审计建议，提交专题或审计报告3037篇。

地区审计局成立于1983年，设秘书科、企业审计科、财金审计科、农林水审计科和基本建设审计科。1985年11月，增设地区审计干部培训班；1986年12月，撤销企业审计科，分设综合科、商贸企业审计科和工交企业审计科；1990年2月，地区审计事务所成立，为自收自支事业单位；1991年，增设审计业务指导科；1994年9月，增设行政文教审计科、外资审计科；1996年9月，秘书科改称办公室，基本建设审计科改称固定资产投资审计科，增设审计管理科；1999年2月，审计管理科更名为经济责任审计科。2000年，市审计局内设办公室、综合科、经济责任审计科、农林水审计科、商粮贸审计科、工业交通审计科、固定资产投资审计科、行政文教审计科、财政金融审计科、外资运用审计科。下辖审计干部培训班。

第一节　审计制度

一、审计任务与职权

审计机关根据《国务院关于审计工作的暂行规定》《中华人民共和国审计条例》，开展审计工作。1995年1月起执行《中华人民共和国审计法》。全地区审计机关对下属单位和事项进行审计监督：地区本级各部门（含直属单位）和下级政府预算的执行情况和决算，以及预算外资金的管理和使用情况；国有金融机构的生产、负债、损益；国家事业组织的财务收支；国有企业的资产、负债、损益；国家建设项目预算的执行情况和决算；政府部门管理的社会团体受政府委托管理的社会保险基金、社会捐赠资金以及其他有关基金、资金的财务收支；国际组织和外国政府援助、贷款项目的财务收支；其他法律、行政法规规定应当由审计机关进行审计的事项。

依据《中华人民共和国审计法》规定，审计机关应对本级预算执行情况进行审计监督，向本级人民政府和上一级审计机关提出审计结果报告。县级以上人民政府应当每年向同级人民代表大会常务委员会提出审计机关对预算执行和其他财政收支的审计工作报告，审计机关有权对与国家财政收支有关的特定事项，向有关地方、部门、单位进行专项审计调查，并向本级人民政府和上一级审计机关报告审计调查结果。

1997年10月21日，国务院颁发《中华人民共和国审计法实施条例》，对《中华人民共和国审计法》所确定的审计监督制度的基本原则、基本内容作出具体的规定。

二、审计程序　审计方法

1986年1月，全地区审计机关执行审计署《审计工作试行程序》；4月起，执行省审计局《关于改进审计处理程序的通知》。1988年2月，省审计局下发《关于改进重点审计单位审计程序几个有关问题的通知》，全地区审计机关执行新的审计程序。1989 年 9 月，依据《中华人民共和国审计实施条例》，省审计局制定《江西省审计局关于审计程序的暂行规定》，全地区审计机关执行此规定。1990 年 10 月，执行《审计署关于办理复审事项若干问题的通知》。1992 年 3 月，省审计局下发《关于检查审计机关行政复议工作试行办法》，对审计机关的行政复议工作作出决定。1993 年 5 月，省审计局转发审计署《关于实施审计工作程序的若干规定》，全地区审计机关执行新的工作程序。

《中华人民共和国审计法》和《中华人民共和国审计法实施条例》实施后，全地区审计机关在审计工作中遵循新的程序和办法。审计机关按照本级人民政府的要求，确定年度审计工作重点，编制年度审计工作计划。组成审计组，并在实施审计 3 日前，向被审单位送达审计通知书。审计时按规定编制审计工作底稿，对审计中发现的问题，作出详细、准确的记录，并注明资料来源；审查有关凭证、文件资料，询问有关人员，取得证明材料，并有提供者的签名。审计事项实施后，应提交审计报告，审计报告送审计机关前，应当先征求审计单位的意见。被审计单位应当自接到审计报告之日起 10 日内提出书面意见；10 日内未提出书面意见的，视同无异议。审计组应当审查被审计单位对审计报告的意见，进一步核实情况，对审计报告作必要的修改，并将审计报告和被审计单位的书面意见一并报审计机关。

审计决定后，送达被审计单位执行；审计决定需要有关主管部门协助执行的，应当制发协助执行审计决定通知书；审计单位或者协助执行的有关主管部门应当自决定生效之日起 30 日内，将审计决定的执行情况报告审计机关。未按规定期限和要求执行审计决定的审计机关应当责令执行；仍不执行的，申请人民法院强制执行。不服审计决定的，向上一级审计机关或人民政府申请复议。审计机关对办理的审计事项、审计调查事项、审计复议事项和审计应诉事项，应当按照国家有关规定建立、健全审计档案制度；审计文书的格式和内容，按国家审计署的规定办理。

2000 年 2 月，市审计局作出《关于重大审计项目集体研究处理的暂行规定》，明确重大审计项目的内容，规定重大审计项目集体研究处理的程序。

三、审计业务制度

授权（委托）审计制度 全地区各级审计机关依据被审计单位的财政、财务隶属关系或者国有资产监督关系确定审计管理范围，上级审计机关也可将其审计管辖范围内的审计事项，授权下级审计机关进行审计。1984 年 10 月，省审计局委托地、县（市）审计局对辖区内的省属企、事业单位进行审计。1990 年 5 月，省审计局规定，授权地（市）审计局审计的中央工交企事业单位，必须由地（市）审计局组织实施，不得层层授权。1995 年 1 月起，对属于地方的国有金融机构的审计，由各级审计机关依据全省审计工作安排，按照财政、财务隶属关系或国有资产监督管理关系实施。同年 10 月，全地区审计机关根据被审单位的财政、财务隶属关系，确定审计范围。

违纪缴款制度 全地区审计机关依照省审计局、财政厅联合发出的《关于审计省属企事业单位违纪款项上缴办法的通知》，对地区驻县（市）企事业单位审计出来的违纪金额，100%上缴地区财政，年终决算时再按上缴额的 50%返回县（市）财政。1989 年，全地区各级审计机关在银行设审计收入专户（审计过渡专户），经审计机关处理的被审计单位上缴的违纪款项均应缴入审计收入专户，以使审计机关能监督和保证违纪款项及时足额上缴财政。

定期审计制度 1985 年 3 月，地区审计局规定，凡是地直单位（含二级单位），均为定期送达审计对象。实行定期送达审计单位，由财务人员按规定时间将有关账簿、凭证、报表（包括预算外收支）等资料送地区审计局进行审计或由审计局派员到单位开展审计。审计完毕后，由地区审计局写出《审计结论通知书》。1988 年 1 月，全地区各县（市）审计局把乡（镇）财政、财务（不含乡镇企业）收支纳入定期审计范围。审计内容包括财政收支各项事业和专项拨款以及乡（镇）自筹、罚没收入解交是否合规合法，审计重点是事业费、专项拨款、罚没款以及自筹经费是否挤占挪用，虚列支出、转移资金、私分、以权谋私等。1990 年 3 月，各级审计机关在执行定期审计制度时根据被审查单位的不同情况，审计方式也不尽相同，如对经长期审计，违纪问题得到控制和财务工作基本合格的单位，可进行一般性审计。1992 年 1 月，对事业单位的审计，参照执行行政单位审计制度。

固定资产投资（基本建设）审计制度　1987 年 1 月，地区审计局决定对自筹资金安排基建的资金来源实行事前审计；审计范围和对象为区内各行政、事业单位及国营企业，要求用于部门和地区年度自筹基建计划项目的资金及原有项目追加计划的资金来源，是否落实和正当；凡是未经审计机关审计的，或审计机关审出资金不落实或来源不正当的，建设银行不予存款，计划部门不予列入计划。1989 年 12 月，全地区各级审计机关开始对新开工、复工建设项目进行审计监督；1992 年 1 月，在全地区实行基本建设项目竣工决算审计。1994 年 5 月，地区审计局对过去规定的建设项目审计范围和分工进行适当的调整，调整后地区审计局着重开展对基础性项目和社会公益项目的审计。竞争性项目由社会审计组织进行查证。1996 年 4 月，全地区审计机关贯彻执行审计署下达的《建设项目审计处理暂行规定》。2000 年，全地区各级审计机关基本形成对固定资产投资项目的全程式审计监督制度。对自筹基建资金来源的合规合法性进行事前或开工前审计；对重点建设项目进行事中审计，就其是否按基建程序和概预算编制是否符合规定；对竣工项目进行竣工决算审计；逐步实施固定资产投资项目的投资效益审计。

经济责任审计　1987 年 1 月，全地区审计机关按照省审计局下发的《关于对厂长（经理）实行离任经济责任审计制度的通知》，在全地区推行国营企业厂长（经理）离任经济审计制度。

财政“同级审”制度　1994 年 8 月，《中华人民共和国审计法》确定实施财政“同级审”制度。1995 年 9 月，全地区各级审计机关对同级财政部门和地区税务部门，以及其他与预算相关部门和单位进行审计监督，对当年或上年地方同级预算执行情况和其他财政收支进行审计。

审计纪律　1987 年，全地区审计机关执行审计署和省审计局的审计人员守则及廉洁奉公的若干规定。2000 年，地区审计局作出《关于加强审计纪律的规定》。其主要内容：不准泄露在审计中知悉的国家秘密和被审计单位的商业秘密；不准个人单独与被审计单位商谈审计组提出的审计事项处理意见；不准接受被审计单位赠送的纪念品、礼品、礼金和各种有价证券；不准接受被审计单位给予的加班费、奖金、补贴；不准参加被审计单位安排的宴请；不准参加被审计单位的外出旅游和用公款支付的营业性娱乐活动；不准在审计期间购买被审计单位的物品；不准在被审计单位报销任何应由个人负担的费用；不准在赣州市中心城区的被审单位就餐；在中心城区以外的单位审计，只能在被审计单位吃工作餐；不准向被审计单位提出与审计工作无关的要求。

第二节　工交企业审计

一、企业财务收支审计

工交企业审计重点是对区内国有（营）工业、交通企业的资产、负债和损益进行审计监督。根据上级审计机关的授权，对中央省属驻地工业交通口企事业单位亦进行审计监督。

1987 年，对全地区 46 个工商企业进行以查损失浪费为重点的财务收支审计，为全地区审计工作由合规合法推进到合理有效奠定基础。1988 年，完善 4 项资金的事前审计，审计自筹基建资金项目 204 个，查出有问题资金 840.2 万元，有效压缩投资规模和非生产性建设。为此，行署下发《关于对购买控制商品资金来源进行事前审计的报告》，其做法得到国家审计署的充分肯定，并向全国介绍经验。

1992年4—9月，地区审计局对全地区62个道路检查站、29个执法主管部门的各项规费收入和罚没收入进行财务收支审计。查出违纪违规金额86.22万元，拖欠、截留或未足额上缴财政金额373.27万元。

1993年10—12月，地区审计局总结信丰县对国有企业支付摊派和强制性赞助、资助、捐款捐物事前审计经验，行署印发《赣州地区企业支付摊派和强制性赞助、资助、捐款献物事前审计办法》。

二、审、帮、促一体化

1986年，全地区审计机关对企业既要加强对企业的监督审计，做到该收缴的费用要收缴，又要帮助企业摸清家底，优化外部环境，支持企业用好、用足各项政策，建立和完善内控制度，为企业增收节支出谋划策。1991年，行署印发《关于支持搞活企业的意见》，把审计工作的立足点转移到搞活企业上来，审计署的《审计情报》予以转发。

1990年，各县（市）审计局选择2户以上企业（1户生产企业、1户流通企业）作为“审、帮、促”联系对象。所选的企业，应是当地的亏损大户或利润下降明显的大户，每年至少为企业办好1～2件实事。1991年，全地区审计机关与40个企业建立联系点，11户亏损企业实现扭亏为盈，扭亏金额225万元，11户原利润下降企业变为增盈企业，盈利额比上年增加164万元，其余企业多数经营状况都有不同程度的好转，为联系企业查出和避免浪费的金额达285万元，促进增收节支817万元。1992年，地区审计局发出《关于全区审计机关确定“审、帮、促”联系点的通知》，全地区确定42个联系点企业单位。

三、承包经营责任审计

1987年，审计机关对实行承包、租赁经营的全民所有制企业进行调查审计和厂长（经理）离任经济责任审计。地区审计局对19户全民企业进行承包经营责任审计，其中承包经营8户，租赁经营7户，目标管理4户，及时向行署提交专题审计报告。同年，行署制定《赣州地区全民所有制企业承包经营责任审计暂行办法》。

1990年，全地区第1轮企业承包的585户到期，占承包总数的90.7%。全地区审计机关在全省率先开展企业承包终结审计。采取审计机关抓重点，主管部门内审机构和社会审计组织共同参与的分层次分工组织的办法实施。至1991年2月，审计机关审计各类企业156户，主管部门内审机构审计406户，社会审计组织审计23户。提出企业承包终结审计建议，行署批转地区审计局《关于全区企业承包终结审计情况报告》。

第三节　财政金融审计

一、财政预决算审计

1986年7月，抽调赣县、南康县、信丰县审计人员组成审计组，对南康县1985年财政预决算进行审计。审计表明，1985年该县工农业年资产值完成1.85亿元，比年计划增长10.3%，比上年增长12.03%；财政总收入完成5116万元，比上年增长18.01%，财政总支出完成1517万元，比上年增长17.05%，实现当年财政收支基本平衡。

1988年，审计署、财政部、监察部下发《关于对地方财政进行大检查的联合通知》，地区审计局根据通知精神，对赣县、瑞金县、信丰县、宁都县、龙南县、寻乌县等地1987年财政收支情况进行重点抽审，抽审面为30%；1989年，对上犹县、崇义县、大余县、全南县、兴国县、会昌县等6个县1988

年财政决算实施重点审计，县（市）审计机关对赣州市（今章贡区）、赣县、于都县、瑞金县、石城县、南康县、龙南县、寻乌县等8个县（市）税务部门税收征管、经费收支情况进行审计。审计金额为2.22亿元。1990年，地区审计局组织审计组对赣州市（今章贡区）、南康县、安远县、寻乌县、定南县、于都县1989年度财政决算进行审计，查出违纪金额404.1万元，收缴和罚款50.4万元。1991年，对信丰县、瑞金县、石城县、宁都县、会昌县、赣县1990年度财政决算进行审计。

1997年3—4月，全地区审计机关对本级政府1996年度预算执行情况进行审计。同年，按照省审计局《关于认真做好1997年度财政审计监督工作的通知》要求，对全南县等9个县（市）政府财政决算及其他财政收支进行审计，审计覆盖面由30%增加到50%，查出违纪违规金额1067.8万元。

2000年，全市审计机关上缴财政金额3678.19万元。市审计局突出抓好审计质量，加大执法力度，注意财政收入的“跑、冒、滴、漏”，收缴违纪金额264万元。

二、税收征管审计

1990年，开始探索对税收征管领域的审计。上半年，信丰县进行税收征管的试审，选择1个基层税务所，查出应征未征的税金、不应免已免的税款计99.01万元，查出“人情税”、擅自减免税等问题。1991年，地区审计局推广信丰县审计局的做法，当年有10个县（市）审计10个税务分局（所）。1992年，在总结税收征管审计试点的基础上，在18个县（市）审计21个税务分局（所），查出拖欠、少征、偷漏税金（含滞纳金）183户，占已审纳税户总数451户的40.57%，金额162.36万元；查出税务机关多征税款31.15万元。税收征管审计作为财政审计内容的拓展和尝试，在全国尚属首次，受到审计署的充分肯定。

1997年，地区审计局对全南等9个县（市）地方税务局1996年度税收政策执行和征收管理情况进行审计，查出违规违纪金额1490万元。

三、金融保险审计

1986年，执行国务院关于对信托业务进行整顿和清理的通知精神，地区审计局开始对金融业进行审计。11月，对中国工商银行赣州市支行1985年财务收支和损益情况进行审计，查出超过规定标准发放资金4.48万元，冲减营业收入47.96万元，将部分福利性、基建支出列入“管理费用”等问题。1989年5月，按照审计署和省审计局的部署，全地区审计机关对19家人民银行分行、支行1988年度的财务收支进行审计，查出违纪金额23.76万元，应上缴财政金额9.93万元。9—10月，地区审计局对地区工商银行1987—1988年固定资产投资贷款进行审计调查；对中国银行赣州地区支行、中国建设银行赣州地区中心支行、中国农业银行赣州地区中心支行、中国工商银行赣州地区中心支行和中国人民保险公司赣州地区中心支公司的信托资金、应上缴利润、是否用于支持系统、本单位建房及购置固定资产情况进行调查审计。查出违纪金额55.34万元。

1991年，地区审计局组织赣州市（今章贡区）、崇义县、大余县审计局对6个地、县（市）农业银行1990年自有资金的管理和使用情况及部门贷款种类进行审计调查。7—9月，全地区审计机关对地区6家金融、保险单位和县（市）人民银行、建设银行、保险公司进行审计，共审计63个单位，查出违纪金额及各种有问题资金271.08万元。1992年，联合地区人民银行，对全地区19个工商信贷资金单位进行审计，财务审计44个单位，同时选择农业银行所属38个营业部（所），19个农村信用合作社和农行地区中心支行1个营业部进行贷款利率政策的情况进行审计。查出私设“小钱柜”6个，金额45.71万元，查出违纪金额2199.8万元，固定资产使用中的违纪违规资金655.2万元。1993年，配合金融秩序整顿，行署首次以文件形式批转地区审计局《关于全区部分信用社、金融市场1992年度信贷资金和财务收支审计调查综合报告》，全地区全面开展金融审计工作。1995 年，发挥审计机关在宏观调控中的作用，加强对银行的监管，地区审计局分别对中国银行赣州地区分行和建设银行赣州地区分行 1994 年度资金、负债、损益进行审计，并对其减利、潜亏或亏损及消费基金增长情况进行审计调查。

1996 年，根据审计署《关于结合年度项目审计对中央国有金融机构工资内外收入分配情况进行审计调查的通知》精神，审计机关对中国银行工资内外收入分配情况进行审计调查，向省审计厅、省人民银行提交审计报告。1999 年，按照“摸清家底，核实盈亏，揭露问题，分析原因，规范秩序，促进管理”的思路，对全地区工商银行进行审计调查，帮助协调解决在工商银行审计中遇到的问题。

第四节　行政事业单位审计

一、财务收支审计

1987 年，全地区普遍开展对行政事业单位推行定期报送审计，对一级预算单位要达到 80%以上。对二、三级预算单位一般由主管部门内审机构审计，审计机关进行重点抽查。同年，行署批转地区审计局《关于全区行政事业单位报送审计情况汇报》。

1993 年，重点对区内行政文教卫生单位财务收支进行审计监督。审计注重质量，改变以查账而查账的做法，发挥审计在宏观调控中的作用。全地区共查出各种违纪金额 912 万元，除责成调账和补缴各种税费外，应收缴的款项和罚金 236.06 万元。1994 年，审计重点选择有资金分配权，有预算外收入，有罚没收入或有各种收费及专项资金较多，执行财经纪律或财务管理较差的单位进行经常性审计，全年审计单位 551 个，查出各种违纪金额 620.8 万元，提交综合审计报告。1995 年，重点对公检法司单位专项审计，查出违纪金额 671.93 万元，收缴财政金额 131.96 万元，罚款 13.81 万元。同时，还对养老保险和失业保险“两项基金”的管理及其拨付效益，进行追踪审计，发现一些挤占挪用“两项基金”的问题。行署批转地区审计局《关于挤占挪用“两项基金”专项审计检查报告》。

1999 年，规范财政财务行为，启动对违纪责任人的责任追究。2000 年，完成对行政文教卫生单位审计项目 36 个，查处账外账 17 个，金额 562.73 万元。

二、专项审计

1992 年，全地区按照省政府《关于进一步治理公路、水路乱设卡、乱检查、乱收费、乱罚款的决定》和行署《关于开展道路检查站整顿工作的紧急通知》，对所属道路检查站 1991 年度及 1992 年 1—7 月份各项规费和罚没收入进行专项审计，审计各类道路检查站 62 个，执法主管部门 29 个，查出各种违纪金额 86.22 万元，拖欠截留或未足额上缴财政金额达 373.22 万元。

1994 年，重点选择一些收费、罚没收入较多、管理较乱、社会上反映强烈的行政执法部门和单位进行专项审计监督。审计 190 个执收执罚单位，1993 年收费金额 6974.75 万元，其中未入账金额 100.99 万元，乱收费 194.72 万元，其他收费 6679.04 万元。审计 1993 年罚没总收入 1998.66 万元。行署批转地区审计局的审计报告。10 月，按照省审计局《关于开展救灾款物专项审计的通知》要求，对各县（市）1993 年和 1994 年 1—9 月的救灾款物的接受、分配、使用等情况进行专项审计。

第五节　农林水专项资金审计

一、扶贫资金审计

赣州地区是革命老区和贫困地区，各级政府每年均安排专项资金扶持老区建设。资金的到位、有无截留、挤占、挪用和损失浪费，是审计机关审计的重点，以保障资金的专款专用。

1987 年，对兴国县、瑞金县等 9 个县 1986 年度老建、支农扶贫资金的使用情况进行专项调查审计，提交审计情况报告。1989 年，全地区对 1986 年、1987 年、1988 年中央和地方财政在赣南投放的发展粮食生产专项资金以及 1989 年的资金安排使用情况进行专项审计。重点审计信丰县、宁都县、会昌县、石城县等 4 个县，审计资金 1474.55 万元。

1992 年 5—7 月，对兴国县、宁都县、瑞金县、于都县 4 个县 171 个乡（镇）的老区扶贫和扶贫贴息贷款项目进行专项审计，查出违纪金额 267.7 万元。同年，对全地区 14 个县 1991 年度老建扶贫资金进行审计。审计表明，各县老建资金的管理和使用总体情况较好，投入资金对老区特别是贫困地区的各项事业的发展起到作用，但部分老区建设资金存在管理不严、使用不当、效益不佳等问题。

二、农民负担专项审计

1993 年，为治理农村“三乱”（乱罚款、乱摊派、乱集资），减轻农民负担，18 个县（市）开展农民负担问题的专项审计调查，调查 18 个乡（镇）、30 个村、1349 户农户，发现多数地方农民负担超出上年人均纯收入的 5%标准，有的高达 16.7%。调查结束提交建议，引起各级政府的重视，开展一次治理农村“三乱”减轻农民负担大检查，农民负担过重的问题得到纠正。

1996 年，全地区审计机关结合乡（镇）财政审计，开展减轻农民负担专项审计，查出存在的问题，提出切实可行的建议。

三、林业资金审计

1993 年，地区审计局在对地区林业公司审计时，查出该公司供销部门的会计和出纳合伙贪污巨额公款，贪污金额达 29.64 万元。审计局及时将证据移交检察机关，法院分别判处 2 名犯罪嫌疑人有期徒刑 15 年和死缓。

四、水利资金审计

1990 年，全地区开展对防汛、维修水利经费的审计。3—8 月，地区审计局组织赣州市（今章贡区）、赣县、南康县、大余县、安远县、寻乌县、宁都县、兴国县、瑞金县、会昌县、石城县、龙南县等 12 个县（市）审计局，对当地 1988—1989 年度防汛、维修经费的拨入、使用、结余情况进行专项审计。

1995 年，对水费收支使用状况专项审计，地区审计局派员配合瑞金市审计局、水利局，对 21 个乡（镇、场、局）、98 个村民委员会、16 个粮管所 1993 年、1994 年度消费收支的真实性，使用效益情况进行审计。基本摸清水费收缴、管理、使用及效益情况，查出挤占挪用资金 134.3 万元，追回挤占挪用资金 8 万元，收缴违纪款项 22 万元。移交司法部门案件 1 起，移交监察部门案件 2 起。

1996 年，地区审计局会同地区水利电力局组织 15 个县（市）审计局、水电局对 1995 年度水费征收、管理、使用情况进行全面的专项审计。重点抽查 216 个乡（镇）和部分村委会、粮管所，按规定应征收水费 1750.39 万元，实际计收水费 1262.48 万元，占应征额的 72.13%；欠缴水费 273.64 万元，占应征额的 15.63%；降低水费标准 214.27 万元，占应征额的 12.24%。用于工程建设支出 441.12 万元，占征收额的 34.94%；管理费用支出 150.66 万元，占征收额的 11.93%；截留挪用 141.79 万元，占征收额的 11.23%；其他支出 116.3 万元，占征收额 9.21%。追回挤占、截留挪用资金 51.13 万元，收缴违纪款 20.47 万元。

1998 年，对全地区 1996 年、1997 年水利专项资金的筹集、投入、使用和管理情况进行审计。审查、评价全地区水利专项资金的筹集、投入、使用和管理情况，监督国家相关政策的落实，提出存在的问题，提高资金的使用效益。查出违纪金额 469 万元。行署批转地区审计局的专项审计报告。

五、农业事业费及土管资金审计

1990年上半年，对全地区农业事业费拨入、使用、结余情况进行审计。主要是审计资金是否专款专用，是否及时到位，有无截留、挤占、挪用、损失浪费等问题。全地区共审计69个单位，其中地级主管部门1个，县级主管部门18个，追踪审计单位50个，审计金额为1316.7万元。查出违纪金额27.8万元，其中挤占挪用20.2万元，虚列支出1.8万元。

1992年，根据省审计局、省农业开发领导小组办公室《关于全省第1期赣中南农业综合开发资金审计的紧急通知》，对石城县、安远县、宁都县3个县分别派出审计组对该项目进行审计。查出有的资金未及时到位，影响项目工程实施和进度；有的财务较混乱，部分项目资金配套不足，拖延项目实施进度，或达不到原设计效益要求；个别项目单位资金管理不严等问题。

1996年3—8月，对全地区1994年、1995年国有土地使用权有偿使用收入的征收、管理、使用、上解情况进行专项审计。查出出让国有土地面积6880公顷，应收土地出让金4693万元，实际收取2933万元，占应收款的62%，违纪违规奖金813万元，按规定处理上缴财政61万元。

第六节　外资运用审计

一、中外合资、合作企业审计

1992年初，地区审计局转发省审计局《中外合作经营企业审计宣传要点》。5月，转发《江西省审计局关于中外合资、合作经营企业审计调查方案》，调查统一定在1991年6月31日前已登记注册的中外合营企业。列为该次审计调查的共37户，投资总额为人民币1.62亿元、美元2636.23万元。正式开业的19户，其中盈利企业6户，亏损企业9户，持平的4户。查出外资到位不及时；"两头在外"企业，外资垄断进销权，中方无法掌握；应提存上缴当地财政、社保部门的费用未按规定提取，结果造成中方职工吃亏；外商拖欠贷款，中方缺乏清欠手段；重引进、轻管理等问题。

1996年，地区审计局对赣加稀土有限公司进行审计。审计发现，企业亏损主要存在稀土原料收购账目混乱，生产统计和财务报表数字脱节，财务监督职能失控，职工集资分红未严格执行合同章程等问题。

1998年，地区审计局和赣州市（今章贡区）、瑞金市、于都县审计局，分别对与港、台商合资合作企业1997年度的资产、负债、损益的真实性、合法性等情况进行审计和审计调查。查出注册资金不到位，出资方变相抽资，影响企业正常经营，经营管理不善，亏损严重等问题。

2000年，市审计局派出审计人员对中外合资企业赣州大康实业有限公司进行审计。查出公司在投资筹建的各项工程中，有高估冒算和弄虚作假行为；在原材料采购中，有严重的违纪违规行为；在财务管理和会计核算中，有违反国家有关财务制度和财经纪律的现象。生产经营19个月，亏损1029.78万元，评估贬值和造成国有资产损失达1020.47万元。

二、世界银行贷款审计

1992年，对全地区利用世行贷款农村信贷项目进行审计。项目分布在龙南县、全南县、南康县、大余县、安远县、宁都县、于都县、信丰县、崇义县、上犹县、赣州市（今章贡区）等11个县（市），共82个项目，总投资6550.4万元。查出项目进度不平衡，有些项目建设单位发票不规范、报账不及时等问题。

1999年3月，地区审计局根据全国、全省外资审计工作会议精神，结合实际，专门召开会议，研究部署开展外资审计工作任务和具体操作方法。随后，组织对11个县（市）承担世行贷款项目进行审计，共有贷款项目106个，其中种植业项目85个，加工业项目21个，贷款总金额5940万元，项目建设配套自筹资金2545.6万元。审计查出项目单位存在挤占挪用世行项目资金用作其他，项目投资超计划，建设单位自筹资金普遍不足，借款还贷意识不强，项目贷款转贷不符合规定等问题。地区审计局写出《关于全区世行贷款森林资源保护和发展项目》《关于全区世行贷款红壤开发项目》《关于全区利用国际农发资金》等3个综合审计报告。

第七节　固定资产投资审计

一、"四项资金"事前审计

1986年，行署印发《关于对自筹固定资产投资的资金进行审计的通知》，地区审计局印发贯彻落实的通知。1987年，对驻地的行政机关、企事业单位1984—1986年的自筹基建、更新改造、零星土建项目及部分控购商品"四项资金"进行审计，摸清全地区3年的基建情况，理清计划外项目，审计建设项目1852个，建筑总面积172.3万平方米，总投资2.92亿元。查出计划外项目272个，建设面积16.9万平方米，投资2358.5万元；超计划建设项目505个，超计划建设面积15.8万平方米，超计划投资691.8万元；不合规建设资金812.92万元。9月，地区审计局向行署提交《关于开展基建、更新改造和零星土建专项审计的情况汇报》。全地区对"四项资金"的审计开始走向经常化、制度化、规范化。

1988年，全地区审计自筹基建项目204个，审计金额5156.6万元，查出问题项目21个，资金840.2万元，有效地压缩投资规模和非生产性建设。行署批转地区审计局《关于对购买控购商品资金来源进行事前审计的报告》，其做法得到审计署的充分肯定。

1989年，开展对自筹基建资金的审计，全地区完成审计项目204个，审计金额6996万元，查出有问题资金737万元，压缩基建投资675万元。对全地区行政事业单位购买控购商品进行事前审计，审计金额566.93万元，压缩不合规的资金8.75万元，有效地压缩消费基金的增长。11月，地区审计局在华东区基建审计研讨会上作经验介绍。1993年，全地区进一步完善自筹基建项目事前审计，实行固定资产投资开工前审计。

1996年，地区审计局完成自筹资金基建项目事前审计45项，送审资金5892.54万元，审定资金3585.53万元，核减30个项目资金数额3307.71万元，核减率48%，比1995年的16%增加32个百分点。

二、基建项目决算审计

1993年，对地区内部分基建项目竣工决算开展审计监督。同时，对部分基建项目竣工决算，委托审计事务所进行公正审计。

1993年至1996年4月，审计机关审计项目98个、审计工程造价1.01亿元，核减金额834.92万元。全地区地、县（市）两级审计事务所共完成基建预决算审计项目444个，核减工程造价1665万元。地区审计局呈报《关于全区开展基本建设决算审计的情况报告》，行署批转并规定，凡是区内的基本建设项目，在办理竣工结算之前，一定要经过审计机关或审计事务所进行决算审计。对不主动接受审计或未经审计而办理竣工结算的，一经查出，除依照审计法规进行处理外，视情追究行政责任直至法律责任。

1996年，拓展基建预决算审计，基建预决算审计工作在全地区推开。地区审计师事务所全年完成基建预决算49项，送审金额1.15亿元，核减金额1104.5万元，核减率9.6%。

三、城建资金审计

1987年，对赣州市（今章贡区）的城市建设资金开展专项审计。查出城市建设资金基本用于城市维护，实际需要与资金缺口大的矛盾突出，资金的管理和使用方面存在一些问题。1986年，城建资金400多万元，其中城建系统事业人员的经费114万元，正常养护维修费用115万元，用于新的城市建设资金不到200万元。

1988年，地区审计局在开展赣州市（今章贡区）城建资金审计的同时，对5个县18个单位1987年度城市维护建设资金进行审计。配合党政领导抓好“菜篮子”工程建设，对赣州市（今章贡区）1984年至1989年10月的蔬菜基地基金进行审计，提出改进意见。

1999年，市审计局对市自来水公司财务收支进行审计，基本查清公司及其下属单位的财务收支概况，存在的主要问题：公司下属二级核算单位漏缴企业所得税9251.31万元，管理费用中列支企业考核增值奖应补个人所得税2.77万元，应补控购商品附加费1.37万元，安装工程处、用电管理所漏缴营业税及其附加费1.69万元，管道安装队和管道经销部均存在漏缴企业所得税计17.77万元。市审计局以文件形式将审计决定下达给市自来水公司，督促其加强财务管理，足额缴纳税费。

2000年8月，市审计局派出审计组，对市政工程公司1988—1989年度财务收支情况审计，未发现重大违纪违规问题。同时，对市规划局及其下属单位进行审计，查出长期未清退的保证金本金833.49万元；1987—1989年以个人或单位代名定期储蓄获取利息收入，未入基本账管理，金额156.56万元。属账外资产的“小金库”，应全部没收，上缴国库。

第八节 商贸企业审计

一、粮食企业审计

1990年，开展全地区粮油贸易（议价）公司财务收支审计，审计粮贸公司19户，基层粮管所及其粮食企业29户，查出违纪金额234.8万元。

1991年，对全地区粮油贸易公司1990年财务收支及经营情况开展审计，审计地、县（市）粮油贸易公司19户，基层粮管所及其粮食企业29户，金额1.87亿元，查出违纪违规金额234.8万元。针对粮食供应实行“平转议”中的违纪问题，向行署提交专题报告，行署召开专员办公会议进行专题研究，对审计查出的问题逐一落实处理意见，要求地区粮食局及所属公司从中汲取教训。

1992年3月，地区审计局对赣州市（今章贡区）14家粮食企业进行专项审计。查出该市粮油行业实现差价收入685.9万元。

1993年，配合商、粮、供体制改革和企业经营机制的转换，在对粮食行业财务挂账审计调查的基础上，全面开展亏损挂账审计。摸清基本情况，找出财务挂账和亏损挂账的原因，提出解决办法。

1998年，地区审计局从全地区审计系统抽调170人，组成18个审计组，对全地区粮食系统进行清查工作，经审计确认财务挂账3.2亿元，核减1.99亿元。查出虚假消化老挂账1.14亿元等问题，提交《关于赣州地区粮食系统新增财务挂账和其他不合理占用农发行贷款的清查审计报告》分别报行署、省审计厅及有关部门，提出处理意见及具体建议。促进各级政府和有关部门，切实抓好粮食流通体制的改革，加快企业经营机制的转换，健全内部财务管理，清理回收各种不合理占用资金，积极消化新老挂账，实现扭亏增盈。

二、商业供销企业审计

1986年，全面铺开物资系统财务收支审计，对以前未审计的58个物资企业进行审计，查出违纪金额285.5万元，收缴财政139.1万元。对自筹基建、更新改造、零星土建和控购商品的4项资金进行事前审计，查出有问题金额111.7万元。

1989年，对政府交办的61家清理公司进行审计，其中商粮供批发公司14家，物资供销公司7家，外贸、房地产等其他各类公司40家。清理整顿中查处违纪责任1人受党纪政纪处分，移送司法机关立案处理1人，清理后撤并公司10个。同时，组织3177人对商粮供物资等各类公司114家开展正常审计，审计金额5320.1万元，查出违纪金额568.8万元，财政增收113.9万元，查出损失浪费金额16.8万元。

1990年，全地区审计机关对流通领域的部分重点公司进行审计。审计以财务收支为重点，结合清理整顿公司的内容、消费基金调查、承包经营审计。审计公司48个，其中商业供销系统的公司18个，物资系统的公司13个，查出违纪金额450.57万元，应上缴国家59.98万元，调账可增加收入7.65万元。向行署提出审计建议后，行署批转各县（市）政府和有关单位执行。

1992年8月，地区审计局会同瑞金县审计局，对瑞金县推行“四放开”（经营放开、价格放开、分配放开、用工放开）商业企业进行审计调查。主要问题是财务管理、会计核算、会计监督未能及时跟上，造成某些方面失去控制，难以确保国有资产的保值和增值等。行署批转地区审计局撰写的调查报告。

2000年，重点对市直属商业企业审计监督，将市百货公司列为审计重点。查出私设“小金库”21.7万元，漏缴、欠缴营业税5.7万元。审计部门向市百货公司及主管部门提出审计建议。

第九节　其他审计

一、经济责任审计

审计机关从1989年开始对企业厂长（经理）经济承包兑现经济责任审计，同时对行政事业单位领导离任经济责任审计进行探索，此后，重点开展企业厂长（经理）经济承包兑现经济责任审计。

1997年，除对企业承包兑现经济责任审计，企业改制的资产、负债、损益及资产评估审计和其他经济事项审计外，对部分行政事业单位和乡（镇）主要领导进行离任经济责任审计。

1998年，组织部分县（市）审计局长到山东菏泽地区学习领导干部离任审计工作经验。与地委组织部联合制定《赣州地区企业厂长（经济）离任经济责任审计办法》《赣州地区行政事业单位领导干部离任审计经济责任审计办法》。瑞金市、信丰县、全南县等地还以县（市）委或县（市）政府名义出台领导干部离任经济责任审计暂行规定。

1999年，在领导干部离任经济责任审计中，审计机关坚持实事求是核查问题，客观公正地评价干部，为选拔、考核干部提供依据。各县（市、区）审计机关共完成任期经济责任审计项目362个，占全年审计项目完成数的20%。

2000年，全市审计机关根据中共中央办公厅、国务院办公厅《县级以下党政领导干部任期经济责任审计暂行规定》《国有企业及国有控股企业领导人员任期经济责任审计暂行规定》和省政府《江西省领导干部离任审计暂行规定》，结合实际，市委办、市政府办印发《赣州市县级以下党政领导干部任期经济责任审计办法（试行）》《赣州市国有企业及国有控股企业领导人员任期经济责任审计实施办法（试行）》。市、县审计部门成立经济责任审计科（股）。加大对行政事业单位领导经济责任审计力度，将审计结果报告报送党政领导机关和部门，作为对领导干部留用、任免、提拔和廉洁自律检查的重要依据。全年全市实施经济责任审计288个305人，查出违规金额5809万元，决定处罚1438万元，移送纪检监察和司法机关查处的23人，有7人得到晋升，8人被免职，3人被降职。

表 17-1-1

1986—2000 年赣州市（地区）审计情况统计表

年度	完成项目(个)	查出违纪金额(万元)	为财政增收(万元)	上缴国库(万元)	经济犯罪案件(起)
1986 年	2465	7379.80	2813.10	2470.12	3
1987 年	1235	2545.30	557.20	480.20	—
1988 年	1356	2618.80	388.10	353.70	—
1989 年	1685	3127.30	753.70	746.90	8
1990 年	1827	3094.00	648.00	533.00	—
1991 年	2120	4621.00	617.00	494.00	—
1992 年	1747	16394.00	639.00	599.00	—
1993 年	1731	4354.00	825.00	667.00	6
1994 年	2006	8326.00	1120.00	1033.00	5
1995 年	1711	10490.00	2042.00	2129.00	24
1996 年	2152	19223.00	2217.00	2039.00	—
1997 年	2399	11232.00	2329.00	2314.00	28
1998 年	2123	26662.00	2077.70	1948.70	26
1999 年	2246	31219.00	2668.14	2552.54	33
2000 年	1908	42333.00	3624.00	3442.00	31

二、社会审计

1986 年 1 月，社会审计组织改称“审计事务所”。6 月，地区审计事务所成立。逐步开展审计鉴定业务，接受政法机关委托的经济案件事实真相查证鉴定，为政法机关判定经济案件提供咨询服务。

1987 年，开始对工商企业注册鉴证的审计验证工作。工商企业办理和更换营业执照，必须经审计事务所对其注册资金进行审计验证并出具审计意见后方可办理工商登记。1988 年，增加咨询服务项目，接受集体企业（事业）单位委托审计，帮助集体企业健全财务制度，为部门（单位）清查财务、建账建制服务项目。完成查证事项 4863 次，审计金额 1325 万元，查出违纪金额 17 万元，查证总金额 14.87 亿元。1989 年，开始承接基本建设预决算公证审计，维护建设单位和施工单位的利益。对企业、事业单位计提、拨交、留用和上缴的工会费情况进行专项审计。全地区审计事务所完成审计机关委托的审计事项 57 项，审计金额 1046 万元，查出违纪金额 1046 万元，上缴财政 35 万元。接受部门（单位）委托查证事项 4272 项，查证金额 15.48 亿元，提供咨询服务 54 项，培训人员 187 人。1990 年，社会审计工作开始大范围、多项目地展开。完成审计机关委托的审计事项 151 项，审计金额 17541 万元，查出违纪金额 191 万元，上缴财政 44 万元。接受部门（单位）委托查证事项 2045 项，查证金额 3029 万元，提供咨询服务 59 项，培训人员 67 人。

1991 年，对从事木竹及其制品加工的单位和个人提征解缴林业“两金两费”（育林基金、更新改造基金，维简费、林政资源管理费）情况进行专项审计，审计查实少征、漏征和逾期欠缴的“两金两费”99.86 万元。完成审计机关委托的审计事项 145 项，审计总金额 17604 万元，查出违纪违规金额 535 万元，上缴财政 61 万元。接受部门（单位）委托查证事项 710 项，培训人员 136 人。1995 年，完成项目 8107 个，其中验资年检 7471 个，离任审计 64 个，基建预决算验证 444 个，经济案件鉴定 128 个，核减虚假注册资金 9119 万元，核减基建预决算金额 1665 万元。

1996 年，社会审计推向市场，成为独立的社会中介组织。全地区共有 19 个审计事务所，完成委托事项2275个，为委托单位挽回经济损失266万元，核减假注册资金11599万元。

1999年，全市（地区）各审计事务所，与各级审计机关脱钩，实施改制，分别成立独立的有限责任公司会计事务所，开展更广泛的多元化业务，在所内分别设立财务审计咨询、注册资金验证、基建工程审核、资产评估等业务部门，全方位接受国家机关、社会团体、企事业单位及其他经济组织和个人的委托，承办财务审计、验资鉴证、资产评估、会计咨询、基本工程审核等业务。

三、内部审计

1985年起开展内部审计工作，地区审计局配有内审业务指导人员。全地区建内审机构或已配专职内审人员的部门和单位214个、专职审计人员256人。1986年，全地区审计单位312个，查出违纪金额108.3万元。1989年，内审机构的建立和发展延伸到乡（镇）等基层单位。全地区共有内审机构250个，专职审计人员463人。

1990年6月，地区审计局和地区农牧渔业局在会昌县联合召开全地区农村审计现场会，推广会昌县乡镇开展审计工作的经验，得到省审计局的肯定。全地区共审计单位2224个，查出违纪金额1496万元。1992年，全地区各乡（镇）普遍建立审计所。1995年，地区审计局设立审计业务指导科，制定岗位目标责任制和考核评比制度，使内审工作逐步实现规范化、制度化。全地区完成审计项目1556个，查出损失浪费金额117万元，促进增收节支568万元，纠正违纪违规金额2050万元。信丰县查出经济案件6起，该县供销社审计股参加全国供销社系统内审经验交流会。

1996年，全地区共有内审机构362个，内审人员734人，完成审计项目2436个，查出损失浪费金额4245万元。1997年，全地区加强对内审的指导监督，下达《全区内审工作指导性计划》。全地区内审机构有专职或兼职人员739人，完成审计项目2191个，查出损失浪费金额5711万元，纠正违纪金额4639万元，促进提高效益1813万元，移送司法机关案件4起。

第二章　经贸管理

1986—2000年，赣州工业按照“经济体制从传统的计划经济向社会主义市场经济体制转变，经济增长方式从粗放型向集约型转变”和“改革、改组、改造，加强企业管理”的要求，在工业企业中推行厂长负责制以及承包、租赁、公司制改造等企业改革，广泛开展招商引资，发展非国有（营）经济，工业结构发生明显变化。从赣州实际出发，调整优化产品、产业和企业组织机构，工业发展步伐加快，初步形成冶金、电力、煤炭、化工、机械、电子、建材、食品、轻工、纺织等部类的工业体系。至2000年，全市工业总产值202.71亿元，独立核算工业企业完成工业总产值79.44亿元，实现销售收入75.34亿元，实现利税7.24亿元。非国有（营）及非国有（营）控股工业实现销售收入38.61亿元，占51.25%，实现利税3.83亿元，占52.87%。赣州工业发展存在不足：在独立核算工业企业中，大中型企业所占比重较小；技改投入较少，企业发展后劲不足等。

第一节　机构　队伍

一、机构设置

1986年，地区经济委员会（以下简称“地区经委”）内设办公室、能源交通科、生产技术科、质量管理科、生产调度科、企业管理科、政治处、综合科、安全科、教育科、食品饲料工业科（对外称“地区食品工业办公室”）、企业等级办公室、地区稀土领导小组办公室、地区新技术推广站（与生产技术科合署办公）。1989 年 7 月，政治处由科级升为副县级。

1990 年 4 月，食品饲料工业科划归地区食品工业局；12 月，设立地区能源利用监督站。1991 年 5 月，增设矿产科。1993 年 4 月，设立地区煤炭监督检验站，为科级自收自支事业单位。1995 年 5 月，设立赣南经济干部培训中心，为科级自收自支事业单位。1996 年，地区经济委员会更名为地区经济贸易委员会（以下简称“地区经贸委”），内设机构调整为办公室、综合科、经济运行科、财政金融科、市场流通科、对外经济贸易科、企业科、技术科、技术改造科、资源节约综合利用科、行业发展协调科、能源交通科、质量科、政治处。1999 年 7 月，地区经贸委改称市经贸委。2000 年，下设市中小企业信用担保中心，市企业技术服务中心。

二、人员队伍

1986 年，地区经委有在职职工 57 人。2000 年，市经贸委有在职职工 63 人。

第二节　企业改革

全地区国有企业改革主要经历三个阶段，第一阶段是实行承包经营，1987—1990 年推行第一轮承包，1990—1993 年在完善第一轮承包基础上，续签第二轮承包；第二阶段是 1992—1994 年，重点是落实国有（营）工商企业自主权，企业实行“六自主”，放开经营权；第三阶段是 1995—2001 年，逐步建立产权清晰、权责明确、政企分开、管理科学的现代企业制度。

一、承包经营

1984 年 10 月，全地区国营企业开始试点厂长（经理）负责制，至 1986 年下半年，在全地区工交企业和二轻企业中普遍推行厂长经理负责制。1986 年 7 月，行署印发《批转地区经委〈关于实行厂长任期目标责任制的几点意见〉的通知》，在工业企业实行厂长负责制，是企业领导体制改革的重要内容。1987 年，地区下发《赣州地区国营小型工业企业租赁经营的试行办法》，推行第一轮承包租赁经营，全地区 190 户预算内国营工业企业中，有 185 户企业实行不同形式的承包、租赁经营责任制。赣县瓷厂是全地区第一家实行租赁经营企业。赣江造纸厂、赣州钨钼材料厂、赣南东方红水泥厂、于都化肥厂等 4 家企业实行“两保一挂”（保上缴税利、保技改还贷，工资总额与经济效益挂钩浮动）；江西气压机厂等 21 家企业实行上缴利润递增包干；江西二糖厂等 56 家企业实行上缴利润基数包干，超收分成；赣南大桥煤矿等 13 家企业实行减亏包干；有 16 家企业实行租赁经营；江西一糖厂等 75 家企业实行目标管理。1988 年，行署下发《赣州行署关于进一步调动企业经营积极性的暂行规定》。1989 年，行署下发《关于继续坚持和完善企业承包经营责任制的意见》。开展评选优秀企业家、厂（矿）长、经理，促进企业承包经营。至 1990 年，全地区国营预算内工业企业 181 家，实行承包经营的有 171 家，占 94.48%。1991 年年初，大部分第一轮承包企业到期，地区经济委员会、地区体改委联合下发《关于坚持和完善工业企业承包经营责任制，搞好企业第二轮承包的意见》，着重抓好 154 家承包合同到期企业的转换工作，至 3 月，全地区第二轮承包转换工作基本结束，153 家预算内工业企业签订承包合同，占应承包企业 163 户的 93.87%。1993 年，158 户预算内工业企业签订承包合同，占应承包企业的 94.5%。

二、经营权放开

小型企业实行承包制，而大中型企业或规模较大、效益较好的企业从 1989 年开始试行放开经营的试点。行署下发《关于对工业企业逐步放开经营的若干规定》。要求落实国家赋予企业的 14 条自主权，特别是落实企业生产经营决策权，人事劳动权，工资、奖金分配权，投资决策权，技术改造权和基本建设自主权，产品定价权等六项权力。1992 年 1 月，地委、行署下发《关于在全区国营工业企业进行“六自主”试点的决定》，全地区有 89 户企业列为“六自主”试点企业，其中会昌县、大余县、崇义县等地全部推开。1994 年，行署印发《关于国有企业实行公司制的实施办法》《赣州地区国有小型企业国有民营改革实施办法》，提出“一试点、两推开”，即在国有中型企业和重点企业中，积极推行公司化改造试点；在国有小型企业中，大力推行国有民营；在城镇、乡镇集体企业中，大力推开股份制。1996 年，行署下发《关于印发赣州地区国有小型企业实行股份合作制试行办法的通知》，规范股份合作制的操作。全地区有 133 户企业经营权放开。

三、企业经营机构转换

1994 年，崇义县制定《关于转换企业经营机制，逐步实行现代企业制度的实施意见》，在全地区首先进行折股出售、拍卖企业资产试点。以崇义县淘锡坑钨矿为代表的 7 户企业通过公开拍卖，融通社会资金 396 万元，盘活资产 2005.7 万元。1996 年，实施大跨度资产流动与重组，组建现代企业集团。通过联合兼并、转让、参股、控股、租赁、托管等形式，促进生产要素向优势产业、优质产品、优秀企业经营者聚集，组建企业集团。会昌县以精制米食公司为龙头，组建有昌丰、五丰、鑫丰、龙丰、万丰等 5 个子公司的江西会昌米粉集团公司；赣州钨钼材料厂将冶炼车间租赁给厦门钨业股份有限公司，合资组建赣州虹飞钨钼材料有限公司；瑞金制药厂被三九药业集团兼并，成立瑞金三九药业有限责任公司。1997 年，实施公司制改造。对经营状况较好，产品有市场的企业，通过产权界定，把企业单一的国有产权改组为吸纳法人股，内部职工以及自然人参股的有限责任公司。江铃齿轮股份有限公司是由江铃集团等 14 家法人发起成立的有限责任公司；赣州酒厂、赣南农药厂 2 家工业企业与赣南果业开发公司等企业，联合组建赣南果业股份有限公司，成为赣南首家上市公司。1988 年，行署出台《赣州地区企业国有产权转让暂行规定》《赣州行署关于国有（集团）企业产权转让若干政策规定》《国有工业企业改革实施意见》，全面开展企业产权界定工作，进行清产核资和资产评估。各县（市）必须选择 1～2 家资不抵债、扭亏无望、难于救活的国有企业实施破产试点，全地区破产拍卖力度加大。4 月，地区有色冶金工业公司实施依法破产，拉开地直工业企业破产的序幕。赣州是非试点改革城市，社会保障体系尚不健全，银行、政府的能力有限，破产工作难度较大。1999 年，根据中央对国有企业实施战略性改组的精神，加大结构调整力度，加快规范破产的进度。赣南纺织厂成为全市（地区）第一家实行政策性破产企业。2000 年，江西第一、第二、第三糖厂，信丰、于都、红都、兴国等 7 家制糖厂被列入政策性破产计划。

第三节 质量管理

1986—2000 年，市（地区）经贸委宣传贯彻全面质量管理政策，提高企业产品质量和产品市场占有率，在工业企业中推行全面质量管理（TQC），建立、实施质量指标考核体系，实行 ISO 9000 系列标准，打击假冒伪劣产品行为，创国优、部优、省优产品和创省名牌产品活动，推广总结企业先进质量管理方法和经验，组织培训企业质量管理人员，开展质量管理教育。

一、考核工业产品质量指标

1986 年，全地区考核 32 项主要工业产品质量指标，稳定提高 27 项，稳定提高率为 84.38%，其中省重点考核 17 项，稳定提高 14 项，稳定提高率为 82.35%。全地区有 38 项产品获省以上优质产品奖，其中国优银奖 2 项，部优产品奖 7 项，省优产品奖 29 项。江西气体压缩机厂获江西省质量管理奖。全地区发表优秀QC（质量控制）小组32个，其中12个小组获“省以上优秀QC小组”称号。1988年，全地区考核35项主要工业产品质量指标，稳定提高32项，稳定提高率为91.43%，其中省重点考核18项，稳定提高16项，稳定提高率88.89%。全地区有39项产品获省以上优秀产品奖，其中国优银奖3项，部优产品奖5项，省优产品奖31项。赣南造纸厂获轻工部质量管理奖。31家企业获省经委全面质量管理合格证。发展优秀QC小组45个，其中15个小组获“省优秀QC小组”称号，1个小组获“部优秀QC小组”称号。组织8333人参加全国TQC电视讲座学习，参加考试8212人，统考合格8149人，参考率98.5%，合格率99.2%。1990年，全地区考核36项主要工业产品质量指标，稳定提高33项，稳定率91.67%，其中省重点考核18项，稳定提高16项，稳定提高率88.89%。全地区53项产品获省以上优质产品奖，其中部优质产品奖7项，省优质产品奖46项。江西二糖厂获轻工部质量管理奖，赣州木材厂获江西省质量管理奖。45家企业获省经委全面质量管理合格证。发展优秀QC小组51个，17个小组获“省以上优秀QC小组”称号，其中获“国家优秀QC小组”称号1个，“部优QC小组”称号1个。赣州木材二厂、赣州市红旗粮店和赣州水泵厂获江西省优质服务先进单位。组织21900人参加全国TQC电视讲座学习，参加统考18927人，获统考合格证18658人，参考率为86.4%，合格率为98.58%。1993年，赣州百货大楼自觉抵制销售假冒伪劣商品，维护社会主义市场经济秩序，保护消费者合法权益，被授予全地区“受消费者欢迎经营单位”“无假冒商品企业”称号，并获全省用户满意优秀服务企业。赣南机械总厂及其产品分别获“全省用户满意企业”和“用户满意产品”称号。江西气压机厂铸造分厂现场管理QC小组获“全国优秀小组”称号，江西气体压缩机厂获“省优秀QC活动企业”称号。为提高质量管理意识，打击假冒伪劣商品，行署成立地区打击生产经销假冒伪劣商品违法行为领导小组，并相应成立打击假冒伪劣商品办公室，设在地区经委。1995年，大余县有色金属选冶厂二车间QC小组被评为全国优秀QC小组，赣州木材厂菲林板车间QC小组等12个QC小组被评为全省优秀QC小组。江西红都糖厂、信丰大阿水泥厂、信丰铁石口水泥石被评为1995年度全省用户满意企业；江西红都糖厂晶山牌砂糖、大阿水泥厂圣塔牌425号普硅水泥、铁石口水泥厂强铁牌425号普硅水泥被评为该年度省用户满意产品，江西红都糖厂获“省质量效益型先进企业”称号。

二、ISO 9000系列标准认证

1996年，贯彻实施ISO 9000系列标准工作，在全地区工业企业开展贯彻ISO 9000系列标准。至2000年，赣南无线电厂等28家企业通过ISO 9000质量体系认证。

第四节　技术管理

一、技术改造

1986—1990年，全地区对机械、电子、轻工、化工、食品、建材、林业、粮食等行业的200多家工业企业进行不同程度的技术改造。完成投资30万元以上的技术改造项目312项，完成技改投资5.09亿元。通过技改，形成新增产值7.57亿元、税利1.63亿元的能力。工业企业技术水平和装备得到明显提高，产品结构和产业结构更趋合理，产品由原料型向加工型发展，由低档向高档发展，由单一型向系列化和深加工发展。1992年，行署决定该年为科技进步效益年。地区经委把续建技改项目、技术改造完成投资规模和限期竣工项目计划下达各县（市）经委、地区有关局和相关企业。下达4批技术改造、技术引进（含利用外资）项目129项，其中省批54项、地批75项（含利用外资技术改造项目7项），总投资7.62亿元。通过多渠道筹措资金，把资金首先投放到重点项目上，确保一批技改重点工程顺利开展，如赣南农药厂万吨烧碱、兴国卷烟厂年产3万箱卷烟生产线等项目如期竣工投产。1995年，

全地区完成技改投资3.51亿元，累计落实资金3.58亿元。江西齿轮箱总厂江铃、越野车变速箱，于都齿轮箱厂年产300万件摩托车齿轮项目，兴国糖厂人造板生产线，赣州木材二厂定向结构刨花板等重点项目竣工投产。1997年，全国技改会在赣州召开，国家40多个部委、中国人民银行和40多个省（市、区）及计划单列市派员参会。全地区重点技改项目和新上技改项目中，被列入国家“双加”（加大投资力度、加快改革步伐）工程和国家专项贷款的7个项目，竣工投产的2个；向上级重点汇报的18个项目，有11个项目被批准立项。1998年，在投融资体制改革新旧体制转换过程中，银行贷款大幅度下降、企业生产经营比较困难的情况下，全地区全年完成技改投资4.18亿元，比上年同期增长5%，落实技改资金4.4亿元，其中银行贷款6534万元，下降53.7%，吸收区外、境外和企业自筹资金达3.17亿元，增长15.9%，争取各级财政、各级主管部门支持3963万元，增长1.4倍。全年完成投资50万元以上的技改项目42项，年新增能力：产值2.76亿元、利税6072万元。重点项目赣南农药厂杀螟硫磷技改专项（投资4211万元）、赣良啤酒厂开发麦饭石、SOD啤酒生产技改（投资2100万元）竣工投产。对市场前景不清、技改工期拖得较长的宁都硫磺矿综合利用项目，赣南轴承厂三类轴承改造和赣南摩擦材料厂汽车摩擦材料生产线，赣州电机厂“九五”技改等项目，进行清理结算。2000年，全市落实技改资金46844万元（含上年结转2148万元），其中银行贷款7623万元，占技改资金的16.27%；各级财政和主管部门支持1238万元，占技改资金2.64%；吸引外资及企业自筹3.58亿元，占76.42%。全年完成技改投资4.39亿元，占年度计划的109.8%，超过计划3937万元。完成投资50万元以上技改竣工项目97项，年新增能力：产值6.24亿元、利税1.68亿元。江西山香药业有限公司山香园系列产品生产线（投资1517万元）、崇义华森集团细木工板生产线技改（投资1380万元）、赣南果业集团公司汇源果汁生产线等重点项目竣工投产。

表17-2-1　　1986—2000年赣州市（地区）技术改造投资统计表

年度	落实资金(万元)	完成投资(万元)	完成项目(个)	新增经济效益(万元)	
				产值	利税
1986年	9863	6803	55	9317	1780
1987年	9146	8440	65	13297	2783
1988年	17269	15734	76	13520	3034
1989年	9506	8707	44	19700	4290
1990年	14108	11282	72	19870	4401
1991年	19478	15080	66	31868	12760
1992年	37419	28517	79	44694	9710
1993年	38467	32381	85	54471	10563
1994年	38291	38190	54	46160	10238
1995年	35816	35065	60	46766	13239
1996年	40401	40795	64	50413	12543
1997年	41655	39844	44	41094	8883
1998年	44033	41836	42	27584	6072
1999年	46029	43484	19	44133	11180
2000年	46844	43937	97	62373	16824

二、技术推广

实施“科技兴赣”和主攻工业的战略。市（地区）本级财政每年挤出50万元资金用于新产品开发，调动企业开发新产品的积极性。开发一批技术含量高、附加值高、市场前景广阔的新产品群体。

1986—2000年，完成省级新产品试制计划项目1262项，完成新技术推广计划项目146项，290项新产品获省优秀新产品奖。哑铃型钢纤维列入2000年度国家级重点新产品试产计划项目，被评为“九五”国家优秀新产品。江西气体压缩机有限公司LW16/40制罐专用空压机系列项目和江西五丰食品有限公司的通心米粉等项目被评为“九五”江西省技术创新优秀项目。有120人次被评为省新产品开发、新技术推广优秀管理人员，3人被评为“九五”江西省技术创新管理先进工作者。

表17-2-2　1986—2000年赣州市（地区）获江西省新产品、新技术情况统计表

单位：项

年度	省级新产品计划项目	省新技术推广项目	省优秀新产品	年度	省级新产品计划项目	省新技术推广项目	省优秀新产品
1986年	127	13	19	1994年	85	7	24
1987年	115	12	16	1995年	80	12	16
1988年	22	10	21	1996年	73	5	20
1989年	97	11	21	1997年	94	4	25
1990年	113	14	19	1998年	62	4	19
1991年	98	15	17	1999年	48	4	18
1992年	106	25	21	2000年	56	1	15
1993年	86	9	19				

第五节　生产调度

1986年，地区经贸委以市场为导向，组织工业生产，安排生产计划，将工业生产中的工业产值、销售收入、产（成）品资金占用等主要经济指标，按季度、月度计划分解到各县（市），做到落实指标计划、执行进度检查、考核经济效益。加强日常调度，了解生产情况，对企业生产中的问题和困难，及时帮助解决。1990年，开展产业结构调整、产品结构和企业结构的调查，按季度向银行、供电等部门提供赣南畅销、滞销产品名单，实施扶优限滞压劣措施，增产适销产品，“关、停、并、转”一批无销路、技术设备落后、低质量、高能耗、亏损严重的产品和企业。1992年，全地区在抓紧农业生产的同时，主攻工业，加快赣州经济发展步伐。地区经委按新的统计方法和新的工业评价考核指标体系，改进快报和重点企业调度月报方式；开办《工业信息参考》刊物；下达年度、季度、月度生产计划，协调工工、工商、工贸关系；制定搞活流通、促进产品销售的政策，调整产业结构、工业产品结构、企业组织结构方案，实施扶优限劣等措施，建立企业微机数据库。1995年，按照主攻工业总体思路和“以工补农”“以丰补歉”的目标要求，抓重点、抓关键、抓薄弱环节，克服资金紧张、电力紧张和洪涝灾害等困难，使工业仍保持稳定健康地发展。1997年，积极引导企业进入市场、开拓市场、搞活流通，充分发挥经贸部门对市场、流通环节的宏观调控职能，为企业的发展提供良好的市场环境。1998年，建立市场动态月分析制度，将卷烟、白糖、钨制品、稀土等15种产品列入监测范围。

表 17－2－3

1986—2000 年赣州市（地区）各类工业企业主要指标统计表

年份	全市(地区)工业		乡及乡以上		独立核算工业企业							大中型企业							国有(营)企业						
	工业总产值（绝对数）（万元）	企业（个）	工业总产值（绝对数）（万元）	企业（个）	工业总产值（万元）		工业增加值（生产法）（万元）	产品销售收入（万元）	利润（万元）	税金（万元）	企业（个）	工业总产值（万元）		工业增加值（生产法）（万元）	产品销售收入（万元）	利润（万元）	税金（万元）	企业（个）	工业总产值（万元）		工业增加值（生产法）（万元）	产品销售收入（万元）	利润（万元）	税金（万元）	企业（个）
					当年价	不变价						当年价	不变价						当年价	不变价					
1986 年	134500	—	176366	2495	165837	234444	—	162421	27826		—	—	50228#	—	—	—	—	—	141928	211378	—	140512	11387	13827	467
1987 年	238364	—	210479	2502	196867	257534	—	192225	14348	16918	1763	69868	55743#	—	68373	5150	10271	30	166541	228370	—	165057	12604	15598	474
1988 年	338779	—	289405	2699	269487	303374	—	271060	2237	23862	1859	96074	67084#	—	100229	8884	15492	32	223194	257127	—	227572	19239	21785	478
1989 年	405627	—	332852	2711	306132	322611	—	287104	15852	26587	1824	120512	76722#	—	117698	6361	18308	35	251149	268837	—	240526	13047	24487	470
1990 年	421108	—	338227	2744	312562	336296	—	283187	9714	28363	1798	128268	141952	—	118454	4681	20010	35	257646	277560	—	238829	8604	26162	474
1991 年	465082	—	362664	2756	333090	364294	—	317750	4494	30213	1787	134343	151108	—	124733	－150	20091	35	272441	295329	—	263412	3266	27583	480
1992 年	577798	—	411815	2758	366530	394347	109192*	340229	3398	31337	1654	138227	154618	—	128043	－3166	20011	36	292622	311247	88632*	274307	1665	28214	466
1993 年	844966	74661	533453	2747	470014	459052	166540*	482220	－556	43256	1587	163226	164509	52075#	180299	－5334	27689	37	361280	347572	122608*	386455	－2546	39221	482
1994 年	1646970	—	743395	2997	629560	528988	182913	557354	17307	55543	1664	218708	171728	78048	194700	9222	29526	39	444522	359919	138606	390868	12194	45304	481
1995 年	1077884	43735	779815	3379	752389	565741	204844	710845	12312	57453	2764	239148	177712	77482	218739	6097	41827	41	463039	353092	141744	438169	6260	45443	560
1996 年	1215638	—	798535	3107	761780	629130	218152	713741	－8463	62707	2581	207030	161918	70214	197051	－4509	30353	41	449320	359094	145959	422838	－10515	48594	563
1997 年	1490361	—	905620	2658	861177	707266	238244	787896	－8822	52527	2435	183673	148854	51851	171488	－10177	19093	40	437920	360872	136220	405700	－17142	38287	544
1998 年	1722058	—	—	—	839742	692523	239872	718056	－15060	48722	1997	163258	140430	47496	151074	－13418	17706	40	358449	295733	107952	323404	－13855	31603	462
1999 年	1835848	—	—	—	783179	691067	239653	709600	－7396	46993	1796	156778	138136	51161	141092	－10261	15831	38	365248	307644	119458	330727	－16433	29300	449
2000 年	2027056	—	—	—	794409	689875	216873	753382	16287	56098	1494	157843	151895	56591	147151	5253	16610	36	318002	267628	101953	307548	5039	19080	385

说明：有“#”的代表 1980 年不变价，有“*”的代表分配法

第六节 外贸企业管理

一、备案管理

经贸系统管理的外贸企业主要包括外商投资企业、获国家批准有进出口经营权的企业和机电产品出口企业。1990年6月前，外资引进由各企业单位直接管理，报地区经委备案。1990年6月，随着改革开放的不断深入，招商引资成为各级政府的热门话题，各地外资企业应运而生。为规范其生产经营，加强对外资企业的管理。1992年1月，地区经委、地区税务局联合转发省经委、省税务局《关于外商投资企业实行"投产开业申报制度"的通知》，行署下发《赣州地区外商投资企业生产经营管理暂行规定》。全年全地区外资投产企业增加到30家，完成工业总产值1.02亿元，销售收入4467.08万元，出口创汇513万元。

二、生产经营管理

1994年6月，地区经委和地区统计局联合转发省经贸委、省统计局《关于加强外商投资工业企业生产经营统计工作的通知》，为全地区外商投资的工业企业规范统计报表。行署印发《关于进一步加强外商投资管理工作的通知》，解决各部门之间分工管理的问题。全地区全年外商投资企业完成工业产值3.35亿元，出口创汇2364.23万元。1996年，外商投资企业完成工业产值8.79亿元，销售收入8.91亿元，出口创汇6150.73万元。1999年，年检外资企业145家，注册2.35亿美元，实际出资1.48亿美元。外商投资企业完成工业产值10.59亿元，销售收入8.96亿元，出口创汇3855.16万美元。2000年，联合8个涉外单位对外商投资企业实行年检，年检企业173户，注册资金2.68亿美元，实际出资1.66亿美元。外商投资企业完成工业产值6.89亿元，销售收入6.47亿元，出口创汇1497.79万美元。注册资金300万美元以上的外资企业12家，分别是江西通达印刷机有限公司、赣州威远集团有限公司、江凯齿轮有限公司、江西东芝电子材料有限公司、赣州华兴钨制品有限公司、江西兴达公路建设有限公司、赣加稀土有限公司、瑞金红都水产食品有限公司、于都富嘉摩托齿轮有限公司、上犹仙人陂水电发展有限公司、江西鹰鹏矿业有限公司、赣县全欣纸业有限公司。拥有自营进出口权企业29户。出口基地企业2家（赣州有色冶金研究所、赣州南方有色金属冶炼厂）。扩大机电出口生产企业3户（赣州钨钼材料厂、赣州电池厂、会昌制革转鼓厂），机电产品出口额513万美元。出口商品从低价值、高消耗、劳动密集型产品逐渐转向科技含量高、附加值高的产品。

表17－2－4

1995—1998年赣州地区获自营进出口经营权企业一览表

企业名称	时　间	企业名称	时　间
赣州有色冶金研究所	1995年	赣州富通木制品有限公司	1998年
赣州创业集团公司	1996年	上犹铁合金实业总公司	1998年
赣州虔东工业公司	1996年	赣州皮革工业公司	1998年
赣南农药厂	1996年	赣州万新集团公司	1998年
江西第三糖厂	1996年	南康宏达矿业有限公司	1998年
赣州钨钼材料厂	1996年	赣南金达集团公司	1998年
赣州造纸集团	1996年	兴国县柴油机厂	1998年
瑞金市铅笔有限公司	1996年	赣南果业股份有限公司	1998年
赣州电池厂	1996年	赣南林化产品集团公司	1998年
赣州钴钨有限公司	1996年	大余伟良钨业有限公司	1998年

续表 17-2-4

企业名称	时 间	企业名称	时 间
于都齿轮箱厂	1996 年	全南化工厂	—
龙南稀土工业公司	1996 年	宁都县纺织厂	—
赣州南方有色金属冶炼厂	1997 年	兴国县金萤氟业有限公司	—
赣南制药厂	1997 年	赣州电光源厂	—
会昌县制革转鼓厂	1997 年		

第三章　工商行政管理

1986—2000 年，全市（地区）各级工商行政管理机关围绕经济建设中心，积极培育发展多种经济，活跃繁荣城乡市场，加快市场建设步伐，基本形成一个以城乡互为依托，综合与专业配套，批发与零售结合，集贸市场与生产资料、生产要素市场互相促进的多类型、多层次、多渠道的市场网络。加强市场秩序的整顿和管理，维护生产者、经营者、消费者的合法权益。运用登记管理职能，引导各类企业合法经营，为企业发展和搞活营造良好的外部环境。2000 年，全市经工商行政管理机关登记注册的各类企事业单位有 23044 户。外商投资企业由 1986 年 6 户发展到 2000 年 427 户。

坚持鼓励、支持、引导、服务、管理、监督并重，加强对个体私营经济的指导、协调、帮扶。1985 年，全地区有个体工商户、私营企业 57557 户 80188 人；2000 年年底发展到 183523 户 562141 人。指导企业依法使用注册商标，查处虚假广告和违法违章广告；加强经济合同和企业动产抵押物登记管理，搞好企业经济合同的鉴证，查处违法合同，调解合同纠纷；加大执法力度，整治制售假冒伪劣商品的行为，查处和打击走私贩私、商业欺诈和不正当竞争等经济违法活动，维护社会经济秩序。

第一节　机构　队伍

一、机构

1986 年，地区工商行政管理局为隶属地区行署的职能机构，内设秘书科、企业登记管理科、市场管理科、个体经济管理科、经济合同管理科和干部训练班，并设有地区经济合同仲裁委员会。1990 年，增设经济检查科和商标广告科；11 月，成立江西省个体私营经济协会赣州地区工作委员会（科级事业单位），与个体经济科合署办公。1991 年 8 月升为副县级事业单位，12 月成立江西省消费者协会赣州地区工作委员会（科级事业单位）。1993 年增设外商投资企业登记管理科。1994 年撤销个体经济管理科，设置地区个体私营经济管理局（副县级）。1996 年，地区工商行政管理局内设办公室、计划财务科、企业注册监督管理科、外资企业注册监督管理科、市场监督管理科、公平交易科（对外称公平交易局）、商标监督管理科、广告监督管理科。辖个体私营经济管理局（副县级）及 5 个事业单位。1997 年，增设政研法规科。1999 年 1 月，全国的工商行政管理部门管理体制实行省以下垂直管理，地区工商行政管理局属省工商行政管理局直属部门。2000 年，市工商行政管理局内设行政科室和事业单位 24 个。

1998 年 12 月以前，全地区 18 个县（市）工商行政管理局为县（市）人民政府职能部门。1999 年 1 月整建制上划，为地区工商行政管理局的下属机构。2000 年，全市设工商所 213 个。

二、队伍

1986年，全地区工商行政管理系统有在职职工1739人。2000年，全市工商系统有在职职工2806人。

第二节 企业登记

一、登记注册

1986年改革企业登记管理制度，运用登记注册和监督管理的职能，开展企业登记和监督，促进企业的发展。开展金融、保险、种植业、养殖业的登记发照工作。登记注册的独立核算企业1444户，新增分支机构1561个。全地区有独立核算工商企业9152户，分支机构12509户，从业人员389678人，注册资金总额261890万元。年内有1户外商投资企业登记开业，全地区已有外商投资企业6户。

1992年，实行规范化、制度化管理，简化登记程序、放宽登记条件、减少登记时间，为企业的发展营造宽松环境。6月起，受省工商局委托，开始受理在赣州地区范围内的地属以上企业登记注册。8月起开始受理外商投资企业开业登记。开业登记注册4208户，其中企业法人1538户，营业单位2670户；在上述开业企业中，党政机关、事业单位兴办的经济实体683户。注销登记449户。核准登记注册的外商投资企业97户，外资企业分布在18个县（市、区）。1993年办理开业登记注册企业5063户，其中股份制企业63户，股份合作企业45户，无主管企业74户。1994年，贯彻执行《中华人民共和国公司法》《中华人民共和国公司登记管理条例》，推进以公司制为主要内容的企业登记制度的改革，促进国有企业的改革和无主管部门、股份合作制企业的发展。全地区核准登记注册的企业32510户。

1997年，完善适应公有制形式多样化的企业登记管理制度，积极介入企业改制活动，支持国有、集体企业实行联合租赁、承包，核准登记注册企业25306户。1999年，按照“因地制宜、一厂一制”的原则对国有、集体企业改制进行分类指导。核准登记注册企业24288户。2000年，严格企业开办条件的审核，规范企业档案管理，加快改制企业的变更登记，加强市场准入后的支持、引导和管理。核准登记注册的企业23044户。

二、监督管理

1986年，全地区开展清理整顿党政机关、党政干部经商办企业和公司（中心）的工作，清理此类企业242户。深入企业进行审核和年检，对年检不合格的企业批评教育，限期改正或补办手续，有的作出经济处罚，查出违章违法经营的企业369户。1987年，转变企业登记管理重登记发照、轻监督管理的局面。地区工商局下发《关于实行经营责任制企业的登记管理暂行办法》，对企业的租赁和承包作出16条规定。查出违章违法经营企业1201户。1988年5月，国务院颁布《中华人民共和国企业法人登记管理条例》，国家工商行政管理局下发《中华人民共和国企业法人登记管理条例实施细则》，明确企业法人设立、变更和终止的具体条件和程序。1989年，贯彻国务院《关于清理整顿公司的决定》，与各级体制改革委员会配合对全地区登记注册的公司进行清理整顿。至1990年年底，撤销公司321户，降格144户，合并42户。1990年7月，全地区开始对新建企业实行筹建登记制度。

1991年6月，行署批转地区工商局《关于支持企业搞活生产经营的几点意见》，全地区工商部门开展为企业服务“一千例”活动，走访企业5420家，为企业提供政策法规咨询服务2937人次，提供信息985条，推销积压商品价值5141万元，清理“三角债”1424万元。1993年，贯彻落实国务院《全民所有制企业转换经营机制条例》，支持企业转换经营机制，大胆对企业登记管理进行改革，为企业发展和自主权的落实创造更为宽松的环境。重点抓好企业注册资金不实和无照经营等严重违反企业登记管理法规行为监督检查。抓好企业年度检验，配合有关部门开展党政机关办实体、金融系统办实体、房地产开发企业的专项调查和清理整顿，维护经济秩序。为企业办好事实事 1524 件，企业挽回经济损失 834.2 万元。1994 年，按照建立现代企业制度的要求，严格规范和完善企业登记管理制度。强化服务，简化、减少中间审批手续和环节。

1996 年，通过年检促使 5383 户企业办理变更登记，1031 户企业办理注销登记，依法注销 303 户存在严重问题的企业和 167 户连续 2 年未参加年检企业。加强外商投资企业的监督管理，全面建立外商企业进资台账，对未按期出资或出资不全的外商企业发限期出资通知书，颁发有期限的营业执照，对注册资本无望出全的企业及时办理减少注册资本手续。外商投资企业年检改过去只重年检数，单纯赶进度的现象，转为有目的地清理“三无”（无资金、无场地、无机构）外商投资企业。全年年检外商投资企业 394 户，年检率 90.3%，其中注销企业 17 户，吊销“三无”企业 40 户。1997 年，开展验资机构、资产评估机构、职业介绍机构等中介组织清理整顿。在年检中实行程序化作业，层层把关，结合新的《企业年度检验办法》，对企业进行 A、B 两级评定试点，依法清理注销一批停业企业。2000 年，探索企业监管模式的改革，加强企业动态管理，纠正和查处违反登记管理法规的行为。实行“六审一核”制度，即一审企业的主体资格；二审注册资本（金）；三审经营范围；四审企业的名称；五审法定代表人资格；六审经营期限，核实企业年检提交的有关资料与登记注册材料是否一致。全市应检企业 24288 户，实际参检 21521 户，年检率达 89%。年检处罚违章企业 742 户。全面开展以“抓管理、查规范、保安全、促生产”为内容的专项整治工作，取缔和依法注销一批不具备安全生产条件的企业。全市清理外商投资企业档案 628 户，查出需要提供前置审批或审批失去核准生产经营时效的外商投资企业承包 84 户，其中责令其办理变更登记的 14 户，补办前置审批的 65 户。注销营业执照的 161 户。

表 17－3－1

1986—2000 年赣州市（地区）工商企业登记基本情况统计表

年度	总计			全民所有制企业			集体所有制企业			联营及其他经济类型		
	企业数（户）	从业人数（人）	注册资金（万元）	企业数（户）	从业人数（人）	注册资金（万元）	企业数（户）	从业人数（人）	注册资金（万元）	企业数（户）	从业人数（人）	注册资金（万元）
1986 年	9152	389678	261890	2909	215284	197198	6168	172665	63228	75	1729	1464
1987 年	23730	412966	285121	7161	227330	213113	16427	182845	69504	142	2791	2504
1988 年	26965	479736	332353	8190	245874	237991	18567	228883	87628	208	4979	6734
1989 年	23452	435368	327697	8100	243482	260744	15194	187387	60235	158	4499	6718
1990 年	22049	422215	295443	7358	251366	216599	14545	166032	74275	146	4817	4569
1991 年	23139	440372	306973	8172	255801	220553	14832	180129	81898	135	4442	4522
1992 年	26497	498449	407453	9428	266782	277728	16889	224050	123099	180	7617	6626
1993 年	30459	539906	497027	11055	284525	327123	19026	243258	156332	378	12123	13572
1994 年	32510	550357	540005	11662	306893	331619	20064	223336	168143	784	20128	40243
1995 年	33062	—	601618	12307	—	352736	19674	—	184805	1081	—	64077
1996 年	31605	—	613521	11779	—	345795	18651	—	187033	1175	—	80693
1997 年	25306	—	541292	9614	—	262530	14347	—	164616	1345	—	114146
1998 年	24961	—	702409	9512	—	363297	13814	—	156591	1635	—	182521
1999 年	24288	—	712408	9422	—	338644	13027	—	148085	1839	—	225679
2000 年	23017	—	715056	9058	—	332146	11998	—	131795	1961	—	251115

表 17-3-2　　1994—2000年赣州市（地区）外商投资企业登记基本情况统计表

年度	年末实有·企业数(户)·小计	年末实有·企业数(户)·其中·中外合资	年末实有·企业数(户)·其中·中外合作	年末实有·企业数(户)·其中·外商独资	年末实有·企业数(户)·投资总额1000万～3000万美元	年末实有·投资总额(万美元)	年末实有·注册资本(万美元)·小计	年末实有·注册资本(万美元)·其中外方	当年登记·企业数(户)·小计	当年登记·企业数(户)·其中·中外合资	当年登记·企业数(户)·其中·中外合作	当年登记·企业数(户)·其中·独资外资	当年登记·企业数(户)·投资总额1000万～3000万美元	当年登记·投资总额(万美元)	当年登记·注册资本(万美元)·小计	当年登记·注册资本(万美元)·其中外方	该年注销企业数(户)	累计注销企业数(户)
1994年	264	138	67	59	—	36793	27348	18070	50	22	6	22	—	10163	6240	4616	—	–
1995年	303	150	67	86	6	44350	33894	23987	73	34	8	31	—	11217	9282	7371	34	34
1996年	340	173	62	105	7	50323	37123	26076	64	34	3	27	—	9703	6205	4301	27	61
1997年	401	193	68	140	7	60517	44300	32144	62	20	6	36	—	10194	7177	6068	—	61
1998年	360	164	46	150	5	53203	37810	26739	39	6	3	30	—	9646	5808	5349	72	143
1999年	539	232	82	225	14	88983	64222	44882	46	9	3	34	2	8388	5022	4616	—	144
2000年	427	167	55	205	14	71016	50725	35885	49	10	1	38	2	8970	5515	4415	—	144

第三节　市场监督

一、市场建设

1986年，全地区投资234.68万元，新建、改建棚顶市场和室内市场33个，面积43916平方米。木材市场等专业市场相继出现，全地区第一个日用工业小商品批发市场——赣州市大公路日用工业品批发市场形成，有批发商40户，市场面积2500平方米。1988年8月，行署召开全地区市场建设工作会，调动建设市场积极性，呈现多方投资建市场的趋势。年内，全地区共投资462.66万元，新建、扩建市场24个，面积49056平方米。1989年是大市场和专业、批发、边际市场建设较多的一年。南康县成衣市场、瑞金县商业城、定南县城集贸中心、寻乌县长宁农贸市场、赣州市（今章贡区）南门市场、全南县城农贸市场等一批较大型市场相继建成开业，结束全地区没有大型市场的历史。全地区投资市场建设1068.78万元，新建、扩建各种市场25个，建设面积87277平方米。

1992年，重视市场培育，把培育建设市场列入政府的议事日程。6月，地区召开市场建设工作会议，形成“政府牵头，统一规划，多方兴建”的格局。市场建设的规模、档次有质的提升。新建、扩建、改建市场45个，建设总面积22.53万平方米，总投资4978万元。1994年，地委、行署向县级政府下达市场培育建设目标任务，各县（市）工商局按照地区工商局年初提出的正确处理市场建设“数量与结构、类型与布局、规模与效益、城镇与农村”的关系及“完善设施、增强功能、提高效益”的原则，积极参与各类市场的培育和建设。初步形成社会多层次建市场，国家、集体、个人、外资一齐上的新格局。新建、改建、扩建市场65个，总投资9538万元，其中各级政府投资5730万元、企业投资299万元、个人投资2361万元、外商投资1040万元、其他投资108万元。

1996年，制订“九五”期间市场发展规划，通过招商引资、“引凤筑巢”、预收租金、预售店面、入股参股、联合开发等方式融资建市场，走出一条社会办市场的新路子，形成“政府领导、统一规划、合理布局、多方兴建、工商监管”市场建设新方式。新建、改建、扩建市场40个，建设面积36万平方米，总投资2.1亿元。

按照国务院和省政府关于工商行政管理机关与所办市场脱钩的通知要求，赣州市大公路小商品批发市场、南康市宝鼎山市场、龙南县“八一九”市场、定南县“大世界”市场等5个市场，与工商行政管理机关脱钩，归由市场服务机构经营，实行机构、职责、人员、财务与工商局分离。至1997年脱钩工作完成。

2000年，做好商品市场发展、引导、协调工作，支持各类社会主体兴办市场，促进农产品市场体系的建设，加强市场信息交流，引导和带动物流和人流。全市有各类市场602个，其中消费品市场568个、生产资料市场17个、生产要素市场17个。市场总面积236万平方米。

表17-3-3 1986—2000年赣州市（地区）市场基本情况统计表

年度	市场总数(个)	市场建设面积(平方米)	投资(万元)	市场成交额(万元)
1986年	436.00	43916.00	234.68	46924.00
1987年	450.00	56576.00	241.84	61602.00
1988年	460.00	49056.00	462.66	87493.00
1989年	468.00	87277.00	1068.78	104786.00
1990年	474.00	25236.00	270.70	116460.00
1991年	493.00	79952.00	1396.00	128557.00
1992年	508.00	225290.00	4978.00	144695.00
1993年	534.00	124621.00	4502.00	171875.00
1994年	554.00	344495.00	9538.00	220134.00
1995年	585.00	273068.00	13953.00	317821.00
1996年	606.00	—	—	385207.00
1997年	584.00	—	—	525839.00
1998年	605.00	—	—	1063525.00
1999年	600.00	—	—	1245072.00
2000年	602.00	—	—	3006468.00

说明：1995年，工商行政管理系统实行办管脱钩；1996年后，市场建设放开由社会建设

二、市场管理

商品流通管理 1986年，调整生猪购销政策，实行开放经营，多渠道流通。放宽农副产品贩运政策，允许农副产品长途贩运，使部分商品上市量增加，活跃市场。1987年发布市场行情，给外地贩运户提供膳宿、代过称、代收购、代结算、代开票等服务，吸引大批外地客商进入赣州地区进行购销活动，区内大批富余农民进入流通领域。全地区经登记从事长期或季节性贩运活动的农民5871户9705人，贩运农副产品4.62万吨，金额3.95亿元。1989年，采取措施制止农副产品流通中的乱检查、乱收费、乱罚款现象。全地区有87500人从事长年或季节性农副产品贩运活动，农副产品贩运量10.98万吨以上，其中生猪外销11259吨，香菇木耳913吨。至1992年，全地区各级工商部门撤销11个边际县的309个关卡，包括8个工商综合检查站。1996年，参与边际经济技术协作交流活动，大力发展经纪人和市场中介组织，搞活边际贸易。地区工商局派员到龙梅赣（龙岩、梅州、赣州）三地边贸市场调研，主办闽赣2个省、3个地（市）、9个县工商系统边际市场信息交流会，制定下发《关于充分发挥职能作用，支持搞活流通的意见》《关于进一步支持搞活地产品流通的实施方案》。各县（市）工商局采取上下结合、内外结合的办法搞活流通，在组织推销、经纪、贩运3支流通队伍，做好农副产品、积压产品、地产品三大产品促销，办好果业、流通、加工型三大经济实体等方面取得成效。1999年，以闽粤赣13个地（市）建设协作区共同商品市场工作会议和闽赣2个省、3个地（市）、9个县第二届第二

次边贸市场信息协作会为契机，研究和探索打破地区封锁、加强市场监管协作问题。配合有关部门开展“制止无序竞争，规范市场秩序”活动；完成全市（地区）商品交易市场调查；发挥职能，支持搞活地产品流通；配合政府开展招商引资和边贸协作工作；打击假冒伪劣商品，搞活商品流通，繁荣各类市场。2000 年，和石城县工商局共同主办闽赣 3 个市、10 个县（市）二届三次边贸市场信息协作会议，就粮食市场监管、边贸市场监管协作和联手共建边贸市场等课题进行交流探讨。

消费品市场管理 1986 年，重点查处市场交易中食品卫生违法违章行为。集贸市场、小商品市场、专业批发市场十分活跃，市场成交额 4.69 亿元。1987 年，贯彻国务院《关于整顿市场秩序加强物价管理的通知》精神，会同物价、税务、公安、商业等部门，开展市场大检查、大整顿，重点打击短斤少两、家禽灌泥、饮料生产经营违反卫生标准及制售假冒伪劣商品的违法违章行为，维护市场消费品、生产者、经营者的合法权益，市场成交额 6.16 亿元。1990 年，贯彻执行《江西省城乡集贸市场管理规范》，在县城以上市场和地、县（市）级“文明集贸市场”及部分农村集贸市场实施规范化管理，在崇义县北门市场抓试点，并召开集贸市场规范化管理试点现场会。市场经营者守法经营、文明经商的风气逐渐形成，城乡市场贸易更加活跃，市场成交额 11.65 亿元。1991 年，贯彻“放而有度、管而有法、活而有序”的原则，地区工商行政管理局，制定县城以上市场、较大乡（镇）市场、一般乡村市场 3 个层次的规范化管理的标准，在全地区 345 个市场组织实施，城乡市场的场容场貌有明显变化。1994 年，全面开展商品交易市场的登记工作。全地区已登记各类市场 270 个，其中直接由地区工商局登记的市场 261 个。1995 年，地区工商局下发《关于建立市场价格监控联系制度的通知》，通知要求每个县（市）选择 1 个消费市场作为市场价格监控联系点，及时掌握全地区农贸市场主要农产品的价格动态。与地区物价局联合下发《关于切实加强市场物价管理的实施意见》，严厉打击哄抬物价、欺行霸市、短斤少两、掺杂使假行为，使市场价格涨幅逐月回落，实现全年目标控制在 16％以内。全面推行规范化管理工作，结合实际，制定《赣州地区城乡集贸市场管理规范》，行署颁布《关于加强城乡集贸市场管理的通告》。集贸市场规范化管理取得初步成效，各地的集贸市场实行“净菜上市”，集市卫生环境明显好转，脏、乱、差现象得到纠正。

1997 年，推行市场巡查制，成立市场巡查领导小组，组成巡查队，对所辖区的市场实施巡回检查，变静态管理为动态管理，由原来的“分片把口”过渡到“联合执法”，逐步实现日常监管职能到位。抓好“文明市场”建设，评出地级文明市场 28 个。贯彻落实《江西省商品交易市场管理条例》和国家工商局的《租赁柜台经营活动管理办法》，对租赁的 36 组柜台进行注册登记，定做标志牌，亮明身份。加强市场登记和年检工作。全地区累计登记市场 300 个，年内新登记市场 1 个；对已登记的 286 个市场进行年检，其中消费品市场 272 个，生产资料市场 9 个，生产要素市场 5 个；关闭、注销不符合条件的市场 4 个，组织 53 个市场参加省工商局的统一公告。下发《1999—2000 年城区市场管理工作方案》《赣州市集贸市场管理规定》，规范全市（地区）的市场管理工作。1999 年初，定南、龙南 2 个县发生震惊全国的猪油中毒事件，夏季部分县（市）又出现牲畜 5 号病和 2 号病。全地区工商行政管理机关重点加强对集贸市场尤其是猪肉、牛肉，鸡鸭禽类等人民群众日常生活必需品的监管。多次关闭疫情严重的牲畜交易市场，制止餐饮行业招揽过往运载牲畜车辆业务和随意乱丢病死牲畜的行为，防止疫情的扩散，做好疫情的控制。2000 年，开展以查无照经营、无照收费，需前置审批而未前置审批违法违规登记为重点的“抓管理、查规范、保安全、促生产”专项整治活动。

“双生”（生产资料、生产要素）市场与其他市场管理 1986 年，配合农资主管部门加强农业生产资料的监督管理，采取灵活措施，允许一些非归口经营单位一次性经营化肥、农药，缓解全地区化肥、农药紧缺状况，满足农业生产的需要。1989 年，按照国务院关于化肥、农药、农膜实行专营的规定，全地区各级工商行政管理机关对经营化肥、农药、农膜的单位进行清理整顿，经营户由 534 户减少到

487户；对经营活动进行跟踪监督管理，全地区共查处违法违章案157件。配合文化、公安部门对文化市场开展扫除“六害”的专项斗争，查缴、封存各类书报刊、图片35384册（份），音像制品13889盒，查处违章经营网点64个，取缔非法出版、编辑部1个，处理卖淫嫖娼违法人员21人。

地区工商局自1992年1月起，对驻市地属单位的舞厅、卡拉OK厅、录像队、电子游戏室等文化市场进行直接管理。同时，各县（市）工商局还配合烟草专卖、盐政、农资等部门加强对烟草市场、食盐和重要农业生产资料的管理，查处一批假冒劣卷烟和假劣化肥、劣质食盐，保护消费者的利益。1994年，全地区工商行政管理机关着重从市场主体资格的确认、市场行为的规范、违章违法行为的查处等方面强化对“双生”市场的管理。配合“扫黄打非”活动，加强对文化娱乐市场的管理，参与全地区文化娱乐市场的检查；与地区公安处联合下发《赣州地区发廊美容店管理规定》，规范发廊、美容店的经营活动；参与并组织全地区邮票市场清理整顿，维护邮票交易秩序。与地区劳动局联合下发《关于外来劳动力管理的规定》，规范外来劳动力的管理。配合地区邮电局、地区技术监督局对通信终端设备销售市场的清理整顿，对无进网许可证和进网标志的产品强制送检，依法处理一批不合格产品。配合地区环保局对全地区饮食、娱乐服务企业污染环境情况进行调查和整治，维护环境卫生。与地区林业局、地区公安处联合发出《关于保护野生珍稀动物的通告》，各县（市）工商局对进入市场交易的野生珍稀动物进行查处、放生，有效保护本地区的珍稀动物。与地区公安处、文化局、妇联联合制定《关于开展查禁取缔卖淫嫖娼色情活动，加强公共娱乐服务场所管理专项整治活动的实施方案》，重点打击音像和电子出版物制黄贩黄的非法行为。

1997年，下发《关于加强生产资料、生产要素市场监督管理工作的意见》。1998年，贯彻《江西省商品交易市场管理条例》和国家工商局《生产资料市场监督管理暂行办法》，对“双生”市场经营主体实行前置审核。同时，以清理经营资格、规范经营行为、管住流通环节为重点，以专项整治、重点打击为主要方法，介入劳动力、房地产、技术和信息、金融、产权市场的监督管理。地区工商局与赣州市工商局联合举办经纪人培训班，培训各类中介机构从业人员110人，经过考试合格，颁发经纪人资格证书，做到持证上岗。与地区农业局举办《农药管理条例》培训班，查处1起跨地区经营“农螨毙”案件。2000年，全市开展“红盾打假护农”活动，检查农资经营单位1400多户，受理投诉40余起，立案查处64起，罚没款14万元，案值60多万元，取缔无照经营140多户。针对职业介绍和旅游市场存在的问题，进行清理整顿，查出无照、无证经营11户，查处违章经营15起，对18家旅行社（公司）要求补办经纪人资格证书。对全市电子商务市场进行初步调查，与市邮政局联合开展特快专递业务市场、集邮市场、信封生产、销售市场为期2个月的集中检查整治，重点打击邮政市场无证无照生产经营行为，查处非法经营及擅自开办国际快件等速递业务的行为。

粮食市场管理 1997年，配合有关部门对粮食、棉花市场进行整治。派出检查人员782人次，查处违法违章行为11起，确保国家粮食、棉花政策落到实处。1998年，国务院颁发《关于进一步深化粮食流通体制改革的决定》，全国开始实行粮食流通体制改革。查处各类粮食违法案件609件，查扣非法收购倒卖粮食2485吨，没收粮食1276吨，罚款59.6万元。1999年，全市（地区）建立粮食巡查队235个、派出粮食市场管理人员8775人次、车辆3123台次，检查企业（个体工商户）3939户、市场591个，取缔无照经营粮食企业（个人）143户（个），变更企业（个体工商户）21户，查处非法收购、贩运粮食案件816件，没收粮食1620吨、罚款176万元。2000年，针对粮食收购主体增加的新情况，对全市330多户申请收购早籼稻的粮食加工（经营）企业（户）进行审查，对符合条件的215户分3批进行培训。全年立案查处粮食案件280起，罚没粮食183.5吨，罚没款47.85万元。

机动车辆交易市场管理 从1986年起，强化对车辆统一验证管理。在赣州地区工商局内设立全地区第一个机动车辆交易所，开始对赣州地区交易的机动车辆进行验证管理。当年验证各种机动车918辆。

1990 年，对全地区的机动车辆生产、经营单位进行检查整顿，建立申报和检查制度，全年验证各种机动车 2401 辆，查处违法违章交易汽车 115 辆。1992 年 4 月起，机动车辆交易管理权限收回地区工商局直接管理。地区机动车辆交易管理所加强对机动车辆交易双方的主体资格审查和车辆交易市场的监督管理。2000 年，办理各种机动车辆交易验证 3175 辆，成交额 27811 万元。

第四节　个体私营经济管理

一、教育引导

1986 年 4 月，组织全地区个体工商业户广泛开展以“文明生产、文明经营、礼貌待客、热情服务”为内容的优质服务竞赛活动。个体工商户服务质量得到提高，掺杂使假、短尺少秤、强买强卖的现象逐步减少。1987 年，开展“创文明个体户”的活动。结合全民普法教育，组织个体工商户从业人员学习法律知识，开展法律知识竞赛，增强个体经营者守法经营的自觉性。1990 年，开展“守信创优”活动。5 月中旬，在于都县召开全地区个体工商户、私营企业“守信创优”活动经验交流会。全地区评出先进个体劳动者 2295 名。

1991 年，地区工商局下发《关于在全区个体工商户、私营企业中实行职业道德教育规范化实施意见》。在崇义县试点，推广崇义县城关工商所、个协分会开展职业道德教育规范化的经验。全地区个体工商户、私营企业从业人员认购国库券 120 万元，为公益事业捐款 128.87 万元。1996 年，开展“户户讲道德，店店无假货”的活动，进行爱国、敬业、遵纪、守法和职业道德教育。开展为社会公益事业、扶贫济困的捐助活动，激发个体私营业者的爱国热情和奉献精神。9 月，在全地区召开的为灾区人民献爱心动员大会上，有赣州市（今章贡区）、于都县、南康县、信丰县等县（市）101 位个体户工商户和 25 户私营企业主捐款 12.08 万元。年内，全地区共收到捐款 194.1 万元。2000 年，举办个私业主法律、法规和技术、经营管理培训班 97 期，培训 6057 人次；组织 20 名私营业主参加省个体私营经济领导小组与江西省委党校联合举办的全省私营企业大户高层培训班。

二、监督管理

1986 年，重点查处短斤少两、掺杂使假、制售假冒伪劣商品和哄抬物价的行为。检查个体工商户 26041 户，查处无照经营户 1763 户，补办执照 693 户。整顿一批名为集体、实为个体的个体工商户。1990 年，对个体工商户和私营企业进行 4 次清理。并结合年检验照、贴花，对个体工商户、私营企业的经营范围、经营方式、字号名称、从业人员进行核查和对个体营运车辆进行清理整顿。全地区查出无照经营户 2276 户，从业人员 3004 人，名为集体、实为个体营运车辆 804 辆，查处违章违法个体工商户 2755 户。

1992 年，清理无照经营个体户 6676 户，对其中 5730 户符合条件的给予补办营业执照，对 225 户不办照、不纳税、不交费的个体户予以取缔。在开展“打假”活动中，全地区查处违章违法经营的个体户 2237 户。1995 年开展无照经营和“假集体”的清理，查出无照经营个体户 6900 户，及时登记补照的 6278 户，取缔 622 户；查出“假集体”企业 906 户，其中转办为私营企业的 151 户，转为个体工商户的 736 户，注销 19 户。先后 2 次对文化娱乐、旅馆业等重点行业进行整顿，关闭无照经营点 6 个，缴销营业执照 6 户，限期整顿的 122 户。10 月 1 日起，开始为个体工商户换发新的营业执照。

1997 年，对自然人投资开办的有限责任公司进行审查和核准，重点是对资金的审验。对全地区 69 户个体（私营）印刷厂、无照经营户、“假集体”，转借、出卖、出租、涂改个体工商户、私营企业营业执照，文化、农资、烟草、成品油、食品等市场进行检查整顿。2000 年，宣传推广南康经验和先进典型，优化发展环境，整治市场秩序，注重引导和服务，加强个体私营经济的监督和管理，防止个体私营企业过多停业、歇业的现象，促进全市个体私营经济稳步健康发展。

第五节　经济合同监管

一、经济合同鉴证

1986 年，执行国家工商局《关于经济合同鉴证的暂行规定》，重点对购销、建筑工程承包、加工承揽、货物运输、财产租赁、借贷等合同进行鉴证。全年共鉴证各类经济合同 623 份，金额 2955 万元。开展经济合同检查，全年处理各类案件 164 件。1988 年，配合企业转换经营机制，鉴证经济合同 2592 份，金额 66421.3 万元。针对经济合同纠纷增多，办案力量不足的情况，开始在基层工商所设立派出仲裁庭，全地区设立派出仲裁庭 14 个。全年受理经济合同案件 421 件，标的金额 3511.1 万元。1989 年 4 月，统一经济合同鉴证书样式，全地区选定 24 个承包租赁企业为规范化经济合同管理的试点单位。试点结束后，地区工商局下发《关于加强企业承包（租赁）经营合同规范化管理的意见》。全年鉴证各类经济合同 2747 份。1990 年，经济合同履约事前监督，对建筑安装工程承包合同进行强制鉴证，鉴证合同 969 份。下发《关于全方位管理企业承包（租赁）经营合同的实施方案》，对第二轮承包租赁经营合同实行全面鉴证，鉴证合同 556 份。地区工商局拟定经济合同纠纷“申诉书”“申诉笔录”“调解书”样式，在全地区范围内统一使用 3 种经济合同仲裁或调解示范文本。年内受理经济合同案件 2793 件，争议金额 2334 万元。

1991 年，开始推行经济合同示范文本制度。对房地产市场合同和供用电合同进行鉴证管理，全年鉴证此类合同 1383 份。1993 年，对企业经济合同的签订履约进行跟踪监管。全地区年内鉴证各类合同 6525 份，其中强制鉴证的工程建设承包合同 1131 份。南康县、全南县、瑞金县、会昌县 4 个县工商局主动介入“国有民营”“国有私营”企业合同的鉴证管理。全地区受理经济合同纠纷仲裁案件 153 起，金额 615 万元，争议金额 328 万元，裁决 151 件，撤诉 2 件；查处违法合同 115 件，金额 1672 万元；协助经济合同当事人挽回或避免损失 257 件，金额 1247 万元。全年共受理经济合同案件 482 件，结案 477 件（其中调解 462 件、裁决 8 件、确认无效合同 3 件、撤诉 4 件），查处违法合同 70 件，金额达 850.53 万元。

1996 年，全地区举办经济合同法律法规培训班 68 期，参训 2800 人次，提供法律法规咨询服务 1632 人次，修改、完善合同条款 780 余项，签证各类经济合同 7738 份，鉴证金额 7.56 亿元。加强经济合同的日常监督检查。全地区检查企业 5139 户，检查经济合同 14365 份，合同金额 5.99 亿元。打击合同欺诈专项执法活动，重点查处工程承包、购销、加工承揽等合同中的欺诈行为，受检企业 2332 户，查处利用经济合同违法案件 47 件，违法金额 1012 万元。2000 年，全市检查 252 户企业和个体工商户，检查合同 3580 份，为当事人挽回和避免经济损失 275 万元。鉴证各类经济合同 4500 份，鉴证金额 10.9 亿元，调解经济合同纠纷 36 件，争议金额 56 万元，查处利用经济合同诈骗案件 2 起。

二、动产抵押登记

1996 年，全地区开始施行企业动产抵押登记管理工作。全年办理动产抵押登记 126 件，抵押担保金额 5.62 亿元。其中，地区工商局办理 20 件，抵押担保金额 6608 万元。1998 年，加强与银行等有关部门的合作，防止重复抵押登记。年内全地区办理企业动产抵押登记 236 件，抵押物登记金额 9.84 亿元，主债权总金额 6.89 亿元。1999 年，严把“六关”（登记管理范围审查关、主合同和抵押合同审查关、抵押物权属关、抵押物价值认定关、现场勘验关、监督检查关），完善登记程序，提高企业动产登记效率。全市（地区）办理企业动产抵押物登记 322 件，抵押物价值 10.98 亿元，主债权金额 65.9 亿元。2000年，完善企业动产抵押登记中的现场勘验、文书格式和档案管理等制度，防止国有资产流失、保障国有资产增值和国有资金有效信贷、盘活生产经营资金。全市办理企业动产抵押登记274件，抵押物价值6.44亿元，主债权金额3.5亿元。

三、"重合同、守信用"企业评选

1986年，总结推广瑞金县在县属企业中开展的"重合同，守信用"活动的试点经验，全年有10个县（市）532户企业申请参加"重合同、守信用"活动，有75户企业荣获1986年度"重合同、守信用"企业荣誉称号。

1993年，加强对"重合同、守信用"企业的回访和跟踪监管。部分县（市）工商局在企业中实行"经济合同管理合格证"制度。全年全地区815户企业申报参加"重合同、守信用"企业评选。有309户被命名为1992年度"重合同、守信用"企业，其中连续5年以上获得地、县（市）"重合同、守信用"称号的54户企业还被省经委、省工商局命名为全省"重合同、守信用"企业荣誉称号。

1996年，各地采取成熟一户、命名一户、巩固一户、提高一户的做法，开展"重合同、守信用"评选活动。年内全地区命名155户企业为1995年度"重合同、守信用企业"，其中获得县（市）级命名"重合同、守信用"称号的企业78户，地级"重合同、守信用"的企业56户，省级"重合同、守信用"的企业21户。

2000年，对历年被命名的"重合同、守信用"企业进行复审，清理和废止一批名不副实的企业，收缴证书和牌匾，规范评选活动。

第六节　商标管理

一、商标注册与知名商标评选

1986年，贯彻《中华人民共和国商标法》，积极指导企业申请注册和正确使用注册商标，全年全地区经国家商标局核准注册的商标27件。1992年，加强对企业培训、咨询、引导和服务，提高企业商标意识和创名牌意识。申请商标注册的企业不断增多，核准的注册商标70件。1993年，初步实现行政核准转向商标代理制，加强《中华人民共和国商标法》的宣传，引导企业申请商标注册。全地区年内商标申请156件（含核转、代理数），经国家商标局核准注册商标54件。全地区有效注册商标累计568件。2000年，全市经国家商标局核准注册商标66件。

1995年，实施名牌战略，鼓励和促进赣州地区企业争创名牌，占领市场。6—11月，组织有注册商标的企业参加省第二届著名商标评选，全地区有24家企业报名参选，6件商标获省著名商标，即大余县南安板鸭厂的"南安"牌板鸭、江西第三糖厂的"梨花"牌白糖、江西省畜产进出口公司赣州畜产厂的"飞宇"牌羽绒制品、赣州木材厂的"天岩"牌胶合板、安远化工厂的"龙山"牌松节油、江西省东方红实业股份有限公司的"贡江"牌水泥。

1997年7—8月，赣州市（今章贡区）开展知名商标评选活动，从参评的45件商标中，评选出14件商标为赣州市（今章贡区）知名商标。地区工商局选送地区内13件商标参加全省第3届著名商标评选活动，赣南制药厂"赣南"、赣州市（今章贡区）造纸厂"金风"、赣州嘉乐酒厂"绿凉"、信丰县麦饭石酒业公司"赣石"、会昌精制米食公司"汉仙"等5件商标被评为省著名商标。全年为企业代办商标注册60件，变更商标5件，续展商标13件。2000年，推荐24件商标参加全省第4届著名商标评选，有23件商标被认定为省著名商标。全年为企业提供咨询服务673人次，代办商标申请注册52件，续展商标13件，变更商标9件。

表 17-3-4

1986—2000 年赣州市（地区）核准注册商标统计表

单位：件

单位	1986 年	1987 年	1988 年	1989 年	1990 年	1991 年	1992 年	1993 年	1994 年	1995 年	1996 年	1997 年	1998 年	1999 年	2000 年
章贡区	8	1	7	4	—	3	3	—	4	3	1	2	2	4	3
赣县	1	1	7	4	—	3	3	—	4	3	1	2	2	4	3
南康	—	—	2	2	2	5	6	5	—	1	8	7	3	4	15
信丰	1	2	1	5	2	1	3	4	2	2	9	6	4	8	4
大余	—	1	6	8	4	5	7	8	1	5	9	2	1	3	10
上犹	—	2	1	1	—	3	4	—	2	—	1	3	—	—	1
崇义	1	2	2	2	4	1	2	1	2	3	8	2	—	3	—
安远	—	—	—	2	1	5	4	6	3	1	1	—	—	—	—
龙南	1	4	2	3	4	8	3	3	2	1	—	1	2	—	—
定南	—	1	4	1	2	6	2	1	2	—	1	1	—	2	2
全南	1	2	1	4	1	2	3	4	4	2	—	3	2	1	—
宁都	3	—	3	4	3	2	9	10	1	1	2	1	2	7	5
于都	1	1	4	3	5	4	2	—	1	3	4	3	2	4	1
兴国	6	2	8	—	3	8	7	—	2	7	4	7	5	8	10
瑞金	2	2	3	3	1	6	—	4	2	2	1	1	2	3	—
会昌	1	—	3	5	1	7	3	1	—	1	2	8	—	1	4
寻乌	—	1	1	1	1	2	2	5	—	1	—	1	—	—	—
石城	1	3	4	2	1	—	2	—	7	—	4	3	2	—	2
市(地区)局	—	—	—	—	—	—	5	2	3	—	6	15	9	4	6
合计	27	25	59	54	35	71	70	54	42	36	62	68	38	56	66

二、商标监督

1986 年，全地区查处各类商标违章违法案 17 件。1987 年，对全地区核准注册的 237 件商标进行验证，查处“无厂名、无厂址、无产品合格证”的“三无”商品和假冒商标违法违章案 78 件，收缴和销毁假冒商标标识 21.49 万张。1990 年，实行商标定点印制制度，对全地区原 136 户商标印制企业进行清理，核定 40 家企业为商标制作单位，其中全民企业 24 户，集体企业 14 户，个体户 2 户。在福建省、广东省等地查处假冒大余县食品厂“牡丹亭”牌多味花生和假冒赣州市（今章贡区）造纸厂“金风”牌面巾纸、卫生纸重大侵权案。全地区查处各类商标违法案 136 件，封存假冒商标标识 33.05 万张，销毁假冒商标标识 4.6 万套。对 18 家饮料生产企业使用商标情况进行全面整顿，纠正饮料商标使用混乱状况。

1998 年，加大商标打假力度，查处一批商标侵权案件。7 月，地区工商局在赣州市（今章贡区）龙都市场查处个体户经销假冒瑞金电线厂“金字”牌电线 261 卷；安远县工商局查扣“红梅”“阿诗玛”“红河”香烟标识 1.2 万张。11 月，赣州市（今章贡区）工商局查处假冒“吉祥”牌火柴 160 件。12 月，地区工商局与赣州市（今章贡区）工商局联合查处 2 名个体户销售冒充他人注册商标的洗涤用品 868 瓶。全年查处商标一般违法案件 36 件，其中违反注册商标使用的 17 件，未注册商标使用的 17 件，非法印刷或买卖商标标识的 2 件；查处商标侵权假冒案件 34 件，其中商标侵权案件 32 件，假冒他人注册商标的2件，收缴商标标识334791套（张）。2000年，全市查处商标侵权假冒案件37件，其中商标侵权案20件，假冒商标案17件。查处商标一般违法案件33件，其中非法印刷或买卖商标标识3件，违反注册商标使用管理的17件，违反未注册商标使用管理11件，违反商标使用许可合同管理2件。收缴和消除侵权商标标识11.73万套。

第七节　广告管理

一、清理整顿

1986年，开展广告宣传和经营的清理整顿，注销不符合广告经营规定的经营单位7户，新增广告经营单位4户。年底，全地区有广告经营单位21户，从业人员161人，全年广告营业额25万元。加强户外广告管理，全地区城镇和农村设置广告张贴栏251块，面积1475平方米。1987年，广告行业不断扩大，赣县、信丰县、崇义县、于都县、瑞金县、龙南县6个原无广告经营单位的县，先后都发展1～2户广告经营单位。至年底，全地区有广告经营单位36户，从业人员385人，年营业额39.38万元，比1986增长58%。大型路牌广告开始兴起，全地区已有路牌广告18块。查处广告违法案83起。1990年，重点对户外广告的规划和管理，崇义县发布地方性广告管理法规。全地区有广告经营户49户，从业人员475人，年营业额152万元。

1994年，制定《赣南广告业发展规划》，开展广告经济秩序整顿，规范广告经营管理，对全地区87家经营广告单位进行年检，年检率95%。对赣州市（今章贡区）内的电视、广播、报纸进行监督。全年制止致富信息、巨奖销售、养殖业、招工招聘、行医等内容不实的广告16条。全地区年内查处虚假违章广告344起，结案333起，结案率99.7%。开展广告宣传，全年发布报纸广告7560条、播放电视广告9125条次，设户外路牌广告115块。全年广告经营额546万元，比1993年的386万元增长41.45%。

1997年，对全地区131家广告经营单位进行广告资质检查和年检，6家不符合规定的广告公司和14家经营不正常的广告经营单位进行整顿。年底，全地区有广告经营单位137家，其中综合型广告公司28家，兼营广告的媒介42家，广告制作设计公司6家，其他61家。从业人员912人，广告营业额2300万元，比1996年增长46%。

二、广告法实施

1995年，《中华人民共和国广告法》开始施行。全地区举办广告法学习培训班27期，参训人数1100人次，印发广告法手册1200本。年内，查处各类广告违法案件175件，其中虚假广告41件，违禁广告63件，非法经营广告业务27件，其他44件，罚款7.5万元。吊销证照13户，停业整顿3户。全地区领取新证的广告经营单位101家（其中年检后新增25家），从业人员851人，广告营业额达912万元，比1994年增长67%。

2000年，开展《中华人民共和国广告法》颁布实施5周年宣传活动。全年查处各类广告违法案件97件，其中虚假广告案24件，其他广告违法案件73件，案值96万元。全市广告经营单位176家，A级广告公司4家（其中综合型公司3家，设计公司1家），从业人员1280人、广告审查员132人，全市广告经营额5200万元，比1999年增长53%。

第八节　经济监督检查

一、经济违章违法行为查处

1986年，全地区查处投机倒把违法违章案932件，移送司法机关处理的5件，罚没入库金额165.02万元。查获主要物资有钢材、汽车、进口化纤布、有色金属、柴油、水泥、木材、假冒自行车、化肥、摩托车、粮票、录音带、录音机、电视机、黄金、白银、银圆、假银圆、计算器、文物、手表、复印机等。投机倒把违法违章案件比1985年下降66.44%。但国营、集体企业和机关、团体等单位作案呈上升趋势，在查处的33件投机倒把大案中，单位作案数占57.57%。1988年，全地区查处投机倒把违法违章案件1150件，罚没入库金额343.23万元。投机违法违章案件比1987年下降30.05%。大案上升，投机倒把大案比上年增2倍，违法违章大案增加2.14倍。主要仍以制售假冒劣商品、非法内运、倒卖进口汽车案居多，国营企业作案比重增大。出现借车租赁、旧车翻新、冒充军车逃避检查等新的作案特点。

1990年，全地区查处投机倒把违法违章案件2104件，罚没入库金额644万元。1993年，制定《赣州地区工商行政管理机关查处走私贩私整顿市场的实施方案》，买私、贩私、护私的情况得到控制，私货市场得到整顿，全地区共查处各类经济案件1163件，罚没金额977.92万元。查处的进口物资主要有汽车、摩托车、录（放）像机、彩色电视机。按照省工商局的要求，开展查处制售假冒伪劣商品行为的活动，设立举报电话44个，“打假”联络网点72个。1994年，正式实施《中华人民共和国反不正当竞争法》《中华人民共和国消费者权益保护法》。全地区举办学习培训班66期，参加人数3300余人次。全地区共查处各类经济违法违章案件1046件。1995年，地区工商局先后下发《关于开展清“三无”、除“三霸”、打“三假”活动实施方案》《关于集中整治夏季饮料市场的通知》《关于开展打击假冒注册商标、虚假违法广告行为专项治理的通知》，捣毁制售假冒劣商品的窝点44个，取缔批发零售经营网点182个。“打假”专项行动查处制售假冒劣商品的案件129起，假冒劣商品标值644.85万元。

1996年，采取专项斗争与日常监督管理相结合，经常检查与重点检查相结合，打击查处与教育防范相结合的方法，开展以“一反二保三打”（反不正当竞争，保护经营者权益、保护消费者权益，打击走私、打击制售假冒伪劣商品行为、打击欺诈行为）为主要内容的“公平交易执法年”活动。2000年，开展“整顿市场秩序、整顿队伍作风”和“优化发展环境年”活动，促进全市经济建设快速、稳定、健康发展。

二、行政复议

1986—1990年，地区工商局设立案件审理委员会，将案件审批和行政复议工作分开。行政复议专门由行政复议小组统一受理。

1991年4月，开始受理基层工商所在授权范围内的行政复议。1992年2月起，全面推行《工商行政管理人员执法检查规则（试行）》，规范检查人员执法行为，做到依法检查、文明检查，执法形象得到较大改善。1995年，全地区办理各类经济违法、违章案件结案率达97.8%，准确率100%，无一起行政复议案。

1998年，全面推行行政执法责任制，完善监督机制，规范执法行为。全地区有11个县（市）工商局设置法制科（股），大多数县（市）的工商分局（所、站）设立法制监督员，形成系统内的法制监督网络。全地区核审行政处罚案件722件，申请行政复议案6件，其中不予受理2件，维持原处罚3件，法人撤回申请1件。2000年，下发《关于转发赣县工商局〈关于规范行政强制措施应用及其他行政执法规定〉的通知》，建立全市工商行政管理系统的行政复议、行政诉讼的层级执法监督和司法执法监督机制，使工商行政管理系统日常的案件核审、行政复议、行政诉讼、行政赔偿案件的审理和组织案件听证等执法监督工作逐步走向正轨。全市工商行政管理机关行政处罚案件 888 件，行政复议案件 24 件[省工商局复议 1 件，市工商局复议 14 件，县（市、区）工商局复议 9 件]，其中维持 16 件，撤回申请 3 件，变更 1 件，不予受理 1 件，未结案 3 件；行政诉讼案件 5 件，其中维持原处罚 3 件，原告撤诉 1 件，法院审理后驳回起诉 1 件；举行听证的案件 1 件。全市工商行政管理机关所查处的各类案件质量合格率 100%，当年结案率 98.5%。

第四章　土地管理

1986 年，《中华人民共和国土地管理法》颁布施行，全地区土地管理工作逐渐步入规范化。1986—2000 年，全市（地区）土地资源管理认真开展国家、省有关土地资源法律法规的学习与宣传，组织土地资源详查，编制土地利用总体规划；进行国有土地使用权、集体土地建设使用权的申报、登记、发证工作，规范土地的审批和开发利用，搞好地价评估；强化土地执法监察，监督检查全市（地区）各级国土资源的行政执法情况，依法保护土地所有者和使用者的合法权益，调处重大土地权属纠纷、查处土地违法案件。

地区土地管理局成立于 1986 年 5 月，以地区农牧渔业局土地利用管理站为基础组建地区土地利用管理局，属地区行署直属一级局，与地区农牧渔业局合署办公。局长由地区农牧渔业局局长兼任，下设办公室负责局日常工作。1989 年 8 月，地区土地利用管理局与地区农牧渔业局分设，独立办公。2000 年，市土地管理局内设一室（办公室）、四科（建设用地管理科、地籍管理科、土地监察科、计划财务科）、两分局（章贡分局、直属分局）、两所（土地价格评估事务所、土地市场交易管理所）、一队（土地资源勘察设计队）、一站一司（土地科技物资服务站、地产公司）。

第一节　土地法规宣传

一、全国土地日宣传

1991 年，国务院第 83 次常务会议作出决定，将每年的 6 月 25 日定为全国土地日。全地区各级土地管理部门积极开展每年的“6·25”全国土地日宣传活动。

1991 年，第一个全国土地日宣传主题为土地与国情；1992 年，第二个全国土地日宣传主题为土地与改革；1993 年，第三个全国土地日宣传主题为土地与经济；1994 年，第四个全国土地日宣传主题为土地与市场；1995 年，第五个全国土地日宣传主题为土地与法制；1996 年，第六个全国土地日宣传主题为土地与发展——保护我们的生命线；1997 年，第七个全国土地日宣传主题为土地与国家——爱护我们的家园；1998 年，第八个全国土地日宣传主题为土地与未来——集约用地，造福后代；1999 年，第九个全国土地日宣传主题为依法行政，合理用地；2000 年，第十个全国土地日宣传主题为为了美好的明天。

二、刊物宣传

1989 年地区土地管理局创办《赣南土地》，不定期出刊，宣传土地管理法律、法规，推广土地管理先进经验，交流土地管理的信息。到 2000 年年底共出刊 147 期。印发法律法规手册，发至全地区行政村以上单位。

三、法律法规培训

1996—2000年，每年由土地管理部门分期分批调训全市（地区）乡（镇）以上土地管理干部2期，时间3～5天，学习土地管理法律、法规知识，进行学习成绩的考试，合格者发给土地执法证和上岗证，以提高土地管理人员的素质和管理水平。

第二节　资源详查

1986—1990年，由各县（市）土地管理局主持和实施土地资源详查工作，1994年6月，通过省、地检查验收。在县（市）级详查成果的基础上，依据全国《土地利用现状调查地级汇总规则》，1994年7月至1995年12月进行全地区地级土地利用现状详查的汇总工作。汇总成果有图件、数据和土地资源状况。通过土地利用现状详查，分析全地区土地利用的现状和特点，对土地利用进行分区，对土地资源进行评价，探讨土地利用、土地保护、土地整治的具体对策和建议，对编制全地区土地利用总体规划、振兴赣南经济提供科学依据，对制订地区国民经济计划具有重要参考价值。参加这次土地详查人员达6000余人次，其中直接参与调查人员5429人。土地详查土地总面积为39317.14平方千米，图幅1519幅，调绘航片13840片，填写图斑登记表118万余份，签订权属协议书19286份，原由书806份。

一、土地利用现状

1987年8月，按照全国农业区划委员会1984年编制的《全国土地利用状况调查技术规程》规定，各县（市）组织力量对全地区土地资源利用现状进行详查。调查以县（市）为基本单位，调查截止时间为1990年年底。土地利用现状调查的内容主要有土地权属详查、土地利用现状详查、土地利用现状分类、地类调查、面积量算、编制土地利用现状图、编写详查报告等。土地利用现状分类主要是依据土地的用途、经营特点、利用方式及特征等因素来划分土地类别。

耕地　至1990年，全地区耕地面积39.84万公顷，占全地区土地面积393.17万公顷的10.13%，人均占有耕地0.05公顷。耕地中灌溉水田34.23万公顷，占耕地面积的85.92%；望天田1.4万公顷，占耕地面积的3.51%；水浇地133.33公顷，占耕地面积的0.03%；旱地2.8万公顷，占耕地面积的7.03%；菜地1.4万公顷，占耕地面积的3.51%。土地详查耕地面积39.84万公顷，统计面积35.2万公顷，比土地详查面积少4.64万公顷，占统计面积的13.18%。

园地　至1990年，全地区有各种园地面积3.68万公顷，占总土地面积的0.93%。其中，果园3.12万公顷，占园地面积的84.78%；桑园213.33公顷，占园地面积的0.58%；茶园4513.33公顷，占园地面积的12.26%；其他园地873.34公顷，占园地面积的2.37%。

林地　至1990年，全地区林地面积302.04万公顷，占全地区总土地面积的76.82%。其中，有林地220.96万公顷，占林地面积的73.16%；灌木林地2.43万公顷，占林地面积的0.8%；疏林地44.06万公顷，占林地面积的14.59%；未成林造林地33.48万公顷，占林地面积的11.08%；迹地1.05万公顷，占林地面积的0.35%；苗圃600公顷，占林地面积的0.02%。全地区人均占有林地0.41公顷，为人均占有耕地的8.2倍。

牧草地　至1990年，全地区牧草地面积444公顷，其中天然草地135.9公顷，占牧草地面积的31%；改良草地30.35公顷，占牧草地面积的6.92%；人工草地272.19公顷，占牧草地面积的62.08%。

居民点及工矿用地　至1990年，全地区居民点及工矿用地面积10.38万公顷，占总土地面积的2.64%，人均0.01公顷。其中，城镇面积5140公顷，占居民点及矿用地面积的4.95%；农村居民点8.5万公顷，占居民点及矿用地面积的81.9%；独立工矿1.25万公顷，占居民点及矿用地面积的

12.04%；盐田 28.17 公顷，占居民点及矿用地面积的 0.03%；特殊用地 1120 公顷，占居民点及矿用地面积的 1.08%。

交通用地 至 1990 年，全地区交通用地面积 16063.35 公顷，占土地总面积的 0.41%。其中，公路 5233.33 公顷，占交通用地面积的 32.58%；铁路 69.54 公顷，占交通用地面积的 0.43%；农村道路 1.06 万公顷，占交通用地面积的 65.99%；民用机场 126.64 公顷，占交通用地面积的 0.79%；港口码头 33.84 公顷，占交通用地面积的 0.21%。

水域 至 1990 年，全地区水域 124899.59 公顷，占总土地面积的 3.18%。其中，河流面积 4.44 万公顷，占水域面积的 35.55%；湖泊面积 24.39 公顷，水库面积 1.53 万公顷，共占水域面积的 12.27%；坑圹水面面积 2.02 万公顷，占水域面积的 16.17%；苇地面积 126.2 公顷，占水域面积的 0.1%；滩涂面积 6229 公顷，占水域面积的 4.99%；沟渠面积 3.77 万公顷，占水域面积的 30.18%；水工建筑物面积 920 公顷，占水域面积的 0.74%。

未利用土地 至 1990 年，全地区未利用土地面积 230860 公顷，占总土地面积的 5.87%。其中，荒草地 13.47 万公顷，占未利用土地面积的 58.35%；沼泽地 280 公顷，占未利用土地面积的 0.12%；沙地 233.33 公顷，占未利用土地面积的 0.1%；裸土地 1.1 万公顷，占未利用土地面积的 4.76%；裸岩石砾地 1.49 万公顷，占未利用土地面积的 6.45%；田坎 6.87 万公顷，占未利用土地面积的 29.76%；其他未利用土地 1046.67 公顷，占未利用土地面积的 0.46%。

1990 年赣州地区各县（市）土地面积构成统计表

表 17－4－1

行政区域	辖区（公顷）	占比（%）	耕地（公顷）	园地（公顷）	林地（公顷）	牧草地（公顷）	居民点及工矿（公顷）	交通运输用地（公顷）	水利设施用地（公顷）	未利用地（公顷）
赣州市	48657.00	1.24	8470.00	1651.00	24621.00	7.00	4542.00	697.00	3935.00	4734.00
赣　县	299221.00	7.61	30155.00	1800.00	238583.00	2.00	8456.00	951.00	11473.00	7801.00
南康市	185468.00	4.72	31469.00	1556.00	119723.00	—	9364.00	928.00	8546.00	13882.00
信丰县	286648.00	7.29	41198.00	2972.00	202706.00	—	9525.00	836.00	10410.00	19001.00
大余县	132450.00	3.37	12352.00	1636.00	105032.00	—	5331.00	720.00	4072.00	3307.00
上犹县	153778.00	3.91	11869.00	1841.00	124257.00	326.00	3407.00	417.00	4686.00	6975.00
崇义县	221133.00	5.62	11323.00	2732.00	189314.00	5.00	3003.00	1152.00	5155.00	8449.00
安远县	235132.00	5.98	19205.00	3330.00	192607.00	30.00	4588.00	991.00	4012.00	10370.00
龙南县	164236.00	4.18	11964.00	1925.00	133787.00	67.00	3964.00	899.00	3813.00	7817.00
定南县	131853.00	3.35	8806.00	1585.00	112331.00	—	2817.00	500.00	3021.00	2793.00
全南县	150566.00	3.83	10851.00	1650.00	129963.00	—	2449.00	715.00	3313.00	1625.00
宁都县	405509.00	10.31	46059.00	2038.00	296998.00	3.00	6821.00	1996.00	15762.00	35833.00
于都县	289547.00	7.36	31624.00	3304.00	212401.00	—	10167.00	1141.00	12565.00	18346.00
兴国县	320933.00	8.16	36194.00	1751.00	244208.00	—	9155.00	1183.00	11235.00	17207.00
瑞金市	245037.00	6.23	26485.00	1772	192050.00	—	7204.00	1008.00	8225.00	8294.00
会昌县	270990.00	6.89	22341.00	1659.00	203538.00	—	5371.00	693.00	7364.00	30025.00
寻乌县	232294.00	5.91	19400.00	2076.00	180170.00	—	4607.00	520.00	3162.00	22360.00
石城县	158256.00	4.03	18683.00	1542.00	118146.00	—	2996.00	719.00	4177.00	11993.00

二、调查与概查面积

调查是指调查完成年份1993年的数据汇总面积，概查是指同年度的土地年报上的概查面积，差值是指调查面积减去概查面积。

造成差值的主要原因：数据获取的方法不同。统计面积是中华人民共和国成立初期的行政辖区面积，采用小比例尺地形图量算，经历年增减而成，1993年详查面积以土地利用现状的实地调查为基础，采用科学的先进的量算手段汇总而成，具有更高的准确度；边界问题的影响。由于行政辖区的变化，而此次详查边界的处理方式不一；地类指标含义不一。1993年，土地详查严格按照国家《技术规程》作业，有些指标及汇总方法与统计部门不相同；土地利用的影响。由于人类对土地的开发利用，使得各类土地互相转化其用途和面积，有些是统计方式应付不到的。

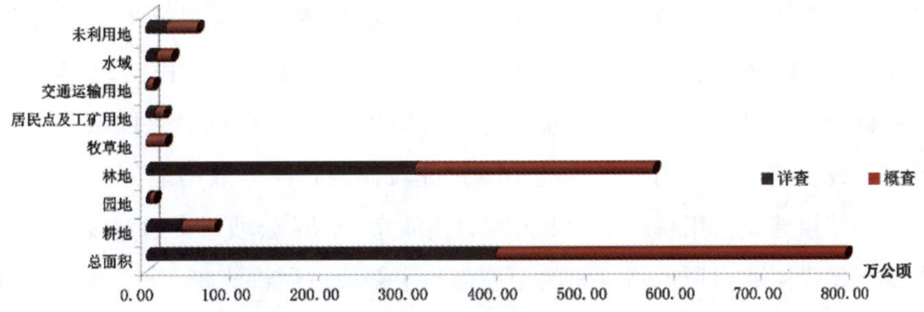

	总面积	耕地	园地	林地	牧草地	居民点及工矿用地	交通运输用地	水域	未利用地
概查	395.72	36.53	4.75	267.18	21.25	9.76	6.11	16.13	34.00
详查	393.17	39.84	3.68	302.84	0.044	10.38	1.61	12.49	23.08

图17-4-1 1993年赣州地区土地调查与概查面积对照情况

三、土地权属调查

行政区划界包括省界、县（市）界、乡（镇）界；土地权属界包括土地使用权和所有权界。1993年土地详查集体权属界线只绘到村级，而全民所有制的只调绘到场一级，村级以上独立居民点之外的企事业单位的权属同时调绘。根据要求，各县（市）乡（镇）、村行政境界和土地权属界线均在上级有关部门的组织协调下，各负其责，现场勘查，明确各级行政境界，签订权属协议书或争议原由书。全市（地区）共签订权属协议书13786份，争议原由书806份。境界主要拐点及方位范围。赣州市地处江西省南部，最北端是宁都县上廊际村，位于北纬27°09′；最南端是龙南县黄牛石林场村，位于北纬24°29′；最西端是崇义县乌石凹村，东经113°54′；最东端是石城县大秀村，东经116°35′。

第三节　土地变更调查

1996年开始，严格按照国家土地变更调查的技术规程，对全市（地区）土地进行变更调查。土地变更调查时间为每年的11月1日至次年10月31日止。土地变更调查就是在土地调查的基础上，每年度按截止时间要求，对土地的利用情况，分8大类进行汇总，以保持土地利用状况的现势性和准确性，为国民经济建设和社会发展提供真实、科学的依据。

2000年全市土地变更调查分析：2000年土地变更调查以1999年土地变更调查数据为基数，以耕地、非农建设用地变化为重点，对土地权属及地类变化情况进行全面的调查和统计。

一、各类土地变化

2000年，净增耕地712.6公顷，园地年内净增73805.08公顷，林地年内净减54632.48公顷，牧草地净增4096.75公顷，居民点及工矿用地年内净减1502.95公顷，交通用地年内净增1236.57公顷，水域年内净减1045.43公顷，未利用土地年内净减23204.39公顷。

二、耕地变化

耕地减少 2000年，建设用地占用耕地341.55公顷，其中居民建设工矿用地占用耕地192.74公顷，占56.43%；交通用地144.26公顷，占42.24%；水库水面0.83公顷，占0.24%；沟渠1.75公顷，占0.51%；水工建筑1.97公顷，占0.58%。建设占用耕地比较大的，主要分布在章贡区、南康市、宁都县、于都县、兴国县等地乡（镇）居民点建房。如于都县境内323国道扩建工程建设，安排拆迁居民建房用地占用耕地11.68公顷。随着经济发展和生活水平的提高，农民对改善居住条件的愿望不断提升，建房占用耕地越来越多。如南康市农民建房占用耕地17.3公顷、兴国县23.85公顷、于都6.25公顷等。小城镇建设步伐加快，用地指标向小城镇建设倾斜，改分散用地为集约用地，占用耕地越来越多。如宁都县小城镇建设占用耕地18.41公顷、南康市13.37公顷。交通建设发展迅猛，占用耕地数额较大。如省重点建设工程昌厦公路（南昌至厦门）宁都段占用耕地25.73公顷。宁都县地方公路建设占用耕地40公顷。兴国县境内国道、省道、县道改扩建占用耕地23.33公顷。还有农村路网建设等。农业产业结构调整，退耕还林还果占用耕地117.22公顷。如定南县占用耕地种密梨51.6公顷、种蚕桑17.58公顷、挖鱼塘1.04公顷。全南县种蚕桑占用耕地18.23公顷。自然灾害水毁耕地。如定南县水毁耕地达14.23公顷。偏远山区部分耕地撂荒或半撂荒。

耕地增加 土地开发、复垦。2000年，全市开发整理耕地1047.68公顷、复垦137.92公顷，合计1185.6公顷。

表17-4-2 1995—2000年赣州市（地区）八大类土地变更调查情况统计表

单位：公顷

类别		1995年	1996年	1997年	1998年	1999年	2000年
耕地	小计	391421.15	389165.23	388871.26	387711.93	388272.17	388984.77
	灌溉水田	289700.18	279947.98	279921.05	279287.56	278755.06	278342.83
	望天田	45954.55	42842.40	42666.13	42537.96	42550.15	42476.59
	水浇地	150.80	165.77	165.77	165.77	165.77	166.38
	旱地	43857.88	54962.85	54898.44	54468.09	55591.05	56499.12
	菜地	11757.74	11246.23	11219.87	11252.55	11210.14	11499.85
园地	小计	18675.04	36745.29	52470.58	59231.00	64296.83	138101.91
	果园	12899.21	30912.00	46253.50	52820.93	57833.39	131592.49
	桑园	232.91	257.40	409.26	419.55	478.47	513.51
	菜园	4275.47	4288.06	4486.55	4488.10	4483.62	4493.03
	其他园地	1267.45	1287.83	1321.27	1502.42	1501.35	1502.88

续表 17-4-2

类别		1995 年	1996 年	1997 年	1998 年	1999 年	2000 年
林地	小计	3050340.50	3043461.02	3028463.70	3023993.85	3018341.73	2963709.25
	有林地	2230350.06	2234770.74	2251855.67	2251579.33	2252220.72	2220303.13
	灌木林	186195.54	185758.24	182282.21	182163.68	182149.73	181152.65
	疏木林	304650.65	301172.28	290012.08	289466.50	288238.19	287387.50
	未造成林林地	317990.44	311309.77	294419.37	291022.01	286021.31	265121.39
	迹地	10588.41	9877.59	9318.53	9284.26	9232.01	9265.12
	苗圃	565.40	572.40	575.84	478.07	479.77	479.46
牧草地	小计	443.80	454.25	744.67	744.67	745.13	4841.88
	天然草地	138.03	150.49	440.91	440.91	440.91	537.66
	改良草地	30.40	28.39	28.39	28.39	28.39	28.39
	人工草地	275.37	275.37	275.37	275.37	275.83	4275.83
居民点及工矿用地	小计	104617.79	110034.57	110660.47	111291.14	111829.48	110326.53
	城市	4886.71	5114.95	5430.47	5496.61	5585.85	5616.44
	建制镇	1103.12	1272.31	1509.33	1975.72	2009.67	2057.01
	村庄	85172.76	88365.15	88379.43	88439.47	88773.71	87135.06
	独立工矿	12406.62	14116.91	14174.21	14212.00	14296.67	14358.64
	盐田	28.18	73.99	73.99	73.15	67.50	62.30
	特殊用地	1020.40	1091.26	1093.04	1094.19	1096.08	1097.08
交通用地	小计	15563.57	18366.43	18644.53	18762.65	19659.41	20895.98
	铁路	115.43	1594.32	1594.32	1594.32	1594.32	1594.32
	公路	5011.67	5732.95	5898.68	5989.69	6825.28	8035.47
	农村道路	10298.67	10897.24	11009.61	11036.72	11097.89	11124.27
	民用机场	126.64	130.76	130.76	130.76	130.76	130.76
	港口码头	11.16	11.16	11.16	11.16	11.16	11.16
水域	小计	123372.25	130792.94	130990.88	131118.05	131113.43	130068.00
	河流水面	43237.57	47445.08	47467.25	47469.25	47410.94	47407.83
	湖泊水面	58.93	58.94	58.89	56.40	56.40	56.40
	水库水面	15239.69	16790.59	16812.32	16850.02	16981.80	16987.84
	坑塘水面	20418.83	20369.73	20371.25	20477.76	20443.90	19440.57
	苇地	118.59	118.51	118.51	118.51	118.51	118.51
	滩涂	6643.05	8315.92	8460.82	8444.15	8411.83	8367.55
	沟渠	36745.48	36777.02	36784.64	36784.23	36756.51	36750.93
	水工建筑物	910.11	917.15	917.20	917.73	933.54	938.37

续表 17-4-2

类别		1995年	1996年	1997年	1998年	1999年	2000年
未利用土地	小计	227280.04	202694.40	200868.05	198860.85	197455.96	174251.57
	荒草地	133659.84	110419.78	108617.40	106629.39	105359.99	82209.71
	盐碱地	5.51	5.51	5.51	5.51	5.51	5.21
	沼泽地	352.63	355.55	344.56	344.56	344.34	344.11
	沙地	173.11	214.59	214.31	262.47	264.47	278.55
	裸土地	10994.93	10626.25	10636.37	10637.39	10584.36	10559.66
	裸岩石砾地	14400.53	14372.18	14370.27	14367.70	14319.59	14311.23
	田坎	66657.58	65040.75	65037.75	64967.81	64939.82	64907.45
	其他	1035.91	1659.79	1641.88	1646.02	1637.88	1635.65

第四节　建设用地管理

一、土地利用总体规划

土地利用总体规划的规划期限由国务院规定。下级土地利用总体规划依据上一级土地利用总体规划编制。《中华人民共和国土地管理法》规定，地方各级人民政府编制的土地利用总体规划中的建设用地总量不得超过上一级土地利用总体规划确定的控制指标、耕地保有量不得低于上一级土地利用总体规划确定的控制指标。编制原则：严格保护基本农田，控制非农业建设占用农用地；提高土地利用率；统筹安排各类、各区域用地；保护和改善生态环境，保护土地的可持续利用；占用耕地与开发复垦耕地相平衡。土地利用总体规划一经批准，必须严格执行。

《赣州地区土地利用总体规划》的编制，充分利用土地资源现状调查及变更调查、《赣州地区统计年鉴》、《赣州地区国民经济和社会发展“九五”计划和2010年远景目标纲要》等成果资料，在土地利用专题研究和地直各部门用地预测的基础上，对全地区土地资源利用进行科学论证、综合协调及平衡优化，确定全地区土地利用各项控制指标，调整土地利用结构，并提出实施规划有关行政、经济、法律措施。规划的编制从1997年4月起，至1998年3月。共10章，分总则、土地利用状况、土地利用发展目标、土地利用结构调整、区域土地利用、重点建设用地布局、土地保护整理开发复垦、县（市、区）土地利用、实施规划的措施和附则。

土地利用潜力　依据未利用土地适宜性评价分析，全市（地区）有18.47万公顷未利用土地可供开发利用，其中宜耕面积5.54万公顷、宜园面积6.89万公顷、宜林面积6.04万公顷。中低产田：全市（地区）人均耕地0.0515公顷，其中有低产田21.76万公顷，占耕地面积的55.9%。建设用地：全市（地区）农村居民点用地人均140.55平方米，规模偏大，普遍存在平房比重大，庭院圈地多，村内空闲地利用不充分现象。城镇内部也存在类似情况。其他土地：全市（地区）林地面积中有林地面积223.48万公顷。调查表明，单位面积林木生长量及产值很低。园地、水域也存在类似情况。

表 17-4-3　　1997—2000 年赣州市（地区）建设用地控制指标统计表　　单位：公顷

项目名称	总用地	其中:耕地
一、居民点用地	3485.00	981.00
1. 城镇	2685.00	881.00
2. 农村	800.00	100.00
二、独立工矿用地	467.00	89.00
三、交通用地	3100.00	1220.00
1. 铁路	833.30	446.00
2. 公路	2166.70	754.00
3. 农村道路	80.00	18.00
4. 民用机场	10.00	1.00
5. 港口码头	10.00	1.00
四、水利用地	783.00	120.00
1. 水利设施	733.00	114.00
2. 其他	50.00	6.00
总　计	7835.00	2410.00

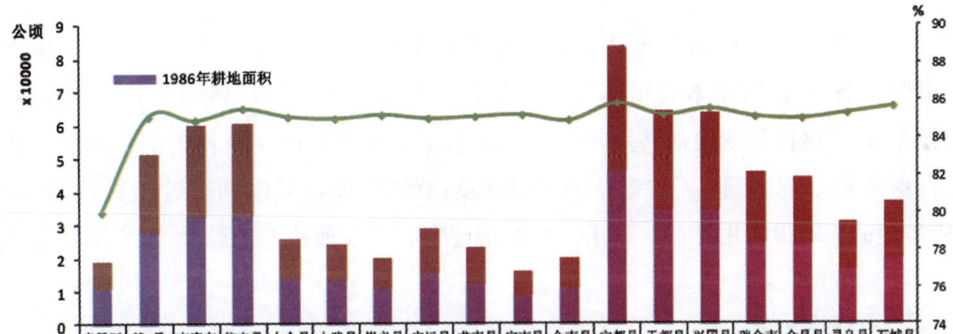

	章贡区	赣　县	南康市	信丰县	大余县	上犹县	崇义县	安远县	龙南县	定南县	全南县	宁都县	于都县	兴国县	瑞金市	会昌县	寻乌县	石城县
2000年农田保护面积	8491.86	23664.9	27652.7	27879.9	11757.6	11107.8	9185.07	13195.2	10642.2	7363.64	9213.3	39654.9	29474.1	29404	21025.8	20399.6	14179.8	17004.1
1986年耕地面积	10614.8	27808.4	32570.9	32600.4	13816.2	13068	10780.6	15523.8	12505.5	8642.77	10852	46217.8	34594	34382.6	24707.2	23999.5	16623.5	19857.5
保护率	80.00	85.10	84.90	85.52	85.10	85.00	85.20	85.00	85.10	85.20	84.90	85.80	85.20	85.52	85.10	85.00	85.30	85.63

图 17-4-2　2000 年赣州市基本农田保护面积分解情况

表 17-4-4　　1997—2000 年赣州市（地区）建设用地控制指标、退耕还林分解情况统计表　　单位：公顷

县(市、区)	建设用地		退耕还林	耕地转园	灾毁耕地
	总面积	其中耕地			
合　计	7835	2410	2716	1858	1981
章贡区	656	200	72	—	118
赣　县	524	160	96	25	153
南康市	674	209	70	20	163
信丰县	519	160	80	19	161

续表 17-4-4

县(市、区)	建设用地		退耕还林	耕地转园	灾毁耕地
	总面积	其中耕地			
大余县	305	94	94	46	63
上犹县	305	94	230	83	63
崇义县	291	75	157	50	42
安远县	329	102	190	22	75
龙南县	480	147	126	143	61
定南县	400	150	70	70	53
全南县	248	75	70	31	51
宁都县	519	160	440	219	231
于都县	520	134	230	165	169
兴国县	495	166	187	184	163
瑞金市	656	200	70	58	122
会昌县	319	99	220	400	112
寻乌县	297	93	204	194	76
石城县	298	92	110	129	105

耕地保护 为贯彻《中华人民共和国土地管理法》，合理利用土地，切实保护耕地，按照国务院《基本农田保护条例》，对基本农田实行特殊保护。主要措施有实行耕地占补平衡制度，“占一补一”“谁用谁补充”；严格控制农用地转用指标；划定基本农田保护区，树宣传牌，立保护状，责任层层到县（市）、乡（镇）、村、组、户。非农业建设必须节约用地，可以利用荒山荒地的，不得占用耕地；可以利用劣地的，不得占用好地。禁止占用耕地建窑、建坟或擅自在耕地上建房、挖沙、采石、采矿、取土等。

二、土地使用制度改革

1986年后，国家不断出台和完善土地管理法律、法规，全面推进土地使用制度改革，变“三无”为“三有”，即变土地无流通使用为规范有序流通使用，变土地无偿使用为有偿使用，变土地无限期使用为有限期使用。并实行公开、公平、公正的招标拍卖挂牌出让国有（营）建设用地使用权。建设用地应当符合土地利用总体规划和土地利用年度计划，并实行统一规划、统一征用，统一开发、统一按项目供地，实行严格的土地用途管制。

三、用地审批制度

建设用地涉及农用地转为建设用地的，应办理农用地转用审批手续。

审批权限 征用基本农田、基本农田以外的耕地超过35公顷的、其他土地超过70公顷的，由国务院批准；用地面积1公顷以上2公顷以下的，由设区的市人民政府审批；用地面积1公顷以下的，由县、不设区的市人民政府批准。通过招标拍卖方式提供国有建设用地使用权的，出让方案由市、县人民政府批准。

建设用地审批程序 项目可行性研究、项目选址立项、报送建设用地材料、材料预审、实地勘察、科室联审、局务会会审、审批报批。

征用土地费用 征用耕地（包括菜地），按该土地被征用前3年平均年产值的6～10倍计算。征用设区的市郊区的精养鱼塘，按该土地被征用前3年平均年产值的6～9倍计算，征用县、不设区的市人民政府所在地城镇郊区的精养鱼塘，按该土地被征用前3年平均年产值的5～7倍计算。征用园地、非精养鱼塘、水生地、林地、牧场，按该土地被征用前3年平均年产值的5～6倍计算。征用宅基地，比照邻近耕地前3年平均年产值的4～5倍计算。征用荒山、荒地、荒滩及其他土地，比照邻近耕地前3年平均年产值的2～3倍计算。

征用土地按下列规定付给被征地单位安置补助费：征用耕地，征地前被征用单位平均每人耕地1333平方米以上的，按该耕地被征用前3年平均年产值4～5倍计算；平均每人耕地667平方米以上1333平方米以下的，按该耕地被征用前3年平均年产值5～7倍计算；平均每人耕地333平方米以上667平方米以下的，按该耕地被征用前3年平均年产值9～10倍计算；平均每人耕地200平方米以下的，按不得超过该耕地被征用前3年平均年产值15倍计算。征用园地、非精养鱼塘、水生地、林地、牧场等，按该土地被征用前3年平均年产值4～5倍计算，征用精养鱼塘按6～10倍计算。征用其他土地，比照邻近耕地前3年平均年产值2～4倍计算。

征用土地按下列规定付给被征地单位地上附着物和青苗补偿费：被征用土地上的青苗补偿费按实际损失补偿，房屋、树木等附着物作价赔偿，也可以另行修建和栽种。城市规划区内的房屋拆迁安置办法和补偿标准，按国家和省有关城市房屋拆迁的规定执行。单位和个人使用征用的菜地或者精养鱼塘的，按规定缴纳菜地、精养鱼塘开发基金。以出让等有偿使用方式取得国有土地使用权的，要依法缴纳土地使用权出让金等有偿使用费。

第五节 地籍管理

一、城镇地籍调查

根据国家土管局1993年6月发布的《城镇地籍调查规程》和《江西省城镇地籍调查实施细则》，地区开始对城镇进行初始地籍调查工作，对城镇建成区域内一宗土地的位置、权属、界线、面积、用途等基本情况进行查清，使每宗地必须做到权属合法、界址清楚、面积准确、地类吻合，以满足土地初始登记的需要。地籍调查的单元是一宗地。凡被权属界址线所封闭的地块称为一宗地。地籍编号以行政为单位，按街道、宗地2级编号，较大城市可按街道、街坊、宗地3级编号，小城镇也可按图幅、宗地2级编号。至1997年年底，各县（市）城镇地籍调查全面完成。

开展初始地籍调查的县（市）成立地籍调查、登记工作领导小组，负责领导地籍调查、登记工作，处理土地权属和地籍调查、登记中的有关重大问题。具体工作由县（市）土地管理局负责组织实施。初始地籍调查的每一个城镇都必须由地籍调查技术指导组进行检查验收。省土地管理局负责全省行政区域内的检查验收工作。赣州中心城区和各县（市）政府驻地城镇由省土管局组织检查验收。乡级建制镇由省土管局委托地（市）土管局指导组检查验收。检查组对检查验收的成果负责。

二、土地登记

土地登记分初始土地登记和变更土地登记。土地登记以县级行政区为单位组织进行。具体工作由县级以上人民政府土地管理部门负责。

初始土地登记 初始土地登记又称“土地总登记”。按照《中华人民共和国土地管理法》规定和国家土地管理局《全国土地登记规则》，1988年9月，地区行署批转地区土地利用管理局《关于在全区开展城镇国有土地使用权申报和土地登记发证试点工作的报告》，10月，地区土地利用管理局在赣州市

（今章贡区）、大余县开展试点工作。12月起，全地区国有土地使用权申报登记工作全面展开。

1989—2000年赣州市（地区）本级集体土地登记发证统计表

表17-4-5 单位：本

年份	单位	个人	合计	年份	单位	个人	合计
1989年	—	460	460	1996年	—	17	17
1990年	—	570	570	1997年	3	19	22
1991年	—	115	115	1998年	—	25	25
1992年	—	15	15	1999年	10	7	17
1993年	—	50	50	2000年	—	15	15
1994年	—	25	25	合计	13	1334	1347
1995年	—	16	16				

变更土地登记 初始土地登记后，土地所有权、使用权及他项权利发生转移、分割、合并、终止、登记的土地用途发生变更，土地所有者、使用者、他项权利者更改名称或通讯地址的，除按规定办理有关手续外，应及时办理变更土地登记。

1990—2000年赣州市（地区）本级变更土地登记统计表

表17-4-6 单位：宗

年份	划拨	出让	转让	抵押	集体土地	年份	划拨	出让	转让	抵押	集体土地
1990年	3	—	—	—	—	1996年	—	2	6	33	2
1991年	6	—	—	—	—	1997年	—	5	14	61	1
1992年	15	—	—	—	2	1998年	—	5	13	62	—
1993年	—	10	9	—	3	1999年	—	16	21	60	2
1994年	—	3	5	—	—	2000年	29	47	43	72	—
1995年	3	5	7	10	—	合计	56	93	118	298	10

三、资源勘察设计

土地资源勘察设计主要有1989—1995年承担全地区土地资源详查内外业业务。1994年，承担全地区城镇地籍调查工作，完成65个建制镇，测绘1∶500地籍图，面积约46平方千米。1995年，承担全地区建设用地、查处的违法用地、土地登记发证等宗地测量2000宗，绘制完成1∶500地图，面积30平方千米。1997年，承担全地区部分县（市）土地利用总体规划编制工作，其中新编制的南康市土地利用总体规划获国土资源部一等奖，赣州地区和2个县（市）的土地利用总体规划获省国土资源厅一等奖。

四、土地估价

1995年，完成全地区国有企业清产核资中的土地估价培训、指导、审核工作。1995—2000年，各县（市、区）土地管理部门根据当地土地市场的实际情况，制定并公布实施辖区内国有土地不同用途，不同级别土地的基准地价，建立宗地评估的修正体系，对土地使用权的出让、转让、抵押、清产核资进行价格评估，初步形成的土地估价体系对规范土地市场、提供政府决策、减少国有资产流失具有积极作用。

第六节 土地监察

一、监察机构及网络

1989年，成立地区土地管理局土地监察科，县（市）土地管理部门相应成立土地监察股，形成地区、县（市）、乡（镇）3级监察网络。1997年，成立地区土地监察大队，为正科级事业单位。2000年7月，更名为赣州市土地监察支队，下设办公室、信访室和3个土地监察大队。各县（市）成立土地监察大队，乡（镇）成立土地监察中队，大多数行政村还聘请土地监察信息员，从机构、人员、队伍形成市、县、乡3级土地监察网络。从事土地监察专（兼）职人员2130人。

二、土地违法行为种类

随着经济的快速发展，土地资源地位与土地资产价值的提升，土地违法行为时有发生。其间，全市（地区）土地违法行为大体可划为9类：非法占用土地行为，包括未经批准，擅自占用土地行为；弄虚作假，骗取批准占用土地的行为，超过批准数量使用土地的行为，经非法批准而占用土地的行为；非法转让土地行为，包括买卖土地行为，以其他形式非法转让土地的行为；非法行使征用、使用土地批准权的行为，包括无权批准而非法批准的行为，有一定的批准权但超越批准权而非法批准的行为；违法使用土地行为，包括获临时用地，期满不归还的，用地单位已经撤销或者迁移的，未经原批准机关同意，连续两年未使用的，不按批准的用途使用的等；破坏土地资源的行为，包括在耕地上挖土、挖沙、采矿、采石、烧砖瓦窑等严重破坏其种植条件的；非法占用征地费款的行为；侵犯土地权属的行为；违反1988年国务院《土地复垦规定》的行为。

三、执法检查

1986年11月，地区土地利用管理局组织各县（市）土地管理局（办）对全地区18个县（市）非农业用地的清查清理工作的检查验收。1994年，行署下发《关于在全区开展〈中华人民共和国土地管理法〉执法检查的通知》，对1990年以来越权批地、变相批地和滥占耕地搞非农业建设以及不批自用、化整为零、多批少用、批而不用闲置撂荒和非法交易国有土地、集体土地等情况进行全面清理，从1994年12月开始，至1995年3月结束，历时4个月。1997年5月，由地区土地管理局牵头，从地区农业局、地区计划委员会和各县（市）土地管理局抽调1名分管领导组成检查验收组，对全地区基本农田保护区工作进行检查验收。同年，行署下发《关于印发赣州地区非农建设用地清查工作方案的通知》《关于开展基本农田保护区工作检查验收的通知》。7月，组织地区监察局、地区财政局、地区计划委员会、地区建设局、地区法制局、地区土地管理局联合对全地区18个县（市）进行为期2个月的非农建设用地清理。

四、案件查处

1986年11月，全地区清查土地违法占地2547.13公顷，清查处理2419.8公顷，占应处理的95%，行政处分35人，刑事处罚4人。1990年，地区土地管理局开展土地管理法执法检查，全地区组织地、县（市）、乡（镇）三级工作组378个，查出违法占地案件33564件，面积262.25公顷。属地区以上处理案件30件，立案查处20件。1995年11月，地区土地管理局按照省人大常委会的统一部署，开展土地管理法执法检查，全地区查出各类土地违法案件3591件。1996年10月，地区土地管理局进行以砖瓦窑为重点的土地执法大检查，共查处土地违法案件2402起。1997年，全地区查处土地违法案件51起，结案率100%。1998年，全地区查处土地违法案件1292起，结案1285起，结案率99.49%。1999

年，全市（地区）查处土地违法案件64起，结案率100%。2000年，全市立案查处土地违法案件57起。

第五章 地质矿产管理

1986年，《中华人民共和国矿产资源法》颁布实施。1987年，全地区地矿管理部门以补办采矿登记为重点，调处采矿纠纷为突破口，贯彻实施《中华人民共和国矿产资源法》，大力整顿矿业秩序，赣南矿业开始步入法制化轨道。国家有关部委和省政府领导多次深入赣南调查研究，协调处理钨矿采矿纠纷。1992年，全地区核定中央统配矿山矿区范围并清理矿区内民工，调处地方矿业纠纷，划定地方矿山矿区范围，全面开展补办采矿登记。1995年，全地区建立"三率"（采矿回采率、选矿回收率、采矿贫化年）考核制度，资源利用水平逐渐提高。1997年，全地区建立规范有序的矿产品经营市场；实行勘查资格证书和勘查项目登记制度，在全国率先进行地（市）以下资源储量工作，开展地质检测和资源保存量的核算，摸清全地区矿产资源的家底。1999年，贯彻实施《地质灾害防治管理办法》，对地质灾害和国有矿山企业生态环境破坏与重建进行调查，建立灾害监测站，制定防灾预案，地质灾害防治得到加强。

地区矿产资源开发管理局于1987年3月5日成立，内设办公室、开发监督科、资源管理科，有在职职工8名。1993年10月，更名为地区地质矿产局。1994年，增设矿产资源补偿费征收管理科。1997年，增设地质环境科、矿产品市场管理科（矿产品市场管理稽查队）。2000年，市地质矿产局内设办公室、开发监督科、资源管理科、矿产资源补偿费征收管理科、地质环境科和矿产品市场管理科，有在职职工21名。

第一节 地质勘查行业管理

一、驻区内勘查单位

驻区内地质勘查单位有赣南地质调查大队、909大队、908大队、江西有色地质勘查2队（原称"冶勘2队"）、核工业部264队、262队、地区地质队。在区域内开展过勘查工作的还有江西地勘局调研大队、煤田227队、江西建材总队、武警黄金16支队、有色冶勘5队、核工业部261队、物化探大队707分队。

赣南地调大队驻赣州市（今章贡区），主要负责矿产地质勘查、区域地质调查、科研及成矿预测等勘查项目。909大队原驻瑞金市沙洲坝，908大队原驻信丰县城，分别于1997年、1996年迁入赣州市（今章贡区），主要负责探矿工程施工和水文工程地质勘查。江西有色地质勘查2队主要负责有色金属矿产勘查、科研及矿产预测等勘查项目。264队、262队是核工业铀矿勘查的专业队伍，也从事过金矿勘查工作。地区地质队驻赣州市（今章贡区）沙石，原属省地矿局，1987年下放地区，归口冶金煤炭工业局，主要根据地方矿山需要开展矿产勘查工作。

地勘事业费逐年减少，各地勘单位除承担国家计划勘查项目外，面向社会积极开放地质市场，发挥技术、装备、资料优势，为社会开展基桩、路桥施工、矿产勘察、工程勘察、找水打井、机械岩心钻探等工程。改革开放后，相继开展多种经营，对外收入逐年增加。

二、地质勘查管理

赣州从1991年开始实行勘查资格证书制度，地质勘查必须是有勘查资格证的勘查单位，或委托有勘查资格证书的勘查单位为地质勘查项目做勘查技术工作，有利于勘查项目的管理。驻区域内各地勘单位均依法获得勘查资格证书。

各级地矿部门加强地质勘查管理，监督勘查单位依法开展勘查工作，制止无证勘查和勘查中的非法采矿活动。调处勘查纠纷，依法保护合法的探矿权益。1992 年，调处赣南地调队与地勘 2 队在崇义县横岗银铅锌矿区、安远县双芫银铅锌矿区的勘查纠纷。1993 年，264 队在寻乌县风和金矿的勘查工作受民工乱采滥挖的干扰，寻乌县政府组织护矿队维护矿区勘查工作正常进行，同时划出边缘矿块由护矿队组织开采，开创以队护矿、以矿养队的先例。1994 年，地区地矿局调处上犹焦龙金矿区勘查与采矿的纠纷，吊销上犹县地矿局越权颁发的采矿许可证，维护合法的探矿权。

1995 年，调处赣南地调队勘查与于都金达有色金属矿产品有限公司的采矿纠纷。金达公司的葛坳铅锌矿在赣南地调队勘查区内，省、地调查后重新明确葛坳铅锌矿采矿范围，保证勘查工作有序进行。1998 年，调处赣南地调队与于都县曲洋铅锌矿的勘、采纠纷。曲洋铅锌矿本不在勘查区内，但其矿区范围图是草图，与实地误差甚大，曲洋铅锌矿以此为由进入勘查区。省、地、县地矿部门联合调查后依据原始资料裁定曲洋铅锌矿采矿范围。

三、勘查项目及成果

1986—2000 年，勘查单位完成勘查项目 193 个（赣南地调队 59 个、冶勘 2 队 45 个、264 队 89 个）。其中矿产勘查 129 个（赣南地调队 22 个、地勘 2 队 43 个、264 队 64 个），区域地质调查 44 个。完成 1 ∶ 5万区调图幅 22 幅，物化探 10 个，科研与成矿预测 11 个，其他 2 个。

1986—1995 年，赣南找矿成果显著，发现并勘查会昌县岩背特大型锡矿床、崇义县茅坪特大型矿床等。宝山、盘古山等老矿区找矿成果较好，延长矿山寿命。新增 C+D 级储量：三氧化钨 263185 吨、锡 141907 吨、钛锆矿 189812 吨、钛磁铁矿 59623 吨、金 8959 千克、银 832 吨、铅 139728 吨、锌 78221 吨、滑石 528 万吨、高岭土 481 万吨、硅藻土 110 万吨。1996 年以后勘查项目减少，未获得新增储量。

表 17－5－1　　1986—2000 年赣州市（地区）主要矿产勘查项目及成果一览表

项目名称	勘查单位	勘查时间（报告提交时间）	主要地质成果
崇义宝山铅锌矿区详查	地勘 2 队	1985—1989 年	新增三氧化钨 10454 吨、铅 17298 吨
大余县漂塘石雷钨区详查	地勘 2 队	1979—1986 年	中型钨矿床
于都县黄沙钨矿区勘探	地勘 2 队	1976—1987 年	大型钨矿床
于都县盘古山钨矿区勘察	地勘 2 队	1983—1988 年	新增 C+D 三氧化钨 12262. 2 吨
赣县大埠下汶滩稀土矿评价	地勘 2 队	1986 年	中小型稀土矿床
大余县梅关稀土矿区评价	地勘 2 队	1987—1988 年	中小型稀土矿床
崇义县石坪金矿区普查	地勘 2 队	1989 年	小型金矿床
崇义县茅坪钨锡矿区详查	地勘 2 队	1980—1988 年	特大型钨矿床
崇义县老庵里锡多金属矿普查	地勘 2 队	1990—1992 年	中型锡矿床
于都县盘古山钨矿深部普查	地勘 2 队	1991—1992 年	新增 D 级三氧化钨 8361. 5 吨、铋 1222. 2 吨
崇义县茅草间区段银矿勘探	地勘 2 队	1993—1995 年	宝山坑口新增 C+D 级银 265 吨
于都县槽坑银金矿概查	地勘 2 队	2000 年	小型金矿床
赣县王母渡沙金详查	264 队	1987 年	小型沙金矿床
会昌县文武坝勤俭村稀土矿详勘	264 队	1988 年	小型稀土矿床
寻乌县梨坑金矿勘探	264 队	1988—1990 年	小型岩金矿床
上犹县社溪沙金矿床勘探	264 队	1990 年	小型沙金矿床
于都县岩前滑石矿详查	赣南地调队	1986 年 6 月(报告)	新增滑石 C+D 级 528 万吨

续表 17－5－1

项目名称	勘查单位	勘查时间(报告提交时间)	主要地质成果
会昌岩背锡矿勘探	赣南地调队	1985—1988 年	特大型锡矿床
石城县松岭锡矿详查	赣南地调队	1988 年 7 月(报告)	小型锡矿床
宁都东山坝高岭土矿区详查	赣南地调队	1986 年 11 月	高岭土 C+D34 万吨
会昌县珠兰埠稀土矿详查	赣南地调队	1988 年 12 月	小型稀土矿床
上犹焦里银铅金属矿详查	赣南地调队	1989 年 11 月	中型银多金属矿床
会昌县凤凰岽锡矿详查	赣南地调队	1991 年 5 月	小型锡矿床
崇义县赤坑银铅矿详查	赣南地调队	1992 年 9 月	小型锡铅矿床
上犹县井子坳银铅金属矿详查	赣南地调队	1993 年 12 月	中型银矿床
兴国上垅高岭土矿详查	赣南地调队	1990 年 11 月	高岭土 C+D447 万吨
赣县桃江沙金矿详查	赣南地调队	1987 年 10 月(报告)	小型沙金矿床
定南县老城沙金矿区详查	赣南地调队	1989 年 11 月	小型沙金矿床
兴国留龙金矿勘探	赣南地调队	1989 年 12 月	中型金矿床
于都县柳木坑 V17 银矿床勘探	赣南地调队	1991 年 8 月	中型银矿床
定南县车步钛铁矿勘探	赣南地调队	1992 年 9 月	C+D 级钛铁矿 189812 吨、钛磁铁矿 59023 吨
南康康坑孜金矿普查	赣南地调队	1990—1992 年	小型金矿床
崇义县双坝银金矿普查	赣南地调队	1993—1994 年	小型银金矿床

第二节　矿产资源开发监督管理

一、矿区纠纷调处

赣州钨矿采矿纠纷为全国采矿纠纷热点之一。1987 年 8 月，地矿部副部长方樟顺、省政府副省长蒋祝平、有色总公司副总经理朱雷赴赣州调查研究，省政府作出《关于制止民工进入国营钨矿乱采滥挖有关问题的决定》（以下简称“决定”），地区召开贯彻落实决定的紧急会议，成立专门的工作组。各县（市）成立清理整顿领导小组，从 9 月上旬起，抽调 231 名干部全面开展国营钨矿的整治工作，历时 1 个月，共清理非法民工 19210 人，拆除工棚 2479 个，封闭窿口 1280 个。1988 年 8 月，地矿部副部长张文驹、副省长钱家铭、有色总公司副总经理朱雷等领导再到赣州调处钨矿采矿纠纷，省政府印发《处理赣州钨矿纠纷现场办公会议纪要》（以下简称“纪要”），对划分统配钨矿和地方钨矿的矿界做出原则规定。为加快纪要的实施，省政府工作组于 1989 年在赣州召开协调会，盘古山钨矿等 15 个统配矿区与当地县政府签署矿界协议书。1990 年，划定岿美山钨矿、画眉坳钨矿矿界。下半年大余县、定南县组织清山，清理民工 5995 人。1992 年，大吉山钨矿、下垄钨矿（左拔坑口）与当地政府签署矿界协议书，至此，赣州钨矿采矿纠纷全面解决。

地方采矿纠纷多与山林、土地权属纠纷有关。比较突出的是大余县、崇义县边界的生龙口、小樟坑、牛牯垴矿区，赣县、南康市边界的罗龙钨矿、金坑金矿，赣县钨矿笔架山坑口，兴国县、宁都县在画眉坳 590 米标高以上采区，定南县与龙南县在岿美山钨矿 762 米标高以上的争议。金坑金矿曾引发 2 个县群众械斗，造成多人重伤。大余县与崇义县间的纠纷使 2 个县民管室被拆，国营生龙口坑口重要生产设施惨遭炸毁。这些纠纷大都在 1989 年以前经协商解决。赣县钨矿笔架山坑口［矿山所在地为赣州市（今章贡区）］以固定资产转让形式划归赣州市（今章贡区）。1990 年，行署将生龙口矿区划归大余县，小梓坑矿区划归崇义县。1991 年受行署委托，地区矿管局对龙南县、定南县在岿美山矿区的采矿范围作出裁定。至此，地方采矿纠纷得到解决。

二、矿业秩序治理

随着矿业纠纷的解决和矿山矿区范围的划定，矿山有章可循、有界可守，矿业秩序渐趋好转。但由于利益驱动，个别矿区仍处混乱之中。

高桥煤矿是赣州主要产煤区，也是江西省唯一标准化地方煤矿。矿区内非法小煤窑屡禁不止，甚至在山塘内开井，互相贯通并顺煤层下采，浅部保安煤矿严重破坏，矿井涌水量剧增，生产条件恶化。1993 年，矿区内小煤窑 246 个，山塘内或边上开井 10 多个，导致山塘水下灌，酿成特大淹井事故。到 1999 年根治。

崇义柯树岭钨锡矿，1962 年下放给崇义县管理，1987 年县矿管局给个体采矿颁发采矿许可证。国务院将钨列为保护性开采特定矿种而禁止个体采挖后转为集体矿，但未依照规定程序办理采矿登记。矿区采矿秩序混乱，安全隐患多，1996 年发生 1 次死亡 14 人的特大淹井事故。矿区多次停产整顿，但因民工集中（约 3000 人）、投资大（总投资约 4000 万元）、效益好（平均年产钨锡精矿约 2000 吨，被号称崇义县百万富翁的摇篮），一直未能关闭。2000 年 6 月 8 日，中央电视台《焦点访谈》以《私人乱采钨，干部忙入股》为题对柯树岭矿区非法采矿予以曝光。7 月 10 日，中央电视台《经济半小时》栏目再次报道。9 月，崇义县组织 50 人的工作组，采取截断电源、停供火工产品、停止集中排水、炸封窿口等措施，至 10 月中旬关闭矿山。

南康市赤土、内潮，崇义县杨眉，瑞金市岗面等地一度出现采金业，由于采选工艺落后，不仅破坏资源且污染严重，1996 年得到有效遏制，恢复有序开采。赣州重点国有矿山崇义茅坪钨矿和兴国留龙金矿，也曾数次出现混乱的局面，经集中整治才得到及时治理。

1991 年以后钨砂价格下滑，自采成本高，部分统配矿山（如西华山、大吉山、画眉坳、岿美山等）为走出困境，吸收民工回收残矿，民工采矿无法控制，统配钨矿采矿秩序再次出现混乱，偷采钨砂严重。1995 年，大吉山钨矿区内高峰期民工数达 6000 人（其中矿山用民工约 3000 人）。1996 年开始第二阶段矿业秩序整治，行署和江西钨业公司多次组织联合调查组对统配钨矿周边采矿进行调查，关闭一批无证、无资源、无固定作业面的采矿窿。如内山钨矿是全南县办集体矿山，经协商，大吉山钨矿给予全南县补偿，提前关闭内山钨矿。

1998 年，行署下发《关于全区实现矿业秩序全面好转的工作意见》。1999 年，市政府启动离子型稀土和钨生产经营秩序整治工作，针对全市稀土行业管理分散，原材料长期供大于求，企业无序竞争，行政调控手段滞后导致产销失衡，量增价跌的状况，强化稀土生产行政管理，对布局不合理、生产水平低下、不具备资质条件的 321 个稀土矿予以关闭，通过重组兼并，保留的 90 个稀土矿采矿权集中分布在 8 个生产公司，对稀土生产实行配额管理制度，动用储量申报制度和地质环境保证金制度。报省政府批准，组建赣州南方稀土矿冶有限公司，对全省稀土统一经营，取消原 8 个稀土公司的经营权。全市保留钨矿山 61 个，关闭不具备资质条件的 18 个钨矿山，全面清理钨矿加工经营秩序，关闭不符合条件的 80 个钨矿精选加工企业。1999 年 5 月，地区组织 4 个检查组对全地区矿业秩序全面好转情况进行检查，11 月通过省政府检查组的检查验收，达到矿业秩序全面好转的验收标准。

三、采矿权管理

1986—2000 年，执行国务院《全民所有制矿山企业采矿登记管理暂行办法》《江西省乡镇集体矿山企业和个体采矿管理办法》，全地区采矿登记按照矿山企业性质采用分级管理办法。国营（有）矿山经地、县初步复核报省地矿局审批发证。集体矿山和个体采矿由县（市）矿管局发证，跨县（市）和在国营（有）矿区范围内集体矿山由地区矿管局发证。

1987年，全地区开始补办采矿登记，并在崇义县试点。由于采矿纠纷调处难度大，全地区当年国营矿山未办证，集体矿山发证40个，个体发证501个。1988年，全地区地方国营矿山发证40个，集体矿山发证910个，个体发证350个。1989年，全地区统配矿山发证11个，持证率58%；地方国营矿山发证100个，持证率87%；集体矿山发证1482个，持证率95%；个体、采矿发证3464个，持证率95%。20世纪90年代初期，钨、锡、离子型稀土被列为保护性开采特定矿种，禁止个体采挖，加上矿产品价格下滑，部分矿山停采。1992年，全地区统配矿山矿区19个，持证率100%；地方国营矿区119个，办证118个；集体矿山减至856个，持证率90%；个体采矿减至972个，持证率88%。1994年，崇义县淘锡坑钨矿以269万元拍卖给私营矿业主黄泽兰。1995年，崇义新安子钨矿又以300万元拍卖给黄泽兰，开创以固定资产拍卖形式实现矿山转制的先例。1996年，矿山数变化不大，但矿山生产状态发生重大变化。统配矿山已闭坑1个，地方国有矿区120个有停产矿区57个，占矿区总数47.5%，其中企业倒闭矿区15个，闭坑5个，经济效益不好长期停产矿区31个。

1997年，地区矿管局对全地区矿业开发情况进行摸底调查。全地区有中央矿山企业11个21个矿区（钨矿9个19个矿区，钽铌矿1个，铀矿1个）；省属矿山企业1个（盐矿，后下放县管）；地属矿山企业8个10个矿区（煤5个7个矿区，石灰石3个3个矿区）；县属国有矿山87个，集体矿山1555个，个体采矿户约3650个。

根据修改后的《中华人民共和国矿产资源法》及其配套法规，1998年，行署制定《赣州地区采矿许可证换证工作实施方案》，实行新的采矿许可证制度，按矿种和矿山储量规模分级登记。县（市）地矿局负责建筑用砂、石、黏土的采矿登记，地区地矿局负责小型以下的石灰石、萤石、钾长石等矿种的采矿登记，其余矿种和储量规模中型以上矿山由部、省登记。当年开始对原有采矿权人的资质条件重新审查，对布局不合理和不具备办矿条件的不予换证。加强采矿权转让管理，通过合法途径实现矿业企业转制。至2000年，换证工作结束，全市有采矿权人1221人，其中国有矿区115个，集体矿山327个，股份合作企业86个，联营企业77个，私营企业588个，有限责任公司16个，港商独资企业1个，其余类型11个。

四、“三率”考核监督管理

“三率”（采矿回采率、选矿回收率、采矿贫化率）是矿山矿产资源利用是否合理的综合反映。1989年，地区矿管局会同地区经委、地区冶金煤炭局联合制订下达全地区国有矿山“三率”考核指标。从1991年开始，开展矿山矿产资源利用年检工作，对矿山“三率”考核办法和考核结果的审查形成制度。1993年，对“三率”考核指标作部分修改。1995年，召开全地区矿山监督工作会议，重新制订矿山“三率”指标并建立重点矿山“三率”考核季报制度。

“三率”管理最好的是中央统配矿山，有严格的考核办法并将“三率”指标作为生产承包的重要指标下达给工区、班组。统配钨矿回采率93%～98%，选矿回收率80%～85%。地方钨矿考核办法不够严格，采矿回采率一般75%～80%，选矿回收率60%～70%。崇义淘锡坑钨矿是“三率”考核基础较好的地方矿山，1992年省地矿局在该矿组织“三率”考核试点工作，摸索适合地方小型矿山的考核办法。通过试点，采矿回采率提高3.7个百分点，选矿回收率提高2.7个百分点，贫化率降低4.6个百分点。同年底，省地矿局在崇义县召开现场会，向全省推广淘锡坑钨矿的经验。

1988年，地区矿管局针对稀土资源浪费严重，开展稀土资源利用情况的调查，通过龙南县稀土矿V号矿体的实测计算，开采回采率68.28%，建筑物和尾砂压矿损失13.83%，未开采部分损失8.37%，残留损失9.52%，选冶实收率67.7%，资源总利用率46%，这是池浸工艺资源利用的最好水平。而其余稀土矿山回采率50%左右，选冶实收率60%左右，资源总利用率仅30%。1992年，赣州冶金研究所与龙南县稀土矿原地浸矿工艺试验成功，资源总利用率84%。1997年，龙南县全面推广原地浸矿生产工艺，其余县（市）仍采用传统的池浸工艺。

1992年起，地区矿管局每年选择重点矿区开展矿山资源利用情况调查。至2000年，先后提交《高桥煤矿督查报告》《漂塘钨矿资源利用情况》等调查报告20篇。矿产资源综合利用普遍得到重视。1994年，全地区可综合利用矿山138个，已综合利用106个，综合利用产值952.24万元。2000年，综合利用产值2749.38万元。

五、矿产品经营市场管理

矿产品市场管理是矿业整治的重要内容。1987—1988年，大余县、崇义县、寻乌县等县先后成立矿产品稽查队，打击钨、稀土等矿产品的走私活动。1989年，地区计划委员会、经委、矿管局、工商局等部门联合发文实行矿产品经营许可证制度。1991年，部分县（市）开始开放矿产品市场，矿产品市场混乱，税费流失严重。1992年，区内少数县实行矿产品经营许可证制度。1995年，出台《赣州地区矿产品运销管理办法》，在全地区实行矿产品经营许可证、准运证和矿产品加工资格证等制度，全面规范矿产品经营加工管理，矿产品纳入地矿行政管理范围。1997年，成立地区矿产品市场管理稽查大队，各县（市）也成立稽查队伍，全地区建立矿产品市场稽查网络。当年查处违章违法案件270起，补交增值税61万元、资源补偿费26.2万元，罚款16.5万元。1998年，查处违章违法案件230起，补交资源补偿费20万元、各种税金1600万元。崇义县政府发布加强矿产品流通领域管理的通告，成立有综合执法职能的县矿产品稽查队，办证放行的钨、锡、铅、锌精矿6420吨，是1997年1815吨的3.57倍。1999年，全市（地区）完善矿产品市场稽查网络，地矿、工商、税务等部门联合行文规范矿产品经营市场管理，在主要矿区出口处设立110个矿产品监督管理站，全年查处违章违法案件227起，补交资源补偿费24.64万元，补（代）征税金383.4万元，罚款43.3万元。

六、矿产资源补偿费征收管理

1994年，执行省政府《江西省矿产资源补偿费征收管理实施办法》，全地区从10月1日起开征资源补偿费。开展宣传教育和征收资格认定。经省地矿厅批准，除定南县、宁都县、赣州市（今章贡区）外，其余15个县均获得征收资格。1995年，各县（市）地矿部门均获得征费资格。征收过程，由于地方分成比例低，缺乏积极性，征收力度不大，矿山企业纳费意识淡薄，个别县以减轻企业负担为名，擅自修改费率，龙南县、信丰县、寻乌县等县稀土费率由4%降至1%以下。为此，行署组织资源补偿费征收执法检查，下发抄告单制止。1996年，开始实行统一缴库、就地留成、超收分成和地县（市）两级征收办法，调动县（市）征收积极性。对留龙金矿等县（市）征收有困难的矿山企业由地区直接征收。省、地加强对县（市）征费工作的监督，配合审计部门每年对资源补偿费征收和使用情况进行审计。

第三节　矿产资源综合管理

一、资源及开发

赣州地区矿产资源丰富，发现矿种106种，其中探明有工业储量的75种。钨、稀土、锡、萤石、麦饭石、钛是优势矿种，保有储量占全省的60%以上。其次是石灰石、高岭土，保有储量占全省的30%以上。短缺矿种煤、铁、铜，保有储量占全省的6%以下。2000年，保有矿产储量潜在经济价值3026亿元。信丰县麦饭石是江西省独有矿种，其系列产品在国内外享有一定声誉。

钨是赣州的传统优势矿种，主要分布在大余县、崇义县、于都县、全南县等县，经过近百年开采，部分中央统配矿区（岿美山、画眉坳、下垅、白石坳等）资源已枯竭，西华山等矿区面临枯竭。信丰县、安远县、定南县、龙南县、兴国县、赣县、南康市等县（市）办钨矿于20世纪90年代先后破产或解体。资源前景较好的茅坪、新安子矿区工作程度较低，钨矿中伴生的锡开采程度较高，会昌钨矿储量规模大，埋藏浅，品位富，具有较好的开发潜力。

赣州是南方重稀土之乡，主要分布在龙南县、寻乌县、信丰县、定南县、安远县、赣县等县。稀土开发始于20世纪70年代初期，已形成一定规模的开采和初级加工能力。

煤炭分布在信丰县、龙南县、于都县、宁都县等县，是短缺矿种中开发程度较高的矿种。信丰高桥煤矿是主要产煤区，1号井已接近闭坑。其他县（市）煤炭资源也仅能维持小规模生产。

铅锌矿主要分布在崇义县、上犹县、于都县、安远县等县。主要产区的崇义县宝山矿区面临资源枯竭，安远县铅锌矿已闭坑，上犹县铅锌矿因经济效益不佳停产或小规模生产。

开发远景较好的矿种有信丰县麦饭石、定南县砂钛矿、兴国县高岭土以及地热、矿泉水、萤石、饰面花岗石、石灰石等矿种。

表17-5-2

2000年赣州市矿产资源及开发情况统计表

矿种	矿床数(个)			矿点数(个)	矿山数(个)	从业人数(个)	年产矿石量(万吨)	工业总产值(万元)	综合利用产值(万元)	利润总额(万元)	资源保证程度
	大型	中型	小型								
煤	—	—	7	69	135	8401	126.93	13809.67	—	1943.14	资源不足
地热	—	—	—	84	2	47	—	8.00	—	0.20	未充分开发
铁矿	—	—	—	—	5	116	1.82	106.00	—	0.00	资源不足
铜矿	—	—	—	—	1	12	(未生产)		—	-0.30	资源不足
铅锌	中小型3个			49	14	456	3.10	1097.06	122.00	31.70	主要矿区面临枯竭
钨矿	7	18	110	307	97	21308	372.60	39542.29	2404.03	-326.06	有保证,部分地区枯竭
锡矿	2	3	48	13	5	492	22.50	2098.86	131.00	-7.90	有保证
金矿	—	1	—	114	4	397	2.26	849.50	9.00	1.65	主要矿区面临枯竭
银矿	—	5	—	13	1	180	5.00	1210.00	83.35	60.00	有保证
铌钽矿	矿床5个			41	1		(未生产)		—	—	有优势
锆矿	—	—	—	—	1	52	(未生产)		—	—	有保证
稀土矿	9	13	3	77	90	4760	682.37	19023.36	—	1203.55	有优势
萤石矿	4	2	37	—	42	1350	38.73	1439.48	—	143.61	有保证
石英岩	—	—	—	—	2	—	(未生产)		—	-1.30	有优势
硫铁矿	—	—	—	—	2	56	0.06	2.40	—	0.00	有保证
含钾岩石	—	—	—	—	2	54	0.60	66.00	—	7.00	满足小规模生产
岩盐	1	—	—	—	1	543	—	784.10	—	-201.80	有优势
石灰岩	矿床(点)54个			—	95	2793	164.18	2427.50	—	114.46	有保证
建筑用砂	—	—	—	—	138	1938	471.04	2719.25	—	243.90	有保证
高岭土	2	中小型32个		2	67	0.10	1.36	—	0.20	有优势
陶瓷土	—	—	—	—	1	—	(未生产)		—	-0.05	有保证
砖瓦黏土	—	—	—	—	533	14782	490.12	18869.70	—	1403.82	有保证

续表 17-5-2

矿种	矿床数(个)			矿点数(个)	矿山数(个)	从业人数(个)	年产矿石量(万吨)	工业总产值(万元)	综合利用产值(万元)	利润总额(万元)	资源保证程度
	大型	中型	小型								
建筑花岗岩	—	—	—	—	75	1068	183.59	1143.20	—	38.30	有优势
麦饭石	矿床 1 个			—	1	25	—	6.00	—	有优势	
饰面大理石	—	—	—	—	2	30	1.76	10.40	—	1.74	有保证
矿泉水	—	—	—	83	14	209	0.04	345.93	—	16.23	有保证
合　计	—	—	—	—	1266	59136	2566.80	105660.06	2749.38	4672.09	—

二、矿产资源资料编制

1987 年，全地区各级地矿部门开始收集地质、矿产资源资料，编制矿产图、矿产卡，以摸清家底，为矿山企业提供资料和技术服务。提出开发建议，为领导决策提供依据。除石城县外，17 个县（市）均编制矿产分布图，制作矿产卡片。地区地矿局除收集资料编制矿产卡片外，1997 年还编制 1 ∶ 40 万矿产图供中部五省地区及京九铁路沿线经济发展规划座谈会代表使用。

针对赣州部分矿区地质工作程度低、资源不清的情况，从 1997 年开始部署地质检测工作。各县（市）抽调技术人员成立地质检测小组，对无地质报告的矿山开展地质检测工作，重新计算矿区保有储量，1998 年、1999 年、2000 年分别提交地质检测报告 119 份、117 份、120 份。

三、储量登记

1992 年，全地区开展矿产储量登记统计工作。1994 年，地矿部、省地矿厅在赣州地区开展县以下（含县）矿山企业矿产储量登记统计试点工作，实现矿产资源定性管理到定量管理的过渡，全地区储量登记统计工作步入制度化、规范化。全地区完成矿产储量登记的矿山 473 个，填表 562 份，其中国有矿山 115 个，占应登记矿山的 100%；集体矿山 279 个，占应统计矿山的 34.2%。主要成果有各县（市）1993 年年底矿产储量汇总表（按国有、集体矿山和未分配矿产资源储量分别汇总）。同年 10 月，地矿部、省地矿厅在信丰县召开试点工作总结验收会，通过专家评审，对试点工作给予高度评价，认为储量登记统计方法恰当，资料齐全、可靠，摸清资源家底。1995 年，地矿部在全国推广赣州储量登记统计方法，从 1997 年开始对各个矿区储量实行动态管理和矿产资源潜在经济价值的核算。

1998 年，地区地矿局承担地矿部下达的“市（地）、县矿产资源统计管理试点及登记软件系统升级”研究课题，1999 年提交报告并通过验收。

四、矿泉水管理

1992 年起，全地区开始陆续发现一批矿泉水产地，先后开发南康县（市）五味矿泉水、信丰麦饭石矿泉水、龙南小武当山矿泉水、上犹五指峰矿泉水、安远三百山矿泉水、章贡区峰山矿泉水等供应市场。全地区地矿管理部门加强矿泉水产地地质环境的检查监督，净化环境，防止污染。同时，配合省地矿厅不定期对矿泉水质量进行检查并发布公告。至 2000 年，全市有矿泉水生产企业 14 个，全部有经过审批的地质报告和评估报告，依法办理采矿许可证，均为小规模生产。因经济效益欠佳，南康市五味矿泉水、章贡区峰山矿泉水停止生产。2000 年，全市生产矿泉水 6.49 万吨，工业产值 345.93 万元。

第四节　地质环境监督管理

1994 年开始，全地区各级地矿部门开展地质环境监督管理。由于技术力量不足，缺乏有效手段，主要开展地质灾害调查和矿山生态环境监测。

一、地质灾害调查与防治

1995年4月1日，下垄钨矿大平坑口（崇义县扬眉寺乡境内）390中段28号采场上部发生陷落，形成一个南北长36米、东西宽约23米、垂直深22米、边缘倾角65°的漏斗形陷坑，体积约6000立方米。由于公路、水渠被拦腰陷落，致使交通、水流中断，农田和生活用水困难，居民住房受威胁，大平坑口190米、230米正规作业中段受淹，损失约200万元。地区地矿局及时派出调查组进行实地调查。经查实，这是民采矿破坏保安柱和地压平衡造成的，据此提出治理方案。同年，地区地矿局派人对寻乌县城区滑坡进行调查，经调查，滑坡体浅部有明显位移，后缘低于山顶约30米，向下弧形展布，约缘宽130米，沿滑向斜长60米，失稳面积约7800平方米，滑体埋深4～5米，拉张裂缝宽0.2～0.3米。可见深0.4～0.6米，形成滑坡台坝2处，坝高0.5～0.6米，地区地矿局与寻乌县政府研究制定治理方案。1996年，对地区技校的山体滑坡、全南小慕乡地陷开展调查。1998年，行署对汛期地质灾害防治作具体部署，要求各县（市）积极做好汛期地质灾害的防治和应急调查。全地区发生地质灾害228起，伤亡16人，经济损失约310万元；提交调查报告10份。瑞金沙洲坝因过量抽水先后发生塌陷120处，其中1998年发生41处，塌坑面积1291平方米，危及苏维埃政府旧址的安全，瑞金市提交灾情报告，建立监测站，控制抽水量，无新塌陷发生。1999年，大力宣传贯彻《地质灾害防治管理办法》，结合世界地球日开展宣传活动。举办重点地质灾害防治区段的有关县、乡、村干部参加的培训班1期，各县（市、区）举办培训班39期，为群防群治打好基础。市（地区）、县编制地质灾害防灾预案，设立崇义县上堡白水村、于都县禾丰东光村、寻乌城南工业区等4个滑坡监测站。当年发生崩滑流1220处，地质灾害点236处，对28个重要地质灾害点进行实地调查并提交报告，落实防治资金。2000年全市发生崩滑流216处，比上年度减少82.3%；重要灾害点6处，造成10人死亡、2人受伤，分别比上年度减少16.67%和95.35%；直接经济损失37.5万元，较上年降低95.89%。

二、矿山生态环境破坏与防治

采矿活动对矿山生态环境破坏极大。从1992年起，各级政府加强矿山生态环境破坏的防治工作。1995年11月，大余县、崇义县、兴国县、寻乌县、安远县、信丰县等11个县（市）首次开展国有矿山企业生态环境破坏与重建调查。

有色金属矿山大部分采用坑采，因地压平衡破坏常常会引起大面积陷落，特别是老矿山大量采空区诱发崩落造成的破坏严重。统配矿山设有专门机构管理矿区地质环境，建立地压活动监测点，划定禁采区，回填采空区，制定防治方案，减少人为地质灾害造成的损失。有色金属矿山每年排出废石、尾砂约400万吨，大都筑有尾砂坝。20世纪90年代以后，部分地方矿山也逐渐完善尾砂设施。赣州市（今章贡区）笔架山钨矿利用其交通便利的优势，将数十万吨废石加工成不同长度的石料，用于京九铁路建设。

传统的池浸工艺开采稀土被称为“搬山运动”，对环境破坏极为严重。不仅植被破坏无遗，而且每吨混合氧化稀土排出尾砂约2000吨。20世纪80年代后期，少数县（市）开采稀土一哄而上，因尾砂处理设施不完善，尾砂冲至下游破坏农用水质。20世纪90年代关闭一批尾砂设施不完善的稀土矿山，废采区和尾砂堆放区恢复植被虽进行20多年，但效果不理想，收效甚微。原地浸矿工艺不仅使资源利用率提高1倍，更是保护生态环境的一场革命，2000年，龙南县成功实施原地浸矿，既节约成本又保护环境。

第六章　质量技术监督

1986—2000年，全市（地区）质量技术监督部门坚持以质量为中心，以计量、标准为基础，以保护人民健康、生命财产安全为重点开展工作，认真履行技术监督综合管理和行政执法职能，贯彻实施国家有关法律法规，加强对强制检定工作计量器具的管理，打击各种违犯标准计量、质量和生产经销假冒伪劣产（商）品的违法行为，保护消费者的权益。其间，强制检定工作计量器具项目231项，销毁伪劣商品价值620万元。

1986年1月起，地区标准计量局与标准计量所合署办公，两块牌子、一套机构。地区标准计量局为副县级机构，归口地区经委。1988年12月，成立地区检定测试所和地区产品质量监督所。1990年9月，地区标准计量局内设办公室、计量科、标准化科、质量监督科。1992年6月，成立地区医疗仪器计量站。7月，地区标准计量局更名为地区技术监督局，属行署直属二级局，内设办公室、计量科、标准化科、质量监督科。1996年3月，地区技术监督局升格为正县级。内设办公室、计量科、标准化科、质量监督科、法规宣教科、综合计划科。1997年，地区技术监督局与地区防伪技术产品管理办公室、地区公安局联合成立打假办公室。1999年7月，更名为市技术监督局。2000年1月，实行省垂直领导体制，市技术监督局归省质量技术监督局管理，并将原属市经贸委的质量科及市劳动局的锅炉科划至市技术监督局管理，同时更名为市质量技术监督局。内设办公室、人事科、计量科、标准化科、产品质量科、锅炉科和法规宣传科。下辖市质量检测中心和市质量技术监督稽查中队。局机关有在职职工30人，下属单位58人。

第一节　法规宣传

一、组织学习

认真组织学习和宣传1986年颁布施行的《中华人民共和国计量法》《中华人民共和国产品质量法》，1989年施行的《中华人民共和国标准化法》和1990年颁布施行的《中华人民共和国国旗法》等法律法规，1986年，地区标准计量所宣传贯彻国家标准《机械制图》《公差与配合》《形状与位置公差》《表石粗糙度》《普通螺纹》《光滑极限量块》《热量单位符号与换算》《设备热效计算通则》《综合能耗计算通则》《企业能量平衡通则》《评价企业管理用电技术导则》《评价企业管理用热技术导则》等。1988年5月，地区标准计量局在赣州水泵厂组织宣传贯彻GB 7718—87《食品通用标签标准》，全地区重点食品生产企业60余名代表参加；在兴国糖厂组织宣传贯彻GB 1.1—87《标准化工作导则》《标准编写的基本规定》，培训企业标准化工作业务骨干79人。1989年，联合地区司法局、地区经委在赣州电机厂组织标准化法培训班。9月，省标准局在赣州举行GB 7718—87《食品通用标签标准》学习班。1993年，《中华人民共和国产品质量法》实施后，地区技术监督局会同地区宣传部门成立“质量监督在赣南”采访摄制组，到县（市）、乡村接受消费者投诉，对生产、经销伪劣产（商）品的违法行为进行公开曝光。1994年，地区技术监督局举办《中华人民共和国标准化法》《中华人民共和国国旗法》学习班。

二、开展活动

1996年，地区技术监督局联合省人大赣州地区工委、地区司法局、地区法制局举办法律宣传月活动，将技术监督工作的3部法律列入“三五”普法内容；在赣州市（今章贡区）南门广场，举办法律法规宣传咨询活动，展出真假商品30余种，发放宣传资料1000余册，现场受理投诉18起；开展“质量监督在赣南”的质量万里行巡回监督检查。活动期间，公开报道6家企业的产品，处罚2家生产经销单位，电视曝光5种产品。创办《赣南技术监督》简讯。1998年，组织“3·15”国际消费者权益日、9月质量月活动，现场展示假冒伪劣商品和传授识别真假商品知识。2000年，市、县技术监督部门在《中国质量报》《中国技术监督》《江西日报》《信息日报》《江南都市报》《赣南日报》《赣州晚报》等报刊发表宣传文章68篇，在中央、省、地、县各级电视台和电台播放新闻120多条。质量活动月活动围绕“质量——新世纪的呼唤”这一主题，精心组织“八个一”活动，即一期不合格产品的企业厂长（经理）学习班，一次市领导质量工作电视讲话，创建一条购物放心街，一次“质量月咨询日”活动，一期百家企业质量振兴研讨会，一台大型文艺晚会，一场“质量振兴杯”知识电视竞赛，一期《中华人民共和国产品质量法》宣传贯彻学习班。其中，与企业联合举办达3万多群众参加的质量咨询日活动，受到中央电视台、新华社记者等多家新闻媒体的广泛关注，中央电视台第2频道、浙江电视台进行公开报道；成功举办百家企业（赣州）质量研讨会，国家技术监督局、省质量技术监督局领导以及来自全国11个省、市的企业家参加研讨，得到国家技术监督局领导的肯定。

第二节　标准化管理

一、采用标准

1984年，国家标准计量局颁发《采用国际标准管理办法》，地区开始对企业采用国际标准和国外先进技术标准进行考核。当年对瑞金机床厂采用国际标准的YBP-25B变量叶片泵、江西汽车齿轮箱厂的CA10C变速器二速二档齿轮进行考核。1990年，贯彻实施《中华人民共和国国旗法》，规范国旗的生产及销售。1991年，帮助企业制定标准和采用国际标准及国外先进标准，经地区标准计量局备案的有22项。重点对《食品标签通用标准》和新《火柴标准》的实施情况进行监督抽查，抽查40余家企业的食品标签，发现《食品标签通用标准》的采用合格率只有40%；全地区火柴生产厂家均按新标准生产火柴。1992年4月，按照全省的统一部署，对全地区45项原地方标准进行清理转换，对江西气压机厂、赣南化工厂等17家国营大中型企业的产品标准进行调查摸底。6月中旬，帮助32家蜜饯生产企业和13家酿酒企业建立和完善标准体系，制订赣南蜜饯系列地方产品标准。1994年，规范企业采用国际先进标准组织生产，协助赣南轴承厂等9家企业产品采用国际标准和国际先进标准，提高企业的现代化管理水平。5月，向省标准局推荐赣州星晨化工有限公司等8家企业的产品标准参加全省评选，有7个产品标准获奖，产品的知名度得到提高。1995年，将赣县、龙南县2个县列为消灭无标生产试点县。5月，针对全地区食品工业发展快，标准化工作基础薄弱的实际，开展上门服务，帮助指导120家食品生产企业、267家经销单位准确理解和熟练掌握GB 7718《食品标签通用标准》的内容及正确使用和印制食品标签；对77家企业不符合GB 7718规定的食品标签进行监督并作出处理。食品标签采用合格率由上年的40%上升到71%。1996年，对列入全国农业标准化示范区的信丰脐橙的第一阶段工作进行检查，配合省技术监督局抓好赣县被列入全国消灭无标生产试点县的宣传摸底工作。1997年，实施产品标准监督检查，开展优秀食品标签评选，建立企业标准化帮扶联系点。5月，对饮料、酱油、饲料、农药、化肥等部分产品的标准有效性、产品实物质量水平和实施标准的保证能力进行标准监督检查，促帮部分企业建立、完善企业标准体系；组织开展优秀食品标签评选活动，有7个企业的食品标签被评为江西省优秀食品标签，11个企业产品获省产品标签达标合格证书；建立创业集团、赣南帝龙生物工程有限责任公司、万新摩托集团、麦饭石酒业有限公司、江西会昌米粉集团公司等11个企业标准化帮扶联系点，这一举措得到企业赞誉。1998年，抓好消灭无标生产试点县的工作。根据省技术监督局统一部署，赣州市、崇义县、会昌县、兴国县、龙南县、大余县、南康市等8个县（市）被列为首批消灭“无标”生产县（市），次年接受省技术监督局考核验收。列入省第二批消灭“无标”生产的6个县中有4个县通过验收达标。其余2个县和列入第三批验收的寻乌县提前1年通过省技术监督局的验收。2000年，开展标准复核和年审工作，对15个消灭“无标”生产已达标的县“回头看”。

二、工业企业标准化定级

1988年1月，开展工业企业标准化定级工作。赣州木材厂首家通过林业工业系统企业标准化定级考核。4月，江西省将赣州地区所属企业（省级企业除外）的标准化定级考核权限下放给地区标准计量局。全地区工业企业标准化定级考核工作，由地区标准计量局统一领导，委托各行业部门组建考核组，具体负责各系统内企业的标准化定级考核工作。对企业归口和产品归口跨行业主管部门的企业，地区标准计量局直接组织考核上报发证。8月，按照标准化定级考核的规定，经地区行业主管部门推荐，地区标准计量局审查，报省标准计量局批准，地区组建机械电子、轻化、冶金、稀土、林业、建材、二轻、糖业等8个工业系统的省级先进工业企业标准化定级考核组。当年完成赣州木材厂、赣州钨钼材料厂、赣州无线电厂、江西齿轮箱总厂、江西气压机厂、赣南造纸厂、安远化工厂、寻乌化工厂、会昌化工厂、寻乌稀土公司等11家企业的标准化定级。至1991年，全地区完成工业企业标准化定级63家。1995年，为扶持全地区名优产品，扩大产品知名度，地区技术监督局对4个企业进行质量保证体系考核定级。1996年，组织企业参加全省用户满意企业和产品及优秀质量评选活动，3家企业获“江西省用户满意企业”称号，4种产品获“江西省用户满意产品”称号。8家企业被江西省优秀质量管理小组授予“优秀企业”称号。全地区群众性QC活动202项，地区优秀质量管理小组成果27项。重点考核40项工业产品，质量稳步提高率为87.5%。有2种产品成为全省免检产品。至2000年，全地区获“江西省用户满意企业”称号企业11家，23种产品获“江西省用户满意产品”称号。30家企业获江西省优秀质量管理小组的优秀企业，7种产品成为全省免检产品。给免检产品生产企业颁发省级荣誉证书，享受1年内免除省级及省级以下各类质量监督检查，免检期内在产品包装和广告宣传中可使用“免检”字样。

三、产品标准备案

随着经济的发展，产品标准备案逐年增多，标准制订、修订也逐年增多。1986年，制定高缸混合氧化稀土、方便米粉、富铕混合氧化稀土、墙纸原纸、PE钙塑泡沫装饰板、塑料印刷薄膜包装袋、黑色人棉纱布等7项标准。1989年3月，行署颁布《赣州地区产品质量监督检验管理办法（试行）》，规定监督检验的对象、权限和责任。1994年7月，完成信丰脐橙标准化项目标准起草、评审工作，并报省标准局通过方案论证。南康甜柚被列入省农业综合标准化新项目，由省标准局转报国家立项。9月，按标准化要求对定南县摩擦材料厂等3家企业进行整改验收，帮助赣丰饲料厂等2个企业制订产品标准，减少企业经济损失2万多元。11月，贯彻GB 7718—94《食品标签通用标准》和GB/T 1.1—1993《标准化工作导则》中关于标准编写的基本规定。1995年，落实全省农业标准化安排，在信丰脐橙被列入全国农业示范区项目和南康甜柚综合标准化被列为国家试点项目后，为规范信丰脐橙及南康甜柚的标准化作业，地区技术监督局分别制定信丰脐橙、南康甜柚系列标准。1996年，向省技术监督局申报赣州酒厂的赣泉酒、东方红水泥厂的水泥等7家企业的7种产品在全省范围内免检。至1996年，全地区企业共有17种产品被列为全省免检产品。1998年，信丰脐橙标准化示范区工作顺利通过由省技术监督局代表国家技术监督局的验收，提高了信丰脐橙的知名度和市场竞争力。南康甜柚被列入全国第二批重点农业示范区项目。2000年，南康甜柚示范项目正式通过验收。推进全南大棚蔬菜、兴国灰鹅、寻乌蜜橘等特色农业标准，积极鼓励企业采用国际标准。

四、代码管理

1993年，行署批转地区经委、技术监督、银行、工商等12个局（委、行）《关于建立全地区企事业单位和社会团体统一代码标识制度的实施意见》。成立地区统一代码领导小组，抓好赣州市（今章贡区）、赣县、于都县、定南县的代码试点工作。至年底，全地区申办代码单位11709个。1995年，建立和健全代码管理体制，制订数据维护管理办法。地区技术监督局对数据库进行整顿，适当增加技术投入，并根据《省统一代码验收细则》要求，做好验收准备，完善各项管理制度。抓好全地区统一代码的查验工作，拓宽统一代码标识在国有资产管理工业普查、劳动、人事、公安交通管理等领域的强制作用，逐步开展统一代码证书年检工作。地区技术监督局与税务、银行、公安、交通、统计等有关单位协商，采用先进技术手段建立数据库的维护系统，保证代码数据及时准确应用。1999年，设立办证大厅，改善服务条件。2000年，全市代码工作实现全省赋码联网。全市代码数据总数24984户，其中新办3000户，换证3000户。全市新增条码20个，完成条码复审26个。

第三节 计量管理

贯彻实施《中华人民共和国计量法》《中华人民共和国计量法实施细则》，机构不断完善，增加检定测试设备和检定测试项目。推广米制，改革市制，限制英制和废除旧杂制，有计划地完成计量单位的改制，完成由非国家法定单位向国家法定单位的过渡，保证国家计量单位制的统一和量值的可靠。

一、计量监督管理

1987年，组织3次全地区性的商贸市场计量器具检查，收缴不合格的计量器具5445件，立案处理和现场处罚违犯计量法案件152起，罚款金额5196.1元。全地区表彰171个“双信”（价格和计量信得过）先进单位和个人。各县（市）计量行政部门还对103家制造、修理计量器具企业（个体），补发生产许可证。省计量局对赣州市衡器一厂、二厂和瑞金县衡器厂3家进行质量考核。完成社会公用计量标准器考核发证39个，企业最高计量标准器的考核发证6个。1989年，依照《中华人民共和国计量法》，抓强检项目建档，编制全地区第一批强检计量器具网络图，保证定时、定量、定点地检定工作；抓企业最高计量标准器和社会公用计量标准器考核、复核工作。全年考核计量标准器39项，其中企业事业单位最高计量标准器12项，计量部门社会公用计量标准器27项；复核计量部门社会公用计量标准器40项，扩大计量检定测试覆盖面。

1991年2月，地区标准计量局下发《关于春节期间加强对市场商品进行监督检查的通知》，各县（市）标准计量行政部门开展商贸计量检查。赣州市（今章贡区）、大余县、龙南县、瑞金县、赣县等县（市）标准计量局分别联合各县（市）工商局、物价局、消费者协会等部门，对332家商店、349家个体商店（摊贩）、13家国营企业的1301件计量器具进行检查，合格1131件，合格率为86.9%。全地区立案处理违反计量法案件19起，现场处理161起，罚款共1.21万元。1992年，开展计量标准考核、复核，质检机构计量认证，对县（市）技术监督部门实施达标考核，开展燃油加油机的计量监督执法检查等工作。3月，下发《关于加强全区计量工作和实施省局工作要点的意见》。继续抓强检计量器具建卡建档，强化计量管理和计量器具的监督。对全地区18家大中型企业进行计量执法检查，对58项到期计量标准进行复检。根据中华人民共和国标准HHG 1021－90《产品质量检验机构计量认证技术考核规范》，对水利设计院实验室、地区饲料质检站等4个地级站的计量认证进行考核评审；配合省粮油和省环保2个专业评审组对全地区14个县（市）质检站的计量认证进行正式评审。1993年，对全地区各单位的计量标准、社会公用标准进行调查摸底，为标准考核、发证、换证打基础。6月，下发《关于开展全区燃油加油站“计量信得过”活动的通知》，在全省率先进行燃油加油站计量标准复核换证工作，全地区换证109个。制定下发《赣州地区燃油站计量管理办法》，依法对全地区范围内的200多家加油站实施监督管理。1994年，协助地区石油公司整顿石油经营市场。

1996年，开展“计量、质量信得过”评选活动，全地区评选“计量、质量信得过单位”164家，树立守法经营榜样。1998年，对全地区医疗卫生单位的强检计量器具和新闻单位法定计量单位执行情况开展专项检查。对商品房面积计量公正站、眼镜计量公正站、汽车里程表、出租汽车计价器、汽车检测线等项目通过省技术监督局计量认证和标准技术进行考核；完成全南县、会昌县、上犹县3个县技术监督局的4个计量标准的建标、考核及49个计量标准的复核工作，190名检定员通过考试合格，取得计量检定员证。2000年，对定南县、寻乌县、安远县和大余县等县进行计量标准复核；全面完成标准到期复核，使计量标准周期受检率达100%；完成计量认证年审。加强对水表、压力表、衡器等重点监督计量器具经销市场的监督检查，查处一批不合格的水表、压力表、衡器。帮助企业完成计量达标、计量确认的考核申报工作，10家企业通过申报考核。对定量包装企业的考核和定量包装产品市场进行监督管理，有35家企业定量包装考核合格。章贡区启动“光明工程”，眼镜市场的光学指标合格率有较大的提高。

二、计量器具检定

1986年，全地区检定各种器具10.73万台件，检定费收入13.19万元，其中地区计量所检定1.1万台件。1988年，增加计量器具检定项目，扩大强制检定计量器具检定覆盖面，新增心电图机检定装置，完成心电图机检定51台。全地区检定各种计量器具12.62万台件。

1990年，全地区检定各种计量器具13.05万台件（其中强制检定10.9万台件），检定费收入31.27万元，其中地区计量所检定1.93万台件，检定费收入15万元。地区计量所新建立流量计量检定装置和新添光学滤光片、医用X光机诊断仪等检定测试标准仪器。开展加油机流量计量检定和医用X光机诊断仪测试新项目。1991年，新建立原子吸收分光检定装置、脑电图仪检定装置、医用超声源检定装置等项目检定测试4个。1993年，全地区检定各种计量器具10.88万台件。1995年，检定各种计量器具11.57万台件。

1997年，全地区技术监督部门严厉打击市场贸易结算计量器具违法行为，分别对南康市潭口乡银坑加油站等4家单位在电脑加油机中加装遥控回油装置的违法行为进行查处，规范石油市场。宁都县在夏粮入库时对27个乡（镇）粮管所收粮点进行计量监督，于都县对收蔗旺季收蔗点地磅进行检查。按照华东国家计量测试中心及省技术监督局有关精神对销售水表、电表、衡器等计量器具产品的商店进行重点抽查，对没有计量器具制造许可证和不合格的计量器具进行查封和处罚，遏制不合格计量器具流入市场。拓宽计量检测范围，提高强检覆盖面，相继开展出租车计价器、汽车里程表、汽车检测线、电磁仪表检定测试项目。1999年，全市（地区）对233项强检计量标准和10.08万台件强检计量器具实施强制检定，使强检工作计量器具受检率平均达到95%。2000年，结合调整后的强检目录，加大对强检器具的检定，建立强检目录231项，完成强检器具检定10万台件，使强检计量器具受检率达98%以上。

第四节　质量监督

一、产品质量检查

1988年，地区标准计量局联合有关部门，对全地区的酱油、汽水、大米、面粉、食用植物油、面条、粉干、糖果、白砂糖果、水泥、黏土砖等 17 项产品进行质量监督抽查检验和啤酒、松香、松节油 3 项产品进行抽样送检，对丁香李、多用插座、金橘饼等产品的质量发证检验。经抽查检验，大米：抽查有大米生产企业（内审）许可证的企业 42 家，抽取样品 90 个，合格 50 个，合格率 55.56%；不合格 40 个，占 44.44%。酱油：抽查 14 个县（市）24 家生产企业，抽取样品 47 个，合格 14 个，合格率 29.29%；不合格 33 件，占 70.21%。饮料：抽查 16 个县（市）36 家生产企业，抽取样品 54 个，合格 43 个，合格率 79.63%；不合格 11 件，占 20.37%。糖果：抽查 5 家生产企业，抽取样品 19 件，合格 19 件，合格率为 100%。电热毯：抽查赣州市（今章贡区）、赣县、宁都县 6 家生产企业，抽取样品 6 件，合格 4 件，合格率为 66.67%；不合格 2 件，占 33.33%。1989 年 8 月，地区标准计量局会同地区工商局、地区建材质量检验站对市场销售的水泥质量进行检查，检查赣州市（今章贡区）、大余县、南康县、瑞金县、会昌县、石城县等 6 个县（市）23 家经销和使用水泥的单位，质量不合格的 8 家，由当地工商部门给予处罚。

1990 年，地区标准计量局联合赣州市（今章贡区）、赣县标准计量局对赣州市（今章贡区）、赣县进行《食品标签通用标准》实施情况的检查。检查生产企业 8 家，受检商品 34 个，合格 22 个，合格率 64.71%；检查经销单位 26 家，受检商品 68 个，合格 48 个，合格率 70.59%。检查糕点，省内商品合格率 71.4%，省外商品合格率 42.9%。检查蜜饯，省内商品合格率 29.1%，省外商品合格率 50%。1992 年，地区技术监督局对全地区白酒、果黄酒、配制酒、碳酸饲料、水泥、酱油、种子、复合肥、皮鞋等按计划要求进行产品质量监督检验。完成水泥及水泥电杆、涂料、粮油、水稻种子、饲料、化肥、电线等 25 种产品的全地区统检。结果表明，大部分产品合格率有所提高，合格率较高的有水泥、水稻种子、复合肥、白糖；合格率较低的有畜禽饲料、碳酸饮料。完成对食用植物油、钢筋、皮鞋、轴承、化肥、闸阀等 20 种商品的市场检查。抽查结果表明，食用油、钢筋合格率达 100%；闸阀、轴承、皮鞋合格率较低。抽检碳酸饮料和蜜饯产品，碳酸饮料抽检 32 个产品，合格 9 个，合格率为 28.13%；蜜饯产品抽检 30 个，合格 24 个，合格率为 80%。1993 年，《中华人民共和国产品质量法》颁布实施，地区技术监督局联合地委宣传部、赣州电视台，开展“质量万里行”“质量监督在赣南”宣传活动。完成省标准计量局下达的国家统检水泥、螺纹钢材、饮料、磷肥等 4 项商品的抽样任务，地级质检站发展到 15 个，其中有 5 个完成认证工作。

1995 年，为扶持名优产品，扩大产品知名度，地区技术监督局对 4 个企业进行质量保证体系考核，完善企业自身检验能力，提高企业产品质量和质量管理水平。向省技术监督局呈报赣州地区生产的 7 种产品免检产品并获得批准，东方红水泥厂生产的水泥、大余食品厂生产的多味花生等 7 种产品成为全省第一批免检产品。对 10 件消费者的质量投诉案件进行仲裁处理。对全地区 6 个企业的产品进行质量鉴别，组织 23 个企业开展产品质量承诺“保真”活动，对 8 个企业的优质产品进行宣传，在《赣南日报》公开向社会登载公告 5 期，电视宣传 4 次，为全地区企业争创名牌产品、扩大社会影响面服务。1997 年，地区技术监督局引导企业采用国家标准、国际标准和国外先进标准，使用先进的计量检测手段，建立完善的质量管理和保证体系，提高产品的科技含量和质量水平，增强产品市场竞争力。实施“名牌战略”和“双百双十”（培植 100 个名牌产品，在此基础上形成 10 个在全国有影响力的龙头产品；抓好 100 家年销售收入超亿元的企业，在此基础上形成 10 个销售收入 30 亿元以上的企业集团）工程，创业集团、赣州造纸集团有限公司、赣州钴钨有限责任公司、赣南卷烟厂、赣州木材厂被列为全省“双百双十”工程重点发展单位。1998 年，贯彻《江西省产品质量监督管理条例》，组织全地区 7 个行业的质检机构制订年度产品质量定期监督检查计划和市场监督检查计划。理顺技术监督部门与有关行业主管部门的关系，减少重复检查，减轻企业负担。组织实施监督检查计划，积极协调、配合全国统检和全省定期监督检查。全年对全地区 812 家生产企业的 37 类 995 批次产品进行监督检查，合格 605

批次，抽样合格率60.8%。结合赣南的特点对化肥、食品进行监督检查，抽查全地区复混肥生产企业7家，合格4家，合格品生产企业的生产能力约占全地区80%。抽查酱油生产企业15家16批次产品，合格仅4批次，抽样合格率25%。酱油质量问题突出，地区技术监督局及时跟踪质量。全省定期监督抽查全地区161批次产品，合格146批次，抽样合格率90.68%（主要是大中型企业产品）。1999年，对问题较多的水泥、农资、食品、金银饰品、食用油进行专项整治，分行业召开质量分析会，帮助企业解决存在的质量问题。对质量好的企业进行宣传，组织37家地方名优产品参加市电视台“产品名优榜”展播，向省推荐7家省重点保护企业。参与粮食体制改革中的粮食质量监督，制作各县（市、区）优质和劣质稻标样。做好产品质量监督抽查，实施全市（地区）产品质量定期监督检查计划27项，配合协助全省实施定期监督计划，对33家不合格企业作善后处理。2000年，加强产品质量的计划监督管理，规范监督检查行为，防止重复检查，超范围检查。对食品、燃气用具、农资、建材等进行专项打假。开展“名优农资下乡”活动，组织生产厂家深入乡村，听取农民意见。评定全市29家重点保护产品，向省推荐13家全省重点保护产品。

二、伪劣商品查处

1987年，地区标准计量局与地区卫生防疫站、地区食品办、地区工商局等单位共同组织全地区酒类市场的抽查整顿及对市售食用油、植物油进行调查。联合地区饲料办对赣州市（今章贡区）饲料生产、销售进行一次抽查，制定出台《饲料管理暂行办法》。与地区食品办、地区糖业公司、地区卫生防疫站、工商局共同制定《食用酒精管理办法》。1990年，成立地区查处伪劣商品领导小组，贯彻国务院《严厉打击在商品中掺假使假的通知》，在全地区范围内开展查处伪劣商品行动，在上犹县、信丰县、大余县、兴国县、瑞金县、石城县、会昌县、崇义县、赣州市（今章贡区）等9个县（市）查处并销毁伪劣商品11587件，价值4.1万多元，罚没款5.7万元。查出的伪劣商品主要有浙江省产交流接触器、空气开关、继电器、皮鞋，安徽省产的磷肥，广东省产的单放机，江苏省产的纯毛纺织品、食用植物油、味精、白酒、塑料电线、单相三孔圆插头、插座等。不合格商品主要有奶粉、饮料、啤酒、饼干、香烟、电风扇、电冰箱等。

1991年，在赣州市（今章贡区）、宁都县集中力量进行市场伪劣商品的查处工作，查处化肥、农药、饲料、低压电器、罐头等17类商品，不合格商品总金额78.7万元。1992年，按照省政府《关于严厉打击生产经销假冒伪劣商品违法行为几点意见的通知》，行署进行专题部署，全地区共检查29592个企业（国营2338个、集体3854个、个体23400个），处罚2773个企业（国营184个、集体358个、个体2231个），查出假冒伪劣商品845万多种（件），罚没款20余万元，捣毁制售假冒伪劣商品窝点35个，查处销售价值300万元的假冒伪劣商品。1994年，采取重点打击与日常抽查相结合的办法，对市场上销售的劣质稻种、农药、化肥等农业生产资料进行重点检查，查处假冒复合肥200吨，劣质复合肥2000吨，劣质农药5吨，劣质杂交稻种54吨，避免农业间接损失213万元。对钢材、水泥、红砖等建筑主材质量进行统检抽查，查处伪劣钢材5批次，劣质水泥400吨。全地区查处假冒伪劣商品价值817.6万元，捣毁制假窝点2个，查处大案要案4起，移交司法部门1人，挽回企业或消费者经济损失1080万元。1995年，重点是查处农药、化肥、种子、饲料、农机配件和无证农业生产资料中以旧充新、以次充好、质次价高、无价生产和进货渠道不明等不法行为。

1996年，加大技术监督行政执法力度，做到打假、整治、保名牌到位。地区办理案件89起，产（商）品标值2400万元，结案86起，罚没金额近60万元。挽回直接经济损失620万元。捣毁制假窝点6个，查处造假大案1起。1998年，依法加强生产、流通领域产品的监督，强化对危及人身安全、健康产品的监督。查处案件1408起，其中立案840起，结案836起，现场处罚568起，查获假冒伪劣产

（商）品546批次，挽回经济损失1104万元。开展“查大案、端窝点、整市场”活动，捣毁制假窝点29个，规范市场秩序。1999年，全市（地区）把开展查市场保“两节”（元旦、春节），查农资保春耕及查建材保建设活动作为铁腕抓质量的重要措施，建立市（地区）、县（市、区）两级信息网。龙南县、定南县发生部分群众食用广东“三无”桶装工业猪油，导致恶性中毒事件，市技术监督局积极采取措施，全力查处“猪油中毒事件”，出动执法人员9269人次，检查各类市场301个，端掉制假窝点28个，立案482件，现场查处1201件，查获假冒伪劣商品标值731.6万元。全年全市（地区）出动执法人员3万多人次，查处案件2100起，端掉制假售假窝点51个，查获假冒伪劣产品标值3000万余元，挽回经济损失1200万余元。2000年，在查市场保“两节”，查农资保春耕，查建材保建设的活动中，检查各类市场304个，端掉制假窝点29个，立案查处各类违法案件304件，现场处罚案件1102件，查获假冒伪商品标值711.3万元，3名制售假分子移送公安机关收审。10月，按照全省的统一部署，检查企业956家，市场207个，捣毁制售假窝点40个，查获假冒伪劣商品标值620万元；查办案件410起（其中大案要案10起），立案查处260起，现场处罚150起，移送公安机关收审16人。根据赣南的特点提出“三放心、一防患”的活动要求，即让人民群众吃上“放心米、放心油、放心酒”，加强对易燃易爆物品和锅炉压力容器的排查，消除安全隐患。同年，章贡区查处假冒东北大米和潲水油，上犹县查获掺有矿物油的葵花油，于都县查获用矿物油炒制的有毒瓜子等。

第十八篇

农业·乡镇企业

1986—2000年，赣州市（地区）在农村逐步深化完善家庭联产承包责任制，探索农业产业化经营路子，推广特种养殖业，发展村级经济，搞活农产品流通，切实减轻农民负担，开展小康示范村建设，农村经济稳步发展，农村经济总量上新台阶。2000年，全市农业总产值138.36亿元，是1986年的6.85倍。

全市（地区）种植业生产发展迅速，产品丰富多样，粮食总产量连年增长，“赣南粮仓”全国闻名。实施“兴果富民”战略，充分利用丰富的山地资源和得天独厚的气候优势发展果业，形成以赣南脐橙为主，甜柚、甜橙、蜜橘、蜜梨、大盒柿等多种特优水果相结合的新兴水果生产基地。赣南果业股份有限公司成功上市，成为柑橘产业第一股。积极实施“猪—沼—果”生态农业工程，实现经济效益、社会效益和生态效益的有机统一。改革畜牧业管理体制，逐步推行牧、工、商相结合，产、供、销一体化。水产品产量、产值持续增长。农业机械拥有量稳步增长，机械化水平不断提高。

1986—2000年，赣州乡镇企业的发展坚持走与发展个私经济、招商引资、建设工业小区、发展农业产业化相结合道路，完成乡镇企业经济体制改革，乡镇企业持续、平稳、健康发展。2000年，全市乡镇企业拥有固定资产55.93亿元，实现增加值57.2亿元，占全市生产总值的21.49%；实缴税金5.57亿元，占全市财政收入的27.33%。

第一章　农村经济

1986—2000年，赣州农村经济稳步发展。农村经济总量迈上新的台阶。2000年，全市农业总产值138.36亿元，比1985年增长7.29倍。农业结构逐步优化，农林牧渔各业比重由1985年的55.95∶10.87∶17.24∶1.8，调整为2000年的46.46∶5.79∶37.27∶10.48。多种经营产值比重由1985年的61.21%上升到2000年的82.13%。在粮食生产方面，大力推广良种良法，改进耕作技术等措施，提高粮食产量。粮食生产在1982年首次跃上200万吨台阶后，1995年突破250万吨大关。2000年全市果园面积达10.09万公顷，水果总产19.98万吨，分别占全省的35.6%和47%，成为江西最大的果业基地。2000年农业机械总动力120.05万千瓦，机耕面积占耕地面积比重33.26%，分别比1985年增长204.96%和增加18.17个百分点。农民生活水平显著提高。1986年农民人均纯收入321元，1990年532元，1995年1478元，2000年2100元，农民人均纯收入年均增长150元，年均增长13.3%。农村住户抽样调查显示，2000年农民人均居住面积24平方米，其中楼房面积占33.7%，分别比1990年增长27.86%和增加5.56个百分点；每百户拥有电视机105台（其中彩电38台），摩托车22辆，恩格尔系数由1983年的64.88%降至1999年的54.23%。1993—1997年开展小康示范村建设，1993—2000年实施“八七”扶贫攻坚战，赣州大多数农户开始向小康生活迈进。

第一节　机构　队伍

一、市农村工作办公室（地区农业委员会）

1986年1月，地区农业委员会内设办公室、农村政策研究科、经济建设科、科教科、农业区划委员会办公室，有在职人员17人。1987年，赣州山区开发建设委员会办公室由挂靠地区科学技术委员会改为挂靠地区农委。1988年10月，地区农业委员会更名为地区农村经济委员会。1990年10月，农业区划委员会办公室划归地区计划委员会。1993年10月，增设地区外向型农业办公室。1994年3月，赣州山区开发建设委员会办公室又划回地区科学技术委员会。1996年，地区农村经济委员会更名为地区农村工作办公室，内设秘书科、综合科、生产科、科教科、外资科。1999年，地区农办更名为市人民政府农村工作办公室。2000年，有在职人员17人。

二、市农业局（地区农牧渔业局）

1986年，赣州地区农牧渔业局内设办公室、劳动人事科、机关党委、工会、计财科、畜牧科、农业科、水产科、科教科、农业广播学校、农技站、农业物资供应站、植保植检站、能源站、经营管理站、饲料质量检测站、土肥站、畜禽改良站、种子公司、农业利用外资办公室。下辖地区农业科学研究所、地区农业学校、地区畜牧科学研究所、地区农业良种场、地区乳牛良种场、地区甘蔗科学研究所、地区鱼种场、地区水产科学研究所、赣南农牧渔业联营公司。有职工162人，其中干部130人，工人32人。1996年4月更名为地区农业局，地区畜牧研究所划入赣南科技城。1999年7月，更名为赣州市农业局。

2000年，市农业局内设机关党委、办公室、劳动人事科、离退休干部科、计财科、农业科、经济作物科、畜牧科、水产科、科技教育科、江西省农业广播电视学校赣州分校、农业技术推广站、农用物资供应站、植保植检站、农村环保能源站、农村经营管理站、饲料质量检测站、土壤肥料工作站、家禽家畜改良防治站、水产技术推广站、蚕桑技术指导站、种子质量监督检测站、渔政管理站。下辖市农业利用外资办公室、市农业科学研究所、市农业学校、市农业良种场、市乳牛良种场、市甘蔗研究所、市水产研究所和赣南农牧渔业联营公司。市鱼种场分别下划上犹县、崇义县2个县管理。市农业局有职工137人，其中干部115人、工人22人。

第二节 农村服务与管理

一、农村合作基金会

农村合作基金会是以乡村集体经济组织和农户自愿互利、有偿使用为原则而建立的社区性资金互助合作组织。其宗旨是为农民服务，为农业生产服务，为农村经济发展服务，在管好用活集体资金，保证集体资金安全，挖掘农村资金潜力，增加农业资金投入，促进农村经济发展等方面发挥作用。全地区农村合作基金会，经历试点示范、由点到面、总结经验、逐步推广的过程。1988年，省农业厅下发《关于加强农经组织建设，进一步搞好村、组内部资金融通促进农业开发的意见》后，开始资金融通试点。1989年，全地区开展清财、集资、融通工作，全地区集资365万元，融资1458万元。1993年，农村合作基金会开始试点，全地区建立合作基金会29个，筹集资金399万元。1998年，全地区批准设立农村合作基金会96个，资金规模10076万元，分布在于都县、宁都县、安远县、会昌县、兴国县、石城县、信丰县、赣县、瑞金市、上犹县等10个县。1999年，中央决定对农村合作基金会进行全面清理。全市（地区）按照省政府的部署，对所有批准设立的农村合作基金会进行全面清理。至2000年年底，所有农村合作基金会全部清理完毕。

二、农村经联社

1991年年底，全地区已建立乡（镇）经联总社365个，村经联社1493个，经联分社15359个。这些集体合作经济组织在完善统分结合的双层经营中，发挥重要作用。1992年，地委、行署针对全地区推行的家庭联产承包责任制出现的新情况、新问题，在调查研究以及借鉴外省经验的基础上，下发《关于进一步办好农村经联社的意见》，制定办好农村经联社的政策措施，使农村经联社充分发挥双层经营的组织管理、经营服务、指导协调等功能，抓好统筹服务。特别在“九统一”（统一机构、统一作物布局、统一良种良法、统一生产资料供应、统一水利排灌、统一植保、统一农田水利建设、统一农产品加工流通、统一农技推广）方面充分发挥作用。全地区结合农村社会主义教育工作，紧抓农村经联社的组织建设，乡（镇）成立经联总社，村建立经联社，村民小组建立分社，开展农业经营，完善统分结合的双层经营体制。1994年，农村经联社基本撤销。

三、村级集体经济

发展村级集体经济目的是使村级组织有经济实体、有经济实力，增强基层组织战斗力、号召力和凝聚力，解决基层“有钱办事、有人办事、有章理事”的实际问题。1988年，地委、行署把发展壮大村级集体经济当作深化农村改革的重点来抓，开展村级经济的调查摸底，全面掌握全地区村级经济的现状。全地区有年纯收入0.5万元以下的“空壳村”1643个，占全市行政村总数的38.02%；年纯收入0.5万～2万元的中等村2209个，占全市行政村总数的51.1%；年纯收入2万元以上富裕村471个，占全市行政村总数的10.88%。并对班子状况、资源情况、经济发展、技术水平等情况进行全面调查摸底，建立工作档案。制定《赣州地区村级集体经济建设1990—1993年三年发展规划》。各县（市）根据“空壳村”比例，实行层次推进，分三年落实摘帽任务，并实行责任目标管理，加强检查督促。1992年，全地区绝大多数的“空壳村”实现摘帽，进入二类村水平，有8%“空壳村”达到集体经济富裕村水平；原来的集体经济二类村也有新的发展，升级的村有69%，有的村集体经济纯收入突破10余万元；集体经济富裕村更上一层楼，涌现一大批典型，如南康的白石村、双江村，赣县的梅林村，赣州市（今章贡区）的白云村等村级集体经济纯收入达到数十万元，农村统分结合双层经营的机制得到加强。

四、农村财务管理

1987 年，开展农村财务清理工作。1990 年，为加强农经服务体系建设，开展有基础、有经济管理和协调能力、有效果（以下简称“三有”）的乡站建设和财务管理规范化达标活动。加强农村审计工作，建立机构配备人员。1992 年，全地区有 9 个县、185 个乡达到“三有”要求，达到规范化管理村级财务的乡有 198 个。1993 年，农村财务管理以建立健全制度、搞好培训为重点开展工作，使其走上制度化、规范化管理。1994 年，以制度化、规范化建设为目标，全地区建立民主理财制度的村 3036 个，占村总数的 70%；培训村级会计人员 3924 人次，颁发会计证 4117 人；财务管理规范化达标的乡 296 个，占乡总数的 81%。1995 年，针对村级财务混乱状况，开展财务整顿，实行“村有乡管”新体制的乡（镇）148 个，占乡（镇）总数的 41%。1997 年，全面开展村级集体财务清理整顿和专项治理。实行《村合作经济组织财务制度（试行）》《村合作经济组织会计制度（试行）》。1998 年，开展农村集体资产清产核资，经核查村级流动资产总额 28.8 亿元，乡级流动资产总额 9.3 亿元。1999 年，全面清理乡村不良债务工作。全市（地区）乡村债务总额 12 亿多元，乡均 331.89 万元，其中乡级债务总额 7.66 亿元，乡均近 210 万元；村级债务总额 4.34 亿元，村均 10 万元。2000 年，针对乡村不良债务增多的现状，市委村建办和市农业局联合下发《关于进一步化解村级不良债务发展壮大村级集体经济的意见》，市农业局下发《赣州市农村集体资产管理制度》《赣州市农村民主理财和财务公开制度》《赣州市农村集体经济组织干部任期和离任审计制度》《赣州市农村集体经济组织贷款管理制度》等 4 项制度。

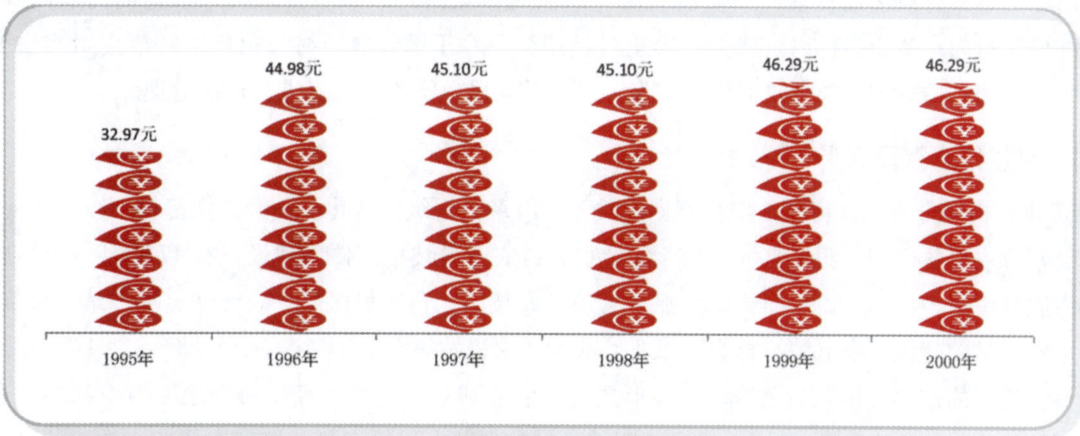

图 18－1－1　1995—2000 年全市农民人均承担的提留统筹费

五、农民负担监督管理

1990 年 2 月，国务院印发《关于切实减轻农民负担的通知》后，全地区各级党委、政府把农民负担监督管理工作列入重要工作部署。

1991 年 2 月，地区及县成立清理整顿农民负担专业组，配有工作人员 797 名，全面开展农民负担清理整顿工作。这次清理，全地区清理项目 184 个，涉及负担金额 8061 万元，取消项目 13 个，抑制农民负担增长过快的势头。自 1991 年 1 月《江西省农民负担管理条例》和 1991 年 12 月国务院《农民承担费用和劳务管理条例》颁布实施后，农民负担监督管理工作进入法制化管理轨道。1992年7月，国务院办公厅再次发出《进一步做好农民承担费用和劳务监督管理工作的通知》，并开展第一次全国性农民负担大检查。按照国务院要求，1993年4月，地委办公室、行署办公室联合下发《关于清理有关农民负担和社会性收费、集资文件的通知》，对1980年以来地委、行署和地直单位、部门下发的涉及农民负担和社会性收费、集资的文件，进行全面清理。共有涉及农民负担的文件88个，清理时废止24个，11个文件作修改。同年7月，行署发文公布国务院、省政府及行署宣布取消的第一批农民负担项目、收费（税）方法、升级达标活动，宣布废止的第一批农民负担项目18个及收费（税）方法7种。1993年4月，行署成立农民负担监督管理领导小组，成员由地直19个部门组成，并设立办公室。各县（市）也成立相应监管机构。1995年，围绕贯彻落实中央宣布的“约法三章”[近几年出台的一系列减轻农民负担的基本政策不变，已经明令取消的项目不准恢复；暂停一切涉及农民负担的项目审批；各地区农民承担的提留统筹费不允许有突破5%的乡（镇）出现]，地委、行署开展分部门、分行业的专项治理工作，从源头堵住加重农民负担的势头，制止农民负担反弹。为及时掌握全地区农民负担动态，地区建立农民负担监测网络。1996年，全面落实减负工作目标责任制，实行地级领导、地直单位主要领导、县（市）级领导挂点包干责任制，强化监管力度。从严控制提留统筹费，提出“一定三年不变”规定，制定出台《赣州地区村提留和乡统筹费财务管理办法》。1997年，地区落实中共中央、国务院《关于切实做好减轻农民负担工作的决定》，实施四项日常监管制度，即提留统筹费预决算制度、农民负担监督卡制度、农民负担专项审计制度、提留统筹费财务管理制度。同时，加强执法检查和案件查处工作。1999年，开展全国减轻农民负担工作大检查，首次实行减轻农民负担工作“一票否决”制度，加大违反农民负担政策的案件查处力度。为及时倾听农民的呼声，准确掌握农民负担动态，市减轻农民负担办公室实行24小时值班制度，并公布举报咨询电话。2000年，围绕贯彻中央“一项制度，八个禁止”（实行农民合理负担“一定三年不变”的制度；禁止平摊农业特产税、屠宰税；禁止一切要农民出钱、出物、出工的达标升级活动；禁止一切没有法律、法规依据的行政事业性收费；禁止面向农民集资；禁止各种摊派行为；禁止强行以资代劳；禁止村组招待下乡干部，取消村组招待费；禁止用非法手段向农民收款收物）的规定，加强督促检查工作，对涉及农民负担收费项目进行再次清理。

六、农业科技教育服务

1987年，根据全省农业科技工作会议提出关于“改革县一级，强化乡一级、恢复村一级”的要求，地区农委联合农口各部门，狠抓县（市）、乡（镇）、村农业科技推广体系建设，有17个县（市）成立农技推广服务中心。1990—1991年，重点抓乡（镇）农技站、畜牧兽医站、农经站、水产站、果茶站、林管站、农机站的建设，乡（镇）林业、果业、水利、农机站等有1233个，人员6023人。1992年，注重农业科技教育的推广应用，利用培训班等形式推广农业科技。地区农经委协调地委组织部举办2期乡镇干部培训班，培训人员98人次；举办2期千元村党支部书记培训班，培训人员45人次。1993年，地区农经委为170名第一线农林水科技人员办理“农转非”；在全地区开展“良种年”活动，促进良种良法的推广应用，其中水稻良种面积达92%，居全省第一位。制定下发《1993—2000年外向型农业发展规划》。1995年，着手建立农业利用外资初级项目库和参加招商活动。1996年，组织全地区农业科技教育人员突出贡献奖申报评选，12个项目获奖。1986—2000年，全市（地区）共举办乡镇领导干部培训班25期，培训人员2600人次，为1200余名乡镇农林水技术人员办理“农转非”手续，有45名被评选为省农业劳模。

第三节　农业产业化经营

一、主导产业

1992年，围绕建设“农业大区、工业强区、财政富区”的目标，赣南各地积极探索农业产业化的路子。1997年，地委、行署制定《关于大力发展特色农业产业化的决定》，将优质水果种植及包装、储藏、加工系列，米制品加工系列，名贵花卉栽培系列，大棚蔬菜、高山蔬菜栽培及加工系列等18大类特色农业产业化系列，确定为赣州重点培植的主导产业。1998年，下发《赣州地区1998—2005年农业产业化经营发展规划》，将优质米及米制品、果茶业、畜牧业、家禽业、商品蔬菜、花卉业、水产业等十大产业确定为赣南重点发展培植的主导产业。1999年，全市（地区）有16个县（市、区）的24个支柱产业超过当年粮食产值。2000年，市委、市政府集中精力抓好“粮、果、茶、畜、禽、花”六大支柱产业，并请有关专家、学者和相关领导进行反复研究论证，制定《赣州市“十五”期间农业主导产业优先发展项目的意见》，要求各县（市、区）要因地制宜选择资源优势强、经济效益好、带动农户多，既联动当地又呼应全市的2～3个产业，作为“十五”期间优先发展的主导产业。当年超过粮食产值的农业主导产业达到26个，产值达33.9亿元，占农业总产值的24.8%。同时，全市各地把基地建设作为发展主导产业的基础环节，围绕主导产业，按照因地制宜、合理布局、突出优势、规模连片、相对集中的原则，建立一批以市场为导向，与龙头企业发展相适应的高产、优质、高效的规模化农产品生产基地。全市有各类农产品基地112个，辐射农户60多万户。建立全国最大的脐橙基地，全省最大的果业基地、鳗鱼基地、花卉基地、席草基地、肉鸽基地、草菇基地。

二、龙头企业培植

1992年，地委、行署把发展龙头企业作为实施农业产业化经营的突破口来抓，培植壮大一批市场开拓能力较强，科技创新能力较强，带动农户较多，实力较强的龙头企业。重点培植加工和流通型龙头企业。至2000年，全市具有一定规模的各类龙头企业1000多家，其中实力较强、效益较好、辐射较广的龙头企业有120多家，初步形成多行业多层面多功能的龙头企业群。

三、产业化扶持

扶持措施是加快农业产业化经营进程的保证。市（地区）、县（市、区）抓住制约产业化发展的关键环节和薄弱环节，制订优惠政策，扶持农业产业化发展。市（地区）先后出台一系列发展农业产业化经营的优惠政策，从1998年始，市（地区）本级财政每年用于产业化的投入150多万元。各县（市、区）根据各自实际，制订相应发展政策，加大财政投入、建立农业产业化发展基金，实行资金扶持。并大力进行招商引资，鼓励外地客商投资农业和农业产业化经营，缓解投入不足的矛盾，促进农业产业化的发展。在各种涉农资金的安排上，如老建扶贫资金、赣中南开发资金等在不改变资金使用原则的前提下，重点向农业产业化项目倾斜。同时，鼓励各级银行和社会资金积极投向农业产业化经营。1999年开始，市委、市政府每年对农业产业化经营工作进行考评，推动全市农业产业化经营的发展。

四、特色农业

20世纪90年代初，海狸鼠、野鸡、甲鱼、牛蛙、鹧鸪、鳗鱼、蛇等动物俏销市场，由于利润高，需求大以及野生动物人工驯养、人工繁殖等技术问题的逐步解决，众多农户纷纷办起规模不等、品种各异的养殖场，特种养殖业在农村兴起。针对特种养殖业迅速发展的形势，1994年，地委、行署提出把特种养殖作为一个新兴产业来培育，并将其作为“八个翻番”的主要目标列入当年经济工作的重要内容。当年，全地区特种养殖业产值达到2.09亿元，比1993年增长1.4倍，超过翻一番的目标。1995年2月，地委、行署提出1995年特种养殖再翻番的目标。6月，组织各县（市）有关领导和专业大户到福建省龙岩参观学习，全地区有10个县（市）多渠道地引进外地先进技术，吸引区外资金2.7亿元，陆续签订创办工厂化特种养殖场34个。仅瑞金市引进甲鱼、鳗鱼养殖场就有8个。至年底，全地区兴建投产的工厂化特种养殖场46家，比上年增加37家，产值达2亿元，占全地区特种养殖业产值的44%。特种养殖产值达4.5亿元，比1994年增长1.5倍。1996年，根据地委、行署关于经济工作总体部署和要求，提出当年特色养殖业产值保9（亿元）争10（亿元）的目标。年底，如期实现特种养殖业产值9亿元的目标，特种养殖业产品税收1000多万元，农民人均增收40多元。1997年年底，特种养殖的主要品种如海狸鼠、野鸡、甲鱼、牛蛙等市场价格一落千丈，养殖效益迅速下滑，许多特种养殖场相继倒闭，迅猛发展的特种养殖业开始步入平衡发展阶段，其发展重点开始转到紧贴市场的高效养殖业。

第四节 农产品流通

1986年，随着粮、油、生猪、蔬菜等主要农产品的逐步放开，流通领域活跃，但由于受旧体制的约束，市场机制还很脆弱，流通秩序还较混乱，地方设卡、部门垄断、行业封锁现象严重。因此，实现产销通开、城乡衔接、农商配套，深化市场机制改革变得非常迫切。1987年，省委、省政府确定赣南为经济体制改革试验区，地委批转地区农委《关于深化农村改革，办好经济体制改革试验区的意见》，提出要迅速清理和整顿地区关卡，组织农民直接进入市场参与流通，建立起各具特色的市场流通网络。

1988年，国家取消实行长达30年的农产品统购派购制度，逐步放开大多数农产品经营，原来国营商业一统天下的局面已被打破，专业性、区域性的农产品市场体系逐步建立，初步形成“三多一少”的流通格局，即多种经济成分、多条流通渠道、多种经营方式和少流通环节的流通体制。同时，从1986年起至1988年年底，全地区对276个各级各类检查站进行清理和整顿，撤销189个阻碍流通的关卡，保留87个检查站。在清理和整顿关卡的同时，在粤闽400多千米的边界开放上百个集市，在龙南县武当山、宁都县河东、会昌县筠门岭、瑞金县黄沙等地开辟边界自由贸易区，输入商品主要是电器产品和工业品。一批专业市场相继涌现，如南康县的成衣市场、宁都县梅江的耕牛市场、石城县的白莲市场等，边界贸易日趋活跃。1988年，全地区有30多万名农民进入流通领域，全年社会商品零售总额23.44亿元，比1978年增长386.16%。

1992年，地委、行署制定出台一系列搞活农产品流通的政策和措施，农产品流通体制改革进入新的发展阶段。在经营范围上实行开放式，除国家计划购销的烟叶、统配木材、专营的化肥、农药外，其他产品都放开经营，自由贸易。在经济成分上实行全方位，允许多种所有制成分自由进入流通领域竞争，允许跨地区、跨行业、跨部门经营，放开农产品的运销专业户的注册登记，对外省、外区进入赣州采购大宗农产品的经营者，提供优质服务，收费标准一视同仁。在流通组织上多渠道，继续发挥国营商业主渠道作用的同时，积极鼓励农民进入市场参与流通，大力培植民间流通组织，以“公司+农户”等多种形式带领农民进市场。至1996年，全地区有农村集市569个，各类专业市场52个，建设一批专业批发市场、边贸市场和农民街，市场交易环境得到较大改善。全年社会商品零售总额62.1亿元，比1988年增长264.93%，从事农产品收购贩运的农户达35万人，个体私营经济从业人员占社会总人口比例达6.7%。

1998年，地委、行署下发《关于大力发展农村民间流通组织，搞活农产品流通的意见》，从资金、税收、运输等方面给予农产品销售企业和个人优惠政策，促进流通业发展。

1999年7月，全市第一个农村民间流通协会成立。组织开展优质、名牌农产品的调查摸底，选出95种优质农产品参加“江西名牌”农产品评比，有49个产品入选江西名优特稀产品，占全省的近1/5。

2000年，市委、市政府出台《关于搞活农产品流通的若干意见》，极大地促进农产品流通。全市有农村集贸市场600个，在大宗农产品主产区和人口集中的城镇建立批发市场66个，一批如畜禽、农资、饲料、水果、蔬菜土特产批发市场等起点高、规模大、功能全、辐射远的专业批发市场相继建成并投入使用，形成一个以批发市场为基础，大中小相结合，批发与零售相结合，专业与综合相结合的市场体系，基本上实现乡有集贸市场、县有综合批发市场，农产品主产区有专业批发市场。全市18个县（市、区）分别成立农村民间流通协会，有301个乡（镇）成立乡镇农村民间流通协会，120个基层供销社建立各类专业合作社；建立水果、蔬菜、花卉、畜禽专业协会503个，参与人数2.3万人，覆盖农户29.5万户。经工商部门注册登记的个体工商户19.5万户，私营企业5650户，从业人员64.6万人。

第五节　出口创汇与利用外资

全地区农业利用外资工作分为2个阶段：20世纪80年代至90年代初，为以贸易为主的产品换汇阶段，主要表现是用当地农副土特产品、矿产品及工农产品出口创汇，也称创汇农业或外贸农业；20世纪90年代中期到20世纪末为外商直接投资、出口创汇并举阶段，主要表现是各地利用丰富的农业资源，着力优化投资环境，吸引外商从事农业开发，进行出口创汇。

一、农产品出口（境）

农业出口（境）商品主要产品有晒烟、红瓜子、白莲、香菇、板鸭、松香、木竹制品等，有些产品在东南亚一带享有一定声誉。1986年、1987年农产品供货额分别为4276万元和4896万元。1988年开始，为适应创办赣州经济体制改革试验区的需要，对赣州外贸体制进行改革，扩大出口（境）权限，在全国中部和南部几个主要海关设置“窗口”，促进出口（境）。同年9月，成立赣南进出口贸易公司后，经广东、福建等地口岸出口（境）的农产品量比上年增长410%以上。1988年，全地区农产品供货额6262.77万元，出口（境）产品中，活鹅、板鸭、西瓜、白莲、香菇、水煮笋、水果蔬菜罐头、芳香油、松香等30多个品种占70%以上，其中金额1000万元以上的品种1个，100万元以上的品种35个。农产品出口（境）结构中，畜产品、粮油食品类稳定增长，比重稳步上升；土产品和加工制品数量增加，比重下降，但仍占据出口（境）主导地位，比重保持在50%以上。1990年，对东欧、独立国家联合体、日本等地的农产品贸易也有一定发展。1992年，通过外贸部门出口（境）的农副产品总值为9656万元，占外贸供货总额的46%。为加快农业对外开放，1993年6月，地委、行署下发《关于加快发展我区外向型农业的决定》，要求各县（市）积极引进外资，引进新品种、新技术，办好农业“三资”企业，建立出口（境）创汇基地，努力开拓沿海和国外市场。10月，制定《赣州地区外向型农业发展规划（1993—2000年）》，将建立14个出口（境）供货生产基地和农产品出口（境）收购任务等分解到各县（市）。

二、引进外地资金

1994年，全地区由组织农副产品出口为主转到引进外地资金从事农业开发为主。地委、行署提出要把招商引资作为事关全地区经济发展前途和命运的大事来对待，实行全民招商，把招商任务纳入目标管理，层层签订责任状，各级领导亲自外出招商。同时制定一系列优惠政策，并在服务上推行一站式服务、领导挂点服务等措施，逐年调整、充实地区、县（市）两级农业招商项目库，开展小分队招商、以商招商、网上招商等多形式招商，使赣州农业招商始终走在全省前列。广东梅县客商梁波先后投资 2000 多万元，在上犹油石乡租赁 100 公顷山地创办荣华三高农业开发总公司油石蜜柚基地，实行“水中鱼、栏里猪、山上果”立体开发模式获得成功，对全地区农业招商引资起到示范辐射作用。1995—2000 年，全市（地区）引进农业外地资金项目 950 个，实际进资达 19.27 亿元。2000 年，全市引进农业外地资金项目 446 个，实际引进资金 6.4 亿元，比 1999 年增长 19.5%。

第六节　农业综合开发

一、第一期农业综合开发

1990 年，按照国家农业综合开发办和省计划委员会关于农业开发要逐步转向区域规划的部署，赣州地区第一期（1989—1991 年）赣中南农业开发在宁都县、石城县、安远县 3 个县进行，总投资 1583 万元，实施 3 年。1991 年，组织地直有关部门分 3 组，对宁都县、石城县、安远县 3 个县的赣中南开发投资使用情况作调查，会同地区监察局对宁都县、石城县 2 个县的投资使用情况进行监察，并制作《赣中南农业开发》录像片，送全国农业综合开发成果展览会。对全地区 29 座中型以上水库水域资源开展调查，查明水库的水面、水质及其开发利用的情况和潜力，每座水库编写一份调查报告。按全省统一部署，组织全地区 18 个县（市）进行中低产田、低产林、低产园、低产水面“四低”资源调查，查明全地区“四低”资源的数量、质量及其分布情况。编写《赣州地区“四低”资源调查评价》报告和《赣州地区中低产田分布图》等资料，经过评审后，上报省政府，获得 207 万元的赣中南开发奖励资金。1991 年在赣县吉埠乡枧田村，进行吨粮田、吨糖田的区域开发试点。1992 年，继续在宁都县、石城县、安远县 3 个县实施第二期赣中南农业综合项目的开发。

二、第二期农业综合开发

第二期（1992—1994 年）的项目实施，3 年完成赣中南农业综合开发项目 271 个，总投资 5409.76 万元，占计划投资的 105.5%，项目资金主要用于改造中低产田、开垦宜农荒地、造林、修建小型水库、电灌站、开挖衬砌渠道、修建桥涵闸、架设农田线路等项目建设。1995 年，通过省级验收，第二期项目建设再次被评为全省一等奖，地区农业综合开发办被评为第二期赣中南农业开发项目建设先进单位。

三、第三期农业综合开发

第三期（1995—1997 年）赣中南农业开发县，由第一、二期的 3 个县增至 6 个县（市），新增瑞金市、会昌县、定南县 3 个县（市），1996 年又增加赣县、寻乌县 2 个县，全地区农业综合开发县（市）达到 8 个，计划投资 1.26 亿元。主要开发山地，建立小流域综合开发治理模式，进行梯度开发、综合利用，调整产业化结构，提高农业综合开发效益，推动封闭型农业向外向型农业转变，由浅层次开发向深层次开发转变。3 年完成投资 13141 万元，占计划的 104%。1999 年 4 月，第三期农业开发项目全部通过省级验收，其中瑞金市第三期开发项目于 1999 年 5 月通过国家开发办的验收。

四、第四期农业综合开发

第四期（1998—2000 年）农业综合开发项目 1998 年开始实施。项目开发县（市）有赣县、宁都县、石城县、瑞金市、会昌县、安远县、寻乌县、定南县、大余县、兴国县 10 个县（市）（其中大余县、兴国县是 2000 年增加的开发县），计划项目 389 个，总投资 2.31 亿元。其中，土地治理项目 351 个，投资 13725.8 万元；多种经营项目 38 个，投资 9371.5 万元。至 2001 年 7 月，资金到位 18875.3 万元，占计划的 81.7%。

五、其他开发

1989—2000 年，国家共批复全市（地区）农业综合开发计划资金 4.57 亿元，其中中央财政资金 12804.78 万元，省级配套资金 7010.26 万元，市（地区）级财政配套 1560.56 万元，县级财政配套 2970.06 万元，乡级财政 256.1 万元，银行专项贷款 1.22 亿元，群众自筹 8870.6 万元。计划改造中低产田 9.98 万公顷，开荒 3440 公顷，造林 1.27 万公顷。12 年的农业开发项目实施，完成投资 42426.8 万元，占计划的 92.9%；改造中低产田 10.13 万公顷，占计划的 101.5%；开荒 3693 公顷，占计划的 107.36%；造林 1.33 万公顷，占计划 104.72%。项目区新增灌溉面积 1.96 万公顷，改善灌溉面积 4.77 万公顷，新增排涝面积 3493 公顷，改善排涝面积 4433 公顷。新增粮食生产能力 23.35 万吨，油料 1.64 万吨，肉类 3.5 万吨。

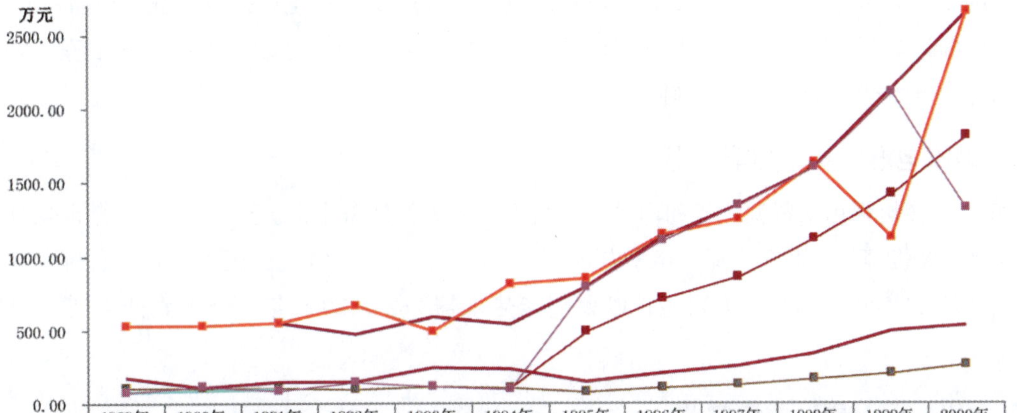

	1989年	1990年	1991年	1992年	1993年	1994年	1995年	1996年	1997年	1998年	1999年	2000年
中央	527.78	528.00	543.00	470.00	584.00	539.00	784.00	1122.00	1337.00	1595.00	2129.00	2646.00
省级	104.56	105.00	108.80	92.00	114.00	105.80	488.00	705.00	853.00	1110.00	1412.60	1811.50
市级	105.56	105.00	108.80	94.00	117.00	107.80	72.00	103.00	124.00	160.00	202.40	261.00
县级	169.96	101.50	145.80	141.80	237.80	227.40	143.00	204.00	252.00	334.00	489.80	523.00
乡级	74.80	84.00	97.30	—	—	—	—	—	—	—	—	—
专项贷款	527.77	527.00	544.00	661.00	488.00	800.00	844.00	1144.00	1244.00	1623.00	1122.00	2653.00
自筹	71.90	117.00	83.30	140.20	112.20	95.00	784.00	1105.00	1338.00	1598.00	2109.00	1317.00

图 18-1-2　1989—2000 年赣州市（地区）农业综合开发项目资金投资计划

第七节　农村能源

一、省柴节煤炉灶推广

1986 年，在农村推广省柴节煤炉灶。1990 年，全地区推广省柴节煤炉灶 9.42 万户，占农户的 93.4%，年节柴 198 万吨，先后有 6 个改灶节柴试点县通过农业部验收。1993 年，全地区普及省柴节煤炉灶，进入改造更新阶段，并被国家计划委员会、农业部评为全国省柴节煤工作先进集体。至 2000 年，全市累计改造与推广省柴节煤炉灶 157.49 万户。

对乡镇企业的砖瓦窑、烤烟房、炒茶灶、集体食堂灶等作改造，推广以煤代柴的节能措施。至 2000 年，全市累计建新型烤烟房 1.53 万座，年节约能量相当于 1.02 万吨标准煤，其中石城县推广节能烤烟房 4000 多座，比老烤房热效率提高 35.8%。

先后研制出模具预制成形免烧组合灶膛、异型砖组合灶膛、瑞金Ⅱ型、南康Ⅱ型等农村炊事用灶技术，并研制一些新型的砖瓦窑。如南康对老式砖瓦窑作烧制工艺及节能改造，节能50%左右，产品合格率由85%提高到96%，节约原煤0.1吨/万片瓦。石城县的石-89-A型节能烤烟房，具有设计科学合理、技术指标先进、改造成本低、施工简便易行等特点，每年可节约标煤672千克/座。

二、农村沼气建设

赣州在农村沼气技术方面进行大量研究工作。1989年，在水压式沼气池国标工艺基础上，研究出强回流沼气池型，解决沼气发展中存在的大出料难、产气和使用效益率低的问题。此外，对沼气保鲜柑橘、沼肥养鱼等“三沼”综合利用技术进行专项研究，制定农村户用沼气池施工、检查验收等地方性技术规范。

“七五”“八五”期间分别推广户用沼气池1.15万户、2.67万户，“九五”期间推广沼气池41.21万户，平均每年发展沼气池8.24万户。2000年，全市累计实有农村沼气池（剔除报废数）44.66万户，占总农户的29%，大余、会昌等9个县（市）建池入户率达35%以上，推广沼液浸种播种面积1.04万公顷，沼肥施果8万公顷，沼液喂猪76.91万头。至2000年，全市已建成大型沼气工程6处，总池容4980立方米，年处理废弃物24.4万吨。

三、微水电推广和太阳能利用

1986年，赣州利用水资源优势和山区地形特点，大力发展微水电。至2000年，全市累计推广微水电13435台，装机容量12806千瓦，年发电量2330.92千瓦小时，解决山区1.7万户农村户日常照明和生活用电。从1990年开始利用太阳能，以太阳能热水器为主。2000年，全市累计推广太阳能热水器5185平方米。

四、“猪—沼—果”生态农业

1996年，赣州在实施沼气建设和果业开发的实践中，创造“猪—沼—果”生态农业工程。这一技术是以养殖业为龙头，以沼气建设为纽带，联动粮食、甘蔗、烟叶、果业、渔业等产业，通过开展沼肥综合利用而建立的一种农业生产经营模式。1997—1998年，地区农业局组织开展《赣南生态农业“猪—沼—果”模式研究与开发》项目研究，建立“猪—沼—果”工程技术体系，分别获得1999年赣州市科技进步一等奖、江西省农科教人员突出贡献一等奖、江西省科技进步二等奖和2000年全国丰收计划一等奖。在技术研究的基础上，还编制《户用农村能源生态工程南方模式设计施工与使用规范》，由农业部颁布实施。

2000年，全市发展“猪—沼—果”工程32.3万户，占全市农户数的21.18%，建设“猪—沼—果”生态农业示范乡（镇）165个，示范村1053个，示范服务基地998个。全市境内“京九”铁路和105国道、323国道、319国道、206国道沿线生态农业走廊初具规模，基本形成以“猪—沼—果”“猪—沼—稻”“猪—沼—畜牧”三大模式为主导，“猪—沼—鱼”（蔗、烟草、花卉、白莲、经济林）等模式齐发展的生态农业格局。

“猪—沼—果”工程具有显著的经济、社会和生态效益。通过实施“猪—沼—果”工程，户均年收入比当地农户平均收入高出1000元以上，户均年可节约薪柴2.5吨，减少化肥、农药投入30%以上。农业部称“猪—沼—果”工程为“赣州模式”，此模式被列为全国南北两大生态农业类型之一。2000年，国家7个部（委）把赣州列为全国生态农业示范市，重点推广“猪—沼—果”工程。

表 18－1－1

1986—2000 年赣州市（地区）农村能源建设统计表

年度	沼气池数(户)	省柴节煤炉灶(户)	台数(台)	装机容量(千瓦)	太阳能热水器(平方米)
1986 年	3438	76334	—	—	—
1987 年	2873	59387	—	—	—
1988 年	1613	61966	—	—	—
1989 年	1127	28500	96	142	—
1990 年	2443	94200	204	209	—
1991 年	4857	106200	659	939	—
1992 年	5232	84800	391	1041	28
1993 年	3151	95400	355	288	—
1994 年	4490	67900	1427	846	—
1995 年	8924	259100	1787	1298	700
1996 年	98166	177500	3564	2164	200
1997 年	76167	106600	1410	1041	1049
1998 年	98496	106900	1603	2837	521
1999 年	84782	139700	1161	1152	1473
2000 年	54449	110430	778	849	1214

第八节　小康示范村建设

一、五年规划建设

1993 年，地委、行署作出用 5 年时间在全地区建设一批小康示范村的决定。按照“1 年打基础，2 年上台阶，3 年迈大步，5 年奔小康”的总体要求，全地区组织地、县（市）、乡（镇）3172 名干部在 18 个县（市）、365 个乡（镇）建设小康示范点 1242 个。地、县（市）、乡（镇）分别设立小康示范村建设领导小组及办公室。地区建立小康示范村建设基金，每年从财政安排农口单位的专项基金抽出 10%列入基金，农业银行每年安排专项贷款指标 106 万元。各县（市）也建立 20 万～50 万元不等的县级小康示范基金。

二、建设成效

1997 年，地区组织力量对全地区小康示范村建设工作进行验收。全地区 1242 个小康示范点所在村党支部都升级为一类村，20%以上的村先后受到省、地的各类表彰。农村产业结构优化，示范点农民人均纯收入达到 4670 元，比 1992 年的 725 元增长 5.44 倍。村、组集体经济明显壮大，小康示范点兴办乡、村、组经济实体 4968 个，产值 14.9 亿元，年利税 1.5 亿元；村级集体经济收入 5589 万元，村均 4.5 万元，比 1992 年增长近 2 倍，初步形成“有钱办事、有人办事”的局面。农村生产生活环境得到较大改善，全地区绝大多数小康示范点实现通水、通路、通电、通电话；45%的农户新建小康楼，人均居住面积 30.6 平方米；人均实现 1 亩果；36%的农户建有沼气池。小康示范点所在村都成立红白好事理事会、妇女禁赌会、老年协会等群众性组织，开展评选科技示范户、遵纪守法户、双文明户及计划生育“三结合”奔小康户等活动。

第二章　种植业

1986—2000年，全市（地区）种植业生产发展迅速，产品丰富多样，粮食总产连年增长。1999年粮食总产达到历史最高，为265.15万吨。2000年，油料折油96.8吨，年增长5.9%；蔬菜面积11.92万公顷，是1985年的7.55倍；优质米、名贵花卉、白莲、烟叶、食用菌、优质水果等一大批特色农产品享誉市（地区）内外市场。高效经济作物快速发展，占农作物总播面的比例大幅增加，粮食作物与经济作物的种植比例呈上升趋势，1986年粮食作物与经济作物的比例为88.1 ： 11.9，1990年为66.7 ： 33.3，1995年为59.5 ： 40.5，2000年为59.1 ： 40.9。至2000年，全市建立26个超过当地粮食产值的县级支柱产业，产值达到33.9亿元，占农业总产值的25%。

第一节　粮食作物

全市（地区）粮食作物种植谷物有水稻、玉米、高粱、小麦；豆类有大豆、豌豆、蚕豆、绿豆和其他杂豆；薯类主要有红薯。

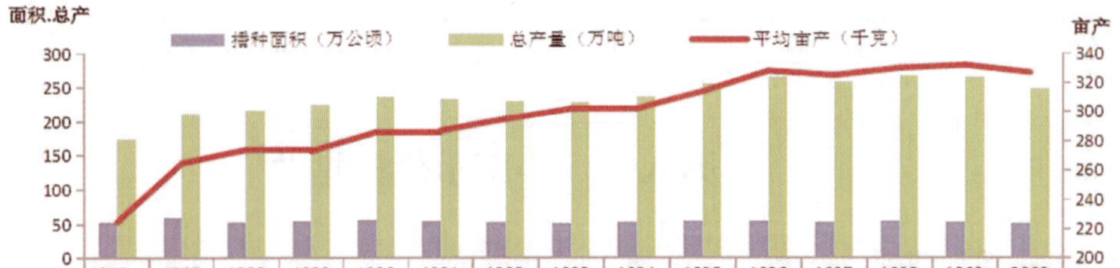

	1986	1987	1988	1989	1990	1991	1992	1993	1994	1995	1996	1997	1998	1999	2000
播种面积（万公顷）	51.83	58.67	52.60	55.01	55.36	54.16	51.89	50.40	52.42	54.18	53.87	53.07	53.72	53.19	50.57
总产量（万吨）	174.61	211.67	216.35	225.16	237.16	233.46	229.42	228.16	237.38	255.50	265.09	258.85	266.20	265.15	248.06
平均亩产（千克）	225.00	265.00	274.00	273.00	286.00	287.00	295.00	302.00	302.00	314.00	328.00	325.00	330.00	332.00	327.00

图18-2-1　1986—2000年赣州市（地区）粮食生产情况

一、水稻

水稻是赣州第一大种植作物，面积、产值居各作物之首。水稻种植有早稻、中稻及一晚、二晚，一般种植2季（早稻、二晚）。全市（地区）水稻生产推广一系列先进适用技术：如杂交稻种植、旱育稀植、高产模式栽培和病虫综合防治以及优质稻等，使产量和质量上都有较大的提高。其间，遭遇几次比较大的灾害，造成减产。1986年，二晚遭受1949年以来的第一个大旱年，受旱面积达65%，绝收面积3.31万公顷，占播面的16%，播面平均单产只有12千克/公顷；1994年早稻遭遇2次特大洪涝灾害，早稻亩产比上年减少14千克；1997年，早稻遭遇洪水，平均亩产比1996年减少4千克，二晚又遭遇寒露风，平均亩产比上年减少8千克。

表 18-2-1

1986—2000 年赣州市（地区）早、中、晚稻生产统计表

年份	早稻			中稻及一晚			二晚		
	播种面积（万公顷）	平均亩产（千克）	产量（万吨）	播种面积（万公顷）	平均亩产（千克）	产量（万吨）	播种面积（万公顷）	平均亩产（千克）	产量（万吨）
1986 年	22.41	301.00	101.25	3.51	234.00	12.33	20.69	180.00	55.98
1987 年	22.60	308.00	104.44	3.41	266.00	13.61	21.70	264.00	86.05
1988 年	22.51	315.00	106.30	3.35	280.00	14.09	20.85	281.00	87.74
1989 年	23.10	315.00	108.97	3.27	292.00	14.36	22.25	281.00	93.67
1990 年	22.89	323.00	110.99	3.17	304.00	14.48	22.63	302.00	102.56
1991 年	22.43	327.00	110.19	3.10	310.00	14.41	21.32	307.00	98.13
1992 年	19.61	333.00	97.96	2.97	315.00	14.05	21.49	328.00	105.75
1993 年	18.39	336.00	92.68	2.91	327.00	14.31	21.49	335.00	108.01
1994 年	19.36	322.00	93.49	3.02	331.00	15.01	22.36	342.00	114.84
1995 年	19.97	344.00	102.97	3.00	343.00	15.43	22.85	353.00	121.10
1996 年	20.13	359.00	108.43	3.01	352.00	15.87	22.81	363.00	124.21
1997 年	19.58	355.00	104.39	2.98	353.00	15.82	22.88	355.00	121.87
1998 年	20.07	362.00	108.85	3.12	361.00	16.86	22.90	360.00	123.59
1999 年	19.76	365.00	108.29	3.11	364.00	16.94	22.72	361.00	123.00
2000 年	17.89	362.00	97.04	3.36	367.00	18.48	21.16	353.00	111.98

二、豆类

全市（地区）豆类生产面积一直比较稳定，1995—2000 年，生产面积稳定在约 4.2 万公顷，总产由 1995 年的 5.4 万吨增加到 2000 年的 6 万吨。每年种植大豆 2 万多公顷，蚕豌豆 2 万多公顷，绿豆 666.67 多公顷，以及其他杂豆等。大豆播种面积和产量 1986 年为 2.06 万公顷和 1.9 万吨，1991 年分别为 2.06 万公顷和 2.6 万吨，1996 年分别为 2.31 万公顷和 4.3 万吨，2000 年分别为 2.18 万公顷和 4 万吨。单产稳步提高，从 1986 年的 4 千克/公顷提高到 2000 年的 8.27 千克/公顷。

蚕豆和豌豆的种植历经此消彼长的变化过程，但总面积变化不大，1986—2000 年，蚕豆面积由多到少，豌豆面积由少到多。1992 年，蚕豆和豌豆的播种面积分别为 1.27 万公顷和 9300 公顷；1997 年，蚕豆和豌豆播种面积基本相等，约为 9333.33 公顷；2000 年，蚕豆和豌豆的播种面积则分别为 8000 公顷和 1.06 万公顷。

杂豆主要为绿豆，1990 年后，播种面积在 666.67—1333.33 公顷之间；2000 年，绿豆播种面积为 1200 公顷，亩产 82 千克，总产 1474 吨。

三、红薯

红薯是赣州重要的粮食作物，有早红薯和晚红薯之分，种植面积一直稳步增长。1986 年和 1987 年种植面积分别为 2.39 万公顷和 2.51 万公顷；1988—1999 年，播种面积为 2.67 万公顷；2000 年突破 3.33 万公顷，达到 3.49 万公顷，单产一直在稳步提高；1996 年突破 13.33 千克/公顷（折粮，下同），达到 13.67 千克/公顷；2000 年，单产为 15.53 千克/公顷；2000 年，总产量为 12.25 万吨（折粮）。

第二节 经济作物

一、食用油料生产

油料生产在国民经济中占有重要地位，是种植业的重要组成部分。食用油料作物主要有花生、油菜和少量芝麻，其种植面积在各种农作物中占第二位。花生生产在播种面积、单产和产量上都在稳步增加和提高。1986 年，播种面积、平均单产和总产量分别为 2.19 万公顷、8.47 千克/公顷和 4.2 万吨；1992 年，分别为 2.72 万公顷、92.7 千克/公顷和 5.7 万吨；1995 年，分别为 3.57 万公顷、10.53 千克/公顷和 8.5 万吨；2000 年，分别为 4.53 万公顷、11.13 千克/公顷和 11.3 万吨。

油菜生产面积有较大的波动。1986—1988 年，每年的面积都在 2 万公顷以下；1989 年，增加到 3.33 万公顷；1990—1992 年，每年播面 8 万多公顷；1993 年、1994 年减少，分别为 6.33 万公顷和 5.53 万公顷；1995 年、1996 年大发展，年播面达 9.93 万公顷；从 1997 年开始减少，至 2000 年，种植面积为 3.76 万公顷，油菜的平均播面单产和总产分别为 4.53 千克/公顷和 3.8 万吨。

二、烟叶生产

烟叶是赣州的一项主要经济作物，以烤烟为主，种植面积占全省一半左右。烟叶面积随收购价格变化而波动。1986 年面积为 2933 公顷，1987 年 4466 公顷，1988 年突破 6666 公顷达到 9633 公顷，总产 0.81 万吨。1989—1992 年每年种植面积都在 7333 公顷以上，总产 0.9 万吨以上，其中 1993 年、1992 年、1997 年为历史上最好的 3 年，面积分别为 1.99 万公顷、1.85 万公顷、1.76 万公顷，总产分别为 2.52 万吨、2.3 万吨和 2.34 万吨。烟叶单产随种植技术的改进而稳步提高，1986—1990 年亩产 70～80 千克，1991 年以后亩产超过 80 千克，1997 年、2000 年达到 88.6 千克，为历史最高单产。烟叶生产推广的主要技术有品种改良、配方施肥、地膜覆盖等。2000 年，全市烟叶种植面积 7820 公顷，总产 1.04 万吨。烟叶的主要产区是石城县、信丰县、会昌县、赣县、宁都县、兴国县、瑞金市等县（市）。

三、甘蔗生产

甘蔗是赣州市（地区）主要经济作物，种植面积占全省一半以上，是全国蔗糖生产基地之一。甘蔗生产主要因政策变化，随收购价格波动而起伏。全市（地区）甘蔗种植面积 1986—1987 年、1991—1992 年在 2 万公顷以上，其中 1992 年面积 2.59 万公顷，总产 147.82 万吨，为历史最高年份。1993 年以后全地区甘蔗种植面积逐年下降，2000 年面积 6900 公顷，总产 36.6 万吨，不足 1992 年的 1/4。甘蔗种植品种主要有“赣蔗 1 号、8 号、14 号”“赣糖 1 号、2 号”，甘蔗“CP65 - 357”，这些品种都曾获省级以上优良品种奖；推广的主要技术有吨糖田、旱地蔗高产技术、高糖栽培技术、配方施肥、蔗田综合利用等。甘蔗亩产一般在 3.5 吨以上，但甘蔗生产受天气和技术的影响较大，1986 年，全地区出现严重伏秋旱，甘蔗亩产降为 2.87 吨。1999 年达到 4.1 吨，为历史最高单产。甘蔗主要产区有章贡区、赣县、南康市、信丰县、兴国县、瑞金市、会昌县等地。2000 年，主要分布在兴国县、会昌县、瑞金市、信丰县 4 个县（市）。

四、茶叶生产

1986—2000 年，全市（地区）茶园面积先增后降。1986—1996 年茶园面积逐年增加，1986 年面积 5053 公顷，产量 1239 吨，1996 年面积最大，达到 8173 公顷，总产 2268 吨，1995 年产量最高为 2277 吨。1996 年以后，一些茶场承包责任制不健全、茶园管理不善、资金投入不足导致茶园面积渐渐萎缩。2000 年，全市茶园面积只有 7293 公顷，总产 1803 吨。为发展茶叶生产，各地注重开发名优茶，名优茶开发及其持续增长是茶叶生产的突出特点。各大、中型茶场春茶基本上以生产名优茶为主，2000年全市名优茶总产达到500吨，占总产的27.7%，产值占总产值的一半以上。获得国家级名茶奖的有于都县的盘古龙珠、凤冠、盘古神茶，宁都县的小布岩茶、大沽白毫、武华云雾，上犹县的梅岭剑绿、梅岭毛尖，石城县的通天岩茶，兴国县的均福山茶。1999年，各大型茶场着手开发无公害茶叶，2000年宁都县田埠茶场生产的武华云雾正式通过国家A级绿色食品茶的认证。台湾客商在信丰县茶场兴建乌龙茶生产线，收购该场鲜茶叶加工乌龙茶，浙江客商在上犹县承包一个茶场生产加工龙井茶。赣州栽培的茶叶良种主要有“福鼎大白”“福鼎大毫”“福云6号”“福云595”“乌牛早”“龙井43”“迎霜”。推广的主要技术有密植速成茶园丰产优质综合配套技术、低产茶园改造技术、名优茶制作加工技术等。

五、蚕桑生产

1986年，全南县率先从广东省引入杂交桑栽培，实现当年种桑，当年养蚕，当年见效。之后，蚕桑产区扩大至龙南县、定南县、大余县、兴国县等县，桑园面积75.26公顷，鲜茧总产39吨。1989年，开始实施蚕桑工程，蚕桑产区迅速拓展，1992年，步入鼎盛期。蚕桑产区有全南县、龙南县、定南县、宁都县、崇义县、赣县、大余县、信丰县、安远县、寻乌县、石城县、于都县、上犹县、会昌县、赣州市（今章贡区）等15个县（市），全地区桑园面积达7200公顷，鲜茧总产2754吨。全地区有缫丝厂10家，缫丝规模2.5万绪，织绸厂2家，年生产能力260万米，丝绸针织服装厂1家，年生产能力60万件，形成茧、丝、绸产业格局。1995年后，全国茧、丝业处于无序竞争状态，加上受1997年亚洲金融风暴影响，赣州蚕业出现几次波折，1999年跌入低谷，全市（地区）桑园面积1086公顷，鲜茧总产802吨，产区仅有全南县、龙南县、定南县、宁都县、崇义县、寻乌县、安远县、信丰县8个县。2000年全市蚕桑开始恢复发展，面积达到1160公顷，鲜茧总产781吨。蚕桑生产的主要方式有赣州杂交桑园规范化建园管理模式、赣州杂交桑养蚕规范化管理模式、小蚕联产共育、方格蔟、片叶立体育等，推广的杂交桑良种有“沙2×伦109”“粤桑2号”，蚕种有“菁松×皓月”“芙蓉×湘晖”。

六、蔬菜生产

随着各地开展种植业结构的调整、发展商品蔬菜外销，蔬菜产业得到迅猛发展，成为种植面积仅次于水稻的农业支柱产业。蔬菜播种面积由1985年的1.58万公顷快速发展到2000年的11.92万公顷，年均增长14.4%；蔬菜总产达244.2万吨，比1992年增长95.1%，年均增长8.7%。特别是1993年、1995年、1999年和2000年，播种面积分别比上年增加1.85万公顷、1.47万公顷、1.04万公顷和1.02万公顷，属增长幅度最大的4年。蔬菜产业也由以往的自产自销、供求紧张发展到自给有余、四季均衡供应，再到外销至广东省、南昌市、吉安市等市场，成为农民增收的一个重要来源。2000年，全市商品蔬菜面积发展到4.6万公顷。

1990年，积极推广设施蔬菜、高山蔬菜和翻秋蔬菜等反季节栽培技术。至2000年，面积分别达到1.15万公顷（其中早春保温栽培0.7万公顷）、1.33万公顷和近2万公顷。全市已基本形成以全南县、龙南县、定南县、信丰县等县为中心的高山蔬菜生产基地和以赣州市（今章贡区）、龙南县、信丰县、南康县、兴国县、于都县、上犹县等县（市）为中心的设施蔬菜生产基地，翻秋蔬菜遍布各县（市、区）。同时，蔬菜加工发展迅速。于都县引进外商生产的盐渍菜、会昌县的酒泡辣椒和寻乌县的水咸菜系列、大余县的果蔬脆片、龙南县的风味芋荷、南康的千秋牌南瓜食品等，均形成一定的生产规模并在市场上享有较高的声誉。

七、花卉生产

1986—1990年，花卉生产以家庭养花欣赏为主，大余县开始出现一些以销售盈利为目的的金边瑞香种植大户，并成立全地区第一个花卉民间团体组织——大余县金边瑞香协会。

1990 年，全地区花卉生产快速发展，从家庭观赏性养花蜕变成销售经营性栽培的一项新兴产业。至 1995 年，年产花卉 200 多万盆（株），1996 年 500 万盆（株），1997 年 1000 万盆（株），1998 年 1500 万盆（株），1999 年 1850 万盆（株），2000 年 2100 万盆（株）。

栽培的花卉类型主要有大余县金边瑞香、虎舌红、宝贵籽等地方名花，南康市绿化苗木，龙南县盆景，章贡区根雕、插花，上犹县、崇义县、寻乌县的兰花等。各类花木栽培品种达 1000 多种，在国内外享有较高声誉的有大余县金边瑞香、虎舌红。

虎舌红在'99昆明世博会上获得室内观叶类花卉最高奖；上犹兰花获'99昆明世博会金奖；大余金边瑞香获'99昆明世博会银奖，并在'98、'99两届香港国际花卉展览会上被中国花卉协会选作礼品花赠送给香港特别行政区长官董建华夫人和律政司司长梁爱诗女士。章贡区的根雕、插花在国内的大型展览中多次获奖。

继大余县金边瑞香协会成立之后，花卉群众性团体组织不断涌现。赣州市（今章贡区）花鸟协会、根艺协会、盆景协会，大余县花协、南康市花协、兴国县花协、龙南县花协、上犹县兰花协会、寻乌县兰花协会等相继成立。赣州花卉业除满足市内消费外，金边瑞香、虎舌红、兰花、盆景远销南昌以及港、澳、粤、闽、京、沪、苏、浙等省、市和地区的 20 多个城市和地区。1996 年 3 月，大余县被国务院命名为“中国瑞香之乡”。2000 年，国家林业局和中国花卉协会命名全国 59 个县（市、区）、乡（镇）为“中国花木之乡”，大余县榜上有名。

八、果用瓜生产

果用瓜是赣州的传统农作物。1986—1991 年年种植面积 3300—4800 公顷，1992 年以后呈快速增长趋势。1992 年面积 9000 公顷，总产 26.57 万吨，主要分布在宁都县、全南县、信丰县、安远县等县。1993—1999 年，除 1995 年的 1 万公顷和 1998 年的 1.1 万公顷外，其余各年都在 1.27 万公顷以上，总产量都在 20 万吨以上。1999 年面积 1.5 万公顷，产量 31.6 万吨；2000 年面积 1.91 万公顷，产量 42.08 万吨。18 个县（市、区）均种植果用瓜，其中宁都县、安远县、信丰县、寻乌县、瑞金市、全南县为主要产地。主要种植品种有新红宝、特大新红宝等，引进伊丽莎白等一批甜西瓜，并推广棚栽培和嫁接技术，提高了产量，实现西瓜的全年均衡上市。

九、白莲生产

白莲是赣州负有盛名土特产品之一。1986—1991 年，栽培面积在 2600～3300 公顷，总产在 1740～2200 吨之间，销售产品为单一的莲子。1992 年起，栽培面积急剧增加，并开始进行白莲深加工。1992 年，全地区白莲播种面积增至 7800 公顷，总产 5396 吨。1993 年达到顶峰，面积 1.11 万公顷，总产 7221 吨。至 1996 年，面积稳定在 7300 公顷，总产 5000 吨。与此同时，石城县兴建白莲加工企业，主要加工产品有莲藕奶糊、莲羔糊、速冻保鲜莲子、罐头、莲心晶等。1997 年以后，面积 6000～6600 公顷，总产 3500～4900 吨，其中 2000 年面积 7253 公顷，总产 4890 吨。白莲的主要产区为宁都县、石城县、瑞金市 3 个县（市），占全市栽培总面积的 90%以上。石城县被命名为“中国白莲之乡”。白莲的传统栽培品种为“赣莲 62”“赣莲 63”“建莲”，20 世纪 90 年代中期以后，引进“太莲 3 号、36 号”等新品种。

第三节　良种引进培育

一、杂交水稻

1974 年开始引种杂交水稻，1976 年进行大面积试验示范，表现出增产优势大、抗病性强、适应性广、米质较好等优点。1986年种植面积迅速增大，达到15.36万公顷，占水稻面积的32.95%。1990年达到28.98万公顷，占水稻面积的59.5%；1991—1995年，面积33.33万～35.33万公顷；1996—2000年为36.67万～39.33万公顷。2000年，推广杂交稻37.2万公顷，占水稻面积的87.72%。杂交早稻比例低于杂交中晚稻比例。1986—1990年，杂交早稻比例低于45%，杂交中晚稻比例为50%～75%；1991—1995年，杂交早稻比例60%～72%，杂交中晚稻比例超过80%，1996年以后杂交早稻比例逐步提高，超过80%。杂交稻比常规稻平均亩增40千克以上。

杂交水稻品种 1986—1995年，杂交早稻的主要组合是"威优64""协优49""威优49""威优华联2号""协优华联2号"；杂交中稻的主要组合是"汕优63""威优63""汕优2号""D优63"；杂交晚稻的主要组合是"威优64""汕优64""汕优桂33""汕优63"等。1996—2000年，杂交早稻的主要组合为"金优华联2号""优I66""协优66""K优402""协优402""金优402""协优404""金优404""金优77""协优77""优I77""田两优402""安两优402""金优晚3""新香80""金优207"等；杂交中稻的主要组合为"Ⅱ优46""汕优63""Ⅱ优63""汕优669""Ⅱ优838""汕优509""两优培九""岗优22""Ⅱ优50"等；杂交晚稻的主要组合为"协优77""协优64""Ⅱ优65""Ⅱ优46""协优46""汕优647""汕优4480""协优4480""协优晚3""金优桂99""新香优80""金优207""安两优318""培杂山青"等。

从1994年开始研制两系杂交稻，1996年开始推广，面积333.33公顷，主要组合为"田两优402""安两优402""培杂山青"等。1997年面积9613公顷，2000年，全市推广两系杂交稻2.5万公顷，其中早稻1.03万公顷、中稻6000公顷、晚稻8666公顷，主要组合有"安两优402""田两优402""田两优66""培杂山青""培杂茂选"等。早稻两系稻一般亩产500～550千克，比三系杂交稻增产5%～10%，中晚稻两系稻一般亩产550～600千克，高的达700千克以上，比三系杂交稻增产10%以上。

杂交稻制种 1975年开始制种，1986—2000年，全市（地区）制种面积和产量起伏较大。1986—1992年，随着制种技术和产量的提高，全地区杂交稻种子自给有余，大余县、宁都县等县每年还支援区外、省外杂交稻种子1000吨至1500吨。其间，制种面积都在2666公顷以上，产量呈增长趋势。1986年制种总产5959吨，1992年制种面积3040公顷，亩产220千克，总产10002吨，单产、总产均为历史最高。1993年全地区制种面积1073公顷，亩产136千克，总产2178吨，1995年面积2593公顷，亩产175千克，总产6821吨；从1996年起面积、总产量呈下降趋势，亩产160千克左右。1996—2000年，全市（地区）制种面积分别为2240公顷、1740公顷、1573公顷、1913公顷和1000公顷，总产分别为6690.3吨、4087吨、3794.7吨、4589.3吨、2475吨。从1993年起，杂交种子制种不能满足市（地区）内需求，1993年全地区种子自给率为36%，1995年78%，1997年47%，2000年31%，不足部分种子需从市（地区）外调进。

二、经济作物良种引进

1986—2000年，每年都从市（地区）外引进一批农业新良种。20世纪90年代后期每年引进农业良种200个以上，其中绝大部分是以蔬菜为主的经济作物良种。引进的各种作物良种主要是：花生有"粤优116""粤选58""汕油27""粤油551""汕油523""粤油256""汕油71"等；油菜有"中油821""万油17""花县早""矮架早""湘油13""湘油325"等；蔬菜新品种有400多个，主要有"短叶13""浙大长""白玉春""白沙"等萝卜，"新选1号""夏冬青""早熟5号""山东系列"等白菜，"早秋""早丰""高丰1号"等苞心菜，"温州系列""荷兰雪球"花菜，"苞心""脚苞"芥菜，"白花""红花"芥蓝，"大叶"茼蒿，"空心""白骨""黄心芹菜""超级""全能"洋菠菜，"二白皮""白尖叶"等莴笋，四川大蒜，"黄皮""红皮"洋葱，"早丰""穗丰""西番108"等番茄，"早杂2号""萍椒3号"

"辣优 4 号""湘研系列"等辣椒，"紫荣 2 号""优秋茄""万吨早茄""万吨长茄"等茄子，"密东""黄狼"南瓜，"长瓠子""园瓠 1 号""青皮"冬瓜，肉丝瓜，"槟城""大顶"苦瓜，"86－1"四季豆，"292""园豆 9818""台湾 75"等毛豆，矮生刀豆，"青扁 1 号""2 号"扁豆，"中豌 4 号""6 号"和"台中 11 号""16 号"豌豆，脱毒马铃薯，淮山，云南红芋，西洋菜，"鄂莲 1 号""3 号"莲藕，双季茭笋，甜竹笋，雷竹笋，黄花菜等；食用菌有"AG2796"蘑菇，"8701""26 号""CR04"香菇，"V958""896"草菇，"PR802""PR90""PR 金凤"等平菇，"杂交 19 号"金针菇，"ASC"茶薪菇，"H22"猴头菇；果用瓜有"新红宝""西农 8 号""黑蜜 2 号""黑蜜 5 号""花皮"等无籽瓜，"金姑娘""戴安娜""玉姑""红玉""金凤凰""黄小玉""黑美人""网纹"等小型西甜瓜；花卉有"比利时杜鹃""绿巨人""巴西铁""变叶木""发财树""散尾葵""绿萝""凤梨""白掌""红掌""草坪""大花惠兰""一品红""竹芋""芦荟""仙客来""七彩凤仙""红花杞木""龟背竹"等；桑种有"沙 2×伦 109""粤桑 2 号"等杂交桑；蚕种有"菁松×皓月""芙蓉×湘晖"；白莲有"建莲""太空莲 3 号""36 号"等；果蔗有"拔地拉"等。

第四节　病虫害防治和检疫

一、病虫害防治

赣州气候变化大，自然灾害频繁，各种病虫害发生频繁，年度差异大。每年水稻病虫害发生面积为 66.67 万公顷次左右，高的年份超过 100 万公顷，经济作物病虫害发生面积 13.33 万公顷，超过全国病虫害发生平均水平，也是全省病虫害发生最严重的地区之一。年防治面积 100 万～133.33 万公顷，通过防治每年可挽回粮食损失 15 万～20 万吨。

水稻病虫发生危害主要有稻瘟病，一般早稻重于晚稻，以穗颈稻瘟为害损失最重。早稻年发生面积 2 万～4 万公顷，重的年份超过 5.33 万公顷，其中 1986 年、1992—1994 年、1997—1998 年为偏重以上发生；晚稻发生面积 2 万～2.67 万公顷。纹枯病，是水稻常发病，一般年份早稻发生面积 8.67 万～12 万公顷；晚稻 6.67 万～10 万公顷，高的年份超过 13.33 万公顷，其中 1987 年、1989—1993 年、1999 年为重发生年。细菌性条斑病，1982 年随制种传入，发生面积逐年增加，1997 年偏重发生，面积 5 万公顷。螟虫，主要是三化螟虫危害造成白穗损失重，一代轻发以后呈逐代加重趋势，早稻（二代）发生面积 2.67 万～5.53 万公顷，晚稻（四代）6.67 万～10 万公顷，高的年份超过 13.33 万公顷，其中 1986 年、1987 年、1991 年、1993 年、1994 年、1995 年、1999 年为偏重发生年。稻飞虱，早稻以白背飞虱为主，常年偏重发生，一般年份在 6.67 万～10 万公顷，高的年份 12 万～16.67 万公顷，其中 1987 年、1990 年、1991 年、1995 年、1998 年、2000 年为重发生年；晚稻以褐飞虱为主，发生面积5.33 万～9.33 万公顷，其中 1995—2000 年为偏重发生。稻纵卷叶螟，局部地区为害较明显，一般早稻发生面积 3.33 万～5.33 万公顷，晚稻发生面积 2 万～5.33 万公顷，高的年份 6.67 万～9.33 万公顷、其中 1986 年、1990 年、1992 年、1995 年、1996 年为偏重发生年。稻瘿蚊，从 1989 年开始回升，由次要害虫上升为主要害虫，由山区向平原，由单季稻向双季稻扩展为害，发生面积 2 万～4 万公顷，高的年份超过 6.67 万公顷，其中 1998 年达到 7.77 万公顷。

经济作物病虫发生较重的有茄科蔬菜疫病、茎基腐病、霜霉病、病毒病、灰霉病、菜青虫、小菜蛾、茶黄螨、蚜虫、夜蛾、西反枯萎病、炭疽病、白莲腐败病。1987 年茶黄螨爆发，1999—2000 年斜纹夜蛾大爆发，1998—2000 年辣椒、茄子、番茄等茄科蔬菜疫病发生严重，一般病株率 15%～30%。

赣州病虫测报和防治有 40 多年的历史。各县（市、区）都有病虫测报站，配有 2～4 名专业人员，负责当地农作物病虫测报和指导工作，通过定点系统调查和大田普查，结合上年情况、气象预报、历史资料、作物长势综合分析，作出长期趋势预报、中（短）期预报和发生警报。安远县、于都县、宁都县、信丰县4个县被指定为全国农作物重大病虫测报站和省病虫测报联系点。

1990年，全地区75%的乡（镇）创办植物医院，有基本设施和技术人员。但受经费影响，机构、人员不稳定。各级植保部门每年都要从地区外引进、推广新农药、新技术，开展5～10项新农药、新技术的试验、示范，效果好的进行大面积推广。扑虱灵、吡虫啉的推广，较好地控制稻飞虱的危害；米乐尔、益舒宝的推广使稻瘿蚊防治简单有效；机动喷雾器推进植保产业化进程；送嫁药技术的推广推迟和减轻病虫害发生。1997年成立赣州地区新农药推广协会，发展250个会员单位。"稻瘿纹综合治理技术的推广""吡虫啉使用技术推广"项目分别获1998年、2000年农业部丰收计划二等奖。

二、植物检疫

植物检疫工作依据国务院1992年修改颁布的《植物检疫条例》和农业部《植物检疫条例实施细则》以及《江西省植物检疫办法》。检疫植物及植物产品主要有水稻种子、花生种子、蔬菜种子、柑橘苗木、水果（核桃、板栗等干果除外）、花卉（野生珍贵花卉除外）、西瓜、中药材、烟叶、牧草种子等。市（地区）植保站和兴国县、石城县等13个县（市）植保站具有省间调运检疫权。1986年全地区有农业部颁发植物检疫员证的专职植物检疫员48人，1995年70人，到2000年有93人。1990年始，在乡（镇）农技站及相关单位的农技人员中聘用一批兼职植物检疫员，发给江西省兼职植物检疫员证，1990年244人，1992年450人，1995年466人，2000年466人。主要对水稻制种柑橘苗木繁育实施产地检疫，对水稻种子和柑橘苗木实施调运检疫。

1988年，对重要检疫性病虫杂草开展调查与监测。进行豚草调查，全地区未发现。1993年10月至1994年2月开展柑橘"三病"（柑橘黄龙病、溃疡病、裂皮病）普查，调查柑橘园1.5万个，2.32万公顷，查出15个县有黄龙病，共4.64万株，18个县（市）有溃疡病，共22.22万株，9个县有裂皮病，共2560株。1998年开展菟丝子普查，全地区均有发生，以日本菟丝子和南方菟丝子为主，主要分布在路边、河边，为害植物柑橘、泡桐、玉米、大豆、蔬菜等几十种。1995—1998年开展美洲斑潜蝇普查，全地区259个乡（镇）有发生，面积3.33万公顷，5—6月、9—10月为发生高峰期，瓜类、豆类、蔬菜受害较重。1994—2000年开展稻水象甲监测，1996—1997年开展地中海实蝇监测，均未发现地中海实蝇。

1986—1989年，全地区开展检疫性病虫的综合治理。参加江西省柑橘危险性病虫联防联检协作组，开展联防联检工作，对控制柑橘黄龙病和传毒昆虫木虱的北移起到重要作用。1993—1994年开展柑橘"三病"普查，挖除黄龙病树4.18万株、溃疡病树1.21万株、裂皮病树2560株，烧毁病苗102万株，对受害较轻的挂果树结合农业防治进行施药保护。1995—1998年对美洲斑潜蝇普查时，采取深挖土灭蛹、清除有虫残枝叶和生物药剂防治等综合治理办法。"赣州地区柑橘'三病'普查与防治""美洲斑潜蝇生物学、种群动态与综合治理"项目分别获1995年、1999年度省农科教人员突出贡献三等奖和二等奖。

第五节 种植业主要技术推广

一、育秧

旱床育秧 1992年，引进水稻旱床育秧技术进行试验示范和推广，简化日本原正市创立的"水稻旱育稀植技术"模式，科学地探索出适合赣州实际的"水稻旱床育秧"模式，获得大面积推广，并取得成功。1995—1999年，年推广早稻旱床育秧分别为1.78万公顷、7.39万公顷、8.67万公顷、11.27

万公顷和4万公顷。1997—1999年，进行二晚的旱床育秧模式试验、示范和推广，并取得成功。旱床育秧的增产增收节支的效果显著，增产幅度10%以上，全市（地区）平均亩增产稻谷40千克以上。

水稻壮秧剂育秧 水稻壮秧剂是根据水稻生理、生态特性研制的集消毒剂、增酸剂、营养剂、化控剂为一体的新型育秧制剂，是水稻旱床育秧、抛秧技术的重大发展。它能一次性完成床土消毒、调酸、秧苗施肥、化控等4项程序，俗称“四合一”。具有操作简便、省工、省成本、防病壮秧、增产增收等优点。1999年由市（地区）农技站统一组织、统一调运壮秧剂，并在各县（市、区）试验、示范、推广。全年共推广壮秧剂180吨（其中早稻150吨、晚稻30吨），面积1.45万公顷，全部获得成功，平均增产幅度在1.8%～8.4%，亩增8.5～44.3千克。市（地区）农技站被省农业厅评为农技推广一等奖。2000年市政府下达《关于认真做好今年“两秧”技术推广工作的通知》，全市计划结合水稻抛秧推广壮秧剂800吨，但粮食价格低，农民种粮积极性受损，壮秧剂推广任务未能达到预期目的，只调进壮秧剂186吨，共推广面积1.91万公顷。寻乌县、南康市、兴国县、信丰县、定南县、于都县推广面积较大。宁都县在水稻制种上应用壮秧剂育秧，效益较好，亩产达186.7千克，比常规育秧制种亩增52.6千克。安远县农技站还在西瓜、玉米等经济作物上进行试验、示范，取得较好的效果。

沼液浸种 沼液浸种是一项用沼液浸水稻、花生、大豆等种子的技术。用沼液浸稻种，具有发芽率高，芽壮而齐的优点。播种后，易扎根、长势旺、成秧率高、病虫少，秧苗移栽后返青快。沼液浸稻种操作方法简单，先将稻种装入透气的编织袋内，直接放入沼气池的水压箱中，或放入事先装有沼液的木桶等容器中浸泡，早稻浸36～48小时，晚稻浸24～36小时。取出后，用清水冲洗干净，然后催芽、播种。1986年，该技术开始得到广泛推广。2000年，全市沼液浸稻种播种面积1.7万公顷，增加水稻产量4万吨以上。

沼肥旱育秧 沼肥旱育秧是在推广水稻旱床育秧技术的基础上，由地区农业局于1994—1996年组织专业技术人员研究出的一项新技术。该技术用沼渣替代床土调节剂，结合沼液的喷施，具有增强秧苗素质，提高产量，减少鼠害，节省投资，降低劳动强度等优点。1996年始，全地区每年推广沼肥旱育秧播种面积7500公顷以上，年增加粮食产量4万吨。研究成果获得1996年赣州地区科技进步三等奖、1997年江西省农牧渔业技术改进二等奖、江西省农科教人员突出贡献三等奖。

二、栽培

水稻抛秧 水稻抛秧技术是利用所育秧苗根部带有营养土块的重力，通过抛秧，使秧苗根部朝下，自由落入田间定植的一项水稻种植新技术。按照育秧方式分，主要有塑盘育秧抛栽、旱床育秧抛栽、纸筒育秧抛栽、常规育秧抛栽。主要推广塑盘育秧，具有省工、省力、省种、省秧田、节省生产总成本等特点。1995年，开始在寻乌县、会昌县等少数县进行试验、示范、推广。当年推广面积955.8公顷（其中早稻391.4公顷、中晚稻564.4公顷）。平均亩产483千克，比湿润育秧手工插秧增产36.3千克。寻乌县面积较大，达380公顷，平均亩产增加50千克以上。同年11月在寻乌县召开全省水稻抛秧现场会。1996年抛秧面积为2.37万公顷（其中早稻1.37万公顷、中晚稻1万公顷），平均亩产411.5千克，比常规栽培亩增27.5千克，并在1996—1997年被列为农业部水稻抛秧丰收计划项目。1998年水稻抛秧面积发展到6.85万公顷（其中早稻4.2万公顷、中稻1000公顷、晚稻2.55万公顷），平均亩产444.88千克，比常规手工插秧亩增31.03千克。省水稻抛秧项目获农业部“丰收计划”一等奖，赣州地区农技站、寻乌县农业局、南康市农业局为主要完成单位，获农业部水稻抛秧大面积示范推广一等奖。

半旱式栽培 水稻半旱式栽培是20世纪80年代初推出的一项水稻耕作新技术，其特点是在水田开沟起垄，垄上种稻，沟中养鱼等。1986年引进水稻半旱式栽培技术，由江西农大在南康龙回乡示范0.43公顷获得成功。1987年，全省半旱式栽培现场会后，上犹县、赣县、宁都县被列为全地区半旱式栽培改造低产田的示范点，其他县相继开展试验，全地区示范面积 97 公顷。1988 年，行署下发《关于大力推广水稻半旱式栽培技术的意见》，使该技术有计划、有步骤地在全地区推广。1988—1990 年，在全地区连续 3 年开展半旱式“丰收杯”高产量高产值竞赛活动。1989 年完成半旱式栽培面积 9253 公顷，平均亩增稻谷 52 千克，增产 19%。1991 年，瑞金县、宁都县、石城县被列为农业部“水稻垄作增产技术”示范推广重点县。1992 年，地委、行署把水稻半旱式栽培列为农业增产 12 项关键增产措施之一。

水稻免耕栽培　水稻免耕是在收获上一季作物后不经任何翻耕、犁耙的稻田，先使用除草剂灭除杂草植株和落粒谷幼苗，摧枯稻桩或绿肥后，灌水并施肥沤田，待水层自然落干或排干后，进行水稻插秧或抛秧到田中的一项水稻耕作栽培技术。1998 年，少数农民自发应用。2000 年，大余县、赣县、章贡区开展示范，其中大余县推广 593.3 公顷，均获得成功。示范表明，水稻免耕栽培有省工节本，减轻劳动强度，提高劳动生产率，缓和季节矛盾，保护土壤结构和增加经济效益等优点。据对示范户调查，每亩免耕稻田，可节省牛耕、人工、农药资金 80 元。

三、土壤改良

配方施肥　配方施肥是施肥技术的一项重大改革，从 1985 年以后得到迅速推广。1986 年应用面积 4.83 万公顷，1991 年 20.97 万公顷，1995 年 37 万公顷，2000 年推广面积达到 49 万公顷，是 1986 年的 10 倍多。因配方施肥而增加的纯收入由 1986 年的 1249.8 万元上升到 2000 年的 2.89 亿元。应用的作物由单纯的水稻发展到甘蔗、油菜、果树等几乎所有的农作物。1988 年，瑞金县、宁都县、兴国县、石城县、赣县、上犹县被列为全省配方施肥重点县，瑞金县还被列为 1989—1991 年全国优化配方施肥重点县。1989 年，配方施肥在几种主要农作物上的增产情况：水稻亩增 42.6 千克，油菜亩增 17 千克，甘蔗亩增 738 千克，花生亩增 66.6 千克，柑橘亩增 198 千克。凡实行配方施肥的作物都能增产增收。1990 年，行署把配方施肥技术列为农业增产的 12 项增产措施之一。1991 年，开始配方施肥的工厂化生产。1996 年生产复混肥 6.93 万吨，2000 年生产复混肥 16.38 万吨，并推出针对性更强的西瓜 BB 肥、蔬菜 BB 肥、硅 BB 肥、腐殖酸硅肥等新型复混肥品种，使配方施肥（平衡施肥）技术更加优化。

沃土计划　“沃土计划”是农业部及省政府为加强地方建设，确保农业生产持续稳定发展而采取的重大措施，主要内容是发展绿肥、积造农家肥和秸秆还田。赣南从 1996 年开始实施沃土工程，稳定绿肥生产，大力提倡积造农家肥和秸秆还田，规模不断增大。1999 年，春收绿肥面积 9.27 万公顷，比 1998 年同期增加 1.06 万公顷，增长 12.9%；全市（地区）施用有机肥总量 850.2 万吨，平均亩施有机肥 1154 千克，比 1998 年亩增加 53 千克；冬播绿肥 8.12 万公顷，比上年增加 3380 公顷；全市（地区）秸秆还田面积 49.16 万公顷，比 1997 年增加 18.64 万公顷。1996 年，信丰县被列为全省“沃土计划”重点县。1999 年，市地肥站“BB 肥在水稻上的应用与推广”获农业部“丰收计划”二等奖。2000 年，大余县、兴国县被列为农业部“秸秆还田丰收计划”重点县，2 个县项目实施区水稻平均亩产比实施前 3 年亩增 46 千克，增产 12%。2000 年，“沃土计划”被列为全市粮食生产关键增产技术措施。

四、旱地蔗技术

旱地甘蔗高产栽培技术是赣州科技人员针对当地丘陵旱地多、人多田少的特点，为解决蔗粮争地矛盾，探索研制的甘蔗生产技术。其技术关键是选用早熟高产、高糖甘蔗良种，深耕整地、增施有机肥，改善土壤保水能力，从早加强田间管理，搞好病虫防治等。

1986 年，开始示范推广旱地蔗技术，面积 666.67 公顷，最高年份达到 1 万公顷，遍布全地区各蔗区县，亩产超过 5 吨。1995 年，“旱地蔗高产、高糖技术”获农业部“丰收计划”二等奖。

第三章 果 业

1986—2000年，全地区充分利用丰富的山地资源和得天独厚的气候优势发展果业。围绕规模化开发，产业化经营，标准化管理，品牌化营销，社会化服务的工作思路，依靠科技，强化管理，实施兴果富民战略，发动千家万户开发果园，推广果树新品种、新技术，不断优化果品结构，形成以赣南脐橙为主，甜柚、甜橙、蜜橘、蜜梨、大盒柿等多种特优水果相结合的新兴水果生产基地。果业生产蓬勃发展，水果产量逐年增加。赣南果业股份有限公司成功上市，成为柑橘产业第一股，公司集“产、供、销、贸、工、农”一体化，引进先进的果品分级包装生产线，提高果业产业化的经营水平。至2000年，全市果园面积达10.09万公顷，水果产量达19.9万吨，产值8.4亿元，果业成为赣州农村经济的支柱产业和农民发家致富的“摇钱树”。

1986年，地区农牧渔业局设柑橘技术指导站。同年12月，成立地区柑橘生产基地指挥部和柑橘开发中心，下设秘书科、技术科、业务科。1987年4月，组建赣州地区柑橘技术服务队。1988年，组建分级包装厂。1991年7月，成立地区果业局，与柑橘指挥部合署办公，下设办公室、生产技术科、计财科、苗木管理科，撤销秘书科和分级包装厂。1992年5月，地区柑橘技术服务队更名为地区果业技术服务队。1993年8月，设立地区果树植保站，属地区果业局下属正科级事业单位。2000年，市果业局设办公室和综合科，下属事业单位有市果业技术指导站、市果树苗木站和市果树植保站，有在职职工26人。

第一节 果业开发

一、种植面积

全市（地区）果业开发是以种植柑橘为重点，多种果树种植并存的果业开发模式。1986年，按照个体种植和专业承包为主发展柑橘种植，全地区掀起千家万户“种橘热”，推动赣州柑橘的快速发展，全地区种植柑橘面积1.53万公顷。1987年调整规划，由原计划3.33万公顷增至4万公顷，全地区规划基地乡166个、村1076个，当年柑橘种植面积增至1.88万公顷。1988年种植5933公顷，1989年种植4267公顷。

1993年，地委、行署在安远召开全地区果业工作会议，作出“兴果富民”的决定，制定和完善一系列果业开发政策，如稳定权属，允许使用权调换、转让、租赁和入股开发等，并在清山中免收林业“两金”（育林基金、更新改造基金），全地区再次掀起种果致富热潮，当年果业规划面积1.47万公顷，实际开发1.96万公顷。寻乌县文峰乡达到人均1亩果园，为全地区第一个达到人均1亩果的乡。

1994—1996年，全地区为落实“兴果富民”战略目标，全地区果业规划面积达到12万公顷，分3年完成，其中脐橙、甜柚达到2.67万公顷。1994年实际开发面积4.36万公顷，1995年实际完成4.16万公顷，1996年完成开发面积2.91万公顷。1997—2000年，全市（地区）调整果业开发计划，由原来的2万公顷降至1.33万公顷，其中脐橙、甜柚面积达到80%，即1.07万公顷，连续4年全地区果业开发实际面积均超过1.33万公顷。

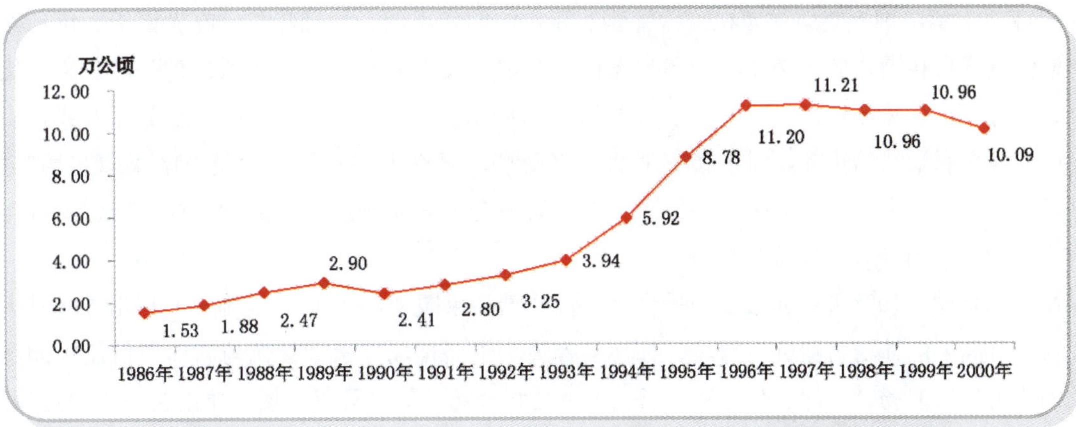

图 18－3－1　1986—2000 年赣州市（地区）全市果业种植面积

二、品种结构

在果业开发中，注重以市场为导向，以质量为重点，以经济效益为中心，重点发展脐橙、甜柚为主的具有市场竞争力的高产优质、高效优良果树品种。以发展脐橙为主，兼顾发展具有地方特色的水果品种，针对中晚熟温柑比例较大、脐橙品种混杂的状况，利用高接换种技术，换成在市场上有竞争力、适销对路的优质品种，如特早熟温柑和纽贺尔脐橙。引进新品种如红肉脐橙、晚熟脐橙、HB 柚等。建立新品种试验、繁育基地，加强南康甜柚、兴国甜橙等地方品种的选优工作，使赣南的水果品种结构得到调整和优化。

1986 年，全地区果业种植面积 1.53 万公顷。其中，温柑为 1.25 万公顷，占总面积的 81.7%，产量 1.36 万吨，占柑橘产量的 79.9%；甜橙种植面积 1778.66 公顷，占总面积的 11.6%，产量 1859.5 吨，占总产量的 10.9%；柚子种植面积 684.8 公顷，占果业种植面积的 4.48%，产量 1103 吨，占总产量的 6.45%；其他果树种植面积 0.03 万公顷，占总面积的 2.22%，产量 0.04 万吨，占总产量的 2.75%。1987 年，全地区强调柑橘基地要以发展橙柚为主，通过计划与贷款调剂增加橙、柚的发展速度。1988 年，橙柚的种植面积所占比例增至 31.2%，产量所占比例增至 34.6%。同时筛选一批适应赣州发展的优良品种，甜橙有“哈姆林”“锦橙”等，脐橙类有“纽贺尔”“朋娜”等，柚类有“斋婆柚”“江坝柚”“龙回早熟柚”等，尤其是“信丰朋娜”在全国无病毒脐橙良种引种鉴评会上被评为第一名。1989 年，“信丰纽贺尔”脐橙和“大余奉节 72—1”被评为全国优质农产品。落叶果面积也得到相应的调整，发展具有地方特色的品种，如“澄江李”“芙蓉李”“于都大盒柿”等，同时积极引进新的优良品种，李有“奈李”“布朗李”，梨有“金水 2 号”“黄花梨”，“葡萄巨峰”系列等。2000 年，全市优良品种产量已占总量的 70%以上，品种资源丰富，市场供应品种增加，供应周期延长，产品结构得到改善。

三、果园建设

果园改制　1986 年，兴建宁都加宁脐橙场、于都力杰夏橙试验股份制果园，面积各 20 公顷。1989 年，在崇义龙勾和信丰同益脐橙合作社又试办群众性股份制果园。1991 年，股份制果园在全地区得到推广，兴办 276 个股份制果园，面积 4867 公顷，入股单位 250 个，筹措资金 1246 万元，股份制果园的兴起是赣州地区果业开发的一个创举，得到江西省政府的肯定，并推广到全省其他地区。浙江台州市、金华市，福建三明市、南平市浦城县，湖南怀化地区等参观后认为，这是发展果业的一种很好的经营管理模式。

1997年，为解决国有集体果园在经营管理上存在的职责不明、管理粗放、吃大锅饭、负债经营的弊端，地区以寻乌县园艺场转制成功的典型案例，制定《关于抓改制、促管理、夺取果业高产优质高效的决定》，提出“个体经营、一步到位”的转制总体思路，采用承包、租赁、拍卖等形式，搞好国有、集体、股份制果园的转制，同年底宁都加宁脐橙场、于都力杰夏橙试验场、南康园艺场等国有、集体、股份制果园完成转制，使果园的经营权和所有权分开，明确经营者的责、权、利。1998年，全地区90%以上的国有集体果园完成转制。

精品果园创建 1998年，地委、行署印发《高产精品果园考核办法》，全地区共评出寻乌县大丰脐橙场、安远县高云山林场名堂坑果园场、寻乌县吉潭圳下脐橙场、崇义县龙勾庙前股份制果园场、瑞金市武阳堆下坝脐橙场、宁都县赖村脐橙场、大余县脐橙场、信丰县脐橙场、龙南县丰橙股份制果园、兴国县均村乡罗石排果场、安远县濂江虎形山蜜柚场、南康市委组织部柑橘场、定南县历市镇井坑脐橙场、定南县三亨洋坡蜜梨场等18个精品果园。

1999年，全年共评出大余同心脐橙场、大余池江长坑脐橙场、大余京州脐橙场、崇义龙沟中学脐橙场、安远沙塘脐橙场、寻乌文峰乡竹篙坑脐橙场、寻乌澄江镇凌富果园、会昌珠兰乡大西坝脐橙场、兴国均村茂段脐橙场、于都罗江鹅公坑夏橙场、于都禾丰乡脐橙场、于都力杰夏橙一工区脐橙园、于都新陂园艺场、宁都石上金橙脐橙场、瑞金武阳堆上坝脐橙场、瑞金沙洲坝镇金星脐橙场、南康赤土镇花果园果场、信丰西牛曹景钰果园场、全南城厢果品开发中心果园、上犹光华果庄等34个市级精品果园。

1999年有47个果园选样参加全市（地区）脐橙质量评比，宁都县会同脐橙场等4个果园选送的脐橙分获前3名。11月，选送5个样品参加全省水果评优会，南康甜柚、安远蜜柚、赣县冰糖橙、全南椪柑获得一等奖。在广东梅州举办的全国第六次柚类评比中，南康甜柚中的“龙回早熟柚”获得商品综合评价金杯奖。

四、果业生产

柑橘生产 充分利用赣南地理气候优势，全地区大力发展柑橘经济，柑橘生产成为农村的支柱产业，“朋娜”、“纽贺尔”及“甜柚”等优质丰产良种成为赣南的“当家”品种，形成脐橙、甜柚的规模开发。柑橘生产受气候影响而变化，1988年受“干热风”的影响，温州蜜橘严重落果，当年柑橘产量降至1.82万吨，但产后加强管理，提高品质及强化保鲜措施，销售价较好，总产值达到2912万元，比1987年的2750万元增加162万元，实现减产不减收。1991年受冰雹气候的影响，柑橘产量受影响，产量为4.47万吨，产值仍未减收，略有增加。1995年，柑橘产量为16.19万吨。至2000年，柑橘产量达14.07万吨。

其他果业生产 在重点发展柑橘生产的同时，发展多种水果生产。1986年，多种水果树（桃、李、梨、梅、柿等）总产量为1.77万吨，1988年为1.73万吨，1990年为1.87万吨。1991年，全地区从调节市场需要出发，因地制宜地开发种植一定规模的落叶果类，着重引进以“油奈”为主的奈李品种，发展有一定市场竞争力的“金水2号梨”、板栗和适宜加工的李、桃、梅、柿等品种，多种水果生产得到发展。至2000年，全市多种水果产量达5.83万吨。

第二节 果业管理

一、苗木管理

1990年，为确保品种纯正、优化，地、县（市）成立果苗管理机构，加强果苗统一管理，实行果苗专营。并组织和实施苗木执法检查，销毁一批假苗、病苗和劣苗，维护果业生产的健康发展。1991年，提出“果业工程”橙、柚良种苗木繁育计划。1991年11月，行署下发《关于加强果业工程建设苗木生产和管理的通知》，要求各地做好果树苗木的生产管理。1993年，行署先后下发《关于加强赣州地区苗木管理工作的紧急通知》《赣州地区果树种子苗木管理实施细则》。果树苗木管理走上法规管理的轨道。1994年3月，成立地区果苗执法督查领导小组，加强对果树苗木的执法检查，杜绝调进假、病、劣果苗，维护果农利益。全地区按照“统一育苗、县（市）为主、自繁自用、归口管理、严禁外调、全面公正、长期跟踪、法纪保驾、领导负责”的原则，强化果苗管理。年内举办育苗培训班4期，实行培训上岗，持证育苗，培训育苗户220户，颁发育苗许可证220份。1995年10月，地委、行署下发《关于加强苗木生产管理工作的通知》，对苗木生产再次作出部署，全地区制作苗木培育营养袋1522万只，营养袋到位资金169万元，苗木到位资金2113.2万元。1997年，地区下发《关于切实加强果苗生产管理工作的通知》，加强对果苗管理执法督查。年内举办育苗培训班1期，核发育苗许可证76份。1999年，培育苗木1177万株。

表18-3-1　1991—1999年赣州市（地区）果树育苗情况统计表　单位：万株

年度	育苗总数	其中			
		脐橙	甜柚	其他柑橘	落叶果
1991年	351	96	17	38	200
1992年	1397	757	180	160	300
1993年	3358	1705	283	450	920
1994年	2047	1665	280	102	—
1995年	2791	1765	398	228	400
1996年	2406	1518	355	133	400
1997年	1918	1158	260	120	380
1998年	1614	870	178	210	356
1999年	1177	670	120	187	200

二、技术培训

1986年，主要是培训乡镇果业生产技术人员。1987年，由地区柑橘开发中心和柑橘研究所技术人员组建地区技术服务队，对各县（市）果业基本情况进行调查，指导并配合各县（市）、乡（镇）对果农进行短期培训，指导果农新植园、苗圃育苗等技术。1988年，大力开展技术服务活动。举办各种培训班近600次，培训果农6.15万人次，同时发行《赣南果农之友》《赣南柑橘报》，印制《赣州地区柑橘栽培管理日历》等资料2万多份。1987—1988年，全地区有197人参与果园技术承包，承包果园217个，面积1667多公顷。1989年，全地区签订有偿技术承包服务果园面积233公顷，超过计划的57%。1990年，制定农用稀土柑橘示范推广实施方案，安排试验和组织稀土铬合物2号应用推广，共推广1000公顷果园施用。

1993年，为普及推广柑橘技术知识，编写《赣南脐橙栽培》以及《三病防治讲义》，并组织3期培训班，培训技术骨干200多人。各县（市）同时进行辐射培训，培训到乡（镇）、村组，有800余人次参加培训。1994年，印发《赣南果技》及赣南虫情预报等技术资料1200多份，培训果农18万人次。1995年，全地区认真贯彻地委、行署《关于广泛开展乡镇果技站达标竞赛活动的意见》，继续开展技术人员对果园进行技术承包活动，印发果业技术资料2万多份，培训果农24万人次。

1996年，围绕“科技兴果”，加大培训力度，采用培训、咨询、印发资料书刊、技术承包，对全地区广大果农加强脐橙、甜柚等优质果树的栽培、修剪、防病灭虫、保花保果等技术的普及与推广。6—8月，在地区柑橘研究所分期对全地区乡（镇）果技站长进行集中培训，培训技术骨干300人次，全地区共培训果农2500多期，人数18万人次。1997年，邀请省果业专家开展落叶果栽培技术指导，同时开展科技下乡，成立地、县果业专家咨询组，到各地开展技术咨询，印发《果树栽培管理日历》《病虫害防治技术》等资料5万多份。结合农时，组织开展保花保果、夏秋管理、病虫害防治、采后保鲜为主要内容的技术培训，培训果农10万人次。1999年4月，邀请澳大利亚柑橘病虫防治专家到赣州地区讲学，普及推广利用天敌生物防治病虫技术，参加培训果农200多人。6月，举办精品果园研讨班，培训百亩果业大户100多人。

三、品种管理

引进大批橙类及柚类新品种，在赣州地区试种并取得成功。信丰引进的“朋娜”“纽贺尔”，大余引进的“奉节72－Ⅱ”等品种被评为全国优质农产品，宁都的纽贺尔脐橙及安远的温柑等获省优称号。1993—2000年，引进“红肉脐橙”“晚熟脐橙”“HB柚”“泰国杏柚”“台湾梨”“日本柿”“奈李”“布朗李”等果树新品种。

第三节　果树病虫害防治

赣州果树病虫种类较多，据调查，至2000年，柑橘、梨、桃、板栗、枇杷、柿、李、梅、枣等果树害虫总计500余种，病害150余种。

一、柑橘

柑橘主要害虫有螨类、蚧类、粉虱类、天牛类、吉丁虫、蛾类、叶甲类、蚜虫类、金龟子类、木虱、花蕾蛆、象虫类、凤蝶类等，主要病害有溃疡病、黄龙病、疮痂病、炭疽病、树脂病、青霉病、绿霉病等，其中溃疡病和黄龙病为国内植物检疫对象。

柑橘全爪螨　又名柑橘红蜘蛛，是赣州普遍发生、为害较重的害虫。

柑橘锈瘿螨（锈壁虱）　柑橘类的重要害虫，它的为害造成果实变黑褐色，成为“锈皮柑”，锈果率一般达5%～10%，严重的可达50%。

柑橘潜叶蛾　柑橘新梢的主要害虫，以幼虫在嫩叶表皮下钻蛀为害，形成隧道，被害叶片卷缩，易脱落。苗木及幼龄树受害最烈，被害叶片极易感染溃疡病。

柑橘蚧壳虫　江西已有记载的柑橘蚧壳虫有46种，赣州发生普遍，为害严重的主要是矢尖蚧、糠片蚧，局部地区黑点蚧、红圆蚧。以成虫群集在树干、枝梢、叶片和果实上为害，引起枯枝、落果，严重时整株枯死，在荫蔽橘园发生较重。

柑橘天牛　江西为害柑橘的天牛有11种，赣州普遍发生的有星天牛、褐天牛、光盾绿天牛（枝天牛）。星天牛为害树根和主干基部；褐天牛多在离地面一尺以上的主干或主枝上为害。

柑橘木虱　赣州地区柑橘的一种重要害虫，也是柑橘黄龙病的传播媒介。1978年11月，广东省农科院果树所陈之潭到赣南调查，首次在大余池江赣州地区园艺场的柑橘上发现木虱和黄龙病，引起省、地领导的重视。1979年，省农业厅先后邀请中国农科院柑橘所赵学源、福建农科院柯冲等以及省内有关专家教授到赣州考察，认定木虱和黄龙病的存在。1982—1983年，全地区开展普查，18个县（市）均有木虱分布。1983年12月，农业部组织全国及省内有关专家进一步进行调查，发现赣中地区的遂川、万安、泰和、永新及吉水等地亦有木虱分布。1990年以后，由于橘园防虫用药次数的增多，木虱虫口密度大大下降。赣州地区柑橘研究所对柑橘木虱的生活史及生活习性进行研究。

柑橘溃疡病 国家颁布的全国和进境植物检疫对象之一。赣州各县（市）均有不同程度分布。它直接危害树势、产量和品质，并严重影响果实外销。

柑橘黄龙病 园内植物检疫对象之一。1979 年，在赣州各县（市）的 37 个乡（镇）发现黄龙病。1982 年普查，赣州 18 个县（市）67 个乡（镇）有黄龙病发生。大余池江地区园艺场和安远孔田果园场最严重，柑橘黄龙病的发生给赣州的柑橘生产带来严重损失。柑橘黄龙病远距传播由苗木、接穗传播，田间传播由柑橘木虱部分传播。重点措施是加强检疫，杜绝病苗、接穗传播以及在果园防除木虱。

柑橘炭疽病 主要病害之一，严重时，常引起大量落叶、落果和枯枝，柑橘枝、叶、果实均有感染。

二、梨

梨主要害虫有梨虎、金缘吉丁虫、天牛、梨网蝽、梨茎蜂、食心虫类、吸果夜蛾类、蚧类、星毛虫、梨木虱、金龟子类、刺蛾类、蓑蛾类等，主要病害有梨锈、轮纹、黑星、黑斑病等。

梨果秀病 主要为害梨叶、果，造成落叶，影响树势。病菌以多年生菌径体在桧柏病部越冬，3 月病菌传至梨树上，4—5 月梨叶开始发病，5 月以后病斑长出锈孢子器，同时传病于果实，造成落果。春季温暖，降雨早次数多，病害发生率高。

梨轮纹病 主要为害枝干和果实，一般果实受害率达 10%左右。枝干越冬的病菌是翌年主要的初次侵染源。果实在落花后开始感染，但大多在近成熟期或贮运期发病，6 月上旬至 7 月上旬发病率高，如连续下雨，则加剧发病，导致大量落果。

梨黑星病 主要为害叶、果，引起早期落叶，果实变畸，落果。该病主要为害幼嫩梢、叶和幼果，赣南 4—5 月为发病盛期。

三、桃 李

主要害虫有桃叶蝉、蚜虫、天牛、食心虫、桃蛀螟、蚧壳虫、吸果痘蛾等，主要病害有炭疽、穿孔、流胶、根癌等。

奈李炭疽病 主要为害果实，也为害新梢的叶片。一般 3 月中旬为害花器及果梗、小果；4 月中旬至 5 月中旬主要为害幼果；6 月底至 7 月中下旬为害大果。近成熟时如遇上暴风雨天气，发病加重，造成严重落果。

细菌性穿孔病 是桃、李常见的叶片病害，导致落叶，削弱树势。春季随气温上升，越冬病原细菌开始活动，借风雨和昆虫传播，经气孔、皮孔伤口侵入，一般 4 月开始发病，春季温暖多雨发病提前，春季寒冷而干燥，发病较轻。

第四节 主要品种

一、脐橙

纽贺尔（*New Hau Marel Cnaooge*） 为赣州主栽品种，该品种由华盛顿脐橙芽变选出。在赣州 2 月上中旬萌芽，4 月上中旬开花，果实 11 月中旬成熟。果皮橙红色，为椭圆形，顶脐突出、脐孔小、闭脐多，果形美观。果肉脆嫩，汁多、化渣、无核，风味浓甜，富有香气。可溶性固形物含量 13%～15%，品质极佳。由于该品系果色鲜艳，果形美观，果实较大，丰产性能好，品质上等，被公认为首选脐橙良种品系。

奈沃里娜 该品种由美国加州华脐芽变选出，后引种到西班牙；另一说法为西班牙本地甜橙芽变而产生。果皮橙红，颜色比纽贺尔深。果肉脆嫩，汁多、化渣、无核，风味浓，富有香气，可溶性固形物含量13%～15%，丰产性能好。

奉节72-1 系1972年在四川奉节县园艺场自华脐中选出的优良株系，大余县栽培较多。适应性强，较丰产，11月中下旬成熟，无核或少核。

朋娜 该品系由华脐芽变而来，在赣州2月上中旬萌芽，4月上中旬开花，11月上中旬成熟，果皮橙黄色，圆形，果大，甜酸可口，有香气，可溶性固形物含量12%～14%，花芽具有早熟性，丰产性能好，但脐黄、裂果较明显。

二、柚

沙田柚 广西容县沙田原产，是赣州柚类中著名的中熟良种，也是东南亚所欢迎品种。

江坝柚 由普通甜柚实生树选育而成。可溶性固形物含量18%～23%，可食率达53%，9月中下旬成熟，贮藏性较差。

龙回早熟柚 9月上中旬采收，可溶性固形物12.3%，糖量8.3%，酸9.5%，维生素C含量154毫克/100克，该品种早熟、丰产、稳产。

狮头柚 是农家种植较多的1个品种，零星分布，11月上中旬成熟。

三、极早熟温柑

宫本 选自日本和歌山县宫川早熟枝变。叶小枝密，树势较弱，无隔年结果现象。果实极扁平，果面光滑，皮薄易剥。9月上旬果实开始退绿，中旬着色约2成，下旬4～5成。果肉成熟早，9月上旬见红色，汁增多，下旬含糖量可达10%。品质极佳，食味居众极早熟品系之首。但通过嫁接传染柑橘花叶病率较高，致使品质大大降低，应注意做好接穗检疫、消毒工作。

桥本 该品系比松山树势弱，且矮化，结果早，丰产。果实较大，扁圆形，果形指数1.25～1.3，果面较粗糙，易剥皮。果实成熟早，10月上中旬完全着色。但果实贮藏性较差。

四、梨

金水二号（长十郎×江岛） 又名翠伏梨，为湖北果茶所育成的新品种。果实圆形，大小中等，平均重190克，黄绿色，肉白细嫩，汁多味甜微香，可溶性固形物12%左右，果心小，品质上等。在赣州7月上中旬成熟，可贮藏约20天。

黄花（黄蜜×三花） 系浙江农大选育。果实锥形，中等大，一般重180克左右，黄褐色，果心小，肉白细脆，汁多味浓，可溶性固形物12%左右，品质上等。赣州7月中下旬成熟，耐贮藏性较差。

二宫白 原产日本，果实中大，果重130克左右，倒卵形。果皮黄绿色，果肉白色，肉质细脆多汁，味甜微酸，略有香气，可溶性固形物13%左右，品质上等。赣州7月中下旬成熟，不耐贮藏。

五、桃

春蕾 该品种可溶性固形物10.5%，风味偏淡，赣南5月上中旬成熟，上市早，效益较好，但果实偏小。

雨花露 系江南农科院用白花早上海水蜜育成，可溶性固形物含量9%，赣南5月下旬成熟，丰产性好，是理想的早熟品种。

早花露 系江苏省用雨花露作蜜本杂交而成，可溶性固形物含量10%以上，赣南5月上中旬成熟，品质上等。

六、李

在赣南分布较多，较有名的有南康市、龙南县的黄光李、珍珠李等。1995—2000年，又相继引入奈李、布朗李等。

七、柿

在全市（地区）分布较广，于都县、兴国县、石城县、赣县较多，大余县、石城县中心柿和于都大盒柿较为有名。

第五节 果业科技

一、科学种果技术推广

20 世纪 90 年代初期开始，大力推广科学种果技术，全市（地区）所有脐橙均从美国引进适应赣南环境的优良品种——纽贺尔、朋娜，新建果园全部实现“三大一篓”（大穴、大肥、大苗，营养篓）、“三保一防”（保水、保土、保肥，防护林）；全面推广扩穴施肥、保花保果、攻促秋梢、整形修剪、防病灭虫等适用技术，对果品采后统一进行分级、包装、贮存、保鲜科学处理。至 2000 年，全市新建果园营养袋、营养篓推广率达到 92.8%，果农普遍掌握高接换种技术，科技推广促进赣南果业发展，赣南脐橙的色、香、味、形可与美国德州品种媲美，大量销售到中国港澳地区以及东南亚国家、苏联。

二、柑橘良种引进选育

赣州市（地区）柑橘研究所引进柑橘类品种（系）108 个，对引进品种（系）的生态适应性和栽培适应性及综合经济性状进行观察试验暨示范研究。推广“纽贺尔”“朋娜”“林娜”等脐橙品种（系），“哈姆林甜橙”“锦橙”“冰糖橙”“红玉血橙”“脐血橙”“大红甜橙”等甜橙品种，“大浦”“市文”“宫本”“兴津”“宫川”“云间”等温柑蜜柑品系。国内外柑橘优新品种（系）的引进选育、示范推广，促进赣州市（地区）柑橘品种结构的优化，特别是纽贺尔等脐橙优新品系的成功推广，促进赣州市（地区）脐橙产业的发展。

三、柑橘栽培技术研究

20 世纪 80 年代，地区柑橘研究所主要是围绕柑橘的丰产栽培开展研究。其中柑橘高产栽培及保鲜技术推广获赣州地区“星火计划”二等奖，脐橙矮化密植早结丰产试验研究获赣州地区科技进步三等奖。20 世纪 90 年代以来，赣州市（地区）柑橘研究所开展“脐橙规范化栽培技术”“脐橙无公害栽培技术”“赣南脐橙冻害防御技术”“甜柚去核技术引进与推广”等项目的研究。

四、科技综合研究

加大科学研究的力度，1989 年于都县柑橘“小老树”露骨更新技术改造获赣州地区科技进步三等奖，温州蜜柑青枯病发生与防治获赣州地区科技进步三等奖，赣县甜橙“小老树”改造获赣州地区科技进步三等奖。1990 年，地区柑橘所的柑橘木虱发生规律及其防治研究获地区科技进步二等奖和省科技进步三等奖，柑橘高产栽培及保鲜技术推广获地区“星火计划”二等奖。1991 年，安远县营养篓假植早丰产获地区科技进步四等奖，地区柑橘所的脐橙矮化密植早结丰产试验研究获地区科技进步三等奖。1992 年，地区柑橘所的赣州柑橘病虫种类及分布调查研究获地区科技进步二等奖。1993 年，地区柑橘所的无病毒脐橙朋娜、纽贺尔新品种的引种推广获农业部三等奖，赣州橙类品种引进及比较试验获省科技进步三等奖、地区科技进步一等奖，地区果业局柑橘营养袋快速育苗技术推广获省农业厅一等奖。1995 年，地区柑橘所的氧氯化铜杀菌剂研制及应用获地区科技进步三等奖。1996 年，柑橘溃疡病综合防治技术研究及应用获地区科技进步三等奖。1998 年，极早熟温柑引进试验及推广获地区科技进步三等奖。1999 年，地区柑橘所脐橙优质化高产栽培科技著作获地区科技进步三等奖。

第四章　畜牧业

全市（地区）畜牧业主要品种有猪、牛、羊、兔、鸡、鸭和鹅等家禽。1986—2000年，畜牧业管理体制实行重大改革，逐步推行牧、工、商相结合，产、供、销一体化，减少流通环节。实行以场（站）带户，综合服务，发展商品经济，畜牧业社会化服务体系初具规模。至2000年，各县（市、区）均建立畜牧兽医技术服务中心（畜牧兽医站），乡（镇）畜牧兽医站走出一条自我积累、自我发展的路子。县级服务中心与乡（镇）畜牧兽医站联合，乡（镇）畜牧兽医站带动农户形成上下结合的技术服务网络。加强科技创新，推广优质饲料青贮、秸秆氨化技术、立体养殖技术、合理免疫程序、畜禽产品保鲜加工技术。实施生猪生产“七五”工程、鹅鸭工程、肉牛工程。推广的新型饲料、畜禽防疫列入农业生产的12项关键增产技术措施。“星火计划”“丰收计划”的实施，加快科技转化为生产的进程。畜牧业商品生产基地建设发展迅速，瘦肉型猪和出口猪基地、肉牛商品基地、麻羊基地，鹅、鸭、鸡等禽蛋基地以及兔、蜂基地初具规模，极大地推动畜牧业的发展。

第一节　畜禽养殖

肉类总产量是代表畜牧业发展水平的主要指标，为猪肉、牛肉、羊肉、兔肉、禽肉5项产量之和。1986—2000年，全市（地区）肉类总产量持续增长。1986年13.07万吨，2000年42.84万吨，是1986年的3.28倍，年均增长8.9%。其中“八五”期间增长速度最快，年均增长15.6%。肉类总产量变化最明显的特点是猪肉的比重不断下降，草食动物和家禽的比重大幅度提高，由1986年的10%提高到2000年的39%。

一、生猪生产

养猪是赣州地区畜牧业传统且主要的养殖项目。1986年，全地区生猪出栏155.9万头，1992年达到226.56万头；1993—1995年出栏数分别比上年增加42.42万头、66.82万头、44.11万头，是增长幅度最大的3年；1997年出栏392.84万头，是历史最高水平；1998—2000年生猪出栏连续3年下降；2000年生猪出栏353.3万头，是1986年的2.27倍，年均增长6.01%。生猪饲养数、年末存栏的变化趋势与生猪出栏大体一致，1986年饲养数343.31万头，年末存栏数187.41万头；1997年饲养数696.99万头，年末存栏数303.15万头；2000年饲养数612.23万头，年末存栏数258.98万头，分别是1986年的1.78倍、1.38倍，年均分别增长4.2%和2.4%。生猪出栏率稳定提高，1986年83.2%，1991年生猪出栏量超过存栏量，出栏率为102.8%，1995年为130.9%，2000年为136.4%，比1986年提高53.2%。全市的生猪除供赣州消费外，有一半销往广东、福建等地。

二、养牛

养牛是赣州传统养殖项目，以耕牛为主。1994年实施肉牛工程后，肉牛产业逐步形成，耕牛所占比例持续下降，奶牛数占极小部分。1986年牛饲养数50.13万头，耕牛占79%；1990年饲养数60.25万头，耕牛占74%；1994年饲养数77.88万头，耕牛占65%；2000年饲养数101.46万头，耕牛占41%。全市肉牛出栏呈增长趋势，1986—1993年肉牛出栏由0.67万头增加到6.3万头，年际间增量小；1994年突破10万头，达到10.97万头，肉牛产业基本形成；1998年19.98万头，为历史最高产量；2000年18.64万头，是1986年的27.8倍，年均增长26.8%。肉牛出栏较多的县（市）有于都县、宁都县、信丰县、会昌县、瑞金市、安远县、赣县、兴国县等。奶牛养殖波动较大，1999年发展较快。1999年、2000年全市良种及改良乳牛分别为551头、657头，主要分布在于都县和章贡区，2000年分别占总数的66.2%和15.2%。1999年、2000年全市牛奶产量分别为711吨和1240吨。

三、养羊

养羊是畜牧业的五大养殖项目之一，全市（地区）羊肉产量在肉类产量中占极小部分，2000年占0.2%，列第五位。1986—1992年，羊的饲养量和出栏数很少，先升后降。1986年全地区肉羊出栏300只，1990年2400只，1992年700只。1993年后养羊业得到重视，饲养量和出栏数呈快速增长趋势。1993年肉羊出栏恢复发展到1000只；1995年1.69万只；1999年5.99万只，为历史最高产量；2000年5.6万只，是1986年的186.67倍，年均增长45.3%。羊饲养量的变化与出栏数一致。1986年1700只；1990年4300只；1995年2.85万只；1999年14.15万只；2000年13.98万只，是1986年的82.24倍，年均增长37%。全市养羊较多的有崇义县、龙南县、寻乌县、全南县等。

四、养兔

赣州养兔历史悠久，兔肉在肉类总产量中占比例很小，2000年为0.4%。肉兔饲养量和出栏数呈增长趋势，以1997年为界，先增后降。1986年肉兔饲养量7.02万只；1990年14.92万只；1995年34.35万只；1997年486.8万只，为历史最高；2000年182.5万只，是1986年的26倍，年均增长26.2%。肉兔出栏数的变化与饲养量完全一致。1986年全地区肉兔出栏1.15万只；1990年7.85万只；1995年18.58万只；1997年228万只；2000年108.33万只，是1986年的94.2倍，年均增长41.9%。养兔最多的是会昌县，2000年会昌县肉兔饲养量和出栏数占全市的比例分别为55.8%和57.4%，会昌县被命名为“中国肉兔之乡”。

五、家禽生产

家禽养殖产量仅次于生猪，禽肉产量占肉类总产量的比重不断提高，2000年占肉类总产量的35.7%。家禽生产中，以养鸡为主，养鸭其次，养鹅第三。2000年，全市鸡、鸭、鹅饲养量分别占家禽饲养量的58.7%、24.3%和17%；鸡、鸭、鹅出笼数分别占家禽出笼数的55.4%、25.9%、18.5%。全市家禽饲养量和出笼数不断增长。1986年家禽饲养量2958万只；1990年4223万只；1995年10545万只；2000年14889万只，是1986年的5.03倍，年均增长12.2%。家禽出笼数的增长趋势与饲养量一致，且1993年后增长幅度大。1986年家禽出笼1269万只；1989年2029万只，超过年末存笼数；1992年2691万只。1986—1992年，年际间增加量131万～413万只；1993—2000年，除1997年减少外，年际间增量大于547万只，其中1994年、1995年、1998年、1999年分别比上年增加1214万只、1841万只、1160万只和1145万只，增量超过千万只的4年。1993年，家禽出笼3238万只；1995年6293万只；2000年9727万只，是1986年的7.67倍，年均增长15.66%。家禽饲养量和出笼数较多是宁都县、兴国县、章贡区、于都县、赣县、会昌县、南康市、大余县、瑞金市等县（市、区）。家禽生产以地方优良品种为主，三黄鸡、麻鸡，灰鸭、灰鹅等特色家禽出笼比例占70%以上，并形成宁都县、瑞金市、信丰县、章贡区等县（市、区）的黄鸡生产基地以及兴国县、宁都县、会昌县、赣县等县的灰鹅生产基地。

六、禽蛋

禽蛋以鸡蛋为主，蛋鸡在养鸡总量中比重不大。2000年全市蛋鸡饲养量1445.53万只，存笼682.15万只，分别占鸡饲养量和存笼数的16.5%和13.2%。全市家禽产蛋量稳定增长。1986年1.41万吨；1990年2.4万吨；1995年4.85万吨；1999年7.02万吨，为历史最高产量；2000年6.78万吨，是1986年的4.81倍，年均增长11.87%。

七、珍禽

域内的珍禽主要有鹧鸪、鹌鹑、野鸡等。1994 年，珍禽养殖开始形成规模，1995 年，珍禽饲养量达到 128 万只。1996 年、1997 年饲养规模进一步扩大，尤其是会昌的鹧鸪生产发展迅速，年出笼量分别达到 50 万只和 200 多万只。会昌也因此被命名为“中国鹧鸪之乡”。1999 年、2000 年珍禽养殖形成区域性布局，形成会昌县、瑞金市、安远县等地的鹧鸪生产基地，南康的鹌鹑生产基地，大余的肉鸽生产基地，龙南等地的野鸡生产基地，珍禽出笼分别为 263.66 万只和 316.17 万只，2000 年珍禽饲养量达到 488.07 万只。

表 18-4-1

1986—2000 年赣州市（地区）畜牧业产品产量统计表

年份	肉类总产量（万吨）	猪肉（万吨）	生猪出栏（万头）	肉牛出栏（万头）	肉羊出栏（万只）	肉兔出笼（万只）	家禽出笼（万只）	禽蛋（万吨）	牛奶（吨）
1986 年	13.07	11.75	155.90	0.67	0.03	1.15	1269.00	1.41	398.00
1987 年	14.54	12.54	170.27	1.09	0.08	1.95	1412.00	1.47	428.00
1988 年	17.72	14.92	183.54	2.62	0.10	7.49	1825.00	1.86	386.00
1989 年	18.82	15.49	192.92	2.65	0.19	7.19	2029.00	2.24	245.00
1990 年	19.57	15.95	195.68	3.14	0.24	7.85	2205.00	2.40	253.00
1991 年	20.70	16.80	207.39	3.97	0.20	8.23	2336.00	2.55	197.00
1992 年	23.02	18.43	226.56	5.28	0.07	9.84	2691.00	2.94	280.00
1993 年	27.64	22.12	268.98	6.30	0.10	12.98	3238.00	3.24	153.00
1994 年	34.88	27.28	335.80	10.97	0.42	16.16	4452.00	4.50	115.00
1995 年	40.41	30.01	379.91	11.79	1.69	18.58	6293.00	4.85	78.00
1996 年	39.89	28.72	373.42	14.87	1.64	47.01	6819.00	4.81	47.00
1997 年	41.05	29.30	392.84	17.44	3.94	228.00	6714.00	4.90	120.00
1998 年	41.68	28.15	378.30	19.98	5.03	210.27	7874.00	5.86	248.00
1999 年	41.99	27.11	355.29	17.94	5.99	115.01	9019.00	7.02	711.00
2000 年	42.84	26.10	353.30	18.64	5.60	108.30	9727.00	6.78	1240.00

第二节 畜禽繁育与引进

一、猪

1986—2000 年，猪杂交繁育基本上是用外来的“大约克”“长白”“杜洛克”等良种公猪做父本与赣州其他几种当地母猪杂交。杂交繁育方式主要有 3 种：“长白公猪”与“大约克母猪”杂交产出“长大母猪”，再与“杜洛克公猪”杂交，生产出“杜长大纯三元猪”；“大约克公猪”与“赣州白猪”杂交产出“大赣母猪”，再与“杜洛克公猪”配种，生产出“杜大赣三元普三杂猪”；“长白公猪”与“南昌白母猪”杂交，产出的“长南杂一代母猪”，再与“杜洛克公猪”杂交，生产出“杜长南三元杂交猪”。1999 年，上犹县引进中国优良品种“太湖猪”，与外来引进品种“杜洛克”“大约克”“长白猪杂交”，生产出“杜太长大四元杂交猪”。

二、牛

赣州黄牛和信丰山地水牛是当地品种，其中信丰山地水牛是江西省地方优良品种，主要分布在信丰县、南康市、大余县、赣县、龙南县、定南县、全南县、安远县等地。20世纪80年代，引进印度摩拉水牛与信丰水牛进行杂交，至20世纪90年代末，有5%～10%为杂一代水牛品种；引进巴基斯坦辛地红牛和瑞士西门塔尔进行杂交改良，初生重、日增重和产肉率均比当地黄牛有较大增加。1997—2000年，引进西门塔尔公牛冷精、意大利皮埃蒙特牛，通过人工授精进行杂交改良，主要分布在信丰县、会昌县、瑞金市、寻乌县、于都县、赣县、宁都县、安远县等地，至2000年已生产杂交牛5000多头。1997年，瑞金市自河南省引进300多头南阳牛在当地饲养，因不适应丘陵地带环境，至2000年全部覆没。章贡区、于都县等地引进700多头荷斯坦黑白花奶牛，发展牛奶生产。

三、羊

当地山羊品种主要有龙南山羊、安远山羊和南康山羊。1979年，宁都县、于都县等县引进四川达县南江黄羊1000多只，1998年，于都县、崇义县、安远县等地又引进1000多只与当地羊开展杂交利用。崇义县、于都县等县还引进四川成都麻羊的种羊，崇义县建立4个成都麻羊种羊场，又引进萍乡山羊及万载山羊作母本与成都麻羊进行杂交，培育出崇义麻山羊。

四、兔

当地肉用兔品种为中国白兔，俗称“菜兔”。引进的新品种主要有瑞金市、会昌县等地引进新西兰兔，南康市、会昌县等地引进日本大耳兔，并用上述肉用兔进行纯种繁育与杂交利用；瑞金市、会昌县、龙南县等地引进原产法国的青紫蓝皮肉兼用兔，瑞金市、南康市、赣县等地引进力克斯皮用兔，又称“獭兔”，进行纯种繁育。

五、鸡

宁都黄鸡是地方优良品种，1996—2000年，对宁都黄鸡进行提纯复壮、良种繁育。1986—2000年引进的鸡种主要集中在章贡区、赣县、于都县、宁都县、瑞金市（县）、石城县、上犹县等地，主要品种有“白洛克”“洛岛红”“芦花洛克”等肉蛋兼用鸡，“星布罗”“新浦东”“红（白）科尼什”“红玉”“江村黄（麻）鸡”等肉鸡，“来杭鸡”“希塞斯罗斯”“依沙亲白”等蛋鸡。

六、鸭

大余麻鸭是地方优良品种，主要分布在大余县、崇义县、赣县、南康市等地，1998年起，不断加大大余麻鸭的良种选育力度。蟠龙花鸭是章贡区蟠龙镇利用北京公鸭与当地母鸭杂交，经过20多年选育而成的地方鸭种，主要分布在南康市、上犹县、崇义县、于都县等地。1986—2000年，引进的鸭品种主要的有“樱桃谷鸭”“三水白鸭”“雷鸭”“福建山麻鸭”，主要分布在瑞金市（县）、赣县、于都县等地。

七、鹅

当地优良品种有兴国灰鹅、当地白鹅。1990年，会昌县引进广东狮头鹅与当地品种杂交，育成本地狮头鹅。1999年，安远县引进昌图豁鹅。

八、地鸽

主要引进品种有“美国王鸽”和“天翔5号”肉用鸽。

第三节　养殖技术研究与推广

一、生猪生产“七五”工程和“861”工程

1991—1993年，实施生猪生产“七五”工程，即达到70%的存栏母猪用于杂交优势利用，50%的农户饲养生猪由熟喂改为生干喂。通过3年的实施，生猪杂交优势利用率达到78.3%，比1990年提高17.6个百分点；养猪生喂面达到67.7%，提高45.6个百分点。1994—1995年，实施生猪生产“861”工程，即80%的母猪用于杂交优势利用，60%的农户养猪由简单的生喂过渡到科学生湿喂，10%的农户建设成为养猪30头以上的专业户。项目实施2年后，1995年生猪杂交优势利用率达到80.5%，科学生湿喂养猪农户比例达到78.6%。两大工程的实施，提高科学养猪水平，促进生猪生产的发展。1991—1995年是生猪生产发展最快的5年。1993年全地区生猪出栏268.98万头，比1990年增加73.06万头，年均增长8.3%。1995年全地区生猪出栏379.91万头，为历史第二高产年，比1993年增加110.93万头，年均增长18.8%。

二、猪种改良

1998年，地委、行署作出《关于加快猪种改良的决定》，要求在生猪生产中重点抓好猪种改良，提高生猪品质。引进良种公猪365头，良种母猪846头，良种母猪占存栏母猪31.4%，良种公猪占存栏公猪96%；建人工授精站108个；三元杂交猪出栏比例达到32.4%。1999年，全市公猪全面实现良种化，良种母猪存栏比例达到58%，三元杂交猪出栏比例达到45%。2000年为猪种改良的验收年，1998—2000年全市（地区）共建一级种猪场4个，存栏种猪1353头，建设二级种猪场12个，存栏种猪1755头，建设乡（镇）扩繁场258个，存栏种猪6883头；建立人工授精县级站8个，配种5.8万胎，乡镇站169个，配种35.5万胎，平均受胎率达87%，生猪人工授精普及率达40%以上。通过3年猪种改良，良种母猪占存栏母猪的70%，比猪种改良前提高30个百分点；种公猪全部实现良种化，比猪种改良前提高20个百分点；三元杂交猪出栏比例达到60%，比猪种改良前提高40多个百分点。

三、沼液喂猪

沼液喂猪是一项利用沼液作为生猪饲料添加剂的实用技术，具有安全性、可靠性、易操作的特点。与饲喂常规饲料的方法比较，沼液喂猪日增重可达0.75～1千克，提前30天出栏，猪肉肉色好，出肉率达到92%以上。沼液喂猪，要注意掌握适当的用量，一般体重在20千克以下的仔猪不宜使用。新建或大换料后的沼气池，必须待3个月后，方可取沼液饲喂，产气不正常或不产气、投入有毒物质的沼气池中的沼液，禁止用于喂猪。该技术在“七五”期间得到推广，至2000年，全市沼液喂猪的年出栏数达到76.91万头，节约饲料用量3万吨。

四、秸秆养牛

1989年，开展秸秆养牛技术示范。1991年举办秸秆氨化养牛技术培训班，之后各县（市）都推广该技术，其中于都县、会昌县、瑞金县等县规模较大，瑞金县被农业部列为1997年度全国秸秆氨化养牛示范县。至2000年，全市共建氨化池750多个，生产氨化稻草1.55万吨用于喂牛。

五、山羊圈养

1999年，崇义县在全县推广“5+1”（一次性购买5只母山羊、1只公山羊）种草养羊模式，实行半圈养、半放养。至2000年，全县共落实800多农户，饲养种羊4800多只、羔羊1.2万多只，户均纯收入可达2000元以上。

六、种草养鹅

1995年，兴国县推广“五个一”种草养鹅模式，即1户农户，种1亩草，养1组种鹅，出笼100只商品鹅，增加纯收入1000元。1997年，会昌县等地逐步推广该模式。至2000年，推广面已达全市灰鹅饲养量的40%，有55%的黑麦草用于饲养灰鹅，种草养鹅饲养量达820万只。全市灰鹅生产由此有较大发展，饲养量由1997年的1719.87万只增加到2000年的2535.43万只，年递增13.8%。该项目获农业部2000年度“丰收计划”二等奖。

第四节　疾病防治与动物检疫

一、防治体系

市（地区）、县、乡三级都建有畜牧兽医站，村级配有防疫员。2000年全市有畜牧兽医人员2800人，其中市、县两级约200人，乡（镇）级动物防疫员1511人，动物检疫员1089人。市、县两级都建立兽医卫生监督所，共有兽医卫生监督人员169名，其中具有大专以上学历的105名，占62.13%，形成完善的畜禽疫病的防治体系。

二、畜禽防疫

坚持行政和技术“双轨制”，积极开展防疫技术承包，采取春秋季防疫和平时免疫相结合的防疫措施，使多年危害畜禽的主要疫病（猪瘟、猪丹毒、猪肺疫、鸡新城疫、禽霍乱、鸭瘟、小鹅瘟、狂犬病）得到有效控制。全市（地区）猪瘟免疫密度常年保持在95%以上，鸡新城疫免疫密度常年保持在80%以上，猪、牛、禽的疫病死亡率严格控制在3%、1%和12%以下。1990年，猪、牛疫病死亡率都控制在1%以内，家禽死亡率都在10%以下。

三、主要疫病及防治

1986—2000年，出现和危害较大的畜禽主要疫病及防治措施：

猪附红细胞体病　以高热不退，前肢水肿，后肢麻痹不能站立，耳部及腹下皮肤发红，呼吸困难为主要症状。2000年6月，确诊该病，章贡区、南康市、赣县、兴国县、信丰县、宁都县、瑞金市、会昌县都不同程度发生，尤以章贡区为甚，当年下半年全市发病数4.36万头，死亡1225头，对可疑猪用虫克星每35千克体重两片进行预防性投药；对患病猪用血虫净治疗，每千克体重5毫克肌肉注射，每天1次，连用2～3天。

牛巴氏杆菌病　以高热、鼻镜干燥、结膜潮红、食欲减退、腹痛下痢为主要症状。该病主要是败血型，为危害耕牛的最主要传染病，1986—2000年发病数6.89万头，死亡1371头，主要分布在兴国县、瑞金市（县）、信丰县、安远县、定南县、寻乌县、章贡区。对疫区主要采取预防注射牛出败氢氧化铝灭活疫苗，每头5毫升；对病牛用链霉素等药物治疗。

羊黑疫　以高温、不食、呼吸困难、病理急促为主要症状。自引进成都麻羊后，该病一直存在，主要分布在崇义、上犹、寻乌、龙南、安远等养羊县。使用羊四防苗作预防注射后，只有零星发生。至2000年，该病尚无有效药物治疗，主要是通过预防来控制。

鸡法氏囊病　以精神沉郁、食欲不振、羽毛松乱、腹泻脱水为主要症状，多发于2～5周龄鸡。1989年确诊该病，1989—2000年，发病数1102万只，死亡165万只，遍布18个县（市、区），宁都县最多。对该病主要是用法氏囊中等毒力活疫苗预防接种，在10～14日龄鸡首免，24～28日龄鸡二免，也可用鸡新城疫—法氏囊卵黄抗体进行预防和治疗。

鸭传染性浆膜炎　以沉郁厌食、运动失调、生长缓慢为主要症状。1996年确诊该病，该病对养鸭业危害很大，赣州市、南康市、信丰县、大余县、于都县、赣县曾大面积爆发此病，多发于2～7周龄鸭，一般出现症状后1～2天死亡。以浆膜炎—大肠杆菌二联氢氧化铝灭活疫苗预防为主，发病后，可用抗生素按药敏试验结果确定用药，首选青霉素G、新生霉素等。

鹅副粘病毒病 以腹泻为主要症状，典型症状为肠黏膜纤维素性坏死并有结痂，脾、胰腺肿大并有灰白色坏死灶。1998年在会昌县发现该病，其发病率和死亡率均可达70%以上。1999—2000年，兴国县、安远县、南康市等地亦有发生。至2000年，该病尚无有效治疗方法，主要以分离毒株制备的鸡尿囊液油乳剂灭活苗免疫可控制该病的流行。

兔病毒性出血病 以高温、腹泻为主要症状，是危害养兔业最严重传染病之一。1986—2000年均有发生，几乎所有兔场及养兔户都发生过该病。自1991年使用兔瘟免疫（1995年用兔瘟—兔巴氏杆菌二联苗免疫，1998年用兔瘟—兔巴氏杆菌—兔魏氏梭菌三联苗）推广应用以后，未见该病流行。此病预防是关键，发病后，要迅速隔离病兔，对兔舍进行彻底消毒，服用盐酸吗啉胍3～5天有一定的疗效。

犬细小病毒病 以腹泻、呕吐、沉郁为主要症状。1987年发现该病，以出血性肠炎较多见，多发于3～6月龄犬。该病尚无特效疗法，主要通过定期注射犬五联、犬六联、犬七联疫苗预防，病初使用犬五联高免血清有一定效果。对腹泻犬应补充碳酸氢钠，以纠正酸碱平衡失调；对呕吐犬可用阿托品5毫克肌肉注射；对病理长的犬补充维生素C及复合维生素B；为防止继发感染，用解热消炎药如复方氨基比林、庆大霉素、卡那霉素等，血便严重时用止血药。

四、畜禽检疫

全面开展以产地检疫为主的畜禽四大检疫工作。2000年，全市开展产地检疫的乡（镇）346个，占乡（镇）数的95.6%；全年检疫生猪329.2万头，占生猪出栏数的93.3%；检疫牛4.5万头、家禽201.3万只。全市413个农贸市场全部开展肉品检疫工作，年检疫生猪170.8万头、牛2万头；市场交易检疫仔猪116万头、牛4.2万头；运输检疫生猪131.4万头、牛1万头、家禽126万只。

第五节 饲料生产

一、饲料产量

赣州饲料生产起步于1983年。1986年，饲料企业绝大部分属于粮办国营企业。进入20世纪90年代，民营饲料企业迅速发展，几家大型外资饲料企业进入赣州，一大批国有（营）企业也已转制为股份制企业。生产能力不断增大，饲料产量不断增长。至2000年，全市已注册的饲料生产企业41个，预混料和添加剂生产企业9个，年生产能力达到80万吨，其中10万吨以上的有加大、希望、正大、华利等4个，万吨以上的有12个，其余为5000吨以上。饲料产量随着养殖业的发展而稳步提高。1986年7.86万吨，1988年达到10万吨，1995年接近20万吨，2000年达到25万吨。2000年，正常生产企业23个，饲料产量主要集中在8个企业，其中华利7万吨，加大、希望、正大各4万吨，湘大、惠大、金利、三利各1万吨。赣州饲料生产能力和饲料产量仅次于南昌，均列全省第2位。

二、饲料质量

1986—2000年，全市（地区）饲料品种不断增多，饲料质量不断提高。1986年，饲料产品以混合料为主，基本上是粉料、猪料。1990年，随着饲料科技的进步，全地区生产的商品饲料，颗粒料占80%以上。同时，在猪料稳步增长的基础上，禽料及其他饲料得到较快发展。2000年，全市饲料产品中，猪料占60%，禽料占35%，鱼料约占5%，既有配合、混合饲料，又有浓缩料和预混合料，还有少量的饲料添加剂，共开发出不同畜禽水产品种、不同生长阶段、不同料型等系列品种近100个。产品技术经济指标较高，如料肉比，猪料2.6～2.8∶1，肉鸡料2.2～2.4∶1，鱼料1.7∶1。据检测，赣州地区饲料产品合格率一直保持在90%以上，在全省同行业中处于较高水平。

第五章　渔　业

1986—2000年，全市（地区）水产业生产以池塘养殖为主，兼顾水库、河沟、稻田等养殖。其间，在全市（地区）范围开展池塘高产示范，池塘、水库“双丰收”示范，池塘、水库、稻田“三丰产”示范活动。新品种、新技术的推广，科技成果的普及和科技咨询服务，科技队伍的加强，生产承包责任制的完善，促进水产品产量、产值持续增长。鱼苗、鱼种生产产量、质量名列全省前茅，不仅满足当地所需，还支援外地区。除保持4大家鱼优势外，还发展甲鱼、牛蛙、鳗、鳜鱼、黄鳝等特种水产养殖。

1988年，地区农业局设渔政科，负责渔政监督管理工作。1991年，更名为渔政渔船监督管理站（以下简称“渔政站”）。至2000年，全市建立21个渔政站，有13个县（市）的乡（镇）和5座水库建立渔政分站，形成完善的渔政管理体系。

第一节　渔业资源

一、水域资源及利用

1986—2000年，池塘、水库面积不断扩大，水域面积稳定增长。1986年全地区水域总面积为20.3万公顷，可利用面积3.57万公顷，实际养鱼面积2.39万公顷；2000年水域总面积达到21.77万公顷，可利用面积4.88万公顷，实际养鱼面积3.67万公顷，分别增长7.2%、37%和53.4%。水域可利用率由1986年的17.6%提高到2000年的22.4%，实际利用率由1986年的66.9%提高到2000年的75.2%。

池塘　池塘利用率最好，达到100%。1986年利用面积1.27万公顷；2000年达到1.85万公顷，增加0.58万公顷，增长45.5%。池塘面积较大的县（市）有信丰县、兴国县、宁都县、南康市、于都县、瑞金市、赣县等。

水库　1986年，总面积3.11万公顷，可利用面积1.89万公顷，实际养鱼面积1.11万公顷；2000年，总面积4.01万公顷，可利用面积2.64万公顷，实际养鱼面积1.76万公顷，分别比1986年增长28.93%、39.68%和58.56%。水库可利用率1986年60.7%，2000年65.8%。实际利用率1986年58.7%，2000年66.7%。水库的开发利用潜力还很大。水库面积较大的县（市）有上犹县、兴国县、赣县、崇义县、宁都县、瑞金市等。

河沟　河沟面积与可利用面积没有变化，总面积15.92万公顷，可利用面积0.4万公顷，可利用率为2.51%。实际利用面积1986年106.67公顷，2000年566.67公顷，实际利用率由1986年的2.67%提高到2000年的14.17%，仍有很大利用潜力。

二、稻田渔业利用

稻田，尤其是旱涝保收稻田是渔业生产的重要资源，虽然稻田总面积不断减少，但可用于养鱼的旱涝保收面积和实际养鱼面积稳定增加。1986年，稻田面积32万公顷，可养鱼面积20.01万公顷，实际养鱼面积1.37万公顷；2000年，稻田面积30.56万公顷，比1986年减少1.44万公顷，可养鱼面积22.33万公顷，实际养鱼面积5.19万公顷，分别比1986年增长11.59%和2.79倍。稻田养鱼可利用率1986年62.5%，2000年73.1%。实际稻田养鱼利用率1986年6.85%，2000年23.24%，仍有很大的发展空间。

三、渔业资源保护

《中华人民共和国渔业法》于1986年颁布实施，1987年省政府制定《江西省实施〈中华人民共和国渔业法〉的办法》，省政府印发《关于健全渔政监督机构的通知》，渔政工作走上法制轨道。为遏制渔业资源逐渐衰退和渔业环境不断恶化，各级渔政监督管理机构开始渔业资源保护工作。

休渔工作 于都县政府1981年就发布《关于制止酷渔滥捕，保护水产资源》的公告。规定每年从8月1日到次年2月底，对峡山潭、黄金潭、寒信潭实行禁渔。在禁渔期内，严禁一切渔船、渔具和人员以任何形式进入禁渔区进行捕捞生产。其他县（市、区）也逐步开展休渔工作，捕捞产量均为零增长，保护鱼类生殖生长生态环境，增殖自然鱼类资源。

有害渔具渔法取缔 根据《中华人民共和国渔业法》的规定，赣南各级渔政管理机构对主要危害鱼类资源的炸鱼、毒鱼、电力捕鱼、定置网、迷魂阵、拦河网等渔具渔法予以取缔，并每年进行大规模的检查，打击违法渔业活动，保护有限的渔业资源。

渔船证照管理 1986—2000年，渔政部门加强对辖区内渔业船舶的登记和检验管理工作，对检验合格的船只发放内陆水域渔业船舶证书、渔业船舶登记证书、捕捞许可证和渔船牌照；对检验不合格船只，限期修理、改造，杜绝事故隐患，保证渔业生产安全。

渔业环境污染事件查处 赣州在工农业生产发展和人民消费水平提高的同时，渔业环境不断遭受有机农药和重金属等工业有害废物的侵害。各级渔政站每年都要依法处理因污染导致养殖鱼类大量死亡的重大和较大事件3～5起，维护生产者的利益。

第二节 水产养殖

一、水产品产量

全市（地区）水产品总产量持续快速增长。1986年为2.39万吨，2000年达到14.81万吨，比1986年增长5.2倍，年均增长12.9%。水产品产量包括养殖产量和捕捞产量，养殖产量为水域养殖产量和稻田养成鱼产量。

养殖产量 全市（地区）水产生产以水面养殖为主，养殖产量占水产品产量的90%～96%。1986年2.3万吨，占96%；2000年14万吨，占95%。

池塘养殖 池塘是赣州水产生产主要基地，养殖面积占总面积的一半，产量占养殖产量比例逐年下降，介于92%～82%之间，其中1986年1.92万吨，占90%；2000年9.54万吨，占82%。

水库养殖 水库养鱼是赣州水产第二大养殖项目，养殖面积占总面积的比例，大部分年份接近一半，少数年份超过一半，产量占养殖产量的比例稳步提高，介于9%～16%，其中1986年0.2万吨，占9%；2000年1.84万吨，占16%。

河沟养殖 河沟养鱼是赣州水产养殖的极小部分，养殖面积66.67～580公顷，产量占水产品总产量的0.2%～1.8%，其中1986年56吨，占0.3%；2000年0.2万吨，占1.5%。

稻田养成鱼 稻田养鱼是赣州水产生产的重要方式，养成鱼面积和产量稳定增长，产量占养殖产量的比例呈增长趋势，介于8%～18%。1986年面积9133公顷，产量0.18万吨，占养殖产量的8%；2000年面积3.87万公顷，产量2.4万吨，占养殖产量的17%。

江河捕捞 产量以1997年为界，先增后降，占水产品总产量的比例3.7%～10.5%。1986年0.09万吨，占3.7%；1997年0.96万吨，占8%。为保护生态环境，捕捞实行零增长战略，产量逐年下降，2000年0.81万吨，占5.5%。

二、特种养殖

1993年，全地区特种水产发展迅速，占渔业的比重不断上升。1993—1995年，特种水产品产量连续翻番增长，分别为0.29万吨、0.87万吨、1.7万吨。1996年2.3万吨；1998年3.21万吨；2000年3.87万吨，是1993年的12.34倍，年均增长38.1%。特种水产品产量占水产品总产量的比重，1993年6.3%，1995年21%，2000年26.1%。特种水产产值占渔业产值的比重由1996年的10%提高到2000年的61%。主要品种有兴国红鲤鱼、彭泽鲫鱼、鳗鱼、牛蛙、鳝鳅鱼、甲鱼、鳜鱼、虾蟹等。主要产地是南康市、瑞金市、上犹县、于都县、宁都县、石城县、兴国县、会昌县、崇义县等县（市）。

三、水产养殖单产

随着水产新品种、新技术的推广运用，水产养殖单产稳定增长。水域养殖单产高于稻田养鱼单产。在水域养殖中，池塘养鱼单产最高，其次是河沟养鱼，水库养鱼最低。

池塘养鱼 1986年平均亩产100千克；1996年277千克，1997年322千克，分别比上年增加46千克和45千克，是增产幅度最大的两年；1999年349千克，是历史最高单产；2000年344千克，比1986年增加244千克，年均增长8.6%。

水库养殖 1986—1991年平均亩产12～19千克；1992年22千克；1995年35千克；1996—1998年分别比上年增加9千克、15千克和13千克，是增长幅度最大的3年，其中1998年达到71千克，为历史最高单产；2000年70千克，比1986年增加58千克，年均增长12.4%。

河沟养殖 河沟养鱼单产波动较大。1986—1995年平均亩产32～97千克，1996年突破100千克达到110千克；1997年218千克，2000年248千克，分别比上年增加108千克和106千克，是增长幅度最大的2年，2000年是最高单产年，比1986年增加213千克，年均增长14%。

稻田养成鱼 单产呈平稳增长趋势。1986—1994年，平均亩产由13千克提高到20千克；1996年突破30千克，达到31千克；1998年、2000年均为41千克，为历史最高单产；2000年比1986年增加28千克，年均增长8.1%。

表18-5-1

1986—2000年赣州市（地区）水产生产统计表

年份	总产量（万吨）	特种水产品产量（万吨）	养殖产量（万吨）	池塘养殖		水库养殖		稻田养成鱼		鱼苗繁殖产量（亿尾）	鱼种培育产量（亿尾）
				面积（万公顷）	产量（万吨）	面积（万公顷）	产量（万吨）	面积（万公顷）	产量（万吨）		
1986年	2.39	—	2.30	1.27	1.92	1.11	0.20	0.91	0.18	16.69	2.89
1987年	2.75	—	2.62	1.28	2.15	1.19	0.10	1.13	0.25	15.57	3.36
1988年	3.11	—	3.11	1.26	2.37	1.17	0.50	1.01	0.24	14.58	2.73
1989年	3.33	—	3.13	1.26	2.38	1.21	0.27	1.09	0.27	15.48	2.73
1990年	3.63	—	3.45	1.27	2.79	1.23	0.36	1.02	0.30	15.50	2.80
1991年	3.67	—	3.48	1.26	2.84	1.26	0.34	0.93	0.27	15.85	3.21
1992年	4.01	—	3.81	1.25	3.01	1.28	0.43	1.28	0.35	15.68	2.84
1993年	4.60	0.29	4.33	1.32	3.46	1.30	0.45	1.56	0.40	17.19	3.38
1994年	6.25	0.87	5.71	1.46	4.33	1.35	0.55	2.62	0.80	19.53	4.09
1995年	8.07	1.70	7.22	1.52	5.30	1.45	0.75	2.94	1.12	19.58	4.50
1996年	9.73	2.30	8.95	1.55	6.45	1.50	0.97	3.22	1.48	19.77	4.87
1997年	12.00	3.72	11.04	1.60	7.73	1.59	1.37	3.36	1.82	20.45	6.49
1998年	13.60	3.21	12.67	1.64	8.52	1.65	1.74	3.77	2.31	21.84	6.65
1999年	13.99	3.34	13.09	1.71	9.81	1.77	1.73	4.36	2.31	22.60	6.57
2000年	14.81	3.87	14.00	1.85	9.54	1.76	1.84	3.87	2.40	23.03	6.62

四、鱼饲料生产

1985年8月，地区水产科研所建成全地区第一个大型鱼类饲料加工厂，拥有软、硬、膨化3套颗粒饲料加工机组，可生产颗粒饲料及药饵饲料，日产量11吨，可满足全地区1.07万公顷池塘养鱼饲料。用颗粒饲料喂鱼，每亩可增产鲜鱼500千克左右。1986年，该厂研制并投产2种饲料，一是成鱼饲料，设计2种配方；二是鱼用药饵，设计3个配方，用于防治草鱼“三病”（肠炎病、赤皮病、烂腮病）。安远县欣山镇建成1座小型饲料加工厂，生产鱼用药饵颗粒饲料、鱼用粉状饲料。1993—1994年，于都县、赣县相继建起鱼饲料厂。鱼饲料种类除常规鱼类以外，还有特种水产饲料，如甲鱼、鳗、牛蛙饲料等。饲料系数一般为2～2.5，生产能力1万吨以上。由于域内劳动力资源丰富，加上经济落后，池塘养鱼仍以割草、种草为主，鱼用配合饲料使用面不大，饲料厂家也难以满负荷生产。地区水科所于1993年成功研制出水花饲料，填补了省内空白，达到国内先进水平，受到养殖户欢迎。后因生产设备陈旧，经营管理不善，生产几乎处于停止状态。

第三节　鱼苗繁殖与鱼种培育

一、鱼苗繁殖

赣州是全省的主要鱼苗产地，鱼苗繁殖品种主要有青、草、鲢、鳙鱼4大家鱼和兴国红鲤鱼、鲫鱼等，各级各类水产苗种场遍布全市（地区）。1996年建成中国第一座淡水鱼类种质资源人工生态库——兴国红鲤鱼种质资源人工生态库，2000年建成国家级兴国红鲤鱼良种场。

鱼苗繁殖量随养殖面积的增加而持续增长。1986年16.69万尾；1997年20.45万尾；2000年23.03万尾，比1986年增长38%，年均增长2.2%。

二、鱼种培育

鱼种培育产量增长幅度较大。1986年2.89万尾；1994年4.09万尾；1997年6.49万尾；2000年6.62万尾，是1986年的2.29倍，年均增长5.7%。鱼种培育由池塘和稻田2部分组成。池塘培育鱼种面积，1986年907公顷；2000年1807公顷，比1986年增长99.23%，年均增长5.05%。稻田培育鱼种面积，1986年4560公顷；2000年1.32万公顷，是1986年的2.89倍，年均增长7.89%。

第四节　水产技术研究与推广

1986—2000年是赣州水产养殖技术发展和提高最快的时期，也是进行水产技术研究、推广和取得成果最多的时期。获省部级奖6项、地厅级奖9项。

一、兴国红鲤鱼良种选育

1981年农业部下达项目，由地区水产技术人员组织实施，1984年完成第6代选育，主要用于杂交育种，其后代有明显的杂交优势，增产显著，1985年通过全国鉴定，兴国红鲤鱼被列为全国淡水养殖优良品种，辐射全国29个省（市、自治区），产值达到4.4亿元。该项目在国内鱼类人工选育领域达到领先水平。1987年、1988年、1989年该项目分别获地区、省、部科技进步一、二、三等奖。

二、渔业生产示范

1986年10个县（市）首先参加全省“万亩丰产塘”示范活动，面积1040公顷；1987年扩大到14个县（市），面积1367公顷；1988年在全地区普及，面积1840公顷；1989—1990年，在池塘高产示范基础上开展池塘、小型水库“双丰产示范”，面积分别为3053公顷，3927公顷；1991年进一步开展池塘、小型水库、稻田“三丰产示范”活动，面积4213公顷；1992年“三丰产示范”涉及18个县（市）、257个乡（镇）、1152个村，52532户农户，面积达到7573公顷。7年示范均获得丰产丰收，其中1992年实施丰产池塘面积3193公顷，平均亩产461.2千克，亩产值1844.63元；丰产小型水库面积1713公顷，平均亩产124千克，亩产值498.42元；稻田养鱼示范面积2667公顷，平均库产稻谷520.1千克，亩产鲜鱼39.25千克，亩增收160.95元。“渔业双丰产技术示范项目”1987—1989年连续获省农牧渔业厅二等奖，1990—1991年分别获省农牧渔业厅三等奖、省渔业双丰产技术推广一等奖；1989年，“全国池塘养鱼丰产技术”项目获全国农牧渔业丰收计划三等奖；1991年，“水产丰产增产技术推广”项目获地区科技进步一等奖。

三、模式化池塘养鱼

1990年，在池塘丰产示范的基础上，省下达开展模式化池塘高产技术实验任务，面积1333公顷，亩产达到450千克以上。项目在赣州市（今章贡区）、赣县、宁都县、瑞金县、南康县、信丰县、会昌县等，选择生产条件好、水源充足、旱涝无忧、面积相对集中连片3.33公顷以上的村作为实验点。各试点县抓好一批高产典型，应用丰产池塘养鱼技术，开展渔业与畜牧业相结合的立体养殖和种草养鱼。全地区模式化精养高产鱼塘实验面积1367公顷，亩产451～500千克，投入产出比1∶2.2～1∶5.6。1991年“高产池塘建设”项目获地区科技进步二等奖。

四、池塘优质高效综合养鱼技术

1993年，农业部实施渔业丰收计划项目。1993—1994年，在赣县实施，面积达到2144公顷。通过对中低产池塘进行高标准改造，合理混养鲤、淡水白鲳、罗非鱼、彭泽鲫、鳜鱼等优良品种，投喂优质饲料，改善水质，综合防治鱼病，平均亩产509千克，比实施前3年平均亩增鲜鱼116千克，亩增产值560元，总产商品鱼1636.9吨，新增总产值180万元，均超额完成项目指标。

五、稻（莲）田养鱼

1986—2000年，大力开展稻（莲）田养鱼，实现稻鱼双增产，包括稻田养成鱼和培育鱼种两部分。1986年，全地区稻（莲）田养鱼总面积1.37万公顷；1990年1.9万公顷；1995年3.77万公顷；1999年5.54万公顷，均为历史最大面积；2000年5.19万公顷，是1986年的3.79倍。1992—1993年，承担农业部稻田养鱼示范项目。参加示范的有信丰县、南康县、赣县、石城县、上犹县、瑞金县、于都县等7个县、63个乡（镇）、792个村，1.92万户农户，总面积2420公顷。亩产鲜鱼32.16千克，亩产稻谷512.2千克，分别比上年增长38.2%和1.7%，亩产渔业产值128.64元，获得稻鱼双丰收。于都县实施农业部稻田养鱼丰收计划1333公顷，通过对养鱼稻田进行工程建设，推广先进的养殖技术和合理施肥喷药、精心管理，超额完成各项经济技术指标。项目在于都县10个乡（镇）、40个村，1.74万户农户中实施，面积1373公顷，1995年亩产鲜鱼66.7千克，平均亩产稻谷518.92千克，比前3年平均产量亩增52.86千克，增长6.9%。1997年、1998年“高效稻田养鱼技术开发与推广”项目，分别获地区科技进步二等奖和省农牧渔业技术改进一等奖；1999年“稻田养鱼新技术的研究与推广”项目获省科技进步二等奖和全国农牧渔业丰收计划二等奖；2000年“莲（稻）田养鱼技术”项目获市科技进步三等奖和省农牧渔业技术改进三等奖。

六、网箱养鱼

1996年、1997年、1998年应用面积和网箱数量分别为2.38公顷1100箱、5.87公顷3500箱、14公顷9500箱。网箱养鱼放养密度大，产量高，对提高水库养鱼单产和增加农民收入具有较大的促进作用。2000 年“网箱养鱼新技术研究与推广”项目获全国农牧渔业丰收计划二等奖。

七、新品种引进与推广

在水产养殖中，四大家鱼长期占着主养地位。随着水产科研的进步，新品种不断开发，一些优质高产品种不断引进与推广。1986—2000 年，全市（地区）从外地引进的优良品种主要有非洲鲫鱼、罗非鱼、日本白鲫、云班鮰、美国加州鲈鱼、埃及胡子鲶、团头鲂、淡水白鲳、黄尾密鲴、美国叉尾鱼、婺源荷包鲤鱼、万安玻璃鲤鱼、彭泽鲫、田鲤、美国牛蛙、福寿螺、鳗鱼、吴郭鱼、健鱼、罗氏沼虾和中华绒毛蟹等。优良品种已在全市（地区）大面积推广养殖，增产效益明显，一些品种同塘混养，其产量占总产量的 20%以上，一些品种单养亩产达 500 千克以上。其中，“淡水白鲳良种推广”项目，1999 年、2000 年分别获市科技进步三等奖和省农牧渔业技术改进三等奖。

第五节　疫病防治

一、鱼病危害

随着水体鱼类放养密度的增加，鱼病发生率增大。1986—2000 年，赣州每年鱼病发生率一般为 5%～70%，高的达 90%，其中以草鱼发病率、死亡率最高。养殖鱼类的常见病有 20 多种，危害较大的多发病主要是草鱼烂鳃病、赤虫病、肠炎病、出血病和鲢、鳙鱼的水霉病、中华鳋、锚头鳋以及鱼苗鱼种的小瓜虫病、白皮病、鳃隐鞭虫病等，尤其是草鱼“三病”和出血病发病快、范围大、死亡率高，每年仅草鱼因发病损失产量达 1500～2000 吨。2000 年前后开始流行的“暴发性流行病”危害种类多、范围大、持续时间长、死亡率高，且所有养殖鱼类都可发病，危害较大。

二、鱼病防治

为控制鱼病的发生，全地区各级水产职能机构、科研单位和有关企业，通过举办培训班，印发资料，上门指导，宣传鱼病防治知识和技术。同时，大力研究、推广鱼病防治技术。1986 年，地区水产研究所成功研制出草鱼出血病灭活疫苗，并开始大面积推广，获地区农牧渔业技术改进一等奖。1989 年，地区水产研究所研制草鱼“三病”药饵，并大量推广，获地区科技进步三等奖。1994 年，地区水产研究所首先在国内研究发现草鱼脂肪肝病的发病机理。1997 年，地区水产推广站开办鱼药厂，生产销售 K 型灭虫灵、鱼用灭虫精、A 型药王、B 型药王、强氯精等鱼药。此外，各地还引进推广一大批优良新鱼药，如灭虫灵、活鱼宝、泼洒剂、水族乐、鱼虾安等，全地区鱼病防治面积达 2 万多公顷。2000 年，建立与全省全国联网的鱼病检疫监测信息网络，为鱼病防治提供网络体系。在鱼病防治措施上，也有较大的改进，由单纯的治疗、药物预防逐步向改善水体环境、增强鱼体抵抗力转变，鱼病防治技术得到进一步提高。

第六章　农　机

1986—2000 年，全市（地区）农业机械拥有量稳步增长，农业机械化水平不断提高，农业机械成为支撑农业生产的重要技术物质基础。2000 年，全市农业机械总动力 120.05 万千瓦，比 1985 年 51.19 万千瓦增长 134.5%，年递增率 5.9%。小型拖拉机和耕整机 18258 台，联合收割机（含水量机动割晒机）63 台，机动脱粒机 23418 台，饲料粉碎机 7963 台，农副产品加工作业机械 38708 台。2000 年，全市实有耕地面积 11.47 万公顷，机耕作业面积 17.13 万公顷，机电灌溉面积 11.11 万公顷，机械植保作业面积0.69万公顷，机械收获面积0.33万公顷，机械脱粒粮食125.67万吨，机械加工农副产品数量346.63万吨，农机运输作业量58537万吨千米。灌溉、谷物脱粒、病虫害防治、农村运输和农副产品加工基本实现机械化或半机械化操作，形成了包括农机管理、安全监理、技术推广、教育培训、维修供应、农机作业服务在内的农机管理机构和农机服务体系。

1986年4月，地区农业机械管理服务公司由企业改为事业单位。1989年5月，撤销公司，恢复地区农业机械局，与地区机械电子工业局合署办公。局内设办公室、行业发展科、生产技术科、质量监督科、农机管理科、农机推广科、教育培训科、经济监管科；下辖地区农机职工中等专业学校，地区机电、农机化研究所，地区农机安全监理所，地区机电劳动就业管理所，地区机电设计院，地区农技推广站及18个县（市）农机公司。

第一节　农机管理

一、农用柴油供应

1986年，制定农用柴油分配管理和监督制度。1989年，全地区（瑞金县除外）农机管理部门开展分配管理农用柴油的工作。年计划用油一次性下达，重点使用，保证无电地区口粮加工，优先机耕用油，增拨救灾柴油及时用于抗灾急需。1989年，全地区有条件的乡（镇）农机站都可以经营计划内的农用柴油。域内的一些乡（镇）站开始经营农用柴油，完善农机、供销两家经营的机制，形成农用柴油由农机部门分配指标，石油部门采购供应，乡（镇）农机站和供销社共同经营的体制。推广各种节油技术，实现农机部门分配、管理、供应、节约农用柴油一条龙，促进农机事业发展。1992年改革农用成品柴油管理体制，农用柴油价格并轨，多年实行的支农平价柴油的优惠政策取消，仅保留少量的农业生产救灾柴油。1995年，农业生产救灾柴油改为农业救灾柴油专项补贴资金。财政部、农业部联合颁发《农业生产救灾柴油、化肥专项补贴资金使用管理暂行办法》。全地区农机管理部门会同财政部门按上述办法管理，使用农业生产救灾柴油专项补贴资金。1996年，农业生产救灾柴油专项补贴资金由省财政厅、农业厅分配到地区，然后再由地区财政局、农机局分配到有关县（市）财政局、农机局。1998年，省农机局分配到有关县（市）油品价格调节基金被取消。

1986—1991年赣州地区农用柴油供应情况统计表

表18-6-1

年度	农用柴油分配供应(吨)		供销油点(个)
	分配指标	实际耗用数	
1986年	12701.18	18352.51	212
1987年	12392.12	20981.50	183
1988年	13100.00	2152.50	182
1989年	11135.00	26340.00	200
1990年	11950.00	27417.00	196
1991年	12740.00	28200.00	244

二、服务体系

1995年8月《江西省农业机械管理条例》颁布，本着提高县级、稳定乡级、发展村级的原则，大力加强农机服务体系建设。基本形成县级为中心、乡（镇）为骨干、村级为基础、农机为重点的遍布城乡的农机服务网络。全市（地区）单独建站358个，定编人员1212人，农机聘干人员453人，对乡（镇）农机管理站实行双重领导、以县为主的管理体制。乡（镇）农机站编内人员工资待遇采取财政给一点、政策收一点、有偿服务创一点的办法解决，乡（镇）农机站建设出现良性循环。农机服务工作坚持农机为农业生产和农村经济服务的方针，坚持农机与农艺相结合，在搞好传统的油料、配件供应、代耕、代运、代灌服务项目的同时，结合水稻生产全程机械化技术、农机节本增效技术、果农机械化技术、新农具等方面的推广和丰收计划，开拓新的服务项目，培育农机作业服务，对缺耕牛缺机具的乡村，由机具较多的县、乡农机作业服务队跨区机耕机收作业服务。

三、为农服务

全市（地区）农机部门把春耕、夏耕、冬种、农机下田作业和农机参加抗洪、抗旱救灾作为为农服务的重点。年初下达机耕作业计划，落实机车和田块，做好农机具维修、配件和油料供应，技术培训等服务工作。2000年，全市完成机耕作业面积16.97万公顷，机收作业面积0.33万公顷，稻草还田面积0.59万公顷，化肥深施面积9.73万公顷。在抗灾救灾工作中，共投入救灾农业机械28.6/4.35万千瓦/万台套，组织抗灾救灾农机人员4.02万人，农机抗洪排涝作业2.67万公顷次，抗洪抢险运土石方8.3万立方米，运送救灾物资300吨，抗旱抽水浇灌6.18万公顷次，维修救灾机具设备2.73万台套，减少经济损失3300万元。农用柴油价格并轨后，过去传统的“机田油”挂钩的办法失去作用，农机服务开始走上市场化、实体化、企业化的路子，并逐步向产业化方向发展。同时利用发展粮食生产专项基金建立农机供应点31个，农机维修点58个，农机配件供应点54个，乡镇农机作业服务队45个。在粮专基金投放上，采取有偿投放、分期收回、滚动作用、项目挂钩的管理方式，有效促进农机服务于农业生产。

第二节　农机推广与培训

一、农机技术推广

农机技术推广以服务农业、服务农民生活，减轻劳动强度，改善劳动条件，提高农业生产效率和效益为目的。1986—1990年，重点推广低温烘干技术，池塘养鱼机械化、农机检测技术、微水发电技术、立推式割禾器、水田耕整机等。1991—1995年，重点推广机械耕整地技术、机械深施化肥、机械开沟、稻草返田技术。1996—2000年，大力推广水田耕整机、自动（机动）喷雾机、联合收割机、割晒机、机动脱粒机、变型拖拉机等。同时，积极推广碾米机、磨粉机、榨油机等经济作物机械。1997—2000年，推广耕整机7436台、联合收割机43台、机动脱粒机21953台、机动割晒机20台、开沟机380台、拖拉机3000多台。

农机检测节能技术　1985—1987年，组织17个县（市）推广该项目。共配备BGY-15机械式功率油耗仪16套，不拆卸检测仪19套，检测手扶拖拉机1275台，其中1157台经调修，增加功率1447.65马力，节约柴油98.89吨，节约资金33.79万元，项目于1988年1月通过省农机局验收。

池塘养鱼机械化技术　1986—1987年，赣南作为使用增氧机示范推广试验点参加的省重点项目，布点南康县水科所，选择1.5千瓦与YL-780增氧机安装在0.27公顷鱼塘试验，与0.21公顷鱼塘对照，经试验检测，使用增氧机的鱼塘比对照塘提高草鱼成活率15%左右，亩产净增36%，亩平均产值增加49%，亩平均成本增加3%，亩平均盈利提高25%。项目获省农业厅技术进步三等奖。1989年，南康县、赣州市（今章贡区）引进水力挖塘机组进行试验示范。

低温烘干设备综合利用技术　1984—1989年，以烟叶烘烤为主。其结构为炉灶、热交换器、回风装置等，利用强制通风烘干。全地区建烤烟房10座，蜜饯、果脯、板鸭低温烘干仓6座。1990年1月项目通过农业部验收。

微型水力发电技术 1984年，安远县农机局引进南京农机化所研制的WS－650、WS－1000型微型水力发电机组6台，使1个矿区5个自然村102户612人用上了电。1987年4月，地区农机局组织18个县（市）农机局到安远参观。1991年，安远县、寻乌县、赣县、于都县、石城县、信丰县、龙南县共推广微型发电机组345台，装机容量198.8千瓦，解决457户群众生活和部分加工用电，年增收节支23万元。

水电耕整机械化技术 1984年10月，从湖南引进湘率－3型水田耕整机进行示范推广。1991年，水田耕整机有莱阳“三牛”牌ILB－3SH型，江西产“田丰”IGZ－120GAJF、“农机”牌GZJ－6型，广西产“蓝天”牌，安徽产“腾乐”牌等。至2000年，全市保有耕整机9757台。

机械深施化肥技术 水田作物深施化肥，是在水田耕整机耕整地作业时，佩带化肥深施器，在水田耕整作业的同时，将化肥施于前袋犁沟内，随即翻袋深埋入土，使化肥均匀混合于土壤中，达到施肥深度6～10厘米，从而节约劳动力，减少施肥量，减少肥力流失，增加产量，增加效益。大余县农机局研制生产出化肥深施器在各县（市）销售。

机械植保技术 先后使用推广工农－16型手动背负式喷雾器，江苏农－36型机动喷雾机，浙江产金峰40型担架式机动喷雾机。用机动喷雾机功效是手动式的30倍，节约农药40%。少数果园使用喷灌技术，个别的引进微灌滴灌进行示范。随着经济水平的提高和果园的增多，机械喷雾逐步增多，使用苏农36型机动喷雾机居多。1998—1999年，赣县农机局引进北京产常青牌自动喷雾机。2000年，全市保有机动喷雾机959台。

机械开沟技术 东风12型手扶拖拉机配带IKSH－30型开沟机，耕整机配带犁开沟。开沟机为江西省铜鼓县和大余县产。2000年，石城县率先从福建连城引进整地起垄机，主要用于烟草、甘蔗、油菜等经济作物起垄地，还能在垄中开槽施肥，特别适用四季大田种植结构调整。

水稻收获机械化技术 1997年起，引进联合收割机、机动割晒机和机动脱粒进行示范，尔后大面积推广。2000年，保有联合收割机43台、机动割晒20台、机动脱粒机23481台。

二、农机维修及网点建设

1986年，全地区形成乡（镇）、村、个体组成的维修网络。1989年，地区成立农村机械维修网点等级审定和修理工人考核工作领导小组，各县（市）农机管理部门也相应成立考评委员会。维修网点分一级、二级、三级。一级由地区农机局审定，省农机局批准，报农业部备案，省颁发农村机械维修网点合格证书；二级由县（市）农机局审定，地区农机局批准，报省农机局备案，地区农机局颁发合格证书；三级及一般维修网点和流动个体户，由县（市）农机局审定、批准、发证。农村机械维修工人实行八级制的等级考核，分理论考试和实际操作技能考核，地区农机局签发相应的技术等级合格证书，全国流动有效。1991年，全地区开展农村机械维修网点及农村机械修理工的复审工作，共复审维修网点613个，复审农机维修工人954人。1995年，在全地区开展农业机械维修工人技术等级考核和换证工作，换证1813人。1999年，为解决农村机械维修管理中出现维修交叉和多头管理问题，全地区明确规定维修管理范围：凡是承修农机业务的，属于农村机械维修行业管理范围，由农机主管部门管理；对于既承修农机，又承修汽车的维修厂、维修点的行业管理划分问题，由各县（市）人民政府按避免多头管理的原则协调明确。2000年，全市有农机修理厂及维修网点1806个，农机修理人员5365人。维修拖拉机15657台次、农用运输车31188辆次、电动机54498台次、内燃机26578台次、其他农具221042台次。

三、农机培训

1986年，地区农机培训进入稳定发展时期，设有县（市）农机技培训班18个，教职工211人。全年培训人数5533人。1990年，地区农技培训班和18个县（市）农机培训班全部改为农机化技术学校，开始纳入成人教育，其教学活动分别由地区教育局、地区农业机械局会同所在县（市）教育局、农机局按成人教育办学的有关规定进行统一管理。建校后开展与系统业务有关的短期培训，学员修完规定的课程，考试和考核合格由学校发给结业证书。1992年，各县（市）农机学校改革过去“定期招生，定期办班”的方式和“集中办班”模式，实行“常年招生，随到随学”，将培训班分散到各乡（镇），方便农民群众就地学习。1993年，赣州市农机学校与赣州市第三职业中学联办农机班，宁都县农机学校开设两年农机技工班。全地区农机学校开始推广该办学形式。1995年，全地区有15个县（市）农机学校在当地职业高中内开设3年制农机班，在学人数近千人。1997年，全市（地区）农机部门开展送教下乡活动，活动百次以上。至2000年，全市（地区）农机部门赠送科技资料近万册，义务修理农具100余件，培训人员5377人。

第三节 农机安全监理

一、监理网络

1989年上半年以前，农机安全生产监督管理由地、县两级农机局农机管理科（股）承担，对上道路的拖拉机的安全技术检验、驾驶员考核与核发道路行驶牌、证等项工作，由公安交管部门负责。同年5月，地区农机安全监理所成立，定编8名。1990年，各县（市）相继成立农机安全监理站。全地区配备400多名农机安全监理员和乡（镇）农机安全检查员，初步形成农机安全监理体系。1992年1月，经全省农机监理员培训班考核，全地区有425人获得农机监理员资格，核发全国统一的农机监理员证。1993年1月，各乡（镇）农机站挂农机安全监理分站牌子。至此，地、县、乡三级农机监理网络正式建成。

1994年12月，地、县两级成立农机监理警务室。1995年4月，举办全地区农机监理警务人员培训班，有62人获得农机监理警务员资格。

1996年11月，地区农机局与行署法制局联办地、县两级农机监理员行政执法培训班，地、县两级有58名监理员领取江西省行政执法证。1998年，地、县两级有118名监理人员换发全国农机监理证。2000年7月，根据《江西省农机监理业务岗位规范》要求，赣州市在全省率先实行监理业务岗位规范制度，对县级监理业务岗位人员由市局统一核准确认。

二、技术装备

1993年，地区农机监理所成立赣州地区农机装备服务公司。1995年12月，地区监理所建成建筑面积964平方米的办公大楼。1997年，全地区农机监理系统群呼网络建成。2000年，全市农机监理系统配备专用车辆19辆，专用摩托车15辆以及微机辅助管理系统。

三、安全监督与安全管理

1991年下半年，农用拖拉机道路交通管理工作基本落实后，地、县两级农机监理部门按照农业部《文明监理优质服务示范窗口创建条件》和省《创建农机监理文明窗口十条要求》，加强对农用拖拉机及驾驶员的安全监督，进行检验、考核、核（换）发牌证，完善各类技术档案。至2000年，全市核发拖拉机号牌和行驶证10800副，核发驾驶证15790本。累计检验农用拖拉机2.54万台次，审验各类拖拉机驾驶员3.99万人次。开展田检路查和安全技术改造工作，消除事故隐患，农机事故率、死亡率每年均控制在3‰和1.5‰以下。

同时，按照农业部对农业机械实行全面监理的要求，重点开展耕整机、柴油座机、机动脱粒机、联合收割机和主要农副产品加工机械的监理工作，实施机具安全技术检验、操作人员考核和核发“准用证”“操作证”，建立相关技术档案等项工作。至2000年，核发纯农田作业机械及操作人员牌证13900副（本）。

第七章　乡镇企业

1986—2000年，赣州乡镇企业的发展坚持走与发展个私经济，与招商引资、建设工业小区，与发展农业产业化相结合道路，完成乡镇企业经济体制改革，指导乡镇企业管理、安全生产、环境保护及国有集体资产的监督管理工作，实现持续、平稳、健康发展。至2000年，全市乡镇企业拥有固定资产55.93亿元，实现增加值57.2亿元，占全市生产总值的21.34%；实缴税金5.57亿元，占全市财政收入的27.33%；为农民人均提供纯收入600.71元，占全市农民人均纯收入的28.6%。

1986年12月，地区乡镇企业管理局设办公室、计统财务科、科教信息科、生产技术管理科、户办联办企业管理科等职能科室。人员编制24名。1989年3月，增设安全生产科。1993年12月，成立地区乡镇企业培训中心。1996年9月，更名为地区乡镇企业局，核定机关编制38名。1999年，更名为市乡镇企业局。2000年3月，局机关科室实行合署办公，分三个组，一组为生产技术科、安全环保科、计划统计财务科；二组为科教信息科、企业管理科、审计科；三组为办公室、调查研究科、机关党总支。

第一节　发展概况

赣州乡镇企业经历发展、治理整顿、高速发展、平稳渐进4个阶段。

一、发展阶段

1986—1988年为发展阶段。1986年，全地区按照省委的要求，在发展农村经济中伸长乡镇企业这条“短腿”，实行以乡村企业为骨干，以户办、联户办企业为重点的多轮驱动。1988年，地委、行署下发《关于大力发展乡镇企业的决定》及《关于促进户办、联户办企业发展的意见》，全地区“两户”企业的发展跃居全省之首。为办好经济体制改革试验区，地委、行署又把发展乡镇企业作为振兴赣南经济的突破口，全地区乡镇企业出现良好的发展势头。

二、治理整顿阶段

1989—1991年是治理整顿阶段。乡镇企业发展困难，遇到资金紧缺和市场疲软的双向冲击，乡镇企业发展速度缓慢。

三、高速发展阶段

1992—1995年为乡镇企业高速发展阶段。1993年，地委、行署作出《关于促进乡镇企业超常规发展的决定》，全地区乡镇企业出现高速发展局面。1994年，地区被省政府授予全省乡镇企业高速高效发展一等奖。1995年，行署被省政府评为发展乡镇企业综合奖第1名。

四、平稳渐进阶段

1996—2000年为乡镇企业平稳渐进阶段。1996年，全地区贯彻《中华人民共和国乡镇企业法》，执行“坚持大发展，突出大提高，着力抓改革，全力抓效益”的方针，坚持以提高乡镇企业增加值占国内生产总值的比重、乡镇企业实交税金占财政收入的比重、农民人均纯收入来自乡镇企业的比重为目标，全面推行乡镇制度改革，实施主攻企业改革，结构调整，科技兴企，队伍建设，产品升级和营销；坚持发展非公有制经济为主，招商引资为主，老企业以改造为主，以农业开发、农业产业化为主。

第二节 企业体制

一、集体企业

乡村集体企业是赣州乡镇企业的重要组成部分和主力军。是由乡（镇）政府或村民委员会全部或部分投资，委派负责人行使生产经营管理的集体经济组织。其企业财产权属于设立该企业的乡（镇）或村的全体农民集体所有。乡（镇）、村办集体企业以市场需求从事商品生产，提供社会服务，增加社会有效供给，吸纳当地农村富余劳动力进厂就业，提高农民收入，支援农业，推进农业产业化和农村现代化建设，增加地方和国家财政积累，为促进国民经济和社会事业发展做出贡献。1986 年，全地区有集体企业 1.13 万个，从业人员 9 万多人，总产值 2.94 亿元，上缴国家税收 1299 万元；至 2000 年，全市有集体企业 3991 个，从业人员 6.69 万人，总产值 30.83 亿元，上缴税收 9993 万元。

	1986年	1988年	1991年	1996年	2000年
企业个数（千个）	11.3010	12.1000	11.3010	8.8750	3.9910
从业人数（万人）	9.0615	11.8396	11.0155	11.6869	6.6895
营业收入（亿元）	3.4532	6.4428	9.0925	32.2182	29.5264
总产值（亿元）	2.9422	5.1835	9.3250	28.1315	30.8291
工业产值（亿元）	2.0438	3.6192	6.8599	21.4753	20.9415
净利润（亿元）	0.3496	0.6336	0.7978	1.5913	1.9485
上缴税收（亿元）	0.1299	0.2404	0.4076	1.0580	0.9993

图 18－7－1　1986—2000 年部分年份赣州市（地区）集体企业发展情况

二、个体私营企业

个体私营企业是赣州乡镇企业成长的雏形和组成部分。它是由农村手工业生产者中的能工巧匠和农村中种植、养殖、加工业专业户创办的户办、联户办企业发展壮大的个体、私营经济组织。企业全部投资和资产所有权为个人所有，其生产经营方式为自主经营、自负盈亏。企业特点是投资规模和经营能力较小，产品品种单一。

1988 年，赣州地区各级党委和政府制定出台一系列鼓励、扶持和大力发展个体、私营经济的政策。同时，乡镇集体企业产权制度实行改革，一部分集体企业改制转为个体私营企业，个私企业队伍壮大，投资规模和经营能力有较快发展。主要产品有稀土金属、机械电力、化工、农药、服装、家具、食品、饮料等 10 余种，在果品、养殖、餐饮等行业也涌现出生产经营大户。个体私营企业 10.36 万个，从业人员 22 万多人，总产值 5.58 亿元，上缴税收 2457 万元；至 2000 年，个体私营企业 13.09 万个，从业人数近 43 万人，总产值 204.16 亿元，上缴税收 4.57 亿元。

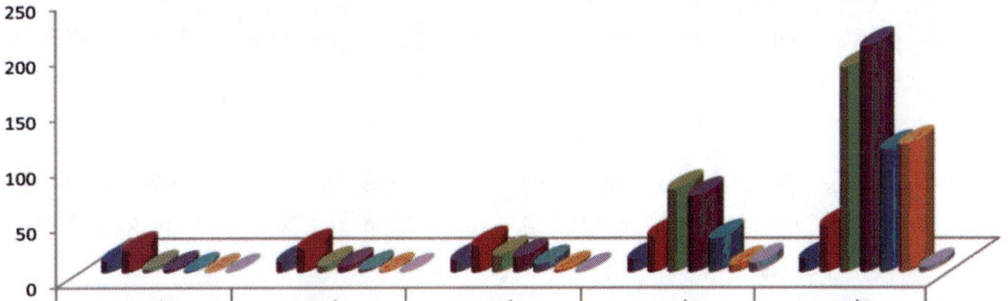

	1986年	1988年	1991年	1996年	2000年
企业个数（万个）	11.3222	10.3636	12.1005	12.7442	13.0960
从业人数（万人）	20.3815	22.3506	25.0306	33.7536	42.9526
营业收入（亿元）	3.4748	6.4451	15.6590	75.2974	184.9987
总产值（亿元）	2.8219	5.5825	14.3726	69.3204	204.1583
工业产值（亿元）	1.6315	2.7431	7.6252	30.6121	111.4183
净利润（亿元）	0.4245	0.9066	1.9426	6.5032	115.4557
上缴税收（亿元）	0.1070	0.2457	0.5322	8.8569	4.5668

图 18－7－2　1986—2000 年部分年份赣州市（地区）个体私营企业发展情况

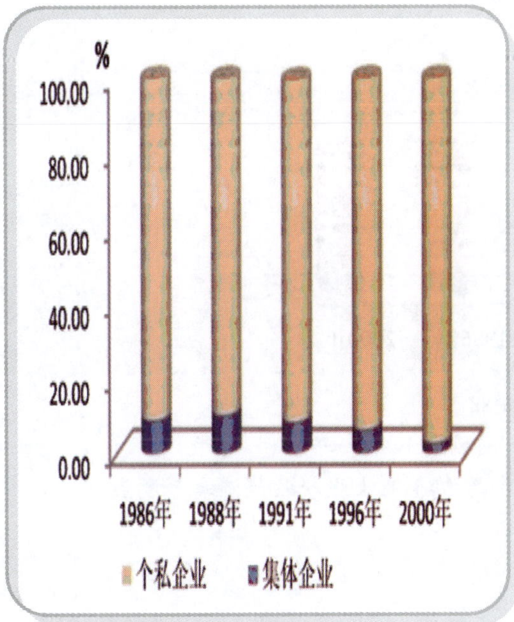

图 18－7－3　1986—2000 年部分年份赣州市(地区）乡镇企业个数经济类型构成

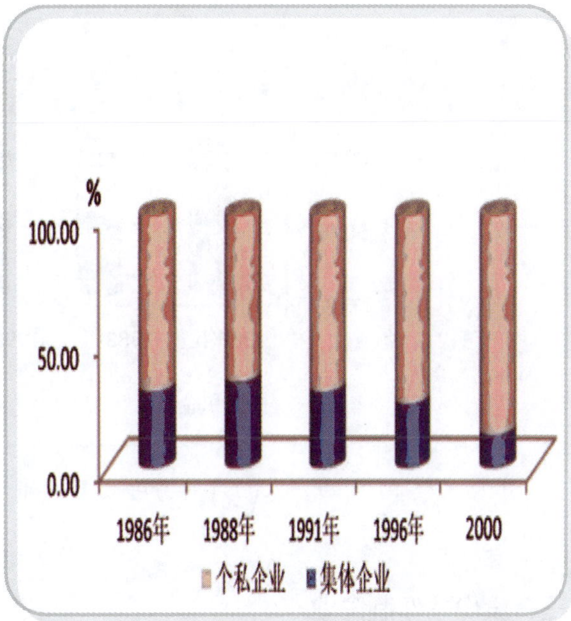

图 18－7－4　1986—2000 年部分年份赣州市（地区）乡镇企业从业人数经济类型构成

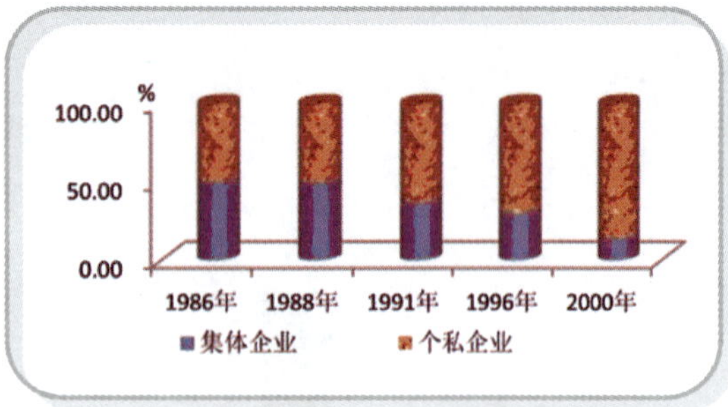

图 18－7－5　1986—2000 年部分年份赣州市（地区）乡镇企业营业收入经济类型构成

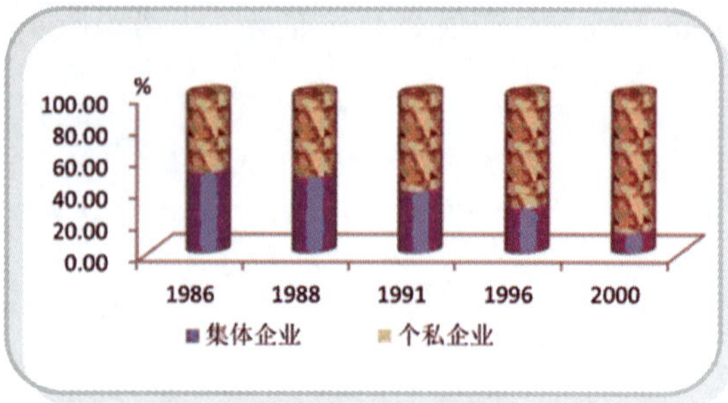

图 18－7－6　1986—2000 年部分年份赣州市（地区）乡镇企业总产值经济类型构成

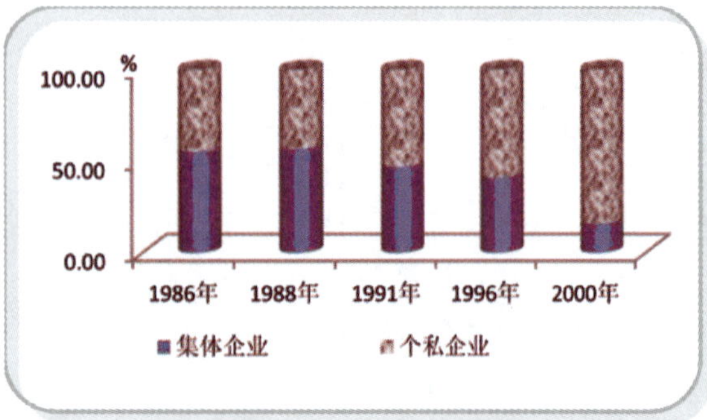

图 18－7－7　1986—2000 年部分年份赣州市（地区）乡镇企业工业产值经济类型构成

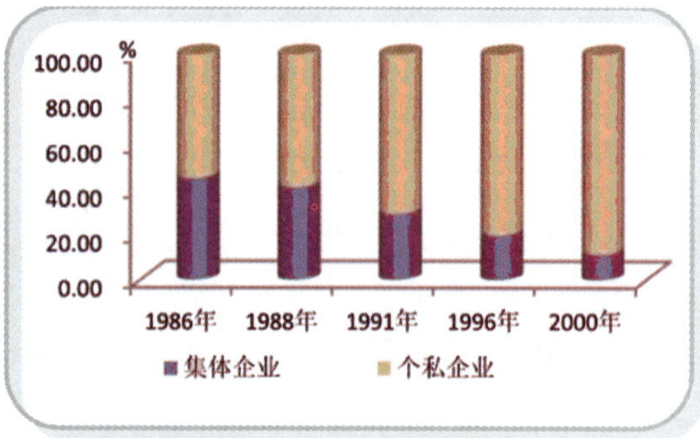

图 18－7－8　1986—2000 年部分年份赣州市（地区）乡镇企业净利润经济类型构成

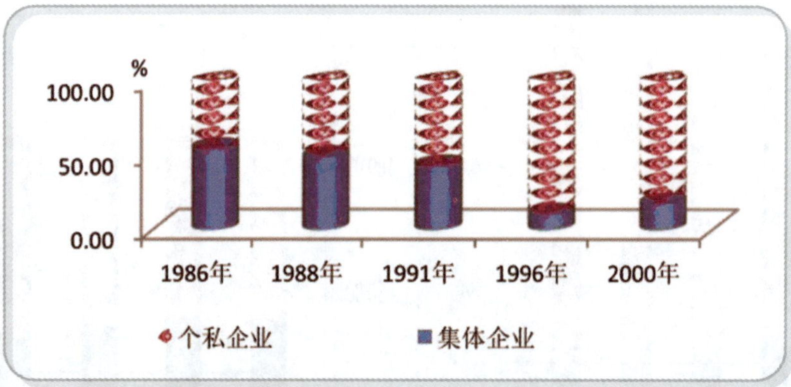

图 18－7－9　1986—2000 年部分年份赣州市（地区）乡镇企业上缴税收经济类型构成

三、股份合作制企业

1986 年，赣州乡镇企业中的联户办企业，是股份合作制企业的雏形，其企业投资为资金、技术、劳力按份额作股，产权共有。经营管理形式为合伙经营、利益共享和风险共担。1993 年 10 月，地区乡镇企业局和信丰县人民政府，确定信丰县铁石口镇办集体企业水泥厂为实施企业股份合作制产权改革规范试点，通过对原企业进行资产清查、资产评估、产权界定、划分股种、招募新股和债权债务、工人去向处理等一系列基础工作，成立具有法人代表、公司章程、董事会、监理会的股份合作制信丰铁强建材有限公司。至 2000 年，赣州乡镇企业通过集体企业产权制度转换和新组建成立的、有多种经济成分和投资组合的股份合作制企业共1372个。

四、集体企业改制

1994年，赣州地区乡镇集体企业开始试行企业资产改革，各地相继实施产权拍卖转让、股份合作制、股份制、兼并、组建有限公司、集团公司、破产等7种形式资产所有权改革和租赁经营、目标管理、承包等形式经营机制转换。全地区5789个村集体企业在2000年年底前完成产权改革，改革面占全市乡村集体企业总数7057家的82.03%。其中，产权拍卖2359家，占乡村集体企业总数33.43%；股份合作制2015家，占乡村集体企业总数的28.55%；股份制687家，占乡村集体企业总数的9.74%；兼并177家，占乡村集体企业总数的2.51%；改组有限公司148家，占乡村集体企业总数的2.1%；组建企业集团87家，占乡村集体企业总数的1.23%；破产316个，占乡村集体企业总数的4.48%。

第三节　行业结构

一、行业构成

主要由7大行业构成。农业企业包括从事种植业和养殖业的企业。其中，种植企业，主要栽种林、果、花卉和药材等；养殖企业主要饲养猪、禽、鱼、兔等。工业企业包括经营开采矿产、非矿产自然资源和对开采的自然资源进行加工，对农、林、牧、副产品进行加工，对工业品进行深加工，对工业生产和交通运输的机器设备及工具进行修理的企业。建筑业企业包括从事房屋、路桥等土木工程建设的建筑、路桥公司和建筑工程队。交通运输业企业包括以汽车、小四轮柴油车等为主的机动车运输和人力搬运的企业。商业企业（1997年改为批发、零售、贸易企业）包括从事购销居民生活用品、农副土特产品和部分工农业生产资料的商业性公司、商店、商行及代购代销企业。饮食服务业企业包括提供顾客食宿服务和就地消费服务的各种企业，主要有宾馆、酒店、饭店、旅馆、餐馆、理发店、摄影楼（社）及日用品修理店等其他企业。除以上6类之外的各种企业。7类企业中，农业企业仅包括乡（镇）、村集体举办的种养企业。1986—2000年，统计资料的划分为农、工、建、运和其他5大行业，商业和饮食服务业2大类企业并入其他企业统计。

二、行业比重

在7大行业中，从各自在乡镇企业个数、乡镇企业职工人数和乡镇企业总产值中所占比例看，工业企业所占比重最大，1986年分别为57.95%、63.7%和65.8%，2000年变化为32.92%、53.17%和56.33%；其次是商业企业，1986年分别占12.99%、7.43%和7.97%，2000年增加到33.97%、19.64%和16.85%；居第三、第四和第五位的为建筑业企业、交通运输企业和餐饮服务业企业，但不同年份三者各占比重有所不同；稳居第六位的是其他企业，1986年企业个数占4.6%，企业职工人数占3.26%，2000年企业个数占2.6%，企业职工人数占1.26%，企业总产值占1.06%；始终排位第七的是农业企业。

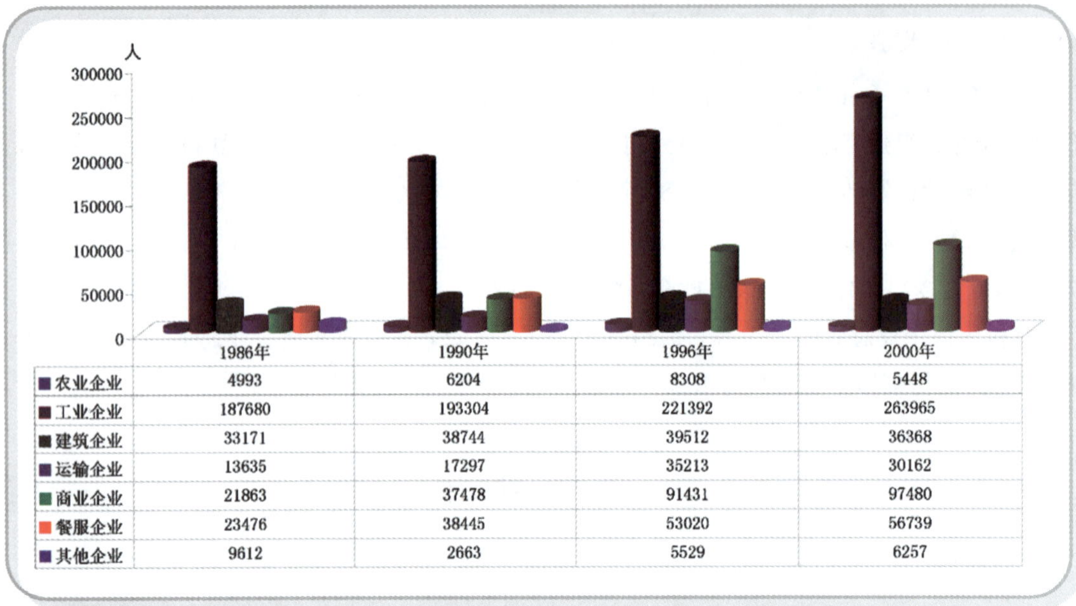

图 18－7－10　1986—2000 年部分年份赣州市（地区）乡镇企业分行业职工人数

表 18－7－1

1986—2000 年部分年份赣州市（地区）乡镇企业职工结构统计表

年份	合计（人）	农业企业（人）	占比（%）	工业企业（人）	占比（%）	建筑企业（人）	占比（%）	交通运输企业（人）	占比（%）	商业企业（人）	占比（%）	餐饮服务企业（人）	占比（%）	其他企业（人）	占比（%）
1986 年	294430	4993	1. 70	187680	63. 74	33171	11. 27	13635	4. 63	21863	7. 43	23476	7. 97	9612	3. 27
1990 年	334135	6204	1. 85	193304	57. 85	38744	11. 60	17297	5. 18	37478	11. 22	38445	11. 51	2663	0. 79
1996 年	454405	8308	1. 83	221392	48. 72	39512	8. 70	35213	7. 75	91431	20. 12	53020	11. 67	5529	1. 22
2000 年	496419	5448	1. 10	263965	53. 17	36368	7. 33	30162	6. 08	97480	19. 64	56739	11. 43	6257	1. 26

表 18－7－2

1986—2000 年部分年份赣州市（地区）乡镇企业总产值结构统计表

年份	合计（人）	农业企业（人）	占比（%）	工业企业（人）	占比（%）	建筑企业（人）	占比（%）	交通运输企业（人）	占比（%）	商业企业（人）	占比（%）	餐饮服务企业（人）	占比（%）	其他企业（人）	占比（%）
1986 年	64759	759	1. 17	42618	65. 81	7176	11. 08	6734	10. 40	5161	7. 97	2311	3. 57	—	—
1990 年	186225	1617	0. 87	115494	62. 02	18014	9. 67	20613	11. 07	20898	11. 22	9589	5. 15	—	—
1996 年	1058605	10413	0. 98	604313	57. 09	98204	9. 28	113840	10. 75	145919	13. 78	85916	8. 12	—	—
2000 年	2349874	23403	1. 00	1323598	56. 33	172768	7. 35	207514	8. 83	389652	16. 58	207912	8. 85	25027	1. 07

第四节　乡镇工业

一、经济成分

乡镇工业始终是构成赣州乡镇企业的主体部分，但其各种经济成分所占比例有着明显变化。1986 年，在全地区乡镇工业总产值中，乡（镇）村集体工业产值 2.43 亿元，占 57.02%；合作工业产值 0.56 亿元，占 13.15%；个体工业产值 1.27 亿元，占 29.81%。2000 年，集体工业（范围较 1986 年有所扩大）产值20.94亿元，占15.82%；私营工业（相当于1986年的合作工业）产值36.31亿元，占27.43%；个体工业产值75.11亿元，占56.75%。发生上述结构变化的关键因素在于，随着乡（镇）村集体企业产权制度改革的不断深化，个体、私营工业企业蓬勃兴起，大多数乡（镇）村集体工业企业通过产权转让置换成个体企业或私营企业。

二、乡镇工业分类

按照国家规定的工业行业分类，赣州乡镇工业自1995年拓展到30个行业。2000年，全市乡镇企业工业现价销售产值19.88亿元，其行业结构：非金属矿物制造业5.84亿元，占29.38%；食品加工业1.84亿元，占9.26%；有色金属采选业（以稀土、钨、锡等为主）1.67亿元，占8.4%；木材加工及竹、藤、棕、草制品业1.44亿元，占7.24%；电力、蒸汽、热水生产和供应业（只有小水电站）1.25亿元，占6.29%；非金属矿采选业（以萤石、石灰石、土沙石为主）9535万元，占4.8%；有色金属冶炼及压延加工业（主要是钨）8425万元，占4.24%；化学原料及化学制品制造业（以化肥、农药为主）6894万元，占3.47%；纺织业（以丝绢纺织针织品为主）、造纸及纸制品业、食品制造业（以糕点、酱油为主）、木竹采选业、煤炭采选业（只有煤炭开采）、黑色金属矿采选业（以铁为主）、其他矿采选业、其他制造业（以工艺美术品为主）等8个行业依次占1%～3%；饮料制造业、交通运输设备制造业、服装及其他纤维制品制造业、黑色金属冶炼及压延加工业、自来水生产供应业、塑料制品业、医药制造业、化学纤维制造业（以玻璃纤维为主）、皮革及羽绒制品业、普通机械制造业、电子及通信设备制造业、印刷业、文教体育用品制造业和橡胶制品业等14个行业各占1%以下。

在各个工业行业中，稀土冶炼和电子工业属1988年始新兴的乡镇工业。如赣州虔东稀土金属冶炼有限公司（隶属赣州市水东镇），1988年始建，以后逐年改造扩建，2000年企业总资产达1.12亿元，当年实现销售收入1.66亿元，出口创汇1243万美元，利税总额1300万元，稀土冶炼的产品由单一的金属钕，发展到包括金属镧、钕铁合金、镝铁合金等20多种。

三、出口工业产品

1985年以前，乡镇工业企业主要是开采和加工当地地表与地下的自然资源。1988年后，依托当地资源的乡镇工业得到壮大和延伸，列入重点发展的矿产采掘及加工、建筑材料、食品加工、竹木加工和小水电等门类的乡镇工业企业迈出更大步伐。与此同时，各地积极落实党和政府有关扩大开放和招商引资的政策，吸引许多国外的客商，投入资金或技术到赣州各地，独资办企业或合资（合作）办企业。随着生产经营范围进一步拓宽，乡镇工业产品的种类及其产量年年增多，出口产品交货值逐年扩大。2000年，全市乡镇工业中生产出口产品的企业109家，年末职工人数11361人，出口产品有化工、机械、矿产、轻工、食品、纺织、丝织、服装、工艺品及其他等10个种类，当年出口交货额72385万元，比1986年的3287万元增长21.02倍。

表18-7-3　1986—2000年部分年份赣州市（地区）乡镇工业主要工业产品产量统计表

年份	钨精矿（吨）	稀土（吨）	发电量（万千瓦时）	原煤（万吨）	水泥（万吨）	板鸭（吨）	服装（万件）	饲料加工（万吨）	粮食加工（万吨）	木制家具（万件）	中小农具（万件）	砖（万块）	竹藤棕草制品（万元）
1986年	5305.00	1311.00	0.70	42.00	4.60	26.00	98.00	0.30	81.00	196.00	215.00	29410.00	120.00
1990年	6058.00	770.00	11182.00	37.00	4.70	27.00	239.00	0.30	95.00	195.00	231.00	51451.00	220.00
1996年	8910.00	1461.00	18396.00	114.00	35.00	678.00	786.00	64.00	177.00	465.00	682.00	396035.00	1502.00
2000年	11000.00	—	28743.00	58.00	70.00	720.00	2675.00	76.00	404.00	1011.00	491.00	491667.00	9467.00

第五节 企业管理

一、经营形式

全地区乡镇企业设立“直线职能制”（厂长—车间主任—班组长）的管理组织形式和（厂部—车间—班组）3级管理机构。

乡镇企业管理主要实施现场管理和管理基础。现场管理由厂区、库房、车间组成；管理基础由标准化、计量、定额、信息、规章制度、基础教育、班组建设等7项组成。

1992—1997年，全地区乡镇企业根据省乡镇企业局制定标准，总分650分以上符合省乡镇一级企业要求，600分以上符合省乡镇二级标准要求。共验收现场管理达标一级企业96家、二级119家，验收管理基础达标一级企业51家、二级12家。由省乡镇企业局批准授予省乡镇一级企业称号的企业42家、二级企业3家、明星企业10家。

二、工业园区

1997年，赣州地区的乡镇企业掀起2次创业热潮。在国家扶持中西部地区创办乡镇企业示范区的启发下，制定优惠政策，多层次、多种渠道广泛招商引资，乡镇企业开发小区、工业园相继在部分县（市）奠基兴办。至2000年，全市建区（园）共有40个（其中县级22个、乡级18个），入区（园）企业882个，总产值亿元以上的7个，5000万元至1亿元的7个。从业人员千万余人，占地面积1800公顷，基础设施建设总投资5.46亿元，年创工业产值18亿元，纳税7000万元。

乡镇企业开发区（园）的建设，培育了乡镇企业新的经济增长点，形成规模效益、集聚效益，促进加速农业工业化进程，转变农村经济增长方式，消化农村富余劳动力，稳定社会治安，加快小城镇建设步伐。

三、生产技术质量管理

乡镇企业的生产技术和质量管理，主要是运用组织、计划、控能的职能，把生产过程的各种生产要素有效地结合起来，形成有机体系。企业根据计划目标，编制生产计划，组织日常生产调度，控制产品质量、物资消耗、产品成本，实现经济效益。

全地区乡镇企业成立全面质量管理（TQC）机构组织236个，充分发挥产品质量管理的全员性、预防性、科学性、服务性的特点，促进企业技术改造。全地区乡镇企业的技术改造，主要是依靠自身力量，按照自身发展的需要，吸收和采用成熟的适用技术，逐步改造落后的生产工艺和技术装备，以求发展。技术改造先从点多面广、起点低的砖瓦行业开始。1986—2000年，全市（地区）乡镇企业实施技术改造1650项，直接增加经济效益8.25亿元。

1987—1991年，全地区有42家企业获得地区“计量验收合格企业”称号，36家企业获得“江西省乡镇、二轻工业企业标准化验收合格企业”称号，31家企业获得“江西省中小工业企业全面质量管理合格企业”称号，15家企业获得“农业部乡镇工业企业质量管理达标合格企业”称号。

1990年6月至1997年5月，全地区7次举办乡镇企业QC成果发布会，共有87家企业带成果参加会议，23家企业获得优秀QC成果发表奖。

四、供销体系

1986年起，全地区乡镇企业系统先后设立地、县（市）级主管部门所属物资（商品）供应营销机构23个，其中地区乡镇企业局先后设有供销公司、矿业公司、工贸公司、联合公司、劳动服务公司。

1989 年，社会经济发展出现热潮，有色金属矿产品、钢材、木材、草酸等商品流通需求量有较大幅度增长，公司经营普遍较好。之后，受市场疲软和市场经济机制转向的影响，全地区各县（市）、乡（镇）的供销机构没有形成网络强势，出现各自独立经营的局面，导致经营效益逐年下降，多数公司解体。1992 年，商品流通有较大的发展，掀起一股下海经商热潮。地区乡镇企业供销公司划分为供销公司、矿业公司、工贸公司、劳动服务公司。1993 年初，兴办经济开发公司、经济技术发展公司。至 1994 年，地区工贸、物资经济开发、技术发展等 4 家公司瘫痪，濒临倒闭。

五、财务监督

1992 年，地区乡镇企业局设立乡镇企业财务审计机构，部分县（市）乡镇企业局也逐步设立审计机构，依法对所属企业，重点是乡村集体企业进行内部财务审计监督。在维护企业合法权益、促进企业内部管理、实现增收节支等方面发挥作用，推动企业的发展。1992—1995 年，累计完成审计项目 1733 个，查出浪费金额 331 万元，企业增收节支 546 万元；查出违纪金额 366 万元，纠正违纪金额 359 万元。1999 年，乡镇企业内部财务审计工作中断。

表 18-7-4　1986—2000 年部分年份赣州市（地区）乡镇企业主要经济指标统计表

年份	总产值（亿元）	增加值（亿元）	工业产值（亿元）	工业增加值（亿元）	固定资产原值（亿元）	纯利润（亿元）	实交税金（亿元）	为农民提供人均收入（元）	出口产品交货值（亿元）
1986 年	6.50	1.20	—	0.90	2.40	0.80	0.30	68.42	0.33
1990 年	18.60	3.70	11.50	2.40	5.70	2.10	0.80	164.61	0.09
1996 年	105.90	26.70	60.40	14.50	31.10	8.10	3.90	311.62	1.80
2000 年	235.00	57.20	132.40	32.50	55.90	17.40	5.60	601.00	7.24

第六节　科技兴企

一、新产品开发试制

1988—2000 年，全市（地区）共有 219 家乡镇企业开发试制省、地（市）级新产品 252 个，促进乡镇企业产业结构的调整和产品的更新换代，科技含量不断提高。

1988 年，瑞金县第三化工厂、会昌县濂江日化厂等 5 家企业，开发柠檬醛、天然植物茶籽素等 6 个新产品。1989 年，信丰县特种工艺厂等 6 家企业，开发黑古陶工艺品等 6 个新产品。1990 年，南康县矿业公司、兴国县金星化工厂等 17 家企业，开发锡铂、南金纸、醋酸丁酯乙酯等 24 个新产品。1991 年，全南县橡胶制品厂、南康县蓉江建筑公司、石城县节能电器厂、宁都县农药厂等 31 家企业，开发高分子防水卷材、红木家具、电动机多功能节电保护器、40%乐果乳剂等 31 个新产品。1992 年，于都县电子设备厂、定南县石墨矿等 12 家企业，开发 SDT 系列远程电视接收天线、鳞片石墨等 12 个新产品。1993 年，安远县云鹤茶场、大余县南安生物化工厂等开发试制 4 个新产品。1994 年，信丰县白水泥厂、瑞金县红都铅笔厂、会昌县太平食品厂等 39 家企业，开发白色硅酸盐水泥、热传印电化铝铅笔、麻辣酱干丝等 47 个新产品。1995 年，赣州市稀土金属冶炼厂、宁都县通用节能设备厂；上犹县赣南利华实业公司等 29 家企业，开发稀土金属镧、钕、镨、多功能电脑消毒柜、高效节能“懒汉”系列生活锅炉等 34 个新产品。1996 年，信丰县信港果品开发公司、龙南县保健鞋厂、寻乌县兽药厂等 25 家企业，开发脐橙汁、足之宝木鞋、百菌清等 29 个新产品。1997 年，崇义县鑫竹有限公司、石城县武夷山白莲食品厂、龙南县恒泰实业公司等22家企业，开发高强度竹胶合板、营养莲子片、香脆花生等27个新产品。1998年，瑞金市天然食品饲料公司、大余县众人食品公司等10家企业，开发马蹄奶、美味乳鸽等12个新产品。1999年，崇义县贵竹高级地板、MXJ3510型开榫机等7个新产品。2000年，上犹县万家福食品有限公司，上犹县蜜饯厂、赣县民用节能炉具厂、赣县蓝耀保健品公司等12家企业，开发蜜饯系列食品、多功能连体节能生活锅炉、迎山红神茶等13个新产品。

二、产品创优

1987年，大余县第二冶金化工厂的黑钨精矿为省乡企局、省经委的省优产品。1988年，南康县树脂厂的876不饱和聚酯树脂为省乡企局、省经委的省优产品。1990年，宁都县造纸厂的308/m^{2}有光纸、南康县龙回板鸭厂的南安板鸭等2种产品为省乡企局、省经委的省优产品。1991年，瑞金县饮料厂的体力宝饮料（可乐）、赣州市（今章贡区）水东蜜饯厂的丁香李，赣州市（今章贡区）湖边蜜饯厂的珍珠蜜枣等3种产品为农业部部优产品。

三、名牌产品

江西省名牌 江西润田天然饮料食品有限公司的“润田”牌太空水（1998年）；龙南县恒泰实业有限公司的“众人”牌花生（2000年）。

江西省乡镇企业名牌 宁都县木材厂的“固翔”牌胶合板（1995年）；大余县江南生物化工厂的“江南”牌井冈霉素（1998年）；于都县港嘉兴牌饼干（1998年）；赣州加大实业有限公司的加大牌饲料（2000年）。

四、专利

外观设计专利名称：包装盒。设计人：黄信明（江西信丰信明银杏实业有限公司）；专利权人：黄信明；专利申请日：1999年1月11日；授予专利权日期：1999年8月21日；专利号：ZL99.3.22141.6。

外观设计专利名称：包装盒。设计人：黄信明；专利权人：黄信明；专利申请日：1999年1月11日；授予专利日期：1999年8月7日；专利号：ZL99.3.22141.4。

实用新型专利名称：备用车轮升降装置。设计人：叶春净、廖月新（定南县乡企局汽车修理厂）；专利权人：叶春净；专利申请日：1999年5月10日；授予专利权日期：2000年2月26日；专利号：ZL99.2.33319.9。

第七节 安全环保

一、安全制度与检查

1990年，各县（市）乡镇企业管理局、乡（镇）企业办公室和重点乡镇工业企业设立安全生产管理机构。重点乡（镇）企业办公室和骨干企业都配有专职或兼职的安全员。1997年11月，兴国县乡镇企业管理局被评为1995—1997年全国乡镇企业安全生产综合治理先进单位。1997—1998年，地区乡镇企业管理局被省政府授予安全生产先进单位。

从1991年起，随着乡镇企业的发展，县（市、区）、乡（镇）和重点企业普遍建立和完善“三、五、七”（“三”即三项记录：安全生产会议记录、安全生产检查记录、事故整改记录；“五”即五个档案：全员安全教育档案、职工因工伤亡档案、锅炉压力窗口档案、防火防爆档案、尘毒危害职工健康档案；“七”即七项制度：安全生产责任制度、安全技术培训制度、安全技术操作制度、安全生产检查制度、事故隐患整改制度、安全奖罚制度、夜间值班制度）安全管理制度。做到有章可循，使安全生产制度化、经常化、科学化。

坚持每年开展“百日安全无事故”活动和2次安全生产大检查，并经常性开展安全生产竞赛和先进单位评选活动。从1991年开始，每年5月，在全市（地区）乡镇企业系统开展以“保障安全”为主题的全国“安全生产周”活动。各县（市）乡镇企业管理局每季度、乡（镇）企业办公室每月坚持开展1次安全生产大检查，企业、车间和班组分别进行周查、日查和班查。对小煤窑、烟花爆竹、矿山等事故多发行业，经常进行专项的检查，把安全生产隐患消灭在萌芽状态。2000年3月，对全市烟花爆竹行业进行集中整顿，学习上饶广丰模式，在山上建基地53个。2000年，全市乡镇企业安全生产事故死亡率为0.04‰。

二、环境保护

1990年5月至1991年2月，成立由地区环保局、地区乡镇企业管理局、地区统计局为成员的乡镇工业污染源调查组，对全地区14974家乡镇工业企业（占全地区乡镇工业企业总数的25.35%）污染源情况进行全面调查。调查结果：3466家企业（主要指砖瓦、水泥、稀土、钨锡采选矿等）为中等污染，比重较大，占污染型企业的23.14%；363家企业（主要指造纸、炼磺、电镀、石棉、汞齐法提金等）比重较小，占污染型企业的2.4%。“三废”排放量：废水161.2万吨/年，占全地区工业废水排放量的1.65%（其中小造纸厂占58.7%）；废气158690万标立方米（其中砖瓦窑占89%）；固体废弃物260.04万吨/年，占全地区固体废弃物排放总量的44%。调查结论显示：全地区乡镇工业对环境的污染主要是微点和短线分布。1992年12月，召开全地区乡镇工业环保工作会议，进一步明确“八五”环保目标任务，宁都县造纸厂、赣州市水西砖厂、信丰县大阿水泥厂、会昌县文武坝第二建材厂和上犹县、龙南县等在会上介绍典型经验。1995年8月，召开全地区水泥企业粉尘治理会议，研究水泥工业环境保护和污染管理的对策。1996年9月至1997年6月，在全地区再次开展乡镇工业污染源的调查。2000年全市乡镇企业按国务院《关于环境保护问题的决定》要求，积极开展环保工作，全市乡镇企业清理非法采矿，封闭窿口，关闭无证小煤矿，污染物大幅度减少，总体环境质量有所改善，基本实现“一控双达标”（2000年年底，辖区主要污染物的排放量控制在国家规定的排放总量指标内，工业污染源要达到国家或地方规定的污染物排放标准，空气和地面水按功能区达到国家规定的环境质量标准）目标。

第八节　典型企业

一、赣州市虔东工业公司

1989年4月创办，下属有8家企业。1998年年底，公司固定资产达1266万元，有从业人员768人。赣州稀土金属冶炼厂是公司的骨干企业，2000年企业改制为独立的民营企业，是一家综合实力强的高新技术企业，拥有国内先进水平的稀土金属生产线，科研人员50多人，有一套完整的科研、生产、检测体系。先后2次完成国家“星火计划”项目的实施，成为国内稀土金属行业最大的生产和出口企业。2000年该厂完成产值1.82亿元，上缴国家税金181万元，出口产品交货值达9303万元。

二、江西省加大实业有限公司

1998年9月创办，是股份合作制大型现代饲料企业。拥有固定资产486万元，年饲料生产能力30万吨，可生产猪、鸡、鸭、鱼四大系列40多个品种的配合（颗粒）料、浓缩料和预混料，为全国饲料行业500家最大饲料企业之一。2000年，营业收入达7352万元，实现利润总额108万元。

三、赣州鑫业工艺品有限公司

1997年10月创办，拥有固定资产5010万元，从业人员达4000多人，其中吸纳城镇下岗职工291人。生产高档圣诞礼品及各种工艺品，远销欧美国家及中国港澳台地区。2000年完成产值6980万元，出口交货值达6980万元。

四、南康市平田羽绒厂

1988年8月创建，属乡办集体企业，1997年产权转制为私营企业，是赣南羽绒行业的龙头企业。2000年吸纳城镇下岗职工50多人，完成总产值620万元，实缴国家税金18.4万元。

五、大余县金海钨业公司

1994年3月创办，1998年6月曾更名为金海钨品厂，是一家股份合作制的私营企业。2000年实现营业收入5111万元，利润总额232万元，实缴国家税金304万元。

六、江西金威漆包线厂

由加拿大华侨欧阳耀权于1997年4月独资兴办。2000年，拥有固定资产1891万元，从业人员达105人，年产值近1亿元。主要产品漆包线、无氧铜杆，年产量3000吨，其中70%的产品销往国外。完成产值3487万元，利润总额达140万元，出口产品交货值达2953万元。

七、全南县缫丝厂

创建于1987年7月，系农业产业化龙头企业。拥有固定资产855万元，有从业人员810人，其中初级以上技术职称的有52人。年生产白厂丝能力110吨，其“梅花”牌白厂丝经国家商检部门检验均达到2A+80以上。产品主要销往浙江、江苏、广东和出口日本、东南亚等地。是全省缫丝出口定点厂之一。2000年，营业收入达836万元。

八、兴国县金萤氟业公司

系个私企业，于1995年10月动工兴建，1996年3月正式投产。有固定资产650万元，员工92人。主要产品萤石精粉远销日本、美国和西欧国家。2000年完成产值2500万元，利润总额138万元，实缴税金126万元。

九、会昌县赣南兴昌食品有限公司

1991年6月创办，系江西省乡镇企业科技进步示范企业。以农产品加工为主，其主要产品多味鲜辣椒、特酿辣酱、会昌豆干等获江西省优秀新产品奖，深受广大消费者的喜爱。2000年，销售收入达200万元。

十、于都县梓山酱油厂

创建于1979年10月，有固定资产107万元。该厂以大豆为原料，配以几十种中草药，用梓山特有水质，严格按传统工艺、纯天然酿制，其产品含有多种人体必需的氨基酸，畅销全国各地，远销中国港澳地区及东南亚地区，深受欢迎。2000年，营业收入近200万元。

十一、宁都赣宁精品草席厂

创建于1994年9月，有编织机近百台，包边机35台，从业人员达80人，主要产品为密针席。产品远销广东、广西、河南、河北等地。2000年，完成产值450万元。

第十九篇

林　业

1986—2000年，全市（地区）各级党政和林业部门围绕“消灭荒山、绿化赣南、山上再造、跨世纪绿色工程、林业生态建设、林业产业发展”等中心任务，扎实工作，取得明显成效，创造赣南造林绿化的辉煌。

针对赣南是全省荒山面积最大，水土流失最严重的状况，中共赣州地委、地区行署于1984年作出“十年绿化赣南”的决定。1986—1994年，认真组织实施“十年绿化赣南”工程。1994年，经林业部和省林业厅验收，累计完成荒山造林95.73万公顷；减少水土流失面积30.27万公顷；森林覆盖率增加24.6个百分点，消灭荒山。1995—2000年，采取多种措施，巩固“十年绿化赣南”成果。2000年，全市森林覆盖率达74.2%。森林植被的良好恢复，动植物种群数量的增加，使整个赣南的生态环境明显改善。

全市（地区）强化林政管理，坚持“以封山育林为主，封、造、管、改、节相结合”，全面实行“山上管严，山下节能”的措施，建立和健全护林组织和护林队伍，制定乡规民约，狠抓护林防火和森林病虫害防治。

同时，实施速生丰产林、林业商品基地、世行贷款造林、油茶低产林改造等一批重点林业项目。推进森工企业改革，逐步退出国有（营），解决产权单一、冗员过多、创利能力小等问题，全市（地区）森林工业逐步走上新的产业之路。

第一章　林业总情

1986—2000年，全市（地区）有林地面积由1982年的167.3万公顷上升到1989年的194.96万公顷，再上升到1999年的294.26万公顷；活立木总蓄积量由1989年的6721.66万立方米上升到1995年的7181.54万立方米，再上升到1999年的7899.86万立方米；森林覆盖率由1989年的50.4%上升到1995年的68.2%，再上升到2000年的74.2%。全市（地区）湿地面积43.7万公顷，沙化土地面积2.03万公顷；湿地动物119种，森林脊椎动物326种，古树名木1.29万株，有乔、灌、藤本树种1800多种。有森林公园16个，面积33.97万公顷，其中国家级森林公园2个，省级森林公园14个。建有县级自然保护区18处，总面积90546.4公顷，其中崇义阳岭在1997年晋升为省级自然保护区，面积1880公顷。另有直属省林业厅管理的省级保护区——九连山自然保护区，面积13411.6公顷，坐落在龙南县境内。

1986—2000年，开展三期世界银行贷款造林总体设计、全地区森林分类区划调查、林木良种基地建设初步（总体）设计、长（珠）防林工程项目建设规划设计、京九绿色长廊建设规划、新（扩）建森林公园和新建国有（营）林场总体设计等专项调查规划设计工作，总体设计规模800多万公顷。

第一节　林业机构设置

1986—2000年，全市（地区）林业机构设置分为行政管理机构、协调机构、执法机构、直属企事业单位等四大类。机构不断完善，乡有林业工作站，村有专（兼）职护林员，还在各主要交通要道设木材检查站。2000年，全市林业系统有在职职工21267人；乡（镇）林业工作站343个，编制1538名，实有工作人员1939人；林业检查站42个，检查员361人；国有营林林场56个，在职职工3493人，其中经济林场5个，职工66人。国有采育林场64个，职工16010人，其中下岗职工10209人。有国有森林苗圃16个，职工347人，其中挂有县级林科所名称的7个，从业人员138人。

一、行政管理机构

1983年，地委、行署按照政企分开的原则，将地区林垦局一分为二，成立赣州地区林业局、赣州地区林业工业公司，为行署直属的2个正县级机构。1989年5月，赣州行署在《关于对地区煤炭工业公司等7个工业公司进行整顿的决定》中，保留地区林业工业公司，公司原有的行政、行业管理职能划归地区林业局。林业工业公司对赣州木材厂、赣州第二木材厂、赣州贮木场、赣州森林铁路管理处、赣南林业汽车修配厂、林业工程公司等6家森工企业及赣州林化产品经营站、赣南林产品贸易中心、林业汽车运输分公司等实行人、财、物、产、供、销统一管理，业务归口地区林业局。1991年10月，地区林业局为地区林业工业公司的行政主管单位。1995年11月，地区林业工业公司改为副县级事业单位，隶属地区林业局管理。

市（地区）林业局为市政府（行署）主管林业行政的职能部门。负责全市（地区）林业政策、法规的贯彻执行、国土绿化、森林资源培育、管理、保护与开发利用、采伐计划管理与审批、林区开发与建设、林业科技研究与推广、林业职工教育与培训、林业治安等任务。1986年，地区林业局内设办公室、地区绿化委员会办公室（以下简称“绿委办”）、森林防火办和营林科、林政科、计划财务科、森林资源管理科、科教科、森林工业科。直属事业单位有林业技术推广站、林木种子站（1992年改为林木种苗站）、森林病虫害防治检疫站、木材检查站、纪律检查组等机构，并管理赣州地区林工商企业联合公司。1989年，设立林垦老干部管理所、森林工业办公室（1992年改为森林工业科）。1990年增设审计科、森林资源监测中心（与地区林业勘察设计院合署办公）、监察室（与局纪检组合署办公），林政科与森林资源管理科合并为林政资源科。2000年，市林业局内设办公室、党总支办、绿委办、森林防火办等四室，计划财务、人事、审计、营林、科教、林政资源、森林工业等七科，林业技术推广、林木种苗、森林病虫害防治检疫、木材检查等四站以及老干部管理所、纪检监察组、森林资源监测中心等机构，下辖市林工商企业联合公司、赣南林区汽车配件供应站、局机关劳动服务公司等企业。所管企业的人、财、物均与林业局脱钩。

市（地区）林业工业公司属事业单位，实行行政事业工资标准。负责全市（地区）森工企业生产和经营以及采伐迹地更新等。1986年，内设党委办、行政办、纪检办、工会办、财务科、运输科、经营决策办、技术开发部（对外保留基建科、林产工业科）、人才开发部（对外保留劳动人事科、教育科）、业务经营部（对外保留生产科、供销科）与赣南林区林产品贸易服务中心合署办公。1987年，成立赣南林化产品集团公司。1989年，成立赣州办公自动化技术设备服务站。1995年年底，内设党委办（兼纪检工作）、工会办、人事秘书科、财务审计科、林产工业办、企业管理办、林化站（含赣南林化产品集团公司）、运输科（含省林运公司赣州分公司）、赣州地区林业公路管理站、供销科（含赣南林产品贸易服务中心）、办公自动化技术设备服务站、林业机械公司等，在岗职工113人。2000年，公司内设办公室、企业管理科、技改产品开发科、林业化工科等7个科室。核定事业（自收自支）编制50名，实有人员40人，有赣南林产品贸易服务中心，赣州市林业运输服务站，赣南林业机械服务中心，赣州市林产化工服务站等。

二、协调机构

绿化委员会 1982年2月成立，由军分区、工会、共青团、妇联、农经委、科学技术委员会、水利、水保、农业、城建、林业等27个单位负责人组成。地委副书记或行署副专员兼任主任，分管林业的副专员、军分区副司令员或政治部主任、地区林业局局长兼任副主任。1986年设立绿化委员会办公室，与营林科合署办公。1990年绿委办单设正科级建制，编制3名。

森林防火指挥部 1986年，设立防火办公室，行政编制5名，与林业局林政科合署办公。1990年，单设正科级防火办，行政性事业编制10名。1990年10月，地区护林防火指挥部更名为行署森林防火指挥部，1999年7月更名为赣州市人民政府森林防火指挥部。军分区、武警支队、消防支队、公安局、检察院、中级人民法院、财政局、民政局、计划委员会、交通局、气象局、卫生局、水保局、广电局、林业局、林业公安局、电信分公司为成员单位，指挥部设正副指挥长，分别由分管副市长和市政府副秘书长、军分区副参谋长、林业局局长、公安局副局长担任。至2000年，全市设立县（市）级森林防火指挥机构和办事机构各21个，配备专职人员94人。全市有森林防火护林员15905人，其中专职护林员4960人。乡（镇）森林防火日常工作由乡（镇）林业工作站具体负责。全市组建专业森林消防队伍7支94人，半专业扑火队伍104支3555人，义务扑火队1805支43453人。

飞机播种造林指挥部 1985年2月成立，由公安、军分区、民航、邮电、气象、粮食、林业及播区县（市）负责人组成。地委或行署分管林业的领导兼任总指挥，林业局局长兼任副总指挥。指挥部办公室设在林业局营林科。飞播区县（市）成立相应机构。1994年，全地区绿化荒山达标。2000年起，进行飞播造林补播扫尾工作。

制止乱砍滥伐领导小组（山林权属纠纷调解处理领导小组） 1984年成立，由公安、检察、法院、司法、林业等部门负责人组成，领导小组办公室设在林业局林政科。1993年8月，地区成立山林权属纠纷调解处理领导小组，由行署分管领导兼任组长，农委、民政、土管、司法、林业等单位为成员，办公室设在地区林业局林政科。

三、执法机构

森林公安 1986 年，全地区设有林业治安科 15 个，干警 47 人，设立林业派出所 26 个，干警 91 人。各级林业公安机构及干警所需经费，根据“谁受益，谁负担”的原则，由地区、县林业部门及受益企业负担。1987 年，经行署同意，行署公安处林业治安科改为赣州地区行署林业公安局（正科级）。1988 年 11 月，行署林业公安局扩编至 20 人，全地区林业派出所由 26 个增至 67 个，干警由 179 人增至 226 人。1991 年，全地区林业干警 540 人。

1997 年，地区林业公安局升格为副县级机构，增挂赣州地区公安局林业警察支队牌子，1999 年 7 月改为赣州市森林公安局，隶属关系和人员编制不变。机构属行政性质，人员实行公务员制。干警工资福利、警服装备与人民警察相同。森林公安机构兼有刑事执法和行政执法职能，依照《中华人民共和国森林法》《中华人民共和国野生动物保护法》及其他林业法律法规，查处辖区内发生的刑法规定的 19 类森林和陆生野生动植物刑事案件，代行《中华人民共和国森林法》第 39 条、第 42 条、第 43 条、第 44 条规定的行政处罚案件。2000 年，全市设有市级森林公安局 1 个、县（市、区）森林公安局 18 个、基层森林公安派出所 65 个。在编干警 531 名，其中市局（含 2 个直属所）44 名，县（市、区）森林公安局及派出所 487 名。

森林法庭 1985 年，崇义、会昌 2 个县率先成立森林法庭。随后，全南县、宁都县、上犹县、寻乌县、大余县、瑞金县、龙南县、信丰县、赣县、安远县等 10 个县相继成立森林法庭。1992 年，地区中级人民法院林业审判庭成立，编制 4 名。至 1995 年，包括新成立的赣州市（今章贡区）森林法庭，全地区有森林法庭 14 个，干警 66 人。2000 年，除赣县、宁都 2 个森林法庭外，其余 12 个森林法庭相继撤销。

森林检察 1988 年，会昌县、瑞金县、龙南县、寻乌县、全南县、安远县、赣县、信丰县、上犹县、大余县、宁都县等 11 个县先后成立森林检察室（科）。1995 年 5 月，赣县森林检察室撤销。2000 年，除龙南、宁都 2 个县外，其余各县森林检察室相继撤销。

四、直属企事业单位

业务技术事业单位 市（地）属和直属业务技术机构有林业科学研究所、树木园、林业勘察设计院、林业技术推广站、林木种苗管理站、森林病虫害防治检疫站、木材检查站、林业公路管理站。

林业企业单位 市（地）属、直属林业企业单位有国有（营）九连山营林林场、犹江林场、赣州木材厂、赣州第二木材厂、赣州金林人造板厂、赣州森林铁路管理处、赣州贮木场、赣州林业工程公司、赣南林业汽车修配厂（1993 年 4 月组建江环汽车有限公司，隶属地区行署，由地区机电局行业管理）、省林业汽车运输公司赣州分公司。

第二节　森林状况

一、1986—1989 年森林状况

1989 年 3 月至 1990 年 4 月，按照省林业厅统一部署，全地区进行县级森林资源连续清查复（初）查。连续清查成果显示全地区森林资源状况如下：

各类林地面积 1989 年，全地区土地总面积 393.17 万公顷，林业用地面积 296.11 万公顷；有林地面积 194.96 万公顷，其中林分面积 149.46 万公顷；疏林地面积 31.45 万公顷，灌木林地面积 2.21 万公顷，未成林造林地面积 9.08 万公顷，无林地面积 58.43 万公顷。有林地中，经济林面积 26.96 万公顷，

占有林地的13.83%，其中油茶面积24.85万公顷；竹林面积8.74万公顷，占有林地的4.48%，其中毛竹面积8.18万公顷。全地区森林覆盖率50.37%。

各类林木蓄积量 1989年，全地区活立木总蓄积量6721.67万立方米，其中林分蓄积量5333.53万立方米，占总蓄积量的79.35%；疏林蓄积量407.01万立方米，占6.06%；散生木蓄积量915.67万立方米，占13.62%；四旁树蓄积量65.46万立方米，占0.97%。林分蓄积中，中幼林蓄积占林分蓄积的80%，近成过熟林蓄积占林分蓄积的20%，近成过熟林中可及资源蓄积占近成过熟林蓄积的27.7%；人工林分蓄积667.23万立方米，而其中的中幼林蓄积占77.3%。

生长量和消耗量 全地区森林活立木年均生长量371.32万立方米，其中林分年均生长量301.49万立方米，年均生长率5.65%。全地区活立木年均消耗量487.45万立方米，其中采伐量447.75万立方米，占消耗量的91.86%；枯损量39.7万立方米，占消耗量的8.14%。年均消耗量大于生长量116.13万立方米。

表19-1-1

1989年赣州地区森林资源面积蓄积统计表

统计单位	总面积（公顷）	林业用地面积（公顷）	有林地面积（公顷）	其中林分面积（公顷）	疏林地面积（公顷）	灌木林地面积（公顷）	未成林造林地面积（公顷）	无林地面积（公顷）	活立木总蓄积量（立方米）	其中林分蓄积量（立方米）	森林覆盖率（%）
全地区总量	3931764.00	2961161.00	1949564.00	1494586.00	314460.00	22059.00	90767.00	584296.00	67216639.00	53335290.00	50.37
赣州市（今章贡区）	47878.00	24190.00	19023.00	16162.00	247.00	49.00	3525.00	1346.00	183492.00	120462.00	42.30
赣　县	299309.00	226488.00	128962.00	101374.00	28551.00	946.00	5454.00	62557.00	2675576.00	2362613.00	43.51
南　康	184496.00	110884.00	80057.00	62593.00	9494.00	117.00	1289.00	19927.00	552334.00	436909.00	44.13
信　丰	287840.00	197858.00	100507.00	83668.00	30521.00	2368.00	9998.00	54464.00	3193924.00	2694582.00	35.74
大　余	136650.00	103285.00	71883.00	59371.00	9813.00	736.00	6379.00	14474.00	4134772.00	3634517.00	53.14
上　犹	144419.00	117801.00	86085.00	60882.00	9345.00	4818.00	1983.00	15574.00	2340121.00	1889383.00	63.00
崇　义	198214.00	173558.00	120082.00	79735.00	21455.00	3522.00	11848.00	16651.00	9082076.00	6596089.00	62.39
安　远	237479.00	197939.00	143010.00	129750.00	16337.00	709.00	7103.00	30780.00	6755129.00	5556061.00	60.52
龙　南	164055.00	132611.00	79979.00	63345.00	11621.00	452.00	1823.00	38736.00	3736966.00	3236879.00	49.12
定　南	131649.00	108868.00	76561.00	64423.00	20728.00	374.00	2801.00	8404.00	3281110.00	2458645.00	58.48
全　南	152064.00	126486.00	91378.00	82735.00	20464.00	355.00	4940.00	9349.00	5768358.00	5185001.00	60.45
宁　都	405316.00	282510.00	190023.00	170819.00	19709.00	3036.00	5054.00	64688.00	6226885.00	5011056.00	47.85
于　都	289309.00	203253.00	135583.00	10368.00	19124.00	982.00	4658.00	42906.00	2404556.00	1939322.00	47.70
兴　国	321446.00	243234.00	201088.00	145940.00	15517.00	1886.00	1887.00	22856.00	2006970.00	1358793.00	63.14
瑞　金	244798.00	175725.00	94687.00	77471.00	19735.00	208.00	7558.00	53537.00	2802780.00	2225273.00	39.04
会　昌	272218.00	224378.00	147220.00	128702.00	23456.00	925.00	8950.00	43827.00	4755987.00	3334740.00	54.96
寻　乌	231138.00	172751.00	92135.00	82493.00	23569.00	—	2142.00	54905.00	4717574.00	3218369.00	40.05
石　城	158153.00	116759.00	74035.00	62625.00	13533.00	266.00	2654.00	26271.00	1822239.00	1339567.00	47.51
犹江林场	30684.00	22004.00	16717.00	11650.00	1241.00	310.00	692.00	3044.00	740470.00	702778.00	55.50
树木园	849.00	579.00	549.00	480.00	—	—	29.00	—	35320.00	34251.00	64.66

二、1990—1995年森林状况

1993年1月起，开展“八五”二类森林资源调查，于1995年9月结束。“八五”二类森林资源调查成果显示全地区森林资源状况如下：

表 19－1－2

1995 年赣州地区森林资源面积蓄积统计

统计单位	总面积（公顷）	林业用地面积（公顷）	有林地面积（公顷）	其中林分面积（公顷）	疏林地面积（公顷）	灌木林地面积（公顷）	未成林造林地面积（公顷）	无林地面积（公顷）	活立木总蓄积量（立方米）	其中林分蓄积量（立方米）	森林覆盖率（%）
全地区	3917964.00	2991606.30	2678053.60	2391129.40	101109.80	8327.30	176667.40	27265.50	71815369.00	69628869.00	68.20
赣州市（今章贡区）	47878.00	24829.10	23267.40	19627.90	200.30	218.60	1111.50	19.80	306713.00	237905.00	49.10
赣　县	299309.00	229174.40	201839.60	175344.70	9941.70	251.00	14474.70	2663.00	3401049.00	3320160.00	67.50
南　康	184496.00	112605.70	98182.40	82076.50	6525.20	387.30	7426.60	78.20	776761.00	717562.00	53.40
信　丰	287840.00	200913.70	171348.50	160733.50	8018.90	489.50	18530.30	2519.70	3417158.00	3352370.00	59.70
大　余	136650.00	105794.40	100836.20	87094.30	608.40	294.60	3872.20	159.80	4271691.00	4132692.00	74.00
上　犹	149409.00	116269.70	108369.00	83249.10	1827.70	817.40	5218.70	36.90	2581086.00	2482360.00	73.10
崇　义	198214.00	167730.70	160373.00	121824.80	1077.80	413.90	5697.10	164.90	9376016.00	8820310.00	81.10
安　远	237479.00	199776.10	185288.60	172540.10	1938.80	1010.50	11022.90	505.30	7237376.00	7198330.00	78.40
龙　南	143992.00	117106.70	99451.60	89438.20	6226.90	44.60	9910.80	1447.20	1957095.00	1905038.00	69.10
定　南	131649.00	109148.30	99815.10	89622.30	1972.10	284.30	6709.10	364.50	3289824.00	3177945.00	76.00
全　南	143341.00	118822.20	103648.30	98033.30	6570.60	59.50	6678.10	1856.80	4759129.00	4638834.00	72.40
宁　都	405316.00	293397.20	266102.50	251744.70	5739.60	914.70	15165.30	5473.60	6689609.00	6554267.00	65.90
于　都	289309.00	208044.90	177365.00	157885.30	8264.40	211.30	21129.40	1053.40	2693949.00	2602066.00	61.40
兴　国	321446.00	234481.50	218502.40	179858.60	9981.80	1059.70	4692.70	244.90	2779382.00	2585679.00	68.30
瑞　金	224798.00	183160.10	151600.10	140185.40	9711.40	64.80	18196.10	3568.70	3072309.00	2947391.00	62.00
会　昌	272218.00	217832.90	199855.00	187739.50	3082.10	324.60	13917.40	653.30	5446043.00	5395231.00	73.50
寻　乌	231138.00	187295.70	164705.30	160493.90	13001.60	589.10	5221.60	3749.20	4633308.00	4570483.00	71.50
石　城	158153.00	118450.40	105089.50	97584.90	4457.70	435.80	6262.20	2203.90	2259309.00	2219595	66.70
犹江林场	25694.00	19706.70	17610.60	12934.40	1039.70	148.60	630.30	275.50	816363.00	778347.00	69.10
树木园	849.00	578.40	549.90	478.40	—	—	26.50	—	42257.00	41306.00	64.80
九连山	20063.00	18170.10	16686.70	16009.50	831.40	273.80	299.20	76.50	1380630.00	1356069.00	84.50
八一场	8723.00	8317.40	7566.90	6630.10	91.70	33.70	474.70	150.40	628312.00	594929.00	87.10

三、1996—2000 年森林状况

1999 年 4 月至 2000 年 4 月，依森林经营分类区划和编制“十五”县级森林采伐限额的需要，组织全市（地区）各县（市、区）开展森林分类区划调查。森林分类区划调查显示全地区森林资源状况如下：

区划生态公益林和商品林面积蓄积：生态公益林面积 157.88 万公顷，占林业用地面积 300.3 万公顷的 52.58%，蓄积量 3455.1 万立方米。商品林面积 142.4 万公顷，占林业用地面积的 47.42%，蓄积量 4379.54 万立方米。5 个优势树种（组）：杉木、马尾松、硬阔叶树、软阔叶树、国外松，面积为 261.52 万公顷，蓄积量 7702.64 万立方米。5 个优势树种（组）的面积和蓄积量情况分别为杉木面积 71.37 公顷，占 5 个树种面积的 27.29%；蓄积量 1937.18 万立方米，占 5 个树种蓄积量的 25.15%（其中中幼林面积占杉木面积的 88.23%，蓄积量占 72.82%）；马尾松面积 135.68 万公顷，占 5 个树种面积的 51.88%；蓄积量 3202.12 万立方米，占 5 个树种蓄积量的 41.57%（其中中幼林面积占马尾松面积的

90.18%，蓄积量占 81.76%）；硬阔叶树面积 40.86 万公顷，占 5 个树种面积的 15.62%；蓄积量 2352.87 万立方米，占 5 个树种蓄积量的 30.55%（其中中幼林面积占硬阔叶林面积的 85.15%；蓄积量占 75.22%）；软阔叶树面积 19851 公顷，占 5 个树种面积的 0.76%；蓄积量 83.89 万立方米，占 5 个树种蓄积量的 1.09%；国外松树面积 11.63 万公顷，占 5 个树种面积的 4.45%；蓄积量 126.57 万立方米，占 5 个树种蓄积量的 1.64%。经济林面积 20.18 万公顷，其中盛产期面积 6.7 万公顷；竹林面积 9.87 万公顷，其中毛竹面积 9.87 万公顷，蓄积量 2.07 亿根。森林覆盖率 74.2%；森林蓄积总生长量 701.45 万立方米，生长率 10.69%；森林蓄积总消耗量 578.9 万立方米，消耗率 8.82%；森林蓄积净生长量 122.56 万立方米，净生长率 1.86%。

表 19－1－3　1999 年赣州市（地区）各县（市、区）森林资源面积蓄积统计表

统计单位	土地总面积（公顷）	林地面积（公顷）	森林面积（公顷）	疏林面积（公顷）	灌木林地面积（公顷）	无立木林地面积（公顷）	荒地面积（公顷）	活立木蓄积（立方米）	林分蓄积（立方米）	森林覆盖率（%）
全市(地区)	3937964.00	2987920.00	2713943.00	19813.00	208862.00	45176.00	15108.00	78998563.00	77026356.00	74.20
章贡区	47878.00	24416.00	22400.00	—	1935.00	78.00	6.00	428563.00	357596.00	50.80
赣　县	299309.00	228521.00	199762.00	2937.00	23815.00	1999.00	995.00	4685818.00	4601261.00	74.70
南　康	184496.00	112396.00	90694.00	3483.00	15171.00	3043.00	195.00	961186.00	874907.00	57.40
信　丰	287840.00	199559.00	184152.00	2186.00	7768.00	5446.00	452.00	4773836.00	4723745.00	66.70
大　余	136650.00	105844.00	99718.00	67.00	4419.00	1617.00	265.00	4291635.00	4129062.00	76.20
上　犹	149409.00	116382.00	96484.00	774.00	17446.00	1675.00	3154.00	3066673.00	2975526.00	76.30
崇　义	198214.00	171364.00	153544.00	49.00	14989.00	2778.00	35.00	10237315.00	9644366.00	85.00
安　远	237479.00	199435.00	186048.00	329.00	11931.00	1122.00	280.00	7496634.00	7475106.00	83.40
龙　南	143992.00	116724.00	107539.00	437.00	6187.00	2534.00	92.00	2168314.00	2146009.00	79.00
定　南	131649.00	108492.00	101909.00	203.00	4635.00	1742.00	298.00	3530364.00	3425587.00	80.90
全　南	143341.00	118374.00	111188.00	186.00	3623.00	3369.00	324.00	4524572.00	4489108.00	80.10
宁　都	405316.00	293076.00	275600.00	1677.00	12185.00	3612.00	2139.00	7848152.00	7688531.00	71.00
于　都	289309.00	207962.00	188322.00	1584.00	15182.00	2868.00	535.00	3169294.00	3097900.00	70.30
兴　国	321446.00	234578.00	194985.00	922.00	37998.00	673.00	1173.00	2996791.00	2825647.00	72.50
瑞　金	244798.00	183182.00	168614.00	1425.00	7966.00	5167.00	411.00	3846553.00	3756172.00	72.10
会　昌	272218.00	217864.00	203309.00	553.00	11636.00	2366.00	330.00	5500374.00	5471150.00	78.90
寻　乌	231138.00	184314.00	175157.00	2392.00	5063.00	1695.00	4039.00	4476982.00	4448460.00	78.00
石　城	158153.00	118670.00	111948.00	323.00	4450.00	1948.00	2.00	2457211.00	2415790.00	73.60
犹江林场	25694.00	19638.00	16554.00	277.00	1679.00	1125.00	88.00	712296.00	682299.00	71.00
树木园	849.00	578.00	551.00	—	26.00	—	1.00	44114.00	43156.00	67.90
九连山场	20063.00	18205.00	17514.00	9.00	438.00	243.00	290.00	1212231.00	1201276.00	89.50
八一场	8723.00	8346.00	7951.00	—	320.00	76.00	4.00	569655.00	553702.00	94.80

第三节 湿地调查

1996年，根据国务院关于执行《关于特别是作为水禽栖息地的国际重要湿地公约》和林业部、省林业厅有关文件精神，组织全地区湿地资源项目调查，具体业务技术工作由地区林业综合勘察设计院承担。1997年完成野外作业，1998年以省为单位完成汇总。

一、区内湿地构成

赣州是内陆地区，有淡水湿地和人工湿地，淡水湿地中包括有永久性和暂时性的河流、湖泊、池塘、沼泽地、有林地湿地；人工湿地包括农用湿地和城市工业用湿地以及水库、水电坝。湿地调查按《全国湿地资源调查与监测技术规程》进行。调查结果表明：全地区湿地有13种类型，总面积43.69万公顷，湿地面积占全地区国土总面积的11.09%，其中天然湿地5.23万公顷，人工湿地38.46万公顷。天然湿地中有森林沼泽235公顷，灌丛沼泽475公顷，草本沼泽725公顷；人工湿地中有湿地防护林11059公顷；另外还有地热湿地14.63公顷，分布于宁都县、会昌县、寻乌县、安远县、上犹县、龙南县等地。

人工湿地占湿地总面积的88.03%，天然湿地只占11.97%；水田湿地面积占人工湿地面积80%（占湿地的71%）；水库、池塘面积占湿地面积的9.6%。调查显示，人工湿地在增加，天然湿地在减少，但水域面积仍保持相对稳定。

表19-1-4　　1997年赣州地区湿地资源统计表　　单位：公顷

类　别	合计	100公顷以下	100～200公顷	200公顷以上
一、天然湿地	52288.54	11441.38	7558.16	33289.00
河流湿地	50801.91	9954.75	7558.16	33289.00
永久性淡水湖	12.00	12.00	—	—
季节性或间断性淡水湖	25.00	25.00	—	—
森林沼泽	235.00	235.00	—	—
灌丛沼泽	475.00	475.00	—	—
草本沼泽	725.00	725.00	—	—
地热湿地	14.63	14.63	—	—
二、人工湿地	384673.59	308482.81	33884.50	42306.28
水库	31421.03	4787.03	4227.30	22406.70
池塘	10629.26	9348.66	1280.60	—
水沟、水渠	22149.13	19827.33	1318.80	1003.00
水田	309415.25	263460.79	27057.80	18896.58
湿地防护林	11059.00	11059.00	—	—
总　计	436962.13	319924.19	41442.66	75595.28

二、区内湿地植物

区内主要湿地植物有蕨类植物卷柏科的蔓出卷柏，木贼科的节节草，苹科的苹，满江红科的满江红，裸子植物杉科的水杉、池杉，被子植物杨柳科的加拿大杨、意杨、垂柳、河柳、旱柳，胡桃科的枫杨，桑科的榕树、琴叶榕，蓼科的扁蓄、火炭母、虎杖、稀花蓼、扛板归、羊蹄、箭叶蓼、水蓼，苋科的莲子草、空心莲子草，睡莲科的莲，毛茛科的石龙芮，樟科的香樟、樟树，十字花科的蔊菜，蔷薇科的地榆，大戟科的乌柏、山乌柏、泽漆，豆科的田皂角、合欢、紫云英，藤黄科的地耳草，千屈科的水苋菜、节节草、千屈菜，菱科的半枝莲、野菱、茶菱，玄参科的母草、通泉草、紫苏草、石龙尾，爵床科的白接骨、水蓑衣，三白草科的三白草，茜草科的薄柱草，桔梗科的半边莲，菊科的狼把草、石胡荽、鳢肠、一点红、一年蓬、鼠麹草、马兰、蒲公英，香薄科的水烛，眼子茶科的菹草，茨藻科的小茨藻，泽泻科的泽泻、慈姑、矮慈姑，水鳖科的无尾水筛、苦草、水车前、黑藻，禾本科的看麦娘、河边竹、黄竹、水竹、狗牙根、止血马唐、马唐稗草、旱稗、小山竹、假俭草、泥竹、苦竹、箬竹、斑茅、田间鸭嘴草、稻、野生稻、芦苇、牛鞭草、千金子、菰、李氏禾、假稻，莎草科的异形莎草、苔草、畦畔苔草、羊角苔草、毛轴莎草、香附子、野荸荠、牛毛毡、水莎草、砖子苗、飘拂草、宜昌飘拂草、水蜈蚣、水葱、水毛花猪毛草、荸荠、砖子草，天南星科的菖蒲、水芋、水浮莲、花叶石菖蒲，浮萍科的浮萍，谷精草科的谷精草，鸭跖草科的鸭跖草、水竹叶，雨久花科的水葫芦、鸭舌草，灯芯草科的灯芯草，百合科的沿阶草，芭蕉科的水芭蕉，虎耳草科的中华金腰，水马齿科的水马齿，柳叶菜科的丁香蓼、水龙，伞形科的天胡荽、水芹，唇形科的荔枝草、半枝莲等。

三、区内湿地动物

区内主要湿地动物有兽类鳞甲目鳞鲤科的穿山甲，啮齿目鼠科的巢鼠，仓鼠科的东方田鼠，食肉目鼬科的水獭、狗獾，灵猫科的小灵猫，偶蹄目鹿科的獐水鹿。鸟类鸊鷉目鸊鷉科的小鸊鷉，鹈形目鸬鹚科的鸬鹚，鹳形目鹭科的苍鹭、池鹭、夜鹭、白鹭、粟尾鳽、黄苇鳽，雁形目鸭科的鸿雁、灰雁、鸳鸯、赤麻鸭、花脸鸭、罗纹鸭、绿头鸭、绿翅鸭、白眉鸭、琵咀鸭，隼形目鹰科的隼、鸢、苍鹰，鸡形目雉科的鹌鹑、雉鸡，鹤形目秧鸡科的小田鸡、普通秧鸡、白胸苦恶鸟、董鸡、黑水鸡，鸻形目鸻科的凤头麦鸡，鹬科的丘鹬、大沙锥（沙鹬）、林鹬（松鹬）、鹤鹬、青脚鹬、小杓鹬、红腹滨鹬（勾咀滨鹬），燕鸻科的普通燕鸻（稻尾鸻），鸥形目鸥科的银鸥，鸽形目鸠鸽科的山斑鸠、火斑鸠；鹃形目杜鹃科的红翅凤头鹃、杜鹃，佛法僧目翠鸟科的冠鱼狗、普通翠鸟、兰翡翠，裂形目啄木鸟科的灰头啄木鸟，雀形目百灵鸟科的云雀，燕科的家燕，鹡鸰科的白鹡鸰、黄鹡鸰，椋鸟科的八哥，山雀科的大山雀、黄腹山雀，文鸟科的麻雀，鹟科的红尾水鸲、小燕尾、乌鸫、紫啸鸫、黄腹柳莺、黑眉苇莺、黄眉苇莺。两栖类尾目蝾螈科的肥螈，无尾目蟾蜍科的黑眶蟾蜍、中华蟾蜍，锄足蟾科的挂墩角蟾，雨蛙科的中国雨蛙，蛙科的华南湍蛙、尖舌浮蛙、沼蛙、棘腹蛙、日本林蛙、大头蛙、阔褶蛙、黑斑蛙、金线蛙（福建亚种）、泽蛙、虎纹蛙、花臭蛙、竹叶蛙、弹琴蛙、棘胸蛙，树蛙科的大树蛙、斑腿树蛙，姬蛙科的粗皮姬蛙、小弧斑姬蛙、饰纹姬蛙、花姬蛙。爬行类龟鳖目龟科的乌龟，鳖科的鳖，平胸龟科的平胸龟，蜥蜴目蜥蜴科的北草蜥，蛇目游蛇科的赤链蛇、王锦蛇、草游蛇、乌梢蛇、中国水蛇，眼镜蛇科的眼镜蛇、银环蛇，蝰科的竹叶青。鱼类鲤形目鲤科的青鱼、草鱼、鳡鱼、鳙鱼、中华鳑鲏鱼、鲫鱼、长春鳊、白鲢、棒花鱼，鳅科的泥鳅，鲶形目鲶科的鲶，鳢形目鳢科的乌鳢，合鳃目合鳃科的黄鳝，塘鳢科的沙鳢等。

第四节　林业项目规划设计

一、林业区划与建设规划

赣州市（地区）林业综合勘察设计院根据自然经济社会条件，在清查林地资源的基础上区划，通过区划和规划调查提出林业经营单位的合理布局和林业发展方向。

林种划分 1985年10月至1986年6月，全地区范围内根据森林功能，划分为五大林种区划。将全地区林业用地301.11万公顷区划分为用材林163.71万公顷，占林业用地面积的54.37%；经济林28.61万公顷，占9.5%；防护林76.26万公顷，占25.33%；薪炭林30.12万公顷，占10%；特用林2.41万公顷，占0.8%。

六大林业基地规划 1995年4—6月，针对全地区人工用材林、工业原料林、封改结合丰产林、毛竹丰产林、油茶丰产林、特用经济果木林六大林业基地进行调查规划。根据地区《在山上再造一个高效益赣南规划任务分配表》的通知和《赣州地区总体设计技术经济指标》《江西省林业基本建设技术经济指标》等文件，以及相关的技术原则，规划上述六大基地总面积为88万公顷，其中人工用材林基地24.29万公顷（新增加10.04万公顷），工业原料林基地19.41万公顷（新增加6.67万公顷），封改结合丰产林基地20.05万公顷（新增加16.68万公顷），毛竹丰产林基地8.91万公顷（新增加7.26万公顷），油茶丰产林基地9.27万公顷（新增加6.67万公顷），特用经济果木林基地6.07万公顷（新增加4.67万公顷）。基地分布于18个县（市）、504个乡（镇）、场（站），规划建设期8年（1993—2000年），经营期25年，规划总投资13.36亿元。

二、世界银行贷款及省地造林项目总体设计

地县联营五县速生丰产用材林项目 1986年，对上犹县、兴国县、于都县、宁都县、石城县承担的地、县两级联营造林2.68万公顷项目进行总体设计，总投资7085.1万元，建设期5年。

安远县世行贷款国家造林项目 1989—1990年，对安远县承担的世行贷款国家造林项目进行总体设计。造林面积6000公顷，设计总投资1499.04万元，建设期5年。

定南县速生丰产用材林项目 项目于1991年8月完成，造林面积6667公顷，分布18个乡（场）57个村。总投资2043.52万元，建设期5年。

全南县世行贷款国家造林项目 1991—1992年，对全南县承担的国家造林项目进行总体设计。项目规模4500公顷，分布在五指山林场、茅山垦殖场、园明山林场、兆坑林场、金竹林场、小叶岽林场、高峰林场、上岽林场。项目需建公路24.5千米，建房屋1.05万平方米。项目建设期6年。造林投资1156.57万元，其中世行贷款684.81万元，占投资的59.21%；国内配套资金471.76万元，占40.79%（省配套8.2%、地区配套4.09%、县配套12.2%，造林实体配套16.3%）。项目贷款期19年，宽限期7年。

龙南、全南世行贷款森林资源发展和保护项目 1993年10—11月和1994年7—9月，分别对龙南、全南县承担的世界银行贷款森林资源发展和保护项目进行造林总体设计。根据林业部《关于做好世行贷款森林资源发展和保护项目工作的通知》的要求和《关于速生丰产用材林基地总体设计工作方法》的规定，设计以国有林场为依托，实行国乡联合造林。龙南县造林面积2000公顷，全南县造林2000公顷，造林投资龙南县基地797.16万元，投资全南县基地790.4万元。世行贷款分别占投资的60%，国内配套资金占投资的40%，其中省配套全南县8%、龙南县12%，地区配套全南县4%、龙南县3%，县配套全南县12%、龙南县5%，造林实体配套全南县16%、龙南县20%。贷款期20年，宽限期8年，第9年起分年还本息。项目建设期6年。

大余、寻乌贫困地区林业发展项目及项目区林业社区评估 项目建设宗旨：发展森林资源，达到减轻贫困、发展林业和改善环境的目的。项目建设期：1999—2002年。经营期：项目综合经营期1999—2021年。建设内容与规模：大余县项目建设总规模3879.4公顷，其中新造用材林1002.5公顷；寻乌县项目建设总规模2844.6公顷，其中新造用材林836.1公顷，新造毛竹184.1公顷，竹林垦复1795.4公顷，新造经济林29公顷。项目建设总投资：大余县总投资1584.55万元，其中世行贷款871.5

万元，国内配套 713.05 万元（省级 190.13 万元、地级 79.25 万元、县级 158.49 万元、建设单位自筹及劳务折抵 285.18 万元）；寻乌县总投资 1262.8 万元，其中世行贷款 694.54 万元，国内配套 568.26 万元（省级 151.54 万元、地级 63.14 万元、县级 126.28 万元、建设单位自筹及劳务折抵 227.3 万元）。

三、长（珠）江流域防护林工程规划设计

长江中上游防护林项目造林总体设计 1990 年上半年，地区林业综合勘察设计院为第一批长江中上游防护林项目县赣县、兴国县、于都县、瑞金县、南康县及随后被批准的第二批长防林县会昌县、宁都县、信丰县、上犹县、石城县进行造林总体设计。设计总面积 64.51 万公顷，总投资 2.68 亿元。

重点防护林工程建设作业设计 2000 年 10 月，对赣县、信丰县、全南县、兴国县、于都县、瑞金市、会昌县等 7 个县（市）重点防护林工程建设项目进行作业设计。7 个县（市）2000 年重点防护林工程规模分别为 2400 公顷，其中封山育林 1600 公顷，人工造林 800 公顷。项目投资各县（市）分别为 228 万元，其中中央财政拨款 150 万元，地方财政配套 75 万元（省 15 万元、市 15 万元、县 45 万元），差额 3 万元，由实施实体自筹解决。封山年限 5 年，分布在 7 个县（市）34 个乡（镇）。

江西省珠江流域综合治理防护林体系建设二期工程规划 由安远县、龙南县、定南县、全南县、寻乌县等县和九连山林场组成江西珠江流域综合治理防护林体系建设二期工程规划区，位于江西南部东江源头。2000 年 7 月，经市林业综合勘察设计院规划设计。工程建设总规模 19.57 万公顷，其中安远县 4 万公顷、龙南县 3.5 万公顷、定南县 3.46 万公顷、全南县 3.56 万公顷、寻乌县 4.67 万公顷，九连山林场 0.38 万公顷。其中，生态林建设 14.83 万公顷，占总工程的 75.78%；商品林建设 4.74 万公顷，占 24.22%。工程总投资 3.24 亿元（含环境监测 380.37 万元），中央投资占 60%，地方配套和群众投劳各占 20%。

四、林木良种基地项目总体设计

2000 年 10 月，根据国家林业局、江西省林业厅相关项目建设的精神，对赣南树木园、崇义县、大余县、龙南县和信丰县林木良种场的林木良种基地项目进行总体设计。项目总投资中，中央财政预算内林业基本建设（专项）投资占 60%，地方配套资金占 40%。

赣南树木园林木良种基地建设项目 建设面积 90.92 公顷。项目建设期 5 年，总投资 322.78 万元，其中培育工程 189.98 万元。项目建成后，年产良种 21.8 吨、穗条 79 万根、扦插苗 59.4 万株。

崇义县林木采种基地项目 该项目建设马尾松、木荷、楮栲类、南酸枣采种基地、示范林和马尾松测定林。基地规模 306.7 公顷，项目建设期 3 年，总投资 216.6 万元。项目建成后，年产马尾松种子 6 吨、阔叶林种子 378.4 吨。

龙南县林木良种基地项目 建设面积 320 公顷。项目建设期 3 年，总投资 221.94 万元。项目建成后，年产木荷、樟树、栲类、含笑等阔叶树良种 947.2 吨。

大余县林木苗圃基地建设项目 该项目在大余县森林苗圃的基础上进行改造扩建，建成“管理科学化、育苗良种化、质量标准化、灌溉管道化、作业机械化”的现代森林苗圃示范基地。项目面积 16.13 公顷。全光照扦插圃 2 个，温室 600 平方米，塑料大棚 11 个，组培室 200 平方米。项目建设期 3 年，总投资 304.9 万元。项目建成后，年产苗木 274 万株。

信丰县林木良种场良种基地项目 建设规模 172.4 公顷。其中新建 75.7 公顷，续建 96.7 公顷。项目建设期 5 年，总投资 378.88 万元。项目建成后，年产林木良种 51.7 吨，穗条 60.3 万根，扦插苗 45 万株。

五、森林公园总体设计

1986—2000 年，地区林业综合勘察设计院完成森林公园总体设计 4 个，设计总面积 13887.4 公顷。

会昌山森林公园 1993年8月进行总体设计。位于会昌的省级森林公园，面积468.73公顷，分游览、娱乐等5个功能区和主峰、天池等16个风景区。工程建设期9年，工程总投资477.29万元。

兴国县均福山森林公园 1994年进行总体设计。位于兴国县贺堂乡，海拔800米，主峰覆司山海拔1125.7米，山顶有覆司古刹和可容纳四五十人的岩前洞。公园规模1466.7公顷。以竹林风景为主，素有"小庐山"之美称。工程建设期8年，设计投资1680.8万元。

南康市南山森林公园 1995年进行总体设计。位于南康市区南郊。集城市公园和森林公园功能于一体，以生佛寺享名。公园总面积538.7公顷。建设期11年，总投资20198.18万元。

赣州市（今章贡区）峰山森林公园 1995年进行总体设计。位于赣州市（今章贡区）南端的省级森林公园，距市中心城区23千米。公园总规模1.14万公顷，规划设计名胜古迹、避暑度假等7个功能区和崆峒山、狮子岩等12个景区。公园建设总投资2390.44万元，其中基建工程投资占47.2%，基础设施工程占30.58%。

六、京九铁路绿色长廊赣南段总体规划

1995年，根据全国绿化委员会办公室《关于启动"京九绿色长廊"工程建设有关事宜的通知》精神，对京九绿色长廊赣南段工程作总体规划。京九线赣南段全长267.8千米，沿途7个县（市）46个乡（镇）395个行政村，绿化两侧宽各4千米，工程12.22亿公顷，建设期4年，总投资3.09亿元。2001年建成，实现"一路一景、一县一品、四季常青、花果飘香、环境优美、生态佳境、人民富裕的绿色长廊"。

七、瑞金林用机场勘察设计

地区林业综合勘察设计院负责林用机场的勘察设计。设计机场总规模19.13公顷，设计飞机起降跑道长600米、宽60米，指挥塔105平方米。设计通信、供电、种子仓库及其他附属设施等。

第二章　森林培育

1986—2000年，全市（地区）各级党政把发展林业列入重要议事日程，措施有力，森林培育成效明显。林木种苗初步实现良种化，项目造林规模大、质量好，科研推广和林业调查成绩显著。1986—2000年间，全市（地区）累计采集林木种子818吨，育苗4982.78公顷，满足造林绿化和重点项目工程建设的需要；完成荒山造林54.53万公顷，疏林补植4.21万公顷，飞播造林33.75万公顷，全民义务植树2.6亿株；完成封山育林226.13万公顷，幼林抚育284.03万公顷。

第一节　林木种苗

一、林木种子

林木种子的采集主要根据次年造林任务落实采种计划，在每年的秋冬季节，发动母树林基地的国营（有）林场、林木良种场、苗圃职工和农户来完成采种任务。对农户采种实行预约合同，按品种质量实行收购。1986—2000年，全市（地区）采集杉树、马尾松、湿地松等针叶树种子186吨，枫香、木荷等阔叶树种子567.6吨，杉木良种64.4吨。

在"十年绿化赣南"期间，采种任务重。1986—1994年，采集林木种子647.2吨，每年平均71.91吨。消灭荒山以后，1995—2000年，采集林木种子170.8吨，其中针叶树种子22.6吨，阔叶树种子

134.1 吨，杉木良种 14.1 吨。1986—1994 年，为解决全地区林木种子紧缺，全地区从广东、广西、湖北、湖南、福建等省，省内吉安、上饶、宜春等地及省种苗站调进以马尾松为主的飞播用种子 704.1 吨，向省外调出杉木良种 11.8 吨。

林木种子品质检验由地区林木种苗站负责。检验项目主要有种子纯度、种子千粒重、种子生活力测定、种子发芽率测定等。受检树种主要有杉树、马尾松、湿地松、火炬松、木荷、枫香、酸枣、桉树等 20 余种。主要树种的发芽率为杉树 25%～28%，马尾松 52%～80%，木荷 21%～51%，枫香 77%～93%，湿地松 75%～89%，火炬松 76%～91%。

表 19-2-1　1986—2000 年赣州市（地区）林木种子采集统计表　单位：吨

年度	合计	针叶树	杉木良种	阔叶树	年度	合计	针叶树	杉木良种	阔叶树
1986 年	121.00	22.80	7.90	90.30	1994 年	50.60	9.10	4.40	37.10
1987 年	100.70	22.00	7.50	71.20	1995 年	34.60	9.30	2.10	23.20
1988 年	70.40	17.00	4.50	48.90	1996 年	31.60	4.60	3.40	23.60
1989 年	51.00	21.60	4.90	24.50	1997 年	21.40	2.90	4.10	14.40
1990 年	55.90	20.90	9.20	25.80	1998 年	25.70	2.10	1.70	21.90
1991 年	76.90	30.60	2.60	43.70	1999 年	25.20	1.90	1.30	22.00
1992 年	62.40	9.20	6.00	47.20	2000 年	32.30	1.80	1.50	29.00
1993 年	58.30	10.20	3.30	44.80	总计	818.00	186.00	64.40	567.60

二、林木育苗

全地区育苗实行就地造林、就地育苗，推行合同制育苗，形成国有（营）育苗、集体育苗、个体户育苗相结合的苗木生产体系，实现林木育苗与造林绿化有效衔接。1986—2000 年，全市（地区）完成林木育苗 4982.78 公顷。按树种分，针叶树种育苗 3090.53 公顷，占育苗总面积的 62.02%；阔叶树种育苗 1892.26 公顷，占 37.98%。按所有制分，国有（营）林场、苗圃育苗 1555.33 公顷，占 31.21%；集体林场育苗 640.45 公顷，占 12.85%；个体农户育苗 2787 公顷，占 55.93%。

1986—1994 年"十年绿化赣南"期间，林木育苗完成 4166.46 公顷，其中针叶树种育苗 2721.01 公顷，占 65.31%；阔叶树种育苗 1445.45 公顷，占 34.69%。年度育苗最大面积是 1986 年 681.06 公顷，最小面积是 1994 年 274.47 公顷，平均每年育苗 462.94 公顷。1995—2000 年，全市（地区）完成林木育苗 816.32 公顷，其中针叶树种育苗 369.52 公顷，占 45.27%；阔叶树种育苗 446.8 公顷，占 54.73%。

林木育苗方式主要有大田育苗和容器育苗。"十年绿化赣南"期间，容器育苗因具有节省土地、育苗期短、节省用种、成苗率高、苗木质量和规格易于控制、造林季节长、造林成活率高等特点而大力推广。

1990 年秋季，全地区造林整地面积超过省计划的 2 倍，苗木严重不足（缺 6 万公顷造林苗木）。地委、行署动员各地推广容器育苗，发动农户集资等办法解决育苗资金问题。调进育苗种子 8527 千克，举办容器育苗培训班 152 期，其中县级 30 期、乡级 118 期、村级 4 期。参加培训 3098 人。全地区有育苗点 2286 个，其中国营 2 个、集体 100 个、个体户 2184 个。9—12 月，全地区播种 7500 千克，移苗上袋 1.2 亿株，移苗成活率 90%以上，育出合格容器苗 1.08 亿株，用于荒山造林 5.87 万公顷，造林成活率 95%，有效解决荒山造林缺苗问题。1990—1994 年，全地区容器育苗 3.3 亿株。1995—2000 年，全市（地区）培育容器苗 709.9 万株，主要是湿地松苗木，用于工程项目造林。

表 19-2-2

1986—2000年赣州市（地区）林木育苗统计表

单位：公顷

年度	合计	按所有制分			按树种分	
		国有(营)	集体	个体户	针叶树	阔叶树
1986年	681.06	103.06	76.73	501.27	380.13	300.93
1987年	604.13	95.73	69.33	439.07	366.73	237.40
1988年	445.87	101.47	58.93	285.47	282.74	163.13
1989年	441.53	108.00	43.33	290.20	359.67	81.86
1990年	434.40	105.07	83.33	246.00	348.40	86.00
1991年	656.20	134.87	91.93	429.40	510.60	145.60
1992年	310.60	104.20	44.93	161.47	153.07	157.53
1993年	318.20	146.33	51.27	120.60	168.73	149.47
1994年	274.47	99.00	45.07	130.40	150.94	123.53
1995年	227.73	87.27	60.80	79.66	150.40	77.33
1996年	153.00	148.20	2.00	2.80	74.27	78.73
1997年	96.73	45.07	12.80	38.86	48.80	47.93
1998年	106.80	106.80	—	—	33.93	72.87
1999年	105.13	43.33	—	61.80	31.80	73.33
2000年	126.93	126.93	—	—	30.32	96.61
总计	4982.78	1555.33	640.45	2787.00	3090.53	1892.25

三、林木良种基地建设

20世纪70年代起，全地区开始进行林木良种基地建设，80年代进入新的发展阶段，90年代形成林木良种的科研、生产、管理和推广一体化的良种建设体系。

1984—1991年，全地区有4个单位被列为部省联营良种基地，有5个单位被列为省地联营良种基地。到1995年已建设良种基地22处，面积580.86公顷，其中杉木种子园121.8公顷，杉木一代种子园175公顷，马尾松种子园71.4公顷，湿地松母树林88公顷，火炬松母树林33.33公顷，黑荆树种子园8公顷，优良珍贵树种示范林46.67公顷，油茶种子园33.33公顷，其他母树林3.33公顷。

良种基地生产的良种，品质好，发芽率高，育苗造林效果好。据1985年全地区5个良种单位、5个样品和一般种子5个样品测定，种子园种子较母树林种子纯度高3%，千粒重高20%，发芽率高11%。种子园种子较一般种子纯度高1%，千粒重高7%，发芽率高1倍。育苗效果好，据1986年初夏全地区育苗田间检查，信丰林木良种场生产的杉木良种，每500克出苗平均数为0.8万～1.1万株，一般种子每500克出苗平均数为0.36万～0.75万株。赣县国营（有）瑞峰山林场播的信丰杉木良种较一般种子播种量少20%，出苗却多140%。良种苗木造林效果好，安远县国营（有）牛犬山林场营造的4年生子代林，树高生长总平均值大于营造的对照林3.63%，地径生长总平均值大于对照18.85%。宁都县国营（有）横江林场3年生幼树，良种苗较普通种苗树高增长17%，地径增长21%。

1986—2000年，全市（地区）投入良种基地建设资金674.11万元，生产林木良种64.4吨，培育杉木优良无性系苗木1.22亿株，为省内外提供优良穗条数十万根。1996年基地供种率100%，年度使用部省、省地、地县合建种子园、采种基地的种子合计约22.82吨，其中杉木良种2.78吨，国外松母树林种子655千克，赣南片马尾松采种基地马尾松种子14.1吨，南康市、兴国县等木荷基地5.05吨，赣南树木园等产阔叶树种子 243 千克。

1984—2000 年赣州市（地区）列入部省、省地、地县合建良种基地一览表

表 19－2－3

隶　属	基地名称	基地类型	被列入时间
部省联营	赣南树木园	优珍树种	1984 年被列入，1991 年 11 月验收
	信丰林木良种场	杉木良种	1984 年被列入，1986 年验收，1987 年再次被列入
	安远牛犬山林场	杉木良种	1987 年被列入
	安远实验林场	杉木良种	1991 年被列入
省地联合	全南小叶岽林场	杉木良种	1986 年被列入，1988 年 12 月验收
	于都银坑林场	火炬松母树林	1986 年被列入，1988 年 12 月验收
	兴国园林林场	湿地松母树林	1990 年被列入
	南康太和林场	黑荆树种子园	1990 年被列入
	南康县林业局	木荷采种基地	1990 年被列入
地县联营	地区林木种苗站和南康、兴国、宁都、信丰等 4 县林业局	马尾松采种基地	1991 年被列入

第二节　植树造林

一、荒山造林

1986—1994 年，根据“十年绿化赣南”的规划进程，地区计划委员会、地区林业局联合逐年下达年度荒山造林计划，各县（市）根据年度计划，分解到乡（镇）、场，再由乡（镇）、场落实到山头地块。1986 年，地、县、乡层层签订《造林绿化责任状》，把责任落实到人，把任务落实到村、组和山头地块，年终验收，次年召开表彰会兑现奖惩。坚持“国家、集体、个人一齐上”，落实“谁造谁有，合造共有”的林业政策，调动广大群众植树造林的积极性。

地、县（市）每年夏末或秋初召开一次林业工作会议，营造工作氛围，部署造林整地任务，动员群众积极参与。坚持适地适树，做到宜杉栽杉、宜松栽松、宜阔栽阔、宜果栽果。坚持适时造林，统一规定栽种时间，如马尾松、湿地松和杉木在每年的 1 月前，枫香、木荷等阔叶树在每年的 2 月前，桉树、黑荆树一般在每年的 3 月前完成栽种。

各县（市）林业局在每年的 9—10 月，逐乡（镇）、场对当年造林情况进行验收，汇总上报地区林业局。11 月，地区林业局组织技术人员到县（市），抽查 15%的乡（镇）、场进行验收，编制全地区造林绿化核查年表上报。工程造林连片 2 公顷以上，一般造林连片 0.34 公顷以上予以验收；工程造林按作业设计图或地形图到现场核对，造林地周界与图面积吻合的，按原图设计面积，不吻合则按造林地周界调绘、求积、统计；一般造林如无作业设计图的，按地形图现场核对，调绘地形图，求面积进行统计。坡度大于 15°的地块设置标准行一至数行，逐株调查成活率，误差允许在正负 1%之内；标准行株数，面积 6.67 公顷以下的不少于 5%，6.73～33.33 公顷的不少于 3%，33.33 公顷以上的不少于 20%。1986—1994 年，每年造林合格率和成活率均在 85%～95%。

1986—2000 年，全市（地区）累计人工荒山造林面积 58.73 万公顷。其中，1986—1994 年的 9 年中完成荒山人工造林 54.53 万公顷［国有（营）造林 8.83 万公顷，占 16.19%；集体造林 20.18 万公顷，占 37.01%；个体造林 25.52 万公顷，占 46.8%］。1994 年消灭荒山达标以后，主要是开展疏林补

植或成林补阔，即在针叶林中补植阔叶树，以形成针阔混交林，改变树种结构，提高森林质量和森林生态效益。1995—2000 年，完成疏林补植 4.2 万公顷，平均每年完成 0.7 万公顷。

二、封山育林

1985 年起，全地区各地把封山育林作为实现“十年绿化赣南”战略目标。国有的封山育林地由国营单位负责封育，集体的封山育林地由乡、村组织封育，农户的自留山，适宜封育的由农户自封或联户封育。把每年的封山育林任务列入各级“造林绿化责任状”内容，作为考核各级领导政绩的依据。并建立责任追究机制。确定县（市）、乡（镇）政府及村委会主要领导分别是该管辖区封山育林的第一责任人，实行责任追究。1995 年，全地区有护林组织 3000 余个，护林员 1.5 万多人，其中专职护林员 7046 人，每人管山 133.33～200 公顷。对护林人员采取“定山场、定任务、定人员、定报酬”的岗位责任制。建立和健全管护制度，县有护林制度，乡、村有乡规民约，重要山头路口有护林哨所、封山牌、宣传牌。据 1991 年统计，全地区 360 个乡（镇）4200 个村中，有 339 个乡（镇）3470 个村制定护林乡规民约。加大封山育林力度，对人工造林、飞播造林、水土流失区、旅游区、水库周围的山场，京九铁路沿线和国道、省道、县道 4 千米范围内的山场，村庄、圩镇周围 1 千米范围内的山场，全部实行管护措施，严格执行“六不准”，即不准砍树、不准打枝、不准割草、不准放牧、不准采石、不准铲草皮。大力推广“一推四代”节能措施，即推广节柴灶，以煤代柴；以草、秸秆代柴；以沼气代柴；以电代柴。据 1998 年统计，全地区有 95%以上的农户实行节柴灶，有 20%以上的农户建沼气池，农村有 3 万多个砖瓦窑改烧柴为烧煤。

1986—2000 年，全市（地区）完成封山育林面积 225.11 万公顷。投入封山育林资金 1080.2 万元，其中林业部 162.03 万元，占 15%；省林业厅 32.41 万元，占 3%；地区林业局 50.01 万元，占 4.63%；县、乡、村 835.75 万元，占 77.37%。封山育林成效：封山育林成功率高，每年封山育林的成功率都在 90%以上；森林覆盖率提高，2000 年全市森林覆盖率达到 74.2%，比 1985 年增加 30.6 个百分点；水土流失有效控制，2000 年水土流失面积为 86 万公顷，比 1986 年减少水土流失面积 33.93 万公顷；农业生产条件明显改善，产业结构得到合理调整，封山育林后，乔、灌、草等多种植物、动物及微生物得到生息和繁衍，环境得到改善，形成良性生态循环系统。

三、飞播造林

计划制定　“十年绿化赣南”期间，飞播造林进入鼎盛时期。各县（市）根据现有的荒山和疏林的面积、劳力、资金及当地乡、村领导的重视程度，群众对飞播造林的态度，能否承担之后的管护任务等情况，确定飞播年度计划和飞播乡（镇）。由飞播县（市）的林业科技人员对播区进行踏查后拟订计划，选择荒山集中连片，有效面积不低于 70%的高山、远山、人工造林困难的山地，要求播区面积不少于 400 公顷，高差不超过 300 米，播区长不少于 4.5 千米。山场踏查后，按照飞播造林技术规程，对播区进行作业设计，提出设计文件（作业图、播区位置图和设计说明书、护林合同及公证书），上报审批，确定飞播造林计划。

作业实施　地区林业局根据飞播计划，向省民航局申报调运飞机计划，确定调机数量和时间。由地区林木种苗站准备种子，把好“三关”，即播种的种子质量关、播种作业关、播区管护关，确保播区林草完好率不得低于 95%，提高飞播成效。

《中国民用航空飞行条例》规定，“远五”飞机造林航程超过 120 千米时必须减载飞行，增加汽油载重量。地处赣州地区东部的石城县、宁都县、瑞金市、会昌县、寻乌县等地及于都、兴国 2 个县的部分乡的航程超过 120 千米，且 1986 年前有飞播宜林荒山 20 多万公顷，占全地区飞播宜林荒山的一半以上。为加快“十年绿化赣南”步伐，经赣州地委、行署研究，报省计划委员会批准，1986 年在瑞金县建成全省第一个林用机场。

飞播造林面积 1986—2000 年，全市（地区）完成荒山飞播造林有效面积 33.75 万公顷，平均每年飞播面积 2.25 万公顷。飞播造林面积最大的一年是 1991 年，有效面积 6.96 万公顷。1994 年消灭荒山以后，以飞播疏林为主。全市（地区）飞播造林投资累计 1940.82 万元。

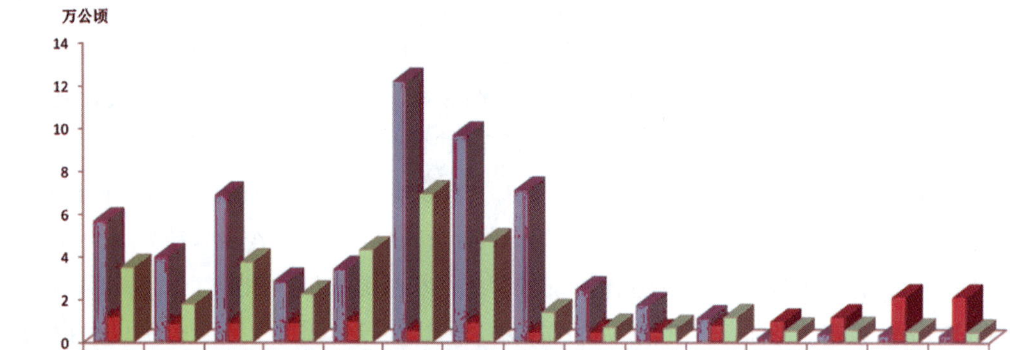

	1986年	1987年	1988年	1989年	1990年	1991年	1992年	1993年	1994年	1995年	1996年	1997年	1998年	1999年	2000年
荒山造林	5.72	4.03	6.91	2.89	3.44	12.21	9.70	7.14	2.49	1.75	1.14	0.21	0.41	0.36	0.33
封山育林	18.00	13.30	13.40	13.70	14.70	8.37	13.90	7.19	7.24	7.31	11.90	14.00	17.90	32.10	32.10
飞播造林	3.53	1.82	3.78	2.28	4.36	6.96	4.75	1.43	0.74	0.68	1.20	0.57	0.61	0.54	0.50

图 19-2-1 1986—2000 年赣州市（地区）荒山造林、封山育林和飞播造林情况

飞播造林效益 飞播每亩成本，加上 5 年的护林费为 5 元左右，与人工一锄法栽植马尾松每亩成本 13 元相比，亩节约资金 8 元，节省造林资金 3500 多万元，节省苗圃地 1833.33 公顷，可多生产粮食 1100 多万吨，节约育苗资金 550 多万元。飞播造林速度快，规模大，见效快，能深入到人力难及的边缘山区和高山远山。

全地区飞播林每年活立木蓄积生长量达到 105 万立方米。兴国县荒山面积大，水土流失严重，森林资源少，20 世纪 70 年代起飞播造林 6.67 万多公顷，1994 年森林资源二类调查统计表明，比 1989 年增加蓄积 100 万立方米，年均增长 20 万立方米。飞播造林为农业发展改善生产条件。兴国县梅窖乡飞播后，森林覆盖率达到 70%，树多水多，土壤含水量增加，农业用水条件大改观，早稻年年增产，二季晚稻扩大 530 多公顷，人均增加粮食 150 多千克，人均增收 700 多元。飞播造林促进生态良性循环。水土流失面积减少，流失强度减轻，林地肥力提高，调节气温的作用明显，林地野生动植物增加。

飞播林抚育间伐 自 1990 年起，除崇义、全南 2 个县没有飞播造林面积以外，其余 16 个县（市）均开展飞播林间伐工作，至 2000 年年底，全市完成飞播林抚育间伐面积 5.67 万公顷。据调查，间伐 1 亩前 10 年的飞播林可生产规格材 0.1 立方米，薪柴 1 吨。1990—2000 年，全市（地区）飞播林抚育间伐规格材 8.5 万立方米，薪柴 85 万吨，按产地价，规格材每立方米价 200 元、薪柴每吨 140 元计算，两项产值 1.36 亿元。通过间伐既解决飞播乡村林农烧柴和用材问题，又获得一定的经济效益。

四、全民义务植树

全市（地区）贯彻五届全国人大四次会议通过的《关于开展全民义务植树运动决议》和国务院颁布的《关于开展全民义务植树实施办法》，开展大规模的全民义务植树活动。

义务植树要求 对单位干部职工，采取按职工人数分配任务到单位，统一时间，统一行动，到指定规划地点整地植树，未完成任务的单位、私营企业、城镇居民须交纳绿化费。对农村群众则以乡村为单位，下达植树任务，采取劳动义务工积累的办法，组织群众参加植树造林。1985年起，地、县、乡主要领导分别与上一级政府签订《造林绿化责任状》，把义务植树的任务和要求，具体落实到各级主要领导。对义务植树任务没有完成的县、乡不能被评为该年度林业先进单位。1986年起，开展"一任书记绿化一座山"活动。1990年起，改办领导干部造林绿化点。1986－2000年，全地区各级领导每年坚持带头参加义务植树和到绿化点劳动。团地委组织全地区团员青年开展"翠竹工程""绿化长征路、保护母亲河"等活动；各级妇联发挥妇女"半边天"的作用，把"双学双比"与义务植树结合起来，营造"三八巾帼林"；各级民兵组织开展"以劳养武"义务植树活动；教育部门组织学生种植"毕业树""入学树"等纪念林活动。

义务植树成效 1986—2000年，全市（地区）累计完成义务植树2.6亿株，占计划的131%，平均每年植树1731.51万株。全市（地区）义务植树基地2352个，完成造林面积9.87万公顷。全市（地区）年均279.25万人参加义务植树活动。城镇和庭园绿化发展迅速。全市（地区）累计完成城镇和庭园植树1415.23万株，种植绿篱73654米，铺草坪2.86亿平方米，建花坛11508万个，建假山117个，建花亭49个。1986—1995年，全地区各级党政机关先后建立3期具有示范作用的领导绿化点，共完成造林面积9.5万公顷[地区领导绿化点0.11万公顷，县（市）领导绿化点1.6万公顷，乡（镇）领导绿化点7.79万公顷]。其中，1993—1995年，地直机关有70个单位分别在13个县（市）的39个乡镇建立53个造林绿化联系点，营造示范林0.59万公顷。1986—2000年，共青团组织义务植树造林3.68万公顷，妇联组织义务植树造林1.1万公顷，民兵组织义务植树造林3.05万公顷，中小学校组织义务植树造林0.41万公顷。

表19－2－4

1986—2000年赣州市（地区）义务植树统计表

年度	参加人数(万人)	完成植树(万株)	年度	参加人数(万人)	完成植树(万株)
1986年	175.00	875.00	1994年	274.54	2019.83
1987年	207.75	831.00	1995年	344.79	2041.30
1988年	136.50	782.30	1996年	380.67	1915.51
1989年	135.50	718.50	1997年	365.48	2074.69
1990年	260.12	1502.40	1998年	371.26	2008.33
1991年	270.00	2730.48	1999年	365.48	1902.58
1992年	279.64	2249.65	2000年	369.50	1795.65
1993年	252.50	2525.50	总计	4188.73	25972.72

五、京九绿色长廊建设

根据全国绿化委员会办公室《关于启动"京九绿色长廊"工程建设有关事宜的通知》和赣州行署《关于切实搞好京九铁路赣南段绿化带建设通知》精神，赣州地区于1995年对"京九绿色长廊"工程赣南段进行总体规划。京九铁路纵贯赣州南北，南连广东和平，北接江西泰和，途径兴国、赣县、赣州市（今章贡区）、南康、信丰、龙南、定南等7个县（市）、46个乡（镇）、195个行政村，境内总长267.8千米，占全省的38.4%，占京九线总长的10.4%。"京九绿色长廊"赣南段工程建设涉及铁路两侧各4千米范围，总土地面积18.8万公顷，规划工程建设的总规模为12.2万公顷。

任务区分 铁路两侧征地范围内由铁路部门负责绿化，铁路两侧4千米范围内的封山育林、疏林补植、荒山造林和村旁、宅旁的绿化由林业部门负责，果业开发由果业部门负责，城镇绿化由建设部门负责，水库、渠道的绿化由水利部门负责，各级绿化委员会负责协调、指导、检查。林业部门负责有偿提供种苗，有关部门各司其职，各负其责，各投其资。1993年启动，到2000年基本完成，在267.8千米京九线赣南段的绿色长廊中，人工荒山造林500公顷，营造经济果木林2600公顷，改造疏林地、纯马尾松针叶林和低效林地6900公顷，封山育林7.33万公顷。信丰县境内67千米京九线绿化，2000年3月受到全国绿化委员会的表彰，列为全国绿色通道示范段。

建设成效 在京九绿化带内完成以脐橙、甜柚为主的果木林，1997年产量3.1万吨，产值1.2亿元。1996年9月，中共中央总书记江泽民在视察信丰百里脐橙带时给予充分肯定。调整树种结构，林相得到改善；封山育林面积大，效果好；百里京九种植万蔸黄竹基本形成，既发展竹资源，又绿化美化环境。推动全地区绿色通道工程建设。1995—1998年，全地区绿化公路2517.52千米，绿化渠道2729千米。1999—2000年，全市（地区）绿色通道工程建设完成，山上部分40.12万公顷，其中营造防护林1.32万公顷，风景林0.02万公顷，用材林1万公顷，果木林0.41万公顷，经济林0.15万公顷，竹林0.07万公顷，针叶林补阔叶树6.15万公顷，其他0.07万公顷，封山育林30.93万公顷。山下部分0.76万公顷，其中公路绿化0.21万公顷，江河沿岸绿化0.22万公顷，城镇绿化0.15万公顷，农村绿化0.18万公顷。

六、幼林抚育

“十年绿化赣南”期间，新造林面积大，需抚育的幼林多，工作量大，任务重。为搞好幼林抚育，全地区把幼林抚育列入各级领导《造林绿化责任状》中，通过目标管理全面推动幼林抚育工作。地委、行署先后于1989年、1992年、1993年、1994年召开夏季幼林抚育会议，研究部署幼林抚育工作。要求各县（市）突击10～15天，全面完成夏季抚育任务。1993年6月6日，地委、行署在赣县沙地镇召开全地区夏季造林整地和幼林抚育现场会，对幼林抚育工作进行认真部署，随后各地迅速掀起幼林抚育高潮。6月下旬，每天上山人数100万人左右。至7月10日，全地区完成幼林抚育面积19.12万公顷，占计划任务的195.6%。其间，对幼林进行适时抚育，1～2年生幼树在每年的5—6月和8—9月各抚育1次；3～5年生幼树在每年的7—8月抚育1次。对1～2年生的幼树，第一次抚育扩穴0.8～0.9米，培土压萌，适当追肥，第二次抚育全铲，以草压蔸；对3～5年生幼树抚育，进行继续扩土，穴面内低外高，并在株与株之间扩土成带，以蓄水保土保肥，促进幼树生长。1986—2000年，全市（地区）完成幼林抚育284.02万公顷。

第三节　重点林业项目实施

一、速生丰产林

根据林业部《关于速生丰产用材林基地建设若干问题的暂行规定》，采取有力措施搞好速生丰产林建设。地区林业局组织技术人员，对适地适树、树种配置、清山整地、造林密度、质量要求等项目进行审查。选择土壤较深厚、湿润、肥沃的一类地造林。坚持速生丰产林质量标准。目标是25年生的速生丰产林，杉木每亩规格材不低于12立方米，松类、阔叶树平均每亩规格材不低于11立方米（均不包括抚育间伐材）。具体要求：杉树当年造林幼树高为0.5米，第二年生长1.3米；湿地松，当年造林幼树高0.5米，第二年生长1.1米；马尾松，当年造林幼树0.4米，第二年生长0.8米。严格检查验收。依据《江西省速生丰产用材林基地和商品材基地营林生产检查实施方案》进行验收。在各县自检的基础上，由地区林业设计院派员抽查，按抽查合格率推算全县速生丰产林造林面积。合作造林，受益分成。分成办法：国家或林场向银行贷款付息还本，向乡村投资，林场指导技术，签订协议，10年后，乡村按规定上缴一定数量的木材；乡村出山场，国家投资造林，国家经营，到林木有收益时，乡、村得山价的30%～40%。

1986—1995年，全地区营造速生丰产林4.86万公顷。按速生丰产林联营类型分为部省联营、地县联营和利用农业发展银行贴息贷款营造等3种类型。部省联营：1986—1991年，有龙南、信丰、安远、会昌、寻乌、瑞金、宁都、定南、上犹、石城等县的国营营林林场营造速生丰产林3.21万公顷，占完成速生丰产林面积的66%。地县联营：1987年开始，地区林业局拿出部分留成的育林基金，以地县合资联营形式营造速生丰产林，1987—1990年，在赣州市（今章贡区）、赣县、南康县、上犹县、宁都县、于都县、兴国县、石城县等国营营林林场营造速生丰产林0.69万公顷，占14.2%。利用农业发展银行贴息贷款营造速生丰产林：1992—1995年，有上犹县、于都县、瑞金市（县）、石城县、龙南县、定南县、寻乌县等7个县（市）的国有（营）林场营造速生丰产林0.96万公顷，占19.8%。资金投入：1986—1995年，全地区投入营造速生丰产林资金2911.3万元，其中部省联营投资1923.85万元，占66.08%；地县联营投资413.25万元，占14.19%；农业发展银行贴息贷款投资574.2万元，占19.72%。

二、林业商品基地

1992年8月7—10日，地委、行署在全南县召开全地区林业工作会议，作出《关于在山上再造一个高效益赣南的决定》。1993年，地委办公室、行署办公室联合下发《关于建设林业商品基地的实施意见》。规定从1993—2000年建成六大林业商品基地总面积51.34万公顷，其中人工用材林基地10万公顷，工业原料林基地6.67万公顷，封改结合丰产林基地16.67万公顷，毛竹丰产基地6.67万公顷，油茶丰产林基地6.67万公顷，特用经济林基地4.66万公顷。同时要求人工用材林、工业原料林、封改结合丰产林每亩林木生长量应在0.5立方米以上，毛竹丰产林每亩年产竹材20根，鲜笋100千克以上，油茶丰产林每亩年产茶油10千克以上，用材林、工业原料林、封改结合丰产林、毛竹丰产林、特用经济林综合平均每亩年产值200元，油茶林每亩年产值100元，到2000年基地总产值达到14亿元。

全地区各级党政组织动员全社会力量把山地开发当作田来耕，带领干部群众搞好林业商品基地建设。1993—1998年，全地区完成六大林业商品基地建设面积51.89万公顷，占总任务的101.07%。即用材林和工业原料林16.92万公顷，占32.61%；封改结合丰产林12.07万公顷，占23.26%；毛竹丰产林11.61万公顷，占22.37%；油茶丰产林6.72万公顷，占12.95%；特用经济林4.57万公顷，占8.81%。

表19-2-5　1993—1998年赣州地区六大林业商品基地建设统计表

单位：万公顷

年度	人工用材林和工业原料林基地	封改结合丰产林基地	油茶丰产林基地	毛竹丰产林基地	特用经济林基地	合计
1993年	3.58	1.99	1.20	1.90	0.93	9.60
1994年	3.09	2.29	1.30	1.16	0.94	8.78
1995年	4.31	2.99	2.38	2.57	0.64	12.89
1996年	2.45	1.65	0.83	2.10	0.70	7.73
1997年	1.79	1.67	0.47	1.81	0.57	6.31
1998年	1.70	1.48	0.54	2.07	0.79	6.58
合计	16.92	12.07	6.72	11.61	4.57	51.89

说明：六大林业商品基地的人工用材林和工业原料林合并统计

三、世行贷款造林

项目实施　1991—2000年，全市（地区）利用世界银行贷款先后完成世行贷款国家造林和世行贷款森林资源发展与保护等 2 期项目。第一期为世行贷款国家造林项目，1991 年起开始实施，1995 年结束。根据总体设计，造林总规模 2.15 万公顷，由信丰、安远、全南、会昌等 4 个县承担。第二期为世行贷款森林资源发展和保护项目，1995 年开始实施，1999 年结束。根据总体设计，造林总规模为 1.1 万公顷，由崇义、全南、龙南、信丰、大余、兴国等 6 个县承担。项目启动后，按照《中国国家造林项目管理办法》的要求，从地区到各项目县均成立项目建设领导小组，设立林业利用外资项目办公室，定编定员负责项目管理、技术指导工作。

为解决林场“有资金有技术无山场”，而乡村“无资金无技术有山场”的矛盾，项目林场利用世行贷款的资金，采取“乡村出山，林场造林，山权不变，林权共有，林场管理，林价分成”的办法，与周围的乡村联营造林。项目育苗用种均是省、地种苗站统一调运或认可的优良地理种源的良种，以保证林木具有优良的遗传品质，增加项目育苗的科技含量。

根据项目转贷协议宽限期为 8 年的规定，各项目单位在组织项目实施的同时，提前做好还贷准备工作。项目实施时，将债务分摊到项目林场，各地采取多形式、多渠道筹措还贷准备金，专户存入，专户管理。信丰县在林场经营利润中提取 50%作为还贷准备金，全南县、安远县从每年的木材销售中按每立方米提取 3～5 元作为准备金。会昌县建立还贷抵押林，即根据项目单位各年度应还贷的金额，从现有林和成熟用材林中划出一定面积采伐后专门用于还贷。

1991—1995 年，全地区实际完成世行贷款国家造林项目人工造林 2.54 万公顷，占计划规模的 118.3%。项目实施总投资信贷资金 3869.83 万元。其中，信丰县 1585.96 万元，占总投资的 40.98%；安远县 1086.79 万元，占 28.08%；全南县 408.56 万元，占 10.56%；会昌县 788.52 万元，占 20.38%。

1991—1995 年赣州地区世行贷款国家造林项目造林完成情况统计表

表 19－2－6　　单位：公顷

单位	1991 年	1992 年	1993 年	1994 年	1995 年	合计
信丰	2164.93	3532.67	2867.33	1430.93	698.00	10693.86
安远	1609.73	2740.80	1714.13	925.53	451.00	7441.19
全南	—	—	1498.93	1020.33	—	2519.26
会昌	1828.00	2072.53	879.40	—	—	4779.93
总计	5602.66	8346.00	6959.79	3376.79	1149.00	25434.24

1995—1999 年，全地区实际完成世行贷款森林资源发展和保护项目 1.75 万公顷，占计划规模的 159%。项目实施总投资信贷资金 2341.6 万元。其中崇义县 408.29 万元，占总投资的 17.44%；全南县 390.82 万元，占 16.69%；龙南县 306.42 万元，占 13.09%；信丰县 658.04 万元，占 28.1%；大余县 396.88 万元，占 16.95%；兴国县 181.15 万元，占 7.74%。

1995—1999 年赣州市（地区）世行贷款森林资源发展和保护项目完成情况统计表

表 19－2－7　　单位：公顷

项目		崇义	全南	龙南	信丰	大余	兴国	合计
丰产林	合计	2497.32	2045.46	3595.66	3434.93	2027.06	399.87	14000.30
	1995 年	514.73	415.73	398.53	517.40	295.13	—	2141.52
	1996 年	733.33	739.33	463.53	920.67	721.00	—	3577.86
	1997 年	738.73	526.80	353.60	951.80	870.53	245.00	3686.46
	1998 年	510.53	363.60	2380.00	669.93	140.40	154.87	4219.33
	1999 年	—	—	—	375.13	—	—	375.13

续表 19-2-7

项目		崇义	全南	龙南	信丰	大余	兴国	合计
天然林	合计	—	—	—	290.20	—	—	290.20
	1995 年	—	—	—	150.00	—	—	150.00
	1996 年	—	—	—	140.20	—	—	140.20
毛竹垦复	合计	413.20	712.93	721.99	191.73	335.40	840.53	3215.78
	1995 年	—	—	33.13	—	—	—	33.13
	1996 年	—	—	94.13	—	—	214.20	308.33
	1997 年	—	500.00	140.33	—	—	356.33	996.66
	1998 年	413.20	212.93	313.00	191.73	200.00	270.00	1600.86
	1999 年	—	—	141.40	—	135.40	—	276.80

项目效益 利用世界银行贷款造林为全市（地区）林业发展注入新的活力。特别是全市（地区）逐步消灭宜林荒山，林业工作重点逐渐转移的关键时刻，项目造林探索新的造林模型、引进世界先进的管理模式，推动项目县乃至全地区营林工作整体水平的提高，项目林成为全地区高效林业建设的样板。

通过引进的营林新观念和采用新技术、新成果，根据不同地类设计相应的造林模型，把造林工序中整地、选苗、栽植、抚育等单项技术有机组合，形成统一的技术标准和操作规范。造林质量有提高，全地区实施世行贷款造林项目，良种使用率100％，一、二级苗使用率100％，面积核实率100％，造林成活率96.8％，幼林保存率95％，与同期一般造林相比，上述各项指标提高20％～30％。

两期世行贷款造林，共计营造速生丰产林3.94万公顷，根据其生长势态，按照造林模型设计的生长量测定，平均每亩生产木材10.91立方米，到主伐时全市（地区）可生产商品材645.35万立方米，以每立方米木材销售价500元计，产值可达32.27亿元。还为项目县的农民创造就业条件，增加农民收入。

根据有项目造林与无项目造林的林地对比分析，全地区项目营造的3.94万公顷人工林，每年可增加水源涵养量1592万立方米，每年减少水土流失量59.1万吨。同时，严格执行环境保护规程，尽量保留原生植被带，做到“山顶戴帽，山腰围裙，山脚穿鞋”，积极营造多形式的混交林，加大阔叶树比例，提高林地生产力，减少病虫害，有效维护生物多样性，增加森林防护功能，改善生态环境。

四、长防林工程建设

经林业部批准，1990年起，全地区先后有兴国、瑞金、南康、赣县、于都、宁都、会昌、石城、信丰、上犹等10个县（市）被列入长江中上游防护林工程建设县（市）。

工程实施 实行各级领导任期造林绿化目标责任制，把长防林列为“一把手”工程，层层签订责任状，细化分解任务，实行奖惩制度，建好长防林建设领导示范点。推广林业科技新技术。如容器育苗，ABT生根粉使用，松类芽苗截根移栽，累计培育容器苗2.3亿株，ABT生根粉处理造林苗木3亿株，松类芽苗截根2100万株。坚持质量，做到“四查四抓”，即一查荒山绿化率，抓1亩以上宜林荒山造林和疏林补植；二查四旁绿化率，抓乡以上公路、铁路、河流、渠道、城镇和乡村四旁绿化率；三查总体规划任务完成情况，抓好工程的进度和质量；四查“三大效益”（经济效益、社会效益、生态效益），抓“三大效益”的调查测定和统计分析工作，做好内业资料的归档管理和建档工作。1990—2000年，全市（地区）完成长防林工程营造林面积121.51万多公顷，占规划任务62.41万公顷的194.69％；完成“四旁”植树6686.62万株。造林面积核实率和质量合格率均达100％。各工程县（市）全部消灭荒山，乡以上的公路、主要河流、渠道两旁都有一行以上树木，村庄绿化率98.4％。全市（地区）投入资金 1.27 亿元，其中国家专项资金 3401.5 万元，地方配套资金 2273.32 万元（其中省 435.9 万元、地 416.6 万元、县 1420.82 万元），群众自筹 5363.4 万元，部门筹资 1383.7 万元，其他 293.6 万元。全市（地区）10 个工程县完成劳务投入 5089.16 万个工日，按每个工日 10 元计算，投劳折资为 5.09 亿元。资金投入和劳务折资两项合计，总投入 6.36 亿元。

工程成效 森林资源得到恢复和发展，实现四个增长。2000 年与 1989 年比较，10 个工程县（市）有林地面积增加 50.84 万公顷，增长 44.13%；森林蓄积量增加 955.24 万立方米，增长 33.13%；森林覆盖率增加 20.27 个百分点，达到 70.17%，增长 40.6%；绿化率增加 20.5 个百分点，达到 98.6%，增长 26.25%。有效控制水土流失，生态环境明显好转。10 个工程县水土流失面积由治理前的 8303.24 平方千米减少到 5080.41 平方千米，降低 38.81%；土壤侵蚀模数由治理前的每年 39650.59 吨/平方千米减少到每年 28576.48 吨/平方千米，下降 27.93%；土壤侵蚀量由治理前的 3570.64 万吨减少到 1186.76 万吨，下降 66.76%；多年被抬高的河床开始下降，据测定，瑞金主要河流从 1998 年起平均每年下降 0.4 米，石城县琴江河平均每年下降 1.1 米，会昌县湘江平均每年下降 0.14 米，有些干枯的小溪恢复清泉；十几种赣南绝迹多年的野生动物重返森林，如瑞金、宁都等地发现云豹、猴面鹰、野牛、野猪时常出没森林中。改善农业生产条件，增加农业收成。蓄水能力增强，旱涝保收面积增加，10 个工程县（市）旱涝保收面积比治理前增加 4.67 万公顷。粮食产量不断增加，10 个长防林县在治理前的 1990 年粮食产量为 154.89 万吨，治理后虽然大面积调整产业结构，1999 年粮食总产量仍达到 196.05 万吨，增长 26.57%。农业产值显著提高，治理前 10 个工程县（市）农业总产值为 19.31 亿元，其中林业产值 1.74 亿元，治理后，农业总产值增加到 67.46 亿元，其中林业产值增加到 4.65 亿元，分别增长 249.35%和 167.24%。据 10 个工程县（市）统计，农民林果收入由 1990 年的 30.98 元增加到 1999 年的 106.46 元。大面积的中幼林抚育间伐，提供大量薪材，加上改燃节能，特别是推广“猪—沼—果”工程，发展沼气等农村能源建设，农村的烧柴问题得到基本解决。

表 19-2-8 1990—2000 年赣州市（地区）长防林工程分县（市）建设资金投入统计表

单位：万元

单位	国家投资							地方配套投资								部门投资	群众投资	投工（万个）工日	其他
	规划	完成						小计		省		地		县					
		小计	其中																
			林业基建资金	农发资金	财政资金	债券资金	其他	规划	完成	规划	完成	规划	完成	规划	完成				
兴国	535.90	587.90	188.20	119.70	40	240	—	347.90	347.90	69.60	69.60	69.60	69.60	208.70	208.70	93.00	—	260.00	—
瑞金	—	486.00	221.00	—	45	—	220	—	209.60	—	53.40	—	54.60	—	101.60	205.10	147.60	611.10	—
南康	365.50	182.00	142.00	—	40	—	—	251.80	225.60	50.40	47.60	50.40	27.50	151.00	150.50	15.10	199.30	652.00	36.60
赣县	375.20	355.20	113.20	102.00	—	140	—	247.20	231.90	49.40	46.50	49.50	46.60	148.30	138.80	—	861.30	581.70	—
于都	442.40	442.40	182.40	110.00	—	150	—	294.20	326.00	58.80	42.50	58.80	42.30	176.60	241.20	535.90	91.70	935.00	257.00
宁都	—	202.00	177.00	10.00	15	—	—	—	202.30	—	40.50	—	40.40	—	121.40	—	1961.90	467.00	—
会昌	741.70	416.00	156.00	—	20	240	—	528.40	132.70	105.90	35.50	105.90	35.20	316.60	62.00	183.50	1853.20	603.90	—
石城	428.00	355.00	105.00	100.00	—	150	—	273.40	201.70	54.70	39.30	54.70	39.40	164.00	123.00	145.00	86.00	171.80	—
信丰	829.40	214.00	162.00	—	52	—	—	524.10	214.00	104.80	42.80	104.80	42.80	314.50	128.40	206.10	162.40	539.50	—
上犹	224.48	161.00	61.00	—	—	100	—	302.45	181.62	60.49	18.20	60.49	18.20	181.47	145.22	—	—	267.16	—
合计	3942.58	3401.50	1507.80	441.70	212	1020	220	2769.45	2273.32	554.09	435.90	554.19	416.60	1661.17	1420.82	1383.70	5363.40	5089.16	293.60

说明：除上犹县实施年度为 1995—2000 年外，其他县实施年度为 1990—2000 年

五、油茶低产林改造

1989年2月，国家农业综合开发领导小组第八次会议把南方油茶低产林改造列入1990年国家农业综合开发项目，全地区先后实施并完成3期国家农业综合开发油茶低产林改造工程项目。第1期项目于1990—1992年实施，由赣县承担1466.67公顷油茶低改任务。该县把项目落实到五云、茅店2个乡8个村的1200户农户实施。清理林地1466.67公顷，深挖垦复1000公顷，密林疏伐33.33公顷，挖竹节沟240千米，稀林补植81万株，整枝修剪73.33公顷，病虫害防治20公顷，建立高标准示范林420公顷，施肥示范900公顷。国家实际投资54万元。第2期项目于1993—1995年实施，由赣县、兴国、宁都、安远4个县承担3666.67公顷油茶低改任务。全面深挖垦复3266.67公顷，挖竹节沟1588千米，施肥面积2566.67公顷，共施各种化肥50.3千克，密林疏伐760公顷，稀林补植2026.67公顷，病虫害防治353.33公顷，林地清理3133.33公顷，整形修枝1526.67公顷，预植更新良种苗木115.8万株，高接换冠2.95万株，建采穗圃8公顷，繁育良种苗木89.2万株，采用国家鉴定的优良无性系55个，用穗条73.1万枝，建设高标准示范林706.67公顷。高产示范户259户，示范面积27.8公顷。国家实际投资341万元。第3期项目分别于1996年和1997年实施，1996年省林业厅下达计划400公顷，安远县、上犹县各承担200公顷，1997年下达计划66.67公顷，由上犹县承担。至1998年，安远和上犹2个县完成油茶低改面积466.67公顷，占计划的100%。清理林地466.67公顷，垦复466.67公顷，深挖垦复133.33公顷，挖竹节沟300千米，引进良种预植更新42万株。国家实际投资88万元。1990—1998年，全地区5个油茶低改工程项目县完成油茶低改面积5600公顷，占计划任务的100%。项目由国家投资483万元。

表19-2-9　1990—1998年赣州地区部分县油茶低产林改造项目完成情况统计表

项目时间	单位	完成面积(公顷)	实际投资(万元)
第一期(1990—1992年)	赣县	1466.67	54.00
第二期(1993—1995年)	赣县	1000.00	93.00
	安远	800.00	74.40
	兴国	1066.67	99.20
	宁都	800.00	74.40
	小计	3666.67	341.00
第三期(1996—1998年)	上犹	266.67	49.00
	安远	200.00	39.00
	小计	466.67	88.00
合　　计		5600.01	483.00

项目实施　行署成立以分管副专员为组长，科学技术委员会、计划委员会、农经委、老区建设办、粮食局、林业局等单位领导为成员的地区油茶低改项目领导小组，办公室设在地区林业局。各项目县、乡也相应成立领导小组，地、县林业局配备工程技术人员，乡林管站配备专职人员，村聘用施工员，具体负责项目实施。地区及5个工程项目县根据林业部《油茶低改技术管理方案》《油茶低改资金管理方案》，落实推广深挖垦复，开挖竹节沟蓄水保土，稀林采用优良油茶苗木进行补植、合理施肥等常规技术改造措施。通过建立示范样板，推广油茶芽苗砧嫁接育苗，采用高接换冠进行劣株更新，应用ABT生根粉等技术。各项目实施单位采取办培训班，培训施工员、芽苗嫁接手、换冠嫁接手，并注重在油茶低改的各道工序中增加科技含量，提高技术水平，确保低改成效。抓好油茶良种苗木的繁育和

高接换优工作。育苗用的油茶桃及嫁接用的穗条，由地区油茶低改项目领导小组办公室调剂。良种桃和良种穗条由地区林科所、林业部亚热带林业研究所及大岗山试验中心等单位供应55个油茶优良无性系。

项目效果 油茶林得到迅速恢复，茶油产量逐步提高。改造前，油茶林比较残败，萎靡枯黄植株较多，病虫害严重。综合改造后，油茶林返青，枝繁叶茂，病虫害基本消除，茶油产量逐年提高。据测定，赣县通过第1期低改的1200公顷油茶林，1993年总产茶油131.2吨，亩均7.29千克，总产值183.71万元，比低改前总产茶油增加72.2吨，亩均净增4.01千克，总产值增加101.09万元。900户低改农民户均产茶油145.8千克，产值2041.5元，户均增收1000多元，人均增收220多元。起到示范辐射作用，推动全地区油茶低产改造。项目区外的群众主动学习油茶低改技术，自觉开展油茶低产林改造，重视油茶林的经营管理。获得较好的生态效益，合理的垦复、竹节沟的开挖起到蓄水保土作用。

六、毛竹低产林改造

赣州地处全国毛竹分布中心区域内，资源丰富。为制止毛竹资源继续减少，1988年地区行署对竹林实行限额采伐，规定全地区每年商品竹砍伐量不得超过447万根。各地把竹林采伐纳入限额采伐管理，实行凭证采伐、凭证收购、凭证运输、凭证加工。1989年，全地区毛竹林面积8.72万公顷，比1975年减少2.11万公顷，减幅为19.5%；活立竹蓄积量1.67亿株，比1975年减少1184万株，减幅为6.62%。1990年起，全地区继续实行毛竹限额采伐，控制竹资源消耗；同时推广毛竹低产林改造技术，大力培育毛竹资源。全地区采取派员到外地学习取经、开展毛竹生产技术培训等措施，提高科学挖笋、合理采伐等先进技术，毛竹低改质量大有提高。1990年2月，地区科学技术委员会以“星火计划”下达“低产竹林改造和竹笋林开发”项目，地区林业局安排11个县15个国营林场承担项目实施任务，建立毛竹低改示范点15个，固定样地138个，按技术要点进行试验。通过实行全面砍杂、深挖垦复、适量施肥、疏笋养竹等技术措施，每亩立竹数和竹笋产量明显增加。据调查测定，改造前大部分亩立竹100株左右的低产竹林，改造后亩立竹数达到150株以上；竹笋产量由改造前的每亩20.5千克提高到77.1千克。推广号竹砍伐，每度新竹逐株用油漆编号，砍伐时留足3度（1～5年）竹，适当保留4度（6～7年）竹补空，分年采伐4度竹，逐步建立材用和笋材两用速生丰产林。

1992年，为深化林业体制改革，全地区大力推行崇义县竹林租赁经营方式。其主要做法：将全县集体所有毛竹林核定经营面积，评山作价核定计租产量和交租比例，固定20年经营期，交足抵押金，实行公开招标承租，租赁期间增产不增租，减产不减租，掠夺性经营要中止合同，没收抵押金。1992—1993年，该县集体毛竹林落实租赁面积1.93万多公顷，占集体毛竹林面积的85%。通过租赁建立起“山有主，主有责，责权明确，尽责尽利，失责受罚”的激励约束机制，充分调动经营者的生产积极性。随后，宁都、全南、定南等县借鉴崇义县经验推行毛竹林租赁经营。

1990—2000年，全市（地区）完成毛竹低产林改造面积18.54万公顷，新造毛竹2.13万公顷。毛竹低产林改造和新造毛竹投入资金3481.69万元。

表19-2-10

1990—2000年赣州市（地区）毛竹低改及毛竹新造统计表

单位：万公顷

年度	毛竹低改面积	新造毛竹面积	年度	毛竹低改面积	新造毛竹面积
1990年	0.83	0.15	1996年	1.58	0.30
1991年	1.08	0.13	1997年	1.55	0.37
1992年	2.26	0.41	1998年	1.38	0.12
1993年	2.10	0.08	1999年	1.34	0.30
1994年	2.56	0.06	2000年	1.38	0.13
1995年	2.48	0.08	合计	18.54	2.13

毛竹低改成效。毛竹林面积、蓄积和亩均立竹增加。根据森林分类区划调查，1999年全地区有毛竹林面积9.87万公顷，比1989年增加1.15万公顷，增长13.19%；活立竹蓄积2.07亿株，比1989年增加0.4亿株，增长23.95%；每亩立竹株数为139.63株，比1989年增长11.87株，增长9.29%。经济效益得到提高。“七五”期间，以竹资源为原料的加工业刚刚起步，全地区仅有12个企业，年产值3102万元，主要是出售原竹。20世纪90年代，全地区各地大力培育发展竹笋、竹材的精深加工和综合利用。至1995年年底，全地区有笋、竹加工企业80余家，产品20多种。竹业加工年产值为5643.42万元，占竹业总产值1.02亿元的55.33%。竹业年产值5000万元的有崇义县，500万～1000万元的有上犹县和大余县。1998年，全地区竹业总产值3.21亿元。其中，竹材加工1.02亿元，占31.8%；竹笋加工产值2.19亿元，占68.2%。在竹材加工产值中，胶合板产量26.56万平方米，产值4071.45万元；竹席12.66万平方米，产值433.91万元；工艺品15626件，产值258.35万元；造纸6704.4吨，产值1773.5万元；其他产值3694万元。在竹笋加工产值中，冬笋产量2816吨，产值6922.24万元；春笋产量3637.8吨，产值1.07亿元；笋干产量1612.5吨，产值3632.22万元；笋罐头产量889吨，产值590.1万元。

第三章 森林工业

1986—2000年，全市（地区）森林工业企业（以下简称“森工企业”）实行改革开放政策，既承受巨大压力，又带来活力和机遇。改革前，森工企业普遍存在产权单一、企业办冗员过多、负担沉重、创利能力小等历史问题。改革后，各森工企业逐步退出国有（营），为企业服务的辅助业逐渐转到民营，社会承担的公益职能移交归位，职工开始渐进改变身份，转换劳动关系，全市（地区）森林工业开始走上一条新的兴业之路。

第一节 企业改革

一、管理体制改革

中华人民共和国成立至1983年，森工企业行业全省垂直管理，统一管理，统一核算，统负盈亏。1984年起，省委、省政府决定将森工企业人、财、物三权下放到县（市）管理，财务管理以县（市）统负盈亏；统筹安排森工、营林的生产和经营，把森工和营林结合起来；流通资金和固定资产不得随意变动；省、市直属森工企业的领导关系不变。

1983年机构改革，成立赣州地区林业工业公司，直接管理地属7家森工企业，对各县（市）林业工业公司进行行业管理。1988年11月，省林业厅发出《关于解决赣州地区林业工业公司政企不分》的函。1989年5月，地区行署决定将公司原有的行政、行业管理职能划归地区林业局。1991年10月，行署决定，地区林业局为地区林业工业公司的主管部门，行使地区森工行业管理职能，公司为事业单位，实行企业化管理。

全地区森工行业从1997年开始，积极探索公有制改革形式，能卖则卖，宜租则租。地属森工企业主营门类多，职工多，技术含量参差不齐，经调查研究，确定实施一厂一策、一厂多制的总体改革方案。1999年，市（地）属森工企业进一步理顺管理体制，减少管理层，将原不具法人资格的独立核算单位改组为具有独立法人资格的二级法人单位。2000年，市林业工业公司加大改革力度，机关科室进行精简合并，人员分流，科室由7个精减合并为4个，管理人员由31人精减为22人；油库实行对外租赁，办公设备自动化经营站实行分散经营、自负盈亏的经济责任制，遏制多年亏损现象；加强劳动纪律，完善各项制度，清理个人欠款；允许职工请长假或买断工龄自谋职业。

二、经营体制改革

承包经营 1986 年，地区林业工业公司与地区财政局签订《关于地直森工企业实行利润包干上交的协议》，核定每年包干上缴利润 40 万元，超收全留，4 年（1986—1989 年）不变，留利主要用途为给盈利企业合理留利，补贴赣州贮木场、赣州森铁管理处 2 家亏损企业，建立行业生产发展基金等。1987 年，赣州林业汽车修配厂在地直森工企业中率先进行公开招标，实行承包经营。随后，地区犹江林场和赣州林业工程公司对内公开招标，实行承包经营；赣州木材厂、赣州第二木材厂、赣州贮木场由原领导班子承包经营；赣州森铁管理处向社会招标，由中标的赣州木材厂承包经营，实行以企业承包企业。上述地属森工企业，均与地区林业工业公司签订承包经营合同并交纳一定的风险金。地直森工企业实行承包经营的结果，经地区林业工业公司年度检查核认，赣州贮木场 1988 年各项经济指标完成较好，企业法人代表收入高于职工平均收入的 3 倍，1989 年亏损 217 万元，1990 年亏损 325 万元；赣州林业工程公司 1988 年完成各项承包经营指标，企业法人代表收入高于职工收入的 1 倍，1989 年未完成承包经营指标，1990 年亏损 84.12 万元；赣州森林铁路管理处 1988 年完成承包经营目标，企业法人代表收入高于职工收入的 1 倍，1989 年亏损 234.7 万元，1990 年亏损 406.4 万元。1988 年，赣南林化产品集团公司承包经营寻乌县化工厂，承包期 3 年；承包经营会昌县化工厂，承包期 5 年（1988 年 1 月 1 日至 1992 年 12 月 31 日，1991 年 8 月经双方协商提前终止承包经营合同）；1988 年 5 月承包经营会昌永隆乡化工厂，承包期 5 年（1988 年 5 月 1 日至 1992 年 12 月 31 日）。

目标管理 为把企业经营者的责任、权力和利益三者较好地结合起来，地区直属森工企业在 1986 年、1987 年和 1991 年实行目标管理责任制。其中 1986 年和 1987 年完成目标任务较好，2 年盈利 1821.4 万元，取得较好的经济效益。1991 年，地直森工企业完成目标负增长，亏损 543.33 万元。到 1995 年，地直森工企业出现连年亏损。赣州木材厂从 1992 年起全面贯彻国家和省、地进一步搞好国营大中型企业，深化企业内部改革的要求，面向市场，开展多种经营，实行年度目标管理责任制，取得较好的经济效益，1992—1994 年实现利税 1405.6 万元。

租赁风险抵押承包 20 世纪 90 年代，地直森工企业的生产经营陷入困境，面临着企业生产的出路、经营资金匮乏和安置职工下岗等问题。赣州金林人造板厂（原赣州第二木材厂）实施整体租赁，赣州木材厂、赣州森铁处、赣州贮木场实施分块租赁。赣州木材厂从企业实际出发，经上级批准实行分块租赁。胶合板、纤维板和动力车间于 1999 年 6 月租赁给广东东莞联华木业有限公司。为发挥国有资产的潜能，确保财产安全，出租和承租双方各负担一半财产保险金。机修、翻砂和闲置的房屋等分块单独出租。实行租赁抵押承包后，赣州木材厂安排部分下岗职工就业，职工养老保险金按时缴纳，企业运转平稳。

租赁经营 1986 年前，赣州第二木材厂以经营木材为主。木材市场开放后，根据市场需求，不断调整企业主业的生产经营方向。1987 年停止木材经营，企业转为以制材为主业，生产枕木、板方材等产品。随着建筑市场的发展，1992 年转为以胶合板生产为主。1995 年试产成功定向刨花板，后因无流通资金和待开发市场而停产。1996 年企业不能正常运转，发生亏损，拖欠职工工资。1997 年经行署批准更名为金林人造板厂，同年租赁给福建隆发盛实业有限公司，租期 1 年。1999 年，金林人造板厂积极招商引资，寻找新的承租对象。2000 年 5 月，与香港鸿伟木业签订租赁合同，缴纳 10 万元风险保证金，从第 2 年起投资设备，以设备作抵押，生产普通胶合板、定向刨花板和细木工板，月租金 5 万元，租期 18 年。租赁期满，设备归金林人造板厂。实行租赁后，企业能够有效运转。

三、股份制改造

1987年，经地区行署批准，由地区林业工业公司牵头，按照自愿互利的原则，将全地区31个林化厂和经营企业组建成赣南林化产品集团公司，参股100万元，全民占87.5%股份，集体占12.5%股份。公司成立后实行产销联营，松香生产和销售取得较好效益，根据公司章程，年底返回各林化厂利润341.5万元。1996年，地区林业工业公司出台《深化改革实施方案》，该方案明确“产权清晰，权责明确，政企分开，管理科学”的目标要求，根据各森工企业自身特点和条件，加大改革力度。赣州林业工程公司推行项目经理股份制，采取一人牵头、多人自愿、向公司交纳管理费的办法。1997年10月开始，仅2个月时间就承接到1800多万元工程，走出施工任务不足的困境。

四、劳动、工资、社会保险制度改革

1992年始，全地区森工企业逐步实行劳动、工资、社会保险等改革（以下简称“三项制度”改革），实行全员劳动合同制，择优上岗，合理分流人员，打破“铁饭碗”“大锅饭”。赣州木材厂最早实行“三项制度”改革，于1992年开始优化劳动组合，拉开工资档次，实行职能工资和岗位工资，当年实现利税363.4万元。赣州第二木材厂把医务所、招待所从生活服务部门划出，实行自主经营，变福利型为自负盈亏型，减轻企业负担。其他地属森工企业也相继实行“三项制度”改革，对在改革中下岗的职工采取企业内部消化或自谋职业等措施妥善安置，各森工企业建立再就业服务中心，对进入中心的下岗职工，由本人申请，审查批准，将国有企业下岗职工基本养老保险金直接发至受保对象。

第二节　森林采运与更新

一、木材采伐

1986年始，全地区木材生产按照用材林的年采伐量不得超过年生长量的要求执行江西省限额采伐制度。20世纪90年代初，木材生产、流通全部进入市场，改变秋砍冬运、春夏流送、自然风干的传统作业模式。1986—2000年，全市（地区）森林采伐14.29万公顷。

采伐范围　采伐对象主要是国营林场在1949年后造林的新林区山场和1949年前的天然林山场，集体林场则从天然林山场逐渐过渡到1949年后人工造林的山场中进行。采伐方式有皆伐、择伐、人工中幼林疏伐或抚育间伐。对人工成熟林普遍采用皆伐；对次生林改造实行皆伐或抚育采伐，皆伐面积每块不大于10公顷；对水库防护林等普遍采用择伐；对天然林控制皆伐，推行择伐；对毛竹林斩山号竹，合理采伐。

采伐审批　木材生产由生产单位或农户提出申请，经林场或林站按照林业部编制的《南方集体林区采伐更新调查设计规范》《江西省伐区调查设计原则要求》编制森林采伐作业设计书，报主管部门批准后发给采伐许可证。凭证采伐，乡镇林站在采伐中检查，采伐后验收。1988年起，对毛竹实行限额采伐制度，并坚持凭证采伐和凭证运输。

木竹产量　1986—2000年，全市（地区）生产商品木材985.12万立方米，其中国有（营）采育林场生产320.57万立方米，国有（营）营林林场生产144.8万立方米，集体生产379.73万立方米；生产商品毛竹6261.14万根，其中国有（营）1680.73万根，集体4535.41万根。木材生产实行严格的限额采伐，年度之间产量相差不大。

表 19-3-1

1986—2000 年赣州市（地区）木竹产量统计表

年度	木材(万立方米)					竹材(万根)		
	合计	国有(营)采育林场	国有(营)营林林场	集体	个体	合计	国有(营)	集体
1986 年	88.77	21.25	11.69	55.83	—	183.37	42.45	140.92
1987 年	71.98	18.92	0.82	52.24	—	316.86	75.29	241.57
1988 年	71.59	17.74	5.72	48.13	—	411.54	94.79	316.75
1989 年	47.26	14.60	8.53	24.13	—	259.09	91.89	167.20
1990 年	57.40	15.85	9.84	31.71	—	343.59	97.26	246.33
1991 年	58.20	19.37	8.64	30.19	—	437.85	100.99	336.86
1992 年	71.55	20.00	15.00	35.62	0.93	569.88	142.77	427.11
1993 年	67.17	21.37	13.78	29.27	2.75	574.41	175.10	399.31
1994 年	59.67	19.27	13.22	21.83	5.35	544.51	148.82	395.69
1995 年	70.18	23.53	12.85	27.57	6.23	510.13	204.08	306.05
1996 年	70.73	26.01	11.17	3.41	30.14	488.39	101.52	386.87
1997 年	66.48	24.84	10.57	14.12	16.95	448.35	110.79	337.56
1998 年	53.42	25.82	6.04	2.28	19.28	299.72	102.44	197.28
1999 年	52.00	25.00	8.06	1.41	17.53	359.38	100.52	258.86
2000 年	78.72	27.00	8.87	1.99	40.86	469.07	92.02	377.05
总计	985.12	320.57	144.80	379.73	140.02	6261.14	1680.73	4535.41

二、木材运输

水路运输 1986—1991 年，木材水运途径为章江、贡江和赣江。章江水系木材经上犹陡水水库库区用拖轮排水运至窑下，再经森林铁路运至赣州；贡江水系木材主要是瑞金县拔英林场和会昌县的木材，由货主雇请民工沿湘江人工放排水运至赣县茅店，然后扎成大排下运，每年运材 1 万～2 万立方米，材种有坑木、造纸材等；赣江水运木材由航运部门管理，水运木材量占全地区木材外运 40%左右，是木材外运的主要渠道。之后，由于市场变化，木材水运逐渐由陆运代替。

水路运输企业有 1958 年成立的赣州贮木场，拥有机驳船 4 艘，仓容 320 吨。1984 年前每年拖运木材约 30 万立方米。南方林区木材市场开放后，木材中转职能消失，1989 年仅中转木材 5.6 万立方米，拖排设备闲置，企业处于停产待工状态。由于收入减少，企业陷入困境。截至 1999 年，企业欠经营性外债 505 万元，银行贷款及利息 2200 万元，拖欠在岗职工下浮工资 49 万元，退休职工下浮养老金 44.45 万元，职工医疗费 36.2 万元，抚恤费 20.83 万元。同时欠缴养老统筹金 43.5 万元，失业保险金 10 余万元，职工生活困难，企业处于危困之中。

汽车运输 赣州林区的木材运输由省林业汽车运输公司赣州地区分公司（1959 年 6 月成立赣南林业汽车队，1977 年更名）及其 16 个车队承担。1986 年有车辆 216 辆，1120.5 吨位，职工 693 人。汽车运材所需油料由国家计划供应。

木材放开经营后，林业汽车运输逐步走向社会，林业车队逐步实行承包、租赁、目标管理经济责任制。1986 年开始，林业车队由计划单车核算制转为单车集体承包、司机单车全承包和目标管理 3 种经营方式。为培训林区汽车驾驶员，地区林业局和地区林业工业公司联合组建赣南林区驾驶员培训学校。1989年，省林业汽车运输公司提出“稳定运输、发展修理、大力开展多种经营”的车队发展方向。赣州各林业车队实行全方位改革，面向社会，打破行业界限，开展对外运输、修理、配件经营、事故拯救、停车、住宿、饮食、举办驾驶员培训班等经营业务。1991年全地区林业车队有车辆171辆，920.5吨位，职工703人，汽车运输木材发展成为林区木材运输的主要渠道。1986—1991年完成汽车运材77.01万立方米，运货42.99万吨，实现利润239.95万元。

森林铁路运输 1965年建成的森林铁路，木材运输从上犹窑下至赣州65千米，沿线设窑下、元村、梅水、油石、大坑、龙华、唐江、凤岗、赣州9个站区。客运增设蟠龙、西河2站，延长运输距离2千米。铁路运输设备有CI28吨窄轨蒸汽机车5台，ZN120窄轨内燃机车1台；车辆153台，其他设备93台，728.25千瓦。木材市场放开经营后，森林铁路运材剧减。1986—1991年，平均年运材1.48万立方米，6年累计运材只有木材市场开放前一年的运量，而且逐年减少。1992—1995年，平均年运材0.18万立方米，客货运输逐年减少。1991年比1986年货运下降59.85%，客运下降32.6%。1991年11月10日，赣州地区行署办公室批复确认赣州森林铁路管理处为停产半停产企业。管理处在重重困难中经营，开展多种经营，主要项目有经营木材和机修厂对外加工、林产化工、竹筷、服装加工等安排部分职工就业。森林铁路有专人维修，但因运量少、效益差，只能进行一般维护。到1995年，有在职职工886人，其中下岗职工300多人，1992—1995年企业累计亏损556.5万元。1996年，赣州森林铁路管理处无法维持企业正常的简单再生产，主业中断，设备闲置，大部分人员停工待业，职工生活陷入困境。企业主要经济收入单一，木材建材公司资金枯竭，无法组织货源和正常的木材经营；经常停水停电停电话，与外界失去联系；职工人心不稳，自谋出路；机修和扑克牌厂等微利企业，因无资金购买原材料，无法组织生产；营运段无钱买煤停运。

表19-3-2

1986—1995年赣州地区森林铁路运输统计表

年度	运木材(万立方米)	货运(万吨)	客运(万人次/千米)	运沙(立方米)
1986年	2.98	43.06	338.33	—
1987年	0.85	27.19	330.97	—
1988年	2.35	33.45	308.85	—
1989年	1.85	20.95	291.36	—
1990年	0.46	13.95	247.78	—
1991年	0.36	17.29	228.02	—
1992年	0.45	0.84	7.43	5600.00
1993年	0.19	1.74	6.50	11500.00
1994年	0.03	1.70	4.73	1034.00
1995年	0.03	1.86	4.51	866.00

说明：1996年起客货运输停止

三、林区公路建设与养护

1986—1990年，赣州地区加快林区公路建设步伐，全地区乡（镇）、林场都通公路，大部分行政村、部分村民小组也通公路，为林区发展生产，保护森林资源，繁荣山区经济，促进物资文化交流，改善和提高山区人民生活起到重要作用。

林区公路状况 林区公路是赣州林区总体规划建设的主要项目，经1989年公路普查核实，全地区有林业公路642条4939.24千米，占全省林区公路的1/3，其中林区二级公路74.75千米，林区三级公路2300.66千米，林区公路便道1893.44千米，林区民办公助公路670.39千米；桥梁11.66千米1114座，其中永久性8004米740座；涵洞21.04千米9017座，其中永久性1566.55米6572座。1995年，全地区有林业公路4957.45千米，其中二级公路74.75千米，三级公路2340.61千米，便道2112.89千米，民办公助公路429.2千米。林区公路移交交通部门管养、进入地方公路网的有25条374.44千米。2000年，全市有林业公路4958千米，其中林区二级公路35.51千米，林区三级公路2080.46千米，林区便道1829.44千米，民办公助1012.59千米；桥梁842座；涵洞5319个。

林区公路养护管理　1989年，林业部门实际管养的林区公路617条4564.81千米，养护3990.8千米，弃养574.01千米。1995年，林业部门实际管养的林区公路3576.81千米，其中达到一级（优良）养护等级的191.21千米，达到二级（完好）的619.05千米，达到三级（基本完好）的2164.38千米，不合格的602.17千米，完好率占管辖公路里程的60%，占养护里程的83.2%，弃养公路1381.02千米。2000年，林业部门实际管养林区公路4958千米，其中达到一级（优良）633千米，二级（完好）1065千米，三级（基本完好）1280千米，不合格的1980千米。完好率占管辖里程60%，占养护里程85%，弃养1451千米。

全市（地区）林区公路养护机构。1987年有养路队（班）224个，养路工人1336人，养路机械设备63台，总功率760千瓦。1987年2月，省交通厅、省林业厅下发《关于对林业部门运输车辆减征养路费收缴办法的通知》，对全省林业系统运材车辆实行减征40%养路费的收缴办法，从1987年2季度至1990年1季度由省林业工业公司每年返回地区林业工业公司养路费44.52万元，按各单位运材车辆吨位核算比例返回各车队、场站，用于林区公路养护。每年每千米养路费为90.1元，90%以上的养路费摊入成本。1993年3月成立赣州地区林业公路管理站，与林业工业公司运输科合署办公。1995年，省林业公路管理站在崇义县、宁都县、信丰县、兴国县和九连山林场开展林业公路、路政管理试点工作，地区林业局制定《赣州地区林业公路路政管理实施方案》，印发至各县（市）林业局试行。为加强林区路政管理，1995年9月，省森工局、省交通厅批准赣州地区设林业公路专职路政管理员23名、兼职路政管理员70人。1995年年底，全地区有养路工人1157人，固定资产30.1万元。养路机械设备53台，总功率467.46千瓦，完好率78%。2000年，全市有养路工人524人，固定资产79万元。养路机械设备35台，总功率65千瓦，完好率为85%。

四、迹地更新造林

赣州气候温和，雨量充沛，森林采伐迹地土壤湿润肥沃，适合人工和天然更新造林。1986—2000年，全市（地区）迹地更新造林贯彻林业部1973年颁发的森林采伐更新规程，各林场编制森林采伐作业设计进行更新，当年采伐，当年炼山整地，次年人工造林，执行“造林与采伐挂钩”“当年更新欠账，次年不分采伐指标”等制度。更新方式采用人工造林，人工补植，人工促进天然更新，封山育林。皆伐山场实行人工造林，当年砍伐当年炼山整地，次年春天造林；择伐山场实行在林中空地穴垦整地进行人工补植，补植后松土培土、除萌等方式进行抚育（第1～3年每年2次，第4～5年每年1次），然后封山育林，多数是人工重新造林。

2000年，全市有国有采育林场64个，经营面积35.83万公顷，其中国有22.62万公顷，林木蓄积量1324.7万立方米，毛竹3450.6万根，职工16010人，其中下岗职工10209人。

表 19-3-3

2000年赣州市国有采育林场统计表

县(市)	林场名称	经营面积(公顷)		林木(万立方米)	毛竹(万根)
		小计	其中国有		
赣县	下山寮、荫掌山、留田	19995.00	19166.00	144.00	258.00
信丰	金鸡、隘高、余村	23289.13	15917.60	91.00	123.8
大余	长潭里、帽子峰	8560.35	8404.43	70.00	115.00
上犹	五指峰、寺下、新江、清湖	16392.27	10760.00	99.00	186.00
崇义	高岔、密溪、丰洲、龙峰、桐梓、石罗、聂都、朱坑、天台山、新溪、思顺。	103449.47	23106.13	226.80	949.90
安远	孔田、甲江、葛坳、天心、龙布、双芜	34156.33	33823.00	188.80	20.08
龙南	棋棠山、夹湖、双罗、八一九、寨仔	12363.00	10840.00	33.31	75.20
定南	含湖、蔡阳、上寨	8423.20	7418.73	53.00	57.00
全南	兆坑	3792.40	3266.40	23.90	30.00
宁都	固村、里迳、大沽、墩土岭	8877.53	6953.93	35.00	0.68
于都	小溪、祁禄山、仁风	15102.90	6935.93	56.93	276.90
兴国	龙山、均福山、蕉坑	5937.33	5479.07	17.00	201.00
瑞金	绵江、拔英、关山、	24887.47	23341.73	81.08	212.80
会昌	中村、永隆、晓龙、清溪、板坑	35319.93	21853.13	74.50	82.18
寻乌	珊贝	2966.80	2066.53	8.74	—
石城	大由、龙岗、洋地、横江、丰山、桐江	9135.73	7113.40	39.00	333.00
市直	犹江林场	25694.07	19706.73	82.64	529.06

说明：龙南林木、毛竹为1999年的统计数

第三节 木材加工

20世纪80年代，随着森林工业生产的发展，木材加工生产技术逐步成熟。80年代中期，赣州木材加工普遍采用带锯替代圆锯制材，节约木材，提高出材率，锯材产量逐年提高。60年代初建成的赣州胶合板厂是全地区唯一的人造板生产企业。80年代，全地区人造板企业逐步发展到25家，木材制品由传统产品发展到建筑、装饰、贴面，同时进行人造板二次加工，生产过程采用蒸汽和太阳能干燥，提高产品质量。

表 19-3-4

2000年赣州市人造板企业一览表

单位：万立方米

企业名称	产品名称	生产规模	投产时间	隶属关系
赣州木材厂	胶合板	2.00	1963年	市属
	纤维板	0.60	1977年	市属
	竹胶板	0.20	1990年	市属
	菲林板	80.00①	1994年	市属
赣州第二木材厂	胶合板	0.50	1989年	市属
	定向结构刨花板	1.68	1995年	市属
九连山营林林场胶合板厂	胶合板	0.50	1970年	市属
全南八一胶合板厂	胶合板	0.20	1983年	省属长城集团

续表 19－3－4

企业名称	产品名称	生产规模	投产时间	隶属关系
信丰县胶合板厂	胶合板	0.20	1990 年	金盆山林场
信丰县刨花板厂	刨花板	0.50	1995 年	县林业局
大余人造板厂	胶合板	0.15	1993 年	县林业局
	刨花板	0.15	1993 年	县林业局
上犹县人造板厂	胶合板	0.20	1994 年	县林业局
崇义县华森集团	胶合板	0.50	1988 年	县林业局
	刨花板	0.50	1992 年	县林业局
	中密度纤维板	0.70	1994 年	县林业局
	中密度纤维板	1.50	1995 年	县林业局
崇义县木材公司人造板厂	胶合板	0.20	1990 年	县林业局
	竹编胶合板	0.20	1988 年	县林业局
崇义县长龙木材厂	胶合板	0.20	1989 年	长龙乡
崇义县古亭镇联合胶合板厂	胶合板	0.20	1990 年	719 矿与古亭镇联办
崇义县横水镇胶合板厂	胶合板	0.20	1990 年	横水镇
安远县木材厂	胶合板	0.50	1990 年	县林业局
	刨花板	0.50	1995 年	县林业局
全南县胶合板厂	胶合板	0.20	1986 年	县二轻局
全南县刨花板厂	防火刨花板	0.50	1993 年	县二轻局
全南隆顺胶合板厂	胶合板	0.20	1993 年	县二轻局
宁都县木材厂	胶合板	0.20	1981 年	洛口乡
	刨花板	0.50	1993 年	洛口乡
宁都县肖田乡胶合板厂	胶合板	0.20	1995 年	县乡企局
于都县祁禄山镇胶合板厂	小胶合板	0.10	1994 年	祁禄山镇
兴国纤维板厂	中密度纤维板	1.00	1995 年	兴国糖厂
瑞金县胶合板厂	胶合板	0.20	1980 年	泽覃乡
会昌县木材厂	纤维板	0.50	1991 年	县林业局
会昌县木材加工厂	胶合板	0.20	1994 年	私营
寻乌县胶合板厂	胶合板	0.20	1982 年	桂竹帽林场

注：①赣州木材厂菲林板生产规模计量单位为“万平方米”

一、人造板生产

人造板生产始于 20 世纪 60 年代初，1963 年赣州胶合板厂建成，加工材料以马尾松为主。1991 年，全地区有人造板企业 17 家，胶合板年生产能力 7.9 万立方米，纤维板年生产能力 1.6 万立方米，竹胶板年生产能力 0.4 万立方米。刨花板是 1992 年后投产的人造板新品种。崇义县华森集团公司于 1992 年投产，生产规模 5000 立方米/年，当年生产刨花板 843 立方米。1993 年，大余、全南、宁都刨花板车间建成投产。1995 年，信丰县刨花板厂、安远县木材厂刨花板车间、全南县刨花板厂防火刨花板等相继建成投产。2000 年，全市刨花板年生产能力 4.4 万立方米。

胶合板基地建设 1986—1991年，赣州木材厂与国营林场联营建立胶合板材基地606.66公顷，由赣州木材厂投资63.43万元。其中，1986年33.33公顷，投资1.5万元；1987年80公顷，投资7.53万元；1988年493.33公顷，投资54.4万元。1988年，宁都县木材厂投资12万元与集体联营建立胶合板材基地333.33公顷。

木材加工企业审批 1987年3—5月，江西省林业工业公司组织赣州地、县有关人员，按照国务院《工业产品生产许可证试行条例》和江西省经济委员会〔1987〕153号文件精神，对人造板企业进行初审、上报、审批等工作，经林业部审定的赣州木材厂、赣州第二木材厂、崇义县木材厂、寻乌县胶合板厂、全南八一胶合板厂等8家人造板企业，1990年1月起获得生产许可证。

人造板技术改造 1986—2000年，全市（地区）进行人造板技术改造的企业主要有赣州木材厂、赣州第二木材厂、崇义县华森集团公司、信丰县刨花板厂和大余县人造板厂。

赣州木材厂 胶合板技改工程。该项工程1983年开工，分4期完成，即原木檩场与原木处理工段，旋切、干燥工段，单板处理工段，热压工段，该技改项目建筑总面积1.67万平方米，边生产边进行技术改造。1988年12月，经江西省林业工业公司组织验收，形成2万立方米/年的生产能力，产品合格。1991年10月，由林业部林产工业设计院设计，引进德国压贴线关键设备，采用德国酚醛浸渍纸先进技术，1992年12月开工，1994年2月竣工，年产菲林板80万平方米。后因浸渍纸进口成本高无竞争力而停产。

赣州第二木材厂 细木工板技术改造项目。1987年，地区经济委员会批准该厂进行年产2000立方米细木工板技术改造，项目于1987年9月开工，1988年10月竣工。该项目有设备38台，其中细木工板车间新购置设备13台，制胶房设备4台，水处理设备17台，芯板生产设备4台。自制设备9台，利用原有2座过热蒸气干燥窑和1座太阳能干燥窑。产品试产后，因建筑模板畅销，又改为胶合板生产线，效益逐年提高。定向刨花板技术改造项目。1991年，林业部批准赣州第二木材厂1.68万立方米定向刨花板技术改造项目立项，总投资4938万元，引进457万美元设备，1995年8月开始设备调试并试产刨花板（DSB板）2000立方米。后因无流通资金、市场待开发等原因而停产。

崇义县华森集团公司 1993年，崇义县经济委员会批准崇义县华森集团公司对原5000立方米/年硬质纤维板生产线进行中密度纤维板技术改造，项目投资330万元，1993年4月动工，1994年10月投产。技术改造后，形成7000立方米/年中密度纤维板的生产能力。

信丰县刨花板厂 1993年5月，信丰县林业公司投资1300万元筹建信丰县刨花板厂，1995年10月试产成功，形成年产刨花板5000立方米的生产能力。

大余县人造板厂 1993年，大余县投资710余万元建设大余县人造板厂胶合板和刨花板2条生产线，生产规模为年产胶合板1500立方米、刨花板1500立方米。

二、锯材

木材放开经营后，木材加工业迅速发展。1989年调查登记，全地区木材加工业有954户（家），其中个体户463户，乡村企业392家，私营企业11家，国营企业49家，二轻系统22户，其他17户。木材加工能力47.45万立方米，其中个体户6.14万立方米，乡村企业7.49万立方米，私营企业0.14万立方米，二轻系统1.57万立方米，国营企业31.64万立方米，其他0.47万立方米。为保护森林资源，1989年9月至1990年4月，对木材加工企业进行清理整顿。1990年以后锯材生产量缩小。1992年，赣州第二木材厂停止锯材生产。1995年，地直森工企业只有犹江林场每年生产锯材500立方米，生产锯材较多的县：寻乌县占全地区产量的20.9%，会昌县占12.1%，崇义县和龙南县各占9.1%，其他县锯材产量较少。2000年，全市锯材产量1万立方米。

表 19-3-5

1986—2000 年赣州市（地区）木材加工统计表

单位：万立方米

年度	锯材	人造板				
		总量	胶合板	纤维板	刨花板	其他
1986 年	6.86	2.71	2.19	0.52	—	—
1987 年	10.11	2.99	2.51	0.48	—	—
1988 年	6.35	3.65	2.81	0.84	—	—
1989 年	5.81	3.62	2.86	0.76	—	—
1990 年	3.53	4.09	3.52	0.57	—	—
1991 年	3.51	5.44	4.76	0.68	—	—
1992 年	2.25	5.78	5.14	0.56	0.08	—
1993 年	1.87	8.24	5.77	1.13	1.34	—
1994 年	2.14	11.04	7.99	1.60	1.45	—
1995 年	0.87	10.63	7.24	1.39	2.00	—
1996 年	0.58	9.82	3.72	2.67	2.81	0.62
1997 年	1.00	12.12	6.37	2.64	3.11	—
1998 年	1.01	10.10	4.78	2.46	2.86	—
1999 年	0.89	9.74	2.51	3.22	4.01	—
2000 年	1.00	8.24	1.96	3.37	2.91	—
合计	47.78	108.21	64.13	22.89	20.57	0.62

三、南康木制家具

1986 年前，南康木制家具生产以乡（镇）办集体企业为主，规模较大的有南康木具厂、唐江木具社、麻双木具社等企业，同时，各乡（镇）有零星分布的家庭作坊式小加工厂，生产风车、水车等农具和简单的家具，用材以杉木为主。镜坝镇是南康家具创业最早的镇。20 世纪 90 年代初期，王福胜在镜坝创办生产实木沙发企业，是南康最早的民营家具厂。办厂之初年产量 1400 套，产值 140 万元。

20 世纪 80 年代中后期，南康县的乡（镇）办企业逐渐解体。80 年代末和 90 年代初，一批外出打工学成木工手艺、掌握最新技术的人员，回乡创业办厂。加工厂建在交通便捷的公路两侧，厂房简陋，缺乏烘干设备，产品比较单调。原材料杂原木主要来自赣州各县（市）、吉安地区和湖南、广东、福建等邻省。90 年代初期，年消耗木材约 5000 立方米，家具年产量约 1.5 万套。90 年代中期，年消耗木材约为 7 万立方米。至 2000 年，企业数量 500 家，年消耗木材约为 30 万立方米，年产量 20 万套。

南康木制家具产业发展初期，主要以加工沙发、餐椅毛料，生产餐椅和简易的联邦沙发白坯为主，品种单一，款式陈旧。20 世纪 90 年代中后期，开始不断升级换代，工艺不断创新，木制沙发品种多样，款式新颖。一批广西人在南康从事沙发靠背和扶手专业雕刻工艺，并从广东顺德乐从购回沙发样品，在消化吸收的基础上加以创新和改进。廖氏兄弟、三联等弯曲木厂生产的异型板扶手开始替代实木扶手。木工机械作业不断更新，产品质量档次不断提高，生产原料从单一木材向人造板、铁件、皮革、布艺、塑料、玻璃等多元化转变，产品花样繁多，销路顺畅。

四、林业造纸

1992 年前，全地区归口林业部门管理的造纸厂只有安远县造纸厂（生产规模 1500 吨/年）和石城县横江造纸厂（生产规模80吨/年）2家。1992年1月，赣州地区计划委员会批准上犹县林业局筹资2000多万元，于1992年冬开始建设赣南林业造纸厂，设计年产1.2万吨牛皮箱板纸。1994年，设备安装调试完成，一次试产成功，主要设备270台，生产180～360克/平方米，幅面宽800～1600毫米，规格不同的全木浆、全竹浆、混合浆等卷筒牛皮箱板纸和挂面箱板纸，产品质量符合国家标准，年销售收入2000万元，安排职工300余人，投产以来取得较好的经济效益和社会效益，成为上犹县税利大户。1992—1995年，全地区林业造纸产量分别为1345吨、1320吨、1321吨和4127吨。

第四节　林产化工

赣州芳香树种繁多，有发展林产化工的基础。至2000年，全市有36家林产化工厂，其中有生产许可证的19家，拥有蒸汽法生产工艺的10家。全市林产化工产品主要是松香、松节油、松焦油，其次是栲胶和紫胶，松香、松节油的深加工产品产量较少。特殊年份松香年生产能力超过4万吨。后因松脂资源减少，2000年产量仅为5000吨。同年，市林化产品经营站争取到松香配额招标权，下半年实现出口松香1600吨，创汇75万美元，经营模式由以内销为主转到以外销为主。

一、林产化工企业技术改造

1990年，赣州地区林业工业公司帮助上犹化工厂利用原有旧设备，贷款3万元，改造为年产300吨松香系列树脂（210、424、422、138松香树脂）生产能力。经技术改造后，1991年上犹化工厂生产100吨松香系列树脂，企业由亏损变为盈利4.3万元。

1991年，林业部批准赣州贮木场林化厂技术改造项目，在年产200吨松节油的基础上新增萜烯树脂系列产品，生产能力1000吨/年，总投资515万元，其中国家技改专项贷款460万元，不足部分由企业自筹。1992年开工兴建，1994年试产，由于没有解决生产流通资金等原因，没有正常生产，1995年将厂房设备等出租给赣南黑荆树栲胶厂。

二、松脂生产

境内松脂生产由林产化工厂和当地政府组织管理，采取林产化工厂组织脂农采脂与社会收购两种方式。社会收购由脂农与林权单位签订采脂合同，向林权单位缴纳山价款，林产化工厂分散设点收购。采脂普遍采用下降法。因松脂市场竞争激烈，各县、乡收购松脂价格不一，一般每千克在2.8～3.8元。1989年，林业部下发《关于严格贯彻执行松脂价格规定，坚决制止抢购松脂的通知》到广东、江西等5个松香产区，省物价局和省林业厅转发给各地区林业工业公司执行。1993年，随着松香市场放开，省内运输取消松香放行管理，松香销售旺盛。1994年出口量增大，销售价格上升，松脂价格上升幅度也较大，县际、厂际互相抬价争购松脂，地区林业工业公司立即在犹江林场召开水库区域松脂收购协调会，解决抬价争购问题。

1987年，赣州设立松脂林基地管理站，制定《赣南林化产品集团公司松脂林基地建设管理试行办法》，专人专职管理松脂林基地建设。1986—1991年按出厂价3%提取松脂林基金1206.31万元，建设松脂林基地3.95万公顷，其中厂自办基地4226.67公顷，集团公司、厂、村联营1.44万公顷，厂、村联营1.97万公顷，厂、场联营1186.67公顷；基地内还营造湿地松人工林1.07万公顷，幼林抚育1.56万公顷。

三、脂松香生产

脂松香生产投资小，见效快，一些有资源的县、乡均办厂生产。1986年，全地区有松脂生产厂家

36家。1987年3—5月，全地区采取办理发放脂松香生产许可证的措施，初步控制脂松香盲目建厂，对保护松脂资源起到良好作用。1990年5月，赣南林化产品集团公司在全南县举办全地区直接火法松香生产炉前工培训班，推广松脂水洗工艺，提高工人实际操作能力，提升产品质量。蒸汽法生产脂松香的有安远、寻乌、定南、会昌、宁都等5家化工厂，其他厂为直接火法生产脂松香。1990年，开展松脂生产厂家清理整顿，全地区松脂生产企业减为34家。1993年起，因松脂资源减少，松香产量逐年下降，生产厂家经济效益滑坡，企业亏损面逐步增大。2000年，全市脂松香产量5000吨。

四、栲胶生产

赣州自20世纪60年代引种黑荆树成功后，80年代与澳大利亚合作大面积种植黑荆树，为栲胶生产提供原料。1986年，省科学技术委员会、省林业厅将赣州地区黑荆树综合开发项目列入国家“星火计划”。项目于1986年1月开工建设，年产栲胶500吨，完成投资509万元，其中自筹90万元，拨款13万元，省、地借款239万元，银行贷款167万元。设备投资215万元。1990年8月，赣南黑荆树栲胶厂建成投产，由于原料供应不足，当年仅生产栲胶43.6吨，质量达到国际标准。1990年栲胶产品获国家“星火计划”成果金奖，1991年获“七五”计划产品博览会金奖。

1985年年底，黑荆树保存面积866.67公顷。1986年，全地区黑荆树保存面积266.67公顷。1986—1991年，新建黑荆树基地1041.33公顷，分布在会昌县400公顷、赣州市（今章贡区）250.5公顷、信丰县134.27公顷、赣县123.73公顷、地区林科所49公顷、南康县47.2公顷、定南县16.03公顷、于都县12.6公顷、兴国县8公顷。

五、松焦油生产

1962年省属九连山垦殖场利用采伐迹地的松根干馏松焦油试验成功并投入生产后，年平均产量400吨，最高年产800余吨，产品质量达到或超过部颁标准，主要销往广州、上海和天津等城市。20世纪80年代后，松焦油主要产地在赣县、信丰县、大余县、崇义县、安远县、定南县、全南县等7个县。

六、紫胶生产

1963年，寻乌县利用有85万株野生紫胶虫寄生树的优势，开始进行紫胶虫引种放养试验。1986年成立紫胶林场，经过反复实践，解决越冬和冬夏放养等技术问题。1990年，紫胶虫放养发展到全县19个乡（镇）165个村，2500余户和3个国营林场，共有寄生树166.67公顷。其间，安远县、信丰县、会昌县、全南县等县学习寻乌县经验，积极发展紫胶生产。

表19-3-6　1986—2000年赣州市（地区）林产化工产品统计表　单位：吨

年度	松脂	松香	松节油	松焦油	栲胶	活性炭	木炭	紫胶虫
1986年	22423.50	16610.00	2807.00	—	—	—	—	19.30
1987年	25597.30	18961.00	3217.00	—	—	—	—	81.70
1988年	23874.70	17685.00	2653.00	—	—	—	—	22.10
1989年	22302.00	16520.00	2463.00	—	—	—	—	51.80
1990年	22005.00	16300.00	2500.00	—	43.60	—	—	55.00
1991年	17019.40	12607.00	1945.00	—	22.00	—	—	59.80
1992年	15298.00	11126.00	1703.00	1400.00	99.80	—	—	—
1993年	20693.70	15050.00	2012.00	1550.00	30.00	—	—	—
1994年	13928.70	10130.00	1407.00	2100.00	20.80	—	—	—

续表 19－3－6

年度	松脂	松香	松节油	松焦油	栲胶	活性炭	木炭	紫胶虫
1995 年	12427.20	9038.00	1326.00	2100.00	44.50	—	—	—
1996 年	—	8800.00	893.00	37.80	—	920.00	78.00	—
1997 年	—	9934.00	1202.00	—	—	1051.00	124.00	—
1998 年	—	7100.00	1680.00	—	—	—	—	—
1999 年	—	4112.00	665.00	—	—	1060.00	—	—
2000 年	—	5000.00	374.00	—	—	877.00	36.40	—

第五节　林产品流通与多种经营

一、木竹经销

1987 年 6 月，针对南方集体林区木材生产和流通领域出现的混乱情况，中共中央、国务院印发《关于加强南方集体林区森林资源管理，坚决制止乱砍滥伐的指示》，省委、省政府及时发出《关于贯彻中发〔1987〕20 号文件，加强森林资源管理的通知》。根据通知精神，各县（市）开展对木材经营和加工单位的清理整顿，至 1990 年 4 月底，木材经营、加工单位审查登记和换发营业执照工作基本结束。经过清理整顿，木材流通领域的混乱现象初步得到治理。木材生产由林业部门统一管理和收购，实行多渠道经营，山上管严，山下搞活。同时，按照省政府办公厅转发省林业厅、省商业厅《关于加强毛竹经营管理的报告》精神，由省计划委员会、省林业厅、省商业厅根据采伐限额指标统一下达生产计划，产竹县的林业工业公司、土产公司共同与生产单位签订收购合同，其他单位和个人不得收购和经营毛竹批发业务；以毛竹为原料的企业所需竹材，由县林业工业公司和土产公司组织供应，或经县林业局批准，在指定地点收购，但不得经营原竹。

二、木材流通

赣州是全国重要木竹产地，除满足当地需要外，还通过赣江、长江水运出省外销。出省木材主要销往江苏省、广东省，占 25%；其次是安徽省、浙江省，占 10%；少量销往河南、湖北、陕西、河北等省，占 10%。1986—1987 年，出省、出县木材由各县林业局办理运输证。1988—1995 年，出省木材由地区林业局授权地区木材检查站办理运输证，出县木材由县林业局办理运输证。地、县木材检查站为经营单位和用户提供服务，为正常的木材运输及时验证放行。木材运输方式有水路运输、汽车运输和火车运输。

三、林化产品经销

赣州林化产品品种多，经销历史长，规模较大的产品主要有脂松香和松节油，其他林化产品如松焦油、山苍子油、柏油、樟油等由生产单位自产自销。

松香是林业部门主管的产品，是国家二类工业生产资料，出口按指令性计划管理，内销和出口计划均实行林业部门统一供货。从 1986 年 1 月起，内销和出口的松香，由林业部门的经营单位收购和调拨，其他单位不得向生产企业收购，超产的松香由产地林业部门经营收购。1987 年，松香调运内销归省林业厅签证放行，统一管理。1990 年，采取由省、地林业工业公司统一供货和外贸部门到试点厂收购相结合的办法完成出口松香指令性计划。1991 年，出口松香由外贸部门到安远、瑞金化工厂 2 个出口试点厂收购，不足部分由地区林业工业公司供货解决。1993 年，松香市场放开，经销活跃。省内取消放行管理，松香销售面向市场，出省松香由省林业工业公司办理放行。

1950—1990年，全地区累计生产松香72.3万吨，松节油13.1万吨，占全省总产量的2/3，占全国计划产量的8%，松香、松节油的优级率和特级率90%以上。年平均出口松香1万吨、松节油1000吨左右，主要销往日本、西欧、西南亚等国家和地区，出口量占全地区松香产量的2/3。内销松香由林业部每年组织2次订货会，产销双方签订合同，主要销往上海、江苏、山东、河北、四川、辽宁、北京、天津等地。

四、林业企业多种经营

南方集体林区开放木材市场后，国有（营）林业企业打破行业界限，充分利用山区自然资源优势，调整林业生产结构，广开生产门路，发展商品生产，大力发展第二、第三产业，由单一经营原木原竹向多种经营、综合利用转轨变型，积极拓展种养、加工、采掘、交通运输、维修、建筑、商业、旅游等经营。森工企业多种经营由过去解决职工福利、改善生活转变到维持企业生存、解决子女就业和安排职工工作，促进企业巩固和发展。

赣州贮木场多种经营 木材放开经营后，赣州贮木场中转木材职能消失，企业转向经营木材。1986—1991年，经营木材23.14万立方米，不及1985年前的一年中转木材量，6年生产竹筒席1.7万床，焦轻油480.9吨，干馏松节油6吨，木尺105.06万把，毛刷156.18万把，工艺木碗2.9万只，漆刷柄20.09万把，多种经营产值502.6万元，上缴税金113.42万元。

九连山营林林场多种经营 九连山林场多种经营起步早，基础好，木材、林化、人造板、茶果、发电等成为林场的主要经济收入。同时，发展种养业和加工业，开发野生动植物资源，人工繁殖饲养果子狸、鹿、白鹇等。还充分利用林区丰富的绞股蓝、七叶一枝花等野生药物资源，于1987年投资300余万元新建制药厂，生产药品和保健饮料，如绞股蓝赛参液、七叶参健身宝和七叶参蜂王浆，产品荣获1987年和1988年度省优秀新产品奖。1990年，多种经营收入1515万元，实现利润117.5万元，分别占全场总收入和总利润的86.5%和85.2%。

第六节 森工企业管理

一、标准化管理

《中华人民共和国标准化法》实施后。1989年6月，赣州地区林业工业公司召集安远、定南、寻乌、会昌等县化工厂，在赣州编制企业产品标准，各县化工厂参照标准执行。赣州第二木材厂成立标准化委员会，车间成立标准化小组，厂部配备专职标准化工作人员，收集、整理、修订各类标准277个，其中技术标准88个，管理标准81个，工作标准108个，铅印成册，下发到车间、部门和科室执行，执行情况纳入经济责任制。

二、全面质量管理

1979年起，赣州木材厂推行全面质量管理，经历三个阶段：1979—1984年为第一阶段，以普及QC（质量控制）知识，广泛开展QC小组活动为主要内容，选择2个车间进行试点，积累经验。1984—1988年为第二阶段，以加强质量保证体系产品创优升级为主要内容，围绕创名优产品开展，“天岩”牌马尾松胶合板1988年获国家银质奖，硬质纤维板获林业部优质产品奖。1988—1991年为第三阶段，以全面提高QC水平争创质量管理奖为主要内容，经省经济委员会验收达到全面质量考核细则二级标准。全厂有较完整的全面质量管理体系，厂部有全面质量管理委员会，厂长为主任委员，下设办公室，配备专职干部，负责质量管理的计划、组织协调、监督、检查工作及日常事务；各部门成立质量管理领导小组，设有专职或兼职质管员；生产车间设置质量检验专职班，生产班成立 QC 小组，选出质监员，全厂形成三个层次三个方面、纵横交错的质量管理网络，有效地保证质量工作的进行。厂设质检科，负责原材料和产品入库前的检验测试。1989 年，厂荣获江西省质量管理奖、江西省普及 QC 教育先进集体，1990 年荣获林业部质量管理奖，1996 年制订“九五”质量发展规划。

赣州第二木材厂建有较完整的全面质量管理体系和网络，1988 年经地区经济委员会验收达到全面质量考核细则二级标准。1990 年普及 QC 教育，增强质量意识，举办 QC 基本知识培训班 2 期，每期 7 天。参加全国 IQC 电视讲座统考 214 人，参考率、合格率均为 100%。

崇义县木材厂于 1991 年达到全面质量管理二级标准。1994 年组建的华森竹业有限公司通过 ISO 9001 ： 2000 质量体系认证，其生产的“华森王”牌竹胶板被评为江西省名牌产品。1999 年，崇义华森集团有限公司生产的“华森王”牌人造板系列产品获“江西省名牌产品”称号。

表 19－3－7　1986—1991 年赣州木材厂、赣州第二木材厂 QC 成果统计表

企业名称	年度	QC 成果(项)	经济效益(万元)	获地区奖(个)	获省优秀成果奖(个)	获部优秀成果奖(个)	获省优秀QC 小组(个)	获部优秀QC 小组(个)
赣州木材厂	1986 年	2	5.00	2	1	—	—	—
	1987 年	4	38.55	3	1	—	1	—
	1988 年	3	13.00	2	—	1	1	1
	1989 年	7	5.00	2	—	—	1	1
	1990 年	7	11.30	1	1	—	1	—
	1991 年	17	64.20	—	3	—	1	—
赣州第二木材厂	1988 年	14	10.30	—	1	—	1	—
	1989 年	9	2.13	1	—	—	1	—
	1990 年	17	45.30	1	—	—	1	—
	1991 年	7	8.33	2	1	—	—	—
合计	—	87	203.11	14	8	1	8	2

三、企业升级

1986—2000 年，全地区森工企业广泛开展企业升级活动。各企业贯彻国务院《关于加强企业管理若干问题的决定》和江西省《省级先进企业标准内容及考核办法》。制定规划，提出达标措施，强化企业管理；健全和完善各项经济指标的原始记录；实现企业升级与厂长目标、企业改革、产品创新、民主管理、安全生产、思想文明建设相一致的目标。

1987 年，赣州木材厂、安远化工厂获“江西省先进企业”称号，会昌化工厂、定南化工厂、寻乌化工厂获“江西省预备级企业”称号。1988 年，赣州木材厂获“江西省百厂竞赛优胜企业”称号和“国家二级企业”称号（国务院加强企业管理办公室授予），赣州第二木材厂和会昌化工厂分别获“江西省先进企业”称号。1990 年，崇义县化工厂获“江西省先进企业”称号。

四、产品创优

森工企业许多产品荣获省、部及国家优质产品奖。赣州木材厂的松木胶合板，1988 年获国家银质奖，国务院总理李鹏在 1990 年 10 月 12 日视察该厂时，题写“开发新品，不断前进”。赣州林业工程公司建立和健全质量检测机构，公司建有企业二级试验室，配备较强的试验力量和检测设备。1986—2000

年，赣州林业工程公司创建优良工程 12 项，其中省优 1 项、部优 1 项、市（地）优 10 项。

表 19-3-8

1985—2000 年赣州市（地区）森林工业优质产品一览表

企业名称	年度	产品名称	级 别
赣州木材厂	1987 年	“天岩”牌胶合板	部优
	1988 年	“天岩”牌胶合板	国优
	1985 年	“天岩”牌硬质纤维板	省优
	1988 年	“天岩”牌硬质纤维板	部优
赣州第二木材厂	1990 年	“南冠”牌胶合板	省优
九连山胶合板厂	1985 年	胶合板	省优
崇义县木材厂	1991 年	“牛角”牌胶合板	省优
崇义木材公司人造板厂	1991 年	饰面竹编胶合板	北京’90 国际包装博览会
	1991 年	饰面竹编胶合板	省优
会昌县化工厂	1986 年	松香	部优
	1987 年	松节油	省优
寻乌县化工厂	1986 年	松香	省优
	1989 年	松香	部优
	1989 年	松节油	省优
宁都县化工厂	1986 年	松香	省优
	1991 年	松香	重获省优
全南县化工厂	1988 年	松香	省优
赣县化工厂	1991 年	松香	省优
安远化工厂	1988 年	松香	部优
	1987 年	松节油	省优
	1989 年	松香	部优
定南化工厂	1986 年	松香	部优
	1988 年	松节油	省优
崇义县化工厂	1989 年	松香	省优
瑞金化工厂	1989 年	松香	省优
石城县化工厂	1993 年	不饱和聚酯树脂	省新产品三等奖
	1994 年	FD-气干型原子灰	中国专利新技术新产品金奖

五、经营管理

全市（地区）森工企业优化产品产能结构，开展多种经营，完善企业各项制度，产品产量有升有降，工业总产值稳中略有上升，为深化改革积累经验。1986—2000 年，全市（地区）森林工业总产值、森工企业主要经济指标见表 19-3-9。

表 19-3-9 1986—2000 年赣州市（地区）森工企业主要经济指标统计表 单位：万元

年度	固定资产原值	固定资产净值	销售收入	实现利润	上缴税金	上缴利润
1986 年	9677.20	6676.60	16595.90	898.30	784.80	343.90
1987 年	10236.60	6925.10	23178.02	2645.70	1222.90	651.10
1988 年	11150.80	7517.00	35932.20	2941.90	2326.60	584.40
1989 年	12523.80	8472.20	25069.70	1582.40	2000.80	519.60
1990 年	13571.70	9086.30	27101.30	－1.39	1768.30	430.10
1991 年	14039.10	9018.00	26043.10	447.90	2153.50	450.00
1992 年	14193.50	9051.30	28246.00	869.60	2594.00	869.60
1993 年	13265.90	8254.70	34231.50	929.70	2944.00	929.70
1994 年	15599.90	10245.50	33209.50	1088.53	3490.30	65.80
1995 年	20411.50	13638.30	33318.50	－188.20	4456.80	173.70
1996 年	37363.00	27062.00	31578.00	－1427.00	4015.00	—
1997 年	37980.00	26903.00	30514.00	－1890.00	4018.00	—
1998 年	39774.00	28329.00	20374.00	－2674.00	2548.00	—
1999 年	40119.00	28798.00	16402.00	－1970.00	1746.00	—
2000 年	40506.00	27305.00	17714.00	－1306.00	3543.00	—

第四章 森林资源保护

赣州是全国重点林区之一，森林资源保护管理任务繁重。1986—2000 年，全市（地区）各级政府和林业主管部门在抓紧造林绿化，培育扩大森林资源的同时，实行普遍护林，加强森林资源的保护和管理。查处各类森林案件 4.62 万起，收缴木材 7.05 万立方米，收缴蛇类 10 余吨，其他各类野生动物 8044 只，罚款、没收折款 5406.59 万元，治安、行政拘留 1822 人，逮捕犯罪嫌疑人 541 人。全地区林区在乱与治的矛盾中，逐步实现持续稳定。有林地面积、森林资源蓄积和森林覆盖率实现持续增长。

第一节 林业法制建设

一、法制宣传

1984 年 9 月，六届全国人大常委会通过的《中华人民共和国森林法》颁布后，全地区林业部门结合普法活动，把相关林业法律法规纳入普法活动范围进行宣传普及，利用每年 4 月 1—7 日的“爱鸟周”和 10 月的“森林防火宣传月”等固定的活动时间，宣传相关的林业法律法规。1986—1988 年，地区林业局结合“八五”普法、专项行动和省人大常委会执法检查组织 3 次大规模的宣传活动，派出宣传组 1600 次，举办林业法律法规学习班 3200 期，电影、电视和广播宣传 2.22 万次，出动宣传车 700 车次，印发宣传材料 61.72 万份，编发简报 6800 份，书写永久性标语 1.79 万条。1996 年，地区林业局在全地区林业系统开展素质年活动，举办全地区林业法律法规知识竞赛活动。

二、管理制度

1986年12月，行署发出《关于切实加强森林资源保护工作的通知》，对林木采伐、木材运输、木材市场和“双改双节”（改柴节灶、改燃节能）的管理进行规范。1987年6月，地区中级人民法院、省人民检察院赣州分院、行署公安处、地区司法局、地区林业局、地区工商行政管理局联合发出《关于加强林政管理，打击盗砍滥伐森林犯罪活动的通告》。同年，各县（市）人民政府发布《关于加强封山育林，制止乱砍滥伐森林的布告》。1990年8月，地委办公室、行署办公室公布《〈贯彻地委行署确保如期实现十年绿化赣南的决定〉的实施细则》。1994年2月和3月，行署又先后发出《批转地区林业局关于制定〈赣州地区森林采伐限额执行情况核查〉报告的通知》《关于进一步加强林政资源管理的通知》。1996年11月，地区林业局、地区财政局和地区物价局联合下发《关于征占用林地“森林植被恢复费”收取标准的通知》。规范林地林权、林木采伐、木材运输、木材经营加工、野生动植物保护、林业工作站建设、“双改双节”管理。

1987年，结合打击乱砍滥伐森林违法犯罪活动专项行动，在全地区范围内发动群众制定乡、村两级护林乡规民约，采取群众通过、户主签名、家家张贴、共同遵守的方法。于都县、兴国县等地的“一教育、二罚款、三放电影、四杀猪”等一些简便可行的乡规民约，对预防和制止轻微的割草、打枝和盗伐林木行为起到好效果。至1987年年底，全地区360个乡（镇）、4280个村中，有339个乡（镇）、3476个村制定护林乡规民约。

三、林业执法

1986—2000年，全市（地区）森林公安机关查处各类案件31975起（其中刑事案件1239起，治安案件3306起，行政案件27234起，盗窃木材案件196起），罚款及罚没折款3322.7万元，没收野生动物7926只，收缴木材3.62万立方米。逮捕犯罪嫌疑人764人，刑事拘留104人，治安拘留2968人，劳教96人，治安警告1858人，行政处罚50959人。

1986—1995年，全地区森林法庭受理案件11055件，审结10913件，审结率98.7%。其中，刑事案件79件，审结79件；民事、经济案件9826件，审结9815件；行政案件951件，审结838件；其他案件199件，审结181件。

四、执法检查

1988年，行署根据省人大常委会《关于在全省范围内进行执法大检查的决定》的精神要求，下发《关于在全区开展执法大检查的安排》，地区林业局于4月28日发出《关于开展〈中华人民共和国森林法〉执法大检查的通知》，7月，地区派出4个检查组，分别对全南、龙南、安远、瑞金、会昌、寻乌、宁都、于都、赣县、崇义、大余、信丰等12个县进行抽查。

1991年7—10月，根据省人大常委会和省政府的统一部署，地委、行署、省人大常委会赣州联络处组织《中华人民共和国森林法》实施以来全地区第一次执行情况大检查。重点检查造林绿化规划的落实，破坏森林违法犯罪案件的查处，采伐限额制度的执行，林业执法工作开展，木材流通渠道整顿，林业资金筹集和使用，义务植树等情况。全地区18个县（市）、3个省地属林场（垦殖场）、363个乡（镇）按要求分别成立执法检查领导小组，制定检查实施方案，确定重点问题和重点单位。全地区共查处案件2011起，没收木材1022立方米，罚款和补交规费52.7万元；处理203人，其中警告93人，拘留77人，逮捕30人，党纪政纪处分3人；取缔非法木材经营单位119个、非法加工单位134个。1999年4月，省人大常委会再次组织对《中华人民共和国森林法》《中华人民共和国水土保持法》执行情况的检查。

1995年，省人大常委会赣州联络处发出《关于对全区执行〈中华人民共和国森林法〉〈中华人民共和国野生动物保护法〉情况进行视察的意见》，重点考察林业法制宣传、执法队伍建设、采伐限额执行、木材流通管理、林地管理、野生动物保护和领导干部发展森林资源责任制实施情况。

1997年12月，省政府组织计划委员会、财政、林业、税务、工商、监察、土管等部门对全省征占用林地及林业减负政策落实情况进行检查。1994—1997年，征占用林地审核率分别为42.3%、58%、56.4%和37%。部分县查出违规设立能源基金、公益林建设资金、林业建设管理基金、林业开发基金收费项目和挤占林业资金的问题。通过检查，违规收费、搭车收费、挤占林业资金的情况得到制止。2000年4月，市林业局按照国家林业局和省林业厅的部署，开展“林政执法大检查”“野生动物保护法律法规执行年”活动。

五、专项治理

1986—2000年，市（地）委、市政府（行署）严厉打击严重乱砍滥伐森林、乱占滥用林地、乱捕滥猎野生动物行为，及时组织司法机关及工商行政管理、国土管理、林业等有关部门开展专项治理，制止破坏森林资源的违法犯罪行为，保持林区稳定，维护森林所有者和经营者的合法权益。

1987年，部分国营林场人工林遭受附近群众盗伐哄抢，房屋设施遭到破坏，护林人员被围攻殴打。4—6月，地区林业局根据地委、行署要求，在全地区开展为期3个月打击盗伐滥伐森林犯罪专项行动。各县（市）人民政府及时发出《关于加强封山育林，制止乱砍滥伐森林的布告》。全地区共组织101个工作组，对1985年以来破坏森林的案件进行清理查处。通过3个月的专项行动，群众性乱砍滥伐得到制止，林区秩序好转。全地区查处案件231起（其中陈年积案57起），逮捕犯罪嫌疑人35人，收缴木材4006.63立方米，罚款和收缴赃物折款182.14万元。

1995年初，少数县（市）非法猎捕、走私贩卖野生动物的现象突出。11月，地区林业局、行署公安处、地区工商行政管理局联合发文，在全地区部署开展严厉打击非法猎捕、贩卖、走私野生动物违法犯罪活动专项治理，在历时一年两个月的专项治理中查处违法狩猎案件9起，无证运输、贩卖野生动物及其产品案948起，收缴野生动物745只。1996年6月，根据省人大常委会环资委、省法制局、省林业厅、省公安厅、省工商行政管理局的统一部署，全地区开展为期100天的严厉打击破坏森林资源违法犯罪活动专项行动，重点查处现案、查结积案，清理整顿木材市场和耗材大户，整顿执法队伍，严肃处理越权执法、以情代法、以罚代刑和交通要道上“乱卡、乱扣、乱罚”等执法违法行为。

1998年11月，贯彻最高人民法院、最高人民检察院、国家林业局、监察部《关于开展严厉打击破坏森林资源违法犯罪活动专项斗争的通知》，成立赣州地区严厉打击破坏森林资源违法犯罪活动专项斗争领导小组，开展以打击和整治毁林开垦和乱占滥用林地，哄抢、盗伐、滥伐林木，乱捕滥猎野生动物及其产品，乱采滥挖野生植物和暴力伤害护林执法人员、公安干警，违法发放林木采伐许可证，倒卖运输证，无证运输，乱收乱购和森林火灾肇事为重点的专项斗争。

第二节　林政管理

一、林地林权管理

中华人民共和国成立后，赣州的林地林权经历过多次变化。各级党委、政府根据不同时期政策的不同要求，加强山林权属确认、山林权属纠纷调处和征占用林地管理，实现山林权属的长期稳定，山林所有者和经营者的合法权益得到保障。

国有林定权发证 1988年4月，林业部发出通知，要求各地于1988年年底以前，对国营林定权发证的情况进行清理。权属清楚的，年底前发证；权属有争议的，要抓紧处理，尽快确权发证。1988年7月开始，地区和各县（市）林业局按照调查摸底、处理遗留问题、核发山林权证、成图建档等4个步骤开展国有林定权发证和成图建档工作。至1990年年底，除犹江林场尚有6603.93公顷未完成确权发证外，全地区66个国营林业单位中的26.09万公顷国营林，已完成发证面积25.43万公顷，年底通过林业部的检查验收。

征占用林地管理 1996年，根据省政府批准的《江西省征占用林地收费暂行办法》，制定赣州地区征、占用林地“森林植被恢复费”的收取标准，进一步完善对征、占林地的监督管理。1995—1996年，全地区开展专项整治行动，把清理违章征、占用林地和打击违法乱占滥用林地作为重点进行整治。由于林业部门缺乏必要的执法监督手段，被征、占的林地仍有相当部分没有通过林业部门的审核同意。1991—1999年，全市征、占用林地4893.34公顷，其中国家所有1146.67公顷，集体所有3746.67公顷。在征、占用4893.34公顷林地中，未经林业部门审核同意的2300公顷，其中国家所有420公顷，集体所有1880公顷。

表19-4-1　　1991—1999年赣州市（地区）征、占用林地统计表　　单位：公顷

年度	征占用地		年度	征占用地	
	总量	未经林业部门审核同意		总量	未经林业部门审核同意
1991年	613.33	253.33	1996年	240.00	106.67
1992年	500.00	220.00	1997年	306.67	193.33
1993年	1180.00	400.00	1998年	500.00	360.00
1994年	946.67	546.67	1999年	126.67	20.00
1995年	480.00	200.00	总计	4893.34	2300.00

山林纠纷调处 因历史原因和现实利益的因素，全地区还存在一些历史遗留的山林权属纠纷。造成纠纷的原因主要有历次山林权证界址填写含糊，实地确认难度大；各次的山林权证填写的地名、四周界址不一致；“三定”（稳定山林权、划定自留山、确定林业生产责任制）山林权执照发到当时的大队、生产队自行填写，以致出现重登、漏登，随意改变界址甚至把别人的山填归己有；管理粗放，造成越界经营的事实。经过林业“三定”时期的集中调处，到1985年年底，全地区仍遗留山林权属纠纷327起。1987年，行署要求各县（市）抓好山林纠纷调处工作。地区林业局由林政科指定专人负责山林纠纷的调处。崇义县、安远县、大余县、全南县、宁都县、赣县、信丰县、南康县、上犹县等9个县先后成立山林纠纷调处领导小组和领导小组办公室。1989年，地区成立山林纠纷调处临时领导小组，从地区林业局、地区民政局、地区国土管理局、省人大常委会赣州联络处、地区林业公安局等单位抽调人员组成调处办公室，加强山林纠纷的调处。1993年8月，行署批准成立赣州地区山林权属纠纷调解处理领导小组，领导小组办公室设地区林业局林政科。据统计，1986—2000年，全市（地区）累计调处山林纠纷1579起，调处纠纷面积4.55万公顷，其中省际纠纷12起，面积660公顷；省内地区之间纠纷4起，面积240公顷；县际纠纷43起，面积2320公顷；各县（市）内纠纷1520起，面积4.23万公顷。

表 19-4-2

1986—2000 年赣州市（地区）山林权属纠纷调处统计表

年度	合计		省际纠纷		市(地区)区间纠纷		县际纠纷		县内纠纷	
	起数(起)	面积(公顷)	起数(起)	面积(公顷)	起数(起)	面积(公顷)	起数(起)	面积(公顷)	起数(起)	面积(公顷)
1986—1990 年	182	19333.33	7	133.33	—	—	1	733.33	174	18466.67
1991 年	28	1140.00	—	—	—	—	3	680.00	25	460.00
1992 年	225	4060.01	—	—	1	26.67	18	166.67	206	3866.67
1993 年	226	5006.66	2	180.00	3	213.33	7	153.33	214	4460.00
1994 年	246	5026.67	1	300.01	—	—	2	173.33	243	4553.33
1995 年	216	5086.67	—	—	—	—	4	46.67	212	5040.00
1996 年	128	2073.33	1	13.33	—	—	1	186.67	126	1873.33
1997 年	106	1326.66	—	—	—	—	2	13.33	104	1313.33
1998 年	124	2426.67	1	33.33	—	—	3	166.67	120	2226.67
2000 年	98	—	—	—	—	—	2	—	96	—
总计	1579	45480.00	12	660.00	4	240.00	43	2320.00	1520	42260.00

说明：1999 年没有统计数据，2000 年缺纠纷调处面积

二、木材采伐限额管理

限额管理制度 1986 年 6 月，林业部根据《中华人民共和国森林法》的规定，发布《制定年度森林采伐限额暂行规定》，规定各种采伐消耗，全部纳入限额管理。同年 12 月，行署印发《关于切实加强森林资源保护工作的通知》，要求各县（市）政府、林业部门严格按照上级下达的采伐限额，把林木采伐许可证落实到乡（镇、场）、村和农户，不得突破。对超限额采伐的，按乱砍滥伐查处；对采伐迹地及时更新造林，否则停发下年度采伐许可证，并交纳代替造林更新费，情节严重的增加处罚款。同时，还把限额管理纳入县乡两级领导保护、发展森林资源责任目标，县（市）、乡（镇）签订责任状。

在坚持采伐量不得超过生长量的前提下，从 1987 年起，全地区把商品材与其他用材分开管理，全面推行“双改双节”活动。同年，地区林业局推广崇义县实行伐区发货，放行证办理以及检查站放行分别建立台账，月终统一核查的管理制度，实行对商品材有效监管。1991 年起，根据“全额管理，分项控制”的原则，将森林采伐消耗的商品材、自用材、培植业用材、工副业及生活用柴、其他用材实行分项管理，禁止突破和串换。对商品材实行凭证采伐、凭证销售。申领采伐证应提供山林权属证明、经批准的采伐计划、伐区采伐、更新作业设计和上一年度伐区作业、迹地更新验收合格证等材料，经地区、县（市）林业主管部门或者其委托的乡（镇）林业工作站审查同意后发证。有下列情形之一的，暂缓发放许可证或核减采伐数量：上年度伐区作业质量不合格，迹地未及时更新，或超计划采伐 5%以上的；上年度有乱砍滥伐行为（林木 20 立方米，或幼树 1000 株，或毛竹 4000 根以上），或发生重大森林火灾（受害面积 100 公顷以上），或发生病虫害未及时除治的；未按规定提交证明文件，或使用伪造、涂改、失效的证明文件的；经查实，上年度有复制、转让、买卖采伐证行为的；有违反国家政策法规或该省、该地区有关政策规定的。

“双改双节” 改灶节柴、改燃节能是全地区各级党委、政府和林业部门为减少森林资源浪费、降低森林资源过量消耗而实行的一项重要措施。据 1982 年全地区森林资源消耗量调查，全地区年消耗森林资源 855.8 万立方米，工副业用柴及城乡居民生活用柴消耗 516.9 万立方米，占总消耗量的 60.4%。

1986 年，行署下发文件，采取以下措施压缩烧柴消耗：在全地区城乡居民户和厂矿、机关、学校

等单位，全面推广节柴灶和用煤、电、沼气等替代；对砖瓦窑等工副业用柴单位限期改燃（改柴为煤、电等替代能源），逾期不改的，加收2～5倍育林基金，并处以产值40%的罚款；各地从财政或育林基金中筹措部分资金，用于改灶、建池（沼气池）补贴。1990—1994年，在"双改双节"中通过各种措施，建立砖瓦窑改燃和"猪、沼、果"工程示范点等。至1994年年底，全地区累计改灶131.4万户，占城乡居民总户数的84.5%；建沼气池2.8万个（1992年年底统计），改燃砖瓦窑3900个，烤烟房改燃3.1万座；每年可节约烧柴314万立方米。宁都县、南康县、兴国县、瑞金市、石城县、大余县、定南县等7个县（市）的"双改双节"通过部级验收。

1995年起，部分机关、学校和企事业单位陆续恢复烧柴。1999年，地委、行署组织6个冬季造林督查组对全地区冬季造林整地和圩镇烧柴情况进行督查，在抽查37个乡（镇）机关食堂、35个中小学校食堂和198个饮食服务单位中，有52个单位仍在烧柴，占总抽查数的19.3%。地区林业局及时通报督办，"双改双节"成果得到巩固。

限额执行情况核查 1986—1993年，全地区森林采伐限额执行情况的检查是与县、乡两级领导干部落实保护、发展森林资源责任的验收相结合，主要核查商品材伐区作业、限额执行、木竹放行、木材市场管理和"双改双节"等。1993年开始，全面执行《江西省人民政府批转省林业厅关于对〈领导干部执行森林砍伐限额情况的监督核查办法〉报告的通知》（赣府发〔1993〕53号）和赣州地区行署批准的《赣州地区森林采伐限额执行情况核查办法》。核查内容包括年森林采伐消耗总量和分项消耗量；商品材采伐量、运输量、销售量；城镇及农村改灶节柴、改燃节能情况。落实奖惩措施。对限额执行好的单位给予表扬，优先安排林业建设项目；主要领导和分管领导予以表扬，记入领导干部政绩考核档案。对突破限额的单位，突破限额部分，收缴超过部分规费，抵扣下一年度限额指标，停止项目资金扶持，冻结采伐证和运输证；负有领导责任的领导干部给予批评，记入政绩考核档案；情节严重的给予行政处分，违法的依法处理。

1993年和1994年，行署派出工作组，按核查办法要求，分别对安远、宁都、会昌、寻乌以及于都、瑞金、龙南、全南等地的限额执行情况进行全面核查。1993年核查结果：安远县实际采伐林木36.59万立方米，占限额的90.6%，其中商品材采伐10.24万立方米，占限额的79.8%；自用材6.57万立方米，占限额79.1%；能源耗材18.47万立方米，占限额98.4%；培植业用材6756立方米，占限额70.1%；其他耗材6391立方米，占限额99.5%。宁都县实际采伐24.19万立方米，占限额70.2%，其中商品材7.63万立方米、自用材2.14万立方米，能源耗材14.12万立方米、培植业用材2952立方米、其他耗材9立方米，分别占限额71.5%、31%、90.6%、22.2%，其他耗材未安排限额计划。会昌县实际采伐24.74万立方米，占限额89.3%，其中商品材8.24万立方米、自用材1.87万立方米、能源耗材12.3万立方米、培植业用材3279立方米、其他耗材2.01万立方米（未安排限额计划），分别占限额的87.3%、39.9%、98.2%、30.6%。寻乌县实际采伐25.67万立方米，占限额100.8%，超限额0.8%，其中商品材4.5万立方米、自用材2.34万立方米、能源耗材18.56万立方米、培植业用材1636立方米、其他耗材997立方米（未安排限额计划），分别占限额的83.5%、57.2%、12.12%、25.1%，能源耗材超限额21.2%。1994年核查结果：于都县实际采伐林木9.18万立方米，占限定额70%，其中商品材3.26万立方米、自用材4706立方米、能源耗材5.37万立方米、培植业用材397立方米、其他耗材458立方米（未安排限额计划），分别占限额83.3%、19.2%、83.2%、8.3%。瑞金市实际采伐13.8万立方米，占限额85.1%，其中商品材4.89万立方米、自用材1.13万立方米、能源耗材6.98万立方米、培植业用材1882立方米、其他耗材6149立方米（未安排限额计划），分别占限额的95.2%、35.3%、96.3%、30.3%。龙南县实际采伐16.97万立方米，占限额105.3%，超限额5.3%，其中商品材4.9万立方米、自用材1.3万立方米、能源耗材10.39万立方米、培植业用材3748立方米、其他耗材 34 立方米（未安排限额计划），分别占限额的 98.7%、38.3%、162.2%、61.1%、0.5%，能源耗材超限额 62.2%。全南县实际采伐 22.95 万立方米，占限额 66.4%，其中商品材 11.2 万立方米、自用材 1.14 万立方米、能源耗材 10.14 万立方米、培植业用材 4733 立方米，分别占限额 95.9%、17.2%、67.7%、37%。森林采伐限额执行情况的核查，对控制森林采伐消耗起到了很好的监督作用。1986—2000 年，全市（地区）森林资源消耗控制在限额之内。1995 年，计划商品材采伐 79.97 万立方米，实际采伐 68.36 万立方米；毛竹计划采伐 717.89 万根，实际完成 669.4 万根。2000 年，计划商品材采伐 61.4 万立方米，实际采伐 61.4 万立方米。

三、木材运输管理

凭证运输 1986 年起，出省及省内木材运输，全部下放至地区木材检查站及其分设在大余县、崇义县、龙南县、寻乌县、瑞金县等 6 个办证点办理放行证。省内和出省木竹运输放行证由省林业厅统一印制、编号和盖章。1989 年 10 月起，实行全国统一出省木材运输证，省内运输证仍由省林业厅统一印制。1994 年 3 月，赣州行署下发文件，规定在全地区实行县内木材凭证运输的制度。1994 年 7 月起，县内木材运输凭证放行，县内运输证由地区林业局统一印制。

木材检查站 1986 年，全地区有经省政府批准的地、县木材检查站 56 个。1988 年 7 月，行署公布经批准设立的木材检查站 76 个（含省政府批准的 56 个）。同年，行署批准增设 6 个木材检查站，其中会昌 3 个、赣县 2 个、兴国 1 个。1990 年 7 月 31 日，行署印发《关于保留部分检查站的决定》，将全地区原有的 170 个检查站撤销 120 个，保留 50 个，其中木材检查站 32 个（包括 16 个联合检查站）。同年，经省政府批准，赣州地区设立 52 个检查站，其中林业单项站 37 个、综合站 15 个。1991 年 1 月，行署批准新设赣州地区白塔水上木材检查站。同年，省政府批准增设大余县游仙木材检查站。1992 年 7 月，省政府经重新审查，批准赣州地区保留 41 个木材检查站，其中综合站 10 个。1993 年，省政府批准设立经行署批准的赣州地区白塔水上检查站。2000 年，全市经省政府批准设立的木材检查站有 42 个（其中市属检查站 2 个），职工 351 人。

1992 年，行署办公室发出《关于开展公路检查站整顿工作的紧急通知》，全地区林业部门认真抓“简站撤杠”的落实，撤销赣县大石门、南山坳和于都县丰田等 3 个木材检查站，拆除全部国道、省道木材检查站拦车杠。1994 年 12 月，公路“三乱”（乱检查、乱收费、乱罚款）抬头。地区林业局从外系统的“三乱”问题吸取教训，采取以下措施：由地区统一制作站牌，公布批准机关；地区林业行政主管部门每年对检查站收支进行定期审计，对“三乱”收入实行全额上缴；年终全面检查各站处罚文书档案，对违纪收费、罚款，由主管部门进行查处。

1988—2000 年，全市（地区）木材检查站共查处违章运输案件 1.84 万起，查扣木材 4.51 万立方米，收缴罚没款 2549.2 万元。

四、木材市场管理

1983 年，全地区开放木材市场 162 个。

规范木材市场 1985 年木材市场开放后，地委、行署就木材市场监管作出规定。木材市场由工商行政管理部门管理，林业、公安、税务部门协助。经营木材的单位及个人，必须取得营业执照方可经营。进入市场的木材（包括制品、半成品），必须持有林业行政部门发给的运输证或林木采伐许可证。交易户按成交金额缴纳税金及管理费。1990 年、1993 年和 1994 年，地委、行署分别采取措施，加强对木材市场的监管，先后下发文件，提出加强木材市场的经常性监督管理的要求，对木材市场的设立、经营者的资格审查、执照核发、木材持证交易等各个环节进行规范，并根据相应法规，对违规行为设定具体的处罚标准，使赣州的木材市场管理步入制度化、规范化轨道。

木材市场整顿 木材市场的开放，活跃林区经济，改善林农生活，也出现林木超量采伐、乱砍滥伐现象。1987 年 6 月，中共中央、国务院发出《关于加强南方集体林区森林资源管理，坚决制止乱砍滥伐的指示》，地委、行署对放开后的木材市场进行第一次整顿。整顿的重点是木材市场的设立、上市木材的来源、经营者的资质资格。经过整顿，一批未经批准、无固定场所、管理不规范的市场被取缔；一批未经审核同意或不按规定经营的经营户被取消经营资格。1994 年 3 月，行署下发赣行发〔1994〕22 号文件，要求对全地区木材经营、加工单位实施许可证管理制度。结合许可证制度的实施，全地区对木材市场又一次进行整顿。除对市场建设的审批及管理进行检查外，重点是对经营者的资质资格进行审查清理。至同年底，木材市场由 1990 年年底的 66 个减少到 25 个，其中赣州市（今章贡区）3 个，赣县 7 个、南康县 6 个、上犹县 2 个、安远县 1 个、龙南县 1 个、全南县 1 个、会昌县 2 个、石城县 2 个，领取经营许可证的经营户 842 户。2000 年，全市领取经营许可证的经营户 494 户。

五、木材经营、加工企业管理

南方集体林区“取消木材统购，开放木材市场”后，从事木材经营、加工的单位和个人蜂拥而起，加大了木材流通领域管理的难度。1989 年年底，全地区有木材经营单位 693 家，其中个体经营户 288 家，乡、村集体企业 115 家，供销系统 25 家，二轻系统 13 家，国营企业 202 家，其他 50 家，年经营木材 98.54 万立方米；木材加工单位 954 家，其中个体加工户 463 家，私营加工企业 11 家，乡、村集体企业 392 家，二轻系统 22 家，国营企业 49 家，其他 17 家，年加工木材 47.45 万立方米。

1989 年 7 月，林业部、国家工商行政管理局联合下发《关于加强林区木材经营、加工单位监督管理的通知》，要求各地认真贯彻中央提出的治理经济环境、整顿经济秩序、全面深化改革的方针，加强森林资源保护管理，控制森林过量消耗。地区林业局和地区工商行政管理局于同年 11 月下发《关于贯彻林业部、国家工商行政管理局和省林业厅、省工商行政管理局文件的通知》，在全地区范围内开展木材经营、加工单位的清理整顿。对原有的木材经营、加工单位进行清理，符合条件的，经林业部门审查同意后，由工商行政管理部门办理年检、登记换照手续；不符合条件的，经林业部门签署意见后，由工商行政管理部门变更或注销登记。对新申请的木材经营、加工单位，由林业主管部门对申请单位或个人的资金、场地、从业人员、木材来源、设备技术等 5 个方面审查合格并签署同意意见后，报工商行政部门登记注册。经过清理整顿，到 1990 年年底，全地区木材经营单位减少到 269 户，其中个体经营户减少到 23 家，年经营木材从 98.54 万立方米下降到 68.54 万立方米；木材加工单位减少到 310 家，其中个体户减少到 26 家，年耗木材从 47.45 万立方米下降到 25.95 万立方米。

20 世纪 80 年代末至 90 年代中期，以沿海地区为基地的实木家具制造业逐渐向内地转移，一批在外打工、掌握技术并完成初步积累的人员纷纷返乡创业，经过 1989 年整顿的赣州木材经营、加工业出现新的热潮。1993 年年底，全地区木材经营单位发展到 1031 家，木材加工户 1251 家，经营、加工木材分别达到 85.06 万立方米和 39.97 万立方米。木材加工产业的形成，给全地区森林资源的保护管理又一次形成冲击。

1994 年，全地区正式实施赣州地区木材经营、加工许可证管理制度，规定所有木材经营、加工单位，必须于 1994 年年底以前向所在县（市）林业主管部门申请核发许可证，只有同时持有林业部门核发的许可证和工商行政部门核发的营业执照，方可进行木材经营、加工（1994 年后改为江西省木材经营、加工许可证）。1995 年，全地区 1031 家木材经营企业，经清理后发证的 842 家，其中国有 240 家、集体 152 家、个体 450 家；1251 家木材加工单位，经清理后发证的 1099 家，其中国有 129 家、集体 366 家、个体 604 家。至 1998 年 4 月，全地区发证木材经营企业为 680 家，其中国有 180 家、集体 225 家、个体 275 家；发证木材加工企业 1903 家，其中国有 105 家、集体 379 家、个体 1419 家，发证率 100%。

六、野生动植物保护

20世纪80年代后期至20世纪末，全地区各级政府结合开展“爱鸟周”“保护野生动物宣传月”和专项治理等活动，宣传有关野生动植物保护的法律法规，查处破坏野生动植物资源的案件，乱捕滥猎野生动物和乱采滥伐野生植物的行为得到遏制，种群数量进入恢复期。1986—1990年，查处收缴国家一级保护动物15只，二级保护动物74只，蛇类10余吨。1991—1995年，收缴野生动物3500余只，其中国家一级保护动物7只，二级34只，省级保护动物845只。1996—2000年，收缴野生动物1242只，其中国家一级保护动物7只，二级47只。

野生动植物保护管理措施 境内野生动植物保护管理工作分别由林业、农业（渔政）行政管理部门主管，工商行政管理部门负责对进入市场交易的野生动植物活体及其产品进行管理。1989年，《中华人民共和国野生动物保护法》颁布实施后，地、县（市）两级林业局在所属林政科（股）内配备专人负责野生动植物保护管理工作。1997年起，全地区各林区乡（镇）林业工作站先后挂牌成立野生动植物保护站，其职责是宣传有关野生动植物保护的法律法规，组织开展野生动植物资源的调查、建档和监测，制定野生动植物保护、利用规划，监督野生动植物的驯养（化）繁殖（育）和开发利用，审核发放野生动物驯养、经营、加工、运输、猎捕、狩猎证和野生植物采伐、采集、运输许可证，依法查处破坏野生动植物资源案件。2000年6月，市林业局在林政科挂牌成立野生动植物保护站。2000年年底，全市有市、县（市、区）保护管理机构19个，定编57人，有乡（镇）保护管理机构346个，定编346人。

野生动物驯养繁殖 1984年，赣州动物园人工繁殖丹顶鹤成功，为境内野生动物驯养繁殖活动之始。1986年，国营赣州地区九连山林场开始人工饲养繁殖果子狸、鹿和白鹇，获得成功。1990年，赣州动物园孵化并饲养成功丹顶鹤10只。2000年，全市有野生动物驯养繁殖户259户，主要驯养果子狸、黄麂、鼬獾、竹鼠、野猪、野鸡、华南兔、棘胸蛙、竹鸡、鹧鸪、斑鸠、豪猪、中华鳖、蝎子、蜈蚣、沼蛙、七彩山鸡等。

第三节 森林防火

赣州地区地处丘陵山区，山田相连，山林民居相间，林区居民长期形成烧荒开垦、烧山驱兽、上坟烧纸、割草烧田坎、炼山造林等生产、生活习惯，野外用火频繁，使赣州成为森林火灾多发地区。1986—1990年，全地区发生火灾1069次，过火面积0.75万公顷，受害面积0.63万公顷；1991—1995年，全地区发生火灾224次，过火面积0.47万公顷，受害面积0.31万公顷；1996—2000年，全市（地区）发生火灾347次，过火面积0.61万公顷，受害面积0.4万公顷。15年间，市（地）委、市政府（行署）和林业部门通过宣传贯彻《中华人民共和国森林法》，坚持以法治林，加强森林防火工作，收到显著效果。1986—2000年，森林火灾年平均发生次数和发生面积与1985年前相比，分别减少303次和1.27万公顷，同比下降74%和91%。

一、护林联防

赣州市（地区）及各县（市、区）政府和林业部门本着“自防为主，积极联防，团结互助，保护森林”的原则，积极组织、参与区内联防和省际联防。省际联防有湘、粤、赣三省边界地区护林联防区和闽、浙、赣护林第六联防区，每年轮流担任主任委员，组织年度护林联防工作评比检查，主持召开工作总结会议，交流经验，表彰先进，部署下年护林防火工作，移交下任主任委员。

湘粤赣边界地区护林联防区 1962年成立。至2000年，境内一直由边界接壤的8个县参加，第一区为寻乌县、定南县，第二区为全南县、定南县、龙南县，第三区为全南县、信丰县、崇义县、大余县，第四区为崇义县、上犹县。

闽、浙、赣护林第六联防区 1955年成立。至2000年，境内一直由边界接壤的瑞金市、会昌县、石城县参加。

市（区）内联防 1977—1990年，全地区划分为3个联防区，第一护林联防区由南康县、大余县、崇义县、上犹县、赣县、信丰县等6个县组成，第二护林联防区由安远县、赣县、信丰县、全南县、龙南县、定南县、寻乌县、会昌县等8个县组成，第三护林联防区由于都县、兴国县、宁都县、广昌县（1983年6月划至抚州）、石城县、瑞金县、赣县等7个县组成。1991年，赣州行署森林防火指挥部办公室对区内联防区进行调整，将全地区划为4个联防区：第一区由南康县、大余县、上犹县、崇义县和犹江林场组成，第二区由龙南县、定南县、全南县组成，第三区由赣县、兴国县、宁都县、石城县、于都县、瑞金县组成，第四区由信丰县、安远县、寻乌县、会昌县组成。

二、森林火灾预防

“森林防火宣传月”活动 1988年，国务院颁布实施《森林防火条例》，地区森林防火指挥部决定从1988年起，每年的9月为森林防火宣传月。在宣传月期间，集中宣传力量，利用各种宣传工具和宣传形式，深入圩镇、村组，宣传有关森林防火的法律法规，普及森林火灾预防扑救技能及知识。1988—1990年，全地区编印森林防火宣传材料45.82万份，印发《中华人民共和国森林法》《森林防火条例》等宣传册15.9万册，出动宣传车692车次。1993年，地区森林防火办公室向全地区印赠森林防火台历5000本。1995年，地区森林防火指挥部、赣州武警消防支队、地区保险公司和赣南日报社共同组织森林防火有奖知识竞赛。

森林防火责任状 1985年开始，地委、行署把造林绿化、森林保护各项目标任务进行细化量化，由行署与各县（市）政府、县（市）与乡（镇）政府签订责任状，责任状把省、地提出的全地区年森林火灾次数少于138次、森林火灾受害面积少于587公顷的责任目标，细化分解落实到县（市、场）和乡（镇、场）。1992—1993年，地委、行署下发文件，重申“森林防火工作继续实行各级行政首长负责制”“坚持层层签订《领导干部任期目标责任状》”，领导干部签订责任状的做法长期得到延续。

规章制度建立与完善 中华人民共和国成立后，一些乡、村从实际出发，制定护林防火乡规民约。1987年，东北地区的大兴安岭特大森林火灾发生后，地区森林防火办公室从加强火源管理，控制野外用火着手，制定在森林防火期内（每年10月至翌年4月）野外用火管理制度，并配合全地区打击盗砍滥伐森林犯罪专项活动。各地结合实际对乡村护林防火公约进行修订完善，经村民代表会议通过，户主签名，家家张贴。定南县还把全县各乡村制定的村规民约印制成册，发放到村民家中，供村民对照执行。

设施建设 1986—2000年，全市（地区）各级政府和林业部门每年都投入一定资金用于加强森林防火基础设施建设。至2000年，全市森林防火“四网两化”（通信网、阻隔网、预测预报网、监测网，扑火队伍专业化、扑火工具机具化）建设初见成效，全市建有防火隔离带1.98万千米，其中生物防火林带7967千米，机耕带1.18万千米；防火指挥车46辆，宣传车7辆，运输车39辆，摩托车152辆；扑火物资储备库53个，风力灭火机220台，二号扑火工具（木柄橡胶条的拖把）1.1万把；防火瞭望台90座，望远镜72架；有通信基地台50个，有线电话492部，手持对讲机1622部，计算机7部，图文传真机6部。

三、森林防火评比表彰

1990年开始，全地区连续6年开展争创三年无森林火灾评比活动。1990年，赣州市（今章贡区）、定南县、上犹县、信丰县、全南县、会昌县、南康县和九连山林场等单位被评为三年无森林火灾县（市、场）；1991年，安远县、定南县、上犹县、于都县、赣州市（今章贡区）及九连山林场等单位被评为三年无森林火灾县（市、场）；1992年，定南县、上犹县、全南县、安远县、宁都县、崇义县、兴国县、赣县、石城县、赣州市（今章贡区）及九连山林场等单位被评为三年无森林火灾县（市、场）；1993年，定南县、上犹县、九连山林场、全南县、安远县、宁都县、信丰县、赣县、兴国县、会昌县、石城县、大余县等单位被评为三年无森林火灾县（市、场）；1994年，安远县、宁都县、龙南县、信丰县、上犹县、定南县、大余县、会昌县、石城县、崇义县、瑞金市、兴国县、赣县、南康县、赣州市（今章贡区）、犹江林场和九连山林场等单位被评为三年无森林火灾县（市、场）；1995年，安远县、赣县、定南县、龙南县、上犹县、崇义县、寻乌县、全南县、大余县、宁都县及九连山林场等单位被评为三年无森林火灾县（市、场）。

1986年，大余县人民政府被林业部评为森林防火先进集体。1987年，大余县人民政府、大余县帽子峰林场、全南县乌柏坝乡人民政府、寻乌县晨光乡香山村、八一垦殖场潭口分场，宁都县洛口乡李晓华、于都县祁禄山镇黄光珠、八一垦殖场黄国良等单位和个人分别被江西省人民政府森林防火指挥部评为森林防火先进集体和先进个人。1989年，大余县人民政府、定南县防火办、崇义县龙峰林场、会昌县凤凰崠林场、全南县兆坑林场，赣县五云乡陈小燕、大余县林业局刘庆佑、崇义县龙峰林场陈芳仁、于都县梓山镇林业站朱锦章、龙南县人武部廖彩富、宁都县大沽林场熊盛陀分别被江西省人民政府森林防火指挥部评为森林防火先进集体和先进个人。1990年，赣县五云乡陈小燕被国家森林防火总指挥部评为森林防火先进个人。1999年，赣州市森林防火指挥部被江西省人民政府森林防火指挥部评为森林防火先进集体。

第四节　森林主要病虫害及防治

境内森林病虫害种类繁多。据1979—1981年森林病虫害普查，全地区有各种森林病虫害140余种。危害严重的虫害主要有马尾松毛虫、黄脊竹蝗、皱鞘双条杉天牛、油茶象甲、松梢螟、松梢郑蛾、黄翅大白蚁、蛴螬、地老虎、华竹毒蛾等。主要病害有松针褐斑病、松树枯梢病、油茶炭疽病、油茶烟煤病、松叶枯病等。20世纪90年代初，通过对三百山、金盆山、阳岭等自然保护区进行调查，发现昆虫新种2种，江西昆虫新纪录69种。1986—2000年，全市森林病虫害防治工作取得显著成效。1999年，赣州森防站被国家林业局评为全国先进森防站。

一、《森林病虫害防治条例》宣传贯彻

1989年，国务院《森林病虫害防治条例》颁布实施。1990年，行署下发《关于认真贯彻执行〈森林病虫害防治条例〉的通知》，各县（市）政府和林业部门通过印发文件、召开会议、电视广播等形式进行宣传贯彻。1994年，《〈植物检疫条例〉实施细则（林业部分）》实施后，地区林业局先后在《赣南日报》《城乡科技报》《江西植保》《赣南林业科技》等报刊，组织森防检疫专题宣传。1999年9月，在开展《森林病虫害防治条例》颁布实施10周年和《植物检疫实施细则（林业部分）》实施5周年的活动中，市林业局组织在各县（市）开往乡（镇）的70多辆公交车上进行为期3个月的宣传。1990—2000年，全市（地区）共张贴《森林病虫害防治条例》宣传单1万多份，发放宣传小册子8100余册。

二、主要病虫害

在境内发生频率高、分布范围广、危害程度大的森林病害主要是松毛虫和竹蝗。1994—1995年，地区林业局组织全地区森防科技人员100余人，分19个组，对全地区松毛虫、竹蝗发生类型进行专题

调查区划，运用区划成果编制防治规划。

松毛虫 松毛虫是境内第一大森林害虫，按照发生类型分类可分为常发区、偶发区、控制区。常发区分布在15个县（市）的176个乡（镇、场），其中常发总体发生的有于都县、赣县、南康县、大余县、信丰县、兴国县、宁都县、赣州市（今章贡区）、瑞金县等9个县（市）的142个乡（镇、场）。偶发区分布于15个县（市）的215个乡（镇、场），其中偶发总体发生的有龙南县、定南县、崇义县、石城县、全南县、寻乌县、安远县、会昌县、上犹县9个县的83个乡（镇、场）。控制区18个县（市）的383个乡（镇、场）均有分布。其中自控区总体发生的有263个乡（镇、场），人控区分布在12个县（市）的54个乡（镇、场）。

竹蝗 竹蝗是境内第二大森林害虫。2000年，常发区面积4680公顷，占全市8.76万公顷竹林总面积的5.34%，主要分布在石城县、瑞金市、宁都县等3个县（市）的7个乡（镇、场）。偶发区面积2.76万公顷，占竹林总面积的31.47%，主要分布于石城县、瑞金市、宁都县、定南县、龙南县、崇义县、大余县、信丰县、于都县、上犹县等县（市）的32个乡（镇、场）。自控区面积5.09万公顷，占竹林总面积的58.07%，分布于18个县（市）的309个乡（镇、场）。

三、森林病虫害防治及化学除草推广

全市（地区）各级林业部门贯彻“预防为主，综合治理”的方针，加强病虫害的预测预报工作。1992年，全地区设立松突园蚧监测点11个，观察点603个，配备各类测报人员670人。此后，各县（市）根据实际需要，对测报点和监测对象进行调整。至1995年，全地区有各类测报点664个，其中松毛虫测报点380个，竹蝗测报点38个，松针褐斑病、毛竹枯梢病测报点242个，其他测报点4个，测报覆盖面83.88%。

松毛虫防治 松毛虫防治的主要措施有营林技术防治、生物措施、飞机灭虫。营林技术防治主要是通过封山育林、保护植被、增加天敌数量以及在马尾松飞播时加入阔叶树种子和对已有飞播马尾松纯林补植阔叶树等措施，改善林分结构，提高森林抑制和抵抗病虫害的能力。1986—1991年，除封山育林外，全地区营林技术防治面积12万多公顷。大余县、安远县、定南县的部分国营林场还对人工杉树纯林进行恢复针阔混交林的尝试。1995—2000年，全市（地区）连续在飞播和人工马尾松湿地松纯林中进行阔叶树补植。生物措施主要是森林病虫害防治逐步实现由化学农药除治到生物农药防治转变。1986—1991年，生物农药除治面积4.2万多公顷，仅寻乌县使用白僵菌防治面积就达6600多公顷，平均防治效果90%以上。飞机灭虫措施的应用极大地提高了松毛虫灾发生后的防治效率。1989年，全地区13个县（市）发生大面积松毛虫灾，受灾面积8万多公顷，地区成立飞机灭虫指挥部，于6月初开始至7月初进行飞机灭虫工作，飞行457架次，作业面积6.76万公顷，经24小时后进行检查，松毛虫死亡率95%以上。1990年3月，地区森防站对赣州市（今章贡区）、南康县出现的大面积越冬代松毛虫进行飞机喷洒白僵菌灭虫试验，飞行6架次，作业面积800公顷，试验取得成功。2000年3月，赣县、兴国县、于都县、南康市、大余县等5个县（市）和章贡区发生重大松毛虫灾害，市林业局组织实施以生物农药松毛虫病毒（CPV）、白僵菌（粉、水剂）、灭幼脲Ⅲ号为主药的飞机灭虫工作，飞行18架次，作业2533.33公顷，经40余天的防治系统观察，除治效果达85%～98%。

竹蝗防治 1986—1997年，石城县、瑞金市（县）、大余县、定南县等4个县（市）发生竹蝗灾害，受害面积813.33公顷。1986年，有关县组织除治，但效果不理想。1987年，虫区虫口密度普遍升高。地区林业局发出《关于认真做好竹蝗防治工作的紧急通知》，由地区森防站调拨农药，及时进行除治。除治面积7933.33公顷，平均防治效果为82.7%。

松突园蚧监测预防 20世纪80年代末，广东省部分地（市）发生松突园蚧为害现象。1991年，区内毗邻广东的有关县在沿边界内侧设立松突园蚧监测点，并设立一批观察点。1995 年 5 月，省林业厅组织省森防站和上饶地区、赣州地区林业局及有关县林业局领导、专业人员，赴广东省对松突园蚧、松材线虫、湿地松粉蚧等危险病虫害防治措施进行实地考察。同年，增设观察点，每个观察点固定专人进行调查观察，按期上报监测资料。同时，地、县（市）森防站加强检查检疫，禁止从广东疫区调入一切可能携带松突园蚧的材料。

林业化学除草 1983 年始，地区林业局将化学除草作为一项重要科技项目推广，由地区森防站负责实施。主要除草剂为草甘膦、地乐胺、除草醚、威尔柏。重点采用中低容量和超低喷雾以及除草剂与杀虫剂、杀菌剂、化肥、激素混合使用技术。1986 年，地区森防站的“化学除莠代替劈草炼山中试”项目被林业部评为科技进步三等奖。1987 年 10 月，由中国林业科学研究院主持，有国内 20 个省（市、自治区）林业科研、教育部门的专家学者和部分除草剂生产厂家及美国杜邦、陶氏化学公司代表参加的全国第 3 次林业化学除草技术交流座谈会在崇义县召开，介绍推广林业化学除草技术。1994 年，地区林业局卜明生、李材高的“林业化学除草”项目被林业部评为科技成果三等奖。1986—1995 年，全地区推广化学除草面积 0.71 万公顷，节省除草用工 92.49 万个，节约成本 201.23 万元。

赣州市志
(1986-2000)
名志

第二十篇

水　利

1986—2000 年，赣州市（地区）发挥水利在农业生产中的命脉作用和电力在工业生产中的先行作用，水利电力建设与经济社会同步协调发展。逐年加大水利工程、河道堤防工程建设投资，至 2000 年，全市（地区）水利电力建设投资累计 9.56 亿元。水电装机容量新增 19.23 万千瓦，年度新增发电量 5.11 亿千瓦时。加强水利工程建设管理和水政管理，突出农田水利基本建设，提高农业抗灾能力。抓好防汛抗旱工作，最大限度减少旱涝灾害的损失。

1985 年之前，因赣南特殊地质条件和战争、贫困等因素，林草植被严重破坏，植被面积锐减，18 个县（市、区）均存在严重水土流失，造成一系列生态、经济、社会问题。1986—1990 年，全地区以大流域为依托，小流域治理为单元，开展水土流失综合治理。1991 年开始，全市（地区）坚持预防为主，依法行政，加强监督执法，建立以《中华人民共和国水土保持法》相配套的法规体系，遏制人为水土流失面积不断蔓延和扩大势头。1993 年，兴国县、宁都县、瑞金县、于都县、石城县、会昌县、赣县、信丰县、龙南县等县（市）被列入国家二期重点治理，水土流失治理取得较大成效。至 2000 年，全市水土保持投资达 12.5 亿元，治理水土流失面积 61.67 万公顷。

第一章　水利建设管理

赣州市（地区）充分发挥水利在农业生产中的命脉作用和电力在工业生产中的先行作用，在保证水利电力建设同经济和社会同步协调发展的同时，最大限度地发挥水利电力建设在抗洪、抗旱中保障人民生命财产安全的作用。

第一节　城市防洪工程

一、赣州市（今章贡区）城区防洪工程

赣州市（今章贡区）旧城区防洪主要靠古城墙，古城墙建于宋代，沿章、贡两水河岸分布，保存长度 3364 米。1993—1995 年，完成涌金门至八境台约 600 米的墙体加固，八境台至建春门长约 900 米墙外护岸，以及八境台一号、二号塘填塘工程，涌金门、北门和建春门安装防洪闸门。1993 年，完成水东乡李老山至东河大桥 7100 米护岸，木材二厂至李老山 5800 米防洪堤。1994 年，修建赣县储潭防护工程螺溪堤，沿赣江右岸，堤长 178 米，护岸 1251 米。城南区防护工程，1994 年对沿章江自来水厂取水口至冶机厂 2100 米河岸进行护岸。

1993 年 7 月，编制赣州市（今章贡区）城市总体规划，明确赣州市（今章贡区）发展控制范围分 6 个区，即河套区、水南区、水东区、水西区、五里亭区及沙石区。其中，沙石区绝大部分地势较高，基本不受章江洪水威胁，水西区的河西街地势低、面积小、附近农田不多，因此搬至较高的地方。1996 年 10 月 8 日，赣州市（今章贡区）城市防洪规划协调会议确定，防洪规划水平年近期至 2000 年、远期至 2010 年，与赣州市（今章贡区）总体规划水平年一致。根据城市的发展规模、重要程度及国家颁布的防洪标准，防洪标准近期定为河套区、水南区为万安水库设计蓄水位 100 米时，考虑泥沙淤积影响，为 50 年一遇，其他城区为 20 年一遇。远期分别提高到 100 年一遇和 50 年一遇标准设防。

二、南康市城区防洪工程

历史上南康市城区防洪仅在城区所在地沿河修建防洪堤，章江上游已建的大型水库油罗口、中型水库垅涧里和跃进水库对滞洪削峰起到一定作用。城区治涝主要依靠排洪渠、章惠渠、南干渠、北干渠、幸福河、赤土河、倒桥水以及有关的排洪涵洞自流排至章江。1996 年，编制城区防洪总体规划。根据城市规划，按地形地势将城区划分 4 个防洪治理区，即老城区、南水区、窑边区、洋坝岭背区。据南康市国民经济和社会发展规划，城区防洪规划水平年近期为 2000 年、远期为 2010 年，防洪标准 20 年一遇。防洪工程设施：老城区加高加固河堤 2 段 1380 米；南水区加高加固河堤 4370 米，其中蓉江大桥以上至坝里古屋长 1900 米为路堤结合；窑边区加高加固河堤 5940 米；洋坝、岭背区加高加固河堤 5900 米。城区治涝工程总体布局建立在防洪、排洪工程总体布局上，采取高导低排的方案，按所处地点及地理位置划分 4 个区，即老城区、南水区、洋坝区、窑边区。治涝标准为 10 年一遇 24 小时暴雨，在 24 小时内排至不淹主要建筑物高程，因此，在 4 个治涝区各兴建 1 座排涝站。

三、瑞金市城区防洪工程

瑞金市城区上游建有日东、龙山 2 座中型水库和 3 座小（一）水库，对防洪起到一定的调节作用。除此之外，仅有部分圩堤。1996 年，编制城区防洪总体规划。防洪治涝工程总体布局采用圩堤、高导低排方案，按所处地点及地理位置划分 4 个防洪区，即城东区、城南区、城中区、城北区。规划水平

年近期至 2000 年、远期至 2010 年。防洪标准：城东区、城南区 20 年一遇；城中区、城北区 30 年一遇。防洪、治涝工程设施：城东区修筑防洪堤 1750 米，加高 206 国道路面至设计防洪高程以上，全长 1650 米，开高导排渠 2750 米，建排涝站、防洪闸各 1 座；城南区筑防洪墙 1750 米，均质土堤 700 米，开高导排渠 3300 米，建排涝站、防洪闸各 1 座；城中区修路堤结合防洪堤 3510 米，建防洪墙 845 米。

四、大余县城区防洪工程

大余县对县城章江两岸护岸进行加高加固，对跨章水的交通桥进行改建，提高防洪能力。在城区上游章水主流的油罗口大型水库对章水起到调洪削峰作用，提高城区的防洪能力。1996 年，编制城区防洪总体规划。防洪规划布局是远、近结合，防洪标准 20 年一遇。防洪工程设施：近期在县城南安大道以北的北门河，新珠村内新建小（一）型下东坑水库，对北门河进行清淤，提高泄洪能力；远期在章水主流上游吉村境内兴建大（二）型红石桥水库。该水库是章水的龙头水库，与油罗口大（二）型水库共同承担下游的防洪任务。县城范围内无大平原，涝灾问题不突出。

五、信丰县城区防洪工程

信丰县城河段上游及城区范围内已建河堤 9000 米，防洪标准为 4 年一遇。由于城区街道比河床高，城区受淹历时较短，故不存在涝情。1996 年，编制城区防洪总体规划。采用“泄蓄兼顾”“以泄为主”的方案。规划水平年近期至 2000 年、远期至 2010 年，防洪标准为 20 年一遇。2000 年完成西河堤防工程，加固水东河区桃江河堤，2010 年全面完善城区堤防工程。防洪工程设施：根据城区地形和河流现状布置堤线，并与城布总体规划协调一致。桃江河右岸修河堤 4800 米，左岸修筑河堤 940 米；桃江河左岸桥北段，结合防洪要求修筑沿江公路，河岸采取抛石护岸，护岸长 550 米，城区支流西河段修筑河堤 1400 米。

六、上犹县城区防洪工程

上犹江大型水库的兴建，有效拦蓄县城上游 2750 平方千米流域面积的洪水，调削洪峰，提高上犹江的防洪能力，河道均为天然河道、无防洪设施。1996 年，编制城区防洪总体规划。根据现状，结合近、远期规划方案，防洪总体布局采用防洪堤、防洪墙、加高沿江公路及高导低排方案。防洪规划水平年近期至 2000 年、远期至 2010 年，防洪标准 20 年一遇。按地理位置、危害及损失程度，划分 4 个防洪治理区，即城北区、水南区、城东区、城西区。防洪、治涝工程设施：城北区（老城区）修筑防洪堤 3630 米，建防洪墙 2130 米，开高导排水渠 1500 米，建排涝站 2 座；水南区修土堤 1850 米，建防洪墙 2480 米。

七、崇义县城区防洪工程

城区在 1975—1977 年对中城河进行裁弯取直，小江河北岸无任何防洪及排涝设施，城北工业区已建 3700 米防洪堤，老城区已建沿街两侧排水渠。1996 年，编制城区防洪总体规划。防洪标准 20 年一遇，防洪工程总体布局采用防洪墙和高导低排方案。按地理位置、危害及损失程度，划分北城、城西北、老城、南城、东城 5 个防洪治理区。防洪、治涝工程设施：北城区筑防洪墙 1566 米，沿土堤开导渠，直接流入北门电站尾水渠；城西北工业区修筑防洪墙 1699 米，开一排水渠并在出口设闸门，在原化工厂抽水房增设排水泵；老城区修筑浆砌石重力防洪墙 804 米，对原河堤加高加固，高导排渠设闸门，在排水渠同口处各建 1 座排涝站；南城区以高导低排为主，结合城区街道统一布设，东城区沿中城河右岸河堤边设置顺河排水渠，集中流入中城河内。

八、龙南县城区防洪工程

城区除残留部分防洪墙外，从 1957 年开始修筑河堤，经 1972 年、1975 年、1982 年和此后几年的续建加固，已形成5200米河堤，对抵御洪水起到一定作用。城区河岸线11.5千米，其中能达20年一遇防洪能力的仅1200米，尚有4000米不足抵御20年一遇的洪水，且无完整的排涝设施。1996年编制城区防洪总体规划。据流域规划分析，县城上游水库对城区防洪削峰作用不大，其防洪还须依赖河堤，故确定城区总体防洪方案采用河堤分区设立防洪体系。根据1996年龙南县城市总体规划，城区划分老城区、城市中心区、里仁区、金塘区4个防洪治理区。防洪标准近期20年一遇、远期50年一遇，治涝标准定为10年一遇24小时暴雨，加上生活废水和工业废水，在该时段内排至允许内涝水位。防洪、治涝工程设施：老城区沿河岸修筑土堤5530米，加高加固原有河堤1327米，建悬臂式钢筋混凝土防洪墙2450米；城市中心区，对原有河堤加高加固，建悬臂式钢筋混凝土防洪墙2680米，龙洲路至濂江口修土堤1850米；里仁区采用濂江大道为防洪屏障；金塘区加高仙岩路面至防洪高程，加高加固原河堤，建悬臂式钢筋混凝土防洪墙700米，浆砌石防洪墙950米，修土堤1300米。

九、定南县城区防洪工程

城区防洪是靠沿河两岸4条1700米圩堤，治涝以沟排为主，山溪水易涨易落，故无永久性排涝站。有防洪标准低于5年一遇。礼亨水库对城区的防洪起到蓄洪削峰的作用，削减洪峰86.9%。1996年，编制城区防洪总体规划。防洪工程总体布局是加高、加固现有河堤，具体划分2个防洪治理区：杨梅河段、礼亨河段，防洪标准20年一遇。防洪工程设施：杨梅河段有河堤4300米，其中有2200米河堤需进行加固，整治河道对现有小（二）型水库进行除险加固；礼亨河段，高桥至仙龙亭桥为站北开发区，对河堤加高、加固。

十、全南县城区防洪工程

城区形成总长2560米的堤防工程，除老城墙至解放桥下520米堤防不足抵御20年一遇洪水的能力，其余均具备抵御20年一遇洪水的能力。治涝工程，城区已设立地下排水管网，已建排涝站1座。1996年，编制城区防洪总体规划。由于上游水库对城区防洪作用不大，故城区防洪仍然依赖堤防防护。规划水平年与全南县城市总体规划水平年相一致，近期至2000年、远期至2010年，防洪标准20年一遇，根据城镇总体规划，划分城中、城东、城南、城西、城北、新城等6个防洪治理区。防洪工程设施：城中区修混凝土防洪墙850米，恢复修建原防洪墙加高加厚520米，浆砌石护岸580米；城东区利用沿岸新建房屋档水防洪，未建房的河岸修河堤，使河堤与沿岸房连成一体，形成防洪封闭线；城南区对路坝河岸进行削坡整治，浆砌石护坡；城西区结合城镇规划统筹解决，开发时沿岸修筑浆砌石防洪墙或护岸，右岸修河堤，对已达防洪高程的河岸，用浆砌石护岸；城北区地势较高，不受桃江洪水威胁，不存在防洪问题；新城区沿桃江河岸修土堤4500米。

十一、安远县城区防洪工程

主要的防洪设施有濂江河堤，上游建成的小（二）型水库也部分削减县城的洪峰与洪量。城区排水系统分河东、河西两个区域，形成城区排涝网络，但由于排水沟部分地段淤塞、过水断面减小，远远不能满足排洪要求，低洼地区常有积水。1996年，编制城区防洪总体规划。防洪工程总体布局按地理位置分3个区域：濂江河石果背桥河段区域、水背桥以下溪背低洼段区域、新开发城区花椒河支流。规划近期至2000年、远期至2015年，防洪标准近期20年一遇、远期50年一遇。防洪工程设施：东江源大桥上、下游新建河堤3900米，均为浆砌块石重力防洪堤；水背桥至农机厂河段，建路堤并用式河堤；花椒河为土堤，远期规划浆砌石护岸。

十二、寻乌县城区防洪工程

城区河段内建有东门陂和南郊陂，城南建有千工陂，其回水完全控制相应区的洪水位。城区1993

年开始有计划地进行河堤改造、加固和新建，已形成断断续续总长3000米左右的堤防工程，但仍有部分堤段年久失修，部分河岸尚无堤防，防洪体系不够完善，仍存在洪水侵袭的隐患。城区属沿河布局的带状山城，河道两岸地势抬升较快，有助于降水顺利排入河道，基本上不存在内涝问题。1996年，编制城区防洪总体规划。根据流域规划，确定城区防洪采用河堤防护。防洪规划将县城沿马蹄河划分5个河段，即稀土材料厂至东门陂、东门陂至南郊陂、南郊陂至林业大桥、林业大桥至千工陂、千工陂至神墩桥。防洪标准20年一遇。防洪工程设施：沿岸已建房的河岸利用房屋档水，沿房屋外墙浇筑混凝土墙贴面处理，未建房的河岸兴建河堤或加高加固原有河堤，使河堤与房屋连成一体，形成防洪封闭线，对未达标的河堤进行加高加固，已达防洪高程的河岸进行削坡整治，要求开发区建设时将地面填至防洪高程，对小溪沟修筑岸堤和拦洪墙，排水沟设闸。

十三、于都县城区防洪工程

除贡水北岸老城区保留有南宋绍兴十五年（1145）修筑的青砖砌筑缺残的古城墙近600米外，无其他防洪工程，且城墙仅能抵御5年一遇左右的洪水。治涝工程：城区的雨水、污水主要由各道路、街道的排水沟汇入5条排水干道和1条水溪后，直接排入贡江。1996年，编制城区防洪总体规划。根据于都县城区建设状况，重点建设贡水以北防洪墙和马子口河防洪墙，保护老城区和古田区，远期建设水南防洪墙，保护城南区。根据县城总体规划，城区划分3个治理区，即老城区、古田区、水南区。规划水平年近期至2000年、远期至2015年，防洪标准20年一遇。防洪工程设施：对古城墙维修加固，其余岸段修悬臂混凝土防洪墙。

十四、会昌县城区防洪工程

建于元大德元年（1297）用作军事防御的城墙，包围整个老城区，作老城区的湘水、贡江防洪墙之用。1965年在岚山区水西坝贡江河段修建水西防洪堤，已建的石壁坑中型水库、6座小（一）型水库、14座小（二）型水库，对城区防洪有较大作用，城区排涝设施严重不足，使城区常遭涝灾。1996年，编制城区防洪、治涝总体规划。根据城市总体规划、防洪总体布局采用圩堤。按地理位置划分4个防洪治理区：老城区、水东区、岚山区、南外区。规划水平年近期至2000年，防洪标准20年一遇。防洪工程设施：维修加固现存的老城墙、已拆除部分建防洪墙，沿河岸因地制宜修筑河堤或防洪墙，砌石护岸，对原有河堤全面加高加固，加高206国道至防洪高程，建开发区时，将地面填至防洪高程。

十五、兴国县城区防洪工程

水河堤是城区主要防洪工程，1974年东河改道，河道裁弯取直，将汇合口移至城东南3千米处，使县城只受流域面积较小的洪水影响，削减洪水流量60%。在水上游建长龙中型水库1座，小（一）型水库3座、小（二）型水库17座，在潋水上游建有长冈大型水库1座、小（一）型水库4座、小（二）型水库3座，大大削减县城河段的洪峰流量，减轻防洪压力。城区排洪主要依靠排水网络系统及小春、筲箕2条小河，一般洪水均可在1～2日内排泄完。1996年，编制城区防洪、治涝总体规划。由于潋水改道和沿江水泥路面的建成，城区防洪已达20年一遇洪水标准，此次将城区小春河和筲箕河纳入规划。规划水平年近期至2000年、远期至2015年，防洪标准近期20年一遇、远期50年一遇。工程整体布局，按地理位置划分3个防洪治理区，即老城区、洪门工业区坝南一段，新城区桐江支流。防洪工程、治涝工程设施：加固原有河堤，进行黏土灌浆防渗，桩石固脚，对沿江不达防洪标准的路面段建防洪墙，对潋江桥以下堤段用块石护岸，对小春、筲箕河按防洪要求拓宽疏浚，桐江一支流有900米与规划街道重合，将此河裁弯取直并砌筑护岸。结合城区建设，对其他河段进行整治。

十六、宁都县城区防洪工程

城区有2000米明代城墙用作防洪墙，经1984年冬至1985年春全面加固，已达20年一遇的防洪标准。除此之外，有部分浆砌石防洪墙，浆砌石护岸，但大部分为土堤，防洪标准低。现有排涝设施少，东、南、北 3 个排涝站设备老化。1996 年，编制城区防洪总体规划。工程总体布局，采用防洪堤、防洪墙，加高环城公路和高导低排方案。按地理位置及危害、损失程度，划分 4 个防洪治理区：城中区、城北区、城南区、河东区。防洪标准 20 年一遇。防洪、治涝工程设施：对老城墙迎水面用块石护坡，对原有土堤加高加宽；对老河堤进行防渗固脚处理，未建防洪堤的岸段新建防洪堤；对沿岸有住房段的浆砌石护岸进行续建加固。

十七、石城县城区防洪工程

城区东北部老城墙起到一定的防洪作用。20 世纪 70—80 年代修筑南门、兴隆、中心坝、温坊河堤，但标准太低，年久失修。琴江河的岩岭中型水库、小（一）型水库 3 座、小（二）型水库 15 座有效拦蓄洪水，削减洪峰流量，减轻城区防洪负担。1996 年，编制城区防洪总体规划。根据城区地形，城区设置两个防洪封闭圈：位于琴江西岸的西城封闭圈、位于琴江东岸的东城封闭圈。结合《石城县县城总体规划》，防洪规划水平年近期至 2000 年、远期至 2020 年，防洪标准确定为 20 年一遇。防洪、治涝工程设施：加高原有城墙，新建浆砌块石防洪墙，东城河堤以土堤为主，堤身用黏土墙防渗，外坡砌块石护坡。

十八、赣县城区防洪工程

防洪、治涝工程由东至西沿贡江北岸修建 8000 米防洪堤，对河岸崩塌处地段进行砌石护岸，建排涝站 4 座。

第二节 河道堤防工程

一、河道清障管理

河道采砂，河岸修建房屋、公路，水库内采矿和修路等，把大量废料、砂石等倒入河道水库，致使河道水流不畅，河势变迁，危及河岸、河堤及人民生命财产安全；水库淤积，库容减少，危及大坝安全，对工程效益发生严重影响。1987 年 6 月 23 日，行署下达《关于搞好河道清障保障防洪安全的通知》，要求全地区及早组织力量进行河道设障调查，根据“谁设障，谁清障”的原则，责令设障部门和个人彻底清除河道滞洪、阻洪障碍物。

二、河道采沙、采矿管理

1992 年 3 月，贯彻执行省水利厅、省财政厅、省物价局联合颁发的《江西省实施〈河道采砂的收费管理办法〉细则》，明确规定河道采砂的收费标准和河道管辖范围的授权，省、地管河流，以行政区划为界，将地管河道委托当地县（市）水利行政主管部门管理。12 月，地区水利电力局、地区计划委员会就河道管理范围内的建设项目管理权限作出明确规定，以下河道管理范围的建设项目由地区水利电力局实施管理：在上犹江、章江、梅江、琴江、绵江、湘江、濂江、平江、桃江主要河段内兴建的大中型建设项目。主要河段划分为上犹江—南河电厂及以下，章水—油罗口水库及以下，梅江—湛田水与梅江合口处及以下，琴江—石城县城及以下，绵江—瑞金县城及以下，湘江—周田及以下，濂江—晓龙及以下，平江—兴国县城及以下，桃江—龙南县城及以下。在县（市）边界河道范围内兴建的建设项目及在中型水库管理范围内兴建的建设项目，经省水利厅授权地区管理的赣江河管理范围内兴建的建设项目，其他河道管理范围内兴建项目和上述河道非地区管理的河段范围内建设项目以行政区划为界，由县（市）河道主管机关管理。

1995 年，瑞金市“6·17”洪水给瑞金市经济带来巨大损失，除自然灾害原因外，沿河行洪障碍物也是成灾因素之一。地区委托瑞金市管理河道规划区负责瑞金市境内河段的清障，主要障碍物有上吊桥右边边墩、云龙桥桥孔、下吊桥右边墩、糖厂桥右边桥孔下及下游和注水中心坝的树、泽潭上湖的采砂桥。1996 年 7 月 23 日，地区防汛抗旱指挥部转发国家防汛抗旱指挥部办公室《关于切实加强河道采砂采矿管理，确保防洪安全的通知》，依据《中华人民共和国河道管理条例》《江西省河道管理条例》《江西省防汛工作暂行规定》等有关法规认真贯彻落实。赣州市（今章贡区）在涌金门原址修建 1 座防洪标准为 50 年一遇的现代化闸门，并在其上修建仿宋城楼，总投资 170 万元。1999 年 12 月 30 日，赣州市（今章贡区）滨江大道一、二期工程全面竣工，总投资 1.25 亿元，是防洪、道路、绿化为一体的重要工程。

2000 年，全市有堤防 637 条，1607 千米，可保护耕地 2.55 万公顷，保护人口 66.86 万人，绿化长度 462.48 千米。

表 20-1-1

2000 年赣州市堤防建设统计表

县(市、区)	条数(条)	长度(千米)	保护耕地(万公顷)	保护人口(万人)
章贡区	37	36	0.08	7.76
赣　县	110	330	0.33	4.23
南　康	21	81	0.23	4.20
信　丰	21	64	0.14	2.71
大　余	10	35	0.12	2.03
上　犹	—	—	—	—
崇　义	123	75	0.10	1.90
安　远	37	38	0.08	3.15
龙　南	—	42	0.08	4.56
定　南	12	33	0.06	1.37
全　南	10	14	0.04	1.21
宁　都	80	396	0.46	16.80
于　都	25	48	0.11	1.90
兴　国	33	167	0.43	5.60
瑞　金	4	129	0.12	4.20
会　昌	—	—	—	—
寻　乌	76	90	0.11	4.04
石　城	38	29	0.06	1.20
总　计	637	1607	2.55	66.86

第三节　水利工程建设

一、蓄水工程

1986—2000 年，新修水库 61 座，总库容 3.04 亿立方米，兴利库容（又称“有效库容”，即正常蓄水位至死水位之间的水库容积）2.78 亿立方米，其中大型 1 座、中型 7 座、小（一）型 4 座、小（二）型 49 座。新修的大、中型工程有龙潭电站、黄云水库、虎头陂水电站、蔡坊水电站、斗晏水电站、罗边水利枢纽工程、仙人陂水利枢纽工程、渔翁埠水利枢纽工程、长滩水电站。

“七五”期间，新增中型水库2座、小（一）型水库1座、小（二）型水库24座、山塘1058座。“八五”期间，新增中型水库1座、小（一）型水库3座、小（二）型水库43座。由于建设用地等原因，山塘相对减少1173座。

至2000年，全市建成或基本建成水库885座，总库容29.08亿立方米，兴利库容17.65亿立方米。其中，大型5座，库容15.78亿立方米；中型32座，库容6.92亿立方米；小（一）型148座，总库容4.42亿立方米；小（二）型700座，库容1.96亿立方米。山塘82104座，蓄水量1.63亿立方米。“九五”期间，新增大型水库1座、中型水库6座、小（一）型水库1座、小（二）型水库6座。1986—2000年，部分新修大中型水库简介如下：

江西龙潭水电站 位于上犹县五指峰乡，赣江水系上犹江支流营前水上，坝址控制流域面积150平方千米，大坝为混凝土抛物线双曲拱坝，最大坝高90米，总库容1.15亿立方米，有效库容1.01亿立方米，工程总投资2.99亿元。1995年11月下闸蓄水，2000年通过省验收。

黄云水库 位于全南县南迳镇黄云村，赣江水系桃江支流上，坝址控制流域面积93.7平方千米，大坝为等厚三圆心砌石双曲拱坝，最大坝高46米，总库容4650万立方米，有效库容3035万立方米，工程总投资1453万元。1989年6月投产，1991年1月通过验收。

虎头陂水电站 位于全南县金龙乡桥子山，赣江水系桃江支流第三级电站，大坝控制流域面积40.8平方千米，大坝为混凝土重力坝、最大坝高29.1米，设计水头20.4米，设计引用流量12.2立方米/秒，工程总投资2273.92万元。1992年12月投产运行，1994年1月通过验收。

蔡坊水电站 位于安远县蔡坊乡，赣江水系濂江二级支流大脑河上，坝址控制流域面积117平方千米，大坝为闸坝式，最大坝高59.7米，总库容2654万立方米，有效库容1938万立方米，工程总投资6727.67万元。1996年投产，2000年3月通过验收。

斗晏水电站 位于寻乌县龙廷乡斗晏村，珠江水系东江干流河源区寻乌水上，坝址控制流域面积1714平方千米，大坝为混凝土面板堆石坝，最大坝高53米，总库容9630万立方米，有效库容4990万立方米，工程总投资2.65亿元。1998年10月投产运行，2000年3月通过验收。

罗边水利枢纽工程 位于南康市龙华乡罗边村，赣江水系章江干流上犹江支流第五级水利枢纽工程，坝址控制流域面积3190平方千米，大坝为混凝土闸坝式，最大坝高14米，总库容1085万立方米，有效库容282万立方米，工程总投资9468.7万元。1996年7月投产。

仙人陂水利枢纽工程 位于上犹县黄埠乡英稍村，赣江水系章水干流上犹江主流第四级水利枢纽工程，坝址控制流域面积3190平方千米，大坝为混凝土闸坝式，最大坝高18.3米，灌溉面积4200公顷，工程总投资8682.27万元。1995年10月投入使用，2000年3月通过验收。

渔翁埠水利枢纽工程 位于于都县靖石乡长赖村，赣江水系贡水左支濂江下游最末一级水利枢纽工程，坝址控制流域面积2140平方千米，大坝为闸坝式，最大坝高15米，总库容1085万立方米，有效库容282万立方米，工程总投资6132万元。1999年12月投产运行，2000年5月通过验收。

长滩水电站 位于定南县九曲乡，珠江水系贝岭水，坝址控制流域面积1312平方千米，大坝为混凝土砌石重力坝，最大坝高27米，总库容1130万立方米，有效库容80万立方米，工程总投资5023万元。1997年7月投产运行，2000年通过验收。

二、机电排灌

1986年开始，各县（市）兴建一批中、小型水库及山塘等蓄水灌溉工程，并恢复一批工程的灌溉效益。至2000年，全市新增机电排灌装机容量9520千瓦，新增机电排灌面积2330公顷。

1990 年，全地区排灌机械保有量 8268 台，总装机为 7.44 万千瓦。其中，电动机装机 5936 台，5.3 万千瓦；内燃机 2332 台，装机 2.14 万千瓦。全地区固定机电排灌站 2756 台，装机 4.75 万千瓦，其中电力排灌站装机 2149 台，3.99 万千瓦。机电排灌面积 2.89 万公顷。

1995 年，全地区排灌机械保有量 9551 台，装机 7.7 万千瓦。其中，电动机 6748 台，装机 5.63 万千瓦；内燃机 2803 台，装机 2.07 万千瓦。全地区固定机电排灌站 2797 台，装机 4.8 万千瓦，其中电力排灌站 2274 台，装机 4.15 万千瓦。机电排灌面积 2.94 万公顷。

2000 年，全市排灌机械保有量 1.01 万余台，装机 7.86 万千瓦，其中电动机 7380 台，装机 5.87 万千瓦；内燃机 2741 台，装机 1.99 万千瓦。全市固定机电排灌站 2630 台，装机 4.57 万千瓦，其中电力排灌站装机 2202 台，4.04 万千瓦。机电排灌面积 2.87 万公顷。

三、灌区工程

1986 年，全地区有灌区工程 5.09 万余座，有效灌溉面积 12.62 万公顷，其中万亩以上灌区工程 36 座，有效灌溉面积 3.87 万公顷。1990 年，全地区有灌区工程 5.17 万座，有效灌溉面积 12.7 万公顷，其中万亩以上灌区工程 37 座，有效灌溉面积 3.9 万公顷。1995 年，全地区有灌区工程约 5.19 万座，有效灌溉面积 12.75 万公顷，其中万亩以上工程 38 座，有效灌溉面积 3.99 万公顷。2000 年，全市有灌区工程约 5.19 万座，有效灌溉面积 12.75 万公顷。万亩灌区工程 41 座，其中市直 1 座、章贡区 1 座、南康市 4 座、瑞金市 6 座、赣县 1 座、信丰县 6 座、大余县 3 座、上犹县 2 座、安远县 2 座、会昌县 1 座、龙南县 2 座、于都县 4 座、宁都县 4 座、兴国县 3 座、定南县 1 座。万亩以上灌区工程中，引水工程 5 座（南康市章惠渠，龙南县雷峰渠、丰收陂，宁都县走马陂，安远县太平渠）。提水工程 1 座，为市直章江水轮泵站。大型水库 1 座，为兴国长岗水库。中型水库 15 座（赣县金盘水库，信丰县走马垅、五渡港、中村、上迳、白兰水库，瑞金市龙山水库，大余县跃进、垅涧里水库，兴国县长龙水库，宁都县竹坑、老埠水库，于都县下栏水库，会昌县石壁坑水库，定南县礼亨水库）。其余 19 座为小（一）型水库。全市 41 座万亩以上灌区，设计灌溉面积 5.68 万公顷，实际灌溉面积 3.48 万公顷。

表 20-1-2

1986—2000 年赣州市（地区）灌区工程统计表

年度	灌区(座)	有效灌溉面积(万公顷)	万亩以上灌区(座)	万亩以上灌区有效灌溉面积(万公顷)
1986 年	50948	12.62	36	3.87
1987 年	51164	12.64	36	3.40
1988 年	51240	12.64	36	3.89
1989 年	51521	12.69	36	3.89
1990 年	51702	12.70	37	3.90
1991 年	51236	12.64	37	3.92
1992 年	51894	12.71	37	3.93
1993 年	51882	12.71	37	3.90
1994 年	51783	12.73	38	3.94
1995 年	51937	12.75	38	3.99
1996 年	51899	12.73	39	3.99
1997 年	51920	12.72	40	4.02
1998 年	51918	12.72	42	3.98
1999 年	51938	12.76	42	3.63
2000 年	51938	12.75	41	3.48

四、病险水库加固

1986—2000年，全市（地区）水利工程建设侧重于病险水库的加固、水毁工程的修复和灌溉工程的配套，新上项目较少。其间，完成341座病险水库加固处理，其中大型2座、中型11座、小（一）型124座、小（二）型204座。解决人口饮水33.51万人、牲畜饮水15.90万头。2000年，全市有效灌溉面积29.72万公顷，占总耕地面积的85.14%。全市尚有病险水库169座（含二类水库98座、三类水库71座）。二类病险水库中有中型水库2座、小（一）型水库25座、小（二）型水库71座。三类病险水库中有大型水库1座、中型水库8座、小（一）型水库5座、小（二）型水库57座。

五、节水灌溉

全市（地区）水利工程建设基本形成蓄、引、提相结合的灌溉网络系统，对全市（地区）农业生产发挥应有的作用，但也存在一些问题，主要表现：大部分水利工程兴建于二十世纪六七十年代，渠道工程设计标准低，大部分无衬砌，且地处丘陵山区的渠道漫长，渠系老化，渗漏严重，因此，渠系水利用效率不高，浪费大。

1996年开始，全地区节水灌溉工程进入重点建设时期，兴国县被列为全国节水灌溉重点县，并在石城县、宁都县、于都县安排部分节水灌溉项目，还在全地区推广水稻薄露灌溉技术。通过采取薄水灌溉，适时稻田的“浅、湿、晒”措施，既提高水稻产量，取得较明显的节水效果。至1998年，兴国县通过节水项目完成长冈、长龙、桐林三大灌区及部分小型水库灌区的渠系配套及主干渠的防渗处理，石城县完成岩岭水库主干渠的衬砌防渗处理，宁都县、于都县在部分果园兴建喷灌、微灌工程，各县（市）进行干支渠的防渗衬砌，对部分田间斗农渠进行整治。同时，全地区发展一些喷灌、管道灌溉项目，主要用于烟叶、甘蔗、果茶等经济作物的灌溉，推广节水灌溉面积3.4万公顷，节水1000余万立方米。

根据水利部《关于编制〈节水灌溉“十五”发展计划及2015年发展规划〉的函》，结合全地区水量供需平衡分析，编制《赣州地区节水灌溉“十五”发展计划及2015年发展规划》，规划至2005年，全市必须发展节水灌溉面积6.75万公顷，主要渠道防渗率达到46.1%，渠系水利用率达63.97%，节水效益2.01亿立方米。到2015年，全市必须发展节水灌溉面积12.34万公顷，主要灌区渠道防渗率达到53.64%，渠系水利用率达到68.67%，节水效益2.19亿立方米。

六、农田水利基本建设工程

1987年，以巩固、改造、适当发展为指导思想，突出以病险水库的保安加固处理、工程维修、配套、清淤、修复和兴修急需的小型农田水利水电工程为重点。全地区完成土石方1500万立方米；新增有效灌溉面积1700公顷，旱涝保收面积2700公顷；新增小水电装机1万千瓦；改造低产田3300公顷；改善饮水人口6万人、牲畜2.5万头。各县（市）增加水利投入，于1988年恢复到1980年实行财政包干的切块经费水平（1145.7万元），并安排一部分乡村集体经济积累用于水利建设，每个劳动力投入水利建设的劳动积累工达到20天。以水库除险加固和渠系清淤、配套为重点，以巩固、恢复、发展水利工程的灌溉、防洪效益为目标，兴修一批小型农田水利水电工程。

1989年，水利工作服务于“农业总体开发战”，把农田水利建设延拓到“大水利”上来。以病险水库的除险加固、渠系清淤配套、山塘平塘加深扩大、机电排灌设施维修，以及水毁工程修复为重点，以恢复和发展水利工程的效益为目标，兴修一批小型农田水利工程。贯彻落实“自力更生”“民办公助”“等价交换、互助互利”“水利劳动积累工”“谁受益，谁负担”等政策，治水和治山与整个生态条件改善相结合，兴修水利与治水害相结合，治水和用水相结合，治水与改水、提高水质、解决人畜用水相结合。

1993年，赣南山区丘陵区水利建设在重点修复水毁工程的基础上，各乡村因地制宜突出抓好新建、扩建、维修、加固小型水库和山塘、陂坝、渠系清淤配套、中低产田改造、小水电站、圩堤等“七小”水利工程建设。

1996年，以提高抗灾能力和充分发挥工程效益为重点，进行水利水电工程的续建配套和更新改造，全面完成小型病险水库的除险加固和水利水毁工程的修复，城镇防洪工程建设、江河整治、干旱缺水地区的小型水利建设、低产田改造、城乡供水和水利综合经营，进行初级电气化县建设：投入积累5700万工日，完成土石方2300万立方米，新增有效灌溉面积2700公顷，旱涝保收面积3700公顷，改造中低产田1.13万公顷，恢复和改善灌溉面积1万公顷，解决人口饮水7.5万人，牲畜饮水3.48万头，新增小水电装机3.5万千瓦。

第四节　水利水电设计与施工

一、水利水电设计

境内水利水电设计工作主要由赣州市（地区）水利电力勘测设计院承担。1999年，赣州地区水利电力勘测设计院改称赣州市水利电力勘测设计研究院。该院是集勘测、规划、设计、科研、工程总承包、工程监理及技术咨询等业务于一体的综合性科技经济实体，主要从事勘探、测量、地质、水文水能、环境影响评价、水力机械、电气、通信、金属结构、施工、工程概预算、土工试验、电算、工业与民用建筑、工程监理等，具有国家乙级勘察、乙级水利水电设计、乙级水文水资源调查评价以及测绘、建筑工程设计、送变电工程设计等资质证书，以及完善的勘测、设计、科研、施工等方面的管理体系。至2000年，先后完成赣江流域章江、平江、湘江，以及珠江流域的东江河源区4个流域规划，承担60余座大、中、小型水利水电工程的勘测设计任务，设计项目总库容13.2亿立方米，总装机容量38万千瓦，已投产发电16.2万千瓦，总灌溉面积5万公顷，勘测设计优良品率保持在90%以上。勘测设计项目获省优秀设计奖4项、地区优秀设计奖7项，获省优秀QC小组成果奖6项，省水利科技成果奖8项。2000年，经省计划委员会组织专家验收评为优良工程的有3项，即江西龙潭水电站、仙人陂水利枢纽工程、三门滩水利枢纽工程。

水利水电设计项目中，既有210米的高水头电站，也有6米的低水头电站。1990年设计的全省第一座抛物线双曲高薄拱坝，于1995年建成投产，该坝高90米，坝顶弧长218.08米，顶宽3.5米，底宽11.6米，总库容1.15亿立方米，总装机2×2万千瓦，各项指标达到国内先进水平，节约投资2000万元。与东方电机厂合作，在国内首次成功开发特有水轮机转轮HLD54高水头混流式机组并应用到龙潭水电站，并将全国单机容量和转轮直径最大的轴伸式贯流机组在上罗水电站安装。为适应山区坝址河谷狭小，便于大坝、厂房、内外交通建筑物的布置，考虑山洪时量大和泄洪频繁的不利因素，借鉴外地闸门启闭设计新技术，在江西省第一次采用横后拉式的弧形闸门启闭新技术，把该技术应用于虎头陂水电站设计中。此后，又在三门滩水利枢纽工程、长滩水电站、渔翁埠水利枢纽工程的泄洪闸中进一步应用该技术。

二、水利水电施工

赣州市（地区）水利水电建筑装饰总公司是集水利水电建筑工程、工业与民用建筑工程、建筑装饰装修工程和输电工程施工于一体的国有（营）建筑施工企业。公司具有水利水电建筑施工贰级、工业与民用建筑四级、建筑装饰装修三级资质。1986—2000年完成工程项目61项，其中大型工程8项，中型工程25项、小型工程28项，完成工程总投资4823.77万元。

2000年，全市有水利水电建筑企业16个，全市施工企业总产值合计5901.42万元，年资产总值744.54万元，年末固定资产总值3031.47万元，职工总人数2292人。县（市）级以下企业资质为三级的有瑞金兴华机构施工工程公司、赣州南河机电设备安装公司、崇义县水利电力建筑安装公司。可承担中、小型水利水电工程建筑施工，机电设备安装，基础处理施工，35千伏及以下等级的输变电工程施工。

第五节 防汛抗旱

一、防汛

1988年6月13日，瑞金县遭遇50年未遇的特大暴雨，11小时降雨量216.2毫米，有3个时段每小时降雨量超过40毫米，县城最高洪峰水位194.62米，超过警戒水位3.62米，毁坏房屋6803间，淹没农田1.2万公顷，粮食减产6000吨，破坏公路670千米、桥梁15座、涵洞175个、水利工程3766处，经济损失2185万元。

1992年3月25日8时至26日8时，24小时内全地区18个县（市）降雨量均达50毫米以上，其中全南县、会昌县、信丰县、大余县、赣州市（今章贡区）、南康县超过100毫米，出现中华人民共和国成立后少有的未入主汛期的大洪水，水库均溢洪，4座大型水库合计最大泄洪流量每秒1800立方米，沿河两岸洪水泛滥。5月，瑞金县、石城县局部暴雨，7月下旬又出现少有的大到暴雨，造成全地区性的洪涝灾害。18个县（市）、321个乡（镇）、2893个村、3.21万个村民小组，217.4万人口、20.91万公顷农田受灾，其中毁坏农田1.4万公顷，成灾农田12.55万公顷。洪灾导致55人死亡，死亡牲畜6.29万头，倒房7.33万间，其中住房2.03万间。冲坏公路613.76千米、桥梁1132座，冲毁水利水电工程2.1万座（处），其中塘坝4862座，水陂8564座，圩堤3685处418.45千米，小水电站62座2834千瓦，机电泵站167座1946千瓦，渠道6410处456.32千米，渡槽82座1061米，影响灌溉面积5.45万公顷，直接经济损失25.83亿元。灾情发生后，地委、行署组织地直单位干部5.14万人，各地群众65.7万人，民兵、公安干警、武警消防官兵均参加抗洪抢险。动用汽车900辆、船只184条，下拨救灾资金184.2万元、粮食405.5吨，加固堤坝使用麻袋15.45万条，搬运土方102万立方米，搬运石方5万立方米。

1994年5月1—3日，全地区普降暴雨，15个县（市）受灾，石城县、宁都县降雨量最大，石城水文站连续24个小时降雨375.9毫米，48小时达417毫米，超过该区有雨量记载以来的最高纪录，直接经济损失9亿多元。6月14—17日，全地区暴雨，平均降雨量165毫米，石城县、瑞金市达250毫米以上，市政基础设施遭到严重破坏，倒房476间1.1万平方米，冲毁城区道路5.92万平方米，毁坏、淤塞下水道9910米，损坏自来水管道22处9300米、公厕6座、城区防洪堤坝3490米，损失木材278立方米，直接经济损失1935.2万元。民兵、武警官兵、1400多名干部和80多万名群众投入抗洪救灾，使用麻（编织）袋25万条，各种排涝设备1323多千瓦，减少损失2.2亿元。

1995年5月下旬始，各县暴雨频繁集中，强度大。5月21日4小时内，安远县县城、车头、版石等乡（镇）降雨80毫米。5月25日3小时内，宁都县长胜、田头等乡（镇）降雨179毫米。5月26日4小时内，定南县、龙南县6个乡（镇）降雨60毫米。6月4日6小时内，石城县降雨110毫米，24小时达140毫米。同日，瑞金市6小时降雨120毫米。6月15日20时至17日20时全地区平均降雨165毫米，石城县、宁都县、瑞金市24小时分别降雨276毫米、207毫米、249毫米。全南县6小时内降雨102毫米。6月27日和7月3日，石城县、宁都县、兴国县、瑞金市、定南县、寻乌县、全南县、龙南县、安远县又出现暴雨，寻乌县日降雨达169毫米。8月1日，全地区有11个县降暴雨，宁都县、石城县日降雨分别达到108毫米、104毫米。8月13日，受5号台风影响，石城县、宁都县和兴国县的6个乡（镇）又下暴雨，日降雨量249.7毫米，兴国县良村、南坑2个乡（镇）3小时降雨量达250毫米。

强降雨造成山洪暴发，江河水位猛涨，水库大量泄洪，致使全地区大部分县（市）沿河两岸发生严重洪涝灾害，石城县、瑞金市、于都县、信丰县更甚。全地区受淹农田12.24万公顷，其中8.6万公顷成灾，粮食减产20.3吨。水利水电工程设施被冲毁坏1.07万座（处），其中小（一）型水库2座，小（二）型水库17座，堤防320处14.81千米，直接经济损失1.84亿元。地区派出9个工作组赴灾区指导组织抗灾救灾，投入抗洪救灾干部3.5万人、群众近百万人，调动车船2000多辆（艘）。

1997年，汛期雨量较多，年平均值偏多，出现3次较严重汛情。第一次发生在6月9日，琴江、梅江流域连续降大到暴雨，局部出现特大暴雨，造成山洪突发，河水猛涨，并引起山体滑坡。石城县琴江洪峰水位228.62米，超警戒线3.12米，创历史最高纪录。宁都县梅江洪峰水位187.18米，超警戒1.68米。由于受上游降雨影响，于都县贡江汾坑站洪峰水位132.61米，超警戒3.61米。第二次发生在6月22日，上犹江流域降大到暴雨，上犹县大部分乡（镇）遭洪水袭击，有的圩镇淹没水深1.2米。第三次发生在7月11日，章江流域普降大到暴雨，江河水位迅猛上涨，上犹江田头站洪峰水位117.45米，超警戒0.95米。南康市龙华、唐江、三江、凤岗等沿河乡（镇）农田受淹。全地区受灾人口228.87万人，受灾农田11.4万公顷，其中6.21万公顷成灾，倒塌房屋1.81万间，冲毁损坏各类水利工程1.06万座（处），冲毁损坏交通，通信、电力等设施7970座（处），因洪水、山体滑坡及倒房致死43人。洪涝灾害直接经济损失13.9亿元。

1999年5月下旬，全地区大部分地区发生大到暴雨降水过程，局部出现特大暴雨。5月24—27日，全地区3日平均总降雨量为166.2毫米，其中瑞金市最大为235.1毫米，会昌县次之，为220.3毫米；26日宁都县日降雨量最大为155毫米。9月4日，受9号台风影响，全市平均降雨量43毫米，以宁都县肖田乡降雨量161毫米为最大。9月17日，在10号台风影响下，崇义县、大余县、龙南县、全南县4个县普降大到暴雨，局部特大暴雨，龙南县杨村镇4小时降雨量170毫米，崇义县关田乡48小时降雨量达243毫米。灾情较严重的“5·25”洪灾，有9个县（市、区）、174个乡（镇）受灾。9月上中旬受9号、10号台风影响，有5个县、52个乡（镇）受灾。至9月底，全市（地区）有13个县（市、区）、223个乡（镇）遭水灾，受灾人口156.74万人，倒塌房屋0.54万间。农作物受灾面积5.76万公顷，农林牧渔业直接经济损失1.75亿元；因灾停产工矿企业206个，毁坏路基360千米，损坏输电线路157.8千米、通信线路70.3千米，工业交通直接经济损失7800万元；损坏堤防60.2千米、护岸784处、水闸146处，冲毁塘坝1532座，水利设施直接经济损失7200万元。全市（地区）因洪水、山地地质灾害致死20人，洪涝灾害经济损失总计3.69亿元。在抗洪抢险中，各类水利工程减灾效益达到11.25亿元，其中城市防洪工程减灾1.67亿元，水库减灾8.85亿元，圩堤减灾0.73亿元。防洪非工程措施减少灾害损失0.62亿元。

2000年，降雨时空分布不均，出现多次严重的局部性洪涝灾害。主要有“5·27”洪灾4个县（市）69个乡（镇）受灾，“6·19”洪灾12个县（市、区）、140个乡（镇）受灾，“8·25”洪灾7个县（市、区）、90个乡（镇）受灾。截至9月底，全市有15个县（市、区）、195个乡（镇）遭受洪涝灾害，受灾人口156万人，倒塌房屋2.12万间，农作物受灾面积6.16万公顷，成灾面积4.04万公顷，绝收面积0.93万公顷，农林牧渔业直接经济损失2.4亿元；因灾停产工矿企业110个，毁坏路基857千米，损坏输电线路389.3千米，损坏通信线路180.8千米，工业交通直接经济损失8115万元；损坏各类水库13座、堤防161.4千米、护岸195处、水闸182座，冲毁塘坝2903座，水利设施直接经济损失1.12亿元。全市因灾死亡13人，其中因洪水死亡5人，地质灾害死亡8人。因洪涝灾害直接经济损失合计5.25亿元。

二、抗旱

1986 年，全地区受旱农田 18.8 万公顷，其中 3.3 万公顷绝收。甘蔗枯死 0.13 万公顷。全年受灾农田 15.95 万公顷，其中 10 万公顷成灾。

1992 年 7 月中旬至 8 月上旬，连续高温少雨，全地区受旱农田 7.9 万公顷，其中 1.2 万公顷成灾。地委、行署组织发动干部职工 2.8 万人，劳力 84.5 万个工日，电动机 3100 台 2.32 万千瓦，柴油机 250 台 1.61 万千瓦投入抗灾，筹集抗旱资金 19.49 万元。挽回受旱面积 2.22 万公顷。

1993 年 7 月底至 8 月中旬，赣州市（今章贡区）、南康县、信丰县、上犹县、安远县、龙南县、定南县、于都县、大余县等 9 个县（市）发生 2 次旱灾，受灾农田 1.6 万公顷，其中 6000 公顷成灾。全地区投入 2.1 万名干部群众及武警和民兵 40.53 万个工日，机电设备 2687 台 1.6 万千瓦，资金 261.64 万元抗旱，挽回受旱面积 1.1 万公顷。

1995 年 7 月，全地区降雨偏少、气温高。南康市、上犹县、崇义县、赣州市（今章贡区）、兴国县、大余县等县（市）发生旱情，受旱面积 1.4 万公顷，导致 5000 人、1470 头牲畜饮水困难。全地区投入 9.42 万人、机电设备 2318 台 1.77 万千瓦、其他抗旱工具 1308 部（件）、资金 88 万元抗旱。8—9 月，继续少雨高温，全地区受旱面积 3.4 万公顷，干涸塘坝 3638 座，动员 22.8 万人，机电设备 1630 台 6432 千瓦投入抗旱，筹集资金 97.6 万元，挽回受旱面积 6100 公顷，解决 2200 人、900 头牲畜饮水问题。

1998 年受厄尔尼诺现象影响，7 月中旬开始久旱无雨，全地区出现伏秋、秋旱。至 8 月，全地区受旱农田 5.6 万公顷，其中轻旱 4.4 万公顷，重旱 27 公顷，干枯作物 1.2 万公顷，25.11 万人、4.73 万头大牲畜因旱造成饮水困难。地委、行署组织干部职工抗旱，投入资金 283.5 万元，挽回受旱面积 2.87 万公顷。解决 20 万人、2 万多头牲畜饮水问题。

2000 年 6 月下旬至 8 月，全市大部分地区出现长时间的高温少雨天气，各类水库、山塘的蓄水量急剧减少，各县（市、区）发生程度不同的旱情，部分县（市）旱情相当严重。农作物受旱面积 12.67 万公顷，损失粮食 7.97 万吨，损失经济作物折价 0.84 亿元，因旱造成 28.5 万人、17.4 万头大牲畜饮水困难。抗旱期间，全市投入抗旱人员 124.75 万人，机电井 1430 眼，泵站 1468 处，机动抗旱设备 3.98 万台（套），装机容量 6.75 万千瓦，投入抗旱资金 2406.44 万元，其中市、县级财政拨款 426.64 万元，群众自筹 1979.8 万元；抗旱用电 955 万千瓦时，抗旱用油 532 吨，抗旱浇灌面积 13.5 万公顷；临时解决 36.99 万人、20.01 万头大牲畜的用水困难，挽回粮食损失 20 万吨，挽回经济作物损失 9900 万元。

第六节　水利管理

一、水利机构队伍

1986 年，地区水利电力局内设办公室、水利水电科、计划财务科、科技教育科、工程管理科、总工程师办公室、防汛办公室，下辖地区水利水电勘测设计院、小水电管理站、水电物资供应站、水电建筑施工队。1990 年，设立水政科。机关在职职工 95 人。1996 年，水政科更名为水政水资源科，工程管理科更名为水利管理科，小水电管理站更名为地方电力管理站，增设防汛信息通讯管理站。1999 年 7 月，地区水利电力局更名为市水利电力局。2000 年，增设市水政电力监察支队、市城区河道堤防管理处。市水利电力局内设办公室、水政水资源科、水利水电科、水利管理科、计划财务科、科技教育科、市防汛抗旱指挥部办公室，下辖市水利电力勘测设计院、市地方电力管理站、市防汛信息通信管理站、市水利水电建筑施工队、市水电物资供应站、市水政电力监察支队和市城区河道堤防管理处。机关在职职工 39 人。

二、水利工程建设管理

施工招标 境内于1989年开始进行水利水电工程建设施工招标投标工作。最早开展招标投标的项目是“龙潭水电站建设施工”。1989年，由地区计划委员会主持召开会议决定“龙潭电站工程建设施工”进行招标，招标与议标相结合，以议标为主，整体招标为辅。《中华人民共和国招标投标法》发布后，招标投标工作逐步走上规范化、制度化轨道。地区水利电力局于1997年成立招标投标办公室。1997年1月，全南县龙兴水库除险加固施工进行邀请招标，发邀请函，出售招标文件，确定接受投标书的截止日期为1997年8月15日9时。2000年10月，油罗口水库附属单项加固工程施工，市水利工程招标投标办公室采用邀请招标方式选择施工队伍。赣州市（今章贡区）八境湖橡胶坝建设施工、章江水轮泵站闸坝改建工程施工，均采取施工招标选择施工队伍。

工程建设监理 地区水利电力工程建设监理站于1992年10月1日成立。1994年10月10日水利部批准，该单位可承担水利水电工程建设监理资格单位（暂不定级）。1996年4月9日水利部批准监理资格等级为丙级。2001年7月31日水利部批准颁发监理资格等级为乙级。

该站在江西省范围内率先开展工程建设监理工作，也是省内第一批获得资格等级证书的工程建设监理单位。1992年开始，全地区中型以上的水利水电工程建设项目均实行工程建设监理。至2000年，完成25个工程项目的建设监理任务，其中水利枢纽工程及水电站工程17项、防洪工程3项、输变电工程3项、自来水工程2项。罗边、渔翁埠水利枢纽工程与江西省水利工程监理公司合作完成，23项为该站独立承担。已完建的20个工程项目中，仙人陂水利枢纽工程、三门滩水利枢纽工程、蔡坊电站大坝、赣州市古城墙防洪工程、赣州市赣江路防洪工程均通过省计划委员会组织的竣工验收，评为优良工程。

工程质量监督 1989年，成立地区水利基本建设工程质量监督站和地区水利基本建设工程质量检测站。根据《水利工程质量监督管理规定》《水利水电基本建设工程单元工程质量评定标准》要求，地区质量监督站和检测站对监理复核的工程质量实行抽样检查，审查监理单位的中间产品质量及单元工程质量等级评定；对部分工程在施工单位自评以及建设、监理单位复核后，质量监督站审查核备；对于所发生的质量事故和质量缺陷，核备建设单位对其调查和处理情况书面报告；评定已完工的单位工程和枢纽工程的质量等级。通过巡视检查、现场观察、定点抽取试样、调阅质量检测资料以及有关工程纪录等进行全面质量监督。对进行质量监督的基本建设工程派出工程质量监督项目组，在主要阶段验收和竣工验收前写出工程质量评定报告，参与工程建设项目的竣工验收。其间，由赣州地区水利基本建设工程质量监督站与江西省水利厅质量监督中心站实行工程质量监督的项目有龙潭水电站、斗晏水电站、三门滩水利枢纽工程、仙人陂水利枢纽工程、罗边水利枢纽工程、渔翁埠水利枢纽工程、上罗水利枢纽工程、蔡坊水电站、长滩水电站、定南县自来水厂、崇义县自来水厂。

竣工验收 1986—2000年，全市（地区）建成投产的水利水电工程（单机千千瓦以上的电站）12项，通过竣工验收的有8项。

黄云水库工程 1991年1月通过竣工验收，由江西省计划委员会主持。验收委员会成员单位：江西省水利厅地方电力建设管理局、全南县人民政府、赣州地区水利电力局、赣州地区水利电力设计院、建设银行赣州地区分行及全南县黄云水库工程指挥部、全南县计划委员会、建设银行全南县支行、全南县水利电力局、黄云水库。

虎头陂水电站工程 1994年1月通过竣工验收，由赣州地区计划委员会主持。验收委员会成员单位：赣州地区林业局、全南县人民政府、赣州地区水利电力局以及赣州地区建设银行投资信贷处、赣州地区水利电力勘测设计院、上犹江电厂安装公司及全南县计划委员会、建设银行全南县支行、全南

县水利电力局和全南县小叶岽林场、全南县小水电公司、虎头陂水电站。

龙潭水电站工程 2000 年 1 月通过竣工验收，由江西省计划委员会主持。验收委员会成员单位：赣州市人民政府、江西省地方电力建设管理局、江西省重点工程建设办公室、赣州市计划委员会、赣州市水利电力局、赣州市财政局、赣州市审计局、赣州市统计局、赣州市环保局、赣州市消防支队、上犹县人民政府、江西龙潭水电实业有限公司。

滩头水电站扩建工程 2000 年 3 月通过验收，赣州市计划委员会委托赣州市水利电力局主持竣工验收。验收委员会成员单位：大余县委、赣州市计划委员会、大余县计划委员会、大余县水利电力局、大余县国有资产管理局、建设银行大余县支行、大余县消防大队。

斗晏水电站工程 2000 年 3 月通过竣工验收，由江西省计划委员会主持。验收委员会成员单位：江西省水利厅、赣州市人民政府、寻乌县委、江西省重点工程建设办公室、江西省投资公司项目投资部、赣州市计划委员会、赣州市水利电力局、建设银行赣州市分行及寻乌县计划委员会、寻乌县水利电力局、寻乌县财政局、寻乌县审计局、寻乌县档案局、寻乌县统计局、寻乌县消防大队。

蔡坊水电站工程 2000 年 3 月通过竣工验收，江西省计划委员会主持竣工验收。验收委员会成员单位：赣州市人民政府、安远县人民政府、江西省水利厅、赣州市计划委员会、赣州市水利电力局及安远县计划委员会、安远县水电局、安远县财政局、安远县审计局、安远县档案局、安远县统计局、农业银行安远县支行、安远县消防大队。

仙人陂水利枢纽工程 2000 年 3 月通过竣工验收，由江西省计划委员会主持。验收委员会成员单位：赣州市人民政府、上犹县人民政府、江西省水利厅、赣州市计划委员会、赣州市水利电力局及上犹县计划委员会、上犹县水电局、上犹县财政局、上犹县档案局、上犹县统计局、农业银行上犹县支行、建设银行上犹县支行、上犹县消防大队。

三门滩水利枢纽工程 2000 年 12 月通过竣工验收，由江西省计划委员会主持。验收委员会成员单位：江西省水利厅，赣州市计划委员会、赣州市水利电力局、宁都县人民政府、江西省人防办及宁都县计划委员会、宁都县水电局、宁都县财政局、宁都县国有资产管理局、宁都县审计局、农业银行宁都县支行、宁都县统计局、宁都县档案局、宁都县消防大队。

三、水政管理

法规宣传 1988 年 7 月，《中华人民共和国水法》颁布实施。地区水利电力局从 1988 年始，以每年的“世界水日”“中国水周”为契机（1988—1993 年中国水周为 7 月 1—7 日，联合国确定每年 3 月 22 日为“世界水日”后，“中国水周”改为每年的 3 月 22—28 日），采取电视、广播、报纸、宣传车、咨询台、书写永久性标语、文艺晚会、拍摄专题片等形式开展各具地方特色的宣传活动，增强人们的水法意识。

取水许可 1992 年，在全地区范围内开始展开取水登记，实施取水许可制度。1993 年 9 月，江西省颁布《取水许可制度实施办法》（以下简称“办法”），全地区大力宣传贯彻办法。1994 年 6 月，蓄水工程实施取水许可制度。11 月，会昌县、瑞金市、石城县、上犹县、宁都县、兴国县、定南县、于都县等 8 个县（市）实施取水许可制度。1995 年，全地区取水登记发证工作基本结束，共颁发中华人民共和国取水许可证 1825 套，其中地表水 1085 套，地下水 740 套，完成应颁证数的 97.1%。至 2000 年，颁发许可证 1600 套，其中地表水 1054 套，地下水 546 套。

资源收费管理 1992 年 1 月，省政府颁布《江西省实施〈河道采砂收费管理办法〉细则》，全地区依照该细则开始征收河道采砂管理费，1992 年 3 月，地区水电局、地区财政局、地区物价局下发关于贯彻《江西省实施〈河道采砂收费管理办法〉细则》的通知，划定跨区、跨县河道的区界、县界，明确委托关系和管理收费分成比例。省水利厅委托的赣州市（今章贡区）八境台以下到吉安地区交界处约 45 千米的赣江河道，以行政区划为界分别委托赣州市（今章贡区）、赣县水电局管理。采砂管理费，省、地、县（市）河道主管部门按 2 ∶ 2 ∶ 6 比例分配，贡江、章江、上犹江、梅江、琴江、绵江、湘江、濂江、平江、桃江、九曲河等，以行政区划为界委托当地县（市）水行政主管部门管理。采砂管理费，省、地、县（市）河道主管部门按 2 ∶ 2 ∶ 6 比例分配。赣州地区范围内河道采砂收费，实行下列标准：采挖砂、石、土料按采砂产地第一次成交额的 8％计收；采贝壳按其采挖地第一次成交额的 8％计收；淘金按收购主管部门规定收购价的 2％计收。全年收取采矿管理费 3.41 万元。1997 年 12 月，《江西省水资源费征收管理办法》开始实施。1998 年 4 月，行署下发《关于贯彻实施〈江西省水资源费征收管理办法〉通知》。水行政主管部门对其行使行政管理职能。地表水、地下水、地热水、矿泉水均纳入水资源统一管理。河道采砂实行凭准采证开采河沙制度，逐步规范河道采砂秩序。

水事纠纷和案件处理 1993 年，全市（地区）发生水事案件和水事纠纷为 1304 件，2000 年为 1130 件，两年合计 2434 件，查处结案 2258 件。1992 年 9 月处理终结的宁都与吉安永丰县水事纠纷案和 1997 年 4 月处理终结的瑞金市日东水库与石城县水庙村水事纠纷案在全地区影响最大。

四、财务管理

基建资金管理 基建资金包括国家投资和地方自筹两部分。其资金管理按国家统一的基本建设会计制度执行。立项、会签审批、施工组织、资金拨付使用管理等，遵循 1983 年建立的基本建设程序。建立工程招投标制度，1999 年，财政部、水利部印发《水利基本建设资金管理办法》，全市（地区）贯彻落实该办法，进一步规范和加强水利基本建设资金管理。

事业资金管理 防汛经费、岁修经费、水利设施补助费、设计科研经费等都属专项拨款，资金通过财政拨付，一律执行行政事业单位会计制度。本级政府安排的小型农田水利事业补助费，仍按 1980 年开始实施的水利事业费实行地方切块包干的办法，由县统一安排，仿照基建程序投放。市政府（行署）直接掌握的水利事业补助费，则在每年的第四季度初，根据各县（市）水电局申报的水利建设项目计划任务，由市（地区）水利电力局会同市（地区）财政局提出资金安排意见，经市政府（行署）批准后下达到各县（市、区），并按行政事业单位会计制度进行管理。

防洪保安基金 按省政府《江西省征集防洪保安资金暂行规定》，1996 年，地区开始征收防洪保安资金。2000 年 8 月 26 日，市政府下发《关于认真做好防洪保安资金征集工作的通知》，加大征收管理的力度。历年征收的情况：1996 年 234.79 万元、1997 年 279.9 万元、1998 年 199.89 万元、1999 年 265.37 万元、2000 年 401.7 万元。

表 20－1－3

1986—2000 年赣州市（地区）水利基建投资完成情况统计表

单位：万元

年份	合计	预算内拨款		国内贷款	债券	自筹投资	水利建设基金	其他投资
		中央投资	地方投资					
1986 年	935.39	408.30		243.60	—	283.49	—	—
1987 年	655.56	579.70		—	—	75.86	—	—
1988 年	1088.42	602.00		—	—	486.42	—	—
1989 年	1580.73	547.00		190.00	—	843.73	—	—
1990 年	2056.45	733.00		727.20	—	596.25	—	—
1991 年	2009.00	700.00		623.00	—	574.00	—	112.00
1992 年	4992.00	393.00		1725.00	—	2029.00	—	845.00

续表 20-1-3

年份	合计	预算内拨款		国内贷款	债券	自筹投资	水利建设基金	其他投资
		中央投资	地方投资					
1993 年	10453.00	475.00	5623.00	—	3749.00	—	606.00	—
1994 年	15904.00	1532.00	7226.00	70.00	3955.00	—	3121.00	—
1995 年	13502.00	555.00	4949.00	75.00	7126.00	—	797.00	—
1996 年	7943.00	260.00		3336.00	15.00	2312.00	—	2020.00
1997 年	7043.00	1373.00		1540.00	122.00	1188.00	—	2320.00
1998 年	13470.00	1398.00		2000.00	1400.00	2102.00	223.00	6347.00
1999 年	9700.00	—	520.00	2650.00	14.00	6361.00	61.00	94.00
2000 年	4312.00	610.00	665.00	1151.00	—	1286.00	—	100.00

说明：1997 年，利用外资 500 万元，未在分项中列出，但在合计数中已包含；2000 年，国家预算内专项资金中央投资 500 万元，未在分项中列出，但在合计数中已包含

第二章　水土保持

赣南是中国南方水土流失严重的地区。由于特殊地质条件和战争、贫困等人为因素，林草植被严重破坏，植被面积锐减，18 个县（市、区）均存在严重水土流失。“章、贡二水赣江流，流的都是米和油”，“兴国要亡国，宁都要迁都”是赣南水土流失的真实写照。严重的水土流失，造成一系列生态、经济、社会问题。为改变水土流失严重状况，为经济和社会发展创造良好环境，1983 年起，全地区以大流域为依托，小流域治理为单元，开展水土流失综合治理。1991 年，《中华人民共和国水土保持法》颁布实施，全地区坚持预防为主，依法行政，加强监督执法，建立以《中华人民共和国水土保持法》相配套的法规体系，初步扭转长期的“一方治理，多方破坏”的局面，基本遏制了人为水土流失面积不断蔓延和扩大势头。1993 年，兴国县、宁都县、瑞金县、于都县、石城县、会昌县、赣县、信丰县、龙南县等 9 个县被列入国家二期重点治理，水土流失治理取得一定成效。与 1992 年相比，9 个县的水土流失面积由 6258 平方千米减少到 4706 平方千米，减少 24.8%，其中实施重点治理的 218 条小流域，水土流失面积由 2731 平方千米减少到 1485 平方千米，减少 45.62%。流失强度大大减轻，强度流失面积减少 63.2%，中度流失面积减少 53.8%，山地植被覆盖率由 46%上升到 74.2%，年土壤侵蚀量由 1230 万吨下降到 543 万吨，每年由水土保持带来的直接经济效益 4.68 亿元，56.73 万人实现脱贫。1997 年，全地区水土流失面积从 1988 年历史最高年份的 119.93 万公顷下降到 93.78 万公顷。至 2000 年，全市水土保持投资 12.5 亿元，治理水土流失面积 61.67 万公顷，全市水土流失面积下降至 86 公顷，蓄水效果相当于江西省赣江上游建设 1 座 1 亿立方米的水库。

1986 年，地区水土保持委员会办公室内设秘书科和业务科，在职职工 14 人。1992 年，更名为地区水土保持局，内设机构调整为秘书科、治理科、监督科，在职职工 18 人。1993 年，增设监审科。2000 年，市水土保持局内设秘书科、治理科、监督科、监审科，在职职工 14 人。

第一节　水土流失

1988 年，全地区水土流失面积达到历史最高 119.93 万公顷。随着国家重点治理范围迅速扩大，赣南水土流失综合治理和预防监督工作力度不断加强，干部群众水保意识逐步提高，水土流失恶化的状

况在1988年后得到有效遏制，出现历史拐点，水土流失面积呈逐年下降的趋势。1997年，卫星遥感调查，全地区有水土流失面积93.78万公顷。

一、流失程度

轻度流失 1997年，全地区轻度流失面积29.04万公顷，占全地区水土流失面积的30.96%。崇义县、会昌县、定南县多属此类，3个县轻度水土流失面积分别占各自县水土流失面积的47.6%、40%、39.8%。

中度流失 1997年，全地区中度流失面积26.55万公顷，占全地区水土流失面积的28.31%。大余县、上犹县、赣县多属此类，3个县中度水土流失面积分别占各自县水土流失面积的44.2%、37.8%、36.7%。

强度及强度以上流失 1997年，全地区强度及强度以上流失面积38.19万公顷，占全地区水土流失面积的40.73%。主要分布在宁都县、南康市、信丰县、于都县、瑞金市、赣县、兴国县、石城县、会昌县、寻乌县等10个县（市），强度以上水土流失面积合计为30.9万公顷，占全地区强度以上水土流失面积的80.9%。

二、流失岩区

1997年，全地区流失岩区总面积93.77万公顷，以花岗石区和变质岩区为主，另有砂页岩区、红沙砾岩区、紫色页岩区、第四纪红土区。

花岗岩区 流失面积26.34万公顷，占全地区水土流失面积的28.09%，主要分布情况：宁都县5.55万公顷、兴国县4.93万公顷、赣县4.75万公顷、信丰县1.44万公顷、定南县1.26万公顷、南康市1.21万公顷，合计19.14万公顷，占全地区花岗岩区水土流失总面积的72.67%。

变质岩区 流失面积35.68万公顷，占全地区水土流失面积的38.05%，主要分布情况：赣县4.11万公顷、南康市3.8万公顷、于都县3.71万公顷、宁都县3.51万公顷、兴国县3.36万公顷、石城县2.93万公顷、瑞金市2.59万公顷、安远县2.12万公顷、上犹县2.1万公顷、会昌县1.86万公顷、信丰县1.7万公顷，合计31.79万公顷，占全地区变质岩区水土流失总面积的89.1%。

砂页岩区 流失面积7.45万公顷，占全地区水土流失面积的7.94%，主要分布情况：于都县2.86万公顷、龙南县9700公顷、瑞金市7500公顷、信丰县6400公顷、寻乌县4800公顷、全南县3900公顷，合计6.09万公顷，占全地区沙页岩区水土流失总面积的81.74%。

红沙砾岩区 流失面积19.89万公顷，占全地区水土流失面积的21.21%，主要分布情况：于都县2.79万公顷、信丰县2.28万公顷、会昌县2.02万公顷、宁都县1.94万公顷、石城县1.49万公顷、瑞金市1.38万公顷，合计11.9万公顷，占全地区红沙砾岩区水土流失总面积的59.83%。

紫色页岩区 流失总面积3.34万公顷，占全地区水土流失面积的3.56%，主要分布情况：南康市7100公顷、信丰县6500公顷、于都县2800公顷、瑞金市3000公顷、会昌县2300公顷，合计2.17万公顷，占全地区紫色页岩区水土流失总面积的64.97%。

第四纪红土区 流失面积1.08万公顷，占全地区水土流失面积的1.15%，主要分布情况：南康市2700公顷、赣州市（今章贡区）1500公顷、瑞金市1300公顷、于都县1000公顷、会昌县1000公顷，合计7500公顷，占全地区第四纪红土区水土流失总面积的69.44%。

三、流失形式

片蚀 面积66万公顷，占全地区水土流失面积的70.38%。主要分布在赣州市（今章贡区）的沙河等3个乡（镇）、赣县的白鹭等11个乡（镇）、南康市的西华等17个乡（镇）、信丰县的大塘埠等14个乡（镇）、上犹县的紫阳等11个乡（镇）、崇义县的龙沟等4个乡（镇）、安远县的濂江等7个乡（镇）、龙南县的渡江等9个乡（镇）、定南县的下历等9个乡（镇）、全南县乌柏坝等4个乡（镇）、宁都县青塘等 11 个乡（镇）、于都县的于阳等 13 个乡（镇）、兴国县的崇贤等 15 个乡（镇）、瑞金市泽覃等 10 个乡（镇）、会昌县的长岭等 10 个乡（镇）、寻乌县的城关等 5 个乡（镇）、石城县木兰等 8 个乡（镇）。

沟蚀　面积 25.14 万公顷，占全地区水土流失面积的 26.81%。主要分布在赣州市（今章贡区）的湖边等 5 个乡（镇）、赣县的沙地等 4 个乡（镇）、南康市的镜坝等 7 个乡（镇）、信丰县的坪石等 3 个乡（镇）、上犹县的金盆等 3 个乡（镇）、大余县的新城等 2 个乡（镇）、安远县的濂江等 5 个乡（镇）、龙南县的杨村等 5 个乡（镇）、定南县的月子等 3 个乡（镇）、宁都县的会同等 9 个乡（镇）、于都县的罗江等 7 个乡（镇）、兴国县的龙口等 7 个乡（镇）、瑞金市的沙洲坝等 3 个乡（镇）、会昌县的周田等 4 个乡（镇）、寻乌县的留车等 2 个乡（镇）、石城县木兰等 6 个乡（镇）。

崩岗　面积 2.64 万公顷，崩岗个数 19950 个，占全地区水土流失面积的 2.81%。主要分布情况：赣县 1.11 万公顷、兴国县 3000 公顷、上犹县 2700 公顷、宁都县 1300 公顷、石城县 1000 公顷、龙南县 700 公顷，于都县 600 公顷，合计 2.04 万公顷，占全地区崩岗面积的 77.27%。赣南崩岗的类型以弧形崩岗为主，其次是瓢形崩岗和条形崩岗。崩岗的侵蚀类型以强度为主，占崩岗总数的 94%，中度和轻度的崩岗占 6%左右。崩岗的侵蚀程度以发展阶段为主，占总崩岗数的 68%，处于发生阶段的崩岗占 18%，处于缓和阶段的崩岗占 14%。

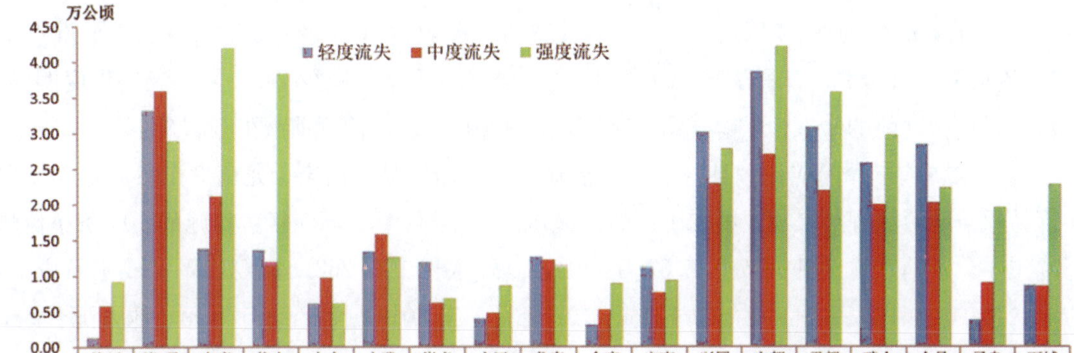

	赣州	赣 县	南康	信丰	大余	上犹	崇义	安远	龙南	全南	定南	兴国	宁都	于都	瑞金	会昌	寻乌	石城
轻度流失	0.13	3.32	1.38	1.36	0.61	1.34	1.19	0.40	1.26	0.31	1.11	3.01	3.86	3.08	2.58	2.84	0.38	0.86
中度流失	0.58	3.59	2.11	1.19	0.97	1.58	0.62	0.48	1.22	0.52	0.76	2.29	2.70	2.19	1.99	2.02	0.90	0.85
强度流失	0.92	2.89	4.19	3.83	0.61	1.26	0.68	0.86	1.14	0.89	0.93	2.78	4.21	3.57	2.97	2.23	1.95	2.28

图 20－2－1　1997 年赣州地区水土流失面积

第二节　水土流失综合治理

一、治理规模

1986—2000 年，全市（地区）水土流失治理规模不断扩大，投入资金迅速增加，治理速度快速推进。南康、信丰、龙南、兴国、于都、宁都、瑞金、赣县、会昌、石城、上犹、安远、寻乌等县（市）实施以工代赈水土流失治理项目，国家八片重点治理由第一期（1983—1992 年）的兴国 1 个县，增加到 1993 年第二期第一阶段（1993—1997 年）的兴国、宁都、于都、瑞金、会昌、石城等 6 个县（市），在 1998 年第二期第二阶段时又增加赣县、信丰、龙南 3 个县，全地区的水土流失国家重点治理县达到 9 个。1998—2000 年，兴国、南康、信丰、赣县、于都、宁都等县（市）同时实施国家生态环境建设项目，该项目由计划委员会牵头，分别由林业、水保、农业局共同实施。

1986—1992 年，全地区只有兴国县列入全国八片水土保持重点防治县，是赣南进行水土流失重点治理的试验示范阶段。兴国县贯彻因地制宜、因害设防、全面规划、综合防治、注重效益的水土流失治理方针，把重点治理与治穷致富相结合，建立水保商品基地。在第一期重点治理中，兴国县开展 24 条小流域的综合治理工作，综合治理有效面积 10.7 万公顷，占原水土流失面积的 67.1%。24 条小流域中有老营盘、乐团、室石 3 条小流域治理度达 100%，其余 21 条小流域治理度达 79.1%。并全部通过水利部的验收，进入全国竣工验收小流域的优秀行列。1993 年 3 月，行署发出《关于批转地区水保局推广学习兴国经验促进全地区水保工作的通知》。从 1993 年起，全地区 6 个重点治理县（市）开始为期 5 年的全国八片水土保持重点防治第二期第一阶段的综合治理。地区水保局在总结兴国经验第一阶段的基础上，对第二期第一阶段的重点治理工作进行全面规划和工程实施的指导管理，至 1997 年，5 年治理 123 条小流域，完成水土流失治理面积 1668.29 平方千米，包括其他完成的治理面积累计 2236.29 平方千米，占治理以前流失总面积的 46.5%，其中兴修水平梯田 700 公顷，营造水保林 6.08 万公顷，种经果林 2.01 万公顷，种草 7100 公顷，封禁治理 7.8 万公顷，修筑塘坝、谷坊、拦沙坝、蓄水池等 4589 座（处），累计投入劳动工日 3247.68 万个，完成土石方 4702.28 万立方米。平均每平方千米投工 1.95 万个，动土石方 3.13 万立方米。累计投入资金 4.2 亿元，其中中央补助 2060 万元，占总投入的 4.9%；捆绑资金 2869.22 万元，占总投入的 6.83%；群众投劳、投肥折款 3.71 亿元，占总投入的 88.28%。综合治理每平方千米造价为 25.2 万元。123 条小流域达标验收的（国标一级）72 条。6 个重点治理县（市）水土流失面积由 4812.97 平方千米减少到 3620.02 平方千米，减少 24.79%，流失程度明显减轻，年土壤流失量由治理前的 924.6 万吨/年下降到 324.9 万吨/年，比治理前减少 64.86%。

1998 年，在原有 6 个重点治理县（市）的基础上，增加赣县、信丰、龙南 3 个县开始实施国家八片水土保持重点防治工程第二期、第二阶段赣江流域重点治理。至 2000 年，实施的 103 条小流域全部开工，前三年累计治理水土流失面积 8.67 万公顷，修筑水保工程 2621 座（处），完成土石方 2762.98 万立方米，投工 1697.31 万个工日，完成投资 3.02 亿元，其中中央投资 2365 万元，地方配套 585.8 万元，群众自筹 2.73 亿元。

1986—2000 年，全市（地区）水土保持生态环境建设累计投资 2.51 亿元（不含群众自筹和社会资金投入），其中国家投入 1.66 亿元，市（地）、县自筹 8500 万元。群众投劳 9960 万个工日。

二、治理措施

林草措施 林草措施是治理水土流失、提高植被覆盖的主要措施。采取以小流域为单元的综合治理，林草措施注重乔、灌、草的结合，与工程措施相结合。根据水土流失程度和岩性的不同采取相应的林草措施，在强度流失区，推行工程措施先行，植物措施配套，乔、灌、草结合，针叶、阔叶混交的模式，土层特别薄、土质特别差的地方，在植树种草时还要掺上客土，增施基肥，追施速效肥，以提高造林种草的成活率和保存率；在中度流失区，推行人工、飞播造林相结合，“封、造、育、改”并行，见缝插针，补加工程措施，发展薪炭林和用材林；在轻度流失区，推行封禁管护为主，治理开发结合，适地适树种植林木、果、茶的模式，提高治理开发和效益，增加治理区群众收入。

紫色页岩、红砂岩流失区　多分布在人口稠密的丘陵、岗地，坡度较缓。其中 15°以下的缓坡地约占 55%，多作农业用地和果业用地，兴修水平梯田或水平台地种植花生、红薯、烤烟、大豆等农作物和脐橙、甜柚等果木林。坡度在 15°～25°的中坡流失地约占 32%，多作林、牧业用地，用于发展经果林，有条件的地方种植牧草。与之相结合的工程措施是反坡台地或水平梯田。适宜种植的经果林树种有李、梨、脐橙、柑橘、柿、枇杷、桃树等。在重点治理中，对一些紫色页岩流失区采取爆破的手段进行开发试点，兴国县1992年先后在埠头、五里亭、高兴、长冈等4个乡（镇）组织群众爆破，水保局给予一定的材料补助和技工工资补助，群众投劳整地，经爆破后的紫色页岩经分化后第二年就可种植农作物或果树，经济效益可观，但爆破时投入的成本也较高。石城县1998年在珠坑小流域紫色页岩区通过爆破，修成水平梯田，上半年种植烤烟，下半年种红心地瓜加工地瓜干，建成一块农产品商品生产基地。对25°以上的陡坡流失山地，多为营造水保林，采取封禁治理措施，加强封禁管护，提高植被覆盖度，达到保水保土的效果。

变质岩、花岗岩流失区　经济林面积偏少，用材较为紧缺，群众普遍要求通过实施林草措施，解决“一少一缺”问题。1982—1992年，大造薪炭林和用材林，以解决农村烧柴和社会用材的需求，同时加大农村能源结构调整，推广省柴灶，实行以煤代柴，减少对薪林需求的压力，使封山能封得住、封得稳。1995年，推广实施“猪—沼—果”工程，农村能源结构得到进一步改善，同时也推动全地区果业的发展。各地相继建立一批经果林基地。在进行林草措施时，根据地形、地质、光、热、水、肥条件，因地制宜地选择适应的植物进行种植。

第四纪红土流失区　地势比较平坦。据宁都县、瑞金市等地的调查，90%的流失面积分布在15°以下的缓坡。对这部分流失山地，部分地区用于兴修水平梯田，种植农作物；多数地方则用于发展经果林。兴国县、于都县、瑞金市、宁都县、信丰县、赣县、南康市、安远县等地在第四纪红土流失区种植柑橘、脐橙、三华李、甜柚等果树。

工程措施　赣南实施的水土保持工程措施：治坡工程，主要有水平梯田、水平台地、反坡台阶、水平沟、鱼鳞坑等；沟道工程，主要有谷坊、拦沙坝、挡土墙、山塘等；沟头防护工程，主要有封沟埂、撇水沟等。以上三类工程组成赣南水土保持的工程防护体系，控制不同部位水土流失，创造良好的生态环境。

治坡工程　水平梯田治理坡面水土流失，就地拦蓄全部径流、泥沙，保水保土保肥，促进所种农作物和果树林木的生长。1985—2000年，全市（地区）修建水平梯田1.57万公顷。反坡台阶是在轻度及中度流失区，为发展油茶、茶叶等经济林以及松、杉、檫等用材林所采取的一项治坡工程。1985年以来，全市（地区）的油茶林改造与开发、茶叶改造与种植、经济林的营造大部分采用这种措施，增产增收效益明显。灌丛较多的山场，实施此项工程后，还较好地解决灌丛与新种林木争水争肥的矛盾，有利林木生长，降低生产成本。

水平沟　水平沟是在中强度水土流失区进行治理的最有效的工程措施。主要用于拦土、拦沙和截水，是在坡面上沿等高线开挖的环山蓄水沟，沟间距5～7米，沟顶宽0.4米左右，沟深0.8～1米，沟内每3～5米留一土挡（形似竹节），这项措施一般与水保林草措施配合进行，对促进林草生长、快速控制水土流失有明显效果。1985年，在兴国县实施，后在赣南各地推广。1985—2000年，共开挖水平沟3000多千米。

沟道工程　各地修筑的谷坊，按建筑材料分，主要有3种。土谷坊是修筑最多的一种谷坊，造价低，修筑简单，取材方便，但拦蓄标准低，容易冲毁，多数修筑在沟蚀区和崩岗口，是在沟蚀区及崩岗区开发利用水土资源发展农、林生产的前提条件。干砌石谷坊多分布在径流集中的山圳及深切沟内或崩岗口，不易冲毁。在一些采矿、修路、崩岗等流失量大的地方应用广泛。浆砌石谷坊俗称“水陂”，多数修筑在有长流水的沟道，抬高水位，解决农田灌溉用水。保土蓄水，是进行沟道治理的骨干工程。

拦沙坝工程措施，在小流域治理开发中用得不多，主要是在一些开发性建设项目的水土保持设施中修建拦沙坝，在弃土弃渣量大的钨矿、稀土矿等矿山建设中修建大量的拦沙坝。于都的盘古山钨矿、铁山垅钨矿和大余的西华山钨矿拦渣效果明显。龙南在全县的稀土开矿区修建近百座拦沙坝，大坝套小坝，较好地保护周围的农田、村庄、道路和水利设施。各地在水土流失治理中，结合当地的农田水利建设，开挖一些拦堵泥沙、蓄水抗旱的山塘。

沟头防护工程　封沟埂多与沟口筑谷坊、沟内外造林种草等崩岗综合治理措施同步进行，对集雨面积较大而又停止崩塌的死崩岗，为防沟底继续下切，沟岸重新扩张，有的地方也在沟头修筑封沟埂。撇水沟实施的方法与封沟埂相同，但在土壤疏松的地方，沟底纵坡不得大于1%，否则撇水沟将发展为新的侵蚀沟。

耕作措施　横坡（等高）耕作　对坡耕地采取该种耕作措施，土壤冲刷量可减少30%左右，农作物产量可提高1%～15%，在10°以下的缓坡耕地中大量采用，通过采取等高耕作措施可达保水、保土、保肥和增产增收的目的。

间作套种　耕地常用的有高秆作物与簇生物间作套种，禾本科作物与豆科作物沟间套种，能起到保水保土的作用。有的地方在耕作中采取“根不离土，土不离根”的换茬制，即清明前后在小麦行间种大豆或花生，夏至前后收获小麦，小暑前后又在大豆或花生行间套种芝麻，使整个雨季地表都有农作物覆盖。充分利用生长季节和耕地，一年三熟，减少土壤冲刷。据实地调查，实行这项措施，每亩耕地年产值可增加30%左右，土壤冲刷量可减少15%左右。

崩岗综合治理　对活动崩岗，各地都采取“上截下堵，内外绿化”的综合措施进行治理。“上截”，即在侵蚀沟头修建沟头防护工程，切断沟头以上坡面的来水不入沟，使沟头停止前进。“下堵”，即在崩岗口修筑谷坊。“内外绿化”，即在沟头防护工程以上的坡面，造林种草，绿化崩岗，同时在崩岗内水分较充裕、土壤条件较好、坡度较平稳处栽杉木、黄竹、万竹、桉树、果树等，在较缓的崩岗壁部位布置葛藤、老虎豆、蛾眉豆等攀缘植物。对不同类型的崩岗采取不同的治理措施，对于径流侵蚀型崩岗，治理的原则是宜疏（水源）不宜堵（流沙），治理的措施可在沟头前方数米处开天沟，把径流引走，堵崩岗之源，而后视具体情况再采取其他措施。如筑谷坊、拦沙坝及等高线沟等。生物措施是在光坡和崩岗内外种草植树，尽快绿化，变光坡为绿坡，以保水土。对于重力崩塌型崩岗，除开天沟外，最重要的工程措施是削坡开阶，加固基底，以加大内摩擦阻力和内聚力，阻止下滑崩塌。采用的生物措施是在坡地上栽种灌木、乔木等深根性植物。赣县在崩岗整治过程中探索出一种适应赣县花岗岩崩岗侵蚀区寓开发于治理的崩岗整治模式（开发式崩岗整治模式），坚持治山与治穷相结合、治理与开发相结合。崩岗区广大群众充分利用房前屋后的崩岗通过整治搞开发，栽树种果。赣县白鹭乡的钟思伟一家从1993年起在桃溪村先后投入8万多元，平整崩岗20余座，岗内开发果园面积约4.06公顷，崩岗口筑起拦沙坝，建立猪舍，治理效果和经济效益都很好。

滑坡综合治理　对危及交通和农田的滑坡，多采取削坡开级加防护的措施进行治理。削坡，即通过人工措施改变滑坡面的坡度，变难以稳定的陡坡为缓坡；在坡面较长的情况下，需削坡开级（每级高3米左右），每级留1个1～1.5米的小台阶，对上、中部的削坡面，采取重施肥、高密植的方法实施林草措施，用植物进行防护；对山脚部分的削坡面，用块石修筑挡土墙，固定坡脚，使之稳定。滑坡的滑坡面达到一定坡度时，即能自然停止。因此，对交通和农田不造成严重危害的那些滑坡，一般不急于进行工程措施治理。

三、治理效果

赣南水土流失综合治理由点到面，治理速度不断加快。水土流失面积由1988年的119.93万公顷下降到2000年的86万公顷，净减少33.93万公顷，流失程度也在逐渐降低。1993年后，每年综合治理面积均6.67万公顷左右，特别是先后被列入国家重点治理的兴国县、宁都县、于都县、石城县、瑞金市（县）、会昌县、赣县、信丰县、龙南县效果更加明显。

生态环境改善 以小流域为单元，通过实施山、水、田、林、路的综合治理，水保工程措施、生物措施发挥了较好的蓄水保土效益，据测算这些水保措施平均每年可蓄水 2.6 亿立方米，保土 900 万吨。赣南林草覆盖率由 1985 年的 45.5%提高到 2000 年的 74.4%，水土流失面积由 1988 年的 119.93 万公顷下降到 2000 年的 86 万公顷，年均下降 2.26 万公顷。在国家二期重点治理中，9 个重点治理县（市）的水土流失面积由 6258 平方千米减少到 4706 平方千米，减少 24.6%，其中实施重点治理的 218 条小流域，水土流失面积由 2731 平方千米减少到 1485 平方千米，减少 45.6%。流失强度也显著减轻，强度流失面积减少 63.2%，中度流失面积减少 53.8%，年土壤侵蚀量由 1235 万吨下降到 543 万吨。河流的河床逐年下降，蓄容量增加，据观测梅江河河床，1986—2000 年下降 0.41 米，琴江河河床下降 0.48 米，赣江上游两支支流的贡江、章江年径流量增加，输沙量逐年减少，年均径流量由 1985 年的 285.7 立方米增加到 2000 年的 310.1 立方米，每立方米年均含沙量由 0.25 克下降到 0.2 克。

产业结构调整 各条综合治理小流域因地制宜种植大批经济价值较高的经济林果，调整农业产业结构，促进二、三产业的发展，加快山区经济发展和群众脱贫致富的步伐。经过治理的小流域逐年改变过去单一种粮的农业经营模式，开始向农、林、牧、副、渔各业协调发展，种、养、加综合经营方向转变。全国治荒模范罗林妹带领村民在 20 多公顷荒山上创办全省第一家股份制果园，经过多年的开发性治理，每股分红 4500 元，村民人均纯收入在 3000 元以上。石城县珠坑小流域的紫色页岩山地经过爆破治理后，修整近 70 公顷梯田发展旱地经济作物，种植烤烟和红心地瓜，当年收获烟叶 146 吨，红心地瓜 83 吨，实现产值 151.3 万元，仅此一项，受益农户人均增收 290 元。赣南所有综合治理竣工验收的小流域的商品率都在 50%以上，流域内人均收入的增长水平比当地平均增长水平高出 30%以上。

防洪减灾能力增强 水土流失治理使全市（地区）的土壤侵蚀量、泥沙下泄量明显减少，河床逐年下降，植被覆盖度逐年上升，总体抗灾减灾能力逐步提高，以前那种“小雨量、大洪水、高洪峰”的状况有明显改善。1996 年 8 号台风和 1997 年 6—7 月的暴雨洪水，兴国县崇贤河小流域日降雨量高达 245 毫米，水土保持工程拦蓄 80%以上的径流，使 200 多公顷果园、500 多公顷农田免受水灾，减少经济损失几百万元。于都县重点治理的秀段小流域平均每公顷减少经济损失 490 多元，石城县通过综合治理，入河泥沙减少 47.6%，琴江河河床平均下降 0.48 米，行洪断面扩大将近 60 平方米，在相同的降雨条件下，洪峰水位降低 0.9 米，洪峰流量减少 81 立方米/秒，洪峰到达观测断面时间晚 4～5 小时。

水保示范基地建立 按照“治理一条小流域，创办一个经济实体”的要求，小流域经济发展与区域经济发展相结合，因地制宜地建立一批水保示范基地。兴国县 1990 年年底创建红壤开发果木场，采取开梯地挖獠壕的整地方式，种植柑橘、三华李、枇杷、桃等果树 66.67 公顷，梯地内实行果农间作、以短养长的经营措施，达到当年开发、当年受益的目标。于都县于 2000 年 6 月在水土流失的山地上动工兴建水保青梅园，建园面积 120 公顷，是一个集旅游观光水保果业开发治理于一体的科技示范园。瑞金市水保局利用以工代赈资金于 1987 年创办的绿草湖水土保持基地，在水土流失严重的山地上种植以马塘为主，少量宽叶、园果雀稗的草籽，不仅把裸露的土地全部覆盖，还当年收获草籽 1000 余千克，实现当年治理、当年控制水土流失、当年有经济效益。1988 年、1990 年和 1993 年，基地先后扩种脐橙面积 16.67 公顷。1986—2000 年，全市（地区）创办各类水保示范基地 800 多个。

四、示范单位

兴国县龙口水保站 创建于 1972 年，有职工 10 人，山地面积 66.67 公顷，耕地 0.6 公顷，固定资产 18 万元。1984 年前，年产值不足 2000 元。1985 年，坚持以试验、示范、推广和管理服务为办站宗旨，围绕“一业为主，集约经营、狠抓效益”目标，着力抓基地建设，创经济实体。以柑橘为龙头，种、养、加相配套，走出一条农工商一体化的路子，建有水保薪炭林基地 43.33 公顷，经果林基地

23.33公顷，山地植被覆盖率由建站初的10%上升到50%。1990年，产柑橘75吨，生猪存栏50头，实现人均产值超万元，取得良好的生态和经济效益。1988年，被水利部授予“全国先进（区、乡）水利水保管理服务站”称号。省水利厅授予该站“全省水利系统综合经营先进单位”称号。该站所在的龙口乡于1988年被全国水土保持协调小组授予“全国水土保持重点治理区先进单位”称号。

塘背河小流域 为赣江上游（兴国县境内）贡水的二级支流，流域面积16.38平方千米，属水蚀地带的花岗岩剧烈侵蚀区，年侵蚀模数1.35万平方千米每吨，被喻为“南方沙漠”。从1981年起，对山、水、林、田、路、能源进行综合治理，工程措施和生物措施相结合，采用水平沟和水平梯田等坡面工程，适当增肥，达到保水保土，为植物生长重建植被创造条件，乔、灌、草立体种植，并筛选一批适合当地种植的林草品种，治理与封禁相结合，在8年治理中完成应修建坡面工程的98%，筑土、石谷坊18处，挖山塘7座，修水陂7座，治理严重崩岗3处，累计造林种草975.53公顷，小流域治理程度84%，封禁治理面积156.67公顷，植被覆盖率由10%提高到53.5%，减沙效益79.9%，蓄水效率30%。同时完善小流域内的灌溉设施，农田灌溉面积由59.77公顷增加到97.97公顷，年人均粮食由196千克增加到274千克，年人平纯收入由43元提高到320元。改善交通条件，新修和扩建乡村公路12.5千米。解决农村烧柴困难，建省柴灶555个，建煤灶480个，沼气池208个。成立塘背河科研观测站，对小流域的气象、河道、坡面径流泥沙、土壤养分、含水率和林草栽培生长等情况进行长期观测，取得系统完整的数据。塘背河小流域是赣南第一条以小流域为单元进行治理的小流域，其成果分别于1991年获水利部科技进步二等奖，1994年获国家科技进步三等奖，其治理模式在南方花岗岩剧烈侵蚀区得到推广。

峡山小流域 总面积2859公顷，1993年被列入水土保持重点治理小流域，对小流域实行山、水、田、林、路统筹规划。至2000年，综合治理水土流失面积1822.07公顷，其中营造经果林182公顷，人均果园0.07公顷，种草20公顷，营造水保林392公顷，封禁治理1222公顷，水平梯田6公顷。修复、平整峡山河堤386米，修建蓄水池88个，建沼气池106个，改建省柴灶380个，修通正坑大段公路1.2千米，修复桥梁1座。2000年8月，被水利部命名为全国水保生态环境建设“十、百、千示范工程”。

第三节 预防监督执法

一、政策法规

1986—1991年，全地区执行《国务院水土保持工作条例》，制定实施细则，主要内容：把水土保持工作纳入国民经济和社会发展规划，落实专项资金；保护和合理利用水土资源，综合治理和开发利用相结合；采取有力措施，切实防止产生新的水土流失；工矿、交通、电力、建设、挖沙、取土等建设项目要制定水土保持实施方案，由同级水保部门批准并监督实施；25°以上陡坡地禁止开垦种植农作物，禁止毁林开荒；积极开辟农村新能源，推行以煤代柴、以电代柴、节柴灶、沼气灶、太阳能灶等节柴措施，促进林草植被的恢复和发展；对水土流失的治理实行“谁治理、谁管护、谁受益”的原则；加强水土保持宣传教育和科学研究；对违反规定，造成水土流失的行为作出相应的处罚。

1991年6月29日，《中华人民共和国水土保持法》颁布实施。全地区进一步制定各项规范性文件，形成较完整的水土保持法规体系：落实水土保持“三权”，即水土保持方案审批权，水土流失防治费、水土保持设施补偿费征收权，水土保持监督检查权；明确水土流失的防治责任，特别规定开发建设单位、个人对其造成的水土流失承担的防治责任；明确水土保持监督机构的监督职能，进一步健全水土保持监督执法体系。

1999 年 6 月，赣州市被水利部列为全国水土保持生态环境监督管理规范化建设第一批试点市。2000 年 6 月，赣州市制定《赣州市水土保持实施办法》《赣州市水土保持方案编报审批管理规定》等 8 项规范性文件，各县（市、区）规范性文件也相继出台。

二、宣传

为全面贯彻落实《中华人民共和国水土保持法》，增强全社会的水土保持意识和法制观念，行署确定每年的 6 月为《中华人民共和国水土保持法》宣传月，6 月的最后一周为宣传周，6 月 29 日为宣传日。地、县（市）水保部门利用群众喜闻乐见的形式宣传《中华人民共和国水土保持法》及其相关法律法规。每年利用广播、电视、报刊、幻灯、黑板报、宣传栏、宣传车、标语、碑牌、宣传资料等形式深入厂矿、圩镇、农村广泛宣传。宣传月期间，市（地）、县分管领导发表水保宣传电视讲话；宣传员、文宣队深入厂矿圩镇宣传；配合普法学习，编印以水保法规为主要内容的普法读本；书写永久性标语、竖立永久性碑牌、印发乡规民约；在电视报刊上播放刊登水保专题节目、文章；举办法律咨询服务、法规培训班等，宣传教育面达 85%。

1999 年 6 月 5 日，地区水保局与团地委共同参与“保护母亲河”大型宣传活动。10 月围绕中华人民共和国成立 50 周年庆祝活动，利用宣传媒体，开辟专题、专版、专栏、图片展览，大力宣传中华人民共和国成立 50 年来全地区水土保持建设方面取得的成就和经验。2000 年 3 月和 6 月，市、县水保部门围绕水土保持生态环境监督管理规范化建设，深入宣传《中华人民共和国水土保持法》及其实施条例。水保部门被国家级报刊、电台采用的稿件 86 篇，省、部级采用 162 篇，市（厅）级采用 269 篇；兴办广播、电视专题宣传 150 期，领导发表电视、广播讲话 216 次；出宣传专刊（栏）1080 期，印发宣传资料 19.5 万份；新增永久性标语 1676 条；举办水保专题文艺演出 48 场次；开展水保法律法规街头咨询活动 100 多次。

三、预防监督

随着《中华人民共和国水土保持法》的颁布施行，地方配套文件的制定和组织机构的健全，监督执法力度进一步加大，水土保持预防监督工作朝着制度化、规范化、法制化的方向发展。

监督执法试点　1992 年 1 月，地委对全地区水土保持工作进行专题研究，3 月，地委印发《关于进一步加快水土保持工作步伐的决定》。5 月，地区水土保持监督执法验收组对南康县、宁都县等 10 个县进行验收。至此，全地区 15 个县（市）通过验收，形成地、县（市）、乡（镇）、村四级水保监督执法体系，全地区水保工作初步走上规范化法制化轨道。1994 年 5 月，行署批转地区水保局《关于切实搞好国家水土保持重点治理贡水片 6 个县水土保持执法工作报告的通知》，推动各县（市）水土保持监督执法工作的开展。1995 年 7 月下旬，水利部委托长江水利委员会牵头组成部水保执法试点县验收组，对兴国县、瑞金市、宁都县、于都县、会昌县、石城县进行水保执法验收，评分都在 96 分以上，实现水利部提出的重点治理县要成为监督执法模范县的要求。

预防监督规划　1997 年 3 月，地区水保局组织专业技术人员完成《赣州地区水土保持“九五”计划及 2010 年远景规划》，对规划期内的水土保持预防监督提出总体目标及主要工作任务，并划分出水土流失重点防治“三区”。其主要特点：将植被较好的轻度流失区、已治理的流失山头、各项水土保持工程，以规划的形式纳入有计划的封禁管护；将占用水土资源易产生水土流失的采石场、矿区、窑厂、修路、建房等项目纳入预防监督管理，扭转只抓建设忽视预防保护的做法，提高水土保持预防监督执法的效果。

城市水保　1997 年 9 月，赣州市（今章贡区）被水利部列为全国首批 10 个城市水土保持试点之一。信丰县嘉定镇被列为赣州地区试点。1998 年 3 月，在地区水保局协助下，赣州市（今章贡区）水保局委托江西省水土保持科学研究所完成编写《江西省赣州市城市水土保持规划报告》，规划对赣州市（今章贡区）城市水土流失的发生、城市水土保持功能分区、水土保持管理体系等方面做出分析阐述；对不同功能分区的水土流失治理提出具体措施，并且与城市总体规划、城市功能、城市防洪、城市生态系统和人文景观等紧密结合，改进城市环境质量。1998—1999 年，城市水保工作在全地区范围全面开展。1999 年 9 月，章贡区城市水土保持试点工作通过水利部验收。

生态环境监督管理规范化建设　1999 年 12 月，赣州市被列为首批全国水土保持生态环境监督管理规范化建设试点地市，所辖 18 个县（市、区）均列为全国水土保持生态环境监督管理规范化建设试点县（市、区）。按照省水利厅《关于开展全国水土保持生态环境监督管理规范化建设工作的通知》精神，在全市范围内开展规范化建设工作。至 2000 年，全市通过水利部长江水利委员会和省水利厅组织的验收。

水土保持方案审批　1995 年，按照水利部第 5 号令《开发建设项目水土保持方案编报审批管理规定》，农村建设项目水保方案报告表由所在乡（镇）水保站审批，其他开发建设项目由县（市、区）水保局审批，属地（市）立项（省立项除外）由赣州地区（市）水保局审批。各县（市、区）按照方案年检制度，规定每年 3 月，对水保方案进行一次全面检查，对不按方案实施的建设单位、个人，注销水保方案合格证并予以处罚，全市（地区）每年方案审批率 95%。至 2000 年，累计编报水保方案 29 万件。其中较大型的有京九铁路建设、323 国道江口至瑞金段改建、居龙滩电站、220 千伏潭东变电站、博德山庄、赣州英华学校、滨江大道、寻乌铁矿等建设项目的水保方案。

监督执法　全市（地区）将占用水土资源易产生水土流失的采矿区（主要包括稀土、煤、钨、石灰、萤石等矿种区）、采石场、砖瓦厂、水电工程、房产开发项目、交通要道［主要有京九铁路线，319 国道、323 国道、206 国道、105 国道和县（市）之间的公路］均被纳入预防监督管理，要求建设单位按照水保方案做好各项防护措施，切实防治水土流失，做到生产建设和水土保持同步进行，维护良好的生态环境。对违反水保法案事件，严格按照“立案—调查—处理—送达—复议—执行”的执法程序，采用江西省水利厅统一制定的水土保持执法文书分步进行，严厉查处。年均查处铁路、公路、开矿、建厂房、采石、挖煤等水保违法案件 530 余起。1993 年 12 月 18 日赣州行署下发《关于切实做好京九铁路赣南段建设水土保持工作的通知》，要求铁路施工单位做好水土保持设施，对已造成的植被破坏和水土流失，必须向所辖地县（市）水土保持主管部门缴纳水土保持补偿费并负责治理。1995 年，经行署、地区支铁办、京九铁路指挥部（中铁建赣州指挥部）、地区水保局共同协商，京九铁路指挥部向地区水保局缴纳水土保持设施补偿费 90 万元。1998 年 10 月开工的 323 国道瑞金至江口段改建工程，有些施工单位水保意识淡薄，片面追求施工进度和省事，尤其是在于都县峡山“十里河排”路段施工中，向贡江河段倒土石 5 万立方米，造成严重的水土流失，引起当地群众强烈反映。在省人大常委会、省水利厅、地委、行署等多次现场督查下，地区、县水保局先后十几次到工程指挥部和施工单位交涉，送发水保法律法规和有关文件材料，下达《责令停止水保违法行为通知书》等法律文书。1999 年上半年工程施工单位补报整个改建工程方案，并采取一系列整治措施，督促吉安、赣州两个工程处在峡山十里河排路段，打捞清理 114 高程以上下河土石 3.2 万立方米，路旁植树种草，整个路段按水保方案落实水保防护设施。

规费收费管理　水土保持规费含水土保持设施补偿费和水土流失防治费。1991 年以前，依照国务院《水土保持工作条例》有关规定，各县（市、区）政府制定水保费征收办法，如兴国县 1988 年 4 月印发《关于执行〈水土保持工作条例〉暂行规定有关收费的通知》，1989 年 12 月赣州市（今章贡区）人民政府印发《关于加强水保监察和征收水保补偿费的暂行规定》的通知，1988 年 1 月于都县人民政府《关于对开矿、建厂和其他基本建设征收水土保持费的规定》等，初步形成较规范的水土保持费收取标准，为江西省水保规费征收管理办法的出台提供依据。1995 年，全地区统一执行《江西省水土保持设施补偿费、水土流失防治费的收费标准和使用管理办法》。水土保持设施补偿费按下列标准收取：对损坏水土保持生物设施的，按生产建设占地面积每平方米一次性收费 1 元。对损坏水土保持工程及其他水土保持设施的，按其恢复同等标准的造价收取。采矿、采石、采煤和烧制石灰、水泥等生产建设项目没有治理方案的，按其在生产过程中产生的弃土、弃石、弃渣量折算产品的产量计收水土流失防治费；对不易折算产品产量计收的生产建设项目，按其实际倾倒的弃土、弃石、弃渣量，每立方米交纳水土流失防治费 2 元。

第四节　专题调研及成果

一、课题调查及成果

1988 年 10—11 月，由长江流域规划办公室牵头，组织省、地、县有关部门参加的工程技术人员 19 人，联合组成兴国塘背河小流域综合治理调查队，下分水保、水文、生态、农经、土壤等专业组，对该小流域南方花岗岩剧烈侵蚀区综合治理成果全面、系统地进行调查、访问和收集资料，分别完成《南方花岗岩剧烈侵蚀区综合治理研究》《花岗岩剧烈流失区重建植被的途径及效益分析》《塘背河小流域工程防护体系与效益》《塘背河小流域农业经济的变化》《塘背河小流域综合治理效益经济分析》《塘背河小流域综合治理技术成果的推广应用情况》等专题报告，并通过省水利厅和长江水保局的成果鉴定。该项目研究具有国内先进水平，其成果于 1991 年 10 月获水利部科学技术二等奖，1994 年 11 月获国家科技进步三等奖。

1993 年，项目《离子型稀土尾砂地和采矿迹地治理及其开发利用》获江西省“星火计划”二等奖、省水利厅科技进步一等奖，江西省农科贡献三等奖。宁都县水保技术推广站开展的《花岗岩侵蚀区改造途径研究》获省水利厅科技成果二等奖。

1994 年，《全国八片水土保持重点治理区兴国第一期重点治理工程》课题，获赣州地区科技进步一等奖，1995 年 2 月获省科技进步二等奖及省农业科教突出贡献二等奖。

1996 年，地区水保局主持、定南县水保局及寻乌县水保局共同参与的《水土流失劣地宁冈芙蓉李的引种试验和推广》课题的试验研究，通过地区科学技术委员会主持的技术成果鉴定，地区科学技术委员会认为该项目在同类研究中居全国先进水平和全省领先水平。

1999 年，宁都县水保技术推广站与省水土保持科学研究所合作开展的《花岗岩侵蚀区改造途径的研究》分别荣获省水利厅科技成果二等奖和江西省科学技术进步三等奖。

2000 年，全市开展崩岗侵蚀现状调查，全面摸清全市崩岗的分布、数量、面积、地貌特征、侵蚀程度和类型，为进一步搞好崩岗治理提供科学依据。

二、遥感调查成果

1989 年 1 月至 1990 年 6 月，地矿部地质遥感中心研究所和地区水土保持办公室开展《赣州地区水土流失现状遥感调查》的课题调研，其调查报告在 1990 年 8 月获地矿部科技成果三等奖和江西省水利厅科技进步二等奖。

1990 年 6 月，地矿部地质遥感中心、地矿部地质力学所、地区农业区划办和兴国县计划委员会，联合对兴国县的“三荒”资源进行遥感调查，并形成《江西省兴国县三荒资源现状航空遥感调查报告》，其成果通过地矿部组织的技术鉴定。评审组认为该成果在国内具有先进水平，而且在科技扶贫方面值得进一步推广。于都县水保技术推广站开展的胡枝子栽培香菇试验获水利部科技进步二等奖。

第二十一篇

金属矿业

赣南素有“世界钨都”“稀土王国”美誉。赣南有色、稀有、黄金金属矿产资源丰富。1986—2000年，全市（地区）已探明有色金属10种、稀有金属11种、贵金属3种、黑色金属3种、放射性金属2种、可供利用的矿产30余种。各类矿床点遍布全市（地区）18个县（市、区），达980余处。

1986—2000年，赣州市（地区）地方冶金工业步入鼎盛时期，包括冶金、稀土、黄金等三大行业，为赣州市（地区）重要工业支柱产业。全行业形成集地质勘探、采矿选矿、冶炼加工等综合型地方工业体系格局。全系统生产包括有色金属矿产品、稀土矿产品、黄金矿产品等10大类产品。产品满足国内外市场需要，一批产品在国内外享有独特声誉。

赣南稀土储量居全国第二，重稀土储量居世界第二。20世纪70年代，龙南县建起赣州地区第一座离子型稀土矿，揭开赣南稀土生产的序幕。1987年7月，由赣州地区冶金研究所、南方冶金学院、天津有机化工厂、甘肃稀土公司、湖南有机化工厂、赣州稀土冶炼厂、龙南稀土矿等32家成员单位联合组建赣南稀土（集团）公司。2000年8月，由赣州冶金研究所、赣州市稀土金属冶炼厂、龙南稀土矿、赣加稀土有限公司等12家稀土企业，再度联合组建赣州南方稀土矿冶有限责任公司，赣州市稀土工业重新规范、集约、健康生产经营。2000年年底，赣州市有国有市、县（市）稀土采选、冶炼企业19家，其中采选企业7家，冶炼加工企业12家。

赣南是中国钨业的发祥地。钨保有储量占全国第二，为全国同类产品的70%、世界的60%；钨矿产量约占全国的20%~30%。1907年，德国传教士在大余县西华山发现钨矿，赣南揭开中国钨矿开采的历史。1986—2000年，赣州成为全国乃至世界最主要的钨原料产地。

第一章　地质勘查

在赣南从事地质勘探工作的机构主要有4家，分别是赣南地质调查大队、九〇八探矿工程大队、九〇九探矿工程大队和江西有色地质勘查二队。

赣南地质调查大队主要承担地质找矿任务。共发现47个新矿点、60个普查评价矿点，完成17个矿区的详查、3个矿区的勘探。开展14.5幅图的1∶5万区域地质调查，为赣州开展土地规划、矿产普查、水文、工程、环境地质勘查、地质科研等提供基础地质资料，完成研究课题18次。开展17次地质灾害防治勘查，进行地质工程测绘1.02万平方米。开展赣南老区扶贫地质工作项目16次，机械钻探3.34万米，采集各种矿物样品34764个。提供稀土、金、银、钨、锡、铅、锑、煤、萤石、高岭土、硅石、陶土等12种矿产储量。对区域内的地热、矿泉水进行调查，为赣南开发利用地热资源，发展旅游休闲产业提供资料。

九〇八探矿工程大队工作区域在赣南西部9个县1个市，进行探矿施工和水文地质、工程地质的勘察工作，为赣南地质灾害汛期防治支持单位。开展地质灾害防治工作17项，地质工程测绘1022.9平方千米，钻探2.49万米，取样品279个。

九〇九探矿工程大队主要承担钻探生产任务。共完成计划内钻探任务9.65万米。从事基桩施工、路桥施工、工民建筑、工程勘察、找水成井、机械岩心钻探等业务项目三十余个。

江西有色地质勘查二队承担江西南部和周边地区的地质勘探及找矿工作任务，共完成钻探工作量8.07万米，开展地质勘查项目38次。

第一节　地质勘查机构

一、赣南地质调查大队

赣南地质调查大队是从事地质矿产调查、勘探的综合性队伍，为实行企业管理的全民所有制事业单位。大队部设在赣州市章贡区宋城路1号，附属单位办公区位于红旗大道41号。1986年，大队设行政办公室、对外经济技术合作办公室、计划财务科、劳动人事科、安全技术科、物资供应管理科、地质技术科、科技资料科、教育科、保卫科、总务科、基建科、人民武装部等科（室、部），下属基层有一分队、二分队、四分队、五分队、六分队、七分队、九分队、十分队、综合分队、物化探分队、区调分队、测量分队以及营角上基地管理处、地质资料复制加工间、实验室、汽车队、劳动服务公司、职工医院。科室变化：1987年4月撤销地质技术科、科技资料科，成立总工程师办公室。1989年1月，撤销行政办公室，成立队长办公室和审计科，10月成立监察科。1994年3月，成立离退休职工管理科。1996年4月，成立多种经营管理科、下岗职工培训站。1999年，成立国有资产管理科。1999年4月撤销总务科，成立物业管理中心。2000年5月，教育科并入人劳科为人事劳动教育科。基层单位变动：1986年2月，信丰实验室和瑞金实验室合并；3月，三分队并入二分队；7月，成立大队职工医院。1987年4月，六分队并入五分队，九分队并入综合分队；11月，成立赣南地质工程公司。1988年1月，撤销物化探分队，设立物探水文工程地质分队；4月，成立赣州地质矿产开发公司；6月，建成南岭纸箱厂，撤销测量分队，建成红砖厂。1990年5月，成立赣南中心实验稀土分离试验研究车间。1992年4月，车间改为赣州南岭稀土冶炼厂。1993年7月，成立赣南宏达地质矿产物资公司、南岭宝石公司。

1994 年 1 月，成立测绘院、纸箱厂，撤销一分队、区调分队、测量分队；2 月，成立地质矿勘查开发院，撤销分队建制。赣州地质矿产开发公司与赣南宏达地质矿产物资公司合并，两块牌子、一套机构；4 月，成立赣南地质顺达汽车运输维修服务公司；8 月，成立工程勘察分队，恢复四分队；10 月，成立教育安全科。1995 年 3 月，成立会昌淘锡坝锡矿，赣南地质勘查院、赣州地质矿产开发公司并入地质矿产勘查开发院，恢复物探水文工程地质分队、中心实验室、基建科；4 月成立康地金矿。1997 年 2 月，工程勘察分队并入地质工程勘察所；3 月，撤销地质矿产勘查开发院，赣州地质矿产开发公司并入赣州宏达地质矿产物资公司。1998 年 3 月，测绘院更名为江西赣南测绘院；4 月，顺达汽车运输维修服务公司更名为赣州现代交通汽车修理厂；7 月，成立再就业服务中心，撤销南岭宝石公司。1999 年 9 月，赣州地质南岭纸箱厂更名为赣州市南岭纸箱厂。2000 年 3 月，成立赣南地矿培训中心。2000 年，大队内设党委办公室、组织部、宣传部、团委、工会、人武部、纪委、行政办公室、计财科、国资科、人教科、安技科、监察科、审计科、经管科、基建科、测验院、物水分队、物资公司、顺达公司、劳服公司、稀土冶炼厂、汽修厂、纸箱厂、培训中心、招待所。有在职职工 1407 人。

二、九〇八探矿工程队

1986 年 11 月，九〇八探矿工程队在赣州市选地筹建。1987 年，赣州水文地质大队赣州分队并入九〇八大队。至年底，大队下设 5 个分队和 3 个钻井队，下属单位有修配厂、子弟学校、汽车队、职工医院、劳动服务公司。1992 年 8 月，大队部由信丰县先锋岭迁入赣州市（今章贡区）宋城路 1 号，修配厂改称通用机械厂，职工医院改称医务所，子弟学校仍留在信丰县先锋岭，同时，增设信丰基地管理处。1995 年 10 月，江西地质矿产局九〇八探矿工程大队更名为地矿部江西地质矿产勘查开发局九〇八探矿工程大队。2000 年，大队内设党委办公室、纪委、团委、组织部、工会、行政办公室、计财科、人教科、经营科、安全科、监察科、审计科、保卫科、总工办、施工部、再就业中心、退管办、总务科；下属单位有：一分院、二分院、三分院、水文分院，地质市场一处、二处、三处，建筑公司、汽修厂、通用机械厂、信丰基地管理处、子弟学校、医务所。在职职工 2745 人。

三、九〇九探矿工程大队

1993 年 6 月，九〇九探矿工程大队成建制并入江西省地质工程总公司，称“江西省地质工程总公司第一工程公司”，与九〇九探矿工程大队合署办公，一个机构、两块牌子。1995 年 10 月，江西地质矿产局九〇九探矿大队更名为地矿部江西地质矿产勘查局九〇九探矿工程大队。1997 年 7 月，大队部从瑞金沙洲坝迁至赣州市（今章贡区）黄金大道。2000 年，大队内设党委办公室、纪委、团委、组织部、宣传部、工会、行政办公室、人事劳动科、财务科、安全科、保卫科、审计科、监察科、教育科、离退科、技术科、经营科、物业中心，下属单位有施工管理处、再就业培训中心、水文勘察所、机械厂、路桥工程处、一〇六工程处、二〇三工程处、一〇一工程处、沙洲坝开发处。在职职工 697 人。

四、江西有色地质勘查二队

江西有色地质勘查二队（以下简称“二队”）位于赣州市（今章贡区）红旗大道 110 号。成立于 1972 年 8 月，隶属于冶金工业部，1984 年后隶属于中国有色金属工业总公司，是有色金属工业系统专业地质勘探队。2000 年 7 月，根据国务院经济体制改革精神，进行属地化管理，划归江西有色地质勘查局。1986 年，二队下设 5 个钻探分队，1 个普查分队以及实验室、机修厂、汽车队、招待所等辅助生产部门。“八五”期间相继成立一批地质市场和多种经营单位。职工人数最高年份（1987 年）达 1090 人，最高开动钻机 9 台。随着全国地勘行业企业化改革的深入发展，国家地质项目逐年缩减，事业费相对不足，大量人员和地勘设备闲置。二队进行工作重点和找矿方向转移，大幅度调整内部产业结构和队伍结构。1991 年起，先后撤销 6 个地质勘查分队，并相继成立一批对外创收经营企业。职工队伍逐年缩减，在职职工人数从 1986 年的 1068 人下降到 2000 年的 349 人。2000 年，二队内设综合办公室、财务科、物业管理科，下设地矿公司、房产公司、冶勘酒店、机修厂、基地处、化剂部。

第二节　地质矿床调查

1986—1990 年，赣南地质调查大队和江西有色地质勘探二队发现 47 个新矿点，对 60 个矿点进行普查评价，完成 17 个矿区的评查和 3 个矿区的勘探工作，提交一批矿产储量。1991—2000 年，地区行业转型，两队对地质勘查工作的投入减少，勘查项目数量锐减，直接参加地质勘查的人数也逐渐减少，完成的主要实物工作量有 1 ： 2000 地质图用 155.31 平方千米，1 ： 5000 地质填图 415.71 平方千米，1 ： 1万地质填图 331.85 平方千米，钻探 15.1 万米，坑探 1.28 万平方米，槽探 26.32 万米，浅井 1.92 万米，采样 158372 个。矿种有金、银、稀土、锡、铜、铅、锌及非金属等。

一、区域地质调查

1986—2000 年，赣南地质调查大队开展 14.5 幅图的 1 ： 5 万区域地质调查，发现一些矿（化）点及重砂、物业探异常。

赣州市（今章贡区）幅　创名第三系龙里群，被江西省 1 ： 50 万地质图采用，确定管理架山岩体为不同期的复式岩体，收集较多的新构造运动资料，对赣州市（今章贡区）的建设有益，圈定重砂异常 25 处、土壤异常 8 处，发现矿（化）点 10 处。

兴国县幅　在白垩纪地层中发现整合，发现侯王山环状构造，引起地质力学所的注意，圈定重砂、土壤异常 27 处，发现矿（化）点 15 点。

下营幅　运用双重真图法发现一个破火山构造，提出破火山构造控制该区的成矿、环状、放射状断裂及次级火山通道是找锡有利地段，发现矿（化）点 12 处。

重石圩幅　提出“混合岩”为韧性剪切产物的新认识，查明北东向断裂显示左行性质，为深入研究北东向断显示左行性质，为研究北东向断裂提供典型实际资料。发现的蜂巢巴甫藻对震旦纪地质对比有意义，圈定重砂异常 13 处，土壤异常 17 处，新发现矿（化）点 9 处。

版石、安远县、孔田、澄江、寻乌县幅联测　新创晚侏儒世上丁组及第三纪门山寨组，创名构造岩石单位——寻乌组；为研究区内基底构造提供资料；对各类复式岩体进行解体，提高研究程度；建立测区中生代完整的地层层序、喷发旋回、演化序列，合理划分火山构造，提供赣东南陆相火山岩较高水平的成果；发现 3 条大型韧性剪切带及大型送冲推覆构造，为该区地质构造研究提供翔实资料。

中村、羊角（半）幅　对中深变质岩的调研取得重要进展，首次在变质深成岩中获得 627Ma 的同位质年龄值，填绘 124 年花岗岩侵入体，建立 19 个单元，归并为 3 个超单元，对中生代火山岩的研究有新进步，发现矿（化）点 4 处。

右水、晓龙幅　填绘浅变质和中深变质岩两大分结的关系为韧性断层，为该区基底构造的研究提供有益的资料。用双重制图法表述白垩纪地层，对中深度质岩的研究取得重大进展，提出晋宁地区在区内存在的新认识。

武阳、洛口幅　通过沉积构造、变形、变质特征的调研，提高地层的研究程度，填绘 35 个侵入体，建立 13 个单元，归并为 2 个超单元、2 个序列，确立西红——铁山垅大型推覆构造，探讨它与矿产的关系，扩展找矿思路。

二、科研与成矿预测

1986—2000年，地质调查大队完成由江西省有色勘查局和国家科学技术委员会攻关局、地矿部科技局、地矿部直管局通过有色勘查局下达的研究课题14项，队列项目4项。经有关部门及专家审查，《赣南离子吸附型稀土成矿规律》和《江西省新类型重稀土矿床发现，勘探及成矿理论研究》分别获江西省1987年度科技进步一等奖和1988年度国家科技进步一等奖，一批项目研究成果达到国内先进水平，有的达国际领先水平。

三、矿产资源调查

1986年，赣南地质调查大队调查主项的矿种有金、银、稀土、锡、铜、铅、非金属等。项目是由赣南地质调查大队提出立项依据及论证，经江西省地矿局批准后再组织实施。1999年后，主要项目由中国地调局批准下达。

普查成矿 1986—2000年，地质调查大队开展60个矿区的普查工作。对已发现的矿（化）点、物化探异常区、成矿远景区进行调查，查明矿体（层）的形态、产状、质量特征及矿床开采技术条件、矿石的加工性能。

提供详查基地13处，经有关部门批准提交C+D级储量（转入详查，勘探的矿区未计算在内）主要矿种有金、银、锡、铜、三氧化钨、铅、锌、稀土、高岭土、透闪石、萤石、硅石、耐火黏土、瓷土、水泥灰岩、花岗岩，部分已被开发利用。对普查过程中发现有工业意义的矿区进行详查，要求基本查明矿区地质构造，矿体的产状、形态，品位变化，矿床的开采技术条件，矿石的物质组分等。根据择优详查的原则，赣南地质调查大队对17个矿区开展详查工作，其中于都县柳木坑V17银矿详查后转入勘探。经省地矿局批准，提高C+D级储量，主要矿种是金、银、锡、三氧化钨、铅、锌、稀土、铀、高岭土、透闪石、硅藻土、滑石。

矿床勘探 1986—2000年，国家采取对口勘探的政策，赣南地质调查大队对兴国县留龙金矿床、于都县柳木坑、定南县车步钛铁矿床等3个矿区进行勘探。

兴国县留龙金矿床于1978年4月发现，1982年转为详查，1989年转为勘探。勘探手段采用坑、钻探相结合，用40米垂直间距的沿脉坑道或80×80米的钻孔控制C级储量。1989年4月结束野外作业，1989年12月提交勘探地质报告，1990年12月经江西省储量委员会审批，提交储量报告。

于都县柳木坑V17银矿床是赣南地调大队一分队在总结前人资料的基础上，经过进一步工作发现的，为一半隐伏的破碎蚀变岩型银铅矿床。1987年3月至1989年9月进行详查，1989年10月转入勘探，用40×40米的网度探求C级、80×80米的网度探求D级储量。1991年6月结束野外作业，1991年8月提交勘探地质报告，1992年4月经省储委批准提交储量。

定南县车步钛铁矿床是九〇八队四分队发现，为中基一基性岩外富集形成的风化壳矿床。1970—1971年进行详查，1990—1991年进行勘探，用80—100×80—100米网度的浅井（钻）探求C级，160×160米的网度控制D级储量。分别于1992年9月和1998年7月提交勘探报告，1993年11月和1998年12月经省储量委批准，提交钛铁矿储量。

表 21-1-1

1986—2000 年部分年份赣州市（地区）矿床勘探情况一览表

矿区名称	提交报告	批准机关	储　　量	完成的主要工作量
兴国县留龙金矿床	1989 年 12 月	江西省储委 1990 年 12 月	金:C 级、D 级,银:C 级、D 级,铅:D 级	钻探:27034 千米 槽探:42927 立方米 坑探:33727 米 采样:九〇八 9 个 大样:2 个
于都县柳木坑 V17 银矿	1991 年 8 月	江西省储委 1992 年 4 月	银:C 级、D 级,铅:C 级、D 级	钻探:13078.5 米 槽探:4052.99 立方米 坑探:850.95 米 采样:1023 个 大样:1 个
定南县车步钛铁矿床 1、6、7 矿段	1993 年 6 月	江西省储委 1993 年 11 月	钛铁矿:C 级、D 级	浅钻:300.3 米 浅井:1269.23 米 槽探:2781.58 立方米 采样:1635 个
定南县车步钛铁矿床 5、8、11、12、13 矿段	1998 年 7 月	江西省储委 1998 年 12 月	钛铁矿:C 级、D 级,钛磁铁矿:C 级、D 级	浅井:1695.5 米 槽探:1134.18 立方米 采样:1532 个

四、分析测试

赣南地调大队中心实施室总建筑面积 3712 平方米，有实施测试大楼、岩矿鉴定楼、碎样加工间、副样床、药品库等，仪器设备总数为 78 名（套），其中有德国产 2 米平面光栅光谱仪、十万分之一电子分析天平、GGX-6A 原子吸收分光光度计及土工试验仪等。1990 年 4 月，首次通过江西省计量认证，项目浅参数为：矿物矿石及其产品分析，岩石成分分析，矿物物相分析，区调地质及化探样品分析，水质分析，环境及城市地质样品分析，其他样品的无机成分分析。1996 年 2 月，通过上述项目认证的复查换证。2000 年，开始申报计量认证的复查换证，共申报 8 大类 44 个产品 189 个参数，比前两次认证新增土工试验一大类。

实验室担负赣南及外省区 20 个县（市）的地质普查找矿工作和各类样品的分析测试任务。

表 21-1-2

1986—2000 年赣南地质调查大队完成的实物工作量统计表

年度	化学分析(指数)	光谱分析(指数)	岩矿鉴定(片)	重砂(个)
1986 年	167577	14990	508	164
1987 年	175078	39533	410	1244
1988 年	124745	9705	345	854
1989 年	88915	12453	408	470
1990 年	128350	32445	320	405
1991 年	77976	22070	191	215
1992 年	43116	25945	985	—
1993 年	15262	13508	125	1627
1994 年	21950	10630	896	237
1995 年	13931	11783	620	48
1996 年	2589 *	29436 *	196	1456
1997 年	4123	9732 *	211	—
1998 年	1294 *	11242 *	100	—
1999 年	1835 *	3693 *	346	—
2000 年	2529	64321 *	397	—

说明：1995 年以前，化学分析，光谱分析工作量按指数计算；1996 年以后按分析项数计算（表中“*”号数据）

第三节 地质勘探

江西有色地质勘查二队承担江西省南部及周边地区的地质勘探及找矿工作任务。1986—2000年，累计完成钻探工作量8.07万米。完成矿产地质勘查及科研成矿预测项目45项。1991年3月获中国有色金属工业总公司授予的“功勋地质队”称号，1993年11月获江西省人民政府授予的“地质勘查功勋单位”称号，并多次获江西省有色地勘局表彰。

一、钻探

1986—1995年，地质勘查二队共完成钻探工作量8.07万米，其中机械岩心钻探7.95万米，其他钻探1199米。最高开动钻机9台，平均开动钻机1.87台。开动台月172.86台月，台月效率467米/台月。随着国家地质项目缩减，事业费相对减少，“八五”时期，钻探工作量开始逐年下降，至1996年停止钻探施工，部分钻探人员和设备闲置。

二、物探

主要是地面电性勘查，磁性勘查及放射性测井，并配合1.5万区域地质调查开展伽马测量。

电法勘查 进行银坑、水南等7个矿化（点）工作，完成电性剖面西侧线长度31.02千米，获异常点47处，5处经验证发现有矿体、矿化体。此外，还完成找水项目6个，沉井3口，发现日涌水量200吨，地热1处。

磁法勘查 完成银坑、水南等5个矿区74.45平方千米1：1万到1：2.5万的磁性勘查工作圈出△Z异常。

放射性伽马测量 完成龙南窑岭放射性二级检查1：1万平方千米，1：5003.3平方千米，完成测井及顺检1.95万米。

三、化探

主要进行土壤测量及少量岩石测量。工作程度可分为1：5万质调的封测量及化探异常的三、二、一级查证。

1：5万土壤测量 完成赣州市幅、下营幅及重石圩幅工作，面积13921平方千米，采集样品15868个，圈出综合异常45处。

化探异常三级查证 完成南康县城——赤土1：5万微金测量，赣县阳埠——信丰牛织1：5万金矿化探调查，兴国罗坪洲1：5万金矿化探调查，定南老城1：5万金矿化探调查4个项目工作，调查面积分别为185平方千米、202平方千米、80平方千米和140平方千米，采集样品分别为10049个、4558个、2557个和2863个，发现异常分别为22个、11个、14个和4个。

化探异常二级查证 进行34个项目的工作，共完成1：1万至1：2.5万化探调查391.63平方千米，圈定一批异常，部分异常经进一步工作上升为矿（化）点。

化探异常一级查证 完成2个项目，完成赣州市于都县十八排异常一级查证。进行槽探642.76立方米，硐探47.1米，钻探972.64米，圈出3条矿化标异常。完成安远县园岭寨铜钼异常一级查证。圈出铜钼异常4处，发现钼矿体1个，计算二级储量钼5.15吨。

第四节 地质市场

一、矿产地质勘查经营

市（地区）内矿产地质勘查 1986—2000年，江西有色地质勘查二队累计开展矿产地质勘查项目38项，高级别项目呈逐年减少趋势，其中1986—1990年完成9项，主要工作地区在于都县、大余县、崇义县、赣县等地，主要矿种为钨矿及稀土矿；1991—1995年，完成16项，主要工作地区在宁都县、崇义县、上犹县、大余县、西武夷山等地，主要矿种有铜、钨、锡、银多金属等；1996—2000年，完成13项，主要工作地区在于都县、南康市、西武夷山等地，主要矿种有金、银、锡多金属等。全队有7个地质找矿及勘探项目获中国有色总公司及江西省地勘局成果奖。

表21-1-3 1986—2000年赣州市（地区）地质找矿、勘探项目成果一览表

获奖项目名称	批准机关	等级	获奖时间	获奖单位
江西省于都县黄沙矿区第三期勘探报告	中国有色金属工业总公司	二等奖	1991年2月	江西有色地质勘探二队
江西省于都县盘古山钨铋矿区深部详查地质报告	中国有色金属工业总公司	三等奖	1991年2月	江西有色地质勘探二队
江西省崇义县宝山矿区茅草沟区段深部银多金属矿勘探报告	全国矿产资源委员会	三等奖	1996年12月	江西有色地质勘探二队
江西省崇义县茅坪矿区钨锡矿详查地质的报告	江西地勘局	二等奖	1990年	江西有色地质勘探二队
江西省大余县梅关矿区稀土矿详查地质报告	江西地勘局	三等奖	1990年	江西有色地质勘探二队
江西地部崇犹余区1/10万、1/5万遥感地质解译及成矿预测	有色总公司遥感中心	二等奖	1994年	江西有色地质勘探二队
江西省危机矿山调查研究	中国有色金属工业总公司	二等奖	1991年	江西有色地质勘探二队

市（地区）外矿产地质勘查 赣南地质调查大队于1981年10月成立对外经营办公室，对外接洽承包各种矿产资源的勘探、地下水资源勘察、工程地质勘查、矿床（点）评价、地形测绘及岩矿测试等技术服务项目。项目覆盖赣南各县（市、区）以及广东、福建、海南、浙江、江苏、湖北、上海等省（市），完成合同总价款5398.09万元，实现收入1.29亿元。形成以上工业与民用建筑工程地质勘查、工业与民用建筑地基与基础施工、工程测绘与大专业的工程施工经营单位。

九〇九探矿工程大队坚持“一业为主、多种经营”的方针，积极开拓地质市场，发展多种经营。主要从事基桩施工、路桥施工、工民建筑、工程勘察、找水成井、机械岩心钻探、机械修配加工等业务。1986—2000年，分别在上海、天津、武汉、南京、杭州、温州、南昌、汕头、北海等地施工大中型项目30多个。参与施工的国家和省重点项目有天津海河大桥、南昌八一大桥、武汉武汉大桥、武汉江汉五桥等，实现收入2000多万元。

江西有色地质勘查二队主业工作量1986年以后逐年缩减，开始由单一的地质找矿到以地质市场和多种经营为主体的转型过程。1991年后，10个原地勘辅助部门及其他单位。从队部划出，独立核算、自主经营、自负盈亏。成立以地籍测量、建筑工程勘查业为主的地质市场和以制造修理、商饮服务业为主的多种经营单位。较大程度上缓解事业费不足及下岗人员过多的局面。1996年后由于原工勘二处划入江西有色地质勘查二队管辖，致使江西有色地质勘查二队地质市场亏损面扩大。1997—1998年，分别关停两个亏损严重的地质市场单位，同时撤销5个效益较差的多种经营单位，保留和充实效益较好的单位。至2000年，江西有色地质勘查二队停止地质市场工作，多种经营效益形成比较稳定的创收格局，为转企改制工作打下基础。“七五”至“九五”期间，江西有色地质勘查二队地质市场及多种经

营情况见下表：

表 21-1-4 1986—2000 年赣州市（地区）地质市场及多种经营情况统计表

单位：万元

项目		"七五"时期	"八五"时期	"九五"时期	合计
地质市场	总收入	145.93	126.72	248.13	520.78
	净收入	22.32	-8.93	-39.37	-25.98
多种经营	总收入	206.23	1256.56	1571.32	3034.11
	净收入	32.37	87.84	83.28	203.49

二、科研及成矿预测经营

1986—2000 年，地质勘查二队开展科研及成矿预测项目 7 项，主要对赣南一些资源危机矿山和矿区及其外围找矿进行前景分析，储量预测，择优对比，并提出接替基地和找矿方向以及扩活危机矿山的建议和对策。科研及找矿预测项目有崇犹余地区二轮找矿，赣南稀土、钛铁调研，赣南钨矿二轮找矿预测和找矿技术方法研究，赣南有色矿山二轮找矿研究，赣南金银找矿与开发调研，赣南成矿区找矿调研，江西省于山钨银金多金属成矿带找矿调研。

表 21-1-5 1986—2000 年赣州市（地区）地质勘查主要实物工作量统计表

项目	"七五"时期	"八五"时期	"九五"时期	合计
一、机岩钻探(米)	57188.00	22338.00	—	79526.00
二、其他钻探(米)	715.00	484.00	—	1199.00
三、坑(硐)探(米)	2483.00	1145.00	560.00	4188.00
四、井探(米)	21146.00	345.00	101.00	21592.00
五、槽探(立方米)	111546.00	38345.00	23921.00	173812.00
六、地质地形测绘(平方千米)				
其中 1/1000 地质测量	0.50	—	—	0.50
1/2000 地质测量	1.80	—	—	1.80
1/5000 地质测量	22.50	—	—	22.50
1/2000 地质草测	28.20	7.40	23.00	58.60
1/10000 地质简测	25.50	—	150.00	175.50
1/10000 路线地质	202.50	100.00	524.00	826.50
1/2000 地形测绘	30.10	—	—	30.10
1/2000 平面控制	12.00	12.00	—	24.00
1/10000 地质编图	—	3050.00	—	3050.00
1/50000 地质编图	—	—	29838.00	29838.00
遥感地质	—	400.00(1/1.4 万)	6452.00(1/10 万)	6852.00
七、实验测试				
其中化学分析(件)	28622.00	7500.00	3395.00	39517.00
光谱分析(件)	2191.00	1406.00	1159.00	4756.00

三、地质灾害调查经营

1988 年 7 月，九〇八大队地质工作将地质环境管理和地质灾害工作纳入日常工作轨道，协助当地政府查明突发性地质灾害规模原因和存在的隐患，并提出防治规划和防治措施。1998 年，省直机关矿局指定九〇八大队为赣南地区地质灾害汛期防治支持单位。1999 年，获地质灾害防治工程勘查丙级证书。1986—2000 年，开展地质灾害防治工作 17 项，其实物工作量：地质工程测绘 10221.9 平方千米，探槽 147.46 立方米，钻探 2.38 万米，取样品 279 个，总投资 475.84 万元。

表 21-1-6　　1989—2000 年九〇八大队开展地质灾害调查情况统计表

项目名称	工作时间	投资（万元）	投入人力（人次）		投入主要工作量					工程测量
			合计	其中技术	工程测绘（平方千米）	钻探（米）	钻槽（立方米）	样品（个）	物探（平方米）	
万安水库蓄水后对赣州市所产生的库尾拦门淤积和侵没不良工程地质问题进行评价	1989 年 3 月至 1991 年 7 月	7.20	26.00	6.00	143.00	1024.98	—	80.00	—	合格
赣州上游推移后沙的形成堆积的地质条件调查评价	1989 年 3 月至 1991 年 8 月	8.80	26.00	6.00	230.00	1528.00	—	130.00	—	优良
赣州测区区域稳定性分析报告评价	1989 年 3 月至 1991 年 8 月	3.72	4.00	4.00	143.00	—	—	20.00	—	合格
章水流域工程地质评价	1989 年 3 月至 1990 年 7 月	13.14	26.00	6.00	7181.00	—	—	41.00	—	合格
全南县大吉静水仔屋滑坡调查	1989 年 7 月至 1989 年 8 月	1.50	2.00	2.00	4.00	—	—	2.00	—	—
会昌县地裂缝调查报告	1991 年 3 月至 1993 年 7 月	2.00	3.00	3.00	20.00	—	—	—	—	—
瑞金沙州坝镇塌陷调查	1998 年 7 月	1.00	2.00	2.00	24.00	—	—	—	2.00	合格
京九铁路信丰段岐岭龙南段定塘山边坡治理	1993 年 7 月至 1993 年 12 月	182.82	80.00	20.00	—	19872.00	—	—	—	优良
瑞金沙州坝地面塌陷勘查	1999 年 7 月至 1999 年 12 月	30.00	14.00	8.00	12.00	—	—	—	12.86	合格
寻乌县城南工业区滑坡勘查	1989 年 8 月至 1999 年 9 月	1.90	8.00	4.00	12.00	101.00	12.00	6.00	—	—
赣南地区重点地质灾害调查	1999 年 9 月至 1999 年 12 月	13.80	8.00	8.00	4.30	—	135.46	—	12.00	优良
信丰县铁石赣福煤矿岩溶止水勘查与施工	1998 年 7 月至 1999 年 12 月	32.00	9.00	5.00	0.60	380.00	—	—	2.70	合格
赣州市垃圾填埋场调节池下游帷幕灌浆工程	1999 年 9 月至 1999 年 12 月	55.66	12.00	6.00	—	122.18	—	—	—	优良
瑞金市地质灾害区划与防治	1999 年 8 月至 2000 年 5 月	20.00	7.00	6.00	2448.00	—	—	—	—	合格
寻乌县晨光镇、项山乡、南桥镇、崇义杰坝乡、石城珠坑乡、信丰古陂乡、龙南东江镇等 10 处滑坡点应急调查	1998 年 6 月至 2000 年 12 月	4.30	30.00	30.00	—	—	—	—	—	合格
1/50 万全省环境地质赣州区调查	1998 年 7 月至 2000 年 12 月	15.00	2.00	2.00	—	—	—	—	—	合格
赣县光彩大市场软地基处理	1999 年 10 月至 1999 年 12 月	83.00	30.00	6.00	—	820.00	—	—	—	合格

第二章　金属矿床

赣南有色、稀有、黄金属矿产资源丰富。全市（地区）已发现探明有色金属10种、稀有金属11种、贵金属3种、黑色金属3种、放射性金属2种、可供利用的矿产30余种。各类矿床点遍布全市（地区）18个县（市、区），达980余处。

第一节　有色金属矿床

一、锡矿床

赣南锡矿主要有斑岩型、石英脉型、云英岩型、砂矿型等锡矿。

斑岩型锡矿　*岩背锡矿床*　位于会昌县清溪乡境内，赋存于晚侏罗世火山凝灰熔岩与花岗斑岩的内外接触带中，为赣南首次发现的大型斑岩锡矿床，矿化面积为0.12平方千米。主体矿平面呈椭圆状，长轴北东向，轴长450米，短轴约250米，北东和南西西端矿体逐渐收敛。剖面上主体矿形态呈元宝状或透镜状。总体上体矿体呈畚箕状，顶板标高250～320米，底板标高200～250米，平均厚度41.2米。产状特征是矿体出露地表，埋藏浅，厚度大，形态简单，分布集中，金属矿物有锡石、黄铜矿、黑锡矿、辉铋矿、闪锌矿、辉铜矿、方铅矿、毒砂、磁黄铁矿、白铁矿、黑钨矿和白钨矿。非金属矿物主要有石英、黄玉、萤石、绿泥石、绢云母、黑云母、长石和方解石等。累计探明储量：锡金属量10.29万吨，品位0.825%；铜金属量2.94万吨，品位0.249%；银金属量112吨，品位9.46克/吨。

松岭锡矿床　位于石城县与福建省宁化县交界处。属武夷山北北东构造带隆起带的中段，锡矿体产于震旦系变质岩中，为石英斑岩型锡矿床，矿化面积为2.16平方千米。矿体分为石英斑岩型、含锡石英网脉型、含锡石黄玉云英岩3种矿体。石英斑岩型矿体为主矿体。走向20°～40°，倾向北西，矿体长1100米，延深100～250米，平均脉宽4.25米。矿物成分，金属矿物有锡石、黄铜矿、黄铁矿、白钨矿、赤铁矿、磁铁矿、褐铁矿；非金属矿物有石英、高冶土、云母、黄玉、钾长石、斜长石、萤石等。累计探明锡金属量4650吨，品位0.398%。

石英脉型锡矿　石英脉型锡矿在大余县、崇义县、上犹县、全南县、赣县、于都县、南康市等县（市）的部分矿区，锡与钨共生，形成石英型钨锡矿床，如漂塘、下垅、官山、大龙山、棕树坑、白水洞、上坪、隘上、淘锡坑、仙鹅塘、新安子、茅坪、中稍、笔架山、红桃岭等矿，均属于这一类型。此外，还发现一些单独的石英脉锡矿点，如崇义县高陂上、坳头，南康市桐模，宁都县理横龙，瑞金市温田，石城县里庄、长窝，龙南县半岽山等多处。

云英岩型锡矿　云英岩型锡矿仅见洪水寨。

砂矿型锡矿　锡共生的砂床有铁山垅、中心岗、赤土、扬眉寺等，单独的砂锡矿点有上犹县登坑、牛头岭、黄泥潭等处。

二、铅锌矿床

赣南铅锌矿床有矽卡岩型、花岗岩型、硅化带型3种类型。

矽卡岩型铅锌矿　*宝山铅锌白钨矿*　矿床位于崇义县铅厂境内，矿体赋存于宝山花岗岩株与石炭系，二迭系岩接触带中，为接触代矽卡岩型铅、锌、白钨砂床。主要矿体有3处，分布在宝山岩株周围。矿体长760米，倾斜延伸700米，最大厚度60米，平均厚度11米。矿体形态随着花岗岩岩体形态而变化，岩体凹部矿体厚度大，岩体凸起处则矿体尖灭。石英脉密集处，矿体外缘呈不规则的锯齿状。

金属矿物含有银方铅矿、闪锌矿、白钨矿、磁黄铁矿、黄铜矿、黄铁矿、磁铁矿、辉钼矿；非金属矿物有透辉石、石粉石、矽灰石、石英、长石、萤石、方解石、白云石及少量绿帘石、白云母等。在部分金属矿物中含银量最高，如方铅矿含银量为3150克/吨，黝铜矿含银量为13万克/吨。累计探明储量：铅金属量7.55万吨，品位2.21%；锌金属量5.44万吨，品位1.519%；钨金属1.64万吨，品位0.45%；铜金属量5591吨，品位0.167%。

焦里铅锌白钨矿 矿床位于上犹县营前境内，矿区出露地层为寒武系上统厚层状变质石英砂岩夹板岩和透镜状灰岩。矿化面积0.5平方千米。表露矿体27条，最大延长640米，最大延深230米。金属矿物有方铅矿、闪锌矿、白钨矿、磁黄铁矿、黄铜矿、黄铁矿、辉钼矿、磁铁矿；非金属矿物有石榴子石、透辉石、萤石、绿帘石、绢云母等。矿石中主要是铅、锌与白钨、伴生铋、钼、钽、银等元素。累计探明储量：铅金属量17.59万吨，品位1.52%；锌金属量10.77万吨，品位0.95%；钨金属量3.03万吨，品位0.24%。

花岗岩型铅锌矿 碛肚山铅锌铍矿位于安远县岽坑境内，产于粗料钾长石黑云母花岗岩中，矿化面积0.12平方千米。共有7个矿体。分布在矿区南坡海拔600～800米之间，椭圆状，长约120米，延深约110米，平均厚度17米。矿物成分有24种。主要矿物有方铅矿、闪锌矿、日光榴石；伴生矿物主要有锡石、黄铁石、正长石、绿泥石等。累计探明储量：铅金属量1.2万吨，品位3.94%；锌金属量1.15万吨，品位3.27%；铍金属量1250吨，品位0.696%。

产于硅化带中的铅锌矿床 *东村山银铅锌矿* 矿点位于崇义县横水境内，产于寒武系下统牛角辟中腹变余长石石英杂砂岩，炭质板岩互层中，沿两条东西向硅化挤压破碎带发育，出露标高491～613.5米，长度1240米，平均厚度4.2米。矿物成分有37种。主要矿物有方铅矿、自然银和辉银矿；伴生矿物有毒砂、黄铁矿、方辉铜矿等；脉石矿物主要为石英。初步查明储量，铅金属量17101吨，品位1.6%；银金属量58吨，品位112.6%。

赤坑银铅锌 矿点位于崇义县横水境内，产于寒武系变余长石石英砂岩和板岩中。矿体中金属矿物有方铅矿、闪锌矿、黄铜矿、毒砂等。银品位一般为400～500克/吨，最高1000克/吨。

柳木坑银铅锌矿 矿床位于于都县银坑镇境内，产于震旦系列组地层中，属中低温热液充填交代型矿床，矿区有硅化破碎带9条。主要金属矿物有方铅矿、黄铁矿、银黝铜矿、菱铁矿等。银的矿物有11种，以银黝铜矿为主，辉银矿次之；非金属矿物主要有绢云母、石英、绿泥石等；伴生组分为金、铜、锌。初步探明工业远景储量，矿石量34.6万吨，银金属量129吨，品位373.2克/吨；铅金属量6710吨，品位1.94%。

三、铜矿　铋矿　锑矿

赣南铜、铋矿主要呈伴生组分产于脉状黑钨矿床中，单独成矿的仅有一些石英脉型的铜矿点。全市（地区）铜矿点共有33处，但尚未发现工业价值大的矿床。主要有以下几种类型：

红层砂岩型 此类矿点矿层薄，品位低，工业价值小，多产于于都县、石城县、瑞金市、会昌县、南康市及赣县红盆地中。

隐爆角砾岩型 如会昌县红山，铜局部富集，达到工业品位，但规模小。

矽卡岩型 如于都县铜岭铜矿点。

与钨伴生的石英脉型 如下垄、白石山、红桃岭、新安子、淘锡坑、白水洞、板岭下、园墩等矿区均产铜，其中尤以白石山、下垄、新安产铜较富。

锑矿 单独的锑矿点仅会昌县龙灯山1处。

第二节 钨矿床

赣南钨矿中，按规模分类，有大型钨矿床6处、中型钨矿床17处、小型钨矿床20处，其余为矿点。按矿床产状形态及成因分类，有5种类型：石英脉型、矽卡岩型、岩体型、层状浸染型、砂矿型钨矿床。其中石英脉型钨矿床24个，矽卡岩型钨矿床3个，岩体型钨矿床3个，层状浸染型钨矿床1个，砂矿型钨矿床2个，其他类型10个。

一、石英脉型钨矿

西华山钨矿区 西华山矿床位于大余县浮江镇境内，属高温热液黑钨矿——长石石英脉型矿床，矿化面积4.3平方千米。矿脉分布，有大小工业矿脉700余条，平均长度200米，最长1075米，脉宽一般0.4米，最宽达3.8米，矿脉倾斜延伸一般100～200米，最深300米，矿脉呈平行侧幕布状成群成组展布，分3组走向：走向65°～70°组，倾向北北西，倾角80°～85°；走向80°～90°组，倾向北，倾角75°～85°；走向275°～285°组，倾向北北东，倾角80°左右。矿脉中部黑钨矿、辉钼矿、辉铋矿等相对富集。矿物成分，金属矿物以黑钨为主，平均品位为1.06%，伴有锡石、辉钼矿、辉铋矿、绿柱石、白钨矿等，脉石矿物主要有石英、钾长石等。累计探明储量：黑钨金属量8.34万吨，品位1.131%；钼金属量1429吨，品位0.021%；铋金属量2107吨，品位0.031%；稀土金属量6724吨，品位0.036%；铌金属量732吨，品位0.69%；钽金属量44吨，品位0.11%。

大吉山钨矿区 大吉山矿床位于全南县境内，属九连山山脉中部和三南——寻乌东西构造带的西段，产于寒武、泥盆系地层中，工业为黑钨矿石英脉型矿床，矿化面积1平方千米。矿脉分布，已查明的工业矿脉有96条，分为南、中、北3个脉组，每组矿脉宽60～70米，脉组间距70～280米不等。矿脉产状，走向280°～300°，倾向北东，倾角65°～80°，另有一组走向南北（十字苗），倾向西，倾角45°～90°，穿插在中、南组矿脉中。矿脉出露标高85～150米，走向延长600～800米，最长1150米，矿脉深度500～800米，最大垂深900米，单脉脉幅0.01～3米，平均脉幅0.4米，矿脉中部钨较富集，上、下部略贫。矿物成分30多种，金属矿物有黑钨矿、白钨矿、辉铋矿、自然铋、绿柱石、磁黄铁矿、黄铜矿、斑铜矿、方铅矿、闪锌矿、毒砂、钨华、孔雀石等，非金属矿有石英、云母、长石、电气石、萤石、绿泥石、方解石等。另外，在矿区深部隐伏着花岗岩浸染型钨、铍铌、钽矿床。累计探明储量：钨金属量15.06万吨，品位1.8%；铋金属2038吨，品位0.03%。

盘古山钨铋矿区 盘古山钨铋矿床位于于都县境内，产于震旦、泥盆系地层中，工业类型为辉铋矿、黑钨矿——石英脉型矿床，矿化面积1.2平方千米。有工业矿脉66条，平均脉幅0.34米，分南、中、北3组。南组矿脉走向270°～290°，倾角80°～90°，长度1350米，延深800～1000米，矿带宽度280米；中组矿脉走向275°～295°，倾角65°～90°，走向长度750米，延深680米，矿带宽度70米；北组矿脉走向290°～300°，倾角55°，局部40°，走向长度800米，延深560米，矿带宽度120米。3组矿带均倾向南，间距分别200米和240米，其中南组矿脉的地质储量占本矿床储量总和的98.5%。矿物成分，金属矿物有18种：黑钨矿、辉铋矿、黄铁矿、磁黄铁矿、白钨矿、毒砂、黄铜矿、辉钼矿、方铅矿、闪锌矿、锡石、钛铁矿、绿柱石等；脉石矿物有石英、萤石、电气石、长石、云母、石髓、方解石等。累计探明储量：钨金属量近10万吨，品位1.265%；铋金属量16320吨，品位0.246%；锡金属量1408吨，品位0.0188%；铜金属量1809吨，品位0.036%。

漂塘钨锡矿区 漂塘钨锡矿床位于大余县境内，产于寒武系中上流线变质砂岩、板岩中，矿床工业类型为锡石、黑钨矿——石英细脉带型矿床。矿化面积为1.2平方千米。矿脉分布：有细脉带16

条，大脉20多条。细脑颅走向近东西，倾向北，倾角80°，以石英矿脉为主，平均脉幅4厘米，最大脉幅2米以上，矿带厚度4～30米，延长100～1200米，延伸550米。矿脉分带：在垂直方向可将矿体分为线脉、细脉、薄脉、大脉、尖灭等5个形态结构带，世界地学界著名的中外专家称之为“五层楼”式结构带，被联合国地质教科文组织列为世界著名三大钨矿床之一。矿物成分：已发现矿物67种，其中金属矿物主要有黑钨矿、锡石、辉铋矿、黄铜矿、黄铁矿、白钨矿、毒砂、斑铜矿等；脉石矿物主要有石英、萤石、绿柱石、方解石等。累计探明储量：钨金属量9万余吨，品位0.182％；锡金属量6.34万吨，品位0.128％；铜金属量1.53万吨，品位0.042％；铋金属量1795吨，品位0.005％；钼金属量2089吨，品位0.006％；铅金属量9097吨，品位0.024％；锌金属量2.85万吨，品位0.078％。漂塘钨矿另有大龙山、木梓园、棕树坑3个钨（锡）矿区，累计探明储量：钨金属量分别为1.48万吨、5.49万吨、3653吨，品位分别为1.469％、1.3538％、0.49％。

黄沙钨矿区（铁山垅钨矿） 黄沙钨矿区为铁山垅钨矿的主要生产基地，位于于都县境内，产于寒武系中，上统变质砂岩、板岩及黑云母花岗岩中。矿床工业类型属黑钨、多金属硫化物——石英脉型。矿区面积4平方千米。主要矿体有5组：北组走向东西，倾向南，倾角65°～80°；中组走向北东东，倾向南东，倾角65°～75°；南组走向东西，倾向南或北，倾角65°～75°；芭蕉坑组走向北西，倾向北东，倾角70°～85°；樟木组走向北西。矿物成分，金属矿物以黑钨及黄铜、黄铁矿为主，其次为辉铋矿、锡石、闪锌矿和辉铋矿；脉石矿物以石英为主，兼有长石、云母、萤石等；稀有元素有银、铌、钽、锂、铷、铯。累计探明储量：钨金属量7.74万吨，品位0.536％；铜金属量2.43万吨，品位0.176％；锌金属量2.17万吨，品位0.245％；铋金属量5780吨，品位0.03％；锡金属量3064吨，品位0.021％。铁山垅钨矿分布上坪、隘上两个钨矿区，累计探明储量，钨金属量分别为3.43万吨、3077吨，品位分别为0.234％、0.75％。

岿美山钨矿区 岿美山钨矿床位于定南县西南36千米处。属南岭东西构造带东段北缘，赋存于闪泥盆系变质岩中，工业为黑钨矿——石英脉型矿床。矿化面积0.8平方千米。矿区内矿脉平行排列，密集成带，脉带长1750米，宽100～380米，深度500米以上，走向北北西，倾向南西，倾角75°～85°，大小矿脉共70余条，其中工业矿脉25条，平均脉长900米，最长1300米，延深300～400米，平均脉幅0.67米，最宽3.4米。矿物成分：金属矿物以黑钨矿为主，伴有白钨砂、黄铜矿、辉铋矿、锡石及铌、钽等；脉石矿物主要为石英、白云母等。累计探明储量：钨金属量2.15万吨，品位0.729％；铜金属量3351吨，品位0.11％；锡金属量1129吨，品位0.037％；铋金属量883吨，品位0.029％；铌金属量45吨，品位0.149％；钽金属量12吨，品位0.041％。

画眉坳钨矿区 画眉坳钨矿床位于兴国县陈也镇境内，产于震旦系变质砂岩、板岩、片岩中，工业类型为黑钨、绿柱石——石英脉型矿床，矿化面积0.94平方千米。矿体分为两个带：画眉坳矿带（主矿带）和雷公地矿带，西矿带水平间距600余米。画眉坳矿带长2千米，呈一狭长带状分布，全带矿脉平行排列密集成群，单脉长30～200米，交替延长达500～900米；雷公地矿带位于画眉坳矿带南侧，为半隐伏矿体，全带长1200米，宽300～400米。矿物成分有30余种，其中金属矿物有黑钨矿、磁黄铁矿、绿柱石等；脉石矿物有石英、长石、白云母、黑云母、铁锂云母、萤石、天河石、日光榴石、方解石、电气石、氟石等。累计探明储量：钨金属量5.73万吨，品位1.022％；锌金属量8173吨，品位0.255％；铜金属量1885吨，品位0.065％；铋金属量3142吨，品位0.077％。画眉坳钨矿有白石山钨铜矿床，位于赣县境内，产于前泥盆纪变质岩系及花岗岩体中，工业类型为黑钨矿、萤铜矿——石英脉型矿床，矿化面积0.2平方千米，有矿脉35条、石英矿体2条；矿物脉型矿床，矿化面积0.2平方千米。有矿脉35条、石英矿体2条、矿物成分30余种。累计探明储量：钨金属量9400吨，品位0.5％；铜金属量1.11万吨，品位0.754％；锌金属量1534吨，品位0.108％。

荡坪钨矿区 荡坪钨矿床位于大余县城西北 11 千米，产于西华山花岗岩株的北端，矿化面积 2.4 平方千米，有大小矿脉 900 余条，其中有工业意义的 270 条，矿脉密集成群分布于花岗岩内，工业类型属黑钨矿、绿柱石——石英脉型矿床。矿床分为南、北两组：南组矿脉南走向 80～88°，倾向北北西，倾角 75°以上，平均脉距 15 米，北组矿脉走向 75°～82°，倾向南南东或北北西，倾角 75°以上，平均脉距 20 米。矿物成分：金属矿物属黑钨矿、绿柱石、辉钼矿及其硫化物，脉石矿物为石英。累计探明储量：钨金属量 1.32 万吨，品位 0.97%；铍金属量 954 吨，品位 0.22%。荡坪矿区另有九龙脑、樟东坑钨锡矿区，累计探明钨金属储量分别为 1.83 万吨、3.18 万吨，品位分别为 0.42%、1.94%。

下垄钨铜矿区 下垄钨铜矿床位于大余境内，矿体产于花岗岩中，工业类型属黑钨矿、黄铜矿——石英脉型矿床，矿化面积 1.36 平方千米。大于 5 厘米的矿脉有 500 余条，其中计算工业储量的有 67 条。矿体呈脉状产出，走向正东西、倾向北，倾角 80°～85°。单脉走向延长一般为数十米，最长 100 余米，脉幅一般为 0.2～0.4 米，最宽为 2 米。金属矿物有黑钨矿、闪锌矿、黄铜矿、锡石、辉钼矿、黄铁矿、白钨矿等；脉石矿物主要有石英、斜长石、正长石、云母等。累计探明储量：钨金属量 4934 吨，品位 0.53%；铜金属量 2208 吨，品位 0.12%；锡金属量 1826 吨，品位 0.1%。下垄钨矿另有樟斗、大坪两个钨矿区，累计探明钨金属储量分别为 3.18 万吨、1.21 万吨，品位分别为 1.94%、1.42%。

此外，还有白水洞钨锡矿区、仙鹅塘钨锡矿区、茅坪钨锡矿区、淘锡坑钨锡矿区、新安子钨锡矿区、柯树岭钨锡矿区、左拔钨铋矿区、石雷钨锡矿区、白鹅钨铜矿区、廖坑钨矿区、庵前滩钨铋矿区、官山钨锡矿区、东埠头钨矿区等 13 个矿区，钨金属储量从 400 吨到 3 万吨不等，品位从 0.1%到 0.9%不同。

二、矽卡岩型钨矿

黄婆地白钨矿区 矿床位于赣县境内，产于石岩、二迭系砂质页岩、灰岩、大理岩与花岗岩接触带，为矽卡岩型白钨——多金属矿床，矿化面积为 1.3 平方千米。矽卡岩矿体呈似层状、接触状、裂隙状产生。矿体走向 140～195°，长度一般为 100 多米，最长为 700 米，厚度由 2～2.5 米，深度由 50～150 米。矽卡岩矿床矿物成分：非金属矿物有辉石（钙铁辉石、钙镁辉石）、石榴子石、透闪石、阳起石、透辉石、符山石、矽灰石、绿帘石、绿泥石、长石、石英、方解石等；金属矿物有白钨矿、辉铋矿、闪锌矿、辉钼矿、黄铜矿、黄铁矿、方铅矿等。累计探明储量：钨金属量 2.5 万吨，品位 0.31%；钼金属量 682 吨，品位 0.15%；铋金属量 1400 吨，品位 0.3%。

岗鼓山白钨矿区 矿床位于龙南县境内清源向斜西端倾泥处，产于泥盆、石英系谱质砂岩及泥灰岩中，为矽卡岩型白钨矿床。矿体呈似层状，走向 330°～340°，在矿体内近东西走向的裂隙密集成带，被含黑钨石英脉所充填，带内含脉密度 2～4 条/米。每带有 0.05～0.2 米宽的石英脉 1～2 条，规模较小。非金属矿物主要有透辉石、透闪石、符山石、石榴石、黑云母、白云母、绿帘石、方解石、长石、石英等；金属矿物有白钨矿、黑钨矿、磁黄铁矿、黄铁矿、闪锌矿、辉钼等。初步查明钨金属储量 5584 吨，品位 0.31%，属小型矿山规模。

猪栏门白钨矿区 矿床位于于都县境内，产于泥盆系上流钙质砂岩、长石石英砂岩与黑云母花岗岩接触带中，为矽卡岩型白钨矿。矿化面积为 0.1 平方千米。矿体分为矽卡岩白钨矿体、钠长岩黑（白）钨矿体、钠化砂岩白钨矿体。矿石矿物主要是白钨矿、黑钨矿、非金属矿物有石榴石、透辉石、萤石、石英、碳酸盐等。累计探明金属储量 5085 吨，平均品位 1.048%。

岿美山钨矿区（白钨矿床） 矿区矽卡白钨矿床分布于脉钨矿床之南部，产于前泥盆系上部变质岩层之大理岩夹层之中，矿区内有 3 个矽卡岩工业矿体。南部矿体最大，含矿最富，出露最高（自地表至 731 标高处有风化矿出露），矿体走向 50°～57°。倾向南东，长度 420 米，延深 266 米，平均厚度

4.2米，钨平均品位0.63%。矿体与黑钨矿石英脉成直交，西部矿体，地表未出露，走向32°，倾向南西，长度150米，延深185米，平均厚度5.1米，钨平均品位0.35%，矿体与黑钨矿石英脉平行；北部矿体最小，产状与西部矿体近似，钨平均品位0.33%。矿物成分有37种，金属矿物以白钨为主，伴有黑钨矿、黄铜矿、辉铋矿、锡石等；非金属矿物主要有方解石、石榴石、透辉石、斜长石、符山石、石英等。累计查明白钨金属含量6373吨，品位0.58%。

庵前滩钨矿区（白钨矿床） 矿床位于于都县境内，庵前滩矽卡岩型白钨矿床位于北组（大木岭）地段，走向北北东，长度450米，深度30米，厚3～14米。矿体上部为风化壳，下部为原生矽卡岩。矿物成分有23种，金属矿物有白钨矿、黑钨矿、黄铁矿、铁闪锌矿、辉铋矿、方铅矿、黄洞矿等7种；非金属矿物有硅灰石、透辉石、阳起石、绿帘石、磷灰石等12种；次生矿物有褐铁矿、硬锰矿、赤铁矿及黏土矿等4种。矽卡岩矿体中钨金属储量2026吨，品位0.6%；铜金属量399.9吨，铜金属中含银品位20～40克/吨，银金属量7.2吨。

三、岩体型钨矿

大吉山矿区花岗岩浸染型钨矿床 矿床位于全南县境内，处于三南——寻乌东西构造带西段，矿化面积0.39平方千米，矿床系细粒钠化含矿白云母花岗岩，呈向四面倾斜的岩盖状，岩盖顶部标高484米，东西长470米，南北宽为700米，面积约0.37平方千米，最大深度为57.4米，向四周变薄，直至分支尖灭。白云母含矿花岗岩体主要选岩矿物有石英31%、微斜长石26%、斜长石24%、钠长石14%、白云母5%。整个含矿岩体中黑钨矿占钨矿物的85%，白钨矿占14.62%。累计探明浸染型矿体储量：钨金属量2.8万吨，品位0.21%；钽金属量2128吨，品位0.01%；铌金属量1239吨，品位0.0093%；铍金属量4652吨，品位0.03%。

洪水寨矿区云英岩型钨锡矿床 矿床位于大余县境内——园洞花岗岩株之东南缘，在矿区西部共有大小云英岩型钨矿带10条，走向北西西，其中以Ⅰ号矿带规模最大，带长990米，宽30～50米，工业矿化深度60～70米，为矿区主要工业矿带。在矿区东部有含钨石英脉156条，工业意义不大。金属矿物以黑钨矿、锡石为主，辉钼矿、黄铁矿、黄铜矿次之。脉石矿物于石英为方，兼有少量白云母、铁锂云母、黄玉、萤石、绿泥石等。累计探明储量：钨金属量3494吨，品位0.12%；锡金属量4064吨，品位0.14%。

九龙脑矿区云英岩型钨矿床 矿床位于大余县浮江乡，为原生云石英细脉带，主要分布于矿区中部和西南地段，出露标高1000～800米，分布有22条矿带，其中以Ⅰ号矿带规模最大，含矿最富，为矿区主要工业矿体，矿带走向90°，倾向北西，各带大致平行排列，带距2～40米。石英脉走向50～80°，倾向与接触面相反。脉石矿物以石英为主，次为白云母、长石及少量萤石、绢云母、叶蜡石等。累计探明储量：钨金属量9531吨，品位0.422%；铋金属量594吨，品位0.034%。

岿美山矿区矽化闪长玢岩钨矿体 矿床位于定南县境内，矿体产于黑钨石英脉矿带内，呈闪长玢岩岩墙状，走向303～330°，倾向南东，长度230～460米，延深450米，厚10～35米。矿体被石英脉切穿，产生激烈的黑云母化、萤石化、云英岩化等蚀变现象，在岩墙中出现浸染状的细料白钨矿和黑钨矿。品位较低，一般含钨0.1%～0.4%。

四、层状浸染型钨矿

这类矿床赣南少，仅发现隘上矿区有层状浸染型矿床。矿床赋存于下石炭统梓山组含矿层中，受花岗岩浸入影响，产生强烈的热变质和矿化充填交代而生成。矿体含矿层沿走向长2000多米。主要分布于大脑区东部，矿化面积2.5平方千米。含矿岩系的岩石组合主要有石英质砂岩、石英红柱石角岩、绢云母板岩、砂质板岩、炭质板岩、电气石戏柱石角岩等；黑钨矿多呈浸染状分布于砂岩中。矿体形态呈层状、似层状，或层间局部呈小囊状，产状与围岩一致。单矿层长自数十米至百余米，厚达数米。斜深可达500米以上。矿物成分有黑钨矿、锡石、黄铁矿、黄铜矿及石英、电气石、黄玉、白云母、方解石、萤石等。累计探明钨金属储量3720吨，品位0.3%。

五、砂矿型钨矿

铁山垅高锡钨砂矿床 矿床位于于都县境内，产于铁山垅山间盆地第四纪堆积和残积砂砾层中，属高锡钨砂砂床，由花岗岩中的石英脉经风化作用堆积与冲击而成。矿体自矿区西北至南东长660米，宽360米，面积为0.24平方千米，沉积层厚27米，平均含矿层厚24米。金属矿物主要有钨锰铁矿及锡石，次有辉铋矿、方铅矿、闪锌矿和钛铁矿；非金属矿物主要有石英、长石、方柱石、阴起石、叶蜡石等。累计探明储量，钨金属量3898吨，含钨品位1400克/立方米；锡金属量3990吨，含锡品位812克/立方米。

中心岗钨锡砂矿床 矿床位于大余县青龙圩境内，矿区面积5.1平方千米。其上源为鸭子脑、漂塘、大龙山等原生钨矿，经风化侵蚀冲击而成带状分布的砂矿床。矿床产于第四纪含矿地层中，下伏地层为前泥盆纪变质岩或第三纪红色砾岩。矿床沿河谷成带状分布，延续10千米长，矿层多以单层出现于砂砾层中，底部最富。金属矿以锡石为主，黑钨次之，伴生矿物有白锡、钛铁矿、黄铁矿、榍石、锐钛矿等以及微量黄金。累计探明钨金属量662吨，品位一般为20～100克/立方米，最高可达500余克/立方米；锡金属量3688吨，品位400～500克/立方米，最高1000多克/立方米；钛铁矿2493吨，锆英石330吨，独居石3吨。

第三节　稀有金属和稀土矿床

一、铌钽矿

赣南铌钽矿分为3种类型：花岗伟晶岩型铌钽矿床、花岗型铌钽矿床、花岗岩风化壳型铌钽矿床。

花岗伟晶岩型铌钽矿床 *石下甫铌钽矿* 矿床位于石城县城北2.5千米处，属于武夷山隆起带的中段。含矿伟晶岩脉主要产于外接触带前泥盆系浅变质岩中，矿化面积2平方千米。共有16条脉状矿体，支脉23条，其中有较大工业价值者6条。矿床工业类型分为3种：锂辉石、微斜长石、钠长石铌钽矿床；微斜长石、钠长石铌钽矿床。矿体规模长100～500米，延深100～300米，宽度5～20米。矿体共生矿物有57种，其中稀有金属矿物有钽铌铁矿、锰钽矿、黑钽铀矿、钛铌钽矿、铌钽锡石等17种；金属矿物有黄铜矿、黄铁矿、辉钼矿、方铅矿、闪锌矿等21种；外金属矿物有微斜长石、石英、钠长石、白云母等19种。在钽铌矿物中含量最多的是钽铌铁矿，其次是锰钽矿、黑钽纳矿。累计探明储量，原先矿体中的钽金属量75.98吨，品位0.06%；铌金属量166.87吨，品位0.0137%；风化壳矿体中钽金属量88.53吨，品位0.0059%；铌金属量202.19吨，品位0.0134%；锆金属量133.57吨，品位0.0089%；锡金属量300.89吨，品位0.002%。

河屋坝铌钽矿 矿点位于石城县观下乡，矿化面积1.2平方千米。有含铌钽伟晶岩脉32条，矿床一般长40～100米，延深230米，宽2～8米，大部分属原生矿体，主要矿物为钽铌铁矿、细晶石、钛钽铌矿、锡石、变种锆石等。初步查明储量，铌金属量26.5吨，品位0.0116%；钽金属量19.18吨，品位0.086%。

花岗岩型铌钽矿床 *姜坑里铌钽矿* 矿床位于石城县西北面，属于武夷山北北东向构造隆起带中段，矿区广泛出露震旦系变质长石石英岩，属铌钽铁矿钠长石花岗岩型工业类型。有7个含矿岩体，为长条状椭圆状产出。赋存在铌钽矿物和含钽锡石中钽元素为27.88%～60.01%，铌元素为27.78%～

61.53%。其他锂、铷、铯元素主要赋存铁锂云母中。矿物成分主要有铌钽铁矿、富铪锆石、黄玉、锡石、钍石、萤石；其次有铌铁矿、细晶石、磷钇矿、独居石、黑钨矿等。累计探明储量：钽金属量385吨，品位0.0112%；铌金属量458吨，品位0.0133%；锂金属量10310吨，品位0.2989%；镓金属量6380吨，品位0.189%。

海罗岭铌钽矿 矿床位于石城县东南方向，地处武夷山和华夏系隆起带中段；主要为震旦系变质岩，矿化面积1.8平方千米。有7条矿体，为中粒锂云母化—铁锂云母化—钠长石化花岗岩。共有42种矿物：其中有益矿物有铌钽铁砂、锰钽铁矿、细晶石、变种锆石、铁锂云母、锂云母等19种；其他技术矿物有磁铁矿、赤铁矿、褐铁矿等10种；脉石及造岩矿物有石英、钠长石、钾长石等13种。累计查明储量：铌金属量342吨，品位0.0112%；钽金属量506吨，品位0.0171%；锂金属量3433吨，品位0.1156%；镓金属量4530，品位0.1512%。

牛岭坳铌钽矿 矿床位于赣县长洛乡境内，含矿岩体为富钠长石白云母细粒花岗岩，矿床工业类型属黄钇钽矿花岗岩型。有5个岩体，长100～750米，宽5～200米。共有55种矿物，如黄钇钽矿、钇钽铁矿、细晶石、氟炭钙钇矿、硅铍钇矿等。其中钽铌矿物主要赋存在锂白云母和石英、斜长石等矿物粒间。累计探明储量：锂金属量994吨，品位0.0124%；钽金属量209吨，品位0.0026%。

花岗岩风化壳型铌钽矿床 早叫山铌钽矿矿床位于会昌县境内红层盆地南段西侧，属珠兰花岗岩基的小侵入体，矿化面积为2.8平方千米。钽铌元素的赋存有90%的钽铌元素是独立矿物存在于矿体中，10%的铌钽元素以类质同象或微矿物包体形式分散在造岩矿物中。矿物成分有40种，主要矿物有铌铁矿、铌钽铁矿。

二、铍矿

赣南铍矿资源，一部分是铍与钨伴生的绿柱石石英脉型矿床，另一部分是绿柱石伟晶岩型和石英脉型单独矿产及个别花岗岩型铍铅锌矿床。

绿柱石石英脉型 兴国县画眉坳，宁都县雷公地，大余县荡坪、漂塘、樟东坑、九龙脑、大坪，全南县大吉山，赣县葛滕坳，赣州市（今章贡区）笔架山、郭屋岽，上犹县蒙岗，崇义县下洞孜等钨矿区均伴生绿柱石。以赣县葛滕坳铍、钨、锡、钼多金属为例，矿床为石英脉型，产于变质砂岩和花岗岩中。主要金属矿物有绿柱石、黑钨矿、锡石、辉钼矿、黄铜矿、黄铁矿、闪锌矿、白钨矿及脉石矿物石英、长石、萤石、白云母、电气石、绿帘石等。在矿脉中绿柱石与黑钨矿成正消长关系，一般支脉含铍较富。

绿柱石伟晶岩型 大多数为规模小的单独矿点，见于兴国县朱家、三僚、芭蕉坑、佛子坳、大坑、山棚下和宁都县黄岗山、有坑山等地。

花岗岩型铍铅锌矿 碛肚山铍铅锌矿床，矿区内岩性主要为粗粒黑云母花岗岩、细粒斑状黑云母钾长石花岗岩，共有矿体7个，呈囊状、透镜状。矿石中的铍矿物为日光榴石。此外，石城县大坝伟晶岩型铌钽矿点也伴生绿柱石、硅铍石矿物。

三、其他稀有金属

赣南稀有金属主要有钪、镓、铟、锗、镉、锂、锆、铪等多种。其中，钪、镓、铟、锗、镉等矿物主要呈伴生组分产于脉状黑钨矿床中；锂、锆、铪等多呈伴生组分，产于石城县姜坑里、海罗岭以及石下甫等钽铌矿床中，有的也伴生于脉状钨矿床中，如大余县漂塘和上坪钨矿床中含有锂和铷。

四、稀土矿床

矿床分布 赣南探明有龙南足洞、寻乌河岭、寻乌南桥等3处大型稀土矿床，有遍布于18个县

（市）稀土矿点：龙南县6个、寻乌县3个、安远县3个、信丰县5个、定南县11个、全南县7个、大余县4个、崇义县2个、上犹县3个、南康市7个、赣州市（今章贡区）2个、赣县14个、于都县5个、宁都县7个、石城县4个、瑞金市14个、会昌县4个、兴国县11个。资源类型大体有重稀土（龙南）、轻稀土（寻乌）、中稀土（信丰）。矿床分类为5种类型：花岗岩型风化壳吸附型钇族稀土矿床、混合花岗岩风化壳离子吸附型稀土矿床、花岗岩风化壳单矿物型稀土矿床等。赣南区域内风化壳离子吸附型矿床是稀土矿床的新类型，其分布面广，元素齐全，配分理想，放射性低，采冶容易，经济价值高，有良好的开采远景。

矿床类型　赣南风化壳离子吸附型稀土矿床为稀土矿床的新类型，各县（市、区）均分布有稀土矿床。稀土矿床可划分5种类型：

花岗岩风化壳离子吸附型钇族稀土　*足洞稀土矿*　矿床位于龙南县东南10千米处，矿化面积24平方千米。含矿岩体为中粒黑云母花岗岩和中细粒白云母花岗岩，最大厚度为40余米，矿化最深达20多米，有新矿化面积15平方千米，按地形地貌固定为61个单矿体。稀土平均品位0.086%。在白云母花岗岩全风化层矿石中，重稀土占总量的74.82%～88.45%，轻稀土占11.5%～25.1%。稀土配分中，钇的含量占60%左右，最高69%，是赣南离子型钇族稀土矿床的典型。累计探明稀土氧化物储量，表内为11.496万吨，平均品位0.0881%；表外为26593吨，平均品位0.0754%。

大田稀土矿　矿点位于赣县大田境内，为大埠花岗岩基的补充侵入体，其岩性为黑云母花岗岩，风化壳受地形影响，相对高差在50～100米之间，平均厚度在10米以上。累计探明储量：稀土氧化物储量5314吨，品位0.8%～1.3%；氧化钇储量62.5%，远景储量22114吨。

花岗岩风化壳离子吸附型铈族稀土　南桥稀土矿矿床位于寻乌县南桥乡境内，矿区中生代的岩浆活动发育，存在富含稀土矿的成矿母岩——红色石英正长岩，其地形地貌（山坡坡角10°～30°）和构造发育条件，对风化壳的形成和稀土矿的赋存状态极为有利。稀土赋存状态有“五个相”，即胶体相、表生稀土矿物相、离子吸附相、残留矿物相、分散于其他矿物中等5个相，轻稀土特别高，占稀土总量88%以上，其中铜、铈占稀土总量60%以上，中稀土以钐为主，重稀土以钇为主，含量低。累计探明储量，稀土氧化物为10.23万吨，品位0.197%。

火山岩化壳离子吸附型铈族稀土　河岭稀土矿矿床位于寻乌县南部10千米处，区内侏罗纪菖蒲辟火山岩系极为发育，略呈北北东向展布，分布范围北起河岭，南至横迳，东始林田坝、西止龙图，面积为123平方千米。主要岩性为流纹质灰熔岩、黑色流纹斑岩及火山碎屑岩。矿床产于火山岩风化壳中，矿体厚度一般为6～7米，最厚28.3米。此外，还有含矿花岗斑岩，侵入于火山岩中，面积为17平方千米。稀土元素含量以轻稀土（镧、铈、镨、钕）为主，重稀土（镝、钬、钛、铒、铥、镱、镥、钇）次之，中稀土（钐、铕、钆）最少。在流纹斑岩全风化层矿石中，铈族稀土占总量84%；在花岗岩全风化层矿石中，铈族稀土占总量84%。累计探明储量：稀土氧化物23.9万吨，平均品位0.205%。河岭为赣南具有一定代表性的轻稀土矿床。

混合花岗岩风化壳离子吸附型稀土　矿床矿点主要有定南县沙头、下庄、礼亨，赣县清溪，兴国县杨村，会昌县岚山等处，此类混合花岗岩独居石、锆石和磷钇矿，其脉分以铈族为主。

花岗岩风化壳单矿物型稀土　矿床矿点主要有上犹县长岭、子岭，章贡区笔架山，大余县罗坑，石城县张家排，会昌县珠兰，南康市墨烟山，崇义县沙坑，兴国县余溪、封边、白石岭等处。含矿沿体多产于燕山早、中期岩基突出即位线岩体中，多沿北东向构造发育地段分布。风化壳原岩为粗或细—中粒似斑状黑云母花岗岩、中粗粒黑云母花岗岩、正长岩、石英正长岩和二长岩等，所产单矿物为磷钇、独居石和锆。

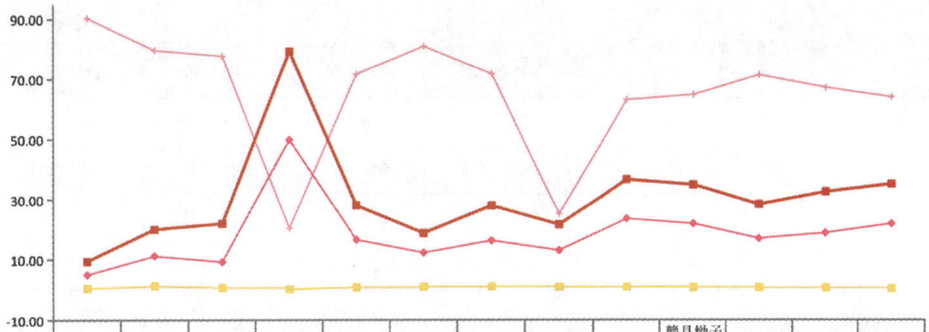

	寻乌南桥	寻乌河岭	全南秋湖	龙南足洞	龙南杨村	定南沙头	信丰安息	南康龙回	大余梅关	赣县坳子下	宁都黄陂	于都于阳	会昌珠兰
铈族元素	90.53	79.87	77.94	20.55	71.89	81.14	71.98	25.30	63.25	64.99	71.53	67.35	64.23
钇族	9.47	20.13	22.06	79.45	28.11	18.84	28.02	21.70	36.73	35.01	28.47	32.64	35.27
二氧化二铜	0.44	1.28	0.67	0.22	0.82	1.07	1.12	0.89	0.96	0.82	0.73	0.70	0.34
二氧化二钇	5.01	11.24	9.28	50.01	16.66	12.35	16.36	13.14	23.64	21.99	17.10	18.91	22.00

图 21－2－1　赣南稀土矿床、矿点游流分值

第四节　贵金属矿床

一、金矿

赣南金矿床，分为沙金矿床和岩金矿床两大类。沙金矿床主要分布在南康市赤土和崇义县扬眉寺。南康市赤土累计探明储量 583 千克，平均品位 0.213 克/立方米；崇义县扬眉寺累计探明储量 525 千克，品位 0.31 克/立方米。除这两处较大沙金矿床外，沙金矿点还零星分布于全地区 11 个县的 40 处，其中崇义县 5 处，上犹县 6 处，南康市 4 处，赣州市（今章贡区）2 处，于都县 9 处，瑞金市 10 处，大余县、信丰县、定南县、兴国县各 1 处。岩金矿床主要分布在兴国县留龙、信丰县正平和上犹县佛坳背。兴国县留龙金矿矿化面积 1.75 千米，累计探明储量金属量为 4.5 吨，品位 9.82 克/吨；信丰县正平矿其东矿带金属量 692.4 千克，品位 8.966 克/吨。

表 21－2－1　1992—1996 年赣州地区黄金地质储量保有情况统计表

矿山名称	储量级别		年末保有				
			1992 年	1993 年	1994 年	1995 年	1996 年
兴国县留龙金矿	铜（千克 /吨）	A+B	172 /17	96 /9	62 /6	21 /3	0 /0
		A+B+C	2103 /217	1779 /214	1657 /197	1508 /189	1436 /178
		D	3096 /386	2600 /332	2533 /326	2497 /322	2427 /314
		A+B+C+D	5199 /603	4379 /546	4190 /523	4005 /511	3863 /492
	银（千克 /吨）	A+B	1 /17	0 /9	0 /6	0 /3	0 /0
		A+B+C	8 /217	6 /214	8 /197	2 /189	1 /178
		D	16 /386	15 /332	13 /326	15 /322	15 /314
		A+B+C+D	24 /603	21 /546	20 /523	17 /511	16 /492

续表 21－2－1

矿山名称	储量级别		年末保有				
			1992 年	1993 年	1994 年	1995 年	1996 年
兴国县 留龙金矿	铅 （千克 /吨）	A+B	304 /17	144 /9	106 /6	48 /3	0 /0
		A+B+C	3866 /217	3812 /214	3509 /197	3367 /189	3171 /178
		D	6874 /386	5913 /333	5806 /326	5735 /322	5593 /314
		A+B+C+D	10740 /60	9725 /546	9315 /523	9105 /511	8764 /492
信丰 正平金矿	铜 （千克 /吨）	C	161 /19	130 /15	130 /15	130 /15	130 /15
		D	599 /127	559 /127	559 /127	559 /127	559 /127
		C+D	720 /146	689 /142	689 /142	689 /142	689 /142
寻乌 黎坑金矿	铜(千克)	C+D	—	—	1127	1127	1127
	银(千克)	C+D	—	—	6261	6261	6261
	铅(吨)	C+D	—	—	2011	2011	2011
	锌(吨)	C+D	—	—	2334	2334	2334

赤土砂金矿　矿床位于南康赤土境内，距县城 13 千米，砂金矿赋存于第四系中更新统、晚更新统和全更新统砂砾层中，沿现代河床平面上呈狭长带状分布。含金属层多居于近岩基部位。矿区共圈定 2 个矿体，主矿体宽 78 米，厚 4.42 米；次矿体长 830 米，宽 51 米，厚 537 米。主要矿物为钛铁矿、锆石、赤铁矿、褐铁矿、磁铁矿、绿帘石、独居石、黄金、锡石、黑钨矿、石英等；次要矿物为黄铁矿、金红石、石榴石、白钛矿、锐钛矿、电气石等。其中，自然金的形态主要为板状，其次为片状、不规则状。累计探明储量，砂金量为 583 千克，平均品位 0.213 克/立方米；锡矿物量 569 吨，平均品位 226 克/立方米。

扬眉寺砂金矿　矿床位于崇义县龙沟境内，距县城 40 千米。砂金赋存于第四系中更新统、晚更新统和全更新统砂砾层中，沿现代河床平面上呈狭长带状分布。含金层多赋存于近基岩部位，全长 11.2 千米，共查明 3 个矿体。主矿体长 7522 米，平均宽 50 米，厚 3.55 米。矿体混合砂平均品位 0.3105 克/立方米，最高品位 1017 克/立方米。自然金成色 97.17%。累计探明储量：砂金量 525 千克，品位 0.3176 克/立方米；钨矿物 202 吨，品位 104 克/立方米。

留龙金矿　矿床位于兴国县城南东 40 千米的留龙乡境内，赋存于震旦系下统变质岩中，矿化面积 1.75 平方千米，共有含金矿脉 24 条。金平均品位 10.18 克/吨，最高为 77.18 克/吨。矿脉主要为含金破碎蚀变岩和含金硫化物石英脉及石英硫化物型矿石。矿床主要元素为金、银、铅，有害元素为砷。金矿物以银金矿为主，占金矿物的 90%，自然金次之占 9%。累计探明储量：金属质量为 4.5 吨，品位 9.82 克/吨；银金属量 10 余吨，铅金属量 5094 吨。

正平金矿　矿床位于信丰县西南 20 千米处，产于下寒武系的深度质岩系中，共有 3 个矿带。矿物带为含金黄铁矿化硅化破碎带，属中低温热液交代型矿床。主要金属矿物有黄铁矿，次为黄铜矿。初步查明金属质量 692.4 千克，品位 8.966 克/吨。

佛坳背金矿　矿点位于上犹县中稍乡境内，产于寒武系中统高滩群砂、板岩中。原生金矿体为含金硅化石英细脉带及含金硅化挤压破碎带。金含量 0.5～0.4 克/吨。主要矿物有黄金、锡石、黑钨矿等。

二、银矿

赣南银矿主要赋存于铅锌矿中。产银的矿床主要有 3 种类型：

多金属硫化物石英脉型产银的金矿床 如兴国县留龙金矿床含银品位比较高，具有一定工业意义。

硅化带型银多金属矿床 如崇义县东坑硅化带型银多金属矿床，其中银主要以自然银的形式赋存于方铅矿、闪锌矿和黄铁矿的细微裂隙中，可单独圈出银矿体。于都县银坑、柳木坑也有硅化带型银多金属矿，银的含量较高。

矽卡岩型铅锌银矿床 如上犹县焦里和崇义县宝山铅锌白钨矿床、古方铅矿、闪锌矿中均含银，局部可圈出矿体。

第五节 其他有色金属矿床

一、铁矿

赣南铁矿资源较贫乏，大多数矿点规模小、品位低。工业价值不大。赣南铁矿床、铁矿点可分为3种类型：

硫化物矿床氧化带铁帽（中低温热液）型铁矿床 如信丰县铁石排铁铀矿，矿床产于寒武系变质岩与石灰岩之间的逆掩断裂带中。原生矿主要为黄铁矿。氧化带的褐铁矿为主，有少数量赤铁矿、针铁矿、硬锰矿和黄铁矿。铁品位47.5%，累计探明储量1345.5万吨。

硫铁矿床氧化带铁帽（风化淋滤）型铁矿床 如宁都县青塘境内的狮吼山和孙屋背铁矿床，矿体呈似层状，产于花岗岩体与石炭系灰岩接触带中，铁品位45.4%，累计探明储量194.3万吨。

矽卡岩型铁矿床 如寻乌县桂竹帽境内的老墓铁矿床，矿体呈似层状，产于花岗岩类岩体与碳酸盐接触带中，矿物的磁铁矿、赤铁矿为主，有少量方铅矿、闪锌矿、黄铁矿、白钨矿等。铁品位28.37%，累计探明储量631万吨。此外，龙南县五里寨足下铁矿也属此类型铁矿。其他各类铁矿点，分布于赣县、于都县、兴国县、宁都县、信丰县、龙南县、全南县、定南县、寻乌县、安远县等县。

二、钛铁矿

风化壳型钛铁矿床，主要分布于定南县境内，其中车步钛铁矿床产于中基性岩中，属残坡积风化壳钛铁矿床，含钛品位21.11千克/立方米，累计探明钛金属73.13万吨。赤水钛铁矿床也属于这一类型矿床，含钛品位19.9千克/立方米，累计探明钛金属44.82万吨。这两个矿床储量均为中型规模。其主要矿物为钛铁矿、钒钛磁铁矿、伴生金红石、锆石、锡石、自然金等。此外，定南县长隆、上坑、下村、修建等钛铁矿点均属风化壳矿床。

钛铁沙矿，见于定南县沙头、龙南县程龙、大余县内良等矿点。其他零星钛矿点，见于南康市秀才排、黄土斜，宁都县下湖陂等地。

三、锰矿

赣南锰矿贫乏，仅在小密钿线祟、黄安、马蹄坳、石背、任湖等处发现有热液锰矿床（点）和风化锰矿床（点），但这些锰矿点因规模小，仅作过初查评价工作，勘探程度，储量不清。

赣南累计探明的工业加远景储量：铁金属量2310万吨，钛金属量117.9万吨。

第三章 有色金属采选业与冶炼、压延加工

赣南矿产资源丰富，江西矿藏的铜、钨、铀、稀土、铌钽“五朵金花”，赣南有四朵。资源优势得天独厚。赣南冶金工业包括冶金、稀土、黄金等三大行业，为赣州市（地区）重要支柱产业。全行业形成集地质勘探、采矿选矿、冶炼加工等综合型地方工业体系格局。全系统生产包括有色金属矿产品、稀土矿产品、黄金矿产品等10大类产品。产品满足国内外市场需要，一批产品获得国家银质奖或部优质产品奖，在国内外享有独特声誉。

第一节 行业规模

一、机构设置

赣州市（地区）冶金煤炭工业局，对全市（地区）冶金、煤炭、稀土、黄金生产行使行政行业管理职能，负有对该行业（未含中央、省属企业）的规划、协调、监督、指导和服务功能。1986年，其行业管理分别由赣州地区冶金工业公司和赣州地区煤炭工业公司进行。1989年5月，成立赣州地区冶金煤炭工业局。1995年3月，地直机关机构改革，冶金煤炭工业局改制为赣州地区冶金煤炭行业办公室，为行署直属事业单位，逐步向经济实体过渡。局机关内设机关党委、人事秘书科、生产技术协调科、安全环保科、经营管理科、黄金科、煤炭监督检查科、煤炭黄金执法大队、金银珠宝监测中心和煤质化验检测中心（站），人员编制45名，实有37人。直属企业（事业）单位有赣南高桥煤炭工业总公司、赣南大桥煤矿、赣南东江煤矿（2000年下放龙南县管辖）、赣南利村煤矿留守处、赣州地区煤炭建设工程公司（1994年3月纳入高桥煤矿）、赣州地区地质队；归口管理的企业有赣州地区有色冶金工业总公司（1998年4月依法破产）、赣南稀土（集团）公司（1999年9月依法破产）、赣州稀土冶炼厂（依法破产）、赣南炼锡厂、赣加稀土有限公司；行业内的县（市）管理机构，产煤重点和冶金工业相对集中的信丰县、于都县、龙南县等县相继成立县属职能管理机构，其中有于都县冶金煤炭工业局、信丰县煤炭工业局（兼管黄金生产）、龙南县煤炭工业办公室和龙南稀土工业管理局等；黄金业有兴国县、崇义县、南康市、信丰县等黄金管理站；其他县（市）的冶金煤炭工业由当地政府经济委员会管理。

二、生产规模

1986—2000年，是赣南地方冶金工业步入鼎盛时期，也是全行业面临市场严峻挑战的关键时期。稀土行业受国际市场影响仍潜伏生机，黄金生产处于初级阶段。全行业生产规模、装备水平、产品数量质量品种都上新台阶，形成集地质勘探、采矿选矿、冶炼加工等门类齐全、品种较多、名优产品崭露头角的综合型地方工业体系新格局。全系统能生产包括有色金属矿产品、冶金化工产品、有色金属冶炼产品、稀土矿产品、稀土陶瓷色料产品、稀土金属材料产品、稀土冶炼分组分离产品、黄金矿产品等10大类55种上百个规格产品。主要有钨、锡、钼、铋、铜、铝、锌、萤石、萤石粉、绿柱石、硫精矿等有色产品；仲钨酸铵、钨酸钠、二氧化锡、锡酸钠、锡粉、铅粉、锡粒、锡焊条、试剂型硝酸、硫酸、盐酸、二氧化钨、兰色氧化钨、钨粉、氧化亚锡、硫酸铜等冶金化工产品；精锡锭、铋锭、铝锭等冶炼产品；高钇混合氧化稀土、富铕混合氧化稀土、中钇富铕稀土氧化物等稀土产品；镨黄、锰绿、钕红、钐黑、铬兰等稀土陶瓷色料产品；重稀土硅铁镁合金（球化剂）等稀土金属材料产品；氧化钇、氧化钕、氧化钐、氧化镧、氧化铈、氧化镨、氧化铕、氧化铽、氧化镝等稀土单一产品；稀土节能灯具、稀土微肥等稀土应用产品；黄金、白银贵金属产品及煤炭等矿产品。不仅满足区内、省内、国内市场需要，有的还销往国外。赣南新开发的镨黄、高钇混合稀土氧化物等17个新产品中，赣南稀

土陶瓷色料镨黄产品获1986年江西省优秀新产品“金牛奖”；“龙南”牌高钇混合稀土氧化物获国家银质奖和中国第一届稀土“神龙杯”奖；寻乌县稀土工业公司的富铕混合稀土氧化物获1988年全国稀土行业产品质量评比“神龙杯”奖；龙南县稀土公司食品股份有限公司生产的红细胞生成素软糖获1995年江西省“三新博览会金奖”；赣南炼锡厂“白塔”牌特号锡锭在国家进出口商品质量展览会上获国家出口商品检验合格证和出口商品质量认可证，并数次获江西省优质产品奖。全市（地区）有色冶金产品共有十多种产品先后获国家银质奖或部优质产品奖。在企业基础管理方面，至2000年，全行业在标准化、产品计量、产品质量、矿井通风、设备完好、“三率”（采矿贫化率、损失率、选矿回收率）管理等明显加强，企业管理定级，达省二级标准企业1家，达省三级标准19家；企业标准化定级，达省级标准企业20家，达部级标准企业1家；全面质量管理定级，达省二级企业7家，达省三级企业5家，验收合格企业4家；会计达标企业4家，设备管理优秀企业3家。大余县有色金属选冶厂在计量管理上成为赣南地方冶金企业唯一一家达国家二级计量水准的企业。大余县钨矿、龙南县稀土矿（1986年），寻乌县稀土工业公司（1987年）、龙南县钨矿、会昌县钨矿（1989年）、大余县有色金属选冶厂、于都县钨矿（1990年）、兴国县留龙金矿（1996年）等企业先后荣获“江西省省级先进企业”称号。

赣州市（地区）冶金工业覆盖冶金、稀土、黄金等几大行业，为赣南重要支柱产业。至2000年，全市冶金行业国有企业共计63家，其中有色金属采选业27家、有色金属冶炼及延压加工业16家、稀土采选业7家、冶炼业12家、黄金业1家；全行业固定资产净值9.26亿元，年产品销售收入11.68亿元，年创税利4235万元，期末职工人数1.06万人。其中，有色金属采选业固定资产净值1.7亿元，年产品销售收入3.57亿元，创利税2448万元，期末职工人数3785人；有色金属冶炼及延压加工业固定资产净值1.11亿元，年产品销售收入7.54亿元，创税利1345万元，期末职工人数3929人。

进入20世纪90年代中末期，赣南冶金工业由于地方资源配置的不足，买方市场的挑战，有色金属价格的持续低迷，企业资产负债的居高不下，国家银行对企业信贷的紧缩及社会要素市场的发育不全等因素制约，行业中不少国有企业陷入生产经营的困境中，有的企业甚至破产；1998年4月，地区有色冶金总公司因负债1957.4万元（负债率264%），在资不抵债情况下宣告破产，同年，赣南炼锡厂被中国五矿贸易公司租赁；1999年9月，赣州地区新兴支柱产业企业赣南稀土（集团）公司，因资不抵债而破产；2000年7月，赣州稀土冶炼厂破产。此外，还有一批县办国有企业纷纷从国有行列退出，一批乡镇企业先后被兼并、租赁、拍卖或破产，由此，造成一大批职工下岗分流。企业生产经营状况恶化，致使“两费”一度拖欠严重，在职人员工资和离退休人员“两费”支付困难，仅赣加稀土有限公司等3家市直或归口企业，拖欠该企业职工工资3个月以上。赣南冶金工业发展进入艰难历程。

第二节　有色冶金生产

一、产品产量

赣州市（地区）以钨为主的地方有色冶金工业，逐步摆脱二十世纪六七十年代地方小有色工业的原始形象和基本框架，开始向传统优势与特殊资源优势相结合，科研与生产、采选与冶炼、产品加工与综合利用、安全生产与环境保护相互依存的现代工业发展。1986—2000年，全市（地区）有色冶金行业矿业开发、采选设施、生产流程、加工工艺、科研手段日臻成熟。根据国内、国际市场的情况变化和实际需要，新建一批有资源基础、有科技含量、有市场远景的冶炼加工企业，初步改变以往长期卖原矿的局面。一批实力较强的企业对作业线及生产工艺流程进行技术改造，为本企业产品在国内、国际市场争夺份额、创品牌提供保障。

表 21-3-1

1986—2000 年赣州市（地区）有色冶金工业主要经济指标统计表

单位：万元

年度	工业总产值	产品销售收入	利税总额	其中利润总额	已缴利税费	固定资产	
						原值	净值
1986 年	6720	8947	841	488	535	2534	1902
1987 年	7444	12062	1025	566	429	2843	2069
1988 年	9025	2031	1236	688	866	3006	2103
1989 年	11883	23247	1379	651	690	4833	3678
1990 年	22152	21598	970	377	610	5058	3931
1991 年	21899	20855	721	227	427	5465	4071
1992 年	20496	16093	542	100	277	6176	4113
1993 年	20105	13448	-149	-418	—	5310	3704
1994 年	24102	23919	579	496	—	8357	5812
1995 年	16183	18096	724	68	—	12106	8202
1996 年	14416	14938	-1002	—	—	11249	7378
1997 年	12898	13034	-450	—	—	12583	8665
1998 年	30954	—	—	—	—	—	—
1999 年	47597	—	178	—	—	—	16774
2000 年	56416	80471	4053	—	—	—	24138

1986—2000 年部分年份赣州市（地区）冶金工业主要产品、产量完成情况统计表

表 21-3-2

产品名称	1986 年	1990 年	1995 年	2000 年
钨精（中）矿（吨）	6019.00	9264.00	26535.00	—
其中国有（营）矿、厂	—	—	3181.00	—
锡精矿（吨）	502.00	1762.00	525.00	643.00
钼精矿（吨）	36.00	46.00	—	309.00
铝精矿（吨）	—	—	61.00	—
铋精矿（吨）	7.00	42.00	—	—
铜精矿（吨）	43.00	90.00	24.00	406.00
铅精矿（吨）	—	540.00	373.00	1795.00
锌精矿（吨）	—	152.00	239.00	3986.00
精锡矿（吨）	152.00	551.00	1403.00	4544.00
仲钨酸铵（吨）	25.00	487.00	563.00	—
萤石精矿（吨）	2036.00	607.00	10510.00	—
三氧化钨（吨）	—	—	39.80	—
钨酸钠（吨）	—	—	244.00	—
兰钨（吨）	—	—	311.00	—
黄金（千克）	—	40.62	75.70	127.30
白银（千克）	—	—	2912.16	—
单一稀土（吨）	42.00	94.10	310.89	543.30
分组稀土（吨）	42.00	91.30	983.94	157.00
混合稀土（吨）	2506.00	968.00	1538.41	2346.00

1989 年，全地区有地、县（市）有色金属国营企业 46 家，其中有色采选企业 19 家，冶炼业 3 家，稀土采选冶炼业 24 家；固定资产净值 1.22 亿元，占全地区独立核算工业企业总数的 10.33％；企业年产值 3.57 亿元，占全地区的 22.3％。2000 年，市内有色冶金国有企业共计 43 家，其中采选业企业（未含稀土、黄金企业）27 家，冶炼、延压加工企业 16 家。

有色金属矿采选业企业：赣县钨矿、赣县有色金属精选厂、大余经济委员会矿产品加工厂、大余二钨矿、大余伟良钨业公司、大余金鑫有色金属加工厂、大余洪水寨钨矿、大余生龙口钨矿、大余九龙脑钨矿、大余金海实业有限公司、赣县金刚石实业有限公司、上犹县有色金属矿、崇义县茅坪钨矿、崇义县淘锡坑钨矿、安远县蔡坊乡矿产品加工厂、定南县钨矿、全南县钨矿、全南县有色金属有限公司、于都县葛坳铅锌厂、于都县冶金化工厂、赣南金达有色金属矿产品有限公司、于都县银矿、会昌县金龙锡业有限公司、南康市钨矿、南康市洋山铜业有限公司、南康市西华乡磁选厂、南康市鑫源矿业有限公司。上述 27 家有色冶金采选企业，2000 年年底拥有固定资产净值共计 3584 万元，产品销售收入 3.14 亿元，职工人数 3122 人。

冶炼、延压加工企业：赣州有色金属冶炼厂、赣州虔东工业公司、赣州白塔锡冶炼厂、南方有色金属冶炼有限责任公司、赣州市黄金岭有色金属冶炼厂、赣州市南方有色金属冶炼厂、赣南中成工贸有限公司、东芝电子材料有限公司、赣州东南制钢有限公司、大余县钨制品厂、大余县炼锡厂、崇义县金龙炼锡厂、全南县钨制品厂、瑞金市化工机械厂、南康市金鸡有色金属有限公司、南康市宏发矿业有限公司。上述 16 家冶炼、延压加工企业，2000 年年底拥有固定资产净值共计 1.2 亿元，销售收入 3.88 亿元，年末企业从业人数 2407 人。

1986—1991 年，全地区县以上国营有色冶金企业主要产品、产量完成情况：钨精矿 4.66 万吨、锡精矿 4817 吨、钼精矿 260.5 吨、铋精矿 145.9 吨、铜精矿 410 吨、铅精矿 1581 吨、锌精矿 932 吨、萤石矿 15653 吨、精锡 1700 吨、仲钨酸铵 1032 吨。2000 年，赣州市地方有色冶金采选矿产品、产量及产值情况：钨精矿 11360 吨，年产值 1.7 亿元；锡精矿 643 吨，产值 734.4 万元；钼精矿 309 吨，产值 93.6 万元；铅精矿 1795 吨，产值 92.15 万元；锌精矿 3986 吨，产值 808.36 万元；精锡矿 4544 吨，产值 1.79 亿元（按不变价计算）。

二、生产工艺

采矿工艺 钨矿、铅矿、锌矿和黄金矿均采用坑内井下溜矿法，其余矿种如锡矿山、稀土矿山、萤石矿山等则采用露天剥离、阶梯式采矿方法。

选矿工艺 根据赣南钨矿多以粗粒嵌布为主，或呈精细不均的浸染嵌布的特点，钨的选矿采用破碎—磨矿分级—跳汰—摇床分选—精选精矿工艺；锡的选矿工艺采用破碎—磨矿分级—摇床选别—精矿脱硫—摇床精选得锡精矿；金的选项矿工艺一般采用溜槽选艺矿工艺或采用破碎—磨矿分级—氧化—冶炼工艺；稀土矿山采用原地浸矿工艺。

冶炼工艺 钨的冶炼主要采用经典法和离子交换法，赣南钨冶炼业起步阶段均采用经典法工艺，1986 年后各冶炼企业生产仲钨酸铵相继采用离子交换法工艺，全流程总回收率 94.15％；锡的冶炼工艺一般分炉前处理、电炉粗炼、电解精炼三步工艺，电解精炼后其回收率 98％～99％。

三、基建技改

赣州市（地区）国有（营）有色冶金企业基建、技改投资较大。其中，1986—1991 年投入 3624.5 万元，相继开发仲钨酸铵、钨酸钠、蓝色氧化钨、三氧化钨等一批钨冶炼中间产品，精矿产品开始起步；新建或改造会昌锡矿、安远县磺肚山锌矿及上犹黑银铅锌矿等企业，增设伴生矿床的分离、选矿生产线，增强伴生矿的综合回收利用。1992—1995 年，投入 1148.36 万元，其中基本建设投资 462.36

万元，技术改选和扩建项目投资686万元，新建5个基建项目，改造扩建6条生产线。1992年7月，大余县有色金属选矿厂投资新建年产1万吨蓝钨产品生产线；1993年赣南炼锡厂投资305.36万元新建属省一级科研项目的烟化工艺工程项目，竣工1座炉床实物干量10吨/平方米的烟化车间，以上两项工程的完工，填补赣南地方有色冶金工业产品的空白。1992年8月，大余县钨矿投资68万元，新建综合回收车间一座，年生产能力处理钨精矿达500吨/年，同时综合回收铜、锡、钼等有色金属。同年10月，赣南炼锡厂投资310万元技术改造，精锡锭年生产能力由原1000吨扩大到2000吨。1993年10月，大余有色金属选冶厂投资60万元，扩建改造APT车间，年产仲钨酸铵能力由原200吨扩大到700吨，次年再投入50万元技改，生产能力扩大到1000吨的规模。

四、有色金属冶炼加工企业

赣南有色金属冶炼加工企业主要有赣州有色金属冶炼厂（以下简称“赣冶厂”），该厂原属于国家有色金属冶金工业局，2000年7月划归江西省人民政府，隶属江西稀有稀土金属钨业集团公司。企业占地面积38.11万平方米，建筑面积6.84万平方米，项目资金2102万元。赣冶厂筹建于1954年，1958年1月正式投产。至2000年，建成拥有完善的钨精选、钨冶炼、铋冶炼等生产工艺以及分析检测计量、机修等辅助生产设施的全民所有制中型企业，在职职工1072人，其中专业技术人员317人。主要产品年生产设计能力为仲钨酸铵1000吨、钨粉和碳化钨粉400吨、精钨400吨、钨精矿6000吨（钨精矿、精锡在1994年后由于市场变化等原因基本停止生产）。主要经济技术指标回收率：仲钨酸铵91%、精铋87.6%、蓝钨99%、钨粉和碳化钨粉96.5%、精钨91%～93%、钨粉矿97.6%。赣冶厂生产的赣冶牌仲钨酸铵在1986年、1988年分别获江西省和中国有色金属工业总公司优质产品奖；“赣冶”牌（原“葵花”牌）精铋获部优质产品奖；一号锡锭获省优质产品奖，1986年获中国有色金属工业总公司优质产品；钨粉和碳化钨粉达到美国休斯敦公司产品化学和物理的质量标准，钨精矿获国家银质奖。赣冶厂产品畅销全国，远销欧美、日本等几十个国家和地区。

有色金属冶炼产品有20多种，分选矿产品和冶炼产品两大系列。其中选矿产品有黑钨、白钨、锡、铜、钼、铋6种精矿产品。冶炼产品有合成白钨、钨酸、三氧化钨、仲钨酸铵、蓝色氧化钨、金属钨粉、铋锭、锡锭、锡基轴录合金锭、锡铅焊科条以及纯钨条、钨杆、触点钨棒、退火钨合金棒、掺杂钨条等钨材产品。生产工艺先进，许多产品工艺在国内具领先地位。

五、有色金属归口国有企业

赣南炼锡厂　1976年兴建，1978年建成投产，设有选矿、冶炼、化工、机修4个车间，拥有冶炼设备18台，动力机械总能力2339.38千瓦。主要产品有特号、一号、二号、三号锡锭，特号、一号金属锡粉，还有锡粒、氧化亚锡、锡酸钠、二氧化锡、锡基轴承合金、锡铅焊条、粗铅、铅粉、试剂型硝酸、硫酸、盐酸等。其中特号精锡淀畅销国内外，两度被评为江西省优质产品。

会昌锡矿　赣南唯一产锡精矿的县办企业，金属储量1万吨以上，为江西省第一，全国罕见。1986年兴建，1987年6月投产，总投资1157万元，日处理矿石200吨。至1991年年底，其回收率97%，矿石贫化率10%，选矿回收率60%，锡精矿品位55%～60%，除会昌锡矿外，其余锡精矿（如大余县钨矿、赣州市钨矿的锡冶炼）均为伴生分类所得。

安远、赣县、上犹银、铅、锌矿　至1991年年底，全地区保有地质储量（金属量）：铅3.8万吨，锌3万吨，铅锌舍银400吨左右。产地分布于安远碛肚山、赣县黄婆地、上犹焦里等，3处矿山设计日处理矿石能力分别为50吨、30吨和200吨。

钨冶炼加工企业　全地区生产钨中间产品企业主要有大余金属选冶厂、大余第二冶金化工厂、崇义县冶金化工厂和全南县钨制品厂等，主要产品：仲钨酸铵、钨酸钠、兰色氧化钨等。

石城钽铌矿 原名八〇七矿，位于石城县观下乡境内。1969 年 1 月由北京有色冶金设计院设计，同年 7 月破土动工，1970 年 3 月建成日采选矿石 300 吨和年产精矿 15 吨的生产能力，隶属中国有色金属工业总公司。1983 年 9 月，由中国有色金属工业总公司确定不安排生产，处于停产状态。1985 年 4 月并入宜春钽铌矿，为宜春钽铌矿石城分场。1987 年 10 月，从宜春划出恢复石城钽铌矿。1988 年 9 月复产。1992 年，钽铌生产因地质资源变化大，出矿量低，停止钽铌生产。1993 年被列为全国有色系统 56 家重点转产企业之一。在赣州市郊兴建黄原胶生产项目，因项目技术不成熟，1995 年停建。1997 年，企业生产项目全面停止。1999 年，该矿被列为国家第三批关闭破产计划。

第三节 铝冶炼加工

赣南铝冶炼加工企业主要有江西赣州铝厂（以下简称“赣铝”），该厂创建于 1958 年，是铝冶炼和加工联合性中二型企业，隶属江西省冶金集团公司。被评为江西省先进企业、江西省突出贡献企业、江西省优秀企业。赣州铝厂占地面积 21.72 万平方米。2000 年，全厂职工 811 人，其中专业技术人员 66 人。赣州铝厂生产的银镜牌铝锭、铝板、铝管、铝排多次评为江西省优产品。铝波纹瓦、防锈铝金板材及大口径薄壁管材获江西省优秀新产品奖。产品向深度化、系列化、合金化、特殊化的方向发展并开发多种经营。国家级新产品——稀土铝钛硼晶粒细化剂和铝及铝合金精炼剂、覆盖剂已形成系列，开始批量生产和销售。银镜系列产品近 200 个规格品种，销往国内 20 多个省（市、区）、200 多家用户。年生产能力为铝锭 4500 吨、铝材 7000 吨、稀土铝钛硼 800 吨。赣州铝厂推广运用新技术、新工艺，节能降耗，降低成本。在激烈的市场竞争中，在国有（营）企业大面积出现亏损情况下，赣州铝厂连续十多年保持效益稳步增长。尤其是 1998—2000 年，实现产量、销量、销售收入一年一个新台阶。1989—2000 年，连续保持省、地市的各种荣誉称号。2000 年，赣州铝厂总资产 1.03 亿元，固定资产原值 4568 万元，其中固定资产净值 2058 万元，资产负债率 52.38%。工业总产值 1 亿多元，利税总额 363 万元，其中利润 36 万元。被评为 AA 级信用优良企业，销售收入 13102 万元。2000 年，全员劳动生产率 12.42 万元/人，创历史最好水平。

一、电解铝加工

赣铝电解铝生产始于 1972 年 5 月，20 台 30 千安培电解槽投产，替代原 5000 安培电解系列。同年底扩建至 40 台，1984 年扩建 20 台共 60 台，一直沿用至 2000 年，成为全国唯一用 3 万安培电解系列生产电解铝的厂家。年生产能力为 4500 吨，电解车间建筑面积 7490.37 平方米。

电解铝生产的主要设备有 30 千安培侧插自焙电解槽 60 台、电解生产过程控制微机 1 套、调压变压器 2 台、整流变压器 5 台、硅整流器 4 台、可控硅整流器 1 台、72 模铸锭机 1 台、碳块铣床 1 台、龙门吊车 2 台、碳块铣床吊车 1 台、平衡吊 1 台、真空泵 2 台、空压机 3 台、高压输电线路 3 条、打壳机 7 台、铸锭机 1 台。

电解铝生产采取冰晶石——氧化铝融盐电解法。生产工艺：直流电通入阳极，经电解质，从阴极导出，进入一个电解槽，在阴极和阳极上发生电化学反应，将氧化铝分解。反应结果：阴极上是铝液，阳极上是二氧化碳和一氧化碳的混合气体。电解液由 95%的冰晶石和 5%氧化铝组成，或者加入少量（4%～8%）的添加剂如氧化镁、氧化钙等，以改善电解质的物理、化学性能。电解温度为 950℃～970℃，铝液密度大于电解质密度（约 10%）而分上、下两层。铝液用真空抬包从电解槽中抽出，经净化铸成商品铝锭或高温铝液，经适当处理精炼净化，铸成铝材坯锭。电解铝生产技术条件为电流强度 3±0.05 万安培、槽工作电压力 4.6±0.1 伏，铝水平 24±2 厘米，质水平 14±2 厘米，极距 3.8±

0.2 厘米。

全国同类型铝厂中，赣铝的各项技术经济指标处于先进水平。铝锭一级品率均保持 100%。2000 年，槽日产量 217.8 千克，电流效率 90.6%。

二、铝加工业

赣铝的铝材生产始于 1971 年生产铝排，1975 年生产铝管，1981 年生产铝板。1986—2000 年，拥有铝板、铝管、铝排 3 个系列产品，近 200 个规格品种，铝材年产能力为 6000 吨，以铝板为主。赣铝为江西省唯一生产铝板、铝管、铝排的厂家。铝加工车间建筑面积 1 万平方米。铝材生产从原料到成品，经过熔炼、轧制（冷拔）两大生产工序。生产铝材的坯锭主要原料为该厂普通铝锭或高温铝液。

熔铸工艺 铝锭或高温铝液加入柴油熔化炉熔化，进行第一次精炼，然后放入电阻保温炉，进行第二次精炼。二次精炼后的铝液从出口顺流中间包，注入喇叭碗，通过结晶器，在卧式水平连铸机上铸造铝板锭、管锭、方锭等。锯切好的铝坯锭分别进入轧制（或冷拔）生产工艺生产铝材。

轧制（冷拔）工艺 板材生产工艺。铝板锭加热后，经热轧开坯、粗中轧、冷精轧、剪切、矫直、退火、涂油等道工序，成品入库。

铝管生产工艺。铝管锭加热后，经开坯、锻头、上油、冷拔、锯切，成品入库。

铝排生产工艺。锯切好的铝方锭加热后，经热轧、冷轧、锯切，成品入库。

铝波纹与生产工艺。精轧好的铝板，经波纹瓦成型机轧制而成铝波纹板，成品入库。

铝材产量从 1998 年的 2283 吨开始，一年上一个新台阶，2000 年达 7356 吨，创历史最高纪录。

三、机电修造

赣铝机电修造担负全厂设备的维修和备品配件加工任务。同时，对外承接机电维修加工任务和生产铝制品，如铝桶、铝热水器、铝蒸发柜等。

机电车间建筑面积 5557 平方米。主要设备：车床 10 台、钻床 5 台、铣床 2 台、磨床 2 台、刨床 5 台、冲床 2 台、裁料机 2 台、空气锤 1 台、剪板机 2 台、硅整流焊机 2 台、单梁桥式行车 3 台、破碎机 1 台。大部分设备为二十世纪七八十年代产品。已形成具有铸、锻、车、铣、磨、钻、焊、刨、插、金加工、齿加工等配套生产维修能力，能制造电解槽、打壳机等设备。2000 年，赣铝制品加工产值达 96 万元。

四、产品销售

1986—1992 年，赣铝从生产型转为生产经营型，产品销售指令性计划少，主要靠企业自销。1993 年起，完全自销，生产适应市场需求的对路产品。销售的产品有银镜牌铝锭、铝板、铝管、铝排四大系列，100 多个品种规格。

赣铝以销售为龙头，坚持用户至上、信誉为本的宗旨，注重提高产品质量和服务质量，产品行销江西、广东、广西、云南、福建、江苏、四川、山西、湖南、湖北、安徽、海南、上海、浙江、河南、河北、北京、天津、青海、陕西、新疆等地 200 多家用户。铝材销量，1986 年 687 吨，2000 年 7332 吨，创历史最好水平。

五、技术改造

赣铝以扩大铝材生产、增加铝材品种和提高产品质量为重点，扩大铝材生产，更新改造设备。1986—1995 年，完成技术改造项目 24 项，计划总投资 3593 万元，完成总投资 2108 万元。主要项目有：1985 年 10 月动工兴建新熔铸厂房，1988 年建成投产。项目计划投资 95 万元，实际投资 109 万元，建设规模为年产 6000 吨铝坯锭；1986 年 9 月兴建整流新节能项目，1987 年建成使用，计划投资 25 万元，实际投资25万元；1986年11月动工兴建电冰箱蒸发器生产线，1988年建成投产，项目计划投资60万元，实际投资35万元，建设规模为年产5000件蒸发器；1989年9月兴建挤压机改造项目，1990年建成投产，计划投资35万元，实际投资18万元；1991年10月兴建电子铝箔生产线，中途因缺乏资金停建，计划投资1350万元，实际投资225万元；1991年4月兴建铝管生产线，1992年12月建成投产，计划投资120万元，实际投资150万元，建设规模为年产铝管600吨；1991年10月实施电解微机控制装置项目，1992年10月建成使用，计划投资15万元，实际投资10万元；1991年11月兴建盘管生产线，1992年11月建成投产，计划投资35万元，实际投资24万元；1992年10月改造400吨挤压机，1994年8月建成投产，计划投资60万元，实际投资35万元；1995年1月兴建微机局域网项目，同年11月建成使用，计划投资60万元，实际投资49万元。1996年5月实施铝板生产线挖潜改造项目，新购2台二辊不可逆式铝板轧机（1台为中粗轧机，1台为精轧机），将铝板带厂房加长78米，1996年6月完成，计划投资269万元，实际投资226万元，项目实施后，增加宽度为1米的铝及铝合金花纹板产品。1997年和1999年，投资60万元，购置长1.4米的轧辊及花纹辊，可生产1.22米宽幅铝板及宽幅花纹板，扩大铝板材的品种及规模范围，为年产铝板材7000吨以上奠定基础；1997年初兴建13辊矫直机，同年9月建成投产，计划投资70万元，实际投资70万元，可矫铝板厚度4毫米以上，提高中厚板产品的平直度。1999年6月实施铝熔化炉和保温炉组改造，同年12月建成投产，计划投资20万元，实际投资26万元，建设规模为年产铝铸坯1万吨；1996年11月兴建稀土铝钛硼立式浇铸生产线，1997年7月建成，实际投资43万元，该项目由于采用的工艺与原有生产工艺相同，故未能形成生产能力，1999年11月对稀土铝钛硼生产线进行彻底改造，于2000年年底投入生产，该项目采用连铸连轧生产工艺，使铝钛硼的产品质量提高一个档次。计划固定资产投资235万元，实际投资228万元，建设规模为年产稀土铝钛硼800吨。

六、新品研发

赣铝银镜牌系列产品，多次被评为省优产品，多年保持“江西省优质产品”称号，LF21防锈铝合金板管材获省科技进步三等奖。赣铝开发的新产品有铝翼式太阳能热水器、小直径纯铝及LF2防锈合金无缝管材、稀土铝钛硼等。1988年开发的稀土铝钛硼，1993年12月获全国专利科技成果精品城金奖。1995年开发的稀土铝钛硼晶粒细化剂，获1995年江西省“三新”（新产品、新技术、新材料）博览会金奖。

科研项目 1984年4月至1986年10月研发小直径电铝及LF21防锈铝合金无缝管；1985年10月至1986年7月，研发电解法制取铝锰中间合金；1986年6—10月，研究铝板深冲性能；1986年9—11月，研发铝翼式太阳能热水器。1980年7月至1987年12月研发电解法制取铝—稀土合金；1987年2—12月，研发电冰箱蒸发器；1987年5—11月研发纯铝及LF21合金异型管；1987年8月至1989年7月，研制稀土铝钛硼中间合金；1991年10月至1992年7月，研究30千安培铝电解槽生产过程PLC自动控制，以上项目均通过省级鉴定。

省优产品 获省政府颁发的省优产品奖的产品有银镜牌纯铝板材（1986年12月）、银镜牌纯铝冷拉圆管（1987年12月）、银镜牌铝锭（1988年12月）。获江西省质量奖审定委员会颁发的省优产品奖产品有银镜牌M状态纯铝板状态纯铝板（1989年12月）、银镜牌状态纯铝板（1990年12月）、银镜牌纯铝冷拉圆管（1991年12月）。

新产品 获省政府颁发的新产品开发奖的产品有铝翼式太阳能热水器（1986年）、小直径纯铝及LF21防锈合金无缝管材（1987年）。获省经贸委颁发的新产品奖的有稀土铝钛硼（1988年）。

第四节 钨矿采矿与选矿

赣南是中国钨业的发祥地，素有世界钨都之美称。钨保有储量占全国第二，钨矿产量约占全国的20%～30%左右。1907年德国传教士在大余县西华山发现钨矿。1914年，又相继在崇义县中梢、全南县大吉山发现大型钨矿，从此揭开中国钨矿开采的历史。中华人民共和国成立后，赣州成立九大国营统配矿山、16个地方国营矿山和20多个集体坑口，成为全国乃至世界最主要的钨原料产地。

一、钨矿采矿

矿床开拓方式有露天开拓和坑内开拓，采用平窿、竖井、斜井、盲斜井等联合开拓。

大吉山钨矿 位于全南县大吉山镇。1918年开山，1953年由南华管理处改名为大吉山钨矿，矿占地面积823.9万平方米，下辖4个坑口。开拓工程分两期进行。第一期开拓工程由苏联有色冶金工业部镍设计院于1954年设计，被国家列为第一个五年计划156项重点建设工程之一。矿区面积8.23平方千米。第二期开拓工程由南昌有色冶金设计研究院于1983年规划设计。1985年初组建深部开拓工程队施工。二期工程为明竖井开拓方案，分前后两期进行。前期规划为500吨/日，修复和改造2号、3号竖井，开采417米中段南组矿脉：2号竖井改造于1991年10月竣工投产，417中段于1992年7月竣工形成开采系统并开始采掘工作；367中段于1996年6月利用3号竖井对367中段南组进行开拓，完成生产配套系统并开始生探、采准和采矿工作。后期规划为1500吨/日，采用明主、副竖井，开采北、中、南3组脉钨矿床，2000年完成《大吉山钨矿深部开拓方采设计》，改造延深2号井为箕斗井，提升能力1500吨/日。在中北组西部掘明竖井作副井，并作为钽铌矿床开采共用。2号竖井从367中段延深至267中段，各中段沿102勘探线掘主石门贯通北、中、南3组矿脉。矿山采掘采用平巷掘进（断面规格为2.2×2.4平方米和2.2×2.6平方米）、天井掘进（断面规格为1.4×2.6平方米）、爬罐天井（1991年停用）工艺形式掘进。采矿方法沿用浅孔奋矿法和阶段矿房法。1988年在467米中段采掘作业区开始采用1.3立方米U形翻斗式矿车运输矿石。1990年3月至1998年，在2号、3号竖井井底窝处和367排水泵站装有水泵6台进行坑内排水，装机容量460千瓦，最大排水能力为612立方米/小时。与泵站配套的水仓容积660立方米，水仓积水经11号西一横脉天井扬至467中段放水窿自流排出。矿山地压活动威胁主要来自岩石松软、构造发育和密集小采区段，以及合采区深加大、应力增大的地段，中、南组地表全面陷落，雨季大量泥水灌入坑内，软化结构弱面，造成岩体滑移，加剧地压活动。1986年开始，大吉山钨矿与赣州有色冶金研究所合作开展《大吉山钨矿南组矿带深部开采与地压控制研究课题》，于1992年1月通过有色总公司委托南昌公司组织的专家组鉴定。研究报告提出《467—367中段开采与地压控制方案》，研究课题获1992年中国有色金属总公司科技进步二等奖、1993年中华人民共和国劳动部劳动保护科学技术进步二等奖。南组深部开采基本按地压控制方案进行，1997年进行433副中段开拓，2000年开始400中段开拓设计。

西华山钨矿 位于大余县城西北部，矿区占地面积607万平方米，下辖4个坑口。西华山钨矿是全国钨业发祥地，最早发现于清光绪八年（1882），被国家列为第一个五年计划156项重点工程建设项目之一（设计开采年限为1960—1975年共计15年，至2000年矿山超期服役25年。1999年被列为全国有色系统43家关闭破产矿山企业之一，2000年9月正式启动关闭工作）。1960年开始大规模开采。共开拓12个正规中段和9个附中段。1986—2000年，保留有594、538、483、431、378、324、270、230等8个正规中段和513、347两个附中段继续开采，并先后新开拓564、453、290等3个附中段。矿床采掘以机械化与半机械化生产模式为主进行平巷掘进，平巷断面规格高2.6米，宽2.3米。采矿方法采用浅孔留矿法。随着开采年限增长，矿产资源枯竭，品位降低，生产成本增高，从1992年起压缩机械化采矿，大搞残难矿和毛砂回收，形成使用顶钻少量机采与大量手工作业相结合的采矿方式。1997年年底推出矿山片分中段承包的生产模式，每月收取各中段的毛砂实物量。

岿美山钨矿 位于定南县岿美山镇，矿区面积45万平方米，下辖2个坑口。岿美山于1918年发现钨矿并开始地表采矿。1953年，成立岿美山钨矿并开始用风钻机械化大规模开采。1955年被列入国家156项重点建设项目之一。1993年，国营矿山停止开采，民间开采继续。矿床开拓采用4条平窿（762米大巷、694米大巷、595米大巷、主平窿运输大巷）、一个辅助竖井（标高789米）、两个溜矿井（2号和3号留矿井），组成一个井下联合工程体系。竖井从地表直至主平窿出口（标高450米），中间通过762米、694米、645米、495米等6个中段至主平窿运输大巷出口，2号及3号溜矿井从762米中段直通主平窿，用各支溜井沟通各个生产中段。已开采的中段有962米、917米、860米、816米、813米、762米、694米、645米、595米、545米、450米等11个中段。至1993年，694米中段以上各个中段均已开采完毕，结束采矿。1994年以后的开采主要集中在595米中段以下。694米中段高度为68米，其余各中段高度为50米，上述各中段除762米、694米、595米等3个中段外，其他均为盲中段，其巷道无直接通地面出口。采矿执行采掘并举、掘进先行矿山开采方针，采用脉带浅眼留矿法与深孔阶段强制崩落法采矿。对采空区的处理，采用深孔强制崩落地表开天窗、放空采场使其陷落方法进行充填处理。

盘古山矿 位于于都县盘古山镇，1918年发现钨矿，1923年开山，1953年1月成立盘古山钨矿。矿占地195.7万平方米，下辖4个坑口。盘古山钨矿矿藏资源丰富矿脉集中，埋藏深度1000～1200米，矿化面积1.2平方千米。1954年6月，实现机械采掘作业。1986—2000年，相继开拓的工程主要有435、385、335、1070、980、940、894、882、585、696、635、535、485、275、215等中段工程。1986年，海拔696米以上采掘作业中段陆续停采；1995年11月，535中段结束采掘作业；1998年9月，485中段结束采掘作业；1999年9月，435中段结束采掘作业。至此，435米以上11个中段全部转入残矿回收。1999年，深部开拓斜进下掘全面完工，井筒总产293.8米。2000年9月15日，深部215中段盲3号主矿脉被揭露。同年12月12日，深部275中段盲3号脉在14121也被揭露，为开采近80年的老矿可持续发展注入新的活力。

画眉坳钨矿 位于兴国县陈也镇，1941年开山，1953年1月成立画眉坳钨矿，矿区占地面积174万平方米，下辖3个坑口。1986—1991年，钨矿坚持正规开采，执行“采掘并举、掘进先行”和“贫富、大小、难易、厚薄”兼采的矿山技术政策，主要采矿区为8号、9号、10中段。1992年开始调整生产布局，压缩正规作业量、停止采掘。1994年4月重新恢复采掘作业，主要采矿区在9号、10号中段进行。至1998年，9号、10号中段主带结束采矿。2000年暂停正规采掘。主要产品有钨精矿、铜、锌、铋、钼、铍、硫。

下垄钨矿 位于大余县樟斗镇，1918年开山，1954年建矿，矿区面积8.3平方千米，下辖樟斗、左拔、下垄、大坪4个矿区。樟斗坑口采用平窿、竖井、盲斜井联合开拓。先后开拓348、295、190、140、90、40、－10、－60等中段，其中－10～－60中段盲斜井于1998年开凿。至2000年，140、90中段为回采收尾阶段，40、－10中段为主要回采中段，－60中段为开拓中段。左拔坑口采用平窿，盲斜井联合开拓。1988年复产后，先后开拓500、450、400、337、286、236等6个中段。至2000年，400中段为回采收尾阶段。337南、286中、236北为主要回采区域，286南、236中为开拓区域。因资源枯竭，大坪坑口、下垄坑口分别于1998年3月、1990年7月停止机械化采选作业，转为手采作业。

漂塘钨矿 位于大余县漂塘镇，1918年开山，1954年8月成立漂塘钨矿，矿占地面积81万平方米，下设漂塘、大龙山、木樟园3个矿区。矿床开拓均采用平窿、盲竖井联合开拓方式。漂塘坑口开拓388（标高）主平窿及4个溜矿井，至2000年已开拓的中段有736、676、616、556、526、496、448、

378、328、268；基本采完的中段有676、616、556、526；仍在作业的中段有496、448、378、328、268。大龙山矿区开拓427主平窿，至2000年已开拓的中段有530、480、427、380、330、280、230、180、130；仍基本采完的中段有530、480、427、380、330、280、230、180、130；仍在作业的中段有130。木梓园开拓440主平窿，至2000年已开拓的中段有493、440、390、340、290、240；已基本采完的中段有439、440；仍在作业的中段有390、340、290、340。采矿方法主要为普通前浅孔留矿法，沿走向布置的房式小中段法，垂直走向布置的阶段矿房法，无底房式小中段采矿法、无底柱浅孔留矿法。各矿区井巷掘进采用YT-28水平风动气腿水平钻，炮眼排列多采用锥形、桶形、楔形掏槽或涂眼拉槽方法。对3个矿区的残矿组织回收，1986—2000年回收综合产品1040吨，其中钨精矿978吨、钼23吨、锡精矿39吨。

二、钨矿选矿

选矿有粗选、精选、机选、重选等工艺流程。

大吉山钨矿 选矿分粗选、重选、精选3个流程。粗选工艺流程实行粗、中、细三股一闭路破碎，总破碎比为62.5%；预选作业粒级实行四反一正五级手选丢废，废石选出率达54%；中、细碎闭路破碎，粒级合格率达91%以上；粗碎后矿石预先洗矿、溢流浓缩脱水后，送重选处理。重选工艺流程为将矿石筛分为三个粒级选别，分别进入跳汰机，采用闭合回路磨矿、三级跳汰、四级摇床选别，摇床中矿再磨再选，细泥集中浓缩处理。1990年，大吉山钨矿自行研制成功J-I型粗粒跳汰机，具有回收高，节水性能好的特点，并投入粗选工段第四次反选交流程中使用，能100%回收块钨，100%回收含块钨三分之一以上富连生体。随后又研制并自行设计制造出适合重选粗粒选别性能的JS型动筛跳汰机，1991年11月将吉山II型侧动隔膜跳汰机更换为JS型动筛式隔膜跳汰机。1992年7月，JS型动筛跳汰机获江西省经济委员会颁发的优秀产品二等奖。精选工艺流程为粗、细、-60三级脱离选别。采用浮选、浮重联选、重选、磁选联合选矿。粗粒（3.5～1毫米）摇床跳汰脱硫、富集、尾矿再磨再选；细粒（1～0.25毫米）粗选、扫选结合，摇床富集丢尾；-60目集摇床粗选、扫选、精选为一体，富集脱硫丢尾。溢流分类浓缩，作钨细泥生产原料。硫化矿集中再磨，浮选回收铋、钼精矿。1990年10月，对-60产品进行降钙试验，改革黑钨精矿含钙高，不适宜水冶工艺，至1995年7月，产品结构改革取得显著成果。

西华山钨矿 采选工艺通过一条4.5千米长的架空索道，把矿山和选厂连接成一条机械化生产作业线。选厂设计日处理能力2250吨原矿，1960年投产后，通过不断地技术改造和设备更新，1979年最高达到日处理原矿4004吨。1986年供电不足，采选生产断断续续，矿山采、掘比例失调，原矿供应不足。1987年受供电不足影响，矿厂全年生产170天，处理原矿53.22万吨，生产钨精矿1607吨，全矿亏损89万元，为西华山钨矿1964年以来首次出现亏损年。1992年下半年起，矿山井下全面压缩机械化生产，选厂全面压缩工艺流程，停止粗选、重选流程，保留精选工艺流程继续运转。1994年下半年到1995年上半年和1996年至1997年上半年，曾两度恢复矿山、选厂采选机械化一条龙生产。矿山选矿形成窿口半机械化粗、重选地一选厂机械化精选的工艺流程。机械化选矿采用三段碎矿、二级反手选的方式进行粗选，通过一段磨矿、三级跳汰、四级摇床、中矿闭路返回、细泥单独处理的重选流程，再经浮选、磁选、电选的联合工艺进行精选。1986年至1992年上半年，矿山采选生产沿用坑口、选厂机械化一条龙大生产模式。1987年，采用细粒级高锡黑白钨精矿精选新工艺方案，使粉钨精矿回收率从77.66%提高到91.16%。其杂质锡的含量从0.26%降到0.17%，对浮选白钨后的尾矿中的钨与锡石的分离工艺，由原来的摇床—浮选—干式磁选工艺革新为湿式强磁—浮选的简单工艺，此项成果荣获1992年度江西省科学技术进步奖。

岿美山钨矿 选厂于1975年投资560万元兴建，日处理能力为原矿1000吨，年产钨精矿800吨，1978年4月投产，生产至1993年止，40年共处理原矿700多万吨，生产钨精矿3.3万多吨。

盘古山矿 机械选矿投产于1954年，几经改造扩建，形成流程合理、工艺先进的中型选矿厂。1986年，日处理原矿能力稳定在1900～2000吨，日处理合格矿实际能力在845～870吨之间，年产钨精矿2456～2660吨。受地形影响，选矿分山上、山下两部分。山上为粗选，以手选剔除废石为主；山下设粗选、重选、精选。选矿技术工艺不断改进。1987年6月，重选白钨除磷、酸浸白钨除磷建成投产，白钨精矿含磷量由0.6%降低至0.1%，质量达到国标一级标准。1988年，在粗选手选皮带下，4号、5号、6号运输皮带减速箱推广应用二硫化钼8号油膏代替机油润滑获得成功；自制圆筒除杂机，取代原弧形铁板筛除杂，机械自动除杂代替人工扫杂，自制成本比外购成本低92%。1989年8月，改造细泥下段选别流程，取消6号、7号摇床，增设角锥池浓缩细泥，二班作业改为一班，生产成本降低。1990年对二工段平格筛破碎系统改造，年节电1万千瓦时；研究课题“低度铋浮选用废碱液代替碳酸钠”获得成功，年节省碳酸钠29吨；对选矿回收供水系统改造，综合效率由47.2%提高到70%。1991年，在细泥摇床尾矿系统进行无氰浮选试验，改局部无氰浮选为全部无氰浮选，在离心机系统取消用氰化钠取得成功；开展精选尾矿低度钨回收研究，改用浮选法回收精选尾矿中的钨金属获得成功。

画眉坳矿 选矿分粗选和机选两部分，选矿能力为日处理出窿原矿1000吨以上。工艺流程沿用手选排废，重选富集、精选分离，综合回收的原则流程工序。粗选部分为扒栏筛距120毫米，对120～600毫米和50～40毫米粒级矿石进行反手选，对40～20毫米粒级矿石进行正手选。－20毫米粒级矿石直接运到合格矿库。洗矿溢流经倾斜浓密箱沉淀后，沉沙进入原生矿泥处理系统，产出原生钨细泥精矿。1993年拆除细泥加工流程，投资100万元新增设备28台套，增设混浮—分离浮选银铅锌矿加工流程。1999年因出矿量少，缩减手选流程，关闭正手选，全部使用反手选。

下垄钨矿 有樟斗、大平、下垄3个选矿厂，日处理合格矿分别为200吨、125吨、125吨。1986年，左拔矿区复产，在樟斗新建日处理合格矿125吨的选矿系列，1988年5月竣工投产，樟左选厂开始担负樟斗和左拔两个矿区的选矿任务。樟左选厂形成包括粗选、破矿、重选、细泥、精选、废石排除、尾矿处理、供电供水等选矿生产体系。樟左选矿厂按处理的原矿产地不同，分为樟斗选矿系列和左拔选矿系列。能生产一级Ⅰ类、一级Ⅱ类、特-Ⅰ-1、特-Ⅱ-1、特-Ⅱ-2、特-Ⅱ-3等6种类型的黑钨精矿，以及一级Ⅰ类白钨精矿、一级一类钼精矿、六级铋精矿、一级二类锡精矿和丙级钨细泥等矿产品。由于资源枯竭，1990年5月，下垄坑口井下由机采作业转为手采作业，下垄选厂停止生产，1993年11月拆除；1998年3月，大平坑口井下由机采转为手采作业，大平选厂停止生产，并于当年拆除。为接替大平选厂的处理能力，对左拔系列选厂进行扩建，形成选矿能力日处理合格矿达200吨。至2000年，全矿拥有选矿能力为处理合格矿450吨/日，处理原矿量1200吨/日。选矿工艺流程分为粗选、碎矿、重选、细泥、精选等5大流程。

漂塘钨矿 有大江选厂、大龙山选厂2座选矿厂，设计能力日处理原矿量合格矿分别为1250吨/500吨、500吨/200吨。大江选厂位于矿部东4.5千米的左拔镇大江村。选矿工艺，20世纪80年代为粗选碎矿采用二级反手选，花石经破碎后再手选的粗选流程及三段一闭路的碎矿流程，后经多年的生产实践和工艺改造，20世纪90年代中后期，粗选碎矿流程采用三段一闭路的碎矿流程和三级反手选的粗选流程。重选流程采用三级跳汰、五级摇床、中矿再选的流程。选矿工艺先后经历14次的工艺改造与试验，增设大块废石扒拦工艺，引用井下水为选厂生产用水。大龙山选厂位于427窿口约300米处，1964年迁厂扩建，为漂塘钨矿主要生产基地。选矿工艺为出窿原矿经斜格筛扒拦、破碎、筛选，溢流进入浮钼系统。浮钼采用一粗、二扫、七次精矿的浮选流程，得钼精矿和高钼铋中矿，高钼铋中矿用单槽浮选进行钼铋分离，得钼精矿和铋精矿。

三、钨矿安全生产

赣南有色冶金企业建有一套系统完整的安全生产管理制度和环境保护制度，主要有各级领导安全生产责任制、安全技术监督制度、安全技术防护制度、各类人员岗位安全责任制、安全生产奖惩制度、安全生产事故分析报告制度等，把安全生产、环境保护等纳入岗位经济责任制中进行考核。

大吉山钨矿 该矿于1970年建立以岗位责任制为主要内容的规章制度，其中有井下安全生产管理制度（包括入坑安全教育制度、入坑安全管理制度、井下乘人车管理制度、乘罐安全管理制度、爆破器材安全管理制度、爆破作业安全管理制度、安全生产检查制度、事故报告分析制度、矿山地压管理制度等），井下通风防尘管理制度（包括通风防尘组织管理制度、井下通风防尘技术管理制度、通风防尘检查测定制度、个人防护制度等），地面安全生产管理制度（包括入厂安全教育制度、交通安全管理制度、机械生产安全管理制度、电气安全管理制度、油库安全管理制度、锅炉安全管理制度、安全检查制度、事故报告分析制度、安全保护制度等）。1986年，在20世纪70年代修订的安全生产管理制度的基础上完善安全生产管理条例，归纳为5个企业标准正式发布并实施。1992—2000年，钨矿改变生产作业方式，相继制定出小摇床管理规定、洗检钨砂管理规定、残矿回收管理规定、越界作业处罚规定、爆破器材管理规定等，有效制止"三乱二滥"（乱洗检、乱排渣、乱用人，滥采、滥挖）现象。1986—2000年，重大事故死亡14人，重伤31人。

西华山钨矿 该矿安全管理工作制度全面纳入岗位经济责任制考核。1992年下半年后，矿山采选作业方式由全机械化正规化转变为半机械化加手工化，安全问题尤为突出。针对大量清理回收残难矿手工作业搞毛砂容易造成人身安全事故问题，制定回收毛砂安全管理制度规定。1993年强化规范安全管理，制定34条非正常生产时期的安全管理规定，1996年制定残难矿回收安全管理制度，1998年制定井下安全生产管理规定、爆破物的管理条例、承包中段负责人安全生产责任制。2000年，针对矿山承包中段出现乱采滥挖，容易发生冒顶、空区坍塌、地压陷落等安全问题，重新制订承包中段安全技术管理规定。1986—2000年，累计进行安全检查340多次，查出事故隐患1800多个，整改1600多个，整改率92%。同时，开展形式多样的安全生产月、百日无事故主题活动，如1995年9—12月开展的学习《中华人民共和国矿山安全法》，遵守岗位安全技术操作规程为内容的百日无事故活动，1997年9—12月开展无伤亡、无重伤、无重大设备事故、无重大交通事故、无重大火灾事故和降低千人负伤率、降低粉尘深度的"五无二降"安全活动等，促进安全生产。1986—2000年，重大事故死亡11人，未发生重大设备事故。

盘古山钨矿 该矿从1992年开始，每年印发的1号文件就是安全环保工作重点，严格执行国家的安全生产方针、法律法规和矿山安全技术规程，落实责任，严格考核，建立健全规章制度，推进安全生产标准化建设，依法管理安全生产，建立专管成线、群管从网、纵面到底、横向到边的安全管理体系。强化全过程、全方位、全天候安全管理，确保安全生产。1993—2000年，工伤事故死亡6人，重伤19人。

画眉坳钨矿 该矿建立健全安全生产规章制度，在原有制度的基础上不断完善。1996年印发《工伤事故管理细则》，1997年4月修订《画眉坳钨矿安全生产标准化班组实施办法》。2000年重新修订30个工程岗位责任制和技术操作规程，印发《画眉坳钨矿岗位责任制、操作规程汇编》。1989—1995年，连续开展"百日无事故"活动，主要内容有岗位无违章操作、职工无违反劳动纪律、单位无工伤事故。1992年开展"安全从我做起"活动。至同年12月，安全生产1146天，连续3年无工亡事故。1998年完善安全设施，在330中段主要巷道设置防洪门4扇防止淹井；投资20万元在尾矿库主坝北端山坡开挖排洪沟。2000年，开展安全月、百日无事故活动，组织全矿安全生产大检查6次，查处安全隐患129

项（处），整改隐患 127 项（处），投资 37 万元对井下供电系统、地压、通风、排水、运输、提升、84 号厂进行事故隐患处理，对重点安全隐患的尾矿库、主坑山体滑坡、井下防洪等制订应急方案。1989—2000 年，重大事故死亡 11 人。

下垄钨矿 1986 年，实行安全管理体制改革，建立安全生产“五大保证体系”，即安全思想、安全责任、安全监督、安全监察、安全技术保证体系，健全各级安全生产管理和五大安全保证体系职责条例及安全生产奖惩条例，并结合企业升级工作，建立安全质量责任制度和文明生产、通风防尘、清洁文明矿山等 9 个安全企业标准。1987 年，提出“六杜绝”（杜绝生产死亡事故、重伤事故、重大设备事故、重大火灾、重大交通肇事和急性中毒事故）、“一降低”（千人负伤月频率降低在 5％以下）、“二提高”（2 毫克粉尘浓度合格率提高到 91％以上，1.5 毫克粉尘合格率提高到 76％以上），再创历史最好水平的奋斗目标。1988 年，该矿实行经营承包责任制，至年底，全矿连续 7 年实现安全生产。1991 年，开展首季安全生产百日无事故竞赛活动、二季度五月安全生产月活动、三季度安全生产班组达标竞赛活动、四季度井下通风防尘文明生产竞赛活动。1994 年，恢复实行单位五大保证体系负责人安全任期目标责任考核。1996 年，修订残矿回收安全管理办法和尾矿库安全管理制度，制定安全技术措施项目管理制度。1997 年，开展矿山安全生产标准化建设达标活动，全矿有 12 个班组、7 个车间合格。1999 年，全矿实现安全生产，年累计千人负伤率为 2.2％，创 1987 天无生产死亡事故的好纪录。1986—2000 年，工伤事故死亡 8 人，重伤 10 人，事故月频率 0.35％。

漂塘钨矿 推行安全生产“五大保证体系”，建立健全安全生产管理制度 40 多种。1986—1987 年，建立生产四大保证体系，推行目标管理，将安全生产目标纳入经济责任制考核。1988 年 4 月开展百日无事故活动，举行创合格班组、先进班级、模范班组竞赛。1991 年 3 月 9 日，发生建矿以来最大的一次死亡事故：在炸毁漂塘六角脑不法民工开掘的通往国营矿山现采区的通道后不久，进入窿内检查爆破效果时，发生急性一氧化碳中毒事故，死亡 6 人。1992 年，制定安全生产目标，死亡事故为零，减少一般事故，千人负伤率在 12％以下，粉尘合格率 85％，工业污染综合排放合格率 100％。吸取“3·9”事故沉痛教训，杜绝重大人员伤亡事故。至 1996 年，未发生重大伤亡事故。1997—2000 年，开展单位之间长周期无事故竞赛，每季检查评比一次，同时开展劳动安全岗位操作竞赛和培训，提高职工安全技能。1986—2000 年，重大事故死亡 16 人，重伤 11 人，累计发生事故 365 起。

四、钨矿通风防尘

大吉山钨矿 该矿为含钨石脉大脉型黑钨矿床，二氧化矽含量在固岩中占 57％，在矿脉中占 85％，在粉尘中占 60％，属高矽尘作业金属矿山。由于黄岩、爆破、放矿、运输和有机物腐烂等因素，使进入矿井内的空气含氧量减少，并产生一氧化碳、硫化氢等有害气体。全矿通风系统为分区抽出式通风，井下分为 3 个独立的通风区：中北组东部通风区、南组通风区、中北组西部通风区。1992 年起，因改变生产作业方式及民采干扰，3 个通风区主扇由矿生产调度根据需要确定开机时间。

西华山钨矿 该矿的矽尘防治工作以风、水为主综合防尘。根据国家卫生标准，西华山钨矿规定井下各个作业点空气含尘量不得超过每立方米 2 毫克，选矿精选工段烘砂，装包等作业点的粉尘含游离二氧化矽在 10％以下，空气含尘量不得超过每立方米 10 毫克，工业粉尘浓度合格率达 85％以上。该矿每月对各作业面测尘一次。1987 年更换老式鼓风机 210 台，对矿山井下 230 中段西部、270 中段 104 石门、230 中段北运道等通风系统进行调整，并实行湿式作业。至 1991 年年底，建立和调整井下通风系统 21 个，砌筑密闭墙 181 座。安装主、辅扇 22 台。1992 年下半年后，因改变井下作业方式，采取手工作业搞毛砂的方式进行生产，防尘措施主要用洒水清洗工作面。1997—2000 年，矿山井下生产中段实行个人风险抵押承包，大量民工进入承包中段，防尘工作概由承包者自行组织，主要防尘措施是局部小型机械化通风、湿式凿岩、清洗工作面等，工作环境相对恶劣。

盘古山钨矿 1989 年 7 月，该矿建材厂水泥生产烟尘实行综合治理措施，机立窑试行沉降室除尘，每天可回收水泥粉尘 0.2 吨，烟气达到排放标准。1991 年 5 月，该矿组织对锅炉使用单位开展锅炉烟尘超标攻关，采用旋风除尘加喷雾除尘，全矿锅炉烟尘危害得到有效控制，林格曼浓度由原来的 2.5～3 级降至 0.5 级以下，达到国家锅炉烟尘排放标准。1992 年，对投产于 1987 年的铋冶工程进行技术改造，对反射炉烟气应用旋风除尘器、布袋收尘器、二氧化硫吸收塔等回收、净化措施，烟尘、废气控制在国家废气排放标准之内。1995 年 12 月，推广应用矿山个体呼吸性粉尘监测技术，有效控制呼吸性粉尘的吸入。

画眉坳钨矿 1989 年，改造通风系统，维修密闭门 8 座，11 中段 12 号通风井与 10 中段贯通。1992 年，实施井下堵水截排工程，清理疏通水沟 1500 米，堵下水井 150 多个，518 中段窿口以上加高加固防洪拦沙坝 3 座，清理疏通 418、470 两个中段主排水沟。1998 年投资 5 万元完善 9 中段通风系统。1986—2000 年粉尘合格率 85.7%～88.7%。

下垄钨矿 1986 年，完成《井下采场通风防尘》科研项目，经武汉冶金安全技术研究所按 085748－85 国家标准测定，采用 FSF－45 型凿岩机采场凿岩作业的平均粉尘浓度，从常规措施每立方米 4.6 毫克降到 1.28 毫克；粉尘浓度合格率从常规措施的 15.38%上升到 92.3%。项目通过省级鉴定和验收，获中国有色金属工业总公司科技三等奖和江西省科技二等奖。1988 年，该矿使用 FSF－45 型凿岩机采取的配套综合防尘措施，采场凿岩作业粉尘浓度合格率 83.3%，位居南昌有色公司首位。1988—1990 年，大量民工进入国营矿区乱挖滥采，通风防尘设施遭到严重破坏，该矿采取相应措施，强化局部通风措施，恢复通风系统。1995 年 9 月，对个体呼吸性粉尘监测进行测试，取代瞬时全尘监测方式。

漂塘钨矿 该矿 3 个矿区均属高矽矿床，游离二氧化矽含量高，围岩占 44%～49%、矿脉占 91%～94%、粉尘 23%～60%，各作业工艺产生的粉尘分离度高，小于 5 微米的尘粒，采矿凿岩占 94.8%，装矿占 91%，对职工的身体健康危害大。1986—2000 年新增矽肺病人 58 人。完善 3 个矿区的通风系统：漂塘坑口矿区于 1988 年 4 月进行第二期通风系统改造，形成分区对角式通风系统；大龙山、木樟园矿区为中央抽出式通风系统，风流质量较好。凿岩坚持湿式作业，坚持使用防尘口罩，坚持爆破后使用通风机通风和洒水、坚持对井下工作面粉尘浓度检测。

第五节　有色冶金机械

有色冶金机械包括冶金机械、矿山机械、建材机械、造纸机械、通用机械等成台（套）设备和配件。赣南有色冶金机械企业主要有赣州有色冶金机械厂，该厂原为中央直属国有（营）中二型企业，属中国有色金属工业总公司南昌公司定点生产矿山设备的工厂。1987 年 8 月被国家机械工业委员会评定为全国机械工业管理企业。1992 年 9 月启用第二厂名——赣州建材机械厂。1998 年 4 月，中国有色金属工业总公司撤销，改隶国家有色工业局，由中国有色金属工业总公司南昌公司代管。1999 年 8 月为中国稀有稀土金属钨业集团公司单位，2000 年 7 月下放江西省，归属江西稀有稀土金属钨业集团公司管理。

该厂设备齐全，总台数 583 台，其中 1986 年后新增 97 台，主要有 XL2012×400 龙门铣床、B621000A 移动式牛头刨床、数显车床和数显铣床、YWB67Y－100 液压板料折弯机、C61100×3000 卧式重型车床、CQ5250A 立车、TX61130A/2 镗床、CDW11HNC32×2000 三辊卷板机。具有铸钢、铸铁、锻造、精密铸造、铆焊、机械加工、热处理等综合生产能力。获得国家工业计量工作二级单位证书和一、二类压力容器设计制造许可证。

主要产品有SQC系列湿式强磁选机、LX系列离心选矿机、PEF系列颚式破碎机、QX系列清洗机，各式球磨机、棒磨机，各种非标设备及各种大钻头、小针头、凿岩机、柴油机、装岩机、矿山运输、采选设备配件、高锰钢铸件，各种齿轮、采金船挖头体，一、二类压力容器，制糖机压榨辊，造纸机械等。1986—2000年开发产品35项，主要有系列密封环、锁紧螺母等出口产品，水泥磨机、颚式破碎机，高梯度磁选机、加络高锰钢、中锰钢耐磨材料、2JIP-1.6矿用提升绞车，系列浮选机、Φ1500及以下系列单双螺旋分级机、MQG2727球磨机、Φ600、Φ900短头圆锥破碎机、伊朗铜冶炼工程铸渣机、捞渣机等。获得江西省人民政府或中国有色金属工业总公司颁发的优质产品证书的产品有LX-78离心选矿机、QX-810型高压热力（移动式）清洗机、华兴牌Y138-7×22马蹄形钎头、150挖金斗半瓦、DQF系列电磷气阀、华兴牌采用船挖斗体等。其中，加铬高锰钢1991年获江西省优秀新产品三等奖、1992年获江西省科学技术进步奖三等奖、1993年获国家科技成果证书，SLON立环脉动高梯度磁选机的推广应用获国家科学技术进步三等奖。

该厂拥有建筑面积11.59万平方米，固定资产5557万元，机械制造与修理能力达5000吨。制造的成品设备和各类机械配件销往全国25个省（市、自治区)。远销美国、英国、法国、澳国、韩国、瑞典、伊朗等国，以及中国香港地区。1986—2000年实现产品销售收入3.8亿元，上缴税金2510万元。1987年，在职职工2525人，为职工人数最多年份。2000年，在职职工1486人。

一、铸铁

铸铁设备主要有10T×16.5M双梁式吊车1台，20T/5T×16.5M双梁桥式吊车1台，PGJ-C-18100千瓦中频电炉1台，3T化铁炉1台，5T化铁炉1台，S202型碗形树脂混砂机1台。生产能力为单重800千克以下铜件、300千克以下铝件，18吨以下球墨铸铁，耐热铸铁、耐磨铸铁、灰口铸铁件。主要产品有磁选机、破碎机、球磨机、浮选机、铸渣机等铸铁配件，以及密封环、皮带轮、飞轮、肘板等出口产品。2000年，铸铁产量403.4吨，产值151.62万元，废品率2.88%，吨产品可控成本量下降10%，设备完好率89%。

二、铸钢

铸钢设备主要有15T×16.5M双梁桥式吊车1台，20T/5T×16.5M双梁桥式吊车3台，15T/3吨×16.5M双梁桥式吊车2台，10T×16.5M双梁桥式吊车5台，3T电弧炼钢炉2台，HST-1800KVA/10电炉变压器2台。

生产能力。1986年生产6个钢种，2000年拥有ZGMm3、ZGMn8n、ZG15、ZG25、ZG35、ZG45、ZG50Mn、ZG40Mn2、ZG50cr、ZG35simn、ZG35cr2mo、40crmor、ZG60cr2mo、35crmnsi、工业纯铁等15个钢种。主要产品有各种牌号的高锰钢铸件、铸造碳钢铸件、低合金钢铸件、耐热钢铸件、工程纯铁件。从20世纪80年代中期开始，每年生产出口高锰钢铸件200吨，出口碳钢铸件20吨，产品销往美国、英国、德国、瑞典、澳大利亚等国家。国内铸件执行国家标准，出口产品根据需方需要执行ANSI、BC、DIN或JIS等国外标准。2000年，铸钢产量2150.51吨，产值1200.68万元，铸件合格率98.45%，百元产值可控制成本85.72元，设备完好率97%。

三、铆焊

铆焊设备主要有32×2000卷板机、500T四柱万能油压机、100T×3200液压板料折离机、20T5T×20.2M双桥式吊车、DGHG-1000多有碳弧刨割焊机、交直流氩弧焊机等。主要产品有Ⅰ、Ⅱ类压力容器，冶金机械、矿山机械、建筑机械等各类钢结构产品，部分产品出口美国、伊朗等国家，并销往中国香港等地区。2000年上缴利费57.47万元，产量380.73吨，产值267.12万元，产品合格率99.95%，设备完好率95%。

四、金工

金工设备主要有C630车床、C620普通车床、CA6150Φ500×1000车床、B500牛头刨床、B516×160插床、X52W520×1250立式铣床、X62W320×1250万能铣床、T618Φ85卧式镗床、Y38－1Φ800×M8滚齿机、Y3180E滚齿机、Y54Φ462×M6插齿机、Y236Φ610×M8锥齿机、Z535Φ35立式钻床、5T×1414双桥式吊车和单桥式吊车、Z3050×16CⅡΦ50摇臂钻、B62100A1000×2000移动式牛头刨、CQ5250珠大立车、C5235立车、XL2012龙门铣、T6216B落地镗、TX6113A/1卧式镗床、Z3080钻床、YG31315滚齿机、Y31125滚齿机、OF－16滚齿机、CW61100车床、SI－148A车床、B2016A九米龙门刨、B115六米刨床等。

主营冶金、矿山、建材通用机械加工、成台设计、制造及各种齿轮加工等。主要产品有3A—6A浮选机，9M—14M螺旋输送机，150×250、250×400、150×750破碎机，矿车，减渣机，浓缩机，稀油站，搅拌桶，以及柴油机、空压机、通用机械、运输机械、破碎机械、选矿、冶金机械、高锰、齿轮、其他等十大类配件；成台、套产品；冶金机械、矿山机械、通用机械、造纸机械、通用机械等。

2000年，完成产量1610.67吨，产值2004.96万元，合格产品率99.8%，设备完好率94%。

五、钎具

钎具制造设备主要有Y32－100型四柱万能油压机、GP－60及GP－100高频加热炉、20吨卧式摇床、Φ750立式平面磨床、钎头生产加工线。主要产品有Y38－722型马蹄形钎头、Y40－722型马蹄形钎头、YSP－45钎套等钎具、凿岩机备件。2000年，产量70.6吨，产值456.93万元，产后合格率99.93%，设备完好率95%，利润121.75万元。

六、模具

金属模具主要设备有车床、铣床、刨床、磨床、钻床、电焊机、线切割机等。主要承担工夹具、刀具、量具、模具生产；承制钎头模、铸件模，精铸模、型料封模、冲压模等项模具设计、生产和制造。具备加工各种齿轮、蜗轮、滚刀以及冶金、矿山、水泥、运输等机械配件的生产能力；承制定型成台产品，如清洗机、切管机、往复泵、高频电磁气阀、选矿机、搅拌桶、皮带输送机、破碎机等。2000年，完成商品产值119.39万元，利润26.4万元，产量46.32吨，设备完好率96%，产品合格率99.92%。

模具主要设备有Φ600×1500普通木工车床、630毫米压刨、300毫米平刨、2吨单梁吊车。该模制作主要确保各铸造产品造型所需模型。废损率0.01%、返工率3%。

七、制氧

制氧主要设备有FL－50型分馏塔、55－210型膨胀机、1－5/55型空机、323.5－1.67/150型氧压机。制氧采取尝试冷冻分离空气法生产氧气，主要工艺流程为空气压缩—空气净化—空气膨胀—深冷—分离—气框储氧—充装（充瓶）—入库。1991年前，每天可产氧气420瓶。1992年增加设备，氧气产量增至每天630瓶，氧气纯度为99.2%～99.7%，达到国家工业氧标准。1996年1月，安装一套氮气管理设备，利用原制氧和充装设备生产氮气，供应市场。氮气纯度为99%～99.8%，每小时生产氮气34瓶。2000年，氧气产量内供3.84万瓶、外销3.1万瓶，外销产值37.86万元，上缴利费13.20万元，设备完好率95%。

八、精密铸造

精密铸造主要设备有250AG中频电炉，3M3燃爆热处理炉，110千瓦箱式电烘模炉。主要产品有工程机械、矿山机械、冶金机械、运输机械的各件，其工程机械中的斗齿产品形成批量生产能力。2000 年，完成产量 108.42 吨，产值 92.35 万元，产品合格率 99.63%，设备完好率 92%。

九、锻造

锻选设备主要有 2 吨空气锤、J93－160KG 摩擦压力机、20/5T×16.5M 双梁桥式吊车、G6010 圆盘锯、1.39×1.74、2.42 加热炉 1 座，G4025BΦ250 卧式带锯、750KG 空气锤，250KG 空气锤、A72－1260T 摩擦压力机、J53－160 型 160T 摩擦压力机、Q42－450 型 250T 棒料剪断机等。2000 年，产量 264.18 吨，产值 158.14 万元，产品合格率 99.99%，设备完好率 92%。

第六节　有色冶金研究

一、研究机构

赣南有色冶金研究机构主要有赣州有色冶金研究所（以下简称“研究所”），该所成立于 1952 年，原江西有色冶金研究所，1984 年更名为现名，1994 年增挂江西冶金研究设计院牌子，直属中国有色金属工业总公司，由中国有色金属工业总公司南昌公司主管，1999 年 8 月归口江西稀有稀土金属钨业集团管理。研究所设有矿业、冶金、材料、精细化工、设备制造、自动化、环境保护、分析检测和信息、科技情报等专业研究室，主要从事有色、黑色、稀有、稀土金属领域的采矿、选矿、冶金新技术、新工艺、新材料、新产品和新设备的开发应用研究，分析检验和环保监测等。1985 年，国家进行科研院所科技体制改革时确定为技术开发型科研单位，从单纯科研型机构逐步改造成科工贸一体化的科研经营型机构。1986 年开始削减事业费拨款，至 1990 年削减到位。2000 年有职工 426 人，其中科技人员 247 人。研究所已形成拥有自主知识产权的以稀土、磷选机为主导产品的高新技术产业。科学技术部认定其为国家重点新技术企业和南方稀土行业生产力促进中心；对外贸易经济合作部批准其为自营进出口企业和国家重点机电产品出口基地。研究所拥有的金属铝、金属镨、金属镝等单一纯稀土金属冶炼生产技术居全国领先地位，产品质量达国际先进水平。“赣研”牌稀土产品市场占有率高，产品畅销美国、日本和欧洲等市场；SLON、SQC 系列高效强磁选设备技术性能达国际先进水平，市场占有率大。研究所成立以来至 2000 年，取得科研成果 1000 多项，获国家级奖励 21 项、省部级奖励 150 多项、专利 16 项，大部分成果在国内 300 多家厂矿企业得到应用。1998 年 12 月通过由中国进出口商品质量认证中心主持的 ISO 9002 质量体系认证。经认证和批准，国家有关部门与江西省先后在研究所设立国家商检局钨和稀土进出口商品检验实验室、中国有色金属工业钨及稀有金属产品质量监督检验中心、中国有色金属工业赣州粉尘监测分析中心、江西省钢丝绳检测站、江西有色资源环境保护监测中心、江西有色冶金科技情报中心站、全国重稀土合金推广应用协作网、南方稀土应用工程技术研究中心等质检与科技服务机构。对外交流和经营出口业务已建立贸易科技往来的有美国、日本等国，国际市场的知名度和竞争力不断提升。

二、科研工作

研究所被确定为技术开发型科研单位后，改变过去单一搞科研的做法，转变为按国家经济建设需要和技术市场需求选择科研方向，建设成为与生产建设紧密结合的自主研究开发实体和科工贸一体化的新型科技企业，重点抓新项目的立项和执行中国国家重点科技攻关、技术创新工程等项目的组织实施，取得一批技术水平高、经济和社会效益好的重大科技成果。1986—2000 年，开展科研课题 872 项。

1986 年，开展科研课题 52 项，其中年内开题 37 项，完成课题 23 项，有 7 项科技成果通过技术鉴定，推广应用成果 15 项。获科技成果奖励 12 项，其中国家级 1 项、省部级 11 项。较突出项目有获国家科技进步三等奖的《武当山铜矿钢筋混凝土假顶分层崩落法》，获中国有色金属工业总公司科技进步三等奖的《龙南矿浸出液捞稀土与粗分组工艺》《钨细泥苏打压煮法制取仲钨酸铵》《宜春钽铌矿选矿流程调试》《永平铜矿选厂流程》等。

1987年，开展科研课题75项，完成课题41项，推广应用课题18项。获科技成果奖励10项，其中国家级奖2项，省部级奖8项。较突出项目有获国家科技进步二等奖的《盘古山钨矿下部中段地压活动规律及控制方法研究》，获国家科技进步三等奖的《金倾斜薄矿脉留矿法工艺及设备改进研究》，获中国有色金属工业总公司科技进步三等奖的《边界元技术及其在钨矿地压中的应用》《钨精矿分析方法GB16150.1—19—85》等，获中国有色金属工业总公司科技进步四等奖的《宜春钽铌爆破大块率研究》《光谱高纯基体氧化钴化学提纯方法研究》等，分别获江西省人民政府科技进步二、三等奖的《井下采场通风防尘》《洋鸡山金矿选矿流程试验》《大茅山铜硫矿选矿流程试验》等。

1988年，开展科研课题71项，完成课题34项，推广应用课题32项，有17项科技通过技术鉴定。获科技成果奖励6项，其中国家级奖3项、省部级奖3项。较突出项目有分别获国家发明二、三等奖的《龙南低钇混合稀土分离》《SQC系列湿式强磁选机》，获国家科技进步三等奖的《江西主要钨矿防尘效果评价》。

1989年，开展科研课题75项，完成课题43项，13项科研成果通过技术鉴定，推广应用课题4项。获科技成果奖励10项，其中部级奖7项、省级奖3项，较突出项目有获中国有色金属工业总公司科技进步二等奖的《画眉坳钨矿不稳定矿块采矿方法——高压预注浆锚索加固围岩浅孔留矿法试验研究》《中钇富铕稀土分离工业试验》等，分别获中国有色金属工业总公司科技进步三、四等奖的《金子窝锡矿难采矿体系矿方法研究》《直接从矿山母液分组稀土新工艺》，获江西省人民政府科技进步三等奖的《金属钕冶炼工艺新技术》等。

1990年，开展科研课题67项，完成课题36项，11项科技成果通过技术鉴定，推广应用课题10项。获科技成果奖励5项，其中国家级奖1项、部级奖1项、地市级奖3项。较突出项目有获国家发明三等奖，1995年获国家科技进步三等奖的《SLON立环脉动高梯度磁选机》，获中国金属工业有色总公司科技进步二等奖的《下垅钨矿樟斗矿区190中段以下开采及地压控制研究》。

1991年，开展科研课题68项，其中国家级火炬计划项目1项，国家计划委员会新产品试产计划项目1项，国家"八五"科技攻关专题5项。完成课题31项，10项科研成果通过技术鉴定。获科技成果奖励11项，其中部级奖5项，省级奖4项，地市级奖2项。较突出项目有获国家教育委员会科技进步二等奖的《钢丝绳断丝定量检测及其技术》，获中国有色金属工业总公司科技进步三、四等奖的《混合剂沉淀稀土》《混合稀土的X荧光光谱测定》《镝铁合金研制扩大试验》，获江西省人民政府科技进步三等奖的《会昌锡矿选矿流程试验及选厂工艺设计》《大茅金山金矿选矿流程试验》等。

1992年，开展科研课题46项，其中国家火炬计划项目1项，国家"八五"重点科技攻关5项，中国有色金属工业总公司项目13项，江西省科学技术委员会项目2项，自选项目7项，委托合同项目16项，完成技术鉴定和评价项目2项。获科技奖励8项，其中部级奖6项、省级奖2项。较突出项目有分别获中国有色金属工业总公司科技进步二、三、四等奖的《大吉山钨矿南组矿带开采与地压控制研究》《提高漂塘矿本坑技术经济效果研究》《提高大吉山钨矿细泥回收率试验研究》等，获冶金工业部科技进步四等奖的《冶金矿山矿井通风系统鉴定指标的研究与编制》，获江西省人民政府科技进步三等奖的《钨精砂钛、铍、钍、铀分析方法研究》，获江西省人民政府优秀新产品奖的《GDJY-I型便携式钢丝绳断丝检测仪》。

1993年，承担科研项目54项，其中国家"八五"重点科技攻关项目5项，国家火炬计划项目1项，中国有色金属工业总公司重点科研项目11项，省级重点项目4项，合同及其他项目39项。获科技成果奖励7项，其中省部级奖6项、地市级奖1项。较突出的有获冶金工业部科技进步二等奖、辽宁省人民政府科技进步二等奖的《阶段磨砂、中矿再磨、分级强磁、重选工艺，分选张岭贫赤铁矿工业试验》，获中国有色金属工业总公司科技进步三等奖的《天宝山矿务局高山矿区地压控制研究》《从永平铜矿铜硫浮选尾矿中综合回收钨矿扩大试验》《99.999%高纯氧化铕提取新工艺研究》等。

1994年，承担科研项目60项。其中，国家“八五”重点科技攻关项目5项，中国有色金属工业总公司重点科研项目11项，省级重点项目6项，合同及其他项目32项。获科技成果奖励8项，其中部级奖4项、省级奖4项。较突出项目有获江西省人民政府科技成果推广应用一等奖的《SLON立环脉动高梯度磁选机推广应用》，获中国有色总公司科技进步三、四等奖的《武山铜矿北矿带充填采矿方法试验研究》《GDJY－I型开进便携式钢丝绳断丝检测仪》等。

1995年，承担科研项目43项，获科技奖励6项，其中国家级1项、省部级3项、地市级2项。较突出项目有《离子型稀土原地浸矿新工艺研究》(85－107－02)，此项目为国家“八五”重点科技攻关项目，由赣州有色冶金研究所负责（技术牵头）、长沙矿冶研究院和长沙矿山研究院参加，1990年启动，历经5年按要求全面完成攻关任务并顺利通过鉴定验收并获专家好评，一致认为此项成果达国际领先水平，对保护生态和环境具有重大意义，能大面积推广应用。参加鉴定验收会议的有国家计划委员会、国务院稀土办、国务院稀土专家组、冶金部、中国有色金属工业总公司、国家环保局、江西省计划委员会、江西省科学技术委员会、江西省稀土办等部门，中央电视台等新闻媒体到会采访。这是研究所科技成果最高规格的鉴定与验收。1996年11月12日，国家科学技术委员会、国家计划委员会、财政部联合召开的“八五”科技攻关成果表彰会上，被评为国家重大科技成果和十大国际领先技术之一，同年获得江西省科技进步一等奖，项目专题负责人唐宗和被评为“八五”攻关先进个人并应邀参加表彰大会，受到江泽民等中央领导集体接见，中央电视台当晚新闻联播节目作专题报道。此项目还获国家发明专利，1997年获国家发明三等奖。《浙江平水铜矿地压研究》获浙江省人民政府科技进步三等奖、中国有色金属工业总公司科技进步四等奖。

1996年，计划安排科研课题51项，其中国家“八五”重大推广项目1项，国家“863”高新技术计划1项，国家火炬项目1项，中国有色金属工业总公司项目18项，江西省科学技术委员会项目7项，江西省计划委员会项目2项，横向合作项目11项，研究所自选10项。当年实际完成22项，9项科研成果通过鉴定，4项科研成果通过验收。获发明专利1项，获科技成果奖励6项，其中省部级以上奖励2项。

1997年，安排科研课题51项，其中国家“863”计划项目1项，国家火炬计划项目1项，国家“九五”攻关项目1项，国家重点推广项目2项，中国有色金属工业总公司推广项目3项，重点项目7项，江西省高新技术试点工程项目、火炬项目各1项，江西省科学技术委员会重点项目8项，江西省计划委员会项目1项，有色南昌公司项目1项，横向合同项目8项，研究所自选项目16项。完成41项，15项科研通过省部级鉴定，其中鉴定为国际领先水平的有3项，国际先进的有4项，国内外先进的有2项，国内领先的有1项，国内首创的有1项，国内先进的有4项，通过验收的有3项。获科技成果奖励8项，其中获“八五”重大科技攻关奖1项，国家发明三等奖1项，江西省科技进步三等奖1项，浙江省科技进步三等奖各1项。较突出项目有《包头铌资源综合利用选矿新工艺研究——应用新的选矿设备进行选制铌矿物的试验研究》获国家“八五”科技攻关重大科技成果奖，《氟化物体系电解生产镧铈镨钕合金新工艺》《平水铜矿8－10探勘线矿柱回采可行性研究》《平水铜矿矿石工业指标优化研究》分别获江西省科技进步三等奖、浙江省科技进步二、三等奖。

1998年，开展科研课题48项，其中国家级4项，国家有色金属工业局1项，江西省科学技术委员会5项，中国有色金属工业总公司南昌公司1项，横向合同项目1项，研究所自选项目14项。完成28

项，因经费未落实未开展工作3项。1项通过国家级中评估，2项分别通过省级验收与论证。获科技成果奖励11项，其中获冶金部黄金科技进步一等奖1项，国家有色工业局科技进步奖5项。江西省科技进步奖2项，地区科技进步奖3项。较突出项目有获冶金工业部科技进步一等奖的《金厂峪矿南部等空白处理研究》，获国家有色局科技进步二、三、四等奖的《SLON－2000立环脉动高梯度磁选机研制》《南方离子型稀土原地浸析采矿技术开发》《高梯度磁选技术在云南金属矿选矿工艺和流程改造中的应用研究》《凤凰山铜矿尾砂充填示顶底柱回采试验研究》《废旧钕铁硼回收工艺研究》，通过江西省科学技术委员会验收，获江西省人民政府重点高新技术试点工程项目奖（奖金30万元）的《30AhNi/MH电池、30吨阴极合金生产线建设》（江西省高新技术试点工程项目），完成国家中期评估的《电池级稀土材料研制》（国家“863”项目）。

1999年，开展科研课题50项，其中国家级5项、省部级20项、横向合同项目13项、自选项目12项。完成项目45项，结束课题20项，7项通过成果鉴定，申请发明专利1项。获科技成果奖励10项，其中省部级科技进步奖5项，地市级科技进步奖5项。较突出项目有获国家有色金属工业局科技进步二、三、四等奖的《攀枝花微细粒级钛铁矿选矿工艺研究及工业试验》《浙江省建德铜矿Ⅱ矿体矿柱回采工艺研究》《提纯非金属矿原料高梯度磁选机分选长石工业试验与应用》《微机稳流控制系统》《金属镝中Mn、Mg、Ni、Fe、Ca、Er的等离子光谱测定方法研究》。

2000年，开展科研课题50项，其中国家级4项，省部级23项，横向合同项目16项，自选项目7项。通过项目验收7项，申请发明专利2项，获赣州市科技进步奖5项，申请国家及江西省科技进步奖2项。较突出项目有通过国家验收的《储氢及永磁材料用稀土金属》（国家科技部中小型企业技术创新基金项目），国家发展计划委员会产业化项目通过项目实施的《用于高性能永磁及储氢材料的稀土金属》，金属生产能力从1999年的850吨增加至2000年的1200吨，《大吉山钽铌钨综合回收试验研究》通过专家评审，一致认为该最新流程作为首选方案，拟申报进入国家“十五”重点科技攻关。

三、技术改造与新产品开发

研究所加大科研开发力度和科技产业发展。先后研制开发SQC系列磁选机、重稀土硅铁合金、金属钕、金属镝、湿润剂等科研成果。发展优势技术和支柱产业，开发具有市场前景的新产品、新设备、新材料为重点，为产业化建设和进入经济主战场创造条件。

1986年12月，研究所利用从事稀土20多年的经验和技术设备优势，新建稀土分离厂，101、102工程正式投料生产。1989年3月，二氧化二镱工程、镝生产线、301工程相继投产。1992年，为提高稀土产品的科技含量和附加值，稀土分离厂利用直径100×1200毫米色柱进行提2N三氧化二铕试验，筹建4N三氧化二铕生产线，对4012段三氮化二铒。生产线萃取槽进行验收。1996年对2N三氧化二镱生产线进行扩建，三氧化二镱纯度达到99.95%以上，年分离能力达80吨富钇原料，生产能力达50吨/年。1986年年度收入259万元，其中科学事业费110万元，科技专项费58万元，技术性收入38万元，非技术性收入12万元，其他收入41万元。

1987年，筹建氧化钇生产线，规模为30吨/年重稀土氧化物，为稀土深加工提供条件。1988年，稀土合金新品种镨钕合金、镝铁合金相继生产；稀土粗分线、2N氧化镱生产线筹建生产。1989年，重稀土分离线、中钇富铕粗分线相继投产。

1993年，研究所成立超研材料厂，建成人造金刚石生产线。11月，镧、铈、镨、钕混合稀土金属试制成功。磁选设备的生产达到历史最好水平，其中SQC系列磁选机产销两旺，并于1994年研制出首台高场强高梯度磁选机，此设备对解决有色、黑色金属难选物料的选矿，尤其对非金属矿（如陶瓷物料）的提纯是一种新型研选设备。

1994年，研究所被定为江西省高新技术开发试点工程单位之一，承担省级高新技术试点工程项目“年产100万支镍氢电池和30吨阴极合金粉”研制，江西省副省长黄懋衡参加项目签字仪式。1996年，研制出Ni/MH电池、阴极合金粉及用于移动电话的镍氢电池块。同年，新建轻稀土分离线正式投产，产出3N三氧化二镱、2N十一氧化六镨和2N三氧化二钕产品，标志研究所在稀土单一产品研制与开发方面向前迈进一大步。1996年全所实现事业收入6537万元，交纳税金199万元，净利润89万元，出口创汇475万美元，自营出口60万美元。

1997年，研究所“年产1000吨稀土金属生产线技术改造”项目被国家经贸委列入中西部优势工程和老工业基地改造振兴工程专项规划，开始进行ISO 9002质量认证工作，并于1998年12月通过由中国进出口商品质量认证中心主持的ISO 9002质量体系认证。质量目标为合同履行率100%，用户投诉为零；研究所稀土产品、磁选机、LJ－I开进流量控制机、CHJ－I型湿润剂、TCF－I型特种除锈防锈涂料等产品赣研牌商标获国家商标局正式注册。至1998年年底，研究所已形成年处理300吨离子型稀土分离能力，年产400吨单一稀土金属、150吨稀土合金、200吨混合稀土、8000吨稀土混样加工、300吨稀土分组分离，新增14台650吨电解炉年产稀土金属、150吨稀土合金，年产磁选设备20台套，贮30吨氢合金粉，镍氢电池30万只的生产能力。当年研究所被江西省科学技术委员会批准为江西省稀土行业生产力促进中心。

1999年，研究所生产的金属钕、金属镝被全国磁性材料与器件行业协会认定为优秀产品。稀土金属生产线新增3千伏安电磁炉8台套，生产能力由上年的650吨/年增至800吨/年，成功制造出越大超宽SQC－2770A大型湿式强磁选机。当年，研究所被科技部命名为南方稀土行业生产力促进中心。

2000年，研究所在科技部和国家计划委员会的支持下，实施技术创新基金工程项目“储氢及永磁材料用稀土金属”和高技术产业化项目“用于高性能永磁及储氢材料的稀土金属”。扩大生产规模，添置2台套真空还原炉，金属镝生产能力增大；稀土材料厂新增9台3000安培电磁炉，金属钕产量扩大。全所投入生产的稀土金属冶炼主要设备有3千安培电磁炉39台，2500安培电磁炉6台，真空还原炉6台，形成规模化稀土金属生产。生产能力从1999年850吨增至2000年的1200吨。2000年全所工业总值1.94亿元，实现综合收入1.98亿元，交纳税金244万元，出口创汇641万美元，自营出口283万美元。

四、国际商贸与科技交流

采取“邀请进来、友好洽谈”“走出国门，访问客户”，参加交易会、博览会等多种形式进行对外交往和经营出口业务。1986—2000年，共接待外宾来访66批168人次，单独或联合组团出访25批42人次，在国内与外商洽谈15批29人次。与日本、美国、法国、德国、英国、南非、俄罗斯、奥地利、韩国、泰国等国家，提高研究所在国际市场的知名度和竞争力。主要外贸外事活动如下：

1986年6月30日，朝鲜万年青钨矿考察团到研究所考察钨的选矿技术；7月22日至8月4日，游宏亮参加有色金属总公司组织的稀土贸易代表团赴日本考察和洽谈生意；11月6日，陈启仁赴加拿大考察选矿技术。

1987年10月，钟诚学赴泰国、菲律宾考察。

1989年8月28日至9月1日，邱道益赴波兰克拉科夫矿冶学院参加第十二届国际X射线光学与显微分析学术会议；9月，SQC磁选机参加在曼谷举办的1989年泰国科技产品及技术出口展览会；9月17—22日，熊太和赴德国科隆出席国际冶金工业生产技术合作会议并宣读论文《立环脉动高梯度磁选机的研制》。

1990年7月，甘宗安赴苏联考察。同年，产品金属钕销往日本，打入国际市场，产品质量获外商好评。

1991 年 4 月 2 日和 7 月 12 日，日本岩谷产业株式会社驻上海代表到研究所洽谈生意；6 月 30 日，日本东海有限贸易公司、日本化成有限公司一行 2 人到研究所洽谈生意；8 月 17 日，日本东芝公司一行 7 人到研究所考察并洽谈稀土业务。

1993 年 5 月，SQC、SLON 系列磁选机代表中国强磁选设备水平，参加由中国科学技术协会组团、中国首次参加的在澳大利亚悉尼举办的国际选矿设备展览会，引起国外同行强烈反响；11 月，国际钨协会代表一行 11 人到研究所交流考察。

1994 年 1 月 17—18 日，南非红河公司考察 SLON 型磁选机使用情况，携带矿样到研究所进行探索性试验，于 6 月 23 日正式签订合同租用研究所 SLON－1000 型磁选机到南非进行半工业试验，设备于 7 月 6 日从深圳文锦渡海关运往南非。9 月，磁选机在南非国家矿冶研究中心明太克矿冶研究中心安装调试成功并开始选矿试验，至 11 月 30 日顺利完成第一期半工业试验，南非要求继续租用设备进行第二期试验。1995 年 11 月，与南非红河公司正式签订出口 2 台 SLON－1200 高梯度磁选机合同，这是专门为南非设计的新机型，是研究所首批打入国际市场的机电产品出口合同，1996 年 3 月出口南非。

1994 年 3 月和 12 月，法国罗纳普朗克公司驻广州办事处到研究所洽谈稀土贸易与合作事宜、金属钕来料加工贸易，这是研究所首次直接与世界著名大型稀土企业建立友好贸易关系；7 月，日本岩井株工会社到研究所洽谈稀土金属贸易事宜。

1995 年 5 月 25 日和 6 月 1 日，日本东芝株式会社 3 人、三井物产株式会社 4 人和日本东芝电子亚洲有限公司分别由中国有色金属工业进出口江西公司副总经理王晓峰陪同到研究所参观访问。同年 9 月，研究所进出口贸易部成立，自营进出口业务正式启动运作。

1996 年 4 月 22—24 日，应美国 TMI 公司邀请，彭青参加在美国亚特兰大召开的'96国际磁性材料会议，并与美国 TMI 公司达成合作书。

1997 年是研究所成立以来接待外商来访批次人数最多的一年，全年共接待日本、英国、德国、法国、美国、俄罗斯等国家客商 23 批 40 多人次。2 月，法国罗纳公司对中国数家企业金属钕产品对电后，认为研究所产品质量第一，采购金属钕 100 吨。4 月 5—18 日，研究所访问代表团出访日本住友金属公司。4 月 12—22 日，游宏亮参加江西省稀土考察团赴美国芝加哥召开的'97世界稀土磁性材料会议，并考察美国 MCENEAMET 等知名稀土企业。9 月 21—26 日，熊大和参加在德国亚琛召开的第二届国际选矿会议，并宣读《SLON 立环脉动高梯度磁选机的发展与应用》论文，扩大该设备在国际上的影响。12 月 16 日，俄罗斯硬质合金专家组一行 6 人，由中国有色金属工业总公司欧非处长刘希政陪同到研究所考察钨和稀土及磁选机的科研生产情况。

1998 年，日本日商井株式会社、日本三德株式会社、日本佳友商事株式会社、日本东芝公司、日本佳金铜公司奥地利 TREIBACHER AUERMET 公司先后到研究所访问。研究所先后组团出访德国、法国、日本等国家，到广州、北京等地与法国罗地亚公司、美国 MQI 公司、日本日商岩井株式会社代表会谈。

1999 年，研究所出访美国、德国、法国、奥地利、日本共 3 批 7 人次，访问 12 个公司；接待美国、南非、日本、奥地利、韩国来访 5 批 35 人次，在国内与外商洽谈 13 批 25 人次。先后来访的有美国 MQI 公司、南非 FLURRDANIEL 公司、日本日商岩井株式会社、日本三德金属株式会社、日本三活株式会社、日本日立金属株式会社、奥地利攀时公司、日本三井金属公司、日本蝶理株式会社、韩国先技公司、日本信友间事株式会社等企业。研究所先后组团或随团出访美国 RHODIA 公司、MQI 公司、美国稀土信息中心、日本三井金属矿业株式会社、信越化学株式会社、三德金属工业株式会社、信金钼株式会社、岩井株式会社、日商岩井株式会社，以及德国、法国、奥地利等国企业；先后在广州、北京、上海、天津等地进行洽谈的有美国MQI公司、日商岩井株式会社、日本日立金属株式会社、日本日商日棉金属公司、日本三井物产公司、英国庄信公司、日本岩谷产业株式会社、法国罗地亚公司等企业。

2000年，先后到访进行技术交流及商贸活动的有法国罗纳公司、日本冈谷钢机株式会礼、日本日商岩井株式会社、日本三德金属公司、美国MQI公司、日本昭光通商株式会社、日本信越化学株式会社、美国利仁国际贸易股份公司韩国分公司、韩国科学技术访问团（韩国科学技术研究院、韩国先进化学、韩国先技、韩国生产技术研究院等）、日本信越化学株式会社、日本三活株式会社、德国VAC公司、日本幸来磁业株式会社、日本三井物产株式会社、日本日立金属株式会社、韩国吾士化学株式会社、日本昭和电工株式会社、日本住友特殊金属公司、日本住金钼公司、韩国科学院、美国三特公司等团体企业。研究所先后组团或随团出访韩国、意大利、日本、法国、德国、奥地利、美国等国家进行商贸和科技交流。

第七节　有色冶金“三废”治理

有色冶金煤炭行业环境保护工作主要表现在对工业废水、废气、废渣“三废”的治理及开采业的植被保护方面。20世纪80年代初，在“靠山吃山、靠水吃水”的口号鼓动和经济利益驱动下，一些矿产资源较集中的地方掀起群采热潮，一时间的“稀土热”“黄金热”“煤炭热”“钨砂热”带来资源浪费、环境污染、水源破坏、植被损毁。经过矿业整顿工作，乱挖滥采的无序状况得到有效遏制，环境保护工作得到加强，“三废”治理进入严密监控和强化管理阶段。

一、废水治理

采选企业对井下排放出的被硝酸铵油炸药污染过的废水、地表中硫化物被氧化后产生的浮悬物、重金属离子及硫酸根离子、选矿厂浮选作业所排放的含有氰化物的废水等，采取“严格管理，集中归队，清浊分流，综合利用”方案进行治理。

大吉山钨矿于1986年兴建医院污水处理站、安装YDJ－200型净化设备，医院污水净化处理水质达到国家规定排放标准；1987年4月对主平窿井下排水沟加宽疏通并加盖板，在选厂新建6米浓密机截留主平窿井下水，沉淀后直接用于选厂，减少污水外排量；1988年在放水窿口兴建净化处理站，建造容积为550立方米钢筋混凝土结构多平式沉淀池和细泥晒场，安装搅拌设备和细泥设备，沉淀率为98%，排水达到国家规定排放标准。

西华山钨矿的废水源主要有矿山窿内流出的废水和选矿废水，1998年起投资20万元，在西华山下牛岗地小河先后建起3座拦河坝，矿山采选废水经三级澄清过滤后排入章江河，治理效果达到国家排放标准。

盘古山钨矿的采矿废水排放系统于1982年6月建成，但处理能力不能适应生产需要，工艺流程不完善，沉渣库容小，易造成二次污染，1986年10月对采矿废水治理工程进行改造，废水处理能力由9600吨/日增加至1.6万吨/日，改进工艺流程，扩大沉渣库容，实际处理能力2万吨，水质低于国家工业废水排放标准。1989年11月，投资54万元对选矿废水治理工程进行改造，废水处理能力达到3万吨/日，污染物综合去除率达到80%，各项指标达到设计要求，每年为选矿厂提供合格回水500万吨。1990年6月，盘古山钨矿竹山坪坑口建起一座300立方米废水沉淀池，在585窿口建成尾砂库，选矿废水、尾砂得到有效处理，废水返回供生产再用。

画眉坳钨矿矿区建有3个废水处理站，采矿废水采用添加石灰乳中和沉淀处理，大部分循环利用，少量废水达标后排放。1989年新建粗选废水沉淀坝1座，拦沙坝2座；画眉坳矿区选厂尾砂库第三期扩建工程于1988年8月动工，1997年年底完成尾砂流槽、坝原房、水池、侧坝及副坝等工程并投入使用。2000年，画眉坳钨矿工业污染排放，经江西省环境保护局核准验收。

下垄钨矿工业污水排放口有3个：樟斗选厂尾矿库排放口、下垄坑口尾矿库排放口、大平坑口尾矿库排放口。排放形式以浓度排放为主，每日排放量7200立方米。1991年开始，工业污水排放由过去的浓度排放转向总量控制排放，提高尾矿库复用水利用率，由原48%提高到92%以上，污水排放由原720立方米/小时降到450立方米/小时。排放的工业污水符合国家污水综合排放标准。1989年完成樟左选矿厂精选污水池、下垄和樟斗生活锅炉废水处理、樟斗烘砂排毒治理等工程。

漂塘钨矿工业污染源主要为大江选厂、大龙山选厂重选过程中新产生的废水。大江选厂1984年建成投入使用，在落木坑山谷建有1座均质土坝尾矿库，用于尾矿堆放和废水净化处理，工程投资520万元，每年环保运行费用72万元；大龙山选厂建于1962年、1981年投资370万元新建木樟园尾矿库，于1985年7月竣工投入使用，每年运行费用48万元。两个尾矿库运行正常，坚持废水排放污染物监测工作，排放的污染物各项指标符合国家规定标准。1998年7月更新部分环保设备。1999年，为解决漂塘坑口井下废水的重复利用，投入30万元开挖修建1条2800米长的引水渠道，使漂塘坑口井下排出废水全部引到大江选厂重复利用。投资70万元动工建设二期工程，尾矿库沉降距离延长。

二、废渣治理

采选企业对粗选过程和窿内排出的大量废石，重选厂排出的大量尾砂等，分别采取集中堆放及自溜尾砂扬送的送输方法集中到尾砂库，然后以堆坝的形式将尾砂沿岸分散堆积，为防止汛期洪水冲击，堆坝上游或两侧建有防洪、拦洪设施。

龙南稀土矿对废渣采取综合治理与综合利用相结合，建有40余座占地约1300多公顷拦沙坝种植经济果木，被国家稀土领导小组誉为“龙南模式”，其经验在稀土矿产区推广。赣南炼锡厂化验室的废渣（锡渣）、废水，视品位高低分别处理，对含锡率在5%以上的锡渣采取返回电炉熔炼，低于5%的采取集中堆放，质检销售，锡尘经制粒进行烟化处理，对电解槽的阳极泥则采用化学方法分别提取锡、铋、银等金属。

大吉山钨矿为处置工业生产中产生的固体废物——废石和尾砂，设有废石堆放固定场所和贮存选矿尾砂的尾砂库，2号尾砂坝1976年8月竣工投产，总投资115.8万元，库容量550万立方米，服务年限25年。1985年6月动工兴建的综合回收厂于1988年7月竣工投产。2000年，进行尾砂坝监测沟修筑，放水窿清淤和药剂投放，经省、市、县三级环保部门的“一控双达标”检查，矿区工业废水、废气排放、医院废水、尾砂、废石贮存均符合国家环保要求。西华山钨矿废渣治理的措施是固定堆放妥善处理。井下出窿废石就地堆放在窿口山坡上，逐年堆积平整为窿口坪地；选矿废石采用堆积法，分存在两个露天堆积场。1990—2000年，大量的废石用于公路建设、民用建筑，两个废石堆已基本清理完；选厂选矿区尾矿堆存于主厂房两侧的1号、2号尾矿（砂）库。1号库于1986年超役闭库，1987年开始对其进行植被覆盖治理，面积2万平方米。2号库至2000年已投产使用17年（设计服务年限20年）。2000年9月，大吉山钨矿向上级递交尾砂闭库工程报告，解决31.5万平方米砂面的填土植被覆盖问题。盘古山钨矿对选矿重选尾砂库进行覆盖治理，至2000年，利用矿区建筑废渣、生活垃圾覆盖尾砂库面积5000立方米，利用挖坑、填土、植树治砂方法种植湿地松6000余株，覆盖面8000立方米。盘古山钨矿坚持抓好矿区环境保护工作，积极进行“三废”（废水、废气、废渣）治理，优化生产生活环境，矿区绿化饱和率、覆盖率由1986年的92.3%、51.4%，分别提高到2000年的98.7%、56.6%。下垄钨矿对樟斗、下垄、大平3个坑口的废石和尾矿进行山谷式缓坡堆围，兴建尾矿库、拦砂（石）

坝等设施，控制工业废渣的流失，同时利用废石尾砂建房、修路、充填井下采空区。1993 年，投资 54 万元兴建樟斗尾矿库复用水泵房工程。1996 年，投资 8.8 万元对下垄坑口三级坝加高加固，新增库容量 4 万立方米。

三、废气治理

针对矿山井下空气中含游离二氧化矽粉尘浓度高的特点，采选企业改原来的打干钻为湿钻，对作业面加强通风和喷洒水，巷道空气与作业环境尽可能净化，降低粉尘对作业人员的侵害。

赣南炼锡厂为降低粉尘对生产人员的侵害，在精选和冶炼车间分别安装通风收尘管道的排烟收尘管道，设置有旋风除尘器、湿式除尘器、脉冲布袋除尘器等设备，每年收回钨锡粉尘 20～30 吨，锡粉尘 40～50 吨。赣加稀土有限公司 1989 年投资 40 余万元改善生产作业环境，污水、废气排放达到国家工业排放标准；1992 年再度投资 20 万元改造厂区的生活环境，在厂内铺设 300 米水泥路面的主干道，砌起 600 米厂区绿化带的瓷板过道，建起两座大花坛，构筑 48 个树护栏。工业园区环境优雅，空气新鲜，逐步成为花园式的现代工业企业。

大吉山钨矿建立完善环境监测工作制度，制定矿区大气环境质量标准，全矿设 5 个监测点，每年测定 4 次，每次连续 5 次，工业烟通气每季监测 1 次。西华山钨矿的废气源主要来自凿岩爆破产生的炮烟沙尘和冶炼厂废气。西华山钨矿在井下各中段有较完整的水平分区独立通风系统，治理较好，冶炼生产发生的废气采用玻璃废气净化器处理，废气排放达到国家标准。

赣州有色冶金机械厂把环保列入各时期的发展规划中，投入近百万元进行“三废”治理。1986—1990 年，完成 HXC82－3 电弧炉消烟除尘、锻铆车间锰尘毒气治理、金工车间热处理淬火毒气治理、空气机储氯罐沉降下的废油回收等项目。1992 年，安装铸钢分 T5 平方米淬火炉和 7 平方米退火炉清烟除尘装置、锻造分厂加热反射炉 0.42 平方米炉和 0.85 平方米炉 2 座清烟装置。1994 年，安装铸钢车间 7.7 平方米淬火炉和锻造出厂 0.85 平方米加热反射炉清烟除尘装置。2000 年 12 月，赣州市环境监测站对废水废气进行监测，符合排放标准。同时，通过江西省环保局“一控双达标”验收。

第四章　稀土采选与冶炼

赣南素有“稀土王国”之誉，稀土储量居全国第二，重稀土储量居世界第二。龙南县于 20 世纪 60 年代末首次在足洞发现花岗岩风化离子吸附型高钇重铈稀土矿床。1971 年 3 月，经赣州有色冶金研究所技术指导，龙南县在足洞共产主义劳动大学筹建起赣州地区第一座离子型稀土矿，揭开南方稀土生产的序幕。1980 年江西冶金学院（1988 年更名为南方冶金学院）采取环烷酸萃取法分离提取纯氧化铕试验成功；1983 年赣州冶金研究所对龙南足洞大型风化壳中含有的稀土反复进行岩矿鉴定及选矿、湿法的冶金试验，终于发现和掌握其跗存状态及富集比、高效率的提取法（该项目成果获国家科技成果发明三等奖），并命名为离子吸附型稀土矿。

第一节　稀土采选与冶炼企业

一、稀土采选企业

20 世纪 80 年代，新兴的赣州地区稀土工业采矿与冶炼分离并举，冶炼分离与深加工并重，大胆采用新技术、新工艺，稀土工业发展很快。由于受稀土超额利润的驱动，一度出现“遍地开发”、重复建设的无序状况，造成资金资源浪费、环境污染、水土流失和植被破坏。1988 年，赣州地区行署整顿稀土行业，实行持证开采，基本遏制乱挖滥采现象。20世纪80年代中后期，国际稀土市场“降温”，国内行业间开始相互压价，造成整个稀土业回落。为避免行业内部的恶性竞争，1987年7月由赣州地区冶金研究所、南方冶金学院、天津有机化工厂、甘肃稀土公司、湖南有机化工厂、赣州稀土金属冶炼厂、龙南稀土矿等32家成员单位联合组建赣南稀土（集团）公司，经营稀土产品，生产稀土冶选化工原料，对行业进行组织、协调、服务。1990年，全地区有国营稀土采选、冶炼企业26家。1991年，全地区有国有稀土矿山13家，集体与个人矿点1000多个；有冶炼厂7家，能分离提纯15个单一稀土氧化物；国有稀土企业拥有固定资产原值9089万元，固定资产净值7609万元，职工2643人。到1995年年底，区内拥有国有稀土工业企业18家，其中稀土矿山4家、冶炼厂6家、应用产品企业2家、经营稀土产品公司6家，国有固定资产原值9735万元，净值7162万元，职工1995人。20世纪90年代中期，国际、国内稀土市场转势回升，赣南稀土业开始复苏并逐步走上正常生产。1999年，因受稀土生产经营“低潮期”冲击已资不抵债的赣南稀土（集团）公司依法破产。2000年8月，由赣州冶金研究所、赣州稀土金属冶炼厂、龙南稀土矿、赣加稀土有限公司等12家稀土企业，再度联合组建赣州南方稀土矿冶有限责任公司，赣州市稀土工业重新规范、集约、健康生产经营。至年底，赣州市有国有市、县（市）稀土采选、冶炼企业19家，其中采选企业7家、冶炼加工企业12家。

2000年，赣南采选企业主要有龙南建材稀土矿、龙南鑫和稀土有限公司、赣南稀土厂、定南宝申实业公司、龙南足洞共大稀土矿、寻乌县稀土（集团）公司、寻乌县稀土原矿生产经营公司等7家采选企业，拥有固定资产（净值）4090万元，年销售收入3468万元，实现税利137.5万元，年末职工人数303人。

二、稀土冶炼加工企业

赣南稀土选炼加工企业12家，主要有赣州稀土金属冶炼厂、赣县稀土矿、赣县稀土公司、赣加稀土有限公司、信丰县稀土分离厂、赣南天华稀土金属冶炼厂、赣南晨光稀土冶炼厂、赣南信发稀土冶炼厂、安远县稀土工业公司、龙南县稀土金属材料厂、龙南县稀土冶炼厂、达成稀土金属材料厂等12家稀土冶炼加工企业，2000年末拥有固定资产（净值）5146万元，年销售收入3.65亿元，实现税利563.7万元，期末职工人数1522人。

三、企业选介

赣加稀土有限公司 其前身为赣南稀土冶炼厂，始建于1985年4月，注册资金240万元，属小型稀土冶炼加工企业。1987年12月，经与加拿大加太稀土金属公司达成联营协议，改名赣加稀土有限公司，1988年2月获江西省政府批准，同年3月由国家工商总局核发营业执照，属副县级企业。公司注册资金为327.8万美元（其中中方出资71.5万美元，加方出资256.3万美元），公司占地面积4.16万平方米，2000年期末职工人数312人，为赣州市技术设备较先进、稀土加工能力较强的中外合资企业。可产出5个单一稀土元素产品和4个富集物产品：中钇定铕稀土经萃取，分离出镧—铈、镨—钕、钐铕钆、富铽、高钇富集物；由镨钕富集物萃取，制得镨和钕的单一氧化物产品；钐铕钆萃取得到钐和钆的单一产品及铕的富集物；重稀土富集物经过萃取得到氧化钇和非钇重稀土产品。赣加稀土有限公司开展数度技术改造，可制取氧化钇、氧化钕、氧化钐、氧化钆、氧化镧、精铕、铽镝富集物、镧镨钕富集物、重稀土富集物等9种产品，远销欧美、日本等国，以及中国香港地区。2000年，公司固定资产原值2685万元，净值1586万元，完成工业总产值1.51亿元，销售收入4805.5万元，创税利534.9万元。

赣南稀土厂 创建于1984年7月，原属赣南炼锡厂一车间改造发展而成的小型稀土冶炼加工厂。企业占地面积904平方米，建筑面积1820平方米，动力机械总能力197千瓦。主要产品为稀土陶瓷色剂，品种10多种。1986—2000年实现工业总产值2747.6万元，销售收入2714.7万元，利润30.6万元，上缴国家利税110.6万元。1999年7月，公司由江西赣南欣业稀土有限公司租赁。

第二节　稀土采选与冶炼加工

一、提取及分组分离

赣南的风化壳离子型稀土矿，主要自原矿起即进入湿法冶金提取方法，主要提取工艺有两种，即食盐——草酸提取工艺和硫酸铵——草酸提取工艺。前一种工艺因需经过两次灼烧，成本相对高不常采用，大多数企业采用后一种工艺。市（地区）内稀土产品的分组、分离工艺主要有三种，即化学分离工艺、离子交换工艺和萃取工艺。通过分组、分离，主要可提取钕、钐、铕、钇、镝、铒、钆等单一产品及镧铈、镨钕、钐铕、富铽、富钇等富集物。

二、冶炼加工产品应用

1986—1990年是赣南稀土工业生产的鼎盛时期，全地区建有26家国营稀土采选、冶炼加工企业，其中赣州稀土金属冶炼厂、赣加稀土有限公司、龙南稀土冶炼厂、寻乌稀土冶炼厂、信丰稀土冶炼厂、定南稀土冶炼厂、全南稀土冶炼厂等7家为地区骨干企业。26家企业中，有16家采用中钇富铕型混合稀土氧化物为原料，产出多种单一氧化物和富集氧化物；有4家采用高钇重稀土强合氧化物为原料，产出氧化钇的单一产品和2个分组产品；有6家采用高镧富钕型轻稀土氧化物为原料，可产出5种单一产品和4种富集物。

稀土产品应用，赣南主要有镨黄、镨绿、钕红、钐黑等稀土陶瓷色料、重稀土硅铁镁合金（球化剂）、稀土耐磨球、稀土耐热钢件、人造宝石等稀土金属以及稀土微肥、稀土节能灯等。赣南稀土新产品、新材料开发过程，由于受到资金、市场开拓能力等条件限制，尚未形成规模生产，资源优势没有完全转化成产业优势，产品应用仍处于起步阶段。

三、基建技改

20世纪90年代初期，赣州地区稀土工业由于受国际市场跌价、国内同行压价影响，产品售价跌至历史最低水平，不少企业亏损，整个行业出现萧条。1993年后，稀土行业市场开始回升，为恢复生产，至1995年年底全行业投入资金942万元，用以完善、复产、改造和扩建稀土行业。属科研项目的投资：由龙南稀土矿与赣州冶金研究所联合开展的“原地浸矿”科研攻关投资60万元，该项目当年试产成功后在全省、全国推广应用。属基建和产品开发项目的投资：龙南稀土公司新建人造金刚石厂投资228万元，次年投产后生产规模扩大到32万克拉/年水平；赣南稀土集团公司、地区经委联合兴建年产300吨彩花纹涂料的地区化学建材厂投资11.6万元；赣州稀土冶炼厂兴建设计年产能力300台手携式钢筋对焊机的建材机械厂，自筹资金32万元；龙南稀土矿投资210万元，新建一陶瓷厂（后因技术不过关停产）。技改方面有赣加稀土有限公司多年注重技改投入，年处理氧化稀土能力由350吨/年提高到600吨/年，后又再度提高到1200吨/年，实现生产能力的翻番和产品质量的优化。

第五章　贵金属黄金采选与冶炼

赣州市（地区）金矿主要分布在兴国、南康、崇义、信丰等县（市），黄金工业起步较晚。1987—1995 年，全地区加强黄金工业建设，投资兴建南康赤土金矿、崇义扬眉寺金矿、兴国留龙金矿等金矿，其中兴国留龙金矿是赣南黄金开采规模较大、技术水平较先进的县属国有黄金生产企业。

1986—2000 年，赣州市（地区）不断加强黄金行业管理，保障黄金规范有序开采。1988 年，组建赣州地区黄金公司。20 世纪 90 年代初，相继在兴国、南康、崇义、信丰等重点产金县成立黄金管理站。1995 年 7 月，在全地区各采矿点开展工业普查和审批、办理“两证”（矿产资源勘查许可证、采矿许可证）工作。

第一节　黄金采选与冶炼发展简况

赣州市（地区）黄金工业起步较晚。1987 年 12 月，省、地投资 330 万元，分别兴建南康赤土金矿和崇义扬眉寺金矿。1988 年，投资 1170 万元筹建兴国留龙金矿。随着黄金工业的兴起，行业管理开始得到加强，地区行署成立黄金领导小组，1988 年组建赣州地区黄金公司。20 世纪 90 年代初，兴国县、南康县、崇义县、信丰县等重点产金县相继成立黄金管理站。1993 年 6 月，赣州地区金银产品技术监测中心开业，该中心属江西省最先成立的地区级金银产品监测部门。黄金市场逐渐发育，黄金工业也逐步得到发展。其间，除兴国留龙、南康赤土、崇义扬眉寺金矿外，其他一些产金县产金企业也开始诞生，一批乡镇黄金矿点由此兴起，群体“采金热”火爆，不时还因山权、地界和资源等发生民事纠纷。如 1992 年 1 月 2 日，赣县阳埠乡横坑村黄金采矿点发生南康、赣县群采民工械斗，重伤 5 人，轻伤 20 余人。8 日，通过地区民政、公安和当地黄金生产管理部门调解和“清山”才得以平息。1993 年 10 月，南康内潮乡黄金矿区民采秩序混乱，地区矿产局、地区黄金公司配合当地政府开展“清山”整顿。1994 年 5 月，兴国县留龙金矿外围非法采金民工与国有矿争抢资源，地、县组织由公安、监察、法院、工商、矿管、环保、水保等部门，联合开展“清山”，炸毁非法窑洞 78 个，捣毁非法炼金窝点 14 处，拆除工棚 83 座，驱除非法采矿民工 580 余人。根据省黄金公司的要求，针对区内黄金开采一度出现的混乱状况，1995 年 7 月，地区黄金公司在全地区各采矿点开展工业普查和审批、办理“两证”工作，赣南黄金产业开始规范有序计划开采。

第二节　黄金采选与冶炼

一、黄金采选工艺

黄金选矿工艺流程按其作业性质不同，一般采用溜槽选矿工艺，或采用破碎—磨矿分级—金泥氰化—炭浆吸附—氰渣浮选等。赣州钴冶炼厂采用低氯化盐浸矿工艺，回收砷冰钴高酸浸出渣中的金、银等附属产品。

二、基建技改

为利用赣州资源优势，加快黄金工业发展，1987—1995 年，全地区投入 1500 万元用以黄金业建设，其中 1987 年省、地投入 330 万元，分别兴建南康赤土金矿和崇义扬眉寺金矿，于 1988 年实现简易投产；1988 年省、地投入 1170 万元筹建兴国留龙金矿，于 1989 年 12 月 19 日试生产第一炉黄金，实现赣州地区国营企业炼金零的突破。随后几年，国家与企业又先后投入 119.4 万元进行技术改选和完善工艺流程，企业生产能力得到明显提高。1994 年、1995 年，国家投资 160 万元用以建设南康康地金矿，但未达到如期效果。

三、地属国有（营）归口企业

兴国县留龙金矿是赣南黄金开采规模较大、技术水平较先进的县属国有（营）黄金生产企业。1985 年 10 月筹建，1988 年 12 月选厂联动试车，1989 年 12 月试生产出第一炉黄金，1991 年 11 月 100 吨/日采选工程竣工，次年 1 月 1 日正式投产。该矿基建概算投资 1170 万元（实际投入 1311 万元），矿化面积 1.75 千米，属金矿矿床，有含金矿脉 24 条。自 1990 年至 2000 年 8 月，完成工业总产值 4588 万元，上缴国家利税 38.6 万元。南康赤土金矿和崇义扬眉寺金矿其成矿均属沙金矿床，资源主要散布于河床和农田中，含金品位较低，回收率低，成本高，因无法形成规模生产，投产不到 2 年时间相继停产。

表 21－5－1

1992—1995 年赣州地区黄金矿及其储量保有情况统计表

企业名称	企业性质	开办日期	投资情况(万元)	生产能力(吨/日)	保有储量(千克)
信丰正平金矿	集体	1993 年 8 月	130	15	D 级 75
信丰潭口村金矿	集体	1993 年 6 月	16	5	D 级 50
南康康地金矿	全民	1994 年 9 月	160	25	D 级 249
兴国东村金矿	集体	1995 年 7 月	5	5	—
南康赤土镇金矿	集体	1995 年 9 月	50	—	D 级 10
崇义金坑金矿	集体	1995 年 9 月	50	5	E 级 160
龙南肖美金矿	集体	1995 年 10 月	15	5	—
兴国园岭金矿	集体	1992 年 4 月	10	5	E 级 100

第二十二篇

工　业

1986—2000年，赣州市（地区）工业主要有煤炭工业、电力工业、机电工业、轻化纺工业、建材工业、食品工业、医药工业、二轻工业、车船修造业。赣州工业经过技术革新、体制改革，实现较快速度发展。全市工业总产值由1986年的13.45亿元提高到2000年的202.71亿元。全市（地区）工业产品质优价廉，行销全国各地，有8大类430余个品系（种）。

赣南的煤炭开采有数百年历史。20世纪90年代末，赣州煤炭行业开始资源萎缩、包袱沉重。2000年，煤炭企业开始面临破产的状况。赣南充分利用水能资源丰富的优势，积极发展小水电建设，逐步形成以水电为主、火电为辅的供电方式。赣州机电工业持续发展，2000年，全市机电工业完成总产值5.23亿元，实现利税2305.6万元。轻化纺工业由高速发展转向低速调整，行业经济总量逐步萎缩。赣南建材工业以水泥、墙体材料为骨干，兼有水泥制品、保温材料、建筑石材、建筑陶瓷、防水材料、建筑涂料、非金属矿产品和化学建材等产品，初步形成赣南建材工业体系。食品工业是赣州的特色产业、工业支柱产业，2000年，全市食品工业蓬勃发展，各类食品企业达500多户，固定资产净值15亿多元。卷烟企业有赣南卷烟厂、赣南卷烟厂兴国分厂。2000年，赣南卷烟企业累计生产卷烟216.93万箱，实现利税13.92亿元。全市（地区）医药工业主要生产化学原料药和中成药。1986—2000年，全市（地区）药品生产企业累计生产化学原料药2598.98吨，中成药13702.13吨，实现利税总额9265.4万元。全市（地区）二轻工业改革体制，调整企业结构和产品结构，发展多种经济联合体。2000年，全市二轻工业总产值由1986年的1.31亿元增至2.59亿元。赣南车船修造业有船舶修造和汽车修造。船舶修造企业受整个内河航运市场影响不断萎缩。汽车修造企业在20世纪90年代迎来发展黄金时期，经济效益明显提高，2000年后逐步倒闭。

第一章　煤炭工业

赣南的煤炭开采已有数百年历史。20世纪50年代末至2000年，赣南煤炭工业历经三次较大的发展机遇，产量出现过高峰期。1958—1985年，煤炭部、江西省先后拨给赣南区内23个煤矿的27对矿井基建和技改资金4496.7万元，为1986—1995年赣州地区煤炭工业实施"七五"规划与"八五"规划打下基础。至1991年年底，全地区有国营16矿18对矿井，年生产能力35万吨，从业人员4469人；集体和个体矿405处，年生产能力50万吨，其中乡镇集体企业45处，年生产能力24万吨，个体矿井360处，生产能力26万吨，乡镇企业从业人员9800人。1995年，全地区原煤产量达195万吨，为赣南煤产量历史之巅。随着电力供应的缓解，能源多极化的出现，20世纪90年代末，赣州市（地区）煤炭行业由于资源萎缩，设备老化，冗员增多，包袱沉重，在改革中面临空前困难，有的甚至进入生产经营的恶性循环之中，加上地方小煤窑的乱挖滥采，给国有矿的生存空间埋下潜在危机。

第一节　行业规模

一、主要企业

2000年，赣州市煤炭行业直属企（事）业单位有赣南高桥煤炭工业总公司、赣南大桥煤矿、赣南东江煤矿（2000年4月下放龙南县管理）、赣州市地质队、利村煤矿留守处。县设煤炭管理机构有信丰、于都、龙南、赣县、宁都、兴国、瑞金、全南、上犹、崇义等煤炭资源分布县，均成立煤炭行业专管（兼管）机构。归口管理的县（市）国有煤炭企业有赣县小坌煤矿、龙南县大田煤矿、崇义县煤矿、全南县煤矿、宁都县黄贯煤矿、宁都县煤矿、于都县煤矿、兴国县梅窖煤矿（非独立核算）、上犹县煤矿。

二、生产产值

2000年，赣州市煤炭工业总产值3655万元，其中国有矿（含县、市矿）1278万元，占34.97%；乡（镇）煤炭2377万元，占65.03%。

表22-1-1　1986—2000年赣州市（地区）煤炭工业主要经济技术指标统计表

单位：万元

年份	工业总产值	产品销售收入	利税总额	其中利润总额	已交利税费	固定资产	
						原值	净值
1986年	879	1498	－86	－131	－43	2827	1880
1987年	917	1659	98	－153	38	3581	2538
1988年	911	2235	74	4	37	3404	2346
1989年	870	2374	212	139	30	3718	2483
1990年	804	1818	31	－32	－22	3737	2406
1991年	1290	2316	－87	－148	17	3700	2318
1992年	1386	3126	89	－46	8	3773	2276
1993年	1381	3028	132	－29	—	3609	2117
1994年	1498	3778	300	－6	—	4125	2426

续表 22－1－1

年份	工业总产值	产品销售收入	利税总额	其中利润总额	已交利税费	固定资产	
						原值	净值
1995 年	1636	4292	412	43	—	4245	2378
1996 年	1448	4092	－116	—	—	7380	4143
1997 年	1448	3953	－116	—	—	7380	4143
1998 年	1098	—	—	—	—	8378	5399
1999 年	4326	96	—	—	—	—	5427
2000 年	3655	5658	441	—	—	—	5844

表 22－1－2　1986—2000 年部分年份赣州市（地区）原煤产量完成情况统计表

单位：万吨

年份	合计	其　中			其中国有(营)矿
		地属矿	县属矿	乡镇矿	
1986 年	80. 92	21. 39	16. 93	42. 60	38. 32
1990 年	80. 92	17. 76	16. 80	46. 36	34. 56
1995 年	194. 40	17. 42	17. 18	159. 80	35. 60
2000 年	86. 13	13. 92	20. 54	51. 67	34. 46

第二节　测量勘探

一、工程测量

煤炭行业的矿山地质工作，主要是进行矿区地质编录，即对矿山矿脉形态、产状、产物、共生组合、分布特点、岩性蚀变及其构造，以图表、文字、标本或照片的形式进行编录。按水平巷道采用垂直投影、垂直巷道采用水平投影。地质取样和资源编录，及时对原始记录进行整理，绘制区域构造、综合地质、地质剖面、矿体（脉）纵投影、矿石品位分布曲线及各种素描等图纸，整理矿脉采样及品位表、矿脉平均脉宽及平均品位计算表，块段面积及体积表、储量计算表、储量总表等。地方煤矿测量为工程测量，重点放在施工过程中的井巷贯通测量，用经纬仪导线测量平巷与斜井，用联系测量竖井，绘制 1 ： 2000 和 1 ： 1000 井巷平面图、井巷关系图和纵横剖面图，及采场关系图、主要井巷贯通测量图，以采矿工程验收圈定采幅等办法指导井下生产，计算资源的开采量、利用量和矿山贫化率等。

二、资源勘察

1986—2000 年，宁都县青塘、兴国县梅窖、崇义县左溪、信丰县大桥北区、龙南县大田、全南县樟陂等 6 个地、县国有（营）企业资源勘察工作，累计完成钻孔 56 个，钻探进尺 1.54 万米，地质填图 15.8 平方千米，提高煤炭地质资源储量 1204.37 万吨。同时，完成赣县韩坊、于都县段水、上犹县长潭、龙南县松湖、崇义县稳下等 5 处小煤矿点的地质普查工作。1988 年，省储委审定确认的烟煤储量为 5052 万吨，无烟煤储量 9550.47 万吨，已探明储量 6574.6 万吨，推断储量为 3481 万吨。

第三节 技术改造与多种经营

一、技术改造

1986—2000年，全市（地区）煤炭工业执行扶持、改造、整顿、联合的“八字”方针，重点投入2900多万元，用以赣县小坌煤矿二井（设计能力6万吨、总投资643万元）、赣南东江煤矿二井（设计能力6万吨，总投资1246万元）、高桥二号井（总投资477万元）等国有（营）企业的新建项目，用以大桥三号井延深（投资309万元）、兴国县梅窖煤矿（投资187万元）、宁都县煤矿四号井（投资56万元）的技改项目。

二、多种经营

全行业或由国家投资或由企业自筹共计1700余万元，用以开发多种经营。项目主要是1992年，大桥煤矿自筹13万元资金新建年产800万粒成品泡的莲花山电珠厂；1993年，赣州地质队自行勘查、设计和集资兴办赣美矿泉水厂；1995年，新建投资额978万元（实际投入1120万元）的4.4万吨硅酸盐水泥生产线；1995年注资527万元新建高桥煤矿铸铁管厂，开设年产20吨草珊瑚浸膏生产线；1996年，东江煤矿投入近30万元装修集酒楼、餐饮、卡拉OK、住宿为一体多种经营的望江楼等。全行业通过多种经营的立项和开发，改变计划经济体制下煤炭企业单一产品生产经营形象，增强企业整体经济能力。行业多种经营产品已覆盖医药、化工、建材、包装、食品等类别的数十种品种。

第四节 安全管理

一、管理方式

全市（地区）煤炭行业强化环境保护意识，安全、环保与企业生产融为一体，安全生产管理形成“上下结合，点面呼应，无形教育与有形投入相互并进”的管理模式。主管局和各生产企业均设有安全（环保）监察部门，形成主管局、企业、工区（车间）、班组的四级梯式安全管理体系；全区国有（营）企业（煤炭）安全措施重点抓矿井通风、排水、瓦斯防治、粉尘伤害等问题，安全生产取得明显成效。地区主管局于1988年、1989年先后被能源部授予“安全生产先进集体”称号，1993年被省煤炭厅授予“双文明建设先进单位”称号；赣南高桥煤炭工业总公司建立一整套灾害预防预报、瓦斯通风管理、顶板安全处理、违章违纪处罚、安全责任追究、职工上岗培训、安全整改督查等办法和制度，使矿井生产处于优化状态，先后被能源部、省煤炭厅授予“质量标准化矿井”“安全生产先进单位”和矿井通风“地方国有煤矿部级质量标准化矿井”荣誉称号。处在全省仅有、全国罕见的“双突”（煤突出、瓦斯突出）矿井生产作业的赣南大桥煤矿，长期遭受矿井“五大灾害”（瓦斯突出与爆炸、煤尖突出怀爆炸、矿井火灾、矿井水灾、顶板事故）的威胁，但他们防患于未然，完善矿井通风、瓦斯防治等关键设施，从1992年11月至2000年2月的7年多时间里，创造2612天安全生产无死亡事故的纪录，受到省煤炭厅、省地方煤炭公司的表彰。

二、安全事故

煤炭行业企业长期从事艰苦、危险的矿井作业，灾害事故时有发生。1986—2000年，市（地）直国有（营）煤炭企业发生安全死亡事故24起，死亡人数33人；乡镇和个体企业因安全知识缺乏、管理工作不完善和作业条件恶劣等因素影响，安全事故也不少见。

煤炭生产主要重大安全事故：1987年5月11日，信丰县铁石口镇乙口村个体合股煤矿，在没有通风设施情况下造成井下瓦斯积聚，启动井下潜水泵过程因电路短路爆发火花引发瓦斯爆炸，造成9人死亡1人重伤；1990年6月5日，信丰县大桥镇青林村村办煤矿，因掘进面停风造成瓦斯积聚，未检查瓦斯违章放炮引发瓦斯爆炸，作业面7名工人全部遇难；瑞金县黄柏个体煤窑，在矿井停产多日没有先进行通风的情况下，窑主之子进入井下观察因二氧化碳等有害气体导致窒息，在对其施救过程中又因抢救人员安全知识缺乏而造成事故扩大，结果5人中毒窒息死亡。

全市（地区）国有（营）市（地）直煤矿企业矿井其他安全事故：1986年9月4日，大桥煤矿南井残采组发生顶板陷落事故，死2人；1987年2月19日，大桥煤矿二号井运输大巷上山职工进入溜槽掩埋事故，死1人；1987年4月3日，大桥煤矿南井采空区高温高压气流喷窜灼伤作业人员，死4人，伤1人；1987年9月2日，大桥煤矿南井提升过程发生“飞车”事故，死3人，轻伤1人；1987年11月27日，大桥煤矿南井538采区上盘瓦斯突出人员撤离误坠溜斗，死1人，伤1人；1988年2月7日，高桥煤矿发生瓦斯窒息，死1人；1988年11月5日，大桥煤矿南井568采区中巷采煤上山炮后冒顶，死亡1人；1989年11月25日，大桥煤矿二号井二采区总回风巷付井甩道砌旋冒顶，死1人；1991年1月27日，大桥煤矿演习巷隐伏盲洞陷落，死1人；1991年8月26日，大桥煤矿南井558通风上山煤与瓦斯突出，死3人；1992年5月14日，高桥煤矿发生井下瓦斯爆炸事故，死1人；1992年10月20日，大桥煤矿南井568采区作业面冒顶，死1人；1995年11月23日，高桥煤矿井下作业面冒顶事故，死1人；1995年12月27日，高桥煤矿井筒发生“飞车”事故，死1人；1996年1月20日，高桥煤矿井下发生人力推车挤压事故，死1人；1997年8月9日，高桥煤矿发生井下机械事故，死1人；1998年3月28日，高桥煤矿井下发生冒顶事故，死1人；1998年8月17日，高桥煤矿发生井下冒顶事故，死1人；1999年12月22日，高桥煤矿井下发生冒顶事故，死1人；2000年2月16日，高桥煤矿井下发生冒顶事故，死1人；3月4日，高桥煤矿井下发生瓦斯窒息事故，死1人；3月24日，大桥煤矿南井提升发生“飞车”事故，死2人；5月16日，大桥煤矿528南井采区发生冒顶，死2人，伤1人。

1986—2000年赣州市（地区）、县（市）国有（营）煤炭企业百万吨死亡率统计表

表22-1-3

年份	原煤产量(万吨)	死亡人数(人)	百万吨死亡率(%)	年份	原煤产量(万吨)	死亡人数(人)	百万吨死亡率(%)
1986年	38.92	4	10.28	1994年	34.07	1	29.35
1987年	39.02	7	17.94	1995年	35.60	3	8.43
1988年	37.08	1	2.69	1996年	31.18	3	9.62
1989年	36.72	4	10.89	1997年	30.06	2	6.65
1990年	35.46	1	2.82	1998年	27.36	4	14.62
1991年	32.13	5	15.66	1999年	30.95	3	9.69
1992年	33.37	3	8.99	2000年	34.46	18	52.23
1993年	32.40	1	3.09				

说明：煤炭部安全规定，2000年地方国有煤矿百万吨死亡率平均考核指标为7人

第五节　主要直属企业

一、赣南高桥煤炭工业总公司

赣南高桥煤炭工业总公司（1995年前称“高桥煤矿”），始建于1970年。矿区煤系地层分布面积33平方千米，探明储量2589.4万吨，井型设计初为21万吨/年，一号井于1974年简易投产。1983年江西省煤炭厅将一号井型重新核定为15万吨/年规模。1989年11月省煤炭厅批复二号井建设方案（概

算投资 447 万元），中途由于资金不到位缓建，于 1997 年 8 月租赁给香港明燊发展公司生产经营。2000 年年底，职工在册人数 1239 人。

资源赋存 一矿开采煤层为二迭系龙潭组上段 B 煤组，可采煤层自下而上为 B1、B3、B2、B4 四个煤层，倾角 15°～25°，煤厚为 0～8.41 米，采均总厚度为 4.64 米，属不稳定至极不稳定煤层。煤质为中灰分、中低硫、低磷无烟煤，可作动力、化肥和民用煤。水文地质为三类二型。煤层顶板类型。矿井属瓦斯矿。煤层自然发火危险程度为二级，自然发火周期 4～6 个月，无煤尘爆炸危险。

生产工艺 采用一对斜井开拓方式，走向长壁式采煤方法，绞车放顶，全部垮落法管理顶板，放炮加风镐落煤，搪瓷溜槽与刮板机运输输出。矿井实行对角式通风，主井双钩串车提升，付井单钩人车运送人员上下，地面架式电瓶车运输。高桥煤矿处于较为复杂的地域环境中生产，其地表煤层多为早年民采破坏，20 世纪 90 年代初期，矿区周边及腹地民窿发展至数百个，构成严重安全威胁。1993 年 6 月，该矿两度出现淹井事故，造成停产一个多月，直接经济损失达 300 万元。

二、赣南大桥煤矿

赣南大桥煤矿的前身是信丰县大桥煤矿，始建于 1958 年。1960 年，划入地区管理，隶属行署重工业处。矿区矿化面积 10.47 平方千米，三号井 1 对生产矿井，改造后井型生产能力为 9 万吨/年。1983 年投资 896 万元建设年生产能力 9 万吨的大桥二号井（东头井），1992 年国家投资 280 万元建设年生产能力 7 万吨的大桥一号井（河北井），均因地质储量落空，先后于 1980 年、1991 年闭坑。1991 年，三号井延深工程经省厅批准立项，其 309 万元基建投入由地区财政从维简费、地区煤炭局从煤炭开发基金及该矿自筹各解决 1/3 办法进行，翌年竣工投产，生产能力为 6 万吨/年。2000 年年底，在册人数 4361 人。

资源赋存 大桥煤田整体构造为一复式向斜盆地，煤系发育形成后经历多次构造运动，矿区地质构造极为复杂，尤其三号井位于这一复式向斜盆地的东北翼，井田内主采煤层属不稳定至极不稳定煤层，形态常以透镜状、似层状、串珠状不规则形态产出，开采过程中，水、火、瓦斯、顶板、煤炭威胁相当严重，其中以瓦斯最为突出，年平均突出频率为 8.15 次，历史上突出的最大强度达 1309 吨。

生产工艺 采用 1 对斜井分水平开采。采煤方法为水平分层、顶板全部垮落采煤，主采 B28 煤层，矿井划分 4 个开采水平，＋125 水平开采结束，＋40 水平处在残采阶段，生产水平为－50 水平和－130 水平。矿井实行对角抽风式通风系统，主井用钩串车提升，人车上下井。至 2000 年，大桥三号井资源储量情况为 A＋B＋C，86.41 万吨，可采储量 69.84 万吨。

赣南大桥煤矿是赣州地区早期开发的地属国有（营）企业之一。建矿 42 年累计生产原煤近 200 万吨，其原煤产品主要用于信丰火电厂发电及部分民用。20 世纪 90 年代后，矿井老化，资源枯竭，冗员增多，包袱沉重，生产态势严峻，历经数轮承包经营，未能达到如期效果。2000 年 7 月，《赣南大桥煤矿“分离分流”解困方案》正式实施，同年 8 月，三号井以 488 万元拍卖给个体业主袁信新、吴光华，市财政拨补 718 万元用作“分离分流”1343 名职工，曾经在赣州地区能源战线上铸就过辉煌的赣南大桥煤矿从此不复存在。

三、赣南东江煤矿

赣南东江煤矿，原称“赣南五里山煤矿”，始建于 1976 年 10 月，1982 年井建竣工实现简易投产。矿区矿化面积为 9.5 平方千米。井型原设计能力为 15 万吨/年，因施工中发现资源赋存与勘察资料差异很大，达不到原设计能力要求，经省计划委员会、省储委、省煤炭厅鉴定后，撤销原设计方案而缩小规模，利用建成的部分井筒设施，另行设计年产 1.5 吨井型以收回井下资源。1989 年 6 月，省计划委员会下达东江煤矿二号井项目投资 746 万元计划，二号井开始筹建。1991 年 12 月，恢复赣南东江煤矿副县级企业建制。1997 年 6 月，该矿两个生产矿井实行内部承包经营，期限 3 年，其中一号井年承包费 38 万元，二号井年承包费 82 万元。2000 年 4 月，赣南东江煤矿下放龙南县政府管理。

四、利村煤矿留守处

利村煤矿留守处其前身为赣南利村煤矿，属赣州地区创建的第一家地属国有（营）煤炭企业，也是赣南唯一的烟煤生产矿区和烟煤炼焦企业。始办于 1958 年，矿区矿化面积 8.7 平方千米。1984 年 1 月，利村煤矿由于资源枯竭而缩小生产规模，人员开始陆续调出。1986 年年底闭坑，企业固定资产原值 214.7 万元，固定资产净值为 31.06 万元，累计亏损 655.7 万元，在册职工人数 822 人，离退休人员 253 人。1987 年 7 月，行署撤销赣南利村煤矿，设留守处为科级建制单位，隶属地区煤炭工业公司。1986—2000 年，地区财政拨给该留守处在职人员工资及离退休人员工资等费用累计 1475.8 万元。

五、赣州市地质队

赣州市地质队，原属省、地双重领导的地质勘探队。1987 年，省（市）六支地质队行政管理体制划归所在地（市）领导。1988 年 1 月，赣州地区地质队纳入赣州地区领导，直属赣州地区冶金煤炭工业局，为科级建制事业单位。1999 年 7 月，赣州地区地质队改称“赣州市地质队”。赣州市地质队担负赣南煤田及金属、非金属的地质勘查任务。1986—2000 年，完成大桥煤矿北采区等 6 个地、县国有（营）煤炭企业资源储量勘探任务；完成赣县韩坊等 5 处小煤矿点的地质普查；完成信丰小河、虎山、安西等 3 个乡（镇）的稀土资源普查；实施对峰山矿泉水、龙南汤湖热水、瑞金金都、大桥老钻孔封孔试验、大桥水泥厂、全南公路桥、赣州市（地区）检察院住宅楼等 20 余个工程项目的水文、地质勘查，完成钻孔 176 个，钻探总进尺 3408 米。

第二章　电力工业

赣南充分利用水能资源丰富的优势，大力开发水资源，积极发展小水电建设，逐步形成以水电为主、火电为辅的供电方式。同时，努力开拓新的电源点，实现赣州电网并入江西电网，缓解赣州电力供需矛盾。加快电网建设步伐，争取省里对赣州的电网建设政策支持。投资建成一批 110 千伏和 220 千伏电压等级的重点电网工程，赣州电网超常规发展，实现由 110 千伏电压等级主网架向 220 千伏电压等级主网架升级的历史性跨越。

第一节　管理体制

赣州电力工业沿袭历史，分别隶属赣州供电局和地（市）、县（市、区）水利电力局两条线管理。

一、赣州供电局

1986 年 10 月成立赣州供电局管理委员会，内设党群机构有党委办公室、组织科、宣传科、工会办公室、团委、武装部，行政机构有局长办公室、生产技术科、用电科、劳动人事科、企业管理办公室、计划科、财务科、审计科、集体企业科、安监科、物资科、基建科、教育科、保卫科、总务科，下属基层单位有赣州工区、大余工区、全南工区、于都工区、用电管理所、修试所、线路工程队、电力调度所、修造厂、汽车队、医务所、子弟学校。1988 年 9 月，实行党政职能分开，党群机构撤销宣传科、组织人事科，日常宣传工作划归局长办公室，人事管理职能划归劳动工资科。1990 年 7 月，恢复宣传科、组织人事科。1993 年 6 月，完成劳动、人事、工资三项制度配套改革试点工作，管理机构由改革前的28个精简为17个，其中党群机构有党委办公室、宣传科、组织人事科、纪委办（监察室）、工会办公室、团委等，行政机构科室有生产技术科、安全监察科、计划科、财务科、审计科、物资科、用电管理科、劳动工资科、局长办公室、保卫科、教育科等11个，二级机构有赣州、大余、龙南、于都4个分局以及电力调度所、用电管理所、子弟学校、档案馆、农电分局、线路检修队、修试所、修造厂、汽车队。1998年4月，进行第三轮劳动人事制度改革，将23个科室精简为7个部3个室，基层单位设4个分局、4个所、1个中心；多种经营设赣南电力实力总公司。2000年，局机关有局长办公室、党委工作部、工会办公室、计划发展部、市场营销部、安全生产科技部、财务部、劳动人事部、审计稽查部、纪检监察室、农电工作部，基层单位设有赣州、龙南、于都、大余4个分局，电力调度所、用电管理所、计量管理所、试验所、多种经营公司、赣南电力实业总公司。

二、市（地区）、县（市、区）水利电力局

全市（地区）小水电由市、县（市、区）水利电力局管理。其管理的小水电，有国营（有）、集体和个体3种所有制结构形式。赣州市（地区）水利电力局及章贡区、赣县、南康市、上犹县、崇义县、大余县、全南县、定南县、龙南县、安远县、信丰县、于都县、会昌县、瑞金市、兴国县、寻乌县等供电局或电力公司是地方小水电的管理机构。

第二节 发 电

国家对赣南电力发展的方向定位：优先发展水电、创造条件尽可能发展火电，探索和争取外地区的电源点向赣南供电。赣南充分发挥水能资源丰富的有利条件，积极发展水电事业，同时适当发展火力电业，先后建设装机容量为6万千瓦的上犹江水力发电厂和装机2.4万千瓦的信丰火力发电厂（该厂于1994年1月退出运行，1999年12月摘牌撤厂）。除此之外，还建设装机容量500千瓦以上的小水电站51个，并实现赣粤联网，向广东限额购入电量，逐步形成以水电为主、火电为辅，从外地购入限额电量作为补充的供电格局。开发新电源点，赣州电网并入江西电网，结束赣州电网独立运行小电网的局面。2000年，全市水火电总装机容量为25万千瓦。

一、火力发电

赣南火电主要电源点是装机2.4万千瓦的信丰火电厂，分散在各钨矿自行安装柴油发电机的自备电厂。至2000年，火力发电装机容量共有6.47万千瓦。

信丰发电厂于1959年开始筹建。1971年12月，1.2万千瓦1号机组建成投产；1975年12月，1.2万千瓦2号机组建成发电；1994年，信丰火力发电厂退出运行。信丰火力发电厂从建成到赣南电网与南昌电网联网，一直是赣南电网的主力电厂。

二、水力发电

赣南河流密布，蕴藏着丰富的水力资源。全市（地区）地表水资源329.53亿立方米，比全国人均水平多0.85倍，属富水区。全市（地区）水能理论蕴藏量216.2万千瓦，占全省水力资源储量的31.7%。可开发的水资源量158.6万千瓦，占全省可开发水能蕴藏量的73.4%。其中小水电可开发量58.6万千瓦。小型水电站资源分布全市（地区），可供开发量除章贡区外，各县均在1万千瓦以上，具有开发小水电得天独厚的条件。

1986年，全区有装机容量单机500千瓦以上的电站20座，1990年37座，1995年36座。2000年年末，全市小水电拥有装机容量33.24万千瓦，年发电量8.87亿千瓦时。全市装机容量单机500千瓦以

上的电站有36座，总装机容量21.71万千瓦。

表22-2-1 2000年赣州市装机容量单机500千瓦以上电站一览表

单位：万千瓦时

县(市)	电站名称	年发电量	县(市)	电站名称	年发电量
南康市	麻双电站	276.84	于都县	渔翁埠电站	2152.00
信丰县	龙井电站	90.00	全南县	虎头陂电站	1291.00
大余县	油罗口电站	1165.20	宁都县	老埠一级电站	59.70
大余县	垅涧里电站	109.10	宁都县	老埠二级电站	275.50
大余县	峡口电站	575.90	于都县	高陂电站	139.00
崇义县	山院电站	1548.60	兴国县	龙冈电站	3114.60
定南县	九曲电站	815.00	瑞金市	日东电站	536.68
全南县	东风电站	361.20	会昌县	石壁坑电站	300.00
全南县	龙兴电站	323.80	会昌县	羊子岩电站	178.10
全南县	黄云电站	381.60	寻乌县	狮子峰电站	628.98
宁都县	团结电站	1092.00	石城县	岩岭电站	1413.00
宁都县	新街电站	730.00	市本级	南河电厂	7220.17
赣　县	果子坝电站	139.10	市本级	龙潭水电站	9276.80
上犹县	仙人陂电站	4159.00	赣　县	杨雅电站	1289.00
安远县	蔡坊电站	2167.00	章贡区	章江水轮泵站	1007.00
定面县	龙滩电站	3650.00	石城县	岩岭电站	810.30
寻乌县	斗晏电站	13120.00	会昌县	上罗电站	—
南康市	罗边电站	4020.00			
瑞金市	珠坑电站	1615.00			

三、重点水电站

山院电站 位于崇义县思顺乡。引用水头251米，装机容量3×1250千瓦，年发电量2124.22万千瓦时。工程于1985年开工，1987年投产，总投资547.65万元。

峡口电站 位于大余县城下游4千米黄龙乡与梅关镇交界处。工程控制流域面积912平方千米，总库容350万立方米，装机容量2500千瓦时，年发电量1063万千瓦时。工程总投资量549万元，1987年建成投产。

黄云电站 位于全南县境内。坝址控制流域面积93.7平方千米，总库容4650万立方米，装机容量2×1250千瓦。工程总投资814.56万元，1989年建成投产。

羊子岩电站 位于会昌县筠门岭镇。总装机容量3200千瓦，年发电量178.1万千瓦时。工程总投资322.51万元，1991年建成投产。

虎头陂电站 位于全南县金龙乡桥子山。大坝控制流域面积40.8平方千米，装机容量2×2000千瓦，多年平均发电量1291方千瓦时。工程总投资2273.92万元，1992年建成投产。

杨雅发电站 位于赣县大埠乡龙下村。坝址控制流域面积35.9平方千米。设计引用流量2.36立方米/秒，设计水头217米，装机容量2×2000千瓦，多年平均发电量1289万千瓦时。工程总概算1159万元，1992年投产运行。

三门滩电站 位于宁都县固村镇。坝址控制流域面积1625平方千米，设计水头8.8米，装机容量

2×3200 千瓦，多年平均发电量 2495 万千瓦时。工程总投资 4778.72 万元，1995 年投产运行。

滩头水电站 位于大余县梅关镇，油罗江水库下游。设计总库容量 168 万立方米，设计水头 4.93 米，装机容量 2×1600 千瓦，多年平均发电量 798 万千瓦时。工程总投资 3024.8 万元，1995 年建成投产运行。

蔡坊电站 位于安远县蔡坊乡。坝址控制流域面积 117 平方千米，设计水头 85 米，装机容量 2×3500 千瓦，多年平均发电量 2314 万千瓦时。工程总投资 6727.67 万元，1996 年建成投产运行。

仙人陂电站 位于上犹县黄埠乡黄梢村。坝址控制流域面积 3190 平方千米，设计水头 6.6 米，装机容量 3×3750 千瓦，多年平均发电量 4200 万千瓦时。工程总投资 8682.27 万元，1995 年投产运行。

斗晏电站 位于寻乌县龙廷乡斗晏村。坝址控制流域面积 1714 平方千米，设计水头 41.76 米，装机容量 3×1.25 万千瓦，多年平均发电量 1.31 万千瓦时。工程总投资 2.65 亿元，1998 年投产运行。

罗边电站 位于南康市龙华乡罗边村。坝址控制流域面积 3190 平方千米，设计水头 6.2 米，装机容量 3×3500 千瓦，多年平均发电量 4020 万千瓦时。工程总投资 9468.7 万元，1996 年建成投产运行。

古滩电站 位于定南县九曲乡。坝址控制流域面积 1312 平方千米，设计水头 17.5 米，装机容量 2×4000 千瓦，多年平均发电量 3650 万千瓦时。批准工程概算 5023 万元，1997 年 7 月投产运行。

渔翁埠电站 位于于都靖石乡长赖村。坝址控制流域面积 2140 平方千米，设计水头 7.2 米，装机容量 2×3000 千瓦，多年平均发电量 2152 万千瓦时。批准工程概算 6132 万元，1999 年投产运行。

长岗电站 位于兴国县长岗乡石燕村。水库总库容量 3.65 亿立方米，有效库容量 1.58 亿立方米，装机容量 1.06 万千瓦，多年平均发电量 4100 万千瓦时。工程总投资 2661.92 万元。

南河水力发电厂 位于上犹江中游。1970 年由赣州地区组织电厂施工，1981 年建成发电。电厂总装机容量 2.08 万千瓦，多年平均发电量 8100 万千瓦时。电厂总投资 2033 万元。

龙潭水电站 位于上犹县五指峰。坝址控制流域面积 150 平方千米，设计水头 210 米，装机容量 2×2 万千瓦，多年平均发电量 9234 万千瓦时。工程总投资 2.99 亿元，1996 年建成投产。

四、外援电

赣南与粤北电网解列 1965 年 1 月，赣南与粤北电力系统联网，在一定程度上缓解赣南电力供应紧张状况。至 1990 年，互送电量 3178 亿千瓦时。随着江西电力工业的发展和完善，省内电力供应丰足，不再需要向广东购电，加之西大线服役期满，1999 年 7 月，西大线报废拆除，赣南与粤北电网解列。

赣州电网并入江西电网 1989 年 9 月，赣州电网并入江西电网，实现江西南北联网，结束赣州电网独立小电网运行的局面。联网后，南昌电网输送给赣州电网每年在 3 亿千瓦时以上，缓解赣州电力供需矛盾。

第三节 电网建设

全市（地区）高压供电网络主要由两部分组成：一部分是赣州供电局管辖的 35 千伏、110 千伏和 220 千伏的赣州电网；另一部分是赣州市（地区）水电局管辖的自发自供、独立运行与赣州电网联网运行的 35～110 千伏的县办或市办小水电。随着新电源点的开发，与之配套的输、变电工程不断增长，从而形成赣州电力系统较为完善的供电体系。2000 年，赣州供电局管辖的全市高压输电线路 51 条，计 1753.78 千米，变电站 32 座，主变 51 台，主变容量 131.3 万千伏安；市水电局管辖的全市高压输电线路 1.72 万千米，低压线路 5.56 万千米，变电站 72 座，主变容量 34 万千伏安。

一、电网

赣州电网 1986 年，赣州电网基本形成西有上犹江水电厂、中有信丰火电厂、东有长岗水电站、南与广东韶关联网，同时汇集地区小水电，以水电为主、火电为辅、多电源辐射式（或局部环网）的高压供电网络。1989 年 9 月，赣州电网并入江西电网，实现南北联网。1994 年，信丰火电厂退出运行，1999 年广东电网解列。至 2000 年，赣州电网形成全市东北部环网、赣州城区环网、赣州市电源环网及西南部环网，覆盖全市除寻乌县以外的 17 个县（市、区）。

市（地区）小水电网 1986 年，兴国县、瑞金县、会昌县小水电并入赣南电网系统，大余县、崇义县、定南县、龙南县、全南县、安远县及于都县小水电先后与赣南电网联网，宁都县、石城县、寻乌县、兴国县、全南县形成独立供电的县电网。1990 年，全地区输变电工程年末拥有量：高压输电线路 1.26 万千米，其中 110 千伏 17.85 千米，35 千伏 991.14 千米，10 千伏 1.16 万千米；低压线路 2.12 万千米。变电站：35 千伏变电站 37 处，变压器 58 台，变压器容量 12.68 万千伏安，配电变压器容量 45.52 万千伏安。1995 年，全地区输变电工程年末拥有量：高压输电线路 1.59 万千米，其中 110 千伏 65 千米，35 千伏 0.15 万千米，10 千伏 1.43 万千米；低压线路 5.56 万千米。变配电设备：110 千伏变电站 1 座，变压器 1 台，变压器容量 1 万千伏安，35 千伏变电站 59 处，93 台变压器，容量 23.07 万千伏安，配电变压器容量 62.37 万千伏安。1998 年，全地区输变电工程年末拥有量：高压输电线路 1.72 万千米，其中 110 千伏 69 千米，35 千伏 0.17 万千米，10 千伏 1.54 万千米；低压线路 55670 千米。变配电设备年末拥有量：110 千伏变电站 2 座，变压器 2 台，容量 2.6 万千伏安；35 千伏变电站 70 处，容量 31.4 万千伏安，配电变压器容量 76.8 万千伏安。2000 年，全市新增 110 千伏输电线路 51.15 千米，变压器容量 2.6 万千伏安；35 千伏线路 1083.61 千米，变压器容量 25.76 万千伏安，10 千伏线路 9159.58 千米，低压线路 37702.69 千米。

二、输（配）电线路

35 **千伏输电线路** 1986 年，全区有 47 条总长 741.88 千米的 35 千伏输电线路。为解决低压线路造成部分县（市）无电可用的局面，赣州供电局对部分线路进行大规模升压改造。至 2000 年，全市拥有 35 千伏输电线路 10 条，总长 230.04 千米。

表 22-2-2

2000 年赣州市 35 千伏输电线路统计表

线路名称	起止地点	线路长度(千米)	导线型号	地线型号	杆塔数量(基)	瓷瓶型号	投运时间
大 横	大吉山变—横直变	15.73	LGJ－95	GJ－25.3.5	71.00	X－4.5	1960 年 9 月
崇 丰	崇义变—丰州变	38.20	LGJ－150	GJ－35	115.00	X－4.5	1972 年 12 月
西 西	大余变—西华山矿	4.80	LGJ－50	GJ－25	24.00	X－4.5	1958 年 4 月
西 漂	大余变—漂塘矿	18.90	LGJ－50.70	GJ－25	110.00	X－4.5	1958 年 4 月
崇 宝	崇义变—宝山坑口	14.40	LGJ－70	GJ－25	90.00	X－4.5	1958 年 4 月
长兴于	长岗电站—于都变	55.66	LGJ－95.120	GJ－35	225.00	X－4.5	1974 年 9 月
会 筠	会昌变—周田变	47.85	LGJ－120	GJ－35	188.00	X－4.5	1998 年 1 月
铁禾泥	铁山垄变—禾丰水泥厂	16.61	LGJ－120	GJ－35	75.00	X－4.5	1982 年 12 月
湖糖潭	湖边变—潭口变	14.80	LGJ－50	GJ－25	62.00	X－4.5	1969 年 9 月
湖 纸	湖边变—赣江纸厂	3.09	LGJ－50	GJ－25	13.00	X－4.5	1969 年 9 月

110 **千伏输电线路** 1986 年，全区拥有 110 千伏输电线路 22 条，总长 782.35 千米。1990—2000 年，陆续新建升压虎于、万兴、兴宁、宁瑞、铁会、会瑞、宁石、铁于、龙黄、南黄、湖黄、黄城沙、虎城、城赣、金高、金龙、金全、全大、金定、金安、潭沙Ⅰ线、潭沙Ⅱ线等 22 条 110 千伏线路。1986

年10月，为改善赣州地区南部龙南县、定南县、全南县以及岿美山、大吉山等大中型用户的供电条件，赣州供电局投资390万元、集资105万元兴建“高龙环网”工程，工程于1988年6月竣工。1990年，赣州供电局投资980万元兴建虎于工程，工程于同年10月竣工。1991年，赣州地区投资413万元投资兴建龙黄工程。1993年，建成万安—兴国—宁都线。至2000年，全市拥有110千伏的输电线路37条，总长1229.99千米。

高龙环网 为提高系统供电可靠性，改善赣州地区南部龙南、定南、全南3个县和岿美山、大吉山等大中工业用户的供电条件，赣州供电局实施高效高龙环网工程，包括新架设1条33.2千米的110千伏高龙线、110千伏岿龙线升压改造。由赣州供电局设计施工，投资390万元，其中龙南县、大吉山钨矿、岿美山钨矿、741矿等用户集资105万元。1986年10月动工，1988年6月竣工。高龙环网工程的建成，贯穿电网的中部和西线的上赣线、赣信线、信高线，通过高龙线与贯穿西南部的大归线、西大线、上西线连接成460多千米的闭式环网。

南北联网 为支援赣州老区建设，国家投资2300万元，加上配套工程总投资2596万元，实施南北联网工程。工程架设1条自万安水电厂至赣州虎岗72.3千米220千伏输电线路。220千伏万虎输电线路于1986年12月动工，1987年11月竣工，降压110千伏运行。

虎于工程 虎于工程是赣南电网规划虎于会宁工程的第一期工程，架设1条110千伏55千米虎于输电线路。总投资980万元，其中赣州行署投资800万元，赣州供电局投资180万元。1990年6月施工，10月竣工。

龙黄工程 龙潭水电站至黄金变电站输变电工程及配套工程。架设1条自龙潭水电站至黄金变电站110千伏输电线路，全长45.19千米，总投资413万元。1991年9月动工，1992年1月竣工。

宁瑞工程 由瑞金市政府投资1050万元，赣州供电局投资532万元。架设1条110千伏693千米的输电线路，连接宁都变电站与瑞金变电站。1993年9月动工，1994年6月竣工。

宁石输电线路 赣州供电局投资515.5万元，架设1条110千伏46.7千米的输电线路。1994年8月开工，1995年4月竣工。

城赣线 为加强赣州市（今章贡区）城区供电可靠性，架设1条从城中变电站起，沿文明大道并跨文明大道2处，至赣州变电站的110千伏输电线路，全线长3.61千米。1994年动工，1996年7月投入运行。

表22-2-3

2000年赣州市110千伏输电线路统计表

线路	起止地点	线路长度(千米)	导线型号	地线型号	杆塔数量(基)	瓷瓶型号	投运时间
上　唐	上犹电厂—唐江变	38.60	AC－120	GJ－35	164	X－4.5	1957年
潭　唐	潭东变—唐江变	22.96	AC－120	GJ－35	109	X－4.5	1957年
潭沙Ⅰ	谭东变—沙石变	11.70	LGJ－120 LGJ－240	GJ－35	52	X－4.5	1999年
潭沙Ⅱ	谭东变—沙石变	11.00	LGJ－240/30	GJ－50	—	X－4.5	1999年
上　扬	上犹电厂—扬眉寺	24.50	AC－185	GJ－50	97	X－4.5	1958年
扬　西	扬眉寺变—大余变	38.20	AC－185	GJ－50	164	X－4.5	1958年
大　岿	大吉山变—岿美山	59.60	AC－95	GJ－25	279	C－105	1959年
上　崇	上犹电厂—崇义变	19.50	LGJ－150	GJ－35	71	X－4.5	1972年
沙　信	沙石变—信丰变	61.11	LGJ－95－185	GJ－35	222	X－4.5	1970年

续表 22-2-3

线路	起止地点	线路长度(千米)	导线型号	地线型号	杆塔数量(基)	瓷瓶型号	投运时间
信 桥	信丰变—大桥变	20.00	LGJ-95	GJ-35	84	X-4.5	1970年
信 高	信丰变—高桥变	30.53	LGJ-95-185	GJ-25	139	X-4.5	1970年
金高Ⅰ	金堂变—高桥变	28.95	LGJ-120-185	GJ-35	101	X-4.5	1997年
金龙Ⅰ	金堂变—龙南变	5.73	LGJ-120-185	GJ-35	23	X-4.5	1997年
岗 龙	岗美山变—龙南变	32.00	LGJ-95	GJ-35	138	X-4.5	1980年
金 全	金堂变—全南变	40.20	LGJ-120/20	GJ-35	153	X-4.5	1999年
全 大	金堂变—大吉山变	17.66	LGJ-95-120/20	GJ-35	113	X-4.5	1999年
金 定	金堂变—定南变	29.83	LGJ-150/20	GJ-35-50	102	X-4.5	2000年
金 安	金堂变—安远变	72.50	LGJ-120	GJ-35	238	X-4.5	2000年
虎 于	虎岗变—于都变	54.84	LGJ-185	GJ-35	176	X-4.5	1991年
万 兴	万安电厂—兴国变	68.55	LGJ-185	GJ-35	225	X-4.5	1993年
兴 宁	兴国变—宁都变	73.93	LGJ-150	GJ-35	248	X-4.5	1993年
宁 石	宁都变—石城变	46.17	LGJ-120	GJ-35	163	X-4.5	1995年
宁 瑞	宁都变—瑞金变	69.97	LGJ-120	GJ-35	288	X-4.5	1994年
会 瑞	会昌变—瑞金变	40.75	LGJ-95	GJ-35	154	X-4.5	1994年
铁 会	铁山垄变—会昌变	31.55	LGJ-120	GJ-35	145	X-4.5	1994年
铁 于	铁山垄变—于都变	37.12	LGJ-120	GJ-35	165	X-4.5	1997年
铁 盘	铁山垄变—盘古山变	14.60	LGJ-95	GJ-35	71	X-4.5	1966年
上 南	上犹电厂—南河电厂	11.50	LGJ-185	GJ-35	42	X-4.5	—
龙 黄	龙潭电站—黄金变	85.50	LGJ-185	GJ-35	296	X-4.5	1992年(一期) 1995年(二期)
南 黄	南河电厂—黄金变	46.40	LGJ-185	GJ-35	185	X-4.5	—
虎 湖	虎岗变—湖边变	6.15	LGJ-185	GJ-50	21	X-4.5	1980年
虎七沙	虎岗变—沙石变	18.71	LGJ-185	GJ-35	73	X-4.5	1980年
湖 黄	湖边变—黄金变	6.12	LGJ-185/30	GJ-35	30	X-4.5	1997年
黄城沙	黄金变—沙石变	21.32	LGJ-185-240	GJ-35	67	X-4.5	1997年
虎 城	虎岗变—城中变	16.88	LGJ-185	GJ-35	74	X-4.5	1996年
城 赣	城中变—赣州变	3.63	LGJ-185	GJ-35	29	X-4.5	1996年
虎七赣	虎岗变—赣州变	11.73	LGJ-185	GJ-35	42	X-4.5	1980年

220 **千伏输电线路** 1987—2000年，先后架设万虎Ⅰ线、虎金线、虎潭线的220千伏输电线路，辐射全市（地区）18个县（市、区）的220千伏电力系统主网架基本形成，结束赣南没有220千伏电网的历史。至2000年，全市有220千伏输电线路4条294.2千米。

万虎Ⅰ线 赣州供电局架设1条长72.27千米的220千伏输电线路，途经万安县、赣县和赣州市（今章贡区）10余个乡（镇）。工程总投资960.2万元。线路架设于1986年11月开工，1987年11月建成投入运行。1996年，从万安水电厂至虎岗变电站架设另一条220千伏线路，万虎线改称“万虎Ⅰ线”。220千伏万虎Ⅰ线的建成投运，实现赣南电网220千伏输电线路零的突破，结束赣南没有220千伏电压等线输电线路的历史。220 千伏万虎Ⅰ线当时被称为“火线的动力线”“赣南电力的生命线”。

万虎Ⅱ线　从万安水电站 220 千伏构架出线，途经万安县、赣县和赣州市（今章贡区），至 220 千伏虎岗变电站。线路全长 75 千米，总投资 4127.96 万元。1996 年 1 月开工，同年 9 月竣工。

虎金线　由虎岗变电站 220 千伏构架出线，至龙南金堂电站 220 千伏构架，全长 126.56 千米。工程于 1997 年 4 月开工，12 月竣工。

虎潭线　由虎岗变电站 220 千伏构架起至潭东变电站，全长 21.83 千米，工程总投资 110.8 万元。1999 年 8 月开工，同年 12 月竣工投入运行。

三、变（配）电设施

1986 年，全区有 35～110 千伏变电站 40 座，总容量 30.86 万千伏安，配电变压器 4969 台，总容量 30.41 万千伏安。1990—2000 年，新建升压改造于都、黄金、宁都、瑞金、兴国、石城、城中、会昌、沙石、全南、定南、安远等县（市）12 个 110 千伏变电站，新建 220 千伏虎岗、龙南金堂、南康潭东变电站。至 2000 年，全市有 110 千伏变电站 27 个，主变压器 45 台，容量 82.79 万千伏安，35 千伏变电站 2 个，主变压器 2 台，容量 5150 千伏安，220 千伏变电站 3 个，主变压器 5 台，容量 60 万千伏安。

赣州变电站　位于赣州市章贡区关刀坪，占地面积 1.65 万平方米。1957 年 12 月投入运行；1986 年 1 月和 1987 年 7 月将 2 号主变和 1 号主变更换为 2 万千伏安；1997 年，进行自动化改造；1998 年 11 月和 12 月，再分别将 2 号和 1 号主变更换成 3.15 万千伏安，总容量为 6.3 万千伏安；1999 年，又进行一系列改造，总投资 598.64 万元。

大余变电站　位于大余县城郊五里山，占地面积 2.26 万平方米。1958 年 4 月建成投入运行；1985 年 9 月，将 2 号主变更换为 1 万千伏安钟罩式变压器；1987 年，全站主变 2 台，总容量 2 万千伏安；1999 年 7 月，该站改造为综合自动化站，由晶体保护改为微机保护；同年 10 月，大余变电站 110 千伏西南线开关与广东网解列，西大线及开关拆除，结束赣南与广东联网 35 年的历史。2000 年 12 月，对 1 号主变间隔设备进行改造，将 1 号主变更换为 2000 千伏安。大余变电站有主变 2 台，总容量 3 万千伏安。

崇义 110 千伏扬眉寺变电站　位于崇义县扬眉乡扬星村，占地 3726 平方米。1959 年 6 月建成投运；1984 年 1 月，更新 1 台 8000 千伏安主变压器；1990 年 12 月进行改造，将原 110 千伏安 2 台多油开关换为 SW3－110G 型少油开关；1999 年将 10 千伏开关全部更换为真空开关。2000 年，崇义扬眉寺变电站拥有主变 1 台，总容量 8000 千伏安。

大吉山变电站　位于全南县大吉山五里亭，占地面积 1.38 万平方米。1958 年 6 月建成投产运行；1993 年 1 月，两台主变均更换为容量 8000 千伏安的变压器；1998 年 10 月，2 号主变退出运行；1999 年 10 月，6 千伏Ⅱ段高压室退出运行；由 6 千伏工段单独运行；同年 11 月，西大线拆除，改由 110 千伏全大线跟全南变电站联网运行。2000 年，该站拥有主变 1 台，容量 8000 千伏安。

110 千伏岿美变电站　位于定南县三亨乡九面排三坑口，占地面积 8918 平方米。1959 年 11 月竣工投入运行；1993 年 11 月，将 7500 千伏安主变更换容量为 8000 千伏安的油浸风冷式变压器；1998 年 10 月，6 千伏金贵线开关由 SNZ－10 更换为 SN10－10Ⅱ型开关。

110 千伏七里镇变电站　位于赣县梅林镇桃园大岗上，占地面积 1.98 万平方米。1960 年 7 月投入运行；1986 年 3 月和 1987 年 6 月，1 号和 2 号主变分别更换容量为 2.5 万千伏安的变压器；1992 年 6 月，在变电站东侧征地 1866 平方米；1998 年 5 月，对变电站进行综合自动化改造；2000 年 5 月，将 2 台主变均更换为 3.15 万千伏安有载调变压器。

横直变电站　位于广东省翁源县岩庄镇压小寨村。1962 年 10 月，由赣州供电局正式接收；1994 年

11月，变电站有主变压器1台，总容量2000千伏安；1998年12月，将镉镍电池更换为免维蓄电池，整流充电装置为赣州供电局使用的第一套电力相控模块型充电装置。

110**千伏信丰变电站**　位于信丰县嘉定镇长生村大穴场，占地1.59万平方米。1970年9月建成投入运行；1987年10月，在变电站东边征地3300多平方米；1988年，变电站主变由8000千伏安更换为1万千伏安；1994年12月，又将1台1万千伏安主变更换为2台1.6万千伏安主变；1998年8月，10千伏保护改为晶体管保护，主变保护仍为电磁式。2000年，信丰变电站共有主变2台，总容量3.2万千伏安。

110**千伏龙南变电站**　位于龙南县城南郊五里山，占地面积1.05万平方米。1980年2月建成投入运行：1988年，将1号主变更换为8000千伏安变压器；1993年，将2号主变更换为1万千伏安；2000年12月，将8000千伏安的1号主变更换为容量2.5万千伏安变压器，将1万千伏安的2号主变更换为3.15万千伏安变压器。至此，龙南变电站有主变2台，总容量为5.65万千伏安。

110**千伏定南变电站**　位于定南县历市镇岭南工业开发区，占地面积6146平方米。1999年9月竣工投入运行；2000年，有2万千伏安主变1台。

110**千伏安远变电站**　位于安远县濂江乡大胜村，占地面积8012平方米。2000年12月建成投入运行，有2万千伏安主变1台。

110**千伏于都变电站**　位于于都县贡江镇东溪村，占地面积1.74万平方米。1988年筹建，1992年建成投入运行，同年装有1万千伏安主变压器1台；1993年10月，新增1万千伏安主变1台，为2号主变。2000年8月，1号主变更换为2.5万千伏安变压器，并改造为有载调压变压器。至此，于都变电站总容量为3.5万千伏安。

110**千伏兴国变电站**　位于兴国县洪门工业开发区，占地面积7247平方米。1994年8月建成投入运行，装有2万千伏安主变1台；2000年5月，扩建3.15万千伏安有载调压主变1台，为2号主变。至此，总容量为5.15万千伏安。

110**千伏宁都变电站**　位于宁都县城梅江镇中山大道，占地面积1.2万平方米。1992年7月开工。1993年8月投入运行，装有1万千伏变压器1台；1995年8月，扩建2万千伏安主变1台；2000年6月，再将主变更换为3.15万千伏安有载调压变压器。至此，总容量达4.15万千伏安。

110**千伏石城变电站**　位于石城县琴江镇白莲桥，占地面积6566平方米。1994年5月开工，1995年7月竣工投入运行，装有1台主变，容量1.6万千伏安。

110**千伏会昌变电站**　位于会昌县文武坝镇文武坝村，占地面积8780米。1991年5月开工，1995年9月竣工投入运行，装有1万千伏安主变压器1台。

110**千伏黄金变电站**　位于赣州市黄金经济开发区，占地面积9990平方米。1991年8月开工，1992年10月建成投运，工程总投资963.45万元，建站初期有35千伏、7500千伏安变压器各1台，1995年7月，更换安装2万千伏安主变压器2台；1999年5月，更换为2台2万千伏安有载调压器，总容量仍为4万千伏安。

110**千伏城中变电站**　位于赣州市（今章贡区）南外街道办事处红旗村，占地面积6248平方米。1993年开工兴建，1995年7月竣工投入运行，装有2万千伏安变压器1台；1995年10月，更换1号主变压器并增加2号主变压器，2台主变均为2万千伏安，总容量为4万千伏安。

220**千伏虎岗变电站**　位于赣州市（今章贡区）水东镇虎岗村，占地面积3.93万平方米，是赣南电网第一座220千伏安变电站。1987年9月开工，1989年9月竣工，工程总投资1647.22万元，装有容量为12万千伏安主变1台；1993年1月，增建10千伏开关站；1994年10月，新增72万千伏安主变1台。至2000年，该站拥有主变2台，总容量24万千伏安。

220 **千伏金堂变电站** 位于龙南县城北约 4 千米处，占地面积 3.77 万平方米，为江西最先进的 220 千伏变电站。1995 年 12 月开工，1997 年 12 月竣工投入运行，装有容量为 12 万千伏安主变 1 台。2000 年，该站总容量为 12 万千伏安。

220 **千伏潭东变电站** 位于南康市潭东镇，占地面积 3.81 万平方米，是赣南电网第三座 220 千伏变电站。1999 年 3 月开工，同年 12 月竣工，工程总投资 6054.03 万元，装有 SEPSZ10－12000/220 主变 1 台，容量为 12 万千伏安。

表 22－2－4

2000 年赣州市 110 千伏变电站统计表

变电站名称	主变压器			电压(千伏)			主变投运时间	变电站投运时间
	序号	容量(千伏安)	型号	一次	二次	三次		
赣　州	1 2	31500 31500	SFZ9 SFZ9	110	38.50	11.00 11.00	1998 年 1998 年	1957 年
大　余	1 2	20000 10000	SFSL9 SFSL9	110	38.50	11.00 11.00	2000 年 1985 年	1958 年
大吉山	1	8000	SFSL7	110	38.50	6.60	1993 年	1958 年
扬眉寺	1	8000	SFSL7	110	38.50	11.00	1984 年	1959 年
岿美山	1	8000	SFSL7	110	38.50	6.60	1993 年	1959 年
七　里	1 2	31500 31500	SFSL11 SFSL11	110	38.50	11.00 11.00	2000 年 2000 年	1960 年
唐　江	1 2	16000 20000	SFSL7 SFSL1	110	38.50	11.00	1993 年 1999 年	1964 年
盘古山	1	7500	SFO	110	38.50	11.00	1982 年	1965 年
铁山垄	1	8000	SFSL7	110	38.50	11.00	1995 年	1966 年
信　丰	1 2	16000 16000	SFSL7 SFSL1	110	38.50	11.00 11.00	1994 年 1994 年	1970 年
高　桥	1 2 3	6300 6300 6300	SFSL7 SFSL7 SFSL7	110	38.50	6.60 6.60 6.60	1993 年 1994 年 1994 年	1970 年
大　桥	1 2	8000 16000	SFSL7 SFSL1	110	38.50	6.60 6.60	1998 年 1973 年	1973 年
崇　义	1 2	20000 8000	SFSL1 SFSL7	110	38.50	11.00 11.00	1995 年 1999 年	1974 年
龙　南	1 2	25000 31500	SFSL7 SFSL7	110	38.50	11.00 11.00	2000 年 2000 年	1980 年
湖　边	1 2	31500 20000	SFSL9 SFSL7	110	38.50	11.00 11.00	2000 年 1988 年	1984 年
于　都	1 2	25000 10000	SFSL7 SFSL7	110	38.50	11.00 11.00	2000 年 1993 年	1991 年
黄　金	1 2	20000 20000	SFSL7 SFSL7	110	38.50	10.50 10.50	1999 年 1999 年	1992 年(一期) 1995 年(二期)
宁　都	1 2	10000 31500	SFSL7 SFSL11	110	38.50	11.00 10.50	1993 年 2000 年	1993 年

续表 22－2－4

变电站名称	主变压器			电压（千伏）			主变投运时间	变电站投运时间
	序号	容量（千伏安）	型号	一次	二次	三次		
瑞　金	1 2	31500 20000	SFSL11 SFSL7	110	38.50	10.50 11.00	2000 年 1999 年	1994 年
兴　国	1 2	20000 31500	SFSL1 SFSL11	110	38.50	11.00 10.50	1994 年 2000 年	1994 年
石　城	1	16000	SFSL7	110	38.50		1995 年	1995 年
城　中	1 2	20000 20000	SFSL7 SFSL7	110	—	11.00 11.00	1995 年 1995 年 1995 年	
会　昌	1	10000	SFSL7	110	38.50		1995 年	1995 年
沙　石	1 2	20000 20000	SFSL7 SFSL7	110	38.50	11.00 11.00	1998 年 1998 年	1996 年
全　南	1	20000	SFSZ9	110	38.50	11.00	1999 年	1999 年
定　南	1	20000	SFSZ9	110	38.50	11.00	2000 年	2000 年
安　远	1	20000	SFSZ9	110	38.50	11.00	2000 年	2000 年
27 个	45 台	827900	—	—	—	—	—	—

四、农村初级电气化建设

1983 年，全地区按照国务院“在国家兴办大、中型电力建设的同时，应当在那些水利资源较好的地方提倡地方和群众自力更生为主，积极开展小水电建设，实现电气化”的指示精神。全南县被列为全国 100 个农村电气化试点县。1984 年，大余县被列为农村初级电气化试点县。1986 年，全南县、大余县通过由省计划委员会组织的农村初级电气化达标验收。

在确定全国 100 个农村电气化试点县之后，在“八五”“九五”期间，全地区被列为第二批农村初级电气化县的有上犹县、崇义县、定南县、寻乌县，被列为第三批农村初级电气化县的有安远县、龙南县、瑞金县、石城县。

上犹县、崇义县、定南县于 1994 年 12 月，寻乌县于 1995 年 10 月先后通过由省计划委员会组织的农村初级电气化达标验收，成为农村初级电气化县。安远县、龙南县、瑞金市、石城县等 4 个县于 2000 年 10 月通过省计划委员会组织的农村初级电气化达标验收，成为农村初级电气化县。

五、运行维护

赣州供电局的输变配电运行维护工作，从电网投入运行之日起就实行分块管理。随着电网的发展，逐步形成赣州（今章贡区）、大余、龙南、于都 4 个运行工区。1988 年 5 月，4 个工区均更名为供电分局，分别管辖所辖区域内的变电站、线路维护站，负责所属区域的输、变电设备的日常维修工作，确保设备正常安全运行。1990 年，把维修、检修、试验的工作内容、工作要求、工作特征、工作权限等纳入赣州供电局生产管理标准，实行标准化管理。

输电线路运行维护　输电线路的运行维护由 4 个供电分局负责，实行定线专职维护制度。1997 年，在供电区域内聘请义务护线员 116 名，主要做好输电线路的巡线、查线和登杆检查，并做好线路的防火、防竹树、防洪、防雷、防火、防冻等“六防”工作。

在维护费用管理上，1989 年，出台《赣州供电局线路维护管理经济承包责任制考核办法》，替代计划经济时期的实报实销制。1993 年，根据《江西省电力工业局关于发送“标准化 110—220 千伏送电线路考核办法”（试行）的通知》，编制下发《赣州供电局关于发送“标准化 110 千伏线路考核办法”（试行）的通知》；1997 年，编制下发《赣州供电局关于印发加强线路维护管理，提高维护质量的考核细则的通知》；1999 年，编制下发《赣州供电局输电专业现状分析与创一流工作实施措施》；2000 年，编制下发《赣州供电局输电运行管理规范》。

赣州供电局 220 千伏输电线路的运行维护起步于 1987 年。在第一条 220 千伏安万安水电厂至虎岗变电站输电工程基建时，开始对 220 千伏输电线路和运行进行维护至 2000 年。

变电设备运行维护 从第一座 220 千伏变电站投入运行起，赣州供电局就对变电设备实行分块管理，逐步形成 4 个运行工区（分局）的管辖范围：赣州分局管辖 220 千伏虎岗变电站、潭东变电站、110 千伏赣州、七里、湖边、城中、黄金、沙石、唐江变电站，1990 年 9 月还有 35 千伏江口变电站，1993 年 1 月至 1999 年 6 月还代管过 110 千伏万安变电站；大余分局管辖 110 千伏崇义、大余、扬眉寺、丰洲、罗坝变电站，110 千伏罗坝变电站于 1977 年退出运行并随后拆除，110 千伏丰州变电站于 20 世纪 90 年代改为 35 千伏运行；龙南分局管辖 220 千伏金堂变电站，110 千伏信丰、高桥、龙南、横直、岿美山、大吉山、全南、安远、定南等 9 个变电站，110 千伏横直变电站，在 1994 年 11 月因 741 矿停产，降压为 35 千伏运行；于都分局管辖 110 千伏兴国、宁都、石城、瑞金、会昌、铁山垅、盘古山、于都等 8 个变电站。通过 20 世纪 80 年代初的企业全面整顿、1988 年的企业升级、1992 年的企业标准化管理、1994 年的电力企业安全文明生产达标和 1997 年开始的创建一流供电企业等活动，赣州供电局对原有的《变电站运行、维护管理规定》《变电站现场设备运行规程》《变电站现场事故处理规程》《变电站现场倒闸操作规程》等规程进行多次修订和充实，变电设备的运行维护管理制度健全完善。

配电网络维护 20 世纪 80 年代，赣州供电局 10 千伏配电网络改造的重点放在进一步完善赣州市区 10 千伏环网结构，调整配电变压器布局，全面改造小街小巷 10 千伏支线以及 220～380 伏线路布局。20 世纪 90 年代，开始按一户一表制调整改造配电网络。1998 年，执行国务院提出的 3 年时间完成全国城乡电网改造目标，制定《赣州市区城网建设与改造可行性研究报告》，确定城网建设与改造项目。赣州市区城网建设与改造项目经优化调整后的总投资为 2.6 亿元，其中高压电网建设工程 0.37 亿元，中低压电网改造工程 1.8 亿元，一户一表改造工程 4312 万元。2000 年，大规模的城市电网改造基本结束。

城区配电运行维护 1992 年以前由赣州供电局用电管理所负责管理。1992 年，成立郊区农电所（1993 年改名为郊区农电公司），从此，赣州市（今章贡区）城区的配电运行维护工作由赣州供电局负责，郊区蟠龙、沙石、沙河、水东、水西、湖边、和乐等地的配电工程施工和运行维护工作由郊区农电公司负责。

六、农村电网建设与改造

1986 年，全区 18 个县（市）有 13 个县（市）以小水电为主，5 个县（市）以大网供电为主，农电 6 千伏及以上高压线路 8653.2 千米，380 伏及以下低压线路 1.61 万千米，用电设备为 19.57 万千瓦。至 2000 年，全市 18 个县（市、区）建有小水电站数百座。

小水电受气候的影响较大，每到枯水季节，小水库几乎干枯，无法发电。各县（市、区）要求并入赣南电网，以争取大电网电力，解决枯水期电力紧缺问题。

1998 年，为贯彻国务院和省电力工业局“改造农村电网、改革农电管理体制，实现城乡同网同价”的指示精神，赣州供电局全面启动“两改一同价”工作。1999 年 1 月 28 日至 6 月 28 日，分别与 18 个县（市）政府签订对县（市）供电公司实行代管协议。1999 年 3 月 3 日至 11 月 4 日，省电力公司与各县（市、区）政府签订对县（市、区）供电公司实行股份制改造的协议，18 个县（市、区）供电公司开始实行股份制改革改造。1999年上半年，省电力公司完成对赣州18个县（市、区）供电企业的代管交接工作。2000年年底，全面结束18个县（市、区）供电公司的股份制改造工作，乡（镇）级农电管理体制改革基本结束，有354个乡（镇）完成体制改革，占乡（镇）总数的98.6%。农电体制改革以后，全市范围内由县（市、区）供电有限责任公司直供到户的村有2723个，占村总数的64%。1998—2000年，省计划委员会和省电力公司累计批复给赣州市（地区）农村电网建设与改造投资贷款8.25亿元，其中0.98亿元用于110千伏输变电工程的建设与改造，由省电力公司委托赣州供电局掌握使用；其余的7.27亿元，用于县（市、区）供电公司35千伏及以下的输变配电工程的建设与改造，由县（市、区）供电公司掌握使用。2000年年底，省计划委员会又批复追补投资贷款2亿元。赣州18个县（市、区）供电公司直接用于农村电网建设和改造的投资达9.27亿元。省电力公司的农改资金一部分作为资本金参与赣州各县（市、区）供电公司股份制改造，各县（市、区）则以县（市、区）供电公司现有资产的一部分作为资本金参与股改，省电力公司出资1.13亿元，各县（市、区）出资7553万元参与各县（市、区）供电有限责任公司股份制改造。2000年年底，全市18个县（市、区）供电公司全部完成股份制改造。

赣州供电局集中人力、物力和财力，大规模进行农村电网建设与改造。1999—2000年，以江西省电力公司向中国农业银行贷款的方式，为18个县（市、区）供电有限责任公司筹集农村电网建设与改造专项资金10.25亿元，其中用于110千伏输变电工程0.98亿元，用于35千伏及以下输变配电工程9.27亿元。其间，18个县（市、区）供电有限责任公司完成35千伏输电线路建设与改造504千米，新建35千伏变电站37座，改造35千伏变电站22座；新建与改造10千伏配电线路5197千米，新建与改造配电台区7078个；架设低压线路4万多千米，低电压进户整改103万户，占赣州市（地区）农户总数的62%。

表22-2-5　1999—2000年赣州市（地区）农村电网建设与改造投资完成情况统计表　单位：万元

县(市)	总投资规模	1999年完成投资	2000年完成投资	县(市)	总投资规模	1999年完成投资	2000年完成投资
定南	3351	2127	2900	石城	3820	376	2350
瑞金	7113	2700	5649	于都	7854	—	5512
南康	7924	4665	5598	赣县	5712	—	4154
大余	4200	1600	3188	宁都	6946	—	5620
章贡区	2884	625	2159	兴国	7243	1345	5814
信丰	6489	368	5314	崇义	3935	325	2752
龙南	4156	—	2700	会昌	5565	1004	1800
全南	3114	—	1559	寻乌	3746	—	691
上犹	4616	—	2673	合计	92752	15902	63591
安远	4084	767	3158				

第四节 供　电

赣州供电局的供电生产管理，围绕电网安全、可靠、经济运行这个中心进行，主要包括电力调度和安全生产两部分。市（地区）小水电由各县（市、区）水电部门和水电（电力、供电）公司或供电所机电管理站对地方电网实行建管统一、发供用统一、管水和发电统一的“三统一”管理。

一、电力调度

统一调度 赣州电网为独立电网，江西省电力工业局授权赣州供电局，对赣州电网发、供、用电实行统一调度管理，为一级调度机构。由调度室直接调度的电源有上犹江水电厂、南河水电站、兴国长岗电站、信丰火电厂和龙潭水电站，以及从广东输入的限额电量。坚持每季度开一次电力调度会，上述电厂及市（地区）经贸委等有关单位负责人参加，协商安排各电厂电力系统运行方式，发供电设备检修。1989 年 9 月，赣州电网联入江西电网后，赣州供电局调度降为二级调度机构，在省网的统一调度下，负责赣州电网电力调度管理工作。同年，南昌电网通过 220 千伏新余珠山变电站和 220 千伏万赣线，降压至 110 千伏开始向赣州输送少量限额电量，除七里镇变电站、赣州变电站各 1 台主变之外，其他仍由赣州调度室统一管理。为用好、用足南昌电网电力，赣南电网地调室通过频繁的例闸操作，进行调峰填谷。1990 年，全年高峰负荷限电拉闸的条次仅是 1989 年的 1/8。1991 年，全年用南昌电网电量 3.49 亿千瓦时，占赣南电网系统电量的 45%。同时，用活广东电网电力，赣州供电局自行设计安装自动投切装置，每天由局调度室根据赣南电网运行需要，自动投入几个就近的变电站用广东电网电力。这种运行方式一直执行到江西电网电力逐渐富足，可以基本满足需要为止。1997 年 11 月与广东电网分开运行。

电源结构和运行方式 1987 年，赣州供电局制定《赣州供电局 220 千伏珠万赣降压 110 千伏向赣州送电的管理办法》，同年 11 月起执行。1989 年 3 月，制定《赣州地区电力系统调度管理规定》，同年 9 月起执行。并于同年 10 月在 220 千伏虎岗变电站运用英国西属公司 MPF 微机远程数据终端，将虎岗变一次参数传递给江西电力中心调度室，为电力调度自动化跨出第一步。1990 年开始，按《赣南电力系统调度运行管理规定》执行。1999 年 10 月，省电力公司颁布实施《江西电网调度管理规程》，将 220 千伏终端变电站及终端线路划归地调管理，设备管辖范围划分按《赣南电网调度运行管理规程》规定执行。具体范围：赣州供电局所属的输变配电设备，17 个县（市）的调度设备 [包括县（市）属运行上网的小水电的调度设备]，及龙潭、南河、龙岗等 3 个中小型水力发电厂。

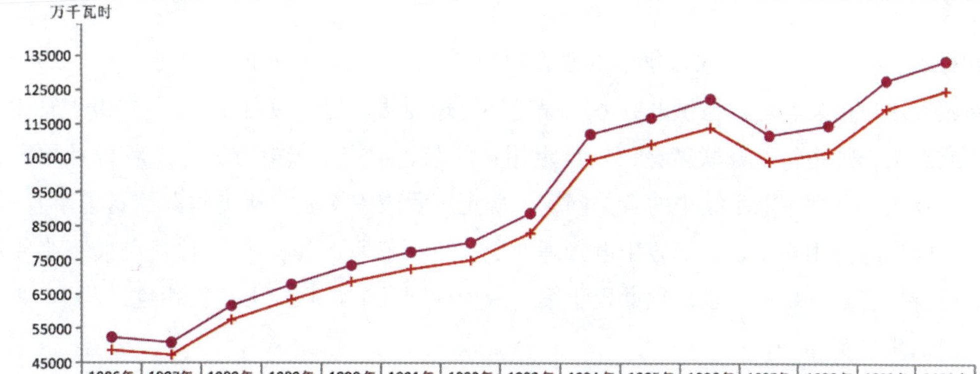

	1986年	1987年	1988年	1989年	1990年	1991年	1992年	1993年	1994年	1995年	1996年	1997年	1998年	1999年	2000年
供电量	52436	50935	61731	67948	73592	77561	80338	88956	112156	117050	122695	111912	114843	128150	133920
售电量	48697	47349	57561	63432	68731	72445	75045	83106	104663	109254	114152	104212	106961	119792	125193

图 22-2-1 1986—2000 年赣州市（地区）供、售电量完成情况

二、安全供电

管理制度 1986 年，根据安全生产管理实际，赣州供电局制订输、变、配电等事故防范措施计划，把安全生产纳入科学轨道。修订《长周期安全评奖办法》《事故调查报告制度》《安全活动制度》《安全

记录统计的规定》，将各项安全指标分解落实到基层单位，实行安全目标管理，一般性的送电、变电事故比1985年下降30%。1997年，组织对原有安全管理制度进行修订。1999年开始，对照一流供电企业的安全管理要求，新制定《各级领导、技术人员设备监察性巡视制度》等9个安全管理制度。

安全管理 1989年4月，赣州供电局提高运行人员奖金系数，实行专项安全奖考核，从全年奖金总额中拨出10%设立安全奖励基金，用于奖励为安全生产做出突出贡献的单位、班组和个人；用于奖励在百日无责任事故竞赛中取得好成绩的单位和个人；用于奖励变电运行人员在开展千次操作无差错竞赛中获奖人员，以及在安全竞赛活动中的获奖人员。当年实现连续安全运行211天，创历史最好水平。1990年，把安全管理网、安全管理措施、安全检查、安全考核办法等列入安全工作标准，实行标准管理，进一步提高系统运行水平。1997年，先后修订、制定、颁发《长周期安全奖励办法》《电力安全生产奖惩规定》《电力生产风险抵押金实施办法》《千项操作无差错竞赛办法》等4个办法。1999年，制定实施《安全责任状兑现奖励考核办法》《安全风险抵押兑现奖励考核办法》《千项操作无差错奖励办法》《安全文明驾驶员、交通安全标兵评比办法》等安全专项奖励办法。凡签订安全责任状的单位（部室），均根据其年度安全工作实绩和实现安全指标的情况，于次年初经安全监察部考核，安委会审核后进行奖励，最多可给予其人均150元奖励；考核不合格的不奖，出现事故的在经济责任制考核中扣奖。2000年，对年内发生六类恶性重大事故的，扣除事故单位全部风险抵押金，扣除局长、生产副局长、总工程师50%的风险抵押金；风险抵押金提高至3000～6000元不等，完成年度考核指标，加倍发还抵押金。

第五节 电力营业

自赣南电网投入运行之日起，赣州供电局就把用电营业税作为提高经济效益的关键环节和实施优质服务的主要途径，把用电营业工作作为服务客户的主要窗口，逐步建立起优质服务的常态机制，以服务求效益，以服务求发展。

一、营业业务

用户报装 1985年8月，执行华中电业管理局颁布的《用电业务扩充管理办法》。1990年3月，赣州供电局颁发用户报装、增容与供电劳务工程对外管理办法。规定每月25日左右由主管用电营业工作的副局长或总工程师主持召开联席会议，审定用户新装、增容、供电方案、工程设计原则、协调处理设计、施工及用户办理用电手续中的有关问题，确定工程竣工检验、接电检验、送电事宜等。1997年，对《赣州供电局电力用户新装、增容用电管理办法》进行修订。1998年，对客户报装业务及用电工程管理办法进行完善修订，进一步简化办理手续，减少中间环节，并推出“交钥匙工程”，业务扩充工作更贴近用户的用电实际。

贴费征收 1985年9月，赣州供电局对革命老区特困地区的农村供电配电贴费减免作出规定，明确由当地政府提出申请，经上级有关部门审定批准，可以部分减收和免收配电贴费。11月，颁发《关于加强供电工程贴费管理的若干规定》，明确搭接在公用变压器上的380伏和220伏供电的农村用户，供电贴费安装接容量每千瓦20元收取，接在公用变压器上的10千伏农村用电，供电贴费安装接容量每千伏安20元计收。同时规定还对趸售用户、联网用户的贴费收取标准作出具体规定。1988年3月，决定对电表容量在5安培及以上的照明用户按规定收取贴费。1991年7月，采取自愿集资的办法，筹集增容费用。对赣州市（今章贡区）低压用户增容，原则上按贴费标准收取贴费，不再另外收取增容改造资金。如遇公用变压器或10千伏配电线路满载而赣州供电局又无力改造的增容要求，由用户承担部分电网改造费用，不再交纳增容贴费。在用户用电贴费收取中，实行专线供电用户外部供电工程由用户自建，并交纳本级电压的供电贴费，免交配电贴费的办法。1993 年 8 月，执行赣州市（今章贡区）河道内的用户增容每千伏安 600 元，河道外的用户增容按每千伏安 500 元的标准收取贴费和改造费。2000 年 6 月，调整供电贴费收取标准。取消省及省以下各级政府及部门自行出售的电力增容费；各地自行提高贴费标准一律停止执行，规定颁布的新标准将贴费标准分为一般标准和农村标准。地下电缆线路供电工程的用电增容，按标准的 1.5 倍征收贴费。城乡电网一户一表改造的城乡居民新增生活用电容量免征贴费，未纳入改造计划的居民用户用电增容，减免 1 千瓦增容后按一般标准征收增容费。由地级供电企业直供的乡（镇）、10 千伏及以上专线用户和 35 千伏及以上公用网络供电专变用户的用电容量按一般标准收取增容贴费。

小水电联网 1992 年，省电力工业局下发《江西省小水电联网管理办法》，要求各级电力部门积极支持地方小水电发展，并要求在处理小水电联网关系时贯彻“多家办电，统一管网，分级管理，统一规划，统一调度”的办电方针。赣州供电局加强对地方小水电网、站的联网管理工作。2000 年，赣州电网与 18 个县（市、区）的小水电网站基本实现联网。

农村业务扩充 1993 年，赣州电网内实现供电的 16 个县（市）中有 305 个乡、3622 个村，其中电网供电的 189 个乡、2125 个村，独立小水电供电的 115 个乡、1142 个村，还有 1 个乡和 358 个村未通电。为使这些仍然无电的乡、村尽快用上电，赣州供电局筹措建设资金，解决用电问题。1998 年，展开全国大规模的农村电网建设与改造，省电力工业局为 18 个县（市）的农网建设与改造向农村银行贷款 10.25 亿元，解决 26 个无电村通电问题，提高大部分乡村的供电能力。

二、抄表收费

1983 年，赣州供电局执行《江西省电费管理实施细则》，完善电费管理制度，制定电费管理程序图，严格考核，改革电费零奖励制度，拉开分配档距，重奖责任岗位。同年 12 月，电费回收实现月度结零。

1993 年，制定《赣州供电局电费收缴责任制实施细则》，实行电费回收分户包干到人的责任制，每月指标检查到人，考核到人。1997 年实行电费回收快报制度，及时掌握电费回收情况。

1998 年起，根据市场变化，及时掌握用电客户的生产、经营、财务情况，实行“一厂一策”的灵活方法催收电费。

2000 年，赣州供电局营业系统与国内所有银行、信用社等金融机构实行联网，实现电费付款方式多样化。帮助用电客户解决用电过程中的技术难题，合理降低用电成本，电费回收率达 100%。

三、电价

赣州供电局执行国家统一电价，并监督销售用户执行国家直供电价或经过电价管理部门审批的地方电价。

售电电价 1986 年，赣南电网平均“三价”每万千瓦时上升到 82.49 元，比 1980 年增长 13.6%。1988 年，实行多种电价，并随电费征收各类资金。1989 年开始，赣州供电局执行《江西省人民政府批转省计字关于〈征收电力建设资金暂行规定实施办法〉的通知》，征收每千瓦时 0.02 元的电力建设资金。1990 年 4 月起，按照省政府有关文件要求，征收新电新价。1992 年，省政府调整新电新价征收标准，工业用电和农村用电，每千瓦时征收 0.02 元，其余征收 0.04 元。1993 年 7 月起，执行江西省《关于非生产营业性用电量实行加价的通知》，对所有直供、转供用户的非生产营业性用电量一律按每千瓦时 0.65 元计收电费。除农业排灌用电、农村生活用电和城镇居民生活用电外，每千瓦时加收 0.02 元。1994 年，每千瓦时再提高 0.01 元。同年，新电新价更名为地方还本付息金。1996 年 7 月起，在赣州地区范围内加收每千瓦时 0.02 元，专项用于龙潭水电站还本付息。

峰谷电价 为控制高峰负荷，缩小峰谷差，提高用电负荷率，赣州供电局于 1992 年 5 月开始试行峰谷分时电价。1993 年 5 月起正式实行。1995 年 9 月起，执行江西省新的峰谷分时电价。

电价调整 1988 年 1 月起，鉴于发电燃煤和运费提价，按照省政府有关文件规定，每千瓦时收取燃料加价 0.013 元、运煤加价电费 0.021 元等两个加价。1989 年、1990 年、1991 年两个加价分别提高到 0.064 元、0.074 元、0.09 元。1992 年 1 月，两个加价更名为煤运加价及带料加工电量加价。同年 7 月起，每千瓦时再加价 0.02 元。其中城镇居民生活用电加价 0.04 元。1993 年 1 月起，带料加工电量电价在上年的基础上，每千瓦时再加价 0.03 元；同年 6 月起，又加价 0.016 元；10 月起，按用电类别和电压等级征收带料加工电量电价 0.02～0.05 元不等。1994 年 1 月起，带料加工电量电价在 1993 年的基础上，每千瓦时再提高 0.015 元。1997 年，带料加工电量电价以原有结构并入国家目录电价。

支援长江三峡工程建设电价调整 提价从 1993 年 10 月起，除中小化肥、农药、农膜和农业生产用电外，每千瓦时征收 0.003 元建设资金。1994 年 1 月 15 日起，每千瓦时改为征收 0.004 元。1995 年 7 月 1 日起，中小化肥、农药、农膜和农业生产用电每千瓦时也征收 0.004 元。1996 年 2 月 1 日起，除农业生产外，每千瓦时加收 0.003 元。1997 年 3 月 25 日抄见的电量起，除农业生产维持原每千瓦时 0.007 元外，其他每千瓦时征收 0.013 元。

目录电价 1994 年 1 月 15 日起，执行国家目录电价。目录电价大致分为居民生活电价、非居民照明电价、非工业电价、普通工业电价、大工业电价、农业生产电价和趸僻电价。同时又按电压等级对同一用电分类的电价进行区分：不满 1 千伏、1～10 千伏、35 千伏及以上。1994 年 1 月 15 日起执行的国家目录电价，比上年执行《江西省电网售电价格价目表》的电价每千瓦时提高 0.015 元。1995 年 7 月起，执行新的国家目录电价，每千瓦时比上年提高 0.04 元。1996 年 7 月起，执行新制定的国家目录电价，每千瓦时比上年提高 0.04 元，同时新增 110 千伏及以上电压等级的电价。从 1997 年 3 月 25 日抄见的电量起，国家目录电价又在上年基础上，每千瓦时提高 0.03 元，其中居民生活用电每千瓦时提高 0.05 元。基本电价按变压器总容量计价，每月提高 2 元/千伏安。

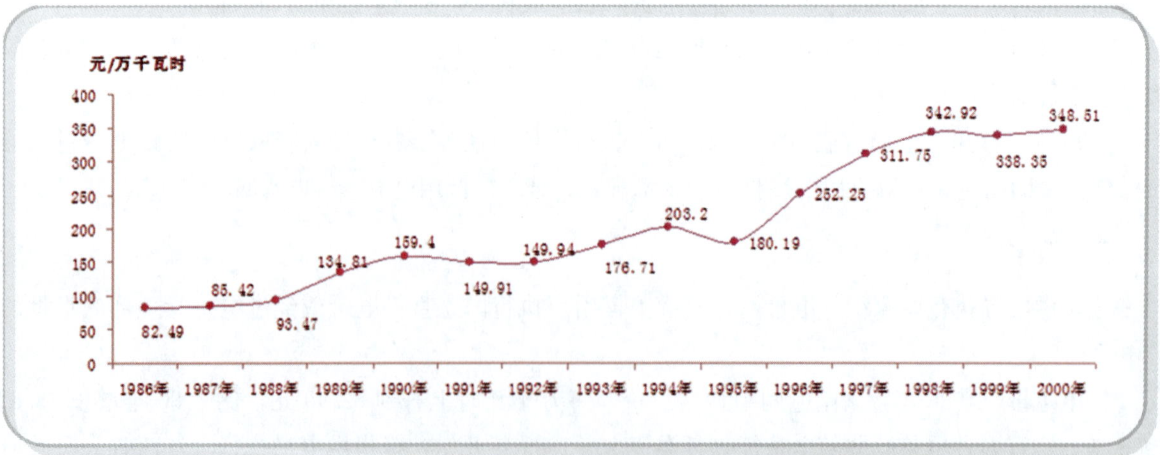

图 22-2-2 1986—2000 年赣州市（地区）电网售电均价情况

四、电网购入价

1985 年，执行国家经济委员会、水电部和国家物价局《关于水电价格的几项规定的通知》，统一调为每千瓦时 0.05 元。

1996 年，电网购入电价每千瓦时：小水电 1—6 月 0.12 元、7—12 月 0.15 元，南河水力电厂 0.18 元，韶关电网 0.479 元，龙潭水电站 0.27 元。

2000 年，购入电价每千瓦时：小水电 0.18 元，南河水电厂 0.25 元，龙潭水电站 0.38 元，明珠公司 0.28 元，三和公司（江西省电力公司成立三和公司后将上犹江水力发电厂划归三和公司管理）0.3 元，定南县长新公司 0.3 元。

五、电能计量

1985 年，在用电管理所建立 0.5 级电能计量校验中心。同年，用电管理所成立电能计量室，对内负责电力计量装置的安装、校验、维护及管理，对外承接赣州地区用电客户电能计量装置的校验、安装和检查工作。1998 年 2 月，电能计量室改名为用电计量所，并从用电管理所划出，升格为赣州供电局二级机构。

为减少停电时间，赣州供电局对关卡表和大用户计量表全部实行带负荷校验。建立周期校验表计的制度，提高表计准确率，基本做到普遍用户计量电表在 5 千瓦以下的每 5 年校一次，5 千瓦以上的每 3 年校一次，小水电联网及大宗工业用户、变电站柜线电力表每年校两次，变压器容量在 2000 千伏安以上的用户表计每 3 个月校一次，电流互感器、电压互感器每 3 年校一次。

六、优质服务

1990 年，在赣州市（今章贡区）居民用户中逐步推行一户一表用电制度。1992 年 9 月成立用电服务公司，重点解决赣州市（今章贡区）夜市和休闲娱乐行业用电难、违章用电的问题。1999 年，启动城市电网改造工程。2000 年，投入 100 万元用于一户一表改造。1997—1999 年，改造用电管理所本部和赣电大厦两个营业厅，增设文明大道西段、贸易广场、水东 3 个营业厅。1998 年，用电管理所实行配电抢修值班与公安部门的“110”报警联动。同时，实施“零点工程”，即把停电检修、预防性试验改在深夜用电低谷时进行，以避免客户在用电高峰期间停电，减少客户的停电损失。1999 年开始，赣州供电局对赣州中心城区电网进行改造。全 2000 年，共投入城网改造资金 9270 万元，初步实现赣州市城区 110 千伏多重环网供电。

第六节　用电管理

一、计划用电

赣州电网的计划用电由赣州地区“三电”（安全用电、节约用电、计划用电）办公室依据国家政策规定和全国供电规划，以及系统发、供、用电状况，按月编制电力分配方案，经市（地区）经贸委审核后下发给各用电户，各用电户随生产计划一并下达用电计划，把用电指标落实到车间和班组，实行计划用电。

1986 年，赣州供电局根据新颁发的《全国用电规则》与大宗工业用电户签订供电协议，规定供电用电双方执行用电的有关权利、义务和责任。坚持每年对大宗工业用户的用电情况进行一次调查，坚持每月 20 日前各用电户将所需电力电量和比上月增减情况报“三电”办公室。赣州供电局制定《赣州地区超计划用电管理条例》，继续对大宗工业用户安装定量器，从技术措施上保证计划用电的实现，并在用户中建立起多用“谷电”的动力机制和超用“峰电”的自我约束机制，逐步将计划用电工作纳入商品经济运行的轨道。1989 年，赣南电网内电源建设速度加快，赣南电网实现与南昌电网联网，加上赣南许多企业缺乏竞争力，电网内的用电大户生产日渐滑坡，致使大宗工业用电量大减。1994 年开始，赣南电网电力由供不应求变成供大于求。为适应电力供过于求的变化，开拓电力市场，赣州供电局在用电管理上采取加强内控管理，强化对外服务的一系列措施增供护销，提高经济效益。1996年9月，赣州供电局执行国务院《电力供应与使用条例》，进一步规范用电营业管理。1998年，制定《赣州供电局电力内部模拟市场实施办法》，促进用电服务工作的加强。用市场手段调整用电管理手段和做法，在国家政策法规允许范围内，出台一系列增供扩销政策，对容量达1000千伏安以上、年用电量超过500万千瓦时用电量的予以折让销售，对企业新装增容的贴费实行缓交优惠政策，采取一次性先交纳贴费总额的20%就可以施工送电，剩余部分签订贴费缓交协议；对城乡居民逐步实行一户一表制，加大居民生活用电优惠力度，即每户每月的生活用电量超过200千瓦时部分每千瓦时优惠0.1元，以优惠的用电政策鼓励外资到赣南兴办企业，对当年引进的企业户装容量达1000千伏安以上的，供电部门主动上门服务，并实行用电奖励。

二、用电结构

1986年，赣州电网售电量4.87亿千瓦时，其中工业用电量4.39亿千瓦时，农业用电量3198万千瓦时，赣州市（今章贡区）市政照明用电量为968万千瓦时（含市政建设）。1988年起，贯彻中共中央和国务院提出的治理整顿方针，工业用电量增加较少，占电网的电量比例呈下降趋势，尤其是1990年和1991年，八大钨矿产品销路不好，工业用电量和用电比例下降，农业用电则同乡镇工业的发展呈增长趋势。1991年，贯彻能源部提出"电力要为农村、农村经济、农村照明服务"之后，农村用电量大幅度增加，城市用电量稳步上升。2000年，赣州电网售电量13.74亿千瓦时，其中工业用电量7.82亿千瓦时、农业用电量1.61亿千瓦时、城市照明用电量2.73亿千瓦时、其他用电量1.58亿千瓦时。

三、节约用电

1986年，赣州供电局坚持每3年对大宗工业用户产品耗电进行一次校定。1988年，实行分片核定。1990年，系统分别集中在赣州核定，实行单耗考核，超过核定额给予罚款，降低核定额给予奖励，从降低产品电耗节约用电。另外，从调节负荷、整改供电设备、应用节电技术等方面节约用电。

1985年，赣州供电局科研人员成功研制出农村低压无功自动补偿装置、电焊机容载自停装置。1994年后，重点向用户推荐节电产品，向居民用户推荐节能家用电器。

四、线损管理

赣州供电局从发展电网，改造电网结构，落实系统电压无功管理措施，提高用电负荷率，加强电能计量和抄、核、收管理方面入手，不断加强线损管理，努力降低线损电量。到2000年，赣州供电局的线损率一直保持低于江西省电力工业局规定的标准。

减少电网损耗　1988年12月，110千伏高龙线投入运行，实现赣南西南部输电线路大环网，线损有所下降。1991年开始，陆续新建110千伏虎于输变电工程、110千伏万兴宁石输变电工程、110千伏宁瑞输变工程、35千伏瑞金—会昌—铁山垄—于都输变电工程升压至110千伏工程。1995年7月，形成赣南电网东北部的大环网。至2000年，赣南电网形成赣州城网双环网，赣州城网与上犹发电厂、南河水力发电厂的电源环网，电网结构日趋合理、完善，为降低线损率打下良好基础。

电压无功管理　1986年始，赣州供电局利用微机对系统的各种运行方式进行潮流计算和电压无功优化计算，为线损管理提供技术依据。同年第三季度开始，将线损指标分解到各运行单位，实行包干，与奖金挂钩，促进线损管理的深化。1987年，线损率为7.04%，比江西省电力工业局下达的7.2%的指标降低0.16个百分点。1992年，采取各种节能技术措施，重点抓技术降损、分级管理、小指标考核、分压分线管理、用电管理等5个方面的工作，收到较好效果。

用电负荷率　赣州供电局于1985年制定《赣南电网调整用电负荷的规定》，以经济手段削峰填谷。

1993年，开始赣南电网电力负荷控制系统的调研组建工作，第一期工程于1994年开始建设。1995—1996年，采取安装一组投入运行一组的办法，较快发挥负荷控制系统投资效益。1997年10月，赣州供电局成立负荷管理中心。1999年8月，赣州负荷控制系统通过省电力公司验收，真正实现谁超负荷限谁、不超不限、限电不拉闸的目标。

反窃电工作 1990年7月，成立地区反窃电领导小组，加大对窃电行为的打击力度。在用电监察人员进行经常性的用电基础上，赣州供电局每年由领导带队，市场营销部组织力量，抽调用电管理人员组成若干组，集中开展1～2次大规模的用电大普查。1998年6月，着手组建用电稽查大队，专门负责违章用电、窃电的查处工作。1999年4月，《赣州供电局查处窃电、违章用电管理办法实施细则》施行。反窃电工作主要采取内查与外查相结合的办法，即整顿内部用电秩序，规范职工和第三产业的用电行为，制定自用电管理办法，加强自用电检查，以检查赣州中心城区居民用户、临街店面经营性用电、个体砖厂等企业及郊区用电为重点，根据用电季节的不同，实行经常性检查、重点监察、突击用电检查相结合的办法，开展社会用电普查。每年的线损率有所下降。

第三章 机电工业

1986—2000年，赣州市（地区）机电工业系统增加技改投入，调整产品结构，加强行业和企业管理，保持机电工业的持续发展。至2000年，全市机电工业完成总产值5.24亿元，销售收入3.78亿元，实现利税2305.6万元。主要产品有农业机械、通用机械、汽车及零部件、矿山设备、电工电器、机床工具、电子通信产品等40多个大类500多个品种。各机电企业贯彻质量管理和质量保证标准（GB/T 1900—ISO 9000），开展群众性质量活动，组织质量攻关，机电产品质量稳定提高率在90%以上，有56个产品获一等品、优等品等级证书，132种产品获国家颁发的生产许可证，有20%的产品采用国际标准和国外先进标准，发表QC成果321项，直接创造经济效益7000多万元，开发新产品334项，其中获省优秀新产品一等奖13项、二等奖37项、三等奖134项。大力推广应用新技术、新工艺、新材料，完成技术改造项目423项。

1986年，机电工业管理机构为赣州地区机械电子工业公司。1989年5月，撤销赣州地区机械电子工业公司，成立赣州地区机械电子工业局，与赣州地区农业机械局合署办公，两块牌子、一套机构。1996年11月，赣州地区机械电子工业局更名为赣州地区机械电子工业行业办公室（保留赣州地区机械电子工业局牌子）。

第一节 产业规模

一、主要企业

1986—1989年，赣州地区机电工业的主要企业有江西气体压缩机厂、江铃齿轮股份有限公司、赣南机械厂、赣南轴承厂、赣州水泵厂、赣南水轮机厂、赣州电机厂、赣州标准件厂、瑞金机床厂、瑞金电线厂、瑞金化工机械厂、石城轴瓦厂、于都齿轮箱厂、兴国柴油机厂、赣州动力机械厂、赣南无线电厂。1990年，全区有机电工业企业243家，其中系统内企业54家。2000年年底，全市机电行业系统内企业有江西气体压缩机厂、江铃齿轮股份有限公司、赣州制泵有限公司、赣州发电设备成套制造有限公司、赣南无线电厂、江西汽车天线厂、赣州赣阀股份有限公司等31家，职工10984人，其中工程技术人员793人，占职工总数的7.22%。

二、产品产值

1986—1990 年，赣州地区机械工业和电子工业获得一次大发展。这次发展是通过技术改造实现的。其间，机械电子工业安排技术改造项目 31 项，总投资 5904 万元，竣工投产的项目 23 项，实际完成投资 4222 万元，其中省安排项目 7 项，地区安排项目 11 项，县（市）安排项目 5 项。江西气体压缩机厂、江西齿轮箱总厂、赣南机械厂、赣南轴承厂、赣州水泵厂、赣州电机厂、赣州标准件厂、瑞金机床厂、瑞金电线厂、瑞金化工机械厂、石城轴瓦厂、于都齿轮箱厂、兴国柴油机厂、赣州动力机械厂、赣南无线电厂等骨干企业得到较大规模的技术改造。通过技改，赣南机械电子工业及装备得到改善，增添后劲，生产稳定增长，产品品种增加，技术水平增强，经济效益提高。电子计算机开始应用于产品设计和辅助管理，有 5 家企业将数控、数量技术应用于老机床改造。根据验收的 15 个技改项目统计，每年新增产值 4636 万元，利税 1156 万元。开发新产品 179 种，创省以上优质产品 25 项，9 家企业基本实现零部件的专业化生产，利税超百万元的企业增加到 12 家。机电系统工业企业完成工业总产值 8.02 亿元，利税总额 1.26 亿元。1990 年，全区有机电工业企业 243 家，其中系统内企业 54 家，年末固定资产原值 1.44 亿元，拥有各种设备 4258 台，当年完成工业总产值 2.41 亿元，占全区预算内工业企业总产值的 27.92%，实现利润 1196 万元，占全区预算内工业企业利润的 24.2%，利税总额 2352 万元，占全区预算内工业企业总额的 18.49%。

1991—1995 年，全地区机械电子工业贯彻“持续、稳定、提高”的发展方针，外抓市场，内抓管理，努力提高竞争能力和生存能力。至 1995 年，全地区机电工业完成总产值 4.81 亿元，销售收入 4.35 亿元，实现利税 4837 万元，主要产品有农业机械、汽车及零部件、矿山设备、电工电器、机床工具、电子通信产品等 40 多个大类 500 多个品种。

1996—2000 年，全市（地区）机电工业贯彻调整结构、扶优扶强政策。经过市场优胜劣汰，兼并整合，企业数量呈递减之势，职工人数减少，全员劳动生产率大幅提高，资产总量上升较快，设备水平提高，技术改造减少但集中度提高，工业总产值略有上升，企业产品毛利率下降，盈亏互抵后出现全行业亏损。至 2000 年年底，全市机电行业有系统内企业 31 户，拥有固定资产原值 6.33 亿元，净值 3.81 亿元；主要生产设备 4514 台；职工 10984 人，其中工程技术人员 793 人，占职工总数的 7.22%；主要生产包括主机、辅机、配件、零部件在内的 41 个大类、72 个小类的机电产品。

1986—2000 年部分年份赣州市（地区）机电工业主要生产财务技术经济指标统计表

表 22-3-1

指　标	1987 年	1991 年	1995 年	2000 年
工业总产值(万元)	13784.00	25332.00	48077.00	52384.00
工业增加值(万元)	5096.00	8082.00	14102.00	14216.00
产销率(%)	—	99.90	93.35	99.43
产品销售收入(万元)	14216.00	22224.00	43495.00	38783.60
销售税金(含增值税)(万元)	816.60	1439.00	3014.00	2654.60
实现利润或亏损总额(万元)	1364.20	1362.70	1823.00	−348.70
全年利税总额(万元)	2225.80	2811.80	4837.00	2305.60
年末资产总计(万元)	—	—	92325.50	97890.70
固定资产净值年平均余额(万元)	6021.00	9291.00	22167.00	38111.80
年末负债总计(万元)	—	—	67142.10	75126.10
资金利税率(用净值计算)(万元)	17.10	12.82	7.48	3.40
全年能耗总量(吨)	—	23812.00	28962.00	11373.00

续表 22-3-1

指　　标	1987 年	1991 年	1995 年	2000 年
每万元增加值综合能耗(吨标准煤)	—	2.95	2.05	0.80
主要生产设备完好率(%)	88.31	91.00	91.51	—
铸铁件废品率(%)	13.95	13.71	—	11.58
机加工综合废品率(%)	0.83	1.08	—	0.61
全切机床利用率(%)	—	—	—	67.84
钢材利用率(%)	57.90	59.02	—	56.63

第二节　科研与新产品开发

一、科研工作

全市（地区）机电工业系统的科研与新产品开发工作主要围绕适应产品结构调整的需要而开展。1986—1991 年，科研主要成果有江西气体压缩机厂的型砂处理新工艺，赣州动力机械厂的树脂、砂射芯新工艺，赣州水泵厂的特种钢熔炼浇注新技术，赣南铸锻厂的稀土耐热钢新材料，赣南轴承厂的推杆式退火炉应用，瑞金机床厂的聚四氟工稀塑料异已轨加工工艺，赣南机械总厂的 801 无机黏结剂在卷烟机产品上的应用等。1992 年后，国家科研体制改革，所有科研项目归口科学技术委员会管理。全地区机电工业的科研工作主要是进行新产品开发。

二、产品开发

20 世纪 80 年代，市场竞争趋于激烈，大批产品失去市场而遭淘汰，“十年一贯制”的产品生产老套子被“生产一代、开发一代、研制一代”的产品开发新战略取代。赣州机电企业为适应市场需要而在产品开发上投入大量的人力、物力和财力，加快企业产品结构调整步伐。赣州电机厂从 1986 年开始按国际标准开发 IS 系列工业泵和 Y 系列三相巨星异步电动机，江西齿轮箱厂 1987 年开发出液压式叉车变速箱，于都齿轮箱厂 1989 年研制开发摩托车齿轮，瑞金化工机械厂 1987 年开发生产冶金电炉电极导电板，定南汽车配件厂 1988 年开发出汽车制动品衬片，赣州接插件厂 1989 年开始系列开发生产汽车天线。其间，开发出一批较高水平的机电产品：江西齿轮箱总厂 WY4.11 行走减速器、钻具减速箱，瑞金电线厂的航空电缆、高潮护套电缆，赣南机械总厂的 YJ13A-1 型卷烟机，于都齿轮箱厂的 XF125 型摩托车齿轮等达到国际先进水平或国内领先水平。全地区机电系统共开发新产品 214 种，其中 55 种获省经贸委颁发的优秀新产品奖，124 种达到国内先进水平。

1992 年，新产品开发以企业为主体，采取与科研院所联合开发、自行设计开发、委托设计和其他企业提供图纸或专利技术等办法进行试制生产。全地区机电工业开发新产品 50 项，其中省（部）级新产品 34 项、地区级新产品 16 项，8 项新产品获省优秀新产品奖。1993 年，开发新产品 42 项，其中省（部）级新产品 26 项、地区级新产品 16 项，10 项产品获省优秀新产品奖。1994 年，开发新产品 30 项，其中省（部）级新产品 20 项、地区级新产品 10 项，7 项新产品获省优秀新产品奖。

1996 年开发新产品 16 项，其中机械类新产品 8 项，电子类 8 项；达国际先进水平的 3 项，国内先进水平的 8 项。1997 年，完成新产品开发 28 项，6 项为电子产品，22 项为机械产品；22 项达国内先进水平，4 项达省内先进水平。1998 年，完成 20 项新产品开发，其中 17 项为机械类，3 项为电子类。1999 年，开发 20 项新产品，均为机械类产品。2000 年，完成 3 项新产品开发，均为机械类产品。

第三节 主要产品

一、机械产品

20 世纪 80 年代，赣南机械电子工业生产制造的机械产品包括主机、辅机、配件、基础件、元器件在内的多种类多个品种。矿山机械有破碎机、小矿车、节能风机，工程机械有装载机、液压工程油缸、变量叶片泵、液力叉车变速器箱，通用机械有气体压缩机、胶印机、组合机床、镗磨缸机、工业泵、低压阀门、普通标准件、液压钻、液压滑面、空气冷却器，轴承有调心滚子轴承，铸锻产品有铸钢件、稀土耐热钢、精密铸件，汽车及配件有改装车、越野车、汽车变速箱、汽车空压机、前后半轴、刹车凸轮轴、制动器衬片，工矿配件有工业轴瓦、阀片，高压紧固件、矿电机筛、电石炉极导电板、集电环、疏水阀，轻工机械及其他有卷烟机、卷烟接咀机、工业硅、节能变压器、木工刨床、制瓦机、山竹撕裂机，农业机械内燃机有 1105 型柴油机、R175Q 及 170 型柴油机、内燃机油管、滤清器、消声器，农业运输机械有拖车、手推胶轮车，农业植保机械有手动喷雾器，农副产品加工机械有碾米机、打谷机、粉碎机、榨油机、砻谷机、茶叶揉捻机、香菇生产成套设备，其他农业机械有吸水泵、手压推拉泵、喷灌机组、抽水机组。

20 世纪 90 年代，全地区生产的机械产品有柴油机、打谷机、农用运输车、滤清器等农业机械，空气压缩机、低压阀门、工业泵、胶印机、液压件等通用机械，改装车、汽车变速器、摩托车齿轮、刹车片、拨叉、半轴、拖车等汽车及零部件，装载机、破碎机、小矿车、工矿配件等矿山设备，组合机床、液压滑台等机床工具，以及烤烟配件等。

二、电子产品

20 世纪 80 年代，赣南机械电子工业生产制造的电子产品包括水轮机、水轮发电机、柴油发电机、压力容器、液力变矩器、交流电动机、蝴蝶阀、水利启闭机、布电线、电磁线、封严绳、架空电力线、航空导线、潜水电泵，电子通信产品有汽车收放机、学生收录机、袖珍收音机，电子元配件有拉杆天线、直杆天线、天线插座、天线插接器，其他电子产品有开关柜、整流变压器、可控硅励碎机、调频有源音箱、电子煤气报警器、自来减压启动箱。

20 世纪 90 年代，全地区生产的电子产品主要有水轮发电机、柴油发电机、电动机、电磁线、布电线等电工电器，汽车收放机、汽车天线、电源变换器等电子产品等。

第四节 重点企业

一、江西气体压缩机厂

位于章贡区南河路，是国内生产压缩机系列产品的重点企业，首批国家二级企业和省级先进企业。建于 1951 年 8 月，前身是赣州机器厂，后易名赣南通用机械厂，1969 年改为江西气体压缩机厂，是机械工业部定点生产大中型压缩机的专业厂，属全民所有制中型企业。原为江西省机械厅直属企业，1985 年下放赣州市（今章贡区），占地面积 26.99 万平方米，建筑面积 18.3 万平方米。拥有加工中心及数控、数显机床等生产设备 800 多台，通过二期技术改造，增添大量高精度、高效率的先进设备和检测设备，具有年生产大、中型空气压缩机 1000 多台、胶印机 100 多台能力，主要生产排气量为 0.25～210立方米/秒、压力为 0.22～15 兆帕、介质为空气、氢气、氮气、乙炔气、煤气、石油天然气和氧气的各种往复活塞式及螺杆式压缩机，并生产胶印机、压铸机、螺杆泵、压力容器等，产品行销国内30多个省、市、自治区，远销国外10多个国家和地区。研制开发的BZL3.5-20/7矿用无基础空气压缩机、LGY20/12-23/20双级中压螺杆压缩机、BKLG20-10/6.5喷水螺杆压缩机填补国内多项空白。2000年，有固定资产原值5835.9万元，职工2304人（其中工程技术人员300多人），完成工业总产值4668万元，销售收入5843万元，上缴税金453.7万元，实现利润68.4万元，人均收入4960元。

二、江铃齿轮股份有限公司

建于1969年3月，前身为江西汽车齿轮箱总厂。是国家定点生产汽车变速箱、工程机械变速箱的全民所有制中型企业。位于章贡区水东镇虎岗，占地面积13.08万平方米，建筑面积8.6万平方米。拥有资产总值2.27亿元，主要设备、仪器533台。主要生产解放CA-10B、北京BJ-212、东风EQ-140型汽车变速箱总成，是江西汽车制造厂骨干配套厂之一。1981年，被南京汽车工业公司吸收为第一批联营企业。1985年，形成年产汽车、叉车变速箱总成1.5万套的生产能力。CPC-3型叉车变速箱总成被评为部优产品，MSB-5S、CPC-3、CPQ6、JCMFD60T叉车变速器总成先后被评为江西省优质产品，WY4.11行走减速箱获国家级新产品证书，并与WY404.3C.3钻具减速箱同获国家科技成果证书。企业多次被评为江西省经济效益先进单位。1995年，有职工1539人，其中技术人员169人，固定资产净值7749.4万元，年生产能力达10万台（套）变速箱，完成工业总产值6425万元，销售收入5936.6万元，上缴税金498.7万元，实现利润83.5万元。

三、赣州制泵有限公司

位于章贡区文明大道东段南侧，1998年10月由赣州水泵厂改建而成。赣州水泵厂建于1957年，前身为赣州机械厂，1969年改为赣州水泵厂，是机械电子工业部定点生产工业泵的专业厂，属全民所有制企业，占地面积10万平方米。2000年3月，由章贡区政府派出改制工作组，实施由赣州发电设备成套制造有限公司控股经营的改制，7月，改制后的赣州水泵制造有限公司挂牌运作，是国家机电工业部定点生产工业泵的专业制造企业。拥有程控、数控等生产设备202台套和最大、精度最高的微机控制水泵性能测试站及先进检测设备，具有雄厚的科研、试验和生产工业泵的能力和相当的生产规模。主要产品有单极和多极清水泵、油泵、化工泵、耐腐蚀泵、热水泵、锅炉给水泵、消防泵和全自动变频调速供水设备等30大系列、200多个品种、1000多种规格，其中XD、XBD型卧、立式多级消防泵，为全国首创，IS系列、D、DG系列产品被评为省、部优质产品。公司还设计制造非标用泵，从事Ⅰ、Ⅱ类压力容器制造和变频器技术应用服务。2000年，有固定资产原值3096万元，职工392人，其中工程技术人员91人，完成工业总产值930万元，销售收入1146万元，上缴税金133.4万元，实现利润29.4万元，人均收入3113元，连续五年评为江西省先进企业。

四、赣州发电设备成套制造有限公司

1997年5月由赣州电机厂、赣南水轮机厂联合组建而成。1998年5月产权转让改制为赣州发电设备成套制造有限公司。公司拥有各种精密设备、高效设备、仪器仪表100多台（套），具备设计制造生产各种发电设备的能力，年生产能力40万千瓦。通过ISO 9000质量体系认证。主要产品有75～20000瓦贯流式、混流式、轴流式、冲击式、斜击式的各式水力发电主辅机及电站成套设备，S930-1600千伏安、10千伏、0.4千伏低损耗节能型变压器系列产品，75～20000千瓦TF系列柴油发电机，Y系列（IP44）三相异步电动机及其派生系列YCT电磁调速电动机，一、二类压力容器。2000年，有固定资产原值2999.7万元，职工747人（其中工程技术人员200多人），完成工业总产值5494万元，销售收入4831万元，上缴税金455.5万元，实现利润130.9万元，人均收入7550元。经营规模跃入全国水电设备行业13强，综合经济效益指数在行业排名第10位。

五、赣南无线电厂

建于1968年，是赣州地区电子工业骨干企业和广播通讯整机专业生产厂家，属全民所有制企业。位于章贡区张家围路中段西侧，占地面积5.1万平方米。1969年10月，被第四机械工业部列为军品短波发射机（116机）扩点厂，并开始试制。1973年，通过116机技术鉴定，被批准为军品生产定点厂。1980年，成立赣州电子工业公司，实行赣州市（今章贡区）无线电工业生产联营，开始由军工产品转民用产品。1983年，从日本引进汽车收放机生产技术和先进设备，开始生产汽车收放机。1995年，自筹资金150万元，新增高档汽车音响生产线1条，共拥有汽车音响生产线7条。同年，投资550万元，购进汽车变速箱同步器生产、检测设备，开发生产电调谐汽车收放机、汽车CD和汽车变速箱同步器。汽车收放机系列产品获“江西省优质产品”“机械工业部优质产品”“电子工业部优质产品”称号。1996年年底，无线电厂通过ISO 9001质量体系认证，汽车收放机产品被评为部、省优质产品，成为全国近200家汽车制造厂和汽配公司的配套产品和经销产品，获东风汽车公司、跃进汽车集团配套质量优胜奖。1996年企业自筹570万元，从国外引进汽车同步器生产、检测设备，研制生产汽车同步器，批量投放市场。2000年，有固定资产3488.4万元，职工530人，其中工程技术人员100多人，完成工业总产值3672万元，销售收入2572万元，上缴税金179万元，亏损69万元，人均收入6037元。

第四章　轻化纺工业

随着经济体制改革的不断深化，全市（地区）轻化纺国营轻工系统内企业工业经济由高速发展转向低速调整，行业经济总量逐步萎缩。1986—2000年，系统内企业由48家减至35家，工业总产值由3.79亿元减至2.59亿元，利税由2940万元减至216万元。

第一节　行业规模

一、企业门类

“七五”期间，全区轻化纺国营企业通过加强内部管理，开展企业定级、产品评优，强化质量、计量、设备、能源、安全、档案、现场管理等各项基础工作，加大基建、技改力度，形成造纸、印刷、火柴、原盐、化肥、农药、电光源、橡胶制品、纺织、服装等20个生产门类、36个产品、上千种规格。使生产规模、产品质量、装备水平和发展后劲均上新台阶。累计投入技改资金1.3亿元，开发新产品41个。1990年，有企业48家，其中轻工31家、化工10家、纺织7家，在职职工17998人，其中工程技术人员797人。

“八五”期间，是全区轻化纺工业由高速转向低速调整的转折期。各企业按照上级要求，推行“劳动、分配、人事”三项制度改革，先后试行国有民营、股份制、划小核算单位（如车间改为分厂）、福利性机构改为面向社会的生产经营单位、组建集团公司、托管兼营和租赁拍卖等改革。1995年末，系统内企业减至45家，其中轻工28家、化工10家、纺织7家，有职工16624人。“八五”期间累计投入技改资金2.25亿元，其中竣工投产项目60个。有固定资产原值2.53亿元，净值1.16亿元。

“九五”期间，轻工系统内企业受国内外市场变化特别是东南亚金融风暴的影响，加上企业规模小、设备陈旧、技术落后、更新换代慢、结构调整滞缓、机制不活等因素，造成生产能力过剩与市场多样化需求供应不足的矛盾日益突出，普遍出现半停产、停产现象，行业经济总量逐步萎缩。经过调整、收缩、淘汰落后产品，推广适应高新技术，改造提升传统产业，鼓励发展合资、外资和个私企业。

至2000年末，系统内有企业35家，即轻工22家（有2家全面停产）、化工8家（2家全面停产）、纺织5家（1家全面停产），其中多数企业职工被置换身份，企业转制，国有资产退出市场体制。同时，非国有企业加速崛起，为轻化纺工业注入新的力量。

二、产值利税

“七五”期间，全地区轻化纺国营企业完成工业总产值3.79亿元，销售收入3.1亿元，实现利税总额2940.5万元。有固定资产原值2.18亿元，净值1.27亿元。

“八五”期间，企业由计划经济的买方市场转轨市场经济的卖方市场，普遍遇到原材料、煤炭、电力、运费涨价和资金短缺等困难，出现结构调整慢于市场需求，部分产品压库，经济效益急剧下滑，大部分企业出现利税负增长，行业亏损额大幅度上升。1995年，国家采取宏观调控政策，部分企业经济效益回升。“八五”期间，完成工业总产值5.08亿元，实现利税3189.9万元。

2000年，轻工系统内企业实现工业总产值2.29亿元，税利216.9万元，有固定资产净值2.37亿元。

第二节　轻工业

20世纪80年代末至90年代中末期，全市（地区）轻工业系统形成造纸、印刷、钨钼材料（灯泡）、火柴、干电池、原盐、陶瓷、玻璃等八大产业，主要产品有机制纸及纸板、加工纸（铝箔纸）、横江重纸、钨丝、钼丝、仲钨酸铵、灯泡、干电池、原盐、火柴、印刷制品、日用陶瓷、日用玻璃等13大类、200多个规格品种。其中多种纸张、钨丝、钼丝、仲钨酸铵、干电池等产品在国内外市场占有一定的份额和影响，为全市（地区）和全省的重要出口创汇商品。

一、造纸

1986年，全地区轻工系统内有赣南、赣江、于都、全南、石城横江5家国营造纸厂。1988年6月，石城横江造纸厂下放该县林业局管理。1989年，新增南康县铝箔纸厂。全地区轻工系统主要产品有机制纸、纸板、加工纸三大类，有拷贝纸、打字纸、描图纸、皱纹卫生纸、横江重纸等40多个品种。赣南造纸厂、赣江造纸厂于1986—1991年分别开发贴墙原纸、水松原纸、衬垫纸、单面拷贝纸、低定量彩色胶版纸、铜版纸、蓝白记录纸、电脑纸、白板纸、铝箔衬纸等新产品，花色品种增加到50多种。其间，通过技术引进和改造挖潜，全地区年生产能力达到4.5万吨，其中工口内年产纸3.5万吨。产品质量有明显提高，有12个产品被评为部优、省优产品。赣南造纸厂生产的各色拷贝纸、打字纸、书写纸、字典纸和衬垫纸，行销孟加拉国、斯里兰卡、埃及、巴基斯坦、巴西、新加坡、古巴、西德等国家，以及中国香港地区。1986—1988年，平均出口量1725.43吨，出口交货值600万元，被轻工业部评为全国轻工业出口创汇先进企业。1991年出口机制纸2297吨，交货值1107.5万元。1991年5月30日，赣江造纸厂原料场发生重大火灾。

20世纪90年代初，赣南、赣江等纸厂推行三项制度改革，在企业实行内部退养、下岗待业和停薪留职。1995年5月8日，赣南造纸厂与赣江造纸厂合并，成立赣州造纸（集团）公司。合并后的公司有固定资产总值1.63亿元（原值），职工2300人，产品产量、工作场地、生产工艺仍维持原状。因集团公司运作效果差，遂于1997年5月拆分。原赣南造纸厂由江西第二造纸厂租赁经营，更名赣州孔雀纸业公司；原赣江造纸厂由私人租赁经营，更名赣江纸业公司。之后，企业没有出现转机，生产经营仍然陷入困境，两个企业先后终止租赁合同。赣南造纸厂于1998年8月停产，1999年开始拍卖土地，2001年10月宣布破产；赣江造纸厂也在2001年1月宣布破产，并以2700万元的价格整体转让给广西宁振工贸有限公司。

于都县造纸厂自20世纪90年代初执行目标管理和实行公有民营至1994年年底，仍控制不住亏损局面，负债1080.4万元，负债率160%，濒临倒闭。1994年10月，将该厂分立重组，把部分有效资产（职工246人，土地9.92万平方米，有效资产186.48万元，以及1575、1092、787纸机各1台和其他造纸设备），划给新成立的于都县新兴造纸厂，保留于都县造纸厂的牌子。新厂于1995年5月挂牌营运，产品有凸版纸、胶印纸、书写纸等。当年完成工业总产值448万元，上缴利税66万元，获"地区目标管理扭亏增盈先进单位"和"于都县政府利税重点企业"称号。

南康县铝箔纸厂为扩大生产能力，于1990年和1992年合计投资274.67万元，用于设备技术改造。一期工程于1990年12月竣工投产，二期工程于1992年10月竣工，年生产能力由300吨复合铝箔纸扩大到2000吨，同时开发彩色压花铝箔纸新产品。1994年，该厂开发的BOPP新型胶带生产线竣工投产。1997年3月，因企业效益差而停产，厂房实行租赁。

2000年，全市执行国家实施关闭"五小企业"（小煤矿、小炼油、小水泥、小玻璃、小火电）、"十五小企业"（小造纸、小制革、小染料、土炼焦、土炼硫、土炼砷、土炼汞、土炼铅锌、土炼油、土选金、小农红、小电镀、土法生产石棉制品、土法生产放射性制品、小漂染企业）的产业结构调整政策，对全南县造纸厂、于都县新兴造纸厂、崇义县旗岭造纸厂、寻乌县桂竹帽造纸厂、瑞金市九兴造纸厂、石城县造纸厂、石城县新地造纸厂、会昌县造纸厂、宁都县琳池造纸厂、宁都县小布造纸厂和宁都县造纸厂等13家生产规模小、产品档次低、污染严重的企业实行关闭。

二、印刷

1986—1988年，全地区轻工系统内有印刷厂20家。1989年，南康唐江印刷厂并入南康县印刷厂。1994年，除大余县印刷厂被大余牡丹亭集团公司兼并外，各县（市）均有地方国营印刷厂。其中以赣南印刷厂、赣州印刷厂最具优势，合计生产能力达到14亿印张，成为全省重点印刷企业和全省书刊定点生产企业。该行业门类比较齐全，有平印、凹印、凸印、丝网印刷、照相制版、胶印等。能承接生产各种书（报）刊、杂志、画册、年历、年画、日历、各种商标、账表、复合软塑料包装、硬纸盒包装等加工业务。

赣州印刷厂和赣南印刷厂于20世纪90年代初相继推广应用电脑激光照排新技术，并分别投资273.42万元和420万元购置进口对开四色胶印机各1台，试图实施彩色印刷生产线，使排字印刷速度和产品质量上一个新台阶。赣南印刷厂还新上纸质复合包装生产线；南康、大余、兴国、龙南等县印刷厂相继也增置彩印设备。1989年，赣州印刷厂被晋升为省级先进企业，次年获江西省优质服务先进单位和省经委颁发的设备管理二级企业证书。1990年，赣南印刷厂获"省级先进企业"称号，1992年通过"省级先进企业"复查验收合格。

赣南印刷厂与赣州印刷厂于1995年12月18日合并组建成立赣州印刷（集团）有限公司。组建后有职工769人（不含离退休人员），印刷设备297台（套），占地面积2.5万平方米，总资产4200余万元。由于经营管理不善，未能发挥组合前年产14亿印张的生产能力，企业效益每况愈下。1998年，公司把原赣南印刷厂厂房、土地以900万元转让给华夏证券公司。

1992年，大余县印刷厂投资100多万元用于层次版彩色印刷复合膜包装袋生产线技术改造项目竣工投产，形成年产5000万只包装袋的生产能力。该厂被兼并后于1995年再投资17万元，新上彩印淋膜复合包装袋膜生产项目。12月，该项目通过地区新产品鉴定，并投入批量生产。

1995年，南康市印刷厂实行股份制。赣县、上犹县、石城县印刷厂实行国有民营。

1992—2000年，全市（地区）国有（营）印刷企业进行多种形式的改制，由于技改更新投资少，结构调整缓慢，基本维持原有生产模式，生产力并未得到解放，跟不上市场印刷品高档化、多样化发展的需要，大批生产骨干离岗跳槽。导致业务量逐步缩减，效益逐年下降。加上个体、私营、集体印刷厂迅猛发展，仅赣州市（今章贡区）内注册就多达30多家，加剧一些国有（营）企业在市场竞争中被淘汰和出局，对国企退出市场起了推动作用。

三、电光源

2000 年，全市电光源生产厂家有赣州钨钼材料厂和赣州电光源厂（原赣州灯泡厂）2 家。

钨钼制品 赣州钨钼材料厂为中华全国轻工总会（原轻工业部）定点生产钨钼制品和钨化产品的国家中（二）型企业，1987 年 9 月经国务院机电产品出口办公室批准为机电产品出口基地企业，拥有自营出口权。主要产品有钨丝、钼丝、仲钨酸铵、绞合钨丝，1988 年和 1991 年分别开发纯钨杆、钨酸钠和蓝色氧化钨等新产品 20 多种，其中不少产品被评为部优、省优产品。产品主要销往全国各地，还畅销东南亚、西欧、美国等地。1986 年，获轻工业部“优秀质量管理企业”称号，1988 年晋升为国家二级企业，1991 年被轻工业部评为全国轻工业科技进步先进单位，同年国家计划委员会授予其首届全国工业企业技术进步成就展览会荣誉奖。20 世纪 80 年代末至 90 年代初期，赣州钨钼材料厂投资数千万元，通过一、二、三期工程扩建与技术改造，引进日本、英国、美国先进设备，生产规模逐年扩大，技术水平和装备水平达到国内外行业先进水平，形成年产钨丝 5 亿米、钨化工产品 1000 吨的生产能力。1991 年，有职工 819 人，其中工程技术人员 104 人。有固定资产 2992 万元。完成工业总产值 4538.85 万元，销售收入 4511 万元，实现利税 309 万元，全员劳动生产率 5.58 亿元。出口仲钨酸铵、绞合钨杆、钨酸钠、蓝色氧化钨等产品 1349 吨，出口交货值 3821.28 万元。1998 年 10 月，该厂以钨丝生产线与厦门钨业股份有限公司合资组建国有控股企业赣州虹飞钨钼材料有限公司，钨化工生产线由厦门公司租赁经营 3 年。虹飞公司总资产 8367.7 万元，净值 3173.8 万元，资产负债率 54%，其中赣州钨钼材料厂拥有股权 38%，其余为厦门钨业股份有限公司拥有。2001 年 12 月，赣州钨钼材料厂因生产经营困难破产，职工得到相应安置。

灯泡生产 赣州灯泡厂为江西重点生产灯泡的定点企业之一。1986—1987 年，该厂出现亏损。1988 年实行责任承包制后，于当年扭亏为盈，摘掉亏损帽子。1991 年，全厂有职工 633 人，其中工程技术人员 14 人；有固定资产原值 439 万元，净值 278 万元；产灯泡 2170.97 万只，总产值为 1132.06 万元，销售收入 1127 万元，实现利税总额 100 万元。经 1993 年设备更新和技术改造，把原有的 1 台 16 头吹泡机改为 2 台 12 头吹泡机，突破年产灯泡壳 3000 万只的大关，实现灯泡壳全部自给。主要产品有 220 瓦、36 瓦、60 瓦、100 瓦等普通的白炽灯泡，其中 60 瓦、100 瓦灯泡 1991 年获“江西省优质产品”称号。1994 年，部分产品通过地区外贸公司出口国外。1995 年，该厂与赣州玻璃厂合并成立赣州华美照明电器有限公司。1998 年 12 月，公司解体，原赣州灯泡厂更名为赣州电光源厂。

四、火柴

赣南火柴厂为地区轻工系统仅有的一家生产火柴的地方国有（营）企业。1989 年 8 月，该厂将赣州市木器厂兼并，并作为该厂的分厂，实行统一管理，独立核算，自负盈亏。主要产品有日用安全火柴、木器和家具，其中火柴行销 7 个省、26 个地区。1987 年，“吉祥”牌日用安全火柴被评为省优质产品。1988 年晋升为省级先进企业。1992 年 4 月，该厂率先在全区试行股份制，成立赣州光大股份有限公司。该公司以火柴厂的部分资产折股作为主体，内部职工参股，向社会其他法人或个人发行股票，全部注册资本划为等额股份。

1991 年，有职工 808 人，其中技术人员 12 人。生产火柴 28.05 万件，完成工业总产值 1330.25 万元，销售收入 1200 万元。实现利税总额 204 万元，其中利润 145 万元。1993 年实现利润 17.5 万元，1994 年亏损 54 万元，1995 年濒临倒闭。1996 年 8 月整体转让给宁都私营业主。

五、干电池

赣州电池厂为轻工业部定点的全市（地区）唯一生产干电池的地方国营（有）企业。主要产品有

R20、R16、R6 型糊式干电池及部分甲、乙级电池，以及 1989 年开发的 R6p 型和 R20s 型电池，其中 R20s 型干电池于 1989 年被评为省优产品，企业也于同年被晋升为省级先进企业。产品除主销国内市场外，部分还销往东南亚、非洲、波兰、俄罗斯等国家和地区。1996 年 12 月，经外经贸部批准获得自营出口权。

赣州电池厂从广州先后引进一套机械自动化电池拌粉设备和电池新工艺生产线，取代过去手工拌粉和旧的电蕊包纸工艺。1991 年 4 月初，投资 910 万元，将工厂由虎岗迁至黄金开发区新厂，1992 年 7 月完成搬迁工作。新厂区占地 2 万平方米。1991 年，有职工 235 人，其中技术人员 9 人。生产电池 2521.52 万只，完成工业总产值 1000.1 万元，销售收入 792 万元，实现利税总额 70 万元，“盾牌”大号电池出口交货值 367.51 万元。1995 年，拥有 R20 型糊式生产线 3 条、R14 型糊式生产线和 R6 型纸板生产线各 1 条，形成年单班生产干电池 5000 万只的能力。1996 年 1 月，实行股份制试点改革。1997 年 4 月，由赣州市（今章贡区）劳动人事局、劳动就业局和技工学校出资 40 万元控股经营。2000 年 4 月由个私业主租赁经营，8 月更名为佳力电池有限公司。

六、陶瓷

赣县瓷厂 1995 年更名为赣南瓷厂，为全区仅有的陶瓷生产企业。主要产品有瓷酒瓶、陶瓷灯具和部分民用瓷。

20 世纪 80 年代末，赣南瓷厂新增电烤炉和低温窑。1990 年根据广东市场需要，开发陶瓷灯具新产品，并投入批量生产。1991 年，有职工 600 人，其中技术人员 14 人。生产瓷器 193.72 万件，完成工业总产值 691.66 万元，销售收入 600 万元，实现利税 43 万元，有固定资产原值 400 万元。从 1994 年起，该厂年年亏损，于 1997 年 7 月停产。

七、日用玻璃制品

赣州玻璃厂是轻工系统内的唯一国有（营）企业，主要产品有酒瓶、罐头瓶、饮料瓶、农药瓶、日用器皿和医药用瓶 4 大类、30 多种。1988 年，开发茶色玻璃管瓶新产品。产品主销省内，部分销往广东、福建等省，其中玻璃酒瓶间接销到朝鲜、泰国、菲律宾等国家，以及中国台湾地区。1991 年，该厂有职工 368 人，其中技术人员 7 人。生产日用玻璃制品 4141 吨，完成工业总产值 360.74 万元，销售收入 423 万元，上缴税金 59 万元。1992—1995 年，累计生产玻璃制品 14761 吨。至 1994 年 5 月，该厂欠内外债 356 万元，生产难以维持，由地区劳动局安全卫生检测检验中心兼并。次年，又与赣州灯泡厂合并成立赣州华美照明电器有限公司。1998 年 12 月，公司解体。原赣州玻璃厂停产，土地拍卖。

八、原盐

江西九二盐矿隶属省盐业公司，1988 年 6 月 16 日由省政府下放赣州地区，归口地区轻化工业公司管理。同年 6 月 23 日，地区又将该矿下放会昌县管辖，改名会昌九二盐矿，矿址位于会昌县周田乡。该矿采用卤水晒盐工艺，主要产品用于农业和食用，NQCL 含量达 96%以上，符合国家GB 5461—92食用盐标准，一级品率在 99.7%以上。1994 年，被国家轻工总会列为全国 108 家加碘盐定点生产企业之一，1996 年通过国家盐务总局验收。

为扩大晒盐能力，该矿于 1991 年设计年产 5 万吨原盐项目被上级批准立项，并着手年产 2 万吨工程建设。1992 年，第一期年产 2 万吨晒盐工程竣工投产，第二期年产 5 万吨盐因政策和宏观控制影响未能实施。1994 年前，晒盐工艺为深水晒盐，面积单位 140～150 千克/平方米，吨盐卤耗 7.6～8.6 立方米。年产 2 万吨粉洗加碘盐技改工程于 1996 年通过省计划委员会审查，同年 10 月 14 日动工兴建。年产 1 万吨晒盐技改项目于 1999 年 8 月 1 日竣工投产。

为打击食盐走私，保障人民群众身体健康，该矿从 1998 年 1 月 9 日起，停止对个体晒盐户供应卤水。2000 年 5 月，有关部门配合会昌县政府开展盐田整治行动，关闭私人盐田 23.8 公顷、卤水池

67.67 公顷，收购私盐 242 吨。

1986—2000 年部分年份赣州市（地区）轻工系统国有（营）工业企业主要产品产量统计表

表 22-4-1

年份	机制板及纸板(吨)	加工纸(铜版纸)(吨)	日用陶瓷(万件)	玻璃制品(吨)	灯泡(万只)	钨丝(万米)	钼丝(万米)	火柴(万件)	干电池(万只)	原盐(吨)	钨化产品(吨)
1986 年	29857.00	190.00	1043.00	3325.00	955.00	27053.00	1604.00	27.00	1530.00	—	—
1990 年	34501.00	475.00	557.00	3879.00	1415.00	27413.00	1703.00	37.00	2702.00	7909.00	—
1996 年	20801.00	—	287.00	3231.00	1108.00	35060.00	1346.00	8.92	3406.00	21376.00	594.00
2000 年	1942.00	—	2807.00	—	1019.00	47976.00	10018.00	—	446.00	22591.00	519.00

说明：1. 日用陶瓷、火柴产量中含有系统外生产线　2. 1991 年玻璃制品中含有外系统企业产量 556 吨　3. 1989—1991 年原盐产量中含有外线系统生产线　4. 机制纸及纸板 1996—2000 年产量中含有系统外企业产量数

1986—2000 年部分年份赣州市（地区）轻工业主要经济指标统计表

表 22-4-2　　单位：万元

年度	经济指标		造纸	印刷	电光源	火柴	干电池	陶瓷	玻璃	原盐
1986 年	工业总产值		5084	1353	3014	—	—	253	154	—
	销售收入		5758	1665	2361	—	—	238	166	—
	税利总额		1056	235	455	—	—	30	27	—
	其中	利润	450	145	225	—	—	17	—	—
		亏损	3	—	—	—	—	3	—	—
	固定资产净值		3088	663	1268	—	—	228	102	—
1990 年	工业总产值		11790	3659	4005	—	—	267	338	151
	销售收入		8890	3368	3102	—	—	131	311	122
	税利总额		1069	406	122	—	—	−45	41	28
	其中	利润	341	213	−79	—	—	−50	0	24
		亏损	73	5	126	—	—	50	—	—
	固定资产净值		3217	1117	2451	—	—	256	175	114
1995 年	工业总产值		10524	4496	—	—	—	158	362	557
	销售收入		12685	3630	—	—	—	159	508	603
	税利总额		1156	195	—	—	—	−24	42	185
	其中	利润	318	−68	—	—	—	−39	—	30
		亏损	—	139	—	—	—	39	—	—
	固定资产净值		4552	2096	—	—	—	249	406	254
2000 年	工业总产值		1285	—	5064	148		—	—	481
	销售收入		1227	—	5431	150		—	—	683
	税利总额		−82	—	435	−57		—	—	−80
	其中	利润	−138	—	29	−57		—	—	−201
		亏损	143	—	17	57		—	—	201
	固定资产净值		2144	—	2589	1007		—	—	293

说明：1. 1986—1991 年为全区综合数　2. 1996—2000 年，机制纸及纸板、陶瓷、火柴经济指标含轻工系统外指标

第三节 化学工业

1986—2000年，全市（地区）有国有（营）工口化工企业10家。其间，多数企业遇到市场疲软，原材料涨价，资金匮乏，产品压库，严重亏损等困难和问题。为了生存和发展，各企业调整产业结构，开发新产品。通过开展“学吉化”活动（学习吉林省化工厂扭亏为盈，艰苦创业活动），强化企业内部管理，改革生产经营体制，使企业在极为艰难的环境中支撑着，并形成化肥、农药、橡胶加工、有机化工、化学、矿山和其他化工26大工业门类，生产合成氨、碳酸氢铵、化学农药原药、农药制剂、橡胶制品、电石、乙炔炭黑、硫黄、活性炭等数十种产品，其中乙炔炭黑、甲基对硫磷原油和杀螟硫磷原油曾出口越南、新加坡、美国等国家。累计开发新产品12个，创部优产品1个、省优产品5个，获省级先进企业1家。

1995年，工口内企业实现工业总产值1.59亿元，销售收入1.89亿元，利税691.9万元，其中利润254.1万元，是15年中效益最好的一年。

一、化肥

境内地产化肥主要有合成氨、碳酸氢铵、复合肥等，其中碳酸氢铵为多年主导产品。销售主渠道为区内18个县（市、区），部分产品销往区外。1986—1990年，于都、信丰两个化肥厂经过技术改造和扩建，形成年产合成氨2万吨、碳酸氢铵8万吨的生产能力，扭转1986年以前的亏损局面。1993年，化肥市场由过去的计划经济独家经营转为放开经营，企业可与各农资经营单位合同定购、联销、代销或自销农户，亦可直销基层供销社，实行农户预定、淡旺季价差的办法，自产自销，自主经营。外地化肥开始挤占地产化肥市场。1996—2000年，化肥市场进一步放开，地产化肥日益受到外地化肥的低价冲击，特别是低价倾销，使得地方企业盈利空间日趋狭窄，周转资金告缺，无法运转而停产。2000年初，为整顿和规范市场，建立有序的竞争机制，市政府把碳铵列入规范市场的地产品范围。并于3月中旬成立规范化肥市场工作办公室和规范化肥市场稽查大队，实行外地碳铵准入证制度。办公室、稽查大队与市工商局、法制局、技术监督局、物价局、税务局和各县（市、区）规范办等部门合作，深入全市各地化肥经销点、仓库、火车站点稽查，抵制外来化肥低价倾销，制止无证经营和一照多营现象，查处劣质肥，引进适度的市场竞争，平抑化肥价格，碳铵价格由年初的460～480元/吨降至420～440元/吨，使信丰化肥厂生产化肥比上年增长28.6%，销量增长40%。2001年下半年，规范化肥市场工作基本结束，产品进入自由市场竞争。

二、化肥生产企业

于都化肥厂 于1965年由赣南瓷厂改建而成，系小氮肥生产企业。初始生产能力为年产3000吨合成氨，经多年改进，至1991年形成年产合成按1万吨、碳酸氢铵4万吨的能力。1992年投资629.45万元，建成年产2万吨复合肥生产线1条，“两水闭路循环”技改项目和合成氨扩至1.5万吨生产能力技改工程竣工，“蒸气自给节能”技改项目动工兴建。“两水闭路循环”技术的应用每年节水450万吨，碳铵年生产能力形成6万吨。受外来化肥的冲击挤占，加上该厂资金短缺，于1998年6月30日停产，全厂职工放假至1999年10月，全员下岗，生产设备于2000年3月29日公开拍卖，企业申请破产。企业破产时有职工280人（含离退休218人），固定资产2036万元，占地面积11.6万平方米。

信丰化肥厂 信丰化肥厂建于1968年，系小氮肥生产企业，主产合成氨、碳酸氢铵和复合肥。1986年以前为亏损企业，“七五”期间经扩建和技改，形成年产合成氨、碳铵分别1万吨和4万吨的生产能力，至1991年扭亏为盈。1992年，该厂年产1万吨复合肥生产线建成，年产2万吨复合肥扩建工程于1994年4月竣工，并投入生产。1993年3月15日，化工部同意该厂上年产4万吨尿素技改项目，总投资为5000万元。1994年3月，省经委、省石化厅拟定工程固定投资概算6515万元，其中申请国家专项贷款2500万元。1995年1月，年产合成氨1.5万吨扩建工程建成，至12月年产合成氨2.5万吨扩建工程竣工。该厂还于1992年建成年产2万块香皂生产线1条，将麦饭石系列香皂投放市场。1993年7月，又与香港东昌行投资有限公司、香港华联实业公司联合成立江西丰港日用化工有限公司，合资生产经营麦饭石系列保健产品。1994年9月，公司麦饭石保健香皂生产扩建改造工程竣工投产。信丰化肥厂1991年被评为全省无泄漏工厂，还先后被化工部评为全国小氮肥竞赛先进单位和第二批“学吉化”先进单位。

赣州市兴华肥料有限公司 公司建于1991年，始名赣州市专用肥料厂。为赣州黄金经济技术开发区全民所有制企业，后转为个私企业，改名赣州兴农肥料二厂，2000年改为合资企业，更名为赣州市兴华肥料有限公司。公司生产复合肥，1992年年产2万吨复合肥生产线竣工投产。1996年，企业投资280万元，上年产5万吨复合肥生产线技改项目，生产能力达到9万吨。1999年通过ISO 9002质量体系认证。

三、农药

赣南农药厂建于1968年。1988年兴建烧碱分厂，1992年10月12日挂牌成立江西化工厂，与农药厂两块牌子、一套机构。该厂1985年被列为江西省农药生产重点企业，是全国农药生产的骨干企业之一，1991年晋升为省级先进单位。主产化学农药原药、各种农用制剂、粉剂、30%液体烧碱、工业盐酸和液氯等6大类，有甲基对硫磷原油、甲胺磷原油、杀螟硫磷原油、单甲脒原药、杀虫醚原药、13种农药乳剂（水剂）、7种粉剂（颗粒剂）和三类气雾剂2种卫生用药等产品，以及烧碱（含量30%）、工业盐酸（含量31%）和液氯（99.5%），先后开发20%三环唑可湿性粉剂、20%叶蝉散乳油、水胺硫磷、18%杀虫双水剂、5%杀虫双颗粒、40%叶胺磷等新产品，并投入批量生产。其中，50%甲基对硫磷乳油1995年被省质量技术监督局列为免检产品；杀螟硫磷、甲基硫磷等分别于1986年、1987年、1988年、1991年出口西班牙等国家，1986年、1987年、1991年累计创汇372.42万元；“卫士”牌甲基对硫磷原油、40%甲杀乳油分别于1986年、1988年被评为省优产品，“卫士”牌杀螟硫磷原油于1989年被评为化工部优质产品；烧碱、工业盐酸和液氯填补赣州地区的空白。计划经济时代，该厂产品近销全区18个县（市），远销全国19个省（市、区）的25个地区、1350个基层供销社。自国家把农药产品改为以销定产后，该厂拓展销售渠道，采取报刊广告、产品展销、看样订货会、上门服务等形式，调整产品结构，开发试制6种新产品，以适应市场需求。

为解决全地区无“三酸二碱”（盐酸、硫酸、硝酸，烧碱、纯碱）生产和基层化工薄弱问题，赣南农药厂于1987年筹建上报万吨烧碱项目，1988年被列入省重点技改项目计划，项目规模：年产烧碱（100%）1万吨、液氯0.6万吨、工业盐酸1.4万吨，总投资2745万元。该项目于1989年11月破土动工，1992年10月8日建成投产，实际耗资3662.32万元。1996年7月，江西化工厂投资705万元，对烧碱扩能5000吨，以挖潜增效。

“九五”期间，赣南农药厂实行分体转制。农药部分于1997年加入上市公司赣南果业集团公司，并融资2000万元建设年产1000吨高纯杀螟硫磷生产线，1999年基本完成基建。江西化工厂于1999年1月1日从母体农药厂分离，由厦门德利集团公司租赁，经营期5年，企业更名为厦门德利集团赣州氯碱制造有限公司。

四、橡胶加工

全市（地区）有赣南橡胶厂（原名赣县橡胶厂）和江西京九橡胶厂（1993年由原南康县橡胶厂改

名）2家国营（有）企业。20世纪90年代初期分别为江西省胶管、胶板、杂件和江西省胶带定点厂家，其中赣南橡胶厂被化工部定为子午线轮胎翻新厂家。主要生产三角带、运输带、工业胶板、胶管、橡胶杂件等几十个品种。

20世纪90年代初期，两厂进行技术改造和扩建，江西京九橡胶厂形成年产A带200万米、聚酯线绝汽车V带50万条、强力运输带15万平方米的生产能力，1992—1995年开发连环牌聚酯线绝V带和汽车V带，并获江西省新产品证书，填补江西省空白。赣南橡胶厂除生产胶管、胶板、翻新轮胎外，还于1992年投资520万元进行技术改造，新增年产橡胶杂件350吨的生产能力。

1996—2000年，全市（地区）橡胶加工企业处境艰难，生产经营不畅，5年共完成工业总产值1357.3万元，比“八五”时期减产65.7%。赣南橡胶厂从1997年起处于半停产状态，1998年停产，职工除留下几人看守外，全部下岗。7月，开始出租厂房和土地。江西京九橡胶厂从1998年起基本停产，只有少量的杂件生产，年产值为70.2万元。1999年9月，杂件车间由私人承包，仅留生产人员2人，看守3人，其他职工下岗，产值降至20.2万元。2000年，企业全面停产，职工全员下岗，厂房土地出租。

五、有机化工

赣南化工系统内有国有企业3家，其中赣南化工厂是化工部电石生产定点厂家、江西省基本化工原料生产的骨干企业之一，1987年被省化工厅续评为无泄漏工厂，1991年全面质量管理工作被定为省二级。主导产品有电石（含商品电石）、乙炔炭黑、石灰氮、双氰胺等，副产品有氧钇和氮气，其中赣南化工厂生产的“天岩”牌乙炔炭黑、石灰氮、双氰胺多次被评为省优产品。主产品走俏广东、上海等省、市。

“七五”“八五”期间，各企业按照化工部“保农业、保市场、保为其他工业配套，抓调整产品结构、抓节能降耗、抓安全生产”的生产原则，加大技改力度，调整产品结构，拓展横向联系和外引内联渠道。至1991年，全地区形成年产电石35100吨的能力，其中赣南化工厂为29700吨，兴国化工厂3600吨，定南第二化工厂1800吨。

赣南化工厂1986年从英国引进年产1000万平方米PVC墙纸生产线于1987年投入批量生产。1987年先后开发固色剂Y、G新产品，并投放市场。1993年3月，年产50万平方米溶解乙炔项目竣工验收，所产乙炔含量达98%以上，磷化氢、硫化氢微量符合国家GB 6819—86标准，该项目总投资102万元。同年6月，1.65万千伏安变压器更换1.25万千伏安节能型变压器及配套功率因数补偿工程通过验收。同时X1000毫米改X900毫米的电炉电极改造工程完成。1994年4月，实施省经委、省石化厅批复同意该厂《合成法生产高纯液体硫失氢》技改方案。由于亏损，从10月起开始停产整顿。12月8日，实行国有民营。从1994年1月1日起，该厂由赣州市利达金属有限公司（私人企业）法人王锡青租赁经营，租期10年。

1992—1995年，该厂先后与香港雅力仕国际墙纸公司、深圳建材公司成立中外合作赣州雅建墙纸有限公司，与泰国泰伦木业厂、中共赣州市（今章贡区）委劳动服务公司成立中外合作赣州富源钢厂，与地区建材工业局成立地区三山建材厂，与香港豪德集团、深圳金大公司成立赣州豪志化工有限公司，并引进外资75万美元。1992年，开发新产品硫脲，被省劳动厅等部门批准为地区工人技术培训考核基地。至1998年建成5条生产线，年生产能力达到2500吨。2000年1月，企业实行资产租赁，更名赣州新阳化工实业有限公司。同年7月，更换电石炉，9月新炉投入生产。是年，该厂乙炔炭黑产销量居全国同行第三位。

兴国县化工厂在主产电石的同时，分别于1990年、1993年开发灭杀毙、26%杀噻丹悬浮剂等新产品，并投入批量生产。2000年停止电石生产，厂房设备等租赁给个体户，生产普钙和农药。

定南县第二化工厂在化工部自动化研究所的帮助下，于1992年完成工业硅微机自控装置，实施微机自控节能新技术生产工业硅。同年又自筹资金建成年产20吨草珊瑚流浸膏车间和生产线，开发新产品草珊瑚梨膏投放市场。次年8月，该厂引进年产150万件特种陶瓷生产线竣工投产，总投资125万元。其产品陶瓷雾化换能片通过省级鉴定。1999年，停止电石、工业硅生产，厂房土地出租。

六、其他化工

1989年，全区有其他化工企业2家。

安远塑料油漆厂有职工20余人，完成工业总产值1.8万元，销售收入3.4万元，有固定资产原值11.5万元，实现税收0.1万元，无利润。因管理不善，经济效益差，于1989年被迫停产，由安远县一家企业兼并。

地方国营企业瑞金县活性炭厂1990年年底归属地区轻化工业局。该厂以椰子壳为原料，生产jj－2型等型号的颗粒活性炭，产品主销上海，兼销其他地方。1991年，该厂有职工57人，其中技术人员3人，有固定资产原值42.8万元、净值36.4万元，完成工业总产值181.9万元，销售收入135万元，实现利税总额20.5万元，其中利润6万元，提前4个月完成年度计划，实现产值、利税、销售收入超历史。

1986—2000年部分年份赣州市（地区）化工系统国有（营）工口企业主要产品产量统计表

表22－4－3

产品名称	单位	1986年	1990年	1996年	2000年
合成氨	吨	12385	19444	37019	16455
碳酸氢铵	吨	52905	82027	153358	63695
石灰氨	吨	2179	2001	413	—
复混肥	吨	—	—	20894	23815
化学农药原药	吨	1120	1004	1056	1351
轮胎外胎	条	71189	12229	—	—
运输带	平方米	7600	21000	—	—
传动带	平方米	17500	14500	—	—
三角带	A米	40	251700	—	—
硫　黄	吨	1505	1574	120	70
电　石	吨	10797	14024	16276	13273
双氰铵	吨	248	379	—	—
乙炔炭黑	吨	872	1863	2690	2769
烧　碱	吨	—	—	6244	8198
液　氯	吨	—	—	4231	2220
工业盐酸	吨	—	—	7933	15953

说明：此表数据为行业统计口径综合性数据

表 22-4-4 1986—2000年部分年份赣州市（地区）化工业主要经济指标统计表

单位：万元

年度	经济指标		化肥	农药	橡胶制品	基本化学原料	化学矿采冶	其他(复合肥)
1986年	工业总产值		833.30	830.50	313.80	711.80	60.20	11.90
	销售收入		997.60	924.80	290.70	968.90	88.30	11.80
	利税总额		−207.70	46.60	55.80	118.70	12.10	0.70
	其中	利润	−223.10	18.30	19.50	14.90	3.20	—
		亏损	223.10	—	—	—	—	—
	固定资产净值		1023.70	271.10	132.00	765.50	35.20	6.50
1990年	工业总产值		2456.10	3167.20	801.10	3449.70	157.50	—
	销售收入		2719.70	3033.10	550.50	2652.30	203.50	—
	利税总额		140.20	283.60	63.00	360.00	31.50	—
	其中	利润	98.50	241.50	8.90	—	10.20	—
		亏损	—	—	—	11.40	—	—
	固定资产净值		1363.80	457.80	176.20	1277.70	35.40	—
1995年	工业总产值		3812.00	6001.00	798.00	4060.00	37.00	1200.00
	销售收入		6363.00	6456.00	705.00	3918.00	97.00	1378.00
	利税总额		68.90	277.00	40.80	200.40	73.30	31.50
	其中	利润	68.90	200.00	1.80	−27.30	0.00	10.70
		亏损	—	—	—	27.40	—	—
	固定资产净值		3716.00	395.00	627.00	2365.00	34.00	22.90
2000年	工业总产值		2220.80	5483.90	—	3051.50	7.00	1672.10
	销售收入		2478.00	3258.00	—	1034.00	13.00	1837.00
	利税总额		88.70	−98.40	—	−180.50	—	−69.80
	其中	利润	70.70	−162.00	—	−226.00	—	−69.80
		亏损	—	162.00	—	226.00	—	69.80
	固定资产净值		3275.00	4600.00	54.00	2511.00	112.00	197.00

第四节 纺织工业

1988年以前，全地区系统内有国营工口企业赣南纺织厂、赣州染织厂、南康染织厂、宁都染织厂、赣县丝绸厂和赣州市（今章贡区）针织内衣厂6家。至1991年，增为8家，其中赣南纺织厂与赣州染织厂于1988年9月合并为赣南纺织漂染总厂（1992年7月从总厂析出，分别恢复赣南纺织厂和赣州染织厂），赣州服装公司于1991年初归口纺织行业管理，石城精干麻厂和宁都精干麻厂被列入管理。形成棉纺织（即纺纱、织布）、漂染及印花、针织、丝绸、服装和麻纺（即精干麻）等6个行业，生产棉纱（含商品纱）棉布、染色布、色织布、印花床单、丝织品、针织棉毛类衫裤、针织汗布类衫裤、男女服装以及精干麻等几百个规模产品。产品除主销本省区外，有些产品还销往北京、上海、沈阳、黑龙江、吉林、山西、甘肃、河北等20多个省市，远销民主德国、加拿大、冈比亚、美国、英国等国家，以及中国香港、澳门地区。

“七五”期间，全地区纺织工业在市场竞争激烈、原材料价格上扬、产品规格不到位的情况下，加强企业管理，调整产品结构，至1991年共开发新产品14个，获省优产品6个，棉纱一级以上品率达97%，棉布入库一等品率96%（其中纯棉布96.4%），混纺及纯化纤布93.7%，印染布入库一等品率85%，棉布漏验率3.9%；扩建1万棉纺锭生产线，新建2家年产千吨精干麻厂，新增年产100万米真丝出口产品生产线，引进日本、西德年产成衣55万件服装设备96台（套），新扩建年产12万条（含印花）床单生产线1条，形成漂染纱年产能力590吨、染色布800万～1000万米。生产虽发展但经济效益差，6家企业有5家共亏损291.1万元，除去税金221.9万元，仍亏69.3万元，至1995年亏损额达到662万元。"九五"期间，受东南亚金融危机影响，出口严重受阻，多数企业被迫停产、转制，职工被分流或置换身份，到2000年，未改制的国有企业仅剩赣州服装公司1家。在国有企业深化改革的同时，非国有企业迅速发展。

一、棉纺织

全市（地区）棉纺行业几经变更。1988年有棉纺企业4家，1991年3家，1995年5家（含大集体1家），至2000年9月仅有1家。1995年前主要产品有纯棉纱、混纺纱、纯棉布、混纺交织布、纯棉漂染色布、黑色人棉纱布、围巾、服装鞋帽带、纯棉色织布面料、7s棉厚双面绒、10s和11s棉麻面料、16s线五麻服装面料、32s纯棉高支高密产品、色织布、印花床单布、被子单布等。1996年后主要有棉纱、棉布、印染布和床单。

赣南纺织厂 全市（地区）唯一的中（二）型纺织企业。主要生产多种规格和染色的纯棉布、涤布、人造棉、中长纤维纱（线）、坏布、色织线呢、纱涤格子布、防缩单（双）面绒、金丝绒、床上用布等。1986年、1991年分别开发3s×3s宽幅纯纤细布和30s人棉纱，以及涤粘装饰平布和麻棉混纺纱线。1991年，有固定资产原值2463.4万元、净值1249.6万元，完成工业总产值4654.5万元，销售收入4131.7万元，上缴税金170万元，利润亏损200万元，净亏30万元。1993年3月，运转班生产体制由四班三运转改为三班倒，并重新定编定岗，精简生产工人238人。同年10月，染色车间由广东东莞一港商承包租赁。1995年，固定资产原值、净值分别增加到6955.94万元和4411.21万元，完成工业总产值5107.96万元，销售收入7292.44万元，实现税利总额235.50万元。主要生产设备有棉纺锭2.08万枚、气流纺锭200头、捻线锭0.6万枚、织布机437台、纯棉布漂染色生产线1条和50台手缝机服装加工生产线。1996年，该厂学习山东诸城管理经验，实行股份合作制，全员集资参股，并于同年7月正式运转。运作后效果不好，经济效益未见好转。遂于1998年1月实行母体裂变，由1个厂改设3个分厂。9月，根据国家纺织压锭政策，企业压纱锭2万锭，正式宣布破产。在破产过程中，企业享受有关优惠政策，冲销呆（坏）账3576万元，1992名职员被妥善安置。破产后，企业有效资产清算处置，纺纱部分转让给赣州创业集团，成立赣州华丽纺纱有限公司；染色、织布部分被香港康达制造企业有限公司以500万元购买，成立赣州康明织染有限公司，接受赣纺下岗职工300名。10月23日，该公司正式投产。

赣州染织厂 赣州市（今章贡区）地方国有（营）企业，是江西省色织布出口重点厂家之一，曾获得省商检局、省纺织局、省外贸纺织品进出口公司颁发的出口质量合格证和出口产品生产许可证，其产品纯棉色织布面料由省外贸直销国际市场。该厂自1992年7月从赣南纺织漂染总厂析出后，经过挖潜和短、平、快技术改造，对原有76台尺寸不同的织布机统一改为56英寸布机，使全厂138台织布机统一了幅宽，并于1995年新置1台预缩机，提高了后整理能力。1995年，全厂拥有漂染、准备、织造、整理全套加工能力的设备175台（套），形成年产多种色织布服装面料250万米、染纱1000吨以上、后整理能力1000万米以上的生产能力。生产色织布172.3万米，完成工业总产值1147.9万元（当年价），销售收入1063万元，上缴税金52万元。后因企业效益差，于1996年全面停产，1998年除6名人员留守外，其余职工被分流或置换身份。

宁都纺织品厂 1994年1月从国有宁都染织厂析出成立宁都床上用品厂，1995年7月改名为宁都纺织品厂。宁都纺织品厂拥有主机设备67台和平网印花生产线1条，主产品有色织布、印花床单和被单布等。1995年，完成工业总产值429万元，生产布60.48万米，销售收入523.1万元，上缴税金10万元。1997年投资50万元，完善床单印花生产线项目，成为印花床单专业生产厂。

赣南床单厂 前身为南康染织厂，生产以漂染、织布为主。1991年扩建生产12万条床单印花生产线1条，形成年漂染纱120吨的生产能力。1991年完成工业总产值101.9万元，销售收入166.7万元，有固定资产原值101.2万元、净值58.4万元，上缴税金4.1万元，亏损9.5万元，净亏5.4万元。至1995年，该厂拥有主机设备84台和1条平网印花线，形成年产床单200万米的能力。主要产品有床单、色织布和被单布。当年完成工业总产值2050.3万元，生产床单90.3万条（折143.3万米），上缴税金35.4万元。后因经济效益不好，于1996年年底停产，1998年部分复产。

赣江棉织厂 赣州市（今章贡区）赣江街道办事处集体企业，行业归口地区轻化纺工业局管理。有设备370台（套），其中织布机196台，形成漂染、烘干、络纱、整经、织造、后整理、打色一条生产线。主要产品有显色人棉纱布、围巾等。1992—1995年，累计出口黑色人棉纱1281万米，创汇256万美元，上缴利税129.7万元。1995年9月由赣州市进出口公司租赁，实行租赁经营体制。

二、针织

赣州纺织内衣厂是全地区唯一的国有（营）工口针织企业。该厂采取调入（或计划内分配）棉纱、腈纶纱加工棉毛类衫裤、单面布类衫裤，有几十个品种。1986—1990年，企业针对行业产销大起大落的情况，加强企业管理，生产相对稳定。1991年完成工业总产值245.7万元，销售收入160.1万元，实现利税6.9万元，有固定资产净值66.2万元。1993年初被江西气压机厂柠檬酸厂兼并停产。

1994年，信丰县棉织厂与港商合作，组建泉丰针织公司。为提高产品高附加值，于次年开办成衣（服装）分厂，形成年产针织布300吨的能力。主要设备有针织大园机14台、自动织布机60多台。产品有文化衫、宝宝衫、内衣、宽幅蚊帐（被单布）等，主销广东、湖南等省。

龙南景光袜业有限公司是1999年深圳纺织集团投资组建的股份制企业。主要有男女袜类、紧身内衣类产品，其中80%出口。

三、丝绸

1970年赣县丝绸厂成立，全地区始有丝绸工业。后厂家虽有增加和发展，但因企业规模小、技术力量薄弱、产品档次低，高附加值产品少而逐步关停倒闭。

缫丝 至1991年，全地区仅有全南缫丝厂1家，规模为2400绪，年产白厂线60吨左右。1992年起，该行业迅猛发展，至1995年增加到9家，累计投资总额为4500万元，形成规模为2.3万绪。1997年，按照国家纺织总会关于对缫丝、绢纺加工企业实行准产证管理制度的要求，对全地区缫丝行业进行整顿。对安远县缫丝厂（1400绪）、赣县缫丝厂（1200绪）、定南县缫丝厂（2160绪）、龙南县缫丝厂（1200绪）和全南县缫丝二厂（2400绪）5家产品质量达不到AAA级的小厂实行停产和关闭，保留全南县缫丝厂、宁都县丝绸厂、龙南县缫丝总厂、崇义县缫丝厂和寻乌县缫丝厂，并颁发准产证和实行企业准产证2年一次审核制度。整顿后，全区缫丝规模为2万绪，年产白厂丝500吨。2000年，赣县缫丝厂享受国家缫丝压锭补贴15万元，企业实施关停。

丝绸 至1992年，赣南丝绸厂（1991年前为赣州丝绸厂）是全区唯一的国营丝绸工业企业。该厂以蚕丝、人造有光丝、腊纱（棉纱上腊）、涤纶加工丝、中长纱和锦纶丝为原料，生产缎被面、线梯被面、羽纱、涤纶华达呢、西服呢、尼丝纺、春秋呢等。为适应市场和扩大出口，1988年开发七（九）彩提花被面、古香绣、人丝斜纹绸等新产品，1990年又开发锦丝（丙）被面、织锦缎、真丝双绉、真丝电力纺等产品投放市场。1991年，丝绸行业受大市场影响，该厂克服原料紧张、资金不足、销售不畅等困难，投资620万元，新增年产100万米真丝生产线。同年，丝织品产量达26.6万米，完成工业总产值410.3万元，销售收入375.4万元，实现利税总额4.5万元，出口交货值290万元，有固定资产原值185.8万元、净值138万元。自1992年初扩建120台丝织机真丝绸生产线起，至1994年3季度竣工验收，该厂形成固定资产1000万元，拥有K251P－160型有梭丝织机60台、K251P－145型机68台、其他设备323台（套），年产丝绸250万米以上生产能力，成为江西省真丝绸生产第二位的重点企业。主要产品有真丝缎类、绉类、纺类和化纤真丝类等系列产品，并先后开发12101双绉、19005斜纹绸、11205（11209、11210、11216）电力纺、11401（14654）素绸缎，以及太子呢、涤春绉、皇丽绉等新产品。其中，真丝绸产品经上海市进出口商品检验局检验，出口合格率96%，累计出口12万多米。1998年起全面停产。

瑞金县在"八五"期间利用国家扶持老区建设专项贷款项目，于1992年2月在郊区塔下寺筹建赣南真丝针织厂，1994年10月竣工投产，总投资965.16万元。项目投产后，形成年产针织绸68吨、真丝服装50万件（套）的生产能力。主要产品有真丝汗衫、背心、三角裤、文化衫、睡衣、睡袍等，主销江苏、浙江、福建、广东等省。1997年起停产。

全南丝绸厂于1994年上半年从全南缫丝厂析出成立。至1995年，有固定资产300多万元，中幅丝织机60台，形成年产真丝绸及化纤绸50万米的生产能力。由于规模小，产品档次低，于1998年停产，设备全部出售。

宁都丝绸厂于1998年停产，2000年由浙江省德清县新市镇沈云奎租赁承包，企业恢复生产。

四、服装

1990年以前，全地区服装行业归口地区二轻工业局管理。1991年年初，根据国务院办公厅和省政府办公厅文件精神，服装行业由地区轻化纺工业局实行行业管理。至1995年，全地区有国有、集体服装企业约20家，职工数千人，年产值上亿元。其间，工口内国营企业仅有赣州服装公司1家。个私缝纫店（厂）迅猛发展，尤其是南康市形成江南独具特色的成衣市场。

赣州服装公司成立于1953年，至1991年下设1个服装研究所、6个生产车间和3个时装门市部，拥有生产设备446台（套），形成年产成衣55万件的能力。主要产品有男（女）衬衫、中山装、呢毛服装、中高档各式时装，产品质量达到全国同行业先进水平。其中，男西装、男衬衫（中山装）、全毛男（女）西服套衫分别于1988年、1989年、1990年被评为江西省优质产品。产品除主销省内各地外，从1986年起加工出口服装，受到美国、英国、西德、东德、东南亚有关国家和中国港澳地区客商的青睐和赞誉。

1991年第4季度，公司扩建项目投入技改资金874万元，形成年产高、中档服装150万件（套）的生产能力。公司所产"贺兰"牌男衬衫、男女西装再获省优质产品奖，衬衫、西服、夹克衫、棉缕、牛仔服、针织时装等通过省外贸出口美国等国家，成为江西省出口服装重点生产企业。至1995年，公司有总资产1128万元，设备620台（套），其中进口设备占30%。后由于市场变化，从1997年起业务生产主要靠来料加工，企业举步维艰。至2000年，公司资产总额降至849万元，固定资产净值412万元，负债1633万元，生产能力下降为40万件。2000年9月，全面停产。

赣南纺织漂染总厂也曾生产部分服装。

五、麻纺

为充分利用当地苧麻资源，石城县、宁都县2个县先后办起精干麻厂。

1986年下半年，石城县投资200余万元，利用县园艺场旧址兴建年产精干麻1000吨的厂房，1988

年下半年竣工投产。当年产精干麻40余吨。后因国家宏观控制，产品价格下跌，企业亏损，于1989年停产。

宁都县精干麻厂投资90余万元，于1987年利用县化肥厂厂房改建成年产精干麻1000吨的生产车间，改建工程于1988年9月竣工投产。由于市场和销路问题，投产后生产不正常，每年仅能生产3个月，1991年年底新增年产1600绪缫丝生产线1条。

六、制线

龙南绚丽线业有限公司是1992年龙南染织厂和深圳纺织集团合资、并由深圳纺织集团控股的专业制线企业，产品75%出口。

1986—2000年部分年份赣州市（地区）纺织系统国有（营）工口企业主要产品产量统计表

表22-4-5

年份	棉纱(吨)	布(万米)	染色布(万米)	床单(万条)	丝织品(万米)	服装(万件)	棉衣夹衫裤(万件)	毛巾被(条)	白厂丝(吨)
1986年	2542.33	2081.56	698.15	—	12.96	29.26	—	24713	—
1990年	2494.00	2004.48	714.19	90.31	28.75	2.43	11.01	6031	21.00
1996年	3565.49	1523.22	400.96	55.75	29.30	23.61	—	—	162.28
2000年	—	630.56	474.01	32.49	—	12.70	—	—	109.10

说明:1.1987—1991年床单数中含单面衫裤数在内 2.1996—2000年,布、染色布、丝织品、白厂丝和服装数中含系统外企业产品数

1986—2000年部分年份赣州市（地区）纺织工业主要经济指标统计表

表22-4-6 单位：万元

年份	工业总产值	销售收入	利税			固定资产净值
			总额	利润	亏损	
1986年	2160.68	2695.15	273.82	64.66	—	1061.33
1990年	5515.50	4261.00	155.50	−5.00	−9.60	1589.00
1995年	9896.00	10931.00	319.00	−74.00	92.00	6960.00
2000年	4710.80	4205.00	389.90	224.60	63.20	739.00

说明：1.1987—1991年床单数中含单面衫裤数在内 2.1996—2000年，布、染色布、丝织品、白厂丝和服装数中含系统外企业产品数

第五章　建材工业

赣南建材工业以水泥、墙体材料为骨干，兼有水泥制品、保温材料、建筑石材、建筑陶瓷、防水材料、建筑涂料、非金属矿产品和化学建材等产品，初步形成了赣南建材工业体系。

1986年4月，地区建材工业公司由企业改为事业单位，由直管企业转向全行业管理，内设行政办公室、生产技术科、综合科、散装水泥办公室、建材产品质量监督检验站。1989年5月，撤销地区建材工业公司，成立地区建材工业局，对全区建材工业实施行业管理。1995年2月，成立墙体材料革新领导小组办公室。1996年9月，地区建材工业局改为地区建材工业行业办公室，保留地区建材工业局牌子，为主管建材行业工作的行署直属事业单位。1999年10月，成立市建材执法稽查大队。2000年，局机关内设秘书科、生产协调科、基建技改科、行业指导科、散装水泥办公室、建材产品质量监督检验站、墙体材料革新领导小组办公室、建材执法稽查大队。建材企业职工1169人。

第一节　行业规模

一、企业规模

1994年进行股份制改造，至2000年全市建材工业系统内原19户国有企业中16户完成改制，全市14户原乡镇水泥企业中13户完成改制。随着市场经济的逐步形成，建材产品从卖方市场转向买方市场，市场竞争激烈，中小企业竞争能力明显不足。传统产品多、新型建材少，低档产品多、高档产品少，高能耗产品多、低能耗产品少，结构失调、机制不活是全市建材工业在市场竞争中乏力的症结所在。

2000年，全市有建材工业企业270户，比1990年的425户减少155户，从业人员17786人，比1990年的14000人增加3786人。建材企业的规模逐步扩大，一批较大规模的建材企业逐步代替小型工厂。1990—2000年，新建企业有兴国水泥厂、龙南水泥二厂、信丰水泥厂、信丰丰日水泥厂、信丰白水泥厂、金龙水泥厂、龙明塑料有限公司、会昌第二水泥厂、龙南花岗岩石厂、赣州商品混凝土供应站。

二、产品产值

2000年，全市独立核算建材工业企业完成工业总产值6.24亿元，实现利税8153万元，占全市工业企业实现利税的11.26%。水泥产量152.6万吨，砖产量41.13亿块，水泥排水管产量596.55吨，水泥电杆产量1.69万吨，大理石板材产量1249平方米，花岗石板材产量11.71万平方米，玻璃纤维纱产量4433吨。建材主导产品水泥发展尤为迅速，2000年年底，全市水泥年设计生产能力达到296万吨，比1985年的43.3万吨增长5.8倍，水泥产量达到152.6万吨。先后有“贡江”牌425号普通水泥和“铁石”牌425号普通水泥被国家建材局评为优质产品并双双通过国家质量认证；有5个产品被评为江西省优质产品。全市开发新产品50余种，主要有萤石精粉、仿意大利锦砖等；全市累计推广散装水泥65万吨。

1986—2000年部分年份赣州市（地区）建材系统内建材企业工业总产值统计表

表22-5-1　　单位：万元

企业名称	1986年	1990年	1995年	2000年	企业名称	1986年	1990年	1995年	2000年
合　计	1652.98	5594.41	12921.28	12100.11	会昌县水泥厂	60.20	172.26	484.20	382.80
赣南水泥厂	342.96	1032.61	2012.05	987.30	会昌县第二水泥厂	—	106.24	238.80	—
赣南东方红水泥厂	334.86	1348.69	3591.85	3668.77	兴国县水泥一厂	95.40	275.49	405.50	1100.00
龙南县水泥厂	83.80	420.42	523.22	939.00	兴国县水泥厂	—	—	663.00	1105.00
上犹县水泥厂	151.89	384.49	550.93	702.00	赣南建材厂	218.97	534.04	712.10	672.40
宁都县水泥厂	93.00	316.00	494.20	224.50	龙南水泥二厂	—	—	348.00	—
瑞金市水泥厂	100.26	305.28	541.00	1182.30	于都县石灰厂	20.26	25.92	27.20	—
全南县水泥厂	50.34	157.00	652.50	377.00	石城县耐火纤维厂	—	58.60	86.43	—
大余县水泥厂	52.50	163.10	315.00	342.84	瑞金市萤矿	—	131.10	351.00	—
崇义县水泥厂	48.54	134.35	220.40	416.20	龙南水泥预制厂	—	28.82	703.90	—

第二节　行业生产

一、新建企业

会昌第二水泥厂　县办国有（营）企业，1989年投产，规模为年产普通水泥3.7万吨，总投资

1025 万元。

龙南花岗石厂 县办国有（营）企业，1991 年 12 月投产，规模为年产 2 万平方米板材，总投资 256.07 万元。

大余县铸石厂 乡镇企业，1989 年 9 月投产，规模为年产铸石材料 2000 吨，总投资 69.2 万元。

赣州商品混凝土供应站 国有（营）企业，隶属地区建材工业局，由地区散装水泥办公室、赣南东方红水泥厂、地区第三建筑公司、赣州市（今章贡区）沙石公司共同出资筹建。1991 年 10 月投产，年供商品砼 1.5 万立方米，总投资 149 万元。

兴国水泥厂 县办国有企业，1993 年 10 月投产，规模为年产 10 万吨普通水泥，总投产 3117 万元。

龙南水泥二厂 县办国有企业，1994 年 8 月投产，规模为年产普通水泥 10 万吨，总投产 2986 万元。

信丰白水泥厂 乡办企业，1994 年 10 月投产，年产白色硅酸盐水泥 3.6 万吨，总投资 2300 万元。

信丰县水泥厂 股份制企业，1995 年 3 月投产，年产普通水泥 10 万吨，总投资 4003 万元。

信丰丰田水泥有限责任公司 股份制企业，1995 年 7 月投产，年产普通水泥 10 万吨。

龙明塑料有限公司 中外合资企业，1995 年 5 月投产，年产红泥耐候塑料制品 2700 吨，总投资 152 万美元。

其他新建企业 主要有赣南汽车冲洗服务公司、定南县汽车制动件联营厂、安远县水泥粉磨站、于都县铁山垅矿金龙水泥厂、龙南县井岗水泥厂、兴国县福兴水泥厂、隔热镇水粉生产线等。

二、企业扩建

全市（地区）建材企业充分利用老厂的技术人员及内外部环境等优势，因地制宜进行扩建。1986—2000 年，对生产能力进行扩建的企业有赣南东方红水泥厂、龙南县水泥厂、宁都县水泥厂、瑞金市（县）水泥厂、赣南建材厂、兴国县建材厂、瑞金市（县）萤石矿、大余县建材厂、赣南水泥厂、盘古山矿建材厂、会昌县水泥厂、全南水泥厂、荡坪矿宝山水泥厂等。

三、技术改造

全市（地区）建材工业把国内科技技术成果和国外先进技术、设备应用于企业生产，增加品种、提高质量、节约能源、降低消耗以及改善工作环境和安全生产条件，全面提高企业全员劳动生产率和社会综合经济效益。1986—2000 年，全市（地区）建材企业在技术改造过程中运用以下新技术、新工艺、新设备、新材料：微机配料、立窑闭门操作微机控制、机立窑综合节能改造、预加水成球、回转式烘干节能、高压静电除尘技术、新型硅酸铝耐火材料、沟槽衬板应用、复合矿化剂运用等。

四、开发新产品

1986—2000 年，全市（地区）建材工业开发以下新产品：萤石精粉、仿意大利锦砖、铬渣玄武岩铸石、橡胶防水卷材、透闪石质釉面砖、丙烯酸乳胶漆、多节屋面瓦、花岗岩矿石、BJ130、BJ212 型汽车制动器衬片、425 号中热水泥、红泥耐候塑料建材、隔热镇水粉、GT 型多彩花纹涂料、白色硅酸盐水泥、陶瓷阀水咀、水性水泥漆，新型硅酸钙绝热Ⅰ型、Ⅱ型，水性聚酯复合防水涂料、稀土尾矿釉面砖、免烧钙化砖、预应力水泥压力管、PVC 墙纸、人造水晶、“888”仿瓷涂料、膨润土矿粉、金刚岩切削冷却润滑剂、JXT 节能保温涂料、425 号道路硅酸盐水泥、竹胶合板、高铝甩丝棉毡、益农橡塑渗管等。

五、水泥产量

全市（地区）水泥工业年产量逐年提高。水泥设计生产能力由 1986 年的 53.2 万吨逐渐发展到 2000 年年底的 273 万吨（不含 2000 年年底应关闭的生产能力 24.2 万吨），实际产量由 1986 年的 32.69

万吨发展到 2000 年的 152.6 万吨。其中，“八五”末期（1995 年）水泥实际产量为 110.08 万吨，到“九五”末期（2000 年）达到 152.6 万吨，提高 38.63%。

为制止低水平重复建设，调整结构，促进生产工艺、装备和产品的升级换代，1997 年 6 月国家经贸委发布第一批《淘汰落后生产能力、工艺和产品的目录》。为贯彻落实国家、省、地（市）关停“五小”，淘汰落后、总量控制的产品结构调整精神，至 2000 年年底，全市水泥企业压缩生产能力 24.2 万吨，关闭水泥企业 8 家，淘汰落后水泥生产线 5 条。

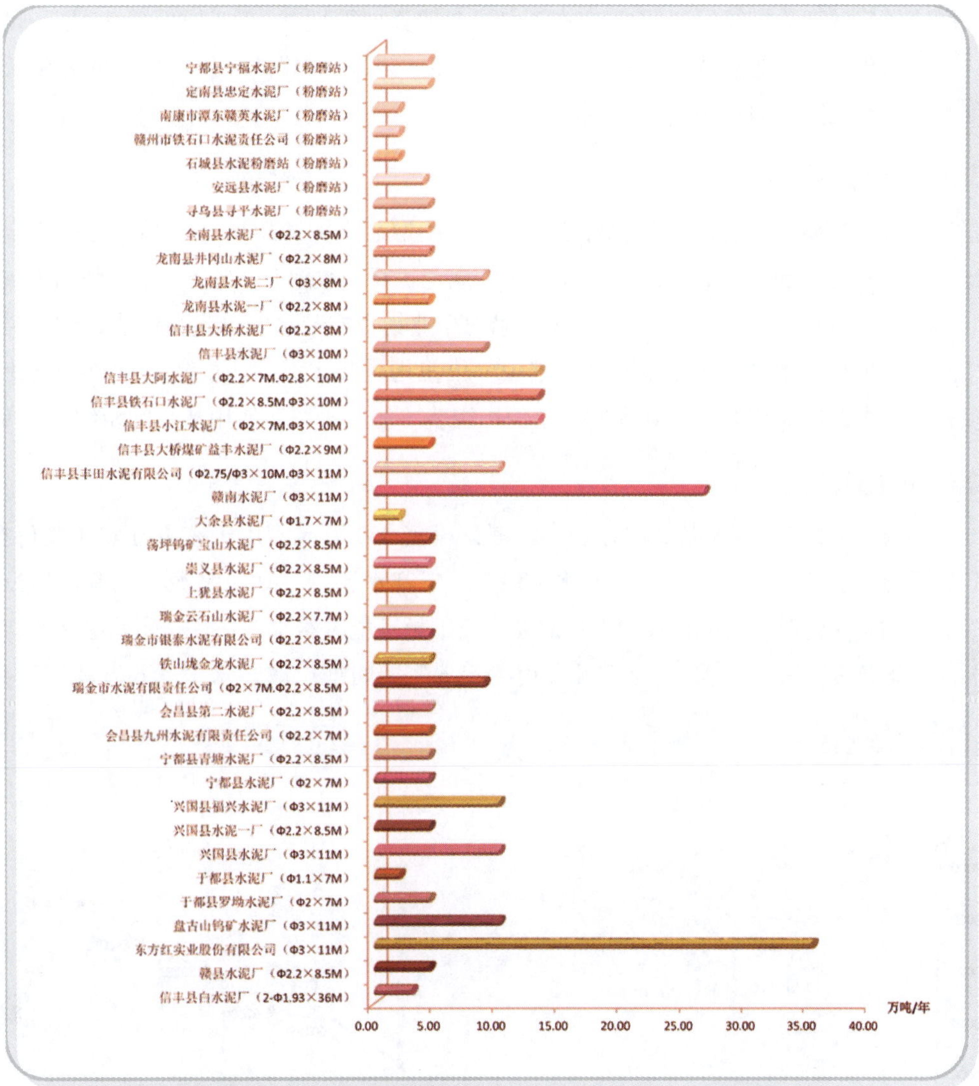

图 22－5－1　2000 年赣州市水泥企业设计生产能力

第三节　散装水泥

一、政策法规

1985 年，国务院批转国家经济贸易委员会《关于加快发展散装水泥意见的通知》，国务院有关部委，省、地（市）人民政府及政府有关部门相继发布有关发展散装水泥的文件，主要文件：1986 年 1 月，省财政厅等 5 个部门《关于执行〈散装水泥专项资金管理办法〉的补充通知》；1988 年 11 月，赣州行署批转《关于加快发展全区散装水泥的报告的通知》；1990 年 10 月，赣州地区计划委员会、建设环保局、建材工业局制定《关于贯彻省计委等三单位〈关于重点建设工程和水泥制品企业使用散装水泥的通知〉的实施意见》；1991 年 12 月，赣州行署批转《关于建设工程和水泥制品（构件）使用散装水泥及推广商品混凝土补充规定》；1994 年 11 月，地区建材工业局、财政局转发省建材工业局、财政厅《关于散装水泥专项资金收取的有关规定》；1997 年 11 月，省人民政府第 59 号令《江西省散装水泥发展和管理办法》；1998 年 11 月，财政部印发《散装水泥专项资金管理暂行办法》；1999 年 7 月，省人民政府第 88 与号令《江西省人民政府关于修改〈江西省散装水泥发展和管理办法〉的决定》；1999 年 9 月，省财政厅、省建材工业局印发《江西省散装水泥专项资金管理办法》；1999 年 10 月，赣州市人民政府印发《关于强化建材工业行业管理的意见》；2000 年 12 月，财政部印发《关于同意延长散装水泥专项资金征收期限有关问题的复函》。

二、散装水泥专项资金征收

征收散装水泥专项资金，目的为限制袋装水泥，鼓励散装水泥。1986 年开始，专项资金收取根据国务院〔1985〕27 号文件和省政府〔1985〕56 号文件规定执行，收取 5%纸袋押金，作为发展散装水泥专项资金。1990 年，省政府第 88 号令重新规定：水泥企业销售袋装水泥（包括纸袋、塑料袋、复合袋等）的，按其销售量每吨缴纳 3 元专项资金；施工单位使用袋装水泥的，由建设单位按其使用每吨缴纳 2 元专项资金；水泥制品企业、混凝土搅拌站使用袋装水泥的，按其使用量每吨缴纳 2 元专项资金。

三、推广散装水泥

至 2000 年，在征收的散装水泥专项资金中，累计投资 450 万元，用于东方红实业股份有限公司、赣南水泥厂、瑞金水泥厂、大余水泥厂、上犹水泥厂、宁都水泥厂、兴国水泥一厂等，建设一批发放散装水泥设施，购置 9 台散装水泥车及 101 只散装水泥钢板罐配置给水泥厂，全市具备年推广散装水泥 5 万吨的能力。全市推广散装水泥 65 万多吨，由“七五”期间推广散装水泥 8.6 万吨发展到“九五”期间的 35.4 万吨。

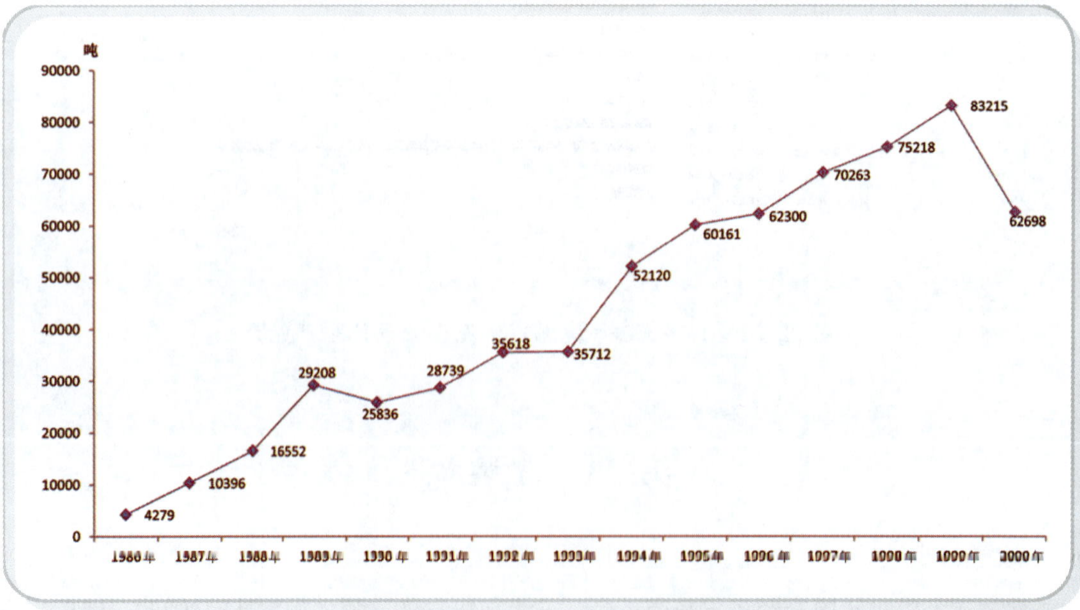

图 22－5－2　1986—2000 年赣州市（地区）散装水泥发放量

第四节　产品质量监督检验

建材产品质量监督与检验工作始于1986年，检测能力由开始的单一产品检测，发展至2000年具备承检水泥、水泥制品、砖瓦、建筑陶瓷制品、涂料、建筑防水油膏、防水卷材、花岗岩建筑板材等八大类建材产品的专业检测。赣州建材产品质量监督检验于1993年8月通过省级计量认证，获得江西省计量局颁发的计量认证证书及标志，1998年8月通过省级计量认证复查换证，通过省级质量认证审查，获得国家质量技术监督局监制的省级授权证书。

一、产品检测

依据《水泥企业产品质量对比验证检验管理办法》建立三级对比验证网络，即企业每月必须送1个水泥样品到市（地区）监督检验站，市（地区）站每月送1个水泥样品到省站，省站每月送1个样品到国家水泥质检中心进行对比检验，保证检验数据的准确性。市（地区）质检站每一季度到企业现场抽取一次水泥实物样，对水泥企业产品质量进行监督检查，保证水泥产品质量。1986—2000年，累计检测水泥样品7000个、红砖样品近600个。

二、培训服务

1991年，开展产品质量监督检验培训与服务工作，举办各种技术培训活动28次，培训技术人员410人次。1992年，举办两期水泥新标准宣传贯彻培训班，保证赣州地区水泥企业产品标准由85标准向92标准过渡。2000年8月，举办5期全市水泥强度试验方法（ISO法）新标准培训班，培训136人，为赣州市水泥企业实施99新标准，水泥强度检验方法与国际接轨采用ISO法打基础。

三、整顿规范市场

1999年10月，成立建材执法稽查大队，整顿和规范水泥市场，保护企业和消费者的合法权益。1999—2000年，查处伪劣水泥违法行为174起，计6811.5吨。其中，废品水泥27起，计1882.5吨；不合格水泥147起，计4929吨。

第五节　墙体材料革新

一、革新提出

赣南人多地少，人均耕地低于全国全省的平均水平，低于联合国粮农组织确定的0.05公顷的警戒线。赣南能源紧缺，大量用煤要从外地调进。因烧制实心黏土砖每年都要蚕食耕地，耗资数十万吨煤，并造成生态环境破坏。推行墙体材料革新新产品，惠及赣南人民子孙后代。

赣南墙体材料革新事业始于20世纪90年代。1992年，国务院批转国家建材局、建设部、农业部、国家土地局《关于加快墙体材料革新和推广建筑节能的意见》，省人民政府颁发第25号令《江西省鼓励发展新型墙体材料暂行办法》。1995年2月，行署印发《赣州地区贯彻江西省鼓励发展新型墙体材料暂行办法实施细则》，并对赣南发展新型墙体材料事业作出规划。依照省政府第25令开征每平方米建筑面积6元的墙体材料专项基金。

二、革新成效

各县（市）根据赣州地区发展墙体材料规划，筹建墙材企业。至2000年，全市已有页岩（黏土）空心砖、混凝土砌块、砼标砖、蒸压灰渣砖、煤渣砖、轻质隔墙板等6个品种，17家有一定规模的新墙材生产企业。其中空心多孔砖企业6家（赣南先河新型建材有限公司、赣州兴武新型建材厂、赣州市东方新型建材厂、信丰县新型墙体建材厂、赣州金城空心砖厂、石城县新型建材厂）、蒸压灰砂砖企业3家（大余县西华山钨矿钙化砖厂、赣州豪志化工有限公司、于都县罗坳钙化砖厂）、混凝土砌块企业3家（盘古山钨矿赣州粉磨站、宁都县新型墙体材料厂、石城县新型建材厂）、煤渣砖企业3家（信丰化肥厂煤渣砖厂、瑞金市新型墙体砖厂、宁都县煤渣砖厂）、砼标砖企业1家（安远县金城水泥标砖有限公司）、轻质隔墙板企业1家（赣州市高新建材有限公司）。全市新型墙材年生产能力达到5亿标块。

除上述机械化生产线外，全市（地区）各地村镇也办有个体小型手工、机械砌块生产作坊，每处作坊每天可生产砌块300～400块。这些小作坊生产的砌块虽然不能用在多层和高层建筑，但大量用于城镇，特别是农村修筑围墙、牲畜圈栏、柴草房及一、二层的简易房屋。这些作坊点多面广量大，替代大量的实心黏土砖。

1995—2000年，全市（地区）生产各种新型墙材8.82亿标块。2000年，新墙材占墙材总量的比例达到13%；新墙材累计应用面积达到20万平方米，新墙材应用示范工程面积5万平方米；发展新墙材共节约土地97公顷，节约能源5.46万吨标煤；生产新墙材利用废渣、尾砂30余万吨。

赣州市（地区）墙体材料改革与省内外多数地市相比较，发展较缓慢，工作难度大：对传统的实心黏土砖生产缺少控制手段，实心黏土砖在建筑市场仍占主导地位；新型墙体材料不易被人接受，产品销路不畅；墙体材料专项基金、政策调控力度不足；新型墙体材料品种少、档次低，砖类比重大，板类（轻质墙板）和块类（砌块）比重小。新墙材的生产仍是粗放式落后工艺。

第六节　技术革新

一、科技队伍

2000年，全市18家建材企业有高级职称人员5人、中级职称140人、初级职称549人，计694人。与1985年只有科技人员47人相比，增长近13倍。

赣南建材系统学会组织有1980年12月成立的赣州地区硅酸盐学会、1990年4月成立的赣州地区建材职工思想政治工作研究会、2000年1月成立的赣州市建材协会。学会组织贯彻执行“经济建设必须依靠科学技术，科学技术工作必须面向经济建设”的方针，围绕建材工业发展的需要，组织学会会员开展科学研究活动，进行科学实验，大搞技术革新，引进新技术、新工艺、开发新产品，建设优质、高产、低耗、新型、多品种、多功能的建材工业体系，为赣南建材工业发展做贡献。

二、科技研究

1988年，龙南水泥厂刘观胜、曾广志等试验使用沸石作水泥混合材，找到沸石在水泥中的理想掺量，有效地稳定水泥质量，降低水泥成本，年节约成本29万多元。龙南水泥厂唐修明、沈向富等技术人员成功采用立窑系统集中控制，稳定提高熟料标号，降低设备故障率，全年节约维修费用2.2万元，提高立窑台量产量和熟料质量，年增加利税18万多元。

1989年，赣南东方红水泥厂化验室刘振桑、肖文立等研究“缩小出厂水泥28天抗压器强度标准偏差”课题获得成功，增加混合材的掺量，提高了经济效益。

1989年4月，赣南水泥厂科研人员王地宝、钟永佳、王云飞等研究“改造机立窑结构，提高熟料产质量”课题，提高立窑台时产量0.99吨，全年获利润16.8万元。

1990年，东方红水泥厂取得“简便卸料、装车、除尘综合实施”“熟料互通输送工艺”“烘干物料入库改造”等革新成果，分别获省、地、县革新成果奖。

1993 年，东方红实业股份有限公司自行设计、制造 HL500 型链斗输送机，融提升输送于一体，用于 3 号窑，简化工艺，减少投资，节约运行费用。赣南水泥厂王地宝、王云飞、金志华、刘事泰等研究水泥晶种技术应用，增加产量，降低煤耗，年增加效益 60 万元。兴国县水泥厂化验室研究的“采用铝质校正原料，缩短和稳定水泥凝结时间”课题，解决水泥凝结时间偏长的问题，提高水泥强度。

1994 年，赣南水泥厂改进链板传动方式技术革新效果显著，每年节约电费 3.09 万元。

1995 年，赣南水泥厂金志华、郭忠荣、林长英等人研制道路水泥，确定道路水泥熟料的 3 个率值，成功地研制出道路水泥，填补赣南的一项空白，当年获利 30 万元。

三、新技术应用

晶种技术 晶种技术由中国建材科学院发明。1992 年 8 月，赣南水泥厂开始应用这一新技术，收到增产、节能、降耗、提高质量的效果。

新型预加水成球系统 在机立窑水泥熟料煅烧中，成球质量的好坏至关重要。东方红实业股份有限公司 1996 年采用新型预加水成球系统，取得明显效果，成球质量大大提高，使立窑台时产量提高 3.1 吨/小时，熟料平均标号稳定在 630 号以上，设备的运转率也大大提高。

石灰石代替部分煤渣 东方红实业股份有限公司自 1995 年 12 月起使用石灰石代替部分煤渣作混合材，提高水泥早期强度，提高水泥磨的台时产量，降低水泥生产成本。

第七节 行业管理

一、生产技术质量管理

各建材企业强化产品质量管理，对产品质量层层把关，建立从原材料进厂到产品出厂的全面质量管理网络。各企业通用计量器具和专用计量器具配备率达 90%以上，质检手段标准化、计量化。企业实行承包、租赁等经营方式后，把产品质量同经济效益挂钩，严格考核奖罚。各企业成立 QC 小组，开展质量攻关，提高产品质量。

“九五”期间，各企业普遍加强质量管理，引进先进设备，完善管理制度，所有企业实行不同形式的质量“一票否决制”。严格工艺，实行从原材料进厂到产品出厂的全过程质量管理，全市（地区）水泥产品质量稳定提高。东方红实业股份有限公司推广应用 WS－4 微机控制监测自控调速预加水成球装置、立窑偏火微机监测自控调整装置、垂直通风节能型塔式机立窑和沉降室粉尘回收，水泥质量保持领先水平，1997 年被评为用户满意企业，1998 年被评为全国质量管理优秀企业。2000 年，铁山垅钨矿金龙水泥厂、江西东方红实业股份有限公司、盘古山钨矿水泥厂、大余水泥厂、信丰大桥水泥厂、瑞金水泥有限责任公司、赣兴实业有限公司等 7 家企业获“赣州水泥企业质量先进集体”称号。

生产许可证管理 水泥被纳入国家生产许可证管理。从 1987 年开始，地区建材工业局对全区水泥企业开展生产许可证的审核发放工作。当年，赣南水泥厂、赣南东方红水泥厂、瑞金水泥厂第一批获证；1988 年年底，龙南水泥厂、上犹县水泥厂、兴国县建材厂、崇义县水泥厂、宁都县水泥厂、全南县水泥厂、大余县水泥厂、盘古山钨矿建材厂第二批获证；1989 年 12 月，会昌县水泥厂第三批获证；1991 年 9 月，会昌县第二水泥厂第四批获证。1992 年，国家修订 GB 175—85 和 GB 1344—85 两个水泥标准，颁布修订后的 GB 175—92 和 BG 1344—92 水泥新标准，同时颁布 GB 3963—92 道路硅酸盐水泥标准和 ISO 9000 系列新标准，并于 1994—1995 年换（发）新的水泥生产许可证。为贯彻国家新标准，全地区各企业更新设备，引进技术，改进工艺流程，严格质量管理，按照水泥企业化验室基本条件和水泥生产许可证换（发）证考评办法做好各项基础工作。1994 年 5—6 月，大余县水泥厂、上犹县水泥厂等12家企业化验室合格证换证工作一次性通过验收。同年11月，全地区14家国有水泥企业通过生产许可证换（发）证初审，1995年通过复审，其中东方红实业股份有限公司、赣南水泥厂免审，并通过水泥产品质量认证。1995年3—8月，新建企业兴国县水泥厂、铁山垅钨矿金龙水泥厂、龙南县水泥二厂和于都煤矿水泥厂等4家的化验室合格证和水泥生产许可证合格通过。1999年，国家第五次修订六大通用水泥标准，GB 175—1999《硅酸盐水泥、普通硅酸盐水泥》新标准于1999年12月1日起实施，GB 175—92标准于2000年12月1日废止，后国家下文上述两个新老标准延期用至2001年3月31日。2001年4月1日，GB 175—1999正式实施。为配合实施水泥新标准，市建材工业局组织全市水泥生产企业统一订购设备，进行人员培训和技术讲座，保证水泥产品质量，实现新老标准的平稳过渡。5年一次的水泥生产许可证换发工作延期换发证。1999年下半年，市建材工业局举办水泥企业化验员培训班，培训化验员519名；对化验室进行审查考核，14户合格、6户基本合格。2000年8—9月，对全市乡镇水泥企业化验室进行换证审查考核，有14户通过并获证。

水泥生产企业质量行检行评 地区建材工业局自1989年起连续三年在全地区水泥生产企业中开展行检行评工作，按照国家统一的标准对每个水泥企业产品质量的各个环节进行综合打分，评出名次。1988年度被列为前三名的是赣南水泥厂、赣南东方红水泥厂、信丰大阿水泥厂；1989年度被列为前三名的是赣南东方红水泥厂、赣南水泥厂、龙南水泥厂。赣南东方红水泥厂和赣南水泥厂还分别获得当年全省水泥行检行评的第一名和第三名。1990年度列为前三名的是赣南水泥厂、赣南东方红水泥厂、龙南水泥厂。同年，赣南水泥厂、赣南东方红水泥厂分别获全省行检行评第一、二名，赣南水泥厂在全国水泥产品质量行检行评中，成为江西省唯一的优胜企业。1992年起国家建材局停止每年一次的水泥质量行检行评活动。

水泥市场产品质量监控 2000年，对进入赣州市的水泥产品实施水泥准用证制度，出台《赣州市水泥准用证管理暂行规定》，全年核发水泥准用证69家，其中市内企业33家，市外企业36家。2001年，按照国家有关规定停止这项工作。

优质产品 赣南东方红水泥厂“贡江”牌425号普通硅酸盐水泥于1987年获省政府颁发的优秀产品证书，1989年425号普通硅酸盐水泥通过国家产品质量认证，1991年在巩固省优的基础上，获国家建材局优质产品证书，1993年全国水泥质量统检中列江西省178家企业榜首，1995年为江西省免检产品；“贡江”牌商标被评为江西省著名商标，1996年被评为江西省名牌，1997年评为江西省用户满意产品，1998年贡江牌水泥顺利通过国家水泥质量统检和水泥质量认证复查，2000年贡江牌水泥第三次获准国家水泥产品质量认证，为赣州市唯一一家。赣南水泥厂生产的“铁石”牌425号普通硅酸盐水泥于1987年获“省优质产品”称号，1990年通过国家产品质量认证，1991年获“国家建材局优质产品”称号。龙南水泥厂“玉岩”牌425号普通硅酸盐水泥，1990年被评为省优产品。大余县建材厂“长立”牌Φ100～600毫米自应力钢筋混凝土输水管1991年获“省优质产品”称号。金龙水泥厂“铁霸”牌普通水泥，2000年被评为江西著名商标。

二、计划管理

市（地区）建材工业局根据全市（地区）建材工业资源、能源、交通、市场等情况，编制全市（地区）建材工业中长期规划、年度目标计划。

1986年后，除对赣南水泥厂和赣南东方红水泥厂每年下达部分指令性计划外，其余均实行指导性计划。1986年年初，重新制定和修改全地区建材工业“七五”发展计划和十年规划设想，主要奋斗目标：工业总产值（1986年不变价）由1985年的4458.7万元，发展到1990年的7971万元，年均递增12.32%；水泥产量由1985年的31.09万吨，发展到1990年的68万吨，年均递增16.98%。其间，每年下达年度生产计划，并及时做好生产调度，确保年度计划和五年规划的实现。“七五”期间，1986—1990年工业总产值年度计划分别完成120.98%、100.31%、125.47%、100%、91.16%。

1990年5月，编制全地区建材工业“八五”计划和十年设想。总目标：工业总产值1995年达2.7亿元，比“七五”末增长2倍，平均每年递增24.6%；2000年达5.1亿元，“九五”时期每年递增13.6%。1995年末，水泥产量62万吨。全地区预算内建材企业实现利税总额1995年达到3500万元，比1990年增长2.6倍，“八五”时期年平均递增29.4%；2000年9500万元，“九五”期间平均每年递增22.1%。1992年7月，调整“八五”规划，要求到1995年全行业工业总产值达到2.8亿元，水泥产量达到80万吨。至1995年，全行业实现工业总产值4.37亿元，占计划的156%；水泥产量达到110.08万吨，占计划的137.6%，预算内企业实现利税总额3595.51万元。“八五”计划的主要计划得到实现。

1993年8月，编制赣州地区建材工业“九五”计划及2010年远景发展目标。“九五”期间发展目标主要有工业总产值2000年达6.2亿元（按1990年价），比“八五”计划末期增长1.2倍，平均每年递增17.2%，2010年达10亿元。系统内国有企业利税2000年达1亿元，比“八五”增长1.8倍，“九五”期间年平均递增22.15%。水泥产量2000年190万吨，比“八五”末期增长1.5倍，“九五”期间年平均递增18.9%。到2000年全行业工业总产值（1990年不变价）达到6.23亿元，如期实现“九五”目标，完成水泥产量152.6万吨，为计划的80.3%。由于资金及铁路交通等条件的制约，列入“九五”重点的11个建设项目都没有得到实施，全市建材工业结构性矛盾和发展后劲不足日益显现。

根据国家要求，1998年8月开始，地区建材工业局组织编制全地区建材工业“十五”规划及2010年远景目标。“十五”规划的主要目标：全行业工业总产值（1990年不变价）2005年达到10亿元，年均递增9%，2010年达到16.5亿元；水泥产量2005年达到200万吨，年均递增5.2%，贯彻国家“上大改小”方针，在努力建设日产2000吨以上熟料生产线的同时，到2005年计划淘汰落后的水泥生产能力120万吨，使全市水泥产品结构明显优化。

三、企业改制

随着市场经济逐步发展，市场竞争加剧，国有中小企业在竞争中的弊病日益显现，逐步退出市场竞争，成为中小国有企业的必然选择。1995年起，全市（地区）国有建材企业的改制有实质性突破。赣南东方红水泥厂于1994年2月在全行业率先进行股份制改造，成立江西东方红实业股份有限公司，随即有瑞金水泥厂、赣南新型保温材料厂、龙南水泥一厂、龙南水泥二厂等企业先后完成改制。改制的形式大致为股份制、租赁经营（含先租后股）、拍卖、资产置换。至2000年年底，全行业原19户国有企业除赣南建材厂等3户外，都进行不同形式的改制，改制面84.2%。有的企业几年间改制2次以上，如兴国县水泥一厂和兴国县水泥厂1999年1月开始租赁经营，2001年4月均整体拍卖为私营企业。全市14家乡镇（集体）水泥企业，除信丰县水泥厂外，都进行改制，改制面92.8%，改制形式与国有企业基本相同。

表22-5-2　1986—2000年赣州市（地区）建材系统国有（营）企业改制情况一览表

原企业名称	改制时间	改制形式	改制后企业名称	说明
赣南东方红水泥厂	1994年2月	股份制	江西东方红实业股份有限公司	改制后为国有控股
瑞金水泥厂	1995年7月	股份制	瑞金水泥有限责任公司	—
龙南水泥一厂	1997年7月	租赁经营	龙南水泥有限公司	—
龙南水泥二厂	1997年7月	租赁经营	龙南水泥有限公司	—
全南水泥厂	1997年10月	租赁经营	全南水泥有限公司	—

续表 22－5－2

原企业名称	改制时间	改制形式	改制后企业名称	说明
赣南新型保温材料厂	1995 年 12 月	股份制	石城保温建材有限公司	—
会昌县第二水泥厂	1997 年 12 月	破产拍卖	—	—
大余县水泥厂	1998 年 8 月	拍卖	大余县水泥厂（私营）	—
会昌水泥厂	1998 年 4 月	租赁经营	会昌山水泥有限责任公司	—
兴国水泥一厂	1999 年 1 月	租赁经营	赣南宝华山实业有限公司	—
兴国县水泥厂	1999 年 1 月	租赁经营	兴国国兴水泥有限公司	—
宁都水泥厂	2000 年 4 月	租赁经营	宁都王干水泥厂	—
上犹水泥厂	1997 年 7 月	租赁经营	上犹水泥有限公司	—
赣南水泥厂	2000 年 7 月	资产置换	赣州铁石口水泥有限公司	股份制私营企业
龙南建材公司	1998 年 8 月起下属企业板材厂破产，龙明公司租赁，预制厂租赁			
赣南建材厂	仍属国有企业，实行目标管理			—
赣南摩擦材料厂	1998 年起停产，人员下岗			—
于都石灰厂	1997 年 5 月起停产，人员下岗			—

第六章 食品工业

食品工业是赣州市（地区）的一大特色产业、工业支柱产业。1986 年后，随着改革开放的进一步推进，多种经济成分并存，国合食品工业企业进一步增强活力，私营和个体私营食品业同时得到发展。至 2000 年，全市有乡以上食品工业企业 500 多户，固定资产净值 15 亿多元，从业人员近 4 万人，产值 30 多亿元，年税利 2.5 亿元，其绝对值居各工业门类之首，其中规模以上企业 109 户，产值 15.58 亿元，税利 2.29 亿元，从业人员 1.1 万人。赣州食品工业门类齐全，其行业遍及食品工业 4 大类 21 个中类，有一定规模和优势的门类有饮料制造业、卷烟制造业、食品加工业、屠宰及肉禽蛋加工业，主要企业有赣南果业股份有限公司、江西米粉（会昌）集团、创业集团嘉乐酒厂、赣南卷烟厂、兴国客家实业有限公司、燕京啤酒赣州分公司等。主要产品有章贡系列白酒、麦饭石系列白酒、苦瓜酒、米粉等全国食品行业和江西名牌产品，以及恒泰花生、酸枣糕、花生巴、梦里香瓜子、板鸭、千秋南瓜系列、萝卜脆、烤鳗等上千种特色食品。

第一节 机 构

一、机构设置

1986 年，食品工业按行业隶属关系归口，分别由糖业工业公司、轻化纺工业公司、商业局、外贸局、供销社、乡镇企业局、二轻工业局、林业局、农牧渔业局等部门管理。地区食品饲料工业办公室管理食品工业。各县（市）食品工业办公室设在县（市）经委。

1989 年 6 月，撤销地区糖业工业公司，与地区食品饲料工业办公室合并成立地区食品工业局，与地区食品工业协会实行两块牌子、一套机构，对全地区食品工业企业行使管理职能，管理对象为轻工口的 30 户食品工业企业。饲料工业管理职能划给农业局，食品企业按隶属关系归口各部门。1996 年 4 月，成立地区食品工业行业管理办公室，与地区食品工业局、地区食品工业协会实行三块牌子、一套机构，对食品行业实行全行业管理，有事业编制 30 名。

二、人员规模

1986 年，全地区食品行业职工 17351 人，其中食品制造业 13784 人，饮料制造业 2204 人，烟草加工业 819 人，饲料工业 544 人。1995 年，全地区食品行业从业人员 24052 人，其中食品加工业 12560 人，食品制造业 5130 人，饮料制造业 4331 人，烟草加工业 2031 人。2000 年，全社会食品企业（年产值 500 万元以上国有及国有控股和非国有企业）在岗职工 11111 人，其中食品加工业 4352 人，食品制造业 1978 人，饮料制造业 2471 人，烟草加工业 2310 人。

第二节 制 糖

一、产品产量

赣南为江西省甘蔗主产区，是江西省产糖基地。1986 年，赣州地区有亚硫酸法甘蔗制糖企业 8 家，分别为江西一糖厂、江西二糖厂、江西三糖厂、信丰糖厂、于都糖厂、兴国糖厂、红都糖厂、会昌糖厂，日处理甘蔗 1.56 万吨。主要产品有白砂糖、赤砂糖、甜菊糖、木糖、液体葡萄糖、糖果、糖蜜酒精、机制纸、机制纸浆。生产工艺为亚硫酸法。1986—1998 年，各糖厂均每年正常开机生产，产量逐年递增的年份是 1986/1987 榨季、1987/1988 榨季、1990/1991 榨季、1991/1992 榨季、1992/1993 榨季，产糖量分别为 9.1 万吨、9.96 万吨、10.78 万吨、10.3 万吨、11.48 万吨。从 1993/1994 榨季开始，甘蔗种植面积逐年萎缩，产糖逐年下降，至 2000/2001 榨季，产糖量降至历史最低，仅为 1.37 万吨。

二、产值利税

1986 年，工业蔗实收面积 1.91 万公顷，良种面积 1.9 万公顷，以“赣蔗 1 号”“赣蔗 8 号”面积最大，为 1.41 万公顷。工业蔗单产为 0.2 吨/公顷，蔗区分布在 12 个县（市）127 个乡（镇）1292 个村 14420 个组 277847 户蔗农。甘蔗收购价为 51 元/吨，奖售 156.5 千克稻谷指标，或补粮差价款 5.78 元/百斤。1986/1987 榨季收购工业蔗量为 87.7 万吨，压榨量 85.22 万吨，榨季平均糖分 12.23%，实现利税 3136 万元，其中利润 570 万元。

1990 年，全地区 8 家糖厂实现税利 6337 万元，为赣南糖业历史之最。

1991 年 12 月 27 日，赣南普降大雪，冻死田间甘蔗，次年 1 月天气骤然回暖，甘蔗酸败变质 38591 吨，损失 3240.6 万元，赔偿农民甘蔗损失 475.51 万元，共损失 3716.11 万元。工业蔗实收甘蔗面积 2.01 万公顷，良种面积 1.84 万公顷，以“赣蔗 1 号”“赣蔗 8 号”面积最大，计 1.33 万公顷，工业蔗单产 0.27 吨/公顷，蔗区分布在 12 个县（市）133 个乡（镇）1282 个村 12339 个组 210771 户蔗农。工业蔗平均收购价 123.06 元/吨，1991/1992 榨季压榨工业蔗量 124.6 万吨，平均糖分 10.73%，产糖量 10.3 万吨，实现税利 3078 万元，利润 721 万元。

1992 年，江西三糖厂上木糖生产线，总投资 1700 万元，当年完成投资 1300 万元，完成焦糖色素生产线投资 16 万元；江西一糖厂上液体葡萄糖及糖果生产线，总投资 131 万元；会昌糖厂完善 1500 千瓦时发电机组余热发电技改，当年完成投资 148 万元。12 月，地区对 8 家糖厂进行机制糖和酒精产品质量抽样检验，合格率 100%。8 家糖厂机制糖 10.83 万吨，酒精 1.03 万吨，完成工业总产值 3.28 亿元，产品销售收入 2.09 亿元，实现利税 968 万元。

1993 年，江西二糖厂抗生素、红霉素生产线转产柠檬酸等技改项目，当年完成技改项目投资 628 万元；于都糖厂餐巾纸、地板砖等生产线总投资 57 万元。兴国糖厂首次应用蔗汁旋转曲筛新设备、红都糖厂推广应用蒸发系统等压排水新技术成功。全地区推广良种“赣蔗 1 号”和甘蔗复合肥，“吨糖田”建设面积达5333公顷。1993/1994榨季产机制糖10.21万吨，酒精8201吨。完成工业总产值3.19亿元，产品销售收入3.44亿元，实现利税3573万元，其中利润－356万元。

1995年，全区推广“GP65/357”“赣糖2号”“赣蔗14号”等甘蔗良种3.33万公顷，复合肥6.67万公顷，甘蔗冬植3.33万公顷，并进行高科技产品耐氨固氮菌，“兴农1号”“兴农2号”甘蔗复合肥的试验示范，推广甘蔗“吨糖田”栽培技术；江西三糖厂甜葡糖生产线扩建和糖果分厂改造，总投资526万元；江西一糖厂压榨原动机及热电系列技改和滤泥复合肥项目，总投资330万元；信丰糖厂制氧站和年产水泥8.8万吨生产线，总投资950万元；于都糖厂甘蔗专用肥生产线投资20.4万元；兴国糖厂人造板项目投资728万元；红都糖厂压榨车间改造投资35万元。当年产机制糖6.02万元、糖果3561吨、酒精3908吨、甜葡糖27.3吨、纸浆2755吨、机制纸2505吨。完成工业总产值1.94亿元，产品销售收入2.35亿元，实现利税2508万元，其中利润471万元。

1999年，全市（地区）有6家糖厂开机，即江西一糖厂、江西二糖厂、信丰糖厂、兴国糖厂、红都糖厂、会昌糖厂。因甘蔗量少而未开机的有江西三糖厂、于都糖厂。全市（地区）实收甘蔗面积6.83万公顷，良种面积6.82万公顷，以“赣蔗14号、8号”面积最大，达3920公顷。工业蔗单产0.28吨/公顷，蔗区分布在6个县（市、区）89个乡（镇）856个村9304个组99224户蔗农。甘蔗收购价160～210元/吨，1999/2000榨季压榨量42.69万吨，平均糖分12.78%，产糖总量4.63万吨。

2000年，国家对制糖业作出“控制总量、调整结构”的决策。江西被国家划入“糖料生产经济效益下降，生产成本高，糖厂缺乏规模效益”区域范围。赣州市的实际情况：甘蔗种植与粮食、其他经济作物争地矛盾突出；糖厂债务包袱沉重，债务高达9亿元，其中欠银行债务7.7亿元。到1999年，8家糖厂账面累计亏损1.5亿元，资产负债率高达143%。企业亏损严重，劳动生产率仅及广西先进糖厂的十分之一，每生产1吨糖负担银行利息、人员工资均达上千元，而原料蔗成本则比广西高50%。鉴于此，江西三糖厂、江西二糖厂、江西一糖厂、信丰糖厂、于都糖厂、兴国糖厂、红都糖厂先后逐级上报申请破产，经国务院批准，实行政策性破产。2000年3—10月，各县（市、区）政府成立糖厂破产清算工作组进驻各糖厂，进入法定破产程序，2001年各糖厂破产工作基本结束。

2000/2001榨季，江西一糖厂、信丰糖厂、兴国糖厂、红都糖厂、会昌糖厂等5家糖厂开机生产，生产机制糖1.37万吨；江西二糖厂、江西三糖厂、于都糖厂因甘蔗量少未开机生产。

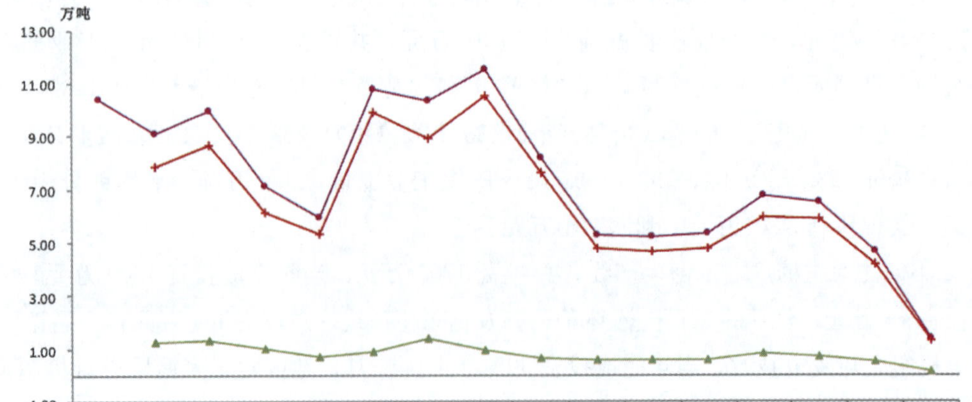

	85/86	86/87	87/88	88/89	89/90	90/91	91/92	92/93	93/94	94/95	95/96	96/97	97/98	98/99	99/00	00/01
产糖总量	10.39	9.10	9.96	7.12	5.95	10.78	10.30	11.48	8.18	5.27	5.20	5.34	6.72	6.49	4.63	1.37
白砂糖	—	7.86	8.67	6.13	5.30	9.90	8.93	10.54	7.60	4.75	4.63	4.77	5.93	5.84	4.16	1.26
赤砂糖	—	1.24	1.29	0.99	0.65	0.88	1.37	0.94	0.58	0.52	0.57	0.57	0.79	0.65	0.47	0.11

图22-6-1 1986—2000年赣州市（地区）制糖工业各榨季制糖产量

第三节 酿 酒

一、企业规模

赣南酿酒业有1800余年历史，现代酿酒工业主要产品有白酒、啤酒、黄酒、果露酒和非酒精饮料等5大类、上百个品种，并由高度向低度转变，由蒸馏酒向酿造酒转变，由粮食制酒向代用品制酒转变，由普通白酒向名优酒转变。

1986年，全地区工业口有国营酿酒企业14家：赣州酒厂、南康酒厂、信丰酒厂、大余酒厂、安远酒厂、龙南酒厂、定南酒厂、全南酒厂、宁都酒厂、于都酒厂、兴国酒厂、会昌酒厂、寻乌酒厂、石城酒厂；商业口酿酒企业1家：赣县酒厂；农业口酿酒企业3家：南安啤酒厂、八一垦殖场酒厂、茅山酒厂。

1994年，全地区酒厂改制，实行国有民营的酒厂有4家：南康酒厂、会昌酒厂、安远酒厂、于都酒厂；信丰酒厂实行股份制改革，成立江西麦饭石酒业有限公司。至2000年末，全市原有的14家国有企业有8家实行租赁经营，有2家实行股份制改造，有3家拍卖给私人经营，有1家与优强企业联合。

2000年，全市有规模以上各类酿酒企业22家，其中白酒生产企业16家，啤酒生产企业4家，黄酒生产企业1家，果露酒生产企业1家。啤酒生产企业4家：燕京啤酒（赣州）有限责任公司、赣良啤酒厂、中威啤酒厂、瑞金啤酒厂。啤酒生产能力分别为10万吨、10万吨、1万吨、1万吨，品种为8°、10°、11°、12°、生啤、干啤等20余种。其中，最具规模和实力的是燕京啤酒（赣州）有限责任公司，注册资本总额8500万元，北京燕京啤酒股份公司占60.41%股份，赣南果业股份有限公司占39.59%股份，有职工500人，固定资产净值10234万元，产品获“江西省技术监督局江西省重点保护产品”称号。其余啤酒生产企业品种有赣良SOD啤酒、赣良干啤、中威麦饭石啤酒、金豪啤酒、黑米啤酒等，以其特色占领了部分省内外市场。

二、技术改造

为扩大生产能力，提高产品产量质量，1992—1995年，酿酒工业企业进行技术改造，建设项目和技术改造共投入资金5645万元。赣州酒厂万吨啤酒生产线扩建，投入资金1774万元；赣县酒厂白酒生产线投入资金600万元；信丰酒厂麦饭石酒生产线改造投入资金800万元；大余酒厂猕猴桃、梅关春白酒生产线投资750万元；安远酒厂猕猴桃系列产品生产线投入资金600万元；龙南酒厂千吨多味豆豉、百吨腐竹生产线及酒池投入资金160万元；定南酒厂饮料生产线60万元；全南酒厂天龙山酒扩产投入资金120万元；于都酒厂500吨花生奶生产线投入资金28万元；兴国酒厂贮源库投入资金30万元；寻乌酒厂纯米酒系列产品生产线投入资金110万元；瑞金啤酒厂万吨啤酒生产线投入资金494万元；石城酒厂年产1000吨低度白酒项目投入资金119万元。

三、产值利税

1986年，全地区国营酒厂主要产品销售收入2809.7万元，利润103.2万元，固定资产净值1212.7万元，工业总产值（1980年不变价）2046.5万元，白酒产量（商品量）9738吨，啤酒产量3722吨。

1992年，全地区工业口酒厂16家，生产饮料酒31320吨，其中白酒17370吨、啤酒10841吨、黄酒820吨、葡萄酒256吨、果露酒2033吨；生产非酒精饮料3753吨。各酒厂通过调整产品结构，开发新产品，一批新产品面市，主要有酱香型白酒——赖酒、亚蛋白饮料、花生蛋白饮料、果汁饮料、酸奶饮料等。完成工业总产值6608万元，产品销售8310万元，实现利税总额2200万元。

1994年9月，地区在上犹举行全地区中档酒类评比会，评出赣州地区优质酒产品19个：信丰酒厂

53度赖酒、全南酒厂52度天龙山酒、宁都酒厂45度宁酒、南康酒厂50度南康大曲、龙南酒厂50度夜精酒、南康酒厂50度南方窖酒、大余牡丹亭酒厂38度梅关春酒、信丰酒厂35度麦饭石酒、赣南酿酒厂38度赣南醇、石城酒厂38度石泉春酒、会昌酒厂38度岚酒、赣南黄酒厂18度加饭酒、全南茅山酒厂32度茅山春酒、赣州葡萄酒厂14度中华红葡萄酒、全南酒厂28度田七酒、安远酒厂22度麻雀补酒、寻乌酒厂35度中华教师酒、石城酒厂18度蜜枣酒、定南酒厂28度珍灵酒。其中，被评为江西省优质产品5个：53度赖酒、52度天龙山酒、45度宁酒、38度梅关春酒、35度麦饭石酒。同年，全地区工业口酒厂16家，生产饮料酒36278吨，其中白酒17799吨、啤酒15044吨、黄酒1073吨、葡萄酒126吨、果露酒2236吨；生产非酒精饮料5322吨，其中碳酸饮料4394吨；完成工业生产总值8307万元，产品销售收入1.14亿元，实现利税总额2657万元。开发新产品3项：赣州酒厂麦汁豆奶和白莲啤酒、赣县酒厂加饭酒。

1996年，江西麦饭石酒业有限公司生产白酒11092吨，全省排名第一，实现利税1213万元，麦饭石系列白酒获“全省名牌产品”称号。

1997年7月，赣州酒厂将大部分优良资产投入赣南果业股份有限公司，改名为赣南果业赣州酒业分公司，成为赣南果业股份有限公司的龙头企业。当年，实现利税4600万元，居全省同行业第一。

2000年5月，赣州酒业分公司将啤酒部分与北京燕京啤酒成功合作，组建独立经营的燕京啤酒（赣州）有限责任公司，赣南果业拥有49%股份，燕京啤酒有限公司拥有51%股份，实现强强联合。其白酒、啤酒生产分离后，专业化生产水平得到提高。分离独立后的赣州酒业分公司当年下半年就完成白、黄酒产销6421吨，产值7483万元，同比增长19.02%，白酒、黄酒销售收入5719万元，利税2925万元，各项经济技术指标达到历史最好水平。2000年，全市酿酒企业实现工业总产值（现价）2.82亿元，实现利税总额6168万元，全社会生产各类酒11.63万吨，其中白酒1.94万吨、啤酒8.36万吨、其他酒类1.33万吨。

第四节　罐头生产

一、生产企业

赣南罐头工业始于20世纪70年代末。1977年，经省经委批准，分别在宁都县、崇义县兴建年产500吨的罐头厂。1986年，全地区有罐头生产企业6家。1989年，全地区有专业罐头生产企业3家：崇义罐头厂、于都罐头厂、宁都罐头厂。

1992—1994年，崇义罐头厂扩建3000吨罐头生产线，宁都罐头厂扩建5000吨罐头生产线，于都罐头厂腌制品生产线等在建技改项目实施，总投资分别为96.9万元、356.7万元、24.4万元。1994年，全地区有崇义罐头厂、宁都罐头厂等专业罐头厂2家，于都罐头厂因严重亏损倒闭，租赁给台商经营，主要生产腌制黄瓜等蔬菜类罐头。同时，引进台湾优良蔬菜品种，发展当地农民种植并收购，带动了当地经济发展。

2000年，由于罐头生产企业受到进口订单减少的影响，企业困难重重。崇义罐头厂被江西齐云山食品有限公司收购，盘活原罐头厂部分资产，安置大部分职工。全市剩下宁都罐头厂1家。工业系统外剩下上犹五指峰罐头厂1家。

二、产品产值

1986年，罐头生产企业完成产量28450吨，实现产值639.9万元。1989年，生产硬包装罐头2406吨，其中水果罐头546吨、蔬菜罐头1855吨、肉类罐头5吨，实现工业产值1167万元，实现利税66

万元。除工业系统外，大余、上犹、全南、定南也有食品类企业生产罐头，当年生产罐头1063吨。

1992年，崇义罐头厂、宁都罐头厂、于都罐头厂生产罐头2124吨，其中白瓜罐头192吨、小胡瓜罐头152吨、蕌头罐头715吨、春笋罐头29吨、冬笋罐头329吨、小竹笋罐头307吨、橘子罐头400吨；完成工业总产值831万元，产品销售收入894万元，利税总额－13万元，其中利润－34万元。

1994年，生产罐头1406吨，其中冬笋罐头103吨、小竹笋罐头100吨、蕌头罐头633吨、橘子罐头170吨、其他罐头400吨。完成工业总产值516万元，产品销售收入647万元，实现利税总额－8万元。于都罐头厂租赁给台商经营，主要生产腌制黄瓜等蔬菜类罐头。

2000年，生产罐头2373吨，主要品种是蔬菜罐头和水果罐头，实现工业总产值886万元，销售收入503万元，实现利税总额27.4万元。工业系统外生产罐头99吨。

第五节　其他食品

赣南其他食品有大米面加工、食用油脂加工、肉制品加工、水产品加工、饲料添加制作、软饮料制造、瓶（罐）装饮用水制造、精制茶叶、烟草加工业等。蜜饯、糕点、腌腊制品、调味品、卷烟、豆制品等行业，是赣南食品工业的重要组成部分。随着生产工艺的不断发展改进，蜜饯行业由高糖、高盐向低糖低盐发展，由偏湿型向干型、半干型发展，由单一、低档向多花式、高档次发展；软饮料行业采取培养重点厂家，微机控制配料、低温浓缩、无菌充填包装和超滤技术，稳妥开发矿泉水饮料；糕点行业淘汰落后设备，引进新技术、新设备，以生产薄脆饼干等高档次饼干为主，发展蜜饯、多味花生、芝麻片、过金糖等特色产品和传统产品；板鸭和副产品等腌腊制品重点解决保鲜、包装和深加工；适应市场需要，先后开发了赛参宝、金瓜糕、“大忙人”方便面、黑米八宝粥、利血宝软糖等。

一、生产企业

1986年，全地区工业系统有其他食品制造类工业企业325家，其中粮食加工企业137家，植物油加工27家，糕点、糖果制造业97家，屠宰及肉类加工业33家，调味品制造业20家，乳品加工1家，无酒精饮料制造业8家，制茶业1家，卷烟制造业1家。

1989年，全地区工业系统有食品厂5家：大余食品厂、瑞金食品厂、会昌食品厂、江西酶制剂厂、大余南安板鸭厂。

1992年，全地区工业系统有食品厂4家、酶制剂厂1家、板鸭厂1家、蜜饯厂1家。大余食品厂油炸方便面生产线、酸奶生产线、咸酥花生等在建技改项目，1992－1995年完成投资435万元。赣南酶制剂厂生产的耐热高温淀粉酶新产品通过地区鉴定验收。

1993年，全地区工业系统有食品厂5家、酶制剂1家、板鸭厂1家、蜜饯厂1家。

1995年，全地区工业系统有食品厂4家、板鸭厂1家、卷烟厂1家。

2000年，全市规模以上食品企业包括碾米业企业14家，面、米制品企业8家，食用植物油加工企业4家，配混合饲料生产企业24家，屠宰企业1家，肉制品加工企业6家，干制水产品加工企业1家，其他食品加工企业4家，糖果、糕点、饼干企业5家，蜜饯生产企业5家，柠檬酸制造企业1家，酱油、酱类制造企业5家，其他类食品制造企业6家，无酒精饮料及矿泉水生产企业6家。

二、产值利税

1986年，全地区其他食品制造类工业企业完成工业产值（1980年不变价）1.67亿元；其他食品加工业有饲料加工业企业完成工业总产值1961.4万元。全年完成主要产品产量：食用植物油11977吨、土糖119吨、乳制品121.41吨、无酒精饮料2357吨、卷烟8.17万箱、原盐7609吨、配混合饲料12181吨。

1989年，全地区工业系统食品厂完成工业总产值1445万元，生产糕点510吨、饼干19吨、糖化酶1585吨，实现利税111万元，其中利润69万元。大余食品厂的多味花生，在周边省区及华东地区闻名遐迩；会昌食品厂的酸枣糕在赣南小有名气；江西酶制剂厂的糖化酶也占据周边省区及华东地区市场；大余南安板鸭深受香港、澳门地区消费者欢迎；瑞金食品厂的红都香芋受到百姓青睐。

1992年，全地区工业系统食品厂生产饼干222吨、蜜饯132吨、酱油1485吨、豆制品92吨、糕点785吨、多味花生3481吨、板鸭6万只、糖化酶1438吨。完成工业总产值2158万元，产品销售收入3415万元，实现利税总额443万元，其中利润349万元。上犹食品厂亏损5万元。

1993年，研制开发的新产品有会昌食品厂赛参宝、金瓜糕，大余食品厂“大忙人”方便面，安远乔安食品有限公司黑米八宝粥、纯天然奶茶，龙南花生食品股份有限公司精制花生油、利血宝软糖、花生蛋白糊、花生蛋白酥。全地区工业口食品厂生产饼干265吨、多味花生3755吨、蜜饯135吨、酱油1794吨、豆制品49吨、板鸭5万只、糖化酶536吨。完成工业总产值3260万元（含安远饮料厂81万元），产品销售收入4047万元，实现利税总额407万元，其中利润277万元。亏损企业4家：会昌食品厂、江西酶制剂厂、信丰蜜饯厂、全南食品厂，分别亏损41万元、32万元、13万元、13万元。

1995年4月，全地区评出名茶18种、优质茶10种。名茶：上犹剑绿、于都盘古银毫、于都仙茶、上犹九曲云尖、宁都高华山绿茶、石城通天岩茶、龙南三坳毛峰、兴国均福云雾茶、上犹花生毛峰、宁都琳垦毛尖、上犹梅岭毛尖、宁都高峰毛尖、宁都凌云茶、石城福丰岩茶、宁都伍华银毫、信丰神石翠绿茶、信丰天子翠毫、崇义仙银沟茶；优质茶：上犹群乐毛尖、信丰华山白毛茶、信丰天子翠芽、犹江林场青云眉茶、南康窑边白亮茶、南康马踏岭毛尖、大余古驿春茶、龙南三坳云雾茶、上犹群乐岩峰茶、大余古驿手工茶。同年5月，地区豆奶协会对豆奶制品进行强化管理，评出一、二、三名5个：第一名为赣南华康食品厂营养豆奶，第二名为安远饮料厂营养豆奶、赣州市（今章贡区）赣福保健食品饮料厂营养豆奶，第三名为瑞金市食品厂营养豆奶、瑞金天然食品饮料发展公司莲子豆奶。全地区工业口食品厂全年生产糕点3555吨、板鸭7万只、酱油967吨、饼干28吨、蜜饯199吨，完成工业总产值5831万元，产品销售收入4526万元，实现利税总额728万元，其中利润484万元。瑞金食品厂亏损19万元。

2000年，全市规模以上食品厂产值利税情况：碾米业企业工业总产值1.29亿元，利税总额138.8万元，其中利润39万元；面、米制品企业工业总产值1.71亿元，利税总额1262.4万元，其中利润738.4万元；食用植物油加工企业加上各县（市、区）小型榨油厂，生产食用植物油32690.1吨；配混合饲料生产企业生产配混合饲料20.57万吨，工业总产值4.24亿元，利税总额348.4万元，其中利润334.6万元；屠宰企业工业总产值420.4万元，利税总额11万元；肉制品加工企业工业总产值2431.5万元，税利82.9万元，其中利润42万元；干制水产品加工企业工业总产值9041.4万元，利税总额499.5万元，其中利润95.6万元；其他食品加工企业工业总产值2266.1万元，税利68万元，其中利润13.7万元；糖果、糕点、饼干企业工业总产值1591万元，税利总额91.3万元，其中利润19.3万元；蜜饯生产企业工业总产值2131.1万元，利税385.1万元，其中利润134.1万元；柠檬酸制造企业工业总产值1086.7万元，利税41万元；酱油、酱类制造企业工业总产值138万元，利税15.2万元，其中利润－27万元；其他类食品制造企业工业总产值1269万元，利税总额115.5万元，其中利润763万元；无酒精饮料及矿泉水生产企业工业总产值4236.8万元，利税总额213.7万元，其中利润70.6万元。

第七章　卷烟工业

赣南从事卷烟生产的企业有创建于1969年的江西省烟草公司直属企业赣南卷烟厂。1991年8月，地方国营企业赣南卷烟厂兴国分厂建成投产。至2000年，赣南卷烟企业资产总额7.75亿元，累计生产卷烟216.93万箱，产品销售收入28.78亿元，实现利税13.93亿元。

第一节　卷烟生产

一、生产设施

赣南卷烟厂　1986年，赣南卷烟厂沿用1985年技术改造采用的制丝生产线，当年新添置制丝机、卷烟机、接咀机、包装机等设备11台（套）。1988年，购置烟叶复烤机，组建烟叶复烤车间，引进1条西德制造的豪尼制丝线，增加梗丝三级膨化设备，引进2套法国的洛卡卷接机组、2套意大利萨西勃6000型包装机组等设备，形成制丝24万箱、咀烟10万箱的生产能力。1989—1990年，添置各种设备投资716.1万元。1993年，在东山仓库建复烤车间，引进具有世界先进水平的佛克硬盒包装机组，生产能力和质量水平跃上新台阶。1995年，引进1组长城卷接机组。1998年，改造打叶机，添置卧式打叶线。2000年，新增硬盒包装机3组和卷接机2组。

赣南卷烟厂兴国分厂　1991年7月，兴国卷烟分厂购置卷烟机2台、装接机2台、包装机2台开始试产卷烟。1992—1994年，添置设备（机组）20余台（套）。1997年，添置制丝生产线设备133台（套），公用辅助设备206台（套），新建厂房1.58万平方米。形成年制丝20万箱及年产卷烟20万箱的生产能力。

二、基本建设与技术改造

赣南卷烟厂　1986—1990年，进行“七五”时期技术改造，项目总投资6500万元。引进主要设备有西德制造的豪尼制丝线、法国的洛卡卷接机组、意大利萨西勃6000型包装机组等，还购置与之配套的国内设备25台（套）。建厂房11411平方米，烟叶仓库5700平方米，综合成品库3967平方米，职工宿舍9953.44平方米。1991年，主要完善“七五”技改设施，增添空压和除尘设备，改造锅炉房。1993年，投资185万美元购置1台具有世界先进水平的佛克硬包装机；投资68万元，兴建1座5000吨/日水处理房；同时，投资1218.79万元兴建东山烟叶库11栋4.03万平方米；投资97万元建单身宿舍2栋；投资110万元兴建家属宿舍3519平方米。1995年，投资299万元新建21栋家属宿舍。1996年，由厂内职工集资300万元，引进1组长城卷接机组。1998年投资480万元对制丝车间打叶机进行改造，添置卧式打叶机。1999年投资2000万元，对卷接包设备梗丝膨化车间空调、锅炉、配电系统、除尘系统进行一系列改造。2000年投入近3000万元，对制丝线膨化及加香、加料装置进行改造，达到全国先进水平。购置3组硬盘包装机、2组卷接机，增加1台锅炉，并对空压机等设备进行改造，生产能力再次提高。

赣南卷烟厂兴国分厂　1991年6月，兴国县政府在兴国县农机厂内兴建卷烟厂。7月，利用兴国县农机厂原有厂房，安装卷烟机2台、装接机2台、包装机2台，用小型切丝机切丝，砌土灶炒丝，因陋就简，土法上马。并借调化工厂锅炉，新建锅炉房、发酵房，完善制丝卷烟生产设备，8月1日开始试产卷烟。1992年年初，着手第一期技术改造工程，至1994年初基本完成，投入资金1500万元，改造厂房、仓库2万平方米，添置设备（机组）20余台（套），形成年制丝8万大箱、卷接包3万大箱的生产能力，生产线设施达到制丝成线、卷接包一条龙，按照卷烟生产工艺组织生产。1996年，开始第二期技术改造工程，1997年11月竣工。引进制丝生产线1条133台（套），公用辅助设备206台（套），新建厂房1.58万平方米，形成固定资产5241.24万元。二期技术改造后，各项指标均符合设计要求，设备运转正常。烟丝质量符合工艺技术指标，单箱耗叶在原基础上节约16%以上。采用烟丝膨化技术，自动加重、加料，自动控制温度、湿度、水分，每小时制丝能力2000千克，保证烟丝色泽与醇和的吸味，提高卷烟填充值，促进产品结构上档次，其中甲级卷烟占年生产总量的75%以上。产品结构调整改变率：甲、乙级上升到187.7%，丙级下降到70%。

三、产品开发

赣南卷烟厂 赣南卷烟厂开发生产的主要产品有赣州桥、乐友、赣、明、百花洲、瓷都、八境台、国宝、长冈、彩龙、可口香、一枝花、好运来、老烟枪、黑虎、京九、福满堂、宏喜、烟水亭、吉安、红灯笼、赣东、香叶、鄱阳湖等粗支烟和咀烟几十个卷烟牌号，其规格主要有70毫米、84毫米、100毫米3种。这些品牌满足了各个时期消费者需求。1988年，"赣州桥""瓷都"牌香烟被评为省优质产品。1990年7月，"瓷都"香烟送往北京参加亚运会展销会，并成为参观北京天安门的纪念品。1991年11月，"赣""国宝"香烟荣获全国"七五""星火计划"成果博览会金奖。1987年下半年研制、1988年面市的"赣"烟、"百花洲"牌卷烟一炮打响。1989年1月，"赣"烟被誉为省内最佳产品，被列入江西省名优烟特供，成为江西省最早品尝到产品结构调整甜头的卷烟工业企业之一。1986—1990年，粗支烟生产量占该厂生产总量的70%左右，平均单箱额为900多元。1995年，咀烟产量9.8万箱，占总产量的64.96%，其中甲级烟6.6万箱，占43.99%，丙、丁、戊级卷烟逐渐退出市场。1996年，压缩高出低税粗支"赣州桥"卷烟的生产量80%，单箱销售额增加100多元。1997年始，粗支烟基本退出市场。

1999年，按照"稳定发展高档烟，重点突破中档烟，大力改造低档烟"的产品结构调整思路，重点发展调拨价格在30元/条以上的品牌。1999年开发的佳品"赣"烟，2000年开发的红金"赣""红日"品牌深受广大消费者喜爱。2000年实现销售量12.86万箱，收入3.8亿元，其中"赣"烟系列销售4.5万箱，达全年销量的35%，比1998年单箱平均增加500多元。

赣南卷烟厂兴国分厂 1992—2000年，赣南卷烟厂兴国分厂开发生产的主要产品有"国兴、魁星阁、老朋友、国都、大福、客家、客家福、东河、金种子、红军桥、均竹、福来临、山狮"等卷烟牌号，其规格主要有84、100毫米2种。1993年精制的"国兴""国都""大福"牌甲级香烟荣获江西省新技术、新产品交易会产品奖。"国兴"牌香烟在1995年获江西省"三新"（新产品、新技术、新材料）博览会金奖，1996年获澳门国际博览会金奖。1999年5月，"客家"牌系列卷烟开发成功并上市。该系列卷烟选用云南玉溪烟叶为主导原料，选用高吸阻过滤嘴和高透气度进口卷烟纸等辅助材料，博取名烟之长精心配制，色泽油润金黄，香气吸味舒适，可与国内诸多名烟相媲美。全省卷烟感观质量评吸委员会在该厂现场评吸时，评定贡品"客家"和精制"客家"达到A、B类国家标准水平。"客家"商标被江西省工商行政管理局和省著名商标认定委员会认定为江西省著名商标。

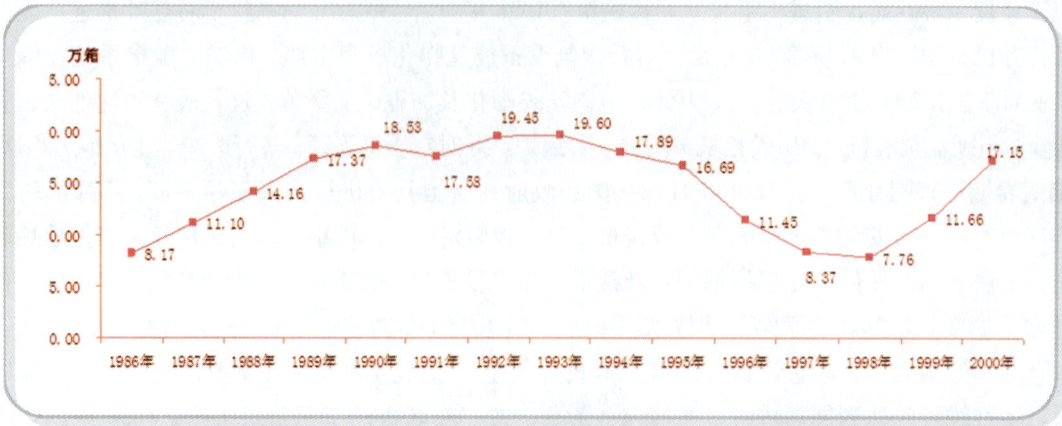

图22-7-1 1986—2000年赣州市（地区）卷烟生产数量

第二节　产品销售

一、赣南卷烟厂

赣南卷烟厂的卷烟产品由省内销售辐射到全国20多个省、市、自治区。全省烟草公司销售卷烟的指令性计划逐年放开。

1987年年初，采取“经营促生产，生产保经营，计划来衔接”的措施以销定产，根据市场的变化拟定生产计划，生产、经营同步进行。1988年，100毫米、81毫米的咀烟销路不畅，而84毫米的中、高档烟行情看涨，烟厂果断压缩100毫米和81毫米的卷烟，加大84毫米咀烟的生产量，全年卷烟销售数量上升到14.5万箱，同比增长43.5%。1989年，84毫米瓷都牌卷烟在北京天安门服务部畅销不衰，1988年、1989年两年时间共销售3000多箱。在东北市场，“黑虎”牌卷烟很受消费者青睐。

1988—1993年，赣南卷烟厂在“赣”烟、“百花洲”卷烟畅销的带动下，销售形势出现前所未有的好局面。“赣”烟、“百花洲”卷烟被列为江西省特供名优烟，一度出现抢购热潮。1989年，烟厂向国家上缴的利税首次突破亿元大关。20世纪90年代中期因没有及时跟上市场经济的步伐，销售方式单一，曾一度跌入销售低谷。面对严峻的销售形势，烟厂进行销售体制改革，全面实行费用包干责任制。1997年12月，烟厂新研制的新品赣烟上市获得成功，1998年提前完成省公司提出的确保产销5000箱、力争8000箱的目标。

1999年，卷烟厂提出“生产围绕销售转，销售围绕市场转，一切围绕质量转”的指导思想，确立“以销售为龙头，向市场要效益”的质量方针。加大产品宣传投入，先后开展“佳品赣烟情系家乡父老”“赣烟旋风”等系列宣传活动，同时，与赣南采茶歌舞团联姻组建赣烟艺术团。

2000年4月，赣南卷烟厂把销售公司迁入中心城区（章贡区），在营销体制上采用“一地一策”“一品一策”的销售策略，使产品较快进入全省各地市场。坚持“让经营者得利，让消费者得实惠”的营销原则，进一步挖掘“赣”烟品牌的深厚文化底蕴，逐步将品牌全省化，过渡到品牌全国化、销售全省化。2000年，实现销售12.86万箱，销售收入3.8亿元，上缴税金8000万元，同比增长108%和30%。消化历史亏挂6000万元。

表22-7-1　　1986—2000年赣南卷烟厂卷烟销售统计表

年份	数量(万箱)	销售额(万元)	年份	数量(万箱)	销售额(万元)
1986年	9.05	6919.00	1994年	16.30	24741.00
1987年	10.06	7916.00	1995年	15.20	23867.00
1988年	15.14	13093.00	1996年	8.47	13635.00
1989年	17.74	18537.00	1997年	6.03	14204.00
1990年	18.44	21071.00	1998年	6.72	17773.00
1991年	18.38	21107.00	1999年	8.52	21307.00
1992年	19.46	22522.00	2000年	12.86	38002.00
1993年	20.60	27019.00			

二、赣南卷烟厂兴国分厂

兴国卷烟分厂建厂伊始，生产出的产品通过设立销售门市，与兴国县供销社、兴国县个体劳动者协会等单位联系，送货上门等各种销售办法进行销售，当年销售“红军桥”烟 87 箱，试制品烟 83 箱，“富来临”烟 39 箱，“山狮”烟 1 箱，全年销售卷烟 210 箱，销售收入 17.3 万元。

1993 年 2 月，制定卷烟销售措施方案，任务定额，当年销售基数 1.6 万大箱，人均销售卷烟基数 2285.7 大箱；划分经销市场，提倡各组业务人员之间，互通信息，加强合作，搞活全盘。提高产品在市场上的声誉，满足消费者意愿；督促销售产品货款尽快回笼，加快流动资金的周转。

1994 年，全国各地烟叶大减产，烟叶组织难度较大。厂部提出“粮草官，请先行”等口号，同时制订烟叶采购奖励政策。全年购进烟叶 2860.8 吨，其中上等烟叶 591 吨，超额完成烟叶调购任务。为开拓市场，提高企业和产品知名度，全年开展中型以上促销评吸会 6 次，小型评吸会 50 次，创销售收入 120 万元，实现销售数量、销售利税翻番，产品远销黑龙江、河北、广东、福建、湖南等省，省内市场也得到较好开发。

1996 年 8 月，为打开卷烟市场的销路，烟厂在全地区开展有奖销售活动，销售数量为 300 万大箱，奖金总额 45 万元，设立特等奖 3 个、一等奖 50 个和幸运奖 1 个，各奖 5 万元、5000 元和 5 万元。此次活动使该厂卷烟产品销路大大拓展。

1999 年，随着“客家”系列产品的成功开发，5 月 28 日举行在赣州上市的新闻发布会，8 月和 9 月又分别在南昌、新余、景德镇等地上市举行新闻发布会，使“客家”风吹遍江西大地。当年投资广告促销费用 40 多万元，投资效益逐步体现，产品销售结构逐步改善，企业形象逐步提升。2000 年，市内市场销卷烟 2.38 万箱，计 917 万元，市外省内市场销售卷烟 1.14 万箱，金额 2913 万元。

第三节 企业管理

一、生产与管理机构

赣南卷烟厂 1986 年，厂行政机构设厂长办公室、生产计划科、供应科、福利科、企业管理办公室、工艺质量科、销售科、计划生育办公室、保卫科、质量检验科、烟叶科、劳动服务公司、财务科、设备安全科、汽车队、基建科、劳资教育科；厂党委设办公室、宣传科、组织科、工会、团委；生产设制丝、卷烟、过滤嘴、包装、机修动力等车间。其后几经调整，至 2000 年，行政机构有厂长办公室、企业管理办公室、劳资教育科、生产计划科、质量管理科、设备科、财务科、烟叶科、供应科、销售公司、总务科、保卫科、劳动服务公司，厂党委设办公室、工会、监察科、纪律检查委员会，生产设制丝、卷包一、卷包二、材料准备、动力、薄片、机修等车间。随着生产规模的扩大，职工人数有所增加。1986 年，全厂有职工 938 人，1990 年职工 1709 人（含计划内临时工），1995 年 1502 人。1999 年进行人事制度改革，清退计划外用工，职工人数减至 923 人。2000 年，全厂有职工 916 人。

赣南卷烟厂兴国分厂 1991 年建厂之初，成立厂办公室、生产技术科、财务供销科、党支部、工会，生产设制丝、卷烟车间，全厂有职工 168 人。1993 年 1 月，机构调整为厂办公室、烟叶科、销售科、供应科、设备科、生产科、工艺科、质检科、财务科、保卫科，成立企业管理科、省内销售一科、省内销售二科、省内销售三科、销售综合科、省外销售科、广告宣传科、招待所。1997 年 4 月，成立党委和纪律检查委员会。2000 年 4 月，企业转制，成立江西客家实业有限责任公司，设公司本部、销售有限责任公司和卷烟厂。公司本部设秘书室、人事劳资部、财务部（烟厂财务科和销售公司财务科）、精神文明工作部、总务部、投资开发部、技术发展部、监察安保部、计划储运部、物质采购部、检测站、品质部、市场部；销售公司设秘书室、业务科、赣南分公司、赣北分公司、赣中分公司、赣东分公司、赣西分公司、省外分公司、赣州办事处、景德镇销售部、九江销售部、宜春销售部、河东销售部、河西销售部、南昌销售部、新余萍乡销售部、鹰潭销售部、抚州销售部；卷烟厂设生产准备车间、动力车间、制丝车间、卷接车间、硬包车间。全公司有职工 899 人。

二、企业改革

赣南卷烟厂 1984 年 1 月由隶属地区轻化工业局改为隶属江西省烟草公司，1986 年实行厂长负责制，并进行一系列配套改革：制定《厂长工作条例》和各车间科室工作条例；根据精简、效能、统一的原则，对原有机关科室进行调整，强化经营销售和科技工作；改进和完善经济责任制，克服长期存在的企业吃国家的“大锅饭”，职工吃企业的“大锅饭”现象，拉开收入档次，奖勤罚懒，奖罚分明，体现职工多劳多得、责权利相结合的原则，促进企业效益提高。车间不断改进管理方法，推进现代化管理，建立和健全各项规章制度和各部门经济责任制。1988 年，学习上海、杭州卷烟厂经验，把原实行的包、保、协经济责任制改为厂长方针目标承包责任制，奖金分配改为以质计产，以产计酬，把质量突出到重要位置，比例为“5311”，即以质计产占 50%、消耗占 30%、设备占 10%、劳动纪律文明生产占 10%。1989 年 4 月，烟厂职工代表大会通过《赣南卷烟厂经济责任总则》，贯彻按劳分配和责权利相结合的原则，把企业和职工的经济利益与实现的经济效益和职工自身承担的经济责任联系起来，彻底打破“大锅饭”。1990 年，奖金分配比例改为“4312”，即以质计产占 40%、消耗占 30%、设备占 10%、劳动纪律文明生产占 20%，加大现场管理的比重。1997 年，加大企业管理力度，采取控制费用、削减开支，加强资金管理，加大人事制度改革步伐等措施，但烟厂在市场经济中暴露出的薄弱环节也很难在短时间内彻底改观。1999 年，提出“生产围绕销售转，销售围绕市场转，一切围绕质量转”的管理原则，把管理置于工厂管理的主导地位。2000 年，在物资采购方面实行“阳光采购”“公开招标”原则，一年就为企业节约成本近千万元。加强财务管理和成本核算，通过优化贷款机制，勤转勤贷，仅 1999 年就降低财务费用 1000 万元；清理企业间的借款和赊销，杜绝资金的体外循环等违规现象发生。依托“一岗一薪”“换岗换薪”“同工同酬”的原则进行工资制度改革，使职工的收入与企业的经营成效挂钩，进一步调动职工的积极性，企业的经济效益不断提高。

赣南卷烟厂兴国分厂 建厂初期，卷烟生产处于半原始状态，90%以上的工序都得用手工完成，严重影响卷烟厂的发展。通过 1992 年第一期技术改造和 1996 年第二期技术改造，劳动强度大大减轻，工作效率明显提高，原辅材料有所节省，出丝率由原来的 88%提高到 98%以上。生产操作由以前的手控（半自动化）改成 PC 控制（自动化），为烟丝的色泽、弹性、破碎率提供可靠保证，烟丝的色泽具有光泽的橘黄色，烟丝均匀，柔软富有弹性，提高卷烟的填充值，叶丝、梗丝填充值超过国家标准。2000 年，进行企业改革转制。3 月，在原江西兴国卷烟厂基础上，剥离兴国卷烟厂不良资产，以兴国卷烟厂有效资产为主，吸引自然人资本，共同组建江西客家实业有限责任公司，下辖赣南卷烟厂兴国分厂、兴国县卷烟销售公司两个全资子公司，公司注册资本 2000 万元，其中国有占股 70%，自然人股占 30%，选举产生股东代表、董事会和监事会，并且依照“产权清晰，权责明确，政企分开，管理科学”的现代企业制度要求和《中华人民共和国公司法》《公司章程》规定进行规范运作，把企业经营业绩同全体股东的利益结合在一起。公司成立后，建立起一套适合企业生存发展的新机制，企业呈现出新活力。改革用工、分配等机制，员工的人事关系转到兴国卷烟厂，客家公司各级人员采用聘任制原则，合理设置工作岗位，精简高效、规范运作，改制后精简企业富余人员 230 人。在分配体制上，采取以岗定员、竞争上岗、择优录用的原则和一岗一薪、易岗易薪的工资制度，出台公司工资分配总方案，即生产人员与产量、质量、消耗指标挂钩，实行计件工资；管理人员与公司生产经营业绩挂钩，按职务岗位实行工作系数计时工资；销售业务员与销售业绩挂钩，实行联销提成工资。同时，公司为化解经营风险，增强发展能力，提出“一业为主，多种经营”的经营理念，拓宽发展渠道，寻求新的经济增长点。为减少企业负担和包袱，逐步将汽车运输、招待所、职工食堂、废品回收、礼品商场等分离出去，实行独立核算，自负盈亏。新组成的汽运公司等成为公司新的增长点，公司初步形成立足烟草行业，不断向其他行业拓展，全方位、多品种、多形式的经营新格局。

三、安全生产管理

赣南卷烟厂 1986年9月27日，烟厂发生一起重大火灾事故，烧毁木工房和单身宿舍1栋，直接经济损失16万多元。1987年成立安全生产委员会，主要领导兼任安全委员会主任，并确立每年的9月27日为厂安全教育日。20世纪90年代始，对安全生产提出更高的要求，每年都组织安全大检查。在安全大检查中实行班组每日一巡查、车间每周一小查、厂部每月一大查、每逢节假日重点查的安检制度，从根本上杜绝重大设备和人身伤亡事故的发生。1999年，为落实安全指标工作，为班组长以上干部编印人手一册的《烟草行业安全管理标准》，举办34期由有关部门安全员、仓储管理员参加的安全指标培训班，邀请专家指导和讲解安全预防工作。通过开展安全知识竞赛和利用厂报、宣传栏、黑板报等宣传形式，使每位职工树立"安全责任重于泰山""安全就是效益"的思想，杜绝违规操作和一切不安全因素。1999—2000年，全厂查出安全隐患85处，整改率100%。全厂连续多年火灾事故、重大责任交通事故、重大被盗事故、重大工伤事故均为零，保证生产经营的正常运行。

赣南卷烟厂兴国分厂 1994年，制定现场管理制度。各车间配有专职管理员，并实行挂红、黄牌制度，清除"脏、乱、差"现象。4月起，厂部对生产区实行封闭式管理，杜绝迟到、早退、中途溜号、串岗等不良行为。1995年5月16—22日"安全生产周"期间，在全厂职工中以"勿忘安全，珍惜生命"为主题开展宣传和教育，对全厂安全生产的隐患，于5月7日、20日、30日进行3次检查，并按照"谁主管谁负责"的原则建立整改方案。有关安全生产的标志及防火标志醒目地立于厂区内，各个车间、仓库配备消防器材，特别是制丝车间、卷烟车间、烟叶车间、香精库、供应仓库、成品库等重点区域均做到有备无患。治理车间的漏水、漏气、漏油、漏电。加强车间的现场安全生产管理，禁止穿拖鞋、裙子上班，长发女工上班戴上帽子，严禁车间吸烟，强化现场管理。2000年，形成厂部、科室、车间三级监督、管理网络。加大物防、技防、人防力度。全年一般事故隐患整改率90%以上，重大事故隐患整改率100%。

四、财务管理

赣南卷烟厂 1986年，生产卷烟8.17万箱，上缴税金4284万元。1988年，生产卷烟14.16万箱，比上年增长43%，销售收入1.33亿元，上缴税金7201万元。1989年，实现工业总产值1.43亿万元，销售收入1.85亿元，利税1亿多元，首次突破亿元大关。1990年，改变产品结构，提出单箱税收作为主攻目标，指定以名优烟为龙头、以横包烟为主线、开发新产品为动力的战略措施，使单箱烟税金由1988年的548元/箱提高到510元/箱，全年生产卷烟18.53万箱，工业总产值1.61亿元，实现税金1.12亿元。1999年，生产卷烟10万箱，实现工业总产值2.23亿元，实现销售收入1.8亿元，上缴税金7040万元，资产负债率89.5%，同比下降9.27个百分点。2000年，生产卷烟12.29万箱，实现销售收入3.8亿元，上缴税金8000万元，消化历史亏挂6000万元，分别比1999年增长108%和30%。

赣南卷烟厂兴国分厂 1991年产烟505大箱，超额完成上级下达生产500箱烟的生产任务，全年完成产值64.3万元。1992年，完成产量2133箱，产值332万元，实现销售收入212.4万元，利税97.5万元。1993年上半年一边生产，一边继续完善一期技改。全年生产卷烟1.6万箱，完成省公司下达1.5万箱生产计划的任务，产值2833万元，实现利税1200万元。1994年，完成卷烟产量5万大箱，创产值7364.6万元，实现销售收入6882万元，上缴税金1300万元。1999年，销售卷烟4.97万箱，比上年增加5849箱，增长13.34%；发货额1.28亿元，比上年增加2021.25万元，增长18.75%；回笼资金1.29亿元，比上年增加2192万元，增长20.47%。全年实现工业产值7758万元，实现销售收入1.12亿元，实现税收（含所得税）4033万元，上缴税收2457万元，亏损1153万元。2000年，生产卷烟5.6万箱，实现工业产值7941万元，比上年增长2.36%；实现销售收入12311万元，比上年增长9.92%；实现税收4974万元（含所得税），比上年增长23.33%；实现利润200万元。

第八章　医药工业

1986—2000年，全市（地区）主要有赣南制药厂、赣州制药厂、江西大华制药厂、江西定南制药厂、江西青峰制药厂、信丰制药厂、江西侨业制药有限公司、江西会昌县制药厂、江西山香药业有限公司、赣州地区九连山制药厂、江西三九瑞金药业有限公司、全南县中成药精制原料加工厂、安远制药厂等药品生产企业，主要生产化学原料药和中成药。全市（地区）药品生产企业累计生产化学原料药2598.98吨，中成药13702.13吨，产品销售收入12.07亿元，实现利税总额9265.4万元。

第一节　药品生产

一、产品开发

1986—2000年，为适应市场需求，提高企业竞争力，全市（地区）药品生产企业先后开发多种药品新产品。

赣南制药厂陆续开发的新产品主要有赖氨酸冲剂、维生素D2注射液、维生素D2胶丸、浓维灵糖浆、肌苷片、肌苷注射液、山莨宕碱片、丙谷胺片、强的松片、地塞米松磷酸钠注射液、维生素E胶丸、无味氯霉素片、维生素AD胶丸、扑尔敏片、人参蜂王浆、盐酸脱氧土霉素片、枸橼酸维静宁片、甲硝唑注射液、呋喃唑酮片、注射用氧哌嗪青霉素钠、甲苯磺丁脲片、尼群地平片、654-2片、小儿速效伤风冲剂、注射用P-转移因子、盐酸泼尼松片、双羟萘酸噻嘧啶片、肌苷口服液、齐墩果酸片、参杞蜂王浆、氨甲环酸注射液、痢特灵片、布洛芬片、氟哌酸胶囊、安乃近片、甲砜霉素胶囊、眩晕停片、脑复康片、优降糖片、苯甲醇注射液、维丁胶性钙注射液、氯霉素注射液、维生素C注射液、盐酸黄连素片、呋喃妥因片、芬布芬片、醋酸可的松片、甲硝唑片、吡罗昔康片、吡哌酸片、咳必清片、羟甲基烟酰胺片、安定片、盐酸四环素片、利福平胶囊、硫酸丁胺卡那霉素、脑复新片、双氯灭痛片、乙酰螺旋霉素片、无味红霉素片、得乐冲剂、合成鱼腥草素片、羟甲香豆素片、盐酸林可霉素注射液、注射用胸腺素、氯氮平片、盐酸吗啉胍片、维生素C片、利胆素片、利福定胶囊、醋酸地塞米松片、头孢氨苄片、川贝枇杷冲剂、盐酸雷尼替丁胶囊、头孢氨苄胶囊、宝宝钙糖片、维生素B2片、雷公藤多甙、雷公藤多甙片、凝血酶、P-转移因子口服液、柱晶白霉素液、14氨基酸注射液-800、14氨基酸注射液-823、复方磺胺甲恶唑片、氨茶碱片、维生素B6注射液、山梨醇注射液、卡托普利片、肌醇烟酸酯片、甘露醇注射液、辅酶Q10注射液等产品。其间，1984年开发的维生素D2当年获江西省优秀新产品奖、全国儿童生活用品新产品“金鹰奖”，1990年获中国妇女儿童用品四十周年博览会优秀奖。1988年开发的注射用氧哌嗪青霉素钠，1989年获江西省优秀新产品奖；1988年开发的注射用P-转移因子，1989年获江西省优秀新产品奖，1992年获第四届中国新技术新产品博览会银奖；1991年开发的得乐冲剂，1992荣获江西省优秀新产品奖；1992年开发的注射用胸腺素，1993年获江西省优秀新产品奖；1993年开发的P-转移因子口服液，1994年获江西省优秀新产品奖和第四届中国新技术新产品博览会金奖。

1991年，信丰制药厂开发生产的“如意晶”冲剂获江西省优质产品奖。1995年，信丰制药厂生产的速溶珍珠冲剂获'95世界妇女大会中国医药保健组委会推荐产品证书。同年，该厂中成药产量达到229吨，创利税51万元。

安远制药厂主要产品有金青解毒丸、上清丸、保和丸、八珍丸、补心丸、山香圆片、感冒通、清火片、土霉素、山香丸冲剂、板蓝根冲剂、跌打药酒、冯了性药酒、十二红药酒等，主导产品为山香园系列产品。全南县中成药精制原料加工厂主要生产草珊瑚浸膏和二乙胺基乙醇。

江西三九瑞金药业有限公司主要产品有明目地黄丸、杞菊地黄丸、附子理中丸、穿心连片、复方丹参片、牛黄解毒片、利福平、鱼腥草素钠片、双唑泰栓、克霉唑栓、甲紫溶液、碘酊、清热解毒口服液、藿香正气水、诺氟沙星胶囊；九华痔疮栓、宫泰栓、壮腰健肾丸、腰痛丸、风湿痛药酒、灵芝桂圆酒、十滴水、安尔眼糖浆、养血当归糖浆、雪梨膏、咳特灵片、维C银翘片（强力）、救尔心胶囊；按江西省药品标准生产的品种有首乌片、儿童退热片、妇珍片、补益杞园酒、参茸血酒、滋补力、癣特灵、速效伤风胶囊。

二、产品产量

1986—2000年，全市（地区）药品生产企业主要生产化学原料药和中成药两大类。

表22-8-1　1986—2000年赣州市（地区）药品生产企业产品产量统计表　单位：吨

年度	化学原料药	中成药	年度	化学原料药	中成药
1986年	444.00	653.00	1994年	301.00	1551.92
1987年	—	1275.00	1995年	248.00	1081.22
1988年	—	1247.00	1996年	171.00	1532.00
1989年	—	1001.72	1997年	185.00	1281.00
1990年	184.15	1041.62	1998年	76.67	1136.13
1991年	221.19	—	1999年	174.26	1092.89
1992年	403.00	—	2000年	65.66	808.63
1993年	125.05	—			

第二节　产品销售

一、市场开发

随着国家由计划经济逐步向有计划的商品经济转型，医药商品在国家规定的范围内逐步放开，赣州地区医药公司对药品开始由包销逐步改为订购经销。药品生产企业根据产品销售体制的变化，也由生产型逐步向生产经营型转变。实行以产促销和以销定产的经营方针，开拓市场，扩大销售。1988年，实行划分销售区域，分配销售任务，明确销售品种和价格分片经销，逐步建立一批稳定的销售网点，扩大销售市场，销售收入逐年稳定增长。1991年，实行销售收入与销售费用挂钩的承包经济责任制。

二、销售收入

全市（地区）药品生产企业产品销售收入：1986年2334万元，1990年5229.5万元、1995年8369.8万元、2000年1.45亿元。1986—2000年，累计12.06亿元。全市（地区）药品产品实现销售利润：1986年234万元、1990年77.7万元、1995年1808.9万元、2000年3367万元。1986—2000年，全市（地区）药品生产企业产品销售收入累计1.99亿元。

第三节　企业选介

一、江西赣南制药厂

建于1968年，建筑面积5.8万平方米，是全国500家最大医药工业企业之一，国家生化药品、维生素D2定点生产基地，江西省医药管理局直属的综合性制药骨干企业。P-转移因子、维生素D2、大输液等产品被评为江西省用户满意产品。P-转移因子口服液为企业在全国率先推出的具有20世纪90年代国际先进水平的高科技生化产品，获“江西省名牌产品”称号。产品销往国内30个省、市、自治区，维生素D2产品质量符合中、美、英等国药典标准，畅销欧美。先后获“江西省质量管理奖”“江西省用户满意企业”称号。

1984年5月，赣南制药厂由赣州地区轻化工业局管辖改为由江西省医药总公司管辖。1986年，行政管理和生产机构有厂长办公室、技术开发部、生产部、经营部、质管科、保卫科、福利科、附属厂（大集体）、佳丽公司、赣州康乐保健食品饮料厂以及针剂车间、成片车间、酵母车间、机修车间等；党委工作机构有党办、纪检、工会、团委等。1993年，行政管理和生产机构有厂长办公室、人事培训部、工程指挥部、生产制造部、质量保证部、科技开发部、财务部、公共保障部、动力车间、成片车间、针剂车间、机修车间、维生素D2分厂、输液分厂、物资供应公司、沙石精细化工厂、虔星科技开发公司、营销公司、利达包装厂等；党群工作机构设有党委办公室、工会办公室等。职工由1969年的48人发展到1993年的1053人，专业科技人员由1969年的5人发展到1993年的172人，其中高级职称人员10人、中级职称46人、初级职称116人，工人技师9人。1995年，有职工1064人。

1985年始，赣南制药厂在输液、针剂、维生素D2扩大生产中，先后购置和使用一批具有20世纪80年代国内先进水平的输液联动生产线设备——中针洗灌封联动机、多效蒸馏水机、煤气熔封、一步制粒机、沸腾干燥床、干糖浆自动包装机维生素D2照射光源等设备。引进具有20世纪80年代国际先进水平的高速离心机、超过滤器设备和高压液相色谱仪、库尔特计数器等分析仪器。1993年末，全厂拥有生产设备526台，其中原值万元以上的设备115台。设备固定资产原值721.99万元，设备净值433.72万元，可满足产品生产所需。

1986年，赣南制药厂进行维生素D2车间技术改造，次年竣工。年产量500千克，为国家医药局定点生产维生素D2基地，也是国内维生素D2生产能力最大的车间。同年，江西省经委、省医药总公司下达该厂开发干酵母课题，1987年试制成功，产品质量和主要技术指标达到轻工部规定标准，填补江西省生产活性干酵母的空白，具备年产100吨活性干酵母的生产能力。1987年，大输液生产淘汰了间断、手工操作的罐装、压盖生产设备，新增洗瓶罐装、计量、压盖等多道工序为一体的联动生产设备，结束十多年用手工操作的历史。班产量1.2万瓶以上。1988年，在北京红十字会转移因子研究中心霍保来的指导下，利用针剂车间冻干粉针生产设备生产高科技生化药品P-转移因子，1989年投产。1990年，增设胶囊生产设备，开发硬胶囊产品，次年投产。1991年10月，改造粉针、中针生产设施，次年投入生产。1991年下半年，进行维生素D2综合制剂车间技术改造，1994年投入生产。1993年，开发P-转移因子原料，形成集原料和制剂于一体的生产技术能力。

1986年，赣南制药厂实行承包经营经济责任制，签订企业承包经营经济责任制合同。承包形式实行上缴利润递增包干，超收分成，年递增率6%。承包期限为1987年1月1日至1990年12月31日。承包指标：上缴财政利润（含所得税、调节税），1987年30万元、1988年31.5万元、1989年33万元、1990年34.7万元；固定资产净值在1986年实际数的基础上，年递增7%；企业技术改造年平均完成100万～200万元。1990年承包期满时，年工业总产值达2100万元，比1986年增长39%，建筑物完好率80%以上，设备完好率80%以上，优质产品产值率35%以上，主要产品的主耗达到全国先进水平。开发新产品原料药2项，质量达到国际先进水平的产品2个。第一轮承包结束后，1991年8月30日签订第二轮承包经营经济责任制合同，时间为期3年（1991年1月1日至1993年12月31日），合同内容除承包指标作调整外，其他与第一轮承包基本相同。

二、赣州地区九连山制药厂

创办于1987年7月，是一家具有规模生产中西药和保健饮料的厂家。主要生产南板蓝根冲剂、复方感冒灵、肾石通颗粒、慈航片、复方鱼腥草片等20多个品种的药品。复方鱼腥草片、南板蓝根冲剂荣获江西省1992年、1993年优秀新产品奖，该厂的保健饮料部生产的绞股蓝系列产品，价廉物美。

三、信丰制药厂

1986年，信丰制药厂职工人数49人，固定资产原值14.9万元，年工业总产值53.2万元，产品销售收入43.1万元，利税总额2.9万元。1987年，生产中成药196吨，完成工业总产值106.2万元，销售收入104.3万元，利税总额7.4万元。1996年，企业的主导产品复方陈香胃片、千喜片获江西省科技新成果、新产品交易会金奖。1996年，中成药年产量上升到274吨，利税突破百万元，达到157万元。2001年1月，该厂进行公司化改革，转制成江西诚志信丰药业有限责任公司，成为由江西诚志药业股份有限公司控股的股份制公司。

四、安远制药厂

省属企业，创建于1969年7月。1995—1997年，制药厂生产跌入低谷，年产值在百万元以下。1997年6月划归县管理。1997年，安远制药厂以山香圆系列产品为龙头，对企业进行技术改造，总投资2550万元。1999年，县制药厂与海南卫企药业有限公司合资创办江西山香药业有限公司。合资后，公司有固定资产2100万元，拥有各种初级以上职务的技术人员34人，员工160人，生产的产品有6种剂型、23个品种，其中主导产品山香圆片和山香圆颗粒被列入国家中药保护品种。

五、全南县中成药精制原料加工厂

1993年1月，经全南县政府批准投资16万元在原全南县稀土矿厂址新建，2月竣工投产，1994年7月搬迁到南海开发区。1993—2000年，累计生产草珊瑚浸膏70吨、二乙胺基乙醇250吨，完成工业产值125万元，上缴利税12万元。1996年因市场疲软而停产。1999年3月，厂房租赁给欧阳晓珍经营生产樟油，租赁期6年。2000年年底有职工52人，厂区占地面积6100平方米，建筑面积1400平方米，固定资产净值100万元。

六、江西三九瑞金药业有限公司

前身为瑞金制药厂，位于瑞金市象湖镇冯屋岗。为江西省医药总公司下属企业。1997年5月，经江西省人民政府批准，瑞金制药厂被三九企业集团兼并，改名江西三九瑞金药业有限公司，为中外合资企业。1999年，设有水剂车间、片剂车间、丸剂车间、栓剂车间、提取车间。2000年，增加前处理车间和制剂车间。同年，获得批准生产文号的药品有36种，其中九华痔疮栓为国家中药保护品种，畅销全国各地，成为公司的主导产品。

第四节 中西药品

赣南有制药厂10多家。1995年，全地区年产中成药1400吨左右、化学药制剂3400吨左右。2000

年，全市生产中成药 808.63 吨左右、化学药制剂 65.66 吨。涌现出一批优质产品。

一、西药产品

P-转移因子口服液　赣南制药厂于 1993 年投产。能增强与调节机体的细胞免疫和骨髓造血免疫功能，用于治疗病毒感染、带状疱疹、单纯疱疹、支气管炎、支气管哮喘、类风湿性关节炎、乙型肝炎、过敏性疾病及系统性红斑狼疮，并可消除化疗及放疗肿瘤的副作用，使之提高疗效，避免复发。体弱者服用可增强抵抗力，预防感冒，抗衰老。1992 年，获第四届中国新技术新产品博览会金奖。

注射用 P-转移因子　赣南制药厂于 1989 年始产。为细胞免疫增强剂及调整剂，对带状疱疹、支气管哮喘、慢性支气管炎、恶性肿瘤、放化疗毒副反应等细胞免疫功能低下及免疫失衡疾病有疗效，并可作为各种霉菌、细菌或病毒性严重感染的综合治疗剂。1992 年，获第四届中国新技术新产品博览会银奖。

10%葡萄糖注射液　赣南制药厂生产，始产于 1970 年。营养药，能增加人体能量，并且有解毒、利尿作用，用于血糖过低、心肌炎和补充体液等。1983 年、1987 年、1991 年被评为省优产品，1991 年被评为国家医药局优质产品。

葡萄糖氯化钠注射液　赣南制药厂于 1969 年始产。体液补充药，用于脱水症及调节体内水与电解质的平衡。1989 年被评为省优产品，1991 年被评为国家医药局优质产品。

红霉素片　抗生素类药。抗菌谱与青霉素相似，主要用于治疗对青霉素耐药的葡萄球菌感染，也可用于治疗支原体肺炎及白喉带菌等。1985 年被评为江西省优质产品，被国家医药局评为优质产品，1989 年被复评为省优产品。

5%葡萄糖注射液　营养药，能增加人体能量，并具有解毒、利尿作用，用治血糖过低、心肌炎和补充体液等。1991 年被评为省优产品。

注射用乳糖酸红霉素　赣南制药厂产品，抗生素类药。抗菌谱与青霉素相似，主要用于治疗对青霉素耐药的葡萄球菌感染，也可用于治疗支原体肺炎及白喉带菌等。1985 年被评为省优产品，1989 年再次被评为省优产品。

安痛定注射液　赣南制药厂产品，1972 年投产。功能解热镇痛，用治发热、头痛、关节痛、神经痛、风湿症与痛经等。1985 年、1989 年均被评为省优产品。

干酵母片　赣南制药厂产品。维生素类药，用于维生素 B1 缺乏症及消化不良的辅助治疗。1983 年、1987 年、1991 年均被评为省优产品。

食母生片　赣南制药厂产品。维生素类药，用于维生素 B1 缺乏症及消化不良的辅助治疗。1989 年均被评为省优产品。

注射用氧哌嗪青霉素钠　赣南制药厂产品。抗生素类药，主要用于治疗绿脓杆菌、变形杆菌、黏质沙雷氏菌、大肠杆菌、肺炎杆菌及对该品敏感的革兰阴性菌引起的多种感染。1990 年均被评为省优产品。

维生素 D2　赣南制药厂产品。维生素类药，能促进肠内钙磷的吸收，促进骨基质钙化。用于治疗佝偻病、骨软化症及甲状旁腺功能低下等。1991 年均被评为省优产品。

肌苷片　赣南制药厂产品。辅酶类药，有改善机体代谢作用。用于治疗各种类型肝脏疾患、心脏疾患、白细胞减少症、血小板减少症、中心视网膜炎、视神经萎缩等。1991 年均被评为省优产品。

二、中药产品

九华痔疮栓　瑞金制药厂与有关医药院校和科研部门合作研制的纯中药治疗痔疮栓剂，属国内首创，独家生产。具有消肿化瘀、生肌止血、消炎止痛、行气升提之功能，无毒、无副作用，适用于治疗各类痔疮、肛裂、肛瘘等肛门疾患。1986 年获江西省人民政府颁发的优秀新产品“金牛奖”；1987 年又获江西省科技进步成果奖，1992 年获中华医学会颁发的全国获奖药品临床应用信誉评价调查信得过药品奖。

穿心莲糖衣片 瑞金制药厂生产的中成药药品。1985 年，在全省糖衣片质量评比中获第三名。穿心莲糖衣片为醇提浸膏片，具有清热解毒、凉血、消肿等功效。用于治疗感冒发热，咽喉肿痛，口舌生疮，顿咳劳嗽，泄泻痢疾，热淋涩痛，痈肿疮疡，毒蛇咬伤等症。

草珊瑚流浸膏 江西省草珊瑚保健公司与信丰县金盆山营林林场联合开发的新产品，是新兴的药物和轻化原料，具有消炎、化痰、止痛等作用，对跌打损伤、风湿病疗效显著。广泛用于生产草珊瑚含片、肿节枫片、草珊瑚泡泡糖、口香糖、草珊瑚注射液等，在轻化方面被用于生产草珊瑚牙膏等。草珊瑚流浸膏的提取获 1988 年赣州地区“星火计划”四等奖。

野木瓜片 定南县制药厂产品。具有祛风止痛、舒筋活络的功能。主治三叉神经痛，坐骨神经痛，神经性头痛，风湿关节痛。在全国各地及东南亚地区广为销售。

野木瓜注射液 定南县制药厂产品。具有祛风止痛、舒筋活络的功能。主治三叉神经痛、坐骨神经痛。

养血当归精 定南县制药厂产品，具有补血调精的功能。主治身体虚弱、闭经及月经不调。

安胎丸 定南县制药厂产品，具有止血安胎、平胃止痛的功能。主治胎动不安、功能性子宫出血、风湿腰痛、胃寒痛。

山香圆片（冲剂） 原名喉特灵片，安远县制药厂研制独家生产的喉炎特效药，已被列入国家药典。山香园片具有抗菌消炎、止痛消肿功效，对咽喉炎、扁桃体炎、扁桃体脓肿等病症有特殊疗效。山香园片是安远县制药厂根据当地农民王莲娣献出的祖传秘方研制而成。

千喜片 信丰县制药厂独家研制生产的国家四类新药。主要成分为黄酮及总内酯类，具有明显清热解毒、抗菌消炎等功效，是治疗急性肠炎、结肠炎、鼻窦炎之良药。千喜片来源于纯天然植物，是纯中药制剂。

溪黄草精 信丰县制药厂与江西格林保健品公司研制生产的新产品。溪黄草精主要成分为溪黄草、绞股蓝、白花蛇舌草、茯苓等十多味药食中药。具有清热利湿、解毒、活血止痛、健脾利水、扶正固本、共凑护肝等功效。是阴阳失调、病后体弱、各种肝炎、癌症患者的良好饮品。

会昌牌八宝惊风散 儿科良药，会昌县制药厂产品，填补了省内空白。以麝香、天麻、梅片、沉香、川贝母、薄荷等 18 种中药配制而成。具有祛风化痰、退热镇惊之功能，主治小儿惊风、发烧咳嗽、呕吐痰涎等症。

会昌牌壮腰健肾丸 会昌县制药厂根据赣南传统民间验方开发生产。以传统中药女贞子、黄精、熟地、千斤拔、金樱子、何首乌、枸杞等精制而成。具有壮腰健肾的功能，主治腰酸腿软、头晕耳鸣、眼花心悸、阳痿遗精等症。

会昌牌蛇胆川贝液 会昌县制药厂产品。以蛇胆汁、川贝母、杏仁水等为主药，采用现代科学方法精制而成，是传统的治咳验方。具有祛风镇咳、除痰散结功能，适用于治疗风热咳嗽、咳痰不止、痰盛气促、心胸郁结及咯痰不爽等症。

宁神牌保健药枕 赣南保健药枕厂（赣县湖江乡乡镇企业）生产。“宁神”牌（原名“宝力”牌）新型蚕砂系列保健药枕分为老年、普通、学生、儿童形等 4 种类型。

麦饭石保健香皂 中外合资江西丰港日用化工有限公司出品。是在生产普通香皂所需原料和工艺基础上，辅以天然优质的赣南麦饭石精制而成的新产品，属国内外首创。有麦饭石防治疾病的功效，还有祛除污垢和滋润皮肤的作用。对轻型痤疮、毛囊炎、瘙痒症、夏季皮炎、神经性皮炎、脂溢性皮炎和过敏性皮炎等各类皮炎治愈率均较高；另外，对加速痱子痊愈疗效明显，对湿疹、癣病、黄褐斑等病症均有一定疗效。

第九章　二轻工业

1986—2000年，全市（地区）二轻工业行业按照“恢复、调整、完善、提高”的轻工集体经济方针和联社“指导、维护、协调、服务”的基本任务，以提升企业活力为中心，依靠科技进步，革新工艺，调整企业结构和产品结构，改革管理体制、企业所有制形式的经营体制，发展多种经济联合体，初步实现由计划经济向市场经济转轨对接。至2000年，全市二轻工业总产值由1986年的1.31亿元增至7.29亿元，实现利税由1986年的925万元增至1048万元。

第一节　行业规模

20世纪80年代，全地区二轻工业持续、稳定发展，各项经济指标均呈逐年上升态势。1987年，全地区二轻工业完成总产值1.57亿元，实现利润1769万元，总产值、利润、出口创汇均超历史，产值增长速度略高于全地区工业平均增长水平，略高于全省二轻工业平均增长水平，利润增长速度略高于产值增长速度。20世纪90年代，随着社会主义市场经济的逐步建立，日用工业品逐步从卖方市场转向买方市场，形势迫使二轻企业要不断提高产品质量，增加花色品种，以满足人们日益增长的物质文化生活需求。但因区内二轻企业基础差、底子薄、资金缺乏、设备落后等先天不足因素较多，虽经改造和革新，依然存在产品老化、品种单一且质量欠佳等问题，初级产品多、深加工产品少、低档次产品多、高附加值产品少，加上企业技术力量薄弱，职工素质较低等因素，面对日益激烈的市场竞争，一部分企业开始陷入困境，逐渐丧失竞争能力，导致半停产、停产甚至关闭。行业主管部门针对二轻工业发展中存在的产权关系不清、经营机制不活、企业包袱沉重、产品结构老化等缺乏发展后劲问题，积极进行企业经营机制转换和产权制度改革，推行股份合作制，加快小、穷、亏损企业的改革步伐。根据各企业的实际情况，因厂制宜，一厂一策。对扭亏有望的企业实行承包、租赁经营，对优势企业采取兼并或相互合作的办法实行优势重组，对小型企业实行售让到个人经营，出售企业和股权的收入由集体改投到急需发展的产业。各企业瞄准市场，适时开发项目，提高工艺，节能增效。一些小型轻工生产企业和手工业者也根据市场需求，适时调整或转制生产适销对路的新产品，二轻工业再现新的生机和活力。

1986年，全区有二轻企业344家，其中直属企业4家，县（市）属企业340家，除20家为供销贸易企业外，其余324家均为生产加工企业。生产加工企业分属于19个行业，即制浆造纸、日用硅酸盐、日用化学制品、食品饲料、皮革及其制品、竹木藤加工、日用机械、家具、文教体育制品、工艺美术品、塑料制品、金属制品、家用电器、衡器、日用杂品、轻工机械、服装鞋帽、纺织品及其他工业。1990年，全地区二轻企业有309家19个行业，1995年有295家18个行业。至2000年，全市二轻企业减至101家，生产加工企业分属制浆造纸、日用硅酸盐、皮革及其制品、家具、文教体育用品、工艺美术品、塑料制品、金属制品、轻工机械及其他工业等10个行业。

一、制浆造纸

1986年，全地区二轻系统制浆造纸企业有赣州市（今章贡区）造纸厂、瑞金日东造纸厂、瑞金泽覃纸业社、瑞金兰从纸业社、瑞金步田纸社、瑞金宣纸厂和会昌造纸厂等7家。职工566人，工业总产值406.5万元，实现利税47.31万元。1991年，赣江造纸厂创办回收加工厂（集体所有制），全地区制浆造纸企业增至8家，职工709人，实现工业总产值1591.07万元。1992年，全地区8家制浆造纸企业因原料少、资金缺和管理不善等原因，先后有5家企业倒闭。至1995年，全地区制浆造纸企业仅剩赣州市（今章贡区）金凤股份有限公司、瑞金市日东造纸厂和会昌县造纸厂等3家。1995年，企业职工624人，总产值2715万元，实现利税163.1万元。至2000年，全市制浆造纸企业仅剩1家，职工234人，产值746万元，利税57万元。

主要产品有土纸、卫生纸、面巾纸、玉扣纸、机制纸和回收纸浆等。赣州市（今章贡区）造纸厂生产全部机械化，卫生纸的年产量至1991年已达4072吨，“金凤”牌卫生纸从1986—1991年连续6年被评为省优。1992年，赣州市金凤股份有限公司生产的面巾纸获江西省中国旅游商品天马奖，其生产的卫生纸、面巾纸还在1994和1995年获“江西省轻工业厅质量稳定产品”称号。

二、日用硅酸盐

二轻系统日用硅酸盐行业主要生产日用陶瓷器、耐火材料和玻璃器皿等产品，全市（地区）18个县（市）均有生产。产品在省内外享有盛誉，曾销往朝鲜、日本和东南亚等国家和地区。20世纪80年代，随着改革开放的逐步深入，境内日用硅酸盐企业存在的生产技术落后、原（燃）材料缺乏、产品质次价高等问题逐渐呈现，导致产品滞销，企业处于不稳定状态。1986年，全地区有生产企业8家，职工281人，产值53.22万元，利税2.44万元。1991年，全地区生产企业减至6家，分别是南康陶瓷厂、安远陶瓷厂、于都陶瓷厂、瑞金瓷厂、会昌瓷厂、兴国玻璃器皿厂，职工378人，总产值198.22万元，实现利税13.63万元。1995年，生产企业4家，职工143人，总产值460万元，利税7.7万元。2000年，生产企业仅剩3家，职工137人，产值328万元，利税3万元。

三、日用化学制品

二轻系统日用化学制品行业主要产品有化妆品（低档）、油漆、洗涤剂、矿烛、皂素等，生产规模较小，设备简陋，技术力量较为薄弱，为二轻系统亏损行业之一。1986年，有生产企业6家，职工131人，总产值48.65万元，利税2.04万元。1992年，生产企业仅剩3家，即上犹县皂素厂、于都县日用化学制品厂、会昌佳宝化工厂，职工87人，产值293万元。1995年，生产企业仅剩下赣南火柴包装厂、赣州电池配件厂等3家集体小型企业，主要产品为纸制品，职工195人，产值164万元，利税－5.7万元。1996年改制为私营企业。

四、食品饲料

1986，全地区二轻系统食品饲料企业10家，职工372人，产值100.35万元，利税10万元，主要产品为酱制品、炒货、豆腐及其他豆制品。1989年开始发展饲料、饼干等新产品，生产企业增至11家，职工207人，总产值217.19万元，利税13.31万元。1991年，主要生产企业有宁都饮料厂、全南豆腐厂、信丰嘉定食品厂、赣州市（今章贡区）酱制品厂、赣州市（今章贡区）赣江福利厂、赣州酒厂辅助厂等6家，职工171人，总产值550.53万元，利税24.41万元。1994年，生产企业4家，职工98人，产值327万元，利税20.05万元。1995年，生产企业有江西富士食品有限公司、宁都饲料食品厂、赣州市（今章贡区）康泰食品厂、江西第二糖厂综合厂、赣州酒厂生产辅助厂等5家企业，职工232人，产值661万元，利税55.6万元，主要产品有膨化食品、碳酸饲料、糕点和豆奶等。至1998年，生产企业仅剩1家，职工14人，产值121万元，利税1万元。1999年，改制为私营企业。

五、皮革、毛皮及其制品

1986 年，全地区二轻系统皮革、毛皮及其制品生产企业有 15 家，职工 1606 人，总产值 1044.06 万元，利税 84.56 万元。主要产品有皮革、皮鞋、皮件制品等。赣州市（今章贡区）皮革工业公司通过技术改造和引进国外先进设备，形成制革、制鞋两条生产线，生产能力和产品质量均有提高，其生产的皮鞋、皮手套、皮箱等产品不仅销往全国各地，还畅销法国、美国、日本等国家和中国港澳地区，成为全地区出口创汇重点企业之一。赣州市（今章贡区）皮革二厂的产品质量好、款式新，年产皮鞋 28094 万双仍供不应求。1991 年，生产企业有赣州市（今章贡区）皮革工业公司、赣州市（今章贡区）中山皮革厂、赣州市（今章贡区）南春皮革厂、南康县皮革厂、安远县皮革厂等 16 家，职工 528 人，总产值 2911.51 万元，利税 89.79 万元。1995 年，生产企业有赣州市（今章贡区）皮革工业公司、南康市皮革制品厂、南康市蓉江镇皮鞋厂、宁都县鞋业有限公司、宁都县皮革厂、宁都县皮塑厂、于都县皮塑制品厂、兴国县皮革厂、瑞金市皮革厂、赣江皮件厂、赣州市（今章贡区）南外福利厂、赣州市（今章贡区）童鞋厂、赣州市皮革二厂等 13 家，共有职工 1167 人，总产值 4850 万元，利税 75.1 万元。主要产品有牛面皮鞋、皮便鞋、皮手套、皮箱和服装等。2000 年，有生产企业 7 家，职工 719 人，产值 5753 万元，利税 160 万元。

六、木 竹 藤 棕 草制品

1986 年，全地区二轻系统木竹藤棕草制品企业有 20 家，职工 915 人，总产值 284.66 万元，利税 29.94 万元。1991 年，生产企业有南康县唐江竹器厂、会昌工艺美术厂、大余竹器工艺厂、崇义算盘厂、安远车木厂、会昌纺织器材厂、全南县竹制品厂等 13 家，职工 710 人，总产值 683.4 万元，利税 27.07 万元。主要产品有藤木沙发、藤办公椅、竹筒席、草帽、棕制品、算盘及纺织器材等。大余县竹器工艺厂生产的“双喜”牌竹筒席在 1986 年和 1987 年获省优产品称号，会昌藤器厂生产的“会昌山”牌藤家具在 1986—1991 年连续保持部优、省优产品称号。1995 年，生产企业有大余县竹器工艺厂、定南县木材加工厂、定南县木制品厂、全南县胶合板厂、全南县刨花板厂、全南县隆顺公司、全南县竹制品孔雀公司、瑞金市民政福利厂、会昌县纱管厂、寻乌县木器厂、寻乌县藤器厂等 11 家，职工 1281 人，总产值 2396 万元，利税 - 164.3万元。主要产品有竹筒席、胶合板、刨花板、竹凉席、藤椅、纬管、锯机等。1996 年，改制为私营企业。

七、日用机械

二轻系统日用机械行业基础比较薄弱，产品单一。1986 年，生产企业仅有赣州市（今章贡区）车辆修配厂和崇义县轻工机械厂，主要产品有自行车鞍座、跑车等。1991 年，共有职工 165 人，工业总产值 248.78 万元，利税 5.64 万元。1995 年，生产企业有赣州市（今章贡区）车辆修配厂和赣县五金厂 2 家，主要生产自行车鞍座、钢筒及自行车配件，有职工 228 人，总产值 326 万元，利税 11.1 万元。1998 年，有生产企业 1 家，职工 34 人，总产值 10 万元，利税 —3 万元。1999 年，改制为私营企业。

八、家具

1986 年，二轻系统家具生产企业 34 家，职工 1842 人，总产值 884.04 万元，利税 44.29 万元。1991 年，生产企业有赣州市（今章贡区）家具厂、赣州市（今章贡区）钢管厂、南康木器厂、上犹县竹胶板厂、全南胶合板厂等 27 家，职工 1530 人，总产值 2560.04 万元，利税 52.26 万元。主要产品有木、竹、藤家具，钢制家具，胶合板制品及竹胶板制品。赣州市家具厂生产的民用磨花镜在 1989 年获“省优产品”称号，大余县家具厂生产的“林燕”牌条木折椅和塑面方凳在 1988 年获“省优产品”称号。1995 年，生产企业有赣州市家具厂、赣州市钢管厂、赣州市（今章贡区）竹藤器厂、赣县木器厂、南康市木器厂、南康市蓉江镇红木家具厂、南康市唐江镇木器厂、上犹县木雕工艺厂、上犹县竹胶合板厂、崇义县古亭木器厂、安远县九龙木制品公司、龙南县家具总厂、定南县工业联社家具公司、定南县二轻物资贸易公司、全南县藤器工艺厂、于都县木器厂、兴国县木器厂、瑞金市木器厂、瑞金市室内装饰公司、瑞金市恒泰公司、会昌县藤器厂等 21 家，职工 753 人，总产值 2741 万元，利税－25.6 万元。至 2000 年，生产企业仅剩 7 家，职工 111 人，实现工业总产值 1177 万元，利税 23 万元。

九、文教体育制品

1986 年，全地区二轻系统文教体育制品企业有 16 家，职工 997 人，总产值 414.79 万元，利税 36.54 万元。1991 年，生产企业仅有瑞金铅笔厂、赣州市（今章贡区）文化用品厂和石城县文化用品厂 3 家，职工 371 人，总产值 718.2 万元，利税 93.42 万元。主要产品有铅笔、油墨、多功能灭火剂等。其间，瑞金市铅笔厂设计生产能力为年产铅笔 5000 万支，因水、电供应不足，每年仅能生产 3000 万支左右，1991 年首次生产 5920 万支，实现产值 501 万元，实现利税 77.71 万元，其生产的 HB 印花皮头铅笔获“省优产品”称号，赣州市（今章贡区）文化用品厂生产的多功能灭火剂在 1991 年获“省优质产品”称号。1995 年，生产企业 3 家，职工 277 人，总产值 1178 万元，利税 93.5 万元。到 2000 年，生产企业仅剩 1 家，职工 86 人，产值 228 万元，利税 18 万元。

十、工艺美术品

1986 年，全地区二轻系统工艺美术制品企业有 8 家，职工 255 人，总产值 68.13 万元，利税 5.14 万元。1991 年，生产企业有瑞金县工艺美术厂、信丰县嘉定喜爆厂、于都县烟花鞭炮厂、兴国县文化用品厂、会昌县湘江镇福利厂、寻乌县工艺美术服务部和赣州市（今章贡区）白云针织厂等 7 家，职工 203 人，产值 162.14 万元，利税 10.91 万元。主要产品有竹编工艺品、竹木雕刻、刺绣、烟花爆竹、玩具等。其中，瑞金县工艺美术厂为外贸竹编工艺品专业定点厂，生产木制玩具、竹编工艺品 260 个品种，产品主要销往欧美及东南亚各国，1987 年获全国旅游产品交易会优秀产品奖。1995 年，生产企业 3 家，职工 144 人，总产值 82 万元，利税 3 万元。至 2000 年，生产企业仅剩 2 家，职工 210 人，产值 36 万元，利税 2 万元。

十一、塑料制品

1986 年，全地区二轻系统塑料制品生产企业 14 家，职工 1157 人，总产值 1172.53 万元，利税 34.93 万元。1991 年，全地区有赣州市（今章贡区）塑料二厂、赣州市（今章贡区）海绵厂、信丰县皮塑厂、大余县喷雾器厂等 20 家，职工 1589 人，总产值 3302.85 万元，利税 88.85 万元，主要生产工农业生产和民用塑料制品。在 20 家企业中，有年产值百万元以上企业 7 家，塑料制品成为二轻系统主要骨干行业之一。赣州市（今章贡区）塑料二厂生产的“大公”牌聚氯乙烯全塑凉鞋、大余县喷雾器厂生产的“赣农”牌背负手动塑料喷雾器均获省优秀产品奖。1995 年，生产企业有赣州塑料制品厂、赣州大公路塑胶制品有限公司、赣州市（今章贡区）天海塑瓶制造厂、南康市唐江镇塑料厂、信丰县皮革制品厂、信丰县塑料制品厂、信丰县塑料门窗厂、大余县喷雾器厂、大余县塑料制品有限公司、宁都县塑化厂、兴国县塑料厂、瑞金市塑料工贸公司、瑞金市塑料包装厂、会昌县塑料厂、石城县塑料厂、寻乌县塑料厂、赣州市（今章贡区）塑料二厂等 17 家，职工 1263 人，总产值 4214 万元，利税－74.2 万元。2000 年，有生产企业 10 家，职工 1676 人，总产值 5674 万元，利税 150 万元。

十二、金属制品

1986 年，金属制品工业是全地区二轻系统骨干行业之一，主要产品有铝制品、彩色制罐、建筑五金、小五金系列、学生圆规等，门类广，品种多。生产企业有 21 家，职工 1416 人，总产值 969.11 万元，利税 106.31 万元。其间，赣州市（今章贡区）铝制品厂生产的自鸣钟热水壶在 1987 年获“省优质产品”称号；瑞金五金厂生产的 14 号、11 号“庐山”牌缝纫机针分别在 1986 年和 1988 年获“省优质产品”称号，其“庐山”牌缝纫机针系列产品在 1990 年获轻工部博览会银质奖；石城木螺丝厂生产的“宋塔”牌沉头木螺丝于 1990 年获“省优质产品”称号。1992 年，该行业生产企业减为 18 家，职工 1670 人，总产值 4027 万元，利税 177 万元。1995 年，全地区生产企业有赣州市（今章贡区）金属制品厂、赣州市（今章贡区）铝制品厂、赣州铸造厂、赣州市（今章贡区）金属门窗厂、南康市潭口机锻厂、信丰县五金修配厂、崇义县金属丝网厂、龙南县锁厂、定南县五金厂、定南县卷闸门厂、全南县印铁制罐厂、全南县康达燃器具厂、瑞金市制钉厂、瑞金市三龙公司、赣州市（今章贡区）金属构件厂、赣州市（今章贡区）汽车配件厂等 16 家，主要生产文件柜、铝锅、铁锅、金属窗、镑锤、镀锌丝、挂锁、白铁制品、黑白铁、沼气炉、图钉、缝纫机针、保险柜、蒸饭器、铸铁管及电池底片和金粉等。有职工 1133 人，总产值 3565 万元，利税 116.7 万元。2000 年，生产企业减为 12 家，职工 396 人，总产值 2410 万元，利税 17 万元。

十三、家用电器

赣南二轻系统的家用电器工业起步较晚，工艺设备较为落后。1986 年，主要产品仅有电热褥、晶体管收音机等，均未形成规模。生产企业从 1986 年的 5 家缩减到 1987 年的 1 家，职工从 1986 年的 255 人缩减到 1987 年的 76 人，总产值分别为 74.35 万元、52.24 万元，利税分别为 3.63 万元、2.23 万元。1990 年，生产企业有信丰县五金机械厂和赣州市（今章贡区）无线电四厂等 2 家，职工 168 人，总产值 94.65 万元，利税 8.17 万元。1993 年起，企业开始亏损。至 1995 年，赣州市（今章贡区）无线电四厂和赣州市（今章贡区）新宇无线电厂等 2 家生产企业有职工 79 人，总产值 388 万元，利税-10.1万元。主要产品有控制元件、收音机和 K 型变压器等。1996 年，改制为私营企业。

十四、衡器

1986 年，全区二轻系统有生产衡器专业企业 5 家，职工 140 人，总产值 30.5 万元，实现利税 2.35 万元。1990 年有生产企业 3 家，职工 95 人，总产值 37.4 万元，利税 2.58 万元。其间，主要产品有地磅、台秤和木杆秤等。1995 年，生产企业 2 家，职工 36 人，总产值 53 万元，利税 1.3 万元，主要产品有台秤、木杆秤和案秤等。1996 年，改制为私营企业。

十五、日用杂品

该行业基础薄弱，仅有蚊香和其他日用杂品生产，品种单一，产品多在赣州本地销售。1986 年，生产企业有 4 家，职工 102 人，总产值 39.14 万元，利税 2.24 万元。1993 年，生产企业 2 家，职工 67 人，总产值 83 万元，利税 2.7 万元。1995 年，生产企业仅剩宁都蚊香厂 1 家，职工 81 人，总产值 81 万元，利税 6 万元。1996 年，转制为私营企业。

十六、轻工机械

轻工机械制造工业为全地区二轻系统骨干行业。1986 年，生产企业 13 家，职工 936 人，总产值 830.27 万元，利税 79.53 万元。主要产品有各种阀门、矿山设备、制革转鼓、水泵、疏水器及通用机械设备等。产品除供应市场外，还为二轻轻工系统内制造各种专用设备。会昌县转鼓厂是轻工部转鼓生产定点厂，生产的转鼓供应到全国各地，其生产的GJOB系列转鼓被轻工业部评为1988年优质产品，并获1990年首届轻工业部博览会银奖，GTOA推移封门转鼓在1986年被评为省优质产品。定南疏水器厂生产的“赣南”牌CP19－16圆盘式疏水阀在1990年获“省优产品”称号。1992年，生产企业有13家，职工1872人，总产值3117万元，利税271万元。1995年，生产企业有大余县矿山机械厂、上犹县千斤顶厂、上犹县蓄电池厂、上犹县五金厂、崇义县轻工机械厂、定南县疏水器厂、宁都县机械配件厂、会昌县转鼓厂、石城县选矿设备厂、石城县汽车配件厂、石城县木螺钉厂、赣州市（今章贡区）电控设备厂等12家，职工1389人，总产值5686万元，利税366.5万元。其间，主要产品有破碎设备、摩托车齿轮、蓄电池、水泥钢品设备、木工带锯机、低压阀门、中小农具、转鼓、b－s调波器、铰链、木螺钉、研磨设备和浮选机等。2000年，生产企业仅剩6家，职工270人，总产值1363万元，利税10万元。

十七、服装鞋帽

1986年，全地区二轻系统服装鞋帽生产企业通过引进先进设备和技术改造，生产能力和产品质量均大有提高，许多企业从以来料加工为主改为成衣生产为主，加工设备均改为中高速平缝机。产品主要有羽绒衣、被、枕头和注塑布鞋等。其中大余民族羽绒厂生产的出口产品羽绒衣、被、枕和赣州市（今章贡区）机绣童装厂生产的出口童装均受到外商的好评，大余县民族羽绒厂生产的“南安”牌羽绒制品系列产品、赣州市（今章贡区）机绣童装厂生产的“翠芽”牌妇女儿童套装和赣州市（今章贡区）鞋帽厂生产的“玉兰”牌童帽及注塑布鞋均被评为省优质产品。其间，服装鞋帽生产企业有47家，职工3363人，总产值3412.58万元，利税184.93万元。1995年，生产企业有22家。1996年，合并到其他工业行业。

十八、纺织品

1986年，全地区二轻系统纺织品工业企业有17家，职工2000人，总产值839.71万元，利税90.02万元。主要产品有棉织品、人造丝线、黑面纱等。主要企业为赣州市（今章贡区）针织厂、赣县帆布厂、南康唐江纺织厂、龙南染织厂、会昌制线厂、赣州市（今章贡区）赣江棉织厂等，其中赣州市（今章贡区）赣江棉织厂为江西省外贸定点出口专业厂家，其产品黑色面纱和赣州市（今章贡区）针织厂的“贝乐”牌毛巾、浴巾等分别于1986年、1987年、1989年被评为江西省优质产品。1995年，生产企业减为15家，产值、利税及职工人数等合并在其他工业中。

十九、其他工业

其他工业由纸制品、印刷制品、建筑业、加工业、修理业、黑白铁制品业、化工业等组成。主要产品有纸制品、印刷制品、耐火材料、钎头、黑白铁制品、刊刻品、化工原料以及建材等。1986年，生产企业有92家，职工4948人，总产值2385.53万元，利税159.29万元。1991年，有生产企业104家（其中纸制品厂8家、印刷制品厂17家），职工4155人，总产值5876.2万元，利税311.37万元。1995年，生产企业139家，职工10526人，总产值4.32亿元，利税1199.4万元。至2000年，生产企业仅剩52家，职工1791人，总产值1.46亿元，利税607万元。

第二节　对外协作

全市（地区）二轻行业积极发展外向型经济，加大引进项目、资金和技术的力度。1986—2000年，累计投入外向型经济资金（含外资）3.69 亿元，实现产值 26.34 亿元，其中赣州创业集团公司投入资金累计 3.04 亿元，出口产品产值 22.77 亿元。

一、合作区域

外向型经济的外商主要来自阿联酋等国家，主要出口产品有针织制衣、木家具、羽绒、塑料、竹器、服装、皮便鞋、打火机、金属材料深加工产品、伞类以及第三产业合作项目。

二、引进资金

1986 年，全地区二轻行业跨省市签订联营合作项目 21 个，工商联营项目 5 个。1988 年，全地区引进资金 254.6 万元，物资协作总额 31.7 万元，技术转让 21.38 万元，劳务输出 20 人。成衣、羽绒制品、人棉黑纱、牛皮便鞋、猪皮书箱、木家具等产品出口创汇 1336.99 万元。

1989 年，各企业派员参加中苏、中蒙边境贸易协作会议等，全年引进项目 52 个，资金 223 万元。1990 年，全地区兴办中外合资企业 4 家、外商独资企业 1 家，总投资额 467.97 万元，其中外资 210.87 万元，当年实现总产值 177.8 万元；出口创汇 116.26 万元，实现利润 10.15 万元；完成外商来料加工产值 2319.92 万元。1991 年，新增合资企业 5 家，合作工厂 5 家，总投资 4951 万元，其中美元 698 万元。1992—1995 年，全地区引进外资 2175.55 万美元，建立外资企业 32 家。1996—2000 年，全市（地区）投入外向型经济资金（含外资）1.65 亿元，实现出口产值 21.76 亿元。

第三节　行业管理

一、机构

管理机构　1986 年，地区二轻局与手工业联社合署办公。1993 年 12 月，地区手工业联社更名为手工业合作联社。1995 年 12 月，成立地区室内装饰行业办公室，隶属地区二轻局。1996 年 9 月机构改革，增挂地区二轻工业行业办公室牌子，与地区二轻工业局、地区手工业合作联社合署办公。下设地区室内装饰行业管理办公室，负责全地区室内装饰市场管理工作。1997 年 8 月，增设地区室内装饰工程招标投标办公室，与地区室内装饰行业办公室合署办公。2000 年 3 月，赣州市室内装饰行业办公室与赣州市室内装饰工程招标投标办公室分设办公。

直属机构　1986 年，地区二轻工业局直属机构有地区二轻供销公司、地区工艺美术公司和地区羽绒服装鞋帽公司等 3 个。1989 年 5 月，成立地区二轻产品销售公司。1992 年 12 月，地区二轻供销总公司和总公司下设的春兰、大地、阳光、金鑫、天源等 5 个子公司同时挂牌营业。同月，开办直属企业赣州塑钢门窗厂。1993 年 1 月，成立地区南方有色冶金工业公司；4 月，成立地区家电公司；5 月，成立地区二轻金属材料公司；7 月，成立地区二轻物资回收供应公司；8 月，地区羽绒服装鞋帽公司更名为地区二轻贸易公司；11 月，地区二轻春兰物资供销公司更名为地区二轻实业公司；12 月，地区二轻供销总公司与地区二轻物资公司合并。1994 年 12 月，地区二轻物资公司下属的二轻物资公司、赣南标准件公司、二轻物资协作公司、二轻物资供销公司、二轻物资供应站等子公司变更为地区二轻工业局的直属机构。1995 年 1 月，地区二轻物资公司下属的二轻华厦物资建材公司变更为直属公司，二轻经贸开发公司、二轻家电公司并入华厦建材公司。同年 8 月，二轻家电公司更名为地区二轻矿产品工业公司，并变更为直属公司。1996 年 9 月，地区南方有色冶金工业公司转制为民营企业。1998 年 4 月，成立地区二轻再就业服务中心。5 月，再就业服务中心兼并地区二轻华厦物资建材公司，托管地区二轻金属物资公司。

职工队伍 1986年，全地区二轻行业有职工21816人。至1994年，全行业职工基本在2万～2.27万人之间。1995年起，行业生产滑坡，二轻企业转制逐渐全面推开，破产和停产、半停产企业逐年增多，在岗职工逐年减少，下岗职工呈上升趋势。至2000年年底，全市二轻系统减至1.22万人，其中在岗职工5289人，下岗职工6911人。

二、生产管理

全市（地区）二轻行业逐步加大厂长（经理）责任制和其他经营形式并存的改革力度。1988年《中华人民共和国全民所有制工业企业法》颁布后，全行业改革步伐加快，行业主管部门逐步弱化生产指挥调度系统，继续强化对企业的服务功能；各企业普遍以厂长（经理）责任制为中心，在厂长（经理）的统一指挥下，根据市场需求和自身的生产（经营）能力自我调度、自我调节进行生产经营活动。各企业先后建立健全严格的生产规章制度和岗位责任制，加强各工序、各环节的规范管理，保证企业的正常生产和产品质量的提高。

技术改造与新产品开发 各企业在计划经济向市场经济转型过程中，不断加大技术改造投资力度，开发新产品促进企业产品的升级换代。1986年，全行业引进先进设备2套，先进技术3项，投入技术改造资金510万元。1987年，实施技术改造项目44项，投入技改资金964.89万元。1988年，技术改造项目增至110项，投入技改资金2926.58万元，开发新产品58项。1989年，引进技术12项，租赁设备12套，实施技术改造项目52项，投入资金1512.89万元，开发新产品43项，其中11项填补省内空白。1990年，实施技术改造项目37项，投入技改资金914万元，其中全南竹器厂投入技改资金364万元，当年获利税7.5万元，创外汇150万元。开发新产品16项，其中省级新产品10项。1991年，全区实施技术改造项目61项，投入技改资金2268.3万元，开发新产品16项，其中省级新产品6项。1992—1995年，实施技术改造项目分别为35项、27项、25项、19项，分别投入技改资金2379万元、3639.2万元、4304万元、3777万元，分别开发新产品46项、23项、17项、16项，其中省级新产品分别为9项、2项、3项、5项。1995年，南康市阀门厂与唐江镇政府合作建设水嘴生产线，试制投产后，产品供不应求，并填补全地区水嘴生产的空白。1996—2000年，市政府行署每年用于二轻企业技术改造贴息资金90万元。

质量管理 各企业为提高产品市场竞争力，积极开展群众性质量管理活动，推行全面质量管理，狠抓产品质量，尤其是加强对QC小组的领导，支持QC小组开展科研和技术开发活动。1986—1995年，全地区二轻工业获国家优秀QC小组奖1个，获省优秀QC小组奖18个，获省轻工业厅QC成果奖34个。1996—2000年，每年筛选1个QC小组参加省经贸委组织的QC小组成果发布会，均获成功。1986年，全地区二轻产品有10项被评为省优质产品，4项QC成果获轻工部和省优秀成果奖。1987年，有6项产品被评为省优质产品，3项产品获全国儿童用品金鹿奖，5项QC成果获省轻工业厅成果奖。1988年，有12项产品被轻工业部评为优质产品称号，7项产品被评为省优质产品，5项QC成果获省经委成果奖，2项QC成果获轻工业部成果奖。1989年，有11项产品被评为省优质产品，产品质量稳定率比考核计划提高13个百分点，会昌转鼓厂、大余民族羽绒厂被评为省级先进企业。1990年，有1项产品被评为轻工业部优质产品，9项产品被评为省优质产品，31项QC成果获省、地优秀成果奖。在北京举办的全国首届轻工业产品博览会上，赣州市（今章贡区）造纸厂生产的B级长条卫生纸和纸巾纸、瑞金县制钉厂生产的“庐山”牌系列家用缝纫机针、大余县民族羽绒厂生产的“南安”牌多功能童装夹克衫和男女羽绒风雪衣获银奖，大余竹器厂生产的“双喜”牌竹筒席和赣州市（今章贡区）皮革公司生产的旅游鞋获铜奖。同年，对农膜、地膜、皮鞋、轻革、布鞋等主要产品进行5项质量考核，稳定提高率100%，比考核计划提高15个百分点，赣州市（今章贡区）造纸厂跨入省级先进企业行列。1991年，全地区有12项二轻产品被评为省优质产品。

安全生产 全市（地区）各级二轻主管部门和生产企业把安全生产放在生产活动的首位，坚持预防为主，完善安全管理网络。各企业逐步建立健全安全生产责任制度、安全生产教育培训制度、安全生产监督检查制度、工伤事故调查分析处理制度、卫生保健制度、劳保用品发放制度、设备维修护理制度及安全操作规程等，经常对职工进行安全教育的岗前培训，强化职工的安全生产意识，加大检查督促力度，改善劳动条件。至2000年年底，全行业没有发生重大安全责任事故。

三、经营管理

全市（地区）二轻企业以提高企业经济效益为目标，在企业内部进行一系列改革。

企业经营机制转换 1985年，全地区二轻企业推行经济承包制和厂长（经理）负责制，相继转换经营机制，进一步推进各项改革，完善各种形式的经济责任制。至2000年，全市二轻企业转换经营机制的主要做法：扶优促强，鼓励企业通过联合、划转、兼并、参股、控股、托管、租赁等方式，推动产业结构和企业结构重组。鼓励优势企业兼并、托管、租赁劣势企业，推动有效资产向优势企业、优势产品等高效益领域转移，培植树立拳头产品和支柱产业，发展规模经济。实行母体裂变，即原企业不存在，分块经营，划小核算单位，原企业的银行债务随资产进行相应分割，并由新企业承担并负责归还；或原企业名称保留，有效资产独立出去，实行分工重组，原企业债务相应分割。对少数严重资不抵债、扭亏无望的企业，支持其依照《中华人民共和国企业破产法》破产，资产变现，关门走人，所得资金优先用于职工安置。鼓励资产拍卖、竞价出售，对经营不善、扭亏无望或具有闲置厂房、设备的企业，通过资产评估，将资产整体或部分在产权市场上出售，所得资产收入优先安置职工。招商引资。鼓励和支持外资企业参股、控股、租赁、收购二轻企业，推动产业结构调整，解决停产、半停产企业职工的就业问题。

1986年，调整各企业内部承包指标，划小核算单位进行承包。龙南县二轻局所属8家企业当年完成产值202.37万元，实现利润4.5万元，摘掉长期亏损的帽子。1987年，全地区二轻行业实行股份制经营的企业21家，实行租赁制的企业7家，实行经营承包的26家，实行厂长（经理）负责制的289家。1988年，全行业实行厂长（经理）负责制，其中实行经营承包制的企业136个，公开招标中标企业69个，租赁制企业38个，股份制企业17个，推行满负荷工作法企业3个。1989年，承包合同期满的企业，有16家试行滚动承包，22家更换法人代表，36家实行全员抵押（抵押金额12.9万元），10家实行工效挂钩，10家试行劳动优化组合，4家企业兼并。1990年，对承包合同到期的108家企业实行第二轮承包。至1991年，实行经营承包责任制的企业133家，股份制企业8家，租赁制企业16家，厂长负责制企业50家，民主选举（或招聘）厂长的企业11家，恢复职工入股企业7家，社会集资企业22家，联营联合企业7家，中外合资企业10家。1992年，实行承包租赁的企业54家，实行目标管理企业96家，试行股份制企业12家，实行自愿组合、自筹资金、自负盈亏、自主经营、自主支配、自担风险企业51家，"三资"企业6家，工效挂钩企业52家，兼并企业4家，组建企业集团1个。1993年，全地区推行以股份合作制为主要内容的改革，试行"公有私营"的管理模式。1994年，全地区有实行股份合作制企业40家，公有私营企业45家，股份有限公司1家，拍卖企业2家，关闭企业6家，租赁企业7家，风险抵押企业8家，责任目标承包企业16家。1995年，全地区有公有私营企业40家，有限责任公司2家，股份合作制企业15家，风险抵押企业5家，承包经营企业40家，兼并企业4家，拍卖企业5家，划小核算单位企业4家，目标管理企业18家，破产企业3家。1996—2000年，全市（地区）

二轻行业贯彻中央“抓大放小”的改革方针，继续推动企业存量资产流动与重组，搞好产权制度改革，企业成为自主经营、自负盈亏、自我发展、自发约束的商品生产经营者。

经营成效 1986年，地区二轻局供销公司采取让利、微利、保本，甚至亏一点的办法，购进企业急需的原材料1235吨，解决企业生产的困难，物资供应总金额2081.79万元。当年，全地区二轻企业完成工业总产值1.32亿元，产品销售收入6830万元，实现利税781.37万元。1987年，购入计划内原材料2423吨，计划外物资5014.34吨，进口胶合板1939张，物资供应金额2754.4万元，完成工业总产值1.57亿元，增长速度和完成计划进度名列全省二轻系统第一名，实现利税1769.35万元。1988年，组织供应各种物资15184.65吨，其中计划外物资13661.05吨，胶合板6593张。实现工业总产值2.11亿元，增长速度高于全地区工业27.87%的6.11个百分点，名列全省二轻系统第一名，其中赣州市（今章贡区）、大余县、兴国县、会昌县、瑞金县等县（市）跨入全省同行业产值超千万元的县（市）行列。全年实现利税1995.2万元，经济效益高于产值增长速度。1989年，组织供应物资11061吨，其中计划外9736吨；完成工业总产值2.54亿元，增长速度名列全省同行业第一名，亦高于全地区工业平均增长速度；实现产品销售2.5亿元，占年计划的109.28%；实现利税2113.06万元。1990年，采购物资11826吨；完成工业总产值2.86亿元，仍高于全省同行业和全地区工业平均增长速度，但有11个县没有完成产值计划，塑料、缝纫、家具、工艺美术和纺织等5个行业未完成目标任务。全年产品销售收入2.71亿元，实现利税2984.64万元。

1991年，组织采购物资10890吨，实现工业总产值3.4亿元，登上3亿元台阶，但尚有8个县未完成产值计划，缝纫和纺织行业没有完成目标管理任务；全年产品销售收入3.21亿元，实现利税2656万元。1992年，完成工业总产值5.1亿元，实现利税1522万元。1993年，完成工业总产值5.35亿元，实现利税1678.8万元。1994年，完成工业总产值6.03亿元，实现利税1687.1万元。1995年，完成工业总产值7.27亿元，实现利税1616万元。1997年，完成工业总产值12.59亿元，实现利税4524万元。1999年，完成工业总产值9.75亿元，实现利税1176万元。2000年，完成工业总产值7.29亿元，实现利税1048万元。

四、室内装饰行业管理

1995年12月成立地区室内装饰行业办公室后，按照全国室内装饰业管理暂行规定的要求制定《赣州地区室内装饰行业管理暂行规定》，进一步加强全地区室内装饰行业管理，规范行业行为。1997—2000年，举办15期有66人次参加的全地区室内装饰行业管理及工程专业人员培训班，提高管理人员和工程技术人员的整体水平。其间，每年4月份前对全地区室内装饰企业进行资质年检。至2000年，全市有室内装饰资质施工企业121家，其中甲级施工企业3家，乙级施工企业21家，丙级施工企业19家，丁级一等施工企业78家。

第十章 车船修造

赣南车船修造业有船舶修造和汽车修造。船舶修造企业受整个内河航运市场不断萎缩的影响，经营面临很大困难，业务量呈下降趋势，加上企业负担过重，资金严重不足等，赣南造船厂和赣县造船厂亏损，其中赣南造船厂连续多年亏损。汽车修造企业随着公路客、货运输行业的发展，特别是20世纪90年代，迎来发展黄金时期，江西赣州汽运总公司修造厂和大余汽车队通过不断开发研制新产品和多种经营，经济效益明显提高，成为交通工业企业发展的先行者。

1997 年，地区交通局会同地区经济体制改革委员会及国有资产管理局，对江西车辆改装厂进行股份合作制改建，全部股份由职工统一认购，全体股东组成股东大会，选举董事会和监理会成员，实行董事会领导下的厂长负责制。这是全地区国有交通企业中第一家实行改制的企业。1999 年，交通系统第一家中外合资企业的赣港汽车旅游运输有限公司经营到期清盘，按照《中华人民共和国企业破产法》的有关法律规定及程序依法破产。2000 年，全市有交通工业企业 12 家，其中船舶修造企业 2 家，汽车修造企业 10 家。

第一节　车辆修造

1986 年，全地区有汽车修造企业 29 家。按隶属关系分，中央企业 1 家，省属企业 3 家，地属企业 2 家，县（市）以下企业 23 家；按经济成分分，全民所有制企业 18 家，集体所有制企业 11 家。主要是改制各种型号的客、货车，制造汽车挂车和齿轮箱等汽车配件。由运输部门、机械行业和一些部门办修理厂。20 世纪 90 年代初，汽车修造企业迎来一个发展黄金时期，经济效益明显提高。90 年代末，随着公路客、货运输行业不景气，汽车修造企业的经济效益明显下滑，一部分汽车修造企业实行改制，一些部门办修理厂倒闭。2000 年，全市有汽车修造企业 10 家，均为财政预算企业。按隶属关系分，中央企业 1 家，省属企业 1 家，地属企业 3 家，县（市）以下企业 5 家。按经济成分分，全民所有制企业 6 家，集体所有制企业 4 家。

表 22-10-1

2000 年赣州市车辆修造企业一览表

企业名称	隶属关系	直接主管部门	是否财政预算企业	最早开工年份	企业占地面积(平方米)	固定资产(万元)	设备(台)	利税(万元)
江西省齿轮箱总厂	地区(市)	地区(市)经贸委	是	1969 年	86906.00	269.90	—	917.10
赣州有色冶金汽修厂	中央	中国华兴钨业公司	是	1965 年	10612.00	—	—	—
赣州公路分局养路机械维修站	省	省公路局	是	1976 年	15680.00	—	—	—
江西车辆改装厂	地区(市)	地区(市)交通局	是	1968 年	57280.00	764.70	—	—
赣州汽运总公司修造厂	地区(市)	地区(市)交通局	是	1949 年	38010.00	—	216	—
寻乌县汽车修配厂	县	县交通局	是	—	—	204.50	—	—
南康汽车修配厂	县	县(市)交通局	是	—	—	52.90	125	—
大余县汽车队	县	县交通局	是	—	—	499.00	59	—
安远县汽车修配厂	县	县交通局	是	1976 年	2657.00	153.00	23	—

一、赣州汽运总公司修造厂

前身为地区汽车运输公司修理厂，1998 年改名为赣州汽运总公司修造厂。该厂承担公司客、货、挂车的大、中、小修和制造挂车、更新客货车车身任务，承接社会车辆修理和挂车、汽车车身制造业务。开发的新产品及新技术改造成果有，制 GZ662A 型中靠铝合金推拉窗客车厢、GY2815D 型农用运输车、GY2310K 型农用运输车、JGQ1040 长轴距轻汽车、JGQ1050 长轴距载货车、JGQ1070 长轴距载货车、JGQ1070X 长轴距载货车、JGQ3050 型自卸车、JGQ30600 型自卸车、JGQ6600 轻型客车、JGQ6700 中型客车、JGQ6700W 中型卧铺车、JGQ6780W 中型卧铺车、JGQ6980W 大型卧铺车、可调节升降座椅（实用新型专利证号 414983）、可调节升降课桌（实用新型专利证号 415086）。2000 年，拥有设备 216 台，全员劳动生产率 57761 元/人，实现工业总产值 1328.5 万元。在全国同行业评比中，多次获得全国 32 家汽车修理企业技术经济指标评比前三名。

表 22-10-2

1986—2000 年赣州汽运总公司修造厂主要经济指标统计表

指标		1986 年	1990 年	1995 年	2000 年
工业总产值(不变价)(万元)		238	482	440	1328
修理部分	汽车大修(辆)	280	241	50	94
	其中:客车(辆)	156	139	18	85
	货车(辆)	124	102	10	9
	挂车大修(辆)	117	102	进口车 22	—
	发动机总成大修(台)	18	33	151	162
制造部分	新制金属客车身(台)	60	78	3	—
	新制金属货车身(台)	63	74	—	—
	新制金属挂车身(台)	76	93	—	—
	制 GY 农用车(辆)	—	—	62	—
	制 GY 厢式农用车(辆)	—	—	—	—
	制 GY6980W 车(辆)	—	—	—	39
	制 Gy 中巴车(辆)	—	—	—	82
平均职工人数(人)		432	396	396	230
全员劳动生产率(元/人)		5530	12196	11117	57761
拥有设备(台)		204	215	219	216

二、江西车辆改装厂

前身为石城挂车厂。1988 年，改名为江西车辆改装厂。1997 年，改制为股份合作制企业。1999 年，厂址从石城县迁往赣县。2000 年，拥有设备 216 台，有固定资产 764.09 万元，实现工业总产值 30.8 万元。

表 22-10-3

1995—2000 年江西车辆改装厂产值产量统计表

项目		改制前		改制后			
		1995 年	1996 年	1997 年	1998 年	1999 年	2000 年
改装车辆产量(辆)		55.00	31.00	34.00	47.00	16.00	18.00
总产值(万元)		195.40	104.10	75.40	177.30	63.00	30.80
职工人数(人)		147.00	171.00	70.00	62.00	57.00	37.00
固定资产(万元)	设备	80.20	141.00	231.40	191.40	206.10	202.10
	房屋建筑	139.90	302.10	388.00	408.30	582.90	562.80
	合计	220.10	443.10	619.40	599.70	789.00	764.90

第二节 船舶修造

1986年，全地区有上等级的船舶修造企业7家，分别为赣南造船厂（二级）、赣县造船厂（三级）、赣州林业造船厂（三级）、赣州市（今章贡区）造船厂（三级）、于都航运公司造船厂（四级）、会昌县船厂（四级）、于都罗坳造船厂（四级）。主要是维修各种船舶，建造木帆船、机动船舶和钢质船。由水运部门管理。20世纪90年代末，随着水路运输行业的不景气和枯水期时间长，船舶修造企业的经济效益明显下滑，一部分船舶修造企业倒闭。2000年，全市有船舶修造企业2家。

一、赣南造船厂

1952年4月筹建，7月1日开工生产，隶属地区港航管理处。该厂位于赣州市水东义渡庵，是赣南最大的船舶制造和修理企业。主要承担维修各种船舶，建造木帆船、机动船舶和钢质船业务。2000年，有职工140人，生产机械设备13台，固定资产523万元。

表22-10-4

1986—2000年赣南造船厂生产经营情况统计表

年份	产值（万元）	造船（艘）	造船吨位（吨）	功率（千瓦）	修船（艘）	年份	产值（万元）	造船（艘）	造船吨位（吨）	功率（千瓦）	修船（艘）
1986年	151	10	840	290	21	1994年	189	5	690	440	13
1987年	150	8	800	83	26	1995年	132	6	900	70	5
1988年	141	33	871	139	35	1996年	40	5	320	284	5
1989年	184	6	405	212	48	1997年	23	0	0	0	5
1990年	160	2	160	58	49	1998年	107	0	0	0	12
1991年	152	6	600	182	47	1999年	76	8	2180	778	15
1992年	169	4	500	124	28	2000年	33	0	0	0	27
1993年	355	11	1500	835	4						

二、赣县造船厂

前身系赣县联营船厂，1954年7月组建。位于章贡区泥弯子，在省内享有一定的知名度。主要承担维修各种船舶，建造木帆船、机动船舶和钢质船业务。2000年，有职工131人，生产机械设备10台，固定资产427万元，实现销售收入2.4万元，企业出现亏损。

第二十三篇

交通·运输

赣南山多林密，河道纵横，交通建设难度较大，中华人民共和国成立前主要靠河道航运。1986—2000年，赣州高度重视交通建设，加大投资力度，加速交通网络建设。至2000年，赣州已经建成1个机场、1条铁路、4条国道、20条省道，形成水、陆、空综合立体交通网络。

1986—2000年，赣州市（地区）加快公路特别是高等级公路的建设速度。2000年末，全市公路里程1.69万千米，通水泥路乡（镇）占70%，通公路行政村占92%。合理规划、开发、建设、整治、维护航道，改善、维护通航条件，2000年，境内通航河流有14条，通航船舶吨级3~100吨，通航里程1058.4千米。1996年9月1日京九铁路全线开通运营，结束赣南没有全国铁路的历史。不断完善民航赣州站软硬件建设，1987年、1992年分别进行两次较大规模的改扩建，1997年，赣州机场获得民航上级部门颁发的4C级机场使用许可证，赣州机场按4C级机场标准对外开放，可起降波音737-300型及同类型飞机，先后开通北京、广州、上海、厦门、深圳、珠海、晋江、南昌等地的航线航班。至2000年底，赣州至各地的航线6条，每周有15个航班，年飞行起降519架次，年旅客吞吐量2万多人次。

第一章 公路交通

1986年，105国道赣州西河桥至龙南中村坳路段沥青路面二级公路动工修建，1988年全线竣工通车，结束赣南没有一条全线贯通南北二级公路的历史。2000年，118千米的昌厦一级公路和113千米的323国道瑞金至江口改建工程的竣工通车，为赣南无高等级公路的历史画上句号，二级标准路达到1000多千米。2000年，全市拥有营运客车2053辆，开行4860班次；拥有营运货车7130辆；拥有营运拖拉机3139辆。1986—2000年，累计完成道路运输客运量2.18亿人次，旅客运输周转量151亿人千米；货运量1.35亿吨，货运周转量909.44亿吨千米。

第一节 道 路

境内公路主要有国道、省道、县道、乡道和专用道路。至2000年，全市有公路通车里程16951.05千米，其中省养公路2651.05千米，地养公路14300千米。按行政等级分，有国道4条，960.19千米；省道22条，1257.25千米；县道147条，3910.18千米；专用道206.71千米。

一、国道

经过境内有105国道、206国道、319国道、323国道等4条，1986年，境内里程929.43千米。1996年，境内里程967.94千米。2000年，境内里程966.13千米，其中105国道232.87千米、206国道278.47千米、319国道228.44千米，323国道220.42千米。全部为高级和次高级路面117千米、二级855.28千米。

105国道（北京至珠海） 105国道从吉安市经过赣县流芳坳（桩号2073.97）进入境内，途经赣县、赣州市（今章贡区）、南康市、信丰县、龙南县，由中村坳（桩号2306.84）赣粤省界进入广东省连平县境内，全长232.87千米。是一条纵贯江西南北的主要干线公路，联系省内4个地（市）的16个县（市）。

昌赣二级公路二期工程于1984年1月开工，1986年12月竣工，境内总长60.95千米，总投资2656万元；105国道赣粤两线（赣州西河桥西石公坑至龙南县中村坳186.7千米）二级公路于1986年6月正式施工，1989年9月全面竣工，总投资1.38亿元。1990年，105国道有油路228.51千米，水泥混凝土路4.36千米。经过1991—2000年的改建，至2000年年底，105国道有水泥（沥青）混凝土路165.08千米，油路67.79千米，均为二级公路。

206国道（烟台至汕头） 206国道从抚州市广昌县经石城县乌纯坑（桩号1808.11）进入境内，途经石城县、瑞金市、会昌县、寻乌县，由寻乌县牛埃石（桩号2086.58）进入广东省平远县，境内里程278.47千米。

该线经1986—1990年的修建改造，至1990年年底，有砂石路246.38千米、油路17.87千米、水泥混凝土路14.22千米，其中二级路2千米、三级路137.58千米、四级路73千米、等外路65.89千米。1991—2000年，陆续投资9850万元，将该线改建为三级和二级油路或水泥混凝土路。至2000年，境内206国道有油路244.89千米、水泥混凝土路33.58千米。

319国道（厦门至成都） 319国道从福建省长汀县经瑞金隘岭（桩号404.00）进入境内，途经瑞金县、宁都县、于都县、兴国县由东向西，至兴国县高兴镇老营盘（桩号638.20）跨入吉安，2000年，境内全长 228.44 千米。

1980 年始，陆续改建油路。至 1990 年，有砂石路 198.58 千米、油路 30.62 千米、水泥混凝土路 3 千米。1991 年起，陆续投资 2.67 亿元，改建三级和二级油路或水泥混凝土路 260.04 千米。2000 年，经改建 319 国道有油路 120.78 千米、水泥混凝土路 107.66 千米，其中一级路 87 千米、二级路 33.14 千米、三级路 108.3 千米。

323 国道（瑞金至云南临沧） 323 国道由瑞金塔下寺（桩号 0＋000）由东向西，经瑞金市、会昌县西江镇、于都县、赣县、赣州市（今章贡区）、南康市、大余县，至大余小梅关（桩号 239.00）出境接广东省南雄市（县）。境内全长 220.42 千米。

1977 年起，陆续在部分路段改建油路和水泥砼路面，至 1990 年，有油路 224.12 千米、水泥混凝土路 16.3 千米，其中二级路 28 千米、三级路 55 千米、四级路 127 千米、等外路 30.42 千米。1991—2000 年，陆续投资 4.97 亿元改建二级、三级油路和水泥混凝土路 292.8 千米。2000 年，有油路 80.1 千米、水泥混凝土路 140.32 千米。

二、省道

1986 年，赣州公路局管养省道 979.71 千米。1990 年，管养省道 19 条，989.02 千米。2000 年，经境内省道有 22 条，1009.11 千米。

217 省道（抚州广昌新安至宁都县城） 全程 30.57 千米，路基宽 15 米，路面宽 12.5 米，一级水泥混凝土路，四车道，路面标志、标线齐全。至 2000 年，进行过 3 次改建：1993 年，改建二级油路 14.8 千米，投资 295 万元；1996 年，改建二级水泥混凝土路 0.4 千米，投资 18 万元；2000 年改建一级水泥混凝土路 30.58 千米，投资 2825 万元。

218 省道（宁都洛口至宁都县城） 全程 51.46 千米，路面宽度 7～9 米，其中砂石路 1.9 千米，油路 22.23 千米，水泥混凝土路 4.76 千米。

221 省道（宁都淋池至宁都洛口） 全程 4.21 千米，路面宽 7 米，二级沥青混凝土路 4.21 千米。

223 省道（于都黄麟至会昌县城） 全程 35.84 千米，路面宽 4～9 米，等外路至二级路，其中砂石路 10.49 千米，沥青混凝土路 22.2 千米，水泥混凝土路 3.15 千米。至 2000 年年底，境内段改建 4 次：1996 年改建二级油路 9 千米，投资 225 万元；1997 年，改建三级油路 15.66 千米，投资 392 万元；改建二级水泥混凝土路 0.7 千米，投资 32 万元；1999 年改建二级水泥混凝土路 1.45 千米，投资 73 万元；2000 年，改建二级水泥混凝土路 1 千米，投资 60 万元。

224 省道（于都银坑至于都县城） 全程 43.75 千米，路面宽 7 米，全部为二级水泥混凝土路。1991—2000 年进行 6 次改建：1991 年，改建三级油路 5 千米，投资 100 万元；1992 年，改建二级油路 17.81 千米，投资 356 万元；1993 年，改建油路 8.19 千米，投资 164 万元；1995 年，改建三级油路 4.24 千米，投资 85 万元，并改建三级水泥混凝土路 4.86 千米，投资 225 万元；1996 年，改建三级水泥混凝土路 1.15 千米，投资 53 万元；1997 年，改建二级水泥混凝土路 0.65 千米，投资 30 万元。

227 省道（吉安永丰古县至兴国高兴） 全程 35.11 千米，路面宽 3.5～9 米，等外路至二级路，其中砂石路 5.22 千米，油路 29.89 千米。至 2000 年年底，境内段进行 2 次改建：1998 年改建二级水泥混凝土路 1 千米，投资 50 万元；2000 年，改建二级水泥混凝土路 1 千米，投资 50 万元。

229 省道（兴国县城至赣县江口） 全程 52.33 千米，路面宽 9～12 米，二级公路，其中沥青混凝土路 49.53 千米、水泥混凝土路 2.8 千米。至 2000 年年底，境内段进行 5 次改建：1992 年，改建二级水泥混凝土路 1 千米，投资 50 万元，改建三级沥青混凝土路 1 千米，投资 50 万元；1993 年、1995 年改建三级沥青混凝土路 43.35 千米，共投资 1084 万元；1998 年、2000 年改建二级水泥混凝土路 2.8 千米，投资 150 万元。

231 省道（安远县城至定南老城） 全程 88.58 千米，路面宽度 9～12 米，二级路标准，其中沥青混凝土路 39.27 千米、水泥混凝土路 49.31 千米。1991—2000 年，境内段进行 5 次改建：1991—1993 年，改建二级水泥混凝土路 9.71 千米，投资 487 万元；1995 年，改建三级水泥混凝土路 1.24 千米，投资 62 万元；1996 年，改建三级沥青混凝土路 39.89 千米，投资 997 万元，改建三级水泥混凝土路 1 千米，投资 60 万元；1997 年，改建二级沥青混凝土路 8.18 千米，投资 204 万元，改建二级水泥混凝土路 1.06 千米，投资 780 万元；1999 年，改建二级沥青混凝土路 15.87 千米，投资 397 万元，改建二级沥青混凝土路 36.38 千米，投资 2183 万元。

234 省道（章贡区沙石埠至安远圆坑） 全程 85.23 千米，路面宽 3.5～9 米，等外路至二级，其中砂石路 70.23 千米，沥青混凝土路 13.3 千米，水泥混凝土路 1.7 千米。1991—2000 年，境内段进行 2 次改建：1994 年，改建二级水泥混凝土路 1.7 千米，投资 85 万元；1998 年，改建二级水泥混凝土路 0.33 千米，投资 17 万元。

237 省道（龙南大稳至定南老城） 全程 39.01 千米，路面宽 4.5～7 米，等外路至三级路，其中砂石路 6.86 千米、沥青混凝土路 32.15 千米。至 2000 年，境内段进行 2 次改建：1992 年，改建二级沥青混凝土路 1 千米，投资 20 万元，改建二级水泥混凝土路 1 千米，投资 42 万元；1995 年，改建三级沥青混凝土路 19.3 千米，投资 483 万元，改建三级水泥混凝土路 0.56 千米，投资 28 万元。

238 省道［南康唐江镇至南康县城（市区）］ 全程 17.39 千米，路面宽 7～9 米，三级路至二级路，其中水泥混凝土路 2.1 千米、沥青混凝土路 15.29 千米。至 2000 年，境内段进行 2 次改建：1992 年，改建二级沥青混凝土路 14.75 千米，投资 295 万元，改建水泥混凝土路 1 千米，投资 35 万元；1998 年，改建二级水泥混凝土路 1.1 千米，投资 46 万元。

244 省道（崇义县城至大余县城） 全程 58.33 千米，路面宽 7 米，三级公路，其中沥青混凝土路 51.73 千米、水泥混凝土路 6.6 千米。1991—2000 年，境内段进行 3 次改建：1993 年，改建二级沥青混凝土路 5.5 千米，投资 110 万元；1995 年，改建三级沥青混凝土路 1.33 千米，投资 48 万元；2000 年，改建三级沥青混凝土路 16.34 千米，投资 490 万元，改建三级水泥混凝土路 4 千米，投资 200 万元。

339 省道（章贡区至崇义丰州） 全程 141.47 千米，路面宽 4～9 米，等外路至二级路，其中砂石路 38.73 千米、沥青混凝土路 91.35 千米、水泥混凝土路 11.39 千米。1991—2000 年，境内段进行了 8 次改建：1991—1995 年，改建三级沥青混凝土路 4 次共 36.69 千米，投资 791 万元；改建三级水泥混凝土路 1 次 13.63 千米，投资 682 万元；改建二级水泥混凝土路 1 次 1.03 千米，投资 55 万元；1996 年改建三级沥青混凝土路 1.97 千米，投资 49 万元；1997 年，改建二级水泥混凝土路 1 千米，投资 50 万元；1999 年改建三级水泥混凝土路 5.49 千米，投资 275 万元；2000 年，改建三级沥青混凝土路 8.02 千米，投资 201 万元。

340 省道（会昌右水至安远版石） 全程 51.77 千米，路面宽度 4.5～9 米，等外路至二级公路，其中砂石路 17.42 千米、沥青混凝土路 32.35 千米、水泥混凝土路 2 千米。1991—2000 年，境内段进行 3 次改建：1993 年改建三级水泥混凝土路 0.5 千米，投资 30 万元；1995 年改建三级水泥混凝土路 1 千米，投资 50 万元；1996 年，改建三级水泥混凝土路 1 千米，投资 50 万元。

341 省道（信丰县城至信丰分水坳） 全程 25.82 千米，路面宽 9 米，二级公路，其中沥青混凝土路 23.97 千米、水泥混凝土路 1.85 千米。1991—2000 年，境内段进行 2 次改建：1993 年，改建二级水泥混凝土路 1.85 千米，投资 91 万元；2000 年，改建二级沥青混凝土路 23.97 千米，投资 834 万元，改建二级水泥混凝土路 1.85 千米，投资 111 万元。

342 省道（会昌金竹坳至会昌筠门岭） 全程 17.92 千米，路面宽 7 米，二级公路，水泥混凝土路。1998 年，境内段改建二级水泥混凝土路 0.42 千米，投资 80 万元。

343 省道（寻乌县城至信丰县城） 全程 142.02 千米，路面宽 7～14 米，二级公路，其中沥青混凝土路 128.76 千米、水泥混凝土路 13.26 千米。1991—2000 年，境内段进行 6 次改建：1991—1995 年改建三级沥青混凝土路 4 次，共 123.27 千米，投资 2566 万元；1995 年改建水泥混凝土路 4.02 千米，投资 201 万元；1998 年，改建三级水泥混凝土路 0.5 千米，投资 35 万元。

344 省道（定南县城至龙南汶龙） 全程 14.47 千米，路面宽 7～9 米，三级路至二级路，其中沥青混凝土路 11.87 千米、水泥混凝土路 2.6 千米。1995 年，境内段改建三级沥青混凝土路 11.37 千米，投资 284 万元；1998 年，改建二级水泥混凝土路 2.6 千米，投资 143 万元。

345 省道（全南县城至全南吊兰寨） 全程 34.67 千米，路面宽 4.5～9 米，等外路至二级路，其中砂石路 8.57 千米、沥青混凝土路 26.1 千米。2000 年，境内段改建二级沥青混凝土路 2 千米，投资 50 万元。

346 省道（龙南县城至全南小碍） 全程 77.13 千米，路面宽 8～9 米，二级公路，其中沥青混凝土路 37.86 千米、水泥混凝土路 39.27 千米。1991—2000 年，境内段进行 5 次改建：1992—1993 年，改建三级沥青混凝土路 17.5 千米，投资 403 万元，改建三级水泥混凝土路 15.48 千米，投资 774 万元；1996 年改建二级沥青混凝土路 1.23 千米，投资 31 万元，改建二级水泥混凝土路 13.17 千米，投资 658 万元；1997 年改建沥青混凝土路 11.34 千米，投资 284 万元，改建二级水泥混凝土路 8.28 千米，投资 414 万元；1998 年改建二级水泥混凝土路 7.96 千米，投资 478 万元；1999 年改建二级沥青混凝土路 9.53 千米，投资 286 万元，改建二级水泥混凝土路 17.14 千米，投资 1028 万元。

三、县乡村公路

1986 年，赣州公路分局管养的县道 577.98 千米，其中三级路 0.5 千米、四级路 184.16 千米、等外路 393.32 千米。1990 年，有县道 552.87 千米，其中等级路 259.12 千米、等外路 293.75 千米。随着经济的发展，各级政府对公路建设提上重要议事日程。1991 年、1992 年、1993、1994 年农村公路总里程分别为 12000 千米、12428.06 千米、13172.46 千米、15882 千米。至 2000 年年底，全市有县道 147 条 650.98 千米，70%的乡（镇）通公路，92%的行政村通公路，农村公路总里程达 2 万千米。

四、城市道路

1986 年，赣州公路分局管辖 68 条线路，计 2692.43 千米。经过 15 年的建设，至 2000 年，全市有 11 条路通过 16 个县（市）城区，计 30.83 千米，全部为水泥混凝土路。

五、专用公路

1986 年，赣州公路局管辖的专为厂矿、林业、国营农场等部门使用的公路有 6 条，45.47 千米，均为四级路面。1999 年划给地方管养。至 2000 年，全市有省养专用公路 5 条，35.58 千米；市养专用公路 171.13 千米。

表 23-1-1

2000 年赣州市省养专用公路一览表

路线编号	路线名称	起讫起点	所在地(市)县	起讫桩号	长度(千米)	路基宽度(米)	路面宽(米)			技术等级	建成年份
							水泥混凝土	沥青表处	泥结碎砾石		
Z701	溧黄线	溧塘—黄龙	大余县	0.00～14.00	14.00	5.80～7.50	—	—	4.00	等外	1953 年
Z707	西余线	西华山—大余	大余县	0.00～8.78	3.78	6.70～11.80	—	—	4.00	等外	1953 年
		—	—	0.00～3.78	3.78	5.50～7.50	—	—	4.00	等外	1953 年
		（与崇余线重复）	—	3.78～8.78	5.00	7.50～11.80	—	7.00	—	三级	1999 年
Z724	石生线	石壁下—生龙口	崇义县	0.00～2.00	2.00	5.80	—	—	3.50	等外	1970 年
Z741	枫归线	枫树岗—归美山	定南县	0.00～5.20	5.20	5.50	—	—	4.50	等外	1959 年
Z742	南大线	南迳—大吉山	全南县	0.00～10.60	10.60	7.70	7.00	—	3.50	等外 二级	1953 年
		—	—	0.00～1.00	1.00	5.50～7.70	7.00	—	—	二级	1998 年
		—	—	1.00～10.60	9.60	4.00～5.50	—	—	3.50	等外	1953 年

表 23-1-2

1991—2000 年赣州公路分局管养公路统计表

年份	公路线路里程(千米)	公路密度(千米/百平方千米)	按作用与使用性划分(千米)					按等级划分(千米)					按路面划分(千米)			晴雨通车里程(千米)
			干线公路		县公路	乡公路	专用公路	等级公路				等外路	高级次			
			国道	省道				一级	二级	三级	四级		高级	中级	低级	
1991 年	2615.70	0.06	967.94	1046.81	555.37	—	45.58	—	267.16	530.26	1035.17	765.11	714.06	1846.51	55.13	2615.70
1992 年	2613.52	0.06	967.94	1046.81	553.19	—	45.58	—	267.16	530.26	1050.99	765.11	912.26	1646.13	55.13	2613.52
1993 年	2613.52	0.06	967.94	1046.81	553.19	—	45.58	—	267.16	530.26	1050.99	765.11	1038.34	1520.05	55.13	2613.52
1994 年	2613.52	0.06	967.94	1046.81	553.19	—	45.58	—	267.16	530.26	1070.32	745.78	1131.40	1457.99	24.13	2613.52
1995 年	2655.69	0.06	967.94	1043.17	595.17	3.83	45.58	—	290.04	519.28	1110.14	736.18	1348.83	1282.18	24.13	2655.14
1996 年	2658.20	0.06	967.94	1045.23	595.62	3.83	45.58	—	362.57	807.35	875.95	611.75	1427.55	1218.07	12.00	2657.62
1997 年	2651.05	0.06	967.94	1026.34	607.36	3.83	45.58	—	424.79	754.67	815.85	655.74	1522.84	1092.21	—	2615.05
1998 年	2651.05	0.06	967.94	1026.34	607.36	3.83	45.58	—	537.97	715.91	784.22	612.95	1542.06	1072.99	—	2615.05
1999 年	2651.63	0.06	967.94	1017.99	621.29	3.83	40.58	—	618.56	783.64	708.31	541.12	1725.70	925.93	—	2651.63
2000 年	2675.73	0.06	966.13	1009.11	650.98	8.93	40.58	151.78	808.42	672.63	558.75	472.07	1881.57	794.16	—	2675.73

六、桥梁

1986 年，全地区有省养公路桥梁 809 座 2.32 万延米，其中国道 322 座 1.09 万延米，省道 301 座 8085.48 延米，县道 174 座 3899.86 延米，专用公路桥梁 12 座 307 延米；按建筑材料和使用性质分，有永久式桥 762 座 2.26 万延米，半永久式桥 41 座 557.6 延米，临时式桥 6 座 62.6 延米。2000 年，境内有桥梁 1986 座 5.46 万延米，其中危桥 140 座 2532 延米；按建筑材料和使用性质分类，有永久性 1859 座 5.32 万延米，半永久性 54 座 670 延米，临时性 73 座 751 延米；按跨径分类，特大桥 1 座 687 延米，大桥 81 座 13134 延米，中桥 324 座 1.59 万延米，小桥 1580 座 2.49 万延米。1986—2000 年，赣州市（地区）境内建大桥 30 座。

表 23-1-3 1986—2000 年赣州市（地区）新建国省道公路大桥一览表

桥梁名称	路线名称	中心桩号	所在地(市)县	桥形结构	桥长		桥面宽(米)	桥高(米)	载重设计荷载(吨)	建成年月
					全长(米)	孔数跨径(孔、米)				
章江大桥	105 国道	K2126+462	章贡区	箱形梁桥	424.60	14～30	12.60	10.20	汽车－20 级	1988 年 7 月
南河大桥	—	—	章贡区	斜箱拱桥	320.00	3～80	16.00	—	汽车－20 级	1990 年 12 月
江口塘大桥	323 国道	K110+834	赣县	T 型梁桥	217.10	7～30	12.00	10.60	汽车－20 级	1999 年 11 月
王母渡桥	沙园省道	K27+400	赣县	箱形梁桥	289.30	10～25.4	10.00	12.00	汽车－20 级	1989 年 12 月
梅关大桥	323 国道	K224+722	大余县	肋拱桥	99.56	1～80	14.00	4.40	汽车－20 级	1990 年 7 月
龙岗大桥	安定省道	K32+845	安远县	刚架拱桥	83.60	1～60	12.0	7.50	汽车－20 级	1999 年 8 月
鹤仔大桥	安定省道	K38+55	安远县	刚架拱桥	100.00	2～40	12.00	6.00	汽车－20 级	1999 年 8 月
濂江大桥	105 国道	K2257+71	龙南县	T 型梁桥	117.80	5～20	8.50	2.90	汽车－20 级	1987 年 11 月
东江大桥	105 国道	K2260+415	龙南县	T 型梁桥	106.50	5～20	15.00	5.70	汽车－20 级	1987 年 11 月
大坝大桥	龙小省道	K25+065	龙南县	刚架拱桥	84.50	1～63	12.60	11.50	汽车－20 级	2000 年 12 月
南海大桥	龙小省道	K37+289	全南县	双典拱桥	146.60	4～30	15.00	6.00	汽车－20 级	1999 年 8 月
含水大桥	龙小省道	K40+494	全南县	T 形梁桥	134.92	6～20	12.00	5.20	汽车－20 级	1999 年 10 月
长胜大桥	319 国道	K444+473	宁都县	空心板梁桥	226.56	11～20	15.00	8.70	汽车－20 级	1999 年 4 月
赖坊大桥	319 国道	K453+873	宁都县	空心板梁桥	246.56	12～20	15.00	4.50	汽车－20 级	1999 年 4 月
池布大桥	广宁省道	K23+897	宁都县	穿心板梁桥	245.84	12～20	15.00	6.80	汽车－20 级	1999 年 11 月
东江大桥	广宁省道	K44+826	宁都县	空心板梁桥	167.14	8～20	15.00	6.50	汽车－20 级	1999 年 11 月
洋河大桥	319 国道	K523+216	于都县	实心板桥	114.60	5～20	12.00	5.00	汽车－20 级	2000 年 12 月
柯树栋大桥	323 国道	K42+420	于都县	箱形拱桥	114.00	3～29.3	12.00	20.00	汽车－20 级	1999 年 11 月
澄江大桥	323 国道	K53+677	于都县	T 形梁桥	276.36	9～30	12.00	20.00	汽车－20 级	1999 年 7 月
长征大桥	—	—	于都县	T 形梁桥	607.14	20～30	15.00	—	汽车－20 级	1997 年 5 月
高兴大桥	319 国道	K591+566	兴国县	刚架拱桥	177.00	5～30	12.00	4.10	汽车－20 级	1997 年 12 月
澄江大桥	206 国道	—	寻乌县	刚架拱桥	85.50	1～60	12.00	11.10	汽车－20 级	1999 年 6 月
石排大桥	206 国道	K2062+151	寻乌县	肋拱桥	145.43	3～40	12.00	8.00	汽车－20 级	2000 年 12 月
桃江大桥	105 国道	K2195	信丰县	箱形梁桥	274.64	9～30	12.00	—	汽车－20 级	1988 年 10 月
观背大桥	206 国道	K1821+997	石城县	刚架拱桥	244.04	7～30	12.00	6.00	汽车－20 级	1999 年 10 月
上坝大桥	206 国道	K1827+024	石城县	T 形梁桥	217.10	7～30	12.00	6.50	汽车－20 级	2000 年 12 月
燕首大桥	206 国道	K1823+333	石城县	T 形梁桥	217.20	7～30	12.00	7.00	汽车－20 级	1998 年 8 月
云集二桥	206 国道	K1888+229	瑞金市	T 形梁桥	120.42	5～20	123.00	8.00	汽车－20 级	2000 年 12 月
红都大桥	319 国道	K395+277	瑞金市	空心板梁桥	125.48	6～20	15.00	7.00	汽车－超 20 级	1999 年 10 月
南康大桥	323 国道	K169+012	南康市	T 形梁桥	164.40	8～17	31.90	7.00	汽车－20 级	1996 年 7 月

七、渡口

1986 年，赣州公路分局管养的公路线上仅存赣县王母渡 1 个渡口。1988 年 8 月，王母渡渡口动工改渡建桥，1989 年 12 月底王母渡大桥竣工通车，渡口于 1990 年 4 月撤销。至 2000 年年底，全市有公路渡口 4 处，其中机动渡 3 处、人力渡 1 处。

八、隧道

1986年，赣州地区有公路隧道2座102.6米，分别是县道沙峰线K6＋25～K6＋85.2峰山隧道、省道古高线K112＋265～K112＋307.4下泥坑隧道。至2000年，赣州市有1座60.2米峰山隧道，已废弃省道古高线K112＋265～K112＋307.4下泥坑隧道。

第二节　公路运输

一、运力

随着公路条件的不断改善，赣州市（地区）机动车运输日益发展。1986年，全地区拥有营运汽车7144辆（交通部门298辆、非交通部门6846辆），其中载客汽车229辆（交通部门58辆、非交通部门171辆），8635个客位，载货汽车6915辆，2.75万吨位（载货挂车144辆，550吨位），大中拖拉机2569辆5142吨位，手扶拖拉机3529辆3529吨位；其他机动车711辆。至2000年年底，全市拥有营运客车2053辆，5.13万个客位，开行4860班次，班线里程28.6万千米；拥有营运货车7130辆，2.17万吨位；拥有营运拖拉机3139辆；其他机动车5317辆。其中，空调和卧铺车发展较快，特别是二级以上公路开通的中高档快速客运班线和各县（市）往返赣州直达客车从无到有，舒适性、动力性、经济性和安全性有很大提高。货运车辆结构得到明显改善，缺重少轻的局面有明显改变。危险货物、集装箱、散装水泥等运输专用车辆也逐年增多，零担货运车辆和零担货运班线延伸至邻省及上海、浙江等8个省、市，零担运输网络初步形成。出租汽车发展从无到有，从中心城市发展至辖区大部分县（市），全市有出租客运企业52家，出租客运车辆718辆，3838个座位。

二、客运　货运

1986年，全地区公路货物运输量1223.8万吨，货运周转量7.72亿吨千米，其中交通部门货运量67.8万吨，周转量4076万吨千米（全民货物运输量17.2万吨，货运周转量2999万吨千米；集体货物运输量50.6万吨，货运周转量1077万吨千米）；非交通部门货物运输量1156万吨，周转量7.31亿吨千米（全民货物运输量513.8万吨，货运周转量43523万吨千米；集体货物运输量187.9万吨，货运周转量7977万吨千米；个体货物运输量454.3万吨，货运周转量21633万吨千米）。

1991年，全地区公路货运量1564万吨，货运周转量15.26亿吨千米；客运量3016万人，客运周转量16亿人千米。1995年，公路旅客运输量4802万人，其中汽车客运量4560万人，其他机动车客运量242万人；客运周转量26.8亿人千米，其中汽车客运周转量26.44亿人千米，其他机动车客运周转量3655万人千米。货运量2764万吨，其中汽车货运量2257万吨，其他机动车货运量393万吨，人力、畜力车货运量22万吨，轮胎式拖拉机货运量92万吨。货物周转14.27亿吨千米，其中汽车货物周转量13.82亿吨千米，其他机动车货物周转量3087万吨千米；人力、畜力车货物周转量49万吨千米；轮胎式拖拉机周转量1317万吨千米。

1996年，全地区公路运输完成客运量4992.1万人次，客运周转量27.93亿人千米；货运量2895.14万吨，货运周转量13.87亿吨千米。全地区公路客运班线1749条4024班次，其中跨省139条428班次，跨区38条125班次，跨县258条1769班次，县（市）内1314条1702班次。全地区有公路运输正式站93个，其中一等站1个（赣州）；二等站19个，即17个县（市）和韶关联络站、赣州货运站；三等站73个。乡村代办101个。全地区有公路运输企业24个。

1997年，加强对营业性运输汽车驾驶员培训，全地区有9000余名驾驶员经考试合格，取得营业性汽车驾驶员上岗合格证。这一做法在全省推广。同时，培育、规范出租车市场，使出租车市场纳入法制化、规范化轨道。全地区有90%以上的县（市）政府相继出台一系列出租车管理办法和规定。加强宏观调控，运力结构及车辆运行方式得到优化，卧铺客车由原来的11辆发展到86辆，增长6.6倍，快速直达客运实现零的突破，全地区有24辆高、中档车运行5条线路。年内新增跨省长途客运班线120条160班次，新增跨区班线2条3班次。更新客车206辆7100客位，其中卧铺车45辆1868铺位，更新货车74辆198.2吨位。全地区有营运客车2095辆，营运货车8610辆。全年完成客运量4619万人，客运周转量14.84亿人千米；公路货运量2687万吨，货运周转量14.84亿吨千米。

2000年，全市交通运输行业管理步入制度化、规范化轨道。顺应市场经济发展，合理引导运力投放，运输市场进一步发展。全年更新货车851辆、客车229辆，更新改造船舶6艘，150吨，新增运力1200吨。客车向高档豪华、快速、舒适方向发展，货车向轻便、小吨位方向发展。全年完成公路客运量4400万人，客运周转量35亿人千米；完成货运量2500万吨，货运周转量24亿吨千米。

“九五”末期，全市（地区）拥有营运货车7130辆，2.17万吨位，营运客车2053辆，5.13万座，开行4860班次，班线里程28.6万千米。拥有营运拖拉机、简易机动车和其他机动车9700辆。有客运出租车762辆4065座，出租客运企业36家，其中赣州市城区出租车540辆。有汽车维修企业1339户，汽车综合性能检测站5个，汽车客运站56个，其中一级站1个，二级站20个，三级站22个，四级站13个（含私营业户投资兴建的客运站4个）。有货运交易配载中心13家，搬运装卸企业38家，道路运输从业人员3万多人。客运班线延伸到广东、福建、上海、浙江、湖南、海南等省（市），拥有跨省班线323条，跨区班线53条，跨县班线456条，县内班线270条。

第三节　公路管理

一、机构

1986年，赣州地区交通管理处内设办公室、综合科、县乡公路管理所、公路运输管理所、渡口管理所，有职工33人。1987年3月，赣州地区交通管理处更名为赣州地区交通管理局，内设办公室、计划财务科、企业管理科、县乡公路管理所、公路运输管理所、渡口管理所、水上运输管理所。1989年6月，赣州地区水上运输管理所更名为赣州地区港航管理处，为副县级事业单位。同年11月，赣州地区公路运输管理所更名为赣州地区公路运输管理处，为副县级事业单位。1990年，赣州地区交通管理局内设机构增设交通战备办公室。有职工57人。

1991年10月，地区交通管理局内设机构增设劳动人事科。1992年3月，成立赣州港水路货运服务中心，为正科级事业单位，隶属港航处。1995年11月，地区交通管理局增设招待所，全局有73人。

1996年3月，赣州地区交通管理局更名为赣州地区交通局，内设办公室、综合科、财政审计科、人事与科技教育科、交通战备办公室。下属事业单位有公路运输管理处、港航管理处、公路管理所、渡口管理所。1997年1月，成立公路运政服务中心，正科级事业单位，隶属运管处。8月，交通设计室更名为交通勘察设计院，正科级事业单位；成立公路工程质量监督站，正科级事业单位；成立交通培训中心，正科级事业单位；局内设机构增设机关党总支。1999年7月，地区交通局更名为市交通局，内设办公室、综合科、财务审计科、人事与教育科、交通战备办公室、党总支。下属事业单位有：公路运输管理处、港航管理处、公路管理所、渡口管理所、公路运政服务中心、赣州港水路货运中心、交通规划勘察设计院、工程质量监督站、交通干部培训中心、交通局招待所。全局有职工101人。2000年，局内设机构财务审计科更名为计划财务科，撤销交通干部培训中心、交通局招待所2个下属事业单位。局内设机构有办公室、计划财务科、综合科、人事教育科、交通战备办公室、党总支6个科室。下属事业单位有公路运输管理处、公路管理所、交通工程质监站、渡口管理所、交通设计院（自收自支）、港航管理处（自收自支）。全局有职工 84 人。

二、公路养护

养护管理 1986—1999 年，赣州公路分局采用传统方式进行公路养护管理。即生产按计划安排，经费按人头划拨，省公路局下达好路率指标到分局，分局根据省局下达的好路率指标分解下达到各公路段，各公路段根据好路率指标安排日常的公路养护，搞好“四抓一保”（抓路龟病害处置、抓路容路貌整治、抓公路边沟清理、抓公路养护备料，保路况上升），实施 GBM（公路标准化、美化建设）工程。1992 年，建立瑞金、南康两个有一定生产规模的乳化沥青站，加强对乳化沥青生产质量的管理，保证乳化沥青的生产质量和正常公路养护材料的需要。2000 年，赣州市全面推行公路养护公司为承包商，按全年养护目标任务签订承包合同，明确各自的权利义务，公路段的职能由原来的微观管理转向宏观管理，养护公司实行生产任务完成考核，即三级考核：公路段对养护公司实行一级考核，公司对养路队实行二级考核，养路队对个人实行三级考核。

养护机械设备 1986 年，赣州公路分局的工程机械设备和公路养护机械设备主要有各种汽车 161 辆，各种压路机、水泥拌和机、沥青拌和机、装载机、推土机、平地机、摊铺机等各种筑路机械 55 台套。1990 年年底，全局主要机具设备：各种型号汽车 155 辆（其中载重汽车 78 辆、自卸车 53 辆、特种汽车 13 辆、客车 11 辆）、摩托车 20 辆、养路车 360 辆、推土机 4 台、装载机 8 台、平地机 1 台、压路机 52 台、空压机 16 台、碎石机 101 台、水泥砼拌和机 8 台、沥青拌和机 27 台、沥青砼拌和机 1 套、沥青摊铺机 1 台、运输机驳船 2 艘、金属切削机床 38 台、交通工业主要专业设备 8 台、动力设备 19 台。改革开放的进程促进城乡经济的全面发展，加快赣南公路建设的步伐，加速赣州公路分局公路建设和养护机械化的进程，工程机械设备和公路养护机械设备得到快速增加。至 2000 年，赣州公路分局主要机具设备有挖掘机 3 台，轻型压路机 27 台，空压机 7 台，轮胎式起重机 1 台，汽车式起重机 1 台，载重汽车 5 台，自卸汽车 6 台，大、中型拖拉机 283 台，碎石机 108 台，水泥砼搅拌机 55 台，综合养护车 2 台，混凝土切缝机 16 台，发电机 2215 千瓦、57 台，维修机床 12 台。

三、公路 GBM 工程

1991 年，赣州公路分局开始实施 GBM（公路标准化、美化建设）工程，在主要国、省干线公路能够实施 GBM 工程的路段基本实现 GBM 工程。实现从主要抓路面养护质量，到加强公路全面养护的转变；实现从仅重视公路行车功能的养护要求，到重视公路排水、防护、抗灾、景观、畅通等功能养护要求的发展；实现养护工程手段与基本建设手段相结合，行政措施与经济措施相结合，发挥各方面的积极性。公路沿线因地制宜，采取多种措施和手段，构建流畅、安全、舒适、优美的公路交通环境。

表 23-1-4

1991—1997 年部分年份赣州公路分局实施 GBM 工程一览表

年份	路线名称	所在地	起讫桩号	工程数量(千米)	技术标准	建成年份	总投资(万元)
1991 年	国道 105 线	赣州市	K2124+000～K2127+000	3.00	水泥稳定砂砾路肩	1992 年	10.40
	国道 105 线	南康市	K2143+400～K2148+600	5.20	干硬性砼路肩	1992 年	17.90
	国道 105 线	龙南县	K2305+480～K2307+480	2.00	沥青路肩	1992 年	6.90
1992 年	国道 319 线	瑞金市	K404+000～K405+700	1.70	三合土路肩	1992 年	20.40
	国道 206 线	瑞金市	K1900+700～K1902+000K1905+122～K1905+500	1.67	三合土路肩	1992 年	20.13
	国道 323 线	瑞金市	K0+000～K1+622	1.62	三合土路肩	1992 年	19.46

续表 23-1-4

年份	路线名称	所在地	起讫桩号	工程数量(千米)	技术标准	建成年份	总投资(万元)
1993年	国道319线	瑞金市	K404+000～K405+700	1.70	砼路肩	1993年	14.90
	国道206线	瑞金市	K1900+700～K1902+000K1905+122～K1905+500	2.40	砼路肩	1993年	21.10
	国道323线	瑞金市	K0+000～K1+600	1.60	砼路肩	1993年	14.00
1995年	国道323线	大余县	K190+870～K239+000	3.00	砼路肩	1995年	14.00
1997年	国道105线	赣州市	K2121+000～K2132+510	11.37	—	1997年	122.02
	国道105线	南康市	K2132+510～K2173+680	41.17	—	1997年	427.20
	国道105线	信丰县	K2173+680～K2226+230	52.54	—	1997年	544.51
		全局	安排全局其他路线	—	—	1997年	253.24

四、公路绿化

1986—2000年，公路绿化根据“因地制宜，因路制宜”的原则，进行路段绿化总体设计，在可绿化路段以绿色植物合理覆盖公路两侧边坡、分隔带及公路用地范围内的一切绿化的空地。对路段两侧有森林、竹林、果园等景观，坚持人工造景与自然景观相结合，充分展示其原野风光美。二级公路采取乔、灌结合方式或灌木与草皮结合方式，有护坡道的二级公路，以乔木栽植为主。至2000年，赣州公路分局绿化公路1680.33千米，占可绿化里程77.1%。

表23-1-5 1991—2000年赣州市（地区）公路绿化统计表

年份	养护总里程(千米)	可绿化里程(千米)	已绿化里程(千米)	绿化率(%)	投入资金(万元)
1991年	2615.70	2081.95	398.62	19.10	20.41
1992年	2613.52	2081.95	1078.75	51.80	19.97
1993年	2613.52	2081.95	1219.82	58.60	35.00
1994年	2613.52	2081.95	1339.02	64.30	32.40
1995年	2656.14	2081.95	1368.88	65.70	43.50
1996年	2657.62	2081.95	1243.74	59.70	19.80
1997年	2651.05	2081.95	1428.69	68.60	24.50
1998年	2651.05	2034.93	1322.65	65.00	27.30
1999年	2651.63	2085.18	1487.79	71.40	28.00
2000年	2675.73	2180.27	1680.33	77.10	18.00

五、公路水毁防治

赣州地形复杂多样，地势周高中低，中部丘陵绵延，丘陵占3/5，山地和平原岗地各占1/5。赣州地处中亚热带南缘，气候温和，雨量充沛。因此，洪水期间公路交通经常受到影响。降雨多集中于4—6月，7—9月常受台风影响，出现局部强暴雨，大面积的公路水害多发生在第二季度，局部性严重水毁则发生在第三季度。

1991年，公路水毁投资84.1万元，完成主要工作量：石砌挡墙556米1829.8立方米，修复桥梁6座，涵洞46道，清塌方10处2800立方米。1996年，公路水毁投资156万元，完成主要工作量：路基缺口修复 2 处 266 立方米，修复涵洞 34 道，修复挡墙 1707 立方米，修复发软地段 86.12 千米，修复锥支 5 处。2000 年，公路水毁投资 126 万元，完成主要工作量：修复路基 22.43 千米，土石方 4.49 万立方米；修复砂石路面 164.25 千米，面积 29.17 万平方米；修复油路面 55.37 千米，面积 18.52 万平方米；新建桥梁 1 座 13.8 米；新建涵洞 12 道；修复涵洞 26 道；修复防护工程 5 处 200 平方米；新建挡土墙 31 处 5210.1 平方米；清理塌方 575 处 12.6 万立方米。

六、交通量观测

随着科学技术的发展，交通量观测手段逐步改进，由原来的观测员在观测点上看到汽车通过 1 辆即检 1 粒石子放入衣袋里计数改为使用自动观测仪进行观测统计。

1986 年，全地区有公路交通量观测站 59 个。1991 年，全地区有公路观测站 61 个，其中 105 国道 6 个、206 国道 8 个、319 国道 6 个、323 国道 8 个、省道 25 个、县道 7 个、专用道 1 个。至 2000 年，除当年由于公路改建观测站无法进行观测外，均按规定进行交通量观测。

七、路政管理

“八五”期间是赣州地区公路史上投资大、发展快、效益好的时期，全地区省养公路里程增加 42.62 千米；新增二级路 20.99 千米，新增三级公路 203.14 千米，等外路减少 119.33 千米；新建水泥路 150.32 千米，新建油路 616.06 千米，完成油路罩面 221.23 千米，完成砂石路大中修 419 千米，新建桥梁 43 座 1728.05 米，新建涵洞 587 道。与“八五”前的 1990 年年底相比，赣州公路分局等级公路增加 71.87 千米，新增高级、次高级路面 766.38 千米，高级、次高级路面占养路总里程比例由 1990 年年底的 24.17%提高到 50.8%，5 年翻了一番。

1991—1995 年，赣州地区公路局贯彻“预防为主，防治结合”的路段管理工作方针，积极为公路建设保驾护航。1992 年，建立和完善《公路路政办案具体事项》《公路路政管理申请事项管理规则》《公路路政内业工作规范》《公路路政装备及收费票据管理办法》等规章制度，健全路政管理五类档案和一图一表五簿，推行制度化，规范化管理并实行目标管理考核制度。坚持依法治路，主动与地方人民法院联系，反映路政管理工作中遇到的困难和问题，争取法院的支持和协助，地区中级人民法院批准全南县人民法院成立首家公路路政执行室之后，全地区发展到 14 家，办理侵权案件 198 起，索取赔偿费 4.9 万元。1993 年，全地区成立 18 个路政执行室。1994 年，在全地区组织开展创建“文明路”活动，各级政府成立创建“文明路”活动领导小组，落实创建路段的地方责任人和公路段责任人、路政部门分别与武警中队或地方有关部门签订共建协议。当年，共建“文明路”664.63 千米。1995 年，路政部门认真履行行政执法职能，积极制止和查处路政违章，全地区普遍成立路政法规执行室，并开展行政执法活动。1991—1995 年，全地区组织联合清理违章 540 多次，清理违章建筑 9.86 万平方米 3689 处，清理违章堆积物 1.97 万处 18.5 万平方米，处理损坏公路 9878 米 3.12 万平方米，处理路政违章案件 3895 起，挽回经济损失 333.7 万元。

1996 年，在创建“文明样板路”建设上发挥路政管理的行政执法职能，对指定的 530.25 千米“文明样板路”实施综合整治，路政部门在加强日常巡路检查和管理上积极争取地方政府和有关部门的支持配合，开展联合上路清查违章综合执法检查活动，针对公路沿线存在的脏、乱、差等不良现象和路边店、水沟等重点进行治理整顿，并与路边店签订护路合同，落实“门前包”责任，使“文明样板路”建设在路况、路容路貌、环境秩序等方面均有显著改观。当年，赣州地区 105 国道通过全省专项检查验收并受到好评。1997 年，开展道路“管理年”活动。路政管理工作围绕依法治路、保障畅通为主题，大力开展创建“文明路”活动和学习宣传《中华人民共和国公路法》活动。1999 年是“文明路”建设三年达标的最后一年，为实现这一目标，分局“以三个难点”（违章建筑、占路为市、乱堆乱晒）为突破口，加大公路路政管理力度。

第四节 稽查征费

江西省交通稽查征费局赣州分局，是直接隶属江西省交通厅主管，江西省交通稽查征费局直管的正处级事业单位。内设10个职能科室。赣州交通稽查征费分局负责全市（地区）机动车辆公路养路费、交通重点建设费、客货运附加费、贷款路（桥）通行费、车辆购置附加费（税）等公路规费（税）的征收工作。至2000年，有职工738人。

一、公路养路费征收

1985年3月，江西省修改《公路养路费征收和使用的实施办法》。1987年10月13日，国务院发布《中华人民共和国公路管理条例》。1987年，征收养路费3330万元。1988年，交通部发布《中华人民共和国公路管理条例实施细则》。1991年10月15日，交通部、国家计划委员会、财政部、国家物价局联合发布《公路养路费征收管理规定》，新规定自1992年1月1日起施行。1991年，全地区征收养路费4581万元。2000年，全市征收养路费5680万元。

二、交通重点建设费征收

1988年6月15日，省政府批转省计划委员会、省财政厅、省交通厅《关于征集交通重点建设基金的报告》，规定交通重点建设基金的来源为对全省车辆统一按费计征养路。

交通重点建设基金从1988年7月1日起开始征收。1988年征收交通建设费577万元。1995年6月29日，省政府第42号令发布《江西省公路养路费征收管理办法》（后又经1998年2月10日省政府63号令修订），规定在应征车辆按费额计征养路费时，一并征收交通重点建设费。1995年，征收交通重点建设费4286万元。2000年，征收交通重点建设费4736万元。

三、公路客货运附加费征收管理

1990年11月23日，省政府办公厅转发省物价局、省交通厅关于统一征收机动车辆附加费的报告。1990年12月17日，省交通厅、物价局联合下发《关于制发〈交通重点建设基金——机动车辆附加费具体征收实施办法〉的通知》，凡在江西省公路行驶的各种机动车辆（包括中央和外省驻赣单位的车辆），一律征收机动车辆附加费，应征车辆不准报停。1992年，征收客货运附加费3275万元。

1998年，根据《江西省公路客货运附加费征收管理办法》，公路客运附加费的征收标准进行了调整，公路货运附加费的征收标准不变。2000年，征收客货运附加费7529万元。

四、贷款路（桥）通行费征收

1988年1月5日，交通部、财政部、国家物价局联合发布《贷款修建高等级公路和大型公路桥梁、隧道收取车辆通行费规定》，规定凡利用贷款（包括需归还的集资，以下同）新建、改建（不包括局部改造）的高等级公路（二级和二级以上的公路）或大型公路桥梁、隧道，需要偿还贷款并符合相关工程项目的，建成后由省级公路主管部门归口，报经省级人民政府批准，可对过往车辆收取通行费。规定自1988年2月1日起执行。1989年，征收通行费439万元。从1996年1月1日起，明确贷款公路车辆通行费征收标准（不含贷款修建的高速公路、汽车专用公路）。2000年，征收通行费3450万元。

五、车辆购置附加费征收

1985年4月2日，国务院发布《车辆购置附加费征收办法》，目的是使公路建设有长期稳定的资金来源，决定对所有购置车辆的单位和个人，包括国家机关和军队，一律征收车辆购置附加费（以下简称“车购费”）。该办法自 1985 年 5 月 1 日起施行。1987 年征收购置附加费 111 万元。

1993 年 11 月 22 日，国务院办公厅批准，将车辆购置附加费由原车辆生产（组装）厂和海关代征改为由车辆落籍地交通征管部门直接向义务缴费人征收。车辆购置附加费的费率由原国产车 10%、进口车 15%统一改为 10%。1994 年 1 月 1 日起执行，1995 年征收购置附加费 3565 万元，2000 年征收购置附加费 3384 万元。

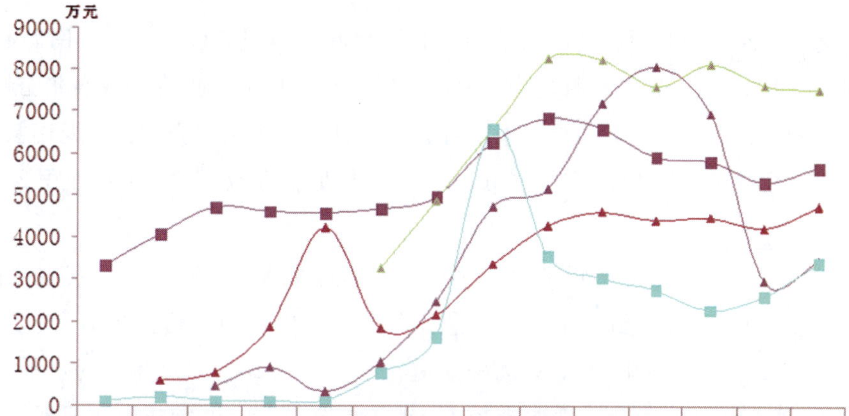

	1987年	1988年	1989年	1990年	1991年	1992年	1993年	1994年	1995年	1996年	1997年	1998年	1999年	2000年
养路费	3330	4067	4718	4618	4581	4663	4979	6271	6856	6599	5916	5824	5302	5680
交通重点建设费	—	577	759	1863	4224	1839	2155	3353	4286	4599	4424	4478	4233	4736
客货运附加费	—	—	—	—	—	3275	4881	6612	8276	8216	7600	8134	7613	7529
通行费	—	—	439	898	306	1016	2466	4747	5159	7202	8057	6948	2983	3450
车辆购附加费	111	178	97	111	93	759	1638	6590	3565	3053	2749	2276	2588	3384

图 23－1－1　1987—2000 年赣州市（地区）公路规费征收情况

第二章　水路交通

境内河流密布，通航河道遍布全境。1986 年，境内通航河流 14 条，通航船舶吨级 3～50 吨，通航里程 1103.5 千米；有营运船舶 506 艘、1.86 万吨位、354 个客位，年货运量 52.3 万吨，年货运周转量 1.79 亿吨千米，年客运量 14.9 万人，年客运周转量 479 万人千米。至 2000 年，境内通航河流有 14 条，通航船舶吨级 3～100 吨，通航里程 1058.4 千米，有各类营运船舶 571 艘、1.85 万吨位、1476 个客位，年货运量 110 万吨，年货运周转量 1.46 亿吨千米，年客运量 16.5 万人，年客运周转量 733 万人千米。

水路交通行业管理主要由省交通厅航务管理局赣州分局负责。赣州航务分局依法对所辖河流通航水域水路交通进行航道行政管理，合理规划、开发、建设、整治、维护航道，改善、维护通航条件，满足通航要求；对水上交通安全进行监督管理，查处违章交通事故，维护水上交通秩序，保障船舶航行和人民群众的生命财产安全；依法稽查征收规费，“以河养河，取之于河，用之于河”，发挥水上交通在国民经济和国防建设中的重要地位与积极作用。

第一节 主要航道

赣州境内河流，以赣江为干流，通过章江、贡江、上犹江、桃江四大支流及其分流伸向四周，全市（地区）集水面积在10平方千米以上的河流1028条，总长度1.66万千米，河流密度每平方千米0.42千米，水源充沛，河宽水深，通航河道遍布全境。

一、贡江河系

贡水（贡江）古称湖汉水，主源绵江与湘江在会昌县城汇合后始称“贡江”。河源主要发源于江西和福建两省交界的武夷山脉西麓高山山岭间（北源起源于石城县境大坑里，南源起源于石城县南端石寮岽，又称“赣源岽”）；另一河源黄沙河来自福建省长汀县山箭脑与石城西北隘岭进入江西省境。贡江河系流经石城县、瑞金市、会昌县、于都县、宁都县、兴国县、安远县、龙南县、全南县、信丰县、赣县、赣州市（今章贡区）等12个县（市、区），流域形状近似菱形，集水面积2.7万平方千米，主河长278千米。

贡江干流 从会昌县城至赣州市（今章贡区）航道里程为160千米，其中会昌县至于都县88千米，为上游河段，河流穿行于山区狭谷中，急流险滩多，山丘相对高度在150～200米，间有盆地。在于都县梓山镇潭头有少量开阔平地，该河段航道狭窄，河宽250～350米，河水平均比降0.46‰。枯水期航宽20米，航道水深0.45米，弯曲半径120米，常年通4～20吨机、木帆船，滩上最大流速2米/秒，河床底质以礁石和粗沙为主，河段内有碍航浅（险）滩群13处；于都县城至赣州市（今章贡区）龟角尾72千米为下游河段，航道蜿蜒于丘陵地带，两岸多为村庄田地，岸坡土质多为黏性土和沙壤土，易被水流冲刷，丘陵坡度平缓，山丘相对高度20～50米，地势开阔，树林稀少，洪水河宽400～600米，最宽1000米，河水比降为0.38‰。枯水期航宽30米，航道水深0.6米，常年通航10～30吨轮驳船。

绵江 贡江河源之一，在会昌县城以上称“绵江”（绵水），瑞金县城以上有壬田河与黄沙河两支源流。主河源在壬田河，壬田河上游在下洲坝又分南北二源，均来自武夷山西麓高山山岭间。北源起源于石城县境大坑里；南源起源于石城县南端石寮岽。黄沙河来自福建省长汀县山箭脑，于石城西北隘岭进入江西省境内，于瑞金县入绵江，河长58千米。绵江在会昌县城与湘水会合。绵江流域面积1863平方千米，主河长71.5千米。从瑞金至会昌61.5千米干流航道，历来可常年通航5～8吨级木帆船。1969年以后，兴建大石陂、岁石2座水轮泵站，未建通航设施，从此航道在武阳隔断，只能分区间段通航，河道狭，水源短。航道内有石婆庙滩、虎跳龙滩、茶壶滩、獭石滩、茅山滩等处礁石滩群。以茶壶滩（又名大石缺）最为奇险，大石矗立江心，浪涛汹涌，船至此稍有不慎即遭翻沉。

湘江 贡江河源之一。湘水又名雁门水，河源起于闽（福建）赣（江西）两省交界寻乌县城东北隅武夷山脉笔架山西麓。湘水集水面积2011平方千米，主河长101千米，天然落差743米，会昌县筠门岭镇至会昌县城河水平均比降为0.83‰。湘江与绵江于会昌县城会合后称为贡江。从筠门岭至会昌县城的65千米干流航道，历年常水期可通航10～15吨级木帆船。1966年兴建站塘水轮泵站，截流筑坝，虽有船闸，但无实用价值，加上水土流失严重，河道泥沙淤浅，导致上游断航。下游35千米，常水期可通航8吨级船舶，洪水期可通航65吨级机动船。

濂江 濂江又称梅林江、安远江、濂水。发源于安远县与寻乌县交界的大湖山东部河口村以东大坑迳山区。安远县城至濂江口河长126千米，落差431米，河水平均比降1.03‰，集水面积2130平方千米，在会昌县庄口乡（原称洛口乡）流入贡江。从安远县城和版石至会昌县庄口可通航10～15吨级木帆船。1956年前可航行5吨级船至重石（90千米长），1966年起先后兴建晓龙、渔翁埠、石灰山3座水轮泵站后，截流筑坝，未建通航设施，上中游河道断航，下游河道也只能分区间段通航。从安远县城以下约30千米航道内，曲折湍急，怪石林立。众多礁滩依其状貌和惊险分别称为筛龙、涨龙、牛牯龙、鸡心龙、蓑衣龙、挂角龙、大小乌龙、鸡婆龙、石人龙面，统称“九龙滩”。中华人民共和国成立后，对晓龙以下航道进行过炸礁整治。晓龙至安远江口航道里程43.5千米，通航4吨船舶。

梅江 梅江发源于宁都县北境的蔡田村（又一说发源于抚州地区宜黄县界王陂嶂南麓杨梅山），主河长220千米，落差528米，河水平均比降0.4‰。集水面积7607平方千米，自北南流。梅江与琴江在宁都县江口汇合后称白沙江，流经宁都县及瑞金市、于都县的部分乡（镇），在于都县龙石咀流入贡江。梅江、白沙江从宁都县城至于都县龙石咀航道里程134千米。其中，宁都县城至宁都县江口34.5千米为上游河段，属沙质河床，河流在低丘地带穿行，离山岭较远，河床比较顺直。20世纪50年代，森林覆盖较好，岸线崩塌较少，河床较稳定，航道水深0.4～0.6米，洪水期可通20～25吨船舶，枯水期也可通5～10吨木帆船。50年代后，水土流失加剧，大量泥沙注入河中，河床逐渐增高。1970年，水利部门在宁都县城下17千米的竹笮乡新街修建1座水电站，大坝将河流横腰拦死，上下船舶只能到达坝址，货物靠人力进行搬运、过驳接力运输。大坝以上河床淤积严重，导致水流分散，不能归槽，形成浅滩，枯水期航道水深仅有0.3米，通航3～5吨木帆船；大坝以下航道较为稳定，通航条件较好，洪水可通20吨以上的机帆船，枯水期航道水深有0.5米，可通5吨木帆船。1989年12月，在地方政府和群众的要求下，由交通部和省交通厅投资的新街闸坝复航工程竣工建成，改善通航条件，缩短航程。宁都县江口至瑞金市瑞林23千米为中游河段，属石质河床，河流蜿蜒于山岭间，河岸线稳定，河中礁石星罗棋布。为改善通航条件，1966—1991年，航道主管部门分别对该段航道进行炸礁疏浚，通航条件有所改善。但由于落差大，水流急，航道窄，船舶航行较困难，仍不能满足航行要求。瑞林至于都白口塘江口76.5千米为下游河段，属沙质河床，碍航主要是浅滩，该河段河面较宽，平均河宽100～200米，水流分散，流速减缓，水流挟沙能力减弱，加上两岸水土流失严重，泥沙淤积成滩，枯水期航道水深0.3～0.4米，最大流速0.76米/秒，常水可通5～15吨船舶，枯水期可通3～5吨木帆船。

琴江 琴江发源于抚州广昌县、石城县、福建省宁化县三县交界的八卦脑、牙丝山等山地的西南侧。流经石城县城南下，接纳丰山、石田、横江、秋溪河等支流后西行，入宁都县境内经固村镇的白鹿江，于宁都县大雅坪注入梅江，主河长102千米，落差566米，集水面积2257平方千米。从石城县城至宁都县江口段85千米干流，常年通航木帆船。中华人民共和国成立初期至20世纪60年代中期，大畲以下河段可通航15～20吨级帆船。接纳丰山、石田、横江、秋溪河后，原也可常年通航3～5吨级“三块板”船，中华人民共和国成立初期只有65千米长的竹筏航道。1959年建成琴江水库，丰山河断航。1966年，相继兴建6座水轮泵站，截流筑坝，虽设置船滑道，但无实用价值，只宜竹木流放过坝。从此，琴江全线断航，石城县水上运输业消失。大畲至宁都县江口约17千米航道内，有龙头滩、因螺皱、油坑口、浙子、龙下渡、猪盆滩、曲滩、黄龙角、三门滩、猴子额等12处礁石滩群。前11处密集于固村以上河段，石城县城西下40千米处的龙头滩，是石城县境水上交通门户，河床曲折，滩陡水急，异常险峻，当地滩师也须具有“三下半竹篙”的惊险绝技，才能安全过滩、中华人民共和国成立后，炸除部分滩石，但水流仍很湍急。

平江 平江原名平川，潋水与涉水在兴国县城下会合后称“平江”。自平江而下滩急，未见平衍之势，由平阳平固而名平固江，故平江与平固江可通称。集水面积2773平方千米，主河长132千米。潋水发源于兴国县（东北桂花山东麓上杨坑）与宁都县交界的宝华山南侧（另一说发源于兴国县、宁都县、于都县三县交界的草鞋山），与涉水会合后至赣县江口圩入贡江。涉水发源于兴国县高兴圩（高兴圩以上有两源，一源出自兴国县北部覆笥山，另一源出自吉安地区泰和县界十八排，十八排源头到兴国县城河长 60 千米）。平江自兴国县城下会合处至赣县江口圩 63 千米，落差 36 米，河水比降为 0.57‰。平江为沙质河床，河岸平顺，兴国县城以下河面宽约 50～400 米，枯水期水深 0.2～0.3 米，由于水土流失特别严重，河道淤塞，河床不断淤高、展宽，以至部分河床高出两岸农田，河床内已无浅滩、深槽区别，含沙量列全省各河第二。平江历史上是有舟楫之利的河流，据《兴国县志》记载，清同治年间流域内是青山绿水，航运畅通，中华人民共和国成立初期可通航到兴国县城。20 世纪 70 年代后，兴国县城以下除有少量小吨位农副业船季节性在区间段航行，专业运输船舶已基本断航。

桃江干流 桃江主源发源于赣粤边境九连山脉饭池嶂全南县冬桃山东麓。干流向东北行流，于龙南县城右岸依次纳入渥江及濂江。渥江源出龙南县南界武当山北陂柏树下，于龙南县城东南入桃江，河长 54 千米。濂江发源于定南县云台山，经月子西行入龙南县境于渥江口流入桃江，全长 57 千米。三水汇合后，桃江北行抵达龙下滩，至江口纳入黄田江（黄田江发源于全南县境溪山嶂，经陂头圩于江口入桃江，河长 69 千米）。江口以下水流折向东北，经龙头圩入信丰县境，河长 60 千米。主流北至河口，于左岸纳入小河水（小河水发源于广东省南雄市田螺洞，小河源与广东省浈水河源相距仅二三千米，且无高山阻隔，曾设想为赣粤运河过分水岭的线路之一）。桃江至信丰县城于左岸纳入西河（源头位于赣粤边界油山东北信丰县上坪圩，在街上有一支山溪水，源出海拔 500 米左右的竹子园，流经高松树下。高松树下与流向广东省南雄市的浈水源头潭头水相距仅数百米。浈水为珠江北江的上游，该处也为计划中赣粤运河考虑的通道之一），稍下于右岸龙虎口纳入东河，龙虎口以下继续北流，到立濑坝进入赣县境内。赣县王母渡有数小支流自左右两岸汇入桃江，直至赣县大田乡龙舌村汇入贡水会合。桃江主河长 262 千米，落差 558 米，集水面积 7760 平方千米。从龙南县至赣县大田乡龙舌村的信丰江口全长 201 千米，是常年通帆船航道。其中，龙南至全南龙下 14 千米，航道蜿蜒于山谷中，两岸均为高山。河床底质属礁石，河流中礁石林立，水流湍急，流态紊乱，险滩一个接一个，河水比降大（有的滩局部比降达到 0.3‰～0.5‰），航道弯曲、狭窄，船舶航行极为危险，常发生船舶、木排触礁事故。该河段枯水期航宽 3～6 米，航道水深 0.3 米，弯曲半径 50 米，最大流速 1.6 米/秒，可通航 3～5 吨木帆船；洪水期可通 10 吨机帆船。其主要碍航险滩有唐里鸡、龙头滩等。1967 年，水利部门在龙下建水轮泵站 1 座，大坝将河流横腰截断拦死，造成彻底断航。1977 年，农林水利部门与交通航道部门协商将大坝炸开缺口，宽约 15 米，上下船舶、木排才得以通过，但因缺口太小，水头落差大，水流集中，特别是洪水淹没坝石时，船舶航行更为困难危险。龙下至信丰通航里程 79.5 千米，河床底质以砂卵石为主，平均河宽150～200 米，最大宽度约 300 米，枯水期最大流速 1.3 米/秒，该河段河面较宽，水流分散，流速减慢，水流挟沙能力减弱，流沙淤积，航宽 15～20 米，航道水深 0.3～0.4 米，弯曲半径 180 米，可通 5 吨木帆船。洪水期可通 10～15 吨木帆船，航道碍航主要是水浅，碍航严重的浅滩有下马石、九龙滩等。从信丰县城至赣县大田乡龙舌村的信丰江口，通航里程 97.5 千米，平均河宽 150～200 米，除下汶滩至东埠头 10 多千米属礁石河床外，其余属沙质河床。其碍航主要是险浅。在礁石河床的航道上，其水流湍急，流态紊乱，乌漾滩、下汶滩比降大，水流急。枯水期最大流速达 22 米/秒，来往船舶、木排过滩非常危险；在沙质河床的航道上，其河面较宽，水流分散，泥沙淤积严重，水深 0.3～0.5 米，航宽 15～20 米，弯曲半径 130 米，可通航 5～8 吨机帆船，洪水可通 15～20 吨机帆船。赣县大埠乡建有水轮泵站，未建船闸，造成严重碍航，泵站大坝曾留有宽约 20 米的口子供船舶航行通过，但因口子处水流成急转弯的横流水，比降大，水流急，加上河床底质属礁石，枯水期航道水深 0.3 米，航道条件仍未得到彻底改善，船舶航行比较困难。

二、章江河系

章江 章江（章水）古称“豫章水”，又名南安河。章江发源于大余县境内的吉村（又一说章江发源于崇义聂都山张柴洞），吉村以上有南北 2 支源流，大余县的内良河和崇义县聂都的沙村河，并又各有数支源流呈扇形分布，河水穿行于崇山峻岭中。章江另一支水源来自湖南省的汝城县境。章江流经大余县、崇义县、上犹县、南康市、赣州市（今章贡区）5 个县（市、区），流域面积 7696 平方千米，流域形状近似四方形。章江自聂都水源至赣州市（今章贡区）龟角尾，主河长 230 千米，落差 861 米，河水平均比降 0.47‰。章江在大余县境迂回行流 160 千米，过南康城后于左岸接纳来自红桃岭的桃水，又称赤土水，河长 37 千米。流至境坝乡接纳来自崇义县上云西侧的朱坊河（又称“扬眉寺河”），向东北流经过几个大回转在湖头圩纳上犹江后汇入赣江。章江属山区河流，自大余经南康市至龟角尾河长 146 千米。大余至南康大桥 81 千米，河床横断面是 V 形，河床质多为砂卵石，少数为礁石，枯水期航宽 5～30 米，航道水深 0.3～0.6 米，弯曲半径 80～160 米。1958 年，南康鲤鱼岭兴建章惠渠灌溉引水枢纽工程，拦河坝只留有一条流放竹木的筏道，大坝无通航设施，故大坝以上为区间航道。南康大桥至三江口河段 36 千米，河床横断面呈 V 形，河床质为砂卵石，枯水期航宽 30～80 米，航道水深 0.5～1.2 米，弯曲半径 100～180 米，河水平均比降 0.31‰。可通航 5～20 吨级船舶。三江口至赣州市（今章贡区）蟠龙镇欧潭章江水轮泵站河段 8.6 千米，河床横断面呈 U 形，河床质为砂卵石，此段为欧潭章江水轮泵站拦河坝库区，枯水期航宽 80～200 米，航道水深 0.7～2 米，弯曲半径 120～280 米，航道条件较好。欧潭章江水轮泵站至龟角尾河段长 20.4 千米，河床横断面呈 U 形，河床质为砂及砂卵石，枯水期航宽 50～180 米，航道水深 0.6～1.5 米，弯曲半径均大于 180 米，河水平均比降 0.30‰，此河段受万安水电站枢纽工程储水位影响较大。

上犹江 上犹江的主流麟潭水源出湖南省汝城县东岗岭东侧山岳间，过益浆圩后于丰洲圩进入江西省境内。丰洲以下先后于左岸纳入上堡水、思顺水。过此以下流入上犹江水库。麟潭水北面有营前水，南面有崇义水，同在铁扇关以上合成上犹江。陡水村上首铁扇关处已于 1957 年建成上犹江陡水水电站，其水库控制集水面积 2750 平方千米，总库容 72120 万立方米。营前水发源于湘赣边境罗霄山脉诸广山之东侧，海拔 1600 米的山岭间，水自西向东经鹅形圩、麻仔坝至营前（河长 39 千米）后注入上犹江水库。崇义水发源于海拔 1346 米的展脑水麓，过崇义县城注入上犹江水库，主河长 65 千米。上犹江陡水水电站以下至上犹县城，北岸有源出莲花碗东南的油石水汇入，河长 30 千米。至南康市龙华乡左岸接纳龙华江（龙华江由麻桑水与社溪水合成，主河长 60 千米）后东下唐江镇于湖头圩汇入章江后再汇入赣江。上犹江集水面积 4583.35 平方千米，主河长 189 千米，落差 217 米，河水平均比降 0.699‰。上犹江干流从崇义过埠至赣州通航里程为 147 千米。其中过埠到陡水 43 千米的库区航道，水深条件好，可通 10～80 吨轮驳船，有驳船和客轮作区间运输。陡水至南河水电站 15.5 千米为渠化河段，水深条件较好，可通 50 吨级轮、驳船，有驳船和客轮作区间运输。南河水电站至三江口通航里程为 58.5 千米，河宽 150～300 米，枯水期水深 0.3～0.5 米，最大流速 1.1 米/秒，全年可通 5～15 吨船舶。三江口至龟角尾通航里程 30 千米，河面较宽，流速减缓，加上两岸水土流失比较严重，泥沙淤积成滩，枯水期航宽 15 米，航道水深 0.3 米，全年通航 5～20 吨船舶。南河电站坝下航道，其水深由于受陡水水电站下泄流量的影响，变化比较大。当电站全部机组发电时，下泄流量大，航道水深增加；当只有少数机组发电或不发电时，下泄流量很小，航道水深减小。另外，在枯水时，电站发电时间多在夜间，航运用水在白天，造成夜间下泄流量大，船舶不能航行，白天船舶航行时，下泄流量不足，航道水浅，船舶航行困难或无法航行。

三、赣江干流（赣州至万安）

章江与贡江于赣州市（今章贡区）龟角尾处汇合始称“赣江”。从龟角尾至吉安万安县城 94.5 千米的河段（属赣江上游）常简称“赣万段”。著名的赣江十八滩险就居于该河段，礁石林立。险滩栉比，纵延全程。自古以来沿程众多滩群，礁石险滩，标明可数的就有110多处，其中以天柱滩、武索滩、大蓼滩、惶恐滩四滩最为险要。近代称良口至万安段为“下十八滩”，中华人民共和国成立后险情有所缓解，赣州至良口段为“上十八滩”碍航仍然严重。

赣万段河水流经变质岩、花岗岩丘陵地带，河道两岸山丘连绵，大部分岸坡陡峭，间有台地；从南向北平面形态蜿蜒弯曲，储潭、白涧滩和良口等处河道弯曲近90°，河宽平均400～500米，河床底质以粗砂和石质为主，河床内滩险众多，滩上最大流速2米/秒，河水比降0.29‰，航道最枯水深0.6～0.7米，最小航宽20米，最小弯曲半径300米，常年通航20～50吨轮船。河段内有江心洲4个，名小湖洲、大湖洲、锡洲和麻园洲，两岸宽度800～1000米。

从龟角尾至赣县储潭长9千米的河段，河宽500～700米，河床质为沙质，边滩分布于两岸，部分河段中间有沙质心滩，严重碍航的浅滩有桃源滩、沙元角滩和西沙角滩，均属沙质过渡段浅滩，枯水期航道水深0.9米左右。

从赣县储潭至攸镇以上的横江村30.2千米的河段，河宽500米左右，内有小湖洲和大湖洲两个江心洲，两岸河宽900米，河床质为礁石和粗沙。上段有薛屋坝和白涧两个沙质过渡段浅滩；下段有火烧坪、毕滩、吊排石、车巷子、西龙爪、莲花石、人头石、古井、鸟石、黄牙角、姐妹石、米筛角、帐石和往前渡（滩）等礁石险滩，属“上十八滩”中的著名险滩。枯水期礁石毕露，水流急湍，航道水深0.9米，航宽最窄为全赣江之最。

从横江村至万安县良口下凌家村19.7千米的河段，在攸镇有沙地水由左岸注入，至良口于右岸有涧田水（原称五星河，源出兴国县与泰和县交界的龙头岭，河长48千米）汇入。河流蜿蜒于山丘和易被冲刷的沙壤土台地之间，最大弯道位于良口，河宽450～600米。锡洲位于河段中部，河床质为粗沙及少量礁石，沙质边滩分布于河道两岸，主要碍航浅段有葡萄、晒禾石、猪婆角、良口湾、禾桶石和三门滩等，枯水期航道水深0.9米。

从凌家村至万安县城35.6千米的河段，在皂口左岸有皂口水（皂口水发源于遂川界巾石岭南麓，河长48千米）汇入。河段两岸以山丘为主，间有台地，呈顺直微弯型，河宽450～600米，麻园洲位于河中，河床质以粗沙为主，沙质边滩和江心滩陆续分布，以沙质浅滩碍航为主，枯水期航道水深1米。

航道主管部门为改善通航条件，经过历年的炸礁清障，抛筑航道整治建筑物，枯水期航道水深已提高到0.9～1.1米，航宽20米，曲率半径300米，常年可通100吨级轮驳船队，达到6级航道标准。

万安水库蓄水后，库区平面呈带状，属峡谷型河道型水库，水面平均宽约800米，最宽处达1300米，增加航道水深，改善通航条件，提高水上运输能力，但同时库区的泥沙淤积也日趋增加，河床逐年抬高，对库区航道及港口带来不良影响。初期蓄水，防洪限制水位85米，形成库区62千米的常年区间深水航道。原河道的水沙平衡遭到破坏，航道整治建筑物被淤埋而逐渐失效，水流失去控制，航道条件变差。

回水变动区下段的火烧坪、鳖滩、天柱滩群礁石险滩，航槽狭窄弯曲，河底高程84米左右，14千米的礁石河段布满凹凸不平的礁石，礁石顶部高程86米左右。水位消落期，85米水位以上有10.5千米的礁石河床外露，礁石间落淤的泥沙不易被消落的水流带走，航槽淤塞，航线模糊，疏浚船舶无法作业。当近期运用水位出现85～87米时，将会产生运输船舶难以通过礁石险滩。

由于淤积和深槽外移影响，赣州港区作业的水域范围缩小，当水位消落到93米以下时，港口水深不足，船舶停靠港口码头装卸作业受到影响。

四、碍航滩险

境内通航河流中，礁石、卵石、乱石林立，无一定航线，有碍水上交通船舶运输航行的河段和地点主要有贡江、白沙江、桃江、上犹江、赣江等滩险，其中赣江十八滩险尤为闻名。

贡江滩险 老虎脑、连鱼滩、龙华滩、油螺角滩、羊口滩、老鼠窿、黄龙江口、水花滩、梓山滩、潭头滩、固院滩、猪婆滩、白口塘、龙门前、麻油坑、孟口滩、跃洲滩、流陂滩、步前滩、鲤鱼滩、中埠滩、张屋坝滩、河头滩、三门滩、下角塘滩、焦林滩、江口塘滩、仙娘庙滩、上坝滩、龙石咀滩、信丰江口滩、三糖厂滩、茅店滩、马口滩、梅林滩、七里滩、麻角上滩、东河大桥下滩。

白沙江滩险 白头翁滩、山龙滩、松口滩、山花滩、金鸡落网滩、丝线槽滩、倒脱鞋滩、上坳子滩、三劣子滩、剪刀窖滩、瑞林滩、狗脚狗肚滩、仙人翁滩、白沙角滩、中根子树下滩、青杂坞滩、老鸭缠腰滩、江坑口滩。

桃江滩险 唐里鸡、龙头滩、乌漾滩、老虎皮滩、泥角子滩、下少弯滩、跨不过滩、曲尺里滩、襄衣夹滩、水西滩、白狗子滩、中弓滩、连刀滩、下汶滩、田七滩。

上犹江滩险 仙人陂滩。

赣江滩险 从龟角尾至万安县城94.5千米的航道上，众多的滩群河床是岩石峡谷地带，江中岩石嶙峋，江水湍急，有赣江的“三峡”之称。著名的赣江十八滩险就居于此航段。自万安水利枢纽（水电站）工程竣工建成后，1993年7月开始初期蓄水运用，运用水位85～96米，回水变动区位于赣州市（今章贡区）以上的梅林镇至赣州市（今章贡区）以下的赣县湖江乡的小湖洲尾。正常蓄水位最终运行90～100米，回水变动区位于赣县大田乡龙舌村的信丰江口至储潭乡以下的白涧滩。根据1991年10月江西省交通厅航务管理局编绘的《长江水系航道图集C6－1赣江航道图湖口—赣州》可知：万安至赣州赣万段赣江滩险仅存碍航的滩险还有桃源滩、赣江纸厂滩、白塔下滩、沙元角滩、西晒角滩、打铁套滩、白涧滩、毕滩、老庙前滩、沙滩、街坪滩、朱晒角滩、夏府槽滩、望前滩。

五、航道里程

中华人民共和国成立后，通航河流得到充分利用，水上运输业曾出现过繁忙景象。据1956年的航道普查资料统计，赣南境内的通航河流有43条，航道里程2333千米，其中枯水期常年可通航轮船有200千米，可通帆船里程1248千米。由于河流上游地区存在不合理的开发建设和过量采伐森林、绿草，开垦山地、开荒造田，较大范围的植被保护层遭受破坏，水土流失加重，河岸崩落倒塌，矿业生产、开山采矿、采石等将弃土、废渣倾入河中，造成上游巨量来砂推移下游，河床普遍泥沙淤积抬高，碍航浅滩增生，航道变化反复无常，每逢枯水期航道养护任务极为繁重。20世纪60年代末，大量泥沙淤积，河床逐年抬高，以及兴建水利闸坝等诸多因素，使全地区通航河流航道逐渐萎缩。1979年，赣南境内的通航河流为14条，通航船舶吨级3～50吨，通航里程1103.5千米。

1985年，赣州地区水运规划办公室历时1年多对赣南境内的通航河流贡江、安远江、白沙江、平江、桃江、上犹江等6条河流进行航道普查和规划，搜集、整理、编制《贡江流域水运规划报告》等6条河流流域水运规划报告，其通航里程除少数有所变动外，基本维持1979年江西省内河航道普查情况。

1995—1999年，按照中华人民共和国国家标准GBJ 139－90《内河通航标准》《内河航道技术等级评定工作大纲》的规范要求，江西省交通厅航务管理局设计所和全省各航务分局对所属赣江水系通航河流进行江西省内河技术等级评定工作。赣州地区通过通航河流内河航道技术等级的评审有赣江赣万段［万安—赣州（今章贡区）94.8千米］、贡江［赣州（今章贡区）—于都72千米］和贡江（于都—会昌88千米）、桃江（赣县江口—信丰县城97千米）和桃江（信丰县城—龙南县城93.9千米）、白沙江（于都白口塘江口—宁都江口99.5千米）、梅江（宁都江口—宁都县城34.5千米）、章江［赣州市（今章贡区）龟角尾—南康市南康大桥65千米］、上犹江（南康市三江口—上犹县陡水74千米）和上犹江陡水水库（陡水水库库区116千米）等7条河流。

表 23－2－1

1999 年赣州市（地区）内河航道技术等级及航道里程统计表

河流名称	总长度(千米)	通航起讫地点	通航里程(千米)	其　中		通航船舶吨级(吨)	航道技术等级
				分段通航里程	季节通航里程		
赣　江	—	万安县—赣州市(今章贡区)	94.80	—	—	20～100	Ⅷ－(4)
贡　江	160.00	赣州市(今章贡区)—于都县城	72.00	—	—	10～30	Ⅴ－(3)
贡　江	—	于都县城—会昌县城	88.00	—	—	4～20	Ⅵ－(4)
湘　江	—	会昌县城—站塘	21.00	—	—	3～8	—
绵　江	90.00	会昌县城—瑞金谢坊	61.50	20.00	41.50	5～8	—
安远江	122.50	安远江口—晓龙	43.50	—	59.50	4	—
白沙江	99.50	于都白口塘江口—宁都江口	99.50	—	—	10～30	Ⅷ－(2)
梅　江	138.50	宁都江口—宁都县城	34.50	—	—	3～10	Ⅷ－(2)
平　江	125.00	赣县江口—兴国县城	59.50	—	—	3	—
长岗水库	—	水库库区	23.00	—	15.00	20	—
桃　江	262.00	赣县信丰江口—信丰县城	97.00	—	—	8～50	Ⅶ－(3)
桃　江	—	信丰县城－龙南县城	93.90	—	—	3～6	Ⅷ－(2)
黄田江	75.00	全南江口—社迳	15.00	—	—	3～5	—
章　江	230.00	赣州市(今章贡区)龟角尾—南康市南康大桥	65.00	—	—	10～50	Ⅶ－(3)
上犹江	192.00	南康市三江口—上犹县陡水	74.00	—	—	10～20	Ⅷ－(2)
上犹江水库	—	上犹陡水水库库区	116.00	—	—	10～20	Ⅶ－(3)

第二节　航道维护

河流航道受水文、泥沙、气象条件等诸多因素影响，每年 8 月至次年 3 月，是河流航道的枯水季节。水深不足、浅滩碍航是枯水期阻船的主要原因。河流航道的自然特征状况和人为因素又造成险滩碍航。为使航道畅通，提高航道的通过能力，航务部门采取助航标志维护与航道水深维护等措施进行航道维护，保证船舶航行安全。

一、航标设置与维护

赣州航务分局根据内河航道变化和水位情况，合理布设和撤设航标，做到标位准确、标志完好、标志稳固、作用可靠，正确标示航道的方向、界限与碍航物，为船舶航行提供安全、经济的航道。辖区河流通航水域航道设置助航标志（航标）的河段主要在赣江赣万段（赣州—万安 94.8 千米）、贡江（赣州—于都 72 千米）、上犹江（上犹陡水水库库区 116 千米）等 3 条河流。1986 年 8 月前，河流航道的航标配布等级按一等航标配布。1986 年 8 月后，因货源分流流失，水运量及船舶数量减少，导致航道养护经费严重不足而改为航标配布等级按二等航标配布。设置的航标种类为内河航标，航标有岸标、侧面浮标、桥涵标、管线标、界线标、指路牌等。

1989 年 1 月 10 日至 12 月 31 日，为满足万安水利枢纽（水电站）水库库区蓄水后船舶的航行安全，对万安库区的航标进行重新配布设计，经省航务管理局有关专家对该设计方案进行实地察看通过后实施，完成万安库区航标重新配布建设工程投资 32.89 万元，工程合格率 100%。

1997 年 10 月，赣州航务分局针对辖区河流通航水域航道维护使用的侧面浮标助航标志（航标）——铁质防撞浮鼓存在着生产成本高、维护保养费用高，易被盗等诸多不利的情况，向省交通厅申报玻璃钢浮标研制课题并获批准立项。经分局研制小组攻关、反复试验制出样品。1998 年 7 月，经中山大学材料科学研究所、江西赣州有色冶金研究所、江西省钢丝绳检测站对玻璃钢浮标试制模块的试验检测，玻璃钢冲击、巴氏硬度、树脂含量、拉伸强度、弯曲强度等试验检测数据均达鉴定指标，符合使用要求。新产品侧面浮标助航标志——玻璃钢浮标系列产品 1100 型、900 型、600 型、400 型等外形几何尺寸均按照中华人民共和国交通部浮标 JT 7001—79 标准制造。1998 年 10 月，首批侧面浮标助航标志——玻璃钢浮标 1100 型 50 个、900 型 50 个、600 型 10 个、400 型 30 个，分别运往吉安、宜春、南昌、抚州、上饶、鹰潭等地（市）投入使用。

二、航道水深维护

1986—2000 年，根据天然河流的流量随季节而变化、河床具有不稳定性、河床的冲刷或淤积往往影响枯水期航行条件的情况，采取航道水深维护措施进行改善和维护，以满足航行的要求。

清障扫床 对航道内的碍航物，航道部门利用扫除工具或爆炸等措施进行清除。1986 年 11 月，对全南龙下至上江航道重点滩口航道内礁石进行炸礁清障治理，保障航道畅通和船舶航行安全。1989 年 8—10 月，新建的万安水利枢纽（水电站）蓄水运用，为保障船舶航行安全，赣州航务分局组织工程技术人员对万安水库库区进行第一期清障工作。第一期清障为 90 米以下的碍航物，主要清理良口至萝卜洲、武术至新码头、皂口至长桥、棉津至路口等支线航道的碍航桥梁、坡坝、土石堆以及干线锡洲、小湖左侧航道内的碍航礁石等。采取先低后高，先人行桥后公路桥，由外（干）向里（支）延伸。干线航道清障高度为 83 米以上，宽度为 80 米。支线航道清障高度为 83 米或到自然河床，宽度为：小支流河宽 5～20 米清障至河岸，大支流河流视其航道具体要求清障 40 米或更大。清爆桥梁 12 座，工程方量 2211 立方米；清炸礁石工程方量 480 立方米；拆除站房 3 座，工程量 268 立方米；拆除岸标 30 座，拆除老坝 92 米，工程量 460 立方米；清库扫床 96 千米，完成清障工程方量 5620 立方米，完成清障工程投资 9 万元。1995 年 11 月至 1996 年 1 月，赣州航务分局协同省航务管理局港航工程处打捞队对京九铁路贡江铁路特大桥桥墩处进行清障扫床施工，清除钢围堰钢板 8000 千克，砖混土石方量 600 立方米，完成投资 23.4 万元。1996 年 7—9 月，赣州航务分局清除砖混、土石方围堰方量 400 立方米，完成清障工程投资 3 万元。

疏浚工程 在枯水期，航道部门利用扒沙船及吸扬式挖泥船，对通航河流浅滩航段进行浚深作业，主要有机械疏浚和人工疏浚（靠人工编织的导流屏取水力冲沙及人工扒沙方式对通航河流浅滩航段进行浚深作业）。支流航道水深维护均由赣州航务分局下达用工指标和批拨扒沙经费，由各县（市）航运站组织人员对碍航浅滩进行人工疏浚。

整治工程（筑坝整治） 主要采取修建整治建筑物（筑坝）、引导水流冲刷浅滩等措施增加航道水深，改善通航条件，满足航行要求。

1985 年 12 月，宁都梅江竹笮新街升船机复航工程动工。赣州航道段承担此项工程施工任务，1989 年 12 月竣工。工程征用耕地 1.68 公顷、山地 1.83 公顷，完成开挖土方 2.84 万立方米，开挖石方 6.52 万立方米，实际完成工程投资 243.17 万元，超核定工程总投资 56.77 万元。梅江竹笮新街升船机是在赣州地区兴建的第一座升船机。梅江竹笮新街复航后，枯水期可通 15～20 吨的机驳船，洪水期可通 50 吨的机驳船。原年均运量仅为 1.38 万吨，复航后可达 12.43 万吨。由于水土流失严重，河道淤积，河床淤高，水深减小，跨河建筑物（如桥梁）碍航等诸多因素，水道的航行条件未能满足船舶的航行要求，致使梅江竹笮新街升船机没有发挥效益。

1986年，赣州航道段批拨全地区航道整治工程用粮1494.2吨、棉花29.2吨、棉布14.92万米，并有计划、有步骤地进行粮、棉、布的货币转化和工程项目的勘察、设计、施工等前期准备工作。1986年7月，贡江于都县罗坳乡跃洲村至赣县茅店50千米和桃江赣县大田乡居龙滩三江口至赣县大田乡南山下、信丰江口28千米扶贫航道整治工程正式开工，当年11月底竣工。工程完成新建堆石坝91座，坝总长1.05万米，块石方量6.65万立方米，老坝维修块石方量1000立方米，炸礁石方量1000立方米，人工基建性疏浚2000立方米，完成工程总投资90.8万元，工程合格率100%。

1986年8月，赣州航道段根据各县航运站有关通航河流航道情况的报告以及工程技术人员实地勘测的情况，向江西省交通厅航务管理局请拨1986年中小河流航道治理补贴经费。重点安排桃江龙南县，赣江赣县湖江乡新庙前、狗脊、牙子肚，白沙江瑞金县瑞林乡，上犹江上犹县东门滩、卷壁滩等炸礁、疏浚、老坝维修工程，工程预算工程量为炸礁、筑坝780立方米，炸礁、筑坝、疏浚工程投资2.01万元。

1987年9月至1988年1月，赣州航道段组织工程技术人员对贡江（于都—跃洲段）浅滩整治工程进行施工，完成新建堆石丁坝9座，维修老堆石丁坝15座，坝总长4356米，石方量1.61万立方米，完成工程投资30万元，工程合格率100%。

1988年1—12月，受赣粤西线第一工程处委托，赣州航道段组织工程技术人员对章江运河改道工程进行施工。人力挖运岸坡土方（运距100米）1.42万平方米，人力填筑（拆除）草袋围堰816立方米，浆砌块石挡土墙护岸长度157米，方量513.5立方米，干砌块石护坡勾缝长度125米，方量375立方米，回填砂土方量2650立方米，完成工程投资14.7万元，工程合格率100%。

1990年10月至1991年1月，对会昌水西坝至蔗坪航道进行整治施工。新建堆石坝23座，维修老坝35座，坝体总长（含老坝长）5227米，石方量1.75万立方米，炸礁工程量344.2立方米，完成工程投资40万元。1991年8月至1992年1月，再次对大西坝至庄口约13千米航道进行整治施工。新建堆石坝24座；维修老坝46座，坝体总长（含老坝长）5518米，石方量2.32万立方米；炸礁工程量244.35立方米，完成工程投资49万元。

1990年11月至1991年2月，对白沙江至瑞金县瑞林滩群实施炸礁清槽工程。由省航务管理局港航工程处打捞队承担施工任务，赣州航务分局工程队负责工程质量监理。完成炸礁石方量3852立方米，同时根据河床航道的实际情况，堵塞岔道分流，用块石方量1190立方米，增筑1座短堆石坝，工程完成投资20万元。

1991年10月至1992年2月，赣州航务分局对赣州港区（宜分村至龟角尾约4千米）航道进行整治施工。新建堆石坝3座，维修老坝3座，坝体总长2262米，石方量2.16万立方米；拆除老坝1座，老坝长260米，石方量1787.4立方米；坝体浆砌2座，浆砌方量350立方米，水泥砂浆抹面760平方米；疏浚航道500米，方量2000立方米。完成工程投资40万元，工程合格率100%。

1992年10月至1993年4月，赣州航务分局对贡江（庄口至澄江桥）航道进行第一期整治施工。维修老坝28座，坝体总长3093米，石方量1.62万立方米，完成工程投资50万元。1993年10月至1994年1月，进行第二期整治施工。新建堆石坝8座，坝体总长285米，石方量3614立方米；浆砌堆石坝2座，坝体总长208米，石方量326立方米；水泥砂浆抹面242平方米。完成工程投资17万元。1994年9—12月，进行第三期整治施工。新建堆石坝8座，维修老坝4座，坝体总长（含老坝长）1253米，石方量5900立方米，完成工程投资23万元。工程合格率100%。

1993年3—10月，赣州航务分局对于都县罗坳乡罗坳村中埠贡江右岸进行护岸及浅滩航道整治工程施工。完成新建堆石丁坝5座，维修加高老坝1座，坝体总长290米，护岸长度240米，石方量

2872.81 立方米。完成工程投资 8 万元。

1997 年 10—11 月，赣州航务分局对赣江桃源滩龟角尾顺 81－1 坝的 1042 米段被损毁坝体缺口进行修复施工，整治漫坝水流，消除顶托影响之下游河段河床泥沙淤积，保障航道畅通。施工任务虽受万安枢纽库区蓄水水位的影响，但均全面按设计施工图纸要求完成修复，坝体两边坡 1 ∶ 1，抛筑上坝块石方量 830 立方米，捡砌坝面 860 米。完成工程投资 6 万元，工程合格率 100%。

1998 年 11—12 月，实施会昌县湘江镇水西村护岸工程。完成拆除老堆石丁坝相对过长部分 1 座，拆坝长度 50 米，石方量 292.5 立方米；新建短顺坝 1 座（村投资自建），坝长度 60 米，石方量 456.88 立方米；新建短丁坝 3 座，坝总长 36 米，石方量 1673 立方米。完成工程投资 10 万元，工程合格率 100%。

赣江航道桃源滩挖槽工程位于章贡区龟角尾章水、贡水交汇处的赣江桃源滩，属于河口型浅滩。该浅滩曾于 1981 年下半年进行过全河段的航道整治工程，又于 1984 年和 1987 年分别进行沿角（岛）尾 81－1 号顺坝的疏浚工程以及角尾顺坝的修复工程，使枯水航深提高到 0.9～1 米。该滩在治理方案中，由于赣州市第二木材厂的反对，沿右岸的两下挑丁坝未与右岸连接，出现左右分流，在下挑丁坝的上中部出现江心滩和潜洲，形成左右通航的汊道。自 1993 年 7 月万安水利枢纽（水电站）开始初期蓄水运用后，赣州港位于水库库区回水变动区的上段，直接受到水库运行的调控，水位多变，滩槽易位，航槽摆动，桃源滩正位于进出赣州港区的咽喉地段。章贡两水汇流处交汇夹角及来水流量不同步，造成水流互相顶冲耗能和壅水，致使滩槽内泥沙落淤出浅，枯水航深仅为 0.6～0.7 米，严重阻碍船舶航行。为提高和改善进出赣州港的通航条件，解决航道水深不足、出浅碍航的难题，1999 年 12 月，赣州航务分局组织工程技术人员、工人，调派疏浚工程船舶对龟角尾赣江桃源滩进行挖槽疏浚工程施工，2000 年 1 月中旬竣工。完成挖槽长度 1200 米，挖槽宽度 30 米，挖槽沙方量 1.87 万立方米，工程投资 25.49 万元，工程合格率 100%。

表 23－2－2　　1986—2000 年赣州航务分局航道水深维护费用统计表　　单位：万元

年份	航道养护费	航道工程费	年份	航道养护费	航道工程费
1986 年	33.24	90.80	1994 年	86.58	23.00
1987 年	31.52	30.00	1995 年	79.69	—
1988 年	39.46	—	1996 年	127.11	—
1989 年	31.39	20.00	1997 年	115.50	6.00
1990 年	34.84	40.00	1998 年	72.38	10.00
1991 年	60.37	89.00	1999 年	77.15	25.00
1992 年	66.81	50.00	2000 年	90.86	—
1993 年	57.64	17.00	合计	1004.54	400.80

第三节　水路运输

一、港口

赣南的水上交通运输以赣州港为中心，辐射县镇港口和圩镇口岸。1985 年，全地区有水运港口 11 个（含 1957 年建的陡水 2 个内港口），1987 年新建赣州白塔码头。此后，因航道堵塞，已有部分港站码头、仓库、货场移作他用。至 1990 年，全地区有赣州市（今章贡区）、赣县、南康（唐江）、上犹、信丰、龙南、于都、宁都、会昌、瑞金等县（市）水运港口 10 个，水运码头 30 座，总长 2728 米，泊位63个，靠泊能力吨位100～300吨；库场21座，面积5.03万平方米，简易堆场面积3.81万平方米，装卸起重机20台100吨位，装卸搬运机17台85吨位，输送机械7台430米长。其中，航运管理部门有水运码头9座，长度810米，泊位18个，靠泊能力100吨级以下14个，100～300吨级4个，客运码头泊位3个，货运码头泊位15个，仓库、堆场4座，面积3184平方米，简易堆场300平方米，起重机3台13吨位，带式输送机1台40米长，港作船舶1艘15千瓦；国营航运企业有水运码头12座，总长度688米，泊位23个，靠泊能力100吨级以下20个，100～300吨级3个，客运码头泊位1个，货运码头泊位21个（其中杂货码头泊位21个），仓库、堆场17座，面积4.71万平方米，材料、机械库场3座，面积124平方米，装卸起重机械14台81吨位，装卸搬运叉车、单斗车、牵引车14台76吨位，链式输送机3台90米，其他机械16台，港作船舶3艘74千瓦，平板车24辆，板车78辆，载货汽车29辆；集体航运企业有水运码头2座，总长度600米，泊位7个，靠泊能力100～300吨级7个，货运码头泊位7个，简易堆场2.31万平方米，装卸起重机械2台4吨位，装卸搬运叉车3台9吨位，板车30辆；其他部门有水运码头7座，总长度630米，泊位15个，靠泊能力100吨级以下10个，100～300吨级5个，客运码头泊位1个，货运码头泊位14个，简易堆场1.47万平方米。

“八五”计划期间，全地区投入港口码头建设资金450万元（其中国家投资81万元），建码头泊位13个，780延米，装卸机具48台套（其中8吨汽车吊1台，3～5吨吊机47台套），生产性房屋建筑面积110平方米。至1995年，全地区有吞吐量万吨以上的港口5个（其中年吞吐量10万吨以上的港口3个），码头泊位58个，拥有装卸机械61台，港口生产用库场5.54万平方米（其中仓库8227平方米），港口最大泊位靠泊能力300吨，最大起重能力16吨。

“九五”计划期间，全市（地区）投入港口建设投资2320万元。至2000年，全市有吞吐量万吨以上港口8个，码头泊位241个，装卸机械335台，港口生产用库房6.02万平方米，港口最大泊位靠泊能力300吨，最大起重能力16吨。

二、码头

磨角上码头 赣州磨角上煤码头为江西大港口建设重点项目之一。1985年11月动工扩建，1987年6月底竣工。原设计为斜坡式输送机，后经多次论证，方案择优，改为综合性码头。这座岸壁式直立码头，位于赣州航运分公司二作业区150米处的上端，岸壁高度14.65米，岸线长100米，设有3个泊位，其中2个100吨级，1个300吨级，码头货场使用面积1.16万平方米，共投资279万元。

白塔码头 赣州白塔码头位于赣州市（今章贡区）水西乡联三村白塔，东以河岸为界，码头呈南北方向顺河岸修筑，北以路为界，南以距白塔57米为界，西以水塘为界，征用土地面积4400平方米，占地面积5600平方米。新建白塔码头于1987年9月动工，1988年12月基本建成投入使用，总投资55万元，由赣州市航运站负责筹建，赣州交通建筑工程公司负责施工。码头长140米，3个泊位，墙高9米（基础深2米），采用5吨吊机装卸，两边各50米为2个人装卸泊位，斜坡度为20%；采用轨道载重5吨，平板滑车卷扬机牵引运输上下岸，3个泊位可同时作业，年装卸量为4万吨。岸上建露天仓库4000平方米，有仓库500平方米，生产、生活用房352平方米。

三、水运规模

赣南水运工具主要有木帆船、货驳船、机驳船、拖轮、客货轮等。

1986—1987年，全地区分别有营运船舶506艘、466艘，1.86万吨位、1.68万吨位，354和444个客位；年货运量分别为52.3万吨、42万吨，年货运周转量分别为1.79亿吨千米、1.85亿吨千米；年客运量分别为14.9万人和14.4万人，年客运周转量分别为479万人千米和445万人千米。1988—1990年，全地区分别有营运船舶476艘、588艘、571艘，18823吨位、25950吨位、25200吨位，769个客位、839 个客位和 839 个客位；年货运量分别为 66.3 万吨、57.7 万吨、48 万吨，年货运周转量分别为 24829 万吨千米、22892 万吨千米、21157 万吨千米；年客运量分别为 29.6 万人、27.3 万人和 28 万人，年客运周转量分别为 999 万人千米、900 万人千米和 954 万人千米。

1991—1995 年，全地区分别有各类营运船舶 783 艘、964 艘、683 艘、299 艘、765 艘，32325.6 吨位、27612 吨位、24210 吨位、21402 吨位、25067 吨位，1065 个客位、1105 个客位、974 个客位、624 个客位、415 个客位；年货运量分别为 64.62 万吨、62.31 万吨、52.34 万吨、51.94 万吨、69.64 万吨，年货运周转量分别为 37572 万吨千米、35621 万吨千米、32351 万吨千米、33512 万吨千米、34958 万吨千米；年客运量分别为 24.29 万人、17.71 万人、15.4 万人、15.45 万人、13.5 万人，年客运周转量分别为 814 万人千米、547 万人千米、540 万人千米、540 万人千米、310 万人千米。

1996—2000 年，全地区分别有各类营运船舶 733 艘、659 艘、643 艘、583 艘、571 艘，24152 吨位、20695 吨位、17576 吨位、19083 吨位、18563 吨位，315 个客位、456 个客位、1359 个客位、1402 个客位、1476 个客位；年货运量分别为 79.66 万吨、68.27 万吨、93.6 万吨、104 万吨、110 万吨，年货运周转量分别为 37749 万吨千米、29744 万吨千米、24961 万吨千米、14262 万吨千米、14659 万吨千米；年客运量 21.83 万人、11.07 万人、2.11 万人、19.87 万人、16.5 万人，年客运周转量分别为 306 万人千米、168 万人千米、89 万人千米、634 万人千米、733 万人千米。

第四节　水路交通管理

一、管理机构

赣州航务分局　1986—1988 年，赣州航道段有 12 个航标站，贡江 5 个：跃州航标站（1988 年 6 月撤除）、石尾航标站（1988 年 12 月撤除）、蕉林航标站（1988 年 12 月撤除）、信丰江口航标站、梅林航标站；赣江 7 个：储潭航标站、新庙前航标站、杨梅矶航标站、攸镇航标站、麻沅航标站（1988 年 10 月撤除）、武术航标站（1988 年 12 月撤除）、化思航标站（1987 年 8 月撤除）。1988 年年底，由赣州航道段和赣州船舶监理所合并成立江西省交通厅航务管理局赣州分局，属副处级事业单位，编制 200 名。成立江西省交通厅航务管理局赣州分局后，设有赣州市（今章贡区）、赣县、于都县等 3 个航道段，分别管理原有的航标站。赣州市航道段管理的航标站有储潭航标站、新庙前航标站（1993 年 7 月撤除）、杨梅矶航标站（1993 年 3 月撤除）、攸镇航标站（1988 年 4 月撤除）。于都航道段管理的航标站有于都航标站（1989 年 7 月于都段站房竣工建成时建立）、峡山航标站（1988 年 12 月峡山站房竣工建成，1993 年 2 月撤除，其人员分别并入于都航标站和赣县茅店航标站）、信丰江口航标站（1992 年 4 月撤除）、茅店航标站（1992 年 4 月赣县茅店站房竣工建成时建立）、梅林航标站（1992 年 4 月撤除）。赣州市港航监理站管理的港航监理分站有储潭港航监理分站（1992 年 6 月设置）。1989 年 4 月赣县航道段改称为万安航道段，其编制不变，段房址在万安县城水利枢纽大坝右岸上，管辖万安县涧田乡良口至万安县水利枢纽（水电站）大坝上赣江河段，进行航标设置与维护。1997 年 12 月赣县航道段名称恢复使用，段、站址在赣县茅店镇。将原于都航道段管理的茅店航标站划归赣县航道段管理，管理的辖区贡江河段按于都和赣县的行政区域划分与于都航道段分别管理，进行航标设置与维护。赣县航道段管理的航标站有茅店航标站、上犹陡水航标站。2000 年，赣州航务分局下设赣州市航道段、赣县航道段、于都航道段、赣州市港航监理站、赣县港航监理站、于都港航监理站、会昌港航监理站、南康港航监理站、信丰港航监理站、上犹港航监理站、疏浚工程队。全局有职工 166 人。

航运管理局（公司）　1986 年至 1988 年 2 月，江西省航运公司赣州分公司直属江西省航运局，1988 年 3 月下放到赣州地区，直属赣州地区行署，归口地区交通局管理，改称赣州地区航运公司。

1991年有职工2099人，下属赣江运输分公司、长江运输分公司、港口第一作业区、港口第二作业区、赣南造船厂、港机厂、水运服务公司、赣州港口汽车运输公司、运贸公司、交通建筑工程公司、船舶配件公司、水运经销部、赣州运欣竹制品有限公司等单位。

港航管理处 1989年7月，撤销赣州地区水上管理所，成立赣州地区港航管理处，属副处级事业单位，隶属地区交通局领导，编制30名，经费自收自支，是全地区营运船舶行业管理和赣州港行政管理的职能机构，下辖各县航运管理站。1990年8月，各县航运管理站的人、财、物下放到各县管理，归口各县交通局管理，维持副科级建制。

二、航道行政管理

1986年，为缓解赣州市（今章贡区）自来水供应紧张的现状，赣州市自来水公司决定在章江扩建取水头工程。施工时间为1986年10—12月。赣州船舶监理所、赣州航道段、赣州市（今章贡区）公安局水上派出所、赣州市（今章贡区）自来水公司联合向各有船、排筏单位发出《关于在章江黄牛拉磨（磨形）地段围堰施工的联合通告》，确保工程施工顺利进展及工程施工期间的船舶、排筏航行安全。1987年，赣州航道段、赣州船舶监理所、赣州市公安局水上派出所、赣州扩建港口工程指挥部等单位以及赣州市（今章贡区）交通局联合向各有船舶、排筏单位发出《关于磨角上港区杂货码头施工通告》《关于在白塔地段围堰施工的联合通告》，保证工程施工顺利进展及工程施工期间的船舶、排筏航行安全。1988年10月，赣州市（今章贡区）水东乡和赣县储潭乡两艘采挖砂石工程船舶采挖砂石时丢弃排入河道中的废石料，严重影响航道畅通和船舶航行安全，赣州航道段联合赣州船舶监理所、赣州市（今章贡区）公安局水上派出所到赣江螺溪洲航段进行实地调查，并要求地方政府责成相关单位在11月中旬前将河道中的石堆彻底清理干净，保障航道畅通和船舶航行安全。1992年7月25日，对赣州石油分公司和乐油库码头设置的助航专用标志，不符合中华人民共和国国家标准GB 5863—86《内河助航标志》规定的情况，向赣州石油分公司发出《关于要求设置和乐油库码头专用标志的函》，并督促其重新改建设置助航专用标志。

1995年6月，京九铁路全线贯通。京九铁路贡江赣州特大桥建成后，其施工期间桥墩、桥区处还遗留下未清除的钢板、砖混、土石方围堰，赣州航务分局向铁道部十三局四处发出《关于贡水特大桥清障工程验收标准的函》，督促其尽快清除。1997年5月，为加强河道（航道）管理，整治河道采砂秩序，严禁采砂业主滥采乱挖，确保行洪、水上交通安全和航道畅通，赣州市（今章贡区）水电局和赣州航务分局有关行政执法人员分别对赣江（赣州市港区至赣县储潭）、章江（赣州市港区至赣州市南河大桥）的采砂业主进行年度审核登记，宣传有关法律、法规、规章、规范性文件，严禁采砂业主无证采砂，超越水域范围内滥采乱挖，损坏、破坏河道和航道的不法行为。

1998年10月，323国道瑞金至赣县江口段公路改建工程全线动工。吉安公路分局工程处在其承包的于都县境内峡山十里河排标段的公路改建施工中，将施工中丢弃的废土石方大量往贡江河倾倒，致贡江河水被污染，河床淤积，河床抬高，缩窄河床，恶化水流，影响环保、水利、航运、渔业的严重后果。按群众举报，1998年12月，赣州航务分局派出调查组，携带摄像机前往实地进行调查取证，经多次与施工单位交涉和向上级有关部门反映，问题于2000年1月得到解决。1999年8月，针对赣州港区河道内采挖砂石工程船舶无序开采，滥采乱挖，赣州航务分局与章贡区水利电力局联合向各采砂业主发送《关于将市区部分河段定为禁采区的通知》，规定对若干河段实行禁采。2000年7月，针对上犹江陡水库区水上养殖户未经渔政部门及港航监督航道部门批准，随意设置固定拦网、丁字拦网，拦网密集，航道尺度预留宽度、通航条件严重不足的情况，航务分局分别向上犹县人民政府和崇义县人民政府发出《关于陡水库区拦网养鱼影响水上交通运输及其安全的建议函》和《关于陡水库区崇义县水域拦网养鱼影响水运安全的建议》，问题得到解决。

三、港航监督

水上安全监督 各级港航监督机构和港监人员严格履行监督职能，严肃执法程序，贯彻执行“安全第一，预防为主”原则，以安全为主导，以服务为目的，举办船员学习考核培训班，加大现场监督检查力度，开展水上安全监督大检查，消除事故隐患，杜绝事故发生。1991 年，在水上交通安全监督检查中检查船员 2995 人次，检查各类船舶 5334 艘次，纠正违章船舶 594 艘次，新建船舶检验 19 艘、营运船舶检验 662 艘，办理进港船舶签证 6812 艘次，出港船舶签证 6923 艘次。1997 年 1 月 20 日至 2 月 25 日春运期间，赣州市港航监理站在涌金门赣州地区航运公司客运码头对客船进行现场安全监督检查，检查客船 7 艘，总吨位 243 吨，主机功率 580.65 千瓦，载客量 368 人次，纠正超载违章行为客船 12 艘次，保障春运期间人民群众的生命财产安全。同年 5 月，开展安全月和“反‘三违’月”水上交通安全监督检查活动，共检查船舶 160 艘，发放船舶所有权登记表 49 份，纠正违章行为船舶 63 艘，受教育人数 90 人次。同年 11 月 11—14 日，在赣江水域万安水利枢纽（水电站）水库库区分别对赣县储潭乡、湖江乡、攸镇乡进行“三无”（无船名船号、无船舶证书、无船籍港）船舶的清理整顿。监督检查小挂机船 40 艘，渡船 3 艘，对违章船舶进行查处。2000 年 5 月，赣州航务分局在水上运输安全管理年活动的基础上，开展“反‘三违’月”和“安全生产周”等活动，检查船舶 427 艘次，纠正违章船舶 188 艘次，其中纠正货船超载 58 艘次，客船超额 1 艘次，无船员适任证书 37 人次，船员适任证书等级不符 6 人次，非客船载客 29 人次，未缴航养费 69 艘次，船员配额不足 55 艘次，消防设备不全 12 艘次，救生设备不全 13 艘次。同年 8 月，组织港监、船检行政执法人员开展 2000 年水上交通安全统一执法行动和“三无”船舶专项整治活动，检查船舶 251 艘，纠正违章船舶 62 艘次，查处“三无”船舶 21 艘次。

港口船舶签证 各港航监督机构依据《中华人民共和国船舶签证管理规则》，从水上交通安全的重要性出发，坚持查验与现场检查、现场勘测相结合的工作方法，查船舶证书、查船名号、查船籍港、查船员适任证书（船员驾驶执照）、查运单运价，勘测实际载重吨位，从源头把好关，把事故隐患消灭在始发港，确保水上交通安全。

表 23-2-3

1990—2000 年赣州市（地区）港船舶出港口签证流量统计表

年份	船舶			客(人次)	货物(吨)	
	艘数(艘)	总吨位(吨)	功率(千瓦)		货物量	其中危险货物
1990 年	7906.00	264351.00	185772.00	43219	192885.00	3009.00
1991 年	6921.00	243519.00	165735.00	285	165990.00	1886.00
1992 年	5425.00	230356.00	156345.00	12565	150825.00	2109.00
1993 年	3061.00	139108.00	71126.57	30	107655.60	1886.60
1994 年	4440.00	204032.00	144679.00	1970	143101.00	3050.00
1995 年	4403.00	228664.00	162021.00	2850	156827.00	4288.00
1996 年	3385.00	183127.00	135842.00	510	159130.00	2479.00
1997 年	1978.00	111672.00	88708.00	20	126626.00	924.50
1998 年	1551.00	94310.00	71815.00	1422	140809.90	790.00
1999 年	1277.00	85110.00	68969.00	—	149001.00	160.00
2000 年	1318.00	86106.00	86669.00	12576	131355.60	360.00

表 23-2-4

1990—2000 年赣州市（地区）港船舶进港口签证流量统计表

年份	船舶			客(人次)	货物(吨)	
	艘数(艘)	总吨位(吨)	功率(千瓦)		货物量	其中危险货物
1990 年	7295	255366.00	176939.00	43219	236454.00	75087.00
1991 年	6814	245769.00	169146.00	28500	217461.00	88882.00
1992 年	5908	229289.00	157552.00	14670	231164.00	83045.00
1993 年	3221	146931.00	73648.61	3000	292437.50	39769.50
1994 年	4311	200076.00	138704.00	1970	231993.00	65406.00
1995 年	4502	232355.00	164362.00	2890	270111.00	67144.00
1996 年	3147	67403.00	118705.00	1646	199911.00	41304.00
1997 年	2057	110978.51	64269.53	35025	150880.90	31257.00
1998 年	1784	99719.70	8259700.00	68321	113314.00	45820.00
1999 年	1296	109153.00	91746.08	85310	104511.00	56155.00
2000 年	1650	113119.00	97272.00	89488	116730.00	69784.00

四、船舶监督检验

1986—2000 年，全市（地区）船舶监督检验部门依据《江西省船舶设计单位认可办法》《江西船舶修造厂生产技术条例认可办法》《江西省船舶建造监督管理暂行办法》《江西省木质营运货船载重线勘划办法》《江西省小型船和农副业船检验发证办法》等，严格贯彻执行国家的船舶技术监督检验的条例、规范、规则、规程及有关技术标准和规定，收集、整理、上报其修改意见和建议，参与制定或起草有关船舶技术监督检验的规章制度、实施细则和补充规定，领导、研究解决有关船检技术业务问题，审核船舶设计图纸和技术文件，对船舶进行建造检验、营运检验、公证检验和船用产品检验等。在船舶建造施工过程中，对各道工序实行现场监督检验，促其符合规范要求。船舶建造竣工后，进行倾斜试验、系泊试验和航行试验，测试各项技术性能，使之满足设计要求，然后签发船舶检验合格证书，方可投入营运。对营运船舶的检验主要是检验在航船舶的有效航行期，检验其船体、轮机、电气、防污染及舾装设备等是否具备适航技术条件，对不符合要求的督促其整改，符合规范要求后签发船舶适航证书，否则不准航行。

表 23-2-5

1991—2000 年赣州市（地区）船舶检验所船舶检验统计表

年份	船舶建造检验			船舶营运检验			图纸审查(套)	报废船舶(艘)	过户船舶(艘)
	艘数	吨位	千瓦	艘数	吨位	千瓦			
1991 年	19	—	—	662	—	—	—	—	—
1992 年	28	—	—	607	—	—	—	—	—
1993 年	50	—	—	506	—	—	—	—	—
1994 年	25	—	—	624	—	—	—	—	—
1995 年	20	—	—	369	—	—	—	—	—
1996 年	25	—	—	435	—	—	—	—	—
1997 年	18	425.00	432.54	482	12487.59	8022.36	2	32	12
1999 年	6	961.00	451.30	159	111427.00	6267.33	5	—	5
2000 年	4	163.00	120.46	146	12017.00	6984.01	4	—	3

说明：缺 1986—1990 年和 1998 年数据，其余空格为未查到具体数据

五、船员安全教育、培训、考试

全市（地区）各港航监督机构为加强内河船舶船员技术管理，提高船员技术业务水平，保证船舶的正常运输和航行安全，按照交通部《内河船舶船员考试发证规则》做好全面管理船员专业训练、考试发证等工作。1989—1990 年，分别举办船员培训班 4 期、2 期，培训船员 210 人、186 人，录取船员 152 人、165 人。1991—1995 年，分别举办船员培训班 1 期、1 期、14 期、1 期、2 期，培训船员 141 人、39 人、1590 人、87 人、149 人，录取船员 95 人、29 人、1539 人、80 人、149 人。1996—2000 年，分别举办船员培训班 6 期、2 期、3 期、6 期、9 期，培训船员 213 人、92 人、73 人、100 人、178 人，录取船员 213 人、92 人、73 人、100 人、178 人。

1989—2000 年赣州港持证船员统计表

表 23-2-6　　单位：人

年份	三等轮船员	四等轮船员	五等轮船员	合计
1989 年	26	1604	1583	3213
1990 年	29	1664	2281	3974
1991 年	29	1734	2300	4063
1992 年	29	1734	2329	4092
1993 年	25	832	707	1564
1994 年	25	1110	783	1918
1995 年	25	1233	774	2032
1996 年	30	1370	881	2281
1997 年	33	1396	895	2324
1998 年	30	775	177	982
1999 年	30	730	276	1036
2000 年	36	747	402	1185

六、渡口安全监督管理

渡口、渡船　1986—1987 年，全地区有渡口 377 处，渡船 427 艘，其中人力渡船 304 艘、机动渡船 123 艘，渡工 659 人。1988 年，全地区有渡口 329 处，渡船 370 艘，其中人力渡船 239 艘、机动渡船 131 艘，渡工 502 人。1989 年，全地区有渡口 291 处，渡船 343 艘，其中木质机动船 79 艘、木质非机动船 198 艘、钢质机动船 63 艘、钢质非机动船 3 艘。1990 年，全地区有渡口 278 处，渡船 325 艘。1991—1996 年，全地区渡口分别有 268 处、255 处、261 处、269 处、263 处、256 处，渡船分别有 295 艘、287 艘、289 艘、298 艘、276 艘、263 艘，渡工分别有 386 人、349 人、354 人、389 人、327 人、368 人，渡改桥分别为 8 座、10 座、11 座、7 座、5 座、6 座。1997—2000 年，全地区渡口分别有 234 处、210 处、202 处、200 处，渡船分别有 254 艘、232 艘、230 艘、228 艘。

安全管理　随着国民经济的发展，以桥代渡的交通便利为人民群众的日常生活和生产提供有力的安全保障。赣州地区交通局、赣州航务分局依据《中华人民共和国渡口守则》和《江西省渡口管理条例》，在每年的水上交通安全大检查和"春运安检""安全生产周"、5 月"安全月""反三违月""水上运输安全管理年"等活动中，协同县（市）、乡（镇）的水上交通安全管理部门对全地区的渡口进行重点检查和清理整顿，重点检查渡口、渡船质量，核对载量定额，完善三证（渡口设置要有许可证、渡船要有有效适航证书、渡工须有适任证书）、一牌（船名牌）、一线（载重线）的安全管理，使渡口安全管理逐步实现规范化，走上依法治渡的轨道。1986 年 6 月，行署下发《关于加强渡口交通安全的通知》，建立健全渡口安全管理机构，落实渡口安全管理措施，渡口安全管理有所加强。1991—1996 年，各县（市）健全渡口管理机构，按照渡口管理条例做好乡村渡口安全监督管理工作，明确在农业附加税中安排25%的渡口经费，解决县（市）渡口管理经费来源。地区在财政预算中追加工交事业费，采取“消灭渡口，改渡建桥”新举措，每年由地区财政划出20万元专门用于改渡建桥补助。同时，开展乡村渡口定船、定点、定线航行牌工作，为清理“三无”船舶乱线乱渡，禁止违章渡运，杜绝渡运事故打下良好基础。其间，全地区投入渡口安全实施建设资金1007万元，渡改桥31座，消灭渡口31处。1996—2000年，健全县、乡、村、渡工四级安全责任制，完善监督检查制度，确保渡运安全。全市（地区）投入渡运安全管理资金400万元，完成渡改桥13座，减少渡口19处，更新乡村渡船46艘。为确保汛期渡运安全，消除事故隐患，1999年3月初至4月底，地区交通局和赣州航务分局联合组成渡口安全检查小组，对全地区各县（市）乡村199处渡口的216艘渡船进行年度审验和救生设备、“三证一牌一线”等渡口、渡船情况的现场监督检查，针对存在的问题提出加强渡口管理的建议和要求，经各级政府和渡口管理部门的共同努力，渡口安全形势有所好转。2000年2—4月，各县（市、区）交通局和乡（镇）人民政府配合各港航监理站集中人力、物力，对全市199个渡口206艘渡船进行年度检验和现场监督检查，对存在违章行为的76艘渡船分别责令其停航整改或限期整改。

水上交通事故处理 全市（地区）港航监督机构根据《中华人民共和国内河交通事故调查处理规则》，对于在境内通航水域内船舶、排筏、设施发生碰撞、搁浅、触礁、触损、浪损、风灾、火灾、爆炸、沉没或失踪等事故进行调查处理。1989—2000年处理水上交通事故72起。

七、水上交通事故案例

南康县镜坝乡“4·17”沉船特大恶性事故 1986年4月17日12时45分，南康县镜坝乡乌深井渡口发生严重超载沉船特大恶性事故。渡船载客154人落水，死亡50人（男8人、女42人），其中小学生47人，女教师1人，社会女青年2人。死者最大年龄40岁，最小年龄10岁，分属观河村12个村民小组47户家庭。遇难者中，母女遇难、姐妹遇难、姐弟遇难的各1户。

赣县储潭“12·3”违章载客货翻船事故 1986年12月3日9时，赣县湖江乡中芜村狮子口村民小组张某无证违章驾驶未经船舶检验部门检验发证、属“三无”船舶的小挂机船（按规定计算核载重吨位1.04吨，载客人数9人）在赣州市（今章贡区）建春门浮桥装载2.0米长瓦角板4捆、水泥2包、油毛毡2卷、自行车2辆、缝纫机1台、玻璃板6块、柴油50千克、机油12千克、箩筐4担及非法搭载乘客16人驶往赣县湖江乡。当小挂机船行至赣州市龟角尾81—1号顺坝时，又停靠搭载乘客7人后继续下驶。此时，河水已平小挂机船舯部甲板边缘，小挂机船严重超载，船舶的抗沉性储备浮力一干舷几乎没有，失去了防浪、抗浪的能力。10时许，当小挂机船途经赣县储潭乡西岸渡口上驶赣拖112号会船时，被拖轮中速追尾赶浪波峰打击、溅水，致使右舷船舱吃浪进水倾侧翻沉，船上连人带货全部翻入河中，造成4人（女性）溺水身亡的水上交通事故。

瑞金县谢坊镇“9·24”沉船特大恶性事故 1990年9月24日13时40分，在瑞金县谢坊镇谢坊村大埠头渡口，赣人渡10338号人力渡船因严重超载和无证人员违章渡运，导致与河中桥墩相撞，船体折断，船上55人全部落水，造成一起21人死亡、9人下落不明的特大恶性渡运事故。

全南县龙下乡河段“12·5”违章载客货船翻客亡恶性事故 1997年12月5日8时30分，全南县龙下乡龙下村玛瑙坝村民小组村民、个体船主驾驶员曾某（曾经承包过乡村渡运业务）在未经申请批准办理水路运输许可证和船舶营运证等水运合法证件的情况下，擅自非法经营水上运输，驾驶其私有木质挂浆机动船（船舶总吨位2吨、净吨位1吨），从全南县龙下乡川坳罗坝村民小组出发，沿途装载乘客、货物开往信丰县崇仙圩赶集。船上装有柑橘750多千克、活鲜鱼50多千克、木炭50多千克、自行车7辆、人力板车1辆、乘客34人（包括船主）。7辆自行车和1辆人力板车置放在船的顶棚上。当该船航行至全南县龙下乡山石村与河田村茶山交界处河段过仙人滩时，因船航行拐弯下滩遇有回流漩涡速度加快；且该船人货混装，严重超载，此时船身有所向左侧倾斜，船上乘客惊慌、害怕，大部分人都挤向左侧，重心失去平衡，使本来就向左侧倾斜的船身倾斜得更为厉害，危急险情之下，曾某某虽已喊叫船上乘客不要惊慌、害怕，不要乱走动，同时又采取驾空档用力摆浆操作想避过回流漩涡的措施，但未能实现，措施不力，处理不当，以致船舶连人带货物全部翻入河水中，最终造成 6 名女性（其中 2 岁女童 1 人）溺水身亡的重大恶性水上交通事故，直接、间接经济损失分别为 1 万元和 10 万元。

于都县贡江镇桥坑渡口码头“4·23”龙卷风袭击船翻人亡恶性事故 1998 年 4 月 23 日 17 时左右，于都县贡江镇古田村一艘由当地群众集资和于都县交通局渡口管理站拨出部分资金新建而未经船舶检验部门检验出厂的铁质渡船（属“三无”船舶，未办理任何手续，且擅自进行渡运）停泊在贡江古田村桥坑渡口码头时，遭受到强烈的龙卷风、暴雨的袭击，被拴的铁质渡船和正在渡船舱里避雨的 9 名村民一同被狂风卷到河中掀翻，船上人员全部落入水中，最终造成 8 人落水身亡（其中 7 人失踪）的重大恶性水上交通事故。

八、规费征收管理

赣州航务管理部门按照交通部、财政部、国家物价局文件精神，履行“三费”航道养护费、船舶港务费、规费征收职责，强化征管力度，严格按照国家规定的有关收费标准征收“三费”，对违反收费标准和违反规定偷、逃、抗、欠缴交通规费的单位及个人进行严肃查处，情节严重的移送司法机关依法追究刑事责任，切实做到应征不漏。

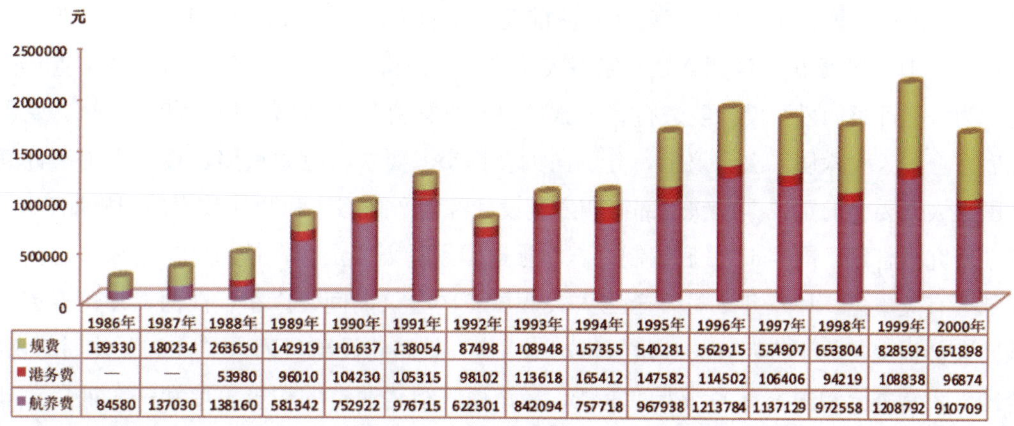

	1986年	1987年	1988年	1989年	1990年	1991年	1992年	1993年	1994年	1995年	1996年	1997年	1998年	1999年	2000年
规费	139330	180234	263650	142919	101637	138054	87498	108948	157355	540281	562915	554907	653804	828592	651898
港务费	—	—	53980	96010	104230	105315	98102	113618	165412	147582	114502	106406	94219	108838	96874
航养费	84580	137030	138160	581342	752922	976715	622301	842094	757718	967938	1213784	1137129	972558	1208792	910709

图 23－2－1 1986—2000 年赣州航务分局“三费”征收完成情况

第三章 铁路交通

1996 年以前，赣南只有 1965 年建成、1996 年停止运营的森林铁路，没有属于全国铁路网的铁路。1990 年北京至香港九龙铁路（以下简称“京九铁路”）正式立项，1993 年 4 月 15 日京九铁路赣南段正式开工，1995 年 11 月 16 日京九铁路全线在定南县顺利接轨，1996 年 9 月 1 日京九铁路全线开通运营，1999 年 9 月京九复线竣工，赣南人民盼望已久的铁路变成现实，结束赣南没有全国铁路网铁路的历史。

第一节 铁路修建

一、整体规划与筹备

京九铁路 京九铁路最初构想源于辛亥革命时期孙中山在《建国方略》中提出的南京—九江铁路，目的是沟通南北铁路交通。1958年，根据毛泽东的指示，铁道部部长滕代远第一次提出修建北京—九江铁路的设想。1970年，在赣南人民的强烈要求下，国务院总理周恩来表示在“四五”计划时期为赣南人民修建铁路。铁道部第四勘测设计院奉命三进赣南进行测量设计，但由于国家财力有限和未能与国家路网布局的整体规划结合起来，铁路还是与赣南无缘。1984年，中英两国政府关于香港问题的《中英联合声明》正式签署后，铁道部副部长邓存伦与一些知名人士适时提出修建北京—香港九龙铁路的方案。鉴于京九铁路建设具有重大的政治和经济意义，1990年，铁道部部长吕正操就京九铁路建设一事专门上书中央领导，中共中央总书记江泽民、国务院总理李鹏分别作出批示，并于当年立项，明确走向为北京—九江—九龙，纵贯江西省全境，穿越赣南的六县一市，赣南人民终于搭上京九铁路的快车。

赣龙铁路 赣龙铁路的雏形源于辛亥革命时期孙中山提出的建设全国铁路网的蓝图。随着时间的推移，赣龙铁路的设想不断完善。中华人民共和国成立后，京广铁路建成并完善，京九铁路正式立项在建。为此，江西、福建、广东三省的有识之士提出修建一条连接京广、京九两条主干线的铁路——韶赣龙铁路的构想。1992年年底，在福建省龙岩市召开的闽粤赣边区经济协作区第七次联席扩大会议上，赣州和龙岩地区领导就开展赣州至龙岩铁路前期工作进行商议，并于次年2月15日签订《赣州地区行署、龙岩地区行署关于共同做好赣龙铁路前期工作的协议》。同时，取得铁道部第四勘测设计院的大力支持，于1993年派出经济调查处专家多次前往赣龙铁路沿线县（市）进行经济调查和征集地方政府意见，为铁道部第四勘测设计院进行赣龙铁路可行性研究提供素材。1994年，赣州、龙岩两地全国人大代表在全国人大八届二次会议上，分别向大会提交《要求将赣龙铁路建设列入国家计划的议案》，引起全国人大常委会的重视。在铁道部第四勘测设计院的辛勤工作和两地政府的积极配合下，《赣龙铁路可行性研究报告》于同年11月底编制好，并报送国家计划委员会、铁道部、解放军总后勤部军事交通运输部等有关单位。1995年3月，全国人大八届三次会议期间，广东、江西、福建三省全国人大代表分别向大会提交《关于将韶（关）赣（州）龙（岩）铁路建设项目列入“九五”计划的议案》，再次引起全国人大常委会和国家有关部委的重视。经江西、福建两省的积极争取和一大批功勋卓著的老将军、老红军的呼吁，赣龙铁路建设项目得到中共中央、全国人大常委会、国务院领导以及国家计划委员会、铁道部的大力支持。1999年，国务院总理朱镕基就此该项目出批示，铁道部加大该项目的前期工作力度，国家计划委员会加快该项目的立项和可研审批工作步伐。2001年7月，国家批准赣龙铁路正式立项。

二、勘测设计

京九铁路 1956年，铁道部第四期勘探设计院受国务院委托，派出勘测设计队伍到赣南进行铁路修建勘测设计。1965年，铁道部第四勘测设计院第二次进入赣南进行铁路修建勘测设计。1971—1973年，铁道部第四勘测设计院第三次进入赣南进行铁路修建勘测设计。1990年京九铁路正式立项后，铁道部第四勘测设计院派出120多人的勘测队伍第四次进入赣南进行铁路修建勘测设计，于1993年1月完成初步设计，同年5月15日完成定测工作。京九铁路采取边勘测、边设计、边施工，铁道部第四勘测设计院在勘测设计时，采取分段分批勘测设计和现场设计等措施，保证重点、难点工作的先期开工。

赣龙铁路 1993年9月，铁道部第四勘测设计院开始赣龙铁路勘测设计的初测，12月完成初测工作。2001年8月，完成补充定测；10月24日，国务院批准赣龙铁路可研报告及开工报告，并于12月8日正式开工建设。

三、工程施工

1993年4月15日，京九铁路赣南段正式开工建设。京九铁路赣南段北接吉安站，南至赣粤省界，纵贯江西省吉安、赣州两个地区的吉安市、吉安县、泰和县、兴国县、赣县、赣州市（今章贡区）、南康市、信丰县、龙南县、定南县10个县（市），全长346.158千米。其中赣州境内正线全长262千米，18个车站，73道隧道，109座桥梁，883座涵洞。线路在赣中南崇山峻岭和江河水网中穿过，具有地形地质复杂、施工技术要求高等特点，是京九线开工最晚、工程最艰巨、工期最紧迫的一段，被称为京九线上"难中之难"地段。全段隧道总长占京九线隧道总长的60.3%，其中赣南境内占50%。境内长2536米的岐岭隧道进口280米属于特软岩，施工难度较大，被称为京九线上的"天字第一号"难点工程；雷公山隧道长3679米，是全线第二长大隧道。全段有6座深水特大桥，施工水位深10余米，其中赣南境内就有贡水特大桥、信丰桃江特大桥、铁石口桃江1号、2号特大桥。全段土石方平均每千米22.56万立方米，其中赣州境内完成土石方5895万立方米。全段正线独头铺轨346千米，桥梁1029孔，仅用16个月铺通。其工期之紧、建设速度之快为中国铁路建设史上少有。

参加京九铁路赣南段建设的有中国铁道建设总公司京九铁路赣州指挥部及所属十一、十二、十三、十四、十六、十七、十八工程局，铁道部第四勘测设计院江南指挥部，铁道部驻赣南各监理单位等。中国铁道建设总公司京九铁路赣州指挥部负责全段工程施工的组织指挥和全面管理。全段工程由北向南，分别由总公司所属的第十六、十七、十三、十四、十二工程局负责施工，第十八工程局负责预制全段预应力钢筋混凝土梁，第十一工程局负责全段铺轨架梁任务。按照国务院京九铁路建设领导小组的部署和铁道部的安排，京九铁路重点工程于1993年4月开工，三季度桥隧路基全面展开施工，年内综合完成线下工程的25%。1994年，攻坚突破重难点工程，综合完成线下工程80%以上。1994年7月1日，从吉安开始铺轨。1995年11月16日，铺轨到赣粤省界接轨点——定南县定河特大桥，并于当日举行全线接轨典礼，铁道部京九办副主任黄杰宇主持全线接轨典礼，13时37分，国务院副总理邹家华通过电话下达接轨令，担负赣粤两省铺架任务的第十一工程局三处和第一工程局三处的两台铺轨机准时接通，至此，京九铁路全面贯通。1995年四季度起，全线开始站前工程收尾、站后设备配套的大规模歼击战，一方面狠抓上碴整道，保证开通分流时速度达到每小时45千米，并用大型机械整道，实现交付运营时车速达到每小时60千米，另一方面狠抓站前工程收尾及站后房建、"三电"（电力、电信、信号）及设备安装的站场施工。1996年4月1日，开通京九全线货运分流运输。1996年9月1日，京九铁路全线开通运营。

第二节 桥梁隧道

京九铁路在赣州境内有桥梁125座，隧道53座，涵洞883座。其中，特大桥有长龙大桥、贡水大桥、信丰桃江大桥、铁石口桃江1号大桥、铁石口桃江2号大桥；重点、难点工程隧道有岐岭隧道、岭背隧道、雷公山隧道、金鸡岭隧道、井坑隧道、宝塔山隧道、青云山隧道、磜角隧道等。

一、桥梁

长龙特大桥 位于兴国县高兴镇境内，桥中心里程京九线K1768+773，京九线吉赣段DK235+459.61。该桥为17孔32米预应力钢筋混凝土简支梁，有16个墩、2个台，桥全长564.12米。墩台基础为明挖扩大基础。该桥预留复线，双线墩台，左线架梁。北京台及1～6孔梁位于半径800米圆曲线缓和曲线上，第7孔梁部分位于缓和曲线上。桥墩为圆端形，耳墙式桥台。基础最大埋深地面以下6米，最高墩身18米。铁道部第十七工程局二处三段八队施工。1993年9月5日开工，1994年11月24日主体工程竣工。1994年7月，该桥通过铁道部京九办、铁道建筑总公司赣州指挥部“京九线优质样板工程”的验收。1996年由赣州工务段接管。

贡水特大桥 贡水特大桥是京九全线重点工程之一。位于赣州市（今章贡区）东北2.3千米处的贡江上，桥中心位于京九线K1853＋057，是跨越贡江的第一座铁路桥梁。

该桥由铁道部第四勘测设计院设计。全桥长1292.2米，北岸阶地设32米简支梁15孔，南岸设32米简支梁11孔，江中浅水区设32米简支梁4孔。主河道区设计为5孔1联（40米＋3×72米＋40米）部分预应力混凝土连续梁，采用悬臂灌筑法施工。箱梁为单箱单室，顶板宽10米，底板宽5.2米。江中墩采用直径1.5米的钻孔桩基础，桩长8.4～11.5米，岸上大部分墩台采用扩大基础，部分桥墩采用1.5米及1米的钻孔桩及挖孔桩。墩身设计为圆端形实体墩，高度8～20.5米。

该桥1993年1月开始地质勘测，4月完成初步设计，8月完成设计蓝图。铁道部第十三工程局四处应建设单位的要求，提前在1993年4月15日在北岸四号墩开挖基础，至1995年3月1日主体完工，历时一年零十个半月时间，比计划提前一个半月。大桥工程用工量累计43万工天。

上部主桥构造为5孔1联三向部分预应力混凝土连续箱梁，全长297米，采用悬臂灌筑施工。端部梁段采用支架法施工。贡水特大桥三向部分预应力混凝土连续梁的施工在梁体合龙精度、支座受力情况、梁体线形控制等方面均达到或超过设计及规范要求。贡水特大桥竣工后梁体混凝土光滑平整，线型美观。经施工过程梁体应力应变测试及通车检验，梁体未发生任何裂纹。该桥多次受到监理部门，铁道部及地方省市领导的好评，被团中央、铁道部评为青年文明号工程。1995年9月该桥施工技术通过铁道部鉴定。1996年9月1日交南昌铁路局临管，由赣州工务段接管，有保安队守护。1997年通过正式验收。

信丰桃江特大桥 位于信丰县同益乡游州村，跨越桃江，中心里程为京九线K1926＋685（吉安至赣粤省界段DK395＋133.92），桥全长604.07米。桥跨布置为20×16米预应力先张梁＋8×32米预应力后张梁。全桥位于4‰的坡道上，16米梁均位于直线上，32米梁位于半径2000米的缓和曲线和圆曲线上。

水中墩（32米梁下）设计为钻孔桩基础，（摩擦桩）直径为1米，最大桩长为15米，河滩上墩（16米梁下）基础设计为明挖扩大基础，基础挖深6米。墩身设计分两种：1～19号为轻型双柱式墩，墩高10米（含顶帽）；20～27号设计为园端形实体式重力墩，墩高14.5米（含顶帽），0号、28号设计为耳墙式桥台，桥头最大路基填高10米。

16米先张梁采取现场预制梁和现场架梁，32米后张梁由铺架队架设。大桥为双线设计，施工单线铺轨。钻孔桩56根、墩台29座、制16米先张梁20孔（40片）、基础土方3.5万立方米、筑岛围堰2.9万立方米、圬工5980立方米。桥上两侧人行道直线段宽1.05米，曲线段宽1.3米，在下行方向的左侧，每个墩设避车台，每个墩均设有人行道至墩台顶的检查铁梯，墩台顶部设有0.75米的检查围栏。桥面铺设50千克/米护轮轨，由铁十四工程局二处十队担负施工，于1993年4月1日开工，下部工程于1994年10月1日完工，16米梁架设于1994年10月底完工。该工程被铁道部评为优质工程。1996年后由赣州工务段接管。

铁石口桃江1号特大桥 中心里程为京九线K1947＋367，吉赣DK416＋625.44，施工单位铁十四局一处一队，1993年8月5日开工，1995年1月10日竣工。铁石口1号特大桥位于信丰县铁石口镇芜莆村，跨越桃江，为京九线赣南段重点和难点工程，该桥桥跨布置为15×32米后张法预应力砼梁＋4×（6米整孔砼梁＋3×9米连续刚构）＋1×米整孔砼梁，桥全长660.88米。基础形式：该桥赣台至11

号、14号、15号墩设计为直径1米钻孔桩基础，12号、13号墩为沉井基础，其余则为明挖扩大基础。墩身形式：双柱轻型墩（连续刚构下）和双线圆端形桥墩（32米梁下），桥台为耳墙式，采用TPZ橡胶支座。全桥位于线路平坡上，赣台至7号墩位于半径800的圆曲线和缓和曲线上，双线架梁，双线铺轨。

该桥6米整体砼梁采用钢木组合模板，现场浇注，32米梁由铁十八局负责生产，铁十一局铺架队负责铺架，附属工程由铁十四局施工台后及锥体填土，采用人工分层夯实，密实度符合要求，锥体砌筑，墩台检查设备，护轮轨等均按要求施工，保证质量。

全桥各墩台结构尺寸、砼强度均满足设计要求，隐蔽工程全部经监理检查同意后施工，砼表面光滑，无蜂窝麻面，各项工程一次评定345项，合格率100%；优良328项，优良率95%。该桥工程被京九办评为优质样板工程。1996年赣州工务段接管。

铁石口桃江2号特大桥 中心里程京九线K1948+593，吉赣里程为DK417+851.59，施工单位是铁十四局一处三队，1993年6月6日开工，1994年11月28日竣工。

1993年9月至1994年3月枯水季节集中力量突击河道中的2～10号墩的桩基和承台。连续刚构和两个桥台均属旱地施工，因此安排在雨季施工。钻孔桩施工在江内桩基采用筑岛法施工，推土机推平，压路机压实。岸上桩基直接用机械推平。测设桩位，埋设护筒，护筒为整体式全钢护筒。1～10号墩均为圆端形桥墩，整个墩身均采用组合钢模，圆端部分用双曲可调模板，直面部分采用变角可调模板，采用拉杆和可调桁架加固。双线耳墙式桥台，采用组合钢模，拉杆加固。顶帽采用木模，预先制作木模板，用吊车吊至墩顶组装，采用拉杆和可调桁架加固。墩台施工，砼均采用机械自动计量集中拌和，吊车吊运，人工配合机械捣固，砼灌注完毕后及时覆盖草袋并洒水养护。连续刚构为铁四院引进日本先进技术设计，全长196.25米。基础为刚性联合基础，矩形立柱，梁部为6米低高度梁和连续刚构梁。

全桥各部分几何尺寸均符合设计要求，隐蔽工程全部报检，经监理同意后施工。砼捣固密实表现光滑。各种材料均经试验合格后使用。全桥制作砼试件176组，合格率均为100%；分项工程一次评定361项，合格361项，合格率100%；优良343项，优良率95%，单位工程评为优良。1996年由赣州工务段接管。

表23-3-1　　2000年京九铁路赣州境内部分铁路大桥（未含特大桥）一览表　　单位：米

桥梁名称	中心里程	全　长	孔　跨	建成年份
墩丘大桥	K1764+246(营盘上—232)	124.10	4孔24米预应力T型	1994年
黄群河桥	K1771+393(营盘上—高兴)	127.70	4孔24米预应力T型	1995年
龙坪河桥	K1778+544(高兴—兴国)	176.40	5孔32米预应力T型	1994年
下埠桥	K1786+122(兴国—256)	111.10	4孔24米预应力T型	1994年
永丰河桥	K1789+378(兴国—256)	176.80	10孔16米预应力T型	1994年
龙沙桥	K1793+565(256—龙口)	110.40	6孔16米预应力T型	1995年
龙口桥	K1800+921(256—龙口)	176.40	5孔16米预应力T型	1994年
三合溪桥	K1802+398(256—龙口)	176.70	5孔16米预应力T型	1995年
兴江4号桥	K1805—812(龙口—南塘)	125.50	2孔24米预应力T型	1994年
水坝桥	K1807+585(龙口—南塘)	108.80	4孔24米预应力T型	1995年
大都口桥	K1811+265(龙口—南塘)	284.60	11孔24米预应力T型	1995年

续表 23-3-1

桥梁名称	中心里程	全 长	孔 跨	建成年份
沙溪口桥	K1815+028（南塘—288）	207.30	6 孔 32 米预应力 T 型	1995 年
爬滩桥	K1817+432（南塘—288）	106.10	4 孔 24 米预应力 T 型	1995 年
樟溪桥	K1824+563（288—江口）	155.00	2 孔 24 米预应力 T 型 3 孔 32 米预应力 T 型	1995 年
肖屋桥	K1825+991（288—江口）	273.10	8 孔 32 米预应力 T 型	1994 年
磨刀桥	K1827+445（288—江口）	174.00	5 孔 32 米预应力 T 型	1994 年
大坡头桥	K1831+117（288—江口）	176.00	5 孔 32 米预应力 T 型	1994 年
新店桥	K1835+724（江口—赣州东）	141.90	4 孔 32 米预应力 T 型	1995 年
东田桥	K1841+354（江口—赣州东）	322.10	8 孔 32 米预应力 T 型 2 孔 24 米预应力 T 型	1995 年
三眼桥	K1842+354（江口—赣州东）	405.60	12 孔 32 米预应力 T 型	1995 年
茅店桥	K1845+418（江口—赣州东）	138.70	4 孔 32 米预应力 T 型	1995 年
赣州立交桥	K1825+220（赣州东—赣州）	266.20	5 孔 24 米预应力 T 型 4 孔 32 米预应力 T 型	1996 年
砂石埠桥	K1861+468（赣州—赣州南）	240.00	7 孔 32 米预应力 T 型	1996 年
下南田桥	K1862+342（赣州—赣州南）	307.40	1 孔 32 米框架 8 孔 32 米预应力 T 型	1996 年
大湾垄桥	K1865+130（赣州—赣州南）	307.80	9 孔 32 米预应力 T 型	1996 年
石坳桥	K1877+264（赣州南—南康）	177.00	5 孔 32 米预应力 T 型	1995 年
铜锣坑桥	K1886+373（南康—龙回）	210.00	6 孔 32 米预应力 T 型	1996 年
高陂桥	K1887+055（南康—龙回）	139.50	4 孔 32 米预应力 T 型	1996 年
五马归桥	K1887+244（南康—龙回）	171.80	5 孔 32 米预应力 T 型	1996 年
下羊坑桥	K1893+078（南康—龙回）	209.10	6 孔 32 米预应力 T 型	1995 年
三益 1 号桥	K1895+371（南康—龙回）	307.20	9 孔 32 米预应力 T 型	1995 年
三益 2 号桥	K1895+827（南康—龙回）	275.00	8 孔 32 米预应力 T 型	1995 年
西江桥	K1922+440（信丰—大塘）	202.10	5 孔 24 米预应力 T 型 2 孔 32 米预应力 T 型	1994 年
同益桥	K1925+573（信丰—大塘）	112.20	6 孔 16 米预应力 T 型	1995 年
庙前桥	K1930+702（信丰—大塘）	143.70	4 孔 32 米预应力 T 型	1993 年
羊马桥	K1942+963（大塘—铁石口）	145.50	4 孔 32 米预应力 T 型	1994 年
羊马坳桥	K1943+642（大塘—铁石口）	144.00	4 孔 32 米预应力 T 型	1994 年
仰湖桥	K1949+183（铁石口—420）	111.70	4 孔 32 米预应力 T 型	1994 年
社背桥	K1955+095（420—小江）	141.50	4 孔 32 米预应力 T 型	1994 年
风山桥	K1956+000（420—小江）	144.10	4 孔 32 米预应力 T 型	1994 年
老角湾桥	K1956+695（420—小江）	143.70	4 孔 32 米预应力 T 型	1994 年
顶子高桥	K1956+982（420—小江）	143.70	4 孔 32 米预应力 T 型	1994 年
小江 1 号桥	K1957+600（420—小江）	224.90	7 孔 32 米预应力 T 型	1995 年
小江 2 号桥	K1957+866（420—小江）	125.90	4 孔 32 米预应力 T 型	1994 年
老禾场 1 号桥	K1958+053（420—小江）	107.40	3 孔 32 米预应力 T 型	1994 年
龙井口桥	K1958+664（420—小江）	438.30	13 孔 32 米预应力 T 型	1995 年
老屋仔 2 号桥	K1962+281（420—小江）	174.60	5 孔 32 米预应力 T 型	1996 年
老屋仔 1 号桥	K1961+858（420—小江）	142.10	4 孔 32 米预应力 T 型	1995 年
老屋仔 3 号桥	K1962+590（420—小江）	107.40	3 孔 32 米预应力 T 型	1995 年
老屋仔 4 号桥	K1963+157（420—小江）	175.00	4 孔 24 米预应力 T 型 2 孔 32 米预应力 T 型	1995 年

续表 23-3-1

桥梁名称	中心里程	全　长	孔　跨	建成年份
岭仔脑桥	K1963+411(420—小江)	108.60	3孔32米预应力T型	1995年
陈屋桥	K1963+763(420—小江)	130.50	1孔24米预应力T型 3孔32米预应力T型	1995年
白马庙桥	K1963+943(420—小江)	111.00	3孔32米预应力T型	1995年
地段桥	K1964+667(420—小江)	107.30	3孔32米预应力T型	1995年
罗结墟桥	K1967+103(小江—龙南)	307.70	9孔32米预应力T型	1994年
排上1号桥	K1974+555(小江—龙南)	135.00	15孔8米预应力T型	1994年
张古段桥	K1976+277(小江—龙南)	134.60	5孔24米预应力T型	1995年
河口1号桥	K1976+787(小江—龙南)	142.60	1孔32米预应力T型 4孔24米预应力T型	1995年
河口桥	K1977+987(小江—龙南)	200.10	6孔32米预应力T型	1994年
金鸡岭桥	K1978+263(小江—龙南)	229.00	7孔32米预应力T型	1995年
禾仔神桥	K1979+714(小江—龙南)	144.10	4孔32米预应力T型	1994年
水头迳1号桥	K1983+249(龙南—关西)	186.00	3孔24米预应力T型 3孔32米预应力T型	1995年
水头迳2号桥	K1983+558(龙南—关西)	159.90	6孔24米预应力T型	1994年
沙坝1号桥	K1985+929(龙南—关西)	103.00	1孔24米预应力T型 2孔32米预应力T型	1995年
沙坝2号桥	K1986+102(龙南—关西)	117.90	2孔32米预应力T型 2孔24米预应力T型	1994年
沙坝3号桥	K1986+274(龙南—关西)	109.20	3孔32米预应力T型	1994年
濂江桥	K1987+402(龙南—关西)	242.30	7孔32米预应力T型	1995年
五石子1号桥	K1988+046(龙南—关西)	151.30	4孔32米预应力T型	1995年
五石子2号桥	K1988+584(龙南—关西)	175.90	5孔32米预应力T型	1995年
小举口桥	K1989+281(龙南—关西)	274.50	8孔32米预应力T型	1995年
黄竹泽桥	K1994+757(关西—定南)	187.40	7孔24米预应力T型	1995年
下坝桥	K2001+706(关西—定南)	184.00	7孔24米预应力T型	1995年
新塘1号桥	K2006+991(定南—老城)	273.20	8孔32米预应力T型	1995年
新塘2号桥	K2007+444(定南—老城)	242.50	7孔32米预应力T型	1995年

二、隧道

岐岭隧道　岐岭隧道为京九线重点、难点工程之一，位于南康、信丰两县交界处。该隧道穿越的岐岭山脉为东西走向，是章江与桃江的分水岭。隧道中心为京九线K1904+754，吉赣里程为DK369+987～DK372+523，全长2536米。进口段536米由铁十四局隧道公司施工，其余为铁十八局三处施工。1993年4月开工，1995年4月竣工，1996年由赣州工务段接管。

隧道进口段位于剥蚀低山地带，最高标高为390米。进口段处于山前坡脚地段，山坡平缓，树木茂盛，植被特别发育，山坡坡度一般为15°～20°，最大为40°～50°。DK370+435～DK370+460为泥盆系中统的石英岩和含砾石英砂岩组成的陡峻岩壁，重力作用使山前坡面有5～10米厚的崩坍堆集物，岩性为砂粒夹块石碎石层。进口段隧道主要通过地层为加里东期第二阶段第一次侵入的中粗粒黑云母花岗岩体，岩体破碎。岩石中石英成分较少，长石含量最高。风化年代久远，风化浓度大，一般深达30～50米，长石大部分风化为灰白色高岭土，结构松散，这种花岗岩风化的土体缺点是质地疏松，处于饱和状态，亲水性强，水理性差，遇水易软化，呈流塑状，自稳能力差。是少见的特殊不良地质，为I类围岩。隧道通过的地层情况：DK369+987～DK370+260长273米，为极严重—严重风化中粗粒花岗岩，成土状，为Ⅰ类围岩。DK370＋260～DK370＋480 为颇严重风化花岗岩，有大量裂隙水，为Ⅱ～Ⅳ类围岩地段。DK370＋480～DK370＋523 为石英砂岩。含砾石英砂岩与石英砂岩，为Ⅱ、Ⅲ、Ⅳ类围岩。地下水对混凝土有溶出性中等侵蚀。由于进口段Ⅰ类围岩长达 273 米，给施工带来严重障碍。

针对正洞不同的地质条件，施工中采取不同的施工方法。明峒段设计长 33 米，于 1993 年 4 月中旬路堑拉沟，当时正值雨季，由于雨水冲刷下渗，岩体强度降低，在坡脚开挖失去支撑后，产生浅层牵引性滑动，地表出现裂隙错台，改做明峒，由于岐岭隧道进口段软弱围岩占较大部分，并且地下水丰富，工程进展较慢。为加快工程进度，1994 年 1 月研讨会确定增加 3 个辅助导坑、泄水洞、竖井、0 号斜井，3 个辅助导坑进入正洞后（洞内施工时间为 1994 年 6 月上旬至 11 月中旬，共 5 个月），共完成 60 洞米，占全部工程量的 11.2%，接应进口及平导的工作面。0 号斜井工作面卷扬机于 1994 年 8 月底拆除。DK370＋400 向进口下半部分开挖由 0 号斜井运输，提前接通。该隧道进口围岩属特软弱围岩，地质条件差，施工难度大，因此，岐岭隧道被铁道部总工程师沈之介称为"京九线天字第一号"工点。

岐岭隧道施工两年中因地质条件差发生两次大的塌方，数次突水冒泥，由于加强安全制度、技术措施的落实，监测、信息及时反馈，严格遵守各项操作规程，整个施工中，未发生因工伤亡事故。整体工程质量较好，合格率 100%。岐岭隧道 1993 年 4 月 18 日开工，1994 年 10 月 14 日贯通，1995 年 4 月 15 日竣工，实际工期 24 个月，保证铺轨提前通过。岐岭隧道特殊软弱围岩施工技术被列为京九铁路科技攻关项目，于 1995 年 9 月通过铁道部建筑总公司科技成果鉴定。

岭背隧道 位于京九线赣龙段，在信丰县城西南 2 千米处，距 105 国道约 500 米。一洞横穿两座小山，全长 348 米，中心里程京九线 K1932＋836，吉赣段 DK394＋912。隧道由铁道部第四设计院设计。双线直线电化隧道（除 DK392＋059～＋086 右线中心线位于缓和曲线上）。纵断面为单面坡，坡度为 5.8‰和 3.6‰，整体式衬砌。隧道为曲墙带仰拱。明峒为直墙带仰拱。锚喷临时支护，端翼墙式洞门。

该隧道埋藏浅，最大埋深不足 40 米。表层覆盖粉砂岩，下伏基岩和面岩。岩层与隧道中心线近乎平行。围岩风化严重，节理裂隙发育，整体性差。地下水不发育，围岩类别为Ⅱ、Ⅲ类。除中间明峒部分有 10 米宽冲积淤泥外，无大的地质构造。

施工分进出口两部分，由铁道部第十四工程局二处六队、七队分进出口两个工作面施工。采用先拱后墙法施工，先打通上导坑，衬砌拱圈，然后拉中槽，依次施作边墙，仰供、水沟电缆槽和隧底填充。1993 年 9 月开工，1995 年 3 月主体工程完工。该隧道经验收评为优良工程。1996 年，由南昌铁路局赣州工务段接管。

雷公山隧道 位于信丰县与龙南县交界处，中心为京九线 K1972＋486。进口施工里程 DK440＋306，出口施工里程 DK443＋985，全长 3679 双线米，隧道长列京九线第二。其中，进口超浅埋地段地表砂浆锚杆预加后暗挖 45 米，然后接明峒（Ⅰ类围岩 53 米，出口段有明峒 8 米）。全隧道设计为复合式衬砌，采用新奥法施工，双侧水沟、电缆槽。全隧道设计为单面坡，＋4.4‰长 794 米、＋4.8‰长 2750 米、＋4.1‰长 135 米。隧道内设混凝土轨枕板道床，进出口与碎石道床衔接处各设 10 米过渡段。隧道有断层和不整合接触带 800 米，地下水发育。为确保工期，全隧增设 5 个斜井，以实现"长隧短打"。雷公山隧道由铁道部第十二工程局二处隧道公司三段负责施工，于 1993 年 3 月 20 日开工，1994 年 11 月 11 日贯通，比上级要求提前 51 天。1995 年 6 月 30 日全隧道竣工，比京九办施工组织计划提前 70 天。实际工作 27 个月，保证了铺轨提前通过。1996 年，交南昌铁路局赣州工务段管理，为京九线南昌局里程最长隧道，有保安队守护。

该隧道施工现场布局合理，开挖轮廓线控制好，初期支护密实，混凝土施工采用自动配料计量设备，严格配比施工。混凝土捣固密实，内实外光，无蜂窝、无裂纹、无流沙、无脱皮、无漏浆、麻面少、错台小，符合要求。整座隧道原状原色，一次成优。自开工始无机械受损，无伤亡，无大塌方发生，做到安全无事故，始终以质量保证安全加快进度。雷公山隧道被铁道部京九办、总公司赣州指挥部和铁道部第四设计院称赞为“京九线上按新奥法施工最好”的工点；是京九线唯一一座被共青团中央授予“青年文明号”的隧道工程；是铁道部京九办“创优样板工程”，是铁道部第十二工程局1995年度优质工程。

金鸡岭隧道 位于京九线K1980＋471，赣龙段DK449＋318～DK450＋413段，全长1095米。其中进口设计有明峒26米，出口4米。隧道大部分处于侏罗系变质泥灰岩中，围岩类别大部分为Ⅱ、Ⅲ级围岩，进口为比较发育的坡洪积层，出口为红色砂黏土类漂石及风化严重的砂页岩。在DK450＋210及＋070处分别有一断层带。该隧道地形为丘陵陡坡，自然坡度20°～40°，坡面植被较密，自然发育性冲沟较多，隧道渗漏水严重，最大埋深110米。

该隧道由铁道部第四设计院设计，设计为双线电化隧道。洞内曲线要素为：左线半径700米，缓和曲线长160米；右线半径705米，缓和曲线长150米。隧道主要工程数量：开挖土石方13.21万立方米，喷混凝土4217立方米，打锚杆227吨，混凝土衬砌2.75万立方米。

该隧道由铁道部第十二工程局第四工程处施工，1993年4月1日开工，1995年5月25日竣工，历时26个月，提前两个月完工，被列为创部优工程。1996年9月通车，交南昌铁路局赣州工务段管理。

在隧道开挖施工中，遇到进出口洞中段一边软一边硬施工难题，处理不好不是塌方就是欠挖，施工单位采取软弱围岩强支护，较硬围岩弱爆破的施工方法，即先开挖软岩部分，加密加长打锚杆挂网，按局部钢架喷锚，尔后在硬岩部分加密炮眼，少放药进行预裂爆破。塌方在施工中经常出现，影响施工进度，施工单位采取在塌方面素喷—打锚杆—挂网—喷锚—安钢架—再喷锚—剩余空间在二次衬砌中回填的施工程序获得较好效果。

1993年9月27日，冒顶塌方伤亡事故发生，行署专员邱禄鑫迅速组织有关部门及人员帮助救援。经过紧急抢救，有3人救出，6人遇难。事故教训是在进口洞口段的施工中，按设计规范进行初期支护后，没有及时作二次支护。塌方部位处在比较发育的坡洪积层，是因山体滑坡引起的。

井坑隧道 位于定南县境内，京九线K1985＋446，施工里程DK454＋475～DK455＋266，竣工统一里程为K1985＋051.07～K1985＋842.07，全长791米。其中DK454＋594～＋619.5和DK455＋262～＋266两段（共29米）为明峒。隧道中间为侏罗系凝灰岩，软微风化，进出口两端为侏罗系玄武岩，软微风化，地下水发育，具有溶出性中等侵蚀。隧道进口为路基，出口为沙坝一号中桥。该隧道由铁道部第十二工程局四处施工，于1993年7月7日开工，1995年5月19日竣工。1996年9月，交南昌铁路局赣州工务段管理。

由于隧道较长，地质复杂，Ⅱ、Ⅲ、Ⅳ类围岩交替出现，工期较紧，采用进出口同时向中间施工，又在DK454＋619.5处增加一个口，向出口方向施工，有3个作业面。在Ⅱ、Ⅲ类围岩段，采用传统的正台阶先拱后墙法施工，支护方面采用锚喷支护。在初期支护中加入格栅加强支护参数，并在进出口段的二镒衬砌中放入钢花拱以加强衬砌；在下导施工当中，先开挖中槽，交替开挖左、右侧马口；在仰拱施工当中，采用左右交替前进的方法施工。在Ⅳ类围岩段，石质较硬，地质较好，采用全断面法施工，一次性挖出整个断面，支护为锚喷临时支护，用衬砌台车灌注边墙及拱圈混凝土，铺底施工一次成型。该隧道分项工程合格率100％，优良率80％。单位工程优良，经检查，标高、净空均达到设计要求，满足铺架需要。

宝塔山隧道 位于京九线赣龙段龙南车站和关西车站区间，京九统一里程K1992＋265.53处，京九线重难点工程之一。隧道总长1204米，施工里程DK461＋140～DK462＋343。其中明峒18米，Ⅱ类围岩546米，占46.88％；Ⅲ类围岩165米，占13.72％；Ⅳ类围岩475米，占39.48％。围岩复杂多变，断层破碎带、接触带交错。洞身主要穿越侏罗下统余田群凝灰质砂页岩、硅化凝灰质砂页岩和燕山旋回早期第二阶段第一次中粗粒花岗岩，节理十分发育，且富含地下水。其中DK461＋760—DK461＋830段为凝灰岩与花岗岩接触带，DK462＋130—DK462＋210段为断层破碎带，DK462＋140—DK462＋180为浅埋段。该隧道设计单位为铁道部第四设计院，采用新构筑法设计施工，锚喷初期支护、全断面复合衬砌；双线混凝土宽枕轨道，且两端各设10米过渡段；双侧水沟，电缆槽。防排水明峒采用柔性甲种防水层，暗洞拱部敷设CCR911橡胶防水板，两侧边墙交错设竖向盲沟，通过预留泄水孔，将水排入水洞内侧沟。

隧道开始由铁道部第十局一处施工，1994年2月移交给铁道部第十二局二处施工。严格按新奥法组织施工，以施工规范和锚喷构筑法为准则，根据实际情况选择合理的施工方案。隧道进口于1993年4月20日开工；斜井于1993年11月14日开工，1994年2月到达正洞；出口于1993年4月23日开工；整个隧道于1995年3月11日提前贯通，1995年8月底竣工。1996年9月通车时交南昌铁路局赣州工务段管理。

1993年9月2日和8日，DK462＋299～DK462＋255段发生大塌方，铁十二局京九指挥部和铁十二局一处指挥所迅速组织设计、监理单位现场会诊，确定施工方案，调集人力、物力拼抢塌方。经6个多月抢险穿过坍体，恢复正常施工。

宝塔山隧道分项、分部工程一次检查合格率100％、优良率85.3％，单位工程优良率100％；砂浆、砼试件合格率100％，优良率86％，被评为京九办样板工程。

青云山隧道 青云山隧道全长2270米，位于定南、龙南县交界处。是双线电气化隧道，施工起讫里程为DK468＋388～DK470＋658，竣工统一里程为D1998＋945.72～K2001＋215.72。青云山隧道进口端90.77米，出口端385.77米，均位于半径700米的曲线上，隧道纵断面为人字坡，进口为3‰上坡，出口为3.5‰下坡。除进出口洞口及明峒为模筑衬砌外，其余均按新奥法施工，复合式衬砌。青云山隧道由铁道部十二工程局三处负责施工，为确保顺利完成任务，隧道设置斜井两座，共长551米。进出口开工为1993年4月1日，隧道竣工日期为1995年8月8日，实际工期28个月。1996年9月京九全线通车之前交南昌铁路局赣州工务段管理。

青云山隧道进出洞门均位于深堑地段，地势低洼，场地狭窄，地表淤积泥厚达3米以上。隧道两端有878米围岩类别Ⅰ—Ⅲ类。尤其进口277米段为极严重风化花岗岩，节理发育，基岩裂隙水丰富，开挖后洞内涌水量平均每昼夜在1500立方米以上。隧道中部1400米段地质条件较好，属Ⅳ—Ⅴ类围岩。根据青云山隧道不同的地质水文情况及设计要求，在隧道进口长300多米的Ⅰ、Ⅱ类围岩地段以施工防坍为主题，稳扎稳打，逐步推进。在挂网锚喷固结洞口仰坡，采用侧壁导坑，超前锚杆结合钢格栅挂网锚喷混凝土支护，先拱后墙，及时衬砌明峒，平稳进洞。青云山隧道全部采用自制简易衬砌台车进行全断面复合式衬砌。

磜角隧道 位于定南县境内。京九线K2003＋627，施工里程DK474＋888～DK475＋717，竣工统一里程（京九线）为K2003＋213.14～K2004＋042.14，系一次性双线电气隧道，全长829米，整座隧道位于半径600米的两组曲线上，中间夹直线长120.82米，隧道纵断面为4.5‰下坡。该隧道Ⅰ类围岩444米，Ⅱ类围岩35米，Ⅲ类围岩10米，Ⅳ类围岩105米，拱Ⅱ墙Ⅳ类围岩175米，拱Ⅲ墙Ⅳ类围岩60米。均为风化极严重花岗岩，节理发育，基岩裂隙水丰富，开挖后洞里涌水量平均每昼夜1200立方米以上。K2003＋939.14～＋947.14段为35米长明峒。除明峒外均采用喷锚、挂网、格栅钢架临时支护，薄型模筑衬砌。工程由铁道部第十二工程局三处负责施工，采取进口（K2003＋213.14）、明峒口（K2003＋939.14）、出口（K2004＋042.14）三个口同时施工。1993年8月18日开工，1995年8月22日竣工，实际工期为24个月。1996年9月通车时，交南昌铁路局赣州工务段管理。

表 23－3－2

2000 年京九铁路赣州境内隧道一览表

单位：米

隧道名称	中心里程	区 间	长 度	建造年份
龙沙隧道	K1793＋826	256—龙口	330. 00	1994 年
龙沙一号隧道	K1794＋084	256—龙口	76. 00	1994 年
龙口隧道	K1800＋127	256—龙口	418. 00	1995 年
司堂脑一号隧道	K1806＋100	龙口—南塘	130. 00	1994 年
司堂脑二号隧道	K1806＋427	龙口—南塘	182. 00	1995 年
大南坑一号隧道	K1808＋027	龙口—南塘	217. 00	1995 年
大南坑二号隧道	K1808＋376	龙口—南塘	108. 00	1994 年
翰林桥二号隧道	K1820＋065	南塘—288	140. 00	1995 年
樟溪一号隧道	K1824＋706	288—江口	98. 00	1995 年
樟溪二号隧道	K1825＋038	288—江口	415. 00	1995 年
樟溪三号隧道	K1825＋396	288—江口	131. 00	1995 年
描林江隧道	K1836＋650	江口—赣州东	138. 00	1996 年
黄龙隧道	K1838＋738	江口—赣州东	135. 00	1995 年
茅店一号隧道	K1844＋115	江口—赣州东	128. 00	1994 年
茅店二号隧道	K1844＋328	江口—赣州东	97. 00	1994 年
茅店三号隧道	K1845＋090	江口—赣州东	263. 00	1995 年
茅店四号隧道	K1845＋527	江口—赣州东	65. 00	1995 年
南坑子隧道	K1854＋026	赣州东—赣州	166. 00	1996 年
龙塘隧道	K1893＋988	南康—龙回	200. 00	1995 年
鸭公山隧道	K1894＋316	南康—龙回	191. 00	1994 年
青山下隧道	K1895＋662	南康—龙回	208. 00	1994 年
龙回一号隧道	K1896＋872	南康—龙回	101. 00	1994 年
龙回二号隧道	K1897＋128	南康—龙回	80. 00	1995 年
岐岭隧道	K1904＋754	龙回—380	2536. 00	1995 年
岭背隧道	K1932＋836	信丰—大塘	348. 00	1995 年
杜背隧道	K1955＋240	420—小江	122. 00	1995 年
曾屋隧道	K1955＋886	420—小江	82. 00	1994 年
老禾场隧道	K1960＋467	420—小江	99. 00	1995 年
唐背一号隧道	K1963＋549	420—小江	290. 00	1995 年
唐背二号隧道	K1960＋467	420—小江	86. 00	1995 年
白马隧道	K1963＋549	420—小江	96. 20	1995 年
竹山隧道	K1964＋146	420—小江	252. 00	1995 年
小江隧道	K1966＋647	小江—龙南	158. 00	1995 年
白仔背隧道	K1967＋644	小江—龙南	109. 00	1995 年
坪岗围一号隧道	K1967＋803	小江—龙南	74. 00	1995 年
坪岗围二号隧道	K1967＋931	小江—龙南	78. 00	1995 年
雷公山隧道	K1972＋486	小江—龙南	3679. 00	1995 年
张古段隧道	K1975＋158	小江—龙南	99. 00	1995 年
河湾一号隧道	K1975＋751	小江—龙南	171. 00	1995 年

续表 23-3-2

隧道名称	中心里程	区 间	长 度	建造年份
河湾二号隧道	K1976+537	小江—龙南	82.00	1995 年
河口隧道	K1977+678	小江—龙南	172.00	1995 年
金鸡岭隧道	K1980+471	小江—龙南	1095.00	1995 年
焦头隧道	K1982+801	龙西—关西	234.00	1995 年
井坑隧道	K1985+446	龙西—关西	791.00	1995 年
沙坝一号隧道	K1987+140	龙西—关西	340.00	1995 年
沙坝二号隧道	K1987+639	龙西—关西	86.00	1995 年
宝塔山隧道	K1992+265	龙西—关西	1203.00	1995 年
大坡一号隧道	K1996+254	关西—定南	483.00	1995 年
大坡二号隧道	K1996+717	关西—定南	134.00	1995 年
田心隧道	K1997+092	关西—定南	247.00	1995 年
青云山隧道	K2000+081	关西—定南	2270.00	1995 年
礤角隧道	K2003+627	关西—定南	829.00	1995 年
长乐隧道	K2006+660	定南—老城	121.00	1995 年

第三节 客货运输

一、运输站段

赣州车务段成立于 1996 年 7 月，隶属南昌铁路局。地处京九线南段，北连吉安地区泰和县，南邻广东省和平县，管辖里程 233 千米，是南昌铁路局的南大门。至 2000 年年底，京九复线改造后，管辖高兴镇至定南 203.8 千米的 17 个车站（其中二等站 1 个、三等站 3 个、四等站 13 个），以及 2 个线路所、1 个担负南昌至龙川值乘任务的乘务室。1999 年，小江站站长段贵元被铁道部授予“火车头”奖章，被江西省总工会授予“全省劳动模范”称号。2000 年，大塘埠车站被铁道部授予“火车头”奖章。至 2000 年 6 月 30 日，全段实现行车安全 1400 天。至 2000 年年底，全段有职工 902 人，其中女职工 205 人，各类专业技术人员 50 人。

赣州东站隶属赣州车务段管理，为二等站。主要承担客货运业务及办理京九客货车到发和货物列车编解、技术作业。有职工 111 人。

二、行车能力查定

吉安至赣州东站区段 1997 年 4 月查定限制区间赣县北—赣州东站，运行周期 48 分，平行图最大能力 30 对，实客车 7 对，货车 12 对。1998 年 10 月查定限制区间、运行周期、平行图最大能力与 1997 年相同，实客车 10 对，货车 15 对，其中摘挂列车 1 对，通过能力利用率 106.3%。

赣州东至定南站区段 1997 年 4 月查定限制区间小江—龙南站，运行周期 54 分，平行图最大能力 26.6 对，实客车 7 对，货车 12 对。1998 年 10 月查定限制区间、运行周期、平行图最大能力同 1997 年，实客车 8 对，货车 15 对，其中摘挂列车 1 对，通过能力利用率 97.3%。

三、旅客运输

客运站设备 1996 年 9 月 1 日京九线开通运营后，赣州境内站舍规模及容纳旅客人数：兴国站 600 人、赣州东站 400 人、赣州站 3000 人、南康站 500 人、信丰站 500 人、龙南站 400 人、定南站 400 人。

旅客运量 1996年7—12月，赣州车务段发送旅客11.9万人，到达旅客12.9万人。1997—2000年，发送旅客分别为83.1万人、115.9万人、137.2万人、177.1万人，到达旅客80.4万人、122.8万人、119.4万人、137.2万人。

四、货物运输

货运设备 1996—2000年，赣州境内办理铁路货运的车站有高兴、兴国、龙口、南塘、赣县、赣州东、赣州、赣州南、南康、龙回、信丰、大塘埠、铁石口、小江、龙南、关西、定南等17个。主要货运站设备状况：兴国站货场总面积4.16万平方米，货物站台1座，使用面积3200平方米，露天货区1座840平方米，装卸线2股，有效长度740米，货场房屋1栋51平方米；赣州东站货场面积3.67万平方米，货物站台使用面积2750平方米，露天货区使用面积1000平方米，装卸线1股，有效长度317米，货场房屋1栋212平方米；定南站货场总面积3.66万平方米，货物站台使用面积3080平方米，露天货区使用面积400平方米，装卸线1股，有效长度230米，货场房屋2栋843.4平方米。

货物运量 1996年7—12月，赣州车务段发送货物1.34万吨，到达货物2.8万吨。1997—2000年，发送货物分别为32.1万吨、52.8万吨、96万吨、52.1万吨，到达货物分别为66.2万吨、149万吨、184.2万吨、156.4万吨。

第四节 生产保障

一、机务

1996年2月，上海铁路局南昌铁路分局赣州机务段筹备组成立，7月1日赣州机务段成立。为适应路网发展的需要，加强对京九线和浙赣复线的运营管理，1996年8月8日起，南昌铁路分局从上海铁路局划出成立南昌铁路局，赣州机务段随之隶属南昌铁路局，9月1日起正式投入运营。

赣州机务段位于京九线南段的江西省赣县梅林镇双龙村。南侧紧靠京九铁路正线，中心里程为京九线K1847+00处，西面通过2条机车走行线与赣州东站相接。占地面积约8.3万平方米，另在赣州站北面设有机务折返段，占地面积约4000平方米。由铁道部第四设计院设计，铁道部第十三工程局第五工程处施工，1996年建成。全段职工主要从向塘、上饶、萍乡、景德镇机务段和铁道部各工程局抽调，1996年573人、1997年588人、1998年560人、1999年563人、2000年573人。

1996—1997年，赣州机务段配属东风4C型机车20台，配属160吨救援用内燃轨道起动机1台，机车交路为吉安至龙川间426千米的货车牵引和赣州至龙川间247千米的客运牵引任务，担任局管内吉安以南的车站调车作业。2000年，配属机车34台，其中东风4C型干线主型内燃机车28台，东风7C型调车内燃机车1台和ND2型内燃机车5台，主要担负赣州至龙川间244千米客货列车（货车14对、客车15对）牵引和调车任务，以及吉安至定南间335千米区段小客车牵引任务；机车整备除负责本段机车整备外，还负责向塘机务段、南昌机务段在赣州机务段和折返段的机车整备工作；机车检修主要担当本段配属机车辅修工作。运输牵引完成情况：1996年9—12月16.3换算亿吨千米，1997—2000年分别为50.74、53.71、62.23、68.88换算亿吨千米。人均劳动生产率：1996年9—12月每人每年285换算万吨千米，1997—2000年每人每年分别为863、959、1105、1202换算万吨千米。

按照《中华人民共和国铁路技术管理规程》，赣州机务段编制《机车运用规程》《机车操作规程》《行车组织规则》《行车事故处理规则》，实行安全生产逐级负责制。1996—2000年，未发生旅客列车行车事故和货物列车重大、特大事故。1999年，被铁道部授予安全标准机务段称号，并被江西省人民政府授予“安全生产先进单位”称号。

二、工务

1995年12月，上海铁路局南昌分局赣州工务段筹备组成立，1996年7月1日，赣州工务段成立，9月1日接管京九线高兴至定南段K1766—K2008＋200的线桥隧养护维修任务，管辖线路374.84千米，其中正线283.34千米、站线91.5千米，桥梁125座1955.95延长米，隧道53座2.03万延长米，涵渠1017座3.3万延长米，有人看守道口2处，监护道口19处。1998年7月，京九线复线工程全面开工，1999年9月竣工验收接管，线路总长575.3千米，其中正线484.4千米、站线90.9千米，道岔381组，正线曲线418个，桥梁125座，隧道53座，涵渠1103座，是南昌铁路局管理隧道最长、最多、最集中的工务段。

赣州工务段机关设在赣州火车站北端。1998年，下设兴国、赣县、赣州东、南康、信丰、铁石口、龙南等7个线路领工区和龙南、赣州等2个（由原7个合并而成）桥隧领工区，以及综合领工区、线路整修队、修配车间各1个，其中线路工区34个、桥隧工区18个、保安队2个、机修班1个、钳工班1个、探伤组2个、运料组1个、道岔组1个、线路整修工区1个，道口整形组1个。定员914人，实有795人。2000年，线路领工区、桥隧领工区、综合领工区、线路整修队及修配车间数未变，线路领工区调整为19个，桥隧工区10个，保安队3个，机修班、钳工班、探伤组、运料组、道岔组、线路整修工区数未变。年末全段实有职工969人。

防洪复旧攻坚 1997年，赣州工务段有防洪预抢工程8处、防洪复旧工程11处，施工点多量大时间紧，且施工难度大。全段职工克服困难，完成防洪预抢和复旧工程攻坚任务。同年8月12日零时，赣县工区管辖的K1806＋840千米处晃车严重；6时58分，下行左侧路堤突然向下平推滑动21米，50多米长的钢轨轨枕三分之二吊空在10多米高处，钢轨及钢筋砼枕向下倾斜，路基仍在下滑，钢筋砼枕右侧头端出去2.1米的上行未铺轨路基也裂纹5毫米宽、20多米长。段长立即组织抢险队伍并现场指挥，经350多人11个小时的奋战，终于在18点23分开通线路，确保线路及时畅通。1998年3月9日暴雨，K1924、K1909、K1921、K1805等处同时出现路基坍塌、下沉，段领导及时赶到现场指挥抢险，保证汛前、汛期行车的安全。

京九复线接管 1999年1—6月，京九复线进入验交、大养、开通和接管时期，赣州工务段提前介入，将每个项目都落实到人，与施工单位共同把好安全关和工程质量关。在接管工作中，坚持验收一段，接管一段，整治一段，开通一段，一环扣一环，有条不紊地进行，9月顺利接管京九复线的242.4千米，并开通运营。

机动车道口拆改 2000年1月起，赣州工务段为落实铁道部拆并改道口会议精神，开展管内机动车道口拆除工作，一方面指派技术人员负责修建下立交，一方面指定专人与地方政府联系拆除平交道口，经工务段的工作、地方政府的支持和引道施工单位的配合，12月2日顺利拆除K1860最后一道口，率先在南昌铁路局实现第一个无道口工务段。

三、电务

1996年7月1日，赣州电务段成立；8月29日正式挂牌；9月1日正式接管京九线K1500＋200—K2008＋200间508千米营业里程，40个车站（所）通信、信号设备的养护维修和电报电话服务工作。段机关设在赣州火车站北，内设9个科室，下设8个领工区（通信4个、信号4个），40个生产班组。1996年全段职工411人（其中女职工105人、专业技术人员68人），1997年478人，1998年502人，1999年531人，2000年537人（其中专业技术人员124人）。

1996年8月31日18时，根据铁道部按现状交接的命令，赣州电务段开始接管工程单位移交的电务设备。主要通信设备有换算3232皮长千米，其中光缆524千米，长途电缆546千米，地区电缆180

千米，漏缆 84 千米，地区程控交换机 4800 门，自动电话分机 936 台，长途干局线电路 510 条，光端机电台、集中电话机 57 台，无线列调 508 千米，车载台 55 台，地面台 48 台，遥控台 9 台，无线中继台 66 台，便携台 477 台。主要信号设备有联锁车站 40 个（微机联锁车站 3 个，点气集中车站 29 个，线路所 4 个，会越所 4 个），连锁道岔 605 组，信号机房 950 架，轨道电路 875 区段，机车信号 28 台，继电半自动闭塞 508 千米，信号设备换算道岔组数 2241 组。同年，全段设备换算道岔组数 3792 组，全员劳动生产率 9.25 道岔组/人。1997 年，实施“4·1”提速新图，以安全建线为契机，强化安全基础，落实安全生产逐级负责制，狠抓现场作业信号维修、施工封锁、故障处理三个重要环节，全年 77 次施工封锁均保证安全正点，实现行车安全 511 天，全面完成维修任务和通信 4 项（46 万元）、信号 11 项（138.5 万元）、工程 132 项（194 万元）以及 BP 机、住宅电话、基建 7 项（134 万元）等工程项目，还完成专运任务 34 次。同年，通信设备综合合格率 95.9%，信号设备综合合格率 98.8%。1998 年，赣州电务段全力配合京九线南段复线工程，10 月开工至年底，配合复线开通 9 个站、5 个区间。安装道岔 48 组，新设各种信号机 98 架，轨道电路 98 个区段，敷设电缆 39.87 千米；新增二线信号、半自动闭塞、正站线接近区段移频发码 9 个站，迁移信号机 63 架、轨道电路 35 区段，完成营盘上和吉水站场改造。全年安全生产稳定，实现 1998 年安全年，至 12 月 31 日，实现连续行车安全 852 天，人身劳动安全 914 天。1999 年 6 月 28 日京九复线开通后，全段以提高设备质量为目标，加大设备整治力度，全年完成通信报局任务 8 项，中修电缆 109 千米，小站整治 20 站；完成信号中修换算道岔 431.7 组，专项整治任务 9 项，报局任务 15 项，标准站整治 13 站；完成自定任务 17 项，BP 机销售量由上年的 200 台增至 3984 台，并安装住宅电话 263 台。至年末，全段实现行车安全 1217 天，人身劳动安全 1279 天。2000 年，全段通信设备换算电缆 3398 皮长千米，信号设备换算道岔 2825.01 组。为确保春运、防洪、暑运和“10·21”新图实施的安全，该段加大设备整治力度，严格安全管理，调整生产布局，实现 2000 年安全年的既定目标，累计实现行车安全 1583 天，劳动安全 1654 天，设备故障率由上年的 3.04%下降为 2.28%。同时，大力发展多种经营，对无线寻呼系统进行升级，开通 95828、95829 特服号，发展一级代表商 4 家，发展寻呼用户 1.1 万户，安装住宅电话 980 户，实现利润 23.28 万元。

四、水电供应

1995 年 12 月，上海铁路局南昌分局开始筹建赣州水电段，1996 年 2 月，赣州水电段筹备组［设在赣州市（今章贡区）红旗大道 60 号］，7 月 1 日赣州水电段成立。同年 8 月 8 日起，随南昌铁路局从上海铁路局划出隶属南昌铁路局。8 月 28 日，段址迁至于赣州火车站北侧。9 月 1 日起随京九线的正式开通投入运营。赣州水电段担负三江镇至定南［横跨丰城、樟树、新干、峡江、吉水、吉安、泰和、兴国、赣县、赣州、南康、信丰、龙南、定南等 14 个县（市）］517 千米运营正线的运输生产和职工生活供电供水任务。给水换算水管路 788 千米，电力换算线路 2096 千米，固定资产净值 4.08 亿元（其中给水部分 1.04 亿元，电力部分 3.04 亿元）。段机关内设 11 个科室，下设信丰、赣州、井冈山、吉安 4 个电力领工区和信丰、赣州、吉安 3 个给水领工区，以及 1 个检修车间。职工主要从新余、南昌、鹰潭 3 个水电段抽调和招收老职工子女。各年份职工数分别为 1996 年 476 人（其中技术人员 24 人），1997 年 492 人，1998 年 475 人，1999 年 484 人，2000 年 483 人（其中专业技术人员 42 人）。

1996 年 9 月京九铁路开通运营后，赣州水电段按照《中华人民共和国铁路技术管理规程》、《铁路电力管理规则》、《铁路电力安全工作规程》和《铁路给水管理规程》等规定，实行安全生产逐级负责制，以深化“规范管理、强基达标”为核心，以落实干部“认真负责、严格管理”，工人“遵章守纪、标准作业”为基本要求，至 2000 年 12 月 31 日，全段实现行车安全 1583 天，设备安全 1583 天，人身安全 179 天。各年份供水供电量及人均劳动生产率分别为 1996 年 9—12 月供水量 51 万立方米，供电量

184万千瓦时，每人每年人均劳动生产率7.7换算千米；1998年供水量260万立方米，供电量1256万千瓦时，每人每年人均劳动生产率7.7换算千米；1999年供水量293万立方米，供电量1099万千瓦时，每人每年人均劳动生产率7.5换算千米；2000年供水量320万立方米，供电量1130万千瓦时，每人每年人均劳动生产率7.7换算千米。

1998年，电力工长于姜发被江西省直机关工委授予优秀共产党员称号。1999年，于姜发被铁道部授予“火车头”奖章，水电段纪委书记姜春海被铁道部授予“优秀纪检办案先进个人”称号。2000年，段长贺菊良被铁道部授予优秀思想政治工作者称号，给水工长赖崇生被铁道部授予“火车头”奖章，赣州配电所被共青团江西省委授予“青年文明号”称号。

五、房产建筑

1996年1月30日，赣州房产建筑段筹备组成立，7月1日赣州房产建筑段成立，并于9月26日正式监管运作。该段位于赣州火车站南侧，担负京九线张巷至定南508千米内40个站所及井冈山培训基地房屋建筑物的管理、维修工作，房建设备总面积106.74万换算平方米，固定资产总额7.9亿元，机械动力设备45台，具有建筑装饰施工四级企业资质证书。段机关设8个股室，下设第一、第二、吉安、信丰领工区和综合车间、多种经营办公室、赣州房管所、2个地区性单身宿舍（吉安、赣州）。全段有职工180人。

京九新线房建设备交验工作在边施工、边临管、边接管，无完整设计文件的情况下进行。至1997年，该段接管房屋建设物总面积88.16万平方米，其中构筑物42万平方米，生产房797栋26.99万平方米，办公楼5栋1.19万平方米，宿舍13栋1.77万平方米，其他142栋2.84万平方米，生活住宅69栋13.44万平方米。同年8月15日，撤销赣州第一、二领工区，组建赣州建筑领工区。全段职工189人。年内整修房屋18.11万换算平方米，计划内检修15.79万平方米，巡回检修271.31万换算平方米，房租收入18.85万元，土地管理收入0.22万元，全员劳动生产率2.14万换算平方米。2000年，全段有职工179人，其中专业技术人员38人。全年完成基建工程298.37万元，大修工程331.16万元，完成整修施工任务18.25万换算平方米，基建工程验收优良率77%，大修工程验收合格率67.9%，整修质量验收合格率99.7%，优良率61.4%，全员劳动生产率2.14万换算平方米。

六、医疗保健

1996年7月，赣州铁路医院建立。该院是为京九线张巷至定南508千米40个车站1万余名职工、家属医疗和预防服务的综合医院，位于赣州火车站对面，占地1.4公顷，建筑面积2222平方米。建院时有职工91人（女职工38人），其中各类专业技术人员72人。医院由门诊部、防疫科、住院部、医技科室、卫生所（站）、机关（后勤）等组成。住院部分内儿科、外科、妇产科；门诊部设内科、外科、中医科、妇产科、儿保科。定编床位50张。有新干、吉安、井冈山、兴国、信丰、龙南卫生所和赣州机务段保健站。1998年全院有职工127人（女职工71人），其中专业技术人员84人。同年，住院部大楼建成，建筑面积4420平方米，床位增至100张。全年抢救危重病人18人，开展手术72例，先后进行胃癌根除术、胆囊脾切除术、骨折切开复位内固定术、疝气切除术和子宫切除术等。全年巡回医疗1.99万诊次。为1067名高空高温人员，459名饮食、给水、保育人员和247名干部进行健康体检。完成门诊总诊次20.28万人次，住院人数406人，病床使用率58.62%，治愈好转率98.97%，三日确诊率97.68%，抢救成功率94.44%。

七、协调与管理

1996年2月，赣州京九新线临管处成立，7月赣州铁路临管处成立，属南昌铁路分局派出机构。

筹备期间，赣州有车务、机务、工务、电务、房建、水电、医院和临管处等8个筹备组，临管处的职责是代表南昌铁路分局协调地方与铁路的关系，协调各筹备组与各工程局的关系，督促各筹备组做好开通运营前的各项准备工作，接受分局所指定的其他工作。同年7月，机构变动，赣州东站并入赣州车务段。临管处管辖赣州车务段、吉安车务段、赣州机务段、赣州工务段、吉安工务段、赣州电务段、赣州水电段、赣州房建段、赣州医院9个二等站段级单位，职工5401人。代管南昌铁路局工程一公司、赣州铁路城管监察大队、赣州客列检所、赣州东列检所、吉安列检所、赣州生活管理站、赣州铁路小学、赣州铁路电视站等8个单位。1997年5月，南昌铁路公安局赣州公安支队成立，下设9个派出所，分布在沿线车站。赣州临管处管辖范围北起张巷站与浙赣线相接，南至定南站与广州局相连，管区长508千米，初为单线，1999年京九复线竣工开通后均为复线。

1996年，为保证京九新线9月1日顺利运营，赣州临管处积极向赣州地区行署，铁道建筑总公司赣州京九铁路指挥部，铁十三局，赣州市（今章贡区）政府，行署支铁办，赣州地区教育委员会，赣州地区公安局等单位汇报并进行协调，顺利解决工程施工验交、职工子女就读、户口迁移等有关问题，安定职工的工作和生活。

1997年春运是京九线开通后的第一个春运。赣州临管处及时协调各方，在多方面的配合下保证春节前、后民工潮的有序流动，确保旅客的运输安全。针对京九线铁路沿线的行人、耕牛上路、围车叫卖等不安全、不文明的现象，1998年5月，赣州铁路临管处联合赣州军分区、武警赣州支队、赣州地区公安处、赣州铁路公安支队等单位，由赣州地委政法委牵头，成立爱路护路综合治理工作小组，印发《京九铁路赣南段社会治安集中整治方案》《创建京九铁路赣南段安全带检查验收方案》等文件，并进行广泛宣传，采取有效措施，使京九线赣南段的治安和文明建设取得良好效果。2000年，赣州临管处联合铁路各单位开展安全生产大检查活动，促进京九南线的规范管理、安全文明线建设和强基达标工作。

第四章　民用航空

1930年5月，在赣州城南外大教场（今江西气体压缩机厂厂址）修建飞机场，1932年8月竣工，主要用于军事运输和抢运钨砂出口。因机场过小，1936年迁建于赣州城西南4.5千米的黄金（今水南镇境内），故名黄金机场。1938年、1944年先后扩建改建。1945年春，日军侵犯赣州前夕，国民党军队炸毁机场。同年7月，日军败退，国民党军队收回机场后一直未加整修，但仍可勉强使用。中华人民共和国成立后，赣州市军事管制委员会接管黄金机场。1957年11月，中国民航总局上海管理局会同江西省交通局对黄金机场进行勘察，将其列入国家改建计划。1959年5月动工改建为民用机场，同年10月竣工，成立中国民用航空赣州站，是全国民航最早建设、为数不多的支线机场之一。隶属中国民用航空江西省管理局，主要担负赣州地区民用航空事业的管理及赣州机场飞行安全保障和航空运输组织工作等任务。20世纪80年代后，先后进行两期扩建。第一期扩建于1986年12月开工，1988年7月竣工。1990年9月，中共赣州地委、赣州地区行署报经到赣州视察的国务院总理李鹏同意，1991年8月24日，经国家计划委员会正式批准，1992年2月，中国民航总局、国家交通投资公司批准扩建黄金机场，扩建规模按起降B737－300型飞机的要求设计，飞行区等级为国际4C级标准。第二期扩建于1992年7月动工，1997年竣工，工程实际投资1.15亿元。1997年，赣州机场获得民航上级部门颁发的4C级机场使用许可证，赣州机场按4C级机场标准对外开放，可起降波音737－300型及同类型飞机，结束30多年只能起降小型飞机、只能在白天气候好的条件下飞行的历史。

1986—2000年，民航赣州站不断完善软硬件建设，以创新求发展，以管理求效益，以服务求优势，满足广大旅客、货主的需求。先后开通北京、广州、上海、厦门、深圳、珠海、晋江、南昌等地的航线航班，起降过安-2、运-5、里-2、伊尔-14、安-24、运-7、SAAB-340、BAE-146，ATR-72、波音737、CRJ-200等中小型飞机。2000年年底，赣州至全国各地的航线6条，每周15个航班，年飞行起降519架次，年旅客吞吐量2.06万人次，货邮吞吐量110.5吨，平均客座率50.8%。

第一节　民航设施

一、赣州黄金机场

继1959年10月对民国25年（1936）建成的赣州黄金简易军用机场修复改成赣州民用航空站完工通航后，随着经济和社会的发展，泥结碎石铺垫的道面和苏联制伊尔-14型飞机已不能满足航空运输的需要。为搞活经济，开发资源，促进赣南老区发展，地委、行署将机场扩建提到议事日程，1984年向上级有关部门提交《关于要求扩建赣州民航机场并开辟赣州至广州等航线的请示报告》，同年12月，地区计划委员会与赣州民航站联合下达《关于赣州民航机场扩建工程的意见》，委托地区林业勘察设计院着手扩建工程的可行性研究与勘测、设计等各项准备工作。1985年11月，因机场道面破烂，苏联制伊尔-14型飞机使用期限已到，机场适航能力满足不了所换机型的需要而被迫退役停航。1986年12月12日，国家民航总局批准将赣州黄金机场列入扩建计划，由国家民航总局拨款300万元，省、地财政拨款50万元，地区贷款350万元进行扩建。工程于1987年7月动工，1988年7月1日竣工。将原1200米的泥结碎石跑道加长加宽，重新铺设片石基础及混凝土道面，建成长1600米、宽30米、厚20厘米混凝土结构的道面。在跑道南端延长线入口6950米和1200米处，建有南远、近导航台，跑道中端前建有停机坪联络道，联络道长165米、宽16米、厚22厘米，均为混凝土结构。整个机场（含配套工程）占地面积1.21平方千米，可供安-24和BAE-146以下机型起降，还可供波音737减载起降，达到3C级标准。1988年10月5日，民航江西省局使用运-7型飞机在黄金机场恢复航班飞行。

二、赣州黄金机场二期

1990年10月12日，为进一步改善设施，加快赣南改革开放和外向型经济发展步伐，地委、行署报请到赣州视察的国务院总理李鹏同意，决定对黄金机场进行第二期扩建。1991年8月24日，国家计划委员会下达《关于扩建赣州黄金机场项目建议书的批复》；1992年2月29日，中国民用航空局、国家交通投资公司联合下达《关于黄金机场扩建工程可行性研究报告的批复》，批准扩建规模按满足起降B737-300型飞机中短程使用要求设计，飞行区等级为4C。1992年7月7日，国家交通投资公司、民航总局《关于赣州黄金机场场道及助航灯光工程初步设计及概算的批复》，批准赣州机场扩建工程概算投资为3294万元；1995年1月4日，民航华东管理局下达《关于赣州黄金机场航站区初步设计及概算的批复》，批准投资为4540万元，合计7834万元。第二期扩建由华东民航建筑设计所负责总体平面布局设计和飞行区、通信、导航、助航灯光、气象雷达工程施工设计；赣州林业综合勘察设计院、创力建筑设计公司负责候机楼及航站区房建工程设计；江西省邮电局负责有线通信设计；赣州地区供电设计室负责供电设计；赣州地区石油公司负责油库工程及总图设计；赣南建筑勘察设计院负责油库土建设计；民航成都电子设备工程公司、民航上海102厂设计室等承担候机楼、消防、灯光、监控、广播等设计；民航上海102厂负责行李转盘安装设计。经公开招标，第二期扩建各项工程的施工，分别由赣州地区林业建筑工程公司、赣州地区建筑工程总公司第三分公司、四川设备公司、赣州地区供电局、赣州市（今章贡区）自来水公司、赣州地区邮电局、赣州地区石油公司、民航华东机场建设公司、民航成都二所、民航上海102厂、美国卡沃尔斯公司等20余个施工单位参与部分项目建设，并由赣州地区建筑工程质检站承担工程检验及工程监理职责。

1992 年 7 月 16 日，赣州地区重大基础设施建设项目、江西省重点工程项目——赣州机场二期扩建工程建设正式开工。1995 年 5 月完成场道扩建工程，1996 年 6 月航管楼工程（含通信、导航设备安装）竣工，完成跑道加长 600 米，加宽 15 米，跑道总长达到 2200 米，宽 45 米，厚 25 厘米，扩建后的跑道 PCN 值为 30，停机坪达 1.44 万平方米，可起降 B737－300 以下的机型。1996 年 7 月 27—29 日，民航华东局、民航江西省局、江西省计划委员会、江西省重点建设办公室及赣州地区有关部门（单位）对扩建的场道工程、砼停机坪、航管楼、消防救援工程及设施、机务用房、货运仓库、车库、供电及跑道助航灯光、通信导航等工程进行验收，认为能满足飞机安全起降的需要。1996 年 7 月 30 日，民航华东局下发《关于颁发赣州黄金机场使用许可证的通知》，颁发赣州黄金机场 4C 级使用许可证。1997 年 10 月，对候机楼、场务用房、进场公路、航站区公路、公共车场、排水工程及安装的 34 项设备进行初验，认为符合设计要求。为更好地管理扩建工程资产，使其发挥更大的经济效益，1999 年 12 月 26 日，赣州市人民政府与民航江西省局在赣州饭店召开赣州黄金机场第二期扩建工程资产移交会议，正式办理资产移交手续，明确黄金机场扩建的全部资产无偿移交给民航赣州站使用。

扩建工程资金因提高机场适航能力增加了一些必要的设施，加之扩建期间建筑材料和部分设备价格上涨，实际投资达 1.15 亿元。资金主要来源：民航总局先后拨款 2000 余万元（含机场围界、市内宿舍、机场综合用房）；1992 年 10 月 5 日，民航江西省局、赣州地区行署与科威特专家评估团谈判，得到科威特政府贷款 562 万美元；赣州地区人民支援黄金机场扩建捐款近 300 万元，购买黄金机场建设彩票 450 万余元。

第二节　航空运输

一、航线航班

1988 年 7 月 1 日机场扩建交付使用试航成功后，同年 10 月 5 日，民航江西省局使用可乘坐 48～50 人的运-7 型飞机，以加班形式恢复赣州—南昌航班，每周一、周五、周日 3 班，票价 40 元。1990 年 5 月 1 日，民航江西省局使用安-24 型飞机开通南昌—赣州—广州航班，每周二、周五两班，票价 88 元。9 月由东航南昌分公司执行。1991 年 4 月 1 日，增加南昌—赣州—广州航班次数。1992 年 6 月 1 日，因机场扩建，所有航班停航。1993 年 8 月 9 日，赣州民航站举行赣州—厦门航线试航兼首航仪式，由福建航空公司运-7 承运，每周二、周四、周六 3 班，开创民航机场少有的边扩建施工边飞行航班的新局面。1994 年 3 月 25 日，经民航总局批准，赣州—深圳航线被列入夏秋航班计划，由南方航空深圳公司开通，使用机型为萨伯-340。航班初为每周 1 班（周二），后增至 2 班（每周二、周五）。同年 8 月 12 日，南京航空有限公司先期执行赣州—南昌航班，每周一、周五执行。同年 8 月 16 日，东航江西分公司恢复赣州—南昌航班，每周二、周六执行。

1995 年 2 月 5 日，停航两年多的赣州—广州航线恢复飞行，由中国南方航空公司北海基地的 SAAB（萨伯）-340 型客机执行，每周三、周日飞行两个航班。同年 3 月 25 日，开通赣州—深圳航线，由南航北海基地的 SAAB-340 飞机执行。同年 6 月 30 日，赣州至南昌、厦门航班每周各增加 1 个航班，至此航站每周始发航班增加到 17 班。1996 年 4 月 24 日起，赣州—深圳航线每周三增开 1 班。1996 年 5 月 1 日，由中国国际航空公司内蒙古分公司 BAE-146 飞机投入赣州—广州航线首航成功营运，每周三、周日 2 班。1996 年 5 月 7 日，赣州—珠海航线开通，由南航北海基地萨伯执行，每周二 1 班，这是赣州机场开通的第五条航线。7 月 2 日，由于航班客座率太差，取消该航线。1996 年 10 月 29 日，东方航空公司福克 100 飞机首航赣州，执行赣州—厦门航线，这是赣州机场首次承接较大型飞机起降。

1996年11月15—20日，原国家主席杨尚昆乘专机对赣南进行视察，航站第一次承担专机保障任务。1997年2月，航站完成国务院总理李鹏专机保障任务。1997年6月，受公路、铁路客运的冲击等多方客观因素的影响，赣州—南昌、赣州—厦门两条航线停止营运，仅存赣州—广州（每周三班）这一条航线。1997年11月4日，赣州至北京航线开通，由国际航空公司内蒙古分公司波音737飞机执行。1998年8月15日，航站完成香港知名人士邵逸夫的包机保障任务。1999年2月7日，停航20个月的赣州至厦门航线恢复，由南航贵州航空有限公司YN7－100飞机自赣州始发往返执行，春运期间每周有6个航班。1999年2月13日，由山东航空公司SAAB－340型飞机开通赣州至晋江航线，执行9个加班飞行。1999年3月28日至4月30日，机场航班有所调整。国航内蒙古分公司承运的广州航班增加至每周三、周五、周日3班；贵州航空公司承运的赣州—厦门航班由原来的每周6班调整为每周一、周二、周四、周五4班；南昌由原来的1班增加至每周三、周六、周日3班。南航（集团）贵州航空有限公司于1999年5月31日执行完最后一个航班全面撤离赣州。至此，机场每周航班有10个。经民航上级部门的帮助和联系，机场于1999年9月16日恢复赣州—厦门航线，由新疆航空公司ATR72－500型客机执行，每周二、周四往返飞行。2000年春运期间（1月21日至3月1日），赣州至广州航线正班飞行12班、加飞5个航班，赣州至厦门航线正班飞行10班，加飞1个航班，缓解了两条航线机票紧张的矛盾。

二、客货运输

1988年，安全保障航班43架次，完成旅客吞吐量1997人次，货邮吞吐量11吨。1989年，安全保障航班195架次，完成旅客吞吐量1.37万多人次，其中进港旅客6045人次，出港旅客7737人次；货邮吞吐量70吨。1995年安全保障航班1390架次，完成旅客吞吐量4.79万多人次，货邮吞吐量283.9吨，平均客座率88%。2000年，安全保障航班519架次，完成旅客吞吐量2.06万人次，货邮吞吐量110.5吨，平均客座率50.8%。

三、专项飞行

1986年，赣州民航站在机场停航扩建没有客货运输任务的情况下，应赣州地区林业部门的要求，从省民航局调来3架运－5飞机于2月13日至3月23日在赣州机场执行10个县（市）的飞播造林任务。1988年7月1日扩建竣工试航成功后，民航工业航空公司（驻山西太原）应地矿部遥感中心的要求，派出1架"空中国王"飞机执行赣州地区航空摄影、测制专业地形图的任务，历时数月，飞行22架次，赣州机场提供各项飞行保障服务。1989年，应地区林业部门的要求，从江西民航局调配1架运－5飞机执行赣南的飞播造林任务，2月26日至3月10日，飞播27架次，飞播面积1万公顷。6月，赣州地区森林防治站组织13个县（市）进行飞机灭松毛虫工作，由江西民航局调配3架运－5飞机进行飞行作业319架次，灭虫面积4.53万公顷。1990年，进行飞播造林114架次。1991年1月9日至4月24日，东方航空公司调配5架运－5飞机，在赣州黄金机场和瑞金飞播地执行10多个县（市）的飞播造林任务，飞播130架次，作业时间168.44小时，飞播面积3.26万公顷。赣州民航站担负2架在赣州机场起降飞机的飞行指挥、通信联络、航油供应、机组人员食宿等全部保障工作。1992年，执行飞播造林20架次。1993年，进行飞机灭虫86架次。1994年，执行航空摄影2架次。1995年，进行航空摄影2架次，飞播造林66架次。1996年，执行校飞任务16架次。1997年，执行飞播造林任务86架次，校飞任务24架次。1998年，执行飞播造林任务22架次，校飞任务2架次，急救任务2架次。1999年，执行航空摄影任务16架次，飞播造林任务34架次。2000年，执行飞播造林任务50架次，校飞任务6架次，农化任务34架次。

四、航运服务

赣州民航站初期的地面服务，人员少，设备简陋，服务项目少。服务人员通过端茶送水、扶老携幼、照顾病人，千方百计为旅客送温暖。1990 年起，建立一套自理航班不正常情况下的服务程序和标准，并推行上岗证制度。

候机服务　1986 年起，逐步增设各种服务项目，设有报刊栏并播放电视，候机室提供针线、晕机药、创可贴、红花油等急需物品，提供免费手推车服务等。遇有航班不正常，根据地面代理协议，提供饮料供应餐食，按照住宿服务工作程序，耐心向旅客解释航班延误或取消的原因及预计的航班动态，稳定旅客情绪，取得旅客的谅解，服务人员把幼、孕、老、弱、病、残旅客作为重要照顾对象，给予特殊服务，配备婴儿手推车、轮椅等设备。1996 年，候机楼重建后建筑面积为 4200 平方米，内设旅客休息厅、贵宾室、小卖部、卫生间，并增加 12 台大功率空调，服务设施得到改善。贵宾室提供茶水、及时的航班信息通报及引导等服务。

售票服务　1984 年 6 月，新建的赣州市（今章贡区）健康路 72 号售票处开始启用，总面积 500 平方米，分设售票厅、休息厅、货物仓库、贵重物品仓库和卫生间等设施。1997 年 3 月 26 日，新建的文明大道售票中心正式开始营业。2000 年年底，规范销售行为，完成 BSP（板级支持包）工作，安装自动打票机，实现客票自动打印。

第三节　飞行保障

一、航行调度

赣州机场调度室隶属南昌区域管制，一切飞行活动听从南昌区调的指挥，只在塔台管理范围内，负责本场飞机的起降管制服务。调度室分设：空中交通管制报告室和塔台管制。机场区域范围：自南康—1016 山头—江口坪—五云桥—上犹—南康连线内。塔台管制范围以 VOR/DM 为中心半径 30 海里范围。

通信导航设施发展较快，二期扩建工程前只有 NDB 台（归航台）供机场归航及起降，受气候条件限制很大，影响飞机的正常起降，通信手段相对落后，主要由无线电报与其他管制室联系及传递信息。二期扩建工程后，安装 VOR/PME 台，供航线和本场归航使用，建立一类 ILS 着陆系统，安装夜航灯光系统，提高飞行效力，管制手段有明显提高；地面通信手段有所改善，安装自动转报系统，与各管制室之间的联系也快捷方便。

机场航班逐年增加，由单一的赣州至南昌航线，发展到赣州至上海、北京、广州、深圳、厦门航线，管制架次逐年增加。自 1986 年起，仅通用航空部分就保障管制 1203 架次。赣州机场管制室坚持“安全第一”的方针，从未发生过因管制原因造成的事故及征候，维护机场区域内的交通秩序，确保飞行安全。

二、气象服务

民航气象服务主要为航班飞行及专机、包机、调机、农业飞行、摄影、飞播造林等各类通用航空飞行提供航站预报、航站天气实况、各类气候资料及危险天气警报等，主要通过电台传递，并直接向调度室、飞行员、值班首长、商务等与飞行任务有关的人员提供预报、天气实况及有关的气象资料。

1986—1990 年，赣州民航站气象哨设立，供航观测，负责为飞行提供气象观测资料，包括风、能见度、天气现象、云、气温、气压等资料。人员 3 人，设备包括风向风速仪、干球温度、湿球温度、定槽式气压仪，制氢房（制氢气设备），供航观测时间提前 2 小时 30 分供应天气及特殊天气。

1990 年，气象哨改为气象台，设在航行科内。气象台包括气象预报、观测、填图、机务。气象预报 2 人，气象观测 3 人，气象填图 2 人，气象机务员 2 人，观测设备微机 1 台，定槽式气压仪 1 台，振筒气压仪 1 台，风向风速仪 2 台（塔台、观测场各 1 台），干、湿球温度计各 1 支。填图设备单边带 1 台，电传仪 1 台，负责填写 2 点、8 点、14 点地面图，8 点、20 点高空图。预报员根据填图员填出的高空图、地面图、探空资料以及观测员观测的资料进行分析，提供飞机场的航站预报。供航观测时间提前 2 小时 30 分供应天气及特殊天气，预报员提前 2 小时发布航站预报。机场二期扩建工程后，气象预报设备增加网络设备 1 台，气象卫星云图设备 1 台，转报设备 1 台，发报设备 1 台，自动填图设备 1 台，自动观测遥测设备 1 台，激光探测云高、能见度设备 1 套，多普勒气象雷达 1 套，包括 3 台终端（预报、调度、塔台各 1 台）。人员：观测 3 人，预报 2 人，机务员 1 人。气象预报：自 1990 年至 2000 年天气预报准确率 83%，随着气象仪器的更新及飞机本身性能的提高，天气对飞机安全飞行影响越来越小。

三、通信导航

赣州机场导航分为机场导航和航路导航。机场导航包括远台、外指点标台，近台、中指点标台和仪表着陆系统（ILS），航路包括航路导航台和全向信标台。1998 年机场二期扩建后，增建全向信标台，航路导航台关闭。至 2000 年，机场通信导航设备有 OTE（GTR－100、EB－16D）、SSB（JSB－176）、DNB（NDB－500）、NOB（WDB－200）、GP（NM3533B）、LOC（NM3511B）等。2002 年 1 月，航管系统与机场分家，全向信标台归江西省空中交通管制中心赣州导航台，赣州机场不再承担航路导航任务。

四、机务维修

民航赣州站从 1959 年 10 月开航时就设有机务维修小组，承担南昌至赣州航线的机务维修工作，确保飞机的使用寿命和飞行安全。1992 年 10 月，赣州民航站升格为正处级单位后，内设航管机务科。1994 年 4 月，航站重新设立机务工程科。2000 年 6 月，机务科内设机械队和特设队，主要承担过站飞机的航线维护工作，保障飞行安全。机务科先后与福建航空公司、南方航空公司、东方航空公司、南京航空有限公司、国际航空公司内蒙古分公司、新疆航空公司、山东航空公司等航空公司签订维修协议，承担运-五、安-2、伊尔-14、安-24、运-七、SAAB－340、FK－100、BAE－146－100、B737－300、ATR－72、CRJ－200 等机型的航线维护工作。民航赣州站机务人员：1980—1985 年 2 人、1986 年 3 人、1991 年 6 人、1995 年 9 人、2000 年 7 人。均持有民用航空器维修执照。

1989 年，民航江西省局划拨 1 辆 414 直流电源车到机务队。1992 年，机场购置 1 台 422 直流电源车。1995 年，机场二期扩建，机务科添置气源车、交流电源车、清水车、污水车等特种车辆各 1 台，增强对航空公司的服务保障能力。机务人员大胆进行技术改装和技术革新。1994 年完成 422 直流电源车 1600 安供电能力改装和电缆伸缩架改装，为航站节省经费万余元。制定《维修管理手册》和各项规章制度，机务航线维护工作和管理工作逐步走向规范化。2000 年完成机务管理信息化工作，机务管理更加规范。

五、油料供应

1993 年前，赣州黄金机场飞机油料由隶属于赣州民航站的中国民用航空赣州站油库供应。

1993 年，全国民航系统进行体制改革，成立中国航空油料集团公司，隶属于国务院国有资产监督管理委员会。1993 年起，赣州黄金机场飞机油料由中国航空油料有限责任公司赣州供应站供应。

第四节　民航管理

一、管理机构

中国民航赣州站成立于 1959 年 4 月，隶属于民航江西省局，实行中央和地方双重领导，即行政业务由民航领导，党组织由地方党组织领导。1981 年 9 月起，复归民航江西省局管理。1989 年 10 月由科级升格为副处级，并成立临时党委，人员增至 80 人。1989 年 12 月正式成立党委、团委和工会。1992 年 5 月，成立中国民航赣州黄金机场（又称“民航赣州站”）安全检查站。10 月，民航赣州站升格为正处级单位，人员增至 90 人。内设办公室、经营管理科、劳动人事教育科、物资设备修建科、机场公安派出所、纪委、工会、党委办公室、团委、航管机务科、通信科、运输服务科、安全检查站、旅客服务部。1993 年 7 月，根据民航局《关于民航油料系统深化改革的通知》及上级有关规定，民航赣州站油库划归中航油江西分公司，并正式成立中国航空油料赣州供应站。1994 年，人员 116 人，将航管机务科、物资设备修建科重新设置为航行管制科、机务科、物资供应科、修建科。1995 年 1 月，设置航站工会办公室，将经营管理科分设为财务审计科、企业管理科，并设置航站行政监察室，与纪委办、党委办合署办公，同年 11 月将企业管理科更名为安全监察企业管理科，人员 131 人。1996 年，人员 145 人，聘用临时工 30 人，机场派出所更名为航站公安分局，其规格、工作职责不变。1997 年，人员增至 150 人。1998 年，解聘所有的临时工，人员减至 149 人。同年 3 月，撤销安全监察科、企业管理科，其职能分别划至办公室、劳动人事、财务科等部门管理，撤销物资设备供应科，设立汽车服务公司，原财务审计科、劳动人事教育科、运输服务科分别更名为计划财务审计科、劳动人事监察科、运输服务部。1998 年 11 月，运输服务部更名为民航赣州地面运输服务部，成为具有法人资格、自主经营、独立核算、自负盈亏的站属国有独资企业。1999 年，民航赣州地面运输服务部更名为民航赣州客货运输服务中心，其性质不变。2000 年，民航赣州站进行机构改革，部分人员分流，人员减至 137 人。党委办公室和行政办公室合并，设立航站办公室。将运输服务中心售票处划出，成立客货销售中心。

二、安全管理

行业安全 1984 年 10 月，赣州站成立机场公安派出所，负责机场公共安全和飞行行业安全。1996 年 9 月 24 日，为进一步理顺省局公安工作关系，确保飞行安全，根据民航江西省局《关于民航江西省局公安部门更改名称的通知》决定，将民航赣州站机场派出所更名为赣州站公安分局，其规格、工作职责不变。

内部保卫 1979 年 2 月 13 日，成立赣州机场安全保卫委员会。赣州市（今章贡区）公安局印发《关于加强赣州机场周围治安管理的通告》和《护场公约》，做好机场周围的安全保卫工作。

安全检查 1982 年 5 月，建立武警赣州机场安全检查站（属部队现役编制）。1992 年 5 月 26 日，根据《国务院办公厅转发中国民航局、公安部关于民航机场安全检查和消防工作由公安机关移交民航部门管理实施方案请示的通知》精神，成立中国民航赣州黄金机场安全检查站。

三、应急救援

消防救援 1984 年起，赣州机场公安派出所一直负责机场治安、消防、警卫、空防等工作。1996 年 9 月，随着赣州机场扩建后的交付使用，民航江西省局下发《关于调整赣州站部分二、三级机构的批复》，决定成立赣州黄金机场公安分局，其下属机构增设公安派出所、消防救援队。消防救援队有专职人员 5 人，兼职人员 30 余人，配备 1 辆 T150 型消防车和 1 辆斯太尔消防车，设置 1 座消防楼，主要负责飞行区消防安全，同时兼顾其他重要设施（包括航站楼、航管楼、油料机场值班室等）的安全。

医疗急救 1959 年，赣州站开航时配有医务人员，后设有医务室，配有护士 1 名。1986 年，配有医生、护士等专业人员，配备紫琅面包车 1 辆和雪佛莱救护车 1 辆。1992 年，机场调整部分二、三级机构，医务室更名为卫生所，隶属于机场办公室。

第二十四篇

邮政·通信

1986—2000年，邮政和通信业深化改革，加强管理，优化服务，从量的增长实现质的飞跃，业务经营实现持续、高速发展。1986年至1998年10月，赣州邮政与电信业共同经营发展，1998年11月起，邮政、电信分别独立经营。

1986—1998年，邮政业加强经营管理，在稳定发展传统业务的基础上，相继开办邮政储蓄、邮政快件、特快专递，有声信函、邮政礼仪电报、礼仪信函、个人通知存款、同城礼仪特快、鲜花礼品礼仪专送、邮政邮购和邮政专递等新业务，邮政事业有新的发展。1999—2000年，赣州市（地区）邮政局以经营为中心，围绕扭亏为盈增盈目标，理顺经营思路，拓展发展领域，邮政业务量和业务投入持续增长。2000年，全市邮路单程总长度7601千米，邮政业务全年完成总量7010.2万元。

全市（地区）电信部门围绕“发展、改革、服务”主线，坚持“高起点、新技术、超常规、跳跃式”的发展战略，业务经营快速增长。“七五”计划期间，贯彻治理整顿和深化改革方针，拓宽融资渠道，坚持高起点、新技术发展战略，加大投资，电信通信事业长足发展。“八五”计划期间，全地区综合通信能力不断增强。通过规模投入，引进开通赣州万门程控电话，实现县以上通信“两化”（市话交换程控化、长途传输数字化），建成公众模拟移动通信网、BP机同播网、农话本地网、可视会议电话系统。“九五”计划期间，电信企业改革力度加大，相继完成无线寻呼剥离、邮电分营、移动分离独立运营、电信重组和中国联通与无线寻呼组合，电信企业开始在竞争中发展。

第一章 邮 政

1986年至1998年10月，赣州邮政工作在“邮电合一”的体制下与电信业共同经营和发展，1998年11月起，邮政、电信分别独立运营。

1986—1990年，赣州地区邮电局加强经营管理，邮政通信事业有新的发展。建立赣州、寻乌邮政生产楼和邮车站，更新改造邮电支局所48处1.59万平方米，更新大修邮运汽车45辆；地区至县邮路达8179千米。在稳定发展传统业务的基础上，根据市场需求，相继开办邮政储蓄、邮政快件、特快专递、有声信函等新业务。邮政快件年均递增346.5%，特快专递年均递增195.3%，邮政储蓄余额年均递增77%。1991—1995年，建成12个邮政储蓄电子化窗口和1个邮政营业电子化窗口，开办邮政礼仪电报和礼仪信函业务，开通特快专递邮路，全地区邮路单程总长度8355千米，邮电局所347处。1996—1998年，建成全地区报刊发行微机要素网和赣州特快专递跟踪查询交流，邮运制单实现微机处理，完成20个邮政窗口电子化建设，组建赣州邮政局电子化商业信函中心，推出个人通知存款、同城礼仪特快、鲜花礼品礼仪专送、新娘新郎专送、音像租赁、话费和集邮储蓄、商函广告、邮政邮购和邮政专递等新业务。1999—2000年，是邮电分营、邮政独立运营和扭亏为盈的关键两年。赣州市（地区）邮政局以经营为中心，围绕扭亏为盈增盈目标，理顺经营思路，拓展发展领域，内抓管理，外树形象，邮政业务量和业务投入持续增长。2000年，全市邮路单程总长度7601千米，邮政业务全年完成总量7010.2万元，邮政业务收入1.44亿元，全员劳动生产率9.8万元/人。

第一节 机构 队伍

一、机构

1986年，赣州地区邮电局为全民所有制企业，隶属于省邮电局和中共赣州地委、赣州行署双重领导。实行局长负责制，局、科（室）、班组（支局、所）三级管理。辖宁都县、石城县、会昌县、瑞金县、兴国县、于都县、寻乌县、安远县、定南县、全南县、龙南县、信丰县、大余县、南康县、崇义县、上犹县、赣县等17个县邮电局。内设机构有局办公室、生产经营办公室、人事教育科、保卫科（兼人民武装工作）、审计监察科、财务供应科、农村电话科、职工学校、总务科、邮票公司、长途电话科、电报科、市内电话科、邮政汽车站、长途线务站、通信器材修理厂（大集体）。6月，增设储汇科。7月，成立邮电劳动服务公司。1988年2月，增设引进办公室，基建办公室。8月，保卫科兼管的人民武装工作划出，设人武部。12月，审计监察科分设为审计科、监察科。1989年2月，撤销政治处、人事教育科，增设党委办公室、人事科、劳动工资科、宣传教育科。1990年5月，增设企业管理科。1991年，撤销党委办公室，设立政治处，下设组织科、宣传科。4月1日，设立地区邮电政治学校。6日，设立地区邮电局劳动服务公司和地区邮电第三产业办公室，合署办公。1992年2月，纪委、监察室合署办公。3月，设立地区邮电局国家安全小组。1993年5月机构调整，撤销人事科、宣传教育科、引进办公室、财务供应科、农村电话科、总务科、企业管理科、邮政科、储汇科、长话科、电报科、市话科等12个科室；保留17个科室，新设经营财务科、电信管理科、行政科、教育科、农村电话管理科、邮件科、发行投递科、储汇营业科、电话科、邮电实业总公司。1994年1月，设立赣州电话信息公司。8月，设立赣州邮电技工学校。1996年4月，成立经济民警中队。10月，设立服务质量监督科。1997年1月，增设资费稽核科，营销科（与市场科合署办公），撤销土建办、设立重点建设办公室，撤销计划基建科、设立计划建设科；撤销农村电话管理科，归属电信管理科，邮政生产专业机构调整为邮政科、邮票科、储汇营业科、郊区邮电科、报刊发行投递局、邮政汽车运输局、邮政速递局，电信生产专业机构调整为电信营业科、电信设备维护科、移动通信局、数据通信局、动力科、电信工程科、市话机线科、公用电话信息科、长途电信线务局；8月设立汽车队；9月，设立商业信函广告中心。1998年2月20日，增设无线寻呼科。3月10日，增设离退休人员管理科。11月5日邮电分营，地区邮政局、电信局分别挂牌成立。独立运营后，管辖南康市、大余县、上犹县、崇义县、全南县、石城县、安远县、于都县、兴国县、信丰县、寻乌县、赣县、瑞金市、会昌县、宁都县、龙南县等17个县（市）邮政局。内设综合办公室、党群办公室、监察审计室、计划财务部、运行维护部、经营服务部和人事教育部，生产机构有邮政储蓄汇总中心、发行投递中心、速递中心、集邮中心、商函广告中心、邮件处理中心、邮政运输中心和客户服务中心（南门邮政分局）。11—12月，先后成立物业管理中心、车辆维修中心、社会保险办公室，分别挂靠综合办、邮运中心和人事教育部管理。1999年3月，成立多种经营管理部。9月，成立行管法规科和保卫科，合署办公。2000年3月，撤销邮政储汇中心、邮件处理中心、邮政运输中心的基建办公室，成立邮政储汇局、邮区中心局和建设办公室。5月，成立市场营销部、投递服务公司（7月7日更名为邮政投递局）。7月，撤销多种经营管理部。

二、队伍

1986年，全地区有职工3641人，1990年3789人，1995年3641人。1998年邮电分营后，按职工总数的40%比例进行人员分割。至2000年，全市邮政从业人员1872人。

第二节　邮政网络

一、邮政网点

1986—1997年，邮政网点相对稳定，全地区有邮政局所295处（农村局所270处），其中自办邮电局18处，自办邮电支局24处，自办邮电所253处，自办邮电局均设在各县（市）城区，邮电支局分布在规模较大的圩镇所在地，邮电所分布在各乡镇（圩）所在地人口集中、交通方便的地方。

各邮电支局、所分布情况：赣州局15处、宁都局21处、石城局14处、兴国局28处、瑞金局15处、于都局26处、会昌局17处、寻乌局12处、上犹局13处、崇义局15处、南康局16处、大余局18处、信丰县22处、赣县局15处，安远、龙南、定南、全南共48处。在这些邮电支局、所中，有25处设在市区和县城，其中赣州局7处、安远县2处、其他局各1处；有270处设在市郊和乡镇（圩）所在地，其中赣州局8处、宁都局20处、石城局13处、兴国局27处、瑞金局14处、于都局25处、会昌局16处、寻乌局11处、安远局10处、龙南局12处、定南局10处、全南局11处、上犹局12处、崇义局14处、南康局15处、大余局17处、信丰局21处、赣县局14处。

1998年8月，赣州局被国家邮政局批准为二级中心局，成为全国63个二级中心局之一。同年11月5日，赣州邮政、电信分营。邮政局所调整为356处（农村局所313处），其中邮政局18处、自办邮电支局28处、自办邮电所261处、代办所49处；有电子化局所21处，提供全功能服务的局所257处。

1999年，根据乡（镇）撤并和用邮流量、流向变化等情况，对邮政网点作适当调整，至年底，全市有邮政局所362处，其中电子化局所28处，提供邮政全功能服务的局所260处。

2000年，全市邮政局所调整为359处（农村局所307处），其中提供电子化服务的局所23处，比上年减少5处；提供邮政全功能服务的局所263处，比上年增加3处。

二、邮路

1986—2000年，全市（地区）邮路有二级邮路、市内邮路和农村邮路。随着全国分拣封发体制的改革，市（地区）邮电局根据邮电部规定和邮件的流量、流向调整邮件封发经转关系。在邮路结构、数量、长度上均有变化。1986 年，全地区邮路单程长度 10242 千米，1990 年 8179 千米，1998 年 7568 千米。至 2000 年，全市邮路单程长度为 7601 千米，比 1986 年减少 2641 千米，其中自办汽车邮路 3557 千米，委办汽车邮路 3652 千米，其他邮路 392 千米。

二级邮路 1986 年，全地区二级邮路 18 条，单程长度 2172 千米，其中自办邮路 5 条：赣州至韶关、赣州至寻乌、赣州至定南、赣州至瑞金、赣州至崇义，单程长度 1031 千米；委办汽车邮路 13 条：石城至宁化、瑞金至长汀、会昌至武平、会昌至寻乌、寻乌至梅县、寻乌至兴宁、寻乌至会昌、寻乌至平远、定南至和平、崇义至汝城、扬眉至赣州、扬眉至新城、扬眉至南康，单程长度 1141 千米。南昌发运至赣州邮车有快、慢班，每天各 1 车次，快班当日到达，途径丰城、樟树、吉安、泰和、遂川及沿线局所，慢班行程 2 天到达，途径丰城、樟树、永丰、兴国、赣县及沿线局所。

1987 年，全国分拣封发体制改革。根据邮件流量、流向，调整邮件封发经转关系，取消寻乌到会昌、寻乌至兴宁、寻乌至平远、会昌至寻乌、扬眉至南康、扬眉至新城等 6 条 539 千米的委办邮路，全地区二级邮路为 12 条，总单程长度为 1633 千米。1988 年，按照部颁新的邮件封发经转关系，继续调整委办邮路，取消石城至宁化、瑞金至长汀、会昌至武平、崇义至汝城等 4 条 328 千米的委办邮路。1989 年 4 月 28 日，赣州至定南自办汽车邮路由全南延伸到大吉山，自办汽车邮路增加 43 千米。1990 年，全地区二级邮路 8 条，单程长度 1398 千米，其中自办汽车邮路有赣州至韶关 246 千米，赣州至瑞金 167 千米，赣州至崇义 105 千米，赣州至寻乌 255 千米，赣州至大吉山 351 千米（回程 240 千米）等 5 条共 1124 千米；委办汽车邮路有寻乌至梅县 128 千米，定南至和平 58 千米，扬眉至赣州 88 千米共 3 条 274 千米。1991—1992 年，全地区二级邮路 8 条，单程长度 1348 千米，其中自办汽车邮路 5 条 1074 千米，委办汽车邮路 3 条 274 千米。1993—1994 年，取消扬眉至赣州邮路，全地区二级邮路为 7 条 1260 千米。

1995 年，取消委办邮路。全地区二级邮路 6 条，单程长度 1170 千米，其中赣州至韶关 246 千米，赣州至崇义 103 千米，赣州至寻乌 251 千米，赣州至定南 260 千米，其他邮路 310 米。同年 12 月 9 日起，南昌发运至会昌的邮车改为经宁都—瑞金—石城—广昌，次日返回南昌。12 月 19 日起，赣州至瑞金邮路延至会昌，邮路长度 220 千米，由当日往返改为 2 天往返，增开赣州至兴国邮路 90 千米，当日往返。

1998 年，全地区二级邮路 6 条，均为自办邮路，总单程长度 1440 千米，邮路长度略有延伸，赣州至韶关 246 千米，赣州至崇义 103 千米，赣州至定南 260 千米，赣州至寻乌 251 千米，赣州至石城 400 千米，赣州至宁都 180 千米。除崇义、定南 2 条邮路为当日往返外，其余均为 2 天班，每日对开作业。

1999 年，邮路走向、长度和交接点均有所改变。除赣州至梅关、赣州至宁都、赣州至定南等 3 条邮路长度未变外，赣州至崇义增加 22 千米为 125 千米，赣州至石城减少 80 千米为 320 千米，赣州至寻乌增加 20 千米为 271 千米，邮件交接点也随邮路长度增减而调整。同时，增加赣州市邮区中心局市内转趟邮路 1 条 46 千米，主要是赣州局至南桥及各邮政支局所循环邮件交接，每天按时间频次作业。

2000 年 10 月 21 日，赣州开通火车邮路后，取消南昌至赣州邮车班次；正班邮车改为每日南昌 6 时出发，19 时到达赣州，单程长度和沿途交接点不变。二级邮路因邮件流量、流向、交通等情况变化而有所变动，赣州至石城减少 20 千米为 300 千米，赣州至定南减少 20 千米为 240 千米，赣州市邮区中心局市内转趟邮路减少 6 千米为 40 千米，全市二级邮路总单程长度为 1394 千米。

市内邮路 1986 年年底前，全地区各局至汽车站交换邮件未计算为市内邮路。1987—1989 年，全地区市内邮路 18 条，单程长度 69 千米。1990 年，增设赣县局至赣县汽车站市内邮路 1 条，全地区市内邮路增至 19 条，长度 71 千米。1991 年，全地区市内邮路 19 条，总长 67.4 千米，其中汽车邮路 48

千米，摩托车邮路 2 千米，小四轮邮路 1 千米，自行车邮路 11.4 千米，三轮车邮路 2 千米，大板车邮路 2 千米，步行班邮路 1 千米。1992 年，削减瑞金、会昌各 1 条自行车邮路 3 千米。1993 年，增加上犹、全南邮路各 1 条，全地区市内邮路 69.4 千米。1994—2000 年，全地区有市内邮路 19 条，总长 73.5 千米，其中主要 16 条为赣州局至汽车站、赣南日报社 40 千米，赣县局至汽车站 3 千米，南康局至汽车站 2.5 千米，大余局县内转趟 3 千米，信丰局至汽车站 2 千米，龙南局至汽车站 3 千米，定南局到汽车站 2 千米，全南局至汽车站 1.3 千米，宁都局至汽车站 3 千米，于都局至汽车站 2 千米，兴国局至汽车站 2 千米，瑞金局至汽车站 0.5 千米，会昌局至汽车站 2.5 千米，寻乌局至汽车站 1.5 千米，石城局至汽车站 0.7 千米，其他次要 3 条 4.5 千米。

农村邮路　1986 年，全地区农村邮路 225 条，单程长度 7992 千米。其中委办汽车邮路 6488 千米，委办机动船邮路 42 千米，自行车邮路 1414 千米，委办木船邮路 48 千米。1987—1989 年，部分委办邮路不正常，各年邮路略有增减。1990 年，全地区农村邮路 215 条，单程长度 6760 千米，其中自办汽车邮路 218 千米，委办汽车邮路 5322 千米，自行车邮路 1168 千米，委办船运邮路 48 千米，步行班邮路 4 千米。1991—1993 年，农村邮路分别为 215 条、218 条和 201 条，单程长度分别为 6790 千米、6909 千米和 5914 千米。1995 年，全地区农村邮路 174 条，单程长度 5472 千米，其中委办汽车邮路 4281 千米，自行车邮路 1171 千米，委办船运邮路 20 千米，

1998 年，全地区农村邮路 175 条，单程长度为 6428 千米，其中赣州局 12 条 116 千米，赣县局 14 条 580 千米，南康局 11 条 260 千米，信丰局 9 条 189 千米，大余局 14 条 332 千米，上犹局 5 条 337 千米，崇义局 14 条 525 千米，安远局 15 条 415 千米，龙南局 4 条 128 千米，定南局 4 条 167 千米，全南局 4 条 223 千米，宁都局 4 条 324 千米，于都局 7 条 735 千米，兴国局 14 条 710 千米，瑞金局 10 条 163 千米，会昌局 15 条 594 千米，寻乌局 11 条 426 千米，石城局 8 条 204 千米。1999—2000 年，全地区农村邮路分别为 178 条和 174 条，单程长度分别为 6230.5 千米和 6248 千米。

三、邮政运输

赣州邮区中心局担负省局至赣州、外省至赣州、赣州局至全市（地区）17 个县（市）局邮件的接发，押运和经转任务，是邮件处理中心和邮运的枢纽之地。

1986 年，全地区邮路 269 条，单程长度 10242 千米。机动车船邮路 8719 千米，其中自办汽车邮路 1045 千米，委办汽车邮路 7629 千米，机动船邮路 42 千米，其他机动车邮路 3 千米；非机动运输工具邮路 1523 千米，其中自行车邮路 1474 千米，步行班邮路 49 千米。

1993 年 6 月 29 日，省邮电局安排宁都、兴国、于都、寻乌、龙南、全南、上犹、崇义、南康、大余、信丰、赣县等 12 个县邮电局分别购置 1 辆以客养邮汽车，车款由省邮电局补助 20%，各邮电局自行筹款 80%。为此，增开这 12 个县到乡自办汽车邮路，改善了这 12 个县邮电局邮政生产作业条件。9 月 14 日起，全南局至大吉山段邮路的邮件改由全南局以客养邮车自运，调整后的赣州至全南邮路改定南局为终点局。12 月 1 日起，全地区各条邮路恢复邮运排单管理制度，提高邮车准点准班率。赣州市（今章贡区）至沙石邮电所进出口总包邮件袋恢复自办邮车运送。1994 年 3 月 25 日，经行署批准，各有关县（市）政府支持邮电部门在铁路沿线车站建设邮件转运中心，所需用地价格按铁路用地的价格标准执行，其他有关费用也尽可能给予优惠。共需用地面积 9.29 公顷，其中兴国站 0.8 公顷、南塘站 0.35 公顷、江口站 0.35 公顷、赣州东站（赣县）1.33 公顷、赣州站 2 公顷、赣州南站（潭东）0.48 公顷、南康站 0.96 公顷、信丰站 1.12 公顷、铁石口站 0.3 公顷、关西站 0.18 公顷、定南站 0.72 公顷、龙南站 0.7 公顷。12 月 26 日，省邮电局对邮运纪律和指挥调度作出新规定，并制定考核标准：各地装卸工作必须在邮车到达终点 4 小时内卸完邮件，不得故意刁难；邮件交接点不得随意绕道和抛点运行，

不得无理拒装邮件，严禁利用邮车搞“捎、买、带”；坚决做到“三不准”和“三杜绝”，即不准擅自变更现行派押、经转、接发关系，杜绝拒装、拒卸、拒转邮件。

1998年8月27日，赣州邮区中心局被国家邮政局批准为二级邮区中心局（全国63个，江西有南昌、鹰潭、赣州）。在邮运时限、经转关系、质量要求、经营管理上提出更高的要求。同年，赣州邮区中心局开展“红旗车”“优秀机要押运员”“优秀修理工”的劳动竞赛活动，同时进行“最差车”“最差机要押运员”“最差修理工”评比，促进邮运业务的发展，提高邮政运输人员素质。全地区有邮政运输人员117人，其中赣州局79人。邮路175条，单程总长度7568千米，其中自办汽车邮路3895千米。

2000年10月21日，潢川至深圳火车邮路开通。全程由河南省潢川至广东省深圳第2013次列车及深圳至潢川第2014次列车运输邮件，火车箱（皮）由邮政部门自备提供搭（挂）火车列车运行。潢川至深圳班次每日到达赣州时间为16时20分，停留8分钟；深圳至潢川班次每日到达赣州时间为8时25分，停留9分钟。市邮政局在赣州火车站设有邮件接发组，有7人，1辆牵引车，4台拖车，1辆转趟汽车，负责外地至赣州及赣州至外地沿途地面局轻件（报纸、特快专递等邮件）的传递。同年，全市邮政运输人员120人，其中赣州邮区中心局67人。邮路174条，单程总长度7601千米，其中自办汽车邮路3557千米，委办汽车邮路3652千米，其他邮路392千米。

四、邮政设备

全市（地区）邮政设备主要有邮运汽车、邮运摩托车、投递自行车、过戳机、包裹收寄机，点验钞机、传真机、电脑微机、邮运汽车修理车床、镗制动鼓机、电焊机、钻床等。

1986年，全地区有邮运汽车28辆，其中邮车站20辆，赣州局2辆，宁都、兴国、龙南、全南、大余、信丰等局各1辆2吨以下汽车。有摩托车16辆，其中赣州局7辆，于都局3辆，大余局2辆，宁都、瑞金、龙南、定南等局各1辆。有包裹收寄机10台，其中赣州局5台，瑞金局2台，兴国、南康、信丰等局各1台。

1998年5月27日，各县（市）局邮政营业厅新增多媒体电脑查询系统104台，邮政储蓄网点电子利率屏137台，省局一次性资金补助331.1万元，各局自筹款428.2万元。7月27日，全地区新购买YG97型邮票盖销机38台，DKZQ－3型捆扎机22台，NKJ－2B打包机38台，BJ－127C型自动票据机100台，LN－95型利息器92台。8月，邮政、电信分营，分营后的赣州地区邮政局根据社会进步和同行业竞争的需求，先后在原基础上增加了一些新设备，主要是计算机（微型机），网络服务器、网络交换机、网络路由器、ATM自动柜员机、邮资机、POS机、过戳机、邮运汽车、速递业务专用车、投递专用汽车、邮件牵引车、摩托车、商业信函制作系统、邮政信报箱群等以及捆扎机30台套，包裹收寄机18台，过戳机34台套，信筒信箱2211个。9月3日，各县（市）以上邮政局增设电子邮政广告箱188个，同时为邮政储蓄绿卡工程配置长延时UPS设备。

1999年7月，全市对邮政设备进行整治，并对计算机2000年时钟过渡问题做好准备，确保邮政生产安全，取得较好成效。同年，全市有邮政汽车131辆，比上年增33辆，其中邮运汽车65辆，邮政储蓄专用车24辆，速递业务专用车19辆，非生产用车23辆。随着邮政业务的不断发展，计算机设备的应用不断普及和提高。全市有计算机（微型机）308台，其中邮政内部生产用127台，邮政营业窗口用97台，综合管理用84台；计算机网络设备中，有网络服务器4台，大中小型机服务器4台，网络交换机13台，网络路由器11台；邮政储蓄计算机网中，有网络服务器20台，PC机服务器19台，网络路由器1台；其他网络设备均有增加：ATM自动柜员机19台，商业信函制作系统1套。新设备的增加减少了劳动力，为邮政业务发展带来新的机遇。2000年，全市有邮政汽车145辆，邮件牵引车1辆，计算机331台，邮资机12台，POS机12台，商业信函广告制作系统2套，ATM

自动柜员机 20 台，过戳机 31 台。

第三节 邮政业务

全市（地区）邮政（邮电）局办理函件、包件、汇兑，报刊发行，邮政快件，特快专递、邮政礼仪、邮政储蓄、邮件处理、集邮、商函广告、邮政投递、邮购等业务。全市（地区）有邮路 174 条，单程总长度 7601 千米，邮政网络 359 处，其中提供邮政全功能服务的 263 处，提供电子化服务的 23 处，邮政业务逐步实现电子化操作。

一、函件

1986 年，全地区各局及分支机构均办理国内和国际平常函件、挂号函件、特种挂号、保价函件业务。7 月 1 日，部分函件交寄范围调整，将事务性通知、请柬、稿件、提货单、合同、票据、照片、会场卷按信函交寄；将不能按印刷品交寄又属于信函交寄范围的纸质品、资料性刊物按包裹交寄。1987 年 1 月，对所有有准印证号码的非正式出版物，且内容为公文性质的按信函收寄，其他性质的按纸包收寄；对印有“内部”字样的各种资料、刊物按信函收寄。8 月 1 日，赣州局开办国内邮政有声信函新业务。1989 年 1 月 1 日，传统计费收寄的盲人读物改为免费寄递。

1992 年 7 月 1 日起，函件航空资料费每 10 克 0.05 元调整为 0.1 元。11 月 15 日，恢复征收邮政附加费，给据邮件每件收取 0.15 元（党政机要邮件免收）。平信印刷品每千克收取 0.1 元（不足 1 千克按 1 千克计算）。12 月 20 日，邮政业务使用电报办理查询、撤回、更改收件人地址、姓名的电报费，由每件 1 元调整为 2 元。1994 年 7 月 1 日，停止收取邮政附加费。全地区第一个邮政营业电子化窗口——赣州局南门邮政营业厅综合业务计算机系统于 1995 年 8 月 20 日开通并对外营业。

1996 年 1 月 1 日，对各类给据邮件（包括汇款通知单），全部贴用经邮电部邮政用品用具检测中心合格的条形码签。1998 年 5 月 1 日，重新调整印制品准寄范围，凡符合印刷品准寄范围的期刊上印有征订单的可按印刷品收寄，对大宗用户的信函型印刷品收寄单独封袋。1999 年 3 月 1 日，邮政资费调整后，邮政附加费一律取消。5 月 1 日，取消邮电公事业务种类，增加邮政公事业务种类。12 月 1 日，放宽收寄印刷品的重量，调整印刷品的收寄范围，对各种书籍、报纸、期刊、教材目录、征订单及各种印刷、打印、复印的图片资料等可按印刷品收寄。2000 年 6 月，开办香港到内地的直接通邮进入业务，按新的国内邮政与香港邮政结算标准，以人民币为计费单位，其中包括 25%的附加手续费。

1986—2000 年部分年份赣州市（地区）函件业务发展统计表

表 24-1-1

年度	函件出口总量(万件)	函件总收入(万元)	赣州局函件出口量(万件)	赣州局函件收入(万元)
1986 年	5505.18	138.11	2578.79	37.01
1990 年	7249.74	22.80	3249.69	50.14
1995 年	3354.39	520.33	529.13	116.32
2000 年	2006.74	—	572.15	—

二、包件

1986 年起，邮政包件由小件包裹为主逐步向大件包裹发展，由民用包裹寄递为主向商业包裹寄递转化，包件业务量逐渐增多，其中国营企业、集体企业、城乡个体户和专业户交寄的包件占较大的比重。国际包件寄递量也逐渐增多。同年 7 月 1 日执行邮电部颁布规定，将包裹分为民用包裹和商业包裹两种，凡属非经营性的个人零星物品长度60厘米、横围90厘米、重5千克以内按民用包裹交寄。凡属经营性的或超过民用包裹规格标准的按商品包裹交寄。1997年12月1日，开办大件商品包裹业务，对重量尺寸超过商品包裹标准，重量在25千克以内、体积能装入4号邮袋的商品包按大件商品包裹收寄。1988年执行邮电部颁布标准，调整进出口个人邮递物品的限量限值，由每次量值人民币100元改为200元，港澳包件量值限人民币30元改为100元。1990年，包件资费提高，一些大件商包流向其他渠道，包件量减少。

1991年8月10日，省内实行对商业包裹资费试行临时性下浮和临时性改变纸包计费单位及实行商业包裹（包括大件商业包裹）资费下浮。后者为商业包裹可按商业包裹资费收寄，也可在民间包裹资费基础上加收50%资费的范围上下浮动，并均于次年1月1日停止执行。1992年11月15日，恢复商业包裹征收附加费每件0.3元。1993年4月1日，省内实行对商业包裹（包括大件商业包裹）资费下浮，即商业包裹可按商业包裹资费收寄，也可在民用包裹资费基础上加收50%资费的范围上下浮动。

1996年10月16日，万国邮联国际局对乌克兰、墨西哥、巴西、文莱、古巴、秘鲁等6个国家的邮寄包裹做了新的禁寄规定，各邮电局按通知严格遵照执行，并对相关业务资料进行修改。1999年1月27日，执行新的各国及中国港澳地区邮寄的包裹终端费、过境费、海运费。9月1日起，包裹存局候领的手续费标准为每件3元，商包存局候领保管期限及逾期保管费标准同普包，12月1日，放宽包裹的重量、尺寸限度，省（区、市）之间互寄的包裹最大重量限度放宽到35千克，最大尺寸以能装入2号邮袋为限。2000年2月15日，为进一步提高包裹业务质量，国家邮政局决定将国际包裹及中国港澳地区包裹多联单的份数由5联增至7联，即报关单3张，发递单、收据、收据存根和地址签条各1张，10月1日起，对城区范围内邮购包裹按址投递到户。

表24-1-2

1986—2000年赣州市（地区）包件业务发展统计表

年　度	包件交换总量(万件)	包件总收入(万元)	赣州局包件交换量(万件)	赣州局包件收入(万元)
1986年	61.29	47.31	22.37	17.96
1987年	67.94	63.47	26.19	23.27
1988年	76.92	63.02	29.18	24.03
1989年	77.18	60.92	27.80	20.81
1990年	73.24	75.41	26.87	29.90
1991年	69.08	91.66	25.07	35.70
1992年	82.93	110.76	26.07	37.33
1993年	100.00	94.88	30.62	31.49
1994年	28.48	92.62	5.97	25.96
1995年	28.90	187.50	7.08	50.43
1996年	27.42	194.37	6.24	57.33
1997年	21.71	214.41	5.57	64.58
1998年	23.67	—	6.15	—
1999年	26.36	—	7.31	—
2000年	33.03	—	10.69	—

三、汇兑

1987年始，赣州局与农业银行、工商银行联合下文，对农村支局、所限额提取汇兑款，根据汇兑业务量大小规定每月可提取的最大限额：七里镇、城埠邮电所 2500 元，沙石邮电所 3500 元。次年 5 月，赣州局开办快件汇票业务，其他县邮电局陆续开办。

1994 年，邮电部将全国“绿卡工程”列为重点项目，即用 7 年左右时间，基本实现全国邮政储汇业务电子化，并与国家金融计算机系统联网，此项建设必须统一计划，统一技术标准、统一业务处理规程，全地区各局按省“绿卡工程”方案布置实施。省邮电局负责“绿卡工程”建设点投资的 30%，其余由各建设单位自筹。1995 年 10 月 18 日，全地区停止收取进出口汇款每张（件）0.15 元的附加费。

1996 年 1 月 1 日起，开办国际邮政汇款业务，并在中国银行开设美元现金汇款来往账户、美元现钞账户，日元现金汇款来往账户、日元现钞账户。

1998 年邮电分营后，全地区各邮政局成立储汇中心，业务上归口地区局经营服务部管理，汇兑业务为赣州局储汇中心分管，各局经营业务主要是汇款和兑款及事后监督。7 月 1 日起，执行邮电部制定的《邮电通信企业国际邮政汇兑业务会计核算办法》，同月 21—23 日，召开全地区邮政汇兑业务会审会议，对汇款资金管理、汇兑款的专款专用、周转金的合理留存、印鉴支票分管、利率使用、兑付的专款专用、周转金的合理留存、印鉴支票分管、利率使用、兑付汇票手续、悬账处理等项目进行审查。

1999 年 8 月 1 日，全市各邮政局邮政储汇机构开办电报入账汇款业务。2000 年 3 月 27 日，开通内地与香港两地邮政间的邮政汇兑业务，其邮政汇兑业务严格比照国际邮政汇兑业务办理。5 月 2 日，开通由美国汇往中国的邮政汇兑款业务，其业务处理、会计核算和稽核处理与国际邮政汇兑相同。8 月 1 日，中国邮政与巴基斯坦邮政通过换函方式签署双边邮政汇票协议，开通邮政汇票互换业务。11 月 1 日开始，为增强邮政汇兑市场竞争力，更好地满足各层次用户不同需求，在全省范围内推广邮政协议汇款入账新业务，此项业务由收款人与兑付局签订协议书，委托兑付局将其汇款直接存入其在兑付局开立的邮政活期储蓄账户，收款人凭该活期储蓄存折（卡）可随时支取汇款。

表 24-1-3

1986—2000 年赣州市（地区）汇兑业务发展情况统计表

年度	出口汇票总量（万张）	进口汇票总量（万张）	汇兑总收入（万元）	赣州局出口汇票（万件）	赣州局进口汇票（万件）	赣州局汇兑收入（万元）
1986 年	74.35	69.38	41.12	13.18	12.72	7.52
1987 年	77.40	72.61	45.28	12.73	13.34	8.12
1988 年	75.88	76.16	57.63	13.09	13.61	11.53
1989 年	66.81	74.24	50.59	11.71	12.41	12.28
1990 年	61.55	82.33	55.67	11.25	12.34	14.05
1991 年	61.64	105.27	68.02	11.30	12.08	17.95
1992 年	65.66	156.93	94.09	10.84	12.79	25.32
1993 年	74.34	207.53	134.95	10.71	14.80	38.86
1994 年	90.80	—	234.21	11.61	—	49.18
1995 年	86.59	—	301.31	12.76	—	66.84
1996 年	70.22	—	299.76	11.11	—	69.18
1997 年	62.07	—	285.14	9.66	—	62.08
1998 年	63.25	—	—	9.28	—	—
1999 年	96.80	—	—	8.38	—	—
2000 年	46.93	—	—	8.55	—	—

四、报刊发行

报刊发行工作得到地方党委的大力支持，各邮电（邮政）局与宣传部门组成报刊发行领导小组，齐抓共管报刊征订工作，并对《人民日报》《江西日报》《赣南日报》《求是》《半月谈》等党报党刊的订阅作了明确要求。1986 年，全地区设有报刊门市部 15 个，报刊零售点 17 个。主要党报党刊发行数：《人民日报》1.34 万份、《江西日报》3.96 万份、《赣南日报》5.29 万份、《求是》1.46 万份、《半月谈》3.87 万份、《瞭望》3534 份；全地区 4238 个村委会中有 3852 个订有党报党刊，占总数的 90.89%，安远县、崇义县、南康县、大余县的村委会 100%订有报刊，全地区 52486 个村民小组中的 23281 个订有党报党刊，占总数的 44.36%。1987 年，各邮电局按照部颁“计划发行、区别范围、扩大零售、发展代办”的方针，在邮发品种减少、全地区普遭旱灾的情况下，加强报刊宣传，地区局在报刊零售门市部的基础上成立报刊零售公司，扩大服务网点，在西津路、阳明路、东河大桥、东门汽车站、红旗电影院、南门口、青年路、文清路等重要地点设置 8 个营业点。全地区订有党报党刊的村委会有 3879 个，占村委会总数的 91.38%；安远县、定南县、南康县、大余县等 4 个县 100%的村委会订有党报党刊；订有党报党刊的村民小组有 18196 个，占总数的 38.12%。

1997 年 1 月 1 日，推行社会服务承诺制，赣州地区邮电局向社会承诺“报刊少一赔二”，较好地杜绝了报刊短缺现象。同时，原由赣州地区邮电局通信器材厂管理的报刊零售业务收归发行投递局管理和经营。6 月 6 日，地区邮电局投资 33.2 万元，在南门广场西园兴建一个百米阅报栏，被社会各界誉为“赣州市精神文明建设的靓丽窗口”和“人文景观”，邮电部服务质量检查组评价“这个阅报栏在全国堪称一流”。1998 年，执行代收订和零售报刊业务新规定：对社会报刊发行站（员）代收订报刊，按代收报刊流转额的 3%～5%支付手续费；受邮政部门委托并与邮政部门签订代办协议的社会相关部门或个人，发行费率在 29%以下的按流转额的 2%～3%支付代办手续费，29%以上的按流转额的 4%～5%支付代办手续费；邮局向其他单位或个人批销邮发报刊平均折差不得低于 8%。2000 年，全市报刊发行人员 60 人，其中赣州局 19 人。全市新增发行报刊零售网点 80 个，其中赣州局 10 个，邮政支局所报刊零售开办率 90%，邮政委托代办点报刊零售开办率 50%。2 月 29 日，由赣州市教育委员会、邮政局在全市中小学、中等专业学校中开展“我最喜爱的一本（种）书（报刊）”征文活动，并给获奖者通报表彰和奖励。4 月 1 日起，《江西日报》改为分地区印刷发行，由赣南日报社办理，江西日报社报刊发行中心与赣州市邮政局双方签订印销发行合同，并规定各县（市）局必须当日见报。9 月 30 日，由中央文明办、建设部、公安部、国家工商行政管理局、新闻出版署、国家邮政局联合下发《关于在全国城镇建设报刊零售亭的通知》，邮政企业统一组织办理工商营业执照和出版物发行许可证，其所属的报刊零售点作为邮政企业对外营业窗口管理，由当地邮政局负责货源供应。10 月 1 日，全省开展“百万入户工程”报刊私费订阅竞赛活动。赣州市加紧“户籍工程”的建设和投递体制改革工作，推广使用邮政信报箱，挖掘私费订阅市场。12 月 7 日，国家邮政局发出通知，要求省报当日用户见报率必须达到 80%以上，并对省报当日用户见报率进行单项考核，要求确保当日 15 时以前到局省报全部投递。

表 24－1－4

1986—2000 年赣州市（地区）报刊发行业务发展统计表

年度	报刊期发数（万份）	其中赣州局（万份）	杂志期发数（万份）	其中赣州局（万份）	报刊流转额（万元）	其中赣州局（万元）	报刊累计（万份）	其中赣州局（万份）	杂志累计（万份）	其中赣州局（万份）	报刊发行收入（万元）	其中赣州局（万元）	报刊发行密度（份/人）	其中赣州局（份/人）
1986 年	44.00	8.00	71.00	18.00	707.00	153.00	8723.00	1595.00	1002.00	229.00	145.00	35.00	5.70	1.30
1987 年	45.00	9.00	72.00	16.00	776.00	173.00	1076.00	1875.00	—	214.00	168.00	42.00	5.70	1.40
1988 年	42.00	8.00	62.00	16.00	834.00	190.00	9004.00	2035.00	990.00	232.00	212.00	54.00	6.50	1.40
1989 年	30.00	6.00	40.00	8.00	1182.00	255.00	9794.00	1455.00	873.00	134.00	298.00	77.00	9.91	2.50
1990 年	31.00	6.00	38.00	9.00	1245.00	262.00	9033.00	3484.00	591.00	121.00	315.00	87.00	10.10	2.40
1991 年	35.00	8.00	41.00	10.00	1335.00	283.00	7334.00	1513.00	631.00	128.00	336.00	96.00	9.47	2.23
1992 年	37.00	8.00	44.00	11.00	1471.00	304.00	7644.00	1617.00	646.00	142.00	376.00	109.00	9.03	2.03
1993 年	37.00	8.00	38.00	10.00	1624.00	343.00	7610.00	1632.00	627.00	135.00	373.00	91.00	9.95	2.17
1994 年	32.00	6.00	32.00	8.00	1963.00	515.00	6658.00	1309.00	483.00	105.00	448.00	123.00	11.50	2.76
1995 年	48.00	10.00	54.00	8.00	2181.00	505.00	7637.00	2272.00	448.00	96.00	541.00	135.00	7.18	2.21
1996 年	41.00	8.00	20.00	4.00	2836.00	634.00	6776.00	2030.00	387.00	69.00	721.00	187.00	12.30	3.56
1997 年	30.00	7.00	23.00	5.00	3026.00	687.00	6230.00	1966.00	397.00	65.00	826.00	226.00	14.50	3.45
1998 年	36.00	14.00	20.00	5.00	3262.00	762.00	8009.00	3397.00	480.00	75.00	—	—	13.50	—
1999 年	34.00	13.00	20.00	4.00	3050.00	247.00	8317.00	3488.00	419.00	92.00	—	—	—	2.45
2000 年	35.00	12.00	19.00	3.00	3766.00	748.00	8653.00	3557.00	377.00	88.00	—	—	14.25	2.90

五、邮政快件

1987 年 11 月 10 日，赣州局首先开办邮政快件新业务，信函、印刷品、包裹可按快件收寄。次年 5 月，开办快件汇款业务。随后，各县局相继开办该项业务。

1992 年 7 月 1 日，邮政快件资费起重 100 克以内，每 20 克或其零数由 0.8 元调整为 1 元，续重 101 克至 500 克或其零数由 1 元调整为 1.2 元。1995 年，邮电部规定：快件查单发出 15 天，未得到答复的，收寄局一律用电报催查，投递局自收到电报之日起 5 日内用电报回复，逾期未复的为责任局承担邮件的赔偿责任。10 月 18 日，全地区停止收取出口快件挂号邮件每件 0.15 元的附加费。

1998 年 7 月 1 日起，停止邮政快件业务。2000 年 1 月 1 日起，在全省范围内开办省内邮政快件业务，限省内互寄。

六、特快专递

1988 年 10 月 15 日，赣州局开办特快专递业务，凡可作邮件交寄的均可作特快专递收寄，为确保时限要求，配有专用车辆和工作人员处理进、出口特快专递邮件。当年，特快业务交换量 18 件（出口 7 件，进口 11 件），1989 年 339 件，1990 年 1001 件。

1997 年 2 月 1 日起，开办至中国台湾地区特快专递收件人付费业务，出口互换局为广州。次年 3 月 1 日起，调整内地与香港特别行政区间互寄出的特快邮件的尺寸限制，以能装入大特号特快邮袋为限，重量限制仍为每件不超过 30 千克。3 月 24 日起，放宽对台湾快件业务收寄限制。4 月 28 日，赣州局开办邮送纳税申报表新业务，并在最短时间送到国税局。6 月 5 日，地区邮政局下文，严禁在窗口向用户强制收取所谓的特快专递费，更不准未经用户同意，强制坐扣用户汇兑款作为特快专递费，否则按乱收费严肃处理。6 月 1 日起，国内特快邮件的最高价限额由现行的 1 万元提高到 5 万元，保价费率不变。同月 8 日起，将国内代收货款业务开办范围扩至大部分省（自治区）的地市级城市及少量的县级城市。当年，全地区特快专递出口总量 31 万件（国际特快专递 297 件），其中赣州局出口 5.9 万件

（国际特快专递 273 件）。

1999 年 8 月 1 日，在省内开办特快汇款业务，特快汇款业务收费标准按照现行的国内邮政汇兑交费标准收取相关汇兑资费，另加特快汇款处理费每件 10 元。10 月 1 日起，在省内试办邮政特惠箱邮件（EMS MAGIC BOX）业务。11 月 1 日起，在省内利用邮政特快专递直接将居民身份证、快证寄给领证人。2000 年 7 月 1 日起，用户拨打“185”特快专递服务台分别收长话、市话或本地网电话费，取消免费拨打“185”特服台电话，7 月 19 日，调整特快包裹收费标准，每件包裹（2 千克以内）收 8 元，每超 1 千克（不足 1 千克按 1 千克计算）加收 1 元。

七、邮政礼仪

邮政礼仪主要业务种类有礼仪信函、礼仪电报、鲜花礼仪电报、礼仪传递。邮政礼仪传递方式分同城传递和异地传递两种，只要用户在邮局业务规定的范围内均可按时间、地点，要求派邮政礼仪小姐（先生）专车专人送达收件人。

1995 年 5 月 30 日，为满足广大群众之间礼仪交往的需要，赣州局率先开办中国邮政礼仪信函业务。1997 年 8 月 1 日，又开办邮政礼仪速递业务，配有专职人员 3 名，并派员至广州、武汉等地学习鲜花礼仪知识，以适应市场的需求，为邮政礼仪的发展奠定基础。

1998—1999 年，全市（地区）邮政礼仪业务持续发展，无论是同城礼仪还是异地礼仪均逐年增长。全市（地区）17 个县（市）邮政局先后开办邮政礼仪新业务，配有专（兼）职人员，设有鲜花礼仪门市部。1999 年 2 月 26 日，各地开办国内邮政礼仪汇款新业务（为用户礼仪送款）。当年，全市（地区）邮政礼仪业务量 1323 件，其中赣州市邮区中心局 1266 件。2000 年，全市邮政礼仪业务量 1.8 万件，其中赣州市邮区中心局 4123 件。

八、邮政储蓄

根据国务院关于充分发挥邮电部门优势，积极开办邮政储蓄的指示和邮电部提出的“多办、快办、办好”的要求，1986 年 6 月 18 日，赣州地区邮电局成立邮政储汇科，负责经办赣州市（今章贡区）及筹办 17 个县局邮政储蓄业务。6 月 20 日，赣州局设南门储蓄所，首办邮储业务，发行首月封一枚并举办开业典礼。随后，各县邮政储蓄相继开业，邮政储蓄种类有活期储蓄、零存整取、整存整取 3 种，存款利率执行国家统一规定。9 月 1 日起，全地区邮政储蓄业务统归赣州地区邮电局生产经营办公室管理。遵循银行与邮电协议规定，至 1988 年年底，邮储免收营业税，邮政储蓄手续费按 2.2%提取。1986 年，全地区邮政储蓄网点 18 处，储户 6891 户，邮储金额 219.33 万元，邮储收入 9774 元。其中赣州局储户 2077 户，邮储余额 65.51 万元，邮储收入 3542 元。

1998 年 5 月 8 日，执行邮电部业务代办费支付标准及支付渠道，代办储蓄按年平均余额的 1%～1.5%支付。全地区共建邮电代办所（点）1649 个，邮政绿卡工程储蓄点 202 个。全地区有邮储网点 268 处，年末收储余额 9.63 亿元，其中赣州局邮储网点 13 处，年末收储余额 9931.12 万元。

1999 年 1 月 20 日起，全地区各邮储机构试行开办国内邮政储蓄入账汇款新业务。3 月 26 日起，省社保局委托省邮政局在全省各邮政储蓄机构代发养老金，并签订协议书。7 月 5 日，赣州市邮政活期储蓄实现全国通存通取。10 月 9 日，调整邮政储蓄异地存取款手续费标准，省际异地存取款业务手续费标准；异地存款按存款额的 0.5%收取手续费，最低标准 2 元，最高标准 20 元，异地取款按取款额的 0.5%收取手续费，最低标准为 2 元，最高标准为 50 元。1999 年，全市有邮储网点 272 处，年末收储余额 13.63 亿元，邮政储蓄市场占有率 8.72%，其中市邮政局储蓄网点 15 处，年末收储余额 1.66 亿元，邮政储蓄市场占有率 4.26%。

2000 年 1 月 1 日，各邮储机构执行国务院批准第三套人民币兑换收回，7 月 1 日起停止流通。邮政储蓄业务点多面广，实现活期通存通取的网络，本着“放水养鱼”的精神大力发展邮储业务，先后与有关单位签订办理中间业务，为用户代发工资，代收水、电、煤气费，代发养老金，代理各项保险，代收各项电信费用等业务；3月1日，全市各邮政储蓄机构代理发行国债业务。同年，全市有邮政储蓄人员327名，其中赣州局49名；邮储网点269处，年末收储余额17.21亿元，其中定期余额11.27亿元，活期余额5.94亿元。邮储市场占有率10%。其中赣州市邮政局邮储网点15处，年末收储余额1.64亿元，其中定期余额1.1亿元，活期余额5382.52万元。邮储市场占有率为4.15%。全市邮储市场占有率较高的县局：石城局17.35%、宁都局15.55%、会昌局15.10%、于都局13.81%、赣县局13.71%、定南局13.64%、崇义局13.60%、寻乌局13.56%。

九、邮件处理

全市（地区）各邮政（电）局按邮电部颁发的邮件分拣封发时限频次，组织分拣封发。1986年，各县邮电局均设邮件分拣封发房，按部颁发分拣封发定员标准，全地区有分拣封发人员85人，赣州局设邮件分拣组隶属邮政科管理，有分拣封发员36人。分拣组设开班台、平信台、挂号台、平常印刷台、挂号印刷台、包裹台、国际台、销票台。县局分拣封发隶属邮政组管理，一般设平信台和挂号台，各局根据邮件流量和流向以及相关封发标准确定直封格眼，按照规定时限要求组织分拣封发作业，出口国际及中国港澳地区的邮件，一律封发省会局经转。机要文件由机要科业务组负责分拣封发，其处理时限与挂号函类同，实行专袋，单独封发，直接发运。进口报刊的分发，由报刊组按投递段道分拣，交投递组相关段道细分到户，《赣南日报》由地区邮电局发行组直封，交转运组随路单邮运至县局及邮路沿途交接点。1986年，全地区分拣封发平常邮件4805万件，给据邮件699万件，其中赣州局分拣封发平常邮件2337件，给据邮件241万件。

为加强全地区邮件处理规格管理，地区邮电局于1995年6月对全地区从事邮政营业、分拣封发、投递、销票等人员计592人进行日戳盖销考核。11月1日起，取消盖销邮票四分之一的规定。12月，赣州局邮件转运组实行微机登单作业，开始与全国邮件处理接轨。主要设备有HPYL24/50型主机1台、LQ-1600K型打印机1台，500千伏型后备不间断电源1台、USDOSS 5.0型汉字系统机1台，先进的设备提高邮件转运总包封发质量和工作效率。1997年3月1日起，调整于都局所属部分分支机构邮件、报刊直封和经转关系。于都局桥头所的邮件由银坑邮电支局经转改为赣州局直封于都县局，曲洋所的邮件由葛坳邮电所经转改为赣州局直封于都县局，宽田（高龙）所的邮件由黄麟邮电所经转改为赣州局直封于都县局；于都县、马安、桥头、宽田、沙心、曲洋、靖石、禾丰、祁禄山等局所的《赣南日报》分别打捆或封专袋直封于都县局运转；罗江、罗坳的邮件、报刊由单向交接改为双向交接。全地区邮袋使用、清退计划和储备定额的下达，按季及时分解到所属用袋单位，做到不超储积压邮袋，从上到下重视邮袋管理工作，有效抑制邮袋告急状况。1997年，全地区邮件分拣封发人员138人，其中赣州局64人；邮运（含转运）人员87人，其中赣州局69人。全地区设置邮政信箱（筒）2153个，城区住宅楼房信报箱设置率20%。

1998年，邮件处理划归赣州邮区中心局，属国家二级邮区中心局。全地区有分拣封发人员145人，其中赣州局60人。主要负责进出口18个县（市）局邮件的分拣封发、转运、交接、开取信箱等工作。赣州火车邮路开通后增加接站工作，在火车站设有邮件交接组，增加人员设备，对外地至赣州及赣州至外地沿途地面局的轻件（指特快专递、报纸、信件等）时限加快了速度。在分拣封发上注重直封直发，增设直封格眼，由赣州局直封至各县（市）局分支机构，当日24小时内到达赣州局的邮件次日赶邮车发出。分拣人员分中午班和夜班作业，在邮件处理上分平信台、挂号（给据函件）台、国际台、印刷台、包裹台、销票台、开班台。随着国民经济的发展，社会用邮量逐渐增加，为确保分拣封发质量，各个台席增加质量检查员。1998年，全地区抽查邮件总数5.74万件，不合格数1488件，占抽查总数的2.59%，其中赣州局抽查邮件总数7963件，不合格数208件，占抽查邮件总数的2.61%。9月15日起，对全网普通邮件分拣封发关系进行调整，一、二级邮区中心局对全国各邮区中心局建立固定直封关系；各邮区中心局与经转范围内的地、市、县之间建立固定直封关系；各三级邮区中心局对寄往全国各邮区中心局平常函件满130件、挂号函件满30件、包裹满5件建立直封关系。

2000年，全市有分拣封发人员134人，其中赣州邮区中心局64人。3月1日起，按照新的直封标准和经转关系对普通邮件分拣封发关系进行调整，直封标准：平常函件满130件、挂号函件满30件、包裹满5件、平刷满130件、挂刷满30件或平挂印刷品重满5千克。6月1日，由于二级邮区中心局对邮件直封关系的改变，根据邮路、流量、流向情况，取消南康、信丰、上犹、崇义等局对普通邮件的分拣封发功能。7月1日起，执行国家局新邮件时限规定：特快专递邮件封发以邮区中心局和非邮区中心局的地（市）局为基本封发单元，其相互之间互发的特快邮件一律直封；信函、轻件在同一车站总包站转时限为1小时，非同一车站站转时限为2～3小时，包裹、重件总包站转时限为24小时。

十、集邮

1986—2000年，全市（地区）集邮活动由市（地区）集邮协会牵头组织，市（地区）邮电局具体办理，同时配合省集邮协会开展活动。

1986年10月，全地区第二届专题邮展——中国工农红军长征胜利五十周年在赣州市（今章贡区）举办，展出票品150柜6300枚。全地区集邮点27处，集邮收入21.25万元。其中赣州局集邮点3处，集邮预订户2190户，预订邮票2612套，集邮收入13.46万元。1987年，在全地区先后举办邮票上的科学知识竞赛及青少年邮票展览，评出优胜者或优秀展品，分别参加全省集邮协会比赛、全省青少年邮票展览。10月至次年3月，地区集邮协会组织全地区巡回集邮展览。1988年10月7—10日，全省第一次农民邮票展览在赣州展出，共有展品71部426柜17892枚。次年8月，赣州市（今章贡区）集邮协会举办"纪念赣州市解放四十周年"邮票展览，地区集邮协会发行一枚纪念封。1990年8月19—20日，全省举办纪念"解放区邮票发行六十周年"邮票展览，在赣州市（今章贡区）展出并举行闭幕式。10月，闽、粤、赣三省三地区联合举办邮票展览，共展出邮票157柜6594枚。

1998年4月，邮电部下发《关于进一步加强邮资票品管理工作的通知》，要求各地邮电局要进一步加强对通信邮票的管理，加大监督检查的力度，维护邮政信誉。5月，邮电部对集邮品的制作、经营有关问题重申规定，对未经批准擅自从事集邮制作、经营的，应依照有关规定予以查处。

1999年，全市（地区）集邮业务注重邮品的开发，制作春节拜年生肖邮折、《赣州风光》、撤地设市纪念封、《共和国不会忘记》等邮品投入市场。

2000年5月30日，在赣州召开全市集邮协会第四次代表大会，选举出102名会员组成集邮协会第四届理事会。全市集邮业务注重挖掘地方题材、特色题材，同相关部门联合开发邮品。市集邮公司与赣南客家联谊会共同开发制作《赣南客家》邮资明信片，作为赣州市组团参加"世界客属第16届恳亲大会"的宣传品；与省公司及瑞金市邮政局联合开发制作《共和国摇篮——瑞金》；在赣州市团代会召开之际，与团市委联合发行制作纪念封4000枚；全国第五次人口普查时，与市政府联合开发制作第五次人口普查纪念封，每枚售价1元，年底销售量60万枚。

十一、商函广告

1997年12月10日，地区邮电局开办邮送广告新业务，并由省邮电局统一配置一套neopot型号品牌的商函广告制作系统设备，处理能力为3200件/小时。1998年11月，邮电部开办利用普通邮资明信片为企业代发广告的业务，地区邮电局为此成立商函广告中心。1998—1999年，全市（地区）邮政商函广告业务用快捷的投递速度逐步赢得市场。1999 年，全市（地区）邮政商函广告业务人员 18 人，其中市邮政局 7 人。除大余、上犹、兴国、会昌、石城等局未开办邮送广告业务外，其他 12 个县（市）局均开办该项业务。1999 年，全市（地区）邮送广告数 728.2 万件，邮资广告明信片制作量 39.97 万件，其中赣州局邮送广告数 650.9 万件，邮资广告明信片制作量 27.05 万件。1999 年 6 月 8 日起，全地区各局开始办理回音卡业务，赣州地区邮政局首期印制的《郁孤台》《南门广场》回音卡共 202 万枚，每枚回音卡制作成本为 0.17 元。

2000 年，全市有商函广告业务人员 14 人，其中市邮政局 4 人。除兴国局外其他 17 个县（市）均开办邮送广告业务。全年全市邮送广告数 565.54 万件，即中邮专送广告数 436.42 万件，邮资广告明信片制作量 60.8 万件，其中赣州局邮送广告数 380.32 万件，邮资广告明信片制作量 26.22 万件。1 月 20 日，国家工商行政管理局广告监管司同意继续利用《中邮专送广告》印刷品发布广告，并就 2000 年《中邮专送广告》印刷品地方版的业务运作、纸质、版式等进行规定。

十二、城市邮政投递

城市投递分段道设置，按每日工作 8 小时点交邮件 250 户、投递行程 20 千米为标准设一段道。其折算比例为行程 1 千米按点交 12.5 户计算，点交 1 户按内部处理 9 件（份）计算。经邮电局核准的用户自挂信报箱，按实投 2 户折合为 1 个点交户。县（市）城镇投递一般每日 1 次，由营业员或话务员合理组织兼投，但部分大圩镇配备专职投递人员。赣州局每日投递两次，上午出班时间为 8 时 30 分，下午出班时间为 15 时 15 分，凡上午 12 时前到达的进口函件，11 时之前交寄或投入市区信箱、信筒内的本埠函件，15 时前到达的中央和省级党报一律当日投递。

1986 年，全地区城市投递段道 72 条，单程长度 984 千米，其中自行车班 955 千米，摩托车班 28 千米，步行班 1 千米，投递人员 110 名。18 个县（市）《赣南日报》当日投递，16 个县（市）省报次日投递，2 个县省报第 3 日投递；365 个乡（镇）中有 350 个逐日班投递，15 个乡（镇）隔日投递。赣州局有 18 个投递段道，单程长度 417 千米，投递人员 34 名，其中 2 个段道使用三轮摩托车投递大用户单位邮件报刊。全年投递给据邮件 52.95 万件，差错率 0.01%；投递平常邮件 421.91 万件，报刊 1679.56 万份，差错率 0.1%；投递疑难信件 1263 件。

1991 年，为解决城市住宅楼房通邮难的问题，邮电部、建设部联合下发《关于在城市住宅楼房设置信报箱、信报箱群、信报间（或信报收发室）的联合通知》，凡未设置的，原有住宅楼房（包括信报箱已损坏的）各单位接通知后应在 6 个月内自行统一标准补装、补建和维修。4 月 2 日，赣州地区计划委员会通知地直有关部门、房建设计单位、各县计划委员会，按照邮电部、建设部规定办理。1991 年，全地区有城市投递段道 92 条，单程长度 1427.4 千米，其中自行车班 1331.8 千米、摩托车班 90.5 千米、步行班 5.1 千米，投递人员 104 名。351 个乡（镇）有 340 个逐日班投递，11 个乡（镇）隔日班投递；18 个县（市）《赣南日报》当日投递，17 个县（市）省报次日投递，1 个县省报第 3 日投递。赣州局设投递段道 23 个，单程长度 331.8 千米，投递人员 26 名，有 2 个段道使用三轮摩托车投递大户单位邮件报刊。全年投递给据邮件 30.29 万件（份），差错率为 0.1%。

1997 年，全地区城市投递段道 93 条，单程长度 1303.7 千米，其中自行车班 1206.7 千米、摩托车班 90.5 千米、步行班 6.5 千米，投递人员 108 名。赣州局投递段道 15 条，单程长度 210 千米，投递人员 30 名，有 2 个段道用三轮摩托车投递机关大户邮件报刊。全年投递给据邮件 71.23 万件，差错率 0.13%，投递平常邮件 817.13 万件，报刊 1936.89 万份，差错率 0.19%。

十三、乡村邮政投递

乡村投递分逐日班、隔日班、周六班、周三班、周二班，四天及四天以上投递边远山区。其路线设置依据投递点数量和路线情况核定。乡邮投递人员一般和城市投递人员合设为投递组，也有的县（市）局将乡邮、城投与城市投递人员合设为投递组，也有的县（市）局将乡邮、城投与邮政组合设，根据管理和投递工作需要各局自行设置。

1986年，全地区有乡邮投递路线776条，单程长度2.06万千米，乡邮员446名，自编人员投递的乡361个、村委会4056个、村民小组27483个，委办投递的乡4个、村委会100个、村民小组1895个，捎转投递的村委会130个、村民小组19908个，通邮率100%。在农村通邮中，逐日班或周六班投递的乡（镇）15个，村委会2604个，村民小组6474个，周二班投递的村委会261个，村民小组6643个，每四天及四天以上投递的边远村委会46个，村民小组8785个。赣州局乡邮员11名，投递路线21条，单程长度489千米，全年投递邮件41.26万件，报刊180.46万份。

1995年，邮电部和人民日报社联合举办全国“百佳发行员、投递员”评选活动，南康局乡邮员李秋元获“最佳投递员”称号。同年，全地区有乡邮投递路线790条，单程长度2.62千米，乡邮员240名。自编人员投递的乡（镇）390个、村委会3384个、村民小组19112个、委办投递的乡（镇）79个、村委会777个、村民小组4174个，通邮率100%。在农村通邮中，逐日班或周六班投递的乡（镇）418个，周六班投递的村委会1233个、村民小组5333个，周三班投递的村委会2854个、村民小组14465个、每四天及四天以上投递的边远村委会87个、其中赣州局乡邮员31名，投递路线25条，单程长度556.1千米，全年投递邮件18.32万件，报刊78.52万份。

1998—2000年，全市（地区）邮政投递工作仍分城市投递和乡村投递两种。由于投递体制的改革，投递人员分正式工、劳务工、农民合同工三种劳务工形式，减少正式工投递员编制。城市投递员由一部分劳务工代替，乡邮员由一部分农民合同工代替。至2000年，全市投递路线129条，农村投递路线单程长度2.25万千米，投递人员273人，其中赣州邮区中心局城市投递路线38条，农村投递路线单程长度455.9千米，投递人员38人。

十四、邮购

1998年6月1日起，国家邮政局决定开办直递邮件业务（邮购业务），即点对点包裹业务。收费标准可以随行就市，但每吨资费最低不能低于0.45元/千米。

1999年5月6日，赣州地区邮政局成立邮购中心，属副科级建制，17个县（市）局邮购业务由发展中心管理。同年，全市（地区）有邮购人员21人，其中赣州局4人。全市（地区）邮购营业额580万元，收入236万元。其中，直递业务量6498吨。全市（地区）开办邮购超市55个，其中有8个邮购网点由省邮政局补助资金开办，其余47个由县（市）局自筹资金开办。各局投入大，流动资金周转有一定困难，给邮购业务的发展带来一定影响。1999年，为搞好邮购直递业务，各县（市）局根据当地名优特产品销售的需求，均配有邮购直递汽车，上犹局配有1辆8吨装邮政汽车，主要用于直递业务。崇义、上犹等局收寄的笋干、香菇、木耳走俏于江苏、浙江、上海等地。赣州邮购业务收入名列全省第一位。

2000年，全市有邮购人员25人，其中赣州邮区中心局4人，邮购商品销售额1883万元，邮购业务147件，直递业务量4896吨。邮购商品销售额情况：南康局154万元、信丰局113万元、大余局111万元、上犹局148万元、定南局119万元、宁都局146万元、兴国局111万元、会昌局117万元、石城局286万元。4月1日，市邮政局对邮购经营管理工作提出新的意见：强化基础，健全营销网络，积极发展批销和代售网络，大力发展社会集团消费业务；拓宽市场，建立营销队伍；承包经营，提高邮购效益；规定货源渠道，实行统一配货；严格核算，加速资金周转。9月6日，市邮政局与市经贸委联合举办赣南“名优特新产品与邮政网络”座谈会，邀请各地生产厂家负责人参加会议，在会上详细介绍各项邮政业务，阐述邮政网络的独特优质和本地名优特新产品，引起与会厂家的浓厚兴趣，会上有12个厂家同市邮政局签订产品总经销合同，同时与北京、上海等地厂家合作印制1万份产品目录广告发至全国县以上邮政局，并积极与外地名优产品厂家联系洽谈，取得产品总代理权，丰富本地市场。12月28日，省邮政局与省种子公司就开办种子邮购业务签订协议，通过点多面广的邮购网络向全省各地邮购种子，既方便群众的生产，又给邮政企业增加效益。

第四节　企业管理

一、经营管理

1986年3月，地区邮电局制定全地区“七五”邮政发展规划和业务发展目标。同年，召开全地区邮政业务工作会议，传达贯彻邮电部、国家物价局《关于调查部分邮件分类范围的通知》，学习邮件收寄和封发的业务规定。

1987年1月1日，《中华人民共和国邮政法》施行，各邮政单位与当地政府组织宣传贯彻《中华人民共和国邮政法》。同月，根据部颁邮件分拣封发体制改革的规定，全地区各邮电局通过实际业务量调查摸底，调整增撤分拣封发格眼，缩短直封、经转邮件时限。

1993年5月成立邮政管理科后，由邮政管理科全面履行全地区邮政管理职能直到1998年11月邮政局成立。

1998年，以支柱业务邮政储蓄、集邮、函件带动其他业务和新业务的发展。全地区邮政储蓄年末收储余额达到9.63亿元。开发具有赣南特色的邮品投放市场，开办邮政邮购、商函广告、邮政礼仪、直递等新型业务；加大市场营销力度，组建专门的营销队伍，开展大规模的宣传营销活动，重点抓好大用户及集团用户的工作。企业全员劳动生产率为6.49万元/人。

2000年，抓住经营这个中心，围绕扭亏增盈目标，强化市场意识。经营特点：计划落实早，经营者做到心中有数；考核办法细，逐级签订经营责任状，交纳风险金；经营手段灵活，在抓好传统业务的基础上，大力拓展延伸业务触角；营销措施新，形成专业、全员和领导营销相辅相成的格局。邮递类业务以商函为突破口，重点抓好函件、包裹、速递、报刊业务的深层次开发，与移动公司签订账单类代投业务。赣县邮政局开办“家乡拜年包裹”业务；报刊发行业务抓好破订、补订和续订工作，截至11月底，全市新装信报箱8.92万户，促进私费订阅的增长；邮储业务在“代”字上取得较好效果，全市代发养老金3.27万户1154.37万元；集邮业务开发《赣南客家》邮资明信片、《共和国摇篮——瑞金》邮册及第五次人口普查纪念封。至2000年年底，在“代”字业务上，已分别与联通、网通、电信、移动、太平洋保险、人寿保险、社保局等单位签订代发养老金、工资业务；代办汽车险、人寿保险、手机放号和寻呼业务，代收话费业务，代投账单业务，代售IP卡、国债、“中华风采”彩票业务。

二、行政管理

1986—1990年，全地区继续推行和完善局长负责制。根据“精简、效能”的原则，强化通信生产指挥系统，成立生产经营办公室，统一管理和指导全地区邮电业务。下发《关于严肃邮运纪律的若干规定》，生产经营办公室会同邮站、机要科人员到邮路上进行邮运纪律检查，发现违纪捎买带者，视情节轻重给予罚款、吊销驾照乃至政纪处分。开展建设标准化支局所活动，1990年12月在宁都邮电局、南康邮电局分别召开全地区农村支局所标准化建设现场会。

1998年11月，邮电分营，各项工作逐步转入正常化运营。1999年，狠抓基础管理，制订完善各项规章制度及岗位职责；加强财务费用管理，规范会计核算行为，制定收支差额包干管理办法，加强成本费用管理；做到“四个统一”，即对业务招待费、低值易耗品、业务及办公用品和房屋、车辆及设备维修实行统一管理；加强行业管理，专门成立行管法规科，对速递市场进行调查，邮票市场进行清理整顿，信封生产厂家进行年审；加强安全生产管理，建立健全相关制度。深化三项基本制度改革，使人事、用工、分配制度逐步完善。加大对中层干部的考核力度，实行动态管理；做好定员定编工作，对劳务进行考核，清理不合格人员，加大“工效挂钩”为主导的分配形式。针对机关管理、服务、作风等方面存在的不良现象，对机关干部作风实施全面整顿，取得明显效果。

2000 年是邮政管理年。实行全市财务会计派驻制度。对 14 个单位的 28 个项目进行预、决算审计；对 9 个单位开展财务收支审计和局长离任审计。加强成本费用管理。对全局各科（部、室）实行可控成本费用“总额控制，计划管理，分项下达，包干使用”管理，包括邮运费、修理费、低值易耗品费、业务费、行政管理费和其他费用支出等 6 个项目；出台成本费用包干管理、业务资金管理办法，百元业务费实现收入比上年同期增长 12%。加大“三项制度”（劳动制度、人事制度、分配制度）改革力度。4 月，市邮政局对发行投递、报刊零售、商函广告、速递和邮购 5 个专业中心主任岗位实行公开招聘，全市邮政系统 51 名符合条件人员参加考试考核；建立良性循环的用工机制，实行减员增效，规范用工指标；下半年清退不合格劳务工 30 名，并向社会公开招聘、择优录用 47 名劳务工。抓好投递体制改革，市邮政局成立投递局，细分段道，投递员收入与其揽收报刊及发展其他业务挂钩考核。重新组建 14 个县（市）局经济警察分队，会同工商、安全部门对邮政市场进行清理整顿，查处 1 起盗用邮政商函广告名称、非法揽收信函的侵权案，以及 1 起私刻义务兵免费信函“三角戳”案件。对全市速递、集邮市场以及信封生产单位进行全面检查，收缴非法出售的邮票 1555 枚。

三、质量和服务管理

1986—1990 年，全地区邮政以方针目标管理为主线，以全面质量管理为中心环节，强化服务、质量管理的基础工作。全地区邮政重点考核的质量指标是总包邮件损失率、给据邮件损失率、邮件全程时限逾限率、邮件处理规格不合格率和机要文件失密丢损率等 5 项。推行全面质量管理，实行年度目标管理和质量否决权。为加强 TQC 工作，地区邮电局和县邮电局分别成立全面质量管理委员会和全面质量管理小组，班组、支局（所）成立质量管理小组（又称“QC 小组”），设立专（兼）职质量检查员。针对邮政通信点多面广、全程全网、联合作业的特点，在通信生产全过程制定质量管理制度和检查考核制度。开展 QC 小组活动，做到有质量报表、台账、分析记录、质检记录和差错登记簿。赣州局邮政接发转运组、邮政分拣组、宁都局邮政 QC 小组分别被评为省邮电优秀（先进）QC 小组。持续开展纠正行业不正之风工作，1986 年开展查服务、查质量、查纪律的“三查”活动，以提高职业道德水准，对于强迫用户使用高资费业务、服务态度生硬、与用户争吵、通信质量和服务水平不高、利用工作之便索要用户钱物、贪污挪用公款、违纪捎买带等重点问题进行检查整改。查处会昌周田所营业员贪污汇兑款、赣县储潭所代办员挪用汇兑款、信丰高桥所营业员贪污汇兑款等案件。1990 年，省邮电局授予南康县邮电局投递组“文明投递组”称号。

1998 年，围绕推进规范服务，创造文明行业的目标，广泛开展“让用户满意，树邮电形象”活动，从改善窗口服务，提高职工队伍素质入手，狠抓规范化营业窗口、服务环境、服务设施和文明用户调查制度，用户满意度有较大提高。

2000 年，制定《赣州市邮政局通信服务、通信质量、通信管理处罚条例》，印成小册子 1500 本分发至各级管理岗、监控岗人员及班组、支局（所）学习执行，经验做法在全省推广。健全邮政通信质量、服务质量管理和监控体系，明确 11 个管理岗和 19 个监控岗的岗位职责。同时，市邮政局以全市开展民主评议行风为契机，结合“树邮政新风，创优质服务”活动，成立行风评议领导小组，制定下发

《全市邮政系统民主评议行风实施意见》以及实施细则、考核办法，组织全体职工学习，并参加知识考试；利用电视、报纸和邮送广告等媒介广泛宣传，接受全社会监督。市邮政局和17个县（市）邮政局均被当地政府评为民主评议行风优良单位。

四、邮政通信设施建设

1986—1990年，全地区邮政设备主要有邮运汽车、邮运摩托车和包裹收寄机。赣州局邮政科配备邮政专业技术设备维护员1名，负责设备的日常维护管理。1990年，全地区有邮运汽车35辆（赣州局19辆）、摩托车13辆（赣州局9辆）、包裹收寄机6台、投递自行车974辆、信筒（箱）1063个。投资583.09万元建设、更新改造邮政生产用房、分支机构2.26万平方米。

1991—1997年，邮政综合通信能力显著增长。开通特快专递邮路，全地区邮路总长度8355单程千米。1995年，邮政通信科技含量增大，自动化、电子化水平明显提高，建成12个邮政储蓄电子化窗口和一个邮政营业全功能电子化窗口。8月23日，全地区第一个电子化窗口——赣州南门营业厅综合计算机网络系统开通对外营业，函件、包件、汇兑、报刊收订收寄开发处理均由微机代替手工操作，先进的计算机管理开始在各生产工种推广使用。1996年，建成全地区报刊发行微机要数网和赣州局特快专递跟踪查询，邮运制单实现微机处理，新增10部运钞车和13部邮运转趟车。1997年，加快支局所的电子化系统工程进度，5月实现17个县（市）邮电局的邮政营业厅和赣州文清路、阳明路支局共20个网点的邮政营业窗口电子化，增强窗口业务处理能力，加快收寄速度，提高整体服务水平。年内建成全地区邮政储蓄事后监督微机处理系统；组建赣州局电子化商业信函中心，新增邮政运输车9辆；赣州局南门邮政营业厅新增电子显示屏、触摸屏等先进业务宣传和咨询系统。

1998年，新建邮政多媒体查询系统和邮政储蓄电子利率屏。1999年，完成第一、二期绿卡工程建设任务，开通全国活期储蓄通存通取业务；完成全市（地区）邮政电子化系统建设任务；开展邮政设备整治工作，顺利解决2000年时钟过渡和计算机安全过渡问题；实施邮区中心局体制，将分散的分拣封发处理改为邮区中心局集中处理和封发。

2000年，全市有7个县邮政局邮政通信生产楼竣工初验；投资480万元对邮政分支机构改造，完成18个邮政局（所）的改造；邮区中心局工程于11月28日开工建设；完成全市三期绿卡工程建设项目，当年建设54个邮政储蓄绿卡网点，顺利完成绿卡网络改造，进行账单处理、邮购商场POS单点、报刊分发及报刊零售计算机等系统的安装调试工作，提高邮政生产的科技含量。

第二章 电　信

全市（地区）电信部门围绕“发展、改革、服务”这一主线，坚持“高起点、新技术、超常规、跳跃式”的发展战略，以经营为中心，加快建设，深化改革，加强管理，强化服务，通信能力实现由量的增长到质的飞跃，业务经营持续、高速、稳步发展。

“七五”计划期间，贯彻治理整顿和深化改革方针，解放思想、大胆利用国内外贷款，拓宽融资渠道，筹集建设资金，坚持高起点、新技术发展战略，加大投资，加快建设速度，加强经营管理，电信通信事业有了长足发展。5年完成固定资产投资2219万元，为中华人民共和国成立36年以来总投资的2倍以上。传输方面，新建赣州至南昌数字微波，长途电路大幅度增长，形成“辐射汇接式”的长途电信传输骨干网络；交换方面，完成赣州2000门市话扩容，开通DD16全自动交换设备，引进赣州（赣县）万门程控电话，市话通信紧张状况有所缓和；终端方面，全地区市话电话机总数达到18371部，农村电话机总数达到8601部，电话普及率由“六五”计划期末的0.27部/百人提高到0.38部/百人，新开办用户电报和用户传真业务，县以上城市公众电报全部进入全国自动转报网，计算机技术在通信生产和管理中开始启用。

“八五”计划期间，全地区综合通信能力不断增强。邮电固定资产投资 7.98 亿元，相当于 1949—1990 年形成固定资产总值的 8.8 倍；固定资产原值累计 5.71 亿元。通过规模投入，引进开通赣州万门程控电话，实现县以上通信“两化”（市话交换程控化、长途传输数字化），建成公众模拟移动通信网、BP 机同播网、农话本地网和赣州市交换、可视会议电话系统。至 1995 年年底，电话普及率达到 21.42 部/百人。

“九五”计划期间，电信企业改革力度加大，相继完成无线寻呼剥离、邮电分营、移动分离独立运营、电信重组和中国联通与无线寻呼组合，电信企业开始在竞争中发展。

第一节　通信设施

一、固定电话设施

市内电话设备　1986 年，赣州局有市话环路载波机单路 310 路。全地区市话交换总容量 12590 门（其中赣州局 3120 门）。1987 年，更新 DZM－60V/500A 整流器 2 部。1990 年，赣州局新增 0+8 环路载波 21 套计 168 路，同时废止单路载波 60 路后，有单路载波 250 路。全地区市话交换总容量 17960 门（其中赣州局 5000 门）。1991 年，全地区市话交换总容量 2.6 万门，新增自动交换机容量 16020 门。石城县、龙南县、全南县 3 个县局分别安装纵横制交换机 1000 门，瑞金县局安装纵横制交换机 2000 门，其余县局均使用磁石、共电式市话交换机。同年 6 月 30 日零点，赣州市话 1 万门程控电话割接开通。1994 年 3 月 5 日，赣州局扩容 2.2 万门程控电话。1995 年，赣州局继续扩容程控电话 2 万门，市话总容量达到 5 万门。全地区各县（市）局的市话交换机也在 1991—1996 年间由纵横制、共电、磁石等制式先后更换为程控电话交换设备。

1997 年，全地区有 DMS－100 程控数字交换机交换局 15 个、F－150 型程控交换机 1 个、S1240 型程控交换机 2 个，共计市话交换容量 243256 门（其中赣州局 61256 门），实装容量 130387 门。1998 年，全地区局用交换机（数字程控）容量 297940 门（其中赣州局 97568 门），实占 172053 门（其中赣州局 66703 门）；局用模拟终端复用设备容量 510 路，实占 103 路。1999 年，全市（地区）局用交换机容量 297716 门（其中赣州局 92000 门），实占 216957 门（其中赣州局 76392 门）；接入网设备容量 15552 门（其中赣州局 5568 门），实占 9426 门（其中赣州局 2551 门）。2000 年，全市局用交换机容量 433272 门（其中赣州局 153712 门），实占 290382 门（其中赣州局 89776 门）；接入网设备容量 17856 门（其中赣州局 5568 门），实占 11623 门（其中赣州局 3772 门）。

长途电话设备　1986 年，全地区增开十二路载波电话终端机 2 套，调整新增长途电路 8 条。4 月 25 日，开通赣州至上海直达电路、赣州至广东惠阳电路、地县专线出租电路 17 条。完成龙南至定南大修线路 37.6 杆程千米，改迁工程 11.91 千米。1987 年 8 月，增设赣州至宁都、赣州至瑞金高十二路载波电话增音机，增开赣州至南昌、宁都、福建连城、会昌十二路载波电话增音机。12 月 5 日，赣州至南昌数字微波洪赣萍 140 米/秒开通，结束长途电话单靠明线、载波的历史，建成地面明线、空中微波多种通信能力的通信网。全地区增开载波电路 16 条、微波电路 7 条、长话电路 11 条，赣州至省内各地（市）之间以及至北京、上海、广州、武汉、南京等大中城市长途电话实现人工半自动接续。1988 年，新增赣州 DD32、DD14 对端设备 1 台，增开赣州至南康 3CB 三线载波机 1 套。11 月底，赣州至韶关加装增音机 1 部，赣州至南雄恢复开通 ZR305 增音机。12 月，增开全南至赣州半拨电路 1 条、赣州至鹰潭人工电路 1 条，微波槽路增开赣州至南昌半拨来去电路各 4 条，赣州至吉安、新余来去电路各 1 条。

全地区增加长途电路 26 条。1989 年 3 月 27 日，信丰增音站开通。5 月，赣州局 DD16 对端设备开通。7 月 22 日，南康 DD14 对端设备开通。11 月，寻乌县 HJ04 型 1000 门纵横制“长市农三合一”自动电话开通，全地区新增长途电路 20 条。1990 年，开通寻乌、南康至南昌来去全自动电路各 2 条，赣州和南康、寻乌电话进入全国长话自动网。7 月 1 日零时，大余县 HJ04 型 1000 门纵横制“长市农三合一”自动电话开通。增开赣州至南康 DD16 全自动拨号电路和赣州至崇义、宁都的 DD14 半拨号电路。至年底，赣州至南昌和区内 17 个县全部开通长话载波电路，实现地区到县长途半自动拨号。

1991 年，全地区长话设备自动交换容量 610 路端（其中程控交换设备 570 路端），长途人工交换机总容量 1555 门（其中磁石长途交换容量 570 门，共电交换容量 985 门），载话终端机 38 部（三路 14 部、十二路以上 24 部），总容量 330 路，实装容量 295 路，业务话路总数 380 条（有线电路 232 条，微波 148 条），出租话路 41 条。1992 年，开通赣州至兴国高十二路载波电路，增开赣州至瑞金十二路载波机 1 套，赣州至宁都 ZGD 高十二路载波机 1 套，宁都至石城 ZMX201 三路载机 1 套。至年底，载话端机设备及容量：单路机 1 套、三路机 32 部 96 路，十二路机 32 部 384 路，高十二路机 17 部 204 路；载波电话增音机 26 部（三路机 1 部，十二路机 25 部）；全地区长话设备自动交换容量 540 路端，长途人工共电交换机容量 1135 门（其中磁石长途交换容量 410 门），长途对端设备容量 116 路。1993 年，增开赣州至南康、赣州至崇义 JZ-3CB 三路载波机各 1 套，赣州至大余 ZGD 高十二路载波机 1 套。1994 年，增开赣州至瑞金、兴国、宁都等县局三路载波机各 1 套，赣州至于都 ZJ12 低十二路载波机 1 套。1995 年，全地区长途自动交换机容量 20790 路端（其中赣州局 13860 路端），实占容量 5591 路端（其中赣州局 4264 路端）；长途人工交换机容量 1200 门，实占容量 407 门（其中赣州局 40 门）；长途模拟终端复用设备容量 598 路（其中赣州局 238 路，实占 168 路）；长途数字终端复用设备容量 11040 路（其中赣州局 3360 路），实占 3730 路（其中赣州局 1950 路）；光纤数字终端复用设备容量 5280 路，实占 2470 路。

1996 年，全地区长途自动交换机容量 13860 路端，实占容量 4680 路端；长途人工交换机容量 40 门，实占容量 40 门；长途数字终端复用设备容量 3840 路，实占容量 2820 路。1997 年，全地区长途电话交换机容量 13860 路端，实占容量 6500 路端；长途模拟终端复用设备容量 120 路，实占容量 31 路；长途数字终端复用设备容量 12780 路，实占容量 4350 路，其中光纤数字传输复用设备容量 1440 路，实占 1110 路。同年，安装、调试全地区本地网网管和集中监控系统，年底投入运行。1998 年，全地区长途电话交换机容量 13860 路端，实占容量 9500 路端；长途模拟终端复用设备容量 120 路，实占容量 16 路；长途数字复用设备（均为光纤）容量 148860 路，实占 129330 路。1999 年，全市（地区）长途电话交换机容量 13860 路端，实占容量 11730 路端；长途数字终端复用设备容量 404490 路，实占容量 378540 路。2000 年，全市长途电话交换机容量 26460 路端，实占容量 15870 路端；长途数字终端复用设备容量 253290 路，实占容量 227700 路。

农村电话设备 1986 年，更新宁都、石城、兴国、安远、龙南、崇义、赣县、会昌、寻乌、定南、全南、上犹、南康、信丰等 14 个县局磁石交换机 46 台，容量 2020 门；开通会昌至麻州、南康至唐江环九路载波电话机；全地区增加环三路载波电话机 5 套。1987 年，增开环三路载波机 1 套，增加中继电路 13 条，更新磁石交换机 30 台 1240 门，增加电话会议汇接机 1 套，端机 20 台。对 11 个县 50 个厂矿用户交换机增配 37 条中继电路，比原装配的中继电路增加 86%。1988 年，全地区更新农话水泥杆 194.22 杆程千米，架换线条 472.53 线对千米；架设中继电缆 2.3 皮长千米；增开环三路载波机 4 套，更新磁石交换机 169 台 930 门；增加会议电话汇接机 7 套，端机 141 台。1989 年，更新农话水泥杆 334.99 杆程千米；架换线条 1251.76 线对千米，其中钢芯铝绞线 49 线对千米；架设中继电缆 0.79 皮长千米，进局电缆 4.3 皮长千米；更新磁石交换机 24 台 970 门，增开环路载波机 5 套，增开中继电路 13 条；更换 20 世纪 70 年代初期使用的 B845 型单路载波机；大余、宁都、兴国布放出局电缆 8.75 皮长千米，投入使用3.4皮长千米。1990年，更新交换机14台610门，更新农话水泥杆197.56杆程千米，架换线条571.9线对千米；农话交换机总容量达到11566门。

1991年，全地区农话交换机总容量16406门（其中自动式346门，其余为磁石交换机），实占容量7411门，载波电话终端机37部，环路载波终端主机22部、分机72部。1992年，瑞金、全南、赣县、宁都、于都等局更新30～100门农话交换机7台，分别安装在岗面、南迳、小坪、长胜、洛口、固厚、银坑。1994年，建成乡（镇）程控交换点97处，撤点并网82处，新增交换机容量220430门。1995年6月27日，赣州市（今章贡区）周边的蟠龙、沙石、龙埠、蛤湖、沙河等5个乡（镇）通信由市话经营转为农话建设和经营。至年底，全地区新建乡镇程控交换点181处，总容量39418门；采用集成器和0+8环路载波，撤点并网131处；全地区农话程控交换机总容量48794门，实占容量17865门，模拟终端复用设备容量934路，数字终端复用设备容量7576路。

1996年，对17个县（市）局至乡镇农话实施数字传输和杆线进村工程建设。至年末，全地区农话交换机总客量49346门，实占容量26646门，模拟终端复用设备容量244路，数字终端复用设备容量27870路。1997年，扩建石城、全南、定南及南康市管辖的唐江、潭口分支机构主机设备，新建瑞金、大余、安远、龙南和南康市管辖的镜坝、隆木等端局，新建中继电路990路。1998年，全地区农话交换机（数字程控）总容量214542门，实占容量73621门，数字终端复用设备容量38654路。2000年，全市农话交换机总容量183029门，实占容量120051门。

二、电报设备

1986年，全地区有载波电报机35部（其中赣州局18部）；发报机40部（其中赣州局30部），其中程控式11部（其中赣州局10部）；电传打字机96部（其中赣州局49部），其中全电子电传机7部（均在赣州局）、55型机械式电传机89部（其中赣州局42部）；无线短波发信机42倍（其中赣州局7部），短波收信机3部（其中赣州局3部）；业务报路81条（其中赣州局43条），其中二级省际2条（其中赣州局2条），二级省内71条（其中赣州局37条），市县内8条（其中赣州局4条）。1991年，增加传真真迹机和播报机设备。1995年，全地区有载报终端设备容量374路，电传机58台，其中赣州局载报终端容量2270路，电传机14台。1998年，全地区有载报终端设备容量211路，电传机38台；有报用话路34路（其中赣州局17路），公众电报业务电路56路（其中赣州局22路）。2000年，全市有公众电报业务电路52路（其中赣州局18路），用户电报电路2路（均在赣州局）。

三、数据通信设备

1992年，赣州局初装数据通信分组交换设备2部，PAD端口2个。1994年，赣州局PAD端口增至80个。1995年，PAD端口增至126个。1996年，全地区有分组交换PAD端口534个，其中赣州局有分组交换PAD端口126个，分组交换节点机端口204个，数字数据网节点端口总容量154个。1997年，赣州和南康分组交换进行扩容，总计新增196端口（赣州140端、南康56端），全地区新增DDN端口392个，分组交换端口120个；有数字数据节点机端口558个，其中赣州局204个。1999年，全市（地区）有分组交换节点机端976个（赣州电信局536个），实占518个（赣州电信局311个）；数字数据网节点机端口总容量808个（赣州电信局468个），实占619个（赣州电信局427个）；IP网端口数374个（赣州电信局），IP网拨号服务器端口数360个（赣州电信局）；宽带业务网端口数65个（赣州电信局）。2000年，全市有分组交换节点机端口988个（赣州电信局548个），实占529个（赣州电信局315个）；数字数据网节点机端口总容量902个（赣州电信局550个），实占917个（赣州电信局521个）；IP网端口数900个（均在赣州电信局）；IP网拨号服务器端口数840个（均在赣州电信局）；宽带业务网端口数46个（均在赣州电信局）。

四、移动通信设备

移动通信公司设备 1992年初，地区邮电局开始筹办移动通信的基础设施建设。1993年，地区邮电局从美国引进摩托罗拉公司移动电话设备，组建赣州模拟移动通信基站，初建8个语音信道。1994年，赣州移动基站扩容，由8+2信道扩容至48+2信道。1995年，全地区各县分别新建和开通8+2信道移动通信基站，赣州基站由48+2信道扩容至58+2信道。同年9月，全省第二大模拟交换局——赣州模拟移动通信交换局割接开通，设备有EMX2500交换机1个，容量1.5万门；10月，各县移动通信基站经扩容后陆续接入模拟交换局，建成以赣州交换局为中心的全地区公众移动通信交换网。1996年5月，从芬兰诺基亚公司引进数字移动设备，建成数字移动基站，容量9个载频。17个县（市）模拟基站全部扩容，赣州模拟基站也由58+2信道扩容至98+2信道。1997年4月4日，赣州数字移动通信交换局开通，设备有芬兰诺基亚公司DX200交换机1个，容量2万门。7月31日，各县（市）陆续开通数字移动通信基站，组建全地区数字移动通信网（数字G网）。至年底，全地区有模拟基站21个（赣州中心城区3个），语音信道518个；数字基站22个（赣州市〈今章贡区〉5个），载频数73个。1998年，新建1个HLR（容量15万），新建数字基站36个（赣州市〈今章贡区〉10个）。至年底，移动通信交换容量达45000门，GSM基站60个（赣州市〈今章贡区〉15个），载频253个（赣州市〈今章贡区〉104个）。1999年，进行GSM四期工程建设，新建赣州中心城区东门数字交换机容量12万门、BSC3个、基站138个，扩建赣州中心城区南门数字交换机容量5.5万门、BSC2个、基站34个，扩建HLR15万门。2000年，调整网络结构，实施网络优化工程，新建基站27个，搬迁基站10个，扩建基站44个，并在部分小乡和较为富裕的村安装直放站21个。至年底，全地区ASM基站有225个，载频901个，交换容量22万门，HLR容量30万门。

联合通信公司设备 2000年4月，中国联合通信赣州分公司开始基础设施建设。新装华为M900/1800交换机1套，容量10万门；BSC1个，容量30万门，HIR1套，语音信道2100个，GSM基站65个，传输线路742.8千米，网络覆盖全市18个县（市、区）和国道沿线、铁路沿线部分重点乡（镇）。

五、无线寻呼通信设备

1991年7月14日，赣州开通无线寻呼通信，设备有无线发射机2部。1992年，新增无线发射机1部，至年底，有无线寻呼操作终端机6部。1994年，全地区有无线寻呼基站18个，其中赣州局2个，无线寻呼系统容量10万户。1995年，全地区有无线寻呼基站17个，无线寻呼系统容量26万户。1996年，无线寻呼系统容量增至28.8万户。9月8日，赣南数汉双速单频双频自动寻呼同播网建成，在各县（市）的乡（镇）建有无线寻呼基站22个。1997年，同播网扩容，全地区县、乡（镇）建成无线寻呼发射基站63个（其中乡镇发射基站46个），发射机55台，用户容量增加到32万户。1998年，对126/127省域网126人工系统、127自动系统进行扩容。126人工寻呼系统采用NOVELL计算机网络平台和深圳大学通信研究所开发和提供的硬件及专用软件设备，127自动寻呼系统采用美国摩托罗拉公司的UNIPAGE寻呼系统设备，系统总容量扩至25万户。同时，新增18个县（市）基站无线频率3个，发射机系统54台。2000年，全市有无线寻呼基站126个，126/127寻呼网寻呼频点6个。

第二节 通信业务

一、固定电话业务

市内电话业务 全市（地区）各县（市、区）电信（邮电）局根据设备条件和用户分布情况，划定营业区域和基本营业区域。业务种类有普通电话、电话副机、同线电话、合用电话、用户小交换机、分机、中继线、专线电话、临时电话、公用电话等10种。同时，开办障碍申告（“112”）、查号台（“114”）、火警（“119”）、盗警（“110”）、气象咨询台（“121”）、查线号联络线（“111”）等6种特种服务电话。1991年6月30日赣州程控电话开通后，开放程控电话服务功能，新增报时台（“117”）、话费查询台（“170”）、长途半自动台（“173”）、信息台（“160”“168”）、急救中心（“120”）、交通事故（“122”）、无线寻呼台（“126”“127”）等7种特种服务电话。

1986年10月，崇义县自动电话开通。全地区市话交换设备增容870门，市话交换机总容量达到12405门，年末市话用户8043户（其中赣州局2611户）。1987年5月1日起，赣州局推行市话用户话机维护改革，对市话用户机实行代维，凡直接接入市话网的用户话机（含副机）由赣州局统一管理，并负责代维护。1988年，筹建大余县500门、南康县1000门、瑞金县2000门纵横制自动电话扩容工程。至年底，全地区市话交换机总容量15030门，其中纵横制7600门，电子式500门，市话年末到达户数9848户（其中赣州局3381户）。1989年7月22日和12月23日，南康HJ921型、寻乌HJ04型纵横制市话自动电话分别开通，全年市内自动电话新建2000门，市话交换机总容量16720门，净增1440门，其中自动交换机容量10100门；全地区市内电话机总数16601部，其中接入邮电局交换机的话机10822部，市话年末到达户数10888部。1990年6月30日，大余县HJ04型1000门自动电话开通投产，龙南县自动电话工程进入装机调测阶段。年内全地区市话交换机增容1200门，总容量达到17960门；市话年末到达户数12241户，电话普及率每百人拥有话机0.38部。1991年6月30日零时，赣州局从加拿大引进的市话Dms－100/120程控电话交换机1万门开通投产。全地区市话交换机总容量达到26020门。至年底，有12个局开通程控、纵横制自动电话，10个局进入国内长途自动网。全地区市话年末到达户数14502户（其中赣州局5459户）。1993年12月24日零时，定南县1000门程控电话割接开通。至此，全省最后一个“摇把子”电话县“脱帽”，标志着全省县以上实现市话交换自动化。全地区市话年末到达户数31617户，其中赣州局10625户。1994年，利用加拿大政府贷款引进程控交换机，赣州局在原有的Dms－100/120交换机容量的基础上扩容20000门，3月5日投入试运行，总容量3万门。各县邮电局在数字程控电话割接之前调整局号，统一由5位升为6位，确保全地区程控土机设备安全割接丌通。年末，全地区实现县（市）以上市话交换程控化，长途传输数字化。1995年11月25日，赣州市（今章贡区）龙埠乡、蛤湖乡两处电话交换设备开通运行，填补两个乡电话通信的历史空白。12月9日零时，对部分县（市）局市话及农话用户号码进行改号，确保全地区本地C3电话网扩网升位工作顺利完成。赣州局从加拿大北方电讯公司引进Dms－100市话扩容程控交换机2万门，总容量5万门。至年底，全地区市话交换汇接局17个，总容量145320门，市话年末到达户数7.62万户（其中赣州局3.04万户）。

1996年7月13日零时，全地区电话扩网升位成功，标志着全地区电话C3本地网建成。1997年，赣州局新增交换模块3处，扩容1处，改造3处，新建端局1个，总计新增交换容量1.1万门，有效缓解赣州局市话业务发展和市话放号不平衡的问题。5月，赣州市（今章贡区）水东镇马祖岩村成为赣州市（今章贡区）第一个组组通电话的村，电话普及率达到每百人8部。1998年，完成市话扩容5.2万门，新建市话交换4万门。2000年，全市市话交换容量45.11万门。至年底，全地区市话到达户数30.2万户（赣州局9.35万户）。

公用电话随着市话的发展逐年增加。1986年，全地区公用电话年末达到户数24部（其中赣州局15部），1990年31部。1993年5月17日，赣州局安装第一部磁卡电话。至年底，全地区市内公用电话达到273部，其中赣州局146部，磁卡电话8部。1994年，整顿全地区公用电话市场，加强公用电话的管理，对代办公用电话实行统一标志、统一资费标准、统一收费标准、统一使用计费、统一核发经营许可证。同时，大力发展磁卡电话，12月7日，地区邮电局与省电话号簿公司联合制作“’94中国宋城文化节电话磁卡”3000套，并于当日举行首发式。1995年，全地区公用电话年末达到2245部（其中赣州局845部，其中磁卡电话14部）。1996年6月29日，赣州第一部IC卡电话安装调试成功，与省磁卡局计费中心联网运行。此后，又购买100部IC卡电话投入市场，安装在市内交通要道、街道繁华地段。1997年，赣州局完成IC卡电话监控系统的安装、调试，各县（市）邮电局也先后安装IC卡电话，并与IC卡电话监控系统联网使用。至年末，全地区公用电话到达户数5994部。2000年，全地区公用电话年末达到8647部（其中赣州电信局2142部），其中磁卡电话3部（均在赣州电信局），IC卡电话3532部（赣州电信局736部）。

长途电话业务 1986—2000年，全市（地区）邮电机构自办国内、国际长话业务主要采用人工、自动、半自动接续方式。长话接续顺序执行邮电部“先重点后一般，先中央后地方，先紧急后平常”的原则，同类电话按挂号时间先后进行。

1986年，全地区长话去话业务量136万多张（其中赣州局53万多张），其中中国港澳地区及国际去话563张（其中赣州局427张）；全地区来话29万多张，转话30万多张。随着“173”特快长话业务接续台的增设，去话发展为直拨，加快了省内外去话接续速度。1990年10月，赣州局开办长话有权直拨业务，当年办理有权用户281户。至年底，全地区长话去话业务量160万多张，其中中国港澳地区及国际去话3170张（赣州局2000张）；全地区来话134万多张，转话46万多张。

1991年9月1日，取消长话账号挂发电话。至年底，全地区开办长途有权直拨用户2816户，其中赣州局2274户（含国际及中国港澳地区直拨用户811户）。1994年4月29日，赣州局开通S1240型3300线长途数字程控交换设备后，取消长途半自动拨号，市话用户全部具备长途直拨功能。长途去话计量单位从此改为按通话次数累计计算。全地区长话去话业务量1000万次（含国际及中国港澳地区3.8万次），其中赣州局525万次（含国际及中国港澳地区3万次）。1996年7月13日，赣南C3本地网建成后，全地区使用统一长途区号0797。1998年3月15日，赣州至梅州长途直达电路开通。至2000年，全地区长话去话业务量4703万次（含国际及中国港澳地区13万次），其中赣州电信局1272万次（含国际及中国港澳地区5.28万次）。

农村电话业务 1986—2000年，全地区开办的农村电话业务：普通电话、电话副机及附件、同线电话、合同电话、临时电话、公用电话、用户交换机、专线业务、租杆挂线业务、代维设备业务。业务种类：代号电话、特种电话、紧急调度电话、政务电话、普通电话、公务业务电话。同时，开办租用电路、会议电话、预告电话和利用农话线路开放有线广播等4种特别业务。

1986年，全地区农话通信固定资产投资104.56万元，开通会昌至麻州、南康至唐江环九路载波电话机，架设兴国县的东村至兴莲、安远至蔡坊、大余县的长岭至河洞、崇义县的古亭至丰州等4条新中继杆路共42.5杆程千米。至年末，全地区更新水泥杆路199.95杆程千米，更换线条541线对千米，架设电缆6.2皮长千米，开通环九路载波机2套、环三路载波机1套，增加电路21条，补做拉线1200余条，全地区农话用户3725户，比1985年减少14户。大余局的14个分支机构除漂塘所外全部实现半自动拨号。1988年，各县政府把邮电通信建设列入年度工作目标管理，地区邮电局对乡办交换点实行经营承包试点，对各局通信设备的安装、投产实行包干定时，并在各地筹集50%以上邮电通信建设资金的基础上给予优先安排建设。年末，全地区农话用户3940户。全地区农村会议电话双向化提前一年实现。1989年，开通唐江支局至县局半自动电话，投资建成寻乌县“长市农三合一”HJ04型1000门自动交换系统工程，开通澄江至寻乌县局环路载波机和半拨电路。1990年，南康、龙南两县在公路旁设置报警电话，大余县成为农话机线设备达标县。至年末，全地区农话用户4039户。

1991年9月，于都县祁禄山镇恢复村村通电话。1993年9月28日，信丰县大桥镇程控电话开通；12月18日，南康县坪市240门程控电话开通。至年底，全地区建成开通农村程控电话的支局（所）58

处，农话用户 5984 户，业务收入 456.08 万元，亏损 28.94 万元。1994 年，全地区农话通信贯彻“小容量、多建设、适度超前、成片开发”的建设原则，全地区建成开通农村程控电话端局 87 处，总容量 17402 门，撤点并网 61 个乡（镇），建成 12 个县本地网，石城、兴国、于都、龙南、定南、全南、上犹、崇义、南康、大余、信丰、赣县等 13 个局甩掉“摇把子”。1995 年，采取多方筹资的办法加速农话本地网建设步伐。4 月，南康市唐江镇 1000 门程控电话交换机扩容工程安装开通，成为全地区第一个农村电话交换点容量逾千门的支局。宁都、瑞金、会昌、安远等局先后建成农话本地网。6 月 2 日 19 时，随着寻乌县吉潭镇 KY－1000X（S）120 门程控电话和 SW－30－1800（1+0）数字微波的开通，全地区农话本地网全部建成，标志着乡镇电话程控化顺利实现，结束了赣南 73 年“摇把子”电话的历史。至年底，全地区农话年末到达户数 1.67 万户，其中农村公用电话 421 部；业务收入 2809.01 万元，亏损 872.06 万元。

1996 年，全地区建成电话乡（镇）4 个，电话村 2 个，50 户以上电话大户村 136 个，20 户以上电话大户村 88 个。年末，全地区农话到达户数 2.66 万户，其中农村公用电话 1124 部。全年业务收入 4554.31 万元，亏损 348.96 万元。1997 年，石城、全南、瑞金、大余、安远、南康、定南、龙南等县（市）邮电局对农话交换设备容量进行扩建，全地区农话新增交换容量 2.94 万门，新建电话村 56 个（其中信丰 37 个，兴国 19 个）。至年底，全地区农话到达户数 4.74 万户，其中农村公用电话 1586 部，新增 IC 卡公用电话 65 部。全年业务收入 5273.54 万元，亏损 2263.61 万元。2000 年，全地区农话到达户数 20 余万户，其中农村公用电话 2233 部，IC 卡公用电话 917 部。

电话信息增值业务 1992 年 5 月 1 日，赣州局在全省率先开办“160”电话信息服务台。1993 年 8 月，赣州局安装调试“168”自动声讯系统设备，1994 年 3 月 28 日开通“168”“170”“200”业务。1995 年，实现“200”业务与各县（市）联网运行。1997 年，电话信息服务台先后与北京邮电分会联合开通“九七香港回归有奖知识问答”热线，与地区高招办合作开通“九七高考查分热线”“全国高校考试自动查询热线”和“全国高校录取分数线”，与江信证券部合作开通“988”电话委托系统，与宝力康保龄球馆合作开办“宝力康杯电话模拟保龄球赛”，以及法律咨询热线、情感热线、租房热线等业务。1998 年，与广播电台合作开通大众服务台、就业广角热线，与海青律师事务所合作开通法律人工咨询热线，同时还开通股市行情查询和山东神光、上海万国、深圳珞珈等股评、小叶子音乐时空、梦想世界、全国火车时刻票价查询等热线。全年信息咨询 125 次。1999 年，与赣州市立医院合作开通“电话医生”咨询热线，与市交警大队合作开通“红绿灯 160”咨询热线，与江信证券合作开通人工咨询热线，与赣州电视台《经济生活》栏目合作开通参与热线，同时还开通成人高考查分、自学考试查分、住房公积金、供电报修、妇女儿童权益、系列国字号央视参与热线及全地区“天天看有线电视剧，周周中幸运大奖”参与热线、《还珠格格》剧情竞猜热线等。2000 年，主要开通电子警察交通违章处理、社会养老保险金查询、青少年生理、心理及婚姻家庭咨询、星宇心理咨询、各类职称考试查分、英语四六级考试查分、计算机等级考试、中考查分、“按时缴费中大奖”参与热线等。

二、电报业务

1986 年起，全地区各局均办理国内、国际及港澳电报业务。电报种类和传递顺序沿用 1985 年规定。

1986 年 3 月，兴国、瑞金、大余等 3 个县邮电局按省邮电局通知停止对丹麦开放加急国际电报业务。11 月 1 日，赣州局开办公众高速真迹传真（三类机）业务。全年全地区去报业务量 68.5 万份，业务收入 128.68 万元；国际及中国港澳地区去报业务量 551 份；传真业务量 73 份；来报 53.96 万份，转报 69.21 万份。1988 年 9 月 25 日，赣州局开办礼仪电报新业务。1989 年 1 月 1 日始，对使用商用成语电码的限制予以取消。6 月始，银行交发汇款电报均使用邮电部规定格式并印有“发电须知”的发电纸。7月1日，执行邮电部修改后的国际电报业务规定。11月21日，执行邮电部汉字用户电报终端设备进网要求的规定。1990年12月25日，全地区公众电报全部进入自动转报网，实现电报自动译码。至年末，全地区去报业务量83.07万份，业务收入189.9万元；国际及中国港澳地区去报业务量1015份；传真业务量1068份；来报66.96万份，转报93.59万份。

1991年，赣州局开办鲜花礼仪、请柬电报新业务。1995年4月18日起，在原有电报业务的基础上开办结婚喜庆、乔迁之喜、节日问候、生日寿辰、开业庆典、康复慰问等"名瓷礼品电报"业务。南康邮电局和兴国邮电局在营业窗口开办电报"立等即发"新业务，南康邮电局第一个实现主要分支机构传真替代话传收发报，提高电报传递的质量和时效。至年末，全地区去报业务量71.03万份，传真电报业务量1.9万份，国际及中国港澳地区去报业务量366份。

1996年5月21日，开办异地鲜花礼仪电报业务，使用统一的"特别业务标识"和"鲜花规格"，执行统一的收费标准及电报计字收费办法，并与全国各业务开办城市联网。至年末，全地区去报业务量51.55万份，传真电报业务量2.69万份，国际及中国港澳地区去报业务量261份。2000年，全地区去报业务量15.88万份，传真电报业务量3.55万份，国际及中国港澳地区去报业务量105份。

三、数据通信业务

1992年，赣州始建数据通信公用分组交换网，设有2台交换设备48个端口。入网用户主要是工商银行赣州地区分行国际业务部至南昌、赣州市（今章贡区）内至营业部的联网。1993年4月，地区邮电局安装集计算机技术和分组交换技术于一体的分组交换通信系统开通，于年底并入全国分组交换网。1994年，分组交换容量增至80个端口，除6个用于相互联接外，有74个端口可供开放用户使用。至年底，实装60个端口，分组交换用户60户。1995年，扩建数据分组交换PAD端口126个，分级交换用户到达户数120户，1996年分组交换用户到达户数187户。

1997年3月，赣州公用计算机互联网通过中国公用计算机互联网（CHINANET）核心节点与国际互联网（INTERNET）顺利联通，并进入试运行，标志着赣州信息产业发展迈上新的台阶。7月1日，由赣州地区数据通信局设计、制作的具有赣南特色的赣南互联网主页"赣江源"顺利建成。12月18日，中国公众多媒体通信"赣州信息港"开通。至年底，全地区有分组端口928端，建成覆盖全地区各县（市）的DDN工程，新增DDN端口392个；计算机互联网CHINANET用户达到165户（其中赣州局96户）。1998年6月28日，随着大余县互联网主页接入"赣州信息港"，全地区18个县（市）在网上有自己的主页。至年底，全地区数据基本业务净增187户，数据增值业务净增594户。1999年，数据通信业务发展势头良好，其中数据基本业务年底达到户数1013户，数据通信增值业务年底达到户数3277户。2000年，数据基本业务保持平稳增长，年底达到户数1365户；数据增值业务迅猛发展，年底达到户数2.8万户。

四、移动通信业务

1993年4月17日，赣州模拟移动通信开通并投入运行。主要业务为语音业务，同时开办呼叫转移、语音信箱、多方通话、呼叫等待等其他业务。当年发展移动电话用户229户，业务收入48.36万元。1994年5月4日，移动电话扩容，由8+2信道扩容至48+2信道。12月18日零时起，移动电话号码由6位升为7位。年末，移动电话用户到达户数610户，业务收入678.25万元。1995年9月8日，南康市邮电局移动通信交换基站试行开通，成为全地区第一个开通"大哥大"（移动电话）的县（市）邮电局。9月16日零时，赣州模拟移动通信交换站割接开通，原在新余EMX－250交换机上运行的赣州、吉安、新干、吉水、泰和、遂川、南康、龙南、宁都等9个基站的所有用户均割接至赣州EMX－2500G系统，并将赣州移动交换站DMX的1个系统割入至南昌EMX－2500系统联网运行。至10月20

日，全地区各县（市）公众移动通信交换网相继全部开通，建成以赣州交换站为中心的公众移动通信交换网。至年末，全地区移动电话到达户数 2509 户，其中赣州局 1543 户。

1996 年 5 月 17 日，赣州“全球通”数字移动电话基站开通，无线载频数 9 个。主要业务为语音业务，同时开办呼叫转移、三方通话、中文短讯、移动传真、呼叫限制、语音信箱、来电显示等业务。在开通数字移动电话的同时，赣州局和各县（市）邮电局模拟移动通信设备先后扩容。至年底，全地区模拟、数字移动电话到达户数 8413 户，其中赣州局 4034 户。1997 年 4 月 4 日零时，赣州 GSM 数字移动交换机割接成功，赣州（今章贡区）西门、虎岗以及赣县、南康、信丰、于都、瑞金、宁都、兴国、大余、崇义、定南、龙南等 13 个数字基站同时开通，并与全地区 20 个数字基站联网运行，完善全地区数字移动电话网。随着 GSM 数字移动电话业务的发展，“139”局号已满，遂开通“138”局号。为保证“138”数字移动电话用户的正常使用，全地区各局在 8 月 12 日前先后在长话、市话、农话和移动交换机上增加“138”“0138”局号路由数据。至年底，全地区有模拟移动通信基站 21 个，语音信箱总数 518 个，EMX－2500 交换机 1 个，容量 2.4 万户；数字移动电话网交换机 1 个，容量 2 万户，数字基站 22 个，载频数 73 个。年末移动电话到达户数 21342 户，其中，赣州局 9468 户。1998 年，完成 GSM 三期扩容工程，新建归属位置计存器（HLR）1 个，数字基站 38 个。年末，模拟、数字移动电话用户到达户数 46483 户，其中赣州局 17352 户。1999 年 1 月 15 日，对模拟手机用户开办“本地通”业务。7 月 22 日零时，GSM 数字移动电话号码由 10 位升至 11 位。12 月 10 日，推出预缴话费（“136”预付费卡）业务。2000 年 1 月 28 日，推出“神州行”业务。9 月 26 日，赣州 SSP（智能网业务）交换点开通运行。至年末，全地区模拟、数字移动用户到达户数 161122 户。

2000 年 11 月 8 日，中国联通赣州分公司 GSM 网正式开通并对外放号，主要业务为语音业务，同时开办呼叫转移、三方通话、中文短信、移动传真、呼叫限制、语音信箱、来电显示等业务。至年末，网上用户达到 1.3 万户，运营收入 96.95 万元。

五、无线寻呼业务

1991 年 7 月 14 日，赣州始办无线寻呼业务。年末，赣州局无线寻呼（BP 机）用户 169 户，业务收入 3.6 万元。1992 年，筹建全地区无线寻呼设备安装和无线寻呼中心与公用电话网的连接工程。将赣县无线寻呼并入赣州网，赣州局音频型和数码型无线寻呼系统同时使用，音频系统寻呼台仍使用“221234”，数码系统寻呼台使用“126”特别服务号。12 月 30 日，全地区邮电系统实现县县开通无线寻呼业务。年末全地区 BP 机用户 1785 户，业务收入 21.67 万元。1993 年 5 月 17 日，赣州局开通双频点兼容系统，实现人工与自动兼容、数汉兼容、双频点兼容、双速率兼容、容量 10 万户，以及“126”人工寻呼与“127”数字中继自动的无线寻呼系统。至年末，全地区有无线寻呼台 17 个（赣州与赣县同网，县局 16 个），用户 8387 户，业务收入 144.96 万元。1995 年 4 月 8 日，定南县开通“127”自动寻呼台和中文寻呼台。12 月 8 日，江西信息通信有限公司赣州分公司的“赣 999 寻呼台”开通营业。12 月 30 日 22 时，以赣州局为中心的全地区 BP 机同播网建成，并割接投入使用。至年末，全地区 BP 机用户到达户数 25643 户，收入 607.81 万元。

1996 年 1 月 9 日，全南局成功将无线寻呼同播信号延伸至县内各乡（镇），实现乡（镇）BP 机信号同播。4 月 30 日 17 时，赣县无线寻呼基站开通。9 月 8 日，赣州至各县（市）、乡（镇）数汉兼容、快慢双速、混频自动寻呼同播网建成，无线寻呼信号延伸至乡（镇）、村。至年末，全地区 BP 机用户 47220 户，业务收入 972.22 万元。1997 年，按省邮电局的统一部署，从 1 月 18 日至 2 月 18 日在全地区开展无线寻呼机（BP 机）租机业务，全地区无线寻呼用户猛增至 7.5 万户，系统容量和无线网容量均趋饱和。同年，新建赣南无线寻呼同播网第四期（延伸部分）工程，新增乡（镇）无线寻呼基站 34

个，改造原发基站4个，信号覆盖全地区90%以上的乡（镇）。至年末，全地区无线寻呼同播网容量由10.5万户扩容至18万户，BP机用户99312户，业务收入2073.07万元。1998年，开展与电话业务捆绑的寻呼机租机活动。6月1日，“126”“127”“198”“199”公众无线寻呼网独立运营。10月，剥离无线寻呼业务，组建江西国信通信赣州分公司。至年末，全地区无线寻呼用户107205户，业务收入1510.88万元。1999年7月，开发扩建卫星股票接受系统、“信息通”高速寻呼股票信息系统；10月，完成“198”“199”全国高速寻呼接入系统建设，实现全国高速、多频漫游。同年，国信通信公司先后在17个县建立营业部，同时发展邮政代办和经销商代办业务。至年末，全市寻呼机用户147154户，业务收入2575.89万元。2000年，省网“快译通”低速股票系统建成。至此，“126”人工台、“127”自动台、“128”秘书中文股票台、“129”自动信息点播台、“198”高速寻呼人工台、“199”高速寻呼自动台，以及“1250”“1251”“1252”全国联网台均正常运营，主要业务有售机、带机入网、漫游呼、异地呼、群呼、定时呼、信息点播等。至年末，全市有在网用户129940户，业务收入2691.01万元。

第三节　通信资费

一、固定电话资费

市内电话资费　1986年，全地区市内电话资费执行1983年5月邮电部颁发的收费标准，月租费采用包月制。1987年，执行邮电部颁发的市内电话收费规定。同年，地区邮电局对接入市话网的用户话机（包括附件）实行代维，每部话机按月收取代维费0.5元。4月1日，按省政府要求对部分邮电资费进行适当调整，其中新装用户市话初装费调整：省辖市和地区行署所在地以上城市工矿、企业单位，每部电话收取初装费2000元；行政事业单位经费开支的，收取初装费800元；中小学校、幼儿园、托儿所以及私人住宅电话收取初装费400元；个体户、专业户及从事经营活动的个人或集体比照工矿企业单位的收费标准收取。凡是在县城或相当于县城的中央、省、地（市）所属的工矿企业单位，每部电话收取初装费1600元；县属工矿、企业单位每部收取500元；行政事业单位、中小学校、幼儿园、托儿所以及私人住宅电话每部收取300元；个体户、专业户及从事经营活动的个人或集体比照县属工矿企业单位的收费标准收取。在市话基本营业区域以外的新装用户，除按上述规定收取初装费外，如需新设线路，按实需工料收取费用；凡利用原有线路的，按界外线路长度加收线路建设费用，每千米加收500元（不足1千米按1千米计算）。安装同线电话的新用户，按初装费标准的70%收取初装费；安装电话副机的用户按初装费的30%收取初装费。安装专线的新装用户，以每占用1对局间中继线按初装费的标准加收50%费用。市话月租费在原收费标准的基础上上浮20%。

1989年6月，按省邮电局、省财政厅、省物价局规定，开始向赣州市内电话用户收取程控电话改装费。收费标准按单位性质A类：工矿企业、个体户、专业户每部800元，B类：事业单位每部400元，C类：党政机关、中小学、幼儿园、私人住宅电话每部300元。凡离退休人员由单位安装电话的，按单位性质比照上述标准执行。

1990年1月1日，执行省邮电局、省物价局、省财政厅《关于用户话机实行代维办法及其收费标准的通知》，实行用户话机不分型号、不分类别（含多功能话机的话机部分、室内用户线），每月每部收取代维费1.5元。代维期间，话机所需零配件的费用由用户自理。12月1日，按省政府规定，对部分市话业务收费标准进行调整。市话初装费：已开通程控电话的地方，每部电话按甲种用户2000元、乙种用户4000元的标准收取初装费；机电制电话所在地，每部电话按甲种用户1200元、乙种用户2400元的标准收取初装费；人工制式的磁石、共电电话所在地，每部电话按甲种用户600元、乙种用户1200元的标准收取初装费；在市话基本营业区域外的新装用户，除按上述规定收取初装费外，如需新设线路另按实需工料收取费用，利用原有线路的按界外线路长度每千米加收 500 元的线路建设费用；安装同线电话的新装用户，按初装费标准的 70%收取费用，安装电话副机的用户，按初装费标准的 30%收取费用；安装专线的新装用户，每占用 1 对局间中继线按初装费标准加 50%费用；对党政机关、财政拨款的中小学、幼儿园、医院（不含其下属单位）均按乙种电话初装费标准优惠 50%收取费用。市话改制费：凡由磁石、共电以及机电制自动电话改为程控电话的，每部电话按甲种用户 800 元、乙种用户 1600 元的标准收取改制费；凡由磁石、共电改为机电制自动电话的，每部电话按甲种用户 600 元、乙种用户 1200 元的标准收取改制费。个体户、专业户和从事经营活动的个人或集体、单位安装的住宅电话比照乙种用户的初装费和改制费标准收取费用。基本月租费和通话费：基本月租费计费类别为包月制；通话费每次（3 分钟）0.08 元；复式计次制的中继线收费，呼入到用户交换机的中继线按包月制中继线收费标准收取，用户交换机呼出的中继线按复式计次标准收取费用。

1991 年，邮电部门代地方财政向用户一次性收取程控电话建设配套费，征收标准：已安装电话的各类企业和非财政性拨款的事业单位每部电话 500 元，地、县（市）党政群机关及财政拨款事业单位免征；新装电话每部征收 500 元，党政军机关及财政性拨款事业单位减半征收。1992 年，按省物价局、省邮电局通知对邮电地方附加费进行调整。11 月 1 日起，代办市内公用电话（含特服）按计费分钟数每次由 0.1 元调整到 0.2 元。1994 年 1 月 1 日起，电话信息咨询费收费标准为“117”报时台、“123”音乐台每分钟 0.2 元，“160”人工电话信息服务台每分钟 0.5 元，“168”自动声讯系统按不同的信息种类收取费用。同年 8 月 1 日起，凡在市话基本营业区内的普通电话装移机，按每部电话 158 元的标准收取工料费（不分用户种类，不含话机）和装移机手续费；新装电话时，工料费、手续费均纳入电话初装费内向用户一次性收取，不另行收取配号费、调线费、设计费、勘查费和汽车运输费等其他任何费用；电话移机时只收取工料费和手续费。1995 年末，市话基本月租费分别按甲种 11.6 元、乙种 18 元的标准收取。

1996 年 1 月 15 日起，执行电话信息语音信箱和“200”电话卡业务资费标准：语音信箱开户费一次性收取 300 元，租金每月每号 30 元；“200”电话卡业务开户费 A、B 类电话卡按每张 20 元一次性收取，服务费按每个国际长途 1.2 元、每个国内长途 0.5 元收取。10 月 9 日，取消 200 电话卡业务的服务费，公用电话代办户代办的“200”和“108”电话卡长话业务的，按每个长途电话向用户收取 1 元代办手续费。12 月 1 日，营业区内通话费由每次 0.08 元调整为每次 0.15 元（每 3 分钟为一次，不足 3 分钟按 3 分钟算），附加费每次 0.05 元，同时取消原月租费及通话费上浮 20%的附加费和上浮 20%代收的城市建设附加费；本地网营业区间通话费每分钟 0.4 元，附加费由原来的每分钟 0.2 元调整为 0.1 元，同时取消农话每分钟 0.5 元的过线费。

1997 年，每部电话初装费调整为赣州局市话营业区内甲种 2000 元、乙种 2500 元，县城营业区内甲种 1600 元，乙种 2000 元。基本月租费调整为赣州市（今章贡区）甲种 11.6 元、乙种 18 元、县（市）城甲种 9.6 元、乙种 15 元。程控电话热线服务、转移呼叫、遇忙记存呼叫、遇忙回叫、缩位拨号、呼叫等待、缺席用户服务等新服务项目免开户费和月使用费，呼出限制、三方通话、闹钟服务、追查恶意呼叫、免打扰服务等项目开户费 10 元，呼出限制项目的月使用费 6 元，其中项目月使用费 2 元。“160”“168”信息服务费在收取市话通话费的基础上，除属免收信息服务费的类别外，另按信息类别每分钟分别加收 0.1～0.8 元的信息服务费。公用电话收费标准按省邮电局规定执行：营业区内每次按通话费 0.2 元、服务费 0.1 元收取，营业区间通话费按每分钟 0.5 元（含附加费）、服务费每次按 0.5 元收取，省内本地网间通话费按每分钟 0.8 元（含附加费 0.2 元）、服务费每次 0.5 元收取，省际 800 千米以内通话费按每分钟 1 元（含附加费 0.2 元）、服务费每次按 0.5 元收取，省际 800 千米以上通话费按每分钟 1.2 元（含附加费 0.2 元）、服务费按每次 0.5 元收取，国际长途按原定收费标准，服务费按每次 1.2 元收取；法定休息日和法定假日零时至 24 时和非假日在每日 21 时至次日 7 时内通话的，一律按长途电话分级基本价目表计算后减半收取，客户在公用电话上拨打“110”“120”“119”“122”的，免收一切费用。

1999 年 3 月 1 日，固定电话（含市内电话、农村电话和甲、乙种用户）每号初装费调整为赣州市（今章贡区）600 元、县（市）500 元、农村用户 400 元，住宅用户同址、同户安装两部以上电话，从第二部起不再收取初装费，同时，取消本地网营业区内与营业区间电话附加费，降低长途电话附加费，调整为省内本地网之间附加费每分钟 0.12 元，省际 800 千米及以内 0.16 元，省际 800 千米及以上 0.2 元，国际长途电话费标准不变。4 月 1 日起，公用电话、IC 卡电话、磁卡电话拨打本地网营业区内电话资费为每 3 分钟 0.2 元。6 月 1 日起，执行固定电话主叫号码显示业务资费标准，月使用费 6 元。7 月 1 日起，调整 IC 卡电话资费标准，拨打本地网营业区内和营业区间的资费标准分别为每分钟 0.3 元和 0.5 元，并执行国家法定假日和夜间的长话半价计费标准。10 月 1 日起，执行固定电话租赁业务资费标准：免收初装费，免收工料费，月租费为现行月租费×3，通话费按现行资费标准执行。10 月 28 日起，车载无线接入电话的初装费按本地国内固定电话初装费标准执行，其基本月租费为每号 20 元，作主叫时在本地网范围通话不分区内、区间统一按 0.3 元/分钟收费，作被叫时不收费。同年 10 月，执行交互式会议电话资费标准。会议接入费：向业务登记用户收取，基本收费时间为 30 分钟，不满 30 分钟按 30 分钟计算，超过基本收费时间的部分，按每分钟计算收费，接入 10 分钟及以下基本会议接入费 40 元，30 分钟以上费用每分钟 1 元；接入 11～30 分钟 80 元，30 分钟以上每分钟 2 元；接入 31～60 分钟 180 元，每超 1 分钟 5 元；接入 61～90 分钟 300 元，每超 1 分钟 8 元；接入 91～120 分钟 400 元，每超 1 分钟 10 元；接入 120 分钟以上 500 元，每超 1 分钟 10 元。通话费：呼入方式的会议电话通话费向主叫方用户收取，呼出方式的会议电话通话费向业务登记方收取，通话资费标准按现行本地电话、长途电话资费标准收取。特殊功能费：根据用户要求提供会议录音功能的收取费用 10 元，应用户要求对会议录音进行转录的，每次转录收取费用 10 元，录音介质（磁带或光盘）和邮寄按成本收费。11 月 1 日起，固定电话装移机工料费按每部 150 元的标准收取。

长途电话资费 1986 年至 1987 年 10 月，国内长途资费基本沿用 1985 年的资费标准，其间有部分作了调整。1986 年 2 月 1 日起，停止收取用户直拨电话到中国港澳台地区的长话销号费。10 月 1 日零时起，执行邮电部对国际及中国港澳地区长话资费价目上调 50%左右的规定。兴国、瑞金、大余 3 个县邮电局至韩国、以色列及中国台湾地区之间的去话价目调整为发至韩国长话每分钟 6.6 元，发至以色列长话每分钟 10.9 元，发至中国台湾地区长话每分钟 6 元。1987 年 4 月 1 日，挂发长话按每分钟加收 0.1 元的地区附加费，长话记账分抄手续费按每户话费总额的 3%收取。11 月 1 日零时起，按邮电部、国家物价局对长话近距离资费调整的规定执行：空间距离不超过 25 千米的，基本价目由每分钟 0.05 元调整为 0.1 元；空间距离 25～50 千米的，由每分钟 0.1 元调至 0.2 元；空间距离 50～100 千米的，由每分钟 0.2 元调至 0.3 元；空间距离 100～150 千米的，由每分钟 0.3 元调至 0.4 元；空间距离 150～200 千米的，由每分钟 0.4 元调至 0.5 元；空间距离 200～300 千米的，由每分钟 0.5 元调至 0.6 元。

1988 年 6 月 1 日，国内及国际、中国港澳地区长话改为每日 21 时至次日 7 时减半收费。1990 年 1 月 11 日，国际及中国港澳台地区长话资费调整：发至中国港澳台地区长话每分钟 10 元，叫人电话附加费 10 元。12 月 4 日，调整为发至中国港澳台地区长话每分钟 11 元，叫人电话附加费 11 元。1991 年，长话资费按部颁标准和空间距离 12 个分级收取话费。同年 9 月 1 日起，取消长话账号。1994 年 3 月 1 日起，取消长途直拨有权用户的开户费和月使用费。

1996 年 12 月 1 日，简化长途电话计费等级，由 12 级简化为 3 类：省内本地网间通话每分钟 0.6

元，附加费 0.2 元；省际 800 千米以内每分钟通话费 0.8 元，附加费 0.2 元；省际 800 千米以上每分钟通话费 1 元，附加费 0.2 元。同时，取消边境电话的收费标准，改按国际及中国港澳台地区电话资费标准计收；内地至港澳台地区的资费调整为每分钟 11.6 元。1997 年 7 月 1 日起，至中国香港、澳门、台湾地区的电话资费调减 30%，由每分钟 11.6 元调为 8.1 元。年末，执行邮电部国内“800”被叫集中付费业务资费标准：开户费一次性收取 100 元，基本服务费每月 50 元，使用密码接入的特殊功能使用费每月 20 元，通话费分别按本地和长途资费标准计收。1998 年 7 月 1 日起，实行午夜长话优惠办法，在零时至 7 时段内通话按现行通话费的 30%收取。

农村电话资费 1986 年，农话资费采用收取固定话费和计时计次话费相结合的办法：在本交换区用户之间通话，按固定月租费收取，甲种用户（村委会、村民小组和农户）每月收费 5 元；乙种用户（除甲种以外的用户）每月收费 12 元。经两个交换区转接的电话，采用计时计次办法收费，实际通话时间超过 3 分钟的，每分钟计收 0.1 元，叫人、传户电话每次加收 0.1 元。凡经县以下交换点转接的长话和电报，每张加收农话过线费 0.25 元。1988 年 7 月 1 日，执行省政府关于农话建设附加费收取标准，全地区开始收取农话区间电话附加费每分钟 0.15 元，用于农话通信建设。1992 年 11 月 1 日，农话区间电话附加费调整为每分钟 0.2 元。1993 年，执行省物价局、省邮电局农话初装费和改制费标准：对乡镇程控电话建设中和建成后的新装用户收取初装费，对原有磁石电话用户收取改制费；收费标准按现行县乡标准下浮 50%左右，初装费甲种用户每部 1500 元，乙种用户 2400 元，改制费甲种用户每部 600 元，乙种用户每户 1200 元。安装专线的新装用户每占用一对局间中继线的按初装费标准另加收 50%费用。1994 年，执行省物价局、省邮电局对部分农话资费适当调整标准和新增业务项目的收费标准。程控电话初装费调整：甲种用户每部 2000 元、乙种用户每部 3000 元，人工制式磁石电话初装费调整为：甲种用户每部 300 元、乙种用户每部 600 元。

1995 年 6 月 2 日，全地区农话本地网建成后，对已进入本地电话网的县（市）市话用户均收取本地网使用费，甲种用户每月每部 3 元，乙种用户每月每部 5 元。1996 年，农村地区甲种电话初装费调整为每部 600 元，乙种电话每部 1000 元。基本月租费调整为自动电话在 500 门以下的甲种农话每部 10 元，乙种 15 元；自动电话在 500 门以上的甲种电话每部 12 元，乙种 20 元；话机代维费每月每部分别按甲种 1 元、乙种 2 元的标准收取。

二、电报资费

1986 年，国内电报计费种类及其传递顺序沿用 1983 年 5 月邮电部颁发的收费标准及计费办法：天气、水情、公益电报按每字 0.07 元计收，特种、军政、公务、普通及银行汇款电报按每字 0.07 元计收，新闻电报按每字 0.02 元计收，邮局办理电报汇兑业务所发的汇款电报按每份 1 元计算，去报译电费按计费字数每字 0.005 元计算，补送来报报底按每份 0.6 元计算，注销尚未发出的电报手续费按每份 0.1 元计算，抄录去报报底按每份 100 字以内 0.3 元、超过 100 字的 0.6 元计算，查阅去报报底及来报回单按每份 0.1 元计算，供给去报报底由用户来局拍照按每份 0.01 元计算，发报人因遗失电报收据补出证明按每份 0.1 元计算，空白去报按每份 0.1 元计收，特急、加急电报每字按电报价目加倍计算，电报挂号按 1 年 30 元、3 个月 10 元、更名改址每次 3 元计算。10 月 1 日零时起，各种国际及港澳电报计费价目上调 50%左右。

1988 年 6 月 1 日，国家再次调整各种国际、中国港澳地区电报、用户电报计费价目。7 月 1 日起，公众用户电报按每份收取附加费 0.4 元；专用用户电报按通报次数每次收取 0.4 元附加费，在收取资费或受理相关业务时一并收取，作为通信建设的专用基金。9 月 25 日，赣州开办礼仪电报新业务，资费由电报费和特别处理费组成，电报费的收费标准及计字计费办法均同公众电报，特别处理费（庆贺、吊唁卡费和特别处理手续费）的收费标准2元，礼仪电报去报特制发电纸每张0.03元。1989年，执行国际电报业务新“规程”规定：国际气象（OBS）电报按普通电报价目收费并对外进行账务结算；与中国达成免费协议的国家间来往的气象电报仍免费处理。公众用户真迹传真电报除按通话时间向用户收取电话费外，还按每页（16开纸）6元的标准向发报人收取设备、材料、劳务费。对用户来局自取或邮电局投送的电报，亦按每页6元的标准收取设备、材料、劳务费。11月1日起，发往澳门的用户电报资费调整为每分钟6.4元；与中国台湾地区间往来的电报调整为每字0.6元，用户电报资费调整为每分钟6.4元。1990元1月11日，发往中国港澳台地区电报资费调整为中国香港、澳门地区中文普通电报每字0.4元，外文每字0.8元，中国台湾地区普通电报每字0.8元；中国香港地区用户电报每分钟10元，中国澳门、台湾地区用户电报每分钟8元。12月4日起，发往中国香港、澳门地区中文普通电报调整为每字0.44元，外文每字0.88元；发往中国香港地区用户电报每分钟调整为10.9元，发往中国澳门、台湾地区用户电报调整为每分钟8.8元。

1991年，公众真迹传真副报头按公众真迹传真每页收费标准的50%收费，即按4元收取。10月1日起，凡代办来去国际公众电报和用户电报、公共传真每份收取服务费1.2元；代办来去国内公众电报和用户电报、公共传真每份收取服务费0.5元。1992年11月1日起，调整邮电地方附加费，将国内电报每份由0.4元调至0.5元，国际及中国港澳地区电报每份征收附加费1元。1993年3月1日起，执行省物价局、省邮电局电信延伸服务费标准：电报专送费，在电报投递范围以内的区域不收电报专送费，电报投递范围以外的郊区及农村电报，由邮电局组织专送，并收取专送费，专送用户在3千米以内的，每份每次往返收取专送费1元，3千米以上的每增加1千米距离加收0.2元，每份电报最高收费不超过2.5元，一次投送同一收报人（单位）的几份电报按1份电报收取专送费；上楼投送费，对高层住宅三层以上用户的电报，邮电局组织上楼投递，收取每份每次0.4元的上楼投递服务费。1994年1月1日起，对军事部门预约的和通过各地方气象站交发的“航危天气电报”，按国家物价局、邮电部每字0.13元，10个字起算的收费标准及计费办法执行。1995年，执行国内公众电报收费新标准：天气、水情、公益、政务、普通电报和银行系统汇款电报每字0.13元（每份电报以10个计费字数起算，不足10个字按10个字计算），新闻电报每字0.05元，礼仪电报每字0.13元，礼仪电报特别处理费2元。

1996年，执行邮电部国内礼仪电报业务资费新标准：3月21日至9月20日，按鲜花类型单枝10元、小束40元、普通60元、豪华90元、悼念70元的标准收取鲜花费，9月21日至次年3月20日，按鲜花类型单枝20元、小束50元、普通80元、豪华120元、悼念90元的标准收取鲜花费，电报费均按普通电报资费标准及计费办法收取，特别处理费按每份2元收取，指定时间专送按每份10元收取。1997年，公众传真资费标准调整为：公众相片传真，甲种251～350平方厘米12元，乙种151～250平方厘米8元，丙种150平方厘米及以下的4元，相片传真纳费业务公电每份4元。公众真迹传真，按页计费（不论每页字符多少）每页8元，纳费业务查询公电每份4元，重传费每页4元，发报人要求复印报底或收报人要求加印来报每页1元。

三、数据通信资费

1992年，数据通信资费按邮电局分级交换数据业务收费标准执行：凡通过分组交换系统进行同城信息检索和信息传递，或使用分组网某种特殊业务（如电子邮箱）的用户，其信息费可按每分钟0.1元、每字段0.003元计算收费；永久虚电路（PVC）月租费由基本费及信息费组成，基本费每路按国内分组计时费标准（每分钟0.2元）以1125分钟计费，信息费按实际传输的信息量计费（每字段0.025元），若系统无计量功能则以185个千字段计算收取；对用户申请逻辑信道数16条以内的免费，从第17条起按每条每月10元收取；对分组网具备可供用户选择的各任选功能及用户协商参数，每项按每月

10 元收取；长期（1 年以上，不含 1 年）使用分组交换的用户，其国内通信费从每分钟 0.2 元、每字段 0.025 元优惠至每分钟 0.2 元、每字段 0.01 元；在每月结账时，由尾数按小时和千字段结算改为按 1 分钟和 10 个字段计算。

1994 年，开放帧中继虚电路（PVC）每条月租费按长途数字电路资费标准的 20%收取，信息接收用户月租费按长途数字电路资费的 50%收取。同年 10 月 1 日起，执行邮电部对国内分组交换数据业务资费调整后的标准。城市间通信费标准调整到同城标准，即计时费由每分钟 0.2 元调为 0.1 元，计量费由每字段 0.025 元调整为 0.003 元，信息计量费按实有字段计收。对大用户和集团用户的通信费（含虚拟专网）实行分段超额累进下浮：用户通信费每月每户超过 500～2500 元部分，一般用户每户优惠 15%，集团用户每户 30～200 户的优惠 20%，7200 户的优惠 25%；超过 2500～5000 元部分，一般用户每户优惠 25%，集团用户每户 30～200 户的优惠 30%，7200 户的优惠 35%。节假日和夜间使用分组数据业务的通信费比照长途电话资费有关规定减半收取。同时，为开办市内数字数据网（DDN）业务，对租用市内数字数据电路制定统一收费标准：市内数字数据电路初装费比照市内电话安装费标准，每一端口专线端口按 3000～5000 元收取；联网调测费比照分组交换数据业务的安装调测费标准，不分传输速率一次性收取 1000 元（含线路调测和调制调解器调测）；月租费比照租用长途点对点电路的月租费标准（6000 分钟×长途电路分级基本价目）和租用长途数字电路的计算办法收取，专线电路月租费（长期租用 1 个月以上）按 9600BPS 及以下的每月 1800 元、19.2 比特率每月 2160 元、64 比特率每月 2520 元收取。

1995 年 5 月，执行省邮电局对租用数字数据业务（DDN）电路 1 年以上非经营性质用户的调整资费标准：租用电路 50 条及以下的，市内 DDN 业务下浮 30%，长途 DDN 业务下浮 10%；租用 51 条以上的，市内 DDN 业务下浮 50%，长途 DDN 下浮 15%。10 月，执行邮电部调整国际分组交换数据通信业务资费标准，计时费由每分钟 1.3 元调整为 1 元，信息计量费由每字段 0.12 元调整为 0.08 元。

1996 年 1 月 1 日起，执行邮电部制定的中国公用计算机互联网（chinanet）业务正式资费标准：电话拨号入网的，一次性收取开户费 100 元；基本费分 4 种类型按月限量，600 元的限 40 小时通信量，300 元的限 20 小时通信量，100 元的限 6 小时通信量，50 元的限 3 小时通信量，超过部分按每小时 20 元计收；通信费按电话网计费方式加收；存储费按通过局方主机入网的用户免费存储 1000 千字符，超过部分按每千字符 0.2 元计收。通过分组交换网入网的，一次性收取开户费 100 元；基本费每月 600 元，不限通信量；通信费按分组交换网计费方式加收。通过数字专线入网的，一次性收取开户费 100 元；基本费：专线速率 19.2 比特率及以下每月 1600 元，限 50 兆通信量，速率 64 比特率每月 4800 元，限 200 兆通信量，速率高于 64 比特率按 A/64 千字节×0.8×4800 元/月计算，限 A/64 千字节×200 兆通信量；帧中继按专线对应速率标准的 20%收费，限通信量标准与专线对应速率相同；超过限量部分按 0.02 元千字节计收；对专业数据库按每月 1.5 万元计收，不限通信量；通信费按数字数据电路资费标准加收。同时，调整分组交换和数字数据电路部分资费标准。分组交换端口基本费：专线入网端口基本费由 14400 比特/秒以上每月 800 元调整为 14400～19.2 比特/秒每月 800 元，64 比特/秒每月 1600 元，拨号入网不分速率每月 50 元；调制调解器月租费由 14400 比特/秒以上每月 600 元调整为 14400～19.2 比特/秒每月 600 元，64 比特/秒及其以上每月 800 元。数字数据电路租费：国内长途数字电路、市内数字数据电路用户临时租用国内长途或市内数字数据电路不足 1 个月的，每天（不足 1 天按 1 天计算）租费为长期租用月租费的 10%，超过 10 天的，其租费按长期租用 1 个月的租费计算；960～9600 比特数据业务基本月租费 50 元，通信费按移动电话资费标准计收。

1999 年 10 月 1 日起，执行分组交换业务新标准。安装调试费每户按同步 300 元、异步 100 元计收。端口基本费：以电话拨号入网的，不分速率每月每户 10 元，以专线方式入网的 9.6 千字节以下每月每端口 100 元，9.6～19.2 千字节每月每端口 150 元，19.2～64 千字节每月每端口 400 元，64 千字节以上的以 64 千字节资费为基数叠加。国内通信费：取消计量资费，只按使用时长收取国内通信费，每分钟 0.1 元，通信时间尾数不足 1 分钟的按 1 分钟计收。包月制通信费区分电话拨号和专线入网方式计费，电话拨号方式（含端口基本费）每月每户 100 元，不限使用时间；专线入网方式（不含端口基本费）9.6 千字节及以下 300 元/端口每月，9.6～19.2 千字节（含 19.2 千字节）420 元/端口每月，19.2～64 千字节（含 64 千字节）480 元/端口每月，64 千字节以上以 64 千字节资费为基数叠加，不限使用时间。永久虚电路资费：将原计时计量方式改为包月制使用费，每月每路 200 元。同日，执行国家计划委员会、信息产业部公用计算机互联网业务资费新标准：以电话拨号入网的，开户费每户一次性收取 100 元，网络使用费第 1 小时至 60 小时部分每小时 4 元，第 60 小时以后部分每小时 8.00 元，通信费按电话网计费及优惠方式加收本地通话费，存储费按通过局方主机入网的用户免费存储 1000 千字符、超过部分以每月每千字符 0.20 元收取。通过分组交换网的，开户费每户一次性收取 100 元，网络使用费实行包月制，每月 50 元，通信费按分组交换网计费方式加收通信费。通过数字专线入网的，开户费每户一次性收取 100 元，通信费分计量和包月两种方式：计量制不分线路速率，根据通信流量按 6 元/兆计收；包月制从速率小于或等于 19.2 比特/秒 3300 元/月至 1 兆比特/秒～2 兆比特/秒 8 万元/月 7 个档次。电信营业窗口提供用户使用 chinanet 服务的，通信费按每分钟 0.3 元计收，不收取其他费用。12 月 1 日起，降低因特网业务资费，取消拨号上网的网络使用费和通话费分段计收办法，中国电信拨号上网用户的网络使用费按每小时 4 元收取。

四、移动电话资费

中国移动通信资费 1993 年，赣州移动电话开办费每号每次 200 元，基本通话费每月 150 元，赣州业务区内通话费每分钟 0.5 元，移动电话初装费 2.2 万元；对移动通信用于市话中继线的，分别按有连选功能的每条中继线每月 3000 元和无连选功能的每条中继线每月 2000 元计收。1994 年，调整移动电话（900 兆赫）资费标准：初装费由每号 2.2 万元（含手机售价）调整为 1 万元（含附加费，不含手机售价），月租费每月每号 150 月调整为 50 元，业务区内通话费由每分钟 0.5 元调整为 0.4 元（主、被叫均按此标准收费）；取消移动电话用户的开户费、租机登记费和停机保号手续费；人工漫游登记费维持每次 50 元的标准，取消最长有效期 1 年的规定，被访局系统占用费维持 1 个月 80 元、6 个月 400 元、12 个月 760 元的标准，人工漫游通话费由每分钟 1.1 元调整为 0.6 元（主、被叫均按每分钟收取通话费）；自动漫游免收登记费和被访局系统占用费，自动漫游通话费每分钟 0.6 元（主、被叫均按每分钟收取通话费），拨发国内、国际长途按长途电话计费。1995 年 11 月 1 日，移动电话（900 兆赫）初装费（入网费）由每号 1 万元调整为 3000 元（不含手机售价）；租机费按租期 1 个月每号 450 元、半年每月每号 350 元、1 年每月每号 300 元计收，代办服务费每拨通一次 1 元。11 月 10 日起，对移动电话公用主网数字及模拟移动电话和联网 GSM 用户拨叫本地市郊、农村电话时，加收市郊、农村电话费每分钟 0.1 元。

1996 年，数字移动电话（GSM）新业务资费标准：短消息业务服务费每月 15 元，三类传真业务开户费 200 元（一次性收取），通信费按移动电话收费标准计收。5 月 17 日，调整移动通信部分资费标准：GSM 数字移动电话使用的 SIM 卡每张售价 200 元，GSM 数字移动电话语音信箱服务费为每月每号 10 元。1997 年，入网初装费每部 3000 元，另收无线电频率占用费 90 元；带机入网用户收取 100 元验机写码费；数字移动电话 SIM 卡每张 200 元；基本月租费每月每部 50 元；赣州营业区内通话费每分钟 0.4 元，主、被叫均按每分钟收取，通话不满 1 分钟的按 1 分钟计算，拨叫赣州本地电话市郊、农村电话时，除收取移动电话通话费外，另加收每分钟 0.1 元。1999 年 3 月 1 日起，入网费调整为每号 500

元；新业务呼叫限制使用费每月10元，多方通话每月10元，中文短信每条0.1元；移动传真业务免月租费，开户费为200元，通信费按移动电话收费标准另行计收；移动数据业务使用费每月50元，免开户费，通信费按移动电话收费标准另行计收；呼叫转移每月10元，语音信箱每月10元，来电显示每月10元；过户每户每次40元，改号每户每次40元，用户申请停机按每月每户50元收取占号费，欠费滞纳金按总话费的0.3%收取。免费特服电话号码为103、110、111、112、113、115、116、117、118、119、120、122、170、172、173、176、177、180、185、189、1860、1861、1867、800等；非免费特服电话号码为：114、117、121、1251、1258、1259、126、127、128、161、162、163、1641、1642、1643、1644、1645、1646、166、168、169、160、184、198、199、108、200、300、191、192、916、966、968等。11月1日起，本地通模拟移动电话基本月租费为每月25元，赣州业务区通话费每分钟0.2元（双向收费），入网费不低于移动电话入网费500元的下限标准；神州行储值卡价100元，用户购买价120元，神州行充值卡价格按面额销售，神州行预付费用户在未漫游时，呼叫本地用户每分钟0.6元，呼叫省内用户每分钟1.2元，呼叫国际用户每分钟0.6元加相应国际长途费率，接听电话每分钟0.6元；神州行预付费用户漫游时，呼叫漫游地用户每分钟0.8元，呼叫漫游地省内用户每分钟1.4元，呼叫漫游地省际用户每分钟1.6元，呼叫国际用户每分钟0.8元加相应国际长途费率，接听电话每分钟1.4元。

2000年4月1日起，IP电话业务资费按国内长途电话每分钟0.3元、国际长途电话每分钟4.8元计收。港澳台电话资费按内地各地（不含深圳）至香港地区、内地各地（不含中山、珠海）至澳门地区、内地各地至台湾地区每分钟2.5元（深圳与香港地区、中山珠海与澳门地区每分钟1.5元）的标准，另加本地通话费计收。7月21日起，取消更改用户名称手续费40元和呼叫等待业务功能费每月10元的规定，调整为向用户免费开放。7月25日，入网费调整为每号100元，SIM卡费每卡110元。

中国联合通信资费 2000年10月20日，中国联通GSM130业务开始放号。营业厅放号：入网费为每号258元（含赠送100元缴费卡），其中SIM卡费100元，入网费145.5元，频占费12.5元；月租费每月每号25元；通话费分网内网间，主叫网内手机每分钟0.2元，主叫非130手机每分钟0.32元，被叫免费；与赣州本地固定电话间通话费每分钟0.32元，赣州本地接听电话每月36元封顶（36元以内话费按实收取）；省内免收漫游费；免费开通各项新业务。员工放号：入网费238元，其他同营业厅放号资费标准。集团用户入网费218元，其他同营业厅放号资费标准。网络质量监督员入网费115元，月租费每月40元。基本通话费每分钟0.32元，赣州本地"130"网内通话费每分钟0.2元，关闭国际长途及国际漫游业务，省内漫游免收漫游费，免费开通各项新业务。11月，将本地接听电话36元封顶调整为10元封顶（10元以内通话费按实收取）。

五、无线寻呼资费

1991—1997年，无线寻呼开户费每号100元（一次性收取），赣州本地网用户服务费按数字机每月15元、中文机每月30元收取，全省联网用户服务费按数字机每月25元、中文机每月40元，省内漫游费每月每部10元、全国漫游每月每部另加10元收取；自备机入网除按规定收取开户费外，另收改频验机费每部40元。每部寻呼机每年收取无线电频率占用费10元（代无线电管理委员会收取）。1998年，数字机服务费按赣州本地网每月15元、全省联网每月25元、全国联网每月35元收取，中文机服务费按赣州本地网每月30元、全省联网每月40元、全国联网每月50元收取，股票信息加个人呼服务费按赣州本地网每月40元、全省联网每月50元收取，股票信息呼服务费按赣州本地网每月20元、全省联网每月30元收取。2000年，中文机服务费改按赣州本地网每月20元、全省联网每月30元、全国联网每月40元收取，其他收费标准未变。

第四节 电信管理

一、管理机构

电信局（公司） 1986年至1998年10月，电信机构见本篇第一章“邮政”第一节“机构队伍”。1998年11月5日，地区邮电局分设邮政局和电信局。电信局职能机构设综合办公室、党群工作办公室、监察审计室、计划财务部、市场经营部、运行维护部、通信建设部、人才资源部，专业生产机构设网管中心、本地网计费账务中心、客户服务中心、移动通信中心、数据通信中心、光缆维护中心、交换传输维护中心、动力维护中心、市话机线维护中心、公用电话管理中心、用户终端设备维修中心，分支机构设17个县（市）电信局和赣州局虎岗邮电所、湖边邮电所。同年12月24日，设立地区电信局服务质量督查员办公室和社会保险办公室。同年年底，全地区有电信职工1902人。1999年7月1日，地区电信局更名为市电信局；8日，移动通信业务从电信局析出组建赣州市移动通信公司。11月29日，撤销监察审计室，增设纪检监察室、审计室和服务质量监督检查部。12月1日，成立市电信职工技术协会。2000年3月6日，工会从党群工作办公室析出单独设立。4月26日，组建江西邮电报驻赣州记者站。6月16日，成立赣州市电信局驻深圳办事处。8月22日，成立设计室，挂靠通信建设部。8月28日，进行公司化转制，市电信局更名为江西省电信公司赣州市分公司。10月11日，成立大客户服务中心。12月28日，成立本地网客户呼叫中心，归口服务质量监督检查部管理。至年底，全市有在职电信职工1523人。

移动通信公司 1992年年初，地区邮电局电报科负责移动通信基地设施建设的筹备工作。随着1993年4月17日移动通信的正式开通和业务市场的启动，业务和技术管理任务加重，遂于1993年6月成立移动通信科，1996年10月更名为移动通信局。1998年11月邮电分营后，移动通信业务随电信业务归属地区电信局，在电信局设立移动通信中心。1999年5月4日，开始进行全地区移动通信业务电信分离和移动通信公司组建工作。同年6月15—16日，全地区17个县（市）移动通信公司相继成立。7月8日，赣州市移动通信公司正式成立，内设职能科室有综合办公室、计划财务部、网络部、市场经营部、人力资源部、党群工作部，生产机构设有客户服务中心、设备运行维护中心、用户终端设备维修中心。2000年7月21日，增设规划建设室、政策法规研究室（挂靠综合办公室），撤销设备运行维护中心（其职能并入网络部）。同年8月30日，增设社会保险办公室，挂靠人力资源部。至年末，全市有在职员工305人。

联合通信公司 2000年4月16日，中国联合通信有限公司赣州分公司成立，成为赣南第二家经营电信基本业务和电信增值业务的国有综合性企业。9月26日，国信通信公司与江西国信通信公司整体融合，统称中国联合通信有限公司赣州分公司。公司内设机构有综合部、市场营销部、移动通信业务部、无线寻呼事业部，下辖17个县（市）经营部。至年末，全市有在职员工189人。

二、业务技术管理

1986—1990年，全地区电信部门贯彻部颁规程，根据企业实际情况制订组长、值班长、值机员、统计员、质检员、话务员、机务员岗位责任制，以及保密、交接班、包机、机房管理、材料管理、考勤制度和奖惩办法，定期召开质量分析会，分析研究通信生产情况，实行百分制的月评月奖考核措施，广泛开展岗位练兵和一条龙竞赛活动，定期或不定期地组织业务技术人员对设备进行巡检、巡修，不断提高通信质量。

1991—1995年，建立健全各项规章制度，抓好以岗位责任制为核心的规章制度的落实，加强机房现场管理，建立健全原始资料，加强监督检查，提高管理水平和科技含量，运用现代科技手段和管理方式提高工作效率。

1996—2000年，坚持把科技进步放在重要的位置，在制定规划、选用设备和维护管理中，坚持引进、消化、吸收、创新相结合的方针，跟踪世界电信技术发展趋势，积极采用新技术、新设备，加快技术改造步伐，提高电信网的技术层次和技术含量，改进管理手段和服务手段，保持高起点的快速发展，增强赣州电信可持续发展的后劲。在1997年完成一级干线建设的基础上，加快区内干线3个SDH中继传输网的建设，采用先进的SDH技术，网络迂回保护能力有了一定提高；网管系统采用先进的计算机软件技术；建成扩大的本地电信网，推广光纤接入技术，接入网向数字化发展。“九七工程”的建设，使全地区电信服务水平和业务管理水平均有较大提高。

三、服务质量管理

窗口服务 1986—1990年，全地区电信部门在发展业务中积极整顿营业窗口服务质量，教育职工以优质服务取胜，大力宣传劳动模范的先进事迹，把纠正行业不正之风落实到为群众办实事、解决装电话难的实际效果上；普遍建立健全障碍登记、用户卡片、派修单等原始资料和相应的制度，严格障碍考核，并与奖惩挂钩；加强障碍查修的组织指挥，在全地区开展优质服务竞赛的“岗位创一流、满意在邮电”活动，同时设立群众举报、用户监督电话，加强督促检查。1991年，赣州局在赣州市（今章贡区）优质服务竞赛活动中，荣获“优质服务‘双佳’新风杯”优秀组织奖和“文清路优质服务一条街”优胜单位奖。“九五”计划期间，完善职业道德规范，制定新的服务公约、服务标准、服务纪律，在窗口和对外服务人员中推行“不说50句服务忌语，倡导20句文明服务用语”活动，并进行专题强化教育。1995年，赣州局被江西省质量管理协会授予用户满意企业称号。1997年，加大服务管理工作力度，实行服务工作领导责任制，建立服务质量管理监督体系。全地区县（市）以上邮电服务窗口自1月1日起向社会推行承诺服务，至年底，服务年目标基本实现，移装电话平均时限25.8天，移动电话即买即通，电话障碍查修及时率98.4%，超过部颁标准。在邮电部组织的服务质量检查中，得到较高评价，赣州南门营业厅被邮电部评为1996—1997年度全国邮电树创先进集体。1998—2000年，全市（地区）电信部门在抓业务发展的同时，狠抓“树行业新风、创优质服务”工作，把抓好优质服务作为企业的生命线，从等客户上门到主动上门服务，行业风气得到根本改变。地区（市）局（公司）和宁都局连续7年获“省级文明单位”称号，全市（地区）有13个单位获省、市（地）级文明单位称号，有11个县（市）局获全省和全市（地区）用户满意企业、用户满意服务殊荣。

通信质量 1986年，全地区电信企业围绕“提高通信社会效益和企业经济效益”这个中心，以方针目标管理为主线，以全面质量管理为中心环节，加强各项基础管理工作，继续推行全面质量管理，实行年度方针目标管理和质量否决权，结合全程全网联合作业的特点，在通信生产全过程制定质量管理制度和考核检查制度，开展QC小组活动，全面完成省邮电局对地区邮电局考核的20项通信质量指标，全地区通信质量稳定提高率89.13%。1988年，广泛开展企业升级工作，把全面质量管理水平达到合格以上作为企业升级的必备条件，引导企业扎实推行TQC，强化基础管理工作。全地区通信质量稳定提高率85%，通信服务用户满意率95%。1990年，深化全面质量管理。经省邮电科研所检查，全地区邮电企业计量器具完好率100%。1991年，通信质量稳定提高，电信通信质量考核电报投递逾限率0.75‰，电报服务差错率0.31‰，长途电话逾限率4.9%，长途电话有效接通率（人工、半自动）93.6%，市内电话接通率76.68%，市内电话装移机及时率97.23%，长途电传电路合格率99.6%，长途电话载波电路合格率85.93%，农村电话有效接通率100%，农村电话用户平均障碍历时100分钟/百户，农村电话中继线路平均障碍历时100分钟/百对千米，电信通信事故率为零。1995年3月，根据

“标准明确、责任落实、定期检查、严格考核”十六字方针，制定通信质量竞赛考核办法，并在全地区开展竞赛活动。7月，对全地区各县局（不含赣县局）进行电信网路运行质量和电信设备维护管理工作检查，全地区长途忙时来话接通率平均36.96%，长途忙时去话接通率平均36.08%，市话忙时接通率平均54.95%，长途电路可用率（主要检查数字电路）赣州局92.05%，各县（市）局100%。1996年7月13日，全地区扩网升位组建C3本地网工程建成后，来话接通率达到48.28%，去话接通率43.63%，列全省第5位。1997—2000年，各单位成立质量检查分析小组，制定通信质量考核办法和评分标准，加强质量检查分析，坚持每月一次的质量分析会，及时发现问题、解决问题，保证通信质量稳中有升。

四、市场经营管理

1986—1990年，全地区电信企业围绕企业年度方针目标制定和实施经营决策。1986年，地区邮电局制定年度主要经济指标考核办法，对县邮电局（站）实行超产重奖、欠收重罚、企业经济效益与职工奖励基金挂钩，同时逐步推行局长负责制，实行以承包为主的经济责任制，各县邮电局承包自身农话建设工程，赣州局由市话科承包市话工程，大余邮电局实行全面承包，其余县邮电局（站）实行主要经济指标承包。1988年，结合赣州地区行署《关于进一步调动企业经营积极性的暂行规定》，坚持“包死基数、确保上缴、超收多留、欠收自补”的原则，进一步完善经营责任制。

1991—1995年，完善发展业务、强化经营的措施。修改部分承包经营责任制办法，普遍建立研究电信市场和经营策略的机构，开展业务预测、业务宣传，根据市场热点，确定“以市话发展为龙头带动长话、非话（非语音电话），以至整个邮电通信的全面发展”的经营策略，以及“以市场为导向，以需求为目标，用户第一、质量第一、信誉第一、效益第一”的经营方针。在电信传统业务上以加快电话放号为重点，有条件的地方实行规模放号，成片装机。对竞争性业务采取“扬长避短，主动出击，灵活经营，抢占市场”的经营策略，不断提高通信能力，扩大业务种类，发展城市公用电话，普及磁卡电话业务，强化鼓励措施。在资费政策上，灵活机动，根据市场供求状况，区别不同用户，在坚持邮电基本业务资费统一的情况下适时适度进行调整。对尚未开发或未充分开发的新业务，采取“超前开发，逐步渗透，引导需求，培育市场”的经营策略。

1996—2000年，继续把经营摆在突出位置，强化经营管理，制定发展业务、增量增收增效益的政策措施。围绕“加快发展，深化改革，加强管理，改善服务”这一中心任务，更加注重市场调研和经营策略研究，实行规模经营和灵活营销相结合，加大宣传力度，采取有效措施全面启动市场。其间，组织专职和社会营销队伍，在全地区开展“大哥大”、BP机促销活动，采用租赁、买一（电话）送一（BP）、邮与电业务联网、安装电话分期付款、拆机并网等方式发展业务，取得良好效果。

五、计划财务管理

1986—2000年，赣州电信企业依据全市（地区）国民经济发展规律和要求，结合通信现状提出电信事业发展的基本任务、主要目标和措施。“七五”计划的重点主要是利用外资建设万门程控电话和微波通信工程；“八五”计划的重点主要是投资建设赣州地区县以上通信实现电话交换程控化、长途传输数字化；“九五”计划的重点主要是投资全市（地区）扩网升位组建C3本地网、九七工程和户线工程。这些计划均按期顺利完成。各基层单位根据下达的业务总量、财务和通信质量等计划认真组织实施，较好完成各项计划指标。

第三章　无线电

1985—2000年，赣州市（地区）无线电事业飞速发展，无线电业务从主要应用于军事，发展到广播电视、民航、交通、电力、气象、森林防火、防汛、移动通信、电信、烟草等领域及公共事业、业余无线电爱好者等。无线电台数量快速增加，从1985年的880部增加到2000年的7.97万部。

第一节　机构与频率台站管理

一、机构编制

1986年7月，赣州地区无线电管理机构从赣州军分区通信科移交到赣州地区行政公署，成立地区无线电管理委员会办公室，负责管理全地区民用无线电频率、台站。地区无线电管理委员会办公室为行政正科级单位，由行署办公室代管，编制2名。同时，成立赣州地区无线电监测站，为地区无线电管理委员会下属正科级事业单位，编制6名。

1996年6月，地区无线电管理委员会办公室划归省无线电管理委员会办公室垂直管理，更名为江西省无线电管理委员会办公室赣州地区管理处，为副处级事业机构，行政编制4名。管理处下设赣州地区无线电监测站（正科级事业单位），编制5名。

1999年7月，更名为江西省无线电管理委员会办公室赣州市管理处。

2000年8月，更名为江西省信息产业厅赣州市无线电管理处，受江西省信息产业厅和赣州市人民政府双重领导，原有管理职能、编制人员维持不变。

二、频率台站管理

全市（地区）无线电管理工作贯彻国务院“科学管理、促进发展”的方针，坚持依法行政，运用行政、法律、技术、经济等手段，不断规范无线电行政审批管理，加大执法力度，加快技术设施建设，提高无线电技术运用水平，在频率台站管理、监督检查、无线电监测、技术设施建设和队伍建设等方面取得显著成效，为赣州经济建设和社会事业发展提供良好的通信保障。

1986年以前，军用和民用无线电频率、台站统一由军队管理，无线电频率资源主要用于军事，少量用于邮电、广播、电视、气象、地质、铁路等部门，民用无线电通信事业处于起步阶段。

1986年7月，赣州地区民用无线电管理工作转由政府负责，主要依靠行政手段，在管理方针上由“少设严管”转变为“提倡使用，鼓励发展”。同年，全地区无线电台总数为882部，电台种类只有广播电台、电视转播台、短波电台、微波电台等。

1986—1996年，频率台站管理以行政审批为主要手段，管理业务以无线广播电视转播台、超短波无线电台站为主。为保证村与村、乡与乡、县与县、地区与地区之间无线电视转播台不产生同频或邻频干扰，采取控制发射机功率、设台地址的高度及错开频率的方式进行管理。审批无线电台站（基地台、中转台）时，采取分散设台地址、控制高山台站的设置等办法，减少互调干扰。在台站审批和频率指配方面，缺少必要的监测和系统的工程计算等技术支撑。

1996年始，全地区无线电事业进入快速发展时期，无线电管理工作也随之不断加强。电台种类除广播电台、电视转播台、短波电台、微波电台外，无线寻呼、第一代蜂窝移动通信系统（大哥大）、超短波无线电话（对讲机）等移动通信业务迅猛发展。设台单位扩展到防汛、防火、交通、电力、保安等部门。

1996—2000年，开展无线寻呼台站清查工作，全市（地区）有国信寻呼赣州分公司、电力寻呼赣州分公司、赣府寻呼赣州分公司、润迅寻呼赣州分公司、铁通寻呼赣州分公司等5家设台单位。2000年，全市有基站157座，寻呼用户10.8万户。开展移动电话清查，全市有运营单位2家，分别是中国移动通信赣州分公司和中国联通赣州分公司，有基站569个，用户26万户，其中模拟用户7000个。开展“三高”（高山、高塔、高层建筑）清查，对“三高”台站逐台检查登记。其间，市无线电管理处每年对全市设台单位收取无线电频率占用费，2000年收取无线电频率占用费400万元。

第二节　监督监测

一、监督检查

1985—1996年，依据国务院、中央军委及国家无线电管理委员会的有关法规，加强对各类无线电台站的管理，督促设台单位遵守无线电管理规定和纪律。加强对无线电发射销售市场管理。外地区厂商在赣州地区销售无线电发射设备必须经赣州无线电管理委员会批准。单位和个人未经批准不得随意购置无线电发射设备。

1992年，在全地区范围内对短波无线电通信秩序进行整顿，查处违章单位12个，扣押设备5台，补发各类电台执照700余本，封固自选频电台632台，为经销商核发准销证。

1996年，在全地区开展执法、守法大检查工作，查出违章设台单位12个，补办手续单位12个，补办执照263本，收缴大功率无绳电话机74部。对设台手续不全向社会开放经营的“999”寻呼台进行查处。

1999年，在全市（地区）开展无线电台站核查工作，核查设台单位192个，查出违法违章设台2个，收回频率26对，补办手续单位7个，换发执照1182本，注销台站103个。核查登记各类电台2481部（不含寻呼用户和蜂窝移动台），其中短波28部、超短波2214部、广播电视163部、无线寻呼基站76个。

二、监测检测

1986年赣州地区无线电监测站成立时，缺乏监测技术设备，技术应用非常薄弱，开展监测工作只能使用原始手段。随后，陆续配置一些简单的监测设备，如频率计、中功率计等，仍无法跟上通信技术日新月异的发展需求。

1996年开始，无线电管理部门坚持一手抓技术设施建设，一手抓技术人员学习和培训，为无线电管理提供强有力的支撑。购置频谱分析仪、综合测试仪等检测专用设备，投入400多万元，购置1辆移动无线电监测车，配备国际先进的德国监测设备，具备对20～3000兆赫频段上的无线电信号进行监测，分析其调制、场强、频偏、频谱占用度等无线电参数，完成移动测量信号的方位、场强值的能力，无线电管理技术的应用从手工发展到自动的新阶段。1996—2000年，每年对航空导航、水上通信、广播、公安、防火、防汛、气象等实施监测500余小时，获得较全面的监测数据，为频率台站管理提供科学依据。平均每年查处5起无线电有害干扰，有效维护空中电波秩序。1998年6月，查处崇义县邮电局擅自设置使用无线电寻呼链路频率干扰国际空间紧急位置信标的重大案件。

第二十五篇

专营专卖

1986—2000年，赣州市（地区）根据国家政策实行专营专卖的行业有烟草、盐业、药品、石油等。专营专卖部门充分利用国家政策，发挥自身优势，促进行业迅速发展，为经济社会发展作贡献。

赣州烟草专卖部门发挥烟草专卖的“管理、监督、服务”三大职能作用，紧扣“扶持烟叶生产、促进烟叶购销、强化卷烟经营、规范专卖管理”四个环节，强化专卖，规范市场、促进销售。卷烟销量逐年上升。食盐专营部门狠抓食盐产区治理整顿，实行科学合理仓储；强化盐政管理，理顺食盐产销秩序，规范、净化食盐市场，有效保障全市（地区）人民群众食用合格碘盐，促进盐业事业可持续发展。医药行业以市场为导向，稳步推进“商商联营、承包经营负责、经理（厂长）负责”等三项制度改革，重新构建符合市场需要的科学经营管理体系，全行业市场适应能力增强，经营网络增多，经济总量逐年提高。

1986—2000年，中石化赣州石油分公司及其18个县（市）石油支公司从领导体制、供应体制、工资、纳税、费用、人事管理等多方面进行重大改革。经营管理的一系列改革，使企业在激烈的市场竞争中获得“购销两旺、效益大增”的效果。

第一章 烟草专卖

赣州素有种植烟叶的传统。1980 年，赣州行署制定〔1980〕125 号文件，对烟叶实行价格补贴，平均每担（50 千克）烟补助 34 元，并提高粮食化肥奖售。该项政策执行到 1982 年年底。1983 年开始，烟农种烟的积极性受到挫折，烤烟种植面积逐年下滑。1986 年，仅收购烤烟 46.2 吨，赣州烟叶生产濒临崩溃边缘。1988 年，全地区各级政府和烟草专卖局加大扶持力度，采取多种优惠政策，恢复发展烟叶生产。1993—1995 年，烟叶生产逐渐滑坡，烤烟种植面积及其收购量逐年减少。1995 年，省政府提高烟叶生产扶持费和烤烟收购价格，提高对烟农供应平价化肥、恢复烤房补助，调动烟农的生产积极性，烟叶种植与收购有恢复性增长。1997 年，全地区优质烟基地扩大，烤烟收购 1.68 万吨，创历史最高水平。1998 年后，赣州烟叶生产稳步发展。

赣州烟草系统组建后，卷烟调拨供应走上正轨，卷烟销量逐年上升。1986 年销售 5.76 万箱，1989 年 8.64 万箱。20 世纪 90 年代中期，着手建立农村网点，确立“以市场为导向，以省产烟为重点，以效益为中心”的经营方针。2000 年，全市有烟草销售自建网点 124 个，卷烟销售总量 11.92 万箱，其中省产烟 9.48 万箱。

第一节 机构与管理

一、机构队伍

市（地区）烟草专卖局 1984 年 8 月 1 日，江西省赣州地区烟草专卖局、江西省烟草公司赣州分公司成立，两块牌子、一套机构，单独核算，自负盈亏。实行省烟草公司和地方政府双重领导，以江西省烟草公司为主，地方归口赣州地区经济委员会领导。翌年，除赣州市（今章贡区）不设重叠机构外，17 个县相继成立烟草专卖局（公司），其中瑞金、南康两县经国务院批准，分别于 1994 年 5 月、1995 年 3 月相继撤县设市，随之更名为瑞金市、南康市烟草专卖局（分公司）。1996 年 4 月，赣州市（今章贡区）烟草专卖局（分公司）成立。自此，下辖 15 个县、3 个市烟草专卖局（分公司）。

赣州地区烟草专卖局（分公司）机关内设党委办公室、行政办公室、专卖办公室、统计科、财务科、人劳科、销售储运科、原料科。1987 年，增设卷烟销售联营科，负责省外烟的经营。1991 年，设立赣州市（今章贡区）烟草专卖管理所，与地区烟草专卖局专卖办合署办公。增设烟叶经营部，销售储运科分一科、二科、三科［其中销售一科分管全地区烟叶调拨计划和管理，销售二科负责省外烟经营业务，销售三科则分管原赣州市（今章贡区）内的卷烟销售业务］。内设机构几经调整，2000 年，赣州市烟草专卖局（分公司）机关内设党委办公室、行政办公室、专卖办公室（专卖稽查支队）、销售一科（网建办）、销售二科、烟叶科（烟叶经营部）、计划统计科、财务管理科、劳资科（安保科）、审计科、监察科。

1986 年，全地区烟草专卖系统在编人员 378 人，其中地区烟草专卖局（分公司）机关 73 人。2000 年，全市烟草专卖系统在编人员 560 人，其中市局 113 人。

专卖机构 赣州地区烟草专卖局成立之初，地、县两级下设专卖办公室，是烟草专卖的职能科室。1989 年，赣州烟草与其他部门共设 5 个联合检查站。进入 20 世纪 90 年代，赣州烟草专卖方针是“边界堵、路上查、市场管、重点打”。1991 年，经江西省烟草专卖局和赣州地区行署批准成立赣州市（今章贡区）烟草专卖管理所，与赣州地区专卖局专卖办公室合署办公。同年，与检察院联合设立地、县

（市）两级烟草检察室。1993年，经江西省政府批准，在赣州地区的11个县设立14个烟草检查站举报点，当时烟草罚没款收入大部分来自检查站。同年，地区烟草专卖局与各县（市）烟草专卖局实现通讯联网，在赣州开设专台，实行全地区无线电通讯联网，各县（市）配置基地电台，有的县还配有车载台。1995年10月，成立地区烟草专卖执法检查队，后更名为地区烟草专卖稽查大队，并在全地区分东、南、西三个片成立烟草专卖稽查中队。1997年4月，为加强“两烟”（烤烟、卷烟）市场管理，与公安部门联合设立地、县（市）两级烟草警务室。同年6月，在全地区主要乡（镇）设立44个烟草专卖管理所。

二、专卖管理

烟草行业实行“统一领导、垂直管理、专卖专营”的专卖管理体制，各级烟草专卖行政主管部门发挥烟草专卖的“管理、监督、服务”三大职能作用，紧扣“扶持烟叶生产、促进烟叶购销、强化卷烟经营、规范专卖管理”4个环节，通过强化专卖，规范市场、促进销售。1986年，全面开展烟草专卖市场管理行动，进行烟草市场的清理整顿，烟草市场状况有明显好转。1995年起，全地区各级烟草专卖局严厉打击制假商标，每年查获假冒省地名优烟近800件。2000年，全市开始推行烟草专卖户籍管理，查获烟草专卖违法案件6780起。

许可证管理 1986—1991年，各级烟草专卖局与工商、税务、物价、公安等部门联合组成卷烟发证工作小组，深入城乡市场开展烟草专卖许可证发证工作，全地区发放烟草专卖许可证4465份。2000年，着重抓监督检查，对违规违法经营户实行警告直至取消经营资格的处罚，全市烟草零售经营户3.89万户，许可证管理逐步规范。

卷烟市场管理 1986—2000年，全市（地区）烟草专卖查处违章案件5.78万起，查获国产卷烟1.13万件、查获走私烟1241件、假冒烟1.68万件，销毁假烟1.66万件，罚没款1.11亿元。其中，1986年查处违章案件2745起；2000年查处违章案件6780起，查获国产卷烟5396件、走私烟442件、假冒卷烟4576件，销毁假烟7953件，罚没款7953万元。

1992年，地区烟草专卖局（分公司）以“打击无计划的省外烟和走私烟、查处地产烟返销、保护地产烟市场”为重点，以“堵、查、管、报、打”为手段，加强烟草市场管理。1—7月，查处违法案件1753起，收缴违章烟1140件，罚没款52.57万元，发放烟草专卖许可证1564份。

1993年，全地区开展打击卷烟走私、经销假冒商标卷烟、无证贩运烟草制品和管住走私烟、管住假冒伪劣烟、管住外地返销烟、管住地下批发烟的“四管”活动。查处违章案件2709起，收缴违章卷烟2516件（条），罚没款1057.16万元，发放烟草专卖许可证5225份、宣传手册1.8万余册。

1994年，地区烟草专卖局配合云南省玉溪检察院、玉溪地区烟草专卖局、玉溪卷烟厂及赣州武警支队共108人，分乘15辆车，捣毁瑞金市九堡镇制假窝点，缴获制假卷烟机一套，假烟220件及一批卷烟制作的原辅材料；各县（市）烟草专卖局下大气力拔“钉子户”。全地区查处违章案件3550起，收缴卷烟16522.3件，罚没款381.97万元，发放烟草专卖许可证1.6万份。

1995年，地区和各县（市）先后成立烟草市场整治综合工作领导小组，加强烟草市场整治。全地区烟草专卖重点是查市场、端窝点、打源头，对无证经营、走私贩私、地下批发和经营计划外烟及制售假冒卷烟等不法行为进行打击。4月，龙南县查获用机械仪器作伪装的一辆“东风”牌汽车，内装有480件“555”牌卷烟，价值达200万元；9月，地区烟草专卖局查获信丰县烟贩李某存放在仓库内的1202件卷烟；10月，在瑞金市黄沙检查站查获2车“专供出口”金桥卷烟1320件，价值180万元。全年查处违章案件6833起，收缴违章卷烟8371.01件，罚没款767.34万元，发放烟草专卖许可证4874份。

1997年，地区烟草专卖局和地区公安局在瑞金市九堡镇捣毁一个制假窝点，查获各类假冒卷烟

350件。

2000年4月，省烟草专卖局提出“烟草专卖管理要实行户籍化管理”的要求，赣州市在兴国县召开全市烟草专卖户籍化管理现场会，各级烟草专卖局按照烟草专卖户籍化管理的原则，分别实施机构分设、职责分离、绩效挂钩、利益联动，并对所辖卷烟经营户根据其卷烟销量及违规情况划分为A、B、C类，进行分类建档管理，提高境内烟草市场的控制力和净化率以及市场占有率。

烟叶市场管理 1986—1995年，地区烟草专卖局每年会同工商、税务、物价、公安等部门联合开展烟叶市场整治活动。1995年6月，行署下发《关于认真做好烟叶收购调拨工作的通知》，加强烟叶专卖管理，防止非法收购和烟叶外流。烟叶由烟草公司或者委托单位按照规定的收购标准和价格进行统一收购，其他单位和个人不得收购。收购站（点）必须取得烟草专卖局的烟叶收购许可证，凭证收购，否则视为非法收购。烟叶运输实行准运证制度，没有准运证，不准运输。至2000年，境内烟叶收购调拨工作一直按1995年行署下发的通知要求进行。

第二节 烟叶生产

一、烟叶种植

1986年，赣州地区烟叶生产一度面临崩溃的边缘。作为全省烤烟主要产区的赣州地区，烤烟生产低迷对省内卷烟工业的烟叶自给造成危机。年底，省政府下发文件，制定发展烟叶的优惠政策，执行烟叶生产扶持费，包括生产烟叶所需的化肥补助、建烤房补助和培训经费等。1987年，全地区收购烤烟1714吨，是1986年的37倍。

1988年，地区烟草分公司与信丰烟草公司在信丰县正平乡抓百亩烤烟规范化栽培项目，规定凡使用G28良种和规范栽培，公司将对每亩烟田无偿提供30千克化肥，每建1座小烤房则补助100元。同年，全地区烤烟收购3434吨，是1986年的70倍。在兴国县长岗乡、宁都县刘坑乡、会昌县西江镇和周田镇建立烤烟收购站。全地区聘请乡级烟技员245名，举办各级培训班210期，参加培训人员达8万多人。

1989年，地区烟草分公司在全地区推广烤烟良种，提倡品种良种化、栽培规范化和种植区域化，推广在信丰县正平乡取得的经验。由地区公司牵头，负责生产管理和技术指导，并与赣南卷烟厂共同出资，在信丰县西牛乡、石城县小松乡和兴国县长岗乡进行烤烟万担乡规范化生产。全地区烤烟收购为4345.7吨。

1990年，各县烟草公司建立烟叶生产指导站和烟叶基层收购站，指导当地烟农的烟叶生产，代替原来由基层供销合作社的收购。全地区烤烟收购上升至8.69万吨，比1989年翻一番，烟叶质量也相应提高，上中等烟由1986年的72.7%上升到1990年的89%。

1991年，烟叶产量增加，赣州地区烟叶不仅为省内卷烟工业提供原料，还销往省外。优质烟基地的烟叶成为烟厂的抢手货，实行定厂调拨、单独打包，石城基地烟调至南昌烟厂，信丰烟则调至赣南烟厂。

1992年，全地区烤烟种植面积为1.64万公顷，收购烤烟1.18万吨，是1986年以后赣州地区烤烟生产收购的最高点。有7个种烟县、91个重点乡、84个村、8867个组、16.02万户种烟户，其中烤烟收购万担乡有5个（信丰县的大塘乡、同益乡和西牛乡，赣县的韩坊乡，石城县的小松乡），千担村有46个，百担组有1895个，吨烟户有285户。全地区有烤房4.78万座，烟叶生产管理和烟叶收购由烟草系统形成“一条鞭”的体制。区内烤烟生产上产量、上质量，为南昌卷烟厂的“南方”名牌和赣南卷烟厂的“赣”烟创名牌均提供充足原料。赣州地区烤烟还销往湖南、广东、福建、安徽等省。

1993 年，全地区烤烟种植面积 1.8 万公顷（分布于 7 个种烟县的 94 个乡、644 个村，种植农户 15 万户）。区内收购烤烟 1.15 万吨。

1994 年，全地区烤烟种植面积降至 1.06 万公顷。4—6 月，赣县、石城县等县的优质烟先后遭受洪水和冰雹之灾，全地区受灾烟叶面积达 4000 公顷，烟草系统及时向受灾烟区发放救灾款。全地区收购烤烟降为 4379.8 吨。省烟草公司对种烟大户进行表彰，全地区有 2 户种烟大户获特等奖、1 户获一等奖、5 户获二等奖、45 户获三等奖。1995 年，实际收购烤烟仅为 3275.1 吨。

1996 年，行署与有关县政府签订责任状，县与乡、乡与村层层签订责任状。行署在制定《赣州地区"九五"国民经济规划》中对烟叶生产提出明确目标，即 1996 年全地区烟叶种植面积 6533 公顷，到 2000 年达到 1.33 万公顷，收购 2.5 万吨。1996 年烟叶税 1000 万元，至 2000 年力争 3000 万元。各产烟县采取措施，发展当地烟叶生产。全地区仅优质烟基地种植烤烟便达 5666.66 公顷（石城县 2000 公顷、赣县 1000 公顷、信丰县 1333.33 公顷、宁都县 1333.33 公顷），收购烤烟 6050 吨，平均每亩产值 1300 元。

1997 年，重点产烟县的石城县、宁都县与南昌烟厂挂钩，赣县、会昌县、瑞金市与赣南卷烟厂挂钩，兴国县与兴国卷烟厂挂钩。重点产烟县的优质烟基地每亩交售 100 千克烟，上等烟 35%，上中等烟 90%。烟厂对每担烟提供 80 元的扶持资金，用于技术培训、肥料补助、地膜补助和生产管理，促进优质烟生产。赣州地区烤烟为国家名牌烟提供原料迈上新台阶，区内优质烟基地为云南红塔集团提供名牌优质烟 1700 吨，全地区烤烟收购达到 16804.5 吨。

1998 年，烟叶前期生长久雨底温、早花严重，后期则久雨高温、病虫害加重，导致烟叶品质下降、均价减少。全地区种植烟叶 7889 公顷，收购 6721.2 吨，其中上等烟 688.7 吨，占 10.25%；中档烟 4365.9 吨，占 64.96%；下等烟 1666.6 吨，占 24.79%。

1999 年，实行产购合同制，签订合同 3.62 万份，面积为 5627.12 公顷，分 7 个县（市）、72 个乡、582 个村、3954 个组，按合同"一证一卡"收购。优质烟基地继续实行与烟厂挂钩，挂钩 5833.33 公顷。全地区烟叶种植面积 5627.1 公顷，收购烟叶 4097.7 吨，其中中上等烟占 77.86%，均价为 372 元/担。

2000 年，赣州市提出"稳定规模，提高质量"，把"紫石"牌烟叶生产作为促进域内烟叶生产的典范，生产上提出更高的技术要求和更优惠的政策（如除省烟草公司的优惠政策外，赣州市烟草分公司每亩给县烟草公司让利 100 元，并每交 1 担烟加价 20 元）。从市烟草分公司到县烟草公司，再到烟叶收购站，最后到烟田均层层制定考核目标。全市种植烤烟 5866.67 公顷，收购 7440 吨，均价为 8 元/公斤，除供应省内烟厂所需烟叶外，还调出省外 400 吨。赣州市烟草分公司、产烟县及复烤厂分别实现利润 300 万元、700 万元、100 万元。

二、主要产区

优质烟基地　1988 年，地区烟草分公司与其扶贫点——信丰县正平乡正平村龙王迳小组签订《百亩烤烟规范化栽培》扶贫项目，指定品种"G28"为推广新技术栽培，并规定产质指标。地区烟草分公司和信丰烟草公司各派 1 名烟草技术员蹲点。栽培面积为 9.47 公顷，总产 21.5 吨，亩产 151.4 千克，最低产量为 8.97 千克/公顷。上中等烟在 90%以上，上等烟为 36.09%。1989 年，由地区烟草分公司牵头与赣南卷烟厂合作，在信丰县西牛乡、石城县小松乡、兴国县长冈乡进行《烤烟万担乡规范化生产》，各示范点均由赣州烟草分公司和赣南卷烟厂各派 1 名烟技员蹲点指导。

1992 年，江西省烟草公司与赣州烟草分公司在信丰县大塘埠镇进行"万亩乡"规范化生产和烤烟新一级制分级标准试行。大塘埠镇交售烤烟 1100 吨。1993 年，信丰县大塘埠镇 666.67 公顷烤烟与南昌卷烟厂挂钩，大塘埠镇实种面积 888.6 公顷，营养袋育苗 760 公顷、高垄单行种植 858.87 公顷，收购烤烟1335吨，其中上等烟占43.9%。1994年，优质烟面积扩大，信丰县西牛乡800公顷、大塘埠镇800公顷、大阿镇333.33公顷，赣县韩坊乡600公顷、王母渡镇266.67公顷，石城县小松镇566.67公顷、木兰乡233.33公顷，瑞金市九堡乡333.33公顷，合计3933.33公顷。1995年，优质烟基地种植优质烟3125.56公顷，占全地区烟叶种植总面积86.8%，占烟叶收购总量95%。

1996年，南昌卷烟厂与石城县挂钩，面积为1666.67公顷，烟叶调拨2750吨；与宁都县挂钩面积为266.67公顷，烟叶调拨440吨。赣南卷烟厂与信丰县挂钩，种植面积为1000公顷，烟叶调拨1650吨；与赣县挂钩，种植面积为1000公顷，烟叶调拨1650吨。兴国卷烟厂与兴国县挂钩，种植面积为666.67公顷，烟叶调拨1100吨。1999年，南昌卷烟厂与石城县1800公顷、信丰县333.33公顷、宁都县666.67公顷、赣县133.33公顷挂钩；赣南卷烟厂与石城县333.33公顷、信丰县600公顷、会昌县266.67公顷挂钩；兴国卷烟厂与兴国县666.67公顷挂钩。2000年，对优质烟基地开展烤烟产业化试点，实行"四统一分"（统一生产措施、统一时间进行农事、统一鲜叶收购、统一集约化烘烤，分户管理）。同时，重点抓"紫石"名牌烟叶生产示范。

石城复烤厂 1988年2月，江西省烟草公司同意石城县组建复烤厂，总投资为180万元，石城县烟草公司向河南省许昌复烤厂购进复烤机1台。1989年1月，江西省烟草公司下文停建。1991年，石城复烤厂重建，由赣州烟草分公司与石城县人民政府联合组建，定为赣州烟草分公司的下属单位。1992年1月，石城复烤厂动工建房，7月投产。复烤烟叶1222.5吨，产值60.93万元，实现利润55.28万元、税金30万元。调拨南昌卷烟厂59.4吨、兴国卷烟厂18吨、安徽芜湖卷烟厂162.8吨，安排国家储备库1150.2吨。1994年，复烤厂转由石城县烟草公司管理。

表25-1-1

1999年石城复烤厂烟叶调拨统计表

调拨单位	调拨数(吨)	调供差(吨)	三项费用(万元)
南昌卷烟厂	2302.60	35294.70	607.90
赣南卷烟厂	322.40	5669.70	85.10
安徽芜湖卷烟厂	24.30	227.60	06.40
江西省烟草公司	124.90	1930.20	32.80
井冈山烟厂	115.90	355.80	27.80
兴国卷烟厂	125.30	1030.50	33.00

三、优惠政策

1986年，省政府制定"烟叶生产扶持费、化肥补助、烤房补助费、技术培训费"等优惠政策。1987年，烟叶生产扶持费政策开始执行，烤烟十五级中四在原价基础上，每50千克增加25元。新建1座烤房补助80元。1989年，烤烟扶持费提高到每50千克130元，新建1座烤房补助提高到100元。1987—1993年，全地区烤房补助：信丰县72.2万元、石城县10.1万元、赣县36万元、兴国县4.02万元、宁都县56.28万元、南康县18万元、上犹县7.4万元、瑞金县26.2万元、大余县5.1万元、会昌县3.55万元、崇义县1万元、龙南县0.14万元，累计239.99万元。

1994年，南昌卷烟厂在信丰县大塘埠镇、石城县小松乡、赣县韩坊乡各建1个烤房群（10座为一群），各补助1万元。省烟草公司则下达赣州地区烟叶生产培训费19.03万元。1995年，省烟草公司对赣州地区优质烟基地按每亩40元标准予以补助，其中10元为聘请烟技员工资和培训经费，30元为烟农的肥料补助。省烟草公司还规定建1个标准为面积8米×8米、高4栅的烤房补助200元，一般烤房补助100元，全地区共建标准烤房2204座、其他烤房2475座，烤房群8群，每群补助1万元。南昌卷烟厂对石城县优质烟基地奖励33.7万元，其中60%奖励县、乡、村抓烟叶的领导和干部，40%奖励烟技员和烟厂、省、地、县烟草公司的蹲点人员，石城县则对烤烟生产提供免费良种40千克、塑料营养袋4000万个、育苗化肥70吨、平价硫酸钾肥300吨、贷款500万元（利息由县烟草公司负责）。全地区烟叶生产的优惠政策：实行烟田定购粮差价补助，每亩补助30元，每亩按生产烟叶100千克计算，每交0.5千克烤烟补助0.15元，全年补助定购粮差价92.38万元（省烟草公司和赣州烟草分公司各负担一半）；优质烟基地实行烟厂和产地挂钩，烟厂对每亩烤烟另加扶持费30元，全地区合计2554.2吨，以100千克为1亩，共1702.8公顷，补助现金75.12万元。

1996年，全地区烟叶生产实行“产厂挂钩”。第一类奖励办法：亩烤烟经费50元，分别用于培训费1元/公顷、肥料补助2元/公顷、技术推广费0.33元/公顷，另外还有地膜覆盖费、包衣种子费、工厂化育苗费、抑芽剂推广和“三段式”烘烤补助。第二类奖励方法：每收50千克烟，由烟厂提供6元奖金，其中0.5元奖励县党政干部一把手和主管烟叶的工作成员，2元奖励乡和村领导及抓烟叶生产的干部，同时上等烟超任务每50千克再奖励2元。第三类奖励方法：挂钩烟厂按每调拨50千克烟，烟厂奖励地、县公司名优卷烟差价款10元。1997年，按省烟草公司图纸建的烤房，每座补助300元。1999年，烟厂提供优质烟发展基金：收购50千克上等烟奖励40元，收购50千克中等烟奖励20元。由烟厂出钱聘用烟技员，按20公顷烟田聘用1名，负担培训经费。统一分配化肥指标，每亩40千克。优质烟助购奖，即收购50千克烟奖励乡、村干部1元，每交50千克上等烟加2元。对完成烟叶各项指标的县人民政府奖励1万元。烟技员、管理员、收购员予以相应奖励。

第三节　烟叶购销

一、烟叶收购

1986年，全地区烟叶购进和销售基本上转入各级烟草公司，推行“产、供、销”的经营体制，烟叶在烟草系统内部流通，即由烟草公司从烟农手中将烟叶收购，再将其调给卷烟厂。由土产公司下属的基层供销合作社代购、销售至卷烟厂。烟叶收购执行四十级收购标准。全年收购烟叶76吨（烤烟46.2吨、晒烟29.8吨）。烤烟收购等级比：上等2.7%、中等70%、下等13.65%、低等13.65%，平均价为每50千克92元。1987年，兴国烟草公司在长岗乡建立第一个烟叶收购站，开始烟草公司对烟叶的收购。信丰县与烟农保留签订派购合同。1988年，信丰县政府规定：按县计划委员会下达的种植计划分解到烟农，并规定交售任务。

20世纪90年代，全地区烟叶按政府的计划种植，建立合同制收购，由烟草公司下设的烟叶收购站签订产购合同、定产定质，指定由烟草公司提供良种、价格和价外补贴，贷款建烤房和安排平价化肥，对优质烟生产采取更加优惠的政策。区内所生产的烟叶归县烟草公司在产烟乡设站收购。

1998年，烟叶主产区相继建立烟草（叶）收购站，石城县建有15个烟草收购站、信丰县9个、赣县7个、宁都县9个、瑞金市5个、会昌县8个、兴国县9个。乡烟草收购站负责收购烟叶，向烟农推广烟叶生产新技术、发放烟草良种，指导烟农生产。2000年，全市烟叶的收购分级标准执行四十二级收购。全市收购烟叶439.7吨（均为烤烟）。烤烟收购等级比分别为上等25.07%、中等56.74%、下等18.19%，平均价为400元/担。

表 25-1-2

1986—2000 年赣州市（地区）烟叶收购统计表

年度	烟叶收购(吨)			烤烟叶收购等级比(%)				平均价(元/50 千克)
	合计	烤烟	晒烟	上等	中等	下等	低等	
1986 年	76.00	46.20	29.80	2.70	70.00	13.65	13.65	92.00
1987 年	1714.00	1644.00	70.00	13.90	76.30	5.90	3.90	183.51
1988 年	3720.00	3434.00	286.00	13.30	74.40	8.30	4.00	201.03
1989 年	4404.50	4345.70	58.80	10.00	78.00	6.00	6.00	236.00
1990 年	8736.30	8697.40	38.90	3.00	86.00	7.00	4.00	—
1991 年	10879.10	10783.40	95.70	1.90	88.90	6.30	2.90	212.00
1992 年	11775.70	11775.70	—	2.70	84.80	10.00	2.50	246.71
1993 年	11490.60	11490.60	—	3.70	83.00	10.40	2.90	—
1994 年	4379.80	4379.80	—	4.70	74.50	13.70	7.10	—
1995 年	3124.30	3124.30	—	13.90	81.00	5.10	0	457.00
1997 年	16804.50	16804.50	—	—	—	—	—	384.00
1998 年	6711.30	6711.30	—	10.10	65.10	24.80	—	371.72
1999 年	4097.70	4097.70	—	16.43	59.69	23.88	—	372.00
2000 年	7439.70	7439.70	—	25.07	56.74	18.19	—	400.00

说明：缺 1996 年数据

二、烟叶销售

1986 年，赣州地区晒烟萎缩到极低值。1986—1991 年，区内晒烟还保留少量的出口和省内外卷烟厂的销售。1992 年，晒烟已从商品市场上消失，烤烟为省内卷烟工业提供原料，也销售到广东、福建、湖南、安徽等省。调给赣南卷烟厂 6226 吨、供应南昌卷烟厂 2683.8 吨，调兴国卷烟厂 122.2 吨，调广东、安徽、福建等地共计 766.2 吨。1993 年后，省烟草公司规定烤烟限制调外省。凡调省外的烤烟，须得到省公司的批准，并开具准运证。未经许可发现调省外的，必须严肃处理。

三、烟叶调拨

1986 年，由地区烟草分公司对全地区烟叶进行产购销管理，县烟草公司负责收购、调拨经营。1990 年，省烟草公司与地（市）烟草分公司实行调供差价，即各产烟叶县调卷烟厂执行调拨价，由省烟草公司向卷烟厂结算供应价，调供差额省烟草公司与地（市）烟草分公司各得一半。调供差额以等级不同而各异，如烤烟四十级 CLF 级初烤烟是每 50 千克 29.47 元，复烤烟则是每 50 千克 33.27 元。

1996 年，国家烟草总公司对调拨价实施调整，即每担烟叶增加技术推广费 1 元、烟叶风险费 6 元、基层收购站建设及维修费 5 元。石城县复烤厂向地区烟草分公司上缴的调供差为 7.81 万元。1998 年，全地区调赣南卷烟厂烟叶 1940.7 吨，调供差 39.24 万元，调兴国卷烟厂 868.2 吨，调供差 13.43 万元，省烟草公司返还 50%，地区烟草分公司将调省外的烟叶进行组织调拨、统一结算。1999 年，凡境内烟叶调省内烟厂的由地（市）烟草分公司与烟厂结算，并签订购销合同。县烟草公司直调、执行调拨价分县公司结算价和省公司、地（市）分公司结算价，将“三项费用”和购销物资差列入省公司、地（市）分公司结算。2000 年，烟叶调拨价分省公司结算和省公司、市分公司结算，县公司按县价向省公司、市分公司结算，省公司和市分公司按省、市价向卷烟厂结算，非优质烟基地烟按基准价结算，“三项费用”和购销物资差则列入省公司和市分公司结算，并由省公司、市分公司统一管理使用。同年，国家烟草总公司把江西定为烤烟收购“二价区”，为烤烟四十二级的 X2F 级，县公司结算价为每 50 千克 574 元。省公司和市分公司结算价为每 50 千克 668 元，调供差为 94 元。省际的调拨价为每 50 千克 754 元，与县公司的价差为 180 元。

第四节 卷烟经营

一、经营策略

20 世纪 80 年代后期，地区烟草分公司在发挥自身批发主渠道的同时，利用商业信誉好的个体户和委批点，稳住农村市场。对“赣州桥”的主销卷烟进行宏观调控，拓展地产烟的边贸经营活动。与赣南卷烟厂互通情报，以取得“赣州桥”的均衡生产，达到扭亏增盈目标。

1993 年，地区烟草分公司制定保市场、保价格、保品种和增加效益的“三保一增”销售策略。1994 年，地区烟草分公司与赣南卷烟厂商定，控制“赣州桥”的生产量，年产量不突破 8 万箱，分配地区 6.5 万箱、其他地区 1.5 万箱（只限于吉安地区和抚州地区）。1995 年，地区烟草分公司提出巩固“百花洲”，保护“赣州桥”，发展“新瓷都”和“咀赣州桥”。在产量上控制压缩“粗支赣州桥”，发展“咀赣州桥”，并实行专销标志。

20 世纪 90 年代后期，地区烟草分公司调整结构、开拓市场，全市（地区）烟草经济呈现稳中有进的发展势头。1999 年，市（地区）烟草分公司开始采取制定最低批发价和市场售价管理规定，实行重点牌号价格保证金制度，全面推行准购证制和网点价格“双轨制”，坚持每月一次的价格监督检查制度以及“不打招呼，不与县公司人员接触”的回避检查方法等措施管住市场、调控价格。

二、经营方式

1988 年 7 月，卷烟市场扩大，烟丝市场缩小，进口烟兴起，国家对国产的“红塔山”“阿诗玛”“中华”等 13 种名优卷烟实行价格开放，随行就市，经营单位价格可以自由浮动，保证增加收入，抑制套购，打击投机倒把活动。13 种名优烟价格高，加之“红梅”“白沙”销量增加，赣州地区的地方名烟“赣烟”和“百花洲”销路扩大，价格向上浮动。

1990 年，卷烟市场竞争激烈，邻省卷烟打入赣州地区，地产烟质量不稳定、区外返销烟进入，地产卷烟价格下降，销售地产烟亏损，卷烟销售难以完成计划。全地区加大专卖力度以保证地产烟计划的完成，并适当开展省外名烟经营，增加利润和弥补地产烟的亏损。

1999 年，卷烟销售实行“四定”（定人、定时、定线、定点）送货，管销结合，卷烟的入网销售率达到 98%，网点送货率达到 64%。大部分县级公司建立“访、销、配、送”体系，并按照“四定”和“点多、面广、量小、勤送”的要求，实行“分区划片、包干到点和责任到人”的办法，采用“先访后销、边访边销”等方法进行，使市场占有率达到 80%以上，访销送货覆盖率达到 98%以上。

三、网络建设

地、县二级烟草专卖局成立之初，由地、县烟草公司委托国营部门和供销合作社代为批发，扩大经营业务。至 1991 年，全地区有 182 家卷烟销售委批点。

20 世纪 90 年代中期，区内大部分供销合作社已解体或拍卖。赣州烟草恢复和重建农村网点。1995 年，自办下伸点 43 个、委批点 160 个，省产烟销售以自办网点为主。

1997 年，全地区烟草专卖系统建立“以我为主，归我管理，由我调控”卷烟销售网络体系。到 1998 年 4 月，全地区先后投资 1247.4 万元建立农村卷烟批发网点 84 个（其中流动批发网点 4 个），其中自有房产权网点 38 个，网点职工 372 人（其中正式职工 143 人）。建网点辖乡（镇）289 个，管辖零售经营户 9377 户，覆盖人口 664.02 万人，拥有送货机动车辆 141 辆。

2000年，赣州市烟草分公司组织各县（市、区）公司经理赴广东省、江西省吉安等地学习网络建设先进经验，加大网络建设。3月，全市烟草系统有自建网点124个、网点职工806人、机动车438辆，送货面98%，实现省、地产烟全部入网销售。各网点实现微机信息化管理，批发价和零售价按统一规定，经营更加规范。

四、品牌战略

保护“赣州桥”牌卷烟 1987年，“赣州桥”为赣州地区卷烟市场的拳头产品，在区内调入的省、地产烟中，“赣州桥”为5.17万箱，占总调入量的87.6%。1990年，赣州地区卷烟投放量大，外地区将“赣州桥”低价售于区内各县（市），各县（市）为完成计划，也不得不降价。地区烟草分公司加大专卖力度，压缩区外烟售向本地，建立验证制度，进行追踪、围堵。1995年8月，省烟草公司决定“84S赣州桥”统一由地区烟草分公司在全省范围内实行统一调控。地区烟草分公司在赣南卷烟厂设立调拨站，负责“84S赣州桥”的购销和调控。

开拓地区专销产品 地区烟草分公司为提高省产烟的单箱税量，先后开拓地区专销产品“一枝花”“宏喜”“百花洲”“咀赣州桥”。1992年，地区烟草分公司在赣州市（今章贡区）赣州公园处设摊摆点，开展“百花洲”“一枝花”展销和咨询活动，引导群众识别假冒卷烟，打击违章、违法经营和整顿市场，对“百花洲”的调拨从严控制，实行“畅销多供，平销限供，滞销不供”的原则，立足本地市场，做到“五不准”（不准卖大户、不准低价销售、不准互相冲击、不准搭配销售、不准变相倒卖）。

推销省内高档名优烟 由南昌卷烟厂生产的新产品“金圣”牌卷烟，荣获第九届全国发明展览会金奖和西班牙国际商品展览会金奖，被列为省内高档名优烟。赣州烟草分公司将其列入重点产品、重点层次、重点市场、重点环节的推销范畴，召集不同层次的人员参加评吸会，公开评吸限价销售，不准卖大户，严禁乱销和异地抛烟。1998年，全地区调拨“盖金圣”935.6箱。2000年，全市调拨“盖金圣”3233箱、其他“金圣”系列卷烟759.88箱。

联手开发新品牌 赣州烟草分公司与赣南卷烟厂共同开发“软赣”“佳赣”“盖赣州桥”“新品盖赣”“红金赣”等新品牌，在赣州市场上受到消费者的喜爱。赣南卷烟厂的佳品“赣”烟1999年投放，当年见效。佳品“赣”烟销量逐步上升，1999年调拨2350.6箱。

五、价格管理

1986年至1988年7月28日，区内的卷烟按国家统一定价销售。1988年7月，全国13种名优烟价格放开。1992年，卷烟价格全面放开，区内卷烟价格开始由市场调节。2000年，全市卷烟实行批零一价制。

表25-1-3

1986—2000年赣州市（地区）卷烟销售统计表

年 度	全市(地区)卷烟总销量(箱)	其中省产烟(箱)	总金额(万元)	调拨量(箱)	调拨金额(万元)
1986年	57628	50816	5134	18867	1709
1987年	68813	63723	6250	5937	742
1988年	75032	69090	7479	6074	918
1989年	86499	82173	8552	9569	2323
1990年	85170	82296	8552	9628	6054
1991年	90404	85367	9142	9273	5127

续表 25－1－3

年 度	全市(地区)卷烟总销量(箱)	其中省产烟(箱)	总金额(万元)	调拨量(箱)	调拨金额(万元)
1992 年	98238	90818	10055	11036	5810
1993 年	103227	96107	17043	18282	8137
1994 年	94776	91298	1434	29236	28726
1995 年	74188	68459	—	10824	—
1996 年	79403	—	—	34878	—
1997 年	71464	52530	—	39456	—
1998 年	77314	61537	—	44375	—
1999 年	100156	73949	—	43935	—
2000 年	119210	94796	—	63169	—

第二章　食盐专营

1986—2000 年，全市（地区）食盐专营部门重点抓好会昌盐产区治理整顿，实行科学合理仓储，强化盐政管理，基本理顺食盐产销秩序，规范、净化食盐市场，有效保障全市（地区）人民群众食用合格碘盐，促进盐业事业可持续发展。全地区购进各类用盐 71.7 万吨，销售各类用盐 59.3 万吨，销售总额 4.15 亿元；实现利税 4879.74 万元、商品流通费 1.5 亿元；库存食盐 60.8 万吨；食盐储存仓库面积 2.29 万平方米；查处各类案件 4835 起，查获违法盐产品 7009 吨，捣毁非法窝点 775 个；发放食盐零售许可证 1.14 万本，开展“5·15”大型宣传 77 次，发放防治“碘缺乏病”宣传单 58.92 万份。

第一节　机构与管理

一、机构设置

江西省盐务局赣州分局（江西省盐业公司赣州分公司）系省属驻市（地区）单位，归属省局（公司）和赣州市政府（行署）双重领导，实行两块牌子、一套机构合署办公体制。

1986 年，赣州分局（公司）下辖大余、信丰、龙南、寻乌、会昌、瑞金、石城、宁都、兴国、于都等 10 个县局（公司）。内设党委办公室、行政办公室、劳动人事科、财会科、业务科、韶关盐业中转站、劳动服务公司。1989 年，增设储运科，并成立塑料袋厂。

1990 年，增设盐政保卫科。1994 年，增设车队，撤销储运科。1993 年，增设批发部和会昌周田运销站。1996 年，成立地区赣延工贸有限公司，原塑料厂更名为赣延塑料厂。1998 年，成立富赣塑钢门窗有限责任公司，赣延塑料厂更名为江西省盐业总公司第五塑料厂。

1999 年 8 月，江西省盐务局赣州分局（江西省盐业公司赣州分公司）更名为江西省赣州市盐务局（江西省盐业总公司赣州市公司）。2000 年，撤销赣延工贸有限公司，内设机构 12 个科（室、厂、站）。

二、盐政管理

至 2000 年，市（地区）和县（市、区）均设有盐政管理机构，负责管理各自区域内的盐业市场，查处各类盐业违法行为。境内主要生产制盐企业有会昌九二盐矿，盐政管理重点地区在会昌县。

1990年，会昌县国家、集体、个人一起开发盐业资源，盐业生产规模严重失控。会昌周田盐业发展最高峰时，创收单位22户，盐田约14万平方米；乡办盐场10户，盐田约6万平方米；个体晒盐户808户，盐田约28万平方米。除九二盐矿是由国家核准的制盐企业外，其他非法晒盐面积多达66.7公顷，无法纳入国家调拨计划，所产盐通过非法渠道流入食盐市场，成为私产、私销的非法制盐户。1992年，地、县先后成立盐业整顿领导小组，出台赣州地区盐业管理实施细则。省、地多次组织督导组或工作组，会同会昌县盐务、法制、公安、工商、土地管理等有关执法部门，深入该县周田镇做耐心细致的政策法规宣传教育和思想政治工作。1994年，个体晒盐面积得到控制，炸毁小部分盐田。1995年2月，加强对盐业生产环节和食盐市场的整顿。1999年7月，全市成立警务区和执法队，并采取清退机关事业单位的创收盐田、宣传动员盐农转产或是返耕、交盐供卤、分片包干和落实责任制、产区整顿与市场打击相结合等堵疏并举措施，各种非法晒盐面积从1990年的66.7公顷减少到20多公顷，市、县行政和企事业单位基本退出晒盐。2000年5月，市盐务局派出盐政人员并联合公安、检察、法院、司法、工商、卫生、宣传、技术监督、土管等执法队员，以及县、乡机关干部和基干民兵共400多人进驻会昌产区，进行铲除个体晒盐田的统一行动。铲除晒盐田23.8公顷、炸毁个人卤水池1015个，个体存盐交会昌县盐业公司收购242吨，拘捕盐业违法人员3名，查处九二盐矿内外勾结偷卤水人员5名。帮助村民恢复种植，每亩盐田返耕后补助500元。

第二节 食盐购销与经营

一、购销计划

全市（地区）盐业系统依据市场发展变化趋势、历史资料、报告期计划执行情况、人口变化及群众消费观念编制食盐购销计划。购进计划是以销定购，基本上保持一年以上的合理库存；销售计划则依据全市（地区）人口数量、人均销量、食品加工用盐量而定。

2000年，市（地区）公司辖销章贡区、赣县、南康市、安远县、上犹县等五地，会昌、瑞金、寻乌、宁都、石城、信丰、于都、兴国等公司辖销各县内，大余公司辖销大余县、崇义县等2个县，龙南公司辖销龙南县、全南县、定南县等3个县。

二、购销渠道

购进方式 1986—1990年，闽盐（福州盐、厦门盐）购进：赣州盐业公司购进，先由火车运到樟树中转，然后再改由船运回赣州；信丰盐业公司的盐由赣州盐业公司中转汽车运回信丰；龙南盐业公司的盐由火车运至广东韶关大坑口中转，再用汽车运回龙南、定南、全南；大余盐业公司的盐由火车运至韶关中转，汽车运回大余；宁都、石城盐业公司的盐由火车运至樟树，再船运至泰和永昌中转，汽车运回兴国盐业公司；福建东山盐部分由船运至广东揭阳，再汽车运回赣州各县。部分汽车直达赣州各县。盐款都由赣州盐业公司统一向产区结算。

1986—1995年，江矿盐购进：京九铁路通车前，赣州（今章贡区）以及于都、信丰、龙南等县的盐都是由船运至赣州，再由赣州中转。兴国的盐由泰和永昌中转。京九铁路通车后，兴国盐业公司的盐由火车直达兴国；信丰的盐由火车直达信丰；宁都盐业公司的盐由火车运至赣县江口，再由汽车运回宁都；大余的盐由火车运至南康，再由汽车运回大余。龙南的盐由火车直达龙南。货款由各单位与省公司结算。

1986—2000年，会昌盐购进：赣州以及各县公司都是汽车直运，货款都由各单位向周田运销站托收承付。

销售方式 1986—1990年，赣州盐业公司以及各县级盐业公司向国、合商业采取托收承付结算方式。国、合商业要盐单位先到仓库开票、提货，货款再由各级盐业公司向各单位办理托收承付，最后再由各零售单位按当地零售价售给消费者。1991—2000年，赣州盐业公司以及各县级盐业公司都改为钱货两清的批发方式。各零售单位、个体需持各盐业公司下发的食盐零售许可证到仓库开票、付款、提货。加工用盐单位、个体需持各盐业公司审发的加工用盐许可证到仓库开票、付款、提货。

三、盐业经营

各盐业公司根据所管辖销区，在各乡（镇）、村设立食盐批发网点，确保人民群众的食用盐。1986年，全地区购进食盐81761吨，纯购进金额12.07万元，销售食盐74865吨，纯销售总额18.79万元。1990年，全地区购进食盐35723吨，纯购进金额10.08万元，销售食盐34078吨，纯销售总额19.5万元。1995年，全地区购进食盐38584吨，纯购进金额18.47万元，销售食盐33297吨，纯销售总额23.4万元。2000年，全市购进食盐44086吨，纯购进金额21.85万元，销售食盐46036吨，纯销售总额45.53万元。

表25-2-1 1986—2000年赣州市（地区）盐业系统食盐纯购进额完成情况统计表

年　度	食盐购进数量(吨)	纯购进总额(万元)
1986年	81761.00	12.07
1987年	64944.00	8.97
1988年	58711.00	10.25
1989年	71063.00	12.81
1990年	35723.00	10.08
1991年	39965.00	12.12
1992年	32988.00	10.08
1993年	50869.00	15.39
1994年	36753.00	13.84
1995年	38584.00	18.47
1996年	35511.00	17.60
1997年	37300.00	18.27
1998年	43653.00	21.55
1999年	45839.00	23.40
2000年	44086.00	21.85
累计	717750.00	226.75

第三节　食盐仓储

一、调运安排

域内各类用盐的调运安排是向省级主管部门报请年度计划，省统一下达调运计划。根据安排的计划，提前做好卸收准备工作，做到不压车、压船，卸收及时，堆存整齐、清点验收，接收情况通报产区。与运输部门保持联系，合理安排运输时间和运力，以便达到及时、均衡、准确、安全、经济的调运目的。企业内部各部门协作配合，以圆满完成各年度调运计划。

二、调运措施

全地区各盐业运输企业选择合理运输路线、运输方式和运输工具，加快运输总速度，尽量降低运输总费用。

1986—2000 年赣州市盐业公司（省盐业公司赣州分公司）调盐措施一览表

表 25-2-2

盐种	产地	运输路线、方式和工具	说明
日晒盐	福建	产地(火车)樟树(船)赣州	闽盐 20 世纪 80 年代占调运计划的一半以上，已停运
日晒盐	福建东山	东山(船)揭阳(汽车)赣州	—
日晒盐	福建东山	东山(汽车)赣州	—
青再盐	山东	产地(火车)樟树(船)赣州	保持每年 200 吨左右供腌制板鸭用
洗粉盐	会昌	周田(汽车)赣州	—
精制盐	江西新干	新干(船)赣州	—
精制盐	江西新干	新干(火车)赣州	—
精制盐	江西樟树	樟树(船)赣州	江西盐矿生产
精制盐	江西樟树	樟树(火车)赣州	—
精制盐	江西樟树	樟树(汽车)赣州	江西富达盐矿生产

三、仓储网点

1986—2000 年，省盐业公司赣州分公司的仓储网点有 5 个，即赣州市（今章贡区）濂溪路仓库（1993 年后未储存过盐）、罗边仓库、东站仓库、沙石埠仓库、落木坑仓库；信丰县盐业公司仓储网点有 5 个，即 1 号仓库、2 号仓库、3 号仓库、4 号仓库、新建仓库（2000 年建成）；宁都县盐业公司仓储网点有 4 个，即 1 号仓库、2 号仓库、3 号仓库、4 号仓库；于都县盐业公司的仓储网点为碘盐仓库；龙南县盐业公司仓储网点有 4 个，即 1 号仓库、2 号仓库、3 号仓库、4 号仓库；会昌县盐业公司仓储网点有 3 个，即上坪仓库、院内仓库、新仓库；大余县盐业公司仓储网点有 5 个，即 1 号仓库、2 号仓库、3 号仓库、4 号仓库、战备库；石城县盐业公司仓储网点有 4 个，即骑马岭仓库、加工储备库、成品库、原料库（2000 年建成使用）。

四、盐库建设

20 世纪 80 年代中期，大多数食盐仓储工作都是采用人力密集型劳动。

1986 年，域内盐业系统不少单位一改传统盐库建设“只重实用，设计布局单一和用料粗陋”做法，将储存、分类、化验检测及办公场所布局安排得井然有序。库内装饰材料简洁、卫生、无毒、防腐、防锈、耐用，盐库门窗采用 PVC 优质塑钢型材制作，小袋盐则用实木地台板（架）堆放，不直接与地面接触，经营库内外墙用防潮瓷砖装饰及用水磨石装修地面等，尽可能形成库区院落化，种植花草树木，美化盐库环境。食盐储存仓库面积逐年扩大。1986 年，全地区盐业系统拥有储盐仓库 50 栋 1964.25 平方米，1992 年 57 栋 2.41 万平方米，1995 年 58 栋 2.43 万平方米，2000 年 59 栋 2.49 万平方米。

表 25-2-3

2000 年赣州市盐业系统食盐储存仓库面积统计表

单位：平方米

单 位	使用面积	说 明
赣州市盐业公司	9409.81	—
会昌县盐业公司	708.90	建筑面积
瑞金市盐业公司	3040.96	建筑面积
寻乌县盐业公司	—	—
宁都县盐业公司	2256.36	—
石城县盐业公司	1173.10	建筑面积
大余县盐业公司	1771.00	—
信丰县盐业公司	1953.08	—
龙南县盐业公司	1430.00	—
于都县盐业公司	1129.00	—
兴国县盐业公司	1998.04	—

表 25-2-4

1986—2000 年赣州市（地区）盐业系统库存食盐统计表

单位：吨

名 称	1986 年	1990 年	1995 年	2000 年
赣州公司	23417.80	19680.80	17331.10	10954.50
会昌公司	1273.40	383.70	1776.70	549.70
瑞金公司	1957.10	1695.10	2180.80	1256.70
寻乌公司	1845.30	1956.30	1584.00	1114.30
宁都公司	1568.20	3293.90	3315.50	2417.00
石城公司	851.50	1704.00	1242.20	1180.20
大余公司	2269.50	1725.30	4183.00	2302.90
信丰公司	2990.70	4200.20	5634.80	3193.50
龙南公司	3905.00	3405.30	2988.80	2458.00
于都公司	2475.70	4362.60	4367.20	3606.00
兴国公司	2080.50	3745.20	4018.30	2792.90
合 计	44634.70	46152.40	48622.40	31825.70

第三章 医药经营

全市（地区）医药行业以市场为导向，稳步推进商商联营、承包经营负责、经理（厂长）负责等三项制度改革，重新构建符合市场需要的科学经济管理体系，全行业适应市场能力增强，员工整体素质逐年提升，技术力量逐年雄厚，经济总量逐年提高，经营网络逐年增多，发展基础日渐坚实。1986 年，全地区医药系统有职工 2145 人，医药经营网点 539 个，医药商品采购 3361.54 万元，医药商品销售 6494.99 万元。1991 年，全地区医药系统有职工 2480 人，医药经营网点 606 个，医药商品采购 1.75 亿元，医药商品销售 1.99 亿元。2000 年，全市医药系统有职工 2831 人，医药经营网点 698 个，医药商品采购 2.54 亿元，医药商品销售 3.67 亿元。

第一节 机构与管理

一、机构设置

赣州地区医药分公司隶属于江西省医药管理局（总公司），归口赣州地区经济委员会领导。1986年，公司内设党委办公室、人事科、秘书科、财会科、物价科、统计科、科技质量科、运输基建科、教育科、保卫科、企业管理科。1987年，地区医药分公司秘书科改为行政办公室，运输基建科调整为储运科、基建科。1988年，内设机构调整为党委办公室、经济办公室、纪律检查委员会、工会委员会、人事教育科、保卫科、企业管理科、科技质量科、计财物价科、总务科、基建科和储运科。1989年，调整为党委办公室、经理办公室、纪律检查委员会、工会委员会和8个行政管理职能科，包括增设的监察科及撤销的保卫科。1990年，增设车队，科技质量科改为质量管理科。

1991年3月，增挂赣州地区医药管理局牌子，与地区医药分公司合署办公。1993年，地区医药分公司联合18家县（市）医药公司、7家商办药厂组建赣州医药集团，业务经营机构增设工业公司、保健品公司、地区医药公司、药材公司、医疗器械公司。1994年，赣州医药集团更名为赣州医药集团公司，并成立赣州地区医药监事会，设立赣州医药集团公司采购供应站、综合批发部、新特药经营部。1997年，增设审计监察科和资产经营部，撤销工业公司、保健品公司、新特药公司、采购供应站，设立器化玻分公司（后更名为医疗器械分公司）、药品分公司、中药分公司。1998年，增设微机室。1999年，增设保卫科和企业管理处，撤销微机室，并设立零售经营分公司和虔康连锁总店。1999年7月，赣州地区医药分公司改名为赣州市医药分公司。

二、行业管理

1986年，地区医药分公司和各县（市）医药公司履行药品生产经营企业管理、药品生产管理、计划管理、医药商品质量管理、医药商品价格管理以及医药市场管理，加强和促进行业技术进步等行业管理职能。

1991年10月，赣州行署印发《关于对全地区医药行业实行行业管理的实施意见》，各县（市）人民政府以及有关部门执行。

1994年，加强行业管理、净化医药市场。行署印发《赣州行署关于加强医药市场管理工作的通告》，发至全地区各乡（镇）张贴，并利用广播电视进行宣传。

三、医药市场管理

1986年，全地区医药商业和工业进行自查自验。地区医药分公司组织2个组对各县（市）医药公司和药厂自查自验工作进行监督及审验，对发现的问题及时给予整改补课。各医药公司和药厂分别对各自的生产、经营场所进行修整。各地卫生行政部门负责对有关医药生产、经营人员进行考核和考试，全地区医药生产、经营单位均达到合格标准，领取生产或经营许可证。

1990年，由行署牵头，组织地区医药、卫生、工商、物价、税务、公安等部门成立赣州地区整顿医药市场领导小组，用1年时间分四个阶段依法对全地区医药市场进行整顿，重点是整顿医药批发环节，依法撤销7家医药批发单位和51家医药零售单位。

1994年，地区医药管理局对全地区进行医药市场大检查，净化医药市场。

四、医药工业管理

1986—1991年，地区医药分公司采取抓好生产调度、落实经济责任制、依靠科技进步、帮助调整产品结构等措施加强医药工业管理。各制药厂相继开发引进一批新产品，新产品的产值年均达10%以上。至1991年，全地区商办工业总产值首次突破1000万元，定南县、会昌县制药厂扭转亏损局面，全地区商办制药厂完成利润19万元，比1990年增加11万元。1994年，全地区商办医药工业企业推进医药工业技术创新，调整产品结构，避免低水平的重复生产，提高经济效益。狠抓工业技术改造，形成规模优势。投资70万元对信丰制药厂的千喜片、安远制药厂的山香圆系列产品、瑞金制药厂的九华痔疮栓和赣州制药厂等生产线进行技术改造。地区医药集团药材公司投资13万元到赣州制药厂扶植开发"痛积贴灵"等一批新产品。1995年，实行"集中管理、发挥优势"策略。推出1～2个产品联合开发全国医药市场，每个品种的年销售额达500万～1000万元。支持区内医药工业企业，签订协议、互相配合，允许制药厂产品直销医院，医药工业逐步形成优势规模。

第二节　体制改革

一、管理体制改革

赣州地区医药分公司为江西省医药管理局（总公司）主管，对各县（市）医药公司实行人、财、物、产、供、销统一垂直管理体制，行政上隶属江西省医药管理局（总公司）和赣州地区经济委员会双重领导，赣州地区医药公司为区内7家商办药厂（赣南制药厂、会昌制药厂、安远制药厂、定南制药厂、信丰制药厂、石城制药厂、瑞金制药厂）和各县（市）医药公司的主管部门。

1987—1989年，地、县（市）医药公司是当地医药主管部门。1991年，赣州地区医药分公司加挂医药管理局牌子，实行两块牌子、一套机构，既是省医药管理局的派出机构，又是当地政府对该区域医药行业实行行业管理的职能机构。

1993年，在地区医药分公司的基础上组建赣州医药集团，辖18个县（市）医药公司及7个商办药厂和赣州中药饮片厂等26个单位，对所属单位实行集团化管理。1997年后，7家商办药厂相继改制，不再隶属于赣州医药集团。

二、经营机制改革

商商联营　1986年，全地区医药公司系统实行商商联营。对计划医药商品仍然实行计划管理，对其他医药商品则强调计划的准确性，力求做到80%的准确。在医药商品的进、销、存方面实行分工合作，二级站负责组织医药商品供应给三级站，三级站抓好销售。对三级站实行扩扣让利，让三级站充满经济活力参与医药市场的竞争，用经济手段来管理医药经济。实行商商联营后，做到上下一致、全地区一盘棋，促进医药市场要货计划的准确性，克服盲目采购，避免人为的积压和脱销，医药经营品种增加、库存上升。全年中成药新增加30个品种、药品新增加77个品种，中药材紧缺品种由上年度的63种减少到53种，引进进口B型超声波、内窥镜及各种大型医疗设备；年末库存金额达2626万元。1987年，全地区医药公司巩固和发展二、三级站的经营联合，从总体上降低流通费用，减少盲目多头进货所造成的积压和损失，降低全地区医药用品进货的货源成本价，提高医药企业整体效益。

工商协作　1986年，地区医药分公司为稳固区内市场及巩固商商联营，先后与赣南制药厂、江西几个较大的省管药厂和福建厦门鱼肝油厂、漳州风油精厂签订产销协议，明确规定药厂在赣州地区的销售由区内二级站负责经销，药厂不得干扰赣州地区的医药用品市场、不得在赣州地区内直接向医疗单位销售，违者罚款并承担经济责任。地区医药分公司收购区内商办制药厂的产品，支持所属商办制药厂发展生产，区内有的医药产品一般不从外地进货。对其他药厂的省内产品，在同质、同价的前提下，仍然是优先经营。全年收购赣南制药厂药产品额700万元，调给省内外药品价值600余万元，中成药70余万元。1991年，地区医药分公司找出阻碍区内7家商办制药厂生产发展的关键问题，各药厂依靠科技进步、调整产品结构等加以解决。各地制药厂相继开发新产品，新产品产值达10%以上，全地区医药商办工业总产值首次突破1000万元大关，商办制药厂利润完成19万元。各级医药公司收购地、县（市）制药厂医药品种86个，价值982万元。

经营承包制 1986年，全地区开始实行医药经营承包制。1987年，地区医药分公司与省医药总公司签订医药经营承包合同，18个县（市）医药公司和7个商办制药厂分别与地区医药分公司签订医药经营承包合同。1988年，全地区医药公司开展医药内部招标承包经营试点。地区医药分公司对所属大集体企业（附属医药经营部）和于都县医药公司实行在企业内部公开招聘经理及医药招标承包经营试点，承包者在责、权、利等方面均能够得到保证。于都县医药公司超额完成年内的承包任务，地区医药分公司附属医药经营部完成医药商品销售额149.6万元，完成承包任务的136%，比上年度增长60%；实现利润8.8万元，完成承包任务的150.5%，比上年度增长83.8%。1991年，全地区医药公司完善内部经营承包责任制，全年全地区医药商品销售总额近2亿元，其中地区医药分公司医药商品销售总额完成8087万元，比上年增长6.07%。系统外医药商品销售总额完成1364万元，占年度计划任务的103.04%，比上年增长6.19%。地区医药分公司实现利润391万元，比上年增长8.54%，上缴利税350.9万元，比上年增长4.81%（其中上缴调节税和所得税230万元，占承包任务176.7万元的130.16%，比上年增长4.12%）。

经理（厂长）全面负责制 1988年，全地区医药公司和制药厂系统全面推行经理（厂长）负责制。全地区26个医药企业有22个实行经理（厂长）负责制。地区医药分公司将经理目标责任制层层分解落实到各科（室）和小组，兴国、安远、石城等县医药公司实行层层承包，并将指标落实到股（室）及柜组，调动干部职工的积极性。

第三节 医药商品经营

一、市（地）、县、乡三级医药经营网点

1986年，全地区医药商业有经营机构（部门）520个，其中地区中心城区所在地15个、各县城区所在地324个、县（市）以下181个。有二、三级采购供应站19个，主营中药材、中成药、药品、医疗器械、化学试剂、玻璃仪器等六大类医药商品，并兼营保健品。1990年，全地区有医药商品经营机构（部门）537个，二、三级采购供应站22个，其中地区中心城区所在地有医药商品经营机构16个，各县城所在地有医药商品经营机构332个，县（市）以下有医药商品经营机构189个。1995年，全地区有医药商品经营机构（部门）548个，二、三级采购供应站26个，其中地区中心城区所在地16个，各县城所在地336个，县（市）以下196个。2000年，全市有医药商品经营机构（部门）560个，二、三级采购供应站32个，其中赣州市中心城区所在地18个，各县（市）城区所在地340个，县（市、区）以下202个。

二、国有（营）与集体所有制医药商品经营网点

1986年，全地区有国营医药商品经营机构177个（其中零售机构90个），集体所有制医药商品经营机构72个（其中零售机构69个）。1990年，全地区有国营医药商品经营机构183个（其中零售机构94个），集体所有制医药商品经营机构80个（其中零售机构75个）。

1995年，全地区有国有医药商品经营机构189个（其中零售机构98个），集体所有制医药商品经营机构88个（其中零售机构81个）。

2000年，全市有国有医药商品经营机构196个（其中零售机构102个），集体所有制医药商品经营机构96个（其中零售机构86个）。

三、零售与农村经营网点建设

1986年，兴国县、赣县、信丰县、定南县、龙南县、全南县、赣州市（今章贡区）等医药公司分别在各自管辖乡（镇）的主要圩场（街道）增设医药商品（业）的购、销经营网点，扩大医药商品的销售业务，方便群众就近医药商店选购药品和交售零星药材。兴国县1—11月的医药商品销售总额达333.6万元，比上年同期多销售142.6万元，增长36.47%；实现利润28.6万元，比上年同期多增加利税6.7万元，增长30.59%。其中零售门市部和基层站销售136.2万元，比上年同期增加45.2万元，增长49.67%。

20世纪90年代初期，各医药商品经营单位加大经营网点的建设力度，增设零售网点，扩大网点规模。赣县、兴国县、信丰县、宁都县医药公司加大农村网点的建设力度，农村网点医药商品销售额占县医药公司销售额比重较大。20世纪90年代中后期，地区和部分县（市）医药公司对医药商品零售实行连锁经营，以创企业品牌。赣州医药分公司推行最早，其连锁网点达41个，其中"虔康连锁"具有一定的知名度。20世纪90年代后期，全市（地区）各医药商品经营单位在各自县（市）的繁华地段设立医药商品经营部，经营医药商品的小额批发业务，其顾客定位于城镇和农村的个体诊所、个体药店及乡（镇）卫生院，扩大医药企业的生存空间。

四、医药商品采购

责任市场划分 1986年，全地区医药商品经营系统在医药商品货源方面互相约束，三级站及时送交准确的要货计划，并向二级站进货，药品类达到进货总额的90%、中成药类80%（包括县医药公司直接向区内药厂进货作为向赣州地区医药分公司进货），超过或不足部分药品类奖励或罚款5%、中成药3%。二级站组织适销对路、品种规格齐全和质优价廉的医药商品，满足三级站货源的需要。对三级站报送的要货计划届时未满足需要的（不包括全国性紧缺、脱销品种），以未满足部分的商品金额计算，药品5%、中成药3%罚款给三级站。二级站对三级站实行折扣让利，凡经营外地的医药产品，其药品类和中成药均以批发价格91折（正常规定94折）送货给三级站；经营本地生产的医药产品，则均以批发价格的88折送货到三级站。1987年，在医药商品采购责任市场划分上，地区医药分公司促使二、三级站在医药商品采购上联手，以形成一个拳头优势，从总体上降低医药商品采购的流通费用和全地区医药商品进货的货源成本，减少因盲目多头进货而造成积压和损失。承诺凡县（市）医药公司在地区医药分公司进货质量有问题的，不管时间长短，概由赣州地区医药分公司负责。因市场发生变化而造成所购医药商品积压的，也由地区医药分公司收回调剂解决或报损。对中成药产品取消二级货源站，允许县（市）医药公司到域内药厂直接按厂价进货，以增加县（市）医药公司的收入、降低医药商品进货成本。

中药材收购 1986年，地区医药分公司要求各县（市）医药公司组织收购当地有产且市场需要的中药材品种。1988年，地区医药分公司和各县（市）医药经营部门抓好地产中药材的生产收购，价格上制订收购保护价，让药农和三级站在价格上吃定心丸。在化肥、种苗和种植技术支持上，采取对药农实施优惠的办法。在经济利益上，采取协调三级站与二级站的利润分成比例，保证市场供应，二级站在经济利益上不吃亏，扩大地产药材的生产收购。全年收购地产中药材品种279种，比上年增加29种，收购量666吨，收购地产中药材价值538.21万元，比上年增长63.17%。1991年初，赣州地区中药材市场逐渐复苏，紧缺品种增多，价格上扬，全地区地产中药材货源比较丰富。地区医药分公司下达收购计划和上调价格，促进全地区地产中药材的收购，完成收购数量1097.8吨，增加收购品种2个，收购金额327万元，比上年同期增长36%。

表 25-3-1

1986—2000年赣州市（地区）医药商品采购统计表

单位：万元

年度	总购	药品	器械	化试	玻璃仪器	中药	成药	其他
1986年	3361.51	1993.84	106.06	26.25	6.43	250.32	978.61	—
1987年	4184.17	2461.48	152.87	22.85	7.60	329.85	1209.52	—
1988年	5361.71	3019.45	224.84	62.69	11.69	538.21	1504.83	—
1989年	4775.55	2764.67	193.91	77.97	11.52	303.30	1424.18	—
1990年	5461.36	3134.57	165.37	25.75	6.66	367.51	1761.50	—
1991年	17552.83	8894.44	1019.80	144.72	40.98	3084.94	4367.95	—
1992年	19101.58	9969.47	1183.99	175.65	47.95	2998.38	4726.14	—
1993年	22519.64	11556.42	1798.45	203.13	57.90	2291.93	6611.81	—
1994年	21793.44	11155.78	1157.94	173.24	54.46	1587.82	7664.20	—
1995年	22840.28	11102.09	1037.91	148.47	48.37	2278.91	8224.53	—
1996年	23882.65	11815.08	1083.99	51.63	26.14	2802.54	8103.27	—
1997年	21726.13	10364.53	1185.59	83.59	46.01	2582.63	7459.71	4.07
1998年	21099.73	10928.19	559.65	90.67	38.61	2392.37	7088.30	1.94
1999年	21547.69	11587.40	533.12	60.65	17.79	1890.64	7457.53	0.56
2000年	25475.70	13786.59	744.29	42.34	28.08	1785.56	9088.84	—

五、医药商品销售

1986年，全地区医药系统明确医药商品销售责任市场划分。全地区销售医药商品6494.99万元。

1987年，18个县（市）医药公司和7个制药厂分别与地区医药分公司签订医药商品销售承包合同，指标层层分解，一定四年不变，责、权、利相结合。各县（市）医药公司和药厂根据自身特点，采取多种形式，承包到基层站、门市部乃至柜组，调动销售承包者的积极性。全地区销售医药商品7681.1万元。1990年，全地区销售医药商品1.05亿元。1995年，全地区销售医药商品2.85亿元。2000年，全市销售医药商品3.67亿元。

表 25-3-2

1986—2000年赣州市（地区）医药商品销售统计表

单位：万元

年度	合计	药品	器械	化试	玻璃仪器	中药	成药	其他
1986年	6494.99	3061.26	357.35	122.19	47.17	1356.64	1550.38	—
1987年	7681.10	3671.50	412.46	143.34	46.84	1480.44	1926.52	—
1988年	9377.50	4196.31	445.89	185.95	50.33	2118.48	2380.54	—
1989年	10057.30	4840.71	488.59	197.39	55.77	1786.07	2688.77	—
1990年	10531.22	5123.97	538.28	165.23	46.08	1837.66	2820.00	—
1991年	19989.20	10039.99	1023.24	181.96	60.36	3719.72	4963.93	—
1992年	22976.76	11817.76	1270.83	203.24	55.21	4027.97	5601.75	—
1993年	26713.11	13564.51	1766.87	192.32	58.46	3719.10	7411.85	—
1994年	25115.02	12013.97	1404.04	217.81	69.08	2812.66	8597.46	—
1995年	28554.54	13941.35	1683.13	216.47	63.62	3423.07	9226.90	—
1996年	32197.10	15779.88	1734.81	136.76	64.12	4268.93	10212.60	—
1997年	32813.78	15973.97	1366.81	133.06	47.33	4614.30	10672.77	5.54
1998年	31919.86	16220.03	1096.55	117.75	59.89	4476.26	9946.62	2.76
1999年	32022.61	16358.71	957.61	84.13	39.86	3979.20	10602.15	0.95
2000年	36794.24	19494.64	893.16	67.22	41.80	3759.59	12537.83	—

第四章　石油经营

1986—2000 年，中国石油化工集团公司江西省石油总公司赣州石油分公司及其 18 个县（市）石油支公司从多方面进行重大改革。领导体制上，由党委领导下的经理分工负责制转变为以党委为核心，实行在党委监督保证下的经理负责制。经营体制上，着力解决吃“大锅饭”的问题，进行经营机制的转换，实施经营目标承包责任制和职工全员劳动合同制等一系列改革。供应体制上，由按计划统一调拨的“单一”供应制改变为计划调拨与市场自采相结合的“双轨”供应制。工资管理上，将实行多年的行政级和新企业工资制转变为岗位技能工资制。对纳税、费用、人事管理等方面也进行相应的改革。经营管理上进行的一系列改革，使企业在激烈的市场竞争中获得“购销两旺、效益大增”的效果。1986—2000 年，全市（地区）石油系统购进各类（种）油品 270.9 万吨，销售各种油品 261.9 万吨，实现税利 1.09 亿元。创购销最高年份的是 1987 年，年购进油品 21.7 万吨，年销售油品 16.9 万吨，年创税利 581.91 万元。1994 年 5 月，取消石油商品“双轨制”价格，全国原油、成品油价格计划内外并轨，实行国家定价，成品油纳入国家资源配置计划，赣州石油系统在成品油进货方面按国家配置计划执行，供应上取消对用油单位的计划分配，实行敞开供应，结束成品油作为紧俏计划商品的时代。全市（地区）石油系统的经营网点、经营量和生产设备均有很大发展。至 2000 年，全市石油系统拥有和乐（库容量 2.9 万立方米）、水东（库容量 1 万立方米）2 座直属油库以及 180 多座加油站，形成遍布城乡的成品油销售网络。年销售量 19.6 万吨，固定资产原值 5609 万元，净值 4085 万元，经营品种由 1985 年的 11 个增加至 123 个，向国家缴纳利润 7845.63 万元。

第一节　机构　队伍

一、机构

1985 年 1 月，赣州石油分公司及其所属各县（市）支公司成建制从商业部门整体划出，赣州石油分公司划归中国石化销售公司江西省石油总公司直接领导。1986 年，负责全地区成品油资源的统一安排及经营、管理和协调供应。

1998 年 6 月，赣州石油分公司及其所属 18 个支公司划归中国石油化工集团公司管理。1999 年 7 月，完成原赣州市（今章贡区）石油公司的整体、无偿划转交接，更名为江西省石油总公司赣州市分公司章贡经营公司。

2000 年 3 月，赣州石油分公司按照“三分离”（主业与辅业分离、优良资产与不良资产分离、企业职能与社会职能分离）和“三走”（人随资产走、工资总额随人走、社保费用缴纳随工资总额走）的原则，实施“五个重组”（财务重组、资产重组、债权债务重组、机构重组、人员重组）。主业部分组建中国石油化工股份有限公司江西赣州石油分公司。非主业部分按照“四化”（专业化、市场化、社会化、现代化）要求组建中国石油化工集团公司江西赣州石油分公司（实业公司），瑞金、石城、于都、宁都、兴国、安远、信丰、定南、大余、上犹、章贡等 11 个支公司被列入上市公司的范围，寻乌、会昌、龙南、全南、南康、赣县、崇义等 7 个支公司则被列入非上市范围。受江西省石油总公司委托，股份公司对实业公司进行管理。

二、队伍

1986 年，全地区石油系统有国营职工 1051 人（其中赣州石油分公司 558 人）。1998 年，全地区石油系统有正式职工1493人（其中赣州石油分公司896人）。1999年，全市石油系统有正式职工1539人（其中赣州石油分公司951人）。2000年，全市石油系统有正式职工906人（股份公司700人、实业公司206人）。

第二节　企业管理

一、计划管理

1986年1月1日至1994年4月30日，赣州石油分公司按照上级行政（省、地计划委员会）和业务（省石油总公司）领导部门规定的政策、管理权限批准下达的年度分配计划，制定全地区年度、季度或月份成品油的购进及销售计划。各县（市）平价成品油年度计划由地区计划委员会下达，分公司则对各县（市）下达年度和季节进货计划，销售由各县（市）结合本地实际情况自作安排。地直用油单位的计划指标，由分公司按照地区计划委员会分配下达的计划指标下达季度供应计划，实行包干使用、凭证供应、超用不供。高价油不实行计划分配，作为市场调节商品进行敞开供应。

1994年10月，赣州石油分公司向省石油总公司申报下年度配置计划，在季末申报下季度进货配置计划。县（市）公司和直属站对本地区和本单位的成品油购销调存计划执行情况，每月进行1次检查并提供数据，以供分公司领导和有关科室参考决策。这一计划工作方式延至1995年年底。

1996—2000年，分公司按照国家计划委员会和中国石化集团及江西省石油总公司规定的政策、管理权限及批准下达的成品油年度配置计划，制定分公司年度、季度或月份成品油配置计划的购进及销售，并下达县（市、区）支公司年度、季度或月份成品油的进货配置计划。销售则由各县（市、区）支公司自行安排。在国家成品油实行配置计划后，分公司的年度成品油需要量由计划管理人员综合整理资料并提供数据。在经分公司领导同意后，于当年（季）度向省公司申报下年（季）度成品油分品种、牌号、数量和进货地点的成品油配置计划。对赣州地区和赣州石油分公司成品油的购、销、调、存计划执行情况，每月照例进行一次检查，并于当月3日前上报省石油公司。

二、物价管理

境内标准品石油商品价格的制定与调整是由国家物价主管部门同中央石油主管部门作出具体规定，而一般非标准品的石油商品价格，则由地方政府和物价部门根据国家规定且按照分级管理权限予以制定。由国家规定的中央掌握市场石油商品的标准品价格，也由中央主管部门和省物价管理部门调整，而个别县（市）石油商品销售价格的调整，则由地（市）物价局将有关要求调整价格的资料报告省物价局审批同意后下达文件执行。

内部调拨价格　1986年1月1日至1994年4月30日，石油公司系统的内部调拨价格有省调拨价格（用于石油一级站对省、市、自治区）和省内调拨价格［用于省、市、自治区内，赣州石油分公司对县（市）石油支公司和基层供销合作社调拨以及县（市）石油支公司对基层供销合作社调拨也属省内调拨价格中的一种，其中又包括二级站站间调拨价格、二级站对三级站调拨价格和对基层供销合作社调拨价格］。1994年5月，国家取消中央一级站和省石油总公司的调拨与批发职能，改为主要负责资源配置计划，组织区间调运及品种调剂等管理职能。赣州石油分公司（二级站）所需成品油便由省石油总公司下达配置计划直接从炼油厂进货，按国家规定的出厂价格结算，沿至2000年。

市场销售价格　包括批发价格和零售价格。

批发价格。1986年，执行省商业厅有关石油商品价格方面的文件通知规定：将汽油、柴油、润滑油（脂）按数量划分批发零售。即凡一次购买数量在批发起点的按批发价格供应，不足批发起点的则按零售价格供应。煤油按对象和数量划分批发和零售。凡生产用油一次购买数量在批发起点以上的按批发价格供应，不足批发起点的按零售价格供应，消费者用油不论购买数量多少，一律按零售价格供应。批零差率汽油、柴油、润滑油（脂）为13%，煤油为15%。批发起点汽油为大中城市和县城各一大桶、基层供销合作社30千克，煤油为大中城市一大桶、县城30千克、基层供销合作社15千克，柴油为大中城市一大桶、县城50千克、基层供销合作社20千克，润滑油为大中城市100千克、县城15千克、基层供销合作社15千克，润滑脂为大中城市30千克、县城5千克、基层供销合作社5千克。

1991年3月，提高成品油的出厂价格和市场销售价格，即平价成品油标准品出厂价格全国平均每吨提价额为70号汽油92元、0号柴油129元、华东等地区煤油90元。成品油的出厂价格提高后，市场销售价格相应提高，即汽油、煤油、非农用柴油的市场批发价格，按现行批发价格加出厂价格，全国平均提价额再加运杂费补偿确定。为支援农业，国家决定农业用柴油不提价。江西省实行工农业用柴油“两价合一”差价返还，即农业柴油按调整后的非农用柴油销售，由此形成的差价款返还给农民；农用柴油的差价款，由省石油总公司集中收取，单独列账、专户储存、专款专用，由省政府批准用于发展农业生产。平价成品油的批发价格提高后，对边、山、老、少地区继续实行平价油最高限价保护政策。新制定的最高限价：70号汽油每吨860元、0号柴油每吨750元、煤油每吨805元，限价范围为县城经营点。区内石油成品油的市场销售价格按照上述相关规定执行，将“批零划分和批发起点改按用户对象及每次购油数量起点相结合”的办法确定批零划分和批发起点，计划内的平价油之批零差率则不变，如煤油为15%，汽油、柴油、润滑油及其他油品为13%。批发数量起点标准，汽油为赣州城区1000千克、县城500千克、县城以下100千克，柴油为赣州城区1000千克、县城500千克、县城以下100千克，煤油为赣州城区300千克、县城50千克、县城以下零售，润滑油为赣州城区50千克、县城50千克、县城以下零售，润滑脂为赣州城区50千克、县城30千克、县城以下零售（计划内高价、议价油的批零起点和批发划分也执行上述试行办法，自采油则参照执行）。

1986—1994年赣州地区部分年份市场平价油标准品批发价格变动情况统计表

表25-4-1　　单位：元/千克

变动日期	70号汽油	煤油	0号柴油	15号汽机油
1986年1月1日	0.728	0.670	0.580	1.260
1991年3月1日	0.850	0.800	0.740	1.260
1994年5月1日	2.769	2.388	2.331	—

2000年10月，赣州各级石油公司供应系统外社会加油站的汽油和柴油批发价格在执行零售价格的基础上，批零差率不得小于5.5%（含运杂费）。享受批发价格的系统外社会加油站，均符合省经贸委、省外贸厅、省工商局、省国税局、省技术监督局联合下发的《关于转发国家〈关于清理整顿成品油流通企业和规范成品油流通秩序的实施意见〉的通知》第四条规定的加油站。

零售价格：1986年，全地区市场平价油标准品零售价格70号汽油每千克0.823元、煤油每千克0.77元、0号柴油每千克0.655元、15号汽机油每千克1.42元、2号钙基脂每千克1.92元。1991年3月10日起，调整为70号汽油每千克0.96元、0号柴油每千克0.84元、15号汽机油每千克1.42元、2号钙基脂每千克1.92元、煤油每千克0.92元。

2000年10月，赣州市市场的汽油、柴油和煤油每次提货低于4吨的执行零售价格，凡在加油站加油的一律为零售；而每次提货在4吨以上（不含4吨）的则为用油大户，并享受批发价格。当年，赣州市市场90号无铅汽油（标准品）的品质比率为100%，93号无铅汽油（标准品）的品质比率为106%，95号无铅汽油（标准品）的品质比率为109%，97号无铅汽油（标准品）的品质比率为112%。

三、财务管理

财务体制 1986年，全地区石油销售实行系统归口管理后，将财务体制分为独立核算、半独立核算和简易核算三种形式。赣州分公司为独立核算单位，向省公司承包，经营利润直接上缴省总公司。赣州分公司负责其直属单位的会计核算以及全地区石油系统的财务管理。各县（市）支公司的税利则由当地财税部门下达利税指标，按指标上缴当地财税部门。赣州分公司的直属单位汽车队、赣州石油物资工程经营部（含赣南液化石油气公司）、水东炼油厂为半独立核算单位，实行承包经营，每年核定利润上缴分公司。和乐油库、沙石油库、韶关中转站、东门加油站、西门加油站则为简易核算单位，实行费用定额包干目标管理形式。

1993年7月，全地区石油系统的会计制度进行重大改革。1996年，赣州分公司直属的赣南石油化工厂、汽车运输公司和液化气公司被列为半独立核算单位，实行承包经营、核定利润上缴分公司。水东铁路油库，零售公司（科）所属加油站则为简易核算单位，实行费用定额包干的目标管理形式。

1998年6月，各县（市）支公司均划转省公司管理，而省公司则整体划转中国石化集团公司管理。省公司的利润指标由中国石化集团公司下达，赣州分公司的利润指标则由省公司下达，各县（市）支公司的利润指标改为由赣州石油分公司核定下达。1999年3月，赣州市（今章贡区）石油支公司划转省公司管理，7月，更名为赣州石油分公司章贡经营公司，实行“自主经营、独立核算、自负盈亏”的经营模式。至2000年年底，赣州分公司及其下属各县（市、区）支公司均为独立核算单位。

会计核算 1986年，开展会计报表达标升级竞赛活动，赣州分公司财会报表、财务分析工作被评为全省石油系统第三名。1987年1月，制定《赣州石油分公司财务管理暂行规定》，对商品购进与商品运杂费、商品销售、物料材料、中小修理费、专项基金、保管费的使用、包装物、差旅费、招待费、办公用品、劳保用品、家具用具、机关车辆油料及修理费等15个项目的财务管理作出明确规定，有效控制非生产性费用支出。同时，贯彻省公司关于企业的行政费用节减10%的要求和商品流通费节减40%的规定，对其直属核算及半核算单位的20项费用开支实行“定额管理和超罚节奖”的办法，对利润包干单位则实行下达利润计划，超增分成，未完成利润计划的则减少分成的办法。7月，对有价证券的印刷、发行、回笼和保管手续等建立健全管理制度，实行有效监控。

1989年1月，赣州分公司内部结算方式采取资金有偿占用的办法，坚持实行“钱货两清”的原则，资金周转速度加快，商品资金周转一次只需13.72天。1993年2月，分公司制定内部的《会计核算办法》，下发所辖单位试行。

1995年4月，赣州分公司开展清产核资，全地区各县（市）石油支公司清查本单位的资产、资金。清理债权债务；摸清家底，对主要固定资产价值进行重估和土地估价。核实所属企业财产占用量；核定国家固定资本等。12月清产核资工作结束，解决了单位内部资产状况不清的问题，累计增加资本公积金217.17万元。

1999年9月，赣州石油分公司对全市石油系统的支付购货款、预借差旅费、住院医药费、工程款、仓储费、保管费、修理费（含汽车修理）、设备、用具添置、差旅费、电话费及直属经营单位和各县（市）支公司赊销货款等各种费用制定统一的财务审批程序。11月，制定《关于规范使用增值税发票和普通发票的暂行规定》，切实加强发票的管理、杜绝不规范使用发票事件的发生。12月，制定《内部审计工作规定》，规范和加强全市石油公司系统内部的审计监督。

第三节 石油购进

一、市场背景

1986年，石油经营实行“双轨制”。1993年，石油经营由计划经济体制向社会主义市场经济过渡，平价油和计划内高价油大幅度调减，计划外成品油资源缺乏应有的宏观调控，石油市场一度出现混乱。1994年4月，石油公司按照国家“统一政策、统一价格、统一调拨和统一质量标准”的原则，实行成品油资源的地区平衡和调拨及调剂品种余缺。5月，石油经营“双轨制”价格取消，实行国家规定的出厂价格和市场销售价格。赣州地区石化销售公司成品油的进货计划实行国家资源配置，对各县（市）石化销售公司成品油的进货及用户的销售则实行敞开供应。

二、进货方式

1986—1995年，全地区成品油进货计划由省石油总公司安排，不足部分由赣州石油分公司自采。区内成品油从九江方向经赣江水运至赣州，调入约占总量的80%～90%（1995年从水路进货，占调入总量的89.43%）。赣州石油分公司在调运计划安排上每年都采取“洪水多运，枯水少运”的做法。省石油总公司在统筹安排好全省成品油资源的前提下，对赣州的进货计划安排给予适当照顾，保证枯水期赣州地区成品油的供应。1996年，行署同意赣州石油分公司在赣州铁路车务段东站货场外建立铁路油库临时接卸点，铁路油库临时接卸点建成投产。1999年12月，赣州铁路油库（水东油库）竣工投产，结束因赣江枯水期赣州市不能直接从炼油厂调入成品油的历史，实现水路和铁路可同时直接从炼油厂调入成品油。

1999年4月，赣州石油分公司在没有完成配置计划进货前，不得自采配置计划外资源。在完成配置计划需要增加进货时，则先在省内调剂。经内部调剂仍满足不了境内市场时，经省石油总公司批准方可自采。

1986—1993年，樟树石油站、瑞昌石油站和上海石油站等地为赣州石油分公司的主要进货地。1994年，成品油直接从炼油厂进货，主要进货地为九江炼油厂、广州炼油厂和茂名炼油厂等。1996—2000年，赣州石油分公司成品油配置计划的主要进货厂家有九江石化炼油厂、安庆石化炼油厂、广州石化炼油厂、茂名石化公司和巴陵石化公司。

三、购进品种

1986—1995年，赣州石油分公司经营的石油商品品种有5大类：汽油类，包括70号汽油、90号汽油和120号溶剂汽油；煤油类（灯用煤油）；柴油类（0号柴油）；润滑油类，包括10号汽油机油、15号汽油机油、30ac汽油机油、40号ac汽油机油、11号柴油机油、14号柴油机油、30cc柴油机油、40号cc柴油机油、5号机械油、7号机械油、10号机械油、20号机械油、30号机械油、40号机械油、50号机械油、68号机械油、15号通用机床油、32号通用机床油、46号通用机床油、68号通用机床油、100号通用机床油、15号双曲线齿轮油、18号双曲线齿轮油、26号齿轮油、30号齿轮油、80号普通车辆齿轮油、85号普通车辆齿轮油、10号变压器油、25号变压器油、13号压缩机油、19号压缩机油、13号冷冻机油、18号冷冻机油、25号冷冻机油、46号冷冻机油、防锈乳化油、进口美孚机油、进口113美孚机油、上海101刹车油、46号防锈汽轮机油；润滑脂类，包括汽车通用钾基脂、2号二硫化钼基脂、高温钠基脂、钢丝绳油脂、2号锂基脂、3号锂基脂。

1996—2000年，经营品种有5大类：汽油类，包括70号汽油、90号车用汽油、93号车用汽油、97号车用汽油、90号无铅汽油、93号无铅汽油、97号无铅汽油；煤油类（灯用煤油）；柴油类，包括0

号柴油、—5号柴油、—10号柴油；润滑油类，包括30号sc汽机油、40号sc汽机油、力神30号sd汽机油、15w/40增压柴机油、力神40号cc柴机油、30号cc柴机油、40号cc柴机油、50号cc柴机油、30号cd柴机油、力神30号cd柴机油、40号dd柴机油、力神40号cd柴机油、南海40号cd柴机油、南海40号cc柴机油、南海40号sc柴机油、7号机械油、15号机械油、32号机械油、46号机械油、68号机械油、100号机械油、150号机械油、13号压缩机油、19号压缩机油、150dab高级压缩机油、32号冷冻机油、46号冷冻机油、1号真空泵油、10号变压器油、25号变压器油、32号液压油、46号液压油、68号液压油、力神32号抗磨液压油、力神46号抗磨液压油、力神68号抗磨液压油、10号主轴油、15号主轴油、32号导热油、46号导热油、320号导轨油、6号液力传动油、8号液力传动油、8号仪表油、赣石1号刹车油、橡树牌190制动液、力神908号制动液、力神摩托轻4T、摩托车油、220号中级压齿轮油、150号中级压齿轮油、85w/90重负荷齿轮油、320号中负荷齿轮油、18号双曲线齿轮油、26号齿轮油、680号重负荷齿轮油、力神32号汽轮机油、32号汽轮机油、力神46号汽轮机油、46号汽轮机油、力神皂化溶解液油、力神防锈溶解液油、力神磺化煤油、力神24号汽缸油、力神35号过热汽缸油、力神11号饱和汽缸油；润滑脂类，包括3号钙基脂、无锡3号工业脂、无锡极压锂基脂、无锡高温钠基脂、无锡通用锂基脂、无锡二硫化钼锂基脂；润滑油类，润滑油经营基本上由赣州石油分公司的直属单位——赣南石油化工厂承担。

四、进货价格

1986年，赣州石油分公司从上海石油站进平价油价格每吨（标准品，下同）70号汽油589元、煤油479元、0号柴油374元、15号汽油机油1058元，计划内高价油每吨70号汽油885元、煤油875元、0号柴油725元、15号汽油机油1270元。从樟树石油站进平价油价格每吨70号汽油612元、煤油508元、0号柴油392元、15号汽油机油1132元，计划内高价油价格每吨70号汽油950元、炼油915元、0号柴油760元、15号汽油机油1358元。

1987年4月，江西省石油总公司调整樟树、瑞昌石油站对赣州石油分公司汽油、柴油的调拨价格，即樟树站对赣州调拨价格每吨70号汽油由612元调整为619元、0号柴油由392元调整为403元。

1991年3月，赣州石油分公司从上海石油站进平价油价格每吨70号汽油687元、煤油575元、0号柴油509元、15号汽油机油1058元，计划内高价油每吨70号汽油960元、煤油875元、0号柴油845元、15号汽油机油1270元；从樟树石油站进平价油价格每吨70号汽油717元、煤油604元、0号柴油608元、15号汽油机油1132元，计划内高价油价格每吨70号汽油1025元、煤油915元、0号柴油880元、15号汽油机油1358元。

1993年4月，计划内高价、限价和定向加价等多种价格并轨，一律实行统一的高价油出厂价格。其中上海石油站对赣州调拨计划内高价油价格每吨70号汽油1360元、煤油1260元、0号柴油1230元、润滑油不变动。樟树石油站对赣州调拨计划内高价油价格每吨70号汽油1425元、煤油1300元、0号柴油1265元、润滑油不变动。

1994年5月，原油和成品油价格计划内外并轨，出厂价格一律由国家定价，取消中央一级站及江西省石油总公司的调拨职能和批发职能。赣州石油分公司配置计划的成品油直接从炼油厂（即江西省九江石化总厂）进货，并按炼油厂的出厂价格结算。厂成品油的出厂价格：70号汽油每吨2290元、煤油每吨1955元、0号柴油每吨1900元。1996年10月，赣州石油分公司从九江石化炼油厂进货的柴油出厂价格每吨为1990元。

1997年1月，赣州石油分公司从九江石化炼油厂进货的成品油（标准品）出厂价调整：70号汽油每吨2290元、煤油每吨2005元、0号柴油每吨2190元。

1998年6月，国内原油和成品油价格与国际市场接轨。赣州石油分公司从九江石化炼油厂进货的标准品出厂接轨价：90号车用油每吨2110元、0号柴油每吨1910元、灯用油每吨1950元。10月，中国石化集团公司调整0号柴油出厂价格，其中赣州石油分公司从九江石化炼油厂进货的0号柴油出厂价格为每吨1935元。

1999年3月，全国各油田所属厂、各大石化企业生产的标准品0号柴油在中国石化集团公司规定现行出厂价格的基础上，平均每吨上浮30元。其中，赣州石油分公司从九江石化炼油厂进货的0号柴油出厂价格每吨由原来的1935元升到1965元。9月，调整部分成品油的出厂价格，90号无铅汽油（标准品）的出厂价格平均每吨提高60元。其中，由赣州石油分公司从九江石化炼油厂进货的标准品出厂价格：90号无铅汽油每吨2210元、0号柴油每吨2025元。对汽油、柴油出厂价格予以调整，90号汽油的出厂价格和0号柴油的出厂价格在中国石化集团公司规定出厂价格的基础上，平均每吨分别上调110元和50元，其他牌号汽油和柴油的出厂价格则按照规定的品质比率计算确定，其中赣州石油分公司在九江石化炼油厂进货的标准品出厂价格为：90号无铅汽油每吨2320元、0号柴油每吨2075元。2000年，赣州石油分公司的成品油配置计划进货价格按照国家规定各时期的出厂价格结算。

五、成品油购进

1986—1995年，全地区石油系统计划调入成品油87.3万吨，实际调入成品油76.65万吨，完成率为87.81%。自采油为27.91万吨。

表25-4-2

1986—1995年赣州地区石油系统成品油调入统计表

年度	计划(吨)	实　际(吨)				完成(%)	自采油(吨)		
		纯购进	省外	省内	合计		省外	省内	合计
1986年	101484	—	32841	59848	92689	91.33	7797	6379	14176
1987年	99306	—	41148	5894	47042	47.37	11879	9720	21599
1988年	91527	—	49713	35920	85633	93.56	16640	9814	26454
1989年	81274	—	53190	28478	81668	100.48	30548	9007	39555
1990年	79508	—	45403	28000	73403	92.32	18992	18543	37535
1991年	59510	—	40905	18187	59092	99.30	34964	19315	54279
1992年	55835	—	23121	10064	33185	59.43	60285	25212	85497
1993年	81000	6818	34663	47638	89119	110.02	—	—	—
1994年	99000	54153	21058	21683	96894	97.87	—	—	—
1995年	124400	80110	13943	13687	107740	86.61	—	—	—
总计	872844	141081	355985	269399	766465	93.89	181105	97990	279095

1996—2000年，全市（地区）石油系统计划购成品油63.7万吨，实际购进50.2万吨（省外13.5万吨、省内36.7万吨），完成率为78.86%；另自采油为10.7万吨（省外5.3万吨、省内5.4万吨）。配置计划实际购进及自采成品油为60.9万吨。

表 25－4－3

1996—2000年赣州市（地区）石油系统成品油调入情况统计表

年度	计划(吨)	实际(吨)			完成(%)	自采油(吨)			配置计划实际调入和自采调入共计(吨)
		纯购进		合计		省外	省内	合计	
		省外	省内						
1996年	102494	9911	50678	60589	59.11	16970	15903	32873	93462
1997年	96970	14935	44059	58994	60.84	18519	14198	32717	91771
1998年	119200	9495	71677	81172	68.10	7392	11646	19038	100210
1999年	152864	33410	97296	130706	85.50	5792	6638	12430	143136
2000年	165100	66824	103764	170588	103.32	3916	5979	9895	180483
总计	636628	134575	367474	502049	78.86	52589	54364	106953	609002

第四节　石油供应

1986年，石油产品严格按照国家下达的分配计划供应。1994年5月，国内成品油的总资源（包括全国所有炼油厂生产的成品油、进口的成品油和外商投资企业生产的成品油在国内销售的部分）一律实行国家导向配置和国家定价。1986—1995年，赣州石油分公司系统外销售和系统内调拨［即调给县（市）支公司］成品油95.5万吨。1996—2000年，全市（地区）石油公司系统外销售成品油59.1万吨（其中赣州石油分公司系统外销售成品油26万吨），调给各县（市、区）石油支公司成品油25.9万吨。基本保证境内工农业生产和人民生活的需要以及抗旱救灾等社会用油的需要。

一、供应政策

1986年，全地区农村煤、柴油的分配供应，按照国家计划执行。煤油的分配，优先保证农村无电区居民（村民）的照明用油，实行凭证（票）供应；柴油的分配，优先保证口粮和饲料加工、田间作业、抗旱救灾、农业生产资料运输等用油。

1987—1991年，粮食合同定购挂钩柴油是石油供应的一项重要工作。全地区各级石油经营单位凭粮食挂钩柴油票计算平议差价金额直接发给农民，并在粮食年度内全部兑现完。

1992年，省分配给赣州地区的平价成品油计划减少，平价汽油3180吨、平价煤油5360吨、农用平价柴油10870吨、工业平价柴油计划无指标。6月，全地区平价汽油重点安排给党政机关、公检法司、地方部队及没有经济收入的单位，其不足部分用计划内限价和市场价汽油弥补。工业和其他用油原则上实行市场调节。煤油重点安排无电区农村照明，不足部分用市场价油补充。柴油在确保农业生产用油的前提下，根据当地实际情况，对其他支农方面的必需用油给予适当统筹安排。

1993年，计划经济体制向社会主义市场经济体制过渡，政府转变职能暨企业转换经营机制。全地区平价成品油除下达1030吨农用平价柴油外（含救灾用油），农用柴油与上年度比较减少9840吨，减幅90.52%。其他油品的平价油计划指标均未下达。成品油的经营采取“自采、自销”办法，实行市场调节、敞开供应。

1994年5月，原油和成品油纳入国家资源配置。赣州石油系统所需成品油一律向省石油总公司申报，由省石油总公司按照国家配置计划分配方案和合理流向，综合平衡、统筹安排其各所属单位直接从石化炼油厂进货。各县（市、区）石油支公司所需成品油资源一律由赣州石油分公司调拨。赣州石油分公司及具备批发经营条件的各县（市、区）石油支公司为成品油统一批发经营单位，其他任何单位和个人不得从事成品油的批发经营。在供应上，除保证国家和省重点工程及防灾抗灾救灾用油外，对区内外、省内外单位和过往车辆实行敞开供应。

二、供应网点

赣州石油分公司是成品油国有企业二级批发站。1986 年，境内成品油的供应以赣州石油分公司业务科开票室批发业务为主，出售季度有效的汽油、柴油油票，限在该分公司所属加油站加油使用。1995 年，增设和乐油库营业厅开票室批发业务，用户可直接把车开到和乐油库开票，缴款提货一次性完成购油业务。分公司对各县（市、区）石油支公司所经营成品油实行调拨业务。

1986 年有加油站 1 座，即赣州市（今章贡区）东门加油站。1988 年 12 月，在赣州市（今章贡区）湖边乡龙岭村兴建 1 座有 6 条车道的加油站（西门加油站）。1990 年 12 月，在南康县潭东乡高坑村建起潭东加油站。1994 年 7 月、10 月，分别在赣州市（今章贡区）水东沿坳和 105 国道黄金大道各建起沿坳加油站和黄金岭加油站。至此，分公司已有直属加油站 5 座，有下属单位的加油站 4 座，分别为汽车队沙石加油站、沙石油库加油站、赣州石油物资供应工程服务部水上加油站、经销公司（行政科）和乐加油站。至 1995 年年底，全地区有成品油经营网点 335 个，其中石油公司系统经营网点 79 个，占全地区成品油经营网点的 23.6%。1999 年 2 月，收购赣县茅店油城和南康市潭东镇金港油城；4 月，收购信丰县西牛镇金星油城。至 1999 年年底，全市有加油站 344 座（其中石油公司系统有 87 座，赣州石油分公司有直属加油站 8 座）。2000 年，赣州石油分公司以赣州为中心，围绕“一点两线”（以赣州中心城区周围为重点，以 105 国道和 323 国道为两线）开拓农村市场的零售点发展，通过收购、新建、改造、联营等多种形式，扩大石油系统的零售网点。4 月，收购章贡区东桥加油站。至年底，全市石油系统收购社会加油站 34 座，新建加油站 17 座、改造加油站 13 座。全市共有加油站 275 座（社会加油站 150 座，其中证照齐全的 55 座；石油系统加油站 125 座，占全市加油站总数的 45.45%）。赣州石油分公司直属加油站 9 座（市中心城区内有东门、东桥加油站，323 国道有沿坳加油站和茅店油城，105 国道有西门、黄金、潭东加油站和金港、金星油城）。

三、供应办法

1986 年至 1994 年 4 月，赣州地区计划内成品油有地方用油计划指标和省属单位用油计划指标两种。地方指标由省计划委员会下达年度计划，省属驻赣州单位则分季度由省石油总公司开具计划分配下达，由赣州石油分公司直供。各县（市）计划内成品油计划指标由赣州地区计划委员会分配下达，对县（市）实行计划指标包干。赣州地区直属单位用油计划指标，则由赣州石油分公司分配，实行以生产任务核定用油定量，增车不增油，供应上采取“定量包干，凭证供应”的办法。计划内（平价）农用柴油，省政府规定均属各级计划委员会或农机主管部门下达分配计划。赣州地区平价农用柴油由地区农机局主管分配下达各县（市）农机局及地直农业用油单位，赣州石油分公司则按时组织调拨、供应和兑现。粮食挂钩柴油的兑现供应办法，即每 50 千克稻谷兑现挂钩柴油票 1 千克，农民要油给油、要钱给钱，平议差价由各县人民政府确定，平价差价金额直接发给农民。高价油的供应，作为市场调节商品，实行城乡敞开供应。

1994 年 5 月，赣州内的成品油年度需要量向省石油总公司申报年度配置计划，再分季度申报季度、月进货配置计划。对用油单位取消计划分配，按其所需敞开供应。

1996—2000 年，境内成品油批发经营单位实行配置计划，二级站（赣州石油分公司）对各县（市、区）石油支公司实行配置计划调拨，全市（地区）石油公司系统加油站按批发价格供应，加油站供应给用油单位的成品油按零售价敞开供应。社会加油站已通过清理整顿合格并取得“成品油零售经营批准证书”的可按批发价格供应。

四、经营成果

1986—1995 年，全地区成品油销售总量为 103.1 万吨（汽油 51.4 万吨、煤油 74736 吨、柴油 41.97 万吨、润滑油 22588 吨），其中赣州石油分公司系统外销售成品油 47.71 万吨（汽油 27.9 万吨，占销售总量的 58.48%；煤油 11238 吨，占销售总量的 2.36%；柴油 17.6 万吨，占销售总量的 36.89%；润滑油 10822 吨，占销售总量的 2.27%）。赣州石油分公司的销售品种以汽油为主，分公司成品油的供应对象为工矿企事业、机关、团体和学校用油单位。

1996—2000 年，全市（地区）销售成品油 59.2 万吨（汽油 22.31 万吨、煤油 11013 吨、柴油 34.94 万吨、润滑油 8024 吨），其中赣州石油分公司系统外销售成品油 26 万吨（汽油 87587 吨、煤油 5230 吨、柴油 16.7 万吨、润滑油 199 吨）。

表 25-4-4　1986—2000 年赣州市（地区）成品油销售总量统计表　单位：吨

年度	合计	其中			
		汽油	煤油	柴油	润滑油
1986 年	98944	51710	8582	35990	2662
1987 年	113287	57296	9460	43453	3078
1988 年	113654	58259	9105	42838	3452
1989 年	114609	56961	9796	44957	2895
1990 年	112861	57227	8903	43971	2760
1991 年	114737	57665	8769	45705	2598
1992 年	107184	61208	5767	38190	2019
1993 年	71592	32143	7042	31211	1196
1994 年	82282	36751	3544	41034	953
1995 年	101838	44780	3768	52315	975
1996 年	91901	40577	3674	47105	545
1997 年	88063	40215	2975	44388	485
1998 年	97661	40789	1716	54889	267
1999 年	144070	48553	1138	90950	3429
2000 年	169836	52979	1510	112049	3298

说明：1. 此表数据为系统外销售（含调给供销合作社）
2. 销售数量为平价、计划内高价、议价、计划外高价及自采油等各种价格的成品油

第五节　运　输

1986 年至 1996 年上半年，赣州地区的石油商品从区外调入和区内调运，主要是靠水路和公路运输。1996 年下半年，临时铁路油库接卸点建立。1999 年 12 月，赣州水东（铁路）油库的竣工投产，解决枯水期不能调进成品油问题。至 2000 年，成品油可同时从公路、水路和铁路调入赣州，境内成品油调运以公路汽车运输为主。

一、运输方式

1986—1995 年，赣州地区石油商品根据合理流向，货源的调入主要有 4 条运输路线：从樟树石油站经赣江水路 353 千米船运调入赣州；从九江炼油厂、九江市石油公司 660 千米和瑞昌石油站 708 千米经长江、鄱阳湖、赣江东水路船运调入赣州；从长岭炼油厂经铁路 660 千米油槽车运入赣州石油分公

司驻韶关中转站（租赁部队闲置油库），再由中转站调入赣州地区南片8个县（大余、崇义、信丰、龙南、定南、全南、安远、寻乌）及用油单位；公路汽车运输至寻乌341千米最远，最近为大余146千米。按照石油商品的合理流向，将宁都县、石城县石油支公司划入抚州石油分公司进货，经公路汽车运输调入宁都236千米、石城246千米。成品油从水路进货占调入总量的78.39%（樟树方向占调入总量的24.85%，九江方向占调入总量的53.08%，上海方向船运润滑油直达赣州占调入总量的0.46%），韶关铁路进货占调入总量的15.67%，抚州方向公路运输（宁都、石城）进货占调入总量的5.94%。

1994年5月，赣州石油分公司所需成品油直接从炼油厂进货，主要进货地为九江炼油厂、广州炼油厂、茂名炼油厂。从九江炼油厂（水路）进货占调入总量的79.93%。1995年，从九江炼油厂（水路）进货占调入总量的89.34%。

1996—2000年，赣州石油分公司成品油配置计划资源80%左右在九江石化炼油厂和安庆石化煤油厂提货，经长江、鄱阳湖、赣江水路船运调入和乐油库，部分成品油从九江石化炼油厂和广州石化炼油厂经京九铁路线用油槽车直运水东（铁路）油库，还有部分从广州石化炼油厂、巴陵石化公司、茂名石化公司提货（三茂线至广州），经京广铁路线运至广东省韶关市石油中转站，再由中转站发货经公路运输调入赣州市（地区）南片8个县（大余、崇义、信丰、龙南、定南、全南、安远、寻乌）及用油单位。2000年5月，广东韶关中转站停止使用。

二、运输机构

1986—1995年，赣州地区石油商品调入以水路为主，水路运输由省、地、市等航运部门的船只承运。区内石油商品的调运以公路汽车运输为主，由赣州石油分公司汽车队和各县（市）石油支公司自有油罐车承运。

1996—2000年，成品油调入是水路运输和铁路运输，区内成品油调运仍靠公路汽车运输。水路运输由省、地、市等航运部门的油船（轮）承运，铁路运输靠铁路局槽车和租用炼油厂自备槽车由铁路部门承运，公路汽车运输由赣州石油分公司直属液化气公司自备油罐车、零售科油罐车和各县（市、区）石油支公司自备油罐车及集资油罐车承运，由赣州石油分公司调运（配送）中心统一组织实施。

水路运输机构 1986—1995年，石油商品水路运输承运单位有赣州地区航运公司油船队，运载吨位3300吨，其中2组油驳为1500吨、6组小油船为1800吨，主要用于枯水期运输和中转油料。赣州市（今章贡区）航运公司油船队2条浅水油驳，运载吨位300吨，可常年航运。吉安地区航运公司油船队，运载吨位4组2000吨，可常年航行。省航运公司油船队，运载吨位2组推驳1000吨，应急时和洪水期装运。为繁荣市场和增强水运活力，提高双方企业经济效益，赣州石油分公司于1994年分别为赣南水路运输中心和赣县航运公司建船运油向银行申请贷款作担保，赣南水路运输中心于1995年3月建成投产2条油驳450吨位，赣县航运公司于1995年6月建成投产2条油驳600吨位，常年为赣州石油分公司承运油料。

1996—2000年，水路运输承运单位有江西省航运公司油运公司，运载吨位3000吨；赣州地区航运公司油运公司，运载吨位2750吨；赣南水路运输中心，运载吨位1500吨；吉安地区航运公司油运公司，运载吨位2800吨；赣县航运公司，运载吨位1500吨；赣州市（今章贡区）航运公司，运载吨位500吨。

公路运输机构 1986—1995年，石油商品公路运输由赣州石油分公司车队和各县（市）石油支公司自有油罐车承运。1986年，赣州石油分公司车队（赣州地区石油系统汽车维修中心）有营运油罐车36辆，全年行车147.41万千米（其中重车71.51万千米），运送油料18107吨，营业收入108.76万元，实现利润10.16万元；各县（市）石油支公司自有油罐车（含活动油罐）45辆180吨位。1991年，有营运油罐车36辆，全年重车78万千米，营业收入160万元，实现利润11万元。1993年，个体户及系统公司、加油站购置大吨位油罐车辆，运输公司大部分车辆无油可运，赣州石油分公司决定将部分车况差、吨位小的车辆作处理，对个别司机无承包能力的车辆，提高租金面向社会租赁，另一部分活动油罐车卸下油罐搞其他运输。

1996—2000年，成品油的调运由赣州石油分公司调运（配送）中心组织车辆承运，其中分公司所属液化气公司自备车年均4辆60吨位，所属零售科油罐车年均3辆24吨位，各县（市、区）石油支公司油罐车年均18辆144吨位。

表25-4-5 1986—1995年赣州石油分公司水路、铁路、公路调入油料统计表

单位：吨

年度	合计	水路			铁路	公路
		樟树方向	九江方向	上海方向	韶关方向	抚州方向
1986年	100897	55977	13871	—	26680	4369
1987年	121993	49959	35551	232	30130	6121
1988年	96609	30905	50217	1576	7611	6300
1989年	107268	19650	56745	1573	22658	6642
1990年	102045	31835	51056	215	12751	6188
1991年	87203	15319	54798	407	10192	6487
1992年	82530	8830	54717	121	14612	4250
1993年	36276	6776	20630	—	8027	843
1994年	70916	3874	56683	—	5960	4399
1995年	92009	—	82200	—	2055	7754

说明：1. 水路上海方向是船运润滑油　2. 公路抚州方向是宁都、石城县石油公司进货数

第六节　仓　储

一、油库管理

全市（地区）石油系统健全和完善油库各项规章制度，仓储工作逐步制度化、规范化和科学化，各油库运作良好。1986—1995年和乐油库连续10年被评为全省甲级油库、先进油库和赣州地区园林绿化文明单位。

1987年3月，赣州石油分公司成立防洪抗风领导小组。1989年3月，成立油库规划领导小组。5月，赣州石油分公司邀请江西省地质矿产局物化探测大队对全地区16个县级油库和赣州石油分公司所属油库及加油站进行探测并绘制1∶500比例测绘图，进行油库整体规划。

1990年4月，赣州石油分公司建立赣州水上加油站和韶关中转站加油站。1992年3月，赣州石油分公司将安远县版石油库改为加油站建制实施改建。1995年4月，赣州石油分公司就韶关中转站加油站存在的安全隐患问题向韶关市消防局报告，并采取“边整边改、边转运油料”的办法消除隐患。

1998年2月，全地区石油系统严禁在油库储油区、泵房、栈桥、收油台、收发油作业趸船码头及液化气站（库）内使用传呼机、移动电话、对话机等电信设备。凡在储油区和发油区等易燃易爆危险区域已安装使用的非防爆性电话及电风扇，改装成符合防爆电话机和电风扇，确保油库安全。4月，韶关中转站所租赁已使用40多年且罐体锈蚀严重，有安全隐患的12个油罐停止使用。8月，赣州石油分公司制定《赣州地区县级油库管理规定》，分别对消防安全、仓储管理和设备管理等作出规范性要求。

1999年6月，针对南康市石油支公司所属城区油库、赣县石油支公司所属红金油库、会昌县石油支公司所属水西油库设备陈旧、安全隐患多、安全性能低下的问题，向省石油总公司申报要求报废关闭。7月，省石油公司同意报废关闭。全地区石油系统执行由中国石化集团公司销售管理部重新修订的《石油库管理制度》，从油库的消防安全，石油品的收发、储存、计量、质量及油库的设备、电气、环境等方面予以规范化管理。9月，分公司所属的和乐油库2座800立方米立式罐和3个50立方米卧式

罐缺少安全防范设施，向省公司请示要求停止使用。10月，省石油公司同意停用。

2000年3月，赣州石油分公司下发《关于做好2000年防汛工作的通知》，成立防汛抗洪抢险救灾领导小组。4月，对所属油库、加油站、液化气站进行隐患自查自改。各县（市、区）石油支公司对所属油库设备与安全进行普查，对隐患甚多且实际利用价值低的油库坚决予以关停；对需要继续使用的油库则依照《石油库设计规范》（国标CBJ 74—84）进行整改。5月，韶关中转站停止使用。12月，赣州石油分公司对上犹水南油库、寻乌荷树背油库、龙南马牯塘油库、全南樟陂迳油库、定南马坳油库、崇义旗岭油库、信丰半边岭油库、大余石阶篁油库、安远山川塘油库、宁都石岩背油库、兴国小山油库、瑞金上田辽油库、石城东坑油库、安远版石油库、南康城区油库、赣县红金油库、会昌水西油库、于都窑塘油库等18座油库关停。

二、油品管理

1986年3月，赣州石油分公司制定《全区石油系统油品数量管理规定》，确保油品收、发、存数量的准确无误，为用油单位提供优质服务。1987年9月，赣州石油分公司规定境内石油商品销售提货期为7天，超过期限40天以内，按未提货部分总值的1%计算，收取逾期存仓费；逾期40天，按提货者作销货退回处理，并按1%计算，扣除存仓费，将货款退回购油单位。1988年7月，赣州石油分公司作出对加油站票证和油品数量管理的规定。公司加油站一律不准为外单位代存、代发油料业务，以减少损耗负担，对过去半年已代存代发油料的，向委托存油单位购油归还加油站。1989年9月，赣州石油分公司颁发经省公司计量室审定的《重新检测油罐车逐一编制油罐车容积表》，从第三季度盘点时启用。

1991年2月，分公司健全油罐汽车卸油操作复核计量验收制度。油罐车到达油库或加油站卸油时，站长必须亲临现场，督促坚持执行制度。加油站必须坚持每天24小时有2人值班，无防爆灯的不得卸油；逐车卸油应进行填写登记簿便于作查考的依据。坚持“三核对”（核对油车次数量、核对保管账和油罐分户账、核对进油罐内数量和登记簿相一致）。1992年8月，赣州石油分公司规定：坚持凭票加油，加油员必须亲自持油枪给用户加油，明确开票员、收款员和发油员各自的经济责任，坚持“谁销、谁赔”的原则，严格进行“三核对”制度，交接手续有记录存查，并按程序进行验收。1993年7月，分公司报请地区技术监督局发给许可证，开展加油机的检测和维修业务。8月，分公司配合地区技术监督局，开展全地区石油库和加油站“计量信得过”挂牌活动，各县（市、区）支公司先进行自查，然后由分公司组织检查测试。

1994—2000年，油品管理着重从油品入库、油品保管（包括散装油品储存保管、桶装油品的储存保管、溢耗管理、计量管理、油品出库）等方面入手予以规范化、制度化、科学化，成品油管理进一步完善。

三、安全管理

警卫组织 1987年3月，和乐油库成立赣州石油分公司经济民警中队，定编49名，下设2个警卫分队、1个警犬分队、1个消防分队，经济民警组织由油库直接领导，业务上归属分公司保卫科。1995年3月，赣州石油分公司为直属加油站全部配齐经警执勤人员，总人数22人，分布在赣州市（今章贡区）中心城区的东门、西门、黄金岭、沿坳、潭东等5个加油站作安全警卫。1999年12月，水东铁路油库竣工投产，配有警卫人员6人。分公司各加油站均设有安全监督员，跟班负责安全。2000年，和乐油库警卫人员由15人减至13人。

消防组织及其实施 赣州石油分公司经济民警中队组织1个消防分队。消防设备比较齐全，并配有解放CNO泡沫消防车1台、东风141消防车1台。除专职消防队外，还与邻近乡村、工厂等单位组织联防灭火网，发动广大职工积极参加义务消防灭火活动。1996—2000年，按照“谁主管，谁负责”的原则，赣州石油分公司各直属单位均相应成立防火机构（有防火委员会6个、义务消防队6个），对各自部门的消防安全负责。至2000年，赣州石油分公司各直属单位共有专职消防队员13人、义务消防队员64人。赣州石油分公司所属各油库和加油站按国家有关规定配置齐全消防设施。

第七节 设施建设

一、直属油库

沙石油库 占地42万平方米。1986年，将原有的10座50立方米卧式金属油罐和15座30立方米卧式金属油罐，从覆土中开挖出来进行焊补和重新除锈刷漆，安装在发油台后山，新建卸油泵房并改建发油台。下半年恢复储存和收发轻油。1987年，和乐油库第二期扩建工程完工后，沙石油库吞吐量逐年减少。1990年，赣州石油分公司先后投资新建西门加油站、潭东加油站，陆续将沙石油库50立方米和30立方米卧式金属油罐迁移至韶关中转站及西门、潭东加油站。至1995年年底，沙石油库基本停止接卸轻油，仅储存桶装润滑油。并入赣州石油分公司所属汽车运输公司统一管理。

和乐油库 占地面积49万平方米。1985年，该库有大小油罐45座，储量2.65万立方米。1986年2月，动工扩建3500立方米内浮顶钢质储油罐2座。第二期扩建工程增容7000立方米，新装进出口管线395米，投资78.28万元，1987年11月竣工投产。1988年，赣州石油分公司在和乐油库续建发油台及电子付油设备，并扩建计量罐2座共计600立方米，投资20.5万元。和乐油库有5座50立方米卧式金属油罐报废，原值4.06万元，净值为507.19元。

水东铁路油库 1995年，赣州石油分公司开始筹备建设1座万吨级铁路油库。5月，在赣州市（今章贡区）水东镇七里村学田上红星六组地段，即赣州铁路东站附近征地4.04万平方米建库，同期在水东镇七里村沿坳至学田上地段征地1.77万平方米新建水东铁路油库出入公路。8月，江西省计划委员会正式批复，同意立项建设赣州地区石油成品油储运油库。1997年5月，赣州石油分公司水东铁路油库正式动工兴建，1999年12月竣工验收投产。该库储量9850立方米，总投资1953万元。

二、县油库

至2000年，全市石油系统有赣县红金油库、南康唐江油库、南康市油库、信丰长柏岭油库、信丰半边岭油库、大余石阶笪油库、上犹水南油库、崇义旗岭油库、安远县城油库、安远山川潭油库、龙南县马牯塘油库、定南马坳油库、全南樟陂迳油库、兴国小山油库、于都储油所河东油库、于都龙脑油库、宁都石岩背油库、瑞金上田辽油库、会昌水西油库、寻乌荷树背油库、石城东坑油库等21座县油库。

三、中转站

韶关中转站地处广东省韶关市韩家山。租赁某部队驻韶关转运站闲置油罐32个，总容量1600立方米。建造卸油泵房、发油台、办公用房、职工宿舍等生产和生活设施。

1987年10月，赣州石油分公司租赁某部队新城场站韶关油库的部分地面和铁路专用线作为韶关中转站，年租赁费18万元，租赁期3年。1994年1月，赣州石油分公司继续租赁部队韶关转运站部分储、输油设备及场地并签订协议书，租赁储油罐1700立方米，输油管线、铁路专用线、营房和油库部分场地使用。1995年3月，分公司暂时停止使用中转站25立方米储油罐20个。2000年5月，韶关中转站停止使用。

四、赣州石油分公司加油站

东门加油站 位于赣州市（今章贡区）东郊路骆驼岭，占地面积0.43公顷。1986年，有金属油罐4个。1990年，分公司扩建并重建东门加油站营业用房和附油设施，投资45万元，总储量达200立方米。1997年10月，全部更换电脑加油机加油，共有6台加油机加油。

西门加油站 1988年，赣州石油分公司在赣州市（今章贡区）湖边乡龙岭村征地1.02公顷。动工兴建西门加油站，建筑面积2699.13平方米，投资45万元，1988年12月30日建成投产。储油量为200立方米。1991年，西门加油站扩建营业用房等设施，建筑面积383平方米，投资金额9.4万元，11月竣工交付使用。

潭东加油站 1990年，赣州石油分公司在南康县潭东乡高坑村麻垄孜征地474平方米兴建潭东加油站，投资36.54万元，其中职工集资22万元，1990年12月建成投产。储油量为200立方米。

黄金岭加油站 1994年，赣州石油分公司在赣州市（今章贡区）黄金岭经济开发区征地0.3公顷兴建黄金岭加油站，建筑面积230平方米，投资71.5万元，于同年10月建成投产。储油量为200立方米。

沿坳加油站 1994年，赣州石油分公司在赣州市（今章贡区）水东镇沿坳村赣州军分区射击场租赁土地1200平方米兴建沿坳加油站，投资67.36万元，7月建成投产。储油能力为200立方米。

和乐加油站 1987年7月，赣州石油分公司在和乐油库大门口与105国道交接处征地130平方米修建1座简易加油站，投资11万元，1992年5月竣工投产，先后由和乐油库、经销公司经营。

南门口加油站 1993年，赣州石油分公司在沙石油库门口与323国道交接处，租赁地区物资局储运公司仓库土地兴建1座联营加油站，投资近10万元，先后由沙石油库、赣州石油分公司汽车运输公司经营。

五、各县（市）石油支公司加油站

至2000年，各县（市）石油支公司有加油站59座，容量5192立方米。

2000年赣州市各县（市）支公司加油站统计表

表25-4-6

单位	名称	征地面积（平方米）	建筑面积（平方米）	投产年份	投资额（万元）	容量（立方米）	加油机(台)
兴国	县城	1500.00	300.00	1984年	10.00	85.00	7.00
	龙山	500.00	150.00	1996年	30.00	55.00	3.00
	三角	250.00	100.00	1996年	15.00	30.00	2.00
	平川	300.00	200.00	1995年	—	30.00	2.00
	埠头	650.00	200.00	1998年	40.00	60.00	3.00
宁都	第一	2300.00	200.00	1992年	100.00	80.00	4.00
	第二	1970.00	150.00	1991年	90.00	90.00	4.00
	第三	1300.00	140.00	1996年	82.00	90.00	3.00
	石颜	3200.00	200.00	1984年	20.00	45.00	2.00
瑞金	沙子岗	40023.00	—	1997年	65.00	150.00	8.00
	塔下寺	999.00	—	1992年	30.00	120.00	6.00
	上田辽	1898.00	—	1997年	10.00	140.00	3.00
	化工厂	1000.00	—	1996年	30.00	70.00	6.00
石城	城南	1490.00	285.10	1989年	15.00	48.00	7.00
	官桥	1210.00	141.00	1993年	25.00	60.00	2.00
	小松	756.60	260.70	1994年	25.00	40.00	2.00
	车山	120.00	60.00	1998年	8.00	12.00	2.00
定南	良富	2000.00	400.00	1998年	40.00	70.00	4.00
	中沙	3478.00	100.00	1997年	60.00	150.00	3.00
信丰	半边岭	1650.00	320.00	1991年	52.00	90.00	4.00
	水东	800.00	300.00	1993年	25.00	80.00	3.00

续表 25-4-6

单 位	名 称	征地面积(平方米)	建筑面积(平方米)	投产年份	投资额(万元)	容量(立方米)	加油机(台)
安 远	县油库(站)	2800.00	80.00	1994年	46.00	100.00	2.00
	县 城	950.00	200.00	1989年	38.00	130.00	4.00
	城 北	520.00	80.00	1993年	18.00	90.00	3.00
	版 石	23000.00	12.00	1975年	43.00	150.00	2.00
	大 胜	600.00	—	—	8.00	80.00	3.00
寻 乌	县 城	490.00	176.00	1998年	12.00	36.00	4.00
	油 库	250.00	105.00	1994年	10.50	24.00	2.00
	南 桥	1040.00	250.00	1995年	44.00	66.00	2.00
	汀 江	1100.00	250.00	1995年	30.00	36.00	4.00
大 余	县 城	1299.50	343.20	1997年	32.00	75.00	4.00
	梅 关	1815.00	266.22	1992年	31.00	150.00	3.00
	新 城	2457.95	391.00	1989年	31.00	60.00	2.00
于 都	县 城	3700.00	300.00	1984年	32.00	120.00	3.00
	第 五	2000.00	70.00	1997年	21.00	80.00	3.00
	第 三	2000.00	400.00	1992年	—	400.00	3.00
	第 六	2000.00	120.00	1997年	—	160.00	6.00
赣 县	第一(红金)	5000.00	392.65	1983年	18.00	80.00	4.00
	第二(县城)	200.00	50.00	1993年	6.00	35.00	3.00
	第三(江口)	1806.00	400.00	1993年	41.00	110.00	3.00
	沙 地	3000.00	715.00	1989年	20.00	150.00	2.00
全 南	龙州加油站	1051.00	579.00	1986年	7.30	48.00	3.00
上 犹	备 田	2448.65	981.75	1996年	100.00	159.00	6.00
会 昌	第一(县城)	1482.30	211.50	1982年	20.00	45.00	3.00
	第二(均门岭)	1014.72	138.10	1988年	19.50	50.00	3.00
	第三(西江)	1731.21	242.42	1990年	28.00	75.00	5.00
崇 义	鱼 粮	497.00	80.00	1995年	11.00	20.00	2.00
	古 亭	908.00	200.00	1993年	22.00	100.00	2.00
	北 站	840.00	90.00	1992年	27.20	35.00	3.00
	南 站	1312.90	444.00	1984年	4.50	—	3.00
龙 南	里 仁	1125.00	160.00	1996年	30.00	90.00	3.00
	马牯塘	1255.00	170.00	1994年	30.00	90.00	3.00
	东 江	1125.00	160.00	1996年	30.00	90.00	3.00
	武 当	1300.00	170.00	1993年	35.00	68.00	3.00
	县 城	110.00	260.00	1997年	20.00	120.00	4.00
南 康	城 区	1200.00	480.65	1996年	70.00	90.00	6.00
	金 鸡	8000.00	796.38	1991年	66.00	140.00	8.00
	金 圳	600.00	260.00	1993年	35.00	130.00	4.00
	龙 回	1800.00	323.00	1992年	23.00	115.00	5.00
总 计	59个站	151223.83	13854.67	—	1832.00	5192.00	211.00

第八节　液化石油气

赣州石油分公司利用油库及加工厂的土地、水利资源和闲置房产，兴办液化气站等。

一、起步阶段

1984年，赣州石油分公司在境内率先经营液化石油气。液化气具有易燃、易爆的特性，分公司在沙石油库内建造城市第一座液化气储配站，储量25立方米。建站初期，以供应分公司内部职工用气为主，并为部分企事业单位代购、代储、代运液化气。1985—1988年，年平均供应量在200吨左右。

1989年1月，赣州石油分公司开展多种经营，创办赣州石油工程物资公司，经营石油商品、石油库站设备及液化石油气、液化气钢瓶、灶具、热水器等。公司开办初期，由于液化气资源偏紧，公司采购带气钢瓶供应市场，收集用户散瓶送广东韶关液化气库充气；分公司液化气站仍以供应内部职工用气为主。1991年，赣州石油工程物资公司及分公司液化气站，液化气供应总量不足300吨。

二、发展阶段

1992年，液化气资源相对增加，居民对液化气的需求量日益增长，分公司决定扩大液化气经营规模，挂牌成立赣南液化石油气公司，与赣州石油工程物资公司实行两块牌子、一套机构。赣南液化石油气公司在分公司液化气站扩建液化气储罐100立方米，总储量达到125立方米，扩大经营规模，液化气年供应量突破300吨。

1993年3月，分公司决定将液化气站由福利型转变为经营型，液化气站人、财、物并入赣南液化石油气公司统一管理、统一经营，同时采取批零兼营的方式，扩大液化气经营业务。至2000年，仍处于扩张阶段。

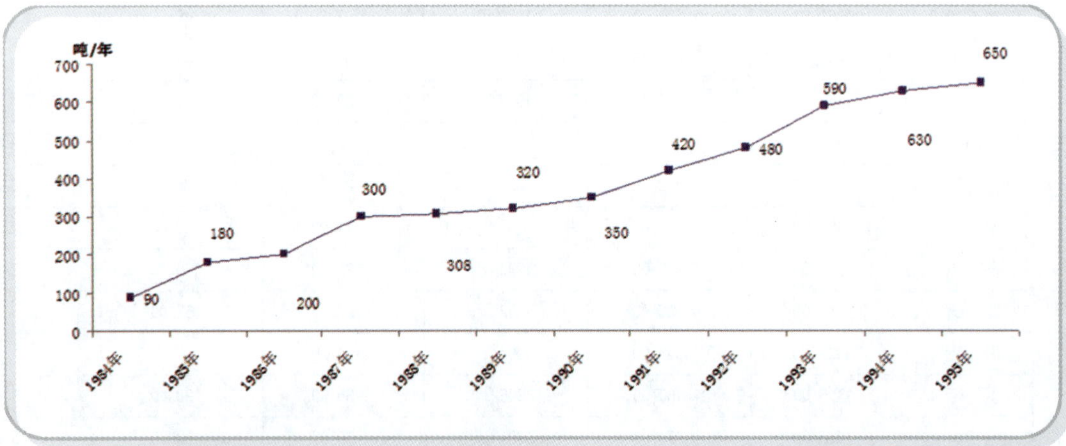

图25-4-1　1984—1995年赣州石油分公司液化气供应情况

第二十六篇

商业和外经贸业

1986—2000年，赣州市（地区）实现计划经济体制向市场经济体制转轨，个体和私营商业迅猛发展，国有（营）商业单一经济结构和独家经营格局被打破，多渠道、多层次、少环节、可调控的商品市场格局逐步形成，国有（营）商业在市场竞争中逐渐失利，市场占有率逐年下降，其主体地位和主导作用也逐渐丧失。市、县（市、区）商业局的管理职能逐渐由管理国有（营）商业企业转到对各种经济成分的行业管理上，由直接管理企业转到指导和服务上；依法加强对生猪屠宰业、拍卖业等行业管理。物资流通由计划经济向市场经济转变，物资供应由指令性计划向市场调节转变，物资部门抓住创办经济体制改革试验区和全省物资体制改革试点的机遇，大胆改革，开拓市场，保供促销，加强行业管理，确保全市物资的正常流通。

对外贸易经历由中央统管到地方自营、由计划经济到社会主义市场经济过渡，形成外贸专业公司与获准享有进出口经营权的生产企业同时开展对外贸易业务的局面。利用外资工作有新的发展，全市批准外商投资企业921家，合同外资额9.63亿美元，实际使用外资6.37亿美元。1986—2000年，全市（地区）围绕“扩大开放，加快发展”这一主线，采取“走出去、请进来”等各种有效形式，开展对外经济技术合作。全市签约内联项目合同8574个，实际引进境内市外资金92.5亿元。

第一章　商贸服务业

1986—2000年，全市（地区）实现计划经济体制向市场经济体制转轨，个体和私营商业迅猛发展，国有（营）商业单一经济结构和独家经营格局被打破，多渠道、多层次、少环节、可调控的商品市场格局逐步形成，国有商业在市场竞争中逐渐失利，市场占有率逐年下降，其主体地位和主导作用也逐渐丧失。全市（地区）商业系统出现一批年缴纳税利100万元以上的企业。

1986—1993年，围绕转换企业经营机制和增强企业活力的目标，先后实行承包经营责任制、“四放开”（经营放开、价格放开、用工放开、分配放开）和国有民营改革。至1993年年底，全地区国有商业企业的经营机构1088个，在岗从业人员1.34万人。1994年开始，全地区国有商业企业逐步加大产权制度改革力度，先后采取裂变重组、股份制改造、先售后股、置换职工身份、关闭破产等改革措施。至2000年，全市半数以上的国有商业企业由单纯的全民所有制转变为公有制的多种实现形式，初步实行国有资本退出商业企业。商办工业企业数由1986年的34个减至2000年的16个，职工人数由2423人减至927人，销售收入由3566万元减至1629万元；饮食服务业退居市场次要地位，全市国有饮食服务网点由1986年的319个减至90个，从业人员由4304人减至1344人；商业储运业，经营机构减至630个，从业人员减少50%以上。在传统经营业态收缩的同时，兴起拍卖、旧货业。营销方式有较大的变化，国有商业率先探索超市、连锁等新型营销方式，总经销、总代理形成一定规模；管理方式进行重大调整，市、县（市、区）商业局的管理职能逐渐由管理国有商业企业转到对各种经济成分的行业管理上，管理方法由单纯的行政方法转到依法行政上，并由直接管理企业转到指导和服务上。依法加强对生猪屠宰业、拍卖业等行业管理。

第一节　机构与商业网点

一、机构

1986年1月，赣州地区商业局和供销合作社合署办公，局机关内设党委（纪检组）、办公室、综合业务科、储运基建科、市场预测科、合作指导科、物价科、财会科、计统科、武装保卫科、劳动人事科、教育科，核定机关编制60名，在职59人。直接管理地区食品公司、副食品公司、百货公司、储运公司、煤炭公司、五交化公司、饮食服务公司、农资公司、商品交易中心、土产公司、商业技工学校、商业转运站、果杂品公司、肉联厂、韶关转运站、供销干校、供销运输公司、商业职工医院和赣南贸易中心、石油公司20个直属企事业单位。县（市）以下虽合并，仍保持商业、供销合作两个系统，并同属地区商业局领导，各县（市）商业局机关职工总数648人。1991年2月，商业、供销机构分设，地区商业局内设机关党委、纪检组、办公室、市场预测科、综合业务科、储运基建科、计统科、财会科、审计科、科技工业科、教育科、劳动人事科、保卫科，编制35名，在职30人。直属企事业单位有地区百货公司、五金交电化工公司、副食品公司、食品公司、煤炭公司、饮食服务公司、商业储运公司、商业转运站、肉联厂、商业职工医院、商品交易中心、商业物资总公司、赣南贸易中心。县（市）商业局和供销合作社分属于地区商业局、供销合作社领导。1993年，地区商业局内设人秘科、财会统计科、综合业务科。定编35名，实有30人。1月，赣州地区商业职工医院移交至赣州卫校管理。

1999年7月，赣州地区商业局更名为赣州市商业局，内设办公室、市场业务管理科、科技工业科、市场预测科、劳动人事教育科、财会审计科、保卫科、机关党委。定编35名，实有30人。市直商业企业有食品、副食品、百货、五交化、储运、饮服、罐头厂、肉联厂、商品交易中心、赣南贸易中心、酒业、华侨友谊、煤炭、商发、拍卖中心、纺织品和转运站等公司（中心、厂、站）。至2000年年底，赣州市商业局内设机构、定编数、实有职工数及直属企业数不变。全市有商业行政部门19个，人员344人。

二、商业网点

1986年，全地区国有独立核算商业网点机构899个16386人。1987年，生猪市场放开，农村食品收购站处于竞争劣势，不少收购站被解散，全地区国营独立核算商业网点机构比上年减少97个。1990年，全地区国营独立核算商业网点机构有793个16982人，1993年，全地区机构化小经营向农村重要集镇延伸批零网点，全地区国有独立核算商业网点机构增至1169个16068人。人员减少则是停薪留职、自谋职业人员扩大。1996年，全地区银行贷款难，机构由小变大，国有独立核算商业网点机构减为591个，人员增至26415人。生猪定点屠宰、食品系统人员回流。2000年，全市国有独立核算商业网点机构673个14648人。

第二节　体制改革

1986—2000年，全市（地区）国有（营）商业经营体制大致经历三个主要时期。第一个时期是1986—1990年，以稳定为前提，国营企业放开经营，实现以承包经营责任制为主要内容的改革。第二个时期是1991—1993年，推行以经营、用工、分配、价格放开为主要内容的“四放开”改革。第三个时期是1994年以后，推行国有民营、裂变重组、股份制改革等企业转制形式。

一、承包经营责任制

全地区商业承包经营责任制由经营责任制发展到承包经营责任制，企业由内部承包发展到内外均可承包，由经理承包发展到招标承包、集体承包、全员承包，由无风险承包发展到风险抵押承包，由企业向主管部门承包发展到直接向财政或商财两家承包，由一年一包发展到三年一包，由单纯的包经济指标发展到包经济指标、服务指标、企业发展指标。1988年，全地区国营企业开始全面推行承包经营责任制。至年底，全地区126个大中型商业企业实行承包经营的有122个，占96.83%；122个承包企业中有115个实行公开招标，占94.26%。

地直商业企事业单位第一轮承包时间是1988年12月31日至1990年12月31日。发包方为地区商业局、财政局，承包经营者通过面向社会公开招标的办法，择优聘任管理人员。承包形式因企业而异，分为三类：第一类是盈利企业，有地区百货、五交化、副食品、商品交易中心、饮食服务、商业储运6个公司和赣州地区肉联厂、瑞金肉联厂，承包形式为上缴国家利润基数递增包干、超收多留、歉收自补；第二类是政策性亏损企业，有地区食品、煤炭2个公司，承包形式为亏损定额递减包干、超亏不补、节亏全留；第三类是事业单位，有地区商业职工医院，承包形式为财政拨款、定额包干、超支自负。承包经营经济指标有商品购进总额、商品销售（或营业收入）总额、工业总产值、企业实现利润、上缴国家利润（所得税、调节税）、财政拨款补亏损、费用率、归还基建更改贷款、固定资产增加额、企业自有流动资金增加额、资金周转速度、病床周转率、产值利润率、职工收入年递增率等。各企事业单位根据企事业性质和特点在上述指标中确定一部分指标。

1988—1990 年赣州地直商业企业第一轮承包主要经济指标及其完成情况统计表

表 26-1-1　　单位：万元

指标名称		商品购进总额	商品销售总额	工业总产值	实现利润总额	上缴国家利润	财政拨补亏损
承包数	1988 年	21891.00	26638.00	1633.00	564.64	241.80	33.00
	1989 年	23298.00	28780.00	2014.00	671.70	269.80	30.50
	1990 年	24632.00	30768.00	2324.00	763.56	296.80	28.00
	合计	69821.00	86186.00	5971.00	1999.90	808.40	91.50
完成数	1988 年	28058.00	28215.00	558.00	474.00	301.00	33.00
	1989 年	26201.00	31836.00	449.00	291.00	304.00	34.50
	1990 年	38576.00	39801.00	464.00	－137.00	142.00	34.50
	合计	92835.00	99852.00	1471.00	628.00	747.00	102.00

说明：1. 表中数据为地直百货、五交化、副食品、食品、商品交易中心、煤炭、饮服、储运等 7 个公司和赣州地区肉联厂、瑞金肉联厂的合计数　2. 各项指标按各企业承包合同指标汇总，故各项汇总单位数不同

第一轮承包经营到期后，地区商业局、财政局 2 家发包方对地直商业系统上缴国家利润指标分歧意见较大，故第二轮承包方案定不下来。地直商业企业从 1991 年开始，改为目标管理。

1994 年，行署批转《赣州地区国有商业深化改革加快发展实施意见》，地直商业系统 12 个公司于 5 月 18 日各自与地区商业局和财政局签订承包经营合同。承包经营的基本内容：确保利润的实现、上缴和国有资产增值，完成和超额完成承包经营指标给予奖励，未完成受罚，企业照章纳税、自负盈亏、自主经营、自我发展。

1996—2000 年赣州市（地）直商业各单位目标任务完成情况统计表

表 26-1-2　　单位：万元

年度	上缴财政利润	市(地)直小计	食品集团公司	糖酒副食品公司	百货公司	五交化公司	煤炭公司	商业储运公司	饮服公司	商品交易中心	赣南贸易中心	酒业公司	纺织品公司	华友公司	市食品罐头厂	市拍卖中心
1996 年	任务数	50.00	0	4.00	12.00	6.00	0	3.00	2.00	15.00	3.00	2.00	1.00	2.00	—	—
	实绩	46.00	0	—	12.00	6.00	0	3.00	2.00	15.00	3.00	2.00	1.00	2.00	—	—
1997 年	任务数	55.00	1.00	5.00	12.00	6.00	1.00	3.00	2.00	15.00	3.00	3.00	1.00	3.00	—	—
	实绩	31.70	0	4.00	3.00	5.00	0	0.40	2.00	8.80	1.50	3.00	1.00	3.00	—	—
1998 年	任务数	77.00	0	6.00	20.00	3.00	0	3.00	3.00	20.00	0	9.00	0	10.00	3.00	—
	实绩	56.50	0.10	1.40	20.00	3.00	0.30	0	3.30	20.00	0.60	4.10	0	0.70	3.00	—
1999 年	任务数	60.00	0	3.00	19.00	3.00	0	3.00	3.00	20.00	0	4.00	0	2.00	3.00	—
	实绩	60.91	0.80	1.10	8.00	3.00	0.01	3.10	3.30	6.10	0.50	4.10	0	1.10	29.80	—
2000 年	任务数	30.00	0	0	7.00	3.00	—	3.00	3.00	6.00	0	4.00	0	0	4.00	—
	实绩	31.00	－1.90	0.10	0.10	3.40	—	3.20	15.10	－6.10	0.50	2.30	0	0.30	14.00	—

二、“四放开”改革

1991 年 4 月，地区商业局成立“四放开”改革指导小组，制定“四放开”试点实施意见，经地委、行署批转各县（市）执行。8 月，在赣州市（今章贡区）百货大楼等十多家零售企业试点，随后扩大试点企业范围，试点企业逐渐增加到 91 家。1992 年 1 月和 4 月，地委、行署下发《关于进一步深化国合商业改革的暂行规定》《关于深化国合商业批发企业改革的实施方案》，对加快“四放开”改革作新的

部署。各县（市）政府也成立改革领导小组，审批县（市）商业局的改革试点方案，制定和采取一系列支持商业发展的优惠政策。地区体改委等十多个部门密切配合，制定支持“四放开”改革暨搞活企业经营的文件。地区商业局举办1期试点企业经营骨干培训班，编印《“四放开”情况反映》专刊，先后召开3次全地区商业局局长会议、2次经验交流会，推动“四放开”改革。至1992年4月，全地区400多家零售企业全部实行“四放开”改革。之后，全地区商业批发企业也实行这项改革。

全地区商业企业实行“四放开”改革后，企业有较大的经营自主权，全地区在省外、区外设立经营窗口20多个。经营结构有较大调整，方式更加灵活，促进零售业的发展。1992年，全地区国有商业系统零售总额3.5亿元，比上年净增900万元，增幅2.64%。企业经济效益增长。全地区商品销售20.46亿元，比上年增长34.2%；上缴税利2024万元，同比增长4.6%。库存减少，资金利税率提高。全地区实现税利超百万元的“大户”有10多家。亏损企业的亏损额由上年的1397万元减为1340万元，下降4.08%。

三、国有民营改革

1992年，定南等县开始试验国有民营改革。1993年11月，行署下发《关于国有商业深化改革加快发展的实施意见》。全地区商业系统开始有组织进行国有民营改革试点，1994年在全地区推开。至1994年年底，全地区实行国有民营的独立核算单位857个，占全地区零售独立核算单位总数91.7%。

各县（市）从实际出发，区别不同行业、不同规模，采取不同形式，分类施行。赣州地区商业局成立国有民营改革工作指导小组，并于1994年4月制定改革方案，9月开始试点。到年底，全地区商业系统有6个行业、104个独立核算企业实行国有民营改革，占独立核算企业总数的56%；实行国有民营改革的单位职工2054人，占在职职工总数的38.75%。

四、裂变重组

1993年12月，地区行署批转地区商业局《关于全地区国有商业深化改革加快发展的实施意见》，并经行署批转，全地区国有企业重点是对亏损严重的批发企业进行裂变重组，按“适应市场、专业划细、规模经营、提高效益”的要求，把盈利大头的经营部门大部分职工从老企业中分离出来，组成新的公司，“放鸟出笼、轻装上阵、放开搞活”。1994年1月，地区商业局将地区百货公司、五交化公司、糖酒副食品公司划出，成立地区纺织品总公司、华侨友谊公司、酒业总公司、食品罐头厂，为独立承担民事责任的企业法人。12个县（市）的40多个公司相继进行裂变。至1994年年底，地、县（市）公司内部也划细划小核算单位，地直九大商业公司的业务经营部门划分为60多个独立经营、单独核算的小公司。通过裂变重组，使计划经济时期形成的分配式格局建立的商业批发体制得到调整。

五、股份制改革

1986年，全地区国有商业系统按股份形式成立赣南贸易中心。1993年，地区商业局选择赣州市（今章贡区）百货公司进行股份制改革试点。1995年，由江西省联审办批准为改组试点单位的赣州百货股份有限公司正式成立，这是赣州地区国有商业系统第一家、江西省国有流通企业中第五家按照规范化要求成立的股份有限公司。公司由赣州市（今章贡区）百货公司、赣州酒厂、赣州市（今章贡区）自来水公司为发起人，以定向募集方式改组成立，第一大股东是赣州市（今章贡区）百货公司。公司发行股本总额为1000万元人民币，每股1元人民币，总股本1000万股，其中国家股7328808股，占总股份的73.29%；法人股2421192股，占总股份的24.21%；内部职工股250000股，占总股份的2.5%。赣州市（今章贡区）第二饮食服务有限责任公司，注册资本150万元，企业股占89.24%，职工股占10.76%，1996年公司销售实绩645万元，实现税利42万元，职工年人均劳效3.01万元，年人均工资

5855 元。这两家股份制公司的规范化组建揭开赣州地区商业企业股份制改革的序幕。

1997 年 9 月，地区商业局组织企业经理专程到山东诸城市考察流通企业产权制度改革情况，制订全地区国有商业企业以产权制度改革为核心内容的改革方案。10 月底，由国内贸易部主持的全国县级商业改革座谈会在赣州市（今章贡区）召开，全国有 100 多个县（市）商业局的代表参会，山东诸城市、湖北红安县、江苏宜兴市、河南新野县等全国县（市）商业改革的典型在会上介绍转制经验。11 月，地区商业局组织地直公司经理赴江西省萍乡市考察。12 月，全地区以建立现代企业制度为目标、以产权制度改革为核心的企业股份制改制全方位展开。至 2000 年，全市商业系统成立股份有限公司 2 个、有限责任公司 11 个、股份合作制公司 8 个。商业系统的 21 户股份制企业有 18 户共盈利近 200 万元，有 3 户共亏损近 40 万元。

六、先售后股

2000 年初，市商业局确定改革试点企业，部署各市直企业研究、制订、上报企业改革方案和开展清产核资。改革的目标是实现“一改变、两脱离”（改变企业的国有性质，企业与行政主管部门脱离行政隶属关系，员工与企业脱离劳动人事关系）。改革的具体形式是先售后股、资产配负债，按评估确认后的净资产出售给企业员工，企业领导班子和业务骨干优先购买，企业员工通过一次性补偿，终止劳动关系。由企业资产购买人组建新的有限责任公司，企业经营班子和业务骨干可持大股。市直属企业赣南商业发展总公司完成“先售后股”改革，市商品交易中心（赣龙大酒店）、赣州肉联厂“先售后股”改制方案经市政府批复同意，按规范程序操作。

七、企业破产

1994 年 4 月，瑞金县五交化公司从 1990 年以来连续亏损 11.55 万元，负债总额 235 万元，资产负债率高达 140.4%，因资不抵债、扭亏无望，被瑞金县人民法院裁定，依法宣告破产，这是全地区商业系统首家破产的国有商业企业。之后，全地区又有 1 家批发企业和 3 家零售企业实施破产。1995 年以后，全地区国有商业企业经过企业破产等改革，发生很大变化。至 2000 年年底，全市商业系统独立核算企业 359 个，其中已整体改制企业 231 个，部分改制企业 19 个，未改制企业 89 个，国有资本完全退出的企业 20 个（其中破产 4 个、关闭 3 个、出售 9 个、其他 4 个）。

第三节　商品流通与仓储

一、商品流通

1986—2000 年，全市（地区）国营（有）、集体、私营、个体经济并存，市场繁荣活跃，买卖方便，竞争激烈。20 世纪 80 年代初，国营商业“以销定购、勤进快销、合理库存、确保效益”经营策略的实施，使零售等业务取得一定成果。20 世纪 90 年代，市场经济不断发展，在长期的计划经济体制下的国有（营）商业，市场竞争逐渐失利，市场占有率逐年快速下降，国有（营）商业企业不断萎缩。至 2000 年，国有商业商品流通在全市社会消费品零售总额中所占比重下降到 10%以下，其主体地位和主导作用逐渐丧失。

表 26-1-3

1986—2000 年赣州市（地区）国有（营）商业商品流通总值统计表

单位：万元

项　目	1986 年	1987 年	1988 年	1989 年	1990 年	1991 年	1992 年	1993 年	1994 年	1995 年	1996 年	1997 年	1998 年	1999 年	2000 年
一、商品购进总额	43627	47462	92183	101455	111666	140950	171287	99127	75534	81001	100302	94606	73721	68600	56439
1. 从生产者购进	29920	33823	47462	50886	52735	52767	57605	51154	37021	50518	61389	60413	45639	43653	43525
其中农副产品购进	3778	6531	19592	21982	17455	11034	14040	13753	8829	10541	18161	23002	22729	18991	17233
2. 从批发零售贸易业购进	13707	13639	44721	50569	58931	88183	113682	47947	37667	30280	37634	33318	27639	23798	11768
3. 进口	—	—	—	—	—	—	—	26	5	22	—	—	—	—	—
4. 其他	—	—	—	—	—	—	—	—	841	181	1279	875	443	1149	1146
二、商品销售总额	70542	76931	96471	114557	119773	131688	183579	100906	90623	104681	115156	126171	86936	77785	63044
1. 零售	15373	17523	23175	23909	21788	23276	24399	33425	33432	36316	41731	41379	28119	23788	19309
其中地、市级	6228	7440	10151	11065	9790	9821	11100	18860	13856	13307	15506	10675	5262	6887	2926
县以下	712	942	1029	1212	1581	1277	1369	1922	2266	7669	4823	4115	3145	5941	5733
2. 售给生产经营用	588	625	942	94	54	90	90	1080	1102	3019	2545	1870	836	1017	660
3. 售给批发零售业	54578	58771	72347	90553	97931	108322	159090	66335	56057	64632	70880	82922	57981	52980	43075
其中售给省外	9658	10864	15728	27270	46528	56247	105976	66335	21288	17423	22573	23419	18078	16236	14928
4. 出口	3	12	7	1	—	—	—	66	32	714	—	—	—	—	—
三、期末库存	18222	17863	22290	22657	22663	33895	18357	21235	11375	12433	45933	12876	10012	8393	8450

二、仓储网点

赣州地区商业储运公司是赣州地区唯一一家储存商品的专业公司，掌管商业系统内外商品仓储业务。

公司下辖 4 个库区，即东门五金库区仓库、东门百货库区仓库、红门楼库区仓库、佛岭库区，4 个库区共有仓库 52 栋，面积 2.16 万平方米，从事仓储人员 58 人。

1986—1992 年，大部分仓库主要是存放系统内的百货、五交化商品，少部分仓库则存放系统外如赣南制药厂的商品。1992—1996 年，拆除储运路两侧和五金库区的仓库、宿舍及附属设施、红旗大道 20 号仓库 19 栋，面积 6750.4 平方米，改建成赣州商业城市场。1996 年年底，公司下辖东门百货库区、红门楼库区、佛岭库区 3 个库区，33 栋仓库，面积 14924.94 平方米，从事仓储人员 42 人。

1997 年，地区百货公司自建仓库投入使用，赣南贸易广场市场启动，储户纷纷退租，致使库区空仓面积达 9417.35 平方米，仓储业务量大大减少。面对这种局面，公司调整对策并采取措施，组织仓储人员开拓招储业务。商城库区（原百货库区）先后引进长虹电器、“金星”“创维”“TCL 王牌”“厦华”“乐华”电视机及摩托车等十几家客户的商品存放，解决空仓危机，达到满负荷运转，全年实现仓储收入 67.02 万元，比 1996 年增长 8.42%。

三、仓库建设

1986 年，把仓库建设列为企业的重要工作。新建东门百货库区简易货棚 420 平方米，9 月投产使用。1988 年 7 月，续建的东门百货库区 28 号库楼层仓库完工投产使用，使用面积 925 平方米，投资 16.4 万元；9 月，利用东门百货库区边角地新建货棚 2 间，面积 203 平方米，投资 28.2 万元。1992 年 7 月，东门百货库区新建简易仓库 2 间并投产使用，面积 217.5 平方米；8 月，东门百货库区新建仓库（新 8 号）投产使用，使用面积 570 平方米，投资 23 万元；10 月，百货库区 5 号库楼层仓库建成并投产使用，使用面积 462.2 平方米，投资 15.6 万元。1996 年 6 月，赣州房屋建设开发总公司开发新建的 3

栋返迁房底层仓库开工，1998 年建成并投产使用，使用面积 1394.94 平方米，由开发商出资交与包装厂使用。至 2000 年年底，赣州市商业储运公司共新建仓库（货棚）11 栋，面积 4189.94 平方米。

四、仓储安全消防

公司把安全消防工作摆在重要的议事日程，确保库区和商业城市场的安全。公司设有社会综合治理委员会和防火安全委员会，具体工作由保卫科负责，下设治安队、消防队，并在库区设有警卫和义务消防队。按照仓库面积大、分布广、商品集中的特点配备齐全消防器材。

第四节　国有（营）商办工业

一、规模效益

全市（地区）国有（营）商办工业想方设法加大投入，固定资产增长，利润由亏变盈。固定资产 1986 年 1795 万元、1990 年 1790 万元、1995 年 2696 万元、2000 年 3109.6 万元。

表 26-1-4　　1986—2000 年赣州市（地区）国有（营）商办工业基本情况统计表

年度	企业数(个)	职工人数(个)	固定资产(万元)	销售收入(万元)	纳税(万元)	利润(万元)
1986 年	34	2423	1795.00	3566.00	96.00	−129.00
1987 年	31	2190	1670.00	2455.00	81.00	−107.00
1988 年	15	2150	1650.00	3628.00	109.00	−1.60
1989 年	29	2045	1710.00	9880.00	46.00	−314.00
1990 年	29	2145	1790.00	2174.00	97.00	−656.00
1991 年	26	2208	1810.00	2348.00	69.00	−404.00
1992 年	23	1928	1834.00	2263.00	77.90	−328.00
1993 年	19	1719	2088.00	2268.00	86.00	−129.00
1994 年	22	1964	2521.00	1312.00	21.00	−101.00
1995 年	17	1246	2696.00	1372.00	23.00	−40.00
1996 年	16	1152	3358.10	1422.30	181.00	−23.60
1997 年	17	1128	2383.00	2376.00	10.30	−7.10
1998 年	11	980	2961.00	1441.00	14.00	24.50
1999 年	17	792	3193.00	1524.00	10.00	23.60
2000 年	16	927	3109.60	1629.10	116.00	166.40

二、领军企业

赣州市（今章贡区）肉类加工厂 1995—2000 年生产的烧、烤、卤、腊肉类 100 多个品种的“关刀”牌系列产品被省科学技术委员会、省食品协会、省工商评为优质产品。2000 年，“关刀”牌商标获江西省著名商标。崇义县食品厂在 1991 年生产的“九制陈皮”被中国食品工业十年新成就展示会评为优秀新产品称号；1992 年“九制陈皮”被赣州地区食品工业协会评为受消费者欢迎的产品；1993 年南酸枣糕被江西食品工业协会评为最受欢迎产品；1996 年南酸枣糕获崇义县人民政府八五期间科技进步二等奖；1997 年南酸枣茶被赣州地区食品工业协会评为赣州地区优质饮料，南酸枣糕获中国绿色食品’97 广州宣传展销组委会优秀包装（标签）设计奖、获国家绿色食品发展中心授予的“绿色食品”称号；1998 年南酸枣糕获’98 江西省食品展销会组委会江西市场食品质量优胜产品奖；2000 年齐云山公司生产的南酸枣糕获2000年江西省食品展销洽谈会组委会授予的“优秀产品”称号，获国家绿色食品发展中心授予的“绿色食品”称号。

第五节　饮食服务业

1986年，全地区国营饮食服务业网点有319个，从业人员4364人，集体与个体的饮食服务业网点则寥寥无几。1988年，国营饮食服务行业全面实行承包经营责任制，鼓励发展集体和个体饮食服务业，全地区饮食服务行业形成国营、集体、个人等多种经济成分竞相发展的局面。1990年，仅赣州市（今章贡区）饮食网点就发展到1168户（国营25户、集体95户、个体有证的1048户），从业人员5668人（国营596人、集体880人、个体4192人）。1991年，全地区国营商业全面实行“四放开”，各县（市）饮食服务公司所属企业开始精简机构，实行富余人员下岗分流再就业，地区饮食服务公司取消统一管理各县（市）饮食服务公司的财务、物价、原料分配、职工技术培训、技术革新改造等工作的权限职能，公司直接管理的唯一网点仅有赣南饭店。1995年，赣州市（今章贡区）有饮食网点1622户（国有8户、集体13户、合营99户、个体1502户），从业人员5723人。1997年，全地区商业国有饮食服务系统进行企业改制。地区饮食服务公司改制成为股份合作制企业，上犹县饮食服务公司被兼并撤销，宁都、龙南、全南、定南、石城、安远等6个县饮食服务公司对原属国营性质的饮食服务公司网点全面放开，让企业逐步成为“自主经营、自负盈亏、自我发展、自我约束”的经济实体，适应市场经济，优胜劣汰。1999年，全市（地区）国有饮食服务系统企业纷纷采取拍卖、兼并、资产重组、职工买断工龄改变所有制身份等形式，有序地退出国有序列。国有（营）饮食服务业的网点和从业人员锐减，从1986年的319个4364人、1990年的257个3309人、1995年的172个2410人减至1999年末的90个1344人。

一、饮食业

1986年，全地区饮食业国营部分还占有相当比例的市场份额，各县（市）由5～10家国营饮食服务系统的饭店、餐饮唱主角。赣州市（今章贡区）国营专营饭店、餐厅、饮食店有25家，职工729人。20世纪90年代，广州酒家、羊城酒家、龙泉酒家、虔城大酒家、名流大酒店、五洲大酒店、赣龙大酒店相继开业。到1995年，饮食服务系统老字号餐饮店先后淡出市场。其他县（市）在当地颇有名气的国有饮食服务门店也相继被改建或撤除。1996年，饮食业餐饮网点多为非公有制成分的酒家、酒楼、餐馆。如赣州市（今章贡区）有宋城酒家、宋城大瓦缸煲汤馆、红茶馆、大屋顶茶艺餐馆，以及由中外合资的巨人快餐馆和具有多功能服务的中顺国际俱乐部，兴国、定南、南康饮食服务店等。

二、服务业

旅店　1986年，全地区国营旅店业尚保持着市场的绝对优势，除各县（市）政府的招待所外，全地区饮食服务系统的国营旅店、饭店达138家，从业人员为886人。赣州市（今章贡区）拥有20家旅社、饭店和招待所（国营15家、集体2家、合作3家）。能够接待较大型活动的国营饭店和宾馆有赣南饭店、赣州饭店、赣南宾馆。1987年，全民、集体、个体旅店业竞相开办，地区及各县（市）的政府招待所改建、扩建为豪华宾馆。赣州市（今章贡区）旅店发展到105家，从业人员1881人；1990年，全地区饮食服务系统旅店有90家，从业人员850人。1995年，赣州市（今章贡区）旅店上升至121家，从业人员2462人。全地区饮食服务系统旅店为50家，从业人员788人。京九铁路建成开通后，人员流动迅猛增加，一大批集住宿、餐饮、购物、娱乐为一体且设施先进的豪华宾馆和酒店相继建起，严重冲击国有商业饮食服务系统旅店、饭店。1998年10月，赣州市（今章贡区）中心城区红旗大道就新增明珠大酒店、金穗大酒店、金盾宾馆、赣龙大酒店、锦路大厦、电力大厦、山水大厦、广电大厦、中顺国际会所大厦、桃李园、社保大厦、正银大厦等23家，沿火车站进入该城区八一四大道的则有铁龙大酒店、金赣大厦、海天大厦、江铃大厦、赣州大厦、国安大厦、云山饭店、白云宾馆、交通大酒店。此外，赣南宾馆、赣州宾馆、虔城大酒店、人民影城宾馆及重新改造后的赣州饭店均属二星级涉外宾馆或酒店，明珠大酒店、赣龙大酒店、中顺国际会所大厦则属三星级涉外酒店。至2000年，全市国有饮食服务系统的旅店仅存40家，从业人员497人。

照相 1986年，全地区国营照相馆与个体户和集体户共享市场份额，共有国营照相馆21家，从业人员154人；1990年，全地区国营照相馆17家，从业人员140人。1995年，全地区国营照相馆锐减为8家，从业人员98人。1999年，全地区国营照相馆消失。

理发 1986年，赣州市（今章贡区）国营理发店有14户、座位150个。1988年，各种经济成分的理发店、发廊、洗头房开业，各地在城镇大街小巷遍布各式各样的美容美发中心、发廊、发屋，多为个体经济或合伙经济成分，各种豪华宾馆、饭店也开设美容美发中心，国营理发店逐渐被淘汰。至2000年，章贡区仅存赣州理发厅和赣州饭店内设的美容美发中心，并且租赁给外地业主经营。

洗浴 1986年，赣州市（今章贡区）有国营洗浴业2家（赣州浴室、赣州服务大楼浴室），其他县未开设洗浴业。1989年，赣州浴室被拆除，剩下赣州服务大楼浴室1家，从业人员10人。1993年，城市居民大都拥有自己的家庭浴室，以及各大宾馆、酒店都开设浴室或引进桑拿浴、蒸汽浴，赣州服务大楼浴室关闭歇业，全地区国有洗浴业荡然无存。至2000年，全市宾馆、酒店大多数开设浴室和桑拿浴室。

洗染 1986年，各县（市）有1～2家国营洗染服务门店，为来往旅客和当地居民提供服务。1988年，洗衣机的普及和各种先进洗染设备的面世，国营洗染业被其他各种非国营经济成分的干洗店和皮革洗染翻新连锁店所取代。1998年，赣州市（今章贡区）的老一大、志红洗染店相继被市场淘汰而歇业。国有洗染业在赣州市（今章贡区）成为历史。

三、技能培训

地区饮食服务公司被江西省商业厅和劳动厅授权开展烹调、旅店服务和餐饮服务培训、考核、鉴定职工技能单位。1986年，公司为社会市场培训、考核发证589人。至1995年，各行各业建立起各种培训中心，公司的职工国家技能培训考核鉴定中心没有社会人员报名参加培训考核，仅地区人事局机关事业单位工人“双考”（理论和实践实操考试）培训考核865人；1998年为592人；1999年补考298人；2000年，仅受理事业单位1998年、1999两年漏考人员14人的培训考核，公司职工国家职业技能培训考核鉴定中心的功能作用逐渐消失。

表26-1-5 1986—1999年赣州市（地区）国有（营）饮食服务业主要经济指标统计表

单位：万元

年份	营业收入	利润	缴纳利税
1986年	2089.80	79.70	63.00
1987年	2287.00	60.70	75.00
1988年	2242.00	102.00	124.30
1989年	2651.30	79.30	122.60
1990年	2564.50	1.90	139.30
1991年	2708.00	7.50	133.00
1992年	3361.00	17.20	151.00
1993年	5178.50	25.60	191.00

续表 26-1-5

年份	营业收入	利润	缴纳利税
1994 年	3944.00	19.30	243.00
1995 年	4346.00	22.30	254.90
1996 年	4175.90	－22.70	292.20
1997 年	3751.00	35.00	284.60
1998 年	3156.10	30.20	176.00
1999 年	2602.00	－10.70	267.70
合计	45057.10	447.30	2517.60

说明：2000 年数据未作统计

第六节　旧货拍卖

一、拍卖业

1995 年初，由赣州地区纺织品总公司负责筹建赣州地区拍卖中心；4 月，组建赣州地区拍卖中心。1996 年 4 月，国内贸易部颁发拍卖市场资格证，确认赣州地区拍卖中心的事业法人性质，注册资金 120 万元，拍卖标的范围：罚没物、赃物、无主物、单位及个人委托拍卖的闲置物品。从业人员 12 人，其中国家注册拍卖师 3 人。1997 年 8 月，地区工商行政管理局同意在各县（市）设立赣州地区拍卖中心分支机构。1999 年 10 月，赣州地区拍卖中心更名为赣州拍卖中心；11 月 4 日，赣州拍卖中心成为中国拍卖行业协会理事单位。2000 年 4 月，赣州市人民政府指定赣州拍卖中心为全市公物及涉案物品拍卖单位。

赣州拍卖中心坚持“公开、公平、公正和诚实守信”的原则，遵守与拍卖相关的法律法规，按照拍卖程序规范运行。1997 年，拍卖场次 10 次，成交金额 600 万元；1998 年，拍卖场次 16 次，成交金额 2000 万元；1999 年，拍卖场次 24 次，成交金额 2200 万元；2000 年，拍卖场次 38 次，成交金额 2650 万元。

二、旧货业

1997 年 2 月，国内贸易部办公室批复同意赣州旧货交易中心为国内贸易部第二批旧货调剂试点单位。4 月，赣州旧货交易中心成立。中心采用“委托寄售为主、收购销售为辅”的经营方式开展业务，并对各（县、区）的分支机构实行统一经营方针和统一经销价格；发布市场动态和商品信息，调剂旧货资源；执行业务指导。而各分支机构则自主经营，自负盈亏。

第七节　商业管理

一、经营管理

计划调拨　1986—1987 年，域内计划调拨有生猪饲料和榨季食糖调拨。地区食品分公司负责落实由江西省食品公司按计划拨付的生猪饲料粮调拨，并与所属各县（市）公司签订《生猪联营合同》，双方共同经营生猪。由县（市）食品公司提供生猪源、地区食品分公司负责拨给生猪饲料粮指标。每头生猪拨付 250 千克饲料粮指标，按当时饲料粮差价每百千克 9.556 元计算，差价利润三七分成，即地区分公司 30%、县（市）公司 70%，多余部分由县（市）公司自盈，地区分公司所收差价一般用以弥补调节市场中转宰杀猪存栏费用。地区食品分公司共收生猪饲料粮差价35.85万元，全部上缴地区财政。1986年1月，地区商业局下达《关于安排1986—1987年榨季食糖调拨计划的通知》，要求调入单位从11月起，原则上要在榨季结束前调拨完毕；1986—1987年榨季食糖安排各单位自报要货数平衡的调拨计划，原则上按签订的合同执行；食糖调运期间，有关调入单位应派员到指定糖厂验调；以自行组织运输为主，赣州地区副食品公司在可能的情况下予以协助代办运输；调入单位不得拒付、拒收。

财务管理 1986年，国营商业企业进行第二步利改税，有计划地出售国营小型企业产权，全民所有制小型商业企业实行租赁和承包经营。1988年，全地区对有条件的国营商业企业推行承包经营责任制，即实行承包人财产抵押承包和全员财产抵押承包。承包企业适当划小核算单位，实行统一核算、分级分权管理，把对国家承包的责任和指标分解、落实到班组个人，实行多种形式的岗位责任制。商业企业承包经营责任制是包上缴财政利润、包企业发展，实行工资总额与经济效益挂钩。1991年，全地区国营商业零售企业开展经营、价格、用工、分配放开改革试点，县（市）级国营商业企业还实行“批零合一”经营，贯彻“统一核算与分级核算、统一管理与分级管理相结合”，一般分三级核算（独立核算、半独立核算、简易核算）。1994—1995年，地区商业局、财政局对地直商业企业联合下达各项经营指标承包任务，对经营承包企业进行考核。1996年，改由地区商业局、地税局对地直商业企业联合下达上缴财政利润任务，地直商业企业各单位全面完成上缴财政利润任务。1997年，少数企业未能完成上缴财政利润任务。1998年，全地区国有批零商业、饮服业基本退出国有系列。

经济效益 1986—1989年，全地区国营商业系统实行“双轨制”经营，年年有盈利，缴纳税利年年增加。1990—1994年，实行市场调节，企业经营艰难，全地区国有（营）商业系统连续5年亏损。1995年，全地区国有商业系统建立扭亏增盈工作责任制，做到指标到组、责任到人，年终考核奖惩。当年扭转连续5年亏损的局面，实现利润47.3万元。1996—2000年，狠抓扭亏增盈目标管理不放松，实现年年盈利有增长，全面完成下达的利润（控亏）额目标任务。

1986—2000年赣州市（地区）国有（营）商业系统实现利润、缴纳税利统计表

表26-1-6 单位：万元

年度	利润总额	缴纳税利	年度	利润总额	缴纳税利
1986年	522.00	1472.00	1994年	−198.00	2644.00
1987年	844.00	1840.00	1995年	47.30	2858.00
1988年	1738.00	2199.00	1996年	48.90	3541.00
1989年	833.00	2483.00	1997年	73.40	3210.00
1990年	1171.00	2228.00	1998年	81.60	3263.00
1991年	1532.00	1873.00	1999年	83.40	2641.00
1992年	1350.00	1991.00	2000年	84.30	2388.00
1993年	−511.00	2464.00			

二、行业管理

商业行政执法 1998年12月，地区商业行政执法队成立，属地区商业局领导，负责全地区商业行政执法工作。1998年12月，地区商业局行政复议委员会成立。

生猪定点屠宰管理 1996年，地区行署下发《关于在全区县城以上城镇全面推行上市生猪定点屠宰管理办法的通知》，成立地区生猪定点屠宰管理工作领导小组，行署分管副专员任组长。领导小组对全地区的生猪定点屠宰工作实施领导、组织、监督和协调。1998年，赣州地区执行国务院《生猪屠宰条例》和商务部《生猪屠宰条例实施办法》，接纳赣州市（今章贡区）肉类联合加工厂为赣州中心城区

生猪定点屠宰厂（场）。2000年，赣州市出台《赣州市肉类市场整治工作实施方案》，全市18个县（市、区）均开展生猪定点屠宰管理，赣州市中心城区生猪定点屠宰日均屠宰量提高到150头以上，查处非法猪肉8241.75千克，处罚371人次，立案管理2起，罚没收入10.8万元，焚烧销毁病害猪9头645千克。各县（市、区）也对所管辖的生猪定点屠宰区域的肉类市场进行整治，规范肉类市场经营秩序。

表26-1-7　　1998—2000年赣州市（地区）生猪定点屠宰统计表　　单位：头

年度	总量	月均量	日均量
1998年	153091	12758	419
1999年	146500	12208	401
2000年	175041	14587	487

拍卖（旧货）业市场管理　1995年，地区拍卖中心成立。1997年，赣州拍卖中心在全地区18个县（市）设立拍卖分支机构，并全部被当地政府指定为公物拍卖定点单位，推动所在地的国企改革和政府廉政建设。由赣州拍卖中心主持的赣州稀土冶炼厂、江西第三糖厂、信丰糖厂、赣江造纸厂、兴国水泥厂、兴国柴油机厂等破产拍卖，均使国有资产有较大升值。赣州拍卖中心的拍卖金额、场次逐年攀升，成为中国拍卖行业协会会员、理事，并被评为中国拍卖A级企业。2000年，全市已有4名拍卖师，考取从业资格人员6名。市商业局行政执法队查处南康市1家违法设立的拍卖公司。

第八节　名店　老店

一、名店

赣州百货大楼　位于赣州市中心城区文清路与红旗大道交汇处、南门文化广场东北侧，是经商的黄金宝地。大楼总营业面积8000平方米，经营大小百货、家电、化妆、服装、鞋帽、副食品、中西成药、劳保用品等商品1万余种，集购物、美食、休闲功能于一体，成为赣州市（地区）最大的综合性商场之一。1988年开始实行承包经营责任制改革。1988—1990年承包销售6544万元，创利287.5万元。1991年，率先进行经营、价格、用工、分配“四放开”改革，年底销售803万元，创利45万元。1993年创下销售8179.8万元的历史最好成绩。2000年，全体员工集资230万元买断国有商品所有权，12月改组成立赣州百货大楼有限责任公司，实现出资者所有权与企业法人财产权的分离。

赣龙大酒店　赣龙大酒店地处赣州市中心城区红旗大道，总建筑面积1.2万平方米，经营面积9000平方米，共17层，设有服务总台、商务中心、商场、酒吧、餐饮宴会厅、娱乐中心、餐饮包房、KTV包房、美容中心、客房134间、会议中心、桑拿健身中心。酒店有员工230人，是一家集食宿、旅游、桑拿、娱乐、购物为一体的涉外三星级综合酒店。

赣龙大酒店由赣州商品交易中心于1991年11月投资兴建，1995年4月开张营业，共投资3812万元，其中企业自有资金1952万元、贷款1860万元。至2000年，累计实现销售收入5377万元，上缴税利348.5万元。

赣州饭店　位于赣州市中心城区南门文化广场南侧，占地1.7公顷，营业面积1.83万平方米，是一家集住宿、会场、饮食、停车、娱乐为一体的大型国有饮食服务企业。拥有星级标准设施的行政套房、豪华客房、标准房191间，大、小会议室6个，设有中央空调、舞厅、商务中心、百货商场、中餐厅、宴会厅和KTV包房10个。经营赣、粤、川菜和各种美食。2000年，饭店接待118个团队2999人，接待会议192次，承办婚宴酒席3898台。2000年，实现销售910万元，上缴税利70万元，发放退休费用 120 万元，安置下岗待业人员 154 人，先后被江西省旅游局定为“三星级酒店”和“旅游涉外饭店”。

羊城酒家 位于赣州市中心城区健康路与厚德路交汇处，1986 年为永红饮食店，1993 年 3 月更名为羊城酒家，营业面积近 600 平方米。设小吃、西点、快餐、早茶、烹饪、服务 6 个部和 2 间高档次雅座、3 间中档次雅座，另有 2 个小宴会厅，整个营业场所可一次性接纳 50 桌酒宴。成为全市（地区）商业系统归口管理集体商业中较大规模、较高档次、功能与设施较齐全的酒家。1993 年，由经营餐饮向节日食品加工延伸，先后向社会推出的“羊城元宵”“羊城月饼”等名牌食品，成为羊城酒家的新产业。羊城酒家的经营方式是加工与服务并举，经营范围以早茶、餐菜、酒宴、小吃、面点为主，以广式早茶、粤菜、赣菜、川菜兼有为特色。

二、老店

赣州市红旗副食品商店 成立于 20 世纪 50 年代，位于赣州市中心城区东北路，与全地区最大的农贸市场——卫府里农贸市场相连。商店第一层营业面积 500 平方米，主营糖、烟、酒、糕点、水果、南杂、调味品、奶制品、小食品等，经营品种达 1800 余种，是全地区规模较大、经营项目和品种较多的副食品商店，年营业额 400 多万元、税利近 40 万元。人均劳动效益 5 万多元。商店先后实行承包经营责任制、“四放开”、国有民营等一系列改革，1999 年进行产权制度改革，改组为有限责任公司。

赣州市百货商场 成立于 20 世纪 50 年代，位于赣州市中心城区北京路与至圣路、文清路交会路口。商场主体建筑高 10 层，总面积 1700 平方米。经营大小百货、针纺织品、服装鞋帽、家用电器、五金交电、文体用品、金银珠宝、钟表眼镜、照相器材、烟酒副食、医药保健品等 2 万多种商品。1988 年，商场实行承包经营责任制，初步实现经营权和所有权的分离，转换企业经营机制。1997 年，实行“四放开”改革，企业在经营、价格、用工、分配四个方面的自主权大大增强。1999 年 8 月，进行改制转型，营业大厅由原来的商场自营改为出租经营，通过社会招商出租，商场一楼为四平家电超市，二至三楼为江南证券公司营业部，四楼为西方家俱城。

第九节 个体私营经济

一、政策扶持

1988 年，行署颁布《关于鼓励和扶持个体、私营和合作经济发展的决定》，并以布告的形式张榜公布。全地区各级工商行政管理机关放宽个体工商户的经营范围、经营方式，简化办照手续、缩短审批时间，加快个体私营经济的发展。

1992 年，地委、行署把发展个体私营经济摆上重要战略位置，首次把发展个体私营经济作为政府工作的十大指标之一，列入目标管理，率先在省内成立县（市）发展个体私营经济工作领导小组。10 月，行署批转地区工商局《关于进一步鼓励城乡个体私营经济发展意见的报告》，鼓励个体私营企业购买、兼并国营、集体企业。组织个体工商户、私营企业主分 3 批计 16 人到越南、缅甸等国和独联体国家考察；参加中国个协在深圳举办的首届全国个体私营企业产品展销会。个体私营经济的监督管理坚持“三个不放松”，即年检验照不放松，清理无照经营不放松，查处违章违法不放松。

1994 年，地委、行署先后出台《关于进一步鼓励个体私营经济发展的决定》《关于对发展个体私营经济实施奖励的几点意见》《关于成立地区发展个体私营经济领导小组的通知》等 5 个文件，就个体私营经济的发展目标和发展措施、制止不合理收费、建立激励体制、定点挂钩联系、与公有制经济平等竞争等问题作出规定。准许个体私营企业主承包、租赁、兼并、购买国有、集体企业或在国有、集体企业中参股经营，鼓励各级政府放开手脚，发展个体私营经济。按照个体起步、股份突破、小区发展、规模经营的思路，抓好能人群体、规模群体、市场群体、专业群体来发展个体私营经济。

1995 年，地委、行署召开全地区个体私营经济表彰大会，对 1994 年度全地区 90 名先进个体劳动者、20 个先进私营企业、10 个最佳行业大户和 18 名先进工作者予以表彰和奖励。各县（市）推出新政策、新举措，在个体私营企业税收、土地批租、场所租用、资金信贷、子女上学、权益保护以及奖励、起用能人等方面，给予鼓励和扶持。鼓励动员打工人员回乡办企业，引导个体私营经济积极投身农业开发，吸纳国有、集体企业富余、闲置、停薪人员从事个体私营经济，抓好民营经济试验区，抓好产值、纳税大户的培植，抓好外引内联，加强登记和监督管理。

1997 年，地、县（市）、乡（镇）各级分别召开个体私营经济工作暨表彰大会，全面部署个体私营经济发展工作。地区下发《关于进一步鼓励发展个体私营经济的补充决定》，各县（市）党委、政府从新一轮发展的需要出发，出台新的鼓励发展的政策和措施，全地区上下形成发展个体私营经济的新氛围。

1998 年，地委、行署下发《关于促进个体私营经济新一轮大发展的决定》，提出今后 3 年个体私营经济发展目标和政策措施。地、县（市）分别成立发展个体私营经济政令畅通督查小组，聘请督查联络员，发放个体私营企业收费监督卡。实行发展个体私营经济工作督查制度、个体私营企业收费登记监督卡制度、个体私营企业主评议部门制度、个体私营企业办证办照“一站式”制度、大户挂牌保护制度、目标管理责任制度、党政领导挂钩联系个私企业制度、重点市场（区域）一个窗口收费和一个部门主管制度、“三乱”举报制度、对个体私营企业的各项收费“一年一定”制度等 10 项制度。个体私营经济呈现“经济总量增大，质量档次提高，经济结构趋向合理”的现象。

1999 年，印发《1999 年全市个体私营经济工作意见》，把个体私营经济的发展纳入整个经济和社会发展的规划中。组织各县（市、区）委书记、市直有关单位负责人到浙江省温州市学习考察发展个体私营经济的经验做法。总结推广南康市大力引导个体私营业主投资办实业的经验，在全市范围开展“远学温州，近学南康”的活动。12 月，全省个体私营经济工作经验交流会在赣州召开，南康市在会上介绍经验。

2000 年，市委、市政府下发《关于推广南康经验推进个体私营经济大发展的决定》《关于推广龙南经验大力开展招商引资的决定》。全市按照市委、市政府“一个加快，两个着力，三个提高”（加快个体私营经济增长；着力优化个体私营经济的产业结构，着力培育一批注册资本 500 万元以上的私营企业；改善个体私营经济的组织结构，提高个体私营经济在国内生产总值中的比重，提高来自个体私营经济的税收在财政收入中的比重，提高来自个体私营经济从业人员在全社会就业中的比重，使个体私营经济成为兴赣富民的一个重要的经济增长点）的要求和“四个一批”（变化一批、培养一批、提升一批、引进一批个体私营经济）工作思路，对发展个体私营经济进行再部署、再发动，加大国家扶持、引导、监督、管理的力度，推动全市个体私营经济新一轮大发展。

二、个体私营经济发展

1986 年，全地区把扶持发展个体私营经济重点放在农村和边远山区。个体户发展到 62984 户，其中农村个体户 41901 户，占总户数的 66.53%。1987 年，私营企业开始萌芽。1988 年，个体工商户、私营企业发展到 81740 户，从业人员 174899 人，占全地区总人口的 24.6‰，高于全国的 21‰、全省的 17.6‰比例。1990 年，在城镇重点发展修理、服务和生产加工型行业，在农村重点发展为农业开发服务行业。年底，省工商局、省个体私营经济协会（以下简称“省个协”）在赣州召开生产经营经验交流会，推广调整行业结构的经验。

1996 年，地区成立利用非公有制企业资金领导小组，组织县（市）政府和地直有关部门参加省政府在北京、上海、厦门召开的引进非公有制企业资金恳谈会和江西省加强横向经济联合暨利用非公有制企业资金洽谈会，11 月，召开'96赣州地产食品博览会暨经贸洽谈会，促进全地区个体私营经济总量迅速增大，引进区外非公有制资金 2.18 亿元，引进项目 480 个，引办私营企业 159 户，引导区外打工人员回乡办企业 411 户，从业人员 6594 人，投资 14626.1 万元。

1998 年，举办全国百名民营企业家来赣南观光考察活动，邀请客商 200 多人，洽谈项目 59 个，合同签约资金 4.89 亿元。8 月，地区召开'98赣南产权交易会。11 月，'98江西食品展销会在赣县光彩大市场举办，引进项目 588 个，资金 9.5 亿元。

2000 年，全市有个体工商户 17.8 万户、私营企业 5086 户，其中私营企业注册资本 1000 万元以上的 10 户，注册资本 500 万～1000 万元的 17 户。

表 26-1-8　1986—2000 年赣州市（地区）个体工商户、私营企业基本情况统计表

年度	户数(户)		从业人数(人)		注册资(本)金(万元)		总产值(万元)		销售总额(万元)		税收(万元)
	个体工商户	私营企业	个体工商户	私营企业	个体工商户	私营企业	个体工商户	私营企业	个体工商户	私营企业	
1986 年	62840	144	92140	1237	5671.00	—	—	—	35874.00	—	2391.70
1987 年	71479	101	107118	863	12534.00	—	13579.70	—	49282.00	—	2894.00
1988 年	80967	773	165525	9374	15639.00	—	18408.00	—	91119.00	—	3700.00
1989 年	91912	1677	185090	13371	15540.00	—	27583.30	—	78042.00	—	4778.00
1990 年	86807	1378	175572	10070	16234.00	—	25074.50	—	80684.00	—	5590.00
1991 年	89327	503	197860	6492	21072.00	2226.00	36024.00	1909.00	94264.00	3130.00	6232.00
1992 年	91266	442	206919	7716	28226.00	2652.00	46693.00	—	110613.00	—	8385.00
1993 年	100174	514	235164	9978	36354.00	5673.00	50403.00	2037.00	144526.00	696.00	12797.00
1994 年	127362	941	307009	20766	53797.00	13339.00	38233.00	18401.00	271391.00	10582.00	21985.00
1995 年	152155	2302	377719	52171	87278.00	65068.00	62673.00	106027.00	426060.00	47859.00	36640.00
1996 年	167675	3319	436667	67823	121063.00	101663.00	163128.00	156289.00	630051.00	100188.00	43350.10
1997 年	185784	3983	494307	77318	140433.00	138262.00	214326.00	824589.00	787583.00	125215.00	49174.80
1998 年	189908	4600	519022	89380	154908.00	169233.00	240688.00	327405.00	815392.00	389040.00	59800.00
1999 年	194655	5364	545903	100128	174174.00	223135.00	259090.00	432693.00	871904.00	544991.00	62069.00
2000 年	178437	5086	465666	96475	168705.00	257097.00	217285.00	408955.00	870214.00	510462.00	62100.00

第二章　物　资

1986—2000 年，全市（地区）物资流通由计划经济向市场经济转变，物资供应由指令性计划向市场调节转变，物资部门抓住创办经济体制改革试验区和全省物资体制改革试点的机遇，大胆改革，开拓市场，保供促销，加强行业管理，确保全市（地区）物资的正常流通。

全市（地区）物资系统充分、合理、有效地组织供应计划分配物资，并自行组织市场物资满足重点建设、技改项目对物资的需求。1993 年取消计划分配物资，全市（地区）物资系统发挥主渠道作用，通过市场组织物资，保证重点工程建设和抢险救灾的物资供应。

物资部门和物资企业通过工物联营、经销代销、补偿贸易等多种形式，同一些大型冶金、汽车、

机电等生产企业加强联合，取得较为可靠的资源保障。抓好销售基地建设，各级物资部门通过经销、代销、包销、联销等方式，密切同生产部门、生产企业在产品销售上的合作。推行物资流通的横向联合，与粤、湘、闽毗邻地（市）加强物资经济协作，促进赣、粤、湘、闽四省边界区域经济的繁荣。

第一节　机构　队伍

一、机构

1986 年，地区物资局内设办公室、综合科、财务科、劳动人事科、保卫科、工会、机关党委、纪检组。1987 年 2 月，增设审计科。1990 年 11 月，增设信息科。1993 年 5 月，增挂地区物资总公司牌子，与地区物资局实行两块牌子、一套机构，地区物资局（总公司）内设机构也作相应调整，设行政办公室、党委办公室、业务部、信息部、财务部、劳动人事部、保卫部、总务部、工会、监察 10 个科（室、部）。1995 年 1 月，地区物资局（总公司）内设机构再次调整为行政办公室、党委办公室、企业管理科、劳动人事科、财务科、保卫科、监察室、贸易部、工会、团委 10 个科（室）。1997 年 5 月，地区物资局内设办公室、综合管理科、市场管理科、财务审计科、劳动人事科、仓储保卫科 6 个科（室），核定编制 30 名。

1986 年，地区物资局直属经营机构有金属材料公司、机电设备公司、轻化建材公司、生产资料服务公司、物资储运公司、物资再生利用公司、物资购销服务公司。2000 年，市物资局直属经营机构有市金属材料公司、市机电设备公司、市化工建材公司、市生产资料公司、市物资储运公司、市物资再生利用公司、市物资协作发展公司、市物资摩托车公司、赣州金田房地产开发公司、市物资总公司机械设备成套供应公司、市物资局购销服务公司。

二、队伍

1986 年，地区物资局有职工 397 人。1996 年，全局有职工 816 人。1997 年，地区物资局直属企业改制，通过职工分流安置，职工人数减为 792 人。2000 年年底，市物资局有职工 356 人。

第二节　体制改革

1986—2000 年，全市（地区）物资系统对市（地区）、县（市、区）物资局的机构、职能和物资企业的经营格局、经营机制、竞争机制、分配制度等方面进行改革。

一、经营承包责任制

1986 年 12 月，地区金属材料、机电设备、化工建材、生资服务、金属、回收、物资储运 7 个专业公司分别与地区物资局签订为期 3 年（1987—1989 年）的经营承包合同。1990 年初，行署批转《关于继续坚持和完善企业承包经营责任制的意见》，7 个专业公司承包期分别顺延 1 年。承包企业 4 年累计向地区财政上缴利润 210.36 万元。

1988 年 2 月，各公司实行经理责任制，赋予经理自主权，实行责、权、利的统一。对经理的奖惩也作了明确规定。全市（地区）物资企业实行经营承包后，5 项主要经济指标连续 5 年超计划完成，增长速度较快。

二、“四放开”改革

1992—1997 年，地区物资局在于都县物资局进行经营放开、价格放开、用工放开、分配放开的

“四放开”改革试点，并向各县（市）物资局转发试点方案。随后“四放开”改革在全地区物资企业逐步推开。全地区物资企业在转换经营机制的同时，采取“机构裂变、起用能人、网点承包及推行岗位技能工资和拉大分配档次”等四项改革措施，“四放开”改革逐步深化。

三、企业转制

1997 年初，地委、行署作出“加快推进国有企业改革”的决定，全地区物资企业适时进行转制。11 月，停止地区物资局直属公司老体制的运行，实行买断全民职工身份，买断职工身份的安置费按每年工龄 650 元计算，对未买断全民职工身份的作出内部退养、病退和保职挂编的分流安置，依法组建新公司。至 2000 年 12 月，全市物资局直属公司终止、解除劳动关系 413 人。各县（市）物资企业普遍参照赣州地区物资局直属公司的改革方案进行改制。

第三节 物资分配与供应

一、分配供应体制

1986—1992 年，国家对重要生产资料的分配供应由计划调节逐步过渡到计划分配与市场调节共存（“双轨制”），全地区物资市场调节的比重逐年加大。物资的分配和供应由地区计划委员会负责钢材、水泥、汽车等几种主要物资的平衡分配，其他计划内物资则委托地区物资局平衡分配，由地区金属材料、机电设备、轻化建材、金属回收等几个专业公司按各自的进、销渠道负责供应。

1986—1992 年赣州地区物资系统主要物资计划分配与市场调节数量统计表

表 26-2-1

物资名称	单位	1986 年		1987 年		1988 年		1989 年		1990 年		1991 年		1992 年	
		计划分配	市场调节	计划分配	市场调节	计划分配	市场调节	计划分配	市场调节	计划分配	市场调节	计划分配	市场调节	计划分配	市场调节
生铁	吨	6059	471	7414	1897	8508	2479	5704	1003	5174	480	3079	2111	601	1036
钢材	吨	35261	10304	37292	15759	37157	27158	36506	20427	34475	19394	19010	28817	17539	40427
铜	吨	558	24	405	168	494	351	257	204	865	24	270	900	340	884
铝	吨	220	75	418	28	293	274	288	34	232	20	12	126	72	103
铅	吨	27	20	65	43	28	8	39	88	33	88	11	—	3	79
锌	吨	64	33	100	60	31	54	24	87	39	76	10	36	32	169
烧碱	吨	1475	207	1167	339	1424	611	341	1655	1787	268	900	558	425	872
纯碱	吨	736	149	427	187	527	70	299	688	578	33	800	181	58	184
橡胶	吨	168	15	121	52	208	63	128	22	31	47	90	210	—	—
轮胎	吨	4103	14475	5111	13568	11307	13648	8478	13484	7848	9363	10900	12524	917	16632
水泥	吨	11621	39248	20853	29700	51070	35663	64598	23870	46911	26412	34800	26705	17690	38576
玻璃	重量箱	22308	39729	13024	41202	24757	49365	18242	32941	12900	30821	8500	—	—	48898
汽车	辆	116	463	126	586	343	1287	217	748	88	657	141	1354	82	2624
其中载重车	辆	118	358	118	517	312	1102	196	654	69	507	—	848	80	1160
钢芯铝绞线	吨	37	182	111	230	82	330	118	182	50	88	—	—	1	229
裸铝线	吨	19	24	2	9	9	2	6	1	1	1	—	—	—	—
设备	万元	—	—	—	—	1628	6904	924	4563	598	4807	—	10502	8	31349

1993年，除民用爆破器材以外，全地区计划分配的物资全部放开，生产建设所需物资完全通过市场配置。

二、分配供应原则

物资分配按照“农、轻、重”为序，先生产、后建设，先维修、后制造，先配套、后主机，先简单再生产、后扩大再生产，并进行择优分配。物资供应坚持“从生产出发，为生产服务”的宗旨，按照“供应好，周转快，消耗低，费用省”的要求，遵循“先计划内，后计划外；先重点，后一般；先生产维修，后基本建设”的原则，增加有效供应，提高物资供应水平。

全地区各级物资部门贯彻产业政策，组织市场资源，确保全地区重点建设的需要。1987年，赣江造纸厂扩建工程急需100吨36号大型槽钢，地区金属材料公司联系8家钢厂，从鞍钢及时购进解决。1993—1995年，地区物资局直属公司和赣州市（今章贡区）、赣县、兴国县、南康市（县）、信丰县、龙南县、定南县等县（市）物资局，按时、按量、优质、优价，保证京九铁路建设的各种物资供应。全地区物资系统共派出300多个次服务队、1000多人次到铁路建设工地上门服务，供应1.2亿多元的铁路建设物资。地区物资局直属公司和上犹县、寻乌县、南康市（县）物资局分别为龙潭电站、斗晏电站、罗边电站等重点工程搞好物资供应。地区金属材料公司和寻乌县物资局在供应斗晏电站建设所需钢材时，采取先供货，后付款的办法，保证电站建设顺利进行。

三、供应方式

1986—2000年，全市（地区）物资供应部门主要采取以下6种方式保证物资供应。

对供大于求的产品实行敞开供应 地、县两级物资企业建立供应站、门市部，开展函电购货、缺货登记、租赁、送货上门和服务上门。1993年，地区物资局直属公司通过建立用户档案、上门征求意见、送货上门和实行“三包”（包修、包换、包退），密切与用户的关系。1994—1995年，全地区物资系统全面推行商业部门的做法，大量增设经营门点，将计划供应时期在营业厅开票、仓库提货的营销方式完全变为商场（门店）式经营，改行政班的8小时营业制为中午、星期天和节假日照常开门营业。

“四代一调”服务和物资协作串换活动 地区生产资料服务公司开展以“四代一调”（代购、代销、代加工、代托运，调剂串换）为主的服务业务，组织展销、租赁、包装提运、承包业务等，业务有较大幅度的发展。1988年进销额2294万元，1989年进销额1974万元，1990年进销额791.9万元，1991年进销额3525.3万元。1988年，地区物资协作发展公司成立，主要利用本地资源与外地协作互通有无，串换回全地区生产建设所急需的物资。1989—1990年，协进物资总金额1.79亿元，协出物资总金额1.53亿元。

承包配套供应 地区金属材料公司先后对重点项目赣江造纸厂的技术改造、赣南纺织厂的扩建工程、赣州酒厂的新建啤酒车间和新建的赣南稀土冶炼厂等，均采取承包供应钢材的办法，确保这些项目的顺利完成。1987年，会昌县物资局推行承包供应，对会昌县糖厂的基建、县转鼓厂的生产用材等项目实行配套承包供应，取得良好效果。

划转指标供应 宁都县、石城县主要进货渠道经过赣州市（今章贡区）中转，为降低成本费用，将计划指标划转，改从南昌、抚州中转进货，使物资流向更趋合理，每年可节省运杂费用30%以上。

网点供应 加强网点建设，扩大物资经营范围。至1995年，全地区物资供应网点发展到230个（其中在区外设点16个）。其形式主要有3种：物资企业的供应点，多为自主经营、自负盈亏；委托供销合作社或农机部门销售的代销点；与供销、农机部门联营的供应点。

突发灾害实行特殊供应 1987年，寻乌、安远、会昌等县相继发生地震，所需各种救灾物资计钢材1323吨、水泥1550吨、平板玻璃4500标箱、油毡2000卷、沥青2000吨、纯碱60吨、烧碱240吨，都及时供应到灾区。1992 年，赣州地区遭受历史上罕见的洪涝灾害，物资部门切实搞好救灾物资供应，地区物资局直属公司组织钢材 5000 吨、水泥 2000 吨、油毡 3400 卷和价值 341 万元的机电设备等物资，并派员分别到省物资局和国家物资部门汇报灾情，争取一批钢材等救灾物资。

第四节　特种物资管理

国家规定由物资部门专营的品种有民用爆破器材、报废汽车回收及旧机动车交易，其中民用爆破器材由物资部门经营管理，实行计划分配。

一、民用爆破器材管理

境内民用爆破器材产品由地区物资局负责计划分配，地、县两级轻化建材公司（物资局直属经营机构）负责销售。1997 年，地区和部分县（市）成立民用爆破器材专营中心，把业务从轻化建材公司单独划出专业化经营。

地区物资局及地区化工建材公司每年召开 1～2 次民用爆破器材工作会议，下达计划，预拨订货，布置销售管理和安全工作。1989 年，地区物资局、地区公安处对民用爆破器材的生产、储运、购买、运输和使用进行安全大检查，纠正违反规定的做法，堵塞漏洞，防止民用爆破器材的丢失、被盗和其他事件的发生。1990 年，地区物资局和地区公安处联合下发《关于贯彻全区民用爆炸物品管理工作会议的情况通报》，对爆炸物品、枪支和弹药严加管理。1993 年 10 月，地区物资局组成检查组，会同公安部门，对信丰等 12 个县的民用爆破物品仓库的设施、储存、保管和经销等情况进行检查，并向全地区通报情况。1994 年 7 月和 1995 年 3 月，行署批转《赣州行署公安处关于加强民用爆破物品管理工作的意见》，确定民用爆破物品的经营调拨、计划供应和仓储管理等政策法规及整治措施。1995 年 8 月，加强对民用爆破器材生产、购销、管理。9 月，加强区内民用爆破物品购销管理措施。1998 年，行署办公室转发地区物资局和地区公安处《关于进一步加强民用爆破器材经营和安全管理的意见》。物资部门筹集资金改善仓储设施，大余、南康、信丰、龙南等县（市）物资局新建符合安全标准的民用爆破器材仓库。其间，全地区每年几千吨的炸药、雷管经物资人的手送达用户，没有发生过一起重大事故。

二、物资再生资源利用

废旧金属回收　1986 年，国家对废钢铁回收实行计划管理，下达指令性回收计划。区内废钢铁行业管理由地区物资局负责，生产性废钢铁的回收由地区金属回收公司（后更名为地区物资再生利用公司）承担。省下达赣州地区废钢铁回收任务为 6070 吨，实际完成 7359 吨，上缴 6032 吨。1987 年，取消回收上缴废钢铁指令性计划，开放废旧金属市场。废钢铁市场竞争日趋激烈，回收价格逐年上升，销价偏低，经营难度不断增加。地、县（市）两级物资再生利用公司采取议购议销、签订串换合同等方式进行经营回收。通过召开厂矿企业供销科长会议及业务人员分片包干等措施，稳定回收渠道，采取切割加工、精心清选分类等办法，提高废钢铁等级增加利用率。全市（地区）物资部门回收及销售废钢铁的情况：1987 年，回收 4203 吨，销售 4193 吨；1990 年，回收 8299 吨，销售 8258 吨；1995 年，回收 1370 吨，销售 818 吨；1997 年，回收 822 吨，销售 417 吨；2000 年，回收 197 吨，销售 159 吨。

报废汽车回收　1995 年，域内报废汽车回收管理工作由地区老旧汽车更新领导小组统筹领导，地区物资局会同公安、工商等部门加强市场管理。1989 年，地区物资局协同地区公安处联合下达《关于加强汽车报废更新管理的通知》，要求区内凡符合报废条件的汽车，必须经有关部门批准后，方可进行报废，且各单位报废汽车一律送交地区金属回收公司，不能擅自将报废车辆卖给非回收单位和个人。回收部门则不得接收未经公安部门批准报废的车辆。1996 年 5 月，行署办公室下发《关于贯彻〈报废汽车回收管理办法〉的通知》，要求维护正常报废渠道，重申老旧汽车（含拖拉机）报废回收工作仍由物资部门负责，坚持报废老旧汽车回收标准，严格履行报废回收手续，改进报废回收办法，加强报废回收工作的协调管理。报废机动车的拆解回收由地、市两家物资再生利用公司承担。1997 年 12 月，地区物资再生利用公司成为全地区唯一通过资格认证的报废汽车回收（拆解）企业。全市（地区）物资系统报废汽车回收情况：1986 年 50 辆、1990 年 195 辆、1993 年 568 辆、1995 年 324 辆、1997 年 288 辆、2000 年 226 辆。

三、旧机动车交易

旧机动车交易由地区物资局管理，物资企业负责业务经营。1986 年，地区物资局、工商局、车管所 3 家联合规定：全地区旧机动车交易验证手续，由地区机电设备公司、物资储运公司负责办理，其他任何单位和个人均无权办理。1994 年，地区物资再生利用公司在赣州市（今章贡区）沿坳建立赣州地区旧机动车车辆交易市场。

1998 年，地区物资局停止行使对旧车交易管理的行政职能，其下属企业停办交易验证手续。

第五节　经营管理

一、计划综合管理

计划指标管理　1986—1992 年，地区物资局受地区计划委员会委托下达物资平衡分配计划指标，负责由省分配的民用爆破器材供应计划及汽车更新计划的分解下达。1993—2000 年，民用爆炸物品仍实行计划供应、专管专营，报废汽车回收没有放开，其余生产资料均取消指令性计划，完全由市场配置，形成国家、集体、私营、个体经营多种成分并存的格局。

经济效益计划　1986 年，地区物资局对直属公司和县（市）物资局分别下达企业经济效益计划，主要内容包括物资销售收入、销售利润、物资流转费用水平、定额流动资金周转速度、全员劳动效率等 5 项指标，作为经济责任制目标和衡量企业管理水平的基本指标。1987 年，把经济效益计划分为指令性计划指标和指导性计划指标。1994—2000 年，每年只下达主要经营目标，考核内容有商品销售收入和利润（包括减亏）。

信息工作　1986 年 6 月，地区物资局创办《赣南物资信息》，建立起全地区物资信息网络。至 1988 年，地区物资局及其所属单位与 24 个省、58 个市、66 个县、61 个物资专业公司建立信息联系网络，传递经济信息和物资供求信息。将全国各大城市生产资料的市场信息和价格行情及时向各有关单位发布。同时，还与域外 80 多个单位建立信息交流关系。

二、物价管理

1986 年，行署下发《赣州地区重要生产资料市场价格管理试行办法》，建立赣州地区重要生产资料市场价格协调小组，每月不少于一次商定公布市场重要生产资料的指导价格。地（市）物价局和物资局等有关部门对石油、汽车、拖拉机、铜及铜材、铝材、铅、锌、生铁、水泥、木材、纯碱、烧碱、硫酸、硝酸、盐酸、平板玻璃、化肥、高效低残留农药、焦炭等 21 个品种实行指导价格，规定上浮幅度，以稳定工业消费品的市场价格。

1988 年，凡进入赣南钢材市场的钢材、生铁、炉料和有色金属材料均按照统一价格交易，未进入市场的，按“随行就市”“平抑物价”的原则，采取自行定价，挂牌销售，接受物价部门监督。1990 年 3 月，地区计划委员会、财政局、物价局、工商局、物资局联合下发《关于物资经营中几个问题的意见通知》，对不合用的计划内物资转计划外按市场价格销售；有最高限价的，执行最高限价；没有最高限价的，允许按国家有关规定，略低于当地市场价格随行就市，其差价单独列账，不进利润、盈亏互补、滚动使用，再从市场上购进合用的物资转计划内供应，差价盈余到期清算，不得挪作他用。当计划外物资转入计划内销售时，其差价计算，要报同级物价部门批准。计划外销价的确定，按购进成本加计划内规定的进货费和管理费，有限价的不能高于限价。

1992 年，物资系统执行“合理计费，合理盈余”的作价原则，采取“国家定价、国家指导价和市场调节价”的办法，对各种物资流通规定收费标准。1993 年，取消计划分配，物资价格随行就市。

三、财务管理

1987 年，地区物资局代表所属公司与地区财政局签订经营承包合同，实行“定死基数，上缴利润，递增包干，超收全留，欠收自补”的经营承包责任制，承包期 3 年（1987 年 1 月 1 日至 1989 年 12 月 31 日）。承包期间，确保上缴利润，1987 年为 41.8 万元，以后每年递增 10%。地区物资局所属公司按 1986 年调整后的第二步利改税方案交纳所得税，超承包数征收所得税，由地区财政局当年返还地区物资局。地区物资局上缴所得税不足承包数部分，由地区物资局在留利中补交。由财政返还地区物资局的超承包数，用于生产发展基金不得低于 75%。正常的税后留利，则按原核定的比例分配。12 月，地区物资局与其直属 6 个专业公司（金属、机电、轻化、回收、储运、生资）分别签订“定死基数、递增包干、超收分成、欠收自补”的承包经营合同，超包部分的 80%留公司使用、20%上缴赣州地区物资局统筹安排使用。

1990 年，地区物资局完善与地区财政局的经营承包合同责任制。地区物资局承包上缴的利润在 1986 年上缴基数的基础上翻了一番（72 万元）。超收部分，由地区财政局全额返还地区物资局，地区物资局拿出一定的比例增加流动资金。欠交部分，则由地区物资局的自有资金补足上缴财政。各县（市）物资局也分别与当地财政部门实行经营承包责任制或目标管理。地、县（市）物资部门接受同级财政部门下达的财务指标并负责报告执行情况。

1992—1993 年，地区物资局直属公司仍然实行经营承包责任制，县（市）物资局则分别实行经营承包责任制或目标管理。1992 年，全地区物资企业各项财务指标完成较好，全年物资销售收入 6.17 亿元，利润总额 509 万元，上缴利税 8025 万元，分别比上年增长 102.8%、72.31%和 87.4%。1993 年，全地区物资企业各项财务指标除销售收入继续增长（达到 7.08 亿元），其余指标完成情况均不理想，效益滑坡，亏损 214.7 万元。

1993 年下半年，全地区物资企业开始全面实行新的财务制度，确保有关政策衔接和财务制度调整。12 月，地区物资局制定《赣州地区物资总公司财务制度暂行规定》，并印发直属公司执行。

四、仓储管理

1987 年起，全地区物资系统普遍对仓储业务管理采取“减少环节、勤进快销、直达供应”等措施，且每年进行一次清仓利库，尽量压缩库存，防止物资积压。加强对仓储的科学管理和责任制管理。推行仓库定置管理、物资码垛标准化等现场管理。1987 年，地区金属材料公司增设沙石仓库，设置储运科，建立岗位责任制、经济责任制和安全防火制度等。1990 年，公司投资 45 万元，将料棚全部拆除，在原地改建二层钢筋混凝框架结构“敞开式”仓库 1 栋，总面积 2160 平方米，改建后的仓库容量 3 万吨，日吞吐量由原来的 50 吨提高到 200 吨。1992 年，地区金属材料公司、机电设备公司、轻化建材公司、物资再生利用公司等单位相继增设仓储保卫科，雇请保安人员在仓库昼夜值班。各级物资部门仓库实行严格的门卫制度，对进出车辆、人员和物资出库，查验出门证后放行。保管人员对仓库物资库存情况严格保密。

五、物资经营

主要物资供应销售 1986—1992年，物资供应由指令性计划向市场调节转变，计划分配的物资品种和数量逐渐缩小。1993年，原计划分配的物资全部放开，生产资料可以自由流通，生产建设所需物资完全通过市场配置。全地区物资系统发挥主渠道作用，通过市场自行组织物资资源。物资企业通过向生产厂家投资、签订中长期购销合同等方式，使物资资源有较为可靠的保证。全地区物资系统开始探索代理制，建立新型的工商关系。地区金属材料公司、机电设备公司等物资企业，同有关钢铁、汽车和机电设备厂家建立多种形式的代理、代销关系，保证赣州地区工农业生产尤其是重点工程建设的物资供应。1993—1995年，全地区物资系统供应京九铁路赣南段建设物资的销售额达1.2亿多元。1996年8月，赣州行署下发《关于全区重点建设项目主要物资实行统一由物资部门供应的实施办法》，为物资部门大力支持全地区的重点建设项目提供政策支持。

表26－2－2

1986—2000年赣州市（地区）物资企业主要物资销售统计表

物资名称	单位	1986年	1987年	1988年	1989年	1990年	1991年	1992年	1993年	1994年	1995年	1996年	1997年	1998年	1999年	2000年
生铁	吨	6530	9311	11168	6367	5654	5251	1961	1118	584	79	18	—	130	—	—
钢材	吨	45565	53051	54315	55933	53869	55439	59176	57296	28593	20424	14542	13290	13173	5269	4192
铜	吨	582	573	845	461	889	1350	1142	457	187	66	70	43	29	—	10
铝	吨	295	446	567	323	252	215	197	100	34	1	—	—	1	20	—
铅	吨	47	108	36	127	121	40	72	39	147	—	5	3	1	—	—
锌	吨	97	160	85	111	115	56	187	—	—	—	—	—	—	—	—
烧碱	吨	1682	1506	2053	1996	2055	989	1312	992	512	170	52	16	—	20	—
纯碱	吨	885	613	597	987	611	390	272	489	95	139	15	16	—	12	—
轮胎	吨	18578	18679	24955	21962	17211	17592	17406	15882	10048	7241	2634	1118	663	185	183
水泥	吨	50869	52553	86733	88468	73323	66257	54794	32349	15271	11632	9477	7819	3160	2900	4105
玻璃	重量箱	62037	54226	74132	49536	43721	38349	53246	53074	17926	2296	1620	447	495	383	40
汽车	辆	579	712	1630	965	745	1455	2670	2357	1084	767	701	602	389	188	238
其中载重车	辆	476	635	1414	850	576	945	1282	1372	670	293	207	134	249	87	16
钢芯铝绞线	吨	219	341	412	300	138	—	—	—	—	—	—	—	—	—	—
裸铝线	吨	4	11	11	7	2	—	—	—	—	—	11737	—	—	—	—
机电设备	万元	—	—	8532	5487	5405	11055	30908	23818	10485	11737	7879	8725	368	553	797

多种经营 1987年，全地区物资系统实行“一业为主，多种经营；交叉经营，全方位开放”的经营格局。突破物资企业单一专业品种的框框，拓展经营活动新领域，扩大物资销售收入。1988年，地区金属回收公司成立地区物资开发经销公司，经营项目由原来的废钢铁和废有色金属2个品种，增加到金属材料等16个品种。市场调节销售额达450万元，销售利润为26.9万元，占金属回收公司销售总利润的48.32%。各县（市）物资局也相继实行“一业为主，多种经营”。

1992—1996年，全地区物资企业突破传统经营范围，先后开展房地产、劳务输出、饮食服务、运输、摩托车、家电、农副矿产品加工等经营。

1997年，物资系统全面改制，原物资企业老机制运行停止，全地区物资系统“一业为主、多种经营”就此终止。

横向经济联合与物资协作 1986年6月，地区物资局与广东省韶关市物资局、湖南省郴州地区物资局共同协商，在韶关市正式建立韶关、赣州、郴州物资经济联合区，开始跨地区横向物资协作。之后，又发展湖南省衡阳市物资局、广东省清远市物资局和江西省吉安地区物资局为成员的三省六地（市）物资经济协作区。10月，地区物资局与广东省梅州市物资局、福建省龙岩地区物资局共同协商，建立由三地（市）物资局及三地（市）边界毗邻县物资局共同参加的赣州、梅州、龙岩物资经济协作区。福建省三明市物资局也随后参加物资经济协作区，形成闽、粤、赣三省四地（市）物资经济协作区。两个物资经济协作区均成立理事会，并签署《交流物资信息、互相调剂协作物资和共同开发物资资源》的联合章程。1986—2000年，两个物资经济协作区的地（市）物资局及其直属公司、边界县物资局之间，每年均开展多层次、多形式的物资经济协作活动，彼此交流经验、互通信息、洽谈业务、调剂物资，促进四省边界区域经济。全市（地区）物资系统在这两个物资经济协作区的物资购销总额2.6亿元，平均每年在1733万元以上。调剂的主要物资：钢材、有色金属、汽车、化工产品、建材产品等。

1989—1990年，物资部门与域外有关部门开展以物易物的物资协作串换，缓解赣州地区市场较紧俏物资的急需。全地区物资部门协进物资总金额达1.79亿元，协出物资总金额为1.53亿元。协进的主要物资：钢材35961吨、生铁2274吨、铜520吨、铝62吨、锌65吨、焦炭791吨、烧碱1442吨、纯碱450吨、轮胎1570套。

生产资料市场建设 全地区物资部门培育发展生产资料市场，增设经营网点。1988年1月，由地区金属材料公司承办的赣南钢材市场开业。1989年9月，由地区机电设备公司承办的赣州地区闲置设备调剂市场成立，地区经委、财政局、物资局联合下发《关于调剂处理闲置设备有关规定的通知》。1995年，地区物资局把市场建设纳入目标管理，抓好汽车市场、钢材市场、化工建材市场等专业市场的规划和建设，分别在地区物资局大院、地区机电设备公司仓库、地区化建公司仓库挂起汽车市场和化工建材市场的牌子，建立汽车市场、赣南钢材市场和生产资料一条街。全地区物资系统的经营网点逐年发展，由1992年的125个增加到1995年的230多个（其中在域外设点16个）。宁都、瑞金、龙南、崇义、信丰、定南等县（市）物资局在抓好网点建设的同时，还积极创办县级综合性物资批发商场。一个以赣州市（今章贡区）为龙头，各县（市、区）城镇为依托，城乡网点为基础，区域外城市网点为窗口的生产资料市场网络出现雏形。

第三章　对外及对港澳台经济和贸易

1986—2000年，赣州市（地区）的对外贸易经历由中央统管到地方自营、从计划经济到社会主义市场经济过渡，形成外贸专业公司与获准享有进出口经营权的生产企业同时开展对外贸易业务的局面。利用外资工作有新的成果，“三资”（中外合资经营、中外经营、外商独资经营）企业日益增多。对外经济技术合作取得长足发展。

第一节　外经贸体制改革

一、机构设置

市（地区）对外贸易经济合作局是市政府（行署）管理全市（地区）外经贸工作的职能部门。

1986 年，赣州地区对外经济贸易局内设办公室、综合业务科、对外经济科、财务基建科。1994 年，与地区招商局、地区利用外资办公室合署办公，机关增设外资管理科。1996 年，更名为赣州地区对外贸易经济合作局，内设办公室、外资管理科、外贸管理科、外经管理科、审计科。机关编制 42 名。1999 年 7 月，更名为赣州市对外贸易经济合作局。市外经贸局直属企业公司有赣州市对外贸易公司、赣州市工矿产品进出口公司、赣南进出口公司、赣州国际经济技术合作公司、赣南外经贸集团公司、赣州市德丰外贸有限公司、赣州畜产厂、赣州外贸运输公司（外运车队）。市外经贸局下属事业单位有赣州市出国劳务人员培训中心和赣州市外商投资咨询服务部。

1994 年，地区外经贸局设立驻北京、南昌办事处；1995 年设立驻香港、深圳、汕头办事处，均为自收自支的正科级事业单位。2000 年，撤销驻北京、南昌、香港、汕头办事处，保留驻深圳办事处。

二、体制改革

1986—1987 年，赣州地区外贸由高度集中的经营机制和单一的指令性计划管理体制向下放外贸经营权，向指令性计划、指导性计划和市场调节相结合机制转变。地区外经贸局所辖各地直外贸公司，县（市）外贸公司继续沿袭单纯指令性计划出口供货。1988—1990 年，在全地区外贸行业实行承包经营责任制，动用价格、汇率、利率、税率等经济手段对外贸领域实行宏观调控，具体集中在经营机制运作中。1988 年，由地区外经贸局年初给地直各外贸公司、各县（市）外贸公司下达出口供货年计划，再由企业将计划层层分解，落实任务，企业向地区外经贸局负责，企业各部门向公司负责，职工向部门负责，打破吃“大锅饭”的局面。各项进出口业务仍以出口供货为主，唯有赣南进出口公司一家企业开展自营进出口业务。

1991—1993 年，取消对外贸出口的财政补贴，以建立自负盈亏机制入手，外贸逐步走上统一政策、平等竞争、自主经营、自负盈亏、工贸结合、推行代理制的轨道。由外贸企业承包自负盈亏，实行以大类商品区分的外汇留存的比例办法，为企业平等竞争创造条件，外贸体制改革与调整汇率和关税配套进行，外贸宏观调控体系进一步完善。行政管理部门不用行政手段干预外汇资金的横向流通，发挥市场调节作用。增加企业支配使用外汇，为赣州地区商品进入境外市场提供更多的机会。

全地区外贸企业继续推行承包经营责任制。地区外经贸局原则上只行使对全地区外经贸企业领导班子和计划指标的行政管理权，企业内部承包指标的制订、机构设置、优化组合、工资浮动、风险抵押和奖罚规定的范围、形式、比例由企业自行决定，报地区外经贸局备案。建立二级核算单位，实行二级经营，有更多的企业，包括商业、供销、物资等部门的企业，与享有自营进出口权的企业挂户经营。1993 年，全地区外经贸企业实行经理负责制，建立和完善监督约束机制，地直外经贸企业人、财、物全部与省外经贸企业脱钩。各县（市）外经贸企业人、财、物全部划归当地管理。8 月，地区外经贸局制订《国有经营的试行方案》，把国有企业中企业法人所拥有的经营权和财产使用权有偿转让给公民（自然人）。国有资产所有权归国家，企业仍为全民所有制性质，企业法人和职工、公民依法订立合同，员工的全民所有制身份不变，原工资级别进入档案，原有工资及待遇全部停发，按私营企业的经营机制和分配原则运作，明确合同权利和义务，确认出让方和承接方的责、权、利，使所有权与经营权相分离，排除原有体制的延续。国有民营企业自主经营、独立核算、自负盈亏。

1994—2000 年，全市（地区）实行单一的、有管理的浮动汇率制，取消各类外汇留成，实行银行结算汇制。调整与完善出口退税政策，实施有利于出口发展的信贷改革，建立出口商品发展基金和风险基金；按照现代企业制度改造国有外经贸企业，推行股份制试点，推动企业开展“一业为主、多种经营”，走实业化、集团化、国际化、多元化的路子，对有条件的生产企业、流通经营企业和科研院所赋予自营进口权。1995 年，在劳动制度上，实行全员劳动合同制和优化组合，对部分职工采取内部退养发生活费等措施。在人事制度上，打破干部与员工的界限，实行聘任制。公司总经理聘任部门经理，部门经理聘任员工，建立逐级聘任（用）、逐级管理、双向选择、择优上岗的用人机制。在分配制度上，进行风险抵押承包、划小核算、费用包干、收入与贡献挂钩、适当拉开分配档次等经营管理方式，推行“包死基数、超收分成、欠收自补”的内部承包制，提高员工风险意识。对县（市）外经贸局（公司）实行目标考核，对全面完成目标任务的县（市）局（公司）年终奖励局长（经理）2000元，年工资收入可高于该公司职工平均工资收入的1～2倍；未完成任务的罚款500元等。1997年，赣南进出口公司与赣州冬冬宝集团合作，吸收冬冬宝集团集体法人股，成立赣南进出口有限责任公司。9月，成立赣南进出口黄金岭开发区公共保税仓库，并从赣南进出口公司分离出来，成立赣南进出口黄金公共保税仓有限公司，实行独立经营、自负盈亏，具有一级法人资格。年底，地直外经贸所有企业职工自选买断工龄、保职挂编、下岗待业、请长假等四种形式中的一种进行改制。地直各企业员工总人数近200人，仅保留100余人。各企业成立留守处，其主要职责是确保国有资产不流失，处理债权、债务等遗留问题，酝酿重组股份责任公司或新的外经贸企业。1998年，组建赣南外经贸集团公司，赣州地区外经贸进出口公司自营进出口权变更到赣南外经贸集团公司。1999年，赣南进出口有限责任公司、地区外贸公司、赣南外经贸集团公司、赣州国际经济技术合作公司、地区工矿产品进出口公司实行股份制经营，在分配上实行基础工资、岗位工资、效益工资相挂钩，上不封顶、下不保底。随后，市（地）直外经贸企业改制均实行股份制经营机制。

第二节 对外贸易

1986—1992年，全地区外贸经营沿袭计划经济体制经营机制运行。1993年，对外贸易开始由中央经营到地方自营、从计划经济到市场经济的过渡，外贸经营公司与获准享有自营进出口权的各类生产企业、科研院所同时各自开展进出口业务。地区先后出台《关于深化外经贸体制改革意见》等一系列政策，1986—1994年，全地区出口商品供货总值21.52亿元、尤以1988年、1989年、1990年业绩为甚，分别为3.71亿元、2.86亿元、2.85亿元；出口商品门类逐年攀升，至1994年，出口商品门类有食品、工业用土产原料、山货、木材、中药材、纺织纤维及废棉、纺织品、服装、轻工艺品、化工、医药、机械及设备、仪器及设备、仪器仪表、陶瓷、工艺品、黑色金属、非金属、矿产品等19个。

1995年，全地区计划出口供货业务终止，自营进出口业务发展迅猛，成为赣州地区进出口业务的新亮点。“九五”期间，有43家企业获准享有自营进出口权。至2000年，全市获准享有自营进出口权的企业53家。“九五”期间，自营进出口商品总值4.79亿美元，其中出口商品总值4.49亿美元。“九五”期间进出口商品总值最高年份是1997年的8525.58万美元。出口商品销往日本、也门、科威特、南非、德国、意大利、荷兰、英国、阿根廷、美国、沙特阿拉伯等11个国家和地区。出口商品有粮油、食用植物及其产品、工业用土产原料、山货、木材、纺织品、服装、工艺品、纸浆纸张及制品、日用杂品、有色金属、煤炭及煤制品、塑料、汽车电车摩托车及零件15大门类。最高年份分别是1996年的22大门类和1997年的31个国家（地区）。

一、出口供货

1986年，全地区出口供货总值1.65亿元，占年计划的217%，出口供货商品共分12个大类：粮油、食品、土产、畜产、轻工业品、纺织品、工艺品、五金矿产、医保、化工、机械、冶金产品，其中五金矿产类出口供货总值最大，达2779.45万元。赣州市（今章贡区）、赣县、南康县、龙南县、定南县、兴国县、寻乌县、石城县等8个县（市）出口供货任务完成较突出，其中赣州市（今章贡区）

完成供货金额 1683 万元，是全省 13 个出口供货超千万元以上的县（市）之一。

1987 年，全地区完成出口供货总值 2.24 亿元，占年计划的 117.9%，比上年增长 35.7%。出口供货商品在上年的基础上增加服装、有色金属两大类。冶金矿产类供货总值最大，达 6939.55 万元。以赣州市（今章贡区）供货总值最高，总值 2548.02 万元。

1988 年，赣州地区为江西省经济体制改革试验区，全地区外贸加大改革开放的力度，扩大出口供货，增加出口品种，提高经济效益和发展对外经济、试营出口业务。全地区出口供货总值高达 3.71 亿元，占年计划的 126.33%，比上年同期增长 65.29%。出口新商品增加，分粮油食品、土产、畜产、轻工业品、纺织品、服装、丝绸、工艺品、五金矿产、医保、化工、机械、设备、冶金、有色金属 15 大类，其中有色金属类出口供货值最大，达 1.3 亿元。出口供货额最大为地区外贸公司，达 2.79 亿元。

1989 年，全地区出口供货总额 2.86 亿元，没有完成年计划。出口供货商品为 15 大类，冶金产品供货额最大，达 1.12 亿元。以地直公司供货额最大，为 1.35 亿元。

1990—1991 年，市场疲软，银根紧缩，国内收购价上涨，西方国家制裁，给外贸带来一定的困难。全地区先后完成出口商品供货总值 2.85 亿元和 1.78 亿元，供货商品有粮油食品、土产、畜产、轻工业品、纺织品、服装、丝绸、工艺品、五金矿产、医保、化工、机械、冶金 13 大类。其中冶金类供货额最大，达 1.11 亿元。地直公司出口供货额最大，达 1.71 亿元。

1992 年，全地区供货总值 2.1 亿元，出口供货商品分 18 个大类，其中粮油食品、土产、畜产、轻工、纺织品、丝绸、冶金七大类别形成赣州地区供货的五大支柱，占全地区出口供货总值的 70%。全地区除赣县、安远县、寻乌县 3 个县未完成计划外，其余各县（市）均完成或超额完成年计划，大余县、全南县、宁都县、兴国县、会昌县等 5 个县均达 500 万元以上。

1993 年，全地区出口供货总值 1.8 亿元。出口供货商品有食品、香调料及香料油、工业用土产原料、山货、畜产品、木材、纺织纤维及废棉等纺织品、服装、轻工业品、陶瓷、工艺品、有色金属、非金属等矿产品、化工、医药、机械设备 16 个大类。除赣县、南康县、龙南县、上犹县 4 个县外，其余 14 个县（市）出口总值 2350 万元。1994 年，全地区出口供货总值 2.52 亿元，出口供货商品 19 个大类，其中服装类总值为 8819 万元，占整个出口供货总值的 35%，是当年度大宗出口供货商品类。

1986—1994 年，全地区出口商品主要销往日本、菲律宾、马来西亚、新加坡、巴基斯坦、印度、斯里兰卡、科威特、韩国、冈比亚、南非、德国、法国、比利时、英国、丹麦、希腊、西班牙、智利、美国、澳大利亚、新西兰等国家。

1995 年，江西省外经贸厅对全省出口供货业务作出政策性调整，赣州地区出口供货业务终止。

二、自营进出口

1988 年，外经贸部批准赣南进出口公司享有自营进出口权，首开赣州地区自营进出口先河，赣州地区进出口商品可以直接进入国际市场。赣南进出口公司是外经贸专营流通国有企业，进出口业务涉及五金矿产、纺织品、服装等门类。出口商品总值 89 万美元，出口创汇 21 万美元。至 2000 年，全市有 53 家企业获准享有自营进出口权。经营门类涉及综合性流通外贸业务，即有色金属、服装、轻工业品、稀土、制药、制糖、机电、造纸、文具、制革、钨业、果业、机械、化工、矿产、畜产、纺织等行业。

自营出口 1988 年，全地区出口商品总值 89 万美元，出口创汇 21 万美元。1989 年出口商品总值 90.5 万美元，出口商品分稀土、松香、砂井盒、神纸 4 大类。1992 年，全地区出口商品年总值 501.26 万美元，出口商品分食品、畜产品、木材、纺织品、服装、轻工业品、工艺品、化工、医药 9 大类，其中纺织品大类出口值 183.26 万美元，占整个出口总值的 36.56%。商品销往日本、马来西亚、新加坡、西德等国家。

1993 年，赣州地区自营进出口业务发展迅猛，全地区出口总值 1029.62 万美元，出口商品已从最初的 4 大类发展到食品、香调料及香料油、工业用土产原料、木材、纺织品、服装、轻工业品、陶瓷、工艺品、有色金属、化工、医药、机械及设备等 13 大类，其中服装大类出口总值 381.32 万美元，占整个出口总值的 37.04%，是出口最多的商品。商品销往日本、菲律宾、马来西亚、新加坡、巴基斯坦、印度、斯里兰卡、科威特、韩国、冈比亚、南非、德国、法国、比利时、英国、丹麦、西班牙、智利、美国、澳大利亚、新西兰等国家。1994 年，全地区自营出口商品总值 893.31 万美元。出口商品分食品、工业用土产原料、木材、服装、陶瓷、有色金属、化工等 12 大类，其中服装大类 412.41 万美元。全地区自营出口实绩均由赣南进出口公司独家完成。

1995—1999 年，全地区自营出口贸易总值 3.65 亿美元，自主经营企业从仅有的赣南进出口公司 1 家有出口实绩逐步发展到由赣南进出口公司、地区对外贸易公司、赣州创业集团公司、赣州市进出口公司、地区工贸矿产品进出口公司、地区外经贸进出口公司、南康市外贸公司、赣州有色冶金研究所、赣州虔东工业公司、龙南县稀土工业公司、赣南制药厂、赣州南方有色金属冶炼厂、赣州电池厂、赣州皮革工业公司、赣州富通木制品有限公司、赣州钨钼材料厂、大余县伟良钨业有限公司和江西万新集团公司及南康市、上犹县、龙南县、会昌县、瑞金市、全南县外贸公司 24 家共同完成出口实绩，出口商品种类、数量增多。主要商品有食用植物及其产品、食用制成品、香调料及香料油、工业用土产原料、山货、木材、纺织原料、纺织品、丝织品、服装、工艺品、箱包及鞋帽、文体用品、纸浆纸张及制品、日用五金器皿、家具、有色金属、非金属矿产品及制品、化工原料、塑料制品、汽车电车摩托车及零件、电动设备及器材、油漆油墨及染料等 20 多类，销往日本、泰国、马来西亚、新加坡、巴基斯坦、孟加拉国、沙特阿拉伯、阿联酋、南非、保加利亚、荷兰、加拿大、美国、澳大利亚、伊朗、以色列、埃及、法国、荷兰、葡萄牙、阿根廷、也门、科威特、德国、意大利、英国、丹麦、瑞典、奥地利、俄罗斯、爱尔兰、智利、墨西哥等国家。1995—1998 年，赣州创业工业集团历年出口总值最大，共计 2.18 亿美元。出口商品总值最大的均为服装类。1999 年，出口总值最大的企业为赣州虔东工业公司 1225.38 万美元，出口总值最大的商品为有色金属 2823.07 万美元，出口商品总值最大的国家为日本 1.77 亿美元。

2000 年，全地区出口商品总值为 3659.26 万美元，自营进出口企业赣南进出口公司、赣州有色冶金研究所、赣州创业工业公司、赣州虔东工业公司等 12 家均有出口实绩，其中赣州有色冶金研究所出口商品总值最大，达 1275.82 万美元。出口商品为食用植物及其产品、工业用土产原料、木竹、纺织品、服装、工艺品、箱包及鞋帽、家具、有色金属、油漆油墨及染料、电动设备及器材 11 大门类，其中有色金属类出口商品总值最大，达 2790.84 万美元。销往日本、泰国、新加坡、印度尼西亚、也门、伊拉克、英国、奥地利等 21 个国家和地区，销往日本总值最大，为 1296.43 万美元。

自营进口 1990 年，赣南进出口公司开始办理进口业务，进口额为 40 万美元，1991 年发展到 233 万美元，此后进口贸易逐步增长。进口的主要货物有成套设备及技术引进、汽车及摩托车、唧筒压缩机械、其他机械、西药、医疗机械、化学试剂、家用电器、照相电影器材、动植物油籽、机床工具、金属矿砂、化工原料、建材、纸浆纸张、橡胶及制品等。1992—1995 年各年份中，进口到货总值最大为 1995 年，进口总值 200.06 万美元。进口地有瑞士、日本、新加坡、瑞典、智利、美国、韩国等国家，其中唧筒压缩机械大类进口额 199 万美元（1992 年），成套设备及技术引进大类进口额 207.14 万美元（1993 年），建材类进口额 463.07 万美元（1994 年），动植物油进口额 179.99 万美元（1995 年）。

1996 年，全地区有 11 家享有自营进出口权的企业加入进口贸易行列，进口贸易并未呈现上升趋势。进口额为 375.54 万美元，赣南进出口公司、地区对外贸易公司、地区工矿产品进出口公司、南康市对外贸易公司、定南县对外贸易公司均有进口实绩。其中，赣南进出口公司进口额最大，达193.9万美元，进口地为韩国、德国、法国、比利时、澳大利亚等国家和地区，进口货物有纺织原料、纺织品、化工原料、塑料、医药原料、成套设备6个门类，当年以纺织原料类商品总值最大。1997年，全地区进口额38.39万美元，仅有纺织品、各类机械两大类进口商品，以纺织类为主，来自于德国等国家和地区。1998年，全地区进口贸易总值239.1万美元，进口货物有食品制成品、化工原料、塑料、医药原料4大类，其中医药原料总值最大88.1万美元。进口地有日本等国家和地区。赣州国际经济技术合作公司、赣南制药厂及南康、龙南、会昌、瑞金等县（市）外贸公司均有进口实绩，其中南康市外贸公司进口额最大，达52.5万美元。2000年，进口贸易总值为25万美元，均由市直外经贸专营公司完成。

表26-3-1

1988—2000年赣州市（地区）自营进出口统计表

年度	有实绩企业(个)		进口商品实绩			出口商品实绩			进出口商品总值(万美元)
	进口	出口	国家(地区)(个)	商品大类(个)	金额(万美元)	国家(地区)(个)	商品大类(个)	金额(万美元)	
1988年	—	1	—	—	—	—	—	89.00	89.00
1989年	—	1	—	—	—	10	7	90.50	90.50
1990年	1	1	—	—	—	—	—	45.00	45.00
1991年	1	1	—	—	233.00	—	—	2101.00	2334.00
1992年	1	1	2	10	400.84	6	9	501.26	902.10
1993年	1	1	2	7	384.30	23	13	1029.62	1413.92
1994年	1	1	5	7	535.64	19	12	893.31	1428.95
1995年	3	4	4	5	200.06	16	17	8078.77	8278.83
1996年	5	9	6	6	375.54	17	22	6592.27	6967.81
1997年	2	10	2	2	38.39	13	15	8487.19	8525.58
1998年	7	18	3	4	239.10	15	12	7926.33	8165.43
1999年	3	20	2	5	184.12	31	15	5442.57	5626.69
2000年	1	12	1	1	25.00	21	11	3659.26	3684.26

三、加工贸易

1986—1992年，加工贸易作为对外贸易范畴内的一种特定贸易方式，俗称“三来一补”（对外来料加工、来样加工、来件装配及补偿贸易项目）。1993年，把进料加工列入与“三来一补”同一业务范畴，称“加工贸易”。赣州地区除1994年未发生业务外，每年都有合同获准履行，逐渐成为赣州地区出口创汇新的增长点。1986—2000年，全市（地区）获准履约加工贸易合同411份，合同进出口商品总值2.08亿美元，特别是“九五”期间有336份加工贸易合同获准履约，合同进出口商品总值分别达2.01亿美元；合同获准履约份数、进出口商品总值分别占1986—2000年总数的81.75%、96.85%；仅1998年，就有91份合同、5228万美元进出口商品获准履约。加工贸易出口成品有运动鞋、人造花、稀土金属、假发、服装、塑料游戏组合、金属氧化物、染色线、神纸、手机电池、树脂工艺品、不锈钢表带、毛衫片、人造首饰、冻烤鳗、火鸡肉16个商品门类。成品销往德国、美国、日本、英国、法国、澳大利亚、加拿大等国家。

1998年，全地区审批加工贸易合同91份，合同进出口总额5228万美元，其中出口额3888万美元。加工复出口成品含神纸、不锈钢表带、拉链坯、松紧带、服装、塑料制品、食品、运动鞋、人造首饰、假发、有色金属、饮料、面料、板材、松木制品、畜用消炎片、冻烤鳗16个门类。料件进口来自于美国、日本、荷兰、印度尼西亚、新西兰、韩国、加拿大、马来西亚等国家和地区。加工成品复出口到马来西亚、美国、日本等国家和地区。经营单位41家，其中“三资”企业31家，占75.61%。科研院所也开始经营加工贸易业务；外经贸专营公司经营这项业务已趋减少，占19.52%。赣州市（今章贡区）、南康市、大余县、于都县、上犹县、龙南县、会昌县、赣县、瑞金市、安远县等10个县（市）办理加工业务。

1999年，全地区审批加工贸易合同68份，合同进出口总额5313万美元，其中出口额3643万美元。加工复出口成品含运动鞋、人造花、稀土金属、假发、服装、塑胶、游戏组合、金属氧化物、染色线、神纸、手机电池、树脂工艺品、不锈钢表带、毛衫衣、人造首饰、冻烤鳗、火鸡肉16个门类。料件进口来自韩国、日本、法国、美国、越南等国家和地区。加工成品复出口地有德国、美国、日本、英国、法国、澳大利亚、加拿大、意大利等国家和地区。全市（地区）有10个县（市、区）办理加工贸易业务，其中以瑞金市合同进出口额最大，达622万美元。经营单位类型仍以“三资”企业为主。8月，赣州市开始加工贸易业务审批、管理实行计算机上网操作。

2000年，全市审批加工贸易合同40份，合同进出口总额1564万美元，其中出口额1014万美元。加工复出口成品含服装、树脂工艺品、稀土金属、塑胶玩具、神纸、食品、人造首饰、人造花、医疗用品9大门类。料件来自日本等国家和地区。成品复出主要返销美国、日本、韩国等国家和地区。全市有12个县（市、区）办理加工贸易业务，其中瑞金市进出口额最大，达632万美元。“三资”企业经营加工贸易业务占此项业务总量的85%。

四、扶持出口商品基地

1986年，全地区扶持商品生产，稳定出口货源。开发稀土出口，省、地外贸部门发放303万元贷款，供给优质钢材300余吨。更新全地区西瓜出口品种，从外地引进良种无籽西瓜试验，并派技术人员对瓜农传授技术。扩大纸张出口，进口大量优质木浆，低价供给生产单位。开发山区资源出口，用贴息办法贷款60余万元，在上犹、定南各建一个水煮笋厂。用出口生产周转金2万元支持赣州市（今章贡区）服装公司购买出口服装设备。全地区1000万元以上的出口商品由钨精矿、松香，发展到钨精矿、松香、稀土、纸张、钨制品等5项。

1987—1993年，江西省外经贸厅“以进养出”，先后分配赣州地区进口尿素5批3680吨（分别于1987年、1992年下拨，后者为120吨），进口化肥3批900吨、柴油3批890吨、东风牌汽车2辆。地区外贸局及时把物资分配到各县（市）及生产供货单位。这些物资都是当时市场紧俏、价格适中、供求缺口大的物资，起到了扶持生产，换购出口商品的作用。

赣州地区临近广东、福建经济特区，出口商品的品种规格、价格、经营手段和商品流向受特区的影响很大，赣南外贸出口处于被动地位。1988年，在经营方面采取“以活对活”措施，发展出口商品生产，增强出口后劲，兴办贸工农联合体，采取独资、合资、合作等方式，掌握生产和经营主动权，保证出口资源均衡稳定。扶持重点出口商品生产企业进行技术革新，扩大出口商品生产，提高出口商品档次。通过贴息贷款，发放周转资金，预付货款等形式扶持赣南农药厂、赣江棉织厂、全南稀土冶炼厂、寻乌稀土矿、赣县稀土矿、上犹水煮笋厂和各县出口板鸭厂等20余家生产企业，发放资金700余万元。开展“以进养出”业务，组织一批化肥、汽油、柴油、汽车、钢材、自行车等区内紧缺的物资，用于换购出口商品和支援农业生产，稳定出口货源。

1991年，地区外经贸局建立外贸出口基地、兴办外贸实体、扩大出口供货、提高经济效益。

1994年，会昌县扶持萤石矿出口基地，投放生产资金392万元，出口萤石粉8000吨，少交税金24万元。宁都县组建对外经济发展公司，销售松香100吨、藕粉16.5吨，出口日本、新加坡。建立全国第一家野漆树出口基地，从县财政挤出10万元，种植野漆树113.33公顷，1995年，收获漆籽100千克，扩种60公顷，达到173.33公顷的规模。1996年，地区对各县（市）外经贸部门开始中断对原有出口商品基地的扶持，也未培育新的出口商品基地。

五、经营状况

1986年，全地区外贸企业开展以改善经营管理，提高经济效益为核心的创“六好企业”活动，大多数外经贸企业有新起色，经济效益好于往年。宁都县、龙南县外贸公司扭亏为盈，上犹县、石城县外贸公司实现利润比上年翻番，宁都县、崇义县外贸板鸭厂纠正经营管理长期混乱现象，地直企业盈利比上年有所增长，全地区实现利润10.4万元，比1985年增加一倍多。但部分传统出口产品在生产和收购两个环节上没有把好质量关，新产品开发步子慢，缺乏一批在国际市场叫得响的出口产品，经营管理水平较低。有11个外贸企业亏损，占现有企业的50%。1987年，全地区40个独立核算企业中与上年同期比较扭亏为盈的企业8个，增加盈利或减少亏损的企业11家，由盈利变为亏损企业有4家，减少盈利或增加亏损的企业17家。1988年，全地区外贸企业资金周转加快，费用水平降低，经济效益好于往年。全年实现利润102.46万元，流通资金平均周转比上年同期加快，出口供货和利润都大幅增长，超过地区行署和省外贸厅确定的目标，其中地区工矿产品进出口公司、粮油土产进出口公司、畜产品进出口公司、外运车队以及定南县、全南县、上犹县、宁都县等县外贸公司实现利润均超过前几年。1989年，全地区县公司亏损面和亏损额扩大，赣州组建外经贸局以来第一次没有完成出口供货计划。地区外经贸局领导分赴信丰县、南康县、于都县、大余县4个问题较严重的县外经贸公司，现场解决问题，使4个比较落后的企业逐步摆脱贫困。大余县外经贸公司一举摘掉亏损的帽子，还全面完成出口供货计划，其他3县也不同程度实现减亏增盈。全地区20个供货企业有18个完成计划。

1991年，全地区外贸企业财务盈亏扎差后盈利63.47万元，占省下达利润指标数的173.22%，占行署下达财务目标管理指数的528.91%。各县完成计划不平衡，全地区有9个县盈利，8个县亏损，个别县到资不抵债的程度。地区外贸局采取提高经济效益，扩大供货，优化商品结构，盘活资金的策略，全地区供货计划超额完成，企业效益仍未达到目标。亏损面和亏损额增加较大，亏损面比上年上升30.76%，增加4家亏损户，亏损额222.87万元，而盈利户的盈利额仅为62.72万元，比上年减少67.90万元，流通额减少较大，比上年同期减少23.08%，而费用比上年增长27.49%。至1995年，全地区外经贸独立核算企业32个，其中地直15个、县（市）17个。全年实现商品销售收入2.66亿元，比上年同期减少7583.66万元，其中地直2.52亿元、县（市）1360.4万元。出口商品销售收入2.51亿元，比上年同期减少3923.80万元；出口收汇3024万美元，比上年同期减少304万美元。营业利润492.71万元，实际亏损547.78万元，其中盈利企业10家，利润总额20.89万元；亏损企业22家，亏损总额568.67万元。

1996年，全地区外贸企业核算单位24家。出口贸易下降，亏损势头没有得到遏制。全年实现商品销售总额6862.77万元，其中自营出口额645.22万美元。全地区出现亏损793万元，其中地区企业亏损625万元，县（市）公司亏损168万元。1997年，全地区外贸经营状况日趋严峻，29家企业中亏损企业占26家，半数企业发生经营业务，其余均未做生意，出口创汇仅有262.73万美元，为自营出口额。盈亏相抵后实现利润-1184.12万元。2000年，全市独立核算外贸企业仅有16家，实现销售收入8864.92万元，自营出口销售收入993.01万美元，利润总额-405.71万元。

第三节 利用外资

1986—2000年，赣州市（地区）优化投资发展环境，多渠道多方式吸收外商投资，实施多元化招商引资战略，制定下发《关于进一步扩大开放、做好利用外资工作的决定》《鼓励外商投资优惠办法》等一系列政策和措施，除参加国家、省组织的大型招商活动外，还结合实际，成功举办各种类型的招商引资活动，实现全市（地区）利用外资的稳步增长。赣州市（地区）利用外资工作有多年名列江西省前茅。1986—2000年，赣州市（地区）外商直接投资企业924家，合同外资额9.63亿美元，实际使用外资6.81亿美元，其中“九五”期间累计批准外商投资企业398家，合同外资额5.43亿美元，实际使用外资额5.41亿美元。外国政府贷款、国际金融组织贷款项目20项，金额1.5亿美元。

一、优惠政策

1986年6月，行署就利用外资引进技术项目的审批若干问题作出几项规定：立项范围。凡是该区与外国客商、华侨兴办合资、合作企业，进行“三来一补”，现汇引进技术设备，或外商在赣州地区兴办独资企业，均需报地区或转省外经贸厅审批立项。审批权限。凡利用外资引进技术项目额度在300万美元以下由地区审批立项，额度在300万美元以上项目报省审批。报审程序。凡要立项的必须由县（市）人民政府或地区经济主管部门向地区审批小组提出书面申请立项报告，并需附上合作双方签订的协议书，项目的初步可行性报告和项目主管单位建议书报地区对外经济技术合作办公室，提请地区审批小组审批立项。责任分工。凡利用外资引进技术项目其立项前的洽谈、项目的初审以及审批小组批准或上报立项的具体手续由各级合作办负责处理，属新建、扩建和改造的项目由县（市）计划委员会或地区经济部门审查，报地区计划委员会审批并报省有关部门和地区审批小组备案；属技术改造项目其可行性研究报告由县（市）经济委员会或地区经济主管部门审查报地区经委审批并报省有关部门和地区审批小组备案；已批准立项并审批了可行性研究报告的项目，其合同、章程的审查、组织签约及核发批准证书均由地区外经贸局负责办理。

1987年，全地区对外经济业务分工相应调整，撤销行署利用外资引进技术审批小组，利用外资和引进技术的立项审批工作分别划归地区计划委员会和地区经委承担。12月，省委、省政府作出赣州地区为经济改革试验区的决定。从1988年1月1日起，进一步扩大赣州地区经济管理权限，在计划管理方面，实行外汇留成办法的前提下，按国家分配江西省用汇指标占留成外汇的同一比例，将用汇指标切块下达，由地区统筹安排使用。地区使用省统一安排进口的农用物资和工业原材料所需的用汇指标，包括在上述切块指标内，合资、合作对外项目，在外汇资金、原材料自求平衡的条件下，授权地区行使省级审批权限，含审批项目建议书和可行性研究报告，审批合同章程，凭上述批件发给批准证书和营业执照，报省备案。在对外经济贸易方面：经地区与省经贸厅商定并报经贸部批准后，由地区享有进出口经营权的外贸进出口公司，经营进出口业务，财务隶属地方，实行独立核算、自负盈亏。批准中国银行赣州地区支行办理国际结算业务，给予对外担保权限。

1990年，地区行署颁布《赣南经济体制改革试验区鼓励外商（含澳、台）投资的优惠政策》，对外商投资的税收、用地、资金、服务、管理等方面的优惠作出规定。对在区内的外商投资企业，免征地方所得税；对从事生产、开发性的外商投资企业，经营期在10年以上的，可以从获利年起，头三年免征企业所得税，后四年减半征收企业所得税。对产品出口企业，在按规定减免税期满后，凡当年出口产品产值达到当年企业产品产值的70%以上者，减半征收企业所得税；外商投资者，将其他企业分得的利润在区内再投资，期限不少于5年的，经申请批准，可退还再投资部分已缴的企业所得税的45%，再投资兴办，扩建产品出口企业或先进技术企业，经营期5年以上的经申请批准，可全部退回再投资部分已缴的企业所得税。在工商税方面，外商投资企业进口生产必需的设备等及生产出口产品所实际耗用的原材料等，免征进口环节的工商统一税；外商投资企业的出口产品，除国家限制出口的产品外，一律免征出口环节的工商统一税，外商投资企业本身开发的新产品，具有国内先进水平，又能代替进口的，经有关部门确认，可在3～5年内免工商统一税；外商投资企业在开办初期纳税确有困难的可申请，经批准在一定期限内减免工商统一税。

产品出口企业、先进技术企业，以及农、林、牧、渔等开发性项目，交通、能源等基础设施项目，免征5年房产税；外商投资企业自己的机动车辆、船舶，经核定，免征车船使用牌照税8～10年；到赣州地区工作的外籍人员工资、薪金等所得，按应纳个人所得税的50%征收，对企业分得利润汇出境外时，免征汇出税；凡投资开发农、林、牧、渔的“三资”企业，免征特产税；外商投资企业经营收入在既有外币，又有人民币的情况下，可用人民币缴纳税款。

外商投资需使用土地者，经申请，缴纳场地使用费或土地使用费后，即可获得土地使用权；土地使用权在核准的使用年限和用途可以转让、抵押，但应依法办理转让过户登记手续并缴纳一定的费用。土地使用费，外商投资企业在批准基建期限内，免征土地使用费，免征期满后，土地使用费标准为工业、仓储业0.5～1.2元/平方米（率）；种植业、养殖业不超过0.3元/平方米（率）；商业、酒楼、旅游建设用地5～13元/平方米（率）；交通、能源等基础设施项目，免征土地使用费。土地使用年限，各行业土地使用年限一次签约的最长年限：工业用地50年，种植、养殖业用地年限50年，交通、能源等基础设施用地50年，科技、教育、文化、卫生事业用地70年，商业用地40年，商品住宅用地70年，旅游用地40年，其他用地30年。外商投资企业经申请延长经营期限，土地使用年限也相应延长。

在全市（地区）内兴办中外合资、合作企业中方固定资产、配套资金及外商投资企业所需短期周转资金和其他信贷资金的贷款，市（地区）、县（市、区）各有关银行优先给予安排；对出口能力强，偿还贷款有保证的，可直接向境外银行贷款，并报当地外汇管理局备案；各有关银行可对外商投资企业办理理汇抵押人民币贷款。

在服务领域，对外商投资企业优先提供基建和生产经营中所需水、电、气、运输条件和通信服务。其收费标准与地区同类国有（营）企业一视同仁；外商投资企业在基建期所需地方建筑材料、施工队伍，当地有关部门优先给予安排。

在管理上，充分保障外商投资企业的自主权，支持外商投资企业按照国际惯例管理企业，各级行政机关予以保障，在批准的合同范围内，外商投资企业可以自行筹措、运用资金，自行安排生产计划、原材料采购和产品销售，依法自行确定机构设置、人员编制、聘用和辞退职工，自行确定工资标准、工资形式和奖励、津贴制度。同时，外商投资企业对各种不合理的收费有权拒付；产品出口企业、先进技术企业除按国家规定支付或者提取中方职工劳动保险、职工福利基金和住房补贴基金外，免缴国家对职工的各项补贴；对外商投资者在农村的亲友，按投资规模的大小，安排转为当地城镇户口，同时可安排在其投资企业中就业。一次性投资（生产性，包含科技、教育、文化、卫生事业和基础设施项目）30万美元的，转城镇户口1名；50万美元的，转城镇户口2名；100万美元的，转城镇户口3名。其他非生产性项目一次性投资60万美元、120万美元，分别转城镇户口1名、2名，200万美元以上的，转城镇户口3名。“三资”企业的外商投资者，可以委托其亲友作为代理人，参与企业管理。

对台胞在区内投资兴办企业，不仅享受上述优惠政策，还可享受特别优惠政策。凡台胞在区内投资兴办企业，以获利年度起，头五年免征企业所得税，第六年到第十年减半征收企业所得税；台胞投资企业，免征五年土地使用费；台胞独资企业，在外汇自求平衡的前提下，内销比例自行确定；允许台胞投资的资产、利润、工业产权依法转让或由内地的亲友继承。

1997年2月，行署下发《关于抢抓机遇，进一步抓收招商引资工作的决定》，提出全年实现利用外资1.5亿美元，引进区外资金亿元的招商引资目标。4月，地区利用外资工作领导小组办公室下发《关于选派“三资”企业联络员的实施意见》，为制止“三乱”行为，保护外资利用，创造良好投资环境。6月，行署作出《关于对企业负担进行一次集中清理整治的通知》，组织500多人分成各县（市）检查组对外商投资企业的各项收费进行全面清理。

1999年7月，赣州撤地设市挂牌后，市政府印发《鼓励外商投资优惠办法》。从审批注册、土地征用、税收规费、引资奖励等方面给予优惠政策。

二、招商活动

1994年4月，行署在深圳召开’94深圳赣南经济发展促进及招商洽谈会。11月18日，赣州举办首届中国赣州宋城文化节，邀请到会境内外客商300多人，签订合同外资项目23个，合同外资额8600万美元。

1996年6月18—20日，由行署专员邱禄鑫任团长的赣州代表团一行260多人，参加省政府在深圳举办的’96江西招商引资（深圳）新闻发布会。赣州地区举办’96赣州地区（深圳）招商引资项目发布会。会上签订外资合同项目58个，签约外资额1.09亿美元，意向项目11个，意向资金6970万美元。12月，在赣州市（今章贡区）举办’96中国赣州地产食品博览经贸洽谈会。会上推出展品820多种，招商项目300多个，签约项目65个，签约合同外资额1.02亿美元；内联项目80个，合同金额5.38亿元，销售合同94项，合同额4.77亿元，产品零售额306万元。

1997年4月24—28日，赣州地区组团参加在深圳举办的’97江西招商引资新闻发布会及’97（中国·深圳）国际投资洽谈会。签订外资合同项目26个，合同外资额3824万美元，意向协议20个，意向外资额6222万美元。5月10—11日，在上海召开招商引资经济情况介绍暨项目恳谈会。签订项目86个，合同资金500万元，产品销售合同3000万元。9月8—13日，由地委副书记罗春涛任团长的赣州代表团一行120多人参加在厦门举行的首届’97中国投资贸易洽谈会。由地区外经贸局筹办’97赣州地区农业项目推介会和赣南籍在厦门工作有影响人士及新闻记者座谈会，到会300多人；会议期间，签订外商投资合同项目26个，合同外资额3824万美元，意向项目20个，意向金额6222万美元。10月，先后组团参加在美国举办的’97中国江西（美国）招商引资项目推介会和在日本举行的’97中国（日本）投资洽谈会。10月中旬，赣州行署在安远县召开’97东江源头三百山——港胞饮水源月活动，是赣州地区开展的旅游招商活动之一。

1998年5月5—6日，赣州代表团一行91人参加’98江西招商引资（深圳）新闻发布会。签约外资合同项目17个，合同外资额6450.4万美元。9月8—12日，赣州组团参加’98中国贸易投资洽谈会。会上签订外资合同项目16个，合同外资4023万美元。11月21—22日，江西省食品博览会在赣县举行。会上，赣州地区进行重点项目发布、签约仪式和食品展销活动，共签订合同项目50个，金额5.45亿元。其中外资合同13个，金额3989万美元。

1999年，由市外经贸局牵头承办撤地设市招商引资新闻发布会暨项目签约仪式。市委书记张海如、市长王昭悠及100多位海内外客商和十几家新闻单位记者参加活动，会上洽谈签约项目66个，其中外资项目30个，外资额9693万美元；内联项目36个，合同金额78160.97万元。9月8—12日，赣州市代表团一行68人参加’99中国投资贸易洽谈会。会上签约外资合同项目5个，合同外资额1691万美元。

9月13日，市委副书记肖茂普等有关领导带领龙南县、信丰县、章贡区、大余县等8个县（市、区）在广东的东莞、中山、深圳举办首次招商小分队活动，召开各类项目恳谈会6次，向县（市、区）介绍引荐各类外商136人。

2000年9月8—12日，以市长王昭悠为团长的赣州市代表团一行97人参加在厦门举行的2000年中国投资贸易洽谈会，会上签约外资合同项目7个，合同外资额3455万美元，其中外资额2626万美元。10月16—18日，赣州市代表团一行近200人参加2000年江西（南昌）招商引资项目洽谈会。会上签订外资合同项目27个，合同外资额7785.2万美元，签约合同和引资金额均为全省前列。

三、外国政府贷款

1988—1999年，赣州电信局先后接受加拿大政府9笔贷款，共计2687.60万美元，用于境内程控电话交换机扩容项目。接受比利时政府贷款139.8万美元，用于S1240长途程控项目，偿还期7.5年，利率3.5%。

1992年，赣州黄金机场接受科威特政府贷款165.2万第纳尔，折合574.16万美元，用于机场扩建项目，偿还期16年。2000年，赣州市城市供水项目获日本国政府贷款22.88亿日元，约折1813万美元，主要用于南康市第二水厂和赣州市第三水厂，偿还期限30年。江西齿轮箱厂与德国政府签署贷款280万美元用于技术改造；赣州市与英国政府签署结核病防治项目贷款100万美元。

四、国际金融组织贷款

1990年，接受联合国儿童基金会援助款24万元，用于上犹县的妇女保健事业。赣州地区林业第一期国家造林项目，由世界银行贷款3869.83万元（相当于当时677.22万美元），期限25年，分别在信丰县、安远县、全南县、会昌县实施。从1998年起还本，期限17年。1994年，申请世界银行综合性妇幼卫生保健服务项目贷款1633.6万元（折合237.52万美元）特别提款权，项目简称“卫VI贷款”，期限20年，宽限期5年，2000年还本；款项用于赣县、南康市、安远县、定南县、宁都县、会昌县、寻乌县等7个县365个乡。5月，接受世界银行贷款985万美元，用于红壤土地改造项目，期限17年，宽限期5年；项目要求：山顶戴帽、山腰种果、山下改造低产田，即山水田园路综合治理，2000年7月还本（其中赣南饲料厂327万美元，地区良种场93万美元）。8月，接受世界银行森林资源发展和保护项目第二期贷款2341.60万元（折合319.19万美元），实到2090.25万元，期限25年，还款为17年，项目在崇义县、全南县、龙南县、信丰县、大余县、兴国县6个县实施；2002年11月开始还本；1995年，接受世界银行“扶助贫困地区办教育项目”简称贫困项目贷款406万美元，期限20年，宽限5年，2000年还本。实施在赣南师范学校、赣县、宁都县、于都县、兴国县、石城县等扶贫教育项目。9月，赣南师范学院接受世界贷款80万美元，期限20年，宽限期5年，2000年还本，赣州行署还贷50%。

1996年，接受国际农发基金贷款2381万美元，帮助农户脱贫，进行农业综合开发建设；期限40年，宽限期10年，其中地区转贷赣县480.96万美元、上犹县366.67万美元、龙南县307.15万美元、于都县630.97万美元、兴国县595.25万美元。1997年，赣州电信局获法国兴业银行贷款292.3万美元，期限5年，用于引进台湾DMS100交换系统。1998年，赣州地区获世界银行第三期贷款665万美元，用于贫困地区林业发展项目，次年开始实施，期限17年延为25年，硬贷部分16年，宽限期7年，利息按世界银行单一货币美元浮动利率计算，承诺年息分别为0.5%和0.75%。项目分设在赣县、大余县、崇义县、龙南县、定南县、寻乌县等。同年，接受世界银行《农村供水与环境卫生项目》贷款570万美元，用于赣州地区农村供水及环境卫生，项目在上犹县、宁都县、兴国县实施，期限17年，宽限期5年，2002年还本。

五、外商直接投资

赣州地区外商直接投资的主要形式是兴办中外合资、中外合作和外商独资企业。到2000年，全市有“三资”企业921家，合同外资额9.63亿美元，实际使用外资6.37亿美元。“三资”企业所吸收的境外和国外投资，来自美国、新加坡、日本、加拿大、韩国、英国、泰国、澳大利亚、新西兰等国家；投资领域涉及公路、水电、机械、加工、制衣、塑胶、玩具、有色冶金冶炼、化工、漂染、房地产、市政建设、农产品、饲料、果业、食品、特种养殖、种植等40多个行业。

表26－3－2

1987—2000年赣州市（地区）“三资”企业统计表

年度	中外合资企业			中外合作企业			外商独资企业		
	企业个数	合同外资（万美元）	实际进资（万美元）	企业个数	合同外资（万美元）	实际进资（万美元）	企业个数	合同外资（万美元）	实际进资（万美元）
1987年	1	11.00	8.70	0	0	0	0	0	0
1988年	1	173.04	0	2	335.96	256.33	0	0	0
1989年	1	13.00	10.20	0	0	0	0	0	0
1990年	3	86.50	0	4	92.50	0	5	449.50	171.49
1991年	19	503.45	68.45	9	316.74	43.26	8	214.00	122.55
1992年	51	2465.29	305.62	47	3350.65	629.59	5	557.64	167.16
1993年	88	5781.09	849.71	39	2549.93	508.63	33	2413.75	777.11
1994年	36	2452.46	1496.81	13	3019.03	949.56	33	2422.88	1126.90
1995年	51	3974.00	1828.00	17	2304.00	2306.00	58	8553.00	2471.00
1996年	58	3706.00	2990.00	15	2090.00	1307.00	43	4641.00	4273.00
1997年	31	3484.00	4321.00	12	2259.00	690.00	58	10882.00	7260.00
1998年	13	2032.00	1775.00	8	1287.00	1785.00	48	8601.00	8146.00
1999年	8	728.00	782.00	4	805.00	1209.00	42	6593.00	5900.00
2000年	12	969.00	929.00	2	1016.00	751.00	43	5221.00	7446.00
合计	373	26378.83	15364.49	172	19425.81	10435.37	376	50538.77	37861.21

第四节　对外经济合作

1986—2000年，全市（地区）采取外贸、外资、外经“三外”并举，逐步形成大经贸格局的发展战略，签订对外承包劳动合同额5538万美元，完成营业额3932万美元，向国外派遣各种劳务人员1126人次，涉及国家（或地区）有美国、德国、英国、日本、新加坡、墨西哥、约旦、阿联酋、沙特、阿曼、伊拉克、科威特、印度尼西亚、菲律宾、越南、柬埔寨、泰国、南非、博茨瓦纳、赤道几内亚、毛里求斯等国家。申报国际援助项目92个，实现接受国际援助50多万美元（外经贸口），批准实施技术引进项目8个，完成技术产品出口总值3200万美元。

“九五”期间，是赣州市（地区）对外经济业务取得更大发展的一个时期，尤其是对外承包与劳务合作，1994年12月经外经贸部批准，赣州国际经济技术合作公司获得国际经济技术合作业务的经营权，1996年，外经贸部批准赣州地区出国劳务人员培训中心对外派各种劳务的培训发证权。赣州市

（地区）开展外经业务的经营机构得到完善，外经事业迈上新的发展阶段。1996—2000 年，全市（地区）新签对外承包劳务合同额 4184 万美元，超过 1986—1995 年总和的 6 倍。完成对外承包劳务营业额 3932 万美元，为 1986—1995 年总和的 4 倍多，外派劳务人数稳定增长，累计派出 566 人，超过 1986—1995 年外派劳务人数的总和。

一、申请国际援助

1986 年 8 月，地区行署通过省经贸厅向外经贸部申报要求外国政府和联合国援助。经省经贸厅核准的项目有白莲系列产品深加工，申请金额 100 万美元；兴国灰鹅养殖及综合加工，申请金额 200 万美元；会昌县工艺美术厂用木质材料雕刻各种装饰品，申请金额 30 万美元；黑荆树栲胶基地，申请金额 30 万美元。

1988 年，地区经贸局向省经贸厅转呈上犹县人民政府《请求联合国为上犹县妇女发展生产与保健事业提供经济援助的报告》，为开发该县竹、藤资源，组织妇女从事竹藤编织加工和发展妇幼保健事业，申请联合国提供 200 万元人民币的无偿援助。1989 年 10 月，外经贸部和联合国儿童基金会驻华代表处联合派员赴上犹县项目实施点进行考察评估。1990 年，上犹县申报的接受国外援助项目，经外经贸部和联合国儿童基金会驻华代表处同意，分 4 个项目实施，即妇幼保健 14 万美元，小学与幼儿教师培训和保育院建设 10 万美元，扶助妇女创收发展妇女竹编工艺 8 万美元，发展荷叶生产 8 万美元，共计 40 万美元。至 1992 年 10 月，援助项目顺利实施完成。

1991 年，地区外经贸局组织申报的赣南脐橙和甜柚技术培训中心、“二系法”水稻开发研究、稀土钨杆研制、胶合板接长技术等 4 个项目，经省外经贸厅审核上报外经贸部申请国际经济援助。1992 年，澳大利亚政府高级官员与专家 3 人及外经贸部有关人员，到赣州地区考察评估信丰县蚕桑发展和南康县甜柚种植项目和澳援系列扶贫发展项目，协议（意向）提供无偿援助 200 万美元。

1992—1993 年，为争取国际援助，地区外经贸局有选择性地向省外经贸厅申报一批急需重点扶持实施的项目。

1995—1996 年，地区外经贸局先后向省外经贸厅呈报《关于申请国际援助修建寻乌县杨梅村道路的报告》《关于申请国际援助建设寻乌县引水工程的请示》，拟申请国际援助款均为 26 万元人民币。申报赣州地区残疾人技能培训与康复中心申请国际援助项目材料，申请援助金额 100 万美元。

1997 年 4 月，地区外经贸局向省外经贸厅呈报 7 个申请国际援助项目：安远县版石镇中心卫生院改扩建、安远县虎板乡村公路、石城县河龙乡村公路、石城县屏山镇引水工程、石城县观下乡幼儿园、赣州市（今章贡区）红旗水库—哈湖公路、赣州市（今章贡区）哈湖乡妇幼保健所。各项目申请援助金额 30 万～40 万元。6 月，转报地区科学技术委员会“关于申请国际援助开展中国南岭山地树种资源保护开发研究项目”，拟申请国际援助款 2860 万元。

2000 年，市外经贸局向省外经贸厅申报一批（10 个）申请国际重点援助项目。

二、技术进出口

技术进口 1986 年，赣南化工厂经批准用地区留成外汇 20 万美元，以技术引进项目方式引进英国 PPC 墙纸生产线；宁都罐头厂用地区留成外汇 80 万美元，以技术引进项目方式引进意大利罐头生产线。1987 年，赣州钨钼材料厂用地区留成外汇 80 万美元，以技术引进项目方式引进日本钨丝生产线；赣江造纸厂用地区留成外汇 100 万美元，以技术引进方式引进美国造纸工艺技术与设备；赣南无线电厂用地区留成外汇 80 万美元，以技术引进项目方式，引进日本收放机装配生产线。1988 年，赣南卷烟厂用地区留成外汇 180 万美元，引进意大利卷接包生产线。1991 年，地区粮油公司以技术引进项目方式引进美国年产2万吨浓缩饲料生产线，引进用汇金额109万美元。1994年，地区外经贸局与地区计划委员会联合向省外经贸厅、省计划委员会为赣南丝织印染总厂、于都罐头厂、赣州染织总厂技术改造申请利用外国政府贷款分别引进成套技术设备、果汁饮料及灌装生产线、意大利剑织机成套技术设备，引进项目金额分别为480万美元、280万美元、360万美元。2000年，赣州正大实业有限公司与正大（中国）农牧有限公司签订《特许权使用合同》，以每月支付1万美元特许权使用费的对价引进正大（中国）农牧有限公司的饲料生产、经营管理和技术配方专有技术。

技术出口 1994年，赣州有色冶金研究所向南非出口技术产品选矿磁选机4套，出口总值28万美元。1995年，赣州创业集团公司出口技术产品——汽车高效节能增力球，总值206万美元；赣州市（今章贡区）进出口公司出口技术产品——干电池，总值15万美元，全年技术产品出口总值为221万美元。1996—2000年，赣州有色冶金研究所、赣州南方有色金属冶炼厂、赣州虔东工业公司每年出口技术产品稀土金属钕、轻稀土合金、稀土金属镝等，出口总值分别为230万美元、254万美元、660万美元、260万美元、946万美元；赣州电池厂出口技术产品——干电池，累计37万美元；赣南制药厂于1997年开始出口技术产品——维生素D2，至1999年出口总值32万美元。以上技术产品出口地为日本、德国、冈比亚、英国、丹麦、美国、荷兰、韩国等国家和地区。

三、对外劳务合作

1986年1月、4月，赣州地区对外建筑安装工程公司通过中国江西国际经济技术合作公司和中国港湾工程公司，先后组织两批共125名劳务人员赴科威特从事建筑劳务，与叙利亚达节斯公司联合承建“292”住宅工程项目。合同金额50万元，营业额712万元，创汇340万元人民币。外派人数125人，期末在外人数138人。次年，“292”住宅工程中方劳务人员收入逐步得到提高，由最初的人均每月94个科威特第纳尔（KD），上升到每月平均113科威特第纳尔（KD）以上。1988年3月，赣州地区对外建筑安装工程公司中国港湾公司中东分公司选派91名建筑人员赴科威特，为科威特警察总署工程和代号“262”工程项目从事劳务合作。在代号“292”工程项目工作的劳务人员于12月全部回国。12月，赣州饮食服务公司邱大林、郭贤明、黄朝东应联邦德国佛伦斯汉宫楼蔡赋贵夫妇聘请，赴德国从事中餐厨师劳务，受聘时间3年，每人每月基本工资1000西德马克。1989年，赣南建筑工程总公司加入中国海外工程总公司联合体；8月，夺标承包赤道几内亚首都马拉博医院工程进行劳务合作，1991年10月该工程竣工，总统奥比昂在移交仪式上感谢友好的中国政府及52名工程技术人员，为援助建设现代化的医院所做的贡献。地区对外建筑安装工程公司，分4批派出354人赴科威特承担中国港湾公司在科威特承包的工程项目；海湾战争爆发，354名劳务人员于8月29日平安回国。

1992—1993年，地区对外经济技术合作公司与省国际经济技术合作公司合作，先后向德国“汉宫楼”中餐馆选派厨师8人，合同期3年，合同额分别为15.84万马克、12万马克。1993年，选派10名技术人员赴新加坡工作，协议额54万新元。1994年5月，赣南建筑工程总公司选派劳务21人，赴赤道几内亚工作。7月，地区对外合作公司与新加坡中国投资咨询公司签订选派20名技术人员赴新加坡工作的协议，协议额为108万新元。8月，与省国际经济技术合作公司合作，与新加坡医院签订选派40名护士劳务合同（当年未派出），合同额73.92万新元。1995年3月，赣州国际经济技术合作公司与中建（南洋）发展公司签订外派新加坡21名建筑工程木工劳务合同，合同期3年，合同额18万美元。4月，地区外经贸局先后呈报《关于申请办理中国港湾工程公司赣州办事处（赣州地区建筑工程总公司）派科威特劳务出国任务确认件的请示报告》，呈请分别为中国港湾公司赣州办事处、地区建筑工程总公司经交通部外事司批准的从赣州选派98名（后者为80名，当年派出74人）赴科威特劳务出具确认件。

同年，赣州国际经济技术合作公司与新加坡中国投资咨询公司签订选派30名劳务合同，合同额162万新元。

1995年，赣州国际经济技术合作公司（以下简称“合作公司”）获得外经贸部批准的对外承包劳务经营权。1996—2000年，合作公司先后向国（境）外派出劳务61人、138人、76人、110人、176人。大部分劳务派往新加坡从事建筑工作，共379人。部分劳务派往马来西亚、德国、柬埔寨、印尼、越南、沙特阿拉伯、日本等国家，从事电子、纺织、医务、翻译、制鞋、机械等工作。1998年，合作公司拓宽业务领域，协同浙江省、天津市以及广东省广州市、江苏省南京市等地国际经济技术公司及有关部门，先后在当地选派52人分别赴墨西哥、新加坡、美国塞班、毛里求斯、约旦等国家，从事建筑、制衣、纺织等工作。

第五节　对港澳台经济和贸易

一、加工贸易

1986—1992年，加工贸易作为对外贸易范畴内的一种特定贸易方式，俗称“三来一补”。1993年，把进料加工列入与“三来一补”同一业务范畴，称加工贸易。加工贸易成品有运动鞋、人造花、稀土金属、假发、服装、塑料游戏组合、金属氧化物、染色线、神纸、手机电池、树脂工艺品、不锈钢表带、毛衫片、人造首饰、冻烤鳗、火鸡肉16个商品门类。成品销往香港、台湾地区。

1986年，赣州地区对外经济技术合作公司和赣州市（今章贡区）祥赣服装厂分别与香港祥兴公司、香港恒昌公司签订来料加工服务项目2个，合同工缴费12.61万美元。实收工缴费17万港元。

1987年，全地区批准“三来一补”项目有赣州市（今章贡区）祥赣服装厂与香港恒昌公司签订的来料加工服装、赣州沪艺时装厂与香港新兴贸易公司签订的来料加工服装、寻乌县饮用服装厂与香港嘉辉贸易公司签订的来料加工服装项目、信丰县嘉定镇服装厂与香港利达贸易公司签订的来料加工服装、赣州市（今章贡区）祥赣服装厂与香港恒昌企业公司签订的来料加工服装、信丰嘉定镇服装厂与香港利达贸易公司签订的来料加工服装、赣州西河服装厂与香港南湖公司签订的三项来料加工项目、赣县服装厂与香港合成公司签订的来料加工服装等12个项目。项目合同工缴费24.98万美元。大部分项目对方违约或走私查处，合同项目未全部执行。全年实收工缴费7.4万美元。

1988年，全地区“三来一补”项目有赣州市（今章贡区）祥赣服装厂与香港恒昌公司、香港同益行签订的来料加工服务合同2个，赣州市（今章贡区）富华制画厂与香港华艺贸易公司签订的来料加工油画合同，赣州市（今章贡区）西河服装厂与香港南湖公司签订的来料加工服务合同，龙南县五交化服装厂与香港桥华时装批发公司签订的来料加工服装合同1个，信丰县嘉定镇服装厂与香港捷讯贸易公司签订的来料加工服务合同，赣州市（今章贡区）水南金属厂与香港荣泉行有限公司签订的来料加工废旧金属合同，瑞金县服装厂与香港世洲贸易发展公司签订的来料加工服装合同，崇义县竹木藤工贸（集团）公司与台湾达泰兴业有限公司签订的神香骨补偿贸易合同等。来料加工项目12个，补偿贸易项目1个。项目合同工缴费86.6万美元。部分合同对方有走私企图或被海关查处走私行为，实收工缴费6.01万美元。

1989年，全地区经批准的“三来一补”项目有赣南进出口公司和赣州祥赣市（今章贡区）服装厂分别与香港耀德贸易商行、香港伟宁贸易公司签订的来料加工服装和尼龙自动伞的合同项目5个，赣州地区外经公司分别和赣南无线电厂、赣州电子器材厂、赣州华赣服装厂与香港格庐电子有限公司、香港荣泉行有限公司香港一顺物料供应有限公司签订的来料加工装配调谐器、废金属加工和服装合同项目3个，信丰县经贸公司和信丰县嘉定镇服装厂分别与香港捷迅贸易公司、香港同益行签订的来料加工服装合同项目2个，赣州创业汽车运输公司分别与香港庆华贸易公司、香港耀德国际贸易行签订的废旧汽车拆旧汽车拆修和加工服装合同项目2个。定南县经贸公司和定南天花塑料厂与香港华美贸易行签订的来料加工塑料袋2个项目合同，来料加工装配项目15个。赣州地区外经公司和崇义竹木藤器工贸（集团）公司与台湾达泰兴业有限公司签订的GEC8813补偿贸易项目补充协议、赣南进出口公司和南康塑料厂与联成（香港）企业公司签订的卫生棉补偿贸易合同2项补偿贸易合同，合同工缴费84.92万美元，实收工缴费3.24万美元。

1990年，地区外经贸局批准赣州创业汽车运输有限公司与香港耀德国际贸易行签订的来料加工腰带、围胸、服装4个项目，江西百益堂酒业竹木业有限公司与香港银帮实业有限公司签订的加工竹制公文箱项目，赣南进出口公司分别与香港捷迅贸易公司、香港伟勤贸易公司签订的来料加工服装2个项目，江西华茂服装有限公司与香港恒昌企业公司签订的来料加工项目，赣南进出口公司和全南服装厂分别与香港保利洋行、香港永发企业公司签订的来料加工服装、花边窗帘2个项目，地区对外经济技术合作公司和赣县丝绸厂与香港裕达实业公司签订的来料加工涤纶坯布项目以及赣港汽车运输有限公司与澳门艺晶毛织厂签订的来料加工毛线衣的项目，签约12项。合同工缴费总额125.11万美元，实际收取工缴费总额7.5万美元。

1991年，地区对外经济技术合作公司和地区商品交易中心与香港MBK国际贸易公司签订的装配录音机合同1个，地区对外经济技术合作公司和赣州市（今章贡区）兴达服装公司与香港嘉星贸易公司签订的加工手织毛衣合同1个。合同工缴费30.72万美元。全年实收工缴费3.73万美元。1992年，全地区批准履约“三来一补”项目4个，分别由地直公司及集体生产企业完成，合同进出口额88万美元。1995年，全地区批准履约加工贸易合同12份，合同进出口额141万美元，分别由赣南进出口公司、赣州地区对外经济技术合作公司完成。料件均来自于香港地区；成品复出亦返销中国香港地区。进口料件含塑料、涤纶纱、羊毛、腈纶纱、地面砖粗坯、纸壳六大门类。复出口成品为与上述相关料件加工成的对应商品。

1996年，全地区审批加工贸易合同67份，合同进出口总额3372万美元，其中出口额1840万美元。加工复出口成品涉及服装、食品、纺织、塑料制品4个门类。料件主要来自香港地区，其次来自台湾、澳门地区。加工成品复出以面向香港地区为主。1997年，全地区审批加工贸易合同70份，合同进出口总额4624万美元，其中出口额2947万美元。加工复出口成品含塑料制品、电线、电缆、食用保健品、化纤、印刷品、服装、药品、石料建材9个门类。料件仍集中来自于香港地区，加工成品复出亦面向香港地区。经营单位以地直4家外经贸专业公司为主。

二、招商活动

1992年5月18—23日，行署首次在澳门地区举办赣州地区商品展销暨技术洽谈会。全国人大常委会委员霍英东、马万祺等港澳知名人士莅临会议。1993年4月20—26日，以地委书记刘培均为团长的赣州地区赴港考察团对香港地区进行考察访问。

1995年7月2—8日，以行署专员邱禄鑫为团长的赣州地区代表团一行20多人，在香港地区举办’95赣州地区招商引资暨贸易洽谈会。会上签订贸易合同1083万美元，其中出口900万美元，签外资合同项目72个，合同外资额8955万美元。10月9—14日，行署副专员钟祖恩一行25人，参加国务院发展研究中心在香港地区举办的京九铁路沿线地区经贸合作工作项目推介会。

三、港澳台商直接投资

1987年，首家由崇义县茶滩乡林工商公司与香港宁联投资公司合资的“三资”企业崇宁竹制品厂成立。经营范围生产销售竹筷、牙签。期限10年，合同投资总额21万美元，实际进资9万美元。至2000年，全市有“三资”企业大幅增长。“三资”企业所吸收的投资，许多来自香港、台湾和澳门地区。投资领域涉及机械、加工、制衣、塑胶、玩具、化工、漂染、房地产、农产品、饲料、果业、食品、特种养殖等多个行业。

第二十七篇

粮油购销·供销合作

1986—2000年，全市（地区）粮食部门积极做好粮油收购、粮油销售、粮油仓储工作，完成国家粮食调拨计划，确保城乡粮油供应；搞好粮食深加工和多种经营，抓好粮油质量监督，基本实现全市（地区）粮食供需平衡。全市（地区）粮食部门深化流通体制改革，粮食向市场化迈出实质性步伐；对国有粮食企业进行改革，实行政企分开；加快经营管理体制和产权制度改革，盘活存量，减员增效，实施下岗分流再就业工程。至2000年，全市国有粮食企业在岗人员由1986年的11175人减少至6400余人。粮食财务亏损的局面得到有效遏制。

1986—2000年，全市（地区）供销合作系统全面进行改革，特别是在经营方式、经营结构、经营管理、用工和分配制度、产权制度、养老保险等方面进行改革，在深化改革中求生存、争发展。全市（地区）农资企业面向市场，保持强劲发展势头；供销合作社社办工业走商工合作道路，逐步形成规模效益。农资和烟花爆竹市场管理得到加强。至2000年，全市供销系统的经济效益滑坡势头得到遏制，市（地区）供销社直属企业减亏为盈，县（市、区）供销直属企业减亏幅度明显。

第一章　粮油购销

1986—2000年，全市（地区）粮食部门执行上级粮食政策，年年完成或超额完成国家粮食定购任务。执行粮食包干政策，确保城镇粮油供应。兑现甘蔗粮政策，做好老区口粮供应，及时下拨灾供粮，妥善安排灾民和困难农户生活。强化宏观调控措施，适时抛售粮食，平抑粮价。各级粮食部门采取措施扩大粮食销售，压缩粮食库存，抓好粮食仓储设施建设，扩大收储能力，提高科学保粮水平，确保国家储粮安全。扩大粮食转化能力，搞好精深加工，基本实现全市（地区）粮食的供需平衡。

第一节　机构　队伍

一、机构

1986年，地区粮食局内设办公室、人事科、计划业务科、财务科、基建科、保卫科、纪检组、机关党总支；局属事业单位有地区粮油质量监督检验站、粮食职工中专；局属企业单位有地区粮油工业公司、饲料公司、粮油机械厂、粮油购销公司、粮油贸易公司、粮食局物资站。1988年4月，地区粮油工业公司与饲料公司合并为地区粮油工业饲料公司。1990年11月，成立地区粮食局经济民警中队。1992年10月，成立地区粮食总公司。1993年8月，成立地区粮油批发市场、虔城大酒店；10月，先后成立地区粮油食品开发公司、志鹏防水堵漏公司、兴良建材公司、粮油综合开发公司、良友实用新技术开发公司。1994年1月，成立地区虔城粮油贸易集团，所属企业有虔城大酒店、地区粮油贸易公司、粮油工业饲料公司、粮油物资公司、粮油购销公司（6月，更名为地区粮油购销储运公司）；6月，成立地区军粮管理站，挂靠地区粮食局计划业务科。1995年3月，地区粮油公司更名为地区粮油实业集团公司。1996年5月，地区粮食局机关内设办公室、人事教育科、财务审计科、计统购销科、储运基建科、多种经营科（与科技工业科合署办公），另设机关党委、纪检组、工会，编制42名。1997年7月，成立地区粮食局铁路专用线转运站、地区粮食局储备中转库（与地区粮食局铁路专用线转运站合署办公）。1998年4月，组建地区粮油实业集团，下辖地区粮油实业集团公司、地区国家粮食储备库、通源饲料公司、恒源米业有限公司、丰源面粉有限公司、地区粮油实业包装厂、地区面粉厂、昌源机械运输有限公司。

二、队伍

1986年，全地区粮食系统在编11175人、离退休职工3105人。1991年，在编14268人、离退休3017人。1996年，在编17025人、离退休4023人。2000年，在编15777人（其中下岗分流9368人），离退休4271人。

第二节　体制改革

1986—1992年，全地区先后实行粮食、财务包干，下放粮食财务管理体制，调减粮食定购任务，放开工商行业用粮，压缩城乡粮食销量，提高粮油购销价格，取消平价食油供应，试行粮食购销放开，在粮食企业推行承包经营责任制。1993年，制定粮食收购保护价制度，完善粮食风险基金管理办法，建立国家和地方粮食储存体系，分5年消化政策性财务挂账，在粮食部门实施政策性业务和商业性经营两条线运行机制。1998年，推进粮食流通体制改革，建立中央统一领导下地方政府层层负责的粮食管理新体制，全面落实“按保护价敞开收购农民余粮，粮食收储企业实行顺价销售，粮食收购资金封闭运行”的三项政策。加快国有粮食企业自身改革，实行政企分开，转换粮食企业经营机制，粮食收储业务与附营业务分开，加大产权制度改革力度，盘活存量资产，以减员增效为目标，实施下岗分流再就业工程。至2000年，全市国有粮食企业在岗人员由1986年的11175人减少到6400余人，粮食财务亏损的局面得到有效遏制。

一、流通体制改革

1986年，全地区对粮食的收购按国家要求实行合同定购，调减合同定购量和实行合同定购“三挂钩”，扩大市场议价收购的比重，调动农民交售粮食积极性。将议价收购的一部分粮食上缴国库，以平衡国家粮食收支，即“议转平”。

1987年，全地区粮食购销推行“守住一块、放开一块”“双轨制”（守住一块指对国家下达的合同定购、议转平计划必须保证完成，销售计划不准突破；放开一块指对计划外收购的粮食放开搞活，扩大市场调节比重，开展多渠道经营）。在粮食管理上实行“四管四放”（计划内的管住，计划外的放开；大品种管住大部分，大品种完成收购后的部分和小品种放开；城市销售管住，农村销售逐步放开；非农业人口的定量口粮管住，其他行业用粮逐步放开），其核心是计划内的管住，计划外的放开，对过去统包统管的办法进行改革。12月，全地区实行粮食和粮食财务两个包干，下放粮食定价权和经营权，放宽计划内销售、经济作物区粮食供应、老区口粮销售优惠政策、蔗粮挂钩等改革。

1988年3月，地区对县（市）粮食购销调存计划一定3年（1988—1990年），实行政策逐级包干，分级负责，年度平衡，3年统算。9月，域内大米由各级粮食部门统一收购，其他部门、单位和个人不得经营，供应城市居民口粮不涨价，粮票不作废。为防止抢购粮食，必要时实行限购当月粮。

1989年，继续实行合同定购，定购粮实行“三挂钩”。粮食收购按照3年包干的计划执行。合同定购的粮食执行新的价格标准。

1991年1月，区内粮食购销政策作出调整：按1990年度包干计划略加调整，继续包干2年。稳定国家粮食定购任务，将合同定购改为国家定购，作为农民应尽的义务，必须保证完成；继续实行粮食定购“三挂钩”政策；压销平价粮食销售，保证基本口粮和军粮供应。10月，地区粮食主管部门对农产品缩小指令性计划管理，完善指导性计划管理，更多地发挥市场机制作用。在保证完成国家定购任务的前提下，实行长年放开经营，取消大米由粮食部门统一收购，其他部门、单位和个人不得经营的规定，实行地方专项储备粮制度。

1992年2月，在保证完成国家定购任务的前提下，对粮食实行常年放开经营，建立和完善地、县（市）、乡（镇）三级粮食储备制度。

1992年4月，再次提高粮食合同定购和粮食销售价格，基本实现粮食购销同价。糯粮退出粮食定购范围，实行议购议销，粮食定购品种仅为稻谷1个品种。龙南、定南、全南3个县试行粮食购销价格全面放开：取消国家粮油定购任务，取消给农民“三挂钩”物资，粮油收购实行指导性计划，国家征收的农业税（公粮）一般征收实物；取消城乡平价粮油供应，价格放开，给职工适当补贴；粮票停止流通，停止办理粮食支拨的迁出、迁入，军队粮油供应继续保留；原省、地对试点县的粮食包干计划、三挂钩物资和财务补贴，在国家和省未作调整前继续执行，管理办法不变。6月，全地区全面放开食油购销价格，实行市场调节，食油统购统销体制结束。9月，全地区除军供粮油按国家规定政策执行外，取消城乡居民平价粮的供应，全面放开供应价格，不再给城镇居民增加粮价补贴。粮食合同定购任务视“三挂钩”物资发放情况，已发放到农户的县（市），当年则保留国家定购任务，未发放到农户的县（市），取消粮食定购任务和给农民的“三挂钩”物资；公粮（农业税）保留，征收实物为主。相应建立粮食风险调节基金和一定数量的粮食储备，用于宏观调控；加快乡（镇）初级粮食市场和县级批发市场的建设，发挥粮食部门主渠道作用。

1993年，取消粮食定购任务，采取经济合同办法组织粮食收购，以保证国家宏观调控所需粮源；建立和实施粮食收购保护价制度，市场粮价低于保护价时，按保护价收购。改进粮食“三挂钩”物资兑现办法，以价外加价的形式补贴给农民。产销区之间的计划调拨改为产销双方直接订货，通过合同做好产销衔接。全地区各级地方财政对所在地粮食企业的亏损补贴3年不变，粮食企业的盈亏由各级粮食主管部门统一向财政承包。

1994年，全地区实行粮食工作的各级政府领导负责制，粮食收购改合约收购为国家定购，根据国家下达的任务，逐级落实且由乡（镇）政府下达任务通知书，以确保完成。定购粮的收购价格，执行由国家统一制定的价格，主要粮食品种的销售价格也执行国家定价。域内定购粮以外部分的粮食收购价格随行就市，相应保持全地区粮价的稳定。

1995年10月，全地区粮食经营实行政策性业务和商业性经营两条线运行机制，业务、机构、人员彻底分开。逐级实行粮食“四定”（定购、定销、定调、定库存）包干责任制，并明确地方的粮食责权，在“统一政策、统一市场、统一进出管理”的原则下，实行地、县（市）、乡（镇）分级负责和分级管理。为衔接国家储备粮油实行的垂直管理体制，在区内建立地方粮食储备，并规定产区保持3个月销量、销区保持6个月销量的水平，以配合实现国家与地方粮油储备两级总量平衡。

1996年5月，全地区对属于政策性经营的口粮销售，实行中央指导下的省级人民政府定价；对国有粮食部门经营的议购议销粮食，则实行政府指导价。7月，新粮上市，全地区再次提高定购粮收购价格，取消价外补贴办法；新的粮食销售价格亦同步执行，对低收入居民定向给予补贴。

1997年8月，全地区在定购粮收购完成以后，按保护价敞开收购议价粮，对农民余粮不拒收、不限收、不停收、不打白条，不得代扣各项提留款，做到按保护价敞开收购农民交售的余粮。10月，全地区对当年收购的定购粮和保护价粮按省确定的价格实行顺价销售。

1998年6月，全面落实“按保护价敞开收购农民余粮、粮食收储企业实行顺价销售、粮食收购资金封闭运行、推进粮食系统自身改革”的政策，推进域内的粮食流通体制改革。8月，在宁都县、信丰县按每50千克稻谷50元的保护价，收购早稻谷2500吨，作为地区机动粮，粮权属行署。保管期间的保管费和利息支出，按国家专储粮的费用利息补贴标准，由地区财政给予补助，每季预拨一次。

1999年，全市（地区）粮食工作实行“在国家宏观调控下，地方政府对粮食生产和流通全面负责”的体制。至年底，全市收购保护价粮18.99万吨，比上年同期多入库11.26万吨；销售粮食18.68万吨，多销4.13万吨，基本实现保本微利，顺价销售。粮食收购贷款为41697万元，新增收购值41848万元，销售粮食回笼贷款45470万元，归还农发行资金45470万元，应还贷款43485万元，实际归还43485万元，库贷比、归行率、还贷率均达到100%，粮食收购资金全面实现封闭运行。

2000年，全市早籼稻退出保护价收购范围，购销价格随行就市。拓宽购销渠道，实行多元化经营，粮食向市场化迈出实质性步伐。保留的定购品种晚稻，允许省核批产业化龙头企业按保护价直接收购。

二、经营管理体制改革

1986—1992年，各级粮食部门在抓好粮食购销的同时，推动粮食“五业”（粮油工业、饲料、食品经营、粮油贸易、粮油运输）发展，弥补粮食财务包干部分缺口。1992—1996年，坚持一业为主，发展多种经营，县以上主攻工业，乡（镇）大搞种养、全面发展三产，五花八门办实业，推进粮食经营性企业发展。加大粮办工业投资，调整产品结构。跳出单一粮食圈子，跨行业开展综合经营。1997年以后，实施主攻工业战略，重点发展粮油骨干企业，创出“五丰”牌、“珍惠”牌、“绿珍”牌米粉，

“胜仙”牌、“赣源”牌面条，及各具特色的配制米等优质粮食品牌产品。新建赣州东站和信丰、定南等具有较大储量的大型粮库，改造一批设施较差的简易仓库，提高全市（地区）粮食收购能力。加强对粮油流通各个环节的质量监督与管理，形成地（市）、县（市、区）、乡（镇）三级质量保证网络，尤其是赣州市粮油质量监督检验站跨入全国“陈化粮检验机构”之列。粮食财务的管理由粮食盈亏指标向地区财政包干、到粮食财政实行政策性业务与商业性经营分开核算的转变。国有粮食经济逐步发展成为全市（地区）国民经济的重要基础之一。

1987年，全地区粮食系统探索所有权与经营权分离的经营方式，实行多种形式的经营责任制。企业试行向社会公开招标承包经营、内部聘任承包经营和租赁经营。承包经营形式按行业划分：粮油商业采取定额补贴承包，议价企业核定利润基数承包，粮油工业推行利税基数承包，饲料工业确定利润任务，运输企业实行单车核算核定利润包缴数。按企业盈亏性质分为：盈利企业先内部聘任承包，后社会招标承包，亏损企业向社会公开招标承包，微利企业如门市网点实行租赁制。至年底，全地区粮食企业实行招标承包的有3个，聘任承包的有35个，租赁经营的有1个。

1988年，全面推行各种形式的承包经营责任制。粮油工业、饲料、食品经营、粮油贸易、运输等盈利企业主要实行利税基数承包，包死上缴利税基数，保技术经济指标，保设备完好，保产品质量，超利全留或超利分成；粮油商业实行定额或定率补贴承包，超亏不补，节亏全留。粮油仓储实行包万斤粮油经营费用率，死率活算，或是包企业管理费（行政费用、万斤粮油保管费）；对偏远山区经营量不大的粮站，不能常年生产的加工厂，小型的食品、饮食服务、种养企业实行租赁经营或个人承包经营。承包期限一般一包3年。至年底，全地区703个独立核算单位，有18个企业实行公开招标承包，257个企业实行系统内部招标承包，351个企业实行聘用制，承包经营企业占粮食企业总数的89%。

1989年4月，地区粮食局对二级经营承包单位进行全面清理整顿，撤并5个二级经营承包单位，建立与健全必要的经营管理、财务、分配制度，规范企业行为。9月，针对地区粮油工业饲料公司财务失控、管理混乱、经营亏损的情况，地区粮食局对其进行全面审计，并中止承包合同，招聘新的领导班子。

1990年11月，地区粮食局、财政局联合印发《关于深化粮食企业改革的意见》，依据粮食行业的特点，推行经营目标责任制和承包经营责任制相结合的形式。基层粮管所、城镇粮店和仓储企业推行经营目标责任制，具备条件的盈利企业则实行经营承包责任制。经营责任制的期限，与粮食、财务两个包干相衔接，一般为2～3年。

1992年4月，全地区开始推行平价粮油经营代理制，实行“集中管理、统一经营、政策性亏损归一家反映”的新体制。9月，各县（市）相继成立具有法人资格的粮油总公司，与粮食局合署办公。粮食企业转换经营机制，粮食商业企业全面实行经营、价格、用工、分配“四放开”，粮油工业、饲料和运输企业推行“六自主”，落实企业自主权。地直粮食企业实行目标考核，采取盈利全留、超收分成、自负盈亏的形式，主管局管理企业法人代表，管理企业的资产完整增值，考核企业目标值的实现，检查监督企业政策法规的执行。

1993年，全地区粮食系统推行以个人租赁、合股租赁、个人承包等主要形式的国有民营改革。至年底，全地区有400多家法人企业实行目标管理或承包经营为主的经营责任制；1600家小型经营门点中，有800家实行租赁和承包、300多家实行国有民营。地直粮食企业则在内部推行两级法人、多级核算、责任到人、工效挂钩，建立多种形式的经济责任制。加大三项制度改革力度，优化劳动组合，推行竞争上岗，对下岗人员实行企业内部待岗。

1994年，以地区粮油公司所属通源饲料公司、面粉厂、大米厂、汽车队、直属库、粮机厂、综合厂等加工实体组建赣州地区粮油实业集团；以虔城大酒店资产为纽带，将地区粮油贸易公司、粮油购销公司、粮油工业饲料公司、粮油物资公司联合组成赣州虔城粮油贸易集团，实行联购分销、批零一体化经营。

1995年10月，全地区改革粮食部门现行体制，实行政策性业务和商业性经营分开，建立两条线运行机制。按照职能分开、人员分流、财务分账的要求，划分经营体制。地、县（市）粮食局及乡（镇）粮管所和军粮供应站为政策性业务单位，实行定岗、定责、定人，强化宏观调控，行使管理职能，管好政策性业务。商业性经营企业则按“集中力量求发展，分散人员找饭吃”的思路，面向市场，开拓经营，跨出行业，兴办实业，巩固和完善各种形式的经营责任制。

1998年12月，行署印发《赣州地区县级粮食系统自身改革实施意见》，全地区粮食系统自身改革全面启动。县（市）粮食局为同级政府粮食行政主管部门，实行政企分开，核定人员编制，落实行政经费，代表政府对赣州地区内全社会粮食流通和粮食企业进行行政管理和待业管理；撤销县（市）粮油总公司，以剥离附营业务后的国家粮食储备库、直属库、粮管所为依托，成立具有独立法人资格的粮食收储公司；受同级粮食局委托，承担当地政策性粮食收储业务，实现政策性收储业务与附营业务的分离。

1999年1月，全地区粮食系统按“一局（粮食局）、二司（收储公司、经营公司）、一场（粮食批发市场）”的模式运行。7月，以赣州市粮食局直属库为基础，成立市级粮食购销公司，把政策性收储业务纳入其经营范围。以“一企一策”和“一厂一策”的方针，推进重点粮食企业经营机制的转换。市粮油实业集团所属面条加工厂、面粉厂、塑料包装厂，由该企业职工租赁经营。通源饲料公司、丰源面粉有限公司则相继租赁给湖南湘大集团、福建龙马畜牧饲料有限公司。全市粮食系统在深化经营管理机制和产权制度改革的同时，以减员增效为目标，实施下岗再就业。至年底，全市粮食系统下岗分流人员9091人，占在编职工的55%，其中安排再就业7483人，占分流人员的82.31%。

2000年，全市对国有粮食企业实行以产权制度为核心的转制改革。通过拍卖、租赁、承包、破产等方式，使分布在城乡的小型门点、小加工厂及包袱重、扭亏无望的企业退出国有企业。对规模较大、有扭亏增盈潜力的企业，通过股份制、股份合作制等形式，改善资产结构，理顺经营管理体制。至年底，全市粮办工业实行转制改革的有37家。全市有603名粮食职工通过一次性安置，置换职工身份，并脱离原企业劳动人事关系；全市粮办工业下岗分流职工1048人，占粮办工业职工总数的34%。

第三节 粮油收购

2000年，早稻退出保护价收购，粮食购销渠道进一步拓宽，粮食经营向购销市场化迈出实质性步伐。

一、粮食收购

合同定购 1986年2月，全地区粮食合同定购任务由22.5万吨（贸易粮，下同）调减为19万吨。对签订粮食定购合同农户、生产单位实行奖售平价化肥（每交售50千克稻谷奖售平价标准氮肥2千克）和优先给予农业贷款政策。定购品种为稻谷及老区的薯干和薯丝，为照顾老区特困乡，把薯粉也纳入定购范围。稻谷定购价格按“倒三七”比例价，即早籼谷15.59元/50千克、晚籼谷16.07元/50千克，薯干和薯丝按14.58元/50千克、薯粉按23.25元/50千克收购。同年，全地区遭受特大旱灾，粮食总产仅为174.6万吨，比上年减产近二成，未能完成收购任务。

1987年，省对地区实行粮油购销调包干，调减区内定购计划1.5万吨。粮食合同定购实行“三挂钩”政策，即每交售50千克稻谷，奖售平价标准氮肥5千克、柴油1千克，并发放预购定金20%。提高定购价格，如早籼稻为17.09元/50千克、晚籼稻为17.6元/50千克。3月，行署确定全地区粮食合同定购任务为17.5万吨［其中地区掌握2%、县（市）掌握3%的丰歉调剂数；议转平任务1万吨］。地区对县（市）实行粮食购销调包干。各县（市）落实合同定购任务，把挂钩物资票证和定金发放到农户。粮食入库期间，全地区各级粮食部门普遍开展支农爱民优质服务活动，新增239个收购点，基本完成由省下达的粮食定购任务。

1988年4月，省对地区实行购销调存3年包干，全地区粮食定购计划每年为16.65万吨，地区对县（市）附加5%机动数［地区2%、县（市）3%］，按17.5万吨下达。为确保粮食包干任务的完成，行署确定8月10日至9月10日为全地区夏粮收购突击月，以县（市）为单位，必须完成全省任务的75%以上。实行"公粮和购粮兼收、平价粮和议价粮兼收、粮油实物和平议差价兼收、当年任务和历年旧欠兼收"的收购办法。全地区涌现出向国家交售商品粮5吨以上的售粮大户298户，省奖彩电241台。

1989年4月，全地区调高粮食合同定购价格，即每50千克早籼稻22.1元、晚籼稻22.8元、杂优晚籼23.5元。提高定购粮食"三挂钩"标准，每50千克稻谷奖售平价标准氮肥10.5千克、柴油1千克，预购定金按调后粮价款的20%发放。9月，全地区第一次在全省率先完成夏粮入库任务，首次实现县（市）全面完成粮食定购任务。全地区有411户售粮5吨以上的农户获得表彰和奖励。12月，行署核定赣州市从1989—1990年每年调减粮食合同定购任务450吨，粮食合同定购任务为1800吨。核定赣县从1989—1990年每年调减粮食合同定购任务1850吨，粮食合同定购任务为1.17万吨。

1990年10月，省粮食局、财政厅下达域内早中稻议购专项储备粮计划，价格按每50千克52.86元结算。1990年粮食年度，全地区交售商品粮5000千克以上的粮食专业户520户，比上年增加109户，户平交售粮食6吨以上。

1991—1992年，全地区延续粮食包干政策，合同定购计划不变。1992年2月13日，省里取消地区对县（市）附加2%定购机动数3400吨，县（市）附加的3%机动数是否取消则由各地自定。4月，全地区粮食实行购销基本同价，即早稻定购价24.5元/50千克、晚稻27.5元/50千克。龙南、定南、全南3个县作为全省粮食购销体制改革试点县，取消合同定购任务和给农民的"三挂钩"物资，收购实行指导性计划。9月，全地区进行粮食购销改革，粮食"三挂钩"物资已发放到户的县（市）则保留粮食定购任务，按早、晚稻各50%的比例收购；"三挂钩"物资未发到农户的县（市）则取消定购任务和给农民的"三挂钩"物资，保留公粮（农业税），以征收实物为主。地区、县（市）建立粮食改革风险基金和粮食风险调节基金。11月，除龙南、定南、全南3个县外，其余县（市）如数完成当年定购任务。

表27-1-1　1986—1992年赣州地区贸易粮合同定购完成情况统计表

单位：吨

年　度	计　划	实际入库	其中农业税征实
1986年	190000	128910	46570
1987年	166500	165880	44840
1988年	166500	167380	52790
1989年	166500	175290	56680
1990年	166500	175650	56730
1991年	163750	163750	50040
1992年	163750	125390	45830

合同收购　1993年1月，国家粮食收购由合同定购改为合同收购，收购计划由指令性计划改为指导性计划，由粮食企业与农户或生产单位签订合同或协议，收购价格双方面议，随行就市，取消原来的"三挂钩"物资。2月，建立粮食风险基金和粮食收购保护价制度，全地区粮食收购保护价为每50

千克早稻 21 元、晚稻 28 元、中稻 26 元。3 月，改进原“三挂钩”兑现办法，由供应实物改为付平议差价款，每 50 千克大米价外加价 5.2 元（其中中央财政负担 3.175 元，省财政负担 2.025 元）。8 月，将合同收购早稻保护价提为 24.5 元/50 千克。11 月，全地区中、晚稻收购保护价提为 30 元；对粮食“三挂钩”化肥供应政策也重新予以调整，改为实物供应，合同粮食收购每 50 千克稻谷供应平价化肥 8.5 千克，补贴柴油差价款 10.5 元。市场粮价涨幅较大，全地区合同收购粮食入库 15 万吨。

国家定购　1994 年 4 月，国家恢复粮食合同定购，简称“国家定购”。提高粮食定购价格。龙南、定南、全南、大余、崇义、寻乌等县早稻每 50 千克 47 元、晚稻 55 元，其余县（市）分别为 46 元、53 元。

1995 年，省对地（市）实行“定购、定销、定调、定库存”的包干办法。地区对县（市）国家定购计划另加 5%机动数［地区 2%、县（市）3%］。7 月，国家定购粮实行价外补贴，即每 50 千克稻谷价外补贴 10 元，价外补贴资金在粮食风险基金中列支。全地区实现早稻一季完成全年定购任务，入库进度为全省第一。

1996 年 7 月，提高国家定购粮价格，信丰、龙南、定南、全南、大余、崇义、寻乌等县早稻每 50 千克 68 元、晚稻 77 元，其余县（市）早稻 67 元、晚稻 75 元。同时，取消 1995 年执行的价外补贴。8 月，调减全地区省、部属库区移民国家定购任务 800 吨（其中赣县 280 吨、上犹 350 吨、崇义 170 吨）。上犹、崇义两县国家定购原地区附加的 5%机动数不作安排。

1997 年 4 月，区内国家定购任务再次调减 1.3 万吨。明确国家定购任务按早、晚稻各半比例完成入库。9 月，省政府确定全省早籼稻议购保护价为每 50 千克中等级稻谷 55 元。10 月，又确定晚稻收购保护价为每 50 千克 66 元。全地区各地严格按此原则敞开收购农民余粮。

1998 年 6 月，对农民余粮由域内的国家粮食收储企业垄断收购，实行收购许可证制度。全地区下调定购任务并取消地区 2%的机动收购数。8 月，下调国家定购价格，即早稻每 50 千克为 57 元、晚稻 64 元，早稻定购入库比例不超过 50%。区内的粮食收购保护价格为每 50 千克早稻 50 元、晚稻 58 元。

1999 年 7 月，全市执行由省政府下达的有关粮食合同定购新决定，即在保留粮食定购制度和粮食定购价格形式不变的前提下，实行粮食收购定购与议购保护价统一执行加权平均收购价格，中等普通早稻为每 50 千克 51 元、中等劣质早稻为 45 元、中等普通早稻为 58 元。

2000 年 4 月，全市执行国家规定，早稻退出国家定购范围，取消早稻定购保护价，各县（市、区）定购任务按 40%调减，定购品种为中、晚稻。粮食收储企业按保护价（晚稻 58 元/50 千克、中稻 56 元/50 千克）敞开收购农民余粮。至 12 月 31 日，全市定购粮入库 6.11 万吨。

表 27-1-2　　1994—2000 年赣州市（地区）国家定购粮入库统计表　　单位：吨

年　度	计　划	实绩	其中农业税征实
1994 年	155000	155000	47570
1995 年	154500	162170	51590
1996 年	153730	160990	54480
1997 年	140730	147790	54780
1998 年	97000	97000	53630
1999 年	97000	97000	—
2000 年	60200	61050	—

委托代购、议转平　1986 年，为平衡粮食收支、国家在委托当地代购的议价粮中划转部分，纳入平价库存，划转差价由财政补给，国家统一安排使用。全地区议购任务 7 万吨，议价收购价格随行就

市，一般不低于比例价，最高不超过原超购价（每 50 千克稻谷 17.325 元）。

1988 年 3 月，省调减赣州地区议价转平价收购（以下简称“议转平”）任务 1.3 万吨，“议转平”粮食收购价格每 50 千克稻谷由 21 元提为 25 元。1993 年，该收购价随政策调整而取消。

化肥换粮 1988 年 11 月，省安排赣州地区标准氮肥 25000 吨，以每 50 千克尿素换早稻 75 千克（晚稻 70 千克、杂优晚稻 65 千克）的标准，安排向农民换粮 1.18 万吨，用于弥补全地区自 1987 年以来因少购多销和其他原因动用的国家库存。

专项储备粮收购 1990—2000 年，全市（地区）从各地按议购保护价收购的议价粮中划转一部分为专项储备粮，其银行贷款、财政贴息及粮权均属于中央。开展国家专项储备粮的收购，全市（地区）国家专项储备粮收购量分别为 1990 年入库 8.39 万吨，价格为早籼米每 50 千克 52.86 元；1991 年 3.77 万吨，早稻 35.5 元、晚稻 36 元；1992 年 2450 吨，晚稻 31 元；1993 年 2390 吨；1995 年 3.53 万吨，早稻 75 元、晚稻 80 元；1996 年 3.75 万吨，晚稻 80 元；1997 年 2.25 万吨，按定购价；2000 年 6.8 万吨。

议购 1986 年 10 月，稻谷议购价格在原超购价基础上每 50 千克加 2.1 元，即早籼稻 17.43 元、晚籼稻 19.95 元、杂优晚稻 20.55 元。全地区议购计划 7 万吨。

1987 年，粮食经营实行“双轨制”（稳住一块，放开一块），为解决粮糖挂钩粮源，满足赣州地区内工商行业用粮需要，实现粮食财务包干，全地区各县（市）粮油贸易公司、基层粮管所对已完成全省收购任务的农户开展议购，议购价执行省定“议转平”价格，允许与福建、广东等省接壤的边缘乡（镇）价格适当衔接。

1988 年 10 月，开始实行议购指导价。地区物价局、粮食局行使由省赋予的改革试验区省级定价权，采取“以活对活”的措施，稳住区内粮源。12 月中旬，制定全地区议购指导价，即与吉安、抚州等地接壤的边界乡（镇）执行省定保护价，即每 50 千克晚稻 32.5 元；与广东、福建、湖南等省接壤的边界乡（镇）随行就市与邻省持平；域内腹地兴国、瑞金、于都、宁都 4 个县为 40 元，赣州市（今章贡区）、赣县、石城 3 个县（市）为 41 元；南康、信丰、上犹、会昌 4 个县为 42 元；大余、崇义、安远 3 个县为 43 元；龙南、定南、全南、寻乌 4 个县为 44 元。

1989 年 7 月和 10 月，地区物价局、粮食局分别制定域内早稻议购指导价、晚稻最高议购指导价：与吉安、抚州等地接壤的边界乡（镇）早稻执行省定保护价每 50 千克 40 元，晚稻最高议购指导价 41.5 元、杂优晚稻 42 元；与邻省接壤的边界乡（镇）早、晚稻议购价格略低于邻省；域内腹地实行区域性最高限价，即兴国、于都、上犹、宁都 4 个县早稻 43 元、晚稻 43.5 元，信丰、南康、大余、崇义、赣县、赣州市（今章贡区）、瑞金、石城、会昌、安远 10 个县（市）早稻 45 元、晚稻 43.5 元、杂优晚稻 44 元、糯谷 46 元，龙南、定南、全南、寻乌 4 个县早稻 50 元（8 月 17 日开始执行 48 元）、晚稻和杂优及糯谷分别为 48.5 元、49 元、51 元。

1990 年 10 月，全地区执行省定议购指导价，即每 50 千克早稻 35.5 元、晚稻 36 元。广东、福建等省市场粮价低于赣州保护价，省际边界县的议购价，按低对低的原则进行收购。

1992 年 5 月，全地区粮食企业抓住平价粮油实行购销同价的契机，平退议进，搞活议价经营。1994 年 10 月起，全地区落实由省政府安排收购粮食计划 11 万吨的任务，并实行省规定议购保护价每 50 千克早稻 55 元、晚稻 65 元，毗邻广东、福建等省的地方则可略高一些。1995 年 5 月，全地区实施由省下达的粮食议购指导计划，由粮食企业自主定价。1996 年 9 月，全地区粮食议购执行定购价，做到不拒收、不打白条。1998 年，全地区实行议购保护价，即三等早稻每 50 千克 50 元、晚稻 58 元。

2000 年 4 月，全市国有粮食企业入市敞开收购，早稻由上市初的每 50 千克 32 元逐步上升到 42～45 元。12 月，省确定当年中、晚稻保护价分别为每 50 千克 56 元和 58 元，全市按这一价格执行。

表 27-1-3

1986—2000 年赣州市（地区）粮食议购统计表

单位：吨

年度	计划		实绩
	指导性	指令性	
1986 年	70000	—	72570
1987 年	150000	—	64880
1988 年	36000	75000	128670
1989 年	—	—	123530
1990 年	—	—	113660
1991 年	—	—	152040
1992 年	—	—	172880
1993 年	—	—	78990
1994 年	—	110000	105340
1995 年	100000	—	132740
1996 年	—	—	90480
1997 年	—	—	106980
1998 年	—	—	88430
1999 年	—	—	227410
2000 年	—	—	221890

二、食油收购

1986 年，全地区执行食油合同定购政策。域内的花生油按比例价列入定购范围，按合同定购交售的茶油，给予粮食补助。补助标准，每交售 1 千克茶油补助稻谷 8 千克，老区特困乡补助 10 千克，供应价按原统购价加固定费用，油脂收购实行料油兼收的办法。1987 年，调整花生油合同定购价，即由每 50 千克 149.5 元调到 172.5 元，花生价格也相应调整。4 月，行署决定：除每收购 1 千克茶油价格在 4 元以内外，另行增加奖售粮 4 千克稻谷；奖售价格 7 月 1 日前为每 50 千克稻谷 15.59 元、7 月 1 日以后每 50 千克稻谷 17.09 元；地区对县（市）实行纯调出包干和缺油自理的办法，分配的茶油收购任务必须完成，超过计划部分不予奖粮，年终结算。1988 年 4 月，调高食油收购价格，并实行价外补贴，取消茶油化肥奖售和自定茶油换购粮。11 月，对油茶集中产区且有茶油调出的县实行茶油调出与粮食挂钩的办法，按调出计划，每 50 千克茶油挂钩稻谷 300 千克，鼓励茶油调出县完成任务，以满足赣州地区城镇定量人口对茶油的需求。1989 年 4 月，全地区再次调整食油收购价格。5 月，又实行补调。1990 年 4 月，全地区又一次调整食油收购价，地区下达春油收购任务为 1250 吨。全地区粮食部门在食油收购中坚持菜籽（油）可以抵全年定购任务，坚持先计划内、后计划外，坚持收实物，坚持收料为主，料油兼收，收料退饼，坚持按质论价、优质优价政策。至 12 月 31 日，全地区收购食油 3250 吨，完成省下达的油脂定购任务。1992 年 4 月，全地区取消农民的食油定购任务，改按议价收购，价格随行就市。1994 年，省、地恢复食油收购指导计划。1995 年，地区确定油菜籽收购保护价 130 元/50 千克。1997 年，食油收购按“购得进、销得出、有合理利润”的原则，确定当地的收购价格。

表 27-1-4 1986—1999 年赣州市（地区）食油收购实绩统计表 单位：吨

年度	平价		议购
	计划	定购数	
1986 年	3200	2590	2980
1987 年	3200	2890	6140
1988 年	3000	2110	6210
1989 年	3000	2460	6840
1990 年	3000	3460	5140
1991 年	3000	3180	5670
1992 年	—	—	6330
1993 年	—	—	3070
1994 年	—	—	2120
1995 年	—	—	2920
1996 年	—	—	2260
1997 年	—	—	2100
1998 年	—	—	950
1999 年	—	—	80

三、市场管理

1986 年，县（市）未完成国家任务之前，严禁任何单位和个人插手经营粮食。农户没有完成合同定购任务，不得上市出售粮食，完成任务后才能开展多渠道经营，不允许外省的单位和个人插手收购。出省粮食归口粮食部门管理，有余粮出省的县（市）经地区统一平衡、批准，凭证放行出省，违反规定的按比例价收购，抵当地定购任务。

1987 年，允许机关企事业、工商行业等有粮单位按规定自行采购自用粮，从事粮食经营的单位和专业运输应具有相应资金和条件，经当地工商行政部门核准后从事经营。8 月，地区成立粮食市场、粮价管理协调小组，粮食部门的议价经营归口粮贸公司，实施全地区粮食市场管理、指导、协调，衔接市场粮价，组织粮食市场流通。

1988 年，行署决定由县（市）政府发布通告，关闭粮食市场，未完成国家粮食收购任务前，除粮食部门外，任何单位和个人不准收购粮食。从秋季开始，全地区执行国务院决定，大米（稻谷）由粮食部门统一收购，其他部门和单位不得经营。10 月，区内建立县（市）初级粮食批发市场，有秩序地组织市场流通。

1989 年，全地区大米（稻谷）仍由粮食部门统一收购，县（市）粮食局组织基层粮管所负责收购，不允许跨界抬价抢购。以县（市）为单位，完成全年定购任务后开放粮食市场，允许工商行业用粮单位经过批准，在当地市场采购自食自用的粮食，执行议购指导价，不准抬价和转手倒卖。

1994 年 6 月，以县为单位，在未完成国家收购任务前，停止多渠道收购，除承担国家粮食收购任务的国营粮食企业外，其他单位和个人不允许到农村直接采购粮食。对从事粮食批发业务的单位和个体经营户进行清理，个体粮食经营户只能从事粮食零售业务。

1995 年，域内粮食集贸市场和粮食批发市场实行常年开放，农民可以到集贸市场上出售完成定购任务后的余粮，城镇居民和缺粮户也可以购买自食自用粮，农村贸工农一体化组织和饲养专业户，在当地农村完成定购任务后，可就地采购自用粮。

1998 年 6 月，全地区粮食、工商部门加大对域内粮食市场的管理，对粮食收购实行四个严禁：严禁不承担收购任务的国有粮食企业直接向农民和其他粮食生产者收购，严禁非国有粮食企业收购，严禁个体经营者、私营企业收购，严禁非国有收储企业及个体私营企业设点挂牌收购。对违法收购粮食行为进行严厉查处。

2000 年，全市早籼稻退出保护价收购范围，但晚稻仍属于保护价收购的粮食品种。粮油市场严格遵守市政府的规定，除国有粮食购销企业和经省工商局批准可以入市的龙头企业外，其他任何单位、企业和个人都不准直接向农民收购晚稻。

第四节　粮油销售

一、粮食

非农业粮销售　主要有定量口粮和商业用粮销售。

定量口粮　1986 年，执行四等九级定量标准，按统销价供应，全地区定量口粮销售 15.87 万吨。1987 年，全地区实行粮食销售包干，全地区定量口粮销售 17.02 万吨。1988 年，实行粮食销售 3 年（1988—1990 年）包干。全地区每年计划内销售为 34.15 万吨，加工减量 8000 吨，压缩粮食销量 3.15 万吨。1988 年 4 月，启用赣州地区内县（市）间城镇定量人口粮食支拨证。6 月底，出台减购压销政策，对不合理的粮食支出进行全面清理压销，控制粮食销售，提倡节约用粮，吃粗点、吃杂点。7 月，对域内跨县（市）成建制定量人口口粮实行粮食指标划拨结算。1988 年，全地区定量口粮销售 17.61 万吨贸易粮。1989 年，全地区组织开展“三查三对”（查人口对户口、查工种对定量、查补助对规定），清理出不合理的粮食销量 6285 吨，收回 3790 吨。同时采取措施，严格控制“农转非”（农业人口转为非农业人口）人口的过快增长。12 月，行署同意从 1989—1990 年每年增加赣州市（今章贡区）销售粮食指标 2280 吨，计划内销售为 4.97 万吨。核减赣县计划内销售指标 1850 吨，计划内销售为 1.59 万吨。全地区定量口粮销售 17.38 万吨贸易粮。1990 年 1 月，行署上收“农转非”审批权。12 月，全地区调整部分定量口粮标准，适当压缩平价粮销售，在原月定量基础上，机关、团体、企事业单位干部和职工及其他脑力劳动者人平调减 1.5 千克；一般居民人平调减 1 千克；体力劳动者人平下调 1.5 千克；在校的大、中专学生（含技校、中学）、军供（含武警）、少年儿童的口粮定量维持原标准；定量口粮供应价格不变。全面实行凭证、定点登记限购当月粮的办法。全地区定量口粮销售 18.15 万吨贸易粮。1991 年，全地区定量口粮销售 18.14 万吨贸易粮。1992 年 4 月，全地区实行粮食购销同价。域内城镇居民口粮继续实行凭证、凭票定量供应。给城镇居民适当补贴：机关、事业、企业职工和优抚对象每人每月 5 元，中小学民办教师、在校学生每人每月 3 元。龙南、定南、全南 3 个县全面放开粮食购销价格，按调后统销价保留军供，其余属国家供应的平价粮一律取消，价格放开，由消费者自行购买，境内粮票停止流通。停止办理粮食支拨的迁入和迁出，给予居民适当补贴，即行政事业、企业单位的职工及优抚对象每人每月 10 元，大中专、技校在校学生和中小学民办教师每人每月 6 元。至 8 月，全地区定量口粮销售 5.38 万吨贸易粮。9 月，全地区除保留军供粮油外，取消城乡居民的平价粮油供应，全面放开粮食供应价格，不再增加新的粮价补贴，取消龙南、定南、全南 3 个县给居民增加的部分粮价补贴。域内粮票停止流通，停止办理城镇居民粮食支拨的迁出、迁入，保留原商品粮人口底册及管理办法。1993 年 11 月开始，省内、域内粮食市场价格不断上涨。12 月初，全地区统一部署粮食限价销售：晚米控制在 1.7 元/千克、早米 1.6 元/千克，限量供应。1994 年 5 月，成立地区粮食局军粮管理站，负责全地区军供业务。6 月，执行国家和省粮食政策，对主要粮食品种销售价格实行国家定价并提高粮食销售价格，对大中专在校学生、优抚救济对象、解放军和武警战士、民办教师等，实行定向补贴。11月，域内市场供应最高限价为早米2.04元/千克、晚米2.2元/千克。12月，全地区恢复城镇居民定量供应，实行凭证定点、限量、限价供应，每人每月供应大米10千克。1996年7月，全省统一提高定量供应粮食的销售价格，调价分两步到位。赣州市（今章贡区）每500克早米、晚米分别为1.29元、1.38元，其余17个县（市）500克早米、晚米分别为1.19元、1.29元。执行一段时间，再提高到省定价格。区内市场粮价逐步下降，平价高于议价或自由市场价，城镇居民定量供应自然取消。

商业用粮　1986—1987年，商业用粮逐步放开，保留粮食部门前店后坊及饮食业凭票用粮。销售量分别为3.02万吨、2.26万吨。1988年3月，取消商业用粮。

农业粮销售　主要有粮糖挂钩、老区口粮、灾区供应缺粮补销、农村人口异地购粮等销售。

粮糖挂钩　1986—1987年甘蔗榨季（以下简称“榨季”），行署决定蔗农每交售1吨工业蔗按统购价（每50千克11.55元）供应早谷156.5千克，并实行“要粮给粮、要钱给钱”政策。1986年，全地区粮糖挂钩销售13.55万吨稻谷。1987年，全地区粮糖挂钩销售10.44万吨稻谷。1987—1988年榨季，继续执行“糖粮挂钩，以蔗换粮，要粮给粮，要钱给钱”政策，采取一半给粮和一半给差价款的办法，对超出应负担基数部分的粮源，由粮厂所在县（市）组织粮源。1988年，各蔗区县（市）粮食部门组织粮源，保证蔗粮的兑现。该榨季进厂工业蔗1066568吨，供粮8.35万吨。全地区粮糖挂钩销售7.91万吨稻谷。1988—1989年榨季，省政府对赣州地区蔗粮挂钩实行“吨糖吨粮”政策，即商业收购食糖5万吨，省安排贸易粮5万吨，并与上调3.9万吨食糖挂钩结算，欠调部分同比例扣减。域内蔗农每交售1吨工业蔗，奖售统购价稻谷指标由过去的78.25千克调整为100千克（要钱的按平转议补给相应的差价款）。1989年，全地区粮糖挂钩销售7.91万吨稻谷。1989—1990年榨季，对蔗粮实行“蔗（糖）粮挂钩粮食指标包干到糖厂所在县（市）政府，纳入地对县（市）粮食三年包干计划之内，包死销售指标，县（市）掌握使用，节余归县（市），不准突破包干指标”的政策，挂钩标准按上一榨季执行，供应价格按调后统购价每50千克早籼稻16.37元执行。1990年全地区粮糖挂钩销售9.01万吨稻谷。1990—1991年榨季，继续实行蔗农交售1吨工业蔗奖售稻谷指标100千克，甘蔗粮供应价格每50千克16.37元，超基数部分兑现所需粮源由粮食部门提供，每50千克早籼稻结算价35.5元，“议转平”供应的差价款由糖厂自行消化。1991年，全地区粮糖挂钩销售13.6万吨稻谷。1991—1992年榨季，早籼稻供应价格为每50千克17.4元，吨蔗挂钩稻谷100千克。省核定赣州地区蔗粮9.39万吨稻谷，超过部分“议转平”供应，差价款每50千克15.6元由各糖厂自行消化。榨季工业蔗124.6万吨，兑现挂钩粮12.46万吨稻谷，超省核定数3.07万吨。1992年，粮食销售价格放开，省、地对域内的粮糖挂钩政策停止执行。

老区口粮　1986年2月，省委、省政府规定老区特困乡的特困户，凡全年自产粮食（包括粮糖挂钩供应的粮食）人平口粮不足250千克，由国家按优惠价（原统购价加费用，每50千克早籼稻12.45元）补供到250千克。域内补差范围为省政府批准的146个老区特困乡中的特困户的缺粮户。补差，以1985年前三年的粮食产量为计算依据；留粮人口，按1985年年底农户在家实有人数（含参军战士）；供应手续，老区特困户缺粮指标安排到县，一定3年不变，经县（市）政府批准后，补差指标由基层粮管所直接发证到户，凭证定点、分期供应；老区口粮供应按生产年度结算，1985年8月1日至1988年7月31日3年内每年3.5万吨，1988—1989年度3.2万吨，1989—1990年度2.6万吨，1990—1991年度5500吨，1991—1992年度1.26万吨。1988年和1989年，将老区口粮1.3万吨以销订购差价款（1988年8000吨，差价3.53元/50千克；1989年5000吨，差价2.03元/50千克），下拨到域内各老区县老建办作为老建发展基金。

灾区供应缺粮补销　1986—1992年，粮价放开，全地区销售比例价粮食18.71万吨。安排农村生活，重点安排好五保户、双缺（缺粮、缺钱）户、军烈属和因灾缺粮农户的生活。1987年6月，在粮食包干指标外，安排赣州市（今章贡区）、赣县、信丰、南康、定南、安远、大余、上犹、于都、石城、寻乌11个县（市）灾供粮指标8050吨。1991年3月，安排全地区灾供粮指标7800吨。12月，地区粮食局再次安排灾供粮3500吨，确保春节期间灾区人民生活。1994年，全地区发生特大洪涝灾害，灾情严重。9.72吨粮食支援域内灾区，用于安排生活、恢复生产。

农村人口异地购粮　1989年4月，为解决域内农村人口异地购粮问题，完善粮食包干办法，在县（市）启用赣州地区内县（市）间农村人口粮食支拨证。

定购粮食销售　1992年，全地区粮食部门按规定的价格销售定购粮食给城镇居民、农村缺粮人口、水库移民，保障军供、灾区供应以及平抑市场粮价。1996年，全地区粮食工作重点转向销售，各县（市）想办法多销售，以减轻库存压力。1992—2000年，全地区销售定购粮67.29万吨。

粮食出口　1998年，由省粮食局安排，全地区出口大米10.8万吨。1999年，全地区出口大米3.11万吨；2000年，全市出口大米4.03万吨。

议销　全市（地区）粮食部门组织粮源，开展议价销售业务，主要销往省外粮食销售区和供应区内缺粮人口暨工商行业用户，1986—2000年，议价销售贸易粮189.23万吨。

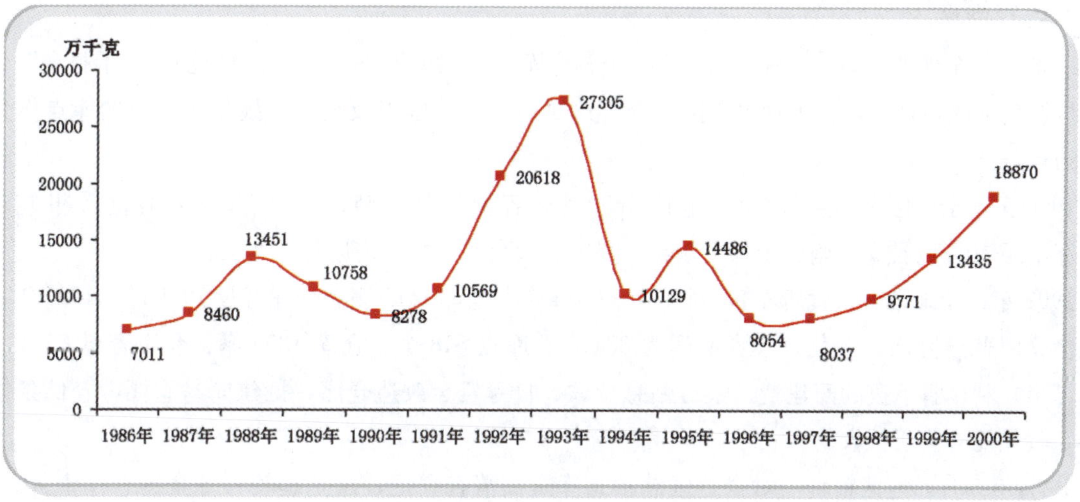

图27-1-1　1986—2000年赣州市（地区）议价销售贸易粮实绩

二、食油

1986年，域内食油定量每人每月0.25千克，供应价格为统销价。1988年7月1日至1990年7月1日，域内返销农村人口的食油，其销售价格随国家提高油脂收购价而相应调整。1990年7月，对城镇居民增供优惠价菜油。至年底，全地区供应计划1000吨，其中平价菜油为250吨。1991年元旦、春节期间，按每人2千克的标准，向全地区机关、事业、团体和全民所有制工矿企业的干部职工（含离退休人员）一次性供应优惠菜油，由各单位统一购买发给该单位干部职工。1992年6月，取消除军供油以外的城镇居民凭证、凭票定量供应平价食油和各种补助油。

1986—2000 年赣州市（地区）食油销售实绩统计表

表 27－1－5 单位：吨

年度	平价	议价	年度	平价	议价
1986 年	34700	45800	1994 年	10	5120
1987 年	3620	10590	1995 年	—	5000
1988 年	2980	10220	1996 年	—	2450
1989 年	3050	6350	1997 年	—	3650
1990 年	3490	9500	1998 年	—	1200
1991 年	3140	8730	1999 年	—	300
1992 年	620	11630	2000 年	—	220
1993 年	40	6950			

第五节 粮油仓储

一、仓库建设

1986 年，全地区有储粮（油）库点 545 个、仓库 1574 座。1989 年 9 月，把危仓、“干打垒”仓和无屋面板仓列为改造重点，把粮食主销区、仓容严重不足的产区以及交通干线便于集散的库点作为新建仓库的重点。

1990 年，全地区有库点 537 个、仓库 1439 座，容量 73.1 万吨；油罐 660 个，容量 0.36 吨。仓库完好率不足 40%的县有龙南、宁都、瑞金、兴国、大余、上犹、南康等 7 个县。

1992 年，全地区有粮食所库 339 个、库点 534 个、仓库 1515 座、仓库容量 79 万吨。1995 年，全地区粮食仓库普遍陈旧、老化。粮食所库为 334 个、库点 518 个、仓库 1399 座、仓库容量 75.47 万吨。各县（市）利用省下拨的简建费、银行贴息贷款、自筹资金改造仓库，抢建简易仓棚，仓储条件有所改善，收储能力有所扩大。

1999 年 3 月，地区粮食局对全地区储粮仓库全面清查登记，建立起较为齐全的仓库卡片、表格、底册等管理资料。2000 年 6 月，市粮食局储备中转库、信丰国家粮食储备新建仓库全部通过初验。7 月，开始储粮。

至 2000 年 12 月，全市共有 21 个储粮单位、320 个粮管所（库）、487 个库点、1350 座仓房，总仓容 97.5 万吨。

2000 年赣州市粮油仓容统计表

表 27－1－6

单 位	所库(个)	库点(个)	座数(座)	容量(吨)	油脂(吨)
合 计	320	487	1350	974970.00	261.20
章贡区	7	9	37	63800.00	—
赣 县	23	36	87	49850.00	—
信丰县	24	53	121	108350.00	10.50
南康市	21	33	93	58550.00	7.00
龙南县	15	16	42	26350.00	1.00
定南县	10	12	38	28250.00	—

续表 27-1-6

单 位	所库(个)	库点(个)	座数(座)	容量(吨)	油脂(吨)
全南县	15	15	45	24140.00	4.00
安远县	21	30	69	33950.00	—
大余县	9	14	49	30700.00	—
上犹县	11	18	36	22000.00	2.00
崇义县	17	17	51	25800.00	—
宁都县	26	44	124	88930.00	19.70
于都县	29	41	92	59050.00	20.00
会昌县	22	32	93	50800.00	—
兴国县	27	32	124	57550.00	98.00
瑞金市	17	32	74	46650.00	—
石城县	15	22	80	60200.00	10.00
寻乌县	9	29	68	42100.00	4.00
市直	2	2	27	97950.00	85.00

二、仓储管理

1986年5月，全地区开展文明粮库建设活动，实行“以仓定人，保质保量，包进包出，全年不变”的保粮责任制。1987年8月，地区粮食局对强化保粮工作作出统一规定：加强保粮责任制，严格执行粮情测检制度，配齐简易检验器材，全面实行“四无”粮仓与奖金挂钩制度。

1988年5月，开展全地区第一次文明粮库的普查验收工作，赣州市（今章贡区）东郊库等51个所、库达到文明粮库标准。1989年，全地区文明粮库增加到87个。

1991年8月，国家储备粮油与商品粮油分开储存和管理，做到“三专”（专人、专仓、专账）、“四落实”（数量、质量、品种、地点）。1993年5月，对全地区库存粮食和粮食仓库进行大清查，清理财会、统计与保管账务，清理保管出入库凭证，共清查核算单位371个、储粮库点550个、储粮（混合量）44.89万吨。

1995年2月，地区粮食局印发《赣州地区粮油仓储管理规范》。4月，全地区保粮工作推广“五定三包”（定人、定岗、定责、定量、定费用，包进、包出、包“四无”）责任制，对国家专储粮管理要求做到“一符”（账实相符）、“三专”、“四落实”。

1996年3月，地区粮食局印发《赣州地区所库建设标准》，各县（市）开展所库建设达标活动，共投入500余万元进行库区建设，仓房刷（粉）白线、沥青防潮线、海绵防虫、槽管密封线分别达到80.6%、60.1%、74.2%和78.4%。1996年10月，开始实现部、省、地（市）三级计算机联网。至1999年年底，全市有309个所库达标，占所库数的96.9%，所容库貌有明显改观。

1997年4月，全地区粮油仓储管理按照制度化、规范化、标准化的要求，在统一保管总账、统一测检记录的基础上，统一印制赣州地区粮食局储粮档案卡片，由地区粮食局直接登统，掌握各所库和仓房的储粮品种、性质、数量及储藏时间。石城、瑞金、安远等县（市）对储粮实行分仓建账、封闭管理和封闭运行。

1999年4月，地区粮食局制定印发《全区粮油仓储工作考评奖罚办法》，地区粮食局与各县（市）粮食局签订安全保粮责任状，县（市）粮食局与所属收储公司、收储公司与粮管所（库）层层签订安全保粮责任状，确保全地区储粮安全。

2000年9月，市粮食局成立全市清仓查库领导小组。10月，抽调各县（市）粮食局54人，分成

17个清查小组，对全市库存粮油进行自查，摸清全市粮油库存的真实家底。

第六节　粮食调拨

一、指令性计划调拨

1986年，为弥补粮食购销缺口，平衡粮食收支，各县（市）按地区下达的调拨计划从省内外调入粮食24.85万吨，主要品种为玉米、小麦、面粉，全地区超调4.34万吨。议价粮调出省外5540吨进行品种串换。

1987年，平价调入粮食20.34万吨，议价粮调出省外8780吨。1988年3月，停止从上海市调入面粉，域内市场供应所需要面粉由省和地区粮油机械厂安排调出，面粉调拨采取与副产品挂钩的办法，标准按10%的比例执行。9月，对广东、福建2省的议价粮向购方加收10%的调节基金，并实行由省粮食局核发的议价粮食准运证制度。12月，全地区启用赣州地区县（市）间议价粮准运证，原赣州地区议价粮放行证停止使用。1988—1990年粮食3年包干期，全地区共调入粮食36.38万吨。

1992年5月，省粮食局规定凡是有计划不接受的，调出方可在3个月后将原计划内调出的粮食作议价粮处理，并核减当年区内县间运费包干数；无计划发运的区内外粮，省、地不予认账，调入方可不承付货款。

二、指导性计划调拨

1993年，粮食调拨由指令计划改为指导性计划。12月，省粮食局为赣州地区调入国家专储粮4万吨、国家市场调节粮3.7万吨，以充实区内粮食库存。1994年7月，粮食调拨计划改为指令性执行，建立健全调运制度，定购粮调拨价按当地定购粮价收购、储存环节费用每50千克6元（大米、稻谷），再加车船板前费用制定。

1995年5月，地区粮食局下达县（市）调入计划12.3万吨，其中“四定”包干计划外增加调入5万吨。市场收购粮车船板调拨价为每50千克早稻谷70元、晚稻谷75元。

1996年，全地区执行新的粮食调拨规定，即未完成粮食调拨任务且属调入方责任的，调出方可向调入方加收逾期保管费；若属调出方责任的，则由调出方承担调入方的超期贷款利息，同时由省、地收回调拨计划。

1998年，全地区粮食购销逆差5.95万吨，省安排从域外调入1996—1997年粮食年度末调粮食7.04万吨。按省政府规定，下达的区间调拨计划必须完成，否则由调入方支付每100千克稻谷0.18元的费用给调出方。行署要求各县（市）严格执行调拨计划，凡未完成计划的县（市）应承担规定的费用；区内县间调拨也参照省政府的政策规定执行。至2000年，市外粮食的调入逐渐减少。

表27-1-7　1986—1999年部分年份赣州市（地区）从区外调入粮食统计表

贸易粮：吨

年度	平价粮		年度	定购粮	国家专储粮
	省外区内	省　外			
1986年	248490	13360	1994年	—	139820
1987年	157280	46160	1995年	139670	4870
1988年	160220	18360	1996年	21810	1030
1989年	18320	2250	1997年	—	27450
1990年	129530	35120	1998年	16460	—
1991年	125460	26190	1999年	780	—
1992年	131770	22060			

第七节　粮油工业

一、产业规模

1986年，全地区粮油工业实行第一轮承包经营。1987—1991年，全地区粮油工业企业实行第二轮承包经营。1992年，全地区粮油工业企业实行第三轮承包，并对企业实行目标考核。1993年，把粮办工业作为发展域内粮食经济的重要支柱产业重点发展。

1995年3月，地区粮食局参照省级骨干企业的标准，制定地级骨干企业的标准，加快企业上等升级。1997年5月，制定鼓励与扶持骨干企业发展相应的系列措施。1995—2000年，全市（地区）粮食经济发展和粮办工业骨干企业呈现良好的发展态势，域内粮油工业行业有省级骨干企业19个、地级骨干企业11个，上述30个骨干企业5年共生产大米139726吨、面粉27299吨、米粉39315吨，企业生产能力323500吨，累计实现利税3482万元、利润2461万元、工业总产值51440万元。其中，1995年全地区粮油工业行业有骨干企业6个（省级2个、地级4个），生产大米22526吨、面粉14509吨，企业生产能力82750吨，实现利税388万元、利润385万元、工业总产值2675万元。2000年，全市粮油工业行业有骨干企业2个（省级2个），生产大米16143吨、米粉11211吨，企业生产能力32200吨，实现利税687万元、利润389万元、工业总产值10496万元。

1986—2000年，全市（地区）粮办工业总产值498847.57万元、利润总额4523.13万元；大米加工量2123349吨、面粉加工量233790吨、油脂加工量25940.63吨、食品加工量320245.8吨、饲料加工量937914吨；大米加工能力6144111吨、面粉加工能力512250吨、油脂加工能力915044吨、食品加工能力589662吨、饲料加工能力1228617吨。

二、技术改造

1991年5月，地区粮油公司投资19.5万元建成年产4吨面条的生产线。地区粮油贸易公司建成年产375吨水饺速冻生产线。龙南县饲料公司投资30.1万元，对颗粒饲料生产线进行技改。兴国县饲料公司投资65万元，对年产5千吨配合饲料规模生产线进行技改。

1992年，大余县工业饲料公司投资160.6万元，对年产5000吨的饲料生产线进行技改。于都县粮油工业饲料公司油厂进行技改，总投资125万元，生产规模从日处理油料30吨增至45吨。

1996年10月，省粮食局分两期借给赣州地区8个粮办工业企业技改扶持资金200万元，用于兴国县年产2万吨饲料生产线、崇义县日产50吨大米生产线、龙南县年产2000吨米粉生产线、大余县年产1000吨大米生产线、瑞金市日产50吨大米生产线、赣州地区饲料公司饲料生产线技改。1997年，定南县年产0.3万吨挂面生产线改造竣工。

三、粮食加工生产

面粉加工　1995年7月，地区粮油公司与东海（香港）企业有限公司合资，成立赣州丰源面粉有限公司。1996年5月，年产4万吨的专用面粉生产线经省经贸委、省粮食局批准立项建设，总概算为3970万元，其中自筹资金900万元。1996年12月至1997年3月，从意大利贝尔加引进日处理200吨的小麦制粉设备，从德国、瑞典引进面粉检测设备，1997年9月投产。2000年，赣州丰源面粉有限公司租赁给福建龙马畜牧有限公司经营。

大米加工　1987年5月，全地区试行大米生产（内审）许可证制度；9月，有28个企业获得大米生产许可证。1988年1月，有19个企业获得大米生产许可证。地区粮油公司兴建大米加工厂1座，规模为日产特一大米50吨。1995年11月，地区粮油公司与香港建华企业有限公司合资，成立赣州恒源米业有限公司。1996年5月，地区粮油公司投资33万元对大米生产工艺程序和设备进行技术改造，并投资15.9万元从日本东洋引进时产2吨精制大米生产线，11月正式投产。

1998年7月，赣州地区首次接受大米出口任务，投资224万元进行大米生产工艺改造，有3个重点米厂通过江西省商检局的验收，17个米厂获得加工许可证。全地区完成专储粮加工大米出口任务108050吨，其中自行加工47780吨。1999年12月，赣州市开始组织自营大米出口，出口大米21340吨，其中自行加工13000吨。2000年，全市形成安远“东江源”、宁都“珍穗”、赣县“沙地”和“田村”等系列品牌大米，组织大米出口58160吨，其中自行加工36160吨。

米粉生产 江西米粉是赣州地区粮办工业的主导和优势产品，由会昌县粮食局先行开发研制生产，在全市（地区）推广。1991年，会昌县粮油制品综合加工厂研制成功“快食米粉丝”；9月，被评为江西省优秀新产品二等奖。1992年11月，会昌县粮油制品综合加工厂更名为会昌精制米食公司；12月，公司与香港五丰行有限公司及江西省粮油食品进出口公司合资成立江西昌丰精细食品有限公司（以下简称“昌丰公司”）。1994—1998年，会昌县对米粉生产线进行资产重组，组建江西米粉会昌集团有限公司。至1999年年底，形成具有米粉生产线8条、年生产能力3万吨的大型米粉集团，产品远销美国、加拿大等20多个国家与地区。

1997年2月，地区粮食局分析米粉生产市场前景，确立“江西米粉”品牌，统一协调米粉企业的生产经营。宁都县和兴国县分别建设的年产1000吨米粉生产线年底竣工投产。至1998年年底，全地区粮食系统形成精制米粉年生产能力6.48万吨，主要分布在13个县，其中会昌县3万吨，宁都县0.6万吨，安远、兴国、于都3个县各0.5万吨，寻乌、赣州市（今章贡区）、赣县3个县（市）各0.2万吨，信丰、龙南、定南、南康4个县（市）各0.18万吨，大余县600吨。会昌县“五丰”牌和宁都县“宁宝”牌米粉成为赣南米粉的拳头产品。

饲料生产 1986年1月，寻乌、全南、龙南、上犹、赣县、会昌6个县兴建骨干饲料厂，规模为年产3.2万吨，总投资320万元，其中省粮食局下拨资金54万元。

1986年，国家安排赣州地区平价饲料粮为1.73万吨贸易粮。1987年，安排1万吨贸易粮。地区饲料公司与赣州市（今章贡区）沙河乡政府联合兴办赣南饲料联合实验厂。1988年，国家实行平价粮压销政策，取消饲料粮，饲料企业由加工型向生产经营型过渡。1989年，寻乌县饲料公司生产的“营养牌”饲料注册，是赣州地区第一批有注册商标的饲料产品。1990年，信丰县粮食局投资100万元，新建1座年产5000吨的微机控制现代化饲料厂，1991年投产。

1991年，地区粮食局从粮食包干计划外专项增拨各县（市）补助粮3850吨，用于生产配混合饲料，按优惠价专门供应给老区特困乡发展畜牧业生产。龙南县粮油工业饲料公司与中国农科院畜牧研究所、信丰县饲料公司与江西工业大学挂钩，研制生产出颗粒饲料。由信丰县饲料公司研制的鸡用麦饭石复合添加剂、龙南县粮油饲料厂研制的小鸡饲料、赣县粮油饲料厂研制的板鸭育反饲料分别通过省级鉴定。

1992年2月，地区粮油公司投资1000多万元，从瑞士布勒公司引进年产6万吨的浓缩饲料生产线，成立赣州通源饲料有限公司，1993年4月正式投产。1999年1月，该厂租赁给湖南湘大实业股份有限公司。

第八节 新产品开发

一、粮食制品

1990—2000年，全市（地区）粮食行业研制开发粮食制品新产品22项，其中获得省级奖励10项、地（市）级奖励 4 项。会昌县精制米食公司、江西米粉会昌集团有限公司先后研制开发的“银光米粉”“营养系列米粉”“精制沙河粉”及“通心米粉”等多项产品获得江西省优秀新产品一等奖。“汉仙”牌系列米粉为江西名牌产品，远销美国、加拿大、新加坡等 20 多个国家和地区。会昌县被誉为中国米粉之乡。

表 27-1-8

1990—2000 年赣州市（地区）粮食制品新产品开发一览表

产品名称	完成单位	试制负责人	鉴定时间	获奖情况
精制魔芋挂面	宁都县粮油工业公司	赵少俊	1990 年 1 月	—
速食米粥	大余县粮油食品厂	蒋力平、黄明跃	1990 年 11 月	获 1991 年省优秀新产品奖
快食米粉丝	会昌县粮食局直属库	李寿堂	1991 年 11 月	获 1992 年省粮食系统科技成果三等奖
松脆薄饼	于都县香士利饼业公司	李干杰	1994 年 5 月	—
珍珠营养米粥	崇义县思奇食品厂	肖定乾、邹非亚	1994 年 11 月	—
米思奇系列食品	崇义县粮油食品厂	邓九生	1994 年 11 月	—
多维全豆粉丝	宁都县金峰粉丝厂	范传荣	1994 年 12 月	—
香辣面	大余县粮油加工厂	张平、黄光明	1995 年 11 月	获地区科技进步奖
黑米快食米粥	大余县粮食食品厂	吴桥生、王会武	1995 年 11 月	获省优秀新产品二等奖
银光米粉	会昌县精制米食公司	李寿堂、陈映昌	1995 年 12 月	获 1995 年省优秀新产品一等奖
大老李碗装速食米粉	会昌县精制米食公司	李寿堂、陈映昌	1995 年 12 月	获 1995 年省优秀新产品二等奖
清水速食波纹粉	龙南县粮油工业公司	叶发春、刘光胜	1996 年 12 月	获地区粮油科技学会奖
高筋面条	赣州市米面制品厂	赵诗钊、梅爱和	1996 年 12 月	获地区粮油科技学会奖
营养系列米粉	江西米粉会昌集团有限公司	李寿堂、郭永红	1997 年 12 月	获 1997 年省优秀新产品二等奖
汤皮丝粉(河粉)	定南县粮油工业公司	缪明翔、廖永佩	1997 年 12 月	获 1997 年省优秀新产品二等奖
蔬菜系列挂面	赣州市米面制品厂	黄利强、梅爱和	1997 年 12 月	—
胡萝卜绿色挂面	赣县山江米粉厂	郭卫民、王贤会	1997 年 12 月	—
南瓜绿色挂面	赣县山江米粉厂	郭卫民、王贤会	1997 年 12 月	获 1997 年省优秀新产品三等奖
精制沙河粉	江西米粉会昌集团有限公司	李寿堂	1998 年 12 月	获 1998 年省优秀新产品一等奖
螺旋藻挂面	赣州市米面制品厂	黄利强	1998 年 12 月	获地区粮油科技学会奖
田园系列配制米	章贡区田园米业有限公司	陈建新、吴展武	2000 年 4 月	获 2000 年省新产品一等奖
通心粉	会昌县五丰食品有限公司	李寿堂、郭永红	2000 年 12 月	—

二、饲料产品

1986—2000 年，全市（地区）饲料行业研制开发饲料新产品 12 项，通过省级鉴定 10 项，并有 2 项获得省级奖励、4 项获得市（地区）级奖励。

表 27-1-9

1986—2000 年赣州市（地区）饲料新产品开发一览表

产品名称	完成单位	试制负责人	鉴定时间	获奖情况
微量元素添加剂养猪试验	赣州地区饲料公司	刘士生	1987 年 6 月	—
0~3 周龄雏鸭颗粒饲料	大余县粮油工业饲料公司	周香生、袁素琴	1990 年 1 月	—
肉鸡用麦饭石复合添剂	信丰县饲料公司	汪星、钟金铭	1991 年 11 月	获 1991 年省饲料行业优秀新产品奖
不用饲料配方提高大粒麻鸭加工板鸭体表质量饲养试验	信丰县饲料公司	刘士生、汪星	1992 年 10 月	获 1992 年省优秀新产品一等奖
“三宝牌”888 乳猪家用缩精料	安远县饲料工业公司	郭以浪、阳祥德	1992 年 12 月	—
“高燕牌”911 鱼用配合饲料	赣县饲料公司	彭作钊、黄小华	1992 年 12 月	—

续表 27-1-9

产品名称	完成单位	试制负责人	鉴定时间	获奖情况
赣丰牌 503 猪用预混料	赣丰饲料公司(信丰)	汪星	1994 年 12 月	—
118 板鸭育肥浓缩饲料	大余县饲料公司	刘清钰	1995 年 11 月	获地区科技进步奖
兴赣牌 551 仔猪全价颗粒料	南康县饲料公司	朱赣生	1995 年 12 月	获地区粮油科技学会奖
珍禽山鸡育肥料	大余县粮食局畜牧实验场	叶际华	1996 年	获地区粮油科技学会奖
通源牌肉鹅颗粒饲料	赣州通源饲料有限公司	刘土生	1997 年 1 月	获地区粮油科技学会奖
赣丰牌 511 乳猪全价颗粒饲料	信丰县饲料公司	蒋立群、汪星	1992 年 10 月	—

三、其他新产品

1987 年 12 月，地区粮油机械厂研制生产的 GLXS－11 型膨化颗粒饲料生产成套设备通过江西省粮油工业公司鉴定。1989 年 1 月，安远县粮油加工厂肖兴明研制生产的回流式低温挂面烘干装置通过省粮食局委托地区粮食局组织的鉴定，并获 1990 年江西省粮食系统科技成果二等奖。11 月，地区粮油机械厂研制的 ST－SP50X28 型锤片饲料粉碎机通过省经委委托地区机械电子工业局组织的鉴定。1997 年 3 月，江西兴发陶瓷阀有限公司研制生产的陶瓷阀芯水嘴通过省科学技术委员会组织的鉴定，获 1997 年省优秀新产品二等奖、赣州地区科技进步三等奖。11 月，赣州天择调味品有限公司（信丰）研制生产的天择牌酱油精和酱油通过江西省经委组织的鉴定，获 1997 年省优秀新产品一等奖。12 月，江西虔州酿酒厂（上犹）研制生产的陡水牌苦菜酒通过省经济贸易委员会和粮食局组织的鉴定。

四、新产品推广应用

1990 年 11 月，地区粮油科技学会组织推广应用的回流式低温挂面烘干装置技术，在定南、兴国、赣州市（今章贡区）、石城、宁都等县（市）推广应用，提高面条质量。该项技术经江西省粮食局组织验收，获得全省粮食系统科技成果推广二等奖。由兴国、赣州市（今章贡区）、定南等县（市）生产的挂面在全省行评中获得省优秀产品称号。

1997 年 12 月，地区粮油科技学会组织推广应用的米粉加工及烘干工艺的改进与推广应用通过江西省粮食局组织的验收。1998 年 12 月，地区粮油科技学会组织推广应用的直条米粉生产低温湿烘干工艺通过江西省粮食局组织的验收，并获省粮油科技学会奖。

第九节　多种经营

一、食品经营

1986 年，全地区粮食系统按照改革开放搞活和发展食品工业的思路，发展粮油食品生产经营，把城乡粮店办成粮油食品店、文明店。全地区粮食部门粮油食品经营利润达到 421.5 万元，1987 年达到 602 万元，1988 年达到 414.8 万元，均超过当年下达的食品经营利润计划目标。

1991 年 12 月，地区粮油贸易公司投资 30 万元建成速冻食品（水饺）生产线，并为市区（今章贡区）城镇粮店配送产品，速冻水饺成为赣州市（今章贡区）民春节物资首选食品之一。赣县粮食局膨松馒头生产线建成投产。1993 年，上犹和瑞金 2 个县粮食部门生产出适应大众化的低度白酒投放市场。1994 年，于都县粮食局香士利饼业公司生产的“松脆薄饼”和崇义县粮油食品厂生产的“珍珠营养米粥”及“米思奇”系列食品受到广大消费者好评。2000 年 5 月，会昌县米粉集团公司投资 352 万元建成通心米粉生产线，生产通心米粉 844 吨，出口创汇 31 万美元，内销新增产值 422 万元，新增利税 63 万元。

二、跨行业经营

1991年，全地区粮食系统坚持一业为主、大力开发多种经营。赣州市（今章贡区）粮食局创办昌顺商场，以经营摩托车为主，兼营百货，获利5万元。龙南县粮油商业公司利用地理优势经营家用电器，实现利润5万多元。宁都县粮食局劳动服务公司与台商合资182.3万元，创办江西祥云纸业有限公司，年产1500吨金箔纸。

1992年12月，地委、行署鼓励机关创办经济实体，地区粮食局机关创办经济实体5个，分流机关富余人员，开展粮油经营和其他业务。1993年，地区粮食局机关实体安厦建筑防水公司引进生产高新技术产品——彩色聚氨酯防水涂料，填补省内防水材料空白。

1994年，瑞金市粮食运输公司组建汽车修理厂，承接各种汽车大修、机动车年审和事故维修等业务，建成集运输、修理、年审为一体的服务业。7月，南康县粮食局在该县龙岭镇李家山创办家具城，总投资500万元，规划建设90个车间，总建筑面积9000平方米。1995年，瑞金市粮食局创办无线中文寻呼台，开创全地区粮食行业办电讯之先。

至1997年，全地区粮食系统自办跨行业工业项目40个，实现产值2388.8万元，创利税129.6万元。其中，全地区粮食系统具有中高档酒（旅）店17个（三星级酒店1个）、餐饮店71个。1998年5月，寻乌县粮食局与江西省粮油总公司合股兴建珊贝电站，总投资1630万元，装机容量2000千瓦，库容200万立方米，年发电量600万千瓦时。

三、养殖业

20世纪80年代后期，赣县粮食局沙地粮管所养猪场每年饲养生猪300余头，是全地区粮食系统饲养生猪较早且效益较好的基层粮管所。1993年10月，全地区粮食部门利用饲料优势、场地优势和人员优势，大力发展养殖业。1994年，全地区粮食系统生猪养殖大发展，全年出栏生猪9万多头，达到在职职工人均6头。大余、南康、于都、会昌等县粮食部门建成存栏千头规模的养猪场，成为域内粮食部门养殖业的龙头企业。2000年，全市粮食系统出栏生猪37258头，家禽22.62万羽，水产养殖总量35168千克，养殖业实现收入1864万元，创利税45万元。

四、种植业

1993年，全地区粮食系统发展优质果园48个，总面积433.33公顷，种植各类果树7万余株。1995年11月，由江西省粮贸公司、赣州地区粮食局、南康市粮食局、赣州虔城贸易集团、赣州粮油实业集团5家单位共同出资180万元，在南康市龙回乡创办赣良果园场，面积24.2公顷。全系统开发果业面积333.33公顷。2000年，部分县（市）粮食局的果业基地产权出让。全市粮食系统实际拥有的果园总面积为253.1公顷，有收获面积的仅为100.4公顷，创利税13万元。

第十节 粮油质量监督

一、质监网络

1986年，地区粮油质量监督检验站与地区粮油科技情报站合署办公。1991年8月，地区粮食局拨专款3万多元对地区粮油质检站中心化验室进行扩建和装修，添置气相色谱仪等精密仪器，中心化验室具有物检、化检等能力。建立资料档案室与药品库，总面积200平方米，为同期全省粮油检验行业最好的化验室之一，通过省粮油质量监督检验站考核，为合格化验室。全地区18个县（市）粮油质量监督站相继建立，均设有中心化验室。地、县（市）粮油加工企业逐步建立产品质量检验室，基层粮油管理所、站（库）相应配备兼职检验员，形成地、县、乡三级质量保证网络。

二、计量认证

1992 年 6 月，地区粮油质量监督检验站通过计量认证，由省技术监督局颁发“计量认证”证书及印章。赣县、于都、瑞金、石城、会昌、安远、大余、龙南、定南 9 个县粮油质量监督检验站通过计量认证。

1993—1998 年，省计量认证粮食评审组对赣州市（今章贡区）和上犹县、崇义县、兴国县粮油质量监督检验站进行考核，并通过计量认证。至此，全地区有 14 个粮油质量监督检验站通过省级计量认证。

1999 年 10 月，省计量认证粮食评审组和省技术监督局联合对赣州市粮油质量监督检验站进行机构认可考核合格。国家质量技术监督局授权该站为全国陈化粮检验机构之一，并列入第二批公布名单。

三、质量标准

国家标准 1987 年 4 月，全地区执行由国家标准局发布的粮食、油料和食用植物油等 12 项国家标准。1994 年 11 月，将粮食行业的稻谷、小麦、大豆、玉米、大米、小麦粉、花生油、大豆油、菜籽油、精炼棉籽油、葵花籽油、油料检验抽样、分样法等 12 个国家标准定为强制性标准。全地区各级粮油质检部门严格按国家规定的标准对域内的粮食、油料等产品质量予以定期监督检验。1999 年 11 月，国家质量技术监督局批准稻谷、小麦、玉米 8 项国家新标准。全地区执行国家标准。

行业标准与地方标准 1986 年 7 月，全地区执行由商业部发布的高粱、糙米等 25 个粮食行业标准，作为全国粮食部门省间粮油调拨质量依据。1998 年 4 月，执行由江西省技术监督局重新发布的米粉干和干面条质量标准。

四、质量管理

1986 年 3 月，全地区粮食系统开始执行粮油质量监督管理及违标处罚。7 月，执行法定计量单位。1990 年 12 月，全地区粮食行业贯彻执行商业部《关于修订发布粮油质量管理办法》，加强对粮油流通各个环节的质量监督管理，维护国家和人民的利益。

1993 年 11 月，地区技术监督局、粮食局、卫生局、工商局联合印发《关于加强粮油质量监督管理的通知》，各县（市）粮油质检部门加大对所在地粮油质量的监管力度。

1996 年 9 月，全地区各级粮油质检部门执行国家粮食储备局印发的《粮油质量管理办法（试行）》。1999 年 9 月，制定域内陈化粮处理鉴定申请及销售等办法，加快全市陈化粮的处理进度。

五、市场检查

“七五”期间，地区粮油质量监督检验站加强对全地区粮油市场的监督检查，组织市场检查 98 次，检测粮油样品 4570 个，检验成品粮食 22 万吨、油脂（料）1.66 万吨，查出不合格粮油 2500 吨，为企业减少经济损失 352 万元。举办各类检验人员培训班 25 期，培训人员 1718 人次，编印粮油质量简报 75 期。

“八五”期间，地区粮油质量监督检验站着重加强对地直和县属粮油加工企业米、面、油的质量抽查，先后进行 10 次产品质量抽查，抽取粮油及其制品样品 556 个，合格样品达 90%以上。

1998 年，地区粮油质量监督检验站配合赣州商检局完成全地区出口大米质量检验工作，全年检查出口大米 600 余批次，抽取样品 573 个，对 40 个有质量争议的样品进行会检。地区粮油质量监督检验站派出检验人员到域内基层粮管所（库），检查原粮 5 万吨。

1999 年，市（地区）粮油质量监督检验站对陈化粮进行分批检验，共抽取稻谷样品 225 个，代表量 89739 吨，检验样品 211 个，为陈化粮处理提供科学依据。对出口大米进行质量检验，检验样品 85

个，代表量1.85万吨。

2000年，市粮油质量监督检验站加强对粮油流通领域的监督力度，主动配合市技术监督局对粮油市场进行监督检查，抽取粮油样品86个，未发现有毒大米。在抽取的30个面粉样品中，增白剂均超过标准。市技术监督部门实施处罚。市粮油质量监督检验站组织对139家粮油生产企业进行产品质量统检，抽取样品145批次，其中129批次合格，合格率88.97%。

第十一节　粮食财务

一、财务管理

1986年，省核定赣州地区的粮食盈亏指标仍由地区粮食局向地区财政包干，地区对县（市）实行“钱随粮走、粮钱挂钩，商业亏损定额补贴，盈利企业轧抵亏损，减亏分成，超亏自负”的办法；县（市）将财务包干指标分行业具体分解到当地基层企业。1987年，实行粮食商业亏损定额补贴，盈利企业核定抵亏利润包缴数的办法。粮食商业属政策性亏损，按全年粮油销（调）存量实绩和万斤补贴定额给予补贴。1988—1990年，实行各级政府逐级包干，按照“钱随粮走”的原则和粮食包干计划，按上年实际盈亏，考虑变化因素，确定各县（市）盈亏包干指标，纳入财政预算管理。收入基数包括平价商业亏损、调拨经营费收支；粮油工业、饲料、议价、运输和食品行业抵亏利润；中央和省财政下拨的粮油超购加价款和销售提价补贴。

1991年，粮食企业盈亏按隶属关系纳入同级财政预算管理。财政对粮食企业按照“盈亏分开算，收支两条线”的原则，实行分行业管理。对经营平价粮食企业的亏损，按下达的粮油销存量分别核定补贴率，给予亏损定额补贴。因政策规定形成的收入纳入当地财政补亏资金来源；以1990年年底平价粮油的实际平均库存量为基数，实行超基数库存给予补贴，每年每50千克贸易粮补贴4元，每50千克油脂补贴24元。粮油工业和饲料工业实行利税承包包干。议价、运输和仪器经营等由域内粮食企业采取“包死基数、确保上缴、歉收自补、超收分成”的办法。

1992年，地区对县（市）坚持现行粮食财务体制不变，粮食企业盈亏包干指标，由财政一条线逐级下达，建立减亏增盈目标管理责任奖惩制度，对以前年度的亏损挂账逐步消化。

1994年，实行政策性业务与商业性经营分开核算，即政策性业务仍由中央和地方财政给予定额补贴。商业性经营则由企业自主经营、自负盈亏。而政策性业务的财务支出内容，则凡是域内国家专项储备粮的费用、利息补贴，由中央财政拨补。平价周转库存粮食转为省级储备，费用补贴纳入省级粮食风险基金范围，费用补贴按实际储存数量计算补贴，每50千克贸易粮年补贴标准为10元，由地区财政局和粮食局逐级下拨至粮食企业。地区原负担亏损部分用于建立地级粮食风险基金。

1996年，全地区粮食部门实施两线运行新机制，国有粮食企业对政策性业务与经营性业务进行明确划分，实行财务分开，单独核算。

1998年，全地区粮食系统实施粮食企业附营业务与收储业务分开，原由收储企业统一核算的附营业务单位，其资产、人员、机构与收储企业划开，实行独立核算、自主经营。6月，全地区粮食收储企业实行顺价销售，并按政策要求不发生新的亏损。

二、资金管理

1986年，全地区粮食企业实行由“存贷合一”的信贷管理办法改为存款和贷款分户管理。4月，改进议销粮油货款结算办法，议销省外和省内系统外的粮油，实行先款后货的结算办法。9月，平价粮油贷款利率由月息3‰调整为7.5‰。7月初，全地区开展资金清查工作，清查重点项目有系统内外个人借款、应收货款、预付货款、提供承包周转金、其他往来款项等，全地区清查结算资金 4508 万元，查出一时难以收回的资金 140.6 万元。

1989 年 8 月，全地区对粮食系统内部的平价粮油和议转平粮食及中央安排的专项粮油调拨，主要采取委托收款的结算方式。

1990 年 4 月，全地区对粮食系统内部平议价粮油调拨及中央安排的专项粮油调拨，采取异地托收承付结算方式，保证国家粮油调拨的正常进行。对系统外的粮油调拨则按“先付款，后交货”的原则进行结算。宁都、信丰、会昌 3 个县和地区粮油公司成立内部结算中心，负责所辖单位发生平价、议价货款及各项缴拨款的拨付解缴，对各单位资金的使用实行统一管理和差额结算。

1993 年，粮食收购企业在指定专业银行开户，资金进入专户管理，实行专款专用、体内循环，确保供应，粮食调销回笼资金，及时足额归还专户。1994 年 3 月，银行停止发放粮食预购定金，改为发放农业贷款，1993 年前发放的预购定金按“有借有还、谁借谁还”的原则，由粮食企业负责收回归还银行贷款。1994 年 7 月，全地区粮食企业收购资金统一由农业发展银行办理，或由农业发展银行委托农业银行办理，实行规定的优惠利率。1995 年，全地区粮油收购资金的供应和管理，实行在政府领导下的分级、分部门责任制。各级承担粮油政策性收购的企业，只能在当地农业发展银行开设基本结算账户，粮油政策性收购资金实行专户管理，封闭运行。粮食调销现款结算，钱货两清。

1996 年，全地区粮食财务对资金的管理执行“六个严禁”（严禁挤占挪用粮食收购资金、严禁将资金外借、严禁粮食企业为外单位报销费用开支、严禁坐支销货款或将回笼货款外存、严禁挪用财政补贴资金、严禁资金体外循环）规定，完善粮油收购资金供应和管理责任制，明确银行、财政和收购部门的责任。各级粮食收购部门负责向所在地政府和银行提供收购计划和资金需求账，制订自筹资金和借款计划，调销货款按时到位。1997 年 3 月，地区粮食局与地区农发行联合行文规定，全地区县级粮油贷款开始分别实行“统贷统还”和“直贷直还”的运行模式。6 月，全地区开展清理货币资金，清理结算货款，清理银行借贷，清理商品和非商品资金占用活动。至 9 月底，地直单位累计收回欠款 646 万元。1998 年，收购粮食所需要贷款由农业发展银行按“库贷挂钩”进行管理，农业发展银行发放全地区粮食收购的 2.2 亿多元资金，全部实行封闭运行。按照附营业务与收储业务分开的要求，附营业务占用的贷款和存款，从农业发展银行划转到有关商业银行，所需贷款也由开户行办理借贷。

三、消化挂账

1992 年，全地区以 1991 年年底为界划断粮食企业财务挂账金额，老挂账按“谁欠谁补”的原则逐年消化，挂账金额按粮食正常贷款利率计算利息，不加息、不罚息。1993 年，地、县（市）1—6 月新增的粮食财政挂账，省级财政扣拨对地、县的粮食亏损补贴，通过人民银行拨给当地负责粮食贷款的各专业银行，相应核销粮食企业贷款，粮食企业作财政增拨补贴，核销财政新增粮食财务挂账。1994 年 5 月，地区财政、银行、审计、粮食等部门联合对地、县（市）1991 粮食年度以前的财务挂账进行清理，划清政策性和经营性挂账。经省政府核定，赣州地区政策性粮食财务挂账为 25110 万元，对这部分挂账的利息开支单列。从 1995 年起，每年消化财务挂账的 20%，5 年内消化完毕。全地区国有粮食企业缴纳的所得税，由同级财政列支返还企业，专项用于消化政策性财务挂账，消化挂账后可用于发展多种经营或增加资本金。

1995 年 1 月，行署与各县（市）签订消化历史挂账责任状，并将其列入政府工作目标内容考核。对地、县（市）应消化 50%的挂账部分，确定“哪级挂账哪级负担”的原则，地直的政策性挂账，由行署筹集资金消化。县（市）的挂账，则由县（市）政府负责消化，地、县（市）消化 5%。1996—1999 年，则每年消化 12.5%。未完成地区消化目标的县（市），行署通过预算扣减其补助款，专项拨付农业发展银行用于消化挂账。至1999年8月底，域内粮食的政策性挂账全部消化完毕。

1998年5月，全地区对粮食政策性业务单位自1992年4月1日至1998年5月31日的新增财务挂账进行清理自查。经过确认纳入消化范围的新增挂账和其他不合理占用贷款，从7月起，由农业发展银行对粮食企业停收利息。6月，应支付的上述贷款利息则纳入消化计划。1999年，国家审计署清查审计认定，原赣州地区1992年4月1日至1998年5月31日新增财务挂账和其他不合理占用贷款为63656万元。省财政、审计等6部门核定，原赣州地区纳入中央财政和地方政府贴息范围的金额为39567万元，1998年7—12月应支付的利息，由中央财政负担。中央财政不予贴息的金额为24319万元，由地方政府分清责任后，督促企业落实还贷计划，按期支付利息。1999—2000年省确定新增挂账和其他不合理占用贷款的消化为过渡期，实行本金挂账，不统一要求消化。由中央财政和地方政府贴息的，过渡期内的利息，实行中央财政和地方政府共同负担的原则。过渡期结束后，规定在10年内消化本金。

表27-1-10

1986—2000年赣州市（地区）粮食行业利润统计表

单位：万元

年度	全行业利润总额	其中							粮食行政	上缴税金
		政策性经营	经营性企业	分行业						
				粮油商业	粮油工业	饲料工业	粮油运输业	其他经营业		
1986年	-1741.03	-2970.59	1229.56	488.22	411.09	224.37	105.88	—	—	—
1987年	-2116.51	-3403.81	1287.30	555.46	422.50	94.64	214.70	—	—	—
1988年	-3048.72	-4928.73	1880.01	1021.81	490.98	247.30	119.92	—	—	—
1989年	-6346.81	-8500.84	2154.03	1578.07	445.11	0.28	123.38	7.19	—	1054.19
1990年	-12973.00	-12967.00	174.00	-243.00	403.00	-55.00	64.00	5.00	—	952.00
1991年	-11716.00	-11703.00	-13.00	-154.00	189.00	-88.00	36.00	4.00	—	824.00
1992年	-9534.00	-10395.00	861.00	375.00	413.00	16.00	45.00	12.00	—	695.00
1993年	-4973.00	-6928.00	1955.00	1648.00	224.00	23.00	43.00	17.00	—	459.00
1994年	1716.00	—	1716.00	1057.00	360.00	143.00	31.00	125.00	—	472.00
1995年	2956.00	—	2956.00	2306.00	531.00	80.00	10.00	29.00	—	1070.00
1996年	693.00	47.00	646.00	248.00	367.00	3.00	4.00	24.00	—	1153.00
1997年	-17516.00	-16149.00	-1367.00	-642.00	-197.00	-203.00	-53.00	-272.00	—	809.00
1998年	-14309.00	-11899.00	-1518.00	-721.00	12.00	-572.00	-114.00	-123.00	-892.00	1208.00
1999年	-3669.00	-3250.00	-419.00	-281.00	245.00	-142.00	—	-241.00	—	1011.00
2000年	-3688.00	-3282.00	-406.00	-366.00	231.00	-83.00	-19.00	-169.00	—	645.00

说明：1. 政策性经营系平价粮油、收储业务经营 2. 议价粮油经营归类为经营性企业的商业企业 3. 粮食全行业包括政策性经营、经营性企业、粮食行政

第二章　供销合作

1986—1990年，全地区供销合作社以全面推行经济效益为中心，开拓农村市场，搞好为农服务，促进农村商品经济的发展。1991年，地区供销合作社与商业局分立，全系统农副产品、农资经营和生活资料的销售均较1986年大幅增长。1991—1995年，以实行"四放开"为主要内容，探索社有民营改革，实现民主办社有新进展、为农服务有新内容、规模经营有新起色、经济效益有新提高。1996—2000年，全市（地区）供销合作系统以产权制度改革为突破口，采取新建、重建、关停或破产等方式，优化资源配置，试行股份制和股份合作制，着力建立创新现代企业制度，按照经济区域设立中心社，积极推进农业产业化经营。

2000年，全市供销合作社资产总值10.8亿元，独立核算单位404个，购销网络5041个，在职职工1.6万人，辖18个县（市、区）供销合作社（基层供销合作社244个）、市直公司15个、县属企业124个、专业合作社161个、农资销售点2800个、村级综合服务站1697个，发展入社农户90万户，占全市农户总数的59.5%，社员股金达3716万元。新建多功能大厦和商场22栋，新增营业面积24.4万平方米。年购销总额32.1亿元，其中消费品零售、农副产品购销、农资零售分别达到7.8亿元、1.1亿元、4.2亿元。在"农资、农副产品、家电空调工业品、社办工业"四大主营业务方面，颇具规模与实力。

第一节　机构　队伍

一、市（地区）供销社

1986年，赣州地区供销合作社与赣州地区商业局实行一套机构、两块牌子，财务上分别立账，实行两种核算制度。地区供销合作社下设机关党委等8个科、2个室，核定机关编制60名，负责对全系统人、财、物、购销业务、基层工作等重要工作的组织、协调、指导、监督和服务管理。1991年，商业、供销机构分设，地区供销合作社为正县级单位，隶属行署系列，领导和管理地区农资公司等13个直属企事业单位，负责全地区供销合作社企业的管理及农业生产资料、棉麻等农副土特产品、农村日用工业品及副食品的经营。管理机构调整为秘书科等8个科室，核定机关行政编制30名、事业编制10名。1996年，机构调整为党委办公室等6个科、3个室，其下属13个直属企业中，有4个公司为行署（市政府）的直属副县级单位，为独立的企业法人。至2000年，赣州市供销合作社内设科室和下属企业不变。

二、市（地区）供销合作社直属企业

赣州市（地区）农业生产资料有限公司　1986年初名为江西农业资料公司赣州分公司，几经更名。1998年3月，企业改制，组建赣州地区农业生产资料有限公司，设赣州东站等9个分公司及机构。1999年10月改名为赣州市农业生产资料有限公司，年底实现减亏增盈223.4万元。2000年年末，公司有在职职工240人，总资产2908万元，实现销售总额11469.1万元。

赣州市（省土产公司赣州分公司）土产总公司　1988年名为江西省土产公司赣州分公司。1992年4月，内设经营机构更名、注册为土产油料、棉花、再生资源等具有法人资格的16个二级公司。1994—2000年，随着"母体裂变"改革，企业设房地产开发公司、业务科2个经营机构。1999年10月更名为赣州市土产总公司。2000年，公司在岗职工56人，总资产1144.5万元，实现年商品销售总额

280.72 万元，综合经济效益 49.24 万元。

赣州鑫泰贸易有限公司 1994 年 1 月，从地区土产总公司分离而注册。经营机构有业务经营部和储运开发部。2000 年，公司在岗职工 50 人，总资产 1310.8 万元，实现年商品销售总额 906.62 万元，综合经济效益 15.83 万元。

赣州金果贸易有限公司 1994 年 1 月，从地区土产总公司分离而注册。1998 年 7 月，内设家电经营部、家电超市各 1 个。2000 年末，公司在岗职工 30 人，总资产 266.4 万元，实现商品销售总额 1438.9 万元，其他收入 23.79 万元，综合经济效益 4.37 万元。

赣州市（地区）日用杂品公司 1994 年 1 月由从地区土产总公司分离出的江东商场等 3 个单位合并而成，内设烟花爆竹经营部等 6 个经营机构。1995 年，2 个内设经营机构分别更名为华联大酒店、华联商场。2000 年 6 月，烟花爆竹批发经营机构划出。公司在岗职工 102 人，总资产 1684.3 万元，实现年商品销售总额 6.88 万元，综合经济效益亏损 33.98 万元。

赣州市（地区）再生资源公司 1994 年 1 月，从地区土产总公司分离设立。内设黑色金属、有色金属、废旧物资等 3 个经营科室和 2 个废旧物资收购部。1998 年，增设汽车报废业务。2000 年末，公司在岗职工 42 人，资产总额 242.5 万元，实现年收入总额 10.12 万元，综合经济效益亏损 2.53 万元。

赣州市（地区）棉麻公司 1994 年 1 月由从地区土产总公司分离的供销合作社工业品贸易公司合并成立，内设 3 个科、1 个部、1 个商行。2000 年年初，公司歇业整顿，65 名职工与企业解除劳动关系。2000 年末，公司返聘 7 名员工，资产总额 2061.1 万元。

韶关市赣隆实业有限公司 1998 年 7 月组建，位于广东省韶关市。以中转仓储业务为主、商贸经营为辅。面对中转业务急剧下降的经营形势，由地区供销社理事会及其员工共同出资 320 万元组建有限责任公司，建成占地 5063 平方米、集仓储与商贸经营为一体的四通综合大市场及占地 4127 平方米的赣隆大酒店。2000 年年末，公司在岗职工 32 人，资产总额 370.8 万元，实现年商品销售总额 1517.3 万元，市场物业收入 169 万元，综合经济效益 36.21 万元。

赣州市（地区）供销合作社储运公司 1993 年组建，1999 年 7 月改称赣州市供销合作社储运公司，企业升格为副县级。公司历经承包经营和改革改制，几经合分。经营机构有供销汽车队、供销汽修厂、供销机械厂、供销建材装潢部。2000 年 3 月，公司开始进入全停业时期。在岗职工 3 人，资产总额 234 万元。

赣州市（地区）供销汽车修理厂 1994 年 1 月，从地区供销储运公司分离而注册。内设汽车修理车间等 3 个汽车零配件销售门市部，是赣州地区车辆改型改造定点单位及赣州地区保险公司特约肇事车辆维修点。1998 年，被列入地区直属企业特困户行列。2000 年末，有在岗人员 3 人，下岗人员 109 人，企业资产总额 165.6 万元，实现年收入总额 12.78 万元，企业综合经济效益亏损 13.49 万元。

赣南供销大厦 1994 年 2 月注册开业，主要从事写字楼、门店、住房出租及家用空调业务经营。至 2000 年，该企业空调器业务呈发展趋势，经营品种 13 个，其中春兰空调等八大品牌取得赣州市场的总代理权，其经营机构赣南空调总汇自 1996 年成立以来成为赣州经销量最大的空调器经营公司。1995 年合资组建赣州市拍卖行，2000 年 7 月参股组建赣州市烟花爆竹专营有限责任公司等经营机构。

赣州市拍卖行 1995 年成立，是由赣州市人民政府指定的公物拍卖及对“三物”（由执法部门查处的罚没物资、追回的上缴赃物、无主物资）进行处理的定点单位，并为社会闲置物品提供拍卖服务。至 2000 年，该行有国家执业拍卖师 2 人，拍卖从业资格人员 5 人，员工 19 人，注册资金 100 万元，是全省规模最大的拍卖行之一。

赣州市烟花爆竹专营公司 2000 年 7 月，由赣州市供销大厦和市农资公司及经营责任人三股东发起组建，总股本 50 万元。主要承担全市范围内的烟花爆竹及其原材料的统一购销业务，并协助市烟花爆竹管理处参与行业管理和市场整顿工作。2000年末，有员工5人。

江西省赣州大丰肥料有限公司 1995年12月，由赣州地区农资公司赣南复合肥厂与加拿大外商合资组建，设总股本30万美元，主营多元复合肥生产和销售业务。2000年末，有在岗员工95人。该企业自组建以来，累计生产总量11.8万吨。2000年，销售总额17536万元，纳税13万元，实现利润总额688万元。

三、县（市、区）供销合作社经营机构

各县（市）供销合作社从实际出发，以“搞活经营，增进效益”为目的，灵活设置经营机构。1986年，设置县（市）供销合作社经营机构76户。2000年年末，设置县（市、区）供销合作社各类经营机构89户。

四、基层供销合作社

基层社的设置，传统上多是依乡（镇）建制设社。赣州市（地区）实施调整基层社规模、按经济区设立中心社的改革。至2000年末，全市有基层社244个，较1986年减少61个，下降33.33%。

五、职工队伍

1986年，全地区供销合作社系统有职工18246人。1995年，全地区供销合作社系统职工数增至20114人，其中业务人员有较大幅度增长。加大劳动、人事、分配三项制度改革力度，设立无正式职工编制、无行政级别、无档案工资的“三无”企业。至2000年，分流富余人员9522人，其中下岗5126人，解除劳动关系和自谋职业3719人，重新安置52人，内部退养625人；职工数下降至15996人，较1986年下降12.33%，其中商业企业15269人，饮食服务业175人，独立核算加工生产企业259人，其他独立附属单位293人。

第二节 经营体制改革

全市（地区）供销合作系统加速“官办”向“民办”的转变，在农民入股、经营范围、分配制度、灵活作价等方面进行改革。1988年，改革经营服务方式和建立多种形式的经营责任制。1991年，选择91个企业为试点单位，进行“经营、物价、用工、分配”四个方面的改革。1995年，加大人事、用工、分配制度改革力度，搞好产权制度改革。至2000年，全市供销系统的经济效益滑坡势头得到遏制，市社直属企业减亏为盈，县（市、区）直属企业减亏幅度明显，基层社的亏损面降至30%以下。

表27-2-1 2000年末赣州市供销合作社系统社有企业改革统计表

项目		单位	合计	市社	县(市、区)社	基层社
一、社有独立核算企业数量		个	404	14	127	263
其中已改制企业	合计	个	50	9	27	14
	1. 有限责任公司	个	9	4	5	—
	2. 股份合作制企业	个	7	—	4	3
	3. 拍卖或出售企业	个	8	—	4	4
	4. 停产或歇业企业	个	18	3	12	3
	5. 破产或解体企业	个	8	2	2	4

续表 27-2-1

项目		单位	合计	市社	县(市、区)社	基层社
二、企业经营形式情况	1. 承包	个	106	—	18	88
	2. 租赁	个	37	—	9	28
	3. 托管	个	12	—	8	4
	4. 任期目标责任制	个	215	9	74	132
三、企业分流人员情况	分流人员数量合计	人	9522	636	2836	6050
	1. 解除劳动关系自谋职业	人	3719	144	1166	2409
	2. 离岗挂职	人	5126	445	1431	3250
	3. 重新安置工作	人	52	—	35	17
	4. 内部退养	人	625	47	204	374
四、离退休人员情况	离退休人员数量合计	人	5631	385	1402	3844
	1. 其中已参加社会养老保险人员	人	8420	551	2382	5487
	2. 其中已参加社会医疗保险人员	人	4824	301	1395	3128
五、企业扭亏增盈情况	1. 企业经济效益	万元	－203	5	－90	－118
	2. 亏损企业亏损额	万元	343	15	125	203
	3. 企业亏损面	%	26	21	22	29
	4. 比上年同期减亏幅度	%	83	76	90	69

说明：参加养老保险和医疗保险人数包括未退休人员在内

一、市（地区）供销合作社直属企业改革

经营方式改革 1986—1988年，建立经营责任制，投身市场，参与竞争。推行企业目标利润招标承包经营责任制、厂长（经理）负责制等项改革，有地区农资公司等5家企业组织实施，承包期3年。1992年9月，地区供销合作社组建供销总公司，其内部共设立20多个二级公司实行自主经营。1994年1月，实施划小核算单位“母体裂变”。

用工、分配制度改革 1998年，地区供销合作社直属企业实施解除终身制、打破“铁饭碗”，建立“能进、能出”的用工机制，通过资产变现等补偿方式，鼓励职工买断企业身份，实现减员增效。至2000年，以一次性经济补偿解除劳动关系分流职工636人。实施竞争上岗择优选人，实行企业定岗、定员、定责，竞争上岗职工830人，调整企业副经理以上干部35人，罢免企业法人5人。

1999年7月，实行岗位技能、个人贡献、企业效益综合考核的计酬办法。赣州市农资、土产、金果、鑫泰、赣隆等市社直属企业封存档案工资，实行新的岗位工资。1997年以后设立的社属机构均按照无正式编制、无行政级别、无档案工资的体制设置，从经理到员工全部实行聘任制。

产权制度改革 1995年12月，实现资产所有权与经营权分离。地区供销合作社吸引外资组建由赣州地区农资公司控股合资企业——江西省赣州大丰肥料有限公司，开供销合作社企业产权制度改革之先河。1998年7月，实施“明晰产权、建立企业法人治理结构、以发展前景广阔的企业为规范的有限责任公司”等项改革，形成赣州金果贸易有限责任公司等4家拳头企业。1999年，4户转制企业实现扭亏增盈593.1万元。

养老保险改革 1997年，全地区供销合作社所属企业全部参加社会保障体系改革。至2000年，市

直公司全体在岗职工均参加社会养老保险。

二、县（市、区）供销合作社直属企业改革

县（市、区）供销合作社直属企业的改革，依照地（市）供销合作社直属企业改革模式组织实施。改革力度偏小，进展滞后。2000 年，县（市、区）供销合作社直属企业实施改制的有 27 户，仅占同级企业总数的 21.3%；与企业解除劳动关系的职工只有 1166 人，而离岗挂编的职工却达 1431 人。

三、基层供销合作社改革

经营方式改革 1986 年，建立多种形式的经营责任制。在生活资料零售门店实施柜组承包，建立柜组承包经营责任制。基层社主动介入配合当地圩镇规划和市场建设，通过“以地招商，以地引资”等办法，实施社有资产经营方式的改革。1988 年，实施全员风险抵押承包，将所定经济指标、经营权利和责任层层分解，各商品柜组、收购部、生产加工业实行各类责任制。1992 年 1 月，全面推行经营、价格、分配、用工放开的“四放开”改革，基层社实施“社有民营”和租赁经营责任制。至 2000 年，全市基层供销合作社共新建改建店面、大厦 3000 余间，仅租赁费一项便可增加净收入 200 万元以上。

经营结构调整 至 2000 年，投入资金 3000 万元，增加厂房（场地）15000 平方米，组建各类专业合作社 161 个，商品生产基地 79 个，培育龙头企业 7 个，实现专业合作社产品销售总额 21184 万元，帮助农民增收 4930 万元，供销合作社自身增效 480 万元。

组织体制理顺 1986—1993 年，全地区的基层社均为“以乡设社”的建制，形成多、小、散、旧的网点布局。1994 年，安远县供销合作社率先在全地区供销社系统实行按经济区划设立中心社的改革，5 个中心社中有 4 个中心社出现盈利。至 2000 年，全市供销合作社系统陆续在 17 个县（市、区）设置 93 个中心社，主要有两类模式，一类是在组建中心社的同时，保留分社建制，将分社有效资产纳入中心社统一经营。年终盈利，按资产定额分配分别划入各分社，亏损由中心社承担。会计设于中心社。另一类是撤社留店，分社资产、人员债权债务全部并入中心社统一经营核算。合理集中财力搞经营，增强系列化服务功能，提高了经济效益。全市基层供销合作社经营状况明显好转，销售额 106466 万元，经济效益比 1999 年减亏 522 万元，减亏幅度 80.4%。

用工、分配制度改革 1986 年，开始实施用工制度改革，全地区基层社对富余人员逐步进行分流。1995 年，地区供销合作社要求各基层社对拟进入新一届理、监事会班子的对象，建立基层社领导上岗竞争机制。至 2000 年，全市基层社共分流富余人员 6033 人，其中解除劳动关系并自谋职业向社会分流的 2409 人，企业内部退养的 374 人，离岗挂编或通过自办经济实体及组织劳务输出等由企业内部安置的 3250 人。基层供销合作社有 91.6%的班子进行调整。在基层社管理层、农资经营部和一些未实施社有民营或租赁的部门推行岗位技能工资制，实施“工效挂钩、量化管理”改革。

产权制度改革 对一部分产品没有市场、长期亏损、扭亏无望、资不抵债和资源枯竭的基层社实施歇业托管和破产，以达到消灭亏损源，实现对基层社经营机制调整及资产重组，形成扭亏增盈、搞活基层供销合作社经营的新机制。

四、经营管理改革

1986—1992 年，全地区供销合作社实行厂长（经理）负责制和企业承包经营责任制的体制改革。至 1992 年，全地区供销合作社社员的股金有 679.8 万元。业务经营保留计划经济的管理体制，农资专营、棉花专营、农副产品、生产资料未实行经营和价格放开，供销合作社保留商品批发、调拨体系，购销两旺。

1992—1995 年，个体私营经济有很大发展，供销合作社受到较大冲击。农资流通的主渠道是供销

合作社，棉花仍由供销合作社统一收购、加工、经营、定价。1993 年、1994 年，国家开始实施免征农资经营增值税和废旧物资增值税先征后返的优惠政策等。全地区供销合作社系统在抓好主营的同时，开拓中药材、粮油、饲料、水泥、建筑材料、石油、食品油等业务。农资经营推行“四统一”（统一计划、统一调拨、统一价格、统一进货）。1993 年，全地区供销合作社开展攻势经营。如：发展饮食服务业、加油站等第三产业，招商引资，开发房地产，普遍推行社有自营和老批发企业“母体裂变”的分离改革。发挥联合的力量，完善联购分销、分购联销的经营模式，农副产品的购进和商品的销售均出现增长势头。1994 年，全地区供销合作社系统商品销售额 126785 万元，较 1993 年增长 4.9%。1995 年，全地区供销合作社系统经营形势更为好转，呈现购销两旺、利润翻番的局面。

1996—2000 年，全市（地区）供销合作社系统以产权制度改革为突破口，大胆创新经营机制。1997 年，行署批复《赣州地区供销企业改革实施方案》，全地区供销合作社系统开始实施明晰产权，建立企业法人治理结构，将发展前途广阔的企业改制为规范的有限责任公司，培植拳头企业的改革。1999 年，有 4 家进行了改革的市（地区）供销合作社直属企业扭亏增盈 593.1 万元。2000 年，组建赣州市烟花爆竹专营公司等 2 家改制企业。对扭亏无望的企业，采取出售、关停或破产等措施，精简机构、分流人员，从根本上消灭亏损源；同时，实施人事、用工、分配三项制度改革，设立“三无”（无正式编制、无行政级别、无档案工资）企业，实行聘用制，职工收入按贡献和企业效益分配。引导企业走贸易与实业相结合、品牌同网络相兼顾、联利联合连锁超市规模经营和总经销、总代理的发展之路。告别纯商业维持生存的历史，组建中心社，调整基层社建制，发展专业合作社，参与农业产业化。2000 年，全市供销合作社系统消费品零售额、农副产品收购、农资零售额分别达到 7.8 亿元、1.1 亿元、4.2 亿元；农资、农副产品、家电空调工业品、社办工业四大主营业务颇具规模与实力。

1986—2000 年部分年份赣州市（地区）供销合作社系统社会商品零售额、社会消费品零售额统计表

表 27-2-2

年度	全市(地区)社会商品零售额(万元)	其中县城以下(万元)	供销合作社系统社会商品零售额			全市(地区)社会消费品零售额(万元)	其中县城以下(万元)	供销合作社系统社会消费品零售额		
			合计(万元)	占全地(市)比重(%)	占县城以下比重(%)			合计(万元)	占全地(市)比重(%)	占县城以下比重(%)
1986 年	165077.00	—	33674.00	20.40	—	145087.00	68983.00	21006.00	14.50	30.50
1992 年	305195.00	107326.77	54522.00	17.90	50.80	260127.00	106599.00	23046.00	8.90	21.60
1996 年	—	—	—	—	—	622582.00	237277.00	45572.00	7.30	15.80
2000 年	—	—	—	—	—	900602.00	334186.00	78264.00	8.70	19.80

说明：表内商品零售额空白栏目系统计报表精简指标，故未填写

第三节 农村商业网点

一、供销网点

1986 年，全地区供销合作社系统有农村商业网点 5299 个，从业人员 10509 人。其中，工业品批发网点 188 个，从业人员 567 人；农副产品购销网点 270 个，从业人员 551 人；再生资源收购网点 95 个，从业人员 159 人；商业零售网点 3549 个，从业人员 7529 人；饮食服务网点 441 个，从业人员 764 人；农村加工业网点 75 个，从业人员 238 人；农村代购代销网点 681 个，从业人员 701 人。1990 年，全地区供销合作社系统有农村商业网点 5304 个，从业人员为 10397 人。其中，工业品批发网点 251 个，从业人员 668 人；农副产品购销网点 341 个，从业人员 520 人；再生资源收购网点 215 个，从业人员 253

人；商业零售网点 3605 个，从业人员 7684 人；饮食服务网点 394 个，从业人员 586 人；农村加工业网点 96 个，从业人员 276 人；农村代购代销点 402 个，从业人员 410 人。1995 年，全地区供销合作社系统有农村商业网点 4888 个，从业人员为 11535 人。其中，工业品批发网点 160 个，从业人员 507 人；农副产品购销网点 232 个，从业人员 411 人；再生资源收购网点 178 个，从业人员 263 人；商业零售网点 3711 个，从业人员 9265 人；饮食服务网点 292 个，从业人员 576 人；农村加工业网点 48 个，从业人员 232 人；农村代购代销点 267 个，从业人员 281 人。2000 年，全市供销合作社系统有农村商业网点 4546 个，从业人员为 8128 人。其中，工业品批发网点 120 个，从业人员 263 人；农副产品网点 140 个，从业人员 198 人；再生资源收购网点 80 个，从业人员 121 人；商业零售网点 3476 个，从业人员 6563 人；饮食服务网点 247 个，从业人员 346 人；农村加工业网点 31 个，从业人员 156 人；农村代购代销点 452 个，从业人员 481 人。

二、归口供销社管理网点

归口供销合作社管理的集体所有制农村商业网点主要包括集体合作商店和大集体商店。1986 年，全地区归口供销合作社管理的集体所有制农村商业网点有 1070 个，从业人员为 3082 人。其中，零售业网点有 938 个，从业人员 2733 人；饮食服务业网点 126 个，从业人员 272 人；加工业网点 6 个，从业人员 77 个。1990 年，全地区归口供销合作社管理的集体所有制农村商业网点有 895 个，从业人员 3011 人。其中，零售业网点 780 个，从业人员 2651 人；饮食服务业 97 个，从业人员 250 人；加工业网点 18 个，从业人员 110 人。1995 年，全地区归口供销合作社管理的集体所有制农村商业网点有 845 个，从业人员 2793 人。其中，零售业网点 748 个，从业人员 2460 人；饮食服务业网点 89 个，从业人员 199 人；加工业网点 8 个，从业人员 134 人。2000 年，全市归口供销合作社管理的集体所有制农村商业网点有 950 个，从业人员 3309 人，与 1986 年相比，网点减少 120 个，从业人员增加 227 人。其中，零售业网点 875 个，从业人员 3068 人；饮食服务业网点 71 个，从业人员 145 人；加工业网点 4 个，从业人员 96 人。

第四节　产品购销业务

一、农副产品购销

购销品种　1986 年，全地区主要农副产品购销品种 27 个，购销总值 5055.6 万元。1991 年，全地区供销合作系统主要农副产品购销品种 27 个，购销总值 5600 万元。1996 年，全地区供销合作系统主要农副产品购销品种 20 个，购销总值 9178.6 万元。2000 年，全市供销合作社系统农副产品购销品种 10 个，购销总值 11376.8 万元，分别较 1986 年减少 17 个购销品种、增加购销总值 6321.2 万元。

1986—2000 年部分年份赣州市（地区）供销合作社系统主要农副产品品种及收购量统计表

表 27-2-3

项　目	单位	1986 年	1991 年	1996 年	2000 年
总　值	万元	5055.60	5600.00	9178.60	11376.80
棉　花	吨	404.00	—	2566.40	1286.60
絮　棉	吨	36.00	36.90	45.30	29.20
棉短绒	吨	—	29.00	0.50	0.30
黄红麻	吨	92.00	13.40	5.50	—
苎　麻	吨	2.00	0.10	17.00	0.30

续表 27－2－3

项　目	单位	1986 年	1991 年	1996 年	2000 年
烤　烟	吨	46.00	4349.30	162.10	90.80
晒　烟	吨	30.00	31.30	30.50	20.00
蚕茧蚕丝	吨	0.68	—	0.01	—
竹木制品	万元	124.10	0.40	0.20	—
草　席	万条	29.00	15.40	0.50	—
土　纸	吨	1630.00	847.30	68.90	—
桐　籽	吨	2132.00	4162.20	—	—
蓖麻籽	吨	151.00	258.30	—	—
生　漆	吨	—	—	6.90	—
蜂　蜜	吨	36.00	50.60	9.50	16.80
桐　油	吨	127.10	262.40	699.40	—
蓖麻油	吨	4.70	1.50	4.10	—
皮木油	吨	9.40	0.30	—	—
毛、竹	万根	—	13.00	12.90	6.40
小山竹	吨	2274.00	3274.80	1410.60	—
竹　稍	万根	38.70	27.80	—	—
棕　片	吨	199.20	278.50	—	—
苹　果	吨	27.60	25.30	337.90	—
柑　橘	吨	501.40	370.30	96.10	1638.90
瓜　子	吨	336.60	329.70	—	—
莲　子	吨	1352.00	516.60	—	—
茶　叶	吨	407.60	76.00	41.20	799.30
笋　丁	吨	148.20	114.20	—	—
香　菇	吨	425.80	24.10	—	—
木　耳	吨	263.20	17.30	—	—

购销方式　农副产品购销主要采取合同购销、突击购销、“小秋收”活动、物资交流会及贸工农、产供销立体化经营。

合同购销　1986 年，购销服务合同是由产销双方协商签订购销合同。20 世纪 90 年代初，域内供销合作系统主要通过联营制、代理制、利润返还制来签订分购联销合同。1996 年，产销合同成为主流，全地区供销合作系统采取上述经营方法与有关产销方直接建立购销关系并签订棉花收购产销合同。当年的棉花购销值 2566.4 万元，与 1986 年相比，增加 2162.4 万元。供销合作系统还采用主动上门与农民签订农副产品购销合同的订单农业等形式，开展农副产品的购销业务。至 2000 年，全市供销合作系统与 3 万户农户签订 201 种品种各种形式的购销合同。

突击购销　主要有组织突击购销大宗农副产品、参与农业产业化及发展专业合作社组织开展的购销、“小秋收”活动等 3 种形式。1988 年，全地区供销合作系统筹建赣南菇品集团，产购销菇品 560 万元。1992—1995 年，全地区供销合作社加大组织生产暨收购大宗农副产品力度，共计购销茶叶 1.55 万吨、稻谷 6.8 万吨、豆类 1.2 万吨、食用油 7.6 万吨、毛竹 870 万根、土纸 26 万担，基层社年收购农副产品额扭转长期在 2000 万元左右徘徊的局面，达到 5682 万元。2000 年，信丰县供销合作社购销甜玉米 2069 吨，为农民增收 191.8 万元、财政增收 28.3 万元，供销合作社获利 6.7 万元。

“小秋收”活动　1991年8月，地区供销合作社成立“小秋收”办公室，每年下达农副产品收购计划数，重点打开白莲、柑橘、生姜、野生油料、野生纤维、野生淀粉等大宗农副产品的销路。至1995年，“小秋收”占全地区供销合作社系统农副产品收购总额的50%，农副产品收购总额2969万元，较1994年增长1倍多。1996年，“小秋收”活动终止。

物资交流会　全市（地区）供销合作系统坚持举办大、中、小型相结合的物资交流会和展销会，参加全省及毗邻省、市的商品交流会和展销会，发挥大京九带来的赣州市（地区）“大交通、大流通、大市场、大发展”区位优势，搞活区域内的农副产品流通。1998年11月，全地区供销合作社及其下属企业参加江西省在赣县举行的食品展销会摆摊设点405个，设立门店108个，布展人员1056人，展销农副产品品种200多种，成交额逾千万元。至2000年，全市供销合作系统各基层社举办大、中、小型物资交流会和摆摊设点及开展边际贸易1万多次，农副产品购销总额2000万元。

贸工农、产供销立体化经营　全市（地区）供销社实行农商联营、县基联营、规模经营，建立农副产品经营新业态，开展代购、代销、代贮、代运、代加工，发展总代理和总经销，完成棉花等重要农副产品的收购任务。依据本地资源，对当地的主导产业和主导产品实行专业化生产、一体化经营，实行“贸工农一体化”和“产供销一条龙”经营体制。参与农业产业化经营，健全立体购销农产品流通，主要形式有专业合作社、“公司加农户”等。全市（地区）供销合作系统最大的专业合作社——宁都县田头草席专业合作社，2000年所产草席500万条，为农民增收500多万元。

综合经营　20世纪90年代初，随着计划经济向市场经济转轨，国家对扶助农民开发经济和多种经营的无息或低息贷款及财政拨款的停止发放，全地区供销合作系统逐步将扶持多种经营转向开发综合经营服务。至2000年，全市供销合作系统通过集股、集资、贷款等形式投入资金3000万元，形成初具规模的草席、柑橘（包括脐橙）、西瓜、柚子、果脯蜜饯、农副产品加工、烟花爆竹、复混肥生产八大产业，并实现一条龙体制。通过出租、出售、资产变现、拍卖、折价参股和配股等资本市场运作形式，将供销合作社遍布各地的仓库门点、场地等固定资产及营销设施充分利用，服务于系统内外。至2000年，全市供销合作社投资8000多万元，开发、盘活、新建固定资产24.4万平方米，资产总收入4235.9万元，大批闲置资产增值、增收，供销合作社餐饮业和服务业重新兴旺，年营业额达到1118.8万元。赣州市农资总公司等5大市社直属企业资产收入达312.7万元，占其全部职工工资支出（包括离退休人员支出）378.3万元的82.66%。

二、再生资源回收利用

回收　1986—1991年，全地区供销合作系统的废旧物资收购率逐步上升。1988年，国家取消废钢铁、废橡胶、废塑料等大部分品种的指令性收购计划及回收调拨计划，全地区供销合作系统对再生资源实行放开经营，坚持“一品为主，多种经营”，拓宽经营服务领域，回收网点布满城乡。回收品种种类较历史最高时期的9类400多种有所增长，收购额达到574万元，比1986年增长了2.3倍。1991年，国家规定废金属经营仍由物资、商业部门企业经营，全地区供销合作系统的废旧物资回收经营上新台阶，收购额逾1000万元，较1988年增长91.6%。1992—2000年，全市（地区）供销合作系统废旧物资回收逐步适应市场激烈竞争。1992年，全地区供销系统废旧物资收购额1541万元。1993年，回收网点减少，收购额1727万元。1994年，全地区供销合作社废旧物资收购网点由1992年的224个减少到178个，收购额为1373万元。1995年，全地区供销合作社恢复报废汽车的经营业务，税务部门给予再生资源回收“抵扣10%进项税”和增值税“先征后返”等优惠政策，全地区供销合作系统实现收购额1624万元，比1994年增长18.28%。至2000年，全市供销合作系统的废旧物资收购回升至2468万元，较1995年增长51.97%。

利用 1986—1992 年，全地区供销合作系统再生资源利用一度停止。1993 年，地区行署决定全地区报废汽车回收利用业务由供销合作社再生资源公司和物资部门两家经营，全地区供销合作系统报废汽车回收利用数量和业务开始明显增大，仅此一项即占废旧金属收购总量的 50%。1998 年，地区供销合作社再生资源公司报废汽车回收数量达到 190 台，获税利 11.4 万元，成为供销合作社再生资源公司的主营业务。1999 年，江西省人民政府有关部门批准市（地区）供销合作社再生资源公司为报废汽车回收经营单位。2000 年，赣州市供销合作社再生资源公司有员工 109 人，其中专业拆解技术人员 23 人；有流动资产 300 余万元，拆解场地 1.4 万平方米；拆解设备、管理制度配套齐全。

第五节 生产生活资料供应

一、农业生产资料经营

全市（地区）供销合作社农资企业逐步摆脱计划体制和网络不适应市场经济的束缚，以新的经营理念面向市场，初步构筑起农资流通经营新格局，保持强劲的发展势头。2000 年，全市有县以上农资公司 21 个、基层社农资供应站 1527 个、基层农资供应网点 5486 个、村级综合服务站 1697 个，职工 3000 余人，为农民年供应化肥 41 万吨、农药 3080 吨、中小农具 1000 余件、农用薄膜近 200 吨，经营品种扩大到农药器械、新式农具、农副产品加工设施、农机配件等 8 大类 300 多个品种，经营数量由少到多，全年农业生产资料销售额 4.35 亿元，是 1986 年全地区农资商品总值 12398 万元的 3.51 倍。

1986—2000 年部分年份赣州市（地区）农业生产资料经营总值和主要商品（供应量）统计表

表 27-2-4

年度	农资总值(万元)	化肥							农药(吨)	中、小农具(百件)	农用薄膜(米)
		全社会化肥供应量(吨)	供销合作社合计(吨)	占全市(地区)比重(%)	尿素(吨)	碳铵(吨)	钾肥(吨)	复合肥(吨)			
1986 年	12398	410918	410918	100.00	61548	201884	4296	4464	7659	6978	360
1988 年	21413	426359	426359	100.00	105130	183023	4160	10163	8451	4001	680
1992 年	31540	491200	456529	93.00	92308	192289	12013	26900	4092	2452	1032
1998 年	49155	614800	431941	70.30	105173	146576	16737	72998	4220	781	168
2000 年	43540	637800	406555	63.80	110836	125701	13706	80176	3080	—	186

化肥经营 1986—1988 年，国家对计划分配以外的农资商品没有限定为供销合作社所属的农资部门专营，处于多头经营状态，加之农资商品（尤其是化肥）紧缺、供需矛盾突出，全地区农资部门组织力量分赴全国各地采购化肥等紧缺农资商品，抓紧调运、适时供应。1986 年，全地区供应包括化肥在内的农资商品总值 1.24 亿元、1987 年 1.57 亿元、1988 年 2.14 亿元；供应尿素量 1986 年 6.15 万吨、1987 年 6.96 万吨、1988 年 10.51 万吨，基本满足区内农业生产的需要。

1989—1992 年，全地区化肥由地、县供销合作社所属农资公司和基层供销合作社负责专营，为制止多头插手倒买倒卖，解决化肥供不应求的矛盾，全地区供销合作社系统严格执行政策，严肃农资商品纪律，千方百计搞好经营、确保供应。1991 年，全地区设立固定和临时供应点 2222 个，把化肥、农药的供应工作做到村组，化肥销售大幅增长。全地区供销合作社系统化肥销量 47.8 万吨，较 1986 年增长 16.3%。

1992 年 10 月，全地区的化肥专营转为原有调拨、销售体制不变，供销合作社农资经营推行统一计划、统一进货、统一调拨和统一价格的“四统一”经营。在“四放开”期间，化肥市场秩序混乱、价格猛涨，全地区供销合作社农资经营一度受到冲击。1994 年，全地区供销合作社系统的化肥销售仅为 34.9 万吨，较 1992 年下降 28.95%。国务院提出化肥流通要实施“一主两辅”经营。为减少流通环节，决定取消地（市）批发经营权，改为由中央、省级批发和县、基层批零结合，地区农资公司仍可经营计划外化肥，并有部分行业管理任务及代储、代办业务。地区农资公司大力实施区域联合和产销联合，开展联购分销规模经营，扩大货源，组建全地区农资集团公司和县（市）公司联营扩大商品销售，各县（市）农资企业扩大供应网点，对农资施行“一条鞭”（县基联合、统一经营、核算一体、利益分成）的经营管理，抑制农资市场的混乱局面，扩大销售。1996 年，全地区供销合作社的农资销售总值 5.8 亿元。

1998 年，国家取消化肥指令性计划和统配收购计划，化肥经营全面放开。地区农资公司把化肥商品销售点直接设到基层，每年销售化肥 1 万多吨。同时在“大京九”铁路沿线建立中转点，提供农资商品“中转、批发、零售”一条龙服务。各县（市）供销合作社强化为农服务，送肥到村、到户，预约购货，对农资进行质量承诺，部分县（市）农资企业对农业生产资料仍然实行“一条鞭”经营。1999 年，在全市（地区）80%以上的村设有农资供应点，新增农资供应点 1000 多个，年让利农民 300 多万元。至 2000 年，全市化肥等农资年销售额突破亿元大关，供销系统化肥销售达 40.66 万吨，市场占有率 63.8%，尤其是尿素、钾肥、复合肥销量大幅增长，分别达 11.08 万吨、1.37 万吨、8.02 万多吨，分别是 1986 年的 1.8 倍、3.21 倍和 17.96 倍。全市农资销售总值 4.35 亿元，是 1986 年的 3.51 倍。

农药及其他农资商品经营 1988—1992 年，国家决定对农药实行供销合作社专营，农药经营品种和数量均保持 1985 年以前计划经济时期的水平，且统一分配、统一调拨。农药经营在 1988 年由省物价局确定为县、基两级经营，省、地（市）农资部门只管计划分配和调剂，县农资部门可直接向农药厂进货和结算。1992—2000 年，农药市场全面放开，境内的农药经营由“一主两辅”逐年转化成多渠道经营。2000 年，全市供销系统销售农药 3080 吨，较专营的第一年（1988 年）下降 63.9%。

域内的农药器械、农机具和农地膜经营放开。供销合作社经营的农资商品，品种增多，扩大到各种喷雾器、喷粉器及零配件、农副产品加工机械（如草席加工机械）、各种中小农具、新式农具、各种农地膜、拖拉机、小四轮等，数量却逐年下降。所经营的中小农具和农用薄膜在 1986—1995 年保持较大数量，1995 年，全地区农药器械、农机具、农地膜市场的大部分逐渐被农业“三站”（农技站、土肥站、植保站）和一些公照私营及无照经营的个体商户占据，农资门市部大部分被职工个人承包，供销合作社经营数量明显下降。

二、农资科技服务

1986 年，随着化学肥料、化学农药的生产发展，化肥和农药供求矛盾的逐渐缓解，加上土化肥和土农药生产成本高、肥效低、药效差，全地区土化肥和土农药的生产逐渐停止，土化肥转为以工业化肥供应为主，土农药逐渐被化学农药经营所替代。

1988 年，全地区各级供销合作社坚持为农业、农村、农民提供综合服务的办社宗旨，开始在各级农资公司设置科技科（股）机构，开展科学用肥、安全合理用药、技术培训、建立庄稼医院等大量科技服务工作。

三、生活资料经营

1986 年，全地区供销合作系统参与生活资料等市场经营竞争，保障全区生活资料供应。1991 年，商品流通领域打破国营商业（供销合作社）独家经营的格局，农村与个体商业迅速发展。至 1996 年，全地区农村个体商业由 1986 年的 22220 户增至 38785 户，增加 74.55%；从业人员由 1986 年的 31004 人增至 92193 人，增加近 2 倍。各级供销合作社以货栈和联营公司及贸易中心为依托，以基层社和个体商贩为基础，以“联购、分销”为主要形式，组成工业品批发服务体系。1986年，全地区供销合作社系统有工业品批发机构246个，职工999人，至1991年，工业品批发机构增加到309个，职工增至1327人。随着农村市场拓展，供销合作社成为农村商品流通的主渠道，生活资料的销售逐年增长，但由于个体商业发展迅猛，供销合作社的经营比重逐年下降。至2000年，全市供销合作社生活资料销售额78764万元，比1986年增长2.7倍；占全市社会消费品零售总额的比重则由1986年的14.5%下降到2000年的8.1%。

1986—2000年部分年份赣州市（地区）供销合作社消费品及主要商品购销统计表

表27－2－5

项目		单位	1986年	1990年	1995年	2000年
购销总额	零售总额	万元	21006.00	23456.00	39583.00	78264.00
	国内纯购进	万元	22405.00	34621.00	50798.00	49022.00
	省产工业品购进	万元	8875.00	13672.00	21599.00	25663.00
	省产工业品占国内纯购进比重	%	39.60	39.50	42.50	52.40
	市省公司销售额	万元	3474.00	10069.00	4083.00	891.00
消费品零售量	洗衣粉	千克	1314277.00	466230.00	534310.00	—
	棉毛衫裤	件	770510.00	571010.00	—	—
	各种服装	件	270680.00	192820.00	642170.00	—
	烟花爆竹	万元	118.00	165.00	329.90	788.20
	手表	只	95044.00	47613.00	32701.00	—
	自行车	辆	60735.00	62009.00	28815.00	—
	电视机	架	6556.00	18150.00	15998.00	—
	洗衣机	台	369.00	641.00	812.00	—
	电冰箱	台	89.00	633.00	458.00	—
	电风扇	台	26684.00	31705.00	24031.00	—
	食糖	十克	5105200.00	6410400.00	1593700.00	—
	糖果	千克	891400.00	—	—	—
	卷烟	箱	67942.00	16064.00	37457.00	—
	酒	千克	6303000.00	5590800.00	5280600.00	—
	盐	千克	39044700.00	21604700.00	11427100.00	—

四、市场建设

1986年，全地区供销合作社狠抓市场建设，共投资8000多万元，新建、改建和扩建营业网点1372个，其中上规模、上档次的供销大厦和商场26栋，大型农副产品批发市场6个，增加营业面积24.4万平方米。1986—1990年，全地区供销合作社市场建设基本上按照省、地供销合作社基建计划及要求进行，资金主要由国家对供销合作社以拨款和拨改贷等方式予以安排，市场建设新增4.3万平方米。1991—1995年，全地区供销合作社抓住京九铁路贯通赣州地区的机遇，配合各地政府实施公路和城镇建设，投资营业网点建设，新增营业面积7.4万平方米。1995—2000年，各级供销合作社以市场为导向，通过政策允许提取的网点建设资金或固定资产折旧等资金、银行贷款、集资入股等渠道筹集到的资金，在强化和巩固农村市场建设的同时，市场建设向城市拓展，建设自成体系、集商贸、饮食、住宿、娱乐为一体的综合型大楼和大厦，新增营业面积12.2万平方米。

第六节 城乡饮食服务与拍卖业务

一、农村饮食服务业

1986年，农村饮食服务试行“利润大包干”责任制经营，经营亏损逐步得到遏制。1992年，基层社饮食服务业酌情关闭一批设施破旧和偏离市场的门店，筹措资金更新改造一批经营网点和经营设施，全面推行以“利润包干”“租赁经营”“招标承包经营”为主要形式的经营责任制，使一度陷入困境的农村饮食服务业走出低谷。

饮食业 基层供销合作社饮食业 1986年，全地区基层供销合作社饮食业网点276个，从业人员534人，实现营业收入312.6万元，经营利润17.4万元。1990年，有网点259个，从业人员398人，营业收入288.8万元，经营利润27.1万元。1995年，有网点181个，从业人员380人，营业收入399.2万元，经营利润71.3万元。2000年，有网点176个，从业人员213人，营业收入342.2万元，经营利润46.2万元。

归口管理企业饮食业 1986年，全地区基层供销合作社归口管理集体企业饮食业设有网点107个，从业人员218人，实现营业收入95.2万元，经营利润2.7万元。1990年，有网点78个，从业人员195人，营业收入81.5万元，经营利润2.8万元。1995年，有网点71个，从业人员142人，营业收入152万元，经营利润7.4万元。2000年，有网点53个，从业人员93人，营业收入182.6万元，经营利润2.6万元。

服务业 基层供销合作社服务业 1986年，全地区基层供销合作社农村服务业设有网点165个，从业人员221人，实现营业收入64.3万元，经营利润7.06万元。1990年，有网点135个，从业人员188人，营业收入78.6万元，经营利润9.3万元。1995年，有网点111个，从业人员196人，营业收入128.1万元，经营利润22.6万元。2000年，有网点71个，从业人员133人，营业收入76.8万元，经营利润10.4万元。

归口管理集体企业服务业 1986年，全地区基层供销合作社归口管理集体企业服务业设有网点19个，从业人员54人，实现营业收入18.4万元，经营利润1.2万元。1990年，有网点19个，从业人员55人，营业收入19.7万元，经营利润1.6万元。1995年，有网点18个，从业人员57人，营业收入30万元，经营利润2.4万元。2000年，有网点18个，从业人员52人，营业收入24.8万元，经营利润0.4万元。

二、城镇饮食服务业

1986—1992年，各县（市）供销合作社设有招待所或供销转运站，住宿床位20～30个，一般不对外营业。1993年，饮食服务业市场向城市转移，各级供销合作社加大饮食服务业市场开拓力度和对城镇饮食服务业基础设施的投入，在县以上城镇改建和新建一批规模大、档次高、功能全的综合经营服务大楼。至1995年，全地区供销合作系统拥有旅客床位4500张，餐饮营业面积29.52万平方米，高、中、初级各类人才200余名，营业额1192万元，实现利润178.8万元。2000年，全市供销合作社对城镇饮食服务业基础设施的投入资金5430万元，更新改造和新建综合经营服务大楼17幢，建筑总面积6.8万平方米，新增旅客床位1000张、餐饮面积2500平方米、文化娱乐健身场所1400平方米、购物商场面积3000平方米。

城镇饮食业 1986年，全地区供销合作社城镇饮食业设有网点2个，从业人员8人，营业收入17.6万元，经营利润2.1万元；1990年，有网点8个，从业人员28人，营业收入47.1万元，经营利润

5.6 万元；1995 年，有网点 20 个，从业人员 122 人，营业收入 160.9 万元，经营利润 28.6 万元。2000 年，有网点 16 个，从业人员 54 人，营业收入 152.7 万元，经营利润 14.2 万元。

城镇服务业 1986 年，全地区供销合作社城镇服务业设有网点 6 个（其中旅店业网点 6 个），从业人员 43 人（其中旅店业人员 43 人），实现营业收入 16.7 万元，经营利润 3.1 万元。1990 年，全地区供销合作社城镇服务业设有网点 9 个（其中旅店业网点 8 个），从业人员 46 人（其中旅店业人员 42 人），实现营业收入 20.7 万元，经营利润 2.7 万元。1995 年，全地区供销合作社城镇服务业设有网点 25 个（其中旅店业 14 个），从业人员 152 人（其中旅店业 67 人），实现营业收入 77.6 万元，经营利润 16.6 万元。2000 年，全市供销合作社城镇服务业设有网点 19 个（其中旅店业 17 个），从业人员 162 人（其中旅店业 155 人），实现营业收入 220 万元，经营利润 48.3 万元。

三、拍卖业务

1995 年，赣州地区拍卖行成立，隶属于地区供销合作社，由货主委托拍卖，实行公开拍卖。拍卖行除收取成交额 10%的手续费外，其余则全归货主。并在当地公安、检察、司法等部门的支持下，争取到第一批罚没物品的经营，成交额 20 万元。1996 年，成交额增至 67 万元。

1997 年 1 月，地区拍卖行按照拍卖品的价值和委托方的要求，开始采用委托寄售与公开拍卖两种方法拍卖。拍卖行的业务发展迅速，扩展到拍卖汽车、房地产等大宗业务类，进行全地区首次税务部门罚没偷税、漏税者的汽车公开拍卖，成交额 30 万元；首次房地产拍卖，成交额 65 万元。全年销售额 210 万元。

1998 年，成功进行全南酒厂厂权拍卖，成交额 530 万元，并在赣州市（今章贡区）建立赣南供销大厦旧货市场，为企业的改革转制探索新路。进行赣州地区首届艺术品拍卖，销售各种艺术品 204 件，成交额近 5 万元。全年销售额 650 万元。

1999 年，市政府印发《赣州市公物及涉案物品实行公开拍卖的暂行办法》，将拍卖范围由简单的执法部门罚没物品和企业、个人的闲置物品及涉案、抵债物品的拍卖，扩展到对企业产权、土地使用权、政府机关超编汽车、房屋出售、欠税物品、海关抵押品、无形资产、艺术品、软件物品等各样拍卖品拍卖，深入各县（市、区）开展业务拍卖。至 2000 年，赣州市拍卖行年拍卖标的发展到 3000 万元，成交额超过 1000 万元。

第七节 供销工业企业

全市（地区）供销合作社的社办工业走商工结合道路，不断开发新产品，创立一批投资少、见效快的工业企业，重点发展龙头支柱企业，逐步形成规模生产和规模效益。至 2000 年，全市供销合作社拥有社办工业企业 77 个（其中独立核算企业 16 个），总产值 7703 万元，利税总额 265 万元。颇具地域特色的农副土特产品、废品、商业机械、汽车修理、竹木制品和复合肥加工生产等社办工业逐步发展，具有一定的规模和机械化水平，其中“三梅”牌丁香李等多个品种有 10 次分别获国家和省（部）金、银、铜牌奖和优质产品奖。

一、规模

1986 年，全地区社办工业固定资产 2523 万元，总产值 2308 万元。至 20 世纪 90 年代初，重点发展板鸭、蜜饯、罐头、黄酒、食品加工等以名优特产品为龙头的支柱性企业，形成规模性生产和效益。1990 年，全地区社办工业年产值 4005 万元，实现税利 417 万元。1991 年，商业、供销合作社分设，全地区供销合作社办工业加大投入，开发出一批新的项目，社办工业规模不断扩大。至 1995 年，全地区供销合作社拥有年产5万吨复合肥的赣州大丰肥料有限公司复合肥生产线，年产1200万块红砖的于都县罗坳砖厂，年产1.7万条西裤和太子裤的远洋服装厂等8家具有较大规模的社办工业骨干企业。全系统社办工业总产值由1993年的2196万元和1994年的4807万元递增到1995年的5119万元，工业销售总值由1993年的1989万元和1994年的4175.4万元递增到1995年的5676.75万元，利税则由1994年的129.86万元递增到1995年的370.51万元。

1996年，社办工业发挥全系统广泛的农资和农副产品购销网络优势，发展农产品加工业。至2000年，全市供销合作社系统拥有社办工业企业78家。其中，食品加工企业46家，年产值2805万元；棉花加工企业2家，年产值88万元；机械制造企业1家，年产值10万元；草席加工企业3家，年产值104万元；化肥（复合肥）企业5家，年产值2828万元；其他工业企业21家，年产值1868万元。

二、产品加工

1986—1992年，全地区供销合作社开始推行规模化管理，完成小型社办工业的改、转、租工作。1992年，供销合作社围绕增强市场竞争力，形成规模优势，全系统社办工业发展迅速。至2000年，全市供销合作社系统拥有社办工业加工产品6大类、19个品种，主要产品有板鸭、果脯、蜜饯、饮料、酒类、炒货、竹木制品、草席、复合肥等品种。形成以基层社为主的作坊加工和以县社为主的劳动密集型成品或半成品加工、以市社直属企业及农业产业化龙头企业为主的大规模农资产品制造及大宗农副产品精深加工三大社办工业格局。

第八节　企业管理

一、民主管理

全市（地区）各级供销合作社实行代表会议制，设立理事会和监事会，领导成员实行民主选举，重大决策实行民主协商，经营管理实行民主监督。

1986—1995年，全地区供销合作社社员代表大会工作相对弱化。1995年，全地区各级供销合作社把回归民办和民主管理的工作提到新的高度，陆续召开社员代表大会。参会代表由各级供销合作社社员民主选举产生，县（市）代表每县（市）每届一般为100～150名，基层社代表每个基层社每届一般为30～50名。至2000年，经过民主选举，有435名农民进入县（市、区）社和基层社理事会、监事会，有42名农民代表参加国家、省社员代表大会。

二、计划管理

1986—1991年，全地区供销合作社将计划管理商品由原来的以指令性计划为主，转变为以指导性计划为主。列入指令性计划管理的商品有农膜、省产统配化肥、统配农药、废钢铁、铁锅等8种；列入指导性计划管理的商品有农膜、省产非统配化肥农药、茶叶、柑橘、棕片、生漆、皮木油、蓖麻油、山苍子油、木炭、土纸、草席、废金属等。以县（市）供销合作社为计划起报单位，采取由上而下、上下结合的办法，在协调一致的基础上由省制定下达。地区供销合作社可在一定范围内自行调整，并将调整情况报省备案。

1992年，农资生活资料全面放开，农副产品收购指令性计划逐步取消，国家由计划经济体制转入市场经济体制，指令性计划管理商品逐步完全转变为指导性计划管理商品。1997年，省供销合作社决定取消指导性计划管理商品，省内供销合作社计划管理体制完全走向市场经济。全地区各级供销合作社在江西省供销合作社取消商品流转计划后，由地区供销合作社继续向县（市）供销合作社下达购销总值指导计划。各县（市）供销合作社及地区供销合作社直属企业抓好计划的实施。做好企业改革改制和经营机制转换，扩购扩销、扭亏增盈，完成和超额完成各项计划指标。

三、市场管理

农资市场管理 1986—1992年，农资专营主要是严格执行政策和严肃农资商品纪律，杜绝“批条子”现象，全部兑现各种专项挂钩化肥，配合物价部门搞好农资商品价格管理。1992年，农资市场逐步放开，一度出现无序状况，假冒伪劣产品坑农、害农事件时有发生。全地区各级供销合作社配合当地工商局（所）、技术监督局（所）等部门搞好农资市场整顿。1998年，农资经营全面放开，全地区供销合作社加大力度进行农资市场管理，加强同工商、技术监督等部门的配合，对所在地农资市场进行清理整顿。至2000年，全市年清理整顿化肥和农药经销单位分别为960户、1200户，立案查处违法经营100起，总值110万元，罚没款18.18万元；取缔无照经营户220户，查处虚假广告9起；查获假化肥25吨，价值3.8万元；查获假农药2.2吨，价值2.4万元；查获假劣农机具110件，价值20万元。

烟花爆竹市场管理 1994年，行署决定烟花爆竹由供销合作社日杂品（土产）公司归口经营。各县（市）人民政府责成公安、供销合作社等部门协助建立烟花爆竹经营站。全地区执行不平衡，有的未成立管理机构，有的对烟花爆竹的安全管理未提到议事日程，火灾、爆炸、偷漏税事件时有发生。1999年1月，南康市潭口乡代卫村无证作坊爆炸事故，造成13人死亡、9人重伤，5幢楼房被炸塌。

1999年，市（地区）政府明确烟花爆竹由供销合作社烟花爆竹专营公司专营。各县（市、区）供销合作社与公安局联合成立烟花爆竹安全经营管理机构，市（地区）内各厂家生产的烟花爆竹均由赣州市（地区）供销合作社烟花爆竹经营公司总经销；外地产品则由赣州市（地区）烟花爆竹经营公司定点购进，再向各县（市、区）经营公司调拨、批发，零售网点统一合理布设，搞好安全运输，严格仓储管理，把好质量检测关。2000年，市政府印发《烟花爆竹安全经营管理细则》，全市供销合作社系统加强对烟花爆竹的安全经营管理及安全宣传教育，配合公安部门开展生产经营安全大检查和专项整治。至年底，全市共收缴假冒伪劣爆竹29229万响、烟花24283个、礼花弹106个、原材料3390.6千克，处理非法生产烟花爆竹案件56起、非法买卖烟花爆竹案件146起、非法运输烟花爆竹案件18起、非法储存烟花爆竹案件52起，取缔非法生产烟花爆竹厂点947个、非法销售烟花爆竹厂点705个，烟花爆竹零售额达788.2万元，比专营前的1995年历史最高水平的329.9万元增长了1.4倍。

棉花市场管理 1997年，地区棉麻公司配合地区工商局进行棉花市场的专项整治，联合成立赣州地区棉花市场管理小组，整顿棉花市场秩序，打击棉花掺假、掺杂行为，查处一些无证贩运棉花商户。重点对赣州市（今章贡区）、赣县、龙南等县（市）的个体经营棉花和无证经营商户进行检查、整顿，强化棉花市场管理。1998年，随着棉花流通体制的改革和供应价格的放开，棉花市场的管理工作逐步移交给工商部门组织进行。

四、财务管理和审计监督

全市（地区）供销合作系统初步建立适应社会主义市场经济的财务管理体制和制度暨内部审计监督制度，供销合作企业财务管理工作主要以提高企业的经济效益为中心，建立各种财务考核指标和考评办法，在不同的时期有不同的考核指标和考评办法。

1986年至1993年6月，全地区供销合作社系统的财务管理由直接管理变为间接目标管理。即县（市）供销合作社对超过审批权限的所属企业固定资产购置、大修理等要经地区商业局（供销合作社）审批或转报，供销合作社企业在税前列支的简易建筑费由地区税务局、商业局（供销合作社）联文下达。县（市）供销合作社企业税后利润，在交纳能源交通重点建设基金以后，盈余按1∶5∶4的比例分配，即10%转作调剂上缴给省、地（市）、县社，50%转作公积金，40%用作社员股金分红和职工劳动分红及集体福利设施等。调剂基本用于企业发展生产和救灾计划补助等。1993年7月，实行新会计制度，企业的税后利润不再上缴给上级供销合作社。1994 年，国家实行新税制，审批项目全部取消。

五、扩社扩股

1994 年，集股股金每股 2 万～3 万元，全地区社员的股金余额 687.5 万元，仅占供销合作社当年自有资金的 3.2%。1995 年，各级供销合作社在各自所属县（市）扩社扩股，采取广泛宣传发动群众和政策优惠，吸引农民等措施。对社员股和身份股灵活执行不同标准，有 10 元股、20 元股、50 元股，对困难户实行交售农副产品实物折抵股金的办法，方便农民入社。公布股金按银行一年同期存款利率上浮 20%～60%的保息幅度和企业盈利时再分红的承诺。社员可享受农资商品的优惠价、农副产品推销的优先权和提供市场信息及技术咨询科技资料赠送等一系列的免费服务。全地区入社农户达到 102.3 万户，约占农户总数的 83%；股金余额 2521.6 万元，占供销合作社所有者权益的 15%，比 1985 年增长 6 倍。至 2000 年，全市发展入社农户 90 万户，占全市农户总数的 59.5%，社员股金达 3716 万元。

1996 年，地区供销合作社转发中华全国供销合作总社的《供销合作社股金管理办法》，供销合作社坚持社员股金管理一把手负责制。各县（市）供销合作社制订相应的实施意见，成立股金管理办公室，建立社员股金专项账户，对股金的使用建立审批制度；按股金总额的 10%留足备付金，并给每户社员颁发由全国总社统一印制的社员股金证，实现入社自愿、退社自由的承诺。

1998 年，由地区供销合作社牵头对全地区的社员股金使用情况开展调研工作，并对社员股金管理进行全面排查，重点帮助清理瑞金等 7 个县（市）供销合作社股金使用不合理的问题，全地区平稳有序地进行社员股金的清理整顿。

赣州市志（1986-2000）

名志

第二十八篇

旅 游

赣州名胜古迹众多，且特色鲜明、不可替代。赣州是国家历史文化名城、全国文明城市、中国优秀旅游城市，是一个风景秀美的宜居城市，是理想的旅游休闲度假地。赣州森林覆盖率高达74.2%，水资源丰富，山清水秀，是全国八大重点林区和全国十大森林覆盖率最高的城市之一，享有“生态王国”“绿色宝库”美誉，自然景观令人赞叹。2000年，赣州有国家AAAA级风景名胜区1个，省级风景名胜区9个，省级自然保护区2个，市县级自然保护区20个。

赣州红色经典闻名全国。赣州是红色故都。土地革命战争时期，中央革命根据地在此创建，中华苏维埃共和国在此奠基，中国共产党领导和管理国家政权在此预演，举世闻名的二万五千里长征从瑞金、于都出发，艰苦卓绝的南方红军三年游击战争在此浴血坚持，伟大的苏区精神在此孕育形成。

赣州宋城神韵随处可触。赣州历史悠久，古迹众多。尤其宋朝时期的赣州是宋代全国闻名30座名城之一，留下了众多宋代文物古迹。通天岩石窟、古城墙、郁孤台、八境台、灶儿巷、浮桥、福寿沟等古迹让人叹为观止、流连忘返。专家学者赞誉赣州是一座“宋城博物馆”，是一座保存完好的江南宋城。

赣州是客家摇篮，是客家人的主要发祥地、中转站、聚居地和客家民系形成的摇篮。浓郁的客家民俗风情、众多的非物质文化遗产延续至今。

1986—2000年，赣州旅游事业快速发展。全市（地区）加大对景区规划建设力度，包装推出系列旅游形象品牌和精品线路，充分发展入境旅游，吸引海内外游客到赣州游览观光。旅游管理部门加大行业管理，加强旅游服务培训工作，提高旅游服务水平。

第一章　风景名胜

1986—2000 年，赣州市（地区）有国家级历史文化名城 1 座，全国重点文物保护单位 4 处，省级文物保护单位 55 处，国家 AAAA 级景区 1 个，省级风景名胜区 9 个，省级自然保护区 2 个，县级自然保护区 20 个。

第一节　景　区

一、瑞金红色旅游景区

瑞金是闻名中外的红色故都、共和国摇篮、中央红军长征出发地，是苏区时期党中央驻地、中华苏维埃共和国中央政府诞生地。保存有革命旧居旧址 115 处。2000 年，瑞金市有全国重点保护单位 15 处，省重点保护单位 4 处。旧居旧址较为集中，形成了叶坪旧址群、沙洲坝旧址群、中央革命军事委员会旧址群、云石山旧址群、下肖枣子排白屋子旧址群、洋溪旧址群。

叶坪革命旧址群　位于瑞金市叶坪乡叶坪村，距瑞金市中心 5 千米。是中华苏维埃共和国临时中央政府的诞生地、中央苏区中央局和临时中央政府机关在瑞金的第一个驻地。拥有革命旧址和纪念建筑物 23 处，其中全国重点文物保护单位 7 处：中国共产党苏区中央局旧址、中华苏维埃共和国临时中央政府旧址、红军烈士纪念亭、红军烈士纪念塔、红军检阅台、公略亭、博生堡。还有红色中华通讯社旧址、临时中央政府邮政局旧址、临时中央政府警卫营旧址、临时中央政府出版局旧址、临时中央政府电话总机室旧址、中华苏维埃共和国国家银行旧址、临时中央政府传令排旧址、中华苏维埃共和国总金库旧址等。有新华社、国家邮电部、全国总工会、国家新闻出版署等革命传统教育基地 4 个。

沙洲坝旧址群　位于瑞金市沙洲坝镇沙洲坝村，距瑞金市中心 5 千米。是中华苏维埃共和国中央政府（中华苏维埃共和国临时中央政府 1934 年 2 月更名）驻地。1933 年 4 月，临时中央政府从叶坪整体迁驻于此。该旧址群有革命旧址 16 处，其中重点文物保护单位 4 处：红井、中华苏维埃共和国中央执行委员会旧址、中华苏维埃共和国中央人民委员会旧址、中华苏维埃共和国临时中央政府大礼堂。还有中华苏维埃共和国中央粮食人民委员部旧址、中华苏维埃共和国中央审计委员会旧址、中华苏维埃共和国中央土地人民委员部旧址、中华苏维埃共和国财政人民委员部等各部委旧址。

云石山旧址群　位于云石山乡的云山古寺及丰垅村马道口，是中华苏维埃中央政府、中共中央政治局驻地。有中共中央政治局（中央政府办事处、中共中央分局）、中华苏维埃共和国中央政府旧址、中华苏维埃共和国中央政府电话总机室旧址，其中中华苏维埃共和国中央政府旧址为江西省重点文物保护单位。

乌石垅中华苏维埃共和国中央革命军事委员会旧址群　位于沙洲坝镇金龙村乌石垅村小组。有中央革命军事委员会总参谋部及其所属第一局、秘书处等旧址。为全国重点文物保护单位。

二、通天岩风景名胜区

国家 AAAA 级景区。位于章贡区西北郊 6.8 千米处。通天岩景区是全国重点文物保护单位，国家 AAAA 级旅游景区，省级风景名胜区，总面积 6 平方千米。这里丹崖悠悠，山灵水秀，具有丹霞地貌独特、石窟文化深厚、文物古迹众多、生态景致宜人四大特点。主景区通天岩石窟开凿于唐朝，兴盛于北宋，至今保留着唐朝至宋代的石龛造像 359 尊，宋代至民国的摩崖题刻 128 品，是江南地区最大的一座石窟，也是中国地理位置最南端的石窟，因此被专家誉为江南第一石窟。代表性地貌景观景点有忘归岩、观心岩、龙虎岩、通天岩、翠微岩等。20 世纪末开发的新景区与通天岩石窟紧紧相连，体现历史与现代的完美结合，自然与文化的和谐统一。新景区设石刻区、情苑、龙凤苑、十二生肖园、人生荟萃园和水上游乐园六大功能区，主要景点有 23.66 米的丹崖卧佛、9.99 米的汉白玉滴水观音、赣州历代名人造像、千佛洞和财神庙等，是人们休闲度假的好去处。

三、安远三百山风景区

省级风景名胜区。位于安远县境内，地处赣、粤、闽三省交界处，总面积 137.6 平方千米，主峰海拔 1169 米。三百山是长江水系之贡江与珠江水系之东江的分水岭，也是东江的源头，香港同胞饮用水的发源地，也是全国唯一对香港同胞具有饮水思源特殊意义的旅游胜地。景区森林覆盖率达 98%，空气中负氧离子含量达 7 万个/立方厘米，共有 165 处景物景观。动植物种类繁多，有高等植物 271 科 1702 种，其中国家级、省级重点保护珍贵树种 131 种；有野生脊椎动物 58 科 166 种，属国家级、省级重点保护的动物有穿山甲、猫头鹰等 68 种；有昆虫 16 个目 129 科 924 种，其中珍稀的有 42 种。三百山虎岗热水，记入明朝编纂的《汤泉志》。建有热泉河度假区，与三百山风景区相融，集生态观光、休闲度假、寻踪探源、温泉疗养、科普教育、科考探险为一体，是全国生态旅游示范区。三百山风景区先后被授予“国家森林公园”“国家风景名胜区”称号，并被评为“首批全国保护母亲河行动”生态教育示范基地。

四、梅岭丫山风景名胜区

省级风景名胜区。由梅关、丫山、牡丹亭、三江口和河洞温泉“四片一点”构成，总面积 61 平方千米，1995 年 7 月被江西省人民政府批准为省级风景名胜区。梅关景区位于大余县城南 10 千米处的梅岭，距大广高速梅关出口处 1 千米，属国家森林公园、江西省爱国主义教育基地，面积 9.36 平方千米。景区内环境质量优良，空气负离子含量高，有省级文物保护单位——梅关关楼和千年古驿道，有驿站、憩云亭、梅花诗碑林、望梅阁、庾将军祠、云封寺、陈毅元帅隐蔽处、千亩梅林、“梅岭”碑刻、“重来梅国”碑刻等景观。

五、上犹陡水湖风景区

省级风景名胜区。陡水湖位于上犹县陡水镇，距县城 18 千米，是一个由上犹江水力发电厂铁扇关大坝蓄水而成的人工湖泊。水域面积 31 平方千米，蓄水量 8 亿多立方米。景区有 2.27 万公顷的天然森林，427 处形态各异的湖湾和 42 座星罗棋布的湖心小岛，湖面开阔处可达千米以上，狭窄处不足 10 米。陡水湖年均气温 17.5℃，气候宜人，空气清新，负氧离子每立方厘米达 3 万个，湖面水温常年保持在 20℃左右。1995 年 7 月被江西省人民政府批准为省级风景名胜区。

六、宁都翠微峰景区

省级风景名胜区。位于宁都县城西北郊 2.5 千米处。1994 年，被林业部批准为国家森林公园。1995 年，被江西省人民政府批准为省级风景名胜区。相传汉初山下才女张丽英曾在此修炼，得道成金星之精，所以古时宁都人称这里为金精山。属山岳型自然风景区，总面积 78 平方千米，海拔多在 250～500 米之间，森林覆盖率达 89.9%。翠微峰景区由金精山、青龙岩、龟岭脑、竹坑湖、莲花山 5 大景区构成，以峰险、岩奇、洞幽、泉清著称，有特色景点数百处。明末清初，以魏禧为首的九名士子在翠微峰顶结庐讲学，抵志砺节，拒不与清廷合作，被世人誉为“易堂九子”。1949 年 9 月，四野 144 师在此剿匪，歼灭国民党豫章山区绥靖司令黄镇中部 2000 多人。其历史文化底蕴深厚，战争遗迹众多，自古以来，享有盛名。

七、会昌汉仙岩风景区

省级风景名胜区。位于会昌县筠门岭镇东南10余千米的营坊村。相传“八仙”之一的汉钟离在此得道成仙而得名。有“虔南第一山”“江南小蓬莱”之称，景区面积6.5平方千米，景点36处。汉仙岩自明隆庆二年（1568）由僧人明圆、真宁始建寺庙。数百年来，许多文人墨客来此游览，留在岩壁的题咏、题词琳琅满目。汉仙岩还流传着许多优美动听的民间传说。景区内主要景点有仙姑鞋、古藤仙道、回道谷、天梯、汉仙印。

八、石城通天寨风景区

省级风景名胜区。位于石城县城东南6千米处的琴江镇大畲村、前江村境内，是省级森林公园，赣州市（地区）首个省级地质公园。因寨上主岩“外如两指相拑，内若两掌半合，仰视苍穹通天”而得名。景区规划面积27.1平方千米，境内山石险峻，峰峦崔巍，主峰海拔601.7米，景区景点相对集中，大部分在方圆2千米的核心区内，有自然和人文景观40余处，集观光、健身、科普、客家民俗展示和佛教朝圣为一体，为赣州市（地区）13大旅游区之一。通天寨具有奇特的丹霞地貌，号称“三绝”：一阴一阳同处一山的奇特景观，完全不经人工雕琢的千佛丹霞，全国罕见的岩面龟裂地貌。

九、龙南关西围景区

省级风景名胜区。位于龙南县关西镇境内，距龙南县城25千米。景区内有保存完整的关西新围、西昌围、鹏皋围、福和围、圳下围、田心围等围屋，如众星拱月般连成一片，且每座围屋各具特色，是一处保存完好、体现赣南各个时期围屋建筑风格和特点的明清古民居建筑群。景区内有围屋建筑景观以及关西塔、烽火台、怡园、百果园、客家博物馆等20多处景点，是具有客家风情的客家文化旅游景区。景区核心关西新围，是国内发现保存最为完整、规模最大、功能最为齐全的客家方形民居，是客家人传颂的九幢十八厅的宫廷式建筑，被誉为“东方的古罗马城堡，汉晋坞堡的活化石”“散落在民间的皇宫”。

十、龙南武当山风景区

又称“小武当山风景区”，为省级风景名胜区。位于赣粤两省交界处的龙南县武当镇，距龙南县城40千米，面积13.5平方千米，主峰海拔864米。105国道横贯小武当山西侧。景区由数十座排如剑戟的丹霞石林组成，绵延数十千米。山上有2副历经数百年的石刻楹联，皆取“武当”两字作联首，一联为山门石柱上的“武将文臣皆下马；当天奏帝且停车”，一联为佛堂前由王守仁撰写的“武力不如法力，力修力行力作善；当仁何须让仁，仁心仁德仁为宗”。

第二节　自然保护区

赣州市（地区）自然保护区建设起步较早。1986—2000年，全市（地区）建立省级自然保护区2个，经营面积1.11万公顷；市县级自然保护区20个，经营面积5.86万公顷。

一、九连山自然保护区

位于龙南县境内。1976年，赣州地区林垦局批复同意九连山垦殖场《关于建立虾公塘自然保护区的意见》。1981年，省政府批准建立省级九连山自然保护区。保护区总面积4013.33公顷，其中核心区（虾公塘、饭罗）面积1466.67公顷。主要保护对象为原生性亚热带常绿阔叶林生态系统。保护区建立后，与国内外有关单位进行科研合作。1986年5月起，保护区协助日本京都大学与中国科学院综合考察会合作开展亚热带森林生态考察研究，日本万国博览会资助该保护区建立赣南森林生态研究中心。

1987年1月，美国国际鹤类基金会宣传教育主任吉姆·海瑞斯一行10人到九连山保护区作鸟类考察。1995年9月，中国人与生物圈网络委员会批准九连山保护区纳入中国生物圈保护区网络。2003年6月，经国务院批准，晋升为国家级自然保护区，总面积扩大为13411.6公顷，其中核心区4283.5公顷，缓冲区1445.2公顷，试验区7682.9公顷。2006年2月，经国家林业局批准设立江西九连山国家级森林公园。

二、崇义阳岭自然保护区

位于崇义县横水镇境内，距县城4千米。1995年11月，被批准为省级森林公园。1997年1月，经省政府批准为省级自然保护区，总面积1880公顷，其中核心区500公顷、缓冲区800公顷、实验区580公顷，主要保护对象为亚热带常绿阔叶林生态系统。1999年，批准设立阳岭扩大区，面积5220公顷。森林覆盖率达到98.6%。阳岭属中亚带常绿阔叶林生态系统，区内有木本植物371种，其中一、二级国家重点保护野生植物有水杉、秃杉等12种，省级重点保护野生植物63种。国家一、二级保护野生动物有黄腹角雉、金钱豹、白鹇等17种，省级保护动物13种。保护区内峰峦高耸，溪谷深邃，绿竹匝地，古木参天。保护区内空气清新，负氧离子含量高达19.2万单位/立方厘米，为国内之最。山中云隐寺、半古旱寺、观音堂等名刹古寺，点缀于苍山云海中，尽显其原始古朴风貌。

三、赣江源自然保护区

位于石城县洋地乡和瑞金市日东乡交界地区。保护区内地形复杂、沟壑纵横、溪流瀑布随处可见，其中上洞河、石寮河、泮田河汇聚形成赣江源头水，每年为赣江提供1000万立方米的国家一类水。保护区森林覆盖率均在90%以上，已查明的高等植物有78科145属，其中国家一级保护植物有伯乐树、异形叶玉叶金花、南方红豆杉、珙桐、银杏，二级保护植物有香榧、半枫荷、花榈木等12种，成片分布的原生榉树群落在全省乃至全国罕见。保护区内野生动物资源有4纲18目101种，森林昆虫528种。其中有国家一级重点保护动物豹、云豹、蟒蛇，国家二级保护动物虎纹蛙等25种，省级保护动物有狐等35种。

四、齐云山自然保护区

位于崇义县思顺乡，距县城45千米，处赣湘边界，东至上十八垒、南至下十八垒，西至三丫石、北与上犹县交界。面积约15平方千米。该山为诸广山脉主峰，海拔2061.3米，为赣州市（地区）第一高峰。山势巍峨，山上终日云腾雾绕。山顶有一平台，方圆约500平方米，绿草覆盖，视野开阔。山腰原有旧刹——齐云山仙寺，已倒毁。山腰以下，则为松杂木混交林，枝繁叶茂，郁郁苍苍。山下有一小溪，细流涓涓，溪内有娃娃鱼，是探险旅游之胜地。

五、金盆山自然保护区

位于信丰县金盆山乡，距县城41千米，海拔500～970米，面积1166.67公顷。亚热带原始森林保存完好，植物达91科590余种。风景秀丽，有坳脑等多处秀美的瀑布，有红豆杉、观光木、伯乐树、花榈木、七瓣含笑、半枫荷、木莲、大果马蔺蹄等国家一、二级保护树木，有草珊瑚、胶股蓝等药材800余种，有云豹、白鹇等国家二级保护动物等国家一级保护动物及其他飞禽走兽100多种。

六、云台山自然保护区

位于定南县岭北镇北部，距县城40千米，海拔地势高，林业资源较为丰富。是县级自然保护区。平均海拔1000米左右，主峰马尾山海拔达920米。山顶平坦宽大，中间是方圆4平方千米的小盆地，四周微耸着5座坡度柔和的小山，山坡上种有茶林，常年岚雾迷漫。1958年建有云台山垦殖场，后改为云台山林场，所产云台山茶闻名遐迩。由于海拔落差变化大，形成多处以瀑布为主要特色的自然景观，保护区内森林植被丰富。

第三节　革命遗址景点

新民主主义革命时期，中国共产党在赣南苏区留下许多珍贵的革命遗址。它们包括党的重要机构旧址；重要党史人物的故居、旧居、活动地；重要事件、重要战役战斗遗址；具有重要影响的革命烈士事迹发生地或墓地等，也包括中华人民共和国成立后兴建的内容涉及新民主主义革命的各类纪念馆等纪念设施，以及能够反映革命时期中共重要历史活动、进程、思想、文化的各种遗迹等等。这些革命遗迹，是中国新民主主义革命在赣南的重要见证，铭刻着中国共产党人和赣南人民为民族独立和人民解放而英勇奋斗的非凡历程。

一、章贡区革命遗址

章贡区革命遗址有 24 处：中共赣州支部遗址、中共赣南特委遗址、红旗报编辑部遗址、中共赣南临时特委旧址、中共水东区委遗址、东郊区苏维埃政府旧址、中共赣州市委遗址、中共江西省委旧址、中共赣西南特委旧址、赣州青工委遗址、国民革命军第十四军共产党员会议旧址、中共赣州特支成立大会旧址、筹组赣州总工会会议旧址、赣州第一次工人代表大会旧址、崆峒山会议遗址、红军攻打赣州遗址、楼梯岭会议旧址、陈毅与国民党地方当局谈判旧址、中共中央华南分局扩大会议旧址、水东坝上红军标语、贺焕文烈士墓、陈赞贤殉难处与陈赞贤烈士纪念亭、解放十周年纪念碑、赣州市革命烈士纪念馆。

二、赣县革命遗址

赣县革命遗址有 23 处：中共赣南特委旧址、中共赣西南特区委南路分委旧址、茅店关税处旧址、龙头修城处旧址、白鹭红军医院旧址、江口贸易分局旧址、大埠农民暴动遗址、白鹭会议旧址、江口会议旧址、中央红军长征突破第一道封锁线战斗遗址、牛岭战斗遗址、大屋下红军标语（漫画）墙、陈毅旧居、罗炳辉旧居、白鹭毛泽东旧居、江口毛泽东旧居、窑下毛泽东旧居、诸早坑毛泽东旧居、朱德旧居、湖江革命烈士纪念塔、樟树坝革命烈士纪念塔、大龙革命烈士纪念塔、赣县革命烈士纪念塔。

三、南康市革命遗址

南康市革命遗址有 16 处：中共南康临时县委旧址、南康县革命委员会旧址、南康县苏维埃政府旧址、南康县工作委员会旧址、横石井区革命委员会旧址、西河行委支部书记培训班遗址、红一军团团以上干部会议旧址、石角头战斗遗址、杉木坳战斗遗址、毛泽东旧居、陈赞贤故居与陈赞贤烈士墓、罗贵波故居、郭大为故居、黄祖炎烈士纪念碑、龙回革命烈士纪念碑、南康革命烈士纪念碑。

四、信丰县革命遗址

信丰县革命遗址有 24 处：中共信丰县委与县苏维埃政府旧址暨红二十二军干部学校校址、中革军委旧址、油山游击队交通站旧址、中共赣南特委旧址、中共粤北省委旧址、白石战斗遗址、新田战斗遗址、金鸡战斗遗址、石背战斗遗址、古陂战斗遗址、安息战斗遗址、西渡桃江战斗遗址、陈毅疗伤处旧址、新田红军标语墙、毛泽东旧居、项英与陈毅旧居、曾思玉故居、曾纪财烈士墓、郭一清烈士纪念碑、洪超烈士墓、崇仙革命烈士陵园、大阿革命烈士陵园、无名红军烈士纪念碑、信丰县革命烈士陵园。

五、大余县革命遗址

大余县革命遗址有 27 处：红四军前委遗址、中共赣粤边特委遗址、中共赣粤边特委遗址、新四军赣南办事处遗址、中共五岭工委遗址、赣南支队司令部旧址、大余整编旧址、红四军干部会议遗址、大余战斗遗址与何挺颖牺牲地、红五军宿营地旧址、河西六县党的活动分子会议旧址、新城兵暴遗址、张赤男牺牲地、池江垇战斗遗址、长岭会议旧址、南方三年游击战争遗址与陈毅《梅岭三章》诗碑、池江谈判遗址、池江改编旧址、三南游击队集中地旧址、新四军北上抗日出发地旧址、赖文泰殉难地、欢迎罗景福率部起义大会遗址、解放军与赣南支队胜利会师遗址、庆祝解放大会遗址、陈毅旧居、项英旧居、大余县革命烈士陵园。

六、上犹县革命遗址

上犹县革命遗址有7处：红三军团政治部旧址、中共河西道委旧址、红三军团后方医院旧址、毛泽东旧居、彭德怀旧居、营前革命烈士陵园、上犹县革命烈士纪念碑。

七、崇义县革命遗址

崇义县革命遗址有21处：中共崇义县委旧址、崇义县苏维埃政府旧址、红三军团总指挥部旧址、红三军团后方医院旧址、湘粤赣边区红军游击支队总部遗址、新四军驻思顺通讯站旧址、上堡整训旧址、毛泽东和朱德召集部分党员和进步青年座谈会遗址、红四军军民大会遗址、文英战斗遗址、义安毛泽东旧居、新溪毛泽东旧居、朱德与陈毅旧居、邓小平旧居、彭德怀旧居、王尔琢烈士陵园、大密革命烈士纪念塔、瓦窑潭革命烈士纪念塔、思顺革命烈士纪念塔、红军七烈士纪念碑、崇义县革命烈士纪念塔。

八、安远县革命遗址

安远县革命遗址有7处：中共安远县委遗址、工农红军第二十三纵队兵工厂旧址、安远县苏维埃政府旧址、天心圩整军遗址、尊三围保卫战与尊三围革命烈士纪念墓、毛泽东旧居、安远县革命烈士陵园。

九、龙南县革命遗址

龙南县革命遗址有4处：中共信南县委旧址、东南工合龙南指导站旧址、红岩红军标语、龙南县革命烈士纪念塔。

十、定南县革命遗址

定南县革命遗址有8处：定南县农民协会筹备处旧址、定南县总工会旧址、中共油汶湖支部旧址、中共九连山区临时工委与粤赣边人民义勇军总队旧址、安蓉围战斗旧址、新阳毛泽东旧居、龙头圩毛泽东旧居、定南县革命烈士陵园。

十一、全南县革命遗址

全南县革命遗址有11处：中共信南县委遗址、中共三南县委旧址、中共三南中心县委旧址、龙源坝治安委员会旧址、红四军召开群众会议遗址、金盆山战斗遗址、三南游击队整训旧址、上窖保卫战遗址、玛瑙坝红军标语、叶剑英旧居、全南县革命烈士纪念碑。

十二、宁都县革命遗址

宁都县革命遗址有55处：宁都县学生联合会遗址、孤灯报报社遗址、红四军军部遗址、红四军前委旧址暨毛泽东旧居、中共赣西南特委东路行委与赣西南苏维埃政府东路办事处旧址、红一方面军总司令部旧址、中共苏区中央局旧址、中革军委总政治部旧址、红一方面军总交通队旧址、红一方面军总后方医院旧址、红一师政治部旧址、红军随营学校旧址、红十二师部旧址、红一方面军临时总前委旧址与临时总前委第一次会议旧址、黄陂战斗指挥部旧址、中共彭湃县委与县苏维埃政府旧址、第二十六路军中共地下特支旧址、宁都起义总指挥部旧址、中共黄陂区委与区苏维埃政府旧址、江西省苏维埃政府财政部旧址、江西省苏维埃政府妇女部旧址、中共博生县委与县苏维埃政府旧址暨中央苏区北部十一县经济建设大会会址、中共江西省委旧址暨中共苏区江西省第二次代表大会会址、江西省苏维埃政府旧址、江西军区司令部旧址、中共长胜县委与县苏维埃政府旧址、中共洛口县委与县苏维埃政府旧址、红五军团战地医院旧址、南昌起义部队驻扎地与长胜武装暴动旧址、永村与横江农民暴动遗址、黄陂农民暴动旧址、中共宁都县第一次代表大会遗址、宁都县工农兵革命委员会成立大会遗址、红军攻打土围战斗遗址、黄陂会议旧址与苏区军民歼敌誓师大会遗址、东韶战斗遗址、红一方面军总部无线电队诞生地、赣西南苏维埃政府主席联席会议旧址暨朱德旧居、青塘会议旧址、蔡江阻击战遗址、红五军团成立地、宁都会议旧址、少共国际师成立誓师大会遗址、中共苏区江西省第二次代表大会与江西省第二次工农兵代表大会遗址、苏区江西省军政会议旧址、李赐凡牺牲处遗址、翠微峰战斗遗址与怀功亭、毛泽东旧居、朱德旧居、邓小平旧居、王诤与刘寅旧居、红十五军无名烈士墓、赵博生烈士陵园、刘浩天将军墓、宁都县革命烈士纪念馆。

十三、于都县革命遗址

于都县革命遗址有 24 处：中共于都县委旧址、中共于北特区委员会旧址、于北特区工农兵革命委员会旧址、红四军政治部旧址暨毛泽东旧居、于都县工农兵革命委员会旧址、中革军委后方保管处旧址、中革军委后方办事处旧址、中共胜利县委与县苏维埃政府旧址、中共赣南省委旧址、赣南省苏维埃政府旧址暨毛泽东旧居、中革军委旧址、红一军团部旧址、红五军团部旧址，中共中央分局与中华苏维埃共和国中央政府办事处旧址、中共瑞西县委与县苏维埃政府旧址、中共赣粤边特委旧址、工农革命军第十五纵队成立旧址、中共于都县第一次代表大会旧址、赣南省三级干部大会旧址、中央红军长征渡口遗址群、朱德旧居、步前革命烈士纪念塔、里仁革命烈士纪念塔、于都县革命烈士纪念塔。

十四、兴国县革命遗址

兴国县革命遗址有 54 处：农民协会讲习班旧址、土地革命干部训练班旧址暨毛泽东旧居、江西省苏维埃政府造币厂旧址、江西工农银行旧址、中共苏区中央局旧址、红一方面军总司令部旧址、江西省苏维埃政府旧址、中共江西省委旧址、江西省邮务总局旧址、长冈乡苏维埃政府旧址、中央兵工厂旧址群、中央红军总医院旧址、江西红色医院二分院驻地、江西军区（含红军检阅台）旧址、中国工农红军军医学校旧址、上社区消费合作社旧址、长冈乡消费合作社旧址、中共杨殷县委旧址、红一军团部旧址、红五军团部旧址、红十三师师部遗址、羊山会议旧址、中共兴国区委扩大会议旧址、崇贤暴动遗址、兴国暴动遗址、隆坪暴动遗址、红三军休整地、莲塘战斗遗址与莲塘红军烈士墓、良村战斗遗址与良村革命烈士纪念塔、老营盘战斗遗址、高兴圩战斗遗址与高兴红军烈士纪念塔、方石岭战斗遗址、第三次反“围剿”祝捷大会暨黄公略追悼大会遗址、江西省第一次工农兵代表大会旧址、坝南军事会议旧址、长冈乡调查旧址与毛泽东作长冈乡调查纪念馆、红八军团成立地、彭德怀旧居、毛泽东旧居、朱德旧居、陈奇涵故居、萧华故居、杨尚奎故居、康志强故居、温玉成故居、尹林平故居、胡灿故居、王孚善故居、李才莲故居、鸡心岭革命纪念亭、兴国县革命纪念馆、兴国县革命烈士陵园、兴国县将军园、苏区干部好作风陈列馆。

十五、瑞金市革命遗址

瑞金市革命遗址 103 处：中共瑞金县委旧址暨邓小平旧居、瑞金县苏维埃政府旧址、中共苏区中央局旧址、红军无线电总队旧址、健康报社旧址、中央印刷厂旧址、中央被服厂旧址、中央军事政治学校旧址、中国工农红军学校旧址、红军无线电学校旧址、红军通信学校旧址、中央农业学校遗址、中央执行委员会旧址暨毛泽东旧居、中央革命军事委员会旧址、中央人民委员会旧址、中央财政人民委员部旧址、中央土地人民委员部旧址、中央工农检察人民委员部旧址、中央教育人民委员部旧址、中央劳动人民委员部旧址、中央内务人民委员部与中央司法人民委员部旧址、国家政治保卫局旧址、临时中央政府总务厅旧址、临时中央政府总务厅文印科旧址、中央内务人民委员部交通管理局旧址、中央土地人民委员部山林水利局旧址、中央财政人民委员部税务局旧址、红色中华通讯社旧址、红色中华新闻台旧址、临时中央政府传令排旧址、中央出版局旧址、中央邮政局旧址、中央邮政总局旧址、中央电话局旧址、临时中央政府电话总机室旧址、中国工农红军总政治部旧址、中华苏维埃共和国国家银行旧址、第一劳动感化院旧址、中央造币厂旧址、中央卫生材料厂旧址、中央妇女生活改善委员会旧址、中革军委总供给部旧址、中革军委总兵站部旧址、中革军委总动员武装部旧址、中革军委总参谋部情报局旧址、中革军委总参谋部管理局旧址、中革军委总参谋部通信联络局旧址、中革军委总参谋部训练局旧址、高级军事裁判所旧址、临时中央政府警卫营旧址、瑞金卫戍司令部旧址、中央工农剧社旧址、中央列宁师范学校旧址、中华苏维埃共和国总金库旧址、中共中央局旧址、全总苏区中央执行局旧址、少共中央局旧址、反帝拥苏总同盟旧址、中央红色医院旧址、青年实话印刷厂遗址、马克思共产主义学校旧址、苏维埃大学遗址、中国工农红军卫生学校旧址、彭杨步兵学校旧址、中国工农红军特科学校遗址、中国工农红军大学遗址、中央国民经济人民委员部旧址、中华苏维埃共和国调查统计局旧址、中央对外贸易总局旧址、中央革命博物馆旧址、第二次全国苏维埃代表大会筹备委员会旧址、中央审计人民委员会旧址、中央消费合作总社旧址、中央粮食人民委员部旧址、中华苏维埃共和国临时最高法庭旧址、中央工农检察委员会旧址、中华苏维埃共和国最高法院旧址、中央兵工厂旧址、汀瑞边游击支队办事处旧址、红四军前委扩大会议旧址、大柏地战斗遗址、中华苏维埃第一次全国代表大会旧址、闽赣两省工人代表大会会址、春耕生产运动赠旗大会旧址、中共六届五中全会旧址、中华苏维埃第二次全国代表大会旧址、毛泽覃牺牲处与毛泽覃烈士纪念碑、叶坪毛泽东旧居、武阳毛泽东旧居、朱德与王稼祥及李德旧居、红井、红军检阅台、博生堡、公略亭、邓希平烈士墓、红军烈士纪念塔、红军烈士纪念亭、瑞金人民会场烈士纪念塔、武阳革命烈士纪念塔、菱角山烈士纪念碑、竹马岗烈士纪念碑、瑞金革命烈士纪念馆、中央革命根据地历史博物馆。

十六、会昌县革命遗址

会昌县革命遗址44处：会昌县革命委员会旧址、红军东路军司令部旧址暨朱德旧居、中共会昌中心县委旧址暨邓小平旧居、江西军区第三作战分区旧址、高排关税分处遗址、筠门岭对外贸易分局旧址、粤赣军区总指挥部旧址、粤赣军区医院旧址、粤赣军区兵工厂旧址、中共粤赣省委旧址、粤赣省苏维埃政府旧址、少共粤赣省委旧址、中共西江县委旧址、西江县苏维埃政府旧址、红军独立第二十二师师部旧址暨毛泽东旧居、会西工作委员会旧址、中央红军运输连旧址、红军供销合作社旧址、中央疗养院旧址、中央红军警卫连旧址、中革军委与总卫生部旧址、中革军委总供给部旧址、中华苏维埃共和国国家银行旧址、国家政治保卫局旧址、中央羁押所旧址、中央兵工厂分厂旧址、中央军区政治部旧址、八一起义军攻打会昌战斗遗址、红四军宿营地、晓龙农民暴动旧址、会寻安三县党的积极分子大会旧址、中共粤赣省第一次代表大会旧址、筠门岭战斗遗址、粤赣省省县两级干部会议旧址、苏区军民大会旧址、天门嶂战斗遗址、毛泽东旧居与《清平乐．会昌》词碑、朱德旧居、西江革命烈士墓、西源革命烈士纪念馆、庄口革命烈士墓、永隆革命烈士纪念塔、会昌县革命烈士纪念塔、毛泽东旧居与粤赣省纪念馆。

十七、寻乌县革命遗址

寻乌县革命遗址19处：寻乌县革命委员会旧址、蕉平寻县苏维埃政府旧址、寻乌县苏维埃政府旧址、寻乌县第二区苏维埃政府旧址、中共寻乌县委旧址、红四军军部旧址、红四军医院旧址、三二五暴动遗址、圳下战斗旧址、罗福嶂会议旧址、寻乌县第一次工农兵代表大会旧址、寻乌调查旧址、红四军干部会议旧址、罗塘谈判旧址、汶口红军标语、古柏故居与古柏烈士纪念碑、雁洋革命烈士纪念墓塔、罗陂革命烈士公墓、寻乌县革命烈士纪念馆。

十八、石城县革命遗址

石城县革命遗址19处：中共罗田支部旧址、红四军军部旧址、苏维埃国家银行秘密金库遗址、石城县苏维埃政府旧址、中共太雷县委遗址、太雷县苏维埃政府旧址、中央红军第七后方医院旧址、红三军团指挥部旧址、红六师指挥部旧址、少共国际师指挥部旧址、红军战地临时包扎所旧址、红军临时医院旧址、秋溪整训旧址、红军攻打石寨遗址、石城阻击战遗址、毛泽东旧居、刘明辉故居、石城县革命烈士纪念馆、石城阻击战纪念园。

第二章　赣南宋城

宋朝时期的赣州迎来历史上的第二个辉煌鼎盛时期，它因水陆便利、资源丰富、经济繁荣而一举成为全国闻名的30座名城之一。1986—2000年，赣州城保存有大量的宋代文物古迹，诸如通天岩石窟、古城墙、郁孤台、八境台、灶儿巷历史街区、浮桥、舍利塔、文庙、七里镇古窑、福寿沟等。专家学者赞誉赣州为“宋城博物馆”，是一座保存完好的江南宋城。

第一节　宋城建筑

一、城墙

赣州古城墙　为全国重点文物保护单位。始建于北宋嘉祐年间（1056—1063），后经900多年的不断修缮、加固，形成一道周长7.5千米、高大雄伟的赣州城墙。赣州因城池非常坚固，又有江水三面环城，易守难攻，有“铁城赣州”之称。太平军两次攻城，中央苏区时期红军六次攻城，都没有被攻破。现存古城墙有3600米，现有城墙、城门不仅是游览景点，还为赣州城防洪发挥重要作用。尤为珍贵的是，在古城墙上保留砌有数以万计的带有文字的砖，这种砖被称为铭文砖，上面载有不同时代的不同内容，主要的是某某年、某某督造、某某窑烧造等，共有各种不同内容的铭文城砖521种，最早的一种铭文砖记有北宋熙宁二年（1069），最晚的一种铭文砖记于民国4年（1915）。铭文砖成为赣州的一部历史巨著，记载着赣州古城的兴衰、嬗变，对于研究中国古代的城市建设，有着十分重要的历史价值。赣州古城墙是全国保留的唯一的宋代砖城墙。

皇城　皇城位于章贡区城区北部，在建国路北端的原赣州五中一带，为历代郡、州、府的衙门所在地。因传说五代后梁卢光稠在赣州城做土皇帝时，曾在此处理朝政，故赣州百姓称此地为皇城。原赣州电影院附近尚保存的一段长约30米的砖墙，据考证为北宋时期州衙门的第一重门楼，此楼在宋代称为军门楼，在明清时期称为宣明楼。

二、楼塔

八境台　始建于北宋嘉祐年间（1056—1063），位于章贡区老城区东北隅的龟角尾城墙上，是和古城墙同时修建的一座石楼。发源于南岭山脉的章江和发源于武夷山脉的贡江，在八境台下汇合成赣江。此台建成时，主持建造此台的虔州知州孔宗瀚曾将登台所见绘成《虔州八境图》，并请苏东坡按图题诗八首。北宋绍圣元年（1094），苏东坡被贬岭南路经赣州时，曾亲临八境台。在遍览赣州的旖旎风光之后，深感原诗“未能道其万一”，遂补作后续一篇。宋代孔宗瀚和苏东坡所见的赣州八景是石楼、章贡台、白鹊楼、皂盖楼、郁孤台、马祖岩、尘外亭和峰山。八境台建成后曾屡遭火灾，1984年重建时，改为钢筋混凝土仿古结构。新台于1987年落成，共3层，高28米，斗拱飞檐、画梁朱柱，并采用琉璃瓦盖面，内部装修有天花、藻井、彩绘，整个建筑溢彩流金，巍然壮观。

郁孤台 位于章贡区老城区西北的贺兰山上，海拔131米，是老城区的制高点，取其地树木葱郁、山势孤独而得名，有1200多年的历史。南宋淳熙元年（1174），著名词人辛弃疾在赣州任江西提点刑狱一职时，曾留有名作《菩萨蛮·书江西造口壁》一词，郁孤台从此名扬海内，后多慕名来访。郁孤台上原有清同治十年（1871）所建的全木结构楼台1座，1982年重建时改为钢筋混凝土仿木结构，其形制外观均未改动，仍为3层，高17米。登上郁孤台，可俯瞰老城区全景。

夜话亭 位于章贡区老城区东南赣州第一中学校园内的廉泉旁，校园原为濂溪书院和光孝寺旧址。北宋绍圣元年（1094），苏东坡与阳孝本"偕游祥符宫，复观廉泉于光孝寺左，作廉泉诗。"两人情谊甚笃，于廉泉旁促膝夜话、通宵达旦。后人为纪念两位先哲，遂在泉边建夜话亭。清乾隆八年（1743）濂溪书院山长吴湘臬重修夜话亭后，刻苏、阳二公夜话图碑石立于亭内。1991年在原址附近重建，亭内嵌立的苏、阳二公夜话图刻石，是按原碑于清道光年间（1821—1850）重新刻制的。

舍利塔 位于章贡区老城区东南，是慈云寺的附属建筑，故又名慈云塔。塔身六面九级，高42米，用青砖砌成。是一座穿腹绕平座而上的楼阁式塔，砖叠涩出檐，饰头栱。该塔建于北宋天圣年间（1023—1032），塔身有"天圣元年""舍利塔砖僧""天圣二年女弟子陶一娘舍钱二十吊"等带有纪年铭文的塔砖。该塔原有木檐回廊，清光绪三十二年（1906）因遭雷击而焚毁。1957年，被列为江西省文物保护单位。

玉虹塔 位于章贡区赣江西岸，是一座风水景观塔，为明代万历年间（1573—1620）都御使谢杰所建。塔下建有玉虹桥，塔因桥而得名，又因塔身粉有白灰，故俗称"白塔"。该塔六面九级，青砖塔身，底部设有红石须弥座，高30米，塔砖上多处可见"万历宝塔"铭文。1987年被列为江西省文物保护单位。

三、寺庙

文庙 位于章贡区老城区东南，厚德路东段。文庙在唐代为紫极宫，宋代改为大中祥符宫，后屡经兴废。明永乐四年（1406），祥符宫扩建完工，道士刘渊然捐大铜钟一口。明正德十三年（1518）十二月，王阳明在赣州对农民起义军实行招抚、镇压的两面政策，将义军领袖池仲容等93人骗入祥符宫。次年正月初三在鼓乐筵席之中，将他们全部杀害，史称"祥符宫之变"。清乾隆元年（1736），知县张照乘将县学迁于此，建筑亦为清乾隆年间（1736—1796）所建。因县学又为祭孔之场所，故又称"文庙"。1987年被列为江西省文物保护单位。

光孝寺 位于章贡区城区东南。建于晋代，后废，唐高宗时复建，清康熙五十三年（1714）僧人成广募捐重建，清嘉庆、同治年间相继重修。该寺是赣州市著名的寺院，在宋代其影响就已广及岭南地区，后来还远及东南亚一带。该寺紧邻廉泉，故俗称"出水寺"。保存有部分清代建筑，现为赣州一中校园的一部分。

马祖岩 马祖岩位于章贡区水东镇。据载，唐代禅宗高僧马祖道一曾驻锡于此，故称马祖岩。至宋代，马祖岩已是赣州著名的游览胜地，苍松古寺，还依山势建有尘外、云端、驹岩、一憩、吸江五亭。苏轼、文天祥曾游览该岩并留有诗句。马祖岩的寺庙建于巅顶，从唐代一直延续到20世纪60年代，寺庙前的岩壁上原有宋以来的题刻六品，今仍保存元、明、清题刻四品。马祖岩巅顶是观看赣州城的最佳之处。苏东坡诗词中描述道："却从尘外望尘中，无限楼台烟雨蒙。山水照人迷向背，只寻孤塔认西东。"

四、书院

濂溪书院 创建于宋嘉祐年间（1056—1063），院址设水东玉虚观左，是虔州通判周敦颐与程颢、程颐讲学处。元末毁于战火。明洪武四年（1371）重建。明弘治十三年（1500），迁郁孤台下。明崇祯十三年（1640），迁城东光孝寺右，改称“廉泉书院”。清顺治十年（1653），复改为濂溪书院。书院建有楼、台、亭、阁、堂、所共10余处，题词碑刻8处。清末为道立书院。清光绪二十四年（1898），在院内附设致用中学堂。

爱莲书院 院址设城北督学试院后（今赣州七中北校区内）。该处原为通判署，有周敦颐莲池遗址。南宋乾道年间（1165—1173），通判罗原在此建造爱莲堂。清道光二十六年（1846），巡道李本仁欲在此办书院，未果。清同治二年（1863），道署王德固委托本地乡绅在此建书院，并取周敦颐之《爱莲说》定名爱莲书院。清同治三年（1864）开学。清末为县立书院。清光绪二十七年（1901）改为赣县普通小学堂。

五、古浮桥

赣州市中心城区三面环水，自宋代以来，陆续在章、贡两江上架设浮桥。北宋熙宁年间（1068—1077），知军刘瑾在章水上架设第一座浮桥（西津桥）；南宋乾道年间（1165—1173），知军洪迈在贡水上架设东津桥（东河浮桥）；南宋淳熙年间（1174—1189），知军周必正在镇南门外的章江上架设南河浮桥（南桥）。赣州城区的3座浮桥，从宋代开始建造，除战乱时偶有废止外，一直沿用到现代。1985年，西河人行桥建成后，拆除了西津门浮桥。1990年，南河大桥建成后，南河浮桥拆除。保存至今的为最长的东河浮桥，全长400米，共用100只木舟，每3只木舟为一组，整座浮桥分为33节，每天定时开启，以通行船只。

第二节 宋城古迹

一、七里镇窑址

七里镇窑位于赣州市章贡区水东镇七里村，距赣州中心城区约3千米，又称“七鲤镇古瓷窑遗址”，是江西省文物保护单位，省级重点风景名胜景点。瓷窑始烧于唐末，盛烧于宋代，是宋代江西四大窑场之一。窑址沿贡江右岸的沿坝村至七里村一线分布，约2千米。今存有砂子岭、罗屋岭、赖家岭、周屋坞、周家岭、张屋岭、袁屋岭、高岭、刘家岭、木梓岭、殷屋背、殷屋对门、郭屋岭、殷屋、杨家岭、梧桐等16处大型堆积。赣州窑的瓷器釉色有青釉、青白釉、白釉、赭色釉、褐釉、黑釉、结晶釉及仿古陶。产品有壶、罐、碗、盘、碟、钵、盒、盏、砚、盂、炉、鼎、明器等日常生活用具。装饰上以刻画为主，还使用印、雕、戳、捏等做法。常见花鸟、人物、动物等装饰图案。以柳斗纹点釉鼓钉罐、仿漆器赭色釉薄胎瓷、仿古陶为典型风格产品。烧造工艺有支钉叠烧和匣钵仰烧两种。1985—1987年，江西省文物考古研究所会同赣州地区、赣州市（今章贡区）博物馆对砂子岭、周屋坞、张屋岭堆积进行发掘，在张屋岭发现两条30多米长的龙窑。1992年，江西省文物考古研究所、赣州市（今章贡区）博物馆又对木梓岭堆积进行抢救性发掘。

二、街巷

文清路 是江西省赣州市章贡区老城区一条闻名遐迩的纵贯市区中部的主干街道。宋代六条大街之一的阳街，由南至北，依次分段为南门大街、白衣庵、灵通庙、道署前、杂衣街。长约1000余米，是中华人民共和国成立前至今赣州市的主要商业街，是全国“百城万店无假货”示范街之一，被誉为赣州的“王府井”“南京路”。相传文清路之名源于宋代赣州籍理学家曾几的谥号文清。在民国22年（1933）辟建赣州公园时，将杂衣巷、道署前、天一阁扩建，蒋经国在江西第四行政区督察专员兼赣县县长任上以曾几的谥号命名该路为文清路。“文化大革命”时期，该路改名为东方红大路，后恢复原名文清路。从南门口进入文清路，有红旗大道、人民巷、青年路、厚德路、武学巷、大公路、洪城巷、南京路、北京路等数十条大街小巷与之交汇相连，所谓“赣州文清路，模特满大街，豪车如流水，摩人挤掉鞋。”

灶儿巷 位于赣州市章贡区老城区的东部，是宋代赣州六街之一的阴街。巷长218米，呈不规则路径。明代称作姜家巷。清初因巷内多住皂儿（衙役），后谐音称为灶儿巷。灶儿巷靠近贡江建春门码头，是古虔州最繁华的地段。街区保留清代以后客家民居的完整风貌，其中有书院、宾馆、店铺、作坊、客栈、寺院、钱庄衙署、民居等客家古建筑物。灶儿巷建筑风格多样，包括赣南客家建筑、赣中天井式建筑、徽州建筑以及西洋式建筑等流派，体现城市建筑的多元性。临街的牌坊古朴庄重，鹅卵石路面井然光洁，风火山墙错落有致，灰塑门楼古香古色，传统门楼高大气派，深宅大院气势非凡，展现灶儿巷诱人的风韵。

三、福寿沟

福寿沟位于赣州市章贡区老城区，修建于北宋熙宁年间（1068—1077），一直沿用至今。工程由数度出任都水丞的水利专家刘彝主持，是罕见的成熟、精密的古代城市排水系统。

唐末虔州刺史卢光稠因时扩城，由于扩城工程浩大、城西北地势低洼及城市排水系统规划建设的不合理等原因，赣州城居民屡屡遭受洪涝灾害的侵袭，百姓苦不堪言。北宋熙宁年间赣州知军刘彝上任后目睹洪涝灾害给城市老百姓带来的损失和痛苦，经过反复的思考和实地踏勘主持修建福寿沟。刘彝，字执中，福州（今福建省长乐市）人，刘若思之子，北宋著名水利专家，生于北宋天禧元年（1017），北宋元祐元年（1086）去世，享年70岁。幼年师从胡瑗，北宋庆历年间（1041—1098）中进士，调高邮簿，移朐山令。北宋熙宁年间（1068－1085），任都水丞，不久任虔州知州，加直史馆，任梧州知州，因犯罪而被贬为均州团练副使。北宋元祐元年（1086）又被朝廷召还任都水丞，病死在归途中。刘彝著有《七经中议》170卷，《明善集》30卷，居阳集30卷，均收录于《宋史本传》并传之后世。

福寿沟根据城市地势西南高、东北低的地形特点，以州前大街（今文清路）为排水分界线，“福沟排城东南之水，寿沟排城西北之水”（《赣州府志》记载）。打开福寿沟古地图，可清晰地看到在龟形的赣州古城图上，一个古篆体“寿”字形结构下水道和一个古篆体“福”字形结构下水道平布在其上。其中原因主要是受古代城市风水学文化的影响，因主要线路走向形似古篆体“福寿”二字，故沟因形而命名。福寿沟呈砖拱结构，沟顶分布着铜钱状的排水孔。据测量，现存排水孔最大处宽1米、高1.6米；最小处宽、深各0.6米。

福寿沟完全利用城市地形高差，采用自然流向办法，使城市雨水、污水自然排入江中。但每逢雨季，江水上涨超过出水口，也会出现江水倒灌入城的情况。于是刘彝又根据水力学原理，在出水口处，“造水窗十二，视水消长而后闭之，水患顿息”（《赣州府志》记载）。福寿沟的水窗是一项颇具科技含量的设计，原理是每当江水水位低于水窗时，即借下水道水力将水窗冲开排水；反之，当江水水位高于水窗时，则借江水力将水窗自外紧闭，以防倒灌。

福寿沟工程主要分为三大部分。一是将原来简易的下水道改造成矩形断面，砖石砌垒，断面宽大约0.9米，高1.8米左右，沟顶用砖石垒盖，纵横遍布城市的各个角落，分别将城市的污水收集排放到贡江和章江。二是将福寿二沟与城内的三池（凤凰池、金鱼池、嘶马池）以及清水塘、荷包塘、蕹菜塘、花园塘、铁盔塘等几十口池塘连通起来，一方面增加城市暴雨时的雨水调节容量，减少街道淹没的面积和时间；另一方面可利用池塘养鱼、淤泥种菜，形成生态环保循环链。三是建设12个防止洪水季节江水倒灌、造成城内内涝灾害的水窗，这种水窗结构由外闸门、度龙桥、内闸门和调节池四部分组成，主要是运用水力学原理，江水上涨时，利用水力将外闸门自动关闭，若水位下降到低于水窗，则借水窗内沟道之水力将内闸门冲开。

第三章　旅游开发与管理

1986—2000年，全市（地区）加大旅游宣传促销力度，整顿和规范旅游市场秩序，发展入境旅游和国内旅游，提升全市（地区）旅游行业队伍综合素质，旅游事业发展较快。1989年6月，地区旅游局成立，与地区外事、侨务办公室合署办公。1993年2月，地区旅游局从地区外事、侨务办公室划出单设，与地区旅游总公司合署办公，为正县级事业单位，内设综合科、业务科，有编制10名。

第一节　景区规划建设

一、景区规划

1990年，大余县、会昌县先后编制完成梅关风景区和汉仙岩风景区规划，通天岩、翠微峰、小武当、三百山、罗汉岩等风景区也陆续编制景区总体规划，其中翠微峰、通天岩景区总体规划于2000年年底通过专家组的评审，获得省政府的批准。

1998年，地区旅游局编制《赣州地区旅游发展总体规划》和景区（点）详规，确定红色故都、宋城文化、客家风情、东江源头为发展旅游事业的4个旅游形象品牌。分成4个旅游区，中部（章贡区）旅游区，东部（以瑞金市为中心，包括宁都县、会昌县等）旅游区，西部（包括上犹县、崇义县、大余县）旅游区，南部（包括龙南县、安远县等）旅游区。整体包装和推出4条旅游线路，即粤、港、澳—安远三百山、龙南—赣州旅游线，闽、台—瑞金、宁都、会昌、于都、兴国—赣州旅游线，韶关—大余（上犹、崇义）—赣州旅游线，京、沪、昌—赣州—瑞金、宁都、会昌、于都、兴国旅游线。

二、景区建设

1986—1995年，全地区旅游景区建设从无序进入有序。一些旅游资源丰富的县（市）开始景区建设，资金主要用于通往景区的道路建设。

1996年，全地区旅游建设速度加快，许多县（市）将旅游业作为支柱产业来发展。

1997年7月，赣州地区通天岩风景名胜区的开发建设列入重点工程建设项目。1999年7月，将通天岩管理所更名为通天岩风景名胜管理局。1997—2000年，通天岩风景区完成投资逾3500万元，景区游览、观赏环境大为改善。1998年，通天岩风景区被省文明办、省建设厅和省旅游局授予“全省文明风景旅游示范点”称号；2000年，通天岩风景区被省建设厅授予“文明服务示范窗口单位”称号。2000年，通天岩风景区游客量突破50万人次。

2000年，兴国县与深圳新世纪盈丰科技有限公司启动开发该县宝石仙境风景区建设；上犹县引资60万元兴建月亮船水上娱乐城，以地抵资招商540万元兴建客家风情园；会昌县引进广东客商投资100万元兴建客粤隆酒店；安远县引进500万元在虎岗温泉兴建度假山庄；龙南县引进资金在小武当山风景区开辟100米长的空中走廊，新修环山旅游栈道，同时对关西新围、乌石围、燕翼围等围屋进行维修整理。

2000年，全市景观区面积达426.8平方千米，景点建设分布日趋合理，全年投入资金743.5万元，新增景点30个，旅游景点个数达到246个。

第二节 市场开发

全市（地区）旅游系统采取走出去、请进来的方式，加强与国内外主要客源市场的联系，举办一系列的宣传促销活动。赣州市（地区）旅游局分别在香港、深圳、珠海、赣州等地举办宣传促销会和旅游推介会，组织有关单位参加国家旅游局和江西省旅游局举办的宣传促销，编印大量旅游宣传材料和制作旅游光盘等，多渠道、全方位传播旅游信息，吸引海内外游客到赣州游览观光。

一、旅游促销

1990 年 8 月，赣州地区第一次旅游新闻发布会在赣州宾馆召开。发布会邀请省内和区内新闻单位记者、江西省旅游局有关人员参加。赣州地区旅游局作《赣南旅游事业在蓬勃发展》的报告。

1992 年 1 月，由大余县人民政府主办，地区旅游局、文化局协办，在大余县举办首届中国大余梅花节。1993 年 1 月，大余县举办第二届梅花节，共接待 2000 多名海内外客商，引资 1420 万元，经贸洽谈 2.6 亿元。

1997 年 9 月，赣州市（今章贡区）举办宋城文化旅游月活动。主要内容：宋城秋韵文艺晚会，宋城风味食品展，宋城文化艺术品展，宋城特色旅游。活动邀请客商 160 多人，接待游客 6.36 万人次，旅游收入 626 万元。活动期间，签约引进外资项目 3 个，合同金额 1200 万美元；引进内资项目 15 个，合同金额 1.2 亿元。同年 12 月，地区旅游局分别在深圳、珠海召开“赣港共迎’98新年座谈会”。香港工联会、港岛办事处、中资机构和新华社澳门分社共 80 多人到会。

1998 年 5 月，赣州地区第一次赴香港旅游促销。在香港会议展览中心’98香港国际旅游交易会租用展台 1 个，展出赣州旅游宣传品，散发各种宣传资料 8000 余份；召开东江源三百山旅游新闻推介会，邀请香港 10 多家新闻单位参会，与香港数十家旅行社洽谈，达成意向项目 20 个，签约组团 12 个、300 多人次；同年 12 月，地区旅游局分别在深圳、珠海召开赣港共迎’99新年座谈会，会议邀请新华社香港、澳门分社和港澳旅行机构 90 多人到会，会上签订数十个组团意向。

2000 年 12 月，赣州市人民政府在深圳市新都酒店举行 2000 年赣州（深圳）旅游推介会，邀请香港旅游界、新闻界和深圳旅游界、新闻界 210 人到会。会议展出展板、播放 VCD 片、散发宣传折页及介绍赣州旅游线路，与 20 多家旅行社签订组团合同，组团人数达 1000 多人。

二、旅游接待

从 1989 年开始，新华社香港分社把赣州作为爱国主义教育基地，开始组团到赣州参观。香港—赣州—井冈山成为港澳台同胞爱国主义教育的常规线路，游客逐年增加。自 1996 年开始，到赣州旅游以观光旅游、商务、探亲为主体。赣州国际国内旅游接待人次连续 5 年获全省第一。

1989—2000 年赣州市（地区）国际国内旅游接待、收入统计表

表 28-3-1

年度	国际旅游接待、收入		国内旅游接待、收入	
	接待（人次）	收入（万美元）	接待（万人次）	收入（亿元）
1989 年	4983	3.58	—	—
1990 年	11154	13.23	—	—
1991 年	15846	32.31	—	—
1992 年	17948	25.47	—	—
1993 年	11686	28.64	—	—

续表 28-3-1

年度	国际旅游接待、收入		国内旅游接待、收入	
	接待(人次)	收入(万美元)	接待(万人次)	收入(亿元)
1994 年	12905	45.00 (新口径) 209.00	—	—
1995 年	18346	388.49	—	—
1996 年	23752	450.10	164.22	4.81
1997 年	32045	652.31	207.36	6.94
1998 年	32602	768.18	335.69	13.21
1999 年	34639	752.33	393.46	16.38
2000 年	37712	774.67	460.49	20.17

说明：1. 国际旅游自 1994 年开始实行抽样调查，收入数以抽样调查得出的每天人均消费乘以天数计算

2. 国内旅游自 1996 年开始实行抽样调查，接待人数和收入均由此计算得出

第三节　旅游管理

全市（地区）旅游管理部门加强行业管理，加大对旅行社管理力度，对各类旅行社按照《旅行社管理条例》进行审批，杜绝不符合条件旅行社进入市场；开展旅游市场秩序监督检查，加强安全管理，受理和处理各种旅游投诉，维护旅游者的合法利益；加强旅游服务培训工作，提高旅游服务水平。

一、旅行社管理

1985 年，赣州地区第一家旅行社——大余县旅行社（三类社）成立，1988 年 3 月改为大余县中国旅行社（二类社）。1986 年 8 月，赣州地区中国旅行社（二类社）成立。1989 年 7 月，江西省海外旅游总公司赣南分公司成立。1990 年年底，赣州地区中国旅行社和江西省海外旅游总公司赣南分公司（后更名为赣州地区旅游公司）实行两块牌子、一套机构，由地区旅游局、侨办主管。1991 年 11 月，赣州市（今章贡区）旅游公司（三类社）成立。1992 年 8 月，龙南县中国旅行社（三类社）成立。1993 年 2 月，地区中国旅行社和旅游公司分设，其中地区中国旅行社划归地区侨办，地区旅游公司划归地区旅游局；赣州地区旅游公司升为二类社；11 月，赣州悦来旅行社（三类社）、安远县旅游总公司（三类社）成立。1994 年，赣州旅游服务公司（三类社）、赣州虹桥旅行社（三类社）成立；7 月，经国家旅游局批准，赣州地区旅游公司升格为一类社，更名为赣州中国国际旅行社。1995 年，地区旅游公司重新申报为三类社，并成立赣州明珠旅行社、赣州旅游服务有限公司（后更名为商务旅行社）。

1986 年至 1996 年 9 月，旅行社按业务经营范围不同分为三类旅行社：一类社可以接待入境和组织出境旅游，二类社可以接待入境旅游者，三类社经营国内旅游业务。1996 年 10 月，国务院颁发《旅行社管理条例》，旅行社取消一、二、三类社名称，分为国际、国内社。1998 年 4 月，赣州国际旅行社、赣州中国旅行社 2 家被批准为国际旅行社；批准悦来旅行社、赣州市（今章贡区）旅游公司、安远县旅游总公司、赣州地区旅游服务公司、明珠旅行社、赣州旅游服务有限公司 6 家为国内旅行社。国际旅行社交纳 60 万元保证金，国内旅行社交纳 10 万元保证金。同年，大余县中国旅行社、龙南县中旅、虹桥旅行社、地区旅游公司等 4 家旅行社因未能交纳质量保证金而被吊销。

1998 年 12 月，地区旅游服务公司升格为赣州海外旅行社有限公司。1999 年，赣州地区中国旅行社经营不善，被降格为国内旅行社（更名为中桥旅行社）。随着旅游事业的发展，旅游行业前景看好，申

报成立旅行社成为热潮，1998—2000 年，康辉旅行社、青年旅行社、铁路旅行社、虹桥旅行社、赣龙旅行社、华侨旅行社、金桥旅行社、双秀旅行社（后更名为赣南旅行社）、虔城旅行社、虔电旅行社（后更名为友谊旅行社）、大余县岭南旅行社、华虹旅行社、教苑旅行社、光华旅行社、华信旅行社相继成立。其间，赣州明珠旅行社被吊销。至 2000 年，全市有 2 家国际旅行社、21 家国内旅行社。

二、饭店管理

1989 年，全地区第一批旅游涉外定点单位有赣南宾馆、赣州宾馆、赣州大厦、大余县西华山宾馆、赣县梅林镇北京喜来登烤鸭店等 5 家。1990 年，赣南宾馆 2 号、9 号楼为全地区第一家星级饭店（二星级）。1991 年 11 月，赣州宾馆 3 号楼为二星级饭店。1995 年，赣州虔城大酒店（二星级）、赣州名流大酒店（二星级）、大余县林丰大楼（一星级）被批准为星级饭店；赣州金都宾馆、大余县梅园大厦被批准为旅游涉外定点单位。1996 年 1 月，赣县梅林喜来登酒店被取消旅游涉外定点单位，明珠大酒店成为全地区第一家三星级饭店。

至 2000 年，赣州名流大酒店被取消二星级，赣州大厦、金都宾馆、大余县梅园大厦被取消旅游涉外定点单位。全市星级饭店达 15 家，明珠大酒店、赣龙大酒店、赣南宾馆 1 号楼、虔城大酒店、赣州饭店 5 家为三星级饭店，赣州宾馆 3 号楼和赣南宾馆 2 号、9 号楼及云山饭店、大余县牡丹亭宾馆、东阳山大酒店、崇义宾馆、会昌宾馆、瑞金宾馆、龙南县好望角大酒店等 9 家为二星级饭店，大余县林丰大楼、大余县西华山宾馆 2 家为一星级饭店。

三、安全管理

1999 年，赣州市旅游局制定《赣州市整顿和规范旅游市场工作实施方案》，加强旅游安全管理。特别是旅游黄金周期间，重点加强对汽车、游船、渡轮等旅客运载工具的安全检查，以及对景区道路易发拥挤或踩塌地段、带有危险性的游乐设施、易发火灾及群死群伤的娱乐场所、易发生中毒事故的餐馆、摊点等设施场所的安全检查，杜绝重大安全事故发生。

四、教育培训

1996—2000 年，全市（地区）旅游局加强旅游服务培训工作，提高服务接待水平。加强对导游队伍的培训和思想教育，提高全行业人员的素质。选派旅游行政管理人员参加省旅游局、法制局举办的旅游执法培训班。对全市（地区）旅行社的导游员进行业务培训，开办导游、讲解员培训班，共培训导游员 60 余名。

中国志书精品工程
High Quality Project of China´s Local Records

赣州市志

(1986—2000)

(下 册)

赣州市地方志编纂委员会
赣州市地方志办公室 编

顾 问 李炳军
主 修 曾文明
总 纂 陈昌保
谢芳桂

方志出版社
Publishing House of Local Records

目录
CONTENTS

下　册

第二十九篇　进出口管理

第三十篇　金　融

第三十一篇　城乡建设

第三十二篇　教　育

第三十三篇 科学技术

第三十四篇　文　化

第三十五篇　新闻出版·广播影视

第三十六篇　卫生·体育

第三十七篇　赣南客家

第三十八篇　名优土特产品

第三十九篇　县（市、区）和开发区概况

第四十篇　人　物

第二十九篇

进出口管理

1986—2000 年，赣州市（地区）积极加强进出口管理和服务，促进对外贸易。1995 年，赣州海关开通。赣州海关对进出境运输工具、货物实行依法监管，依法征收关税和其他税、费，严厉查缉走私。1995—2000 年，监管进出口货物总值 3.01 亿美元，进出口货物总量 37491 吨。1989 年 5 月，中华人民共和国江西进出口商品检验局赣州办事处成立。1999 年 11 月，赣州出入境检验检疫局成立。赣州出入境检验检疫局认真开展进出口检验检疫工作，努力为国家挽回直接经济损失，为赣州市（地区）带来更多的经济效益。

第一章 海 关

赣州海关执行《中华人民共和国海关法》，贯彻“从严治关”和“依法行政、为国把关、服务经济、促进发展”的工作方针，对进出境运输工具、货物实行依法监管，依法征收关税和其他税、费，查缉走私，以及依法办理其他海关业务。1995—2000 年，监管进出口货物总值 3.01 亿美元、进出口货物总量 37491 吨，征收关税及进口环节税 950.41 万元，审批减免税 9168.52 万元，办理企业注册 191 家，注册资本 2.33 亿美元，投资总额 3.5 亿美元。

1995 年 6 月 28 日，赣州海关建成开关，隶属南昌海关，为正处级单位，关区范围为赣州地区 18 个县（市）。内设业务科、调查科、人事教育科和办公室。9 月，成立稽查科。1996 年 8 月，调整为业务一科、业务二科、调查科、稽查科、人事教育科和办公室五科一室。2000 年，机构未变。

第一节 货运监管

1995 年，赣州海关的货运监管工作处于起步阶段，主要对关区内企业档案进行全面整理，深入企业开展调研，组织人员做好企业的资信评估，抓好企业管理。

1997 年，把“24 小时通关服务”承诺落到实处，货物随到随验。减少企业开支，简化办事程序。加强与口岸海关的联系，解决江西省外运公司赣州分公司的载货登记簿及时退还，以及一些企业在口岸海关直接报关的问题，与国税、外管等部门配合，广泛签订合作备忘录，既方便实施共同监管，又缩短企业退税、核汇时间。

1998 年，对各岗位工作制定量化管理标准，重要环节规定内部作业时限，缩短办理业务时间，提高通关效率。对外制定 20 条《促进地方外经贸发展措施》，重新确定查验标准，提高查验率。结合关区实际，取消凭单放行的做法。重新规范减免税审批程序，提高通关质量。

1999 年，重点抓物流监管，强化实际监管职能和后续管理职能，对进出境货物、运载工具、公路货柜车查验场进行全过程实际监控，建立严密高效的物流监控体系，强化查验工作力度，从二线调配人员，充实查验力量，实行查验双人工作制，在查验作业中动态调整查验重点。制定《查验操作规程》，严格按照操作规程作业，实施多种查验手段，重点查验率均达到 100%。出口查验率为 76%，其中重点查验均达到 50%。查获违规案件 1 起。

2000 年，对查验工作实行内勤与外勤分离、查验与放行分离。

表 29-1-1

1995—2000 年赣州海关货物监管统计表

年份	监管进出口货物总值(万美元)	其中		监管进出口货物总量(吨)	其中	
		进口货物总值(万美元)	出口货物总值(万美元)		进口货物总量(吨)	出口货物总量(吨)
1995 年	1895.30	38.59	1856.71	2930.00	431.00	2499.00
1996 年	4901.08	789.41	4111.67	8464.00	3301.00	5163.00
1997 年	13271.59	239.09	13032.50	13339.00	1004.00	12335.00
1998 年	7010.97	126.00	6884.97	6548.00	813.00	5735.00
1999 年	1821.54	323.71	1497.83	3624.00	706.00	2918.00
2000 年	1228.75	50.24	1178.51	2586.00	139.00	2447.00

第二节 关税征收

一、关税

1995年，赣州海关坚持依律计征、依法减免、严肃退补、及时入库，做好审价、商品归类，坚持双人复核和三级审批制度，严格执行《中华人民共和国关税条例》《中华人民共和国海关进出口税则》规定的税率，对进出口货物征收关税及代征税。1996年，加强关税"窗口"建设，主动服务、办实事，让企业认识、熟悉、相信海关。抓好综合治税，了解和掌握大宗、敏感、市场畅销商品种类和流向，加大稽查工作力度。理顺货物转关程序，方便企业货物合法进出。对归类和审价工作，做到归类准确、依率计征；加强与税务、银行之间的配合，严格出口退税，防止和打击各种形式的骗取退税行为。当年征收关税132.98万元。

1997年，赣州地区外向型经济处在起步阶段，资金、政策均不到位，缺乏大型进出口贸易企业，进出口规模小、数量少，没有开展大宗货物的一般贸易方式进口，无法带来大额税源，面对征税遇到的困境，赣州海关采取综合治税的措施，加强审价功能，通过审价防止税款流失22.52万元；严格税则归类，以确定其适用税率，保证征税准确；加大欠税清理工作力度，清缴欠税57.09万元入库，做好加工贸易内销补税工作；加强统计执法和统计监督。征收关税83.39万元。1998年，建立税收责任制、税收分析会制度，对固定纳税大户存在的困难，进行业务指导，帮助企业在依法办事的前提下用好政策，在通关上给予适当便利，提供全方位跟踪服务。对资信良好的企业，主动宣讲国家规定，仔细解答企业疑问，促进和帮助他们发展进出口贸易，为培养新税源打好基础。赣州地区经济基础薄弱，工业发展底子差，交通不发达，尤其是没有铁路货运中转站，应税货物比重明显偏低，纳税户少，纳税数量小，导致税源严重不足。全年征收关税43.05万元。

1999年，赣州市（地区）进出口企业面临的形势进一步恶化，进出口数量比上年有较大幅度的下降，一些企业计划进口的一般贸易应税货物停止进口，关税征收出现意想不到的困难。赣州海关排除各种不利因素，科学征管、应收尽收。关区进口商品数量、金额较少，赣州海关适时采取"抓大不放小"的原则，不放过每一票税源，严格执行三级价格管理规定、二级商品动态管理规定，提高送检率，共办理审价40票，送检1次。征收关税115.22万元。2000年，严格贯彻"加强征管、堵塞漏洞、惩治腐败、清缴欠税"的关税征管方针，针对关区业务量小、应税货物少的特点，初步建立税收大户户籍管理和税源监控方案，对关区内稀土金属等大宗进出口商品和主要纳税大户进行多次调查摸底，实行定点定人跟踪服务，严格减免税初审和管理，加强重点商品尤其是应税商品的归类和审价，利用计算机网络广泛收集价格资料，确保归类、审价的科学性，对1起报关货物实行归类和审价送检，补征税款4.9万元。全年征收关税42.65万元。

二、进口环节税

1995年，赣州海关全年征收进口环节税8.44万元。1996年，全年征收进口环节税118.98万元。1997年，全年征收进口环节税89.75万元。1998年，征收进口环节税82.49万元。1999年，征收进口环节税186.95万元。2000年，征收进口环节税46.6万元。

三、免税审批

1995年，赣州海关审批减免税5204.74万元。1996年，审批减免税2764.75万元，其中"三资"企业2764.75万元。1997年，国家逐步取消减免税优惠，实行"国民待遇"，创造公平竞争环境，赣州海关审批减免税931.69万元，其中"三资"企业856.93万元，科教用品4.63万元，其他70.13万元。

1998 年，审批减免税 1730.62 万元，其中“三资”企业 1595.82 万元，科教用品 134.8 万元。1999 年，审批减免税 607.44 万元，其中“三资”企业 437.93 万元，技术改造 150.24 万元，科教用品 19.27 万元。2000 年，审批减免税 361.55 万元，其中“三资”企业 331.04 万元，技术改造 30.51 万元。

四、捐赠物资审批

1995 年，赣州海关审批捐赠物资 47 批次、货物总值 14210.41 万元、免税 6134.24 万元。1996 年，在捐赠物资审批上，按照“调查研究、严格审批、后续管理、加强监督”的办法，对每批捐赠物资进行实地调研，严格执行三级审批，抓好中期核查和后期管理，确保捐赠物资落到实处。至 3 月底，审批捐赠物资 47 批次，货物总值 14210.41 万元，免税 6134.74 万元。

第三节　缉查走私

1995—2000 年，赣州海关对物流、企业经营进行全过程、全方位的布控，保持高压态势，严厉打击走私犯罪行为。根据企业的资信和生产经营状况，进行常规稽查和重点稽查，规范企业的经营。

一、打击走私及“三假”

1996 年，赣州海关打击走私工作重点放在打击货运渠道走私和加工贸易走私及“三假”上，在办案中严格依照法律程序办事，做到证据确凿，定性准确，处罚合理。当年查获走私案件 2 起，案值 488 万元，罚没收入 45 万元。1997 年，查处走私违规案件 4 起，案值 321.65 万元，罚没收入 229.24 万元。

1998 年，缉私体制改革，强化海关职能，赋予海关更多的责任。赣州海关制定《打击走私活动行动计划》，确立三个打击重点，重点为货运渠道、倒卖保税手册、保税料件的“三假”走私行为；重点商品为关区备案较集中的纺织原料、化工原料和其他国内外差价大的走私商品；重点主体为从事走私行为的企、事业单位法人。在打私斗争中，调查人员敢于碰硬，注重策略，尊重证据，适用法律运用准确，断案客观。派出 120 余人次，到 18 个县（市、区）和上海、汕头、宁波、厦门、深圳等地调查取证。查处走私违规案件 12 件，走私违规案值 904.94 万元，罚没收入 83.22 万元。

二、开展专项斗争

1999 年，进行“破大案、打团伙、追逃犯”专项斗争，建立和完善情报信息交流办法，对物流、企业经营进行全过程、全方法的布控，保持高压态势。主要查办的走私案件都是倒卖加工贸易保税料件的法人走私行为，涉及纺织原料、化工原料、建材等多种商品，针对关区走私特点，对加工贸易货物从进料到核销进行全过程立体式监控，从各个环节发现走私动向。加强防伪检测，手册进出口报关单全部进行技术鉴定，严防“三假”走私得逞。查处走私违规案件 8 件，走私违规案值 1501.38 万元，罚没收入 9.3 万元。同时配合南昌海关走私犯罪侦查分局查处查办走私案件 2 起，协助兄弟海关查处走私案件 2 起（其中毒品案件 1 起），协助公安等执法部门查处走私案件 7 起，涉及建材、磁控管、监视品等商品，涉案金额逾千万元。

2000 年，协助中央“4·20”专案组、南昌海关走私犯罪侦查分局、黄浦海关、福州海关南平侦查支局及地方公安、检察、法院等部门办案 10 余次。通过联合行动，增强执法互助，扩大情报来源，形成打私合力。查处走私违规案件 3 件，违规案值 172.3 万元，罚没收入 0.85 万元。清理整顿该关区仅有的 1 家代理报关企业；办结稽查案件 14 起；开展专项和常规稽查企业 11 家，占在录企业数 93 家的 12%。开展专项稽查 3 次，常规稽查 8 次。查获违规案件 3 起，移交走私案件 1 起。

第四节 其他海关业务

一、企业报关登记注册

1995—2000年，赣州海关严格遵守国家有关进出口政策、法律和海关法规、制度，认真办理报关注册手续。1995年，对资金长期不到位、无验资报告的企业进行重点审查。办理企业注册46家，注册资本8585.21万美元，投资总额15953.12万美元。1996年，办理企业注册46家，注册资本6246.33万美元，投资总额8264.88万美元。1997年，办理企业注册42家，注册资本2942.68万美元，投资总额3603.65万美元。进行首期179名报关员的资格考试。1998年，办理企业注册24家，注册资本3207.63万美元，投资总额4204.03万美元。1999年，办理企业注册13家，注册资本1156.56万美元，投资总额1506.61万美元。2000年，办理企业注册20家，注册资本1175.5万美元，投资总额1443万美元。办理企业异地报关备案50票，办理减免税车辆解除监管4票，减免税设备解除监管3票，清理整顿关区1家代理报关企业。

二、加工贸易管理

1995年，赣州海关办理加工贸易合同备案45份，备案金额1321.1万美元，其中进料加工合同备案24份，来料加工合同备案21份。1996年7月，赣州海关开始实施加工贸易银行保证金台账制度，与有关外贸管理部门成立赣州地区加工贸易保证金台账制度实施领导小组，统一协调办理，并对业务环节进行调整，成立业务二科，重点负责加工贸易的管理。办理加工贸易合同备案113份，其中进料加工合同备案53份，来料加工合同备案60份。

1997年，全面清理遗留合同，7月底前遗留合同全部结案。同时规范跨关区结转加工，对重点敏感商品实施全过程全方位监管，前期验厂，加工过程中加强与稽查的配合。进行中期核查，坚持下厂核销，严格审定单耗，提高核销质量和核销结案率，改变过去等待企业报核的办法，对即将到期合同提前催核，制定《逾期未报核处罚办法》，加强防伪印油、防伪标签、出口报关单鉴别。四季度到期合同核销结案率达到95%以上。至年底，办理加工贸易合同备案83份，备案金额1504.5万美元，其中进料加工合同备案37份，来料加工合同备案46份。

1998年，执行海关总署对重点敏感商品的监管规定，商品到期合同核销率达到100%。提高一般商品在备案、核销环节的下厂率，下厂核销合同31份，下厂核销率35.2%。确定赣州海关关区备案数量较多、内外差价较大的重点监管商品目录，赣州地区加工贸易逐步走上健康发展轨道。办理加工贸易合同备案104份，备案金额1318.37万美元，其中进料加工合同备案46份，备案金额569.46万美元；来料加工合同备案58份，备案金额748.91万美元。

1999年，调整人力分配，帮助加工贸易企业熟悉国家政策和海关监管要求，规范企业行为，堵塞管理漏洞，对加工贸易情况进行摸底，掌握关区从事对外加工的企业、商品总体状况。为“实转”① 做好准备，7月，按照“实转”及V5.0② 的要求调整作业流程，办理加工贸易合同备案73份，备案金额902.1万美元，其中进料加工合同备案33份，备案金额360.38万美元；来料加工合同备案40份，备案金额541.72万美元。

2000年，集中进行自1997年以来加工贸易手册的核注工作，对历年来移交调查、稽查部门的手册进行比较彻底的清理。针对加工贸易管理中的薄弱环节开展调研，对前期备案、中期核查和后期核销

① 实转：即不但需要开设银行保证金台账，而且需要实际缴纳保证金的情况。
② V5.0：指海关加工贸易保证金台账管理系统。

等环节作全面、细致的调研，并作出明确的结论。当年办理加工贸易合同备案 61 份，备案金额 748.22 万美元，其中进料加工合同备案 17 份，备案金额 130.66 万美元；来料加工合同备案 44 份，备案金额 617.56 万美元。

第二章 出入境检验检疫

1988—2000 年，赣州检验检疫局检验检疫进出口商品 1184 批，货值 47811 万美元，其中出口商品 10861 批，货值 40903 万美元，查出不合格商品 55 批，防止外商索赔金额 729.2 万美元，完成外商投资财产价值鉴定 63 批，对外商报价为 1375.3 万美元的设备鉴定为 1199.9 万美元，为国家挽回直接经济损失 175.4 万美元，为当地出口企业取得给惠国关税 727 万美元，为赣州市（地区）带来直接经济效益 1631.6 万美元。

1988 年以前，赣州地区未设商检机构，域内进出口商品检验业务主要在南昌、广州等地办理，1989 年 5 月，中华人民共和国江西进出口商品检验局赣州办事处成立。1992 年 2 月，赣州进出口商品检验局成立，机构为县（处）级，隶属江西商检局，人员编制 20 名，内设办公室、业务科两个科室。1995 年 2 月，局内设办公室、检务科、检验一科、检验二科 4 个科室。1997 年 4 月，商检系统机构改革，局内机构及下属事业单位进行调整、划转，内设办公室、综合业务科、检管一科、检管二科 4 个科室和赣州商检局机关服务中心。1999 年 11 月，赣州出入境检验检疫局成立，局内设办公室、综合业务科、动植卫检验检疫科、化矿检验监管科、轻纺机电检验监管科 5 个科室，在编人员 16 名。至 2000 年，机构未变。

第一节 出口商品检验鉴定

1989—2000 年，赣州市（地区）出口商品以矿产品、食品及轻工产品为主，辅以少量机电产品，如柴油机、机床、轴承等，大宗出口商品以钨制品、氧化稀土为龙头，逐年新增锡锭、金属硅、板鸭、米粉、大米、烤鳗、皮便鞋、羽绒制品、服装等。1989 年，赣州商检办事处开验商品 10 个，其中包括稀土、柴油机、机床、轴承、胶合板、电池、鞋类、板鸭、柑橘和进口机动车辆，共完成进出口商品检验 124 批。1990 年，验放进出口商品 357 批，比 1989 年增长 1.88 倍。1992 年，检验业务迅速上升，赣州商检局检验出口商品 580 批，货值 5820 万元，新增出口商品有钨制品、服装、色织布、酒、柠檬酸等。检验进口设备 10 批，货值 418 万美元，出具各类单证 708 份，查处出口不合格商品 4 批，出具检验证书供进口单位对外索赔总金额 890.4 万元，突出商检的把关服务作用。1993 年，赣州进出口商品检验局投资 12 万元购买仪器设备 22 台（套）建立化矿实验室，能够基本保证出口稀土、钨制品的检测。

一、钨精矿及钨制品

赣州市（地区）是“世界钨都”，钨精矿产品占全国总量的 60%，钨的生产逐步由单一钨精矿向钨酸钠、仲钨酸铵、蓝钨、三氧化钨、钨粉、碳化钨、钨条等深加工产品转化，钨精矿基本停止出口。赣州商检局着重对钨制品进行检验。赣州市（地区）钨业已形成从钨精矿到钨粉、碳化钨、钨条、钨棒、钨丝等一系列深加工产品的体系，在全国乃至世界都有一定影响。有 4 家企业获ISO 9000质量体系认证。

钨酸钠出口检验 1991 年，初次检验，全年检验 1 批 20 吨，货值 75 万美元。钨酸钠为初级产品，主要输往日本、美国。1993年，出口26批677.5吨，货值156.1万美元，为历史最高年份。2000年，出口2批18.6吨，货值6.3万美元。钨酸钠的出口要求一般有三氧化钨、钼、砷、铁、铜等，产品流动性差、易吸潮、不易搅拌，质量波动较大。检验初期，部分工厂的钨酸钠常有三氧化钨、铁等指标达不到合同要求。后期，不再出口钨酸钠这类初级产品。

仲钨酸铵出口检验 1991年开始检验，检验1批51吨，货值29万美元。主要销往日本、美国、欧盟各国、韩国等，1997年出口123批2405吨，为最高年份。赣州地区各企业基本上采用离子交换工艺生产仲钨酸铵，大多增加除杂工艺，质量稳定。检验时钼、锡、钾等杂质偶有超标。检验时根据企业类别采用自检和共检相结合方式进行。自开验以来，未发生质量索赔事件。

氧化钨（蓝色氧化钨、三氧化钨）出口检验 1991年，开始检验，检验1批51吨，货值31万美元。蓝色氧化钨为仲钨酸铵在还原气体中煅烧而成，而三氧化物钨则是在空气中燃烧而成。产品主要出口日本、美国、欧盟各国、韩国、以色列、印度等国。1997年出口75批1409吨，货值762.9万美元，为最高年份。蓝色氧化钨、三氧化钨的化学指标较为稳定，检验初期偶有钼超标，物理指标中色泽、粒度常需客户对样品确认才被接受。各工厂生产工艺基本成熟，能根据客户需求生产不同规格的产品，质量稳定，检验时一般采取自验与共验相结合方式。

钨粉出口检验 1994年开始检验，检验2批6吨，货值6万美元。主要出口日本、美国、欧盟各国、巴基斯坦等国。2000年出口142批490.2吨，货值416.4万美元，为最高年份。检验中，钨粉的化学指标较稳定，钾、氧偶有超标。检验初期，客户对物理指标中粒度分布、平均粒度要求严格，而且往往先寄样品确认后再接受。后期质量较为稳定，未发生质量事故。检验时采用自验与共验相结合的方式。

二、稀土

赣州市（地区）稀土产品出口，初期以稀土原矿为主，随着稀土工业的发展，稀土冶炼的分离产品、稀土金属产品的出口逐年增加，后期基本停止原矿的出口。出口国家主要为日本、法国、美国等。

1990年，赣州商检局开验稀土，共检7批46.5吨混合稀土原矿，货值59.7万美元，全部出口日本。1993年，开始对稀土分离产品氧化钇的检验，共检5批14.4吨氧化钇，货值8.7万美元。赣州地区列入原种类表的稀土产品有氧化钇和其他氧化稀土（除氧化钇外的其他氧化稀土的统称）两类。赣州商检局检验的稀土主要有高钇混合稀土氧化物、富铕混合稀土氧化物、钐铕钆富集物、铽富集物、钇富集物、氧化镧、氧化铽、氧化铒等。2000年出口66批，货值275.7万美元，为最高年份，但出口量仅116.4吨。

1990—1992年，出口以混合稀土为主。1993年始，稀土分离产品如氧化钇等逐年增长。到2000年，出口69批460.2吨氧化钇，货值375.5万美元，达到最高水平。

混合稀土、稀土富集物参照GB / T 11065—89方法进行稀土总量法检测。稀土元素配方采用X荧光光谱法测定，方法较发射光谱法、ICP（因特网内容提供商）等离子体光谱法稳定，重现性较好。氧气钇、氧化铕按GB / T 8762—88规定的方法进行检测，其他单一稀土氧化物按GB/T 12690—90《稀土金属及其氧化物化学分析方法》进行检测。该标准大多采用发射光谱法或化学光谱法测定稀土杂质，而现今大多采用ICP等离子体光谱法检测，其分析精度、速度均有所提高。对单一稀土氧化物，还有采用ICP等离子体质谱法进行检测，能够检测稀土纯度99.999%的单一稀土氧化物。

赣州市（地区）稀土工业在全国占有主要地位。产品质量随企业管理水平高低而论，管理水平差的企业，其出口的混合氧化稀土的稀土总量，杂质Al含量时有超标。赣州市（地区）的稀土分离产品，除氧化铕外，生产水平和生产能力与国内一流企业尚有一定差距，出口产品档次不高，质量也参差不齐。唯氧化铕产量、质量在全国占有一席之地，其产品可以达到99.999%的纯度，且质量稳定，有一家企业获得ISO 9002质量体系认证。赣州市（地区）的稀土金属产品，在全国居领先地位，规模大、品种多、质量高，有6家企业获ISO 9002质量体系认证。对稀土的检验，赣州商检局采取自验和共验相结合方式。

三、锡锭

1993年，赣州商检局开验锡锭，检验6批220.2吨，货值139.2万美元。开验以来，锡锭出口逐年增长，1999年为最高年份，共检验出口锡锭91批4884吨，货值2052.5万美元。赣州地区锡锭主要用于出口，出口国家主要有日本、美国、欧盟各国等。

锡锭产品主要杂质元素有砷、铁、铜、铅、铋、锑、硫、锌、锂。合同要求一般为锡含量≥99.9%。20世纪90年代后期，对质量要求越来越高，除要求锡含量≥99.95%外，还对砷、铅、锑提出质量要求。1998年，国外一客户提出要求锡锭产品中铅含量≤0.01%，生产厂尚未向外报出铅小于0.01%的结果，求助赣州商检局给予支持。赣州局用原子吸收分光光度法进行检测，结果铅含量小于0.01%。工厂随即与外商签订大量供货合同，1998年、1999年出口量连年翻番，赣州市（地区）锡锭质量稳定，未发生质量索赔事件。检验一般采取自检和共同检验相结合的方式。

四、出口鞋类

1990年，赣州地区出口鞋类产品初次开验，报检检验6批，近15万双，货值211万元，并由赣州局负责监管，赣州皮革工业公司和宁都鞋业有限公司2家企业通过考核获得鞋类出品生产资格。1995年初，江西京达鞋业有限公司（台湾独资企业）在南康县成立，成为赣州地区第三家出口鞋类生产企业，主要生产旅游、运动鞋类，产品全部出口，2000年年底彻底停产。2000年年底，全市有赣州皮革工业公司和宁都三创鞋业有限责任公司（前宁都鞋业有限公司）尚正常生产出口，其中赣州皮革工业公司已申请ISO 9002—1994国际质量体系认证。

赣州市（地区）出口鞋类主要以室内皮便鞋、旅游运动鞋及注塑鞋等3大类，其检验标准：出口皮便鞋——《出口皮便鞋检验规程》；出口PU（聚氨酯）、PVC（聚乙烯）运动鞋——ZBY 78004—87标准；注塑鞋——GB 10506—89标准。

赣州商检局对出口鞋类的检管方式实行企业分类管理和产品批次管理制度。对不同企业实行不同类别的管理方式，对不同企业实行不同代码的产品批次管理方式，产品质量一直较稳定，从未出现质量事故。

五、出口包装

1990年，出口包装初次开验，赣州地区的出口包装从此由赣州商检局负责监管。赣州市纸箱纸品厂和赣县五金厂2家生产企业先后获得出口包装生产资格。年检验8批，12500个。随着改革开放步伐的不断加快，引入竞争机制，先后又有7家包装生产企业获得出口包装的生产资格。2000年，全市有江西加运丰纸品有限公司［赣州市（今章贡区）］、赣州市纸箱纸品厂、赣惠纸制品有限公司、赣州宇华纸品有限公司、江西省腾龙包装装潢有限公司（宁都）、宁都县纸制品包装印刷厂、江西省信丰县林业纸制品厂、赣州地区华盛包装容器厂、赣县南方金属容器有限公司等9家生产出口包装企业（7家纸箱包装生产企业、2家钢桶生产企业）；有江西加运丰纸品有限公司、赣州市纸箱纸品厂和江西省腾龙包装装潢有限公司的3条五层瓦楞纸生产线。其中，江西加运丰纸品有限公司于12月通过ISO 9002认证，属江西省同行业第二家、赣州地区第一家获此认证的企业。赣州地区出口包装主要分为普包和危包2大类，品种有纸箱包装、钢桶包装、木质包装及其他包装等。其检验内容与检验标准：出口纸箱包装：主要以其外观和性能检验为主，同时与型式检验相结合，执行标准为SN/TO 262—93标准。出口钢桶包装：主要以外观检验和性能试验，执行标准为SN/TO 272—93。海运出口危险货物包装：主要以其性能检验、跌落和堆码试验，执行标准为SNO 449.2—95。

赣州商检局自开验以来对企业出口包装检验实行一厂一个代号，严格执行分类管理和批次管理制度。对江西加运丰纸品有限公司生产的纸箱在内摇盖中印刷3600011B86001，对赣县五金厂生产的出口钢桶在顶盖上铸印3600011A08001等方法加以区分不同出口包装生产企业和出口包装类别。实行13位数编码规范管理，其中3600为江西商检局代号，01为2001年度，1B为纸条包装，86为企业代号，001为企业出口生产批次号。同样，1A为钢桶包装，08为企业代号，使之一目了然。2000年12月，江西商检局就江西加运丰纸品有限公司出口危包生产企业考核工作会议在赣州召开，有全省出口包装生产企业的生产管理和检验监管提出建议，并达成共识。

自1990年开验该项商品以来，出口量逐年递增，从批次看1996年度最多达960批，至1998年总量突破100万个，至2000年年底已突破150万个，为历年之最，并且呈增长趋势。

六、其他出口商品

赣州市（地区）的出口商品还有柴油机、镗磨缸机、电池、齿轮、轴承、成套设备等机电产品，工业硅、松香、芳樟油、萤石等化矿产品，色织布、染色纱、黑色人面纱、服装等纺织品，板鸭、米粉、罐头等食品，玩具、装饰品、凳椅备件等轻工、工艺品以及少量的农林产品等。这些产品随着国际贸易形势的变化，企业经营状况的变动以及受季节性和资源性的影响，虽然种类繁多，但出口量次和货值均不大，基本上不能形成长期稳定的出口模式，其中货值较大的有板鸭、米粉、柴油机、电池。

1991年，江西气体压缩机厂首次通过中国机械设备进出口公司将其制造的柠檬酸生产设备出口至泰国，填补赣州地区出口成套设备的空白。1995年，赣州有色冶金研究所研制的磁选机成套设备出口南非。

第二节　进口商品检验鉴定

赣州市（地区）进口商品分为一般贸易和“三资”企业来料加工贸易两大类商品。一般贸易的进口商品以机电产品、化矿原料为主，如机械加工设备、程控电话设备、医疗诊断设备、分析仪器、汽车、摩托车、钴渣等；“三资”企业来料加工贸易以自用机电设备、布料、纱、食品原料等为主。1989年，江西商检局赣州办事处开验的第一单商品就是进口汽车，检验进口商品4528批。1992年，赣州商检局检验业务上升，全年检验进口设备10批，货值418万美元，出具检验证书供进口单位对外索赔总金额890.4万元。2000年，全年检验进口设备10批，货值148万美元。1991—2000年，赣州检验检疫局检验进口设备285批，货值6968万美元，突出商检把关服务的社会和经济效益。

一、进口设备检验

1991年后，赣州地区机械加工企业、电讯企业处于技术改造的高峰期。赣州邮电局引进加拿大北方电讯公司和比利时贝尔公司的程控电话设备对各县（市）有线通信网络进行改造，还有江西齿轮箱总厂引进齿轮加工设备，赣南卷烟厂引进卷烟生产设备，赣州木材二厂引进德国产定向刨花板设备，赣州木材一厂引进胶合板酚醛纸贴面设备，有关科研单位引进化学分析仪器，以及各县（市）医院的进口医疗诊断设备等。主要进口国家是欧盟各国、美国、日本、澳大利亚。

1994年5月，赣州检验检疫局与赣州邮电局联合成立邮电程控设备检验小组。10月，对15个县（市）的进口程控电话交换系统全部进行开箱检验。检验鉴定进口商品37批，货值1704.59万美元，进口检验达到历史最高水平。1995 年 4 月，与江西商检局共同对赣州地区有史以来到货数量最多（127 箱）、金额最大（1092.47 万德国马克）的赣州第二木材厂一批进口设备进行开箱检验。1997 年，赣州地区人民医院通过广州市兴卫医疗器械有限公司进口 1 台日立产磁场共振成像设备，在货物运抵赣州后，地区商检局多次催验，地区人民医院不按要求提供检验所需单证，办理报检手续未征得地区商检局同意，擅自损毁商检封识开箱安装，地区商检局对地区人民医院给予行政处罚，并处以 3000 元人民币罚款。

二、外商投资财产价值鉴定

1994 年 1 月，赣州商检局首次完成第一批“三资”企业——江西汇华电子有限公司的进口注塑设备的财产价值鉴定工作，设备报价 63000 港元，经鉴定后价值为 50558 港元。1994 年，受理外商投资财产价值鉴定 5 批，外商报价为 100.07 万美元，鉴定价值为 51.32 万美元，降值幅度 48.72%，为中方避免近 50 万美元的损失。

1994—1999 年，开展外商价值鉴定 63 批，外商报价 2402.3 万美元，鉴定价值 1199.9 万美元，为中方避免 175.4 万美元的损失。

三、进口车辆检验

1989 年 5 月至 2000 年，赣州商检局检验进口车辆 4203 辆，出具车辆检验单证 4203 份。在检验中，查处赣州市（地区）金龙公司伪造商检车检单证一案，作出对该公司处以 2 万元的罚款决定。1990 年检验进口车辆 78 批次（辆），1991 年 100 批次（辆），1992 年 724 批次（辆），1993 年 1313 批次（辆），1994 年 611 批次（辆），1995 年 513 批次（辆），1996 年 256 批次（辆），1997 年 350 批次（辆），1998 年 258 批次（辆）。

四、其他进口商品

赣州市（地区）进口商品检验还有钴渣、PVC 塑料原料等化矿产品和“三资”企业来料加工的布匹、素色纱、食品原料等轻工、纺织品和食品等，但进口数量和货值均不大，基本上不能形成稳定的批量和规模。

第三节　出入境卫生检验检疫

一、机构设置

1998 年 2 月，赣州卫生检疫局筹建处正式挂牌成立。1998 年 5 月，赣州口岸国际旅行卫生保健门诊部经批准注册成立，主要从事赣州地区出入境人员传染病监测体检工作。1999 年 11 月，赣州卫检筹建处并入赣州商检局，成立赣州出入境检验检疫局。

赣州出入境检验检疫局内设动植卫检验检疫科，具体承担赣州地区的卫生检疫业务。赣州是二类口岸，卫生检验检疫业务主要是开展出入境人员的健康体检和集装箱检验检疫。

二、业务开展

1998 年 10 月，赣州口岸国际旅行卫生保健门诊部正式开展出境人员健康体检。1998—2000 年，开展出境人员体检 150 人次，其中 1998 年出境人员体检 13 人，1999 年 15 人，2000 年 122 人。2000 年，开始开展出入境集装箱卫生检验检疫业务，全年进行出境集装箱检验检疫 52 个标箱、入境检验检疫 13 个标箱。开展入境人员健康体检，2000 年入境人员体检 1 人。

第四节 出入境动植物检验检疫

一、出境动植物检验检疫

赣州需进行动植物检验检疫的出口商品主要有板鸭、冷冻烤鳗、生猪、竹林制品、蔬菜、粮食制品、木质包装等。

出境动植物检疫的程序按《出入境动物、植物产品检疫采样标准》《对外植物检疫操作规程》《中国进出境动物检疫手册》《中国进出境植物检疫手册》中规定的方法执行。

2000年出境动植物检验检疫动物及动物产品786批次，7559.9万元；植物及植物产品588批次，9635.9万元。

二、入境动植物检验检疫

赣州市（地区）不是口岸，涉及入境动植物检疫的商品较少，主要是对入境产品进行查验。2000年，开始对入境产品进行查验。4月，赣州检验检疫局在对某公司从美国进口的稀土原料检验时，发现其包装属于中国强制性检疫对象的进境松材木托盘，共82个，无美国官方检疫证明和口岸检验检疫机构检疫证明。检验检疫局立即对该批木材托盘进行隔离封存并采样送检，检验结果为带有国家二级危害性病虫害、素称“森林杀手”的松材线虫，是全省首次从进境木质包装中成功截获活体松材线虫的重大疫情。市检验检疫局对木托盘全部进行焚烧处理，防止有害生物传入。

第三十篇

金　融

1986—2000年，全市（地区）金融机构不断增加，金融系统职工队伍逐渐壮大。2000年，全市金融机构有银行9家、保险公司3家、信托投资公司5家、证券交易营业部5家。金融系统进行管理体制、投融资体制、信贷管理体制和人事、用工、分配等三项制度改革，通过改革促进金融业快速向前发展。

中国人民银行赣州市（地区）分行加强全市（地区）货币的发行与管理、货币信贷管理和现金管理，建立健全金融调控监管体系，加强宏观管理，保证金融稳健、安全运行。各金融机构提供优质服务，增强吸存能力。2000年年末，全市各项存款余额219.58亿元，发行信用卡171016张。各金融机构加大信贷体制改革力度，支持地方经济建设，促进全市经济的持续、快速、健康发展。2000年年末，全市各项贷款余额165.62亿元。

1986—2000年，赣州外汇业务得到长足发展，从中国银行独家经营，逐步发展形成各商业银行共同经营、平等竞争、业务品种齐全、服务优质高效的外汇业务市场体系。全市（地区）保险机构把保险业务领域向广度和深度推进。至2000年年末，全市开办险种227种，保费收入3.62亿元。全市（地区）信托投资机构进行改制，信托投资业务更趋规范。证券业务发展较快，初步形成证券一级市场和规范、有序的证券二级市场。

第一章 金融机构与体制改革

1986—2000年，全市（地区）金融机构不断增加。2000年，全市（地区）金融机构有银行9家、保险公司3家、信托投资公司5家、证券交易营业部5家。金融队伍逐渐壮大。1986年，全地区金融系统有职工6501人，其中银行业6275人、保险业226人。2000年，全市金融系统职工11758人，是1986年的1.81倍，其中银行业11070人、保险业437人、信托投资与证券业251人。

1986—2000年，全市（地区）金融系统进行管理体制、投融资体制、信贷管理体制和三项制度改革。管理体制改革从以人民银行为领导、专业银行为主体、多种金融机构并存和分工协作的金融体系，逐步构建银行、证券、保险业“分业经营、分业监管”的金融体制。投融资体制改革以利于资金横向流动和相互融通调剂为目标逐步进行。信贷管理体制改革从推广抵押贷款、实行“贷款限额下的资产负债比例管理”、实行封闭贷款、取消对国有商业银行贷款限额控制、试行贷款五级分类法等五个方面进行并取得实效。实施人事、用工、分配等三项制度改革，完善人事管理功能，调动广大员工工作积极性。

第一节 银 行

一、中国人民银行赣州市中心支行（地区分行）

1986年，中国人民银行赣州地区分行为二级分行。1996年，内设城市信用合作社中心社。1997年2月，撤销城市信用合作社中心社。1999年1月，中国人民银行赣州地区分行改称中国人民银行赣州地区中心支行。1999年7月，中国人民银行赣州地区中心支行改称中国人民银行赣州市中心支行，18个县（市）均设立支行。2000年，内设机构有办公室、货币信贷与统计科、金融机构监管一科、金融机构监管二科、合作金融机构监管科、外汇管理科、会计财务科、科技科、内审科、人事教育科、货币金银科、国库科、保卫科、营业室、宣传部、群工部、纪检监察内设机构、后勤服务中心（对外称机关事务管理科）、江西省融资中心赣州办事处，下辖17个县（市）支行。辖职工800人。

二、中国农业发展银行赣州市分行（地区分行）

1996年12月，中国农业发展银行赣州地区分行挂牌成立。1997年1—3月，先后组建赣州市（今章贡区）、赣县、南康、信丰、大余、上犹、安远、定南、宁都、于都、兴国、瑞金、会昌、寻乌、石城等15个县级支行。1999年7月，中国农业发展银行赣州地区分行改称中国农业发展银行赣州市分行。2000年，全行有职工297人。

三、中国工商银行赣州市分行（地区中心支行）

1986年，中国工商银行赣州地区中心支行设有中心支行1个，县（市）支行18个，全行有职工1662人。1993年1月，中国工商银行赣州地区中心支行更名为中国工商银行赣州地区分行。1999年，中国工商银行赣州地区分行更名为中国工商银行赣州市分行。2000年，全行有职工2051人。

四、中国农业银行赣州市分行（地区中心支行）

1986年，中国农业银行赣州地区中心支行下辖18个县（市）支行，全行有职工2158人。1992年11月，中国农业银行赣州地区中心支行更名为中国农业银行赣州地区分行。1999年7月，中国农业银行赣州地区分行更名为中国农业银行赣州市分行。2000年，内设办公室（党委办）、人事教育处、党委组织部、监察室、总稽核室、保卫处、零售业务处、财务会计处、信贷管理处、风险资产监管处、专项贷款管理处、综合计划处、市场开发处、科技处、银行卡中心和培训学校；辖市分行营业部、虔东办事处、新区支行3个直属单位和17个县（市）支行及其下属营业部、营业所、储蓄所。全行有职工2424人。

五、中国银行赣州市分行（赣州支行）

1986年，中国银行赣州支行内设人秘科、会计科、计划信贷科和保卫科。全行有职工25人。1992年3月，中国银行赣州支行更名为中国银行赣州地区分行。1995年，中国银行机构覆盖18个县（市、区）。1999年7月，中国银行赣州地区分行更名为中国银行赣州市分行。2000年年底，内设机构有10部3室，在基层有县（市）级支行12个、分理处14个、储蓄所9个。全行有职工513人。

六、中国建设银行赣州市分行（地区中心支行）

1986年，中国人民建设银行赣州地区中心支行辖17个县（市）支行，江西省分行第三专业支行与崇义支行合署办公。全行有职工188人。1992年11月，中国人民建设银行赣州地区中心支行更名为中国人民建设银行赣州地区分行。1999年7月，中国建设银行赣州地区分行更名为中国建设银行赣州市分行。2000年，中国建设银行赣州市分行设县（市）10个支行和5个县分理处，有职工871人。

第二节　地方银行机构

一、农村信用合作社联合社

1986年，全地区农村信用合作社县联合社有14个，另有4个县（市）成立筹建小组，联合社主任由中国农业银行县支行行长或副行长兼任。全地区农村信用合作社联合社有职工1895人。1988年，全地区18个县（市）均成立联合社，与中国农业银行县支行信用合作股（科）合署办公，7个县联合社开办营业部。1995年，18个县（市）联合社全部设立营业部，基层农业银行营业所与农村信用社分开办公。1996年11月，全地区农村信用社与中国农业银行正式脱离行政隶属关系。1999年12月，赣州市农村信用合作社联合社成立。2000年12月，17个县（市）城市信用合作社完成归口农村信用合作社县级联合社管理的工作，全市城市信用合作社更名为农村信用合作社。至年末，全市有农村信用合作社机构615个，其中市地级联合社1个，县（市、区）联合社18个。全市信用合作社员工2152人。

二、城市信用合作社

县（市）城市信用合作社　1987年1月和9月，在赣州市（今章贡区）和兴国县试办第一批集体性质的城市信用合作社。1988年，全地区城市信用合作社发展到13个，职工86人。1992年，赣州地区城市信用合作社管理委员会更名为赣州地区城市信用合作社中心社，18个县（市）均设有城市信用合作社，职工254人。1999年7月，全市17家城市信用合作社［未含赣州市（今章贡区）第一城市信用合作社］全部不更名归口当地县级农村信用联合社行业管理；12月，大余、上犹、全南、信丰和寻乌5县城市信用社更名为农村信用社。2000年12月，原未更名的12家城市信用社分两批更名为农村信用社。年末，全市更名为农村信用社的城市信用社职工948人。

赣州市（今章贡区）第一城市信用合作社　1986年，赣州市（今章贡区）第一城市信用社隶属于中国人民银行赣州市（今章贡区）支行管理。1995年1月，第一城市信用社由中国农业银行赣州市（今章贡区）支行承包经营。1998年9月，第一城市信用社与银河、职工营业部实行统一经营管理，称为赣州市（今章贡区）第一城市信用合作社，归赣州市（今章贡区）商业银行筹备领导小组办公室管理，中国农业银行赣州市（今章贡区）支行终止对第一城市信用社的承包经营。1998 年，内设机构一室、三部、一科及一个经济民警小队；基层机构有营业部 6 个、储蓄所 2 个；职工 129 人。

赣州地区城市信用合作社中心社 1992 年 12 月，中国人民银行赣州地区分行组建赣州地区城市信用合作社中心社。1996 年 9 月，地区城市信用合作社中心社管理职能与经营业务分开，从中国人民银行赣州地区分行大楼搬出营业，另增设中心社营业部。1998 年 6 月，地区城市信用合作社中心社与中国人民银行赣州地区分行脱钩，归属赣州地区行政公署领导，定为正县级单位；7 月，召开第一届社员代表大会，选举第一届理事会。

三、赣州市商业银行

1998 年 9 月，赣州行署筹建赣州市商业银行，组建单位包括地区城市信用合作社中心社和赣州市（今章贡区）第一城市信用合作社。10 月，赣州市商业银行筹备领导小组成立，筹备领导小组设立办公室，负责银行组建过程中的组织、协调、指导、监督工作。1999 年 8 月，中国人民银行武汉分行批准筹建赣州市商业银行。2000 年 8 月，中共赣州市委同意组建赣州市商业银行。2000 年 12 月，中国人民银行武汉分行验收组对拟任的高管人员资格及开业有关事宜进行验收，并向中国人民银行总行申请开业。中国人民银行批准，赣州市商业银行于次年 1 月 18 日挂牌开业。

第三节 保险 信托 证券业机构

一、保险公司

中国人民保险公司赣州分公司 1986 年，中国人民保险公司赣州地区中心支公司下辖 18 个县（市）支公司，全公司有员工 226 人。1996 年 3 月，中国人民保险公司赣州地区中心支公司一分为二，分设成中保财产保险有限公司赣州分公司和中保人寿保险有限公司赣州分公司；6 月，两公司正式分业经营。中保财产保险有限公司赣州分公司下辖 15 个县（市）支公司、3 个县（市）营业部，有员工 298 人。1999 年 5 月，中保财产保险有限公司赣州分公司更名为中国人民保险公司赣州分公司。2000 年，内设办公室、计划财务处、组织人事处、工会办公室、业务管理处、监察稽核处和理赔处理中心，机关定编 40 名，全公司有员工 262 人。

中国人寿保险公司赣州分公司 1996 年 5 月，中保人寿保险有限公司赣州分公司及其基层单位成立。下辖 4 个县（市）支公司，10 个县（市）营业部，4 个县（市）分理处，实有员工 166 人。1999 年 5 月，中保人寿保险有限公司赣州分公司更名为中国人寿保险公司赣州分公司，下属 19 个基层单位相应更名。2000 年年末，内设综合管理处、工会办公室、纪检监察稽核处、人事处、计划财务处、直销业务处、代理人管理处、业务管理处等机构，下辖 6 个支公司、8 个营业部、4 个办事处和赣州分公司直属营业部等 19 个基层单位，有员工 175 人。

中国太平洋保险公司赣州支公司 1997 年 5 月，中国太平洋保险股份有限公司赣州办事处成立。1998 年 9 月升格为支公司。2000 年，支公司内设总经理室、办公室、国内业务部、计财部、综合管理部、营销业务部、团险业务部、出单室、理赔中心等机构。

二、信托公司

赣州市（地区）信托投资公司 1986 年，江西省赣州地区信托投资公司正式经营金融信托业务。公司负责人由中国人民建设银行赣州地区中心支行副行长兼任。行政上受赣州地区财政局、中国人民建设银行赣州地区中心支行双重领导，业务上接受中国人民银行的领导、管理、监督、协调和稽核。公司实有职工 3 人。1989 年 1 月，由赣州地区财政局主管赣州地区信托投资公司。编制按行政科室管理。1997年，改变隶属于地区财政局行政科室管理体制，试行内部股份制，建立董事会领导下的经理负责制。至2000年年末，公司内设办公室、证券部、信贷部、财务部、汽车出租公司、房地产开发公司等机构，实有职工118人。

中国工商银行赣州地区信托投资股份有限公司 1986年，中国人民银行赣州地区分行赣州信托部属中国工商银行赣州地区中心支行管理，人员3人。1987年3月11日，撤销赣州信托部，成立中国工商银行赣州地区信托投资股份有限公司。公司隶属于中国工商银行赣州地区中心支行。1990年，公司与中国工商银行赣州地区中心支行脱钩，并入中国工商银行江西省分行信托投资公司。1991年3月，更名为中国工商银行江西省信托投资公司赣州地区办事处。1996年6月，撤销中国工商银行江西省信托投资股份有限公司赣州地区办事处；10月，其下设的证券部正式转让给江西省华夏证券有限公司，更名为华夏证券赣州证券交易营业部。

中国农业银行赣州地区信托投资公司 1988年5月，中国农业银行赣州地区信托投资公司成立，隶属于中国农业银行赣州地区中心支行。1990年8月，公司与中国农业银行赣州地区中心支行脱钩，并入中国农业银行江西省分行信托投资公司。1991年，更名为中国农业银行江西省信托投资公司赣州地区办事处。1997年1月，撤销中国农业银行江西省信托投资公司赣州地区办事处，其下设证券交易部由江西省国际信托投资公司收购，更名为江信赣州证券交易营业部。

中国银行江西省信托咨询公司赣州地区办事处 1991年4月，中国银行赣州支行设立证券业务代理处。1992年7月，成立中国银行江西省信托咨询公司赣州地区办事处，赣州证券业务代理处改称证券交易部，为办事处的下设机构。1996年12月，撤销中国银行江西省信托咨询投资公司赣州地区办事处。1997年2月，中国银行赣州地区分行证券交易部由赣州地区信托投资公司收购。

中国人民建设银行赣州地区信托投资公司 1988年6月，中国人民建设银行赣州地区信托投资公司成立，隶属于中国人民建设银行赣州地区中心支行。1991年8月，公司与中国人民建设银行赣州地区中心支行脱钩，并入中国人民建设银行江西省分行信托投资公司。1991年，更名为中国人民建设银行江西省信托投资公司赣州地区办事处。1996年6月，撤销中国人民建设银行江西省信托投资公司赣州地区办事处。其下设证券交易部于1996年12月转让给江西省赣州地区信托投资公司，证券交易部更名为江西省赣州地区信托投资公司第一证券交易营业部。

三、证券营业部

华夏证券赣州健康路证券营业部 营业部前身为中国工商银行江西省信托投资股份有限公司赣州地区办事处下设的证券交易营业部。1996年10月，中国工商银行江西省信托投资股份有限公司赣州地区办事处证券交易营业部转让给华夏证券有限公司，更名为华夏证券赣州证券交易营业部。1999年，营业部名称变更为华夏证券有限公司赣州健康路证券营业部，隶属华夏证券江西管理总部。2000年末，营业部内设交易部、电脑部、财务部、办公室、工会及保卫科。

江信赣州证券交易营业部（国盛证券赣州物资大楼营业部） 其前身为中国农业银行江西省信托投资股份有限公司赣州地区办事处下设的证券交易营业部。1997年1月，中国农业银行江西省信托投资股份有限公司赣州地区办事处证券交易营业部转让给江西省国际信托投资公司，更名为江西省国际信托投资公司赣州证券交易证券营业部，隶属江西省国际信托投资公司证券总部。2000年末，营业部内设机构有电脑部、交易部、网络咨询部、客户服务部及综合办公室。

赣州地区信托投资公司第一证券交易营业部（国盛证券赣龙营业部） 1996年12月，中国建设银行江西省信托投资股份有限公司赣州地区办事处证券交易营业部转让给江西省赣州地区信托投资公司，更名为江西省赣州地区信托投资公司第一证券交易营业部，行政关系隶属江西省赣州地区信托投资公司。2000 年末，营业部内设机构有财务部、电脑部、业务部、办公室。

赣州地区信托投资公司第二证券交易营业部（国盛证券赣州文清路营业部） 1997 年 2 月，中国银行江西省信托咨询公司赣州地区办事处证券交易营业部转让给江西省赣州地区信托投资公司，更名为江西省赣州地区信托投资公司第二证券交易营业部，隶属江西省赣州地区信托投资公司。2000 年末，营业部内设机构有财务部、电脑部、业务部。

江西江南信托股份有限公司赣州证券营业部 江西江南信托股份有限公司共青城证券营业部迁址赣州。2000 年 2 月，江西江南信托股份有限公司在赣州选址筹建江南信托赣州证券营业部。5 月，营业部在赣州市章贡区正式开业。内设交易部、电脑部、财务部、办公室、交易柜台，每个部门设部门经理 1 人。

第四节 金融体制改革

一、银行管理体制改革

1986 年，赣州地区金融体制是以人民银行为领导、专业银行为主体、多种金融机构并存和分工协作的金融体系。

1996 年 11 月，赣州地区农村信用社与中国农业银行赣州分行正式脱离行政隶属关系，各级农业银行不再承担领导管理农村信用社的职能，标志着农村信用社改革起步的开始。

1993 年年底，赣州地区开始构建银行、证券、保险业“分业经营、分业监管”的金融体制，1998 年基本建成。至 2000 年年底，中国人民银行赣州市中心支行先后移交对证券业、保险业的监督管理权。

二、银行投融资体制改革

1986 年 8 月，中国人民银行赣州地区分行制定《赣州地区银行同业资金拆借办法》，在全地区范围内组织实施。中国工商银行赣州中心支行制定《关于改进系统内资金拆借有关办法》，系统内资金拆借取消动账不动钱、指标拆借的做法，实行通过人民银行实汇资金和通过省辖往来直接划拨两种做法。

1988 年，组成股份制形式的赣州资金融通公司，利用多种渠道和方式发展跨系统、跨地区的横向资金拆借活动。

1990 年，开放债券发行、转让市场，批准 4 家企业集资 1027.5 万元，并批准赣州市（今章贡区）、南康等县（市）信用社开放 1982—1989 年国库券转让市场，全年成交 22015 笔，金额 96.48 万元。开展打击国库券黑市交易活动。

1991 年，中国人民银行赣州地区分行制定《赣州地区股票发行与转让管理暂行办法》，开放有价证券转让市场，批准设立证券代理处 16 个。

1992 年，完善债券发行机制，增加企业发行债券规模，批准 13 家企业向社会发行企业债券和短期融资券 10350 万元。

1993 年，地区农业银行、中国银行信托投资公司证券交易营业部开通上海、深圳证券交易所和天津、武汉证券交易中心的证券交易网络。设立内部股权证，规范企业的内部股份，对赣州金凤纸业股份有限公司、光大股份有限公司、赣阀股份有限公司等 3 家内部股份登记注册，换发内部股份证。5 月，赣州资金市场更名为赣州金融市场。12 月，赣州金融市场撤销，设立江西省资金融通中心赣州办事处。

1996 年，规范、发展同业拆借市场。全年融资总量 53 亿元，比上年增长 43%，融资量列全省各融资办事处首位。

1999年，中国人民银行赣州中心支行停止办理资金拆借业务，采取措施清收到期的域内代理拆借资金，3月全部清收完毕。加大省外逾期拆借资金的清收力度，减少拆借资金风险。

三、信贷管理体制改革

推广抵押贷款 全市（地区）金融机构推广抵押贷款，加大抵押贷款担保力度，保全信贷资产，适应企业转换经营机制后经济实体的改变。1991年，中国农业银行赣州地区中心支行制定《〈借款合同〉规范化管理暂行办法》，初步实现岗位职责、操作程序等监督考核的制度化、规范化。1992年，中国农业银行赣州地区中心支行制定《抵押贷款实施细则》，开始推行贷款抵押制度，提高信贷资产的安全性，抵押贷款占贷款总额的比重增大，形成以抵押为主导的贷款格局。中国工商银行赣州地区中心支行采取以企业自有房产、设备或第三者财产抵押担保合同制方式，对工商企业发放抵押贷款，改善资产结构，增加安全系数。1994年，中国工商银行赣州地区中心支行全面推行流动资金贷款的抵押担保方法，抵押面74%，抵押贷款金额占比70%。至1996年，全市工业企业贷款抵押率71%，商业企业贷款抵押率55%。

实行贷款限额下的资产负债比例管理 1994年2月，全地区金融机构实行“贷款限额下的资产负债比例管理”的规定，分别制定《审贷分离工作实施细则》《贷款签批责任制》，规范贷前调查、贷时审查、贷后检查的“三查工作”。对贷款的总量管理、各项比例制定出新的比例管理指标考核办法加强贷款风险管理，促进专业银行向商业银行转轨。中国人民银行赣州地区分行指定专人按月监控商业银行信贷规模执行情况，确保各银行在规模内经营。中国工商银行赣州地区分行依据资产负债比例管理规定，改变过去注重贷款规模多，注重资产质量、资产结构和经营效益少的经营状况，从资金总量、流动、安全、效益四个方面进行资料数据的整理，设立台账，按月测算、考核，为过渡商业银行作准备。1996年，中国农业银行赣州地区分行在全地区范围内开始实行资产负债比例管理，由信贷计划单一的限额管理改为存贷增量比例和限额双重管理。

实行封闭贷款 1997年，全地区金融机构对国有亏损企业有销路、有效益产品实行“封闭贷款”，支持产品有销路、有效益的企业走出困境，促进国有企业扭亏增盈。1998年，中国农业发展银行赣州分行执行“三项政策”（按保护价敞开收购农民余粮，粮食收储企业实行顺价销售粮食，粮食收购资金实行封闭运行），加强信贷管理，对粮食收购资金实行封闭贷款。

取消对国有商业银行贷款限额控制 1998年1月1日，中国人民银行取消对国有商业银行贷款限额控制。全地区金融机构在逐步推行资产负债比例管理和风险管理的基础上，实行“计划指导，自求平衡，比例管理，间接调控”的新管理体制。通过核定存贷款比例控制贷款增量，进入“存贷比例”管理时期，金融调控方式由直接调控转向间接调控为主。

试行贷款五级分类法 1998年5月，中国人民银行赣州地区分行进行信贷资产清理，改进贷款分类（以下简称“清分工作”），实行贷款质量“五级”（正常、关注、次级、可疑、损失）分类法。全地区各金融机构分别组织信贷人员进行学习、培训，摒弃传统的“一逾两呆”（逾期，呆账、呆滞贷款）以期限管理为主的贷款质量分类法，改为以风险管理为主的贷款质量“五级”分类法。按照中国人民银行的统一部署和要求，为实施这一信贷管理体制的重大改革做好充分的前期工作。

四、人事制度改革

1986年5月，中国人民银行赣州地区分行设立人事科专门管理人事工作。同年，中国银行赣州支行干部、职工的调入调出均由上级分行审批。

1987年，中国银行赣州支行规定35岁以下一般干部调入可在进入指标内由支行审批，其余由省分行审批。同年，中国建设银行赣州分行引入竞争机制，选拔德才兼备人才充实到领导岗位。

1988年3月，中国人民银行赣州地区分行印发《赣州地区人民银行专业技术干部管理办法》，加强对专业技术干部的管理。同月，中国建设银行赣州分行制定《中层干部聘任制试行办法》《公开招聘中层干部实施细则》，在全行公开、平等、竞争、择优选拔干部。4月，中国人民银行赣州地区分行将股级干部任免权限下放到各县（市）支行。同年，中国农业银行赣州中心支行首次实行支行行长招聘制，对龙南县支行行长职位进行招聘答辩，12人参加竞聘，开始实行干部任用竞争上岗制度。同年，中国人民保险公司赣州地区中心支公司首次提出人事管理制度改革，试行经理、副经理、股级干部任期制，下放副股级干部任免权。

1990年，中国人民银行赣州地区分行上收县（市）支行股级干部任免权，进行专业技术职务评聘复查工作，印发《赣州地区城市信用社人事、工资管理试行办法》。

1991年，对全地区农村信用社主任实行任期目标责任制，任期一般3～5年，对不胜任工作的主任提前解聘，各县联社与信用社主任签订承包合同，信用社主任对职工实行聘用制。

1992年，中国工商银行赣州地区中心支行在赣县、赣州市（今章贡区）、于都县等3个支行进行劳动、人事、分配三项制度改革试点，并在各支行推开。同年，中国银行赣州地区分行干部实行上级行与地方双重管理的体制。同年，实行中国人民保险公司赣州中心支公司干部交流和亲属回避制度。

1993年，中国农业银行赣州分行对内设机构进行调整，对负责人进行重新聘任，对一般干部实行双向选择、竞争上岗。同年，中国人民保险公司赣州中心支公司明确干部任期考核目标，打破领导干部终身制。

1994年，中国工商银行赣州地区分行对支行领导的选择由委任制改为聘用制。

1995年11月，中国人民银行赣州地区分行印发《赣州地区金融机构主要负责人任职资格审查办法》。同年，中国工商银行赣州地区分行在分行机关和二级机构推行“双聘”制，对中层以下干部实行聘任聘用。

1996年4月，中国银行江西省分行调整干部任免权限，中国银行赣州地区分行机关科室和县支行的副职改由地方分行任免，报省分行备案。同年，中国建设银行赣州地区分行选拔年轻干部分别到各基层行挂职锻炼。18个县（市）农村信用联社，316个农村信用社均召开社员代表大会，选举产生理事会和监事会，选出理事长和监事长，由理事会聘用信用社主任和副主任。中国人寿保险公司赣州分公司实行产寿险分业经营，分公司对处（科）级以下干部实行聘任制，对支公司经理和经营性机构负责人实行任期目标责任制。

1997年，中国人民银行赣州地区分行对考核居全地区后列的领导实行末位淘汰制，并推行支行行长招聘制和行长离任稽核制。同年，中国工商银行赣州地区分行实行竞争上岗，择优选拔干部。

1998年，中国农业发展银行赣州地区分行试行干部任用制度改革，对赣县支行行长、南康市支行副行长在全行范围内进行公开竞聘。同年，中国工商银行赣州地区分行首次推行干部上派下遣锻炼，并对专业性较强的总会计实行竞聘上岗。中保财产保险有限公司赣州分公司逐步实行科（股）级干部竞争上岗，干部使用直接与工作业绩挂钩，在赣州营业部公开竞聘经理助理。中保人寿保险有限公司赣州分公司对干部实行聘任制，并对部分科级干部和县公司经理岗位实行竞聘上岗。

2000年，中国人民银行赣州市中心支行对干部选拔实行公开竞聘制，对干部任用实行任前公示制，对副科级以上干部推行岗位轮换制。年内公开竞聘赣县支行、寻乌支行行长职位。制定《中国人民银行赣州市中心支行机关岗位轮换暂行办法》，为干部岗位轮换工作的制度化、规范化打下基础。同年，中国农业发展银行赣州市分行试行一般干部使用制度改革，在赣县、石城县支行进行一般干部双向选择、竞争上岗的干部任用制度改革试点。中国建设银行赣州市分行实行双向选择，竞聘上岗。中国人民保险公司赣州分公司制定《中国人民保险公司赣州分公司三项制度改革实施方案》，打破干部任职论资排辈的传统，将一批年纪轻、学历高、有闯劲的干部提拔到领导岗位，调整充实14个基层公司领导班子，有4名助理经理进行异地交流。中国人寿保险有限公司赣州分公司打破论资排辈、无过则安、就地使用的用人传统，提拔年轻、勇于创新、业务能力强、个人业绩突出、群众威信高的干部充实到基层单位的领导岗位。

五、劳动用工制度改革

1986年，中国工商银行赣州地区中心支行推行招工聘用制度。同年，中国银行赣州支行对职工的调入调出实行严格管理。1989年，中国银行赣州支行对招收或调入职工实行试用制。同年，中国建设银行赣州地区中心支行制定《加强临时工管理暂行规定》，吸纳一批临时人员为合同制职工。1990年，农村信用社对在编固定职工实行聘用制，对工资制度改革后新增加的职工实行合同制，对1982年以前参加工作的非在编员工经考试、考核合格后转为合同制职工，并按合同制职工进行管理。1991年，中国银行赣州支行对申请调入的干部、职工实行考试制度，择优录用。1992年9月，中国银行赣州地区分行计划内和计划外吸收的员工均签订"员工聘用合同"。

1993年，中国建设银行赣州地区分行面向社会公开选调具有大专以上学历、专业对口的人才充实到计算机、信贷、储蓄等岗位。1994年，中国人民保险公司赣州分公司实行目标管理责任制，层层签订责任书，普遍实行双向选择和劳动优化组合。1996年，中保人寿保险有限公司赣州分公司对新入公司的职工一律实行合同制。1997年，中国工商银行赣州地区分行在分行机关和宁都县支行进行全员劳动合同制试点。同年，中保人寿保险有限公司赣州分公司与171名职工签订劳动合同。1998年，中国工商银行赣州地区分行在试点基础上全面推行全员劳动合同制管理。同年，中保人寿保险有限公司赣州分公司在系统内以双向选择、择优聘用为原则实行员工聘用制。1999年，中国农业银行赣州分行对全行长期合同工全面实行劳动合同制度，2418人签订劳动合同。中国建设银行赣州分行对全行员工实行劳动合同制度。5月，中国银行赣州地区分行实行全员劳动合同制。

2000年，中国农业银行赣州市分行对储蓄代办员实行统一管理，重新签订劳动合同后，一律称为储蓄合同工。中国建设银行赣州市分行推行双向选择，员工竞争上岗，对落聘人员实行内部待岗（正式员工）和予以辞退（非正式员工）。赣州市农村信用联社推行以"双向交流、竞争上岗"为内容的劳动用工制度改革，并引导全市农信社实行末位淘汰制、年度业务考核制，激发员工争先创优的意识。中国人民保险公司赣州分公司继续完善劳动合同制，在进行人员优化组合和双向选择的前提下，实行在编员工聘任、聘用制和试岗、待岗制，严把进人关，疏通出入渠道，建立员工能进能出的劳动用工制度。中国人寿保险公司赣州分公司聘用16名文秘人员及84名业务人员。9月，中国银行赣州市分行实行干部职工下岗分流政策，允许符合条件的员工办理退休、退养、离职手续，对撤并支行的员工采取鼓励自谋出路、解除劳动合同的办法。

六、分配制度改革

1992年，中国工商银行赣州地区中心支行在赣县、赣州市（今章贡区）、于都县等3个支行进行劳动、用工、分配三项制度改革试点，并在各支行推行。

1993年，中国人民保险公司赣州中心支公司打破奖金分配上的平均主义。

1994年7月1日起，中国工商银行赣州地区分行在全行推广实施活工资责任目标津贴的考核分配办法，实行业务与分配挂钩。

1996年，中保人寿保险有限公司赣州分公司改革分配制度，把责任目标津贴及奖金与个人的工作质量和效益、贡献直接挂钩。

1999年，中国农业发展银行赣州市分行在宁都县、赣县试行分配制度改革，按照"以岗定责、以责记分、以分记奖”的办法量化每个岗位职责，公开竞聘岗位，打破收入上的平均主义。

2000年，中国人民保险公司赣州分公司推行工效挂钩、按绩取酬分配办法，坚持效率优先，兼配公平，总量控制，微观搞活的原则，合理拉开收入分配差距，建立能多能少收入分配制度。同年，中国人寿保险公司赣州分公司实行工资与效益挂钩，评先与效益挂钩，使用干部与效益挂钩，并在全市系统正式员工的工资中扣20%作为浮动奖金，强化竞争激励机制。

第二章　金融管理与稽核

全市（地区）各级人民银行建立与健全金融调控监管体系，把加强金融监管与稽核放在重要地位，为全市（地区）金融业的稳健经营创造良好的金融环境。中国人民银行从单纯的合规性监管向以风险防范为核心的审慎性监管转变，加强金融机构、金融业务、金融市场等方面的管理。围绕各个时期的中心工作突出重点，强化稽核监管力度，开展专项稽核、报送稽核、常规稽核、委托稽核，促进金融活动的正常进行。各金融机构围绕经营工作中心、突出风险防范重点，强化内部稽核审计力度，保质保量完成常规审计、专项审计、离任审计和内审调查等各项审计任务。国家外汇管理局赣州分局贯彻国家外汇管理的方针政策，加强外汇、外债管理工作，深化外汇改革，加大外汇监管力度，维护外汇金融秩序稳定，促进地方外向型经济的发展。

第一节　金融管理

中国人民银行赣州地区分（中心支）行以防范和化解金融风险为监管目标，清理整顿金融机构，规范金融业务行为，整顿金融市场，强化监管手段，规范监管行为，把监管与服务有机地结合起来，开展金融监管工作，确保辖内金融平安。

一、金融机构管理

1986年，中国人民银行赣州地区分行对上年未发营业许可证的14个基层营业机构区别不同情况进行处理，撤销中国农业银行赣州市（今章贡区）支行在江西二糖厂重复设置的储蓄所，撤销1985年农村信用社进城设立的11个营业机构，批准中国农业银行赣州市（今章贡区）支行在原址设立储蓄所，审批36个符合规定的营业机构并发给经营金融业务许可证。批准设立赣州地区信托投资公司。1987年，全面审核更换经营金融业务许可证，换证率99.33%。审核批准和上报省分行批准建立金融机构101个。至年末，全地区各类金融机构总数为1056个，其中中国工商银行、中国农业银行、中国建设银行、中国银行、保险公司和农村信用社机构分别为196个、400个、33个、5个、20个和381个，城市信用社和信托投资公司各2个，另有邮政储蓄网点17个，基本达到行行有储蓄网点、乡乡有信用社和营业所。1990年，中国人民银行赣州地区分行提出16条清理整顿金融机构意见印发各县（市）支行执行，抑制擅自设立储蓄机构以及擅自更名、迁址、撤并、超范围吸收存款等。11月，对全地区县以下金融机构进行首次年检，合格数595个，占机构总数的49.46%，合格率82.5%。撤销地区工商银行信息咨询公司、地区计划委员会基建投资公司以及中国建设银行赣州市（今章贡区）支行的房地产开发公司，把地区工商银行、农业银行、建设银行3家信托投资公司改为各行省信托投资公司派驻赣州地区的办事处，保留赣州地区信托投资公司。1992年，增设机构44个，搬迁机构15个，撤并8个，其中新设立为京九铁路配套服务的专业金融机构——中国人民建设银行赣州地区铁路专业支行。1994年，制定《赣州地区金融机构公告管理办法》等制度，在全省率先提出审批增设机构与其上级行、司、局、社执行金融法规情况挂钩的金融机构管理方法，增设金融机构137家，搬迁67家，撤销5家。1995年，批准增设机构17个，撤销4个，搬迁更名91个；批准中国人民保险公司赣州分公司开办“乡干部综合保险”和“柑橘保险”2个险种；制定《赣州地区邮政储蓄若干规定》《赣州地区金融机构负责人任职资格审查办法》《赣州地区金融机构档案管理办法》《赣州地区金融监管与综合服务办法》。1996年，制定《监管金融机构负责人实施办法》《金融机构日常监督管理办法》《金融机构主要负责人述职报告制度》，实现事后监管向事前监管、被动监管向主动监管转变。1997年，办理各行、社、司机构设立、变更等手续380个，其中审核上报省分行新设机构36个、撤销机构105个、批准搬迁152个、更名87个。1998年6月，中国人民银行赣州地区分行与所办赣州地区城市信用合作社中心社彻底脱钩。8月，中国人民银行批准赣州地区组建城市商业银行。11月，对赣州市（今章贡区）第一城市信用社、赣州地区城市信用合作社中心社27个机构网点进行清产核资和资产评估。全年对全地区1171个金融机构进行年检，抽查机构300多个，抽查面30%。对不予登记的4家信托办事处进行撤销。督促暂缓登记的4家证券机构按期转让，协助准予登记的赣州地区信托投资公司重新登记。

1999年，中国人民银行赣州地区分行制定《赣州地区金融机构高级管理人员任职资格审查操作规程（试行）》《赣州地区国有商业银行、政策性银行主要负责人考评管理办法》，从经营管理、工作业绩、勤政廉政等方面对机构负责人进行测评考核，对年检中查出的问题严肃处理。加强对信托公司的监管，对信托业进行清理整顿。2000年，审批268家机构重大事项变更。指导赣州市信托投资公司继续进行清理整顿，督促其按照要求限期整改，确保清理整顿期间平稳过渡。10月，将典当行业监管职责移交给市经贸委，办理赣州泉珍典当行监管移交手续。赣州市商业银行各项筹建工作就绪，通过中国人民银行武汉分行验收。

二、金融业务管理

1986年，中国人民银行赣州地区分行批准地区邮政局开办邮政储蓄业务，制止7个信用社随意提高储蓄利率的做法，收回被专业银行挖走的中国人民银行资金100多万元。1987年，批准辖区内工商银行40个储蓄所开办多功能储蓄业务，办理存单抵押贷款。1988年，制定《赣州地区储蓄业务管理实施细则》，对各金融机构执行利率情况进行检查，制止变相提高利率现象。1989年，对各专业银行和其他金融机构进行清查。4月，对辖区内城市信用社开业至1989年3月的各项业务经营情况开展全面检查，制定《赣州地区城市信用社贷款管理暂行办法》，及时纠正一些违反规定的做法。全地区城市信用社收回逾期、呆滞贷款253笔、金额213.1万元。批准中国人民保险公司赣州地区中心支公司在于都县试办老年人团体平安保险，并在全地区推广农村家庭财产一保3年的承保办法和存款方式。1990年，全地区18个县（市）人民银行发现各专业银行变相提高利率等各种违规行为100起，罚没金额3.93万元。

1991年，中国人民银行赣州地区分行查处金融违纪行为百余起，罚款2.69万元；冻结存款2起，金额4.74万元。1993年4月、8月、9月分别对专业银行及其他非银行金融机构执行存贷款利率情况进行全面检查，通报批评27起，罚款15起，罚款金额3.34万元。依照《中国人民银行行政复议办法》，为中国人民银行龙南县支行对中国建设银行龙南县支行结算处罚和中国人民银行兴国县支行对中国农业银行兴国县支行公款私存处罚提出的行政复议申请进行行政复议。1994年，制定《赣州地区储蓄业务公约》《赣州地区证券业务公约》《赣州地区金融机构公告管理办法》，主抓金融机构监管和以强化利率管理为主要内容的金融秩序监管。

1996年，中国人民银行赣州地区分行对擅自提高利率、汇率，公款私存、汇转储等违规行为分别进行通报批评、限期整改和罚款处理；11月，完成全地区人民银行与所办城市信用社和经济实体人、财、物隶属关系完全脱钩；加强对保险业的监管，为辖区内保险公司财险、寿险业务分业经营做好服务工作。1997 年，加强社会信用监管，查处龙南县刘某以高利集资为名进行诈骗案件以及农村供销社以扩股为名的集资行为。取缔赣州市（今章贡区）、信丰、南康 3 个县（市）以证券行情咨询为名非法从事证券交易的非法金融机构。整顿农村合作基金会，赣州地区行署批转《关于加强我区保险市场管理的若干意见》《赣州地区保险营销业务管理暂行办法》印发全地区执行。

1998 年，中国人民银行赣州地区分行重点对城市信用社风险实施监管和维护辖区内金融秩序，对全地区 1171 个金融机构进行年检，抽查中发现的公款私存、擅自开户、违规给付手续费、擅自变更负责人、未亮证经营、营业部与支行本部分离经营等问题，进行限期整改、经济处罚、通报批评等处理。加强保险市场监管，对全地区财险公司使用旧保单进行清理，清理规范保险条款，对 1997 年以前批复的 16 个保险条款予以废止；处理强制保险的违规行为，查处保险代理无证上岗、南康市财险公司假赔案等违规展业行为。2000 年，加强银行金融机构年检，加强中国农业发展银行赣州市分行的全面稽核力度，加强对邮政储蓄业务的监管。对保险业监管以规范保险市场秩序为重点，实施保险机构年检工作，严肃处理违规经营行为。

三、金融市场管理

1986 年，中国人民银行赣州地区分行制定《赣州地区银行同业资金拆借办法》，全年融资 530 笔，金额 60631 万元，调剂金融系统内部资金余缺。1987 年，查处中国银行赣州支行、中国农业银行赣州市（今章贡区）支行擅自收兑未到期国库券转有奖储蓄的问题，处以罚款 8.43 万元；制止上犹县土产公司设立“国库券购买商品专柜”违法收兑 1985 年、1986 年国库券 3300 多元的问题。1988 年 8 月，中国人民银行赣州地区分行批准赣州市（今章贡区）正式开放 5 个国库券转让交易点，全年成交 390.38 万元。1989 年 6 月，中国人民银行赣州地区分行批准寻乌县稀土公司等 3 家企业发行短期融资券 360 万元。8—9 月，各县（市）支行对 730 户企业内部集资 4803.82 万元进行清理，补办备案手续，分类整理建立档案，使企业集资纳入正常管理轨道。1990 年，批准 4 家企业集资 1027.5 万元。7 月，批准赣州市（今章贡区）、南康县等县（市）城市信用社开放 1982—1989 年国库券转让市场，全年成交 22015 笔、金额 96.48 万元。

1991 年，中国人民银行赣州地区分行审核批准赣州钴冶炼厂等 4 家企业发行债券 3100 万元，批准省证券公司、省国际信托投资公司、中国银行咨询公司在赣州设立证券代理处 16 个，全年证券转让成交额 1717.76 万元。制定《赣州地区股票发行与转让管理暂行办法》，参与企业评估、清产核资工作。1992 年，上报审批 13 家企业向社会发行企业债券和短期融资券，金额 10350 万元，比上年增长 4 倍。完善证券转让业务管理，建立全地区证券市场的报价、信息传递和报表统计分析制度，各证券公司代理处按旬上报交易情况，对信托受益债券进行事后监督管理。1994 年，制定《赣州地区证券业务公约》。1995 年，审核批准赣南制药厂发行 700 万元短期融资券。

1996 年，中国人民银行赣州地区分行审核批准赣南卷烟厂、赣南制药厂发行二期短期融资券 3400 万元。1999 年，整顿农村合作基金会，配合有关部门对辖区内 71 个农村合作基金会进行清理整顿。完成对 36 个农村基金会的清产核资，占基金会总数的 59.02%。2000 年，清理农村合作基金会，做好对合作基金会动态情况的反馈，多渠道向政府部门和上级行反映，做好辖区内农村合作基金会的清盘关闭工作，采取约定兑付、上门兑付的方式协助做好清盘期间的存款兑付。5 月，辖区内农村合作基金会遗留的 5700 万元存款全部清偿完毕。

第二节 稽 核

一、专项稽核

1986年10月，中国人民银行赣州地区分行对赣州市（今章贡区）、安远、兴国3个县（市）各专业银行上半年存款、贷款及分行利润率政策等情况进行稽查，查出中国工商银行赣州市（今章贡区）支行将232户、113万元的财政性存款转移在其他存款中，责成该行于年底如数划缴中国人民银行。1987年8月，开展全地区专业银行固定资产贷款专项稽核，查出不合理固定资产贷款1962.8万元，占稽查数的16.4%。1988年1月，对赣州市（今章贡区）等8个县（市）的20个专业银行进行抽查，查出年终突击放款转入联行在途的676万元，转入存款户的96万元，提取现金寄存银行库房的84万元。8月，对赣州市（今章贡区）各银行擅自非法收兑未到期国库券一事进行稽核，查出收兑的国库券面额285.01万元。12月，对中国银行赣州支行处以罚款7.99万元，对中国农业银行赣州市（今章贡区）支行处以罚款4369.95元。对中国农业银行粮食贷款利差补贴情况进行稽查，检查160个机构（含营业厅）的粮食贷款，查出企业不合理占用贷款及人行计算差错的问题，收回多补平价粮利差11.05万元、增补利差1957元。1989年5月，对保险公司各支公司1989年第一季度的保险业务开展稽核，稽查承保4208起，理赔401起，查出有问题的承保2件，金额3.4万元，有问题理赔38起，赔款1.35万元。7月，对全地区55家专业银行支行5月、6月两月的联行、结算业务进行稽核，发现87%的行有不同程度的违规问题，违规金额1.24亿元。1990年2—4月，对专业银行233个储蓄所的储蓄存款进行常规性稽核，查出“公款私存”款项5344万元，及时清理储蓄“水分”5245万元。6月，对专业银行划缴财政性存款进行稽核，收回少缴财政性存款，存款准备金1005万元，收回利息17.5万元，没收多收利息7.1万元，对问题严重的处以罚款7.2万元，罚息4.2万元。7—8月，对专业银行贷款投向的合理性进行稽核，稽查各项贷款6.28亿元，查出不合理投放资金9002万元。

1991年4月1—15日，中国人民银行赣州地区分行对18个县（市）城区和50%的乡（镇）邮政储蓄机构1990年度的储蓄业务进行稽核，查出公款私存56户、变相提高利率（以发职工揽储费为名转付给储户）及个别县利率使用不准确（提高或降低利率）等问题。5—6月，对全地区19个中国建设银行支行级单位（含中心支行营业部）上半年末自营业务各项贷款进行稽核，稽查贷款881笔、金额1.46亿元，发现逾期贷款占余额的15.2%，低质量贷款占9%，以及于都县支行对于都糖厂贷款银企账长期不符等问题。8月，对全地区各银行及非银行金融机构的集体、个体贷款进行稽核，查出有问题和难以收回的低质量贷款7630万元，占稽查数的29.5%。1993年，受中国人民银行江西省分行委托，对全地区人民银行1991年度专项贷款的使用和管理情况进行后续稽核，稽核18个县（市）支行1991年末的130个贷款项目，余额1.36亿元，查出新增低质量贷款1064万元，收回应收未收利息234.6万元。4月，对各专业银行（司）及中国人民银行县（市）支行部署“银行违规收费”专项检查工作，查出101个金融机构有违规收费问题，占全地区机构数的8.4%，违规收费2545笔，金额18.27万元。10月，对中国人民银行大余、崇义2个县支行6个基本建设项目竣工决算进行专项稽核。

1995年5—6月，中国人民银行赣州地区分行对辖区内中国建设银行21个县级以上机构1994年信贷资产质量情况进行专项稽核，查出“一逾两呆”贷款1.62亿元，占贷款总额的25.67%。9月，对中国建设银行赣州地区分行及其18个县（市）支行1994年度委托贷款业务进行现场稽核，查出违规金额6277.1万元，罚款2.18万元，责成限期纠正4112万元。7月，对中国工商银行赣州地区分行及其18个县（市）支行1994年度委托存贷款业务进行稽核，查出违规金额9616.4万元（其中违规吸收委托贷款基金3887.5万元，发放违规贷款5728.9万元），责令限期纠正7872.33万元，罚款18.25万元。对地区各专业银行信托投资公司证券回购业务进行现场稽核，稽查机构覆盖面100%。由中国人民银行赣州地区分行牵头，对全地区128个单位1994年7月至1995年5月粮油收购资金使用和管理情况进行专项稽核，对挪用粮油收购资金和管理不善等问题进行处理。9—11月，对全地区工商银行系统22个单位、农业银行系统20个单位、建设银行系统22个单位、中国银行系统17个单位的信贷资金来源与运用情况进行专项稽核，查出一些单位账外经营、违规办理业务问题。

1996年3月，中国人民银行赣州地区分行对中国工商银行赣州地区分行及其所辖县（市）支行22个科级以上单位1995年经营效益情况进行专项稽核，查出未按规定核算表外应收未收贷款利息、以贷收息、虚提利息、超范围列支成本等7个方面的问题，涉及金额2282万元。对辖内人民银行各县（市）支行和各国有商业银行账外和违规经营资金进行清理，清出账外、违规资金11.42亿元（至1995年末），收回违规资金2740万元。1997年1月，对辖内人民银行各县（市）支行、各商业银行、城市信用社、农村信用社的重要空白凭证及有价证券使用情况进行专项稽核，查出重要空白凭证及有价证券账实不符、利用重要空白凭证挪用公款、领用手续不合规以及重要空白凭证先加盖公章等业务方面违法违规问题8个。

1998年2月，中国人民银行赣州地区分行对全地区各商业银行和城市信用社开展信贷管理大检查，发现各金融机构的信贷资产质量逐步改善，信贷管理水平明显提高，但仍存在对借款人资信条件审查不严、贷款审批程序不合规、贷款抵押担保不实、信贷档案管理不善等问题。1999年6月，对赣县、龙南、全南、定南、兴国、会昌、寻乌等县支行信贷资金管理及运用情况进行专项审计检查，发现再贷款“胀肚子”超权限发放再贷款，邮政局公款转储、汇兑资金转储蓄，以及印押证未“三分管”（将印、押、证分别保管使用，达到相互制约，防范操作风险目的）、向非银行金融机构发放再贷款、违规使用再贷款、对少缴存款准备金监督不严等问题。

2000年5月，中国人民银行赣州市中心支行对机关及辖内各县（市）支行1999年1月1日至检查日的货币发行管理工作进行专项审计，发现发行人员不足、库房设施不够齐全、库房设备维修不及时、商业银行武装押运员携带枪支进入业务库办理上解提款业务、发行人员执行碰库核对制度不认真等问题。9月，开展人民银行与所办经济实体的房地产投资项目清理统计、对辖内未竣工基建项目检查统计及对各县（市）支行在广东省、海南省、广西壮族自治区北海市房地产违规经营资金情况检查统计、对中国农业银行赣州市分行营业部资产质量和盈亏真实性检查、对赣州市辖区内12家城市信用社经营亏损情况及赣县城市信用社违规拆借资金损失情况等专项审计检查。

二、报送稽核

1987年2月，中国人民银行赣州地区分行对全地区人民银行系统1987年会计决算进行稽核，查出多提劳动竞赛费2107元，计息差错6337元。3月，对专业银行实施不合理贷款、缴存款的非现场稽核，查出专业银行不合理流动资金贷款3528万元，占稽查数的8.6%，查出少缴存款准备金85.7万元。1990年，印发金融业务报送稽核情况报告表、金融业务报送稽核情况报告汇总表及填制说明，每个季度综合报送稽核情况，促进报送稽核全面推开。

1992年，中国人民银行赣州地区分行成立报送稽核软件开发小组，对贷款规模控制、信贷资产质量、缴存财政性存款和一般性存款准备金、人民银行再贷款等4项内容采用微机处理，分别在赣州市（今章贡区）、赣县、南康、大余、上犹、安远等县（市）人民银行支行进行应用微机开展报送稽核试点。1993年8月，报送稽核开始运用计算机处理。

三、常规稽核

1986年，中国建设银行赣州地区中心支行对部分县级支行的财务管理和信贷管理工作进行重点稽核。1987年11月，中国人民银行赣州地区分行对中国工商银行信丰县支行1986年11月至1987年10月的各项业务及财务活动进行全面稽核，发现借款单位不合理资金占用的贷款高达28.6%。1988年6月，中国人民银行赣州地区分行对地区工商银行信托投资公司及地区信托投资公司1987年业务活动进行稽查，查出不属于信托范围的存款88万元。1989年4月，中国人民银行赣州地区分行对12个城市信用社1988年业务和财务活动进行稽核，查出超范围吸收存款57户，金额104万元；有11个社发放贷款突破规定比例；6个社有违反利率政策的情况，赣县、安远2县的城市信用社自成立以来一直未向人民银行办理缴存款。5月，对工商银行寻乌县支行1988年7月至1989年3月的业务、财务活动进行全面稽核，查出弄虚作假、调整账户283.2万元，转移财政性存款2.8万元，公款转储蓄280.8万元（占该行储蓄存款的18%）等问题，处以罚款1465.5元。11月，对石城县5个金融机构自1988年10月至1989年9月的业务和财务活动开展全面稽核，查出农业银行石城县支行违反利率政策，擅自提高利率，向借款单位多收利息26.7万元的严重问题。

1991年8月，中国人民银行赣州地区分行对中国工商银行瑞金县支行上半年业务、财务活动进行常规稽核，发现转移财政性存款29户，金额233.81万元，不合规的委托存款30万元，委托贷款24.8万元，贷款逾期比重大（占38.19%），变相提高储蓄利率以及储蓄有水分等问题。11月，对中国银行赣州支行执行政策及业务管理情况进行稽核，发现该行10月份贷款超规模1051万元，营业部的外事企业存款科目列有财政局账户等问题。1993年5—7月，对辖内工商银行系统1992年10月至1993年3月的各项业务活动进行常规稽核，查出违规金额3.45亿元，罚款、罚息和收回利息23万元，补缴存款准备金36万元，追缴财政性存款3169万元。1994年，对中国银行赣州地区分行及其所属10个县（市）支行贯彻落实金融宏观政策等进行稽核，查出违规金额1.96亿元，限期纠正14046.3万元，追款财政性存款和一般性存款502.5万元，罚款（息）、收回利息12.5万元，没收非法所得2.2万元。对中国银行赣州地区分行1992年及1993年上半年外汇业务经营情况进行后续稽核，查出违规办理和调剂业务113.88万美元、29.08万港元，限期整改并处以罚款14409元。6月，对人民保险公司上犹、瑞金、石城、定南、信丰、崇义、宁都、会昌等8个县支公司1993年度各项业务经营活动及内部管理情况进行稽核，查出违规收费22.6万元，超范围承保39人、收保费3510元。1995年4月，对全地区18个县（市）城市信用社开业以来至1995年3月底各项业务经营情况全面稽核，查出违规资金43074万元。

1996年1月，中国人民银行赣州地区分行对全地区25家城市信用社1995年资产质量和经营效益情况进行常规后续稽核，查出违规金额1.66亿元。7—8月，对中国银行赣州地区分行及其所辖的支行共16个科级以上单位1995年度各项业务情况进行现场常规稽核，查出存贷款超比例，超规模放贷，用流动资金、拆借资金发放固定资产贷款、贷款收息，提高或变相提高存款利率等问题，提出整改意见221条，纠正违规金额4422万元。1998年9—10月，中国人民银行赣州地区分行对赣州地区城市信用社中心社所属6个营业部和赣州市（今章贡区）第一城市信用社及其所属2个营业部至1998年9月末的资产质量、经营状况、内控制度等方面的情况进行常规稽核，查出34个问题。1999年10月，对中国人民银行安远县、寻乌县支行1998年度各项业务及内部控制情况进行常规审计，对存在的问题和不足提出整改意见。2000年6月和10月，分别对中国人民银行会昌县、信丰县、上犹县支行1999年度各项业务和内部管理情况进行常规审计，对存在的问题提出整改意见。

四、委托稽核

1990年起，中国人民银行赣州地区分行对20%的农村信用社的业务经营和财务管理情况进行全面稽核，稽查64个社各项贷款5037万元，各项存款7862万元，抽查各项利息收支1.51万笔、金额312万元，发现逾期“两呆”贷款比重大（占贷款余额37.6%），利息收支差错多（754笔、金额9761元）。

1991年，对74个农村信用社实行委托稽核，查出"两呆"贷款占20%，亏损面扩大以及执行利率政策不严、个别人以贷谋私等问题。1992年，对76个农村信用社进行稽核，查出各种违规资金3332万元。1993年，对79个农村信用社进行稽核（占全地区农村信用社总数的21.64%），重点稽核1992年7月至1993年6月的各项业务和财务活动情况，稽查各项贷款7.47亿元，各项存贷款利息收支4.12万笔、金额347.1万元，各项财务收支3155万元。1994年，对69个农村信用社进行稽核，查出违规金额1418.1万元，作出经济处罚7288元。至此，中国人民银行赣州地区分行用5年时间对辖区362个农村信用社实施委托稽核，覆盖面100%。

1996年8—10月，中国人民银行赣州地区分行对南康、信丰、赣县、石城、于都、会昌等县（市）农村信用联社1995年各项业务活动情况进行现场常规稽核，查出公款存入储蓄、虚增存款、用流动资金发放基建贷款、提高或降低贷款利率、超范围发放贷款、以贷收息、虚列支出、费用列支手续不全等问题，罚款14万元。

第三节 审 计

一、常规审计

1986—1990年，中国人民银行赣州地区分行对全地区1987年度会计决算进行稽核，查出多提劳动竞赛费2107元，计息差错6337元。中国工商银行赣州地区中心支行对1986年全地区联行资金和财务工作、1985年和1986年度财务决算、各县级支行联行账务、各县级支行1987年度财务决算、1988年度财务决算、储蓄代办费和五项基金的提取与使用进行常规审计。中国农业银行赣州地区中心支行对全地区18个县级农信社联合社进行业务经营全面稽核，所辖各县级支行稽核员对全地区388个信用社财务收支、信贷管理进行稽核，查出并纠正违纪金额54万元，查处业务员挪用公款案件12起、涉及金额15.1万元。中国建设银行赣州地区中心支行对全地区开展财务大检查复查验收，对1986年度信贷与财务收支计划执行和贷款效益情况、1987年度信贷和财务收支决算和1988—1989年财务决算、存贷款计算、贷款合同合规合法性进行常规审计。中国人民保险公司赣州地区中心支公司对所辖大余县支公司费用、南康县支公司财务收支、石城县支公司理赔和全南县、赣县等9个县级支公司的6个会计项目进行常规稽核审计，对所辖南康等8个县级支公司进行回访审计。

1991—1995年，各金融机构加强对信贷资产质量、经营成果和内部控制制度执行情况的稽核审计。中国人民银行赣州地区分行对所辖县级支行各项业务活动、财务收支、经营管理、内控制度执行等情况进行全面稽核审计，对18个县（市）城市信用社开业以来至1995年3月底各项业务经营情况进行全面稽核。中国工商银行赣州地区分行（中心支行）对全地区执行结算纪律和不合理贷款清收情况、联行业务、各营业单位效益考核和财务管理等进行常规审计。中国农业银行赣州地区分行（中心支行）稽核查处经济案件2起。中国建设银行赣州地区支行（中心支行）对财务收支、信贷管理、筹资储蓄、审计回访和房改金融业务、财务管理、内部控制、"三项短期贷款"质量、贷款监测及担保业务、储蓄业务内部控制情况、应收贷款利息和亏损县级支行及分理处的管理与核算、信贷资产质量、内部控制制度执行、内部资金往来、财务收支等进行常规稽核审计。中国人民保险公司赣州地区中心支公司开展对有价证券、固定资产、投资管理及经营效益、县级支公司财务收支、保户储金、保费收入等项目的常规稽核审计。

1996—2000年，全市（地区）各金融机构重点突出风险监督，以"防范控制和化解金融风险"为中心，以"以防为主、查防结合"和"提前介入、过程审计"为重点开展常规审计。中国人民银行赣州市中心支行（地区分行）对11个县级支行进行现场全面稽核和常规审计。为做好城市信用社与人民银行脱钩工作，对19家城市信用社开业至1998年3月底的各项业务经营活动进行全面稽核审计。中国农业发展银行赣州市分行（地区分行）开展内部财务收支、重要空白凭证及有价证券常规稽核，查出各县级农业银行在代理业务时，存在少收企业贷款利息、暗占资金、截留收入、多列利息支出等问题。中国工商银行赣州市分行（地区分行）对全地区1995年度年终决算和经营效益目标考核、县级支行新发放贷款、新开办储蓄网点办理的以吸存稳存为目的的小额质押贷款、1997年度会计决算和支行行长目标责任制、1999年度财务收支情况和22个营业机构1999年四季度及2000年前三季度新发放贷款及新签发银行汇票进行常规稽核审计。中国银行赣州市分行开展全地区范围的经营效益稽核。中国建设银行赣州市分行（地区分行）开展“下审一级”稽核审计，加大稽审频率，从1999年3月起对所辖县级支行开展一月一次的“下审一级”常规稽审。赣州市农信联社对各县级联社和信用社进行常规稽核，对所有业务进行2次全面稽核。中国人民保险公司赣州分公司在全地区推行业务质量审计稽核制度，审计面100%，平均差错率在0.79%以内。中国人民保险公司赣州分公司通过对所辖县级支公司财务真实性审计评估，加强基层单位业务、财务监控管理，保证全辖依法依规经营。中保人寿保险公司赣州分公司由中保人寿保险有限公司江西省分公司统一组织，对保费收入、业务质量进行常规稽核，查处2起违规经营案件。

二、专项审计

全市（地区）各金融机构加强对本级和所辖分支机构、经济实体内控管理和业务单元管理情况的专项稽核审计力度。1987年，中国农业银行赣州地区中心支行对瑞金、宁都、南康等县级农村信用合作社联合社开展大额贷款发放专项稽核，收回违纪贷款4.7万元。1988年，赣州市（今章贡区）郊区股份联社开展专项稽核6次，处罚违纪人员21人次。1991年，中国人民银行赣州地区分行委托中国农业银行赣州地区中心支行对全地区农村信用社执行信贷、利率政策开展专项稽核，中国人民保险公司赣州地区中心支公司对所辖有价证券、固定资产和投资管理进行专项稽核审计。1992年，中国人民银行赣州地区分行在赣州市（今章贡区）、赣县、南康、大余、上犹、安远等县（市）级支行进行计算机应用专项报送稽核试点工作。中国人民保险公司赣州中心支公司对全辖水灾赔款进行专项稽核审计。1993年，中国人民保险公司赣州中心支公司对所辖3个县级支公司险种业务质量、1个县级支公司预付赔款和1个附属企业财务后续进行专项稽核审计，查处所辖县支公司3起骗赔假案，追回骗款16.66万元。1994年，中国人民银行赣州地区分行在赣州市（今章贡区）第一城市信用社就资产负债比例管理情况实施风险监督专项稽核审计试点，查出违规金额1562万元。其中，移交监察部门处理金额30万元。

1996年，中保财产保险有限公司赣州分公司对所辖会昌县支公司1992—1996年农房长效还本保险进行专项稽核审计，查出乡（镇）保险站存在违规质量问题13个。1997年，中国人民银行赣州地区分行对全辖分支机构内控制度建立和执行情况进行专项稽核检查，发现11个问题。赣州地区农村金融体制改革领导小组办公室对各县级农村信用合作社联合社管理费收缴、管理、使用情况和信贷资产质量进行专项稽核，中保人寿保险有限公司赣州分公司对所辖保险公司银行存款的真实性进行专项稽核审计。1999年，中国人民银行赣州市中心支行对所辖赣县、龙南、定南、全南、兴国、会昌、寻乌等县级支行信贷资金管理及运用情况进行专项审计检查，中国人寿保险公司赣州分公司对全地区所辖各营业单位的佣金支出情况进行专项稽核审计。2000年，中国人民银行赣州市中心支行对本级及各县级支行1999年1月1日至检查日的货币发行管理工作进行专项审计。对市本级1989—1999年电子化资金使用和管理情况进行专项审计。对17个县级支行贯彻落实中国人民银行武汉分行金融监管责任制实施细则的情况进行专项审计。

三、离任审计

1988 年，赣州地区金融机构开始开展对所辖分支机构和本级内设部门主要负责人离任审计。1988—1996 年，中国农业银行赣州地区分行（中心支行）开展对所辖县级支行行长、营业所主任任期和离任前经济责任稽核审计，有 5 名营业所主任受到免职处分，有 2 名营业所主任被移送到司法部门立案查处。1991 年，中国工商银行赣州地区中心支行对全南县支行行长进行离任稽核审计。1995 年，中国银行赣州地区分行对所属经济实体负责人进行离任稽核审计。中国人民保险公司赣州地区中心支公司对本级经理和县级支公司离任经理进行经济责任审计。1996 年，中国工商银行赣州地区分行对 5 个县级支行行长和房地产开发公司经理进行离任稽核。

1997 年 3—4 月，中国人民银行赣州地区分行首次开展对县级支行主要负责人离任审计。对兴国、南康等 2 个县级支行行长进行离任稽核试点，对其他 8 位离任的县级支行行长进行离任审计。1998—1999 年，中国人民银行赣州市中心支行（地区分行）对所辖石城、赣县、兴国、定南、赣州市（今章贡区）支行行长进行离任稽核审计。同年，其他专业银行对本级和县级支行（公司）进行离任审计。2000 年，中国人民银行赣州市中心支行对信丰县、会昌县、寻乌县支行行长进行离任审计，并首次对内设科室负责人进行离任审计。中国农业发展银行赣州市分行对会昌县、定南县支行副行长任期经济责任进行离任稽核审计。中国人民保险公司赣州分公司对 8 个县级支公司经理开展经济责任回访审计，对 6 个县级支公司在职经理进行经济责任审计，对 3 个县级支公司离任经理进行经济责任审计。

四、内审调查

1996 年，各金融机构稽核审计部门开展全方位的内审调查工作。当年，中国工商银行赣州地区分行开展贷后跟踪稽核检查，涉及贷款 5504 笔 13.97 亿元，发现违规贷款 85 笔 1327 万元，纠正 62 笔 1108 万元，占违规额的 83.5%，对呆账核销进行逐户审计检查，核销 30 户 1524.45 万元。1997 年，赣州市（今章贡区）农村信用联社对全辖信贷资产风险预测和评估进行稽核审计。1998 年，中国人民银行赣州地区分行对本级及其所辖 18 个县级支行贯彻执行国家金融方针政策情况进行专项调查。中保财产保险有限公司赣州分公司开展全辖范围的资产清理和财务稽核调查。

1999 年，中国人民银行赣州市（地区）中心支行对本级和所辖部分县级支行基础建设和内部控制情况进行内审调查。2000 年，选择市本级行领导、各职能部门负责人、部分县级支行行长、本级及县级支行全体内审人员为调查对象，采取个别交谈、座谈会、问卷调查等方式，对同级监督有关情况进行调查。中国工商银行赣州市（地区）分行开展个人贷款现状与发展前景稽核调查，稽核检查中发现各类违规违章问题 1409 件，涉及金额 1.53 亿元，提出稽核建议和措施 658 条，整改采纳率 91.03%，对违规违章当事人经济处罚 182 人次，金额 3200 元。赣州市农村信用合作联社对全辖信贷财务进行稽核大检查，检查网点覆盖率 100%。

第四节　外汇管理

一、外汇管理体制改革

1986 年 1 月，成立国家外汇管理局赣州分局。1991 年，发出核销单 313 份，收回核销单 174 份，核销金额 177 万美元。1994 年，取消外汇分成，对尚未分配入账企业的留成外汇及时办理分成登记入账手续。妥善处理 62 家企事业单位的 94.73 万美元外汇额度结余和 66.63 万美元的外汇挂账红字余额问题。对原有 48 个现汇账户进行全面清理，其中限期结汇后销户的账户 20 个，实行半封闭管理“只出不入”的账户 24 个，允许保留的现汇账户 4 个。1995 年，银行结汇 8115.4 万美元，售汇 2063 万美元，分别比上年增长 115.23%和 44.92%。3 月，印发《各县（市）人民银行外汇管理工作百分竞赛办法》，将二级分局的部分工作下放到各县（市）人民银行，出口收汇核销工作由各县（市）人民银行办理。同时将外商投资企业外汇登记证的审批核发下放各县（市）人民银行办理。1996 年，赣州外管分局银行结汇 5271.9 万美元，售汇 1387 万美元，分别比上年下降 35%、33%。

二、外汇额度管理

1986 年 4 月，设立赣州地方政府和企业留成外汇额度辅助账，并分别设立额度总账、分类账、分户账、指标账。在调拨使用外汇时，引导企业把外汇用到出口创汇项目和生产项目上，严格控制消费品进口，保证用于引进先进技术设备、紧缺工业原材料、农用物资的三项用汇占总用汇的 85%以上。1988 年，把外汇额度账和外汇调剂账由单式记账改为复式记账，同时建立分拨、记账、复核、调拨、审批、报表制度。1990 年，严格执行分拨、记账、调拨、审批、报表等各项制度，调拨使用外汇 1057 万美元。

三、外汇调剂

1986 年 3 月，对有留成外汇的企业，实行经外汇管理分局审批后把多余的外汇卖给需用外汇企业的办法，全地区调剂外汇 211 万美元。1987 年，办理调剂外汇 960.8 万美元。1988 年 10 月，设立江西省外汇调剂中心赣州代办处，办理外汇调剂 36 万美元。12 月，赣州市（今章贡区）进行个人外汇调剂试点，为内陆地区少数几个试点城市之一。1989 年，赣州代办处办理外汇调剂 590.2 万美元，办理个人外汇调入 3026 笔 186 万美元。1990 年，办理调剂外汇 1046 万美元，比上年增加 77.23%；办理居民外汇调剂 35.1 万元。1991 年 12 月，把原来由国家负责供应的境内居民因私出境用汇放到市场上解决。全年调拨使用外汇 1404.6 万美元，比上年增加 32.9%；调剂外汇 1360 万美元，比上年增加 30.02%。1992 年，从外省市调入外汇 337.07 万美元，调剂外汇 841 万美元。1993 年，调剂外汇 712 万美元。1994 年一季度，针对外汇供大于求，企业人民币资金紧缺的情况，利用省内外的网络调出外汇 52 笔 297.6 万美元；二季度，为“三资”企业调剂外汇 110 笔，金额 1423.22 万美元。1996 年，为企业办理外汇调剂 65 笔 569.82 万美元。

四、外汇业务管理

1988 年 12 月，中国建设银行赣州地区中心支行代理省建设银行经营外汇业务。1990 年，中国农业银行赣州地区中心支行成立国际业务部。1991 年，中国工商银行赣州地区中心支行成立国际业务部，全地区经营外汇业务的金融机构达到 4 家，分支机构 7 家。1992 年，贸易外汇发放核销单 674 份，收回核销单 605 份，核销金额 1070 万美元，核销率 82%。非贸易外汇中，全年境外游客 1500 人次，创汇 124 万元，旅游外汇结汇率 80.4%，比上年增加 12.4 个百分点。1992 年 3 月和 11 月，中国银行大余县支行开办外汇业务、中国银行江西信托咨询公司赣州办事处代理经营外汇业务。1993 年，中国工商银行赣州市（今章贡区）支行、大余县支行和中国农业银行赣州市（今章贡区）支行代办外汇业务。1994 年，报请上级新批准经营外汇业务的县支行 2 家，新批 10 个外汇储蓄网点。年底经营外汇业务的县级以上金融机构 15 家、储蓄网点 37 个。4—12 月，银行结汇 2632.5 万美元，售汇 1208 万美元。

1996 年，国家外汇管理局赣州分局制定《关于加强赣州地区外汇监管工作的若干意见》，开展各项外汇检查 19 次，查处违规金额 221 万美元，罚款 3.1 万元人民币。1997 年 3 月，向外汇指定银行公布“对外付汇进口单位名单”35 家，全地区进口付汇 7680.3 万美元，报申率 100%。加强银行及企业办理外汇结汇的管理，对出口项下预收款的结汇和超比例预付款实行审批制度，与海关签署共同把好核销关。全地区出口报关总额 1.49 亿美元，出口收汇核销 1.66 亿美元；银行结汇 1.61 亿美元，售汇 7907

万美元，分别比上年增长2.06倍和4.7倍。1998年，受亚洲金融危机的冲击，全地区对外贸易、银行外汇业务受到较大影响，全地区出口报关总额1.2亿美元，进口付汇3264.3万美元，分别比上年下降19.46%和57.5%；银行结汇1.11亿美元，售汇3969万美元，分别比上年下降31.06%和49.8%。国家外汇管理局赣州分局重新核准开办外汇业务的金融机构17家，外汇储蓄点67个，清理撤销外汇储蓄网点5个。对4家涉嫌骗汇企业和有关银行进行专项检查，查处骗汇金额747.39万美元，处罚金额70.97万元人民币，当年收缴20.36万元；协助和配合公安部门查处骗汇金额在500万美元以上的企业2家，查处违规金额2022.3万美元，没收非法所得30余万元，企业骗汇行为得到有效控制。

1999年，重点加强非贸易外汇管理，全地区出口报关总额5378.05万美元，进口付汇653.44万美元，分别比上年下降55.18%、79.98%；银行结汇5818万美元，售汇1895万美元，分别比上年下降47.59%和52.25%。在外汇业务监管方面，国家外汇管理局赣州支局制定《对旅行社组团出国旅游购汇管理暂行办法》，对旅行社实行备案、押金和事后检查制度。2000年，出口报关总额6252.1万美元，比上年增长16.25%；银行结汇5677万美元，售汇1743万美元，下降速度趋缓，分别比上年下降2.42%和8.02%。先后进行外汇账户专项检查、国际收支统计申报检查各两次，对进出口逾期未核销情况、外汇指定银行执行外汇政策法规情况进行专项检查，查处违反外汇管理法规的案件7起，查处违规金额1571万美元，收缴罚款26.8万元人民币。

五、外资外债管理

1987年，外商投资企业2个，吸收外资协议金额266.8万美元，实际使用金额265万美元，建成投产企业2个。1988年，批准外商投资企业2个，引进外资协议金额222.6万美元，实际使用金额57万美元，年底建成投产企业1个。1990年，批准外商投资企业12个，吸收外资协议金额615.5万美元，到位资金230.8万美元，当年投产企业8个。1992年，帮助“三资”企业平衡外汇收支，批准成立“三资”企业103家，协议引进外资6387万美元；做好外债统计监测，对24家外汇（转）贷款单位进行重新登记。1994年4月，对域内101家“三资”企业实行外商投资企业外汇登记证制度，占企业总数的24.16%；6月，印发《关于加强引进外资外债和提供外汇担保管理的通知》，严格外资外债管理。批准成立“三资”企业82家，协议利用外资7894万美元。1995年，批准成立“三资”企业126家，协议利用外资14831万美元，“三资”企业出口总额3936万美元，通过上海外汇交易总中心，直接为“三资”企业办理外汇调剂171笔2539.91万美元。

1996年，对全地区外商投资企业进行年检，办理申报区分账户的企业91家，外汇账户有137户，其中结算账户76户、资本金账户61户，核定结算账户最高金额总数为170.76万美元。1997年，由外经贸局、外管局、工商局、海关、税务局、财政局等7家单位联合年检，参加年检企业183家，注册资本2.39亿美元，实际到位资金1.79亿美元，资金到位率74.9%；正常运作的出口企业21家，出口总额7391万美元。对全地区101家外商投资企业换发新外汇登记证。1998年，参加外商投资企业联合年检的企业有151家，协议注册资金2.1亿美元，实际到位1.53亿美元，资本金到位率72.86%；资本结汇41笔，金额469.82万美元。1999年，制定《资本项目外汇管理内部制度》，规范资本项目外汇管理，全地区外汇（转）贷款余额5970.8万美元，实际核准还本付息474.36万美元。2000年，全地区招商引资由重协议引资转向重实际进资数量，全年批准成立外商投资企业47家，实际利用外资5609万美元，占当年协议引进外资的131.24%。

六、进出口收付汇核销管理

1993年9月，实行核销与发单、核销与退税、核销与核拨留成外汇相结合，加强“三来一补”出口外汇核销，全年出口报关总额1226万美元，发放核销单927份，收回核销单存根780份，核销金额

1200万美元，核销率为97.88%。1994年8—12月，全地区进口付汇212.36万美元，核销179.67万美元，核销率为84.61%。全地区出口报关总额4519.24万美元，收汇核销4207.7万美元，分别比上年增长2.69倍和2.51倍。12月，对1993年逾期未收汇239.68万美元进行处理注销，进出口收付汇核销率分别为100%和94.77%。1996年，国家外汇管理局赣州分局印发《关于重申出口收汇核销工作中有关问题的通知》，完善核销管理。全地区出口报关总额6218.7万美元，出口收汇核销5086.4万美元，核销率81.79%；进口付汇3585.77万美元，付汇核销3562.1万美元，核销率高达99.34%。1998年，外贸出口收汇逾期严重，达913.9万美元，国家外汇管理局赣州分局将下放给部分县（市）的出口收汇核销工作权限收回，集中到赣州分局办理，堵塞逃、套汇漏洞。1999年，国家外汇管理局赣州管理支局对全地区出口企业收汇情况进行清理，采取发单与核销挂钩等措施，出口逾期未收汇核销额由年初的1733万美元下降到年末的236.9万美元。2000年，全地区出口收汇5677.06万美元，进口付汇600.6万美元，进口付汇报审率100%。

七、国际收支统计申报

1996年，国家外汇管理局赣州分局采取各县（市）分级管理的办法，保证申报工作顺利进行。全地区国际收支申报2317笔，金额4001.2万美元，申报率99%。1997年，推行“汇兑收支统计申报”和“直接投资统计申报”两项新的国际收支统计申报业务，完善“优秀申报单位”和“优秀申报员”评比活动。全地区国际收支总量2556笔，金额1.68亿美元，申报率97%。1998年，国际收支统计申报业务量1853笔，金额1.21亿美元，分别比上年下降28.2%和27.97%，当年申报率99.53%。

第三章　货　币

1986—2000年，中国人民银行赣州市中心支行（地区分行）加强全市（地区）货币的发行与管理、货币信贷管理和现金管理，贯彻治理整顿和深化改革的方针，认真执行货币信贷政策，加强金融宏观调控和监督管理，有效运用利率、准备金、再贴现、再贷款等货币政策工具，对社会信用规模和货币供应量进行间接调控，促进全市（地区）国民经济的总量平衡和结构调整，保证金融稳健、安全运行。

第一节　货币发行与管理

一、货币发行与现金供应

1986年年初，中国人民银行各县（市）支行实行发行库与业务库分设。全地区发行基金出入库相抵净入库6557万元，保证全地区现金供应，还调出发行基金支持其他地区。1987年4月，中国人民银行赣州地区分行召开专门会议进行部署，做好新版人民币发行工作，并将新版人民币892.5万元及时分送各县（市）发行。发行基金出入库相抵净入库8280万元。1988年，组织现金供应和回笼，运送发行基金到县（市）支行12次823件，就近调拨17次，发行新版人民币2次7种券别、4878.5万元。发行基金出入库相抵净出库923万元。1989年，全地区货币回笼出现商品销售回笼好、城乡储蓄大幅度增加、信用社货币回笼好的势头，发行基金出入库相抵净入库3.29亿元。针对市场流通中壹、贰元票券较紧和辅币短缺的状况，先后向中国人民银行江西省分行申请调入壹、贰元券。1990年，中国人民银行赣州地区分行继续加强货币发行工作计划管理，组织货币回笼，发行基金出入库相抵净回笼1.54亿元。1992年，加强调查分析与预测，采取灵活调拨、主动运送办法，开展辖内发行基金就近调拨69次。合理调节市场流通中票币结构，保证农副产品收购正常的商品交易找零需要，调入壹、贰元以下面额的发行基金 1718.6 万元，发行基金入库比上年增长 22.96%，出库比上年增长 32.96%，发行基金收支相抵净回笼 1.48 亿元。1993 年 8 月，地区中心支库新库房启用后，库房容量扩大数倍，基本上能适应相对集中管理的需要。对重点工程京九铁路建设现金需量大的兴国、赣县、赣州市（今章贡区）、南康、信丰、龙南、定南等县（市）发行支库加大发行基金库存量，并在券别的搭配上给予优先照顾，调给京九铁路沿线支库伍拾圆、壹佰圆券人民币 1.07 亿元，满足铁路建设的需求。就近调拨发行基金 99 次，金额 2.92 亿元。1994 年，中国人民银行赣州地区分行灵活调拨、积极组织现金供应和回笼，调剂市场票币结构。从中国人民银行江西省分行调入贰圆以下面值发行基金 1191.5 万元投入市场，在县（市）支库之间开展发行基金就近调拨 78 次，做好硬币发行宣传工作，将库存的 34.52 万元壹角硬币全部投放市场，相对缓解市场券别结构比例失衡矛盾。向京九铁路沿线支库调拨大面额人民币 4.17 亿元。发行基金净投放 3123.7 万元。1995 年，准确预测全地区各个时期的现金需求量，先后 13 次到中国人民银行江西省分行发行库调入发行基金，每月定期分析 18 个县（市）支库发行基金和各县（市）银行现金回笼投放情况，供应县（市）支库发行基金 218 次，在县（市）支库之间开展就近调拨 92 次，金额 7.33 亿元。对各县（市）支库的发行基金库存辅底定额进行重新调整，总定额扩大 51.72%。调入贰圆以下面值发行基金 2628.2 万元。7 月，开发货币发行业务微机处理软件，及时、准确、快捷地汇总并向上级行报送有关数据。1998 年 7 月，中国人民银行赣州地区分行利用调运中心，开展县（市）支库之间的票币调剂，调入发行基金 10.15 亿元，调入贰元以下券别发行基金 2551.4 万元，在县（市）支库之间开展就近调拨 1775 万元，保证全地区现金总量供应和各种券种的合理搭配。9 月 1 日，中国人民银行赣州市（今章贡区）支行撤销，其货币发行业务并入地区分行营业部，赣州市（今章贡区）发行支库改为赣州地区中心发行支库二库，发行基金回笼 59.2 亿元，投放 44.58 亿元，净回笼 14.62 亿元。2000 年 6 月 30 日，第三套人民币停止在市场上流通。10 月 16 日，投放发行第五套人民币 20 元券。全年调入发行基金 6.82 亿元，投放 44.53 亿元，回笼 73.68 亿元，净回笼 29.14 亿元。

二、库房管理和安全运送

1986—1987 年，地、县两级人民银行发行库分设，中国人民银行赣州地区分行加强库房管理，对各支库进行全面检查，各支库做到安全运送，账款、账据、账账三相符，多数支库库内整洁，票（币）分类堆放、排列整齐。对 17 个县（市）支行运钞车辆使用和管理情况进行检查，发现问题及时解决，确保库房安全和库款运送安全。1988 年，按照库房规范化管理的要求，坚持查库制度，开展以“四好”（坚持制度好、库内保持整洁好、钞票排列整齐固定堆放好、钞票整点质量好）为内容的竞赛活动。13 个支行基本达到“四好”支库的标准。1990 年，执行双人管库、同进同出、双人双枪、武装护送、款项交叉复核和坚持查库等制度，大部分支库做到账款相符，没有发生钞票霉烂、氧化、虫蛀、鼠咬等事件。1991 年，开展库房规范化管理达标活动，大多数支库实现“款项操作程序化、账务凭证完整化、管理工作制度化”。12 个支库做到库内整洁卫生，库款摆放有序，各项制度健全。1993 年，印发《中国人民银行赣州地区分行发行库规范化管理实施办法（试行）》《关于货币发行部门做好防诈骗、防盗窃，切实保障库款安全的意见》。18 个县（市）支库全部达标。1994 年，以抓“五好钱捆”为突破口，加强检查督促，发行基金调拨的钱捆中差错率明显下降。更换 8 辆运钞车和 8 个县支库库房门锁密码，确保发行基金调运和库房安全。1995 年，为各发行库重新配备 2 台多功能去湿机。为 5 个县（市）支库配备特制运钞车。强化库房管理的检查监督，地区分行到县（市）支库查库 77 次。1999 年，购置新点钞机具、发行基金包装（封签、捆绳、塑料袋），对 10 个县（市）支库进行库房库区改造，完成部分县支库指纹识别门禁系统安装，为 9 个支库配备运钞车。开展发行库自查和抽查相结合、定期不定期安全大检查。运钞中心承担 10 个边远山区县支库发行基金运送，执行调运任务 54 次，金额 144939.5

万元。2000年，对全市51名货币发行人员进行考核登记，为19个发行库库门安装双密码锁，为17个支库增添备用门。坚持内控和防外并重，投资200余万元更新电视监控报警系统，在库房二道门安装指纹机，为运钞中心添置1台5吨防弹运钞车，为5个支库添置新运钞车。9月，撤并赣县、南康、会昌3个县（市）发行支库，并将会昌县发行业务并入瑞金市支库，赣县、南康市发行业务并入章贡区，赣州中心支行发行二库的业务增加，回笼货币28.68亿元，投放7.39亿元，净回笼21.29亿元。

三、销毁人民币损伤券

1986年，中国人民银行赣州地区分行销毁人民币损伤券1.29亿元。1988年，采取集中力量复点的办法，加快复点进度，提高复点质量，全年销毁损伤券2239万元。1990年，中国人民银行赣州地区分行回收损伤券8220万元，销毁损伤券4300万元；回收已兑付国库券1249万元，销毁346万元。1991年，召开两次全地区货币发行工作会议，部署损伤券回收工作，提高流通中人民币的整洁度，加速损伤券的回收销毁，回收损伤券2.11亿元，销毁损伤券2.01亿元。1992年，采取下达任务、落实奖励等办法，坚持三级复点制度，把好入库关、挑剔关、销毁关，回收人民币损伤券3.48亿元，销毁损伤券1.64亿元。1995年，全地区回收人民币损伤券3.25亿元，销毁人民币损伤券2.47亿元。1996年，中国人民银行赣州地区分行做好人民币损伤券的回收销毁工作，全地区供应券销毁计划6.05亿元，比上年增加1.44倍，实际销毁损伤券7.56亿元，超额完成省分行下达任务的25%。1997年，销毁人民币损伤券6.8亿元。1998年，回收人民币损伤券15.89亿元，销毁人民币损伤券8.07亿元、4863.4万张。1999年，回收人民币损伤券25.89亿元，销毁人民币损伤券17.05亿元、4385万张。2000年，中国人民银行赣州市中心支行统一订制残损人民币兑换和辅币调剂标牌，设立举报电话，全市回收人民币损伤券22.44亿元，销毁人民币损伤券31.42亿元、1.09亿张。

四、人民币反假

1989年7月，境内部分县（市）先后发现假币，中国人民银行赣州地区分行与地区公安处联合发出《关于做好人民币反假工作的紧急通知》。全年发生假人民币案4起，收缴假币5530元，公安机关破案4起。1990年，中国人民银行赣州地区分行举办“反假币”工作学习班，组织人员深入基层宣传“反假币”工作，全年发现假币案63起，收缴假币8881元。1991年，中国人民银行赣州地区分行及各县（市）人民银行支行先后成立领导小组，赣州市（今章贡区）、瑞金县、龙南县举办培训班，培训货币发行、出纳人员。收缴各类假人民币628张、金额2.05万元，配合公安部门破获假币案2起。1994年，组织14名货币发行人员参观中国人民银行总行举办的人民币印制发行展览，为地区城信社60名新上岗人员进行反假人民币业务培训，为县（市）运行配备防伪点钞机40台。收缴假币23.64万元，协助公安部门侦破贩运假人民币案件17起，编写《人民币的防伪与爱护》，配合赣州电视台和赣州有线电视台制作人民币反假知识宣传专题节目。1995年，建立由中国人民银行赣州地区分行、各商业银行、保险公司和地区公安处组成的查控反假币信息网络和信息网络联席会议制度，与辖区内商业银行签订“反假公约”。收缴假人民币4475张，计21.14万元。1996年，组织全地区金融机构开展反假币宣传周活动，收缴假人民币3481张、金额18.48万元，协助公安部门破获假币案件18起。1997年，加强人民银行与公安、工商等部门的联系，更新反假器具，健全反假网络，收缴假人民币25108.5张、52.51万元，协助公安部门侦破贩假案件5起。1998年，开展爱护人民币宣传周活动，召开反假人民币工作联席会议，协助公安部门侦破贩运假人民币案6起，收缴假人民币16311.5张、金额48.38万元。2000年，举办反假知识培训班34期，审批真假人民币鉴定授权单位77个，发放假币收缴凭证8000本，协助公安部门破获贩卖假币案9起，收缴假人民币2.53万张、178.62万元。

五、金银管理

金银收购 1986年，全地区金银门市收购杂色金占计划的131.02%，杂色银占计划的24.8%；冶炼副产品占计划的148.4%，银圆占计划的8.36%。金银验收工作做到随解随验，质量符合要求。1988年，全地区黄金生产矿点增多，全地区金银收归部门组织人员下乡巡回收购。1990年，全地区改进黄金收购工作，金银收购量增加。全地区收购黄金比上年增加279%，白银比上年增加2.3%，银圆比上年增加8%。1992年，实地进行金银收兑，收购黄金75.48千克、白银615.03千克，上解省库黄金110.25千克、白银1385.26千克、银圆3217枚。1995年，收购黄金101.9千克，比上年增长71.66%，超额完成省分行下达任务的56.29%，收兑白银（含银圆）387.42千克。1997年，各县（市）支行普遍配备试金石和金银对牌等收购工具，收购黄金139.172千克、白银522.92千克（含银圆4枚）。1998年，收购黄金102千克、白银602千克（含银圆378枚），分别超额完成年度计划的27%和100.6%。2000年，收购黄金132千克，超额完成年计划的120%。

金银加工与销售 1986年，全地区批供白银占计划数50%，黄金饰品销售收入238.9万元。1988年，根据实际需要配售白银（占计划数的50%）。赣虔金店到福建、广东等省购进金银饰品供应市场，扩大来料加工和货币回笼，全年营业收入108.2万元。1989年，抓好金银市场整顿。中国人民银行赣州地区分行印发《赣州地区金银饰品管理试行办法》，打击金银走私，稳定金银市场，赣虔金店销售黄金饰品营业收入306万元。1991年，金银销售在中国人民银行江西省分行下达的计划指标内批供白银39.5千克。对赣州市（今章贡区）金饰品实行统购统管，凡经营黄金饰品单位必须统一由赣虔金店组织进货，不得自行采购。在赣南百货大厦、赣州百货商场、宁都县人民银行等单位增设3个金饰品销售点。1993年，坚持以计划为基础，对申请用银单位进行审查，严格审批，配售硝酸银7千克、银焊片25.8千克、银焊条0.6千克。中国人民银行赣州地区分行制定《赣州市金银金饰品加工市场管理暂行规定》，加强对个体金银加工点的管理，审批金银来料加工户13家，审批增设金银饰品销售点7个。全地区金银饰品销售点20个，销售黄金94482.83克，销售额1133.79万元，比上年同期增长135%。1995年，对全地区金银饰品市场进行清理，取缔不规范金银饰品销售点12家、违规金银加工点73家，没收黄金238.35克、白银6939.1克、非法加工工具2809件，销毁假银圆83枚。批准设立金银饰品销售点5家、金银饰品加工点51家。全年销售黄金饰品88.7千克，配售白银15千克。1996年，全地区金银饰品销售点发展到34家，金银饰品加工点增加到75家。中国人民银行赣州地区分行建立对金银市场定期或不定期检查制度，维护金银饰品市场的正常秩序，检查清理非法金银饰品销售点15个，非法加工点120个，收缴黄金饰品3258.82克，收缴白银饰品5000克。8个县（市）制定《金银市场管理暂行规定》，审核18个县（市）经营金银业务单位换发经营金银业务许可证，配售银焊片11.5千克。1999年，为36家经营金银业务单位换发经营金银业务许可证，为64家金银来料加工店更换临时许可证，清理无证经营店99家，没收黄金229克，白银3382克，加工工具6484件。配售银焊片10.25千克，收购黄金104克，完成年计划的116%。2000年，清理全市无证加工点156家，收缴加工工具1150件，为10家加工点换发经营金银业务许可证。

金银专项贷款管理 1988年，中国人民银行赣州地区分行先后对南康县赤土金矿、崇义县扬眉寺金矿和兴国县留龙金矿发放贷款600万元。3个金矿当年建成试产。行署印发《赣州地区黄金生产管理办法》。1989年，支持3个国营金矿完成续建工程，发放专项贷款215万元、流动资金贷款85万元。1990年，发放96万元贷款支持留龙金矿、南康金矿续建配套工程。1991年，帮助留龙金矿搞好流动资金管理，对扬眉寺、南康县2个濒临关闭的金矿，落实债权债务，督促企业还贷。1992年，支持新建项目1个，技改项目2个，发放金银专项贷款390万元。做好部分企业逾期贷款的催收，回收贷款49

万元。1993 年，支持兴国县留龙金矿、于都县银坑银矿和大余县荡坪银矿的新建、续建工程，发放黄金专项贷款 57 万元，清收贷款 209 万元，发放白银贷款 1890 万元，收回原贷款 196 万元。1994 年，重点扶持兴国县留龙金矿、于都县银矿和赣州有色金属冶炼厂的金银生产，发放金银专项贷款 300 万元，清收逾期贷款 212 万元。1995 年，强化贷款管理，向兴国县留龙金矿、赣州有色金属冶炼厂注入流动资金贷款 190 万元，保证金银生产资金需求。对全地区金银专项贷款档案全面清理。做好清产核资工作，为金银专项贷款的划转做好前期准备工作。1997 年，清理金银专项贷款，收回贷款 30 万元，收息 55 万元。

六、流通纪念币（钞）发行

1986—2000 年，中国人民银行赣州市中心支行（地区分行）发行可流通纪念币（钞）40 套、49 枚（张）。其中，有毛泽东、刘少奇、周恩来等 5 位领袖人物诞辰纪念币，中国珍稀野生动物——大熊猫、金丝猴、白鳍豚等 10 套纪念币，第十一届亚洲运动会、联合国第四次世界妇女大会、中华人民共和国香港特别行政区成立等 5 套纪念币，内蒙古自治区成立、宁夏回族自治区成立、广西壮族自治区成立、中华人民共和国成立 40 周年、中国共产党成立 70 周年等中国重大庆典事件纪念币。

第二节　货币信贷管理

一、货币信贷计划监控

1986 年 3 月，中国人民银行赣州地区分行与各专业银行共同制定《赣州地区银行同业资金融通试行办法》，搞活资金市场，加强资金管理，各专业银行和其他金融机构拆入资金 1.92 亿元，拆出资金 4.13 亿元。9 月，对赣州市（今章贡区）和大余县 25 个工业企业流动资金贷款情况进行重点调查，提出综合治理意见。1989 年初，中国人民银行赣州地区分行制定《赣州地区信贷资金宏观监控办法》，在全地区各县（市）人民银行支行施行，在全省率先下放资金管理权。先后将临时贷款、年度性贷款下放到县（市）人民银行支行管理，支行在核定的限额指标内，履行资金调度职权，承担对专业银行资金监控职责。1990 年上半年，中国人民银行赣州地区分行针对全地区工业生产负增长情况，发放工业启动贷款 2400 万元支持大中型骨干企业发展生产；发放农业生产资料贷款近 2000 万元支持农业生产。面对市场疲软和“三角债”问题，协同有关部门，组织各行业、系统层层清理，注入清欠资金 5000 万元，解开相互拖欠 3.45 亿元的债务链。

1992 年，中国人民银行赣州地区分行制定《全区再贷款规范化操作和管理试行办法》，专业银行向中国人民银行编制季度（分月）再贷款计划，中国人民银行对再贷款资金的使用进行监督；对扶贫贴息贷款，5 年到期的转一般年度性贷款，不再享受贴息。做好清欠资金管理工作，注入再贷款 4230 万元，为 589 家企业清理相互拖欠款 6213 笔，解开债务链 3.2 亿元。1993 年上半年，中国人民银行赣州地区分行先后召开 6 次全地区各家银行计划科长联席会和 5 次全地区人民银行计划资金工作会议，整顿金融秩序，搞好金融宏观调控，重新核定专业银行的存款准备金和库存现金限额，控制信贷资金规模。清理 96%的违章拆借，收回 90%以上的外流资金，压缩 95%以上的“笼子”外放款，各金融机构信贷规模均控制在上级核定的限额之内。1994 年，加强对专业银行的信贷规模监控，尤其是固定资产规模的监控。全地区各专业银行信贷规模执行结果比上年末增加 11.57 亿元，占省分行下达规模的 99.63%，其中固定资产贷款比年初增加 1.81 亿元，占计划的 95.39%。

1995 年，中国人民银行赣州地区分行制定《专业银行用足信贷规模和用好贷款的考核办法》，编制《1995 年赣州地区支持和限制贷款企业目录》。从 1 月 1 日起，对域内所有专业银行和城乡信用社实施大额贷款备案报告制度，备案大额贷款569笔，金额11.65亿元；融通短期资金27.88亿元，周转34次。1996年，加大监管力度，开展各类检查11次，查处659个违规单位1.37亿元违规资金。按季对商业银行信贷规模实行考核，城市信用社存贷比例按月考核，严禁超规模放款，年末全地区商业银行规模利用率99.92%，城市信用社存贷比例67.3%，控制在中国人民银行江西省分行下达的70%内。1998年，中国人民银行赣州地区分行运用货币政策工具，增加信贷投入，维护辖内金融秩序稳定。在信贷管理体制上，中国人民银行不再对国有商业银行实行规模管理，逐步实行资产负债比例管理和风险管理。中国人民银行赣州地区分行制定《1998年赣州地区金融机构信贷投向指导原则》，引导全地区信贷投向，保证重点行业、重点企业、重点项目的资金需要。

1999年，全市金融机构增加信用总量23.98亿元，其中新增贷款10.09亿元，签发银行承兑汇票9.04亿元，贴现3.32亿元，中国人民银行赣州市中心支行提供再贴现1.48亿元。中国人民银行赣州市中心支行与市经贸委联合印发《关于下达扶持重点企业进行技术改造的导向性计划》，首次将赣州酒厂、江西气压机厂等24户企业列入第一批扶持重点企业进行技术改造的导向性计划，把扶持重点企业发展作为“政、银、企”的共同目标。优先确保农业信贷，全年对农村信用社发放再贷款3.49亿元，全市农业贷款净增1.52亿元，其中农村信用社增加农贷1.04亿元，占其各项贷款增量的61.54%。2000年年初，印发《关于做好我市2000年信贷工作指导意见》，提出辖内信贷工作目标、优化贷款投向、实施货币政策、改善金融服务、建立信贷工作责任制等5个方面的具体意见，由赣州市政府批转各级政府及其部门执行，发挥信贷指导作用。全市金融机构增加信用总量20.75亿元，其中新增贷款10.52亿元，签发银行承兑汇票8.12亿元，办理票据贴现2.11亿元。全年对农村信用社发放再贷款6.62亿元，同比增加3.13亿元；全市各项消费信贷余额4.14亿元，比年初增加2.04亿元，同比增加1.39亿元，新增消费贷款数占新增贷款总额的19.39%；25户重点企业仅主办银行承诺资金就达2.54亿元。

二、资金管理

1988年，中国人民银行赣州地区分行实行地、县（市）两级审批、条块结合的资金管理办法，加快临时再贷款的周转，缓解资金供求矛盾，发放临时贷款2000万元，疏通域内5000多万元的积压凭证。落实“先扣后调”措施，促使专业银行和企业处理不合理资金8000万元。1989年，采取钱物结合、双线调度的办法，安排资金2.09亿元，重点解决购进农业生产资料，收购粮、棉、油、甘蔗、烟叶、柑橘等农副产品和外贸出口创汇产品，以及支持大中型重点骨干企业扩大生产等项资金的需要。组织货币回笼，减少货币投放，净回笼货币3.4亿元，超过全年货币回笼计划。对全地区10521个申请办理现金结算卡的单位进行审查，办理结算卡9325个，清理多头开户账户1721个，完成现金结算卡发证工作。

1993年，中国人民银行赣州地区分行支持地区确定的重点企业生产和重点建设项目的资金需要，收回再贷款63.08亿元，发放64.48亿元，新增再贷款1.4亿元。其主要投向：确保专业银行支付需要和解决邮政汇兑支付难的问题安排再贷款2300万元；支持重点建设项目和效益好的重点企业的资金需要，对赣南炼锡厂、江西齿轮箱厂、赣州钴冶炼厂等供应资金8040万元；安排农副产品收购资金2840万元，确保农副产品收购资金需要。1994年3月，对全地区专业银行缴存存款准备金情况进行检查，共查出漏缴、少缴准备金543万元，并视不同情况给予处罚。6月，做好资金的划转工作，组织、协调各县（市）支行将4月底人民银行对专业银行原有再贷款逐级汇总上划，全地区划转再贷款19.15亿元；组织、协调、监督各专业银行将政策性业务资金9.91亿元划归中国农业发展银行。做好违规拆借资金的清理工作，收回违章拆借资金1.02亿元。6月底再贷款资金上划后，中国人民银行赣州地区分行对少量的短期资金加强调度，供应资金5.6亿元。1996年，中国人民银行赣州地区分行发挥再贷款作用，向上级行争取资金，增加有效投入，缓解商业银行资金和规模压力。全地区人民银行短期融通资金1.52亿元，再贴现1.03亿元，分别比上年增长38.02%和101.22%，在全省占比较上年提高3.1和4.6个百分点。1997年，向上级行争取更多的资金，发挥人民银行短期融通资金作用，支持地方经济发展。年末短期融通资金余额18734万元，比上年增加3500万元，增长22.97%。

三、专项贷款管理

1989年，中国人民银行赣州地区分行对42个申请专项贷款项目进行严格审查、论证，对32个经济效益好的项目及时报送中国人民银行江西省分行批准贷款2931万元。做好收贷工作，收回贷款475.85万元，完成中国人民银行江西省分行下达收贷任务的183%。1990年，对27个项目（其中续建7个、新建20个）贷款2221万元。对新上项目，实行县（市）、地二级选项、评估和可行性调查论证，重点支持以内涵扩大再生产为主的技改项目10个、新产品开发和技术引进项目4个、交通建设和资源开发运用项目6个。对1985年以来发放的专项贷款项目进行全面检查，逐个建立和完善项目档案，落实还款能力和收贷任务。对挤占挪用贷款、转移贷款用途、建设条件不具备的项目，采取措施，收回贷款356万元，全年收回贷款672.7万元，完成收贷任务的173%。1991年，对70个项目发放专项贷款6655.5万元，重点支持老企业技术改造，中外合资企业引进资金和技术、矿产品开发、基础建设等项目资金。其中，对17个外商投资项目发放配套人民币专项贷款2003万元，引进外资605万美元。收回专项贷款1765.1万元，完成收贷任务的249%。1992年，制定《专项贷款管理奖惩办法》，落实收贷任务，收回专项贷款2015.5万元，比上年增长14.19%，核销专项贷款60.5万元。1993年，对28个项目发放专项贷款7972万元（不含金银专项贷款），新增3954万元，支持新开工项目15个2746万元，续建项目13个4994万元。收回专项贷款4018万元，其中外汇抵押贷款1115万元，老区和经济开发贷款2903万元。1994年，做好专项贷款的扶贫工作，协助省分行发放460万元经济开发贷款，支持省分行扶贫点——南康县新上30条花岗石版材生产线，安排415人就业；发放老少边穷地区发展经济贷款210万元，支持石城县小松镇建立发展万头猪村和林业开发等5个项目。全年完成收贷任务1204.2万元，其中经济开发730万元，老区贷款422.5万元，核销贷款51.7万元。1995年，做好专项贷款划转准备工作。5月末，经与各有关受托银行核对，全地区139个项目2.19亿元的专项贷款均准确无误。

1996年，中国人民银行赣州地区分行组织4次专项贷款检查，重点抓好完善法律要素，确保法律诉讼时效工作，清收专项贷款1332万元，完成中国人民银行江西省分行下达收贷任务的101.14%。监管服务并举，制定《1996年赣州地区支持和限制贷款企业目录》，从信贷投向上确保重点企业和行业的资金需要。印发《赣州地区“信贷高效低险”实施方案提要》，推进“信贷高效低险”试点。1998年，实行封闭贷款管理，支持国有亏损企业有销路、有效益产品的生产，帮助多家亏损企业走出困境。列入全省9户封闭贷款对象之一的江西第三糖厂和赣州钴钨有限责任公司取得中国农业银行和中国银行贷款1491万元和225万元。中国工商银行会昌支行对会昌制革转鼓厂贷款100万元，崇义县金融部门对农资公司、汽动钉厂、化工厂等3户企业贷款180万元。2000年，中国人民银行赣州市中心支行协调政府、企业、银行三者关系，调动金融机构发放封闭贷款的积极性，对赣州钴钨有限责任公司、兴国卷烟厂等11户企业实行封闭贷款，发放封闭贷款1.15亿元，银行承兑汇票678万元。

四、防范化解金融风险

1994年，中国人民银行赣州地区分行加强对非银行金融机构资产负债比例监控，严格控制存贷比例，将存贷比例下达各县（市）城市信用社，按月考核。全地区城市信用社存贷款比例由年初的94%下降到76%。制定《赣州地区城市信用社中心社大额放款备案报告暂行规定》。2次对中心社4个营业部信贷资产质量状况进行检查；城市信用社先后认购中国人民银行特种存款500万元和国家开发银行金融债券550万元。

1995年，中国人民银行赣州地区分行制定《赣州地区金融系统资产负债比例和风险管理及贷款发放审查抵押和担保规定》，建立金融机构有效的约束机制和风险防范机制。在全省率先统一推广实施贷款证制度。至年底，全地区发证面80%以上。对赣州市（今章贡区）发放的贷款证进行检查，对未严格按照贷款证要求登记、使用的金融机构进行处罚和通报。建立信贷规模、资产负债比例核查制度，严禁超规模放款，年底，全地区专业银行各项贷款较上年增加12.49亿元，占上级银行下达规模的97%。对非银行金融机构实行资产负债比例管理，对部分县（市）城市信用社和信托投资公司的资本充足率低、存贷款比例偏高、贷款质量差、违规放款等问题进行查处，并提出整改意见，年底，全地区城市信用社存贷款比率为69%，严格控制在省分行核定的75%的比例之内。对中国工商银行与所属信托投资公司脱钩工作进行清查核对。

五、金融债权管理

1997年，中国人民银行赣州地区分行强化监管，防范化解金融风险，全地区计划资金部门开展各类全面或专项检查8次，对506个违规单位、1.61亿元违规金额进行不同形式的查处。做好金融债权管理工作，成立赣州地区金融债权管理工作领导小组，建立信贷资产风险监控季度分析、年度报告制度和域内重点行业、有影响企业财务信贷资产跟踪调查制度，主动向政府部门汇报，争取当地政府部门对银行维护金融债权工作的支持。

1998年，赣州地区行署制定《赣州地区行署关于加强金融债权管理工作的意见》。8月，各县（市）金融债权领导小组对辖内转制企业多头开户进行清理，执行基本存款账户制度，防止改制企业利用多头开户逃废金融债务。建立金融债权情况报告制度，加强金融债权维护，制止企业逃、悬金融债务行为。

1999年，中国人民银行赣州市中心支行强化金融债权，遏制企业逃债行为，制定《赣州地区金融债权管理制度》《赣州地区维护金融债权同业公约》，防范和制止逃废金融债权的行为。开展企业账户清理，一季度对全地区金融机构1998年年底前开设的19053户各类企业账户情况进行全面清理，清理不合理账户644户，其中基本账户45户，一般账户313户，专用账户15户，临时账户271户。及时制裁逃废债企业，重点选择17户严重逃废银行债务行为的企业列入“赣州市第一批逃废金融债权企业名单”，发出限期整改通知书，由债权银行和当地金融债权管理办公室督促企业整改，对未整改的企业采取联合制裁，抑制企业逃废金融债务。

2000年，中国人民银行赣州市中心支行建立企业改制悬空逃废银行债务情况调查制度，按季度向中国人民银行武汉分行报送辖内金融债权工作报告。开展跟踪调查，调整金融制裁措施，对每户企业进行认真分析，提出新的处理意见。

第三节　宏观调控

一、再贷款

1986年，针对工业贷款大量增加，企业资金紧缺的情况，中国人民银行赣州地区分行对赣州市（今章贡区）和大余县25个工业企业流动资金贷款情况进行重点调查，提出综合治理意见。12月，中国人民银行赣州地区分行制定《中国人民银行赣州地区分行临时贷款管理试行办法》，对临时贷款实行地、县（市）两级管理，自1987年1月1日起施行。1988年，中国人民银行赣州地区分行主动争取省分行多增加再贷款，年末净增12679万元，比上年增长17.71%。严格控制再贷款限额和货币投放指标，中国人民银行赣州地区分行牵头组建股份制融资公司，在全地区建立 216 个融资点，形成融资网络，全年融资总额 20 亿元。做好专项贷款发放与收回，与专业银行密切配合，把专项贷款的重点放在支持稀土分离和卷烟生产等 23 个效益较好的技改（基建）项目上，全年发放贷款 3181.8 万元，比上年提高 13.89 个百分点。

1989 年，中国人民银行赣州地区分行制定《赣州地区信贷资金宏观监控办法》，印发各县（市）施行，在全省率先下放资金管理权。通过算账，先后将临时贷款、年度性贷款下放到各人民银行县（市）支行管理。向上级银行请调资金。到年末人民银行再贷款余额由上年末 8.43 亿元增加到 10.15 亿元，净增 1.72 亿元，增长 20.4%。1990 年，中国人民银行赣州地区分行供应再贷款 7500 万元，各专业银行、财政、粮食企业多渠道筹集资金 1.5 亿元，保证夏粮收购和调入资金需要，一季度完成全年收购任务的 94%。四季度安排近 2 亿元资金，保证农副产品、生产资料收购、企业生产和市场供应的资金需要。

1992 年，中国人民银行赣州地区分行制定《全区再贷款规范化操作和管理试行办法》。从二季度起，专业银行向人民银行编制季度（分月）再贷款计划，人民银行对再贷款资金的使用进行监督。把支持农业发展放在首位，支持国营大中型企业作为重点，发放粮食、甘蔗收购资金 1.29 亿元，占各渠道筹措资金的 55.3%，占人民银行新增临时贷款的 78.38%。做好清欠资金管理，注入再贷款 4230 万元，为 589 家企业清理相互拖欠 6213 笔，解开债务链 3.2 亿元。1993 年，中国人民银行赣州地区分行支持地区确定的重点企业生产和重点建设项目的资金需要，收回再贷款 63.08 亿元，发放再贷款 64.48 亿元，新增再贷款 1.4 亿元。其主要投向：确保专业银行支付需要和解决邮政汇兑支付难的问题安排再贷款 2300 万元；支持重点建设项目和效益好的重点企业的资金需要，对赣南炼锡厂、江西齿轮箱厂、赣州钴冶炼厂等供应资金 8040 万元；确保农副产品收购资金需要，全年安排农副产品收购资金 2840 万元。1995 年，中国人民银行赣州地区分行收回非银行金融机构长期占用的 20 天以上再贷款 3345 万元。

1996—1997 年，中国人民银行赣州地区分行发挥再贷款作用，向上级银行争取资金，增加有效投入，缓解商业银行资金和规模压力。1998 年，中国人民银行赣州地区分行向上级银行争取资金，灵活调度，解决辖内国有商业银行和非银行金融机构头寸不足的资金需要，特别是对全地区农村信用社发放的再贷款，促进全地区合作金融体制平稳运行。至 2 月末，全地区人民银行再贷款余额 3.68 亿元，较上年增加 1.81 亿元，增长 95.83%。1999 年，中国人民银行赣州市中心支行对农村信用社发放再贷款 3.49 亿元，年末全市农业贷款净增 1.52 亿元，其中农村信用社增加农业贷款 1.04 亿元，占其各项贷款增量的 61.54%，确保支农资金的需要。2000 年，中国人民银行赣州市中心支行及时安排支农再贷款，发放再贷款 18.78 亿元。4—5 月，开展人民银行信贷资金大检查，对 17 个县（市）支行 1999 年以来的各类再贷款情况进行全面检查。对 1993 年以前发放的尚未收回的 8000 万元老再贷款进行检查清理。6—7 月，中国人民银行赣州市中心支行规范支农再贷款管理与使用，印发《关于进一步规范支农再贷款管理的通知》，对支农再贷款进行严格考核管理，确保支农再贷款用途合理。

二、再贴现

1994 年，中国人民银行赣州分行在域内 10 个县（市）办理再贴现业务 16 笔，提供金额 4298 万元。1995 年，在全地区办理再贴现业务 156 笔，提供金额 1.61 亿元。1996 年，办理再贴现业务 542 笔，提供资金 33084 万元，分别比上年增长 2.47 倍和 1.05 倍。1997 年，办理再贴现业务 681 笔，提供资金 4.39 亿元，分别比上年增长 25.65%和 32.69%。年末，再贴现余额 13390 万元，增长 28.79%。再贴现资金有 84.6%用于支持农业生产和重点骨干企业需要。

1998 年，中国人民银行赣州地区分行推广商业汇票承兑、贴现、再贴现业务，办理再贴现业务 451 笔，提供资金 30841 万元，年末再贴现余额 8344 万元。1999 年，中国人民银行赣州市中心支行提供再贴现 1.48 亿元，优先支持农业信贷需求。2000 年，把再贴现业务延伸到大余县、于都县农村信用社，拓宽农村信用社融资渠道。规范发展再贴现，全市办理票据贴现 2.11 亿元，办理再贴现 7987 万元，年末再贴现余额 2787 万元。

三、利率管理

1986—1994 年，中国人民银行赣州分行强化利率监管，经常组织利率执法检查，维护辖内金融秩序稳定。1995 年，落实存贷款利率督查制度，进行 3 次利率检查，对问题较多的 6 个县 7 家金融机构进行稽核，对检查出的问题进行经济处罚和通报批评。1996 年，组织 4 次利率执法检查，对 816 个金融机构进行重点抽查，查处违规机构 41 个，违规金额 1000 余万元，对违规网点给予 20 多万元的处罚。1997 年 4 月，中国人民银行赣州地区分行出台由所有地级金融机构（含邮政储蓄机构）法人代表或负责人联合签名的承诺遵守储蓄利率政策、严禁违规吸储的公告。建立社会监督体系，向社会公布查处利率违规行为的举报电话，提高举报奖励标准，实行有奖监督，受理 21 次来人、来信举报，接待 414 人次利率咨询。加大查处力度，规范金融机构行为。11 月，对 487 个金融机构执行利率政策情况进行检查，对 109 个违规机构 562 笔 1403.35 万元违规业务进行罚款或冻结存款的处罚。

1998 年，中国人民银行 3 次调整存、贷款利率。中国人民银行赣州地区分行完善利率管理规章制度，加大利率违规的查处力度，制定利率违规举报有奖制度，明确凡举报以手续费等手段违规揽存的，一经查实，给予举报人 1 万元奖励，并为举报人保密，有效提高社会公众对利率违规行为举报的积极性。全年收到举报电函 20 次，并根据举报的事实查处违规行为为 5 起。对 18 个县（市）的 358 个机构网点进行检查，查出违规存款 58 笔，金额 452.9 万元，并按有关规定对违规金融机构进行严厉处理，共处以罚款 192 万元，冻结存款 20 万元。其中，赣州市（今章贡区）5 家储蓄网点发放手续费违规揽储，按照有关规定从严从快进行处理，撤销 1 个违规储蓄机构，对其余 4 家网点各处以 30 万元的罚款。

第四节　现金与货币流通管理

一、现金管理

1986—1988 年，中国人民银行赣州地区分行加强现金管理，组织货币回笼，减少货币投放。1989 年，实现货币净回笼 3.4 亿元，超过省分行下达货币回笼计划。对全地区 10521 个申请办理现金结算卡的单位进行审查，到年末办理结算卡 9325 个，清理多头开户账户 1721 个，完成现金结算卡发证工作。1995 年，完善大额提现审批制度，对各县（市）专业银行备付金率实行监控考核，重新核定城市信用社的备付金率，建立大额提现备案台账，严格控制不合理的货币投放。全地区实现货币净回笼 0.86 亿元，完成省分行下达计划的 123.1%。

1996 年，中国人民银行赣州地区分行组织全地区范围内现金管理大检查，重点对 599 户企事业单位进行抽查，对违规单位进行严肃查处和通报。11 月，地区行署印发《关于切实加强金融监管严格控制货币投放的紧急通知》，要求各县（市）在 12 月开展现金管理后续检查，控制不合理现金投放，增加现金回笼。全年回笼货币 2.08 亿元，占省分行下达指令性计划的 297.27%。1997 年，地区行署印发《关于加强我区现金管理工作的几点意见》，实行“四项管理制度”（领导负责制、审批人委任制、大额现金支付备案报告制、定期或不定期检查制），控制不合理投放。全年回笼货币 8.29 亿元，比上年增长 298.56%，完成省分行下达指令性计划的 2.96 倍。1998 年，全地区回笼现金 15.56 亿元，比上年同期增长 87.69%，完成省分行回笼计划的 222.29%。

1999 年，中国人民银行赣州市中心支行做好大额提现登记备案工作，严格大额提现审批制度，控制不合理的现金支出。采取措施，查处现金违规行为。对全市（地区）金融机构的现金管理情况进行抽查，共抽查金融机构224个，占全市（地区）金融机构总数的17%，抽查现金业务14.12万笔，金额15.1亿元，发现现金违规2190笔，金额9622.3万元。至年末，全市回笼现金20.83亿元，比上年多回笼5.27亿元，同比增长33.87%，比中国人民银行武汉分行下达的11.85亿元的现金回笼计划多回笼8.98亿元。2000年，全市金融机构现金收支为705.22亿元和676.48亿元，分别比上年增长24.5%和25.2%，回笼现金28.75亿元，再创历史新高，同比多回笼现金7.92亿元，完成中国人民银行武汉分行下达全年计划的126.1%。

二、货币流通

1986年，地区行署3次提出组织商品回笼和非商品回笼，控制不合理货币投放，搞好现金调拨，保证农副产品收购现金供应的措施。中国人民银行赣州地区分行坚持按月检查分析现金收支情况，预测货币投放、回笼趋势，及时反馈信息和提出意见。全年现金总收入为22.02亿元，现金总支出为21.36亿元，分别比上年增长15.7%、15.5%；收支相抵净回笼货币6556万元，比上年多回笼1199万元，增长22.32%，完成省分行下达调整计划的187.22%。年末，市场货币量2.74亿元，比上年增加1860万元，增长7.26%。1987年，全地区社会商品零售总额18.16亿元，较上年增长10.04%，年末货币流通量3.06亿元，较上年增长11.68%。集团单位用现量普遍增多。生产、流通领域专业部门分工明细，承包、租赁企业增多，独立经营单位增多，银行现行结算方式适应不了，许多单位携带大量现金进入市场交易。大批农民走农商结合道路，增加货币收入和手持现金。毗邻地区贸易交往扩大，货币流出流入增加。大量农副产品和未经深加工的资源性初级产品外流广东、福建等沿海发达地区，增加域内货币流通量，当年从邻省流入货币2.11亿元，流出货币7034万元，货币净流入1.41亿元，比上年增加49.19%。

1988年，货币流通量增加，呈现银行现金收支净投放、个人手持现金比重增加、边际货币流通净流入、流出增长大于流入增长的特点。年末，全地区货币总量为5亿元，比上年增加1.7亿元，增长51.52%。1989年，市场钞票偏多的状况得到改变，通货膨胀现象有所改善，通过银行的工资性支出和行政企业管理费支出之和为12.3亿元，比上年增长11.82%，比上年增幅下降30.4个百分点，社会集团购买力较上年减少17.26%，年末全地区城乡储蓄存款12.98亿元，比上年增长33.4%。货币流通渠道、环节及分布状况发生较大变化：货币收支规模相对缩小；“稀土热”“建房热”等逐渐回落趋于正常，减少货币投放；集团单位库存现金减少；城乡居民收支渠道发生变化，持币量略减；边际货币流通出现新变化，省际净流入货币2.8亿元，比上年增长64.72%。1990年，全地区经济持续发展，流通领域活跃，全地区银行现金总收入48.68亿元，现金总支出47.09亿元，分别比上年减少0.006%、增加0.034%，净回笼货币1.58亿元，市场货币流通量为4.9亿元。边际货币流通的主要特点：在货币流入物资流出中，农副产品和工矿产品仍是大头，占8%；全年货币流通总规模比上年减少5.73%、货币净流入比上年减少31.33%；劳务输出收入及台胞探亲馈赠收入增大；通过银行结算改革，“三票一卡”（汇票、本票、支票，银行卡）、托收承付结算方式的使用，边际间的现金流量为之减少。

1992年，全地区国民生产总值、财政收入和社会商品零售总额分别比上年增长8.9%、7.5%、13.2%，货币流通量相应增加。年末全地区货币总量5.35亿元，比上年增加0.3亿元，增长5.94%。其特点：银行现金收支相抵净回笼，全地区银行现金总收入88.91亿元，现金总支出87.34亿元，净回笼货币1.57亿元。个体经营收入用于生产性周转份额加大，城镇个体户周转金比上年增长95.5%，农村个体户生产周转金比上年增长66%。个人手持现金量偏多，城镇个体户持币量户平9128元，人平2553元，分别比上年增加3842元和1064元；农村个体户持币量户平5898元，人平1328元，分别比上年增加1684元和377元。城乡居民收入水平差距拉大，城镇和农村个体工商户人均纯收入分别增长54.13%和22.04%，而同期全地区职工平均工资增长8.01%，农民人均纯收入增长11.59%；当年全地区一般城乡居民户平储蓄1841元，占同期调查城乡个体户户平储蓄额的7.01%，比上年下降1.18个百分点。毗邻地区货币流入流出增加，年内从邻省流入货币6.05亿元，流出货币4.18亿元，货币净流入1.87亿元，比上年增加35.67%。

1993年上半年，全地区经济快速增长中出现资金紧张与金融秩序、流通秩序混乱、金融运行十分困难的突出问题；下半年中央采取加强和改善宏观调控后，金融秩序明显好转，反映在货币流通量上大投入与大回笼相互并存。年末全地区市场现金流通量6.4亿元，比上年增长19.63%。全地区净回笼货币2.38亿元，比上年同期多回笼0.78亿元，增长49.68%。1994年，全地区综合经济实力增强，反映在银行信贷、现金收支同时扩大，存大于贷，资金实力增强。现金净回笼减少，市场货币流通量增多。年末市场货币流通量9亿元，较上年末增长28.57%。全地区货币流通呈现出新的特点：大投入小回笼；回笼时间打破常规，上半年回笼势头强劲，下半年则出现投放；货币回笼区域性格局被打破，全地区回笼县（市）由往年的10个减少为4个，货币流向中心城市的趋势更为明显。1995年，全地区货币流通呈现货币回笼中心城市化，在高物价运行格局情况下仍出现货币回笼势头，人、财、物流动引起货币时空流动，带来净流入货币大量增加的特点。全地区货币流通量10.5亿元，比上年增加1.5亿元，增长16.67%，其中集团单位库存现金占12.67%，城乡居民手持现金占87.33%。

1996—2000年，全市（地区）没有进行货币流通调查工作，未曾收集到市场货币量分布状况资料。

第四章　存　款

1986—2000年，赣州市（地区）各金融机构坚持“存款立行、存款兴行”的指导思想，实行对公与对私存款两手抓、人民币与外币存款并重，通过健全组织机构、加强管理与考核、不断推出新产品、建立健全激励约束机制和提高存款业务的科技含量，扩大服务领域，增强吸存功能，为增加信贷资金来源、回笼货币、控制现金投放、稳定市场、实现金融宏观调控做出贡献。2000年年末，全市各项存款219.58亿元，比1985年增长26.87倍；外币存款余额5619万美元；发行长城、牡丹、金穗、龙卡等信用卡17.1万张，受理网点458家，特约商户554家，卡存款余额28983万元，累计交易额10.33亿元。

第一节　对公存款

一、企业存款

1986年，企业存款增加，成为一项稳定的信贷资金来源。各银行机构为稳定企业存款，开办单位定期存款，存期分半年、1年、2年和3年4个档次。中国工商银行赣州地区中心支行所属基层支行设立企业存款专柜，对企业存款大户在结算上提供方便、贷款给予合理倾斜，帮助企业存款大户清收“三角债”，先后增办“厂长（经理）备付金专户存款”“单位大额存单存款”“工资基金存款”“社会统筹劳动保险机构存款”等企业存款种类。中国建设银行赣州地区中心支行利用“以审吸存、以贷吸存”等手段，扩大企业性存款，除吸收传统的自筹基建、技术改造、建安企业、专用基金存款外，还吸收建材、开发、物资、供销、设计等与基本建设相关的单位，以及乡镇企业、私营企业存款，存款范围和数额都有较大增加。1987年，中国银行赣州支行开办单位大额定期存单业务，起存金额1万元人民币，存期分半年、1年、2年、3年4个档次，利率在按存入当日同期限单位定期存款利率基础上上浮

10%，企业可凭大额定期存单或单位定期存款申请质押贷款。此项业务的开办吸引了许多企业到中国银行赣州支行开户结算、存款，新增企业存款 405.4 万元，比 1986 年增长 95.8%。中国人民银行赣州地区分行于 1 月和 9 月先后在赣州市（今章贡区）城区和兴国县试办第一批集体性质的城市信用合作社。城市信用合作社运用比较灵活方便的服务方法开展存、放款业务，两社年末各项存款余额 199 万元，回笼现金 578 万元，投放现金 323 万元，净回笼货币 255 万元。

1988 年，全地区各金融机构企业存款一度滑坡，资金供应趋于紧张。中国银行赣州支行采取开展企业存款奖售活动措施吸引企业存款，对 1 年期以上、存款 5 万元以上的企业单位，发给平价彩电票 1 张或金戒指票 5 张。5 月，中国银行赣州支行在批准贡江储蓄所开办转账结算业务吸收 45 户企业开户结算的基础上，对新办网点争取一步到位升格为分理处。把企业存款列入单项考核，吸引企业开户，当年新增开户 120 户，新增企业存款 159.3 万元。1989 年，中国工商银行赣州地区中心支行对公存款实行“柜组承包、专业挂钩”“重点承包与分流承包”“部门承包、专业挂钩”“层层承包、责任到人”等多种形式的承包制。中国银行赣州支行采取“以贷促存”和增加基层分理处贷款指标等办法，使企业存款保持良好的增长态势，新增企业存款 677 万元。中国建设银行赣州地区中心支行组织和稳定存款，企业存款余额 7003 万元。1990 年，中国工商银行赣州地区中心支行所辖各县级支行会同当地人民银行对企业存款和事业单位存款账户进行清理，对属于财政性存款或一般性存款分别划属，理顺人民银行、工商银行两行关系，稳住存款。中国建设银行赣州地区中心支行采用重点抓自筹基建资金存款、建安企业和开发承包企业存款、零星土建资金存款和扩大信贷领域、以贷吸存等多种办法吸收企业存款，年末企业存款余额 1.25 亿元，当年新增 5475 万元。

1991 年，中国银行赣州支行推出新的业务种类和服务项目，开办存款和票据托收预约转存业务，使部分结算资金转变为存款资金；通过一定的信贷支持吸收企业存款，当年企业存款新增 1127 万元。中国建设银行赣州地区中心支行筹措资金，开展对公存款吸存工作，年底企业存款 1.44 亿元，当年新增 1911 万元。1992 年，中国工商银行赣州地区中心支行所辖支行成立对公存款专门机构，制定《对公存款目标考核办法》，编制对公存款计划，实行存、贷、汇、房改、外汇等一条龙配套服务，发展“单位一般定期存款”“厂长（经理）备付金存款”等对公存款种类，抓住社会保险和保险公司发展的有利时机，采取责任到人，财务分解的办法，争取保费存款。抓住政府征收城市增容费等存款增长点，上门服务，使对公存款稳定增加。中国建设银行赣州地区中心支行新增企业存款 6757 万元，完成计划新增 2000 万元的 338%。1993 年 8 月，对公存款更是大幅度下降。各银行采取措施促进公存款增长。中国工商银行赣州地区分行开展“奋战一百天，增加公存一亿元”公存大战活动，增存 16059.4 万元，推广使用“信贷企业销售收入归行率”的考核办法，有 705 户信贷企业与中国工商银行赣州地区分行签订货款收入归行率协议，占全行信贷企业的 61.95%，从 9 月始，对公存款逐月回升。中国银行赣州地区分行开办证券预约转存业务，将部分证券交易资金转化为存款资金；注重抓大户资金，开展基金联营，实施《信贷企业备付金管理暂行办法》，规定信贷企业必须按贷款余额3%～5%预留付息、缴税、支付工资备用金，增加收息收本的保障和可观的企业存款，当年仅中国银行赣州地区分行营业部保证金存款就达 300 万元。中国建设银行赣州地区分行增强资金实力，密切银企合作关系，为京九铁路建设做好服务，确保铁路建设资金体内循环，企业存款余额 2.57 亿元，当年新增 4519 万元。1994 年，京九铁路沿线建设银行各县级支行抓住京九铁路赣南段建设机遇，促进企业存款快速增长，企业存款余额 4.99 亿元，新增 2.42 亿元。中国工商银行赣州地区分行完善对公存款承包机制，对大户存款单位按月平均增加额的 1‰进行奖励，把任务分解到人，与工资、奖金挂钩。1995 年，中国工商银行赣州地区分行推出“对公存款计价经营办法”，采取以贷引存的办法增加存款，发放以贷吸存贷款 2603 万元，争取到“交通违章罚款”的代收、防洪保安资金和以工代赈资金存款。

1997年，中国银行赣州地区分行率先在所辖大厦分理处、标准钟分理处试行处（所）主任竞聘上岗制，发挥基层分理处吸收企业存款的积极性，在全辖开展存款十强、十差处（所）评比活动，掀起存款工作高潮，中国银行寻乌县支行当年新增存款市场占有率70%。中国工商银行赣州地区分行强化领导挂户走访联系制度，重点抓好财政、邮电、电力、公路、保险等十大系统50户公存大户的公存款，还与105个大户签订存款合作协议。年末，十大系统存款余额2.51亿元，占中国工商银行赣州地区分行对公存款总额的30.6%，安排以贷吸存贷款8460万元，落实新增贷款缴存风险保证金制度和签发银行承兑汇票保证金制度，年末保证金余额3773万元，保证金率提高16个百分点。1998年，中国工商银行赣州地区分行争取财政性存款，做好邮电分家后的新开户工作，拓展券商存款，组织学杂费存款，吸收招商引资户存款，做好有贷单位、有票单位的稳存增存，年末对公存款同比增加1.42亿元，增长15.08%。中国银行赣州地区分行设立集经营存贷款业务于一身的展业规划部，规定展业人员收入按比例计提，上不封顶、下不保底。改革存款考核办法，设存款新增市场占有率、网点新增存款平均余额和网点平均存款余额三项指标，逐月评比考核，分别设“存款新增市场占有率第一名”“网点新增存款平均额第一名”“网点平均存款余额第一名”三面流动红旗，开展形式多样的存款工作竞赛，拓展存款业务，全年新增企业存款1.21亿元，增长42%。

1999年，中国工商银行赣州市分行建立和完善责任机制，在对公存款的管理上实行部门领导负责制，对原有存款客户分为重点大户、基本客户和一般客户，重点大户由行领导负责，基本客户和一般客户由业务部门负责，着重抓财政性资金、社保资金、以工代赈、民政优抚、福利彩票等存款，社会保障基金、以工代赈、民政优抚、福利彩票成为新的存款增长点，共增存4900余万元。

中国银行赣州市分行在考核基本目标、考核目标和奋斗目标的基础上，综合考核日平均、旬平均和月净增余额，归口信贷业务科管理，全年全辖新增企业存款8127万元，增长19.8%。中国建设银行赣州市分行巩固和扩大对公存款市场份额，为客户提供全方位的金融服务和多功能金融产品，开办代发工资，代理证券，代收水电费、有线电视收视费、电话费、税费、住房公积金、保险费等业务，当年企业存款余额8.24亿元，新增1.95亿元。2000年，中国工商银行赣州市分行实行对公存款升级上档考核奖励办法，在新增额、旬均增额、月平均增量、同业占比、活期占比等四项考核中，提高同业占比权重，加大同业占比考核力度，并增设“贡献率”作为加分因素。落实行长挂户责任制，制定“月监测、季通报、年总评”的行长挂户考核机制，完善存款信息网络系统，增强对公存款工作的主动性和超前性，提前介入赣（州）龙（岩）铁路、赣（州）定（南）高速公路、部队工程建设、育林基金等大型工程的揽存工作，培植存款新的增长点。中国银行赣州市分行健全企业存款营销机制，采取以存、贷、结算等各种服务方式相结合的营销策略，满足客户全方位的需求，建立大户联系制度，搞好跟踪服务；完善客户经理制，建立企业存款动态分析制度，采取营销对策，全年新增企业存款9988万元，增长20.4%。

二、农村企事业单位存款

1986—1995年，农村存款在信用社会计科目反映为“集体存款”，业务分工原则为农村机关团体、企事业单位存款、财政性存款、国有工矿企业存款一律在国有银行开户，农村乡镇企业、联户办企业存款在农村信用社开户。1986年年末，农村信用社集体存款余额3303万元。1987年，农村信用联社开展劳动竞赛，增加“农户生产基金存款”种类，年末各项存款余额超100万元的乡镇信用合作社有71个，占全地区乡镇信用社总数的20%，年底，农村信用联社存款比年初净增7000万元。1989年，中国农业银行赣州地区中心支行对农村信用联社实行“以存定贷、多存多贷”的信贷计划，调动农村信用联社组织存款的积极性。1993年，地区农村信用联社增设18个营业网点，京九铁路沿线的信用社开展向施工单位揽储活动。1994年起，地区农村信用联社树立“存款立社”共识，提出“存款超计划、超历史、超各专业银行”的奋斗目标。1995年年末，存款余额1.21亿元。

1996年，农村信用社与中国农业银行脱钩，取消企业开户行选择的限制，与其他金融机构平等开展各项业务，会计科目改为“农村企事业单位存款”。农村个体私营企业和其他工商业迅速发展，农村存款不断增长，至年末，农村信用社对公存款余额1.42亿元。12月，中国农业发展银行赣州地区分行成立，加强对农村政策性企事业单位和专项存款的管理。1997年初，中国农业发展银行赣州地区分行要求农村政策性贷款企业只能在当地农业发展银行开立基本存款账户，未经农业发展银行同意和当地人民银行批准，任何企业不能以任何借口在其他金融机构开立辅助存款账户。农发行各县级支行会同人民银行等有关部门抓好政策性贷款企业多头开户的存款清理归位。建立严格的销货款归行检查制度，督促企业销货款及时回笼归行。资金体外循环大大减少，企业存款稳步增长。年末，中国农业发展银行赣州地区分行企事业单位存款比1996年末增长2327万元，达到7906万元；各项存款比上年净增3753万元，达到9531万元。

1998年4月，中国农业发展银行赣州地区分行为实现收购资金贷款封闭运行，对独立核算的粮棉油企业收购资金、日常经营性资金及其他专项资金，按资金来源性质和使用要求分别实行专户管理，建立“一基三专”账户管理制度，设立企业基本存款户、收购资金存款专户、企业财务资金存款专户、单位应付利息存款专户，对企业销货款和财政拨补款及收购贷款首先转入基本账户，然后按性质和用途及时分配到各专户中，并根据各自的用途监督企业支付使用。当年各项存款下降至2487万元，比1997年下降7044万元。1999年，中国农业发展银行赣州市分行狠抓企事业单位存款和财政专项存款的吸存，根据存款性质相应设置单位活期存款、单位定期存款和专项存款，各项存款逐年上升。2000年末，中国农业发展银行赣州市分行各项存款余额6858万元，比1998年增加4371万元，其中专项存款2050万元，比1996年增长930%。全市农村信用社对公存款余额3.66亿元，比与中国农业银行脱钩前的1995年净增2.45亿元，增长202%。

1986—2000年赣州市（地区）金融机构各项存款余额统计表

表30-4-1　　单位：万元

年份	企业存款	财政存款	机关团体存款	城镇储蓄存款	农村存款	信托存款	其他存款	合计
1986年	39174	6247	6338	53276	11554	3835	14008	134432
1987年	48535	6647	7199	73462	15322	4753	15301	171219
1988年	52041	7751	5921	97429	16142	6556	20429	206269
1989年	46050	9424	7678	130273	18389	5775	9597	227186
1990年	62545	11742	9031	172558	17906	6996	11974	292752
1991年	76999	8336	10275	223634	19857	2907	22746	364754
1992年	97224	11734	10530	286114	18938	6492	49715	480747
1993年	114754	10400	9569	396229	47097	3513	51494	633056
1994年	193127	8314	12834	559324	4322	4181	27655	809757
1995年	214653	13520	13593	752055	3652	10742	26030	1034245
1996年	220148	15850	14828	954839	3235	8419	35908	1253227
1997年	257281	17232	17091	1114788	3837	10670	45807	1466706
1998年	304888	22213	23388	1320644	21304	5657	40085	1738179
1999年	367991	31873	30951	1525142	25203	5624	42204	2028988
2000年	392086	17405	43431	1670654	34647	4244	33330	2195797

说明：1998年“农村存款”更改为“农业存款”

表 30-4-2

1986—2000年赣州市（地区）银行各项存款余额统计表

单位：万元

年份	企业存款	财政存款	机关团体存款	城镇储蓄存款	农村存款	信托存款	其他存款	合计
1986年	36304	6247	6338	35575	11554	2553	4985	103556
1987年	43725	6647	7199	50116	15322	1715	6886	131610
1988年	47116	7751	5921	71086	16142	1229	7802	157047
1989年	42364	9424	7678	97076	18389	1031	9029	184991
1990年	58563	11742	9031	128278	17906	1122	10751	237393
1991年	70355	8336	10275	166424	19857	1819	14518	291584
1992年	87208	11734	10530	212504	28935	5927	21301	378139
1993年	103625	10400	9569	292635	47079	2261	27743	493312
1994年	160598	8314	12834	412402	4322	2313	—	600783
1995年	178332	13520	13593	542347	3625	5202	—	756619
1996年	176314	15850	14828	765694	3235	3684	—	979605
1997年	210859	17232	17091	780270	3837	4091	—	1033380
1998年	251277	20103	23125	930680	4533	2298	19768	1251784
1999年	299050	29201	30542	1074890	5609	—	20471	1459763
2000年	338074	15010	41922	1189198	6099	—	29441	1619744

说明：1998年“农村存款”更改为“农业存款”

三、外币公存款

1986—1989年，外币存款业务由中国银行赣州支行独家办理。单位外币存款主要来源有“三资”企业外币存款、外债专用基金账户存款、引进技术项目配汇资金存款、对外工程承包企业和旅游企业外币存款。1989年1月，中国建设银行江西省分行国际业务部赣州市分理处设立，8月开始对外办理外币存款业务。至年末，全地区外币企业存款余额11.87万美元。

1991年1月，中国工商银行赣州地区中心支行设立国际业务部并正式营业，办理外汇存、贷及结算业务，16家“三资”企业在该行开户。至年末，全地区外币企业存款余额103万美元。1992年，中国农业银行赣州地区中心支行国际业务部开张营业。中国工商银行赣州地区中心支行在18个县级支行均选择一个中心储蓄所开办外币储蓄存款业务。1993年，中国建设银行赣州地区分行开始将外汇存款列入目标考核。中国工商银行赣州地区分行在赣州市（今章贡区）支行和大余县支行成立国际业务部，12个县级支行外币储蓄所取得江西省外汇管理局颁发的经营外汇业务许可证。

1994年，国家外汇管理取消外汇额度，实行现汇留成制。中国工商银行赣州地区分行大力开展结售汇业务，18个县级支行外币储蓄代办点都办理结售汇业务，全年办理结汇1203笔、金额254万美元，售汇32笔、金额335万美元，通过本外币一起抓，外币储蓄存款增加103万美元。中国建设银行赣州地区分行对开办外币储蓄业务的储蓄网点实行承包责任制，制定奖惩措施，调动外币储蓄网点员工的积极性，对外币存款利率上浮5%，发行外币大额可转让存单，利率上浮10%。年底，外币储蓄存款首次超过外币单位存款，余额31.59万美元。开办代理中国建设银行江西省分行结售汇业务，增加外汇业务品种，落实外汇业务资本金，取得外汇业务自营权，直接办理外汇存款、外汇贷款、外汇兑换和外汇汇款等项业务，到1995年年底，单位外币存款余额52万美元。

1995年，中国工商银行赣州地区分行根据外汇贷款企业外汇资产中“三项贷款”（逾期贷款、呆滞贷款、呆账贷款）占比达79%的实际情况，采取清产核资的办法对“三项贷款”重新办理担保、抵押手续，通过支、帮、促，帮助企业走出困境，外汇业务健康发展，年底各项外币存款达37万美元。至年末，全地区外币企业存款余额429万美元。1996年年末，全地区外币企业存款余额293万美元。1997年，中国工商银行赣州地区分行在保持原有外汇业务服务项目、内容不变的基础上，增加新业务品种。通过增加外资及外贸企业开户面，增加单位外币存款14万美元。年末，全地区外币企业存款余额508万美元。1998年，中国工商银行赣州分行将外币储蓄存款纳入各县级支行行长考核目标，制定《本外币资金存储互补办法》，实行打包、押汇等贷款规模优先安排、结售汇业务资金廉价供应（最低拆出资金利率）的信贷资金策略，将外汇市场分为工贸、外贸进出口、外资3类，有针对性地培植优质客户群体。中国农业银行赣州地区分行为解决县域客户结汇不便的问题，推出“委托办理结汇”业务，客户只需凭传真指令进行结汇操作，就能将资金进入指定账户，减少涉外企业旅费开支，加速资金周转。至年末，全地区外币企业存款余额456万美元。1999年，中国工商银行赣州地区分行开办小额存单质押贷业务，吸引外币存款30万美元。中国建设银行赣州市分行把办理外币存款业务的工作重心转到“三资”企业存款和为有出口贸易业务的企业提供结售汇服务上，及时准确办理各项业务。年末，全市外币企业存款余额517万美元。2000年，全市外币企业存款余额566万美元。

第二节 城乡居民储蓄存款

全市（地区）金融机构实行国家统一的存款利率政策和对人民储蓄存款实行保护和鼓励的政策，吸纳城乡居民储蓄存款。2000年4月起，全市金融机构按照国务院《个人存款账户实名制规定》实行个人存款账户实名制。

一、储蓄网点

全市（地区）办理储蓄存款的金融机构有银行办的营业所、营业部、分理处、储蓄所、储蓄专柜，农村信用合作社联合社和城市信用社办的独立核算的信用社或非独立核算的信用分社以及村级信用代办点，银行与企事业单位和社会团体合作的联办储蓄所、储蓄代办所等多种类型的网点。

1986—1988年，储蓄网点由各专业银行、农村信用合作社联合社和城市信用社自行安排和设置规划。1989年，全地区金融机构加强储蓄网点建设，网点建设以效益优先为基点，走内涵发展、集约化经营的道路；培育融存、放、汇款及个人金融服务项目为一体的多功能、综合性储蓄所；调整网点，对单产低、效益差、位置偏、缺乏发展潜力的网点进行撤、并、迁、改，创建一批闹市区、大门面、电脑化、柜员制、多功能、高产量、效益好的骨干储蓄所。1996年，建设多功能、综合性储蓄网点，新设立的储蓄网点大多为分理处，办理存、贷、汇等全面业务，对部分储蓄所还升格为分理处。原有的联办所、联办点全部改为自办所。2000年年底，全市有储蓄网点1523个，其中中国工商银行赣州市分行175个、中国农业银行赣州市分行356个、中国银行赣州市分行51个、中国建设银行赣州市分行89个、农信社联合社558个、市商业银行23个、邮政储汇局271个。

二、人民币储蓄种类

1986年，全地区各金融机构向社会推出储蓄新品种，主要有定期有息摸奖储蓄、实物贴水储蓄、大额定期储蓄、礼券储蓄、有奖有息出国旅游储蓄、自选号码有奖储蓄、住房解困有奖有息定期储蓄、一路发定期有奖有息储蓄、个体户存贷结合储蓄、预约证券储蓄、希望工程储蓄、巾帼建功储蓄、爱我江西建功储蓄、月月红储蓄、安居乐业储蓄、人身保险储蓄、爱心储蓄、电话预约安装储蓄、邮政汇兑转储、恭喜发财有奖储蓄、本外币定期一本通储蓄、人民币活期一本通储蓄和教育储蓄等。开办代储户保管有价单证的代保管业务。1993年1月起，全地区各金融机构陆续开办多种储蓄存款种类。

三、人民币储蓄吸储

全市（地区）各金融机构采取提高服务质量、加快电子化建设、加大吸储力度、调整储蓄网点布局、建设骨干网点、创新储蓄品种等措施，挖掘储源，开拓业务，城乡储蓄存款由1986年的5亿元增长到2000年的167亿元。

1986年，中国工商银行赣州地区中心支行开始为单位代发工资。大型储蓄所试办个体工商户贷款，实行存贷、汇一条龙服务，代理发行金融债券、代理发行和兑付国库券等。地区邮电局6月18日组建邮政储汇科，负责经办赣州市（今章贡区）及筹办17个县级局邮储业务，6月20日开设南门储蓄所，首办邮储业务，发行首日封1枚并举办开业典礼。17个县（市）局相继开办邮储业务。1987年，中国建设银行赣州地区中心支行开始试办居民储蓄业务，第一个储蓄所（建设储蓄所）6月开业。到年底，中国建设银行赣州地区中心支行拥有储蓄所24个，吸收居民储蓄存款253万元。地区邮储局开办代发工资转活期储蓄业务，宁都、石城、兴国、于都、上犹、崇义、南康、赣县等8个县邮政储汇局开办有奖储蓄业务，吸储55.14万元。

1988年，各金融机构推出“儿童储蓄”“实物贴水储蓄”“好当家有奖有息储蓄”“住宅储蓄”“纯金戒指有奖保本储蓄”“大面额定期储蓄存单”等储种，并开办保值储蓄业务，回笼货币。中国工商银行赣州地区中心支行开始在储蓄部门实行承包责任制。中国建设银行赣州地区中心支行在储蓄网点实行以定人员编制、定期末储蓄余额、定费用开支标准为主要内容的经营承包制，全辖有46个储蓄所（柜）实行承包责任制，并开展对各网点实行储蓄事后监督，成立筹资储蓄科，规范储蓄业务的管理，新增存款1853万元。1989年，中国工商银行赣州地区中心支行实行“一包四挂”（包储蓄增长任务，储蓄余额与工资、增长额与资金、业务量与鼓励金、服务质量与月综合奖挂钩）等内容的“浮滚两动”储蓄存款承包办法。地区邮政储汇局全面开办定期定额储蓄，增设3个月定期存款档次，在全辖各储蓄网点推出集邮金饰有奖储蓄，南康县、于都县和兴国县邮政储汇局开办汇款转储蓄业务。1990年，中国建设银行赣州地区中心支行实施《储蓄联办所、代办所管理实施细则》《储蓄所储额工资费用含量承包暂行办法》《储蓄人员岗位责任制》《储蓄事后监督电算化验收暂行办法》《储蓄专业技术等级达标升级办法》等规章制度，年底储蓄存款余额7075万元，新增1814万元。邮政储蓄收入由手续费计收改为按利差提成，邮政储汇经营自主权有所增强，地区邮政储汇局动员广大邮电职工劝储协储，开展邮政储蓄短程竞赛，参加“江西省邮政储蓄5亿元达标竞赛”，增设9个月定期存款档次，邮政储蓄存款余额3480万元。1991年，中国工商银行赣州地区中心支行重点抓住集体零存整取转存和开户、退储转存，发行大额可转让存单、试办存款抵押贷款。中国农业银行赣州地区中心支行调整存款结构，活期存款比重有所上升。中国建设银行赣州地区中心支行开展“勤俭持家”储蓄活动及以优异成绩向党的生日献礼增存竞赛活动，储蓄存款突破1亿元，达1.11亿元，当年新增4092万元。各邮电局（所）相继办理邮政储蓄业务，并以县级局为单位，按邮政储蓄业务收入25%的比例提取代办酬金。1992年，中国工商银行赣州地区中心支行发展代发工资业务，发展代发工资单位765个，户数5507户，保留余额1218.1万元，以贷引存，发放以贷引存专项贷款1021万元，直接稳定储蓄存款574万元，发行“大额可转让定期存单”1.27亿元。采用“以岗定责，责任到人，按岗定奖”的做法，在赣州市（今章贡区）支行储蓄网点进行储蓄事中监督试点。中国建设银行赣州地区中心支行开展“全国建行储蓄存款突破500亿元、全省建行储蓄突破10亿元”宣传服务周活动，与地区妇女联合会联合开展“巾帼建功”储蓄活动，储蓄存款余额16305万元，当年新增5138万元。

1993年，各金融机构建网点、抓服务、上储种，想方设法稳住储户、稳定存款。中国工商银行赣州地区分行改善储蓄网点工作环境，提高集体零整转存率，相继开办“打工汇款储蓄”“台胞回乡定居保证金储蓄”“爱国储蓄”等储蓄品种。中国建设银行赣州地区分行开展“全国建行储蓄存款超千亿元、全省建行储蓄存款超二十亿元宣传服务周”活动，储蓄存款突破2亿元，余额2.66亿元，新增存款1.03亿元。中国银行赣州地区分行开办证券预约转存业务，将部分证券交易资金转化为储蓄存款资金。地区邮政储汇局于12月1日至次年2月6日，开展“新春乐”有奖储蓄活动，销售奖券300万元。1994年，中国工商银行赣州地区分行完善储蓄激励机制，加大奖励幅度，制定完成考核内任务奖10‰、超任务部分奖20‰、人均吸储和同业占比达到任务要求超任务部分奖30‰的政策。开办“打工储蓄”，吸储3000万元；开展“建功储蓄”业务活动，吸储308万元。试行“代收税款、水电费、学杂费、养路费、煤气费”等代收业务，并在业务处理上实行电脑操作，所辖66个网点实行联网通兑。

1995年，中国工商银行赣州地区分行制定《储蓄存款财务考核办法》，细化考核指标，加大所均增储额、人均吸储量、市场占有率、活期占比、新兴业务占比等指标的考核力度。加快新业务发展，使代发工资单位增至1090个，代发工资2.55亿元，年末保留金额4326万元。与共青团赣州地区委员会组织联合发行“希望工程献爱心建功有奖储蓄”奖票，吸储1949万元。地区邮政储汇局开办赣州市（今章贡区）内住宅自费电话、大哥大、BP机初装费专项邮政储蓄业务。1996年，中国工商银行赣州地区分行完善增储考核激励机制，推出全年任务与后4个月活工资挂钩考核办法，在瑞金市、宁都县支行进行试点。拓展代理个人金融业务，抓好代发工资、代理公用事业收费、代理债券、发放小额质押贷款等业务。地区邮政储汇局开始办理跨地区的地（市）、县间及域内县（市）间异地存取款业务。1997年，中国工商银行赣州地区分行开办本外币“一本通”业务，开户数990户，增加存款120万元。逐步介入证券市场，代理证券资金存取，与华厦证券赣州营业部达成代理协议，取得全面代理华厦证券交易资金存取的代理权。全辖151个储蓄所全面开通活期通存通兑业务。在所辖瑞金、兴国、宁都3个县（市）级支行推广储蓄成本目标管理办法。继续扩大代发工资业务，年末代发单位1421个，参储人数12.8万人，保留余额10.31亿元。有92个机构相继开办代收水费、电费、养路费、交通违章罚款、税款等业务，累计代收1.03亿元。加快通知储蓄存款的发展，通知储蓄比年初增加4319万元。地区邮政储汇局邮储事后监督计算机系统全部建成，所辖各县级邮政储汇局邮储事后监督全部进入网络，并与江西省邮政储汇局联网。1998年，中国工商银行赣州地区分行制定《储蓄所分级分档管理实施方案》，确定储蓄机构的级别档次和所主任、储蓄员的相应津贴待遇，把竞争机制引入储蓄专业管理，全辖1000万元以上所增加20个、3000万元以上所增加7个、5000万元以上所增加5个。巩固和发展代理个人金融业务，新开设代理股民缴存保证金、代理个体税款业务，建立《储蓄所对外业务分片管理制度》，对储蓄所辖内个体大户情况实行登记，采取上门公关服务。1999年，中国工商银行赣州地区分行对《存款升级分档管理方案》作修订完善，对县级行储蓄网点布局作战略性调整，撤并一批低产、低效储蓄网点。地区邮政储汇局试办国内邮政储蓄入账汇款新业务。2000年，中国工商银行赣州市分行把存款效益和有效益存款作为储蓄业务的经营定位，狠抓网点单产效益，加大低产、低效网点的撤并力度，选择新址设立网点3个。试开办“个人理财”和代缴固定电话费、代售神通卡、代理发行“中华风采”福利彩票、代理个人保险等业务，开通全省工商银行活期储蓄异地通存通兑业务。开通网上银行和手机银行的个人业务。地区邮政储汇局实现全国活期储蓄存款通存通取，开办代收水、电、煤气费，代发养老金、代理保险、代收各项电信费用等业务。

表 30－4－3

1986—2000 年赣州市（地区）城乡储蓄存款余额统计表

年份	合计（万元）	城镇储蓄存款						农户储蓄存款		
		银行储蓄存款（万元）	比上年增减(%)	其中定期存款（万元）	城信社储蓄余额（万元）	比上年增减(%)	其中定期存款（万元）	存款余额（万元）	比上年增减(%)	其中定期存款（万元）
1986 年	53276	35575	38.83	25851	—	—	—	17701	34.19	10702
1987 年	73462	50166	41.01	36037	19	—	8	23277	31.50	14067
1988 年	97429	71086	41.70	49351	174	815.79	59	26169	12.42	15677
1989 年	130273	97076	36.56	74593	405	132.76	223	32792	25.31	21488
1990 年	172558	128278	32.14	103351	716	76.79	432	43564	32.85	29675
1991 年	223634	166424	29.74	134726	1265	76.78	841	55945	28.42	38873
1992 年	286114	212504	27.69	165759	2653	109.72	1392	70957	26.83	49511
1993 年	396229	292635	37.71	216729	5086	91.71	2196	98508	38.83	67904
1994 年	559324	412402	40.93	296103	11919	134.35	6480	135003	37.05	94828
1995 年	752055	542347	31.51	393596	32818	175.34	13890	176890	31.03	125763
1996 年	954839	675694	24.59	499136	64202	95.63	43906	214943	21.51	154450
1997 年	1114788	780270	15.48	570005	90152	40.42	66891	244366	13.69	181796
1998 年	1320644	930680	19.28	661916	111546	23.73	85326	278418	13.93	204503
1999 年	1525142	1074892	15.50	727647	146310	31.17	115338	303940	9.17	215920
2000 年	1670654	1189198	10.63	749622	129678	－11.37	104397	351778	15.74	246446

四、人民币储蓄监管

1987 年 8 月和 11 月，中国人民银行赣州地区分行印发《关于开办大额定期存单业务有关问题的紧急通知》《关于加强有奖储蓄管理工作的通知》，对专业银行和非银行金融机构需要开办大额定期存单业务的按规定及时向省分行申报；对各专业银行和非银行金融机构开办有奖储蓄，必须做好可行性分析，合理确定发行额度，坚持存款自愿，严禁强行摊派，实行奖息结合，不得以奖代息，奖金和利息之间应与同档次的定期储蓄存款利息金额相符，不得以任何借口变相提高利率水平，有奖储蓄的券面金额，根据当地居民收入水平高低，在 10～100 元之间酌定，中奖面一般在 30%左右，最低不得少于 20%，头奖金额应按开奖组金额大小酌情确定，一般以不超过 5000 元为宜，奖金原则上以现金支付。1989 年 5 月，中国人民银行赣州地区分行对大额可转让定期存单进行监管。1989 年 6 月，停办存期累进储蓄存款业务，对已办理此项存款的银行在征得储户同意后把存款转为正常的活期或定期存款。1990 年 4 月，加强对储蓄的监管。1992 年 12 月，对活期储蓄种类和计息、定期储蓄和计息规定进行监管。1999—2000 年，对通知存款、教育储蓄和个人存款账户实名制进行监管。

中国人民银行赣州地区分行每年均对各金融单位的机构、利率、吸储等方面进行监督检查。20 世纪 90 年代初，各金融机构为扩大自身业务，提高储蓄存款市场份额，使出各种招数吸储。中国人民银行赣州地区分行加强监督力度，例行常规稽核审计，进行专项检查，对超范围吸储、违反利率政策、擅自发行大额定期存单、转移财政性存款、公款私存等检查发现的问题及时追查处理，维护公平竞争，抑制违规行为。

1986—2000 年中国人民银行赣州分行对金融机构存、贷利率调整情况统计表

表 30-4-4　　　　单位：%

执行时间	金融机构存款年利率		对金融机构贷款年利率				
	存款准备金	备付金存款	20 天以内	3 个月以内	6 个月以内	1 年	再贴现
1986 年 8 月	5.04	5.76	6.48	6.84	—	7.20	按同档次利率下浮 5%～10%
1988 年 9 月	5.04	6.48	6.84	7.56	—	8.28	按同档次利率下浮 5%～10%
1989 年 2 月	7.20	8.64	9.00	9.72	—	10.44	按同档次利率下浮 5%～10%
1990 年 3 月	7.92	7.92	9.00	9.00	—	9.00	按同档次利率下浮 5%～10%
1990 年 8 月	6.84	6.84	7.92	7.92	—	7.92	按同档次利率下浮 5%～10%
1991 年 4 月	6.12	6.12	7.20	7.20	7.20	7.20	按同档次利率下浮 5%～10%
1993 年 5 月	7.56	7.56	8.46	8.64	8.82	9.00	按同档次利率下浮 5%～10%
1993 年 7 月	9.18	9.18	10.08	10.26	10.44	10.62	按同档次利率下浮 5%～10%
1995 年 1 月	9.18	9.18	10.26	10.44	10.71	10.89	按同档次利率下浮 5%～10%
1995 年 7 月	9.18	9.18	10.44	10.62	10.98	11.16	按同档次利率下浮 5%～10%
1996 年 5 月	8.82	8.82	9.00	10.08	10.17	10.98	按同档次利率下浮 5%～10%
1996 年 8 月	8.28	7.92	9.00	9.72	10.17	10.62	按同档次利率下浮 5%～10%
1997 年 10 月	7.56	7.02	8.55	8.82	9.09	9.36	按同档次利率下浮 5%～10%
1998 年 3 月	5.22	5.22	6.39	6.84	7.02	7.92	6.03
1998 年 7 月	3.51	3.51	5.22	5.49	5.58	5.67	4.32
1998 年 12 月	3.24	3.24	4.59	4.86	5.04	5.13	3.96
1999 年 6 月	2.07	—	2.25	2.52	2.70	2.79	2.16

五、外币、港澳台币储蓄存款

1986 年，外币及港澳台币存款业务由中国银行赣州支行独家办理。办理的存款币种有美元、英镑、西德马克、法国法郎和日元等 5 种外币和港币，外币及港币储蓄存款余额 6 万美元。1987 年 11 月，开办加拿大元、荷兰盾、瑞士法郎、比利时法郎 4 种外汇存款和新台币兑换业务，但未开办外钞账户。其他凡属可自由兑换的外币均可折成上述货币存入，支取时本利息均支付同类外币。外币及港澳台币储蓄存款余额 12 万美元。1991 年 6 月，中国银行赣州支行开办外币票据托收预约转存业务。年末全地区外币及港澳台币储蓄存款余额 430 万美元。1992 年，中国农业银行赣州地区中心支行国际业务部开张营业。中国工商银行赣州地区中心支行在全辖 18 个县级支行选择一个中心储蓄所开办外币及港澳台币储蓄存款业务，并在 5 月开通台湾私人汇款业务，全年受理台湾私人汇款转存款 270 笔、金额 37 万美元。年末全地区外币及港澳台币储蓄存款余额 736 万美元。1994 年，取消外汇额度，实行现汇留成制。中国工商银行赣州地区分行开展结售汇业务，全辖 18 个县级支行外币储蓄代办点均办理结售汇业务，全年办理结汇 1203 笔，金额 254 万美元，售汇 32 笔，金额 335 万美元，外币及港澳台币储蓄存款增加 103 万美元。中国建设银行赣州地区分行对开办外币及港澳台币储蓄业务的储蓄网点实行承包责任制，制定奖惩措施，调动外币储蓄网点员工的积极性，对外币存款利率上浮 5%，发行外币大额可转让存单，利率上浮 10%，适时开办代理中国建设银行江西省分行结售汇业务，增加外汇业务品种，落实外汇业务资本金，取得外汇业务自营权，直接办理外汇存款、外汇贷款、外汇兑换和外汇汇款等项业务。至年末，全地区外币储蓄存款余额 1535 万美元。1995 年，中国农业银行赣州地区分行在所辖 25 个外汇储蓄网点全面开通电脑外币业务。全地区外币及港澳台币储蓄存款余额 1584 万美元。

1996 年，中国工商银行赣州地区分行加强与台办、侨办等部门的联系，与台办签订揽储协议，建立重点台属档案，增加存单抵押贷款力度，新增台币存款 16 万美元。实行外币贷款以国有大中型企业

进口付汇为前提，人民币贷款则优先考虑信用证项下打包放款及进口购汇，以信贷促结算、结算促结售汇、结售汇促人民币存款增加，年底外币及港澳台币存款余额408万美元。中国农业银行赣州地区分行对县级支行实行“上不封顶、下可保底”的考核办法，并实施让利给县级支行的资金买卖制。在巩固与花旗银行、费城国民银行、香港汇丰银行设在东京、纽约、伦敦、新加坡等地区分行的代理行关系的基础上，又发展到与上述3家银行的台北市分行开通台湾私人汇款专线。中国建设银行赣州地区分行加大发展外币及港澳台币储蓄存款的力度，外币及港澳台币储蓄存款达到88.69万美元，比上年增长2倍。年末，全地区外币及港澳台币储蓄存款余额1810万美元。1997年，全地区外币及港澳台币储蓄存款余额2099万美元，1998年年末2867万美元，1999年年末3650万美元，2000年年末5053万美元。

第三节　存款利率

一、利率调整

1986—2000年，赣州市（地区）执行中国人民银行规定的存款利率，中国人民银行先后14次调整存款利率。

1988年9月1日和1989年2月1日，2次调高利率。1988年9月1日在调高存款利率的同时，增设2年期利率档次。1990年4月15日、1990年8月21日、1991年4月21日连续3次下调存款利率，平均下调1个百分点。1993年5月15日，调高存款利率，平均上调1.19个百分点。

1993年，定期存款提前支取时的计息改按支取日挂牌公告的活期存款利率计息，不再按已存日期的同档次利率计息；存款逾期部分的计息，其超过原定存期的部分，除约定自动转存外，按支取日挂牌公告的活期存款利率计付利息，不再按原存款所定利率计息和在逾期期间调整的利率分段计息；定期存款在原定存期内如遇调整利率，不论调高还是调低均不再分段计息，均按存单开户日所定利率计付利息。1993年7月11日，加强控制通货膨胀的力度，再次调高存款利率，平均上调1.35个百分点。8月，要求各金融机构必须严格执行法定的利率，一律不准上浮；浮动利率是金融机构在规定的浮动幅度内、以法定利率为基础确定的利率。1996年，2次降低存款利率。5月1日，降低存款利率，平均下调0.98个百分点，并取消1982年增加的8年期储蓄存款档次和华侨人民币储蓄存款利率种类，华侨人民币储蓄存款执行相应期限档次的人民币储蓄存款利率；8月23日，降低存款利率，平均下调1.5个百分点。1997年10月23日，降低存款利率，平均下调1.1个百分点。1998年3月25日、7月1日和12月7日，连续3次降低存款利率。1999年6月10日，再次调整存款利率，调整幅度基本持平。

二、存款利率管理

1994年7月，中国人民银行赣州地区分行与各专业银行、农村信用合作社联合社、邮政储汇局、城市信用社中心社共同签署《储蓄同业公约》，从8月1日起正式执行，坚决制止擅自或变相提高利率吸收存款的不正当竞争行为，维护正常的金融秩序。

1998年3月，中国人民银行赣州地区分行对商业银行、城乡信用社、信托投资公司等金融机构和邮政储蓄部门在1997年11月全国金融工作会议以前发生的高息揽存，凡能认真自查并且在1998年4月1日以前主动如实向中国人民银行报告并纠正的，予以从轻处罚；对1997年11月后继续搞高息揽存的严肃处理，决不姑息迁就；对1998年4月1日以后，仍然顶风违法高息揽存以及对以前发生的问题隐瞒不报的，采取如下处理措施：给予经济处罚，一年内停止审批新设分支机构，责成有关金融机构对其行长（总经理、主任、所长）及直接责任人一律给予撤职处分，情节严重的给予开除处分，对其上一级单位主要负责人给予相应的行政处分。全市（地区）金融秩序明显好转，擅自提高或变相提高利率的违规行为明显减少，利率行为日趋规范。1999 年 3 月，中国人民银行对利率的制定与管理、存款的结息、违规处罚等均作出明确规定。

第五章　信　贷

1986—2000 年，全市（地区）金融机构贯彻国家货币信贷政策，以市场为依托，以效益为中心，盘活存量，优化增量，在设立政策性银行和专业银行以及由政策、商业双重职能向商业银行转轨的过程中，加大信贷体制改革力度，做到合理定位，调整结构，择优限劣，用足、用活、用好信贷资金，支持农村经济发展，加强农业的基础地位；支持企业转换经营机制，提升技术含量，开发新产品，提高经济效益；支持地方经济建设，促进全市（地区）国民经济的持续、快速、健康发展。至 2000 年末，全市各项贷款余额 165.62 亿元，其中银行贷款占 78.38%。

第一节　贷款规模与贷款利率

一、贷款规模

1986 年，全地区金融机构挖掘资金潜力和调整贷款结构，保证正常生产和商品流通的资金供应，全地区各专业银行收回不合理贷款 3750 万元，挖掘资金潜力 5225 万元。年末，全地区金融机构各项贷款余额 19.75 亿元。1987 年，全地区金融机构实行保重点、压一般政策。四季度，重点保证糖业生产和农副产品收购的资金需要。年末，全地区金融机构各项贷款余额 21.29 亿元，比年初增加 1.54 亿元，增长 7.8%。1988 年，全地区金融机构加大农业生产的资金投入量，优先保证粮食、油脂、烟叶、甘蔗等农副产品收购的资金需要，支持卷烟和制糖工业生产。疏通域内 5000 多万元的积压凭证，促使专业银行和企业处理不合理资金 8000 万元。年末，全地区金融机构各项贷款余额 25.85 亿元，比年初增加 4.56 亿元，增长 21.42%。1989 年，全地区金融机构强化资金管理，确保资金的重点投向，解决购进农业生产资料，收购粮、棉、油、甘蔗、烟叶、柑橘等农副产品和外贸出口创汇产品以及支持大中型重点骨干企业扩大生产等项资金的需要。年末，全地区金融机构各项贷款余额 30.06 亿元，比年初增加 4.21 亿元，增长 16.29%。1990 年，全地区金融机构发放工业启动贷款 2400 万元，支持大中型骨干企业发展生产；发放农业生产资料贷款近 2000 万元，支持农业生产；注入清欠资金 5000 万元，解开相互拖欠 3.45 亿元的债务链。年末，全地区金融机构各项贷款余额 36.65 亿元，比年初增加 6.59 亿元，增长 21.92%。

1991 年，全地区金融机构对农业实行信贷倾斜，对效益好的骨干工业企业所需生产资金以及商业、物资、供销社增加适销对路商品所需资金实行倾斜。新增工业贷款中 78%用于大中型骨干企业，农业贷款增长幅度高过各项贷款增长幅度 5.67 个百分点。压缩“三项资金”占用，开展清理拖欠工作，注入启动资金 4000 余万元，清理流动资金拖欠 3.5 亿元，固定资产拖欠 1675 万元。年末，全地区金融机构各项贷款余额 45.29 亿元，比年初增加 8.64 亿元，增长 23.57%。1992 年，全地区金融机构把支持农业发展放在首位，支持国营大中型企业作为重点，全年发放粮食、甘蔗收购资金 1.29 亿元。做好清欠资金管理工作，清理 589 家企业相互拖欠资金 6213 笔，金额 3.2 亿元。年末，全地区金融机构各项贷款余额 57.19 亿元，比年初增加 11.9 亿元，增长 26.28%。1993 年，全地区金融机构支持地区确定的重点企业生产和重点建设项目，全年清理 96%的违章拆借，收回 90%以上的外流资金，压缩 95%以上的“笼子”外放款。年末，全地区金融机构各项贷款余额 69.09 亿元，比年初增加 11.9 亿元，增长 20.81%。1994 年，全地区金融机构短期贷款主要投向工业企业和粮食收购，个体私营企业、“三资”

企业、基本建设和技术改造贷款上升。年末，全地区金融机构各项贷款余额 84.55 亿元，比年初增加 15.46 亿元，增长 22.38%。1995 年，中国人民银行赣州地区分行制定《专业银行用足信贷规模和用好贷款的考核办法》，严禁超规模放款。年末，全地区金融机构各项贷款余额 97.76 亿元，比年初增加 13.21 亿元，增长 15.62%。

1996 年，中国人民银行赣州地区分行制定《1996 年赣州地区支持和限制贷款企业目录》，从信贷投向上确保重点企业和行业的资金需要。稳妥推进“信贷高效低险”试点工作，制定《赣州地区“信贷高效低险”实施方案提要》《关于进一步做好国有重点企业金融服务的几点意见》，从规模、资金、利率、结算、融资等方面给予重点扶持。年末，全地区金融机构贷款余额 127.74 亿元，比年初增加 29.98 亿元，增长 30.67%。1997 年，地区行署成立由地区各银行负责人组成的赣州地区金融债权管理工作领导小组。确定全地区有市场、不积压，有效益、不亏损，有信誉、不欠息的“三有三不”企业名单作为重点支持对象，保障区内重点企业的健康发展。年末，全地区金融机构贷款余额 150.21 亿元，比年初增加 22.47 亿元，增长 17.59%。1998 年，中国人民银行赣州地区分行不再对国有商业银行实行规模管理，逐步实行资产负债比例管理和风险管理。各金融机构信贷投向主要围绕支持农业经济、农副产品收购、食品工业、国有重点企业、非公有制经济、住房消费市场、基础设施建设、商品流通的发展和企业改革 9 个方面，国有银行全年贷款增加 14.53 亿元，全地区金融机构农业贷款和乡镇企业贷款余额分别比年初增加 2.96 亿元和 1.46 亿元，其中农业贷款增量占各项贷款增量的 20.89%。全地区金融机构中长期贷款增加 5.61 亿元，比年初增加 1.4 亿元，其中基本建设贷款增加 8.54 亿元，比年初增加 1.73 亿元。加强对中小企业的信贷支持力度，国有商业银行新增个体私营企业贷款 3858 万元，比年初增加 3020 万元。年末，全地区金融机构贷款余额 166.96 亿元，比年初增加 16.75 亿元，增长 11.15%。1999 年，全地区金融机构围绕“扩大内需，促进经济增长”的经济政策，增加有效信贷投入，年末全市金融机构增加信用总量 23.98 亿元，其中新增贷款 10.09 亿元，签发银行承兑汇票 9.04 亿元，贴现 3.32 亿元，其他 1.53 亿元。2000 年，全市金融机构增加信用总量 20.75 亿元，金融机构贷款余额 165.62 亿元，比 1986 年增长 7.39 倍。

1986—2000 年赣州市（地区）金融机构各项贷款余额统计表

表 30-5-1　　　　单位：万元

年份	短期贷款	中长期贷款	信托贷款	委托贷款	其他类贷款	合计
1986 年	169607	23390	3875	176	457	197505
1987 年	181301	25959	2883	1183	1568	212894
1988 年	218523	29307	3698	3283	3645	258456
1989 年	255303	33601	3996	3698	4009	300607
1990 年	315661	35578	4935	5258	5082	366514
1991 年	384327	44774	5656	12081	6074	452912
1992 年	461805	63258	9118	23793	13943	571917
1993 年	556786	81199	13241	18172	21518	690916
1994 年	640306	163724	9852	18664	13035	845581
1995 年	677565	195147	17494	17800	69602	977608
1996 年	868320	230698	19941	3869	154537	1277365
1997 年	1103352	281938	5701	5312	105782	1502085
1998 年	1267052	341489	4213	27599	29202	1669555
1999 年	1345975	374862	3099	23831	45421	1793188
2000 年	1195937	367828	2837	4649	84918	1656169

表 30-5-2　1986—2000年赣州市（地区）所辖银行各项贷款余额统计表

单位：万元

年份	合计	短期贷款	中长期贷款	信托贷款	其他类贷款
1986年	167004	140457	23280	2944	323
1987年	192219	164424	25840	1532	423
1988年	232577	200503	29099	687	2288
1989年	271622	235035	33321	632	2634
1990年	325601	286031	35293	714	3563
1991年	390674	341451	44389	935	3899
1992年	479793	403125	62777	1565	12326
1993年	581221	476863	80679	4336	19343
1994年	700646	530439	160128	309	9770
1995年	831162	620736	192552	583	17291
1996年	985957	742407	227853	583	15114
1997年	1211549	914908	280387	583	15671
1998年	1355517	1022215	332816	486	—
1999年	1435732	1069682	365745	305	—
2000年	1298060	911264	363835	—	22961

二、贷款利率

1986—2000年，中国人民银行调整各类贷款利率17次，以中国人民银行金融机构贷款（一年期）为例，1986年8月1日，从7.2%起连续3次调高，至1989年2月1日达到高点10.44%。1990年3月21日起连续3次调低，回到7.2%的水平。1993年5月15日起，从9%的水平连续4次调高，达到11.16%的峰值。从1996年5月1日起，连续7次下调利率，至1999年6月10日降至谷底，为2.79%。

1987年，贷款利率及加收利息作以下变动：黄金设备贷款增加1.08个百分点；信贷贷款利率上浮30%；加收利息改为逾期贷款加收20%，积压超储物资加收30%，财政性占用、挪用贷款加收50%。

1988年，调整贷款利率：对老少边地区经济开发贷款利率上调1.08个百分点；民政福利工厂流动资金贷款，在基准利率的基础上下浮20%；预购定金贷款利率由3.96%提高到9%；地方经济开发贷款，按调整后固定资产贷款利率计算。

1990年，下调贷款利率：一年期商业流动资金贷款由9.45%下调为7.8%，6个月以内由9%下调为8.64%；技改贷款由10.08%下调为8.64%；特种贷款由12.09%下调为10.8%；粮油棉贷款由9%下调为8.28%。

1993年5月12日，上调贷款利率，各项贷款利率平均上调0.82个百分点，其中流动资金由8.64%上调为8.82%，技改贷款由8.64%上调为9.18%，特种贷款由9.72%上调为11.25%，拆借资金年利润最高不超过11.25%。贷款利率调整后，各种优惠利率及金融机构贷款利率相应上调。7月1日，再次上调贷款利率1.38个百分点。

1995年1月1日、7月1日两次上调贷款利率，一年期流动资金贷款由10.98%上调为12.06%。同时，改变加收利息办法，逾期贷款日罚息4‰～6‰，挤占贷款日罚息6‰～8‰。

1996年5月1日起降低企业贷款利率0.75个百分点，金融机构贷款利率降低0.48个百分点。商业银行流动资金贷款浮动幅度由20%下降为10%。城市信用社由30%下降为10%，农村信用社由60%下降为 40%，固定资产贷款、优惠贷款不再浮动。8 月 23 日，再次降低贷款利率 1.2 个百分点。

1999 年 6 月 10 日，再次降低金融机构存贷利率。降低央行准备金存款、再贷款和再贴现利率。逾期贷款日罚息由 3‰降为 2.1‰，挤占挪用贷款日罚息由 6‰降为 5‰。9 月 1 日，对中小型企业短期和中长期贷款利率最高上浮 30%，贴现贷款利率不得超过上浮后的同期、同档次利率。9 月 21 日，个人住房贷款最长期限由 20 年延长至 30 年。贷款利率为 5 年以下 5.31%，5 年以上 5.58%。个人住房公积金贷款利率为 5 年以下 4.14%，5 年以上 4.59%。

第二节　短期贷款

一、农业贷款

全市（地区）农业贷款除支持粮食生产外，还逐年延伸到农、林、牧、副、渔和农、工、商各个领域。贷款重点逐步转移到支持农业生产的中、高层次和农业产业化经营。增加中长期的开发贷款，贷款投量不断增加，到 2000 年年末，全市农业贷款 7.98 亿元，比 1986 年净增 6.14 亿元，增长 4.33 倍。农业贷款种类：1992 年取消农机专项贷款、家庭农场贷款、承包户贷款项目，将国家农场贷款、集体农业贷款并入农业贷款。1996 年，农村信用社与中国农业银行脱钩，支持农村信用社贷款项目停用。2000 年，贷款种类有农业贷款、农副产品收购贷款、供销社贷款、生产资料贷款、乡镇企业贷款、农业综合开发贷款、农业技术改造贷款、林业贷款、人民银行专项贷款、粮油加工企业等附营业务贷款及其他贷款。

1986 年，中国农业银行赣州地区中心支行和赣州地区农村信用合作社重点支持柑橘、稀土和小水电建设，三项贷款 3059 万元，发放扶贫专项贷款 5475 万元，比上年净增 2360 万元，扶持企业 2522 个、特困户 151300 户；通过信贷扶贫，解决温饱的贫困农户有 65368 户，占贷款户总数的 43.2%。1987 年，中国农业银行赣州地区中心支行、赣州地区农村信用合作社发放粮食生产贷款 1.25 亿元，支持区内杂优水稻面积扩大到 53.93 万公顷，实现粮食高产丰收；发放林业贷款 570 万元，新增抚育幼林 1.05 万公顷；发放柑橘贷款 1695 万元，新增柑橘 5933 公顷；发放小水电贷款 766 万元，新建、续建小水电站 9 座，当年投产 3 座；发放老区扶贫贷款 4752 万元，扶助贫困农民 165257 户，支持 295 个生产项目。1988 年，中国农业银行赣州地区中心支行集中资金保重点，从总体上适度增加开发性、国营农业企业的投入，适度压缩集体农业企业贷款，并发放经济作物贷款 2837 万元用于发展烟叶、甘蔗、油茶、蚕桑等生产。1989 年，中国农业银行赣州地区中心支行增加对农业的有效投入，全年发放各项贷款 21.59 亿元；发放贷款 530 万元，支持国营企业发展“菜篮子工程”，以满足市场需要。1990 年，中国农业银行赣州地区中心支行继续向农业倾斜，适时增加对农业的投入。全年中国农业银行赣州地区中心支行、赣州地区农村信用合作社净投放农业贷款 1.27 亿元。发放农业总体开发贷款 8187 万元，支持粮、蔗、果、林、茶等商品基地的发展；扶助 215 个“空壳村”创办村级企业 496 个，当年实现产值 6065 万元，创利税 944 万元；发放扶贫贷款 4083 万元，支持扶贫实体增加产值 8598 万元，实现利润 909 万元，安排贫困户劳动力 26023 人。

1991 年，中国农业银行赣州地区中心支行在重点支持粮食和经济作物的前提下，支持“果业工程”和林业生产，全年发放贷款 5.05 亿元。各地发放 6406 万元贷款办起农业产前、产中、产后服务的组织 920 个，发放专项贷款 1415 万元，配合有关部门扶助 629 个空壳村办起村级企业。1992 年，中国农业银行赣州地区中心支行发放农业开发贷款 4670 万元，支持山上商品基地建设，发展毛竹、速生丰产林、柑橘等主导产业。1993 年，中国农业银行赣州地区分行发放贷款 3.34 亿元，重点支持甘蔗、果业、林业、蚕桑、鹅鸭、瘦肉型生猪、特种水产等种养殖业，扩大经营规模。1994 年，中国农业银行赣州地区分行发放贷款 1880 万元，开发新果园 2.13 万公顷，营造速生丰产林 8.13 万公顷，并支持畜牧水产业发展立体农业。1995 年，中国农业银行赣州地区分行重点做好粮棉大县专项贷款 2876 万元的落实发放和扶助后进村改变贫困面貌。

1996 年，中国农业银行赣州地区分行优先支持粮油生产、“菜篮子工程”、“果业工程”和特种养殖业的发展，农业贷款净增 8659 万元。发放扶贫、村建贷款 776 万元，支持项目 115 个，发放特种养殖贷款 1853 万元。1997—2000 年，中国农业银行赣州市分行发放农业和专项贷款 18.63 亿元，重点支持粮食生产、特种养殖业、农副产品深加工、生态农业的发展，其中扶贫专项贷款发放 5.12 亿元，重点支持贫困人口比较集中的兴国、于都、宁都、赣县、会昌、安远、寻乌、上犹等 8 个国定贫困县，支持解决贫困户劳动就业的种养业，以及贫困地区开发水利、电力、交通等基础设施建设。农村信用社投放农业生产费用贷款、特色农业贷款支持农业产业化、科技化，发展现代农业。至 2000 年年底，中国农业银行赣州市分行直接用于发展农业的贷款余额 15.04 亿元（其中农业贷款 5.72 亿元、扶贫贷款 9.31 亿元），比 1985 年净增 14.45 亿元，增长 24.3 倍。

二、农业政策性贷款

1986—1995 年，农业政策性贷款由中国人民银行赣州地区分行发放。1996 年中国农业发展银行赣州地区分行成立后，作为国家政策性银行专门发放农业政策性贷款。1996 年，中国农业发展银行赣州地区分行各项贷款余额为 20.62 亿元；1997 年，中国人民银行赣州地区分行联合中国农业发展银行赣州地区分行对全区人民银行专项贷款项目进行逐户清理、核定和认定，将部分专项贷款余额 1.53 亿元划转中国农业发展银行赣州地区分行，1997 年中国农业发展银行赣州地区分行各项贷款余额 27.83 亿元；1998 年，中国农业发展银行赣州地区分行办理的粮棉油加工贷款、开发性贷款等划转到中国农业银行赣州地区分行，导致 1998 年中国农业发展银行赣州地区分行各项贷款 15.1 亿元，比上年度减少 12.73 亿元，其中中长期贷款比上年度减少 9.51 亿元，同期中国农业银行赣州地区分行中长期贷款比上年度增加 12.82 亿元；1999 年和 2000 年中国农业发展银行赣州市分行各项贷款分别为 14.38 亿元和 14.88 亿元。

农副产品收购贷款 1996 年，实行粮棉油贷款与库存值挂钩管理，以粮棉油贷款与企业的商品库存值变化为基础，通过提高商品库存值占贷款的比重，逐步达到粮棉油贷款与库存值的增减变化相适应，最终实现粮棉油政策性贷款的封闭运行、良性循环。1998 年起，全地区农业发展银行按照封闭运行的要求供应与管理收购资金，新发放的粮油收购贷款，必须与新收购的粮油价值相一致，不得超量发放贷款。1998 年，全地区发放收购贷款 2.48 亿元，支持粮食部门收购粮食 20357 万千克，实现新收粮棉油价值与新放收购贷款比率、销售货款回笼率 100%。1999 年，制定印发《赣州地区农业发展银行粮油收购资金封闭运行管理责任制度》。全年发放收购贷款 4.06 亿元，支持粮食部门收购粮食 37905 万千克，当年新粮油价值与新放贷款比率和货款回笼率 100%。2000 年，支持企业“推陈储新、等量对冲”，搞好粮食促销工作，等量对冲销粮 76430 万吨。支持企业按政策要求处理陈化粮，到 8 月底，全市处理陈化粮 72690 万吨，在中国农业发展银行赣州地区分行挂账贷款 552 万元。国家出台“南方早籼稻从 2000 年新粮上市起退出保护价收购范围”政策，对退出保护价收购范围早籼稻实行分仓管理，单独核算，发放贷款 2890 万元，用于支持企业收购退出保护价粮 3447 万千克，确保退出保护价收购范围粮食收购资金封闭运行。全年发放粮食收购贷款 2.94 亿元，支持企业收购粮食 271450 万吨。1996—2000 年，中国农业发展银行赣州地区分行深入推行粮棉油收购资金封闭运行，全辖农副产品收购贷款总体呈平衡运行趋势。1996 年年底贷款余额 14.77 亿元，到 2000 年年底略微下降，为 14.47 亿元。

简易建仓贷款 1986—1997 年，简易建仓类贷款无确定名称，称为“简易粮仓银行贷款”等，在

“农业基本建设贷款”等科目中核算。1998—2000年，全地区农业发展银行单设“简易建仓贷款”科目进行核算。1998年年初，全地区简易建仓贷款余额965万元，1998年末上升为1945万元，1999年末1320万元，2000年年末1870万元。

费用贷款 费用贷款包括1998年因粮食企业难以顺价销售发放的临时性费用贷款、收购费用贷款、调销费用贷款三大类。1998年4—6月，全地区发放用于粮食收储企业支付正常周转库存粮食的合理费用和所占用农业发展银行贷款的利息支出等费用贷款2441万元。随后，该类费用贷款停止发放，收购费用贷款、调销费用贷款分别纳入粮食收购贷款、粮食调销贷款进行管理。

未划转粮油附营业务占用贷款 1998年，中国农业发展银行赣州地区分行将3.59亿元粮油附营业务占用贷款划转到中国农业银行赣州地区分行，但因故划转并不彻底，农业发展银行仍单设“未划转粮油附营业务占用贷款”科目进行核算。2000年，全市认定符合停息挂账条件的粮油附营业务占用贷款为7799万元，收回粮油附营业务停息挂账贷款102万元，年末余额7697万元。

粮棉油加工贷款 1996—1998年，全地区农业发展银行对国家粮食部门所属的承担粮油政策性加工任务的企业发放粮棉油加工贷款，对借款企业的生产周转贷款实行限额管理。1996年末，全地区农业发展银行贷款余额2906万元。1997年年末，贷款余额增至5828万元。1998年，粮棉油加工贷款随附营业务一起划转到有关国有商业银行。

开发性贷款 1996年年末，全地区包括扶贫贷款、农业综合开发贷款、农业基本建设贷款、农业技术改造贷款、林业贷款、治沙贷款在内的开发性贷款余额8.53亿元。1997年，对开发性贷款全面实行项目管理。年末，开发性贷款余额增至9.47亿元。1998年4月，中国农业发展银行办理的开发性贷款全部划转到中国农业银行。

三、工商贷款

全市（地区）工商贷款为工业与商业流动资金贷款，工业贷款主要为商业银行发放给工业企业、集体所有制工业企业和物资供销企业用于生产、购置设备的贷款，商业贷款主要是用于补充工业和商业企业的流动资金的贷款，同时，包括粮食贷款、供销合作贷款、外贸贷款等。1986年，全市（地区）工商贷款余额11.89亿元，到2000年达65.69亿元，是1986年的5.53倍；1987—1998年，工商贷款以16.67%的年平均增长率高速增长；1999年开始，由于全国实施国有企业改制等向市场经济转变的政策外加亚洲金融危机的影响，造成全国性的通货紧缩，1999年工商贷款增长率下降至4.9%，2000年继续走低，工商贷款65.69亿元，比上一年度净下降13.65亿元，负增长17.2%。

四、贴现与再贴现

1986年，中国工商银行赣州地区中心支行办理票据贴现263万元。1995年，中国工商银行赣州地区分行办理银行承兑汇票23682万元，办理贴现8310万元，再贴现7948万元。1996年，中国人民银行赣州地区分行办理再贴现业务542笔，提供资金3.31亿元，比上年增长40.4%和94.9%。1998年，适度增加银行承兑汇票的签发，主要投向企业生产经营急需和向以贷引存、以票引存及个私经济倾斜，签发银行承兑汇票4.79亿元，银行承兑汇票余额1.79亿元。1999年年末，全市金融机构签发银行承兑汇票9.04亿元，贴现3.32亿元，人民银行提供再贴现1.48亿元。2000年，全市金融机构签发银行承兑汇票8.12亿元，办理票据贴现2.11亿元。

表 30－5－3　　1986—2000 年赣州市（地区）银行短期贷款余额统计表　　单位：万元

年份	合计	工业	商业	其中		建筑业	农业	乡镇企业	“三资”企业	私人企业及个体企业	其他
				农副产品收购	外贸企业						
1986 年	140457	39904	78976	42231	2590	1406	10604	7826	—	808	933
1987 年	164424	45028	87858	48541	4028	1753	17310	9277	—	1031	2167
1988 年	200503	55806	106802	56547	6421	2701	22693	11210	—	1291	—
1989 年	235035	67315	125436	72654	7013	3621	26500	11186	—	977	—
1990 年	286031	84374	150219	85363	9558	5121	33335	12065	—	917	—
1991 年	341451	102279	177759	65167	12894	5920	41681	12968	—	844	—
1993 年	476863	167279	223116	92036	14339	10020	58130	16339	—	1979	—
1994 年	530479	196163	238677	37124	16550	11010	24947	20294	5019	5342	29027
1995 年	620736	223904	276756	45226	17895	14590	29827	23229	8590	9962	33878
1996 年	742407	267236	329701	201255	—	15117	36304	27594	12007	6809	47639
1997 年	914908	306597	378513	236987	—	23335	54041	40819	16588	14710	80305
1998 年	1022575	355371	379534	196789	—	12557	75052	50629	28271	18954	102207
1999 年	1069682	378173	387894	189337	—	13304	69555	59137	31055	24241	106323
2000 年	911264	307577	336393	173881	—	4624	46752	33127	31855	29023	121913

第三节　中长期贷款

一、中国人民银行专项贷款

1987 年，中国人民银行江西省分行安排赣州地区专项贷款 2536.8 万元，共支持 47 个经济开发和技术改造项目。1988 年，中国人民银行赣州地区分行与专业银行密切配合，把专项贷款的重点放在支持稀土分离和卷烟生产等 23 个效益较好的技改（基建）项目上，共计发放 3181.8 万元。1989 年，对 32 个经济效益好的项目及时报送省分行批准贷款 2931 万元。

1990 年，中国人民银行赣州地区分行对 27 个项目（其中续建 7 个、新建 20 个）贷款 2221 万元。重点支持以内涵扩大再生产为主的技改项目 10 个，新产品开发和技术引进项目 4 个，交通建设和资源开发运用项目 6 个。全年收回贷款 672.7 万元，完成收贷任务的 173%。1991 年，中国人民银行赣州地区分行对 70 个项目发放专项贷款 6655.5 万元，重点支持老企业技术改造，中外合资企业引进资金和技术、矿产品开发、基础建设等项目的资金需要。1992 年，中国人民银行赣州地区分行对 34 个项目发放专项贷款 5881 万元。新增贷款 3455 万元，支持新开工项目 21 个 3979 万元，续建项目 13 个 1452 万元。1993 年，中国人民银行赣州地区分行对 28 个项目发放专项贷款 7972 万元（不含金银专项贷款），新增 3954 万元，支持新开工项目 15 个 2746 万元，续建项目 13 个 4994 万元。1994 年，中国人民银行赣州地区分行对 21 个项目发放专项贷款 1426 万元，其中续建项目 14 个 620 万元，新建项目 7 个 806 万元。

1996 年，中国人民银行赣州地区分行组织 4 次专项贷款检查，全年清收专项贷款 1332 万元，完成省分行下达收贷任务的 101.14%。1997 年，联合中国农业发展银行赣州地区分行对全地区人民银行专项贷款项目进行逐户清理、核定和认定。1998 年，未划转的中国人民银行专项贷款 5810.24 万元于 5 月份划转给中国农业银行赣州地区分行，由中国农业银行赣州地区分行负责经营管理。11 月，中国人民银行赣州地区分行做好全地区粮棉油企业附营业务的划转组织、协调和仲裁工作，全地区粮棉油附营企业占用的3.88亿元农业发展贷款顺利划转到农业银行系统经营管理。

二、固定资产贷款

全市（地区）固定资产贷款是银行为解决企业固定资产投资活动的资金需求而发放的贷款，主要用于固定资产项目的建设、购置、改造及其相应配套设施建设的中长期贷款。中国人民银行赣州地区分行信贷收支报表中，1986—1993年，固定资产贷款主要包括基本建设贷款、技术改造贷款、中国人民银行经济开发性贷款和老区专项贷款，固定资产贷款由1986年的2.33亿元上升到1993年的8.07亿元；因金融统计制度的调整，1994年与1995年中国人民银行经济开发性贷款和老区专项贷款两项指标停用，1996年起除基本建设贷款与技术改造贷款外，新设老少边穷发展经济贷款和地方经济开发贷款。2000年，全区固定资产贷款16.87亿元，比1986年净增长14.54亿元，是1986年的7.24倍，年平均增长率达到18.88%。

表30－5－4　1986—2000年赣州市（地区）银行中长期贷款余额统计表　单位：万元

年份	基本建设	技术改造	老少边穷	地方经济开发	其他中长期	合计
1986年	5706	16417	—	1157	—	23280
1987年	5751	17641	1242	1206	—	25840
1988年	6249	19132	2812	906	—	29099
1989年	6009	20299	—	7013	—	33321
1990年	6309	21689	200	7095	—	35293
1991年	7896	24361	5168	6964	—	44389
1992年	13717	35298	6938	6824	—	62777
1993年	19337	44600	10176	6566	—	80679
1994年	24977	55111	—	—	80040	160128
1995年	31207	66511	—	—	94834	192552
1996年	35861	81502	10270	7283	92937	227853
1997年	44546	97989	2809	548	134495	280387
1998年	80927	109936	—	—	141953	332816
1999年	101214	115473	—	—	149058	365745
2000年	84484	83982	—	—	195369	363835

三、消费贷款

全市（地区）各商业银行先后开办购买住房、汽车、耐用消费品或用于学生教育、家居装修和旅游等个人消费需求的消费贷款业务。

1987年，中国建设银行赣州地区中心支行开始发放居民住宅储蓄贷款和其他贷款。1988年，中国工商银行赣州地区中心支行开办住房信贷业务，在全地区36个储蓄所开办居民个人购买、修建住房存贷业务，发放住房贷款634万元。

1995年，全区工商银行系统实现全地区房贷业务的微机处理，全年发放贷款1.33亿元。1998年，全区工商银行系统政策性贷款以住房公积金委托贷款为主，经营性贷款重点支持具有较强经济实力、经营业绩良好、信用度高的房地产开发企业以及有偿还能力的个人住房贷款，住房贷款余额1.95亿元。

1999年，中国农业银行赣州市分行开始办理具有还款能力的消费信贷业务，发放消费性贷款4030万元。中国银行赣州市分行开始办理消费信贷业务，主要针对个人购买住房发放消费贷款，年末消费贷款余额843万元。

2000年，中国工商银行赣州市分行开展汽车消费贷款业务，全年发放汽车消费贷款2746万元；中国农业银行赣州市分行加大对消费贷款的投放力度，全年发放8837万元。中国银行赣州市分行开办耐用消费品、汽车消费贷款业务，拓宽消费信贷领域，年末贷款余额1802万元。7月，中国建设银行赣州市分行正式开办汽车消费贷款业务，并发展3家汽车特约经销商，为购车者提供贷款支持，年末贷款余额1491.26万元。

第六章　外汇业务

1986—2000年，赣州外汇业务得到长足发展，从中国银行独家经营逐步发展成为各商业银行共同经营、平等竞争、业务品种齐全、服务优质高效的外汇业务市场体系。

第一节　非贸易外汇业务

一、侨汇

1986—1992年，侨汇业务全部由外汇外贸专业银行——中国银行赣州支行及其分支机构办理。先后推出定活两便储蓄、大额存款利率优惠储蓄、票据托收预约转存储蓄、外币存单质押贷款等业务，便利侨户办理外币存、取款业务，确保侨汇业务持续、稳定发展。1991年12月，国家规定，侨汇和境内居民的外汇可以进入外汇市场调剂，扩大外汇调剂市场的外汇汇源，便利归侨、侨眷及境内居民使用外汇，开辟买卖外汇合法化渠道，抑制外汇黑市交易。1992年，中国工商银行赣州地区中心支行及其18个县（市）支行的中心储蓄所、中国农业银行赣州地区中心支行及其分支机构、中国建设银行赣州地区中心支行及其分支机构开始自营外汇业务。1996年1月，邮政储蓄开始办理国际汇款业务。至此，全地区有4家国有商业银行和邮政储汇局可办理侨汇业务。1986—2000年，全市（地区）办理侨汇36849笔，金额人民币1.32亿元。

表30-6-1　1986—2000年赣州市（地区）侨汇业务统计表　单位：万元

年份	中国工商银行		中国农业银行		中国银行		中国建设银行		合计	
	笔数	金额	笔数	金额	笔数	金额	笔数	金额	笔数	金额
1986年	—	—	—	—	3027	227.17	—	—	3027	227.17
1987年	—	—	—	—	3169	297.19	—	—	3169	297.19
1988年	—	—	—	—	2859	448.82	—	—	2859	448.82
1989年	—	—	—	—	1119	147.24	—	—	1119	147.24
1990年	—	—	—	—	2306	314.86	—	—	2306	314.86
1991年	—	—	—	—	2607	327.71	—	—	2607	327.71
1992年	270	306.07	—	—	1701	303.70	26	24.06	1997	633.83
1993年	310	381.23	—	—	2104	342.43	23	21.13	2437	744.79

续表 30-6-1

年份	中国工商银行		中国农业银行		中国银行		中国建设银行		合计	
	笔数	金额	笔数	金额	笔数	金额	笔数	金额	笔数	金额
1994 年	296	369.28	15	0.34	2019	328.75	22	73.72	2352	772.09
1995 年	337	403.38	14	86.99	1963	317.69	21	10.47	2335	818.53
1996 年	402	389.26	122	380.42	2138	304.62	22	38.24	2684	1112.54
1997 年	389	377.41	161	496.24	1762	268.54	15	132.01	2327	1274.20
1998 年	431	432.11	268	623.53	1047	233.36	14	64.65	1760	1353.65
1999 年	409	457.74	722	960.16	1646	313.81	10	50.61	2787	1782.32
2000 年	481	487.21	1038	1887.20	1551	361.41	13	224.72	3083	2960.54

二、外币兑换

1990 年前，赣州居民的外币全部在中国银行兑换。1990 年后，中国工商银行、中国农业银行、中国建设银行相继开办此项业务，客户汇入或携带的外币、票据、外钞、旅行支票和旅行信用证等，均按国家公布的牌价兑换成人民币或将人民币兑换成外币，满足侨胞、侨眷出国或来华旅游的需要，促进赣州的招商引资、经济建设和对外交流。

1986 年，在赣州可兑换的外币有 5 种（美元、英镑、西德马克、法国法郎、日元）。1987 年 11 月，开办加拿大元、荷兰盾、瑞士法郎、比利时法郎兑换业务。至 2000 年，办理美元、日元、英镑、德国马克、法国法郎、澳大利亚元、加拿大元、意大利里拉、马来西亚林吉特、荷兰盾、瑞典克朗、挪威克郎、丹麦克朗、奥地利先令、比利时法郎、瑞士法郎、新加坡元、欧元、泰国铢、西班牙比塞塔、芬兰马克、菲律宾比索等 22 种外币兑换业务。

1994 年 1 月 1 日停止发行外汇兑换券，取消外汇额度，实行现汇留成制。1994 年 4 月 1 日，中国银行开始办理个人非贸易经营性售汇业务及驻华使馆收取的签证费、认证费的兑付业务，并实行全国统一的人民币外汇买卖汇率。1995 年 1 月 1 日，中国银行赣州地区分行在收到总行传送的当日汇率（外汇牌价）后，于当天上午 8 时 30 分通过赣州地区广播电台向全地区播送。1993—1998 年，中国工商银行、中国农业银行、中国银行、中国建设银行陆续加入 SWIFT 清算系统后，外汇结算速度和质量大大提高，汇兑业务得到更大发展，兑换牌价实现实时接收。

第二节　贸易外汇业务

一、外汇贷款

20 世纪 80 年代初，中国银行赣州支行外汇贷款形式主要有 3 种：借外汇，用外汇，还外汇；借外汇，用人民币，还外汇；借外汇，用外汇，还人民币。1987 年 9 月，发放 33 万美元支持赣州木材厂用于引进日产P20-B型热压机 1 台、西德胶线拼缝机 2 台。同年 12 月发放 14.25 万美元支持赣江贸易公司购进上海粮油进出口公司菜油 1000 吨。1988 年 9 月，发放 10.8 万美元支持赣南卷烟厂进口醋酸纤维滤嘴棒；10 月，发放 10 万美元贷款支持地区农资公司进口尿素；同年，还对赣州市（今章贡区）百货大楼、赣州华侨商场、赣南进出口公司、赣州地区邮电局分别发放 12 万美元、10 万美元、14.55 万美元、263 万美元贷款，支持其生产经营或技术改造。

1991 年、1992 年和 1993 年，中国工商银行赣州地区中心支行、中国农业银行赣州地区中心支行、中国建设银行赣州地区分行分别设立国际业务部。各商业银行国际业务部控制信贷规模，支持国家重点项目建设和外商投资企业发展。1991年，中国工商银行赣州地区中心支行国际业务部代理省工商银行外汇业务，向赣州塑料厂发放152万美元，用于创办中外合资企业——赣州虔龙塑料制品有限公司开发新产品，生产塑料背心袋和保鲜袋。1988—1998年，中国银行赣州地区支行发放2000多万美元支持发展电信事业，1992年支持地区邮电局申办加拿大政府混合贷款470万美元，用于进口加拿大北方电讯公司2.1万门程控电话交换系统进行技术改造；通过香港中银集团促成香港凯达有限公司与江西大余民族羽绒厂等3家大企业合作，引进资金720万美元（其中香港凯达有限公司与江西气体压缩机厂共同投资成立通达印刷机有限公司，引进外资175万美元；与江西齿轮箱厂共同投资成立江凯齿轮有限公司，引进外资300万美元）。5月，中国工商银行赣州地区中心支行向赣州塑料制品厂发放外汇贷款31.5万美元，用于进口原材料；9月向中外合资企业——赣州虔龙塑料制品有限公司发放外汇贷款70万美元，用于进口紧缺原材料，企业月生产能力提高到150吨，成为赣州地区规模第二的中外合资企业。1994年1月，中国建设银行赣州地区分行代理省建设银行向赣州地区邮电局发放贷款292.39万美元，用于购置程控交换设备。发放贷款8万美元支持名优产品企业赣南制药厂，用于购买P-转移因子关键设备——起滤器，该项生产形成规模。中国银行赣州地区分行优化增量，把外汇贷款集中投放到效益好的企业和项目，向赣州钴钨冶炼厂发放贷款860万美元（占该行当年外汇贷款总额的78%），支持企业取得销售收入2.5亿元、利税3800万元的良好经济效益。1992—1994年，中国农业银行赣州地区分行引进世界银行贷款发放人民币贷款4000余万元，支持11个县86个农业开发和农副产品加工项目建设。

表30-6-2　1989—2000年赣州市（地区）外汇贷款统计表　单位：万美元

年份	中国工商银行		中国农业银行		中国银行		中国建设银行		合计	
	笔数	金额	笔数	金额	笔数	金额	笔数	金额	笔数	金额
1989年	—	—	—	—	2	17.60	—	—	2	17.60
1990年	—	—	—	—	—	—	—	—	0	0.00
1991年	2	202	—	—	4	252.00	—	—	6	454.00
1992年	2	226	—	—	5	36.32	—	—	7	262.32
1993年	3	251	7	235	5	1019.00	—	—	15	1505.00
1994年	2	203	12	412	2	625.98	1	8.00	17	1248.98
1995年	3	451	14	439	1	3.14	—	—	18	893.14
1996年	4	631	15	441	2	1943.00	1	8.00	22	3023.00
1997年	4	631	17	457	6	5198.70	1	20.00	28	6306.70
1998年	5	823	17	457	—	—	1	8.50	23	1288.50
1999年	4	724	19	531	—	—	1	3.00	24	1258.00
2000年	2	113	5	124	2	731.56	—	—	9	968.56

说明：1. 因资料不齐，中国银行个别年份数据不详　2. 外汇贷款性质主要有流动资金贷款、固定资产贷款和股本贷款，主要用途是购买设备、进口原材料和经营周转等

二、人民币贷款

1986—1991年，全地区利用外汇贷款、人民币配套贷款支持进出口企业与外贸企业的各项业务由中国银行赣州支行经营。1992年起，域内各国有商业银行先后取得外汇经营权，并积极筹集资金，严格执行国家信贷调控政策，将外汇贷款、人民币配套贷款资金主要投向外向型经济领域——出口企业、外贸企业、外事企业和外商投资企业。

1991年，国家取消外贸补贴，赣州地区的外贸企业拖欠贷款、资金周转不灵、商品积压等困难愈加显现。中国银行赣州支行主动帮助外贸企业脱困解难，当年发放贷款475万元帮助赣南农药厂、赣州生化药厂、兴国柴油机厂等单位引进国外先进技术，改造3条生产线，扩大出口创汇。帮助外贸企业完成供货任务1.87亿元，扭转困难局面。1992年，中国银行赣州支行新增贷款4.58亿元，其中82%投向外贸企业和出口商品生产企业。向赣州市（今章贡区）进出口公司、赣州钴冶炼厂、赣州创业集团公司等16家外向型企业发放贷款72笔1950万元，比上年增长12%，中国工商银行赣州地区中心支行国际业务部向赣州塑料制品厂、虔龙塑料制品有限公司等6家外资企业发放贷款200万元；中国农业银行赣州地区中心支行国际业务部支持江西纸业有限公司发放调剂外汇人民币贷款253.2万元。1994年，中国银行赣州地区分行向赣州钨钼材料厂发放1500万元贷款，帮助企业加速资金周转，甩掉上年亏损300万元的包袱，成为全地区利税第二大户、利润第一大户。1993—1998年，中国农业银行赣州地区分行国际业务部向出口创汇企业发放贷款3786万元，支持赣州虔东工业公司、赣州创业集团公司、赣惠纸制品有限公司、江西港源服装有限公司等一大批企业扩大国内外市场份额。1998年，中国银行赣州地区分行加大对基础设施建设的信贷投入，支持赣南公路建设，发放贷款3170万元，支持外商企业对定南县“小定公路”、石城县206国道等5条公路的修建和改建。

表30-6-3　　1986—2000年赣州市（地区）外贸贷款余额统计表　　单位：万元

年份	年底贷款余额	其中			
		外事企业贷款	外商投资企业贷款	中短期贷款	配套贷款
1986年	19882.00	15929.00	0	2750.00	1203.00
1987年	25961.00	24605.00	0	431.00	925.00
1988年	30104.00	28803.00	0	365.00	936.00
1989年	31638.00	21843.00	0	9165.00	630.00
1990年	39490.00	30070.00	0	8900.00	520.00
1991年	68565.00	45769.00	12606.00	9760.00	430.00
1992年	10626.00	5636.00	3495.00	1452.00	43.00
1993年	10742.00	7150.00	3592.00	0	0
1994年	15106.16	10860.00	4180.00	66.16	0
1995年	21280.08	14175.00	7072.00	33.08	0
1996年	24904.00	12855.00	12049.00	0	0
1997年	41168.00	13636.00	27532.00	0	0
1998年	40513.00	14742.00	25771.00	0	0
1999年	35891.00	13449.00	22442.00	0	0
2000年	20608.00	10190.00	10418.00	0	0

三、国际结算业务

1986—1988年，赣州地区的对外贸易进出口结算均通过江西省外贸局（公司）由中国银行南昌分行办理。1988年6月，中国银行南昌分行将外汇账户的核算权下放到中国银行赣州支行，为当地企业在当地直接结汇创造条件。7月，中国银行赣州支行成立国际结算业务科，与营业部合署办公；8月，向中国银行南昌分行申请开办远洋进出口国际结算业务。1989年4月，中国银行赣州支行与纽约中国银行等银行发展直接业务关系，开办进口开证业务，成为江西省地（市）中国银行中第一家也是赣州地区第一家享有开证权的银行。1992 年起，中国工商银行赣州地区中心支行、中国农业银行赣州地区中心支行、中国建设银行赣州地区中心支行相继设立国际结算部门，代理其省分行办理贸易项下国际结算业务。赣州国际结算业务增多。至 1994 年，全地区国有商业银行均取得国际结算业务自营权。1994 年，中国银行赣州地区分行将国际结算业务科与营业部分离单设。赣州地区的国际结算业务由中国银行独家经营变成多家经营、平等竞争的格局。

1988 年，赣州地区国际结算业务出现良好发展势头。全地区国营商业银行国际业务部拓展结算领域，业务种类日益增多。1994 年 11 月，中国银行赣州地区分行授权所辖安远、龙南、寻乌、全南、信丰、定南、于都、上犹、崇义等 9 个县级支行代理其办理各项外汇业务。1997 年 2 月，中国银行赣州地区分行授权所辖 16 个支行办理结汇业务。至此，中国银行赣州地区分行从 1990 年前仅能办理汇兑结算，发展到 1998 年能办理信用证、托收、汇兑、保函等四大类十多种国际结算业务。至 2000 年，能办理出口信用证项下打包贷款、押汇贴现，进口信用证项下押汇、开证、保函、保理等业务。国际结算业务的触角也由东南亚地区延伸到欧美、日本、阿拉伯等国家和地区。

中国银行赣州支行在 1991 年与海外中国银行机构建立代理行关系。1992 年与东京中国银行建立印押关系。至 1995 年，与纽约、伦敦、法兰克福、卢森堡等大部分分支机构建立印押关系。信用证业务发展到日本、荷兰、瑞士等远洋地区。1995 年，中国银行赣州地区分行首次利用进口押汇方式为赣州钴钨责任有限公司融资 800 万美元，并为企业发放出口打包贷款 728 万美元。1993—1998 年，中国农业银行赣州分行（中心支行）国际业务部分别与花旗银行、美联银行等 60 余家银行及其分行建立代理行关系，并交换有权签字和密押控制文件。1996 年，中国农业银行赣州地区分行正式开通使用 SWIFT 系统，成为全地区首家加入 SWIFT 组织外汇指定行。中国工商银行赣州地区分行国际结算部积极支持重点骨干企业，1996 年开始办理信用证项下打包贷款和现汇抵押贷款业务。

1988—2000 年，首次与赣州地区开展国际结算业务的银行：西班牙 2 家、阿联酋 4 家、泰国 1 家、韩国 2 家、沙特阿拉伯 1 家、也门 2 家、日本 6 家、马来西亚 4 家、新加坡 1 家、孟加拉国 4 家、保加利亚 1 家、印度 1 家、巴勒斯坦 1 家、巴基斯坦 2 家、美国 2 家、埃及 2 家、意大利 1 家、法国 3 家、塞浦路斯 1 家、瑞典 1 家。

四、外汇调剂

1992 年，中国银行赣州地区分行开办个人外汇调剂自营业务，办理外汇调剂业务 2010 笔，金额 101 万美元。1994 年 1 月，国家外汇体制进行重大改革，境内居民、机构的外汇买卖逐步纳入银行结售汇体系，外汇调剂市场逐渐萎缩。1998 年 11 月，中国人民银行和国家外汇管理局联合宣布，从 12 月 1 日起取消外汇调剂业务并相应关闭各地的外汇调剂中心，赣州地区按规定停办该项业务。

第七章　结算　国库

全市（地区）金融机构贯彻国家制定的金融方针政策，遵守金融规章制度，执行金融结算纪律，执行新的《银行结算办法》，建立以汇票、本票、支票、信用支付工具为主体的银行结算体系，扩充资金实力，拓宽效益渠道，推进全市（地区）商业信用票据化有序发展。中国人民银行赣州市（地区）中心支库贯彻执行国家金融方针、政策，严守财经制度，通过财政部门在国库账户的预算收支执行情况，履行国库职责，发挥国库的执行、促进、监督作用。

第一节 结 算

全市（地区）金融机构1989年4月1日起，建立以汇票、本票、支票、信用支付工具为主体的银行结算体系。通过办理商业汇票承兑、贴现、再贴现业务的融资功能，扩充资金实力，拓宽效益渠道，推进全市（地区）商业信用票据化有序发展。

一、票据

支票 1985年起，在全地区范围内分别推行定额转账支票结算、个体户使用支票结算和保付支票结算。1986年，中国农业银行赣州地区中心支行停止使用农副产品收购定额转账支票结算。中国人民银行赣州地区分行和中国农业银行赣州地区中心支行等专业银行联合发出通知，推行个体户使用支票，并有选择地试行城乡居民个人支票。1993年继续推行个人支票业务，搞好私营企业和个体经济户的开户结算工作，建立小商品结算网络。中国人民银行赣州地区分行在全省率先开展个体经济户的开户结算业务，年内，全地区金融机构有568户个体户使用支票，存款金额2383万元。

银行汇票 1989年，确立以汇票、本票、支票、信用卡等信用支付工具为主体的结算体系。全地区金融机构推行银行汇票结算业务，4月，全地区对个体经济户和个人推行银行汇票，减少现金使用3184万元。1998年8月，中国农业发展银行赣州地区分行在具体支付结算方式上作特殊规定，如签发粮油调销银行汇票时，银行必须填明代理付款行名称，加盖“粮油调销专用”和“不得转让”戳记。1999年，中国人民银行赣州地区中心支行采取分片集中培训的方式，对编押、核押、授权、管理规定等内容进行学习培训操作，保证银行汇票结算规范、安全。

商业汇票 1986年12月，中国工商银行赣州地区中心支行在赣州市（今章贡区）支行和大余县支行率先进行商业汇票承兑、贴现业务试点。1987年，中国人民银行赣州地区分行在全地区推行商业汇票承兑贴现、再贴现业务，全年办理商业汇票承兑、贴现业务280笔，金额5895万元，再贴现29笔，金额670万元。1988年，推广商业汇票承兑、贴现、再贴现票据业务，商业汇票承兑、贴现业务有序运行，全地区办理银行承兑汇票183笔，金额3380.5万元；办理贴现128笔，金额5273.9万元；再贴现28笔，金额1454万元。1989年4月1日，银行结算实行“三票一卡”，确立以汇票、本票、支票、信用卡等信用支付工具为主体的结算制度。1990年8月，中国工商银行赣州地区中心支行印发《关于加强银行票汇管理的通知》，从12月29日起停止签发银行承兑汇票，不再办理票据贴现和抵押。1994年，域内10个县（市）对煤炭、电力、冶金、化工和铁道行业办理再贴现业务16笔，金额4298万元。1997年10月，全地区金融机构开办“三票”结算，中国人民银行赣州地区分行运用再贴现资金，引导金融机构的信贷资金投向，全地区办理再贴现业务156笔，金额1.61亿元。1996年办理再贴现业务542笔，金额3.3亿元。中国农业银行赣州地区分行将签发银行承兑汇票审批权限集中在地区分行。中国工商银行赣州地区分行落实签发银行承兑汇票保证金制度，要求符合签发条件的企业必须按票面金额的30%～50%缴足承兑保证金，并将审批权上收地区分行。全年全地区办理再贴现业务681笔，金额4.38亿元，再贴现余额1.33亿元。1998年，中国农业发展银行赣州地区分行明确由其承兑的银行承兑汇票必须符合特定的范围，并不得转让，未经总行批准不准贴现；禁止为他行票据贴现、担保和承兑。中国工商银行赣州地区分行提高银票收益率。全地区办理银行承兑汇票10.9亿元，贴现4.12亿元。1999年，中国人民银行赣州市中心支行采取分片集中培训的方式，培训编押、核押、授权、管理规定等内容，保证新版银行票据顺利安全启用。中国工商银行赣州市分行加强银行承兑汇票的管理，实行总量控制、集中审批、优化结构、防范风险、按旬监控的办法，5月起，对银行承兑汇票实行集中会签制度。12 月，中国人民银行赣州市中心支行对所辖银行所办理的银行承兑汇票进行专项检查，查出延期支付承兑汇票 289 笔，金额 7047 万元，纠正银行在办理银行承兑汇票业务的不规范做法。全市签发银行承兑汇票 9.04 亿元，贴现 3.32 亿元，再贴现 1.48 亿元。2000 年，票据再贴现业务延伸到大余县、于都县农村信用社，拓宽农村信用社融资渠道。全市银行机构共办理银行承兑汇票 7.75 亿元，票据贴现 2.11 亿元，再贴现 7987 万元，年末再贴现余额 2787 万元。

银行本票 赣州是全省开办银行本票业务的 3 个试点城市之一。1998 年，中国人民银行赣州地区分行部署赣州地区中心城市银行机构开办银行本票业务。5 月 1 日顺利开办。全年办理银行本票业务 93 笔，金额 9630 万元。其中，中国工商银行赣州地区分行签发不定额本票 69 笔，金额 3390 万元；中国农业银行赣州地区分行签发 24 笔，金额 6240 万元。银行本票结算业务实现零的突破，填补赣州银行本票业务的空白。1999 年，办理银行本票业务 6950 万元。2000 年，办理银行本票业务 1.4 亿元。

二、信用卡

牡丹卡 1993 年 2 月 20 日，中国工商银行赣州地区分行组建牡丹卡业务部，4 月 29 日举行牡丹信用卡首发式，业务覆盖 18 个县（市）支行。1994 年，开通电传授权系统，在赣州市（今章贡区）装备 3 台自动取款机，为 1/3 受理牡丹卡业务的储蓄所配备 140 台止付器。1995 年 5 月使用新程序，6 月开通电话银行系统，9 月加入全国电子联网网络，10 月有 8 台 POS 机在赣州市（今章贡区）试点使用。1996 年，开办新卡种，实现牡丹卡由指令性发行向市场性发行，单一卡发行到多种卡发行的转变，年内开办联名卡、国际卡受理业务，新增个人金卡、彩照卡，开办电费卡、邮电卡、纳税卡等代收代付业务；重点发展邮电专用卡、电费专用卡和纳税专用卡，与地区邮电局协商以牡丹邮电专用卡代缴话费，3 个月内发卡 4800 张，办理电费专用卡缴拨资金 392 笔，金额 9.61 亿元。6 月，召开牡丹灵通卡首发式，发展牡丹灵通卡代发工资大户 3 户，发卡 3560 张，交易 3550 笔，金额 64 万元；在南康市试点发行汇兑卡，发行 206 张，累计汇入资金 230 笔，金额 106.4 万元；实行牡丹卡业务归口管理，制定《牡丹信用卡业务延伸实施细则》。1998 年 4 月起，在赣州市（今章贡区）内 31 个储蓄网点利用 POS 系统实行以卡纳税。增发灵通卡 2700 多张，吸收纳税保证金存款 200 多万元。发行牡丹汇兑专用卡 4023 张。开通灵通卡与储蓄系统联网程序。1999 年，开通“95588”电话银行系统，开展信用卡不良资产剥离工作，上报剥离 5 户，本金 56.4 万元，利息 46.28 万元。

表 30-7-1　　1993—2000 年中国工商银行赣州市（地区）分行信用卡业务统计表

年份	发卡量(张)	卡存款(万元)	卡消费额(万元)	特约商户(家)	受理网点(个)	交易笔数(笔)	累计交易额(万元)	营业收入(万元)
1993 年	3155	567	65	10	175	18632	3845	65
1994 年	10261	4154	201	18	175	25686	42356	156
1995 年	16317	6271	250	22	175	28321	88246	175
1996 年	18425	7608	398	27	175	33243	97835	186
1997 年	21038	8125	447	30	179	35626	96235	189
1998 年	20987	8011	550	36	186	35787	105112	171
1999 年	20357	7965	604	40	201	37853	112006	168
2000 年	20644	733	680	45	199	36721	12013	178

金穗卡 1993 年，中国农业银行赣州地区分行在赣州市（今章贡区）支行试办金穗卡业务。1996 年全面推广开办信用卡业务。1997 年，开通 POS 全国自动授权网，可自动查询信用卡止付名单。1998 年 2 月，发行金穗万事顺卡，并实行二级发卡，于都县支行成为第一个二级发卡行。10 月，发行金穗

储蓄卡，实现全省储蓄通存通兑、卡折通用。1999 年 3 月，启用新版金穗信用卡，分金卡和普通卡。6 月，设立银行卡中心，加强金穗卡的集中统一管理，实现管理、经营、服务一体化。10 月，推出金穗信用卡彩照金卡和彩照普通卡。至年底，发卡 33965 张，吸收存款 5479 万元，当年商户实现消费 561 万元，信用卡透支余额 26 万元。2000 年 3 月，推出金穗信用卡员工卡。改善用卡环境，增加金穗卡使用功能，加快网络建设工程。6 月，全面开通信用卡与储蓄卡“二卡合一”网络工程，开通电话银行系统。7 月，与长沙三金电子有限公司赣州运行部合作，建立 POS 消费网络。9 月，建立独立的信用卡账户核算系统，将全市农业银行信用卡账户集中到银行卡中心管理。9 月，信用卡系统完成从金海 9708 向综合应用系统（ABIS）即“新一代”并网切换，全行 78 个主要对外营业网点不需要人工授权就可以办理信用卡取款业务。

表 30－7－2

1996—2000 年中国农业银行赣州市（地区）分行信用卡业务统计表

年份	发卡量(张)	卡存款(万元)	卡消费额(万元)	特约商户(家)	受理网点(个)	交易笔数(笔)	累计交易额(万元)
1996 年	2426	101	7	66	40	1455	557
1997 年	2836	166	19	70	40	1583	8385
1998 年	7532	2243	253	79	85	1968	11562
1999 年	33965	5479	561	106	109	2483	16479
2000 年	89782	25137	1823	226	120	3678	18256

长城卡 1989 年 10 月，中国银行赣州支行开始代理中国银行南昌分行发行的人民币长城信用卡。1991 年 4 月，独立发行人民币长城信用卡。1993 年，开办信用卡“便利透支”业务，每卡每次可在 1000 元以内透支（后经多次修改标准，至 2000 年取消“便利透支”功能），至年底，透支余额 4768 万元。1995 年，开办长城信用卡公司卡支票业务。1996 年 10 月，停止审批新的员工附属卡，收回此前发放的员工附属卡，网点不再受理员工附属卡业务。推出赣通卡、莘莘学子卡业务。1997 年，系统内信用卡业务全部实现电子化操作，发卡对象转向党政机关工薪族。与赣州中大百货大厦有限公司联合推出赣通百货卡业务，与赣南五交化大厦联合开展为期 1 年的持卡消费优惠活动，在赣州国光超市等 115 户特约商户中安装 EDC 自动受卡系统。1998 年 7 月，推广长城电子借记卡业务。1999 年，推出长城纪念卡和长城生肖卡系列卡。2000 年，与赣州信托投资公司签订协议，由该公司受理银证转账业务。6 月，在赣州市首家发行国际卡——长城国际卡。至此，信用卡业务由人民币业务领域扩大到外汇业务领域。至 2000 年年底，发行人民币长城信用卡 13009 张、电子借记卡 32794 张、专用卡 4119 张、国际卡 11 张，总计 49933 张。吸存余额 1376 万元，特约商户 185 户，当年交易额 55014 万元，直接消费额 886 万元。

表 30－7－3

1991—2000 年中国银行赣州市（地区）分行信用卡业务统计表

年份	有效卡量(张)	存款余额(万元)	卡消费额(万元)	特约商户(家)	受理网点(个)	交易笔数(笔)	累计交易额(万元)	营业收入(万元)
1991 年	667.00	252.00	—	—	—	—	4183.00	2.04
1992 年	1669.00	813.00	—	43.00	—	—	33147.00	—
1993 年	3010.00	2221.00	—	63.00	33.00	—	10103.00	12.21
1994 年	4111.00	3635.00	336.00	82.00	47.00	—	44165.00	84.00
1995 年	5046.00	4419.00	572.00	87.00	63.00	—	151812.00	274.00

续表 30-7-3

年份	有效卡量(张)	存款余额(万元)	卡消费额(万元)	特约商户(家)	受理网点(个)	交易笔数(笔)	累计交易额(万元)	营业收入(万元)
1996 年	6974.00	1743.00	—	108.00	61.00	—	61676.00	87.00
1997 年	15043.00	3075.00	1105.00	115.00	60.00	—	63678.00	41.00
1998 年	29970.00	4381.00	605.00	148.00	64.00	—	48670.00	38.28
1999 年	3976.00	2384.00	665.00	165.00	64.00	5057.00	25015.00	37.14
2000 年	49933.00	1376.00	886.00	185.00	52.00	8038.00	55014.00	28.42

龙卡 1993 年 6 月，中国建设银行赣州地区分行成立信用卡业务部，8 月举行龙卡开卡仪式。1995 年，在赣州同业中率先开通 ATM 联网交易。1995 年 5 月，在赣州首家开通龙卡全国通存通兑业务。推出龙卡万事达、维萨信用卡，发行龙卡彩照信用卡、储蓄卡、生肖卡及龙卡纳税专用卡等龙卡卡种。拓宽服务领域，实现一卡多能，发挥龙卡转账结算、存取现金、消费信贷等现代支付工具的作用，开办以卡代发工资、住房转账还贷、代缴电话费、代收代缴水费、税款、银证转账等各项中间业务。2000 年，开通“95533”客户服务电话业务，设立取现网点 94 个，特约商户 98 家，交易额 1.8 亿元。卡业务由单一功能向多功能发展。

表 30-7-4　1993—2000 年中国建设银行赣州市（地区）分行信用卡业务统计表

年份	发卡量(张)	卡存款(万元)	卡消费额(万元)	特约商户(家)	受理网点(个)	交易笔数(笔)	累计交易额(万元)	营业收入(万元)
1993 年	326	24	23	32	35	3157	185	1
1994 年	1330	233	72	48	54	9072	866	16
1995 年	2932	534	96	65	73	17414	16271	69
1996 年	6535	984	74	77	68	13251	6674	83
1997 年	7640	950	213	89	68	13413	14468	59
1998 年	6649	1090	235	73	119	37260	4245	64
1999 年	7193	736	302	84	97	74419	13921	41
2000 年	10657	1737	402	98	87	83161	18050	62

三、结算方式

辖区内银行结算方式主要是用钞票直接办理收付行为的现金结算、通过银行将款项从一个单位的账户划转到另一个单位账户的转账结算两种。现金结算和转账结算主要有同城结算和异地结算。

四、会计管理

账户管理 1986—1990 年，各金融机构账户管理比较松散，多头开户现象普遍存在。账户管理工作主要局限于银行、信用社内部管理。1990 年起，全市（地区）金融机构账户管理工作逐渐步入规范化轨道。

1991 年，中国人民银行赣州地区分行针对企业多头开户现象，对银行账户进行全面清理整顿，理顺银企关系。开始每年组织开展账户年检。1995 年，率先在全省制定《开户许可证管理试行办法》，向全地区发出全面开展账户清理的通知。对 400 多起账户纠纷进行客观公正裁决。全地区撤并多头开户 2548 个，确立账户 36128 个，其中基本存款账户 16489 个，一般存款账户 6292 个，临时存款账户 4756 个，专用存款账户 8591 个。重新审定企、事业单位开立账户，统一发放开户许可证。

1996 年，中国人民银行赣州地区分行对 18 个县（市）农村信用联社营业部账户管理进行全面清查。全面布置账户年检和检查验收工作，全地区年检账户 24833 户，其中基本存款账户 13236 户，一般存款账户 4727 户，临时存款账户 611 户，专用存款账户 6259 户。

1999 年，中国人民银行赣州市中心支行开展银行存款账户大检查，对 9 个县市的 135 个机构 12954 个账户进行重点检查，查出违规开户 50 个（其中基本户 11 户，其他三类账户 39 户），违规使用账户 15 个，分别占检查账户的 0.3%和 0.1%，对违规开立使用账户的处以 10.1 万元的罚款。

至 2000 年年底，全市办理银行存款账户 8804 户，其中基本账户 6426 户，一般账户 1714 户，专用账户 173 户，临时账户 491 户；办理现金证 5393 户，销户 1024 笔，因资料不全未受理办证 221 户，拒绝无手续办证 109 次，确保账户的真实性、准确性。

结算管理 1986 年 8 月，由中国人民银行赣州地区分行牵头建立票据交换所，推行同城票据交换新办法。实行新的办法后，同城结算资金平均在途时间由原来 2～3 天缩短为 1.1 天；票据抵用率由原来的 36.41%提高到 92.49%；同业往来资金每天平均占用数由交换前的 1338 万元减少到 169 万元，下降 87.44%。1987 年，扩大票据交换的覆盖面，有 10 个支行由原来只管理票据交换转变为既管理又直接参与交换，全地区参加票据交换的单位由原来只占同城机构总数的 65%扩大到占 76%。推广同城票据交换新经验。1988 年，针对有些支行在执行信贷紧缩方针后擅自积压凭证，一度中断同城票据交换的新情况，采取措施恢复同城票据交换秩序，保证结算渠道畅通。1989 年起，开通电传网，全地区实现同城票据清算电子化，加速专业银行之间资金横向流通的划拨清算。

1989 年，中国人民银行赣州地区分行制定《赣州地区疏通汇路、维护结算秩序的若干规定》，并由行署颁发各地施行，解决银行之间、企业之间、银企之间错综复杂的“三角债”问题。全年组织同城票据交换 111 万笔，金额 51.14 亿元，票据抵用率由年初的 81%提高到 84%；清理企业相互拖欠货款 2.44 亿元，占 3 月末企业拖欠总额的 87.1%。1990 年，开展全地区性结算纪律大检查和账户清理工作，组织清理企业货款拖欠。组织 500 多家企业进行域内清欠 4 次，域外清欠 3 次，投入资金 4000 万元，共清理人欠、欠人货款 3.35 亿元，缓和域内资金紧张的矛盾。1991 年，组织全地区银行系统开展执行结算制度、纪律情况大检查，在全地区范围内整顿结算秩序，做好清理“三角债”工作。全地区设立违反结算制度、纪律举报中心 111 个，建立结算柜（组）86 个，占对外营业机构的 32.6%；配备结算专营或兼管员 158 人，占应配备结算专管人员的 87.3%。经过整顿，结算秩序明显好转，平均票据当日抵用率由上年的 98.9%上升到 91.2%。清理企业“三角债”5328 万元，处理“三角债”资金划拨 1040 笔，金额 4968 万元。1999 年，组织开展结算纪律大检查和清理账户，提高当日票据进账率，全地区平均票据抵用率由上年的 87.9%提高到 89.9%。开展清理“三角债”，在 4 个月内组织域内域外清欠 7 次，协助清理域内 500 家企业拖欠货款 2.8 亿元。

五、现金收付

1986—2000 年，各金融机构出纳工作机制不断健全完善，遵循出纳原则开展业务，做好现金供应与回笼，减少出纳差错事故。人民币现金收付量 5765.12 亿元，净回笼现金 85.94 亿元。2000 年人民币现金收付量 1085.75 亿元，是 1986 年的 25 倍。

1986 年起，中国建设银行赣州地区中心支行现金收付业务改由当地工商银行代理为独自办理，在辖区内全面推开自办出纳业务。1997—2000 年，中国农业发展银行赣州市（地区）分行辖区内支行均委托当地商业银行、农村信用社代理库存现金保管工作。

中国农业银行赣州市（地区）分行设立现金支付监测台账，控制大额不合理现金支出。实行大额支现登记制度，5 万元以上支现需要进行登记，30 万元以上须通过中国人民银行审批。中国银行赣州地区分行将限额标准设定在各项存款余额1%左右，遇节假日（尤其春节）或特殊情况适当备足库存现金，确保支付。中国农业发展银行赣州市（地区）分行区别粮油收购淡、旺季，对辖内支行的库存现金实行限额管理，规定库存现金限额控制在资金总限额的10%之内，收购旺季再根据收购货款发放情况，增大现金限额，做到既保证收购农民粮食不打“白条”，又减少非生息资金占用。对粮食购销企业收购所需现金，由企业根据收购进度提前2～3天向中国农业发展银行赣州市（地区）分行报送用现计划，分行分管信贷员或有权审批人员根据收购资金封闭管理和现金管理有关规定进行审批，一般根据企业3～5天收购所需现金为标准核定企业现金库存。县（市、区）信用合作社联合社营业部现金库存限额由县人民银行核定，各信用社现金库存限额由县（市、区）信用合作社联合社根据业务量大小分别核定，各信用社现金上存、支取均通过信用合作社联合社计划部门调度并开具进出库单通知保卫部门由经警执行调拨任务。

表30-7-5　　1986—2000年赣州市（地区）银行系统货币回笼统计表　　单位：万元

年份	现金收入	现金支出	货币回笼
1986年	220187	213625	6562
1987年	283490	275577	7913
1988年	427242	427668	－426
1989年	489539	455524	34015
1990年	486764	470965	15799
1991年	621737	601714	20023
1992年	889133	873444	15689
1993年	1320488	1296666	23822
1994年	1918852	1917916	936
1995年	2550464	2541233	9231
1996年	2922673	2902066	20607
1997年	3311377	3228443	82934
1998年	3668793	3529616	139177
1999年	4573532	4375051	198481
2000年	5571043	5286418	284625

第二节　国　库

一、国库业务

1986年，国库业务由中国人民银行经理，中国人民银行赣州地区分行于3月成立中心支库国库科，所辖县（市）支行也先后成立支库国库股及县级以下的经收处，办理经理国库的库款收缴与报解、退库、库款支拨及代理国库券等国库业务。

库款收纳与报解　1986年3月，中国人民银行赣州地区中心支库全面接管国库业务，取消县（市）支库以表代账的传统做法，全面实现预算收入按科目、按款项建立明细账或登记簿，保证库款报解准确、及时，办理中央预算收入4023万元，省级预算收入895万元，地、县（市）级预算收入2729万元。1987年9月，中国人民银行赣州地区中心支库提出改“曲线上划”为“直接上划”的设想，即经收处代收税款采取向县支库直接寄发报单，事后移卡清算的办法。在南康、大余、兴国、信丰等县支行试行，经收处报解库款时间平均缩短2～3天。全地区全年办理中央预算收入3867万元，省级预算收入979万元，地、县（市）级预算收入3.02亿元。1988年，国库业务核算实行计算机处理，中国人民银行赣州地区中心支库把中央预算收入、省级预算收入、地方分成预算收入通过微机通讯与省分库联网报解，建立乡（镇）级国库，把乡（镇）财政资金纳入国库监督和管理的轨道。全地区办理中央预算收入4531万元，省级预算收入865万元，地、县（市）级预算收入3.84亿元。1990年，对崇义县4个乡（镇）实行“划分收支、以收代支、分级包干、定额上缴（或补贴）”一定3年的财政体制改革试点情况进行总结，分析和反映乡（镇）国库试点后的正负效应及存在的问题，为各级主管部门加强对试点乡（镇）工作的领导提供决策依据。全地区办理中央预算收入9036万元，省级预算收入4662万元，地、县（市）级预算收入5.13亿元。1992年，推广“报单直寄，移卡清算”方式，1月中旬，地、县两级国库报解库款全面实行“报单直寄、移卡清算”方式，库款报解速度显著提高，在途时间平均减少2～5天。全年办理中央预算收入4878万元，省级预算收入5324万元，地、县（市）级预算收入15.03亿元；办理财政预算支出6.35亿元。1994年，中国人民银行赣州地区中心支库印发《关于当前国库会计核算中几个问题的通知》，赣州地区分税制财政体制中央、地方收入项目分享比例对照表以及《县（市）级中央金库、地方金库主要业务会计处理范例》供全地区国库人员学习。建立资金支拨、退库管理办法，执行《中华人民共和国国家金库条例》和会计制度，按要求准确分成，确保“分税制”顺利实施，实现中央和地方金库的分账核算。全年办理中央预算收入1.99亿元，省级预算收入3532万元，地、县（市）级预算收入13.92亿元；办理预算内支拨款9.41亿元。1995年，实现税票输入、分成、报解账务处理及日、旬、月报表多用户微机管理，提高工效3倍以上。全年办理中央预算收入1.92亿元，省级预算收入3670万元，地、县（市）级预算收入16.86亿元；办理财政预算支出11.89亿元。

1996年3月，全面启用自行开发的“国库一体化”软件办理国库业务，实行国库核算手工操作、微机操作并行。全地区办理中央预算收入1.74亿元，省级预算收入4169万元，地、县（市）级预算收入23.57亿元；办理财政预算支出14.28亿元。1997年，全地区国库核算脱离手工操作，改变全地区国库业务核算手工操作全程序的历史。报解速度由原来2～5天到账提高到当天到账。全地区办理中央预算收入9340万元，省级预算收入3971万元，地、县（市）级预算收入27.67亿元；办理财政预算支出16.52亿元。1998年9月，国库业务工作并到中国人民银行赣州地区分行国库科，中国人民银行赣州地区分行中心支库承担中心支库、赣州市（今章贡区）支库二级国库核算。两级国库、两台微机分别核算，实现一本总账、一个口子划拨资金的核算方式。全地区办理中央预算收入1.34亿元，省级预算收入4545万元，地、县（市）级预算收入28.78亿元；办理财政预算支出22.74亿元。2000年，在宁都、大余、寻乌3个县支行开展“国库单一账户”财政国库改革试点工作。全市办理各级财政预算收入38.14亿元，其中中央预算收入2.22亿元，省级预算收入6456万元，市级预算收入35.27亿元；办理财政预算支出24.31亿元。

库款支拨与退库 中国人民银行赣州地区中心支库及全地区各支库根据同级财政机关的预算凭证，依据财政机关填发拨款凭证，审查办理同级财政库款支拨。各级库款拨付在各级财政库款余额内支拨，只办理转账，不支付现金，各支库在收纳各级预算收入的同时，审查办理退库业务。对违反财政制度规定的，国库拒绝执行库款支拨和退库。

二、国库监管

预算外资金清理 1986年，中国人民银行赣州地区中心支库组织全地区国库人员对预算外资金调查摸底，对大额资金的来源和运用进行跟踪检查。参加地方政府组织的预算外资金检查组，协助搞好预算外资金清理检查工作，对33个预算外资金账户进行清理检查，清理后保留10个预算外资金账户。

财政性资金账户清理 1987年，中国人民银行赣州地区中心支库联合财、税、库、行4家印发《关于全面开展行政事业单位账户清理工作的通知》，对全地区财政性资金账户进行清理，通过清理，撤并财政性资金账户1985个。

乡镇财政管理体制改革试点 1988年，中国人民银行赣州地区中心支库制定《崇义县乡（镇）级国库试行管理办法》《乡（镇）国库核算规程》。7月，崇义县率先在横水、关田、过埠、扬眉等4个乡镇进行财政管理体制改革试点，建立乡（镇）级国库，把乡（镇）财政资金纳入国库监督和管理的轨道。1991年5月，撤销崇义县4个不符合设库要求的乡（镇）级金库。

财政资金入库督促 1987年，中国人民银行赣州地区中心支库对税务部门纳税大厅资金运作情况进行检查，对纳税大厅设立税款集中户存在的截留、延解、占压现象，向税务部门提出规范纳税管理意见。1991年6月，督促税款及时入库达千万元。1992年10月，组织全地区14个支库对辖区内79个经收处及乡（镇）金库的9月末入库情况进行检查，查出经收处占压税款82笔，金额25.97万元。

财政资金支拨与退库监督 1986年，全地区国库人员堵住财政资金不合理支拨和退库5笔，金额7万元。1987年，堵住财政资金不合理支拨和退库7笔91万元。1989年，堵住财政资金不合理支拨和退库7笔91万元。1990年，中心支库通过柜面监督，先后堵住3笔财政预算内不合理借款1050万元，堵住财政资金不合理支拨和退库31笔1152万元。1991年，堵住财政资金不合理支拨和退库83笔375万元。1992年，拒绝办理不合理拨款、退库36笔162.8万元。1993年，拒拨、拒退库款162笔457.5万元。1995年，堵住不合理支拨和退库424笔4595万元。1999年，堵住不合理退库15笔320万元。

1986—2000年中国人民银行赣州市（地区）分行经理各级预算收入、支出统计表

表30-7-6 单位：万元

年份	预算收入合计	其中			财政预算支出合计
		中央预算收入	省级预算收入	地、县(市)级预算收入	
1986年	2189	4023	895	2729	—
1987年	35025	3867	979	30179	—
1988年	43792	4531	865	38396	—
1989年	55120	6066	4429	44625	—
1990年	65000	9036	4662	51302	—
1991年	141895	5961	5011	130923	65057
1992年	160551	4878	5324	150349	63504
1993年	173403	5747	6518	161138	70028
1994年	162608	19878	3532	139198	94099
1995年	191449	19213	3670	168566	118855
1996年	257325	17445	4169	235711	142793
1997年	290009	9340	3971	276698	165180
1998年	305745	13360	4545	287840	227405
1999年	370472	16125	5170	349177	234778
2000年	381452	22248	6456	352748	243148

说明：1990年以前，财政预算支出数据不详，没有反映

三、经理国库券

国库券发行 1986—1990 年，全地区国库券发行主要采取行政摊派方式，由单位组织认购。1990 年起，国库券发行业务以承购包销为主，在银行、财政部门设立常年兑付点。凭证式国库券发行对象主要为城乡居民和各类投资者。全地区凭证式国库券发行承购包销机构有中国工商银行赣州地区中心支行、中国农业银行赣州地区中心支行、中国银行赣州支行和中国建设银行赣州地区中心支行，按各自上级行下达指标代理发行国库券。1991 年 4 月，实行国债一级自营承购包销办法，中国人民银行不再代理财政委托发行国库券业务，全地区金融机构按各自上级行下达指标代理发行国库券。1994 年，国债发行实行各家专业银行向财政部承购包销，中国人民银行负责协调管理，掌握发行进度，推出类似于银行储蓄存单的凭证式国库券。1998 年，国库券开始全部采用凭证式和记账式发行。

国库券兑付 1986 年开始国库券还本付息工作。1987 年，中国人民银行赣州地区中心支库针对单位国库券收款单存在保管方式不一和账簿登记不全问题，对 1982—1984 年单位购买国库券的收款单进行清理核对，确保单位认购的国库券分期兑付。

1988 年 8 月 6 日，赣州市（今章贡区）正式开放国库券转让业务，开放 5 个国库券转让交易点，成交 390.38 万元。1990 年 7 月，批准赣州市（今章贡区）、南康县等 4 个县 1 个市城市信用社开放 1982—1989 年国库券转让市场，成交 22015 笔，金额 96.48 万元。1990 年，兑付工作改由银行独家办理为财政、邮政、银行 3 家协同办理。1991 年，中国人民银行赣州地区中心支库针对市场出现假券的情况，举办人民币和国库券反假防假培训班，全地区发现 239 张假券没有出现误兑现象，为国家免遭经济损失 2.33 万元。1993 年，推广国库券兑付会计核算软件，全地区上划国库券兑付款项实行微机联网。1994 年，全地区国库券兑付在全省率先完成任务。1999 年，对应兑未兑付国库券的单位进行清理核对、上门催兑和遗失补记。2000 年，完成 1982—1988 年应兑未兑付国家债券清理移交任务。全市国有商业银行 1982—1988 年累计发行单位国债金额 3771.83 万元，累计兑付 3732.77 万元，剩余应兑未兑付单位国债 518 份，金额 39.05 万元。清理后，国有商业银行移交中国人民银行 486 份，金额 35.18 万元，其他原因未移交的 32 份，金额 3.86 万元。

表 30-7-7　1986—1997 年赣州地区国库券（国债）完成情况统计表

年份	任务数（万元）	实际完成		其中			
		完成数（万元）	完成率（%）	单位完成（万元）	完成率（%）	个人完成（万元）	完成率（%）
1986 年	1341.00	1409.30	105.09	256.80	100.07	1152.50	106.50
1987 年	1341.00	1437.10	107.17	236.90	108.10	1200.20	106.90
1988 年	2150.00	2237.10	104.05	466.60	108.50	1770.50	102.90
1989 年	2610.00	2690.96	103.10	881.84	100.07	1809.12	104.10
1989 年	保值公债 3100.00	3332.87	107.51	170.40	—	3162.47	—
1990 年	2610.00	2798.67	107.23	788.20	91.20	2010.47	115.20
1991 年	2950.00	3143.46	106.56	647.20	102.30	2496.26	107.10
1992 年	4800.00	4800.00	100.00	3300.00	100.00	1500.00	100.00
1993 年	7200.00	7602.42	105.59	1006.00	100.00	6596.42	100.00
1994 年	5165.00	5165.00	100.00	965.00	100.00	4200.00	100.00
1995 年	3385.00	3385.00	100.00	885.00	100.00	2500.00	100.00
1996 年	4495.00	4495.00	100.00	795.00	100.00	3700.00	100.00
1997 年	2570.00	2570.00	100.00	295.00	100.00	2275.00	100.00

说明：1998—2000 年缺数据

第三节 中间业务

一、中国工商银行赣州市分行（地区中心支行）

1996年，制定会计、结算、出纳服务规则，开办代收代付服务项目，实行上门收款，限时、验钞、兑换残损币和零钞等服务，各类存贷账户2万户，办理结算业务量264.08万笔。2000年，将中间业务作为一项主营业务单列。率先在章江储蓄所开办集理财咨询、理财分析、委托存款转期转账、委托单位保管、开具存款证明、个人存单抵押贷款业务、房源信息查询的个人理财业务，开发代理电信局代缴固定电话费、代售神通卡，代理民政局发行"中华风采"福利彩票，代理个人保险等业务，发行牡丹灵通卡。9月中标取得市本级财政统发工资的代理权，并获得章贡区、南康、会昌、大余、寻乌、宁都、崇义（部分单位）等7个县（市、区）本级财政的统发工资代理权。至2000年末，全行代收电话费2.81万笔326万元，代售神通卡170张，发行牡丹灵通卡3.5万张，代理财政统发工资1.41万人，月代发金额864万元，代理发行中华风采福利彩票6万元。

二、中国农业银行赣州市分行（地区中心支行）

发展以代收代付为主要内容的中间业务，从1994年代理国债发行工作开始，至2000年代理发行国债3.19亿元。1996年，先后与平安保险公司赣州站、中保财产保险有限公司赣州分公司签订保险代理业务协议。1997年，与太平洋保险公司赣州办事处签订保险代办协议；6月，与中国农业发展银行赣州地区分行签订《崇义、龙南、全南三县农发行业务全面委托代理协议书》。1999年，辖区内机构先后开办代电信收费、代收电费以及代收计划生育部门和行政事业单位罚没款等业务。2000年，开办代收电信资费和代售神通卡业务，有6个县（市）支行取得当地行政事业单位统发工资业务代理权，与江信、江南证券交易营业部进行银证转账业务合作，开通股票资金电话划转电子网络，代理业务范围涉及财政、工商、交通、交警、电信、电力、教育、法院、学校、公安、保险、劳动、证券交易等各行各业。

三、中国银行赣州市分行（赣州支行）

20世纪80年代中后期，开始发展中间业务。1988年3月，开办免费代保管大额存单服务和有偿代保管金融债券服务。9月，在赣南宾馆分理处试行开办代旅客保管现金、有价证券和金银首饰业务。1997年6月，文清路储蓄所、兴国县支行、瑞金市支行、于都县支行获准代理国际卡业务，成为全地区金融系统首家代理国际卡业务的银行。11月，发行IC卡代收交警罚没款。1998年10月，于都县支行代收税费系统安装调试工作完成，标志着全行代收业务范围首次跨入税收领域。至2000年，中间业务范围扩大到代收电信话费、代收移动话费、代发工资、代收电费、代收水费、代理保险、代售国债、代理银证转账、代理A/B股银券通业务、代收税款等领域。

四、中国建设银行赣州市分行（地区中心支行）

早期以代理财政职能为主要任务。1994年，由代理财政、银行双重职能转变为单一银行。9月，做好国家财政中央级基本建设项目资金拨付和监督管理工作。1997年，先后开办代发工资、代理证券和代收水电费、有线电视收视费、电话费、税费、住房公积金、保险费等业务。2000年10月，开通代理赣州市章贡区农村信用合作社联合社异地资金汇划业务。

第八章 保险业

1986—2000年，赣州保险机构由赣州地区保险公司（中国人民保险公司赣州中心支公司）1家发展为中保财产保险有限公司赣州分公司、中保人寿保险有限公司赣州分公司、中国太平洋保险股份有限公司赣州支公司3家。全市（地区）保险机构在稳定原有骨干险种的同时，推广家庭财产险，拓展责任险、储金类险、人寿险，大面积承保养老金险、学生平安险、福寿安康险等，把保险服务领域引向广度和深度。至2000年年底，全市开办险种227种（其中人身险险种101种，财产险险种126种），保费收入3.62亿元。

第一节 险种类别

一、财产保险

赣州地区保险公司 1986年，赣州地区保险公司新开办农房保险和生猪、耕牛、水稻保险，保险险种由14个增加到18个。1987年，新增城镇家庭财产定额保险、农房两全保险和柑橘保险，保险险种发展到21个。1989年，新增险种2个。到1990年，赣州地区保险公司开办财产保险险种26个。1991年，开办农房长效还本保险和产品责任保险，停办高档商品售后财产保险业务。1992年，增办企业财产机器设备损坏保险。1993年，开办雇主责任险、电梯责任险，开始涉足责任保险领域。1994年，开办公众责任、厂长经理责任和建筑安装工程及附加第三者责任保险。1995年，地区汽运公司实行个人承包增加5个机动车辆附加险种，开办"赣江"啤酒瓶爆炸责任保险业务。至1995年年末，地区保险公司共开办80个保险险种，其中财产保险47个，人身保险33个。

中国人民保险公司赣州分公司 1996年，产寿险分业经营，中保财产保险有限公司赣州分公司财产保险增开钞票保险等4个险种，开办险种有51个。1997年，中保财产保险有限公司赣州分公司调整险种结构，停办长效还本保险业务，增设12个财产保险附加险和18个公众责任保险附加险，将机动车辆保险确定为2个基本险和9个附加险种，开办险种调整到66个。1998年，中保财产保险有限公司赣州分公司停办一批财产保险险种，增办机动车辆分期付款售车信用保险和财务人员忠诚保证保险业务，开办险种调整为60个。1999—2000年，中国人民保险公司赣州分公司开办的保险险种不断增多，开办供电责任险、雇主责任附加第三者责任保险、个人房屋抵押贷款保险、机动车辆消费贷款保证保险、校（园）方责任保险等业务。到2000年年底，中保财险公司赣州分公司开办险种有111个，其中财产保险类61个，机动车辆保险类13个，责任保险类29个，货物运输保险类4个，信用（保证）保险类4个。

中国太平洋保险公司赣州支公司 1998—2000年，中国太平洋保险公司赣州支公司开办的财产险种类主要有机动车辆保险、企业财产险、雇主责任险、个体工商户财产险、现金险、医疗责任险、旅行社责任险、公路铁路货运险、建筑工程险等15种。2000年，开办财产类险种15个。

二、人寿保险

赣州地区保险公司 1986年，赣州地区保险公司人身保险险种由6个增加到10个，开办个人养老金和统筹养老金服务。1991年，人身保险增办独生子女两全保险，将母婴安康险划到计划生育部门办理。1992年，开办特约简易人身保险。1993—1995年，增设旅游人身意外伤害险、女性健康保险等13

个险种。

中国人寿保险公司赣州分公司 1996年产、寿险分业经营，中保人寿保险有限公司赣州分公司推出满足社会需求，适宜不同年龄层次、多功能、综合性强的险种。1997年增加险种7个，停办20个；1998年增加险种22个，停办16个。1999年中国人寿保险公司赣州分公司增加险种56个，停办36个；2000年增加险种9个，停办1个。

中国太平洋保险公司赣州支公司 1998—2000年，中国太平洋保险公司赣州支公司开办的人身保险主要有人寿保险、健康保险、意外伤害保险及年金保险4种。2000年，开办人身类险种21个。

第二节 保费储金

一、财产保险

1986年，中国人民保险公司赣州地区中心支公司扩大城乡保险覆盖面，完成财险保费（含储金，下同）收入1105.3万元。1987年，各地农房承保面达到70%以上，规定在1990年以前投保农房的，可以减免10%保险费优惠。家财险发展迅速，保单和保费收入由1986年的32.3万件86.5万元分别增加到72.2万件204.4万元。1988年，各县（市）支公司组织企财险续保、扩保，力争改制企业不脱保。城市企财、运工、货运三大险种保费收入1118万元，占城市保费收入的97.5%。1989年，全地区保险机构推动森林保险等险种发展。1990年，中国人民保险公司赣州地区中心支公司采取提前通知续保、协助企业贷款和系统统保与上门揽保等措施，扩大保源，增加保费收入。

1991年，行署把计划生育系列保险列入各县（市）政府考核目标，中国人民保险公司赣州地区中心支公司与地区交警支队联合行文，要求各地机动车辆承保面必须达到年检数的95%，多数县（市）公司保费收入有较大增长，其中赣州市（今章贡区）城区的保险业务收入超过千万元。全年保险代办收入近2000万元。1992年，行署把农房长效还本保险纳入政府工作目标，要求各地农房承保面达到60%，户均储金在40元以上。中国人民保险公司赣州地区中心支公司以农房保险为龙头，带动其他险种均衡发展。机动车辆险增收590万元、农村“两业”（种植业、养殖业）险增收843万元，城乡家财险（含农房）承保126.21万户，全地区保险业务（含寿险）收入1.11亿元，同比增长98.3%。公司亏损3277万元。1995年10月，中国人民保险公司赣州地区中心支公司开发一年期保险业务；鼓励基层公司自主开发效益险种，扩大基层赔案审批权限。实现业务收入1.29亿元，其中财产险7220万元，人身险5668万元，实现利润638万元。1996年，中保财产保险有限公司赣州分公司与各专业银行签订保险代办协议，走访全地区10万元以上大保户。全地区实现保费收入8642.8万元，新增储金1039.2万元，实现经营利润550万元。

1997年，中国太平洋保险股份有限公司赣州办事处进驻赣州，域内保险市场竞争激烈。中保财险赣州分公司狠抓企财险和机动车辆险龙头险种，加大货运险、各种责任保险、金融机构营业场所盗抢险和个体工商户保险展业力度，开展摩托车保险单项业务竞赛，收取保费400万元。1998年，中保财险赣州分公司组织“开门红”“双过半”“新增保费任务”，完成年度经营目标等竞赛活动，稳住企财险业务，促使机动车辆险稳步增长。全地区系统实现营业收入1.39亿元，其中一年期保费收入突破亿元大关，为1.08亿元。1999年，中国人民保险公司赣州分公司推出“保险车辆肇事伤人抢救费担保卡”服务措施。2000年，全市中国人民保险公司系统大力发展责任保险业务，供电责任保险、雇主责任保险、医疗责任保险等均获得发展，责任险保费收入 1098.7 万元。

表 30-8-1　1986—2000 年赣州市（地区）财产保险业务收入统计表　单位：万元

中国人民保险公司赣州分(中心支)公司								太平洋保险公司
年份	保险金额	收入		年份	保险金额	收入		一年期险种收入
		保费	储金			保费	储金	
1986 年	269905.90	1105.30	—	1994 年	680533.70	6270.60	1276.70	—
1987 年	430183.50	1434.80	—	1995 年	651534.10	7184.30	36.10	—
1988 年	384188.90	1829.70	—	1996 年	3813645.40	8642.80	1075.30	—
1989 年	532379.90	2228.00	13.80	1997 年	1433820.40	9659.20	1328.40	—
1990 年	486148.70	2281.70	80.10	1998 年	1631422.10	10800.80	639.50	36.76
1991 年	556813.10	2585.70	245.20	1999 年	1619457.60	11698.90	297.10	251.89
1992 年	780281.70	4197.80	3518.50	2000 年	1854361.10	12502.40	46.00	407.03
1993 年	837977.20	4905.00	3122.70					

二、人寿保险

1986 年，中国人民保险公司赣州中心支公司人身险保费（含储金，下同）收入 367.8 万元。1987 年，简易人身险发展加快，保费收入 800 万元，是 1986 年的 2.18 倍。1988 年，在农村开展村干部和已扎二女户养老保险业务。1989 年，推动乡村干部、企业职工养老保险、平安险和人身险发展。1992 年人身险增收 640 万元。1993 年，增加人身险保费收入 1670 万元。1994 年，开发学生平安保险附加险种，经过努力，学生平安保险增收保费 200 万元。

表 30-8-2　1986—1995 年中国人民保险公司赣州中心支公司人寿保险业务收入统计表　单位：万元

年份	承保人数	承保金额	收入		年份	承保人数	承保金额	收入	
			保费	储金				保费	储金
1986 年	1445079	140274.70	186.00	181.80	1991 年	1645025	340222.50	714.40	2077.40
1987 年	1042868	199475.50	259.70	540.10	1992 年	1656541	338678.20	855.00	2577.40
1988 年	1151517	222576.90	316.30	880.20	1993 年	1351401	378009.80	1232.60	3872.30
1989 年	1915740	330060.70	500.20	1156.40	1994 年	1353269	497238.40	4048.00	550.00
1990 年	1565322	328219.80	567.50	1371.70	1995 年	1456187	754480.50	5199.20	468.40

1996 年开始，中国人寿保险公司赣州分公司（中保人寿保险公司赣州分公司）实施育人工程，强化优质服务，寿险业务持续快速增长，保费收入从 1996 年的 6115 万元跃升到 2000 年的 2.34 亿元，年均递增 53.9%，成为全省人寿保险系统首次突破 1 亿元、2 亿元大关的地（市），连续 3 年保费绝对数名列全省系统第一。为全市（地区）310 万人次提供各种人身保险服务，承保保额 516 亿元。

1997 年，中国太平洋保险公司赣州支公司进驻赣州，开展财产保险业务，拓展人寿保险业务。1998—2000 年，实现保费收入 930.21 万元。

表 30-8-3 1996—2000年赣州市（地区）人寿保险保费收入统计表 单位：万元

	险种	1996年	1997年	1998年	1999年	2000年
中国人寿保险公司赣州分公司	意外险	1454.91	2033.74	2690.14	3894.05	4717.73
	直销寿险	4578.00	6394.34	6096.22	5531.77	549.30
	营销寿险	82.01	4105.82	7339.51	11582.32	18120.84
	合计	6114.92	12533.90	16125.87	21008.14	23387.87
中国太平洋保险公司赣州支公司	储金险类	—	—	240.45	381.36	308.40
	合计	—	—	240.45	381.36	308.40

第三节 防灾防损

一、财产保险

1986年，中国人民保险公司赣州中心支公司配合有关部门开展安全防灾教育。1987年，各支公司开始建立保险用户防灾资料档案。1991年，中心支公司与各地抗震领导小组合作，防灾防损工作更加深入。1992年，全地区遭受严重水灾。各支公司积极投入抢险救灾、转移保险财产和查勘定损工作；水灾后，组织理赔，协助企业恢复生产、安定百姓生活。中心支公司给每个县（市）拨付防灾施救费10万～14万元。1993年，中心支公司联合地区公安处、消防支队、交警支队，加强合作，就综合治理和妥善处理保险责任事故达成共识并形成文件。1994年，全地区防灾防损工作更加主动、超前。保险公司对续保单位增设《企业财产保险附加特约协议》，实行“划线承保”（保险公司只承担警戒水位线以上的财产保险责任）制度，增强保户防灾防损责任心。1995年，于都县支公司在“6·18”水灾前，及时组织车辆，转移20多家沿江保险企业物资，为国家挽回经济损失320万元。大余县支公司在对荡坪钨矿检查时，发现该单位灭火器过期，便主动捐赠20多台灭火器。

1996年，中保财险赣州分公司依法对保险标的安全状况进行检查，提出消除隐患整改建议。各支公司普遍对一、二级防火重点单位和部门实施消防安全检查。1998年3月，中保财险赣州分公司与省人民检察院赣州分院签订协议，联合成立赣州市（今章贡区）保险理赔鉴定中心。受理鉴定赔案112件，减少保险赔款78万元。1999年1月，中保财产保险有限公司赣州分公司推出保险车辆交通肇事伤人抢救费担保卡，与地区卫生局确定48家指定医院，邀请理赔鉴定中心提前介入重大疑难赔案。全年受理案件218起，减少赔款150万元。全地区财保系统重新制订防洪预案，绘制保险财产风险示意图，完善流域防汛协作网，上犹县、大余县支公司参加全省系统防洪协作网络。2000年，成立分公司理赔处理中心，开通“95518”电话服务专线，编制全地区防火预案。理赔鉴定中心受理全市保险赔案308起，减少赔款178.7万元，其中查出虚假赔案21起，涉及金额62.2万元。

二、人寿保险

1988年，中国人民保险公司赣州中心支公司通过新闻媒体提醒学生家长和校方加强学生暑期安全教育，防止学生溺水事故发生。1989年，全南县支公司聘请医生对50元以上学生平安保险赔案进行技术鉴定，在首批鉴定的15例赔案中，剔除11例不合理医药费246.31元。1990年，中心支公司分析7—10月学生平安保险各类责任事故发生概率，对暑期学生狂犬病、交通事故、中暑和溺水死亡案件增多现象，提出相应对策和解决办法。

1996年，中保人寿保险有限公司赣州分公司成立寿险业务处。1997年，公司业务处设定专职核保员岗位，各县（市）公司配备1～2名专职核保员，专门从事保单的事务核保及医务核保工作。

1998年，中保人寿保险有限公司赣州分公司聘请医学专业人才为专职医务核保人员，对投保人的身体状况实行风险评估，计点加费，进行风险管理。全年核保投保件803件，其中30万以上4件，50万元以上5件，100万以上1件；拒保缓保20件。1999年，处理基层公司超权限上报的核保件1767件。其中，需加费的112件，保额196.1万元；拒保11件，保额29.6万元；缓保12件，保额15.6万元；限制保额10件92.5万元。2000年，全市人寿保险系统受理主险投保件4.51万件，其中体检件1847件，占总投保件的4.09%，体检件中标准体占58.74%，次标准体占33.62%，延期承保占4.06%，拒保件占3.5%，脱落件占19.22%。各基层公司上报超权限核保件423件。其中，拒保56件，拒保保额116万元；缓保68件，保额147万元；次标准体加费126件，保额309万元；有条件承保173件，保额208万元。

第四节 理赔补偿

一、财产保险

1986—2000年，全市保险系统受理财产保险各类险种赔案34.85万件，赔款金额5.39亿元。

1986年，中国人民保险公司赣州中心支公司受理财产保险赔案1.06万件，支付赔款527.5万元。1987年8月2日，寻乌县发生5.8级地震，震灾波及安远、会昌县境，造成2.5亿元保险财产损失。中国人民保险公司赣州中心支公司共赔款207.6万元。财产保险赔付率83.4%，高出1986年35.7个百分点。1988年，对全地区50名培训考试合格人员核发机动车辆理赔工作证。1989年5月，赣州农药厂、赣州造纸厂、赣州电池厂等单位遭受风雹袭击，赣州中心支公司赔付金额30多万元。1990年，对重点保户实行理赔后回访制度，制定保险受损车辆招标定损办法。全年受理财产险赔案2.87万件，赔款金额1285.9万元。

1991年，全地区大额赔案较多，仅信丰县油山文具厂、赣州赣江造纸厂、大余县民族羽绒厂、全南县八一垦殖厂等4起火灾，赔款200多万元。1992年，处理财产险赔案5.1万件，赔款6037.6万元，综合赔付率143.8%，其中农村“两业”险赔款1265.6万元，全地区保险系统出现亏损。1993年，制定《赣州地区保险业务差错事故处罚暂行规定》，加大业务管理工作力度。1994年4—6月，15个县（市）先后遭受暴雨、冰雹、洪水和龙卷风袭击，赣州中心支公司处理赔案3万多件，支付赔款1700万元。

1996年，中保财产保险有限公司赣州分公司下放理赔权限。1998年2月，赣州市（今章贡区）、南康、赣县、于都、上犹、全南等县（市）遭遇水灾，中保财产保险有限公司赣州分公司把近200万元赔款送到保户手中。1999年，中保财产保险有限公司赣州分公司强化职工服务意识，增强企业竞争力。3月，信丰县城区发生特大火灾，信丰县支公司用6天时间就把核实的18.23万元赔款兑现给受灾保户；5月，会昌县发生洪水灾害，会昌县营业部在洪峰到来前，组织保户转移保险财产300余吨，价值百万元。2000年，中国人民保险公司赣州分公司成立理赔处理中心，开通“95518”人保电话服务专线，“报案—查勘—定损—理赔”的快速反应能力大大增强。全年受理财产保险赔案9631件，赔款金额6318.1万元，综合赔付率为50.5%。

表 30-8-4

1986—2000年赣州市（地区）财产保险赔付统计表

年份	中国人民保险公司赣州分公司			中国太平洋保险公司赣州支公司					
	赔款件数	赔款金额（万元）	赔款占保费（%）	企财险		机车险		其他责任险	
				赔款额（万元）	赔付率（%）	赔款额（万元）	赔付率（%）	赔款额（万元）	赔付率（%）
1986年	10610	527.50	47.70	—	—	—	—	—	—
1987年	35255	1196.50	83.40	—	—	—	—	—	—
1988年	20213	954.30	52.20	—	—	—	—	—	—
1989年	17303	1375.50	61.70	—	—	—	—	—	—
1990年	28693	1285.90	56.40	—	—	—	—	—	—
1991年	16827	1873.40	72.50	—	—	—	—	—	—
1992年	50968	6037.60	143.80	—	—	—	—	—	—
1993年	48298	4026.60	82.10	—	—	—	—	—	—
1994年	44054	6185.60	98.60	—	—	—	—	—	—
1995年	14647	3678.50	51.20	—	—	—	—	—	—
1996年	10069	3513.10	40.60	—	—	—	—	—	—
1997年	20728	5657.30	58.60	—	—	—	—	—	—
1998年	11828	5838.50	54.10	—	—	9.80	26.00	—	—
1999年	9281	5489.00	46.90	3.90	5.00	58.20	40.00	0.39	19.00
2000年	9631	6318.10	50.50	26.90	31.00	146.20	53.00	5.10	13.00

二、人寿保险

1988年，赣州中心支公司一年期保费综合赔付率52.2%，同比下降31.2%；返还给付率5.06%。

1996年，中保人寿保险有限公司赣州分公司加强理赔（给付）工作，凡人身险“死亡、伤残”案件及给付金额1000元以上的案件，均由公司派专车送款上门。南康市支公司全年送款下乡94人次，送款50余万元，受灾户及时得到应有的经济补偿。1998年，中保人寿保险有限公司赣州分公司与各基层单位经理签订防范经营风险承诺书，内容涉及电话咨询及各种形式的预约服务、限期结案理赔服务、大额赔款送上门服务等。制定承保与理赔的奖罚制度等，提高理赔效率。11月，南康市境内发生特大交通事故，造成8人死亡，11人受伤，肇事车在崇义县人寿保险公司办事处投保乘客汽车险，办事处预付赔款2万元，给付3名学生死亡保险金12000元。12月，南康市潭口发生爆炸，炸死炸伤16名学生，南康市人寿保险支公司将2万元预付赔款送到地区人民医院，解保户燃眉之急。

1999年，中国人寿保险公司赣州分公司印发《关于一年期（含）以下保险业务管理办法（试行）的通知》，统一理赔业务操作流程。2000年，制定并实施新千年内控制度，建立业务处理中心，下设理赔部。8月，印发《关于加强管理工作的通知》，明确核赔权限。全年经审核做出拒赔处理的超权限赔案101件，索赔金额265.95万元；协助基层调查赔案32件，其中拒赔案件9件，拒赔金额25.2万元。

1997—2000年，中国太平洋保险公司赣州支公司坚持“双人勘查、交叉复核、分级核损、终损归案”制度进行理赔，做到不惜赔、不滥赔、不错赔，使承保人受灾后从理赔中得到维持家庭生活必需的经济补偿。

表 30-8-5

1986—1995 年中国人民保险公司赣州地区中心支公司人寿保险给付统计表

年份	赔案给付人数(人)	赔案给付金额(万元)	年份	赔案给付人数(人)	赔案给付金额(万元)
1986 年	5544	52.00	1991 年	27886	616.90
1987 年	8450	135.00	1992 年	41870	843.80
1988 年	15359	210.00	1993 年	24621	820.40
1989 年	19070	283.50	1994 年	26740	943.40
1990 年	20932	446.50	1995 年	23161	996.70

表 30-8-6

1996—2000 年赣州市（地区）人寿保险给付统计表

年度	中国人寿保险公司赣州分公司(中保人寿保险公司赣州分公司)							中国太平洋保险公司赣州支公司	
	赔款支出	死伤医疗给付(万元)			满期给付(万元)			人意险	
	意外险(万元)	合计	直销寿险	营销业务	合计	直销寿险	营销业务	赔款额(万元)	赔付率(%)
1996 年	753.20	246.96	246.96	—	1392.47	1392.47	—	—	—
1997 年	1017.02	312.72	292.09	20.63	3530.90	3530.71	0.19	—	—
1998 年	1064.84	485.53	339.93	145.60	4827.09	4826.92	0.17	—	—
1999 年	145099.00	620.36	295.92	324.44	4218.58	4204.30	14.28	—	—
2000 年	1857.15	803.80	261.83	541.97	3257.38	1297.36	1960.02	11.55	22.60

第九章 证券业

全市（地区）信托投资机构初建时按照“委托、代理、租赁、咨询”的方针，拓展信托投资业务。为规范金融市场，防止金融风险，全市（地区）信托投资机构分别进行改制，经历整顿、发展、改革和收缩的过程，信托投资业务逐步规范。证券业务发展迅速，初步形成证券一级市场（发行有价证券市场）和规范、有序的证券二级市场（有价证券买卖流动市场）。

第一节 信托业务

赣州信托投资机构经营的业务主要有信托存款、委托存款、信托贷款、委托贷款、信托投资、委托投资、融资租赁、证券发行、代理资财保管与处理、代收代付、代理证券发行、代理证券、股票买卖、各项担保、见证、经济咨询、房地产开发等业务以及中国人民银行批准的其他业务。

一、信托存款

1986 年，全地区只有赣州地区信托投资公司和中国工商银行赣州地区中心支行信托部办理信托存款业务，年末存款余额 1282 万元。1987 年，中国工商银行赣州地区中心支行信托投资股份有限公司，以抓存款为公司立业根本，拓展信托业务全面发展。当年各项存款余额比 1986 年增长 3.57 倍。1988 年，赣州地区农业银行、建设银行信托投资公司相继成立，存款业务迅速扩大，信托业务范围发展到全地区工业、商业、农业、林业、交通、建筑、旅游、房地产、科技等领域部门。全地区信托投资机构各项存款余额4579万元，比1986年增长2.57倍，其中农业银行、建设银行2家信托投资公司新增各项存款446万元，地区信托投资公司年底存款余额2643万元，比上年增长74.91%，中国工商银行赣州地区信托投资公司年底存款余额1392万元，比上年增长36.47%。1989年，根据中国人民银行“三停止”（停止信托贷款、停止拆出拆入资金、停止投资）的规定，对信托业务进行清理整顿，存款业务受到影响。1990年，全地区信托投资机构加大信托存款揽存力度，各项存款余额5965万元，比1988年和1989年分别增长30.27%和24%。

1991年，全地区信托投资机构吸存地方社会劳动保险机构的劳保基金、科研机构的科研基金和期限半年、金额100万元以上的企业存款，以及各主管单位技改铺底、科技开发、企业预算外、工商、审计部门未上解的过路基金等其他资金。1994年，全地区各信托投资机构提高服务质量，稳定存款，加大开拓新的业务领域。至1995年年底，全地区信托投资机构存款总额2.58亿元。

1996—1997年，4家银行信托投资公司赣州地区办事处信托业务逐步收缩、停办，机构撤销后，赣州地区信托投资公司优化服务，多业并举，至2000年年末，存款余额9100万元，比1995年增长2倍。

二、信托贷款

全辖信托投资机构贷款总额由1986年的2235万元上升到1995的3.78亿元，增长15.91倍，年均贷款额超过存款量的10%以上。

1986年，信托贷款业务主要以赣州地区企业的“短、平、快”项目为贷款范围。办理信托业务的机构仅有赣州地区信托投资公司和中国工商银行赣州地区中心支行信托部。2家信托投资机构各项贷款余额2235万元。1987年，中国工商银行赣州地区中心支行信托投资公司向江西齿轮箱总厂发放租赁贷款180万元，引进1台瑞士进口的旋转冷滚压机，加工件节约钢材40%。全年2家信托投资公司各项贷款余额3615万元，比上年增长61.74%。1988年，贷款业务渗透到全地区工业、商业、交通、旅游、科技等产业部门的固定资产贷款和流动资金贷款领域，全地区信托投资机构各项贷款余额7577万元，比1987年增长109.6%。1989年，全地区信托投资机构加强贷款风险意识，重点抓逾期贷款和有可能发生风险贷款的清收。中国工商银行赣州地区中心支行信托投资公司收回各种贷款1472万元，收回投资70万元。1992年，江西省工商银行信托投资公司赣州办事处和赣州地区信托投资公司重点支持基础设施建设项目和国家产业政策发展建设重点以及第三产业发展。江西省工商银行信托投资公司赣州办事处支持城乡公路、桥梁改造，发放贷款2400万元，支持地区人民医院和电影院改造，发放贷款1040万元；赣州地区信托投资公司支持龙潭电站及电力线路改造，发放基础设施贷款1145万元。江西省工商银行信托投资公司赣州办事处从海南、深圳、福建、江苏等省、市拆进资金2.1亿元，解决生产流通领域对短期临时周转的资金需要。1993年，全地区信托投资机构贷款余额比上年下降13.3%。1994年，江西省中国银行信托咨询公司赣州地区办事处实行多元化经营，做好中大百货商场、江铃齿轮有限公司、通达印刷机械有限公司3家合作的相关工作。江西省农业银行信托投资公司赣州地区办事处加大对集体、私营、个体企业的支持力度，将贷款触角延伸到支持房改，对赣州住宅建筑工程公司发放贷款215万元，帮助建成住宅大楼4480平方米，为64户居民解决住房困难。1995年，全地区信托投资机构集中力量改善不良资产结构，抓好贷款收回，拆入资金、逾期贷款、催收贷款均有不同程度减少。江西省农业银行信托投资公司赣州地区办事处收回当年贷款2554万元，回收率91%。1996—2000年，赣州地区信托投资公司执行适度从紧的货币信贷政策，择优扶持。1996年重点支持龙潭水电站等项目，发放贷款1887.2万元。1997—2000年发放各项贷款5234.8万元，回收率82.24%。

三、其他业务

1986—2000 年，信托其他业务主要有中介业务、租赁业务、新办合资企业等。

1987 年 10 月，中国银行赣州支行信托咨询部租给赣州电池厂日产五十铃 1.75 吨货车 1 辆，总租金 6.1 万元；1988 年 3 月租给赣南制药厂日产 IVP－155 复印机 1 台，总租金 2.4 万元，租给深圳赣江贸易公司赣州购销处“宁波”1.5 吨货车 1 辆，总租金 2.6 万元；1989 年 6 月租给赣州地区外建承包工程公司“东风”5 吨货车 2 辆、“伏尔加”轿车 1 辆，总租金分别为 10.1 万元和 6.6 万元。1992 年，江西省工商银行信托投资股份有限公司赣州地区办事处与香港贝威公司共同投资成立赣州金贝金融服务有限公司，赣州方出资 75%，香港方出资 25%，办理国内保管箱租赁业务。江西省中国银行信托咨询公司赣州地区办事处办理投资租赁 1104 万元，办理资信调查业务 24 笔，咨询地区涉及美国、欧洲及中国台湾、香港地区和闽粤经济特区。1993 年，江西省中国银行信托咨询公司赣州地区办事处与赣州市（今章贡区）体改委合作，开办设备与物资调剂、产权交易及典当业务。开办租赁业务，租出电视机、电冰箱等家用电器 3254 台，总值 150 万元。1994 年，江西省工商银行信托投资股份有限公司赣州地区办事处为客户代保管有价证券 10 余种，金额 2700 万元。1997 年，赣州地区信托投资公司抓住银行信托投资公司引进广州宏图公司资金 1240 万元的时机，投资开办租赁、房地产开发、组建出租车公司等业务。1997—2000 年，实行管理体制和经营方式转变，分别实现利润 474.95 万元、933.34 万元和 2038.05 万元，3 年累计上缴税金 594.28 万元。

第二节　证券业务

一、证券发行

1986 年，中国工商银行赣州地区中心支行发行银行金融债券 400 万元，1987 年发行中国工商银行累进利息金融债券。1989 年，全地区发行保值公债和代理发行 1989 年基本建设债券。1990 年开始发行财政债券。1991 年首次发行企业债券，中国银行赣州支行在全地区发行企业债券。11 月为赣州钴冶炼厂发行企业债券 1000 万元，解决该厂进口砷钴矿石所需资金；为赣州钨钼材料厂发行企业债券 1000 万元。江西省建设银行信托投资公司赣州办事处代理销售建设银行当年基本建设投资债券 100 万元。1991—1992 年，各银行省信托投资公司赣州办事处分别发行或代销期限一年、二年、四年的企业债券及短期融资券金额 1.45 亿元。1993 年，债券发行较少，仅江西省中国银行信托咨询公司赣州办事处代理中国银行发售个人委托投资权证，金额 400 万元，并发行融资券 100 万元。1994—1997 年，赣南制药厂委托中国工商银行江西省信托投资咨询股份有限公司、华夏证券有限公司江西省业务部在全省先后发行三年期企业债券、九个月短期融资 6 次 3600 万元。

二、证券交易

1988 年，赣州地区办理国债转让业务，交易国库券 390.38 万元。1990 年，赣州市（今章贡区）、南康县等 4 个县 1 个市城市信用社办理 1982—1989 年国库券转让业务，转让交易金额 96.48 万元。1991 年，中国银行省咨询公司在赣州先后设立证券代理处 16 个，主要办理国库券、保值公债、基本建设债券、金融债券和大额定期存单等多种有价证券的转让业务，全年证券转让成交额 1717.76 万元。全地区信托投资机构增加以股票交易为主的证券交易场地，江西省中国银行信托咨询公司赣州办事处在 9 个县（市）设立证券业务代理处。1992 年 8 月，赣州证券营业部开通上海股票异地委托交易，率先在全地区用电脑配对，进行证券、股票交易；12 月，在全省金融系统中首家采用面积 3 平方米的大型电子显示屏在交易大厅显示股票、证券交易行情，当年证券交易量310万元。江西省工商银行、建设银行、农业银行信托投资公司赣州办事处下设券营业部、业务部经营证券的交易额3.96亿元，比1991年增长85.7倍。1994年，江西省建设银行信托投资公司赣州办事处证券交易营业部开通上海股票委托交易业务。年末，股票成交1.49亿元，武汉证券交易中心基金交易成交150万元。江西省中国银行信托咨询公司赣州办事处证券交易营业部安装上海证券交易所股票行情地面卫星接收站。1995年1月，江西省工商银行信托投资公司赣州办事处证券营业部开通深、沪股市交易业务，开户1179户，交易金额2.19亿元。江西省中国银行信托咨询公司赣州办事处证券交易营业部完成证券交易网络系统改造，为证券投资者提供安全可靠的证券交易工具。1996年10月，江西省工商银行信托投资公司赣州办事处证券交易营业部转让给华夏证券有限公司，年末，投资开户数2339户，证券、股票交易量10.92亿元。江西省建设银行信托投资公司赣州办事处在1995年2月实现沪股成交1.74亿元，武汉证券交易中心基金交易成交157万元。12月，中国建设银行赣州地区分行证券部转让给赣州地区信托投资公司。1997年2月，江西省中国银行信托咨询公司赣州办事处证券业务部转让给赣州地区信托投资公司。江西省农业银行信托投资公司赣州办事处于1997年7月转让给江西省国际信托投资公司。至“八五”期末，全地区股民开户1.05万户，股票交易总额8.16亿元，分别比1993年开办初增长3.1倍和6.8倍。1997年，华夏证券赣州健康路证券营业部从事证券（A股、B股、基金）代理买卖，代理还本付息、分红派息，证券代理保管、鉴证，代理登记开户，为客户提供限时委托服务、咨询、全地区保证金通存通兑业务及代理股民配股缴款等业务。江西国际信托投资公司赣州证券交易营业部从事证券代理买卖，代理还本付息、分红派息，证券代保管、鉴证，代理登记开户及托管业务。赣州地区信托投资公司第一和第二证券交易营业部从事证券（A股、B股、基金）代理买卖，代理还本付息、分红派息，证券代理保管、鉴证，代理登记开户等业务，收购鹰潭、吉安2家证券部，2个证券交易营业部证券交易量32.68亿元，利润617.8万元。华夏证券赣州健康路证券营业部开户3144户，转托管入户142户，转入金额1584万元，年交易量17.06亿元，上缴税收80万元。江西国际信托投资公司赣州证券交易营业部“经纪人”首次进入赣州证券市场，证券交易量23.3亿元，保证金年末余额2128.3万元，实现利税642万元。年末，全地区证券市场股民开户数1.89万户，交易量71.37亿元，比1995年分别增长79%和774.36%。1998年，股市波动较大，二级市场股票、证券交易持续低迷。全地区各证券交易营业部采取开展内部股托管、增加国债及B股（外币交易股票）交易品种、推行因特网、互联网股票交易系统，在图文电视覆盖区域内增加回报、撤单、委托功能；加大电话委托交易，增加异地股民股票交易等措施，推动业务发展。江西国际信托投资公司赣州证券交易营业部于1998年2月成功登记托管赣南果业股份有限公司和江西赣州金凤纸业股份有限公司、江西东方红股份有限公司3家公司内部职工股。6月，赣南第一家上市公司“赣南果业”内部职工股在该部上市，突破日交易额2045万元新纪录。全年实现交易量14.75亿元，股民新开户数2751户，实现利税251.21万元。华夏证券赣州健康路证券营业部国债交易量9.6亿元，B股交易量47.59万美元，吸收各县（市）股民600余户，其交易量占总交易量的24.8%；转托管入户124户，转入金额3024万元；年末新开户1622户，年交易量13.03亿元，上缴税收70万元。赣州地区信托投资公司第一、第二证券交易营业部2个营业部市场占有率达47%。年末，赣州地区信托投资公司第一证券交易营业部完成交易量11.16亿元，实现利润210.25万元；第二证券交易营业部新开户751户，完成交易量12.39亿元，上缴税收64.99万元。2000年，全市各证券交易营业部经营股票、证券交易量134.14亿元，股民开户数5.22万户，分别比1993年开办初增长127.38倍和19.14倍。

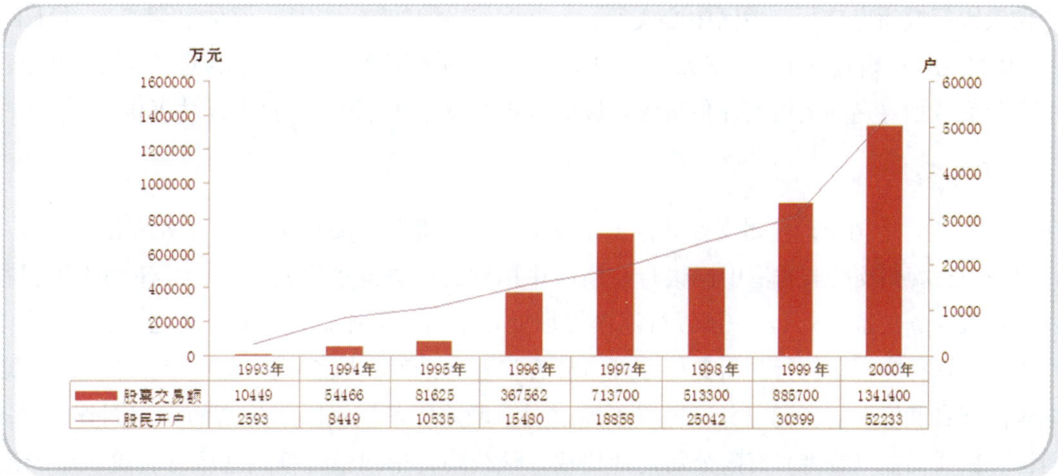

图 30－9－1　1993—2000 年赣州市（地区）股票交易情况

第三节　信息咨询

各金融机构开展信用评估、企业信用等级评估、技术改造项目评估、验证企业注册资金、审核工程预（决）算、抵押物验证、技术贸易中介、委派咨询顾问、专项调查咨询、委派中介类咨询、协助企业催收货款等各项信息咨询业务，发挥“经济卫士”和“桥梁”作用。

一、信用评估

中国工商银行赣州市分行（地区中心支行）　对国家专项贷款项目和企业的生产技术改造、科技开发、节能改造、设备更新换代等贷款申报项目进行项目评估、咨询，对所属信贷企业及新开户企业的经常性贷款业务进行信用等级评估。对评定 A 级以上企业客户，可享受银行信贷、结算、信息咨询等优惠条件。1992 年，评定特级信用优良信贷企业 10 户，一级信用优良信贷企业 33 户。1994 年，对 103 户企业的抵押物进行资产评估，评估价值 5.44 亿元；作为主办贷款行，对赣州钴冶炼厂整体资产项目进行评估，该厂顺利通过股份制改造。1996—1997 年，在全地区 748 户企业中评出 A 级以上企业 325 户，BBB 和 BB 级企业 334 户，占贷款总户数的 31.81%；BBB 级以下企业 479 户，占贷款总户数的 64.03%。2000 年，对 181 户客户进行最高综合授信。

中国农业银行赣州市分行（地区中心支行）　1996 年，将企业分为 AAA、AA、A、B、C 等 5 个信用等级，并确定 AA 级（含）以上企业为优良客户，A 级企业为一般客户，B 级企业为限制客户，C 级企业为淘汰客户。支持 AA 级以上优良客户，逐步退出限制和淘汰类客户，优化贷款结构，防范信贷风险。评出 AAA 企业 3 户，AA 级企业 39 户，A 级 16 户。1997 年，评出等级企业 835 户，其中 AAA 级 2 户，AA 级 35 户，A 级 29 户，B 级以下 769 户。1998 年，评出 AAA 级企业 11 户，AA 级企业 34 户，A 级企业 21 户，B 级以下 592 户。1999 年，评出 AAA 级企业 15 户，AA 级企业 57 户，A 级企业 34 户。2000 年，评出 AAA 级企业 14 户，AA 级企业 36 户，A 级企业 36 户。增加项目评估，对湖边大棚蔬菜基地、赣州正大实业有限公司饲料厂、赣南贸易广场扩建粮油市场等 17 个项目进行评估。

中国银行赣州市分行（赣州支行）　1998—2000 年，开展统一的授信管理和客户信用评级工作。将企业分为 AAA、AA、A、BBB、BB、B、CCC、CC、C 等 9 个信用等级，并确定 A 级（含）以上企业为优良客户，A 级企业为信用很好客户，B 级企业为信用较好客户，C 级企业为信用较差客户。支持 B 级以上优良客户，逐步退出和限制较差类客户，优化贷款结构，防范信贷风险。

中国建设银行赣州市分行（地区中心支行） 1990年至1999年6月，评估（调查）项目122个，总投资52.91亿元，申请贷款17.22亿元，其中102个项目承诺贷款13.01亿元，否决项目20个、2.38亿元。1995年完成的寻乌斗晏电站评估报告，被中国建设银行总行评为“优秀评估报告”。

二、资信服务

1986—1988年，中国银行赣州支行对各类企业的资信调查服务委托中国银行南昌分行办理。1989年4月，中国银行赣州支行与香港中国银行、澳门中国银行、香港华侨商业银行、纽约中国银行等4个分行发展直接业务关系。6月，中国银行港澳管理处指定南洋商业银行、香港交通银行、中南银行、集友银行等4家银行为中国银行赣州支行办理海外咨询业务的对口联系行。1990年，中国银行赣州支行直接办理港澳台和境外的咨询业务，可以不通过对口联系行，但仅限于外商的咨询调查。1993年4月，与美国邓白氏商业（香港）有限公司达成协议，该公司为中国银行赣州地区分行提供全球范围内各类企业的资信调查。至此，中国银行赣州地区分行资信调查时间缩短至10天左右。1986—1994年，中国银行赣州地区分行办理咨询业务76笔，其中中国香港地区咨询24笔、内地咨询33笔、国外19笔，咨询地区涉及美国、欧洲及中国台湾、香港地区和闽、粤经济特区。

中国工商银行赣州地区中心支行在1992年开展资信调查71笔，咨询金额159.5万元，避免资金损失120.8万元。中国农业银行江西省分行信托投资公司赣州办事处于1993年把资信服务列入工作计划，发展常年客户98户，并把信息网下伸至县，组织对蚕丝信息和小水泥信息的调查。对常年信息网络用户主动传播各种信息，先后对63户网络用户提供各类供求信息2万条。

三、委托咨询

境内金融机构仅有中国工商银行赣州地区分行（中心支行）办理委托咨询业务。1989年，接收委托，为企业清收货款107万元，帮助企业盘活资金。1991年9月，受赣州五交化公司委托咨询草酸钙（钴）销售资金。购货单位四川省广元市化工企业公司江油经营部无承付能力，赣州五交化公司中止该项购销合同，避免经济损失8.5万元。1993年，赣州地区轻化建材公司与铁路十三局签订2万吨水泥的购销合同，要求贷款60万元。经过向供方江西分宜水泥厂咨询，建议采取预付定金，分期结算办法，只贷款10万元，实现交易额820万元。1994年，为企业办理资信咨询18笔，避免经济损失9万元；接收委托为企业清收货款76万元，帮助企业盘活资金。1996年，接收委托上门服务，实现咨询收入22万元。

赣州市志（1986-2000）

名志

第三十一篇

城乡建设

1986—2000 年，赣州市（地区）充分发挥城市总体规划在城市建设中的指导作用，加快城市建设步伐。20 世纪 80 年代中期赣州地区 18 个县（市）进行第一轮城市（县城）总体规划（1985—2000），20 世纪 90 年代中期赣州中心城区及 15 个县的总体规划进行第二轮修编，瑞金市、南康市完成第三轮修编。全市（地区）按照城市规划逐步建设，城市建设有序进行。

赣州的城市建设经历持续缓慢到大踏步前进的发展过程。1986—1990 年，各县（市）的城市建设基本处于小修小补和完善各种管理机构的阶段，大多数县城只建成一条城市主干道。1991—1995 年，各县（市）的城市建设进入小步快走阶段，以构筑城市框架和完善市政公用设施为主，掀起城市主干道、城市桥梁建设的高潮。1996—2000 年，城市建设作为启动内需和拉动经济增长的头等大事摆上各级政府的重要议事日程。城市建成区面积迅速扩大，城市框架基本形成。城市面貌日新月异，功能更加完善。赣南村镇面貌变化较大，镇区规模不断扩大，基础设施更趋完善。

1986—2000 年，全市（地区）房地产业逐步兴起并健康发展。1988 年赣州市（今章贡区）、崇义县成为全省住房制度改革试点，至 1992 年其他县（市）全面进行住房制度改革。1992—2000 年，全市（地区）逐步增加商品房建设的投入，房地产的经营管理从单一开发、福利型管理，向经营、租赁及综合开发等多类型转化，城镇住房供应呈多元化发展，城镇居民住房条件显著改善。城建部门加强建筑施工企业的管理，严把施工企业的资质审查关，努力提高建筑工程质量。

1986—2000 年，全市（地区）环保意识增强，积极开展环境监测、环境治理和环境管理工作，环境质量得到有效改善。

第一章 城市规划

20世纪80年代中期，省政府批准赣州市（今章贡区）及17个县的第一轮城市（县城）总体规划（1985—2000）。各级政府充分发挥城市总体规划在城市建设中的指导作用，城市总体布局控制得当，各类城市建设用地基本按照规划确定的功能分区和用地使用，城市基础设施按规划逐步建设，各类建设纳入规划管理，城市建设有序进行。

20世纪90年代前期，多数县（市）的城市规模达到或者超过规划末期预定目标的一半以上，且发展势头良好。20世纪90年代中期，赣州市（今章贡区）及15个县的总体规划进行第二轮修编，瑞金市、南康市完成第三轮修编。其中，赣州市（今章贡区）的总体规划根据省政府1995年第37次常务会议和赣州市（今章贡区）城市总体规划修编精神，重新修订，编制融赣州市（今章贡区）、赣县和南康市部分地区为一体的大赣州城市总体规划，是赣州市城市发展的重大转折和里程碑。

1986年1月至1999年6月，赣州地区建设局主管全地区城市规划工作。1984年7月，赣州市（今章贡区）城市规划管理处成立。1992年4月，更名为赣州市（今章贡区）城市规划局（副科级，1995年5月升格为正科级）。1999年7月，设立赣州市城市规划局（正县级）。2000年年底，全市城市规划行政主管部门职工共137人，有技术职称者102人，其中赣州市城市规划局职工25人，有技术职称者16人。

第一节 城市规划编制

一、城区建设总体规划修编

20世纪80年代中期，全地区新编制的城市（县城）建设总体规划，按照近期（1985—1990年）和远期（1991—2000年）对城区的地理位置、地形、人口、面积、交通、街道、生产区和居住区、经济状况等进行规划。在正确处理城乡、工农、生产与生活、需要与可能、近期与远期、局部与全部关系的基础上，把改造旧城区与建设新街道结合起来，力求布局合理、技术先进，经济效益、社会效益、环境效益同步提高，根据各自的政治、经济特点，逐步建成社会主义新型文明城市。赣州市（今章贡区）是地区领导机关所在地，将建设成为赣州政治、经济、文化、交通、信息的中心和江西内地联通闽、粤沿海地区的枢纽性中等城市。各县城是全县政治、经济、文化、交通、信息的中心，经济上各具特点，瑞金、兴国、于都、宁都等县（市）又是对外开放的革命老根据地，要分别建设成为能反映各自特点的城镇。

规划编修中的人口规模，按人口自然增长率，运用综合平衡、分别考量、多次叠加法计算，赣州市（今章贡区）和17个县县城人口合计：至1990年为50.59万人，至2000年为100.27万～104.27万人；用地规模，赣州市（今章贡区）和各县县城合计：远期为109.64平方千米。

各地在规划修编中，根据现状和地理特征，按其功能分为若干区，分别提出旧城改造和新区建设规划、绿地系统与文物保护规划、城市道路交通规划、给水工程与排水工程规划等，一般对穿越城区的过境公路，对环境有较大污染的工厂、仓库，分别作出改造和搬迁的安排。

1990年以后赣州市（地区）各县（市、区）城市总体规划基本情况统计表

表31-1-1

单位	轮次	规划期限	城市规模				用地布局
			近期		远期		
			人口（万人）	用地（平方千米）	人口（万人）	用地（平方千米）	
赣州市(章贡区)	2	1996—2010年	33.00	30.00	50.00	47.50	河套、章江、梅林、潭口4个组团
赣县	2	1991—2010年	5.00	5.00	8.00	8.12	单中心团状
南康市	2	1996—2010年	10.00	10.70	25.00	24.97	1城3区
瑞金市	2	1996—2010年	12.00	8.40	20.00	18.00	5个功能区
信丰县	2	1997—2010年	8.00	8.80	15.00	15.00	东、南、北、老城4个区
大余县	2	1990—2000年	4.90	4.90	8.40	6.30	4个区
上犹县	2	1999—2020年	3.80	3.00	6.00	5.07	1城4片
崇义县	2	1997—2010年	3.00	2.84	5.00	5.14	6个功能区
安远县	2	1997—2010年	5.00	5.02	8.00	7.95	—
龙南县	2	1996—2015年	8.50	8.50	16.00	15.68	4个功能区
定南县	2	1993—2010年	4.00	4.50	6.50	7.50	—
全南县	2	1995—2010年	2.50	2.30	5.50	4.90	3个功能区
宁都县	2	1996—2010年	9.00	6.75	13.00	10.40	—
于都县	2	1996—2015年	5.00	5.70	14.00	12.80	3个组团
兴国县	2	1994—2010年	8.00	8.00	15.00	14.55	5个功能区
会昌县	2	1996—2010年	4.00	3.50	6.50	6.00	4个功能区
寻乌县	2	1994—2015年	3.50	3.50	6.50	6.50	—
石城县	2	1994—2010年	3.50	3.50	5.00	5.00	7个区

二、第二、三轮城市（县城）总体规划修编

继赣州市（章贡区）及17个县的第一轮城市（县城）总体规划（1985—2000）完成之后，从1992年起，全地区各地进行第二轮总体规划修编，当年调整大余、南康、信丰、上犹4个县的总体规划。对上犹县县城东山镇的规划区界定为东山镇的一、二、三街和东门村、茶亭村、水南村及南河一、二村和备田村等为县城辖区，面积3.4平方千米，规划人口5万人。此外，还编制兴国县县城商业街开发区规划和大余县梅岭风景区规划。

1993年，全地区有10个县成立规划设计室，8个县（市）编制修订和调整城市总体规划，重点抓京九铁路沿线的赣州市（今章贡区）、赣县、龙南、定南、兴国等县（市）的规划和配套。兴国县县城总体规划调整原则以火车站为定点，拟定将原5.18平方千米的规划区范围扩大到21平方千米，在县城东面增加一个约4平方千米的工业区。瑞金县县城总体规划修编于同年8月16日完成。信丰县县城总体规划全面完成修编和审批工作。1994年，为加快京九铁路沿线6个县1个市城市总体规划修编，全地区完成赣州市（今章贡区）、赣县、兴国、石城、瑞金、寻乌、安远等县（市）总体规划审核上报工作；完成17个火车站站前区控制性规划及详细规划编报；省建设厅将信丰县县城的规划作为当年的指令性任务，赣州市（今章贡区）总体规划上报省政府审批未获批准，重新修编。1995年，地区建设局重点抓好宁都、于都、会昌、全南、崇义、上犹、大余、安远、龙南、寻乌及信丰等县县城第二轮总体规划的修编工作，完成于都、宁都、龙南等8个县的总体规划修编工作。各县（市）根据需要编制小区规划、街景规划。完成区内7个火车站站前区的控制性详细规划编制。1996年，瑞金市城市总体规划进行第三轮修编。1997年，赣州市（今章贡区）、崇义、宁都、龙南、信丰、会昌、全南等县

（市）第二轮总体规划修编完成。1998 年，全地区总体规划修编完成并上报审批，其中南康市完成第三轮修编。

赣州市城市总体规划远景设想 21 世纪中叶发展成百万人口的大城市。1990 年 5 月，赣州市（今章贡区）编制黄金岭经济开发区规划，占地 100 公顷。该区位于城西南 105 国道与赣丰公路交叉口，北至赣南机械厂，西至章江水轮泵站，南至黄金大道，东至机场路。但由于黄金机场飞行净空所限，限内水平面范围内建筑限高在黄海高程 158.5 米之内，且位于章江新城区，致使章江新城区的开发建设受到极大限制。为拓展城市发展空间，拉开城市建设框架，赣州市（今章贡区）政府决定成立黄金开发区，利用总体规划中预留的城市发展用地——新世纪组团，2000 年开始编制赣州市（今章贡区）黄金开发区规划。

三、详细规划编制

在全市（地区）各地第二、三轮城市（县城）总体规划修编的同时，同步进行详细规划编制。其中，赣州市（今章贡区）1990 年编制黄金岭经济开发区控制性详细规划，面积 57 公顷。1992 年，配合章江新城区建设编制南河居住区控制性详细规划 50 公顷。1993 年，编制火车站北区控制性详细规划 165 公顷。1995 年，编制火车站北区修建性详细规划。1998 年，编制章江新城东区控制性详细规划 776 公顷，金坪工业村（黄金岭经济开发区西侧）规划 118 公顷。南康市编制沿河花园小区详细规划 44.23 公顷，西门坝小区 8.43 公顷。瑞金市编制西城开发区详细规划 100 公顷。信丰县编制中心广场详细规划 17.3 公顷。于都县编制贡江新区控制性详细规划 200 公顷、于都小区 10 公顷以及长征广场等。崇义县编制城南新区控制性详细规划 270 公顷。寻乌县编制各类详细规划 211 公顷。兴国县编制旧城北区控制性详细规划 600 公顷。全南县编制新城区、南海工业开发区、老城区详细规划共 310 公顷。石城县编制东城区、北小区、上塘小区等处详细规划。

第二节　市区总体规划

一、规划编制

1992 年，赣州市（今章贡区）中心城区城市人口接近 23 万人，达到第一轮规划末期（2000 年）城市人口规模的 82%。同年，赣州市（今章贡区）开始第二轮总体规划修编。1993 年 11 月，完成人口规模 50 万人、用地规模 49 平方千米的修编方案，于 1994 年 7 月报省政府审批。

1995 年 7 月 19 日，省政府第 37 次常务会会议审查《赣州市城市总体规划》时提出：“赣州市（今章贡区）是江西南大门，是内地联通闽、粤沿海地区的枢纽，地理位置极为重要。城市规划必须拓宽视野着眼 21 世纪，符合我省沿京九线布局的要求，规划建设成多功能、强辅衬的区域性中心城市。赣州市是历史文化名城，城市建设要有特色”“要把临近的南康市、赣县融在一起总体考虑，相关相连，相互辉映，发挥卫星城市作用”“要求省建设厅、赣州行署、赣州市（今章贡区）政府会同有关单位，根据会议讨论意见对《赣州市城市总体规划》进一步研究论证，待修改成熟后再报省政府审批”。同年 8 月 30 日，省建设厅根据省政府常务会议精神，向赣州行署发出《关于搞好赣州市城市总体规划修编工作有关问题的函》，要求“尽快组织力量对原规划工作进一步研究和论证”“跳出赣州市（今章贡区）现有空间范围，从更广阔的区域范围研究和制定城市总体规划。要把南康市、赣县作为卫星城市一起纳入总体考虑。要充分考虑现有机场与城市规划和建设发展资源”。

1996 年 5 月 7 日，成立赣州市（今章贡区）城市总体规划修编工作委员会；5 月 18 日，赣州市（今章贡区）成立城市总体规划修编领导小组，编写修编大纲第四稿；6 月，城市总体规划修编工作委员会邀请知名专家咨询论证。修编大纲再次修改后，委托中国城市规划设计研究院、湖北省城市规划设计研究院和赣州市城市规划设计院承担修编工作。8月12日，省建设厅向赣州行署发出《关于赣州城市总体规划修编有关问题的函》，要求“赣州市的规划编制应围绕以国家历史名城，赣、粤、闽边际中心城市的目标来进行”“应该打破现有行政区划的界限，将赣县纳入赣州市总体规划范围来统筹规划布局。同时要考虑向南康市的地域和空间发展，局部调整南康市的行政区划，逐步满足中心城市对外交通体系和城市发展建设用地的需要”“城市发展规模，近期（2000年）应按照中等城市的目标规划，远期（2010年）可考虑跨入大城市的行列，远景可按照百万人口规模的发展需要来构想”。11月，赣州市（今章贡区）城市总体规划修编工作委员会对城市总体规划修编进行最后协调，赣州市（今章贡区）、南康市、赣县达成共识。

1997年4月，赣州市（今章贡区）城市总体规划完成修编稿，城市人口规模55万～60万人，用地规模57平方千米。5月14日，经省建设厅组织的专家评审通过。8月21日，经赣州市（今章贡区）十三届人大常委会三十二次会议审议通过。9月11日，赣州地区行署上报省政府审批。

随后，按照国务院国发〔1998〕18号文件关于设区市城市的城市规模应当报建设部会同国家计划委员会、国土部审核的规定，报请建设部审核赣州市（今章贡区）第二轮城市总体规划的城市规模。1999年3月29日，建设部核准城市规模：城市人口50万人，用地规模47.5平方千米。遂根据核准规模重新调整后，于1999年6月14日上报省政府审批。

二、规划期限与范围

规划期限 近期，1996—2000年；远期，2001—2010年；远景，2010年之后30～50年。

规划范围 赣州城市区域范围包括赣州市（今章贡区）、赣县和南康市的潭东、潭口、三江、凤岗4个乡（镇），面积3679平方千米。城市规划区包括赣州市（今章贡区）的解放、赣江、南外、东外4个办事处，蟠龙、沙石、水东3个镇。水南、水西、湖边、蛤湖、沙河、龙埠6个乡；赣县的梅林镇；南康市的潭东、潭口、三江、凤岗4个乡（镇）。面积720平方千米。赣州城区是指建成区和有关基础设施覆盖的地区。面积47.5平方千米。

三、规划战略目标

城市定位 国家历史文化名城，江西南部经济、文化、旅游、交通中心，赣粤闽湘边际地区的中心城市。

城市规模 城市人口规模，近期33万人，远期50万人，远景设想至21世纪中叶发展成为百万人口的大城市。用地规模，近期30平方千米，人均建设用地90.9平方米；远期47.5平方千米，人均建设用地95平方米。

四、总体布局

空间布局 城区的城市空间发展形态为核心集聚、轴向扩散、自然分隔、集约化组团的复合型模式。城市建设用地根据自然地理特征分为四大综合性组团，即河套组团、章江组团、梅林组团、潭口组团，其中河套组团和章江组团构成中心城区，梅林组团和潭口组团是城区边缘组团；城市远景发展，重点在章江组团西南、潭口组团以西地区建设新世纪组团。远景城市形态呈带状组团式，强化城市组团与山水体系的复合关系，形成山水环绕的城市格局和生态景观。

用地空间布局及功能分区 河套组团由河套、站北、沙河、沙石4个综合区组成，规划建设用地1410公顷，人口规模16.5万人。河套区，北部是以宋城为特色的古城区，是名城保护的主体，强调旅游业及相关服务业的发展；南部是公共设施齐全的生活居住区。站北区，铁路客运交通枢纽区，以第三产业为主，具有商业、服务业、居住等多功能的综合区。沙河区，依托铁路生活区形成工业、贸易和居住综合区。沙石区，工贸商住综合区。章江组团由新城、黄金、水西3个功能区组成，规划建设用地1900公顷，人口规模20万人。新城区，是城市发展的主要地区，规划为行政、科技、文化、教育、体育和商务中心，是环境优良的新市区。黄金区，以高新技术和无污染加工业为主的新型产业开发区。水西区，以二、三类工业为主的传统工业区。梅林组团由梅林和水东2个综合区组成，规划建设用地820公顷，人口规模8万人。梅林区，铁路货运枢纽，以机械、冶金工业为主，配套建设仓储和商贸、居住。水东区，虎岗一带为机电工业区，马祖岩为重点风景游览区。潭口组团由潭口镇与潭东乡组成一体化发展区；同时，将赣南高新技术产业开发区纳入统一规划。规划建设用地616公顷，人口规模5.5万人。依托铁路赣州南站，形成物资集散、仓储、外向型加工业与生活居住的综合区。航空港布置在南康的三江区域，距章江新城区中心15千米，控制区面积400公顷。

用地布局 工业用地：采取分类集聚、相对集中的布局原则，规划5个不同类型的工业区，用地755公顷，占建设总用地15.9%，人均15.1平方米。黄金开发区，高新技术产业、无污染的一类加工工业区；梅林沿坝，机械、冶金为主的三类工业区；虎岗，机械、电子类为主的三类工业区；水西沿江地段，造纸、木材加工、印染等三类工业区；潭口，运量大、外向型一类加工工业区。仓储用地：规划用地119公顷，占建设用地2.5%，人均2.4平方米。铁路赣州东站、南站形成2个储运中心，布置大型中转仓储；商业仓储及生活物资仓储布置河套区和章江新城区；外贸仓储区分设水东和黄金；通天岩附近的危险品仓库迁至风景区外的山坳地区。居住用地：规模用地1210公顷，占建设总用地25.4%，人均用地24.2平方米，人均居住面积12平方米。按照城市组团式结构，居住与就业相协调，随着城市用地的扩大进行综合开发配套建设。对老城区人口要结合旧城改建向外疏散，以改善居住条件，保护历史文化名城风貌。城市公共设施用地：规划公共设施用地866公顷，占建设总用地18.3%，人均17.3平方米。城市建立市级中心—市级次中心—片区中心三级公共设施分布体系，递次配套完善公共设施。市级中心除在河套区充实完善服务功能外，重点建设章江新城区市级行政、文化、科技、体育、医疗和商务中心。大型批发贸易广场布置在3个火车站地段。梅林和潭口为市级次中心。各组团或片区核心地段，设置为居民服务的商业、行政、文化、娱乐、医疗、体育、科普等多功能的公共设施中心。

第三节 市区专项规划

1984年12月19日，省政府批准赣州市（今章贡区）第一轮城市规划——《赣州市城市总体规划（1981—2000年）》，专业规划中仅有绿地系统文物保护、城市道路交通、给水工程、排水工程四个方面的内容。1999年6月14日，第二轮规划修编的《赣州城市总体规划（1996—2010）》正式上报省政府审批，专业规划的内容拓展到历史文化名城保护、城市对外交通、城市道路交通、城市市政工程、城市园林绿地系统及城市旅游网络、城市环境保护及环卫设施、城市防灾、郊区与城镇体系、近期建设等9个大的方面。

一、历史文化名城保护规划

名城保护原则 继承和发扬赣州历史文化的优秀传统，保护和延续宋城风貌特色，文化古迹保护与风景名胜保护及园林建设相结合，与旧城改建相结合，使名城保护与城市建设协调发展。

名城保护层次 加强对历史文化名城整体格局和宏观环境的保护；成片划定的历史文化保护区，保持名城传统风貌和历史文化环境，界定保护范围，提出保护措施；市（地）级以上文物保护单位，按文物古迹的格局、环境和景观等需要，划出绝对保护区、控制建设区和环境协调区。

名城整体保护 保持红旗大道以北、东河大桥以西古城基本格局。保护以3664米宋城墙为主体的古城墙历史地段、古城道路系统和古街巷地名；控制城区八境台、慈云塔、郁孤台三者之间的视线通廊以及城外的马祖岩、西隐山、玉虹塔、峰山等景点的景观视廊。

历史文化街区保护 灶儿巷历史文化保护区：包括灶儿巷、六合铺、梁屋巷、小坛前、东门井等街巷，恢复瓷器、棉布、酒类、纸类的批发零售等传统店铺，再现古商业区历史风貌。南市街历史文化保护区：历史上的宗教文化区，包括南市街、罗家巷、慈姑岭等历史街区以及慈云塔、文庙、武庙、光孝寺、夜话亭等文物保护单位，规划结合旧城改建和公共绿地建设，使之成为文物古迹旅游观光区。

文物古迹保护 遵照国家文物保护的有关法规，做好文物古迹及其周围环境的保护。市（地）级以上文物单位有31个，其中国家级2个：通天岩、古城墙；省级6个：文庙、八境台、郁孤台、七里窑遗址、舍利塔（慈云塔）、玉虹塔。保护范围的划定原则上以文物古迹原有范围、建筑本身、建筑群体包终线为依据。

二、城市对外交通规划

铁路 完善配套京九铁路赣州客运站及货运站的站场设施，疏通进出通道，提高铁路到发能力，控制站场扩建用地。预留韶、赣、龙铁路的接轨点（南康站和江口编组站）的站场用地。

公路 规划赣粤高速公路走凤岗西侧；105国道在城西南与城市快速路并线接南康市外环，323国道改线走京九铁路东侧；在梅林以北规划一条323国道与105国道的连接线，疏解过境交通对城区的压力和干扰，形成赣州城区大外环格局。规划105国道全部达到二级公路标准，323国道达到一级公路标准，省道一般达到二级公路标准。

航空 规划在南康三江西南方向兴建新机场，按4C级标准初建，按4D级标准控制发展用地。黄金机场作章江新城区建设用地。

水运 结合赣江梯级枢纽水利电力工程建设，整治赣江航道，形成同长江干支直达的水运通道。

三、城市道路交通规划

城市道路 城区道路网按照功能组织，分为交通性和生活性道路两大类。城区道路系统由快速路、主干路、次干路和支路四级构成，路网结构采用方格网与自由式相结合。城区规划道路95条，干道网密度为3千米/平方千米。城市快速路设双向6车道，道路红线宽40米；主干道设4～6车道，道路红线宽40～60米；次干道设2～4车道，道路红线宽25～30米。规划2个城市广场，南门广场和章江交通广场，占地分别为5.67公顷和12.56公顷。

客运交通 保留八一四大道二级长途汽车客运站，规划新增1个一级客运站、5个二级客运站；城市公交车辆按千人1辆标准配置，城市出租车按千人2辆计算；公共汽车线路网分为主干线、一般干线和支线3个层次，主干线布置在城市主干道上，一般干线和支线布置在次干道和支路上；公共汽车站场分为保养场、停车场、枢纽部、首末站4个层次。

货运交通 规划建设铁路赣州东站、南站2处货物联运中心，承担过境货物中转和大宗货物的集散，每处用地6公顷；城区内规划5处货运站场，为市区零担货物储运服务。每处用地2公顷。

静态交通设施 城区单位按规定配置停车场，机场、车站及各级公共建筑中心设置公共停车场。城区出入口设置外来车辆停车场；加油站按1.2千米服务半径在城区次干道上设置，主要出入口均设置加油站。

四、城市市政工程规划

给水规划 城市水源为章江和贡江，按照国家地表水Ⅱ类水体标准，保障章江、贡江两江水源水质；城区共5个水厂，远期一水厂规模12万吨/日，二水厂10万吨/日，三水厂5万吨/日，梅林水厂2万吨/日，潭口水厂5万吨/日，合计供水规模34万吨/日。工业储水源供水能力5.5万吨/日；城区供水采取多水源分区供水系统，供水管网为环状管网。

排水规划 老城区保留或改造现有合流管道，严格划定合流排水区域，并采取截污措施；新区采用雨、污分流排水体制。城区规划污水处理厂4座，处理能力为15.3万吨/日，占地28公顷。其中，河套区5万吨/日，占地10公顷；新城区6万吨/日，占地12公顷；梅林区2.8万吨/日，占地4公顷；潭口区1.5万吨/日，占地2公顷；污水处理率近期35%，远期60%，处理标准达到二级；城区雨水分区排入附近水体。

供电规划 城区负荷预测，近期24万千瓦，远期55万千瓦；城区电网，新建潭东、蟠龙2座220千伏变电站，形成虎岗、蟠龙、潭东220千伏线路环网；建设赣州发电厂和500千伏变电站，同时与省电网环结，组成城区可靠供电网络，建设110千伏城区双回环形供电网络和10千伏配电网络。

电讯规划 规划期末，城区市话装机容量20万门，市话普及率达到百人35部以上。

燃气规划 城区以管道煤气为主，液化石油气为辅。气化率近期为74%，远期达到90%。

五、城市园林绿地系统及城市旅游网络规划

城市园林绿地系统规划 1. 规划目标：利用三江水系，结合城郊风景林地和城区各类绿地建设，形成水绕绿城的城市绿色生态系统；规划原则充分体现名城特色，强调绿化与文物古迹点的结合；重点突出江城特色，体现三江合流绿带绕城景观风貌；规划布局强调保护和利用自然绿地，结合城区山水形成分隔组团，联结城郊的绿色走廊，在沙河与沙石之间、梅林与水东之间、水西与黄金之间，章江新城与长远发展用地之间建设楔形生态绿地，由章江、贡江、赣江三江水体环绕，营造富有赣州特色的城市绿化空间。2. 城区重点建设狮形岭公园、龙窑公园、八境台公园、慈云塔公园、站南公园、站西公园等市（地）级公园；结合生活居住区建设赣县公园、西隐公园、赣州公园、洲南公园、老官庙等区（县）级公园。建设章江、贡江、赣江三江滨江风景游憩带。建设马祖岩风景区并新建植物园、动物园；扩建通天岩风景区；建设峰山国家森林公园。3. 建成4条林荫道，其他主要道路绿地率达到20%以上，次要道路绿地率达到15%以上。专用绿地：新建居住区绿地率不低于30%；无害厂矿绿地率不低于20%；有害厂矿不低于30%，并设立不少于50米宽的绿化隔离带；学校、医院、机关团体等单位绿地率应达到35%以上。防护绿地：铁路、国道防护林宽不少于35米。生产绿地：花圃、苗圃等面积应达到建成区面积的2%以上，主要布置在植物园附近和蟠龙镇及沙石镇。4. 规划指标。规划城区绿地面积725公顷，其中公共绿地550公顷，人均公共绿地面积11平方米；城区绿化覆盖率达到40%以上。

城市旅游网络规划 按照“分期实施，适度超前”的方针发展城市旅游事业。建设以古城为核心的城市旅游网络，围绕宋城墙、通天岩、马祖岩、峰山及章江、贡江、赣江三江，开辟自然、人文景观和民俗风情游览地；河套城区依托宋城墙、南市街、灶儿巷等传统历史文化街区，组织历史文物古迹游。利用通天岩风景区的文物古迹、自然风景和丹霞地貌等组织风景旅游，马祖岩规划恢复佛教圣地旧貌，新建植物园等景区，组织宗教朝拜游。建设峰山国家级森林公园，辟建避暑度假区，利用章江、贡江、赣江三江岸线，建设滨江景观带，开发江城水上游；开辟专项旅游项目，促进旅游事业发展。拟辟宋城怀古游、宋明理学考察游、客家寻根祭祖游；开辟赣州至井冈山、大余梅岭、信丰、龙南、安远、兴国、宁都、瑞金、会昌、于都、吉安、南昌、庐山等地区域性风景旅游线。

六、城市环境保护及环卫设施规划

环境保护规划 实现城区自然环境、社会经济环境、生活环境一体化的高水平环境质量目标，使赣州成为环境保护“生态市”“烟尘控制市”“噪声达标市”。赣州市（地区）环境质量目标：城市环境空气质量达到国家二级标准，传统工业区不低于三级标准。全市（地区）范围地面水质标准不低于Ⅲ类水域标准，其中饮用水源河段水质保证达到Ⅱ类水域标准。环境噪声控制在55分贝以下，交通噪声不超过70分贝。

环卫设施规划 逐步实现环境卫生管理科学化，清扫、清运机械化，垃圾粪便无害化，城市公厕现代化，市容环境标准化的目标；生活垃圾收集采用小型垃圾转运站与集中垃圾收集点相结合的形式。

按照合理半径布置公共厕所、垃圾转运站等环卫设施。新建公厕至少达到二类水冲公厕标准，垃圾收集方式逐步实现袋装化。规划建设4座垃圾处理场。水东镇、沙河镇、潭东镇、龙埠镇各一座，占地规模为4公顷、8公顷、8公顷、4公顷。垃圾无害化处理率近期达到30%，远期达到70%。

七、城市防灾规划

防洪规划 防洪标准，中心城区按50年一遇洪水设计，远景防洪标准按100年一遇；外围组团按20年一遇设计，远景防洪标准50年一遇；城市防洪工程采取分区对待，分期实施的办法。设防重点是河套区和章江新城区。河套区按万安水电站回水影响防范工程续建设防；新城区防洪堤应与城市同步建设。

消防规划 城区新建消防指挥中心，完善消防报警、火警调度等消防通信设施。保留现有消防站，规划新建6个消防站，平均每站责任面积7.5平方千米。

人防规划 城区建立平战结合的人民防空保障体系，增强战时防空抗毁能力。

八、郊区与城镇体系规划

郊区规划 郊区范围包括蟠龙、沙石、水东、水西、湖边、蛤湖、沙河、龙埠、潭东、潭口、三江、凤岗等乡（镇），除城市建设城区用地以外的所有村组，郊区面积为672.5平方千米。郊区按照“面向市场、依托和服务城市、富裕农民”为发展思路，突出发展蔬菜、畜禽、水产、水果四大支柱产业，实现向商品化生产的转变。

城市化水平 1995年赣州城市区域总人口为106万人，城市化水平为29%；规划2010年总人口160万人，城市化水平60%。

城镇布局 重点发展赣州城区周围，以及京九铁路、105国道等交通干线沿线城镇；把发展乡（镇）企业与建设小城镇结合起来，发展用水、用地条件优越的城镇，提高规模效益。逐步形成和完善以赣州城区为中心，重点城镇为支柱，一般乡（镇）为基础的多层次、网络状城镇体系。

城镇等级、规模和职能 一级城镇1个（赣州城区），人口规模50万人，中心城市。二级城镇6个（蟠龙、湖边、江口、沙地、南塘、王母渡），人口规模3万～5万人；蟠龙、湖边为赣州城区卫星城镇，其他为工业重镇。三级城镇11个（凤岗、龙埠、蛤湖、田村、韩坊、白石、长洛、五云、湖江、茅店、吉埠），人口规模1万～2万人，各乡（镇）域的政治、经济、文化中心及片区中心。四级城镇11个（阳埠、大埠、小坪、大田、攸镇、湖新、古田、储潭、石芜、三溪、白鹭），人口规模0.5万人左右，各乡（镇）域的行政管理和物资集散地。

九、近期建设规划

结合赣州社会经济发展“九五”规划，逐步调整完善城市功能，提高城市基础设施水平，为远期发展打好基础。近期用地扩展主要是章江新城区及铁路赣州站、赣州东站、赣州南站相关地区；近期建设重点是城市基础设施。为优化环境，适度超前建设道路、给排水电力、电讯等设施；加强工业技术改造和产品更新换代，改善环境污染状况，提高土地利用效益，新建工业区应按总体规划布局落实到相应的工业区；改善居住环境，提高居住水平。河套区应通过用地置换搬迁污染严重、效益差的工业项目，腾出用地发展商住综合区；新城区开发应强调居住与公共服务设施配套建设。近期建设以水南安居工程为重点的新住宅小区5片，即水南小区、沙角小区、五里亭小区、水东小区、湖边三角小区等，住宅建设工程量108万平方米；配套完善城市公共设施，改建章贡剧院，新建图书馆、文化娱乐中心、体育中心，扩建广播电视中心，新建第三人民医院、一医院住院部、二医院门诊大楼以及八境台、武庙、文庙广场、文物标准库房等配套建设；结合住宅建设开辟公园绿地，结合河道整治建设绿化带。配套通天岩、峰山等风景旅游设施；近期勘定新机场的场址，控制新机场用地，为机场远期迁建做好准备工作。

第四节 城市规划实施

各县（市）在原有规划的基础上进行修改、补充，制定新的城市规划，提交县（市）人民代表大会常务委员会会议审议通过，经行署审查，报省政府批准，陆续付诸实施。

一、第一轮城市规划实施

20世纪80年代中期，赣州市（今章贡区）及17个县的第一轮城市（县城）总体规划（1985—2000），由省政府批准后，各地政府组织实施。该轮规划经15年实施，总体达到预定发展目标。至2000年年底，全市建成区面积128.06平方千米，超过预定发展目标109.64平方千米的16.8%。其中，12个县（市）达到或者超过规划目标。兴国县超过240%，瑞金市超过100%；6个县接近规划目标，最低的完成70%。建成区面积比1986年的42.59平方千米增加2.01倍，其中赣州市（今章贡区）增加1.51倍，龙南县增加8.75倍，定南县增加6.83倍，兴国县增加4.46倍，瑞金市增加3.17倍。

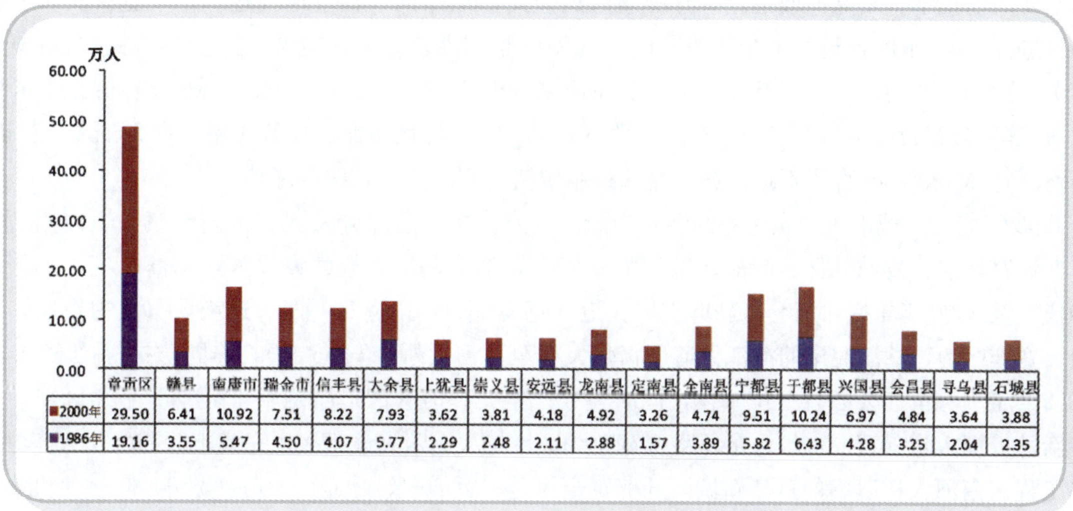

	章贡区	赣县	南康市	瑞金市	信丰县	大余县	上犹县	崇义县	安远县	龙南县	定南县	全南县	宁都县	于都县	兴国县	会昌县	寻乌县	石城县
2000年	29.50	6.41	10.92	7.51	8.22	7.93	3.62	3.81	4.18	4.92	3.26	4.74	9.51	10.24	6.97	4.84	3.64	3.88
1986年	19.16	3.55	5.47	4.50	4.07	5.77	2.29	2.48	2.11	2.88	1.57	3.89	5.82	6.43	4.28	3.25	2.04	2.35

图31-1-1 1986年和2000年赣州城市（县城）人口规模

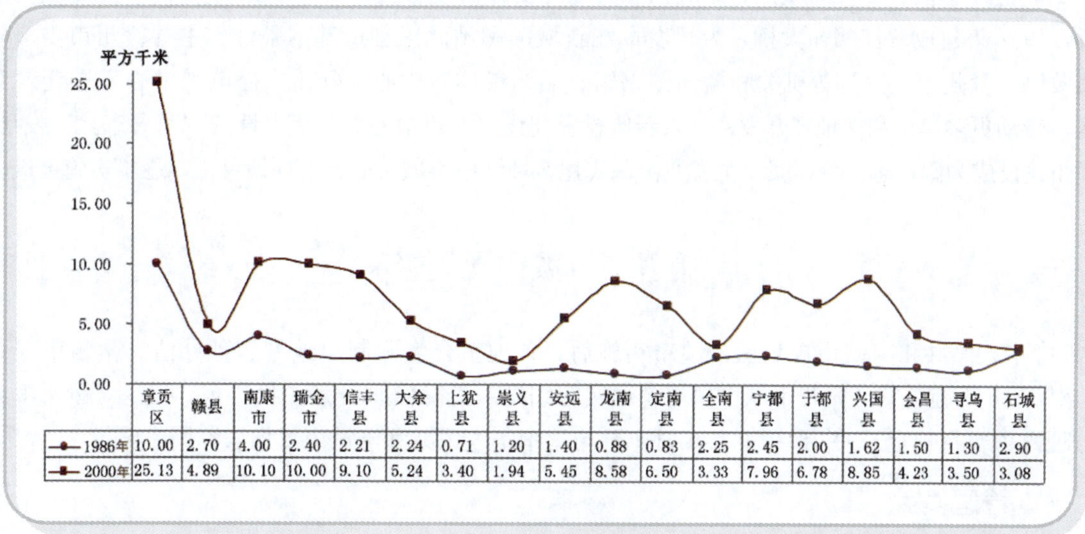

	章贡区	赣县	南康市	瑞金市	信丰县	大余县	上犹县	崇义县	安远县	龙南县	定南县	全南县	宁都县	于都县	兴国县	会昌县	寻乌县	石城县
1986年	10.00	2.70	4.00	2.40	2.21	2.24	0.71	1.20	1.40	0.88	0.83	2.25	2.45	2.00	1.62	1.50	1.30	2.90
2000年	25.13	4.89	10.10	10.00	9.10	5.24	3.40	1.94	5.45	8.58	6.50	3.33	7.96	6.78	8.85	4.23	3.50	3.08

图31-1-2 1986年和2000年赣州城市（县城）建成区面积

该轮规划实施，前半期在计划经济体制下，土地无偿使用，投资渠道单一，政府对城市基础设施投入有限，各地基本实行“以旧城改建为主，新区开发为辅”，主要立足于拆旧建新、拓宽道路、完善旧城基础设施，建设速度相对缓慢。后半期随着社会主义市场经济体制的确立，实行土地有偿使用，投资多元化，拓宽城市基础设施资金来源的渠道。各地的建设方针转为“以新区开发为主，旧城改建为辅”。新城区面积成倍或几倍的增长，呈现出经济建设推动城市建设发展，城市建设为招商引资创造良好投资环境的良性循环局面。

二、规划实施的措施与成效

为加快城市规划实施步伐，赣州市（今章贡区）针对土地无偿使用的现状，在《赣州市城市规划管理六项暂行规定》中规定，新辟和拓宽道路的征地拆迁费由政府和临街用地单位分摊，新辟道路宽度20米以下的，征地拆迁费用单位承担一半；道路宽度20米以上的，用地单位承担10米宽范围内的征地拆迁费用；拓宽道路用地单位承担4米宽范围内的拆迁费用。规定近期建设地段（主要街道两侧各50米范围）不批准无序插建房屋，确需建设的核发临时许可证，拆迁时不予补偿；拓宽道路涉及管线工程迁建，费用由设施权属单位承担。

赣州市（今章贡区）大规模旧城改建从1985年开始，在保护历史文化名城和保持宋城道路网格局基本不变的前提下，拓宽旧城道路，开辟新通道，完善道路网，相应地改建基础设施。其步骤为先改建临街进深50米范围，进而整个街坊同时按规划调整用地。先后拓宽文清路至建国路（由20米拓至28米）、东阳山路（由4～6米拓至30米）、厚德路（由8～10米拓至20米）、和平路（由14米拓至20米）。开辟大公路西段（宽20米）、东胜山路（宽20米）、环城南路、环城北路（宽20米）、五道庙路、海会路（宽20米），顺直西郊路，拆除赣江路靠城墙一侧的房屋，辟为绿地。

1992年之后，城市规划实施逐渐转移向新区开发为主。重点开发河套区内红旗大道以南地区和配合京九铁路建设开发站北区。政府多渠道筹集资金，加大基础设施建设投入，招商引资，加快新区开发步伐。至2000年年底，河套区新辟文明大道（宽40米），拓宽八一四大道南段（关刀坪路口至五洲大道，宽60米），章江北岸的滨江大道（赣州大桥至西河大桥，宽36米），连同防护标准50年一遇水位的防洪工程和滨江公园，三位一体，同时建成。至此，河套区道路网基本完善。站北区新建站前广场，新辟五洲大道（宽60米）、东环路（宽30米），与八一四大道相接，完成市区与赣州火车站连接的道路工程。南河大桥以南的章江新城区开辟黄金大道（宽60米）、迎宾大道（宽60米）、京九大道（宽60米）、黄金一路（宽30米）、黄金二路（宽50米），章江南岸滨江大道（赣州大桥至博德山庄，宽36米），连同防洪堤（防洪标准50年一遇水位）和滨江绿化带。

为联通河套区、章江新城区、站北区和黄金开发区（赣州经济技术开发区），1990年建成章江南河大桥，1997年建成章江赣州大桥，为开发章江新城区和站北区创造基本条件。中共赣州市委、赣州市人民政府、赣州市检察院等机关和赣州图书馆、赣州市体育中心、赣州广播电视中心率先迁入章江新城区，带动更多单位和房地产开发商进入新区投资建设。赣州中心城区历史性的“南移东扩”发展战略，把赣州建设成为闽、粤、湘、赣4个省通衢现代化区域性中心城市的远景规划目标，逐步实施推进。

第五节 城市规划管理

《中华人民共和国城市规划法》颁布实施后，各地结合实际制定地方管理办法。赣州市（今章贡区）对1985年施行的《赣州市城市规划管理实施细则》进行修改、完善和补充，制定《赣州市城市规划管理六项暂行规定》，并于1990年4月1日与《中华人民共和国城市规划法》同步施行。

一、管理项目

规划管理项目分建设用地和建设工程两大类。其中，建设工程包括建筑工程和市政工程。较长一段时期内，各县（市）核发的规划许可证均由各地自行制定，内容、格式不尽统一。从 1990 年 5 月 1 日起，全国统一使用由建设部制定的《建设项目选址意见书》、建设用地规划许可证、建设工程规划许可证，所有建设工程均须办理“一书两证”方可施工。

建设项目选址规划管理 1989 年以前，建设项目选址，由城市规划行政主管部门签署意见。1990 年 5 月 1 日起，核发《建设项目选址意见书》，项目上报审批作为附件。涉及环境保护和城市安全的项目，必须提交环境保护行政主管部门批准的环境影响评价报告和公安消防部门的消防意见书。

建设用地规划管理 1990 年 5 月 1 日之前，各县（市）只办理使用集体土地征用手续和使用国有土地划拨手续，不单独办理规划审批手续。赣州市（今章贡区）从 1986 年 6 月 1 日起实行建设用地许可证，不论使用集体或国有土地建设的，建设单位必须提交用地总平面布置图，经城市规划行政主管部门审查，确定用地位置和数量，核发建设用地许可证后，再向土管部门办理土地使用审批手续。1990 年 5 月 1 日起使用建设用地规划许可证后，管理程序为建设单位申请，规划部门提供规划设计条件，建设单位委托有资质的设计单位作出修建性详细规划，经审查批准，核发建设用地规划许可证。土地出让、转让，附城市规划行政主管部门提供的地块控制性详细规划或者规划设计条件。土地出让、转让协议签订后，受让方提交修建性详细规划，经审查同意核发建设用地规划许可证。

建设工程规划管理 建设工程规划管理自 1985 年始实行强化管理，进一步明确规划区内各项建设，无论地上、地下、新建、改建、扩建、修理和拆卸，均属规划管理范围，按工程性质分门别类核发许可证。所辖范围，共有公房、私房、构筑物、零星、临时、修理、拆卸、管线工程 8 种。1987—1989 年，在房屋产地权登记发证时，对规划区没有建筑许可证的房屋不予登记产权，对违章建筑进行全面清理。根据历史情况和对城市规划影响程序区别对待，其中严重影响城市规划予以拆除的达 36 处，面积 398 平方米；近期可以保留发给缓期拆除证，建设需要时自行无偿拆除的 130 件、4.23 万平方米；可保留补办建筑许可证的公房 7631 件、面积 363.37 万平方米，私房 305 件、面积 2.26 万平方米。1985—1990 年，规划管理趋于全面、规范，实行跟踪管理，从审查建筑方案、专项（环保、消防、防疫）、放线定位、复验基础工程（建筑工程复验）规划验收，直到建立竣工规划档案全过程管理。

二、地方规章

赣州市（今章贡区）的规划管理，1984 年以前施行综合性城市建设管理办法，其中没有规划管理内容。

1985 年，针对存在的“乱搭、乱建、乱挖、乱占”的混乱局面，赣州市（今章贡区）在总结 30 多年经验教训的基础上，制定城市规划管理规章即《赣州市城市规划管理实施细则》（以下简称“细则”）。内容分总则、规划管理机构及有关部门职责、建设用地管理、各项建设管理、旧城改建、市容管理、测量管理、附则，共 8 章 50 条，对规范建设活动和审批行为起到重要作用。1990 年 1 月 5 日，建设部印发《关于宣传贯彻城市规划法的通知》，要求设市城市尽快制定实施《中华人民共和国城市规划法》的行政规定。赣州市（今章贡区）对细则进行修改补充，制定《赣州市城市规划管理六项暂行规定》，即城市建设用地、建筑工程、公用设施、私人建房、综合开发区、违章建筑处罚，共 142 条。1990 年 4 月 1 日，与《中华人民共和国城市规划法》同步施行。2000 年，重新起草适用全市的《赣州市城市规划管理办法》，报市政府审批。

三、管理机关内部制度

1985 年，赣州市（今章贡区）城市规划管理处配合细则的制定，机关内部制定建设用地、建筑工程、管线工程、居民建房、农民建房、扩建与修理等 6 项审批制度，与细则配套使用。1986 年发展成为 10 项作业制度，经补充，至 1990 年形成 13 项作业制度：审批、呈报、处务会（每周一次）、会审（每周一次）、会办（每周一次）、书面答复及通知、会签、归档、定线测量、批后管理和验收、规划管理作业图、总平面图及建筑方案审查、岗位责任考核。6 项审批规程（操作规程）：建设用地、建筑工程、城市公用设施、居民建房、农民建房、临时棚点。每项规程都把审批的环节、主办人员、工作内容、质量标准依次列出，保障 13 项制度执行。至此形成一套内外结合，相互匹配，较为完整的管理办法。规划、房产、建设等部门实行连环套式管理，环环相扣。即没有"规划许可证"，房管部门不办理产权证，建设部门不办理招标和质量监督。1990 年 6 月 5 日，省建设厅将这套办法转发至全省各地，供制定地方管理办法参考，并得到建设部的充分肯定。1987 年、1991 年、1995 年，赣州市（今章贡区）连续三届获得全国城市规划工作先进单位称号，其"开拓前进、依法治城、保障城市规划顺利实施"的经验，编入《1987 年全国城市规划管理工作会议文件资料汇编》；"不断开拓、强化管理，充分发挥城市规划指导城市建设作用"的管理经验，编入《1991 年全国城市规划工作会议文件资料选编》。"强化管理，促进城市规划实施"规划管理总结，由建设部推介刊登在全国性刊物《城市规划》1992 年第 1 期。1996 年，规划管理又有新举措，赣州市（今章贡区）城市规划局办理规划审批实行"窗口制"。

第二章 城市管理与市政工程

赣南的城市建设经历持续缓慢到大踏步前进的发展过程。1986—1990 年，各县（市）的城市建设基本处于小修小补和完善各种管理机构的阶段，大多只建成一条城市主干道，发展较快的为赣州中心城区和大余县。1991—1995 年，各县（市）的城市建设进入小步快走阶段，以构筑城市框架和完善市政公用设施为主，掀起城市主干道、城市桥梁建设的高潮，尤以供水行业发展较快，城市绿化工作被列入议事日程，市容环卫日益受到政府的重视。1996—2000 年，城市建设作为启动内需和拉动经济增长的头等大事摆上各级政府的重要议事日程。全地区各县（市、区）城市建成区面积迅速扩大，城市框架基本形成，各县（市、区）运用城市经营理念，加大招商引资力度，利用外资和社会各界资金建成一大批高档次的政府基础设施与配套设施，城市面貌日新月异，功能更加完善。各地采取巧借地形布局，依托山水作画的办法，实施一江两岸、道路、公园、广场等工程项目的建设，使城市风光变得越来越美。赣州市中心城区章江两岸和上犹、石城、宁都等 10 余个县（市）的一江两岸及广场建设，皆是跨世纪的精品之作。

第一节 城市管理

一、城市公交

赣州市（地区）城镇公共交通事业随着各城镇建成区面积的扩大以及城乡居民生活水平的提高，逐步进入全面发展阶段。1986—1991 年，赣州地区城镇公交事业发展较为缓慢，在 1 市 17 县中，只有赣州市（今章贡区）和宁都县建有公共汽车公司，赣州市（今章贡区）有公共汽车 52 辆，运营线路总长 77 千米，运营线路 6 条，年客运总量 606 万人次。1991—1997 年，城市公交发展有所加快，先后有瑞金、龙南、信丰、南康等县（市）开通公共汽车，成立公共汽车公司。南康市于 1997 年 7 月开通两路公共汽车共 16 辆，建有候车站（亭、点）23 个。1997—2000 年，全市（地区）公共交通事业发展较快，原已成立公共汽车公司的县（市）进一步加大投入，开通公共汽车的有赣州市中心城区、瑞金、龙南、信丰、南康、宁都、赣县、于都、会昌、兴国等 10 个县（市），共有公共汽车 478 辆。特别是宁都、信丰、兴国等县通过招商引资，利用外来资金购置公交车辆、发展公交事业。这一时期，赣州市中心城区公交事业发展迅速，运营线路由 14 条拓展至 28 条，运营线路长度 368 千米，新购公共汽车

173 辆，其总数达到 257 辆。2000 年，运营收入 1602.6 万元。涌现出全国“青年文明号”九四九车组。随着公交企业的发展壮大，基本上解决城乡居民“乘车难”问题。

二、园林绿化

随着社会的发展，人们对环境的要求越来越高，城市绿化日益受到重视，特别是 1995 年以来，各级政府都把城市绿化美化作为改善城市面貌、改善投资环境的一项重要工作来抓。到 2000 年年底，全市拥有园林绿地面积 2541.75 公顷，其中公共绿地面积 709.44 公顷，园林绿化覆盖面积 3546.61 公顷，人均拥有公共绿地面积 7.54 平方米，建成区绿地率 11.66%，绿化覆盖率为 20.3%。18 个县（市、区）拥有城市公园 27 个，园林化建设扮靓城市，也使生态环境得到较大改善。

各县（市）均建立城市园林绿化管理机构，瑞金、大余等县（市）设立园林管理所，安远县、兴国县同路灯所合并在一起，设立园林路灯管理所。这一时期的城市绿化主要以赣州市的城市绿化为龙头。1986 年，赣州市（今章贡区）完成红旗大道西段绿化带改造、赣州公园草坪改造和建设。1987 年 2 月 12 日被全国绿化委员会评为全国绿化先进单位。1988 年 12 月 31 日，建成滨江公园一期工程，并完善东西两园、赣州公园、八境公园等一批园林设施。1991 年 3 月，被全国绿化委员会、林业部授予“全国绿化先进城市”称号。1992—1994 年，赣州市（今章贡区）花卉繁殖、根雕艺术得到发展，1994 年被建设部评为全国园林绿化先进城市。1995 年，赣州市（今章贡区）建成区绿化覆盖率达 30.99%，建成区绿地率 30.8%，人均公共绿地面积 4.52 平方米；成功举办全省第三届兰花展览；市园林处首次租赁潭东农田，创办 1.33 公顷地的花木场。其他县（市）主要以种植行道树和进行公园的初期建设。

1996 年后，各县（市、区）的城市绿化得到迅速发展，以道路绿化为主线，以沿线绿化和广场绿化为重点、庭院绿化为补充，初步形成乔、灌、花、草相搭配，点、线、面相结合的绿化格局。城市主次干道绿化发展迅速，赣州市（今章贡区）的黄金大道、五洲大道绿化和南康市的泰康路绿化、瑞金市的内环路绿化及沿江绿化均成为热点，如赣州章江北岸建成 10.8 万平方米的滨河绿带，南康市、上犹县的沿江绿化初显规模；广场建设成为城市绿化的亮点。赣州市（今章贡区）建成京九线上规模和靓丽程度均为一流的火车站站前广场、南门文化休闲广场；建成崇义县独具特色的人民广场、龙南县的站前广场、兴国县的五福广场；赣县、宁都、瑞金、上犹等县（市）推进广场建设。赣州市中心城区及兴国、上犹、龙南、瑞金、会昌、崇义等县（市）的城市绿化得到较大的发展；但也有些县城绿化明显滞后，绿化发展不均衡。

1999 年 7 月，赣州撤地设市。赣州市中心城区的绿化工作进一步加强，当年投入 692.04 万元，完成南门广场改造，滨江大道二期绿化，市体育中心及五洲大道等绿化工程，被江西省建设厅命名为第一批省级园林城市；同时，被建设部授予“全国园林绿化先进城市”称号。2000 年，完成 323 国道水东段绿化、红旗大道东段绿化带改造以及市区主次干道的行道树的新植工作，建成区绿化覆盖率 29.03%，建成区绿化率 27.44%，人均公共绿地面积 6.47 平方米。

三、市容环卫

全市（地区）环境卫生通过连续多年的综合整治，18 个县（市、区）的市容面貌明显改观，基本上解决城镇“脏、乱、差”问题。至 2000 年年底，全市城市公厕 325 座（其中水冲式公厕 196 座）、垃圾中转站 26 座。环卫装备进一步加强，环卫清扫面积 576.44 万平方米，各县城均能做到日产日清，每天对辖区的城市道路进行清扫保洁。各级政府把环卫设施建设、队伍建设作为一项重要工作来抓。各县（市、区）成立县（市、区）直管、副科级事业单位的环卫管理机构。建立专用的垃圾填埋场所，如宁都县建成占地 1.33 公顷的垃圾填埋场，南康市分别建有占地 2.67 公顷和 21.33 公顷的垃圾填埋场各 1 处。尤其是赣州市中心城区市容环卫设施得到明显改善，机械化作业程度有所提高。1993 年，赣州市（今章贡区）人民政府建议全市各建筑施工单位无偿承担 10 座水冲式公厕建设任务，至 9 月底，水冲式公厕率由50%提高到81%。1994年9月，建成全省第一座生态型公厕；同年7月31日，占地4.2公顷、库容量为100万立方米的沙河垃圾场正式投入使用。1998年，该场被定为全国31个环境卫生重点国债项目之一，续建总投资2772万元，占地面积扩大到24.13公顷，库容量增至190万立方米。至2000年，赣州市中心城区清扫面积共167万平方米，有水冲式公厕53座，垃圾中转站8座，并从1990年起连续多次被评为全国县级卫生城市。垃圾代收代运的有偿服务得到推行。如大余县、上犹县组织人员上门收集垃圾，解决从源头治理城市垃圾污染的问题。环卫队伍建设得到加强。全市基本形成一支环卫专业队伍，涌现出赣州市（今章贡区）文清路清扫班、南康市泰康中路女子清扫班等一批先进班组。

表31-2-1　　1986—2000年赣州市中心城区环卫设施建设统计表

年度	投资（万元）	城区清扫面积（万平方米）	环卫设备（辆）	环卫设施			垃圾填埋场（座）
				中转站(个)	果壳箱(个)	公共厕所(个)	
1986年	—	48	14	3	140	53	1
1987年	—	51	16	3	144	55	1
1988年	—	52	16	3	135	57	1
1989年	—	64	16	3	135	57	1
1990年	—	64	23	3	135	58	1
1991年	47	77	25	3	135	58	1
1992年	11	79	28	3	150	55	1
1993年	67	83	28	4	150	54	2
1994年	126	84	33	4	180	54	2
1995年	99	92	39	6	212	50	2
1996年	36	92	38	7	417	50	2
1997年	64	112	40	8	150	50	1
1998年	垃圾填埋场投资2772	112	47	8	284	58	1
1999年		127	50	8	338	58	1
2000年		167	48	8	300	61	1

四、城建监察

随着城市建设的日益发展，城建监察队伍得到较快的发展。1986年至1991年年底，除瑞金县外，17个县（市）相继成立城建管理监察大队，有队员180多名。1991年，赣州市（今章贡区）、大余县、宁都县城建管理监察队被评为全省城建管理监察工作先进集体。1992年，建设部颁发《城建监察规定》，城建监察队伍的管理体制进一步理顺。1996年，建设部对《城建监察规定》进一步修改后发布。1998年，省政府发布《江西省城市建设管理监察规定》，按照省政府、建设部的要求，各级政府加大城建监察队伍的建设力度，对其进行统一名称、统一编制、统一着装、统一章证、统一职责、统一经费、统一管理。瑞金市、南康市城建监察管理大队及赣州市中心城区城建监察支队划归所在城市的城管办管理。其余县（市、区）城管队伍则仍归属所在县（市）建设局管理。

第二节 市政设施

各县（市、区）将市政工程建设列入城市建设的重点，在人、财、物等方面给予倾斜，把加大市政基础设施投入作为启动内需、推动经济增长的一项重要工作来抓，全市（地区）的城市面貌大为改观，投资环境明显改善。

1986—1991 年，全地区共投入各项建设资金 1.2 亿元，铺筑道路长 228.84 千米，面积 199.4 万平方米，人均道路面积 6.12 平方米，建有城市桥梁 78 座，安装路灯 5432 盏，修建城市下水道 80.42 千米。为改善城区道路，提高路网质量，部分市（县）提出“建设环城路、构成城区内外相通的路网结构。”赣州市（今章贡区）中心城区从 1986 年开始，陆续建成八一四大道、东阳山路、文清路改建及南河大桥和西河人行桥等工程，改善市区道路交通条件，形成内外畅通的局面；大余县建成全长 100 米的梅关大桥及长 2 千米的南安大道；于都县改建全长 1.5 千米的长征大道；瑞金县兴建红都大道；南康县建成长 250 米、宽 12 米、5 孔的蓉江大桥；宁都县兴建长 270 米的东门人行桥。

1991—1996 年，全地区市政工程建设投入加大，改造力度加大。城市市政基础设施投入年年翻番，路网结构日趋合理，功能逐步完善，尤其是赣州市（今章贡区）中心城区的建设步伐最快，新修文明大道、黄金东路、红环路；新建南门文化广场、东门转盘、西门转盘；安装东桥路口、健康路口以及文清路与大公路十字路口等 5 处高杆灯，提高城市亮化程度。对南河大桥全面维修，改建西河大桥，赣州大桥开工建设。于都县投资 2200 万元建成长征大桥，完成长征大道道路两侧的配套设施建设。大余县完成南安大道工程的全面改造。其他各县基本上建成一条独具特色、标准较高的城市主干道，为城市交通状况的改善创造条件。

1996—2000 年，全市（地区）市政基础设施建设进入全方位、大投入、高速度、大发展的全新时期，城市道路面积达到 842.11 万平方米，排水管道 441.16 千米，拥有城市桥梁 155 座，城市路灯 8389 盏。各县（市、区）把实施“亮化、绿化、美化、硬化”工程作为政府的形象工程，结合地形地貌特点启动一江两岸的开发建设、广场建设以及沿江滨河绿化工程建设等。赣州市（今章贡区）中心城区先后拓改和新建五洲大道、东环路、厚德路东段、东胜山路、营角上路、滨江大道、迎宾大道等主干道，打通断头路，城区道路连接有序、四通八达；新建成的赣州大桥和经过大修的南河大桥把赣州新区和老城紧密相连；西河人行桥、东河大桥全面大修。南康市将 1998 年定为“城市建设年”，实施东山公园建设、文峰古塔按历史原貌重建、泰康西路配套设施改造、东山路拓宽改造和中心花园建设，泰康路“穿衣戴帽”亮丽工程等市政工程建设。宁都县结合旧城改造，新建和扩建城区主要街道 13 条，总长度 6.25 千米，浇筑水泥路面 18.8 万平方米，沿途铺设砼管道 17000 米，5 年内建成一个新县城，成为全省旧城改造的典范。

1986—2000 年赣州市中心城区市政设施建设一览表

表 31－2－2

年　度	市政设施建设情况
1986 年	西河人行桥建成
1987 年	南河大桥筹建，新改建南京路、南河路、西门转盘、东河大桥引道等道路
1988 年	南河大桥筹建，新改建环城路、关刀坪路、东桥路、张家围路、八一四大道等道路
1989 年	南河大桥施工
1990 年	南河大桥建成
1991 年	新改建健康路、西郊路、八一四大道、东阳山路等道路

续表 31-2-2

年　度	市政设施建设情况
1993 年	文明大道新建
1994 年	文明大道续建，新改建八一四大道、厚德路、东桥路、西桥路、东阳山路、宋城路、站前路、黄金东路等道路，新建南门广场高杆灯，南河大桥大修
1995 年	文明大道、八一四大道、东桥路、西桥路续建，新建红环路，新增东门转盘、西门转盘、东桥路路口、健康路路口、文清路与大公路十字路等 5 处高灯，西河大桥改建
1996 年	文明大道续建，新建火车站站前路、赣州大桥开工，黄金大道、宋城路、文明大道新装路灯
1997 年	赣州大桥建成，西河人行桥改建，新改建八一四大道南段（贸易广场）、站前广场、五洲大道、东环路、厚德路东段、东胜山路、营角上路等路段
1998 年	新建滨江大道东段、环城北路等道路，西河人行桥改建完工
1999 年	新建滨江大道西段，东河大桥大修
2000 年	东河大桥加固，南河大桥大修，古城墙防洪堤加高加固，新改建八一四大道南段、迎宾大道、红环南路等道路，城市路灯电网改造

表 31-2-3　　1986—2000 年赣州市中心城区市政设施建设统计表

年度	投资（万元）	城市道路					桥梁（座）	城市排水			城市路灯（盏）	城市供水			
		新修		改造		人均拥有道路面积（平方米）		排水沟长（米）	排水管道长（米）	防洪堤长（米）		水厂个数（个）	日供水能力（万吨）	人均生活用水量（升）	用水普及率（%）
		长（米）	面积（平方米）	长（米）	面积（平方米）										
1986 年	139.15	3340.00	22100.00	—	—	3.60	1	—	—	320.00	—	1	3.00	117.00	72.00
1987 年	129.55	2330.00	21369.00	—	—	2.74	1	2870.00	—	—	154	1	6.00	121.00	75.00
1988 年	240.50	2180.00	15100.00	—	—	5.20	1	558.00	—	—	140	1	10.00	127.00	80.00
1989 年	326.00	1780.00	19000.00	—	—	5.10	1	—	—	—	—	1	10.00	130.00	81.18
1990 年	827.00	4640.00	43600.00	—	—	5.20	1	—	—	—	140	1	10.00	165.00	86.53
1991 年	385.00	2300.00	21000.00	—	—	5.20		—	3000.00	400.00	77	1	10.00	166.00	86.80
1992 年	357.52	—	—	—	—	5.20		—	3990.00	2100.00	—	1	10.00	169.00	87.13
1993 年	1718.04	350.00	3500.00	—	—	5.20		—	1940.00	4800.00	—	1	12.00	177.00	89.04
1994 年	4943.17	4150.00	75800.00	—	—	5.50	1	—	6740.00	600.00	36	1	12.00	179.00	89.18
1995 年	2075.92	1290.00	21900.00	—	—	6.20	1	—	3000.00	1018.00	82	2	14.50	181.00	90.00
1996 年	10919.00	1200.00	54500.00	—	—	6.23	1	—	2060.00	—	208	2	14.50	182.00	91.00
1997 年	9130.96	11800.00	196000.00	—	—	6.75	2	—	7600.00	—	149	2	14.50	182.00	91.00
1998 年	8684.06	3500.00	50673.00	—	—	7.25	1	—	5800.00	2970.00	1203	2	14.50	182.00	91.50
1999 年	3744.73	1740.00	31320.00	—	—	7.25	1	—	3480.00	1740.00	583	2	14.50	183.00	92.00
2000 年	12008.83	5907.00	143600.00	1190.00	13100.00	7.70	2	—	—	1396.00	539	2	17.00	183.00	92.00

第三节　供水　燃气

一、供水

全市（地区）城镇供水事业在“八五”“九五”时期得到迅速发展。1997 年，全地区 18 个县（市）城镇共有自来水厂 18 个，日供水能力达 16.9 万吨，年供水总量达 4432.64 万吨，城市生活用水普及率达 93.8%，县城为 83.19%。全地区城镇供水管道总长 257.4 千米，初步实现自来水供应正常化，解决了城镇居民吃水难的问题。但由于县城供水规模小，有些设备和供水设施落后，大部分水厂处于亏损状态。赣州市（今章贡区）自来水公司从 1984 年起至 1995 年，连续 12 年利润超百万元。随着城市化进程的加快和城市规模的扩大，生活用水和工业用水量日益增大，各地充分利用给水项目向国家争取资金，应用国债和地方政府补助资金先后完成水厂改造和用水管网的更新，管理日趋规范，较好的自来水公司有赣州（今章贡区）、宁都、兴国、大余等县（市）自来水公司。供水能力、管网铺设以及第三产业都得到较大发展。2000 年，全市 18 个县（市、区）城镇共有自来水厂 19 个，日供水能力 53.61 万吨，供水管网长度 796 千米，年供水总量 8374 万吨。赣州市中心城区日人均生活用水量 183 升，用水普及率 92%；县城人均生活用水量 123.89 升，用水普及率 82.78%，基本能满足现有居民生活用水和工业用水的需求，道路修到那里，管网就铺设到那里。赣州市（今章贡区）自来水公司自 1996 年起连续 4 年利润超千万；1988 年以来，年年被各级党委和政府评为先进单位，特别是 1992 年获得“省级文明单位”“有突出贡献企业”“省职业道德教育先进单位”“省规范化服务先进单位”；1999 年，市用水管理所被共青团中央、建设部授予“青年文明号”称号。至 2000 年，利润达 1018.38 万元，成为全市建设系统的佼佼者。

二、燃气

城市燃气成为市民的主要燃料并得到广泛应用，全市（地区）用气普及率达到 48.5%。

1986 年，为改善城市居民的燃气结构，赣州市（今章贡区）利用当地资源优势，于 12 月正式开工兴建管道煤气。到 1990 年元月第一期工程竣工正式试产，规模为日产 5 万立方米；同时，完成 8007 户管道煤气的安装，年供气量达 26.21 万立方米，成为江西省南部第一个用上管道煤气的城市。燃气事业的发展使赣州市中心城区基本上形成以管道煤气为主体、以石油液化气为补充的用气格局。至 2000 年年底，赣州市中心城区有煤气用户 44627 户，液化气用户 35373 户，燃气普及率达 94.75%。全市其他 17 个县城液化气得到迅速发展，建有赣州万家惠、龙南粤龙 2 家中心气库，全市拥有液化气供应站 122 个，各县（市、区）均设立专门的行业管理机构，其中具有燃气设计资质的单位有 1 家。

第三章　建设管理

城乡建设事业的发展，为赣南建筑业的繁荣带来机遇，但众多外地施工队伍的涌入又使建筑工程业务严重失衡，加大管理工作的难度。20 世纪 90 年代，《中华人民共和国建筑法》《中华人民共和国招标投标法》《建筑工程质量管理条例》等法律、法规颁布后，各级建设行政主管部门遵照依法治国、依法治业的方针，严把施工企业的资质审查关，根据业绩优劣决定其资质等级的升降，作出吊销执照、歇业等处理，坚决取缔无场地、无资金和设备、无技术力量的空壳企业。

第一节　测绘管理

一、测绘机构

1992 年 6 月，赣州地区建设局设立测绘科，为全地区测绘行业的主管机构，与城建科合署办公。

2000 年，在全市 26 家具有测绘资格的单位中，有乙级测绘单位 4 家、丙级测绘单位 6 家、丁级测绘单位 16 家。

二、测绘工作

1987 年，各县（市）开展对测量标志的普查工作，全地区共有三角点 1894 个，水准点 434 个。1994 年，国家测绘局在全地区范围内设立高精度 GPS 网点 4 个。全地区建立测量标志三级管理网络，江西省测绘局在赣州市（今章贡区）开展测量标志保护管理试点工作，增强群众对测量标志的保护意识，得到国家测绘局的肯定。各级测绘行政主管部门坚持依法管理，规范市场行为，重点抓好测绘许可、任务登记、地图出版、专业技术标准、测量标志保护、成果资料汇交、测绘成果保密等行业管理工作，对无证测绘、超范围限额测绘、违法绘制地图等行为进行查处，促进全市（地区）测绘事业的健康发展。

1992—2000 年，为增强全民对测绘工作的法制意识，各级主管部门每年在 7 月 1 日前后开展以《中华人民共和国测绘法》为主的法律法规宣传教育活动，并对测绘资料持证单位进行资格年检，1997 年开展全市（地区）测绘行业质量普查活动。2000 年，会同赣州市保密局对测绘成果进行保密检查。乙级测绘单位全部实现数字化成图作业。开展对城市规划区大比例尺地形图的测制工作，制作城市规划模型图。

第二节　资质与招投标管理

一、资质管理

由于建设市场的开放，给建筑业带来新的情况和问题：外地建筑队伍和投标挂靠人员的大量涌入，无证（照）或超资质承包及转包工程业务等非法经营现象时有发生。1986 年，为有效遏制此类现象的蔓延，城建主管部门加强对各类施工队伍的注册管理，建立严格的建筑工程施工许可证制度。通过对建筑市场的整顿，查处一批严重违章工程。1987 年 2 月，限期清退有严重违章行为的广东达濠、潮阳、丰顺等外来施工队伍。1989 年，在对企业的资质管理中，重点对违法经营等干扰建设市场秩序等问题进行查处。

1990 年，全地区建筑施工企业开始陷入“僧多粥少”的窘地。行署批转地区建设局《关于加强全地区建筑市场施工管理及对国营和县级大集体建筑企业实行适度倾斜政策的意见》。通过资质审查，清理一批不合格的施工队伍，其中撤销（停办）施工队伍 47 个、合并施工队伍 10 个。

1991 年，从业人员与工程任务失衡现象仍然严重。一些外省、区队伍“化整为零”，以“靠山”为依托，展开小股活动、四处承揽业务，个人接下工程后再转包给施工企业。某些建设单位受利欲驱使，自找施工队伍搞基建。对此，主管部门采取行政干预，与工商行政管理部门共同把好合同审签、鉴证关，加强对施工许可证的发放管理。对施工企业的重大质量安全事故、持证上岗、服从行业主管部门等内容纳入资质年检范围。当年，应接受资质年检的施工企业 292 个，被年检的为 284 个，其中 209 个合格，75 个基本合格。

为稳定一、二级骨干施工企业，妥善解决全地区施工队伍大于建设任务的不均衡状况，1992 年 4 月，行署印发《关于对我区一、二级骨干施工企业承接施工任务实行平衡调节的意见》。1993 年 8 月 25 日，在《赣南日报》刊登《关于办理施工企业资质等级证书的公告》，决定于 9 月停止新办建筑安装施工企业的审批，遏制“全民办建筑”的势头。特别是 1996 年按照建设部《建筑业企业资质管理规定》和省建设厅关于企业资质就位的部署，完成按新的资质标准就位的初审、上报工作后，其总量开始呈现下降趋势。

1998 年 3 月 1 日，《中华人民共和国建筑法》正式贯彻实施。1999 年整顿建筑市场，2000 年完善和强化建筑市场的准入和清出制度，对施工企业的资质实行动态管理。对发现有市场行为不规范和工程质量差、事故多、无业绩、无设备、无技术人员的空壳企业进行清理、取缔。

二、招标投标管理

赣州市（地区）的招标投标管理工作由市（地区）招标投标领导小组办公室负责，办公室设在市（地区）建设局建筑管理科。1994 年 3 月 12 日，成立建设工程招标投标办公室，为局属正科级自收自支事业单位，主要承担对全地区建设工程招标投标的指导和监督工作，办理地（市）属单位报建项目的招标投标工作等。

1994 年 5 月 25 日，省政府发布 31 号令，即《江西省工程建设施工招标投标管理办法》。9 月 10 日，省建设厅出台《江西省工程建设招标投标管理实施细则》。当年，完成招标投标 36 项，总建筑面积 13.68 万平方米，造价约 0.86 亿元。

1995 年，出台《赣州地区建设工程招标投标管理实施细则》，全年完成招标投标项目 77 个，合同总价约 1.3 亿元，建筑面积 21.98 万平方米。1996 年，根据资金的到位情况办理 69 项工程的招标投标事宜，其招标率为 80%，工程总面积 15.06 万平方米，造价 1.6 亿元。

1997 年 10 月，按建设部和省建设厅有关建立工程交易机构和有形建筑市场的指导意见，成立地区建设工程交易中心。自此，招标投标项目均须进入中心交易。1998 年，大力推行公开招标限制议标或以各种奖励形式的议标。

随着《中华人民共和国经济合同法》的颁布、实施和《江西省工程建设施工招标百分制评标细则》的出台，工程建设招标投标的评标、定标工作进一步得到规范。2000 年，《中华人民共和国招标投标法》颁布和贯彻实施，工程招标投标工作完全走上法制化的管理轨道，招标率逐年提高，2000 年达到 99%，市工程交易中心被建设部表彰为“全国建筑市场管理先进单位”。

表 31-3-1　　1997—2000 年赣州市（地区）招标投标统计表

年度	完成项目(个)	总建筑面积(万平方米)	工程总造价(亿元)	招标率(%)
1997 年	98	35.08	2.10	90
1998 年	110	35.06	2.60	—
1999 年	121	48.00	2.73	98
2000 年	128	50.50	3.01	99

第三节　质量安全与工程造价管理

一、质量管理

进入 20 世纪 80 年代后，建筑质量问题日趋严重。1986 年 1 月成立赣州地区建筑工程质量监督管理站（以下简称“质监站”），系地区建设局下属科级自收自支事业单位，主要职责是加强对工程质量的监管。质监站每年都要组织几次面向全地区的工程质量大检查，发现问题及时下发整改通知书。

1987—2000 年，市（地区）建设局转发或制定出台 13 个有关加强工程质量的意见、办法、规定等，建立各种奖惩制度，质量通病逐年减轻，事故逐年减少，全市（地区）共创下省优工程近 60 个、市优工程 249 个。

二、安全管理

1987 年，在全地区建筑施工企业推行安全生产标准化管理，开展宣传教育，举办培训班，学习安全法规，在施工现场贴安全警句，配置安全设施。1989 年，建筑施工安全检查评分标准（JGJ59－88）及施工现场临时用电安全技术规范（JGJ46－88）出台后，地区建设局组织有关人员培训学习。20 世纪 90 年代起，全地区注重加强对施工现场的规范化管理，开展以标准化为中心的安全达标活动，把安全问题纳入目标管理。

1993 年 1 月 29 日，地区建设局印发《关于加强建筑业管理工作的意见》（以下简称“意见”）。意见规定：凡新开工的工程，在签发施工许可证前，由项目经理或专职安全人员向建管部门交 300～400 元的安全保证金，工程竣工后，视事故发生情况，决定保证金的退回与扣除。

强化对安全生产的管理力度，每年组织全市（地区）性的行业安全生产大检查，根据检查结果给予评分，按分数高低标准进行奖惩，同时，施工企业的法人代表与主管部门签订安全生产责任状。1986—2000 年，共发生事故 12 起，死亡 12 人。最为典型的一次：2000 年 8 月 3 日 7 时 40 分，在赣州市解放建筑工程公司承建的汇纳新村甲区商住楼工地（由汇纳房地产开发有限公司开发）12 位民工在抬放 A、3 轴线孔桩钢筋笼时，触及 10 千伏高压线，造成 3 人死亡和轻伤 3 人的重大伤亡事故。

三、工程造价管理

1986 年 8 月以前，工程造价管理职能由地区计划委员会承担；8 月，地区定额管理站成立，为地区建设局正科级自收自支事业单位，主要职责是贯彻落实工程造价管理制度，协助省定额管理站制定并管理工程建设的经济指标、概（预）算定额、材料消耗定额，收集造价信息资料，发布和掌握材料、设备价格信息，价格上涨系数，结算价格指数等。1998 年 5 月，定额站更名为工程造价管理站。

工程造价为动态管理。二十世纪八九十年代，房屋工程土建材料价差调整系数的测算，每两年发布一次。2000 年以前，赣州城区的建设工程材料价格每季度公布一次。2000 年后，改为每月公布一次，并增加市政工程材料价格方面的内容，扩大房屋建筑材料的公布品种，对安装工程材料、装饰材料、园林工程的苗木价格实行每季度公布一次参考价；每月公布的主材价格表由预算价格表改为信息价格表。同时，开展对工程造价纠纷的调解工作，共完成复函 300 多件。

第四节 勘察设计管理

1996 年 9 月 2 日，地区建设局增设勘察设计科，与抗震办两块牌子、一套机构。原地区计划委员会承担的勘察设计管理职能转移到地区建设局。

一、勘察设计队伍

至 1999 年年底，全市共有勘察设计单位 58 家，分属建筑、市政、水利、林业、交通、装饰、机电、勘察等 8 个行业，共有职工 1557 人，其中具备高级职称的 154 人，中级职称 464 人，初级职称 602 人，非技术人员 337 人。至 2000 年，有一级注册建筑师 6 人，一级注册结构师 16 人，二级注册建筑师 77 人，二级注册结构师 12 人。

二、勘察设计资质管理

1996 年 10 月，对全地区勘察设计单位进行调查摸底：全地区共有工程勘察设计单位 63 家，多分布于建筑、冶金、水利水电、电力工业、交通航运、机电建材、农林系统及工程勘察等 8 个行业。其中，部属单位 9 家，省属 3 家，地、市所属 51 家；设计及勘察合一单位，无甲级资质单位，仅乙级 5 家、丙级 13 家、丁级 41 家；单一勘察单位乙级、丙级各 2 家，共有职工 3122 人。

1997 年起，对全地区勘察设计单位进行年检。按建设部和省建设厅要求开展建筑工程设计甲、乙、丙、丁级资质单位的换证工作，全地区分别有14家和6家申报丙、丁级设计资质的单位，对部分单位进行重组、合并，其中将2家乙级建筑设计院合并后升为甲级院，另2家合并后由丙级升为乙级院。

三、法规建设与勘察设计市场秩序整顿

1997年6月，地区建设局印发《赣州地区建设工程勘察设计管理办法》。1999年4月，将勘察设计行政审查列入工程项目程序化管理的报建手续中。至2000年，共审查赣州城区新建、改建、扩建项目207项，建筑面积100.65万平方米，投资概算4.47亿元，对出卖、转让资质证书、越级超范围和无资质从事勘察设计的违法行为进行查处，发出《行政处罚决定书》43份，处以罚金14600元。

四、工程建设中的抗震设防管理

全市（地区）有石城、瑞金、寻乌等10个抗震设防县（市）。为加强对新建、扩建工程的抗震设防管理，确保单位工程的抗震质量，提高城乡综合抗震能力，赣州市（地区）建设局抗震办公室认真抓好新（扩）建工程的抗震设防管理，督促和配合各设防县（市）做好抗震加固经费的计划落实工作。1996—2000年，共向省建设厅和财政厅上报抗震加固项目29个，争取补助资金84.5万元。

第五节 工程检测与劳务输出

一、工程检测

工程检测职责任务由赣州地区建设工程质量检测中心承担。地区检测中心成立于1990年3月，隶属于地区建设局，为正科级自收自支事业单位和综合性建设工程质量检测机构，其资质等级为一级。2000年，市检测中心在编人员24名，有高、中、初级技术人员13人，主要仪器设备145台（件），具有较全面的检测能力。1994—2000年连续7年被省建设厅评为先进检测集体。

二、新技术推广

随着城乡建设事业的日益发展和科技的进步，各种新材料、新技术被广泛应用到工程建设及室内装饰、装潢等行业中。1995年1月，地区建设局新技术推广站挂牌成立，为自收自支正科级事业单位，主要职责是净化和规范科技推广市场，负责组织指导全地区建设系统企事业单位“四新”（新技术、新成果、新材料、新产品）技术的研究、开发和推广应用等，为科技兴业服务。推广站成立后，引进一批科技含量较高的新型建筑材料，特别是冷轧带肋钢筋、UPVC排水管材管件及各类防水材料等，受到用户好评。

2000年，赣州城区的汇纳广场大厦工程推广应用的新型建筑材料，经省建设厅组织有关专家鉴定、验收，被列为省级新技术示范工程。

三、建筑劳务

1986年，赣南建筑工程总公司和对外建筑工程公司开始接受劳务输出任务，先后派出17批计1054人走出国门承包工程建设任务。对选派出去的劳务人员从业绩、质量、技术和信誉等方面进行评审，合格后录用。

赣南建筑工程总公司1986—1999年共输出8批、351名劳务人员，分别与中港公司、中土公司等单位合作，承建科威特、赤道几内亚、新加坡、赞比亚及津巴布韦等国家的有关工程项目。其中，赤道几内亚的马拉博首都医院工程被中华人民共和国经贸部授予优质工程奖。地区外建公司1988—1996年共输出9批，共703名劳务人员分赴科威特、阿联酋等国承建变电站、学校、别墅等工程。同时，作为建筑劳务输出基地之一的南康市（县）派出68人分4批随外建公司赴伊拉克、科威特、新加坡等国

从事工程建设任务。上述2个劳务输出单位分别为国有一、二级施工企业，技术力量较雄厚。

第四章 住房保障与房地产业

20世纪80年代，随着改革开放、搞活经济的进程以及城市和人口的发展，全地区房地产业逐步兴起并健康发展。尤其是1988年赣州市（今章贡区）、崇义县作为全省住房制度改革试点开始至2000年，全市（地区）各级政府重视房地产工作，增加商品房建设的投入，加大住房解危解困力度，促进房地产业健康发展，使房地产的经营管理工作跳出直管公房的圈子，从福利型管理和单一开发向经营、租赁及综合开发等多类型转化。城镇住房供应呈多元化发展，由1978年单一的公有住房供应，发展为公有住房、集资（合作）建房、解危解困房、商品房、经济适用房（安居工程）等多元化住房供应。城镇居民住房条件显著改善，住房建筑形式多元化，住房户型设计人性化，住房装饰装修艺术化，住宅小区物业管理服务逐步等级化。

第一节 住房制度改革

一、全市（地区）房改总情

1988年2月25日《国务院关于印发在全国城镇分期分批推行住房制度改革实施方案的通知》印发后，江西省随即在各地（市）有关县（市）进行试点，确定赣州地区的赣州市（今章贡区）和崇义县为江西省住房制度改革试点县（市）。赣州市（今章贡区）于1990年8月1日、崇义县于1991年1月1日起开展试点。赣县、安远县经过调查测算并学习外地经验，于1990年制订改革方案草案，成为赣州地区试行城镇住房改革的第二批县。信丰县、大余县、全南县、于都县等地于1988年年底成立房改专门机构，配备管理干部，先后制定城镇住房制度改革方案，开始实施城镇住房制度改革工作。其他县于1991年前后成立房改机构、制订方案。

1992年1月，各县（市）全面铺开住房制度改革。有197个建制镇、独立厂矿实行“统一租金、超标加租、新房新租”3个单项改革。18个县（市）相继出台住房制度整体改革方案。公房出售开始进入高潮，全地区出售公房180.25万平方米，占应售公房户的67.38%，回收购房资金1.66亿元，占应回收资金的90.1%。

1993年，根据全省房改总体方案，各县（市）认真实施住房制度的租、售、建、管等综合配套改革。

1994年，住房制度改革健康发展。

1995年，公有住房出售稳步发展，住房制度改革进入完善发展阶段。

1996年，住房制度改革迈出新的步子。赣州市第三步住房制度改革实施方案经批准实施，房地产业培植成全地区经济发展的新的增长点。开展房地产现状调查，向行署提出加快商品住宅建设，搞活房地产市场的建议，得到地区领导的高度重视。

1997年，住房制度改革稳步推进，全地区18个县（市）全面推进住房公积金制度，累计参加住房公积金单位有2268个，职工人数13.68万人，全年归集住房公积金3370.12万元，占归集额的76%。

1998年，住房制度稳步推进，实行个人住房抵押贷款制度，全地区发放个人住房抵押贷款489.6万元，经济适用住房贷款1295万元。全部取消标准价售房，实行成本价和市场价售房，产权过渡工作接近尾声。

1999年，住房制度改革以全面推行住房公积金制度和建设适用户为重点，贯彻落实《住房公积金管理条例》，加快住房租金改革，稳步出售公有住房。

2000年，住房制度改革进一步深化。通过调研与测算，制定《赣州市市区进一步深化城镇住房制度改革加快住房建设的实施方案》及8个配套政策。

二、市县房改

赣州市（今章贡区）房改 1988年6月，按照《国务院关于印发全国城镇分期分批推行住房制度改革实施方案》精神，成立赣州市（今章贡区）房改领导小组，组织有关人员到烟台市、唐山市、厦门市、广东省等地学习考察。制定《赣州市住房制度改革试行方案》《住宅租赁和租金管理办法》《住房补贴和减免方法》《住宅买卖办法》《住房基金与统筹基金管理办法》《房地产资金存贷与结算办法》《房地产市场管理办法》《房地产综合开发建设管理办法》《房屋拆迁安置办法》《私有房屋管理办法》《综合楼院管理办法》《关于违反住房制度改革的处罚规定》等11个配套政策规定。1989年2月20日行署原则同意；省政府1989年6月13日批准，于1989年8月1日模拟运转。经过半年多的试验、修改后，1990年8月1日正式按《赣州市住房制度改革试行方案》实施步骤第一步规定执行，即凡在市内房改范围的住户，均按新、旧不同住宅执行不同房改标准。1992年10月1日和1997年1月1日分别实施第二步、第三步住房制度改革。住房制度改革通过提租补贴、建立2项三级住房基金、出售公有住房、出售住房向成本价过渡、组织多渠道的住房解困解危、全面建立住房公积金制度、组织经济适用房建设、规范有形房地产交易市场等工作，形成国家、单位、个人三者共同投资住宅的体制。

改革的基本模式是分类提租补贴、实转分步到位、建立2项基金，逐步实现住宅商品化。

分类提租补贴 提租补贴：提租范围是河套区内公有住宅、河套区外市辖大集体以上单位住宅、市辖区外全民所有制市属单位住宅，按2个区域（河套内、外）、3个类别（砖混结构、砖木结构、土木结构）、5项因素统一租金标准，同时实行超标加租、新房新租。1990年6月30日（含）以前竣工使用的旧住宅基本租金计算标准：砖混结构河套内每平方米1.2元，河套外每平方米1.07元；砖木结构河套内每平方米1.08元，河套外每平方米0.97元；土木结构河套内每平方米0.9元，河套外每平方米0.8元。1990年7月1日（含）后竣工交付使用的住宅实行新房新租，其租金标准：砖混结构河套内每平方米1.4元，河套外每平方米1.25元；砖木结构河套内每平方米1.26元，河套外每平方米1.13元；土木结构河套内每平方米1.05元，河套外每平方米0.94元。住户应缴租金按住宅的基本租金和层次装饰标准，配套设施柴棚、阳台等加减租金项目核定。住房补贴：凡居住在提租房屋的职工均享受住房补贴；租住私房职工按规定发给补贴；既住自有私房又住公房的职工，须扣除私房相应的租金额后再予以补贴；房改后购买和自建住宅的职工享受到位住房补贴（或享受购房折扣优惠）。住房补贴标准按规定的补贴工资基数乘以市住房补贴系数24.9%计算。实施步骤：租金和住房补贴分四步到位，并分别对旧住宅和新房新租租金和补贴系数作规定。公有旧住宅达到成本租金标准后，随着房屋建筑造价和职工工资水平的提高，成本租金适当调整，平均租金从房改前的每平方米0.077元，分别在1990年8月1日、1992年10月1日、1997年1月1日、1998年1月1日提高到每平方米0.32元、0.42元、0.56元、1.14元，租金占双职工家庭平均工资的7%。提租后对离休干部、退休职工、民政部门的救济户、“双低”（低保户、低收入户）户等对象实行租金减免政策。1998年增加租金工龄优惠。推行租金改革，得到群众的理解与接受，改革低租福利制，达到提租促修、提租促售的效果，并逐步过渡到商品房租金。住房补贴和租金结算：承租户必须确定1名承租人和单位，其租金由产权单位通过赣州市（今章贡区）房地产信贷部向承租人单位办理委托收款，居民则以现金交租，职工住房补贴由所在单位发给现金。赣州市（今章贡区）的房改运转实施至1990年年底，全市核定产权单位租金总额556074元，办理鉴证新、旧住户4653户，核定住房使用总面积2136671平方米，按住房改革方案第一步提租补贴的单位675个，人员91997人，分别占应提租补贴单位和人员的98.5%和98%。核定租金减免补对象1452户（人）。年底仍然有冶金、地质、供电等驻市单位和少数经济效益差、亏损，无力提租补贴的企业没有按房改方案第一步要求运转。房改后，年度租金回收率均在89%以上。1990—1995年，共收租金3981.65万元。

表31-4-1 1990年赣州市（今章贡区）住房租金和住房补贴标准 单位：元/平方米

项目	步骤	区域	砖混结构	砖木结构	土木结构	补贴系数
旧住宅	第一步	河套内	0.32	0.29	0.24	6.00
		河套外	0.28	0.26	0.21	6.00
	第二步	河套内	0.57	0.53	0.43	12.00
		河套外	0.50	0.47	0.38	12.00
	第三步	河套内	0.83	0.77	0.63	18.00
		河套外	0.74	0.68	0.56	18.00
	第四步	河套内	1.20	1.08	0.90	24.90
		河套外	1.07	0.97	0.80	24.90
新房新租	第一步	河套内	0.39	0.34	0.29	6.00
		河套外	0.35	0.32	0.26	6.00
	第二步	河套内	0.71	0.63	0.53	12.00
		河套外	0.63	0.57	0.47	12.00
	第三步	河套内	1.02	0.92	0.77	18.00
		河套外	0.91	0.83	0.68	18.00
	第四步	河套内	1.40	1.26	1.05	24.90
		河套外	1.25	1.13	0.94	24.90

实转分步到位　房屋（公房）出售根据不同对象、不同收入，分新旧住宅，按商品价或优惠价出售。房改第一、二步按国务院国发〔1998〕11号文件和国务院办公厅国办发〔1991〕3号文件规定，公有住房按标准价出售，住房标准价1991年为每平方米182.22元，1992年为每平方米231.36元，1993年为每平方米255.28元，职工购房可享受折扣优惠和一次性付款优惠。房改第三步按国务院国发〔1994〕43号文件规定，公有住房按成本价、标准价出售，超标部分实行市场价。职工购房在规定面积标准内的部分可享受住房折扣、工龄折扣和一次性付款折扣，一次付清的可优惠应付价款的20%，分期付款的，首次实际付款不得少于总售价的30%，剩余欠款归还期最长不超过10年，再次实付款应加付延期交款年限的银行同期定期存款利息。1997年1月1日，成本价为每平方米520元，标准价为每平方米441.5元，市场价为每平方米580元。1998年1月1日开始，取消标准价售房，售房成本价提高到每平方米590元，市场价提高到每平方米660元，同时降低售房优惠，并对房改第一、二步已出售的住房进行产权比例确定或过渡全产权。凡商品房、自管房、直管公房、私房一律应经市房地产市场管理处办理交易鉴证手续。至1999年年底，房改第一、二、三步累计出售公有住房34071套，建筑面积280.43万平方米，扣除冲抵个人集资房款，实际回收资金2.76亿元，为加快住宅建设筹集了资金。

解危解困房建设　1991年，赣州市（今章贡区）人民政府颁布《赣州市城市居民住房解危解困实施办法》，提出“统一政策、归口包干、政府扶持、单位补贴、个人集资”的住房解危解困原则，初步形成政府、单位、个人三者共同担负住房投资的机制。1991—1998年，先后在方杆巷、桥儿口、纸巷、中山路、东郊路、大公路、八境路、健康路、横街上、章贡路等地段拆除危旧房7.33万平方米。1992—1999年，建设解危解困房8.09万平方米，住房1216套。1996年，南桥安居工程列入国家安居工程计划项目，两年投入资金5000万元，建成住房17幢近8万平方米。住房制度改革以来，赣州市（今章贡区）解决困危住房户6260户，其中人均居住面积4～6平方米的2448户，4平方米以下的1410户，无房户796户，不方便户844户，危房户762户。

经济适用房建设 1998年，按照赣州市（今章贡区）人民政府《关于加快赣州市危旧房屋改造和经济适用房建设的实施方案》，城区的危旧房屋改造和经济适用房建设采用由政府牵头、房产部门实施、有关部门配合、社会参与的方式进行。首先改造老城区通往重点景区的建国路、西津路、章贡路、八境路等主要路段的危旧房。经济适用房建设资金的筹集坚持“谁受益，谁投资”的原则，采取“四个一点”（货币分房“集”一点、以地生财“筹”一点、银行支持“贷”一点、项目招商“引”一点）解决。1998—2000年，在西津路、中山路、罗家巷、张家围、东郊路、生佛坛前等地段建设经济适用房18.17万平方米，解决住（用）户住房1881套。

建立住房、统筹2项基金 住房基金主要有城市住房基金、企业和自收自支事业单位住房基金、个人住房基金3种。来源于各种建房费、修缮费、折旧费、房产税、个人结余住房补贴等。统筹基金按行政事业、全民企业、集体企业三类产权单位的住宅租金总额分档提取筹集（最低不少于10%），统一管理。2项基金的使用和结算按各自的用途，在赣州市（今章贡区）房地产信贷部专项存储，统一定向使用。

房地产市场管理 房改后，凡赣州市（今章贡区）辖范围内的房屋买卖、租赁和交换，国有土地的出让和转让，都必须进入房地产市场，按规定办理鉴证和代办房屋所有权手续。房地产市场同时开展房地产信息、技术、经营、咨询、价格评估、信托、工程劳务和跟踪服务等。分别成立赣州市（今章贡区）房地产基金管理委员会和赣州市（今章贡区）住房资金管理处，保证城市住房基金和统筹基金的筹集，监督基金的存贷、融通和使用。在赣州市（今章贡区）建设银行支行成立市房地产资金信贷部，实行地方政府和银行业的双重领导，各专业银行受信贷部委托，成立房地产资金代办处，保证住宅建设、消费资金的正常通融和存贷结算。成立赣州市（今章贡区）房地产市场管理处，推动建立完整的房地产市场体系。1995年9月1日，赣州市（今章贡区）在地区直属单位率先建立住房公积金制度。1997年1月1日开始，全面建立住房公积金制度。单位及其职工个人住房公积金交缴率各为5%，亏损企业经批准可缓缴或降低比例。住房公积金实行地、市两级分管，赣州地区住房公积金管理中心负责中央、省、外地驻市及地属行政事业单位的住房公积金归集和管理，赣州市（今章贡区）住房公积金管理中心负责中央、省、外地、地区驻市企业单位和市直属行政事业企业单位的住房公积金归集和管理。1999年6月，赣州市（今章贡区）撤市改区，赣州市（今章贡区）住房公积金中心上收与赣州地区住房公积金中心合并。章贡区除关、停、并、转、买断工龄、私人承包等原因不能参加住房公积金单位外，实际核定建立住房公积金单位602个。至2000年年底，赣州中心城区划转住房公积金8051万元，归集金额7263万元，发放安居工程（经济适用房）建设贷款800万元，个人购建住房贷款2161万元。住房公积金制度的建立，为加快住房建设，提高职工购房支付能力发挥积极作用。

崇义县房改 1988年5月，成立崇义县住房制度改革领导小组，下设房改办，对县城居住人口、住房及投资状况进行调查、测算。1989年8月，制定《崇义县城镇住房制度改革试行方案》《崇义县人民政府关于城镇住房出售办法》《崇义县人民政府关于城镇房地产综合开发建设管理办法》《崇义县人民政府关于房地产市场管理办法》《崇义县人民政府关于住房基金和统筹基金管理办法》《崇义县人民政府关于房地产信贷部管理办法》《崇义县人民政府关于综合楼院管理办法》《崇义县人民政府关于城镇建设房屋拆迁安置办法》《崇义县人民政府关于城镇公有房屋管理办法》《崇义县人民政府关于城镇私有房屋管理办法》《崇义县人民政府关于违反房改政策的处罚暂行规定》等10个配套政策，1990年9月15日上报赣州地区行署，地区行署转报江西省人民政府房改领导小组，省政府于1990年11月17日批准，1991年1月1日正式出台执行。

崇义县城镇住房制度改革方案的指导思想，基本模式，补贴范围、基数，住房的出售、出租和管理办法等与赣州市（今章贡区）方案大致相同。其主要不同点：第一，住房补贴考虑到国家、集体和个人的经济承受力，分三步到位。以职工的补贴基数按比例计算住房补贴，住房补贴系数第一步12%，第二步17%，第三步22%；第二，出租房租金分三步到位，根据住房建筑年代分别计算，1969年年底以前竣工的住房按同类结构重置价的七二折，1970年以后竣工的住房按同类结构重置价的七五折为计息基数，第一步月息4.2‰、第二步月息6.3‰、第三步月息8.4‰计算租金，由住户逐月交租给产权单位，1990年以后新建的住房实行新房新制度；第三，职工购房可申请工龄补助，以户主夫妻双方累计工龄计算，最高限制工龄不得超过40年，不满40年的按实际工龄计算，每一年工龄优惠折扣房价的0.5%，住房面积限定每户建筑面积70平方米为基数，超过部分按全额收取，由职工所在单位在购房时一次性发给或冲减房款；第四，时间划分上，1990年6月30日（含）前为“房改前”，1990年7月1日（含）后为“房改后”，以此作为划分新旧住户和新、旧住房的标准时间。

崇义县为稳妥推进住房改革，从1990年宣布之日起至1991年4月30日为模拟运转阶段；5月1日起，在县城规划区内正式实施。试行阶段的房改模式为：提租补贴、分步到位、鼓励买房、建立基金、逐步推行住房商品化。崇义县试行以售房为突破口，当试行方案实施后，仅4个月就出售套房558套，面积4.8万平方米，回收资金394万元；出租公房面积9.7万平方米，仅行政事业单位公房回收租金26.61万元。1992年，出售套房226套，面积3.6万平方米，收回资金831万元，收回公房出租租金49.6万元。至1997年，房屋建筑面积达1万平方米的住宅群就有东大街、西城角、南城角、南门口等4处住宅小区。新建住房186幢，单位套房2185套，建筑面积22.6万平方米，是房改前住房总面积的2.3倍，人均使用面积达19.2平方米，住房成套率达80%以上，县城85%的居民都拥有自己的房子。1998年，为改革旧的住房投资运行体制，建立与社会主义市场经济相适应的城镇住房新制度，根据国家、省有关规定和要求，结合崇义县实际，对原房改方案进行深化，制定出台《崇义县深化城镇商品房制度改革实施方案》；同年，对房改期间出售的公有住房全面实施产权界定，由部分产权向全部产权过渡，共加收补足房款36万元，面积5.2万平方米。到2000年，累计归集住房公积金589.33万元，参加职工人数5012人，住房公积金建立率90%，累计发放职工住房贷款476.75万元。

其他县房改　1992年1月起，赣州市（今章贡区）、崇义县之外的其他各县按照各自制定的房改方案，分步实施租金改革、出售公房、解危解困、推行廉租房和经济适用房、建立住房公积金制度等城镇住房制度改革步骤。

第二节　房地产开发

一、开发企业

1984年，赣州市（今章贡区）第一家房地产开发企业、赣州市（今章贡区）房管局下属国有企业赣州市（今章贡区）房地产开发公司成立。20世纪90年代初期，全国兴起房地产开发热潮，赣州中心城区有些国有单位组建房地产开发企业，涉足房地产开发经营，如地区发展改革委员会、建设银行、工商银行、电信公司、电力公司等，都先后成立所属房地产开发公司。1992年，全地区有12个县（市）成立房地产管理局，有房地产开发公司17家、交易所17个。1993年初，全地区有房地产开发经营企业114家。地区建设局为贯彻中央关于加强宏观调控的重大决策，对全地区房地产开发经营机构开展清查工作。除注销 10 家、保留 45 家外，对证照不全的 41 家开发企业和 18 家合资企业区分情况作出处理，确保房地产业的健康发展。1996 年，全地区有房地产开发经营企业 59 家，其中港澳台商企业 4 家、外商企业 9 家。2000 年，全市有房地产开发经营企业 101 家，其中港澳台商企业 11 家、外商企业 4 家、个体企业 4 家。

二、开发投资

20 世纪 80 年代中后期，随着城市和人口的发展，各县（市）城镇住房日趋紧张，住房条件急需改善。各地为解决这一难题，除拨出一部分经费对原有住宅进行修缮外，还学习外地经验，采取国家拨款、银行贷款、单位集资和职工个人合作建房等方式筹建新式商品房（高层成套建筑），并逐步卖给居民、职工和单位，以改善城市住房条件。至 1990 年年底，全地区共筹集商品房开发资金 1.5 亿多元投入开发建设，有 20 多万平方米商品房和住宅小区卖给单位和职工，一定程度缓解城市住房困难。

1992 年，全地区完成房地产投资 7403 万元。其中，生产性建设 1366 万元，非生产性建设 6037 万元（住宅 4766 万元）。1993 年，全地区完成房地产投资 8199 万元。按构成分，建筑工程 7192 万元，安装工程 188 万元，其他费用 819 万元；按产业分，第三产业 2969 万元，住宅 5230 万元，其他 1389 万元。1994 年，全地区完成房地产投资 1.61 亿元。按构成分，建筑工程 1.38 亿元，安装工程 570 万元，其他费用 1716 万元；按工程用途分，商业运输邮电业用房 2046 万元，住宅 1.27 亿元，其他 1389 万元。1995 年，全地区完成房地产投资 2.81 亿元。按构成分，建筑工程 2.02 亿元，安装工程 304 万元，设备工器具购置 12 万元，其他费用 7460 万元（其中土地购置费 2666 万元，旧建筑购置费 269 万元）；按工程用途分，住宅 1.65 亿元（其中别墅高档公寓 173 万元，安居工程 967 万元），办公楼 1742 万元，商业营业用房 4755 万元，其他 5134 万元。

1996 年，全地区完成房地产投资 2.83 亿元。按构成分，建筑工程 2.02 亿元，安装工程 334 万元，设备工器具购置 29 万元，其他费用 7820 万元（其中土地购置费 2556 万元，旧建筑购置费 22 万元）；按工程用途分，住宅 1.42 亿元（其中安居工程 2513 万元），办公楼 988 万元，商业营业用房 6180 万元，其他 6965 万元。1997 年，全地区完成房地产投资 2.54 亿元。按构成分，建筑工程 1.96 亿元，安装工程 86 万元，其他费用 5694 万元（其中土地购置费 146 万元）；按工程用途分，住宅 1.39 亿元（其中安居工程 3426 万元），办公楼 1692 万元，商业营业用房 5155 万元，其他 4558 万元。1998 年，全地区完成房地产投资 2.5 亿元。按构成分，建筑工程 1.9 亿元，安装工程 341 万元，其他费用 5698 万元（其中土地购置费 2672 万元）；按工程用途分，住宅 1.37 亿元（其中安居工程 1686 万元），办公楼 2597 万元，商业营业用房 5060 万元，其他 3655 万元。1999 年，全市（地区）完成房地产投资 4 亿元。按构成分，建筑工程 3.26 亿元，安装工程 419 万元，设备工器具购置 23 万元，其他费用 6969 万元（其中土地购置费 3450 万元）；按工程用途分，住宅 2.5 亿元（其中安居工程 1709 万元），办公楼 1742 万元，商业营业用房 7543 万元，其他 5736 万元。2000 年，全市完成房地产投资 5.2 亿元。按构成分，建筑工程 3.7 亿元，安装工程 1168 万元，设备工器具购置 81 万元，其他费用 1.37 亿元（其中土地购置费 8825 万元）；按工程用途分，住宅 2.58 亿元（其中安居工程 8068 万元），办公楼 1960 万元，商业营业用房 1.26 亿元，其他 1.14 亿元。

三、商品房开发

1984 年，赣州市（今章贡区）房地产开发公司成立后，全地区各地陆续开始危旧房改造和商品房建设。1991 年，国家确定“租、售、建”并举，以“提租”为重点的房改政策。1992 年，住房公积金制度开始推行，安居工程启动，房地产市场逐渐发展。1992 年，全地区开发面积在 1 万平方米以上的建筑群 15 个，3 万平方米以上的建筑组团 11 个，规划面积 96 万平方米，当年开工面积 65 万平方米，竣工35万平方米。赣州市房地产管理局形成从勘察设计、综合开发、建筑施工、修缮装潢、配套设施、危房鉴定到建材供应的“一条龙”服务，继稻香村小商品市场建成后，又兴建卫府里大型多功能综合市场。在住房建设方面，各地以房改为契机，制定1992年度的“八五”期间城镇住房解危解困计划，开展集资合作建房，加快住宅建设步伐。全年商品房施工面积53.5万平方米，竣工面积21万平方米，其中住宅施工面积25万平方米，竣工15万平方米。集资合作建房开工面积35万平方米，竣工26.5万平方米。收取集资建房款1.7亿元，其中个人投入8600万元。共安排解危解困户2994户，全地区人均住房使用面积在原基础上增加0.3平方米，达到9.02平方米。

1993年，开发土地面积115公顷，开发房屋面积118万平方米，共达成房地产交易13713宗，交易额为1.62亿元。各县交易率达60%以上。赣州市（今章贡区）房产局和赣县建设局以市（县）政府名义印发国有土地出让、转让、出租、抵押文件，促进国有土地的有偿使用。全地区有住宅小区17个，占地约25.6万平方米，其中赣州市（今章贡区）小南门新村被评为省优秀建筑组团，省内单体建筑面积最大的卫府里综合市场投入使用。

1994年，地、县（市）建设行政主管部门和房地产管理部门学习贯彻《中华人民共和国城市房地产管理法》。根据行署《关于房地产开发经营机构有关问题处理的通知》及《关于加强城镇开发建设管理、促进房地产健康发展的通知》等文件精神，地区建设局对开发公司进行全面审查登记（包括土地部门和金融机构开办的房地产公司）。在参与对房地产一级市场管理的同时，还注重对二、三级市场的配套管理和规范，如房地产买卖、租赁、抵押及房地产入股联营等。逐步建立与市场需要的配套服务体系、中介代理和价格评估机构。当年，全地区商品房施工面积62.82万平方米，住房竣工面积31.2万平方米，产值为5481万元，人均新增住宅面积0.32平方米，城市综合开发率53%，商品化率30%。房地产开发企业向国家上缴利税212万元。

1995年，全地区房地产管理以《中华人民共和国城市房地产管理法》为依据，逐步走向规范化。以产权产籍管理为核心所开展的房地产买卖、租赁、抵押、典当及投资入股、合作经营等各类经济活动，基本纳入市场轨道，县、镇二级房屋交易发证率90%以上。市场中介服务及监督机构逐步健全。南康市在6个乡（镇）设立房地产管理站，瑞金市对房地产市场进行全面整顿，于都县对非住宅房租金实行全面放开。当年，全地区开发商品房、集资建房89万平方米，投入资金7.618亿元，2000户住房困难户住上新房，赣州市（今章贡区）筹集资金建设南桥安居工程。

1996年，按照《江西省房地产开发企业资质管理实施细则》，对全地区房地产企业进行清理整顿，完善资质管理，规范申办手续和程序。房地产开发必须具备营业执照、城市建设用地规划许可证、城市建设工程规划许可证、城市建筑工程施工许可证；施工前房地产开发公司会同城建质检、环保、消防、设计、施工等部门进行设计图纸会审，图纸定案后方可施工；持有房管部门批准、颁发商品房预售许可证，出售时开发商应向买房者提供工程竣工验收报告，签订商品房买卖合同。房地产开发逐步走上法制化、规范化经营轨道。

1996—2000年，全市（地区）完成开发土地面积102.48万平方米，开发房屋建筑面积近6000万平方米。其间，全市（地区）竣工住宅13181套、204.04万平方米，拆迁还建竣工房屋面积28.08万平方米，统建代建竣工房屋面积42.96万平方米。

表 31-4-2

1985—1990 年赣州地区商品房开发统计表

序号	项 目	1985 年	1986 年	1987 年	1988 年	1989 年	1990 年
一	完成开发量(万元)	473.88	683.03	749.76	1190.54	2296.03	4954.32
1	危房改造	216.39	564.35	586.16	786.62	1103.55	1029.32
2	商品房	257.49	118.68	163.60	403.92	1192.48	3925.00
二	施工面积(平方米)	58428.00	92630.00	57174.00	100830.00	153203.00	206812.00
1	危房改造	36205.00	52470.00	44531.00	54011.00	73835.00	52112.00
2	商品房	22223.00	40160.00	12643.00	46819.00	79368.00	154700.00
三	当年新开工面积(平方米)	29473.00	55689.00	26343.00	85422.00	64381.00	92301.00
1	危房改造	20516.00	31219.00	20825.00	42263.00	48996.00	18301.00
2	商品房	8957.00	24470.00	5518.00	43159.00	15385.00	74000.00
四	竣工面积(平方米)	19197.00	42569.00	40090.00	48385.00	69807.00	68280.00
1	危房改造	14954.00	31129.00	30826.00	33425.00	42408.00	24680.00
2	商品房	4243.00	11440.00	9264.00	14960.00	27399.00	43600.00
五	竣工住宅面积(平方米)	16757.00	34678.00	31246.00	45365.00	52808.00	44838.00
1	危房改造	12773.00	25696.00	23592.00	30388.00	35421.00	20338.00
2	商品房	3984.00	8982.00	7654.00	14977.00	17387.00	24500.00

表 31-4-3

1991—2000 年赣州市(地区)房地产开发房屋建筑面积统计表

年度	房屋建筑面积合计(平方米)	施工房屋建筑面积(平方米)	其中 当年新开工(平方米)	竣工房屋建筑面积(平方米)	竣工房屋价值(万元)
1991 年	—	280100(其中住宅 197200)	—	05600(其中住宅 58700)	—
1992 年	—	387300(其中住宅 249800)	—	176000(其中住宅 134300)	—
1993 年	—	266673(其中住宅 182760)	—	121791(其中住宅 78968)	4833(其中住宅 3451)
1994 年	—	644447(其中住宅 459209)	—	247817(其中住宅 200559)	11713(其中住宅 9341)
1995 年	合计	851526	300586	414056	29507
	1. 住宅	599001	237735	286559	19441
	其中别墅高档公寓	1000	—	1000	100
	其中安居工程	20892	5900	20112	902
	2. 办公楼	50138	16755	11337	826
	3. 商业营业用房	160435	42831	98415	8392
	4. 其他	41952	3265	17745	848
1996 年	合计	771039	346061	275080	15755
	1. 住宅	506214	227450	185081	9692
	其中安居工程	99267	83139	23379	1065
	2. 办公楼	29367	3053	22410	1810
	3. 商业营业用房	199775	105823	61656	3878
	4. 其他	35683	9735	5933	375

续表 31－4－3

年度		房屋建筑面积合计（平方米）	施工房屋建筑面积（平方米）	其中 当年新开工（平方米）	竣工房屋建筑面积（平方米）	竣工房屋价值（万元）
1997 年	合计	721320	239757	373967	18944	
	1. 住宅	513753	193205	263988	12891	
	其中安居工程	85734	12520	77014	3510	
	2. 办公楼	27372	7078	12750	753	
	3. 商业营业用房	149816	25962	76815	4219	
	4. 其他	30379	13512	20414	1081	
1998 年	合计	626015	269122	211488	13857	
	1. 住宅	436949	184651	165172	10912	
	其中别墅高档公寓	25660	25660	—	—	
	其中安居工程	43292	35122	12570	834	
	2. 办公楼	68309	8748	17796	1131	
	3. 商业营业用房	94668	66438	25277	1636	
	4. 其他	26089	9285	3243	178	
1999 年	合计	1107049	544812	569463	30191	
	1. 住宅	714462	376217	387929	19312	
	其中别墅高档公寓	4976	—	4976	252	
	其中安居工程	53611	22401	19711	1147	
	2. 办公楼	42013	10394	29679	2115	
	3. 商业营业用房	327709	144717	145174	8382	
	4. 其他	22865	13484	6681	382	
2000 年	合计	1207086	560200	520376	33728	
	1. 住宅	812640	431814	355811	21108	
	其中别墅高档公寓	8437	8437	3000	200	
	其中经济适用房	219358	113469	72930	3744	
	2. 办公楼	30293	13135	14755	1076	
	3. 商业营业用房	340259	105805	139253	10882	
	4. 其他	23894	9446	10557	662	

四、房屋销售与出租

依据《中华人民共和国城市房地产管理法》，商品房在预售和销售前，须办理商品房预售审批手续，取得商品房预售许可证后方可预售和销售。所有商品房均须进入房产交易中心统一销售，统一开具商品房销售发票，统一签订《商品房购销合同》。商品房的销售价格，普通住宅除享受国家优惠政策、实行政府定价以外，一律实行市场价格，随行就市，实行“保本微利，按质论价、分等定价”的销售原则，并开展售后服务，建立与完善住宅小区的物业管理。1990—2000 年，赣州市（今章贡区）办理各类房地产交易手续 4769 宗，交易面积 815.25 万平方米，成交金额 41.67 亿元。

1995 年，全地区房地产企业实际销售房屋面积 17.84 万平方米，其中住宅 15.13 万平方米（安居工程 1.11 万平方米）；预售房屋面积 7.52 万平方米，其中住宅 6.59 万平方米；空置房屋面积 11.47 万平方米，其中住宅 8.21 万平方米；出租房屋面积 2.32 万平方米，其中住宅 1.61 万平方米；实际销售额 9191 万元，其中住宅 7489 万元。普通商品房销售价格全地区平均每平方米 495 元。到 1995 年年底，赣州市（今章贡区）开发企业共销售商品房 3150 套、38.4 万平方米，回收资金约 3.2 亿元。

1996 年，全地区房地产企业实际销售房屋面积 9.52 万平方米，其中住宅 8.4 万平方米（安居工程 1.94 万平方米）；预售房屋面积 8.79 万平方米，其中住宅 6.83 万平方米；空置房屋面积 5.73 万平方米，其中住宅 2.29 万平方米；出租房屋面积 2.21 万平方米，其中住宅 2110 平方米；实际销售额 6940 万元，其中住宅 5517 万元。普通商品房销售价格全地区平均每平方米 656 元。

1997 年，全地区房地产企业实际销售房屋面积 15.15 万平方米，其中住宅 9.24 万平方米（安居工程 6850 平方米）；预售房屋面积 8.98 万平方米，其中住宅 7.22 万平方米（安居工程 3.24 万平方米）；空置房屋面积 13.96 万平方米，其中住宅 10.21 万平方米；出租房屋面积 1200 平方米，其中住宅 700 平方米；实际销售额 1.5 亿元，其中住宅 6592 万元。普通商品房销售价格全地区平均每平方米 713 元。

1998 年，全地区房地产企业实际销售房屋面积 8.04 万平方米，其中住宅 6.47 万平方米（安居工程 1.18 万平方米）；预售房屋面积 7.49 万平方米，其中住宅 5.8 万平方米；空置房屋面积 6.31 万平方米，其中住宅 4.37 万平方米；出租房屋面积 7790 平方米，其中住宅 5250 平方米；实际销售额 6613 万元，其中住宅 5084 万元。普通商品房销售价格全地区平均每平方米 785 元。

1999 年，全市（地区）房地产企业实际销售房屋面积 22.72 万平方米，其中住宅 16.9 万平方米（安居工程 3.79 万平方米）；预售房屋面积 16.39 万平方米，其中住宅 13.84 万平方米（安居工程 3.28 万平方米）；空置房屋面积 11.37 万平方米，其中住宅 7.95 万平方米；出租房屋面积 1.36 万平方米；实际销售额 1.97 亿元，其中住宅 1.22 亿元。普通商品房销售价格全地区平均每平方米 727 元。

2000 年，全市房地产企业实际销售房屋面积 32.76 万平方米，其中住宅 23.72 万平方米（经济适用房 1.46 万平方米）；预售房屋面积 16.07 万平方米，其中住宅 12.12 万平方米（经济适用房 5.81 万平方米）；空置房屋面积 6.31 万平方米，其中住宅 4.37 万平方米；出租房屋面积 7790 平方米，其中住宅 5250 平方米；实际销售额 6613 万元，其中住宅 5084 万元。普通商品房销售价格全地区平均每平方米 727 元，市中心城区平均每平方米 1310 元。

五、保障性住房建设

1991 年起，赣州市（今章贡区）坚持民生为重理念，把保障性安居工程建设列入市重点民生德政工程。通过招商引资、激活民资等多元化筹资渠道，并与住房解危解困、危旧房改造相结合，集中力量实施以“十一区二路一场”为重点的大规模旧城改造，相继改造文清路和东阳山路，新建东壕塘、下壕塘、洪城巷、杉木树下、赵公背、孟衙巷等 11 个居民小区，改建 1 座江西省内最大的单体建筑面积 3.66 万平方米的室内综合性农商贸市场——卫府里市场，并在一些主要街道兴建一批金融、商业、办公、住宅、综合服务性大楼。1996 年，赣州市（今章贡区）被列为国家第三批安居工程建设试点城市。按照总体规划、分年度建设的办法和高标准规划、高水平设计、高质量施工、高效能管理的要求，开始建设南桥安居工程。至 2000 年，南桥安居工程建成金苑、菊苑、玉苑 3 个组团 29 幢，总建筑面积 13.1 万平方米、1250 套，成为江西省榜样小区、精品工程。

1991 年起，赣州市（今章贡区）保障性住房（安居工程）建设用地，均采取行政划拨方式，列入土地利用总体规划和年度计划，优先保障。保障性住房建设资金来源，主要包括政府投入、政策性贷款、经济适用房销售收入。政府投入主要以划拨建设土地、提供优惠政策为主。由市（地区）房管局下属房地产开发公司负责实施的经济适用住房建设项目，其建设资金来源均为自筹，加强资金调度，将其他商品房项目销售资金优先投入保障性住房项目建设。

表 31－4－4

1996—2000 年赣州市中心城区经济适用房建设项目统计表

序号	项目名称	总建筑面积（平方米）	住宅套数（套）	住宅面积（平方米）	销售均价（元/平方米）	销售总价（万元）	建设投资（万元）	开工时间	竣工时间
1	安居工程	165280.00	1530	165280.00	700.00	11569.60	10413.00	1996 年 7 月	1998 年 12 月
2	中山路	23313.88	248	21864.04	610.00	1333.71	1399.00	1998 年 10 月	2000 年 1 月
3	章贡路	16405.71	146	13246.46	675.00	894.14	984.00	1998 年 11 月	2000 年 1 月
4	白塔巷 C 栋	1733.95	21	1680.46	645.00	108.39	104.00	1998 年 12 月	1999 年 12 月
5	张家围 14 号	20378.17	171	18197.89	655.00	1191.96	1223.00	1998 年 12 月	2000 年 1 月
6	南河路 A、B 栋	4851.02	36	4529.64	755.00	341.99	291.00	1998 年 12 月	1999 年 12 月
7	生佛坛前 29 号	7543.61	75	6540.19	635.00	415.30	453.00	1998 年 12 月	1999 年 12 月
8	大华兴街 1 号房 A、B 栋	7613.74	81	6579.65	650.00	427.68	457.00	1999 年 6 月	2002 年 12 月
9	东阳山 10 号	2847.35	25	2428.33	755.00	183.33	171.00	1999 年 6 月	2000 年 12 月
10	和平路 A、B 栋	7307.83	83	6833.07	590.00	403.15	438.00	1999 年 6 月	2000 年 12 月
11	西津路	58451.38	624	50102.81	650.00	3256.68	3507.00	1999 年 7 月	2000 年 5 月
12	风车巷 A、B 栋	3444.39	44	3444.39	670.00	230.77	207.00	1999 年 12 月	2001 年 6 月
13	孟衙巷	20902.00	241	20902.00	650.00	1358.63	964.00	1999 年 9 月	2000 年 12 月

六、中介服务

1994 年 4 月，赣州地区第一家房地产中介企业——赣州市（今章贡区）房地产交易市场成立。1997 年，成立赣州金诚房地产评估有限公司。2000 年，先后成立江西鼎信房地产咨询评估有限公司和赣州今鹰房产公司。其中，赣州金诚房地产评估有限公司是经营房地产评估、土地价格评估、建设项目评估、工程造价咨询（编制和审计）、招标代理的机构；江西鼎信房地产咨询评估有限公司是以房地产（土地）评估、房屋买卖租赁、过户按揭代办、投融资顾问为主营业务，集营销策划、市场研究为一体的专业房地产服务企业；赣州今鹰房产公司是赣州地区最早从事房地产营销研究和策划服务机构之一，是从事商品房销售代理和二手房居间销售的大型专业房地产服务机构。

房地产中介服务内容主要是房地产咨询、房地产估价和房地产经纪。1994 年，赣州市（今章贡区）房地产中介机构的业务以新建房销售代理为主。1998 年，随着民营资本进入房地产中介服务市场，赣州市（今章贡区）房地产中介服务逐渐从单一的营销策划，发展到市场调研、产权调查、价格评估、金融按揭、法律咨询以及代办产权登记、公证、保险、抵押等各种手续全过程经纪服务，一些成立较早的经纪机构开始涉足二手房经纪业务。

七、物业管理

20 世纪 90 年代，房地产开发的小区不具规模，没有绿地，休闲、健身活动场所等相关配套设施不全，小区管理只是简单的打扫卫生和看大门，管理处于粗放状态。1998 年，赣州市（今章贡区）第一家物业服务企业赣州市安居物业管理有限公司成立，标志着赣州市房地产管理进入物业管理新阶段。随着房地产业的迅速发展，各地住宅小区不断增多，物业管理也逐渐规范，各地陆续制订物业管理有关规定和办法，实行委托物业公司管理与自治管理相结合。物业服务企业向房地产管理局申领物业管理资质证书，企业独立法人，市场化经营，物业管理由物业派出专业人员对城镇住宅小区内的房屋及其配套的设施设备和相关场地，进行维修养护、管理，为业主提供服务，维护物业管理区域内的环境卫生和相关的公共秩序。同时，根据业主需要，提供其他有偿服务。物业服务企业与住宅小区签订物业服务合同，约定服务内容、服务标准及双方的权利和义务等事项。按照“业主至上，服务第一”的原则，建立健全各项制度，实行承诺服务。至2000年年底，全市注册的物业服务企业有4家，企业资质等级均为三级。

第三节　房地产管理

一、管理机构

20世纪80年代，全地区房地产管理工作由赣州地区城乡建设环境保护局统一掌管。各地房地产经营、建设和维护则由各县（市）房产公司和开发公司具体经营。赣州地区行署所在中心城市——赣州市（今章贡区）的房地产业，则由赣州市（今章贡区）房产局管理。1992年，全地区有12个县（市）成立房地产管理局，其中一级局6个。5月，地区城乡建设环境保护局易名地区建设局，房地产业由城建科管理。1999年6月，赣州市（今章贡区）房地产管理局于7月上划地级市管，名称为赣州市房地产管理局，负责全市房地产业管理工作。至2000年，全市18个县（市、区）均设有房地产管理机构。

赣州市房地产管理局内设办公室、产权交易管理科（挂落实私房政策办公室牌子）、计划财务科、房地产开发管理科（拆迁安置管理科）、档案室。下属事业单位有房地产经营公司、房地产开发公司、房地产市场管理处。2000年5月，增设赣州市民用建筑设计院、赣州市白蚁防治所，均属自收自支事业单位；赣州市房地产经营公司下属赣江、解放、南外房地产管理所和赣江、解放商业房地产管理所，均属自收自支事业单位。至2000年年底，赣州市房地产管理局实有职工996人，其中局机关46人。

二、房地产交易管理

房地产转让　1990年，赣州市（今章贡区）人民政府颁布《赣州市房地产市场管理办法》，规定凡市辖范围内发生下列房地产经营活动的，须经市场管理处办理鉴证和代办权证手续：商品房买卖；城镇国有土地的有偿出让、转让和抵押；单位自管房、直管公房、私房（含农房、房改前购买的私房、购买的补贴出售住宅或房改房、购建的私房）的买卖、租赁与交换。1992年，赣州市（今章贡区）人民政府《关于印发赣州市住房制度改革方案第二步实施办法的通知》规定：凡市辖范围内的房屋买卖、租赁、交换、赠予、抵押、兼并和拍卖及国有土地的有偿转让、出租、抵押均须进入指定市场，由有关职能部门进行价值评估，并按规定办理鉴证和使用权、所有权手续。1994年8月，赣州市（今章贡区）房地产市场管理处对境内1990年以来发生的房地产交易、抵押、租赁、商品房销售、土地使用权转让、出租、抵押、房地产价格评估等情况进行全面清理。境内房地产交易市场由初期进行单一的房屋买卖发展到开展各种所有制房屋的买卖、交换、赠予、典当、抵押、继承、分割等各类房地产转让活动。1990—1995年，赣州市（今章贡区）办理各类房屋交易21235宗、面积295.34万平方米，成交额8.81亿元。

表 31-4-5

1991—2000 年赣州市（地区）房地产转让统计表

年度	房地产转让			
	套数(套)	面积(万平方米)	金额(万元)	说 明
1991 年	245	3.76	1263.04	—
1992 年	2195	—	2687.06	其中含二步房改售房 521 套
1993 年	11586	25.56	13455.84	含二步房改售房
1994 年	3707	36.31	8562.82	其中办理商品房预售 8 宗，预售面积 34.69 万平方米
1995 年	836	—	57862.61	—
1996 年	834	—	32023.90	—
1998 年	6247	—	77516.65	—
1999 年	6247	—	71953.24	—
2000 年	4587	—	73635.40	—

税费征收 1991 年，赣州市（今章贡区）全年征收房屋买卖印花税 5000 元，工商管理费 2.3 万元，代征契税 2.623 万元，征收商品房鉴证费 5.69 万元。1992 年，实现房屋买卖规费收入 45.33 万元。1993 年，实现房屋买卖规费收入 256.9 万元。1994 年，征收房屋买卖规费收入 105.11 万元，代征契税 26.65 万元。1995 年，征收房屋买卖规费收入 177.05 万元，代征契税 128.55 万元。1996 年，征收房屋交易鉴证费收入 109.06 万元，市财政征收交易契税 199.69 万元。1998 年，实现房屋交易规费收入 305.61 万元，代市财政征收契税 394.69 万元。1999 年，实现房屋交易规费收入 259.8 万元，代市财政征收契税 417.89 万元、综合税 8.13 万元、营业税 18.6 万元，上缴市财政 51.99 万元。2000 年，实现房屋交易规费收入 267.63 万元，代市财政征收契税 611.17 万元，代征营业税 38.18 万元、印花税 11.8 万元，上缴市财政 37.1 万元。

房屋租赁 1985 年起，赣州市（今章贡区）开始进行直管非住宅租金改革的准备工作，至 1987 年 5 月，完成租金改革工作方案、测算经济效益等工作。20 世纪 90 年代，采取普查和重点清查相结合的办法，对境内房地产租赁市场进行多次大规模清理整顿。1991 年，赣州市（今章贡区）房管局出台《关于对我市郊单位（个人）非住宅出租进行清理的工作方案》，对单位和个人非住宅出租行为进行清理。对全市私有住宅出租进行全面调查摸底，共调查 2179 户（其中赣江片 1239 户、解放片 557 户、南外片 383 户），同时对市内 26 条主要街道 1637 个非住宅门点进行全面清理。1993 年，重点抓产权单位房改售房和产权发证、直管非住宅租赁鉴证、商品房交易等工作，办理各类产别房屋租赁鉴证手续 482 宗，租赁鉴证租金总额 253.08 万元。鉴证面积 5.16 万平方米，规费收入 6.71 万元。1994 年，对房地产租赁市场再次进行清理，检查出租门点 2822 个，面积 25.16 万平方米，年租金额 2452.42 万元。1996 年，变等客上门为到产权单位现场办公；至同年 11 月底，办理单位自管房租赁登记 417 宗，登记面积 1.56 万平方米，租金总额 362.15 万元，租赁登记收入 13.53 万元；办理直管房租赁登记 624 宗，登记面积 14.53 万平方米，租金总额 654.86 万元，租赁登记收入 11.73 万元。1998 年，完成全市住房租金调整核定工作。共核定 253 个产权单位，核定户数 11685 户，使用面积 43.18 万平方米，核定租金 40.75 万元，收取规费 2.75 万元。2000 年，突破租赁管理难点，采取“上门服务”的办法，现场办理房屋租赁登记备案手续，提高办证效率；实行登记备案跟踪管理制度，减少租赁纠纷，规范租赁市场。截至 5 月底，全市办理房屋租赁登记备案 228 宗，纳入管理的房屋租赁面积 2.81 万平方米，房屋租赁市场开始逐步恢复正常并走向规范。

房地产抵押 1991 年，赣州市（今章贡区）房管局制定《关于清理整顿房屋抵押贷款市场的规定》，至年底，清理房屋贷款16宗。1992年，赣州市（今章贡区）房管局发布《关于收取房地产交易费的通知》，规定抵押收费按抵押价收取1%，由抵押方承担。1993年，出台《赣州市国有土地转让、出租、抵押实施细则》，并对《赣州市房地产市场管理办法》进行修改，对抵押收费作如下修改：房屋抵押鉴证，按房屋评估价值的0.5%，向抵押方收取。开展房屋抵押及国有土地使用权抵押等经营活动的鉴证管理工作，管理业务范围不断拓宽，赣州市（今章贡区）房地产市场由初期单一的房屋买卖，发展到各种所有制房屋的买卖、交换、赠予、典当、抵押、继承、分割等交易业务。1994年，抵押项目开始增多，在单一的现房贷款抵押基础上，增加土地使用权贷款抵押和按揭贷款抵押。1995年，赣州市（今章贡区）结合房屋产权产籍管理工作实际，对房屋所有权证进行核验，凡市辖区内完成房屋所有权总登记，并于1994年12月31日前核发房屋所有权证的所有房屋均属验证范围。对不按期申报办理房屋所有权验证手续的，除给予适当的经济处罚外，不得进入房地产市场交易，不得办理房地产抵押贷款和赠予、分割等手续。同时，根据《中华人民共和国城市房地产管理法》和《中华人民共和国担保法》制定赣州市房地产抵押具体规章，规范抵押程序，并主动与土地、金融等部门协调，开展房地产抵押管理工作。1998年，根据江西省物价局文件精神，各县（市）统一房屋他项权证收费标准为每本8元。1999年，全面开展房地产抵押登记业务。房地产抵押登记从单一的现房抵押拓展到住房公积金贷款抵押登记、房屋在建工程抵押登记、按揭贷款抵押登记等多种类型的房地产抵押登记，建立完善一整套严格的房地产抵押登记管理制度。调整抵押管理工作流程，从受理登记、调查报告到审核发证、注销登记等业务，由赣州市房地产市场管理处交易科统一负责，使房地产抵押登记工作集中统一。

价格评估 1994年5月，赣州市（今章贡区）成立房地产评估所，专门承办市内房地产价值的评估业务。在第一、二步住房制度改革中，测定住宅出售的挂牌价格，对116.75万平方米的公有住房（第三步住房制度改革累计数）进行价格评估。1990—1995年，赣州市（今章贡区）房地产评估所累计承接评估业务1368宗，评估房屋面积171.05平方米，评估金额14.62亿元。南康县于1994年在房管局设立房地产价格评估事务所，承办全市房地产交易、抵押、租赁和企业联合、兼并、破产、拍卖等价格评估业务；理顺房地产价格，制约各种隐价、瞒价、躲避法律行为，减少国家税费流失。1997年开始，实行经营性收费。于都县在1998—2000年累计办理评估业务1583宗，完成3.39亿元的评估总金额，评估面积79.36万平方米。根据建设部《关于房地产评估机构脱钩改制的通知》，2000年，房地产评估机构与房产局机关脱钩，实行独立核算。

交易管理 随着房地产业的发展，加强对房地产交易的管理势在必行。各县（市）陆续成立房地产交易管理机构。1988年10月，赣州市（今章贡区）撤销市房地产交易所，成立赣州市（今章贡区）房地产市场管理处，并启动房地产市场，属全国房地产市场起步较早的城市之一。1991年，赣州市（今章贡区）房管局成立3个工作组，分别对3个房屋开发公司建造的商品房出售进行调查登记造册，督促开发公司的商品房出售，协助购房者及时进入市场交易。当年办理商品房交易鉴证128宗，面积2.76万平方米，金额1138.43万元；同时，对全市423个产权单位进行第二步房改房业务培训。1992年，配合第二步房改方案的出台，对全市436个产权单位中所涉的数据进行调查摸底及统计汇总工作，对1992年住宅出售的挂牌价进行测算。1993年，出台《赣州市国有土地使用权出让和转让管理暂行办法》和《赣州市国有土地转让、出租、抵押实施细则》，并根据《赣州市住宅买卖办法》进行1993年度住宅出售挂牌价测算。1994年8月，对赣州市（今章贡区）内1990年以来发生的房地产交易、抵押、租赁、商品房销售、土地使用权转让、出租、抵押、房地产价格评估等情况进行全面清理。赣州市（今章贡区）内房地产交易市场由初期进行单一的房屋买卖发展到开展各种所有制房屋的买卖、交换、赠予、典当、继承、分割、出资入股等各类房地产转让活动。同年，根据房地产市场日趋活跃的实际情况，筹建赣州市（今章贡区）房地产交易市场，并对全市房地产交易进行大检查，清查出未进入交易市场办理鉴证的各类房地产交易17宗、土地转让交易18宗，未核发商品房预售许可证进行广告预售商品房的房地产企业4个，预售住宅193套。同时，抓紧对卫府里交易市场的建设，完成市场建设投资80万元。1995年，制定《赣州市开展房屋所有权证验证工作的实施方案》，12月，开展房屋所有权证验证工作。至1996年，全市完成验证房屋9444栋，建筑面积290.48万平方米，占应验房屋所有权证数的83.35%。1997年，赣州市（今章贡区）开始施行《赣州市住房制度改革第三步实施方案》《赣州市住宅出售办法》，第三步房改开始启动。1998年，成立赣州市（今章贡区）房改售房工作小组，全面开展房改售房工作。全年完成4426户的公房出售手续，成交金额8023.73万元。组建赣州市（今章贡区）房产交易中心，房地产市场交易实行一条龙服务，实现计算机现代化管理。1999年，强化对商品房销售市场管理，实行发放商品房预售许可证，统一商品房购销合同，推广"商品房质量保证书"制度。赣州市房地产产权、市场管理先后被建设部评为"双标兵"单位。2000年，为进一步活跃住房交易市场，先后制定《关于进一步放开住房二级市场的意见》和《赣州市个人已购公有住房上市交易暂行规定》，开放住房二级市场，开办已购公房上市业务，激活房地产市场。

三、产权产籍登记

1984年起，赣州地区各县（市）贯彻国务院《城市私有房屋管理条例实施细则》，陆续对申请所有权登记者，经房管部门审查核实、认定产权后，发给申请人房屋所有权证。历时3年，初步完成城市各类房产的全面登记发证。随着城市建设规模的不断扩大，房地产产权转移、变更行为逐渐增多。各县（市）人民政府随之制定实施细则，成立城镇房屋产权登记发证工作领导小组，陆续进行城镇产权登记发证工作。1987年，根据建设部和江西省建设厅《关于开展城镇房屋产权登记、核发权证工作的通知》以及省城乡建设环境保护局、省城镇房产产权登记核发产权证工作办公室印发的《江西省城镇房屋所有权登记发证办法》精神，在进行城镇房屋普查总结的基础上，于1989年开始进行城镇房屋产权登记发证试点，1990年全面开展这项工作。

房屋普查 1985年3月起，按照国家和省的统一部署开展全地区城镇房屋普查工作。至1986年5月，完成全地区18个县（市）、29个建制镇、17个独立工矿区的公房、私房和农房的全面普查任务。普查结果：全地区房屋建筑面积1936.18万平方米，其中房管部门公房172.19万平方米，全民单位公房1266.62万平方米，集体单位公房94.46万平方米，私房401.04万平方米，其他房1.87万平方米。

房屋产权登记 1990年年底，除赣州市（今章贡区）、赣县之外，全地区城镇房屋应登记户数49.98万户、面积972.92万平方米，登记32.883万户、922.35万平方米，分别达到65.8%和94.8%。1991年，全地区办理房屋产权登记701幢（户）。1993年，办理各类房屋产权登记487宗。1994年，办理各类房屋产权登记882宗。1995年，办理新建房屋产权登记415户，变更登记209户。1996年，完成私房登记906户，登记面积10.84万平方米，完成自管公产房登记251幢，面积22.22万平方米。1998年，办理各类产别房屋产权登记3910幢，建筑面积161.25万平方米。1999年，办理各类产别房屋产权登记21507栋，建筑面积333.13万平方米。2000年，办理各类产别房屋产权登记13803户（幢），建筑面积236.2万平方米。

房屋产权证核发 1990年，全地区登记发证房屋面积813.84万平方米，发证率83.6%。其中，南康、龙南、崇义等3个县全面完成城镇房屋产权登记发证事宜，落实公民房产所有权。1991年，赣州市（今章贡区）中心城区核发房屋产权证670幢（户），发证面积36.94万平方米；同时，对尚未发证的遗留问题清理分类，办理60（幢）户。1992年，赣州市（今章贡区）房产局被建设部授予"全国房屋产权登记发证先进单位"称号。1994年，《中华人民共和国城市房地产管理法》出台。办理各类产别房屋产权登记发证882宗，发证面积37.16万平方米，规费收入33.61万元，房屋产权登记发证率为

98.8%。其中，办理新建房屋产权登记370户，建筑面积30.17万平方米；转移登记发证382户，建筑面积4.25万平方米；办理变更登记发证128户，建筑面积2.67万平方米；办理换证手续2户，建筑面积420.54平方米。1995年，办理新建房屋产权发证415户，发证建筑面积22.45万平方米；变更登记发证209户，建筑面积6.8万平方米；办理换证手续3户，建筑面积1137.63平方米。赣州市（今章贡区）房地产市场管理处被建设部授予房地产产权产籍管理创全国先进水平达标单位称号。1996年，赣州市（今章贡区）开展房地产所有权证核验工作，完成验证9444栋，建筑面积290.48万平方米，占应验数的83.35%。其中，直管公产2188栋，建筑面积53.48万平方米，占应验数的96.81%；单位自管产3590栋，建筑面积199.25万平方米，占应验数的81.37%；私产3666栋，建筑面积37.75万平方米，占应验数的78.69%。完成私房发证906户，发证面积10.84万平方米，占私房登记户的99.56%；完成自管公产房发证251栋，发证面积22.22万平方米，占自管公产房登记户的100%。办理历年私房发证中的遗留问题户78户，发证面积7392.73平方米。1998年开始，根据建设部统一部署，开展核发全国统一、具有防伪性能的房屋权属证书，包括房屋所有权证、房屋共有权证、房屋他项权证，并实现房屋产权登记、鉴证等微机化管理。成立赣州市（今章贡区）处理私房遗留问题小组，开展私房遗留问题处置工作，处理私房历史遗留问题户44户。办理各类产别房屋产权登记发证3910幢，发证建筑面积161.2万平方米，发证规费收入73.22万元，占年计划40万元的183.05%，综合发证率99.74%，赣州市（今章贡区）房产局被建设部评为房地产市场管理创全国先进达标标兵单位。1999年1月始，进行房屋权证换发新证工作，全市办理各类产别房屋产权登记换发证21507幢，换发证建筑面积333.13万平方米，发证规费收入128.7万元，占年计划60万元的214.5%，综合发证率100%，处理私房遗留问题户14户。2000年，按照建设部、省建设厅要求，赣州市从1999年始开展核发全国统一房屋权属证书工作，办理新证换发手续38185户，建筑面积464.45万平方米，换证率82.2%。办理各类产别房屋产权登记发证13803户（栋），发证建筑面积236.2万平方米，发证规费收入137.39万元，占年计划90万元的152.5%。处理私房历史遗留问题户23户1734.36平方米。

四、公房管理

城镇公产房有直管公产房和自管公产房两种，直管公产房由县（市、区）房地产管理部门管理，自管公产房由产权单位自行管理。20世纪80年代起，各地加强对公房的管理和维修，尤其注重对危房的改建或拆除。各地贯彻“以租养房”方针，制定对住房和营业性用房不尽相同的租金标准。房屋租金收入主要用于房屋维修和改扩建，其次用于支付税金、工资、管理费和福利费。

经营管理 1987年7月，赣州市（今章贡区）人民政府批转市房地产局、物价局《关于赣州市直管非住宅租金改革问题的报告》。新的租金标准从1987年7月1日起开始实行。市内列入租调范围的门点有690个，占租赁门点总数的92.62%；租调面积20.29万平方米，占非住宅总面积的92.22%。租金改革后，月租金由原每平方米0.5元调增到每平方米2元；年租金收入由原122.3万元（不含新房新租和维持原状的非住宅租金）调加至272.8万元。1989年，配合房改，赣州市（今章贡区）房产局对市内列入房改的产权单位住宅用房进行租赁鉴证。至8月底，鉴证单位418个，占市内产权单位总数的99.2%；鉴证住房使用面积212.86万平方米；鉴证月租金额为55.41万元。其中，自管公产房单位417个，住宅面积167.05万平方米，月租金额45.15万元；房管部门直管公产房住宅面积45.81万平方米，月租金额10.26万元。

赣县人民政府于1989年11月15日颁布《赣县公房管理暂行规定》。1993年1月1日，对公房出租增加收取租赁保证金的规定，县城按房改方案标准收取，乡（镇）公房住宅，砖混结构每平方米10元，砖木结构每平方米5～8元，土木结构每平方米3～5元。租赁保证金不计息，退房时退还；同年，赣县人民政府颁发《关于城镇公有房屋管理办法》，对国家和地方投资兴建的房屋，过去无偿划拨给行政事业单位使用的公有房屋，实行统一经营管理，列入直管公产房范畴。1986—1990年，全县租房面积8.8万平方米，每年租金基本上在20万元左右。1991—1995年，房租面积2.8万平方米，5年租金69万元。

南康县在1988年落实私房政策后，直管公产房面积剩下3.8万平方米，年久失修质量差，租金低。对非住宅房屋租金分钢混结构、砖混结构一、二等，砖木结构一、二等及土木结构6个等级提租调整。租金测算按折旧费、修缮费、管理费、利息、税金5项内容加地段差测算。月租分别为：钢混结构每平方米1.07元；砖混结构一等每平方米1.03元，二等每平方米0.98元；砖木结构一等每平方米0.92元，二等每平方米0.87元；土木结构每平方米0.68元。1991年7月1日起在唐江、潭口、凤岗、横市、赤土5个乡（镇）进行住房制度3个单项改革。1992年4月，企业住房制度改革整体方案运转；1993年公房上市买卖，盘活房屋存量，聚集公房管理资金。

1996年5月，赣州市（今章贡区）房地产管理局贯彻国务院办公厅国办发〔1995〕47号文件精神，对全市国有粮食零售网点租赁的直管非住宅用房实行无偿划转，全市划转直管非住宅房屋10幢，建筑面积3951.70平方米。至年底，有直管公产房总建筑面积82.89万平方米，回收租金733.15万元，其中住宅租金183.16万元，非住宅租金549.99万元，出售公房1089.47平方米，回收资金3029万元。

1997年1月起，按照赣州市（今章贡区）人民政府印发的《赣州市住房制度改革第三步实施方案及其配套办法的通知》，进行第三步住房制度改革，建立住房公积金制度，加强住房资金管理，推进公房租金改革，稳步出售公有住房。成套住房成本价为每平方米520元。当年，为盘活直管房地产，实现存量房产的价值，扩大房产资金的增量，赣州市（今章贡区）人民政府印发《批转市房地产局关于进行盘活直管房地产改革试点的实施意见的通知》，对直管公产房采取房屋出售、租金改革、授权经营三种形式运作。根据房屋结构、所处地段，采取不同售价，动员鼓励原承租户购买其承租的直管非住宅用房，或退出让其他人购买。对原承租户购买直管住宅用房的采取协助办理房屋抵押贷款等扶持政策。对于房屋结构和地段较好的承租户实行协议租金，协议租金最高为标准租金的8倍。当年出售直管非住宅房屋1901.9平方米，回收资金552.69万元。从1997年起，因赣江路、中山路、大公路商业街迁至赣南贸易广场和龙都商城，致使该地段直管非住宅的租户退租闲置，全年因退租（空租）房屋减少租金94.77万元。至年底，有直管公产房总建筑面积83.45万平方米，回收租金733.15万元，其中住宅租金183.16万元，非住宅租金549.99万元，出售公房9489.71平方米，回收资金381万元。

1998年10月，赣州市（今章贡区）住房制度改革领导小组制定《赣州市调整年度房改公有住房出售及租金价格、住房公积金缴交比例的政策规定的通知》，调整住房出售成本价为每平方米590元，市场价每平方米660元，住房公积金缴交比例暂不调整；同年，将城区街道居委会办公租用的22处直管公产房全部无偿划转给街道办事处，划转房屋建筑面积1212.22平方米，价值17.27万元；至年底，有直管公产房总建筑面积80.08万平方米，回收租金847.39万元，其中住宅租金452.34万元，非住宅租金395.05万元。

1999年，为加强非住宅用房的管理，加大非住宅租金收缴力度，章贡区房地产经营公司成立赣江非住宅房管所和解放非住宅房管所，开展全面清理整顿商业用房转租转让专项工作。至年底，全地区有直管公产房总建筑面积83.03万平方米，回收租金719.43万元，其中住宅租金390.03万元，非住宅租金329.4万元。2000年，全地区有直管公产房总建筑面积81.7万平方米，回收租金688.07万元，其中住宅租金385.27万元，非住宅租金302.8万元。南康市（县）在1986—2000年共出租公产房54.64万平方米（住宅房25.89万平方米），收取租金648.26万元（住宅房租58.37万元）；出售公产房1.1万平方米，回收资金529.75万元。

修缮管理 1986—1987年，赣州市（今章贡区）维修房屋面积31.4万平方米，维修产值124.7万元。1988年，维修房屋42.85万平方米，维修产值125.11万元。拓宽资金渠道，改过去无偿分配为有偿分配，即根据分配对象所分配的住房户型，分别预缴2500元或3000元的房租，预缴金额在住房的房租中逐月抵扣。1987—1988年，兴建有偿分配住房386套，建筑面积203平方米，建设投资575.8万元。1989年起，暂时停建分配型住宅，适当减少大中修规模，确保小修养护。1990—1995年，维修房屋265.85万平方米。1996—2000年，完成维修房屋面积223.02万平方米，维修资金607.64万元。

五、房屋政策落实

各地按照上级有关政策规定，陆续成立城镇私房落实政策小组或落实私房政策办公室等机构，对在私房改造和"文化大革命"中被没收、代管的房屋以及统战对象、华侨、港澳同胞、去台军政人员的房屋进行清理，并陆续退还或赔偿。

1984年，中共赣州市委、市人民政府（今中共章贡区委、区人民政府）成立落实私房政策领导小组及办公室，全面开展对私房户及统战对象、华侨户、代管户等私房落实政策的调查处理工作。至1995年，境内在"文化大革命"期间无偿接管和挤占的1202户、面积8.08万平方米私房产权的房屋全部退还完毕，使用权也基本腾退完毕。其中，属华侨、港澳同胞、外籍华人房产77户，面积5345.92平方米；属统战对象的全部落实产权与使用权；代管房产落实2户；私改房办理落实退还产权手续的465户、面积2.43万平方米。退还租金、补发定息、支付征购补偿、解决腾退安置住户住房费等项资金377.72万元。1999年6月，赣州市（今章贡区）落实私房政策办公室并入赣州市房地产管理局产权交易管理科，挂落实私房政策办公室牌子、一套机构，继续开展落实私房政策工作。1996—2000年，办理落实发还私房628户，面积33335.9平方米，退还租金、补发定息、支付征购补偿费等项资金391.26万元。

六、拆迁安置

20世纪80年代后期，各地陆续开始进行房地产开发。为做好征地拆迁工作，各县（市）陆续成立征地拆迁工作机构，负责境内房屋拆迁的管理和服务，按照国务院《城市房屋拆迁管理条例》精神，严格依法行政，核发拆迁许可证，规范房屋拆迁程序和标准，房屋拆迁逐渐步入法制化轨道，推进了各地中心城区的建设。

城镇国有土地房屋拆迁 根据国务院《城市房屋拆迁管理条例》，赣州地区行署在赣州市（今章贡区）、赣县实行住房制度改革试点的基础上，1993年6月出台《城市房屋拆迁管理暂行办法》，赣州市（今章贡区）人民政府印发《城市房屋拆迁管理暂行办法》，对城市房屋拆迁管理工作作出规定。

1993年赣州市（今章贡区）城市房屋拆迁有关费用标准统计表

表31-4-6

项目		标准	说明
房屋拆迁管理费	委托拆迁	5元/平方米	按被拆除房屋建筑面积计算
	自行拆迁	1元/平方米	
房屋拆迁代办费（受委托单位）		13元/平方米	按被拆除房屋建筑面积计算
搬家补助费		100元/户	按被拆迁户计算
个体工商户生活补助费		每人60元/月	按工商注册人数计算
临时安置补助费		每人10元/月	按被拆迁户常住人口计算
停产停业按基本工资补贴			

表 31-4-7

1993 年赣州市（今章贡区）城市房屋重置价统计表

房屋结构	等级	房屋主要构成	各类房屋标准
框架	—	钢筋混凝土基础、钢筋混凝土框架、屋面、楼板、内外砖墙、木钢门窗、水泥地面、内外粉刷	400 元/平方米
砖(石)混	甲等	钢筋混凝土基础、混凝土楼板和屋面、内外砖墙、木钢门窗、内外粉刷、水泥地面、	350 元/平方米
	乙等	砖石墙基、混凝土楼板和瓦屋面、内外砖墙、木门窗、内粉刷、吊天棚、水泥地面	330 元/平方米
砖(石)木	甲等	内外砖墙、木屋架、瓦屋面、吊天棚、木门窗、砖木地面	250 元/平方米
	乙等	四周砖墙、木屋架、内板或土墙、瓦屋面、无天棚、木门窗、土地面	220 元/平方米
土木板壁	甲等	内外砖勒脚、木板(灰板、土)墙、木柱架、瓦屋面、吊天棚、木门窗、砖木地面	200 元/平方米
	乙等	内外砖勒脚、木板(灰板、土)墙、木柱架、瓦屋面、无天棚、木门窗、土地面	180 元/平方米
简　易	甲等	乱砖腰墙或板壁隔暂、瓦顶、简易天棚、简易木门窗、砖地面	70 元/平方米
	乙等	土墙、油毡屋面、土瓦、无天棚、简易门窗、土地面	60 元/平方米

1996—2000 年，赣州市（今章贡区）拆除房屋面积 10.19 万平方米，安置拆迁户 974 户。各类房屋拆迁后，新修南市街、环城路、迎宾大道、京九大道等 8 条道路，拓宽赣江路、厚德路、建国路、西津路、南河路、东桥路、西桥路、八一四大道、东阳山等 9 条街道，并兴建市政设施重点建设项目。

拆迁管理 1990 年 8 月，《赣州市城市房屋拆迁安置办法（试行）》颁布实施，对产权房的安置补偿，按照《赣州市住宅买卖办法（试行）》的标准价进行补偿后，安置公房承租或按房改房标准价购买产权。1991 年 3 月，国务院《城市房屋拆迁管理条例》颁布实施后，赣州市（今章贡区）人民政府于 1993 年 9 月在全省率先颁发《赣州市城市房屋拆迁管理暂行办法》，首次提出房屋产权补偿形式可以采取产权调换、作价补偿或产权调换和作价补偿相结合的形式。1993 年以前，城市房屋拆迁工作由市城市建设房屋拆迁安置办公室负责实施。但由于城市房屋拆迁处于无计划管理状态，政企不分，加上体制机制等方面的原因，造成一大批城市基础设施建设和单位创收实体违规开发拆迁历史包袱，遗留一大批补偿安置欠账。1999 年，城市房屋拆迁实行政企分开、拆管分离，拆迁人或委托的拆迁公司作为拆迁实施主体，拆迁管理逐渐步入规范。

七、白蚁防治

各县（市、区）先后成立白蚁防治机构，负责对新建、扩建、改建房屋的白蚁预防和原有各类房屋的白蚁灭治工作。白蚁防治工作贯彻“预防为主，防治结合，综合治理”方针，宣传白蚁防治科普知识，开展白蚁蚁情危害普查，使用国家“三证”（农药合格证、产品合格证、农药生产许可证）齐全的专用防治药物。

赣州市（今章贡区）白蚁防治工作起步较早。1988 年 5 月，成立赣州市（今章贡区）白蚁防治所，为赣州市（今章贡区）房地产经营公司内设机构，开展白蚁防治工作。至 1992 年年底，白蚁防治所主要负责对市房管局管理的直管公房进行白蚁灭治，以及对城区道路周边园林绿化树木的白蚁危害进行普查和灭治工作。

1993 年 3 月，建设部印发《关于认真做好新建房屋白蚁预防工作的通知》，1994 年 4 月，赣州市（今章贡区）人民政府印发《赣州市新建房屋白蚁预防实施细则（试行）的通知》，提出白蚁防治“预防为主，综合防治，改善环境，造福人民”的工作方针，明确赣州市白蚁防治所是全市白蚁防治工作管理机构，规定所有新建、改建、扩建房屋都应做白蚁预防处理；明确白蚁预防工作程序、预防管理、预防收费、施工及防治单位和建设单位工作职责；规定白蚁预防按房屋建筑结构进行收费，收费标准为：砖木结构每平方米 0.7 元、混合结构每平方米 0.6 元、框架结构每平方米 0.35 元。

1999年4月，省物价局、省财政厅联合印发《关于制定房屋建筑白蚁防治收费标准的通知》，明确白蚁防治费为事业性收费，凡新建（包括翻建、改建、扩建）各类房屋建筑，必须采取白蚁预防处理，白蚁预防费按施工的建筑面积收取，即钢混结构每平方米1.5元、砖混结构每平方米2元、砖木结构每平方米2.5元，白蚁灭治费依据灭治的难易程度，按每平方米4～5元标准收取。

1999年，赣州市白蚁防治所从赣州市（今章贡区）房地产经营公司内设机构中整体上划赣州市房地产管理局管理，为正科级自收自支事业单位。

2000年7月，赣州市房管局印发《关于认真做好新建房屋白蚁预防工作的通知》，要求全市所有城镇新建、改建、扩建、装饰装修的房屋，必须实施白蚁防治处理，明确赣州市白蚁防治所为赣州市白蚁预防和灭治的专门机构，并负责县（市）白蚁防治机构的业务指导。建设单位（或个人）在建设项目报建时办理白蚁预防手续，按规定缴纳白蚁预防费。

2000年8月，省建设厅印发《江西省房屋白蚁防治管理规定》，对白蚁防治机构的设立、白蚁防治范围、防治质量、药剂使用管理、法律责任等进行明确规定。同年，赣州市人民政府印发《赣州市城区建设工程项目报建综合收费征收暂行办法》，将白蚁防治费列入建设工程项目报建收费征收范围，白蚁预防费统一按房屋建筑面积每平方米2元标准收取。

第五章　村镇规划建设

赣南的村镇面貌变化较大，镇区规模不断扩大，建成区面积从1986年的51.62平方千米扩展到2000年的99.98平方千米，镇区人口达到55.14万人。基础设施更趋完善，新修镇区道路591.86千米、安装路灯3616盏、新建桥梁177座、新建或扩建自来水厂103个，受益人口从1986年的24.6万人增加到2000年的40.01万人。农民新村、小康楼院坐落于国道两旁，电灯、电话、闭路电视进入千村万户，农民街、农贸市场、街心花园、新世纪广场等商贸云集，群众的业余文化生活丰富。

至2000年，全市有22万户以上的农家盖起砖混结构、式样新颖的小康住宅楼院，几乎所有乡（镇）都经过重新打造，尤其是宁都县黄陂镇通过拆旧建新，完全脱胎换骨。南康市潭口、唐江，大余县新城、池江，赣县江口，龙南县马牯塘，上犹县营前，会昌县西江，信丰县大塘埠，石城县小松，兴国县高兴等乡（镇）成为先进典型，其中潭口镇是建设部授予的全国先进镇。

第一节　村镇规划

一、村镇总体规划编制

村镇总体规划始于1984年，开始仅限于试点，1985年后全面铺开。1986年起采取责任制的办法，实行定人员、定任务、定时间、定标准、定经费，按专业分工，确保年度任务的完成。至年底，累计完成村镇总体规划314个（含当年完成的51个），占总任务的84%。地区财政拨款12万元，作为各县（市）开展村镇总体规划的补助资金。1987年1月，地区建设局分4个片对全地区各县（市）的村镇总体规划进行检查，在兴国县县城集中总结评比。当年完成村镇总体规划31个。1984—1987年，全地区共完成村镇总体规划345个，占任务的91.5%，为村镇建设提供了科学依据。

1993年，建设部出台新的《村镇规划标准》，内容包括镇域体系规划和村镇建设规划2个部分。从此，按“七图一书”（总体规划图、现状图、镇域总体布局图、近期建设规划图、道路与绿化规划图、给排水规划图、电力与电讯规划图，规划说明书和批准文件）的要求，开展新一轮总体规划的编制工作。1994年，按新要求对京九沿线25个乡（镇）第二轮总体规划的修编调整和13个经济（技术）开发区或工业小区的控制性做详细规划。1995年，地委、行署首次把乡（镇）建设纳入党委、政府管理目标。当年，完成100个乡（镇）总体规划的编制任务。历经4年，至1998年，全地区共有318个乡（镇）进行第二轮总体规划的修编。

2000年，省政府提出关于抓好200个重点镇建设的要求，明确南康市唐江镇、潭口镇和赣县江口镇等22个非城关镇及赣县梅林镇等15个县城关镇为重点。年底，经省建设厅和赣州市人民政府组织专家对省非城关镇重点镇的规划进行评审，南康市潭口、唐江，瑞金市壬田、九堡，赣县沙地、江口及宁都县青塘、大余县新城等8个乡（镇）原则上符合要求。

二、镇域体系规划

1992年，地区建设局组织编制南康县唐江、安远县版石和石城县小松3个镇镇域规划，调整完善宁都县青塘、龙南县武当2个镇镇域规划。年底，通过省建设厅组织评比，南康县唐江镇获省镇域规划二等奖，安远县版石镇、石城县小松镇获三等奖。1993年，地区建设局指导南康县金鸡等6个镇镇域体系规划的编制工作。

三、集镇建设规划

1987年，在完成村镇总体规划编制任务的基础上，建设部在广州召开全国村镇建设工作经验交流会。主要精神是“以集镇建设为重点，调整完善村镇规划”。地区建设局按会议要求具体部署，分期分批对村镇规划加以调整和完善。至年底，完成20个集镇建设规划的调整完善工作，其中包括建制镇1个。1988年年初，全省小城镇建设工作会议确定全地区31个集镇作为调整完善规划的试点单位，其中宁都县青塘、龙南县武当为全省小城镇建设样板点。当年，除南康县的唐江、宁都县的黄埠2个镇外，宁都县的青塘，安远县的版石、孔田，上犹县的营前、社溪，南康县的凤岗，瑞金县的叶坪、沙洲坝，会昌县的筠门岭、西江，赣县的吉埠、五云，全南县的陂头、南迳，信丰县的大桥、铁石口，寻乌县的澄江、晨光，崇义县的过埠，定南县的龙塘，于都县的岭背、小溪，大余县的池江，龙南县的杨村、武当，兴国县的江背、崇贤，石城县的小松，赣州市（今章贡区）的沙石等29个集镇如期完成。1989年，省建设厅组织对全省集镇建设规划进行评比，宁都县青塘镇获优秀设计奖，安远县版石、赣州市（今章贡区）沙石镇获鼓励奖；同年6月，建设部颁发《村镇规划编制要点》（试行稿），据此，地区建设局选择宁都县青塘镇、龙南县武当镇作为试点。1987—1993年，全地区累计有151个集镇完成规划调整和完善工作，为集镇建设提供充分依据。

四、村庄建设规划

村庄建设规划受各方面条件的制约，主要是所处环境和遵从群众的习惯意愿等问题。1986年，地区建设局组织条件较好，对村庄建设规划兴趣浓、积极性高的村庄按高起点、新标准要求，修订原有规划。至1991年，完成401个村庄建设规划的修订、调整，并付诸实施。1994年，石城县遭受洪灾，部分村庄房屋被水冲毁。为搞好灾民新村建设，地区建设局组织、指导和实施对该县82个灾民新村建设的规划编制。1999年7月，章贡区把工作重点转移到村镇建设上，投资50万元用于中心村建设，首期编制10个中心村的规划。2000年3月，赣州市建设局印发《关于抓好中心村建设试点工作的意见》，选择54个村进行试点工作，年底如期完成。

第二节 村镇建设

村镇建设分集镇建设和村庄建设两大部分。其中，集镇建设包含一般集镇和示范镇。赣州市（地区）的村镇建设经历匀速平稳期（1986—1990年）、规划更新期（1991—1995年）和建设高峰期

（1996—2000 年）3 个发展阶段。

一、集镇建设

1986 年，全地区共有集镇（俗称“圩场”）365 个，圩镇人口 67.44 万，建成区面积 51.62 平方千米且房屋破旧，基础条件偏差。随着农村经济的发展，集镇建设逐年提速。至 2000 年，建制镇从 1986 年的 12 个发展到 120 个，有 108 个乡撤乡设镇，镇区面积扩大至 99.98 平方千米，人口增至 138.48 万，城镇化水平提高到 19.1%。基础设施日趋完善，镇容镇貌大为改观。

1986—1987 年，全地区集镇新建住宅 66.1 万平方米、公共建筑 123.9 万平方米、生产性建筑 48.7 万平方米，有 8 个集镇通电，2 万多人口因此受益。1988 年，省政府印发《关于加强小城镇建设的暂行规定》，将宁都县青塘镇、龙南县南亨乡（后更名为武当镇）确定为小城镇建设样板。同时，被列为规划建设试点的有南康县唐江、凤岗，瑞金县叶坪、沙洲坝，宁都县青塘、黄陂，安远县版石、孔田，会昌县筠门岭、西江，赣县吉埠、五云，信丰县大桥、铁石口，全南县陂头、南迳，寻乌县澄江、晨光，兴国县江背、崇贤，于都县岭背、小溪，龙南县扬村、武当，大余县池江，石城县龙岗（后更名为小松）等 31 个集镇。通过对上述样板和试点集镇各项优惠政策的实施，全地区村镇建设力度加大，当年新建各类房屋 77 万平方米，新建或改建永久性街道路面 18.5 千米，面积 16 万平方米。7 月，在全地区全面施行，同时把寻乌县晨光、龙南县武当和大余县池江 3 个集镇作为实行全方位开放的边际集镇，授予县级经济管理权限。1989 年，在全省开展的建设文明集镇评比活动中，宁都县青塘、安远县版石、大余池江、赣县吉埠等 9 个乡（镇）被评为先进单位；宁都县青塘镇荣获全国集镇建设文明先进单位称号，青塘镇镇长黄作谋被授予优秀镇长。1990 年，全地区有建制镇 45 个，新建生活住宅 51.16 万平方米，新建生产性建筑设施 8.7 万平方米，公共建筑 20 万平方米，新修高级或次高级街道 16 万平方米，排水沟 31 千米，公厕 28 座。宁都县青塘、赣州市（今章贡区）沙石 2 镇新建日产千吨自来水厂，8100 人受益。

1991 年，全地区集镇基础设施建设步伐加快。年内，建成龙南县武当镇日产千吨自来水厂和赣县沙地、崇义县聂都、于都县马安等 3 个集镇简易自来水厂，完成 6 个集镇自来水厂建设的前期准备工作。新建房屋 61 万平方米（含住宅 38.6 万平方米）、新修或改造永久性街道路面 53 条，总长 18 千米，面积 14 万平方米，安装路灯 171 盏，新建公厕 32 座、垃圾处理厂 80 座。1992 年起，全地区村镇建设重点逐步向市场建设和街道建设方面转移，1993 年步伐加快，全年完成市场建设 15 万平方米。1994 年，全地区实施“市场”和“农民街”建设。地区建设局会同有关部门制定相应措施，加大指导力度，当年完成市场建设 34.5 万平方米，占原计划的 115%。“边贸城”“农民街”等一批规划有序的新潮建筑在赣南的各个集镇相继展现，闯出一条以市场建设带动小城镇建设的新路子，1992—1994 年，农民街竣工面积就达 140 万平方米，建成 1 万平方米以上的大型市场 21 个，总计市场竣工面积 49.5 万平方米。1995 年，地区建设局实施“131”工程决策，于 3 月 20—25 日在赣县举办全地区《村镇规划标准》研讨班；3 月 29 日，建设部将唐江、青塘、沙石等 3 个镇（全省 20 个镇）列入全国 500 个试点镇之中。行署批转地区体改委等 12 个部门联合印发的《关于赣州地区小城镇综合改革试点实施意见》的通知，将蟠龙、江口、潭口等 18 个乡（镇）作为地区“小城镇综合改革试点镇”。至年底，全地区共完成车间（店面）建设 1.65 万间，占计划任务的 161.3%；新增自来水月供水能力 1.1 万吨，新修水泥路面 30 万平方米。

1996 年，为确保京九铁路 9 月全线通车，6 月起，对赣南境内路段 18 个火车站站前区进行突击性建设，地区建设局组织有关人员逐一督导。至年底，完成 18 个站的站前广场及其供电、通信、给排水、道路、绿化等基础设施的配套建设等。站前区共完成征地 53.9 万平方米，拆迁房屋 3.3 万平方米，完成土方 250.28 万立方米，浇捣水泥路面 15.1 万平方米，砌筑排水沟 2.39 万米，总投资 1.47 亿元。

全市（地区）小城镇建设在探索中发展、闯出一条条建镇富民的新路子。如南康市确立“以小城镇建设为基础、市场建设为依托、发展个私经济为龙头”的造城建镇方略；宁都县以“村庄集镇化、集镇城镇化、城镇城市化”为目标，加快农村城市化进程；上犹县采取“上争（争取上级资金扶持）、外招（制定优惠政策、改善投资环境以吸引外资）、内借（借地生财、盘活和开发利用土地资源）、下吸（吸引民间资金）”等多种形式，广筹资金用于小城镇的建设和发展，为全市（地区）小城镇建设提供经验。

二、示范镇建设

1995年3月29日，建设部确定在全国选择500个镇进行试点，其中江西有20个镇，南康市唐江、宁都县青塘、赣州市（今章贡区）沙石3个镇被列入试点。

1996年初，行署印发《赣州地区村镇建设“222”试点工作的实施意见》[“222”是指试点的2个县（市）、20个镇、20个村]。同年10月，召开部分试点镇党委书记、镇长座谈会，总结、研究、部署工作。同时，积极筹措资金，重点加强水厂、市场、道路等基础设施的建设。

1998年1月4日，地委、行署作出《关于加快小城镇建设的决定》，将赣县沙地、江口，南康市潭口，龙南县马牯塘、武当，信丰县大塘埠，大余县新城，会昌县西江等8个镇作为小城镇建设示范镇。地委、行署主要领导分别率地直32个单位到8个示范镇挂点。各级党政分别成立小城镇建设领导小组，及时处理、解决实施过程中出现的问题和困难。地区建设局等17个挂点单位给予资金扶助共计350万元。8个示范镇基础设施建设累计投入资金1350万元，共硬化路面7万平方米、砌筑下水道逾万米、铺设人行道5万平方米、拆迁房屋和违章建筑3万平方米，新建日产2000吨水厂和交通绿岛各1个，新增绿地面积7000平方米。潭口镇对潭口大道西端路面实施硬化砌筑下水道，对金牛大道的排水、路灯等设施进行完善，6栋标志性建筑也正式启动；沙地镇对穿越镇区的105国道实施整治和绿化；新城镇完成新城大道人行道的铺设和路肩硬化、下水道工程及北门街的拆迁和路面硬化、排水设施及房屋设计等项目。示范镇建设带动全地区的小城镇建设，各个乡（镇）都根据自身特点修路、建房，创新意、创特色，扮靓镇容、吸引商贾。集镇经济的活跃及环境的改善，使农民进镇经商、外地客商前来兴业者与日俱增，经营范围涉及饮食、加工、种养、建筑、客运等领域。年底，全地区涌现出南康市潭口、赣县沙地、大余县新城、赣州市（今章贡区）蟠龙、石城县小松、宁都县黄陂、上犹县营前、全南县陂头等8个小城镇建设先进单位。赣州地区的做法得到省建设厅的重视和认可，赣州出台的《关于加快小城镇建设的决定》和“选准突破口，抓好示范镇，以点带面促进全区小城镇建设发展”的经验在全省建设系统推广。

1999年初，地委、行署联合行文确立新的示范镇，其中地级示范镇20个，县级示范镇18个。地区建设局印发《关于进一步明确小城镇示范镇建设目标任务及工作要求的通知》，各县（市、区）制定出台三年规划。8月，各级财政部门和各挂点单位，对示范点建设予以资助，其中财政拨出专款954万元，各挂点单位扶持资金727.7万元。当年，示范镇建设把全市的小城镇建设引入高潮，大量民间资金投入小城镇建设，全市累计达13.5亿元。如：占地1.33公顷的潭口镇农贸市场吸纳民间资金900万元，大塘埠镇的商住小区、新城镇商贸城等都是靠民间资金建成。至年底，全市村镇建设总投资达16.37亿元，其中用于基础设施建设的投资为1.77亿元，20个市级示范镇建设投资2.09亿元。南康市潭口镇被评为“全国村镇建设先进乡（镇）”，赣州市建设局被评为“全国村镇建设先进单位”。

2000年，示范镇建设进入第三年，是实现“三年大变样”目标的关键之年。年初，市委、市政府决定新增赣县五云等6个镇为市级示范镇。全年给予示范镇建设扶持资金共计919.2万元，其中市直挂点单位545.6万元，县直挂点单位373.6万元。当年实际用于26个示范镇建设的总投资为4.236亿元，共硬化道路9.56万平方米，新增绿地4.68万平方米，铺设人行道7.24万平方米，新修排水沟12000

米，安装路灯 162 盏。

三年的示范镇建设，展示时代风貌的标志性建筑新世纪广场、南北广场、鞋业城、家具城等成为各乡（镇）的亮点。小城镇面貌的更新带来一方经济的繁荣，许多个体老板投资建市场，以市场建设带动小城镇建设。

三、村庄建设

由于历史原因和民间传统习俗，赣南的村庄建设大多经择地后进行组团式建筑，家庭聚居于建筑团块内，村庄规模大小不等，或呈星散状，或若干户人家集聚成团块状，其规划宗旨是按朝向定房子的建筑方位，房屋多以土木结构为主。

1986 年，全地区共有中心村庄 4238 个，内分村民小组 50824 个，544.46 万人，占地面积 35229 公顷。依据村镇总体规划，全年全地区农村新建住宅 403 万平方米（含砖瓦结构楼房 26.1 平方米），新修村道 571 千米，新建简易供水点 6 个，受益 1 万人，为 951 个自然村架设输电线路，给 5 万多人带来光明。1988 年，江西省农村住宅通用图集在全省农村广为传播，经过 1988—1989 年的推广应用，效果较好，在全省组织检查评比过程中，安远县的碛角村、大余县的响龙村、龙南县的白沙村、赣县的白涧村、信丰县的新黄屋村、兴国县的崇贤村、龙南县的马牯塘村等获“全省村庄建设文明先进单位”称号。1990 年，全地区完成农房建设 253.8 万平方米，新增公共建筑 14 万平方米，生产性建筑 7.4 万平方米，新修村道 87 千米，1893 个村庄告别煤油灯，用上电灯。

1995 年，全地区各级政府把村庄建设和民房改造纳入目标管理。1996 年起，要求抓好 20 个村庄的试点建设工作。1997 年，将民房改造列为全地区村镇建设工作的重点。1995—1997 年，全地区铁路、公路沿线共拆除断垣残墙、破房危房 137.7 万平方米，粉刷民房 27619 间、294.33 万平方米，投入资金 7531.84 万元。1997 年，各县（市）对个别整治不力、粉刷质量差的民房进行重新补课。当年，全地区共粉刷民房 9167 间、97.17 万平方米，投入资金 1162 万元，有 10.01 万户农家建起小康楼，总建筑面积 1001 万平方米。投入资金 25.05 亿元。

2000 年，赣州市建设局制定《关于抓好中心村建设试点工作的指导意见》，确定 54 个村先行开展试点。至年底，涌现出石城县的桐江村、南康市的双江村、宁都县的法沙村等先进典型。当年，全市用于民房建设和改造的投资达 12.23 亿元，新建房屋 499.45 万平方米，其中 26 个重点镇民房改造 92.97 万平方米，投入资金 1.84 亿元，有 4.11 万户农家建起砖混或砖木结构的新房。

第六章　环境保护

1986—2000 年，全市（地区）环保机构认真贯彻宣传环境保护法律法规，提高全民环保意识，积极开展环境科学研究活动，加大污染治理力度，依法行政、强化管理，在服务社会、服务经济等方面取得成效。

1992 年 5 月，赣州地区环境保护局从赣州地区城乡建设环境保护局析出，列行署工作部门，为副县级单位。1996 年，地区环保局升格为一级局，为区县级单位，列政府组成部门。1999 年 7 月撤地设市，赣州地区环境保护局改为赣州市环境保护局。内设机构有办公室、综合计划财务科、监督管理科、污染控制科（自然保护科）、政策法规宣教科（环境监理科）、科技产业科。下属单位有赣州市环境监测站、市环境监理支队、市环境科学研究所、市环境保护科技服务中心。

第一节　污染产生

一、主要污染源和污染物

放射性污染状况　赣州市（地区）辐射环境污染源主要是矿山、广播电视发射设备、通信设备和工、科、医、高频设备等。辐射环境管理实行“二级管理”[省级环保主要部门负责辐射环境管理，市（地区）级环保行政主要部门根据省级主要部门委托，可承担该辖区内辐射项目和设备的监督性监测和日常监督管理]，江西省辐射管理工作开展较晚。1996 年，对赣州地区卫生系统放射源进行全面调查，全地区有放射设施单位 212 家、放疗中心 2 家，有 X 光诊断设备（X 光机）275 台、钴 60 机（射线加速器）2 台、CT 机 10 余台。1998 年，受省环保局委托，审批华东地质局二六四大队寻乌黄泥湖铀矿点溶浸试验项目，对龙南九连山高峰铀矿点军工科学试验项目进行监督管理。到 2000 年，全省辐射环境管理步入正轨。2000 年 6 月，省环保局组织全省辐射管理人员进行培训；7 月，受省环保局委托，开始对赣州市电磁辐射项目（设备）进行摸底调查。

工业污染企业　全市（地区）有主要工业污染企业 297 个，其中国家重点污染源 11 家：赣南农药厂、赣江造纸厂、赣南造纸厂、江西全欣纸业有限公司、信丰化肥厂、于都化肥厂、赣加稀土股份有限公司、东方红实业股份有限公司、赣南水泥厂、上犹林业造纸厂、赣州钴钨责任有限公司；省级重点污染源 16 家：赣州铝厂、江西赣南制药厂、赣南师范学院矿产品加工厂、赣南卷烟厂、江西直流电机厂、荡坪钨矿、大吉山钨矿、下垄钨矿、漂塘钨矿、盘古山钨矿、铁山垅钨矿、赣州有色金属冶炼厂、赣州有色冶金化工厂、赣州市有色冶金机械厂、江西矿冶局 719 矿、赣州钴钨责任有限公司；市（地区）级重点污染源 20 家：赣州地区羽绒厂、赣南炼锡厂、高桥煤矿、大桥煤矿、南方稀土冶炼厂、九连山林场胶合板厂、赣州木材一厂、赣南石油化工厂、赣科硅钙有限公司、对康保健食品有限公司、江西全欣纸业有限公司、赣州木材二厂、赣州湘大饲料有限公司、赣州地区粮油机械厂、赣良啤酒厂、赣州地区食品公司肉联厂、南河玻纤厂、赣州汽车修造厂、大丰肥料有限公司、赣州酒厂。

二、工业“三废”污染

废水污染　全市（地区）工业废水排放量自 1991 年起，呈逐年减少趋势，主要是加大了环保力度，取缔和关停一批能耗高、工艺落后、污染大的企业，特别是“一控双达标”工作的开展，全市（地区）工业废水排放达标率有了明显的提高。

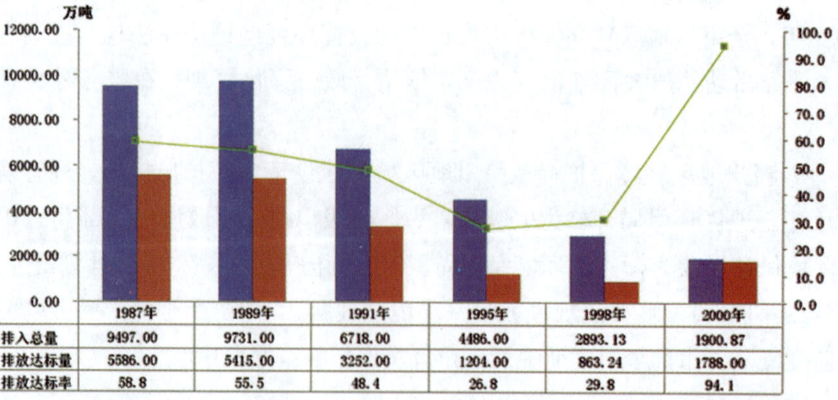

	1987年	1989年	1991年	1995年	1998年	2000年
排入总量	9497.00	9731.00	6718.00	4486.00	2893.13	1900.87
排放达标量	5586.00	5415.00	3252.00	1204.00	863.24	1788.00
排放达标率	58.8	55.5	48.4	26.8	29.8	94.1

图 31－6－1　1987—2000 年部分年份赣州市（地区）工业废水排放情况

废水中主要污染物有化学耗氧量、硫化物、悬浮物、挥发酚、石油类、氰化物、总砷、总镉、六价铬、总铅等，其排放量见表 31－6－1：

1986—2000 年部分年份赣州市（地区）工业废水中主要污染物排放量统计表

表 31－6－1　　单位：吨/年

名称	1987 年	1989 年	1991 年	1995 年	1998 年	2000 年
总镉	1.38	0.80	1.33	0.17	0.05	0.08
六价铬	2.00	0.92	0.79	0.13	0.28	0.02
总铅	11.91	3.78	3.54	0.86	0.19	0.17
总砷	2.31	1.56	2.00	1.08	0.24	0.24
挥发酚	5.19	66.34	22.88	12.78	2.90	1.34
氰化物	2.35	1.61	1.66	2.87	0.15	0.03
化学耗氧量	31197.00	44048.00	32374.00	20958.00	10236.00	5668.00
石油类	80.31	121.71	77.00	13.00	33.28	1.59
悬浮物	—	—	16222.00	16629.00	10298.00	7361.00
硫化物	—	—	146.00	—	852.82	34.23

随着人口的逐年增长和城市的发展，生活污水污染越来越明显。生活污水未经处理直接或间接排入河道，造成地面水污染。境内生活污水排放量 1998 年为 9321 万吨，2000 年为 73333 万吨，生活污水中主要污染物为石油类、氨氮、化学耗氧量和细菌类。

废气污染　全市（地区）工业废气排放量，1987 年为 783848 万标立方米，1989 年为 790497 万标立方米，1991 年为 588461 万标立方米，1995 年为 751441 万标立方米，1998 年为 539056 万标立方米，2000 年为 468868 万标立方米。自 1995 年起，呈下降趋势。废气中的污染物有二氧化硫、烟尘、粉尘、氮氧化物、铅、一氧化碳、砷、氯化氢、氨、氯气、醇、醚等，主要是二氧化硫、烟尘、粉尘。

固体废物污染　全市（地区）工业固体废物主要是矿山开采中的废石和尾砂，冶炼废渣、粉煤灰、化工渣及煤矸石。从行业上看，重点来源于矿业、化工食品、建材等行业。全市（地区）工业固体废弃物由 1987 年的 621.8 万吨减至 1995 年的 290 万吨，由 1998 年的 308.6 万吨上升到 2000 年的 386.2 万吨。其原因是受市场经济和国家宏观政策的影响，钨钼、稀土等矿产品产量下降而后回升，相应地固体废弃物产生量也随之增减。

1986—2000 年部分年份赣州市（地区）废气主要污染物排放量统计表

表 31－6－2

项目	1987 年	1989 年	1991 年	1995 年	1998 年	2000 年
工业废气排放总量(万标立方米)	783848.00	790497.00	588461.00	751441.00	539056.00	468868.00
其中燃料燃煤中排放的(万标立方米)	436187.00	824756.00	302311.00	287036.00	162537.00	125957.00
生产工艺中排放的(万标立方米)	168434.00	361741.00	285250.00	464405.00	376519.00	342911.00
工业 SO_2 排放量(吨)	12373.00	21113.00	13593.00	15037.00	11881.00	10971.00
烟尘排放量(吨)	15146.00	26039.00	12489.00	10102.00	11950.00	10497.00
烟尘去降量(吨)	—	—	32986.00	19409.00	13151.00	142930.00
去除率(%)	—	—	72.50	65.80	52.40	57.72
工业粉尘排放量(吨)	15000.00	9100.00	12540.00	9761.00	36176.00	65776.00
粉尘回收量(吨)	11100.00	6400.00	14291.00	13797.00	80682.00	68.70
回收率(%)	42.50	41.30	53.00	58.60	69.20	—

表 31-6-3　　1986—2000 年赣州市（地区）噪声污染状况统计表　　单位：分贝

年份	区域环境噪声				交通噪声			
	Leq	L10	L50	L90	Leq	L10	L50	L90
1986 年	—	—	—	—	—	—	—	—
1987 年	—	—	—	—	72.00	74.50	64.60	58.80
1988 年	—	—	—	—	—	—	—	—
1989 年	—	—	—	—	—	—	—	—
1990 年	52.30	54.70	51.50	49.80	65.40	69.10	60.60	55.40
1991 年	—	—	—	—	68.40	71.20	63.80	59.60
1992 年	—	—	—	—	68.80	71.00	63.40	57.80
1993 年	56.60	59.30	55.80	52.90	71.00	76.30	64.90	58.40
1994 年	57.90	58.80	54.80	52.80	70.20	76.50	68.30	63.60
1995 年	58.88	60.30	55.60	50.40	71.70	73.80	66.00	60.50
1996 年	62.20	64.90	58.20	54.40	71.40	75.50	67.10	61.00
1997 年	60.60	61.70	56.60	53.00	71.70	76.40	68.60	63.10
1998 年	60.30	63.20	57.20	52.80	70.70	73.60	66.80	61.60
1999 年	56.30	58.50	52.80	49.80	66.60	67.20	64.00	59.50
2000 年	57.30	60.20	55.00	51.20	69.40	72.80	67.20	62.80

第二节　环境监测

2000 年，全市共有环境监测站 19 个，其中赣州市环境监测站为国家三级站，各县（市、区）环境监测站为国家四级站。1991—1995 年，全地区在监测设备方面加强对大气环境质量监测仪器设备的添置。地区环境监测站与省环境监测中心于 1995 年实现数据微机传输。1996—2000 年，全市（地区）环境监测仪器设备方面投入资金约 400 万元，重点用于加强环境空气质量监测、环境水质监测及监测交通工具改善等方面。全市（地区）新购置水质多功能测定仪、自动烟尘（气）测试仪、微型计算机等 60 多台（套）。2000 年，全市环境监测的仪器大部分还是 20 世纪 70 年代和 80 年代初的国内生产产品，四级站距《全国环境监测条例》的要求相差甚远。

赣州地区环境监测站于 1990 年通过省计量认证考核。1992 年，赣州市（今章贡区）、大余县、信丰县、于都县、宁都县的环境监测站通过省计量认证考核，以上单位均通过 5 年一次的计量审和每年一次的年审。赣县环境监测站于 2000 年通过省计量考核。以上监测站通过省计量部门对仪器设备的年度检定合格率均为 100%。

一、环境空气监测

点位布设　1990—2000 年，全市（地区）城市环境空气监测除章贡区外，南康、瑞金 2 个县级市从 1999 年开始开展此项例行监测。各监测点位布设情况详见表。

监测项目　环境空气监测项目分别为二氧化硫（SO_2）、氮氧化物（NOx）、总悬浮颗粒物（TPS）和自然降尘（DUST）。

表 31-6-4

2000年部分市区环境空气例行监测点及监测项目一览表

监测点所在区(市)	监测点名称	监测项目
章贡区	市委	SO_2 NOx TSP DUST
	气象台	SO_2 NOx TSP DUST
	军干所	SO_2 NOx TSP DUST
	通天岩	SO_2 NOx TSP DUST
	赣南师院	DUST
	章江餐厅	DUST
南康市	西华乡政府	SO_2 NOx TSP
	东山公园	SO_2 NOx TSP
	铝箔纸厂	SO_2 NOx TSP
	富坑村廖坑村(对照点)	SO_2 NOx TSP
瑞金市	广电局	SO_2 NOx TSP
	啤酒厂	SO_2 NOx TSP
	竹岗村	SO_2 NOx TSP
	叶坪烈士纪念馆(对照点)	SO_2 NOx TSP

监测频率 二氧化硫、氮氧化物、总悬浮颗粒物以"五日法"监测，每年监测4次，1月（冬季)、4月（春季)、7月（夏季)、10月（秋季)，每次连续采样5天，每天采样4次。自清晨到傍晚均匀间隔，分别代表一天中的早晨、上午和傍晚，每次采样一小时。自然降尘采取连续收集，每月集中一次测定。

评价标准 1991—1995年，采用国家《大气环境质量标准》（GB 8095—82）中的二级标准，DUST评价标准采用1992年江西省各城市自然降尘对照点，月平均为7.39吨/平方千米·月，并在规定的基础上每月增加10.39吨/平方千米，即为地方自然降尘评价标准。1996—2000年的评价标准则采用《环境空气质量标准》(GB 3095—1996)中的二级标准。自然降尘评价标准采用赣州市（地区）"九五"月平均6.4吨/平方千米，并在按规定的基础上每月增加9.4吨/平方千米，即为地方评价标准。赣州市（地区）对照点不参与评价。1991—2000年，章贡区4项污染指数与污染负荷系数，自然降尘污染系数10年中平均占49.2%，总悬浮颗粒物、二氧化硫和氮氧化物分别占22.2%、17.8%和10.8%，章贡区空气主要污染物为降尘，其次为总悬浮颗粒物，同时二氧化硫、氮氧化物也不容忽视。南康、瑞金2市主要污染物为总悬浮颗粒物，次要污染物为二氧化硫。赣州市（地区）环境空气污染变化总体上趋于改善。以章贡区为例，"九五""八五"期间主要污染物均是自然降尘，"八五"期间逐年缓慢上升，"九五"期间呈缓慢下降趋势；二氧化硫年际变化仍保持"八五"期间缓慢下降的趋势；氮氧化物年际变化趋势"九五"与"八五"相比，总水平也是保持下降趋势。

二、酸雨监测

监测频率 根据环境监测技术规范要求，对常年每一场次降水全过程采集样品，测定其降水量、pH值和电导率。同时对每一季度的第一月，即1月、4月、7月、10月的主要降雨中的硫酸根、硝酸根、氯离子、铵离子、钾离子、钠离子、钙离子、镁离子、氟离子等成分进行测定。

酸雨污染 以pH=5.6作为划分酸雨的界限，根据监测统计结果，赣州市（地区）是全国酸雨污染严重区域之一，其污染水平与国内强酸雨污染区相当。其主要污染特征：第一，酸雨频率高。赣州市（地区）中心城区降水 pH 值低于 5.6 的酸性降水，即酸雨出现频率 1991—1995 年稳定在 90%以上，平均高达 95%；1996—2000 年稳定在 70%以上，1996 年平均高达 95%。第二，降水酸度大。“八五”期间，赣州市（地区）历年降水的平均 pH 值均在 4.32～4.55 之间，每年均出现有 pH 值低于 4.00 的强酸性降雨，最低为 3.47。“九五”期间，降水 pH 年平均值在 4.37～4.91 之间，5 年降水 pH 平均值为 4.74，最低降水 pH 值为 3.85。第三，硫酸型酸雨污染重。1991—2000 年降水离子成分测定结果显示，赣州市（地区）中心城区降水中硫酸根均占主导地位。[SO_4^{2-}][NO_3^-] 的比值前 5 年为 4.48、后 5 年为 6.43，而 1996 年比值高达 26.96，说明大气中 SO_2 氧化成酸是降水酸化的主要因素，是典型的由燃煤引起的硫酸型酸雨。

年际变化 赣州市（地区）“八五”期间降水 pH 值的平均值是 4.40，“九五”期间平均值提高到 4.74。从 1997 年后的降水酸度逐渐减弱，酸雨频率下降稳定在 70%左右。反映出赣州市（地区）通过强化环境管理，加大污染源治理力度，改进锅炉的消烟除尘措施，发展城市管道煤气，使酸雨污染状况得到明显改善。

表 31－6－5　1991—2000 年赣州市（地区）降水 pH 值比较统计表

月　份	降水 pH 平均值		酸雨频率(%)		酸雨平均值	
	1991—1995 年	1996—2000 年	1991—1995 年	1996—2000 年	1991—1995 年	1996—2000 年
1—3 月	4.28	4.51	99.00	88.00	4.28	4.48
4—6 月	4.45	4.74	98.00	86.00	4.44	4.46
7—9 月	4.16	5.06	81.00	53.00	4.53	4.86
10—12 月	4.30	5.06	95.00	67.00	4.30	4.94
全年	4.40	4.74	95.00	75.00	4.39	4.63

三、水环境监测

地面监测断面布设 赣州市（地区）地面水监测主要为赣江水系，东江水系的部分源头在市（地区）内的监测范围。2000 年，全市有市级以上监测断面 31 个，其中国控监测断面 4 个、省控监测断面 11 个、市控监测断面 16 个。

表 31－6－6　2000 年赣州市地面水监测断面布设情况一览表　单位：个

河流名称	断面数	监测断面名称(地点)
赣江	2	储潭△、新庙前△
贡江	18	梅江江口※　贡江孟口※　平江江口※　桃江江口※　贡江梅林△　东河浮桥※　瑞金大桥※　湘水西河□　绵江城下□　平江埠头□　濂江河版石□琴江红卫桥□　梅江罗石布□　澰水长岗水库□　桃江龙南水厂※　桃江东风电站□桃江寨下□　桃江城□
章江	9	章江城郊※　章水新城※　章水市水厂△　西河浮桥※　上犹陡水水库※　章江凤岗□　章江蔡边河□　横水茶滩□　上犹江礁头湾□
东江	2	下历河八罗排□　寻乌河石排□

说明：国控断面△　省控断面※　市控断面□

除上述国、省、市控断面外，全市部分县（市、区）还设置县控地面水监测断面 17 个，其中大余县有 8 个、瑞金市有 5 个、南康市有 4 个。

监测项目和分析方法 1993 年以前，赣州地区水面监测项目为 pH 值、悬浮物、氨氮、亚硝酸盐氮、硝酸盐氮、硬度、挥发酚、氰化物、氟化物、CODMn、砷、汞、铜、锌、铅、镉、六价铬 17 个。1994 年起，国、省控断面增加了电导率、水温、油类、溶解氧和五日生化氧量等 5 个项目。分析方法按照《环境监测标准分析方法》《水和废水监测分析方法》进行。

监测频率 根据省环境监测技术规范要求，国、省控监测断面除陡水水库一年监测 3 次，龙南县自来水厂、瑞金大桥一年监测一次外，其余断面每年监测 6 次，逢双月进行；市（地区）控断面为每年 3 次，即 2 月、6 月、10 月（分别代表枯水期、丰水期、平水期）监测。

地面水污染 1991—1995 年，赣州地区地面水主要污染因子为挥发酚、高锰酸盐指数、氨氮和砷，污染率分别为 48.8%、12.8%、4.4%和 4.8%。1996—2000 年主要污染因子为挥发酚、高锰酸盐指数和氨氮，污染率分别为 26.2%、15.2%和 11.1%。1991—2000 年，赣州市（地区）地面水污染特征为有机物污染。

"八五"期间，地面水质基本符合 I、II 类水质标准的河段占 71%，符合 III 类标准的河段为 13%，符合 IV、V 类标准的河段占 13%，某一个河段 V 类标准也达不到，占 3%。而进入"九五"期间，地面水质有了改善，年均值基本符合 I、II 类水质标准的断面占 72%，符合 III 类标准的断面为 26.7%，有一个断面为 IV 类，占 1.3%。

通过监测，赣州市自来水厂和龙南县自来水饮用水源地水环境质量，基本符合《生活饮用水卫生标准》。

四、噪声监测

测点确定 区域环境噪声采用网格布点法。章贡区在 1 ：15000 的市区平面图上按比例将市区划成 250×250 米的网格 244 个。南康市划成 260×260 米的网格 113 个。瑞金市划成 240×240 米的网格 105 个。舍弃市郊农田空旷区和落点在工厂内的网格，章贡区实得网格 121 个，南康市 106 个，瑞金市 102 个。测点设在网格中心，如遇障碍物，点位稍微偏移。

道路交通噪声测点的确定，以每小时车流量大于 100 辆的道路定为主要交通干线，将干线以交叉路口为界划为若干自然段，每一自然段中点为一测点。章贡区测点 44 个，南康市测点 16 个，瑞金市测点 17 个。测点设置人行道上，距慢车道 20 厘米。

测量时间 每年的秋季测定一次，昼间为 8：30—17：00，夜间为 22 时至次日凌晨 3 时，气象条件为晴朗无风。采样时间环境噪声每次 10 分钟，交通噪声每次 20 分钟。

监测结果 1993—2000 年章贡区城区环境噪声和 1998—2000 年南康市、瑞金市城区环境噪声监测结果如下：1993 年，赣州市（今章贡区）昼间等效声级分布在 45.4～77.4 分贝之间，平均等效声级 56.6 分贝，大于平均等效声级的测点 58 个，占测点数的 44.6%。以上测点多数呈线性地分布在红旗大道、八一四大道、西津路、大公路、东桥路、青年路、东阳山路等交通干线附近，少数则零星分布在红旗大道以北的商业中心区及生产区。夜间等效声级分布在 32～68.8 分贝之间，平均等效声级 44.2 分贝，大于平均等效声级的测点 49 个，占测点数的 37.7%，以上测点较集中地出现在城区东南角，其余则分散在城西生产区、交通干线附近及城北商业集中区。

1994 年，赣州市（今章贡区）昼间等效声级分布在 45.3～79 分贝之间，平均等效声级 55.8 分贝，大于平均等效声级的测点 75 个，占测点数的 57.7%。主要分布在红旗大道、青年路、厚德路、大公路、东桥路等交通干线两侧，一部分在南部生产区。

1995 年，赣州市（今章贡区）昼间等效声级分布在 39.1～82.9 分贝之间，平均等效声级 58.8 分贝，大于平均等效声级的测点 78 个，占测点数的 60%。其地理分布已无规律可循。夜间等效声级分布在 33～74 分贝之间，平均等效声级 51.2 分贝，大于平均等效声级的测点 60 个，占测点数的 46%，主要分布在红旗大道以北繁华闹市区。低于平均等效声级的70个测点成片分布在红旗大道以南，其余零散地分布在红旗大道以北的僻静处。

1996年，赣州市（今章贡区）等效声级分布在42.0～78.1分贝之间，平均等效声级62.0分贝。1997年，赣州市（今章贡区）等效声级分布在44.8～79.2分贝之间，平均等效声级60.6分贝。1998年，赣州市（今章贡区）等效声级分布在46.3～72.5分贝之间，平均等效声级60.3分贝；南康市等效声级分布在42.0～70.4分贝之间，平均等效声级55.8分贝；瑞金市等效声级分布在41.6～68.7分贝之间，平均等效声级53.6分贝。

1999年，赣州市（今章贡区）等效声级分布在44.6～70.3分贝之间，平均等效声级56.3分贝；南康市等效声级分布在44.6～82.7分贝之间，平均等效声级61.9分贝；瑞金市等效声级分布在49.2～78.0分贝之间，平均等效声级61.1分贝；2000年，章贡区等效声级分布在45.7～67.0分贝之间，平均等效声级57.3分贝；南康市等效声级分布在46.2～77.6分贝之间，平均等效声级63.0分贝；瑞金市等效声级分布在43.7～75.1分贝之间，平均等效声级57.2分贝。

1993－2000年赣州市（今章贡区）及1998—2000年南康市、瑞金市交通噪声监测结果如下：

1993年，赣州市（今章贡区）交通噪声平均等效声级为71.0分贝，最大等效声级79.8分贝，出现在八一四大道赣州肉联厂路段。1994年，平均等效声级为70.2分贝，比1993年降低0.8分贝，最大等效声级77.1分贝，出现在红旗大道章江体育馆路段。1995年，平均等效声级为71.7分贝，比1994年上升1.5分贝，最大等效声级80.5分贝，出现在东桥路。

1996年，赣州市（今章贡区）等效声级分布在60.8～78.1分贝之间，平均等效声级71.4分贝。最大等效声级78.1分贝，出现在东阳山路段。1997年，赣州市等效声级分布在59.5～77.3分贝之间，平均等效声级71.7分贝。最大等效声级77.3分贝，出现在八一四大道东门市场路段。1998年，赣州市等效声级分布在64.8～74.8分贝之间，平均等效声级70.7分贝。最大等效声级74.8分贝，出现在红旗大道东外粮站路段；南康市等效声级分布在62.0～73.7分贝之间，平均等效声级67.5分贝。最大等效声级73.7分贝，出现在泰康路人大常委会路段；瑞金市等效声级分布在61.8～72.4分贝之间，平均等效声级67.3分贝。最大等效声级72.4分贝，出现在红都大道邮电局路段。1999年，章贡区等效声级分布在60.5～72.7分贝之间，平均等效声级66.6分贝。最大等效声级72.7分贝，出现在东桥路；南康市等效声级分布在60.8～79.3分贝之间，平均等效声级73.2分贝。最大等效声级79.3分贝，出现在旭山路消防队路段；瑞金市等效声级分布在64.5～79.4分贝之间，平均等效声级72.0分贝。最大等效声级79.4分贝，出现在绵水路土管局路段。2000年，章贡区等效声级分布在66.2～72.4分贝之间，平均等效声级69.4分贝。最大等效声级72.4分贝，出现在东桥路；南康市等效声级分布在60.8～79.1分贝之间，平均等效声级72.3分贝。最大等效声级79.1分贝，出现在105国道铝铂纸厂路段；瑞金市等效声级分布在67.4～80.7分贝之间，平均等效声级74.9分贝。最大等效声级80.7分贝，出现在红都大道国税局路段。

五、其他监测

放射性监测 1984年，根据国家环保局组织的《全国环境天然放射性水平调查》要求，对赣南17个县（市）“环境陆地和建筑物室内T辐射剂量率”进行现场监测，为国家制定相关标准提供重要依据。赣州市监测站与省中心站一同完成的该项调查报告，获得国家环保局颁发的三等奖。之后，赣州市监测站接到企、事业单位的放射性监测委托很少，此项工作开展得不够经常。

室内装修污染监测 随着室内装修热的兴起，大量不达标的伪劣装饰材料进入业主居室，导致许多与装修密切相关的疾病发生，据有关资料统计，20世纪90年代末，白血病患者近九成是因为室内装修引起，赣州市监测站开展了氢子体、甲醛项目的监测。

第三节　环境治理

一、工业“三废”污染治理

关停、取缔污染严重的企业　1996 年，《国务院关于环境保护若干问题的决定》中要求在 9 月 30 日前关闭或停产包括土法炼砷、炼汞、炼铅锌、炼油、选金、土法生产农药、土法漂染、电镀以及土法生产石棉制品、放射性制品等 15 种严重污染企业，统称“十五小”。行署认真贯彻国务院的决定，坚决取缔、关停“十五小”，全地区共取缔、关停 369 家企业，其中取缔 5000 吨以下的小造纸厂 17 家，取缔和关停的其他污染严重的小型企业 52 家。1997 年 10 月，崇义县关停生产三氧化二砷的厂家丰茂化工厂。

为防止取缔、关停企业死灰复燃。在取缔、关停中采取吊销执照、断水、断电、炸毁设施等措施。每年，赣州市（地区）环保局均组织执法检查小组对“十五小”进行检查，对死灰复燃的现象予以坚决纠正。1997 年，发现定南县岿美山有 7 个金矿点死灰复燃。1998 年，据群众举报，兴国县留龙金矿有人偷偷开采生产，赣州地区环保局立即会同当地政府进行取缔，彻底炸毁生产设备，有效遏制“十五小”的死灰复燃。

1997—1999 年，全市（地区）下达限期治理企业 143 家，完成治理项目 153 项，其中废水 84 项、废气 54 项、噪声 13 项、固体废弃物 2 项。推行排污许可制度，发放排污许可证 889 份。由于实行污染物总量控制，全市（地区）13 种污染因子排放量基本保持在 1995 年总量控制的指标范围内。

为贯彻落实国务院《关于环境保护若干问题的决定》，确保 2000 年赣州市工业污染源达标排放，1999 年，成立赣州市工业污染源达标排放工作领导小组，制定《赣州市工业污染源达标工作方案》，建立工业污染源达标责任制，企业主要部门与政府、排污企业与主管部门分别签订《工业污染源达标排放责任状》。2000 年，全市 279 家有污染的工业企业有 294 家实现了达标，达标率 98.9%，3 家未达标企业实施停产治理。

“三废”治理设施及资金　全市（地区）废水治理设施 1991 年有 197 套，其中正常运行的 168 套，运转率 93.9%；1994 年有 181 套，其中正常运行的 166 套，运转率 91.7%；1998 年有 190 套，其中正常运行的 179 套，运转率 94.2%；2000 年有 167 套，其中正常运行的 161 套，运转率 96.41%。用于废水污染治理资金 1991 年为 246.5 万元、1994 年为 508.9 万元、1998 年为 121.8 万元、2000 年为 498.4 万元。

全市（地区）废气治理设施 1996 年有 214 套，其中正常运行的 207 套，运转率 96.7%；1998 年有 264 套，其中正常运行的 259 套，运转率 98.11%；2000 年有 293 套，其中正常运行的 289 套，运转率 98.63%。废气污染治理资金 1996 年为 145 万元、1998 年为 1228 万元、2000 年为 399.6 万元。

全市（地区）用于治理固体废弃物治理资金 1987 年为 324.37 万元，竣工项目 28 个；1995 年为 288 万元，竣工项目 9 个；2000 年为 592.1 万元，治理竣工项目 10 个。

“三同时”执行　20 世纪 80 年代中期，赣州地区“三同时”（建设项目的主体工程与环保设施同时设计、同时施工、同时投产使用）成为一项制度。“三同时”制度是加强建设项目环境管理的重要措施，对建设项目的日常监督实施全过程追踪管理。

从 1986 年开始，每年对新、改、扩建项目进行一次全面清查，对违反“三同时”制度的建设项目进行处罚。1997 年，江西瑞金萤石精选厂违反“三同时”规定，未办理环保设施验收手续受到处罚。1999 年，在’99 赣江环保行执法检查中发现龙南水泥二厂环保设施不完善，并未经验收投入生产，赣州市环保局对其予以罚款2万元，责令完善环保设施，并于1999年年底通过验收。

二、环保产业与科研

环保产业 2000年，全市从事环保产业经营、生产、服务的大小企业共有29家，其中包括资源综合利用、自然生态保护、环境保护服务、洁净产品生产、环境保护产品生产。

1998年，在江西省跨世纪绿色工程项目实施情况调查中，对信丰县金盆山森林公园、宁都县硫黄含铜磁黄铁矿资源综合利用等项目进行调查。同时，按照地区经贸委转发的《关于开展环保产业发展情况调查的通知》要求，分别对赣州星晨化工有限公司、龙南新大环保有限公司、瑞金忠明特种水泥有限公司等几家环保企业进行调查，做了关于申请亚行贷款的申报工作，邀请有关专家对星辰公司利用废旧塑料提炼汽柴油项目进行论证。开展龙南新大环保有限公司组合式油烟净化机和江西省国防工业环境检测中心研制的微电脑流量仪推广工作。1999年，根据国家计划委员会办公厅关于开展《当前高新技术产业化重点领域及重点方向指南》编制要求，将瑞金忠明特种水泥有限公司利用煤矸石生产特种水泥、赣州市粮食局利用稻壳发电、星晨化工有限公司垃圾处理及利用废旧塑料生产汽油和柴油、赣州市城市污水处理以及信丰县复合氨基酸厂利用禽类角蛋白提出氨基酸5个项目报送国家计划委员会。

2000年，赣州市环保局印发《关于开展环保产业基本情况调查的通知》，发放100多份《环保产业基本情况调查表》，要求各县（市）环保局对环保产业的基本情况作调查。同时，积极推广技术先进、性能可靠的环保产品，扶持环保企业发展。市环保局将生产油烟净化设备的龙南新大环保有限公司列为全市重点环保企业加以扶持，协助该公司为五洲大酒店安装了1台油烟净化机，作为油烟治理的试点。经深圳市环境保护监测站"油烟净化课题组"监测结果认定：此套净化机符合国家环保总局GW-PB5－2000《饮食业油烟排放标准（试行）》中的大型油烟净化机去除率85%的净化标准要求，油烟去除率达到86.1%。向省局申报水泥厂立窑尾气除尘装置、东江水源地特殊生态功能保护区"矿山土"综合利用与复垦开发、酸沉降自动化监测方法研究、赣州市城市空气监测优化布点、微电解处理废水技术5个项目。

环境科研 1992年，单独设立环境科研机构，主要负责建设项目的环境影响评价和老污染源的治理。1997年6月，经省环保局批准，颁发建设项目环境影响评价证书（乙级）。1999年，经国家环保局核准，重新颁发环境影响评价证书（乙级）。

1997—2000年，市（地区）环科所共编制建设项目环境影响评价报告书（表）共计30余份，其中报告书24份，分别为建材、化工、食品、冶金、采掘业、城市建设等行业。10多个老污染项目进行治理，有废水、废渣和噪声等污染物，涉及行业有饮食、食品、机械、石油等部门，治理经费超过100万元。这些污染项目经治理后基本达到治理目标，通过有关部门的验收，不少治理项目取得投资少、运行费用低和效果好的成绩。

第四节 环境管理

一、环境宣传教育

各级环保部门围绕环境保护法律法规和"6·5"世界环境日，开展宣传教育活动。1996年，举行大型的游行活动，赣州市（今章贡区）的学校及部分企业派人组成8个方阵参加，参游人员共600余人。1997年6月5日世界环境日，组织赣州市（今章贡区）的中小学生举行现场绘画比赛。1998年世界环境日，制作环保公益广告和环保录像片《红土地的上绿篇章》；赣州市（今章贡区）在南门广场举办百名少儿百米书画大赛；大余县环保局与大余县教育委员会联合举办征文比赛，参赛人员达6082人。1999年世界环境日，在赣州中心城区南门广场举行中小学生环保绘画比赛、万人签名及文艺会演等宣传活动。地区环保局与团地委、地区林业局、赣州电视台共同组织“绿化长征路，保护母亲河”大型活动，组织10万中小学生沿红军长征路线栽种树苗10万余株；同时，在地委组织部、宣传部、地区教育委员会的支持配合下，环境教育正式纳入到各级党校、干校及中小学校的教学培训计划，在中小学校中开展绿色学校创建活动。赣州一中被地区环保局推荐申报有益于环境的全球性学习与观察计划。2000年世界环境日，与市城建环资委、团市委在赣州中心城区南门广场共同举办三省四市（广东省广州市、韶关市，湖南省郴州市，江西省赣州市）“同饮一江水，同唱一首歌，同护一条母亲河”活动，约有1.2万人参加该次活动。同年，在全市开展创建“绿色学校”活动。信丰中学被评为全国100所国家级“绿色学校”之一；大余中学、赣州市第一中学、寻乌中学、宁都中学被评为省级“绿色学校”。市环保局获得全国“中小学生环保绘画比赛”和“环保方案设计比赛”优秀组织奖。

二、建设项目环境保护管理

对环境有影响的新建、扩建、改建、迁建、技术改造项目和区域开发建设项目必须依法执行环境影响评价。20世纪80年代初，环境影响评价作为一项制度在全地区逐步实施。1997年，行署印发《关于贯彻江西省人民政府关于环境保护若干问题的决定的实施意见的通知》，规定“环保审批权制度”。同年，行署印发《赣州地区建设项目环境保护分级审批管理权限规定》。1986年，全地区共审批建设项目92个，其中赣州地区环保局审批16个，各县（市）审批76个，审批率为91%。1992年，全地区共审批建设项目134个，其中呈报省环保局审批2个、地区审批23个、各县（市）审批109个，审批率为100%。2000年，全市共审批建设项目105个，其中赣州市环保局审批7个，各县（市）审批98个，审批率达99.06%。1986—2000年，全市（地区）审批率达96%。

三、征收排污费

排污费是带有税收和补偿性质的环境保护补助资金。赣州市（地区）征收的项目有污水排污费、超标废水排污费、超标噪声排污费、二氧化硫排污费、超标烟尘排污费。在征收过程中环境监管人员严格遵照工作制度，正确使用法律法规，全面、足额、及时地对各排污单位征收排污费。

1998年，为适应环境监理的高标准新要求，如期完成排污收费任务，地区环境监理支队对排污单位仔细查阅调查记录，看现场核定排污费，依照法规征收排污费。1998年征收地属企业户数121家，征收面达到100%，收费达156.32万元。1999年，全市（地区）征收企业户数达到148家，收费额达170.74万元。

赣州市志
（1986-2000）

第三十二篇

教　育

1986—2000年，全市（地区）坚持社会主义办学方向，坚持“科教兴国”“人才兴教”，促进各类教育持续、快速、协调、健康发展。强化教育质量意识，基础教育得到加强，教学质量得到提高，至2000年，全市有17个县（市、区）通过了省级“两基”评估验收。职业技术教育和成人教育不断发展，招生人数不断增长。改革中等师范教育招生制度，培养大批中小学师资力量。优化中等专业教育，培养一批专业人才。高等教育事业健康发展，办学规模空前扩大。民办教育出现民资独办、股份联办、国有民办、公办民助等多种形式。教师队伍不断壮大，教师素质进一步提高。中小学普遍进行校舍改造，学校办学条件不断改善。预算内教育经费逐年增长，2000年，全市教育事业费达5.33亿元。

第一章　基础教育

1986—2000年，赣州市（地区）的基础教育大步迈进，全市17个县（市、区）的“普九”通过省政府验收，人口覆盖率达96.5%。全市（地区）教育部门强化学前教育，在小学和普通中学稳步推进素质教育，不断完善学制与课程，加强教学质量管理，注重德育工作，加强教师队伍建设，不断深化教育教学改革，学前教育、小学教育、普通中学教育的教学质量明显提高。

第一节　学前教育

一、学制与课程

1986—2000年，赣州市（地区）幼儿园的学制均为3年。第一年，招收3～4岁幼儿，为小班；第二年，招收4～5岁幼儿，为中班；第三年，招收5～6岁幼儿，为大班。

幼儿园的课程有三类：第一类，城区公办、民办、厂办的幼儿园开设体育、语言、常识、计算、音乐、美术等课程，使用江西省统编教材，教学以游戏为主；第二类，小学附设的学前班，基本使用江西省编幼儿园教材，同时参考小学一年级教材，教学方法接近小学；第三类，农村季节性幼儿园和街道办幼儿班，未正式开课程，主要教儿童做游戏、唱歌、认字。

二、发展规模

1986—2000年，全市（地区）在发展公办幼儿园的同时，采取“多条腿走路”的办法，鼓励社会力量办园。各县（市、区）按照“积极鼓励、大力支持、正确引导、加强管理”的原则，在行政管理、业务指导、师资培训等方面与公办幼儿园一视同仁。幼儿园办学形式灵活多样，有半日制、全日制、周托、月托和季节性等。全市（地区）各级各类幼儿园对照幼儿园和学前班登记注册标准，改善办园条件，增添设施设备，为幼儿教育事业稳步发展奠定基础。1986年，全地区共有幼儿园718所、班数1188个、在园幼儿38351人（含学前班）、教职工1631人（其中教员1517人）。1990年，全地区共有幼儿园721所、班数1198个、在园幼儿51775人（含学前班）、教职工2458人（其中教员2356人）。1995年，全地区共有幼儿园894所、班数2148个、在园幼儿90216人（含学前班）、教职工3109人（其中教员2899人）。2000年，全市共有幼儿园1988所、班数3506个、在园幼儿125612人（含学前班）。

三、教育教学

1986—2000年，全市（地区）幼儿园努力抓好教育教学工作，提高教学水平，促进了幼儿的身心发展。

教养　幼儿园重视和加强教育教学工作，使德、智、体、美诸方面的教育互相渗透，有机结合。根据儿童的身心发展规律和年龄特点确定教育内容，主要是进行文明礼貌和日常行为规范的教育。教育儿童爱爸爸妈妈，尊敬长辈，尊敬教师，听从老师教导，与同伴友爱，喜欢过集体生活；学讲礼貌用语，不打人，不骂人；讲卫生，不挑吃穿；不说谎话，有错认错；不胆小，做勇敢的孩子。幼儿园把教育内容渗透到儿童一日生活的各项活动中，通过做游戏，开展“争戴小红花”等活动，达到教育儿童的目的。

幼儿园的教学渗透于各项活动中，以游戏为主，寓教于乐，培养幼儿的兴趣和才能。言语、常识课，采用讲故事、唱儿歌、看图讲述、观察、谈话等方法。计算课采用直观演示、故事表演、卡片练习等方法教授。音乐美术课采用教师乐器演奏，示范演唱、教唱儿童歌曲，做纸工，画简单画，举办音乐、舞蹈文艺会等方式进行。

保健 幼儿园教师对儿童全面负责，随时注意了解幼儿，严格执行幼儿园安全、卫生保健制度，与家长保持经常联系，了解幼儿家庭环境教育，要求家长共同配合教育儿童。幼儿园保育员和医务人员，协助园长组织实施有关卫生保健方面的法规、制度，负责指导调配幼儿膳食、检查饮食、饮水和环境卫生，做好计划免疫和防止疾病等工作。膳食有专人负责，不吃隔餐剩饭剩菜，不买腐烂变质食品，炊具、食具用后洗刷干净并消毒。坚持做操制度，经常开展室外游戏和体育活动。坚持幼儿和全体工作人员体格检查制度。坚持幼儿晨间检查、全日观察等制度。幼儿每人有专用生活用具，坚持饭前便后用流动水洗手、饭后漱口、勤洗头、勤洗澡、勤剪指甲等个人卫生制度。加强园舍、家具、玩具的安全检查，建立儿童上学、放学接送制度。城区规模较大的幼儿园，建立了家长学校，定期举行家教讲座。

四、师资建设

各级教育行政主管部门强化对幼儿教育师资队伍的培训力度，提高幼儿教师素质。全市（地区）以赣州市（今章贡区）示范幼儿园为培训基地，对幼儿园园长和骨干教师分期培训。1986 年，全地区幼儿园有教职工 1631 人，园长和教师中大专以上学历 15 人、中等师范学历 332 人、高中学历 1268 人、初中以下学历 1185 人、非师范专业毕业但取得专业合格证书的有 208 人，高级幼儿教师 32 人。1995 年，有教职工 3109 人，园长和教师中大专学历 31 人、中等师范学历 690 人、高中学历 937 人、初中以下学历 999 人、非师范专业毕业但取得专业合格证书的有 416 人，高级幼儿教师 78 人。2000 年，有教职工 3622 人，园长和教师中大专以上学历 48 人、中等师范学历 786 人、高中学历 992 人、初中以下学历 898 人、非师范专业毕业但取得专业合格证书的有 615 人，高级幼儿教师 96 人。

五、规范管理

市（地区）、县（市、区）教育行政主管部门暨幼儿园贯彻《幼儿园工作规程》《幼儿园管理条例》和实施《幼儿教育大纲》，结合实际制定管理制度和评估方案，开展达标创建示范性幼儿园活动。1986 年，全地区有 14 个县（市）办幼师职业班。1995 年，赣州地区行署保育院、赣州市（今章贡区）保育院、赣州市（今章贡区）和平幼儿园、赣州市（今章贡区）厚德路幼儿园、赣州市（今章贡区）西郊路幼儿园、大余县小成幼儿园、崇义县城关幼儿园、上犹县幼儿园、安远县幼儿园、龙南县幼儿园、全南县幼儿园、于都县幼儿园、宁都县机关幼儿园、石城县幼儿园和寻乌县幼儿园等 21 所幼儿园被命名为“示范性幼儿园”。

全市（地区）教育系统贯彻《幼儿教育指导纲要（试行）》精神，组织教学观摩，提高幼儿园园长教学管理水平，举办幼儿园教育论文交流会，提高幼儿教师教学能力。进行幼儿园课程改革实验，开展“幼儿园德育教育”“幼儿园综合教育”“幼儿园双语教学”“幼儿园与小学衔接教育”“家庭教育”等课题研究和实践。1995 年，地区教育局在于都县召开“全区第三届幼儿教育研究会”，会上评选出优秀论文 21 篇。

1997 年，建立幼儿园登记注册制度和园长、教师考核及资格审定制度，利用地、县（市）示范幼儿园的管理、设备、师资等优势，发挥幼儿园示范作用。1998 年，赣州市（今章贡区）保育院等 4 所幼儿园通过省级示范幼儿园的评估验收。至 2000 年，除定南县、信丰县和黄金开发区外，其余 16 个县（市、区）均有 1～2 所由教育部门办的示范性幼儿园。全市有省级示范幼儿园 7 所（赣州市保育院、章贡区保育院、崇义县城关幼儿园、安远县幼儿园、寻乌县幼儿园、全南县幼儿园、赣州市育苗幼儿学校）、市级一级一类幼儿园 16 所。

六、幼儿园、保育院选介

赣州市保育院 前身是新赣南托儿所，由江西省第四区行政督察专员公署于1932年创办，所址设虎岗中华儿童新村。1944年冬停办，次年秋复办，迁入八境路中段（今赣州供电局北院），易名赣县县立托儿所。1951年，迁西安路（今采茶剧团内），更名赣西南行政公署托儿所。1952年，迁至大华新街，易名赣州专署托儿所。1957年，迁青年路中段南侧。1964年，易名赣州专署保育院，1970年改为赣州行署保育院，是赣州地区示范性幼儿园。1995年，在院儿童548人，保教员52人。1999年7月，易名为赣州市保育院。2000年，被评为江西省首批省级示范园。

章贡区保育院 前身是赣州市（今章贡区）机关托儿所，1959年创办，院址设赣州市（今章贡区）东北路。1962年迁南京路，1966年停办。1982年4月恢复。1990年，迁至大公路西段南侧，是赣州地区示范性幼儿园。1995年，在院儿童480人，保教员26人。1999年7月，易名为章贡区保育院。2000年，被评为江西省首批省级示范园。

章贡区厚德路幼儿园 前身是赣州镇第一中心国民学校附属幼稚园，1943年创办。次年停办。1953年复办，易名赣州市厚德路小学附属幼儿园。“文化大革命”期间停办。1979年复办。1980年，从厚德路小学分出，成立赣州市厚德路幼儿园，园址设文庙旁。1981年，被评为江西省托幼先进单位；1983年，被评为江西省托幼红旗单位。1995年，在园儿童310人，保教员17人。1999年易名为章贡区厚德路幼儿园。

安远县幼儿园 为安远县公办幼儿园。园址位于安远县欣山镇九龙小学院内，1986在安远县欣山镇李屋坪新建园舍，1991年8月竣工，占地面积3066平方米，建筑面积3335平方米，2层12间，为钢筋混凝土结构，可容纳600名幼儿。园内设有多媒体教室、舞蹈房、亲子阅读区，配备电脑、钢琴、户外运动器等教学设施。各教学班有独立的活动室、卧室和洗手间，配有电视机、VCD、录音机、风琴、电子琴、玩具等教学器具，室外有玩沙池、种植园、攀爬墙等活动设施。学制三年，满四周岁入园。开设语言、常识、计算、美工、唱歌、体育等课程。1999年，被评为赣州市一级一类园。2000年，被评为江西省首批省级示范园。

全南县幼儿园 前身为全南县城厢幼儿园，1993年从城厢小学划出，为县教育局股级事业单位，更名为全南县幼儿园。位于全南县体育中心北侧，占地面积2027.28平方米，建筑面积1450.87平方米。园内设有保健室、舞蹈室、电子琴室、体育活动室、图书阅览室、科学教育室、教学玩具室。园内设活动坪，建有幼儿戏水池、沙池、饲养角、种植场、滑梯等。教学上坚持保教结合，遵循全面发展的原则，启发教育儿童，该园幼儿曾多次在全国书画大赛中获金、银、铜奖。2000年，被评为江西省首批省级示范园。

第二节 小学教育

一、教育教学

学制与课程 1986—2000年，全市（地区）小学教育均为5年制。1986年，全市（地区）小学陆续实施国家新编教学大纲，开设语文、数学、思想品德、自然、社会、体育、音乐、美术、写字、劳动等课程。1988年，全市（地区）小学一、二年级开设思想品德、自然、语文、数学、体育、音乐、美术、写字、手工劳动等课程，小学三年级每周增设1节劳动课，四、五年级增设1节社会课。1989年，进行小学语文“注音识字，提前读写”等学科的教改实验，全市（地区）小学有少部分班级使用“注音识字，提前读写”语文实验教材。1993年始，全市（地区）小学、初中实行九年义务教育，全市

（地区）中、小学统一使用九年义务教育教材。小学选择“五四”制、初中选择“六三”制。2000 年，全市（地区）小学教材仍使用九年义务教育教材。

教学质量管理 1986 年，地区教育局印发《赣州地区中、小学教师教学工作常规》（以下简称“教学常规”），对教师教学中的教学环节作出具体的要求。1987 年，地区教育局重点抓各科教学实验工作，有小学政治、语文、数学等学校教改实验班 68 个。1989 年，全地区教育系统进行小学语文“注音识字，提前读写”等学科的教改实验，得到专家和有关部门的肯定。1990 年，贯彻落实小学“教学常规”，在全地区试行《中小学教师职务岗位职责》，把教学业务管理的责任落实到各级教研机构。推广先进教学经验，组织全地区性的教学评比观摩、示范和巡回表演。强化对复式教学和学生学法等薄弱环节的研究指导。1991 年，在全地区执行江西省《复式教学管理条例》《复式教学常规》，地区教育局开展全地区范围的教学大检查，推行统一的教案簿，进行农村小学第四项质量检测和农村初中第一次质量检测。地区教育局召开中小学各学科教学研讨会，组织部分优秀老师到上犹县、崇义县、大余县、龙南县等地进行巡回示范教学。1994 年，全地区小学贯彻《国家教委关于调整普通中小学课程计划的意见》，开展课堂教学评优及巡回教学活动。1997 年，全地区教育工作会议召开，专题研究小学教育质量问题。地区教委制定《关于在全区中小学教师中开展“五看五比”教学全能达标活动的通知》《关于实施赣州地区县（市）中小学教育质量综合评价方案（试行）的通知》，开展全地区教育教学工作督查，全地区的教学管理工作得到加强。2000 年，加强各县（市、区）小学教育教学工作的督导检查，强化教育质量意识，完善教学质量评价体系。

德育工作 全市（地区）各小学以爱国主义教育为主线，以创建文明校园为载体，突出革命传统教育地方特色，全面培养青少年学生的思想政治道德素质、心理素质、环保意识和文明行为习惯，造就有理想、有道德、有文化、有纪律和德智体美等全面发展的社会主义事业建设者和接班人。1996—2000 年，各小学重视德育工作的制度建设，结合各自实际，制定了学生礼貌常规、品德测评制度、课堂常规、学生考勤制度等；充分利用每周一升旗仪式和香港、澳门回归祖国等国内重大事件对学生进行爱国主义教育；制定班主任家访制度，争取家长的配合，加强学生的思想政治工作；组织小学生参加公益活动，打扫公共场所，慰问军烈属，到社会福利院给孤寡老人送温暖，增强小学生关心社会、关心他人的意识。全市（地区）有 79 所中小学校被授予“德育示范校”和“文明校园”称号，赣州市（今章贡区）红旗二校、南康市实验小学被评为全省德育示范性学校。

突出革命传统教育。1995 年，建立赣州地区首批 16 处爱国主义教育基地，各县（市）建立 300 余处爱国主义教育基地。组织学校新少先队员到基地参观瞻仰祭扫活动。举行入少先队仪式。邀请老红军、老干部进行革命传统教育，使小学生树立崇高的共产主义理想和正确的世界观、人生观、价值观，激发学生热爱中国共产党、热爱祖国、热爱家乡、热爱社会主义的热情。

开展校园的美化、绿化、净化、硬化和校园文化建设。至 2000 年，全市村完小以上校园基本做到有标准旗杆、旗台，有醒目的校训和橱窗板报，张贴领袖、英雄人物画像和名人名言。中心小学校园镶有瓷板烧制的《中国地图》《世界地图》《中小学生守则》《中小学生日常行为规范》，有的小学建设文化长廊、雕塑、校史展览室，有的创办校刊、校报。注重抓好学生日常养成。开展文明班级、文明寝室“流动红旗”评比活动，并将行为规范列入评选“三好学生”、优秀少先队员和优秀学生干部的重要条件。

艺术教育 全市（地区）小学艺术教育工作随着素质教育得到强化。音乐、美术等课程有明显改进。各小学以艺术活动和课外活动为载体，丰富和促进学校艺术教育。许多县（市、区）小学坚持每年或 2 年举办 1 次艺术节，利用节假日开展文艺会演。成立一批艺术兴趣小组或艺术社团，丰富小学生的课外活动，提高小学生的艺术素养和综合素质，促进全市（地区）小学的艺术教育工作。2000 年

11 月，赣州市教委举办全市首届中小学生、幼儿艺术节，分文艺（声乐、舞蹈、器乐）、美术（书法、绘画）2 类活动进行，艺术节作品数量多、质量高，得到专家和群众好评。

二、教育改革

网点布局调整 全市（地区）本着“教育结构、规模与教育质量效益相统一”的原则，按照“高标准办好九年义务教育”的要求，着力进行中小学网点布局的调整。优化教育资源配置，原则上小学就近入学，一个村办 1 所小学，将规模过小的完小改为初小，适当收缩高年级网点，扩大乡（镇）中心小学规模，提倡几个村联办片完小。2000 年，农村小学重点压缩了办学分散、规模过小、质量不高的教学点和小学中高年级，适当向中心小学集中，小学由 4004 所调整到 3789 所，比 1999 年缩减 215 所。

素质教育 按照“深化教育改革，全面推进素质教育”的要求，先行试点，稳步推进。赣州市（今章贡区）文清路小学、红旗二校等为素质教育试点学校。1996 年，建立赣州市（今章贡区）、南康市、大余县、崇义县等 4 个县（市）素质教育县（市）级实验区。改革学业的测评办法，实行“等级＋特长＋鼓励性评语”。小学毕业免试就近进入初中学习，义务教育阶段不设立重点校和重点班。1998 年，全地区中小学素质教育工作会议召开，确定采取“抓好小学，推进初中，影响高中，以小学改革学业测评办法、初中改革办学模式和高中实施新课程方案试验为突破口，全面启动，重点突破，以点带面，逐步提高”的实施策略，全面启动素质教育。总结在赣州市（今章贡区）、南康市、大余县、崇义县 4 个试点县（市）和有关学校实施素质教育经验的基础上，在全地区树立赣州市（今章贡区）文清路小学和红旗二校等各具特色、个性鲜明的样板，推动面上的工作。各小学严格执行课程计划，优化教学过程。城镇小学生过重的课业负担有所减轻，课堂教学水平和教学质量有较大的提高。1999 年，各地小学改革传统的教育教学内容和方法，将素质教育贯穿于小学教育，整体推进素质教育。2000 年，各小学贯彻教育部有关减轻小学生过重的学业负担的指示，提高教师的敬业精神和工作责任心，做到减负不减责任，减负不减质量，促进广大小学生全面发展。南康市 2 名小学生被评为“全国百名科学小院士”，兴国实验小学 2 名学生被评为“世纪之星”。

三、教育成果

1987 年，重点抓各科教学实验工作，有小学政治、语文、数学等学校教改实验班 138 个，组织小学教改实验班各学科竞赛活动，小学生参加全国作文竞赛获一等奖 1 名、二等奖 5 名、三等奖 4 名。1988 年，全地区农村小学生双科及格率比 1982 年提高 10～13 个百分点。小学毕业率为 97.4%，比上学年提高 1.8%。

1990 年，全地区有 13 名教师在全省小学思想品德、语文、外语、体育、美术教学评比竞赛中分获一、二、三等奖，其中一等奖 4 名。在年内进行的第三次全地区农村小学教学质量统一检测中，1～4 年级双科及格率分别达到 51.6%、46.9%、54.3%、43.8%，分别较上年提高 10 个百分点以上。全地区小学生参加国家、省各类学科竞赛，有 27 人获国家级奖、13 人获省级奖。在全省首届“八一杯”小学数学竞赛中，赣州地区获团体总分第一名，有 8 人获个人一等奖。1991 年，全地区农村小学 2～4 年级双科及格率分别较上年提高 9.1、6.9、2.8 个百分点，达到 56%、61.2%、46.6%。

1994 年，小学 1 人获华东六省一市竞赛第一名、3 人获省一等奖。农村小学 1～4 年级语文、数学双科及格率分别达到 74.5%、75.4%、73.4%、68.8%。制定《义务教育执法常规》，逐步形成义务教育登记制度、“三书”（入学通知书、催学通知书、处罚通知书）制度、“三包三保”（乡村干部包村保入学率，校长包校保巩固率，班主任、任课教师包班保合格率）制度、乡规民约、义务教育执法队等一系列规章制度，小学升初中的比例逐年大幅提升，1995 年以后，小学升初中比例保持在 95%以上。

2000年，全市小学适龄儿童入学率为99.4%，小学在校生辍学率控制在4.84%；全市有17所小学通过市教育委员会评估验收成为示范学校，涌现了于都实验小学等一批示范性小学。

四、学校选介

赣州市文清路小学　1929年创办，校址位于文清路。初名赣县城南初级小学。1939年，改名赣县城南镇中心小学。1943年和1947年曾改名赣州镇第二中心国民学校、赣州镇示范国民学校。1947年，赣县县政府拨款在厚德路西端南侧（今行署大院后门东侧）新建教学楼3栋，教室18间，并将学校迁入，改名赣县任中小学。1949年9月，迁回赣州市（今章贡区）文清路旧址，改名赣州市第二小学。1953年改名赣州市文清路小学。1957年迁阳明巷新建校舍。"文化大革命"期间，更名东方红小学。1976年复名为赣州市文清路小学。1978年，确定为赣州地区重点小学。1980年，受到江西省人民政府嘉奖。1982年，新建教学大楼。1983年，获江西省文明学校称号。1994年，启动校园规划建设工程，创办示范性学校。至1995年，共投资280多万元，新建综合大楼、教工宿舍，改善了办学条件，是全区教育改革试点学校之一。1980年以来，坚持教材改革试验。1994年起，进行课程设置改革试验，开设活动课，进行"愉快教学""地图式教学"等专题改革试验，发表20多篇教学改革论文。2000年，在校学生1967人，教职工69人。

赣州市红旗大道第二小学　1956年，私立章贡小学改为公办，改名赣州市白云小学，校址位于红旗大道东段南侧。1960年改名赣州市红旗小学。1972年改为赣州市红旗大道第二小学，是20世纪70年代初全地区规模最大的小学。1978年以来，学校先后新建了教学大楼、教工宿舍。1994年，赣南造纸厂子弟小学移交教育部门办学，列为赣州市红旗大道第二小学分部。先后开展了"健美的生活，创造性教育"和"教学半"（一节课中教师教与学生练各占一半时间）教改试验，其教改成果在赣州市（今章贡区）小学推广，在赣州地区、江西省均有影响力。学生许翀参加亚冬会全国少年儿童书画大赛获金奖，王春霞制作的昆虫标本"蝉"获华东六省一市二等奖、江西省一等奖。校合唱团参加全国首届小学生合唱比赛获奖。学校少先队大队部获全国红旗大队、雏鹰大队称号。学校被评为江西省唯一的全国红领巾示范学校。2000年，在校学生2956人，教职工101人。

赣州市大公路第一小学　1952年9月，私立善导小学改为公办，迁大公路西段南侧，改名赣州市第十四小学，1958年改名赣州市大公路第一小学。"文化大革命"期间，先后改名赣州市太阳升小学、赣州市反帝路第一小学。1979年复名赣州市大公路第一小学。2000年，在校学生2054人，教职工90人。

赣州市厚德路小学　1941年创办，校址位于厚德路东段北侧文庙内。初名赣县城东镇中心国民小学。1943年改名赣州镇第一中心国民学校。中华人民共和国成立后，曾改名赣州市第一小学、赣州市厚德路小学、赣州市红卫兵小学、赣州市青年路小学。1979年，复名为赣州市厚德路小学。1981年列为赣州市重点小学。1985年，学生胡雪莲被选赴塞浦路斯参加"神秘的气球"国际儿童演唱大会。1992年，迁入慈云塔下新校舍。校舍采用古典园林式平房建筑，琉璃飞檐，曲径回廊，亭台楼榭，掩映着翠竹芭蕉，绿树鲜花，被称为花园式学校，是赣州市（章贡区）教育改革试验学校之一。20世纪90年代以来，进行了教材、德育改革试验。1995年被中共江西省委宣传部、省教育委员会授予爱国主义教育先进单位，并获地区德育先进学校称号。1994年学校"苗苗艺术团"参加江西省第四届少儿艺术节，70%的节目获奖，小品《现在开饭》在中央电视台播出。2000年，在校学生1260人，教职工60人。

第三节 普通中学教育

一、教育教学

学制与课程 1986—2000年，全市（地区）初中、高中学制均为3年。1986年，全地区各中学陆续实施国家新编教学大纲，开设的课程有政治、语文、数学（几何、代数）、英语、物理、化学、历史、地理、生物、音乐、体育和美术。全地区中学所使用教材保持相对稳定。1988年起，部分初中二年级增设人民防空知识。1993年秋季，全地区初中统一使用九年义务教育教材。同年，初中、高中开设课程有政治、语文、数学、英语、物理、化学、历史、地理、音乐、体育和美术。1994年起，在装备了计算机的中学开设计算机课。

教学质量管理 1986年，地区教育局印发《赣州地区中、小学教师教学工作常规》，对教师教学中的教学环节作出具体的要求。对1984年暑期新入学的初一、高一两个年级进行教学跟踪，为大面积提高教学质量积累经验。1987年，重点抓各科教学实验工作，有6个县试用由赣州地区自编的中学音乐教材。同时加强复式教学的调研工作，强化对复式教学班的指导。1989年，进行中学语文、数学、政治、物理、化学、音乐等学科的教改实验，取得较好的效果。1990年，贯彻落实中学“教学常规”，在全地区试行《中小学教师职务岗位职责》，把教学业务管理的责任落实到各级教研机构。召开教育学会年会，发展和加强实验教育、电化教育。1991年，地区教育局召开中学各学科教学研讨会，总结推广兴国县、宁都县、上犹县的复式教学经验。

1992年，全地区进行各类教改实验的班级235个、教师210人、学生12820人，其中“注音识字和提前读写”实验班150个，居全省之首。1993年，深化普通高中“两项改革”（实施国家教育委员会关于《现行普通高中教学计划的调整意见》和《在普通高中实行毕业会考制度的意见》改革）。1997年，全地区教育工作会议召开，专题研究中学教育质量问题，提出全地区高考质量“2年缩差距，4年打翻身仗”的奋斗目标。地区教育委员会制定《关于努力提高重点中学教育质量的意见》。2000年，各中学开展以现代教育技术为重点的教师培训和以贯彻教学常规为核心的教学全能达标竞赛活动，促进广大教师更新教育观念，调整知识结构，提高实施素质教育的能力和水平，优化课堂教学方法和教学手段，提高课堂教学效率。落实教学常规和学习常规，学校内部推行教学质量年级组负责制，发挥年级组、班级、备课组等3个群体的作用，大胆启用一大批青年教师，奖励优秀教师，实行学校内部管理机制改革，强化竞争激励机制，调动广大教师教书育人的积极性和创造性。

德育工作 经过多年实践和探索，赣州市（地区）形成了具有赣南地方特色的学校德育体系，即以爱国主义和传统教育为主线，以创建文明校园为载体，充分发掘三大课堂的育人功能，强化对学生的心理健康教育、环保教育、家庭教育，不断提高德育工作的针对性和实效性。1986年，全地区各中学加强坚持“四项基本原则”（坚持社会主义道路，坚持人民民主专政，坚持中国共产党领导，坚持马克思列宁主义、毛泽东思想）的教育。1987年起，贯彻《中共中央关于改革和加强中小学德育工作的通知》，进行德育课改革，赣州一中、赣州三中、赣州四中、赣州七中等中学进行了由省教科所组织的德育教育序列跟踪试验，努力探索德育的系列化、规范化和科学化，1989年暑假，在全省德育教育验收鉴定会上，这4所中学都领取了合格证。1989年，为使学校德育工作社会化，开展了“警校共建”活动。同时，加强德育工作的领导，中学设立政教处。进入20世纪90年代，全市（地区）中学以爱国主义教育为主线，以日常行为规范为主要内容，培养学生的爱国思想和良好的行为习惯。爱国主义教育从爱国旗、唱国歌起步。20世纪90年代初，全地区中学建立升旗制度，进行国旗下的讲话。继而开展近、现代史和国情教育、《中国母亲》等爱国主义教育系列读书活动和百部爱国主义影视片观评活动；开展了以爱乡、读好书、唱好歌为内容的爱国主义系列教育活动。配合这一活动，各中学确定当地的烈士陵园等为爱国主义教育基地。教育形式多样，有知识竞赛、演讲比赛、主题班会、考察活动、专题讲座、报告会、图片展览、“家乡美景”小报评比、“家乡之最”新闻发布会、名优特产品介绍会、“社会热点”辩论会等。开展行为规范养成教育，同学雷锋、学赖宁、学孔繁森等英模活动结合起来，同“手拉手、献爱心”活动结合起来，引导学生从小事做起、从我做起，讲文明，讲礼貌，关心他人，乐于助人，养成良好的行为习惯。向中学生进行党的基本知识教育和共产主义理想教育，引导中学生热爱中国共产党，树立远大的共产主义理想。1996—2000年，各中学以党支部—团委、政教处—年级组—班主任、团支部—班委会为网络的德育工作系统和以学校—家庭—社会构建的德育教育形式逐步完善和巩固。贯彻落实教育部《关于加强中小学生心理健康教育的若干意见》，在抓好日常行为规范的同时，加强对中学生的心理健康教育，增强他们承受挫折、战胜困难的能力，帮助中学生形成健全的人格。同时，加强对中学生的法制教育，增强法制意识。

学校体育 重点抓体育教学和课外体育活动，落实“三操”（早操、课间操、眼保健操），坚持开展“四赛”[每年一次的全市（地区）中学生田径运动会、篮球赛、排球赛、足球赛]、“一考”（初中毕业生升学体育考试）、“一标”（《国家体育锻炼标准》的达标活动）。在开展好群众性体育运动的基础上，提高全市（地区）学校体育竞技成绩。1986年，在全省中学生田径赛上，赣州一中、三中联队获团体总分第二，男、女组总分第二。1992年，在全省中学生运动会上，赣州一中获团体总分第二，赣州三中在全国体育传统学校“长江杯”田径赛上获女子组总分第六名。1993年，赣州一中获全省中学生田径赛团体总分第二名。1994年，在全地区实行初中毕业生升学体育初试。同年，在全省中学生田径赛上，赣州一中、三中联队获团体总分第一名，男、女组总分第一名。2000年，在全省中学生田径运动会上，赣州市荣获全省唯一团体总分“三连冠”。

二、教育改革

网点布局调整 全市（地区）本着“教育结构、规模与教育质量效益相统一”的原则，按照“高标准办好九年义务教育”的要求，着力进行中学网点布局的调整。优化教育资源配置，原则上初中适当集中，1个乡（镇）1所，3万人口以上的乡（镇）可办2所，小乡可办九年一贯制学校。采取“调查摸底、科学规划、积极稳妥、分步实施”的办法，防止因网点调整导致学生辍学。2000年，全市初中由371所调整到393所，增加22所；普通高中由94所调整到58所，减少36所；职业高中由44所调整到29所，减少15所。调整高中网点布局，提高办学规模。重点中学剥离初中，优化教育资源（至2000年，全市19所重点中学有15所剥离初中）。普通高中扩招。1999年，全市（地区）普通高中招生人数17538人，比上年增长34.2%；2000年21967人，比上年增长25.3%。发展社会力量办高中教育。通过一系列措施，普通高中教育质量明显提升，高考录取率逐年稳步提高。

办学体制改革 赣州市（地区）、县（市、区）政府相继出台了鼓励社会力量办学的优惠政策措施，如统筹规划公办、民办学校结构布局，行政划拨民办学校建设用地，免征基建经费，允许民办学校按培养成本收费等，引导社会力量以多种形式办学。聘用公办学校教师以及民办学校的管理与公办学校一视同仁等，社会力量办中学出现较好发展势头。2000年，普通高中通过推进重点中学初中剥离，调整高中阶段教育结构和学校网点布局，大力发展民办高中等改革挖潜措施，扩大招生和办学规模。全市社会力量举办的全日制办学机构达925个，其中中学16所，民办普通高中8所，逐步形成以政府办学为主体、公办学校与民办学校共同发展的格局。2000年，全市普通高中招生在1999年大幅增加的基础上再净增3500多人，增长18.8%。

素质教育 按照“深化教育改革，全面推进素质教育”的要求，先行试点，稳步推进。赣州市

（今章贡区）湖边初中和大余县池江中学等为素质教育试点学校。1996年，建立赣州市（今章贡区）、南康、大余、崇义等4个县（市）素质教育县（市）级实验区。改革学业的测评办法，实行“等级+特长+鼓励性评语”。义务教育阶段不设立重点校和重点班。初中改革办学模式，推广大余县池江中学“分类指导、分层教学、分流施教”的办学模式。优化教学方法和教学手段，推行“启发式、讨论式”教学，运用现代教育技术，提高课堂教育效率；改革考试评价制度，探索科学评价学生、教师和学校的办法，提高学生综合素质和教师实施素质教育的能力。2000年，各中学贯彻落实中共中央总书记江泽民《关于教育问题的谈话》和教育部有关减轻中小学生过重的负担的指示，广泛开拓第二课堂，开展丰富多彩的学科活动，促进学生素质全面提高。同年，举办中学生田径运动会，重点中学篮球、排球赛，中学生信息学竞赛和小发明、小创造比赛，组织中学生参加全省青少年奥林匹克信息学（计算机）竞赛，有3人获一等奖，2人获二等奖，10人获三等奖。赣州九中学生陈旭制作的电子回放加速器获第10届全国青少年科技创作大赛三等奖，赣州一中获全国初中物理知识竞赛团体一等奖，赣州一中黄牧获一等奖，赣州三中章宜鑫获全国初中化学竞赛一等奖。1998—2000年，赣州组团参加全省中学生田径运动会，连续3年夺得团体总分第一名。

三、教育成果

1988年，在全国中学生数理化竞赛中，赣州地区参赛选手获一等奖2个、二等奖4个，龙南中学的学生吉缙参加全国集训，并参加国际奥林匹克化学竞赛。普通高校在赣州地区录取新生2497人，是历次高考中录取学生最多的一年。

1991年，赣州地区师生在国家、省级教学、学科竞赛中，1人获全国美术教学观摩竞赛二等奖，1人获全省中学语文教学论文评比第一名。在华东六省一市学生作文竞赛江西赛区的比赛中，赣州地区学生获得第一名，2人获二等奖。在全国初中和高中数学联赛中，赣州地区参赛选手获一等奖分别为2名和1名，初中组二等奖3名、三等奖分别为8名和9名。在全国中学生化学竞赛中，赣州地区有1人入选江西省代表队参加决赛（全省仅2人）。

1993年，组织全地区普通高中毕业生会考，参考及格以上人数高一年级历史和生物分别占参考总人数的96.57%和96.2%，高二年级英语、化学、物理、地理分别占参考总人数的97.19%、95.38%、99.07%和99.87%。普遍开展九年制义务教育教学大纲及起始年级教材、教法的培训，对“3+2”（专科生在专科院校大三时，报名参加至少是省一级的统招考试，如果被本科院校录取，可在该院校就读两年，两年后可拿到该院校本科文凭，为第一学历）高考进行研究，编辑发行《赣南教育》，组织学术交流与研究，3名教师分别获省教育委员会政治课教学论文竞赛一、二、三等奖，100多篇论文在省级以上刊物发表或在省级以上研讨会获奖。同年，赣州市（今章贡区）、大余县“基本普及九年义务教育和基本扫除青壮年文盲”（以下简称“两基”）工作通过省评估验收。

1994年，在全国中学生数、理、化奥林匹克竞赛中，赣州地区有18人次获全国一等奖。初中升学考试500分以上的占报考人数的9.9%，初中毕业生录取率为47.3%，高考录取率为34.56%。石城和会昌2个县有3名学生被中国少年科技大学录取。同年，行署印发《赣州地区教育经费筹措、使用、管理办法》和《赣州地区教育费附加征收管理使用若干规定》，集资建校逐步向征收教育税费过渡，财政预算安排优先保证教育，办学条件得到显著改善。

1995年，崇义、石城、南康、信丰4个县的“两基”工作通过省评估验收。1996年，兴国、上犹、定南、全南4个县“两基”工作和会昌县的扫盲工作通过省评估验收。1997年，宁都、瑞金2个县（市）“两基”工作暨于都县、赣县、安远县、寻乌县扫盲工作通过省评估验收。1998年，于都、安远、会昌3个县的“普九”工作通过省评估验收。

1999年，中考质量整体呈现上升趋势，总分600分以上人数达5759人，比上年增加2704人（不含保送生）。全市（地区）高考上省专线人数达2574人，比上年增加592人；上重点线人数674人，比上年增加132人。同年，赣县、龙南2个县的“普九”工作通过省评估验收。

2000年，全市有7所初中通过市教育委员会评估验收成为示范学校，涌现了于都中学等一批示范性中学。全市高考质量取得历史性突破，全市中考高分（496分以上）人数保持在5500人以上，高考文理科上重点线、本科线和省专线以上人数均居全省第一，文理科各学科平均分全部超过省平均分。全市少年入学率达到93.68%；17周岁人口接受完初中教育的完成率达到86.5%；初中在校生的辍学率控制在4.84%。宁都县、崇义县依法“普九”的做法得到教育部肯定。全市除寻乌县外的17个县（市、区）的“两基”通过省政府验收，全市基本实现“两基”，人口覆盖率达96.5%。《中国教育报》头版头条和中央电视台国际频道先后报道赣州市依法普及义务教育暨穷区办大教育的经验。

四、学校选介

赣州市第一中学 赣南历史最悠久的中学，前身是致用中学堂。中华人民共和国成立前为省立赣县中学。1949年10月，省立赣县中学、省立赣县女中、赣南联立正气中学合并为省立赣州中学。1953年，改名为赣州市第一中学，并被认定为江西省3所重点完全中学之一。校址设章贡区厚德路东段南侧。校内有光孝寺遗址，有廉泉和夜话亭等名胜古迹。除重点文物外，解放前的建筑大部分已改建成新校舍。1982年，全区重点中学校容校貌评比，被评为美丽校园。1985年以来，学校绿化覆盖率超过50%。中华人民共和国成立前，周蔚生、钟起衡、张广鸿、钟兆麟曾先后在该校任校长。最早翻译《资本论》的政治经济学家郭大力、曾任民国时期江西省教育厅长的周邦道以及姚名达、辛际周、欧阳勋、张汝钧等教育界知名人士曾先后在该校执教。中华人民共和国成立后，坚持“教书育人”“全面发展”的办学方向，学校规模不断扩大。至20世纪90年代来，培养高中毕业生近万名，初中毕业生1.3万多人，为高校输送新生2600多名。中国医学科学院委员会执委、教授张均田，北京石油大学校长兼党委副书记、教授张嗣伟，广州中山大学原党委书记、教授黄水生，中国科技大学理学院副院长、天体物理中心主任、教授张家铝等曾就读于该校。还为省体工队、省体校和八一体工队输送运动员64名，其中有7名运动员被国家体育运动委员会批准为运动健将。1983年，学生李富良参加在美国沃兹堡举行的世界技巧赛获男子4人组全能第一名。1991年，学校参加江西省中学生田径运动会获团体总分第一名。1979年起，学校先后被评为全国群众体育工作先进集体、全国体育传统项目先进学校、全国学校体育卫生先进集体、全国培养高水平运动员试验学校、江西省体育常规先进学校、江西省学校体育工作先进学校、江西省中学贯彻《学校体育工作条例》优秀学校、江西省文明学校、江西省中学教育教学仪器管理先进单位、江西省绿化先进学校、江西省中学德育先进学校、全国高中数学联赛团体先进单位等称号。1995年，通过省级重点中学评估，被评为江西省优秀重点中学。1995年，在校学生2076人，在职专任教师139人，其中高级教师31人，一级教师39人。

赣州市第三中学 前身为赣州高级中学，创办于1954年。校园环境优美，占地面积7万平方米。1959年由赣州市（今章贡区）虎岗迁青年路中段北侧，改名赣州市第三中学。1955年秋开始招收初中生，为完全中学。1979年被认定为江西省重点中学。学校不断进行教学改革，语文课的“读、议、讲、练、评”五字教学法，数学课的“自学引导教学”、政治课的“谈话式教学”、外语课的“视听情景教学”、理化课的“发现式教学”、地理课的“程式教学”等试验，均取得较好成效。同时，注重思想道德教育系列化、规范化、科学化，激励学生奋发向上。建校以来，为高校和中等专业学校输送新生2500多人。1978年起，先后获全国学校体育卫生先进集体、霍英东体育发展基金会传统项目先进学校奖、全国“雏鹰起飞”田径通讯赛奖、全国“五讲四美”为人师表活动先进集体、全国活跃的中学生生活、江西省群众体育先进单位、江西省电化教学先进单位等称号。1981 年 8 月，该校参加全国学校思想政治教育工作会议，并作典型发言。1985 年，学生许北雪和罗萌获全国青少年小发明奖，学生赵全忠在 1986 年中美联合举办的“青少年航天飞机零星搭机科学实验方案”比赛中获一等奖。1988 年，学校获省社会实践活动组织优秀奖。1995 年，通过省级重点中学评估，被评为江西省优秀重点中学。1995 年，在校学生 2209 人，在职专任教师 135 人，其中高级教师 26 人，一级教师 44 人。

赣州市第四中学 前身是私立赣南中学。校址位于大公路中段南侧。1951 年，私立幼幼中学并入，改名私立双江中学。1953 年改为公办，更名赣州初级中学。1955 年，改名赣州市第一初级中学。1958 年改为赣州市第四中学。“文化大革命”以前，教学质量列全市前列，1960—1962 年，高考升学率列全区前茅。1960 年，校足球队代表江西省参加在厦门举行的全国青少年足球赛。同年 6 月，获全国文教群英会“百面红旗”奖。1963 年，列为省重点中学。1968 年，赣州六中和市职业业余学校并入。1970 年，开展勤工俭学，办起五金化工厂，生产起重滑轮 2 万余件，学校出席了全国第四次滑轮会议。1979 年后，获全国青少年科技作品二、三等奖，省先进集体称号；学生男篮夺得省中学生篮球赛冠军，并参加全国分区赛；学生足球队夺得闽粤赣三省六地区实践生足球赛亚军；学生田径队获“全国争论起飞田径通讯赛”奖。中华人民共和国成立以来，至 20 世纪 90 年代末，为高校输送新生 1800 多人。“文化大革命”后，为一般完中。1995 年，在校学生 1873 人，教职工 155 人。

赣州市第七中学 1969 年创办，校址位于环城路中段东侧。创办初期为完全中学。1979 年秋调整为初级中学。1985 年起，新建教学楼、教工宿舍，扩建操场，添置教学仪器、微机，建立语音室等，成为全市规模最大的初级中学。1988 年，被评为江西省文明学校，获共青团中央授予“少先队全国红旗大队”称号。2000 年，在校学生 2151 人，教职工 119 人。

南康中学 始创于民国 28 年（1939）9 月。1961 年被赣南行署列为重点中学，1995 年被江西省教育委员会授予“江西省优秀重点中学”称号。学校坐落在南康市区泰康西路，占地面积 7 万平方米，校舍建筑面积 3.9 万平方米。1999 年起，不再招收初中生，是南康市属完全重点高中。2000 年有教职工 186 人，其中中学高级教师 22 人、中学一级教师 45 人，有教学班 48 个，在校生 2596 名。

学校一贯用现代教育理念办学，以“为了学生的一切、一切为了学生、为了一切学生”及“为学生终身发展奠定基础”为办学理念，以“严教勤学”为兴校之本，以“教研兴校”为强校之路。树人重品行，重成人；育人重素质，重成才；教学重科研，重改革；发展重创新，重特色。学校有科学的育人机制，推行年级组管理与教研组管理并重、过程管理与目标成果管理并重的“条块结合、以块为主”的管理模式，完善教育教学管理与评价机制，建立“校长全面负责、师生员工参与、党政工团全天候管理”的德育格局和德育网络，实施青年教师培训工程和名师工程，构建一支品德高尚、业务精良的教师队伍。学校取得丰硕的教育成果，1986—2000 年，先后获“江西省爱国主义教育先进单位”“江西省文明单位”（两届）、“全国体育达标先进单位”“全国群众体育先进集体”等荣誉称号；高考升学人数 1986 年突破 300 人，1994 年突破 400 人，2000 年突破 600 人；学生学科竞赛 170 人获省级以上奖励，体育竞赛 242 人次获省级以上奖励；1996 年起，学校田径队获全国比赛金牌 5 枚、银牌 3 枚，省比赛金牌 29 枚，银牌 32 枚；《江西日报》《江西法制报》、赣州电视台等多家媒体先后对学校的办学成果做过报道。

第二章 中等专业教育

1986—2000 年，全市（地区）通过宣传推广中等专业教育典型经验、调整学校网点和专业设置、改革招生制度，注重中等师范教育，着力发展卫生、农业、林业、工业、文艺等中等专业教育，不断推动中等职业技术教育发展。2000 年，全市有赣州师范学校、宁都师范学校、龙南师范学校、瑞金师范学校、兴国师范学校、南方工业学校、江西省赣州林业学校、赣州卫生学校、赣州农业学校、赣南文艺学校、赣州南方美术学校等 11 所中等专业学校。

第一节 中等职业技术教育

一、宣传推广

1986 年，地区教育局总结于都县人民政府和于都县教育局等 13 个单位的典型材料，适时宣传、推广职业技术教育的典型经验，其中于都县人民政府的经验材料《发展农村职业技术教育，帮助老区人民脱贫致富》被《人民日报》采用。

1988 年，地区教育局组织录制赣州地区职业技术学校优秀教师和优秀毕业生的典型事迹录音带，编印《赣南职业技术教育群芳谱》，举办职业中学学生征文竞赛，地、县（市）两级职教老师撰写论文分别在《职业技术教育》《职教论坛》《中国教育报》等国家级传媒刊载。应届初中毕业生填报职校志愿的占总数的 61%，高中阶段职业技术学校在校生占整个高中阶段在校生总数的 36%。

1989 年，各县（市）参加江西省职教成果图片展览。1990 年，全地区各级教育行政主管部门组织开展“五月职教宣传月”活动，向社会宣传职教的意义和成绩，全地区应届初中毕业生填报职业学校志愿的占总数的 70.3%，中等职业技术学校招生占整个高中阶段招生总数的 48.8%，在校生占整个高中阶段在校生总数的 41.9%。城镇 20%的劳动指标用于职校毕业生择优录用。

1992 年，贯彻国务院《关于大力发展职业技术教育的决定》，制定《赣州地区职业技术教育事业发展十年规划和“八五”计划》，在赣州电视台播放赣州地区职业技术教育电视专题片《在这片沃土上》。

二、发展规模

1986 年，全地区中专、中等职业技术学校在校生 19359 人，占整个高中阶段在校生总数的 33.7%，增长 4.1%。有 32 所农村职业初中，在校生 8942 人。2 所农村完中和 60 所初中每周开设 2 节职业技术教育课。拓宽联合办学路子，在全地区 88 所（个）中等职业技术学校（班）中，实行与有关企业单位和业务部门联办的有 24 所（班），由厂矿、业务部门和高等院校自办 8 所，乡（镇）办 6 所，系统办和委办 3 所，占全地区职业技术学校总数的 46.6%。1988 年，赣州市第一职业技术学校面向安远、南康、石城、上犹 4 县招收 29 名幼师委托代培生。

1992 年，全地区中等职业教育在校生达 32390 人，占整个高中阶段在校生比例的 48%。职业初中招生 3786 人，完成计划的 126.2%。1995 年，全地区办有示范职业高中 8 所，其中省级重点职业高中 4 所，大余县职业技术教育中心通过国家重点职业高中的评估验收。建立和改造农林生产实习基地 6000 公顷，其中有示范园近百个，进行科技试验和技术推广项目 80 多项。全地区职业初中招生 4257 人、在校生 10741 人，职业高中招生 7521 人、在校生 15148 人，中等职业技术学校在校生人数占高中阶段在校生人数的 46.5%。1998 年，全地区中等职校招生 9332 人，完成计划的 101%，比上年增加 3337 人；中等职校招生数和在校生数与普通高中比例分别达到 52.3%、48.6%，比上年提高 4.5 和 3.7 个百分点。1999 年，在普通高中扩招和中专放开招生的情况下，全市（地区）职校完成招生 9014 人。

2000 年，在普通高等学校和中等专业学校放开招生的情况下，全市职业技术学校（以下简称“职校”）（职业高中）完成招生 6147 人，在校职业高中学生增至 15542 人。

三、教育教学

1986 年，通过全地区人才需求预测，适时调整职业技术学校的网点和专业设置。全地区各类中等职业学校及其班数由上年度的 92 所（班）调整为 88 所（班），新办岿美山钨矿子弟中学职业班和江西冶院职业高中，全地区职业高中所开设的专业由上年度的 32 个增设至 42 个，县（市）办职业技术学校达 20 所，增长 5.5%。

1987 年，全地区职业技术教育加强横向联系，实行三个层次（县际之间、业务主管部门之间或教育部门之间、厂矿企业单位之间或职业技术学校之间）和两种形式（联合办职校、联合办 1 个或几个专业）联合办学；南康、大余、上犹、崇义 4 个县之间实行县际联办职业教育，每县主办 1 个专业，面向 4 个县招生。地区教育局与地区农牧渔业局、经济委员会联合印发联办职业教育的文件。全地区有 13 所县（市）办职业技术学校和 14 所其他职业技术学校实行各种形式的联合办学，104 个班，占全地区职校（班）总数的 33%。各联办单位选派 56 名专业技术人员到职校任专、兼职专业教师。1988 年，拓宽职业技术教育联合办学路子，在会昌、寻乌、安远 3 县联办服装刺绣、土木建筑和家用电器等专业。全地区有 29 所职校、23 个专业、134 个班分别与有关部门进行联合办学。1990 年，全地区职业技术教育开展职业学校目标管理评估，统一职校学籍表，统一验印职业高中毕业证，加强职校“三结合”（生产、教学、科研）基地建设和管理。

1991 年，组织开展县（市）办职校建设达标活动，组织大余县职校、龙南县第一职校申报省级重点职业高中并获批准，赣州市（今章贡区）第二职校等 5 所学校申报江西省示范性职业高中。1993 年，全地区共有 173 个联办班，占总班数的 57%，搞好于都、宁都、兴国 3 县联合办学。改革专业设置，发展第三产业类专业班，开设文艺公关、铁路服务、自动化办公、电脑等新专业，有 56 个专业，学制上实行“长、短”结合。举办培训班 341 期，培训 13628 人次。1994 年，逐步建立适应社会主义市场经济需要的从初级到中级，与普通教育、成人教育相沟通暨协调发展的职业技术教育体系。坚持为经济服务的办学方向，注重技能训练与教学质量，实行联合办学，重视教学生产实习基地建设和管理，办好示范性职业学校。至 1995 年，全地区开设农牧、园艺、柑橘、脐橙、食用菌、特种养殖、食品、加工、机电、烹调、美术装潢、服装、文秘、财会等 60 多个专业，为社会输送职业高中毕业生 17000 多人，为社会培训近 30000 人。1999 年，全市（地区）职校推行办学体制改革。定南、龙南等县面向全市（地区）公开招聘职校校长，信丰、宁都、瑞金等县（市）进行办学形式改革，走综合学校的办学路子，拓宽招生渠道，扩大办学规模。赣州市第二职校、南康市职校、崇义县职校、大余县职业教育中心申报国家级重点职校接受省专家组评估。

2000 年，认真执行省政府《关于加快职业教育改革和发展的决定》，市教育委员会着力推进每县（市、区）集中力量办好 1 所示范性职业学校的要求，崇义、南康、瑞金、宁都、于都、兴国、大余、龙南、信丰、章贡区等县（市、区）投入资金扩建校舍、添置教学实验设备、建立教育生产实习基地。全市职校推行“三制”（校长负责制、教职工聘任制、结构工资制）改革，走综合学校的办学路子，拓宽招生渠道，扩大办学规模。南康市职校、崇义县职校被评为国家级重点职校。

第二节 师范专业教育

1986—2000 年，全市（地区）师范教育贯彻新的教学方案，坚持在“建设、管理、质量、特色”四方面下功夫，狠抓教师队伍建设，改革招生制度，大力改善办学条件，提高教育质量。至 2000 年，投入资金 6750 万元，建校舍 386850 平方米；有图书资料 119.16 万册，教学仪器设备总值 615 万元；有在校生 20565 人、教职工 2205 人，为国家输送合格的小学教师 24708 人。

一、发展概况

1986 年，全地区有 5 所师范学校，分别是赣州师范学校、宁都师范学校、龙南师范学校、瑞金师范学校、兴国师范学校。1992年，调整中等师范布局，撤销兴国师范学校，兴国师范学校民办教师班学员转至瑞金师范学校。1997年，全地区4所师范学校升格为正处级建制事业单位，赣州师范学校、龙南师范学校、瑞金师范学校通过国家教育委员会进行的办学条件和办学水平评估验收。2000年，在赣州师范学校的基础上设立赣南师范学院师范专科部，同时撤销赣州师范学校建制，逐步由三级师范向二级师范过渡。全市有3所师范学校，即宁都师范学校、龙南师范学校、瑞金师范学校。

二、教育改革

1986年，改革中等师范学校招生办法，实行定向招生，招生计划中拿出10%～15%的指标面向山区、老区招生。加试音、体、美，各以40分计入文化统考总分。在全地区各师范学校实行学生质量负责制。改革毕业实习，实行“县来县去”的实习办法。在兴国师范学校继续实行校长负责制试点工作。

1990年，在师范类等招生考试中，实施5门学科分卷考试、优秀学生免试保送和降分录取、中专（师范）单独报考及定向招生、省属师范专科学校招收民办教师、计算机辅助录取等项改革。在毕业生分配中，实行“行业包专业、县（市）包生源”等办法。1991年，全地区全面完成师范事业发展计划。

1992—1995年，各师范学校按照国家政策改革招生制度，招收委培生和非师范专业学生，扩大学校规模，新增专业。1995年，全地区各师范学校招收新生2140人，各校规模均达到1200人以上，开设艺师、体师、经贸外语、工艺绘画和计算机应用等专业。

2000年，宁都师范学校首次招收“3+2”学制专科师范生，开设小学教育、英语教育、计算机教育等3个专业，招收专科新生546人。

三、教育教学

1987年，各中等师范学校加强师德教育，狠抓教师专业理论课教学和实践能力的培养，提高教学质量。在全省八七届（1987年毕业）毕业生《教育学》抽考中，赣州师范学校人均成绩为第二名。在全省中等师范学校学生书法大赛中，赣州、宁都、兴国、瑞金、龙南等5所师范学校都取得较好名次。各师范学校继续试行学生质量负责制，对八六届（1986年毕业）1355名毕业生进行跟踪调查，合格率达99.7%。

1988年，完善中等师范质量全面负责制，制定《各学科教学年段要求》《基本功年度过关要求》《学习、见习要求》。中等师范学校毕业生试用合格率为99.9%。加强教师职业基本功训练，师范学校学生和进修学校学员基本功过关率均达96%以上。

1990年，探索师范教育新模式。九〇级（1990年入学）普通教师专业执行“新教学方案”。年底，接受省教育委员会组织的中等师范常规管理工作检查，全地区5所师范均获好评，中小学人选合格教师2233名。

1991年，全省年度中等师范学校教育工作会议在赣州召开，赣州地区就试行“新教学方案”和实行毕业生质量负责制等方面分别作经验介绍。各师范学校培养输送合格师资1913名。

1993年，组织中等师范教师学习新“教学大纲”，初步形成新的教学模式，强化学生说、写、弹、唱、画、操等基本功训练。在全省中等师范学校评估中，宁都师范学校获总分第二，瑞金、龙南、赣州、宁都4所师范学校分别获得2项单项奖。

2000年，进行院校结构布局调整，进行师范教学评估，构建面向新世纪、切合赣州市实际的教师培训体系。

四、学校简介

赣州师范学校　位于章贡区沙石镇楼梯村矮塔下，成立于1903年10月。1987年，被列为中国政府与联合国儿童基金合作加强小学幼儿师资培训的项目学校。1988 年 7 月，被国家教育委员会誉为“为基础教育培养合格师资，方向明确，成绩显著”的学校。1997 年 5 月，通过国家教育委员会中等师范标准化建设检查验收；同年 6 月升格为正县级事业单位。2000 年 4 月，经省人民政府批准，在赣州师范学校的基础上设立赣南师范学院师范专科部，赣州师范学校同时撤销，停止招收中等师范学生。1986—2000 年，赣州师范学校共培养学生 7469 人、函授生 2515 人。

宁都师范学校 创办于 1914 年，20 世纪 50 年代被誉为“江南第一师范”。学校位于宁都县梅江南路 63 号。占地面积 29.33 公顷，校舍建筑面积 5.68 万平方米。1986 年，招收学生 310 人；设简、高、中、幼儿教师 4 个专业，17 个教学班；共有在校学生 878 人，教职工 119 人，其中专任教师 60 名。1994—1996 年，增设非师范类经贸外语、工艺绘画、计算机运用专业，面向江西、广东 2 个省 5 个地区 29 个县（市）招收委培生。1996 年，招收学生 575 人，开设教学班 33 个，在校学生 1650 人，毕业学生 357 人；教职工 147 人，其中专任教师 84 人。1997 年 5 月，升格为正县级事业单位。1998 年，设立江西青年函授中专学校宁都师范学校直属教学站，开办幼儿教师、计算机及运用、装潢设计专业。1999 年，开办普通师范英语、民办教师专业。2000 年，省教育委员会把宁都师范学校列为重点办好的 12 所师范学校之一。增设普师计算机、幼儿教师专业，招收学生 1046 人，开设教学班 49 个，在校学生 2600 人，毕业学生 601 人；教职工 196 人，其中专任教师 106 人。

龙南师范学校 市（地）属中等师范学校，校址在龙南县城红旗大道中段马坳。校园占地面积 1986 年 3.8 公顷，2000 年增至 5.33 公顷。1997 年 5 月，升格为正县级事业单位。1997 年，通过教育部办学条件标准化检查验收。

1986 年，有 3 个年级 20 个教学班，学生 914 人，教职工 129 人，其中专任教师 73 人（含讲师 12 人）。主要面向龙南、定南、全南、信丰、安远 5 个县招收应届初中毕业生，按省下达到各县的招生计划数择优录取。1989 年，学区增加会昌、赣县 2 个县。1990 年，将会昌县换成寻乌县。1992 年，扩招自费生、委培生和内招生。招生范围除本学区 7 个县外，扩展到兴国、瑞金、宁都 3 个县和广东省的连平、和平、南雄、新丰等县。1998—1999 年，增设民师班，学制 2 年。2000 年，除开设普师、民师、艺师专业外，还增设非师范类的计算机、绘画（美术）、群众文艺、经贸外语等专业。招生范围扩展到南康、大余、上犹、崇义、会昌、宁都和章贡区等县（市、区）。当年，在校学生 43 个班 2203 人，教职工 146 人，专任教师 95 人，其中高级讲师 11 人、讲师 32 人、助讲 48 人。

兴国师范学校 校址设兴国县县城凤凰大道东侧，占地面积 2.71 万平方米。1986 年，新建办公楼 1 幢，面积 750 平方米，投资 23 万元。1988 年 7 月，中共中央书记处书记邓力群视察兴国时，为该校题写校名。1986—1990 年，招收学生 1114 人，其中普通教师 662 人，民办教师 452 人。毕业学生 1012 人，其中普通教师班 811 人，英语班 147 人，老区班 52 人，代培英语 2 人。1992 年 2 月，学校撤销，全部学员迁往瑞金师范学校就读。

瑞金师范学校 1986 年 9 月，学校升格为副县级事业单位，有教职工 99 人。1989 年，开始转为培训民办教师合格学历为主。1997 年，升格为正县级事业单位，同年 5 月通过国家教育委员会中等师范学校办学条件标准化评估验收。2000 年，完成全赣州市民办教师中等师范培训工作。在校学生达 1530 人。有教职工 112 人。

1986 年，实行统一招生制度，招收寻乌、会昌、瑞金 3 个县的初中毕业生，学制 3 年，招收学生 255 人。1988 年招收学生 240 人，在校学生 723 人。1989 年停止招收普通教师专业学生。1993 年，开始招收省内外普通教师委培生 47 名。此后，每年都招收部分委培生，开设工艺绘画、经贸外语专业。至 2000 年，共招普通教师委培生 583 人。2000 年恢复招收统招普通教师专业 6 个班，招生 297 人。1986—2000 年累计招收普通教师专业学生 1599 人，培养合格普通教师专业毕业生 1442 人。

1989 年起，招收赣州地区河东 7 个县 1 个市民办教师学员 207 人。1990 年以后，扩大招收全地区 18 个县（市）的民办教师学员。1990 年，招收民办教师学员 489 人。此后，民办教师教育一直为瑞金师范学校教育的重点。至 2000 年，共招收民办教师学员 5165 人，毕业 5146 人。

第三节　工科、农学和林学专业教育

一、发展概况

1986 年，全地区中等教育的工科专业教育学校有赣州地质学校 1 所学校，林学专业教育学校有江西省第一林业学校 1 所学校，农学专业教育学校有赣州农业学校 1 所学校。1992 年 4 月，江西第一林业学校更名为江西省赣州林业学校。1994 年 10 月，赣州地质学校更名为南方工业学校。2000 年，全市中等教育的工科专业教育学校有南方工业学校 1 所学校，林学专业教育学校有江西省赣州林业学校 1 所学校，农学专业教育学校有赣州农业学校 1 所学校。

二、学校简介

南方工业学校　创办于 1958 年。1958 年 5 月，江西省政府决定将江西工学院地质系扩建为江西地质学院，属地质类本科院校，校址定于赣州市。1965 年，因高校学科调整，学校停止办学。1973 年 2 月，江西省地质学校经江西省革委会批准成立，同年 3 月，学校更名为赣州地质学校。1994 年 10 月，经地矿部批准，国家教育委员会备案，学校更名为南方工业学校。位于赣州市（今章贡区）红旗大道 25 号，是隶属于地质矿产部的中专学校。

1986 年，共有在校学生 1007 人，教职工 315 人，学校建成校舍面积 38675 平方米。设有 5 个专业，学制分工科 4 年制、文科 3 年制。1993 年，增设工程测量、计算机应用、电子技术应用、公关与文秘、经济贸易、城镇建设与规划、食品工程专业 7 个专业，专业增至 12 个。1989 年，成立国家地质矿产部赣州地质学校测试研究所。1992 年 11 月，通过江西省普通中等学校教育评估，学校综合办学水平被评为 A 等。1993 年，开始招收委培生，成立校办企业立达科技开发总公司。1994 年 8 月，成为国家级重点普通中等专业学校。1995 年，学校招收统招和委培形式初中毕业生。有在校生 2045 人，教职工 267 人。培养大专、中专、成人中专等层次毕业生。增设地质专业科、电子技术应用专业科、建设工程专业科、应用化学专业科、财经科、计算机应用专业科、文秘与营销科、测量工程专业科、广告与装潢专业科、基础课科等 10 个专业。学制有 4 年、3 年、2 年制。1996 年，建立南方工业学校职业技能培训基地。开设化工工艺（精细化工）专业、企业管理专业，创办校外企业管理班和财务管理成人中专班。1997 年，成为国家职业技能鉴定所。1997—1999 年，相继开设国土资源调查、环境保护与监测、国土规划与测量、岩土工程、工业与民用建筑、机电一体化等 6 个专业。2000 年 9 月，与南方冶金学院联合办高职班，开始进行高职教育。学制有高职学制 3 年、中职学制 2 年以及高职（3+2）年。有在校学生 3532 人，教职工 258 人。设有地质调查与找矿、矿业开发与管理、宝玉石鉴定与加工、国土资源调查、国土规划与测量、土地管理、测绘信息技术、工程测量、土地资源管理、电子信息技术、机电一体化、水文地质及工程地质、工业与民用建筑、城镇建设与基础工程、市政与道桥工程、岩土工程、工业造型、广告装潢、工业分析、精细化工工艺、化工工艺、应用化学、食品工艺、环境保护与监测、财务会计、企业管理、工程造价、会计电算化、公关与文秘、文秘与营销、信息工程等 31 个不同专业。同年，获“江西省中专校教学管理工作优秀学校”称号，并成为首批国家级重点中等职业学校。

赣州农业学校　创办于 1915 年。位于江西省赣州市赣县赣新大道 29 号，是一所集农、工、文、商于一体的综合性中等专业学校。1986 年，赣州农业学校按照人才培养计划，开展教育教学改革，扩大专业规模。有在校学生 668 人，教职工 155 人。开设农学、园艺和畜牧兽医 3 个专业，学制 2 年。从 1993 年开始，招收初中毕业生，学制 4 年，仅培养 1 届该学制学生。1994 年开始，将招收初中毕业生的学制改为 3 年制。1995 年，招收最后一届高中毕业生，学制 2 年。当年有在校学生 913 人，有教职工 159 人。开始设立农民技术员班。开设农学、园艺、畜牧兽医、农业经济管理、文秘、农业财务、企业管理、淡水养殖 8 个专业，学制有 2 年、3 年和 4 年不等。1996 年，按照省委组织部部署，学校委培"定向生"，开设"村干班"，连续委培 3 届学生，1500 多人。同年，学校进行专业设置改革，到 2000 年基本完成专业设置雏形，毕业生人数翻番。2000 年，在校学生人数 2150 人。专业增至 10 个，开设农学、园艺、畜牧兽医、农业经济管理、文秘、农业财务、淡水养殖、企业管理、土地管理、计算机应用等专业，学制 3 年。

江西省赣州林业学校 创办于 1953 年，原名江西省第一林业学校。1985 年，学校搬迁至赣州市（今章贡区）湖边乡办学。1986 年，新校址占地 18.6 公顷，拥有一个山林面积 86.67 余公顷的实习林场。当年在校学生 588 人，教师 48 人。设有林业、综合利用、林业经济 3 个专业。为江西省地矿局招收两届职工中专地勘会计专业班。1991 年 9 月，被列为林业部南方林业行业岗位培训基地之一，承办南方 5 个省（区）（即江西省、湖南省、广西壮族自治区、广东省、广东省南海区）乡（镇）林业工作站站长岗位培训班。1992 年 4 月，由江西第一林业学校更名为江西省赣州林业学校。同年，被省教育委员会评为 A 级学校。1993 年 8 月，被列为全省十所省部级重点中专学校之一。1994 年 4 月，营林类和财经类两大专业被评为 A 级教育质量。同年，新增森林资源管理、经济林、财务会计、市场营销 4 个专业，并于 11 月与南京林业大学联合开办林学、林经、科技文秘等 3 个专业的大专函授教育。1995 年，在校学生 2118 人。1991—1995 年，专业设置由 3 个增加到 10 个，设置有林业、综合利用、林业经济、森林资源管理、经济林、财务会计、市场营销、森林旅游、小型土木工程、计算机及应用等专业。1997 年，开设果树与林业专业。1999 年，增设园林专业。2000 年，在校学生总数达 2289 人，校园占地面积 22.4 公顷。开设林业、园林、木材加工、计算机及应用、法律事务、工艺美术、经济林、森林资源与林政管理、农村经济、会计、旅游服务管理、文秘、市场营销、建筑经济管理、工业与民用建筑等 15 个专业。6 月，学校被教育部批准为首批国家级重点中等职业学校。

第四节 医学和艺术专业教育

一、发展概况

1986 年，全地区中等教育的医学专业教育学校有赣州卫生学校 1 所学校，艺术专业教育学校有江西省文艺学校赣南分校 1 所学校。1996 年，赣州南方美术学校成立。2000 年，全市中等教育的卫生专业教育学校有赣州卫生学校 1 所学校，艺术专业教育学校有赣南文艺学校、赣州南方美术学校 2 所学校。

二、学校简介

赣州卫生学校 创建于 1975 年 6 月，原为赣州地区卫生学校。位于章贡区南郊章江河畔，是赣南唯一的一所公办全日制普通中等卫生职业学校。1986 年，开始招收应届初中毕业生 302 人。当年在校学生 343 人，教职工 181 人。拥有建筑总面积 16800 平方米。开设医士、护士、药剂等 3 个专业。1995 年，扩大招生规模，拥有在校学生 2349 人，教职工 198 人。校园占地面积 27.24 平方米，校舍建筑面积 2.05 平方米。开设有护理、助产、药剂、社区医学、妇幼、口腔医士等 6 个专业。1997 年 7 月，开设医学美容和医学影像专业，复办口腔医学专业。1998 年 12 月，开设英语护理专业，与高等医学院校联办高级护理专业。1999 年 8 月，更名为赣州卫生学校。2000 年，开始与江西医学院、江西中医学院、井冈山学院、赣南医学院等高等院校联合办学，筹办“3+2”高职教育和成人高等教育。同年，由统招和委培改为社招。当年有在校学生4137人，有教职工215人。校园占地12.53公顷，建筑面积达79957平方米。共开设护理、助产、妇幼、社区、口腔、药剂、检验、影像、医学美容等9个专业。

赣南文艺学校 创办于1958年。位于赣州市章贡区姚府里48号。1962年因“三年困难时期”精简机构停办，1977年恢复办学，定名为江西省文艺学校赣南采茶班，1985年经省文化厅批准，更名为江西省文艺学校赣南分校。

1986年，江西省文艺学校赣南分校因专业戏剧的不景气、专业单一、生源严重不足，学校的发展陷入困境。1989年，制定新的办学目标，拓宽办学门路，改革招生办法，实行定向招生，接受社会资助，在完成国家指令性招生计划的同时，接受委培、代培和插班培训，实现多形式办学和多渠道筹集资金，改善办学条件。到1992年，赣南文艺学校走出困境，即由原来单一的戏剧采茶班发展成为拥有5个专业、200多名在校学生的综合性艺术类中等专业学校。1993年，经省政府批准，江西省文艺学校赣南分校改为单独建制的文艺中专，正式定名为赣南文艺学校，县处级建制，招生和分配列入国家计划，隶属赣州市（今章贡区）文化局主管。学校设置有3年制群文戏剧、群文音乐、艺术美术、赣南采茶戏表演和群文美术5个专业，共有在校生351人，教职工76人。1994年，学校设置有3年制戏曲表演、群文音乐、装潢设计、群文美术、中国舞表演5个专业。1995年，学校根据艺术人才培养的特点及社会的需求，增设3年制的话剧与影视表演（公关礼仪）暨器乐表演，原群文美术并入装潢设计专业。1996年，增设3年制的声乐表演专业，共拥有6个专业。1997年，设3年制的群文舞蹈专业，共拥有8个专业。1999年，增设5年制中国舞表演专业。5月，成立赣南客家艺术学校，与赣南文艺学校实行两块牌子、一套机构，并设立20万元的赣南客家艺术教育基金，奖励有志于赣南客家艺术教育且品学兼优的学生。2000年，增设5年制的器乐演奏专业。至此，学校共拥有2个5年制专业（中国舞表演、器乐演奏）和8个3年制专业（群文音乐、戏剧表演、中国舞表演、声乐表演、器乐演奏、群文美术、话剧与影视、公关礼仪）。在校生558人，教职工67人。占地面积1.1公顷。

赣州南方美术学校 1987年2月，赣南画院成立，为美术事业单位，归属地区文化局。赣南画院开办初期附设的赣南美术设计中心为国有企业，于1988年11月更名为赣州地区广告装潢公司，同时增设赣南电视摄影公司。1993年9月，创办赣南画院美术教育培训中心。1996年，培训中心更名为赣州南方美术学校，为自收自支单位，受赣州地区教育局、文化局双重领导，学校先后与南方工业学校、江西省广播电视大学赣州分校、江西省青年函授中专学校联合办学，开办计划委培班和成人教育班。与江西师范大学、赣南师范学院联合开办美术大专班及美术中专班。1999年，赣州南方美术学校独自开办小画家培训班。1993年，有教职工25名，其中专任教师16名，有高级职称教师3名、中级职称教师8名。2000年，有教职工28名，其中专任老师19名，有高级职称教师4名、中级职称教师9名。

学校坚持“培养具有一定专业能力和较高综合素质，能适应人才市场竞争的实用型美术人才”的办学宗旨，结合社会和人才市场需求实际，开设美术装潢、广告装潢、室内设计等专业，专业课有工艺美术史、艺术概论、素描、色彩、书法、字体、图案、构成、表现技法、摄影、计算机应用、广告设计、装饰设计、包装设计、标志设计等。文化基础课有政治、语文、英语、数学、物理、体育等。学制大、中专班均为3年，分别招收高、初中毕业生，学生来源于18个县（市、区）。学生毕业去向实行自行落实单位，学校协同劳动部门办理国营合同制招工手续，享受国家统分毕业生同等待遇。1993年，在校新生141人；1995年，共有学生267人；2000年，共有学生306人（新生93人、在校生104人、毕业生109人）。学校自创办以来，至2000年，累计培养1000余名美术人才，毕业生合格率年均达100%。

第三章　高等教育

1986—2000 年，赣州市（地区）的高等教育事业进入稳步发展阶段。在赣州的各高等院校办学规模不断扩大，硬件投资快速增长，办学条件得到改善，师资力量不断增强，学科教育得到拓展，适应社会发展的人才需求，学科及其专业开设越来越多，获得一大批省部级以上优秀教学成果奖。高等院校学研结合，独立承担完成一批“八五”“九五”国家重点科研项目。

第一节　发展概况

1986 年，赣州地区辖区内有 3 所普通高等院校，即南方冶金学院、赣南师范学院和赣南医学专科学校。2000 年，赣州市辖区内有 3 所普通高等院校，即南方冶金学院、赣南师范学院和赣南医学院。

一、办学规模

办学规模扩张较快。1986 年，在赣州的高等院校在校学生总数 5624 人，其中研究生 30 人，本科生 2616 人，专科生 2978 人。1990 年，在赣州的高等院校在校学生总数 6021 人，其中研究生 10 人，本科生 3853 人，专科生 2158 人。1995 年，在赣州的高等院校在校学生总数 9441 人，其中本科生 4854 人，专科生 4587 人。2000 年，在赣州的高等院校在校学生总数 16371 人，其中研究生 121 人，本科生 13384 人，专科生 2866 人。

二、办学条件

校舍面积快速增长。1986 年，在赣州的高等院校校舍建筑面积 55565 平方米。1990 年，在赣州的高等院校校舍建筑面积 19.87 万平方米。1995 年，在赣州的高等院校校舍建筑面积 23.67 万平方米。2000 年，在赣州的高等院校校舍建筑面积 41.52 万平方米。图书馆面积和图书馆藏逐年增加，1986 年高校图书馆面积为 6873 平方米，图书馆藏 86 万册；2000 年高校图书馆面积达 15068 万平方米，图书馆藏达到 179 万册。

三、专业设置与学制

研究生教育　1986—2000 年，赣州市（地区）仅有南方冶金学院开设研究生教育，学制为 3 年。1986 年，设有工学学科的采矿工程等 6 个专业。1990 年，设有工学学科的矿山机械工程等 7 个专业。2000 年，设有工学学科、管理学学科等 2 大学科的机械电子工程、企业管理等 17 个专业。

本科教育　1986 年，在赣州的高等院校工学学科学制为 4 年的有有色金属冶金等 11 个专业，师范学科学制为 4 年的有汉语言文学等 5 个专业。1990 年，工学学科学制为 4 年的有电气技术等 12 个专业，师范学科学制为 4 年的有数学等 5 个专业，医学学科本科为 5 年的有临床医学等 2 个专业。1995 年，工学学科学制为 4 年的有无机非金属材料工程等 13 个专业，师范学科学制为 4 年的有计算机科学与技术等 10 个专业，医学学科学制为 5 年的有眼耳鼻喉科学等 2 个专业。2000 年，在赣州的高等学院工学、理学、经济学、管理学、法学、教育学、文学、艺术学等学科学制为 4 年的有 48 个专业，师范学科学制为 4 年的有思想政治教育等 10 个专业，医学学科学制为 5 年的有临床医学、眼耳鼻喉科学、麻醉学等 3 个专业，医学学科学制为 4 年的有临床医学公共（卫生）事业管理等 2 个专业。

专科教育　1986 年，在赣州的高等院校师范学科学制为 2 年的有思想政治教育、数学、中文等 3 个专业，学制为 3 年的有汉语言文学等 8 个专业；医学学科学制为 3 年的有临床医学、学校医学、妇女保健学等3个专业。1990年，师范学科学制为2年的有思想政治教育等1个专业，学制为3年的有汉语言文学等8个专业；医学学科学制为3年的有临床医学、学校医学、妇女保健学等3个专业。1995年，师范学科学制为2年的有汉语言文学、英语等2个专业，学制为3年的有大众传播等17个专业；医学学科学制为3年的有临床医学、学校医学、妇女保健学等3个专业。2000年，在赣州的高等院校师范学科学制为3年的有物理学、音乐学等8个专业；医学学科学制为3年的有临床医学、学校医学、妇幼卫生、护理学等4个专业。

四、师资力量

高等院校的师资力量逐步增强。1986年，在赣州的高等院校教职工总数2483人，其中高级职称46人、中级职称324人，专职教师931人、行政人员401人。1990年，高等院校教职工总数2595人，其中高级职称203人、中级职称382人，专职教师989人、行政人员420人。1995年，高等院校教职工总数2429人，其中高级职称326人、中级职称553人，专职教师1043人、行政人员351人。2000年，在赣州的高等院校教职工总数2676人，其中高级职称554人、中级职称750人，专职教师1597人、行政人员1173人。

第二节 院校简介

一、南方冶金学院

学校创办于1958年，原名江西冶金学院，1988年更名为南方冶金学院。1998年，学校由中国有色金属工业总公司划归为中央与地方共建高校。同年，南昌有色金属工业学校划归南方冶金学院管理，成为南方冶金学院南昌校区。2000年1月，原江西省商业技工学校成建制并入南方冶金学院，成为南方冶金学院的西校区。南方冶金学院实行中央与地方共建、以江西省管理为主的管理体制，是一所以工学为主且工、经、理、法、文、管、教等多学科相结合、面向全国招生和就业的工业大学。

2000年，学院占地面积44.41万平方米、校舍面积28.93万平方米、教学及辅助用房面积8.28万平方米，教学仪器设备价值3501万元，馆藏图书100万册。教学、科研、文化体育和生活服务设施完善，是全国园林绿化400佳单位之一。学院办学规模不断扩大，至2000年，有教职工2720人，专任教师901人，在校学生10722人，其中本科6706人、专科含高职1249人、成人教育学生2646人、研究生121人。学院有硕士点15个、本科专业38个，有省级重点学科及重点建设学科6个、省级重点实验室1个。本科教育设有金属材料工程、冶金工程、工程管理、工商管理、会计学、法学、政治学与行政学、计算机及应用、数学与应用数学、英语、艺术设计等专业，形成以工为主，工、经、管、法、文相结合的专业格局。研究生教育设有采矿工程、工程测量、有色金属冶金、环境工程、企业管理等17个专业。函授、夜大学、脱产班、高等职业技术教育等学历教育先后设置涵盖工学、经济、管理、文学4大学科的19个专业，如有色金属冶金、机械工程、应用化学、会计学、经贸管理、行政管理、外贸英语等。

学院在采矿、选矿、冶金、材料、机电、环保、化工、自动控制等方面形成具有特色的科研方向。学院承担国家“八五”“九五”重点科技攻关项目8项、国家自然科学基金项目8项、国家科技成果重点推广计划项目2项、全国教育科学“九五”规划部委重点项目1项。2000年，获得国家自然科学基金2项资助，项目经费30万元。承担企业委托项目457项，合同经费4079万元，其中10万元以上的项目94项。完成并通过省部级鉴定的成果54项，获得省部级科技进步二等奖5项、三等奖18项、四等奖10项。

学院不定期举办各种类型的学术报告会、讨论会和专题研究会，每年邀请国内知名专家、学者来校讲学或作学术报告，组织教师和科技人员出国进行学术交流与访问学习，聘请外籍教师到校任教和外籍专家、学者到校讲学与交流，建立校际关系等。先后派遣教师和科技人员 285 人次，前往 20 多个国家和地区访问考察与学术交流，其中短期学术文化交流 68 人次、短期出国学术访问 153 人次。先后同英国、美国、加拿大、荷兰、澳大利亚等 20 多个国家和地区的高校、科研机构建立协作关系。聘请来自美国、英国、加拿大、澳大利亚、新西兰等英语国家的 70 人次外教到校教授英语。

二、赣南师范学院

学校创办于 1958 年 6 月，原名为赣南师范专科学校，校址位于赣州市（今章贡区）红旗大道。1984 年 6 月，学校改名赣南师范学院，成为江西省 2 所本科师范院校之一，1989 年获学士学位授予权。

2000 年，校舍建筑总面积为 5.3 万平方米，其中教学楼 1.93 万平方米、办公楼 1 万平方米、实验楼 1.89 万平方米、图书馆 4800 平方米；图书馆藏书 60 多万册，各种中外期刊 2300 多种。学校有在校学生 5834 人，其中本科生 4411 人、专科生 1423 人；有教职工 895 人，其中享受国务院和省人民政府特殊津贴专家 8 人，美国、英国、挪威、加拿大等外籍教师多名。

学校是一所以师范专业为主，融师范、非师范专业和高等职业技术教育专业于一体，含文学、理学、经济学、历史学、教育学、工学等六大学科门类在内的多科性省属本科师范院校，并有中文、政史、外语、美术、音乐、数学与计算机、物理、化学、体育、工商管理等 10 个系和马列德育教研部、公共课教研部、公体教学研究部、现代教育技术教研部等 4 个教研部，有成人教育、高等职业技术教育 2 个二级学院。有 28 个本科专业、9 个高等职业技术教育专业。至 2000 年，为国家输送各类合格毕业生 3.6 万多人。

学校先后成立客家研究所、苏区研究所和蒋经国研究所、地方资源开发研究所和软科学研究所、近代声学研究所等。全院教师共出专著 50 部。承担并完成省厅以上科研计划课题共 94 项。1989—2000 年，学院获江西省教育委员会人文社科优秀成果三等奖 9 项，江西省教育委员会高校科技优秀成果二等奖 1 项、三等奖 2 项，江西省社联社会科学优秀成果二等奖 2 项、三等奖 5 项。1996—2000 年，全院教师在国内外公开发表论文 1222 篇、文艺作品 143 篇，其中 19 篇论文被国际著名检索刊物 SCI、EI、ISTP 收录；科研课题立项国家级 3 项、省级 111 项；科研成果获省部级以上奖 17 项。学院的科研工作形成一定的特色，客家研究、中央苏区史研究等方面在国内外学术界产生较大影响。1999 年，《赣南师范学院学报》被评为全国首届社科优秀学报。

学校先后聘请夏普勒夫妇（美国籍）、拉里・马丁（美国籍）、伊恩・格罗夫期（英国籍）、盖里・麦克唐纳德（加拿大籍）等十余名外籍教师到学院任教；并邀请德克萨斯州大学电脑专家李电白教授，法国立恩福音乐学院民乐系主任、法国国家科学院华南及中印度人类学研究员郑瑞贞等专家到学院讲学。1986—2000 年，美国德克萨斯州代表团、美国德州麦卡伦市访问团、泰国宋卡王子大学代表团等先后到学院访问，洽谈有关开展教学交流、讲学和科研合作事宜。

三、赣南医学院

学校创办于 1941 年，前身为江西省立赣县高级助产职业学校，1958 年建立赣南医学专科学校，1988 年 4 月，赣南医学专科学校改建为赣南医学院，为江西省属普通高等本科医学院校。1993 年 6 月，学院获学士学位授予权。9 月，开办夜大学并招收临床医学专业专科学生。1997 年，通过国家教育委员会本科教学工作合格评价。1999 年，通过江西省高校实验室合格评估。

2000 年，校舍建筑总面积 6.5 万平方米，其中教学楼 1900 平方米、办公楼 3243 平方米、实验楼 1.35 万平方米、图书馆 4768 平方米、学生宿舍 1.65 万平方米、教职工宿舍 2.51 万平方米；学院固定资产总值 7147.37 万元，教学仪器设备价值 2703.89 万元，馆藏图书 18.06 万册；建有 1 所三级甲等综合性附属医院——赣南医学院附属医院、2 所非领导体制的附属医院，在省内外共建有 13 所教学医院、

50余所实习医院。学校有在校生2461人，其中本科生2267人、专科生194人；全院（含附属医院）有教职工1150人，其中高级职称人员142人、中级职称人员321人，聘请客座正、副教授200余人、讲师300余人。

2000年，学院设有基础医学、临床医学、社会科学和军事体育4个教学研究部，内设36个教研室、5个大型实验室和1个电化教育中心、3个研究室（所）。学院实行以本科为主、本专并举的办学体制，设有临床医学（五年制）、麻醉学（五年制）、眼耳鼻喉科学（五年制）、公共（卫生）事业管理（四年制）4个本科专业，临床医学、学校医学、妇幼卫生、护理学4个专科专业，成人教育设有临床医学、护理学专科专业及临床医学本科专业。至2000年，学院为社会培养输送中、高级医疗卫生技术人才近2万人。

科学研究与教学相结合，学院先后组建医学遗传学、皮肤病理学等研究室。1990年始，陆续承担国家、卫生部、省自然科学基金会，省科学技术委员会、省卫生厅科研课题近40项，自选课题110余项，其中通过省科学技术委员会、省卫生厅鉴定11项，并有8项获省科学技术委员会等科技进步奖或优秀科技成果奖，获国家专利2项，实现技术转让3项。主编出版各种专著20余部，在国内外学术刊物发表论文630余篇，其中100余篇获国内外优秀学术论文奖。编辑出版《赣南医学院学报》，并入编中国学术期刊光盘版和国际连续出版物统一刊号，向国内外公开发行；编辑出版党委机关报《赣南医学院报》，向院内发行和院校间交流。获江西省科技进步三等奖2项，江西省高校优秀科技成果二等奖2项，江西省高校思想政治教育科研优秀成果三等奖，江西省卫生厅技术创新一等奖1项、二等奖3项，赣州市（地区）科技进步一等奖1项、二等奖4项、三等奖3项。作为协作单位参加完成国家“七五”科技攻关项目1项，该项目获卫生部科技进步二等奖和国家科学技术委员会科技进步三等奖。

学校先后聘请教师大卫·考尔德·艾斯利（英国籍）等多位外籍教师到校任教，并多次接待爱德基金会驻海外联络处和英国海外志愿服务社（YSO）的工作人员，促进学院的外语教学。1986—2000年，学校多次派出教师赴美国、英国和澳大利亚等国访问或留学，其中有3位教师成为美国耶鲁大学、日本九州大学等大学的访问学者；泰国宋卡王子大学副校长帕莱特、美国耶鲁大学牙科博士杰克·乐文等专家教授先后应邀到校访问、讲学。1999年5月，中澳白内障防盲合作项目赣州研讨会在学院举行。2000年4月，中澳白内障合作项目江西赣州培训中心正式挂靠学院附属医院。同年，学校先后与九江医学专科学校和珠海华南专修学院签订联合办学协议，迈入省内外校际联合办学途径。

第四章　民办与成人教育

1987年，部分县（市）成立职工学校，社会力量逐渐参与教育办学。2000年，全市拥有民办教育机构925所，其中具有国家学历文凭试点资格的民办高校1所、民办普通高中23所、民办职业高中7所、民办初中13所、民办小学8所。

1986年，全地区各县（市）创办农民教育中心，提高农民文化素质，基本实现无盲县。2000年，电视大学招收成人大中专、普通班、注册视听生、开放教育专科和本科等各类学员；高、中等教育自学考试不断发展完善，向农村延伸。全市建有乡（镇）成人文化技术学校1333所，开办农业技术学校3862所。

第一节　民办教育

一、机构与规模

赣州市（地区）民办教育办学有民资独办、股份联办、国有民办、公办民助等多种形式。2000年，全市拥有民办教育机构 925 所，其中具有国家学历文凭试点资格的民办高校 1 所、民办普通高中 23 所、民办职业高中 7 所、民办初中 13 所、民办小学 8 所、其他民办学校 21 所、民办幼儿园 852 所；在校生共计 95399 人，其中民办高校 270 人、民办普通高中 8975 人、民办职业高中 4545 人、民办初中 13872 人、民办小学 10405 人、其他民办学校 2412 人、民办幼儿园 54920 人；民办学校占地面积 133.33 公顷，建筑面积 65 万平方米，投入办学资金逾 2 亿元。基本形成从学前教育到高等教育的民办教育体系和以政府办学为主体、民办学校与公办学校共同发展的教育格局。

二、社会办学

1987 年，赣州市（今章贡区）等 13 个县（市）成立职工学校，纳入社会力量办学范畴。少数职工学校为社会力量举办的文化补习学校。

1988 年 3 月，赣州地区离退休科技工作者协会会计培训班成立，这是经地区教育局正式批准办学的首例民办教育机构。1989 年，改办为赣南财经业余学校。各县（市）和一些大的厂矿企业也成立职工学校，各县成立农机化技术学校。1990 年 4 月，《赣州地区社会力量办学管理暂行规定》出台。

1991 年 8 月，赣州市（今章贡区）离退休教师协会成立赣州文化补习学校。11 月，由赣州地区教育界知名学者肖昌璜等 11 位老知识分子发起成立民办赣南大学（1998 年经省教育委员会批准改名为江西赣南专修学院，并确定为具有颁发学历文凭试点资格的民办高校）。一些民主党派人士也开始参与筹资开办民办幼儿园和民办职业技术教育机构，少数民办学历教育机构开始兴起（其中有宁都县青塘镇私立小学、宁都县刘坑乡民办初中、于都县贡江镇新兴民办小学）。1992 年 7 月，地区教育局、公安处联合行文，对全地区社会力量办学进行登记和整顿。经整顿后第一批注册的社会力量办学教育机构有 63 个，其中中小学学历教育机构 3 个、幼儿园 8 个、民办学校 1 个、文化补习学校 6 个、职业培训教育机构 12 个、职工学校 20 个、农机化技术学校 13 个。

1993 年，全地区民办教育开始向基础教育、职业教育和成人教育等各个领域推进。2 月，赣州地区电子技术学校、中国少林赣州武术学校、赣州市（今章贡区）胜利成人学校相继成立。4 月，赣州商业学校、赣州市（今章贡区）工业交通干部学校成立，由中国民主同盟赣州市（今章贡区）委员会举办的赣州市（今章贡区）力行高级中学成立，这是经地区教育局批准的赣州地区第一所民办普通高中，其招生指标由地区在省拨指标中划拨，主要面向赣州市（今章贡区）招收经过中考的初中毕业生，学校办学活动纳入赣州市（今章贡区）教育局统一管理。7 月，由民革赣州市（今章贡区）委举办的赣州市（今章贡区）中山成人高级中学成立，这是赣州地区第一所民办成人高中。企业办学和公民个人办学相继出现，有江西三江电子有限公司举办的赣州三江电子技术学校、女青年欧阳红举办的赣州心心私立幼稚园、退休教师刘春光举办的瑞金私立英才学校等。由地区一级批准的民办教育机构达 13 所。新建由社会力量举办的教育组织（中心、班、站、园、所、校）100 个，在校生 1.3 万人。被表彰的社会力量办学先进单位 24 个。

1994—1995 年，由高等院校、中专学校和普通中学及政府部门利用非财政性经费举办的教育机构开始出现。有南方冶金学院高等教育研究室举办的赣州南方职业技术学校、赣州地区粮食职工中专学校举办的赣州地区应用技术学校、瑞金第二中学工会举办的瑞金市成人高级中学、赣州地区科学技术委员会举办的赣南科技学校、赣州地区劳动就业服务管理局举办的赣南科技应用学校、定南县林银海举办的定南县长乐中医学校、赣州摩托车维修技术培训学校、赣州地区科技信息研究所举办的赣南金桥技术培训学校、赣南画院举办的赣州地区南方美术培训学校等。赣州地区计划生育职工中专举办赣州地区自学考试辅导学校，是赣州地区第一家面向参加全国自学考试考生的助学机构。

1997 年，全地区社会力量办学机构总数达 200 余所，学生数 18000 余人。地区科学技术委员会举办的民办赣州地区科技职业学校、赣州市（今章贡区）总工会举办的赣州女子职业技术学校、胡丽华举办的兴国县兴旺职业技术学校，均实施职业高中学历教育，国家均承认学历，面向全地区招收具有初中文化程度以上的从业人员、社会青年及应届初中毕业生。1997年9月，民办瑞金红都高级中学成立。

1997年10月，国务院颁布《社会力量办学条例》。1998年1月，地区教育委员会印发《关于建立社会力量办学学校档案的通知》，对社会力量办学过程实施规范管理。批准成立赣州小星星英语学校、安远县成人职业技术学校等一批特色学校。至年底，全地区社会力量办学教育机构达283所，在校（园）学生18650人。

1999年2月，赣州市（今章贡区）个人投资120万元兴办的赣州育苗幼儿学校，是赣州市（今章贡区）第一所建设标准较高的民办幼儿园。赣州私立心心幼稚园投资80万元新建园舍，成为赣州市（今章贡区）又一所办园条件较好的幼儿园。7月，瑞金、寻乌等市（县）相继制定社会力量办学管理办法，加快民办教育发展步伐，寻乌县增设博豪中学、长宁中学2所民办初中，赣州市教育委员会批准瑞金市私立英才学校在举办小学、初中教育的基础上，增设普通高中学历教育。全市民办教育机构有446所，在校（园）学生27693人。

2000年5月，赣州光华中学、赣州市行知中学、赣州市曙光女子中学等3所民办高中成立，虔州艺术学校开办艺术高中班、赣州市力行高中开办音乐和体育特色班。8月，赣州黄金开发区建成赣州英华学校，南康市建成南康市新世纪中英文学校，其办学条件在省内民办学校中堪称一流，投资均达2000万～3000万元，校舍面积则达3万多平方米。10月，引进美籍华人资金，由市教育委员会牵头在章江新区筹建赣州东方学校，这是1所高标准、高起点的股份制合作办学学校。

三、清理整顿

2000年4月，清理整顿民办教育机构，市教育委员会撤销赣州传统养生技术培训学校等19所教育机构。12月，市公安局、市教育委员会、市体育运动委员会联合制定《关于清理整顿武术学校及习武场所的工作方案》，对全市武术馆校和习武场所进行清理整顿，仅保留赣南武术学校、赣州市武术职业学校、信丰少林震威武术学校和龙南搏击武术学校4所武术学校。

第二节　成人教育

2000年，电视大学招收成人大中专、普通班、注册视听生、开放教育专科和本科等各类学员，共开设27个专业；高、中等教育自学考试不断发展完善，在巩固城镇自学考试工作站基础上，推进自学考试向农村延伸。全市建有乡（镇）成人文化技术学校1333所，开办农技校3862所，全市乡（镇）、村两级成人文化技术学校共培训农民371305人，有效地提高农村劳动者的文化科学素质。

一、农民教育

1986年，农民业余学校从单纯的文化教育转变为以技术教育为主和政治、文化、技术三结合的教育，将农民教育中心与发展地方经济相结合。地、县教育行政主管部门鼓励、提倡农民私人办学，出现一些私人办学的典型，如南康县的江传标、兴国县的钟振华分别举办业余夜校和农村种养知识辅导班。地县教育行政主管部门对各地农民专干进行登记，10月举办全地区农民专干培训班。

1987年，组织开展乡村干部、回乡知青、乡镇企业职工技术状况调查，制定农民教育规划。地区教育局、文化局、科协、农牧渔业局、老建办、团委、妇联等7个部门召开联席会2次，联合印发《加强协作，促进农民教育发展的意见》。全地区各级完善农民教育中心，地区教育局会同地区科学技术协会印发《合格乡（镇）农民教育（教育科普）中心六条标准》。

1988年，全地区加强对农民的实用技术培训，办起村级农民文化技术学校1108所、示范性乡

（镇）农民文化技术学校20所，对154名乡（镇）专干、28名县专干和42万农民进行实用技术培训。职业技术学校举办255期各种农民实用技术短训班，培训1.35万人次。1989年，全地区办起乡（镇）农民文化技术学校50所，举办各类农业技术培训班3793期，培训农村青壮年45.51万人次，完成计划的151.7%。

1991年，新建起乡（镇）农民文化技术学校120所，累计达170所，占全地区乡（镇）数的46.8%。全地区举办实用技术培训班1.55万期，培训农民57.8万多人次。1992年，新建乡（镇）农民文化补习学校98所，新建村农民文化技术学校2100所，培训农民3.95万人次，完成计划的112.8%。1993年，全地区新建乡（镇）农民技术学校61所，新建村农民文化技术学校211所，培训农民39.22万人次，完成计划的131%。1994年，全地区多种形式的农民实用技术短期培训得到较快发展，新建乡（镇）农民文化技术学校40所、村农民文化技术学校300所，有38.93万人次接受实用技术培训，组织4.82万名农村初中毕业生进行15～20天的实用技术培训。全地区各级教育行政主管部门组织实施"5121"工程，新建"燎原计划"（国家教育委员会1988年正式部署实施的一项旨在推进农村教育环节发展，促进农村经济发展和社会进步的计划）示范乡（镇）30个、科技兴农示范村576个，建立农民联系户1740户。1995年，全地区新建乡（镇）成人文化技术学校32所，新建村成人文化技术学校492所，至年底有乡（镇）农业技术学校330所、村农业技术学校3270所。

1996年，全地区各级教育行政主管部门将建设好乡（镇）成人文化技术学校作为农村成人教育工作的重点，地区教育局主抓南康市大岭乡、赣州市（今章贡区）水南镇、宁都县青塘镇、安远县双芫乡等4所示范性乡（镇）成人学校建设。全地区乡（镇）村成人技术学校分别达到355所和3862所，共培训农民38万人次。1997年，对40.1万农民进行实用技术培训，农村成人教育工作居全省先进行列。1998年，全地区建设乡（镇）成人技术学校333所，开办村级农技校3862所，培训农民40.94万人次。2000年，全市乡（镇）、村两级成人文化技术学校共培训农民37.13万人次。5月，省教育委员会在赣州市召开全省乡（镇）成人学校建设现场会，充分肯定赣州市农村成人教育工作。

二、扫盲教育

1986年，全地区基本实现无盲县，南康县龙岭、龙回、横市、大坪、龙华、镜坝乡，于都县罗坳、梓山乡，赣县王母渡、五云、沙地、江口、田村乡，宁都县石上、东韶、刘坑、田头乡，大余县青龙乡，信丰县大塘埠乡，先后创办农民教育中心，巩固扫盲成果，提高农民文化素质。

1988年，全地区青壮年（15～40周岁）无盲率达91.5%，580人成人高中毕业、8832人成人小学毕业。全地区18个县（市）通过省政府无盲县（市）验收。

1989年，对全地区农村15～40周岁人口重新摸底、建卡、造册，巩固提高扫盲成果。推行"三级负责、双线承包和多方配合与个人利益挂钩"的扫盲责任制。全地区扫除文盲1.63万人，完成省下达指标的115.04%，农村15～40周岁人口非盲率由上年度的91%提高到92.5%；业余小学毕业6433人，完成计划的114%。

1990年，全地区贯彻国务院《扫除文盲工作条例》。5月，开展扫盲宣传月活动，编印《农民识字课本》，动员全日制学校师生参加扫盲，利用"乡规民约"强制文盲学习。全地区共组织3.39万名文盲、半文盲参加各种形式的学习，经考试合格脱盲的有2.23万人，完成省下达任务的122%。15～40周岁农业人口非盲率达到4.5%，较上年提高2个百分点。

1993年，全地区贯彻《国务院关于修改〈扫除文盲工作条例〉的决定》，举办扫盲专干培训。全地区共有4.32万人（青壮年）脱盲，其中女性3.85万人，完成计划的127.2%。经扫盲后有2.53万人进业余小学学习，达到成人小学毕业水平。赣州市（今章贡区）"两基"工作通过省政府督导评估验收。

1994年，地区教育局组织以全日制小学教师为主体的普查队伍，逐村逐户上门检查，重新建立文化户口籍。全地区有青壮年383.03万人，其中文盲14.08万人。举办扫盲班3217次，有5.63万名文盲、半文盲参加学习，3.93万人达到脱盲标准，其中女性3.07万人。举办巩固提高班1288个，4.51万名脱盲学员参加学习，其中2.26万人达到成人业余小学毕业文化程度。大余县扫盲工作通过省政府评估验收。

1995年，全地区扫盲工作按照“突出重点、攻破难点、落实责任、强化管理、全面完成各项任务”的要求，扫除青壮年文盲3.85万人，其中女性3.3万人。组织4.5万名历年脱盲学员进入巩固提高班学习，其中有2.5万人获成人业余小学毕业证，崇义、石城、南康、信丰4个县的“两基”工作接受省政府的督导评估验收。

1996年，是全地区“两基”工作的攻坚阶段，赣州市（今章贡区）、大余、崇义、石城、南康、信丰、兴国、上犹、全南、定南等10个县（市）实现“两基”，通过省政府督导验收和国家教育委员会的审核批准，人口覆盖率达50.26%。龙南、会昌2个县的扫盲通过省政府督导评估验收。全地区扫除青壮年文盲4.79万人，其中女性脱盲3.99万人，组织4.5万名脱盲学员进入巩固提高班学习，全地区青壮年非盲率达97%。

1997年，全地区扫除青壮年文盲4.18万人，其中女性脱盲3.29万人，非盲率达97%，扫盲工作居全省先进行列。次年，全地区扫除青壮年文盲4.39万人，18个县（市）达到基本扫除青壮年文盲要求，青壮年非盲率达到97.8%。于都县、会昌县、安远县的“两基”通过省政府督导评估验收。全地区有15个县（市）实现“两基”，人口覆盖率达86%，高于全国平均水平。1999年1月8日，《中国教育报》以《用心铸就千秋基石》为题，全面报道赣州地区实施“两基”的经验。

2000年，全市继续抓好扫盲工作，共扫除青壮年文盲3.56万人，完成上级下达任务的178.2%，有4万余人参加扫盲巩固提高班学习，乡（镇）、村两级共培训农民37.13万人次。5月，省教育委员会在赣州市召开全省乡（镇）成人学校建设现场会。

三、广播电视教育

1984年7月，江西省广播电视大学（以下简称电大）赣州地区分校成立，全地区18个县（市）成立电大工作站，地、县两级形成完整的广播电视教育网络，配备专职和兼职教师，开办各种相应专业。

1986年，电大赣州地区分校有专职教师22人、兼职教师79人。全地区电大有18个专业，在籍学生722人。招收新生585人，毕业生321人。1988年，全地区有电大毕业学生594名。1989年，全地区电大有12个专业、34个教学班，在校学员910人。

1991年，全地区电大有12个大专专业、2个中专专业，共42个教学班，在校生1100人，实际招生比上年增长28%。开设面向农村的中专专业，试行回乡知青免试录取法，电大教育向农村延伸。1992年，地区电大招生627人（其中大专10个专业，招新生270人；中专7个专业，招新生351人），共17个教学班。全地区电大有43个教学班，在校生1262人。1995年，全地区电大招生1538人，共有26个专业、56个教学班、3889名在校学生，有486人办理毕业证、1458人次办理非学历结业证。1996年，全地区电大招生1799人，共有26个专业、59个教学班、4459名在校学生，有689人办理毕业证、2058人次办理非学历结业证。

1998年，招收新生929人，其中中专招收新生566人，占全省电视中专招生数的三分之一。各类新生人数均列全省各分校榜首。受省劳动厅委托，在赣州（今章贡区）、兴国、安远等县（市）进行计算机操作岗位培训和技术培训，参培人数近500人。全地区电大招生专业达到20个，16个县（市）设有电大办班点。年底，全地区电大办班单位37个，109个教学班，形成覆盖全地区的广播电视教育网络。成人大专、成人中专、普通大专、注册视听生和中考生、中专、非学历教育等多层次、多规模、多形式的办学格局进一步发展。学校注册视听生人数达1022人，办学点扩展到11个县（市），开设法律、财会、英语、小学师资（文理）等5个专业。

2000年，招收各类层次学历教育新生1519人，比上年增加642人，其中招收成人大专新生555人、注册视听生468人、开放教育专科381人、本科51人，中专招收新生64人，超额完成上级下达的招生计划。受全国高校扩招和生源竞争的影响，学校普通大专只招收新生105人，没有完成上级下达的任务。全年在校生3108人，比上年增加234人。非学历教育有新发展，组织参加“保险资格代理人培训、考试”人数达785人。坚持“面向边远山区、面向基层、面向农村”的办学方向，增加更适合社会和市场经济的专业，招生专业达到22个（大专17个、中专5个），开办“开放教育”试点（本科开设法学、计算机科学与技术2个专业，专科开设教育管理、计算机应用、小学师资教育3个专业）。赣州电大新校园落成，建立广播站和图书馆，添置教学用品，建设微机实验室、语音实验室、地面卫星接收站等配套设施，学校的办学条件得到改善。

四、高等院校成人教育

南方冶金学院 1986年，高等函授教育和夜大学开始招生。函授教育有工学门类有色金属冶金专业（专科3年制），夜大学设置有工学门类的机械工程、工业电气自动化专业（均为专科3年制）。1992年，成人高等教育2年制干部专修科设置8个专业（中国有色金属工业总公司下达举办的工业管理工程、矿山通风与安全专业，江西省要求举办的有色金属冶金、工程测量、工业与民用建筑、矿山机械、工业电气化自动化、政治理论专业），3年制专科函授设置有色金属冶金、采矿工程、选矿工程、工业管理工程、矿产地质勘查、应用化学、有色金属压力加工、机械设计与制造、环保与安全、行政管理与文秘等10个专业，3年制专科夜大学共设置机械工程、工业电气化自动化、机械设计与制造等3个专业。2000年，形成函授教育、夜大学教育、脱产班教育及高等职业技术教育等学历教育和专业证书班、岗位培训、自考助学班等多形式和多层次的成人高等教育办学体系，其中函授、夜大学、脱产班、高等职业技术教育等学历教育先后设置涵盖工学、经济、管理、文学4大学科的19个专业（采矿工程、选矿工程、矿产地质勘查、有色金属冶金、工业与民用建筑、机械设计及制造、机械电子工程、电气技术、工业电气化自动化、计算机及应用、应用化学、管理工程、工程造价管理、行政管理、经贸管理、文秘与办公自动化、会计学、会计电算化、外贸英语等）。1986—2000年，培养3000余名成人教育大专毕业生。

赣南师范学院 1986年，成人教育专科学制为3年的专业有中文、数学、英语、化学、物理。1990年，专科学制为3年的专业有中文、数学、英语、化学、物理、文秘。1995年，专科学制为3年的专业有汉语言文学、文秘、音乐、美术、法律、财会、英语、市场信息管理、经济贸易、数学、化学、物理、公共关系与文秘、体育管理；专科学制为4年的专业有电子技术、计算机应用、应用化学、精细化工、计算机应用技术。2000年，专科学制为3年的专业有汉语言文学、外贸英语、法律、财务会计、市场营销、计算机科学与技术、美术教育、体育教育、音乐教育、英语、市场信息管理、经济贸易、数学、化学、物理、公共关系与文秘、体育管理、文秘、涉外秘书；专科学制为4年的专业有电子技术、计算机及应用、应用化学、精细化工、计算机应用技术；专科学制为脱产2年的有音乐教育；本科学制为3年的专业有思想政治教育、汉语言文学、数学与应用数学、物理学、化学、英语、美术教育、音乐教育、体育教育。

赣南医学院 1995年，成人高等教育专科4年制的专业有临床医学。2000年，成人高等教育专科3年制的专业有临床医学；成人高等教育专科4年制的专业有临床医学、护理学。

第五章　高等、中等学校招生考试

1986—2000年，全市（地区）教育部门认真做好硕士研究生招考、普通高中等学校招考、成人高校和中专招考，高、中等教育自学考试工作，强化招生工作规范管理，有力促进教育公平。

高等教育、中等师范自学考试每年开考2次，1995年是赣州地区自学考试开考专业最多、报考人数最多、组织考试次数最多、毕业生人数最多的一年。2000年，全市普通高等、中等专业学校招生考试工作首次签订《考务工作责任状》，细化和量化考务工作处罚规定，全面实行考点、考场管理规范化。

第一节　招生考试规模

一、硕士研究生招考

1986年2月，报考390人，录取人数不详，有名单可查的有19人，占报考人数的4.9%。1987年，全地区报考攻读硕士学位研究生考生为395人。1990年，攻读硕士学位研究生统一考试，全地区考生272人。

1995年，全地区报考攻读硕士研究生的考生565人，比上年增加124人，其中应届本科毕业生154人。全地区录取69人。

2000年，全市报考攻读硕士研究生的考生1094人，考生来源中科技人员86人、高校教师59人、中学教师270人、其他在职人员263人、应届大学本科毕业生363人、其他人员53人。

二、普通高等、中等学校招生

普通高校招生考试报名时间为每年4月、5月预考，7月统考，8—9月中旬录取。1986年4月，全地区报名参加预选人数为18972人，其中应届高中毕业生12556人。正式报名参加高考的考生为7015人。普通高等学校在赣州地区录取新生2360人（不含不包分配的代培、专读、电大、职大录取的新生152人），占参加统考人数的33.64%。招收高中毕业生的中专在该区录取新生1169人，高校和招收高中毕业生的中专共录取3529人，占参考总人数的50.3%。

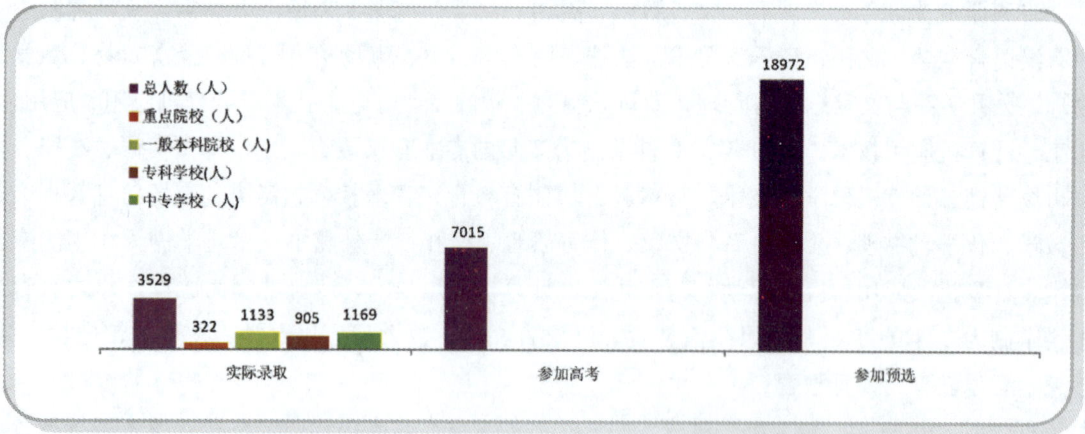

图32－5－1　1986年赣州地区高考招录情况

1988年，全地区应届高中毕业生报考普通高等院校考生18318人。被普通高等院校录取2497人。招收高中毕业生的中专共录取新生1038人。“一条龙”录取3535人，占考生总数的19.3%。“小中专”共录取2087人，其中中等师范1500人、其他中专587人，录取率为11.4%。这是自1977年恢复高考12年来全地区被普通高等、中等院校录取人数最多的一年。

1990年，全地区普通高等、中等学校招生报名人数为19951人，是全省考生最多的地区。全地区向专科以上高等学校选送新生2217人，占报考人数的11.11%。招收高中毕业生的中专录取836人。大专、中专共录取3053人（不含委培、自费生），占考生总数的15.3%。

1995年，全地区报考普通高、中等学校人数为13327人。全地区共录取国家任务计划2943人（含专科以上院校2512人、中等专业学校431人）。录取调节性计划2057人（含专科以上院校1654人、中等专业学校403人）。录取总数5000人（其中专科以上院校录取4166人、中等专业学校录取834人），占考生总数的37.52%。

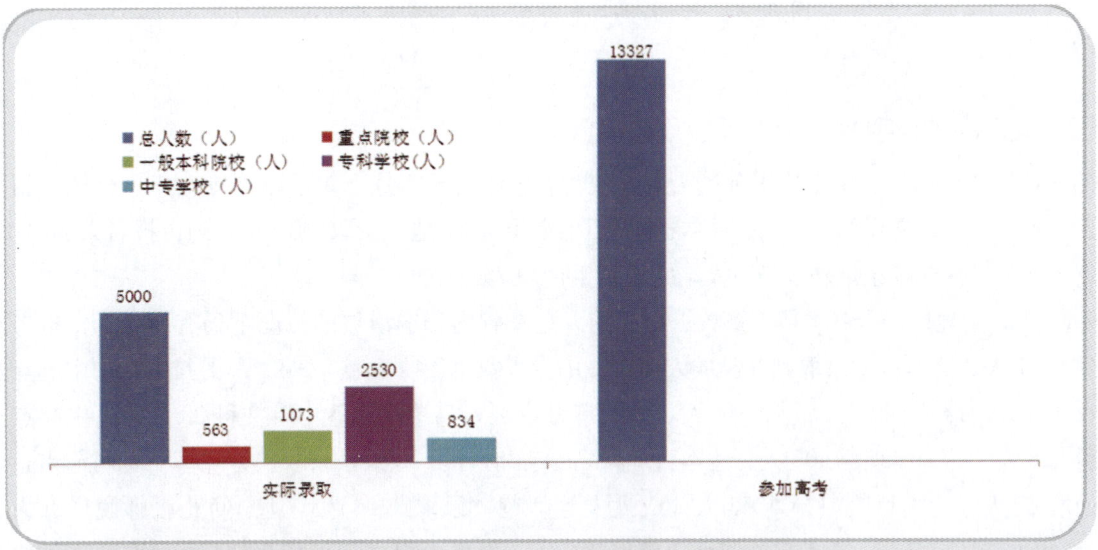

图32-5-2 1995年赣州地区高考招录情况

1996年，是江西省实行招生并轨改革的第一年。全地区考生略有增加。全地区有应、往届高中毕业生报考普通高等院校的考生13921人，比上年度增加590人。江西省仍分文史、理工、艺术、体育4个科类报考。全地区实际考生总数为14374人，占全省考生总数的12.54%。赣州地区向高等、中等专业学校输送新生4354人，录取率为30.29%，录取总数占全省招生总计划的10.96%。

2000年，全市参加普通高校招生考试的有15449人。全市设有18个考区、23个考点、534个考场，分文、理、艺、体四大类，参加“3+2”形式的统考，各科均实行分卷考评，并增加英语听力考试，听力部分占英语考卷150分的20%，即30分，不计入总分，仅作为录取参考。全市录取总人数为9177人，录取率达59.4%，超过全省录取平均水平5个百分点。

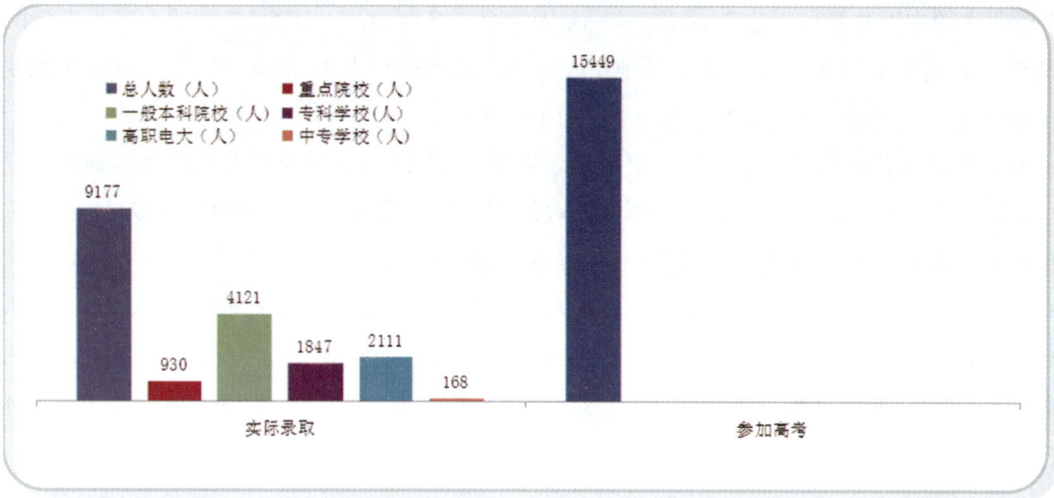

图 32－5－3　2000 年赣州地区高考招录情况

三、成人高校、中专招考

赣州地区成人高校、中专招生考试为 5 月统考，6 月底至 7 月上旬录取。1986 年，全地区招考各类成人高校、中专的考生为 4238 人（不含党校招生考生）。全地区录取 2010 人，约占报名人数的 47％。县（市）教师进修学校录取新生 701 人，完成招生计划 750 人的 93.47％。

1989 年，全地区报考各类成人高校、中专的人数在省内普遍滑坡的情况下仍有所增加，报考总人数达到 5401 人。全地区被录取到各类成人高校、中专人数（不含党校）3423 人。其中，初中起点达中专文科 445 人、理科 199 人，合计 644 人，录取率为 54％；高中起点达中专文科 38 人，高中起点达大专文科 538 人、达大专理科 407 人、达本科理科 30 人，合计 1013 人，录取率为 45％；专科起点达本科文科录取 87 人、达本科理科录取 53 人；成人中等师范被录取 1626 人，其中幼儿教师脱产 8 人、县（市）教师进修学校脱产 462 人、中等师范函授 330 人、卫星电视中等师范 826 人，录取总人数比上年的 2663 人增加 760 人。

1995 年，全地区成人高、中等学校招生考试报名人数为 7779 人。除免试生外，应参加全国统一考试的 6194 人。全地区录取各类成人高、中等学校新生 4089 人，占报名人数的 52.56％。其中成人中专录取 1451 人（含免试生 1231 人）；高中起点达大专录取 2068 人（含文科 954 人、理科 968 人、免试生 146 人），高中起点达本科 43 人（含文科 3 人、理科 40 人），专科起点达本科 183 人（含师范类 115 人、非师范类 68 人），录取上年度资格生 26 人、预科生 318 人。南方冶金学院和赣南师范学院举办的预科班录取学员 144 人，其中南方冶金学院 111 人、赣南师范学院 33 人。

2000 年，全市成人高、中等学校招生考试报名总人数为 11218 人。全市被成人高、中等学校录取新生 6269 人。其中，高中起点达大专文科录取 2570 人、达大专理科录取 966 人，高中起点达本科文科录取 163 人、达本科理科录取 344 人，“3＋2”文科录取 44 人、理科录取 1035 人，大专起点达本科师范类录取 527 人、达本科非师范类录取 385 人，大专免试生录取 120 人，中专免试生录取 115 人。

四、高等、中等教育自学考试

高等教育、中等师范自学考试每年开考 2 次，即上半年为 3 月报名、4 月考试，下半年为 9 月报名、10 月考试。1986 年，全地区参加高等教育自学考试上半年 3360 人、6773 科次，下半年 3906 人、9038 科次。参加中等师范自学考试上半年 4879 人、9587 科次，下半年 2223 人、5610 科次。中等师范于1986年首次开考，有1790人获得3020科次单科结业证书。

1990年上半年，全地区有199人参加本科汉语言文学、统计、机电一体化工程3个专业的15门课程的自学考试，报考522科次，及格率为36.2%。全地区有8046人报名参加专科15个专业58门课程的自学考试，报考19795科次，及格率为28.2%；有224人分别获得马列主义基础理论、会计、法律（一）、汉语言文学、英语、公安刑侦、统计、价格、基建财务与信用等9个专业的专科毕业证书。全地区有484人参加中专5个专业、30门课程的自学考试，报考1330科次，及格率为57.9%；11人获得中等师范毕业证书。下半年，全地区有166人报名参加本科3个专业、12门课程的自学考试，报考347科次，及格率为40.6%；7359人报名参加专科52门课程的自学考试，报考16165科次，及格率为32.6%；253人分别获得马列主义基础理论、会计、法律（一）、汉语言文学、英语、公安刑侦、统计、价格、基建财务与信用等9个专业的专科毕业证书。有395人报名参加中专4个专业、23门课程的自学考试，报考901科次，及格率为70.7%；有3人获得政治工作中专毕业证书。1990年，全地区全年报考16649人次，报考39060科次，及格12591科次；毕业人数为专科477人、中专14人。赣州市被评为全国自学考试工作先进集体。

1995年，是赣州地区自学考试开考专业最多、报考人数最多、组织考试次数最多、毕业生人数最多的一年。有16084人报名参加长线35个专业的自学考试，报考41008科次，实考27839科次，实考及格率52.6%。有641人（本科11人、专科624人、中专6人）获得自学考试毕业证书。开考7个短线专业自学考试，全年共有644人报名，报考2867科次，实考2008科次，实考及格率75.1%。

2000年，全市有35269人次报名参加4月和10月的本科、专科、中专3个层次共74个专业的自学考试，报名人次数和报考科次数均创赣州市自学考试之最。及格31056科次，实考及格率41.1%。有803人（本科141人、专科654人、中专8人）获得自学考试毕业证书。

第二节 招生考试政策

一、中等师范和其他“小中专”招生

中等师范提前录取，不得兼报；中等师范和赣州地区卫校护士班继续实行定向招生；中等师范加试音乐、体育、美术3科，各以40分即总分120分计入文化统考总分；规定历届初中毕业生除可报考中等师范或其他小中专外，还可报考农、职业高中；对获地区以上表彰的三好学生、优秀学生干部、体育竞赛优胜者、学科竞赛三等奖以上获得者、革命烈士子女、华侨和归侨子女以及在农村、山区从事教育事业20年以上的教工子女实行优惠政策，考试成绩达到最低投档控制线的可优先照顾录取，共照顾录取43名符合条件的考生。

二、高等、中等学校招生

1986年，在部分高校招收保送生，实行推荐与考试相结合，3所重点师范大学提前单独录取。实行“定向招生、定向分配”制度，完成委托培养招生任务，实行面向老区特困乡（镇）招生的政策。在老区县照顾招生，省属本科院校42名、省地属专科学校124名、省地中专274名。

1988年，成人招生对应江西省“预科生”和“资格生”实验（点），在试点中录取“预科生”13名，133人获取“资格生”证书；普通高校实行不搞预选，大、中专不分开报名，采取大、中专“一条龙”录取的办法，并实行招生指标分解到部分县（市），扩大委培面，实行定向和自费生计划等。

1990年，实施江西省普通高校招生所提出的一系列改革项目。5门学科分卷考试，文科语文作文进行分项分等评分的评分误差控制试验。允许考生申请查分，考生试卷不进档案。对报考体育专业的

考生，随全省集中进行专业考试。对省级“三好学生”“优秀学生干部”实行免试保送省属师范院校或在各层次录取中降低 20 分投档。计算机辅助录取。省内农业大学专科和农业中专实行单独报考，定向招生。省属师范专科学校试招部分中学民办教师，江西师大政治教育、教育管理专业试招有 2 年以上实践经验的在职教师等。

1994 年，普通高等、中等学校招生工作适应江西省由传统形式考试向“3＋2”形式考试过渡。考生分应届生和历届生分别报名，分别参加“3＋2”形式和传统形式考试。对参加“3＋2”形式考试的分数进行转换，统一划定录取分数线，进入全国高考科目设置改革行列。全国 37 所院校在招生计划上实行国家任务计划和调节性计划“并轨”，在招生的优惠政策上进行一些调整等。全地区对普通高等、中等学校的招考工作做长计划、短安排，考试环节抓好“三化两加强”和“四公开两监督”。成人高等、中等学校招考工作针对成人招生层次多、种类多、考试科目比较复杂，由地区招考办修订《赣州地区成人高等、中等专业学校招生统一考试管理细则》。

1995 年，制定和完善《赣州地区普通高等学校招生统一考试管理细则》《赣州地区成人高、中等专业学校招生统一考试管理细则》《普通高等学校招生政治思想品德考核和建立考生档案的几个问题》，形成统一组织机构、统一实施方案、统一操作程序、统一岗位职责、统一组织纪律、统一安排监考人员、统一规范档案材料的“七个统一”招生管理工作特点，规范招生工作组织管理。

1996 年，普通高等、中等学生招生考试工作根据报考类别进行专业考试，未进行专业考试的，不得参加该专业的录取。执行《普通高校在赣州招收保送生试行规定》，当年录取保送生 34 名。执行优惠政策，全地区审查“省三好学生”和“省优秀学生干部”52 人、“体育优胜者”33 人、单学科竞赛三等奖以上获得者 37 人、少数民族考生 68 人、华侨和归侨子女 5 人。推荐少数民族考生进入民族学院和其他高等学校学习，全地区当年有少数民族考生 68 人，被民族学院和其他高校录取 32 人，占少数民族考生的 47.06％。贯彻中等专业学校招收本系统职工子女的政策。按优惠 20 分的规定向招生学校提供档案。各类院校的定向招生，按政策规定落到实处，录取委培、自费生 1235 人，占全省委培、自费总计划 6849 人的 18.03％。制定《赣州地区 1996 年成人招生工作目标管理方案》《1996 年赣州地区成人招生报名工作要点》《1996 年赣州地区成人高、中等学校招生统一考试管理细则》，实行每场考试随机编排监考员组别进行监考。

1997 年，普通高等、中等学校招生考试工作全面实行并轨招生，组织考生订阅《江西招生报》和《报考指南》。在招生全过程坚持“四公开两监督”（招生计划公开，录取程序公开，录取分数线公开，录取结果公开；招生信息公布后接受纪检监察部门的监督，接受人民群众的监督），规范考场管理，严格考试纪律，保证考生的公平竞争。高、中等教育自学考试工作调整考点，本科、中专及应用专科专业集中在赣州市（今章贡区）考试。

2000 年，全市普通高等、中等专业学校招生考试工作首次签订“考务工作责任状”，细化和量化考务工作处罚规定，全面实行考点、考场管理规范化。抓好高、中等教育自学考试工作乡（镇）自考工作站建设，推进自考向农村延伸。赣县、章贡区等 9 个县（市、区）先后建立起 23 个乡（镇）自考工作站，全市 15 个县（市、区）自考工作向农村延伸，共建立乡（镇）自考工作站 43 个。下半年在乡（镇）工作站报名人数达 1874 人，报考科次达 4965 科，分别占全市报名人数和报考科次的 10.25％和 10.29％。

第六章　教育管理

1986—2000年，全市（地区）教育部门抓好教师队伍建设，强化后勤保障工作，推进勤工助学，做好毕业生分配工作，加强教育教学研究和教育督导，合理配置教育资源，有效提高教育管理水平。

第一节　教师队伍

一、普通中学教职工

1986年，全地区普通中学教职工数15765人，其中专任教师11790人。公办教职工数15195人，民办教职工数570人，另有代课教师1887人。1990年，全地区普通中学教职工数18335人，其中专任教师14590人，另有代课教师1443人、临时工529人、兼任教师31人。1995年，全地区普通中学教职工数20656人，其中专任教师16773人，另有代课教师843人、临时工282人、兼任教师20人。2000年，全市普通中学教职工数24837人，其中专任教师20947人，另有代课教师691人、临时工337人、兼任教师5人。

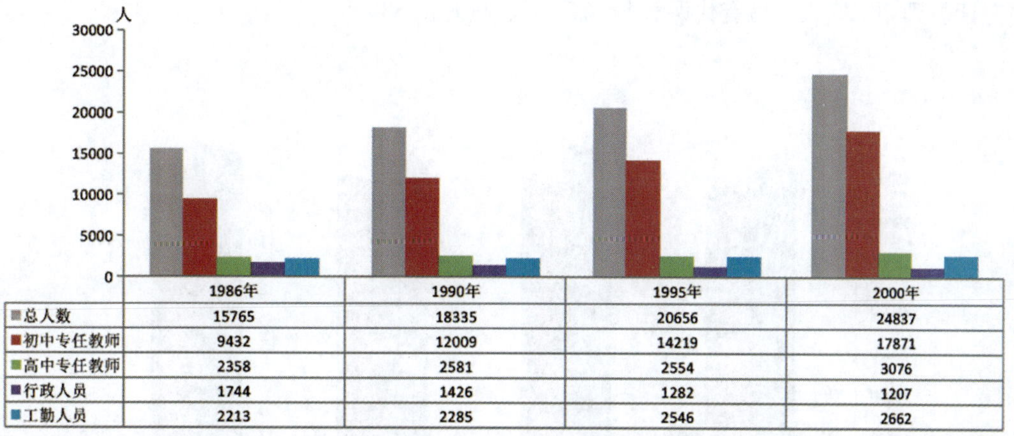

	1986年	1990年	1995年	2000年
总人数	15765	18335	20656	24837
初中专任教师	9432	12009	14219	17871
高中专任教师	2358	2581	2554	3076
行政人员	1744	1426	1282	1207
工勤人员	2213	2285	2546	2662

图32－6－1　1986—2000年部分年份赣州市（地区）普通中学教职工人数

二、农业、职业中学教职工

1986年，全地区农业、职业中学教职工数1745人，其中专任教师948人。1990年，全地区农业、职业中学教职工数1978人，其中专任教师1249人，另有代课教师131人、临时工64人、兼任教师38人。1995年，全地区职业中学教职工数2338人，其中专任教师1580人，另有代课教师101人、临时工62人、兼任教师67人。2000年，全市职业中学教职工数1763人，其中专任教师1285人，另有代课教师48人、临时工12人、兼任教师60人。

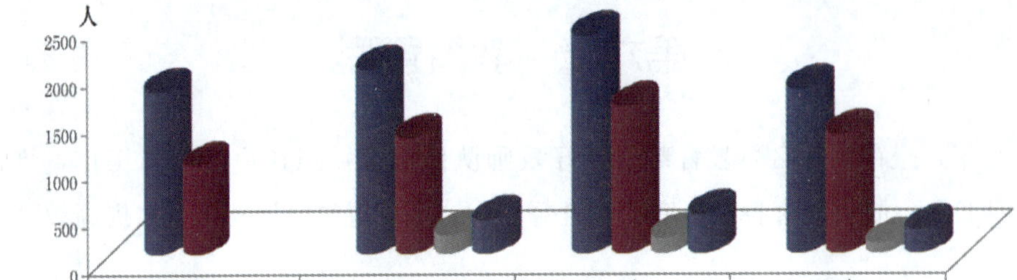

	1986年	1990年	1995年	2000年
总人数	1745	1978	2338	1763
专任教师	948	1249	1580	1285
行政人员	—	210	170	111
工勤人员	—	360	422	259

图 32－6－2　1986—2000 年部分年份赣州市（地区）农业、职业中学教职工人数

三、小学教职工

1986 年，全地区小学教职工有 37887 人，其中专任教师 34182 人。公办教职工 18269 人，民办教职工数 19618 人，另有代课教师 6856 人。1990 年，全地区小学教职工数有 39090 人，其中专任教师 35745 人，另有代课教师 2650 人、临时工 430 人。1995 年，全地区小学教职工数为 38330 人，其中专任教师 35325 人。另有代课教师 3097 人、临时工 314 人、兼任教师 5 人。2000 年，全市小学教职工数为 39004 人，其中专任教师 36725 人，另有代课教师 3759 人、临时工 330 人。

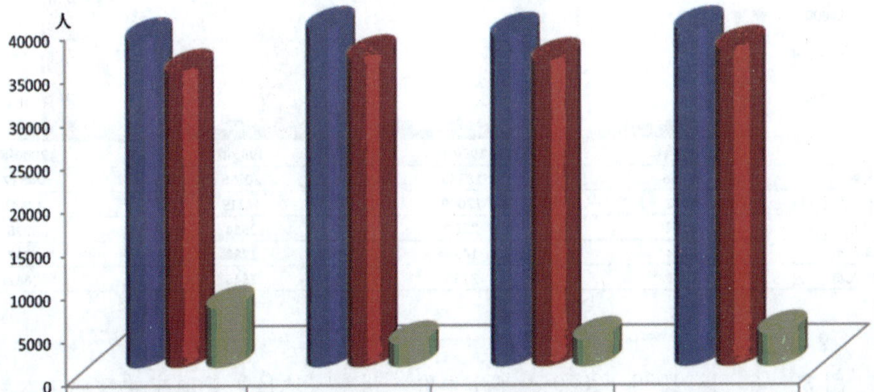

	1986年	1990年	1995年	2000年
教职工人数	37887	39090	38330	39004
#专任教师	34182	35745	35325	36725
代课教师人数	6856	2650	3097	3759

图 32－6－3　小学教职工人数及代课教师人数

四、幼儿园教职工

1986 年，全地区幼儿园教职工数 1585 人，其中公办 631 人、民办 954 人。1990 年，全地区幼儿园教职工数 2112 人，其中园长 110 人、教师 1916 人、保健员 86 人。1995 年全地区幼儿园教职工数 3109 人，其中园长 122 人、教师 2899 人、保健员 88 人。2000 年，全市幼儿园、学前班教职工数 4318 人，

其中园长 397 人、教师 3721 人、保健员 200 人。

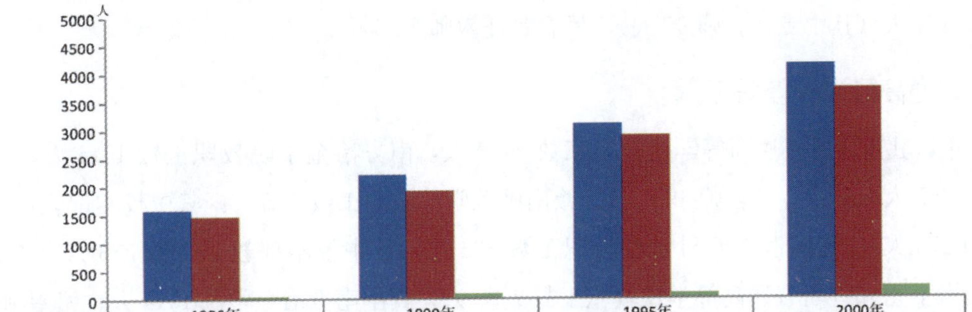

	1986年	1990年	1995年	2000年
教职工人数	1585	2212	3109	4318
教师	1463	1916	2899	3721
保健员	46	86	88	200

图 32－6－4　1986—2000 年部分年份赣州市（地区）幼儿园教职工人数

五、特殊教育（盲聋哑）学校教职工

1986 年，全地区特殊教育学校教职工数 1 人。1995 年，全地区特殊教育学校教职工 20 人，其中专任教师 19 人。2000 年，全市特殊教育学校教职工数 392 人，其中专任教师 329 人。

六、成人高等学校教职工

1986 年，全地区成人高等学校（赣州教育学院）教职工数 70 人，其中专任教师数 53 人。另有兼任教师 20 人。1990 年，成人高等学校教职工数 143 人（赣州教育学院 76 人、赣州电大分校 67 人），其中专任教师 78 人（赣州教育学院 46 人、赣州电大分校 32 人）。有兼任教师 73 人（赣州教育学院 20 人、赣州电大分校 53 人）。1995 年，全地区成人高等学校教职工数 128 人（赣州教育学院 99 人、赣州广播电视大学 29 人），其中专任教师 64 人（赣州教育学院 45 人、赣州广播电视大学 19 人）。2000 年，全市成人高等学校教职工数 139 人（赣州教育学院 107 人、赣州广播电视大学 32 人），其中专任教师 71 人（赣州教育学院 53 人、赣州广播电视大学 18 人）。

七、成人中等专业学校教职工

1986 年，教职工数 386 人（其中专任教师 153 人），另有兼任教师 137 人。1990 年，教职工数 598 人（职工中等专业学校 210 人、教师进修学校 388 人），其中专任教师 297 人（职工中等专业学校 88 人、教师进修学校 209 人），另有兼任教师 48 人（职工中等专业学校 20 人、教师进修学校 28 人）。1995 年，教职工数 551 人（其中专任教师 287 人），有兼任教师 25 人。2000 年，教职工数 405 人（其中专任教师 253 人），另有兼任教师 3 人。

八、成人中、小学和成人农业职业学校教职工

1986 年，全地区成人中学教职工数 840 人（其中专任教师 425 人），另有兼任教师 1121 人。成人农业职业技术学校教职工数 349 人（其中专任教师 312 人），另有兼任教师 1100 人。成人小学教职工数 1645 人（其中专任教师 1326 人），另有兼任教师 9122 人。1990 年，成人中学教职工数 51 人，另有兼任

教师 49 人。成人技术培训学校教职工数 282 人，另有兼任教师 1067 人。成人初等学校教职工数 2698 人，另有兼任教师 6223 人。2000 年，全市成人技术培训学校教职工数 1707 人（其中专任教师 151 人），另有兼任教师 8499 人。成人中学教职工 11 人（其中专任教师 3 人），另有兼任教师 28 人。成人初等学校教职工 1471 人（其中专任教师 65 人），另有兼任教师 7271 人。

九、普通高等学校教职工

1986 年，驻市 3 所普通高等学校教职工数 2483 人，南方冶金学院教职工数 1514 人，其中校本部教职工数 1055 人（其中专任教师 495 人）。赣南师范学院教职工数 635 人，其中校本部教职工数 635 人（专任教师 273 人）。赣南医学专科学校教职工数 334 人，其中校本部教职工数 333 人（专任教师 163 人）。1990 年，驻市 3 所普通高等学校教职工数 2589 人，其中南方冶金学院 1514 人、赣南师范学院 685 人、赣南医学院 390 人。专任教师 973 人，其中南方冶金学院 489 人、赣南师范学院 324 人、赣南医学院 160 人。1995 年，驻市 3 所普通高等学校教职工数 2429 人，其中南方冶金学院 1170 人、赣南师范学院 790 人、赣南医学院 469 人。专任教师 1033 人，其中南方冶金学院 396 人、赣南师范学院 426 人、赣南医学院 211 人。2000 年，驻市 3 所普通高等学校教职工数 2676 人，其中南方冶金学院 1291 人、赣南师范学院 895 人、赣南医学院 490 人。专任教师 1597 人，其中南方冶金学院 901 人、赣南师范学院 471 人、赣南医学院 225 人。

十、普通中等专业学校教职工

1986 年，全地区各类普通中等专业学校教职工数 1463 人，其中赣州地质学校 321 人、赣州地区农业学校 158 人、江西省第一林业学校 151 人、赣州地区卫生学校 196 人、赣州师范学校 192 人、宁都师范学校 134 人、龙南师范学校 129 人、兴国师范学校 88 人、瑞金师范学校 94 人。专任教师 699 人，其中赣州地质学校 141 人、赣州地区农业学校 50 人、江西省第一林业学校 63 人、赣州地区卫生学校 94 人、赣州师范学校 106 人、宁都师范学校 67 人、龙南师范学校 73 人、兴国师范学校 49 人、瑞金师范学校 56 人。1990 年，全地区各类普通中等专业学校教职工数 1488 人，其中赣州地区农业学校 162 人、江西省第一林业学校 159 人、赣州地质学校 334 人、赣州地区卫生学校 194 人、赣州师范学校 198 人、宁都师范学校 129 人、龙南师范学校 133 人、兴国师范学校 91 人、瑞金师范学校 88 人。专任教师 722 人，其中赣州地区农业学校 65 人、江西省第一林业学校 55 人、赣州地质学校 173 人、赣州地区卫生学校 96 人、赣州师范学校 103 人、宁都师范学校 63 人、龙南师范学校 76 人、兴国师范学校 40 人、瑞金师范学校 51 人。1995 年，全地区各类普通中等专业学校教职工数 1621 人，其中南方工业学校 296 人、赣州林业学校 216 人、赣州地区卫生学校 196 人、赣州农业学校 159 人、赣南文艺学校 166 人、赣州师范学校 212 人、宁都师范学校 145 人、龙南师范学校 136 人、瑞金师范学校 95 人。专任教师 777 人，其中南方工业学校 128 人、赣州林业学校 103 人、赣州地区卫生学校 105 人、赣州农业学校 63 人、赣南文艺学校 54 人、赣州师范学校 107 人、宁都师范学校 80 人、龙南师范学校 78 人、瑞金师范学校 59 人。2000 年，全市各类普通中等专业学校教职工数 1461 人，其中南方工业学校 262 人、赣州农业学校 155 人、赣州林业学校 188 人、赣州卫生学校 205 人、赣南文艺学校 67 人、宁都师范学校 162 人、龙南师范学校 146 人、瑞金师范学校 112 人、赣州师范学校 164 人。专任教师 791 人，其中南方工业学校 122 人、赣州农业学校 65 人、赣州林业学校 98 人、赣州卫生学校 114 人、赣南文艺学校 54 人、宁都师范学校 105 人、龙南师范学校 95 人、瑞金师范学校 72 人、赣州师范学校 66 人。

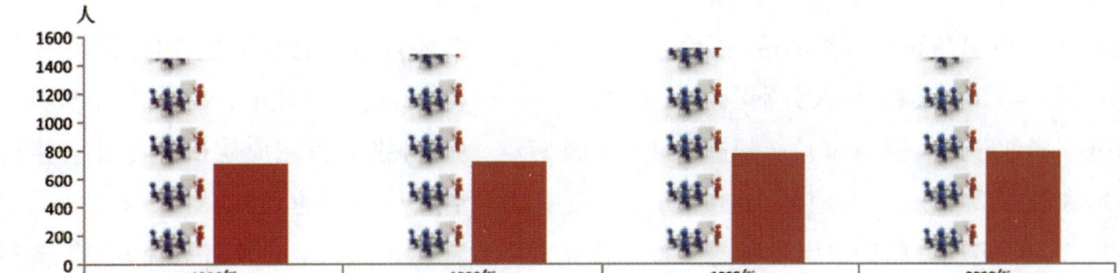

	1986年	1990年	1995年	2000年
总人数	1463	1488	1621	1461
专任教师	699	722	777	791

图 32－6－5　1986—2000 年部分年份赣州市（地区）普通中等专业学校教职工人数

第二节　师资培养

一、在职教师进修和培养

1986 年，地区教育局召开全地区中小学优秀青年教师经验交流会，摸索培养青年教师的方法和途径。组织中小学教师教材法过关培训考试。组织小学、幼儿园教师系统学习心理学、教育学，进行心理学结业考试，全地区有 15861 名教师参加考试。编印《教育学自学辅导材料》，组织第二次初中教师教材教法过关考试，全地区有 1583 人考试成绩合格。颁发中、小学教师专业考试大纲，组织有关教师参加函授和自学考试，1790 人获得 3020 科次中等师范自学考试单科结业证书。加强对青年教师的培养，开展青年教师优秀课竞赛活动，召开全地区中、小学优秀青年教师经验交流会。全南、定南、龙南、崇义、兴国等县筹建卫星电视教育地面接收站。

1987 年，各县（市）教师进修学校在办好中等师范进修班的同时，开办各种短训班，提高全市中小学教师素质。组织中、小学教师参加教材教法过关考试和文化专业知识考试，有 122 人获得高等师范函授专科毕业证书。利用电教手段培养师资，建成 6 个卫星电视教育地面接收站和 27 个教学放像点。着力培养青年教师，开展“两个能手”评比活动，评出青年教学能手 200 人、青年班务工作能手 100 人；在赣州市（今章贡区）举办全地区 600 名小学青年教师教学观摩活动，录制 18 个县（市）41 个课时的青年教师优质课，编辑《青年教学能手录像课》。

1988 年，实行多种形式培训师资。赣州师范学校试办体育侧重班，开办成人幼儿教师代培班，全地区有 474 名中等师范函授学员毕业，有 213 名幼儿教师、1887 名小学教师、408 名初中教师和 96 名高中教师取得证考单科合格证，有 1677 名初中教师和 2214 名小学教师报名参加卫星电视师范学院学习，有 84 名教师毕业于赣州教育学院。全地区小学、初中、高中教师学历达标率分别为 68.7%、37.4%、30.7%，均高于上年水平。赣州师范学校为基础教育培养教师受国家教育委员会表彰和奖励；有 11 所教师进修学校经省政府批准正式备案。开展教师职称的评聘工作，有 24525 名中专、中小学、幼儿园教师分别获得高级、中级、初级教师职称。进行民办教师选招工作，对 4915 名符合报名资格者进行考试和择优选招。

1989 年，全地区有 89 名初中教师、591 名小学教师分别毕业于赣州教育学院和县（市）教师进修学校，有 558 人和 43 人分别取得中等师范、高等师范函授毕业证书，有 170 名幼儿教师、690 名小学教师、436 名初中教师、159 名高中教师取得证考单科合格证，小学、初中、高中教师学历达标率分别为 70.3%、39.5%、32.2%，新建卫星电视教育地面接收站 8 个、放像点 133 个。全地区各级各类学校还充实新教师2198名，中等师范学校招收411名民办教师。

1990年，组织在职教师参加培训学习，3586名和2812名教师分别参加卫星电视师范中等师范、高等师范学习，有374人和96人分别取得高等师范、中等师范函授毕业证书，88名初中教师和475名小学教师分别毕业于地、县（市）教师进修院校，2987名教师分别取得相应层次的专业合格证书。举办短训班培训教师2729人，全地区小学、初中、高中教师学历达标率达到73.2%、42.2%、36.6%。中等师范招收497名民办教师。强化师德教育，赣州电视台播出8位“全国教育系统劳模”先进事迹电视录像。同年，坚持“在职为主，脱产为辅”的原则。办好卫星电视教育，在宁都、信丰2县建起卫星电视收转台，组织教师参加卫星电视师范学习。

1991年，举办中小学校长岗位培训。以业余和卫星电视师范教育为主，开展教师培训，新建6个教育电视台，增加一批放像点，组织6079人参加学习。制定《卫星电视师范管理暂行规定》，促进卫星电视师范教育正规化。脱产班和高等师范、中等师范函授工作分别有200人和464人获得高等师范、中等师范函授毕业证，全地区教师达标率分别为幼儿园66.5%、小学77%、初中44.5%、高中36.7%。完成第一轮教师“专业合格证”考试，有5707人获得“专业合格证书”。对中等师范学校毕业生进行职初教育和培训，地区分6个点举办农村初中英语教师听说培训班，培训学员200人。编印全地区获省以上表彰的优秀教师事迹书籍《绿荫的情怀》3万多册。

1992年，地区先后举办英语九年制义务教材培训班、小学九年制义务教育教材学习培训会、高中政治课教材培训班等。在赣州市（今章贡区）和大余县进行小学教师继续教育试点，重点抓好南康、兴国2个县小学新教师见习期培训。卫星电视教育招收中等师范学员2369人、高等师范学员2337人，在籍卫星电视学员累计中等师范3862人、高等师范3600人、八八级（1988年入学）毕业852人。中小学教师学历达标率高中38.9%、初中47.61%、小学78.2%。全地区3129名中小学和幼儿园教师参加第一轮补考，及格率75%。抓好中小学校长岗位培训，举办初中校长培训班3期。全地区有9篇小学校长的经验或案例收入《江西省中小学校长管理经验案例》。

1993年，举办小学新教师岗前培训。开办三、二段小教大专试点班。石城县、崇义县、会昌县、定南县4所教师进修学校经省人民政府备案。骨干教师培训由赣州市（今章贡区）、大余县扩大至南康、兴国等4县（市），共培训146人。中小学教师学历达标率高中、初中、小学分别为41.44%、50%和80.55%。至年底，全地区10561名中小学和幼儿园教师获得专业合格证书。

1994年，地区卫星电视教育办招收小学教师专科班1237人、初中教师本科班774人，中等师范669人、高等师范494人毕业；全地区小学、初中、高中教师学历达标率分别为83.1%、54.6%、43.6%。开展中小学校长岗位培训，小学校长培训率达98%，初中校长培训率达93%。1995年，举办小学教师以5项基本功训练为主要内容的全员培训。

1996年，赣州地区定为全省小学教师基本功训练试点地区，各县（市）试点工作顺利开展。以“三沟通”（函授沟通、电化教育沟通、自学考试相沟通）为主的中小学教师学历培训得到巩固和发展，超额完成。全地区中小学教师学历达标率小学、初中、高中分别为89.2%、69.2%、49%。民办教师通过培训和考试转为公办教师1716人。地区组织评选119名学科带头人和365名中青年骨干教师。1997年，举办中小学校长提高培训。1999年，举办初中教师以5项基本功训练为主要内容的全员培训。

2000年，实施中小学教师继续教育工程方案，启动新一轮中小学骨干教师国家级、省级和市级培训，初中教师学历达标率达到79.3%。做好校长岗位培训工作，开展教师现代教育技术培训。全市开始第二批中青年骨干教师和学科带头人的评选活动，提高实施素质教育的能力。全市各中小学开展教书育人、爱岗敬业、无私奉献主题师德教育活动。全市评选表彰300名优秀教师、优秀班主任、优秀教育工作者和“十佳校长”“十佳教师”“十佳班主任”。

二、教师进修院校

赣州教育学院 1986年3月，赣州教育学院开始招生。1992年，赣州教育学院迁至原兴国师范学校校址办学。1993年，通过国家教育委员会的评估验收。2000年，赣州教育学院从兴国县迁入赣南师范学院师范专科部，与其合署办公。

县（市、区）教师进修学校 1986年，全地区18个县（市）成立教师进修学校。1988年，赣州市（今章贡区）、南康县、赣县、大余县、龙南县、安远县、寻乌县、于都县、宁都县、兴国县、瑞金县等11所教师进修学校在省政府备案。1993年，崇义县、定南县、会昌县、石城县4所教师进修学校在省政府备案。1998年，南康教师进修学校被评为全国先进成人中等专业学校；1996年、1998年、1999年、2000年，市（地区）教委先后被省教育委员会表彰为师资培训、中小学校长培训和“三沟通”师资培训先进地（市）。

第三节 后勤保障

校舍建设的重点是抓土木结构主体校舍改造和校园“六配套”（教学和行政用房、生活用房、卫生设施、运动场地、围墙校门道路和绿化环境配套）建设。2000年，全市筹措校建资金9999万元，新改建校舍22.87万平方米，中小学危房比例下降到7.61%，基本实现中小学校园建设“六配套”。教学仪器、电教设备和图书资料等得到充实和更新。全市装备计算机的学校达352所，装备总量为7080台。全市新建多媒体综合教室9个、语言教室15个，赣州市第一中学、赣州市第三中学建起校园网，15所学校达到现代教育技术装备一类标准，36所达到二类标准，全市教育技术现代化水平有新的提高。

一、教育事业费

1986年，赣州地区教育事业费实际支出7478.8万元（其中奖金292.1万元），其中中等专业学校经费268.2万元、职业教育经费237.6万元、中学经费2313.9万元、小学经费3189.6万元、幼儿教育经费51.1万元、普通业余教育经费1.7万元、教师进修及干部培训经费223.3万元、民办教师补助费815.1万元、特殊教育经费2.3万元、其他教育事业费376万元。

1990年，全地区国家财政预算内教育事业费实际支出1.27亿元，其中个人部分1.12亿元（工资5457.9万元、补助工资3019.9万元、职工福利673.4万元、离退休费1386.1万元、人民助学金128.5万元、主要副补537.6万元），公用部分1516.4万元（公务费404万元、设备费110.8万元、修缮费826.4万元、业务费123.6万元、其他费用51.6万元）。

1995年，全地区国家财政预算内教育事业经费实际支出2.87亿元，其中高等学校（含成人高等学校）88.4万元，中等专业学校999.3万元（中等师范学校697.2万元、成人中专学校302.1万元），中学1.01亿元（普通高级中学2947.6万元、普通初级中学7186.1万元），职业中学1117.3万元，小学1.54亿元（其中农村普通小学1.47亿元），特殊教育学校6.8万元，幼儿园324.3万元，其他682万元。

2000年，全市教育事业费达5.33亿元。有12个县（市）实现教育事业费统筹，10个县（市）实现教师工资县统发。教育部门拓宽教育筹资渠道，争取上级专项补助经费及社会多方对教育的投入。争取中央和省教育专项补助经费1600万元，市教育委员会争取中央和省教育专项补助经费1600万元，争取田家炳项目1个300万元、邵逸夫项目1个80万港币、沈炳麟捐建项目4个54.72万元。大余县梅关中学、兴国县东方希望小学等大型外资项目学校建成投入使用。

二、校舍

1986—2000年，全市（地区）共投入校建资金9.7亿元，修建中小学校舍486.69万平方米，校舍总面积达601万平方米，纯增校舍170万平方米，土木结构校舍比例由1987年的90%下降到2000年的10%，危房比例由21.9%下降到1%，农村最好的房子是学校。各县（市、区）实现中小学实验教学普及县（市），中小学的办学条件明显改善。

1986年，赣州地区普教基建投资计划完成427万元。按资金来源划分：国家预算165万元、省机动财力123万元、自筹投资139万元，其中不计规模49万元；按学校类别划分：中等师范学校51万元、进修学校40万元、完全中学185万元、小学122万元、地区教育学院19万元、赣州电大分校10万元。房屋建筑面积：施工面积25845平方米，其中住宅4050平方米；竣工面积24395平方米，其中住宅3450平方米。

1990年，成人高等学校2所，其中赣州教育学院校舍建筑总面积4590.12平方米，赣州电大分校校舍建筑总面积400平方米；普通中等专业学校9所（赣州师范学校、宁都师范学校、龙南师范学校、兴国师范学校、瑞金师范学校、赣州地区农业学校、赣州地质学校、江西省第一林业学校、赣州地区卫生学校），校舍建筑总面积为17.76万平方米；普通中学474所（城市17所、县镇51所、农村406所），学校占地面积654.86公顷（城市28.93公顷、县镇150.87公顷、农村475.06公顷），校舍建筑面积164万平方米（城市9万平方米、县镇47万平方米、农村108万平方米）；农业职业中学54所，学校占地面积153公顷，校舍建筑面积23万平方米；小学5129所，学校占地面积953.8公顷，校舍建筑面积310平方米；幼儿园占地面积32.2公顷，校舍建筑面积7.3平方米。

2000年，普通中学占地面积1065.01万平方米，校舍建筑面积258.99万平方米，校舍总面积中危险房屋面积9.33万平方米，当年新增面积8.2万平方米；职业中学占地面积447.9万平方米，校舍建筑面积25.72万平方米；小学占地面积1083.41万平方米，校舍建筑面积3372.8万平方米，校舍总面积中危险房屋面积13.42万平方米，当年新增面积6.33万平方米。

三、设备

1986—1989年，对部分学校充实教学仪器。全地区装备65所小学、24所初中、5所二类初中的教学仪器，对6所重点中学、5所师范学校、5所职业技术学校进行仪器更新。全地区装备更新仪器经费57.2万元。建立4个语言实验室。

1990年，自筹教学仪器经费48.68万元，新装备554所小学、26所初中的教学仪器。按相应标准装备教学仪器的学校有5所师范学校、19所重点中学、37所普通完中、167所高中、21所职业中学和973所小学。为5所重点中学安装语言实验室，建起语言实验室的学校达到17所。各地还自筹资金添置价值39万元的电化教学器材。

1993年，经省教育委员会评估验收，赣州市（今章贡区）、大余、宁都3个县（市）达到实验教学普及县标准，地区仪器站检测室通过省站验收。完成省下达的137.92万元自筹仪器经费和41.58万元的图书装备自筹经费任务。完成26所初中、496所小学的教学仪器装备。至年底，全地区小学、初中、重点中学、二类完中、职业学校和师范学校各完成2778所、288所、19所、43所、22所和4所，分别占总数的85.7%、80.7%、100%、87.8%、33.3%和100%。1994年，全地区完成20所初中、173所小学的教学仪器装备任务。

2000年，全市装备计算机的学校达到352所，装备总量为7080台；全市新建多媒体综合教室9个、语言教室15个，赣州一中、赣州三中建起校园网，15所学校达到现代教育技术装备一类标准、36所达到二类标准。

四、勤工俭学

1986—2000年，全市（地区）统一领导、统一组织、统一规划，形成以种养为主发展校园经济的思路，成为勤工俭学事业的一大亮点。至2000年，全市各类学校共有2700多个劳动实践基地，面积达5300余公顷，有666.67公顷果茶园；有校办工业40家，经省认定的有30家，工业总产值达到4342万元，年平均递增16%以上。全市勤工俭学的年纯收入超过6000万元，累计补充教育经费2亿多元，为全市教育事业的改革发展做出贡献。

1986年6月，赣州地区勤工俭学办公室成立。组织参加江西省首届校办工厂和农场产品展览、展销会。全地区开展勤工俭学的学校比上年增加23.32%，校办工农业总产值达740多万元，勤工俭学纯收入达200多万元。

1987年，加强学生的劳动技术教育，开展勤工俭学。年纯收入10万元以上的重点校办企业增加到13个，有29个校办企业的年纯收入达到1万元以上。赣州市（今章贡区）中山路小学生产的石膏纤维板、赣州六中生产的白胶、宁都师范学校生产的冷烫精等实现批量生产。

1988年，全地区普遍开展勤工俭学，各级各类学校开展勤工俭学面达95%，其中收入万元以上的学校有59个，有基地2632个，比上年增加210个，从事勤工俭学的人数达1041人。各级教育部门和勤工俭学机构实践勤工俭学"创收育人"宗旨，将勤工俭学事业定位于发展以种养为主的"校园经济"之路。各学校完善和扩大原有的校园经济规模，校园经济逐渐成为学校勤工俭学的主要内容。

1990年，加强对勤工俭学的管理，开展勤工俭学基地拥有和使用情况调查，对县（市）勤工俭学活动综合评估，建立统一的勤工俭学账册。地区和5个县分别建立勤工俭学统筹基金，畅通产、供、销渠道，搞好服务，实现勤工俭学与劳动教育相结合。全地区学校勤工俭学面达到99%，创纯收入808.5万元；纯收入超万元的学校有93所，其中10万元以上5所；赣州市（今章贡区）突破百万元。新产品开发取得突破，有2项新产品通过省级鉴定，填补省内空白，其中赣州一中开发的CS-2型微沫剂属国内首创，申报省优秀新产品。

1992年，在全地区中小学校组织实施万亩果茶工程，中小学校拥有的果茶面积达到666.67公顷以上。1月，全省第一个校园经济管理现场会在安远县召开。全地区学校勤工俭学纯收入达1222万元，完成省下达计划的108.6%；学生人均创收11.95元。在部分中小学试行统一着装工作，有8个县（市）和2所师范学校办起11个校服厂，75所学校、7400余名学生试行统一着装。

1996年，全地区勤工俭学年纯收入首次突破5000万元，达5228万元，学生人均收入44.99元，在全省的排位由第11位升至第7位。1997年，全地区勤工俭学纯收入5950万元，学生人均收入48.80元，超过省计划生均收入的6.78%。1998年，全地区勤工俭学纯收入达到6897万元，学生人均收入55.31元。

2000年，各级教育部门广泛开展校园勤工俭学活动。全市勤工俭学纯收益中的80.7%用于弥补教育投入的不足，达到5692万元。赣州市勤工俭学办公室适时提出"依托职校优势，打造具有示范效应的精品素质教育基地"的思路。

第四节　毕业生分配

一、基本情况

1986年，计划分配大、中专毕业生2530人，实际报到2530人。其中，高等院校毕业生909人，分配到县及县以下单位的715人，占高等院校毕业生总数的78.66%；分配到老区县、乡（镇）的271人，占高等院校毕业生总数的29.81%。中等专业学校毕业生1621人，分配到县及县以下单位的1403人，占中等专业毕业生总数的86.55%；老区县、乡（镇）的622人，占中等专业毕业生总数的38.37%；中等师范毕业生669人，分配到县（市）的616人，占中等师范毕业生总数的92.08%。

全地区研究生和大中专毕业生的分配工作坚持“统筹安排，合理使用，加强重点，兼顾一般”的方针，以及“面向基层，加强生产、科研、教学第一线，学以致用、人尽其才”的原则，根据经济和社会发展对人才的需求情况，优先考虑重点建设、技术改革项目的需要，保证能源、交通、原材料、农业、林业等部门对人才的需要，积极引导和鼓励毕业生到艰苦行业和生产第一线工作。

1991 年，接收及派遣大中专毕业生 4324 人，其中毕业研究生 7 人、本科毕业生 495 人、专科毕业生 703 人、中专毕业生 3119 人。大专以上毕业生中有外省院校毕业生 118 人，其中全国重点院校毕业生 32 人。分配到地属单位的毕业生 262 人，占毕业生总数的 6.06%（其中分配到地直党政机关 19 人、地直企业单位 129 人、地直事业单位 114 人）。其余 4062 人全部分配到县（市）以下单位工作，占毕业生总数的 93.94%。定向生按原定去向进行分配，分配 11 人到集体所有制单位。还接收派遣 43 名计划内自费毕业生。地属中等专业学校按省计划分配 67 名毕业生到省属以上单位工作。

1996 年，接收安排大中专毕业生 4206 人（含计划内自费毕业生 49 人），其中毕业研究生 1 人、本科毕业生 450 人、专科毕业生 921 人、中专毕业生 2834 人。分配到地属单位 241 人，占毕业生总数的 5.73%（其中分配到地属企业单位 121 人、地属事业单位 120 人）。分配到县（市）以下基层单位 3965 人，占毕业生总数的 94.27%。

2000 年，全市接收安排大中专毕业生 8206 人，其中毕业研究生 2 人、本科毕业生 546 人、专科毕业生 1425 人、中专毕业生 6233 人。分配到市属事业单位（含驻县单位）99 人（其中毕业研究生 1 人、本科毕业生 53 人、专科毕业生 20 人、中专毕业生 25 人），占毕业生总数的 1.21%；分配到市直属企业单位 53 人（其中本科毕业生 7 人、专科毕业生 13 人、中专毕业生 33 人），占毕业生总数的 0.65%。分配到县（市）以下基层单位 8054 人，占毕业生总数的 98.15%。

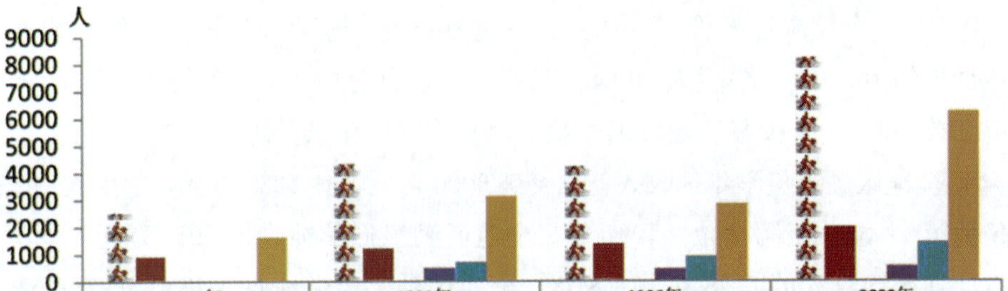

	1986年	1991年	1996年	2000年
总人数	2530	4324	4206	8206
1.高等院校毕业	909	1205	1372	1973
研究生毕业	—	7	1	2
本科毕业	—	495	450	546
专科毕业	—	703	921	1425
2.中专毕业	1621	3119	2834	6233

图 32－6－7　1986—2000 年部分年份赣州市（地区）接受安排大中专毕业人数

二、分配办法

大中专毕业生分配办法：对江西师范大学毕业生实行由地区提出用人单位、江西师范大学提出分配建议、地区确定分配名单、江西师范大学按名单直接分到用人单位的办法。对赣南师范学院及师范学校的毕业生则实行由学校直接分配到用人单位的办法。对中专毕业生实行由部门提出分配意见、地区计划委员会纳入分配计划、地区教育局开具报到证的办法。部分院校直接将毕业生分到用人单位。

江西大学、江西工业大学的11个专业实行“双向选择”试点，一次性分配到用人单位。

1989—1990年，毕业生分配实行“行业包专业、县（市）包生源”和“企业按职工人数2%安排毕业生”等办法。

1991年，实行“行业包专业，各县（市）包生源”和“中专毕业生由行业主管部门提出分配方案、纳入统一计划、分配办开具报到证及优生优分”的分配办法，充分考虑并优先保证重点工程和边远山区对人才的需求，鼓励毕业生到乡（镇）企业、集体所有制单位工作。对来自崇义、上犹、定南、全南、石城、会昌、寻乌、安远等县的毕业生，只要专业基本对口，都分配回本县工作。

1993年，大中专毕业生分配坚持“面向基层，充实教学、农林第一线”的就业方向，全地区有3442名大中专毕业生被分配到县（市）以下基层单位工作，占毕业生总数的93.5%。师范院校毕业生原则上被分配到教育战线工作。定向和委培的毕业生被分配到原定向或委培单位工作，对少数确因特殊情况且符合文件规定调整条件的毕业生，经过批准后按规定收取违约金。对学校评选的优秀毕业生，执行“优生优分”政策。推行“双向选择”，将长期以来毕业生由国家“统包统分”办法改为在一定范围内实行学生与用人单位供需见面，为供需双方提供服务。对于通过“双向选择”未落实单位的毕业生，全部回到其户籍所在县（市）安排就业。

1994年，贯彻执行“面向基层，充实生产、科研、教学第一线，以及学以致用、人尽其才”的原则。全地区共有3506名大中专毕业生被分配到县（市）以下基层单位工作，占毕业生总数的90.97%。全地区共接收师范院校毕业生2028人，全部被分配到教学第一线工作。对要求实现“双基”的大余、石城、崇义3个县，在教师配备上给予政策倾斜。对地属中专评选的优秀毕业生，扩大择业自主权。对要求回本地工作的大中专毕业生，实行“随到随分，先派遣后追加就业计划”的办法。

1995年，全地区共有3663名毕业生被分配到县（市）以下基层单位工作，占毕业生总数的90.6%；师范院校毕业生则全部被一次性分配到教学单位就业，对来源于崇义、石城、信丰、南康等县（市）的赣南师范学院毕业生全部分配到生源所在县（市）任教。

1996年，地区大中专毕业生就业分配办公室对地属7所中专、中等师范学校的2233名毕业生逐个进行资格审查，审查中要求录取花名册、招生计划、入学通知书、毕业生名册等4个材料相一致，杜绝不合格毕业生和计划外招收的学生被纳入就业计划。引导和安排大中专毕业生到集体企业、乡（镇）企业单位工作，全地区共有200余名大中专毕业生被分配到集体企业和乡镇企业工作。

1997年，全地区有5320名毕业生被分配至县（市）以下基层单位工作，占大中专毕业生总人数的95.9%。地委组织部加速对年轻干部的培养，从省内6所高校选拔17名本科毕业生到乡（镇）工作。赣州市（今章贡区）到南昌大学等6所高校择优选拔71名本科毕业生，安排到基层单位工作。定南县采取“筑巢引凤”的办法，接收12名非定南籍的赣南师范学院毕业生到定南中学工作。全地区从非师范院校中挑选200多名大中专毕业生到域内中小学任教，其中石城县安排40名非师范类毕业生到边远山区乡（镇）中小学任教。

1998年，大中专毕业生就业分配在“双向选择”的基础上，拓宽毕业生就业渠道。选拔部分大中专毕业生担任村干部，保留其干部身份，享受村干部的待遇，任村干部满3年后，可参加地委、行署组织的公开选拔公务员和公开选拔乡（镇）干部的竞选，任村干部期间年薪3000元左右。对于在地区无法落实接收单位的毕业生，采取“县（市）包生源”的办法，将毕业生安排至生源所在县（市）就业。将师范类2800余名毕业生全部一次性分配到学校任教，从非师范类中选拔191名毕业生到农村中小学任教。对1998—1999年要接受“两基”评估验收的于都、赣县、安远、龙南、会昌、寻乌6个县在师资配备方面给予政策倾斜；对凡志愿到边远山区县工作的毕业生，只要用人单位需要，可不受生源等条件限制，一次性派遣到接收县或具体用人单位。贯彻执行“优生优分”的原则，从高等院校应届毕业生选拔部分品学兼优的大学生到基层锻炼培养，择优选拔10名本科以上学历的毕业生安排到地直行政机关、事业单位作为后备干部培养对象。采取“双向选择”拓宽大中专毕业生就业渠道，对全市（地区）于年内应征入伍的大中专毕业生制定优惠政策，鼓励自谋职业，允许地区人才交流中心挂编，对安排到非国有经济单位工作的，其人事关系和档案资料均存放于当地人才交流中心，保留干部编制和档案工资，计算连续工龄。对志愿到边远山区县工作的大中专毕业生，不受生源等条件限制，一次性派遣到接收县（市）或具体用人单位。对于在地直单位无法落实接收单位的毕业生，采取“县（市、区）包生源”的办法，将毕业生安排至生源所在县（市、区）就业。对师范类2600余名毕业生一次性分配到学校任教，从非师范类中选拔150余名毕业生到农村中小学任教。对接受“两基”评估验收的赣县、龙南、寻乌3个县在师资配备方面给予政策倾斜。从省内外高校择优选拔23名本科以上学历的毕业生安排到地直行政机关、事业单位，先到基层锻炼2～3年，期满后根据本人表现和工作需要，回原单位安排工作岗位或由组织人事部门调配。

2000年，加大对大中专毕业生“不包分配、竞争上岗”就业制度改革的力度。市卫生局、市委党校、赣南日报社和部分县（市、区）推行公开考试和择优选拔应届毕业生制度。市直属卫生单位吸收应届大中专毕业生首次推行“竞争上岗、人事代理”制，实行“毕业生自愿报名，统一文化考试、考核和择优录用”的办法，全市共有116名大中专毕业生参加考试，共录用30名应届毕业生到市属卫生单位工作，其人事关系存放在赣州市人才交流中心，享受本单位同类人员的工资、福利待遇。对师范类大部分毕业生实行一次性分配到学校任教的就业办法，并对尚未接受“两基”评估验收的寻乌县在师资配置方面给予政策倾斜。鼓励自谋职业，允许其到市、区人才交流中心挂编。打破公有制和非公有、国家干部和非国家干部的界限，鼓励更多的大中专毕业生到非公有制经济单位工作。对大中专毕业生本人要求自谋职业暨放弃就业派遣和一时未落实接收单位无法办理户粮关系的，予以解决其户粮关系问题。对志愿到边远山区县工作的大中专毕业生，可不受生源等条件的限制，一次性派遣到接收县或具体用人单位。

第五节　教育与教学研究

一、专业队伍教研

1986年，幼师、林学专业中心教研组成立，制定并试行2个专业的教学教研计划。组织专业教师修改由省委托编写的畜牧兽医专业教材，编写《南康斋婆柚栽培》等5种乡土教材。1987年，由地区教研室牵头，在全地区开展专业课教学研究活动，并召开5个专业中心教研组会议。1989年，地区教研室加强专业教材建设，与省教育委员会职教处、科技出版社联合发行《农作物栽培》；与地区农牧渔业局合作修订《畜禽饲养技术》，组织编撰、审定6种乡土教材，其中《南康柚栽培技术》《于都金柿栽培技术》《大余麻鸭饲养技术》等3种专业教材开始在全地区职业技术学校使用。1990年，地区教研室组织普通师范专业执行《新教学方案》，地区教研室制定《关于贯彻执行〈新教学方案〉的实施意见》，进行师范教育新模式的探索。组织全地区性的教学评比观摩、示范和巡回表演，强化对接式教学、体育、美育、劳动教育和学生学法等薄弱环节的研究指导。

1991年，地区教研室组织开展全地区范围的教学大检查，制定教学工作的统一要求，开展对教师教学业务工作的考核，健全教师业务档案，推行统一的教案簿，实施农村小学第四项质量检测和农村初中第一次质量检测。召开中小学各学科教学研讨会，组织优秀教师巡回示范教学，总结推广兴国、宁都、上犹等县的复式教学经验。

1993年，地区教研室印发供高一年级学生使用的选修课教材《掌握金钥匙——中学生学法指导》

和《赣州地区中小学生学习常规》。5—8月、10—11月、11月、12月分别对小学一年级和初中一年级各学科教师进行上岗前培训，举办小学语文、数学、初中一年级英语全地区义务教材课堂教学观摩及教学经验交流会，召开全地区作文教学改革研讨会和全地区中小学数学教学经验交流会。

1994年4月，召开全地区中学语文教学改革实验工作会议。6月，与赣南师范学院联合召开农村经济和社会发展与农村初中教育改革研讨会。暑假期间，组织部分教师赴鹰潭市参加全省学法研究培训班。10月，举办全地区小学二年级数学课义务教材教学观摩和研究活动。组织教研员和骨干教师编写小学义务教育语文、数学2科教案集，由江西省教育出版社出版，供江苏、江西2个省教师使用。

1997年，地区教研室对全地区中小学教育现状进行调查研究，组织广大教师深入研讨。牵头制定符合素质教育要求的中小学教学质量评价方案，提出《赣州地区中小学督导评估指标体系》《关于积极推进我区中小学实施素质教育的意见》两个讨论稿。12月，召开全地区素质教育研讨会，会上提出全地区实施素质教育的总体思路。

1998年，地区教育委员会提出“抓好小学，推进初中，影响高中，以小学改革学业测评办法，初中改革办学模式和高中实施新课程方案试验为突破口，全面启动、重点突破、以点带面、逐步提高”策略，推进中小学素质教育。在总结赣州（今章贡区）、南康、大余、崇义4个试点县（市）和有关学校实施素质教育经验的基础上，树立赣州市（今章贡区）文清路小学、红旗二校、湖边初中和大余县池江初中4个各具特色的样板，推动全地区中小学素质教育。

2000年，全市教研室狠抓教学科研工作，常年派员深入基层学校听课、指导和实验，组织开展以现代教育技术为重点的专题研讨和教师培训、以贯彻教学常规为核心的教学全能达标竞赛活动，促进广大教师更新教育观念和调整知识结构，提高实施素质教育的能力与水平。

二、群众性教研

1986年，全地区各中小学重点进行常规教学和基础年级的探讨与实施，按照《赣州地区中小学教师教学工作常规》，对1984年暑期入学的初一、高一两个年级进行教学跟踪和研究，为大面积提高教学质量积累经验。

1990年，全地区各地小学加强小学复式教学研究，地区教研室先后2次对全地区复式教学情况进行调研，召开复式教学经验交流会。师范学校在《教育学》中充实复式教学内容。

1992年，全地区中小学广泛开展学科优质课竞赛、青年骨干老师的选拔与培养活动。4月，各校派员参加全地区英语九年制义务教育教材培训。6月，全地区举行中学体育雨天室内优质课评比活动（研究、总结出雨天室内课的3种类型：理论课型、实践课型、理论与实践结合课型）。8月，各完全中学派员参加高中政治课新教材师资培训。

1993年，全地区中小学普遍开展九年制义务教育教学大纲及起始年级教材、教法的学习培训与研讨，各校以《掌握金钥匙——中学生学法指导》《赣州地区中小学学生学习常规》为参考，分别派员参加小学一年级、初中一年级各学科教师的上岗前培训和小学语文、数学暨初中一年级英语3学科全地区义务教材课堂教学观摩及教学经验交流会、全地区作文教学改革研讨会。全地区各完全中学开展对“3+2”高考的研究，有3名教师分别获江西省教育委员会政治课教学论文竞赛一、二、三等奖，100多篇论文在省级以上刊物发表或在省级以上研讨会上获奖。

1994年，全地区先后开展中小学语文、数学、政治、生物、化学、音乐、体育、劳动技术课等学科课堂教学研讨和评优活动。在参加全省优质课竞赛中，赣州二中教师廖武林获全省第一名（后赴华东六省一市参赛又获一等奖）、石城中学教师朱惠芳获全省生物课一等奖、赣州二中教师王薇获全省化学课一等奖，获全国中学生数、理、化奥林匹克赛一等奖18人次、二等奖24人次、三等奖41人次，获全省一等奖 6 人次、二等奖 24 人次、三等奖 90 人次。

1995 年 8 月，组织全地区小学活动课教师培训，研究活动课教学的内容和方式；9 月，召开全地区复式教学研讨会。在全地区推广于都县车溪初中“四步四课型单元教学法”。

1997 年，全地区中小学开展如何以“应试教育”向“素质教育”转变的研讨活动，南康、崇义、大余 3 个县（市）被确定为全地区素质教育实验县。

2000 年，全市中小学深化教科研工作和教学改革，探索、总结并优化课堂教学方法和教学手段，提高小学、初中、高中各层次课堂教学效率和质量。中考高分人数保持在 5500 人以上，高考在全省位居第四，高考文、理科上重点线、本科线和省专线以上人数均名列全省第一。

第六节　教育督导

一、“义务教育法”督导

1986 年，地区教育局对全地区重点中学进行全面贯彻教育方针情况的检查，举办全地区教育管理研讨会。

1988 年，地区教育局受省人大常委会赣州地区联络处委托，对全地区贯彻执行《中华人民共和国义务教育法》情况进行检查，总结全地区中小学贯彻执行《中华人民共和国义务教育法》的情况和经验。

1990 年，教育局对尚未复查的 8 个县的普及初等教育工作（以义务教育为重点巩固发展基础教育，在政策、计划、投资、管理上对基础教育予以倾斜，实行责任制，有效提高初等教育“四率”和控制学生流失）进行复查。全地区适龄儿童入学率为 98.5%、巩固率 98.7%、毕业率 98.3%、普及率 85%，均较上年有所提高；小学、初中学生流失率下降到 1.1%和 2.6%，分别较上年下降 1.5 和 1.7 个百分点；初中则通过挖掘潜力扩大办学规模；小学毕业升入初中阶段的比例由上年的 50.4%提高至 57.5%；幼儿教育和特殊教育也得到一定发展。进行全地区农村初中、小学“三年评估”的总评和农村初中校长的评估。

二、“两基”督导

1998 年，地区教育督导室对全地区已通过“两基”验收的县（市）进行复查。义务教育普及程度有较大提高，适龄儿童和少年入学率分别达到 99.63%、93.07%，比上年分别提高 0.03 个百分点和 3.97 个百分点，小学和初中辍学率分别为 0.51%、2.53%，较上年分别降低 0.27 和 0.29 个百分点。全年扫除青壮年文盲 4.39 万人，18 个县（市）达到基本扫除青壮年文盲要求，青壮年非盲率达到 97.8%。加大对中小学收费工作的督查力度，健全收费管理制度，查出和处理违规金额 77.58 万元，减少学生缴费 34.65 万元。

2000 年，市教育督导室配合市教育委员会完善“两基”年检复查制度，对已通过“两基”评估验收的县（市、区）进行专项检查，对“两基”工作停滞不前的限期整改。

三、日常工作督导

1991 年，地区教育局对全地区学校的办学计划、投资、管理、评估等进行检查，引导各级各类学校克服片面追求升学率和追求分数的倾向。开展全地区范围的教学大检查和对教师教学业务工作的考核，制订教学工作要求、推行统一的教案簿、健全教师业务档案。进行全地区农村小学第四项质量检测和农村初中第一次质量检测。

1992 年，地区教育督导室对全地区学校德育进行督导，对赣县等 6 个县进行督导检查，对全地区重点中学德育、教学、体育卫生、校建、总务等 5 项工作进行检查。赣州市（今章贡区）、于都、南康 3 个县（市）接受省德育督导组检查。

1994 年，地区教育督导室对社会力量办学校进行检查并加强管理，检查验收 10 个县开展勤工俭学中所开发的“万亩果茶”基地，推广以班级管理为核心的管理办法。

1995—1996 年，地区教育督导室对全地区中小学收费情况进行专项检查，治理中小学乱收费。崇义、寻乌、信丰、兴国、龙南、大余等县（市）治理工作取得成效。

2000 年，加大危房改造和学校安全工作的力度，开展拉网式的逐乡逐村逐校逐幢危房检查，建立全市危房台账，对各级学校危房作出明确的拆除或改建要求。市教育委员会制定中小学减负有关规定，从秋季起，全市农村小学学生用书一律使用黑白版，严格执行省定用书目录，制止小学、初中有偿补课等，减少全市中小学生经济负担 1800 万元。制止小学、初中办重点校和重点班及按分数给学生排队的做法，全面推行初中免试入学和小学就近入学，规范考试和竞赛，学生心理负担明显减轻。

赣州市志（1986-2000）

名志

第三十三篇

科学技术

1986—2000 年，全市（地区）坚持科教兴国战略，充分发挥科技在推动发展生产力中的作用。1989 年 10 月，赣州地委、行署下发《关于实施“科教兴赣南”战略若干问题的决定》，提出“科教兴赣南”的战略目标和战略重点，1999 年全市（地区）科技进步占经济发展的比重达到 45%。

1986—2000 年，全市（地区）共安排实施各级科技计划 1043 项，总投入 4.85 亿元。市直科研机构开展农业、林业、渔业、工业、麻风病防治等科研，完成各类科研课题 823 项，发表科技论文 250 余篇，出版科技论著 30 余部。

1986—2000 年，全市（地区）获市级以上重大科技成果 423 项，部门科技成果居于省内、国内甚至国际先进水平。至 2000 年，全市获市级以上奖励的科技成果 620 余项，其中获省部奖励的 210 余项、国家级奖励的 30 项。

全市（地区）共申请专利 755 项，授权 706 项，推广地（市）级以上科技成果 181 项，其中国家级 7 项、省级 22 项,推广科技成果累计新增产值 22 亿多元、税利 10 亿多元。全市（地区）积极开展科技下乡、专利服务。

防震减灾工作重点开展地震法规宣传与科普知识宣传，开展地震监测预报、地震灾害预防、地震应急等工作。

第一章 科技管理

1986—2000 年，全市（地区）坚持科教兴国战略，以“科教兴赣南”为战略目标和战略重点，构建多层次、多门类、多形式的科研体系，不断壮大科研队伍，通过有效项目管理全面推动农业、工业等各项科技发展，取得市（地）级以上重大科技成果 423 项。

第一节 机构 队伍

一、机构

1986—2000 年，赣州市（地区）有农业、林业、甘蔗、畜牧、水产、农机、工业卫生、皮肤病防治、科技情报、树木引种、烟草等 12 个市（地）直科研所以及 1 个省属有色冶金科研所，18 个县（市、区）建有农、林、水等行业的县级科研所和技术推广机构 60 余个，乡（镇）建立各类科研试验和技术推广服务站（场）400 余个。全市（地区）各级还有一批厂办、民办科研机构，形成多层次、多门类、多形式的科研体系。

1986 年，地区科学技术委员会（以下简称“科委”）内设办公室、组织计划科、科技成果应用科、科技情报科、科技干部管理科和赣南山区开发治理办公室，1987 年 9 月，赣南山区开发治理办公室转属地区农业经济委员会，与地区农业区划办公室合署办公。1989 年 8 月，科技干部管理科划入地区人事局；1990 年 12 月，增设技术市场管理科，科技情报科更名为科技管理科。1994 年 3 月，赣南山区开发治理办公室由地区农业委员会划归地区科委，与组织计划科合署办公。1996 年 9 月，地区科委内设办公室、组织计划科、科技成果管理科、技术市场管理科。

1986 年，地区科委直属事业单位有地区科技情报研究所，为财政全额拨款的副县级事业单位，地区科委直属事业单位定编 35 名。1988 年 12 月，地区科技服务中心从地区科技情报研究所划出，为自收自支的正科级事业单位。1992 年 11 月，在地区科技服务中心内成立赣南科技开发总公司（国营企业）及赣州地区科技培训中心，为地区科委经济实体。1994 年 3 月，赣南山区开发治理办公室改为地区科委下属的正科级全额拨款事业单位。1995 年 11 月成立城乡科技报社编辑部，为地区科委直属正科级自收自支事业单位。1995 年，地区科技情报研究所更名为地区科技信息研究所。1998 年，城乡科技报社编辑部变更为江西科技报赣州工作站。2000 年 9 月，成立赣州市专利管理局，为市科委直属的正科级事业单位。同月，赣州市烟草科学研究所成立，为市属副县级科研机构。2000 年年底，市科委有 4 个直属事业单位，即赣州市科技信息研究所、赣州市科技服务中心、赣州市专利管理局、赣南山区开发治理办公室。

1986 年，赣州地区直属科研所有 10 个，即赣州地区农业科学研究所、赣州地区林业科学研究所、赣州地区畜牧研究所、赣州地区工业卫生研究所、赣州地区皮肤病研究所、赣州地区柑橘研究所、赣州地区机械电子暨机械农机化研究所、赣州地区甘蔗研究所、赣州地区水产研究所、赣南树木园，中国有色金属工业总公司直属科研所 1 个——赣州有色冶金研究所。

1993 年，赣南科技城管理委员会与赣州地区畜牧研究所合署办公。1996 年，赣南科技城更名为赣南高新技术产业开发区，赣州地区畜牧研究所为其下辖副县级科研单位。2000 年 4 月，赣州市畜牧研究所与赣南高新技术产业开发区剥离，人员、经费独立，内设机构不变。

1994 年 12 月，赣州有色冶金研究所属中国有色金属工业总公司和江西省人民政府双重领导，并由江西省人民政府增冠为江西冶金研究设计院。1998 年 4 月，赣州有色冶金研究所由国家有色金属工业局直管。1999 年 7 月，赣州有色冶金研究所被列为首批 242 个改制院（所）之一，进入中国稀有稀土金属集团公司，成为新型的科技企业。2000 年 7 月，赣州有色冶金研究所下放江西省，隶属江西稀有稀土金属钨业集团公司。

2000 年，赣州市直属科研所有 11 个，即赣州市农业科学研究所、赣州市烟草科学研究所、赣州市林业科学研究所、赣州市畜牧研究所、赣州市甘蔗研究所、赣州市水产研究所、赣州市柑橘研究所、赣州市机械电子暨机械农机化研究所、赣州市工业卫生研究所、赣州市皮肤病研究所、赣南树木园。

二、队伍

1986 年，地区科学技术委员会行政编制 31 名，事业编制 2 名。1988 年 12 月，地区科技服务中心定编 5 名。1994 年 3 月，赣南山区开发治理办公室定编 3 名。1995 年 11 月，城乡科技报社编辑部定编 5 名。1996 年 9 月，地区科委行政编制 24 名。2000 年 9 月，赣州市烟草科学研究所定编 14 名。

1986 年，赣州地区直属科研所共有在编职工 1107 人，其中科技人员 323 人。中国有色金属工业总公司直属科研所——赣州有色冶金研究所有科技人员 272 人。

2000 年，赣州市直属科研所共有在编职工 1023 人，其中科技干部 410 人；有省属科研所 1 个，即赣州有色冶金研究所，在编职工 568 人。全市有科技专业技术人员 7.74 万多人，其中高级职称人员 1894 人、中级职称人员 1.3 万人、初级职称人员 4.7 万人。有享受国务院特殊津贴的科技专家 64 人、省政府特殊津贴科技专家 23 人、市级拔尖人才 17 人。农村有各类专业人才和能工巧匠 30 余万人，其中具有中专以上水平的 4 万多人，有 2 万多名农民获得员级以上技术职称。

第二节 项目计划管理

一、计划项目及经费安排

1986—2000 年，全市（地区）共安排各级科技计划 1043 项，其中国家级项目 44 项、省级项目 647 项、市（地）级项目 352 项。总投入 4.85 亿元，其中贷款 1.2 亿元，项目实施单位自筹 3.4 亿元，科技三项经费 2536 万元；上述项目实施后累计新增产值 8.3 亿元、新增税收 4.5 亿元、节创汇 1750 万美元。赣州稀土金属冶炼厂、赣南制药厂、赣州有色冶金研究所、赣州地区赣科工业保温材料有限公司 4 家企业被认定为省高新技术企业，6 个产品被认定为省高新技术产品。

二、农业科技计划项目

全市（地区）组织实施国家、省、市（地）级重点、星火、成果转化及推广等农业科技计划项目 534 项。

1986 年以来，赣州市（地区）农科所一直承担着国家“863”计划（国家高技术研究发展计划）重大成果转化项目“双季两系杂交稻新组合试种示范”以及“长江中下游超级杂交稻选育与利用”“籼型长穗不育系及杂交稻组合选育”“超级稻 65002 种植推广”等项目，项目由研究员张瑞祥主持，并取得重大突破。“田两优 66”早稻在 7 个示范点试种，平均单产 453 千克，比对照优 1402 增产 2.69%；全生育平均 114.3 天，比对照减少 1.8 天。“两系杂交水稻的选育”项目成果首批经江西省农作物品种审定委员会审定，并被命名为“田两优 402”。通过“两系法杂交水稻示范”的实施，增产稻谷 1797 万千克，增值 1597 万元。

三、工业科技计划项目

全市（地区）组织实施国家、省、市（地）级的重点、星火、火炬、新产品工业科技计划项目 509

项。其中，“七五”期间共生产和出口卫生级杀螟松 315 吨，产值 923.5 万元，创汇 91 万元。“八五”期间，赣州有色冶金研究所分别承担国家级、省级火炬计划“Slon 立环脉动高梯度磁选机”“手持式钢丝绳在线检测仪”“年产 100 万安时数镍毫亨电池和 30 吨阴极合金粉”项目。1994 年新开发的一代 Slon－2000立环脉动高梯度磁选机，在国内 10 多个矿山和选矿厂得到工业应用，并进入国际市场。每年可使冶炼部门多产 13 万吨钢铁，新增社会产值约 5.2 亿元，新增社会效益约 1.82 亿元。获国家发明奖及江西省科技进步一等奖，1997 年被认定为省高新技术产品；赣南铸锻厂承担“稀土耐热钢”“高导稀土铜”省级火炬计划项目。开发出的“2 号稀土耐热钢”，可替代价格昂贵的高铬高镍合金钢和部分进口设备中的特殊耐热钢，生产成本低廉，成果填补国内空白，达到国内领先水平，被国家科委指定为 1993 年国家级重点科技推广项目，被评为赣州地区科技进步一等奖；全南县橡塑厂是一家乡（镇）企业，其承包的“高分子防水卷材”星火项目是一项高科技专利产品，通过科技攻关，研制出新的快速脱硫再生胶生产技术，产品质量达到国家标准，并申报国家专利；赣南农药厂承担的国家级新产品卫生级杀螟松项目，成功地开发 1 个新产品，研究出 1 套新工艺，产品获得国家新产品证书，并申报国家专利。

四、其他科技计划项目

全市（地区）注重以稀土及有色冶金、生物工程技术、机电一体化技术、食品工业（酒、烟、粮、饮料等）以及企业技术创新为重点，以调整传统工业产业结构和提高工业产品竞争能力为目的，组织实施“稀土原地浸矿”“稀土金属系列产品研制开发”“麦饭石系列产品研制开发”“苦瓜饮料系列产品研制开发”“汽车、摩托车齿轮系列产品研制开发”“SOD 保健系列产品研制开发”等工业科技开发计划，促进稀土产品的升级换代，调整以矿山冶金产品为主的机械产业，新添一批食品行业的支柱产品，培育出一批科技含量高且在国内乃至国际市场具有较强竞争力的拳头产品，如机械电子行业的汽车和摩托车齿轮、空气压缩机、胶印机、柴油发动机闸阀、汽车音响、天线、油量计，稀土冶金行业的镧钕金属、仲钨酸铵、钨丝、钨精矿，食品行业的麦饭石酒、麦饭石酱油、苦瓜酒、酶制剂、恒泰花生、多味花生、P-转移因子等。

1990 年 11 月，由国家科委与江西省人民政府组织实施的山江湖开发治理优先项目“111”专项开始施行。赣州共安排“111”专项 15 个项目，涉及小流域治理、脐橙、甜柚、毛竹、经济林木等开发。至 2000 年，全市治理 2 条小流域，改造低产果园 200 公顷、新植高产丰产果园 80 公顷、速生丰产经济林 333.33 公顷、新植和改造笋竹两用林 9635.26 公顷，饲料生猪 2500 头、鹅鸭 30 万只。封山育林治理水土流失面积 1.2 万公顷，项目年新增产值 8700 万元，新增税收 561 万元、利润 465 万元。在实施该项目的过程中，开展国际合作，其中由德国援助赣州山区开发治理，德国政府决定大规模、长期地支援赣州山区开发治理。第一期（1996—1998 年）无偿援助 600 万马克；第二期（1998—2006 年）由德国复兴银行进行大规模优惠贷款。1995 年 4—7 月，由欧共体资助位于荷兰的国际农业发展中心（TCRA）赴中国研究小组与江西省山江湖办、北京农业大学国际农村发展中心合作，在南康市龙回河小流域进行农业与农村发展研究，并完成研究报告。

1993 年，草鱼营养缺乏性脂肪肝病致病因素的研究被列为江西省自然科学基金项目，为全省地区一级科研所获得该基金资助的第一个项目，项目研究达到国内先进水平。项目由赣州地区水科所所长、高级水产工程师杨小林主持，其论文被亚洲水产学会第四届大会选定为会议交流论文，入选第三届中国水产学会，获 1993 年江西省农牧渔业技术改进奖二等奖。

赣州市（地区）甘蔗研究所长期承担着江西省“甘蔗新品种选育”基础研究课题。选育出适宜中国南方种植的“赣南 95/18、95/348”“ROL20 号”等多个甘蔗品种。

赣州市（地区）农牧渔业局等单位主持的国家级科技成果推广计划项目“旱稻旱床育秧技术改进与推广”，从1992年开始推广应用。至2000年，全市栽插大田94.94万公顷，亩均增52.5千克，增长15.8%，共增产7299.73万千克稻谷，节资2988万元，增值7006万元，增加纯收入6872万元，总增产量居全省之前。

第三节　科技发展管理

一、科技发展战略暨政策制定

1989年10月，中共赣州地委、赣州地区行署印发《关于实施“科技兴赣南”战略若干问题的决定》，提出“科技兴赣南”的战略目标和战略重点，到20世纪末，全地区科技进步占经济发展的比重由25%左右提高到45%以上，优势产业达到国内先进技术水平。提出实施“科技兴赣南”的战略措施。先后制定《关于深化科技体制改革，鼓励科技人员为社会服务的若干试行意见》《关于我区拔尖人才选拔管理的试行意见》《关于实行科研所与县（市）挂钩，开展集团技术承包的工作方案》《关于组织我区科技人员开展技术承包和服务的若干规定》《赣州行署关于推动企业技术进步的通知》以及《关于进一步放活科研机构和科技人员的暂行规定》《推行总工程师技术资费制》《关于加快高新技术产业发展的若干政策意见》《关于科技奖励的规定》《赣州地区科研事业费拨款管理实施细则》等一系列有关科技发展和管理的政策性文件。1995年，中共赣州地委、赣州地区行署印发《关于大力推进科技进步的决定》。2000年9月，中共赣州市委、赣州市人民政府印发《关于加强技术创新，促进科技产业化的决定》，制定《关于实行县（市、区）党政领导科技进步目标责任制的实施办法》，为全市科技进步和技术创新创造良好的政策环境。

二、科技网络建设

1991年，全地区18个县（市）建立县级农技推广服务中心，有初级以上技术职称的专业技术人员270余名，乡（镇）农技推广服务站363个，占全地区乡（镇）的95%以上，共有专职技术人员1723名，村一级有农民技术人员4.3万多名。全地区科技网络逐步形成包含科研、推广、示范、管理等机构的科技工作组织体系。2000年，有12个市直科研所、4个市直科技服务机构和1个省属科研院，全市18个县（市、区）建有农、林、水等行业的县（市、区）级科研机构和技术推广机构60余个，乡（镇）建立各类科研试验和技术推广服务站（场）400余个，一批厂办、民办科研机构。市及18个县（市、区）均设有科技情报研究所、站，并组建计算机信息网络且进入国际互联网，在国际互联网上设立“赣州信息港”。有100多家市内企业和个人用户上网，国内外共有10万人次登陆访问“赣州信息港”。

科技部门注重抓好科技示范典型。1992年，全地区建立地区级科技示范乡（镇）34个、地区级科技示范企业14家。2000年，全市建有市级科技示范区乡（镇）84个、市级科技示范企业56家、市级科技示范村38个、市级科技示范户5600余户。

不断发展基层科技服务体系。1989年，全地区建立乡（镇）农业科技“四站”（林业站、果业站、水利站、农机站）592个，配备人员2904人。1997年，全地区建立乡（镇）农业科技“五站”（林业站、果业站、水利站、农机站、农资站）1184个，配备人员5808人，林业、果业、水利、农机、农资推广服务体系基本形成。2000年，全市乡（镇）农业科技五站增至1406个，配备人员6879人。

三、农民科技培训

1989—2000年，全市（地区）各级科技部门组织乡（镇）、村办起农民文化技术学校或科技夜校2000多所，培训农民达280余万人次。全市（地区）有7万多名青年农民参加中国农业函授大学及其他大中专院校的函授学习，其中近 6 万名取得大中专毕业证书。在开展农民科技培训的同时，各级科技部门还采取多种形式为农民提供科技扶贫服务。1992—1995 年，全地区累计有 2.2 万名科技人员深入农业生产第一线开展技术和新技术推广等形式的科技扶贫服务，承包面积达 153.33 万公顷，推广新技术 380 多项次，其中地区科委组织地区各科研单位 320 余人次的科技人员分别到各县（市）69 个乡（镇）开展所、县挂钩，提供技术承包和技术服务。

四、协助发展民营科技

1989—2000 年，全市（地区）各级科技部门通过对科学新技术的研究、开发和推广，协助发展民营科技。1993 年，全地区有民营科技企业 60 余家，从业人员 1000 余人，开发、推广新技术和新产品 100 余项。1994 年，全地区有民营科技企业 80 余家，从业人员 2000 余人，技工贸收入达 4198.23 万元。1995 年，全地区民营科技企业增加到 100 家，技工贸总收入达 6000 余万元，引进、开发、推广新技术和新产品共计 220 余项。2000 年，全市民营科技企业总数达 139 家，从业人员 6000 余人，技工贸总收入达 5.67 亿元，净利润为 4749 万元，出口创汇额达 1863 万美元。全市的民营科技企业初具规模，为加速科技成果的转化和应用暨推动高新技术产业化与科技进步发挥重要作用，成为发展高新技术及其产业的生力军和新的经济增长点。全市有 3 家民营科技企业被评为全省十强民营科技企业、有 3 名民营科技企业家被评为全省十佳民营科技企业家；赣州虔东稀土金属冶炼有限公司 2000 年实现销售收入 1.66 亿元，出口创汇 1125 万美元，产品出口日本、美国、德国等国家，成为国内稀土金属行业最大的生产和出口基地之一。

第二章 科技宣传与服务

1986—2000 年，全市（地区）广泛开展科技宣传月等科技宣传活动，提升人民群众科学意识，完善科技信息服务网络，做好科技下乡、专利服务工作，拓展和规范科技市场，不断引进国内外科技专家智力，积极推动科技协作交流，全面促进“科技兴赣南”战略目标实现。

第一节 科技宣传

1989 年，中共赣州地委、赣州地区行署作出“科技兴赣南”决定，全地区各级党政暨科技部门，围绕科技工作的总体部署，开展各种形式的科技宣传活动。

一、科技宣传月

1991 年，赣州地区在全省率先开展科技宣传活动月。10 月，宣传贯彻《江西省技术市场管理条例》，地区科委组织全地区通过广播、电视、报纸、学习讲座、技术交流、法律咨询、张贴标语、悬挂横幅等多种形式率先在全省开展学习宣传月活动。当年，经科技部门审批认定的技术贸易机构 71 家。

1992 年，地区科委组织全地区开展“科技是第一生产力”的宣传活动。地区科委先后组织召开专家科普报告会、科技专家座谈会、科技之春演唱会，《赣南日报》和赣州电视台开辟专栏宣传报道科技活动和科普知识。

1993—2000 年，全市（地区）连续开展年度科技宣传月或科技进步月活动。每年的科技宣传月或科技进步活动月，分别组织开展科技兴企、科技兴农、科技服务，科技人员座谈会，科技人员下乡进厂等活动。

二、创办报刊

《城乡科技报》 1993年5月，地区科委与赣南日报社合办赣州地区首家股份制报纸，创办江西省首份地级科技报——《城乡科技报》。主要宣传科技政策和法规、传播科技信息、推广科技成果、普及科技知识等。年底，共出版发行38期、22万多份。1994年，出版发行48期、50余万份。1995年，出版发行48期、50余万份。至1997年，出版200余期、发行200多万份。

《赣南科技工作简讯》 1987年，地区科委创办《赣南科技工作简讯》。每月1期，定时向省科委、地委、行署报送科技信息。至1999年，编发156期，刊发科技工作信息200余条（篇），其中向地委办公室和行署办公室报送信息1560余条，采用390余条，居行署各部门前列。2000年，《赣南科技工作简讯》改名《赣州科技》，专门刊登全市科技系统的工作部署、工作动态和工作经验，每月1期，每期印数200份。

《科技信息》 2000年，市科委和市科技情报所联合创办《科技信息》刊物。开辟有《科技辞典》《科技政策》《开发指南》《科技前沿》《成果推广》等10多个栏目，分设“种植业类、养殖业类、加工业类、综合类”4个专题。每月1～2期，每期印数500份。至年底，共印发20期、印数1万份。

三、参编《科教兴国》丛书

1994年9月，地区科委组织全地区各级科技部门编辑《科教兴国》丛书江西卷·赣南篇（丛书由国家科委组织编辑，中英文对照，国内外公开发行）。共组织31个版面（16开）入卷，总篇幅位居全省之首。

四、“科教兴赣”

1992年3—8月，地区科委与地区兴赣办、赣南日报社联合举办“科教兴赣”有奖征文活动。3月，《赣南日报》和赣州电视台配合全地区开展“科技是第一生产力学习宣传月”活动，开辟专栏宣传报道科普知识、全地区科技活动。1993年，《赣南日报》、赣州电视台、赣州人民广播电台等新闻媒体配合全地区开展的第一次“科技进步活动月”，开辟专栏（节目）宣传报道域内科技进步活动系列专题。全地区在全省率先开展“二五”科技普法试点活动，专题宣传或开展相关知识竞赛活动。1994年，驻地区新闻媒体配合全地区开展第二次“科技进步活动月”，开辟专栏（节目）宣传报道科技进步活动系列专题。赣州电视台结合第二次“二五”科技普法活动，组织开展“二五”科技普法电视竞赛。全地区在地（市）级以上报纸杂志宣传报道科技工作或活动文章、消息180余条（篇）。1995年，赣南日报社成立科教编辑室，在《赣南日报》开辟《科教周刊》专版，每周1次在该专版集中编发科教类文稿，重点报道“科教兴赣南”的典型人物和事件。赣州电视台配合全地区开展的第三次“科技进步活动月”，组织开展《现代科学技术基础知识》电视竞赛活动。

至2000年，全地区在地（市）级以上报纸杂志及广播电视等传媒刊（播）发“科教兴赣南”活动等文章、消息1000余条（篇）。《赣南日报·科教周刊》出刊288期、发行316.8万份。由赣州市科技情报所牵头，在国际互联网上开设“赣州科技网”网站，内设20多个科技专栏，向外界发布域内科技工作的最新动态和工作成效。

第二节　科技信息

一、信息网络

1991年5月，由地区科技信息研究所向地区财政局低息贷款2万元，购置1台386微机（电脑），引进“全国科技成果交易数据库”，首次在区内利用微机开展科技成果查新和技术转让咨询服务。1994年12月，地区科技信息研究所与福建海峡科技经贸信息网联网，引进“中国专利数据库”“中国科技成果数据库”“中国公司企业产业数据库”“港台公司企业产品数据库”“美国商业电话大全”“加拿大商业大全”等36个事实型数据库，开始计算机信息联机检索业务。1995年，地区科技信息研究所继续与中国经济电讯、江西省经贸动态信息服务系统联网，并建立终端。地区科技信息研究所不仅可查找国内几十个权威性数据库，还可跟踪科技、经济、贸易动态信息，基本结束手工检索信息咨询的历史，开创联机检索先河。1996年9月，开通“赣州地区计算机信息网络中心”。该中心集动态信息发布、电子邮件公告、国内外信息联机检索、光盘数据查询于一体，具备信息资源丰富，传递速度快捷，服务方式多样化等优势，实现由传统资料文献服务方式向现代化信息服务方式的转变。1998年7月，地区科技信息研究所与地区数据通讯局联合建设赣州信息港。11月，行署办公室转发《关于组织赣州信息报送的通知》在全地区范围内组织有关信息上网。1999年6月，通过“赣州信息港”发布赣州地区政治、经济、科技、文化等方面的信息130万字，发展网络终端用户3户、文字用户2382户，并为13家重点企业制作网页上网宣传，7—12月，网站访问累计达27万人次。在全省互联网精品网站评比中，“赣州信息港”获“优秀站点”“精品栏目”和“优秀应用系统”3项奖励。2000年，赣州市在国际互联网上建立“红土地网站”，注册国际域名为WWW. GZPC. OR，设置特色栏目“赣南客家文化”“稀土王国”“世界钨都”“脐橙之乡”等特色网页，其中“赣南客家文化”网页被华夏客家网站选辑。

二、专题信息服务

主要以专题资料选编成册，开设科技宣传窗口、科技大篷车送书下乡，由《赣南日报》辑选刊登及开设技术培训函授班等形式开展服务。1989—2000年，编辑出版农村运用技术书籍8种，即《怎样养好鹅》《野外袋装香菇和稻草栽培黑木耳》《养兔技术》《皮蛋加工技术》《无籽西瓜栽培》《美国王鸽》《快速养猪法》《木屑袋栽香菇》，其他技术专题资料130余篇。

三、声像信息服务

1988年，地区科技信息研究所购入摄像、录像等设备，开始以声像设备为手段的科技情报服务工作，主要开展以放映科技资料片为主的科技宣传和科技培训服务。1992年，地区科技信息研究所被定为中国科技情报所“日本技术资料录像”播放点。1988—2000年放映各类科技录像片40余部，观众达2.8万人次。为域内重大科技活动及围绕“星火计划”扶贫工作自录科技资料片20余部，其中与江西省科技情报所合作录制的《东乡瘦肉型猪》被中央电视台《星火计划》栏目选播。

四、食用菌技术信息服务

1995年，地区科技信息研究所设立地区食用菌研究推广中心，为全地区食用菌发展提供技术信息服务，全年接待信息咨询1600人次，先后6次组织20余人次深入县、乡（镇）为农民提供食用菌栽培技术服务，举办草菇栽培班7期，香菇和金针菇栽培培训班2期，参训人数达200余人次，推广食用菌新技术6项、新品种5个。“八五”期间，为省内外培训食用菌生产技术骨干2000余人，提供200多个种类近百个品种、几十万支食用菌菌种，辐射省内外200多个县（市）几千户菇农，仅赣州市（今章贡区）从事食用菌栽培户数就达320余户，以香菇、平菇、金针菇为主的鲜菇年上市量达550万千克，其生产规模及上市量位居全省第一。

第三节 科技服务

一、科技下乡

集团技术承包 1989—1994年，全地区组织3万多人次科技人员“下乡进厂”，深入工农业生产第一线开展技术承包和技术服务活动，组建承包集团800余个；承包种植面积近133.33万公顷，家畜近千万头、家禽3000余万只。承包乡镇企业500余家，推广新技术600余项次，新增产值4亿多元。1990年开始，组织所、县挂钩活动，每年12个地直科研所与18个县（市）的乡（镇）建立挂钩联系，开展专题科技服务活动。

技术培训 1990—1994年，全地区举办“星火计划”科技项目培训班600余期，培训星火人才7万余人次。围绕农村经济开展科技培训，提高农民的科技水平，全地区开办农村科技培训班5万余期，培训农民180余万人次。围绕工作岗位开展技能培训，培训20余万人次。1993年，赣州地区创立全省第一所地区科技培训学校（赣南科技学校），开展国家承认学历的大专、中专成人高等教育，到1995年，有在校学生800余人。全地区科技培训工作人员从1992年起，连续5年在全省科技系统评比中名列前茅。

科技示范服务基地 1998年，全地区有361个乡（镇）创办1016个科技示范服务基地。吸引2700个村、31万多户农户参与农业产业化经营，共带动村级增收1337万元，农户户平增收660元。赣州地区农村工作名列江西省第一名。1998—2000年，组织大型的科技下乡活动8次，参加活动的科技人员达512人次，服务面达2.1万人次。赠送科技资料2万多册，录像80余盒，赠送良种、农药等物资价值5万余元。组织12个市（地）直科研所与17个县（市）34个乡（镇）开展所、县挂钩活动，下派常驻专业技术人员85人次，示范推广面积1333.33公顷，提供两系杂交稻示范、三元杂交猪生产模式化、优质烤烟栽培示范等技术服务，新增产值2亿多元。

二、专利服务

《中华人民共和国专利法》宣传与咨询 1986—1987年，地区科委派出专利代理人到工矿企业宣传《中华人民共和国专利法》，举办全地区专利知识讲座、专利知识学习班，配合省专利局到宁都、于都、上犹、崇义、大余、南康等14个县举办专利知识普及讲座38期，听课人数达6000余人。1989年6月，省科委、普法办、专利局、技术市场管理办公室联合发出《关于开展技术合同法、专利法法律知识考试的通知》，在全省进行科技法律知识考试，全地区参加人员达41366人次，人均93.8分。1995年，赣州地区专利事务所组织130多名学员参加省科委、司法厅、工商局、普法办、专利局、出版局等部门举办的省关贸总协定知识产权函授班，重点培训内容为关贸总协定、《中华人民共和国专利法》及实施细则、《中华人民共和国商标法》《中华人民共和国著作权法》、国际知识产权贸易等有关法律知识。

专利项目申报及实施 全市（地区）申请专利755项，其中发明专利122项、实用新型专利404项、外观设计229项。实施专利98项，新增产值3.14亿元，创税利1亿元。其中，专利实施和专利技术转让较好的项目有立环脉动高梯度磁选机获国家发明三等奖、江西省首届专利技术产品展交金牌奖，年新增生产值60万元、利税18万元；中钇富铕离子型稀土矿金属分离工艺，年新增产值1800万元、利税550万元；SQC型系列湿式强磁选机，年新增产值200万元、利税60万元；用混合沉淀剂沉淀稀土，年新增效益64万元；钢铁件酸性镀铜前预镀工艺，获江西省首届专利展交会金奖，年新增产值5600万元、利税1200万元；加厚镀铬工艺，年新增产值3500万元、利税750万元；振动沙金洗选机，在第二届国际专利新技术新产品展览会上获银牌奖，获使用费20万元；卫生级香型杀螟松的制造工艺，在第五届全国发明展览会上获铜牌奖，年新增产值 21.35 万元、利税 7.5 万元；神童津专利产品，在第二届国际专利新技术新产品展览会上获银牌奖，获国家优秀保健食品银奖，年新增产值 240 多万元、利税 70 余万元；不下垂钨丝用钨粉的生产工艺，获轻工部科技进步二等奖；苦瓜酒专利项目 1994—2000 年新增产值 4913 万元、新增利税 380 万元，产品销往全国各地及东南亚地区；中矿选择性分级再磨工艺，在江西德兴铜矿等地实施，创税利达 1000 多万元；江西米粉会昌集团有限公司申请专利 13 项，开发出 5 个系列 32 个新产品，其中采用“直条米粉生产工艺”生产的通心米粉等产品，获 1997 年第九届中国新技术新产品博览会金奖，被科技部和埃及社会发展基金会评为金字塔奖，并获“江西省名牌产品”称号，专利系列产品 1997—2000 年实现销售收入 1.96 亿元、税利 1831 万元、创收外汇 938.47 万美元，产品远销欧美、东南亚等 20 多个国家及中国港澳地区。

专利项目评比 1992 年，省经济委员会、专利局共同组织江西省专利技术优秀项目评选活动。全省共有 17 项专利技术被评为江西省专利技术优秀项目，其中赣州地区有 3 个项目入选，即：赣州有色冶金研究所的立环脉动高梯度磁选机、崇义县农机修造厂和南方冶金学院的钢铁件光亮酸性镀铜前预镀工艺、江西省于都齿轮箱厂的剃齿消除停刀痕迹的结构。1995 年 4 月，江西新专利、新发明、新产品博览会在南昌举办。赣州地区参展展板达 164 块，项目 180 余个，有 53 个项目获奖，一批特色产品受到用户青睐，产品销售额 62.26 万元；签订正式合同 24 项，金额 532 万元；签订意向合同 127 项，金额 2800 万元；引进新技术产品合同 38 项。赣州地区展团在会上获优秀组团奖。1997 年，赣州有色冶金研究所离子型稀土矿原地浸取工艺获江西省专利金奖，赣州市（今章贡区）种子管理站“苦瓜清凉饮料系列产品”和赣州市（今章贡区）煤气公司家用燃气快速热水器获江西省专利优秀奖。

专利纠纷调处 1992—2000 年，全市（地区）共调处专利纠纷 15 起。其中，1993 年，发明人王永林诉赣州市（今章贡区）湖边中学和赣州林业铸造厂侵犯他的“一种回收消石灰粉的方法”发明专利申请技术，经现场调查访问，地区专利事务所向侵权方发出书面警告通知，及时制止侵权行为。发明人刘光聪诉廖惠航侵犯他的“冬夏两用席梦思”实用新型专利，地区专利事务所及时制止侵权行为。1994 年，地区专利事务所调处赣州市（今章贡区）防火门总厂与赣南汽车改装分厂的专利侵权纠纷，维护专利权和合法权益。1995 年，调处赣县畜牧良种场与赣州市（今章贡区）种子公司的专利申请权纠纷，调处定南县酒厂私自生产“苦瓜酒”的行为。

第四节 科技交流与合作

1986—2000 年，市（地）直科研所科学事业费实行差额拨款、经费包干，科技项目实行合同制，科研经费实行有偿使用。科研所由单纯的科研型向科研生产经营型转变，鼓励科技人员到工农业生产第一线开展技术服务。1990—1995 年，科技人员承包耕地、山林、水面面积 266.67 万公顷，家畜、家禽 8000 多万头（只），推广新技术 600 余项，培训农民 300 余万人次，实现新增产值 16 亿多元。发展和完善技术市场，至 2000 年，市及绝大多数县（市、区）成立技术市场管理机构，全市有各类技术开发、服务机构 200 余家，固定从业人员近 3000 人，年技术贸易额超千万元。大力发展民营科技企业和民办科研机构，至 2000 年，经科技部门认定的民营科技企业有 139 家，从业人员 6000 多人，实现技工农贸总收入 5.66 亿元，创汇 1863 万美元，净利润 4749 万元。

大力引进国外智力。1995 年以来，赣州酒厂、赣良啤酒厂、红都啤酒厂、赣州造纸厂、于都富嘉摩托齿轮有限公司、江西一糖厂、江西三糖厂、于都屏山牧场、定南县果业局等 20 多个单位经科技部门从美国、德国、日本、加拿大、法国、澳大利亚、韩国等 10 多个发达国家引进专家智力 30 余人次，改进有关企业的生产技术水平。德国政府援助赣州地区农村落后地区的山区可持续发展项目是全市

（地区）对外科学技术合作与交流的窗口，项目成为全省和国家可持续发展的试点项目。

一、科技市场

赣州市（地区）科委以大专院校、科研院所、技术贸易机构为依托，以中小企业、农村乡（镇）为对象，建立省、市、县（市、区）多层次、多渠道的技术市场网络；组织参加对外技术交流与合作，通过技术博览、技术交易会和技术协作会宣传新技术、新产品，吸收引进国内外先进适用的科学技术。在1996年江西省新技术、新产品交易会上，由赣州地区科委选送的160多项新技术、104个新产品受到省内外广大用户欢迎。共签订技术合同68项、签订产品订货合同187项，总金额达3788万元，参与展销的产品零售额达11.5万元。有32个产品获交易会金奖，占金奖产品总数的1/9，居全省各展团之首。

1987年11月，《中华人民共和国技术合同法》实施，地、县（市）科委相继成立技术合同登记管理机构。1988年，赣州市（今章贡区）成立由科委和工商局组成的技术合同仲裁庭。1989年，地区科委与地区普法办联合在全地区组织《中华人民共和国技术合同法》《中华人民共和国专利法》学习考试。参加考试的人数达413366人。建立技术合同登记、技术贸易机构审批、技术合同奖酬金审批、技术贸易专用发票等管理制度。1991—2000年，各级科委认定登记的技术合同3001项，成交金额29871.84万元。全市（地区）技术贸易机构由1991年的71家增加到2000年的135家，从业人员达5222人。1995—1998年，全地区技术市场工作获全省技术市场目标管理一等奖。

二、引进国内外科技专家智力

1992年，在海外的赣州籍人士约20万人，其中工程师以上的科技专家有5万人。1993年，全地区科技部门从域外引进科技专家智力38人次，解决技术难题12个，引进新技术、新产品16项。至2000年，全市科技部门累计引进区外科技专家智力91人次，解决技术难题115个，提出合理化建议126项，引进新技术和新产品16项，引进项目8个。

1993年，赣州市（今章贡区）造纸厂请英国造纸专家罗伯特·贝思博士到厂进行技术咨询和指导，提出13项建议措施，其中有11项被采纳。1994年，全地区科技部门引进外国专家8人次，解决技术难题10个，提供技术服务12项。全地区科技部门引进国外专家12人次，为企业解决技术难题10多个。其中，赣州酒厂德国啤酒专家海因格博士到厂指导后，啤酒生产周期缩短一半，年增产啤酒500吨以上，增加税利150万元以上。赣州市（今章贡区）造纸厂再次请英国造纸专家伯特·贝恩博士到厂指导，采取由其提供的废纸脱墨工艺，每年可降低生产成本10多万元。1995—2000年，全市（地区）科技部门共向上级申报引智项目72项，执行79项，引进外国专家30余人次，为企事业单位解决技术难题86个、提供技术服务60余项，直接经济效益达8419万元。其中，赣州酒厂引进德国啤酒专家海因格博士8次到厂指导工作，由其直接指导的二次技改扩建工程，节约投资1500万元。由其提出的快速发酵新工艺，又使发酵设备利用率提高40%。在节能降耗方面，赣州酒厂的酒损、吨酒耗水和吨酒耗能分别从1994年的11.92%、42吨、218.63千克下降到2000年的4.53%、26.5吨、169.17千克。赣良啤酒厂聘请日本麟麟啤酒公司研究所所长井上乔到厂传授世界上最先进的双乙酰控制技术，该厂的生产技术有突破性的进展。海因格、井上乔和到江西第一糖厂指导工作的鲍曼获得由江西省人民政府颁布的“友谊奖”。红都啤酒厂、于都富嘉摩托齿轮有限公司、江西三糖厂、于都屏山牧场、定南县果业局等20多个单位经科技部门也从美国、日本、加拿大、法国、澳大利亚、韩国等发达国家引进专家智力，改进企业的生产技术水平。

三、开展科技协作交流

赣州市（地区）与国内知名高等院校签订技术协作和人才培养协议。科技部门先后与南方冶金学院、复旦大学、清华大学、华中理工大学、厦门大学、北京信息工程学院、杭州电子学院等国内知名高等院校签订技术协作和人才培养协议，为赣州市（地区）培养专科、本科、研究生等高层次的各类专门人才。其中，清华大学、华中理工大学、北京信息工程学院在赣州市（地区）设立人才培养函授站，每年均招收一批国家计划内的普教、成教大专和本科生，华中理工大学、厦门大学为赣州市（地区）开设有关专业的研究生班，清华大学接受赣州市（地区）为该校硕士生、博士生的社会实践科技服务基地，1997—2000年派博士生、硕士生近百人在赣州市（地区）40多个企业、事业单位开展无偿科技服务活动。

赣州市（地区）与国外建立专门项目技术合作与交流窗口。赣州市（地区）山区开发建设项目是德国政府援助赣州市（地区）的一个农村落后地区可持续发展项目，项目经过二期工程，争取到数千万元的无偿援助，为赣州市（地区）建立对外技术合作与交流的窗口。围绕这个项目，有德国、以色列、荷兰、日本、欧共体、联合国计划开发署等国家和国际组织的专家到赣州市（地区）考察。项目自1996年实施对外技术合作与交流，成为江西省重点可持续发展试点项目，其项目实施区——赣县梅林镇红金村生态示范园接待中共中央总书记、国家主席、中央军委主席江泽民等党和国家领导人的考察，并受到好评。另一项目区——南康市龙回乡水土保持示范区被列为江西省可持续发展培训基地。

第三章　科学研究

1986—2000年，全市（地区）各科研机构积极开展各项科学研究，在农业、林业、渔业、工业、麻风病防治等方面进行深入钻研，完成各类科研课题823项，有力推进赣州科学技术发展，为行业发展和生产力提高提供技术支持。

第一节　农业科研

一、水稻育种

赣州市（地区）农业科学研究所不断引进品种资源和品种（组合），为丰富亲本（基因库）暨培育新品种（组合）奠定物质基础，从中筛选适宜赣州域内的品种（组合）直接推广。该所还通过杂种优势利用（三系法、两系法）、常规育种和化学诱变等方法，丰富育种成果。两用核不育系“田丰S”（原名“F13IS”）于1994年通过省、地专家技术鉴定，1998年通过省审定，是江西省第一个育成并审定的两用不育系。籼型两系杂交早稻“田两优402”（“F13IS/402”）1998年通过省技术鉴定、1998年通过省审定，是全国第一批审定推广的42上两系杂交组合之一，适宜长江流域作早杂，是产量潜力最好的两系杂交早稻。1996年、1997年参加国家级多组早杂区域，在8个省（区）41个点，其单产名列第一，达国内先进水平。常规育种的4个品种“早籼N-2”“早糯花18-2”“晚籼208”“晚品1号”进入省区试。“晚籼208”进入南方稻区区试，产量居首位，1990年经省认定定名为“赣晚籼15号”。

赣州市（地区）农业科学研究所承担研究推广的化学诱变育种，是通过化学诱变剂对常规水稻和杂交水稻18个品种或组合进行不同时期不同剂量的处理，育成“80化2-1-1”（“赣化诱1号”）水稻良种，是全国首次用化学诱变方法育成的综合丰产性状好、生产示范推广的早稻新品种。

二、水稻区域试验

赣州市（地区）农业科学研究所是国家级水稻新品种（组合）区域试验基地之一，1986年建成应用，承担全国（南方稻区）、江西省、赣州地区三级水稻新品种（组合）区域适应性试验。1986—2000

年，对全国（南方稻区）、省、地（市）三级的1239个参试品种进行适应性试验鉴定，鉴定筛选出产量高、抗性好、米质优、适应性强且适宜南方稻区、全省和赣州地区推广的品种（组合）150多个。全省通过区试，通过省级以上审定的新品种（组合）约100个，主要品种（组合）在全省累计推广面积2000万公顷，增产885万吨稻谷，增值99.2亿元。

三、烤烟研究

1992—2000年，烟叶新品种及适产优质规范化栽培技术研究，共进行32次试验，研究出新品种“K326”“G80”在全省推广，成为全省主栽品种，覆盖率达95%以上。筛选出适应性更强、可用性更高的接班品种——“云烟85.RG11”，在“十五”期间推广应用。

1996—1998年，烤烟优质适产规范化栽培技术项目实施3年，推广面积1.71万公顷，推广以良种规范化栽培技术和烘烤技术为主的配套技术，并在原有基础上有所创新和改进。优质烤烟品种及规范化栽培技术推广项目实施推广面积1.3万公顷，并推广优良品种和一系列新技术，对全地区科技种烟起到指导作用。

1997年，在赣州地区一季稻区种植烤烟，改一季为双季，实行烟稻茬口。单改双的种植面积3000公顷，效果显著。一季稻区烟稻茬口有利于改善烤烟品质、优化种植结构、改良土壤、降低病虫害、增加农民收入。

四、十元素微肥的研制和开发

1992—1994年，地区农业科学研究所研制开发新型叶面肥——十元素微肥，其含锌、硼、锰、镁、钼、铜、铁等微量元素及氮、磷、钾，能快速提高果树、棉花、瓜菜、烟叶、甘蔗等作物的各种营养，增强抗逆能力、提高产量、改善品质。

五、甘蔗研究

1986—2000年，赣州市（地区）甘蔗研究所选育一批特早熟、高糖、高产、抗霜冻强、宿根好、抗逆性强的优良品种。其中，“赣南91/3”通过省级区域化试验，“赣南95/348”比“赣蔗14号”早熟15天，产量高出近20%左右。“Roc20号”表现为特早熟高糖品种，10月下旬糖分达15%以上，比“赣南14号”高2.5%；11月下旬蔗糖分达17.2%，品种大面积示范种植。

甘蔗植期的改革，由传统的春植，改为秋植和冬植。改革植期后，由单一春季新植与宿根结合改为春、冬、秋植与宿根相结合，开创江西省甘蔗秋植与冬植的新栽培制度。冬植蔗在瑞金、信丰、于都、南康、赣县5个县（市）甘蔗区普遍推广，秋植蔗推广面积达新植蔗总面积的30%。改变传统的1.7米唯上的单行稀植，实行合理密植，推广1～1.2米行距双行三角形平放沟边种植，春植亩播8000芽，秋植亩播7000芽，冬植亩播9000～10000芽。地膜覆盖和育苗移栽技术，一般亩产甘蔗都在1吨以上，提高糖分0.5%左右，效果显著。

加强对甘蔗害虫的防治研究，对多发、常发虫害（如二点螟、棉蚜虫），特别是对二点螟的预测预报和性诱剂与药物防治等研究，甘蔗二点螟性诱剂应用于测报第一代发生期获江西省科技进步三等奖，二点螟第一代发生期预测预报与防治获江西省科技进步四等奖。

六、柑橘良种引进选育

赣州市（地区）柑橘研究所引进柑橘类品种（系）108个，对引进品种（系）的生态适应性和栽培适应性及综合经济性状进行观察试验暨示范研究。推广“纽荷尔”“朋娜”“林娜”等脐橙品种（系）“哈姆林甜橙”“锦橙”“冰糖橙”“红玉血橙”“脐血橙”“大红甜橙”等甜橙品种，“大浦”“市文”“宫本”“兴津”“宫川”“云间”等温柑蜜柑品系。其中，“赣南橙类品种引进及比较试验”获江西省科技进步三等奖、赣州地区科技进步一等奖，“无病毒脐橙朋娜、纽荷尔新品种的引进推广”获农业部三等奖，“极早熟温州蜜柑引进试验及推广”获赣州地区科技进步三等奖。国内外柑橘优新品种（系）的引进选育、示范推广，促进赣州市（地区）柑橘品种结构的优化，特别是“纽荷尔”等脐橙优新品系的成功推广，促进赣州市（地区）脐橙产业的发展。

七、柑橘栽培技术研究

20 世纪 80 年代，地区柑橘研究所主要是围绕柑橘的丰产栽培开展研究。其中，“柑橘高产栽培及保鲜技术推广”获赣州地区“星火计划”二等奖，“脐橙矮化密植早结丰产试验研究”获赣州地区科技进步三等奖。20 世纪 90 年代以来，赣州市（地区）柑橘研究所开展“脐橙规范化栽培技术”“脐橙无公害栽培技术”“赣南脐橙冻害防御技术”“甜柚去核技术引进与推广”等项目的研究。

第二节　林业科研

赣州市（地区）林业科学研究所重点对马尾松、杉树、油茶、黑荆树等树种进行种苗培育、营造技术、经营管理等方面的系统研究。对松林保护、野生动植物保护和利用等方面进行专题研究。

一、马尾松丰产结构和营造技术研究

是国家科委“七五”期间攻关项目“马尾松用材林建生丰产技术研究”的子课题。课题承担单位赣州地区林业科研所对“七五”期间域内营建的示范林、试验林提取各种试验数据，突出研究种源应用、立地选择、造材营林、结构模式等各项丰产栽培技术，解决定向培育工业原料用材林问题。1986—1996 年，完成安远县重石乡飞播马尾松林、信丰县金盆山林场马尾松人工林、崇义县天台山林场天然马尾松类型、信丰县正平乡和同益乡马尾松毛虫综合防治等调查。营建示范林 236.44 公顷、试验林 26.54 公顷。培育的马尾松树种 7 年生长平均胸径和树高分别大于“全国马尾松建生丰产技术标准”52%、22%；示范林的保存率在 95%以上，推广面积达 1875.4 公顷，建立一大批马尾松建生丰产林基地。

二、杉木初级种子园营建技术研究

在全地区选出杉木优种 824 株，建立采穗圃 10.13 公顷，优种收集区 24.27 公顷，结实面种 101.06 公顷，收到种子 6868.5 千克，最高亩产种子 11.1 千克，出籽率提高 30.3%，千粒重提高 5.6%，发芽势提高 29.2%，发芽率提高 25.6%，场圃发芽率提高 38.1%。基本上做到赣州地区杉木种子基地化、良种化。“杉木人工抚育间伐的应用研究”充实杉木抚育间伐的理论基础，为林业生产提供确定抚育间伐技术措施的依据，杉木适生栽培区和一般栽培区营造的杉木林，首次间伐龄为 8～10 年，采用下层间伐法。首次间伐强度应掌握在按株数计 20%～35%。

三、油茶良种选育研究

该项研究历时 28 年，尤其是后 15 年（1986—2000 年），选育出 12 个油茶高产优良品种，亩产油均在 50 千克以上（其中“丰 586”“丰 590”亩产油均在 60 千克以上），达到国内高产水平。“油茶低产林改造技术推广”分别在赣州市（今章贡区）、赣县、兴国、崇义、上犹等 5 个县（区）试点，完成油茶低产林改造面积 2399 公顷。改造后，平均每亩增产油 7.7 千克，比改造前增产 2 倍以上，亩增值 71.5 元，总增值 257.36 万元。

四、黑荆树综合开发

项目列入国家科委“七五”星火计划。1986 年，采用矮林作业方式，建立黑荆树生产基地。1990

年8月，栲胶厂竣工试产，生产栲胶50余吨，经检验及上海、广州等地皮革厂试用，主要质量指标达到世界名牌“斑马”牌栲胶水平。在赣州市（今章贡区）、南康、信丰、于都、赣县等县（市）营造黑荆树原料基地，基地造林255.8公顷，造林成活率达91.6%。栲胶厂及其基地的建成，填补江西省栲胶工业的空白。

黑荆树工业原料林定向培育为栲胶生产培育黑荆树原料林和种子园。1991年开始，项目实施5年，共营造原料林930.93公顷，营造种子园1.6公顷，争取项目贷款46万元，林业贷款131万元。

赣州黑荆树地理种源试验是赣州市（地区）林业科学研究所与中国林业科学研究院合作承担的中国与澳大利亚合作的8545项目。在澳大利亚、南非、巴西、中国等4个国家的30个黑荆树种源中，选择当地种源产量大、质量好、干型通直的种源，为黑荆树栲胶基地建设提供优良种源。研究结果：筛选出5个优良种源，即“C21号”（浙江温州）、“C24号”（四川建江）、“17号”（澳大利亚）、“09号”（澳大利亚）、“15号”（南非）。这5个优良种源比赣州本地对照种源增产木材38.9%～69.4%、树皮44.4%～64.6%、栲胶26%～72.1%。每亩仅木材和树皮2项即可增值56.04～154.25元。项目实施以来，域内共营造黑荆树基地2333.33顷，年产500～1000吨赣州地区黑荆树荆树栲胶。

五、崇义县阳岭自然保护区动植物资源调查

该项调查摸清阳岭自然保护区野生动物、木本植物和大型真菌等生物资源，其中陆栖脊椎动物135种、昆虫434种、木本植物353种、大型真菌84种。发现保护区有珍稀动植物100多种，其中国家级保护植物10种、动物19种，江西省保护植物18种、动物13种、昆虫新种2种，江西省昆虫新纪录69种，江西省鸟类新纪录6种。调查分析发现，阳岭自然保护区直接经济效益每年可达60万元以上，因此调查组提出“既要保护好珍稀动植物种，又要开展观光旅游和资源利用”的初步规划设想，为开展生物多样性保护工程提供科学依据。

六、赣州市陆生野生动物资源调查

该项调查摸清区域陆生野生动物资源，其中鸟类189种、兽类55种、爬行动物56种、两栖动物26种。被列为国家级保护的珍稀动物48种，被列为江西省保护的动物77种、江西省鸟类新纪录19种。摸清野生动物的驯养、利用、贸易及分布现状，研究总结出13万字的研究报告和分布图，首次为赣州市提供野生动物研究方面的系统资料。野生动物及其产品产值每年在4500万元以上。

第三节　渔业、工业和麻风病科研

一、渔业科研

赣州市（地区）水产研究所主要是进行品种选育与杂交育种技术、鱼病防治技术、池塘精养高产技术、新品种的引进、试验示范和种苗繁育技术等。1986—1987年，引进日本白鲫、淡水白鲳、斑点叉尾鮰等淡水良种进行养殖试验及种苗繁育工作，特别是对甲鱼的人工繁殖技术进行深入的研究，得到广泛推广应用。1986—1989年，进行鱼用药饵防治草鱼“三病”（病毒性出血病、赤皮病、烂鳃病）的试验研究以及以草鱼为主的养殖鱼类病害的防治研究。将稀土应用于四大家鱼鱼病防治，1991年，进行池塘高产养鱼试验示范，试验亩产达528千克，总结出池塘精养高产技术并广泛推广。1991—1993年，进行鲤鲫鱼杂交试验，培育出1个新的杂交鱼类，提高池塘养鱼产量，丰富鱼类品种。1997—2000年，进行彭泽鲫、加州鲈、奥尼罗非鱼、美国大口胭脂鱼、花吻鱼等名特优新水产品的引种试验暨池塘养殖及种苗繁育技术的研究，彭泽鲫和斑点叉尾鮰2个品种的种苗繁育及池塘主养技术日臻成熟，能批量生产种苗供应社会。

二、工业科研

赣州市（地区）机械电子研究所进行“果脯快制工艺及设备的生产应用”“低温烘干仓的应用”“DF－300、DF－500电孵化器”“煤电两用稻种破胸芽机”“氨基酸烘干装置”“单履带微耕机引进生产”等机械电子设备的研制，得到较好推广应用。

三、麻风病防治研究

1986年，赣州市（地区）皮肤病研究所采取措施防治麻风病，主要采用中小学生体检、线索调查、病人家属体检、他人申报、皮肤科门诊、患者自报、疫源普查等多种防治手段发现病人，并通过药物治疗和手术护理使患者康复。在防治过程中，争取到麻风病防治外援经费300万元。新建南康县康复新村，有500多名患者获得澳门明爱慈善机构的长期援助。至2000年年底，有章贡区、大余、会昌、全南、石城、定南、宁都、安远、寻乌、龙南等10个县（市、区）基本消灭麻风病。

表33－3－1　1986—2000年赣州市（地区）各科研单位开展重点科研项目一览表

项目名称	级别	技术指标及经济效益	起止年限	完成单位	获奖名称及等次
杉木初级种子园营建技术应用研究	江西省级重点项目	杉木嫁接种子园生产的种子出籽率提高30.3%，千粒穗提高5.6%，发芽势提高38.1%，基本上做到全地区杉木种子基地化、良种化	1986—1996年	赣州地区林业科学研究所	林业部科技进步三等奖，赣州地区科技进步一等奖
甘蔗新品种选育	江西省一级重点	选育出“赣蔗15号、16号”等一批甘蔗优良品系，并大面积推广	1986—2000年	赣州市（地区）甘蔗研究所	江西省科技进步二等奖，赣州地区科技进步三等奖
科学养猪	赣州地区“星火计划”	—	1987年	赣州地区畜牧研究所	赣州地区“星火计划”三等奖
烤烟开发研究	江西省级“星火计划”	项目实施3年，烤烟种植面积、单产、总产、收购量均大幅度提高，促进了农业增收、财政增税，取得了明显的社会经济效益	1987—1989年	赣州地区农业科学研究所	江西省级“星火计划”二等奖、国家“星火计划”四等奖
从蚯蚓体提取复合氨基酸	赣州地区	—	1989—1990年	赣州地区畜牧研究所	赣州地区科技进步一等奖
杂交肉牛舍饲养育肥及综合开发利用研究	赣州地区	—	1990年	赣州地区畜牧研究所	赣州地区科技进步三等奖
南安板鸭育肥期疫病防治研究	江西省级	—	1991—1992年	赣州地区畜牧研究所	江西省科技进步三等奖
旱地甘蔗高产栽培技术	国家“星火计划”	每亩可增产甘蔗0.5吨，提高糖分0.35%以上	1991年	赣州地区甘蔗研究所	农业部农特渔业丰收二等奖
草鱼营养需要及饲料配方的研究	赣州地区	对草鱼的必需氨基酸需要量和营养缺乏性脂肪肝病进行研究，得出了一组草鱼营养需要的最佳值和草鱼饲料最佳配方	1989—1991年	赣州地区水产研究所	—
池塘高产养鱼示范	赣州地区	总结了一套池塘亩产500千克以上切实可行的养殖技术和模式	1991—1993年	赣州地区水产研究所	—

续表 33-3-1

项目名称	级别	技术指标及经济效益	起止年限	完成单位	获奖名称及等次
油茶低产林改造技术推广	地区"星火计划"	完成油茶低产林改造面积 2399 公顷。改造后平均亩产油 7.7 千克，每亩油茶林的株数达 80～120 株，亩增产 5.11 千克，亩增值 71.5 元，总增值 257 万元	1991—1993 年	赣州地区林业科学研究所	省"星火计划"奖
两系法杂交水稻选育及配套技术的研究	—	—	1996—1998 年	赣州地区农业科学研究所	赣州地区科委科技进步一等奖
从蚯蚓中提取 SOD 及系列产品开发	江西省级	—	1992—1996 年	赣州地区畜牧研究所	江西省科技进步三等奖，赣州地区科技进步一等奖

第四节 软科学研究

一、项目实施

1991 年，全地区立项软科学课题为 5 项，安排资金 3 万元。由地区科委组织、参与的大型软课题《我区农业科研机构现状调研及发展对策研究》等，为各级领导决策提供科学依据。1992 年，全地区立项软科学课题为 8 项，安排资金 3 万元。4 月，《赣南籍在外科技专家智力返乡调查》《赣南农村科技致富带头人典型调查》通过地区科委鉴定，其中《赣南籍在外科技专家智力返乡调查》受到行署高度重视，成立赣南籍在外科技专家智力返乡领导小组并提供专项活动经费。7 月，地委政研室的《优化赣南产业结构及其配套政策研究》和地区科技情报研究所的《高新技术的应用开发研究》分别被评为全地区软科学课题研究一等奖。10 月，由地委政研室承担的《赣南科技人才现状及管理对策研究》通过由地区科委组织的鉴定。1993 年，全地区立项软科学课题为 6 项（均由地区科技信息研究所完成），安排资金 3 万元。其中，《赣南发展创汇农业研究》，被中共赣州地委、赣州地区行署采纳，并以《1993—2000 年赣州地区外向型农业发展规划》文件形式印发全地区，省委政研室将该成果作为《全省创汇农业调查报告》的重要参考资料。《赣南科技域内可行性研究》受到专家较高评价，并为中共赣州地委、赣州地区行署采纳。由江西省科委立项，地区科委承担的《赣、粤、湘边际地区经济技术发展对策研究》获江西省科委 1995 年度科技情报成果三等奖，其调查报告全文刊载《江西农业经济》，并由《中国跨世纪改革发展文献》转载。1994 年，全地区立项软科学课题为 42 项，安排资金 3 万元。1995 年，全地区立项软科学课题为 6 项，安排资金 3 万元。1 月，经地区科委立项，地区科技信息研究所组织协作攻关，开展题为《赣南京九沿线优势产业发展战略研究》软课题调研。课题通过专家评审，获江西省科委 1995 年科技情报成果一等奖。调查报告在《老区建设》《政策广角》《政策研究》《赣南科技》等杂志上发表。

二、项目资金

1996—2000 年，全市（地区）立项软科学课题数量暨安排资金分别为 1996 年 7 项 4 万元，1997 年 4 项 4 万元，1998 年 2 项 4 万元，1999 年 4 项 4 万元，2000 年 5 项 4.4 万元。1986—2000 年，全市（地区）软科学课题为 51 项，安排资金为 35.4 万元。

第四章 科研成果

1986—2000年，全市（地区）坚持“科学技术是第一生产力”，鼓励科学研究。1988年6月，赣州地区行署颁布《赣州地区科学技术进步奖励办法》，对推动地方科技进步、对社会经济发展做出突出贡献的优秀科技成果进行奖励。

1986—2000年，全市（地区）科研成果丰硕，有市（地）级以上重大科技成果423项，两系杂交稻“田两优402”“苦瓜清凉饮料系列产品研制”“稀土原地浸矿技术”等部分科技成果达到江西省和全国领先水平。

第一节 评审与授奖

1988年6月，行署颁布《赣州地区科学技术进步奖励办法》（以下简称“办法”），设立一、二、三、四等奖，奖金分别为人民币1000元、800元、600元、400元。1994年9月，行署对办法进行修订，奖金额分别调整为2500元、1500元、1000元、500元，同时设立特等奖，奖金额高于一等奖的2倍以上。

奖励范围主要是自然科学应用技术领域和应用基础研究及自然科学基础研究领域的成果，奖励的条件必须是对推动地方科技进步、社会经济发展做出突出贡献，取得显著经济效益或社会效益的项目，对获奖的项目以行署或市政府的名义颁发奖状、证书和奖金。每年都开展科技进步奖的评审与授奖活动，评选出一大批优秀科技成果，这些成果均在每年召开的科教兴赣南大会上颁奖。

第二节 获奖成果

1986—2000年，全市（地区）取得市（地）级以上重大科技成果423项，其中获市（地）级以上各种奖励有395项（国家级13项、省级96项、市地级286项），一些科技成果居于省内和国内领先水平，部分科技成果达到国际先进水平。如国家“863”计划重大科研项目——两系杂交稻研究与示范推广，市（地区）农业科学研究所是项目的承担单位之一，研制选育的“田两优402”是通过国家审定的国内4个组合之一，且在全国区试、南方稻区区试及“863”联试中，产量均名列第一。“苦瓜清凉饮料系列产品研制”获国家发明四等奖，省科技进步二等奖。“稀土原地浸矿技术”获江西省科技进步一等奖、国家科技进步二等奖，并达到国际先进水平，完整地保持矿山原貌，保护生态环境。

表33-4-1　　1986—2000年赣州市（地区）获省级以上部分科技成果奖一览表

项目名称	主要完成单位	主要完成人	获奖年度、奖项名称、等级
兴国红锂鱼良种选育	兴国红鲤鱼繁殖场	谢风启、邓宗觉、薛耀怀、林光华、钟郁彬	1987年国家科技进步四等奖
离子型稀土原地浸矿新工艺研究	赣州有色冶金研究所	唐宗和、邵亿生、吕广文、冷和平、何维国、李先柏、肖可颂	1997年国家发明三等奖
苦瓜清凉酒加工方法	赣州市种子管理站	夏侯龙钧、曾涛、谢贤村、严金明	1998年国家发明三等奖
离子型稀土冶炼技术及设备	赣州市有色冶金研究所	武立群、王林生、温惠忠、张小联、游宏亮	2000年国家科技进步二等奖
籼型杂交早稻咸优测50	赣州地区农业科学研究所	张顼祥、谢金水、廖家槐、杨维绪、王诗楼	1986年江西省科技进步三等奖

续表 33－4－1

项目名称	主要完成单位	主要完成人	获奖年度、奖项名称、等级
水稻化诱育种研究	赣州地区农业科学研究所	辜尊荣、钟骏云、李建新、丘星初、蔡启亭	1986 年江西省科技进步三等奖
L5.5－25/12 型天润滑空气压缩机	江西气体压缩机厂	陈木生、李灶生、黄嘉生、梁惠雄、曾学群	1986 年江西省科技进步三等奖
籼型杂交早稻优 49	赣州地区农业科学研究所、种子站	张瑞祥、伍仁山、舒耀庭、廖家槐、谢其本、朱承沛	1989 年江西省科技进步二等奖
高旱地甘蔗增产主要技术措施研究	赣州地区甘蔗研究所	贺家岳、胡宏瑞、刘才满、刘清泉	1989 年江西省科技进步三等奖
LGr20/12－30/20 型移动式冷中压螺杆压缩机	江西气体压缩机厂	孙开宾、曾木生、林鸿桂、高富顺、熊祖康	1989 年江西省科技进步三等奖
甜菊糖	江西第三制糖厂	聂瑞廷、李善旺、赵署新、陈金才、郭建屏	1989 年江西省科技进步三等奖
赣州地区脑型脚气病的防治研究	赣州地区卫生防疫站	陈文庆、李人照、陈惠贤、江日元	1989 年江西省科技进步三等奖
柑橘木虱发生规律及防治的研究	赣州地区柑橘研究所	赖剑峰、杨清华、张木生、黄珍岚、邹天翼	1990 年江西省科技进步三等奖
rJ13A 卷烟机	江西赣南机械总厂	张曜川、李钧声、吴儒广、谢瑞文、谭德遂	1990 年江西省科技进步三等奖
低定量彩色胶版印刷纸	江西赣江造纸厂	陈鸟九、刘庆元、何福生、杨梦兰、黄芳伦	1990 年江西省科技进步三等奖
石 89－A 型节能烤烟房	石城县农村能源工作站	温细荣、黄运春、孔淑玲、张洪亮、廖怀清	1990 年江西省科技进步三等奖
赣州黑荆树地理种源试验	赣州地区林业科学研究所	刘石俊、李祖、高传壁、肖活生、宋瑞萍	1991 年江西省科技进步三等奖
赣州市造纸厂 1575 中高档卫生纸生产线技术改造	赣州市造纸厂	郭义星、卢勇、郭义山、符祥源、陈文浩	1991 年江西省科技进步三等奖
输卵管吻合术	赣县人民医院	李梅生、谢帮熙、刘兹贞、梁艳	1991 年江西省科技进步三等奖
利用地产烟叶生产中档卷烟	赣南卷烟厂	何善懋、钟正荣、徐咸东、魏平、凌倍明、李雅荣	1992 年江西省科技进步二等奖
蚓体提取复合氨基酸及系列产品开发	赣州地区畜牧研究所	华兴周、伍学荣、郭荣铨、钟向阳、温博贵、唐玉清	1992 年江西省科技进步二等奖
籼型杂交早稻协优赣 7 号推广应用	赣州地区种子站、地区农业科学研究所	伍仁山、张瑞祥、钟宗淳、廖家槐、李淑芳	1992 年江西省科技进步三等奖
板鸭育肥期疫病防治研究	赣州地区农业局、地区畜牧研究所	肖龙英、华兴周、周逸锦、刘尧服、刘瑞平	1992 年江西省科技进步三等奖
甘蔗新品种赣南 76－567 的选育	赣州地区甘蔗研究所	陈逢彩、陈坚、王仁明、叶玉贞、王南秀	1992 年江西省科技进步三等奖
蚯蚓液作家蚕添剂效果研究	赣州地区畜牧研究所	谢永梯、徐瑞香、刘道行、钟日宣、徐素芬	1993 年江西省科技进步三等奖
赣南橙类品种引进及比较试验	赣州地区柑橘科研所	王敬华、彭寿、林元赞、徐大宏、刘锡	1993 年江西省科技进步三等奖
早籼新品种丽湘早 5 号（赣早籼 28 号）	赣州地区农科所	邱克逢、张礼银、谌萍、钟露霞、沈厚兴	1993 年江西省科技进步三等奖
LG20－18/7 型螺杆空气压缩机	江西气体压缩机厂	廖振智、汤振武、朱爱勤、谢远平、黄永新	1993 年江西省科技进步三等奖
籼型杂交早稻“协优赣 15 号”	赣州地区农业科学研究所、种子站，上犹县种子站	张瑞祥、谢其本、李登华、廖家槐、李士明、张红林、钟利民	1994 年江西省科技进步三等奖
双季稻区水稻叶龄模式应用研究与推广	赣州地区农业局，安远县、于都县农业局	郭宏文、姚彪发、唐祥金、陈德弘、郭达周	1994 年江西省科技进步三等奖
杉树、湿地松种子园、母树林最佳配方施肥	赣州地区林业科学研究所	李萃异、程庆吉、陈根平、余传发、钟荣珠	1994 年江西省科技进步三等奖

续表 33-4-1

项目名称	主要完成单位	主要完成人	获奖年度、奖项名称、等级
深炮孔排水装置研制	南方冶金学院	张悦规、翁志洪、张岐生、管荣根、尹诗南	1994 年江西省科技进步三等奖
全国八片水土保持重点治理区——兴国一期治理	兴国县水土保持局	周昌涵、王玉璇、谢运祥、吴才枋、李京明、陆忠义	1995 年江西省科技进步二等奖
油茶低改技术组装应用及推广	赣州地区林业学校推广站	张先岳、肖山、陈式松、谢年馈、宋敏祺	1995 年江西省科技进步三等奖
MSB-5S 汽车变速器	江西江铃齿轮股份有限公司	谢信孚、裴质明、钟荷林、肖飞、朱小明	1995 年江西省科技进步三等奖
黑米啤酒的研制及生产技术	江西南安啤酒厂等	钟敦金、赖来展、钟星光、黎佐绩、胡小芸	1995 年江西省科技进步三等奖
东乡铜矿 VI 号难采矿体多单元多步骤阶段矿房采矿法试验研究	南方冶金学院	黄文钿、易德新、杨建永、陈企电、饶运章	1995 年江西省科技进步三等奖
莲藕腐败病综合防治新技术推广	石城县植保站、石城县科委	杨振威、颜龙安、刘德炎、张晓波、李丙花、李佑远、黄运洲、赖福璋、邓杨意	1996 年江西省科技进步三等奖
毛竹低产林改造	赣州地区林业局	谢年馈、曾荣长、刘伟光、王隆达、彭其海	1996 年江西省科技进步三等奖
TF40000-36/3300 同步发电机	江西赣州电机厂	许先达、梁保节、吴明强、董尚宁、饶正文、张少南、陈德清、饶国根、陈正中、周伟	1996 年江西省科技进步三等奖
苦瓜清凉酒产品研制	赣州市种子管理站	夏侯龙钧、曾涛、谢贤相、严金明	1997 年江西省科技进步二等奖
早籼新品种赣早籼 42 号选育	赣州地区农业科学研究所	邱克逢、邱志橘、刘尧高、梅国顺、龙礼昆	1997 年江西省科技进步三等奖
氟化物体系电解生产镧铈镨钕合金新工艺	赣州有色冶金研究所	温惠忠、王林生、周长生、黄文莉、肖芳春	1997 年江西省科技进步三等奖
富家钨铜矿三选厂提高铜回收率及回收研究	南方冶金学院	黄万抚、吴柏林、邱延省、龚恩民、杜晓红	1997 年江西省科技进步三等奖
废旧钕铁硼回收工艺研究	赣州有色冶金研究所	卢能迪、简启发、欧阳红、傅淑云、张红英、张建英	1998 年江西省科技进步二等奖
德兴铜矿铜硫分离新工艺	南方冶金学院	黄礼煌、刘江浩、周源、项则传、刘建国、洪建华	1998 年江西省科技进步二等奖
水文在控双缆道流量、泥沙测定系统	赣州地区水文局	刘旗福、张祥其、何祥坤、李书恺、陈昌瑞	1998 年江西省科技进步三等奖
从蚓体中提取 SOD 及系列产品开发	江西赣南帝龙生物制品厂	谢永梯、谢向阳、徐瑞香、刘峥、徐素芬	1998 年江西省科技进步三等奖
赣南生态农业"猪一沼一果"模式研究与开发	赣州市农业局、赣州市科委、赣州市果业局	王翔、侯乐锋、徐锦湖、周琪、刘年英、周昱	1999 年江西省科技进步二等奖
游离空肠三腔代胃术在全胃切除中的应用	赣南医学院附属医院	江柏青、李章红、董大皤、钟少文、刘学奎	1999 年江西省科技进步三等奖
离子型稀土冶炼技术及设备	赣州有色冶金研究所	武立群、王林生、温惠忠、张小联、游宏亮、钟永林、袁源泉明、肖方春、姚文锋、李建中、卢能迪	2000 年江西省科技进步一等奖
浮选中矿选择性分级再磨新工艺研究	南方冶金学院、江西铜业公司	彭会清、刘江浩、洪建华、刘建国、尹启华、赵桂洪、贺智明、黄银吉	2000 年江西省科技进步二等奖
双弧形截囊在现代白内障囊外摘除人工晶体植入术中的临床应用	赣南医学院附属医院	曾祥云、文为杰、王辉、文道源、蒋贻平、唐爱平	2000 年江西省科技进步三等奖

第五章　防震减灾

赣州市（地区）地震局坚持实行预防为主、防御与救助相结合的方针，积极开展地震监测预报、地震灾害预防、地震应急等工作，推进“三大体系”（地震监测预报体系、地震灾害预报体系、地震紧急救援体系）建设，在建成地震通信网的基础上，又建成赣南地震数字化遥测台网（赣州设立分中心，下辖7个无人值守遥测子台），使赣南地震监测技术跻身于全国设区市的先进行列。1999年、2000年分别获江西省地震趋势会商意见第一名、全国地方防震减灾工作综合评比先进集体称号；同时，被中宣部、中国地震局评为防震减灾宣传工作先进单位。

第一节　机构设置

一、管理机构

1987年8月，寻乌县连续发生ML5.7级、5.5级破坏性地震。1988年，寻乌县人民政府和安远县人民政府为加强对地震的监视工作，分别建立寻乌县地震台和安远县地震台。1987年8月至1989年，会昌、安远、寻乌、瑞金、石城、定南、龙南等县成立县地震办公室。1990年，成立赣州地区防震抗震救灾工作领导小组，办公室设在赣州地区城乡建设环境保护局（以下简称“抗震办”）。1992年9月，成立赣州地区地震局，为副县级单位，挂靠赣州地区城乡建设环境保护局，与赣州地区抗震办合署办公。1993年4月，赣州地区地震局从建设局分出，核定编制10名，内设办公室、监测科、宣传教育科。1996年9月，地区地震局为正县级单位，核定编制8名，内设办公室、监测科、震害防御科，实有人员10人。1997年，设立赣州市地震台（正科级）。1999年，更名为赣州市地震局，为赣州市政府直属参公管理的事业单位。2000年，赣州市地震台更名为赣州地震数字网中心。

二、监测台站

1988年，设立安远、寻乌2个监测台，开始赣南区域的地方地震监测工作；同年年底，增设会昌筠门岭地下水观测站。

1996年，恢复赣州地震台，加强监测工作，连同会昌台（由省地震局直管）一起，四台呈“/\”形，形成赣南监测网基本框架。

1997年，为科学设台、优化布局，地区地震局向省地震局提出《关于优化我区地震台网建设的请示》，提出应建立以赣州台为分析预报中心、各台站相互交流、各种手段相互配合、信息畅通的地震监控网络，并争取在加强测震台站的基础上，建成遥测台网。

1999年6月，赣州地区地震局、瑞金、寻乌、安远、石城、会昌地震通信与省地震局联网。

2000年10月，省地震局、赣州市政府联合召开赣南数字化遥测台网建设工程启动会，该项工程经国家立项、省政府同意，包括建设赣南遥测台网分中心，下辖赣州、大余、龙南、寻乌、安远、会昌、石城等7个无人值守遥测子台。2001年4月，赣南数字遥测台网工程建成，赣州分中心与省中心及7个子台联网，运行正常。至此，赣州地震监测网络手段跻身于同类设区市先进行列。

第二节 地震宣传与业务培训

一、地震法规宣传与科普知识宣传

本着“积极、慎重、科学、有效”的原则，不断加强防震减灾法规、地震科普知识的宣传活动，提高群众的防震减灾意识和社会的参与程度。

1995 年 1 月，地委宣传部和地区教育局、地震局联合下发《关于在中小学、职业中学开展地震科普知识教育》的通知，要求中小学校、职业中学每新学年第一个月安排 1～2 个学时进行防震减灾知识课。地区地震局分别编印中学生地震科普知识和小学生地震科普知识教材，发给全地区中小学校。

1997—2000 年，市（地区）地震局每年出刊 6 期《防震减灾》简报，综合国内外大的震情、区内的地震活动情况，将法律法规、地震科普知识等内容发至全市（地区）有关部门进行宣传。

1998 年 2 月，国家召开《中华人民共和国防震减灾法》颁布施行电视电话会，在赣州设立分会场。行署副专员尹礼山作《要把防震减灾法学习好，宣传好，贯彻落实好》的讲话。地区地震局整理国家 7 位领导人在电视电话会上的讲话并加编者按，发至与会代表单位和县（市）进行讨论学习：同年 3 月 1 日，《中华人民共和国防震减灾法》开始施行，全地区地震部门开展“宣传月”活动。在闹市区悬挂彩球、横幅标语，派出人员为地区普法骨干授课，撰写一组稿件在地区广播电台全文播出等。地区普法办将《中华人民共和国防震减灾法》列入“三五”普法教育的重要内容；同年 7 月，组织地、县两级防震减灾领导小组成员单位 487 人和全地区地震部门 57 人分别参加全国、全省防震减灾法规、科普知识竞赛活动，有 12 人和 32 人分别获国家、省地震局奖励；同年 10 月，地区地震局组织 10 个震区县（市）10000 余名中、小学生参加全省防震减灾法规科普知识竞赛活动，制作 10000 余份专刊，发至每个参赛人员，大余、安远、寻乌、定南 4 个县获地区颁发的组织奖，地区地震局获省颁发的组织奖。

2000 年 8 月，《江西省防震减灾条例》《江西省工程建设场地地震安全性评价管理办法》颁布施行，市地震局刊出 10000 余份《防震减灾法规・科普知识专刊》下发全市机关、单位、企业、乡（镇）和学校进行宣传。

二、业务培训

1992 年 9 月，省抗震办、地区抗震办在瑞金县联合举办抗震加固学习班。学习内容主要是房屋抗震鉴定、加固设计、方案选定及施工方法，编审《村镇建筑抗震构造措施图集》和总结交流落实抗震防震法规工作经验。

1994 年 5 月，省地震局、地区地震局在安远县举办测震观测资料培训班，地区地震局、寻乌、安远、会昌、石城地震局 20 名观测操作人员接受培训，培训内容主要是震相识别、仪器操作和资料分析。

1996 年 10 月，地区地震局在会昌县举办地震观测培训班，主要内容是对测震仪器的操作、震相分析、跟班见学等，地区地震局、寻乌县地震局 5 人参加培训。

1999 年 9 月，市地震局在会昌举办地震观测技术研讨班，主要内容有地震观测、震相分析、仪器的维护与修理、水化分析、收发报、台站的规范化建设，20 人参加培训，安远县地震局作规范化管理台站的经验介绍。

第三节　地震应急

一、应急保障

1990年11月，成立赣州地区防震减灾工作领导小组及其办公室，加强对全地区防震减灾工作的统一领导。

1991年3月，赣州地区行署专员办公会决定，会昌、瑞金、寻乌、安远、石城5个县成立地震局。1992年11月20日，福建连城发生5.0级地震。1992年12月，地区抗震防灾领导小组下达通知，要求全地区地震局要加强地震监视，采取有力措施，加强对河（源）—邵（武）断裂带中段的监视。1994年6月，行署转发地区地震局《关于加强我区抗震减灾工作意见》。1995年，地震局组织人员对宁都、大余、龙南、定南、全南5个县《城市抗震防灾规划》进行会审；同年12月，行署第十次专员办公室决定恢复赣州地震台，完善寻乌、安远2个地震台。

1990年11月，行署第八次专员办公会决定，由地区财政拨款10万元在“217”科目列支，以便民政部门筹备救助预案的有关物资。地区地震局拟制防震减灾工作“九五”计划和2010年长远规划的报告。同年，国务院将闽粤赣交界区列为全国21个重点监视防御区。1997年，行署下达《加强防震减灾工作的通知》，同年，行署决定拨款10万元，用于加强寻乌地震台建设，1999年，市政府拨出配套经费1.7万元，建成赣南地震通信网并与省地震局联网；2000年，市政府财政拨出配套资金22万元，建成赣南区域遥测台网并与省地震局联网。

二、应急预案

1993年9月，行署制定下发《赣州地区防震抗震应急预案》，明确规定地震部门、邮电、公安、交通、建设、卫生、商业、宣传、民政、军分区等部门和县（市）乡人民政府在发生破坏性地震时的职责。依据国务院《破坏性地震应急预案》和江西省《破坏性地震应急预案》，《赣州地区地震应急预案》经过1996年和1998年2次大的修改、补充，对应急指挥系统、信息传输系统、紧急救援队伍、应急物资储备系统等均作了明确规定。

三、联防协作

1992年5月，为加强赣、粤、闽3个省交界区（同属河源—邵武地震断裂带）的防震抗震工作，增强综合防御能力，赣州地区行署、梅州市人民政府、龙岩地区行署在梅州市召开联防协作会。会议决定开展区域性防震抗震减灾联防工作。联防工作在3个地（市）政府领导下，由地（市）防震减灾领导小组办公室承办具体工作。主要任务是及时通报境内地震异常、发生破坏性地震的信息、灾情，交换监测资料，交流地震趋势分析意见，协助支援灾区救灾、重建，交流和推广经常性宣传有关地震、防震、抗震科普知识的经验，展开科研交流活动等。同时，决定3个地（市）每两年轮流召开一次地震联防工作会议。

1994年10月，由赣州地区行署牵头，在赣州召开第二届赣粤闽交界区防震抗震联防协作会议。赣粤闽3个省地震局负责人、地震学专家、专业地震台负责人、3个地（市）分管地震工作的秘书长、地（市）县地震局办负责人和抗震负责人共50余人参加会议。会议主要研讨交界区地震趋势及联防协作措施，交流防震抗震工作经验。行署副专员罗春涛作《加强协作联合防御，努力提高赣粤闽交界区防震减灾能力》的专题报告。根据第一届赣粤闽防震联防协议，赣州、梅州、龙岩3个地（市）开展地震监测资料交换，明确赣州会昌台、龙岩长汀台、梅州丰顺台的测震技术实行按月交换制度。

1996 年 11 月，在福建省龙岩市召开第三届赣粤闽交界区地震联防协作会。三省地震局领导、地震学专家、三地区人民政府分管领导和地震部门负责人共 30 余人参加会议。赣州地区行署副专员谢碧联、赣州地区地震局及安远县、寻乌县、石城县、瑞金市、会昌县地震部门负责人参加。会议主要研讨交界区地震趋势，交流防震减灾工作经验体会。

1998 年 10 月，在广东省梅州市召开第四届三省交界区地震联防协作会，三省地震局领导、地震学专家、交界区地（市）地震部门负责人共 30 余人参加会议。赣州地区地震局负责人、寻乌县、安远县、石城县、会昌县地震局负责人参加。会议主要研究交界区地震趋势，交流开展防震减灾工作的经验体会，并参观梅州遥测台网的建设和工作情况。

2000 年 11 月，在赣州市召开赣粤闽交界区第五届地震联防协作会。三省地震局领导、地震学专家、三市地震部门负责人［赣州市 10 个县（市）地震部门负责人到会］共 37 人参加会议。三省地震部门负责人分别发表指导性讲话，专家分别讨论交换地震趋势意见。三市地震部门领导交流近两年防震减灾工作的经验体会。

四、地震事件处理

1987 年 8 月 2 日 17 时 7 分，寻乌县文峰乡发生 5.8 级地震，震中烈度 7 度。这是 1949—1987 年发生在江西境内震级最大的一次地震，波及江西、福建、广东 3 个省。江西省的赣南地区、上高、南昌、宜春、樟树、吉安等地普遍有感。会昌、安远等县震感强烈。地震发生后，赣州地区行署副专员罗春涛率地震局技术人员赶赴寻乌，指导、协助该县展开地震救援工作。国家地震局、福建省地震局、江西省科委共派出 80 余人到现场进行监测、考察。8 月 2 日至 10 月 13 日，震区发生余震 580 余次，其中较大余震有 8 月 3 日 7 时 19 分发生 5.1 级、8 月 15 日 0 时 59 分发生 4.8 级地震各 1 次。

1994 年 2 月 16 日，寻乌县发生 3.3 级地震，省地震局、地区地震局派出人员赴实地进行联合调查，呈报调查报告。

1994 年 6 月 28 日下午，接到省地震局《关于迅速平息赣南部分县（市）地震谣传的通知》和《江西信息》增刊“赣南部分县（市）社会传闻将发生 7 级以上大地震引起群众不安”的电话和电传后，按照省领导的批示和江西省地震局的意见，地区地震局了解“信息来源”，及时向领导和有关部门通报情况；并以地震局名义向《赣南日报》投稿《赣南将发生大地震纯属谣传》，很快平息这起误传。

1994 年 9 月 16 日 14 时 20 分，台湾海峡发生 7.4 级地震，境内大部分县（市）有震感。地区行署领导指示地震局派出人员对震感较强的安远县、寻乌县、会昌县、瑞金市进行实地调查，并与广东省、江西省地震局河—部地震带地震活动性调查组一起，对瑞金等地地震宏观情况进行实地勘察。

1995 年 3 月 1 日 7 时 8 分，龙南发生 3.1 级地震，地区地震局派出人员前往实地考察。

1996 年 9 月，赣县湖江乡镇江村玉田组木子坑一农民家在 9 月 9—13 日的几天时间里，厨房、猪圈、杂柴房、卧室、大衣橱等 14 处冒烟起火，烧毁财物价值数千元。赣县政府办报告，当地群众反映是“地火”，一时全村人心惶惶，疑是地震。地区地震局迅速派出人员赶赴该地进行勘察和现场调查了解，并与县政府办、民政局的人员一起分析研究，排除系地震前兆导致“地火”的说法，消除“鬼火”的疑团。数月后，查获系他人泄私愤报复所为。

1997 年 3 月 11 日 16 时 30 分，瑞金市黄柏乡向阳村新向村民小组农田发生严重地陷。地区地震局局长李强率专业人员赶赴现场，会同瑞金市科委的人员进行实地勘察。根据有关地质资料和现场地层揭露的情况，判定该地陷是一种局部地质灾害。由于当地为灰质岩地区，溶洞发育，造成溶洞顶部塌陷形成地陷，排除地震可能。

1997年5月3日14时15分，福建连城县与永安市交界区小桃镇发生5.3级地震。石城、瑞金、会昌、寻乌、安远等县群众普遍有感。地震造成一部分建筑物损坏。地震发生后，江西省地震局派出专业组到石城开设流动监测站，地区行署召开防震减灾会议，紧急部署，发出通知，加强值班，布置防震应急措施，加强地震宏观异常调查。

1998年7—8月，瑞金市沙洲坝镇沙洲坝村、大布村等8个村民小组连续发生48处地陷和地裂，下岗村民小组3间民房墙体开裂、房梁倾斜，墙体裂缝最长裂缝达2.5米。地陷面积最大一处直径7.8米，深7米，且有蔓延趋势，当地群众疑震心理很重。地区地震局专业人员赶赴现场分析情况，判定非地震前兆反映。主要是因该地区地层为石岩系灰岩，岩溶发育、溶洞呈不规则状，地陷主要是岩溶所致。当地有几个鳗鱼场，用水量大，当枯水季节地面水补给不足时，地下水位下降，减少了对溶洞的顶托力，故引起溶洞过载下陷。

1999年8月21日，广东河源发生5.0级地震，毗邻的龙南、全南、定南、寻乌、安远等县普遍有震感，市地震局专业人员前往安远、寻乌县进行调查。省地震局副局长江国华带领专业人员到赣州进行指导，检查督促4个地震台监测工作的落实。

1999年9月21日1时47分，台湾南投地区发生7.6级强震后的1个多月内，发生余震近千次。这次地震波及福建、广东、浙江和江西部分地区。地震发生后，市地震局发出“加强监测，捕捉宏观反映，及时沟通”的通知，搜集到会昌筠门岭地下水观测站在台湾地震当日至次日的24小时内水温上升5℃和会昌、大余城区内蚯蚓成团在地面集结的情况。

第三十四篇

文　化

1986—2000年，赣州市（地区）推进文化体制改革，调动全社会办文化的积极性，赣南文化事业繁荣发展。

群众文化在文化网络建设、文化活动、文艺创作、群文艺术团体的创办等方面发展较快。全市（地区）专业文艺工作者以实施体制改革和精品战略为抓手，开展戏剧创作与研究，创作成果较为丰富，艺术创作与科学研究多次获国家奖。电影发行放映事业呈曲线发展，20世纪90年代中后期，受市场经济和视听多媒体冲击，电影发行放映事业陷入历史最低谷。文学创作繁荣发展，作品数量大为增加，至2000年年底，全市（地区）在省级以上出版社出版发行的文学著作有94部；在省级以上报刊（台、会）发表、演出、展览的文学作品有200多篇（首）。

全市（地区）成立市、县图书馆，乡（镇）文化站，大部分行政村建立图书室。图书馆为读者服务的领域不断扩大、服务质量提升。文学艺术界联合会积极开展文艺活动和艺术创作，推动了全市（地区）文学艺术事业的发展。档案部门认真贯彻实施《中华人民共和国档案法》，档案事业得到较好发展。地方志工作以编纂佳志良鉴为主要目标，扎实推进首轮新编地方志书编纂出版，全市地方志事业加快发展。全市（地区）文物保护安全措施和文物保护经费落实到位，开展文物普查，公布数批国家级、省级和市、县级文物保护单位，设立多处历史文化保护区。文物保护纳入城市建设规划，文物古迹得到全面、有效的保护和开发利用。各级文化行政主管部门按照“立足市场、依法行政、规范管理、促进繁荣”的基本思路，培育、完善、繁荣和发展文化市场，丰富和活跃群众文化生活、推动“两个文明”建设。

第一章 群众文化

1986—2000 年，赣南群众文化事业随着经济、社会各项事业的发展和人民生活水平的提高有较大发展，在群众文化网络建设、文化设施建设、队伍建设、群众文化活动、群众文艺创作、群众文化研究与普及、少年儿童文艺的扶持、群众文化节日的兴办、群文艺术团体的创办等方面取得显著成绩，为丰富和活跃群众文化生活、满足人民群众日益增长的精神生活需求、推动赣州市（地区）两个文明建设、促进经济发展和社会全面进步发挥积极作用。

第一节 文化馆站

一、基层馆站

1986 年，赣州地区群众文化网络有赣州地区群众艺术馆和 18 个县（市）文化馆，374 个乡（镇）建立文化站 348 个，基本实现乡乡有文化站。1987 年，乡（镇）全部完成建站任务，其中属文化中心建制的有 82 个。至 2000 年，全市共有综合性的群众文化事业机构 426 个，其中赣州市群众艺术馆 1 个、县（市、区）文化馆 18 个、乡（镇）文化（中心）站 407 个。

1986 年，赣州地区群众艺术馆设办公室和馆站工作、文学戏剧、音乐舞蹈、美术摄影等组。1992 年，赣州地区群众艺术馆设有文学戏剧部、音乐舞蹈部、少儿艺术部、摄影部、调查研究部、行政办公室、音像发行站和文化服务社。1993 年，增设美术部，音像发行站移交赣州地区文化局管理。2000 年，赣州市群众艺术馆设行政办公室、文学戏剧部、音乐舞蹈部、少儿艺术部、美术摄影部、调查研究部和文化服务社。

二、文化设施

1986 年，全地区文化设施建设被列入各地社会发展规划，各级人民政府拨出一定的专款修建文化设施。“七五”至“九五”期间，新建文化馆大楼 15 座幢，总建筑面积 28285 平方米，平均每馆拥有馆舍面积 1885.67 平方米。一大批乡（镇）文化大楼相继建成，如大余县新城镇文化中心拥有 1 幢面积为 4900 平方米的多功能大楼，信丰县金盆山乡文化中心建有 1 幢面积为 1800 平方米的活动大楼，赣州市（今章贡区）文化馆 1991 年新馆舍落成，建筑面积 1708 平方米。

文化馆（站）大楼为各县（市、区）开展各种馆（站）办活动提供载体。歌舞厅、电子游戏、录像放映、音像发行等娱乐活动迅速发展，美术、书法、音乐舞蹈、文学创作等培训班常年举办，文化馆（站）成为当地人民群众的文艺活动中心。赣州市文化馆、龙南县南亨乡文化站、信丰县金盆山乡文化中心、大余县新城镇文化中心被评为全省一级文化馆（站、中心）。

三、群众文化队伍

1986 年，全地区有群众文化专业人员 560 人，其中赣州地区群艺馆 26 人、18 个县（市）文化馆 180 人、332 个乡（镇）文化中心（站）354 人。2000 年，全市群众文化专业人员达 660 人，其中赣州市群艺馆 17 人、18 个县（市、区）文化馆 253 人、乡（镇）文化中心（站）390 人；有正高职称 3 人、副高职称 13 人、馆员 40 人、助理馆员 63 人。有中国群众文化学会会员、中国民俗学会会员、中国音乐家协会会员、中国社会舞蹈协会会员等国家级学会暨省级学会会员。

在建设专业群众文化队伍的同时，还建有一批群众文化业余文艺骨干队伍，其中包括文化户 4616

个、业余演出团队300个、文化俱乐部1008个。还有“琴江诗社”“京剧沙龙”“影评协会”等一大批群众文艺社团，如上犹县文化馆建有8支（每支20人以上）音乐、舞蹈、美术、书法、摄影、文学骨干队伍；赣州市（今章贡区）文化馆建有“枫叶红艺术团”“少儿艺术团”“交警艺术团”等10个艺术团；兴国县文化馆建立文学、戏剧、音乐、舞蹈、山歌演唱、工艺美术、书法、摄影等8支队伍和2个戏剧创作群体等。

四、群众文化活动

主要文化活动 全市（地区）开展文学艺术、时政宣传、业余教育、艺术培训、科学知识普及和文化娱乐等群众文化活动。1986—1990年，全地区群众文化系统组织、主办和联办暨参加各级各类文艺活动367次项。地区群艺馆组织全地区民族民间音乐舞蹈比赛，《清茶飘香》《蟹趣》《石城花灯》及民歌独唱被选送参加江西省“庐山之夏”文化博览会演出，并录像参加全国业余民间歌舞录像比赛，《清茶飘香》《蟹趣》获三等奖。组织全地区首届农民戏剧节和赣州民歌新唱比赛。举办“华东六省一市第二届戏剧小品大赛赣州地区选拔赛”，有3个小品入选全省选拔赛、1个小品入选华东地区决赛。与地区文联联合举办全省相声、新故事“宜春杯”大奖赛赣州地区选拔赛，选出4个节目参加全省决赛。与地区妇联联合举办全省儿童电子琴大赛赣州地区选拔赛，3名选手参加全省决赛。1991—1995年，全地区群众文化系统组织、主办和联办暨参加各级各类文艺活动548次项。地区群艺馆组织全地区民间音乐舞蹈会演。举办华东六省一市第三届戏剧小品大赛赣州地区选拔赛，1个小品入选参加大赛并获创作三等奖。与地区民政局联合举办全地区首届残疾人文艺调演，承办全地区“创业杯”业余歌手卡拉OK大奖赛，组织协办赣州宋城文化节、国庆45周年歌咏大会、全地区音乐舞蹈（戏曲）会演等，举办全地区文学作品征文活动，入选作品编辑成专集《她在丛中笑》。举办江西省铁路沿线文化发展战略研讨会，选拔少儿参加全省少儿歌曲卡拉OK比赛，组织作品参加全省“群星杯”选拔赛。主办全地区报告文学笔会，协办赣南客家歌舞会演，组织征集’94中国国际儿童艺术节美术、书法、摄影佳作展作品。组织“纪念抗战胜利50周年全地区国画作品展览”和“地市文化系统纪念抗战胜利50周年文艺晚会”等。由“兴国笔会”编写的反映兴国县埠头乡“七五”期间农业立体开发的报告文学《兴国之路》，由新世纪出版社出版。在全国群艺馆、文化馆（站）摄影展中，全地区有50幅作品送省参评。在全省“果喜杯”青年歌舞大奖赛中，全地区有50人参加预赛，从中选出13名赴省决赛。1996—2000年，全市（地区）群文系统组织、主办和联办暨参加各级各类文艺活动735次项。市（地区）群艺馆举办全地区纪念中国工农红军长征胜利60周年文艺晚会、全市（地区）食品博览会文艺晚会、全省乡（镇）企业会议文艺晚会、全市（地区）戏剧小品征文、全市（地区）群众文化风采征文比赛、赣州市（地区）幼儿讲故事比赛等。选拔小品参加华东六省一市第六届戏剧小品大赛，《哭嫁》获一等奖。组织全市（地区）文化馆馆长暨文化产业调查会、华东小品大赛参赛节目、全市（地区）《大舞台》戏剧小品征文比赛和《群文风采录》征文比赛、春节文化下乡活动等。组织全省农民艺术节活动。组织节目参加文化部第十届“群星奖”舞蹈比赛暨开展全地（市）文化馆馆际业务竞赛。1998年，全地区地、县（市）群艺馆（文化馆）全年共举办文艺活动147次，举办各类展览91期。1986—2000年，市（地区）群艺馆组织赣州少儿艺术团参加江西省第一届至第七届少儿艺术节。

特色文化活动 各级文化馆（站）组织开展各种节日文化活动和特色文化活动。瑞金市的“红都之春”艺术节，连续举办18届，成为当地人民群众的盛大节日。兴国县文化馆抓住“山歌之乡”民间艺术大搞特色文化活动，连续多年举办“重阳山歌会”，组织新山歌创作会和研讨会，编辑出版《兴国山歌选集》。石城县发展“一乡一品”特色文化，建成灯彩之村、图书之村、音乐之村、书画之村等民间艺术基地。赣州市（地区）每年都组织大中型演出、比赛活动20余次，在方法上以主办、联办、协办、承办等多种方式拓展活动范围，在形式上以不同的艺术门类“百花齐放”增添活动的色彩，在质量上以文化高品位形成独特的风格。

优秀文艺创作 各级文化馆（站）把抓好群众文艺创作作为文化“菜篮子”工程来抓，创作一大批群众喜闻乐见的优秀作品，繁荣群众文化园地。20 世纪 90 年代，赣州地区群艺馆共创作发表上演各类艺术作品 3400 多件，其中有 390 件获得省级以上奖励。赣州市文化馆每年在全国、省、地报刊发表作品近 200 件。兴国县、寻乌县创作各类作品达千余件，其中在国家级、省级、地级发表、播放、展出和上演 600 余件，有 60 多件获得地级以上的奖励。

第二节 文化研究与普及

一、理论研究

1986—2000 年，各级文化馆（站）对全市（地区）民俗文化、企业文化、校园文化、家庭文化、乡（镇）文化、社区文化等深入研究，撰写并发表（宣读）370 篇有关群众文化理论研究论文，编印《赣南群众文化论文选》和典型材料集《璞石集》等。温何根发表论文 40 余篇，论文《论量化管理十大关系》获文化部第七届“群星奖”金奖并被收录由文艺出版社出版的《目标·资源·构想》一书，研究成果被全国群文界广泛应用，1991 年应文化部特邀在“全国群艺馆馆长会”上介绍量化管理经验，多次应邀在杭州、天津、福州、庐山等地介绍量化管理经验。论文《对中国传统节目中天和命的哲学思考》和《论模糊方法》被中国群众文化学会评为优秀论文。罗素兰发表论文近 30 篇，论文《城市夜生活及其引导》发表于文化部《群众文化》1992 年第 2 期并获文化部“面向 20 世纪 90 年代全国群文理论征文”三等奖，论文《论文化建设中的政府行为》（与人合作）获文化部“群星奖”铜奖，论文《揭开庙会复兴的底蕴》被中国群众文化学会和江西省群众文化学会评为优秀论文，《群文事业单位“两个实体”质疑》入选全国群文改革十年回顾研讨会。罗晓航发表音乐理论研究文章 16 篇，论文《在更高层次里开拓》入选中国儿童音乐学会举办的研讨会，《繁荣少儿歌曲创作的几点思考》发表在《中国艺术报》，《想象与想》等 4 篇发表于台湾的《中华音乐文化教育》杂志。袁大位的论文《赣南的客家山歌》入选在香港举行的国际客家学研讨会。谢基贤的论文《试论赣南情歌的艺术特色》被收录于《民间文学特征》一书，由中国民间文艺出版社出版。李宪俊的论文《五光十色的石城灯彩》入选全省艺术之乡研讨会。温相元的《江西画家谈山水》在《江西日报》发表。赖丹的《论国办文化的历史使命》入选全国文化馆发展战略研讨会，并收录于《群艺馆、文化馆新世纪走势》一书，获优秀论文奖。

二、群众文化普及

培训与辅导 地区群艺馆和各县（市、区）文化馆（站）注重对群众文艺业余骨干的培训与辅导。地区群艺馆每年举办各类培训班 10 多期，为全地区培训一大批群众文艺业余骨干，组织创作、展出、发表、演出数以万计的文学、戏剧、音乐、舞蹈、美术、摄影、书法作品和群众文化理论研究文章，有数以千计的各类文艺作品和研究成果获得地（市）、省、全国奖。1986 年，地区群艺馆通过“请上来、走下去”横向联合等方法，先后举办文学戏剧、音乐、舞蹈、美术、摄影等培训班共 10 期，培训学员 330 余人，并试办 1 期群众文化管理学习班。由地区群艺馆辅导的小歌手胡雪莲、郑丽勤代表江西省参加全国“民族杯”小歌手比赛，胡雪莲获表演一等奖、郑丽勤获个人表演奖。1988 年，地区群艺馆组织、辅导域内少儿参加全国“金钥匙”少儿电子琴大赛，赣州地区少儿获全省一等奖 1 名、三等奖 1 名，其中一等奖获得者入选参加全国大赛并获鼓励奖。1989 年，由地区群艺馆辅导的盲艺人顾亮光获全国第二届残疾人文艺调演三等奖。1990 年，地区群艺馆组成讲师团，分期、分批对全地区 18 个县（市）的文化馆（站）干部进行系统的群众文化理论培训，占文化馆（站）总人数的 97%。1992 年，地区群艺馆举办各类培训班 20 期次，培训学员 916 人。1993 年，地区群艺馆举办各类培训班 16 期，培训学员 1108 人。1997 年，由地区群艺馆辅导的小品《哭嫁》获“华东六省一市小品大赛”一等奖和文化部“群星奖”铜奖。2000 年，赣州市群艺馆先后举办崇义县 18 个乡（镇）360 人广场舞蹈培训班、南康市和信丰县戏剧小品创作暨摄影培训班、章贡区厚德路小学少儿声乐合唱班等。

指导与协调 1986—2000 年，赣州市（地区）群艺馆指导、协调基层单位开展文艺活动 1245 次，总结撰写报道、推广先进单位经验报告 180 篇，编写出版报告文学集《梅江波涛》《七彩人生》，编辑戏剧集《大舞台》和文学作品集《她在丛中笑》。编辑《赣南文化报》30 期，印发 6000 余份。

民间文化艺术资料收集与编辑 1986—2000 年，开展对赣州市（地区）的地方戏曲、民间舞蹈、民间歌曲、民间故事、民间谚语、民间歌谣、民间曲艺等的收集与整理工作。收集到各类民间文学资料（故事、民歌、谚语）近 1000 万字，编印《赣南民歌集成》《赣南民间故事选》《赣南民间谚语集成》《赣南曲艺志》《赣南戏曲志》《赣南民间舞蹈集成》《赣南戏曲音乐集成》《赣南民间歌谣集成》《曲艺音乐集成》《民间器乐曲集成》等。

第三节　少年儿童文艺

赣州市（地区）群众艺术馆坚持指派音乐舞蹈干部专人负责所在县（市）的少年儿童文艺工作，部分有条件的县（市）健全少年儿童艺术委员会组织。少年儿童艺术工作、文化工作的检查和各县（市）文化馆评比被列为一项重要的内容。

一、少年儿童艺术活动

1986 年 6 月，地区文化局、教育局、团地委、妇联联合举办“为孩子们献一首歌”征歌活动。暑假，地区群艺馆和妇联组织参加全省“宝宝康杯”少儿歌手演出活动，胡雪莲、郑丽勤的女声二重唱《我们的心意》获表演一等奖，胡雪莲、郑丽勤被选拔参加上海“民族杯”小歌手演唱会。

1988 年，各县（市）组织儿童电子琴大赛，产生赴省参赛选手。赣州小选手参加全省儿童电子琴比赛活动，严征获全省第一名，参加全国比赛获表演奖；毕丽萍获二等奖，姚凯获三等奖。

1989 年，地区文化局、妇联和团地委等六部门联合组织、开展全地区少年儿童“唱好歌”活动，评出一等奖 3 名、二等奖 6 名、三等奖 9 名。

1990 年 5 月，地区群艺馆、教育局联合组织全地区中小学“雷锋在我心中”专题文艺晚会，并为赣州市（今章贡区）中小学进行专场演出。

1991—2000 年，各县（市、区）开展经常性少儿文艺特色活动。于都县、瑞金市（县）开展少儿文艺夏令营，赣州市（今章贡区）举办少儿美术学校书画展，信丰县、宁都县开展“班班有歌声”活动，赣县幼儿园组织“看谁唱得好”“唱唱跳跳”小比赛等。

二、少年儿童艺术团

1997 年 3 月，赣州市（今章贡区）政府办公室印发《关于批转市文化局、团市委〈关于成立赣州市少儿艺术团实施意见〉的通知》。5 月，赣州市（今章贡区）文化馆与赣州市（今章贡区）青少年宫开始招生工作。少年儿童艺术团的生源主要来自赣州市（今章贡区）各中、小学校，年龄 7～14 岁，采取由学校推荐、个人自愿报名相结合的办法，第一批录取 100 名学生，包括声乐、舞蹈、器乐。5 月中旬少年儿童艺术团正式成立。该团属业余性质，训练和排练地点设在赣州市（今章贡区）文化馆内，教师大都由市文化馆的专业人员兼任。7—8月，江西省召开第四届少年儿童艺术节，地区文化局决定由少年儿童艺术团参加艺术节的节目演出，获得59项奖励。

1997年9月至2000年6月，少年儿童艺术团设有舞蹈一班、舞蹈二班和声乐班3个班级。除正常班级外，每年暑期还增设暑期声乐、舞蹈培训班，培训时间为40天，培训人数每期均达百人以上。

三、其他少年儿童艺术活动

江西省少年儿童艺术节自1985年举办以来，共举办5届，每届赣州均组织少年儿童艺术团参加。

1985年，江西省第一届少年儿童艺术节在九江市举办。赣州市（今章贡区）厚德路小学、文清路小学、西津路小学3所学校选拔20名小演员参加演出。在参演的节目中，《喜洋洋》《小螺号》分别获演出一、二等奖；《喜洋洋》《小猴种桃》获创作二等奖；胡雪莲获表演一等奖，被文化部少儿司选送参加塞浦路斯儿童歌咏节活动。1986年6月，《喜洋洋》作为江西省少年儿童代表团的演出节目赴北京为中央首长演出。

1988年，江西省第二届少年儿童艺术节在庐山举办。除演出活动外，还有书画和摄影展览，赣州地区有多幅作品送展。赣州地区参赛的舞蹈《菱角弯弯》获表演一等奖和节目辅导奖，地区文化局获组织奖。在参加1989年全国少年儿童会演中，舞蹈《菱角弯弯》获演出奖、导演奖、编导奖、音乐创作奖。

1991年，江西省第三届少年儿童艺术节在井冈山举办。赣州地区选送的舞蹈《牧笛声声》获表演一等奖和辅导一等奖，歌曲《快乐少年》获创作一等奖，还获4个二等奖、16个三等奖，赣州地区文化局获组织奖。参展的少年儿童美术作品获二等奖3件、三等奖4件。

1994年，江西省第四届少年儿童艺术节在南昌市举办。赣州地区演出的小品《现在开饭》获一等奖。还获1个二等奖和3个三等奖。参展的少年儿童书画作品获一等奖1件、二等奖3件、三等奖5件。1995年，小品《现在开饭》在中央电视台和江西电视台黄金时间的少儿节目中播出。

1997年，江西省第五届少年儿童艺术节在南昌市举办。艺术节采取先将节目录像送省选拔、后将节目调南昌会演的方法。赣州地区《红颜色、长方形》等7个节目的录像参加选拔，其中舞蹈《船轻轻、蚌悠悠》和小合唱《依呀子喂》2个节目调省演出，分别获表演和辅导一等奖、创作和表演二等奖。小合唱《依呀子喂》由赣州电视台拍成MTV，在全国城市电视台MTV比赛中获银奖，1998年，该节目又获中央电视台全国儿童音乐电视大赛铜奖。

2000年，赣州电视台拍摄的MTV《舞龙灯》（赣州市少年儿童艺术团表演）参加全国评比。

第四节　群众文化节

一、红都之春艺术节

红都之春艺术节始于1983年春。由瑞金县委宣传部牵头，县文化局、团县委、妇联、总工会等9家单位联合举办，原名为红都音乐会，每年举办一次。1985年，红都音乐会更名为红都之春文艺晚会，内容由单一的音乐会发展为有音乐、舞蹈、曲艺3个艺术种类的综艺晚会。参演的人越来越多，诸如姐妹同台、父子同台、爷孙同台、合家同台演出的现象屡见不鲜。晚会节目由首届的24个发展到100多个，演出时间由最初的1个晚上增加到8个晚上。

20世纪90年代，红都之春文艺晚会定名为红都之春艺术节，内容由原来只有音乐、舞蹈、曲艺3个艺术种类的文艺晚会，发展为集“摄影、书法展览、花卉展览、商贸洽谈、商品展销”于一体的综合性活动。到2000年，共举办18届。

18届红都之春艺术节共演出节目2011个，其中自创节目456个，参演人员1.5万多人次，演出场次100余场。一大批艺术人才脱颖而出，瑞金市为各类艺术院校、专业文艺表演团体输送近2000名艺术人才，其中每年被赣南文艺学校录取的考生人数居各县（市、区）之首。《中国文化报》、中共江西省委《学习与宣传》、《赣南日报》和赣州电视台都分别给予报道。

二、兴国重阳山歌会

1986年10月，兴国县举办首届兴国县重阳山歌会。来自各个乡（镇）的300余名歌手进行山歌擂台赛，展示“四六句子没歌本、全靠两个考口才”而见景生情、即兴抒怀、言近旨远、出口成章的艺术特色。各种形式的兴国山歌如对花、猜花、锁歌、盘歌、赞歌、捡脚跟、丢观音等交相叠映，引人入胜。长冈、江背、方太、城岗等乡（镇）的业余剧团演出《送郎当红军》《观音保娶亲》《酸辣姻缘》《春花迎亲》等山歌小戏，其浓郁的乡土情和“泥巴味”令观众大饱眼福。歌会期间，还召开兴国山歌恳谈会。

1986年第一届到1998年第四届的兴国重阳山歌会，成为赣州地区最富有地方特色和群众性的文艺盛会之一。其演唱形式从独唱、对唱，发展到联唱、合唱和小演唱。歌会聚集地由原来的县城发展到乡（镇），山歌由乡进城，又由城下乡，在兴国县蓬勃发展。

三、梅关古驿道赏梅节

1992年1月，大余县举办江西省十大国际旅游项目之一的中国大余首届梅关古驿道赏梅节。举行大型团体操表演和彩龙、舞狮表演，安排一系列的文化和旅游活动。邀请国内演艺界明星到大余县演出9场。上演地方特色的“南安风情”文艺晚会，即专场赣南采茶戏，并与歌星同台演出大型古典名剧《牡丹亭》第二场《游园惊梦》。举办电影周活动。举办“全国咏梅诗、书、画、摄影作品邀请联展”，向全国征集到作品3000余件，精选201件优秀作品在县文化大楼展厅展出（其中有24幅当地作品入选参展）。组织梅关古驿道赏梅活动。举行刘伯坚烈士塑像纪念碑揭幕仪式。开展经贸洽谈活动。

1992年12月，举办江西省1992年六大国际旅游活动之一的中国大余第二届梅关古驿道赏梅节。表演大型团体操《梅花迎宾》和极具浓郁地方特色的彩龙、狮子、旱船、蚌壳、高跷、彩扇、彩绸、霸王鞭舞等民间艺术表演活动。组织梅关古驿道赏梅活动。江西省杂技团表演杂技9场，赣南采茶剧团和大余县剧团联合表演“梅园风情”采茶剧、音乐、歌舞、小品2场。举办全国咏梅诗词、书画、摄影作品展览，展出当代名家作品200余件。举办“江西省风景名胜区图片展览和花卉展览”，展出全省45个省级以上风景名胜图片124帧，展出名贵花卉梅花、兰花、金边瑞香100余种。举行江西省第一次由赣州地区金融市场和大余县金融市场承办的省际毗邻地区资金挂牌交易会，邀请赣、粤、闽、湘等毗邻地区金融界进行资金挂牌交易，挂牌金额3.18亿元，资金交易成交额8200万元，拆入资金4200万元。举行工业产品展销会暨商品交易会，商品销售额为1.46亿元；招商引资洽谈项目9个，引进资金1420.22万元。第二届赏梅节经贸活动总成交额2.61亿元。

四、宋城文化节

1994年1月，赣州市（今章贡区）被国务院命名为国家历史文化名城。12月，赣州市（今章贡区）举办'94中国赣州宋城文化节。

宋城文化节体现群众文化群众办、社会文化社会办的宗旨。开幕式文艺表演由数千名身着古装和现代服饰的男女青年组成的吉祥虎队、宋旗队、宋代仕女队、武士队、彩旦队、彩绸队、礼仪队等28支表演队演出，以赣州名胜古迹、经济成果微缩景观造型的30辆彩车展示赣州古宋文化风采和改革开放新姿，成功演奏“宋城古韵”“虔州风情”“赣州新姿”三部曲。文化节期间，举办丰富多彩的群众文艺活动，如具有地方特色的歌舞剧表演、宋城文化书画展览、《江南宋城赣州》画册和《国家历史文化名城赣州》专集的出版、宋城专题节目和专栏的开辟等。开展经贸洽谈，签订招商引资项目116个，签约总额为2.03亿美元。'94中国赣州宋城文化节达到了“文化搭台、经贸唱戏”目的。

五、南埜之声艺术节

1994年，南康县举办南埜之声艺术节，至2000年，一共举办5届。艺术节创作演出105首歌、105个舞蹈、105个小品，涌现出一批优秀剧目。其中有通俗演唱、民歌演唱、传统山歌新唱和现代舞、彩扇舞；有反映该市重大水利、电力工程罗边电站抗洪抢险的小品《奖老婆》；有反映乡（镇）干部支援“双抢”和密切干群关系的小品《一家乐》；有反映村民高风亮节为乡（镇）建设拆去新房的小品《让路》；有反映乡（镇）改革新貌暨城里人到农村落户的小品《等丈人老》《下错车》等。

南埜之声艺术节为南康市各乡（镇）、各行业造就融“编、导、演”为一体的业余演出队伍，为开展和丰富群众文化娱乐活动奠定基础。

六、全南西瓜节

1992年7月，全南县举办首届全南西瓜节，邀请广东、福建、浙江、湖南、香港和江西省各界知名人士参加。香港《文汇报》为首届“全南西瓜节”发表文章。全南电视台制作电视专题片《瓜乡风貌》和《说说全南的投资环境》。西瓜节期间，全南县文化局组织舞龙舞狮队、鲜花彩旗队表演，举行文艺晚会。1993年，举办第二届“全南西瓜节”。

第五节 艺术团体

一、赣州客家艺术团

1995年10月，赣州客家艺术团成立。首批赣州客家艺术团的成员，有赣南采茶剧团、赣南歌舞团、赣南文艺学校的国家二级演员、演奏员和教师等。有成员28人，其中演员19人、乐队9人。

赣州客家艺术团在厂矿、乡村和广场演出近百场音乐（声乐）、舞蹈、小品、戏剧，节目内容以赣南客家文化、民间艺术、中小型现代戏为主。如现代题材采茶戏《黄仙姑》、歌剧《三月三》、小品《重放异彩》和传统采茶戏《睄妹子》《补皮鞋》《钓蚓》《试妻》《吹鼓手招亲》《媒婆赶圩》等。

二、警官艺术团

1996年1月，赣州市（今章贡区）公安局警官艺术团成立，该艺术团是在原警乐队的基础上组建起来的一支公安战线业余文艺宣传队。共参加演出300多场次，自编、自导的文艺节目达80多个。主要作品有：女子群舞《飒爽英姿》《行一个军礼》，男子群舞《紧急出动》，小品《走街串巷》《110午餐》，女声独唱《南方有片热土》，吹奏乐《人民警察之歌》，群舞《丰收夜》等。

1996年4月和8月，警官艺术团两次代表全地区公安干警赴南昌市向全省的公安英模作汇报演出。警官艺术团尧珍秀的女声独唱《南方有片热土》参加'96全国百家城市MTV大奖赛获铜牌1枚。1997年春节，警官艺术团的2个节目（女子群舞《飒爽英姿》、女声小组唱《明亮亮的心、红火火的人》）参加由地委宣传部、地区文化局组织的专场文艺晚会演出。

三、金秋文化艺术团

1998年3月，赣州市（今章贡区）南外金秋文化艺术团成立，由20名来自赣州市（今章贡区）南外片各企事业单位的离退休和在职的业余文艺爱好者组成。艺术团自编自演、自做道具，配合各项中心工作巡回演出60余场。

四、城建艺术团

1997 年 1 月，赣州市（今章贡区）城建艺术团成立。1997 年的国庆文艺晚会为该团组建后的第一个综合性文艺晚会。这台由赣州市城建一线职工自编、自导、自演的大型晚会在赣南剧院举行。至 2000 年，城建艺术团深入到厂矿、工地，走上街头、广场为广大群众表演节目，讴歌城建系统的新人新事，展现城建职工敢打硬仗和顽强拼搏的风采。艺术团还代表赣州市（今章贡区）城建系统，先后参加赣州纪念改革开放 20 周年文艺晚会、全省食品博览会开幕式等大型文艺活动。城建艺术团发展成为拥有铜管乐队、龙灯队、舞蹈队 3 支演出队伍，有演员 200 余人，具有较高演出水准的群众性业余艺术团。

五、白衣天使艺术团

1996 年 2 月，白衣天使艺术团成立。白衣天使艺术团不定期开展文艺活动或与其他单位、组织进行联欢。其成员由成立时的 26 人发展到 2000 年年底的 70 人，分设声乐组、舞蹈组和器乐组。1998 年 11 月 8 日，赣州市（今章贡区）十大群众文化艺术团成立仪式暨首场演出在赣州公园举行，白衣天使艺术团选派舞蹈《好日子》《今天是你的生日，中国》参加演出。11 月 29 日，赣州市（今章贡区）十大群众文化艺术团在中心城区南门广场举行第二场演出，白衣天使艺术团演出舞蹈节目《好日子》。中央电视台《农村文化巡礼》节目到现场拍摄。

六、铜管艺术团

1998 年 7 月，赣州创业集团公司铜管艺术团成立，共有队员 42 名。艺术团成立后，熟练掌握《中国人民解放军军歌》等十几首礼仪曲的演奏以及南非国歌等几首名曲的演奏。至 2000 年年底，共参加各类礼仪活动及演出 60 余场，特别是在参加’98全省食品展销会开幕式的活动中，充分显示出企业文化的魅力。

七、赣州业余京剧团

1998 年 5 月，由赣州中心城区老中青业余京剧艺术爱好者组成的赣州业余京剧团成立。共有成员 35 人，其中年龄最大的为 86 岁、最小的为 28 岁，均具有一定的京剧艺术基础，且“生、旦、净、末、丑”行当齐全，文武戏都较强。至 2000 年，先后演出传统戏《清官册》《武家坡》《坐官》和现代京剧《沙家浜》《红灯记》《杜鹃山》《龙江颂》《海港》《智取威虎山》等选段及京剧舞蹈《下山》，新排女声联唱《行云流水》。

八、金融艺术团

1997 年 1 月，赣州地区金融艺术团成立。由中国金融工会赣州地区委员会组织驻赣州市（今章贡区）金融机构的文艺爱好者创办，为群众业余艺术团，有骨干演员 48 名。至 2000 年，为全国和省、市金融系统会议、庆典活动及该系统的员工演出 20 余场，其中为全国金融系统第一届女职工委员会第三次委员（扩大）会议、全省人民银行设区市分行行长会议、香港访赣旅游团等进行了专场汇报演出。

九、枫叶红艺术团

1997 年年底，赣州市（今章贡区）西郊路老人协会成立时，有 5 位爱好文艺的老同志上台为大会唱歌跳舞。在此基础上，协会创办起西郊民间老人艺术团，后更名为枫叶红艺术团。艺术团自筹资金、自借场地、自做道具、自购服装、自编剧目。艺术团奔赴农村敬老院、工厂、院校、老干部休养所、部队、街道等进行 68 场次慰问演出和宣传演出。

第二章 文学艺术

1986—2000年，全市（地区）文学艺术组织相继建立，队伍不断壮大，文学艺术创作繁荣，创作水平不断提升。全市（地区）文艺工作者创作小说、诗歌、散文、报告文学、民间故事、戏剧、曲艺、影视作品等1800件，许多作品获国家级、省级大奖。

第一节 文学作品

1986—2000年，随着改革开放的逐步深入和文化软实力建设的加强，赣州市（地区）的文学创作繁荣发展，并取得丰硕成果。据不完全统计，至2000年年底，全市在省级以上出版社正式出版发行的文学著作有94部；在省级以上报刊（台、会）发表、演出、展览的文学作品有200多篇（首）。

一、著作存目

著作存目共选列1986—2000年全市（地区）在省级以上出版社出版著作50部，其中诗集6部、歌词集1部、散文集6部、长篇小说5部、中篇小说1部、短篇小说4部、纪实文学4部、传记文学8部、报告文学4部、革命回忆录4部、故事1部、民间文学2部、影视剧本4部。

表34-2-1

1986—2000年赣州市（地区）各类体裁部分出版著作一览表

体裁	书名	作者	籍贯	出版社	出版年份	独著、合著
诗集	热土之歌	谢水生、曹景正	江西于都	人民日报出版社	1991年	主编
诗集	青春絮语	刘承训、杜俊声	江西寻乌	黑龙江出版社	1991年	合著
诗集	青春的梦	胡燕峰	江西大余	中国国际广播出版社	1995年	独著
诗集	长岭集	姚平	江西兴国	陕西人民出版社	1996年	独著
诗集	残冬	钟诗林(奔江)	江西章贡区	艺苑出版社	1997年	独著
诗集	翠微风	谢直云	江西宁都	中国文联出版社	1999年	独著
歌词集	送你一个春天	罗晓航	江西赣州	广西民族出版社	1997年	独著
散文集	淡淡的雾霭	朱子椿、彭作雨	江西章贡区	江西人民出版社	1986年	独著
散文集	轻轻的梧桐	马云	江西赣州	百花洲出版社	1992年	独著
散文集	落英缤纷	龚文瑞	江西南昌	香港天马出版社	1997年	独著
散文集	人生与诗文	周建华	江西上犹	黑龙江人民出版社	1998年	独著
散文集	小河流水不回头	王国平	江西崇义	中国文联出版社	2000年	独著
散文集	多面人生	周书文	河南内乡	国际文化出版公司	2000年	独著
长篇小说	碧血忠魂	黄谟军	江西南康	安徽文艺出版社	1991年	独著
长篇小说	大路朝天	黄立民	江西临川	百花洲出版社	1993年	独著
长篇小说	乾坤方寸间	万兰生	江西宁都	作家出版社	1993年	独著
长篇小说	弧形地带	钟东林、邓左民	江西瑞金	金融出版社	1999年	合著
中篇小说	云海星光	万兰生、陈勇俊	江西宁都	中国社会出版社	2000年	合著

续表 34-2-1

体裁	书名	作者	籍贯	出版社	出版年份	独著、合著
短篇小说	黄谟军小说选	黄谟军	江西南康	百花洲文艺出版社	1998 年	独著
短篇小说	棋主	廖安生	江西宁都	黄河出版社	1999 年	独著
短篇小说	失足少女的自白	陈仰民	江西兴国	人民日报出版社	1998 年	独著
短篇小说	甜甘蔗	刘勇	江西宁都	中国文联出版社	2000 年	独著
纪实文学	南天红中华	胡国铤	江西上犹	中共党史出版社	1992 年	主编
纪实文学	橙黄橘绿——寻乌县生态农业建设纪实	谢小春、林平	江西寻乌	新华出版社	1997 年	合著
纪实文学	血铸赤国——中华苏维埃纪事	凌步机、舒龙	江西于都、余江	江苏人民出版社	1998 年	合著
纪实文学	宁都起义	宁都起义纪念馆		军事科学出版社	1999 年	独著
传记文学	蒋经国江西传奇	罗旋	江西南昌	香港三联出版社	1988 年	独著
传记文学	将帅落难记	郭晨	江西信丰	解放军文艺出版社	1990 年	独著
传记文学	赣南名人传	万陆	江西瑞金	中国文史出版社	1993 年	独著
传记文学	毛泽东的足迹	严帆	江西瑞金	群众出版社	1993 年	独著
传记文学	蒋经国外传	郑春刚	江西上犹	吉林文史出版社	1993 年	独著
传记文学	邓小平在赣南	凌步机	江西于都	中央党史出版社	1995 年	独著
传记文学	吕后传奇	王泽武（哲武）	江西安远	中国社会科学出版社	1997 年	合编
传记文学	名将曾思玉	邱光前	—	作家出版社	1998 年	合著
报告文学	跨世纪的冲刺	卜利民、戴明	江西宁都	花城出版社	1992 年	合著
报告文学	新世纪的曙光	卜利民	江西宁都	花城出版社	1993 年	合著
报告文学	大海骄子	谢基贤、曾泽昌	江西赣县	花城出版社	1995 年	合著
报告文学	阳光	李辉荣、许益荣	江西宁都	新华出版社	1999 年	合著
革命回忆录	红区少年的故事	赵德章、黄立民	浙江定海、江西临川	浙江少年儿童出版社	1986 年	合著
革命回忆录	艰难的岁月	杨尚奎	江西兴国	江西人民出版社	1987 年	独著
革命回忆录	红军总部的峥嵘岁月	吕黎平	江西兴国	上海人民出版社	1993 年	独著
革命回忆录	烽火岁月	曾思玉	江西信丰	海潮出版社	1994 年	独著
故事	《新三字经》故事配编	潘承武、赵子清	江西寻乌	天津人民出版社	1996 年	主编
民间文学	四星望月	刘开连、赖桂香、雷瑞华	江西兴国	江西民间文学丛书	1989 年	合著
民间文学	客家学概论	谢万陆	江西瑞金	高校出版社	1995 年	独著
影视剧本	毛泽东与出家人	谢基贤	江西赣县	中国戏剧出版社	1989 年	独著
影视剧本	多余人	曾泽昌、赖永峰	江西安远	中国戏剧出版社	1989 年	合著
影视剧本	油条西施与银行家（电视小品）	李辉荣	江西宁都	中央戏剧学院《戏剧》丛刊	1989 年	独著
影视剧本	小城税事	曾长发、赖雨亭	江西瑞金	中国文联、中国作协国家税务总局“税收与文明”征文	1995 年	合著

二、作品简介

诗歌 《通天岩》（民间叙事长诗） 钟诗林著。1993 年 8 月由广西民族出版社出版。是一部以赣州通天岩为背景，根据部分民间传说创作而成的农民英雄史诗，描述农民英雄虎子与女英雄雪梅除恶暴抗贡赋斗王霸，建立人间乐土——赣州的成败兴衰的故事。人物形象鲜明，情节曲折离奇而不怪诞，语言精练、朴素、流畅，具有浓郁的乡土民歌风味。突破以往对民间叙事长诗只搜集整理、不进行创作的观念与惯例，为创作民间叙事长诗开辟先例。它不仅是赣南第一部民间叙事长诗，也是江西省第一部民间叙事长诗。

散文 《火炬与花环》（诗集） 谢亦森著。1998 年由新华出版社出版。作品由《山野的回声》《火炬与花环》《琴思》《夏天的邀请》等板块组成，以公仆的生存角度、思绪体悟与其胸怀去接触并认识生活现实，并通过作者的个性语言表述“现实”与“浪漫”，以一种百姓品格的抒情，平常人的感情，关注并抒写平常人的生活与命运。公仆的抒情与其形象，成为作品聚焦点，著名散文诗作家李耕在序中定位为“公仆抒情”。

小说 《轮回》（长篇小说） 李伯勇著。1996 年 9 月由北岳出版社出版发行，并于当年获“恒泰杯”全国当代长篇小说征文大赛三等奖。《轮回》以赣南特殊年代农村生活为背景，以几个男女主人公的人生轨迹为主线，深刻揭示赣南家族文化由衰竭而复生的悲凉与悲壮历程。著名评论家雷达在其序中指出：“这是一部命意独特、能够让人产生内在震惊的作品，一部风格沉郁、思考深邃、富有文化底蕴的作品。”

《父亲的城》（儿童文学） 曾小春著。1997 年列入中国作协、中华文学基金会、百花文艺出版社推出的跨世纪文学希望工程的《21 世纪之星》丛书，由百花文艺出版社出版。表达父爱及“我”对父亲的依恋之情。作品非常感人，闪烁着爱与美、真与善的光芒，体现作者追求文学艺术的完美与恒久性，以及所秉持的创新精神和探索勇气。

纪实文学 《岁岁重阳》 舒龙、凌步机著。1993 年 10 月由海南出版社出版发行。以外界知之较少的史料，首次披露毛泽东自 1929 年 1 月至 1934 年 4 月 10 日在以瑞金为中心的中央苏区所度过的艰难曲折、大起大落、极富传奇色彩的经历；再现毛泽东二次被罢兵权、宁都会议、富田事变、粉碎强敌围剿、开创中央苏区、建立第一个全国性工农政权等重大历史事件；展示毛泽东过人的胆识、无穷尽的独创力、摄人心魂的人格魅力；反映毛泽东思想形成和发展的历程、毛泽东及其战友们的艰苦探索和杰出贡献。

《邓小平在赣南》 凌步机著。1995 年 7 月由中央文献出版社出版发行。以纪实的手法、生动的笔触和翔实的史料，将当年邓小平在赣南的烽火岁月和 1972 年重返赣南、情归老苏区的动人情景向读者展现出来。对读者更加深刻地了解这位伟人传奇般的革命生涯和博大精深、色彩斑斓的思想风貌以及深入学习邓小平理论都很有帮助。

报告文学 《永不陆沉的红土地》 黄立民执笔，地区文联创作组创作。1993 年由百花洲文艺出版社出版。记录“九二”洪灾造成的惨重损害，多角度、真实地再现赣州地区抗洪救灾的动人情景，表现在抗洪斗争中各级组织和人民群众应对挑战、奋力抗灾、奋力拼搏的拼搏精神和无私奉献精神。

《给你一个吉祥》 卜利民著。1995 年由作家出版社出版。是中国第一部保险题材报告文学集。《给你一个吉祥》由中国人民保险总公司组成编委会，作家卜利民深入 9 个省市，采写全国当时一批最具典型意义的案例，如中国上海的“保险第一镖局”，中国最大的涉外保险赔偿案——广州白云国际机场三架波音飞机相撞事件，1993 年震惊中外的深圳大爆炸，银川“7·23”空难等。这部书可读性强，以案例说保险，具有保险知识普及教育意义，寓教于乐，在阅读快感中提升人们“防灾、理赔”的生存意识。

《最忆是赣南》（长篇报告文学） 康平著。1999 年 4 月由解放军文艺出版社出版发行。运用报告文学的形式，真实生动再现地矿部 1987—1996 年在赣南扶贫的历史。在作品中，作者有意识地把历史与现实交织起来，进行对照描写，以增强作品的时空感；同时，暗喻赣南扶贫的“回报”意义。

《红土地 热土地》（报告文学集） 钟东林著。2000年12月由百花洲文艺出版社出版发行，并被列入由江西省作家协会主编的《百花洲文学创作》丛书。该书作者从出生、求学到工作，一直生活在赣南这片土地上，也深深地爱着这片土地。赣南这块红土地上，洒满革命先烈的鲜血，有许多共产党人壮烈传奇的故事。而红土地春天的故事以及汹涌的改革大潮，更是以雷霆万钧之气势和力度，穿越曲折迂回的时光隧道，拍打震撼着这片不断升温的赣南大地。作者常常为之感动，并为其或击案叫绝，或泪湿青衫，或揪心挂肠，或灵性迸涌。由“尘封的记忆、路的交响、我的父老乡亲、走不出的思念”等4辑共计32篇报告文学所组成的这本书之精彩记述，正是作者对赣南这片红土地的心之所向、情之所钟、笔之所动。

戏剧·影视 《山歌情》（大型革命历史题材采茶剧） 由江洪涛、谢千文、盛和煜编剧，龙红主演。该剧选材自然巧妙，艺术处理恰到好处，不仅揭示一个女红军战士、山歌王贞秀子的心灵创伤，更由此而展示革命队伍中的恩恩怨怨、情情爱爱，都在革命的血与火中熔化、消解和升华，洋溢着抗争的追求，在革命历史题材戏曲现代戏创作中取得突破性的进展。唱词善用比兴、巧引民谚，富有文学性；兴国山歌风味浓郁、优美悦耳、淋漓酣畅；赣南采茶载歌载舞、虚实结合、自然熨帖；三个主要演员的表演把握分寸适度、颇具功力，全剧达到人性美、人情美、艺术美的高度统一。文化部艺术局局长曲润海观后赋诗一首称赞：“常进剧场心肠硬，今日几回热泪盈。岂止戏中真情有，又是唱得革命情。”

《赤都财魁毛泽民——舒龙影视剧作选》（影视剧） 舒龙著。1993年2月，由百花洲文艺出版社出版发行。是反映红土地上火热滚烫生活和苏区军民斗争风采的作品选集，选取作者3部电视连续剧和1部电视文学剧本。这几个剧本，风格迥然不同：《封锁线上的交易》描写中华苏维埃共和国外贸总局三江分局局长苏兴国创办特区和开展对白区贸易的故事，既尊重历史，又富传奇色彩；《贫穷的富翁》描写一红军后勤部部长龚瑞金为保存巨额财物而面对敌人残酷逼迫在人性、人情、心灵上的搏击，极具悲壮色彩；《赤都财魁毛泽民》表现中共历史上第一个银行家毛泽民创办国家银行且艰苦经营的历程，属传记性作品；《铁骨忠魂》展示的是敌人秘密杀害方志敏20年之后，寻找方志敏烈士套着铁镣的遗骨的真实故事，艺术地塑造这一伟大共产主义的殉道者光辉形象，剧本可读性强。文艺评论家、人民日报社文艺部原副主任缪俊杰作序。

民间文学 《赣南民间故事选》 童有庆、谢基贤著。1989年被列入《江西民间故事》丛书。选集为《中国民间故事集成》赣南资料集之二，由省民间文艺研究会、地区民间文艺协会、地区文化局、地区群艺馆联合出版。选集从近500万字的资料中选编100多篇，约23万字，包括地方风物传说、名人传说故事、机智人物故事、风俗故事、动植物故事、讽刺幽默故事、神话传说故事、民间童话、巧对故事、生活故事等10类。资料翔实，内容丰富。

第二节 戏 剧

全市（地区）专业文艺工作者以实施体制改革和精品战略为抓手，开展戏剧合作与研究，发展艺术生产和地方戏剧，提高表演艺术水平，文学创作硕果累累，艺术创作与科学研究获国家级大奖，实现赣州市（地区）戏剧历史上零的突破。

一、剧团管理体制改革

1986年，地区文化局通过兴办“以文补文”的文化企业和向外输送等方式，大量分流富余人员，地直3个剧团（赣南采茶剧团、赣南歌舞团、赣州地区东河戏剧团）分流100余人，地直剧团人员由原250余人减至150余人，减幅约40%。

1992年，地区文化局对全地区的剧团布局进行改革，地直剧团由原来的3个合并为2个，各县（市）剧团由23个减至19个。1998年，地委办公室、行署办公室印发《赣州地区地属剧团管理体制改革方案》。地区文化局将赣南采茶剧团和赣南歌舞团合并为赣南采茶歌舞剧团，内设办公室、采茶分团、歌舞分团、艺术室、乐队、舞台工作队，人员编制为120人，比原编制总数减少45名。聘任演职员97人。新组建的剧团采用一套管理班子、两支演员队伍，行政管理人员及财务人员和乐队为一套人马，灯光、音响、服装、道具等设备统一管理使用，演员分属赣南采茶分团和赣南歌舞分团，实行"团长负责制、剧团目标考核制、演职员考评聘任制、人员动态管理制"。1998年8月，剧团改革的各项工作全部完成。9月，赣南采茶歌舞剧团正式挂牌成立。

1998年8—12月，剧团组织大型文艺晚会3台、演出58场，经济收入8.2万余元。剧团改革后与改革前同期相比，创作剧（节）目增长60%，演出场次增长50%，经济收入增长200%。

二、戏剧创作

专业戏剧创作 1986—2000年，赣州市（地区）戏剧研究室为繁荣全市（地区）文艺，积极开展戏剧创作。广大专业作者依据赣州红土地特有的文化内涵，创作戏剧等文艺作品，并适时开展研究。研究室创作戏剧等文艺作品177部。

戏剧精品 20世纪80年代中期，地区文化局重振赣南采茶戏雄风，强化剧团建设。提出"上山进京，打出国门"（上庐山，参加全省文化艺术博览会；进北京献演，把戏送到海外去演出），制订出"上山进京"演出计划。

地区文化局调动全地区艺术力量，选拔一批优秀青年演员充实演出队伍，制订训练计划，狠抓基本功训练。集中编剧人员组成强大的创作队伍，分别对《莲妹子》《试妻》《花灯仙子》等剧进行精心加工提炼或创作。

《莲妹子》等3台采茶戏"上山进京"。1986年8月，赣南采茶剧团到庐山参加江西省首届"庐山之夏"文化艺术博览会，演出《试妻》《花灯仙子》《钓蛤》《补皮鞋》《睄同年》等节目。9月，文化部向赣南采茶剧团发出邀请，进京为纪念中国工农红军长征胜利50周年汇报演出。10月，采茶剧团到北京演出《试妻》《花灯仙子》《莲妹子》3台戏。11月，1台小戏进中南海演出。新华社、《人民日报》、《中国文化报》等20多家新闻媒体先后报道或发表评论文章，由文化部艺术局和中国剧协主持召开的"赣南采茶剧团3个小戏座谈会"一致肯定《试妻》等剧的创作演出成功，萧克等132位老同志和专家签名留念。《莲妹子》等3台本土戏剧精品在北京上演后，随即参加首届江西"玉茗花"戏剧节演出，《试妻》获演出一等奖；《花灯仙子》获演出二等奖。

《莲妹子》是由高萱兰、黄明光根据罗旋的短篇小说《白莲》改编而成。反映中华苏维埃时期一段奇特故事，具有深刻的思想内涵，是赣南采茶戏表现革命历史题材的第一个里程碑。1986年在北京演出，1988年参加江西省戏剧调演并获得江西省人民政府优秀作品奖，1990年在《影剧新作》发表并获"创作十周年"优秀作品奖，1992年由江西电视台拍成电视戏曲片。

《花灯仙子》是由石城县采茶剧团编剧赖德廉、温华德根据正月十五闹花灯的传说而创作的一部神话剧，融歌、舞、戏、灯彩于一体。1986年，戏剧参加庐山博览会演出。参加江西省首届"玉茗花"戏剧节，获演出二等奖。10月，赴京演出。

《试妻》描写的是小商人唐二之妻玉兰如花似玉，引得村里后生神魂颠倒。唐二担心其妻"红杏出墙"，故意提出出门去做生意，于半夜潜回，假装邻村曹公子敲窗试探，被其妻玉兰斥之"无赖"。唐二百般纠缠，玉兰情急生智，让曹公子从狗洞里钻进来，用绳捆绑并痛打一顿，唐二只好吐露"试妻"真情的故事。1986年4月，戏剧参加江西省首届"庐山之夏"文化艺术博览会演出，参加中国首届艺术节上海分会场演出。参加江西省首届"玉茗花"戏剧节，获演出一等奖。10月，赴京演出。1992年

8 月，被选送参加在兰州举行的全国首届戏剧小品比赛，获创作、演出、综合二等奖 3 项奖，是赣州地区的戏剧第一次获全国奖。

《山歌情》描述的是第二次国内革命战争时期的赣南苏区，刚刚欢送完兴国师上前线的人们，又开始选择优秀歌手参加蓝衫团，并竞选“山歌大王”。后生仔明生在比赛中技高一筹，夺得“山歌大王”。正当他接过写有“山歌大王”的毛巾时，突然一串清脆、悦耳的歌声飘过来，原来是青年姑娘贞秀子赶到。再次赛歌，山歌大王的桂冠被贞秀子摘取。贞秀子用山歌鼓舞红军、瓦解白军，她的山歌令敌人听了心惊胆战；她用山歌鼓励丈夫满仓去参加红军。在红军转移后，满仓回来取情报时遭遇白军追击，躲藏中遗落写有“山歌大王”的毛巾。白军放火烧毁村子，把乡亲们赶到村头，用枪刺挑着毛巾，威逼群众交出山歌大王。为保护乡亲们，贞秀子、明生等互相争夺“山歌大王”，但敌人还是用机枪扫向他们。1992 年 6 月，戏剧参加江西省第三届“玉茗花”戏剧节，获优秀剧目一等奖、剧本创作二等奖，龙红获主演一等奖。1993 年，该剧参加在成都举行的全国地方戏曲（南方片）交流演出，获优秀剧目奖等 11 项奖；同年 12 月受文化部邀请，赴京参加纪念毛泽东 100 周年诞辰活动演出，获文化部“文华”大奖、“文华”剧作奖、“文华”导演奖、“文华”音乐创作奖、“文华”表演奖和中宣部“五个一”工程奖及“1992—1993 年曹禺戏剧文学奖”，龙红获第十一届戏剧“梅花奖”。该剧是赣南采茶戏反映革命历史题材的第二个里程碑。

赣南歌舞 1986 年，赣南歌舞剧团创作演出一台以“打开江西的南大门”为主题的歌舞节目，参加江西省电视晚会节目评比，被评为一等奖。1987 年，赣南歌舞剧团创作一台反映改革开放的歌舞节目参加省电视晚会，被评为一等奖。1988 年，地区文化局创作一台具有浓郁赣州特色的《赣南风采》歌舞节目，其中产生《春茶春思》《赣南乡音摇滚》《酸溜溜》等优秀保留剧目。1993 年，赣南歌舞开始走客家文化特色的路子，创作一台以《赣南客家歌舞》命名的歌舞节目，参加在新余市举办的“全省音乐舞蹈艺术节”，获得 17 项奖（其中一等奖 4 项）。其中的大部分节目，如《赣南民歌联唱》等还到香港演出。从此，以反映赣南客家文化特色的赣南歌舞引起全省关注，赣南歌舞的创作也开始走向成熟。1998 年，地区文化局组织创作出大型歌舞《长长的红背带——献给客家母亲》（以下简称《长》剧）。主题是以红背带为母亲的象征物，大写意地歌颂母亲的崇高与伟大，反映客家人恋母寻根的强烈回归意识，表现中华民族顽强的生命力和凝聚力。《长》剧在南昌举行的“全省音乐舞蹈艺术节”上获 23 项奖（其中包括演出、剧目在内的 9 项一等奖）。1999 年，应文化部邀请到北京演出，获第七届“文华”新剧目奖。主创人员黄明光、熊振寰、江洪涛、饶春兰获得剧目词作（编剧、作词）奖，谭晓洪、赖丹、肖建荣、谢筱春获编导（编舞、导演）奖。该剧本在国家级期刊发表，获中共江西省委宣传部“五个一”工程奖。赣南歌舞走向全国，也填补江西歌舞在全国获“文华奖”的空白。

“玉茗花”节获奖 1989—1995 年，在江西省举办的“玉茗花”戏剧节上，赣州地区有《烽火奇缘》《女人河》《双打龙凤》等三部作品获得较高荣誉的奖励。

《烽火奇缘》是舒龙创作的大型革命历史题材戏，描绘的是在赣南红土地上，1934—1949 年的历史长河里，从红白对抗、到国共合作，至最后内战重演，个人命运与历史悲剧溶混在一起的神奇故事。该剧是赣南采茶戏第一个无场次、无道白的剧本。1989 年 4 月，赣南采茶剧团携该剧参加江西省第二届“玉茗花”戏剧节，获主演一等奖、音乐一等奖、编剧二等奖、导演二等奖和演出二等奖及舞蹈设计奖。

《女人河》是谢文干编剧的大型现代山歌剧，描述的是苏区妇女为了革命忍辱负重，为了人类最壮丽的事业，忍受常人无法忍受的痛苦，坚强地挑起战争和生活的双重担子。1995 年 10 月，兴国县山歌剧团携该剧参加江西省第四届“玉茗花”戏剧节，获创作一等奖、表演一等奖、剧目二等奖、导演二等奖、音乐二等奖。

《双打龙凤刀》是黄敬辉改编的小型采茶戏，描述的是同年哥从城里把同年嫂被休的消息带到乡下，同年嫂一听，怒火中烧、大吵大闹。同年哥便耐心劝导、认真启发，终于使同年嫂精神焕发、自强自立，打出了新颖实用、竞争力强的龙凤刀。全剧以丑角当家，妙趣横生。1992 年 5 月，大余县采茶剧团携该剧参加江西省第三届“玉茗花”戏剧节，获优秀剧目一等奖、剧本创作一等奖、主演（女）一等奖、导演二等奖、音乐二等奖、主演（男）二等奖。

小品佳作 1990 年 4 月，赣州地区组织为期 3 天的“全区专业剧团青年演员戏剧小品调演”，在 57 个戏剧小品中，选拔出 27 个优秀作品参加调演。《相亲记》《心愿》《不速之客》获得创作一等奖，134 人获得编剧、导演、演员、作曲等奖。《两个穿睡衣的人》参加华东小品大赛并获奖，《考试》参加第二届华东地区小品大赛并获奖，《第一张火车票》在’98中国曹禺戏剧文学剧小品小戏奖的评选中获“入围奖”，兴国县创作的《哭嫁》在全国第七届“群星”奖评奖中获铜奖，在第五届华东地区“城阳杯”戏剧小品大赛中获一等奖。

精品调演 1996 年上半年，地区文化局在崇义县召开全地区戏剧创作会议，要求各县（市）做好’97全地区戏剧调演的准备工作。各县（市）经过近一年的创作排练，地区文化局委派的观摩评议组赴各县（市）进行第一轮观摩评议，精选出《篮嫂》等 14 个大、小剧目，参加 1997 年 11 月举行的’97全地区戏剧调演。该次调演，是赣州地区自 1989 年以来参加人数最多、规模最大、效果最好的一次。《盘古峰之恋》等 5 个剧目获大戏优秀剧目奖，《豆腐哥豆腐嫂》等 8 个剧目获小戏优秀剧目奖。评出剧本创作、导演、音乐创作、舞美设计、表演等单项和专项奖 100 余个。

三、戏剧演出

闽粤赣三省边区艺术交流 1989 年 8 月，先后在福建省龙岩市、江西省赣州市（今章贡区）举办“闽粤赣三省边区首届艺术节”，福建省龙岩地区山歌剧团、龙岩汉剧团、连城木偶剧团和广东省汉剧院及江西省赣南采茶剧团分别演出《故人》《胡文虎》《琉璃洞》《义子登科》《烽火奇缘》等剧目。在赣州演出时，还加演《试妻》《钓蚜》《四姐看情郎》《双检菌》等几出小戏。

1990 年 8 月，在福建省龙岩市举办闽粤赣三省边区首届舞蹈邀请赛，赣南歌舞团创作的舞蹈《酸溜溜》《魂系梅岭》《光棍村的喜悦》《追思》《放排歌》《对花》等节目参加邀请赛并获奖，其中《魂系梅岭》获一等奖。

1997 年 12 月，在广东省梅州市举办闽粤赣客家文艺联合演出会，由赣南采茶剧团和赣南歌舞团组成的赣州地区代表队演出采茶戏《山歌情》选段、《来世再把山歌唱》和客家风情组舞《长长的红背带》选段、《哭嫁》、《大脚丫》及《客家民歌联唱》等节目。

接待演出 1990 年 10 月，中共中央政治局常委、国务院总理李鹏到赣州视察。李鹏在赣南宾馆礼堂观看由赣南采茶剧团、赣南歌舞剧团联合演出的一台文艺晚会。晚会演出《试妻》《赣南民歌联唱》等短小精干的节目。演出结束后，李鹏与演职员一一握手并合影留念，称赞《试妻》很风趣、很有意思，称赞《赣南民歌联唱》富有地方特色。

1997 年春节，中共中央政治局常委、国务院总理李鹏第二次到赣州，与赣州人民一同欢度春节。大年初一（2 月 7 日），李鹏一行到革命老区兴国县，观看由兴国县剧团和地直剧团联合演出的《送郎当红军》《苏区干部好作风》等节目。正月初二（2 月 8 日），李鹏在行署三号楼小礼堂观看由赣南歌舞剧团和赣南采茶剧团演出的大型客家风情组舞《长长的红背带——献给客家母亲》片断及采茶戏《茶童戏主》中的《搭船巧遇》等节目。演出结束后，李鹏接见了演员，并发表热情洋溢的讲话，赞扬这台晚会演出精彩。

全地区第一次赣南采茶戏调演 1991 年 10 月，全地区举行第一次赣南采茶戏调演。这是赣南采茶戏剧种有史以来举行的首次单项调演，是赣南采茶戏发展的一个里程碑。全地区有 9 个县 10 个剧团、

14出戏参加演出，体现全地区戏剧工作者的艺术造诣和艺术水准，展示全地区戏剧创作和演出的繁荣景象。地区文化局从这次调演的剧目中选拔出一部分节目参加全省的采茶戏交流演出。

参加全省首届采茶戏交流演出 1991年10月，江西省首届采茶戏观摩调演暨研讨会在赣州市（今章贡区）举行。参加演出的有赣南采茶戏、南昌采茶戏、高安采茶戏、吉安采茶戏、抚州采茶戏、武宁采茶戏、萍乡采茶戏，演出的20个节目，其中有折子戏、传统戏、新创作的现代戏。赣州地区的《红线》《四星望月》《阿三打铁》《双打龙凤刀》等剧目在开幕式演出。举行3次研讨会，全省采茶剧团的编剧、导演、音乐、表演等方面颇有造诣的艺术专家阐述各自的艺术见解，并就改革开放新形势下采茶戏生存与发展问题交流经验。

赴香港演出 1995年6月，由赣南歌舞剧团、赣南采茶剧团、赣南文艺学校等单位组合的江西赣南客家歌舞剧团，应香港公共事业工会联合会、香港联艺机构有限公司的邀请，在香港新光戏院演出客家歌舞晚会。这台集“声乐、舞蹈、戏剧”于一体的晚会共有11个节目，演出圆满成功，受到香港观众欢迎。香港《文汇报》《大公报》等4家报纸均刊发新闻专稿并配发演出剧照，中国新闻社香港分社向境外、国外华文报纸播发通稿。

接待美国、中国澳门地区客人演出 1995年8月，在欢迎澳门救灾捐赠代表考察团仪式上，赣南文艺学校、赣南歌舞剧团、赣南采茶剧团、赣州市艺术剧院联合演出文艺节目。

1996年1月，在欢迎美国德克萨斯州麦卡伦市友好城市访问团仪式上，赣南歌舞剧团、赣州市艺术剧院联合演出《赣南客家民歌联唱》《赣南采茶戏组舞》《郁孤台下清江水》等12个节目。

赴基层慰问演出 1998年年底，中共赣州地委、赣州地区行署委派赣南采茶歌舞剧团赴各县（市）慰问工作在第一线的基层干部群众。地区文化局对慰问演出工作分别制定在剧场、广场、厂矿、乡村演出的4套演出方案。赣南采茶歌舞剧团组成最强大的演出阵容，调集最精良的装备，排练高质量的剧（节）目，从12月23日起，在18个县（市），演出21场，观众超过10万人次。

第三节 音乐 舞蹈

一、音乐

1986年，赖良淦获华东六省一市民歌调演业余组演唱三等奖。胡雪莲作为省少儿艺术团员进京参加在中南海举行的儿童节及世界和平年庆祝活动演出。秦庚云作词、袁大位作曲的《高山渔歌》在中央人民广播电台及全国48家地方广播电台播出。李承道、唐平、秦庚云、袁大位、肖齐宣、黄白作词作曲的系列音乐节目《红土地之歌》，由沈阳部队前进歌舞团演出录音，在全国十二家广播电台联合筹办的《今日长征路》播出。1993年，袁大位的歌曲《茶歌》获文化部“群星杯”铜奖。1993年，黄永珍的歌曲《情系乡土》获全国城市文艺“金牛”二等奖。1994年，李平、小草的《白衣战士的奉献》获首届中国“黄河口杯”行业金曲大赛铜奖。1995年，毕家治、赖水生的《太阳从哪里升起来》由辽宁电视台播出并获特别奖。胡瑾、文震的《人里头就数哥哥好》获第五届“群星杯”江西赛区二等奖。袁大位的歌曲《打鼓要打鼓边沿》获文化部“群星杯”银奖。1996年，冯文起的《为建立中国声乐学派而努力》获江西省音乐家协会举办的江西省首届音乐论文评选一等奖。1997年，林平作词填曲的《家乡蜜橘甜——中国蜜橘之乡之歌》获全国第三届“中国潮金曲征歌”比赛银奖。

1986—2000年，罗晓航创作发表歌词、歌曲作品1200余首，在全国和各省获奖120多项，其歌曲《采茶小姑娘》获“第四届中国儿童音乐电视大赛”银奖，出版《罗晓航歌曲选》和少年儿童歌词专集《童年的沙滩》等8部作品专集及6盘盒带歌曲专集。温何根创作的歌词《红井水》获中国音乐家协会民族音乐委员会颁发的中国革命老区“兰山杯”创作奖；袁大位创作发表音乐作品200余首，歌曲

《打鼓要打鼓边沿》获文化部“群星奖”银奖，《茶歌》在日本冈山“国际文化艺术节”上演出，《江西省老表》在中央人民广播电台播出，《拨开蒙雾望娇莲》在中央电视台播出。张青云创作的歌词《赤子报春晖》在《心声》歌刊上发表。

歌曲《党是太阳我是花》获全国“当代农民之歌”创作奖。歌词《茉莉——莫离》获全国首届“江南风”创作奖。歌曲《赣州市红旗二校校歌》获“全省校歌评比”一等奖。女声独唱《茶歌》获文化部第三届“群星奖”铜奖。歌曲《映山红的家乡》获文化部第三届“群星奖”优秀奖。歌曲《金沙湾》获全国少儿歌曲新作优秀奖。山歌剧《女人河》作曲获“江西省第四届玉茗花戏剧节”音乐创作二等奖。

二、舞蹈

1987 年，在全省民间歌舞节目评比中，谢筱春、肖建荣编导的小群舞《清茶飘香》、赖丹编导的《蟹趣》获舞蹈创作一等奖，在文化部举办的全国业余民间音乐舞蹈录像比赛中获三等奖。在江西省民间歌舞评比中，《清茶飘香》《蟹趣》获创作一等奖，《石城花灯》获二等奖；谢筱春、赖丹获个人表演一等奖。1989 年，谢筱春、肖建荣编舞，袁大位、尹文华作曲的民间舞蹈《迎春花鼓》获文化部、北京市政府举办的第二届中国民间艺术节优秀节目奖、优秀编导奖、优秀演员奖。1993 年，袁大位作曲、谢筱春编舞的歌舞《老表嫂》入选江西省第三届音乐舞蹈艺术节并获创作二等奖。1995 年，谭晓洪的《打箍箍》获全国第三届舞蹈赛编导鼓励奖。吴庆照的《在当代文化背景前对舞台美术的若干思考》入选 1998 年澳大利亚舞台美术讨论会。

赖丹创作的舞蹈《客家女人背》获文化部“群星奖”银奖，谢筱春（与人合作）创作的大型乐舞《长长的红背带》获文化部“文华奖”编导奖，小型舞蹈《园林晨曲》在江西电视台《相聚今宵》播出，舞蹈《杜鹃红了》获江西省第四届少儿艺术节创作二等奖和辅导三等奖。赣州地区群艺馆编排的舞蹈《金柚飘香》等节目参加江西电视台《相聚今宵》演出和文化部“群星奖”选拔赛。

第四节　美术　书法

一、美术

1986 年，陈一文的 10 幅作品作为“江西十二人版画展”在中国美术馆展出，分别由中国美术馆、中国国家画廊、中国美术学院等收藏；《山野的风》获全国第九届版画展优秀创作奖。温相元山水画展览在南昌举行。1987 年，陈一文的《金黄池塘》《采杨梅》入选南斯拉夫卢布乐雅国际版画展览，《山野的风》在法国国立高等美术学院展出。袁格林的《招魂》入选中国油画展览。1988 年，黄艾的国画《醉秋》获中国美术家协会等举办的“中华杯”全国中国画大奖赛二等奖，由中国美术馆收藏。1989 年，刘昌明的水粉画的《一个教师的工作台》，刘颖晋、黄明秋的油画《月子酒》，黄艾的中国画《送别》入选全国第七届美术作品展览，其中《一个教师的工作台》获银奖，由中国美术馆收藏，《月子酒》获江西第九届美术作品展览优秀作品展。1990 年，全地区 7 件作品入选江西省中华人民共和国成立以来全省优秀美术作品展览和《江西美术作品选》。1992 年，黄意奇的国画《寒香》在日本东京展出并获银奖。刘世群的国画《客家风情》等 3 幅作品在新加坡和中国香港、台湾地区展出，国画《花下生机》在中国美术家协会、中国书法家协会等主办的“国际中国书画博览会”展出。刘勇勤创作的《收割的家妇》、刘世群的《客家风情之一——做粉》参加’92中国水彩画大赛，入选上海美术出版社出版《水彩》。赖华瓒的版画《月朦朦》入选由中国美术家协会、中国版画家协会主办的全国版画展览，获全国九三“群星杯”美术大展优秀奖。1994 年，黄艾的国画《客家女》、刘昌明的油画《清香》、刘颖悟的《嬗变》、彭晓弟的油画《画家》、赖华瓒的《忠义千秋》、黄明秋的水粉画《寂静的地平线》、李遇春的国画《花瀑图》、张德光的版画《大京九从这里穿过》入选全国第八届美术作品展览，获江西第十届美术作品展览三等奖。1995 年，刘昌明的《湖光》参加全国水彩画展；张德光的《千山万壑》参加日本第 18 届神奈川国际版画展，由日本美术馆收藏。1996 年，黄明秋《寂静的地平线》《我的儿子》入选中国美术家协会、中国水彩画艺术委员会举办的全国第三届水彩、水粉画大展。张德光的藏书票作品参加捷克藏书票协会主办的 1994—1996 年国际藏书票展览，版画《江峡古道》入选中国美术家协会、中国版画家协会主办的第十三届全国版画展。1997 年，《杨海峰漫画集》由湖南出版社出版。在全国、全省美术作品展览中，全地区有 24 件作品入选，其中 5 幅获一等奖，3 幅获二等奖。1998 年，刘昌明的《网・鱼系列之五》获第四届全国水粉、水彩画作品展银奖。赖华瓒的《客家人》获省文艺家联合会、省文化厅、省美术家协会主办的“江西第五届版画作品奖”银奖。黄意奇的《古铜秋色》入选中国美术家协会主办的世界华人书画展。张德光的藏书票参加在俄罗斯举行的“1996—1998 年国际藏书票展”。1999 年，由市委宣传部、市文联、赣南画院承办的“辉煌五十年——赣南两个文明建设成就展”参加省展出后在赣州展出。

二、书法

1986 年，董玉宝的楷书获全国公安系统第一届“卫士之光”摄影、美术、书法作品展优秀作品奖。邹瑞良的篆刻作品入选首届全国妇女书法篆刻展，在中国美术馆展出。邹克胜的硬笔书法获全国汉字硬笔书法大赛二等奖，获 1988 年首届国际钢笔书法大赛二等奖，获 1989 年全国第四届钢笔书法大赛一等奖。李安华的硬笔书法获 1989 年“九成宫杯”书法大赛特等奖。1990 年，赖冠夫的书法作品展览在厦门市举行。姚小平的作品参加 1993 年中国书法家协会主办的“第二届全国书法新人作品展”。1995 年，邓新江、黄裕平的书法作品入选第三届中国书坛新人作品展和第六届中国中青年书法篆刻家作品展。邓新江的书法作品参加 1997 年由中国青年书画家协会、《书画艺术报》联办的“当代中国书画家十人联展”。2000 年，杨在廷、温相元等的 30 件作品应邀参加“海峡两岸客家风情画展”。《赖建青书法作品选》由国际文化出版公司出版。

第五节　摄影　民间文艺

一、摄影

1986 年，廖国良的作品《民警勇救少女》获全国公安系统第一届“卫士之光”摄影、美术、书法作品奖优秀奖。李雪明的摄影作品《火树银花郁孤台》《白云深处有人家》等入选香港九龙、庐山博览会展出。全地区 10 位作者 20 多幅作品入选 1989 江西人民出版社大型画册《江西》。李筠的《晨曲》1994 年获江西第 14 届摄影展三等奖。1997 年，赖征帆的《山野的风》参加由美国华人摄影学会举办的第一届国际摄影沙龙展览。赖国柱的《天将晓》等 4 幅作品获省摄影家协会、《江西画报》等联办的“江西佳能园地”年度优秀奖。1998 年，全地区 7 人参加中国摄影家协会组办的“金秋看沂蒙”全国摄影活动，刘念海、杨中宪的作品获佳作奖。在省文化厅举办的纪念改革开放 20 周年美术摄影展中，刘永贵的《古庙新戏》、彭长生的《凝固的音符》获一等奖。1999 年，赖国柱的《过年好》、刘念海的《青春靓丽》、魏春光的《阿姐归来》入选全国第 19 届影展优秀作品集。同年，全市（地区）26 件作品参加全省第 16 届摄影展，其中赖征帆的《风韵》获铜奖，赖国柱、李雪明等人的 16 幅作品获优秀奖。赖国柱的《归巢》获 2000 年省摄影家协会举办的“祖国颂”优秀作品奖。

二、民间文艺

1986 年，火石的 2 幅剪纸在中国美术馆展出，获中国民间文艺家协会、中国剪纸学会主办的中国剪纸大奖赛优秀奖。1988 年，谢基贤与人合著的《饮食习俗》《古今育儿习俗》由辽宁大学出版社出版；同年，谢基贤的《论赣南情歌的艺术特色》、曹春荣的《瑞金革命领袖传统浅论》获江西首届民间论文奖二等奖。1989 年，刘开连、赖桂香、雷瑞华主编的《四星望月》列入江西民间文学丛书出版。火石的剪纸作品《暮归》《赶集》参加"全国百人现代剪纸艺术展览"并获奖。1993 年，江西省民间文学丛书《民俗民艺论文集》收入赣南作者 18 篇论文，由香港中华文化出版社出版。1995 年，《于都唢呐》《石城灯彩》《哭嫁歌》《赣南采茶音乐选段》参加文化部、国家民族事务委员会、中国民间文艺家协会联合主办的第二届中国民俗民艺录像片汇映评奖，《于都唢呐》获优秀奖。1996 年，刘盛涵的传统彩灯《龙凤宝贵灯》由中国民间文艺家协会选送以色列参加第 28 届国际手工艺博览会中国彩灯艺术大展。刘盛涵的彩灯《国泰民安》获中国民间文艺家协会、浙江民间文艺家协会等举办的'96浙江中国民间艺术展金奖。在江西省第三届民间文学民俗学理论研讨会上，钟俊昆、严恩萱等 8 人的论文评为优秀论文。在由省文联主办的"江西省纪念红军长征胜利 60 周年革命故事赛"上，刘光沛的《青山魂》获二等奖，潘毓祥创作、申秋萍演讲的《偷来的爱情》分别获创作、演讲三等奖。1998 年，潘毓祥创作的《"三斤狗"与"秃尾蛇"》、钟东林《"金刚钻"遭遇"狗官司"》在江西省纪念改革开放 20 周年故事评选中分别获二、三等奖。1999 年，甘云龙主编的故事集《名人与名城赣州》由中国文联出版社出版。在省文学艺术界联合会、省民间文艺家协会举行的全省故事演讲大赛中，姚玉凤的《突然改期的婚宴》、潘毓祥的《一只大号牛皮信封》分别获一、二等奖，前者于 2000 年获福建《故事林》最佳作品奖。

第三章　图　书

1986—2000 年，各县（市、区）成立县图书馆、乡（镇）文化站，56%的村建立图书室，万村书库在全市（地区）广大农村不断涌现，形成由城镇、乡、村三级共同构建的图书馆（室）网络。基本建设力度加大，全市（地区）各级图书馆馆舍面积大幅度增加，馆舍面貌、藏书设备日臻完善，自动化装备起步，馆藏规模日趋扩大，运用现代科技手段的图书目录建设更加规范。图书馆为读者服务的领域不断扩大、服务质量提升，兑现"一切为了读者，为社会主义物质文明和精神文明服务"的承诺，实现"使图书资料转化为社会效益和经济效益"的目标。

第一节　公共图书馆

各县（市、区）建有县级公共图书馆，各乡（镇、街道办事处）和多数单位普遍建立图书馆（室），由市（地区）图书馆和驻地高校图书馆、县（市、区）图书馆、乡（镇、街道办事处）及单位图书馆（室）三级构成的图书馆（室）网络初步形成。至 2000 年，全市共有各级图书馆（室）343 个。

一、图书馆（室）场所馆舍建设

1986—2000 年，全市（地区）公共图书馆馆舍建设迅速发展，赣州市（今章贡区）图书馆、兴国县图书馆、于都县图书馆、上犹县图书馆、宁都县图书馆、石城县图书馆、赣县图书馆、安远县图书馆、崇义县图书馆、龙南县图书馆、会昌县图书馆、全南县图书馆、南康市图书馆等 13 个图书馆馆舍，均在这段时期内建成。2000 年年末，全市公共图书馆馆舍建筑面积达到 2.4 万平方米。

二、公共图书馆设备建设

全地区图书馆藏书设备得到更新完善，藏书设备均按中国图书馆设备公司的技术标准购置。20 世纪 80 年代中期赣州市（今章贡区）图书馆在全省率先购置复印机，20 世纪 90 年代初期购置计算机，20 世纪 90 年代末期连接互联网。于都、宁都、会昌、信丰 4 个县图书馆置备计算机和复印机等。从 1998 年起，各县（市）公共图书馆逐步实现计算机管理。

三、专业队伍

1986 年，全地区公共图书馆有专职人员 128 人。2000 年，全市各级公共图书馆共有专职人员 302 人，其中馆员 61 人、助理馆员 74 人。

四、评估定级

1994 年，全地区各级图书馆对照部颁标准，加大投入加快硬件设施建设，迎接、落实由文化部主持开展的首次全国性图书馆评估定级工作。兴国、上犹、于都、宁都等县（市）图书馆的馆舍面积和藏书等硬件建设得到很大改善和提高。在全省 15 个国家二级图书馆中，于都县图书馆、赣州市（今章贡区）图书馆、上犹县图书馆榜上有名；会昌县图书馆、宁都县图书馆、兴国县图书馆、信丰县图书馆、安远县图书馆、全南县图书馆、南康县图书馆、崇义县图书馆、定南县图书馆、瑞金市图书馆等 10 个县（市）公共图书馆被评为国家三级图书馆，占全省 41 个国家三级图书馆的 1/4。1998 年，开展第二次全国性公共图书馆评估定级工作，于都县图书馆由原二级晋升为国家一级图书馆，崇义县图书馆和南康市图书馆由原三级晋升为国家二级图书馆。

第二节　馆藏图书

一、藏书量

1986 年，全地区各级公共图书馆馆藏图书总量为 178.21 万册。至 2000 年，全市各级公共图书馆的馆藏图书总量达到 318.24 万册，比 1986 年增长 78.6%，基本满足广大读者学习的需要。

在全市（地区）18 个地方公共图书馆［含县（市、区）图书馆］中，赣州市（今章贡区）图书馆的馆藏图书量位居榜首，2000 年总藏书量达 25.7 万册，且品种多、质量较好、富有特色，尤其珍藏一批珍贵古籍，收藏线装古书 3.18 万册，善本书 186 种 2799 册，其中有宋朝王应鳞撰写的《通鉴地理通释十四卷》及元朝明修本等，均被列为国家级珍本。上报国家图书馆的善本书目有 31 部。所保藏的古籍在赣州地区名列第一、全省名列第三。蒋经国在赣南主政时期所主办的《正气日报》，收藏较为完整。

赣州市（地区）各县（市）暨有关高校公共图书馆的馆藏古籍书或善本书的情况：

南康市图书馆 1986 年年初馆藏古籍书 376 部 4186 册，其中善本书 121 部 1279 册。2000 年年末，藏有古籍书 4210 册，其中善本书 1511 册（含国家级善本书：经 48 册、史 76 册、子 24 册、集 16 册）。

瑞金市图书馆 1986 年年初馆藏古籍书 3347 册，其中善本书 148 册。2000 年，馆藏古籍书 3472 册，其中善本书 148 册（含《明儒学集 62 卷》《师说 1 卷》《九经三传沿革例 1 卷》）、辛亥革命前 613 册、现代出版古籍 2711 册。

兴国县图书馆 1986 年年初馆藏古籍书 149 部 2177 册，其中善本书 22 部 327 册。2000 年，藏有善本书《历代史纂左编 142 卷》60 册、《管子 24 卷》8 册、《中国大百科全书》整套。

于都县图书馆 1986 年年初馆藏古籍书 105 部 413 册，其中善本书 4 部 36 册。2000 年，馆藏古籍书 488 册，其中善本书 49 册。1999 年筹建于都籍人士著作库，构建老红军和于都籍学者重要文献的特色馆藏。

定南县图书馆 1986 年年初馆藏古籍书 103 册。2000 年，馆藏古籍善本 103 册。

大余县图书馆 1986 年年初馆藏古籍书 1 部、591 册。2000 年，馆藏善本书《影印宋碛沙版大藏经》591 册（线装）及元、明两朝的珍贵药书《世医得效方》《证治准绳》《普济方》《中药大辞典》等。

崇义县图书馆 1986 年年初馆藏古籍书 5 部 400 册。2000 年，馆藏古籍、善本书 800 册。

信丰县图书馆 1986 年年初馆藏古籍书 1584 册，其中善本书 16 册。2000 年，馆藏善本书 140 册。

安远县图书馆 1986 年年初馆藏古籍书 251 部 2222 册。2000 年，馆藏明末清初钟元铉所编《石湖草堂读》1 部 3 册，民国版古籍线装书 2200 册。

会昌县图书馆 1986 年年初馆藏古籍书 480 部 1164 册。2000 年，馆藏有善本书 1200 册（含《二十四史》线装书）。

宁都县图书馆 1986 年年初馆藏古籍书 2677 册，其中善本书 4 册。2000 年，馆藏善本书 2807 册（其中明朝刻本《补注李沧溟先生文集》2 册、《韩非子》2 册；清初刻本《荀子》4 册、《三魏全集》54 册、《易堂桂子文集》119 册；清乾隆《五礼通考》84 册、《读礼通考》25 册、《渔洋山人精化隶笺注》5 册、《御批历代通鉴辑览》25 册）。

上犹县图书馆 1986 年年初馆藏古籍书 8 部 1100 册。2000 年，馆藏善本书 800 余册（含有《四库全书》1 套）。

赣县图书馆 1986 年年初馆藏古籍书 31 部 163 册。2000 年，馆藏古籍书《古今图书集成》1 套。

赣南医学院图书馆 1986 年初馆藏古籍书 610 册。2000 年，馆藏李时珍《本草纲目》数十册。

1986—2000 年部分年份各县（市、区）图书馆暨驻市高校图书馆馆藏图书统计表

表 34－3－1　　单位：万册

单　位	1986 年	1990 年	1991 年	1995 年	1996 年	2000 年
赣州市图书馆	34.00	18.00	18.60	21.30	22.60	25.70
南康市图书馆	6.90	7.00	7.20	7.70	7.80	8.00
瑞金市图书馆	11.20	11.60	11.70	11.80	11.34	11.90
兴国县图书馆	12.20	13.60	13.90	14.80	15.20	15.90
定南县图书馆	4.00	5.00	5.50	6.40	6.50	6.00
于都县图书馆	6.80	7.50	8.20	9.08	9.30	10.20
大余县图书馆	3.10	4.00	4.00	5.50	5.50	6.00
崇义县图书馆	4.60	5.30	5.50	5.60	5.70	6.20
信丰县图书馆	3.90	5.10	5.20	5.40	5.50	6.00
龙南县图书馆	3.30	3.10	3.20	3.60	3.60	3.70
宁都县图书馆	5.30	7.40	7.80	7.90	8.00	8.50
全南县图书馆	3.30	4.40	4.50	4.70	4.80	6.80
安远县图书馆	4.50	5.30	5.30	5.90	6.00	7.20
寻乌县图书馆	3.00	3.10	3.20	3.40	3.50	5.20
会昌县图书馆	4.50	5.60	5.90	6.00	6.40	7.50
石城县图书馆	1.00	1.80	1.90	2.40	2.50	5.30
上犹县图书馆	3.20	4.50	5.40	5.70	5.70	6.70
赣县图书馆	8.70	9.13	9.16	9.24	9.30	9.40
南方冶金学院图书馆	47.96	58.80	60.20	65.00	65.90	82.20
赣南师范学院图书馆	45.30	50.00	51.20	54.30	55.50	64.00
赣南医学院图书馆	9.00	9.80	10.00	12.80	13.20	14.00

表 34-3-2

赣州市（今章贡区）图书馆特藏书籍目录一览表

单位：册

序号	分类号	题　　名	编撰者	版　本	数量	说　明
1	经	四书集注大全四十二卷	(明)胡广等撰	明刻本	20	—
2	经	说文解字十二卷	(汉)许慎撰	明汲古阁影刊北宋本	12	—
3	史	通鉴地理通释十四卷	(宋)王应麟撰	元刻玉海附刻本	2	有八卷、二至五卷、十一至十四卷
4	史	明史稿三百一十卷，目录三卷	(清)王鸿绪撰	清雍正敬慎堂刻本	80	—
5	史	汉书一百卷	(汉)班固撰、(唐)颜师古注	明万历十一年刻本	22	—
6	史	文献通考三百四十八卷，首一卷	(元)马端临撰	明嘉靖冯天驭刻本	98	存三百四十五卷，一至七十四、七十八至三百四十八卷
7	史	通鉴前编十八卷，举要三卷	(元)金履祥撰	明崇祯十年刻本	10	—
8	史	二十一史论赞辑要三十六卷	(明)彭以明辑	明末刻本	12	—
9	史	岱史十八卷	(明)查志隆撰	清顺治十一年刻康熙三十八年重修本	12	有图
10	子	潜确居类书一百二十卷	(明)陈仁锡辑	明崇祯三年刻本	80	—
11	子	山堂肆考二百四十卷	(明)彭大翼撰、张幼学增补	明万历二十三年张幼学刻本	50	—
12	子	新刊王太史汇选诸子类语四卷	(明)王衡撰	明刻本	8	有图
13	子	重订袁了凡注释群书备考八卷	(明)袁黄撰	清康熙二年鸣凤堂刻本	8	—
14	子	情史类略二十四卷	(明)冯梦龙编	明末刻本	6	—
15	子	分类字锦六十四卷	(清)张廷玉等辑	清康熙六十一年内府刻本	64	—
16	子	洪范九畴数三卷	(宋)蔡沈撰、(明)熊宗立解	清雍正元年刻本	3	有图
17	集	杜工部集二十卷，年谱一卷，附录一卷	(唐)杜甫撰、(清)钱谦益注	清康熙六年刻本	8	—
18	集	诗馀图谱三卷	(明)张𫊸撰	明崇祯八年王象晋刻本	4	—
19	集	句曲外史集三卷，补遗三卷，附一卷	(元)张雨撰	明末毛氏汲古阁刻本	2	—
20	集	玉溪生诗意八卷	(清)屈复撰	清乾隆四年艺古堂刻本	4	又名《李义山诗笺注》
21	集	袁中郎全集四十卷	(明)袁宏道撰	明崇祯二年刻本	16	—
22	集	明诗别裁十二卷	(清)沈德潜、周准辑	清乾隆三年刻本	3	—
23	集	潜菴先生遗稿五卷	(清)汤斌撰	清康熙二十九年刻本	4	—
24	集	渔洋山人精华录十卷	(清)王士祯撰	清康熙三十九年林佶刻本	4	—
25	集	欧阳文忠全集一百三十卷，目录十二卷，附录四卷	(宋)欧阳修撰	明万历四十三年王凤翔刻本	32	—
26	集	文选六十卷	(梁)萧统撰	明刻本	7	存四十一卷，一至二十五卷，四十四卷至六十卷
27	集	楚辞二卷	(楚)屈原、宋玉等撰	明万历四十八年闵齐汲刻五色套印本	2	—
28	集	白榆集二十八卷	(明)屠隆撰	明万历二十二年程元方刻本	4	存十一卷，文集三至七卷，十至十二卷，十八卷二十卷
29	集	诗所五十六卷历代名氏爵里一卷	(明)臧懋循辑	明万历三十一年刻本	24	—
30	集	白氏长庆七十一卷	(唐)白居易撰	明万历三十四年马元调刻本	8	—

二、目录建设

全市（地区）各级公共图书馆基本采用《中国图书馆图书分类法》（第四版）对各自的馆藏图书进行分类，并按照《中国文献编目规则》对所藏图书进行编目。其中，瑞金市图书馆编制反映馆藏的卡片式目录 2 部、书本式目录 1 部；兴国县图书馆设有公务分类目录、公务书名目录、读者分类目录、读者书名目录、期刊分类目录、期刊刊名目录、报纸目录，并藏有《书本式目录》《兴国县图书馆馆藏工具书目录》；龙南县图书馆设有分类目录和读者目录；全南县图书馆使用《中图法》（第三版）对所藏图书进行分类，有分类目录 1 种，目录设公务目录、读者目录各 1 套；安远县图书馆有分类、著者、书名 3 套目录。赣州市图书馆和各县（市）图书馆的工作方式基本属于手工操作，18 个县（市）图书馆仅有 7 台计算机。南方冶金学院图书馆对所藏图书的分类和编目工作全部采用计算机管理，2000 年该馆订购数字超量图书数据库（含 2600 种新书全文数据）、维普中文期刊数据库（含 1200 种期刊）、清华同方期刊数据库（含 3000 种期刊）以及大量光盘资料。赣南医学院图书馆 1993 年开展光盘检索，1998 年开始利用网络和数据库检索。

第三节　图书利用

一、服务读者

各级公共图书馆坚持面向读者，扩大服务领域，提高服务质量，取得显著的社会效益和经济效益。全市（地区）各级公共图书馆共向读者借出各类书籍 1515 万册，书面解答咨询 1.86 万人次，为各级领导决策提供信息咨询和文字资料 9000 人次，为工农业生产提供信息咨询资料 30.89 万份，送书下乡和下街道借阅有关图书资料 41.81 万册，向农村图书室赠送书刊 8.1 万册。

赣州市图书馆在做好普通读者服务工作的同时，全力为特殊读者服务，如配合国家对服刑人员的改造政策，长期主动派员送书到江西省第二监狱（赣州监狱）。先后向赣州监狱送书 2 万多册。

二、万村书库

1997 年，全国文化扶贫委员会在全国老、少、边、穷地区的农村实施万村书库文化扶贫工程。全地区各级党委、政府和文化部门把万村书库的建设作为“以文促农，以文兴农”暨努力改变赣州老区贫困落后面貌的一项具体工作来抓。2000 年，全市共有万村书库 656 个。

万村书库建设得到全国文化扶贫委员会和一批出版单位的大力支持。中共中央宣传部常务副部长、全国文化扶贫委员会主任委员徐惟诚赠图书 50 套，用于支持赣州市（今章贡区）筹建第一批万村书库。国家新闻出版署联合北京百余家出版单位（如人民出版社、农业出版社和北京大学出版社等）、四川省成都市天地出版社为赣南老区捐书，专门用于乡村基层图书室建设。中共赣州地委办公室、地直各有关单位和地区新华书店、赣州市（今章贡区）图书馆为于都县仙下乡三贯村送去各种图书 2000 余册，办起赣州地区首屈一指的村级图书室。

第四节　主要图书馆简介

一、赣州市图书馆

赣州市图书馆前身为赣县公立中山图书馆。1986 年，有职工 26 名。1999 年 7 月，原赣州市（今章贡区）图书馆上划至地级赣州市，归口赣州市文化局管理，为其下属的正科级事业单位。至 2000 年，有工作人员 33 名。

赣州市图书馆为全市最大的公共图书馆和保藏古籍最多的图书馆。1988 年，外借图书量为 8.5 万册次。1993 年，外借图书量为 10.92 万册次。1994 年，被文化部评为国家二级图书馆。1997—2000 年，新办借阅证 8073 份，1998 年外借人次首次超过 10 万人次（12.57 万人次），2000 年外借人次为 19.59 万人次。图书流通量 1997 年超过 15 万册次，2000 年达到 19.04 万册次。2000 年 12 月，在由文化部和全国妇联组织开展的"全民读书月"评选活动中，赣州市图书馆被评为"全国读者喜爱的图书馆"。

1996—2000 年，该馆采购新书 1.66 万册，尤其从 1997 年起，连续 3 年争取到全国政协委员、港商石景宜 3 次所赠图书 1.69 万册。1999 年 12 月，赣州市图书馆在章江新区动工兴建新馆，新馆用地面积 0.69 公顷，馆舍总建筑面积 9834.34 平方米，总投资 1500 万元，设计可藏各类图书资料 100 万册（件），是赣州市最大的藏书中心、文献信息中心和文化资料中心。新馆舍内设中文报刊、电子、自带书刊、自然科学、社会科学、外文、少儿、工具书、港台图书和地方文献等 10 个集"藏、借、阅"于一体的开放式阅览室，拥有读者座位 1000 个，设有 400 平方米面积（400 多座位）的多功能报告厅和 647 平方米面积的展览厅及专家研究工作室、音像专卖厅、书吧等。

二、南方冶金学院图书馆

南方冶金学院图书馆的前身是于 1958 年 9 月成立的江西冶金学院图书馆，馆址设在赣州市（今章贡区）红旗大道南方冶金学院内。1986 年，在编总人数为 34 人，藏书量 61.01 万册，外借人次 3.03 万人次，阅览人次 34.5 万人次。2000 年，全馆在编总人数 42 人，藏书量为 82.21 万册；馆藏图书外借人次 3.45 万人次；馆内阅览人次 74.4 万人次。

三、赣南师范学院图书馆

赣南师范学院图书馆的前身是于 1958 年 6 月创办的赣南师范专科学校图书馆，馆址设在赣州市（今章贡区）红旗大道西段赣南师范学院内。1986 年，在编总人数 30 人，藏书量 55.79 万册，馆藏图书外借人次 7.86 万人次，馆内阅览人次 4.8 万人次。2000 年，全馆在编总人数 39 人，藏书量为 64 万册，馆藏图书外借人次 16.6 万人次；馆内阅览人次 12.8 万人次。

四、赣南医学院图书馆

赣南医学院图书馆的前身是于 1958 年 6 月创办的赣南医学专科学校图书馆，馆址设在赣州市（今章贡区）青年路赣南医学院内。1986 年，在编总人数 17 人，藏书量 6.61 万册；馆藏图书外借人次 1.05 万人次；馆内阅览人次 0.47 万人次。2000 年，全馆在编总人数 23 人，藏书量 14 万册，馆藏图书外借人次 3.34 万人次；馆内阅览人次 1.41 万人次。

第四章　文学艺术界联合会

1986—2000 年是赣州市（地区）文学艺术界联合会的调整与发展时期，文艺队伍不断发展壮大。1986 年 1 月，赣州地区文联第二届委员会第三次全体会议召开，会议决定改革换届形式，不召开第三届代表大会，主席团按新章程组建第三届委员会。4 月，地区文联第三届委员会第一次全体会议召开，完成换届工作，组成第三届委员会，委员 28 人、主席 1 人、副主席 4 人。1992 年 6 月，地区各文艺协会全部更改名称为文艺家协会。1996 年，地区文联定编为 15 人，其中主席 1 人、副主席 3 人。1999 年，地区文学艺术界联合会更名为市文学艺术界联合会。

第一节　文艺家协会

一、作家协会

1987 年，地区文学工作者协会第三次会员代表大会选举产生第三届理事会，理事 50 人、常务理事 11 人、主席 1 人、副主席 5 人。1992 年，地区文学工作者协会与地区文艺理论工作者协会合并为地区作家协会。1999 年，更名为市作家协会。

二、戏剧家协会

1987 年，地区戏剧工作者协会第三次代表大会选举产生第三届理事会，理事 79 人、常务理事 8 人、主席 1 人、副主席 5 人。1992 年，更名为地区戏剧家协会。1999 年，更名为市戏剧家协会。

三、音乐舞蹈家协会

1987 年，地区音乐舞蹈工作者协会第三次会员代表大会选举产生第三届理事会，理事 60 人、常务理事 8 人、主席 1 人、副主席 4 人。1992 年，更名为地区音乐舞蹈家协会。1999 年，更名为市音乐舞蹈家协会。

四、美术家协会

1987 年，地区美术工作者协会第三次会员代表大会选举产生第三届理事会，理事 44 人、常务理事 7 人、主席 1 人、副主席 3 人。1992 年，更名为地区美术家协会。1999 年，更名为市美术家协会。

五、书法家协会

1987 年，地区书法工作者协会第一次会员代表大会选举产生第一届理事会，理事 17 人、常务理事 5 人、主席 1 人、副主席 2 人。1992 年，更名为地区书法家协会。1999 年，更名为市书法家协会。

六、摄影家协会

1987 年，地区摄影工作者协会第二次会员代表大会召开，选举理事 25 人、常务理事 9 人、主席 1 人、副主席 5 人。1992 年，更名为地区摄影家协会。1999 年，更名为市摄影家协会。

七、电影电视家协会

1987 年，召开地区电影电视艺术工作者协会成立大会。选举产生第一届理事会，理事 27 人、常务理事 6 人、主席 1 人、副主席 3 人。1992 年，更名为地区电影电视家协会。1999 年，更名为市电影电视家协会。

八、民间文艺家协会

1987 年，召开第二次地区民间文艺工作者协会代表大会。选举产生第二届理事会，理事 23 人、常务理事 7 人、主席 1 人、副主席 3 人。1992 年，更名为地区民间文艺家协会。1999 年，更名为市民间文艺家协会。

九、地区文艺理论工作者协会

1988年，地区文艺工作者协会召开首届会员大会，选举理事11人、主席1人、副主席3人。1992年，与地区文学工作者协会合并为地区作家协会。

十、地区老年书画协会

1992年10月，赣州地区老年书画协会成立，选举产生主席1人、常务副主席1人、副主席4人、秘书长1人。

十一、地区建材行业文艺协会

1992年，赣州地区建材行业文艺协会成立，理事26人、主席1人、副主席3人。

十二、江西长城企业集团文联

1993年成立。

十三、金融文艺协会

1994年，地区金融文艺协会成立，选举产生理事8人、副主席2人、主席1人。1999年，更名为市金融文艺协会。

十四、根艺美术协会

1999年，赣州市根艺美术协会成立，选举产生理事31人，常务理事17人，副主席6人，主席1人。

第二节　文艺活动

一、书画展览

1986年，由赣州地区发起，13个地、州、市联合主办的纪念中国工农红军长征胜利50周年“今日长征路”摄影艺术展览在中国革命博物馆展出。联展从延安开始，在13个地、州、市巡回展出。同年，赣州地区和延安地区主办的纪念中国工农红军长征胜利50周年书画联展在赣州举行。1987年6月，“今日长征路”摄影联展在赣州展出。1989年，地区美术家协会、赣南画院联合举办庆祝中华人民共和国成立40周年赣南美术作品展。地区摄影家协会与地区文化局、地区群艺馆等举办赣南摄影艺术作品展览。地区文联与省、地区、赣州市（今章贡区）美术家协会，地区文化局等联合主办钟炳芳、李炯、李振亚、谢遵运书画展。1990年，纪念中央革命根据地创建和中华苏维埃共和国临时中央政府成立60周年，地区文联举办赣南十家企业职工书画摄影作品展。1994年，地区文联与龙岩、韶关、遵义、延安、陇南、郴州、楚雄等地联合主办的第二届“今日长征路”摄影展在赣州举行。同年，举办国庆45周年全地区书画摄影根艺作品展。1996年，地区摄影家协会倡议，长征沿线10个老区和中国摄影家协会等主办的第三届“今日长征路”摄影展在中国革命博物馆展出，中央电视台、《人民日报》、中央人民广播电台等作大幅报道。同年，地区文联与省政协赣州地区工委、省老年书画研究会、地区文化局、地委老干局、地区老年书法协会主办纪念中国工农红军长征胜利60周年省地书画联展。1998年，由省摄影家协会、江西日报社、日本佳能公司主办，地区文联、地区摄影家协会等协办的’97江西佳能园地摄影比赛作品巡回展在赣州举行。1999年，市文联、章贡区文联、市根艺美术学会联办首届赣州市根艺作品展览。2000年，市文联、市摄影家协会举办"走近白鹭""上堡情"摄影集中展览。

二、诗会

1986年，地区文联与地委"五四三"（"五讲四美三热爱"）办公室、地区文化局、赣南日报社、团地委、地区妇联、赣州电视台等13家单位联合举办赣州地区谷雨诗会。1989年，地区文联与地区文化局、赣南日报社、地区"五四三"办公室、地区劳动人事局、地区工会办事处、赣州电视台等联合主办纪念毛泽东《在延安文艺座谈会上的讲话》发表47周年诗歌朗诵会。同年，由省作家协会诗歌委员会、星火杂志社、地区文联、地区文化局等举办的江西省谷雨诗会在赣州举行。2000年，市文联、大余县委宣传部联合举办胡燕峰诗歌研讨会和谷雨诗会。

三、其他文艺活动

1995年，火石、刘盛涵被联合国教科文组织和中国民间文艺家协会授予"中国民间工艺美术家"称号。1996年，地区文联、地区音乐舞蹈家协会会同中国乐器演奏（业余）考级委员会组织江西考区钢琴考级工作，首次设赣州考点。

第三节　艺术交流

一、国内交流

1986年2月，人民日报社文艺部副主任、文艺评论家郭晨到赣南给全地区部分文艺工作者、爱好者和师院文科教师作学术报告。10月，火石参加全国民间剪纸艺术研讨会。1987年10月，由团长峭岩、著名作家任斌武、唐栋、李荃、瞿琮等组成的部队作家赴江西参观访问团到赣州市（今章贡区）、兴国县、瑞金县等地参观，与地、县（市）文学工作者座谈。

1990年，中国文联副主席李瑛，中国作家协会副主席冯牧，中国作家协会书记处书记葛洛，诗人邹荻帆，作家郭晨、缪俊杰、凌力等到赣州市（今章贡区）和瑞金县访问。11月，著名诗人、花城出版社诗歌编辑部主任罗沙回乡期间与全地区诗作者进行座谈。同月，罗晓航参加全国儿童音乐创作座谈会。1992年，浙江省文联党组书记袁伦生、《东海》杂志主编龙彼德到赣南参观。1993年，全国独家金融文学期刊《金潮》杂志与地区金融文艺协会在赣州举行全地区金融系统文学评论会暨《金潮》笔会。同年，油画家赖征元、版画家熊伟与赣州地区20多位画家举行学术交流。1995年，童有庆、魏夫昌赴京参加中国根艺美术学会第一届全国会员代表大会。11月，中国音乐家协会书记处常务书记冯光钰到赣南体验生活。1996年，以诗人郭蔚球带队，由胡辛、谢牛、相南翔、杜玉华、郑云云等9名江西省知名文艺家组成的江西省文艺家采风团到上犹县、崇义县、南康市、龙南县、定南县、信丰县、兴国县、宁都县、于都县、赣州市（今章贡区）等地采风。

1997年，赣州市组团出席由中国文联、中国美术家协会、中国书法家协会、中国市长协会主办的首届中国市长艺术博览会。胡燕峰、钟义山等3人参加江西省作家协会、星火杂志社举办的江西省文学新人早春笔会。1998年6月，张宇俊、甘云龙等赴香港参加港赣文学艺术交流会。全国文联委员、誉为"当代保尔"的残疾人王占君和夫人到赣州采风。11月，廖军出席在台北市举行的第四届国际客家学研讨会。1999年1月，吴本清、温相元、黎明楷、李遇春、高开文、温盛明、黎明等9人20幅作品参加由泰国和中国人使馆举行的中泰艺术家联谊会艺术展。8月，魏夫昌的国画《清凉世界》获美国海外艺术家协会、泰国华夏国际交流中心颁发的“第二届国际华人艺术大奖”国际荣誉金奖。

二、国际交流

1986 年 6 月，英国女作家韩素音到赣南采访。1987 年 1 月，南斯拉夫社会主义联邦共和国马其顿共和国对外文委副主席斯坦耶夫斯基到赣南访问，有关部门赠送《赣南民间故事选》《九龙传灯》等书籍。

1990 年 8 月，美籍华人、美国明尼苏达州大学文学院教授与赣州文艺理论界人士进行学术交流。

第五章　档　案

全市（地区）各级档案部门认真贯彻实施《中华人民共和国档案法》和《中华人民共和国档案法实施办法》，狠抓各项基础设施建设、档案业务建设，开发档案信息资源，发展档案事业的环境和条件得到改善。档案事业经费列入各级财政预算，馆内设施明显改善。

1980 年，地区档案机构实行处（馆）合署办公。1988 年，地区档案处更名为地区档案局，列入行署编制序列，为行署直属正县级机构，内设办公室，下设档案馆（正科级）、档案科技服务中心。

第一节　基础设施

一、档案馆库

1986—2000 年，全市（地区）共有 5 个市（地区）、县档案局（馆）新建和扩建档案馆库。全市（地区）档案馆库总建筑面积 1.33 万平方米，其中库房建筑面积 9660.28 平方米，比 1985 年分别增加 3930.78 平方米和 2957.28 平方米。新建和扩建的市（地区）、县档案局（馆）馆库：

赣州市（地区）档案局（馆）馆库　1996 年动工、1999 年竣工，由财政拨款 320 万元兴建档案大楼 1 幢，总建筑面积 3926 平方米，其中库房建筑面积 3486 平方米。

大余县档案局馆库　1990 年，由财政拨款 60 万元兴建档案大楼 1 幢，总建筑面积 1298.45 平方米，其中库房面积 505 平方米。

赣县档案局（馆）馆库　1991 年，由财政拨款 1.9 万元新建档案馆库 120.75 平方米。2000 年，采取“以地换房”的方式，筹资 50 万元新建档案大楼 1 幢，总建筑面积 813 平方米，其中库房建筑面积 542 平方米。

安远县档案局馆库　1992 年由财政拨款 5.3 万元扩建档案库房 1 层，建筑面积 208 平方米。1999 年，县财政再次拨款 2 万元，加固装修库房 286 平方米；另自筹 2500 万元，改造装修办公室 66.6 平方米。

兴国县档案局馆库　1994 年由财政拨款 15 万元、省档案局支持 1.5 万元新建档案库房 1 幢，总建筑面积 448 平方米。

二、库房设备

1986—2000 年，赣州市（地区）档案馆购置、更新的设备：909 中文桌面印刷系统 1 台、386 微机 1 台、复印机 2 台、空调 3 台、去湿机 1 台、消毒柜 1 台、档案密集架 67.5 立方、铁质档案柜 208 套，以及切纸机、电风扇、灭火器等，投资约 46.26 万元。

第二节 馆藏档案

一、市（地区）档案馆馆藏档案

市（地区）档案馆通过接收、征集等途径不断丰富档案馆藏。至2000年，有全宗111个，馆藏档案2.65万卷，档案排架长度424.06米，馆藏资料2.35万册。馆藏档案的种类：域内各级党政群机关和团体档案、市（地）直二级公司和撤销机构档案、副县级以上死亡干部档案、民国旧政权档案、名优特产品档案、革命历史档案（复制件）、文物档案（复制件）、科技档案、财会档案，报刊、书著、史志和个人专辑、论文等资料。档案从载体分，大部分为纸质档案，少量为音像档案和实物档案。赣州市（地区）档案馆还馆藏蒋经国文稿和题词等较珍贵的档案资料。

二、县（市、区）档案馆馆藏档案

县（市、区）档案馆通过接收、征集、订购、捐赠等途径，收集各机关、团体、企事业单位及个人各种门类和载体的档案资料。至2000年，县（市、区）档案馆共有档案全宗2341个，馆藏档案43.38万卷，馆藏资料23.82万册。另有音像档案49盘、照片档案2.88万张、底图1239张。县（市、区）档案馆馆藏档案资料的种类除与市档案馆的大体相同外，还保管土地山林权证档案、人口和地质普查档案、水利水电工程档案、国家领导人题词、家（族）谱、纸币等资料。部分县（市）档案馆还收藏一些比较珍贵的档案资料，如瑞金市档案馆珍藏项英手稿及《红色中华报》和《红色报》；赣县档案馆馆藏有孙中山的家谱；于都县档案馆收集、馆藏江泽民为于都长征大桥题写的桥名原稿；龙南县档案馆馆藏清代诰封及畲族档案；安远县档案馆馆藏有明、清户部办营业执照的文讫。

第三节 档案管理

一、档案收集

各级机关、企事业单位档案室逐步建立和完善档案归档制度，并按照国家规定的归档范围，在每年6月底以前，完成本单位文件材料的立卷归档工作。立卷归档完毕，市（地区）直机关档案在本单位保管10年、县（市、区）直机关档案在本单位保管5年即向同级综合档案馆移交。据统计，各级综合档案馆于1986年接收档案3.51万卷、1987年接收档案3.21万卷、1988年接收档案1.15万卷、1989年接收档案1.09万卷、1990年接收档案7937卷、1991年接收档案7441卷、1992年接收档案9970卷、1993年接收档案5647卷、1994年接收档案4653卷、1995年接收档案4494卷、1996年接收档案6101卷、1997年接收档案4897卷、1998年接收档案5196卷、1999年接收档案5848卷、2000年接收档案9010卷。1986—2000年共接收档案16.08万卷。

各级档案馆除接收当地党政机关和企事业单位在公务活动中形成的各种门类及载体的档案外，还征集具有地方特色的名优特新产品档案资料、党和国家领导人视察当地时的题词及照片、当地名人档案、家（族）谱等。至2000年，全市征集档案3.78万卷。

二、档案整理

各级党政机关和企事业单位档案室对移交进馆的档案全部进行系统化整理。文书材料整理的分类方法采用“年度——机构（问题）”分类法，并逐卷填写卷内文件目录、编制页号、拟写案卷封面题名、装订（采用“三点一线”），然后再对案卷进行排列、编号（排列编号采取“分年度小流水”）、编制案卷目录和全引目录，最后装盒上架。对接收进馆的档案先区分全宗，即不同机关的档案不能混杂在一起，后分年度、分保管期限进行案卷的排列和目录加工。1986—2000 年，全市（地区）整理档案资料 117.86 万卷。

三、档案鉴定

各级档案馆制定档案鉴定制度，成立档案鉴定小组。在开展档案鉴定时，严把档案“进出口”关。在收集档案工作中，主要接收各单位永久和长期保存的档案，尽量使馆藏档案达到精炼、优化；对超过保管期限的案卷进行审查和甄别，剔除因保管期限满而失去保存价值的档案，进行造册登记，经批准后予以销毁。1986—2000 年，全市（地区）共接收永久档案 13.14 万卷、长期档案 8.74 万卷、短期档案 3.31 万卷，其中市（地区）档案馆接收永久档案 5798 卷、长期档案 2153 卷，鉴定销毁档案 8525 卷（册）。

四、档案保管

档案保管的基本任务：防止档案的损坏，延长档案寿命，维护档案的安全。

各级档案馆根据规范性文件的要求，建立健全《档案保管制度》《档案保密制度》《档案利用制度》和重要全宗档案 2 套制，并对所有的档案箱柜、架进行统一编号，馆藏档案以全宗为单位进行排列，将永久、长期、短期保存的档案，编写案卷顺序号，分别装箱，分库保管。编制全宗档案存放示意图，提高查找速度。

档案馆为延长档案寿命，主要通过控制和调节库房温湿度，抓好档案害虫防治，搞好档案修复。截至 2000 年，全市各级档案馆修复、抢救档案 7 万余卷（册）。

五、档案检索

为适应各个时期各方面查阅档案需要和馆藏特点，在原有基础上，陆续编制各种形式和多种用途的检索工具，有介绍档案馆全部档案或部分档案内容和成份的档案馆指南、全宗介绍、专题介绍，有查找案卷或单份文件用的案卷目录、专题目录、重要文件目录。各种目录和索引有簿册式、卡片式等。至 2000 年，全市各级档案馆编制案卷目录 3359 本、全引目录 828 本、卡片式专题目录 12.69 万张、簿册式专题目录 314 本、簿册式重要文件目录 2260 本、卡片式重要文件目录 2.66 万张。

六、档案管理达标升级与目标管理认定

档案管理升级工作，于 1988 年 2 月从企业开始，逐步延伸扩展到各级综合档案馆、机关档案室、科技事业单位、农村乡（镇）村。其中企业和科技事业单位执行由国家档案局制定的升级标准，分为 3 个等级，即国家一级（96 分）、国家二级（90 分）、省（部）级（85 分）；各级综合档案馆和机关档案室及乡（镇）村执行由省档案局制定的升级标准，分为 4 个等级，即省特级（满 100 分）、省一级（96 分）、省二级（90 分）、省三级（85 分）。

1991 年，根据国家档案局《关于暂停企业档案管理升级考评工作的通知》精神，企业的档案管理升级考评工作暂停。1996 年，为规范企业档案工作，国家档案局印发《企业档案工作目标管理办法》，目标管理等级分三等，即国家一级（95 分及以上）、国家二级（85 分以上）、省（部）级（70 分以上）。同时规定，在企业档案管理升级过程中已晋升等级的企业，要重新认定目标管理等级，原则上可申报

已晋升的等级。企业的档案工作逐步实行目标管理认定。1998 年，省档案局印发《江西省机关档案工作目标管理暂行办法》，要求全省各级档案部门对机关档案工作停止升级考评，实行目标管理认定，目标管理等级标准分 3 个等级，即省一级（95 分以上）、省二级（85 分以上）、省三级（70 分以上）。在升级过程中，原已晋升的等级，依然有效。据此，域内机关的档案工作停止升级考评，逐步实行目标管理认定。从 2000 年起，全市企业、科技事业单位和机关的档案工作全部实行目标管理认定。

第四节　档案利用

一、档案开放

各级档案馆做好馆藏档案信息的开放利用工作，简化查阅手续，通过开放档案、阅览、复制、提供证明、编研汇编档案史料等方式开发档案信息资源。1986—2000 年，全市（地区）各级档案馆开放档案 417 个全宗、6.42 万卷册［含市（地区）馆 46 个全宗、3925 卷册］，其中开放中华人民共和国成立前档案 44 个全宗、1625 卷册［含市（地区）馆 8 个全宗、870 卷册］；开放中华人民共和国成立后档案 373 个全宗、4.8 万卷册［含市（地区）馆 38 个全宗、3055 卷册］。

二、档案编写

各级档案馆自编或与外单位合编档案史料，主动提供档案服务。1986—2000 年，赣州市（地区）档案馆自编《赣州地区 1987 至 1994 年主要经济指标》《1987—1994 年中共赣州地委工作总结和要点汇编》《赣州地区直属机关、事业单位及领导干部荣誉业绩册（1990—1996）》《立卷操作、档案管理、资料编写实用手册》，与地委组织部和党史办合编《中国共产党江西省赣州地区组织史资料（1926—1987）》，与地委党史办、地区地方志办、赣州人民广播电台合编《赣南历史上的今天》，与市（地）委党史办和市（地区）地方志办合编《赣州地区大事记（1949—1999）》；大余县档案馆自编《大余县 1949—1986 年自然灾害情况汇编》；定南县档案馆自编《定南县 1985 年集体山林分布》《中共定南县委历次代表大会和党员大会简介》；龙南县档案馆整理编写《龙南县现代经济史料》。各县（市、区）档案馆普遍自编或合编当地组织史资料、大事记及文件汇编等。全市（地区）编写档案史料 356 种，计 5.68 亿字。其中，公开出版 32 种，计 1026.2 万字；内部参考 324 种，计 5.58 亿字。

三、档案研讨

各级档案馆及其学会利用馆藏的档案资源，开展档案学术探讨和理论研究。1986—2000 年，赣州市（地区）档案学会分别于 1986 年、1990 年、1997 年召开会员代表大会 3 次，各类档案学术研讨会 13 次（其中有关馆藏档案资源开发与利用的专题研讨会 6 次），会议交流论文 199 篇；组织会员撰写有关档案业务理论文章 1125 篇（其中在省级以上刊物发表 273 篇，被省、地评为优秀论文 86 篇）。1987 年，赣州地区档案学会和赣州地区档案局共同创办《赣南档案》（内部刊物），至 2000 年，出刊 128 期、刊登业务交流文章 350 篇；全市有中国档案学会会员 13 人、省档案学会会员 68 人、市档案学会会员 395 人。

第六章 地方志

地方志工作以编纂佳志良鉴为主要目标，扎实推进首轮新编地方志书编纂出版，逐步提高地方综合年鉴编纂出版质量，开展旧志整理工作，强化志鉴理论研究探讨，开发利用地方志资源，全市（地区）地方志事业取得显著成绩。

1984年8月，成立赣州地区志编纂委员会办公室，内设秘书科、编纂科，编制15名。1986年，有在编人员13人，聘请离退休人员11人。1988年，核定编制14名，聘请人员18人。1991年5月，赣州地区志编纂委员会办公室更名为赣州地区地方志办公室。1996年，核定编制12名，实有人员9人。2000年，核定编制14名，实有人员11人。

第一节 方志编纂

一、《赣州地区志》

新编《赣州地区志》1984年启动编纂，1994年完稿。新编《赣州地区志》全面客观地记述赣州从有建置以来至1985年的历史与现状，上限以事物发端时并有资料可考证的为准，下限截至1985年年底，个别事物适当延伸。全书设篇首、专志、篇末3部分。篇首有概述、大事记、赣南苏区革命斗争纪略；专志结构分篇、章、节、目排列，共设28篇、129章；篇末有附录、编后记、编志机构和人员、审定单位等。1994年1月由新华出版社正式出版，国内外公开发行。全书分四册，共524万字。

二、县（市）志

《赣州市志》 是赣州市（今章贡区）自1949年8月设市以来的首部志书，上限始于西汉初年，下限至1995年，部分内容延伸至1999年。全书200万字、200多幅照（图）片，分设30篇，记述赣州市（今章贡区）的历史沿革、建置区划、自然环境、政治、经济、文化、社会发展、风俗民情、人物等情况。该志书由赣州市（今章贡区）地方志编纂委员会编纂。由中国文史出版社出版，公开发行，分上、下册。

《赣县志》 由赣县志编纂委员会编纂。分设33篇143章，111万字。志书上限追溯至赣县建县、下限止于1985年12月，涵括赣县境内自然、地理、社会、政治、军事、经济、文化、民情、风俗、人物、宗教、物产等方面的内容。1990年3月北京新华出版社出版，公开发行。

《南康县志》 由南康县志编纂委员会编纂，1994年1月，新华出版社出版发行。全书34卷161章522节，103万字。《南康县志》除在国内发行外，发行到中国香港、澳门、台湾地区及世界各地。

《信丰县志》 由信丰县志编纂委员会办公室编纂，1990年4月出版，公开发行。志书正文设地理、经济、政治、军事、文化、社会、人物等7篇53章189节，100余万字，记述信丰县上溯至唐永淳元年（682）、下限止于1985年兴衰起伏的历史与现状。

《大余县志》 由大余县志编纂委员会编纂，1990年8月由三环出版社出版，公开发行。该志书上限至有文物可考之时，下限止于1985年，部分内容延至1990年。除序、概述、大事记、革命游击战争纪略、附录、编后记外，全志以条目体结构记述县情历史，设置47个篇目，106万字。1993年12月，《大余县志》在江西省新编地方志优秀成果首次评奖活动中获优秀成果奖。

《上犹县志》 1992年3月印刷，9月正式出版，内部发行。该志书90多万字，分设34卷，由上犹县志编纂委员会编纂。

《崇义县志》 由崇义县编史修志委员会编纂，1989年1月由海南人民出版社出版，公开发行。全志除篇首、篇末外，正文共设8篇，全书104万字。

《安远县志》 由安远县志编纂委员会编纂。设28篇131章400节，130万字。1992年6月，《安远县志》经江西省志编纂委员会审查验收，新华出版社出版。1993年2月公开发行。

《龙南县志》 由龙南县志编修工作委员会编纂。1993年，新编《龙南县志》委托省地方志办代理交付中共中央党校出版社出版。1994年10月出版。志书首设县图照片、题词、序言、凡例、概述、大事记；次设专志28卷99章307节；继设续记，分“1986—1992年龙南县县情汇要”和“1993—1994年春龙南县县情选介”两部分；最后为附录、编后记。全书140万字。

《定南县志》 1991年7月，新编《定南县志》内部出版发行。该志书由定南县志编纂委员会编纂。新编《定南县志》上溯定南有史记载、下限1985年，分设30卷（篇首、篇末除外），计130万字。

《全南县志》 1995年5月，《全南县志》由江西人民出版社出版。1996年10月公开发行。全志分设8篇，115万字。

《宁都县志》 1986年9月，新编《宁都县志》内部出版发行。该书由宁都县地方志编纂委员会编纂。全志由篇首、正文、附录三大部分组成，篇首设序言、凡例、概述、苏区纪略、大事记；正文分设地理、经济、政治、军事、文化、社会、人物等7篇，58章220节，86万字。

《于都县志》 1991年8月由新华出版社出版，公开发行。全志设25卷，112万字。由于都县志编纂委员会编纂。在1993年9月由中国地方志指导小组和省地方志办分别举行的新编地方志首次评奖中，该志被评为全国地方志优秀成果二等奖、全省地方志优秀成果二等奖。

《兴国县志》 1988年8月内部出版发行。全书142万字，分上、下册。由兴国县志编纂委员会编纂。

《瑞金县志》 由瑞金县志编纂委员会编纂。上限该县建置始，下限为1985年，卷首设概述、红都纪略、大事记，卷末设附录，正文33卷139章463节，160余万字，配地图、照片80多幅。1993年8月由中央文献出版社出版，公开发行。

《会昌县志》 1993年10月，由新华出版社出版。1994年8月，公开发行。由会昌县志编纂委员会编纂。该志105万字，正文设161章490节，统合会昌建县至1985年的全部历史与现状。

《寻乌县志》 由寻乌县志编纂委员会编纂。正文设25卷87章271节，91万字。1996年1月出版发行。

《石城县志》 1990年6月，新编《石城县志》由北京书目文献出版社公开出版发行。志书正文设地理、政治、军事、经济、文化、社会、艺文、人物等8卷54章347节，119万字。石城县志编辑委员会编纂。

三、专业志　乡（镇）志

市（地区）专业（部门）志 1986—2000年，经市（地区）地方志办审核、有关部门批准出版发行的市（地区）级专业（部门）志共计29部：

《赣州地区九连山营林林场场志》由九连山营林林场办公室编纂，1983年内部出版。《赣州地区二轻工业志》由赣州地区二轻局编纂，1988年6月内部出版。《赣江造纸厂志》由赣江造纸厂编纂，1988年6月内部出版。《赣南邮电志》由赣州地区邮电局编纂，1988年7月内部出版。《赣南蔗糖志》由赣州地区地方志办公室编纂，1988 年 12 月内部出版。《赣州地区卫生防疫志》由赣州地区卫生防疫站编纂，1988 年 12 月内部出版。《赣州地区粮食志》由赣州地区粮食局编纂，1988 年内部出版。《赣州地区农业生产资料志》由赣州地区农资公司编纂，1988 年 12 月内部出版。《江西省赣州地区教育志》由赣州地区教育志编纂组编纂，1989 年 5 月内部出版。《赣南建材志》由赣州地区建材工业局编纂，1989 年 10 月内部出版。《赣南印刷厂志》由赣南印刷厂编纂，1989 年 10 月内部出版。《赣州地区供电局志》由赣州供电局编纂，1989 年 12 月内部出版。《赣州地区金融志》由赣州地区金融志办公室编纂，1989 年 12 月内部出版。《赣南造纸厂志》由赣南造纸厂编纂，1990 年 7 月内部出版。《九〇八大队志》由九〇八大队修志办公室编纂，1990 年 11 月内部出版。《赣南地质调查大队志》由赣南地质调查大队编纂，1991 年 7 月内部出版。《江西齿轮箱总厂志》由江西齿轮箱总厂编纂，1992 年 12 月内部出版。《大吉山钨矿志》由大吉山钨矿修志办公室编纂，1992 年 12 月内部出版。《赣南有色冶金志》由赣州地区冶金工业公司编纂，1993 年内部出版。《赣南名优特新产品志》1996 年 8 月由方志出版社出版，赣州地区地方志办公室编纂。此外，还有《赣州地区外贸志》《赣州地区外事志》《赣州地区石油公司志》《江西二糖厂志》《下垄钨矿志》《盘古山钨矿志》《画眉坳钨矿志》《铁山垅钨矿志》《荡坪钨矿志》等。

县（市、区）专业（部门）志、乡（镇）志 各县（市、区）地方志办公室充分利用掌握大量地情资料的优势，编纂出版一大批部门志、专业志。

章贡区（原县级赣州市）地方志办公室独立编纂及组织、指导、协助各个部门（单位）编纂专业（部门）志多部。1988 年出版《赣州市地名志》《赣州市商业志》，1989 年出版《赣州市古今地名图册》《赣州市粮食志》《赣州市教育志》，1991 年出版《赣州市交通志》《赣州市人大常委会志》《赣州市民政志》《赣州市二轻工业志》，1993 年出版《赣州市政协志》，1994 年出版《赣州市金融志》《赣州市司法志》，1995 年出版《赣州市工商行政管理志》，1997 年出版《赣州市医药卫生志》，1998 年出版《赣州市检察志》，2000 年出版《水东镇志》。

赣县 1990 年编纂出版《赣县交通志》《赣县粮油志》《赣县邮电志》，1992 年出版《赣县水利志》，2000 年出版《赣县财政志》。

南康市（县）直单位编写专业（部门）志 33 部、简史 22 部、大事记 5 部；乡（镇）编写乡（镇）志 3 部、大事记 18 部、集市简史 11 部。《南康市金融志》由金融出版社出版；铅印内部出版发行的有《南康县教育志》《南康县军事志》《南康县粮食志》《南康县供销社志》《南康县公安志》《南康县交通志》《南康市工商志》《南康县政协简史》。

信丰县编纂、内部出版的专业（部门）志有《信丰县粮食志》《信丰县政协志》《信丰县人大志》《信丰县城乡建设志》《信丰县公安志》《信丰交通志》等；内部打印的专业志有《信丰县税务志》《信丰县农业志》《信丰县教育志》《信丰县工会志》《信丰县林业志》《信丰化肥厂志》《信丰县支铁志》等。

大余县编纂出版的专业（部门）志：1988 年《西华山钨矿志》、1989 年《下垄钨矿志》《荡坪钨矿志》、1990 年《大余县交通志》《江西大余县二轻工业志》、1992 年《大余县教育志》、1996 年《大余县粮食志》、1997 年《大余县水利志》、1998 年《大余邮电志》。编纂的其他部门志有《大余县公安志》《大余县民政志》《大余县气象志》《大余县法院志》《大余县卫生志》等。

上犹县铅印出版的专业（部门）志有《上犹县粮食志》《上犹县工会志》《上犹县交通志》《上犹县政协志》《上犹县城建志》《上犹县税务志》《上犹县外贸志》《上犹县物资志》《上犹水泥厂志》《上犹县风俗志》《上犹县邮政志》；油印的专业（部门）志有《上犹县卫生志》《上犹县教育志》《上犹县农牧

渔业志》《上犹县二轻志》《上犹县供销志》《上犹县物价志》《上犹县科技志》《上犹县军事志》《上犹县司法志》《上犹县广播电视志》及各乡（镇）的乡情资料；手抄的专业（部门）志有《上犹县文化志》《上犹县文物志》《上犹县信访志》《上犹县劳动人事志》《上犹县烟草志》《上犹经济地理》《上犹县概况》《上犹县民俗志》《可爱的上犹》《上犹客家文化》以及其他部门的续志。

崇义县编纂出版的专业（部门）志：1994 年《崇义县水利电力志》，该志 1997 年在由省地方志编纂委员会、省地方志学会联合举办的全省第二届地方志书评奖活动中获全省地方志优秀成果一等奖；1996 年《崇义邮电志》；1997 年《崇义法院志》。

安远县厂（场）、部门编纂出版的专业（部门）志有 12 部：1986 年《安远县地名志》、1987 年《牛犬山林场志》《安远县政协志》、1989 年《安远县财政志》《安远县工商行政管理志》《安远县民政志》《安远县林业志》《安远县粮食志》、1991 年《安远县金融志》、1996 年《安远县人大志》、1998 年《安远县邮电志》《安远县知青志》。

龙南县编纂出版的专业（部门）志：1986 年《江西省龙南县地名志》《龙南县地方国营工业志》、1987 年《龙南县粮食志》、1989 年《龙南县教育志》、1993 年《龙南县工会志》、2000 年《龙南县学校志》《太平志》。1986—2000 年，龙南县各单位交给县地方志办公室的油印专业志有《龙南县人民代表大会志》《中共龙南县人民武装部组织史料》《龙南县人民检察院志》《龙南县公安志》《龙南县文化志》《龙南县广播电视志》《龙南县税务志》《龙南县邮电志》等 25 种；交给县地方志办公室的抄本专业志有《龙南县政协志》《龙南县法院志》《龙南县卫生志》等 47 种。

定南县县直部门编纂印刷（或未印）的专业（部门）志有 10 部：1985 年《定南县地名志》、1986 年《定南民政志》、1988 年《定南粮食志》、1989 年《定南县交通志》、1990 年《定南畜禽疫病志》《定南县公安志》、1998 年《定南邮电志》、1999 年《定南粮食志》《定南林业志》《定南工会志》。

宁都县编纂出版的专业（部门）志：1988 年《宁都团结水库志》、1989 年《宁都县公安志》《宁都水利志》、1991 年《宁都粮食志》《宁都交通志》、1994 年《翠微峰志》、1995 年《琳池垦殖场志》、1996 年《宁都县自来水厂志》、1997 年《宁都林业志》《宁都邮电志》、1999 年《宁都教育志》。

于都县编纂出版的专业（部门）志：铅印的专业志和乡（镇）志有《于都县教育志》《于都县交通志》《于都县公安志》《岭背乡志》《于都县水利志》、1995 年《贡江镇志》《马安乡志》、1996 年《银坑镇志》、1997 年《于都县人大志》《岭背镇志》、1998 年《于都邮电志》《于都县税务志》《于都县人民法院志》、1999 年《桥头乡志》《于都军事志》、2000 年《于都县财政志》《于都县卫生志》《于都县民政志》。

兴国县编纂出版的专业（部门）志：1989 年《兴国县教育志》《兴国县水利志》《均福山林场志》《兴国县民政志》、1990 年《兴国县粮食志》《江西兴国糖厂志》、1991 年《兴国县交通志》《兴国人物录》。

瑞金市编纂 11 部乡（镇）志、48 部部门（专业）志和 10 部厂（矿）志。先后出版发行《瑞金县组织史》《瑞金县公安志》《瑞金县工会志》《瑞金县粮食志》《瑞金县水利电力志》《瑞金县工商行政管理志》《瑞金县劳动人事志》《瑞金县林业志》《瑞金县文物志》《瑞金县金融志》《瑞金县交通志》《瑞金县检察志》《瑞金县地名志》《红都制糖厂志》《瑞金县化工厂志》《瑞金县印刷厂志》《瑞金县水泥厂志》《瑞金县邮电志》《瑞金县法院志》《瑞金县水土保持志》等。1997 年，在江西省修志成果评奖活动中，《瑞金县公安志》《瑞金县粮食志》《瑞金县工商行政管理志》《红都制糖厂志》获江西省地方志优秀成果奖。

会昌县编纂的专业（部门）志：1986 年《会昌县税务志》编成，打印成册；1987 年《会昌县人口计划生育志》印发，另有14部专业志也于当年审定，打印存档；1988年《会昌县粮食志》、1989年《会昌县金融志》《会昌县林业志》《会昌县教育志》、1990年《会昌县水利志》、1994年《会昌县交通志》、1995年《会昌县气象志》、1998年《会昌县邮电志》。

寻乌县编纂的专业（部门）志：《寻乌粮食志》《寻乌财政志》《寻乌县地方志编纂志》《寻乌邮电志》等；由县、乡（镇、场）编纂的乡（镇、场）志有《长宁镇志》《留车乡志》《吉潭乡志》《南桥乡志》《罗珊乡志》《桂竹帽场志》等。其中参加江西省第二批地方志优秀成果获奖的有《寻乌粮食志》《寻乌财政志》《寻乌公安志》《寻乌经委志》等5部。

石城县编纂专业（部门）志和乡（镇）志34部，其中油印21部、铅印精装9部。1986年《石城县广播事业志》打印，1987年《石城县林业志》《石城县农牧渔业志》《石城县烟草志》《石城县教育志》打印，1988年《石城县建筑志》《石城县科技志》《石城县物资志》打印，1989年《石城县民政志》《石城县公安志》《石城县农业生产资料志》《石城县水利志》打印，1990年《石城县交通志》出版，1991年《石城县粮食志》出版、《续高田乡志》打印、《小松镇志》县内发行，1992年《石城县文化志》出版，1994年《石城县法院志》打印，1995年《石城县土地资源志》《江西省石城县工商行政管理志》出版，1997年《石城县卫生志》出版，1998年《石城县烟草志》《石城县邮电志》出版，1999年《石城县岩岭电站管理志》出版，1999年《江西省石城中学校志》出版，2000年《石田桥志》出版。

第二节　年鉴编纂

赣州市（地区）年鉴编纂工作始于1987年。1988年6月，宁都县地方志办公室在全省率先编纂出版县级综合年鉴。至2000年，全市有15个县（市、区）开展综合年鉴编纂工作，出版市、县级综合年鉴42部。全市有5个市直部门、15个县级部门开展专业年鉴编纂工作，编纂专业（部门）年鉴20余部。

一、地区级年鉴

《赣州地区年鉴》　《赣州地区年鉴（1986—1991）》由赣州地区地方志办公室编纂，全书设15个类目、138个分目、133个条目，约180万字。于1995年定稿，因缺经费未印刷出版。《赣州地区年鉴（1992—1995）》。全书设13个类目、133个分目、1315个条目，163万字。由赣州地区地方志办公室编纂。2000年4月由香港天马图书有限公司出版，公开发行。

市（地）直部门编纂出版的专业（部门）年鉴　主要有《赣南邮电年鉴（1986—1990）》《中国人民银行赣州地区分行年鉴（1986—1991）》《赣南建材年鉴（1986—1991）》《盘古山钨矿年鉴（1993）》《赣南广播电视年鉴（1986—2000）》。

二、县（市、区）级年鉴

1986—2000年，全市（地区）有15个县（市、区）开展综合年鉴编纂，15个县（市、区）的部门开展专业（部门）年鉴编纂工作。

表 34－6－1

1986—2000 年各县（市、区）年鉴编纂情况一览表

类 别	年鉴名	编辑出版情况
综合年鉴	《章贡区年鉴(1996—2000)》	2001 年 10 月内部出版发行
	《赣县年鉴(1986—1990)》	1995 年 6 月内部出版发行
	《赣县年鉴(1991—1995)》	1997 年 6 月内部出版发行
	《南康年鉴(1986—1991)》	1994 年 4 月内部出版发行
	《信丰年鉴(1986—1990)》	1994 年完稿因经费等原因而未印刷出版
	《信丰年鉴(1991—1995)》	1996 年 6 月编纂因经费原因未能发行
	《信丰年鉴(1995—1996)》	1997 年编纂因经费原因未能发行
	《大余年鉴(1986—1990)》	1993 年 12 月内部出版发行
	《大余年鉴(1991—1995)》	1998 年 10 月内部出版发行
	《崇义年鉴(1986—1989)》	1991 年 4 月出版发行
	《崇义年鉴(1990—1992)》	1993 年 10 月出版发行，1995 年在首届全国地方年鉴评奖中获框架设计二等奖和美术装帧二等奖
	《崇义年鉴(1993—1995)》	1997 年 4 月出版发行
	《崇义年鉴(1996—1998)》	1999 年 12 月出版发行
	《安远年鉴(1986—1991)》	1993 年 12 月出版发行
	《安远年鉴(1992—1994)》	1997 年出版发行
	《安远年鉴(1995—1997)》	2000 年 12 月出版发行
	《龙南年鉴(1993—1997)》	1999 年出版发行
	《定南年鉴(1986—1991)》	1999 年 10 月出版发行
	《宁都年鉴(1983—1986)》	1988 年 6 月出版发行
	《宁都年鉴(1987—1990)》	1992 年 6 月出版发行
	《宁都年鉴(1991—1994)》	1996 年 12 月出版发行
	《于都年鉴(1986—1992)》	1995 年 5 月出版发行，在 1997 年 4 月江西省第二届地方志成果评奖中获二等奖
	《于都年鉴(1993—1997)》	1999 年 7 月出版发行
	《兴国年鉴(1986—1990)》	1993 年 12 月出版发行
	《兴国年鉴(1991—1995)》	1996 年 8 月出版发行
	《兴国年鉴(1996—1997)》	2000 年 12 月出版发行
	《瑞金年鉴(1986—1991)》	1992 年编纂，因经费等原因未出版
	《瑞金年鉴(1992—1993)》	1993 年编纂，因经费等原因未出版
	《会昌年鉴(1986—1995)》	1999 年 9 月出版发行
	《石城年鉴(1986—1990)》	1994 年 4 月出版
专业年鉴	《南康市交通年鉴》	1999 年开始每年一鉴，铅印内部出版
	《南康市广播电视年鉴》	1996 年开始每年一鉴，打印出版 1996—2000 年度 5 册年鉴
	《信丰交通年鉴(1991—1996)》	1997 年 12 月印刷出书
	《安远县交通年鉴(1991—1996)》	1999 年 1 月出版发行
	《定南公安》	1986 年建立部门年鉴编纂制度，每年 1 册
	《定南审计年鉴》	1992 年开始编纂
	《定南检察年鉴》	1993 年开始每年编纂
	《定南广播电视年鉴》	1996 年始编纂
	《定南县交通年鉴》	1998 年始编纂

第三节 旧志整理

一、"两府一州"旧志

赣州市（地区）所辖范围，相当于清乾隆间的两府一州（赣州府、南安府、宁都直隶州）。据查，两府一州先后修志 16 部，其中最末次编修的是《赣州府志》七十八卷，清同治十二年（1873）；《南安府志》三十二卷，清同治七年（1868），又《补正》十二卷，清光绪十二年（1886）；《宁都直隶州志》三十二卷，清道光四年（1824）。地区地方志办公室组织力量于 1985 年 6 月开始对上述 4 部"两府一州"旧志进行断句、标点、校正、注释等工作。1988 年年底完成旧志整理，印刷 1000 套，分装成 5 册，约 500 万字。

二、县（厅、州）旧志

章贡区 历代为州府治所，其历史资料多载于旧《赣县志》《赣州府志》，20 世纪 80 年代初，赣州市（今章贡区）地方志办公室从北京、南京及赣州市（今章贡区）内图书馆收集复印清康熙、乾隆、同治《赣县志》和明嘉靖、清道光、清同治《赣州府志》及清雍正、清光绪《江西通志》暨民国 22 年（1933）《赣州市政公报》、民国 35 年（1946）《赣县新志稿》、民国 34—36 年（1945—1947）《赣县年鉴》等旧志书和年鉴。

南康市 1986 年 3 月，南康县地方志办公室对南康历史上的 7 部旧县志进行整理。1986 年 7 月，编辑成《南康县旧志资料选编》，约 17 万字，打印成册。

信丰县 1984 年 6 月，信丰县地方志办公室赴北京图书馆搜集有关修志资料时，发现该馆特藏室存有信丰县存世最古老的 1 部旧志书——清康熙三年（1664）版《信丰县志》，遂按原文抄录回县；同年下半年，整理重抄并标点、断句后装订成册，约 10 万字。

大余县 自唐代建县以来，有关记述大余县地方历史的文献诸多，但因屡遭兵燹，致使许多史籍被销毁无存。除《南安府志》外，仅存有旧县志清乾隆四十九年（1784）、清咸丰元年（1851）、清同治十三年（1874）和民国 8 年（1919）等 4 种刻本。1982 年 2 月，大余县编史修志办公室开展校准重版民国 8 年（1919）版的《大庾县志》工作。1984 年 11 月，经校勘、标点、注释，内部重版发行 500 册。

上犹县 县地方志办公室组织重版清光绪版《上犹县志》18 卷，印刷 10 套；重新整理复印制作清乾隆版《上犹县志》、民国版《上犹县志》。

崇义县 县地方志办公室从 1985 年下半年至 1986 年年底，对崇义县明嘉靖三十二年（1553）编修的第一部《崇义县志》进行标点、断句、注释整理再版工作，印刷 1000 册，内部发行。

安远县 1986 年，县地方志办公室对清同治版《安远县志》重新进行断句、标点、校正和注释。全书注释条目有 2500 多条、14 万多字，于 1990 年 10 月印刷。全书 41 万字，16 开精装本，印刷 1000 册，内部出版发行。

龙南县 1996—2000 年，县地方志办公室对清光绪版《龙南县志》进行校勘、标点和注释。旧县志正文 50 万字、注释 80 万字，2000 年 6 月完稿。

定南县 1983 年 5 月，县地方志办公室到县档案馆及赴北京市、上海市、南昌市、赣州市（今章贡区）、崇义县等地图书馆和档案馆查阅相关历史文献资料，查阅并复制或手抄清顺治、康熙、道光、同治 4 个版本的《定南县志》。分别进行断句、标点和注释整理。

兴国县 1986 年 6 月，由县地方志办公室组织力量整理、校注、重版清同治十一年（1872）版的《兴国县志》，印刷 1000 册，全志约 55 万字。2000 年 6 月，整理、校注、重版清康熙五十年（1711）版的《潋水志林》，印刷 1000 册，全志约 18 万字。

于都县 1985 年 6—12 月，县地方办志公室对清同治版《雩都县志》进行断句、标点和注释。由县印刷厂承印出版，印刷 1000 册，全志 60 万字。

瑞金市 1986 年，县地方志办公室着手征集旧志资料、影印原版志书，组织力量对清同治版《瑞金县志》进行注释、点校。至 1992 年，旧志整理工作全面完成，依原志书序列 16 卷形成点校稿本，计 60 余万字。

会昌县 1985 年冬至 1986 年 10 月，县地方志办公室对清乾隆十五年（1750）版《会昌县志稿》残本进行补缺校注，誊写整理成上、下 2 册，全志设 34 卷、约计 10 万字。

寻乌县 1986 年，县地方志办公室组织对再版后的清光绪三十三年（1907）版《长宁县志》（共 8 卷）进行全书圈点和校正。

石城县 1986 年，县地方志办公室搜寻世存旧县志。在县内及江西省图书馆找齐清道光四年（1824）版的《石城县志》，在县印刷厂竖排重印 300 册。在北京图书馆和故宫博物院找到清顺治十七年（1660）版的《赣石城县志》和清乾隆十年（1745）版《石城县志》及清乾隆四十六年（1781）版《石城县志》复印带回。其中《赣石城县志》由石城县地方志办进行标点注释、点注体例、调整与补充等整理，出版点注本纸质书和电子书。

第四节 志鉴理论研究

市（地区）地方志办公室暨地方志学会组织志鉴编纂理论研究探讨，推动赣州地方志事业发展。1986 年 2 月，邀请复旦大学副教授、知名方志学家黄苇专程到赣州主讲地方志理论知识。至 2000 年，举办全市性的首轮修志业务培训班 6 期、年鉴编纂业务培训班 2 期；召开首轮新编《赣州地区志》稿评审会 3 次、县（市）志和部门专业志稿评审会 60 多次，撰写志稿评论文章 300 余篇；召开《赣州地区年鉴（1986—1991）》和《赣州地区年鉴（1992—1995）》评审会 6 次，县（市、区）年鉴和部门专业年鉴稿评审会 50 余次，撰写年鉴稿评论文章 66 篇；首轮修志共派出 100 余人次参加由上级业务部门举办的志鉴培训班或理论研讨会，提交论文 100 余篇；创办《赣州地区志通讯》（后改名为《赣南方志》），出刊 8 期，编发赣州地区《修志简讯》60 多期，编纂出版《新编地方志基础知识》《年鉴编纂知识》《方志年鉴研究》等理论专著；在《中国地方志》《年鉴信息与研究》《修志文丛》《史志文萃》《江西方志》等国家和省级书刊发表志鉴理论文章 200 多篇。

第七章 文物资源

赣州历史悠久，祖先在这块古老的土地上，创造出灿烂的文化，给后人留下许许多多古遗址、古墓葬、古建筑、古石窟、摩崖石刻、古牌坊等文物和古迹。尤其是拥有丰富的以宋文化为特征的文物古迹，以中央苏区旧址为主的瑞金革命遗址群，被誉为江南宋城和红色故都。

第一节 馆藏文物

1986 年，全地区各级文博单位馆藏各类文物 5000 余件，其中国家一级文物 38 件、国家二级文物 142 件。2000 年，全市各级文博单位馆藏各类文物 2.75 万多件，其中国家一级文物 49 件、国家二级文物 164 件，类别主要有历史文物、革命文物和赣州客家文物。

一、赣州市（地区）博物馆馆藏文物

历史文物 馆内收藏大量的赣州各地古文化遗址出土的石器、玉器、陶器等。这批文物藏品，证明早在新古石器时代，就有人类生活在这块土地上并创造赣州的古代文明。馆藏品中的商周遗址出土的灰陶豆，战国青铜剑，汉墓出土的半圆方枚青铜镜、兽首连弧青铜镜、青铜壶、青铜盂，南北朝青铜鐎斗，唐代银杯、瑞兽葡萄纹镜，元代铜权等珍贵文物，展示赣州发达古文化的延续性。馆藏东汉青褐釉五联瓷罐堪称镇馆之宝，与此同类器物曾在北京第一届中国古代文物精品展展出过。馆藏品中还有赣州七里镇窑址（唐—元）、寻乌上甲窑址（宋）、会昌林岗坝窑址（唐）、宁都黄陂山堂窑址（宋）、全南渡田坑窑址（北宋—元）、全南梅子山窑址（南宋—元）出土瓷器标本，这批藏品论证了赣州唐代至元代制瓷业的发达。馆藏还有大量赣州出土的恐龙椎骨、恐龙蛋化石、巨龟化石（距今7000万年）、第四纪哺乳动物化石等珍贵标本。

革命文物 赣州市（地区）博物馆藏有丰富的反映中华苏维埃共和国临时中央政府时期史实的革命文物和文献资料，如《中央人民委员会训令（十三号）》（国家一级文物）、《中央政府通告·为开展大规模的经济建设运动召集北部、南部两处经济建设大会》（国家一级文物）、《红军第四军第四纵队司令部政治部布告》（国家一级文物）和中华苏维埃共和国纸币、银币、铜币、谷票、公债券等。

客家文物 1991年12月，赣南中华客家博物馆成立，陈丕显为赣南中华客家博物馆题写馆名。博物馆馆藏客家服饰、生活用品、宗教祭器、银饰等珍贵文物。如：各姓氏族谱、客家堂名匾、祖宗灵牌、各式祖宗画、各式绣花鞋、鞋垫、嵌银菩萨小孩狗头帽、各式绣花子孙袋、银链带绣花围裙、红漆雕神福禄寿三星九笼盘、小孩银项圈、儿童八卦银胸佩等。

二、章贡区博物馆馆藏文物

馆藏一大批珍贵文物，其中陶瓷文物精品主要有1980年由蟠龙镇出土的东汉出行图绳纹画像墓砖，砖侧印有官兵出行图或谒拜图纹饰，这种画像砖在江南地区尚属罕见。由七里镇古瓷窑遗址出土的褐釉柳斗纹鼓钉罐（南宋），是赣州窑的典型产品，曾远销日本和韩国，还有青釉执壶（五代）、釉篦纹碗（南宋）、影青釉莲瓣罐（北宋）、青花松竹人物梅瓶（明）、斗彩双狮玉壶春瓶（明）等。馆藏字画文物有董其昌、李方膺、黄慎、闵贞、方大猷、查士标、林则徐、王铎、任伯年等明、清著名画家的珍贵墨迹和现代文豪郭沫若的即兴手稿。1988年，赣州市（今章贡区）博物馆将旧藏字画文物再次整理，将其中的部分珍品送上海市博物馆重新鉴定和装裱。陆续入藏一些近现代书画名家的作品以及江泽民、李鹏等珍贵手迹。

馆藏的金属文物精品主要有1990年征集入藏的宋刘一郎真花银铤；1992年由玉虹塔地宫出土的明玉虹塔镇塔且为生铁铸造铭“双流砥柱”的元宝，重达76.5千克，是国内所见之最；六弧铜镜（宋）。馆藏的杂件文物精品有清象牙松鹤人物毛筒。

三、瑞金中央革命根据地纪念馆馆藏文物

瑞金中央革命根据地纪念馆以红色故都众多的文物、史料为依托，共征集收藏文物1.03万件、史料1.02万份，其中一级藏品22件、二级藏品90件、三级藏品595件。

四、兴国县革命纪念馆馆藏文物

1986年，兴国县革命纪念馆征集革命文物4000多件。为举办各种展览，尤其是“兴国籍将军生平展览”，征集收藏1000多件革命文物。2000年年底，馆藏品达6000余件。

1988年3月，兴国革命纪念馆在纪念中央革命根据地创建60周年之际，举办“兴国籍将军生平展览”。

五、部分馆藏珍贵文物选介

六弧铜镜 宋，直径16.7厘米，重600克，镜背铭："饶州肖家巷周小三家炼铜照子"。文物系赣州市（今章贡区）博物馆于1989年收藏。

刘一郎真花铤银 宋，长8.8厘米、宽5.6厘米、厚1.3厘米，重443.38克，有铭："真花铤银""刘一郎""壹拾贰两半"。文物由信丰县虎山乡出土，系赣州市（今章贡区）博物馆于1990年征集收藏。

玉虹塔"双流砥柱"铁元宝 明万历，长66厘米、宽36厘米，重76.5千克，为生铁铸造，元宝上铸有"双流砥柱"四字。文物系赣州市（今章贡区）博物馆于1992年收藏。

青铜盂 东汉，通高30厘米、口径10.5厘米、腹径52厘米。文物于1994年1月由南康市三益镇荒塘村墓葬出土，系南康市博物馆收藏。

褐釉柳斗纹乳钉罐 宋，高10.2厘米、口径9.3厘米。文物由赣州市（今章贡区）七里镇古瓷窑出土，系赣州市（今章贡区）博物馆于1992年收藏。

表34-7-1　　2000年赣州市部分文博单位馆藏文物情况统计表　　单位：件

单位名称	文物总数	一级文物	二级文物
瑞金中央革命根据地纪念馆	20485	22	90
赣州市博物馆	2955	15	40
兴国县博物馆	—	6	3
会昌县博物馆	2355	3	12
寻乌县革命烈士纪念馆	—	2	10
赣县博物馆	512	1	6
信丰县赣粤边三年游击战争纪念馆	264	—	—
崇义县文物管理所	115	—	—
上犹县博物馆	203	—	1
定南县文物管理所	594	—	2
总计	27483	49	164

第二节　古遗址

一、古城遗址

夹湖新石器时代遗址 位于龙南县夹湖乡花树村网形岗，即今夹湖圩。北面靠山，南临太平江，形成典型台地。岗面坡度自北向南倾斜45°。1974年出土3枚石茅，均系新石器时代磨制石器。3枚石茅形似红缨枪尖，光滑细腻，体铤分明，铤短而扁平。

青塘长尾岭商代遗址 位于宁都县青塘镇长尾岭。台地呈狭长形，东临稠皮河，面积约1500平方米，高出地面约15米。散落地表遗物较丰富，从采集的石器、陶器、印文陶片的特征看，该址应为商代遗址。

寨上古城遗址 位于大余县池江镇长江村寨上杨柳河与章江会合处的章江南岸一座土墩形台地上，高出地面8～13米。遗址为长方形，东西宽约90米，南北长约100米。遗址东南角有部分夯土，断面可见粗绳纹筒瓦和部分印纹陶片叠压堆积，层厚2～3米。在遗址地面上采集有筒瓦、板瓦、陶鼎、陶罐、同心圆花纹砖等不同时期的器物残件和一些印纹陶片，大多属汉代遗物。1984 年，大余县政府公布该寺为县级文物保护单位。

古阳都县遗址 位于宁都县南 50 千米的黄石乡营底村。遗址三面环水，一面陆洲，梅江与琴江在此合流，溯水向东可至石城八闽，沿江向北可通宁都六乡，顺流而下可达于都、赣州，为古时军事要冲。全村依地势化为上、中、下三营。曾陆续出土汉代青铜器黑香炉、南朝花纹砖、唐代青瓷等文物。

古虔化县遗址 位于宁都县北 32 千米的东山坝镇大布张屋村。该处地势开阔，梅江与其支流黄陂河在此灌合，交通便利。20 世纪 80 年代初，在村前壕塘发现铭文城砖，上刻“虔州虔化县”，壕塘底有许多铺地砖，还出土一些形制古朴的瓦片。

二、古窑址

象莲窑遗址 位于龙南县渡江镇象莲渡头山脚边，距县城 4 千米，为唐代古窑址。全线长约 700 米。在这一段范围内，古代陶器残片不但浅埋于表土，而且露出在地面的俯拾皆是。1982 年在残片堆和残片较多的地方挖出 5 个比较完整的陶制器皿和 2 个“网随子”。经鉴别，该地正是国家考古档案中记载的龙南县象莲窑遗址。

东山坝唐代窑址 位于宁都县东山坝镇大布村和里附近。南临下西江水，北依丘陵山坡。在和里村西约 50 米处和该村西北面各有窑岭堆积一处，曾发现许多厚胎青瓷，产品胎壁厚重，釉质肥润，表面常饰以兔毫等窑变纹饰。烧造年代为唐至南宋。该窑址被列为县级文物保护单位。

丰山古窑址 位于石城县丰山乡丰山村窑里村小组。窑址产生于晚唐至五代时期，当地一直流传着东边岭有 36 窑、西边岭有 36 窑，共有 72 窑之说。陶器多为黄、青、灰、褐色泥胎，素面无釉，造型古朴，制作粗放。从屋背岭至桔山，对门里至彩垅里、沙排里、瓷窝岭，面积 1.5 平方千米的地下均有窑层堆积。

上甲古窑址 位于寻乌县城南 10 千米的文峰乡上甲村。始建于五代（907—960），属小龙窑。方圆 25 平方千米，有瓷窑址堆积 44 处，有桶形、漏斗形窑型。采集有瓷碗、盏、碟、罐、壶、杯、盆等古器物，器物素面为主，有葵口、花口、裂纹等修饰，少量采用刻花、镂花、贴花、堆花手法制作，品种繁多，工艺精良。1987 年被列为省级文物保护单位。

黄泥坳窑址 位于全南县陂头镇黄塘村杨溪村小组的黄泥坳山坡上。五代至宋代时期的古窑址。遗物的分布面积近千平方米，堆积的厚度达 0.5 米以上。古瓷窑遗物主要有窑砖、窑具和大量的瓷器残片。窑具主要有五代时期江西各窑址普遍使用的陶垫柱和宋代时期江西各窑址常见的漏斗形匣钵。窑址出产的瓷器胎质呈灰白色，釉色以青白色为主，属介于青瓷与白瓷之间的青白釉瓷器。器物类型以碗为主，还有盏、壶、罐、擂钵等，是一座典型的生产日用瓷的民窑。

黄陂山堂宋代窑址 位于宁都县黄陂镇山堂村窑前排。窑岭高出地面约 10 米，由 4 个长条形山岭组成，平面呈“山”字排列。村右侧河畔曾出土过 12 个排列等距成行的水碓石臼，为古时舂研瓷土工具。该窑出土有青釉瓷和青白釉瓷，器形有碗、碟、盘、钵、罐、杯、瓶、壶等，产品胎质坚薄，色泽光莹，造型别致，制作精巧，能与景德镇湖田窑宋、元时期产品媲美。当地群众曾传说：“先有窑岭（黄陂窑），后有窑州（景德镇）”。该窑址为省级文物保护单位。

固厚元代窑址 位于宁都县固厚乡小洋旻村茶山排西侧。发现窑岭 2 处，曾出土各式青白釉和黄白釉瓷，产品胎质细腻，釉色光洁，扣声清脆悦耳，烧制年代为元代。该窑址被列为县级文物保护单位。

上洞窑址 位于全南县城西南大庄乡古家营村上洞林场西 4 千米处。为明代初期的古窑址。窑址共 5 级，全长 11 米，宽各级不一，由下至上形成由小到大的倒梯形，面积约 27 平方米。最前一级宽 1.8 米，最后一级宽 3.2 米，其余各级宽约 2.3 米，各级尾部高约 1 米。堆积层厚 1～2 米，共约 140 平方米。每节右下方有一个长 0.5 米正方形的烧火口，各节间隔的砖墙下均有 15 个上火小孔。砌窑砖为厚 0.1 米、宽 0.2 米、长 0.3 米的泥砖。采集有白瓷盘、碗、碟、杯等生活用瓷器，瓷面多画有圆圈和“福”“禄”等吉祥文字图案，釉色系淡蓝和淡绿。

三口古窑址 位于大余县南安镇新余村壶头山脚下。原有 5 座龙形窑，其中滩头、大山岭 2 座被毁，另外 3 座保存较好，堆积层厚 3 米，面积约 3800 平方米。采集的遗物有杯、壶、钵、青瓷罐、陶垫等残片，较大器型的器物有瓮、缸等，釉色为褐釉和青釉，胎质细腻，烧制火候较高，呈紫色。1984 年，由大余县政府公布为县级文物保护单位。

窑下古窑址 位于大余县池江镇新江村窑下杨梅河与章江会合处。1 号、2 号、3 号窑包分别相距 50 米，分布面积 3000 平方米，堆积层厚约 3～5 米。该窑产品主要有盘、碗、钵以及青瓷罐等，器物的胎体比较厚重，钵类器物，体型较高，敛口圆唇。釉色以酱褐釉、米黄釉为主，窑具有圆筒状匣钵，不施釉。1984 年，由大余县政府公布为县级文物保护单位。

三、古民居

古人类居住遗址 1982 年，在赣州市（今章贡区）湖边乡罗边村新岗窝，发现新石器时代末期的人类居住遗址，在遗址上采集到当时人们使用过的石器和部分陶器残片。商周时期越族的物质文化特征，在考古学上被称为印纹陶文化。在赣州市（今章贡区）郊区，发现 4 处越族的居住遗址，分别是沙河乡葫芦岭遗址、沙石镇下峰村垇上遗址、新圩村短坑子遗址和龙埠乡龙下村寨子高遗址。在这些遗址上采集到大量的陶片和一部分石箭头、石刀、石凿等生产工具。陶片绝大部分是火候较高的硬陶，陶器的器型有鬲、罐、鬶、盂等，陶器表面上印有各种纹饰，如方格纹、曲折纹、篮纹、网结纹等，具有十分明显的印纹陶文化特征。

羊角水堡 位于会昌县县城东南 70 千米的筠门岭镇羊角水村，毗邻汉仙岩。总面积 74000 多平方米，城内有明代城墙 861 米和东“通湘门”、南“向明门”、西“镇远门”等 3 座城门，其中以东城门保存最为完整，门额上刻有“通湘门”和“嘉靖甲辰岁仲冬吉旦立”铭文，在东门城墙上还刻有康熙年间（1662—1722）洪水浸城水位记录。城内保存着大片清代与民国时期民居与祠堂建筑，仅清代宗祠和民居建筑就达 34 幢。其中，最具代表性的建筑有“周氏宗祠”“蓝氏祠堂”“纲公祠”等。“周龙一”宅、畲族兰氏民宅等建筑具较高价值，城内城隍庙、真君庙宇等具浓厚地方特点。清乾隆四年（1739）建造的“旌表儒童周道明之妻蓝氏”节孝坊，造型别致，精雕细刻。城内保存完整的古街道，全由鹅卵石铺设，古朴实用。城堡还保存有完整古码头和一些具有较高研究价值的古石碑。

大畲古民居 位于石城县琴江镇大畲村。该民居背靠风光秀丽的通天寨，左右青山环绕。建于清乾隆年间（1736—1795），取名“南庐”。占地面积 3865.6 平方米，建筑面积 6578.2 平方米。该建筑为典型的客家天井式建筑，两层结构，分为五进，共九十九间半，间间相通。其特别之处是左右横屋的天井设置不对称，左边每列为 4 个天井，右边每列为 5 个天井，共 27 个天井，实属少见。堂内木质廊檐有许多精致雕刻，龙飞凤舞，人物花卉、鸟兽虫鱼精彩纷呈。中间的正厅显得尤为雄壮，分为上中下三厅，每厅有一天井相隔。房屋前面挖有一口半月形水塘，外建围墙院落，是一处极为壮观的古民居。

陈联古民居 位于石城县木兰乡陈联村。建于清朝嘉庆十年（1805），占地面积 2193.8 平方米，建筑面积 4100 多平方米，共有房屋九十九间半。整个屋宇呈“回”字格局，仅有三道门出入通行。墙基、门窗均用花岗岩条石砌筑，外墙用黄泥、沙石、石灰拌红糖水米汤垒砌而成，十分坚固，部分内墙和门楼用青砖砌筑。所有屋檐均为观音斗拱状，下端有花纹彩绘装饰。主要门道为拱形，窗棂图案各异，雕刻精细，富有特色。木雕、砖雕、石雕还保存不少珍贵彩绘古画。该民居风格独特，古朴典雅，是清代古典高雅的客家建筑代表性杰作，具有很高的旅游开发和客家文化研究价值。

沙塅古民居 位于石城县琴江镇沙塅村。建于清光绪年间（1875—1908）。坐北朝南，分为三进，进进相连。占地面积2012.7平方米，建筑面积4025.8平方米，共有房屋99间，土木砖结构、外墙均用青砖砌筑，大部分内墙1.6米以上为土砖封砌。辟有前后院，围墙均用青砖砌筑，厅堂内有鸟兽花草、人物故事等各种浮雕50余件，下厅望板上有彩绘藻井，厅堂大门上有石质浮雕六方。各种浮雕和彩绘工艺精湛。为研究客家民居建筑的实物依据。

文田管氏民居 位于于都县宽田乡文田村。文田管氏民居坐北朝南，砖木结构，面阔40.6米，进深30米，总面积1206平方米。以大三堂二横布局。前有大院，院门系牌坊式砖石门楼，院内两边设有轿厅，轿厅两侧为马棚。中间建筑为四间二厅，上厅左右有巷道与两侧横屋相通，两侧横屋的南北均有小院，前院东南角和后厢房西北角均设有炮楼。

四、古城墙

石城古城墙 位于石城县琴江镇琴江河畔。南宋建炎四年（1130）始筑土城墙，明成化二十三年（1487）知县闻韶循旧址改筑砖墙，墙高4.2至6米不等，宽3.2米，并建东、西、南、北、小西五城门，清代多有维修，城墙上砌筑刻有邑令姓名和维修年代的铭文砖。现仅存东、北二城门和北门至琴江大桥段615米长城墙。

会昌城墙 位于会昌县县城老城区。始建于南宋绍兴年间（1131—1134），明清时期修缮加固，长1030米。城墙兼有军事防御和防洪双重功能，历来有“铜赣州，铁会昌”之说。城墙东北西三面阻水，围2里50步，高1丈5尺，南面挖濠引水、建护城河。20世纪60年代末，炮楼、鼓楼、城垛皆遭拆毁，大部分墙基仍存。现存城墙分3段，其中“步云桥以北—北门（临清门）—西街西端北侧”半月形段491.7米保存较为完好；“步云桥西端以南东门（双清门）—南街小南门”段312.4米和“西街西端南侧—西河大桥”段226米损毁严重，残缺不全。城墙基础全部红麻条石包砌，砌墙最高处1.7米，最低处1.1米，内部为夯土；墙宽4～8米；有许多铭文砖和铭文石。

五、古战场

通天寨古战场遗址 位于石城县琴江镇大畲村。遗址面积约6平方千米，海拔高度600米，多为红砂岩，石壁高耸。通天寨原寨上四面各设一寨门，现保存3个门，其中西门门额上题有“长庚门”3个字。由于山势险要，历为兵家必争之地。元末，陈友谅被朱元璋击败，余党熊天瑞残部踞此筑寨，曾多次在此与官兵发生争夺战，古战场上可见多处残垣毁垒。

石马寨古战场遗址 位于石城县琴江镇江背村。石马寨又名天马山，因峰峦奇特，貌似群马飞奔，故名天马山。清顺治二年（1645），吴万乾倡导田兵运动，推翻一石租要多交一斗租的剥削制度，吴万乾的倡导符合广大农民的利益，各地农民纷纷响应，一年内带兵围攻县城6次，严厉打击封建地主阶级和封建统治阶级。清顺治四年（1647）吴万乾在寨上屯兵万余人。

太平天国古战场遗址 位于石城县木兰乡东坑村。太平天国古战场是以仙人井、肖家庄、池家坳、古岭脑等主要山寨山口形成的一个较大面积的战场，海拔高度665米。清咸丰八年（1858），太平天国翼王石达开部队从福建省宁化县赴江西省广昌县，途经木兰东坑、池家坳等地时，与驻守关隘的地方武装发生激战，后太平军死者被葬在广昌县和石城县交界的分水亭旁，当地称之“千人墓”。清同治三年（1864）南京陷落，幼天王在干王洪仁玕、尊王刘庆汉、恤王洪仁政、昭王黄文英等率领的太平军护卫下，由广昌县进入石城县，行至石城杨家排时遭清军席宝田部突袭，幼天王洪天贵福等五王陆续被俘获。至此，历史上最大规模的农民运动——太平天国运动告终。

六、其他古遗址

关西新石器时代遗址 位于龙南县关西镇政府后面。由几座彼此相连的丘陵坡地组成，东西长约

400 米，南北宽约 600 米，背靠群山，前隔数十米为关西河，土质系黄土夹沙土。出土文物有石镞、石斧等 5 件为新石器时代磨制石器，均系石英石质。

翠微峰新石器文化遗址 位于宁都县翠微峰南侧约 30 米的小山坡上。高出地面约 100 米，面积 800 平方米。1980 年 12 月，在山坡上拾得数件印纹陶碎片。1981 年 6 月，在该平地及边沿上采集到石矛、石钵、青釉瓷豆残片等古人所用器皿。据国家文物局专家考证，距今有约 3000 余年历史。

青塘长尾岭商代遗址 位于宁都县青塘镇河背村长尾岭。呈狭长形，东临稠皮河，面积约 1500 平方米，高出地面约 15 米，散落地表遗物较丰富。从采集的石器、陶器、印文陶片的特征看，时代为商晚期至西周早期。

赖村牛屎坑背西周遗址 位于宁都县赖村镇莲子村牛屎坑背狭长山谷中。北临水塘，面积约 1000 平方米。采集到的地表遗物有石器和印纹陶。石器主要为石矛、石锛、石环、石镞、石凿、砺石等，陶器多为广格纹、蕉叶纹、凸菱纹、菱形凸圆点纹和三角窝纹等灰陶。时代为西周晚期。

肖田带源春秋遗址 位于宁都县肖田乡带源后山上。高出地面约 100 米，遗物大多散落在明清时代构建的寨墙内，面积约 1500 平方米。石器有石镞、石锛、残石刀、石矛、石凿，陶器有鼎脚、陶罐残片。印纹陶多为泥质灰硬陶，纹饰为方格纹、日字纹、网结纹、弦纹、菱形凸菱纹，方格纹居多。时代为西周至春秋。

翠微峰春秋遗址 位于宁都县翠微峰南侧 30 米的小山坡上。高出地面约 100 米，面积 800 平方米。1980 年 12 月，在山坡上拾得数件印纹陶碎片。1981 年 6 月，在该平地及边沿上采集到石矛、石锛、青釉瓷豆残片等古人所用器皿。遗址时代为西周晚期至春秋，距今 3000 余年。

南安东山大码头 位于大余县县城东郊章江畔，牡丹亭景区内，距梅关大桥约 150 米。码头始建于唐代，至宋代臻于完备。码头东、南、北三面临水，河面开阔，地形优越，货场宽阔，可供数艘货船同时装卸，是古代中原通往岭南的重要交通运输埠口与中转码头。遗址长约 170 米，包括河坎、台阶、栓船柱、登船台、牌坊、石柱等。1992 年，大余县政府公布该寺为县级文物保护单位。

苏步名坊 位于南康市城区东街大井头。北宋绍圣元年（1094），苏东坡南迁惠州，过南康，访田辟未遇。既而北归，复过田氏水阁，仍未遇田辟，怅然返城，咏诗云："千里行来问渺茫，两边杨柳夹池塘。凤凰来到梧桐树，怎奈梧桐避凤凰。"后人以此诗刻于坊上。

水头步蟾坊 位于于都县岭背镇谢屋村。为明正统六年（1441）于都县知县王琳等人为旌表谢宁中举而建。曾于明成化二十一年（1485）、民国 25 年（1936）和 1986 年 3 次维修。该坊为歇山顶，四柱三间四楼重檐式木牌坊，面阔 11.2 米，进深 3.55 米，高 10.38 米。整个牌坊分顶楼、明楼、次楼，坊楼檐下均以四层三朵斗拱出檐，檐角起翘。由四根立柱、八根戗柱支撑。明间顶楼正脊中饰"一瓶插三戟"，寓意"平安"和连升三级，两端饰鳌鱼脊吻。顶楼檐下正中悬挂"恩荣"圣旨牌，明楼檐下正中置"步蟾坊"横匾，匾两侧附有题记和"正统六年冬月吉旦"落款。坊顶采用望板、筒瓦、瓦当等官式作法，颇具宋式建筑之遗风，结构造型古朴、工艺精巧，堪称宋代向明代过渡时期的重要实例。1987 年被省政府公布为省级文物保护单位。

九板桥及古驿道 位于于都县葛坳乡牛颈村。始建于明弘治三年（1490），清乾隆元年（1736）重修。南北走向跨龙潭河。桥面用 9 条每根长 6.48 米、宽 0.49 米、厚 0.7 米的红麻石排列而成。桥上建有桥廊，两侧设木栏杆。据葛坳《葛氏家谱》载，亭之建……传闻云是茂凝（1657—1732）倡而建之。桥两头与古驿道相连，古驿道用鹅卵石铺成，长约 200 米。1984 年 5 月，于都县人民政府公布为县级文物保护单位。

玉石仙岩 位于龙南县城北 3 千米的桃江东岸。岩中有个天然溶洞，可容纳数百人，称"玉虚洞"。洞顶有一个圆形缺口，光线沉入，如玉镜悬尘。洞内悬吊石钟、石乳、石笋等。明正德十三年

(1518)，都御史王阳明曾到此游览，见“洞壑天成，优称胜景”，不禁诗兴大发，赋诗5首。其后，不少文人墨客在此联袂和韵，镌刻抒怀，保存至今的石刻仍有43方，堪称石刻宝库。1959年，被省政府列为省级文物保护单位。

璜村牌坊 位于宁都县黄石镇璜村郭氏宗祠坪前。由2座节孝坊、1座百岁坊并列组成。2座节孝坊均建于清乾隆年间（1736—1795），为门楼造型，4柱3间石坊，面阔4.5米、高5米，一为旌表郭以源妻廖氏，一为旌表儒童郭含英妻彭氏、儒童郭罕仪妻封氏妯娌。百岁坊建于清乾隆五十二年（1787），为面宽6柱5间石质坊，当年为纪念当地百岁老人郭肃昭而建。

桂竹节孝坊 位于石城县高田镇桂竹村。清乾隆十四年（1749）为旌表张立申妻罗氏而建。四柱三间三楼石牌坊，坐东朝西，坊高4.85米，宽4.42米，正楼檐下饰有龙头、宝珠等浮雕，牌匾楷书阴刻“孝节”两个大字，上悬“圣旨”牌，“节孝”匾下方刻有礼部尚书、总督都院、巡抚都部、吉南赣道、赣州府知府等诸多官员的官职和姓名等小字，整座牌坊保存完好。

上洞银矿采炼遗址 位于全南县城西南大庄乡古家营村上洞林场西北2千米的丛林中。遗址井深10.2米，宽1.5米，平向5.28米，斜井3米。该遗址采矿炼银约为清代中期，是全南县境内最早的矿业遗址。

太平天国幼天王洪天贵福囚室 位于石城县琴江镇桂花巷。占地面积1500平方米，砖木结构，硬山顶，三堂两横式民居，中有天井，后有正房，两边厢房，前后庭院，东边侧门额楷书阴刻“永怀”二字，年款为“咸丰辛亥年”(1851)。该屋系当年石城县城富豪黄性存所建，整座建筑规模宏大，是一座典型的客家民居建筑，其建筑本身有极高的文物保护价值，加之太平天国运动在此终结的特殊历史事件，更是闻名遐迩。清同治三年（1864），天京（今南京）沦陷，太平天国幼天王洪天贵福在干王洪仁玕等四王的护卫下，率余部南下，10月9日途经石城杨家排时，遭清军席宝田部突袭，五王先后被俘。历时14年之久的太平天国运动以五王蒙难而宣告终结。幼天王在桂花屋囚禁期间，曾在囚室的南面墙上留诗一首：“有志攘夷愿未酬，七星苗革得难谋。足跟踏开云山路，满眼空悬海月秋。”

大西门井 位于于都县城祝捷巷38号右侧。大西门井创建于清同治年间（1862—1874），清同治版《于都县志·城池志》中有该井记载，为清代于都城内15井之一。井呈方形，井圈、井壁均用红麻条石构筑，直径1.3米，井圈高0.72米，井深9.4米，井台4米见方，井水清凉甘甜，作为居民用水和消防用水，保存完整。

程屋岭井 位于于都县城新圣巷与新建巷交界口处。程屋岭井创建于清同治年间（1862—1874），清同治版《于都县志·城池志》中有记载，为清代于都城内十五井之一。井呈圆形，井圈、井壁均用红麻条石构筑，直径1.23米，井圈高0.8米，井深9.48米，井台4米见方。井水清凉甘甜，作为居民用水和消防用水，保存完好。

文阁亭 又名文昌庙、文昌阁，坐落于定南县老城镇黄沙水口。清代建。石块石灰砌成，高14.1米。亭门朝西，门有楹联，上面有弯月形瓦檐，两侧是弧形瓦檐。亭分3层。水道瓦檐飞角立有鸟、龙等瓷塑，亭顶是古铜色琉璃瓦，顶部有葫芦形金顶，高1.05米。亭阁整体造型美观，结构严谨。

马头礤古道 从全南县城厢镇樟树的马头礤起，途经樟陂迳至中寨黄泥水村。修建于清代，由大龙堡人氏陈孟大修筑。全长15千米，宽1米（最宽处1.5米），采用山石铺砌路面。该古道是全南县与广东省的连平、翁源、始兴等邻县商贸往来的主要通道，也是全南县境内唯一保存较好的古道。

第三节 古建筑

一、古塔

文峰塔 位于南康市城区东山公园内。始建于北宋咸平元年（998），于1685年倒塌。1997年11月

18日重建，2000年6月建成，由全国政协原副主席、中国佛教协会原会长赵朴初题写塔名。塔高66.66米，六面九层18级，层层有阳台式回廊。登塔远眺，南康城区风采一览无余。

大圣寺塔 位于信丰县城中心，九级六面，为穿壁绕平座的楼阁式砖塔，塔堂有明暗层之分，共18层，高66.45米，底层外墙每面宽5.9米，厚3.65米，内空对角距3米，三面有真门，其余相间的三面则隐出假门，门上有平座及腰檐，底层檐脊上为第二层平座，平座用棱角牙子三层构成，各层正中为壶门，塔顶为生铁铸成的半圆形护拱覆盖，塔身全用青砖砌成，黄泥勾缝。该塔为宋塔，为北宋治平元年（1064）建造或重修，是长江以南北宋时期留下的最高的一座古塔。

嘉祐寺塔 位于大余县南安镇东南隅水口山，因塔原属嘉祐寺院内建筑，故名。塔为楼阁式砖塔，五级六面，下阔上尖，高19米，内部为空筒式结构。塔的每级各面均辟有券门，砖叠涩出檐，并砌阑额、斗拱、倚柱、驼峰等仿木构件，枋上承拱，构造奇巧。塔顶安覆盆，上置宝葫芦（1997年遭强台风折损）。各层齿檐小翘角，有滴水勾头。塔的额枋、斗拱与明人项子京“天籁阁”旧藏《宋名人画册》中“滕王阁图”中所绘的古建筑构件风格相似，留有唐代遗风。1957年被列为江西省第一批文物保护单位。

无为塔 位于安远县城西侧。北宋绍圣四年（1097）建造，高达61.3米，外观六面九级，塔内设有明暗层共计17层，步阶梯穿楼可登至塔楼顶层，站在古塔的最高层，安远县城一览无余，迄今已有900多年的历史，是省级文物保护单位。

老城巽塔 位于定南县老城镇莲塘城南门口东南郊500米外的山顶上。建于明崇祯十年（1637）。内空、外用灰色花岗条石砌结而成，共5层，每层建有飞檐，底层有正门朝西北方，门额有石刻楷体横书“青云峰”三字。“西望龟尾（今岗美山），下瞰江流（老城河），气势磅礴，江塔烟横。”就是对定南老城巽塔的真实写照。老城巽塔是定南县境内唯一一座典型的赣南客家明代建筑风格石塔。2000年，被列为省文物保护单位。

水口塔 位于宁都县城南梅江西滨。塔外观七层八面，双重出檐。高39米，底部周长34.56米。塔身由外壁、内廊、塔心三部分组成。内廊中有石级可通上下各层，塔心之东西南北各设一门，使内廊与塔心室相通，与塔心相对应。外壁也设回门，供游人登临远眺。塔底层外壁四门之首，各接自然方位，镶嵌浮雕八卦图案。水口塔始建于明万历二十年（1592），清乾隆二十六年（1761）飓风折顶，清乾隆四十三年（1778）修整，塔身有大量“明万历壬辰年”塔铭文砖。该塔结构严谨、造型别致，是楼阁式砖塔的优秀代表之一，《中国名胜大辞典》有载。1995年重修。为省级文物保护单位。

龙珠塔 俗称白塔，位于瑞金市象湖镇金星村，瑞金城区西南方向约3000米的绵江河畔，革命烈士纪念馆展厅南20余米。该塔始建于明万历三十年（1602），为九级六面，壁内折上式，可沿阶梯至塔顶。塔高34米，底层外围39.4米，内径2.85米，墙厚4.38米。顶层墙厚2.73米，内径1.75米。为砖石结构，内外石灰粉刷，塔基六角处用小抹角柱础，第一级有三门可入塔内，第二级起内层各级均铺有楼梁楼板，设门、壁龛；每级外层均有门、窗洞，可资登眺。清道光十八年（1838）西关杨氏捐资重修，1934年维修，并以塔为中心，辟建犁庭公园。1987年12月，省人民政府公布为省级文物保护单位。

宝福院塔 位于石城县琴江镇梅福村。是一座江南楼阁式佛塔，始建于北宋崇宁元年（1102），落成于北宋大观四年（1110）。为北宋高僧道符、应可及合院僧众募资所建。该塔砖木结构，七级六面，竹节钢鞭型，通高59米。结构精巧，造型独特，具有典型的大宋风格，“塔影江心”是著名的古琴江八景之一。该塔历史上进行过3次维修。元世祖至正二十年（1283）罹于兵燹，明洪武三年（1370）僧明海、正悟等募资修葺。清顺治十二年（1655），石城大旱，知县郭尧京至此祈雨获验，主持再度维修。历300余年后，1991年10月进行全面维修，1992年11月竣工。

关西塔 位于龙南县关西镇田螺坑坑尾山顶上。外砖内木结构，分5层，每层成正六角形，逐层缩小。第一层边宽3米，对边距离约6米，高2.5米，无门无窗，为封闭式；第二层高2.3米；第三层高2米；第四层高1.7米；第五层高1.5米。塔顶装有铁制避雷器，层与层之间有双层平卧斜角砖交错飘出约20厘米。从第二层开始，每面都有拱形门。塔中架空有梯，可攀登至高层。整座塔高10.5米（含避雷器），向东北倾斜15厘米，为中国版“比萨斜塔”。该塔建于清雍正二年（1724）。据第二层拱门上的阴刻碑文记载，建造人为首事徐北圣、头人徐洪傍、塔师朱文邦、塔师王左文。此塔保存完整，不但具有观瞻意义，且其倾斜而不倒并避雷数百年，在研究古代建筑史上具有很高价值。

笔架凌霄三塔 包括龙峰塔、鹏图塔、风鸣塔，位于瑞金市城南的笔架山三峰顶上，建于明清两朝，是瑞金市的古八景之一。笔架凌霄三塔建筑独特、精细，历经几百年，除塔顶长有一些杂草灌木，外壁白灰面风化剥落，砖砌塔檐损坏外，保存良好。1990年12月，瑞金县政府为保护古塔，对三塔中自然风化较严重的龙峰塔进行修葺。2006年，中共瑞金市委、市人民政府组织对笔架凌霄三塔进行维修。2009年5月，按其原貌对三塔破损部分进行维修，古塔重焕容光。

龙头塔（又称“龙迳塔”） 位于全南县县城东北龙下乡川坳村叶坑村小组东南方向约海拔500米的高山顶上。该塔整体结构保存完好，外墙砖块有些风化。该塔系清光绪年间（1875—1908）当地财主捐建。塔身为七层六角梭形，青砖砌筑，石灰浆粉刷。砖刻有“龙头塔”铭文字样。塔高26米，直径5米，占地面积19.6平方米。底层边长3米，高7米，后逐级收分，每层有砖砌腰檐。塔身开有圆形、扇形、葫芦形、拱形窗门36个，塔顶为八角攒尖式。塔内修有木梯，登塔可远眺全南、龙南、信丰3个县的6个乡（镇）。

二、古楼台

黄屋乾万寿宫石门楼 位于于都县葛坳乡黄屋乾村。门楼用红条石砌成，四柱三间三楼式，通高7.1米，面阔6米。大门之上饰有门罩，门罩浮雕的图案以许真君擒孽龙的传说为主题，从门额往上依次展示5组浮雕图案，在第五组浮雕图案中部阴刻“万寿宫”3个大字，两边竖排题刻为“石点金能化龙擒法自行”“万经归降服道始显昌明”，大门两侧用万字锦地和花卉图案衬托，上部对称刻有“濯赫”和“栃煌”4个字，右侧石柱上刻有“石匠兴邑洪昌兴造”。清咸丰年间（1851—1861）曾维修。1984年5月，于都县政府公布为县级文物保护单位。

田江土楼 位于石城县木兰乡田江村。该楼为土木结构，建筑由主楼、角楼、哨楼三部分组成，原筑围墙80余米，仅存大门前一段约5米长的围墙。土楼长26.1米，宽20.6米，墙高5.6米，内墙厚0.4米，外墙厚0.5～1.2米不等，占地面积537.66平方米。主楼西北角设角楼，高与主楼齐，东面设哨楼，主楼北开大门，直通前廊，东西各开一侧门，直通腋廊。建筑平面南为正厅，北为前廊，东西厢房，厢房与正大厅之间为腋廊，外墙设枪眼。土楼内共有房屋20余间，为田江廖氏所筑，在主楼基脚砖上刻有纪年铭文。

下南门古城楼 位于龙南县县城城南偏西处。原名为“向明门”，始建于明崇祯九年（1636），清顺治五年（1648）毁于战争，清顺治七年（1650）重建，至今已有340多年的历史。城门呈拱形，内空高近4米，宽2米余。城墙高8米，厚7米。城墙上建造木梁结构城楼。城楼净高8米，有两层天面，上盖青灰瓦片，看似双层楼房，其实是中间架空的亭阁。两层天面的四角有飞檐翘起，有的呈腾飞之势，有的似凤尾上卷。虽建于清初，因其按原规格重建，故仍为典型的明代木架结构建筑。

慈恩阁 位于宁都县石上镇江背村。建筑分前、中、后3幢，总长34.8米，宽15.3米。前栋外观为祠堂，面阔三间，进深四间，上厅为天井，东西两侧各饰以拱门；中栋为建筑主体，外观为三层楼阁；底层设佛龛，二、三楼中央为正厅，四周有回廊，可供游人远眺。

镇武楼 位于石城县琴江镇兴隆村。原名“镇武行祠”，后毁。清顺治十一年（1654）由知县郭尧京主持重建，改名“元帝阁”，是石城县旧城北门楼。门楼为拱券造型，门额上镶嵌有明万历年间（1572—1620）刻的“闽粤通衢”四个楷书大字，古为中原通往闽粤之驿道。城门上建有阁楼，歇山顶，穿斗式梁架木结构，面阔三间 12 米，进深二间 8.2 米，面积 98.4 平方米。阁楼中保存有清顺治十二年（1655）、康熙十五年（1676）、雍正二年（1724）石碑 3 块，记载该楼的历史沿革和维修情况。1983 年公布为县级文物保护单位。

三、古桥

玉带桥 位于距信丰县县城约 50 千米的虎山乡中心村，在隘高至龙州的虎山河上。因其弧形如玉带飞跨于崇山峻岭之间，凌驾于滔滔激流之上，故名。为当地富绅余凤歧募资建成于清乾隆五年（1740），故又名“凤歧桥”。玉带桥历经 200 余年，桥体依然坚固，但桥楼已有破损，1932 年余福先首次集资维修桥楼，1954 年当地政府再度维修。玉带桥是江西现存最长的弧形廊桥，为二墩三孔层楼式拱桥，两墩立于骤弯直下的激流之中，其一紧靠河岸，护住河堤，其一形如驳船，高出水面 5.7 米，拱跨 14.3 米。桥两端各建有 4.2 米高的瓦房桥头堡，当中建有 4.6 米高的凉亭兼神庙，其长 5.1 米、宽 3.8 米，内分前厅和后殿，供人休息和祭祀。亭内东西上方各书“神泽汪洋”“龙驾远波”8 个大字，左右两根石柱上分别刻有“海阔江深登岸不须舟与楫”“功高德大固桥是赖圣偕神”的对联。桥面边沿砌有 1.2 米高的矮墙替代扶栏望柱。1983 年，玉带桥列为县级文物保护单位。

章源桥 位于崇义县聂都乡。清乾隆十四年（1749）兴建。桥长 34.8 米，宽 4.1 米，高 5 米。全部用麻石卷拱，分三孔，桥孔间建有船形石墩，桥底石上镌有“清朝乾隆十四年罗若圣首事建造”14 个楷书大字。桥面两侧有 28 根浮雕石柱，每柱间镶有浮雕青石花板，刀工平整，图案各异。桥头原有碑记，刻有碑联“路通楚粤行人笑，桥架章源舟子羞”。碑已毁，桥身尚在。

岔口万载桥 位于全南县陂头镇岔口村小组西南方向约 200 米的背山。该桥由钟本高（陂头杨溪人）于清道光九年（1829）所建。为南北走向，单孔石拱桥。长 18 米，宽 4.38 米，高 6 米，跨径 12.6 米，全部用紫红色条石块浆砌而成。桥拱上刻有“万载桥”三字，桥面呈梯形；桥面两侧竖有石柱扶栏，石柱上刻有楹联“本容驷马、高照七星”“万里横雁、载路垂虹”。

永宁桥 位于石城县高田镇上柏村水口。建于清乾隆三年（1738）。清同治五年（1866）熊氏五房在桥上增建亭阁，称廊桥。该桥为单孔石拱桥，跨上柏溪，纵贯南北通道，桥长 34 米，宽 5.2 米，拱跨 10.6 米，拱高 4.4 米。桥上加廊，廊阁分为 12 间，中部 2 间为二层亭阁，左右各 5 间为单层桥廊，廊与阁均为穿斗式梁架木结构建筑，以木柱承重。廊外用木板围护，以挡风遮雨，廊内两边设木凳靠栏，供人憩息倚坐。桥中部亭阁为歇山顶，其地面比两边桥廊高一尺左右，靠两边桥身处用青砖封砌，桥上建筑面积 176.85 平方米。

太平桥 位于龙南县杨村镇车田村。距县城 62.5 千米，跨太平江，是一座建于清道光年间（1821—1850）的石拱桥。桥长 30 米，宽 3.5 米。1 墩 2 孔。墩和拱圈用麻条石组合，其他部位用河卵石浆砌。两孔跨径一为 11.9 米，另一为 12.9 米。从河底到桥面为 6.2 米。桥面中间建有一座砖木结构的四通凉亭，以两拱顶中心为起讫点，长 12.2 米，供游人、行人览胜和休息。四通凉亭上俯视上游和下游的两侧砌有对称大拱圈，内空长 8.4 米，内空高 4 米；两端各有让行人过往的小拱圈，跨 2 米。亭顶有 3 对飞檐，翘角昂首天穹。凉亭全部用青砖砌成，上盖青瓦。整座石桥宛如长虹，气势磅礴，蔚为壮观。

拱辰桥 又名接龙桥。位于宁都县县城城北拱辰门外。始建于南宋淳熙年间（1174—1189），因洪灾屡建屡毁，今为清嘉庆三年（1798）建筑。桥身长 55 米、高 5.6 米、宽 6.15 米，由麻石券拱三孔组成，南北配以引申斜坡，坡上设石级十六至十七级，桥空间建船形墩，以分水流，保护桥面。

云龙桥 位于瑞金市城区南面沿江路，横跨绵江河南北两岸。桥长177.52米，宽5米，高9.3米，石栏高1.13米，有桥墩12个，翁门11个。云龙桥宋代为浮桥，名“绵福”；明嘉靖十九年（1540）改作石墩木梁桥，因“桥界青云坊而跨龙池”，故更名“云龙桥”；清康熙三十六年（1697）改成12墩11孔的红条石拱桥。20世纪50年代中期，瑞金县政府曾拨款维修桥墩、桥面、桥栏。1962年夏，受特大洪水冲击，桥南第四瓮首先局部坍塌。1988年，瑞金市文物主管部门与部分离退休干部发起修复坍塌多年的云龙桥的倡议，并按原貌修复，历时3载，耗资60余万元，于1991年竣工，并于桥南建坊，桥北建亭。国家副主席王震对修复云龙桥非常关心，亲笔题写“瑞金云龙桥”五个字作桥名。云龙桥历史悠久，具有很高的艺术价值。据有关资料记载，云龙桥是赣南最长、最高的古代石拱桥，也是瑞金当年南北交通要道。其设计精、选材优、建造巧，经过四个多世纪的兵灾、水患，经历代修缮仍保存至今。

双清桥 又名北门桥，横跨瑞金市绵江东西两岸。古时为通往长汀、宁化、石城等县的重要通道。双清桥历史悠久，清康熙前为双清渡口，史载“原有太平木桥，在渡之上”。清康熙四十九年（1710）乡绅刘芳圣、蓝弼襄等，募资创立石墩九，上架木为梁，覆以瓦屋，翼以栏杆，跨江二十八丈七尺，横阔一丈二尺五寸，屋高二丈八尺，更桥名为双清。清道光三年（1823）修成石梁桥，九墩八瓮门，红石砌就，即现存石拱桥。桥长95.67米，高9.33米，宽10.83米（连墩），石栏高0.65米。清道光二十三年（1843）前后，以龙神刘猛祀水神萧公（侯）庙，并修葺庙宇。该桥历经数百年风雨沧桑，破损严重，曾于1984年和1996年进行过局部维修。

粮桥 位于全南县县城东南金龙镇兆坑村（光明寺西南方向约2千米）的小溪河口斗深坑上。据路碑记载，拱桥建于清乾隆四十年（1775）仲春，系新兴堡刘魏东捐建。该双拱桥为西北朝东南走向，拱桥长27米，宽3.7米，拱高8米；第一拱跨径12米，第二拱跨径8米；桥中柱基脚似船头形，宽2米，长7.4米。桥体用花岗岩砌成，采用桐油石灰勾缝。桥占地面积近100平方米，保存较为完整。

四、古围屋

东生围 位于安远县县城南20千米的镇岗乡老围村。围屋长94米、宽73米，集祠、家、堡于一体，与其派生的磐安围、尊三围以及附近的尉廷围、德星围互为犄角，共同构成一个具有浓郁客家建筑特色的围屋民居村落。具有“东方古堡”之称，为省文物保护单位。

燕翼围 俗称“高守围”。坐落于龙南县杨村圩镇旁的鲤鱼寨下。系杨村名绅赖福之于清顺治七年（1650）始建，历时23年建成。围屋长41.5米，宽31.8米，围高14.7米，占地面积1367.58平方米，为四层建筑。每层墙上开有枪眼，四角建有与围屋齐高的炮楼，炮楼和顶层开有炮洞。围内房屋均依围墙而建，中心是一空坪，系“口”字形建筑结构。围内二、三楼建有木板回廊（俗称走马楼），楼上四面环通，系内走马楼，四楼沿围墙留有走廊，称之为外走马楼。每层环通建有房屋34间，全围共136间，每间房深5米，宽2.87米，四边炮阁深7米，宽2.87米，总建筑面积为3741.12平方米。2001年6月，被列为国家重点文物保护单位。

明远第围 位于定南县历市镇修建村西面，赣粤高速公路东侧。建于清道光二十六年（1846），系谢氏先祖所建。明远第围平面呈矩形，占地面积2137平方米。整座围屋第一层外窗是统一规格的青光石框、圆钢栏结构。围屋采用砖木、石木混合结构，是赣州市围屋中建筑形式独一、防守性能严密的客家方围。围内冬暖夏凉、建筑结构均衡，廊道四通八达、采光科学、排水讲究。明远第围是集家、堡、祠、内院、门坪五者功能为一体的赣南客家方围。

百间大屋 又称“东里一望”。位于宁都县田埠乡东龙村西南塅上。贡生赠儒林郎布政司李仁方建造。始建于清雍正十二年（1734），竣工于清乾隆二年（1737）。该建筑属典型客家围屋结构，由祠堂、住房、学馆、绣楼、仓库、门楼、雕楼、庭院、护墙等组成。内有房屋百间，故名“百间大屋”，总面积4300平方米。大门朝东，四周围墙环护，墙上设有防护用瞭望孔。整座建筑分前院、后院、“东圃”、“西园”和“仁方祠”五大部分。前院面积800平方米，花岗岩砌地，内植罗汉松等珍稀树种。后院面积100平方米，青砖砌地，为便于防御，建有高达5米的围墙。“东圃”占整座建筑3/5，除房屋外，内分设谷物、金银仓廒、小姐居住的绣楼、儿孙就读的私塾等。“西园”主要用于接待，内设客房、客厅、议事厅等。

祠堂背水围 位于全南县大吉山镇乌柏坝村祠堂背小组。该围屋是用高墙将住宅包围在其中的村落。围内居民全为李姓，为该村开基祖于清代中晚期所建。围屋坐东北朝西南，建筑以厅堂为中心，呈四方形，占地面积1584平方米。墙高约9米，厚0.7米，围内共3层土木结构楼房，有“回”字形的走马廊相连。围屋四角设有炮楼，炮楼及四面外墙上有石窗和射击孔。围屋以西南面大门为唯一进出口，左侧有一口水井。

雅溪围屋群 主要包括土围（福星围）和石围。土围位于全南县龙源坝乡雅溪村雅凤村小组。系陈氏宗族于清咸丰六年（1856）建造。围屋坐东朝西，依山傍水，呈长方形。围长29.8米，宽20.2米，围高10.4米，占地600平方米。围内有土木结构楼房3层，每层7间，二、三层有贯通走廊。大门有2层，上有灌水装置，以防外敌火攻。石围与土围相距100米，为陈氏宗族于清光绪十一年（1885）冬所建。石围呈正方形，长宽各20.2米，围高12米，占地410平方米。围屋坐东朝西，依山傍水。围屋外墙用三合土与卵石修筑，大门用麻条石砌成。设门扇3层，匾额刻有“鸟飞翚革”四字，门左侧刻有“例授进士陈学士造”，右侧为“光绪乙酉年冬月立”字样。围内建有4层砖木结构楼房，每层13间，有“回”字形走廊相连。顶层为防御层，围四角筑有碉楼及射击孔，有固守反击功能。底层正中为厅堂，天井有四水归堂的特点，中央为一口水井，有良好的排水系统。

五、古祠堂

正和谌氏宗祠 坐落于全南县陂头镇正河村寨下村小组。该祠是明世宗嘉靖皇帝诏封谌震为奉训大夫和宗人府仪宾官并赐配平恩县君（明万历皇帝的女儿）成婚后所建。宗祠坐北朝南，依山傍水，属砖木结构，穿斗式梁架，悬山顶。由院落和祠堂两部分构成。祠堂大门前立有石狮一对，院大门以红条石为门框，雕有麒麟、狮、象动物图案。匾额浮雕“戚畹旧家”字样。上厅左右厢房各一间，梁坊、月梁、窗户等木构件雕刻有人物、动物、花草等图案且用金粉装饰。全祠由16根石柱及青砖砌成的马头墙支撑，石柱顶端雕刻有鳌鱼。栋高11.6米，面阔3间（16.2米），二进三厅（43.1米），占地面积603.9平方米。

乌柏坝李氏宗祠 位于全南县大吉山镇乌柏坝圩场。宗祠始建于明代万历年间（1573—1620），清雍正年间（1723—1735）重新扩建，民国16—27年（1927—1938）按原貌修建，中华人民共和国成立后曾几度修缮。该祠为砖木结构，硬山顶，坐北朝南，进深44.47米，面阔15.7米，高9.91米，建筑面积698.18平方米，占地总面积约为2608.42平方米。祠门前有一对石狮，大门两侧立有两面石鼓。古祠面阔3间，二进三厅。主体建筑采用中轴线对称的宫廷布局，穿斗式梁架，重檐歇山形式，主体支撑部分均由木榫卯眼连接，未用铁钉。两侧防火墙由青砖砌成，墙上雕有伸出屋檐的龙头。左右侧门分别有篆体“氏族”“宗亲”四字，上厅通风窗有篆体“文魁”“忠武”四字。正门前两根正方形石柱分别刻有“历明室清代以来绍述伯阳数典不忘柱史”“揽南岭桃川之胜昭重忠武建祠长耀中州”对联。天歇山厅花板则由纵横交错的木结构组成，工艺复杂，结构严谨；中、后厅顶塑有飞龙、立鹤、鸣鹿等；门庭天花板及木构件上绘制有200余幅山水、花卉、虫鸟、麒麟等吉祥物图案。整座古祠由陶瓦迭盖，顶部重量由两侧防火墙和10根石柱、44根木柱支撑。为保护完好且具有客家风貌的宫廷式建筑。

兰溪堂 位于兴国县三僚村曾屋诚真希望小学后。祠前有一个反弓形水池。该祠建于明朝中叶，建祠后三房俱发、人丁兴旺，清乾隆年间（1736—1795）重修时改动朝向，丁财忽衰。在清嘉庆年间（1796—1820）再修时，特意立禁碑，不许后代再改朝向。

水头曾氏华祠堂 位于上犹县双溪乡水头村祠堂自然村中部东北侧。始建于清代。砖木结构，硬山顶，两边封火墙，通面阔3间17.75米，进深三厅三天井36.8米，占地面积653.2平方米。祠堂门额镌刻“曾氏华祖祠”五个大字。前厅设八角形藻井，藻井中间绘有一条龙，边有回纹。第三进设有神台，上立有世祖牌，香火特别旺。

黄龙大合钟屋祠堂 位于大余县黄龙镇大合村，属钟氏家族宗祠。祠堂始建于清初，清同治四年（1865）重修。砖木结构，风火墙，硬山顶青瓦房，抬梁式与穿斗式建筑。整座宗祠由前厅、中院、中厅、后厅组成，面宽18.2米，进深48.6米，后厅高11.6米，总面积885平方米。宗祠大门额书“钟氏宗祠”四字。前厅设戏台一座，后厅设天井一座，西侧另建厢房，由小天井、上下木厢房组成。整栋建筑造型精美，雕梁画栋，为该县保存较好的古祠堂之一。

李氏上祠 位于宁都县田埠乡东龙村西北“兔形”山脚下。由念四郎（上祠肇基祖）后裔十五世李经禄、李经达于明洪武年间（1368—1398）兴建。清乾隆二十三年（1758）、清道光九年（1829）、清光绪十九年（1839）曾重修，现保存基本完好。该祠坐西北向东南，长30米，宽25米，占地面积约750平方米。门面为“凹”字斗形，门外朝门有6根大柱，中有大门，两边有侧门。属府第式结构，分上、下厅，共用42根大柱支撑，墙木分离，为砖木框架结构。柱与柱之间为方木连结，榫头多雕有莲花，中间隔一天井，左右为厢房、厨房、膳厅。由砖木构成，画梁雕栋，工艺精湛。其气势轩昂，形似一欲展翅高飞之鹰，李氏后人又称其“老鹰形”。

李氏下祠 位于宁都县田埠乡东龙村。始建于明正统九年（1444），竣工于明弘治四年（1491），历时48年建成。现保存完好。祠高约12米，宽约35米，长30米，占地总面积1000余平方米。为府第式砖木框架结构。室内无墙，采用“梁挑介柱”技术，由75根杉圆木及纵横交叉的横梁方木条穿缝斗榫支撑。斗拱及榫部均饰有鲤鱼、莲花、龙凤、麒麟、象鼻等图案，外墙体以“喜”字头形木料作框架，既减轻墙体负荷，减用木料，又起装饰作用，还可起到“墙倒屋不倒”的效果。祠门设一大二小3扇，正门首悬“李氏家庙”匾额。平常只开一扇侧门，祠内举行春秋大祭等庆典时，则三门齐开，以示隆重。祠门口安放一对石狮。祠前有宽广甃墀，为“藏风纳气”，墀前建有一巨大照壁，壁前植古杉2株。祠左前方建有房屋2幢，祭祀时，斯文、族长宿于上栋，下栋为厨房、义仓。祠前右旁原建有“龙城会馆”一所，专供徙外族人回乡时居住，但清康熙年间（1662—1722）被废。族人为表彰李思常（东山公）建下祠的显赫功德，特许下祠左连墙另建“东山祠”。

仁方公祠 位于宁都县田埠乡东龙村的“百间大屋”中。占地面积2000平方米。分上、下两幢，面阔三间，深三进，高8米，为砖木框架结构。梁柱以梨木作贴砖，夏布包裹，外涂油漆，刀斧砍之不损。墙壁以八仙、龙凤、麒麟等图画装饰。门窗由各种画板拼成，画板上或刻有琴棋书画八宝纹饰，或雕有花、鸟、草、虫、瑞兽和戏曲人物，均以纯金粘贴，金光闪烁。天井滴檐均镶锡槽。地面铺方砖，花岗石嵌边。上栋天花板浮雕精美绝伦，下栋正前方有一屏幕式照壁，照壁上雕有双凤朝阳、百鸟朝凤图案。祠内原建有两层高的东、西厢房，面积1000平方米的西厢现保存完好，东厢房则因火被毁，后在原地建起面积400平方米一层土木结构房屋。

叶坪谢氏宗祠 位于瑞金市叶坪乡叶坪村。宗祠由明万历二十六年（1598）始建。清咸丰八年（1858），祠堂被军队焚毁。清同治七年（1868），族人集资复建，规模体制不变。宗祠坐东北向西南，占地面积 523.24 平方米。小青瓦、硬山顶、青砖木结构。由 16 根圆形木柱支撑屋顶。分前后厅，中间一天井，左右有耳门，正面设三扇门，中门有“谢氏宗祠”4 个大字，左门上有“文元”、右门上有“登科”字样。1931 年，为支持革命，当地老百姓自愿把叶坪谢氏宗祠让给中华苏维埃临时中央政府，作为中华苏维埃第一次全国代表大会会址。1931 年 11 月 7 日，中华苏维埃第一次全国代表大会在谢氏宗祠召开。1961 年公布为全国重点文物保护单位。

上阳杨氏宗祠群 位于瑞金市象湖镇上阳居委会。系瑞金市西杨氏族祖祠，是一个历经数百年形成的客家宗祠建筑群，一字排开共有 5 座大宗祠，从西到东依次为：中宪第祠、朝奉太祠、时省太祠、孟舟太祠、时泰宗祠。这 5 座宗祠方位都是面朝西南，北靠东北，砖木结构，硬山顶，两边封火山墙，小青瓦屋面，之间建有防火通道，均为客家天井式建筑风格，特别是内部构造，没有使用铁钉，是古代建筑常用的卯隼结构，别具特色。1932 年夏，中国工农红军红军学校创办并设在杨氏宗祠，学校总部设在朝奉太祠，政治部设在时省太祠，校务部设在孟舟太祠，俱乐部设在中宪第祠，教导部设在时泰宗祠，时泰宗祠左侧屋为教职人员住处。萧劲光、何长工、刘伯承、叶剑英先后任红军学校校长。毛泽东、朱德、周恩来、任弼时、王稼祥、董必武、瞿秋白、陈云、邓小平等到校为学员讲课。1998 年宗祠被列为瑞金市文物保护单位。

密溪罗氏宗祠群 位于瑞金市九堡镇密溪村。一字排开共有 5 座宗祠，从西至东依次为：应宗公祠、罗氏大宗祠、石泉公祠、应文公祠、淳夫公祠。方位都是面朝西南、背靠东北，均为砖木结构、硬山顶、设有封火山墙，之间建有防火通道，为客家天井式建筑风格。此 5 座宗祠既相互独立又共成整体，形成规模宏大的建筑群，并以保存好、影响广而远近闻名。

长溪赖氏宗祠 位于石城县屏山镇长溪村。该祠于清康熙四十四年（1705）由赖姓族人发起筹建，次年建成，命名为“敦睦堂”。后历 9 次修缮，清光绪十五年（1889）规模最大，完成三幢八井四舍五十间完整格局。宗祠坐北朝南，砖木结构，悬山顶。总长 54.3 米，宽 37.5 米，占地面积 2036 平方米。主厅上、中、下 3 幢，东西两边排舍和横屋，周边设围池、照墙和庭院。宗祠前方有 6 口池塘。祠堂附近原有敕建贞节石牌坊 3 座，均被毁。祠堂上厅书“忠孝廉节”4 个大字，相传为石城隐逸闻人吴佳手迹。厅堂石柱刻有清代石城县知县董应誉、孙绪煌和民国石城县参议长廖鼎新的赠联。董应誉题联为“祥发秘书光凤舞鸾翔长溪族聚蛟龙化；垣成宗庙焕星罗宿列洪石柱擎日月高。”孙绪煌题联为“肇周室分封源远流长厥后应寝昌寝炽；衍颍川华派生繁族大斯堂乃美轮美奂。”廖鼎新题联为“大晋东西双太尉；长溪今古两将军。”

六、其他古建筑

魏家大院 是清代中期以后至民国初年陆续增建而成的民居，位于章贡区老城区东南罗家巷 15～20 号一带，后院抵达慈姑岭巷。大院外部采用青砖封火山墙，内部采用柱、板、雕花木扇隔断空间，屋顶盖以小青瓦。这是赣州民居中常见的建筑方式，但大院具有占地面积广、空间体量大、房屋间数多、单体建筑相连成片、内部门巷相连、曲折贯通的特点。魏家大院是赣州市（今章贡区）最大的一栋清代民居，大院内还建有祠堂和仓库。大院内居住的大多数是魏氏的后裔，保持客家人聚族而居的习俗。

虎岗中华儿童新村旧址 位于章贡区水东镇。蒋经国主政赣南时，于 1943 年 6 月在此创办中华儿童新村。儿童新村依山临江，建筑物错落排列有 1000 米长，村中儿童最多时达 1000 多名，其中多为抗战时期无家可归的难童。1945 年 2 月，日寇进犯，赣州沦陷，儿童新村停办。

谭邦古城 位于南康市坪市乡谭邦村。明正德四年（1509）兴建。是谭氏二十九世乔彻公辅佐朝廷平贼有功，封官不仕，武帝敕赐而建。谭邦城约 1 平方千米，坐北朝南，初建时有东、南、西、北 4

个城门。东、西、北3门及城墙被毁，只有南门保存完好，由麻条石垒砌而成，高约6米，长约20米。城中有祠堂，名为“中和堂”。该城规模宏大，独具风格。

古楼隘 位于南康市朱坊乡新民小学。建于清咸丰八年（1858）。占地49平方米。楼高9米，3层，上层为望楼。有登梯，砖木结构，悬山顶，系古时军事要隘，建址于朱坊通上犹山上。三楼楼门有一块大石门盈，刻有“古楼隘”，仍存。

旌奖坊 位于南康市蓉江街道旭山岭东端南坡。建于明嘉靖年间（1522—1566），原为三间二楼，红石结构。存左次间一楼，高7米、宽2米，有龙凤麒麟图饰，垛拱，均为三层。斗座为正方形，底层高0.03米、宽0.32米。上层高0.08米、宽0.38米，斗拱整体高0.7米，每垛斗拱有24翘，8个角，对角翘长1.5米，垛层翘至斗座中线0.4米，中层翘0.55米，上层翘0.66米，每垛共21只斗座（其中1大20小），该坊为旌奖王贯魁输物助战而立。

管敏春尚义坊 位于宁都县肖田乡带源村。明正统六年（1441）始建，明崇祯十年（1637）重修。四柱三间石坊，高4.44米，宽4.2米，占地4.5平方米。坊、柱、梁均用榫卯连接，中间石匾刻“旌表管春敏坊”，旁刻“大明正统六年谷旦奉旨建竖”。

朗际牌坊 位于宁都县肖田乡朗际村东侧。坐北朝南，青灰麻石垒砌，四柱三门梁式结构造型，梁与柱之间以榫卯相接。坊高7.7米，面阔5.7米，枋的四柱各以长2.4米、宽2.5米、厚0.51米的条石为基础，基础的两端饰花草浮雕，上面并列曲卷状护柱石。明间高2.5米，两侧门宽1.3米。3门均置高0.33米的石门槛。牌坊为县级文物保护单位。

玉皇宫 位于宁都县田埠乡东龙村“凤形”山脚田塅上，斜对李氏宗祠。1942年，李英士捐资兴建。该宫坐西南，朝东北，背靠凤山，前朝之龙山为香炉峰和五马落槽形。大门属牌楼风格，门前原有照壁，门柱上贴对联“号尚元穹步清虚而登九五；圣称无极居太上以统三千”。并题有程颢诗句“醉里乾坤都寓物，闲来清风更输谁”。整座建筑分上下两幢三厅。廊厅供王灵官，前厅神龛空着，留待建醮时挂“功德”使用。上厅楼下为观音殿，供奉观世音和金童、玉女；楼上为玉皇殿，供奉玉皇大帝、李老君、托塔天王李靖。玉皇宫是一处亦佛亦道亦儒“三教合一”的民间宗教活动场所，东龙村村民每年都要在这里举行隆重的庙会和念儒经活动，是东龙全村的神灵崇拜中心。

第四节 古寺观 教堂

一、寺观

赣州市（地区）大小佛教道教寺观众多。《赣州地区志》载：中华人民共和国成立前，全地区有寺观1279所，中华人民共和国成立后，有些寺观改作他用。2000年，全市经登记的寺观684所，其中佛教寺庙605所、道教宫观78所、伊斯兰教清真寺1所。此外，仍有300余所尚未登记的寺观。主要寺观：

契真寺 位于赣县田村镇田村圩老街中心。初名弃假寺。相传肇建于东汉。汉代有十八儒生投宿于寺，遗下十八真经，香火始转旺盛，弃假寺更名为契假寺。唐贞元年间（785—805），契假寺由天丛山迁至田村圩下社坪铜锣窝，复改契假寺为契真寺。契真寺经历代修建扩展，到清末至民国初期，规模宏大，建筑雄伟，殿宇楼阁厢房俱全，有前中后三楹及藏经楼阁。大小殿宇楼阁共18座。原寺院全部为唐代古建。现殿宇为清代重修，至民国时曾再度重修。寺院占地面积近0.67公顷，常住僧众达70余人。契真寺鼎盛时期，寺内每年有两次重大法事活动，即农历六月初六的晒经法会和农历八月初一至初六的罗汉会。“文化大革命”期间，寺中佛像及文物胜迹毁殁殆尽，镇寺之宝罗汉经十八卷称《佛名经》不知去向。1988年6月，赣县人民政府行文“准予修复开放契真寺，恢复正常的宗教活动”。当地群众献出收藏40余年的十八卷《罗汉经》以及未毁尚存的沿革木刻对联、匾额和其他佛器等。田村在台僧人释慧程回乡探亲时资助 4242 美元，加上当地群众的募化集资，契真寺得以重修开放。1988 年 9 月，原契真寺僧人释法慧被请回担任寺院修复开放后的第一任住持。

青莲寺 位于宁都县梅江镇莲花山主峰南面的半山腰中，距县城 15 千米。始建于西晋泰始二年（266），由青莲祖师创建。明正统元年（1436），释无际驻锡寺中，高弘临济宗风，以道行出众，名扬中华。明正统六年（1441），释无际奉旨入宫晋见英宗皇帝，钦差文武内官往山迎师到朝，释无际获赐“万寿禅师”之号，并赐紫衣袈裟及半副銮驾。明万历二十五年（1597），释无际九世法孙释道正主持重建青莲寺，主体建筑有三幢九殿，气势不凡。清乾隆十三年（1748），释无伪被知县及该县缙绅公举，荣膺青莲寺方丈。清道光、同治年间，寺院曾重修和扩建。“文化大革命”期间，寺院大部被毁。1980 年，释印慈等回住青莲寺中，落实寺产，修复重建寺宇殿堂。1986—1993 年，新建藏经楼、方丈室、招待所，建筑面积约 500 平方米。该寺建筑群体分前、中、后 3 幢 10 殿，占地面积 3200 多平方米，内有玉石卧佛和全套《大藏经》。

玉虚观 原址位于章贡区水东镇（现水东小学校址）。唐开元年间（713—741）兴建，属十方丛林。世传晚唐道士施肩吾（华阳真人）曾一度由洪都（今南昌）西山到赣州，与真人刘继先共同修持于此观。北宋治平年间（1064—1067）英宗曾赐观额，明永乐年间（1403—1424）翰林学士解缙曾书“玉虚观”额。明初，刘渊然（赣县人）大真人将该观立为修持之地，遗下四代（即刘渊然、刘继先、刘明清、刘子英）修持立功。观内建有丹炉、丹台和丹井。玉虚观由皇帝御封道官掌管，并受龙虎山张天师节制。清代，刘子英道士设玉虚观为府观，掌管赣南道教事务，立阴阳学执管道纲，焦道士主持观内阴阳法事功课。民国时期，在此观兴办学校。中华人民共和国成立后，乃为水东小学用地。1985 年，赣州市（今章贡区）政府决定折价归还给市道教协会筹备小组。1989 年，在水东镇万松山（又名仙山）重建玉虚观，并由方业儒道长负责筹建。1990 年 6 月竣工后经批准开放，由方业儒任住持。农历七月初七，方业儒住持主持隆重的玉虚观开光庆典。

宝华寺 位于赣县田村镇东山村宝华山（明清时属赣州府爱敬乡五十七都龚田坊之畔）。宝华山初名龚公山，相传昔为隐士龚蜀所栖，故名。宝华寺始建于唐天宝元年（742），马祖道一率众弟子来此开基。唐贞元七年（791），曾任洪州开元寺（今南昌佑民寺）西堂和尚的释智藏应请入主宝华寺法席。晋院之后，释智藏法灯长明，法筵大开，弘扬洪州宗风，声名远播，远至海东。唐元和九年（814），释智藏圆寂寺中，唐元和十四年（819）后建玉石塔供奉寺中，塔保存至今。继释智藏之后，徒嗣相承，直至宋代末年，宝华寺香火仍盛。宋代末年，宝华寺遭受重创，明代得到修复，清康熙三十八年（1699），宝华寺又一次被毁，寺宇倒塌，只剩玉石塔，寺产遭变卖。直到清道光十二年（1832），方将寺产赎回，得信众檀越共助重建大雄宝殿。民国 19 年（1930），宝华寺又一次遭战火所毁，僧众星散。1934 年，寺僧方开始修复重建寺宇。1957 年，宝华寺玉石塔列为省级文物保护单位。“文化大革命”期间，古寺惨遭破坏，香火再度中断。1978 年，寺产得到政策落实。1984 年，宝华寺恢复佛事活动。1988 年 6 月，赣县人民政府批准该寺正式对社会开放。1998 年，被列入《中国名胜大辞典》。1998—2000 年，重建大春楼和马卷长廊。

南山生佛寺 位于南康市南山森林公园大南山山腰。生佛寺，原名万安寺，原地南康市南水村（第五中学院内），始建于唐代，后毁。1993 年 11 月 12 日奠基动工，在南山森林公园的大南山山腰新建生佛寺，1996 年 12 月底完工。南山生佛寺占地 4.06 公顷，为仿明结构建筑。寺内建有山门、天王殿、大雄宝殿、藏经阁、广化纪念堂、往生堂、功德堂、僧寮、客堂、斋堂、法物流通服务处和广化法师舍利塔、荷花池等，建筑面积 2400 余平方米。大雄宝殿、天王殿、藏经阁匾额和“净土人间”碑额均为全国政协原副主席、中国佛教协会原会长赵朴初手迹。

寿量寺 位于赣州城内中山路东段南侧。建于五代后梁（907—923），为百胜军防御使卢光稠报答道诚大师医疾之恩特捐东苑所建，始名卢兴延寿寺，后改名经寿寺。北宋大中祥符年间（1008—1016）改称寿量寺。元末兵毁。明洪武年间（1368—1398），僧人荣安重建，侍读学士赣人解缙撰《重建寿量寺记略》，以载其事。清顺治年间（1644—1661），南安总兵胡有升再次重修。清同治年间（1862—1874），寿量寺得到一定的恢复，重修大雄宝殿、圆通殿和毗卢佛殿。清光绪年间（1875—1908）中期，寿量寺又被火灾毁损及半。民国4年（1915），赣江洪水猛涨，寿量寺中破旧殿堂全被冲垮，寿量寺成废地。民国21年（1932）后，在释德森的主持下，大雄宝殿、观音殿等先后修复重建。1957年，江西省政府将寿量寺列为第一批省级文物保护单位。“文化大革命”中，僧众被赶，寺宇被占作他用。1972年，寺内一尊五代时铸造高6米的贴金铁观音佛像，为江西省大佛像之一，被毁。1984年，寺内被占的部分房产和院落得到政策落实。1990年，赣州市（今章贡区）佛教协会副会长朱斯清倡议修复。1996年年初，释瑞印晋院主持法席，举行佛像开光和寺院住持晋院仪式。中国佛教协会原副会长、江西省佛教协会会长、云居山真如寺方丈一诚长老亲临主法。1997年春增建天王殿，1999年年底竣工。

灵岩寺 位于大余县黄龙镇丫山腹地。南唐时建。相传普举、慧杲先后来山结庐聚缘，始建寺院。五代后晋年间（936—946），禅宗青原行思禅师、法嗣绍宗圆智禅师到丫山驻锡弘法20年，宗风大显。北宋皇祐年间（1049—1054）、元延祐年间（1314—1320）曾修葺。清咸丰八年（1858）焚于火，清光绪二十六年（1900）重建，有殿堂僧舍99间，仿明代建筑，为赣州地区规模较大的寺院。寺门有楹联“灵感三千界，岩藏五百僧”。每年农历十月初一至十五，邻县南雄县、信丰县、南康县、上犹县、崇义县等地前来朝拜进香者多达数千人。中华人民共和国成立初，寺内仍有20名僧侣，住持释本定外走，释本慧常住。1954年，释本慧当选为大余县人大代表。“文化大革命”期间，寺内佛像捣毁。1984年，释继定、释传生和永昌老和尚先后继任寺院住持，并对部分殿堂、僧房进行修复，新塑佛像。1998年11月，释传昌受聘寺院住持。1999年11月，举行方丈升座仪式。中国佛教协会副会长一诚大和尚为释传昌送座。

清真寺 通称礼拜寺。位于赣州城北桥儿口10号。始建于明代，占地面积700多平方米，砖木结构、房屋建筑面积539.5平方米，有院落40多平方米。大殿、水房齐全。清道光二十一年（1841）和清同治十年（1871）曾两度重修，寺内尚存刻有重修时捐款人姓名石碑。1940年，穆斯林王昌如在寺内创办伊斯兰小学和清真书报社，聘请阿訇柏世芳主持教务，抗战时漫画大师张乐平曾在这里落脚担任位于百家岭的回民小学教师。抗战期间，各地避难穆斯林1600余人，在此进行宗教活动。“文化大革命”中遭到破坏，房屋年久失修，成为危房。1984年6月，省政府将该寺列为省级重点清真寺。1985年以来，江西省人民政府拨款15.5万元重新修建。新建寺院大门楼上“清真寺”3个字系中国伊斯兰教协会原主任张杰所题。该寺是赣州市唯一的伊斯兰教清真寺。

朝阳庵 位于崇义县思顺乡上崎打石坝南约2千米处。明朝中叶和尚曾氏创建，始名古云山。1946年，上犹县清湖罗氏曾维修。庵坐南朝北砖木结构，建筑工艺较高。

后稷庙 位于石城县琴江镇兴隆村，旧称配天庙。砖木结构，悬山顶，坐北朝南，一进一厅，左右厢房各3间，沿中轴线依次排列有古戏台、天井、正殿等建筑。面阔19.85米，进深12.3米，占地面积244.16平方米。庙内现存有明嘉靖二十三年（1544）、明万历十三年（1585）、清康熙二十九年（1690）、清雍正二年（1724）、清乾隆二十七年（1762）石碑各1通，记载该庙维修时间及民众捐资的详情。1983年，当地民众捐资重修。

天龙山寺 位于全南县县城东南金龙镇树坳村。明万历六年（1578）由开明贤达人士曾懋达始建，因有高僧主持，佛法高明，香火旺盛，闻名百里。清康熙、雍正年间，由龙南县莲塘人氏施建“正觉堂”，僧尼墓葬保存完好。原寺坐北朝南，寺庙面阔17米，高8.6米，进深16米，占地面积759平方米。寺庙在20世纪60年代初倒塌，1995年民间集资在原址重新修建。寺庙砖木结构，红墙黄瓦，有前、后厅，前栋屋脊嵌有双龙戏珠，后栋屋脊中央嵌有大葫芦。寺庙配套建筑有外山门、正山门、龙泉亭、财神庙、观音阁、居室各 1 栋，另有碑墙 3 面、双龙壁 1 面。总建筑面积 7286.2 平方米。为全南县内主要佛教场所和游览景点。

玉盂寺 史称“玉盂禅林”。位于石城县县城东 7.5 千米，通天寨西侧小山窝内，坐东南朝西北，因基地形如盂得名。明万历十年（1582）僧德存肇建。昔四周山脚颇广，皆官地，知县江统之批寺僧种植。清顺治六年（1649）遭兵燹。康熙二十二年（1683）僧普聂接理，及智海积创田业，加扩寮舍。民国年间僧印品（即岩祖和尚）到该寺担任住持，十数年如一日，致力辟山种茶，卓有劳绩。通天寨有大小石窟数十，20 世纪 50 年代初，每窟有僧尼常住，总数达 30 余人。“文化大革命”中，寺院受到冲击，佛像被毁，僧尼被迫下山，寺院改做大队茶场。1978 年，信士集资重修。玉盂寺东寨门外之双林寺，为该寨脚庵。通天寨风景秀丽，历来游人甚多，闽赣两省善男信女朝山拜佛者络绎不绝。1984 年 6 月，省政府公布该寺为全省 14 所重点开放寺院之一。

如日山普照禅寺 位于石城县西北 20 千米处的高寨山，与宁都县田埠乡为邻。古时山顶有一尼姑庵，相传庵中有一玉碑能朝日转，后人将高寨山更名如日山。明朝在山腋处建普照禅寺，清康熙至雍正初年，曾一度改作道观，大师余本来在此传教，徒众日盛，一时向法皈依者，络绎不绝。自明清以来，曾出惠显等 3 位佛门宗师，正静、慈慧、能良等和尚亦曾先后在寺担任方丈，故进香朝佛者极众，遐迩闻名。清末以后，常年有 10 余僧人住寺，自耕自食，以耕田育山为传统。“文化大革命”期间，寺废僧散。1979 年 7 月，释仁善等来山，率众耕辟，苦心经营，并向多方信士募资，先后修复扩建殿堂楼阁 30 余间，正殿、偏殿修整一新，新建念佛堂 1 幢，3 层楼上为藏经阁。全国政协原副主席、中国佛教协会原会长赵朴初为正殿题写“如日山普照禅寺”寺名和“大雄宝殿”匾额。1981 年，寺内开始传授三坛大戒。1984 年，经省政府批准，再次传授三坛大戒。近千人云集该寺，受戒弟子达 921 人。6 月，省政府批准该寺为全省 14 所重点开放寺院之一。寺内有砖木结构殿式法堂 9 座，僧房、接待等用房 64 间，厨房、膳厅各 2 间，功德堂一幢 4 间，普同塔 1 座。

海会禅寺 原名为崇信观音同志会。位于赣州城区慈姑岭中段。民国 21 年（1932），赣州城区粮商界刘俊千、赖命财、刘星台等人，先后在上海参加“上海崇信观音同志会”，相继回到赣州。民国 24 年（1935）在曾家巷组织成立“上海崇信观音同志会赣州分会”，开展佛事活动，发展会员 500 余人。1938 年，商界刘俊千、张德馨、戴楚衡等人倡议募款集资，于次年购得慈姑岭地基，开工建造佛堂、殿宇。民国 29 年（1940），2 幢殿堂落成，共 9 间、建筑面积 567 平方米，取名“观音同志会”。殿内主祭观音菩萨，每逢观音菩萨诞生、成道、涅槃三个节日都要举行盛大的香会。此后，赣州分会迁入新址，成立理事会，刘俊千、萧清仁、戴楚衡、张德馨等人相继担任会长。赣州分会迎请数位出家师傅驻会执理佛事，礼请道行出众者为方丈，组成僧团。民国 29—30 年（1940—1941），释济广法师（中华人民共和国成立后曾任北京广济寺方丈）等任维那。民国 31 年（1942），释海禅大师接任维那。佛殿、梵宇保存较完好。“文化大革命”期间，宗教活动停止。中共十一届三中全会后，经赣州市（今章贡区）佛教界人士讨论，决定将此寺正式定名为海会禅寺。1984 年 6 月，省政府将海会禅寺列为省重点寺庙。释宗鉴率众住寺修持。1985 年，殿堂修葺一新。殿内添增一尊由香港心明法师赠送的缅甸白玉释迦牟尼佛像。1986 年 4 月，首届赣州市（今章贡区）佛教协会会址设在寺内。1990 年，参灵、参性相继住持寺院，对寺院各殿堂进行修缮，将圆通宝殿改建为大雄宝殿、殿前楼为藏经殿、西侧厢房分别为功德堂和客堂。1997 年，海会禅寺被列为赣州市（今章贡区）文物保护单位。

小武当佛堂 位于龙南县武当镇小武当山上，距县城 45 千米。佛堂前有王守仁撰写的对联“武力不如法力，力修力行力作善；当仁何必让仁，仁心仁德仁为宗”。佛堂首建于明崇祯十三年（1640），清乾隆四十三年（1778）重修。山上仍存有“重建武当新碑”。首建佛堂的开山祖师钟有能，法名映莲，圆寂后在西岩崖葬。

高山寺　位于瑞金市壬田镇桥岭村莲花山腹部，距瑞金城区25千米。路旁建有山门，上书“高山古寺”。寺庙坐北朝南，占地面积近6公顷（含耕地、山林等寺产），建筑面积2万多平方米。殿宇依山就势，布局紧凑。主轴线上，依次是天王殿、放生池、回廊、大雄宝殿，两旁则是鼓楼、钟楼和僧房、厨房、客房等配套用房。高山寺始建于唐朝贞观年间（627—649）。明成化十六年（1480）、明嘉靖二十九年（1550）分别重修并建造山门。明万历二十六年（1598），寺僧真莲牵头重修，四方募缘，使古寺重光。太平天国运动期间（1851—1864），寺庙神像被毁，古寺逐渐衰落。“文化大革命”期间该寺被毁。1982年，由释照香法师携众重建。

龙珠寺　位于瑞金市象湖镇瑞明村罗布塘龙角坑。始建于明万历三十一年（1603），清雍正元年（1723）一度修复，直至清末毁于战乱。1998年5月，在龙珠寺遗址附近重建龙珠寺。是瑞金市佛教中心寺院，也是一处集宗教活动、旅游、休闲度假为一体的景点。

海莲寺　位于宁都县县城中山北路长庚门南面。元代斋人莲花祖师始建，原名“海莲庵”。民国26年（1937）改为“海莲寺”。原址地域宽广，殿堂耸立，庄严肃穆。“文化大革命”时僧逐寺荒，改革开放后，佛日重光。先后建起斋堂、厨房、客房、接待室、法场流通处、山门和一幢三层的大殿，内安放有6尊玉佛、一号洁玉释迦文佛、千号铜佛。

青龙寺　位于宁都县翠微峰景区东北部，瑞竹峰北侧，距县城6千米左右，海拔约300米，因岩下青龙潭而得名。青龙寺建于青龙岩内，坐东南，朝西北，傍岩穴构筑，似空中楼阁，无须片瓦，雨不能侵。寺建于光绪年间（1875—1908），后更名甘露寺，今又称“青龙寺”。后在东侧依山兴建大雄宝殿地塔和客堂、餐厅、议事堂、招待所等配套设施。

光明寺　位于全南县金龙镇兆坑村西面2千米处。始建于明朝中期。寺院依山傍水，修筑于悬崖峭壁之上，成为附近村民祈求平安、风调雨顺的朝拜之地。1990年10月，广东省丰顺县人民张新其用自己在全南承包建筑工程多年的积蓄，在山崖下的平地上新建“御世祖庙”殿堂，殿堂内供奉盘古、炎帝、黄帝、武夷王爷、福德龙神等神像。1997年，重建“仙师宫”，后又续建僧房、社官殿等。1998年，建起跨河水泥桥后，通过筹集民间资金，扩大寺院规模，占地5.7公顷。后聘请僧人到寺住持，更名“光明寺”。

二、教堂

据《赣州地区志》载：中华人民共和国成立前，全地区有教堂88所。后历经兴废，至2000年，赣州天主教、基督教登记的活动场所71所，其中天主教6所、基督教65所。主要教堂：

赣州天主堂　创建于清顺治七年（1650）。当时驻赣州的南赣总督佟国器给在赣州传教的法国耶稣会传教士刘迪我城内一块土地，刘迪我遂建立一座教堂。清康熙二年（1663）教众达2000余人。康熙三十五年（1696）柏理文到赣州主持教务。18世纪严厉“禁教”时期，教堂焚毁殆尽。清道光十八年（1838），耶稣会及方济各会教士他调，由圣味增爵会传教士接任教务，重建教堂。清末禁“洋教”运动时期，教堂再度被毁。清光绪二十五年（1899），圣味增爵会传教士在章贡区城区大公路94号重建教堂和房舍。1920年，赣州教区成立，该堂即为主教座堂。中华人民共和国成立之初，仍有正、副主教各1名，外籍神父6名，中国籍神父13名，修女30余人，教徒1533名，听道者348名。1950年至1952年9月，赣州天主堂外籍传教士因进行非法活动被分批驱逐出境，教堂由中国籍教父管理。“文化大革命”期间，教堂被挤占改作他用。1983年落实政策，折价偿还赣州市（今章贡区）天主教教会。1984年，赣州市（今章贡区）天主教教会在罗家巷兴建经堂和教职人员住房，建筑面积446平方米，6月，被省政府列为省重点教堂。

太窝里天主堂 位于南康市大富乡太窝里。清同治三年（1864）建于南康县太窝里。最初驻堂神父为法国人。随后意大利籍神父江督烈在此教堂组建亚纳修女堂等附属机构。清光绪三十三年（1907）8月教案中，教堂被毁，江督烈神父被杀。清光绪三十四年（1908）重建教堂，建筑面积840平方米，其中，经堂面积696平方米，可容纳千余人。1925年，教堂建起德镜小学、医院、养育院和临时修道院各1所。抗日战争时，赣州修道院一度搬迁太窝里，同时办有临时育婴堂。中华人民共和国成立前，共建房7处12幢，5089平方米，有教徒1210人。中华人民共和国成立后，美国籍神父雷保禄等人进行非法活动，1951年年底被驱逐出境，教堂由南康籍神父陈独清等负责管理。“文化大革命”期间，圣母堂及其他房屋被挤占，教堂圣像祭台和1座重400千克重的铜钟被捣毁，宗教活动被迫停止。1983年后，被挤占的教堂和房舍归还教会，并由南康县政府拨款修缮。1985年圣诞节前，圣母堂修缮工程结束，并交付使用。

耶稣堂 是赣州基督教（属内地会）最早的教堂。清光绪十七年（1891），美籍牧师马设力创建，设有2所。一所称东堂（今章贡区城区大公路39号耶稣堂），东面隔壁附设传教士住宅；一所称西堂（今章贡区城区西津路71号）。马设力走后，由加拿大牧师李思宋夫妻任教。教务活动有主日大礼拜、查经、圣餐、青年团契、主日学、家庭聚会、街头布道会等。1912年，教会扩大爱灵小学规模，分成男女二校。一所在东堂，名圣教小学堂，专收男生；一所在西堂，名蕴贞女校（后易名育英女校），专收女生。1930年，两校合并为三一小学。1984年6月，大公路耶稣堂（常称“礼拜堂”）被省政府列为省级重点教堂。1988年10月，大公路礼拜堂正式复堂。礼拜堂占地面积891.4平方米，建筑面积346.5平方米。礼拜堂有主日崇拜，进行查经、祷告、唱诗聚会等活动，每年还举办义工培训班。先后选送数名青年信徒到神学院校深造。

第五节 摩崖石刻 石碑

一、摩崖石刻

西晋摩崖石刻 位于上犹县双溪乡大石门村杨屋。文字面积1平方米，内容为四言古诗一首，共14句。石刻平面左宽右窄，字迹依石面而刻，不规则，字体也大小不一，阴文。全诗如下：青山翠色，磊落葱茏。石漱浅浅，飞龙翩翩。壁立中柱，波涛汹涌。形曰灵龟，义文是宗。显千万世，申锡无穷。蔚起人文，有虞歌风。猗欤胜地，于焉托踪。经省考古队考证，此碑刻为省内发现最早的摩崖石刻之一。列为省级文物保护单位。

丫山石刻 位于大余县丫山灵岩寺后山一弧形青石壁上。石壁长19米、宽7.8米，面积148.2平方米。壁上横排阴刻楷书“片石云飞”4个大字，每字高约1米，宽0.8米，字体潇洒自如，飘然若飞，为该县最大的摩崖石刻。何人何时题书无考。石壁的下端有多首赞颂石刻的刻诗，字体多样，多已模糊，还能辨认的唯有清康熙三十一年（1692）二月恒启老人的题诗“片石云飞自古今，玉窗把对恣闲吟。有人问我西来意，砚著毫端庆以人。”

金精崖刻 位于宁都县翠微峰风景区金精洞口北侧10米处。保存有宋代、元代、明代、清代崖刻各一方：北宋皇祐四年（1052）“金精福地”题刻，阴刻竖排，面积2平方米；元延祐二年（1315）五言古诗《平冠颂》，阴刻楷书竖排，可识271字，记述镇压蔡五九起义史实；明万历年间（1573—1620）“金精胜概”，楷书浅刻，面积6平方米；清道光年间（1821—1850）《游金精》阴刻隶书，可辨识26字。为省级文物保护单位。

需岩摩崖石刻 位于于都县小溪乡桃枝村香台山。为北宋书法家、理学家王鸿隐居处。在香台山方圆约2平方千米一带的需岩、木樨岩、钓岩、涵虚洞等处的崖壁上，分布有4处共18品摩崖题刻，题刻大多为王鸿在香台山隐居时所刻。“木樨岩”“峿山铭”“钓台”“渔台”等篆刻历历可见，《太元经》和《相鹤经》石刻依稀可辨。此外还有其他一些历代文人墨客游记题刻。需岩题刻字体以篆体为主，也有一部分使用隶书和草书。石刻现存最早的刻于北宋熙宁五年（1072）。石刻分布广，品数多，在江南典型丹霞地貌松脆崖壁上保存完好，十分难得。

汉仙岩摩崖石刻 位于会昌县筠门岭镇营坊村羊角水河西岸，方圆5千米，相传为八仙之一汉钟离得道成仙处，故名汉仙岩。开拓于明隆庆二年（1568），历代文人名士题咏摩崖石刻尚存22处。入口处山崖上方阴刻由明代王廷臣题、吴之章书的“虔南第一山”5个大字，字体为行书。从仅容一人进出的“合掌门”入，弯腰进“鞠躬门”，穿过山门寺，右侧距地面6米高处有阴刻楷书“壁立万仞”4字，沿崖壁前行有“天子万年”“渐入佳境”“仙人奕乐”“天根”“月窟”等石刻。岩内原建有汉仙岩寺，后毁，1981年重建，寺内藏有明隆庆元年（1567）“汉仙岩斋人杨奉法名明圆，于隆庆五年开建本岩三堂殿宇……”石刻，记载汉仙岩开拓建寺史实。1987年12月，被公布为省级文物保护单位。

五龙岩摩崖石刻 位于石城县琴江镇西外村。五龙岩背靠西华山，峭壁耸立，像一座天然屏风。岩石长150米，岩高约50米，走道宽约3米，岩东有数十米高的瀑布飞流而下。岩中有宋元时期的摩崖石刻5方。“清胜五龙岩”为行书阴刻，石刻长1.8米，宽1.1米，左下竖行楷书阴刻“嘉定己卯夏日邑人陈孝荣书”（陈孝荣，石城人，官至武经大夫，殿前司摧锋军统制）；另有南宋嘉熙二年（1238）石城邑令赵东之七言诗刻和南宋淳祐十年（1250）无名氏五言诗刻各一方；元代天历二年（1329）署名“丰城李克家”五言、七律诗两首各一方，楷书阴刻，石刻长1米，宽0.6米。

海藏寺摩崖石刻 位于石城县琴江镇濯坑村。海藏寺始建于北宋元丰年间（1078—1086），久废，至清顺治年间（1644—1661）重建，“文化大革命”时期毁坏，后重修。寺后有一瀑布，瀑布边石崖上刻有清代僧智犁行书“琴水奇观”4个大字，石刻长4.4米、宽1.17米，前勒小字“印道修”，尾款“智犁立”。寺内有清康熙三十六年（1697）住持僧龙山沛题书的“海藏寺”石刻门额、知县万丹诏撰文并书的“重修海藏寺碑记”、清康熙六十一年（1722）“海藏寺肇始沿革碑记”、雍正三年（1725）记载智犁经手购置田产的“海藏寺山田碑记”等石刻4通。

仙桃岩摩崖石刻 位于石城县琴江镇大源村丈夫嶂。仙桃岩，古称“楼盖丹砂”，为石城县古琴江八景之一。传说该岩为宋代进士许褒［石城县小松乡许坊人，字柳之，北宋大中祥符元年（1008）进士］读书处，亦名读书岩。岩中有一摩崖石刻“买田碑记”，高1.54米、宽1.13米。清同治元年（1862）刻，楷书。

二、石碑

皇帝岩重修佛刹记碑 位于于都县银坑镇上排村。该碑为青石，立于皇帝岩寺正殿中。碑通高2.08米、宽0.65米，有碑座。主碑篆刻“隆庆辛未皇帝岩重修佛刹记碑”13个大字，碑文系四川重庆府合州知州泰和十州尹宗武于明万历五年（1577）作，楷书阴刻，记述皇帝岩的来历及明隆庆五年（1571）重修佛刹的经过，并对附近一些地名的由来作了详记，共16行569字。1984年5月，于都县政府公布为县级文物保护单位。

梅岭石碑 位于大余县梅关景区驿道旁。石碑有两块，一块立于梅关关楼北侧，清康熙年间（1662—1722）始立，赭红石质，高2.76米，宽1.2米，厚0.12米，碑上端呈半弧形，中阴刻楷书“梅岭”二字，每字1米见方，苍劲雄浑，现保存完好；一块立于梅岭北侧半山腰的驿道转弯处，清同治年间（1862—1874）所立，赭红石质，长2.7米、宽0.6米，横排阴刻楷书“重来梅国”四字。

王文成公祠碑及祠碑记 位于崇义县县城。明隆庆二年（1568）刻祠碑及祠碑记，青石碑。正中刻有“明新建候王文成公祠”9个阴文大字和重修王文成公祠铭记。原放置在王文成公祠门前侧，后移至西大街县文化馆内。

平浰碑 明弘治、正德年间（1488—1521），广东省三浰县（今和平县浰源）与江西省龙南县举行大规模农民起义，其势“震惊京师”。王阳明奉朝廷之命，亲率大军征剿。明正德十三年（1518）三月，进剿结束，旋即班师回朝。途经龙南县时，正值阳春三月，春暖花开，气候宜人，是郊游的大好时光。一天，王阳明率随从20余人，畅游龙南县县城北郊名胜玉石仙岩。由于胜战，喜上心头，为表其功，遂撰文勒碑，以作纪念，名曰《平浰碑》。全文如下：四省之寇，惟浰尤黠。拟官僭号，潜图孔烝。正德丁丑冬，輋猺既殄，益机险阱毒，以虞王师。我乃休士归农以绥之。戊寅正月癸卯讨擒其魁，遂进兵击其懈。丁未破三浰，乘胜追北，大小三十余战，灭巢三十有八，俘斩三千余。三月丁未回军，壶浆道迎，耕父遍野，父老咸欢。农具不陈，于今五年，复我常业，还我家室。伊谁之力？赫赫皇威。匪威曷凭？爰伐山石，用纪厥成。

茶寮碑刻 崇义县思顺乡桶岗村离村2.5千米的小河西岸，有一深潭，上面为悬崖绝壁，在壁立的崖石上，刻有一碑，名为“茶寮碑”。此碑系明正德十二年（1517）巡抚王阳明镇压以谢志山为首的农民起义军后所刻。磨石碑刻高3.75米，宽1.85米。碑文为：“正德丁丑，猺寇大起，江、广、湖、郴之间骚然，且四三年。于是上命三省会征。乃十月辛亥，予督江西之兵自南康入。甲寅，破横水、左溪诸巢，贼败奔。庚申复，连战，贼奔桶冈。十一月癸酉，攻桶冈，大战西山界。甲戌，又战，贼大溃。丁亥，与湖兵合于上章，尽殪之，凡破巢大、小八十有四，擒斩二千余，俘三千六百有奇，释其胁从千有余。众归流亡使复业。度地居民，凿山开道，以夷险阻。辛丑，师旋。呜呼！兵惟凶器，不得已而后用，刻茶寮之石，匪以美成，重举事也。提督军务都御史王守仁，书记功御史屠侨，监军副史杨璋，参议黄宏，领兵指挥许清，守备郏文，知府邢珣、伍文定、季学支、唐淳，知县王天与、张戬。”该碑刻字迹虽有剥蚀，但大部分仍可辨认。

第八章 文博事业

1986—2000年，全市（地区）逐步形成“保护文物，人人有责”的社会风尚，文物保护安全措施得到落实，文物保护经费到位，从根本上改善文物保护条件，促进赣州文物、名城的依法管理和科学管理。在行政主管部门和博物馆专职管理文物工作的基础上，依靠社会力量进行文物保护，形成管理与保护机构相结合、专业与业余相结合、城市和乡村共保的文物保护网络。通过对文物的普查，公布数批国家级、省级和市、县级文物保护单位，设立多处历史文化保护区。文物保护单位得到维修加强，国家和地方投入大量资金对赣州各级文物保护单位进行维修。各地还结合城市建设的特点，将文物保护纳入当地城市建设规划，妥善处理基本建设和文物保护之间的矛盾，在经济发展的同时，古城和文物得到全面、有效的保护。

第一节 文物管理

一、管理机构

2000年，全市有瑞金中央革命根据地纪念馆、赣州市博物馆（兼赣南中华客家博物馆）、兴国县革命纪念馆、宁都县博物馆、于都县博物馆、大余县博物馆、会昌县博物馆、安远县博物馆、寻乌县革命历史纪念馆、赣县博物馆、南康市博物馆、信丰县博物馆、石城县博物馆、崇义县文物管理所、上犹县博物馆、瑞金市文物管理所、定南县文物管理所、龙南县博物馆、全南县文物管理所等纪念馆

（博物馆）20 座。有专职文博干部职工 160 人，其中赣州市博物馆 35 人（高级研究人员 3 人、中级研究人员 9 人）。

二、地方配套法规

市（地）、县两级人民政府按照《中华人民共和国文物保护法》的要求，结合当地实际，先后颁布、实施一系列文物保护管理法规。1986 年，赣州市（今章贡区）政府颁布《赣州市文物保护管理办法》《关于加强宋代古城墙保护的通知》《划定第一批文物保护单位保护范围》等系列文件。1988 年，大余县政府颁布《关于大余县文物保护暂行管理办法的通知》《关于建窑、采石生产建设中文物保护的通知》。1990 年，安远县政府印发《批转县文化局关于进一步加强文物工作的意见的通知》。1992 年，赣州地区行署印发《赣州行署批转地区文化局〈关于进一步加强文物工作的意见〉的通知》。1994 年，瑞金市政府颁布《瑞金革命文物保护管理规定》。至 2000 年，赣州市及各县（市、区）人民政府将文物保护纳入法制化管理。

三、文物保护网络

1987 年，赣州市（今章贡区）恢复赣州市文物管理委员会。其他县也先后成立文物管理委员会。1992 年 5 月，赣州地区文物保护管理委员会成立。18 个县（市）普遍建立县级文物保护管理行政机构，对文物实施行政管理。瑞金中央革命根据地纪念馆对革命旧址采取保护措施。1991 年，在旧址相对集中的叶坪乡和沙洲坝镇设立叶坪、沙洲坝革命旧址群管理处，制定《关于保护、管理参观旧址的若干规定》，颁布实施《瑞金革命遗址保护规划》；搞活国际博物馆日和江西文物保护周宣传活动，提高全民的文物保护意识；争取当地人民政府和领导支持，解决旧址产权归属和杂居的难题，成功探索出一条利用社会力量保护革命文物的路子。近 30 个中央部委在瑞金“寻根问祖”，建立革命传统教育基地，掀起革命文物保护热，得到国家文物局的充分肯定。

四、文物保护单位

1986 年，对文物进行普查，18 个县（市）先后公布 125 处各级文物保护单位，其中全国重点文物保护单位 1 处计 15 个点、省级文物保护单位 21 处、县（市）级文物保护单位 103 处。1994 年，赣州市（今章贡区）被国务院公布为国家历史文化名城。1997 年，赣州市（今章贡区）政府公布第三批文物保护单位 26 处、历史文化保护区 3 处（即南市街、灶儿巷、中山路 3 条街区），以保存赣州宋城的历史文化风貌。2000 年，全市共有各级文物保护单位 304 处，其中全国重点文物保护单位 4 处计 18 个点、省级文物保护单位 55 处、县（市、区）级文物保护单位 245 处，历史文化保护区 3 处。完成文物保护单位和历史文化保护区的“四有”（有保护标志、有保护范围、有文物档案、有专人管理）工作，对部分地处偏远的文物保护单位（如章贡区七里镇古瓷窑遗址、崇义县茶寮碑等），在当地成立文物保护小组，由当地群众负责日常性的保护工作。

全国重点文物保护单位选介 宁都起义总指挥部旧址 1931 年 12 月 14 日晚，国民党第二十六路军在驻地宁都县县城东隅的耶稣基督教牧师住宅楼上召开团以上军官会议，组织与发动 17000 余官兵起义参加中国工农红军，史称“宁都起义”。指挥部旧址坐西向东，是 1 座四方形的歇山顶 2 层楼房，砖木结构，底层高出地面约 2 米，地板楼，四周上下 2 层均有宽敞的木板走廊，走廊为半圆形拱券围廊，房大门为券形砖门和木门，外形略具有西欧建筑风格。建于民国 5 年（1916），保存完好。1988 年 1 月晋升为全国重点文物保护单位。

通天岩石窟 位于赣州市章贡区西北郊，距市中心城区 10 千米。石窟长 1.22 千米、宽 0.99 千米，总面积为 80 公顷。在峻峭悬凸凹深多姿的崖壁上，有唐、宋时期的石龛造像 348 尊、石龛 279 座，自宋代以来的名人题刻 124 品，分布在通天岩、翠微岩、同心岩（又称“龙虎岩”）、观心岩、忘归岩 5 个风景点，其数量之多，为江南之冠，是华夏重要的艺术宝库之一。1957 年，石窟被列为省级文物保护单位。1999 年 10 月，建立通天岩文物管理所，在题刻上方增建工程保护带，免除雨水洗刷。石窟的历史文物保存基本完好。1983—1985 年，先后 3 次投资 35 万元用于通天岩石窟石刻造像的保护。1988 年 1 月晋升为全国重点文物保护单位。

省级文物保护单位晋升增加 1987 年 12 月至 2000 年 7 月，全市（地区）共有 38 处文物保护单位晋升为省级文物保护单位。1987 年 12 月，晋升的有（赣州）玉虹塔、赣州文庙，（于都）水头步蟾坊、中共赣南省委旧址、赣南省苏维埃政府旧址，（兴国）“永镇江南”题额、中共江西省委旧址、中共兵工厂旧址、江西省第一次工农兵代表大会旧址、江西省军区（含红军检阅台）旧址、兴国长岗乡调查旧址，（宁都）山堂古窑址、翠微峰摩崖石刻、朗际节孝坊、红一方面军总前委“黄陂会议”旧址、小布中共苏区中央局旧址，（瑞金）中国工农红军总政治部旧址、中华苏维埃共和国临时中央政府旧址、龙珠塔，（石城）石龙岩崖石刻、太平天国幼天王洪天贵福囚室、杨村坊式亭，（会昌）汉仙岩摩崖石刻、会寻安中心县委旧址、中共粤赣省委旧址，（寻乌）上甲古窑址、寻乌调查旧址，（安远）永镇桥，（信丰）油山游击队交通站——上乐塔，（大余）梅关与古驿道，（崇义）平茶寮碑，（上犹）石门摩崖石刻，共 30 处。2000 年 7 月晋升的有，（于都）毛泽东和周恩来等中央直属机关长征第一渡，（定南）巽塔，（龙南）关西新围，（安远）东生围，（石城）永宁桥，（兴国）红军总医院院部旧址，（瑞金）大柏地战斗旧址，（宁都）宁都会议旧址，共 8 处。

五、依法行政

全市（地区）各级文博主管部门与当地公安、工商等有关执法部门依法行政，处理各类违法案件，严厉打击文物盗掘和走私活动。全市（地区）共打击文物走私 80 余起，缴获走私文物 3000 余件，其中有东汉青釉瓷五联罐、宋代铜镜和明代青花人物山水梅瓶等一批国家一、二级珍贵文物。1986 年以来，赣州地区博物馆、赣州市（今章贡区）博物馆先后查（缴）获 10 多批走私文物，共 500 余件。于都县、安远县、石城县、宁都县、信丰县、寻乌县、南康市、赣县、会昌县、龙南县等县（市）文博单位积极配合当地公安、工商等部门打击当地及广东省、福建省、抚州市等异地的不法文物商贩，缴获大量的走私文物。1988—1989 年，赣州市（今章贡区）文化局与城建、公安、司法等部门联合，先后拆除设在赣州古城墙上的 188 户违章建筑和赣南炼锡厂建于省级文物保护单位——玉虹塔保护范围内的违章建筑。

六、纳入城市建设规划

赣州市（今章贡区）旧城区是在宋代城市范围和功能设施的基础上发展而成，至今仍保留自宋代以来的街道布局、城市功能分区和下水道系统，且大多数重要文物古迹都分布在旧城区范围内。

1991 年，赣州市（今章贡区）政府邀请北京大学教授宿白、国家文物局研究员罗哲文等文物专家到赣州进行文物考察，并就赣州文物保护和城市建设提出许多建设性意见。赣州市（今章贡区）政府根据文物专家意见，结合城市建设特点，及时改变原城市规划中所制定的旧城改造方针，把以“旧城区改造为主、新城区开发为辅”变为“新城区开发为主、旧城区改造为辅”的建设方针，妥善处理好基本建设与文物保护之间的矛盾。在制定《1996—2010 年赣州市城市总体规划》时，将赣州市（今章贡区）划分为古城保护区、重点文物保护区、新城现代城市景观区、重点发展新城区 4 个区域。为搞好古城风貌和历史文物的保护，在城市总体规划中专门划定文物保护范围和建设控制地带，并对文物保护单位进行重点分级保护，即旧城区规划面积为 6.3 平方千米，其中属文物保护的面积为 0.8 平方千米，在文物保护范围内严禁新建项目，在建设控制地带区规定建筑高度，在外观、造型、体量、色调等方面都必须与文物相协调。在万安水库建设过程中，从既有利于基本建设、又有利于文物保护和解决旧城区将被淹没问题出发，赣州市（今章贡区）文物、水电、城建等部门在最大限度地保护古城墙方面作出长期而巨大的努力，将旧城区内的东段古城墙按防洪要求修复，1996 年全部拆除古城墙上的违章建筑，全线贯通古城墙，并按“修旧如旧”的原则维修西段古城墙。为保证旧城区文物古迹的总体协调和呼应关系，为郁孤台、八境台、舍利塔 3 处文物保护单位划出 3 条宽 40 米的空中视廊，在视廊内的建筑高度均予限制；根据旧城区不同地段的历史文化环境，将南市街、灶儿巷、中山路 3 条街区公布为历史文化保护区，并制定历史文化保护区的保护规划。

第二节　文物维修

各级文物管理部门贯彻“保护为主，抢救第一”的方针，多方筹资对所在地的文物古迹实施抢救性维修，恢复一批濒于倒塌和毁灭的文物古迹，旅游景区、景点面貌明显改观。至 2000 年，全市（地区）共筹资 1300 多万元，维修各级、各类文物保护单位。

一、赣州文物古迹维修

赣州市（地区）文物管理部门多方筹资对全市（地区）文物古迹实施抢救性维修。全市（地区）共筹资 500 多万元，分别抢修郁孤台、八境台、通天岩石窟、古城墙、文庙、武庙、玉虹塔、龙凤塔、西津门、虎岗儿童新村牌坊、花园塘 1 号蒋经国旧居、夜话亭等一大批文物古迹，其中八境台 1983—1987 年重建，文庙大成殿 1988—1993 年进行屋顶维修，郁孤台 1994 年进行瓦面维修，八境台至涌金门古城墙 1994 年按防洪要求修复，通天岩石窟防风化一期工程 1995 年完成，从八境台西面至花园塘 1 号蒋经国旧居古城墙的维修 1998 年完成，玉虹塔和龙凤塔 1998 年全面维修竣工，2000 年维修西段古城墙。

二、梅关古驿道维修

始设于秦、素有“岭南第一关”和“南方丝绸之路”之称暨“梅花国”之美誉的大余梅关古驿道及梅岭，经过千余年的沧桑岁月，尤其是近百年来粤汉铁路、赣粤公路开通后，梅关古驿道因失去其南北交通要道的作用而逐渐废置。1979—1998 年，大余县组织青少年在梅岭种植梅树 5 万余株。从 1982 年以来，省文化厅和大余县政府先后共拨款近 10 万元，按原貌全面维修梅关古驿道近 2 千米，对梅关关楼全面整修和加固，修筑通往梅岭的简易公路 3 千米。1991—2000 年，大余县拨款近百万元陆续修复古驿道沿途原有建筑，兴建梅岭碑林，复原陈毅当年脱险隐蔽处，建起旅游点。梅关和古驿道被公布为省文物保护单位，梅岭也被列为省重点风景名胜区和市、县爱国主义教育基地。

三、古塔维修

无为寺塔维修　1981 年 7 月，省文化厅拨款 5 万元维修安远县无为寺塔。至 1984 年，共计拨款 14 万元，加上安远县政府拨款 3 万元，合计拨款 17 万元，对无为寺塔进行全面维修。无为寺塔高 61.3 米，铜铃宝顶、飞檐翘角、雄伟壮观。1986 年 2 月，无为寺塔正式对外开放。

大圣寺塔维修　1983 年，省文化厅拨出专款，计划对信丰县大圣寺塔进行全面维修。至 1992 年，拨款 76 万元，加上信丰县政府 1988 年拨款 10 万元，累计拨款 86 万元。1984 年开始维修，至 1990 年，第二期工程完成并对外开放。大圣寺塔高 66.25 米，为江南最高的宋代古塔，在全国现存的宋塔中，其高度仅次于河北省定县开元寺料敌塔（塔高达 84 米）。大圣寺塔位于信丰县城中心地段，成为游人登塔俯瞰全城、一览信丰盆地胜景的重要名胜古迹。

宝福院塔维修　1985 年，省文化厅拨出 5 万元专款。至 1992 年，省文化厅先后拨款 90 万元，加上石城县人民政府拨款50万元、民间集资30万元，累计投入170万元。1991年10月开始维修，1992年11月竣工。修成后的宝福院塔，高58.71米，隔琴江河与石城县城相望。宝福院塔是赣州市3座宋塔维修最好的1座，受到有关专家的高度赞扬。

三座明塔、一座清塔维修 1996年12月，定南县明代巽塔全面维修竣工。1997年，宁都县明代水口塔全面维修竣工，总投资130万元。1998年，赣州市（今章贡区）明代玉虹塔（又称“白塔”）和清代龙凤塔全面维修竣工，总投资为20余万元。

四、苏维埃革命旧址维修

赣州市（地区）有国家级革命旧址16处，其中有15处分布在瑞金市，另1处在宁都县。1986年以后，国家和省文物管理部门加大对16处国家级革命旧址投入，进行维修或重修。1983年和1996年省文物局共拨款3600元对红军烈士纪念亭进行保养性维修；1984—1990年全国总工会共拨款45万元翻修中华全国总工会中央执行局旧址（含全总苏区执行局）并新建围墙；1986年省文物局拨款3000元翻修中央革命军事委员会军委印刷厂，1991年拨款近4000元对中央革命军事委员会旧址（石城县）进行保养性维修；1987年省文物局拨款20万元对中华苏维埃共和国临时中央政府大礼堂进行大规模的保养性维修，1988年省文物局拨款5800元拆迁重建博生堡；1991年、1996年国家文物局先后拨款1万元和5万元对中华苏维埃全国第一次代表大会会址（含中华苏维埃共和国临时中央政府旧址）进行保养性维修；1991年国家投入80万元对瑞金市叶坪乡的国家级革命旧址群内居住的群众搬拆迁，1991年民政部拨款10万元对红军烈士纪念塔进行加固性维修，1991年省文物局拨款10万元对中央执行委员会旧址进行加固性维修，1992年、1998年国家文物局共拨款26万元对“宁都起义”总指挥部旧址进行较大规模的维修保护，1996年由省文物局拨款4000元对中共苏区中央局旧址进行保养性维修，1996年省文物局拨款1500元对红军检阅台进行保养性维修，1996年国家文物局拨款2000元对中央人民委员会旧址进行保养性维修，1996年省文化厅拨款5000元对中共中央政治局旧址（含中共苏区中央局旧址）进行保养性维修，1998年团中央拨款10万元对中国共产主义青年团中央局旧址（含中共苏区中央局旧址）进行加固性维修，1999年省文化厅拨款5000元对公略亭进行加固性维修。

赣州市（地区）共有19处革命旧址为省级文物保护单位。各级人民政府对省级文物保护单位的革命旧址也注入一定的资金给予维修。1978年和1986年国家和省文物局拨款32万多元对5处革命旧址进行保养性或加固性维修，1986年国家和省文物局共拨款10万元对粤赣省委旧址、会寻安中心县委旧址2处革命旧址进行加固性暨保养性维修，1988年各级人民政府投入2万多元对宁都红一方面军总前委“黄陂会议”旧址和中共苏区中央局成立旧址（含毛泽东同志旧居）进行维修，1988年国家和省文物局先后共拨款10万元对赣南省苏维埃政府旧址和毛泽东长征前夕旧居——县城北门外何屋、中共赣南省委旧址——县城北门天主堂革命旧址进行加固性或保养性维修，1988年省文物局拨款3万元对信丰县上乐塔（油山游击队交通站）进行保养性维修，1989年省文物局拨款3.4万元对中华苏维埃共和国临时中央政府旧址（瑞金云石山）进行加固性维修，1990年省文物局拨款1万元对中华苏维埃共和国中央革命军事委员会旧址（瑞金洋溪）进行保养性维修，1990年省文物局拨款2万元对宁都江西军区司令部旧址进行维修，1991年省文物局拨款2万元、1998年宁都县人民政府拨款2.4万元对宁都中共江西省委旧址进行维修，1997年省文物局拨款3万元对中国工农红军总政治部旧址（瑞金白屋子）进行保养性维修，2000年省文物局共拨款5.2万元对寻乌调查旧址进行维修保护。

第三节　考古发掘

一、地区博物馆考古调查与发掘

1985 年 11 月至 1987 年 1 月，地区博物馆会同赣州市（今章贡区）博物馆和省文物考古研究所先后两次对赣州市（今章贡区）七里镇古瓷窑遗址进行发掘，在张屋岭发现 2 座宋代龙窑，并出土青釉瓷、青白釉瓷、白釉瓷、黑釉瓷、薄胎仿漆器赫色釉瓷等一大批珍贵的文物。

1986 年 2 月，地区博物馆会同省文物考古研究所和宁都县博物馆组成联合调查组，对坐落于宁都县刘坑乡富塘村马家坑的孙中山先祖孙誗及其原配妻陈氏墓遗址进行实地勘测。

1990 年，地区博物馆会同寻乌县革命历史纪念馆对寻乌县文峰乡上甲五代至宋代古瓷窑遗址进行调查发掘，共查出窑包 44 处，并采集古瓷标本 200 余件，产品主要为青白釉瓷，器形种类有碗、盘、碟、杯、壶、罐等。3 月，地区博物馆与会昌县博物馆在会昌县小密乡小密村六工排万石坑会昌县水泥厂采石厂工地发现一处石灰岩裂隙堆积，并采集一批哺乳动物化石，有：无颈鬃豪猪、大熊猫、西藏黑熊、化石小灵猫、虎、剑齿象、犀、水鹿、麂、牛、野猪、鸟、龟鳖、蝙蝠。哺乳动物化石的组合性质属于华南常见的大熊猫—剑齿象动物群，地质时代为更新世中晚期。

1992 年 5 月，地区博物馆与省文物考古研究所、赣州市（今章贡区）博物馆合作，共同对被盗未遂的明代玉虹塔地宫进行抢救性发掘，出土镇塔之“双流砥柱”铁元宝。该元宝是国内所见最大的压胜钱，经国家文物鉴定委员会鉴定为国家一级文物。

1992 年 7 月至 1993 年 1 月，地区博物馆与赣州市（今章贡区）博物馆联合对赣州古城墙进行全线考古调查测绘、拓印墙体铭文砖，保存珍贵的文物资料。对赣州唐代的城墙断面进行清理，赣州古城墙始用砖砌城的年代推前至唐朝。

1993 年 11 月至 1994 年 1 月，地区博物馆与省文物考古研究所和赣州市（今章贡区）博物馆合作，共同对坐落于赣州市（今章贡区）沙石镇竹园下村的商周遗址进行挖掘，首次发现赣州商周古人类居住的建筑遗址和墓葬。发现有 10 多处群体居址和烤壁墓，文化堆积层约 1 米厚。出土的文物有石镞、石锛、陶制器皿篮、鼎盆和缸等。古遗址的发现，填补吴城文化和岭南文化流向“断层”的空白，为闽粤赣三角区域的考古研究提供新的资料。

1994 年 1 月，地区博物馆和南康县博物馆配合在京九铁路南康段施工的铁十四局四处，在南康县三益镇荒塘村发掘 3 座东汉墓葬，出土陶器 28 件、铜器 17 件、银器 8 件、铁器 13 件。古墓出土的铜器，其精美程度为赣州之冠及江西地区汉墓中所罕见。其中的铜壶、半圆方枚铜镜、铜仓，经国家文物鉴定委员会鉴定为国家一级文物。兽首连弧纹铜镜、铜盘、铜洗、铜盂、铜钵，经江西省文物鉴定组鉴定为国家二级文物。南康县三益汉墓的发掘，为研究湘、粤、闽交接地带赣州地区的独特古文化面貌提供珍贵的实物资料。

1994 年 4 月，地区博物馆与寻乌县革命历史纪念馆为配合寻乌县斗晏变电站工程建设，对寻乌县文峰乡小布村牛坪岌商周遗址进行发掘，开探方 11 个、出土文物标本 1000 余件，种类有陶器、石器、玉器等。

地区博物馆还先后与中国古脊椎古人类研究所、省文物考古研究所深入瑞金市、于都县、信丰县等县（市），钻洞探古寻找赣州的旧石器时代遗址；会同当地博物馆、纪念馆与省文物考古研究所对京九铁路赣州段沿线进行文物勘探调查。与定南县文物管理所共同发掘蕉坑汉墓；与南康市博物馆共同发掘骆驼岭东汉墓等。

二、县（市）博物馆考古调查与发掘

1991 年 9—10 月，赣州市（今章贡区）博物馆与省文物考古研究所配合基建清理七里镇古瓷窑木梓岭堆积，获取一批标本。1994 年 6—7 月，赣州市（今章贡区）博物馆配合省考古研究所清理位于东胜山地区技校基建工地暴露的 42 米古城墙遗址，并进行试掘。1998 年 7 月，赣州市（今章贡区）博物馆在赣南火柴厂小校厂工地发掘出 8 门明代铁炮，炮身铭文显示为明代崇祯六年（1633）所铸，其中最大 1 门长 1.5 米，炮口外径 0.18 米、内径 0.12 米，重达 300 千克；最小的 1 门长 1.1 米，重约 100 千克。赣州市（今章贡区）博物馆与地区博物馆对位于蟠龙镇的武陵东汉墓进行抢救性的清理和发掘，调查郊区商周遗址。

赣县博物馆先后对梅林镇唐墓、储潭乡南朝景平年胡氏墓、储潭乡上高村南朝墓、三溪乡汉墓、白鹭乡官村南朝齐墓和蔡坊村南朝墓、罗溪上高南朝墓、白鹭乡官村商周遗址及湖江乡明窑遗址等进行抢救性清理发掘暨调查。信丰县博物馆对大桥乡小甲背三国墓、于都县博物馆对岭背乡水头村汉墓和罗坳乡古文化遗址、崇义县博物馆对长龙乡汉墓、会昌县博物馆对西江镇段脑村五代墓、兴国县革命纪念馆对永丰乡凌源村南朝天监墓、定南县文物管理所对历市镇商周遗址和蕉坑汉墓、宁都县博物馆对固厚乡元代瓷窑遗址和安福乡唐墓、大余县博物馆对壶头山唐代瓷窑遗址和黄龙乡汉墓、瑞金市博物馆对壬田镇唐代瓷窑遗址等分别进行抢救性的清理、发掘和调查，并采集大量的古代珍贵文物和文本。瑞金、于都、信丰等县（市）博物馆还配合中国古脊椎古人类研究所和省文物考古研究所分别在所辖地内进行赣州旧石器时代遗址的调查。安远县博物馆配合省文物考古研究所、地区博物馆共同调查新龙乡古瓷窑遗址和专烧匣钵窑遗址。赣州市（今章贡区）、南康市、大余县、信丰县、于都县等县（市）博物馆还在所辖区域内的公路、铁路基建工程中密切注意，抢救一批恐龙蛋、巨龟及恐龙骨额等古生物化石。

第四节　文博研究

1986—2000 年，赣州市（地区）的文博研究有较大发展，大批的论文和专著在省级以上专业刊物、权威杂志、出版社发表（出版）或获奖，研究内容比较广泛，主要有遗址发掘报告、遗址调查报告、墓葬清理报告，文物专论和专题研究，客家宗族社会、赣州客家围屋及其他古代建筑的调查和研究，赣州客家聚落的调查和研究，赣州客家民情、风俗的调查研究等，赣州市（地区）文物界加强与外界的学术交流和合作，参加国内、外的专业学术研讨会，1993 年 8 月举办中国首届客家围楼民居研讨会，2000 年 6 月举办客家与赣南学术研讨会。

一、赣州市（地区）博物馆文博研究

博物馆专业人员在省级以上刊物发表论文 100 余篇，出版专著 13 部：《第一次反“围剿”》（江西人民出版社出版）、《回忆中央苏区》（江西人民出版社出版）、《中国古代建筑基础知识》（南方文物杂志社出版）、《毛泽东在中央苏区》（厦门大学出版社出版）、《桥、牌坊》（上海人民美术出版社出版）、《赣南历史》（中国地图出版社出版）、《赣南围屋》（中国建筑工业出版社出版）、《牌坊》（中国建筑工业出版社出版）、《塔》（中国建筑工业出版社出版）、《斗拱》（中国建筑工业出版社出版）、《文化建设与苏区文化传统》（宁夏人民出版社出版）、《赣南宗教与道教文化研究》（国际客家学会、法国远东学院、海外华人资料研究中心联合出版）、《赣南文物集锦》（香港天马图书有限公司出版）。从 1991 年起不定期编辑出版《客家源》杂志，至 2000 年年底，《客家源》杂志共出刊 6 期，选刊文章 180 篇。这些文章从理论上阐述对赣州市（地区）客家历史的理解，对推动赣州市（地区）的客家研究和扩大赣南在外界的影响起到重要作用。

二、章贡区博物馆文博研究

博物馆开展赣州地方史和客家文化研究，陆续出版《古城赣州》（江西美术出版社出版）、《江南石窟通天岩》（江西美术出版社出版）等专著，先后在《人民日报》、《中国文物报》、《文物》（月刊）、《考古》、《南方文物》等国家级和省（部）级报刊发表数十篇专业论文。

三、兴国县革命纪念馆文物科研

兴国县革命纪念馆在中央、省、地各级刊物发表研究文章60余篇，参加和承担新编《兴国县志》《苏区兴国模范县》《关山阵阵苍》《回忆中央苏区》《将星璀璨》《中国文物图集——江西分册》《中华名匾》《中央苏区货币图鉴》等书的编著和版式设计工作。印发《毛泽东七次来兴国革命活动简介》《兴国革命遗址图片》《光辉的榜样》《毛泽东、朱德在兴国革命实践简介》《兴国县文物志》《文物保护单位简介——兴国》和苏区兴国模范县彩页等宣传资料。

四、瑞金中央革命根据地纪念馆文物科研

瑞金中央革命根据地纪念馆文物专业人员在国家级和省、市期刊发表研究文章50余篇。编纂出版《红都瑞金》、《共和国摇篮——话说中央机关在瑞金》、《中央苏区廉政史》、《中央革命根据地历史》、《前进的足迹——新华通讯社发展史》、《邓小平同志在中央苏区》、《中央革命根据地新闻出版史》（江西高校出版社出版）、《红色故都——瑞金中央革命根据地纪念》（中国大百科全书出版社出版）、《伟大的预演——中央机关在瑞金》（知识出版社出版）等系列革命历史教育丛书。上述系列文物科研成果，引发近30个中央部委在红都——瑞金的“寻根问祖”热，新华社、财政部、国家粮食储备局、全国总工会、审计署、公安部、司法部、最高人民检察院、最高人民法院和商务部等先后修复相应的部委旧址，建立革命传统教育基地。

第五节 文物陈列展览

全市（地区）各级文博单位以文物景点为阵地举办各类对外陈列展览，接待国内外大量游客旅游观光和参观学习。

一、瑞金中央革命根据地纪念馆文物陈列展

瑞金中央革命根据地纪念馆先后举办中央革命根据地文物展览、中央苏区廉政史迹展览、中央革命根据地历史陈列、前进的足迹——新华通讯社发展史图片展览等革命旧址基本复原陈列展。增设辅助陈列和临时展览，如瑞金中国工农红军总政治部旧址增设《红都人民爱戴您——邓小平同志在中央苏区》、红都教育史迹展览、一代伟人——毛泽东百年诞辰图片展、纪念中国抗日战争胜利暨世界反法西斯战争胜利50周年图片展和一国两制、百年梦圆——香港回归祖国展等。整理编写《瑞金革命旧址集锦》折页画和《瑞金革命文物志》《中央革命根据地大事记》等资料。瑞金叶坪和沙洲坝革命旧址每年接待参观、学习游客和来宾10万左右人次。不少革命旧址被有关单位列为各种形式的革命传统教育基地，有的单位组织干部群众从千里之外到红都革命旧址考察参观。1994年4月，瑞金叶坪革命旧址群被南京军区政治部命名为南京军区青年官兵教育基地。1995年被中共赣州地委、赣州地区行署命名为赣州地区爱国主义教育基地，被中共江西省委、江西省人民政府命名为江西省爱国主义教育基地，被共青团中央命名为全国青少年教育基地。1996年9月，被国家教育委员会、民政部、文化部、国家文物局、共青团中央、中国人民解放军总政治部联合命名为全国中小学爱国主义教育示范基地。1998

年 6 月，被全国工商联命名为全国工商业联合会爱国主义教育基地。

二、赣州市（今章贡区）博物馆文物景点陈列展

宋城赣州一大批文物古迹得到修缮恢复，促进赣州市（今章贡区）旅游业和经济的发展。博物馆每年不定期在郁孤台、八境台、通天岩石窟、文庙、武庙、古城墙、虎岗儿童新村、花园塘 1 号蒋经国旧居、夜话亭等文物景区（点）举办文物基本复原陈列展和辅助陈列展览，主要有郁孤台爱国诗人辛弃疾生平陈列展、宋城文物精品展、文物字画展、恐龙化石展、“国家历史文化名城——赣州”图片展、虎岗蒋经国旧居陈列展、花园塘 1 号蒋经国旧居陈列展、纪念孙中山诞辰 130 周年图片展、’97宋城旅游月文物精品展、迎澳门回归图片展、雷锋生平事迹展、迎新春书画展、李振亚先生书法展、赣南奇石展、杨年登书法作品展、赣南客家风情展、迎接新世纪书画展等，平均每年接待游客 7 万左右人次，1986—2000 年接待游客 100 多万人次。1994 年 4 月，国务院将赣州市（今章贡区）列为国家历史文化名城。1996 年度，赣州市（今章贡区）博物馆被江西省文化厅授予“全省文博系统优秀爱国主义教育基地”荣誉称号。

三、兴国县革命纪念馆文物陈列展

兴国县革命纪念馆（总馆）以“将军县”和苏区“模范县”为特色，先后举办兴国革命斗争史陈列、兴国苏区文物陈列、毛泽东作长冈乡调查陈列、老红军老干部书画展览、兴国籍将军生平展览等系列基本陈列和临时展览。至 2000 年，共接待观众 30 余万人次。

1986 年 12 月，举办老红军老干部书画展览，征集并展出兴国籍和曾在兴国县战斗与工作过的老红军、老干部书画作品近 200 件，其中有全国政协原副主席肖华的草书横批“春光满地”、国防部原部长张爱萍的行书条幅“长征万里，大展宏图”等。

1989 年 10 月，在兴国革命纪念馆（总馆）举办兴国籍将军生平展览，收集并展出兴国籍将军书写简历 40 多份、历史照片和文物照片 300 多幅、革命回忆录 44 篇、著作 20 多册（部）、诗词 23 首、题词 4 幅、复印文献资料 40 余份，还有将军们的勋章、纪念章、公文包等珍贵文物 20 多件。

四、于都县博物馆文物陈列展

于都县博物馆以中央红军长征为主题，先后制作并举办中央红军长征出发地纪念展，中央英烈图片展等基本陈列，金融卫士——杨大兰和潘星兰英雄事迹展，崇尚科学、反对封建愚昧展，中华之最——珍稀恐龙化石展等辅助陈列展。编印《中央红军长征出发地纪念展览简介》《于都人民革命斗争史略》《伟人足迹——毛泽东在于都革命活动简介》《赣南特委与于都县在步前地区的革命活动简介》《长征第一渡》《红星照征途》《于都县文物志》等地方史料。

五、会昌县博物馆文物陈列展

会昌县博物馆以革命历史文化资源为特色、以中央苏区革命斗争史为复原陈列，先后举办会寻安中心县委旧址陈列、邓小平旧居复原陈列、文武坝毛泽东旧居复原陈列、文武坝粤赣省军区旧址复原陈列、会昌县革命历史陈列、历代钱币展览、毛泽东像章展览、基本县情展览等基本复原陈列和临时（辅助）展览，接待观众 14 万人次。

六、信丰县赣粤边三年游击战争纪念馆文物陈列展

信丰县赣粤边三年游击战争纪念馆 1997 年开放，至 2000 年，共接待观众 6 万人次。主要陈列展览中央红军北上抗日后项英、陈毅、刘伯坚、陈丕显、杨尚奎、刘建华等在江西省信丰县、大余县和广东省南雄县坚持三年游击战争的史实。

七、宁都县博物馆文物陈列展

1986—2000 年，宁都县博物馆以“宁都起义”斗争史为地方特色，多年坚持举办与此有关的革命文物陈列展览，弘扬爱国、抗日精神，共接待观众近 15 万人次。

八、寻乌县革命历史纪念馆文物陈列展

寻乌县革命历史纪念馆以马蹄冈毛泽东作寻乌调查时的旧居为馆址，陈列中央苏区寻乌人民进行革命斗争相关文物和毛泽东在此生活、战斗时留下的有关物件，以及中共寻乌县委首任书记、红四军前委秘书长古柏协助毛泽东作寻乌调查情况的文字介绍，经常聚集大批来自国家党史学界权威、全国名牌大学教授以及闽、粤、赣三地的党史研究者，共同寻求毛泽东对马列主义中国化的探索暨毛泽东思想精髓（灵魂）对当今中国特色社会主义建设之运用的真谛。1986—2000 年，共接待观众 20 余万人次。

九、宋塔等文物开放

全市（地区）5 座宋塔（章贡区的慈云寺塔、大余县的嘉祐寺塔、信丰县的大圣寺塔、安远县的无为寺塔、石城县的宝福院塔），先后有 3 座（安远县的无为寺塔、信丰县的大圣寺塔、石城县的宝福院塔）在经当地人民政府拨款全面维修后正式对外开放。至 2000 年 12 月，累计接待游客 9 万多人次。

第九章　文化市场

1986—2000 年，全市（地区）各级文化行政主管部门按照“立足市场、依法行政、规范管理、促进繁荣”的基本思路，培育和完善文化市场，繁荣和发展文化市场，净化和规范文化市场。从以行政管理为主、到以法制管理为主，从管理的粗放性到逐步走向规范。调动全社会办文化的积极性，推动文化体制的改革，培养和造就文化经营暨管理人才，增强文化单位的活力，促进文化的交流。

第一节　市场建设

一、体系建立

全市（地区）各级文化行政主管部门大力发展文化市场，扩大管理范围。对已逐步形成规模的市场门类（如演出市场、歌舞娱乐市场、书报刊市场、音像市场等）中新的经营网点及时纳入管理，杜绝无证经营的现象。培育农村文化市场及美术品经营、印刷经营、艺术培训、新兴文化娱乐项目等新的市场门类，在办证上实行“三个优先”（下岗职工优先、外地客商优先、退伍军人优先）。对下岗职工、残疾人、特困文化经营户、偏远山区文化经营户的文化市场管理费给予减免，做到“让利求发展”，鼓励和吸引更多的人投资文化经营项目。2000 年，全市有各类文化经营网点 3700 个，其中歌舞厅和卡拉 OK 厅 550 个、电子游戏（艺）机室和桌台球室 560 个、游乐场和夜总会及音乐茶座 180 个、各类艺术表演团体 110 个、音像品批发和放映暨出租与零售单位 750 个、美术品经营单位 150 个、书报刊经营单位 550 个、电影发行放映单位 350 个、各类印刷经营单位 400 个、艺术培训单位和网点 50 个、新兴文化娱乐项目的经营单位 100 个。全市形成包括文化娱乐市场、演出市场、音像市场、书报刊市场、美术市场、电影市场、印刷市场、艺术培训市场以及新兴文化娱乐等 9 个项目在内的综合型文化市场体系。

1986 年以后，赣州地区平均每年新增文化经营网点 500 个。歌舞厅、卡拉 OK 厅、电子游戏机室、桌台球室、音像制品的出租与零售、书报刊经营、美术品经营、艺术培训等文化经营项目得到迅速发

展。尤其从1997年以来，新兴文化娱乐项目不断开发，如保龄球、电子游艺、音乐茶座、棋牌室、激光打靶、大型综合游乐场、室内滑冰、休闲屋等市场日愈活跃。文化市场过去由国办文化一统天下的模式被打破，逐步形成国家、集体、个体、中外合资、合作等多种所有制形式共存和协调发展的格局。在全市文化经营网点中，由国家集体投资的占43.4%、个体投资的占36.5%、中外合资和合作的占1.7%、外来投资和股份制及其他经济成分的占18.4%。2000年，全市文化经营从业人员达5万余人，文化经营单位向国家上缴税收近2000万元，为各级文化行政部门缴纳文化专项经营管理费近200万元。

二、文化稽查

1989年，全国开始开展“扫黄”“打非”，文化行政部门统一组织“扫黄”“打非”集中行动40多次、开展文化市场集中整治30多次，把域内的铁路和国道沿线以及县（市、区）所在地的城镇作为清理整顿的重点，共收缴非法音像制品15.8万盒（张）、非法书刊8万多册、各类用于赌博或变相赌博的电子游戏机1000多台，处罚违法经营单位200多家。整治演出市场、音像市场、歌舞娱乐场所、校园周边的“三室两厅”（电子游戏室、桌球室、录像室和歌舞厅、卡拉OK厅）。1990年，地区和各县（市）成立文化市场管理委员会，作为文化市场的领导和协调机构。各级文化、公安、工商、邮电、交通、铁路、民航和海关等部门相互支持、密切配合，形成文化市场管理的强大合力。1995年开始，文化市场的管理纳入社会治安综合管理。在1996年全省音像市场集中整治工作中，赣州地区是全省首批通过检查、验收的3个地（市）之一。在搞好职能部门管理的同时，强化社会监督，全市（地区）共设立文化市场举报电话50多个、聘请文化市场义务监督员250余名，形成“以职能部门为主，经营者、消费者和人民群众互相教育、共同监督”的局面。

1992年，赣州地区文化市场稽查支队成立。至2000年，全市文化市场稽查管理部门共查处违法案件450余起。

第二节　市场管理

全市（地区）文化市场的管理采取“四个坚持”（坚持以繁荣为目的，通过有效的管理来发展市场；坚持把社会效益放在首位，致力社会效益和经济效益的最佳结合；坚持分级管理的原则，充分发挥各级文化行政部门的作用；坚持“三个结合”做到常抓不懈）和“四个分类”管理（文化娱乐市场的管理；音像市场的管理；书刊、电影、演出、印刷市场的管理；文化市场的执法管理）的办法，净化、规范、完善、繁荣和发展文化市场。

一、文化娱乐市场管理

建章立制　赣州市（地区）文化行政主管部门制定一整套与法律法规相配套的规章制度，如《赣州地区歌舞娱乐场所管理办法》《赣州地区电子游戏管理办法》《赣州市桌球室管理办法》《赣州市街头露天卡拉OK管理办法》《舞会须知》《电子游戏机娱乐规则》等，并相继制定一系列配合管理的完善制度，主要有办证制度、收费制度、年审制度、许可证管理制度、稽查制度和办案制度等。1993年，对全地区营业性歌舞厅的歌乐手进行等级考核，共有168名乐手、240名歌手获得临时营业性演出许可证和歌舞厅演奏人员等级证书。1994年8月，对各级歌舞厅主要负责人进行全面培训，全地区113名歌舞厅负责人获得岗位合格证。歌舞厅负责人持证上岗和歌舞厅歌乐手持证演出。

规范管理　1986—1991年，全地区文化市场尚处于起步和初始阶段。最早的娱乐业有桌球行业，少量歌舞厅、音乐茶座和电子游戏室。1988年，赣州地区文化市场稽查支队对全地区文化市场经营户实行文化经营许可证制度。

1992年，对全地区文化娱乐场所实行地、县（市）分级管理，即赣州地区文化市场稽查支队负责管理中央和省属驻地区的单位暨地属单位共100余家，赣州市（今章贡区）文化市场稽查大队负责管辖市属单位和个体文化经营户200余家，其他县参照赣州市（今章贡区）。

1992—1995年，文化娱乐业有电子游戏室、歌舞厅、卡拉OK厅、音乐茶座、桌球室、乒乓球室、旱冰场和街头露天卡拉OK 600余家。1992年，赣州地区文化市场稽查支队对全地区歌舞厅、卡拉OK厅、音乐茶座、电子游戏室和桌球室实行“娱乐须知”制度。1994年，对电子游戏机室实行准营证制度等。1994年2月，开始施行《江西省文化市场管理条例》，文化市场经营者按照该条例规定依法纳税和缴交管理费。

1999年7月，文化娱乐场所开始施行《娱乐场所管理条例》，同时实行文化经营审核合格证制度和费改税制度。赣州市中心城区内的文化市场经营网点统属赣州市文化市场稽查支队管理，章贡区文化市场稽查大队负责管辖所属的乡（镇）农村文化市场。2000年，全市有各级各类文化娱乐场所2000多家。

学校周边文化环境整治 每年的5—6月，由各级文化行政主管部门牵头，公安和工商等有关部门配合，开展对校园周边文化环境的综合治理，清除校门半径200米以内的“三室两厅”。2000年5—6月，由赣州市文化市场稽查支队牵头、市公安局和工商局配合，对赣州市中心城区校园周边的44家“三室两厅”进行清理，给大、中、小学校营造优良教学环境。

二、音像市场管理

权属调整 1992年初，全地区音像市场按照分部门和分级管理的原则，文化和广播电视部门分别、分级对自己所属的音像制品经营单位实施办证和规范管理。4月，对全地区文化系统的录像放映队实行“录像放映标牌”制度。1993年3月，地区召开音像市场管理工作会议，决定建立“录像放映队放映日志”“放映月报表”制度。1994年2月，《江西省文化市场管理条例》出台并试行。8月，国务院发布并实施《音像制品管理条例》（以下简称“管理条例”），文化、广播电视部门根据管理条例对所属音像市场实行分部门和分级管理的办法管理。赣州市（今章贡区）文化音像发行站负责文化系统音像发行经营，其进货渠道主要是国家和省级有关正式出版发行单位，由赣州市（今章贡区）文化市场稽查支队负责管理。全市广播、电视系统的音像发行，由赣州市（今章贡区）广播电视局音像管理部门负责经营管理。

音像市场整治 1989—2000年，赣州市（地区）先后进行13次“扫黄”“打非”活动，对音像市场整治38次，收缴盗版、盗印的非法音像制品21.9万多盒（块），仅2000年就收缴1.5万多盒（块），10余次对非法音像制品进行销毁，净化音像市场和社会环境。

三、书刊、电影、演出、印刷市场管理

书刊市场管理 1988年，图书报刊市场开始形成。1990年，行署颁发《赣州地区书报刊市场管理暂行办法》，由地区文明办和地区文化局共同负责全地区图书报刊市场的管理。1994年2月，地区文化市场稽查支队和各县（市）文化市场稽查大队分级负责对全地区500余家图书报刊经营户的稽查管理。1994年10月至1997年12月，地区和赣州市（今章贡区）文化、公安、工商等部门先后3次联合对赣州市（今章贡区）人民巷个体书店从事地下批发进行大规模的突击检查，收缴内容反动、淫秽色情、凶杀暴力和封建迷信的图书报刊等非法出版物12.8万多册（张）并全部销毁。1988—2000年，全市（地区）共收缴内容反动、淫秽色情、凶杀暴力和封建迷信的图书报刊等非法出版物20.5万余册（张），进行集中销毁。1999年1月，图书报刊市场划归江西省新闻出版局（省版权局）赣州分局管理。

电影市场管理 1995年1月，行署和地区文化管理委员会分别印发《赣州地区电影发行、放映管

理办法》《关于进一步加强全区电影市场稽查工作的通知》，对全地区的电影市场加强管理，组建电影市场稽查队伍。2000 年，市、县（市、区）两级共有电影稽查队员 60 余人。1995—2000 年，共查处影片走私案件 36 起，收缴非法电影拷贝 32 个，罚款 9.6 万元。

演出市场管理 1992 年开始，凡进入域内演出的外地表演团体，必须经地区文化局审核并出具同意演出的介绍信后，才能到有关县（市）演出；赣州到外（异）地演出的表演团体，须经地区文化局审核同意后再报经省文化厅批准，才能到外（异）地从事营业性演出。1997 年 10 月，地区文化市场稽查支队严格按规定的权限和程序接纳外来演出团体，把好演出节目内容的审查监督关，特别是对演出合同、节目内容、广告内容和表演现场全程监控，严禁色情表演以及低级庸俗等有伤社会风化的演出活动。严格控制外来民间演出团体进入，杜绝接纳无营业性演出许可证的演出团体到赣州地区进行非法演出活动。2000 年，全市引进和接纳各种外来演出团体 38 个，指导帮助赣州市文化演出服务公司及相关单位举办宋祖英、解小东、潘长江、满文军和周艳泓等明星大型演唱会，不定期引进中国歌舞团、零点乐队和小百花越剧二团暨上海市京剧一团到赣州市演出。

印刷市场管理 1988 年 11 月，地区和县（市）两级文化行政主管部门按照《印刷行业管理暂行办法》的规定对所辖地的印刷业进行印刷内容方面的管理。1990 年 5 月，地区文化局颁布《赣州地区印刷企业管理办法》，对全地区 400 余家印刷企业实行印刷行业文化经营许可证制度。1992 年，地区文化市场稽查支队对赣南人民印刷厂等 10 家定点印刷企业核发内部刊物印刷许可证。1993 年，地区文化市场稽查支队报请省新闻出版局为全地区 22 家书刊非定点印刷企业核发内部报刊印刷许可证。1999 年下半年，印刷市场划归江西省新闻出版局（省版权局）赣州分局管理。

四、文化市场执法管理

1986 年，赣州文化市场由地区、县（市）两级文管办和文化局文化市场科负责管理。1992 年，赣州地区文化市场稽查支队成立，与地区文化局文化市场科负责全地区城区文化市场的稽查执法工作和各县（市）文化市场稽查指导工作。1995 年，行署印发《关于进一步加强全区文化市场稽查管理队伍建设的意见》。2000 年，全市有文化市场稽查机构 19 个、专职稽查管理人员 120 人、兼职稽查管理人员 350 人。形成市、县（市、区）、乡（镇）三级文化市场管理网络。全市培训人员 5600 多人次，举办文化市场经营者学习培训班 430 多次，参训人数 10 多万人次。1992—2000 年，实行文化执法管理制度的有文化娱乐市场、音像市场、图书报刊市场、演出市场、美术市场、电影市场、文化艺术培训市场、文物旧货市场和印刷行业等。全市（地区）文化市场经营类别 20 余种、文化市场经营单位 4000 余家、文化市场从业人员 10 余万人，年创利税逾千万元。全市（地区）统一组织“扫黄”“打非”集中行动 50 余次，开展文化市场集中整治 40 多次，共收缴非法书刊和盗版印刷音像制品等非法出版物 30 余万册（盒），收缴各类用于赌博或变相赌博的电子游戏机 2000 余台，处罚违法经营单位 300 余家，查处各类违法违规经营活动案件 405 起。

赣州市志
(1986-2000)

第三十五篇

新闻出版·广播影视

1986—2000年，全市（地区）加强新闻出版管理，有效监督管理新闻出版单位暨出版物和印刷业市场。坚持开展“扫黄”“打非”，推动全市（地区）新闻出版事业和出版物市场、印刷业市场步入健康、规范发展轨道。推进图书发行体制和管理体制改革，既重视社会效益，更重视经济效益，逐步形成以国有新华书店为主体，多种经济成分、多条流通渠道、多种购销形式的现代图书发行网络，全市（地区）图书发行业蓬勃发展。

《赣南日报》是中共赣州市（地）委机关报，赣南日报社始终坚持正确的舆论导向，全面广泛深入报道赣南改革开放的进程与成就，为改革开放与加快发展鼓与呼。1994年7月《赣州晚报》创刊，是中共赣州市（今章贡区）委机关报。1999年11月划为《赣南日报》子报，向纯晚报方向发展。

1986—2000年，全市（地区）广播电视系统开展“加强宣传管理好、遵守宣传纪律好、提高宣传质量好”的“创三好”活动，宣传质量和效果普遍提高。广播电视出精品、上大台呈逐年上升趋势。坚持广播与电视并重，有线与无线并举，大力发展广播电视事业，扩大广播电视覆盖面。广播综合覆盖率达到85%以上，电视综合覆盖率达到92%以上，拥有广播电视终端用户41万多户。广播电视传输播出发射设备由模拟型发展到数字化和非线设备。电影发行放映事业曲线发展，至20世纪90年代中后期，因受市场经济和视听多媒体冲击，电影发行放映事业陷入低谷，出现“风险与机遇同在，困难与希望并存”的局面。

第一章 报 刊

1986—2000年，赣州报刊业逐步繁荣发展，赣州日报社在提高舆论引导能力、加快媒体改革创新、加强人才队伍建设等方面取得较好成绩，《赣南日报》增加子报《赣州晚报》，报业经济开始做大做强。2000年，全市公开出版的报纸有6种，即《赣南日报》《赣州晚报》《赣南广播电视报》《南方冶金学院报》《赣南师范学院报》《赣南医学院报》。公开出版的期刊有4种，即《南方冶金学院学报》《赣南师范学院学报》《赣南医学院学报》《江西有色冶金》。

第一节 报刊种类

一、报纸

2000年，全市公开出版的报纸有6种，即《赣南日报》《赣州晚报》《赣南广播电视报》《南方冶金学院报》《赣南师范学院报》《赣南医学院报》。

《赣南日报》是赣州市（地）委机关报，创刊于1949年8月17日。《赣州晚报》于1994年7月1日创刊，至1999年11月7日，为中共赣州市（今章贡区）委机关报，1999年11月8日，上划为《赣南日报》子报。《赣南广播电视报》创刊于1991年8月，由赣州市广播电视局主办，版面设置：节目预告、剧情介绍、声屏动态、文摘荟萃、文苑、本期聚焦、七彩生活，四开十六版，每周一期，期发行量5万份。《南方冶金学院报》《赣南师范学院报》《赣南医学院报》分别由南方冶金学院、赣南师范学院、赣南医学院主办。

二、刊物

2000年，全市公开出版的期刊有4种，即《南方冶金学院学报》《赣南师范学院学报》《赣南医学院学报》《江西有色冶金》。《南方冶金学院学报》《江西有色冶金》由南方冶金学院主办。《赣南师范学院学报》由赣南师范学院主办。《赣南医学院报》由赣南医学院主办。

第二节 《赣南日报》

1986年1月1日至1999年6月30日，《赣南日报》为中共赣州地委机关报。1999年7月始，《赣南日报》为中共赣州市委机关报。1986—2000年，赣南日报社把正确的政治观点作为舆论导向的灵魂，在思想上、政治上、行动上与党中央保持一致，深刻理解和宣传党的基本理论、基本路线、基本方针、基本政策和当地党委、政府的决策和部署，为改革开放暨加快发展鼓与呼。

一、机构与改革

机构设置 1986年，赣南日报社设办公室、总编室、经济科、政文科、通采科和广告发行科，实有人数51人。1988年，广告发行业务及其人员从通采科析出，另设经理部。1989年，办公室分为党委办公室和行政办公室。1991年，设总编室、新闻部、专版部、通采部、出版发行部、经理部、印刷厂、党委办公室和行政办公室。1993年，通采部析为群众工作部和记者部。1994年，新闻部改为经济部、专版部改为政文部，增设周末编辑室、广告部和夜班部。1996年，增设科教编辑室。1997年，增设新闻研究室。到2000年，调整为总编室、专刊部、周末编辑室、科教编辑室、群众工作部、记者部、摄影部、时事部、广告部、出版发行部、新闻研究室、印刷厂、电脑网络中心和办公室，实有人数114人。

机构改革 赣南日报社对报纸版面及运作机构不断进行改革，更新通信技术、印刷设备和基础设施。1986年，进行新闻报道"新、短、活"的改革。1988年，实施报纸在"改革、开放、民主、服务、求实"10个字上下功夫的改革方案。1993年，从通采部析出记者部，1994年增设5个记者站。1994年6月，推出《周末版》（专刊）；10月，试刊对开4版，每周2期。1995年1月，正式改4开4版为对开4版大报。1996年1月，推出《科教版》（专刊）。1998年8月，改部室编稿、组版合一为编辑部集中统一安排版面，实行"编辑、组版分离"的机制。1999年，开始印彩报。8月，赣南新闻中心建成交付使用。2000年，进行人事制度的改革，实行"竞争上岗，全员聘用"。

二、舆论导向

思想引导 1987年，赣州地区被列为经济体制改革试验区后，赣南日报社贯彻执行"正面宣传为主"的方针，以正确的舆论引导人们把思想认识统一到改革开放和试验区建设上来。1992年邓小平南方谈话以后，《赣南日报》在宣传报道中，更加鲜明地贯穿一条主线——解放思想，实事求是。《赣南日报》开辟《大家都来为办好试验区出力献策》《改革试验纵横》《办好试验区群言堂》《试验区论坛》等专栏、专版，围绕创办试验区的热点、难点问题各抒己见、建言献策。

专题报道 20世纪90年代中期，每年精心策划若干重大战役报道。当时，京九铁路即将全面贯通，中共赣州地委、赣州行署对全地区经济发展提出"以线带片，沿边接轨，中心辐射，借港兴区"的战略构想。依据这一构想，各地特别是京九沿线县（市）和与广东省、福建省等发达地区毗邻的县（市），加大改革开放步伐，与特区接轨，调整产业布局，不失时机发展外向型经济，沿铁路、国道构建具有赣州特色的产业带。1994年8—10月，《赣南日报》在头版以通栏标题，分别推出四句话战略构想的4组系列报道：铁路沿线6县1市依托铁路对生产力布局进行调整及所取得的阶段性成果；沿边11县（市）与粤闽在思想上、政策上"接轨"，解放思想，加快改革开放步伐的经验；赣州地区发挥与港澳台地区接近的区位优势、人缘优势，扩大开放，发展与港澳台地区经济合作交流的经验；发挥赣州中心城市的辐射作用，带动全地区经济发展的新经验。1995年9—10月，《赣南日报》推出一组6篇有关京九铁路赣州段生产力布局的系列报道，宣传沿线县（市）调整生产力布局的举措和所取得的阶段性成果。1999年，围绕"如何建设大赣州"，《赣南日报》理论版开辟《面向新世纪，建设大赣州》专栏，就建设大赣州的发展战略、发展思路、发展重点以及经济结构调整等一系列问题，展开理论研究与探讨。围绕"推进农业产业化经营、深化国有企业改革"以及"如何选准主导产业、培植龙头企业、搞活农产品流通、开放搞活国有中小企业"等问题，发表各县（市、区）领导、理论工作者和实践工作者的研究心得文章，对实际工作发挥导向作用。

三、通联　信访

通联 1986—2000年，赣南日报社注重在基层干部群众、实际工作部门特别是经济和科技部门中发展与扩大通讯员队伍，采取"短期办班、聘请新闻资深人员讲课、带班采编"等形式培养通讯员，报社共办班48期，培训通讯员352人。内容涉及"新闻理论、采编业务知识、范文解析、采编实践"等。编辑出版《赣南日报通讯》90多期，赠送通讯员阅读。全市（地区）有经常联系的通讯员1000多人。协助各县（市、区）委调整充实报道组，每组有专职报道员3～7人。在各县（市、区）及赣州军分区、武警赣州支队聘有特约记者21人，在各大专院校、部分厂矿企业及驻外地办事处聘有特约通讯员33人。通讯员年来稿量约2.5万件，基本满足报纸宣传报道对稿源的需求。1998年，报社开展读者问卷调查活动，随报发送读者问卷近5万份，收到反馈意见1.6万多份，为报纸改革提供依据。

信访 1986—2000年，赣南日报社坚持信访登记、调查、转办、催办、处理、结办制度，办理信访。对不同内容的信访，采取“研究与利用、解答与解释、调查与转办、内刊与外刊”等不同方法处理。即对信访反映的大量情况加以研究，用于丰富报道思想、拓宽言论思路、寻找报道线索；对有代表性的重要问题，分别编发在《内部参考》和《读者来信摘编》《读者来信》专栏。报社收到来信1.6万多件，接待群众来访2250多人次，编发《内部参考》90期，刊发《读者来信》专栏750期，每期半个版，合计367万字。《读者来信》专栏辟有关注热点问题的《记者调查》、关心现实的《读者论坛》、歌颂新人新事新风尚的《凡人新事》、提供法律服务的《律师咨询台》、反映群众要求的《呼声与建议》、进行新闻摄影舆论监督的《立此存照》和防止与克服不良现象的《多棱镜》等。基本做到“件件有着落，事事有回音”，较好地在党和政府与人民群众之间架起一座联系的桥梁。

四、采编

采访 1986—2000年主要采访方式有常驻采访、随行采访和突击采访等方式。报社记者采访工作围绕党和政府的决策部署，通过对宏观事实的报道、对热点问题的权威评说、对难点问题的深度释疑、对丰富信息的合理整合，发挥党委机关报宣传报道的权威性、导向性、指导性作用，为改革、建设鼓与呼。报社记者坚持每年精心策划与实施若干次重大战役采访。1994年、1995年，就“京九铁路赣州段生产力布局”重大主题进行战役性采访。编辑部集中记者主力，深入京九线赣州段沿线7个县（市）调查研究，撰写报道。1994年8—10月推出“以线带片”“沿边接轨”“借港兴区”“中心辐射”4组系列报道21篇，报道沿线7个县（市）拓展生产力布局、优化产业结构的初步设想、规划和实施情况，以及所取得的阶段性成果。1995年9—10月派出采访组深入沿线7县（市）采访，抓住生产力布局中的主要问题，连续采写发表京九铁路赣州段生产力布局系列报道之一《构筑赣南经济大厦的脊梁》、之二《主攻工业：举拳头　树支柱》、之三《强化农业：建基地　上规模》、之四《加快城市化建设步伐》、之五《建立多元化的投资机制》、之六《推行不平衡发展战略》等6篇述评性新闻，集中反映沿线县（市）党政领导和经济界人士对拓展生产力布局、优化产业结构、发展区域经济的建设性意见，报道所取得的阶段性成果。

编辑 1986—2000年，赣南日报社坚持实行日班、晚班、内务“三结合”的编辑工作制和三级编审制。助理编辑或编辑按照新闻价值选编稿件、制作标题，为初编初审。部（科、室）领导审阅修改，为复编复审。总编辑修改审定，为终编终审。重要稿件和版面还送上级审阅。报纸编辑工作，有新闻编辑、言论编辑、专栏专版专刊编辑、新闻图片编辑和版面编辑等。

第三节　《赣州晚报》

1994年7月1日《赣州晚报》创刊，至1999年11月7日，为中共赣州市（今章贡区）委机关报。《赣州晚报》坚持新闻工作的党性原则，把握正确的舆论导向，围绕中共赣州市（今章贡区）委、赣州市（今章贡区）政府的中心工作和重大部署，开展新闻宣传报道工作；着力体现晚报特色，贴近市民、贴近生活。1999年11月8日，《赣州晚报》上划为《赣南日报》子报，不再承担党委机关报的职能，向纯晚报方向发展。面向社会、贴近生活、走进家庭，内容生活化、定位市民化、沟通朋友化；在报道中体现“社会新闻多、服务性报道多，舆论监督报道好”。至2000年12月，共出版1173期。

一、发展历程

1994年4月，经省委宣传部、省新闻出版局联审批准创办《赣州晚报》，由中共赣州市（今章贡区）委主管、主办，6月推出试刊号，7月1日正式创刊，为周2刊（星期二、四出报）、4开4版、铅印。1995 年 8 月，《赣州晚报》经新闻出版署批准，获得国内报纸统一刊号 CN36—0047。1996 年 1 月，《赣州晚报》由中共赣州市（今章贡区）委与赣南日报社联合编辑出版经营。

1997 年 1 月，《赣州晚报》由周 2 刊改为周 3 刊（星期一、三、五出报）。6 月，《赣州晚报》联办终止，办公地点从赣南日报社搬至赣州市（今章贡区）政府大院新大楼六楼。7 月，《赣州晚报》由周 3 刊改为周 5 刊。10 月，报社内部机构调整，在原有办公室、总编室、副刊部的基础上，新增记者部、新闻部、通联部、广告部，业务分工走向专业化。

1998 年 1 月，《赣州晚报》正式由周 3 刊改出周 5 刊（星期一、二、三、四、五出报）。

1999 年 11 月，《赣州晚报》上划归赣南日报社主管、主办，成为《赣南日报》的子报，搬迁至赣南新闻中心四楼办公。

1999 年 12 月，《赣州晚报》扩至 4 开 2 张 8 版。同月 18 日、25 日试刊 2 期。并将内设机构大幅调整、精减为 4 个部，即新闻部（编辑第一、二、三、四版）、专刊部（编辑第五、六、七、八版）、记者部（专事采访）、机动部（以采写深度报道为主）。行政、后勤、财务、广告等由赣南日报社统管。

2000 年 1 月，《赣州晚报》正式每期出版 4 开 2 张 8 版，办报向纯晚报方向发展。至年底，赣州晚报社共有编采人员 25 人。

二、宣传报道

报道重点 1994 年，《赣州晚报》重点宣传抗洪救灾、创建全国卫生城、宋城文化节，开辟“全民齐动手，美化赣州城”“合力办好宋城文化节”“伴随共和国的足音——庆祝中华人民共和国成立 45 周年”“让宋城文化节轰动江南影响全国”等专栏。共刊登有关抗洪救灾的报道 41 篇、创建全国卫生城的稿件 67 篇、宋城文化节的宣传稿 194 篇。

1995 年，《赣州晚报》突出宣传十大攻坚战、国有企业改革、创卫、发展乡镇企业、计划生育、物价、劳动人事制度改革等。着重抓一些典型报道：对赣州酒厂、赣南农药厂、赣州电机厂、赣州水泵厂等国有企业的先进经验作深度报道；对胡淑华、萧平华、熊文祥、胡法生等全国、全省劳模和先进工作者的先进事迹进行宣传。向中央、省、地级报刊共发稿 73 篇，其中向中央级报纸发稿 7 篇。

1996 年，《赣州晚报》重点报道推进改革、开放和搞活、兴办工业及郊区特色农业、国有企业效益、乡镇企业、村级建设、城建城管工作上台阶、“两线”区域开发与招商引资取得新突破等方面的新人新事新经验。为吸取外地经验和吸引外地作者与读者投稿、订报，刊发外县（市）新闻稿 500 多篇。

1997 年，《赣州晚报》突出报道“邓小平同志逝世、香港回归祖国、中共十五大胜利召开”等一系列重大事件，适时推出《认真贯彻中共十五大精神》等专栏，全方位反映赣州市（今章贡区）各行各业贯彻中共十五大精神的措施和行动。围绕“工业、商业、城建、城管、招商、菜篮子”等重点工作，在一版开辟《九五开局捷报传》专栏，紧跟经济建设步伐，对国有企业改制、减轻农民负担、国有企业减负、赣州首届项目推介洽谈会、虔城旅游月等组织系列报道。

1998 年，《赣州晚报》推出《争创国家卫生城》《虔城廉风》《向园林化城市迈进》《公仆之声》《我与改革开放二十周年征文》等栏目，刊发大量的稿件。

1999 年，《赣州晚报》对赣州市滨江大道等重点工程建设、南门文化广场开放、全市性创建卫生城市活动、赣州中心城区内的急性肠道传染病、中国驻南斯拉夫大使馆遭到以美国为首的北约导弹袭击、赣州撤地设市和庆祝中华人民共和国成立 50 周年等重大事件和重要活动进行报道。

晚报特色 《赣州晚报》注重贴近生活、贴近市民，增强可读性。

1994 年，《赣州晚报》刊发的社会新闻，在社会上引起强烈反响。由记者采写的《自行车被盗面面观》《吃霸王饭、坐霸王车现象堪忧》引起公安部门的重视，《不准殴打环卫工人》等追踪报道，受到市民好评；《效法录像的罪恶》《令人担忧的视觉污染》等文，引起教育部门和文化市场管理部门重视。

1995 年，《赣州晚报》注重抓热点问题的报道，反映群众呼声，发挥新闻舆论监督作用。对有的地方行路难、上厕所难以及市容市貌、交通秩序等问题作实事求是的批评性报道，引起有关部门高度重视，问题得以迅速解决。1996 年，二版开辟《南赣大地》新闻专版，以刊发赣州城以外 17 个县（市）的社会新闻为主，扩大报道面，增强可读性。1997 年，在“上情下达、下情上报”上发挥自身优势，先后刊发《市长心系危房住户》《真情献丹青》等一批在社会上引起一定反响的稿件；对百姓关心的“生猪定点屠宰、下岗职工再就业、市场物价、减轻农民负担”等问题及时予以报道。

1998 年，《赣州晚报》在二版《综合新闻》刊发大量可读性强的社会新闻，开设《环球时空》专版，追踪国际时政热点。

1999 年，《赣州晚报》对版面、栏目作出较大调整，一版开设时效性强、贴近百姓、突出特色的栏目，如《今日提示》《要闻传递》等。

2000 年，《赣州晚报》编辑部组织、策划一些社会反响好的宣传报道，如《救助贫困生上大学行动》《崇义公路上突起重重“护税卡”》《关注升学》《平房坍塌事件》《闹市小庙还要长存下去吗?》《“梅二宝”打假》等追踪报道。

三、编采业务

1994—1999 年，《赣州晚报》一版为要闻版、二版为新闻、三版为专版、四版为专版或广告。新闻版每版发稿量为 9～14 篇（含照片），专版每版发稿 7～10 篇（含照片）。文字记者每月采写稿件任务一般为 13～16 篇，摄影记者为照片 20 幅。

1994 年和 1995 年，《赣州晚报》一版要闻版开设《虔城热线》等栏目；二版《社会生活》版开设《新闻追踪》《市场一斑》《里巷杂闻》等小栏目，三版《人间烟火》、《今晚广角》、《瑞香》（文学副刊），专版设有《万家灯火》《花季岁月》《寡茶店》《健康之友》《虔州风味》《生活小窍门》等栏目。

1996 年和 1997 年，《赣州晚报》一版要闻版开设《新闻分析》《方方面面》等栏目，二版为《南赣大地》或《大市场》《今晚亮相》，三版为《文体广场》或《桃李园》《健康伴你》，四版为《法制纵横》专版。

1998 年，《赣州晚报》二版进行大幅度调整，推出《综合新闻》《科教卫新闻》等版面，三版推出《文史博览》专版和理论专版。

1999 年，《赣州晚报》一版开设时效性强、贴近百姓、突出特色的《今日提示》《要闻传递》等栏目。二、三版陆续推出参与性较强的话题栏目，先后就“素质教育、公德意识”等一系列话题展开讨论。二版推出的《读者之友》专版，成为报社密切联系群众、反映百姓呼声、宣传党和政府政策的重要窗口。四版的《神州纵横》专版，在选稿和制题上更加注重特色。

2000 年，《赣州晚报》前 5 个版为新闻版、后 3 个版为专版，其中一版为要闻版，开设《朝天椒》（舆论监督报道）、《追踪》（连续报道）等栏目；二版为综合新闻或市民心声或特别报道（深度报道）；三版为国内新闻；四版为国际新闻；五版为体育新闻；六版为《人间烟火》或《百姓故事》《IT 时代》《健康之友》《旅游驿站》《投资理财》《金秋晚风》；七版为《女性世界》或《影视娱乐》《文史博览》《校园内外》《法制纵横》《金边瑞香》；八版为《美食天地》或《家居装潢》《消费广场》《闲情雅趣》《晚报精萃》。广告按客户要求安排于各版，以第八版为主。

四、晚报发行

《赣州晚报》期发行量，1994 年为 8000 余份，以后年年递增。至 1999 年，《赣州晚报》期发行量上升到 1.3 万多份。2000 年，为 1.2 万份。

第四节 新闻团体

赣州地区新闻学会成立于1958年。1987年1月，赣州地区新闻工作者协会成立。2000年，赣州市新闻团体主要有赣州市新闻工作者协会和新闻学会，以及各县（市、区）新闻工作者协会和新闻学会。

一、会员

1986—2000年，市（地区）、县（市、区）新闻单位、各县（市、区）委报道组，以及中共中央、省新闻单位驻赣州分支机构，承认新闻工作者协会和新闻学会章程，按期缴纳会费，经申请，由新闻工作者协会和新闻学会理事会批准，则成为新闻工作者协会和新闻学会团体成员。

县级以上非新闻单位专职新闻工作者，以及多年从事新闻工作、已调离新闻单位或离退休的老新闻工作者，本人自愿加入新闻工作者协会和新闻学会并承认新闻工作者协会和新闻学会章程，由本人提出申请，经所在单位推荐、理事会批准，则成为个人会员，领取会员证。

赣州市（地区）新闻工作者协会和新闻学会参加江西省新闻工作者协会和新闻学会，为团体会员。

会员自愿退会时，须提交书面报告。会员不履行会员义务和有严重违法行为的，经理事会批准，取消其会员资格。

1987年，地区新闻工作者协会和新闻学会有会员125人。1997—2000年，市（地区）新闻工作者协会和新闻学会有会员1200人。

二、会员代表大会

1987年1月，赣州地区第一次新闻工作者代表大会召开。大会讨论通过新闻工作者协会和新闻学会章程，选举产生赣州地区新闻工作者协会第一届理事会和赣州地区新闻学会第三届理事会。

1997年3月31日，赣州地区第二次新闻工作者协会、赣州地区第四次新闻学会会员代表大会召开。大会修改通过新闻工作者协会和新闻学会章程；选举产生赣州地区第二届新闻工作者协会、第四届新闻学会理事会。

各县（市、区）在1981年12月至1988年1月先后成立新闻学会。从1987年起，先后成立新闻工作者协会。基本按期召开新闻工作者协会和新闻学会会员代表大会。

三、主要活动

学术研究 新闻工作者协会和新闻学会会员在省以上报刊发表和新闻研讨会上交流的新闻学术论文及新闻实践调查报告多篇。1993年，纪念毛泽东100周年诞辰期间，赣州地区新闻工作者协会和新闻学会协助各新闻单位开展小型多样的毛泽东新闻思想研讨活动，有2名会员的论文被评为全省优秀论文，其中1篇获中国地（市）报毛泽东新闻思想优秀论文奖。1989—2000年，赣州市（地区）新闻工作者协会和新闻学会会员有36篇新闻获省以上奖励。

1997年4月至2000年12月，赣州市（地区）新闻工作者协会和新闻学会3次承办全省新闻学术研讨会。

业务培训 1986—2000年，赣州市（地区）新闻工作者协会和新闻学会协助赣南日报社举办通讯员学习班48期，培训通讯员352人。

1987—1993年，赣州地区新闻工作者协会和新闻学会配合各新闻单位抓好全省新闻专业自学考试的学习，全地区有500多人报考。派人到南昌收录教师授课内容，组织全地区学员收听，并进行辅导。全地区有97名学员通过全部12门功课的考试，取得大专文凭。

1987—1996 年，赣州地区新闻工作者协会和新闻学会配合赣州地区广播电视局，采取办班的形式，轮训全地区县（市）级广播电视台、站大部分编辑、记者和乡（镇）级广播电视采编员、播音员，提高广播电视队伍的整体素质。

异地采访联谊 1987—1996 年，赣州地区新闻工作者协会和新闻学会推荐域内新闻单位派员参加全国地（市）报和全国城市电视台合作会、联谊会等活动。1992 年，应新华社香港分社的邀请，赣州地区新闻工作者协会和新闻学会派出 4 人参加由中共赣州地委组织的新闻考察团赴香港考察，与香港《文汇报》《大公报》《经济导报》《商报》和紫荆杂志社等进行广泛的学术业务交流。

1997 年 11 月，组织 10 名记者赴北京学习、采访。1998 年 12 月，组织 8 名记者赴厦门采访。2000 年 7 月，组织 10 名记者赴云南采访。11 月底，组织记者赴甘肃、陕西采访。

好新闻评选 1986—2000 年，赣州市（地区）新闻工作者协会和新闻学会坚持年年评选好新闻。1998 年 4 月、1999 年 6 月和 2000 年 6 月，分别举行第一、二、三届赣南新闻评选活动，评选出一大批好新闻。

报刊史研究 1986 年 5 月，成立赣南日报社《赣南报刊志》编纂小组，研究赣南报刊史。历时 4 年，形成《赣南报刊志》初稿，共 30 多万字。经 2 次补正、修改，形成《赣南报刊志》第二、三稿，反映赣州 1902—1987 年报刊业的历史和现状。1988—1992 年，赣南日报社研究中央苏区报刊史，撰写《中央革命根据地报刊简介》《〈红星〉报概况》《〈党的建设〉简介》《〈反帝战线〉与〈反帝拥苏通讯〉》《依靠群众办好报》，共 5 万多字。

第五节 报业经济

一、经营项目

报纸发行 《赣南日报》的发行以定期预订为主、少量零售。预订发行方式采用邮发。每年 7—8 月，报社与邮电局签订次年的邮发合同。报纸征订手续由邮电局办理，各地宣传部门检查督促，报社组织人员协助征订。《赣南日报》年发行量：1986 年为 5.2 万份，1990 年为 6 万份，1995 年为 4.5 万份，2000 年为 4.5 万份。《赣南日报》报纸年价：1986 年为 7.2 元，1990 年为 28.8 元，1995 年为 97.2 元，2000 年为 126 元。

报纸广告 《赣南日报》发布药品、医疗、医疗器械、农药、兽药、食品、酒类、化妆品、印刷品、房地产、加工承揽、户外、招工招聘、招生培训、征婚、电讯业务、机械电器、公益性等广告，工商行政管理、医疗机构、土地管理、交通管理、政府公告等广告。报纸广告收费标准经赣州市（地区）物价部门核定批准。1985 年第四季度、1987 年第一季度、1988 年上半年，广告占《赣南日报》篇幅的比重分别为 4.63%、5.7%、12.74%。20 世纪 90 年代，广告篇幅控制在 12.5%左右，即每期平均半个版。广告量多时，临时扩版。

对外印刷 1992 年开办赣南日报社印刷厂初期，除印刷《赣南日报》外，还承印《江西广播电视报》《赣南广播电视》《城乡科技报》《赣州晚报》等。1996 年，承印在赣州及周边地区发行的《江西日报》《信息日报》等。

二、经营效益

赣南日报社收入主要来自报纸发行、报纸广告和对外印刷。1986—1993 年，报纸发行、报纸广告和印刷总收入为 1582.4 万元，地区财政补贴 475 万元，合计 2057.4 万元。1994—2000 年，加强经营管理力度，开拓广告业务、扩大报纸发行、开辟对外印刷业务，总收入达 7989.62 万元，年平均收入

1141.37 万元，比前期年均收入 197.8 万元增长 4.77 倍。

第二章 出版发行

1986—2000 年，赣州市（地区）建立与健全新闻出版管理机构，有效监督管理新闻出版单位暨出版物和印刷业市场。江西省新闻出版局（省版权局）赣州分局依法对新闻出版单位实施监督检查暨对所辖的出版物、印刷业市场实施有效的日常管理，坚持开展“扫黄”“打非”的集中行动，促进全市（地区）新闻出版事业和出版物市场及印刷业市场迈入健康、规范的发展轨道。

开展图书发行体制和管理体制改革，初步形成结构较为合理且优势互补的现代图书发行网络，不断完善多种形式的图书发行经营责任制、培育和规范图书市场，增强企业发展的后劲，提高全市（地区）图书发行队伍的整体素质，实现社会效益和经济效益的双赢。

第一节 出 版

1999 年 7 月 15 日，设立江西省新闻出版局（省版权局）驻赣州办事处和江西省新闻出版局（省版权局）赣州分局（以下简称“赣州分局”），实行一个机构、两块牌子，为江西省新闻出版局（省版权局）的派出机构，负责全市出版物市场的日常监督管理工作，内设综合管理科（办公室）和出版物市场“扫黄”“打非”办公室（出版物市场稽查支队）2 个科级机构，在编人员 8 人。

一、出版物市场管理

至 2000 年年底，全市共有书、报、刊经营单位 810 家，电子出版物经营单位 120 家，出版物市场有从业人员 6651 人，经营面积 3.04 万平方米。赣州市新华书店为全市规模最大的书店，在各县（市、区）及其所辖地的许多乡（镇）都有经营网点。规模较大的有赣州市艺术书店和赣州市高教书店等，主要经营科学技术、文学艺术、教学辅导、少儿读物和各类工具书及各种电脑软件等。2000 年 12 月开始，由赣州分局向全市出版物发行单位统一换发“中华人民共和国出版物发行许可证”，取缔一批无证照的出版物经营单位。

二、印刷业管理

2000 年，全市共有印刷企业 543 家（其中出版物印刷企业 14 家、包装装潢印刷企业 25 家、其他印刷品印刷企业 188 家、打字复印经营单位 316 家）。规模较大的印刷企业有赣州印刷集团、赣南日报社印刷厂、瑞金师范印刷厂、南康市印刷厂等。印刷出版物主要有中小学教材、教辅和《江西日报》、《赣南日报》、《赣州晚报》以及各种内部资料性出版物等。

赣州分局对印刷业进行归口监督管理（包括负责对域内出版物印刷企业、包装装潢印刷企业和其他印刷品印刷企业暨复印、打印、誊印、影印企业的审批、年检、换证和日常监管等）。印刷企业必须取得由新闻出版部门换发的印刷经营许可证、公安部门的特种行业许可证和工商部门的营业执照方可开业。赣州分局将证照不全（或无证照的）印刷企业作为非法出版物的源头来抓，严格要求各印刷企业健全承印验证制度和承印登记制度等，杜绝接受无手续印刷业务，对有胶印机的印刷厂和容易违规接洽业务的复印打字店进行重点盯防，严防已被取缔、撤销登记和压缩的印刷企业死灰复燃。2000 年 2 月 18 日至 5 月 15 日，赣州分局对全市的印刷企业进行第一次年检，检查 543 家印刷企业，查处违法违规印刷案件 15 起，收缴非法印刷品 100 多万张，编印《新闻出版法律法规》小册子免费发放给经营户。

三、内部资料性出版物管理

赣州分局负责对一次性内部资料出版物的审批和连续性内部资料出版物的审核、报批、核验和日常管理。各级党委、政府和各部门、各单位及社会团体用于指导工作、交流经验的非卖性成册、折页或散页的印刷品，经赣州分局审核批准并领取准印证后，方可从事委印活动，承印厂凭准印证印刷，注明内部资料准印证编号和“内部资料、免费交流”等字样。2000 年，经赣州分局审核批准的一次性内部资料性出版物有 31 种，连续性内部资料性出版物有 4 种：《赣州通讯》（中共赣州市委主管，16 开本双月刊），《赣南社会科学》（赣州市社会科学联合会主管，16 开本双月刊），《江压通讯》（中共江西气压机厂党委主管，4 开 4 版月刊），《瑞金通讯》（中共瑞金市委主管，4 开 4 版旬刊）。查处 4 起违规委印承印的内部资料出版物案件。

四、公开出版的报刊管理

2000 年，全市公开出版的报纸有 6 种，公开出版的期刊有 4 种。驻赣州市的报（刊）社记者站有江西日报吉赣分社、江南都市报驻赣州记者站。

赣州分局严格履行对公开出版的报刊出版、增版、增刊和记者站设立的审核暨报刊质量的管理工作职责，及时宣传贯彻党和国家的新闻出版方针、政策和有关法律，定期依法检查监督有关新闻出版单位的执行情况。

五、“扫黄”“打非”集中行动

集中行动由中共赣州市（地）委宣传部统一领导，赣州分局牵头，并会同市公安、工商、文化、广播电视等部门进行执法，坚持专项治理和集中行动相结合，重点查缴政治性非法出版物、淫秽色情出版物和其他宣扬伪科学、愚昧迷信的非法出版物及盗版物。重点整治赣州中心城区文清路书刊市场、各地汽车站暨火车站周边销售点、各地校园周边销售点和进入学校推销非法出版物的游商。在货源上把关，每月进行进货清单核验，对无进货清单和从非法渠道进货的，依法予以查处。

1999 年 12 月，由赣州分局牵头，会同市公安、工商、文化等部门开展清缴非法有害卡通读物专项治理行动，检查书店（摊）65 个，收缴非法卡通书 220 个品种、18000 余册，彻底清理赣州文化大厦一楼书商和学校周边书店所销售的非法卡通书。在其他地点的执法检查中陆续查缴非法卡通书 3000 多册。

2000 年 3 月，赣州分局牵头组织大规模的查缴盗版 DVD 和 VCD 音像制品的突击行动，检查音像制品经营单位 100 多家，收缴盗版影碟 3256 张。5 月 18 日至 6 月 2 日，赣州分局和市教育局牵头、市新华书店配合，组成联合检查组，对赣州市范围内的中小学校学生使用教辅情况进行全面检查。共检查 18 个县（市、区）的 162 所学校，查出 3 名经销商非法教辅 8653 册，非法经营额 9.9 万元；试卷 23174 套，非法经营额 7.93 万元。7—8 月，在清理对社会有危害的气功类组织非法出版物的工作中，查处非法气功组织非法出版的非法出版物 13 种、45500 册（盒），其中图书 37500 册、磁带 8000 盒。全市“扫黄”“打非”集中行动总计出动 2956 人次，检查单位 2122 家，取缔非法摊点 82 家，处罚 137 家，查缴非法图书 53580 册，查缴非法音像制品和电子出版物 30629 盘。

第二节 发　行

一、体制改革

发行体制改革 1986 年 4 月，图书发行体制改革的目标是形成以国有书店为主体的“一主三多一少”新格局，即以新华书店为主体的和多种流通渠道、多种经济成分、多种购销形式暨少流通环节的图书发行网络。全地区民营集体、个体书店（摊）在当地政府和新华书店的业务支持下发展迅速，初步形成以国有新华书店为主体的多种经济成分、多条流通渠道、多种购销形式的现代图书发行网络，全地区图书发行业整体发展迅速。

1988年，全地区推行“三放一联”，即放权承包，搞活国营书店；放开批发渠道，搞活图书市场；放开购销形式和发行折扣，搞活购销机制；推行横向经济联合，发展各种出版发行企业群体和企业集团。全地区各级新华书店先是实行承包责任制（如各县新华书店与地区新华书店签订1988—1990年的承包合同，各承包店开始全面推行经理负责制），后又推行目标管理，完善经营责任制，实行双效考核［出版总社对赣州地区新华书店、赣州地区新华书店对所辖各县（市）新华书店进行逐项监督与考核］。1991年5月，组建赣州地区图书发行联合体。1995年1月，由地区新华书店发起、各县（市）18家新华书店入股集资组建赣州地区新华书店图书批销有限公司。全地区实行图书批销一条龙制。

1996年，以培育和规范图书市场为中心环节，推广寄销，各级、各类书店的图书品种增多，图书销售量增大，推进全地区图书购销代理制的发展，促进地区和各县（市）图书发行企业经营机制的转变。1999年6月，县（市）新华书店工作重点开始实行向农村图书发行工作的转移。11月，赣版一般图书开始实行省内统一主发，经销包退。

管理体制改革 1986—1993年，各级新华书店的业务指导权和财务权属江西省新华书店，人事权则分别归属地方文化局。

1993年4月，成立江西省出版集团，地区和县（市）两级新华书店的人事管理权上收江西省新闻出版局（总社）管理。10月，各级新华书店实行由江西省新闻出版局（总社）主管、当地党委宣传部门协管的双重管理体制，其级别（二级企事业单位）维持不变。

二、发行网点

赣州市（地区）形成以国有新华书店为主体、其他发行力量为辅助、多种经济成分并存、多种购销形式并行、多条渠道流通、网点遍布城乡和优势互补的图书发行网络，其中新华书店网点主要分布在城镇、厂矿区及农村大集镇。随着农村供销合作社售书点的锐减，1999年，各级新华书店开始采用“租、建、代”等方式发展农村售书网点。至2000年，全市共有市、县（市、区）新华书店18家、售书门市部48个、农村售书代销点69个。

三、发行效益

1986年1月，全地区各新华书店配合中共中央做好《中央机关要做全国的表率》的发行工作。1987年2月，地区新华书店部署做好新闻出版署《关于加强和改进毛泽东等老一辈无产阶级革命家著作发行工作的通知》的要求，做好相关图书征订发行工作。3月，配合全地区干部的理论学习，各地新华书店做好邓小平《关于建设具有中国特色的社会主义》（增订本）和《坚持四项基本原则，反对资产阶级自由化——党的十一届三中全会以来有关重要文献摘编》等文献的发行。1989年7月，地区新华书店成立清理整顿图书市场领导小组，清查宣扬资产阶级自由化、色情、淫秽、暴力凶杀、封建迷信等出版物。6—8月，地区新华书店征订发行《必须旗帜鲜明地反对动乱》《党的十三届四中全会公报》等学习文件、政治读物、理论图书4.64万册。1990年3月，新华书店系统与各地教育局在全地区中小学开展“党在我心中”读书教育活动。1991年6月，全地区新华书店系统配合中共中央宣传部、文化部做好《中华大家唱（卡拉OK）曲库》的发行。7月，《毛泽东选集》1～4卷（第二版）在全地区发行。1992年10月，为组织优秀书源，全地区新华书店组团参加在成都举行的第五届全国书市。1993年12月，《邓小平文选》第三卷在全地区各新华书店发行。1994年10月，全地区新华书店掀起送书下乡热潮，组织优秀书源组团参加在武汉举办的第六届全国书市。11 月，地区新华书店配合做好省新闻出版局（总社）在赣州召开的“全省赣版书订货会”筹备工作。全省有 7 家出版社及新华书店系统共计 190 余人参加订货会。12 月，《邓小平文选》第一、二卷在全地区各新华书店发行。1997 年 7 月，地区新华书店配合全国文化扶贫委员会在全国老、少、边、穷地区实施万村书库文化扶贫工程，与中共赣州地委办公室和地直各有关单位为于都县仙下乡三贯村送去图书 2000 余册，总价值 30 万元，办起村级图书室。全地区各县（市）新华书店相继落实万村书库工程，赠书捐建村级图书室。

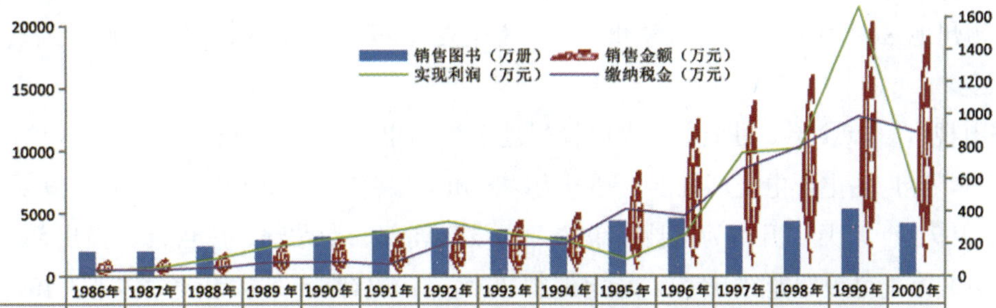

	1986年	1987年	1988年	1989 年	1990年	1991年	1992年	1993年	1994年	1995年	1996年	1997年	1998年	1999年	2000年
销售图书（万册）	1998	2014	2382	2892	3137	3594	3820.00	3702	3125	4368	4585	3989	4344	5341	4166
销售金额（万元）	1342	1525	1980	2833	3069	3434	3935.00	444	5131	8521	12538	13999	16125	20375	19270
实现利润（万元）	35	49	105	181	229	273	334.00	262	215	103	249	760	786	1660	511
缴纳税金（万元）	40	40	53	85	91	73	205.80	196	207	412	372	659	799	985	890

图 35－2－1　1986—2000 年赣州市（地区）图书销售情况

第三章　广播电视

1986—2000 年，全市（地区）建立宣传例会制度和经济信息大联播宣传网络，开展加强宣传管理好、遵守宣传纪律好、提高宣传质量好的“创三好”活动，广播电视宣传质量和效果普遍得到提高，广播电视出精品、上大台呈逐年上升趋势，每年均有广播电视新闻节目分别被中央台和省台采用播出，有部分新闻节目上头条和题要，很多节目在全国、全省获得奖励。

坚持广播与电视并重，有线与无线并举，大力发展广播电视事业，扩大广播电视覆盖面。至 2000 年，全市拥有 20 座县级以上广播电视台；9 座 1 千瓦以上的广播电视转播发射台，总功率 41 千瓦；村级共用天线系统 1201 个，地面卫星接收站 3116 座；广播综合覆盖率达到 85%以上，电视综合覆盖率达到 92%以上；拥有广播电视终端用户 41 万多户。广播电视传输播出发射设备由模拟型发展到数字化和非线设备。

第一节　机构　队伍

一、赣州市（地区）广播电视局

1986 年，赣州地区广播电视局机关内设办公室、技术科、宣传科、音像稽查队。1994 年，增设保卫科（对外称“广播电视稽查队”），同时撤销音像稽查队。1996 年 9 月机构改革，地区广电局内设办公室（保卫科）、宣传科（总编室）、技术科（总工室）、音像管理科（广播电视稽查队）、计划财务科 5

个职能科室，定编23名。1998年，音像管理科更名为社会管理科，广播电视稽查队更名为广播电视稽查支队。2000年，赣州市广播电视局广播电视稽查支队从社会管理科分设，定为自收自支科级事业单位。

二、事业机构

赣州人民广播电台 1993年11月，赣州地区广播电台成立，隶属赣州地区广播电视局，科级自收自支事业单位，核定编制20名。内设办公室、总编室、新闻部、青少部、综艺部、经济信息部、农村部、公关部、技术部。1994年1月，广播电台正式开播，并经广播电影电视部批准，发射功率为3千瓦，播出频率为FM93.7和FM101.8。1997年4月，赣州地区广播电台升格为副县级单位，内设新闻部、技术部、文体部、社教部、专题部、经济信息部、总编室、办公室8个副科级职能部（室）。1999年7月，赣州地区广播电台更名为赣州人民广播电台。其内设机构、人员编制、经费来源渠道等至2000年不变。

赣州电视台 1984年6月成立，隶属赣州地区广播电视局，科级全额拨款事业单位，定编16名。1987年1月，经广播电影电视部批准，呼号为“赣州电视台”，使用DS－10频道，发射功率为1千瓦，2月开播。1991年12月，升格为副县级单位，内设新闻部、专题部、广告部、播出部、技术部、办公室、总编室7个副科级职能部（室），核定编制35名。1992年11月，增设文体部。1994年4月，增加编制29名（人员编制总额为64名）。1999年11月，赣州电视台改为差额拨款事业单位。至2000年，其内设机构、人员编制、经费来源渠道不变。

赣州有线电视台 1990年8月，赣州地区有线电视台成立，隶属赣州地区广播电视局，科级自收自支事业单位。1995年11月，升格为副县级单位，核定编制51名，经费实行自收自支。1997年，内设新闻部、专题部、技术部、工程部、维护部、播出部、广告部、财务部、办公室、总编室10个副科级职能部（室），核定编制81名。至2000年，其内设机构、人员编制、经费来源渠道不变。

江西省707电视台 1979年10月成立，隶属赣州地区广播电视局，科级全额拨款事业单位。1997年，升格为副县级单位，内设技术部、播出部、信号传递部、动力部、保卫科、办公室6个副科级职能部科（室），核定编制42名。至2000年，其内设机构和人员编制不变。

赣州851台 1986年，赣州851台定编16名。至2000年年底，人员编制不变。

赣州852台 1986年，赣州852台核定编制42名。至2000年，名称及人员编制不变。

兴国微波站 1985年1月成立，隶属赣州地区广播电视局，科级全额拨款事业单位。1986年11月开通。位于兴国县均福山林场境内。

赣州市（地区）广播电视人员培训班 1986年，赣州地区广播电视人员培训站成立，隶属赣州地区广播电视局，科级事业单位，核定编制5名。1999年7月，更名为赣州市广播电视人员培训班。至2000年，其人员编制不变。

赣南广播电视报社 1991年8月，《赣州电视报》编辑部成立，1992年1月《赣州电视报》改名为《赣南广播电视报》，隶属赣州地区广播电视局，科级自收自支事业单位，核定编制12名。1994年9月，赣南广播电视报编辑部更名为赣南广播电视报社。至2000年年底，其经费来源渠道和人员编制不变。

赣州市（地区）音像管理站 1986年10月成立，隶属赣州地区广播电视局，科级自收自支事业单位，国家二级音像发行单位。

赣州市（地区）广播电视节目传输中心 1997年1月成立，隶属赣州地区广播电视局，科级自收自支事业单位，核定编制10名。至2000年，其人员编制和经费来源渠道不变。

赣州市（地区）影视制作中心 1995年9月成立，核定编制5名，隶属赣州地区广播电视局，正科级事业单位，负责电视剧、专题片等影视节目的创作工作。至2000年，其人员编制不变。

赣州市广播电视广告中心 2000年1月成立，隶属赣州地区广播电视局，正科级自收自支事业单位，内设广播广告部、电视广告部、报刊广告部、办公室4个职能部（室），核定编制6名。

江西怡召通讯器材有限公司 1993年成立，为赣州地区广播电视局属独立核算的中外合作经济实体。2000年，公司停工、停产。

赣州市（地区）广播电视局招待所 1997年1月，赣州地区广播电视招待所成立，隶属赣州地区广播电视局，正科级自收自支事业单位，核定编制5名。至2000年，其经费来源渠道和人员编制不变。

三、队伍

1986年，全地区广播电视系统职工总人数为1211人（其中女职工460人）。1990年，全地区广播电视系统职工总数增至1440人。2000年，全市广播电视系统职工总数2675人。

第二节　广播电视节目

一、广播节目

1986年，宁都广播电台开办《梅江两岸》栏目，“介绍梅江风情、关注社会热点、反映群众呼声、评说大众话题、追踪时事报道”，每周六首播，周日重播，每期10分钟。安远县广播站开办《生活常识》栏目，介绍现实生活中的常用知识，每周三、四、六播出，节目时长20分钟。瑞金广播电台开办《瑞金新闻》栏目，宣传党和政府的方针政策，表达群众心声，每周二、三播出。1987年，宁都广播电台开办《乡村金话筒》栏目，立足广大农村、贴近百姓生活，主要向农民朋友提供勤劳致富的经验和科技信息，每周播出3次，每次20分钟。1988年，宁都广播电台开办《法制天地》栏目，配合普法宣传、普及法律知识，开设栏目所播出的内容有“案例分析”“普法园地”“与法同行”“青少年教育”“法制教育”等，每周1期，时长45分钟。1989年，宁都广播电台开办《空中信息网》栏目，每周1期，时长30分钟。播出内容主要有“经济要闻、市场行情、劳务信息、物资行情”等。

1994年1月，赣州地区广播电台开办《特快列车》栏目，每天13：30播出，时长30分钟，主要启发青少年的智力和锻炼思维能力，设有《迷宫》《颠三倒四》《歌名拾趣》《歌曲接力棒》《穿针引线》《绞尽脑汁》《脑筋急转弯》《影视歌风景》《侦破厅》《答非所问》《绕口令》等11个小栏目。3月，开办《晨光信箱》栏目，每天在7：20的直播新闻板块《赣南你早》中首播，长度10分钟，12：15重播。节目宗旨：弘扬社会新风，反映群众呼声，褒优贬劣，解答群众关心的疑难问题。其播出方式，采用“听众来信、通讯录音报道”等多种形式作深入报道或连续报道。5月，创办另一栏目《欢乐时空》在8：00至14：00播出，每周日一次，节目长度360分钟。集新闻、知识、文学、娱乐戏曲服务为一体。

1995年2月，地区广播电台开办《新闻追踪》栏目，于每周二、三、五7：40播出，18：15重播，每次10分钟。节目宗旨：坚持正确舆论导向，增强传播效果。节目以“分析新闻背景、报道新闻人物、追踪大众话题”为主，兼顾政治、经济、文化、教育、法律、社会生活等报道。开办《信息荟萃》，每周二、四、六7：40首播，18：15重播，播出内容：国内外政治、经济、文化等方面的最新动态，汇集中外信息、报道热门话题、热点人物及国内外重大新闻背景。开办《梦幻小屋》栏目，属文学欣赏性节目，每周一20：00播出一次，节目长度1小时。节目宗旨：播出名家精品和凡人佳作，以提高广大听众的评析和文学欣赏水平。3月，开办《相伴到子夜》，每天21：00播出一次，节目长度2小时，节目宗旨：主持人通过听众拨通的热线电话，针对听众提出的问题，加以开导和劝慰，以谈心的方式，激励听众正确对待生活、对待人生。5月，开办《热线7：20》栏目，是一个为听众服务的节目，每天7：20播出，节目长度10分钟。节目宗旨：以热线电话提问与解答听众来信相结合，为听众排忧解难。7月，开办《晚餐约会》栏目，每天18：30播出，节目长度30分钟，是综艺板块《虔州唱晚》中的一个小栏目，其主要内容：通过热线电话就某个热门话题与听众展开讨论，主持人在讨论过程中加以引导、铺垫、补充和总结。

1996年8月，地区广播电台创办《台长热线》栏目，每周日18：30播出，时长30分钟，由地区广播电台正、副台长轮流到直播室，直接与听众热线电话交流，听取听众的批评与建议，话节目长短、评主持优劣，节目内容则根据听众提问和对话而定。10月，创办《种养科技》，是《乡村纵横》节目中的一个小栏目，每周一、三、五20：00播出，节目长度30分钟。节目宗旨：接受听众来信咨询，解答农民朋友种养方面的疑难知识。节目内容根据选题而定，邀请高级农艺师、高级畜牧医师、水产师与主持人共同主持节目。

1997年9月，地区广播电台改版《新闻传真》栏目，每天6：00和7：35播出，每次15分钟。以新华社电讯稿为主，结合本地新闻，突出栏目的权威性、时效性。内容包括国际新闻、国内新闻、本地新闻。改版另一板块《小铃铛》为少儿节目，每天17：30播出，节目长度30分钟。主要栏目有《童话大口袋》《娃哈哈乐园》《小不点大追踪》《世界真奇妙》《小作家摇篮》等。创办《今夜心桥》栏目，每周一至周五22：00播出，节目长度1小时。节目以主持人与听众的直接交谈为基础，和听众分享生活的喜、怒、哀、乐。同时播出一些精致而富有哲理的小品和诗歌，在中青年听众群中有较大的影响。

1998年9月，地区广播电台创办《时代音乐杂志》栏目，是一档流行音乐节目，旨在通过各种形式推广流行音乐中的精品，培养听众的生活情趣，带给听众休闲、轻松的感觉。节目设有《新歌出炉》、《新鲜推荐》、《自由的天空排行榜》、《旧爱新欢》、《星河之旅》、《Crazy—music》（欣赏外文歌曲）、《时代风云榜》等小栏目。12月，开办《就业广角》栏目，每周一至周五9：00播出，节目长度1小时，设有《招聘信息》《招聘热线》《广角话题》等小栏目。节目宗旨：让真诚和服务走进人们的生活，为求职者和招聘者架起空中的桥梁。

2000年1月，赣州人民广播电台开办《音乐欣赏》栏目，每周六、周日10：00播出，节目时长30分钟，节目融“中国古典音乐、民族音乐及外国音乐欣赏、鉴赏为一体，是一档雅俗共赏的音乐节目”。开办《快活林》栏目，每周日13：00播出，节目长度1小时，节目以幽默为基调、以群众喜闻乐见的相声和歌曲为主要内容，并将主持人的观点、评论穿插其间，增加节目的轻松气氛。5月，开办《女性时空》栏目，每周日10：30播出，节目长度1小时。节目宗旨：反映女性心声，展示半边天风采。讲述杰出女性人生故事，关注当今流行趋势，倡导现代生活方式。

二、电视节目

1994年3月，赣州电视台开办《夜话亭》栏目，每周二19：50播出，节目长度10分钟。节目宗旨：结合赣州地区改革开放和经济建设实际，深刻反映社会的热点、难点、疑点等人们关心的问题。栏目贴近观众、贴近实际，深受观众欢迎。开办《赤橙黄绿青蓝紫》栏目，每周五播出，节目长度10～15分钟。内容包括改革开放和经济建设的成就、风土人情、人物荟萃、名山胜水、文化动态等。对《走向市场》栏目作较大改进：经济商品信息由每期8分钟压缩到4分钟，将《观众热线》《监督岗》节目由不定期改为每周一定期播出，时间由5分钟增加到8分钟。赣州地区有线电视台开办《周四600秒》综合板块节目，融“新闻性、趣味性、知识性”于一体，为观众追踪新闻、透视社会、沟通心灵、释惑解疑、仗义执言提供服务。节目宗旨：弘扬时代精神，反映群众呼声，增添生活情趣。设有《新闻广角》《社会传真》《热点追踪》《生活空间》《警方热线》《古城新话》6个小栏目，每期播出的栏目随内容而选定。每周四19：35首播、周五12：00点和19：35重播，节目长度10分钟。

1995年2月，赣州电视台开办《赣南大地》，是一个板块专题栏目，设有《大众话题》《七十二行》《赣南风情》3个小栏目。节目宗旨：关注社会动态，谈论大众话题，展示行业风采，点缀赣南大地。每周五21：00播出，节目长度15～20分钟。3月，开办《新闻透视》栏目，为新闻评论性节目。节目宗旨：坚持正确的舆论导向，反映社会的焦点、热点问题及大众话题。每周二21：00播出，节目长度10～15分钟。瑞金电视台开办《信息广角》栏目。节目宗旨：反映市场经济，传递社会信息。设有《每周视点》《信息传真》《供求热线》《市场行情》《企业之星》5个小栏目，每周二、三20：10播出，每次10分钟。5月，地区有线电视台开办《信息荟萃》栏目。节目宗旨：宣传党的方针、政策，沟通党组织与群众的联系，为地方经济建设、社会发展服务。其内容有时政新闻、社会新闻以及工业、农业、科技、文化、市场信息等，在《今日话题》小栏目中开设“如何搞活国有大中型企业”“合资企业访谈录”“点点滴滴看变化”“夕阳风景线”“八五回顾”“九五展望”等系列报道，每周二、六19：38首播，22：00和下周三、日12：00重播，每次10分钟。

1996年7月，赣州电视台开办《祝你平安》栏目，设有《安全动态》《案例分析》《瞭望台》《安全岛》等小栏目。节目宗旨：加大道路交通安全和车辆管理宣传力度，展示公安交警保险战线先进模范人物，增强人民群众道路交通安全意识，减少道路交通事故的发生。每两周一期、每期播出4次，周日18：48首播、21：00重播，节目长度10～12分钟。开办《文艺天地》栏目，每周三20：55首播，周日重播，节目长度15～20分钟。9月，地区有线电视台开办《有线万花筒》栏目，融“知识性、服务性、娱乐性”于一体，设有《生活看台》《健康城》《经济窗》《小城故事》《企业天地》《美味佳肴》等子栏目，周一19：40首播，周一22：00和周二12：00、19：40重播，每次13分钟。9月，瑞金电视台创办《长征从这里出发》栏目。节目宗旨：弘扬长征精神，让人民了解历史，共创美好未来。主要内容：系列报道中国工农红军长征胜利60周年、宣传瑞金市新长征辉煌业绩。每周一、三、五、六20：00首播，22：00重播，节目长度10分钟。

1997年1月，赣州电视台将《赣南新闻》改版成《赣南新闻联播》栏目，及时报道来自18个县（市）的新闻和消息，每日19：35首播、21：45重播，节目长度10分钟。开办《欢度好时光》栏目，是集“欣赏、娱乐、知识”为一体的综艺晚会性节目，设有《请你欣赏》《游乐宫》《考考你》等子栏目，周六21：00首播，周日21：00重播，节目长度45分钟。创办《经济生活》栏目，融“新闻性、经济性、社会性、纪实性、服务性”为一体，反映广大群众在经济生活中面临的难点、疑点、热点问题，设有《经济观察》《经济信息》《企业新歌》《电视导购》《求医问药》《商海拾贝》《金融天地》等小栏目，周四21：00首播，周日重播，时长15分钟。3月，开办《赣南文化人》栏目。节目宗旨：介绍赣南文化名人。周三21：00首播，次日9：00重播，每周播出3次，每次8分钟。12月，创办《晚间新闻》栏目，以社会新闻为主，突出新闻时效，贴近生活、贴近观众，每日21：45首播，次日9：00重播，节目长度5分钟。

1998年1月，赣州有线电视台开办《下周荧屏》栏目，主要预告下周将要播出的部分精彩节目内容，周六21：00首播，周日11：50、18：40重播，节目长度8分钟。赣州电视台创办《安全之路》栏目，设有《祝您平安》《为您服务》《名车欣赏》《案例分析》4个小栏目，周日18：48首播，周一10：00、12：15、15：50重播，节目长度10～12分钟。2月，将原《文艺天地》和《欢度好时光》合并为《欢度好时光》栏目，设有《欢度好时光》《请您欣赏》《游乐宫》《精品回放》等小版块。周六20：00首播，周日9：07重播，节目长度45分钟。

1999年2月，赣州电视台创办《荧屏内外》栏目，是融“娱乐性、知识性”为一体的杂志式多版块栏目，设有《先睹为快》《电视人》《荧前幕后》《影视快讯》《万种风情》《茶馨悠悠》6个小栏目。周五21：10首播，周六7：23、12：40重播，节目长度10分钟。3月，创办《七彩乐园》栏目，设有

《游戏大冲浪》《校园风景线》《宝宝仔》《故事会》《幸运智慧星》小栏目。节目宗旨：展现孩子们的潜能与风采，提高孩子们的综合素质。周六 18：20 首播，次日 18：20 重播，时长 20 分钟。创办《生活视点》栏目。节目宗旨：真实客观地反映生活，宣传文明，鞭挞丑恶，引导观众弘扬正气。周三 21：00 首播，周四 21：00 重播，节目长度 10 分钟。4 月，创办《民与法》栏目，设有《人物访谈》《目击》《风采》《法律点评》4 个小栏目。节目宗旨：宣传法规、弘扬正气、强化公民法制意识。周六 21：00 首播，周日 7：13、21：15 重播，节目长度 10 分钟。6 月，新开办《域外采风》栏目。节目宗旨：展示域外多彩的风情，讲述他乡游子的故事，加强赣州地区与外地的经济文化交流。设有《异域之旅》《民俗风情》《珍闻轶事》3 个子栏目。周四 21：00 首播，周五 21：00 重播，节目长度 10 分钟。9 月，创办《用电之窗》栏目。节目宗旨：宣传用电法规，普及用电知识，使群众安全用电，维护用电消费者的利益。每周二 21：00 首播，周三 7：15、12：20 和周日 12：30 重播，节目长度 10 分钟。

2000 年 1 月，赣州电视台创办《走进新千年——县（市、区）委书记访谈录》栏目。节目宗旨：宣传 18 个县（市、区）经济、社会发展思路和发展目标，展示全市人民齐心协力建设大赣州的精神风貌。每日 19：40 在《赣南新闻联播》中播出，节目长度 3 分钟。创办《社会广角》栏目，节目宗旨：宣传政策法规和客家文化，促进赣南经济发展。周三 18：48 首播，周四 7：40、12：30 重播，节目长度 10 分钟。2 月，创办《与法同行》栏目，与原《安全之路》栏目合并而成，周日 21：00 首播，周一 7：40 重播，时长 10 分钟。赣州有线电视台对《有线万花筒》栏目进行改版，即在坚持原有“群众性、贴近性、趣味性”的栏目宗旨基础上，开辟《经济透视》《股海点睛》《游戏总动员》《影城新片》等小栏目。周日 19：38 首播、周一 12：00 重播，节目长度 10 分钟。

三、影视剧创作

1993—2000 年，赣州市（地区）广播电视局和赣州电视台分别与中央电视台、江西电视台、中国人民解放军总政话剧团、南京军区电视艺术中心等单位联合创作摄制下述电视剧。

电视剧《一路顺风》（3 集） 讲述某女子道班的故事，反映两代公路人献身公路建设事业主题。编剧：保敬之、杨飞。导演：蒋迅。1998 年由江西电视台、赣州地区影视制作中心等单位联合摄制。

系列短剧《毛泽东的传说》 通过撷取毛泽东第二次国内革命战争时期在中央苏区工作和生活的几个小片断，从一代伟人的某个“点”入手对领袖人物的平凡与伟大作性格化、命运化和感情化的表现，由此构成其完整的领袖人格。1993 年 1 月由赣州地区广播电视局、中国人民解放军总政话剧团联合摄制。编剧：舒龙、李昊。导演：龙义顺。

电视剧《京九一方歌》 该剧着力展现京九铁路赣州段建设的风采，反映赣州人民期盼和支持铁路建设的热情，展示赣州这一方随着京九铁路开通而开拓的新天地，表达“香港同胞饮水思源，且沿着京九线到赣州探踪、观光”的愿望。1994 年 8 月由赣州电视台与中央电视台联合摄制。导演：刘文山、杨祥华。制片：张菁、李岳。

电视连续剧《谢谢你的爱》（4 集） 反映社会各界和所有亲属对残疾人的爱，唤起残疾人对社会爱的回报。以全国 5000 余名残疾人的名义，向关心、理解、支持和帮助他们的所有亲属及社会各界朋友们真诚地道一声——谢谢！1994 年 1 月，由赣州电视台摄制，7 月在中央电视台播出。编剧：张光烈、胡海洋、吴周伟。导演：徐正浩。

电视剧《铁面县长》（上、下集） 通过赣州籍革命先烈陈赞贤于民国 15 年（1926）秋担任国民政府南康县县长期间“禁烟、禁赌、禁妓”整顿世风斗争的故事，塑造烈士不畏强暴、为民除害、刚正不阿、一身正气的革命英雄本色。由江西电视台、赣州地区影视制作中心、南康市人民政府联合摄制。编剧：黄谟军。导演：蒋迅。

电视专题片《毛泽东光辉的一生》 由赣州地区钱币学会、金融文艺协会、影视协会联合摄制，1998年1月在赣州电视台播出。制片主任：李岳、杨祥华、王健华。编导：舒龙、王石水。

电视剧《朱德上井冈》 叙述在“八一”南昌起义后，朱德带领部分起义队伍南下广东遭遇失败，历经艰难辗转上井冈山，与毛泽东领导的秋收起义队伍会师的光荣历史。第一次在荧屏上以中长篇幅歌颂朱德等老一辈无产阶级革命家的光辉形象。此剧由南京军区电视艺术中心拍摄，赣州地区广播电视局和赣州电视台参与摄制，1997年8月在赣州完成主拍任务。编剧：胡正言。导演：王建荣。

四、节目管理

1986年，赣州广播电视系统健全三级审稿制度。1993年，地区广播电视局建立宣传领导小组，每月定期召开宣传例会2次，对地区电视台、广播电台、有线电视台每月举行2次评稿活动。宣传例会制度在会昌、于都、信丰等县相继建立。

1993年，全地区各级广播电视台（站）以创“三好”（加强宣传管理好、提高宣传质量好、遵守宣传纪律好）台站活动为龙头，加强台（站）的制度化、规范化建设。

1994年，开展创“三好”台站与“八六四”［按县（市）大小确定来稿年任务分别为8000件、6000件和4000件3个等次］活动，对县（市）台（站）实行“广播宣传情况季报”制度，采用报表形式上报当季宣传情况。

1996年，建立新闻节目内容编排和专题节目选题“提前报告”制度，加强对台（站）自办节目的质量监督与管理。1998年，制定《广播电视广告管理实施办法》，加大《广播电视管理条例》宣传和执法力度，地区普法办把《广播电视管理条例》纳入全地区“三五”普法的内容。2000年，坚持宣传例会、审片审稿和节目评议制度，针对一些自办栏目不规范、随意增设栏目和延长播出时间、随意插播广告等问题，制定《关于加强宣传管理，进一步规范广播电视栏目的意见》，确保广播电视正确的舆论导向和安全播出。

第三节　设施建设

一、广播电视基础设施建设

1986年，全地区广电系统提出建设有线和无线相结合的农村广播网。此后的两年时间，全地区18个县（市）都建立调频台。

1988年11月，赣州市（今章贡区）人民广播站更名为赣州人民广播电台，并购进1台300瓦立体声调频发射机及其他广播设备。

1993年12月，地区广播电视局筹建地区广播电台，1994年1月开始正式开播。结束赣州地区一级只有电视没有广播的历史。至1993年，全地区拥有18个县级广播电视台（站）、342个乡（镇）广播电视站，占全地区乡（镇）数的94%。302个行政村有广播室，占全地区行政村数的70%，通广播的村1979个，占45%。能直接收到县（市）广播信号的乡（镇）有314个，占86%。入户喇叭30.23万只，占23%。基本完成无线调频台的建台任务。广播覆盖情况：中波广播，中央台一套节目覆盖135.55万人，占总人口的18.6%；二套节目覆盖118.79万人，占总人口的16.3%；江西人民广播电台一套节目覆盖411.02万人，占总人口的56.4%。

1993—1994年，提高广播电视节目覆盖面和传输质量。地区广播电视局由地区财政投入和自筹资金购置1台10千瓦电视播出设备，对江西省707电视台10频道天馈系统进行改造，使赣州电视台的覆盖面由1992年的16%扩大到85%。赣州电视台还添置采、编、播等设备，为1994年改每周7播打下基础。赣州有线电视台投资94万元新购前端、放大器、摄像机、调光台、干线电缆等设备，对原播出及传输系统进行更新改造。到1993年年底，全地区18个县（市）全部建起有线电视站和卫星电视地面接收站，有线电视用户达9万户。电视覆盖面中央一套节目达到50%，中央二套节目达到20%，江西电视台和赣州电视台节目达到85%以上。28个乡（镇）建立广播小调频，增挂调频音箱1万多只，62个乡（镇）建立有线电视站，2个乡（镇）进行有线电视、广播共缆传输试点，并获得成功。

1995年，实施“年内力争50%的乡（镇）建起有线电视，50%没有建立有线广播的乡（镇）建起调频广播”的目标。地区广播电视局提出各级广播电视部门加大投入，大力发展乡（镇）有线电视和调频广播。地区广播电视局在全地区规划362个调频频点，地区广播电台购进300瓦柜式调频立体声发射机及配套设备，地区有线电视台在全省建起550兆邻频传输网络，赣州852台完成102米的天线铁塔大修和三层拉线的更换任务，江西省707电视台开动10千瓦调频发射机，扩大江西电台节目覆盖面。至12月，全地区有258个乡（镇）建起有线电视，占全地区乡（镇）数的70%。全南、安远、信丰、寻乌、上犹5个县率先在全地区实现“乡乡镇镇通有线电视”目标，全地区有线电视用户超过20万户。

1996年，全地区广播电视基础设施建设得到加强。地区广播电视局在全地区15个山头建立微波中继站，建成1049.5千米的微波线路，增设6个频点传送中央台四套加扰电视和赣州电视台、地区广播电台节目，解决寻乌、石城等边远县长期看不到赣州电视台节目的“老大难”问题。崇义、大余、兴国、宁都、定南等县100%的乡（镇）建起有线电视网，全地区有线电视建网率达到85%。地区有线电视台架设开通至黄金岭开发区的全省第一条光缆干线。全地区有近百个乡（镇）新建调频广播，新建村级广播电视室200个。年内，全地区用于改善基础设施设备的投入达到2000万元。

1997年，赣州地区广播电视局组建地区广播电视监测台，对全地区各台站的信号源实施严密监测，有效地控制事故发生率。707台、851台、852台、微波站以及全地区骨干台站全面完成播出任务，确保安全优质播出无事故，实现台站内停播（传）率0的好成绩。地区广播电视节目传输中心建立全地区长达1100千米的微波传输覆盖网。上犹县建立覆盖11个乡（镇）、60个行政村的广播电视微波网；信丰县率先在全地区开通MMDS，将中央、省、地、县的电视节目覆盖到全县乡村；南康市在大岭乡实现广播电视共缆传输；宁都县1千瓦发射机固态化改造成功；赣州电视台、赣州地区有线电视台以及各县（市）广播电视局普遍添置编辑、播出设备，广播电视设备基本实现标准化。全省第二次农村广播电视工作会议召开后，上犹、会昌、寻乌、安远、龙南、全南、南康、定南、崇义、大余、石城、信丰、宁都、瑞金、兴国等县（市）在100%的乡（镇）建立有线电视网的基础上，把重点放在村级有线电视发展上。上犹县新建66个村级有线电视网；全南县村级建网率达到85%，比1996年增长14.2个百分点，成为村级有线电视在全地区乃至全省发展最快的县之一；石城、信丰2县乡（镇）广播通播率均达到100%，其中信丰县实现乡乡镇镇广播调频化。全地区新建乡（镇）有线电视网29个，建有线电视网的乡（镇）总数达350个，占全地区乡（镇）数的96%，16个县（市）实现乡乡镇镇通有线电视；新建村级有线电视网891个，总数达1280个，通播率达到30%以上，有线电视用户达25万户以上。全地区建乡（镇）调频广播139个，占乡（镇）总数的38%。1997年12月，赣州广播电视中心开工建设，位于赣江源大道，占地2公顷，建筑面积17315平方米，主楼高53米、16层，集广播电视传输发射、节目演播、制作、播音、办公于一体。1999年12月主体工程竣工。

二、网络建设

1990年，赣州地区有线电视台成立，在城区全面建设有线电视网络，发展有线电视用户。1991—1997年，地区以每年平均6000多户用户的发展速度递增，并对传输及前端设备进行多次升级改造，网络改造由初建时的300兆赫改造成750兆赫，有线电视节目套数由初建时8套发展到1997年21套。

1998年，全地区加大广播电视光缆传输网的建设，采取微波、光缆、有线、无线等多种技术方式混合传输广播电视节目获得成功。赣州地区有线电视台建成总长度达37.5杆千米的光缆干线，成为全省最大的光纤网络户。大余县投资120多万元，架设13千米的光缆，开通MMDS；南康市投资200多万元用于市区有线电视网络的改造，铺设6.3千米的光缆和开通MMDS；信丰县利用MMDS传输网联通12个乡（镇）、162个村，边远山区700多户村民能稳定观看10套电视节目；全南县新增村级有线电视站21个，村级有线电视开通率达到100%；定南县开通118个村级有线电视站，开通率78%；兴国县通过HFC光缆同轴电缆混合网的改造联通5个乡（镇）架设23千米的光缆网。全地区完成550兆赫网络改造，建光缆线路61.3千米；建村级共用天线网1201个，40%以上的村通有线电视，用户总数达30万户，其中地县（市）级11万户以上、乡村级25万户以上。新增调频台10座，增加功率11.5千瓦。新挂调频音箱3000多只。

1999年，全市广播电视事业建设的重点转移到村村通广播电视工程建设。中共赣州市委、赣州市人民政府印发《关于加快赣州村村通广播电视工程建设的实施意见》，提出12月澳门回归祖国之日完成省定的963个盲点村“村村通”广播电视工程建设任务，让更多的边远山区农民群众看到澳门回归的盛典。赣州市按时完成省定的963个盲点村“村村通”广播电视工程建设任务。2000年，全省第二次“村村通”工作会议在赣州召开，赣州市广播电视局先后在大余、信丰2个县召开“村村通”现场会和观摩会，推动全市“村村通”扫尾工程，并通过省级验收，优良率达到100%，全市新增“村村通”用户5万户。完成全市1100千米光缆传输网的路由勘察设计、杆路架设等任务。全市广播人口覆盖率84%，电视人口覆盖率90%。

三、技术维护管理

加强广播电视技术维护管理，建立机房值班、检修、交接班、安全、重要播出保障、设备资料管理和广播电视发射机电声指标月测季报等制度。

台内停播率优于部颁标准。1992年通过加强对台（站）技术维护的管理，江西707电视台10频道和7频道转播机技术指标分别保持乙级和甲级，全年播出时数为8266.8小时，台内停播率0.919分/瓦小时。兴国微波站、707电视台保持台（站）内微波停传率0的最好水平。赣州851台机器技术指标保持乙级，全年播出时数为2.3万小时，台内停播率为15.5秒/百小时。赣州852台机器技术指标保持甲级，全年播出时数为1.81万小时，台内停播率为10.6秒/百小时。1993年，通过落实《广播电视微波技术维护管理手册》《广播电视技术维护管理若干规定》，江西707电视调频台10频道和7频道转播机技术指标保持乙级和甲级，全年播出时数为9698小时，16频道播出2205小时，台内停播率为3.2分/百小时，台外停播率为63.2分/百小时。兴国微波站与707台保持台内微波停转率0秒/百小时的最好水平，赣州852台全年播出时数为1.36万小时，3部发射机技术指标均保持甲级，全年台内停播率为6.7秒/百小时，做到重要播音期间无停播和劣播，同步校频合格率为100%。更新、改造2条高压供电线路，建起1座4.5米高的卫星地面接收站，解决长期以来中央一、二套节目信号源差的“老大难”问题，收视效果提高。赣州851台机器技术指标保持乙级，全年播出时数为2.61万小时，台内停播率为26秒/百小时，做到重大节目和重要播出无停播。1994年，赣州地区广播电视局率先在全省制定《赣州地区有线电视共用天线系统设计测试验收实施细则》，全地区有线电视管理工作有章可循，健康发展。完善各台（站）周检、月检、季检和年检等各项制度，使检修周期更趋合理。在直属台（站）开展“百日安全优质播出”台（站）际竞赛活动，促进技术维护和安全优质播出。1995年，微波站改单向转输为双向传输，赣州851台对2部1千瓦的发射机进行低周前级固态化改造，707台调频发射机起散热作用的单风机运行改为双风机一主一备运行，设备技术改造步伐加快。

第四节 行业管理

一、卫星地面接收设施管理

1993 年，赣州地区广播电视局与地区公安处联合发出通知，禁止单位和个人使用卫星地面接收设施，对生产、经销和安装单位予以严格管理，制止擅自收转境外电视节目的行为，对全地区 70 个收转云贵台节目的卫星地面设施进行检查，并颁发许可证。

1994 年，加大对接收境内外卫星电视节目的管理力度。印发《关于接收境外卫星电视节目管理的有关问题的通知》《关于加强境外卫星电视地面接收设施管理有关问题的通知》，并在《赣南广播电视报》、赣州电视台大力宣传国务院《卫生电视广播地面接收设施管理规定》《广播电视管理条例》，建立日常检查和每月重点稽查制度。对单位、个人擅自安装的 200 多座卫星接收设施进行取缔，对 200 余个企事业单位、行政村和个人设立的接收境内卫星电视节目的接收设施办理接收卫星传送的境外电视节目许可证，开始实行年度检查。1999—2000 年，对颁发许可证的单位（个人）进行造册登记，达 700 多个，按照要求，对其接收的频道及内容予以核准，规范卫星地面接收设施的管理。

二、台（站）管理

1993 年，全地区抓好有线电视的“建、管、用”三个环节，严格播出节目的管理。对全地区有线电视实行集中统一供片，制定《赣州地区有线电视共用天线系统工程方案论证及测试验收实施细则》《关于进一步加强各级无线和有线电视台、差转台节目播出管理的通知》《关于认真执行对广播电视台（站）年检制度的通知》《关于对有线电视系统工程测试验收的通知》《关于对全区乡（镇）有线电视建设和管理的若干规定》《关于加强全区企事业单位广播电视管理工作的十点意见》。1995 年，对全地区各级广播电视播出机构实行年检办证，播出机构测试验收率和办证率及年检率达到 98%以上。1997 年，推进播出机构的调整与合并，对全地区播出机构的频道设置进行普查登记，至 1998 年 2 月，完成“三台合一”和重新审核登记。对部分县（市）播出机构随意插播和超量播放电视广告的现象以及系统外擅自建站和经营广播电视的行为及时予以制止。加强对全地区播出机构统一供片的管理和有线电视器材的销售管理，对有线电视器材销售和安装单位进行资质论证，保证有线电视和卫星接收设施的播出质量。

三、音像市场管理

1993 年 12 月，《江西省文化市场管理条例》颁发施行，社会音像市场开始纳入广播电视行业管理范围。赣州地区广播电视局制定《关于加强音像市场办证管理的通知》《关于集中治理音像市场的意见》《关于换发音像制品经营许可证的通知》。1993—2000 年，全市（地区）开展多次“扫黄”“打非”集中统一行动，为群众提供健康有益的音像节目。赣州地区音像站新购节目 823 盒。1994 年，查处播放“黄带”录像点 3 家，收缴录像带 13 盒，其中淫秽带 3 盒，地区音像站新购录像带 1893 盒。1995 年，对全地区 303 家音像网点进行全面清理整顿，换发许可证，并组织 173 盒爱国主义教育影片分发地、县（市）台（站）播放。2000 年，对全市音像市场实施清理整顿，打击音像市场中的“制黄”、“贩黄”、走私、盗版等非法经营活动，查处一批非法音像制品，审批通过一批放映单位和出租零销门点，取缔一批无证放映和非法经营音像制品的单位及个人，对全市 190 多家音像经营户换发由文化部统一制发的许可证，并与部分音像经营户签订音像制品经营责任状。城区 98%以上的音像市场纳入赣州市广播电视局的行业管理。

第四章 电 影

赣州市（地区）电影发行放映事业成曲线发展。20 世纪 80 年代中后期，全地区的电影发行放映事业有突破性进展。20 世纪 90 年代初，全地区的电影发行放映事业仍呈上升趋势。20 世纪 90 年代中、后期，受市场经济和视听多媒体的冲击，电影发行放映事业遇到前所未有的困难，陷入历史发展的最低谷，电影企业的发展出现“风险与机遇同在，困难与希望并存”的局面。

第一节 电影发行

一、发行体制

1986 年下半年起，地区电影发行放映分公司将以往由省公司直接排片调度和地区公司单排、单调的方法及曾一度按影院等级分级排片的方法，改为用 35 毫米影片实行分线路排片调度的方法，即国内电影院一条线、工矿电影队和集镇电影院为另一条线进行直接排片与调度相结合的方法。为更好地适应全地区各类电影放映单位的需要，充分发挥每部影片拷贝的效率，赣州地区电影发行放映分公司对所属门市放映单位和各县（市）电影院采取由地区直排、对驻县工矿和集镇电影院采取对县公司调度的方法。对 16 毫米影片的调度，地区电影发行放映分公司对各县（市）发行站实行分线路调度，由发行站直接排片到各个电影放映队，如 1988 年施行的“将驻赣州市（今章贡区）内的 3 家电影院、3 家影剧院分成 2 个平行的串映组实行双拷贝同时上映和单拷贝 2 组交叉排片”方法。既提高每部影片拷贝的上映率，又方便农村广大放映单位的取片、送片，节约运片时间。

20 世纪 90 年代初、中期，地区电影发行放映分公司对全地区电影放映单位实行“联营分成，按质论价、按轮次交租、按天包租、按片付款、预约定片、跑片和串映、复映片降租、按港台片和国产片定租”等一系列灵活措施，促进全地区电影经济的发展。

至 20 世纪末，全国实行 16 毫米影片全方位放开，不受任何机制的约束，放映队可以直接到制片厂家购买拷贝，也可以去全国各地放映，推进电影发行体制的改革。

二、发行网点

1986 年，赣州地区电影发行放映公司 1 家发行站对全地区 18 个县（市）直接发行影片。随着电影发行体制的改革和农村电影规划、普及放映力度的加大，逐步发展农村电影放映队、消灭农村放映空白点。至 1989 年，全地区电影发行网点增加到 42 个，除赣州地区电影发行放映分公司和 18 个县（市）都有电影发行站外，凡乡（镇）有条件的地方都建立电影发行站，有 23 个。至 2000 年年底，全市电影发行网点数未变。

三、发行成效

20 世纪 80 年代中期至 90 年代初期，域内的电影发行呈向上发展势头。1986 年，全地区各级电影发行机构发行各类长片 198 个节目、拷贝 955 个（35 毫米 199 个、16 毫米 444 个、8.75 毫米 312 个），发行各类短片（含新闻纪录片、科教片）534 个节目、拷贝 1251 个，发行收入 318.8 万元。1991 年，发行各类长片 348 个节目、拷贝 1670 个（35 毫米 438 个、16 毫米 682 个、8.75 毫米 550 个），发行各类短片（含新闻纪录片、科教片）934 个节目、拷贝 2231 个，发行收入 545.3 万元。进入 20 世纪 90 年代中期，全地区的电影发行下滑幅度较大。1996 年，全地区发行各类长片 139 个节目、拷贝 668 个（35

毫米175个、16毫米273个、8.75毫米220个),发行各类短片(含新闻纪录片、科教片)374个节目、拷贝892个,发行收入71.65万元。到20世纪末,全市的电影发行略有回升。2000年,发行各类长片147个节目、拷贝722个(35毫米184个、16毫米290个、8.75毫米248个),发行各类短片(含新闻纪录片、科教片)399个节目、拷贝957个,发行收入78.6万元。

第二节　放　映

一、放映网点

20世纪80年代中期,中影公司和省、地电影公司对电影发行放映事业建设投入力度加大,农村电影普及放映、城乡居民观影条件不断改善,全地区电影放映网点建设有突破性发展。1986年,全地区电影放映单位有967个(城市24个、工矿174个、农村769个),其中35毫米电影院(队)111个、16毫米电影队528个、8.75毫米电影队328个。

20世纪90年代,电视、录像、卡拉OK、VCD等逐步进入文化市场,电影与之竞争日益激烈,全地区的放映网点(单位)逐年递减乃至很多放映单位停止活动。1992年,全地区有放映单位883个、在活动的有541个(其中35毫米放映单位在册数113个、有活动的105个,16毫米放映单位在册数664个、有活动的420个,8.75毫米放映单位在册数106个、有活动的16个)。1993年,全地区有放映单位777个、在活动的516个(其中35毫米放映单位在册数113个、有活动的73个,16毫米放映单位在册数664个、有活动的443个。年底,8.75毫米放映机被淘汰)。1994年,全地区共有放映单位274个、在活动的有124个(其中35毫米放映单位在册数31个、有活动的18个,16毫米放映单位在册数243个、有活动的106个)。1995年,全地区有放映单位141个、在活动的118个(其中35毫米放映单位在册数19个、在活动的有14个,16毫米放映单位在册数122个、在活动的104个)。2000年,全市仅有放映单位42个、在活动的有38个(其中35毫米放映单位在册数十个、在活动的10个,16毫米放映单位在册数32个、在活动的28个)。

二、放映队伍

随着电影放映单位的迅速增加,电影放映技术队伍也在不断壮大。1986年,全地区有在册各类电影放映技术人员1025人。2000年,全市在册各类电影放映技术人员共有3469人,其中有高级职称的主任技师2人、中级职称技师28人。各县(市、区)设有1名技术检查员,全市共有电影放映技术检查员23人。

三、放映设备

赣州市(地区)电影发行放映分公司放映设备齐全,有综合测试仪、频谱仪、示波器、标准高频信号发生器、晶体管特性图示器、晶体管测试仪真空毫伏表、热球微风仪、光轴校正仪、万用电桥、万用表、照度计、亮度计、声级计、转速计、对讲机等,价值5万多元。每年对所属的电影放映单位进行1次放映设备年度技术检测和维修调校,提高检测的精度和质量,保证放映单位的放映声光效果。

1986年,放映设备不断更新和改造,原来所使用的老式放映机全部更换为新式机型。全地区有35毫米放映机111套(多数为老式提包机)、16毫米放映机528台、8.75毫米放映机328台。2000年,全市共有35毫米座机53套、35毫米提包机67套、16毫米放映机663台、8.75毫米机327台,所有座机都改用氙灯光源放映,提包机有90%以上使用氙灯光源,16毫米机有85%以上使用镝灯、锡灯和高卤素灯作放映光源。全市有4家放映单位改用珠江牌放映座机,有5家电影院改用5505D型座机放映,有19家电影院能放立体电影,有6家电影院被改造成立体声电影院。

四、经营收入

1986 年，全地区电影放映总场次 20.8 万场，观众 11010.5 万人次，放映总收入 668 万元。1988 年，全地区电影放映总场次 27.1 万场，观众 1441 万人次，放映总收入 866 万元。1989 年，全地区电影放映总场次 29.9 万场，观众 1614 万人次，放映总收入 990.4 万元。1990 年，全地区电影放映总场次 27.4 万场，观众 1828.7 万人次，放映总收入 1122.1 万元。1991 年，全地区电影放映总场次 29.8 万场，观众 1993.3 万人次，放映总收入 1219.5 万元。

1992 年，电影经济滑坡、电影场次逐年递减、电影观众不断流失、经济效益下降，全地区电影放映单位的总收入减至 875.5 万元。1993 年，全地区电影放映单位的总收入为 505.51 万元。1994 年，全地区电影放映单位的总收入为 377.12 万元。1995 年，全地区电影放映单位的总收入为 345.03 万元。1998 年，全地区电影放映单位的总收入为 180.72 万元。2000 年，全市电影放映单位的总收入为 135.4 万元。

第三节　电影介绍与影评

一、电影宣传

市（地区）、县（市、区）电影发行放映公司和市（地区）、县（市、区）电影院及各地集镇电影院、工矿俱乐部等都建立规模不同的电影宣传阵地，比较正规的电影宣传橱窗有 89 处，面积达 747 平方米。全市（地区）共有 26 个电影放映单位建立电影大海报、小海报宣传栏。1992—1995 年，全地区印发并张贴电影宣传大海报 88795 张、小海报 75266 张、电影剧照 63318 张。由地区电影发行放映分公司编印的《电影宣传资料》每月 1 期，《电影介绍》不定期地发往各县（市）电影发行放映公司。印发电影小报文字资料 7683 册。乡（镇）电影队大多数采用流动宣传幕作为电影宣传工具，起到一定的宣传效果。

二、影评

影评组织与队伍　1986 年，全地区共有影评组织 61 个、影评员 933 人。1987 年，电影系统暨相关协会加大对影评及其组织、队伍建设的力度。全地区有 15 个县电影公司成立影评组织，有影评员 345 人。赣州地区影视协会和赣州市（今章贡区）影评学会成立，成员达 208 人。全地区共有影评组织 66 个、影评员 1210 人。至 2000 年，全市 18 个县（市、区）电影公司全部成立影评组织，有影评员 414 人。赣州市影视协会和章贡区影评学会成员合计 230 人。全市有影评组织 75 个、影评员 1316 人。

影评活动及成效　各级影评组织广泛开展电影评论活动，组织广大会员和青少年学生对中外电影名片尤其是国产优秀影片进行观摩研讨，开办电影创作与评论讲习班，举办电影评论征文，举行大学生、青少年影评比赛等各种形式的活动，提高电影的鉴赏和认识水平。各级影评组织主动与当地影院协调达成一种团体间的互动合作关系，自办期刊、开辟影评专版（栏）。1987 年，赣州市（今章贡区）影评学会主编的《虔城影讯》，每月出版 1 期，每期印刷（发）500 份，且每期影评文章所占篇幅均在 60%以上。赣州市（今章贡区）影视协会创办《影视会员通讯》，开辟《影视评论》专版，在新闻媒体刊（播）发会员和驻市高校大学生撰写的影评文稿，举办优秀影评征文比赛活动，与赣南师范学院开展优秀国产影片的评论、宣传活动。1988 年，全地区各级影评组织在省级报刊发表影评文章 18 篇、地级报刊发表影评文章 25 篇。1995 年，全地区各级影评组织在省级报刊发表影评文章 21 篇、地级报刊发表影评文章 32 篇。2000 年，全市各级影评组织在国家级报刊发表影评文章 6 篇、省级报刊发表影评文章 28 篇、市级报刊发表影评文章 42 篇。各县（市、区）影评组织在自办刊物上开辟影评专栏、发表影评文章。

赣州市志（1986-2000）

名志

第三十六篇

卫生·体育

1986—2000年，赣州市（地区）积极推进医疗卫生改革，在产权制度上，引导和推动股份合作改革；在人事制度上，推行“全员聘用、竞争上岗”；在分配制度上实行绩效工资，通过改革促进卫生事业健康快速发展。

医疗机构和医务人员不断增加，至2000年，全市有医疗卫生机构1204个，医务人员20715人。全市（地区）医疗机构加快新技术引进，开展新项目，医疗服务功能增强，医技水平得到较大提高。

全市（地区）积极开展卫生保健工作，加大乡（镇）卫生院、县级卫生防疫站和妇保所建设，狠抓村级卫生组织建设，推动农村合作医疗发展。广泛开展爱国卫生运动，提高人民群众健康水平。贯彻实施《中华人民共和国母婴保健法》，提高妇女儿童健康水平。开展疾病预防控制工作，通过计划免疫、基础免疫、疫苗强化免疫接种及对疫区进行流行病学处理等措施，有效降低多数传染病发病率，并对霍乱、伤寒、肝炎、性病等进行重点防治，对地方病积极开展监测和治疗。加强医疗管理，不断提升各级医疗机构的管理水平和医疗队伍的专业素质。强化药政管理，通过加强药品监督管理、药品采购管理、特殊药品管理、药品制剂管理和中药管理，保障人民群众的用药安全。构建卫生综合执法体系网络，加强卫生监督执法，严格药品和食品监督监测，有效提高公共卫生水平。

1986—2000年，全市（地区）全民健身运动逐步兴起，全市（地区）举办县（市、区）级以上的群众体育活动及其比赛数量不断增长。群众体育历年名列全省前茅，并步入全国先进行列。赣南籍选手、市（地区）派选手在参加国内外各项比赛中取得较好成绩，国际健将姜绍洪、刘显斌、周伟、刘人清、王晖等以优异成绩打破世界纪录和奥运会纪录。成功举办第二届至第五届全地区运动会，完成全省少数民族运动会、农民运动会、青少年运动会和第七届至第九届省运动会的组团参赛任务，并取得好成绩。体育设施不断增加、完善，为赣州全民健身运动和体育事业发展创造良好物质条件。

第一章　医疗卫生机构

1986年，全市有医疗卫生机构917个，其中医院423所；全市卫生机构有人员19378人，其中卫生技术人员15509人；有乡（镇）卫生院334所，在编人员5713人；村级卫生所2356个，乡村医生2919人；全市卫生机构有病床11619张。地属医疗卫生机构有赣州地区人民医院、赣州地区卫生学校、赣州地区精神病医院、赣州地区皮肤病研究所、赣州地区工业卫生研究所等；驻地部队医院1所，即中国人民解放军第三六二医院。2000年，全市各级各类医疗卫生机构增至1204个，其中医院421所；全市卫生机构有人员20715人，其中卫生技术人员16616人；有乡（镇）卫生院336所，在编人员6242人；村级卫生所（室）5493个，乡村医生5927人；全市卫生机构有病床12120张。市属医疗卫生机构有12个：赣州市人民医院、赣州市卫生学校、赣州市妇幼保健院、赣州市卫生防疫站、赣州市中医院、赣州市第三人民医院、赣州市结核病防治所、赣州市皮肤病研究所、赣州市工业卫生研究所、赣州市中心血站、赣州市药检所、赣州华兴医院。

第一节　医　院

1986年，全地区有医院423所，其中县及县以上医院84所，乡（镇）卫生院335所，其他医院4所。2000年，全市有医院421所，其中县及县级以上79所，乡（镇）卫生院338所，其他医院4所。

一、赣州市人民医院

位于红旗大道，是集医疗、教学、科研、预防保健于一体的综合性三级甲等医院，是江西中医学院、赣南医学院和赣州地区卫生学校教学基地，也是中国医科大学血栓病医院赣州分院。1986年，医院诊疗304545人次，健康检查4929人，有病床528张，病床使用率95.4%，出院人数9421人。1991年，新建“回春楼”。1999年年底，医疗急救中心大楼竣工并投入使用，扩建了高压配电房，增加2台变压器，用电容量增加1000千伏安。完成急救大楼的水增容工程和“回春楼”的维修工程。1994年9月评为爱婴医院。1996年4月被卫生部认定为三级甲等医院。1999年撤地设市后定名为江西省赣州市人民医院，当年门诊人数271341人次，出院人数9251人次，门诊手术5800人次，住院手术4168人次，病床使用率64.8%，业务收入4740万元。

二、赣州市中医院

位于西津路中段北侧，是二级甲等中医院，赣南中医临床、教学、科研中心，江西中医学院、抚州中医学校的实习基地。前身是1954年1月成立的赣州市（今章贡区）卫生工作者协会联合诊所（以下简称“市卫联诊所”）。1956年1月，市卫联诊所并入赣州国药店。1960年8月，成立赣州市中医院，为全民所有制单位。1962年，调整为集体所有制单位。1986年12月，恢复为全民所有制事业单位。1986年，诊疗117901人次，健康检查57人，有病床225张，病床使用率62.4%，出院1917人。1993年10月1日，增挂赣州老年康复中心牌子，为老年人提供康复治疗、生活护理和咨询服务。医院占地面积1万多平方米，建筑面积8945平方米。临床科室有中西医内儿科、中西医外科、中医妇科、伤骨科、针灸科、痔疮科、眼科、牙科、耳鼻喉科、气功按摩科、理疗科、家庭病床科、急诊科；医技科室有检验科、放射科、功能检查科和药剂科。1995年年末，有病床285张，职工194人，其中副高职称11人。有万元以上的医疗器械3台（套）。1999年7月，划归市卫生局管理。1999年10月，调整为正科级差额拨款事业单位。2000 年 8 月，增挂赣州市中医骨科医院牌子。2000 年年末，职工人数为 221 人，其中副高职称 12 人。

三、赣州市章江医院

1986 年，医院名称为赣州地区精神病医院，诊疗病人 18282 人次，有病床 256 张，病床使用率 110.4%，出院病人 669 人。1993 年 5 月更名为赣州地区章江医院，隶属于赣州地区卫生局，担负赣南 18 个县（市）和毗邻省、地的精神病人医疗任务；同时，承担全地区精神医学司法鉴定工作，承担省、地大、中专医学院校精神科的教学实习任务，是集医疗、教学、科研于一体，面向全地区提供精神卫生医疗服务中心。1999 年，正式更名为赣州市章江医院。2000 年，在编职工 238 人。

四、赣南医学院附属医院

位于青年路中段南侧，是集医疗、教学、科研于一体的综合性三级甲等医院。前身是 1958 年建立的赣南医学院简易门诊部，1962 年迁今址，院名多次更改，1988 年 4 月改称今名。全院占地面积 2.96 万平方米，建筑面积近 4 万平方米。1995 年末，有病床 500 张，职工 583 人（含教学编制 52 人），其中教授、主任医师 9 人，副教授、副主任医师 45 人，副主任护师 1 人。临床科室有神经科、内科、肿瘤科、普外科、矫外科、脑外科、泌外科、烧伤整形科、心胸外科、妇产科、儿科、皮肤科、眼科、口腔科、耳鼻喉科、中医科、急诊科、麻醉科等；医技科室有功能科、放射科、检验科、药剂科、血透室、碎石中心、CT 室、内窥镜室等，还设有血液、皮肤等 4 个实验室和高血压防治中心。万元以上的医疗器械仪器 84 台（套），其中 85 万元的日产阿洛卡 SD680 型全身彩色多普勒诊断仪，属全省率先引进的先进仪器。1995 年，被卫生部评为全国卫生纪检监察先进集体。

五、其他医院

赣州市妇幼保健院 “文化大革命”期间被撤销，1982 年重新恢复建立，属正科级事业单位。1986 年，赣州地区妇幼保健院有在编职工 114 人，临床业务科室 6 个，辅助科室 9 个，行政职能科室 3 个。医院业务收入 40 万元，业务用房为一栋两层楼，占地 1200 平方米，没有住院病床，对外只开设门诊。2000 年，赣州市妇幼保健院升格为副县级单位，在编职工 231 人，临床业务科室 8 个，住院病床 80 张，年业务收入 750 万元，新建门诊大楼、住院大楼，妇幼就医条件明显改善。

赣州市第一人民医院 位于大公路东段南侧，是集医疗、教学、科研、预防保健于一体的综合性三级乙等医院，是江西中医学院、赣南医学院和赣州地区卫生学校教学基地，又是中国医科大学血栓病医院赣州分院。前身是赣州天主堂仁爱医院。1950 年 12 月赣州市（今章贡区）政府接管，成立赣州市立医院。1961 年 6 月，更名赣州市第一医院。1971 年 10 月，更名为赣州市人民医院。1982 年 1 月，改称赣州市第一人民医院。全院占地面积 3.53 万平方米，建筑面积 4.67 万平方米。1995 年末，有病床 520 张，职工 695 人，其中主任医师 5 人，副主任医（护）师 32 人。临床科室有内科、外科、妇产科、儿科、眼科、耳鼻喉科、口腔科、中医科、皮肤科、理疗科、急诊科、麻醉科、康复医学科、家庭病床科；医技科室有药剂科、检验科、放射科、影像科、功能检查科、内窥镜室、手术室、消毒供应室等；其他专业科室有预防保健科、病案信息科、健康教育科、医疗统计室等。有万元以上医疗器械仪器 9 台（套）。先后被评为省、地卫生先进单位，“六好”文明医院和全国计划生育先进单位，卫生文明建设先进集体等。1994 年 9 月，被评为“爱婴医院”。

赣州市第二人民医院 位于水东镇沿坝村，是综合性专科医院。前身为赣县红十字会医院，设东北路。1949 年 8 月，赣州市（今章贡区）政府接管后，改称“赣州市红十字会医院”。1961 年更名赣州市第二医院。1964 年，住院部迁水东沿坝，占地面积 1.03 万平方米，建筑面积 1.67 万平方米。1970

年，改为赣州市传染病医院，撤销东北路门诊部。1979 年改称“赣州市第二人民医院”。1986 年，与赣州市传染病医院、赣州市红十字会医院实行一个机构、三块牌子。主要收治各种急性传染病患者，其中肺结核和肝炎患者居多。较先进的技术有对病毒性肝炎的磁场疗法。临床科室有急诊科、肝炎急传科、肝炎结核科；医技科室有药剂科、检验科、超声室、心电图室、理疗室、放射科等。

赣州市皮肤病医院 1992 年 7 月，经赣州地区编制委员会批准成立赣州地区性病防治中心，同年，经省卫生厅同意，并经赣州地区编委批准成立江西省赣州麻风康复分中心。1999 年 7 月赣州地区撤地设市，改名为赣州市性病防治中心（江西省赣州麻风康复分中心名称不变）。2000 年 8 月经赣州市编委批准增挂赣州市皮肤病医院牌子，实行一个机构、四块牌子合署办公，医院内设机构有办公室、医防科、门诊部、医技科、药剂科。1986—2000 年研制出近 20 种皮肤科制剂，在临床运用中效果良好；1986 年康芳芬与他人合作研制的“微机皮肤病专家系统”获江西省科技成果三等奖。

赣州市肿瘤医院 医院创办于 1963 年，前身为中国人民解放军三六二医院。1988 年 1 月，中国人民解放军所属三六二医院移交赣州地区，转为赣州地区直属地方医院，挂牌为赣州地区中西医结合医院，开放床位 100 张。1988 年 2 月，医院评为二级甲等医院，医院肛肠科、骨科、心血管内科最具特色。1991 年，医院被评为“省级文明单位”“全国助残先进集体”。1993 年，医院被授予“医疗收费信得过单位”称号。1994 年 3 月，医院增设保卫科。1995 年 4 月，医院检验科获江西省技术比赛三等奖。1997 年 2 月，医院更名为赣州地区三六二医院。1999 年 3 月，在中山医科大学附属肿瘤医院的帮扶下，医院设立赣州地区肿瘤医院。1999 年 11 月，赣州地区肿瘤医院更名为赣州市肿瘤医院，赣州地区三六二医院更名为赣州市三六二医院，实行两块牌子、一套机构。2000 年，被赣州市卫生局评为行风建设先进单位。

第二节 卫生机构

一、公共卫生机构

1986 年，全地区有公共卫生机构 79 个，其中卫生防疫机构 19 个、妇幼保健机构 17 个、专科防治所（站）24 个、药品检验所（室）19 个。地级有地区妇幼保健院、地区卫生防疫站、地区结核病防治所、地区职业病防治院、地区药品检验所各 1 个。2000 年，全市有公共卫生机构 84 个，其中卫生防疫机构 19 个，妇幼保健机构 18 个，专科防治所（站）28 个、药品检验所（室）19 个。市级有市妇幼保健院、市皮肤病防治所、市结核病防治所、市卫生防疫站、市药品检验所各 1 个，有急救中心 1 家，采供血机构 1 家，即市中心血站。

二、医教科研机构

1986 年，全地区卫生教育科研单位有 5 个，即赣州医学专科学校、赣州地区卫生学校、赣州地区医学技术情报所、赣州地区皮肤病研究所、赣州地区工业卫生研究所。2000 年，全市卫生教育科研单位有 9 个，即赣州市医学院、赣州市卫生学校、赣州市工业卫生研究所、章贡区卫生学校、于都县职业卫生学校、宁都县职业卫生学校等。

三、其他机构

1987 年，地区红十字会从地区卫生局划出，成为地区行署所辖独立机构。

第三节 医疗器械设备

1986—2000 年，赣州市（地区）各医疗业务部门投入大量资金，逐步购进先进的医疗器械设备，增加医疗设施，提高各医疗业务部门的诊疗、检测等水平。

20 世纪 80 年代起，中心城区各医院已有 500 毫安 X 光机及配套设备、八导程脑电图、纤维结肠镜、光源纤维内窥、内窥镜高精冷光装置、内窥镜摄影装置、单探头彩色扫描仪和体外震波碎石机等投入使用。1986 年，大部分县级医院只有 200～500 毫安的 X 线机、黑白 B 超机等设备，仅有少数卫生院能做“三大常规”检验，少数中心卫生院能做生化检验。1988 年，赣州市（今章贡区）在全省首家引进体外震波碎石机，开展肾结石体外震波碎石治疗。

20 世纪 90 年代后，赣州市（今章贡区）卫生防疫站购进一大批高精密仪器，其中包括AFS－230E 原子荧光光度计、TU－1800SPC 紫外可见光分光光度计等，大幅度提高了卫生检测能力和水平。1991 年，赣州市第一人民医院在全区率先引进全身 CT 机。赣州市肿瘤医院于 1994 年购置了动态心电监护仪、低能 He－Ne 激光治疗仪、B 超诊断仪等设备；制剂室进行改造，增购有关设备，能生产 32 种制剂，其中开发 5 种新产品。赣州地区人民医院仅 1993—1995 年，添置设备达 1000 多万元，至 1995 年末，万元以上的医疗仪器设备达 80 多台（套），主要医疗设备有日本岛津 SCT－4500TE 型全身 CT 机、彩色多普勒超声诊断仪、800 毫安遥控 X 光机、全自动生化分析仪、体外震波碎石机、血液分析仪、各种内窥镜等先进医疗仪器设备。1995 年，赣州地区中心血站购置万元以上的设备有：大容量低温离心机 1 台、日本三洋冰箱±4℃1 台、日本三洋冰箱±40℃1 台、格力空调 1 台、仪征产黎明汽车 1 辆；赣州市中医院主要医疗设备有：500 毫安 X 光机、50 毫安电视 X 光机、B 超、电子痔疮治疗机、电脑诊断仪、尿液分析仪、超声波机、导平仪、胃镜、半自动生化仪、心电图等；赣南医学院附属医院有 400 毫安 X 光机、B 超机、碎石机、神经系统电位仪、多功能麻醉机、同光路手术显微镜、500 毫安 X 光机、X 线增强系统装置、红外频谱治疗仪、颅内压监护仪、全能麻醉机、心电监护仪、肺功能自动分析仪、各种纤维内窥镜，日本产彩超、人工肾机、纤维支气管镜、纤维胆道镜、电脑验光机、纤维十二指肠镜、纤维鼻咽镜、电脑微机，法国产 1000 毫安 X 光机、半自动生化仪，美国产尿十项分析仪、血氧饱和度监护仪、全身 CT 机、血压监护仪床边监护仪、心电除颤起搏监护仪、胎儿监护仪、血气分析仪，荷兰产半自动生化分析仪，瑞士产钾钠氯分析仪、血球计数仪等；赣州地区妇幼保健院有 VF－200 毫安 X 光机、B 超仪、心脏急救监护仪、阴道激光治疗机、超声血流分析仪、美迪克乳腺治疗仪、新生儿光疗箱等千元以上医疗器械、仪器设备共 57 台，其中万元以上的 10 台，总值 635994 元；赣州市第二人民医院主要医疗器械、仪器装备：国产 200 毫安 X 光机 1 台、300 毫安 X 线机 1 台、荷兰产 400 型 B 超诊断仪 1 台、日本产 B 超机 1 台、澳大利亚产 F33 型半自动生化分析仪 1 台，有千元以上的医疗器械、仪器装备 33 台（套），总值 343922 元；

赣州市肿瘤医院 1996 年 11 月购买一台美国进口的多功能监护仪，1998 年 1 月，新购置 MA－X640 全身 CT 机投入使用。1998 年年底，赣州市第一人民医院万元以上仪器设备 115 台，主要有日本岛津 500 毫安 X 光诊断机、B 超、螺旋 CT、体外震波碎石机、动态心电分析仪、彩色经颅多普勒、全能麻醉机、血透装置、呼吸机、全自动生化分析仪等。1999 年，赣州市（地区）人民医院投资购进全自动生化分析仪、麻醉机、膀胱碎石机、心电工作站、多功能手术灯等一批先进医疗设备。

2000 年，赣州市章江医院主要医疗器械装备有日本 301－B 型 B 超机、日本 6511 型心电图机、日本 T209 型脑电图机、日本半自动尿液分析仪、荷兰 ISP 型半自动生化分析仪、400Mav1e200 毫安 X 线诊断仪、大型音乐治疗机、色彩脑电地形图仪、火焰光度计、超短波理疗机、超短波雾化仪、激光治疗仪等 30 余种。全市县级医院拥有一批较为先进的医疗设备，如 CT、心脏监护仪、肾渗透仪、超速离心机、彩色多普勒超声仪、自动化分析仪。全市大部分卫生院购置 B 超机、心电图机等设备，少数乡镇中心卫生院还购置 100～300 毫安的 X 光机。

第二章 医疗卫生改革

1986—2000年，全市（地区）卫生部门稳步推进卫生改革，重点开展乡（镇）医疗机构和市、县医疗机构体制改革，鼓励并组织地（市）、县（市、区）医疗单位帮扶乡（镇）卫生院建设，拓展医疗网点，提高基层单位服务能力，满足群众的医疗需求。积极交流卫生改革经验，贯彻落实《赣州地区农村合作医疗制度实施办法》《赣州地区城市医院改革方案（试行）》，大力引导和推动股份合作制改革，探索实行产权制度、经营模式、人事用工制度、分配制度等改革，不断强化内部管理，提升医疗服务水平和专业技术能力。

第一节 乡镇医疗机构体制改革

1986—1987年，全地区卫生部门积极稳妥地推进卫生改革，地、县（市）医疗单位帮扶乡（镇）卫生院，在技术、设备、管理等方面予以大力扶持，提高基层单位的服务水平。基层卫生院拓展医疗网点，开设家庭病床，满足群众的医疗需求。各地探索多渠道、多形式的办医模式，如赣州市（今章贡区）水南乡白云村实行村民合作医疗、红旗村自筹资金兴办伤科医院，石城县小松卫生院聘用有专长的个体医生到卫生院工作，解决技术力量不足的问题。

1988年年初，赣州行署召开全地区卫生改革经验交流会，推广宁都县改革的经验，即乡（镇）卫生院全面下放乡（镇）管理、县公开招聘院长、实行承包经营责任制管理。全地区有206所乡（镇）卫生院下放到乡（镇）管理，并实行承包经营责任制。宁都县会同乡成立全地区第一家乡级防保站，与卫生院并列，有专门人员、专项经费和专门场所。

1994年，大力推行乡村卫生机构一体化管理，由卫生院统一采购药品，统一业务调配，统一聘用人员，为全面实施初级保健规划打下良好基础。

1995年，以“乡（镇）卫生机构一体化管理”为突破口，推进卫生管理体制改革。地区卫生局印发乡村一体化管理的标准，各县（市）制定实施方案，通过实行统一领导、统一布局设点、统一业务管理、统一药品管理、统一收缴管理的“五统一”办法，建立乡村卫生工作新秩序。

1997年，各地卫生主管部门在全地区农村卫生院建立集医政、药政管理和防保工作于一体的卫生法规监督站，作为县（市）卫生局的派出机构，行使社会公共卫生监督职能，较好地解决基层卫生监督执法难的问题。

1998年，行署印发《赣州地区农村合作医疗制度实施办法》。赣县江口镇安平村和崇义县铅厂村实行“小病自理，大病统筹”的合作医疗制度。全地区各级医疗机构开始探索公有制的多种实现形式，如赣县攸镇卫生院、南康市西华卫生院率先实行股份合作制改革。

第二节 市县医疗机构体制改革

1988年初，行署印发《赣州地区城市医院改革方案（试行）》。至1990年，全地区有22所县（市）以上医院实行招标承包。赣州地区人民医院、赣州地区妇幼保健院相继公开招聘院长，并签订承包合同，承包期为3年。

1991—1992年，全地区县以上医疗机构实行责权利相结合的责任制，院科二级核算，加强内部管理，降低消耗，减少浪费，提高业务收入的含金量。

1993年，全地区卫生部门推行聘请制和优化组合，实行专业技术人员技术职务评聘分开和“内部粮票”的办法，打破工资奖金分配办法，实行内部岗位工资制和绩效工资制等分配形式。医疗机构既可实行“一院两制”“一院多制”，大胆引进股份制改造，也可实行个人风险承包、职工全员承包和租赁经营，兴办第三产业和工副业，“以副补主”“以工助医”。

1994年，全地区卫生部门探索“一院两制”“一院多制”股份制、合同制和选用能人当家为内容的人事用工制度改革。深化分配制度改革，加强内部管理，坚持与完善院、科两级核算制度。

1995年，全地区医疗机构的临床医技科室实行“定收定支，定比分成，以质奖惩，总体调控”的经营模式，防保等社会效益较高的科室多采用“任务承包，质量控制，定额补助，自收自支”模式；后勤服务则采用“计件计时，以质奖惩”模式。食堂、制剂室、对外承包的门店和劳动服务公司多采用“全额承包、定额上缴、节余自留、分配自主”模式。行政管理和职能科室则采用“平均挂靠”模式。重点加强对药品、器械和物资采购的管理。

1996年，地区对县（市）卫生局和直属医疗卫生单位全面实行目标管理责任制，主要内容包括效率质量、事业发展、内部管理、精神文明等十大指标，并签订责任状。各级医疗卫生单位推出改革新举措，试行“干部聘用制和工人合同制”的人事制度改革。在内部分配方面，将科室分配与效益挂钩，兼顾成本支出因素，抓住科室核算、效益评价、质量控制、系数分配等环节，逐步扭转医务人员劳务与报酬不相符的状况。各地普遍推行医疗费用与个人适当挂钩的办法，如崇义、龙南2个县借鉴“两江”（江西九江、江苏镇江）医改经验，推出各具特色的职工公费医疗管理办法，医疗费用明显下降。各级医疗机构按照不同等级、不同类型医院评审细则的要求，开展争创等级医院工作。

1997年，地委、行署召开全地区卫生工作大会，印发《关于深化卫生改革和加快卫生事业发展的决定》。全地区各级医疗卫生单位开展“管理、质量、效益年”活动，全地区卫生系统业务收入比上年增长27%。

1998年，定南县中医院大胆引进社会资金160多万元进行股份合作经营。地区卫生局组建卫生执法稽查大队，各县（市）相应组建卫生执法专业队伍，域内乡（镇）普遍成立卫生法规监督站，全地区形成较为完备的执法体系，卫生执法落实到基层。

1999年，全市（地区）卫生改革以产权制度改革为重点，按照“抓大放小、城乡有别、防治有别、效益有别”的原则，大力引导和推动股份合作制改革，促进卫生投入体制多元化。南康市、赣县分别增加5所乡（镇）卫生院进行股份合作制改造；龙南县引进外资，对汶龙镇卫生院和县妇保所实施股份制改造；兴国、宁都、赣县、大余等县实行全员聘用制和专业技术职称评聘分开制试点。

2000年，市委办、市政府办印发《关于深化卫生改革的实施意见》，市直医疗卫生单位全面推行以“全员聘用、竞争上岗”为主要形式的人事制度改革和以绩效工资为主要内容的分配制度改革。大中专毕业生由指令性分配改为公开选拔，择优录用，实行人事代理制，116名大中专毕业生参加考试考核，有30名优等生被市直医疗卫生单位录用。全市医疗单位的产权制度改革有新进展。各地大胆探索以公有制为主体的多种所有制办医形式，赣州市私立眼科医院正式挂牌运行，崇义、安远、瑞金、石城等县（市）大力引进社会资金，进行股份（合作）制试点工作。

第三章　医疗技术与服务

1986—2000 年，全市（地区）各级医疗业务单位加大资金投入，购置先进的医疗设备，不断引进新技术，开展新项目，加强对卫生技术人员的培训，大幅提高医疗水平和服务质量。2000 年，全市医疗机构完成诊疗业务量 890.13 万人次，病床数发展到 12120 张，平均每千人拥有床位 1.52 张。

第一节　医疗技术

一、西医

1986 年，赣州中心城区各医院分综合医院与专科医院，设置内科、外科、妇产科、儿科、眼科、耳鼻咽喉科、口腔科、皮肤科、预防保健科和急诊科室等。急诊科实行 24 小时应诊，设观察床位。较大的医院还设有药剂、检验、血库、放射、病理、理疗、同位素、功能检查和营养、手术、中心供应室等医疗技术科室。1992—2000 年，赣州中心城区各综合医院和专科医院均增设了各种临床科室、医技科室和其他专业科室，医疗水平和医疗质量得到提高。1986—2000 年，全市（地区）各医院，不断引进新技术，开展医技新项目，西医医疗技术水平不断提高。

赣州地区人民医院是全区医疗技术指导中心，依靠科技进步，不断引进和应用新技术，提高技术水平。1988—1989 年，为 3 例心脏病患者安装永久性人工心脏起搏器获得成功。1991 年起，普外科开展先天性胆总管囊肿切除胆管空肠吻合术和直肠癌根治、带蒂股薄肌移植肛门重建术等难度较大的手术均获成功；开展腹腔镜胆囊切除术、胆道镜取石术、“聂浅动脉插管化疗头颈部中晚期恶性肿瘤”治疗 9 例均获成功，1995 年在天津市召开的第一届国际头颈部外科学术会议上由主治医师湛本珠作了交流；“原发性肝癌介入治疗后Ⅱ期手术切除术”治疗 12 例均获成功；“早期乳腺癌随机治疗研究”和“大肠癌 5－Fu 门静脉化疗随机治疗研究”被列入国际——英国皇家医学会全球科研项目。妇产科开展腹腔镜检查、宫腔镜检查，气囊助产器开展 52 例，全部获得成功；引进“腹壁下动脉插管化学治疗妇科中晚期恶性肿瘤”“晚期卵巢癌双途径化疗”先进技术，独创“腹壁埋置化疗泵行腹腔化疗”治疗病人 9 例，均获成功；开展“新生儿出生缺陷监测”，获卫生部科技进步二等奖。心血管内科引进“向量自动诊断分析仪”“Ne－Na 激光血管内照射”等新项目，开展“永久性心脏起搏器埋藏术”，治疗心脏病人 20 多例，填补赣州地区空白。呼吸内科开展“结核病的基因诊断”；消化内科开展“选择性腹腔动脉造影”；内分泌科专业引进开展“微量血糖监测”“人胰岛素的临床新用”等 23 项国内先进技术项目；矫形外科开展的“颈椎环枢关节脱位新法内固定术”具有国内先进水平；泌尿外科“自制探体绝缘尿探治疗外伤性后尿道狭窄”为国内首创；眼科的“人工晶体植入术”；耳鼻喉科的“鼻及鼻窦显微内窥镜手术”“YAG 激光在耳鼻喉科的应用”；口腔科的“根管的一次性充填”；皮肤科的“非淋菌性尿道炎的 PCR 诊断”等，均属引进的国内先进技术项目。为提高诊断治疗质量，地区人民医院增添很多新项目，建立中心给氧、中心吸引。CT 室开展全身各部位 CT 扫描技术，其中国人女性俯卧位乳腺 CT 扫描技术和 CT 导向下胸部结节穿刺切割活检技术属国内首创；病理科开展冰冻石蜡切片，诊断符合率达 100％，1990—1995 年连续 6 年获江西省中华病理学会优质制片奖；放射科开展支气管碘水造影术和 X 线监视下腰椎间盘穿刺切吸术等国内先进技术；心功能检查室开展频谱心电图、24 小时动态心电图、心电向量图、心室晚电位等检查；电生理检查开展脑电图、肌电图、诱发电位等检查；检验科开展生化检验、微生物学检查、免疫血清检查、血细胞体液细胞检查、染色体检查和基因诊断（PCR）

检查等技术项目，1995年10月获得江西省卫生厅医政处1986—1995年全省生化室间质评良好奖；超声检查开展全身各脏器的检查和介入超声穿刺定位、生物电场治疗肿瘤等新技术；理疗科开展体外反搏、频谱治疗等各种疗法；核医学科开展医学放射免疫检测30个项目。1993—1995年，全院引进开发新技术项目130多项，其中通过地区科学技术委员会鉴定的5项，通过地区卫生局验收并填补地区空白的27项。

赣州市（今章贡区）第一人民医院不断引进新技术和开展新项目，医疗技术水平不断提高。1986年，放射科与外科合作“经股动脉穿刺选择性肾动脉造影”获得成功；外科开展心包剥离术、膀胱黏膜代尿道术、断指移位再植术获得成功；外科烧伤组抢救、治疗“9·6”福建连城汽车燃烧事故中2名大面积烧伤病人获得成功。1987年，检验科开展弓形体免疫测定、醇离子测定、细胞组织化学染色等16项新项目。1988年，开展肾结石体外震波治疗；内科引进体外膈肌起搏器开展肺气肿新疗法；检验科开展NIT亚硝酸测定等8个项目。1989年，儿科主治医师邱慧宝、检验科主管技师华祁庆发现1例异常核型染色体，经国家细胞遗传学培训中心专家鉴定为世界首例。1990年引进新技术开展新项目共计40项，开展血液透析治疗，为肾功能衰竭患者带来福音。外三科开展椎管肿瘤切除术、髋关节置换术、带血管髋关节移植术获得成功。1991年引进新技术和开展新项目计49项。外二科开展巨大听神经瘤切除术、丘脑肿瘤切除术；外一科开展膀胱全切除、回肠代膀胱术；五官科开展喉癌、鼻咽癌根治术，均获成功；普外科何家滨开展肺癌二期切除术；胸外科和麻醉科开展胸腺切除治疗重症肌无力术；影像科开展全身CT诊断术，1992年经地区卫生局评定为乙类新科技项目；检验科刘水源开展“尿液雌三醇与肌肝比值（E/C）的检测与临床应用”，1992年经地区卫生局评定为甲类新科技项目，1993年获地区科技进步四等奖；李育兴、廖红英、刘水源共同开展的“2-羟丁酸脱氧酶的检测与临床应用”，1992年经地区卫生局评定为乙类新科技项目奖。1992年，引进新技术和开展新项目共计37项。扁管式光量子照射充氧自血回输疗法和钴铬合金在口腔修复中的应用2个项目填补省内空白；经颅彩色多普勒的诊断术、锥颅碎血吸引术、肝癌复发二次切除术等27项填补赣州地区空白；内二科与功能科共同开展的经颅多普勒超声扫描仪的临床应用，1993年经赣州地区卫生局评定为乙类新科技项目；外二科开展的“锥颅碎血吸引术治疗高血压脑出血”，1992年经地区卫生局评定为乙类新科技项目。1993年，医院引进新技术、开展新项目共计26项。肾内科与儿科合作将成人用的血透管改良成小儿用的血透管，为1例肾衰患儿作血液透析治疗获得成功；内三科应用低能量氦氖激光血管内照射治疗，使1例肝昏迷36小时的患者苏醒；外二科成功地为74岁老人切除重达10多公斤的左肾巨大肿瘤；11月下旬，外科在为1例患者施行胰腺和十二指肠切除术，患者心跳突然骤停，经抢救80分钟后患者恢复心跳，又为2例肾衰女患者施行同种异体肾移植获得成功，填补赣州地区空白；泌尿外科与肾内科共同开展的“同种异体肾移植术”，1994年经地区卫生局评定为乙类新技术项目；放射科与外科共同开展的“数字减影血管造影（DSA）技术在临床中的应用”，1994年经地区卫生局评定为乙类新科技项目；口腔科开展的“人工种植牙”和“四环素牙真空漂润”，1995年经地区卫生局评定为乙类新科技项目；内三科和检验科共同开展的“低能量氦氖激光血管内照射疗法”，1994年经江西省医学会验收合格，地区卫生局评定为乙类新科技项目；检验科华祁庆、郭崇征开展的“血浆中分子物质总量测定及临床应用”，1994年经地区卫生局评定为乙类新科技项目；皮肤科开展的“3%—5%洁尔阴液治疗常见皮肤病疗效研究”，1993年经地区卫生局评定为乙类新科技项目；病理科开展的“半导体冷冻切片机在病理与外科临床中的应用”，1993年经地区卫生局评定为乙类新科技项目。1994年，引进新技术和开展新项目共计20项。内二科开展的“血小板聚集功能测定、凝血时间测定”，1995年经地区卫生局评定为乙类新科技项目；内窥镜室开展的“微波治疗技术的临床应用”，1995年经地区卫生局评定为乙类新科技项目；病理科开展的“骨髓活检塑料包埋新技术在血液疾病诊断中的应用”，1995年经地区卫生局评定为乙类新科技项目。1995年，引进彩色多普勒超声诊断仪开展了超声诊断技术，引进电切镜开展了前列腺电切术，全年开展新项目计30项。1996年内一科引进伟康SPC－3600型肺功能仪，开展肺功能检测技术。外二科开展体外循环心内直视手术，为25例心脏病患者施行手术治疗获得成功，同时采取双侧髂内动脉插管化疗，医治前列腺癌取得良好效果。耳鼻喉科开展的下颌内肿瘤切除加下颌骨部分切除术取得成功。泌尿外科开展的双侧髂动脉插管化疗法在前列腺癌的应用和尿道狭窄纯尿道切开术取得成功。内二科开展碎吸术治疗脑溢血治疗技术。皮肤科应用激光治疗皮肤赘生物、色素症和各类疣获得良好疗效。1997年，外一科开展先天性巨结肠切除加直肠纵切吻合术和10公斤以下婴儿心内直视手术。外三科应用外固定架技术治疗胫腓骨开放粉碎性骨折并软组织撕脱伤获得成功。内一科开展支气管激发试验和特异性抗原测定，内二科开展糖化血清蛋白测定和脑脊液PCR疱疹毒检测。内三科开展中分子物质与疾病的临床研究和精制蝮蛇抗酸酶与临床凝栓的研究，达到国内先进水平。儿科开展新生儿三种遗传代谢病的筛查与治疗。肾内科开展小儿急性肾衰和应用血透治疗大剂量安眠药中毒取得成功。眼科开展视网膜脱离巩膜环扎术，眼裂、眼窝重建术，人工晶体植入术等技术获得成功。

赣南医学院附属医院在1986年以后，医疗技术和科研水平有较大提高。心脏贯通伤抢救成功率在全省名列榜首；断指延长术在全省独立引进；全膀胱切除乙状结肠替代全膀胱置换填补江西省空白；皮肤科采用中西医结合诊治结缔组织病、大疱性皮肤病、红斑鳞屑性皮肤病、变态反应性皮肤病、血管炎等疑难皮肤病的诊疗技术在省内有一定的声望；舌癌根治舌再造术、关节置换术及先天性短断直结肠肛门切除术等填补赣州地区的空白。

赣州市肿瘤医院的肛肠外科、骨科颇有特色。肛肠外科在原福州军区肛肠疾病研究治疗中心的基础上，保持优势，中西医结合治疗各种肛疾效果显著。直肠癌根治、会阴肛门重建在赣南首先开展。骨科自1973年开展小儿麻痹后遗症矫治术以来，施术2000多人次，积累了丰富经验，全部开展肢体均衡（骨盆、骨骼、骨干延长术、全髋置换术及肌替代术）手术和脊柱畸形矫形术。内科心、脑血管疾病的治疗效果明显，心肌梗塞住院病例无一人死亡，缺血性脑中风都能康复到生活自理水平。医院重视多学科全面发展，开展了脑外、胸外、普外、肛肠外科、泌尿外科、骨科、妇产科等各种复杂手术。生理功能科应用B超进行胃肠疾病检查，属全国先进、赣南领先。血液透析引进专用穿刺探头B超介入性超声率先在赣南开展。1991年，医院用藿香正气水做B超显像液诊断骨十二指肠疾病，获赣州地区科技成果三等奖。

赣州地区妇幼保健院遗传研究室于1987年发现2例世界首报异常染色体核型病例，获赣州地区科技成果二等奖。供应室于1992年对输液器具冲洗管改制，经赣州地区科学技术委员会、地区卫生局鉴定验收。1994年开展创建“爱婴医院”工作，实行母乳喂养、母婴同室、新生儿抢救等一系列改革新举措，顺利通过省级和国家级专家评估组验收，获联合国世界卫生组织、卫生部颁发的“爱婴医院”称号。

二、中医

1986年12月，全地区中医医疗机构发展到18个，实现了县县有中医院。至2000年，中医医疗水平得到较大提高，中医医疗技术在全市各医院得到了较好的推广和应用。

1986年，赣州市（今章贡区）中医院采用肛肠科从外地引进的“枯痔灵”疗法，效果良好；针灸科开展了穴位贴敷法治疗支气管哮喘，有效率达85%。1987年，赣州市（今章贡区）中医院引进新的骨科治疗技术，采用闭合性手法复位，小夹板超关节固定，内服中草药，外加熏洗，结合牵引、按摩、功能锻炼等综合疗法，治疗小儿肱踝上骨折、踝关节损伤、肱骨各种类型的外科颈骨折等，疗效均在98%以上；对百余例颅脑损伤引起的脑震荡后遗症，或以祛瘀通窍，或以平肝潜阳等法施治，疗效显著。1987年以后，赣州市（今章贡区）中医院突出中医特色，加强专科建设，儿科研制的健脾散、疳积散，成为名牌制剂。1988 年，赣州市（今章贡区）中医院住院部中医药治疗率为 79.3%。1990—1992 年，赣州市（今章贡区）中医院内科开展男子性功能障碍、弱视、乙肝、结石症等疾病的中医治疗新技术 30 项。1992 年，赣州市（今章贡区）中医院眼科引进北京眼视觉治疗中心的“712”治疗液进行临床观察，使不少视神经萎缩失明的患者重见光明；针灸科开展耳针、耳部穴位贴敷、冬病夏治、夏病冬治等项目，治疗风湿痛及各类神经麻痹、哮喘、中风后遗症等疾病取得令人满意的疗效；外科除保持和发扬中草药治疗各种疮疡、痈疽、湿疹、骨髓炎等奇难杂症的优势外，还引进多功能治疗仪，治疗狐臭、面痣。1994 年，赣州市（今章贡区）中医院引进运用新技术新成果 79 项，中医医疗水平得到进一步提升。1995 年，南康市中医院被江西省卫生厅确定为江西省中西医结合急症医疗中心建设单位，瑞金市中医院为江西省骨伤科医疗中心建设单位。1997 年 2 月，赣州市（今章贡区）中医院、南康市中医院、兴国县中医院、瑞金市中医院首批通过二甲中医院评审。1997 年 3 月，赣州市（今章贡区）中医院定为江西省中药制剂基地建设单位，赣县中医院定为江西省中西医结合急症医疗中心建设单位，兴国县中医院定为江西省中医眼科医疗中心建设单位，南康市中医院被列为省级示范中医医院建设单位。1997 年和 1999 年，宁都县、瑞金市先后被列为全国农村中医工作先进县（市）建设单位，其中，宁都县卫生管理机构健全，县中医院发挥龙头作用，县人民医院中医科功能健全，乡（镇）卫生院整体功能健全，中医药功能突出，村卫生所均普及中西医两法。2000 年 11 月，瑞金市中医院、赣州市中医院、南康市中医院示范建设通过省卫生厅验收。

三、中西医结合

赣州的中西医结合是在中华人民共和国成立后，在临床实践的基础上发展起来的。1958 年 11 月，遵循中共中央关于组织西医学习中医的指示，赣州市（今章贡区）中心城区各医院西医学习和研究中医，不断运用中医疗法诊治疾病，取得了较好的疗效，也使西医人员加深了对祖国医学的认识。赣州市立医院采用中西医综合疗法治疗外耳氏病（钩端螺旋体病）的病死率为 6.6%，低于国际水平(25%)；赣州市（今章贡区）妇幼保健所采用中药百步雷丸乌梅汤治疗子宫颈炎，疗效显著。同年 12 月，赣州市（今章贡区）中心城区各医院医药卫生人员又掀起学习针灸的热潮。1959 年，赣州市（今章贡区）中心城区各医院医务界基本普及针灸和梅花针，绝大部分医务人员都能按病记穴治疗一些常见病。1960 年，在查治“三病”（浮肿、子宫脱垂、闭经）和头癣工作中，中西医结合得到广泛运用。

1988 年，中国人民解放军第三六二医院移交地方后，改名赣州地区中西医结合医院，该院中西医结合治疗各种肛疾效果显著，其中运用中西医结合治疗直肠癌、会阴肛门重建在赣南首先开展。赣州市（今章贡区）中医院以中医为主，对一些常见病、多发病，采用中西医结合的方法治疗。1986—1995 年，赣州市（今章贡区）中医院运用中西医结合疗法，伤骨科在临床中不仅保持其传统特色，手法复位，推拿按摩，而且还能进行骨科手术，施行全髋关节人工置换、椎间盘摘除术、腰椎骨折侧前方减压术。妇科既用传统的中医药治疗不孕症、痛经、崩漏，还用现代医疗技术给宫颈炎患者局部上中药，比单纯中、西医疗法疗效高。眼科运用中西医结合疗法，治疗各种眼底疾病及白内障，使不少患者重见光明。肛肠科不断吸收先进的中西医疗法，治疗各种肛肠疾病，有效率达 98%以上。外科保持和发扬中草药治疗各种奇难杂症的优势，并开展腹部手术。内科运用双重诊断，辨证论治，采用相应治疗措施，既保持中医疗法的特色，又吸取现代医学之长处而弥补中医之不足，对老年病——肺心病的治疗，以中药扶正固本，以西药控制感染治标，疗效显著。全市（地区）乡村赤脚医生多运用西医方法诊断，采用中草药治疗一些慢性病。全市（地区）各医院在中西医结合治疗疾病基础上开展中西医结合的研究，从一方一药的临床观察发展到中医基本理论研究，对提高医疗水平起了重要作用。

第二节 医疗服务

一、医务

赣州市（今章贡区）医院门、急诊因城市扩张、人口增加，人们的工作节奏加快、心理压力加大，以及医院的服务项目增多等因素，业务量逐年上升。1986 年，全地区医疗机构完成诊疗业务量 398.84 万人次，出院 10.01 万人，病床数 11619 张。2000 年，全市医疗机构完成诊疗业务量 890.13 万人次，出院 24.92 万人，病床数发展到 12120 张，平均每千人拥有床位 1.52 张。

表 36-3-1

1986—2000 年部分年份赣州市（地区）医疗业务量统计表

年份	全市(地区)医疗机构病床总数(张)	县及县以上医院的医疗业务量(万人次)		
		门诊、急诊	住院	出院
1986 年	11619	398.84	11.79	10.01
1987 年	11833	377.11	11.64	10.14
1988 年	11950	410.55	12.25	10.70
1989 年	12328	409.25	12.59	10.99
1990 年	12586	361.22	12.22	10.47
1991 年	12570	388.13	12.06	9.91
1992 年	12415	318.89	11.27	9.15
1993 年	12299	410.90	13.82	12.44
1995 年	12347	364.15	13.12	11.70
1996 年	11540	410.05	12.11	12.12
1997 年	11830	442.99	12.24	12.08
1999 年	12285	372.42	11.15	11.06
2000 年	12120	391.16	12.82	12.76

二、护理

护理组织系统 1919 年，赣县红十字会医院设有医护员。1924 年，赣州天主堂仁爱医院成立时就有护士。1931 年，美籍修女刘爱德任仁爱医院护士，此后到赣州的美国和比利时医生、护士有 14 人。1945 年 10 月至 1949 年 8 月，江西省立赣县医院设护理主任 1 人，赣县红十字会医院和赣州天主堂仁爱医院均设有护士长。中华人民共和国成立后，1950 年，赣州市（今章贡区）红十字会医院设护士长 1 人，护士 2 人，见习护士 8 人。1951 年 6 月，赣州市（今章贡区）立医院设护理主任 1 人；1953 年，改设总护士长和副总护士长各 1 人。1981 年 5 月，赣州市（今章贡区）第一人民医院设立护理部，正、副主任各 1 人，病区护士长 9 人。1986 年起，中心城区各综合性医院和专科医院均设立护理部，负责组织管理和指挥医院的护理工作。医院护理工作实行护士、护士长、科护士长三级负责制或护士、护士长两级负责制。护理人员的培训、考核、院内调配由护理部或总护士长负责。

护理规章制度 1954 年，赣州中心城区各医院先后建立交接班制、三级护理制、护士汇报制、病室巡回制、专人专管负责制、保护性医疗制等管理制度。1955 年，赣州市立医院实行“三好五轻”（服务态度好、耐心解释好、护理质量好，说话轻、走路轻、操作轻、开关门窗轻、挪动桌椅轻）护理；

1956年，病室工作建立查房流水作业法，推行专程发药制；1960年，建立与健全巡回护理、重病护理、晨间护理、探视等制度。1962年，赣州中心城区各医院均结合实际，建立和修订保护性医疗制、急重病抢救制、隔离消毒制、10小时在班制、差错事故登记制、物品保管制、护理质量评定制、护士长总值班制、护士长例会制、岗位责任制等规章制度。1968年，赣州中心城区各医院推行“医护结合”、实行“医护一条龙”，打破“医护界限”，使原有一整套行之有效的护理制度遭到破坏或废除，护理质量下降；1972年起，护理工作的有关制度逐渐恢复。1982年1月，全地区各医院按照卫生部颁发的《全国医院工作条例》《医院工作制度》《医务工作人员职责》，普遍建立和修订各种制度，有关护理工作的规章制度有《病房管理制度》《查对制度》《护理工作制度》《手术室工作制度》《供应室工作制度》等。1989年，赣州市（今章贡区）第一人民医院开展心理护理，改善病人心理状态，提高了医疗效果。

护理技术 1953年以前，大部分治疗护理由医生操作，1954年开始，逐渐转为由护理人员操作。1958年，赣州市（今章贡区）立医院和赣州市（今章贡区）红十字会医院开展无痛医院活动，肌肉注射严格掌握“二快一慢”（进针快、拔针快，推药慢）的方法；静脉注射一针见血，并注意分散病人注意力。1965年，赣州市（今章贡区）第一人民医院开展一专多能、多面手活动，多数护士掌握了口腔、褥疮、输氧等护理和小儿静脉注射、抽胃液、导尿等技术，部分护士还掌握了腰椎穿刺、切开排脓、封闭疗法、缝合操作、各种造影的准备及操作。1986年，赣州市（今章贡区）推行责任制护理和开展中医护理同时并举，印制中医护理记录。在病员饮食上，由营养护师会同食堂配合临床治疗，合理配膳，同时进行药膳疗法。1987年，赣州市（今章贡区）中医院制定中医各科常见病症诊疗护理常规、中医护理交班表格、危重病中医护理计划表格等制度，从诊疗到护理都体现出中医理法方药、谚语施治（护）等特色。1990年，赣州地区卫生局统一五项基础护理（铺床、口腔、无菌操作、肌肉注射、皮肤）技术操作，全地区各医院对护理人员普遍开展基础护理技术操作训练。1992年，赣州市（今章贡区）第一人民医院护理人员推行脑血管病的血疗新技术，1993年又推行数字减影血管造影术，进行介入治疗，内科还开展氦激光血管内照射术，提高护理技术操作水平。

整体护理 护理工作在经历个案护理、功能制护理、责任制护理的模式后，1996年发展到整体护理。先是在驻地区三级医院进行试点。1997年6月，地区卫生局印发《关于在全区县以上医院开展整体护理工作的意见》。11月，地区卫生局委托地区护理学会举办第一期整体护理学习班，县级以上医院的质量部主任均参加培训。整体护理工作按三级医院20%、二级医院10%的要求在全地区开展。1998年9月，江西省护理学会专家刘莲芳、章金媛到赣州市（今章贡区）讲学，并在赣州地区人民医院模式病房进行护理查房。1999年11月，全市第二期整体护理研讨会在章贡区举行，会议要求，到2000年，二级以上医院整体护理关系户达到80%。驻市三级医院发挥地域、人才、技术的优势，工作开展顺利。信丰县人民医院所有的护理单元开展入院指导、健康教育、出院宣教等为主要内容的整体护理工作。

三、血液采供

赣州地区中心血站于1990年成立，挂靠赣州地区人民医院，由检验科负责日常工作。1991年5月，开展成分输血。1992年，有工作人员4人，供血范围为赣州地区人民医院。1994年，划归赣州地区卫生局，为科级卫生事业单位，与赣州地区临床检验中心合署办公，站址设在赣州地区妇幼保健院内，实行一个机构、两块牌子，核定编制16人。1995年6月9日，赣州地区中心血站正式开张运行，有正式职工10人，其中有中级技术职称人员2人，另有临时工4人。1995年，赣州地区中心血站在赣州市（今章贡区）张家围路新建中心血站大楼，占地面积1000平方米，建筑面积2000平方米，总投资120万元。

血液采集 1995年以前，赣州地区各县（市、区）医疗机构均采用自采自供的方式供应各单位临床用血。赣州地区中心血站正式成立后，主要负责赣州城区及赣县医疗机构的临床用血，而其他县（市、区）各医疗机构仍采用自采自供的方式供应临床用血。至1995年年末，赣州地区中心血站开展的项目有：供全血、血浆、压积红细胞、洗涤红细胞、少浆血、浓缩白细胞、浓缩血小板、新鲜冰冻血浆、冷沉淀等。2000年前，献血模式以有偿献血占主导地位，只有少量的集体献血和自愿献血。

血液质量 1995年赣州地区中心血站成立，开始对所有血液进行HBV、HCV、HIV、梅毒传染病标志物及BG、RH、ALT等进行常规筛查，1997年《中国输血技术操作规程（血站部分）》（以下简称“规程”）颁布实施，开始按规程要求对全血及成分血按1%进行质量抽样检测。1999年购置采供血信息管理系统，实现采供血流程计算机信息化管理。1999—2002年先后购置全自动加样及检测系统，实现了HBV、HCV、HIV、梅毒传染病标志物的自动化检测。

成分输血 1996年，成分输血新技术研发与应用开始展开，手工浓缩血小板、浓缩红细胞、新鲜冰冻血浆在赣州市临床医疗输血患者救治开始得到初步的认识和少量应用。1997年，年轻红细胞制备与临床应用技术填补省内空白。

供血服务 1995年，赣州地区中心血站正式运行后，负责供应赣州中心城区三家大医院的临床供血，供血总量仅10000U。1998年《中华人民共和国献血法》《血站管理办法（暂行）》实施后，着手对全市的血液管理实行“三统一”（统一规划设置、统一管理采供血、统一管理临床用血），1999年仅有赣县、南康市、石城县三个县（市）纳入市中心血站统一管理，年采集血液总量仅为12786U，2000年5月完成全市所有县（市、区）的血液供应统一管理工作，由赣州市中心血站承担全市医疗机构临床用血的统一供应。

第四章　疾病防控

1953年以前，赣南卫生防疫工作由各级卫生行政部门或人民医院卫生院负责。1953年，赣州市（今章贡区）成立卫生防疫站，编制24人。1961年5月，由江西省防疫站大队第五工作组、江西省第三疟疾防治站和赣州专区工矿卫生工作队合编成立赣州地区卫生防疫站，编制30人。1968年秋季，赣州地区卫生防疫站和各县（市）卫生防疫站相继被撤，并入地、县（市）人民医院，成立各级人民防疫院或卫生服务站，这种形式延续至1973年春季。1973年2月12日赣州地区卫生防疫站恢复。自此以后，全区19个县（市）卫生防疫站亦相继恢复。2000年，全市卫生防疫系统职工有892人，其中主任医师4人、副主任医师22人、主管医（技）师258人、医（技）师263人、医（技）士107人、其他238人。赣州市卫生防疫站有职工72人，其中副主任医师7人、主管医（技）师25人、医（技）师13人、医（技）士13人、其他14人。

1986—2000年，市（地区）内有21种传染病。经长期坚持疫苗预防注射，采取计划免疫、基础免疫、疫苗强化免疫接种及对疫区进行流行病学处理等措施，多数传染病发病率降低，有的传染病得到有效控制。全市（地区）除未发现艾滋病外，已报告性传播疾病有淋病、梅毒、软下疳、性病性淋巴肉芽肿、非淋菌性尿道炎、尖锐湿疣、生殖器疱疹共7种。各级卫生部门将霍乱、伤寒、肝炎、性病等作为重点防治。针对地方病，医疗单位经常进行健康检查，建立档案，予以监测和治疗。

第一节 计划免疫

1986—2000年，全市（地区）计划免疫工作以省卫生厅提出的“以地区为单位，实现县乡两级计划免疫接种率要达到85%”为目标，认真开展“四苗”（麻苗、脊灰糖丸、百白破、卡介苗）接种。市（地区）共培训县（市、区）计划免疫工作人员36期2962人次；县（市、区）共培训乡（镇）计划免疫工作人员28146人次。

赣州地区卫生防疫站装备冷链系统开始于1984年，装备有疫苗冷链车一辆（用于向下级送疫苗），普通运输车一辆（监督、运送设备、器材），低温、普通冷库各一个（贮存六个月OPV、BCG、DPT、HBV等）。县级卫生防疫站则装备有低温、普通冰箱，普通运输车，冷藏箱带冰排（运输疫苗），备用冰排（应急）。乡级装备有冷藏包、冰排、压力消毒锅、接种器材等。之后，冷链系统装备逐步补充、更新、完善。

一、预防接种

1989年3月和1991年3月经卫生部审评，确认赣州实现以县为单位达到儿童免疫的目标。1995年，实现以乡为单位儿童免疫接种率达85%目标。计划免疫相关疾病得到有效控制，发病率由20世纪80年代的81.01/10万降到20世纪90年代的32.00/10万。连续9年无白喉病例。麻疹、百日咳、破伤风发病率降低95%以上。

1993年始，全地区每年12月25日至次年1月5日，分别开展消灭脊髓灰质炎强化免疫活动。至2000年1月，全市共开展8次16轮强化免疫活动，接种率均在95%以上，服苗数达850.79万人次。

1997年，全地区正式开始肺结核疫情上报工作。1997—2000年，全市（地区）共发生肺结核病13848例，其中流动人口394例，分布在全市（地区）各县（市、区）；死亡13例，病死率为0.09%。

1989年，在全地区实行预防接种证制度。自1990年起，先后在龙南县、赣州市（今章贡区）等县（市）开展“集中门诊式”预防接种，“一人一针一管”，确保安全注射。至2000年，“集中门诊”式预防接种在全市全面推广。2000年开始，将乙肝疫苗接种纳入计划免疫管理。每年4月25日开展计划免疫接种宣传活动。

二、疫苗供应

为保证疫苗效价，疫苗实行由防疫站逐级采购，计划供应。1999年，市（地区）卫生局印发《关于加强预防用生物制品供应管理的规定》。至2000年，全市在村级基本配齐冷背包，乡（镇）以上配备冰箱冰柜，80%的县（市、区）防疫站装备疫苗运输车，有6个县在1999年配置冷库。

第二节 传染病防治

1986—2000年，全市（地区）发生传染病21种、16.11万例，传染病年平均发病率148.23/10万；死亡1525例，死亡率为1.43/10万，病死率为0.95%。

一、传染病漏报率调查

1995年开始，地区卫生防疫站每年度组织召开一次全地区疫情报告年审会。各级卫生防疫站每年10—11月开展法定传染病漏报率调查。1998年、1999年、2000年的漏报率分别为6.67%、6.57%、8.25%，漏报率乡（镇）高于城市医院，乡村居民高于城市居民。

二、消毒效果监测

地区卫生防疫站1994年开始在地区直属医疗单位开展卫生用品的消毒效果监测考核。1995年，在各县（市）开展。监测范围遍及各级医疗机构、个体诊所及幼托机构。1998年，开展“防疫防病万人行动”活动，确保大灾之后无大疫。

三、重点防治

1986—2000年，各级卫生部门每年将霍乱防治列为工作重点。各县（市、区）卫生局均成立霍乱防治领导小组和应急小分队。在5—10月肠道传染病流行季节，对各级医疗单位的肠道门诊工作加强监督检查。各级防疫部门还对区域内主要江河水系进行疫源检索。1999年6月7日，在南康市和赣州市（今章贡区）各发生一起霍乱疫情暴发流行，共确诊病人和带菌者30人，其中南康市15例（病人11例、带菌者4例）、赣州市（今章贡区）15例（病人8例、带菌者7例），无死亡病例。经检验证实，为霍乱弧菌埃尔托生物型小川血清型所致。南康市病人分布在其境内沙溪河两岸的3个乡、9个行政村的21个自然村。赣州市（今章贡区）是食物型暴发流行，分布没有地区特征，但有聚餐史。

全市（地区）病毒性肝炎发病总数由1986年的2845例上升到2000年的4300例，2000年前后维持在4300例左右。

1987—1996年，狂犬病为低强度散发病例。1997年后疫情上升较快，到2000年，全市狂犬病发病103例，发病率为1.31/10万，为全省之首，占全省总数的64.38%。

1986—2000年，全市（地区）除未发现艾滋病外，已报告性传播疾病有淋病、梅毒、软下疳、性病性淋巴肉芽肿、非淋菌性尿道炎、尖锐湿疣、生殖器疱疹共7种。1992年，地区卫生防疫站被定为省艾滋病监测哨点，对全地区献血员等重点人群进行艾滋病监测。1997年，又对全地区重点人群进行性病监测。2000年，赣州市卫生防疫站被省卫生厅确定为艾滋病抗体初筛中心实验室。

1986—2000年，全市（地区）共报告伤寒病例4899例，死亡4例。2000年10—11月，章贡区发生一起水型伤寒爆发的流行病，共发病66例，无死亡。病人分布在赣州市高级技工学校、沙河乡五云村南坑小组、八〇一厂、市武警中队、白云村泥弯子等处。

第三节 地方病防治

赣州市（地区）主要有疟疾、钩端螺旋体病、丝虫病、碘缺乏病和地方性氟中毒等地方病。这些病流行甚久，对人民健康危害严重，尤其是疟疾发病率有时达近50%，赣南是有名的疟疫之地。

中华人民共和国成立后，在党和政府的领导下，卫生工作者认真贯彻“预防为主”的卫生工作方针，积极制定针对性的综合防治措施，大力开展普查普治运动，赣州地区的几种主要地方病大幅度下降。全市（地区）自1979年以来，发病控制在1%以下。1985年已全部达到基本消灭疟疾的标准，丝虫病自1988年达到基本消除。碘缺乏病取得很好的防治效果，1988年全地区达以县为单位“基本控制”的标准，至1999年除于都、石城两县外，其他县（市、区）已实现消除或基本消除碘缺乏病的阶段性目标。钩体病和地方性氟中毒的发病率也显著降低。

一、碘缺乏病

1986年，全地区患病率高于3%的流行病区有寻乌、龙南、定南、南康、瑞金5个县。含有病区乡的县（市）为赣县、大余、全南、于都、会昌、石城、赣州市（今章贡区）、宁都、安远9个县（市）。1986年和1987年，全地区进行大规模的碘缺乏病普查普治工作，分别调查2912070人和1425503

人，患病率为0.73%和0.71%。在全地区范围内全面实施食品盐加碘预防碘缺乏病，对中小学生以及孕妇等重点人群投服碘油胶丸。各县（市）每年对碘盐加工场所、销售点、居民用户的食盐进行含碘量测定，每年测样上万份。1988年，上述14个县（市）全部通过省卫生厅基本控制碘缺乏病的审评。定期随机抽查8～10岁儿童的甲状腺肿大和尿碘含量监测。1995年、1997年、1999年，地区卫生防疫站完成全国碘缺乏病的疫情监测，并完成1996—2000年龙南、大余、会昌3个县省级项目监督点连续5年的监测。“九五”期间共监测儿童21116人次，检测尿碘3572份，结果表明，8～10岁儿童的甲状腺肿大率有明显下降，由1995年的46%下降到2000年的11%。至2000年，除石城、于都2个县8～10岁儿童的甲状腺肿大率在20%外，其他县（市）都实现或基本实现消除碘缺乏病的阶段目标。

二、疟疾

1986—2000年，各级卫生防疫部门采取“二根治一预防”（现症病人根治、休止期根治，疟疾预防服药）的方法，对现症病人做到“送药到手，看服入口，吞下再走，一个不漏，全程足量”。做好“疟点”的处理，给病人周围人群预防服药，采血片检验，严防疟疾扩散，动员群众灭蚊，搞好环境卫生。全市（地区）疟疾发病一直控制在国家基本消灭疟疾的标准1/10万以下。1995年，全地区18个县（市）在全省率先全部通过省卫生厅的基本消灭疟疾达标审评。1998—2000年连续3年的发病数均为12例，且都是输入性，未发现本地原发性和继发性病人。

三、丝虫病

1988年，信丰、安远、寻乌、兴国、赣县、于都、宁都、瑞金、会昌、石城共10个丝虫病流行县（市），全部通过省卫生厅达到基本消灭丝虫病的部颁标准。宁都县是域内丝虫病流行较为严重的县，1999年始，进行海鲜生药盐强化工作，并在9个重点乡（镇）的20个重点村共发放药盐20余吨。

四、钩端镙旋体病（钩体病）

1990年和1999年，地区卫生防疫站先后在于都、上犹2县进行钩体病流行病调查，调查恢复期病人和健康人群。对鼠、猪、牛等动物宿主作病原学调查。调查结果发现：主要菌群为七日热群、黄疸出血群、流感伤寒群、爪哇群、澳洲群、波摩那群、致热群、犬群。1997年、1998年，钩体病暴发，两年共发生钩体病665例，死亡37例。1999年起，对重点人群开展钩体疫苗的预防接种，钩体病发病率由1986年的10.02/10万下降至2000年的1.81/10万。

五、麻风病

1986—2000年，全市（地区）发现麻风病人9854例，占全省总数的55.5%。有现症病人89人，占全省总数的43%，患病率为1.1/10万，治愈存活麻风病人3335人。至2000年，有章贡区、大余、会昌、全南、石城、定南、宁都、安远、寻乌、龙南等11个县（市、区）达到基本消灭麻风病，有7个县（市、区）参加中英康复项目，200多名患者得到手术治疗，改善畸残。有500多名病患者得到澳门明爱慈善机构的长期援助，每人每月40元。有30个家庭困难的麻风病子女得到广东汉达康复协会的援助。2000年，在南康市建起康复新村。

第五章 农村卫生保健

1986—2000 年，赣州市（地区）加大乡（镇）卫生院、县级卫生防疫站和妇保所建设，逐步实现“一无三配套”（无危房，房屋配套、设备配套、人员配套）。狠抓村级卫生组织建设，村级卫生组织由 1986 年的 2356 个增长至 2000 年的 5493 个。探索推行农村合作医疗的新路子，农村合作医疗得到一定发展。广泛开展以卫生城镇创建、健康教育、农村改水改厕、除“四害”（苍蝇、蚊子、老鼠、蟑螂）为主的爱国卫生运动，预防和减少疾病，保护人民健康。贯彻实施《中华人民共和国母婴保健法》，广大妇女儿童的健康水平得到提高。

第一节 卫生基本建设

一、农村卫生“三项建设”

1986—2000 年，中央和省安排部分财政资金，用于乡（镇）卫生院、县级卫生防疫站和妇保所的建设（以下简称农村卫生“三项建设”），逐步实现这些单位“一无三配套”。

1991 年，全地区乡（镇）卫生院和县级卫生防疫站、妇保所共有业务房屋面积 430194 平方米，其中危房面积为 138634 平方米，占业务房屋总面积的 32.2%。

1992 年 5 月，行署印发《关于贯彻落实省政府赣府发〔1992〕12 号文件，多渠道集资，加强卫生机构基础建设的通知》，对全地区农村卫生“三项建设”工作制定具体的政策。地区卫生局成立农村卫生“三项建设”办公室。1993 年和 1995 年，地区卫生局先后在宁都县和上犹县召开农村卫生“三项建设”现场会。至 2000 年，全市完成农村卫生“三项建设”项目 268 个，其中中心卫生院 72 个、一般卫生院 167 个、县级卫生防疫站 16 个、县级妇保健所 13 个。房屋竣工面积达 246685 平方米，其中危房改造面积 117914 平方米，业务用房面积 209069.2 平方米，累计完成投资 13417.74 万元，其中中央和省投资 1144.93 万元、市投资 551.35 万元、县（市、区）投资 1393.84 万元、乡（镇）投资 1482.1 万元、单位自筹 6343.04 万元、其他投资 2502.48 万元。此外，用于农村卫生“三项建设”的人才培训投资 676.37 万元。全市乡（镇）卫生院和县级卫生防疫站、妇保所共有业务用房面积 558965 平方米，其中危房面积下降到 20720 平方米，只占 3.71%。

二、城镇卫生基础建设

1986—2000 年，各县（市、区）对各级各类医疗卫生机构的基础设施进行大规模改造，新建门诊、住院、办公大楼。至 2000 年，18 个县（市、区）卫生部门共新建房屋约 81 万平方米。市（地）直医疗卫生单位多渠道筹措资金，投入大量财力用于基础设施建设。赣州地区人民医院 1991 年投资 150 多万元，建成庭院式病房“回春楼”；1999 年 12 月，开始建设高 12 层、建筑面积为 1.97 万平方米医疗急救大楼，工程列入市“九五”重点工程，总投资 2000 多万元；投资 180 余万元建放疗大楼。赣州地区妇幼保健院 1988 年 9 月建成造价 230 万元、建筑面积达 6440 平方米的住院部；1990 年 5 月建成造价 30 万元、建筑面积 1064 平方米的供应室食堂；2000 年投入 300 万元对建筑面积 739 平方米的住院部进行改造，同年 11 月建成造价 700 万元、建筑面积 5800 平方米的门诊部。赣州地区三六二医院 1997 年新建 870 平方米制剂楼，1998 年新建 1600 平方米放疗中心大楼，1998 年 12 月建成面积为 1163 平方米、投资 75 万元的制剂大楼，1999 年建成 4600 平方米门诊大楼，2000 年动工兴建 8260 平方米住院大楼，建成面积为 3097 平方米、造价 146 万元的职工宿舍。赣州地区精神病院 1986 年完成第二期工程，建筑面积 3600 平方米。

第二节 农村卫生

一、村级卫生组织建设

1986 年，全地区村级卫生组织机构 2356 个，乡村医生 2919 人。1991 年，全地区村级卫生组织机构 3794 个，乡村医生 4556 人。1996 年，全地区村级卫生组织机构 4795 个，乡村医生 5567 人。到 2000 年，全市村级卫生组织机构增至 5493 个，乡村医生增至 5927 人。

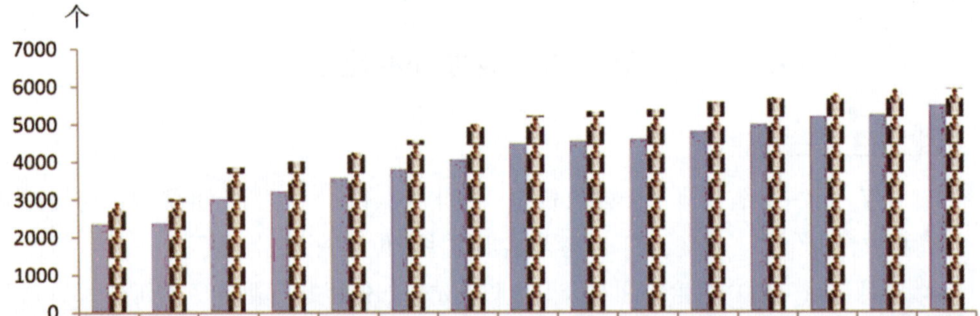

	1986年	1987年	1988年	1989年	1990年	1991年	1992年	1993年	1994年	1995年	1996年	1997年	1998年	1999年	2000年
机构数	2356	2387	3014	3210	3559	3794	4047	4472	4534	4589	4795	4993	5194	5238	5493
医生数	2919	3015	3846	3994	4233	4556	4995	5210	5329	5377	5567	5672	5784	5891	5927

图 36－5－1　1986—2000 年赣州市（地区）村级医疗卫生机构和乡村医生人数

二、农村合作医疗

20 世纪 80 年代中期，全地区农村合作医疗处于解体状态。1989 年开始，全地区农村合作医疗进行恢复重建，各地探索推行农村合作医疗的新路子。20 世纪 90 年代初期，全地区不少地方创造“合医合药、合医不合药和合药不合医”等形式的合作医疗。1997 年，地区卫生局组织人员到外地考察学习，在赣县选择两个村，抓以保大病医疗为目标的农村合作医疗试点，各县（市）因地制宜进行试点。2000 年，市政府印发《赣州市农村合作医疗制度实施办法（暂行）》（以下简称“办法”），要求全市各级人民政府重视合作医疗制度的建立与实施。各县（市、区）和乡（镇）人民政府根据当地实际情况，选定适宜的合作医疗形式，制定具体的政策措施。办法规定，合作医疗资金的筹集，以农民个人为主、集体扶持、政府适当给予支持。根据当地经济水平和群众承受能力合理确定筹资比例，一般按上年度当地农民人均纯收入的 0.8%～1.2%交纳；村提留中可以提取不超过村提留总额 0.5%的资金用于合作医疗，乡村可根据经济条件在乡村集体经济收入中按人均 1～2 元给予补助。农村合作医疗的举办形式一般以“小病自理、大病统筹，分档报销，村办村管”为主，其他形式为辅。各地农村合作医疗一般以村办、村管为主，也有一些县（市、区）的农村合作医疗实行乡、村联办。全市农村合作医疗仍处于缓慢发展阶段。

三、农村初级卫生保健

1986 年，国家明确表示对 2000 年人人享有卫生保健这一全球战略目标的承诺。1989 年开始，赣州地区在兴国县开展初级卫生保健试点。1991 年，兴国县通过卫生部的达标验收。其他 17 个县（市）全面铺开这项工作。至 1999 年年底，全市共有 16 个县（市、区）达到或基本达到贫困地区低限标准。

四、乡村医生教育

20世纪80年代以前，乡村医生以短期培训或学徒为主。1992年，全地区乡村医生开始实施系统化、正规化教育。地区卫生局印发《全区乡村医生教育实施意见》，乡村医生教育目标：全地区平均每个行政村配1～2名达到中等专业水平的乡村医生，其中全地区70%的行政村配1名女乡村医生。全地区凡未达到中等专业水平的在岗乡村医生和卫生员接受系统化、正规化中等专业教育的比例达到80%。全地区已办的县卫生职业技术学校，办学条件逐步达到卫生部规定的标准。凡未取得毕业证书或合格证书的不能继续行医，凡进入乡村医生队伍的必须经过县卫生职业技术学校为期3年的脱产培训并取得毕业证书。

1992—1996年，全地区6043名乡村医生中，参加函授教育的达5382人；有4377人达到中等专业水平，获取相应的毕业证书。接受2期乡村医生函授培训的有1005人，参加正规培训率达到89.06%。

五、卫生支农

20世纪80年代中期，全地区卫生部门主要通过"派遣医疗队（工作队）、巡回医疗、人员培训、技术指导、设备支持"等形式，帮助基层卫生机构提高医疗、防疫、保健技术和管理水平。

20世纪90年代，全地区卫生部门、卫生职业技术学校开展卫生下乡活动。1997年，地区卫生局印发《赣州地区卫生支农的若干规定》，即三级医院主要援助二级乙等和一级医院、二级医院援助一级医院；帮助受援单位完善技术规范和管理制度，开展适宜的新技术，帮助培养卫生技术人才，每年免费接受受援单位1～2名进修人员，每年至少开展一次规模较大的巡回医疗活动。通过支援，使受援单位在门诊、住院人次、管理水平、服务质量、经济效益等方面均有明显变化，两年后由主管支援单位的卫生行政部门进行考评。

第六章　妇幼卫生保健

1986—2000年，赣州市（地区）有效开展婚姻保健、孕产期保健、新生儿婴幼儿保健和学龄前散居儿童保健；逐步实现围产期保健技术管理规范化，普及新法接生和推广住院分娩，有效降低产妇风险，提高新生儿健康存活率；开展妇女疾病查治和儿童常见病调查与防治，实现早发现、早诊断、早治疗，不断提高妇女儿童卫生保健意识和健康水平。全市（地区）积极贯彻《中华人民共和国母婴保健法》要求，推进各项妇幼合作项目，以"儿童优先、母亲安全"为服务宗旨，大力实施爱婴医院建设，至2000年年底，赣州市人民医院、赣州市妇幼保健院等27所医院被授予爱婴医院。

1995年6月，《中华人民共和国母婴保健法》正式颁布实施。1996年地、县两级成立母婴保健技术鉴定委员会，举办地、县、乡三级卫生行政和专业技术人员的《中华人民共和国母婴保健法》暨配套法规培训班148期，参加培训人员4683人。1997年，对全地区258个从事母婴保健专项技术服务的医疗机构和722名从事终止妊娠、助产技术的服务人员及3427名家庭接生员进行统一培训和发证。1998年，地区卫生局举办4期婚前医学检查医生培训班，培训人员340名，对129名母婴保健监督员进行培训发证。各县（市）在乡（镇）聘请5265名母婴保健检查员，全面实行机构许可证制和人员合格证制，一律持证上岗。2000年，市、县两级对开展母婴保健专项技术服务的医疗机构和人员重新进行审核发证，共发放母婴保健技术服务机构执业许可证407个、从事终止妊娠暨结扎手术个人合格证1348名、家庭接生员2379名，并发放从事婚前医学检查机构执业许可证98个、个人合格证322名。全市卫生部门加强对出生医学证明和婚检证明管理，实行"统一登记、发放和专人管理"制度，统一使用出生证专用章和婚检证明专用章。全市出生医学证明使用率达 82.8%。

第一节　妇女保健

一、婚姻保健

1985 年，地区卫生局、民政局联合印发《关于认真做好婚前保健工作的通知》。1998 年，省批准全地区 19 个妇幼保健机构为婚前医学检查单位，赣州地区妇幼保健院是全地区唯一的涉外婚姻婚前医学检查医疗单位。地区卫生局审批 78 个卫生院为婚前医学检查代检点。2000 年，全市婚检应检人数 53923 对，实检人数 44240 对；检出疾病人数男性 2932 人、女性 2163 人，疾病检出率 5.76%。

二、孕产期保健

为落实《20 世纪 90 年代中国儿童发展规划纲要》提出的“到 2000 年我国 5 岁以下儿童死亡率降低三分之一，孕产妇死亡率降低二分之一”的战略目标，1990 年开始，在赣县、安远、定南、寻乌、宁都、兴国、会昌、瑞金、南康等 9 个县开展农村围产期保健技术管理规范化试点。1995 年，在全地区范围内全面铺开。全地区县、乡、村孕产妇系统管理工作基本按农村围产期保健管理要求进行，产前检查不少于 6 次，产后访视 3 次，建立孕产妇管理登记卡，重点抓好产前检查。1990—2000 年，开展农村围产期保健技术管理规范化工作，全市（地区）孕产妇系统管理 54346 人，管理率 92.29%；高危孕产妇管理 9374 人，高危检出率 12.51%；高危住院分娩 9150 人，高危住院分娩率 97.16%，孕产妇住院分娩率为 66.67%；孕产妇死亡 35 人，孕产妇死亡率 46.78/10 万。

三、普及新法接生和推广住院分娩

各地加强基层卫生院产儿科建设，培训基层妇幼人员，设立贫困孕产妇救助资金，对确有困难的产妇在医院住院分娩进行费用减免，对平产救助 80～100 元、剖腹产救助 200～300 元。省、市专家和卫生主管部门每年到县、乡、村督导 3 次以上，省派专家赴上犹蹲点 1 个月，地（市）派 2 名专家分别赴寻乌、龙南等县蹲点 1 个月，帮助县、乡、村解决一些疑难问题。1986 年，全地区活产婴儿 74779 人，住院分娩率 20.19%；新生儿破伤风发生 93 例，发生率 1.24%。1992 年，全地区活产婴儿 69932 人，住院分娩率 39.19%；新生儿破伤风发生 57 例，发生率 0.82%。1998 年，地区卫生局转发省卫生厅《关于江西省农村孕妇住院分娩管理办法的通知》，规定离圩镇 5 千米以内的孕妇要住院分娩，并将接生员职能转变为保健。2000 年，全市活产婴儿为 74818 人，住院分娩率 66.67%；新生儿破伤风发生 40 例，发生率 0.54%。

四、妇女疾病查治

1986 年，在全地区厂矿企事业单位开展妇女常见病及防癌普查普治，检查 133519 人，查出有疾病的妇女 56978 人，患病率为 42.67%。各地对查出的病人进行治疗。1991 年，对 113393 名妇女检查，查出妇科各类疾病 44379 人，患病率为 39.14%。1998 年，对 154001 名已婚妇女进行妇科疾病普查，查出妇科各类疾病患者 54932 人，患病率 35.67%。2000 年，全市继续开展妇科病查治，对 184368 名已婚妇女进行检查，查出各种妇科疾病患者 61915 人，患病率 33.58%。

第二节　儿童保健

一、婴幼儿保健

1986 年，地区妇幼保健院设立儿童保健科，开展儿童保健门诊及基层儿童保健业务指导。

1987 年，各县（市）城区开展婴幼儿系统管理，凡户口在城区的 3 岁以下的幼儿均列为系统管理对象，由各县（市）妇幼保健院（所）儿童保健科建卡管理。全地区共有婴幼儿 151179 人，系统管理 25718 人，系统管理率 17.01%；婴幼儿死亡 1239 人，婴幼儿死亡率 8.2‰；全地区小儿贫血检查 138762 人，贫血人数 41472 人，贫血患病率 29.89%；3 岁以下小儿佝偻病检查 84023 人，佝偻病患儿 3861 人，佝偻病患率 4.6%。

1989 年，全地区各县（市）均建立产后访视制度，对城区新生儿实行建卡管理。

1990 年，在各县（市）开展婴幼儿生长监测。各县（市）以 1 个行政村为监测范围，共监测 561 人，监测率 30.8%。至 1996 年，赣县、南康、安远、定南、寻乌、宁都、会昌、兴国、瑞金等 9 个县（市）扩展到 60%以上行政村；全地区共监测 54735 人，监测率 79.42%。2000 年，全市监测 121923 人，监测率 86.03%。

1996 年，全地区共有婴幼儿 208643 人，系统管理 123334 人，系统管理率 59.11%；婴幼儿死亡 2201 人，婴幼儿死亡率 10.55‰。到 2000 年，全市共有婴幼儿 245660 人，系统管理 174129 人，系统管理率 70.88%；婴幼儿死亡 2210 人，婴幼儿死亡率 9‰。在婴幼儿系统管理中，对体弱儿实行专案管理。2000 年，全市体弱儿 2257 人，专案管理 2201 人，管理率 97.52%。

二、学龄前散居儿童保健

1987 年，全地区散居儿童 446440 人，体检 95181 人，体检率 21.32%。1988 年，全地区散居儿童 470203 人，体检 164571 人，体检率 24.35%。1989 年，全地区散居儿童 618241 人，体检 129707 人，体检率 20.98%.

三、儿童常见病调查与防治

1986—1989 年，对全地区 681253 名 7 岁以下儿童发育情况进行调查。调查结果表明：身高、体重超过平均值的人数比例分别为 39%、37%、36%、74%。

1986 年，开始建立婴幼儿生命报告制度，全地区城乡各级医院按省卫生厅制定的活产及死亡婴儿记录表开展工作，每季逐级上报当年全地区活产婴儿和死亡婴儿情况。全地区各县（市）妇幼保健院（所）及乡（镇）卫生院均设立儿童保健门诊，实施相关的儿童病防治举措，儿童常见病及多发病逐年下降，如小儿佝偻病由 1986 年的 3.38%降至 1995 年的 3.09%；小儿贫血由 1986 年的 40.06%降至 1995 年的 27.88%。

1992 年起，开展 5 岁以下儿童死亡监测，地区卫生局制定《赣州地区 5 岁以下儿童死亡监测方案》。在赣州市（今章贡区）、上犹、信丰、兴国、瑞金 5 个县（市）抽取 30 个乡（镇）作为监测点；至 1996 年，监测点扩展至赣县、定南、安远、寻乌、兴国、宁都、瑞金、会昌等 9 个县（市）的 65 个乡（镇）。1992 年，5 个县（市）监测点新生儿死亡率 25.78‰、婴儿死亡率 42.8‰、5 岁以下儿童死亡率 50.65‰。2000 年，9 个县（市）监测点新生儿死亡率下降到 23.94‰、婴儿死亡率下降到 34.76‰、5 岁以下儿童死亡率下降到 44.19‰。

1995 年，全地区开展 5 岁以下儿童急性呼吸道感染（ARI）和小儿腹泻病例管理和登记。举办学习班，使各级儿科临床、儿童保健医师和有关乡村医师掌握儿童急性呼吸道感染疾病和腹泻防治技术，降低肺炎和腹泻病的发病率和死亡率，推广口服补液疗法应用。肺炎患病率 9.82%，死亡率 12.67‰；腹泻患病率 27.80%，死亡率 0.65‰；口服补液使用率为 54.84%。2000 年，肺炎患病率 5.67%，死亡率 0.19‰；口服补液使用率 81%。

四、爱婴医院

1986—2000 年，全市（地区）贯彻执行世界卫生组织（WHO）和联合国儿童基金会（UNICEF）

制定的《促进母乳喂养成功的十点措施》《国际母乳代用品销售守则》《中国母乳代用品销售管理办法》，改善产儿科工作条件。以“儿童优先、母亲安全”为服务宗旨，提高母乳喂养率暨降低婴儿发病率和死亡率。至2000年年底，世界卫生组织、联合国儿童基金会、中华人民共和国卫生部授予赣州市人民医院、赣州市妇幼保健院、赣南医学院附属医院和所有县级以上人民医院以及瑞金市妇幼保健院、兴国县妇幼保健院、信丰县妇幼保健院、安远县妇幼保健院、宁都县妇幼保健院等27所医院为“爱婴医院”。

第三节　妇幼合作项目

1985—2000年，有15个县（市、区）参加国外妇幼合作项目，11个县（市）被列为国内妇幼合作项目县（市），共引进国内外资金3102.8万元。各地政府分管领导任项目领导小组组长，卫生局专门成立项目办公室和技术指导小组，负责项目工作的监督与指导。

1985—1989年，瑞金县完成中国—联合国儿童基金会第二周期世界卫生组织对贫困地区妇幼卫生示范县项目，受援资金20万美元。1996年，卫生部授予瑞金市“全国妇幼卫生工作先进单位”称号。

1990—1999年，赣州市（地区）妇幼保健院与兴国、信丰、于都3县共同完成中国—联合国儿童基金会“加强中国基层妇幼卫生/计划生育服务”合作项目，受援金额24万美元。1996年，赣州地区和兴国县被国家项目领导小组授予《加强中国基层妇幼卫生、计划生育服务》合作项目先进地区和先进县。

1990—1994年，上犹县完成中国—联合国儿童基金会基础服务“妇幼卫生项目”合作项目，受援金额为14万美元。

1995—2000年，大余、龙南、崇义3个县被列为中国—英国妇幼保健“新生儿急救”合作项目县，援助资金3.6万美元。

1997年起，由赣州地区人民医院、赣州地区妇幼保健院、赣南医学院附属医院、赣州（今章贡区）市立医院联合开展“新生儿疾病筛选”监测和管理。

1998—2000年，卫生部将石城县列为降低孕产妇死亡项目县，援助金额24万元。

2000年，国务院妇女儿童工作委员会将赣县、大余、上犹、兴国、会昌、石城、龙南、定南、安远、寻乌10个县列为“降低孕产妇死亡率和消除新生儿破伤风”项目县，国家下拨赣州市项目经费226万元，省级配套经费107.8万元、市级配套经费41.3万元、县级配套经费74万元，累计449.1万元。

1992—2000年，省计划委员会和省卫生厅对赣州18个县（市、区）妇幼保健机构提供“三项建设”专项经费158万元。

第七章　爱国卫生运动

1986—2000年，全市（地区）广泛开展爱国卫生运动，积极创建卫生城镇，城市基础设施、环境卫生、绿化等得到大力改善。大力开展群众卫生宣传教育，发放各种健康宣传资料，举办卫生知识竞赛、“爱国卫生月”活动等形式多样的宣传教育活动，全市（地区）健康教育覆盖率、普及率不断提高。农村改水改厕工作有序进行，农村用水逐步实现从水井、手压机井到自来水的转变，沼气式“三结合”（畜圈、厕所、沼气池相结合）无害化厕所得到推广，至2000年年底，全市新建改建农村卫生厕所81.78万座。积极开展“灭鼠灭蚊”“灭蚊灭蝇”等活动，有效降低“四害”密度，规范除“四害”药品市场，保证人民群众除害用药的安全。

第一节　卫生城镇创建活动

1986—1989年，地区爱国卫生运动委员会（以下简称“爱卫会”，其办公室简称“爱卫办”）在全地区开展“以除害灭病为中心和以净化、绿化、美化为主要内容”的创建爱国卫生先进城市（县城）活动。1986年，行署批转《全区爱卫办主任会议纪要》，地区爱卫办拟定全地区爱国卫生检查评比标准和“洁、齐、美”式单位条件。赣州市（今章贡区）和大余、崇义3个县（市）先后被评为全省、全国绿化先进城市和全省爱国卫生先进县城；赣州市（今章贡区）和宁都、于都、兴国、崇义、瑞金、龙南、定南、南康、信丰10个县（市）先后被地区爱卫会评为赣州地区爱国卫生先进城市或县城。至1988年，全地区“卫生达标”单位达总数的60.9%，其中“洁、齐、美”式单位达25%。1989年4月，地区爱卫会开展第一个“爱国卫生月”活动。6月，开展全地区爱国卫生工作检查评比，评选出全地区卫生达标单位1911个，占二级以上单位的63%。卫生达标户49390户，占城镇总户数的60%。

1990—1994年，全地区共组织开展4次集中统一的城市道路卫生整治活动，城镇行路难和下水道不通的问题得到较好解决。

一、城镇绿化美化

全地区城镇绿化覆盖率和人均绿地面积分别由1990年的21.1%和1.85平方米，提高到1994年的28%和2.8平方米。其中赣州市（今章贡区）城区的绿化覆盖率和人均绿地面积，分别由1990年的31.8%和2.6平方米提高到1994年的35.1%和4.2平方米，城区初步形成“一街一景，各具特色，花坛、绿岛、公园融为一体”的城市绿化体系。

二、城镇环境质量改善

全地区烟尘控制区覆盖率达标为90%，饮用水源水质达标率为90%以上，区域的环境噪声和城镇交通干线噪声基本控制在标准范围内。

三、卫生设施建设

1992—1994年，全地区共投资12亿元，用于城镇道路、下水道、公厕、垃圾处理场、集贸市场等卫生设施的新建改善，城镇卫生基础设施更趋完善。

四、卫生法规和制度完善

1990—1994年，全地区各地进一步建立健全门前“三包”（包卫生、包绿化、包秩序）制度等各种卫生管理法规78项。1995—1999年，在全国卫生城市检查评比中，连续4次获全省地（市）级城市总分排名第一。瑞金市和南康市在撤县设市后，先后接受全国卫生城市检查，取得较好成绩。1995—2000年，大余、信丰、崇义3个县先后被江西省爱卫会命名为江西省卫生县城，宁都县青塘镇和信丰县古陂镇先后被省爱卫会命名为江西省卫生镇，赣州医药集团公司等200个单位先后被省爱卫会命名为江西省卫生庭院。2000年9月，赣州市爱卫会印发《关于认真贯彻全省创建卫生城市工作现场会议精神，广泛开展新一轮创建卫生城镇活动的意见》，在全市范围内开展新一轮创建卫生城镇活动，制订“十五”期间全市创建卫生城镇的工作规划和总体目标。

第二节　健康教育

1986—1993年，全地区的健康教育以赣州地区爱卫会为中心，联合卫生、广播电视、文化、教育等部门，向广大群众进行卫生宣传教育。1989年，地区爱卫会制定《赣州地区“八五”期间健康教育工作规划和实施方案》，在全地区开展“卫生科普一条街”活动。11月，地区爱卫会和文化局等11个部门在全地区联合举办为期4个月的“人口与健康科教”电影汇映活动。1990年7月，地区健康教育馆成立，具体负责全地区健康教育的组织、协调、监督、指导工作。1991年，地区健康教育馆购买并分发《农民健康教育读本》10万册、《幼儿健康图画读本》5000册。1992年9月，为纪念爱国卫生运动40周年，地区爱卫会、广电局等6家单位在赣南宾馆联合举办全地区卫生知识竞赛。从1989年起，结合每年4月“爱国卫生月”活动和国际麻风病节、国际红十字日、世界无烟日、爱牙日、艾滋病日等，全地区各级爱卫会积极组织开展各种卫生宣传活动。

1994年12月，行署转发地区爱卫会、卫生局、广播电视局、农业局《关于我区实施“全国九亿农民健康教育行动”的意见》。1995年，地区爱卫会和健康教育馆印制并分发给农民、小学生“应知应会”手册10万余册。6月，中国健康教育研究所副所长吴胜利对赣州地区健康工作进行调研和检查。

1996—2000年，全市（地区）发放《九亿农民健康教育》录像带26部共468盒，录音带180盒。全市（地区）播放《九亿农民健康教育》音像制品1.2万次，刊登健康教育稿件3.8万篇，基本做到报刊和宣传栏有健康教育的文章、广播电台（站）有健康教育的声音、电视台有健康教育图像。至2000年年底，全市健康教育覆盖率达95%以上，普及率达60.3%。

第三节　农村改水改厕

一、农村改水

1986—1990年，全地区农村改水以建大口井和小口井为主。全地区农村改水受益人口为480.1万人，农村改水的普及率为75.7%。1991—1995年，全地区农村改水大力推行建手压机井和农村简易自来水。全地区农村饮用手压机井水和简易自来水的人口达293.66万，占农村总人口的44.02%。1996—2000年，全市（地区）农村改水以发展农村简易自来水和建自来水厂（站）为主。1997年，兴国、宁都、上犹3县分别获得世行改水Ⅲ项目贷款230万美元、200万美元和140万美元，项目在3个县正式组织实施。至2000年年底，全市农村饮用自来水人口260.83万人，占全市农村总人口的36.9%。1986—2000年，全市（地区）投入农村改水资金1.56亿元，农村改水受益人口655.91万人，普及率为92.79%。

二、农村改厕

20世纪90年代初，由地区爱卫会牵头组织开展新建改建卫生厕所的试点。1990年，兴国县进行农村改水改厕健康“三位一体”试点工作。1991 年 5 月，地区爱卫会在兴国县召开全地区农村改厕现场会，积极推广兴国县的农村改厕经验；同年，地区爱卫会、农业局等 6 部门联合印发《赣州地区农村“八五”期间改厕管粪工作实施意见》。1995 年，兴国县被江西省爱卫会授予“江西省农村卫生厕所建设先进县”称号。1996 年，行署印发《赣州地区“九五”期间农村改厕管粪工作规划》，地委、行署成立赣州地区“猪—沼—果”工程建设指挥部，全地区农村迅速掀起建沼气式“三结合”无害化厕所的高潮。1996—2000 年，大余、信丰、于都、宁都、会昌 5 个县先后被江西省爱卫会授予“江西省农村卫生厕所建设先进县”称号。1999 年 12 月，全省农村改厕现场会在赣州市召开，会议充分肯定并推广赣州市的改厕经验。1986—2000 年，全地区农村改厕的总投资达 1.27 亿元。至 2000 年年底，全市新建改建农村卫生厕所 81.78 万座，占全市总农厕的 51.25%，粪便无害化率 32.99%。

第四节 除“四害”工作

1986—2000 年，除“四害”工作被列为每年的爱国卫生月活动和创建卫生城镇活动的重要内容，并作为创建卫生城镇的必备条件之一。各县（市）开展春冬两季统一的“灭鼠灭蚊”活动和春季的灭蚊灭蝇活动。通过深入地开展创建卫生城镇、卫生庭院活动，全地区城镇的鼠密度基本控制在 5%以下，农村基本控制在 10%以下，蚊蝇蟑的密度也基本控制在标准以内。

从 1995 年起，地区爱卫会加强对全地区除“四害”药品市场特别是鼠药市场的监督管理。1998 年 4 月，地区爱卫会等 6 部门联合制定印发《关于加强鼠药生产销售管理的通告》3000 余份，地、县（市）爱卫会等部门加大对急性剧毒鼠药的宣传力度。1995—2000 年，对全市（地区）生产销售蚊香和其他除“四害”药品的厂家进行整顿，规范全市（地区）的除“四害”药品市场，全市（地区）共收缴各种急性剧毒鼠药 1200 多千克，保证人民群众除害用药的安全。

第八章 医疗卫生管理

赣州市（地区）卫生局是赣州市（地区）医疗卫生行政管理机构。1986 年，赣州地区卫生局内设人事秘书科、行政科、医务药政科、防疫妇幼科、爱卫会办公室和机关党总支，在编干部 37 人。中共赣州地区纪律检查委员会向地区卫生局派驻纪检组。1987 年，行政科改为计划财务科。1990 年，增设健康教育馆（事业编制 5 名）。1991 年，增设公费医疗办公室，事业编制 5 名。1992 年，增设红十字会办公室，编制 3 名。1995 年，党总支升格为机关党委。1996 年，局机关设人事秘书科、计划财务科、医政科、药政科、中医科、疾病控制科（卫生监督科）、妇幼卫生科、爱卫会办公室、地方病防治办公室等 9 个行政科（室），另保留纪检组和机关党委，行政编制减为 33 人；设医学情报所、卫生技术人员培训站、健康教育馆、公费医疗管理办公室和红十字会办公室等 5 个直属事业机构，事业编制 32 名。1998 年 10 月，增设卫生执法稽查大队。2000 年 6 月，地方病防治办公室并入疾病控制科。2000 年，赣州市卫生局有行政编制人员 29 人。

1986—2000 年，赣州市（地区）加强医疗管理，不断提升各级医疗机构的管理水平，加强医疗卫生专业技术队伍建设，提高医疗优质服务水平。强化药品监督管理、药品采购管理、特殊药品管理、药品制剂管理和中药管理，保障人民群众的用药安全。构建卫生综合执法体系网络，开展药品市场整顿、食品卫生监督监测等卫生监督执法，有效提高公共卫生水平。

第一节 医疗管理

一、医院分级管理

20世纪90年代，开展医院等级评审。1993年为评审试点阶段，宁都、信丰、寻乌3个县医院为二级医院试点单位。1994年，医院分级管理工作全面推开。赣南医学院附属医院被省卫生厅评审为三级甲等医院，赣州市（今章贡区）立医院为三级乙等医院。经过为期4年的分批评审，全地区评出二级甲等医院17所、二级甲等中医院9所、一级甲等医院24所、一级乙等医院2所、一级丙等医院1所。

二、医师、护士资格考试

1996年开始组织医师执业资格认定和考试。1999年12月，全市共有7590人获得医师资格，其中执业医师6664人、助理执业医师926人。1999年，参加医师资格考试1126人，合格人数为992人。2000年，参加考试1261人，合格人数为870人。

1996年开始组织护士执业考试。至2000年，全市共有1031人参加考试，合格854人。

三、区域卫生规划

1996年，制定《赣州地区医疗机构设置规划》（以下简称“规划”）。规划的主要指标：2000年，每千人口医院的床位数为2.6张，其中城市3.9张、农村2张；每千人口的卫生技术人员为3.6人，其中医师1.2人、乡村医生1.2人。

四、社区服务

2000年初，市卫生局印发《赣州社区卫生服务实施意见》，确定章贡区为全市社区卫生服务试点，章贡区下设3个社区卫生服务中心：赣江社区卫生服务中心，中心设在东郊路，辖18个居民委员会，居民人口总数76125人，下设4个社区卫生服务站；解放社区卫生服务中心，中心设在中山路，辖9个居民委员会，居民人口总数33490人，下设2个社区卫生服务站；南外社区卫生服务中心，中心设在东阳山路，辖10个居民委员会，居民人口总数53140人，下设5个社区卫生服务站。

五、医院感染管理

1987年12月，医院感染管理被列入医院的医疗质量管理内容，开始由护理部兼管，但仅局限于对消毒、隔离措施的落实。1992年，全国医院感染监控系统成立，兴国县人民医院被批准参加，在全地区首先开展医院感染监测工作。1994年10月，省卫生厅举办第一期医院感染管理学习班，全地区县级以上医院的专业人员参加培训。1995年，医院等级评审工作全面展开，医院感染管理工作作为评审内容得到重视。凡申请等级医院评审的单位均成立医院感染科或设专职人员，并建立制度开展监测工作。1997年，江西省医院感染监控中心成立，赣州地区人民医院、赣南医学院附属医院、兴国县人民医院、于都县人民医院、信丰县人民医院先后加入全省医院感染监控网络，接受全省医院感染监控网络中心的业务指导，并定期向中心报送监测报表。1998年，全省第二期医院感染知识培训班在赣州市（今章贡区）举行，全地区大部分县级以上医院的分管领导及专职人员参加培训。1999年，在全市（地区）大部分医院供应室推广使用专用洗涤剂“三效热原灭活剂”，替代硫酸洗液，保证供应室工作安全，预防临床输液热原反应发生。至2000年，域内未发生大的医院感染事件。

第二节 药政管理

一、药品监督管理

《中华人民共和国药品管理法》宣传贯彻 1986 年，全地区开展《中华人民共和国药品管理法》实施 1 周年宣传活动，举办各种学习班 273 期，参加人数 7747 人；出版宣传刊物 22 期；举办假劣药品展览 1 期。《赣南日报》、赣州地区广播电台进行专题报道。组织全地区《中华人民共和国药品管理法》知识考试，共有 1160 名医药卫生人员参加考试。1997 年，地区卫生局编印《药品监督管理工作程序结构》，对全地区中心卫生院以上医疗单位的药剂科科长进行药品管理法规轮训，参加人员 100 人。2000 年，在《中华人民共和国药品管理法》颁布 15 周年之际，全市组织各种形式的宣传活动，宣传处方药与非处方药分类管理的规定，增强药品产、供、用单位和人员的法制观念，提高依法经营和依法接受监督的自觉性。举办法规学习班 19 期，参加人数 2000 多人。市卫生局组织编印《药品监督管理法规选编》，组织药品生产、经营企业和医疗机构的质量管理人员集中学习。

药品“三证”单位审核发证 1986 年，全地区进行首次发放药品生产企业许可证、药品经营企业许可证工作。全地区有 10 家药品生产企业核发药品生产企业许可证、465 家药品经营企业核发药品经营企业许可证、55 家医疗机构核发医疗制剂许可证。1990 年，核发药品生产企业许可证 10 家，“药品经营企业许可证”（批发）73 家、（零售）378 家，医疗机构制剂许可证 35 家。1994 年，核发药品生产企业许可证 12 家、药品经营企业许可证 547 家、医疗制剂许可证 32 家。2000 年，全市有药品生产企业 16 家、药品经营企业 873 家、制剂室 28 家、药品连锁企业 2 家。

二、药品采购管理

1986—2000 年，全市（地区）医疗机构认真贯彻卫生部《关于加强医院用药管理的通知》《医院药剂管理办法》等规定，从具有药品生产企业许可证或药品经营企业许可证的药品生产企业或药品经营企业采购药品，建立进货检查验收登记制度。落实《医疗机构药品集中招标采购试点工作若干规定》，开展药品集中招标采购。2000 年 4 月，赣州市卫生局在市直 8 家医疗单位试行药品集中招标采购资格招标，确定涉及 60 个用药量大、价格较乱的品种，其中西药 46 种、中成药 10 种、一次性无菌医疗用品 4 种。通过品种招标，药品平均价格降低 20%，让利群众，减轻患者药品费用负担 100 多万元。

三、特殊药品管理

1987 年 11 月，全地区执行国务院《麻醉药品管理办法》。1998 年 12 月，执行国务院《医疗用毒性药品管理办法》《精神药品管理办法》。核发全地区 278 家“麻醉药品”“精神药品”使用单位，加强全地区各级麻醉药品使用单位的“五专”（专人管理、专柜加锁、专用账册、专用处方、专册登记）管理，切实做到专人负责、专柜加锁、专用账册、专用处方和专册登记。

1994 年，地区卫生局转发卫生部《关于在我国开展“癌症病人三级止痛阶梯治痛”工作的通知》和《关于癌症病人三级止痛阶梯治疗方案》，并审批发放癌症病人申领麻醉药品特殊使用卡，对实现世界卫生组织提出的“至 2000 年让癌症病人不疼，并提高其生活质量”的目标起到重要的作用。麻醉药品、精神药品由限量供应改为计划供应。麻醉药品供应点统一定点为赣州医药公司。2000 年，医疗机构购买麻醉药品注射液实行计划管理，购买麻醉药品其他剂型和精神药品实行备案制管理。赣州市卫生局按照规定对医疗机构的“麻醉药品、精神药品购用印鉴卡”进行重新核发，核发 220 家医疗机构购用印鉴卡。

四、药品制剂管理

1986—2000年每年年初，赣州市（地区）卫生局均制定《全区药品抽样检验工作计划》《药品监督工作要点》，及时召开全市（地区）药品监督管理工作会议，对药品监督管理进行全面部署。

药品抽验管理 各级药检所对年初制定的抽检品种，药品生产、经营企业、医疗机构做到批批抽检。加强对外埠的进赣州药品、非正常渠道购进的药品、上年度抽检不合格的药品、无有效期规定药品的抽检，对管理混乱、屡有不合格药品出现的单位及城镇药店、个体诊所、厂矿医疗机构的药品加强抽检。

农村基层药品监督管理 1986—2000年，赣州市（地区）卫生局于每年4～6月，抽调药政、药检干部及药品监督员，组织对全市（地区）药品产、供、用单位进行药品质量大检查。对乡级以上及城镇药品经营企业、医疗机构的监督覆盖率达到100%，村卫生所监督覆盖率达90%以上。严厉打击制售假劣药品违法行为。1986年，全地区进行两次大规模的药品质量大检验，没收假劣药品价值25万多元，查处假劣药品案件30多件，罚款10万多元。1999—2000年，全市（地区）查处药品违法案件3427件，其中假药品案件1821件，没收假劣药品和罚款172.5万元；取缔药品经营企业172家，整顿证照不全的药品经营企业62家，整顿违法销售药品的医疗机构400多家。仅2000年赣州市卫生局就直接查处药品违法案件176件，没收假劣药品9.52万元，罚款11.58万元，责令改正和停业整顿18家，取缔药品经营企业15家，移送司法机关查处1件。2000年，全市各级组织药品监督员对药品生产、经营企业和医疗常见药品进行清查。清查出过期失效药品621种，标值42万元，并按规定进行监督销毁。对清查出含苯内醇胺的康泰克胶囊10007盒、康威双胶囊324盒等药品按规定就地封存。

医院制剂管理 1998年，地区卫生局对所有医疗单位的制剂品种进行清理重新审核、登记注册、换发新的批准文号602个。2000年，全市注册品种505个、注销医院制剂批准文号97个，查处无证配制制剂案1起。

五、中药管理

1986年、1990年开展对中药地方标准整顿，药品品种和质量的标准得到逐步统一和提高。信丰制药厂“山香园冲剂”、瑞金制药厂“九华痔疮栓”标准统一提高为卫生部药品标准。1992年10月，国务院颁布《中药品种保护条例》，对质量稳定、疗效确切的中药品种实行分级保护制度。1992—2000年，瑞金制药厂“九华痔疮栓”、信丰制药厂“复方陈香胃片”“千喜片”、安远制药厂“山香园冲剂”“山香园片”、江西侨业制药有限公司“八宝惊风散”“通脉降脂片”获得中药品种保护证书。

1994年起，省卫生厅组织专家对江西省习惯使用中国药典及卫生部药品标准未收载的中药品种进行调查研究、采集实物标本和质量标准的起草工作，并由江西省药检所汇总、审核、编订《江西省中药材标准》，收载赣州地区习用药材毛谷精草、参薯等，为药品生产、销售使用和监督检验中药材质量提供技术依据。1995年，地区卫生局组织多次中药质量专项监督检查工作，对普遍存在的中药材、中药饮片进行广泛的宣传和实物展览。

第三节　卫生监督执法

1986年，公共卫生监督执法由各县（市）卫生防疫站承担。1995年10月，公共卫生执法主体转为卫生行政部门。1998年，地区卫生局成立卫生执法大队。至2000年，各县（市、区）相继成立卫生执法中队，全市基本形成综合执法体系网络。

1990年，地区卫生局印发《关于卫生监督监测工作实行分级管理的通知》，首选赣州地区副食品公司和食品公司、赣南宾馆、南方冶金学院、赣州地区乳牛良种场、八〇一厂、赣南冶金机械厂等20多家单位为赣州地区站直管。1999 年 7 月，赣州市卫生局负责市中心城区所有单位的公共卫生监督执法，监测工作仍实行分级管理。

一、药品市场整顿

1986 年，各级卫生行政部门与工商、公安等部门配合，开展两次大规模的全地区药品市场整顿和药品质量大检查活动，没收假劣药品标值 25 万多元，查处假劣药品案件 30 多件，罚款 10 多万元。查处八一垦殖场职工医院与福建不法分子勾结用野生动物骨肉生产假虎胶案，没收违法所得 6000 多元。

1990 年，行署印发《关于批转地区医药分公司整顿全区医药市场报告的通知》，对全地区所有从事中西药品经营或兼营的企业、单位和个人等的基本情况逐户进行调查摸底。重点整顿药品流通领域的混乱现象暨生产、销售假劣药品现象和无证照经营药品的现象。全地区共组织 9 次大规模的药品市场整顿，突击检查药品生产企业 10 家、药品经营企业 2774 家，查封无证经营药品的单位和个体户 1007 家，查封药品标值 30 余万元，罚款 10 多万元，取缔 500 多家无证经营药品户。

1994 年，全地区共取缔无证或证照不全的药品经营单位 223 家，没收假劣药品 229 种次，标值 40 多万元，查处药品案件 100 件，罚款 81477.2 元。

1999 年，市政府成立赣州市纠正医药购销中不正之风领导小组，下设办公室，抽调卫生、医药、工商、监察（廉政办）、物价、审计、经贸委等部门人员集中办公。制定印发《关于纠正医药购销中不正之风有关问题的处理意见》。全市取缔无证照或证照不全药品经营企业 22 户，取缔非法医疗诊所 123 个，取缔非法个体药品经营户 50 户，整顿证照不全的药品经营户 54 户，整顿非法卖药的医疗诊所 100 个；开展专项整治检查 219 次，参加人员 1827 人；查处案件 511 件，查处假劣药品 302 种，罚款 11.7 万元，收缴违纪金额和罚款 53 万元，给予党纪、政纪处分 11 人。

二、食品监督监测

1986—2000 年，全市（地区）体检食品从业人员 728561 人次，检出“五病”（伤寒、痢疾、传染性、活动性肺结核、渗出性皮肤病）22499 人次，“五病”调离率 100%；检测食品样品 105076 件，合格 79734 件，合格率 75.88%；餐具消毒考核 114370 件，合格 68373 件，合格率 59.78%；行政处罚 55150 户次，销毁不合格食品 158 万千克；食物中毒 126 起，中毒 1742 人，死亡 40 人。

全市（地区）较重大的食物中毒事件：

1996 年 7 月 20 日，赣州市（今章贡区）新光特种灯泡厂和赣州地区人民医院发生一起食用甲胺磷农药污染空心菜中毒事故，中毒人数 34 人，无死亡。

1997 年 9 月 27 日，南康市发生一起食用因鼠药氟乙酰胺污染豆腐脑引起的集体中毒事件，中毒人数 99 人，无死亡。

1998 年 12 月 25 日至 1999 年 1 月 11 日，龙南县、定南县相继发生一起因误食从广东购进的有机锡污染工业猪油而引起的重大食物中毒事件，中毒人数 277 人，其中定南县 181 人，分布在 9 个乡（镇）的 32 个行政村，龙南共 96 人，分布在汶龙镇的 9 个行政村。事件震惊全国，中央、省、地政府领导对此事非常重视，国内外多家新闻媒体进行专题深度报道。经立案审理，广东批发商主犯林某某被判处死刑，缓期 2 年执行，其他有关责任人分别受到刑事处罚。

三、学校卫生

1986 年，主要开展学生常见病的综合防治，对学生进行健康教育、体格检查，建立健康档案，对发病学生及时治疗。1998 年，地区卫生防疫站对 6 所中专学校开展新生体检。共检 4584 人，查出表面抗原阳性 885 人，阳性检出率 19.31%。1999 年，共检 1705 人。2000 年共检 2066 人。

四、公共场所卫生监督

1986年，行署颁发《赣州地区公共场所卫生管理暂行规定》。地区卫生局制定《赣州地区公共场所卫生管理细则》《公共场所卫生工作评比条例》。主要对公共汽车站、游泳池馆、歌舞剧院、理发美容厅、宾馆旅店等行业进行卫生监测。

1987年，全地区有各类公共场所1362个，从业人员3100名。1988年5—10月，地区卫生防疫站派出卫生监督员到全地区18个县（市）对1362个公共场所进行卫生监测，监测项合格率为71.77%。核发卫生许可证858户。对234个公共场所、72户化妆品经销户、18个县级自来水厂进行执法检查，赣南宾馆、崇义宾馆等15个公共场所受到表彰。1994年、1996年、1997年，江西省卫生厅、司法厅分别对赣州地区公共场所卫生进行抽查。2000年，全市各类公共场所达3388个，从业人员7310名，卫生监督覆盖率从1987年的72.1%上升到100%，卫生监测项合格率从71.1%上升到81.1%，从业人员体检率从72.09%上升到89.7%，从业人员卫生知识培训率从50%上升到81.1%。1986—2000年，“五病”的调离率均为100%，行政处罚结案率逐年上升。

五、化妆品监督

1987—1989年，地区卫生防疫站对9家化妆品生产企业的生产场所每年进行1～2次的卫生监督检查，对40名生产人员进行健康体检，对61名企业生产管理人员进行卫生知识培训，抽取16种共60件化妆品进行卫生检测，化妆品理化指标合格率为98%，微生物指标合格率为85%。1990年，地区卫生防疫站协助省卫生防疫站，对域内15户化妆品企业进行每年1次或审办前的卫生监督。每年对化妆品经销店和理发、美容业的化妆品进行1～2次巡回监督检查，检查结果合格的占60.1%。销毁假冒化妆品4008件。

六、饮水卫生监督

1986年，地区卫生防疫站每年对地、县两级自来水厂的水源水和出厂水进行一次水质全分析。1991年，地区卫生防疫站对全地区15家矿泉水的水源水进行水质全分析，共采水样123份，合格率达70.1%，完成各矿泉水厂水源的初审工作。各县（市）卫生防疫站对集中式给水单位的出厂水、末梢水开始进行每月1～2次的常规监测，监测指标为余氯、pH值、细菌总数、大肠菌群、1项重金属元素，每季或半年进行1次水质全分析，对从事供管水人员进行1次健康检查。为91户供水单位解决水质净化和消毒过程中的实际问题，为全地区9个自来水厂、471户自备自来水单位建立卫生档案。建立水质常规监测结果月报制度。1997年，赣州市（今章贡区）黄金岭自来水厂、大余县自来水公司被省卫生厅评为生活饮用水卫生管理先进单位，授予铜质奖牌并在《江西日报》上公告。至2000年，全市出厂水水质合格率由1986年的60.3%上升到80.1%。

1999年7月，由赣州市卫生防疫站承担赣州市自来水公司等3个自来水厂的水质监测，采水样192件，合格率为98.1%。

七、环境卫生

1986—1987年，赣州地区卫生防疫站、大余县卫生防疫站参加由中央卫生研究所主持在大余县进行“大余污灌区人群镉接触量及健康影响”科研工作。完成25～65岁男女共554人的24小时尿液收集、尿镉和尿肌酐检测。结果表明，污灌区人群中尿镉含量0.5～54.7微克/升，均值为11.99微克/升，超过日本骨痛病患者尿镉含量的0.5～54.7微克/升，男女之间尿镉含量差别非常显著，女性高于男性，与日本报道相吻合。课题于1990年获中国预防医学科学院科技三等奖。

1986—1995年，地区卫生防疫站对8～12家生产卫生用纸的企业，每年进行1次卫生监督监测，建立卫生档案。对从事卫生用纸的人员每年进行 1 次健康体检，不定期地对产品进行抽样检测。卫生纸的卫生质量逐年提高（合格率从 1986 年的 65%上升到 1995 年的 91%）。

1987 年，赣州地区卫生防疫站和寻乌县卫生防疫站、龙南县卫生防疫站参加由北京医学院主持在寻乌县、龙南县进行的“儿童体内稀土负荷及其与机体健康状况相关性研究”课题研究，对寻乌、龙南稀土矿及非稀土矿周围的 2300 名小学生进行健康体检及智力测定。测定结果：稀土矿区儿童体内有明显的稀土蓄积趋势，儿童运动后心率和高级神经活动的某些行为功能较对照组降低，并与体内稀土负荷有关联。

1988 年，地区卫生防疫站对全地区 23 家县级以上医院的“三污”（污水、医疗废弃物、生活垃圾）处理情况进行调查，对部分医院的污水处理设施进行消毒考核。

1988—1995 年，全地区各级卫生防疫站协助当地爱国卫生运动委员会开展农村改厕及粪便无害化处理设施的卫生学评价及处理效果考核，全地区采样 601 份，合格率 89.1%。

1989 年，地区卫生防疫站与信丰县环保办合作，对信丰县 20 个厂矿周围的大气进行卫生监测，设监测点 34 个、采样 123 件，分析大气中二氧化硫（SO_2）、粉尘等 10 个项目。大部分项目符合卫生标准，只有个别厂矿废气中二氧化硫（SO_2）超标。

1989—1990 年，地区防疫站和赣州市（今章贡区）、赣县 2 个县（市）卫生防疫站对万安水库库区 96 米高程以下的水淹区 6 个乡（镇）、35 个行政村、3587 户居民户进行卫生清理，完成 3250 户的消毒、清理并消毒畜栏 73.87 万平方米，清理并消毒粪坑 1.73 万平方米，取回消毒前后的样品 44 件。消毒后的样品细菌总数减少 95.5%，通过省卫生厅组织的考核验收。在赣县新庙前、赣江底下、赣州市（今章贡区）自来水厂的江面上布点，采集末梢水水样 36 份进行 pH 值等 9 个项目的检测。检测结果基本符合地面水水质卫生标准。

1986—2000 年，每年对新建、扩建、改建工程项目的预防性卫生进行卫生审查。1999 年下半年开始，由赣州市卫生防疫站接管。至 2000 年年底，审批近 200 个建设项目，提出近 600 条修改和改进意见。

八、职业卫生监督

1986—2000 年，各级卫生防疫站共监测含有毒有害企业 108 家，体检从业人员 326503 人，收治职业病人 1117 人，诊断尘肺病 1472 例。

第九章　红十字会

赣州市（地区）红十字会是从事人道主义的社会救助团体，是党和政府在人道主义工作领域的重要助手。红十字会人道救助工作是政府救助工作的重要补充。1987—2000 年，红十字会重点关注人的生命和健康，以弱势群体为主要工作对象，通过筹集资金和物资，开展“助灾、助困、助学、助医、助老、助残、助孤”为主要内容的人道救助活动。

第一节　机构　队伍

1987 年，地区红十字会从地区卫生局划出，成为地区行署所辖独立机构。各级红十字会坚持依法建会，红十字会组织从无到有，从上到下不断发展壮大，会员人数不断增多。

一、机构

1987 年，全地区有基层红十字会机构 17 个。1992 年，有基层红十字会机构 190 个。1997 年，有基层红十字会机构 570 个。2000 年，全市基层红十字会机构发展到 780 个。

二、会员

1987 年，全地区有红十字会会员 8760 人。1992 年，有红十字会会员 107810 人。1997 年，有红十字会会员 242536 人。2000 年，全市红十字会会员发展到 264630 人。

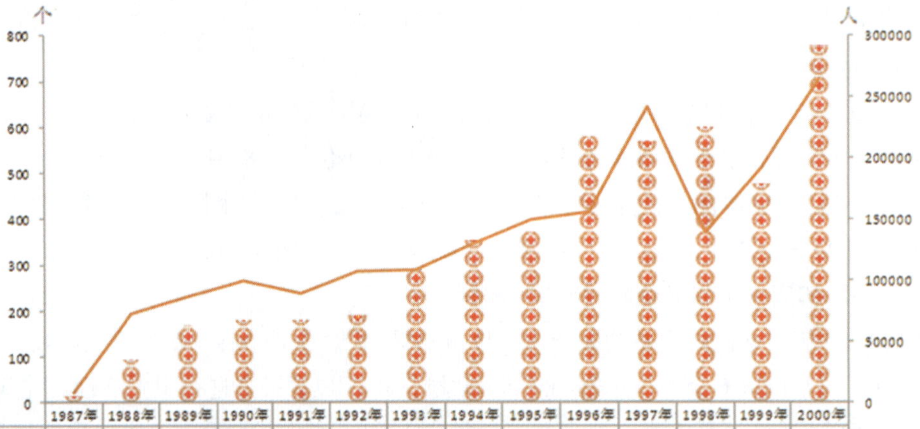

	1987年	1988年	1989年	1990年	1991年	1992年	1993年	1994年	1995年	1996年	1997年	1998年	1999年	2000年
机构	17	96	170	182	180	190	295	355	375	580	570	600	478	780
会员	8760	72210	86700	99810	89000	107810	109270	130712	150102	156126	242536	139445	192612	264630

图 36－9－1　1987—2000 年赣州市（地区）基层红会组织和会员发展情况

第二节　服务社会

一、卫生救护

1990—1997 年，赣州地区红十字会每年开展卫生宣教工作，举办卫生救护培训班 1600 期，训练机动车驾驶员 5 万人次，乡村医生 12500 人次，基干民兵 6000 人次，居民 5800 人次，学生 12800 人次，各县（市、区）也相应开展驾驶员急救培训工作。至 2000 年，卫生急救培训工作拓宽到林业、煤炭、供电等容易发生意外伤害行业，群众性卫生救护的开展对保护人民群众的生命安全起积极作用。

二、救灾济困

赣州市（地区）红十字会以人道主义为宗旨，积极做好备灾、赈灾工作，发挥红十字会组织在扶贫济困中的作用。1992—2000 年，全市（地区）筹措发放救灾款和物资折合人民币 415.12 万元，其中大米 750 吨，救灾款 40 万元。组织防疫队、派出医疗队 1890 人次，深入灾区为群众防病治病。

第十章　体　育

1986—2000 年，全市（地区）以乡（镇）广大农民为主体的全民健身活动快速发展，全市（地区）举办县（市）级以上的群众体育活动及其比赛由 1986 年的 372 次增至 2000 年的 862 次，参加群众体育活动及比赛的人数由 1986 年的 10 万人次增至 2000 年的 20 万人次。1986—1995 年在争创“体育先进乡镇”活动中，全地区有国家级体育先进乡（镇）7 个、省级体育先进乡（镇）103 个，群众体育活动既有传统项目，又有新兴的体育项目（如门球、保龄球和桥牌），并逐步得到普及。赣州群众体育历年名列全省前茅，步入全国先进行列。

赣南籍选手、市（地区）派选手在参加国内外各项运动会或体育单项比赛中取得较好成绩，国际健将姜绍洪、刘显斌、周伟、刘人清、王晖等以优异成绩打破世界纪录和奥运会纪录。赣州市（地区）成功举办第二届至第五届全地区运动会，完成全省少数民族运动会、农民运动会、青少年运动会和第七届至第九届省运动会的组团参赛任务，并取得好成绩。在参加第七届至第十届省运会的比赛中，赣州市（地区）选手团体总分位居全省前列。体育设施不断完善，为全市（地区）全民健身运动和体育事业发展创造良好的物质条件。

第一节　机构与设施

一、机构

1986 年，地区体育运动委员会（简称“体委”）内设办公室、群众体育科、训练竞赛科。直属事业单位有：赣州地区少年儿童业余体育学校（编制 15 名）、赣州体育场（编制 10 名）；赣州地区体育团体机构有：赣州地区老年人体育协会、赣州地区钓鱼协会、赣州地区网球协会、赣州地区银鹰体育协会。1989 年 6 月，开办江西省体育运动学校中专班，与赣州地区少年儿童业余体校合署办公，编制增至 30 名。1990 年 3 月，赣州地区体育总会成立。1992 年，全地区 18 个县（市）恢复单设的体育行政管理机构。1997 年 1 月，地区体委增设宣传科，原赣州体育场更名为赣州地区体育发展中心。1999 年 9 月，市体委撤销宣传科，设立体育市场管理科。2000 年，市体委内设办公室、群众体育科、训练竞赛科、体育市场管理科，有行政编制 16 名；有直属事业机构 2 个，地级市体育团体机构有 12 个。

全市（地区）体委系统的干部、职工人数由 1986 年的 177 人增至 2000 年的 236 人，专职教练员由 1986 年的 49 人增至 2000 年的 55 人，等级裁判员由 1986 年的 104 人发展到 2000 年的 186 人，全市（地区）中小学体育教师由 1986 年的 789 人增至 2000 年的 1252 人，高级职称体育专业人员由 1986 年的 7 人增至 2000 年的 24 人。

市（地区）级行业体育团体机构由 1986 年的 72 个增至 2000 年的 294 个，基层体育协会组织从 1986 年的 107 个增至 2000 年 2107 个、会员由 1986 年的 3344 人发展到 2000 年的 83159 人。

二、体育设施

新建体育场地设施由 1986 年的 14 个增至 2000 年的 24 个。全市（地区）各项体育经费达 3.25 亿元，新建体育场地设施共计 213 个，其中赣州体育中心于 1997 年 12 月 29 日奠基。

1986 年，全地区新建体育场地设施 14 个，其中丙级体育场 1 个、小运动场 2 个、室外游泳池 2 个（含有固定看台的 1 个）、有固定看台的灯光球场 1 个、篮球场 7 个、排球场 1 个。1987 年，全地区新建体育场地设施 35 个，其中小运动场 1 个、旱冰场 2 个、灯光球场 2 个、门球场 12 个、篮球场 10 个、排球场 8 个，老年宫（老年人体育文化活动场所）5 幢。1988 年，全地区新建体育场地设施 19 个，其中灯光球场 2 个（含有固定看台的 1 个）、篮球场 9 个、排球场 2 个、室外射击场 1 个、门球场 5 个，老年宫 2 幢。1989 年，全地区新建体育场地设施 17 个，其中门球场 3 个、篮球场 7 个、排球场 4 个、门球场 3 个，老年宫 3 幢。1990 年，全地区新建体育场地设施 14 个，其中小运动场 1 个、篮球场 4 个、排球场 3 个、门球场 6 个，老年宫 1 幢。1991 年，全地区新建体育场地设施 15 个，其中足球场 1 个、篮球场 13 个（含灯光球场 8 个）、室外射击场 1 个，老年宫 2 幢。

1992—1997 年，全地区有体育公共实施场地 2720 个（民营体育实施场地除外），其中新建体育场地设施 48 个、丁级体育场 34 个、运动场 17 个、小运动场 173 个、丙级体育馆 6 个、丁级体育馆 1 个、看台游泳池 3 个、无看台游泳池 7 个、篮球训练房 1 个、体操房 5 个、乒乓球房 3 个、举重房 2 个、健身房 6 个、棋类房 10 个、其他训练房 2 个、足球场 3 个、网球场 3 个、看台灯光球场 44 个、水泥篮球场 2260 个、排球场 69 个、室内射击场 1 个、室外轮滑场 6 个、门球场 90 个。1997 年，行署加大对体育事业的投入力度，占地 14.7 公顷、总投资近亿元、有 4200 座位体育馆和 22000 座位体育场、面积 6 万平方米的体育中心在赣州市（今章贡区）章江新区破土动工。

2000 年，全市共有公共体育设施 2765 个，其中体育场 3 个、运动场 190 个、体育馆 8 个、游泳池 12 个、篮球训练房 3 个、体操房 6 个、乒乓球室 6 个、举重房 2 个、足球场 6 个、网球场 5 个、灯光球场 48 个、水泥篮球场 2300 个、排球场 70 个、射击场 6 个、门球场 100 个。

第二节 群众体育

全市（地区）群众体育活动先后经历以行业为主，发挥同级体育团体的积极性，做群众体育工作；指令性与量化管理相结合，对县（市）、乡（镇）以先进县（市）、乡（镇）标准的评估和申报促进开展农民健身活动；以行业为主的条条管理转变为依赖办事处、居委会等，就地就近开展以块块为主的城市社区体育活动。全市（地区）各级体育部门广泛宣传实施“一法两纲”（《中华人民共和国体育法》《全民健身计划纲要》《奥运争光计划纲要》），推进体育社会化，群众体育工作步入全省乃至全国先进行列。1986—1995 年，在争创“体育先进乡（镇）”活动中，全地区共有国家级体育先进乡（镇）7 个、省级体育先进乡（镇）103 个。赣州三中、江西气体压缩机厂、赣州地区体委、赣州一中等 19 个单位先后获由国家体育总局（体委）表彰的“先进集体”称号。

一、职工体育

20 世纪 80 年代，全地区职工体育坚持“业余自愿，小型多样，因地制宜”的原则，开展形式多样的职工体育活动。在赣州市（今章贡区），以行业系统体育协会为组织形成的钨业系统篮球赛、排球赛发展到 11 个厂参赛，糖业系统篮球赛发展到 10 个糖厂参赛。20 世纪 90 年代，因国企效益欠佳，比赛停办。域内公安、银行、邮电、商业、地质、垦殖系统篮球赛暨乒乓球赛和田径运动会均举办多届，推动基层体育的开展，如江西气压机厂、赣州冶金机械厂、盘古山钨矿和江西齿轮箱总厂，坚持工间操从不间断，做到车间组织每周有体育比赛、每月有厂单项赛、每年有全厂运动会，职工体育活动经常化、比赛制度规范化。

全市（地区）职工体育在工会和行业及系统举办形式多样的运动会和单项比赛。1986 年，赣州地区和各行业系统举办田径、篮球、中国象棋、游泳等项目的职工体育运动会 78 次，参赛人数 1.58 万人次，全地区经常参加体育活动的职工有 13.58 万人。1987 年，由赣南无线电厂赞助的“群星杯”全国篮球赛打造体育社会化通道，全地区掀起赞助热潮。江西气体压缩机厂赞助并举办“江压杯”驻市企业职工游泳赛、宁都团结水库和宁都房产局分别赞助并举办“团结水库杯”和“房产杯”于都县职工篮球赛。全地区举办职工运动会和单项比赛 62 次，参赛人数 5490 人次，经常参加体育活动的职工有 12.47 万人。1990 年，全地区开展“迎亚运、爱中华”体育活动，举办“迎亚运、庆亚运”职工体育比赛 171 项次，参赛单位 1338 个，参赛人数 3.45 万人次，全地区经常参加体育活动的职工有 15.86 万余人次。1992 年，是毛泽东“发展体育运动，增强人民体质”题词 40 周年，又是奥运会举办年，全地区掀起职工体育高潮。各县（市）、各行业（单位）举办纪念题词 40 周年大中型运动会和比赛活动。全地区举办各类职工运动会和单项体育比赛 600 多项次，参加人数 17 万多人次，其中举办县（市）级以上的职工运动会和单项体育比赛140多项次，参赛人数为3.82万人次。赣州冶金机械厂举行各类体育比赛42次，参赛人数为1850人，占全厂总人数的83%。1993年，开展“情系奥运”“申办奥运”“盼奥运”“庆七运”“纪念毛泽东100周年诞辰”等形式的职工体育比赛590项次，参加人数16.8万人次，其中举办县（市）级以上职工运动会和单项体育比赛140多项次，参加人数3.65万人次。江西气体压缩机厂发挥厂篮球、足球、棋类、气功等14个单项协会和车间科室组织作用，职工体育做到活动经常化、比赛制度化，经常参加比赛活动人数占全厂总人数的85%。1994年，地区组织“体育活动月”“体育活动周”活动。全地区举办各种职工运动会和单项体育比赛460多项次，参赛人数9.2万多人次，其中行业体协和县（市）级以上的职工运动会暨单项体育比赛116项次，参赛人数3.4万人次。1995年，各县（市）召开全民健身动员大会，宣传《中华人民共和国体育法》和《全民健身计划纲要》，具体实施“121”工程。全地区举办职工运动会和单项体育比赛366项次，参赛人数7万多人次，其中举办县（市）级以上职工运动会134项次，参赛人数3万多人次。全地区经常参加体育活动的职工有10余万人。1999年，是江西省首届全民健身运动会年、江西省第四届老年人运动会及全市首届老年人健身体育运动会年，全市（地区）上下开展各类比赛。赣州市（今章贡区）老年人参加江西省赛代表团80余人，首届赣州市老年运动会8个比赛项目、参赛老人1200人。各县（市）还承办江西省第四届老年运动会分赛场，项目有麻将、大秧歌、健身操和登山活动，全市（地区）参赛活动老人16万人次。全市（地区）举办体育比赛472次，参赛人数16.98万人次。到2000年，完成全民健身第一期工程并进入全民健身战略的第二步。

二、农村体育

全市（地区）农村体育工作健全和完善农村体育机构（网络），丰富农村体育的内容与形式，开展“亿万农民健身活动”“争创体育先进乡（镇）活动”。坚持“业余自愿、小型多样，农忙少开展、节假日和农闲日多开展”的原则，开展农民喜闻乐见的传统体育活动和其他体育比赛，如田径、篮球、排球、乒乓球、羽毛球、棋类、举重、拔河、射击、武术、划龙船、龙灯舞、狮子舞、跳绳、踢毽等项目。

1986年，农民体协成立，改变以往由体委一家抓体育的格局，形成以农民体协为轴心的农村体育网络。赣州市（今章贡区）、龙南、宁都、赣县、南康、上犹、大余、信丰、全南、安远、兴国、石城等县（市）成立农民体育协会。宁都县黄陂镇成立镇体委和篮球、排球、棋类、乒乓球等项目的单项体育协会。全地区有专兼职农村体育干部102人、乡（镇）业余体育运动队486个、业余运动队员1.03万人。县（市）举办农民运动会54次，参赛人数9416人次。乡（镇）举办农民运动会131次，参赛人数4.44万人次。1987年，全地区有乡（镇）级农村体育协会166个，专兼职农村体育干部247人，有乡（镇）业余体育运动队547个、有乡（镇）业余运动员1.84万余人。全地区县（市）举办农民运动会13次，参赛人数1436人次。乡（镇）举办农民运动会201次，参赛人数4.91万人次。

1988年，全地区有乡（镇）级农民体育协会247个，专兼职农村体育干部247人，有乡（镇）业余体育运动队555个，乡（镇）业余运动员21057人。全地区县（市）举办农民运动会16次，参赛人数2802人次。乡（镇）举办农民运动会179次，参赛人数2.87万人次，其中有30多个乡（镇）举办龙舟比赛，参赛人数600余人次，参观人数40余万人。

1990年，全地区有乡（镇）体育机构253个，专兼职农村体育干部386人，业余体育运动队578个，乡（镇）业余运动员21418人。全地区县（市）举办农民运动会10次，参赛人数达947次；乡（镇）举办农民运动会199次，参赛人数60257人次。

1992年，全地区有农村体育运动队796个，举办乡（镇）农民运动会和各类单项体育比赛192项次，参加比赛人数3.26万人次，其中县（市）级以上体育比赛和体育活动24项次，参加人数6300余人次。2人代表江西省参加全国农民运动会，赣州市（今章贡区）水南乡代表江西省参加在北京颐和园昆明湖举办的争办奥运会龙舟大赛获第八名。全地区广大农村继续开展"争创体育先进乡（镇）"活动，有国家级体育先进乡（镇）1个、省级体育先进乡（镇）22个、地级体育先进乡（镇）40个、县（市）级体育先进乡（镇）44个。

1993年，全地区有县（市）级农民体育协会6个、龙舟协会6个。有乡（镇）体委、体育协会或体育领导小组263个，有乡（镇）体育运动队1120个，有专兼职乡（镇）体育干部1120人。全地区共举办乡（镇）农民运动会和单项体育比赛218项次，近10万人次参加比赛活动。

1995年，全地区有乡（镇）体委、体育协会或领导小组265个，有农村业余体育队伍829支。举办乡（镇）农民运动会和体育比赛147项次，参加人数1.98万人次，其中县（市）级以上的体育比赛和体育活动24项次，参加人数4416人次。选派农民选手代表地区参加江西省第三届农运会，获中国象棋比赛男子团体总分第二名。获抚州赛区民兵军事三项团体总分第一名，金牌2枚、银牌2枚、铜牌1枚和第四至第六名2项，其中有3人代表江西省参加第三届全国农民运动会，兴国县运动员王国华获全国农运会民兵军事3项银牌。全地区有国家级农村体育工作先进乡（镇）1个，省级农村体育工作先进县1个、先进乡（镇）25个，地级农村体育工作先进乡（镇）30个、县（市）级农村体育工作先进乡（镇）56个。

2000年，全市有乡（镇）体委、体育协会或体育领导小组266个，有农民体育运动队880个。举办乡（镇）农民运动会暨体育比赛228项次，参加人数25万人次。全市有国家级农村体育工作先进乡（镇）3个、省级农村体育工作先进乡（镇）30个，市级农村体育工作先进乡（镇）46个、县（市）级农村体育工作先进乡（镇）82个。

三、老年人体育

全市（地区）老年体育工作坚持"基层为主，小型多样，因人因时、因地制宜，科学指导，健康第一，保证安全，社会办体育和群众办体育"的原则，开展适合老年人的各式各样的体育活动，如门球、气功、棋牌、钓鱼、健身操、太极拳、武术、慢步跑、健步走等，老年人体育事业逐年得到发展。全市（地区）举办3届全市（地区）老年人体育运动会。

1986年，全地区有老年人体育协会107个，会员3344人。有老年人体育活动经费11.2万元；全地区组织老年体育比赛活动352次，参赛人数8146人次。举办老年人气功、门球训练班46期，参加培训人数1107人次。经常参加体育活动的老年人1430人，社会赞助112万余元修建老年人活动场所，建有老年宫或老年人活动中心5幢。

1990年，全地区有老年体育协会398个，会员1.77万人。举办各项体育活动培训班151期，参加培训人数4304人次；举办体育卫生保健讲座62次，参加学习的有2679人次。全地区设有55个老年人体育辅导站，配备辅导员71名。参加辅导学习2000余人，举办各类比赛542次，参赛人数3.95万人次，经常参加体育活动的老年人有4万多人，地区老年人体协活动经费达2.35万元，兴建老年宫2幢。

1995年，全地区有老年人体育协会1526个，会员4.61万人。有专职老年人体协干部434人、兼职1667人，举办各种体育培训班152期，参加培训人数5560人次。有门球队410个、队员4500多人，有健身操和健身队141个、队员2470人，有气功队195个、队员7025人，有太极拳（剑）队13个、队员3659人，有中长跑（徒步走）队386个、队员1.54万人，有钓鱼队247个、队员4642人，有棋牌队502个、队员7633人，有桌球队76个、队员533人，有地掷球队104个、队员1596人，经常参加体育活动的有6800人。

2000年，全市有老年人体育协会2107个、会员8.31万人。举办各种体育活动培训班317期，参加培训人数1.4万人。有辅导站230个、辅导员1627人，举办各类老年人体育比赛4636次，参赛人数1.84万人次。全市老年人体育人口22.59万人；老年人体育工作在全省位居前列。

1987年9月，在赣州市举行为期4天的全区首届老年人体育运动会，除安远县外，有17个县（市）和地委行署机关共19个代表团、400余人参加该届运动会中门球、钓鱼、乒乓球、象棋、围棋5个项目的比赛。1993年9月，在赣州市（今章贡区）举行赣州地区第二届老年人体育运动会，来自各县（市）和地委、行署机关的共20个代表团、近400人参加该届运动会中门球、拳剑、围棋、中国象棋、乒乓球5个项目的比赛。1999年9月，举办赣州市首届老年人健身体育运动会（第三届老年人体育运动会），全市共有1223人参加该届运动会中11个项目的比赛。在组织举办三届运动会的同时，选拔运动员组团参加当年一、二、三届全省老年人体育运动会。

第三节 学校体育

学校体育由各级体育部门与教育部门协同重点抓《学校体育工作条例》《国家体育锻炼标准》《体育传统项目学校试行办法》《全国培养高水平学生运动员试点学校申报审批暂行办法》的操作与实施。

一、实施《学校体育工作条例》

从20世纪80年代初期开始，全地区执行江西省试行《学校体育工作条例》，即凡报考中等师范的考生，必须参加体育考试，体育分占总分的40%。体育被列入中等师范招生考试课目。20世纪90年代，体育列入域内高中、中专招生考试的必试科目，占总分的30%；同期，在高等院校招生中规定：除报考体育专业外的考生，凡参加地区以上比赛获个人前3名或团体项目前6名的主力队员和国家级二级运动员的均限加20分。至2000年，赣州市有20所重点中学被省批准为首批体育卫生合格学校。

二、实施《国家体育锻炼标准》

各级各类学校实施《国家体育锻炼标准》，地区体委协同教育部门印发《国家体育锻炼标准》手册，每位学生一册。各校根据具体情况，制定措施。赣州一中要求学生每天完成“四个一”项目，即100米跑、一组跳跃、一次1200～1600米长跑、一组引体向上（男生）或俯卧撑（女生），学校达标率为93%。各县（市、区）及乡（镇）中心小学以上的中小学生都推行实施标准，且达标人数年年增加。1986年，全地区达到国家体育锻炼标准的学生为104230人，其中及格55077人、良好35895人、优秀13258人。1990年，全地区达到国家体育锻炼标准的学生为198516人，其中及格114846人、良好62839人、优秀20831人。1995年，全地区达到国家体育锻炼标准的学生为470993人，其中及格285120人、良好125702人、优秀60171人。2000年，全市达到国家体育锻炼标准的学生为535749人，其中及格409247人、良好107487人、优秀19015人。

三、体育传统项目学校

1986年1月，执行江西省《体育传统项目学校试行办法》实施细则，全地区三级体育传统项目学校接受省检查组验收评比。赣州一中、三中、四中和赣县城关小学、会昌第一小学、上犹中学、崇义中学、大余中学、南康中学、信丰中学、龙南二中、全南中学、定南中学、安远中学、寻乌中学、于都中学、兴国一中、瑞金中学、石城中学、宁都中学等20所中小学达到合格标准并被命名为省体育传统项目学校。此后，又批准赣州七中、大余南安中学、信丰二中、龙南中学4所中学为省体育传统项目学校。赣州市（今章贡区）文清路小学、赣州市（今章贡区）厚德路小学、赣县中学、上犹县城区小学、崇义县城关中学、南康县唐江中学、大余县新城中学、信丰县大塘中学、龙南师范附小、全南职业中学、安远二中、寻乌二中、兴国县平川中学、瑞金二中、赣州市（今章贡区）蟠龙中学、信丰县球师畲族自治村小学、赣南技工学校等22所中小学为赣州地区体育传统项目学校，也为江西省体育传统项目学校的项目对口地级体育传统学校。

各县（市）自办省、地两级体育传统办校项目对口的体育传统项目学校，确保省、地两级体育传统项目学校生源，如赣州市（今章贡区）红旗二小、嵯峨寺小学、大公路一小、清水塘小学，赣县田村中学、横溪中学、茅店中学、梅岭中学，龙南县玉岩中学、龙南镇中心小学和大余县东门小学、南康实验小学、定南县历市小学、全南县城关小学、上犹县陡水学校、寻乌县东门小学、兴国师范附小、安远县九龙小学、瑞金县八一小学、石城县城关小学、会昌二中、宁都第一小学，均为县（市）级体育传统项目学校。三级体育传统学校自上而下形成网络，起到为高水平或上级训练体系发现、培养人才的作用。赣州三中初中女子田径队代表江西省参加1992年在贵阳举行的全国体育传统项目学校“长江杯”田径赛，该校学生左剑芳以13.43米获女子铅球第一名，王晓玉以5.53米的成绩获女子跳远第三名，钟才华以21秒7和59秒70的好成绩，分别获得女子400米、800米第三名；同时，该田径队以总分20分的成绩，获得全国“长江杯”田径赛女子团体第六名。

第四节　竞技体育

1986—2000年，全市（地区）举办各级各类运动会1894项次，参赛人数54.37万人次。其中成功举办第二届至第五届全地区运动会，参赛人数为5546人，比赛项目258项，有6人6次破（超）5项省纪录、68人24次超59项地区纪录。在第七届至第十届省运会中，赣州市（地区）共选派1243名运动员参加各届省运会36个项目的比赛，共获金牌122枚、银牌140枚、铜牌132枚、奖杯20余个，有7人10次打破10项全省纪录、1人1次破1项亚运会纪录。全市（地区）共有20余人代表江西省参加全国性的体育比赛，共获金牌46枚、银牌9枚、铜牌4枚，第四至第六名10个，有2人打破4项田径残疾人全国纪录。有5人代表中国参加国际性的体育比赛，共获金牌11枚、银牌4枚、铜牌2枚，第四至第六名8个，有1人超1项残疾人跳高世界纪录和残疾人跳高奥运会纪录。全市（地区）共有3人达国际运动健将、11人达国家运动健将、530人达国家二级运动员、7585人达国家三级运动员、3348人达国家少年级运动员。

一、参加国际性比赛

1986年9月，赣州籍选手姜绍洪代表中国参加在韩国汉城举行的第十届亚运会，以1小时26分57秒的成绩打破男子20千米竞走亚运会纪录并夺得银牌。又先后5次打破亚洲男子10千米竞走纪录。1987年，姜绍洪代表中国参加在美国纽约举行的第十三届世界杯男子20千米竞走比赛，取得1小时23分53秒的成绩，成为国际健将，是江西省第一位国际健将。

1992年，赣州籍选手刘显斌代表中国参加在上海市举行的国际赛艇邀请赛，获男子单人双桨2000米、男子4人双桨200米2枚金牌。1993年8月，刘显斌代表中国参加在捷克举行的世界赛艇锦标赛，与队友合作获得男子4人单桨有舵手2000米第四名。1994年，赣州籍选手王晖、曾继政代表中国参加在北京举行的远东太平洋残疾人运动会，王晖以1.78米的成绩获男子LAF5级组跳高银牌，曾继政获男子盲人BI级组标枪和铅球第四名。刘显斌代表中国参加在日本广岛、福冈举行的第十二届亚运会赛艇比赛，获双人双桨赛艇2000米金牌、获4人单桨无舵手赛艇2000米金牌，是江西省首位摘取亚运会金牌的运动员，赣州地区首次摘取亚运会金牌的运动员。

1999 年 1 月，王晖代表中国参加在泰国曼谷举行的第八届远东及南太平洋残疾人运动会，分别以 1.86 米、5.80 米的成绩获男子跳高金牌和跳远金牌，还获 4×100 米银牌。其 1.86 米的跳高成绩打破男子跳高残疾人世界纪录和残疾人奥运会纪录。刘显斌代表中国参加在上海市举行的世界划船锦标赛，与队友合作获 4 人双桨、2 人双桨金牌。

二、参加全国性比赛

1987 年，赣州籍选手廖丽英代表江西省参加在辽宁省埠新市举行的全国夏季田径运动会，以 22 分 28 秒的成绩获女子 5000 米竞走冠军。赣州籍选手王晖代表江西省参加在河北省唐山市举行的全国第二届残疾人运动会的田径项目比赛，分别以 14 秒、1.55 米的成绩获得男子 S10 级 100 米、跳高第三、第二名。11 月，赣州籍选手王治安代表江西省参加在广州市举行的第六届全运会，以 1260 分的成绩获 F13 自由飞（航空模型）全国第三名，赣州籍选手彭任斌以 28.82 分的成绩获男子技巧全国第四名、胡刚以 63.16 米的成绩获链球全国第八名，廖丽英还在女子 500 米竞走比赛中以 22 分 34 秒 58 的成绩打破该项 22 分 58 秒 5 的省纪录。

1989 年，赣州籍选手王晖代表江西省参加在南京举行的全国残疾人运动会的田径项目比赛，分别以 5.27 米、1.70 米和 13 秒 8 的成绩获男子组 LAF5 级跳高、跳远、100 米 3 枚金牌，并打破该 3 项的全国纪录。8 月，赣州籍选手陈风雨、吴春海、刘洋代表江西省参加在万年县举行的全国少年田径分区赛，陈风雨以 200 分和 6 米的成绩分别获得 14 岁男子短跑组全能第一名和跳远第一名、吴春海以 187 分的成绩获 13 岁男子短跑组全能第一名、刘洋则以 176 分的成绩获 14 岁男子投掷组第三名。

1990 年 7 月，赣州籍选手王晖代表江西省参加在云南省昆明市举行的全国残疾人田径锦标赛，以 1.65 米和 5.73 米的成绩获男子 LAF5 级组跳远、跳高 2 枚金牌，并打破跳高全国纪录。8 月，赣州籍选手刘显斌代表江西省参加全国赛艇锦标赛，获男子单人赛艇银牌 1 枚。赣州籍选手刘人清代表江西省参加全国射击锦标赛，获女子 3×20 第一名。

1991 年，赣州籍选手刘人清代表江西省参加全国射击锦标赛，获女子团体第一名。

1992 年，赣州籍选手刘显斌代表江西省参加在上海市举行的全国赛艇锦标赛，以 7 分 6 秒 22 的成绩获男子单人双桨 2000 米金牌，并与队友合作以 6 分 2 秒 4 的成绩获男子 4 人双桨 2000 米金牌。赣州籍选手王晖、曾继政代表江西省参加在广州举行的全国残疾人运动会，王晖以 1.82 米、5.65 米和 30.96 米的成绩分获男子组 LAF5 级跳高、跳远金牌及标枪第五名，曾继政则获男子盲人组标枪银牌、铁饼第四名、铅球第五名。本届比赛江西获团体总分第六名。赣州籍选手刘人清代表江西省参加全国射击锦标赛，获女子团体第一名。

1993 年，赣州籍选手王晖代表江西省参加在湖南省湘潭市举行的全国残疾人运动会，以 1.86 米、5.8 米和 34.34 米的成绩分别获得男子组 LAF5 级跳高、跳远和标枪 3 枚金牌，并打破跳高、跳远 2 项全国纪录，跳高超过 1992 年巴塞罗那残疾人奥运会上 1.79 米的第一名成绩和该项级别 1.81 米的世界纪录。赣州籍选手刘显斌代表江西省参加在北京市举行的第七届全运会，与队友合作以 6 分 27 秒 33 的成绩获男子 4 人双桨赛艇 2000 米铜牌；赣州籍选手邓福星在男子手枪慢射比赛中，以 562 环的成绩打破 560 环的省纪录。

1994 年 9 月，赣州籍选手周伟代表江西省参加在广东省惠州市举行的全国田径锦标赛，以 10 秒 20 的成绩获男子 100 米全国冠军。1995 年，赣州籍选手王晖、肖达润代表江西省参加在河南省郑州市举行的全国残疾人田径锦标赛，王晖以 5.52 米、1.76 米的成绩获男子组 LAF5 级跳远金牌和跳高银牌，肖达润以 11 秒 5 的成绩获男子组截肢 A6A8LAF4 级 100 米银牌。赣州籍选手周伟代表江西省参加在山西省太原市举行的全国田径锦标赛（奥运会预选赛），分别以 10 秒 54 和 21 秒 29 的成绩获男子 100 米、

200 米第四名。赣州籍选手王国华代表江西省参加在上海市举行的全国第三届农运会，获民兵军事 3 项银牌。

1997 年 10 月，赣州籍选手周伟代表江西省参加在上海市举行的第八届全运会田径比赛，以 10 秒 22 和 20 秒 55 的优异成绩荣获男子 100 米、200 米 2 项冠军，被誉为当今“中华第一飞人”；刘显斌代表江西省参加在上海市举行的第八届全运会赛艇比赛，与队友合作获男子 4 人双桨 2000 米金牌。

三、参加全省性比赛

1986 年 5—10 月，江西省举行第七届省运会（预赛和部分项目的决赛提前在各地进行，总决赛在南昌市举行）。赣州地区先后派出 386 名运动员参加该届运动会田径、游泳、射击、武术、航空模型、航海模型、足球、篮球、排球、羽毛球、中国象棋、皮划艇、体操、网球、乒乓球、举重、钓鱼所有 17 个项目的比赛，获金牌 24 枚、银牌 35 枚、铜牌 33 枚、奖杯 13 个，总分 778 分（其中奖杯数和团体总分数均名列全省第二名、金牌数名列全省第四名）。1 人 1 次破 1 项亚运会纪录，廖丽英、陈淑玲等 4 人 6 次打破 6 项全省田径最高纪录。

1987 年 7 月，赣州地区选派 26 名伤残人运动员参加在南昌市举行的江西省第二届伤残人运动会田径、游泳、乒乓球 3 个项目的比赛，获团体总分第三名。其中王晖获男子 S10 级跳高、跳远、标枪、50 米自由泳和 4×100 米自由泳接力 5 枚金牌，成为该届运动会获金牌和得分最多的运动员，并被选为代表江西省出席全国第二届伤残运动会的运动员。

1988 年 7 月，赣州地区组团参加在余干县举行的江西省首届农民运动会田径、射击、男子篮球 3 个项目的比赛，获女子射击团体总分和女子田径团体总分第一名、男子篮球和男子田径团体总分第三名，共获金牌 9 枚、银牌 8 枚、铜牌 5 枚。11 月，赣州地区选派运动员参加在南昌市举行的第六届全省青少年运动会射击、篮球、游泳、田径 4 个项目的比赛，获田径团体总分第二名、射击团体总分第三名、男子篮球第三名、女子篮球第四名、游泳团体总分第六名，共获奖杯 5 个、金牌 10 枚、银牌 11 枚、铜牌 10 枚，团体总分为 224 分，获奖杯数、金牌数和总分均名列全省第四名。其中钟卫健、杨卫荣分别以 586、585 环的成绩打破男子自选步枪 60 发卧射省纪录，李敏以 1 分 18 秒 47 的成绩打破男子乙组 100 米蛙泳省纪录。

1989 年 1 月，赣州地区派体育代表队参加在兴国县举行的全省中长跑、竞走、投掷比赛，获团体总分 172 分，名列全省榜首。7 月，参加在南昌市举行的全省业余体校田径比赛，获团体总分 104 分，名列全省第一，有 3 人 3 次打破 3 项全省青少年田径纪录。参加在上犹县举行的全省体校“长江杯”田径赛，获团体总分第四名。参加在宁都县举行的全省“新苗杯”女子排球赛，获亚军。参加在景德镇市举行的全省“新苗杯”羽毛球赛，获少年男子乙组团体第三名、少年男子乙组单打第二名、儿童男子组单打冠军、儿童组男子双打第三名。8 月，参加在临川县举行的全省中国象棋赛，获团体总分 27 分，名列全省第四名。9 月，参加在九江市举行的全省钓鱼比赛，获团体总分第一名。10 月，参加在赣州市举行的全省“苗苗杯”田径决赛，获团体总分第一名。11 月，参加在赣州市（今章贡区）举行的全省第二届“企业杯”乒乓球比赛，获男子团体第二名、女子团体第三名。

1990 年 7 月，赣州地区派体育代表队参加在南昌市举行的全省少年田径分龄赛，获男子团体总分第二名。参加在赣州市（今章贡区）举行的全省少年乙组射击比赛，获团体总分第二名。参加在南昌市举行的全省“迎亚运”中国象棋赛，获团体总分第一名。参加在南昌市举行的全省“苗苗杯”羽毛球赛，获男子乙组团体总分第三名。参加在进贤县举行的全省体育传统校“长江杯”田径赛，获男、女组团体总分第二和第四名。参加在赣州市（今章贡区）举行的全省“迎亚运”少儿乒乓球比赛，获少年男子组团体总分第五名、儿童女子组团体总分第四名。8 月，参加在铅山县举行的全省“迎亚运苗苗杯”田径比赛，获男子团体总分第三名。11 月，参加在进贤县举行的全省少年中长跑、竞走、投掷比赛，获团体总分 131 分，位列全省第四名。12 月，参加在南昌市举行的全省首届少数民族运动会，获抢花炮第二名；参加在赣州市（今章贡区）举行的全省“足协杯”男子足球赛，获第三名。

1991 年 5—10 月，赣州地区共选派 248 名运动员参加第八届省运会（预赛和部分单项决赛提前在地、县举行，总决赛在南昌市举行）田径、游泳、射击、羽毛球、乒乓球、曲棍球、航空模型、航运模型、赛艇、皮划艇、武术、举重、老年门球 13 个项目的比赛，获男子组田径团体总分第一名、女子组田径团体总分第二名、女子曲棍球第二名、男子曲棍球第三名、男子组射击团体总分第三名、女子组射击团体总分第四名、男子组游泳团体总分第三名、女子组游泳团体总分第五名、少年女子组羽毛球团体总分第三名、少年男子组和成年男子组羽毛球团体总分第四名、男子组乒乓球团体总分第四名、成年女子组乒乓球团体总分第五名。获奖杯 13 个、金牌 37 枚、银牌 40 枚、铜牌 43 枚，总分 1410.5 分，其中获金牌数名列全省第五名、总分数名列全省第四名。在田径比赛中，陶云以 66.86 米的成绩打破成年男子标枪的省纪录、陈淑珍以 54 秒 80 的成绩打破成年女子 400 米中跑省纪录、张海等 12 人 19 次打破 12 项青少年田径省纪录。在射击比赛中，邓福星以 564 环的成绩打破男子汽步枪青少年射击省纪录，并获运动健将。6 月，赣州地区派体育代表队参加在宜春市举行的全省体育传统学校“长江杯”田径比赛，获男子组团体总分第三名。7 月，参加在赣州市（今章贡区）举行的全省少年乙组田径比赛，获金牌 10 枚、总分 285 分，金牌数和总分数均名列全省第一，有 11 人 14 次打破 12 项少年乙组省纪录、6 人达二级运动员。参加在金溪县举行的全省“新苗杯”男子足球赛，获冠军。参加在铅山县举行的全省“苗苗杯”田径赛，获男子组团体总分第一名、女子组团体总分第二名。参加在南昌市举行的全省“苗苗杯”羽毛球比赛，获男、女组团体总分第三名。8 月，参加在广昌县举行的全省“新苗杯”篮球赛，获男子组第三名。10 月，参加在南昌市举行的全省第三届残疾人运动会田径、游泳、射击 3 个项目的比赛，获金牌 15 枚、银牌 5 枚、铜牌 8 枚，金牌数和总分数均名列全省第三名。11 月，参加在进贤县举行的全省第二届少数民族运动会，获抢花炮团体赛第二名。12 月，参加在新余市举行的全省少年中长跑、投掷、跳跃、竞走比赛，获团体总分 264.5 分，名列全省榜首。

1994 年 7—11 月，赣州地区选派 229 名运动员参加第九届省运会田径、游泳、射击、举重、赛艇、皮划艇、乒乓球、羽毛球、摔跤、少年女子篮球、体操 11 个项目的比赛，获奖杯 9 个、金牌 35 枚、银牌 37 枚、铜牌 34 枚、团体总分 1813.75 分（其中团体总分名列全省第六名、金牌数名列全省第七名）。1 人破 1 项省纪录、2 人破 3 项省少年纪录。

1998 年，赣州地区体育代表团参加在宜春市举行的第十届省运会田径、游泳、体操、举重、射击等项目的比赛，共获金牌 26 枚、银牌 17 枚、铜牌 28 枚。

四、代表地区参加省赛前六名县（市）

1986 年，赣州市（今章贡区）运动员代表地区参加全省各项体育比赛，获金牌 24 枚、银牌 45 枚、铜牌 38 枚、总分 738.2 分，金牌数和总分数均名列全省第一。赣县运动员代表地区参加全省各项体育比赛，获金牌 13 枚、银牌 12 枚、铜牌 11 枚、总分 116.75 分，金牌数和总分数均名列全省第二。会昌县运动员代表地区参加全省各项体育比赛，获金牌 7 枚、银牌 4 枚、铜牌 8 枚、总分 94.75 分，金牌数和总分数均名列全省第三。石城县运动员代表地区参加全省各项体育比赛，获金牌 7 枚、银牌 6 枚、铜牌 3 枚、总分 53.3 分，金牌数与会昌县并列全省第三名、金牌总分名列全省第四名。大余县运动员代表地区参加全省各项体育比赛，获金牌 3 枚、银牌 1 枚、总分 31 分，金牌数和总分数均名列全省第五名。兴国县运动员代表地区参加全省各项体育比赛，获金牌 3 枚、银牌 3 枚、铜牌 2 枚、金牌数与大余县并列全省第五名。龙南县运动员代表地区参加全省各项体育比赛，获金牌 2 枚、银牌 2 枚、铜牌 4

枚、总分36分，金牌数和总分数均名列全省第六名、总分列全省第五名。

1987年，赣州市（今章贡区）运动员代表赣州地区参加全省各项体育比赛，获金牌6枚、银牌5枚、铜牌6枚、总分178.75分，金牌数和总分数均名列全省第一。龙南县运动员代表地区参加全省各项体育比赛，获金牌3枚、银牌4枚、铜牌7枚、总分52分，金牌数和总分数均名列全省第二。赣县运动员代表地区参加全省各项体育比赛，获金牌1枚、银牌2枚、铜牌3枚、总分66分，金牌数名列全省第三、总分列全省第二。会昌县运动员代表地区参加全省各项体育比赛，共获金牌1枚、银牌1枚、总分18分，金牌数与赣县并列全省第三，总分名列全省第四。石城县运动员代表地区参加全省各项体育比赛，获金牌1枚、铜牌1枚、总分61分，金牌数与赣县和会昌并列全省第三、总分名列全省第五。崇义县运动员代表地区参加全省各项体育比赛，获金牌1枚、总分5分，金牌数与赣县、会昌、石城并列全省第三，总分名列全省第六。

1988年，赣县运动员代表地区参加全省各项体育比赛，获金牌12枚、银牌13枚、铜牌16枚、总分210.75分，金牌数名列全省第一、总分列全省第二。赣州市（今章贡区）运动员代表地区参加全省各项体育比赛，获金牌11枚、银牌17枚、铜牌10枚、总分433.25分，金牌数名列全省第二、总分列全省第一。石城县运动员代表地区参加全省各项体育比赛，获金牌8枚、银牌5枚、铜牌2枚、总分78分，金牌数名列全省第三、总分列全省第四。龙南县运动员代表地区参加全省各项体育比赛，获金牌6枚、银牌10枚、铜牌9枚、总分138.5分，金牌数名列全省第四、总分列全省第三。会昌县运动员代表地区参加全省各项体育比赛，获金牌4枚、银牌3枚、铜牌5枚、总分58.25分，金牌数和总分数均名列全省第五。崇义县运动员代表地区参加全省各项体育比赛，获金牌3枚、银牌4枚、铜牌2枚、总分656.5分，金牌数和总分数均名列全省第六名。安远县运动员代表地区参加全省各项体育比赛，获金牌3枚、银牌1枚、铜牌3枚、金牌数和崇义县并列全省第六名。

1989年，信丰县运动员代表地区参加全省各项体育比赛，获金牌13枚、银牌6枚、铜牌3枚、总分41分，金牌数名列全省第一、总分列全省第三。赣州市（今章贡区）运动员代表地区参加全省各项体育比赛，获金牌12枚、银牌9枚、铜牌15枚、总分195分，金牌数名列全省第二、总分列全省第一。赣县运动员代表地区参加全省各项体育比赛，获金牌4枚、银牌3枚、铜牌6枚、总分67分，金牌数名列全省第三、总分列全省第五。龙南县运动员代表地区参加全省各项体育比赛，获金牌3枚、银牌10枚、铜牌6枚、总分111分，金牌数名列全省第四、总分列全省第二。兴国县运动员代表地区参加全省各项体育比赛，获金牌2枚、银牌3枚、铜牌3枚、总分73分，金牌数名列全省第五、总分名列全省第四。宁都县、全南县运动员代表地区参加全省各项体育比赛，各获金牌2枚、银牌1枚，金牌数均和兴国县并列全省第五名；宁都县获总分26分，其总分列全省第六。

1990年，赣州市（今章贡区）运动员代表地区参加全省各项体育比赛，获金牌10枚、银牌21枚、铜牌10枚、总分205.25分，金牌数和总分数均名列全省第一。赣县运动员代表地区参加全省各项体育比赛，获金牌5枚、银牌6枚、铜牌2枚、总分58.25分，金牌数名列全省第二、总分名列全省第三。兴国县运动员代表地区参加全省各项体育比赛，获金牌3枚、银牌3枚、铜牌1枚、总分43分，金牌数与南康县名列全省第三、总分列全省第五。南康县运动员代表地区参加全省各项体育比赛，获金牌3枚、银牌2枚、铜牌1枚、总分37.25分，金牌数与兴国县并列全省第三；总分列全省第六。宁都县运动员代表地区参加全省各项体育比赛，获金牌2枚、银牌7枚、铜牌2枚、总分78分，金牌数与信丰县、龙南县并列全省第五，总分名列全省第二。信丰县、龙南县运动员代表地区参加全省各项体育比赛，各获金牌2枚、银牌3枚、铜牌3枚，2个县金牌数均与宁都县并列全省第五名、龙南县获总分45分，总分数名列全省第四。

1991年，赣州市（今章贡区）运动员代表地区参加全省各项体育比赛，获金牌42枚、银牌36枚、铜牌43枚、总分846.75分，金牌数和总分均名列全省第一。赣县运动员代表地区参加全省各项体育比赛，共获金牌7枚、银牌16枚、铜牌11枚、总分286.75分，金牌数名列全省第二。大余县运动员代表地区参加全省各项体育比赛，获金牌7枚、银牌1枚、总分81.5分，金牌数与赣县并列全省第二、总分数名列全省第五。信丰县运动员代表地区参加全省各项体育比赛，获金牌6枚、银牌9枚、铜牌10枚、总分113分，金牌数与会昌县并列全省第四、总分数名列全省第三。会昌县运动员代表地区参加全省各项体育比赛，获金牌6枚、银牌3枚、铜牌1枚，金牌数与信丰县并列全省第四。龙南县运动员代表地区参加全省各项体育比赛，获金牌5枚、铜牌6枚、总分111.75分，金牌数与石城县并列全省第六，总分名列全省第四。石城县运动员代表地区参加全省各项体育比赛，获金牌5枚、银牌5枚、铜牌5枚、总分75.4分，金牌数和总分名列全省第六。崇义县运动员代表地区参加全省各项体育比赛，获金牌5枚、银牌1枚、铜牌1枚、金牌数与石城县并列全省第六名。

1992年，赣州市（今章贡区）运动员代表地区参加全省各项体育比赛，获金牌28枚、总分165分，金牌数和总分数均名列全省第一。赣县运动员代表地区参加全省各项体育比赛，获金牌6枚、总分73分，金牌数和总分数均名列全省第二。信丰县运动员代表地区参加全省各项体育比赛，获金牌5枚、总分66.75分，金牌数名列全省第三、总分名列全省第四。龙南县运动员代表地区参加全省各项体育比赛，共获金牌4枚、总分55.3分，金牌数名列全省第四、总分名列全省第五。石城县运动员代表地区参加全省各项体育比赛，获金牌3枚，金牌数名列全省第五名。宁都县运动员代表地区参加全省各项体育比赛，获金牌2枚、总分67分，金牌数名列全省第六、总分名列全省第三。

1993年，赣州市（今章贡区）运动员代表地区参加全省各项体育比赛，获金牌39枚、总分1007分，金牌数和总分数名列全省第一。南康县运动员代表地区参加全省各项体育比赛，获金牌33枚、总分117.5分，金牌数和总分数均名列全省第二。赣县运动员代表地区参加全省各项体育比赛，获金牌8枚、总分103分，金牌数名列全省第三，总分数名列全省第四。龙南县运动员代表地区参加全省各项体育比赛，共获金牌4枚、总分55.3分，金牌数名列全省第四，总分数名列全省第五。石城县运动员代表地区参加全省各项体育比赛，共获金牌3枚、金牌数名列全省第五名。宁都县运动员代表地区参加全省各项体育比赛，共获金牌2枚、总分67分，金牌数名列全省第六，总分名列全省第三。

五、体育竞赛

1986—2000年，全市（地区）有等级裁判员483人。全市（地区）举办县以上运动会344次，参赛人数达166339人次。赣州市（地区）承办的全国或全省性比赛：1988年9月，全国足球男子青年队赛在赣州市（今章贡区）举行，广州、江苏、大连、黑龙江、湖北、天津、山东、吉林、河北、辽宁共10支青年足球队190余人参赛。广州、江苏、大连青年足球队分别获第一、第二、第三名，江苏、山东队获体育道德风尚奖；1989年3月，在赣州市（今章贡区）举行全国篮球赛（女子篮球分区赛），湖北、上海、浙江、安徽、吉林、山东、内蒙古、重庆共8支球队100多名运动员参赛，湖北、上海、浙江女子篮球队分别第一、第二、第三名；在兴国县举办全省竞走、投掷比赛，赣州代表队获团体总分172分，名列全省榜首。先后举办第二、三、四、五届全地区体育运动会和全地区性体育比赛。

赣州地区第二届运动会 1989年9月15日至10月1日在赣州市（今章贡区）举行。全地区18个县（市）、地直机关、高等学校和冶金、钨业、金融系统共23个代表团1577人参加运动会。比赛项目有田径、篮球、足球、乒乓球、老年人门球、钓鱼6个项目。9月15—21日，篮球预赛分别在宁都县、赣县、南方冶金学院举行。9月17—19日，门球预赛分别在大余县、全南县、于都县、赣州市（今章贡区）举行。赣州市（今章贡区）、高校、大余县、钨业、龙南县、石城县代表团分别获职工组团体总分第一至第六名；赣州市（今章贡区）、赣县、信丰县、龙南县、大余县、寻乌县代表团分别获中学生组团体总分第一至第六名；赣州市（今章贡区）选手钟水英以 2 分 23 秒 8 的成绩打破少年女子乙组 800 米省纪录，17 人次打破 18 项地区田径纪录。

赣州地区第三届运动会 1994 年 7 月 15—19 日在赣州市（今章贡区）举行。比赛分县（市）组和系统组，县（市）组的比赛项目有田径、游泳、举重、乒乓球、柔道、摔跤、射击共 7 项；系统组的比赛项目有田径、乒乓球、羽毛球、篮球、门球、钓鱼共 6 项。18 个县（市）和农牧、机电、前卫、商业、林业、银鹰、卫生、高校系统共 1420 人参加比赛。赣州市（今章贡区）、赣县、南康县、龙南县、石城县、信丰县分别获县（市）组团体总分第一、二、三、四、五、六名；赣州市（今章贡区）、赣县、南康县、龙南县、石城县、信丰县分别获县（市）组金牌数前六名；农牧、高校、机电、前卫、供电、林业获系统组团体总分前六名；农牧、高校、机电、前卫、供电、林业分别获系统组金牌数前六名；赣州市（今章贡区）、宁都县、南康县、信丰县、机电、高校代表团获精神文明代表团奖。有 4 人 4 次超 3 项省少年乙组射击纪录；1 人 1 次超 1 项田径省少年乙组纪录（于都县选手严连生以 1.95 米的成绩超 1.90 米省跳高纪录）；有 4 人 4 次破 3 项射击少年组地区纪录；有 3 人 4 次破 4 项田径地区成年组纪录；有 1 人 1 次破 1 项田径地区少年甲组纪录；有 4 人 4 次破 3 项田径地区少年乙组纪录；有 2 人 4 次破 4 项游泳地区少年乙级纪录；有 2 人 2 次破 1 项游泳地区 12 岁组纪录；有 8 人 9 次破 8 项田径地区纪录；有 4 人 6 次破 5 项游泳地区纪录。

赣州地区第四届运动会 1996 年 10 月 16—20 日在赣州市（今章贡区）举行，全地区 18 个县（市）共 949 人参赛。运动会比赛项目有田径、游泳、射击、举重、乒乓球 5 项。运动会比赛结果，赣州市（今章贡区）、南康市、信丰县、兴国县、赣县、瑞金市分别以 101 枚、32 枚、23 枚、17 枚、19 枚、14 枚金牌获得金牌第一名至第六名；赣州市（今章贡区）、南康市、信丰县、瑞金市、兴国县、赣县分别以 1216 分、515 分、428 分、374 分、362.5 分、353.5 分分别获得团体总分第一名至第六名；赣州市（今章贡区）、南康市、石城县被评为精神文明代表团；有 13 人打破 5 项田径地区纪录，有 2 人打破 1 项射击地区纪录，有 2 人打破 2 项射击少年地区纪录，有 3 人打破 4 项游泳少年地区纪录；有 1 人达一级运动员，有 2 人达二级运动员。

赣州地区第五届运动会 1998 年 8 月 23—26 日在赣州市（今章贡区）举行，全地区 18 个县（市）青少年选手参加田径、游泳、举重、射击、乒乓球、羽毛球、摔跤、柔道 8 个项目的比赛；20 个系统单位参加羽毛球、田径、乒乓球、篮球、门球、中国象棋、围棋等 8 项比赛。1 人破 1 项地区成年组纪录，16 人打破 13 项地区少年组纪录；赣州市（今章贡区）、南康市、龙南县、宁都县、瑞金市、赣县分别以 1408 分、1006 分、512 分、493 分、420 分、326 分依次获得团体总分第一名至第六名，赣州市（今章贡区）、南康市、宁都县、龙南县、瑞金市、信丰县分别以 99 枚、43 枚、32 枚、23 枚、15 枚、14 枚金牌获金牌总数第一名至六名；高校、商业、农业、前卫、银鹰、气压分别以 237 分、187.5 分、118.5 分、108 分、104 分、98 分获团体总分第一名至第六名，商业、高校、前卫、农业、气压、银鹰分别以 14 枚、11 枚、7 枚、6 枚、5 枚、2 枚金牌获得金牌总数第一名至第六名。

第五节 人才培养与输送

全市（地区）抓好学校体育，尤其是办好少年儿童业余体育学校，注重人才培训与训练。训练对象是广大青少年学生及儿童，通过平时的体育活动和比赛，选拔一些身体条件较好、有培养前途的体育苗子，组成学校体育运动队或选送到业余体校，实施运动项目的分类业余训练，为国家培养和输送体育人才。1986—2000 年，全市（地区）创办业余体校 272 所，培养学员达 14403 人，训练项目 171 项，培养体育骨干 24305 人（其中教练员 3022 人、裁判员 12485 人、体育教师 6756 人、体育干部 2042

人），共向国家各级输送体育人才3772人，其中考入高等院校1463人（体育院校816人、师范体育系657人），向各级优秀运动队输送体育人才251人（解放军体工队91人、省体工大队160人），向各级体校输送体育人才2058人（省竞技体校163人、省体育运动学校1600人、重点业余体校295人）。有6476人达国家等级运动员（其中国际健将2人、国家健将11人、二级运动员530人、三级运动员2585人、少年级运动员3348人）。

一、体育人才培养

1986年，全地区共创办业余体校16所，包括地区重点业余体校和各县（市）普通业余体校，其中除寻乌、定南、崇义3个县外，其余各县（市）均办有1所业余体校。全地区少年业余体校在校生共计704人（重点业余体校230人、普通业余体校474人），教练员为54人。训练项目有田径、游泳、举重、射击、体操、篮球、排球、足球、乒乓球、羽毛球、棋类11项。培训体育骨干1489人（教练员54人、裁判员823人、学校体育教师529人、体育干部83人），发展等级裁判员104人、（一级10人、二级94人），有529人达国家等级运动员（二级运动员31人、三级运动员216人、少年级运动员282人）。

1988年，全地区有业余体校18所（其中寻乌县开办1所），在校生681人（重点业余体校118人、普通业余体校563人），教练员为54人。训练项目有田径、游泳、举重、体操、射击、篮球、足球、乒乓球、羽毛球、棋类、武术11项。培训体育骨干917人（教练员41人、裁判员655人、学校体育教师173人、体育干部48人），发展等级裁判员104人（一级4人、二级20人、三级80人），有714人达国家等级运动员（二级运动员22人、三级运动员233人、少年级运动员459人）。

1990年，全地区办有业余体校16所（崇义、会昌、于都3个县未办），在校生774人（重点业余体校222人、普通业余体校552人），教练员为62人。训练项目为12项，与1989年度相同。培训体育骨干1158人（教练员66人、裁判员543人、学校体育教师496人、体育干部53人），发展等级裁判员267人（二级146人、三级121人），有320人达国家等级运动员（二级运动员12人、三级运动员141人、少年运动员167人）。

1992年，全地区有业余体校18所（寻乌县未办），在校生总数为846人（重点业余体校317人、普通业余体校529人），教练员为72人。训练项目有田径、游泳、举重、射击、篮球、排球、羽毛球、曲棍球、棋类共计9项。培训体育骨干898人（教练员75人、裁判员590人、学校体育教师199人、体育干部34人），发展等级裁判员355人（二级26人、三级171人、少年级运动员158人）。

1994年，全地区有业余体校19所，在校生总数为637人（重点业余体校256人、普通业余体校381人），教练员为60人。训练项目比上一年度增加1项武术，共11项。培训体育骨干1345人（教练员269人、裁判员673人、学校体育教师339人、体育干部64人），发展等级裁判员368人（二级126人、三级242人），有350人达国家等级运动员（二级运动员37人、三级运动员147人、少年级运动员166人）。

1996年，全地区有业余体校19所，在校生为1198人（重点业余体校213人、普通业余体校985人），教练员为66人。训练项目比上一年度增加1项体操，共12项。培训体育骨干1934人（教练员323人、裁判员1078人、学校体育教师458人、体育干部75人），发展等级裁判员465人（二级91人、三级374人），有377人达国家等级运动员（二级运动员46人、三级运动员156人、少年级运动员175人）。

1998年，全地区有业余体校19所，在校生总数为1560人（重点业余体校444人、普通业余体校1116人），教练员为67人。训练项目12项，与上一年度相同。培训体育骨干1697人（教练员199人、裁判员831人、学校体育教师521人、体育干部146人），发展等级裁判员462人（二级28人、三级

434 人），有 389 人达国家等级运动员（二级运动员 50 人、三级运动员 160 人、少年级运动员 179 人）。

2000 年，全市有业余体校 19 所，在校生总数为 1263 人（重点业余体校 321 人、普通业余体校 942 人），教练员为 55 人。培训体育骨干 1456 人（教练员 254 人、裁判员 678 人、学校体育教师 404 人、体育干部 120 人），发展等级裁判员 186 人（二级 98 人、三级 88 人），有 412 人达国家等级运动员（二级运动员 58 人、三级运动员 166 人、少年等级运动员 188 人）。

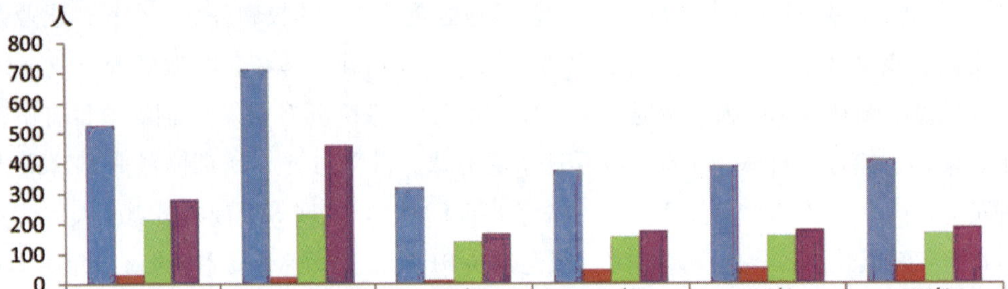

	1986年	1988年	1990年	1996年	1998年	2000年
总人数	529	714	320	377	389	412
二级运动员	31	22	12	46	50	58
三级运动员	216	233	141	156	160	166
少年级运动员	282	459	167	175	179	188

图 36－10－1　1986—2000 年部分年份赣州市（地区）达到国家等级运动员人数

二、体育人才输送

1986 年，全地区向国家输送体育人才 40 人，其中考入高等院校 24 人（体育院校 1 人、师范体育系 23 人），向各级优秀运动队输送 8 人（江西省体工大队 6 人、解放军体工大队 2 人），向各级体校输送体育人才 8 人（江西省体育运动学校 7 人、重点业余体校 1 人）。

1988 年，全地区向国家输送体育人才 51 人，其中考入高等院校 29 人（体育院校 3 人、师范体育系 26 人），向各级优秀运动队输送 7 人（江西省体工大队 3 人、解放军体工大队 4 人），向各级体校输送 15 人（江西省体育运动学校 7 人、重点业余体校 8 人）。

1990 年，全地区向国家输送体育人才 76 人，其中考入高等院校 38 人（体育院校 10 人、师范体育系 28 人），向各级优秀运动队输送 5 人（江西省体工大队 3 人、解放军体工大队 2 人），向各级体校输送 33 人（江西省竞技体校 1 人、江西省体育运动学校 28 人、重点业余体校 4 人）。

1992 年，全地区向国家输送体育人才 57 人，其中考入高等院校 35 人（体育院校 13 人、师范体育系 22 人），向各级竞技体校输送 22 人。

1994 年，全地区向国家输送体育人才 56 人，其中考入高等院校 39 人（体育院校 29 人、师范体育系 10 人），向省竞技体校输送 17 人。

1996 年，全地区向国家输送体育人才 676 人，其中考入高等院校 304 人（体育院校 221 人、师范体育系 83 人），向各级优秀运动队输送 28 人（江西省体工大队 18 人、解放军体工大队 10 人），向江西省体育运动学校输送 354 人。

1998 年，全地区向国家输送体育人才 524 人，其中考入高等院校 168 人（体育院校 92 人、师范体育系 76 人），向各级优秀运动队输送 32 人（江西省体工队 21 人、解放军体工队 11 人），向各级体校输送 324 人（江西省竞技体校 12 人、江西省体育运动学校 246 人、重点业余体校 66 人）。

2000 年，全市向国家输送体育人才 419 人，其中考入高等院校 160 人（体育院校 87 人、师范体育系 73 人），向各级优秀运动队输送 32 人（江西省体工大队 20 人、解放军体工大队 12 人），向各级体校输送 227 人（江西省竞技体校 33 人、江西省体育运动学校 126 人、重点业余体校 68 人）。

	1986年	1988年	1990年	1996年	1998年	2000年
向国家输送	40	51	76	676	524	419
向各级优秀运动队输送	8	7	5	28	32	32
向各级体校输送	8	15	33	354	324	227

图 36－10－2　1986—2000 年部分年份赣州市（地区）体育人才输送情况

第三十七篇

赣南客家

客家人，又称“客家民系”，是中原汉族人口多次南迁至江西、广东、福建等地以及海外的汉族民系，是世界上分布范围广阔、影响深远的民系之一。全世界有客家人约8000万人，分布在80多个国家和地区。在整个客家民系中，赣南占有重要份额，全球平均10个客家人中赣南就占1个，大陆8个客家人中就有1个赣南客家人。

客家人的根在中原，客家先民在漫长的历史岁月中，先后有过多次大的迁徙，最早可以追溯到秦始皇时代。赣南是客家先民南迁的第一站和客家民系的孕育地，也是客家人最集中的地区，被誉为“客家摇篮”。

南迁至赣南的客家人聚族而居，逐渐形成地域族群特色鲜明的客家文化。客家姓氏、客家宗族根深蒂固，客家民居、客家民俗源远流长，客家方言独具特色、传播广泛。

客家人在长期的生产、生活、斗争、创造中，培育了客家人文的精华与灵魂——客家精神，即崇先报本、爱国爱乡精神，崇文重教、耕读传家精神，艰苦奋斗、锐意进取精神，穷则思变、勇于开创精神，团结协作、海纳百川精神。

第一章 客家源流

客家，现代汉语词典的注释：指在4世纪（西晋末年）、9世纪初（唐朝末年）和13世纪初（南宋末年）从黄河流域迁徙到南方的汉人，现在分布在广东、福建、广西、江西、湖南、台湾等省区。

客家人的根在中原。在漫长的历史时期里，一代代客家先民，渡黄河、跨长江、溯赣江，南迁客居。他们中的一部分人溯章、贡两江而上，或落脚赣南，繁衍生息，或继续翻南岭，越武夷，辗转他乡，播迁海外；一部分人经陆路，由抚州（乐安、宜黄）、吉州（永丰、吉水）进入赣南北部（宁都、石城）等地定居，其中一部分再次迁往广东、福建等地。赣南是客家先民南迁的第一站和客家民系的孕育地，被称为“客家摇篮”。

第一节 客家迁徙

客家人之源，在北方的河洛。河洛指黄河、洛水，位于黄河中游南岸的腹心。南为嵩山，伏牛山脉；北界黄河，遥望太行山；西为秦岭与关中平原，东为豫东大平原。居住于赣闽粤三角区的客家先民，来自于中原，主要原因是中国历史上的王权变更、农民起义或少数民族入主中原，客家先民为避战乱灾祸而迁徙。

对于客家先民的南迁历史，在学术界主要有“五次”与“六次”之说。其分歧是二千多年前的“秦开五岭”是否属于客家先民的第一次大迁徙。持“六次南迁”论者认为应该属于。因为，秦灭六国统一中国后，屠睢、赵佗率50万大军南下，越五岭平定百越。秦亡而驻军未离，一部分与当地百越族中的南越人融合，成为粤语地区先民，另一部分便是今天的赣南、粤北和粤东地区客家人的祖先。持“五次南迁”论者认为不属于。认为客家先民的第一次南迁始于东汉末年的黄巾起义及西晋末年历经18年的“八王之乱”与“五胡乱华”。特别是西晋永嘉八年（311）的永嘉之乱，洛阳失陷，晋元帝迁都江南建康（今南京），在百万南迁人流中，有70多万人南渡长江，其中一部分迁往江西北部，再溯赣江而上，来到赣南及赣闽交界处。

经深入考证，历史上客家人的大迁徙分为六次更为客观，即第一次迁徙始于秦汉时期。第一、二次为孕育期，第三、四次为形成期，第五、六次为向海内外播散期。

一、第一次大迁徙

秦汉统一中国，中原移民开始南下。

秦始皇二十五年（前222），秦军六十万灭楚，集结余干之水的秦军，从闽粤赣边入抵揭岭。秦始皇三十三年（前214），秦发50万人守五岭，即赵佗“将卒以戍越”。闽粤赣边两支秦军屯戍，一戍南壄之界，置南壄县；一戍揭岭，置揭阳县。秦驻闽粤赣边之戍徙民约占当地人口1/3以上。

西汉元鼎五年（前112），大批中原士卒南戍岭南，分驻于郡县及军事要冲。

西汉元封元年（前110），闽粤赣边越人大都搬走，只留下徙民的后裔。自此起，闽粤赣边居民以中原移民为主体。

东汉末年，战乱频繁。居住在黄河流域的大批南迁汉族民众，一部分人迁入赣闽粤边区。沿武夷山南下或由赣南到汀州、宁化的石壁寨（时为赣闽重要通道，中原人由赣入闽的中转站和客家许多姓氏先祖的居留地）一带；一部分则由赣北向赣南散居各邑。

二、第二次大迁徙

西晋末，元康元年（291）发生“八王之乱”，继而爆发人民反晋王朝的斗争。北方的匈奴、鲜卑、羯、氐、羌等少数民族乘虚而入，据地为王，相互争战不休，中原陷入“五胡乱华”的动荡局面。西晋王朝灭亡后，中原变成胡人的天下，他们废农田以牧牛羊，掳汉人做奴隶。不堪奴役的中原汉人大举南迁，遂形成以衣冠氏族、官宦大户为主体的南迁潮流。他们由中原经河南南阳，进入襄樊，沿汉水进入长江向湖北、安徽、江苏一带迁徙；一部分由九江到鄱阳湖，顺赣江进入赣南山区。

南北朝时，南北对峙，中原人又一次大规模南迁，大部分稳定在长江中游两岸，其中一部分入赣南，部分又经宁都、石城进入闽粤边州县。

这股潮流此起彼伏，持续170多年，迁移人口达一二百万之众。

三、第三次大迁徙

唐代“安史之乱”后出现藩镇割据的局面，连年战祸加灾荒，中原民不聊生，先后爆发王仙芝、黄巢领导的农民起义。起义军驰骋中原，辗转大江南北数十省，这些地方正是前一次南迁汉民分布的地域。中原人民大量南逃。此时唯有赣南、闽西南和粤东北堪称“乐土”。客家先民由江州溯赣江而上，来到赣南、粤东、闽西三角地带定居。这次南迁，延续到唐后的五代时期达90余年。闽赣边人口激增。这个时期迁入赣南的居民，其祖籍大多数在中原，也有少数在江东和西蜀。其迁徙的路线曲折。在进入赣南之前，有的先在赣北、赣中停留过，有的先在福建邵武、宁化停留过；有的先迁江浙，再转赣东、赣中，最后在赣南定居，迁徙原因大多数为躲避战乱。

四、第四次大迁徙

北宋都城开封于北宋靖康二年（1127）被金兵攻占后，宋高宗南渡，在临安（今杭州）称帝，建立南宋王朝。随高宗南迁的臣民达百万之众，其中一部分官吏士民移杭、秀、苏、常、湖（即太湖）流域一带，大部分随隆祐皇太后沿赣江走洪、吉、虔州。隆祐皇太后迁临安，这些士民没有随太后迁移的条件，又势不能北返，因而一部分南渡大庾岭，入南雄、始兴、韶州。一部分由虔州入汀州。一部分滞留赣南各县。

元人入侵中原后，强占民田，推行奴隶制。处于黄河流域的汉民，为躲避战乱，又一次渡江南迁。南宋末年，元兵向南进逼，赣粤闽成为宋、元攻守的战场。文天祥起兵抗元，率义军转战闽粤边。早先迁入此地的客家人，为寻求安宁继续南迁，进入广东梅州、惠州一带。这时户籍有主客之分，移民入籍者编入“客籍”，客籍人遂自称为“客家人”。这一时期迁入赣南中部地区的居民较多。这批居民多来自赣中，他们原先也是由北南迁的中原汉民。

五、第五次大迁徙

明末政治腐败，又值连年灾荒，赤地千里、民不聊生，农民起义各地蜂起。清军入关进逼京师，旋又南下。清兵入闽赣，汀州、赣州大批民众仓皇逃难，客家义士起而号召群众举义反清，失败后被迫散居各地。有随郑成功到台湾，有向粤中、粤北、粤西及滨海地区，乃至川、桂、湘搬迁，且有一小部分迁至贵州南边及西康之会理。自闽粤迁入的移民多密集于赣南山区，特别是龙南、定南、全南、寻乌及上犹、崇义西北部和兴国、瑞金、会昌、安远等县，赣南中部流落较少。这一时期客家人口膨胀，赣闽粤边区的客家经过200多年发展，面临人多地少之状况，乃思向外发展。明末清初张献忠农民起义失败后，四川一带遭兵火之灾，田园荒废、地广人稀。清康熙年间发起“移湖广、填四川”移民运动，诏命农民迁往开辟垦殖，于是由中原移居两湖两广的汉民，又大量入川。这是清代有名的一次人口大迁移。朱德、郭沫若的祖先，都是当时由广东、福建迁到四川的客家人。

六、第六次大迁徙

清咸丰、同治年间，洪秀全领导的太平天国运动，以客家人为基本队伍，辗转征战十余年。天京陷落后，起义军受到剿杀，百姓纷纷逃匿。其间，粤中地区发生持续12年的土客械斗。动乱使得客家人开始又一次大迁徙，部分客家人分迁于广东南路与广西、海南岛、台湾、香港、澳门、南洋群岛，甚而远至欧、美各洲。这是太平军失败以后的属于世界范围的迁移。这一时期迁入赣南的居民来源广，居住分散，但总人数不太多。

其后规模较大的迁徙是抗日战争时期来自南昌、赣北和苏浙皖迁入的难民和广东潮汕地区迁入的难民。前者多居住章贡区和城镇，后者多分布在信丰县的新田、大桥等乡村和章贡区的马婆岭。

时隔千百年，前期自外迁入赣南的居民，多称自己为“土著”，对以后时期迁入赣南的称为“客家”。其实，赣南这块土地上，真正的土著居民极少，基本上都是此时彼时、此地彼地、东迁西徙、南来北往的客家人。

逃往海外的志士，以及相当数量的破产农民和城市贫民，他们或自驾帆船，或被掳掠、诱骗、招雇为“契约华工”到南洋等地从事苦役。20世纪中叶以来，又有部分人由原住地向欧美国家乃至世界各地再行迁移。现在，客家人的后裔已遍布五大洲的80多个国家和地区。正所谓“凡有海水的地方，就有华人，有华人的地方就有客家人。”

第二节　客家民系

一、民系形成

客家先民源源不断地流向赣南。赣南地形西倚罗霄、东阻武夷、南限五岭，三条山脉所造成的封闭与东、南、西三面与外界隔绝，形成一个开口朝北的“襁褓”。这片山地面积广大，山岭高峻，河谷深切，夹杂着许多大大小小的盆地，适于农业耕作，其间有山越和畲、瑶等少数民族在这里生活。这种生存地域为客家民系的孕育提供了必要的客观条件。北来移民沿着赣江水道朝赣南山区徙移，在这里厮守着自己的故土风习与祖宗语言，在山外世情发生急剧变异时处于相对稳定；同时在自然选择、民族融合以及地理环境的交合作用下，调适、改变、整合自身心理，发展成汉民族中一支独特的民系，即客家民系。

客家民系是在客家先民的迁徙运动中形成的。从五代到北宋是客家民系初步形成的时期。其地域在赣闽粤三省，中心在赣闽二省结合部。客家民系形成的过程中，同时不断融化吸收畲族、瑶族、疍族、木客等南方少数族群，壮大了客家队伍。

二、客家人口

客家人口众多，分布甚广。全国有“纯客家县”（客家人超90%）44个，其中赣南就有17个。赣南的客家人数2000年达754万人，在整个客家民系中，赣南占有重要份额，全球平均10个客家人中赣南就占有1个，大陆8个客家人中就有1个赣南客家人。

客家人历次南迁的终点基本上位于中国东南部，以广东省的东部和北部、江西的东部和南部以及福建省的西部和南部最为集中。这3个地区虽分属不同省份，但地理条件连在一起，故称“赣闽粤”边区。这是中原汉人南迁后所建立的客家民系的大本营，是客家人的摇篮和故乡，面积达7.46万平方千米，既是海内外客家的故乡，也是中国最重要的侨区，被称为“客家金三角”。20世纪末，在国内的5800万客家人主要聚居在这个地区，这个地区管辖的纯客县（市）达32个，除客家“金三角”地区外，国内近半数的省（区）也不同程度有客家人聚居。

赣南有纯客家县（市）17个，即宁都县、石城县、安远县、兴国县、瑞金市、会昌县、赣县、于都县、寻乌县、定南县、龙南县、全南县、信丰县、南康市、大余县、上犹县、崇义县等；非纯客家县（市、区）1个：章贡区。

第三节 客家精神

赣南客家人在长期的生产、生活、斗争、创造中，培育了客家人文的精华与灵魂——客家精神，即崇先报本、爱国爱乡精神，崇文重教、耕读传家精神，艰苦奋斗、锐意进取精神，穷则思变、勇于开创精神，团结协作、海纳百川精神。客家精神与中华民族精神是个性与共性的关系，客家精神是中华民族精神的一个组成部分，客家人在具备中华民族精神的同时，又彰显出自己鲜明的特性。

客家作为中国汉民族体系中的一个稳定而又独特的支系，客家精神是客家人所独有的，它的形成与客家人的迁徙过程及迁入地的社会、自然环境，生存方式的作用密不可分，是客家人在长期的迁徙过程中和历史发展进程中凝聚出来的客家文化的深层内涵。客家精神来自中华五千年历史文化的积淀，来自千万里迁徙的磨炼，来自偏僻山区恶劣环境的锻冶，是客家人生生不息的力量源泉，它代代相传，培育出一代又一代的客家优秀儿女。

一、崇先报本、爱国爱乡精神

客家先民的主体部分是原黄河流域和江淮流域的汉人，由于战乱和灾荒，背井离乡，辗转迁徙到赣闽粤结合部的大山中，与当地土著古越族的后裔、山都、木客和先期迁入的畲族、瑶族等少数民族发生混化交融，渐渐形成一种有特殊方言、特殊风俗、特殊社会心理和特殊生存方式的群体。随后，由于客家人口不断膨胀，又向珠三角、海外发展。崇先，是指客家先民无论迁徙到何地，都难舍故土情结，念念不忘自己的祖先来自中原，他们崇拜自己的祖先创建的中原文化以及源远流长、厚德载物的儒家思想，也为此深感自豪。无论迁徙到何地，都继承和发扬祖先给他们留下的宝贵精神财富。报本，是指在面对其他族群及恶劣自然环境的挑战中，他们把对祖先的崇拜转化为强大的内动力，从而战胜困难、光大祖业、兴旺人丁，以此作为炫耀祖德、报效祖先的最好“礼物”。这种崇先报本意识的升华就是客家人的爱国爱家乡的精神，因为中国古代是家、国同构的社会，“家”的放大就是“国”。在历史上这种精神即表现为忠于朝廷，报效国家。如南宋时期的文天祥组织客家人勤王抗元，演出悲壮的一幕，就是这种精神的典型反映。在当今，则表现为许多客家华侨的爱国爱乡情结特别深，不论在海外漂泊多少年、多少代，报效祖国、热爱家乡的信念始终不渝。比如，许多客家人在海外取得成绩后，回到祖国寻根问祖，热心家乡公益事业，支援家乡建设，他们当中有的人并非十分富有，但他们的爱国爱乡之情却是至诚至真。

二、崇文重教、耕读传家精神

可以说，崇文重教、耕读传家精神在客家人中表现得特别强烈。究其原因：一是沿袭中原的传统。中原儒家思想讲究重农抑商、崇德尚学。因此，在赣南涌现出许多书院，如宋代的道源书院、濂溪书院等。二是客家人所处赣闽粤边区均属山区地域，自然环境恶劣，交通闭塞，山多田少，商业又不发达，生计艰难。因此，客家人除了依靠有限的土地维持生计外，剩下的只有靠读书仕进，向外谋求更大的发展。于是，崇文重教、耕读传家精神在客家人中代代相传，成为客家人的传家宝。在客家人民居中常常看到“耕读传家”的门匾，就是这种精神的体现。

三、艰苦奋斗、锐意进取精神

客家人由于战乱、灾荒而不断迁徙，艰苦奋斗、开拓进取精神就是在长期迁徙过程中历练出来的。

客家先民的入居地大都是比较贫困的山区，定居山野，相对短缺的资源，相对落后的交通，加上当地族群的排斥，要想落地生根、安家立业、繁衍生息，就必须艰苦奋斗，以坚韧不拔的顽强毅力去建设自己的新家园，开拓一片新天地。客家妇女具有吃苦耐劳的品德，客家妇女在外耕作农田，在内操持家务，里里外外一把手。客家妇女是贤妻良母，她们能够忍辱负重，她们贤惠、善良、柔韧，富有爱心，吃苦耐劳而又富有牺牲精神。同时，客家人在艰苦开拓过程中又历练出一种锐意进取的精神，他们不安于现状，不安于贫穷，无时不在谋求新的发展空间。这种进取精神特别体现在那些漂洋过海的客家人身上，他们离开故土，离开家园，通过拼搏求得生存和发展。正是凭借这种精神，他们在所到的地区和国家不仅扎下根，而且为当地的经济和社会事业建设做出巨大的贡献。

四、穷则思变、勇于开创精神

俗话说："无山不住客，无客不住山。"客家人与山结下不解之缘，山是客家人的命脉所在，山也给客家人带来封闭和贫穷。穷则思变，客家人身上所特有的敢于开拓的品性，又激发客家人勇于开创新天地以改变自己命运的斗志和热情。其次，客家人包容性强的特点也使客家人容易接受革命思想。如洪秀全发动反清的太平天国运动；孙中山发起辛亥革命，结束中国几千年的封建历史；还有朱德、叶剑英、叶挺等都是客家人涌现出来的勇于革命、勇于开创典型人物。

五、团结协作、海纳百川精神

客家人团结协作的精神体现在小的方面就是集体观念比较强，这同样是有历史背景的。在客家先民迁徙过程中，没有团结协作精神，是无法历经千山万水、千难万苦的；到入居地后，没有团结协作精神，不依靠群体力量，是难以在中国古代宗族、族群斗争交织在一起的复杂环境中生存的。于是，在长期历史发展中，客家人培育了一种整体观念，并且这种整体观念又升华为国家观念。

海纳百川的精神则体现客家人包容性强以及博大的胸怀。一方面表现在精神文化方面。客家人在继承先人优秀文化传统的基础上，在与其他少数民族长期交流中，又不断吸收对方的先进思想、文化来丰富自己，从而形成丰富的客家文化。另一方面表现为客家人热情好客。客家人的热情好客是出了名的，只要来了客人，就会热情迎进门去，让座、泡茶，端出精心酿制的糯米酒和其他土特产品待客。这些东西客家人自己平时也舍不得吃，而客人来了却大方得很，热情得很，倾其所有以待客。所以，赣南有句古话叫作"主人搭帮客"，就是说家里好吃的东西，只在有客人来的时候，家人才能分享得到。同时，客家人很重人情往来，人情味特浓，有句俗话说"人情一到，谷种要粜。"再次，就是客家人不排外，尊重有知识、有文化的人，外地干部到客家乡村，农民们一定会腾出最好的房间，做出最好的饭菜来招待，视之为最好的亲戚朋友，唯恐招待不周。这种热情好客的客家民风，使客家人赢得众多的朋友和广泛的赞誉，同时也使得客家人赢得生存和发展所必需的种种外力帮助。

第二章　姓氏宗族

客家先民南迁至赣南地区后，与当地古越族后裔以及畲族、瑶族等少数民族杂居交融，姓氏渊源复杂，主体姓氏由历代入境的北方中原诸姓构成，还含部分地方土著姓氏和地方稀姓。客家人大多同姓家庭（族）聚居，构成客家传统社会的组织基础。唐宋时期，客家宗族社会逐步发展，历经明代、清代、民国等时期，渐渐成熟定型。

第一节 客家姓氏

赣南是国内最大的客家聚居区，赣南客家姓氏渊源复杂独具特色，客家主体姓氏为历代入境的北方中原诸姓。根据现存历代地方志和散见民间的族谱资料查证，既有唐宋以来历代入居的老姓氏，也有明末清初由粤东和闽西倒迁而至的新姓氏，还有赣中居民迁入和因婚嫁迁入的姓氏，构成赣南客家姓氏的现代格局。

一、姓氏渊源

西汉末至唐宋时期，迁入赣南的姓氏构成赣南客家姓氏的重要组成部分。特别是宁都、石城两县，这一时期迁入的姓氏尤多，成为当地的主要姓氏。如宁都这一时期先后迁入的客家姓氏有曾、宋、朱、谢、黎、郑、管、谭、肖、杨、郭、邓、陈、古、崔、孙、李、刘、罗、胡、戴、严、许、何、彭、王、徐等40余个姓氏；石城县这一时期先后迁入定点群居、开基建村的客家姓氏有郑、余、傅、胡、温、许、赖、廖、杜、严、花、杨、鄢、洪、汤、何、金、联、李、王、毕、熊、龚、高、雷、蓝、罗、邓、朱等50余个姓氏。

《张氏流传谱序》载："西汉末年，王莽当权，时元始元年九月十三日，一祖带领男妇族人众多，过扬子江，分住下塔衢州、抚州、福州、韶州、汀州、赣州等处"；石城《井溪村郑氏六修族谱》载："晋怀帝五年，海内大乱，独江东差安，中国士民避乱者多南迁奔吴，郑氏避居豫章西山龙园梅井坪"至"晋义熙八年壬子，兄弟迁徙南康郡揭阳县石鼓逯速"；宁都《松阳赖氏重修族谱》记赖氏硕公于东晋安帝时避难从浙江松阳县徙福建转迁肖田浮源，南朝元嘉初，因遭水患，仲方、仲坚兄弟漂流至雪竹坪（今梅江镇）定居。宁都陈氏于唐昭宗时由九江义门迁东山坝；廖氏原居浙江松阳，五代后唐同光二年（924）立籍肖田黄泥排；谢氏于五代后晋开运年间（944—946）从吉州河口徙赖村女冠；胡氏于唐天佑年间（904—907）从永丰藤田迁小布塔下；戴氏于唐末从金陵迁居肖田坪湖岭。石城华氏于五代南唐保大十三年（955）避兵乱从抚州乐安迁石邑毕家屋；龚氏于五代南唐初从浙江迁石城屏山龚坊建村。南康吴氏于唐末从遂川和年迁横市田心；卢氏于唐末从福建堪下迁唐江镇。兴国高兴王氏于唐末从吉安冈田迁入；社冈东韶刘氏于唐末从福建迁入。龙南关西徐氏于南宋嘉熙元年（1237）从泰和水南迁入。上犹营前朱氏于南宋间从豫章迁入；陈氏于南宋绍熙三年（1192）由泰和柳溪迁入；蔡氏于南宋末由吉水岐下坊市迁入。宁都黄氏《黄氏五修家谱》载：黄氏于南宋建炎年间（1127—1130）从邵武迁竹笮九塘。郭氏《汾阳潢村郭氏族谱》载于南宋绍定年间（1228—1233）从永丰县石马层坑迁黄石璜村。孙中山的远祖孙俐也是这一时期迁入赣南。

元明时期迁入赣南的客家姓氏，多来自江西中部地区。这些居民与唐宋时期迁入的居民繁衍散布到赣南各地，成为境内基本居民。元明之交，赣南人口流失，田地荒芜，而赣中一带人口密度较大，为恢复生产，明初政府以减免赋役等手段奖励移民屯田，大批赣中之民纷纷迁入赣南。如崇义县磷谭华山《刘氏第四修族谱》载，刘氏于北宋靖康年间（1126—1127）由汴梁州祥符（今河南开封）迁虔州，又迁（吉）安、（遂）川，后居南安府上犹，明初从上犹分居磷谭；上犹县油石胡氏《胡氏族谱》载，其祖早年迁入吉安泰和，元皇庆年间（1312—1313）迁入油石定居；章贡区蟠龙镇罗氏《罗氏全族通谱》记载，罗氏先祖于秦始皇二年（前220）就由湖南迁入江西，一直居住在南昌、丰城、高安一带，后晋天福年间（936—943），其一派迁至吉水，南宋嘉泰年间（1201—1204）迁至泰和，明成化年间（1465—1487）迁至上犹营前，清顺治年间（1643—1661）再迁至蟠龙定居。

明末至清代大批闽粤客家人迁入赣南，使赣南的居民结构发生又一次大变化。如上犹营前梅口何氏系明洪武年间（1368—1398）由闽迁粤之兴宁县，清康熙年间（1662—1722）迁居上犹县；崇义县磷谭吴氏于清顺治年间（1643—1661）由广东嘉应州迁崇义磷谭；定南县廖氏于明隆庆年间（1567—1572）由福建省宁化县、广东省兴宁县、江西省龙南县迁入。

二、姓氏构成

在姓氏结构组成上，由于历史和地理上的原因，一些姓氏人口发展较快，成为地方土著姓，而人口发展缓慢且分布地点单一的少数姓氏则成为地方稀姓，有的甚至是国内较罕见和现代极罕见的姓氏。据不完全统计，全市（地区）客家有姓氏 560 个，其中单姓 552 个、复姓 8 个。赣南客家姓氏分罕见姓、地方稀姓及地方大姓。

罕见姓 妘、我、伸、杰、隶、固、堵、等、嫩、赣、几、大、个、天、土、吁、诉、汗、老、佐、吾、君、评、苌、局、函、咎、放、径、珍、枯、荚、味、津、间、城、茹、宾、郯、载、奢、犁、淮、僮、褐、操、农、库、故、都、逐、顿、晨、斯、博、紫、堡、普、漂、虞、阚、穰、乃、杏、弓、么、巨、未、予、甲、月、生、玉、壮、优、衣、人、户、尼、行、兆、瘦、轩、旷、希、淡、忻、豆、宜、岩、固、奉、泮、所、幸、威、染、将、院、音、战、冒、恒、闽、校、桃、晓、悦、资、衷、逢、勒、雪、斜、梨、续、睦、基、曼、脱、绿、梦、喜、释、番、敦、琚、强、税、黑、提、揭、遇、谬、蒿、源、漆、雒、潜、翼、蘧等。

地方稀姓 卜、干、风、水、平、支、木、东、有、光、上、广、元、从、冉、伊、羊、寿、步、束、但、怀、扶、沃、昌、苟、幸、牧、庚、空、国、鱼、居、法、宛、洛、胥、贵、保、禹、冠、海、钮、部、党、南、桥、家、桑、铁、谈、迟、浦、尉、渠、隆、隋、笪、扈、盖、庾、逯、嵇、景、储、寒、麻、满、富、蒯、褚、楚、廉、楼、裘、甄、路、翟、臧、蔺、暨、翼、霍、鞠、濮、糜、瞿等。

地方大姓 王、张、李、陈、刘、黄、杨、谢、罗、胡、林、何、钟、郭、邱、叶、卢、曾、邓、郑、吴、周、赵、袁、彭、许、杜、赖、廖、余、宋、萧、傅、姚、程、陶、徐、谭、温、蔡、熊、舒、韩、潘、唐、魏、江、严、范、华、顾、孙、冯、毛、邝、康、文、梁、黎、邬、曹、雷、蓝、卓、管、丘、马、高等。

三、单姓、复姓

全市（地区）各姓氏分单姓、复姓，按笔画顺序排列如下：

单姓 丁、刁、刀、乃、人、卜、几、于、万、卫、弓、习、土、马、干、才、大、个、么、上、门、广、王、韦、元、丰、天、尤、戈、卞、户、毛、公、方、文、邓、中、孔、风、从、牛、仇、乌、水、予、尹、甘、巴、车、月、巨、区、支、计、木、仓、贝、生、玉、记、东、未、边、古、代、艾、石、尼、皮、左、龙、叶、占、卢、帅、冉、田、由、申、甲、白、丘、司、乐、平、包、史、冯、印、邝、宁、丛、归、厉、吉、过、吕、阮、朱、乔、全、伍、尧、邢、任、成、有、伊、壮、权、曲、巩、仲、传、老、华、毕、师、邬、吁、向、危、行、优、伏、刘、祁、衣、齐、农、库、诉、庄、贞、米、关、光、戎、江、汗、羊、池、安、许、阴、阳、孙、纪、兆、匡、汤、杜、岑、苏、佐、花、寿、李、良、言、巫、严、邵、贡、连、杏、麦、步、吾、轩、来、劳、束、君、旷、狄、吴、希、何、利、但、邱、佟、谷、佘、余、况、冷、邹、妘、辛、迟、怀、应、闵、时、汪、评、我、沙、沈、宋、张、陆、伸、陈、杨、扶、闰、苌、励、芦、沃、忻、局、戒、豆、芮、季、孟、昌、苗、范、苑、苟、茅、林、郎、宜、幸、卓、尚、易、明、罗、杰、金、周、函、宗、岩、郑、官、庞、屈、武、竺、牧、庚、房、空、单、咎、岳、隶、练、旺、国、固、鱼、杭、居、奉、经、法、泮、放、冼、郅、所、宛、味、郁、径、宓、项、查、柳、胡、春、洪、洗、洛、施、封、祝、贺、赵、骆、胥、钟、故、郝、珍、枯、荣、荚、荆、威、贵、修、保、禹、娄、染、津、将、宫、闾、祖、闻、院、柏、段、饶、音、姜、柯、姚、费、冠、城、战、部、郗、冒、哈、茹、俞、相、恒、闽、钮、南、候、秦、桂、桥、校、席、海、桃、莫、逐、党、晓、耿、宾、袁、容、悦、诸、聂、贾、顾、敖、倪、夏、徐、殷、翁、栗、晏、钱、郭、高、唐、家、栾、凌、涂、资、陶、桑、晁、奚、衷、都、班、顿、铁、谈、郯、载、索、姬、逢、浦、梅、黄、曹、勒、奢、龚、崔、尉、章、渠、康、符、犁、谌、阎、盛、梁、戚、雪、畦、常、斜、梨、屠、淮、麻、萧、逯、密、宿、商、淋、隋、隆、续、晨、笪、扈、盖、基、曼、淡、脱、庾、绿、梦、堵、游、彭、董、蒋、辜、喜、韩、嵇、喻、释、等、程、博、覃、景、储、番、葛、舒、焦、堡、鲁、寒、童、曾、敦、湛、温、惠、谢、斯、粟、褚、楚、揭、遇、鲍、紫、琚、强、普、税、黑、富、提、傅、源、赖、蓝、蒙、满、靳、甄、鄢、蒯、阙、雷、简、虞、解、詹、廉、睦、谬、楼、蒿、裘、溪、睢、蒲、窦、路、訾、廖、缪、谭、熊、裴、僮、漆、漂、翟、雒、管、蔺、滕、察、嫩、暨、臧、樊、颜、潘、潜、阚、稽、黎、褶、燕、穆、冀、薛、霍、操、薄、衡、鞠、戴、翼、濮、魏、糜、瞿、蘧、攀、赣、穰。

复姓 上官、司马、司徒、欧阳、皇甫、夏侯、诸葛、端木。

第二节 客家宗族

客家宗族社会发展始于唐宋时期，成熟于明代中叶，发展于明末清初，定型于清末民国时代。宗族将大批同姓家庭（族）团聚在一起，在社会的基层形成一个个小单元，构成客家传统社会的组织基础。近代以来，宗族组织受到政治变革、经济发展、社会思潮和价值观念等冲击，呈逐渐衰落的趋势。赣南客家宗族组织发展到20世纪20年代，各地家族组织十分普遍。20世纪30年代后，随着中国共产党领导的新民主主义革命和社会主义革命的开展，赣南客家宗族开始受到冲击。经历苏区革命的严厉打击，剥夺宗族族产，瓦解宗族势力，赣南闽西地区的宗族活动进入低潮阶段。革命消灭了宗族的表面形式，但未完全消灭宗族势力。第五次反“围剿”失利以后，中国工农红军转战北方，国民党在原中央苏区地区立即进行社会秩序的恢复和重建，赣南的客家宗族组织开始复苏和重建。

中华人民共和国成立后，中国共产党对社会结构进行彻底重构，赣南客家宗族的族田被全部没收，消灭了宗族制度赖以生存的物质基础；意识形态方面，强化集体主义与社会主义思想观念。紧接着人民公社化、“大跃进”、“四清”、“文化大革命”等运动不断开展，农村的宗族残余在物质上和精神上被进一步摧毁。许多地区的宗祠被拆毁或挪作他用，祖坟被平整，绝大部分暴露的家谱也被收缴烧毁。但是，由于根深蒂固的传统原因，宗族观念、宗族意识并未完全消灭。进入20世纪80年代，随着文化、社会体制的改革，在多种因素的综合作用下，沉寂多年的宗族势力又一定程度复兴起来，赣南的客家宗族也随之复兴。复兴后的客家宗族在思想意识方面反映出与时俱进的理念，男女平等的意识在宗族中有所体现，在当代赣南族谱中，已允许女性上谱详书。赣南客家宗族组织状况不平衡，有的姓氏毫无组织性可言，甚至连族谱都已不存在，而有的宗族组织化程度非常高。当代宗族传统功能趋于萎缩，宗族姓氏观念渐趋淡化。客家宗族的主要表现形式有族田、族谱、祠堂、祭祖。

一、族田

族田随着封建社会宗法宗族制的发展而产生，属于宗族共有土地，始创于北宋。明清时期族田大规模设置，民国时期达到最高峰。宗族规定各房男女分年龄段捐缴米粮布匹钱款，购置田产。赣南客家族田分两种，一种由一个家庭拔出一部分土地，征收地租，专作家族祭祖开支的祭祀田，也叫祭产、祀田，这种祭祀田一般数量不大，但很普遍，一般客家家族都有族田，多的一两百亩，少的二三十亩；另一种由族内为官者、殷富者捐置，用以接济贫穷、赈恤孤寡及协济族人读书应试的赡族田，这类田又称义田、义庄。族田相对稳定，一般不准买卖，并受到法律保护。清乾隆二十二年（1757）制定律例，盗卖族田照盗卖官田律治罪。中华人民共和国成立后，族田被全部没收，不复存在。

二、族谱

客家族谱与祠堂是客家宗族的两大支柱，客家人有着强烈的祖宗崇拜意识，对族谱、家谱敬若神明，把族谱视为凝聚族众、延续香火的传家之宝。客家族谱内容有繁有简，有多至四五十册的，也有单独一册的。族谱体例大致包括谱序、凡例、图谱、世系、族规、族产、小记、艺文、字辈谱与领谱字号等。谱序大都由本族名流官宦或著名学者、政界要人撰写。族谱内容主要记述族姓来源、世系、迁徙、婚姻、名人、经济状况、丧葬祀典、族规家法等。族谱一般 30 年一小修，60 年一大修，族谱修撰时成立修谱机构，拟定族谱体例、内容、编写原则、分工等事项并开始编撰。族谱文字稿完成之后，根据各家族经济实力，有以手抄本传世的，也有以印刷本流传的。谱成之后，举行盛大的迎谱仪式。仪式通常由族长主持，在宗族祠堂中进行，要求全体族人到齐，整肃衣冠，按每房一套的规矩由各房房长领取家谱。客家人对族谱极其虔诚，客家地区普遍存在晒族谱和祭族谱的习俗。每年农历六月初六，将族谱取出在阳光下暴晒。有的客家宗族在八月初一“小清明”时，要在祠堂中举行祭谱仪式。族谱是客家人同根同祖的重要凭证，是联结海内外客家裔孙的纽带。成为客家人寻根问祖、联络亲情的重要载体。

三、祠堂

祠堂是安放祖宗神位，供族人祭祀祖先的神圣空间，同时是族人商讨、解决宗族大事的场所。每年在这里举行春秋两祭，其他诸如办学、赈济、庆贺添丁、惩罚叛逆等活动也在这里举行。赣南祠堂数量众多。每个宗族都建有祠堂，包括宗祠和房祠。小的宗族有一两个祠堂，大的宗族有数个、数十个祠堂。有的村落之中，有开基祖大宗祠和大小支系的许多房祠，分布较为集中，形成祠堂建筑群。第一层次的宗族祠堂是宗祠，是宗族全体成员祭祀其共同祖先的场所，一般为迁徙到某地的开基始祖的祠堂。宗族之下分为若干房，祭祀本房祖先的祠堂为小宗祠，又称为分祠、支祠、房祠、支房、众厅。客家祠堂的建筑规模很大，一般占地五六百平方米，占地 1000 平方米以上的祠堂也不在少数。祠堂比普通住宅建筑精美，一般为三堂式结构，分上、中、下三堂。上、中堂之间有左右回廊，中为天井，中、下堂之间也有天井。祖祠讲究风水，祠前一般有禾坪、池塘。

四、祭祖

求神不如拜祖，这是客家人的一句名言。现存客家村落古建筑中，祠堂占近半，在每一座住宅大厅上设有历代祖先牌位。客家人尊祖敬宗传统源远流长，除建宗祠、修族谱之外，还有隆重的祭祖仪式。客家人祭祀祖先方式主要有祖先牌位祭祀和坟墓祭祀两类。

祖先牌位祭祀　分家祭和祠祭两类。家祭，也叫私祭，指单家祭礼。祠祭则是非常正统的祭祖仪式，一般分春秋两祭。祭祖仪式由祠长公或族长公主持，全族男女老少穿着整齐，云集祠堂，按辈分依次排列，由德高望重的长辈主祭。全体肃立，焚香点烛，向列祖列宗行叩拜礼，敬献祭酒及三牲果品。然后，诵读祭文，焚烧衣纸，鸣放鞭炮，敲锣击鼓。最高级别的祭祖仪式是三堂祭，成员众多，其中主祭一人，陪祭若干，大通、引赞、亚赞、读祝各 1 人，礼生 4 人，皆着蓝布长衫，戴礼帽。祠祭不仅是同一地域内聚族而居的同宗族人参加祭拜，还有跨地域的宗祠大联祭。不少迁移到异地他乡，甚至远渡重洋的族中子孙，都会回到祖地参加祭祀活动。

墓祭 即到祖先的坟茔上祭祀。凡宗族内的远祖坟茔都要祭扫，从上元节（农历正月十五）后至清明，由族内统一安排时间，置办牲醴祭品，集合族人前往扫墓。客家人在墓祭中不以墓地远近为取舍，有些祖先购置风水宝地远葬他乡，有的祖坟距宗祠数十甚至上百里，越区跨省，但客家人按照“祖宗虽远，祭祀不可不诚”的遗训，派人前去祭扫，其传统一直延续至今。

第三章 民 居

赣南客家民居大致可分为两种类型，即“厅屋组合式”民居和“围屋”民居。其分布形势：厅屋“组合式”呈由东北向西南发展逐渐减弱的状况；“围屋”则呈由西南向东北发展逐渐减弱的态势。其特征有组合扩展性、布局分明、注重防卫。

第一节 厅屋民居

赣南客家人一般称堂为“厅”或“厅厦”，堂专指祠堂。称一栋房子为“屋”，一间房子为“房”。厅是房屋的中心，许多栋“正屋”和“横屋”连在一起便组合成一幢大房子，这种民居实质上脱胎于古代中原庭院府第式民居。赣南客家民居以此为主流，各县（市）都有，但以东北部的宁都、兴国、石城、于都等县为盛，也最具代表。

一、平面

其简单的组合单元：“四扇三间”，也称“三间过”，即一明两暗的三间房，明间为厅，次间为堂，厨房、家畜栏舍等一般傍房或另搭建。稍富有者一般是前后两栋。每栋三间或五间，之间隔一横向天井，并通过腋廊将前后两栋连在一起。两栋屋的明间便成了前厅（门厅）和后厅（上厅），前后厅也合称“正厅”。前厅次间为厢房，后厅次间为正房。这样便构成一栋封闭的由两个单元组合成的“正屋”，通称“两堂式”。在此基础上，房屋需要扩大或本来规模就大的，便在正屋两侧扩建“横屋”，横屋的进深与正屋等齐或前部凸出两间，平面成倒“凹”字形。正屋与横屋间留一走衢，称“巷”或“塞口”，闽粤称“横坪”。走衢前后对开小门。巷中相应留竖向天井，以采光排水。横屋各房间均朝巷道开。正屋从腋廊处开门通往巷。这样便以正屋的正厅为中轴线，加上两侧的巷和横屋，构成一栋通称为“两堂两横”式房屋。这种民居如还需要扩建，便可在横屋外侧对称继续增加类似的巷和横屋，这可相应称“两堂四横、六横……”也可在正屋之前隔以天井、腋廊，再建一栋三间或五间或正屋，使原来的前栋和前厅变为中栋和中厅，所建的这栋称为前栋和前厅，同时再将两侧的巷和横屋向前推齐。这种由五栋正屋和两排横屋组成的房屋，便称“三堂两横”式。这是此类民居中最具代表性的形式。如前所述，若有必要，三堂两横式还可扩建为“三堂四横、六横”。“九井十八厅”和“九厅十八井”这样的大房子，都是从深和阔两方面反映其规模，是客家人建房追求的最高境界。一般两堂两横式以上的居民，屋前往往有因取土做砖而形成的水塘和禾坪。这水塘、禾坪既是居民洗涤、晾晒物件的场所，又自然成了其继续朝前发展的势力范围。以两堂或三堂两横式房屋为基本单位组合，向前和向左右不断扩建，可直至数十百间，乃至一村即一姓一栋房屋。至今，宁都、石城等县尚存百间大屋。

二、立面

普通列式房，通常为青瓦土墙两层楼房。两堂式以上的民居，有青砖墙和生土墙两种。如山墙或裙肩以下以及门窗等部位用砖，余为生土粉墙。在每栋山墙上多砌有防火砖墙，大门或门屋是房屋外部形象的重要装饰点。其主要方法是用水磨方砖（也有的用青石或红石条）砌贴门面。上面精工细作繁复的线脚和精美的雕塑。形式简单的便在门额上做点方框枭混线或做点小装饰，复杂的则做仿木构牌楼式样，常见的有二柱一楼和四柱三楼，高级的如宗祠大门或独立大门屋，往往作四柱五楼式样，仿木构件更加精工，并有抱鼓石。一般从大门装饰的精良奢华，便能看出民居主人的权势或富有。

三、门榜

赣南客家兴行“门榜”风气。在大门匾额上，大多书有昭示其姓氏家族的渊源郡望地或显示其高贵门第、先贤能人之后的题名，也就是“堂号”。如张姓便书“清河世泽”、黄姓“江夏渊源”、孔姓“尼山流芳”、曾姓“三省传家”、刘姓“校书世第”，还有书“大夫第”“司令第”等标榜内容。

四、结构与装修

赣南客家民居是土木混合结构和砖木混合结构并存，土木结构是主流。砖木结构的民居一般限于大地主的住宅或祠庙建筑，砖房多为清水墙面。赣州北部区域的砖房多于南部。土木结构分为土砖（土坯）木结构和夯土木结构，其中夯土结构民居赣州南部多于北部。柱的使用不广，主要用于厅内，因这种民居的厅是敞厅（后厅无前檐墙，前厅无后檐墙），且一般不设楼屋，一些空间大的正厅为支撑挑檐和天花，便在减了檐墙的位置上设两根檐柱，有门廊的厅也是因减了檐墙，而增设廊柱。

赣南盛产木材，但木构件并不发达，与赣北相比用料节省，所用梁、檩、挑枋、桷子等，加工也粗简。装修上，少数富有人家住宅朝内（天井）的门、窗较考究些，窗棂、格心多为冰裂纹、灯笼框、方格条花心等，高级的还用雕花棂子或在绦环板上雕人物故事或吉祥的动植物，大多髹漆。朝外的窗较小。多为直棂窗，砖房的外窗往往是一狭长的“牖”，并常见一些预制的小石窗，窗棂有汉文，花格动植物等漏窗花式。天花主要用于厅堂上，一种自檐口平钉板条，一种为顺屋面坡斜钉板条，前者有的做藻井，并有彩画，很少用彻上露明造，在敞厅的前部或门廊上常见轩顶做法。另外，正厅上流行使用太师壁，壁上设神龛，壁前正中放神案。

第二节　客家围屋

围屋的外墙既是围屋每间房子的承重外墙，也是整座围屋的防卫围墙，大门门额上多有“某某围”的题名，如磐安围、燕翼围、龙光围等。当地人也多有称之为“水围”者，也有的将之与村围及有坚固围墙的民居统称为“土围子”或“围子”。

一、围屋分布

围屋主要分布在龙南县、定南县、全南县，以及寻乌县、安远县、信丰县的南部，大致分布在江西地端嵌入粤东北的那部分版图。此外，石城、瑞金、会昌3个县分布有少量小土楼和零星围屋；于都、宁都、兴国3个县交界处则多行村围。

围屋以龙南县的最具代表性，也最为集中。往往一个自然村便有七八座围屋。据统计，赣南保存有客家围屋600余座，其中龙南县境内有376座。2007年10月，上海大世界吉尼斯总部授予龙南“拥有客家围屋最多的县”，2013年，龙南县被中国民间文艺家协会授予“中国围屋之乡”称号。形式上也最全，除大量方形围屋，还有半圆形的围拢屋式围屋、近圆形围屋，以及八卦形和不规则的村围等。结构上既有三合土和河卵石构筑的，也有青砖、条石垒砌的；体量上既有赣南最大的方形围屋——龙南关西新围，也有最小的围屋——里仁白围（俗称“猫柜围”，形容其小如养猫之笼）。定南县几乎各乡（镇）均有围屋，但较零散，多用生土夯筑墙体。故屋顶形式也多为悬山，此为别县所少见。全南县围屋基本上采用河卵石垒砌墙体，为争取到多一层的射击高度，大部分围屋顶上四周砌有女墙和射击孔，以便必要时上屋顶作殊死抵抗。安远县围屋主要分布在以镇岗、孔田为中心的南部乡（镇），现约存100余座。信丰县围屋较破残，今多存见小江镇。寻乌县属珠江水系，受粤东文化影响，故其南部乡（镇）多行围拢屋，许多是在正面两隅设炮楼的围拢式围屋。

二、围屋特征

典型的围屋，平面为方形，四角构筑有朝外凸出1米左右的炮楼，外墙厚在0.8米至1.5米间。围屋立面高二至四层，四角炮楼又高出一层。外墙上一般不设窗，仅在顶层墙上设有一排排枪眼，有的还有炮孔。屋顶形式以硬山为主。围内必设有一至两口水井。围屋平面主要有“口”字和“国”字形两种形式。前者即除四周围屋外，围内别无房屋，后者还建有一座带祖堂的厅屋组合式主体建筑，小者或一明两暗，但更多的是三堂两横中轴线对称式组合民居，大者面积近万平方米。建筑材料以砖石为主，墙体大多采用俗称为“金包银”的砌法，即1/3厚的外皮墙体，用砖或石砌，2/3厚的内墙体，用土坯或夯土垒筑。围屋楼层一般比围拢屋高而较土楼低。与闽粤围楼最大的区别是赣南围屋的防御功能更为完善。围屋四角所建的炮楼，其功用显然是为了便于警戒和打击已进入墙根或瓦面上的敌人。这些炮楼形式多样，不仅建在四角，有的还建在墙段之中，如同城防之“马面”，还有的则在四角炮楼顶层，再抹角建一单体小碉堡，从而完全消灭了死角。在围门的设计上，也体现了防卫万无一失的特点，门是整个围屋的安危所在，故一般在板门之后，还设有一道闸门，有的围屋则在闸门之后，还设有一道便门，板门之前再设一道“门插”（栅栏门），为防火攻，门顶上还设计有漏水孔。

三、空间结构

围屋是集家、祠、堡于一体的设防性民居，围内不仅设有水井和专门积屯粮草的房间，甚至连“土地庙”（俗称“社公”）也搬进围内（一般设在围门内侧），以备敌人长困久围时，不误初一、十五祈祷平安的活动。故其具有割据性，将围门一关，则为一个独立王国。因此，客家人充分利用围内有限的空间，不管围内营建多少间房屋（如关西新围和东生围，平面都在200间以上），必求整齐统一、街巷分明，确保围内交通、通风采光的便利。同时，保证围内有适当的室外空间，每座围屋都很注意留出一块阳光地带来，俗称“禾坪”。围屋还有一个室内公共空间：祖堂和围门厅，祖堂是围民的圣殿，必位于中轴线上，这是围民举行重要礼仪活动的公共场地。但围民最爱聚集的地方是围门厅，光线好、通风好，且是进出围门的哨口，是围民日常感情交流的主要场所，门厅两边多设有长凳或树筒、石块等以备坐。其余房屋的空间利用，底层基本上为厨房和客厅，有些为“前厨后厅”设计，楼上一般为卧室和贮藏间。从立面上看，围屋四角炮楼高于四周围屋楼房，围屋楼房又高于围心建筑，为了取得更多的空间利用，围屋楼房一般在二三层内檐设有环行通廊，俗称“外走马”。

四、构造艺术

围屋是以防卫性为主要特征的民居。围屋易守难攻，厚实的围屋墙体，大多外包砌砖石，内皮2/3厚的生土墙砌至顶层楼时，便收分成环形的“内走马”，以便作战时防御用，体现两方面的构造艺术：保证易受攻击部分墙体的坚厚度，利用上部不易受攻击而显得过厚的墙体，做成一圈“内走马”；节省建筑材料，争取到实用的防卫空间。如龙南燕翼围，为了防备长困久围，墙体中甚至设计有4个斜向的“排污道”，以便人出不了围或被堵塞排水沟时也能将污便排出围外。还有前述的炮楼构建、围门设计等防卫艺术，可谓用心良苦，尽善尽美。

围屋的细部装饰艺术，主要体现在围内，尤其是“国”字形围的厅堂建筑。因厅堂的好差或档次的高低，往往代表着一围或一姓一房的脸面或地位，因此祖堂或厅堂中的梁架垫木、门窗额枋、柱联柱础、天花铺地等，都会精益求精地进行装饰。如祠堂大门门面，一般为仿木构牌楼线脚装饰或雕刻，额书堂号或其他标榜门第出处的文字。厅堂内均铺砖，天井阶沿皆用巨条石打制。祖堂或正厅一般不设楼层，按传统祖位所在，其上不可置物住人，因此，大多为彻上露明造，梁架制作精美，下厅或前厅多用天花板，上绘民俗彩画，高级的还设有藻井；朝厅堂开设的门，绦环板上均雕刻人物故事或花卉祥兽，风格近徽雕；天井两例的厢房，则用六扇或八扇格扇门，窗饰多为各种拐子纹与雕花棂相结合使用。厅堂内用柱不多，有木质和石质之分，石质的往往四面题刻对联，柱础都有雕饰，且形式多样。此外，围内用卵石拼铺的室外铺地花样，以及悬挑的走马楼也颇有些艺术特色。

第四章　民　俗

南迁至赣南的客家人聚族而居赣南山区、大小垅塅盆地，沿袭的传统信仰、伦理、语言、习俗呈相对稳定状态得以保存，逐渐形成地域族群特色鲜明的赣南客家民情风俗。赣南客家人口众多，居住区域广大，形成“十里不同风，百里不同俗”。客家民俗在传承和变异中，显得特别丰富多彩、包罗万象。

“兼容并蓄”为赣南客家人精神信仰的共同特点；小富即安、注重宗亲与同乡关系和抱团、圆活、硬颈、打蛮等为赣南客家人的共同特性；报本崇先、崇文重教、开拓进取、吃苦耐劳、重乡恋土、善忍求变、和衷共济、务实事功、诚信仁义更是赣南客家人所秉持的精神追求。

第一节　生活习俗

一、饮食

客家人“异乡为客，四海为家”。在南迁的过程中，将中原的饮食精粹与当地乡土风味相结合，形成独特的饮食文化。客家饮食民俗中的养生保健意识较为鲜明。客家菜用料、加工、烹调、膳食都很讲究，并根据时令增减食物品种。客家人在千百年的生活实践中，勤于探索养生之道，善于总结保健经验，注重利用自然中潜藏的科学道理。品味赣南客家美食，可以领略客家独特的文化背景。

饮食特点　20 世纪 80 年代，居民饮食主食以大米为主，面食为辅。随着生活水平不断提高，城乡居民的饮食结构逐渐发生变化，讲究营养和口味。大多数赣南人喜欢一肴多味，尤爱酸辣。早餐有面条、包子、馒头、饺子、粉干、烫粉皮、米果、油条等主食。中晚餐以米饭为主食，副食重视荤素搭配，一般为一素一荤一汤另加一个干菜。蛋禽鱼肉走上百姓日常餐桌。全国各地四季时令水果逐步进入居民家庭。酒水丰富，饮料有矿泉水、纯净水、咖啡、碳酸饮料及果汁等，酒有传统的水酒、米酒，也有全国各地的名酒。

一般茶点小吃为红瓜子、葵花子、糖果、水果、糕饼等，农村多为花生、豆类、烫皮、番薯片等。特色小吃有艾米果、芋包子、黄元米果、烫皮、毛薯酒、辣椒酱、风味芋荷、龙片酥、八宝饭等。春节前后，多数农村及城镇居民家庭会自制冻米糕、龙片酥、油糍、麻糍、锅巴米果、铁勺米果等食品作待客茶点小吃。自 20 世纪 90 年代起，县城兴起夜宵。开始时在街道路口摆设小摊点，有炒面、炒粉、水煮烫皮、炒烫皮等小吃，下晚班工人、下晚自习学生等人群尤为喜爱。之后，伴随着夜生活的丰富多彩，夜宵更为兴旺。尤其是夏季，城镇有很多夜宵摊位，增加了各类炒菜、煲菜及牛肉串、羊肉串等品种。

客家人在饮食方面保留了独特的风格。在选材上，主要选用当地出产的稻米，以及山珍野味等。

客家人的饮食有吃“野”和吃“杂”的特点：“野”即食用各种野生动植物。清明节前采摘的大青、雪薯等，配以青草药、花生、豆子等家常食物，一起放入擂钵内捣成糊，再冲进沸水或冲入锅内煮熟食用。客家人居住的山区有许多珍奇野兽，如狐狸、鹧鸪、豪猪、狸等，都能变成客家人餐桌上的珍馐美食。“杂”即喜欢食用牲畜或家禽的内脏。客家名菜“涮九品”亦称“涮九门头”，主要配料就是取牛内脏九处部位的肉，分别是牛舌黄、牛肝、百头、牛双唇、牛腰、黄喉管、牛肚尖、牛睾丸、牛蜂肚头，然后放入火锅内涮熟，蘸佐食用。

传统客家菜多用肉类，主料突出，讲究咸、烧、肥、香、熟、陈。咸：客家菜偏咸，有“吃在客家，咸是一绝”之说；烧：强调趁热吃，“烧唔烧”成为品评菜肴是否好吃的标准之一；肥：普遍用油重，肉食多选五花肉甚至纯肥肉，馅料用半肥瘦；香：做菜多煎、炸、炒、烧、焗、焖，以香口为佳；熟：做菜强调熟透、熟烂；陈：常用菜干为辅料。

客家菜以家养禽畜和山间野味为主，有“无鸡不清，无肉不鲜，无鸭不香，无肘不浓”的说法。干腌制品在客家菜中地位突出。客家人喜欢将蔬菜、肉类、豆制品等，掺入少许食盐及香辣调料，制成各种美味可口、易于保存的腌制品。这些都成为客家重要的风味食品。

客家人有着深厚的中原情结，饮食中遗存有大量的中原风韵。赣南“酿豆腐”即为典型一例。客家人热忱好客。平素饮食节俭，不事奢华，而待客则十分大方，讲究“六碗八盆十样”，菜肴实惠量足，盛器多用盆、钵、大碗，有古民遗风；往往将自己平常不舍得用的物品拿出来与客人共享，这就是客家俗称的“主人搭帮客”。

特色食品 名菜 赣南地方名菜主要有宁都三杯鸡、南康白松鸡、定南酸酒鸭、宁都蛋菇、上犹炒桂花蛋、赣南小炒鱼、赣州鱼饼、赣州鱼饺、南康鱼脯、兴国米粉鱼与四星望月、宁都石榴鱼丸、宁都鱼包肉、于都鱼丸、瑞金鱼丸、龙南捶鱼、上犹腌红鱼、安远假燕、上犹石伏鱼酱菜、椒焖黄鳅干、龙南金钩腌菜汆黄鳝、南康荷包胙、全南扣肉、全南墩缸肉、宁都肉撮、于都炒肚尖、石城肉丸、于都肉丸、宁都苦瓜肉、南康红笋酿肉茸、南康芙蓉肉、会昌红烧狗肉、宁都鹅颈、宁都八宝菜、于都花丸、安远馅黄姜豆腐干、会昌冷拌酱干、安远吊仔豆腐、大块鱼、玻璃豆腐、骰子块、糯米肉丸、煨辣椒拌蕻菜、擦菜猪肉、火烧肉丸、金钱肉丸、石榴鱼丸、下釜鱼丸、滑鱼、蛋饺、客家酿豆腐、炒东坡。

名点 赣南传统名点历史悠久，种类甚多。主要有麻通、兰花根、排馓子、状元红、老婆饼、龙凤月饼、赣州维他八珍糕、全南碗头糕、宁都灯盏糕、安远老黄油果、碗儿糕、糕头、炒米糖、艾米果。

小吃 赣南风味小吃，种类数以百计。主要有伊府面、赣州金线吊葫芦、烧卖、糍粑、黄元米果、信丰萝卜饺、宁都虾米饺、宁都酥饺、会昌米饺、于都薯粉饺、上犹苞米果、赣南搪皮、南康王村刨皮子、会昌七层糕、崇义九层皮、宁都薯包鱼、卷子糕、米糍、芋包子、烧馒、石城高田社棋、黄姜豆腐、石城薯粉水饺、豆角酥、兴国红薯干、炒米糖、花生巴、南瓜酱。

饮品 客家主要饮品有客家擂茶和客家酒酿。

二、住居

建房 新建住房，被视为造福当代和子孙的一大喜事，十分讲究吉利喜庆。建房之前，要请地理（风水）先生择基定向，并选择吉日动土、奠基、安门和上梁。新址多选在通风当阳、空旷高燥处，门面朝南，俗谓：“坐北朝南，有食清闲；坐南朝北，神仙住不得。”开工日做开工酒，宴请工匠和帮忙的亲友。房子起墙脚后至砌砖之间谓之“进桌”，主人须再办酒席招待工匠。竖门框时，须鸣鞭炮。厅堂屋上梁时，要举行隆重的“上红梁”仪式。届时，在梁木上涂红漆或用红纸包裹，贴上“吉星高照”“上梁大吉”等字样，挂上装有五谷的种子袋。上梁时燃放爆竹，泥工、木匠、地理先生站于梁上高唱赞语，众人拜梁、祭梁。上梁后，主人即摆宴庆贺。自改为钢筋水泥混凝土浇筑后，农村建房在浇厅梁时，照常举行“上梁”仪式。建房期间，已出嫁的女儿要备办“三牲”（肉、鸡、鱼）和茶点果品等礼物，给娘家送茶、送饭餐。新屋落成之日，称为“圆屋”和“出水”，主人要大放鞭炮和办酒筵宴请亲朋，酬谢工匠。

迁居　赣南人在新屋建成后重视择吉日迁居，有“过火”的习俗，即把老屋灶里的火种带到新屋，寓意薪火相传。迁居有移送火种和燃香烛、祷告祖先、祭祀灶神等一套旧俗。西部上犹诸县还兴迁居出门时燃放鞭炮，家长肩扛梯子在前引路，众家人紧随其后，并在亲友的簇拥下送入新居，寓意“步步高升”。中华人民共和国成立后，迁居旧俗多已革新。现时一般只兴在迁入新居时燃放鞭炮；有的接受亲友送匾和“红包”等道贺礼物，东家或请亲友在家里吃酒席或在酒店设宴款待。

第二节　社会习俗

一、家庭

传统观念以男丁多的大家庭为荣。明、清时期，四代以上同堂的家庭均载入族谱。此类家庭中的耄耋老人庆寿时，可在宗祠挂“四世同堂”“五世同堂”“六世同堂”的纪念匾。民国时期，大家庭逐渐解体，经济独立的核心小家庭增多。中华人民共和国成立后，城镇家庭子女婚后多建立小家庭，独立生活；农村亦有此趋向。分配家产，长子、长孙有优先权。年老无后者，一般会在兄弟或同族人的儿辈中过继一人为“继子”或抱“养子”。继子或养子有权承继家产，也有赡养继（养）父母的义务。城镇多自然分炊，子女婚后多在各自单位房屋居住；农村亦有此趋向。分家的旧俗逐渐淡化。家庭中，孝道被尊崇为首要道德。吃饭时，桌上荤菜要先给老人吃。女儿出嫁后，每年春节、端午和中秋三大节日，均要给父母送鱼肉、果饼等食品，以示孝敬。

二、婚嫁

20 世纪 80 年代，随着生活水平的提高，置办结婚用品由一般衣物发展到高档衣料、家具及家用电器；接亲由自行车发展到用汽车；有的旅游结婚，回家后办酒席宴请内亲。男方除给女家礼金外，还要置办家具、床上用品等，并给女方若干台筵席折价款，称“酒席钱”。女方则陪送电视机、冰箱、缝纫机、自行车、手表和新郎的衣、帽、鞋、袜等。

赣南农村盛行新旧结合的结婚礼仪习俗，其程序：

相亲　双方约定日期，男方备酒、肉、饼、果等礼物，在介绍人和内亲陪同下去女方家相会，俗称“看妹崽子”，男方要给女方送红包作为见面礼。礼金数额要有一个“九”作尾数，如九、十九、九十九，因为“九”是大数，且同“久”谐音，图吉利。女方收受礼物和红包，并热情款待，以示婚事“初定”。

订婚　婚事初定后，双方约定日期，女方及其亲属到男家察访，俗称“查人家”。男家除备丰盛的茶点、酒席款待外，需再次给女方及其亲属送红包。席间，双方谈定恩恤礼、礼金、肉鱼、糯谷和嫁妆等物。称为“订婚”，俗称“下订”。

睄节　订婚后至结婚前，男方要在端午、中秋、春节三大节日，备办酒肉、糕饼、衣料等给女方及其家长送礼睄节。如不报日迎亲，又不睄节，女方则认为婚事有变，可以另找对象。

请期　男方初定迎亲日期后，择吉日备礼物送至女家，谓之“请期”。俗称“报日子”，通常要提前半年或数月报知；女方经过“合日子”，认为日子吉利，即可确定。迎亲佳期确定后，男女双双到当地乡（镇）人民政府登记结婚，领取结婚证书，然后分别向亲朋发请帖，筹备婚礼事宜。亲友送礼，舅家“送号牌”。

迎亲 赣南各地迎亲习俗有所不同：有的在婚日前一天到女方家迎亲，男方送鱼肉头牲等到女方家，供女方婚宴款待客用，第二天归亲；有的则当天迎亲、当天归亲，忌在女方家住宿。迎亲之日，男方备上轿鱼肉、下轿公鸡一只等等，一路吹奏喜乐到女方家迎亲。南康市有些地方兴抬一酒坛迎亲，酒坛放在女方家，待生男孩时，女方作为回礼由男方抬回，故俗称之为“人头坛”。女方亲戚孩童少年见迎亲队伍来临，在门前架凳阻拦，俗称“拦轿”。男方散发红包或抛撒硬币后才让进门。迎亲队伍到女方家后，男方当事人（俗称“扛马鞘”）要行一系列的礼数，其中有给女方父母的“恩恤礼”、厨师的“厨师礼”、帮新娘梳妆打扮的“整容礼”、提水洗澡的“沐浴礼”、收捡嫁妆的“顶针礼”、敬神的“祝敬礼”、写喜联的“翰墨礼”、捞饭的“煮饭礼”、抬酒的“开坛礼”、搬桌凳的“开桌礼”、担水的“担水礼”、背新娘上车的“迎人礼”、为新娘顶筛的“扶鸾礼”、搬运嫁妆的“扶奁礼”、调理女家喜事的“主事礼”，以及给新娘弟妹的“弟妹钱”，礼数不到不发亲。发亲后，一路吹打和燃放喜爆，返回男家。新娘进男家时，公爹婆母均要回避，意为相撞会招致日后不和睦。新娘进屋后，先要在厅堂放的簸篮里略坐片刻，俗称“坐性”。在女家，姑娘出嫁的前一天，迎接亲朋贺客，晚上摆酒席款待客人，称为“暖轿酒”。出嫁日，新娘要用线把脸部汗毛绞去，俗称“开面”。尔后洗澡，吃姐妹饭，与母亲、姐妹相伴大哭，以示惜别。亲友们赠送俗称“贽腰礼”的红包，吃过称作“送亲酒”的中餐，而后发亲。发亲时，喜娘给新娘头盖红帕、顶筛，由兄弟背至厅堂谢祖，而后上轿。女家此时要陪送1只未生蛋的母鸡，与男方送来的公鸡相配成对回送男方，谓之“带路鸡”。此外，石城县小姑乡一带至今仍兴夜间接亲和乘坐花轿。接亲时视路途远近计算好往返时间，使之恰好是持火把上路，黎明时迎亲回家，这种讲究被称为“暗里投光”。据传原系古代越族的婚俗。

拜堂 新娘“坐性”片刻后，礼生或厨师在新娘坐的篮前祝赞，杀阉公鸡滴血绕新娘一周，然后由礼生主持，由多子女的夫妇分别扶着新郎新娘，一拜天地、二拜祖宗、三拜父母，尔后夫妻对拜。俗称“拜堂”，礼毕入洞房。在此之前，要在新人床上撒果品让男孩上床抢吃，意祝早生贵子。拜堂后，男家摆酒席热情招待宾客，俗谓吃“归亲酒”或“喜酒”，这是结婚喜庆的正席，按顺序首席为外家舅父（公），尔后则依次为老表、姑爷、姐夫、家族、朋友入席，待唢呐高奏和鸣爆后开席。开席后待上了四大碗菜，父母引新郎、新娘出来，逐桌与亲朋好友见面、敬酒，以示感谢。酒兴后，待舅公起身和门前鸣爆，众亲朋好友渐散席。

闹洞房 “闹洞房”是赣南客家婚礼之余兴。即新婚之夜，亲戚朋友、邻里叔伯兄弟、男女老少都可以进洞房与新娘嬉戏取闹。俗话说：“新婚三日无大小，众人围着新娘闹。”又曰：“喜闹喜闹，越喜越闹；不闹不发，越闹越发。”“闹洞房”不仅延续喜庆气氛，且有为新婚夫妇驱邪避凶之效，因而“闹洞房”在赣南客家地区长久传承、世代相袭。“闹洞房”习俗在赣南各地大致相仿：石城、宁都、寻乌、会昌、瑞金一带，“闹洞房”开始时，先鸣爆、喝茶，随之由主持者诵道：“伏以，日吉时辰大吉昌，此刻闹房正相当。一祝夫妇偕老，二祝子孙满堂，三祝荣华富贵，四祝金玉满堂，五祝五子登科，六祝财宝金箱，七祝文官拜宗，八祝武将封王，九祝子孙光前裕后，十祝十全十美万年昌。”接着便是嬉戏之言：“红蛋人人发一对，金橘竹发一双；金橘红蛋拿来发，闹房闹到半夜就散场；金橘红蛋若不发，闹房闹到大天光。”完毕，闹房开始。而在安远、定南、龙南、全南和信丰一带的“闹洞房”，则把新郎新娘请至厅下。“闹洞房”的次日，亲朋吃过早餐（俗称“散客酒”）后各自回家。第三天，新郎伴同新娘，手提1壶内盛猪肉、鸡肉和蛋的汤回娘家，俗称“回门”或“回红”，吃过午饭后再双双回家。赣南客家婚俗，虽各个时代不同、城乡有别、礼仪多样，但始终保持着客家先民尊祖敬宗、伦理纲常精神和对繁衍子孙、世代荣昌的美好祝愿。

随着时代变迁，这些习俗得到简化，如拜堂已略去，闹洞房也已罕见。

三、生育

妇女生育被看作大喜事，生第一胎和生男孩尤甚。赣南民间有关礼节习俗繁多，且表现为重男轻女。

按照旧俗，妇女怀孕三个月后，娘家女眷须择吉日，携带鸡、蛋、糕饼、糖果等礼品前往探望，俗称“睄胎”，亲戚亦送鸡、蛋、鱼、猪肚等补品。妇女分娩后，其居室称“忌间”。产妇在满月前不出居室，俗称“做月”。在此期间，夫妇不准同房。产妇忌食生冷食物、新鲜蔬菜和肉食等，故亲戚兴用油炸豆腐、炒酸菜送给产妇食用。婴儿出生后第三天，要给婴儿洗浴，俗称“洗三朝”。许多地方兴生男孩做“满月”、庆“百日”和“周岁”，亲友要送礼祝贺，主家摆酒宴请，生女孩则一般不庆。章贡区等地兴“走满月”。这一天母、子皆沐浴，翌日带礼物至外婆家做客，小住数日，外婆备厚礼相赠。不少地方兴给婴儿剃“满月头”，给理发师送红包相谢。婴儿满百日，兴蒸糕做米果，祝愿小孩步步高。这时，外婆家一般给送竹轿、摇床、口围衣饰等物。小孩出生的第二年正月，要备三牲、香烛、鞭炮、甜酒等到外婆家敬神敬祖，外婆家则回送“银项圈”“长命锁”“八仙银象”等。如生男孩，同时抬回“人头坛”，坛中盛满甜米酒，坛上戴一顶新大风帽。第一胎婴儿将喂食时，兴给小孩开斋，时逢亲友或近邻家办喜宴，婴儿的父母即给宴主包一“红包”，说明缘由，宴主便高兴地将每道荤菜夹一点堆成满满一碗相赠，婴儿的父母用筷子夹着每道菜在婴儿嘴唇上沾一沾，谓之“开斋”，此后就可随意给小孩喂食饭菜。20 世纪 90 年代，上述时俗大为简化，一般只兴在小孩生日（俗称“长尾巴”）时，给小孩照相、吃煮蛋或生日蛋糕等；有的将“开斋”旧俗简化为由父母于酒宴时随意沾一两种荤菜于婴儿口中。为小孩做“满月”“百日”“周岁”的习俗，又渐浓厚。

四、寿辰

赣南民间男女生日，普遍将逢十周岁或逢几旬添一称作大生日，其他生辰为小生日。旧俗，人逢 30 岁、40 岁、50 岁大生日举行庆贺，谓之“做生日”；年逾花甲之后，举行生日庆贺，谓之“做寿辰”。富户做寿辰甚为隆重，设寿堂，正中高悬金色“寿”字，张灯结彩，挂寿屏、寿幛、贴寿联。古稀和耄耋之年，近房远族都赠以匾额，谓之“钉匾”，内亲须送寿饼、寿面、寿桃、衣料、鞋帽等。拜寿时，寿星夫妇一同先拜天地祖先，而后端坐寿字幛前，依次接受儿孙、亲朋祝拜，儿孙辈须行跪拜大礼。寿星要给未成年的祝寿者红包，俗称“百岁包”。寿宴一般分为两餐，头天一餐称为“暖寿酒”，寿日一餐称为“拜寿酒”。寿宴上要吃面条，谓之“吃长寿面”。一般人家做生日，不设寿堂，不行寿礼，只是由儿女牵头，请亲朋相聚小酌，以示祝贺，内亲则给送寿饼、寿面、衣料、鞋帽。

乡村一般只做大生日，赣南中部地区为男逢 60 岁、70 岁、80 岁、90 岁、100 岁，女逢 61 岁、71 岁、81 岁、91 岁、101 岁，俗称“男做齐头女做一”，但规模小，多由内亲送蛋糕、寿面、衣料、鞋帽，主人则备酒欢聚一餐，表示庆贺。乡村也有不少人家喜欢在儿孙结婚时，同时给老一辈做寿，谓之“双喜临门”。

城镇普遍为小孩庆祝生日。每逢小孩生日，父母均为之购置新衣、玩具；有的在小孩生日时把外公、外婆等人请来，相聚小宴。饭后，大家围坐一起，齐唱“生日快乐歌”，“小寿星”许愿后，吹熄插在蛋糕上与其年龄数相等的小蜡烛，再由其切开蛋糕，分飨众人，然后拍照作为纪念。

五、丧葬

老人逝世，俗称“归仙”或“过身”，安葬称为“还山”。办丧事叫作“办白喜事”。旧时，赣南客家人兴为在世老人预制衣棺和预造墓穴，称预做的棺材为“寿木”，预做的衣物为“寿衣”，预建的墓穴为“寿拱”“生基”。寿木头上贴有“福”字、“寿”字，或“福如东海、寿比南山”。制作寿木动工时间为农历正月十五、七月十五和十月十五日，有的在冬至日，寿衣与寿木同时做，男、女均 1 套红衣红裤、1 双红鞋白袜，青色帽（男），青色裹头绸（女）。筑寿拱须请地理先生相地形，择吉日开工。墓门内、外层中嵌墓碑各 1 块，内层墓碑待墓主死后，再刻死者姓名、生殁时间、子孙名字等；外层墓碑上刻一“寿”字，故称“寿碑”，墓主死后安葬时撤去，墓背垫厚土成鱼背形，造墓时，亲戚朋友须送茶点，寿拱建造完工，主家设圆工酒答谢众人。

旧俗丧葬重“寿考”，礼仪繁多。60 岁以上男性病死者可于祠堂或厅堂停尸，女性可在原住寝室送终；不满 60 岁死的称为“夭”，一般不停尸厅堂；虽年满 60 岁以上，但非正常死亡者，也不能停尸厅堂。客死他乡或死在外面者，其遗体不能入室。妇女分娩而死，尸体须从挖的墙洞中抬出去。凡不属“善终”者，均要在黄昏边无声无息地出殡埋葬，俗叫“早死夜埋”。此外，赣南还有一种特殊的葬俗，即小孩夭亡，需用竹篾编成的畚箕反扣在尸体上埋葬，意在镇住亡灵以辟邪。

赣南普遍盛行的丧葬礼仪，有送终、报丧、觅地、守夜、祝悼（礼身、吊唁）、入殓、祭奠、出殡、安灵（入葬）、圆地（求龙）、送火把、守孝等等。服丧期间，家人要戴孝，以“七七”四十九天为“满七”，逢七日要在家门口祭奠烧纸。“满七”时，孝子到舅家谢孝，按其所送祭礼加倍还谢，孝子在舅家理发后回家。父、母死后的第二年春节，亲戚朋友上门行新香礼，清明节前，子孙筹办丰盛祭品到墓地祭醮，名为“醮新地”。农历七月十五中元节，亲友给死者送纸衣、纸钱、香烛，女儿还要送纸扎衣箱、纸丫鬟等冥器烧给死者，谓之“烧衣”。至周年，子孙、内亲要到灵位前烧香悼念，称为“满周年”。中华人民共和国成立后，移风易俗，丧葬习俗不断改革，礼仪删繁就简。进入 20 世纪 80 年代，少数地方丧葬礼俗复旧。至 20 世纪 90 年代后期，丧葬旧俗日渐淡化。

第三节　节令习俗

一、传统节日

赣南盛兴的传统节日，名称与习俗都有较鲜明的客家色彩。其名称除称正名外，还习惯以月份称，如东部各县元宵节为“正月节”“正月半”；许多地方称端午节为“五月节”、中元节为“七月半”、中秋节为“八月节”等等。节日习俗则与中原及江西省各地大同小异。

过年　旧俗农历腊月廿四过“小年”，谓之立“年架”；次年正月十五日“元宵节”，谓之“出元宵”。在这段日子里，统称之为“过年”。在这个传统节日里，按照传统习惯，在外工作或出门之人，都会尽可能赶回与家人团聚，上敬亲老、下慰子孙，共享天伦之乐，故自古流传“有钱冇钱，回家过年”的谚语。

过小年　腊月廿四日，俗称为小孩过年日。是日起，家家大搞家庭卫生。乡村人家兴在这天晚上备小宴，点烛烧香，燃放鞭炮，送灶神，祈求灶神“上天奏善事，下地降吉祥”。小年过后，直至元宵节，诸事讲顺利，说话求吉利，亲戚朋友开始互相馈送年礼。

除夕　农历一年最后的一天俗称“年三十”，谓之“过大年”。这一天，家家贴春联、挂年画；河东片瑞金等市（县）还兴装灯彩，家家里外布置一新。晚餐，合家围坐一桌吃丰盛的“团圆饭”。开席之前先鸣鞭炮。吃过团圆饭，长辈给小孩分发红包，俗称“压岁钱”；年三十夜，室内灯火通宵达旦，谓之“照年光”。人们“守岁”至子时，迎新接福。20 世纪 80 年代中期始，中央电视台每年均举办春节文艺晚会，大家边看电视、边守岁，等深夜零点一到，家家户户鞭炮齐鸣。

正月初一　男人们早早地起来洗漱干净，然后点香、烛、放爆竹，给长辈拜年。传统的拜年形式有拱手礼、跪地拜等，新的拜年形式有电话拜年、短信拜年等。这一天有很多讲究，不捞饭、不扫地、不打水，更不能说不吉利的话。早餐也要吃斋，并以芹菜、豆腐为主。之后，装上一盘粉皮、米糖、花生，这是一定要吃的，表示新的一年有“吃路”，并能勤劳致富发财。

“起牙” 大年初二清晨，兴在吃饭前先喝一碗汤，即在煮好的粉干、面条或黄元米果上，覆盖蛋、肉等食物，赣县、兴国、章贡区等地称之为“满碗”；吃完满碗便吃早饭。这餐酒菜丰盛，为一岁牙祭的开始，俗称“起牙”。赣南民间习惯初二始可洒扫，还须从家门口往里扫，意为“财不外扫”；赣州方言“尘”谐音“穷”，故于大年初三大扫除，把藏起来的垃圾一扫而光。这一天，新媳妇还要和丈夫一起回娘家。

元宵节 俗称“上元节”“正月半”“灯节”。这天家家都吃元宵、米果和汤圆，意为春节圆满结束。从大年初一开始的舞龙狮、鲤鱼灯彩和踩高跷扮故事传统游艺活动，至元宵夜达到高潮。龙灯所到之处，人们均以龙灯舞到家为吉祥，燃鞭炮欢迎，爆竹声不绝，龙舞不止。城镇商家则给龙灯理事者红包致谢祝福。南部信丰、龙南、定南、全南、寻乌等县盛舞香火龙，即在用稻草扎成的每节龙身上插满燃着的线香，配上鼓乐，挨户舞龙朝拜，各家各户纷纷取下原插的香，换上新燃的香，以求吉利。中西部南康、大余诸县（市）还有舞“青菜龙”的习俗，即在大菜（芥菜）芯中插上香火，在野外狂舞，意在去灾免祸，祈求人畜平安、五谷丰登。崇义县城的“九狮聚会”“扮故事”游戏等，向为赣南元宵节的一大特色。东部瑞金、兴国诸县（市），是夜则有一年一度的“烧花”表演，龙灯队队员头戴箬笠，赤身鱼贯穿行于高台之上，顷刻间鞭炮炸响、焰火四溅，紧张热烈。各种灯彩闹过之后，除茶灯外一概烧掉，来年新扎，称为“烧化架”，或曰“谢灯”。元宵之夜，瑞金等市（县）乡间还保留“摸青”（采青）习俗，即村民随意采摘乡亲园内的青菜、大蒜等，做成擂茶，与邻里共享。元宵节过后，春节即告结束，故有谚曰：“饮过元宵酒，各行各业快动手！”“火烧门神纸，大人做生意，细人（小孩）捡狗屎。”

端午节 农历五月初五为端午节，俗称“五月节”或“端阳节”。家家门上插艾蒿、菖蒲，或采百草煮水洗澡防百病；合家老少饮雄黄酒，用雄黄酒涂抹头额手足并洒于房屋四周，以辟邪除秽驱蛇蝎。小孩则兴佩带丝绒绣成内装丹砂、雄黄等香料的鸡心状小香包和挂蛋袋，意在防疫病，保平安。节前，家家户户用糯米包粽子，亲朋之间互相以粽子、包子、咸蛋、香包等相赠，有的给亲朋刚入学的孩子送伞及文具，俗称“送节”。乡村兴采晒草药制出“端午茶”备用。沿江傍河的市镇，多举行龙舟竞赛。龙舟赛之前，必定要进行“祭龙舟”活动，仪式包括请龙王、祭龙舟、安龙头、龙舟下水等项目。龙舟赛开始，两岸观众如潮，丝竹唢呐、锣鼓喧天，点香烛、放鞭炮、行大礼，热闹空前。龙南县杨村镇，村民在圩场旁专门开辟大塘划龙舟，历数百年而不衰。

中元节 农历七月十五日为中元节，赣南俗称“七月半”。这一天，家家户户奠祭祖先及亡人，故又俗称“鬼节”。从广东、福建等地迁入的住户以七月十四日或十三日为节日。这天，家家杀鸭子，将血染在装有纸钱、纸锭、冥币的纸包上，于当日傍晚焚烧，故又称“烧包节”。去世者若初逢中元节，家里须制纸衣、纸箱、纸床、纸马等冥器，内亲要送纸衣、纸钱、香烛、竹笼（箱）和鸭子一只；逝者的已嫁女儿，须于七月初一置办包纸（俗称衣纸）、冥币送到娘家，将衣纸悬挂在壁上。中元节前一日，取下衣纸装入竹笼内焚化，俗称“送衣”“烧衣”“送新七月半”。节日前后几天，外出人必须赶回家中住宿，且睡不掩扉、帐不垂帘，传说是让祖先清点儿孙数目。各地还兴在街道路口焚烧纸钱，给无人祭奠的过往鬼魂受用。人们视此为做善事，多叫小孩去做，边烧纸钱边念叨“孤魂野鬼，领受钱财”等语。以上习俗以乡村为盛。

中秋节 农历八月十五日为中秋节，俗称“团圆节”“八月节”。节前，亲友间以月饼、柚子等相馈赠。节日之夜，户户备佳肴盛宴，合家团圆欢聚。晚餐后，在皓月下食柚子、花生和月饼，且边吃边赏月。俗称“中秋对月食柚子眼睛亮”。有的放“孔明灯”，放挂花、猜灯谜。有的乡村有烧塔、猜灯谜等节日娱乐活动。

重阳节　农历九月初九谓之“重九”，赣南俗称“九月节”“重元节”。家家户户炸食薯包、芋包和浆米果之类的传统食品，尤其兴吃米酒泡薯包，故又称之为“米果节”。重九登高作为一项体育活动逐渐得到普及。重阳节又被定为“老人节”，各地开展尊老和老年体育活动。

二、时令节俗

立春　春为四季之始，民间视“立春大似年”，故有“接春”习俗。家家户户燃放鞭炮，以迎春接福。民间多在此节令栽种花木。

人日、丁日　农历正月初七旧称“人日”。民间兴以菠菜、芹菜、芥菜、芋头等菜蔬做成“七冬羹”，除自食外，还互相馈赠。农历正月初十，俗称“丁日”。头年“添丁”者须备酒筵请客，名曰吃“丁酒”。

天穿日　农历正月廿日俗称“天穿日”“天聋地哑”。农村兴作米糕、糖食祀天，曰“补天穿”；民间打扫清理屋檐水沟。至夜，妇人相戒灭灯早寝，并把脂粉投床下，称供“老鼠嫁女”。女孩兴在这天穿耳朵戴耳环。

惊蛰　进入惊蛰，天气转暖，冬眠百虫将出土活动。赣南农家多于此日炒花生、豆子、米花等，寓“炒虫”之意，谓这天炒了花生、豆子，以后禾苗就不会生虫，并在屋外四周撒些石灰，以防虫进屋。许多地方还兴煮惊蛰茶喝，以保身体健康。赣州西南片的客家人尤兴此俗。

春社　立春后的第五个戊日为春社，民间又称“社官日”。古俗，神会出资做社饭，在社稷祠唱“社戏”，祭祀土地神，合坊迎神祈求土地神灵，保佑风调雨顺、五谷丰登，谓之“做社”。民间习惯于这天为头年社日后亡故者祭祀，俗称“揽社”。有的还兴专门煮“荤汤”给放牛娃吃，以资犒劳，故赣南有“放牛娃子盼过社”之谚。农村兴做社米果和“揽社”。农家视社日为重要农时，常将社日与春分的先后预测丰歉，“先分后社，收成不佳”“先社后分，五谷丰登”的农谚在赣南流传甚广。

花朝日　农历二月十五日为百花生日，称之为“花朝日”。这一天，赣南农家多有做花朝糍（米果），焚香敬花神，妇女不动针线、不扫地、不担水、不出户外活动，以免伤花神。花朝日还被视为吉日，多于这天举行婚嫁。

清明　清明扫墓挂纸祭奠先人，有“清明挂纸到莳田”之说。宗族、房派多在清明联宗祭祖，举办祭祖筵席，有的不分男女老幼，全部参加酒筵，有的满 16 岁的男丁才参加，称为“吃清明酒”“做公堂”。有的地方在这天将上年出生的本族男孩姓名载入族谱，名曰“上丁”，届时添丁之家需备酒、菜端往祠堂，与族人共饮，称喝“上丁酒”。有众产的，由族长主持在祠堂里祭祖会餐，分“丁肉”；相传，清明为耕牛生日；这天，牛歇工一天，并给牛灌吃泥鳅、鸡蛋、生油等。机关、团体、单位、学校开展清明扫墓活动，到烈士纪念馆或烈士纪念碑、烈士陵墓前敬献花圈，缅怀革命先烈功绩。赣南乡间兴在清明前后采鲜艾叶做艾米果。

立夏　俗称“过夏”。赣南民间流传“立夏不吃蛋，上塍跌下塍”的俗谚，兴吃带壳煮的蛋“补夏”。赣南中部地区除吃蛋外，还必吃粉蒸肉、菖头包和田螺，有的吃狗肉。传说立夏吃田螺可以明目亮眼，且须饱食，谓之“撑夏”。南部有的县这天兴吃狗肉，有宰狗过夏之说。立夏日，兴给小孩称体重，传说可防“退夏”消瘦。南康等市（县）已订亲的人家，男方要在立夏日备鸡蛋、米粉肉、布等送给女方，俗称送“兜夏饭”。

四月八　农历四月初八，为旧俗“送毛娘”（虫害）日。这天，农户家家门上贴红纸或黄纸条帖，上书“四月八，大吉昌，文王发军送毛娘，毛娘送到深山去，风吹雨打一扫光”和“四月八，毛虫杀，西风收，永不发”等谶语。

六月六　农历六月初六，民间传说为“石岭鬼晒帽”日，又说是土地伯公晒银子的日子，民国时定为“晒谱日”。这天各家翻出陈年谱牒、古旧图书和过冬衣物曝晒，谓可免霉烂、虫蛀。农家有在这天食新米的习俗，谓之“食新”。

入伏 夏至后第三个庚日为初伏，赣南民间称这天为“入伏”或“进伏”。兴进伏日吃凉粉，谓可防盛暑时长疖子、痱子。

尝芋 农历八月初一，各家尝新芋，有的地方宗祠开秋祭、扫墓。

冬至 冬至为无忌日。赣南民间多于这天举办婚嫁、砌灶、建房、迁居、修坟、迁墓等。畲族蓝姓兴过冬至节，家家杀鸡宰鸭，沽酒买肉，设宴款客。兴在冬至日上坟、培土、修墓、迁坟，奠祭先人。并开始腌制腊味、酿米酒和做霉豆腐等。

除上述时令节俗外，赣南民间尚有在农历正月初三拜社公年、七月初七过“七巧节”、十月初一做“十月朝”、腊月初八喝“腊八粥”，等等。

第四节 禁忌 陋习

一、禁忌

时日忌 赣南民间农历每月初五、十四、廿三为月忌日，诸事不宜，尤其不能出门营生，故俗谚：“初五、十四、廿三，路上有捡莫去贪。”农历正月、七月不迁居。逢七（日）忌出远门，逢八（日）忌回家，谓之“七不去，八莫归”。逢九（日）忌外出，忌探望病人。砌灶忌雨日，造屋忌“空亡”日、“三煞”日，探望病人和红喜事送礼，忌午后和晚上登门。农历七月上半月，忌做红喜事，忌探望病人和串门走亲戚。春节忌泼水、挑水、扫地、动土、出行、吃药。“分龙日”忌晒被单和挑尿桶，以免冒犯龙王而出现干旱。春社日忌推磨、犁田、用针。认为推磨、犁田会撞破社公的头，用针会刺破蛇胆以致病蛇头子（烂指头）。逢丁（日）不理发，逢丙（日）不打灶。逢年过节和每月初一、十五日忌说不吉利话，忌损坏东西，忌筷子掉地。

数目忌 赣南民间有些数字也被视为不吉利。生活中若遇上非说不可时，则往往要另择字眼，以求吉利。宁都、石城、瑞金、会昌等县（市），因数目“四”和方言“死”谐音，遂将“四”字称作“红”或“红数”，平日念数码和算账，说成1、2、3、红、5……兴国县、赣县和章贡区等地，男女婚配，忌女大男一岁，男大女七岁，谓之“女不大一，男不大七。”数字忌三、八、十一、十三、十六、廿三，待客上菜不能摆所忌的碗数，送人礼物和包红包不用所忌的件数或钱数。但各地不同，大余、上犹、崇义等地数目的讲究则习惯为“七七八八，莫去做客”“三十六人不过渡”“五人三姓不同行”，而以初三、十一为吉日。谓之“初三、十一，不须拣日。”

言语忌 赣南民间晨起忌说鬼言邪，新年头忌咒言秽语，做喜事忌言灾祸。平时言语也多有讲究，许多不吉之言语，要改变读音或更换词汇，以避凶求吉。帽子改称“有子”，因“帽”和方言“冇”同音。为忌说“药”字，去药店买药改称“捡茶”。“死”字平日更忌说，老人去世，称为“老了”或“归仙”，小孩死去说“走了”，对小孩忌直说长得好，要反说“长得神（傻样）”“长得丑”“像狗一样”。“舌”和“失”同音，故称猪舌为“猪赚”“利子”“招财”，猪耳朵称为“顺风”，猪头称为“神福”，猪血称为“猪旺子”。“裤”和“苦”近音，称裤子为“叉子”“小衣子”。安远等地为避“饭”“犯”谐音，每逢农历初一、十五，要把吃饭说成吃“熟米”，日久便成了习惯语。瑞金县城老一辈人因忌“西”和“死”音近，而将县城“西门口”改称“生门口”，沿袭至今。

颜色忌 颜色忌主要为红、白二色。民间办喜事忌白色、蓝色、黄色，送钱要用红纸包，送礼物要贴上红纸；丧事用白、蓝、黄，忌红色，进奠仪、香烛费要用白纸包，挽幛、挽联不用红布。送葬居丧不穿红着绿。父母健在不戴白帽。新年外出拜年不着白鞋。

二、陋习

旧时，妇女倍受轻视，禁忌繁多，其中普遍性的有妇女长短裤子不能和男人衣服共放混洗，晾晒不得高于人头，男人也忌收晒此类衣物。男人忌从晾晒的女裤下通过。妇女浴巾要挂在暗角里。小孩启蒙上学，小牛开始学犁耙，忌路遇妇女。怀孕妇女忌抱别人小孩，不能摸敬神物品，不能摸男人的头。产妇在月子内，不能去别人家，外人也忌进产妇内室。

婚嫁喜庆日，忌孤、寡、妾、再婚妇女进门。孕妇、无子妇女忌摸新娘嫁妆；新娘出嫁离家门时，父母不能送行。嫁出之女不能和丈夫在娘家同铺同宿，更不能在娘家生小孩，认为这样会使娘家人丁不发和绝娘家之种。

门前屋后和坟墓周围忌随意动土，以免伤龙脉。门前忌种棕，屋后忌种油桐，俗称“屋前莫种手叉叉，屋背莫种鬼打石。”因“手叉叉”意为乞讨、“鬼打石”则多邪，赣南不少地方忌在门前种柑、开塘，说是“门口种柑，药碗不断”“门口开塘，家破人亡。”

孝男未满“七七”孝期，忌理发和进他人家门，3 年之内赴宴不能坐上席，违者视为不孝。小孩腰上平时忌系草绳和麻绳，以避披麻戴孝之嫌。儿孙报丧下跪，忌听报者扶起。去外家吊丧回家时，忌回头打招呼。

在厅内摆饭桌忌摆“箭桌”，即桌面木缝不能与门和神台成一线，以免影射先灵。孩童吃饭忌敲空碗。铺床不可铺与楼梁平行的“背梁床”，砌灶不可做与楼梁平行的“背梁灶”，灶门不可与户门相对、与河流平行。楼梁、瓦桁条等要逢单数。正厅堂忌外来猪、牛窜人。

平日忌食油、豆腐倒地和茶水泼人，若食油倒地，则须撒盐粒于上，以掩其祸。忌见蛇交配和入洞。飞鸟粪便落身上，认为大不吉利，须向近邻讨碗粥吃，以避邪。6 人坐席，忌坐成相对两方各 2 人，另相对两方各 1 人的“乌龟席”。小年至上元节期间，忌到别人家点火。

眼皮跳，认为系是非、祸福将临之兆，故有“左眼跳财，右眼跳祸”之说。耳热和打喷嚏，认为是有人背后议论或有人念叨、咒骂。听见屎缸鸟叫，认为不吉利，须连声“呸！呸！”唾弃之。走路踢脚趾或小孩跌跤，更应“呸！呸！”吐几口口水，意在吓跑“拖脚鬼”。小孩被人、畜惊吓，要剪该人指甲、该畜牲的畜毛煎水喝，有的则用该人洗脸巾擦把脸，谓可免受惊致病。

放扫帚时不能倒置指天，免怒“天老爷”。酒洒于桌、地，认为满堂红、地头红，是好事。灯芯结花，认为有喜事。

第五节 风水习俗

风水习俗是客家文化的重要组成部分。“风水术”又称“堪舆术”，是一种从古代沿袭至今的择吉避凶的风俗。中国的风水意识产生很早，大约起源于原始聚落的营建。殷周是风水术的孕育期，秦汉是风水术的形成期，魏晋南北朝风水术得到迅速发展。风水术是中国传统文化的一部分，发生、形成、发展于中原地区。隋唐以前主要流传于黄河流域的中下游地区和长江两岸地区。随着客家人的迁徙，风水术进入客家地区。客家人崇信风水，每逢婚丧喜庆，盖房子、选坟地、打灶、挖井、修桥筑路等，都要请风水先生堪地利、看风水，择良辰吉日。这种风俗长盛不衰，历经漫长岁月积淀为颇具特色的客家风水文化。

一、客家风水术的传播和发展

赣南山区地处僻远，人烟稀少，地形复杂，且多毒蛇猛兽侵袭，来到这里的客家先民面临生存的严峻考验。定居是一个首要问题，选择一块好的地方来建房安家，显然比中原地区复杂得多。风水术中的阳宅理论的宗旨，就是追求房宅建筑选址的方位布局与周围环境大自然的协调统一，以保证人的生理健康和心理平和。风水先生懂得天文地理，善于观察地貌、水质，使用指南针确定方位朝向。为客家先民的定居和开发山区的实践提供指导。后来，客家人祈求平安、福荫后代的潜意识进一步对风水术起了推波助澜的作用，风水文化便逐步在客家地区得到广泛传播。

将风水术整体系统带入赣南客家地区的主要是唐朝金紫光禄大夫杨筠松。杨筠松属唐末避乱南迁的客家先民。他由长安来到赣南以后，便在这里居住下来，寻龙追脉，从事风水术的实践活动，并授徒传术，使风水术在赣南播延开来。杨筠松继承和发展风水术中的形法理论，创立江西形势派（实际上是赣南派）。其理论的特点是主形势，定向位，强调龙、穴、砂、水的配合。实际上就是因地制宜，因形选择，观察来龙去脉，追求优美意境，特别看重分析地表、地势、地场、地气、土壤及方向，尽可能使宅基选于山灵水秀之处。唐昭宗天复二年（902），杨筠松受卢光稠聘请择基地扩筑赣州城，所创建的古城区总体规划后世一直基本沿用。位于宁都的孙氏南迁始祖、战功封东平侯孙詷及其夫人陈氏墓，刘江东二世祖刘宗臣铁墓以及寺观（如赣县著名古寺宝华寺）等，都是杨筠松在赣州风水活动期的产物。杨筠松在赣南收于都籍曾文辿、刘江东、廖三传等为徒弟，把为客家人选择宅基地的实践活动作为终生的事业。杨筠松师徒在长期的规划选址实践中，总结出选择宅基地的经验，并把经验上升为理论，编撰《正龙子经》《疑龙经》《青囊奥语》《撼龙经》《立锥赋》《黑囊经》《三十六龙》《疑龙十问》《葬法倒杖》《二十四砂葬法》《天玉经》《天玉经外编》等堪舆学专著流传于世，并收入文渊阁《四库全书》。

杨筠松在赣南授业传徒之后，风水先生就成为客家地区世代相传的职业。两宋时期，赣南风水术兴盛，名流辈出，如廖媛、谢世南、赖文俊、刘潜、傅伯通、邹宽等人。这些风水术士不仅在本地看风水，且声名远播，甚至闻达于朝廷，奉诏为朝廷看风水。赣州形势派风水学理论著作也大量涌现。主要著作有廖瑀的《怀玉经》《九星穴法》《十六葬法》《鳌极精金》，赖文俊的《催官篇》，刘潜的《地理诸说》，黄妙的《博山篇》，谢和卿的《神宝经》《天宝经》，刘见道的《承生秘宝经》，孙泊刚的《琼林国宝经》，胡矮仙的《三十六穴图至宝经》。

北宋后期至南宋时期，形势派风水术向福建传播，并从中衍生出一个新的流派——理法派，由王及等人创立，也称为福建派。理法派风水术“取五星八卦，以定生克之理”，即以八卦、十二支、天星、五行为四纲，讲究方位，特别是重视罗盘定向，阳山阳向，阴山阴向，不相乖错，以定生克。明清时期，形势派和理法派完成合流。此后，客家地区的风水术士既操罗盘以定向位，又重视龙穴沙水的配合，再无形势派和理法派之分。

明清时期，许多赣南客家风水师深得杨筠松堪舆术真传，使客家风水更为扬名，如兴国籍廖均卿勘测营造明朝十三陵，兴国三僚籍曾从政与廖均卿同时勘测十三陵、北京故宫，又勘测兴建北京天坛祈年殿、长城，宁都籍李国纪勘测营造上海古城，陶张选址设计福建永定著名的承启楼。赣南各地遍建风水塔，人们相信这可以祈福消灾，比如在河流的转弯处或交汇处建水口塔以镇水患，在城镇附近的山上建文峰塔以祈文教昌盛、科宦发达等等。在这时期，风水活动成为一种民俗风行赣闽粤广大客家地区，并随着客家人漂洋过海，成为中国港澳台地区和东南亚地区的一种文化。

赣州派风水术代代相承，不但在客家地区有名，而且在港澳台以及新加坡、马来西亚、泰国、菲律宾、日本、越南等国家都有很大影响。

二、风水文化对客家人的影响

客家先民迁入赣闽粤三角区之前，这里的居民是古越族的后人——畲族、瑶族等少数民族，他们崇信的是“巫文化”，在与客家先民融合时，“巫文化”的因子掺入客家文化。“巫文化”跟风水术中的迷信成分合拍。明清时期的风水术，受宋明理学和“巫文化”、宗教文化的影响，夹杂浓厚的迷信色彩。客家地区风水术中的迷信色彩，也一直深刻影响着客家人的生活和思想。

旧时，绝大部分客家人信奉风水术，每逢婚丧喜事，大小建筑，都要请风水先生勘察地利，择良辰吉日。常为了求一个好屋址或墓穴，不惜长期供养堪舆师，以丰美酒食招待。这为少数无良风水先生招摇撞骗创造条件，一些不懂装懂的风水先生，靠背诵几句“地理口诀”欺骗那些祈福心切的人们，许多人因此上当受骗损失钱财，甚至倾家荡产、妻离子散。

客家风水活动有的还与争夺生存资源、争夺经济利益相关。有的地方把风水术当作宗族群体争斗的一个策略。古人认为先辈的亡灵能庇佑生者，不但为生者选择风水好的宅基，还十分重视为先辈寻找最佳葬地，因此有人利用人们十分崇拜祖先，以建造祖先陵墓为由，挑拨宗族与宗族之间的冲突、争斗，有些地方因争夺风水宝地而发生大规模械斗，造成人员伤亡。客家地区是以农业生产为主，水田和山林等对农民是不可缺少的基本生活资源。这些基本生活资源与宅基地、墓地一起，成为宗族间争夺的对象。

“风水阴宅理论”长期以来一直影响着客家人的精神世界。如风水先生在为某人的祖宗择阴宅时，如果预言其家族中将出读书人，家族就会对正在求学的人产生很高的期望，对他们教育的态度就会变得积极，风水先生的预言成为家族的“精神支柱”。受风水术的影响，有很多事业成功者，将其成功最重要的原因归结为“祖宗风水”；失败者、失意者往往也把原因归结于“祖宗的风水不好”，当作一种宿命，甚至丧失斗志，一蹶不振。

中华人民共和国成立前，客家地区城乡都有专职的风水先生。中华人民共和国成立后，风水先生们不敢公开活动，风水术和风水先生在客家地区渐渐失去了市场。然而风水术的影响却没有完全消除，尤其是在偏僻落后的山乡农村，迷信风水术的不乏其人。“文化大革命”期间禁止风水活动，风水先生们只能在暗中活动。改革开放以后，沉寂二十多年的风水活动又逐步兴盛起来。城乡的书店、书摊里的风水书籍琳琅满目，新一代风水先生应运而生，有专职也有兼职的。有的人还借助计算机信息处理复杂的案例，甚至构建多学科、全方位的风水理论模式，使风水术向大众化、科学化的方向发展，从而使风水术更广泛深入影响客家人的日常生活和精神世界。

赣州市志（1986-2000）

名志

第三十八篇

名优土特产品

赣南气候宜人，物产丰富，名优土特产品琳琅满目，数不胜数。

赣南农产品品种繁多，主要有赣南杂优稻种、赣南脐橙、赣州白猪、宁都三黄鸡、瑞金四大家鱼种苗。赣南林产品资源丰富，特有树种、珍贵树种、赣南紫胶等在赣南都有较大的数量。

赣南服装鞋帽产品、木竹藤棕草制品、工艺美术品种类较多。赣南食品独具客家风味，一些食品畅销海内外。地方著名食品主要有赣南茶油、赣南茶叶、南安板鸭、信丰萝卜干、南康月亮花生巴、大余多味花生、上犹银鱼、客家玉兰片、客家粉丝、客家腐乳、客家手工米粉、红瓜子、泡菜、白莲、酸枣糕、茶树菇等。

第一章　农林产品

赣南农产品和林产品资源丰富，品种繁多。赣南杂交水稻研究始于20世纪70年代初，1975年开始在早、中、晚稻中逐步推广，1979年开始向省内外供应大量杂优稻种，为中国农业发展做出贡献；赣南果业发展迅猛，荣获“中国脐橙之乡”称号；赣州白猪成为全国十大优良猪品种之一；宁都三黄鸡受到中国港澳地区和东南亚各国消费者的青睐；瑞金四大家鱼种苗俏销福建、浙江等5个省36个县（市）；赣南为全国重点林区之一，为中国特有树种、珍贵树种分布较多的地区，杉木行销京、沪、杭一带；赣南紫胶成为江西独特的林业珍稀产品。

第一节　农产品

一、稻种

杂优稻种　赣南于1970年开始研究杂交水稻，1971年春在海南岛崖县利用野生稻不育株与水稻品种杂交，获得汕A、矮A两个不育系一代种子60粒，1973年“三系”配套成功，次年制出第一批杂优种子，随后又培育出赣A不育系等种子。1975年开始在早、中、晚稻中逐步推广。1979年开始供应外区外省大量杂优稻种。杂优稻种的推广，促进粮食生产的发展。1995年，全地区粮食产量达255.5万吨，创历史新纪录，比1974年增长58.78%。主要稻种有杂交稻——“威优测50”，宁都杂优稻种（品系有“籼优63”“籼优64”“威优64”“威优402”“协优63”“协优44”等），兴国杂优稻种（品种有“协优赣7号”“协优华联2号”“JI优64”“JI优46”“协优46”“优I晚3”“籼优桂33”“籼优63”“协优432”），瑞金杂交稻种（品种有“协优华联2号”“中优早81”“威优辐26”“威优华联2号”“协优49”“中丝2号”“优I华联2号”），于都杂优稻种（品系有“籼优77”“协优77”“协优432”“威优2”“威优35”“威优64”“金优77”）等。

优良农家稻种　1959年普查统计显示，全地区水稻品种1300多个，80%为赣州本地农家品种，其中有一些传统、优良、当家品种保留至今。主要有“石城岩岭贡米”“宁都百风粘香稻”“宁都大禾米”“宁都刁被红”“宁都金包银”“宁都大冬糯”“寻乌项山糯”“瑞金大禾子”“瑞金大冬糯”“兴国红米糯”“兴国香禾”等。

二、大豆　花生　白莲　荸荠

大豆　赣南大豆种植分早大豆和晚大豆两大类，以晚大豆为主。早大豆主要品种有“六月曝”等，晚大豆主要品种有“瑞金小黄豆”等。集中产区在信丰县、瑞金市、于都县、安远县、宁都县、龙南县6个县（市），全市（地区）大豆总产1993年3.44万吨，2000年4.05万吨。

花生　赣南花生栽培有400多年历史，占油料作物比重最大，是江西花生的主要产区，品种主要有“六月曝”。以“兴国细粒子花生”、“瑞金小花生”和“安远珍珠花生”品质为最好。20世纪80年代起，以粤油系列品种为主，产量和出油率更高。全市（地区）花生总产量1995年8.47万吨，2000年11.35万吨。

通心白莲　白莲种植在赣南有1300年的历史，主产于石城县、宁都县2个县。瑞金市、于都县、兴国县、上犹县、会昌县、崇义县、南康市、章贡区、大余县、安远县、赣县等地也有种植。1993年，全地区莲子总产达7221吨。1996年，石城县被国务院农业发展研究中心命名为“中国白莲之乡”。2000年，全市莲子总产达4890吨。主要产品有石城通心白莲、宁都白莲、瑞金白莲。

荸荠 赣南盛产荸荠，以会昌黄坌、寻乌族亨、瑞金水晶岭及朱坊、龙南东江和赣县长洛、桃源、储潭、五云的品质最佳。全市（地区）荸荠产量1993年2.99万吨，2000年3.96万吨。主要产品有黄坌荸荠、族亨荸荠、水晶荸荠、东江荸荠、赣县荸荠、石城毕子排马荠、全南罗田荸荠、兴国荸荠等。

三、烟叶 甘蔗 西瓜 红瓜子

烟叶 赣南种植晒烟历史悠久，各地多有种植，以安远晒烟、石城“黑老虎”、宁都赖村黄烟、会昌西江王天堡晒烟最为著名。1952年开始引进烤烟，主要产于信丰县、兴国县、瑞金县、石城县、宁都县、会昌县、南康县、赣县等地，以信丰县和会昌县西江、瑞金县九堡的烤烟质量为最好。全市（地区）烟叶总产量1993年2.52万吨，2000年总产量9603吨。主要产品有安远晒烟、瑞金九堡烟叶、石城烟叶、信丰烤烟、宁都“黑老虎”、会昌烤烟、会昌晒烟、宁都烤烟、南康晒烟、兴国晒烟、兴国烤烟、于都晒烟等。

甘蔗 赣南种植甘蔗有1500多年的历史。民间素有种蔗制糖的习惯。中华人民共和国成立后，曾建有八大糖厂，所产甘蔗90%是为机制糖厂提供原料。1993年，全地区甘蔗种植面积18.85万公顷，总产量110.9万吨，占全省的47.98%。赣南是江西省和全国重点蔗区之一。20世纪90年代，因糖厂改制关闭，种蔗面积逐年减少。2000年，甘蔗总产量36.06万吨。

赣南西瓜 以汁多味甜、清脆爽口而深受港澳同胞和省内外消费者欢迎，被誉为“蜜瓜”。全市（地区）常年种植面积3300～4600公顷，产量10～20万吨。主产于安远县、宁都县、信丰县、定南县、寻乌县、全南县、南康市、赣县、于都县、石城县、大余县等县（市），以安远县、宁都县、全南县的面积产量最多、品质最优。主要产品有安远西瓜、宁都西瓜、于都高龙西瓜、宁都无籽西瓜、定南无籽西瓜、全南红瓤蜜瓜、赣县西瓜等。

红瓜子 采子瓜在赣南已有四五百年的种植历史，主产于信丰县、赣县、全南县、章贡区、上犹县、南康市、兴国县、定南县、大余县等县（市、区）。以信丰县、赣县红瓜子最负盛名。信丰县同益、大塘埠、铁石口、龙舌和赣县王母渡等地种植为最好。信丰县被列为国家出口红瓜子生产基地。全市（地区）1993年产量606吨，2000年产量1410吨。

四、蔬菜 薯 姜 芋

蔬菜 赣南主要蔬菜约有10类50多种。其中，量大质优的有白菜、萝卜、辣椒、茄子等。最负盛名的有赣州黄芽白、信丰萝卜、上犹水南萝卜、于都曲洋扁萝卜、龙南大蒜、会昌辣椒、寻乌团红洋葱、赣县五云无公害蔬菜（冬瓜、豆角、辣椒、苦瓜、荞头、大蒜、香菇）等。1995年，全地区种植蔬菜6.7万公顷，总产达193.56万吨。2000年，全市蔬菜种植总产量达244.20万吨。

薯 赣南薯类品种颇多，有红薯、药薯、凉薯、脚板薯等。红薯遍布全市（地区），于都县、兴国县、信丰县、南康市、瑞金市、宁都县6个县（市），为集中产区；药薯主要分布于瑞金市、石城县、崇义县等地，瑞金市产品最佳；凉薯多数县有种植，宁都县、会昌县、安远县最多且优。较负盛名的有瑞金红心番薯、石城大薯、宁都凉薯、安远凉薯、会昌凉薯。全市（地区）红薯总产1993年7.72万吨，2000年12.25万吨。

姜 赣南种姜历史悠久，姜质优良，尤以兴国九山、于都龙溪、瑞金慈坑姜为最佳。兴国县留龙，于都县仙下、岭背、银坑、葛坳，瑞金市九堡，赣县田村、白鹭、南塘、韩坊、五云，安远县等地盛产生姜。

芋 赣南各地均种植芋头，具有肉绵、醇香、口感好、久煮不烟等特点。赣县吉埠芋头种植历史悠久，唐朝时列为贡品，有“贡芋”之称。

第二节 果茶产品

一、茶

赣南群山环绕、树木葱葱、气候温暖且光照长、温差大、雾日多、雨水足、土层厚，适宜茶树生长，芽叶粗壮，叶肉肥嫩。所产茶叶色泽翠润、芳香味醇、汤色明亮、唇齿留香，茶叶品种数以千计。赣南早在唐代已是全国有名茶区之一，许多品种成为贡品，许多品种成为国际、国优、部优、省优名茶。1995 年，茶叶产量达 2277 吨，比上年增长 6.35%。2000 年，全市茶园面积 6279 公顷、产量 1803 吨，有国际、国优、部优、省优名茶 16 种。

主要品种有“宁都小布岩茶”、“于都盘古龙珠”、“宁都大沽白毫茶”、“宁都武华云雾茶”、“崇义龙归茶”、“兴国均福山云雾茶”、“安远和雾茶”、“宁都翠微金精茶”、“定南天花茶”、“宁都凌云茶”、“于都云龙银针”、“上犹绿茶”、“五指峰银毫”、“盘古银毫”、“麦饭石保健茶”、“安远九龙茶”、“崇义阳岭茶”、“于都祁山毛峰”、“盘古茶”（元明清贡品）、“盘古毛尖”、“于都高龙仙茶”、“瑞金观音茶”、“赣县茅店汶溪茶”、“赣县荫掌山绿茶”、“赣县吉埠建节绿茶”、“赣县沙地五龙茶”、“宁都古雪螺茶”、“南康蕉溪茶”、“南康窑边茶”、“南康东门茶”、“寻乌大墩绿眉茶”、“盘龙牌高级绞股蓝绿茶”、“赣南苦茶”等。

宁都小布岩茶　小布岩茶为江西赣南独创的国际名茶，产于宁都县小布垦殖场。因茶叶产自雩山山脉钩刀咀峰的岩背脑而得名。茶园地处峰峦叠嶂、翠竹成荫、茫茫林海之中，全年雾日 110 天以上，无霜期 280 天，昼夜温差大，年均气温 15.4℃，年降水量 1721 毫米，相对湿度 85℃，最宜茶树生长，因而苗壮叶肥、滴翠鲜嫩。采摘一芽一叶初展嫩芽为原料，当天采摘当天炒制。小布岩茶外形弯眉显毫，条索秀丽锋苗，茶质嫩香持久，汤色黄绿明亮，滋味醇厚鲜爽，饮后回甘流芳。冲泡三四次滋味不减，令品饮者叹为茶中绝品。1982 年，被评为江西省八大名茶之一；1986 年，获商业部优名茶和全国名茶称号，1991 年，获国际文化节优质名茶奖；1993 年，出展新加坡国际饮料博览会，获优秀新产品奖；1994 年，获蒙古国国际商工贸产品博览会金奖。年产量 10 吨。

南康窑边茶　产于南康市金鸡镇窑边茶场，素以色泽翠绿、耐冲耐泡、清香味醇而享誉市内外。已开发绿茶、白毫、龙井等三大系列茶叶。窑边龙井是于 1993 年 3 月从浙江省萧山市引技术开发生产的新品种，形扁片，似大刀，色泽翠绿，具有清香爽口，余味良久，汤色清澈明亮之特点，1994 年获赣州地区农牧渔业局开发奖。窑边茶场年产茶叶 5 吨，其中白毫 1.5 吨，龙井 0.15 吨，畅销市内外，远销中国港澳台等地区。

寻乌大墩绿眉茶　产于寻乌县澄江镇大墩村。颗粒细圆，色泽绿润，汤色翠绿清澈，叶底嫩绿鲜艳，滋味醇厚。产品紧俏。建园面积 53.33 公顷，年产绿眉茶 50 多吨。产品销往闽、粤、赣三省及东南亚各地。

盘龙牌高级绞股蓝绿茶　是于都县盘古山茶厂和中国有色金属工业总公司南昌公司绞股蓝应用研究所共同开发的高科技项目。具有降血脂，防止动脉粥样硬化；调血压，增加冠状动脉血液流量；抗衰老、抗溃疡、抗紧张、抗疲劳，调节中枢神经，改善植物神经，提高机体应变能力，增强人体免疫力的功能。

赣南苦茶　赣南苦茶资源（含野生茶树）丰富，国内罕见。赣南是中国两大苦茶资源丰富区之一。赣南苦茶树形大、数量多、分布广，居华东地区之首。如崇义县思顺乡苦茶连片面积达 33.33 公顷，安远中流苦茶面积 10 公顷，其面积之大，为江西省独有。赣南苦茶主要品种有“寻乌南磨山野生大茶树”“寻乌笠麻嶂野生茶树”“崇义赤穴野生大茶树”“信丰横坑野生大茶树”“安远野生大茶树”“安远中流苦茶”“崇义思顺苦茶”“崇义聂都苦茶”“宁都洋坑苦茶”“信丰古陂苦茶”“大余黄溪苦茶”“兴国福山苦茶”“安远镇岗苦茶”“安远龙布苦茶”“安远官溪苦茶”“安远绿丽玛茶”。

二、柑橘

赣南早在1500年前就有“南康有奚石山，有柑橘橙柚”的记载。悠久的柑橘栽培历史和得天独厚的柑橘生态条件，奠定赣南发展柑橘生产的良好基础。20世纪70年代初，信丰县引种美国品种脐橙成功。20世纪90年代，赣南实施“兴果富民”战略，赣南脐橙生产迅猛发展，遍布全市（地区），其中信丰县、寻乌县、安远县、兴国县、于都县、宁都县等县面积最大、产量最大、品质最好。产品畅销京、津、沪、中国港澳地区以及俄罗斯、东南亚各国。赣南柑橘主要产品有“黄金沙田柚”“南康龙回早熟柚”“田村蜜柚”“南康无核毛橘红柚”“南康西街柚”“南康斋婆柚”“南康村头柚”“南康狮头柚”“南康江坝柚”“南康三江柚”“南康蔡家柚”“安远无核蜜柚”“寻乌1－1－9柑橘”“安远柑橘”“小布金柑”“寻乌石头子1号柑”“寻乌石头子2号柑”“赣州蜜橘”“宁都柑橘”“瑞金柑橘”“龙南红袍柑”“定南黄龙岗蜜橘”“会昌大果金柑”“信丰脐橙”“宁都脐橙”“于都脐血橙”“于都小溪纽荷尔果”“兴国甜橙”“寻乌朋娜脐橙”“寻乌纽荷尔脐橙”等。1993年，全地区柑橘果园总面积2.4万公顷，总产量达6.44万吨。2000年，全市果园面积10.09万公顷，总产量19.9万吨。

赣南脐橙 因果顶有“脐”而得名。果实呈球形，表皮橙黄，大而无核，肉质脆鲜，甜酸适度，风味清香，享有“脐橙进房香满堂”之盛誉。产地以信丰县为主，安远县、寻乌县、宁都县等其他县（市）均有种植。1971年，由信丰安西园艺场从湖南邵阳引进种苗，始种脐橙，主要品种有“华盛顿脐橙”。1979年1月，信丰县被国家计划委员会、外贸部批准为脐橙生产基地。1985年，信丰脐橙产量达78吨。1989年年底，全国第三次优质水果在江西南昌市评选，信丰脐橙以87.76的高分中选，获农业部优质产品证书。1991年起，信丰县在105国道沿线建立百里脐橙带。

于都血橙 血橙原产西班牙，20世纪80年代初引入于都县种植，主要集中在罗坳、梓山、车溪、铁山垅等地。橙果体大，形似鹅蛋，单果重150克左右。成熟时橙红色，果肉深红色似血丝。味浓甜，有独特的玫瑰香气味。1984年在赣州地区橙类良种鉴评会上，被评为华盛顿脐橙类组第二名。1986年在南昌举行的全国橙类良种鉴评会上，被评为华盛顿脐橙类组第三名。

南康江坝柚 属早熟柚，果成尖圆形，皮呈橙黄，果肉淡绿色，味清香甜；在全省柑橘鉴评会上被评为第一名。

南康三江柚 产于南康市三江乡。该品种树势强，寿命长，产量高。果尖圆形，皮色橙黄，果肉淡绿色，汁液较多，味清甜化渣，香气浓，品质优。属早熟品种，中秋佳节前可以上市。在全省早熟柑橘鲜果鉴评会上被评为第一名。

南康蔡家柚 原产于潭口镇下坝村蔡昌礼家，属沙田柚变异系统良种。果呈梨形，外形美观，个重345千克左右；皮色橙黄，油胞细密光滑，香气浓；果肉白色，汁中等，味甜肉脆，风味好。1978年、1982年、1983年均在全省柚类鉴评会上被评为第二名。

寻乌蜜橘 盛产于20世纪70年代后。1966年，寻乌县从湖南邵阳引种温州蜜橘“宫川”“尾张”橘苗3万株建园艺场，并先后培育出“寻乌1－1－9”“石子头1号”“石子头2号”等新品种，形成特早熟、普通早熟、中熟、迟熟品系。境内蜜橘果形扁平美观、皮薄色艳、无核化渣、脆嫩多汁、甜酸可口、风味浓郁。从1973年起，被江西省指定为向中央特供果品。1996年，国务院发展研究中心农村发展研究部、中国农学会特产经济专业委员会、中国特产报社命名寻乌为“中国蜜橘之乡”。1999年，蜜橘果品获昆明世博会铜奖。2000年，全县种植蜜橘面积4774.3公顷，产量45647吨。

安远柑橘 果形美观，瓣匀肉满，酸甜适度，汁多味美，皮薄核少。1984年，安远“宫川一号”

蜜橘选送中南海中央首长品尝。1985 年 10 月，安远县果园场“宫川二号”“宫川三号”蜜橘分别被评为江西省柑橘早熟品种第一、二名。1989 年，塘村乡果园场“尾张”蜜橘被评为江西省柑橘中熟品种第一名。安远柑橘从 1976 年开始出口。2000 年，柑橘种植面积达到 4087 公顷。

龙南红袍柑 红袍柑是龙南的传统名产。具有皮色鲜红、果大、汁多、味甜、香郁的特点，被誉为“柑橘之冠”。以里仁乡所产红袍柑最佳，品种纯正。

黄龙岗蜜橘 定南县黄龙岗园艺场产品。1981 年冬初栽种，面积 13.33 公顷，品种以“大叶尾张”为主，间杂少量早熟宫川，年产 450 吨。黄龙岗园艺场地处缓坡，三面河水环抱，土层深厚，土壤中含钙、镁、铁、锌、稀土等多种微量元素和矿物质。果形扁圆，皮色红黑透黄，油胞细小，果质脆嫩，甜蜜爽口，无籽无渣。1990 年，国际柑橘学会理事、华中农大教授章文才到该场品尝蜜橘后，称赞“具有国际风味”。产品大宗销往广州、深圳、珠海等地。

会昌大果金柑 大果金柑，俗称“金伴仔”，产于会昌县长岭乡楠木、学形两村。以其果大、品优而著名。平均单果重 20 克。多次在省、地果评会上受到好评。种植面积 52 公顷，总产量 100 吨。

全南椪柑 果实酸甜适度，脆嫩化渣，清香爽口，品质上乘，1999 年荣获省农业厅组织的全省柑橘评比椪柑类金奖。种植面积 300 公顷。

三、柿

赣南柿的栽培历史悠久，种类很多，各地均有分布。于都县、兴国县、南康市、赣县、龙南县等地较多。主要品种有盒柿、牛心柿、水柿、方柿、无核柿、番莆柿、鸡蛋柿等，以盒柿最优，是全国优良品种之一。清《江西通志》有载，于都盒柿、宁都牛心柿、高安方柿，为江西“三柿”名果。全市（地区）柿子总产 1993 年 4032 吨，2000 年 6134 吨。

于都盒柿 以形似果盒而得名。主产于于都县岭背、贡江、罗坳、利村、梓山等乡（镇），已有 500 多年的栽培历史。2000 年，于都县年产约 730 吨。盒柿有平面盒柿、磨盘盒柿、酒坛柿、饼柿、君迁柿等类之分，以平面盒柿和磨盘盒柿品质最佳。果皮橘红，果肉金黄，平均个重 250 克。盒柿营养丰富。柿饼中的柿霜、柿蒂，具有清热、润肺之功能，是珍贵的中药材。行销海南、广州等省市及港、澳地区。

宁都牛心柿 牛心柿是宁都传统名产水果。始栽于明代，多产于宁都县东部地区的固村、固厚、田埠等地，由农户零星散栽。固村的大塘、上曼两村比较集中。果形蒂大端小成尖状，形似牛心。单果重约 200 克。柿肉脆甜，含有多种营养成分，具有清凉、降血压之功效。柿树株冠高大，达 10 米以上。株产鲜果多者达千斤，多年结果不衰。耐旱、耐粗放。宁都牛心柿种植面积日渐减少，年产量不过万斤。

汉坑牛心柿 石城县观下乡汉坑村多柿树，以其果实形如牛心故名；又以其核少、肉嫩、味甘甜而享誉四方。据《石城汉溪李氏九修家谱》载，该处柿树为其开族祖庆泉公于元朝至正年间（1341—1368）从外地引入，至 2000 年已有 600 多年的栽培历史。多用编根苗嫁接法，5 年左右挂果，且盛产期长，产量高。

岑峰水柿 寻乌县的传统名果之一。分布于赣粤交界的岑峰、丹溪、龙廷，已有 100 多年栽培历史。岑峰水柿树体高大，树龄长，产量高，基本上无大小年之分，经济寿命 100～150 年。每株年产三四百千克，单果重约 200 克。其主要特点是果大、肉甜、籽少，含有丰富的维生素、葡萄糖、粗纤维、有机酸、钙、铁、脂肪等。经盐水浸泡脱涩后可鲜食，可加工成柿饼、蜜饯和罐头等。经蜂蜜浸泡或温火清炖的柿饼，具有清热、解暑、退烧、健脾、润肺、益气之功能。岑峰地域种有柿树千亩万株，总产突破 1000 吨。并办有加工厂，生产柿饼、柿糕、柿脯、糖水柿子、柿饼罐头和柿饼蜜饯等。

过埠无核柿 崇义县过埠无核柿以体大无核而著称。每年农历十月果熟季节，柿农上树包裹，以免霜冻。采摘后，经充分成熟糖化，或精制成各种柿饼。过埠无核柿肉厚饱满，鲜吃质脆，甜蜜爽口。柿饼质地柔软，整体透明。柿果味甘性寒，含碘量高达 49.7%，可治地方性甲状腺肿大，配以马兰、阿胶、侧柏叶，可治血小板减少症，对顺肺气、去心火卓有特效，老小食之均宜，特别对婴儿肠胃更有促进消化、发育的功能。生吃可降血压，柿饼有润肺、镇咳、去心火、治喉痛的功效。

兴国柿子 多产于兴国县埠头、五里亭、长冈、高兴、永丰、龙口、江背、杰村等乡（镇）。全县年产 300 吨左右，最高年产达 550 吨。柿子营养丰富，含有大量的蔗糖、葡萄糖、果糖、鞣质和蛋白质以及多种维生素。可治肠胃不畅，解酒毒，压胃热，止口干。1982 年编入《江西特产》。

四、桃

桃是赣南主要水果之一。品种很多，有水蜜桃、蟠桃、广桃、四两桃、番莆桃、早禾桃、苋菜桃、夏白桃等，以水蜜桃、蟠桃、雨花露桃、白凤桃为最佳。全市（地区）桃产量 1993 年 5278 吨，2000 年 11011 吨。

留车水蜜桃 产于寻乌县留车镇族坑村泽山里。外观鲜艳，水分多，肉嫩爽口，甜酸适度。有广桃和粉桃 2 个品种。广桃椭圆形，肉质发绵，甘甜多汁，绒毛覆盖，不耐储藏。单果重 48～55 克。粉桃果实短圆形，肉质细密，柔软爽口，品质优良，单果重 37～43 克。留车水蜜桃多用李子、毛桃或猪屎桃作砧木，与桃芽嫁接繁殖。桃树长势旺，始果与盛果期早。树高 3～5 米。每株可采 50 千克左右，经济寿命 15～20 年。水蜜桃可加工成桃干、桃脯、果酱和糖水罐头。桃树的根、茎、叶、花和核可入药。桃核含有 45%～50%的脂肪，可榨取工业用油。

兴国水蜜桃 原称“广桃”。果实大、水分多，味甜似蜜。兴国县城附近乡（镇）均产。20 世纪 50 年代，经江西省省长邵式平建议改称“水蜜桃”。

春蕾桃 1985 年，由赣州地区园艺场从江苏省引进。果实椭圆形，最大果重 100 克。果皮底色黄白，果顶部密布玫瑰红色细点或形成鲜艳红晕。5 月中旬成熟。盛产期株产可达 50 千克。

雨花露桃 1985 年，由赣州地区园艺场从江苏省引入。果实长圆形，平均果重 125 克。果皮底色乳黄，果顶着淡红色细点形成红晕，外观艳丽。果肉柔嫩多汁，品质上等。核半离，淡褐色。果实早熟，5 月下旬成熟。盛果期株产 60 千克以上。

白凤桃 1985 年，由赣州地区园艺场从江苏省引入。果实近圆形，平均果重 98 克。果底黄绿色，果顶红霞有红晕，果肉白色，近核处有红晕。肉质脆嫩，味甜汁多，香气浓，品质上等。6 月中下旬成熟。产量高而稳定。

75－8－2 桃 1985 年，由赣州地区园艺场从江苏省引入。果实圆形略扁，平均果重 90 克。底部果皮黄绿色，果顶部着玫瑰红晕、红霞，果肉黄白色，近核微红。肉质柔软，香气浓，核小。5 月下旬成熟。株产 50 千克，栽培效益极佳。

猕猴桃 赣南野生猕猴桃品种多、分布广，以寻乌、龙南、定南、全南、崇义、安远等县分布最多。品种有“毛花阳桃”“多花猕猴桃”“棕毛猕猴桃”“草叶猕猴桃”“小叶猕猴桃”“软枣猕猴桃”“京梨”“猫人参”等。较有名气的有“寻乌中华猕猴桃”“全南猕猴桃”“崇义猕猴桃”“安远猕猴桃”“瑞金猕猴桃”等。

五、李

李在赣南分布广泛，品种大致可分黄皮李、青皮李、红皮李三类。寻乌县的澄江蜜李，南康市、龙南县的黄皮（光）李，安远县的丰熟李，赣县的白糖李，瑞金市的桂竹李、珍珠李，南康市的珍珠李，品质均优，是鲜食佳果和加工蜜饯、果酱的上等原料。全市（地区）李产量 1993 年 1.33 万吨，

2000 年达 2.12 万吨。

澄江蜜李 寻乌县澄江镇观音坝一带的传统名产，已有 4000 余年的栽培历史。具有果大汁多，甘香味甜，肉嫩爽口，嘴歪色艳等特点。清朝乾隆年间（1736—1795）被列为贡品。鲜果畅销赣、粤、闽 3 省，李子干远销中国港澳地区市场及东南亚各国。国外华人称之为“观音坝李”，广东称“澄江乌肚李”，年产 1500 吨以上。

南康黄皮李 产于南康市朱坊乡桥头村。果正圆或扁圆形，果重 35～50 克。果皮薄，且光滑发亮。果面黄色略带红。果肉橙黄色，质细密。汁味甘略带酸，有芬芳香。果皮极不易剥离，缝合线长而浅。耐储藏。成熟期为 6 月下旬，属迟熟优良品种。1986 年，在江西李子迟熟品种鲜果鉴评会上被评为第一名。

安远丰熟李 安远县濂江乡丰熟村农民陈德秀培育的早熟李子品种。果大均匀，色泽鲜艳光亮，肉细脆，汁液多，风味酸甜适度。1986 年，安远县“丰熟一号”李子在江西省李子名种鉴评会上被评为早熟李第一名。丰熟李年平均产量 30 吨。

赣县白糖李 品种有早、迟熟两个类型。早熟白糖李产于石芫乡下横溪村；迟熟白糖李产于田村镇村岭村。果实呈圆形，果顶突出似桃；果皮淡黄色，果肉深黄色；肉质细绵，汁多味甜，果大核小，单果重 38～42 克。早熟白糖李于 6 月上旬成熟，中熟白糖李 6 月底成熟。单株产量 60～80 千克。赣县白糖李被列为江西省推广品种。

六、奈类果品

奈为中国南方稀有水果，属地方优良品种。又名花红、沙果；因为吸引禽类啄食，又名来禽。既可鲜吃，亦可加工罐头、蜜饯、奈干、奈脯、果汁等。宁都、瑞金、信丰等县（市）均有分布。

叶坪奈李 俗称“皇（黄）冠李”。清代始种，至今不衰。1983 年，经中国果树研究所专家实地考察鉴定，奈李为中国南方稀有果木，属地方优良品种。其特点是果大（单果 40～50 克）、嘴尖，皮橙黄，肉淡黄，肉脆汁多，酸甜适口。易繁易栽，抗病能力强。产量高而稳，一般单株年产 150～200 千克。主产于瑞金市叶坪乡的横岭、王屋、寨下、禾仓、下罗等村。

宁都油奈果 油奈，属蔷薇科，落叶小乔木。外形似桃，李之内涵，素有“桃形李实”之称。果实含葡萄糖、蔗糖、果糖、蛋白质、维生素 B1 和 B2、胡萝卜素和多种氨基酸，营养价值高。兼有清热利水消食等功能，堪称盛夏“果之骄子”。主产于宁都县刘坑、会同、湛田、对坊、洛口、安福等乡（镇）。年均产量 500 吨。

信丰奈李 1988 年，信丰县从福建省引进奈李种苗，由大桥镇八角村、同益乡游州村始栽。味甘美，肉嫩脆，树木寿命可达 20 年以上。1990 年，该县各乡（镇）均有栽培，尤以同益乡、龙舌乡、新田镇为多。1994 年，该县奈李种植面积为 145.33 公顷，个重为 50～100 克；总产量达 181.8 吨。产品主要销往邻县及广东等地。

七、梨

梨是赣南的重要水果之一，各县（市）均有栽培，以大平梨为多。赣州良种有“兴国麻梨”“寻乌赤梨”“信丰番莆梨”“龙南坳背梨”等。20 世纪 70 年代，引进“二宫白”“新世纪”“黄花”“金水一号”“金水二号”，试种成功。全市（地区）产梨 1993 年 4720 吨，2000 年 1.33 万吨。

定南蜜梨 1985 年，赣州地区园艺场从塔桥园艺场引进。大余县及定南县有较大面积，各县（市）都有栽培，全地区有 373.33 公顷以上，为赣南主栽品种。果实倒卵圆形，平均果重 220 克，果皮黄绿色，皮薄，果肉白色，果心小，肉质极细嫩，汁特多，味甜微香，品质上等，7 月中旬成熟。盛产期亩产 4 吨。

黄花梨 赣州地区园艺场于20世纪80年代初从塔桥园艺场引进，为赣南主栽品种之一。果实圆锥形，果重200克。果皮黄褐色。果心小，果肉洁白，质细汁多，味浓甜、酸少，风味好，品质上等。较耐贮运。果实7月下旬成熟。盛产期一般亩产3吨。

龙南坳背梨 坳背梨是龙南县地方优良梨种，产于龙南县汶龙镇坳背村。有果大（200～650克）、汁多、香脆的特点，且早熟、丰产。小暑至大暑间即成熟，株产高者达340多千克。享誉赣粤边数县。

八、枣

赣南各县（市）均有栽培，赣县大湖江、南康市凤岗、瑞金市壬田等地量多质优。枣除生食外，晒干可入药，具有补中益气、养血安神、生津健脾之功效。全市（地区）红枣产量1993年826吨，2000年产量达1440吨。

棉枣 赣南种植历史悠久的优良地方品种，主要分布在赣县、南康市2个县（市）。赣县湖江乡是赣南最有名的棉枣产区。该乡夏府大枣在明万历年间（1573—1620）列为贡品；2000年，产量已突破150吨。棉枣果大核小，果肉白色，肉质松脆，汁多味甜。含有丰富的维生素及糖分、蛋白质。含铁、钙、磷等营养元素。棉枣有许多种类，以“大枣”“油枣”“四季枣”3种为优。“大枣”果实长卵形，单果重15克，单株产量高；“四季枣”果大，青黄色，呈梭形，一年开花结果两次，首次单果重30克，第二次果单果重17克，最适宜加工制作蜜饯；“油枣”果实稍小，卵形，果肉白绿色，肉质松脆，味甘汁多，品质佳，最适生食。

瑞金红枣 分为“棉花枣”“蜜枣”两种，色泽暗红，统称“红枣”。明代始种。根蘖繁殖，适应于紫色页岩土质生长。树高5～7米，3年挂果，10年进入盛产期，30年后渐衰。棉花枣肉质松软，味淡，单果重10～15克，株产50～75千克；蜜枣肉质坚实、味甘。主产于日东、壬田、叶坪等乡（镇）。

信丰红枣 为信丰县传统特产，始种于清代。主要分布于同益乡的竹子岭村和大塘埠镇的牛口村两处。7月果熟，鲜果半红或淡黄色，暴晒5～6天即为成品。枣干暗红色，椭圆形，核小，肉甜味美，含有大量糖、脂肪和蛋白质，比一般果品多数倍的磷、钙和多种维生素，是清润补品，医药界常用于调和补药和医治脾胃虚弱、泄泻久痢和心悸腹痛等症。全县有枣树5000～6000株，年产20吨。

九、其他水果

赣南还有杨梅、山楂、苹果、柠檬、葡萄、枇杷、罗汉果等水果。较负名气的有“全南杨梅”“兴国远昌杨梅”“石城大畲山楂”“宁都东龙苹果”“寻乌柠檬”“全南葡萄”“寻乌项山葡萄”“于都黄麟葡萄”“大余池江大红袍枇杷”“洛阳青枇杷”“会昌南酸枣”等。

第三节 畜牧产品

一、牛 猪

牛 主要有黄牛、水牛两个品种。产于信丰县的信丰山地水牛，系江西省优良地方品种之一，在信丰山区优越的自然条件下，经长期选育而成，分布全县各地，以山区为多。在南康市、大余县、安远县、龙南县、定南县、全南县等县（市）也有分布。1993年，信丰县有山地水牛2.9万头。信丰山地水牛的特点：行动轻快，繁殖力高，对丘陵山地适应性强。毛呈灰褐色，额宽鼻直，角长且向内向后弯曲，颈短而粗，背平直，胸深而宽，腰宽稍短，腹大不垂，四肢粗健发达。平均体高1.15米左右，体斜长约1.22米，胸围约1.7米，体重约564千克。挽力251千克，耕作力每天0.17～0.2公顷。繁殖性能较好，母牛生育年限12～14年，产小牛7～8头；公牛配种年限一般为10～12年。肉用屠宰率为体重的51.8%，净肉率为体重的38.1%。信丰山地水牛，性温顺、便养、善耕，为群众所喜爱。1981

年起，信丰县采用冷冻颗粒精液配种法，用摩拉水牛精液与信丰山地水牛配种。配种后产生的杂交牛种，更受群众欢迎。1985 年，龙舌乡半坑村的 1 头摩拉杂交一代水牛，一岁半，体重 262 千克，胸围 1.63 米，体斜长 1.26 米，体高 1.15 米，十字部高 1.12 米，相当于 2 岁半的本地水牛体重和体型。20 世纪 90 年代，信丰县大力发展养殖业，“冷配”法在全县广泛推广。

猪 经引种、育种和杂交利用，赣南成功培育出“赣州白猪”“兴国茶园猪”“瑞金三花猪”“会昌花猪”“信丰花猪”“石城黑猪”“上犹花猪”“南康瘦肉型猪”等地方优良品种。赣州白猪系 1929 年前后，赣南农村用“约克夏”公猪与当地的“左安”母猪杂交（培育）繁育起来的含有中型“约克夏”血缘成分的白猪群，因毛色纯白而得名。中华人民共和国成立后，在原杂交猪群的基础上，进行回交、横交、品系繁育、系统选育，形成“赣州白猪”品种，属肉脂兼用型品种，是全国十大优良猪品种之一，被列入《中国猪种志》。1982 年，江西省科学技术委员会、畜牧水产厅将“赣州白猪”鉴定为省内新的优良品种。1983 年，“赣州白猪”的培育和推广获农牧渔业部科学发明二等奖、国家农业技术成果推广二等奖。“赣州白猪”全市（地区）均有分布，以南康市、章贡区、赣县为中心产区，并被推广到广东省、福建省、湖南省、贵州省、云南省、广西壮族自治区等地。

二、鸡 鸭 鹅

在长期的家禽饲养实践中，赣南培育出一批地方优良家禽品种。鸡类有“宁都三黄鸡”“瑞金三黄鸡”“会昌花罗鸡”“龙南赤膊鸡”等；鸭类有“大余麻鸭”“蟠龙花鸡鸭”“瑞金胡鸭”“宁都乌鸭”“瑞金泥鸭”等；鹅类有“兴国灰鹅”“宁都灰鹅”“瑞金灰鹅”等，以“兴国灰鹅”最佳。

宁都三黄鸡 三黄鸡因其嘴黄、毛黄、脚黄而得名，是中国著名的土种鸡品种。形体大，属蛋肉兼用型鸡种。具有适应性强、繁殖快、成熟早、耐粗饲养等特点。以皮薄、肉嫩、骨脆、味鲜、低蛋白、营养价值和药用价值高而受到港澳地区和东南亚各国消费者的青睐。雏鸡成活率高，长速快，一般 6 个月可长 1.5 千克。雄鸡 3 个月开啼，母鸡 6 个月下蛋，年产蛋 120～150 枚，平均蛋重 41 克。宁都县年均产纯种三黄鸡 400 万只以上，75%远销港澳地区。

会昌花罗鸡 系中华人民共和国成立后形成的优良新品种。羽毛灰黑色、白色或金黄色，芦花状斑纹。单冠，缺刻数 3～8 之间，冠红色。公鸡体重约 3 千克，母鸡重约 2 千克，年产蛋约 170 个。肉质鲜嫩。适应性和抗病能力强，易饲养。

龙南赤膊鸡 产于龙南县杨村、武当一带。体形较小，但肉质鲜嫩，富有营养，被誉为温补佳肴。

大余麻鸭 别称“禾鸭”，已有 100 余年的饲养历史，为全国优良鸭种之一。原以大余县新城、池江、青龙、黄龙等乡（镇）为中心产区，后发展到县内的各乡（镇）和崇义县、赣县、南康市、赣州市（今章贡区）、信丰县、兴国县、上犹县，以及区外的遂川县、永修县、丰城市、吉水县、南昌市等地。大余县年平均饲养量 30 余万只，种鸭 5000 余只。大余麻鸭体形中等偏大，嘴黄色或青色。颈长粗大，胸阔背宽，脚高粗壮。母鸭羽毛有大块黑色斑纹，主羽墨绿色；公鸭头、颈、背、腹部羽毛红褐色，主羽墨绿色。90 日龄平均体重 1.45 千克。500 日龄产蛋 190 个；年平均产蛋 205 个；平均蛋重 69.93 克。大余麻鸭分早鸭和秋鸭两种。早鸭放牧饲养 70～80 天，体重可达 1.25～1.5 千克；秋鸭放牧饲养 85～100 天，再舍饲育肥 30 天左右，体重达 1.8～2 千克时，宰杀加工晒制成南安板鸭。

蟠龙花鸭 系章贡区蟠龙镇群众利用北京公鸭与当地母鸭杂交，经数十年选育而形成的一个地方优良品种。主要分布于章贡区、赣县、南康市、上犹县、崇义县、于都县等地，以章贡区蟠龙镇为中心产区。蟠龙花鸭体型较大，嘴、跖、蹼均为深黄色，羽毛呈花斑（灰白花、黑白花）。体躯长方形，胸肌和腿肌丰满。成年鸭体重 2.25～3 千克。80 日龄可达 2 千克。母鸭开产日龄一般为 120 天，年产蛋 130～160 枚，个蛋重 75 克以上。蟠龙花鸭具有生长快、成熟早、耐粗饲、觅食力强、性温顺、易管理、育肥快、肉质好等特点。

瑞金胡鸭 俗称“洋鸭”。系以瑞金当地泥鸭母本与当地花鸭父本杂交培育的不育系肉用品种。具有体型大，生长快，肉质细嫩，味道鲜美等特点。百日龄重达2千克以上。全市（地区）农村均有养殖，年产数百万只。

宁都乌鸭 系宁都县传统肉食型品种之一。始产于清初，由番鸭与宁都当地泥鸭（麻鸭）杂交产蛋孵化而成的变种鸭，宁都当地称“湖鸭”或“驴鸭”。有雄雌之分，但不会繁殖，专门长肉。体型大、长速快、出肉率高、耐粗食、好饲养。雏鸭饲养100天，可达2千克。肉质肥嫩，鲜美可口。有清热退火功效。全县年产约150万只。宁都县内鸭市集中在东山坝、洛口、黄陂、青塘、赖村、长胜、固村等墟镇。

瑞金泥鸭 是瑞金群众广泛饲养的蛋用型品种。羽毛白、褐相间，体型小，觅食力强，耐粗饲，成熟早，生长快，80日龄体重达1.5千克；产蛋率高，4月龄开产，年产蛋250～280枚，个蛋重约56克。群牧、家养皆宜。

兴国灰鹅 是经过长期精心选育形成的地方优良鹅种。1700多年前晋人所撰《稽神录》对兴国养鹅已有记载。分大型和小型两种：大型者称“棉花鹅”，体重3.5～4.5千克，中心产区在古龙冈；小型者称“石潭鹅”，体重2.5～3千克，中心产区在均村、兴江。兴国灰鹅具有觅食力强，耐粗饲，抗逆性强，生长快，肉嫩味美，骨脆皮薄，脂肪低，蛋白质及碳水化合物含量高，营养丰富等特点。1981年，在广东省广贸协作会上对兴国灰鹅、广东青源鹅、狮头鹅的品味鉴定中，以兴国灰鹅为最佳。年饲养出笼150万只。

宁都灰鹅 是宁都传统家禽大宗产品。饲养历史悠久。清道光版《宁都直隶州志》载：“鹅，一名家雁。颈长而善鸣，眼绿，喙黄，掌红，毛有灰色、纯白二种。夜鸣应更。重有至七八斤者。”灰鹅以草食为主，对环境适应性强，耐粗放，生长发育快，70天可达2～3千克。肉质肥厚、味美可口，有野禽风味，民间极喜饲养。东山坝、黄陂、钓峰、洛口等滩涂草地较多的乡村饲养较多。全县年产约200万只，年均外销100万只。

瑞金灰鹅 嘴青，脚黄，羽毛灰白，以体型大小分胡鹅、石鹅两类，属肉用型地方优良品种。灰鹅性情温顺，放牧性好，食性杂，觅食力强，耐粗饲，抗逆性强，生长快，易繁易育。肉质细嫩，味美鲜甜，骨脆皮薄，脂肪低，蛋白质及碳水化合物含量高。一般饲养条件下，3月龄重达4千克，成鹅重达7～8千克；母鹅年产蛋约30枚，每蛋重150克。1988年9月，瑞金县优良肉鹅品种推广项目被江西省畜牧兽医局列入“丰收计划”项目。1994年，全地区养殖灰鹅120万只，销往粤、闽两省30.6万只。

三、中蜂

中蜂是中国蜂的通称。为印度蜂的一个变种，在赣南分布甚广，以寻乌县、安远县、会昌县、信丰县、宁都县、于都县、瑞金市等县（市）较多。赣南山地广阔，蜜源丰富，气候条件优越，农民素有养蜂习惯，至2000年已有500余年养蜂史。1993年，蜜蜂年末箱数5.72万箱，全年产蜂蜜884吨，还有蜂王浆、蜂蜡、蜂胶、花粉等多种蜜蜂产品。蜜蜂产品畅销国内外。

第四节 水产品

一、鱼

赣南渔业生产经营突破青鱼、草鱼、鲢鱼、鳙鱼“四大家鱼”人工繁殖大关后，养殖面积大幅度增加，新品种、新技术大力引进、推广，得到飞速的发展。全市（地区）鱼类总产量1995年7.34万吨，2000 年达 14.81 万吨。

瑞金四大家鱼苗 瑞金市水产科学研究所的科研产品。1961 年首次人工繁殖鲢鱼苗成功，填补省内水产史上人工繁殖家鱼苗的空白。至 1969 年，连闯青鱼、草鱼、鲢鱼、鳙鱼人工繁殖四大关，结束长期从长江沿岸购进鱼苗放养的历史。该项成果多次获省、地奖励，1978 年获全国科学大会奖。瑞金鱼苗以出苗早（较省内其他地区早出苗 10～30 天）、种苗纯、体质壮、抗病力强、成活率高（85%～90%）见长，成为市场上的抢手货。瑞金市水科所年产水花约 2 亿尾，各乡（镇）鱼苗场培育夏花、秋仔、冬片和春片等规格种苗数百万尾。种苗俏销江西省及广东省、福建省、浙江省、安徽省等 5 个省 36 个县（市）。

兴国红鲤鱼 又名“金狮红鲤”，与“婺源荷包红鲤”“万安玻璃红鲤”齐名，合称“江西三红”，兴国特产，全国著名的淡水鱼优良品种，已有 1300 多年放养的历史。具有体型大、全身金红、鲜艳美观、肉厚骨细、食味鲜美的特点。1950 年，运送至北京天安门金水桥下放养，供游人观赏。20 世纪 70 年代，历经提纯选育，兴国红鲤更具特色。全国各省市均已引种放养，享誉全国。兴国县建有红鲤鱼良种繁殖场，全县乡村鱼塘多有放养。

瑞金丰鲤 具有头小背高、肌肉丰厚、腹圆尾短、全鳞壮实、类似野鲤的形体特征。脂肪、蛋白质含量高，肉味鲜美。是瑞金市水科所进行杂交育种、杂交优势利用培育的新型优良鱼种。具有明显的杂交优势，食性广，生长快，抗病力强。在成鱼阶段，体重为红鲤或野鲤的 2 倍，一般可达 2.5～3.5 千克，是池塘、水库、湖泊养殖夺高产的优良品种。

宁都鲮鱼 学名扁圆吻鲴，宁都县传统特产，赣南珍贵鱼种，养殖历史悠久。原产田埠乡东龙村，后因村民婚嫁关系，饲养繁殖技术传入钓峰乡曾村。20 世纪 90 年代，繁殖鲮鱼已成为曾村村民主要副业，年均繁殖鲮鱼水花 290 多担，销售鲮苗 2.5 吨，成为赣州市北部、抚州市南部鲮苗繁殖、供应的最大基地之一。鲮鱼体形不大，最大个体 200 克左右。状似雪鲢，头小、肉多、肉嫩。耐低氧、疾病少、择食性强，不与“四大家鱼”争吃，群居产量高，属鱼塘搭配饲养的杂鱼类，每亩水面搭配 500 尾为宜。曾村鲮水（水花鱼苗）除供该县所需外，多供于都县、瑞金市、兴国县、广昌县、石城县、南丰县、宜黄县、永丰县和福建省宁化县、武平县等地。

鮠鱼 亦称“江团”“白吉”“鮰鱼”，俗称“鮰鸭鱼”。形似鲇鱼。赣江流经的赣县储潭、湖江乡河段较多，沿贡水的茅店和沿桃江的大埠、王母渡河段也有少量出现，以出自储潭的最著名，故称储鱼。为稀有珍贵食用鱼种。鮠鱼属鱼纲，鲼科（鮠科）。有“江鮠”和“白边鮠”两个品种。体延长，前部平扁，后部侧扁，略呈椭圆形，浅灰色。吻圆突，口腹位，具须 4 对。眼小灰白色，身无鳞。背鳍、臀鳍均具硬刺，鳍低而延长。每尾重约 2 千克。栖息河流和江口底层或石缝里，食无脊椎动物和小鱼等。肉质细嫩，味道鲜美。汤汁黏糊，营养丰富。年捕捞量 1 吨左右。

鳜鱼 亦称“鯚花鱼”。体侧扁，背部隆起，长达 60 厘米。青黄色，具不规则的黑色斑纹。口大，下部突出。背鳍一个，硬棘发达。鳞细小，圆形。肉质细嫩，味鲜美，生长快，天然产量较大。赣江、贡水、章水、桃江、梅江等主要河流均产。为名贵淡水食用鱼类之一。

鲶 亦称“鲇”。鱼纲，鲶科。体延长，前部平扁，后部侧扁。长可达 1 米。灰黑色，有不规则暗色斑块。口宽大，有须 2 对。眼小。背鳍 1 个，很小；臀鳍长，与尾鳍相连；胸鳍具一硬刺。无鳞，皮肤富黏液腺。江河、池沼常见。肉味美，为一优良食用鱼类。鳔滋补，可入药。

宁都鳙鱼 “四大家鱼”之一，原系宁都县传统池塘饲养品种。20 世纪 70 年代后期，宁都县内大中型水库建成投产后，全县 164 个水库投入养鱼，均以鳙、链为主。自 80 年代起，鳙鱼成为宁都县大宗水产品，年均产量在 1000 吨以上。该县产地以团结水库、竹坑水库、老埠水库、禾塘水库、康源水库为多。水库饲养鳙鱼投料少、长速快、个体肥大，一年鱼一般能长 2 千克左右，成年鱼 4 千克以上。

鱼肉可加工鱼丸、鱼粉丝，其味可与草鱼媲美，鱼头尤美味。

埃及塘虱 学名胡子鲶。原产非洲尼罗河流域。赣南1983年引进试养，1986年全面普及推广。宁都县由李村温泉水产繁殖场繁殖鱼苗，年繁殖约50万尾，以梅江、会同、湛田、洛口等乡（镇）饲养居多。埃及塘虱是以动物性食物为主的杂食性鱼类。放养周期短，门前屋后肥水塘放养，长速尤快。饲养4个月，能长500克以上，10月龄成鱼可达1.5千克。

上犹石鱼 学名鰕虎鱼，亦称"庐山石鱼"。是一种小型鱼类栉鰕虎鱼的幼鱼。头部扁平，体细长，前部浑圆，后部侧扁，形似玉簪，体长寸许，色白如银。肉质细嫩，滋味鲜美，蛋白质含量丰富。主要分布于上犹陡水水库，喜欢生活于水底有沙粒的地方。年产鲜鱼100～150吨，销往港澳地区等地。

崇义千年鱼 又称"石鱼"。因其体小扁长，很难长大，故称"千年鱼"。背黄肚白、肉质鲜美，味道香醇，营养丰富。每年四五月间为捕捞旺季，主产崇义县过埠、杰坝库区。

上犹石伏鱼 上犹县特产。形状、颜色极似鲶鱼。体型小，腹部平，无鳞，大的长约6.66厘米。喜在小溪急流中生活，常紧贴石块，故名。五指峰乡黄沙坑小溪急流中的石伏鱼品质最佳，骨软，肉嫩，味鲜甜。

龙南龙头鱼 以龙南县龙头滩得名。形类小鲂，长10厘米，其性喜险滩急流。以其肉嫩、味美、易去骨而久负盛名。龙头鱼年产量仅0.5～1吨。

信丰金鱼 俗称"金鲫鱼"，属鲤科，是鲫鱼演化而成的观赏鱼类。"五色鲤"为信丰县农家历来喜养的观赏鱼种。1986年，信丰县水产科研所培养出"五彩龙睛"和"信丰红水泡"；同时，还引进提纯外地良种，繁殖出"鹤顶红""墨水泡""黑龙睛""蓝龙睛""红虎头""紫高头""朝天红""珍珠鱼""五彩水泡"等11个优良品种。

二、龟鳖

赣南湖河、溪涧、池沼均有野生。人工饲养甲鱼初步形成小批量生产。

乌龟 赣南深山溪涧均有分布，尤以寻乌县等地为多。品种主要有"金钱龟""老鹰龟""蛇龟""尿龟"等，以"金钱龟"占优势。"金钱龟"颈部有黄褐色条纹。老鹰龟的头部与老鹰相似。"尿龟"体腺内分泌出嗅味液体。

寻乌甲鱼 俗称"脚鱼"，又名团鱼、水鱼，学名称鳖，是水陆两栖爬行动物，营养价值和药用价值都很高。寻乌甲鱼有"沙鳖"、"中华鳖"和"山瑞鳖"3个品种。"沙鳖"生长慢，体型小，多分布于山涧小溪中；"中华鳖"稍大些，自然分布较广；"山瑞鳖"品质特优，不仅体型肥厚，单个最重者可达10余千克，而且肉质细嫩、鲜美。该品种濒临灭绝，属国家二级保护珍稀野生动物，世界多样性资源保护的资助项目之一，国家有关部门在赣粤边界山区建立"山瑞鳖"保护区。甲鱼是名贵水族珍品，尤其是四周的裙边，肥嫩鲜美，素有"缘边田鸡腿"之称。清炖甲鱼，胜于清炖仔鸡，可与海参媲美。具有滋阴降火，健胃壮阳，益气补血，明目安神，养心益胃等滋补效能。其头、甲、肉、胆、血、脂肪均可入药治病。甲板可滋阴、补血、退热、散瘀。肉可壮阳、固精、补阴、治劳伤。

人工饲养甲鱼 20世纪80年代逐步兴起人工饲养甲鱼。1982年，宁都县洛口乡洛口村村民赖树楠建起的小型放养场，摸索甲鱼四季饲料、生长和繁殖规律。1990年，宁都县水产公司特种水产试养场提供亲鱼和技术，该县甲鱼繁殖、饲养户兴起。李村、梅江、竹笮、黄陂、会同、长胜等地涌现一批甲鱼繁殖户，甲鱼饲养户遍及全县各乡（镇）。饲养量达4万只以上。由福建、广东两省来人驻点收购。1993年，安远县新龙、龙布、双芫等乡（镇）的一些农民自建甲鱼池，人工养殖甲鱼。新园温泉甲鱼养殖场投资20万元，投放甲鱼种230千克，蛋3000余枚，孵化小甲鱼仔2000余只。安远甲鱼除县内销售外，多数销往广东省。1995年，于都县禾丰镇与一福建省甲鱼养殖专业户联合建立甲鱼养殖场，年产量达 2 吨，同时有大量幼苗出售。

三、蛙

蛙是赣南两栖类主要爬行动物之一。各山地溪流、岩洞、石隙均有分布。

石蚂 为棘胸蛙的一种。山麓泉石间有散布。形似田鸡，体大肉肥，一般体重 150～200 克。日间仰卧朝天，以此诱食，鸟鼠近之，则抱跃入水就食。冬天潜伏于岩洞石隙，翌春爬出开始活跃繁殖，仲夏成群而出，匍匐山洞岩石下，叫声似小狗。其肉质洁白细嫩、味道鲜美、营养丰富。以崇义县、于都县、瑞金市石蚂最有名。

牛蛙 是赣南新兴的蛙类特种水产品，以宁都县人工饲养牛蛙发展较快。宁都县科学技术协会和水产公司定点繁育蛙苗，培训繁殖技术。刘坑、梅江、小布、对坊、赖村、会同等乡（镇）均有专业户饲养。宁都全县围养面积 13.33 公顷。

四、娃娃鱼

娃娃鱼是赣南两栖类主要爬行动物之一。各地山地溪流、岩洞、石隙均有散布。娃娃鱼多为山溪鲵，属小型种，也称“小鲵”。主要分布在于都县、龙南县、崇义县、上犹县、大余县、全南县等地。属濒临灭绝种类，国家一级保护动物。

于都大鲵 又称“娃娃鱼”，因鸣声似娃娃哭，故名娃娃鱼。于都县靖石、祁禄山、盘古山、屏坑山脉一带，有少量发现。食物以蟹、鱼、蛙为主。耐饥饿力很强，大鲵有很高的药用价值，胃、皮、胃液等用于伤科，有行气、止痛、接骨的奇特功能，是珍贵药材之一。

龙南娃娃鱼 龙南县安基山营林林场有娃娃鱼。两栖纲，大鲵科。长 50～60 厘米，重七八千克。背面棕褐色，有大黑斑，腹面色淡。头宽而扁；口大呈“八”字形，锄骨齿成一弧状；鼻孔和眼极小，位于头的背面，无眼睑。躯干粗壮而扁，尾侧扁；四肢甚短，前肢 4 指，后肢 5 趾，趾间有微蹼。皮肤较光滑；头部疣粒显著，多数成双排列；自颈侧至体侧有皮肤褶。体外受精，卵带呈串珠状。常栖息山谷清澈的溪流中取食。

崇义娃娃鱼 崇义县山地有娃娃鱼，栖息于山谷岩洞和溪间。岩洞有一个通往小溪的“门”。其昼栖岩洞睡眠，夜栖小溪猎食，以鱼、蚯蚓、蟾蜍、蛙、虾、蟹、田螺、蛇和水生昆虫为食。猎食方法与众不同，只静静地隐蔽在滩口乱石之中，猎物经过，便张口食之。每天只食 200～300 克食物，而且不必每天都吃，为节省能量，很少活动，一旦受惊，会把胃里的食物统统“倒”出来。生长很慢。

第五节　林产品

一、林木竹产品

杉木 赣南是全国杉木重要产区之一，又是南方杉树中心产区。2000 年有杉树林面积 2 万余公顷，林木蓄积量 747 万立方米。是仅次于马尾松、阔叶树，面积、蓄积量位居第三的林种。历来运销外地。杉木是优良的速生用材树种，树干圆直，节枝少，木材纹理端正，易加工，不裂不变形，坚韧耐腐，出材率高，结构细致、杉香气浓、干缩度小、耐久性强、容易切削、油漆及粘胶性能好等特点，是家具、房屋建筑的优良用材。主要有全南黄田江杉木、崇义杉木、安远杉木、瑞金杉木、宁都杉木、定南杉木、于都杉木、龙南杉木。

松木 松树是赣南的优势树种之一，林分面积大，分布范围广，遍及赣南各地。其活立木蓄积量约占优势树种活立木蓄积总量的一半。松木销售省内外。马尾松具有速生、耐干旱、耐瘠薄、寿命长、适应性强、树形高大等特点。种植以育苗移栽为主，辅以飞播造林。其木质韧性强，耐水湿，素有

“水浸千年松”之说。为建筑、家具和水下工程的上等材料，也是造纸、纤维工业的主要原料。主要有安远马尾松、宁都松木、瑞金松木、定南松木。

杂木 赣南山区盛产杂木，以定南县为最，主要有香樟、酸枣、檫木等。香樟韧皮纤维发达，樟脑香气浓，纹理交错，花纹美观，结构结密，硬度适中，切面光滑，油漆及粘胶性能好，耐腐耐虫，不易破裂，是船舶、衣箱、家具、缝纫机板、精艺雕刻等的用材。樟树树龄一般在百年以上，树冠宏大，树形雄伟，枝繁叶茂，四季常青，浓荫蔽地。酸枣略有酸气味，纹理直，结构细，材质重，硬度适中，耐腐性强，油漆及粘胶性能好，适用于制造木船龙骨、胶合板、家具、精艺用品等。檫木略有辛辣味，纹理直，结构中粗，材质硬，耐水湿，切面光滑，油漆及粘胶性能好。

毛竹 赣南属毛竹自然分布的中心产区，全市（地区）各地均有零星分布，崇义县、上犹县、大余县、定南县、宁都县、全南县、龙南县、石城县、兴国县等地山区天然竹林分布较广，面积较大。全市（地区）毛竹总面积为90666.67公顷，活立竹蓄积量为1亿根左右，年均调销量200多万根。毛竹株型刚直挺秀，圆通有节，枝叶翠丽，鞭根发达，自繁力强，生长快，产量高，纤维长。主要用于造纸、建筑，制作各种农具等。

二、茶油及其他树木油

茶油 俗称“木梓油”，为赣南的主要食用油之一。茶油属优质食用油，具有色清味香、久储不败、不饱和脂肪酸含量94%以上、不含芥酸等特点，对预防高血压、冠心病、高胆固醇病等有特效，被誉为“保健油”“高级营养油”。是一种耐贮藏、不变质、不挥发，营养丰富的优质保健木本油，又是制作高级食品、人造奶油、工业用油的优质原料。赣南油茶资源丰富，有油茶面积25333.33公顷，年产茶油0.6万～1万吨，是江西省的重点茶油产区。全市（地区）18个县（市、区）有15个县（市）被列为全省重点茶油生产县（市）。面积大、产量多的主要有兴国县、赣县、宁都县、会昌县、瑞金市、安远县、崇义县、于都县、上犹县、南康市等县（市）。1995年，全地区油茶籽产量为4万吨，比上年增长2.9%。2000年，全市油茶籽产量为3.76万吨，约占全省的30%。

桐油 具有干燥快，不导电，不怕热，耐酸、碱、盐腐蚀，光泽明亮等特性，是传统的涂料。广泛用于国防、船舶、建筑、家具等行业。赣南油桐树资源丰富，各县（市）均有分布，以安远县、赣县、会昌县、于都县、宁都县等地油桐树林面积较大，产油量较多。全市（地区）年产桐油5万担左右，约占江西省桐油产量的1/2。

山苍子油 呈淡黄色，气味芳香浓烈，不溶于水，可再提取柠檬醛和工业用油脂。山苍子果、根、叶、茎均可入药，具有祛风散寒、助消化、消肿止痛、驱虫散毒之功效。赣南野生山苍子树资源丰富，遍布各县（市），还有部分人工栽培的山苍子树。用其花、叶、果提取芳香油，经济价值很高。全市（地区）年收购量50～70吨，居全省首位。主产区有安远县、全南县、于都县、会昌县、崇义县、龙南县、瑞金市等县（市）。产品多数供应出口。

于都楝木油 楝木亦称“毛楝”。油种子树，车梁木，俗称“光皮树”，是一种木本食用、药用油植物。在于都县宽田乡已有3000余年的生长历史。经人工培育成功，逐步推广。种苗远销浙江、安徽、福建等地。楝木，属山茱萸科，落叶乔木，树高可达12米。幼树一般5～6年始花结果。成年树盛产期每株可产鲜果100余千克，榨油20余千克。产果期可达200年以上。楝木适应性强，山坡、河畔、塘边、荒地及房前屋后均可种植。其全身是宝，用途广泛。树形优美，色泽美观，可供观赏，是国家三级保护树种。木材坚硬、细致，耐腐、耐磨，不易燃。果、根、油具有降血压、健脾胃之功能。

三、林副产品

板栗 为果、粮、菜兼用品，是生熟食和烹调之上品，加碱粉可制作各种美味可口的糕点。具有补肝益脾、健胃生津的功能。栗花可治腹泻，根皮能治痔疮。全市（地区）均有零星种植，龙南较集中。品质以“龙南板栗”和“瑞金桂花板栗”最优，优于日本栗和欧洲栗。1993 年，全地区产板栗 599 吨。2000 年，全市产板栗 1950 吨。

玉兰片（笋干） 赣南山区毛竹资源丰富的地方均有生产。上犹县、崇义县、定南县、全南县、宁都县、瑞金市、会昌县、于都县、兴国县等县（市）产量较多，质量上乘。1993 年，全地区生产“玉兰片”（笋干）1237 吨。2000 年，全市生产“玉兰片”（笋干）2772 吨。产品行销国内外。“玉兰片”用冬笋尖制成，形如象牙，通明如玉，质地脆嫩，味美清香，是一种纤维素丰富，而脂肪和淀粉含量极低的天然食品。“玉兰片”为笋干的上乘品。笋干质地脆嫩，清香甘甜，富含维生素、蛋白质、粗纤维素及特殊的酶，具有助消化、增食欲之功能，为高级山珍菜肴。

香（草）菇 全市（地区）各地均有生产，且栽培历史悠久。主产区有安远县、信丰县、全南县、龙南县、崇义县、于都县、大余县、瑞金市、会昌县、上犹县、定南县等县（市）。1993 年，全地区香菇产量达 1056 吨。以安远、信丰 2 个县产量最多，草菇为信丰独特的传统名产品。花菇、厚菇为上品，被称之为“山珍”。赣南所产香菇品质优良，肉质细嫩，香气浓郁，味道鲜美。香菇分鲜菇和干菇，兼有多种药用功能，可益气、开胃、解毒、止泻、利血、抗癌、防感冒、降低血压、减少胆固醇，提高造血功能，是预防佝偻、动脉硬化、肝硬化及抗癌的食用佳品，享有“健康食品”之美誉。常吃香菇，小孩可增强肌体抵抗力，促进骨骼牙齿的形成，老年人可减少疾病，强身健体，延年益寿。

木耳 又名黑木耳、云耳，是赣南传统土特产品之一。品种有“光木耳”和“毛木耳”，以光木耳质量最好。生产方式已由自然接种繁育为主改为工人接种培育为主，全市（地区）木耳年产量 500 吨左右，产品主要销往广东、上海等地。黑木耳一年四季可栽培，有雪耳、春耳、伏耳、秋耳之分。黑木耳色泽乌黑鲜亮，肉质细嫩，口感清脆、柔嫩鲜美，含有丰富的蛋白质、维生素、矿物质和糖类等多种营养物质，对人体病毒与癌细胞有抵抗作用。同时能控制人体中血清胆固醇的上升，有降血压、止血，治肠风、血痢崩漏、痔疮等功能。

棕片 棕树属棕榈科，常绿乔木。赣南许多农户利用房前屋后、田坎种植。全市（地区）有棕树 300 多万株，年产棕片 1190 多吨。棕片产量较多的有赣县、兴国县、瑞金市、于都县、宁都县、会昌县、安远县、上犹县、崇义县等。棕片具有耐酸、耐碱、防潮吸湿、保暖、弹性好、不易发霉腐烂等特性，广泛用于日常生活。

野漆树及其产品 赣南有野生漆树，也有人工培植的漆树，已开发利用。

漆树 属漆树科，落叶乔木，高达 20 米，是天然涂料、油料树和用材树。宁都县洛口乡栽培漆树已有 400 多年的历史，洛口土漆久负盛名。漆树主要用来割取生漆，一般栽后 5 年即可割漆。生漆有特殊的防腐、防潮能力，有耐高温、耐酸碱、耐磨、绝缘、附着力强等特点，是建筑、车船、电缆、军工、家具、工艺品等的重要原料。

野漆树籽 野漆树籽是从日本引进的野漆树所结的果实。压榨出的野漆蜡可用于化妆品、食品、医药等生产及航空工业等，是宁都县的新产品。1988 年起，宁都县从日本引进野漆树栽种，种植面积达 113.33 公顷。野漆树籽出蜡率高达 32%，比日本当地野漆树籽的产蜡率高出 14 个百分点。

四、“三虫”及其产品

赣南紫胶虫、白蜡虫、五倍子及其寄生树种资源丰富，开发潜力较大。

紫胶 寻乌县新开发的新优产品，也是全省独特的林业珍稀产品。紫胶是由亚热带特有的紫胶虫科昆虫——紫胶虫，在特定的气候环境中寄生于寄主树上，利用其针刺入寄生树韧皮部吸收营养汁液，分泌出一种紫红色半液体状的胶液，改称“紫胶”。紫胶虫一年繁衍两代。直接从树枝上采集的称为原胶，原胶经加工称为片胶。紫胶是国家重要的化工原料，具有绝缘、防锈、防腐、防潮、防紫外线、粘合力强、膜泽光滑、耐油、可塑性强、弹性和固色性好等特点。广泛应用于国防、轻化、医药、油漆、食品、文化用品等工业，成为重要的战备物资。

白蜡 系白蜡虫雄虫的分泌物。白蜡虫属昆虫纲，半翅目，同翅亚目，蚧科。一般寄生于女贞树和白蜡树上。女贞树和白蜡树在各县（市）山地均有分布。白蜡虫雄虫分泌白蜡，包围体躯，大的直径达 11 毫米，高达 9 毫米。白蜡熔点高，稳定性强，具有防腐、防潮、防锈、润滑等性能，是国防、工业、农业、医药卫生、文化教育等重要物资，也是传统出口商品。

五倍子 为盐肤木等漆科植物叶上五倍子蚜虫所形成的干燥虫瘿。寄生在盐肤木上的有角倍、倍蛋、圆角倍、倍花、红倍花 5 种倍蚜。各县（市）山地盐肤木资源丰富，寻乌县、安远县、会昌县等地曾于 20 世纪 60 年代大量采收野生五倍子。从虫瘿中提取的鞣酸，是传统的中药材和出口商品。鞣酸入药，性寒、味酸咸，功能敛肺涩肠、止血、止汗，主治久咳、久泻、久痢、便血、崩漏，外用治创伤出血、溃疡不敛等症。鞣酸还是制造照相显影药品、染料、环氧树脂和提炼半导体的重要原料，冶炼锗、铀、钚、钍、钛等稀有金属的良好沉淀剂和分析剂。21 世纪初，采取人工繁殖五倍子和营造其寄主树，改变五倍子仅作为野生资源的状况。

五、橡（槠）子

赣南山毛榉科植物资源丰富。其果实为具一粒种子的坚果，其中如麻栎、栓皮栎等的坚果通称“橡子”，可食或提取淀粉。

橡子 崇义等县山地均有产出。橡子俗名“圆珠子”“米珠子”，是山毛榉科乔木果实。果壳坚硬，形同圆珠，故名。橡子有养胃、健脾、补肾、强筋、活血、止血等药用功能。种类有“苦珠”和“甜珠”2 种。

米锥子 学名甜槠，会昌县土特产。该树为常绿乔木，高可达 20 米。树皮暗灰褐色，纵裂。雌雄同株，果实坚硬，呈卵形。木材坚实，供建筑、车辆、枕木、家具、薪炭等用。种子味甘，可生食，也可熟（炒）食，营养丰富，亦可做豆腐。主要分布在山区乡村，野生面积大，年产量可达 10 吨以上。

第二章 服装 木竹 工艺品

赣南服装款式新颖，尤其羽绒制品更是行销一时；木竹、工艺品颇具特色，工艺精湛，造型优美，宁都剪纸画面生动活泼，风格独特，许多产品出口外销。服装鞋帽产品有布毛呢丝料服装、羽绒制品、鞋帽等；木竹藤棕草制品有竹木器、竹筒席、棕草制品、藤器等；工艺美术品有雕塑、剪纸、纸扎、竹编、饰物、玩具等。

第一节 服装鞋帽产品

一、布毛呢丝料服装

20 世纪 80 年代实施“服装号型系列”按统一型号生产服装。1995 年，全地区生产服装 2403 万件，比 1990 年 328.01 万件增长 6.33 倍。2000 年，全市生产服装 1954 万件，比上年减少 7.34%。

“翠芽”牌童装 赣州市机绣童装厂生产的系列服装。全省同行业评比连续多年夺魁，获 1986 年、1987 年、1990 年、1991 年省优产品，并获全国儿童生活用品新产品金鹿奖，全国妇女生活用品 40 年博览会银牌奖、铜牌奖。年产量 20 万件。

“贺兰山”牌服装 赣州服装公司产品。贺兰山牌薄膜树脂衬领中山装，以裁剪、缝纫、烫印见长，1981 年、1985 年、1989 年省优产品；“贺兰山”牌男衬衫、呢毛料女西装套服、呢毛料男西服套装为省优产品。

春苗系列童装 石城县春苗童装厂产品。以童装为主，有从婴儿宝宝衫到青少年各式服装，并生产学校服、运动服，有春夏秋冬四大系列 100 余个品种。年产服装 4 万多套。

真丝针织服装 赣南真丝针织总厂新产品，为江西唯一生产此类产品的厂家。年产真丝针织成衣 45 万件（套），主要品种有文化衫、T 恤衫、背心、短裤、睡衣、睡裤、泳装、胸罩、三角裤、围巾、手套等。所用主要原材料为 AAA 级以上 40～44D 白厂丝，产品除少量内销外，主要供出口。

南康成衣加工及其市场 南康商品成衣加工业始于 1982 年。1990 年，投资 690 万元兴建成衣市场，占地 1.31 公顷、6 栋营业大楼、424 间营业厅竣工开业。1995 年，市场共有成衣加工经营户 454 户，近万名从业人员，日产销成衣 4 万件以上。产品远销北京、上海、广东、福建、浙江等 20 多个省、市和东南亚市场，年成交额逾亿元，是江西省最大的成衣专业批发市场。多次被评为全国文明集贸市场，省、地文明集贸市场。南康成衣产品以中高档为主，有衬衫、女时装、西服、夹克、童装等 600 多个品种，衬衫、西服、女时装等已形成拳头产品。

二、羽绒制品

20 世纪 80 年代，大余县、南康县、兴国县、宁都县、于都县等 9 个县（市）相继创办羽绒制品加工厂，加工羽绒制品。以大余县民族羽绒制品厂的产品最负盛名，产品畅销国内外。2000 年，全市生产羽绒服装 11.16 万件。

“南安”牌系列羽绒制品 大余民族羽绒制品厂生产。产品有羽绒服、羽绒被、儿童防寒安全羽绒枕、多功能羽绒童装和羽绒夹克等。轻松柔软，保暖性好，省优产品。羽绒被，获全国首届轻工产品博览会银奖，为全国名牌产品；儿童防寒安全羽绒枕，枕芯松软，少年儿童睡具用品，也可作玩具，省优产品，获全国儿童生活用品优秀新产品金鹿奖、全国首届轻工产品博览会银奖；多功能羽绒童装，省优产品，获全国儿童生活用品优秀新产品金鹿奖、全国首届轻工产品博览会银奖。年产各类羽绒服装 200 万件，产品行销全国各大城市，并远销日本、美国、意大利、俄罗斯等 20 多个国家和中国港澳地区。

“北国风”牌羽绒制品 宁都县羽绒制品厂生产。产品有服装、被褥、枕头、睡袋、坐垫等 30 多个品种。年产量 2 万多件。童夹克服和蝙蝠式女羽绒服装获江西省首届“飞羽杯”设计大奖赛优秀奖。1986—1990 年，产品质量连续 5 年经江西省标准局、江西进出口商品检验局、江西省产品质量监督检验所等部门抽验和考核 10 项理化指标，均为合格。

“冰心洞”牌系列羽绒制品 兴国县羽绒厂生产。产品有单面、双面男女羽绒秋装和冬装，秋、冬羽绒男女童装，羽绒被和羽绒枕等 100 多个品种。在全省 80 余家羽绒服装评比中，名列前茅。

“仙鹅”牌羽绒制品 于都县羽绒制品的生产品种有男女老幼单双面登山服、风雪衣、夹克衫、军便服，野外勘探、林区采伐、海上作业等工作服，被子、褥子、双（单）人睡袋等几十个品种。

三、鞋帽

赣南多数县（市）办有布鞋、皮鞋、塑料鞋、旅游鞋等生产厂家。1993 年，全地区生产布鞋 36.88 万双、皮革 71.2 万双（不含皮便鞋）、胶鞋 39.51 万双、帽子 21.1 万顶。2000 年，全市生产布鞋 2.87 万双、皮鞋 227.58 万双（不含皮便鞋）、帽子 21.1 万顶。

“玉立”牌注塑布鞋 赣州市鞋帽厂出品。1984 年、1988 年省优产品。

“章江”牌男女皮鞋 大余三友轻工实业（集团）公司皮革制品厂生产，省优新产品。有猪皮、牛皮和胶底、车轮底等品种。年产各式男女皮鞋 10 万双。

“步乐”牌皮鞋系列产品 宁都皮鞋厂生产，每年推出多种新款式皮革产品。有牛皮、猪皮、人造革为面料的步乐牌系列皮鞋，主要款式有旅游鞋、牛仔鞋、皮凉鞋、皮棉鞋、平跟鞋、中跟鞋、高跟鞋、童鞋、三节头皮鞋、劳保鞋、男士轻便鞋等。省甲级产品和地区一级产品。年产皮鞋2.4万双。

聚氨乙烯全塑凉鞋 赣州市塑料二厂出品。1989年省优产品。

“飞飞”牌牛软面轻便旅游鞋 赣州皮革工业公司出品。1990年省优产品。

宁都皮便鞋 宁都县皮革厂新产品。品种有带绒和不带绒之室内鞋、驾驶鞋两类4种，年产100万双。产品以出口为主，销往日本、美国等国家和中国台湾地区。

会昌旅游鞋 会昌县西江镇鞋业总公司新产品，为国际时兴鞋。品种有男、女旅游鞋、皮鞋、凉鞋、时装鞋。年产旅游鞋200万双，时装鞋、凉鞋、皮鞋100万双。

“玉立”牌童帽 赣州市鞋帽厂出品。1984年、1988年省优产品。

第二节 木竹藤棕草制品

一、竹木器

赣南盛产竹、木，竹木器加工比较发达，是传统手工业的主要行业。1993年，全地区生产以竹木为主的家具184.43万件。2000年，全市生产以竹木为主的家具41.02万件。

折叠儿童床 大余中大轻工实业（集团）公司家具厂生产，江西省新产品。产品分单、双层两个品种。适合婴幼玩耍、休息，1987年获全国儿童生活用品金鹿奖。年生产10万张折叠儿童床。

“林燕”牌条木折椅 大余中大轻工实业（集团）公司家具厂生产。全国竹椅评比第一名，省优、部优产品。年产量20万余张。

“林燕”牌塑面方凳 大余中大轻工实业（集团）公司家具厂生产，1989年获轻工业部优质产品证书和江西省优质产品证书。年生产塑面方凳30万张。

爱丽款式实木家具 龙南县伟业家具厂生产。1994年获第二届广州市家具精品展览会二等奖、全国第二届家具精品博览会优质产品奖。

南康樟木箱 南康传统手工产品。品种有方角、圆角两大类和大小不等多种规格。樟木箱有强烈的天然樟脑气味，具有防腐、防虫蛀、保护衣物之功能，尤其对保存高档呢毛料、皮料等效果更佳。省优产品。

兴国竹制蒸笼 兴国传统竹制手工产品。在全省颇负盛名。蒸笼圆形，有大、中、小多种型号，一般分上、下两层，也有多层的。制作玲珑别致，是粉菜常用的烹器餐具之一。产于潋江镇、五里亭乡、埠头乡、高兴镇、均福山林场等地，其中以五里亭竹坝产品质量更佳。

兴国火笼 兴国传统手工竹制产品。有大、中、小型多种，形圆。用苗竹、黄竹破丝织筒，上下嵌以竹夹，笼盖用14号铁丝扭成花格，筒内嵌镶白铁皮，筒中装特制瓦钵。是烤火取暖的用具。全县城乡都有竹匠个体加工出售，五里亭乡竹坝的产品质量更佳。

宁都竹旋片制品 宁都新产品。由宁都县木器厂从重庆家具研究所引进毛竹旋片新工艺试制成功。可用于方桌、圆桌、方圆桌、茶几的面板，也可做枕等，还可替代进口胶合板用作木器家具的贴面。1988年获省优秀新产品。竹旋片枕席又以其国内首家生产而获得赣州地区技术改进成果奖、赣州地区“星火计划”三等奖。

大余919靠椅 江西大余中大轻工实业（集团）公司家具厂生产的新产品。造型上古代靠椅样式与现代风格相结合，1992年获赣州地区新产品证书。产品式样在省内首创，填补省内空白。年生产量为1.2万张。

石城纺织器材 石城纺织器材厂出品。产品有木梭、宝塔木等多种。燕子牌木梭为传统名牌产品。木梭又有棉织、毛织、麻织、玻璃纤维等五个系列50余种规格。木梭年产量30万只，其中20余万只直接出口泰国和斯里兰卡。

安远纺织器材 安远县新兴工业产品，由安远纺织器材厂生产。主要品种有宝塔管、丝织纬管、纬管、络经纬管、高速平线管、嚓纬管、1511型纬管、梳箱络板等几十个。年产100万支。

南康家具 南康家具产业是20世纪90年代新兴的木材深度加工产业，南康县支柱产业之一。主要家具产品有沙发、卧室配套家具、标准房配套家具、餐桌餐椅、办公桌等20多个品种的红木（仿古）、白木（聚酯漆）高档豪华家具。具有一定生产规模的厂家有金鸡家具有限公司、蓉江建筑公司家具厂、豪华家具厂等20多家，年生产家具6万多套。在县内105国道沿线形成国际家具市场，在上海、江苏、浙江、湖北、广东、海南等省市大中城市设有经销点。

宁都聚酯家具 聚酯家具是宁都开发的新产品。生产厂家有江西良达家具有限公司、宁都名流家具厂、宁都家华家具厂、宁都鸿发家具厂4家。产品有老板台、书柜、沙发、茶几、会议台、龙凤床、组合柜、衣柜、地柜、梳妆台、餐台、餐椅等几十个品种。

崇义竹编胶合板套装家具 崇义县木材公司人造板厂开发生产，是一种新型的富有民族特色的系列家具。省新、优产品。主要品种有办公桌、办公凳、仿古凳、文件柜、冬夏两用沙发、茶几、组合柜、三角橱、高低床、床头柜、梳妆台等。

全南梅花套椅 全南全黎木竹藤器厂出品。年产5000套，远销中国港澳地区和美国、新加坡等国际市场。

南康瓦桶 为手工制瓦模具，是地方名特产品。以杉木板条、棕绳串连而成。西华乡洋坝村刘和昌所造品质最佳。具有松、紧适度和不受气候影响、经久耐用等特点。

龙南容屋圆桶 龙南县桃江乡石桥村容屋人世代操“圆墨”。所产木器全是圆的。大的有大桶房等，中等的有水桶、尿桶、澡盆等，小的有浇瓢、尿盆等。这些木器统称“圆桶”。旧时，龙南县水西坝人用容屋桶房腌胡萝卜干，一个桶房盛1000多千克。容屋人做的圆桶不但美观精致，而且滴水不漏，坚实耐用。

兴国雨笠 又名斗笠、笠婆。兴国传统手工制品。以竹篾竹箬叶、油纸或塑料薄膜等原料编织而成。盛产于高兴乡老墟村。全县一般年产4万多顶，最高年产11万余顶，均为个体户生产。

全南树坳斗笠 全南传统手工产品。金龙乡树坳生产竹制斗笠有几百年历史，清代就远近闻名。该地制作的斗笠，选用优质竹子破篾，竹丝均匀；鲜采的箬叶，经浸制，可经久不腐；编织精致，边圆面平，轻盈结实；笠面镶4条伞纸，饰成花纹为特记。尤以三卡滩、望江围制作的为好，两村家家户户制作斗笠，父子相传。县城周围的金龙、城厢、木金、小慕及龙南县夹湖、程龙等乡（镇）农民所戴斗笠，绝大多数出自该地。

大余矿筛 大余手工传统产品。规格一般为直径0.44～0.5米，是矿工淘洗钨、锡矿石专用工具。

兴国纸帘 又名竹丝纸帘，兴国传统手工产品。产于兴国县城岗乡城岗村、回龙村，始产于明永乐年间（1403－1424），是用于造纸的主要工具。竹片经精细工艺刮磨成细小均匀的竹丝，然后用含量100％的锦纶线，手工编织各种宽度的抄纸帘，并加油漆而成。产品可卷可张。销往湖南省、广东省、福建省、浙江省和江西省万安县、遂川县、崇义县、宁都县等地。

龙南“足之宝” 系特轻天然木质、凸面专利设计的高级保健鞋。该鞋根据人体工学造型，令足部充分享受天然的舒适，夏凉冬暖吸水性强，令足部保持清爽。适用于男女老幼家居闲步，洗澡潮湿环境。产品远销东南亚地区和日本、美国、德国等国家。

全南木屐 全南县福得保健鞋厂利用优质梧桐木，根据人体脚形生产的木屐，具防脚气、脚臭、香港脚之功效。

宁都竹牙签 宁都县新产品。由江西台宁竹制品有限公司利用加工香骨的下脚料制作而成。年产5吨。其规格有长6.5厘米，粗1.5毫米、1.6毫米、1.8毫米4个品种。

二、竹筒席

竹筒席又名“竹板席”“竹凉席”，是20世纪60年代竹器加工行业开发的一种特产品，定南县率先生产，崇义县、兴国县、宁都县、上犹县、于都县、赣州市（今章贡区）等地相继生产。选用本地盛产的优质大毛竹作原材料，经除青打黄、竹青侧篾钻孔、高温蒸煮、理化药物防虫防霉处理、棉纱绳连接、底面刨光、表面上光油烙花等工艺流程精制而成。平整光滑、凉爽舒适，是宾馆、旅店及家庭理想的炎夏卧睡佳席。

“喜”牌竹筒席 大余县竹器工艺厂生产的拳头产品。产品分烙花和素色两种。规格齐全。在全省竹筒席质量评比中多次获第一名，1983年获省优产品。1987年获全国二十二省市家具展销会优秀产品。1990年获全国首届轻工产品博览会铜奖（竹制产品类唯一获奖产品）。年产量3万余床。

定南竹筒席 定南县竹木制品厂产品。1968年开发成功。年产3万床。1986年、1990年省优产品。

“孔雀”牌日式竹凉席 江西（全南）孔雀竹制品工艺品有限公司出品。有大青、中沟、中青、小青4种样式，192×90～150厘米等7种规格。年产5万平方米，主要销往日本、韩国及东南亚地区。

宁都空心保健竹凉席 又称“保健麻将竹凉席”，是对坊乡团坑竹凉席厂、会同乡翠竹凉席厂生产的新型竹制工艺日用品，年产1万床。该产品以上乘毛竹为原料，经防腐漂白处理后，加工成麻将牌大小的空心薄竹片，再用高强度尼龙绳连接而成，四边缀以小珍珠，外观豪华典雅。其每块竹片中空，利于散热、通风、透气，使人倍觉凉爽。竹片与人体接触的部位呈弧形，躺在席上不仅舒适，还可以通过人体的辗转，挤压人体不同部位而起到按摩作用。空心保健竹凉席融工艺、实用、保健为一体，是理想的床上用具。

上犹通风保健竹凉席 上犹县林业木竹工艺厂产品。有各种规格的通风保健竹凉席、汽车坐垫、沙发坐垫、摩托车坐垫等。

崇义竹凉席 崇义阳岭竹木制品有限公司生产的新型产品。主要品种有竹青竹凉席、竹黄竹凉席，以及竹坐垫、竹窗帘、竹门帘、香骨等。

兴龙竹凉席 于都兴龙竹制品工艺厂生产，种类有床用竹席，枕头垫与汽车沙发配套的靠背、坐垫等。年产2000余床。

溪源保健竹凉席 于都小溪安盛竹业有限公司产品。年产1.2万床。

兴国竹凉席 兴国县均福山林场新开发产品。有床席、坐垫等品类。其制工精细、色泽洁白、经久耐用。

三、藤器

藤器不冷不热，四季适用。赣南藤器选用当地优质藤条，生产出多种优质藤器。以会昌县、瑞金市、全南县藤器为优。

会昌藤器 藤器是会昌传统产品，由会昌县藤器厂和个体户生产。用杉条、赣藤（又名土藤）或进口漂白藤等藤条编织而成。有三座排椅、双人排椅，单人圆头沙发、单人波浪形沙发、双人波浪形沙发，屏风，办公桌、圆茶桌，人字船底床，麻花、锦花、葵花、梅花椅等100多个花色品种。并分高中低三档。其中，会昌县藤器厂生产的“会昌山”牌客厅套装藤家具为1985年、1989年、1990年省优产品；1984年为轻工部优质产品。单双人藤沙发1984年为省优产品。全县年产藤家具3000多套。产品畅销北京、上海、广东、新疆等23个省、市、自治区。

全南藤木沙发 全南藤木家具厂选用优质栗木制作沙发框、扶手和脚架，高级进口藤编织各种花纹图案，曾获江西省家具评比二等奖和省新产品证书。年产2000套。

瑞金藤器 始创于清末民初。冈面、叶坪、沙洲坝、象湖镇等地均有生产，尤以瑞金市民政工业公司藤具厂生产的藤具最佳。品种有藤篮、藤箱、藤椅、圆侍椅、梅花菊花米字花工作椅、办公侍椅、加大圆侍胡椒花椅、红军椅、小人系列椅，藤条及土藤单人、三人、四人沙发，转椅、睡椅，茶几等50余种。年产1万多张（套）。瑞金藤具参加全省、全国福利生产展销会，均获得好评。

四、棕草制品

赣南棕榈资源丰富，以棕丝制棕绳、蓑衣、棕垫、棕床、地毡、毛刷等生产生活用品，是赣南的传统手工业。种植席草编席又是赣南的历史习惯，宁都县、赣县、南康市、信丰县、于都县、兴国县、龙南县、章贡区等县（市、区）均有产出，以宁都草席质量为最佳。1993年，全地区种植席草666.67公顷，总产6585吨。2000年，全市种植席草666.67公顷，总产7617吨。比上年增长26.84%。

坳背蓑衣、棕垫 龙南县汶龙乡坳背村人世世代代以编织蓑衣和棕垫为主要副业。蓑衣以棕丝为原料编织而成。披在身上用以防雨、防寒。20世纪60年代开始，蓑衣被塑料薄膜雨衣取代，坳背人转产棕垫。所产棕垫，精致耐用，畅销不衰。

宁都草席 以宁波席草编织而成。宁都县是江西省草席基地县之一。20世纪80年代，全县草席收购量占全省的1/2。宁都自古以三角草为原料打席。1965年，从浙江宁波引进圆草种栽植成功后，始用圆草编织草席。品种以宽度不等有12个规格。主产于田埠、田头两乡。后发展到长胜、固厚、固村、赖村、黄陂等乡（镇）。尤以田埠乡产量最多，有近4000名妇女从事草席加工，年均加工草席达40万条以上。

赣州草席 席面平整、光滑，呈黄绿色。其中特制密机席，质薄。年产7万条，主要产地在章贡区蟠龙镇、水南乡。

赣县草席 主产于吉埠、茅店、田村、南塘、江口等乡（镇）。年产草席7万条。

兴国江背草席 主产于江背镇草席厂，年产草席10万条。

龙南虎岩草席 产于龙南县玉岩乡虎岩村，虎岩村人世世代代以织草席为主要副业。

第三节 工艺美术品

一、雕塑 剪纸 纸扎

雕塑、剪纸和纸扎，是赣南古代就流行的民间艺术，精巧别致、赏心悦目。

宁都雕塑 宁都雕塑作品有树根雕、木雕、水泥直塑、泥塑及用钢筋水泥、玻璃钢、不锈钢、人造石翻制的雕塑作品。雕塑艺人陶涛、章锡兰、刘维祺等在县内外创作数十个城市雕塑、园林雕塑、校园雕塑及宾堂馆历的浮雕壁画。宁都县工艺厂民间雕塑师章锡兰先后为广昌、石城、宁都等县创作工农红军塑像、“收租院”展览馆泥塑群像等。其作品大多以神话传说、传奇人物为创作对象，作品以出口为主，远销美国、日本和东南亚各国及中国香港地区。其木雕《东郭先生》《西游记》《工业学大庆》《丰收图》等在江西省工艺美术馆展出；组雕《井冈山》《八一南昌起义》参加江西省工艺美术展览、全国工艺美术展览获创作奖，其根雕作品被选作出访外国礼品。该县文化馆美术师刘维祺被大连碧海艺术公司聘任，先后在大连、沈阳、哈尔滨、武汉、重庆、济南、包头等101个城市从事《西游记》等大型艺术雕塑工程。其雕塑作品《泉》《十五的月亮》分别参加江西省美术作品展览。两度应邀为中国台湾地区、泰国客户创作大型雕塑5座。

会昌木雕制品 会昌县工艺美术厂把驰名中外的“东阳木雕”手法与当地乡土木雕工艺之精华融

为一体，采用优质木材，经加工、雕刻、油漆等多道工序，生产出多种古色古香、美观大方的木雕制品。品种有雕花樟木箱、雕花啤酒柜、雕花首饰盒、雕花梳妆台、雕花床、雕花屏风、雕花电视柜等10多种，是宾馆、客厅使用和陈设佳品。产品远销东南亚、西欧和中国香港地区。

上犹雕刻系列产品 上犹县雕刻工艺厂生产各种高、中档木质仿古雕刻家具、工艺品。品种有套箱、会议桌、老板台、西餐桌、高靠凳、单人沙发、三人沙发、豪华高低床、龙凤低柜等雕刻家具，各种大、中型雕刻壁挂，设计雕刻装潢，雕刻仿古园林建筑、旅游工艺品等。

崇义根雕家具 崇义县木器厂生产，以各种树根，仿各种动、植物图案和艺术造型进行雕刻，再镶以大理石板面而制成，造型美观大方、古色古香。

崇义工艺木雕 崇义县木材公司生产，以珍贵树种樟木等为原料精雕细刻而成，具有鲜明的民族特色。以古色古香的仿古建筑为主的雕刻品，屏风、樟木箱和室内成套仿古家具，床、梳妆台、仿古凳、床头柜等木雕家具，台屏、壁挂等观赏艺术品为主。

石城石砚 产于石城县龙岗黄石山，故又名黄石砚、龙岗砚、龙砚。石城石砚早在北宋就被列为中国十大名砚之一。石城石砚石料深藏涧底，天然成各种颜色，剖开自隐图形。“质细如玉，温润缜栗，抚之如小儿肌肤”。制成砚石，呵气凝露，磨墨无声，贮墨不涸，发墨如油，不损毫锋。依其图形精雕成砚，即成高贵工艺品，具有观赏、收藏价值。主要作品：《五珠金龙砚》、《江山如画砚》（国家领导人收藏）、《怒海惊涛》、《昭君出塞》（获江西省华博会银奖、铜奖）、《中国印砚》。石城砚入选外交部《新中国国礼艺术大师作品集》，石城砚被列入国家礼品行列。

信丰石狮 系信丰县万隆乡红心村的传统特产品。20世纪80年代初期，该村下坝仔村民为继承祖传技艺，以当地青石为材料，雕成雌雄各一、雌身携子石狮，颇有观赏价值。

宁都剪纸 宁都民间剪纸始自唐宋，沿传至今。县城、农村均有一批剪纸艺人。作品大致分为刺绣花样剪纸、灯彩装饰剪纸、喜庆装饰剪纸。是鞋、帽、衣物绣花装饰的母体蓝本，婚丧喜庆的装饰品，木石雕刻、漆刷画的模印。宁都剪纸画面生动活泼，富有独特的风格。如“狮子滚球”剪纸、空镂漆模“八仙”剪纸，其表现手法在国内尚属少见。各类灯彩、剪纸，刻、剪并举，线条玲珑剔透，细如抽丝，镂空洞小如芝麻，状似挑花织物，技绝惊人，举世罕见。宁都县城的剪纸以火石（卢升）为代表，收藏大批宁都自古至今的民间剪纸作品，并创作大批新剪纸作品。其剪纸《财富创造者》《曙光》《拓荒者》《造土铳》等数十幅作品有的入载《中国剪纸百人选集》《中国剪纸集》《中国剪纸藏书票》《中国当代剪纸家》等数十部国内外大型辞书中。其剪纸作品数十次参加全国展览，并在全国性剪纸大赛中屡获一等奖、金奖、最佳奖，还有数幅剪纸被选送日本和中国台湾地区展出，并获日本名古屋教育委员会颁发的奖证。宁都农村剪纸很活跃。1991年，东山坝乡大布村农民罗崇金、罗长生创作的“金瓶牡丹”“福禄同春”剪纸，被中国民族民间剪纸大奖赛筹委会选中在北京当代美术展览馆展出。

宁都灯彩 宁都民间制作灯彩历史悠久，剪、刻、扎、贴的精巧手艺自唐、宋流传至今。宁都灯彩以传统灯彩为主，兼有反映现代生活的新式灯彩，种类达120多种。传统灯彩中有观音坐莲灯、观音送子灯、姜公背姜婆灯、刘海戏金蟾灯等；有描绘飞禽走兽、花鸟鱼虫的龙脑灯、狮子滚球灯、鲤鱼灯、麒麟灯、走马灯、凤凰灯、猴子打拳灯、猴子上树灯、猪八戒灯、猪八戒招亲灯、蛤蟆灯、虾公灯、金鱼灯、石榴灯、莲藕灯、荷花灯、柿子灯等；有反映人们生活的彩船戏文灯、面盆灯、花钵灯、花瓶灯、花篮灯、双全灯、鼓子灯、单刀灯、提笼灯、风车灯等；有室内外装饰的大型宫灯，如单层圆形宫灯、双层宫灯、玻璃宫灯、六角双层磨花玻璃宫灯、四角单层磨花玻璃宫灯等；有群体大型广场活动灯，如节龙灯、长龙灯、禾秆燃香长龙灯、芋杆燃香节龙灯、桥梆灯、竹篙灯、马灯、椰锤灯、牌楼灯、茶篮灯、扛灯等。县北东山坝一带民间艺人制扎的扛灯最为出色。

二、竹编 饰物 玩具

瑞金竹编工艺品 以品种繁多、款式新颖、工艺精良而名扬海外。以生产日用小工艺品为主，同时生产竹编果盒、果盘、果罐和花瓶等。最受外商欢迎的有竹壳猫头鹰、卡通变形小动物、竹壳动物信插、竹编动物篮、竹叉花盒套等。这些竹编工艺品，均由瑞金工艺美术厂选用山间竹壳、竹、竹鞭、竹枝杈、树皮、棕丝、芒丝、藤等加工而成。产品畅销欧美及东南亚等47个国家和地区。

营前茶篮 上犹县竹资源丰富，营前竹编历史悠久，工艺精湛，家家户户，皆善竹篾编织，被誉为“编织之乡”。营前茶篮（方言蛇篮），编织饰有花纹图案。造型独特优美。县民逢墟赶集，年节走亲访友皆喜提篮在手；农家添男育女做半月，外婆必须酒壶配茶篮，成为乡俗。

安远香篮 安远县农民传统手工产品。呈椭圆长形，有提手、篮盖，造型独特，制作精巧。主产地为濂江、车头、新龙等乡，以车头乡黎洞村出产最多、最好，享有“香篮村”的美名；该村农民做的青篮篮形平整、框架结实、篾片均薄、编织紧密，是安远香篮中的佳品。

全南竹粉筛 全南县传统工艺产品。筛网选用细小均匀的竹篾丝制作而成。民国3年（1914），中寨乡长塘钟冠文精制的竹粉筛被选送到美洲参加巴拿马国际工艺品博览会，获一等奖。2000年，有两家个体户生产。

南康细竹凉帽 南康盛产毛竹，工匠用苗竹细篾编织各种工艺品和生活用品。南康细竹凉帽，制作工艺精细，帽面光滑不刺手，热天戴上凉爽。

宁都天然水晶项链 宁都梅江镇水晶工艺制品厂生产，采用东海天然水晶经手工精细加工而成。产品除水晶项链外，还有手链、胸花、耳环、戒指等。年产7000余件。该产品集装饰、保健功能于一身，是婚嫁喜庆、生日庆典、馈赠亲友的高级礼品。

石城香木工艺品 石城县竹木工艺厂产品。新开发的工艺制品有香木工艺挂扇、装饰扇和挂历。其中20.31厘米、22.85厘米香木扇和20.31厘米檀香扇，小巧玲珑，装潢古雅，美观实用。40～100厘米各种工艺挂扇和工艺挂历，规格多样，有冲花、印花、手工烫画、笔画多种花色。工艺挂扇获1995年江西省“三新”博览会银奖。

宁都铸锻铜制工艺品 宁都县新产品。宁都县铸锻铜制工艺品厂生产，该厂为赣州地区第一家、江西省第二家铜制工艺品生产专业厂家。产品分为城市大型雕塑、民间工艺品、仿古工艺品等4大类。后两类产品有古铜六臂观音、关公塑像、宝鼎、宝钟、香炉、仿古式青铜四虎缚、伏虎双耳小方鼎、伏鸟双尾虎、马踏飞燕等38个品种。产品体积最小者有如来佛小菩萨，高仅10厘米；最大的有高达4.5米的锻铜观音坐莲佛像；最重的有1.8吨、高2.38米的铸铜浮雕古钟。各种铸锻铜制品或仿古铜制品工艺精致、造型美观而逼真。

于都仿唐三彩瓷板画 于都县生产仿唐三彩的厂家有南岭工艺美术有限责任公司和于都金禄美术有限公司。仿唐三彩结合铅釉和琉璃陶的优点，色彩明艳绚丽、年久不变。品种有单片瓷板画、大型拼图组合设计、拼幅组合瓷板镜框画等三大类。1995年8月，被选送北京参加联合国第四次妇女大会商品展览。年产35.6万片。

崇义漆木碗 崇义县工艺厂生产，以酸枣木和壳斗科木为原料制成。无毒、无味、耐高温、颜色鲜艳美观。是省新产品。

龙南脱胎漆器 主产于龙南县莲塘。主要品种有果盒、烟盒、笔筒、碗、碟等。产品以线纱缠绕作筋架，经整形、加漆、推光、绘画等一系列工序制成。造型讲究、结构坚固、外表光滑、可照人影、百度高温不变形。用生漆烟盒装烟丝，冬不枯碎、春不受潮。

全南彩色六面画玩具 由全南乡镇企业工艺厂生产，儿童玩具。用木方材制作的小动物画面的六面画玩具，是开发少年儿童智力的乐趣用品。年产量5万盒。产品外销10多个国家和地区。

第三章 食 品

赣南食品独具特色，颇具客家风味，主要有赣南脐橙、蜜橘、甜柚、茶油、茶叶、白莲、萝卜干、草菇、茶树菇、冬笋、香菇、粉丝、天然蜂蜜、银鱼、板栗、绞股蓝、玉兰片、腐竹、红瓜子、红薯粉、地瓜干、红薯干、豆干、泡菜、酸枣糕、手工米粉、多味花生、板鸭、月亮花生巴等。汉仙牌银光米粉畅销美国、英国、法国等 20 多个国家和中国香港、澳门地区；牡丹亭牌多味花生获国际博览会银奖；南安牌板鸭行销海内外。

第一节 传统及风味食品

一、大米及其制品

赣南传统食品，除以大米为主食品外，还有粉干、沙河粉、珍珠粉、年糕等米制食品。1986 年，全地区乡及乡以上工业企业生产大米 42.06 万吨、米制品 1260 吨；1993 年，全地区乡及乡以上工业企业生产大米 88.09 万吨、米制品 2500 吨；2000 年，全市乡及乡以上工业企业生产大米 163.80 万吨、米制品 4996 吨。

“联珠”牌速食米粥 大余县粮食食品厂生产的新产品。选用江西特产米——油黏米为主要原料精制而成。经 85℃以上开水焖泡 3～5 分钟或沸水煮 1～2 分钟即可食用。1990 年省优新产品，1991 年中国食品工业十年新成就展示会优秀新产品。年生产量 280 吨。

“五丰”牌银丝米粉 原名“快食粉丝”。由江西昌丰精细食品有限公司（会昌县精制米食公司）研制开发生产，填补省内米制食品空白。1991 年省优新产品。1993 年获中国新科技成果、专利技术、专利产品博览会食品类唯一金奖。年产 1000 余吨。

“汉仙”牌银光米粉 系江西昌丰精细食品有限公司独家研制生产的高档食品。产品集江西米粉、银丝米粉之长，不加任何添加剂精制而成。米粉煮 5 分钟不断、不烟，汤清如水，煮后放置 24 小时不断条。1994 年获省优秀新食品奖。年产 1000 余吨，畅销美国、英国、法国、加拿大、新加坡等 20 多个国家和中国香港、澳门地区。

禾丰珍珠粉 又名“珠粉”。清代被列为贡品。是于都县禾丰、利村、靖石、铁山垄、于阳等地农家传统特产。产品以优质籼稻米为原料手工加工筛选而成。形似珍珠，小如绿豆，颗粒均匀洁白，煮熟后呈半透明状。是老少皆宜的食品。禾丰镇 980 余户农家均有制作技能，年产可达 100 多吨。

“珍穗”牌大米 宁都县是国家商品粮基地县之一，被誉为“赣南粮仓”。由宁都县粮油加工厂生产的“珍穗”牌大米，自 1989 年起，连年被评为赣州地区优质产品。珍穗牌大米主要品种有标一早米、标一晚米、标一杂优晚米等。年产量 2500 吨。

“飞峰山”牌系列米粉干 上犹县粮油工业公司产品。年产量 500 吨。1991 年获赣州地区优质产品、食品行业第一名。

石城手工粉干 大米加工的传统产品之一。选用上等粳稻大米，经泡软、磨浆、熬熟、打烂、压榨定条、晒干等流程制作而成，以白净、细嫩、软韧、润滑、煮不浓汤著称，或炒或煮皆成美味，是米粉中的上品。明清时，石城粉干曾享誉省城，远传京师。

固厚粉干 宁都县粉干唯固厚粉干质量好，名气大。固厚乡有加工点 10 个，年产量达数十吨。食用具有洁、软、韧、滑、味道鲜美、久煮不烟等特点。

崇义珍珠营养粥 由江西医学院研制、崇义县米思奇食品厂生产。以大米、小米、黄豆、绿豆、红豆为主要原料，加上淮山、莲子、山楂、枸杞、红枣等中药配制而成。具有促进生长发育，增强体质，助消化、健脾胃之功效。用开水冲泡3～5分钟即可食用。

龙南米冻干 龙南传统产品。食用油炸或沙炒均可，松脆可口。立冬后制作便于久贮。

赣南冬粉 赣南城乡历史悠久的传统特产。上犹县、南康市、章贡区、赣县等县（市、区）农村和粮油加工部门均有生产。冬粉洁白细嫩，是制作各种汤丸、元宵、糕点的主要原料。

米思奇系列食品 以大米、玉米、大豆等为主要原料加工而成。分别有香、酥、脆口感和麻辣、五香、多味、鸡虾海鲜味、菠萝香蕉果味等20多种口味。形状分为片状、颗粒、条状，色泽金黄，是佐茶、佐酒，老少皆宜的食品。

二、小麦粉制品

赣南有多家面条专业厂和众多的面条加工作坊，年生产能力4万吨左右。

“滕仙”牌波纹面 龙南县粮油工业公司生产，省优产品。

全南波纹面 全南粮油加工厂产品。易熟耐煮、口感柔软。

“大忙人”牌方便面 大余县食品厂生产。配制有鲜汁海味、回族牛肉味、麻辣川味、鲜虾鲜鸡汁味等汤料。

“珍穗”牌营养挂面 宁都县粮食制品厂生产。产品有普通精粉面条、普通标粉面条两种。年产量1000吨。

定南玉米挂面 定南县粮油工业公司产品。蛋白质和微量元素含量高，清香爽口，长期食用对低血糖病人有辅助疗效。

“珍穗”牌魔芋挂面 宁都县粮食制品厂产品，赣州地区保健食品新产品。以魔芋和面粉为原料精制而成。对老年性心脏病、高血压、肠胃病等有显著疗效。年产200吨。

三、花生豆莲制品

花生和大豆均为赣南主要经济作物产品。白莲制品是20世纪90年代初开发的深加工产品。1993年，全地区乡及乡以上工业企业生产豆制品764.4吨。

“牡丹亭”牌多味花生 大余县食品厂新型花生制品，口味新颖独特。先后获轻工业部优质产品奖、江西省优质产品奖、第二届北京国际博览会银奖、中国首届轻工博览会银奖、中国食品工业协会十年成就展优秀新产品奖、上海市场优秀食品消费者奖。牡丹亭牌商标被评为江西省著名商标。

美迪系列食品 江西南康美迪包装材料有限公司出品，主要产品有月亮花生巴、板鸭、鸭肫、鸭外五件、菱酥果、蜜饯等。其中誉为“江南一绝”的月亮花生巴是传统特产，获江西新产品、新发明、新专利金奖。

会昌豆干 原名“豆干砣子”，又名“会昌薄干”。以优质青大豆、黄大豆为原料，做成豆腐干，辅以优质酱油和香料卤制而成。年产80吨。会昌县食品厂生产的薄干1985年被评为省优产品，核准为“岚山”牌商标。

“珍穗”牌蚕豆粉丝 宁都县金峰粉丝厂产品，该厂是赣州首家生产蚕豆粉丝的厂家。获1994年度赣州地区新产品。年产200吨。

“长寿”牌麦饭石盐酥花生果 信丰县进出口贸易公司食品厂生产。醇香可口，具有药用价值。对便秘、肝炎、妇科病、神经衰弱等均有疗效，对防癌、抗癌等有奇特功效。

“龙花”牌花生系列食品 龙南县花生食品有限公司应用国家专利技术，推出龙花牌花生糊、花生酥、利血宝软糖、花生油、麻辣花生、花生酱等系列食品。

上犹精炼油 上犹县油脂化工厂产品。有菜油和花生油2种。

桃江、阳埠腐竹 赣县桃江、阳埠生产腐竹历史悠久。被誉为“腐竹之乡”。阳埠腐竹清代被列为贡品。含有丰富的蛋白质和氨基酸。

“三益”牌腐竹 南康三益腐竹厂产品，是高蛋白、低脂肪的营养佳品，对防止和抑制高血压、动脉硬化、心血管病有良好的效果。

“美威”牌腐竹 龙南腐竹厂生产。经常食用可降低胆固醇，软化血管，提养精神。对年老体胖、高血压、动脉硬化、心血管患者尤为有益。省优产品。

石城白莲食品 白莲是石城县的著名特产。石城白莲品质优良，具有色白、粒大、味甘、营养丰富、药用价值高、炖煮易烂、汤清肉绵等特点，含有多种维生素和钙、磷、铁、锌、钼、锰、钛等多种营养元素，同时还富含氧化黄心树宁碱等具有药用价值的成分。白莲薏仁糊、健身莲心晶和速溶白莲粉是1995年江西省“三新”（新产品、新技术、新专利）博览会金奖产品。

四、薯（芋）制品

赣南各地均生产大量红薯。除鲜食外，主要加工薯粉及其制品和薯干。薯干以兴国产量最多，质量最佳。

龙南凤眼珍珠 龙南的传统小吃。主要原料为薯淀粉。1982年，在全省粮油食品展销会上被评为江西省优质粮食复制品，并命名为“凤眼珍珠”。

倒蒸番薯干 又名兴国牛皮糖薯干，为江西著名土特产品之一。入编《江西特产》一书，兴国农家传统土特产品，色泽红润透明，柔韧香甜可口。

“山珍”牌红心薯脯 于都县天然保健食品有限公司开发产品。薯脯含有丰富的维生素A、B、C和氨基酸黏液蛋白胶原和原液多糖类物质。具有健脾益胃、解除肺热通便结、润肠排浊、降低胆固醇功能。

全南酒酿番薯干 全南传统食品。将呈红褐半透明熟薯干、糯米酒酿一起装坛，一层薯干，一层酒酿，压实密封。酒汁渗入薯干，薯干肉质软脆，香甜醉人，是待客的上乘食品。

龙南番薯干 龙南民间家家都晒制番薯干。以龙南丫薯晒制的番薯干最佳。其色如猪肝，红润透明，清香味甜。

“雪花”牌精制淀粉系列产品 宁都县淀粉厂产品。该厂为赣州地区首家、江西省第二家精制淀粉的生产厂家，生产精制红薯粉、天然纯藕粉、精制葛粉、精制水磨糯米粉等系列产品，外销韩国、日本和东南亚各国。

宁都魔芋膏 俗称琦子豆腐，主要原料为魔芋。以安福、黄陂、东韶、肖田、洛口、小布、大沽、蔡江、田埠、固村等山区乡村为主产地。魔芋含有甘露聚糖，对高血压、高血脂有一定疗效。以魔芋浆加工而成的魔芋膏，淡褐色，松脆爽口。全县年产魔芋膏3000吨。

五、肉制品

肉制品遍及全市（地区）千家万户，花色品种繁多。主要的有板鸭、腊肉、盐肉、酱肉、关刀肉、猪肉香肠、肉枣香肠、猪肝香肠、牛肉香肠、鸭肝香肠、金银肝、腊牛肉、腊五件、腊（盐）猪耳、腊香肚、腊猪肝等。其中不少为赣南特有、特佳，尤其是板鸭，享誉中外。

“南安”牌板鸭 大余县南安板鸭厂优质产品。以优良鸭种大粒麻鸭做原料，始产于明朝南安府方屋塘，因产地而得名，民间俗称“泡腌”，色、香、味、型俱佳，素有“腊味之王”的美称。年产板鸭10万余只。1981年、1985年、1989年、1990年连续4届省优产品；1986年12月部优产品，获国家银质奖；1988年12月，获全国首届食品博览会金奖；1990年12月获全国首届轻工产品博览会金奖；

1991 年通过国优产品复评。

“沙地”牌板鸭 赣县沙地板鸭厂生产的名牌产品。沙地板鸭的加工工艺以南安板鸭的传统工艺为基础，对毛鸭选种、育肥、腌制、晾晒等技术进行改进，形成沙地板鸭的独特性。年产 10 万只。先后获国家银质奖（1986 年）、中国首届食品博览会金质奖（1988 年）、省优产品（1989 年）、全国“七五”“星火计划”科技成果金质奖。

南康板鸭 南康为南安板鸭主要产地之一。有唐江、横市、龙回、三益、浮石、横寨、潭东、镜坝等 8 个板鸭厂，年加工板鸭 80 万只。唐江板鸭厂获江西省粮油进出口公司板鸭质量奖第一名；龙回板鸭厂在港澳市场板鸭评比会上获板鸭质量奖；龙回板鸭厂、横市板鸭厂获江西省粮油进出口公司板鸭质量优质奖、横市板鸭被评为出口质量第二名。

兴国鱼丝 为江西名菜之一。以鲜草鱼、红鲤鱼、薯粉为主要原料，晶莹洁白、味鲜爽口、柔韧清香、营养丰富。省优产品。年产 16 吨。

兴国板鸭 兴国县板鸭厂产品。外形色白、皮薄、肉嫩、骨脆、味香、咸淡适中，是腊味上品。

于都板鸭 于都县贡江板鸭厂出产的名特产品，江西省食品行业外销的重要出口产品之一。肉香骨脆，风味独特。

南康板鸭外五件 南康美的食品有限公司产品。板鸭外五件（鸭嘴、鸭脚、鸭翅膀）肉嫩骨脆，烹食方便。

崇义鱼粉丝 赣南水产食品开发公司出品。该公司是崇义县杰坝乡的乡办企业，主要生产一级、二级鱼粉丝。以山涧水养育的成鱼为原料精制而成，味道格外鲜美。年产 300 吨。

六、调味品　酱腌品

酱油、辣椒酱、豆豉、面酱、香醋、酱腌菜等，为赣南地产调味品之大宗商品，全市（地区）各地均有产出。1993 年，全地区乡及乡以上工业企业生产酱油 5.99 万吨、食醋 195.8 吨、酱腌菜 52.46 吨。

“梓山”牌酱油 于都梓山酱油厂生产，于都县驰名省内外的传统特产，清代被列为贡品。被评为华东地区调味品一级酱油，进入国家同类产品先进行列，并在北京中国农产品展览馆展出，载入《中国食品年鉴》。以优质黄大豆、大乌豆、蚕豌豆和 21 种中草药为原料精制而成，年生产能力 1000 吨。

南康辣椒酱 原名顶呱呱德福斋辣椒酱，源于明末清初。先后由南康食品加工厂和南方食品有限公司生产。品种有芝麻辣椒酱、花生辣椒酱、鲜椒酱、三鲜酱等。1982 年、1986 年、1990 年省优产品。入编《全国名特产品》一书。年产量 150 吨。

“章江源”牌汤料 大余县粮食食品厂生产，省优秀新产品，中国食品工业十年新成就优秀新产品。属新开发的调味汤料。有鸡汁、牛肉、三鲜、香菇、麻辣、鲜虾汁等南北各种风味的品种。年生产量 2240 万包。

会昌多味鲜辣椒、会昌特酿辣酱 会昌县保鲜营养食品厂生产，1993 年省优新产品。年产量 80 吨，畅销省内及广东、福建等地。

“信塔”牌原汁美味豆豉 信丰县食品厂研制生产，1992 年省优产品。品种有香味型和微辣型 2 种。年产量约 200 吨。

顶呱呱酱油王 南康南方食品有限公司生产，氨基酸态氮等 3 项主要理化指标含量高于市场同类商品。

“岚山”牌酱油 会昌食品厂生产。年产量 1000 吨。产品含氨基酸、蛋白质和多种维生素。

“鸡心”牌沪兴酱油 兴国制糖厂副食品加工厂生产，年产 500 吨。

“太平”牌麦饭石酱油 会昌县太平食品厂的新产品，为省内首创。以脱脂大豆、麦饭石、麦攀等为原料酿制而成。产品含有多种微量元素及矿物质，能调节人体的新陈代谢，促进血液循环，集保健与调味于一体。年产量600吨。

"太平"牌麻辣酱干丝、会昌酱干 会昌县太平食品厂生产。产品有薄质丝状、块状豆干两种。麻辣酱干丝年产量300万包（120吨），会昌酱干年产量80吨。

宁都胡萝卜浆、金橘果浆 宁都县林科所新开发的食品原汁产品。主要用来配制果蔬饮料、蔬菜汁和蔬菜酱等，年产量600吨，主要运销南昌市。

信丰萝卜系列腌制品 信丰以地产鲜胡萝卜和白萝卜盐腌、晒制加工的黄萝卜条、香干萝卜、萝卜片、萝卜丝、营养酱、金参条、天然脯、多味酱、多味萝卜条、白雪条等产品，在省内久负盛名。信丰萝卜丝，1953年曾运往朝鲜，为朝鲜人民军和中国人民志愿军的菜肴之一。

龙南黄金条 俗称胡萝卜干。以其色似黄金而得名，是儿童天然的营养食品。

全南甜菜干 全南传统特产。以桃江河谷种植的厚叶柄芥菜为原料制作而成。甜菜干与扣肉同蒸，香甜不腻。妇女分娩后坐月子也常常食用甜菜干。

赣县倒菜 赣县江口、茅店、五云等地农家盛产的具有独特香味的腌菜，俗称"倒菜"。清脆可口，醇香诱人，被誉为"青菜王"。用大头青菜经晒干加工后制作而成。

龙南菜干 俗称"干仔"。有甜菜干、酸菜干两种，以芥菜为原料制成。甜菜干制法：将芥菜洗净切碎，用热水氽熟，晒至一定程度进行久蒸久晒即成，味道甘甜、清香扑鼻，常常是妇女分娩后做月子吃的菜。酸菜干制法：先将芥菜洗净切碎再加盐用于擦搓，然后置入木桶或其他容器具中让其发酵，等酸味浓郁后取出晒干即成。菜干是农家的"当家菜"。

会昌辣椒干 会昌传统名产之一。晓龙、高排、麻州、文武坝、珠兰等乡为主产区。品种有羊角椒、甜椒、黄椒3种。羊角椒最为著名，色泽红亮，肉质厚实，甜辣适口。

安远辣椒干 以龙布、塘村、双芫、天心、长沙、重石等乡（镇）为主产区。特别是龙布镇所产辣椒干金黄透明，质量上乘，远近闻名。1953年，安远调运2汽车辣椒粉至朝鲜前线给志愿军食用，御寒祛风。

石城明笋 以石城县小松镇新华村、胜和村，横江镇桃花村等地明笋最为有名，用清明前后的竹笋加工而成。明笋成品片宽节短，色泽金黄，呈半透明状，香气清甜，经过泡发制成菜肴后，肉质肥厚，口感脆嫩、清爽。

七、罐头

赣南罐头工业始于20世纪70年代末。全市（地区）有7个罐头厂，其中宁都县、崇义县、于都县、寻乌县4个县罐头厂生产规模年产500吨以上，40多个品种，年产罐头1万多吨。宁都县、崇义县2个县罐头厂为出口产品生产厂。

"翠岗"牌、"长青"牌罐头系列产品 宁都县罐头厂系全国罐头出口定点厂之一。生产"长青"牌（出口注册商标）、"翠岗"牌（国内注册商标）清水小竹笋、清水春笋、清水冬笋、甜酸藠头、糖水橘子、清水芦笋、清水马蹄、糖水白莲、糖水李子、红烧猪肉、清蒸猪肉等10多个品种的罐头，同时生产浓缩柑橘果汁和果酱等。"长青"牌清水小竹笋罐头省优产品，获中国首届食品博览会银质奖；糖水金橘和糖水猕猴桃罐头获外贸部新产品出口奖。

崇义笋类罐头、甜酸藠头罐头 崇义县罐头厂生产长青牌笋类罐头有冬笋、清水竹笋（春笋）、清水原汁鲜笋、清水笋片、笋丝、笋钉、小竹笋等9个规格品种，年产800吨；甜酸藠头罐头为江西省出口独特产品，在全省同行业质量评比中名列榜首。

于都蜜橘罐头、笋类罐头、藠头罐头 于都县罐头食品厂产品，年产5000吨。

八、糖和糖果

赣南种蔗制糖历史悠久，为全国八大蔗糖基地之一。全市（地区）有大中型制糖厂 8 家，日处理甘蔗 1.34 万吨，年产机制糖 10 多万吨。白砂糖有梨花、晶山、玉兰、雪花、潋江等名牌产品。此外，还生产大量土糖和糖果。

“梨花”牌白砂糖 江西第三制糖厂产品，1985 年获轻工业部优质产品奖和全国大型甘蔗糖厂亚硫酸法一级白砂糖质量评比第二名。

“梨花”牌甜菊糖（甙） 江西第三制糖厂甜菊糖分厂产品，为有别于蔗糖、甜菜糖的世界第三大新型糖源。广泛应用于饮料、食品、医药及日用化工等用糖业。获第一届全国食品添加剂展示会“飞天奖”和全国行优产品奖。年产 100 吨，远销东南亚各国。

“晶山”牌白砂糖、赤砂糖 江西红都制糖厂名牌产品。省优、部优产品，在全国甘蔗糖行业质量评比中名列第二。

“玉兰”牌一级白砂糖 江西第二糖厂产品，1989 年省优产品；1989、1991 年部优产品。

“雪花”牌白砂糖 江西第一制糖厂产品。1986 年省优产品，1991 年部优产品。

“潋江”牌白砂糖 兴国制糖厂产品。1988 年省优产品、1991 年 12 月部优产品。

木糖 江西第三制糖厂出品，以甘蔗渣中含有的多缩戊糖为原料提炼而成。糖度是蔗糖的 0.8 倍。进入人体不发热量，不升高血糖，可作为糖尿病人代糖品。常服木糖醇，能降低转氨酶，改善肝功能。

宁都土糖（红糖） 宁都土糖主要产于竹笮、刘坑等乡。分红糖、料糖、漏水糖 3 类共 11 个品种。赛雪、雪花、提庄、布尖是红糖中的精品。1991 年，全县产土糖 2684 吨，产品多为红糖，为全地区之冠。含有丰富的果糖、葡萄糖等还原糖和人体所必需的多种微量元素，其中铁的含量为其他食品所不及。具有清热生津、益气补中、健脾暖胃、化食解疼之功，又有活血化瘀之效，是妇女产后食品。

天鹅奶糖、宝宝乐奶糖 江西第一制糖厂生产，1990 年均被评为省优产品。

“梨花”牌草珊瑚系列保健糖果 江西中医学院中药研究所监制，江西第三制糖厂开发生产。具有清热、消炎、杀菌、护齿、护嗓、除口臭、防龋齿的功效。

九、蜂蜜

蜂蜜是蜜蜂采集百花之粉酿制的蜜糖，营养丰富，是老幼皆宜的滋补佳品，有滋养润燥、养胃生津、滑肠通便、润肺止咳之功。赣南蜂蜜主产于安远县、赣县、会昌县、信丰县、宁都县等地。所产蜂蜜多为一级白蜜和二级黄蜜。

安远蜂蜜 安远县为全市（地区）主要产蜜县之一。产品有黄蜜、白蜜两种。黄蜜为黄色液体，在夏季酿成，产量较高；白蜜为凝固的猪油状，洁白如雪，在冬季酿成，产量甚少。白蜜耐贮藏，具有滋阴降火、补身健体功能，系蜂蜜中的珍品。

宁都蜂蜜 宁都饲养蜂群多为中蜂、意大利蜂品种。桶式老法饲养，取蜜技术落后，蜂蜜产量不高，多为自用，少量上市。主产于固村、长胜、黄石、田头、石上、青塘、大沽、对坊、东韶、洛口等乡（镇）。尤以洛口、固村、小布等乡（镇）、专业户多。

会昌蜂蜜 分白、黄、红 3 种，黄、红蜜居多，白蜜极少。主产于晓龙、高排、右水、筠门岭、洞头、永隆、中村、富城、珠兰等乡（镇）。

十、蜜饯

赣南盛产李、梅、桃、枣、橘、柿等果品，将其加工成蜜饯，主要品种有金瓜糕、九制陈皮、酸枣糕、丁香李、蜜枣、冬瓜条、金橘饼、福橘饼、白雪条、丁香梅、巧酸梅、话李、柿脯、五味姜、蜜李、甜酸李、山楂片、开胃果、七珍梅、八珍梅、话李桃、珍梅甘姜等 30 多种。一些名产品行销国内外。

“天禄”牌金瓜糕 会昌县食品厂生产。系精选连城红心红薯配以果萄糖浆等精制而成。1994 年通过省级鉴定，获省优秀新产品二等奖和中国首届经济特区保健食品博览会金奖。1995 年 4 月，获江西省新专利、新发明、新产品博览会金奖，中国首届经济特区保健食品博览会金奖。

“天禄”牌赛参宝 会昌县食品厂新产品。选用胡萝卜配以酸枣等精制而成。江西新专利、新发明、新产品博览会金奖。中国首届经济特区保健食品博览会金杯奖。

“枣花”牌酸枣糕 会昌县果品厂生产。利用野生植物天然酸枣为原料精制而成。年产量 100 吨。获全国“七五”星火博览会银奖。

“三梅”牌丁香李 赣南蜜饯厂主要传统产品之一。以珍珠李为原料精制而成。省优产品，获中国首届食品博览会铜质奖。

“齐云山”牌九制陈皮 崇义县食品厂生产。获江西省优秀新食品奖和中国食品工业十年新成就优秀新产品奖。

赣州丁香梅、丁香李 赣州市（今章贡区）供销社加工厂生产。1985 年获全国乡镇企业蜜饯行业评比总分第一名。

赣州珍珠蜜枣 蟠龙供销社食品厂、湖边供销社果品厂生产。1985 年省优产品，1990 年获全国乡镇企业蜜饯行业评比总分第一名。年产量近 50 吨。

赣县金丝蜜枣、丁香梅 以赣县湖江、攸镇等地的棉枣和地产鲜杨梅为原料加工而成，赣南蜜饯厂独家生产，省优产品。

南康蜜饯 南康市传统名特产品。产品分为蜜饯、果脯、凉果三大类 20 多个品种。年产 500 吨以上。其中，唐江桥牌珍珠蜜枣、丁香李、话李、话梅、丁香梅、五味姜、糖姜片、冬瓜条、金橘饼为省优产品；珍珠蜜枣、五味姜为省首届旅游商品展销会滕王阁杯优秀奖。

“大庾岭”牌系列果品 大余县土产公司蜜饯厂生产，年产量 210 吨。主要有丁香李、辣味果、红姜片、咸脆花生等多种产品，其中红姜片产品 1993 年获赣州地区消费者协会颁发的“最受欢迎产品”奖。

澄江蜜饯 寻乌县澄江镇蜜饯厂出品。蜜饯系列品种有澄江李、奶油话李、相思梅、金橘饼、金橘球、梅皇果肉、巧酸梅、姜片、白雪条、九制陈片等 10 余个品种。其中，澄江李、金橘饼两种产品为地区优秀产品。

“枣花”牌蜜饯 会昌县果品厂生产。主要有酸枣糕、金瓜糕、嘉应子、话李、话杨梅、话桃片、蜜金橘等 10 多个品种，年产量 150 吨。

于都果脯 于都县果子厂产品。主要品种有芙蓉嘉应子、酸枣糕、赣粤梅、酥李、桃脯、风味金橘、糖姜片、梨脯、广澳梅、蔬果脯等 20 余种，年产 5000 吨。

“方园”牌酸枣糕 全南县食品厂新开发的天然食品。年产 300 吨。该产品含有丰富的维生素 C、氨基酸、葡萄糖等营养成分。

于都柿脯 于都县岭背食品加工厂出品。常食用有降血压、治胃病、疗痢疾、散酒毒、润肠通便等功效。年产 5000 吨。

南康柿饼 南康市传统名产之一，主产于凤岗、潭口两镇。

崇义南酸枣糕 崇义县食品厂生产，选用赣南特有的天然野生南酸枣为原料，是纯正天然的保健食品。内含原果固有的维生素 C、氨基酸、葡萄糖、果胶等营养成分。

社迳蜜饯 全南县社迳乡食品厂以桃、李、梅、山楂、生姜、杨梅为原料，生产加工的相思梅、话梅、五香梅、蜜李、八珍李、话李、开胃果、甘梅、山楂片、五味姜等蜜饯，产品甘甜爽口，回味悠长，其中6个产品荣获全地区乡镇企业蜜饯类优秀产品奖。产品畅销省内及广东10多个县（市），年产30吨左右。

十一、糕点

赣南糕点具有悠久的生产经营历史。始于清光绪初年。1993年，全地区乡及乡以上糕点加工工业企业生产糕点88.01吨、饼干1116吨，比上年分别减少11.82%、8.73%。

赣州糕点 赣州市食品厂生产的赖氨酸奶油饼干、鸡蛋麦麸饼干、排馓子、奶油饼干、鸡蛋儿童饼干、钙奶饼干为省优产品；赣州市红旗副食品商店、稻香村生产的滋养饼干、光明酥、麻花、水泡饼干为省优产品。赣州市东郊作坊生产的滋养饼干、光明酥、麻花和水泡饼干、双麻月饼为省优产品。

坪市雪片糕 南康市坪市乡生产，为赣南食品行业的优质产品。以上等糯米、白砂糖、茶油等原料精制而成。坪市有食品加工户20多家，年产量达70多吨。

赣县雪片糕 赣县地方风味糕点，用糯米、白糖、香料等制成。主产于赣县江口、田村等地。

南康茶花酥 用面粉和纯白猪油、白砂糖等原料制成。其色泽鲜艳，香甜味美。

南康苏姜 主产南康市凤岗镇。以纯糯米、生姜、橘皮、砂糖为原料精制而成。具有柔软细腻、姜橘香味、清甜爽口、生津化食、化痰镇咳等特点。

赣州麻通 用糯米、白糖、芝麻、茶油、饴糖为原料精制而成。外皮薄如纸，内似丝瓜瓤，松脆爽口，入口即溶，香酥可口。

全南炒米 选用当年晚稻谷，浸透煮至谷壳开裂，米质熟透而不烂时，起锅摊晒。九成干时碾掉谷壳成饭干，再晒干，用细河沙爆炒，干燥保管，农村家家晒制。坐月子产妇沾姜汤，婚嫁喜酒客人夜宵吃猪头汤必拌炒米，平时出门可当干粮，过年加糖做成炒米糖，甜香可口。

第二节 饮料和营养口服液

一、饮料酒

赣南有1800多年酿酒的历史。至1993年，全地区有乡及乡以上酿酒企业29家，生产饮料酒5.03万吨，其中白酒2.09万吨、啤酒2.43万吨、黄酒900吨、葡萄酒1000吨、果露酒3200吨；1995年生产各种饮料酒8.05万吨。2000年，全市有乡及乡以上酿酒企业30余家，生产饮料酒10.02万吨，其中白酒1.66万吨、啤酒8.36万吨。较有名的有苦瓜酒、天龙山酒、宁酒、金醇酒、中华黑米啤酒、赣良啤酒、中华敬师酒、赣南麦饭石酒等一系列国际国内名酒。

天龙山酒 原名天龙液酒，全南县酿酒厂生产。省优质酒。1994年送蒙古乌兰巴托国际博览会参展，获国际金奖。在北京、河南、内蒙古等地享有较高声誉，是江西省在北京市场为数不多的热销酒。年产3000吨。

宁酒 宁都县酒厂新开发的优质产品。1994年赣州地区优质产品、1995年省优产品。1995年国际食品及加工技术博览会金奖。年产1000吨。

“赣石”牌金醇酒 信丰县酿酒厂生产的赣南麦饭石系列产品之一，填补江西省酿酒行业的空白，属国内首创。1994年，获中国特区食品博览会金杯奖和巴黎国际食品博览会金奖。年产600吨。

中华黑米啤酒 赣良啤酒厂与广东省农科院黑色食品研究中心共同研制产品，属国内外首创，具有世界先进水平。获省优新产品一等奖、农业部特种米加工食品银奖、1993年新加坡国际饮料博览会银奖、1995年北京国际食品及加工技术博览会金奖。

赣良啤酒 赣良啤酒厂产品。1994年省优产品。1993年，获新加坡国际饮料博览会银奖。

“绿凉”牌苦瓜酒 赣州嘉乐酒厂生产的苦（凉）瓜清凉饮料系列产品之一，国家专利产品，省优新产品，省“三新”博览会金奖。1994 年参加德国纽纶堡国际“三新”展览会，引起轰动。1995 年获国家绿色食品证书，中国保护消费者基金会推荐为消费者信得过产品，中国第二届农业博览会金奖。1996 年被定为第二十六届亚特兰大奥运会中国代表团专用庆功酒。该产品外观新颖独特，瓶内含 1 根苦（凉）瓜，色泽淡黄透彻，味苦而甘，清凉爽口，清热解毒，润喉滋肝。

“项山”牌中华敬师酒 寻乌酒厂于 1992 年与北京师范大学、华南理工大学食品工程系、贵州省轻工业研究所共同研制开发的高级保健补酒。采用中国南方山区稀有的金钱龟、紫灵芝、冬虫夏草等 20 余种名贵中草药材为主要原料，选用优质纯真米酒精制而成。具有滋阴潜阳，滋补肝肾，养心安神，强筋健骨，健脾益胃，防癌养生之功效。获全国第三届轻工业产品博览会优秀产品奖、食品工业优新产品奖、高新技术（广州）交易会最受欢迎产品奖和省优新产品奖。

赣南麦饭石酒 信丰县酿酒厂于 1990 年与江西中医学院、江西地质科学研究所联合研制成功的新产品。以大米、高粱为主要原料，赣南麦饭石为辅料酿造的一种新型保健功饮料酒，在全国独具一格。1990 年省优秀产品、1991 年获中国食品工业协会优秀新产品奖。年产 3000 吨。

全南茅山金樱酒 1959 年，全南县茅山酿酒厂根据《本草纲目》药理，以本地产金樱子和糯米等为原料酿制而成。具有固精益肾、健脾开胃之功效。1972 年被评为江西省优质酒，1983 年获外经部优质产品荣誉证书。

“章贡”牌章贡酒 赣州酒厂生产，1986 年、1990 年省优产品，年产 5000 吨。50°特制章贡酒为北京毛泽东纪念堂特制礼品酒。

“赣泉”牌赣泉酒 赣州酒厂生产。1973 年以来，多次被评为省优产品和省优质酒。

“赣江”牌 10°赣江啤酒 赣州酒厂生产。5 次蝉联江西省 10°黄啤酒质量评比第一名，省优啤酒。年产 2 万吨。

八一灵芝酒 江西八一垦殖场酒厂采用名贵灵芝及多种中草药酿制而成的补酒。具有益脾健胃、疏肝利气、舒筋健骨活血之功用。1983 年省优质酒。

云盖仙酒、玉泉酒 宁都县玉泉酿酒厂生产。1994 年省优质酒。年产 30 吨。

“陡水”牌犹江春酒 虔州酿酒厂生产的犹江系列白酒之一。1994 年省优质酒。

罗天液酒 于都酿酒饮料总厂产品。1985 年省优质酒（低度）。

“梅岭”牌中华猕猴桃酒 大余牡丹亭酒厂生产。1987 年 10 月省优质产品。

雩山酒 于都酿酒饮料总厂酿制，1983 年省优质酒。

“长冈”牌长冈酒 兴国酒厂（赣南酿酒厂）产品。1986 年和 1987 年省优产品。

“安珠”牌 35°豹骨酒 又名抗湿强身酒，安远酒厂生产。1990 年省优产品。

“安珠”牌 18°猕猴桃酒 安远酒厂新产品，1991 年省优产品。

东江泉酒 安远酒厂新产品，1995 年省优质酒，并获江西省新技术、新发明、新专利博览会金奖。年产 250 吨。

定南珍灵酒 定南县酒厂与江西省中医学院共同研制的一种高级保健饮料酒。1992 年省优新食品。

赣州陈年伏酒 赣州酒厂出品。1993 年获华东四省一市黄酒评比第一名，1980 年以来，多次被评为省优质酒。

南康陈年蜜酒 南康酒厂生产，1980 年、1985 年、1989 年被评为江西名酒。

“安珠”牌 25°乌龙益寿酒 安远酒厂产品。以江南特产乌蛇肉为原料，配以何首乌、龙眼肉、枸杞子等 10 余种名贵药材调入纯正米酒精制而成。具有补肾填精、养肝明目、乌须黑发、宁神益智等功效，1990 年省优质酒。年产量 200 吨。

"东华"牌石泉春系列白酒 石城县酿酒厂在江西省科学院微生物研究所指导监制产品。1994 年省优产品。

18°咖啡糯酒、38°岚酒 会昌县酒厂生产，1984 年省优新产品。

赣酒、香雪酒 赣县酒厂产品。省优产品。年产 1000 吨。

南康大曲、南方窖酒 南康酒厂老牌优质产品，年产 2000 吨。1989—1994 年多次被评为赣州地区优质产品。

龙雾山酒 瑞金市酒厂，因酒厂地处龙雾山脚下而得名，1989 年 6 月被评为赣州地区优质酒。

全南大曲 全南酒厂采用传统工艺运用现代科技手段，通过五粮配比精心酿造"福满堂"牌浓香型系列金全南大曲、特酿全南大典、特醇全南大曲等 10 多个品种，年产量 4000 多吨。该厂生产的白酒具有酒质明亮、窖香浓郁、入口甘爽、回味绵长之特点。其中浓香型 35°、45°特酿大曲被评为江西省名酒；35°、45°、50°浓香型全南大曲，被评为江西省优质酒。

龙南夜来香酒 龙南县酿酒厂生产，1994 年被评为赣州地区优质酒。

云山窖酒 寻乌酒厂研制生产。

龙泉酒 于都酿酒饮料总厂新开发的 38°浓香低度白酒。1990 年获江西省科技新成果、新产品交易会金奖。

麦饭石金樱子酒 信丰县金盆山营林林场产品。

竹荪酒 崇义县酿酒厂产品，新型营养保健酒。该酒含有人体所需 8 种氨基酸和锗、锌、硒等微量元素。具有清热消炎、美容抗衰老等功效，能增强人体免疫力，是一种新型的营养保健酒。

信丰南山酒 信丰酒厂产品，年产 1000 多吨。有"常饮南山酒，寿比南山长"之名寓，被誉为"小四特"。

于都柿酒 于都县酒厂产品，年产 2000 吨。产品含有较多的氨基酸与维生素 A、B；有止烦渴、润肺、健脾、强身、益体之功能。属营养丰富的水果酒。

南康蛇酒、蛇胆酒 南康酒厂与南昌大学生物工程研究所研制的新产品，填补省内空白。具有祛风活络、舒筋活血、祛寒湿、攻疮毒等功效。

南康灵芝酒 南康酒厂产品。内装灵芝，清晰可见。该品对神经衰弱、失眠、慢性气管炎等症有一定的疗效。

全南金龟酒 全南县茅山酿酒厂出品。以乌壳糯米为原料，酿制成纯糯米酒，浸泡金钱龟和草药，3 年开窖精制而成。含多种有益人体的微量元素，有养血、安神、补脑、益肾、强筋、壮骨、延年益寿之功能。

"安珠"牌麻雀酒 安远酒厂研制的高级补酒。以江南麻雀为原料，配合 10 余种名贵中药材调入纯正米酒精制而成。具有健脾益胃、养肝明目、宁神益智等功效。

营前糟酒 即冬酒，上犹县营前叫糟酒。乡人常做"串缸糟"，酒质醇香，后劲大。

横江水酒 家庭大规模制作糯米水酒，是客家地区饮食文化的主要特点之一。横江水酒香甜醇冽，是石城民间水酒中的上品。

固村米酒 宁都县固村民间素有客来"以酒代茶"的款待习惯，家家都会酿酒、储酒待客。固村米酒为上乘之酿，质冠全县。其特色是赤黄、明亮、清澈、芳香顺口、味浓醇正、后劲足。

三甲酒 宁都县产品，以固村所产最有名。将糯米淘洗净后，蒸熟晾冷，拌入酒曲，封盖发酵后泌出酒酿。出酒酿后，加入少量水或不掺水，密封存至 1～2 个月后，启盖直接饮用。其色清澈黄亮，入口柔绵甘甜，后劲大。

宁都谷烧 以宁都县本地产的粳谷为原料，密封蒸熟，拌上酒曲，发酵半个月左右后，用蒸馏甑取其蒸气，经冷却后则成为谷烧。为宁都县山区农民自制白酒，酒精浓度高，味道甘洌醇厚。

二、碳酸饮料　果菜汁饮料

赣南碳酸饮料、果菜汁饮料，多为20世纪90年代初开发的新产品，也有地方传统产品。1993年，全地区生产碳酸、果菜汁等饮料6277吨。2000年，全市生产碳酸饮料1117吨、果菜汁等饮料5660.52吨。

“山珠”牌天然中华猕猴桃汁　江西安达饮料有限公司引进原江西大学先进技术研制的营养饮料。将中华猕猴桃果汁与果葡糖浆配制而成。1993年，获新加坡国际饮料博览会银奖。

中华金橘王　又名天然金橘果肉汁，宁都县林科所开发的新优产品。采用当地特有资源金弹（金橘）为原料精制而成，属国内首创。1994年，获全国林业名特优新产品博览会金奖。年产1500吨。

“红井”牌体力宝饮料（可乐）　瑞金饮料厂生产。采用白砂糖、蜂蜜、传统中药及天然香料精制而成。赣州地区优质产品。1990年在全国饮料质量评比中，获“农业部优质产品”称号。

“天然”牌莲子豆奶　瑞金市天然食品饮料发展公司主产品。年产500吨左右。该产品具有清热解毒、开胃醒酒等特点；富含蛋白质、维生素和有机盐，有抗衰老功能。

“天然”牌马蹄奶　瑞金市天然食品饮料发展公司新产品。采用瑞金盛产的马蹄果为重要原料研制成功，填补省内空白。年产300吨。

“青梅”牌花生奶　中国科技大学教授、海口海湾应用技术研究所所长钱生球研究开发的高科技产品，于都县酿酒饮料总厂生产。年产5000吨。

“齐云山”牌南酸枣茶　崇义县食品厂生产。采用生长在齐云山原始森林中特有的野生果品南酸枣为原料精制而成。

宁都柑橘沙瓤　宁都县林科所新产品。年产500吨。主要用来配制粒粒橙饮料、橙汁酸奶等高档果肉型饮料。

三、矿泉水

赣南矿泉水主要品种有“野人”牌矿泉水、“浮石山”牌天然五味矿泉水、“金泉牌”矿泉水、“五指峰”牌矿泉水、“宝石山”天然矿泉水等。全市（地区）矿泉水产量，1993年仅440多吨；1994年，宁都县年产2000多吨；南康市浮石山牌天然五味矿泉水，年产6000吨。

“金盆山”牌赣南麦饭石矿泉水　赣南麦饭石矿泉水厂产品。该产品是赣南麦饭石矿层中涌流出来的地下深循环构造裂泉水，属含偏硅酸锶重碳酸钙型矿泉水。具有麦饭石的保健功效。1993年获江西新技术、新产品最受欢迎奖，1995年获江西新专利、新技术、新产品博览会金奖。

“野人”牌矿泉水　赣南野人矿泉水有限公司新产品，产于位于赣南东北部武夷山区的宁都县石上镇河源村。属富含锂、偏硅酸重碳酸钙型优质矿泉水。氡的含量为110.3～119.55贝可/升，属国内罕见，达到医疗矿泉水标准。能起到改善和促进人体新陈代谢，调整人体生理机能作用。年产2000吨以上。

“浮石山”牌天然五味矿泉水　南康市天然五味矿泉水公司生产，属重碳酸钠钙复合型矿泉水。江西省内仅发现2处。年产6000吨。

“金泉”牌矿泉水　全南矿泉水厂产品，产地为全南县金龙镇乌泥坑。经国家级鉴定，确认为珍贵优质含锶偏硅酸重碳酸钙型天然低钠矿泉水。

宝石山天然矿泉水　兴国县赣华公司宝石山天然矿泉水厂生产。属低矿化度重碳酸钙钠型偏硅酸矿泉水。

“武”字牌小武当矿泉水　龙南县武当矿泉水产品，属含锶锂偏硅酸重碳酸钙型淡矿泉水。产品于1995年获江西省“三新”（新技术、新产品、新应用）博览会金奖。

“五指峰”牌矿泉水 产自五指峰山区花岗岩岩体深层。属低钠低矿化度偏硅酸型优质天然矿泉水。

四、固体饮料及营养口服液

赣南生产固体饮料和营养口服液较少，主要产品有速溶豆浆粉、咖啡茶、氨基酸、草珊瑚、绞股蓝保健品（茶）等。

“四马塔”牌金色咖啡茶 江西第一制糖厂产品。选用优质进口咖啡豆精制而成。年产 60 吨。1985 年被评为省轻工业厅优质产品。

安远速溶豆浆粉 安远县柑橘加工厂开发的新兴方便饮料。以优质青皮大豆为主要原料配制而成，是高血压、冠心病患者及老幼妇皆宜的优良饮料。

“对康”牌系列氨基酸产品 江西华强氨基酸厂研制开发的新产品。产品有神童津、常青宝、天然氨基酸营养液和复合氨基酸冲剂。属国内首创的集治疗和营养为一体的功能性保健佳品。获第二届国际发明专利银奖、1993 年新加坡国际博览会银奖和中国优质保健产品银奖等 16 项大奖。

“古兰”牌绞股蓝系列高级保健品 赣州地区九连山制药厂（保健饮料厂）与江西省药物研究所研制出品。主要产品有七叶参健身宝（袋泡茶）、七叶参高级口服液、七叶参蜂王浆、绞股蓝可乐等。其中前 3 种为省优秀新产品。具有抗高血脂、抗动脉粥样硬化、抗血栓形成、抗衰老、抗肿瘤等作用，对老年慢性支气管炎疗效甚佳，对肝炎、胃病等疾病也有一定疗效。

山珍口服液 赣州林业学校和赣南森源生物技术制品厂研制出品，采用珍贵的动、植物为原料精制而成。具有增强机体新陈代谢，促进生命细胞生长；增强机体免疫能力，减少疾病发生；清除体内垃圾，延缓衰老；降糖、降压，健肤美容等食疗功能。1995 年获省优新产品一等奖。

聪明泉口服液 赣州林业学校和赣南森源生物技术制品厂研制出品，是专门为人类大脑设计的、采用现代生物工程技术精制的“微型营养库”。具有增进食欲、增强体质、提高睡眠质量、促进身体和大脑细胞生长发育等食疗功效。1995 年获省优新产品一等奖。

草珊瑚保健茶 瑞金市象湖镇天赐实业公司开发。1995 年获江西省“三新”博览会金奖。

信丰速溶珍珠冲剂 信丰制药厂与江西格林保健品公司共同研制生产的新型保健饮品。以上等珍珠为主要原料精制而成。具有抗衰嫩肤、清肝明目、镇心安神、补充人体活性钙等功效。

会昌保春酿 赣南兴昌保健营养制品厂（原会昌县保鲜营养食品厂）生产。以红枣、枸杞、黑米、糯米等为原料配制而成。具有降低血糖，抑制脂肪沉积，促进细胞新生的作用。

第三节 名菜名点小吃

一、名菜

赣南地方风味菜，以其传统的烹饪技艺，吸取粤、川、苏菜的长处，逐步形成自己的风格，具有选料严格、用料多样、刀工精细、讲究火候、原汁原味、色浓味鲜等特点。口味上注重鲜、香、嫩、滑、爽、脆、辣，烹饪方法则擅长焖、炖、蒸、氽、溜、烤、爆、炒诸法。许多盛传不衰的传统名菜，深受赣南人民喜爱，享誉省内外。

宁都三杯鸡 三杯鸡系民间风味菜，起源于宁都。常作为贵宾宴席用菜。原料为鸡 1 只、植物油、酱油、糯米酒、姜、葱等。将鸡切块，放入陶钵内，加盐适量拌匀，放入油、酱油、酒各 1 杯。将生姜片、葱白扎盖鸡上面。陶钵置炉上先用旺火煮 10 多分钟，间隔翻动几次，后转温火收汁。上桌时去姜、葱，淋上少许麻油。此菜以其色泽红润油亮、质地滑软细嫩、原汁醇厚、香味浓郁、味美咸鲜而闻名。

南康白松鸡 以阉鸡、葱、姜、盐、香菇、米酒、蛋清、鱼馅等为原料。先用姜、精盐、米酒擦鸡全身，将姜、葱、香菇放入鸡肚内，上笼蒸后撤骨，把鱼馅、蛋清等附鸡肉上再蒸，熟后切成菱形，浇上白卤即可。质地细嫩，味道鲜美。

定南酸酒鸭 定南县久负盛名的独特菜肴。用仔鸭1只去内脏，投入热水锅里煮至两羽角相接时，捞起用冷开水淋一淋，凉后切成长条块状装入盘里；用150克香醋、2汤匙辣椒末、40克白盐、25克姜丝和少许麻油、蒜泥等拌匀作佐料。吃时，把佐料淋在鸭面上或蘸着食均可。具有色泽金黄、香味浓郁、肉质嫩滑、肥而不腻的独特风味。

宁都蛋菇 为宁都宴席传统菜。主料为猪小肠衣或小肠、鸡蛋，配以白木耳、姜、葱、胡椒粉等佐料。鸡蛋破壳放入盆内捣烂，掺入冷水（一般8个鸡蛋加125克水）搅匀。再灌入肠衣中，将肠衣两头扎紧。放温水中微火煮熟，捞起放至冷水中冷却待用。将蛋菇切成不同刀花（菊花形的叫菊花蛋菇，金钱形的叫金钱蛋菇）。锅置旺火上，掺入鲜汤，放白木耳煮沸，加入切好的蛋菇煮沸，花形显出，即加盐、味精入味。起锅后撒上葱花、姜末或胡椒粉，淋上麻油。此菜色泽鲜艳，成型美观。

上犹炒桂花蛋 上犹县城特有名菜。取鸡蛋四五个搅烂，调以冷清水荠粉；另以蒸熟的100克肉碎，配以香葱、冬笋粒等适量佐料，加上酱油，一并搅拌倒入烧红的热锅内炒熟取起备用。再以茶油或生油100克于锅内熬熟，将上述蛋粉、配料全部入锅翻炒数分钟，使其呈金黄色，即成香嫩可口的桂花蛋。

赣南小炒鱼 是明代凌厨子（王守仁在赣州任巡抚时曾聘用凌厨子做菜）首创的地方风味菜。小炒鱼选用鲜草鱼，去头去尾，切成块状，配以生姜、四季葱、红椒、小酒（醋）、酱油、水酒等佐料烹饪而成。其特点是色泽金黄、味鲜嫩滑、略带醋香。不仅本地人喜爱，外地客人也以一尝“小炒鱼”为快。

赣州鱼饼 赣州久负盛名的传统风味菜，种类较多，其中以响铃鱼饼、金钱鱼饼最为著名。特点是色泽金黄、鲜嫩味美、久食不腻。

赣州鱼饺 制作方法特殊，工艺精细，尤以蝴蝶鱼饺最为著名。特点是鱼皮肉馅、形似蝴蝶、点缀绿叶、清雅大方、嫩软爽口、汁多味鲜。

南康鱼脯 以草鱼取肉剁成肉茸，加鸡蛋、荠粉加工成糊状，用调羹扎成小丸入油锅内炸至金黄色起锅，然后入汤锅内，配香菇、香料煮开即成。色泽淡黄、鲜甜爽口。

兴国米粉鱼与“四星望月” 兴国县的风味名菜，为江西名菜。将鲜鱼肉切成5分宽、1分厚的鱼片，拌上辣椒酱、味精、茶油、姜末、豆粉等，待装入笼。蒸笼底铺上一层青菜，菜叶上放上用沸水余至八成熟的并拌好盐、油、味精、辣椒酱的湿粉干。将蒸笼入锅内用旺火蒸；待上热气后，放入鱼片，复用旺火蒸15分钟，再将辣椒酱、酱油、味精、熟茶油调成的卤汁浇在鱼片上，撒上葱花即成。此菜色泽金黄，清香浓郁，肉质嫩滑，鲜辣无腥。1929年4月，红四军从闽西回师赣南，毛泽东来到兴国县。中共兴国县领导人陈奇涵、胡灿、肖全芳等在兴国百年老店“黄隆顺”宴请他，大厨梅春风为毛泽东做了拌鱼丝、清炒雪豆、腊肉炒春、梅菜扣肉等4个炒菜和一个米粉鱼，4个炒菜围着1个大小尺余的竹蒸笼。毛泽东品尝后大加赞赏，问这个菜叫什么名字。众人答“家常菜，没啥正名字。”陈奇涵请毛泽东为此菜命名。毛泽东点着菜说：“你们看圆蒸笼像月亮，四个碟子像星星。我看就叫它‘四星望月’。”众人一致叫好。此菜流传至今，已成为赣州客家名菜。郭沫若品尝“四星望月”时，称赞该菜为“天下第一菜”。1972年12月邓小平，到兴国故地重游，点名要品尝“四星望月”。1996年9月9日，中共中央总书记江泽民到兴国视察，也特意安排这道菜。

宁都石榴鱼丸 宁都县高档宴席用菜。原料为1.5千克草鱼，瘦肉、薯粉、盐、味精适量。鱼肉剁成鱼茸；瘦肉剁成茸，加盐、薯粉拌好备作馅；薯粉用冷水调匀后加入鱼茸中搅匀，加精盐味精，用力搅打均匀；撮时将剁好的瘦肉馅裹入成圆形的鱼茸内，放入冷水盆中。锅置旺火上，将撮好的鱼丸倒入锅内煮熟。食时撒上葱花、姜末或胡椒粉，淋上麻油即可。鱼丸洁白细腻，汤汁清爽，食之滑嫩爽口，味极鲜美。

宁都鱼包肉 宁都县贵宾宴席用菜之一。原料为草鱼1.5千克、瘦肉150克，配以鸡蛋1个和香菇、姜、葱、酒、盐、味精等佐料。将鱼开片取肉，切成蝴蝶片状，加盐、酒腌片刻；瘦肉剁成茸后，加葱花、盐、薯粉拌匀作馅；蛋白加入鱼片中拌匀，把鱼片摊平，将肉馅放在鱼片上卷成筒装，置于抹好油的盘中。锅置旺火上，加入鲜汤、香菇烧沸，把卷好的鱼包肉入锅煮沸，加几片菠菜或小白菜。然后将菜起锅，撒上葱花、姜末或胡椒粉，淋入麻油即成。鱼包肉色白、青菜碧绿、香菇色黑，三者配伍，色泽鲜明。食之汤鲜肉嫩，清淡宜人。

于都鱼丸 原料为鲜草鱼中层纯肉、薯粉或生粉、精细盐、适量味精。鱼片剁成鱼茸，薯粉或生粉加清水润湿搅成糨糊状，放入鱼茸、盐和味精，揉匀，叉开五指用力向一个方向搅拌起筋成鱼胶状，用手挤成小丸，以滴入水中立即浮起为佳；将挤成的丸子置清水中，漂4～5分钟，再捞入温水锅中，慢火煮沸，放上葱花、香油、胡椒粉即可。色泽洁白、形如丸子、鲜嫩爽口。

瑞金鱼丸 瑞金市传统名菜。取鲜鱼肉剁碎成肉浆，拌以适量鲜蛋清及鲜豆腐，调打成糊，做丸置温水中煮半熟定型捞起，凉后入肉汤内煮熟起锅。佐以各种香料，其色自如米丸，味鲜爽口。本地逢喜宴酒席必备，长久不衰。

龙南捶鱼 龙南县传统名菜，色、香、味、形俱佳，为民间喜宴中的上菜。主要原料为鲜鱼和薯粉。鱼肉剁绒制饼，和以薯粉推展成薄片，入沸水锅中氽熟，捞出用冷水浸凉并切成条带，再放入高汤煮熟，起锅盛碗后撒上肉丝、香菇丝等拌料即成佳肴。

上犹腌红鱼 上犹县城传统佳肴。冬至前后，用草鱼或鳙鱼，去鳞去内脏和鱼鳃，全身抹以食盐腌两三天，取出晾晒半干。然后斩成一寸半许小块，涂上白酒、红曲粉置小罐中，塞以多札小捆稻草丁罐中密封，倒置清水盘中。四五十天后即可食用，或炒或烹均可。

安远假燕 即假燕窝丝，实为鱼粉丝，安远县民间筵宴首碗菜上桌的传统名菜。用薯粉与剁好的鱼肉浆加水加盐拌匀，搓至不粘案板时，擀成皮子，放在油锅上烘或沸水锅上蒸，然后切成粉丝，放入沸水锅里煮至丝条上浮有光泽时，捞起放进鲜肉汤汁中；淋上麻油，撒上胡椒粉和葱花即可。

上犹石伏鱼酱菜 上犹县五指峰独特名菜。重阳节后捕捞石伏鱼，用细盐带姜片腌3小时后用凉开水冲洗，去姜片、滤干水，置于茶油中浸泡。并另腌姜丝、红辣椒片，比例为1∶3。先将姜丝、红椒片（去籽）略晾一晾，加细盐和少许酒，和匀入罐。约经半个月，姜丝和红椒片则软熟，就一层姜丝红椒片，一层石伏鱼装入小口罐中，压实，灌满茶油，密封，即成石伏鱼酱。吃用时，将芹菜茎切成3.33厘米长，焯熟，挤去水，放在盘上，再将石伏鱼、姜丝、红椒片带油盖其上，则成为特具风味的下酒菜。其味鲜美无比。

椒焖黄鳅干 赣南农村佳肴。选用焙干的鳅鱼，切好姜、蒜、椒等佐料，用生油将鳅鱼干煎至微黄半酥，盛入碗内待配料。再用生油将姜、蒜、椒炒熟，然后将鳅鱼干倒入锅中，加盐、水酒、酱油、味精，盖锅焖煮5分钟即可。色呈酱黄，浓香扑鼻，咸辣可口。

龙南金钩腌菜氽黄鳝 腌菜为民间常备菜，以芥菜为原料，质量最佳的为金钩腌菜。腌菜氽黄鳝，为龙南民间传统名菜。该菜具有色黄亮略带青色和味香爽口及存放期长的特点，且越存越香。

南康荷包肉 即用荷叶包扎的米粉肉。荷包肉以鲜猪肉为主要原料，佐以胡椒粉、花椒粉、八角粉、糯米粉、籼米粉、原酱、花生油、细盐、酱油、白糖、味精、酒酿等。拌和均匀后用荷叶包成圆锥形，以旺火蒸熟。

赣州荷包胙 赣州客家的独特名贵菜肴。用荷叶包扎米粉拌裹的猪肉蒸熟而成。具有荷叶清香、暗绿金黄、肥而不腻、入口糯烂、老少皆宜特点。婚嫁喜庆之宴，佳肴满席，荷包胙为冠。盛传不衰。

全南扣肉 取猪肚腩肉煮透，抹上酱油、黄酒、茴香等调料，入油锅炸至皮焦黄起皱时捞起，横切成片，皮朝下排放小钵内，撒精盐、八角等，上面放本地甜菜干，上笼蒸烂。出笼将菜盘盖住钵面，反转将钵扣在盘内。用餐时揭去钵，香气四溢、皮黄肉白、外焦里嫩、爽滑不腻；垫底菜干，香甜可口。

全南墩缸肉 选用猪腰板肉带皮切成 3.33 厘米见方，炒至油将出时，放入黄酒、酱油，煮至皮肉成酱色时加水，放入适量茴香、八角等，大火煮开，倒入陶制水缸盖紧，缸四周焙上谷壳，文火墩烂。其特点是色泽红亮、软烂柔嫩、味道醇香、油而不腻。

宁都肉撮 宁都县民间宴席传统用菜，不论宴席规格高低，此菜不可缺。民间逢年过节，家家户户亦必备此菜，有“不打肉撮不成年”之说。原料为猪后腿精肉、薯粉、盐、味精。把瘦肉剔去筋膜肥油后切成块，薯粉用冷水调匀待用；切好的瘦肉放入石臼，以木杵用力舂。在舂的过程中，须加入适量的盐，待舂成肉茸后，即把调好的薯粉倒入臼内（一般每 500 克瘦肉加薯粉 200 克左右），加味精用力搅拌均匀后起入盆内，撮成圆形放温水中煮熟。大者如乒乓球，小者似鸽蛋。此菜煮吃、炒吃皆可。其质地响韧，口感极好，风味别致，且易于消化。

于都炒肚尖 于都县传统名菜。原料为猪肚尖、白木耳、水发玉兰片、红辣椒等。将肚尖刮干净，撕去油丝外衣，打上荔枝花刀，切成小菱形长条，用碱水漂洗干净，用盐、白酒腌 10 分钟；将肉汤、味精、白糖、白醋、料酒调成芡汁备用；油锅烧至八成热时，将肚尖下油锅爆炒，捞起；将白木耳、玉兰片、葱段、姜末稍煸炒，再把肚尖下锅，放入芡汁，颠几下，速起锅即可。该菜色调明快，酸甜辣可口，脆嫩爽口。

石城肉丸 石城县传统风味食品，用猪肉（或鱼、鸡、鸭、牛肉）和番薯粉为主要原料制成，为石城人请客和庆贺年节的传统大菜。将精肉切成小片，放入石木槌臼内，用木槌舂烂。然后加入适量的水、盐、碱、味精等佐料，搅拌均匀，再放进薯粉，用木槌反复舂。之后挖出肉料，做成略小于乒乓球的丸子，放入蒸笼内蒸制，熟透后趁热即吃味最佳。也可晾干存放，食用时，可蒸、可煮、可炸、可炒。

于都肉丸 原料为带少许肥肉的猪肉，少许鱼生，鲜净冬笋，薯粉，姜葱、味精适量。将猪肉、鱼生切成薄片剁成肉茸；将冬笋剁成米粒大小，放盐拌匀沥干水；将肉茸加上精细盐和薯粉拌匀，加入适量水，用手着力往一个方向搅拌起筋成糊状，呈小孔为上；将肉糊和笋粒、姜葱小粒拌匀，挤成小丸子，放入八成热水锅中煮沸，加冷水 3 次煮沸后即熟，起锅冷却。吃时再煮沸，装盘放上葱花、麻油、胡椒粉即可。味道清甜，鲜美爽口。

宁都苦瓜肉 宁都县家常菜。以苦瓜、瘦肉、葱、姜、大蒜头等为原料。将苦瓜切成寸长的筒状，挖去瓜瓤，放入沸水锅中，用旺火煮至断生时即捞出，放入冷水中漂冷后捞起沥干水分；生姜入火中煨熟待用；瘦肉切碎剁烂，加入葱花、盐、薯粉拌匀作馅；将肉馅塞入苦瓜筒内，两面抹平，锅置火上烧热，将苦瓜肉放入锅中用油稍煎片刻（两面），掺入汤，再放入姜、大蒜头炖熟，最后加盐、味精入味即可。此菜柔软湿润适口，味浓而鲜，兼有清热利湿通窍的药用价值。

南康红笋酿肉茸 以冬笋、肉茸、鸡蛋、姜末、葱花、荠粉等为原料。将冬笋煮熟，用冷水漂洗净，切成小方块，糊上调好的肉茸，抹上蛋白淀粉糊，再将两笋块合起为一块，用淀粉糊封好口，用油炸成金黄色，加肉汤和香料煮开即成。色泽淡黄，笋香肉嫩，清香可口。

南康芙蓉肉 用五花肉、面粉、鸡蛋、白糖、香料等为原料加工而成。色美味鲜，香甜可口。

会昌红烧狗肉 会昌县有养狗和吃狗肉的习惯。烹调狗肉以红烧最受欢迎。选肥嫩狗肉 1.5 千克，剁成 1 寸方块，配猪脚或五花肉半斤和适量的红辣椒、生姜、八角、陈皮、茴香等香料。狗肉放入沸水锅中，焯一阵捞起滤干水，锅烧红下素油100克，先炒五花肉（或猪脚），再将狗肉下锅，加佐料和少许水酒、好汤，用旺火煮沸后，锅移微火，焖至汤汁稍浓，狗肉烂熟时加入香油、味精等即可食用。

宁都鹅颈 原料为豆腐皮、面粉、芝麻、红枣泥、橘饼、白糖、肥肉条、油。用面粉半斤、油100克拌成糊状后，铺在豆腐皮上，将煮熟后渍糖的肥肉条和红枣泥、芝麻、橘饼末等配料平铺在豆腐皮上，卷成条状，上笼蒸熟，再切块上盘。香甜滑润，油而不腻。

宁都八宝菜 宁都县家常宴席用菜。原料为鸡蛋、瘦肉、香菇、冬笋、豆腐（或腐竹）、鱼肉、西红柿、葱等。鸡蛋破壳放入碗内，加入冷水、盐，搅打均匀后，上蒸笼蒸熟待用；冬笋入沸水氽，捞起切丁；香菇、豆腐、西红柿切成丁；瘦肉、鱼肉切成碎丁，加盐、薯粉拌匀。将锅置旺火上烧热，加油后放入葱、冬笋、香菇丁炒片刻，掺入鲜汤烧沸，将鱼、肉、豆腐、西红柿丁放入锅内，再将蒸好的鸡蛋切成1厘米见方的小块倒入锅内煮沸，加盐、味精入味。起锅后，撒上少许胡椒粉，淋入麻油即成。

于都花丸 于都县民间名菜。以面粉、薯粉为主要原料，掺水和盐，擀成面皮；馅子取萝卜、菜头、肉丁、猪油渣、香葱等调配；以皮包馅，做成丸子，上蒸笼用旺火蒸20分钟，再掺水继续蒸煮，片刻可熟。此菜柔软透明、香甜可口。

安远馅黄姜豆腐干 安远县传统名菜。将猪肉、虾米、香菇、淀粉冻、葱、冬菜切细，下锅炒熟，放入盐、味精、酱油，起锅为馅料。把馅料填入剖开的黄姜豆腐干，把馅好的黄姜豆腐干馅口向下放入锅中烤煎片刻，淋上用水酒、酱油、盐、味精调溶的味液，盖上锅盖焖烤数分钟，待馅口表面烤成金黄色时起锅装盘，上笼蒸5分钟即成。

会昌冷拌酱干 会昌县传统佳肴。将会昌酱干切成丝，用沸水泡片刻，捞起滤干，拌以上等酱油、辣椒粉、葱花、蒜泥、味精、香油等即可食用。

安远吊仔豆腐 用竹篾串着的油炸豆腐，人称吊仔豆腐。吊仔豆腐中，属安远县城东郊孙依金制作的质量最好。做豆腐的石膏须煨熟透；须待豆腐冷却后再切，把每格豆腐用刀切成100小块，再把每小块豆腐侧面横割成两块；油下锅时须用鲜茶树叶10多片煎一下，豆腐下锅时油要沸，火要大，豆腐从锅边下油锅，炸浮后，不时翻动几次，待铁漏勺触动豆腐有“霍霍”响声，豆腐呈金黄色时即可捞起滤油，用竹篾串上即成吊仔豆腐。

大块鱼 也称“黄焖鱼”。宁都县特色招牌菜之一。将草鱼肉750克左右切成二三指宽一块块，以青椒、大蒜（夏为丝瓜）作辅料，佐以姜、葱、盐、味精、料酒制作。先将辅料炒至半熟起锅，再将鱼用热锅煎至两面黄，烹料酒，沸后，把半熟佐料入锅，加热水过面，大火烹沸，继以温火略煮即成。肉质鲜嫩，菜汁香辣甜俱全，十分开味。有“沾到鱼腥气，打烂饭甑篦”之说。

玻璃豆腐 也称“粉煎豆腐”。将豆腐切成块，用薯粉拌匀，放进锅中煎或炸至金黄，然后加葱或蒜、辣椒等佐料一齐焖煮。嫩滑可口。

骰子块 又名筹子块。将猪五花肉煮至八成烂时捞起，切成约2寸见方的方块，再将方块肉回锅，加入盐、酱油及少许食用胭脂红，着成红色方块肉（为宴席专用，席上一般每人2～3块）。

糯米肉丸 原料为瘦肉、糯米。将糯米入水浸泡1～2小时捞起备用，把瘦肉剁成肉茸，加入少许红薯粉和萝卜丁（或菜脑丁）拌搅后撮成丸，然后将肉丸放糯米中滚沾，放入蒸笼蒸熟。吃时可蘸酱油、麻油等调料。色泽洁白、晶莹油亮，入口松软鲜甜。

煨辣椒拌蕻菜 最具宁都特色的家常菜，流传至赣州中心城区。做法：将鲜辣椒以竹丝连成串，放入灶膛的火灰中煨熟，取出洗净，放入擂钵中与盐、大蒜一起捣碎待用；将掐好的蕻菜（空心菜）入沸中氽焯，捞起沥干水后拌上辣椒、蒜泥，淋上少许熟油后即可上桌。此菜色泽油亮，红绿白相间，入口滑爽、辣味适中，下饭极佳。

擦菜猪肉 将猪五花肉煮至八成烂时捞出，切成方块或片，放入碗中入盐。干腌菜（又称擦菜干）泡发后拌入适量盐盖在猪肉上面，入蒸笼蒸10分钟后即可上桌，此肉特点是不易变质吃之不感油腻。

火烧肉丸 瘦肉萝卜或菜脑、葱切成丁，与红薯粉搅拌揉成丸子，放入油中煎炸。此菜赤润光泽，味道鲜美可口。

金钱肉丸 以瘦肉、鸡蛋为主料。用将瘦肉剁成肉茸，加入鸡蛋、少许切碎的葱白、薯粉汁搅拌均匀后，用手撮成小丸入油锅炸至金黄色捞起。食用时一般与青菜和汤同煮。因此丸金黄如铜钱故名金钱肉丸。

石榴鱼丸 以草鱼、瘦肉为主料。制法：将瘦肉剁成茸，加盐作馅；鱼剖好洗净，开片剔去鱼骨、除去鱼皮，将鱼肉剁成茸；薯粉用冷水调匀后放入肉茸中搅匀，再加盐用力搅打，至肉茸亮泽而有空隙状时即可起撮，撮时将剁好的瘦肉馅裹入鱼丸内，放入冷水锅中煮熟备用。食时，在碗中撒入葱花、姜末或胡椒粉，淋上少许麻油即可。其味嫩鲜甜美。

下釜鱼丸 取草鱼肉、少许肥猪肉剁成茸，按一定比例加入薯粉汁、盐、鸡蛋，搅拌均匀，撮成丸子，放入油锅中炸至金黄色捞起备用。食用时放入锅中煮沸后加少许青菜起锅，加入葱花、姜末或胡椒粉，浇上麻油即可。

滑鱼 又名蝴蝶鱼。将鱼切成鱼块，加盐、酱油腌制片刻后，将鱼块通体裹上一层薄薄的薯粉，逐块放入沸水中，待鱼块外层薯粉煮成透明状时捞起，再放入冷水中冷却片刻待用。食用时将鱼块放沸水中煮沸，加入葱花、姜末或胡椒粉，淋上麻油即可。此菜汤鲜味甜。

蛋饺 宁都地方名菜之一。以鸡蛋和瘦肉为原料，先将鸡蛋打碎搅匀，然后在文火中煎成蛋皮（其状如水饺皮），再将剁碎的瘦肉茸做馅，与蛋皮捏成饺子状待用。食用时将蛋饺放入锅中煮沸和汤捞起，撒上葱花、胡椒即可。

客家酿豆腐 客家酿豆腐久负盛名，是汉族客家地区三大传统名菜之一。但凡有宴席必有此道菜。传说酿豆腐源于北方的饺子，因客家地区少产麦，思乡的中原客家移民便以豆腐替代面粉，将肉塞入豆腐中，犹如面粉裹着肉馅。“酿”是一个客家话动词，表示“植入馅料”的意思，“酿豆腐”即“有肉馅的豆腐”之意。把豆腐用酿、煎、煲等方法，制作成肉香嫩滑、汤汁香浓的酿豆腐。外皮坚实金黄，内里嫩如凝脂，豆腐滑嫩，馅料味美，轻轻一咬，香味四溢，下咽后仍然满齿留香。因其味道鲜美，于是便成了客家名菜。

炒东坡 又名炒大肠，是一道具有广泛代表性的客家特色家常菜。其特点是色泽素雅，味道酸美，入口滑嫩。北宋年间，苏东坡贬谪岭南时，曾两次途径赣南客家地区，初尝此菜时，就被其晶莹透明、清香扑鼻、色香味俱全的独特风味所陶醉。到贬谪地后念念不忘此菜特有的口味，每饮必以炒大肠下酒，百姓见其如此痴迷，常用炒大肠换其墨宝。苏东坡走后，当地人更加喜爱这道菜了，后人干脆就称此菜为“炒东坡”。

二、名点

赣南传统名点历史悠久，种类甚多。不同名点各具特色。麻通，体大松脆、香酥爽口；兰花根，质脆香酥、甜而不腻；排馓子，体轻量多、香酥爽口；状元红，外红内白、香甜酥脆；老婆饼，皮酥馅软、葱香味甜；龙凤月饼，图文并茂、香郁甜酥；维他八珍糕，味道纯正、健脾益胃；碗头糕，虾鲜味美、软脆爽口；麻元，皮酥肉嫩、香甜可口；豆巴子，色泽金黄、酥脆喷香；春条，皮酥味香，食而不腻。

麻通 又名麻枣，赣南传统名贵糕点之一。以糯米、白砂糖、饴糖、芝麻、茶油为原料精制而成。呈扁圆柱形。以南康市唐江镇食品厂生产的麻通品质最佳。具有个体肥大、皮薄如纸、内似白丝、入口即溶、香酥可口的特点，1984 年获江西省米制品评比第一名。

兰花根 赣州名特食品。选用精糯粉、白糖、植物油等为主要原料加工而成。具有色泽金黄、粗细均匀、甜而不腻、质脆香酥的特点。

排馓子 油炸面食。以赣州市（今章贡区）食品厂生产的为最佳。选用优质面粉和清亮茶油为原料精制而成。具有体轻量多、香酥爽口的特点。

状元红 在赣南已有 300 多年的生产历史。以纯糯米粉、植物油、白砂糖等为原料精制而成。具有色如沾露红梅、形如玻璃圆珠、质如白雪膨松、香甜酥脆爽口等特点，是婚庆喜贺、新春佳节馈送亲友的理想礼品。

老婆饼 系 20 世纪 30 年代从广东潮州传入赣州市（今章贡区）的糕点品种，原名茶饼。民间有男方必送女方一箩茶饼的婚俗，由此得名老婆饼。以精面粉、瓜条、甜肉、猪肉精制而成。具有皮酥馅软、葱香味浓的风味特色。受消费者喜爱，成为中秋佳节的月饼品种之一，并从赣州市（今章贡区）流传到其他县（市），成为赣南的传统月饼之一。

龙凤月饼 起源于清朝中叶，最早由会昌县城南街张士美商号经营。因有龙凤图案，故名。选用面粉、糯米、白糖、饴糖、酥川桃、橘饼、瓜条、麻油和猪油等为原料精制而成。具有香郁甜酥、图文并茂的特点。既是中秋赏月的上乘点心，又是祝寿、庆贺婚典的礼品。1953 年，中央赴朝慰问团曾用张士美商号刘瑞发师傅制作的 360 个龙凤月饼送往朝鲜慰问志愿军，从此扬名千里。

赣州维他八珍糕 赣州传统名产。选用黄芪、莲子、红枣、麦芽、山药、茯苓、山楂、芡实等材料，佐以米粉、白糖、麻油加工而成。香甜可口，味道纯正，具有健脾益胃、增强智力之功能，适用于因脾胃虚弱而引起的消化不良、腹胀便秘、面色萎黄、体弱形瘦等症状，对年老体弱及病后体虚，尤为有效。

全南碗头糕 系全南县南片居民的传统食品。用籼米磨浆，加入虾米油炸成碗口大的薄饼。食之软脆爽口，油而不腻。南迳镇每逢集日有六七十个摊点炸碗头糕出售。

宁都灯盏糕 原料为粳米、黄豆、葱、五香粉等。将米、黄豆用水浸透（一般 500 克大米加黄豆 100 克左右）后，掺入少许生饭磨成浆，放入盐、葱花、五香粉等，调匀后盛入特制的、碗口般大的平底杓上抹平，入油锅炸至金黄色，捞起即成。色泽金黄，质地柔软，酥香味美，是一款经济实惠的风味小吃。

安远老黄油果 安远县传统名点。个圆匀，外橙黄，内空心，质酥嫩，味香甜。老黄油果分为粘麻油果、包心油果两种。粘麻油果取纯糯米 1500 克用清水浸泡，每天翻动换水一次，5 天后将糯米滤干水并磨成粉；用糯米粉 250 克加水煮成浆，拌入糯米粉并加糖 250 克搓匀，切成重 20 克的粉团，揉成圆球状，下油锅用文火炸至橙黄色，用铁漏杓碰其有硬度感时捞起即成空心油果；在锅里放适量糖加水过面煮溶，再倒入空心油果，翻动空心油果，使其粘糖均匀，然后粘上炒香的芝麻即成粘麻油果。包心油果的制法与粘麻油果基本相同，不同的是要用煎香的芝麻或花生粉末加适量糖，拌入糯米粉中搓匀，再下锅油炸。

碗儿糕 赣州碗儿糕在 1997 年 12 月全国首届中华名小吃认定会上，被评为“中华名小吃”。碗儿糕是以稻米浆加调味料后炸制而成。形似碗状，色呈金黄，香软而有辣味，是赣州河套老城区人早餐的一道传统点心，其他县（市）都会作，叫法不一：有的叫锡饭米果，有的叫勺子米果，有的叫灯盏糕等。碗儿糕色泽金黄、软香适口，形似碗口大小，故名碗儿糕。

糕头 糕头是赣州传统风味小吃，色泽美观、层次分明、质地软滑、外酥里嫩。糕头制作是将米浆刷至特制加高的蒸笼内，层层逐一叠加约 12 次，直至把糕蒸好。起笼翻入竹筛内，待其冷却，将糕坯切出约一厘米厚的糕头片坯。起油锅，待油温烧至七八成热时，将糕头片坯从锅边投入锅内，用手铲轻轻铲动以免连接、炸焦，视糕坯呈浅黄色时即可捞出装盘。

炒米糖 炒米糖为赣南客家特色小吃。其制作过程将黏米或糯米煮熟晒成饭干，然后用沙拌着饭干在铁锅中加热炒爆，有的用茶油炸爆，叫油炸米。接着将川糖煎成糖浆，将炒米、花生仁、芝麻等配料放进糖浆中搅拌，捞起放入用板做成的木架内压实铺平，用刀切成长方形小块。打炒米糖十分讲究技术，配料比例要合适，煎糖浆时要掌握火候。通常一斗炒米配 2.5 千克川糖，只能多，不能少，特别要注意火候，有经验的人在灶头上放一碗清水，川糖煎到一定时候就开始结浆，用竹筷滴一点糖浆在清水中，如已成“松仁点”即可，马上熄灭锅底火苗，把炒米放进锅中不断搅拌，用手试一试炒米，如十分粘手，就可起锅将炒米倒进木框架内铺平压实，直到凝结后再用刀切成小块。炒米糖吃起来香甜、清脆，是大人、小孩都喜爱吃的年货。

艾米果 艾米果是赣南客家的常见小吃，表皮光滑、色泽翠绿、清香扑鼻、质柔有韧性，食而不腻。因为多数在清明时节制作，也称清明果。将采摘的鲜艾叶洗净加入食碱煮至烂熟，滤干水捣成艾泥，用米磨成米浆，加入艾泥和匀下锅小火慢慢绞拌成熟，起锅冷却成皮料，也有的用艾泥再配上糯米粉揉匀。艾米果可根据个人喜好做成甜的；也可以做成各种馅料的饺子，很多人喜欢用腌菜、腊肉、春笋做成馅料，组成腌菜腊肉等饺子。

三、小吃

赣南风味小吃，种类甚多，数以百计。有荤有素，有干有湿（带汤）；甜酸咸辣，样样俱全；春夏秋冬，各有侧重；城镇店摊，昼夜经营；乡村农家，均会制作。

伊府面 大余县传统小吃。相传，清代南安府有一姓伊的知府，深更半夜常要小吃宵夜，于是家厨为之制作了一种面。方法是用鸡蛋和面粉加水揉和，经擀皮、轧片、切条，煮至七成熟，晾后油炸，呈金黄色。能久储不变质。煮食时，在锅中加入高汤和鸡肉、火腿、叉烧肉、香菇、葱花等佐料，稍煮即成。味鲜爽口，食而不腻。后来，这种烹制方法传到府外，茶楼酒馆纷纷仿制，称之为伊府面。

赣州金线吊葫芦 即面条加馄饨，赣州的风味小吃。食用时，将面条和馄饨同时下锅煮熟，盛入碗中，配上佐料即成。面爽汤鲜、脆滑软嫩、一碗多味、风味独特。

烧卖 烧卖又名“禾稿葆”，赣南传统风味名点。选用精面粉、薯粉为主料，加少许盐和水搅拌，擀成面皮待用；馅子随季节不同，取萝卜、菜头、冬笋、猪油渣、香葱、味精和薯粉拌和；然后用面皮包上馅子做成禾稿葆（即禾蔸）状，入笼用旺火蒸 20 分钟时，淋水一次，继续蒸熟。是人们喜爱的风味点心。以于都、宁都、南康烧卖最负盛名。

糍粑 糍粑是用糯米蒸熟捣烂后所制成的一种食品。赣南客家人习惯于在腊月打糍粑。把蒸熟糯米放到石槽里，用舌锤用力舂捣，使之成糯软状，然后做成如鸡蛋般大小的糍粑，蘸上炒米、花生、芝麻、黄糖等配置的佐料粉，吃起来柔韧鲜滑、香甜可口。客家农村有句俗话：“十月朝，糍粑饭子碌碌烧。”说的是每逢农历十月初一，家家户户做的糍粑热气腾腾。

黄元米果 传统风味小食品，是农家常备年货。色黄味鲜，且耐久存，煮食方便，向来是赣南民间待客礼品。先备黄元柴灰，加开水过滤成灰水，用大禾米浸米一夜，次日用大甑蒸熟成饭，再将饭伴灰水，摊开晾干、蒸热，置于大石臼内，用硬木棍捣烂成团，起臼后，揉搓均匀，切块做成各种形状的米果，即是黄元米果。以大余县、赣县（五云、茅店）、龙南县、于都县（宽田、黄麟、沙心、曲洋、高龙）、兴国县、瑞金市（万田、冈面、九堡、云石山）、全南县等地所产为优。

信丰萝卜饺 信丰县传统小吃。具有皮薄馅盈、色青形美、香甜咸辣俱全等优点。将信丰鲜萝卜切片蒸熟，置筲箕内剁碎如泥，投入适量薯粉、辣椒、酱油、大蒜、味精等，用生油入锅将上列各项炒熟作馅。另将肉片炒熟，并备小块鲜鱼片待用。然后，将碾细之薯粉余熟风凉后加适量生粉，擀成薄饺皮。将包成如月牙形的萝卜饺置于笼内，以旺火蒸 2 分钟，即可蘸酱油、麻油吃。

宁都虾米饺 原料为面粉、虾米、夹心猪肉、冬笋、香菇、葱等。先用面粉做成面皮子；夹心肉剁成茸，冬笋入沸水氽后切成碎丁，香菇亦切成碎丁，葱切成葱花，加入盐、味精拌匀作馅，分别包入面皮子中，做成半月形的饺子。包好后上笼蒸熟，淋上麻油即成。色泽油亮、鲜美可口。

宁都酥饺 原料为面粉、油、白糖、芝麻、橘饼等。酥油面，水油面，擀成酥皮，用白糖、芝麻、橘饼等配料作馅，捏成饺子形，下油锅炸至金黄色捞起即可。色泽金黄，香酥脆爽。

会昌米饺 又名米包子，会昌传统风味小吃。用晚籼米为原料，冷水浸 8 小时，机磨成浆，下锅加热，搅拌成熟米果料，用人工搓成饺胚，捏成小个，手沾茶油揉成小饺子皮。将萝卜、菜头、猪肉切碎炒熟作馅，边揉边包成米饺子。用蒸笼蒸熟，趁热解开，涂油防粘。食用时，加酱油、辣椒、葱花、香油等。

于都薯粉饺 原料为薯粉、鲜精猪肉、冬笋、味精、香油、精细盐适量。将薯粉研成粉末过筛，用铁锅置温火上炒热薯粉；用 80℃热水和粉，用力搅匀，使之发亮不沾手成团，放入保温处；将鲜肉和笋切成黄豆大小的颗粒，用猪油煸炒，加入香油、味精和盐拌匀，起锅备用；薯粉摘成大小均匀的小坯，擀成圆形皮子，包上鲜肉馅，制成小包子状或半月形饺子，上笼用旺火沸水蒸 10 分钟即可。该饺子皮韧油光发亮，味道鲜甜爽口。

上犹苞米果 用白米浸泡磨成浆，然后舀入圆形竹簸内摇匀，置于沸水锅内大火蒸 2～3 分钟即熟，蒸熟的浆皮划成 8 块，将炒熟的碎肉、萝卜、冬笋粒、榨菜、香料等馅子卷成长方形；外涂熟油红椒末，即成"白皮丛中一片红"的上犹苞米果，趁热食之尤佳。

赣南搪皮 赣南的传统土特产品。各地加工方法不尽相同，一般以大米（晚米为佳）为原料，加水磨成浆，杓于簸箕内搪成薄皮，置锅内蒸熟而成。刚出锅的搪皮即可食，也可切成小块或丝条晒干备用。丝条状的称"搪皮丝"，多用水煮，佐以香料，是快餐佳品；块状的用沙炒，称沙炒搪皮，用油煎则称油煎搪皮，均脆香可口。是民间待客接友、节日佳期的常备小吃。

南康王村刨皮子 主产龙岭乡王村，是地方名特产品。用籼米做原料加工成米粉团，外擦食用红色素，用半机械化的方法刨成一片片的薄片，故名刨皮子。干后用河沙炒制而成饭碗口大小的成品，香酥爽口。潭口、唐江、蓉江、凤岗等墟镇，均可见用细篾串着刨皮子叫卖。

会昌七层糕 又名七层粑，会昌县传统小食品。以晚籼米为原料，用冷水浸 4～5 小时，洗净磨成米糨糊，锅里放水加热，用铝盆或蒸笼垫纱布，分七次浇浆蒸制而成。米浆按每 500 克米 150 克糖的比例搅匀，熟一层浇一层，中心层加食用色素。浇完七层蒸熟冷却，用刀切成各种形状的小块，即可上席。其特点为色香味俱全，清脆爽口，别具风味。

崇义九层皮 以崇义上堡梯田高山大米为主要原料，经磨浆、生态植物着色一层层添加蒸制而成。具有色泽鲜嫩，香韧可口，营养丰富特点，是崇义县群众逢年过节和款待宾客及建房、农忙"送茶"的传统美食。层层分明的米浆皮，自然丰富的色彩，有绿、红、黄、白四色。四色寓意"春夏秋冬"，分别代表环保希望、火红幸福、丰收喜庆、善良纯朴，层层相叠制成九层，蕴含来自客家梯田，祝福和期盼步步高、更上层楼的含义。

宁都薯包鱼 最具宁都县特色的油炸类著名小吃，县内以青塘、赖村的做法为正宗。以脚板薯、鲜草鱼为原料，把脚板薯刮去毛皮，用刷鉢或刷片擦刷成浆，加入适量米粉调制成稀稠适中的糊状，再用双手做成饼状，中间夹上用佐料腌制好的鱼片后包紧，放入热油中炸成金黄色即可食用。

卷子糕 将糯米粉用清水调成糊状，放入油锅中摊煎成薄圆饼，煎至两面熟透后，起锅摊在砧板上，再将碾碎的油炸花生米、糖、熟芝麻撒匀于饼面，卷成筒状，用刀切成约一寸长筒块便可食用。味道香甜、口感松软韧滑。

米糍 用大米、糖为原料。品种有杯杯糍、印糍、七层糕。将加糖的米浆倒入若干小陶碟中，上笼蒸熟，其糍呈杯碟状，称杯杯糍；米浆入锅中煮成糕状时取出，在案板上加上盐水，或糖揉均匀，捏成一个个小团，再放入特制的木板印模压印花纹，称印糍；把加料米浆均匀倒入蒸笼床中，摊平使其呈 0.5 厘米厚，蒸至七成熟时再加入米浆再蒸，如此连续 7 次，蒸熟时取出，切成块状，称七层糕。

芋包子 用芋头、米粉（或薯粉）为原料。将芋头刮去皮毛煮熟舂烂或刷成芋泥，倒入适量的盐水、米粉、葱花，充分揉匀后，撮成丸状，入油锅中炸至表面金黄后起锅即可。

烧馒 为宁都县高档宴会三项点心之一。主要原料有面粉、猪肉（肥瘦恰当）等。做法是：先将面粉擀成皮子，猪肉剁碎成肉茸，与香菇丁、冬笋丁、葱等搅拌成糊状做馅，然后用面皮裹馅，捏成包子状，不封口，放入蒸笼蒸熟。装盘时淋上麻油、酱油。烧馒皮薄馅大，外形美观，清香可口，馅汁鲜美。

石城高田社粿 社粿自古以来就是农历春社前后的应时副食。将大米泡软后磨成米浆，倒入锅中熬制，待其成团、成块后起锅，放入簸箕中揉搓至软熟后，捏成一小块一小块，揉圆，压扁，压薄，包上猪肉和大蒜、鲜笋、香菇、豆子等馅后，放入饭甑蒸制。这种圆形的社粿叫作“包子粿”。除了包子粿，还要做“扁担粿”。扁担粿不包东西，将其揉搓成长条形。做社粿时两种形状的米粿都要做，寓意扁担挑稻谷，五谷丰登。“高田社粿”以其配料丰富，皮软韧，馅鲜嫩，成为社粿中的上品。

黄姜豆腐 崇义县特有的客家小吃，以黄豆、黄姜为主要原料，采用古老的独特手工技艺制成，工序繁杂，具有营养、保健、色泽艳丽、口感独特等优点。色金黄、质细嫩、蛋白质含量较高，纯绿色食品，不含任何化学色素，既美味又有补血和清热解毒、防治咳嗽的功效。

石城薯粉水饺 薯粉水饺是石城县独特的一道传统点心。薯粉水饺是由煮烂的芋子和上适量的红薯粉制成饺子皮，再包上韭菜、冬瓜、猪肉等原料剁成的馅料制成芋子薯粉水饺。薯粉饺子又称芋饺，煮熟或蒸熟后可依个人喜好蘸上酱油、食醋、香油、辣椒等佐料趁热吃，细腻滑软、鲜甜味美。

豆角酥 豆角酥是一种三角形油炸小点心，又名瓦布丁、瓦角丁、三角酥。其味道酥脆，嚼一嚼满嘴都是油香味，也是赣南客家人居家宴请必备良品。豆角酥因其形状似豆角，口感酥脆，故名豆角酥。豆角酥是用面粉跟其他香料按一定比例混合在一起揉成团，然后擀成薄片，切成豆角的形状，放入油锅中炸成金黄色后捞出控油，放凉后再装袋放在干燥通风的地方密封保存即可。

兴国红薯干 兴国红薯干是兴国县的特产。选用该县高兴镇、茶园乡教富村山区无公害优质鲜红薯为原料精制而成。红薯干保持了天然营养氨基酸、纤维素和人体必需的微量元素，长期吃用有利消食、健胃，是纯绿色食品。该产品分薯干和倒蒸薯干两种。产品季节性较强，红薯均为秋季红薯。

花生巴 花生巴是传统的赣南地方特产，其用面粉佐以五香调味品、籼米粉、鲜花生仁，经加工成饺子皮状后，在油锅中煎炸而成。已开发为客家食品之一。花生巴不仅有花生，还可以放入豆子，故又名豆巴子，其色泽金黄、薄而脆、油而不腻、清香爽口，吃后满口留香。

南瓜酱 赣南客家人均会制作。以南康市南瓜酱为最优。采用上等南瓜经过多道工序做成的南瓜酱，柔软不韧，具有弹性而不粘牙；咸辣适口，开胃易消化吸收。

四、饮品

客家擂茶 擂茶只在客家人中存在。擂茶选料主要有米粉、豆腐条、黄豆、青菜、菜叶、薯叶、草药。作擂茶时，擂者坐下，双腿夹住一个陶制的擂钵，抓一把绿茶放入钵内，握一根半米长的擂棍，频频舂捣、旋转。边擂边不断地给擂钵内添些芝麻、花生仁、草药（香草、黄花、香树叶、牵藤草等）。待钵中的东西捣成碎泥，茶便擂好了。然后，用一把捞瓢筛滤擂过的茶，投入铜壶，加水煮沸，一时满堂飘香。品擂茶，其味格外浓郁、绵长。擂茶有解毒之功效，既可食用，又可药用；既可解渴，还可充饥。又一说，擂茶源于中原，盛于长江中下游，至今仍流传于闽、粤、赣客家居住区。客家人热情，多以擂茶待客。待客擂茶分荤素两种。招待吃素的客人饮用，加花生、豇豆或黄豆、糯米、海带、地瓜粉条、粳米粉干、凉菜等；招待吃荤的人饮用，则加炒好的肉丝或小肠、甜笋、香菇丝、煎豆腐、粉丝、香葱等配料。

客家酒酿 客家酒酿是赣南客家人的特产酒。用蒸熟的糯米拌上酒药发酵而成。至今已有千年历史。未掺水的称为酒酿（糯米酒），掺水的称“水酒”。客家酒酿选用优质糯米、酒药（酒米曲）和甘淳山泉水酿造，方法简便，家家户户都可自酿，且一年四季均可酿制，以冬季“立冬”之后“立春”之前酿酒为最佳。一般酿制过程为：将纯糯米（最好是单季晚稻米）用洁净的山泉水或井水洗净浸透，置饭甑内蒸透，倒至簸箕上摊冷后，盛入酒坛中，再将“酒饼”研碎用冷开水调匀并淋撒在糯米饭上拌匀，中央挖一“酒井”。加盖并保温 3 天，即可见酒井中渗出酒酿。如置阴凉处保存，越存越香，经年不坏。如置阴凉处保存的温度低于 10℃以下就要保温，用麻袋、棉絮围护，或将酒坛埋在谷皮堆中。这样酿出的酒呈淡金黄色，浓的用筷子一粘，可以拉出丝来，香气浓郁，醇厚可口。客家酒酿食用，通常将酒酿舀于能装 1.5 千克左右的锡制或石制的酒壶中兑水炖开，俗称“水酒”。享用者都用大碗，一般人只能喝 500 克左右。喝上这又香又醇的客家酒酿，五脏六腑似温水沐过，暖烘烘，热融融，满脸生辉，惬意无比。客家酒酿不加酒精和任何添加剂，是纯天然绿色饮品。酒精度低，营养价值高，内含 17 种人体必需的氨基酸，其含量比啤酒高出七八倍。酒酿的营养物质多为低分子的糖类，易为人体消化和吸收，还含有机酸、脂类、微量的高级醇和多种维生素。冬可热饮，夏可冰饮，一年四季老少皆宜，经常适量饮用能舒筋活血，气色红润，延年益寿。

赣州市志（1986-2000）

名志

第三十九篇

县（市、区）和开发区概况

1986年，赣州地区辖1个市、17个县。2000年，赣州市辖1个区、2个市、15个县，行政区域不变。1986—2000年，各县（市、区）深化改革、扩大开放，经济社会取得长足发展，人民安居乐业。各县（市、区）各具特色。

章贡区是赣州市委、市政府所在地，是国家历史文化名城，享有“宋城博物馆”之美称。赣县素有“千里赣江第一县”之称。南康市是“中国甜柚之乡”、中国中部家具产业基地。信丰县是“中国脐橙之乡”、红军南方三年游击战争的主要区域。大余县是赣州历史上设立的第一个县，其前身是秦始皇三十三年（前214）设立的南壄县。上犹县是中国最具魅力的生态旅游大县，境内有国家级自然保护区五指峰和陡水湖。崇义县是“中国竹子之乡”，森林覆盖率达85%。安远县是香港同胞饮用水源东江的发源地、国家级非物质文化遗产赣南采茶戏的发源地。龙南县是“中国围屋之乡”，是拥有客家围屋最多的县。全南县素有江西南大门之称，是赣州建县最晚的县。定南县是全国生猪养殖大县、赣粤边际旅游休闲胜地。兴国县是著名的将军县、模范县、“山歌之乡”。宁都县是客家祖地，中国客家民俗文化之乡，享有“文乡诗国”之誉，是震惊中外的“宁都起义”发生地。于都县是百万人口大县，是中央红军长征集结地和出发地、全国“唢呐之乡”。瑞金市是闻名中外的红色故都、共和国摇篮。会昌县是渔米之乡，毛泽东曾在里这写下著名的《清平乐·会昌》，其中诗句“风景这边独好”家喻户晓。寻乌县是“中国蜜橘之乡”，毛泽东在此开展著名的“寻乌调查”，并写下《反对本本主义》。石城县是千里赣江的源头，是“中国白莲之乡”“中国烟叶之乡”“中国灯彩艺术之乡”。

赣州市黄金开发区成立于1990年，是赣州中心城区工业新区，是全省最有影响力工业园区之一。

第一章 章贡区

章贡区是赣州市委、市政府所在地，是赣州市政治、经济、文化、交通、信息中心。章贡区有2200多年历史，是国家历史文化名城，享有“宋城博物馆”美称。先后获得全国文化先进区、全国卫生城市、全国可持续发展实验区、“全国民间艺术之乡”、“全国田径之乡”等荣誉称号。

	1986年	2000年
总人口（万人）	35.11	47.17
总面积（万公顷）	4.87	4.87
生产总值(亿元)	3.48	46.30
财政收入（亿元）	0.77	1.38
城乡居民储蓄存款余额（亿元）	1.06	36.13

图 39-1-1　1986年和2000年章贡区主要指标比较情况

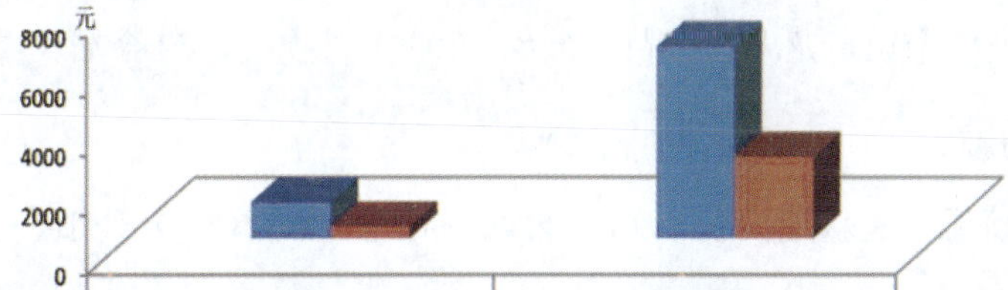

	1986年	2000年
在岗职工平均工资	1227	6482
农民人均纯收入	399	2755

图 39-1-2　1986年和2000年章贡区主要人均收入指标

第一节 地理环境

一、位置面积

章贡区位于江西省南部，地处北纬25°40′16″～25°58′56″，东经114°46′40″～115°3′40″。东、南、北与赣县接壤，西与南康市相邻。总面积486.57平方千米，区人民政府驻阳明路6号。

二、建置沿革

西周前地处扬州城，春秋属百越之地。战国属越、楚。秦属九江郡。汉高祖六年（前201），置赣县，治益浆溪（今蟠龙镇一带），章贡区属之，自此为历代县及郡、国、州、路、府、道、地、市治所。汉属豫章郡，三国属吴庐陵郡。晋属南康郡，太康十年（289），洪水泛滥，县治迁葛姥城（今虎岗一带）；东晋永和五年（349），南康郡守高琰筑城于章贡二水间（今赣州中心城区东北隅），郡治与赣县县治分别从雩都、葛姥城迁于此；义熙七年（411），城毁于兵火，郡、县治迁贡水东（今七里镇一带）。南梁承圣元年（552），复迁郡、县治于章贡二水间。自此，一直相沿为郡、州、府、路、道、地、市治所（数度为省治所）。成为赣南政治、经济、文化中心。隋开皇九年（589），改南康郡为虔州，虔州名始此。唐天复二年（902），卢光绸扩建虔州城，开挖东、南、西三面城壕。宋时，虔州城名因城居章、贡二水合流处，曾名合流镇、章贡，别名虔头州、虎头城。南宋绍兴二十三年（1153），校书郎董德元上书言："虔"字为虎头，虔州号"虎头城"，非佳名。诏令改虔州为赣州，取章贡二水合流之义，赣州名始此。元属赣州路，元世祖至元十五年（1278），江西行中书省移治赣州，次年复移治隆兴（今南昌）。明、清属赣州府，先后为岭北道、赣南道、吉赣南道、南南赣宁道治所。民国时期先后隶属赣南道，江西省第十一、第九、第四行政区。民国25年（1936），赣州城区分设城东、城南、城西、城北、东郊5个镇；民国32年（1943）5个镇合并为赣州镇，属赣县，为赣州建镇之始。1949年8月14日，赣州镇从赣县析出，设立赣州市。1999年6月，撤销县级赣州市，设立赣州市章贡区。

三、行政区划

1986年，赣州市（今章贡区）设赣江、解放、南外3个街道办事处，水东、水南、水西、湖边、沙石、沙河、蟠龙7个乡镇及93个村委会、114个居委会。1999年2月14日，根据江西省人民政府《关于撤销赣州地区设立地级赣州市的通知》，撤销赣州地区和县级赣州市，设立地级赣州市和赣州市章贡区，原县级赣州市的行政区域为赣州市章贡区的行政区域。县级赣州市自1999年6月8日起更名为赣州市章贡区。2000年5月，蟠龙镇，沙石镇新路、坪路村，水南镇黄金村，湖边镇螺田村、龙岭村袁屋组，黄金岭街道办事处及其管辖的金星、太平、杨梅村划给赣州市黄金开发区管理。

2000年，章贡区辖赣江、解放、南外、黄金岭、东外5个街道办事处，水东、水西、水南、湖边、沙石、沙河、蟠龙7个镇，龙埠、蛤湖2个乡，103个村委会，60个居民委员会。

四、自然资源

土地和森林资源　有耕地面积7613.6公顷、林地面积2.31万公顷、有活立木蓄积量396971立方米，森林覆盖率54.4%。

动物资源　主要野生动物有鹧鸪、雉、白鹭、啄木鸟、穿山甲、蛇、獐、麂、狸、野猪等，主要畜禽有赣州白猪、长白猪、朝白猪、黄牛、水牛、荷兰乳牛、"辛地红"杂交黄牛、山羊、乳山羊、长毛兔、红白考鸡、白洛克鸡、本地鸡、蟠龙花鸭、鹅、狮子鹅等；主要鱼类资源有青鱼、草鱼、鲢鱼、鳙鱼、彭泽鲫、日本鲫、鳊鱼、胡子鲶、黄尾密鲴、罗非鱼等14科40余种。

水资源　境内水能理论蕴藏量5.69万千瓦，年电能为4.98亿千瓦时，平均理论水能密度116.7千瓦/平方千米。可开发利用的水资源为5500千瓦，占理论蕴藏量的9.7%。水域面积3975公顷。

矿产资源　主要矿藏有钨、锡、稀土、铜、金、银、铅、锌、石灰石、萤石、重晶石、硅石等，其中钨开采历史较长。

五、气象

章贡区属亚热带季风湿润气候区，气候温和，四季分明，雨量充沛，光照充足。年平均气温19.4℃，无霜期286天，年均降水量1494.8毫米，年均日照1888.5小时；夏盛行偏南风，冬盛行偏北风，年均风速1.9米/秒。境内河流贡江从东自赣县入境、章江从西自南康市入境，交汇境内中部合流为赣江。赣州城处于低山丘陵的环抱，章江、贡江、赣江的环绕之中，构成“山为翠浪涌，水作玉虹流”的靓丽风光。

第二节　人口　人民生活

一、人口民族

1986年年底，赣州市（今章贡区）总户数76852户，总人口351109人，其中男性184766人、女性166343人。2000年年底，章贡区总户数122842户，总人口471661人，其中男性242539人、女性229122人。平均每年增加8037人。据2000年11月第五次全国人口普查统计，章贡区常住人口中，99.3%是汉族，有蒙古族、回族、藏族、畲族、壮族、满族、维吾尔族、苗族、彝族、布依族、朝鲜族、侗族、瑶族、白族、土家族、哈尼族、哈萨克族、傣族、黎族、高山族、水族、纳西族、土族、仫佬族、撒拉族、仡佬族、锡伯族等27个少数民族，占0.7%。

二、人民生活

居民收入　中华人民共和国成立后，随着经济的发展，赣州市（今章贡区）各种经济类型的职工人数不断增加，工资水平不断提高。1990年，国有经济，职工年均人数为93254人，年工资总额为18447万元，人均年工资1978元。集体经济，职工年均人数为17863人，年工资总额为2426万元，人均年工资1358元。其他经济，职工年均人数为224人，年工资总额为51万元，人均年工资2277元。2000年，国有经济，职工年均人数为54678人，年工资总额为44723.6万元，人均年工资8179.45元。集体经济，职工年均人数为6561人，年工资总额为3383.3万元，人均年工资5156.68元。其他经济，职工年均人数为7796人，年工资总额为5316.3万元，人均年工资6819.27元。

居民消费　1986年，赣州市（今章贡区）社会消费品零售总额为29856万元，其中居民消费为24831万元、社会消费5025万元。2000年，章贡区社会消费品零售总额为215156万元，其中批发零售贸易113963万元、餐饮业7536万元、制造业18123万元、农业生产者73814万元。

社会保障　章贡区社会养老保险始于1986年。合同制工人按工资总额的18%收取养老保险费，1986年，赣州市（今章贡区）收取养老保险费55.56万元。2000年，章贡区养老保险单位479个，参保人数29129人，收取养老保险费4099万元。

第三节　经济状况

一、经济综合

1986年，实现生产总值34817万元，其中第一产业3331万元、第二产业19295万元、第三产业12191万元。2000年，实现生产总值463030万元，其中区属工业总产值140889万元、农业总产值40906万元，生产粮食48924吨、蔬菜182563吨，生猪出栏123492头、家禽出笼873.88万只，肉类总产量25633吨、水产品总产量4677吨。城乡居民年末储蓄存款余额36.13亿元，城镇居民人均可支配收入4811元，农民人均纯收入2755元；城镇居民人均住房面积9.7平方米，农村人均住房面积29.6平方米；章贡区市场总面积71万平方米，人均市场面积1.6平方米，居全省县（市、区）前列。

1986年，赣州市（今章贡区）财政收入为7716.6万元。1988年，财政收入1.18亿元，是江西省第一个财政收入突破亿元的县级市。1994年，财政收入达2.43亿元，1995年，达3.06亿元，是全省率先突破2亿和3亿元的县级市。1996年、1997年、1998年，赣州市（今章贡区）财政总收入分别为

4亿元、4.4亿元、4.85亿元，在全省县（市）中位列第一位。2000年，章贡区财政收入为1.38亿元，其中地方财政收入8028万元。

二、农业

种植业 主要粮食作物有水稻、薯类、豆类，主要经济作物有甘蔗、油菜、花生、芝麻、烟叶等。总产值1986年6401万元，粮食播种面积10667.13公顷，总产量4.47万吨；2000年4.09亿元，粮食播种面积9885.07公顷，总产量4.89万吨。

林业 中华人民共和国成立后，由于行政区域的变更及建设用地的增加，林地面积多有变化。1986年，造林面积1140公顷，育苗18.21公顷，成林抚育1380公顷，年末实有林地面积9033.33公顷。1989年，林业用地面积为2.42万公顷，占全地区总面积的50.52%。在林业用地面积中，有林地1.9万公顷，占78.51%；无林地0.13万公顷，占5.37%；疏林地247公顷，占1.02%；灌木林地49公顷，占0.20%；未成林造林地0.35万公顷，占14.46%。2000年，林业用地面积为2.44万公顷，人工造林木1008公顷，其中育苗1公顷、人工造林44公顷、飞播造林325公顷、迹地更新165公顷、成林抚育473公顷。

畜牧业 家畜饲养以牛、猪、家禽为主。1986年，生猪年末存栏4.13万头，牛存栏1.10万头，家禽年末数30.83万只。2000年生猪年末存栏5.06万头，牛存栏1.29万头，家禽出笼210.28万只。

渔业 鱼类有14科40余种，主要养殖品种有草、鲢、鳙、青、鲤、鲫鱼等。1986年，水产品总产量1235.36吨，其中养殖产量1209.85吨，捕捞产量25.51吨。养殖面积667公顷，其中鱼种池81.87公顷。2000年，水产品总产量4677吨，其中养殖产量4617吨，捕捞产量60吨。养殖面积629.53公顷，其中鱼种池31.53公顷。

三、工业

1988年，工业企业有290户，实现工业总产值68998.4万元。1991—1995年，赣州市（今章贡区）兴办“三资”企业154家，引进外资2726万美元、内资3.3亿元，“三资”企业出口创汇3757万美元。1996—2000年，兴办“三资”企业112家，签约外资1.8亿美元，实进外资9187万美元，出口创汇3.76亿美元，引进内资26.82亿元。2000年，章贡区区属国有工业企业有22户，实现工业总产值40359万元，销售收入37673.3万元，上缴税金2136.5万元。被评为全省经济协作工作先进单位。

四、个私经济

1986年，赣州市（今章贡区）在发展个体经济中，着重发展农村个体工商户和调整行业结构，扶持农村剩余劳动力从事个体工商业经营。至年末，赣州市（今章贡区）个体工商户4039户，从业人员8055人，资金435.67万元，全年营业额3774.85万元，其中城镇2843户，从业人员6021人，资金286.63万元，营业额2555.01万元；农村1196户，从业人员2034人，资金149.04万元，营业额1219.84万元。按行业划分：工业、手工业295户，660人；运输业416户，736人；商业1996户，4313人；饮食业499户，1159人；服务业139户，196人；修理业194户，432人；其他500户，559人。赣州市（今章贡区）个体工商户从业人员占全地区总人口数的2.9%，个体工商户全年营业额相当于全市社会零售额的13.55%，全年缴税85万元。个体运输业发展迅猛，有机动车辆416辆，各种船只377艘计2000吨位。赣州市（今章贡区）有合作经营企业42家，从业人员438人，资金91万元，其中城镇25家，174人，资金57万元；农村17家，264人，资金34万元。2000年，新增个体工商户2087户、私营企业161家，新增从业人员7326人。年末，章贡区个体工商户16820户、私营企业759家，合计17579家（户），从业人员55689人。全年缴纳税金6873.2万元。销售收入5000万元以上私营企业达6

家，其中超亿元的私营企业 2 家。

第四节　社会事业

一、交通邮电

2000 年，境内有公路 101 条、360.95 千米，其中国道 2 条、41.8 千米，省道 2 条、22.71 千米，县道 7 条、71.29 千米，乡道 14 条、94.73 千米，村道 76 条、130.42 千米，公路密度 75.39 千米/百平方千米。

二、教育科技

1986 年 3 月，赣州市（今章贡区）政府制定《赣州市九年制义务教育规划》。1993 年，通过江西省教育委员会“两基”（基本普及九年制义务教育，基本扫除青壮年文盲）评估验收。次年，成为全国首批“两基”达标县（市）。1995 年，赣州市（今章贡区）适龄儿童入学率接近 100%，适龄少年入学率 97.8%，初中普及率 96.8%，非盲率 98.4%，巩固率 98%；有中小学 125 所，在校学生 52371 人，教职工 3066 人。1999 年 6 月撤市改区，赣州一中、赣州三中、赣州四中、赣州十中上划地级赣州市管理。2000 年，章贡区教育委员会所属各类学校有 96 所，在校学生 43199 人，教职工 2397 人。初级中等教育适龄人口入学率达到 98.1%，小学 15 周岁人口初等教育完成率达 99.9%。先后被评为全国幼儿教育先进市、全国特殊教育先进市、全省普及九年义务教育扫除青壮年文盲工作先进市。

1990 年起，赣州市（今章贡区）政府开始实施“科技（教）兴市”战略。每年 3 月中旬至 4 月中旬定为科技进步活动月。1995 年，赣州市（今章贡区）有直属专业技术研究会 24 个，科技人员 3142 人，其中工程类 1645 人、农业类 67 人、卫生教育及其他科技类 1430 人。1997 年，编制实施《赣州市可持续发展实验区总体规划纲要》，开展创建全国可持续发展实验区工作。“九五”期间，实施各类科技计划项目 156 项，其中国家重点级 11 项、省级 64 项。1989 年，赣州市（今章贡区）政府颁发《赣州市科学技术进步奖励试行办法》，开始评审市科技进步奖励项目。至 1995 年，共评审市科技进步奖励项目 122 项。1986—2000 年，累计获国家级科技成果奖励 4 项、省级 14 项。1999 年 11 月，章贡区被科技部授予“全国科技工作先进县（区）”称号。

三、文化艺术

1995 年，赣州市（今章贡区）有电影放映单位（在册的）10 个，放映 13041 场次，观众 204.27 万人次，放映收入 367.69 万元；有专业剧团 1 个，演出 151 场，观众 10.6 万人次，演出收入 39.28 万元；有公共图书馆 1 个，单位图书馆（室）137 个（含农村图书室 10 个），大中专院校、中学和科研单位图书馆（室）20 个。2000 年，章贡区区属文化经营网点有 124 家，其中书报刊店 86 家、电子游戏室 26 家、歌舞厅 3 家、网吧 6 家、桌球室 3 家。

1992 年 1 月 15 日，赣州市（今章贡区）根艺美术学会成立，有会员 66 人。至 1995 年，根艺美术学会参加第三、四、五、六届中国根艺美术展览会，获金奖 2 枚、银奖 2 枚、铜奖 2 枚。1993 年、1995 年，该学会分别被评为全国先进集体和团体二等奖。1996 年 5 月，赣州市（今章贡区）被文化部授予“全国文化先进县（市）”称号。2000 年 4 月，章贡区联合各县（市）选送 40 件作品参加在北京举行的第七届中国根艺美术优秀作品展览，其中章贡区获金奖 1 枚、银奖 2 枚、铜奖 7 枚，获团体一等奖；同年 5 月，章贡区被文化部命名为“中国民间艺术（根雕）之乡”。

四、卫生体育

1986 年，赣州市（今章贡区）有医疗卫生机构 140 个（含中央、省、地企事业单位医院），卫生技术人员 3154 人。1995 年，有医疗卫生机构 354 个（含中央、省、地企事业单位医院），其中综合性医疗及专业医院 12 个、防治研究所 7 个、乡（镇）卫生院 9 个、地段医院 3 个、疗养院 1 个、单位医疗所（室）和职工医院 108 个、村卫生所（室）94 个、医疗点 120 个；有卫生技术人员 4040 人，病床 3419 张。2000 年，章贡区区属卫生系统有医疗卫生机构 19 个，有卫生技术人员 933 人，病床 956 张。城市卫生水平不断提高。1986—1989 年，结合全省 12 个城市创“三优”竞赛活动，广泛深入开展以除“四害”为中心和净化、绿化、美化为主要内容的爱国卫生活动。1990 年以后，爱国卫生的中心转向创建国家卫生城市活动，多次被评为全国卫生城市和江西省城市爱国卫生工作（创“三优”）第一名，被授予“江西省卫生城市”称号。贯彻“预防为主”的方针，各种传染病发病率大幅度下降，地方病得到有效控制。2000 年 10 月，经省专家组考核鉴定，章贡区符合卫生部颁发的基本消灭麻风病标准。

1991 年年底，赣州市（今章贡区）有标准田径场 3 个、小运动场 11 个、篮球场 148 个、排球场 6 个、门球场 22 个、标准射击场 1 个、旱冰场 1 个、游泳场 2 个、体育馆 2 个、训练馆 1 个。至 1995 年，赣州市（今章贡区）有 270 个单位建立基层体育组织，近 500 个单位开展经常性的健身活动，经常参加 1～2 项体育锻炼的群众达 14 万多人，占全地区人口的 35.7%；有国家级体操健将 6 人、一级运动员 4 人、二级运动员 7 人、三级运动员 45 人。1994 年，赣州市（今章贡区）被国家体育运动委员会命名为“全国田径之乡”。1996 年，参加体育活动的职工达 5.2 万人，占职工总数的 42%。城区学校体育达标率由 1996 年的 90.03%提高到 2000 年的 97%，郊区学校达标率由 1996 年的 70%提高到 2000 年的 95%。至 2000 年，城区 95%的老年体育组织实现“五有”（有班子、有会员、有经费、有场地、有活动）目标；各镇均建有体育协会。竞技体育成绩突出，在第七、八、九届省全运会上共有 153 人次取得前三名，获 59 个第一名、49 个第二名、45 个第三名，有 33 人次破 23 项省纪录。

五、广播电视

1986 年，有市广播站 1 个，乡广播站 7 个，广播扩大器 15 架 5.3 千瓦，广播喇叭 5882 只，通广播的村 91 个。1996 年年底，赣州市（今章贡区）9 个乡（镇）、98 个行政村、28907 户通广播，通播率达 100%，喇叭入户总数 145119 户，市郊广播专线 923.27 杆千米，覆盖人口 42 万人，覆盖率 100%。

1991 年 2 月正式开播有线电视。1995 年，有线电视用户网络有干线 95 千米，线路网络达 70 多千米，最远地达 7 千米，终端用户达 8000 多户，开通中央电视台 4 个加密频道共 16 个频道的节目。同年 7 月 1 日，正式成立赣州市（今章贡区）有线电视台。1997 年 7 月 1 日，赣州市（今章贡区）有线电视台网络并入赣州地区有线电视台网络。至 2000 年年底，9 个乡（镇）全部开通有线电视。

1995 年，在省以上报刊台用稿 210 篇，其中在《人民日报》刊发 38 篇、《经济日报》等其他中央级报纸刊发要闻稿 60 篇。1996—2000 年，广播电台收到广播稿件 1.56 万篇、用稿 1.48 万篇。电视播出新闻 620 条，栏目 226 期、专题 72 个；被中央人民广播电台采用 86 篇、中央电视台采用 35 条，被省人民广播电台采用 372 篇、省电视台采用 491 条，被赣州市广播电台采用 755 篇、电视采用 2143.5 条。1998 年 12 月 20 日，中央电视台《新闻联播》头条播出《赣州市迎接澳门回归倒计时》新闻，开创赣州市（今章贡区）新闻上中央电视台《新闻联播》头条先河。2000 年 11 月 1 日，中央电视台《新闻联播》播出《江西赣州章贡区：先进文化催开社区文明之花》新闻，开创章贡区单条新闻上中央电视台的先例。

第二章 赣 县

赣县素有“千里赣江第一县”之称，也是誉满大江南北的“中国板鸭之乡”；是国家小企业创业基地、江西省钨和稀土产业基地和省级休闲农业示范县，被誉为“世界客家摇篮·休闲养生福地”。赣县是江西3个共和国开国上将之一——赖传珠将军的故乡。

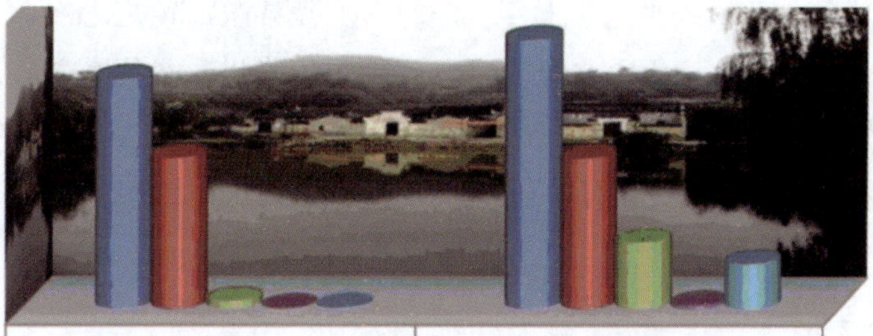

	1986年	2000年
总人口（万人）	45.49	53.36
总面积（万公顷）	29.92	29.92
生产总值(亿元)	1.54	13.11
财政收入（亿元）	0.12	0.78
城乡居民储蓄存款余额（亿元）	0.24	8.88

图 39－2－1 1986年和2000年赣县主要指标比较情况

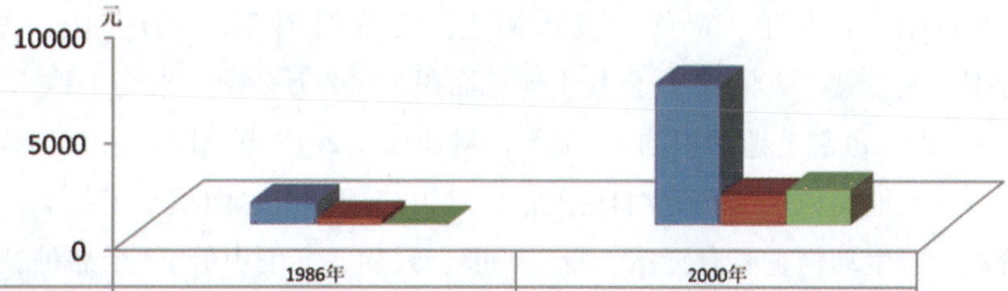

	1986年	2000年
在岗职工平均工资	1076	6669
农民人均纯收入	289	1388
居民人均储蓄	53	1664

图 39－2－2 1986年和2000年赣县主要人均收入指标

第一节 地理环境

一、位置面积

赣县位于江西省南部，赣江上游，地处北纬25°26′～26°17′，东经114°42′～115°22′。东邻于都县、安远县，南接信丰县，西连南康市、章贡区，北与万安县、兴国县接壤。南北长约91千米，东西宽约34千米，总面积为2992.21平方千米，折合29.92万公顷，占赣州市（地区）总面积的8%，占江西省总面积的1.8%。县人民政府驻梅林镇，距赣州市中心城区7千米。

二、建置沿革

汉高祖六年（前201）建县，因《山海经·海内经》载"南方有赣巨人"而名赣县，属豫章郡，筑城于益浆溪（今章贡区蟠龙、黄金一带）；兴平元年（194），分豫章郡置庐陵郡，赣县属之。三国吴嘉禾五年（236），分庐陵郡置庐陵南部都尉，析赣县地置平阳县。西晋太康元年（280）平阳县改名平固县。西晋太康十年（289），县治迁葛姥城（今章贡区虎岗一带）。东晋永和五年（349），郡、县治章贡二水间（今章贡区）；东晋义熙七年（411），城毁于战乱，移治于贡水东南（今章贡区七里镇一带）。南朝梁承圣元年（552），郡、县治复迁于章贡二水间，自此一直相沿为郡、州、府、县治所。南朝陈永定元年（557），赣县与南康互易县名。隋开皇元年（581），改南康郡为虔州，平固县并入赣县；隋大业六年（610）复名赣县。北宋太平兴国七年（982），析赣县潋江镇之七乡（原平固县地）置兴国县；南宋绍兴二十三年（1153），取章贡二水合流之义改虔州为赣州，赣县属之。元属赣州路。明、清属赣州府。民国先后直隶省或属赣南道、第十一行政区、赣南专区、第九行政区、第四行政区。苏维埃时期，先后辖于江西省和赣南省苏维埃政府。1949年8月，析赣州镇置赣州市。1969年7月，县治由赣州市迁梅林。

三、行政区划

1986年，全县共设1个镇、20个乡、305个村民委员会、3190个村民小组。1988年，田村、江口、王母渡乡撤乡建镇。1989年，沙地乡撤乡建镇。1989年12月，根据万安水电站库区移民规划，湖江乡分设湖江、湖新、古田3个乡。1991年，沙地镇分设攸镇乡。同时，县人民政府对湖江、湖新、古田、攸镇这4个库区乡的村委会进行调整。1994年、1995年、1996年、2000年，南塘、吉埠、茅店、五云相继撤乡建镇。2000年，全县有9个镇、15个乡、315个村委会、14个居委会、3224个村民小组。

四、自然资源

土地资源　土壤共分7个土类、15个亚类、51个土属、96个土种。主要土类有山地草甸土、山地黄壤、红壤、紫色土、石灰土、草甸土及水稻土。红壤面积22.21万公顷，占全县土地总面积的74.23%，是全县主要土类。2000年，全县土地总面积29.92万公顷，人均土地0.57公顷。其中，山地面积为23.96万公顷，占总土地面积的80.08%；耕地面积2.78万公顷，占总土地面积的9.29%；水面1.55万公顷，占总土地面积5.18%；村庄道路1.63万公顷，占总面积5.45%。

动植物资源　野生动物主要有野猪、野牛、鹿、云豹、穿山甲等23个品种。珍稀植物有银杏、野茶树、竹柏、红楠等350多种。

水资源　水资源较丰富，包括地表水、地下水和过境水。地表水，平均径流深650毫米，地面径流量19.34亿立方米。浅层地下水可动量，据估算为4.49亿立方米，占河川径流量的23.1%。过境水，县内4大河流外县入境径流量，多年平均为270.7亿立方米。至2000年，全县山塘总计9962座，蓄水量达1622.29万立方米，灌溉面积3987公顷。有中型水库1座，小（一）型水库9座，小（二）型水库45座。

矿产资源　矿藏有钨、钢、煤、稀土、石灰石、金、萤石等20多种，经地质勘查成型的矿床18处。尤以煤、稀土、钨储量丰富，品位较高，是赣南的主矿区。

五、气象水文

赣县属中亚热带丘陵山区季风湿润气候区。气候温和、四季分明、光照充足、降水充沛，无霜期长，太阳辐射较弱，冷暖变化显著，降水变化大。春早夏长、秋短冬暖，春夏之交多洪涝，秋冬雨量稀。春季气温渐升，雨日渐多，往往寒暖交替，气候多变，常有阴雨和低温天气出现，时有冰雹发生，春末夏初相对温度最大，进入梅雨季节；夏季海洋季风强盛，天气高温高湿，形成大范围降雨或暴雨，为年降水量集中的时期，盛夏与伏秋季节天气炎热干旱，有时受台风影响，出现台风雨或台风暴雨，有时也出现地区性的对流性不稳定的雷阵雨，历时短，范围不大；秋季太平洋副热带高压减弱，受北方干燥冷空气控制，秋高气爽，昼夜温差较大，湿度小，有小阳秋天气；冬季天气干燥寒冷，受西伯利亚冷高压影响，有时会出现阴雨天气，但降雨量不大。

流经县境的河流主要为桃江、平江、贡水、赣江，分别由居龙滩、翰林桥、峡山、棉津水文站监测记载这4条主要河流的水位、流量等各种水文资料数据。各站的年最高、最低水位变幅多数为5—10米，各站年最高水位大多出现在4—6月，最低水位多出现在11月至来年1月。各站全年最大、最小流量出现的月份与水流变幅月份相同。1986—2000年，全县平均年降水量为1398.3毫米，多年平均年降水天数为165天。河川径流量和降水量的变化规律相似，有明显的季节性和区域性。以暴雨、洪水为主要自然灾害。全县地表水资源量20.88亿立方米，人均和亩均水量分别为4910立方米和5153立方米。

第二节　人口　人民生活

一、人口民族

1986年，全县总人口454905人，其中男232008人、女222897人，农业人口419181人、非农业人口35724人。2000年，全县总人口533614人，其中男276938人、女256676人，农业人口469491人、非农业人口64123人，总户数134141户，比1986年净增78709人，人口净增率达17.3%。境内99.5%是客家汉族，有畲族、蒙古族、回族、苗族、壮族、满族、布依族、侗族、白族、纳西族10个少数民族，约占全县总人口的0.5%。2000年，全县共有167个姓氏。

二、人民生活

1986年，全县农民人均收入289元，城镇职工人均工资1076元，城镇居民人均收入812元。城乡居民储蓄存款年末余额2411.7万元，人均储蓄53元。人均消费173.83元。2000年，全县农民人均纯收入达到1388元，职工收入达6669元，城镇居民因经营个体或打工，人均达到7222元。城乡居民储蓄存款年末余额88797万元，人均储蓄1664元，人均消费823.79元。

第三节　经济状况

一、经济综合

1986年，全县生产总值1.54亿元。2000年，全县生产总值达13.11亿元，增长7.51倍。农业总产值由1986年的1.45亿元增加到2000年的5.84亿元，增长3.03倍；工业总产值由1986年的0.59亿元增加到2000年的5.07亿元，增长7.59倍；财政收入由1986年的1151.3万元增加到2000年的7801万元，增长5.78倍。第三产业发展迅速。2000年，实现工商税收5837万元。

二、农业

1986年，耕地面积2.67万公顷，农业主导产业以水稻、甘蔗为主。1994年，粮食总产达161076吨，甘蔗175608吨，居全地区第四位。20世纪90年代中后期，强化农业产业结构调整，大力发展烤烟生产，种植面积稳定在533公顷左右。2000年，产烟18660担，产值753.86万元，创税181.4万元。林地45825万公顷，水果总产达12296万吨，形成茅店洋塘、江口焦林、田村村岭、沙地马口等千亩以上果园示范基地。

三、工业

1986年，全县工业企业取消计划指标，实行厂长（经理）负责制，实现工业总产值5861.3万元。1990年，工矿企业实行承包经营等改革，工业生产由计划体制逐步向市场经济转变，实现总产值10325万元。20世纪90年代中后期，突出主攻工业战略，大力实施招商兴工，对国有企业进行重组改制，推动个私经济发展，形成以稀土、钨为主的矿产品加工，轻纺工业和食品加工三大产业。至2000年，县内有中型以上企业18家，个体私营和引进的工业企业2751户，工业总产值50732万元。

四、个私经济

1986年，全县个体私营工商户4727户，从业人员7568人。20世纪90年代初期，赣县推行大开发带动大流通，大流通促进大发展战略，依托105国道、323国道及京九铁路等区域优势，创办沙地、江口、南塘、吉埠等十大农贸市场，建立“沙地—五云—梅林—茅店—江口个私经济百里长廊”，并在全县成立24个流通协会组织，培育生猪、水果、蔬菜等流通大户61户。2000年，全县个体工商户达14043户，从业34741人，注册资金7021万元，个私企业351家，从业5839人，注册资金9126万元，其中外资企业3家，总产值达36495万元。

第四节　社会事业

一、交通邮电

交通建设发展迅速。至2000年，公路通车里程达1362.76千米，全县89%的行政村通公路。建成100米以上的公路大桥5座、中型桥19座、小型桥124座。1993年4月，京九铁路赣县段动工兴建。1996年4月1日通车，纵贯5个镇17个村，境内长46.37千米。赣州火车货运东站设在梅林镇。2000年10月，赣龙铁路与京九铁路在赣州东站接轨，境内全长24千米，途经3个镇9个村，2005年4月建成通车。水路运输通航里程170千米，乡（镇）渡口35处，有渡船37艘。1989年9月，赣县邮政电信分营。邮政主要经营函包、储蓄、邮路投递等业务。1986年，邮政电信合营时，设有公务、业务、特种等8个电话种类，市话普及到乡（镇）223户，农话213户。1991年，开通程控电话，长话线路5条，至2000年达到372条，市话用户11855户，农话用户16359户。1995年8月，开始办理无线寻呼，用户133户。至2000年，全县移动通信迅猛发展，客户达1万多户，无线寻呼逐渐萎缩。

二、教育科技

2000年，全县有幼儿园28所、小学290所、初级中学28所、高中2所，基本扫除青壮年文盲；有教职工4333人，其中专任教师3931人；共录取大中专生6554人，其中本科生969人、大专生1163人、中专生484人、小中专生3938人。全县有职业中学2所、职业中专2所、成人中专1所，为社会培养大批专业实用技术人才。

2000年，全县拥有各类专业科技人员5660人，获国家专利项目27个，获市以上科技成果奖43个。科技工作为经济发展提供强力的技术支撑。

三、文化艺术

文化事业蓬勃发展。全县有影剧院19个、专业剧团1个、文化馆1个、文化站24个，馆藏图书9.38万册。乡（镇）电视网络全部建成，覆盖率达100%。

赣县民间文艺源远流长，内容丰富，文化底蕴深厚，形式简朴多样，地方特色多变，活泼优美，情趣怡然，给人以美好的艺术享受。流传较广的有传统山歌、童谣、谚语、谜语、歇后语、赞言、对联、客家传统戏曲歌舞等。客家传统歌舞戏曲有戏剧、民乐、灯舞等，内容十分丰富。县内以采茶戏和东河剧最负盛名，木偶剧、南北词、唱古文也在城乡流行。民间音乐丰富多彩，各种乐器按照戏剧、歌舞内容的需要，伴奏出喜怒哀乐各种曲牌，情真意切、活泼优美。灯舞是民间古老的传统歌舞，最为盛行的有龙灯、鲤鱼灯、摆字灯、高灯、狮子灯、云灯、茶篮灯等20多种，大多用锣、唢呐、鼓伴奏，载歌载舞、热闹非凡。已经成功申报县级项目保护名录赣县东河戏、田村花灯、南塘麒麟狮象灯等27项，市级项目保护名录6项（赣县东河戏、赣县田村花灯、赣县田村云灯、赣县南塘麒麟狮象灯、赣县大埠食贡制作技艺、赣县田村黄元米果制作技艺等），省级保护名录2项（赣县东河戏、赣县田村花灯制作技艺）。

四、卫生体育

2000年，全县有县级医院3所、中心卫生院8所、乡（镇）卫生院14所，厂矿学校医疗机构16个，农村卫生所356所，医技人员1843人，医院病床530张。医疗卫生防疫，妇幼保健网络体系初步建立，基本解决群众看病难问题。计划生育工作提倡优生优育、晚婚晚育。至2000年，全县平均晚婚率46.7%，节育率92.75%。体育活动丰富多彩，共举办大型体育赛事72场次，组队参加国家、省、地（市）比赛55次，获奖78人次。

五、广播电视

1987年，县政府发出《关于加强农村有线广播建设的通知》，要求各乡（镇）贯彻国务院颁发的《广播电视设施保护条例》，巩固农村广播电视网。同年，县有线广播发射功率加大95瓦，广播音质、音量得以提高，全县广播专线达580杆千米，入户喇叭20200只。1991年，全县有线广播专线增加到610杆千米，通村率17%。1994年，村通率达54%，村小组通广播率31%，广播专线达650杆千米，喇叭总数23516只，入户率达45%，全县拥有31部广播扩音机，功率9400瓦。之后，全县有线广播发展停滞。

1988年前，县站广播调频机仅有5瓦功率，加上元件老化，1/4的边远乡（镇）难以收听到县广播讯号。1989年元旦，各乡镇广播站，调频接收机先后安装完毕，投入使用，提高与改善县至乡镇讯号传输质量。1992年，县局制定《赣县三至五年广播电视规划》。当年，县投资390万元，开始启动实施这个规划，要求村村通广播。1994年，县局安装调频发射机4部，功率170瓦，先后建起30瓦调频发射台3座。江口广播电视站建起30瓦调频发射台1座，增挂1200只调频喇叭。梅林镇建30瓦调频发射台1座，增挂调频喇叭300只。江口调频台用103兆频率，梅林调频台用106.9兆赫频率，以收转中央、省、地、县广播电台节目为主，并开设自编节目。古田、湖新、攸镇3个新设乡建起地面卫星接收站1座。至2000年，老式的有线广播被无线调频广播替代，乡镇“村村通”达到100%，入户喇叭由原来的2万多只增加到3.06万只。

1985年前，全县有沙地、白石山坑口、三溪乡、韩坊小坌4个电视差转台，总功率为40瓦。1986年，建成小坪牛岭电视差转台；1990年7月，建成湖江乡电视差转台、吉埠宝林村电视差转台。年底，全县共有7座小功率差转台，总功率70瓦。另有备用机2台，功率分别为5瓦、3瓦。1991年年底县有线电视台建成开播。1997年6月，县有线电视台投资50余万元更新和改造机房及传输线路设备，开通加密电视，每天24小时转播。1999年5月，购置非线性编辑机1部，新增电视差转台1座。

20世纪90年代初，县有线电视网覆盖整个县城。1996年6月，投资60万余元进行改造，将300兆赫网络提升至550兆赫网络，节目频道由12个增加至16个。至2000年，电视节目频道增至20个，传输质量得到明显提高。1996年2月，韩坊乡小坌村建起全县第一座卫星地面接收站。此后，各乡镇村有线电视网络陆续建成。至2000年年底，全县乡（镇）建设有线电视网络24个，覆盖率100%。村级建设广播电视室79个，有线电视网络可延伸到186个村，村级有线广播电视覆盖率达60%。

第三章 南康市

南康市有着1700多年的悠久历史，自古就是“衣冠文物之名区，财赋舟车之都会。”南康是革命老区，为中国革命做出巨大贡献。南康商业文化底蕴深，全民创业氛围浓，民营经济成为市域经济的主体，创造出独特的南康经济现象——“无中生有，有中生特，特在其人，人联四方。”南康市是中国甜柚之乡、中国中部家具产业基地、“中国客家歌舞之乡”、全国先进文化市、全国瘦肉型商品猪生产基地、全国食品加工基地、江西省纺织服装产业基地。南康市是赣南甘蔗、柑橘、瘦肉型猪和渔业生产基地，甘蔗产量居全省之冠，也是华东优良猪种——赣州白猪的主产地。

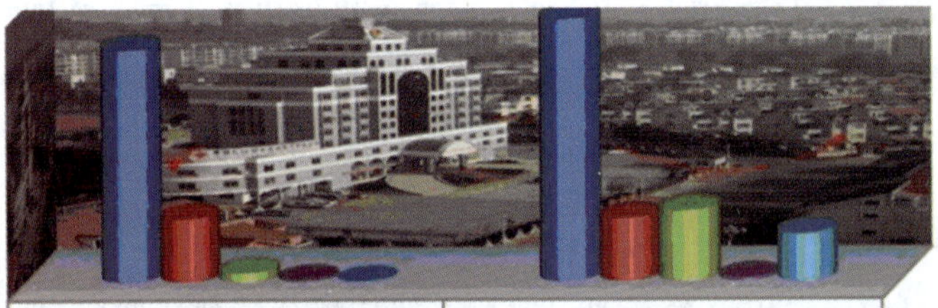

	1986年	2000年
总人口（万人）	67.77	76.64
总面积（万公顷）	18.55	18.55
生产总值(亿元)	2.73	20.68
财政收入（亿元）	0.54	1.02
城乡居民储蓄存款余额（亿元）	0.26	13.64

图 39－3－1 1986年和2000年南康市主要指标比较情况

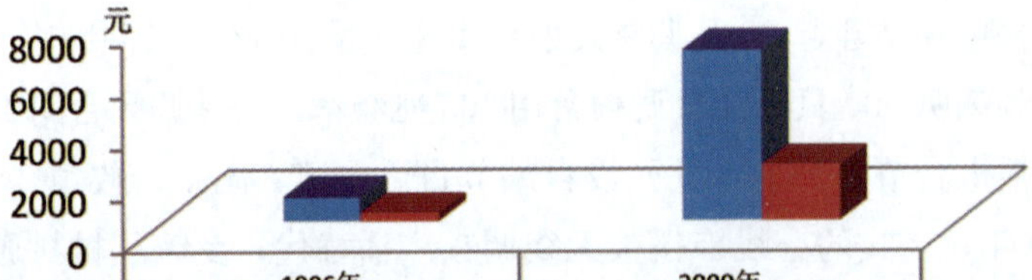

	1986年	2000年
在岗职工平均工资	969	6634
农民人均纯收入	313	2155

图 39－3－2 1986年和2000年南康市主要人均收入指标

第一节 地理环境

一、位置面积

南康市位于赣州中部、章江中下游。东连赣县、章贡区，南邻信丰县、大余县，西接上犹县、崇义县，北界万安县、遂川县。总面积1854.68平方千米，其中山地占14%、丘陵占21%、低丘岗地占

38%、河谷平地占27%，境内地势较平坦。市人民政府驻蓉江镇，距赣州市中心城区33千米。

二、建置沿革

秦始皇三十三年（前214），置南壄县，隶九江郡。汉高祖四年（前203），改九江郡为淮南国，南壄属之。汉高祖六年（前201），析淮南国置豫章郡，南壄属之。同时增设赣、于都2个县。东汉建武元年（25），改南壄县为南野县。三国吴嘉禾五年（236），析南野县地置南安县。西晋太康元年（280），改南安为南康。南朝陈永定元年（557）与赣县互易名。隋大业六年（610），复名南康。唐永淳元年（682），析南康东南地置南安县。唐神龙元年（705），升大庾镇为大庾县。后梁开平五年（911），析南康县地置上犹场，隶百胜军。南唐保大十年（952），升上犹场为上犹县，隶昭信军。北宋开宝八年（975），改昭信军为军州，次年改为虔州，南康隶之。北宋淳化元年（990），析虔州置南安军，南康隶之。民国3年（1914），南康属赣南道。民国21年（1932）8月，南康隶属江西省第十一行政区，民国24年（1935）4月，南康隶属江西省第四行政区。苏维埃时期，南康与信丰曾设信康县，后改为登贤县。1949年8月14日南康解放。1995年3月，撤销南康县，设立南康市。市人民政府驻蓉江镇。

三、行政区划

2000年，辖蓉江、唐江、潭口、潭东、龙岭、金鸡、三益、龙回、镜坝、凤岗、赤土、横市等12个镇和浮石、西华、横寨、太窝、朱坊、大岭、平田、唐西、三江、龙华、十八塘、内潮、麻双、圩下、大坪、坪市、隆木17个乡，376个村委会、11个居委会、5213个村民小组。

四、自然资源

土地资源 处赣南中低山与丘陵区的兴国—信丰侵蚀肃蚀红岩丘陵盆地，一般海拔300～500米，境内土壤以黄壤、红壤和紫色土为主，22.46%为水稻土，其他为旱作土壤。全市耕地面积3.25万公顷，人均耕地0.04公顷。林业用地33.72万公顷，其中有林地9.07万公顷，占林业用地的26.9%。

动植物资源 野生药材有357种，较丰富的品种有金银花、黄栀子、女贞子、白扁豆、前胡、枸杞、黄精、丹参、南沙参、百合、土伏苓等。野生动物资源有野猪、豪猪、豺狗、狐狸、水獭、穿山甲等。

水资源 水资源丰富，河流以章江、上犹江为干流，大小河流60条，属赣江水系。天然水年平均总量为53.39亿立方米，河流水能理论蕴藏量为12.27万千瓦，其中可开发利用的有2.99万千瓦。全市有小（一）型水库13座、小（二）型水库49座。有可养鱼水面8657公顷，占总水域面积20.55%，人均0.01公顷。

矿产资源 矿藏有钨、金、铜、锡、铁、稀土、瓷土等20余种。

五、气象水文

南康市地处北回归线附近，属中亚热带季风性湿润气候。夏季盛行偏南风，冬季盛行偏北风，四季分明，气候温暖，无霜期长，光照充足，有利于农业、林业、畜牧业、渔业、果业生产。但时空分布差异大，时有旱、涝、风、雹、冰冻、酷暑等自然灾害，特别是受“厄尔尼诺现象”的影响，天气变化异常，洪涝、干旱、低温、冻害等灾害时有发生，给社会经济的发展、人民的生命财产带来了重大损失。气温年平均气温变化：年平均气温主要受纬度、高度和地形的影响，南北温差较大，东西温差较小。1986—2000年年平均气温在18.7℃～20.1℃。1996年平均气温最低18.7℃，1998年年平均气温最高20.1℃。15年平均为19.2℃。最热的是7月，平均气温为28.9℃，最冷的是1月平均气温为8.3℃。年温差20.6℃。极端最高气温为39.6℃，出现在1988年7月9日。极端最低气温为－5.9℃，出现在1999年12月23日。

南康市地处赣江流域，境内河流分布有赣江流域的章水水系、遂川水系和桃江水系。全市土地总面积中，94%的面积集中分布在章水水系，5%的面积分布在境北部的遂川江水系，1%的面积分布在境南部的桃江水系。境内河系发育较好，集水面积在10平方千米以上大小河流51条（其中社溪河是龙华江干流的分段命名河流），河流总长754.4千米，平均河网密度0.41千米/平方千米。入境河流众多，集水面积大。集水面积大于10平方千米的入境河流共计13条。其中，境外集水面积10平方千米的入境河流6条，境外入境河流集水面积之和为5696平方千米。入境河流中，尤其以上犹江及其支流在南康境外的集水面13732平方千米为最大。南康市多年平均降水量1446.1毫米，平均年降水总量26.68亿立方米。年内丰水、枯水季节变化明显，丰水、枯水年降水量相差悬殊，在很大程度上影响农业生产的发展。南康市水文站在章水设有窑下坝水文站，在上犹江设有田头水文站，两站水文测验项目有降水量、水位、流量等。

第二节　人口　人民生活

一、人口民族

2000年，全市有209186户，总人口766437人，人口密度为每平方千米413人。市内居住着20个民族，以汉族为主，占98.67%；少数民族以畲族为主，有8888人，还有回族、蒙古族、藏族、苗族、维吾尔族、彝族、壮族、布依族、满族、侗族、瑶族、土家族、黎族、朝鲜族、白族、佤族、土家族、仡佬族等。2000年市内有198个姓氏。

二、人民生活

1986年，南康农民年人均总收入405.63元，1990年为669.8元，1995年上升到2112.67元，2000年达到2711.93元，是1986年的6.69倍。农民年人均纯收入，1986年为313元，1990年561元，1995年1456元，2000年上升到2155元，比1986年增长5.88倍。1986年，全民所有制单位职工年人均工资985元，城镇集体所有制职工年人均工资772元。到2000年，全民职工年人均工资增加到6745元，是1986年的6.85倍；城镇集体职工年人均工资5698元，是1986年的7.38倍。1986年，城乡居民储蓄存款余额2633万元，2000年达到136415万元，比1986年增长50.81倍。电冰箱、洗衣机、空调机、电脑、彩电等已进入平常百姓家，许多家庭已购有小轿车。城镇居民居住条件有很大提高。1991年房改前，城镇人均住房面积只有4.5平方米，2000年达到人均15.5平方米，比房改前增加2.44倍，住房成套率由1992年的18%提高到90%。农民人均居住面积比城镇提高更快，小康楼建设在乡村兴起。

第三节　经济状况

一、经济综合

1985年，生产总值为2.16亿元；1990年为5.67亿元；1995年，实现12.85亿元；2000年，突破20亿元，年均增长6.9%。经济发展促进财力的增长。1985年，南康县财政收入为5116.7万元；1990年超亿元，实现12028.3万元，成为全省第三个亿元县；1994年，财政收入突破2亿元大关；1999年，执行分税制后，地方收入首次突破亿元；2000年，地方财政收入达到10202万元，平均每年增加194万元，年均递增7.1%。

二、农业

2000年，南康市农业总产值实现115545万元，按可比价格计算，比1985年增长2.05倍，比1990

年增长 1.74 倍，比 1995 年增长 1.24 倍，平均每年递增 3.74%。主要农产品大幅度增长，1985 年粮食亩产 296 千克，1995 年为 332 千克，2000 年达到 357 千克；粮食总产 25.42 万吨，比 1990 年增长 1.01 倍，比 1995 年增长 0.93 倍；油料总产 21244 吨，水产品产量 14500 吨。2000 年，在严重冻害的情况下，水果仍取得较好收成。甜柚总产 3708 吨、脐橙 307 吨、甜橙 182 吨、橘子 479 吨，其他水果如李、桃、柿、梨等总产 6007 吨。南康斋婆柚 1989 年获部优产品、1991 年获国家科学技术委员会“星火计划”银质奖；龙回早熟柚 1992 年获中国首届农业博览会金奖；三江柚在江西早熟柑橘鲜果监评会上被评为第一名；江坝柚也在全省柚类监评会被评为第一名。1986—2000 年，全市人工造林 3.45 万公顷、飞播造林 1.26 万公顷、义务植树 938.8 万株。2000 年，全市森林覆盖率为 57.4%。

三、工业

2000 年，南康市工业总产值 262077 万元，按可比价格计算，比 1949 年增长 369 倍，年均增长 12.3%。

南康市工业得到快速发展，形成食品、机械、家具、矿产品、成衣、建材等六大支柱产业。南康是全国食品生产基地之一，食品工业有较大发展。食糖、南康蜜饯、南康大曲酒、三益腐竹、横市雪片糕等都是有名传统食品，畅销省内外；获国际金奖的南康辣椒酱，畅销中国香港、中国澳门地区及东南亚地区；“赣”牌香烟畅销全国各地，“友家”牌月亮花生巴和“开运”牌花生巴、浮石山矿泉水、千秋食品南瓜系列等地方风味小吃，走进都市超级市场。20 世纪 80 年代末至 90 年代初，南康外出人员返乡办家具厂掀起高潮。高峰时，生产厂家达 700 多家，从业人员 2 万余人，并在金鸡开发区的 105 国道旁建起占地 6.67 公顷 300 余间店面的江西规模最大的家具专业市场——南康国际家具城，家具产品种类繁多，远销 20 多个省市。南康兴办江西最大的服装批发市场和 1000 多家服装鞋帽加工销售企业，南康成衣走上产业化、规模化生产，成为南康个私经济的领导行业。个体加工户达 3000 多户，从业人员 3 万多人，成衣品种近千种，拥有江西最大的占地 1.4 公顷的南康成衣市场。南康是赣南最大的矿产品加工集散地，从事矿产品加工的个私企业 100 多家，主要有钨酸钠、锡锭、铋、稀土、铜、金等。

四、个私经济

1986 年，全县有个私工商户 5274 户。1994 年，个体工商户突破 1 万户，从业人员 2.8 万多人。1997 年，实施“个私兴康”战略，个体私营经济发展驶入快车道。1998 年，全市个私工商户达 19756 户（其中私营企业 980 家）；个私工商企业年纳税 5943 万元，占本级财政的 49.9%。2000 年，全市个体工商户达到 21561 户，从业人员 67826 人，其中私营企业达到 1113 家，个私工商企业纳税占全市财政收入的半壁江山。2000 年，全市个私工业占赣州市工业总产值的比重达到 70%。

五、城乡市场

1986 年，全县只有 25 个圩镇农贸市场，市场面积 11.9 万平方米，人均占有 0.179 平方米。1992 年，实现乡乡有市场，市场面积 20 万平方米，人均占有 0.28 平方米。2000 年，全市有贸易市场 40 个，其中专业市场 12 个、农贸市场 28 个，市场面积达到 50.74 万平方米，人均占有 0.71 平方米。人均市场面积居全省前列。南康成衣市场、国际家具城、商贸城、贸易广场、国际服装城等大型专业市场拔地而起。2000 年，南康市实现社会消费品零售总额 6.35 亿元，比 1985 年增长 5.7 倍，年均递增 9.8%。

第四节　社会事业

一、交通邮电

2000 年，南康市公路总里程达 1694.83 千米，乡乡已通水泥路，99.7%的行政村通公路。京九铁路经过市境7个乡（镇）22个行政村，共38.5千米，平均每天停靠南康火车站的客车8.5对。2000年，南康市有邮电局、所38个，实现邮电业务总量4458.8万元。互联网、手机进入寻常百姓家，南康市拥有移动电话13000余户，固定电话4.79万户，互联网用户1071户。

二、教育科技

1986年，全县有幼儿园134所、159班（其中民办145班），在园幼儿5148人。2000年，幼儿园减少到110所，教学班增加到455班（其中民办442班），是1986年的2.86倍；在园幼儿达16978人（其中民办16307人），是1986年的3.3倍。1995年，基本普及九年义务教育，基本扫除青壮年文盲。省重点中学——南康中学建校已60多年，教学质量名列全省前茅。恢复高考以来，全市共考取大中专院校12572人，其中大专以上7916人。2000年，南康市高考录取人数省专以上735人（其中全国重点院校264人；本科以上592人，均居赣州市第一名）。

1986年，全县有各类专业技术人员3528人，2000年达11309人，占赣州市总人口的1.43%，是1986年的3.21倍。1986—2000年，获省以上科技成果奖17项，获赣州市（地区）科技成果奖12项。

三、文化旅游

2000年，全市有剧院、影剧院5个；图书馆（室）32个。馆藏图书140.4万册；有歌舞厅6家，电子游戏厅（室）20多家，录像放映队17个，音像制品零售出租店87家；国有和个体书店65家，书报摊20个，网吧41家。有南山森林公园、东山公园、旭岭公园、东山街心公园、市政广场、潭口新世纪广场等旅游休闲景点。

四、卫生体育

2000年，南康市有26所医院，其中2所甲级、5所乙级医院；有村级卫生所329所，城乡个体诊所388家，还创办南康市第一家私立医院——仁济医院。全市有卫生技术人员1150人，其中高级职称40人、中级290人；有病床913张。南康市已初步建成市、乡、村医疗卫生网络，居民看病难的问题基本解决。农村安全饮用水人口覆盖率95.31%，卫生所覆盖率75.61%，有卫生所（室）的行政村占90.36%。地方病、传染病发病率明显下降，人民的健康水平和身体素质大大提高。南康市人口死亡率由1957年的13‰下降到2000年的5.28‰。1986年，南康县人均寿命72.25岁，2000年，达73.47岁，增加1.22岁。南康市坚持常年参加全民健身运动的有13万人以上。2000年，唐江、龙回、潭口、凤岗4个镇评为全省全民健身先进镇。2000年，南康市达到《国家体育锻炼标准》的学生65739人，占应试学生总数的87%。1986—2000年，南康市（县）组队参加赣州市体育运动会和单项比赛48次，330人次获第一名；南康运动员代表赣州参加省级运动会和单项比赛28次，147人次获154枚奖牌（前3名）；有8人16次代表省参加全国比赛，26人次获前8名。南康籍跳水运动员许艳梅、划艇运动员刘显斌多次参加国际体育竞赛，许艳梅获金牌22枚、刘显斌获金牌7枚。

五、广播电视

1986年6月兴建无线调频广播台，广播信号可以覆盖全县各乡（镇），1993年12月10日改为南康人民广播电台。至2000年，南康人民广播电台拥有XF－2448D50W调频发射机1台，上海腾达TF（S）－50W调频立体声发射机1台，TSR－C3调制器1台，上海腾达TF（S）－300W调频立体声发射机1台，调频圆极化天馈系统1套，SHR－5热线电话矫接器1台，ZL－198传真机1台，东芝C3卫星接收机1台，NCAM728数字声接收机2台，德国宝路12路调音台1台，CT－W404R录音卡座2台，JVCTD－W216和JVCTD－W718录音卡座各2台以及广播中心控制桌、广播采访机等一批20世纪90

年代较先进的广播专业设备。可播出调频立体声信号，播出质量优良，广播信号覆盖南康市绝大部分乡镇及大余县、上犹县、崇义县、信丰县、赣州市（今章贡区）、赣县、吉安市遂川县、广东省南雄县等县（市）近邻南康的边沿地区。1986—2000 年，南康农村有线广播由低谷经整顿、巩固到高标准发展，形成有线与无线，广播与电视共缆传输混合覆盖的农村广播网，实现村村通广播电视。

南康的电视事业始于 20 世纪 70 年代初，从无到有，从少到多，从低级到高级，历经小功率电视差转、电视卫星地面接收、有线电视、微波传输 4 个发展阶段，有线、无线同步发展，混合覆盖，南康市电视人口覆盖率达 90%。1987 年设立县调频电视转播台，1992 年 10 月，旭山卫星电视地面接收站停播。南康教育电视台，1991 年 7 月经省无线电管理委员会和省教育委员会批准开播。南康县有线电视工程于 1991 年 11 月开工，1992 年 1 月正式开播，称南康有线电视站，1994 年 12 月 2 日改为南康有线电视台。1996—2000 年，城区有线电视线路延伸东至火车站、南至西华乡高莞上、西至西华乡窑下坝、北至西华乡洋坝村，离播控中心最远可达 7 千米。有线电视节目增至 18 套，终端用户达 9280 户。1995 年，成立南康电视台。至 2000 年，增加松下 AG－P200 摄像机 4 台，JVC388 编辑机 1 套，UVW－100PK 摄像机 1 台，松下 NV－DX100DV 摄像机 4 台，松下 AG－235DV 摄像机 1 台，松下 DVC15MCDV 摄像机 2 台，明星 3000 非线性编辑机 1 台，并装备 72 平方米的新闻播音室。1999 年，实施全市村村通广播电视工程，于 12 月 10 日前全部开通广播电视，提前实现“村村通”目标。2000 年，全市有广播电台、有线电视台、调频电视转播台、教育电视台等，乡乡建立有线电视台（站），电视人口覆盖率 98.6%。

第四章　信丰县

信丰县素有“饶谷多粟，人信物丰”之美誉，盛产脐橙、红瓜子、萝卜、烤烟、草菇等特产，煤炭、石灰石、稀土储量居赣南之首，麦饭石为江南一枝独秀。信丰县是长征路上第一个财政亿元县、全省重点林业县、赣南脐橙的发祥地，是中国脐橙之乡、中国草菇之乡、全国生态环境建设示范县。

	1986年	2000年
总人口（万人）	54.09	64.68
总面积（万公顷）	28.66	28.66
生产总值(亿元)	3.34	24.61
财政收入（亿元）	0.12	1.30
城乡居民储蓄存款余额（亿元）	0.28	9.23

图 39－4－1　1986 年和 2000 年信丰县主要指标比较情况

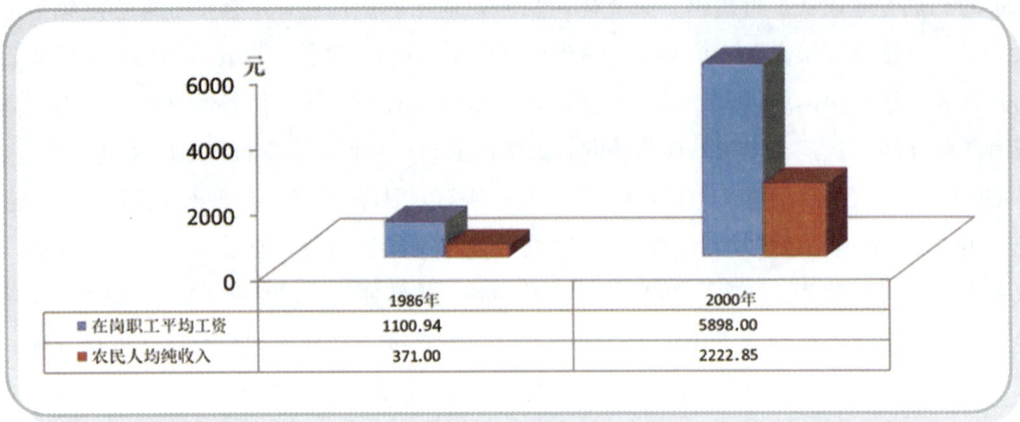

图 39－4－2　1986 年和 2000 年信丰县主要人均收入指标

第一节　地理环境

一、位置面积

信丰县位于江西省南部，居贡水支流桃江中游。地处北纬 24°29′～25°33′，东经 114°34′～115°19′，东邻安远县，南连龙南县、定南县和全南县，西界广东省南雄市，西北接大余县，北靠南康市、赣县。东西长 76.7 千米，南北宽 63 千米，总面积 2866.48 平方千米，占全省总面积的 1.73%。县人民政府驻嘉定镇，距赣州市中心城区 78 千米。

二、建置沿革

秦始皇三十三年（前 214），置南壄县，隶九江郡。东汉建武元年（25），改南壄为南野。东汉兴平元年（194），分豫章郡设庐陵郡，信丰属南野县地。三国吴嘉禾五年（236），庐陵郡分设庐陵南部都尉，在南野县东南地分设南安县，信丰属南安县地。西晋太康元年（280），改南安为南康县，西晋太康五年（284），改南部都尉为南康郡，信丰为南康县地。唐永淳元年（682），分南康县东南地置南安县，隶江南道虔州，为信丰建县之始。《太平寰宇记》载，以其“地接岭南，人安物阜”取名南安；唐开元二十一年（733），分全国为十五道，江南道分东、西两道，南安县属江南西道虔州；唐天宝元年（742），诏改天下县名相同者，采访使韩朝宗以福建泉州有南安县，遂取“人信物丰”之意，又以县北有廪山，丰崇如廪，形似米山，又值“以天宝初当丰亨之会也”而名信丰县。北宋天圣八年（1030），改江南西道为江南西路，改军州为虔州，信丰县隶属于江南西路虔州；南宋绍兴二十三年（1153），虔州改赣州，信丰属赣州。元世祖至元十三年（1276），改江南西路为江西行中书省，下设路、县。信丰隶属江西行省赣州路。元至正二十五年（1365），改赣州路为赣州府，信丰属之。清承明制。民国时期，信丰先后属赣南道、江西省第十一行政区、第四行政区。苏维埃时期，先后分属江西省和湘赣省，与南康苏区合并成立信康县，后改名登贤县，先后属粤赣省和赣南省管辖。1949 年 8 月 17 日，信丰解放。县人民政府驻嘉定镇。

三、行政区划

1986 年，辖同益、龙舌、星村、西牛、大塘埠、坪石、古陂、新田、安西、虎山、小江、崇仙、小河、万隆、正平、九渡、大阿、黄泥、油山、金盆山、极富、大桥等 22 个乡和嘉定 1 个镇、1 个脐橙场、321 个村民委员会、3 个街道居委会、4205 个村民小组、35 个居民小组。1987 年 5 月，极富乡改为铁石口镇、大桥乡改为大桥镇；同时，将同益乡所辖的水东、长生、花园、同益、水北 5 个村划归嘉定镇管辖。1988 年 12 月，大塘埠、古陂、新田、安西、小江、大阿 6 个乡改为镇。1989 年 12 月，油山乡改为镇。1995 年 4 月，小河乡改为镇。2000 年，全县有 11 个镇、12 个乡、319 个村委会、4 个居委会、4285 个村民小组、39 个居民小组。

四、自然资源

土地资源 土壤有 6 个土类、12 个亚类、47 个土属、122 个土种。6 个土类的水稻土，为县最主要的耕作土壤。2000 年，全县有耕地面积 3.26 万公顷，其中水田 2.59 万公顷、旱地 0.54 万公顷。

森林资源 林地面积 20.25 万公顷，占全县土地面积的 70.66%，活立木蓄积量 301 万立方米。1999 年，森林覆盖率达 66.7%。

动植物资源 境内野生植物有南方红豆杉、楠木、红楝子、小叶罗汉松、黄檀、花桐木等珍贵稀有树种，杉、马尾松、樟树、观光木、棕榈、青刚栎等优良树种。以松、杉，其他杂木、柑、桔、油花、油桐等经济林木树种为主。野生动物主要有穿山甲、鹿、山鹿、野猪、山牛、野兔等 10 多种兽类，猫头鹰、野鸡、野鸭、八哥、斑鸠等 25 种飞禽，以及鱼、虾、龟鳖、蛇、螺等 50 多种鳞介及两栖动物。

水资源 县境水量比较充足，径流量多年年均值 51.09 亿立方米，平均水能理论蕴藏量为 13.36 万千瓦，平均理论水能密度每平方千米 46.35 千瓦。有小（一）型水库 8 座，小（二）型水库 77 座，电站 63 座，装机容量 81 台组、6455 千瓦。年发电量 1790.58 万千瓦时。

矿产资源 矿藏有煤、铁、钨、铜、重晶石、稀土、瓷土、陶土、金铀、铅、砷、硫黄、石灰石、白云母、麦饭石，尤其以煤、铁、稀土蕴藏量丰富，品位较高，是赣南重点的产煤区，麦饭石江南独有，具有较高的药用价值。

五、气象水文

信丰县属亚热带季风湿润气候。年平均气温 19.4℃，1 月最冷，平均气温 8.2℃；7 月最热，平均气温 29.1℃，极端最低气温－4.1℃，极端最高气温 39.4℃，全年无霜期 298 天。日照年平均 1795.6 小时，年平均降雨量 1500 毫米左右，时间多集中在 4—6 月，降雨量占全年的 46%，常引起洪涝灾害，7 月以后，常出现伏旱、秋旱。

县境地处桃江中游，积雨面积较大，水流平缓，每逢雨量集中季节，常遭洪灾。每年 4—9 月为汛期，5—7 月为洪水多发季节，尤以 6 月出现次数最多。8—9 月受台风雨影响也能形成量级较大的洪水。洪水过程线形状以单峰为主，洪峰持续时间约 1～5 小时，一次洪水历时一般在 10 天左右。

第二节　人口　人民生活

一、人口民族

1986 年，全县有 107161 户，总人口 540862 人，其中男 272561 人、女 268301 人，农业人口 498627 人、非农业人口 42235 人。出生率 15.98‰，自然增长人口 5970 人，自然增长率 11.03‰。2000 年，全县有 175655 户，总人口数 646821 人，其中男 329796 人、女 317025 人。出生率 15.2‰，自然增长人口 6907 人，自然增长率 10.8‰。信丰境内有畲族、满族、壮族、黎族、苗族、彝族、仡佬族等 7 个少数民族。畲族约占全县总人口的 1.2%，分布在全县 23 个乡（镇）、79 个村民小组，有 4 个畲族行政村，是江西省少数民族重点县之一。县内有张姓、李姓、王姓、刘姓、陈姓、黄姓、肖姓、郭姓、蓝姓、谢姓等 189 个姓氏。

二、人民生活

1986 年，全县在岗职工平均工资 1100.94 元，农民人均纯收入 371 元，城镇居民储蓄余额 1633 万元，农村居民储蓄余额1158万元。2000年，全县在岗职工平均工资5898元，农民人均纯收入2222.85元，城镇居民人均储蓄余额12019元，农民人均储蓄余额665元，社会消费品零售总额42678万元。

第三节 经济状况

一、经济综合

1986年，全县生产总值33443万元，工农业总产值22586万元。1995年，财政收入首次突破亿元大关，达1.09亿元。2000年，生产总值246121万元，工农业总产值174757万元。“九五”期间，生产总值突破20亿元，比“八五”期末净增5.8亿元，平均增长6.8%，其中一、二、三产业年均分别增长2.9%、6.3%、17.1%，财政总收入净增3000万元，年均增长5.4%。

二、农业

以粮为主的单一的农业经济结构被打破，转变为农、林、牧、副、渔多业并举的复合型经济结构模式。1986—2000年，县内农业生产条件得到极大改善，农业科技水平逐步提高。逐步形成以优质稻为主的粮食生产，以脐橙、柑橘、西瓜为主的水果种植，以烟叶、甘蔗、甜玉米、蔬菜、药材为主的经济作物种植，以生猪、商品牛、鸡、鸭、鹅、淡水鱼为主的禽畜养殖产业并举、结构合理的农业结构，促进农业和农村经济的全面发展。1986年，农业总产值16380万元，粮食产量174430吨。2000年，农业总产值达7.78亿元，粮食总产量224344吨。农业产值59130万元，林业产值6013万元，牧业产值3314万元，渔业产值11790万元。粮食与经济作物比例为59 ： 41。相继建成有本地特色的十大优质农业基地，即以脐橙为主的1.33万公顷水果基地、1800公顷优质烟叶基地、3万公顷甘蔗基地、年产1亿袋草菇基地、1333公顷优质稻基地、2000公顷红瓜子及无籽西瓜基地、2000公顷商品蔬菜基地、畜牧水产基地、毛鸭及灰鹅基地和银杏基地。

三、工业

1986年，全县工业生产突出优化产业结构，强化生产调度，完成工业产值8926万元，原煤38.95万吨、水泥10.56万吨、发电量1.22亿千瓦时、饮料酒1634万吨。进入20世纪90年代，突出主攻工业战略，在调整结构、扩大规模、加速改造和产品开发上下功夫，集中力量发展壮大具有本地特色和市场潜力的支柱产业，形成以煤炭、电力化工、食品、建材、水泥、机械等为支柱且兼具森工、制药、皮革制衣等门类众多、结构趋向合理的工业体系，创出麦饭石酒、脐橙汁、陶瓷阀水龙头等一批知名度较高的工业品牌。2000年，县内有中型企业2个、小型企业111个，完成工业产值3.39亿元。

四、个私经济

1986年始，以大开发带动大流通、大流通促进大发展，凭借独特的区位优势，着力营造软硬环境，培育与全国大市场相衔接的开放式市场体系。以105国道、京九铁路为依托的经济长廊已具雏形，建有南方名优特市场、商贸城、商业大道、迎宾大道等八大市场和大塘埠辣椒市场、古陂仔猪市场、大阿耕牛市场、安西瓜果市场等十大专业市场。同时在全县范围内新成立流通协会，发展流通大户57名，先后有11个团体加入省流通协会并领取绿色通行证。2000年，全县私营企业达310家，注册资金9127万元，从业人员5829人；个体工商户18459户，注册资金20381万元，从业人员52297人；“三资”企业3家。

第四节 社会事业

一、交通邮电

1998—2000年，信丰县公路建设进入发展快速期，三年全县投入资金8550万元，新建和改造县乡公路76.8千米、乡村公路90千米，全县各个乡（镇）政府通向县城的公路均为水泥路面或沥青路面。全县行政村通车率达95%。形成以县城为中心，以京九铁路、105国道及信雄线、信池线为主干线的交通网络。2000年，全县有铁路1条、国道1条、省道3条、县乡道235条，全县公路总长1939.23千米。

1986年前，信丰县电话多数在县城，乡村稀少。1993年，信丰县始有程控电话。至2000年，全县拥有电话5万多门，许多家庭装有电话。1995年，境内开通模拟手机“大哥大”。1998年，开通全球通移动电话，建立光缆接入网，语言、图像、数据三网并一。至2000年，手机通信信号覆盖率80%，拥有手机9198部、城市电话用户14567户、乡村电话用户18820户、无线寻呼12300户。至2000年，全县各村委会、村小组普遍通邮，邮政网络遍及全县，农民不出村便可以办理报刊订阅等邮政业务。邮政业务除原有的函件、包裹、汇款、报刊发行外，还拓展机要通信、邮政储蓄、集邮、邮政礼仪、邮政广告等业务。

二、教育科技

1986年，全县有中学28所、小学309所，在任教师中学1036名、小学3250名。20世纪80年代抓基础教育和成人教育、90年代由应试教育转向素质教育。至2000年，全县有中学27所、小学302所，教职工5349名，在校中学生34264人、小学生63182人，学龄儿童入学率98.5%。中等专业学校有县教师进修学校、信丰技校、职业中等专业学校，其中职业中等学校开设电脑文秘、家电维修、果树栽培、建筑等专业。

推广、应用科技成果近600项，其中重大科技成果80项，获国家专利2项、省级科技奖30项、市级科技奖50项、县科技奖200多项。科技对经济发展的贡献率达60%以上。同时，科研活动取得丰硕成果：“千喜片”“复方陈香胃片”被评为国家级批量生产的中成药；“气象专业系统计算机程序微机开发应用”获江西省县级微机开发应用成果一等奖；信丰中学老师王迪淇试制成功的“横波幻灯投影演示仪”在全国获奖，并列为全国16件优秀教具之一，发明研究平抛物件运动式找点记录器，以及滑动、滚动摩擦力实验演示器均填补国内空白，获省、市奖；大桥中学朱向阳发明的“液体分子扩散实验演示箱”、赣南大桥煤矿职工曹献忠研制的“多功能汽车制动冷却阀”、大阿镇芫峰村农民刘家萍发明的“电子延时开光和无极性充电器”均获得国家专利。2000年，全县有学会23个、专业研究会8个、乡村技术研究会72个，有各类专业技术人员7049人，其中高级94人、中级2096人、初级4859人。

三、文化艺术

至2000年，县文化馆举办少儿文艺、摄影、美术、舞蹈等活动年均15次，参加人数达1950人次。带动全县各乡镇文化站的建设，成为群众文艺活动的中心。县图书馆每年新增书600册，现藏书6万余册，每年接纳3.6万多读者。1999年，县图书馆被文化部授予“三级图书馆”称号。全县有放映单位20个，年放映电影270场次，观众28万人次。文艺演出以反映改革开放为重点，配合各项中心工作开展得有声有色。至2000年，每年演出200场次、观众40万人次。推出《劝赌》《鸡飞蛋打》《橙乡恋》《利剑出击》《国策民心》《兴果富民》《爱心》等一批优秀剧目。1999年，黄辉书法作品获文化部群艺学会书画摄影大展优秀奖；2000年，李汉晟摄影作品《大山深处》获全国群众书画摄影大展优秀奖。1996年10月1日，创办《信丰报》，是中华人民共和国成立后赣南第二份县级报纸。2000年，全县共在中央级报（台）用稿38条，省级报（台）用稿295条，市级报刊用760多条。

四、卫生体育

2000年，全县拥有医院28所，卫生技术人员900人，病床697张，有CT、B超、X光机、生化仪、高压氧舱、全自动血球计数仪、动态心电系统、多参数心电监护仪、电子胃肠镜、高频刀、内窥镜摄像、原子吸收机等先进设备1200多种。县人民医院、中医院“120”急救中心相继开通。为实施联合国人口基金会儿童基金项目——加强中国妇幼保健合作项目，先后培训妇幼保健人员1000余人，使妇幼保健事业规范化、网络化。

举行各种体育活动300余次，组织参加省、地体育运动会9次。有5人次破纪录，获地区以上比赛金牌60枚、银牌86枚、铜牌95枚，向省、市体校及大中专院校输送百余人。1997年6月30日，举行“庆七一·迎香港回归”万人长跑赛。1998年，在全国初中生田径运动会（贵州贵阳）上，王晓玉以5.75米的跳远成绩获全国第三名。1999年，全国少年举重锦标赛中，肖泽建以82.5公斤成绩获52公斤级抓举第六名。2000年，县内有运动场2个，3.31万平方米；小运动场3个，3.2万平方米；篮球场239个，8.8万平方米；其他运动场20个，5537平方米。

五、广播电视

1986年，县广播站与各乡镇广播站进行有线播音。1993年，建成信丰广播电台，调频广播。至2000年，建立县、乡、村三级广播电视网络，100%的乡（镇）建立调频广播，开通有线电视，60%的村兴建村广播站，全县广播喇叭已达8400只。城区有线电视、卫星接收电视机MMDS终端用户已达1.65万户。广播电视综合覆盖率98.5%。1997年，信丰县被评为“全国广播电视先进县”。

第五章 大余县

大余县地处赣州西南部，梅岭驿道是古代连接中原与岭南的重要通道，“商贾如云，货物如雨，万足践履，冬无寒土”，曾繁荣千余载；大余县被誉为“世界钨都”，境内的西华山是全世界最早发现钨金属的矿山；大余县是牡丹亭的故乡，明代戏剧家汤显祖以南安府衙的后花园为背景创作出中国戏剧史上最具浪漫主义的杰作《牡丹亭》；大余县是南安板鸭之乡，以“南安”为品牌的板鸭产品在珠三角及东南亚地区畅销，是中华老字号产品；大余县是“中国瑞香之乡”和“中国花木之乡”，有全国最大的金边瑞香繁育生产基地；庾岭红梅傲雪凝霜，“南枝花落，北枝始开”自古称奇，更有为大余悠久厚重历史文化增光添色的数千首咏梅诗作，是名副其实的“梅花诗国”。

	1986年	2000年
总人口（万人）	24.08	27.73
总面积（万公顷）	13.25	13.25
生产总值(亿元)	1.67	14.01
财政收入（亿元）	0.15	1.03
城乡居民储蓄存款余额（亿元）	0.30	7.32

图39-5-1 1986年和2000年大余县主要指标比较情况

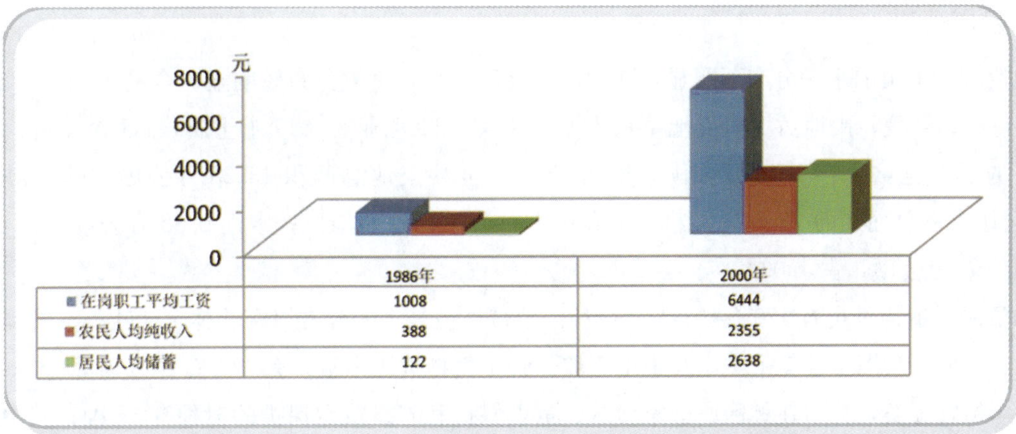

图 39－5－2 1986 年和 2000 年大余县主要人均收入指标

第一节 地理环境

一、位置面积

大余县位于赣州西南，居章江上游，大庾岭北麓，地处北纬 25°15′～25°37′，东经 114°0′～144°44′。东北与南康市相连，东南与信丰县接壤，西北与崇义县毗邻，南界广东省南雄市，西界广东省仁化县。全境东西长约 127.5 千米，南北宽约 25 千米，总面积 1324.5 平方千米，占赣州市（地区）总面积的 4%，占江西省总面积的 0.82%。县人民政府驻南安镇，距赣州市中心城区 88 千米。

二、建置沿革

秦始皇三十三年（前 214），置横浦关于塞岭（今大庾岭），属九江郡。汉高祖六年（前 201），设豫章郡，置南壄县（约今大余、南康、上犹、崇义、信丰、龙南、定南、全南和广东南雄、始兴、仁化等）。三国吴嘉禾五年（236），析南野县置南安县；西晋太康元年（280），改南安县为南康县；西晋太康三年（282），废庐陵郡南部都尉，改立南康郡，治于都，南野并入南康，境域属之。南朝梁太宝元年（550），陈霸先起兵广东衡州始兴郡平侯景之乱，度大庾岭击败蔡路养，驻南康，封南野伯相，由此境域转属始兴郡。隋开皇元年（581），由始兴郡分置安远郡，改属东衡州安远郡。隋开皇十年（590），改安远郡为大庾县（约今大余、崇义，广东南雄、仁化部分地），属广州总管府。因南部边境的大庾岭形似廪庾；又因汉庾胜将军筑城戍此，故名。隋开皇十六年（596），改始兴郡为县，大庾废县为镇，庾岭南入始兴县，庾岭北入南康县，隶虔州。唐神龙元年（705），升大庾镇复置大庾县，仍隶虔州，沿袭至今。1957 年，改县名大庾为大余。县人民政府驻南安镇，曾为南安军、路、府驻地。

三、行政区划

1986 年，全县设 1 个区、14 个乡、4 个镇、145 个村民委员会、5 个居民委员会、1351 个村民小组。1993 年 7 月，池江乡、青龙乡分别更名为池江镇、青龙镇；12 月，吉村乡更名为吉村镇。1994 年 1 月，撤销新城区、新城乡建置，合并为新城镇；下垄镇、樟斗乡撤并为樟斗镇。1995 年 12 月，黄龙乡更名为黄龙镇。1997 年 4 月，梅关乡更名为梅关镇。2000 年 11 月，撤销荡坪镇建制，并将原荡坪镇辖地一分为二，荡坪村并入梅关镇，洪水寨村并入浮江乡；漂塘镇、左拔乡撤并为左拔镇。至 2000 年 12 月，全县设 7 个乡、8 个镇、144 个村民委员会、10 个居民委员会、137 个村民小组、29 个居民小组。

四、自然资源

土地资源 土壤的水平分布不明显，随地势的高度变化，垂直分布较明显。全县土壤共分水稻土、潮土、紫色土、红壤、山地黄壤、山地草甸土6个土类，11个亚类，49个土属，111个土种。水稻土是县主要的农业土壤，有1.13万公顷。至2000年，全县土地总面积13.25万公顷，其中山地面积10.39万公顷，占总面积的78.47%；耕地面积1.1万公顷，占8.31%；水面0.82万公顷，占6.19%；村庄道路0.93万公顷，占7.03%。

植物资源 植物种类有170余科、760余种。地带性植被主要分常绿阔叶林、针叶林、常绿落叶伴生残次林、竹林、杂灌木林5个类型及中山草坡。野生植物资源丰富，有170科2201种，分林木、竹、花草、药用植物等类，分布在林区属国家珍贵、重点保护和省级重点保护的树种有36种，其中属国家珍贵树种的有南方红豆杉、福建柏、闽楠、花榈木、鹅掌楸、楠木、厚朴、红豆树、观光木9种；属国家重点保护的野生植物有半枫荷、香樟、喜树、伞花木、长苞铁杉、竹柏6种。

动物资源 境内有陆生野生动物16目37科107种，其中属国家一级重点保护的鸟类有黄腹角雉；属国家二级重点保护的鸟类有鸳鸯、黑鸢、赤腹鹰、雀鹰、松雀鹰、鹰雕、鹊鹞、游隼、燕隼、褐翅鸦鹃、草鸮（猴面鹰）、领角鸮、领鸺鹠、白鹇等。属国家重点保护的兽类有云豹、豹子、穿山甲、小灵猫、水鹿（山牛）、苏门羚。属国家二级重点保护的两栖动物有虎纹蛙。属国家一级重点保护的爬行动物有蟒蛇。

水资源 章江是大余县的主干流，在县内流域面积1360.4平方千米，河网密布，河床坡度大，水量充沛，水资源较为丰富。地表水径流总来水量为4.78亿立方米，年平均流量22.5立方米/秒，年平均径流深887.5毫米。年均水能理论蕴藏量为174.2万千瓦，可开发量为52.6万千瓦。至2000年，以章江主干流为中心进行梯级水能开发，已开发利用1.91万千瓦。

矿产资源 境内以钨、锡为主的有色金属矿产资源相对丰富，品种多，矿点分布广。已探明各类金属矿种90种，已利用的有钨、锡、钼、铋、铜、铅锌、稀土、钪、钒、铍、白云岩、玄武岩、石灰石等26种。全县矿产资源分布相对集中，98%的矿产探明储量集中分布在北西部的大中型矿区中，钨矿床中含锡、钼、铋、铜、铅锌等金属的共生伴生矿较多，综合利用价值量较高。

五、气象水文

大余县属中亚热带季风湿润气候区，具有气候温和、雨量充沛、光热资源丰富、太阳辐射量充足、无霜期长、四季分明的特点。受季风影响，一般在雨水节气后阴雨天气较多，雨量开始相对集中，清明时节出现锋面雨形成雨季，一直到春夏之交的梅雨季节降雨达到高峰。小暑前后开始受副热带高压稳定控制，雨量减少；盛夏与伏秋季节天气炎热干燥，有时受台风影响，出现台风雨或台风暴雨，有时也出现局部性的雷阵雨；秋季太平洋副热带高压减弱，受北方干冷空气控制，秋高气爽，湿度大，昼夜温差较大，有时也会出现伏旱，中秋节后受台风影响减少。秋冬以后，受大陆冷高压控制，雨量明显减少，气候持续干燥。冬至过后气温明显降低，天气寒冷，出现霜冻，有时出现阴雨天气，但降雨量较小。

全县多年平均气温18.53℃，极端最高气温38.4℃（1989年8月15日），极端最低气温－7.2℃（1999年12月23日）；年均降雨量1551.6毫米，最大年降雨量2234毫米（1983年），最少降雨量1063.9毫米（1991年）；年均日照时数1499.3小时；年均太阳辐射总量107.6千卡/平方厘米；年平均气压990.4毫帕，平均水气压18.4毫帕；地面平均温度20.3℃；年均蒸发量1589.7毫米。全年大风天数5.4天，平均风速2.5米/秒；有雾天数19天，霜期64天左右。灾害性天气有低温阴雨、水涝、旱灾、冰雹、狂风、霜雪等。

第二节 人口 人民生活

一、人口民族

1986年，全县有47602户，总人口240755人，其中男125526人、女115229人，农业人口182595人、非农业人口58160人。2000年，全县有86226户，总人口277328人，其中男144095人、女133233人，农业人口198053人、非农业人口79275人；比1986年净增36573人，人口密度为209人/平方千米。县内人口以汉族为主，占总人口的97.85％；少数民族有蒙古族、满族、瑶族、土家族、畲族等17个，占全县总人口的2.15％。有王姓、李姓、张姓、刘姓、周姓等216个姓氏，其中有欧阳、上官2个复姓。

二、人民生活

1986年，县内农民人均纯收入388元，在岗职工人均工资收入1008元，城镇居民人均收入558元。城乡居民储蓄存款余额2956万元，人均储蓄122元。至2000年，县内农民人均纯收入2355元，在岗职工平均工资收入6444元，城镇居民人均收入4850元。城乡居民储蓄存款余额73164万元，人均储蓄2638元。

第三节 经济状况

一、经济综合

1986年，全县生产总值1.67亿元。2000年，全县生产总值14.01亿元，比1986年增长7.39倍；农业总产值由1986年的0.57亿元增至2000年的3.96亿元，增长5.95倍；工业总产值由1986年的0.83亿元增至2000年的5.11亿元，增长5.16倍；财政收入由1986年的0.15亿元增至2000年的1.03亿元，增长5.87倍。第三产业发展迅速，总产值由1986年的0.25亿元增至2000年的4.94亿元，增长18.76倍。2000年，全县完成工商税收3018万元，占地方财政预算收入的45％。

二、农业

1986年，全县有耕地面积1.2万公顷，人均耕地0.05公顷，农作物种植以水稻为主，兼种花生、油菜、烟叶、甘蔗、蔬菜等经济作物，全年播种面积1.86万公顷，粮食总产62386吨。1993年，实施农业产业结构调整，适度调减粮食种植面积，增加经济作物种植面积，实施“八十里平川”农业综合开发和多项粮食工程项目，引进大批优质农产品。1997年，加大调整力度，发展甜玉米、花卉、反季节蔬菜等农业产业。至2000年，全县有耕地面积1.14万公顷，人均0.04公顷，粮食播种面积1.98万公顷，总产107200吨，花生8423吨，油菜10083吨、甘蔗1247吨、烟叶5077吨。蔬菜种植面积0.41万公顷，总产7.96万吨；花卉苗木种植面积200余公顷，年销售量1500万余盆。果园面积0.48万公顷，水果总产量1.33万吨。

三、工业

1986年，全县工业企业实行厂长（经理）任期目标管理和经营承包责任制，实现工业总产值8299万元。1991年，县属工业企业实施第二轮承包经营责任制，对二轻工业企业及乡（镇）企业加大改革力度，实行公有民营及股份制改造。1995 年，全县完成工业总产值 1.91 亿元。1997 年后，加大招商引资力度，对国有工业企业实行股份制改造，推进资产重组和产权转让，形成以钨锡为主的矿产品冶炼加工、制衣和食品生产加工三大支柱产业。至 2000 年，县内有省属工矿企业 4 家、市属工业企业 1 家、县属工业企业 86 家，实现工业总产值 10.93 亿元，其中省属企业 1.21 亿元、市属企业 0.68 亿元、县属企业 9.04 亿元。

四、个私经济

1986 年，全县有个体工商户及私营企业 2101 户，从业人员 4175 人，注册资金 219 万元，营业收入 3800 万元。1988 年后，县委、县政府出台一系列政策，按照“鼓励发展，积极扶持，加强管理”的发展思路，加大圩镇建设和专业市场建设，拓宽经营范围，培植专业大户，全县个体工商户及私营企业得到蓬勃发展。2000 年，全县有个体工商户及私营企业 5363 户，从业人员 13967 人，注册资金 1.21 亿元，营业收入 7.48 亿元，实现税收 3462 万元。

第四节　社会事业

一、交通邮电

1986 年，县内有国道 1 条、省道 1 条、县级公路 3 条、乡级公路 10 条、村级公路 5 条、专用公路 32 条，通车里程 584.52 千米，且路况基本较差，多为砂石泥土公路。1986—2000 年，通过多方筹措公路建设资金，尤其是 1997—2000 年实施的县乡公路“三年决战”建设工程，全县实现 100%的乡（镇）和 100%的行政村通公路，使交通运输状况得到全面改善和提升。2000 年，境内有公路 149 条，通车里程 819.64 千米，其中有水泥、沥青路面公路 91.39 千米。投资兴建梅关大桥、板棚大桥等 8 座公路桥梁，兴建钢筋混凝土简易人行桥 13 座，取消渡口 13 个，尚存渡口 3 个、渡船 2 艘。

1998 年 9 月，大余县邮电实行邮政、电信分营。邮政业务主要有函件、包裹、汇兑、邮政储蓄、报刊发行、集邮等。至 2000 年，有汽车邮路 9 条，单程 172 千米；城市投递邮路 7 条，单程 174.5 千米；农村自行车邮路 29 条，单程 602.9 千米；步班邮路 8 条，单程 156.5 千米。邮政业务总收入 377.2 万元，比 1986 年增长 8.25 倍。电信主要业务有市话、农话、长途电话、电报、传真、微波寻呼、移动通信、多媒体通信等。1992 年 12 月，开通无线数字寻呼。1994 年 11 月 26 日，县城开通程控电话及 480 路数字微波寻呼。1995 年 11 月，开通蜂窝式模拟移动通信；1995 年 12 月 29 日，城乡程控电话联网。1997 年 7 月，开通数字移动通信及中国计算机互联网多媒体通信。至 2000 年，全县程控电话交换机容量 12000 门，有城市电话用户 12183 户、乡村电话用户 10662 户，BP 机微波寻呼用户 6500 户，中国移动、中国联通移动通信用户 8450 户，计算机联网拨号用户 649 户，电信业务总收入 1258.8 万元，比 1986 年增长 118 倍。

二、教育科技

2000 年，全县有完全中学 2 所、初级中学 21 所、职业中学 1 所、职业初中 3 所、成人职业中学 1 所、小学 139 所、教学点 51 个、幼儿园 18 所，在校中学生 16300 人、小学生 25733 人，入园儿童 2637 人，全县有教职工 2557 人，其中专任教师 2263 人。1986—2000 年，共录取大中专生 3590 人，其中大专院校 2817 人、中专生 773 人。通过加强“两基”教育工作，全县基本普及九年义务教育，基本扫除青壮年文盲。1998 年开始，县内中小学校全面实施素质教育，教育教学质量明显上升。职业教育及成人教育为社会培养一大批专业实用技术人才。

2000年，全县有各类专业科技人员5123人，其中高级专业技术人员85人、中级820人。通过完善科技服务网络，举办科技培训，建立科技示范基地，推广应用科技项目，实施“科技兴余”战略，共实施科技项目112个，其中国家级项目3个、省级14个、市级23个、县级72个，获国家级奖励科技成果8项、省级32项、市级24项。1999年3月，大余县被科技部授予“全国科技工作先进县”称号。

三、文化艺术

2000年，全县有影剧院3个、专业剧团1个、文化馆1个、图书馆1个、博物馆1个、乡（镇）文化站15个，馆藏各类图书7.5万多册，馆藏文物1500余件。群众文化繁荣活跃，专业剧团及老年艺术团演出并获省、市奖励节目有《不速之客》《闹彩礼》《双打龙凤刀》《红线》《蓝嫂》等。

四、卫生体育

2000年，县内有县级医院7所、中心卫生院4所、乡（镇）卫生院10所，专科防治所1所、卫生防疫站1所、妇幼保健所1所、药品检验所1所，卫生技术人员730人，医院病床679张。乡村医疗卫生诊所普遍建立，医疗卫生防疫、妇女儿童保健网络初步形成，人民群众看病难问题得到初步解决。计划生育工作完善服务网络体系，提倡优生优育、晚生晚育，保持低生育水平。至2000年，全县平均晚婚率71.13%，人口自然增长率6.35‰，计划生育率91.3%。体育活动丰富多彩，共举办中小学田径运动会、职工篮球赛、农民篮球赛、门球赛、中国象棋赛、围棋赛等体育赛事120余场次，组团参加全国、省、市体育比赛32次，获奖45项60余人次。

五、广播电视

1986年，县有广播站1个，18个乡镇建有广播站，广播信号实行有线传输，宣传节目有“全县新闻联播”“对农村广播”“大余论坛”“南安文学走廊”等，每天播音时间在6小时以上。1995年，县广播站更名为县人民广播电台。1997年，县人民广播电台、县电视调步台、县有线电视台合并成立县广播电视台。到2000年，调频广播全面取代有线广播，自办节目有“大余新闻联播”“田野风”“影视沙龙”“听众点歌”等，每天播音时间6小时30分钟，全县收听广播人口覆盖率达98%。

1986年，全县电视宣传仍以无线差转为主，至1990年，差转频道仅有中央电视台一套、二套、江西电视台及广东岭南电视台等数套电视节目。1991年采用隔频传输，1994年改隔频传输为邻频传输，使收看电视节目不断增多，常规收看电视频道有18个，附加收费电视频道最多可达108个。县电视台自1991年开办视频节目，最早时仅有《大余新闻》一个节目，然后增加有《热点访谈》《一周要闻回顾》《南安文学》《梅岭采风》《红绿灯》等电视宣传栏目。每天播出时间18个小时。至2000年年底，全县拥有电视机家庭8.3万多户，发展有线电视用户2.6万多户，收看电视人口覆盖率达97%。

第六章 上犹县

上犹县是中国最具魅力的生态旅游大县、中国最佳文化生态旅游目的地。境内有国家级自然保护区五指峰和陡水湖、南河国家级湿地公园。是国家重点产茶县、国家绿色能源示范县、中国观赏石之乡。全县拥有36种旅游资源基本类型，占全国64种基本类型的53%，拥有基本景点162处。全县河流总落差达2255米，水能资源蕴藏量19.7万千瓦，被誉为“中国水电之乡”。

	1986年	2000年
■总人口（万人）	24.52	27.68
■总面积（万公顷）	15.38	15.38
■生产总值(亿元)	1.16	8.37
■财政收入（亿元）	0.06	0.51
■城乡居民储蓄存款余额（亿元）	1.59	4.76

图 39-6-1　1986 年和 2000 年上犹县主要指标比较情况

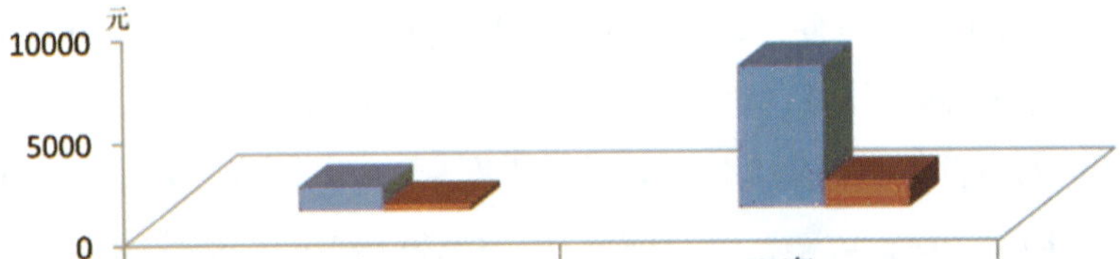

	1986年	2000年
■在岗职工平均工资	1158.00	6946.00
■农民人均纯收入	296.00	1334.15

图 39-6-2　1986 年和 2000 年上犹县主要人均收入指标

第一节　地理环境

一、位置面积

上犹县位于赣州西南边陲。地处北纬 25°42′～26°01′，东经 114°～114°40′。东接南康市，南连崇义县，西邻湖南省桂东县，北毗遂川县。全县总面积 1537.78 平方千米，南北长 52 千米、东西宽 65 千米。县人民政府驻东山镇，距赣州市中心城区 55 千米。

二、建置沿革

秦汉为南壄县地，隶九江郡。三国属南部都尉南安县地。唐天祐二年（905）议建上犹场。后梁乾化元年（911）析南康西北地置上犹场，为上犹建置之始。因治所北有大山陡峭峻峋，远望如犹蹲，古称大犹山，山下有河名犹江水，场治位于大犹山之南、犹水口上侧，故名上犹。南唐保大十年（952）改场置县，建县始于此，属昭信军。南宋嘉定四年（1211）改名南安县，隶南安军。元世祖至元十六年（1279）易名永清县，隶江西行省，翌年复名上犹县，隶南安路。县名与县治历代相沿。1949 年 8 月 16 日上犹解放。县人民政府驻地东山镇。

三、行政区划

2000 年，全县辖东山、陡水、社溪、营前 4 个镇，黄埠、中稍、沿湖、梅水、油石、安和、蓝田、紫阳、寺下、双溪、小岩、金盆、平富、五指峰 14 个乡，180 个村、2247 个村小组、6 个居委会。

四、自然资源

土地资源 县域总面积 15.38 万公顷。2000 年，耕地 1.3 万公顷，林地 12.34 万公顷，牧草地 325.84 公顷，水域 5060 公顷。

动植物资源 可开发的植物资源有 1400 种，已列入第一批珍稀保护树种有福建柏、观光木、伯乐树、长苞铁杉、红花木莲、半枫荷、香果树、天兰、青钩栲、凹叶厚朴、石楠、三尖杉、银杏、小顺红叶树等 124 种珍稀树种。有草鸮、黄腹角雉、穿山甲、刺猬、红腹锦鸡、白鹇、蟒蛇、猕猴、娃娃鱼等数十种野生动物，列入国家保护珍稀动物。

水资源 县境地势由西北向东南倾斜，东北、西北和西南多高山，东部和东南部多丘陵，海拔在 300～400 米之间。全县有大小河流 610 条，主要河流有上犹江、童子江、紫阳河。境内地表水能资源蕴藏量可开发 19.7 万千瓦，已开发 13.68 万千瓦，境内最大河流上犹江有陡水、南河、仙人陂、龙潭四大水力发电厂，有“水电之乡”美称。

矿产资源 有矿藏 20 多种，其中金属矿产有钨、锡、铅、锌、铜、铁、金、银、铀、钼、钴等，非金属矿产有萤石、瓷土、石灰石、稀土、煤等。

五、气象水文

县属亚热带季风湿润性气候。气候温和，雨量充沛，无霜期长，四季分明。1986—2000 年，年平均气温为 18.9℃，极端最高气温达 39.4℃，极端最低气温达－5.7℃。无霜期 268 天，最长 327 天，最短 260 天。年均降水量为 1488.6 毫米，最多 1935.8 毫米，最少 1091.5 毫米。年均日照时数 1577.6 小时，日照时数最多的年份 1760.2 小时，最少的年份 1350.5 小时。日均风力为二级左右，最大风力为 9 级。风向夏季东南风、冬季西北风。自然灾害有冻害、暴雨、干旱、大风、冰雹、强雷击、地震等。

第二节 人口 人民生活

一、人口民族

2000 年，全县总人口为 27.68 万人。全县有蒙古族、苗族、回族、彝族、藏族、壮族、维吾尔族、布依族、朝鲜族、满族、侗族、瑶族、毛南族、土家族、黎族、塔吉克族、畲族、拉祜族等 18 个少数民族。

二、人民生活

2000 年，全县在岗职工平均工资 6946 元，是 1986 年的 6 倍。农民人均纯收入 1334.15 元，是 1986 年的 4.51 倍。全县城乡储蓄余额 47561 万元，是 1986 年的 2.99 倍。农民收入普遍提高，逐步由温饱向小康型过渡。

第三节 经济状况

一、经济综合

1986—2000 年，县级财政管理体制进行 6 次改革，不断培植财源，实现增产增收，增收节支。1986 年，县级财政收入 609.9 万元，2000 年，县级财政收入为 5116.3 万元，比 1986 年增长 7.39 倍。1986 年，全县工业总产值 4996 万元，2000 年，全县工业总产值 37342 万元，比 1986 年增长 6.47 倍。1986 年，农业总产值 5581 万元，2000 年，农业总产值 35358 万元，比 1986 年增长 5.34 倍。

二、农业

农业生产在维持传统水稻生产的基础上，不断调整农业产业结构，重点发展特色农业、订单农业、推广科学良种良法，农村经济稳步发展。农业总产值由1986年的5581万元上升到2000年的35358万元。比1986年增加29777万元，增长5.34倍。2000年，实现人平粮食产量362千克，人平肉类产量47千克，人平水产品产量42千克。

林业生产以保护生态环境、实行封山育林为主。20世纪80年代以后，贯彻“以林为主，多种经营，走林工商全面发展的路子”方针。全县造林3.73万公顷，林木育苗166.67公顷。15年间，全县共销售木材331148万立方米、毛竹608万根。至2000年，全县有林地面积10.93万公顷，森林覆盖率达76.3%。全县建成用材林基地4987公顷、毛竹林基地9247公顷、油茶林基地1.53万公顷、油脂林基地2013公顷、果茶基地1253公顷，活立木蓄积量306.67万立方米，比1985年增加3.78万立方米，森林年生长量7.6万立方米。林业总产值由1986年的596万元上升到2000年的1684万元。

三、工业

工业依托自身资源优势，发展迅速。主要有电力工业、矿产品加工、采掘业、森林工业、化学工业、食品加工业、二轻工业、粮食加工业、建材业等。工业生产由计划经济向市场经济逐步过渡。全县工业总产值由1986年的4996万元增长到2000年的37342万元，比1986年增加32346万元，增长6.47倍。

1986年，上犹县电力生产总值1598.8万元。2000年，电力生产总值达12449.8万元。15年间，新建仙人陂水电厂，装机1.13万千瓦、年发电量4159万千瓦时，新建7座乡、村小水电站，增加装机13台，总装机1280千瓦，年增加电量5009万千瓦时，县内年发电量占总供电量的83%。电力工业的发展，带动新兴产业的发展，创建黄埠工业小区，引进企业34家，其中产值亿元以上企业2家，产值千万元以上企业9家，产值百万元以上的企业23家，拥有冶炼、机械制造、竹木加工、玻纤、建材、食品加工6个行业门类。2000年，黄埠工业区实现工业产值20800万元，上缴国家税金243万元。被农业部命名为全国乡（镇）企业东西合作示范区。

依托丰富的竹木资源，开发的产品有胶合板、竹胶板、竹凉席、牛皮纸、木地板、松香、松节油、木制沙发、木制民用品等，产值占整个林业总产值的27%。1986年，木材及竹材采运业产值为394.2万元。到2000年，发展为1590.3万元；造纸及纸制品总产值1986年2.4万元，2000年增长到225万元。1999年，创办的陡水镇赣龙木制品加工厂投入固定资产150万元，每月生产建筑模板1800张，年产值达1000万元。上犹赣南林业造纸厂生产的牛皮纸、营前胶合板厂生产的竹木胶合板、上犹化工厂生产的松香、松节油等产品远销国内外。

已开发的矿产资源有钨、锡、锌、铁、金、稀土、萤石、花岗岩、硅、石灰石、瓷土、铀等矿种。1986年以前，以国营、集体开采为主，之后逐步由股份制过渡为个体开采。至2000年，全县有矿山企业53家，其中地方国有矿山企业5家、集体矿山企业25家、个体采矿户23户。

服装及玻纤工业是20世纪90年代的新兴产业，总产值由1986年的48.6万元上升到2000年的1152万元。至2000年，已初具规模的有县城振利制衣厂，职工人数达1000多人。南河工业区有2家职工超千人的玻纤厂生产各式规格的玻纤布，其产品畅销国内市场并远销东南亚各国。

食品工业以蜜饯果脯制造加工为主。20世纪80年代，上犹食品厂、社溪蜜饯厂先后制作九制陈皮、富贵果、金钱果、皇妃果、大发果、蜜杨梅、九制金柑果等一系列果脯。1993年，该系列果脯被评为省优产品。20世纪90年代创办油石金泰蜜饯厂，该厂生产的蜜饯产品有相思梅、仿泰国话梅、鲜杨梅、丁香李、姜片、柿饼等20多个产品，年产量35吨，销往广东、海南、四川、浙江等地。同时，开发石鱼芝麻粑、香酥芋片、矿泉水、苦丁茶、石门苦菜干等具有旅游特色的地方风味食品。2000年，实现食品工业总产值 621.2 万元。

四、个私经济

2000 年，全县有各类市场 20 个，建筑面积 3.95 万平方米，投资达 410.78 万元。结束 1986 年以前的土木结构棚顶式交易市场。全县商业网点近万个，从业人员 3 万多人。其中个体工商户 6420 户，从业人员 10520 人；私营企业 74 家，从业人员 1560 人，注册资金 8814 万元。

第四节　社会事业

一、交通邮电

至 2000 年年底，全县有公路 99 条，比 1985 年增加 47 条；总长 620 千米，比 1985 年增加 218.55 千米。有公路桥梁 187 座，总长 4465 米。1986—2000 年，全县铺设高级水泥路面 59.4 千米，次高级沥青路面 73.6 千米。新建县城水南大桥、人行桥、斜拉桥、东门桥、黄埠大桥等一些跨度较大的桥梁。拥有各类汽车 833 辆、农用车 536 辆、摩托车 6108 辆。其中客车 85 辆、2224 座位，比 1985 年增加 80 辆、2044 座位。开设客运班线 55 条，汽车客运量 132 万人次，7006 万千米；有货车 275 辆，477 吨位，年完成货运量 104 万吨，比 1985 年翻一番。同时，为游客开通陡水湖快速游船 6 艘。1986 年，全县有自办邮路 8 条。2000 年年底，全县邮路总数为 25 条，单程总长度 403.5 千米。1986 年，有磁石交换机 5 部，总容量 460 门。2000 年年底，市话电缆达到 103.7 皮长千米，出局用户线达到 18600 对。

二、教育科技

各类教育协调发展。各乡（镇）建有初级中学和中心小学，各行政村建有村小，一些较偏远的地方设有教学点。2000 年，全县有普通中学 16 所、小学 156 所、县办幼儿园 1 所、乡村幼儿园 14 所。有职业中专学校 3 所。同时，开办江西省函授、卫星电视教育、自学考试等培训班。1996 年，通过“两基”验收，为达标单位。2000 年，全县共有各类专业技术人员 4755 人，其中高级专业技术职称人员 123 人、中级专业技术职称人员 981 人、初级专业技术职称人员 3651 人，市以上拔尖人才 2 人。1986—2000 年，获国家专利项目 10 个，获市（地区）以上科技成果奖项目 5 个。

三、文化艺术

实现县有文化馆、乡有文化站、村有文化活动中心的群文工作网络，基本形成商贸集市“圩日”有文化活动内容，节假日、纪念日有文化专项活动。1986—2000 年，上犹县文化馆在地级以上发表、展出文艺作品 1078 件，先后有 3 人获全国民间音乐舞蹈比赛三等奖。县剧团每年完成演出场次 200 多场，观众 25 万人次，被江西省文化厅评为全省专业剧团“上山下乡”第二名；上犹剧团演出的传统节目《九狮拜象》被江西电视台摄影、中央电视一台转播，为全国优秀节目。县图书馆于 1994 年、1999 年两次被文化部评为二级图书馆。全县业余文学作者日益增多，队伍发展到 1000 多人。各种文学样式全面发展，小说、报告文学、诗歌、散文、民间文学以及摄影、美术、书法、音乐、舞蹈等都有较快发展。

四、卫生体育

2000 年，全县共有医疗机构 185 个，其中县级医院 2 个、县级疗养院 1 个、乡（镇）卫生院 18 个、村卫生所 144 个、单位医务所（站）10 个、其他医疗机构 10 个，基本达到一乡一院、一村一所的布局，平均每千人拥有病床 1.3 张。固定资产总值 1620.26 万元，比 1985 年增长 504%。人均寿命由 1985 年的 63.42 岁提高到 70.2 岁。计划生育工作由突击转向村、组自治，计划生育率由 1986 年的 86.85% 上升到 2000 年的 99.66%，少生优生、晚婚晚育成为全县人民的自觉行动。1994 年开始，连续 7 年获市（地区）计划生育工作先进县和县计划生育协会先进集体。1998—2000 年，连续 3 年被江西省人民政府授予“计划生育先进单位”称号。体育事业蓬勃发展，举办县各类体育比赛活动，承办省、市在上犹县举办的 7 次龙舟大赛。组织代表队参加市级以上运动会并获得较好的成绩。

五、广播电视

1997 年，开通转播电视、加密电视，播出电视节目 16 套，全县 100%的乡（镇）、58%的行政村开通有线广播电视。1998 年，全县各乡（镇）的文化站（中心）与广播电视站合并，建立乡（镇）文化广播电视服务中心。1990 年以后，先后开通梅岭、苏峰广播调频发射台，开通各乡（镇）卫星电视地面接收站。2000 年，县、乡、村终端有线电视用户达 2.75 万户，架设有线电缆传输线路 564 千米，由“村村通”向自然村拓展。

第七章　崇义县

崇义县是中国竹子之乡，森林覆盖率达 85%。是全国重点林业县、全国绿化模范县、中国南酸枣之乡、中国最受游客喜爱的地方。境内动植物种类繁多，被誉为“江西省绿色宝库”。

	1986年	2000年
总人口（万人）	17.58	19.62
总面积（万公顷）	22.11	22.11
生产总值(亿元)	1.46	9.14
财政收入（亿元）	0.13	0.67
城乡居民储蓄存款余额（亿元）	0.29	4.25

图 39－7－1　1986 年和 2000 年崇义县主要指标比较情况

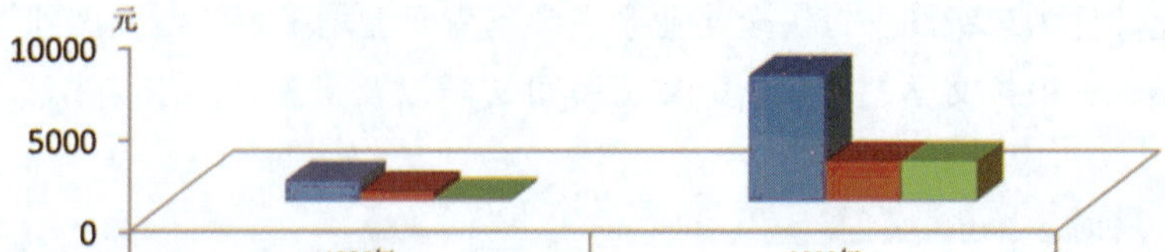

	1986年	2000年
在岗职工平均工资	956	6888
农民人均纯收入	469	2169
居民人均储蓄存款余额	120	2164

图 39－7－2　1986 年和 2000 年崇义县主要人均收入指标

第一节　地理环境

一、位置面积

崇义县位于赣州西南，地处北纬25°24′～25°55′，东经113°55′～114°38′。毗邻湘、粤两省，东连南康市，南接大余县和广东省仁化县，西界湖南省汝城、桂东两县，北邻上犹县。县境东西长约73千米，南北宽约59千米，总面积2211.33平方千米。县城面积5.2平方千米。县人民政府驻横水镇，距赣州市中心城区76千米。

二、建置沿革

秦属南壄县。三国属南野县和南安县。晋属南康县，南北朝属赣县，隋属隶虔州，唐属南康郡，五代十国属南康县、大庾县、上犹县。明正德十二年（1517），析上犹县的崇义、上堡、雁湖三里地，南康县的隆坪、尚德二里地，大余县的义安里置崇义县，属南安府，以崇义里之名名县，寓教民崇尚礼义以安居之意。1949年8月20日崇义解放。县人民政府驻横水镇。

三、行政区划

1986年，全县设17个乡、2个镇、153个村民委员会、3个居委会。1987年，过埠乡撤乡建镇。1989年，扬眉乡撤乡建镇；撤销横水乡建制，并入横水镇。1990年，乐洞乡高畲村划为高畲、高洞两个行政村。1994年，长龙乡、关田乡、铅厂乡撤乡建镇。2000年，全县辖横水镇、长龙镇、扬眉镇、铅厂镇、关田镇、过埠镇、古亭镇7个镇；龙勾乡、聂都乡、文英乡、乐洞乡、丰州乡、茶滩乡、金坑乡、杰坝乡、思顺乡、麟潭乡、上堡乡11个乡，154个村委会、5个居民委员会。

四、自然资源

森林资源　境内山峦起伏，地势西高东低、南高北低，由西南向东北方向倾斜。山地（海拔500米以上）占47.67%，丘陵（海拔500米以下）占52.33%。千米以上的山峰有232座，西北部思顺乡的齐云山海拔2061.3米，为赣南最高峰。境内山多田少、森林茂密、树种繁多，据查有123科、892种，有“江西省绿色宝库”的美称。

植物资源　国家一级保护树种有银杏、南方红豆杉、伯乐树、水杉、秃杉5种；国家二级保护树种有长苞铁杉、闽楠、浙江楠、楠木、花榈木、厚朴、野茶树、杜仲、福建柏、观光木、鹅掌楸11种及大量国家三级保护树种。中草药材有茯苓、银耳、铺地蜈蚣、三尖杉、十大功劳、枸杞、玄参、杜仲、木瓜、鸡血藤、五加皮、一点红、天麻、七叶一枝花、泽泻等267种。

动物资源　有6.4万公顷草场资源，万亩以上的连片草场8处。森林茂密，气候温暖，适宜各种野生动物的生存和繁衍。国家一级保护动物有金钱豹、蟒、黄腹角雉等；国家二级保护动物有金猫、獐、猫头鹰、苏门羚、毛冠鹿、水（黑）鹿、穿山甲、水獭、小灵猫、大灵猫、白鹇、红腹锦鸡、娃娃鱼13种。

矿产资源　地下矿藏丰富，现有铁、铜、铅、钨、锡、钼、铋、铍、金、银、锂、铷、铯、钽、稀土、铀等金属矿；有水晶、冰洲石、萤石、瓷土、磷、大理石、花岗石、硅石、石灰岩、白云岩等非金属矿；有燃料煤。已开发利用的有铅、锌、钨、锡、钼、铍、金、铀、萤石、大理石、石灰岩、煤，其中钨、锡尤盛。

五、气象水文

崇义县是中亚热带季风湿润气候区，气候温暖，雨量充沛，四季分明，空气湿度大，雾日多，光照偏少，无霜期长。1986—2000年间，年均气温18.15℃，极端最高气温38.5℃，极端最低气温

−7.3℃。无霜期307天（2月上旬至12月中旬），最长352天，最短271天。年均降水量1566.38毫米，最多为2000.9毫米（出现在1997年），最少为1260.3毫米（出现在1989年），年均日照时数1098.6小时，为赣南日照最少的县，日照时数最多的年份是1992年为1298小时，最少的是1997年为765小时。日均风力1～2级，最大风力9～10级，风向夏偏南、冬偏北。年均相对湿度83%，各月平均相对湿度80%～86%。雾日最多128天，最少46天，年均雾日78天，是省内多雾县之一，有“赣南雾都”之称。

全境大小河流83条，属长江流域赣江水系，控制流域面积2206.27平方千米。主要河流有大江（过埠江）、小江（横水江）、扬眉江（芦江）3条河流。年均水能理论蕴藏量19.9万千瓦，年电能17.4亿千瓦时。水能可开发量6.4万千瓦，水能资源可开发利用的潜力较大。

第二节　人口　人民生活

一、人口民族

2000年，全县总人口196224人，比1985年增加25864人，平均每年净增1724人，其中男103992人、女92232人；农业人口158170人，占80.61%，非农业人口38054人，占19.39%。民族以汉族为主，另有畲族、回族、壮族、满族、侗族、白族、土家族、蒙古族等8个少数民族。县内有186个姓氏，李姓、王姓、张姓、刘姓、陈姓、黄姓、朱姓、钟姓、郭姓、邹姓、吴姓、杨姓、肖姓、林姓、周姓等为崇义县内较大姓氏。

二、人民生活

居民收入　1986年，农民人均纯收入469元，在岗职工平均工资956元。1991年，县内农民人均纯收入658元，在岗职工平均工资1866元。1996年，县内农民平均纯收入1864元，在岗职工平均工资3954元。2000年，人民生活质量显著提高，县内农民平均纯收入2169元，是1986年的4.6倍；在岗职工平均工资6888元，是1986年的7.2倍。

社会保障　1998年7月1日，开始实施《崇义县城市居民最低生活保障制度实施办法》，保障标准定为每人每月70元。1998年，有城镇居民低保对象18户49人。1999年，有城镇居民低保对象53户181人，发放保障金2.58万元。2000年，有城镇低保对象78户223人，发放保障金4.13万元。

第三节　经济状况

一、经济综合

1986年，全县实现工农业总产值13392万元，实现财政收入1288.8万元，财政支出1269.6万元，完成社会商品零售额7584万元，完成固定资产投资462万元，人均储蓄存款余额119.69元。1996年，全县实现生产总值65865万元，实现财政收入5818万元，财政支出5553.2万元，完成社会商品零售额16039万元，完成固定资产投资2871万元，人均储蓄存款余额1281元。全民职工人均年工资总额4240元，农村农民人均纯收入1864元。2000年，全县实现生产总值91391万元，实现财政总收入6658万元，地方财政收入5407.5万元，地方财政支出8088.8万元，完成社会商品零售额23190万元，完成固定资产投资5156万元，人均储蓄存款余额2164元。全县在岗职工平均工资总额6888元，农村农民人均纯收入2169元。

二、农业

1986年，农业商品经济日趋活跃，农林牧副渔发展更加协调。全年实现农业总产值6333.9万元，其中种植业产值2251.4万元，林业产值2247万元，牧业产值886万元，副业产值827万元，渔业产值

122.5 万元。

1990 年以后，农业在维持传统水稻主产的基础上，逐步加大结构调整力度，重点发展特色农业、订单农业和含税农业，扩大脐橙等水果种植面积和麻羊饲养量。1998 年，经林业部门调查统计，全县活立木蓄积量 1023.7 万立方米，活立竹蓄积为 5993.98 万根，森林覆盖率为 85%。其中竹林占林地面积的 17.24%，为全国 6 个毛竹生产大县之一。1996 年 3 月，崇义县被林业部授予“中国竹子之乡”称号。

2000 年，全县农业总产值 27258 万元，其中农业（种植业）产值 6158 万元，林业产值 14141 万元，牧业产值 4056 万元，渔业产值 2903 万元。农业结构调整力度加大，重点发展特色农业、订单农业和含税农业，农村经济稳步发展。林业生产以保护生态环境、实行封山育林为主。全县有各类山地面积 17.28 万公顷。农业生产机械化条件得到改善。

三、工业

1986 年，全县工业总产值 7058.93 万元。工业门类主要有矿产品加工、采掘、森林、化学、食品加工、二轻机械、粮食加工、建材等。在 1995 年以前，矿产业以国营、集体开采为主，之后逐步由股份制及个体进行生产。矿产品加工以章源钨业和耀升钨业为龙头。“章源”牌钨系列产品在国内外享有盛誉，远销日本、西欧等国家。森林工业以华森集团公司为主导企业，到 2000 年，是国内人造板行业中唯一具有同时生产“五板”（胶合板、刨花板、中密度纤维板、高强度复塑竹胶合板、竹木刨花板）能力的县，其中“华森王”牌人造板产品获 1997—1999 江西省质量免检产品。食品工业以齐云山南酸枣糕为主，该产品畅销国内外。

2000 年，受国家宏观经济调控政策的持续作用，以及国内外需求回升的拉动，县工业生产保持较快增长，企业效益明显好转。全县工业企业完成工业总产值 63335.5 万元，其中国有工业总产值 13100.3 万元，县属集体工业总产值 585 万元，责任有限公司总产值 3633.2 万元，私营工业总产值 4813.9 万元，港澳台合资经济工业总产值 1517.1 万元，乡镇工业总产值 39686 万元。

四、个私经济

1986 年，全县有个体户 2578 户，从业人员 4078 人；工商企业 266 家，分支机构 1037 个。1986 年 12 月和 1989 年 3 月，县个体、私营企业劳动者协会分别召开第二次和第三次会议，选举调整新的领导班子。鉴于个体户中妇女占比例较大的特点，1988 年 3 月，成立崇义县个体劳动者协会妇女委员会并召开代表大会，各乡（镇）成立个协妇女工作小组。1996 年，全县有个体工商户 5062 户，有私营企业 83 家；个体工商户从业人员 8654 人，私营企业从业人员 3109 人；个体工商户注册资金 2242 万元，私营企业注册资金 1911 万元。全县个体户、私营企业上缴国家税收 1641.4 万元。1998 年，崇义县委、县政府在个体私营企业中实行收费监督卡制度，防止“三乱”行为。对纳税 1 万元以上的个体户、5 万元以上的私营企业，由政府授予保护牌，列为重点保护单位。实施下岗职工再就业并制定五个方面的优惠措施，有 586 名下岗职工从事个体经营。1999 年，县委、县政府对 1998 年度个体私营纳税大户进行表彰和重奖。当年新发展个体户 614 户，从业人员 854 人，私营企业 25 户，从业人员 638 人，清理无照经营 336 户，查处违法案件 24 起，罚没款 1.2 万元。2000 年，在全县范围内开展“抓管理、查规范、保安全、促生产”专项整治活动，重点对生产经营烟花爆竹、易燃易爆物品、成品油、液化气、食品药品、煤窑、采矿、电子游戏等公共娱乐场所进行拉网式排查，取消危险品项目经营户 36 户，补办前置审批手续 660 户，严把市场准入关，做到见证发照。当年新发展个体户 903 户，从业人员 1451 人，注册资金 3378 万元，清理无照经营 215 户。对年纳税 291.44 万元的黄泽兰、年纳税 201 万元的郭耀升分别奖小汽车 1 辆，年纳税 49 万元的刘显亮奖摩托车 1 辆，年纳税 10 万～39.9 万元的各奖彩电 1 台，年纳税 5 万～9.9 万元的各奖自行车 1 辆。

第四节　社会事业

一、交通邮电

古亭至麟潭公路于1988年12月通车；赣丰线从1990年开始以三级公路标准改善29.57千米；十八面公路改造成水泥（柏油）路面，于1992年10月通车，全程10.25千米；渔梁至过埠公路于1993—1994年改造四级公路，总长10.38千米，全程为水泥路面。崇余公路，从1993年开始经过5年的改造，全部按三级公路标准共改善19.16千米。乐洞至广东长江公路于2000年年底接通。至2000年，全县拥有74辆客车，全部进站作业，日发客车124班次，经营广州、中山、深圳、珠海、郴州、南昌、赣州、南康、大余以及发往所有乡（镇）的班线。有货运车辆252辆，货运量为110万吨。1998年，邮政、电信分开营业。邮政在原有业务的基础上，新增中邮广告、鲜花礼仪、代办电信等业务，业务规模不断增大。电信业务发展迅速，至2000年年底，全县共有固定电话用户16165户、DDN用户31户、分组交换用户10户、国际互联网注册用户561户、赣信寻呼（“96127”“96126”）用户2218户。1999年6月，移动公司成立。2000年，有手机用户5539户。

二、教育科技

2000年，全县有完全中学2所、职业高中1所、职业初中3所、教师进修学校1所、初级中学18所；有小学153所、教学点80个；有县幼儿园1所、乡村办幼儿园68所。1995年，崇义县被国家教育委员会确认“两基”达标。全县适龄儿童入学率、巩固率均为100%。青壮年人口中的非文盲率达98.2%。高中阶段普及率达80%。

1989年以来，全县公布四批县管拔尖人才，计42人次，其中陈荣德1989—1991年为地管拔尖人才。至2000年年底，全县有各类专业技术人员2700人，其中正高1人、副高101人、中级800人、初级1798人。获国家专利项目10项，获省级奖励15项，市奖励24项。

三、文化艺术

文艺创作有新的成就，1986年，在市（地区）级以上刊物或单位发表、展出的文艺作品有文学、美术、书法、摄影、音乐等共计56篇（件）。1996年，举办“七一”全县书画作品展览和全县精神文明建设图片展览，办各类宣传专栏11期。举办全县首届农民卡拉OK大赛，迎接香港回归演讲比赛，中国共产党建党75周年文艺晚会，第二届农村业余文艺会演暨纪念红军长征胜利60周年大型文艺晚会。2000年4月，参加首届江西农民艺术节，获组织工作三等奖，采茶戏《新开张》获综合二等奖、音乐创作二等奖，舞蹈《竹之韵》获演出奖。9月，参加第五届湘粤赣三省三县文艺会演，获综合一等奖，《放排歌》获演唱一等奖，舞蹈《江南情》获编导二等奖，小品《情怀》获创作二等奖。

四、卫生体育

2000年，全县有医疗机构239个，其中县属医院2所、乡（镇）卫生院18所、村卫生所200个、个体诊所（牙科）4个、厂矿医院医务所15个，基本达到一乡一院、一村一所的布局。全县有病床370床，有专业技术人员489人。1996年，全县有医疗机构25个，病床323床，有卫生技术人员557人。2000年，全县有医疗机构26个，病床338床，有卫生技术人员477人。

1986年，全县有体育场1个，面积8532平方米；有灯光球场1个设有铁架看台，可容纳观众800人；有旱滑冰场1个，面积700平方米；有水泥球场8个。职工体育、农民业余体育较为活跃，老年人体育也逐渐开展。县级各类体育竞赛活动经常举办。1996年，全县水泥球场增加到14个，羽毛球场8个，乒乓球活动室21个。1998年，由县财政投资20万元在县宾馆院内建游泳池1个。群众体育活动较为普及。2000 年，全县各乡镇都建有水泥篮球场，部分乡镇建有乒乓球室和 200 米田径运动场。1986—2000 年，全县累计举办县级体育比赛 169 次，参赛单位 1590 个次，参赛运动员 21547 人次。

五、广播电视

1986 年，建有县广播站 1 个。1995 年，为实现站改台，增加部分广播设备，建有阳岭调频转播台，用 1 台调频接收机接收广播台发来的广播信号。用 1 台 50 瓦调频发射机向全县转播。有线电视台于 1990 年开播。1997 年，县广播电台与县有线电视台合二为一。1998 年，开通转播加密电视，播出电视节目 17 套，各乡（镇）及 19 个场矿企业、41 个村开通有线电视。2000 年，全县有县级电视传输网络 1 个，乡镇级网 18 个，村级网 41 个。

第八章　安远县

安远县是千年古县、生态大县、苏区全红县。历史悠久，文化深厚，民风淳朴。是香港同胞饮用水源东江的发源地，国家级非物质文化遗产赣南采茶戏的发源地。

	1986年	2000年
总人口（万人）	26.99	33.44
总面积（万公顷）	23.51	23.51
生产总值(亿元)	1.37	16.15
财政收入（亿元）	0.06	0.52
城乡居民储蓄存款余额（亿元）	0.13	3.63

图 39－8－1　1986 年和 2000 年安远县主要指标比较情况

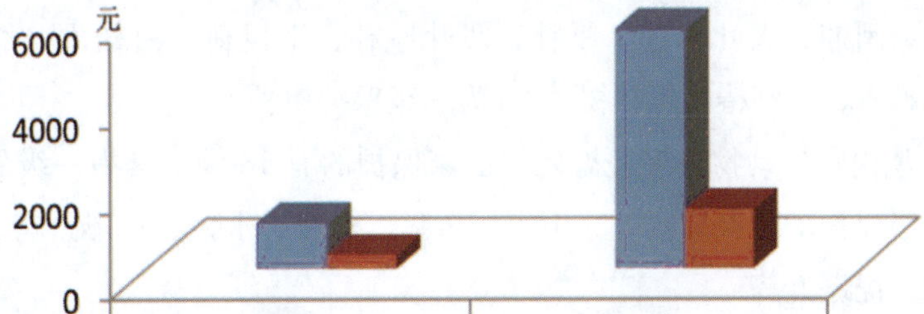

	1986年	2000年
在岗职工平均工资	1082	5601
农民人均纯收入	334	2000

图 39－8－2　1986 年和 2000 年安远县主要人均收入指标

第一节 地理环境

一、位置面积

安远县位于赣州东南部，地处长江水系赣江上游和珠江水系东江发源地，北纬24°52′18″～25°36′52″，东经115°9′52″～115°37′13″，南北长84.6千米，东西宽48.8千米，总面积2351.32平方千米。东界会昌县，东南接寻乌县，西南邻定南县，西连信丰县，北毗于都县与赣县。县人民政府驻欣山镇，北距省会南昌市597千米，西北距赣州市中心城区170千米，西南距京九铁路定南站75千米。

二、建置沿革

南梁大同十年（544），析雩都县南三乡地置安远县，为建县之始，因境内有安远水得名，属南康郡。隋开皇元年（581），并入雩都县。唐建中四年（788），分雩都县南三乡并信丰县一里，复置安远县，属虔州。明万历四年（1576），分出十五堡设长宁县（今寻乌县）。同年，会昌县的固营、长河、长沙、五龙四堡划入。自此县名与县治历代沿袭。1949年8月20日，安远解放。

三、行政区划

1986年，设欣山1个镇，鹤子、孔田、新园、镇岗、凤山、高云山、濂江、新龙、江头、车头、版石、蔡坊、重石、天心、长沙、崇坑、龙布、双芫、塘村、浮槎20个乡。下辖241个村委会、3个居委会、1974个村民小组、14个居民小组。1987年4月，版石、孔田撤乡设镇。1988年12月，天心、龙布撤乡设镇。2000年，有欣山、龙布、天心、版石、孔田5个镇，濂江、塘村、浮槎、双芫、长沙、重石、蔡坊、崇坑、车头、新龙、高云山、江头、凤山、新园、鹤子、镇岗16个乡，242个行政村、7个居委会、1962个村民小组、36个居民小组。

四、自然资源

土地资源 2000年，全县有山地面积19.95万公顷，人均0.6公顷；有耕地面积1.55万公顷，人均0.05公顷。

植物资源 属全省13个重点林业县之一，有木本植物116科755种。2000年，有林地面积19.95万公顷，活立木蓄积量749663立方米，以杉树、马尾松等针叶树，樟科和山茶科等阔叶树为主要树种，其中属国家保护树种31种，秃杉、水杉、金花茶3种为一级保护树种；杜仲、银杏、伯乐树、观光木、乐东拟单性木兰、金钱松、鹅掌楸、野茶树、夏腊松、福建柏、伞花木11种为二级保护树种；油杉、沉水樟、天竺桂、闽楠、大叶木莲、厚朴、凹叶厚朴、半枫荷、白桂木、红豆树、华南栲、青钩栲、楠木、龙眼、花榈木、毛红椿、银钟树17种为三级保护树种。

动物资源 境内野生动物较多，被列入国家保护的有18种，其中一级保护动物有云豹、金钱豹、黄腹角雉等；二级保护动物有猕猴、穿山甲、金猫、水鹿、水獭、乌雕、鸢、娃娃鱼、白鹇、大灵猫、小灵猫、猫头鹰、虎斑蛙等。

水资源 县内河流密度大，且河床坡度陡，地表水资源和水能资源较丰富。水能理论蕴藏量为10.12万千瓦。至2000年，已开发利用3.39万千瓦，占可供开发量的61.2%。地热水表露点分布在新园乡虎岗村、唐屋村、孔田镇新塘村、双芫乡合头村。新园乡虎岗村的温泉群，昼夜流量为2150吨，地表实测水温72℃，钻孔出口水温高达76℃～79℃。

矿产资源 金属矿主要有稀土、铜、铁、钨、铅锌、铂钯、金银、钽铌、沙金、钼、锰、钴等；

非金属矿有石灰岩、钾长石、硅石、油页岩、膨润土、瓷土、煤、水晶、云母、萤石、磷矿。

五、气象水文

安远县属亚热带季风气候，气候温和湿润、热量丰富、雨量充沛、四季分明，具有夏无酷暑、冬无严寒的气候特点。年平均气温 18.7℃，1 月均温 10.9℃，7 月均温 27.6℃，年均降水量 1600 毫米，无霜期 282 天。由于稀土开采和果业开发等多方面原因，水土流失量增大。2000 年，据羊信江水文站观测河水含沙量为全市最大。主要自然灾害有水灾、旱灾、风、雹、寒潮、低温等气象灾害以及地震等。1998 年 8 月 6 日，降特大暴雨，龙布、双芫、塘村、浮槎、长沙等地出现百年未遇的特大洪灾，受灾近 10 万人，淹没良田 1933 公顷，倒塌房屋 1637 间，因灾造成直接经济损失 2265 万元。

第二节　人口　人民生活

一、人口民族

2000 年，全县有 74904 户，总人口 334378 人，其中农业人口 292908 人、非农业人口 41470 人，人口密度每平方千米 142 人，人口出生率为 9.4‰，死亡率为 3.94‰，人口自然增长率为 5.46‰。县内居民有汉族、畲族、回族、满族、壮族、高山族 6 个民族，其中汉族人口居多，少数民族人口有 2240 人，占全县总人口 0.67%。境内现有 215 个姓氏，主要姓氏有刘姓、李姓、叶姓、钟姓、谢姓、赖姓等。

二、人民生活

随着经济和社会事业的发展，城乡人民生活水平有较大提高，家居条件明显改善。2000 年，在岗职工平均工资达到 5601 元，城镇人均住房面积逐年提高。农民人均纯收入达到 2000 元，农民住房由过去的土木结构向砖混结构转变，彩电、冰箱、摩托车等高档商品进入普通农民家，许多农民兴建了宽敞舒适的“小康楼”。

第三节　经济状况

一、经济综合

以经济建设为中心、以市场为导向，积极培育市场经济，调整工农业产业结构和产品结构，国民经济健康稳定发展，经济建设与社会事业取得可喜成绩。1986 年，全县社会总产值 13659 万元，工农业总产值 10242 万元，财政收入 640 万元，社会商品零售总额 5053 万元，全民各类固定资产投资总额 562.58 万元。2000 年，全县生产总值 161487 万元，工农业总产值 91336 万元（农业总产值 65620 万元，工业总产值 25716 万元），地方财政收入 5220 万元，社会消费品零售总额 23900 万元，社会固定资产投资总额 8155 万元，金融机构年末存款余额 46000 万元，其中城乡居民存款余额 36333 万元，贷款余额 48000 万元。

二、工业

1986 年，县内工业以矿产品加工和林产品为主，药品制造、轻纺、酿酒、饮料机器修造为辅，工业总产值 1298.63 万元。其间，国退民进乡镇工业发展较快。2000 年，全县工业总产值 25716 万元。主要产品有饮料酒 300 吨、中成药 70.5 吨、混合稀土 208 吨、刨花板 3214 立方米。

三、农业

种植业 主要粮食作物有水稻、大豆、番薯等，主要油料作物有花生、油菜、油茶等，主要经济作物有西瓜、烟草、棉花等。1986 年，全县农业产值 4507.91 万元。2000 年，全县农业总产值 65620 万元。粮食作物播种面积 2.2 万公顷，总产 11.23 万吨；瓜类播种面积 4027.2 公顷，总产量 8.9 万吨；果业面积 4714 公顷，产量 1.09 万吨。

林业 1986 年，林业产值 2487.75 万元。20 世纪 90 年代，被评为全国重点林业县，是全国为数不多的“万担香菇县”。2000 年，林业产值 6250 万元。

渔业 以池塘粗放式放养为主，品种主要有草鱼、青鱼、鳙鱼、鲢鱼。1986 年，产值 266.67 万元。2000 年，产值 3621 万元，养鱼面积 1133.67 公顷，水产品总量 3110 吨。

畜牧业 家畜家禽饲养有猪、牛、羊、兔、鸡、鸭、鹅、蜂、蚕、犬、猫、马、驴、骡、鸽等，以家庭散养为主。进入 20 世纪 90 年代发展为以规模企业养殖为主，畜禽养殖主要有猪、牛、鸡、鸭等，少量的特种养殖，生猪及鸡占养殖量的 80%以上。1986 年，产值 1742.19 万元；2000 年，产值 28114 万元，生猪出栏量 12.38 万头，家禽出栏量 3.06 万羽。

四、个私经济

1986 年，全县有个体经营 2579 户，从业人员 4983 人；经营资金 405.9 万元，产值 1032 万元。1988 年，县内开始发展私营企事业，有私营企业 11 家。2000 年，全县有个体经营 3596 户，从业人员 11815 人；经营资金 3479 万元，产值 11300 万元。

第四节 社会事业

一、交通邮电

进入快速发展阶段，先后对寻坪线、安定线境内主干道进行改造和等级提升；东江源大道一期工程竣工；改造和新建镇岗至孔田、新园至三百山、天心至岽坑、濂江至大坝、龙布至牛犬山、黎洞至新龙等县乡公路。2000 年年底，全县公路里程达到 559.9 千米，100%的乡（镇）通公路，99.6%的行政村通公路或通机动车，公路密度为每百平方千米 23.58 千米，略高于全省每百平方千米 22.25 千米的平均水平。在全县公路中，二级公路 47 千米、三级公路 8.6 千米、四级公路 235 千米、等外公路 275.3 千米。1991 年新建安远汽车站。2000 年兴建安远汽车站北站，安远客运落后面貌得以改善。1986 年以来，境内公路养护和路政建设进一步完善，运政、公路运输管理得到加强。2000 年，跨省班线增至 12 条，跨县班线增至 8 条，县内客运班线 15 条。

1988 年开办邮政储蓄业务，1992 年开通国内外的传真电报业务，1994 年开通 5000 门程控电话和 480 路微波通信后又开通万门程控电话，并陆续开通版石镇 500 门和龙布镇 240 门等 13 个乡（镇）小程控电话。1995 年开通移动通信业务。1998 年 9 月邮电分营，分属邮政和电信。1999 年 7 月移动通信从电信公司分离，分属移动通信公司和电信公司。2000 年，邮政业务主要国内业务量均有较大幅度增加；城市电话用户达到 9440 户、乡村电话用户达到 7326 户，其中住宅电话 15326 户，全县有 220 个行政村通电话；移动电话用户达 4100 户。此外，还开办因特网等业务。

二、教育科技

1986—2000 年，筹集校建资金 6814.47 万元，改扩建和新建校舍面积 36.93 万平方米。1999 年，投资850万元兴建安远县第三中学。2000年，全县有完中2所、职业中等技术学校1所、初中21所、完小157所、村小65所、教学点9个，在校小学生36574人、初中生12471人、普通高中生1704人、职业高中生332人。1992年以来，全县实施“三制”（校长负责制、教师聘任制、结构工资制）改革后，促进学校内部管理体制的完善，教育教学质量有较大幅度的提高。1986—2000年，全县大中专录取数为1963人，其中中专327人。

1986年，成立农业、林业、水利、电子、医学等20个学会、协会和研究会，会员2680人；21个乡（镇）建立科普协会，会员5235人；有138人获得自然科学职称，其中获中级职称14人，获初级职称124人。2000年，有科技人员3633人，其中高级职称105人，中级职称997人，初级职称2531人。

三、文化艺术

全县有文化馆1个、乡（镇）文化站21个、电影院（队）10个、图书馆1个，馆藏图书7.17万册；重点加强对馆藏文物和无为塔、东升围、永清岩、永兴山庵等景点文物的保护。1986—2000年，累计创作戏剧12个，其中由县采茶剧团创作演出的赣南采茶剧《钓蚜》由厦门音像出版社录制成光盘发行。1999年，由县文化馆、县委宣传部和县教育委员会合编的歌曲集《东江源之歌》在赣州市50周年歌曲评奖活动中，有2首获二等奖、1首获三等奖、1首获优秀奖。

四、卫生体育

1986年，县内设有人民医院、中医院、卫生防疫站、妇幼保健院、皮肤性病防治所、药品检验所、卫生培训学校等县级医疗卫生机构和21个乡（镇）卫生院，在职卫生工作人员884人，其中高级职称13人、中级职称124人。全县村级卫生所（个体诊所）365个，乡村（个体）医生382人。医疗卫生设施日益完善。1995年，县妇幼保健院被世界卫生组织、联合国儿童基金会、卫生部等联合授予“爱婴医院”。1997年，县人民医院通过国家评审成功申报为赣州地区二级甲等医院。2000年，设立县牙病防治医院。1986—2000年，全县累计修建水泥球场45个、门球场17个，新建和改建运动场8个，新建标准游泳池1个、旱冰场1个、羽毛球场5个，开展体操、举重、门球、地掷球、桌球、钓鱼、武术、棋牌、健美等新兴体育项目。县内群众体育活动活跃，成立县老年体协及门球协会、拳剑协会、钓鱼协会、文娱协会、地掷球协会、围棋协会、象棋协会等群众体育组织，重大节日和主要纪念日举办经常性的群众体育活动和比赛。开展丰富的老年人体育活动，举办门球、气功、拳剑、健身操、书画、钓鱼、棋牌等适合老年人身心健康的活动和比赛。县内运动员参加省以上体育竞赛获奖25人次。1998年，新建县体育中心，位于东江源大道，建有1个400米跑道标准田径场、1个灯光球场、2个门球场、1个地掷球场及其他体育设施。

五、广播电视

1986年，在县城东郊东风嵊兴建安远第一座卫星电视收转站，1988年正式开播。各乡（镇）陆续建起乡镇小型电视差转台和卫星电视收转站。1990年，县人民政府招待所率先安装非区域性有线电视。1991年，有线电视正式开播，用户超过1000户。1996年，县城开通中央四套加密电视。1997年，全县21个乡（镇）均建成有线电视站，有97个村建成有线电视室，有线电视覆盖率达96%；同年，对县城电视网主干线进行550兆光缆改造，实现有线电视邻频传输方式。至2000年，县电视台能收看30个频道电视节目，有线电视用户达22000户，入户率46%，电视覆盖率达到98%。2000年，全县广播以有线调频和无线调频两种方式传送，覆盖率达到96%。

第九章　龙南县

龙南县是“中国围屋之乡”“中国重稀土之乡”，是拥有客家围屋最多的县。龙南县有国家级自然保护区、国家森林公园九连山，全国重点文物保护单位关西新围、燕翼围、太平桥，国家 AAAA 级景区关西新围。1999 年，全县森林覆盖率达 79%，是南岭东部的“绿色宝库”和粤港澳地区旅游休闲娱乐的“后花园”。

	1986年	2000年
总人口（万人）	27.76	29.42
总面积（万公顷）	16.42	16.42
生产总值(亿元)	1.76	9.16
财政收入（亿元）	0.10	0.96
城乡居民储蓄存款余额（亿元）	0.19	6.90

图 39－9－1　1986 年和 2000 年龙南县主要指标比较情况

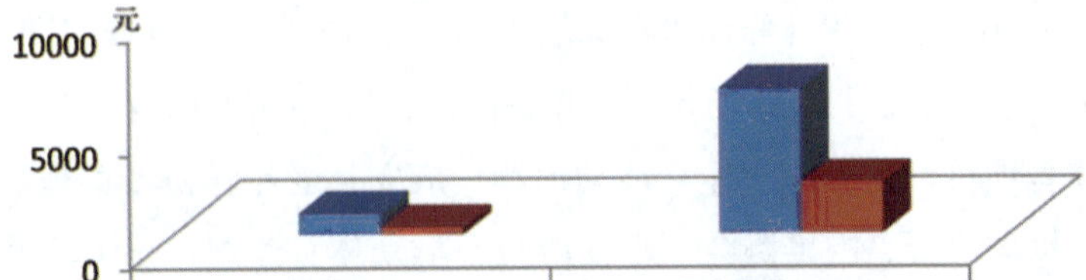

	1986年	2000年
在岗职工平均工资	949	6428
农民人均纯收入	333	2270

图 39－9－2　1986 年和 2000 年龙南县主要人均收入指标

第一节　地理环境

一、位置面积

龙南县位于赣州南部，是江西省南大门。地处北纬 24°29′～25°1′，东经 114°23′～114°59′。东邻定南县，南接广东省和平县、连平县，西靠全南县，北毗信丰县。县境南北长 55.5 千米，东西宽 60 千米，总面积约 1642.36 平方千米。县人民政府驻龙南镇，距赣州市中心城区 142 千米，距省会南昌市 576 千米。

二、建置沿革

秦汉时龙南为南壄县地。三国吴嘉禾五年（236），析南壄置南安县，龙南属南安县。晋太康元年

（280），改南安县名南康县，龙南属之。唐永淳元年（682），析南康东南地置南安县，龙南属之。唐天宝元年（742），改南安县为信丰县，析信丰县地置百丈戍，不久升百丈戍名百丈镇，随之又改百丈镇为虔南镇，时龙南即虔南镇，属信丰县，隶南康郡，为龙南建置之始。后梁贞明四年（918），改虔南镇为虔南场。南唐保大十一年（953），以信丰虔南场置龙南县，隶虔州，为龙南建县之始。因县治在龙头山（一说百丈龙潭、一说百丈龙滩）之南而名龙南县。北宋宣和三年（1121），改名虔南县（以在虔州之南命名）；南宋绍兴二十三年（1153），改虔南县为龙南县，隶赣州。元世祖至元二十四年（1287），并龙南入信丰县；元至大二年（1309），复置龙南县，沿袭至今。1949 年 8 月 19 日龙南解放。县人民政府驻龙南镇。

三、行政区划

1986 年，龙南县辖龙南镇 1 个镇，桃江乡、渡江乡、程龙乡、夹湖乡、杨村乡、武当乡、南亨乡、临塘乡、汶龙乡、东江乡、关西乡、里仁乡、黄沙乡、东坑乡、玉岩乡 15 个乡，九连山营林林场和安基山营林林场 2 个林场。2000 年，全县辖龙南镇、渡江镇、杨村镇、武当镇、汶龙镇、东坑镇、里仁镇、程龙镇、关西镇 9 个镇，夹湖乡、桃江乡、南亨乡、临塘乡、东江乡和黄沙乡 6 个乡，九连山营林林场和安基山营林林场 2 个林场。共有 171 个村委会、7 个居委会、1714 个村民小组。

四、自然资源

土地资源　龙南县境内地势西南高、东北低。在全县总面积中，山地占 27.85%，丘陵占 70.69%，盆地和河流占 1.46%。境内九连山脉属南岭山系，由广东连平县入，蜿蜒于境内西南部，为赣粤两省天然界岭，其主峰黄牛石海拔 1430 米，为境内最高峰。全县土地总面积 18.42 万公顷，其中农用地面积 15.57 万公顷、建设用地 2.59 万公顷、其他用地 0.26 万公顷。农用地中，耕地面积 1.25 万公顷，人均耕地 0.03 公顷。境内土壤主要有水稻土、潮土、紫色土、石灰土、红壤、山地黄壤、山地草甸 7 个土类，其中红壤占土地总面积的 83%。

森林资源　九连山和安基山为境内主要林区。1999 年，境内森林覆盖率为 79%，活立木蓄积量 216.83 万立方米，毛竹蓄积量 1238 万根，为赣州市（地区）7 个重点竹木产材县之一。土地植被有常绿阔叶林、针阔叶混合体、针叶林、不稳定的灌木丛、山地草甸 5 个类型，其中针阔叶混合林占山地植被面积的 40%以上。

动植物资源　境内有野生植物 1200 种以上，隶属 206 科，其中有种子植物 1100 多种。苔藓植物 30 多种。蕨类植物 60 余种。珍贵树种有香果树、伯乐树、观光木、鹅掌楸、雅楠等。野生动物资源有 1800 多种，其中脊椎动物 1000 多种，昆虫 800 多种。珍稀动物有穿山甲、水鹿、水灵猫、蟒蛇、金钱龟、娃娃鱼等。

水资源　境内河流属赣江水系。最大的河流为桃江，其支流有濂江、渥江、洒江、太平江。桃江流经程龙镇、渡江镇、桃江乡和龙南镇，境内流程 60 千米，河面宽约 60～100 米，属常流河。可通机帆船达信丰县、赣州市（今章贡区）等地。全县水能理论蕴藏量 104139 千瓦，可开发量 33954 千瓦。平均理论水能密度 62.86 千瓦/平方千米。地下水资源为 62.75 万吨/日。地热资源已发现的有临塘乡汤湖村境内汤湖温泉、程龙镇八一九村境内的豆头温泉和夹湖乡花树村境内的花树温泉等 3 处温泉。

矿产资源　已探明的矿物有 40 多种，主要金属矿有稀土、钨、铁、钴、钛、铅、锌、银、铜等 20 多种，非金属矿有无烟煤、石灰石、大理石、高岭土、花岗岩、磷、钾、萤石等 16 种。其中，大型花岗岩风化壳离子吸附型富钇重稀土矿床，量大品优，在世界上素有声誉。

五、气象水文

属中亚热带季风湿润气候型。气候温暖，雨量充沛，光照充足，四季分明。年平均气温 18.9℃。1

月平均气温 8.3℃。7 月平均气温 27.7℃，极端最高气温 37.4℃，极端最低气温－5.7℃。年均无霜期 285 天，霜冻日数 13 天，降雪日数 2 天。年降雨量 1530 毫米。年均日照时数 1783.8 小时，日照百分率在 40%左右。春季时间一般从 3 月中旬开始，明显持续时间为 70 多天。特点是：冷暖多变，降雨量明显增加。夏季时间一般从 5 月中旬开始，直至 9 月中旬，气温升高，持续时间为 4 个月左右。特点是：前期多雨，后期干旱。秋季时间一般为 9—11 月，一般规律是：日暖夜凉，降雨量日趋减少。冬季时间一般为 11 月至次年 2 月下旬，会出现干旱、霜冻、降雪。主要特点为晴冷、干燥。

龙南县河流属赣江水系。是以暴雨、洪水为主要自然灾害的地区。每年 3—9 月为汛期、4—6 月为主汛期。主要河流有桃江、渥江、濂江、洒江、太平江。各河川径流量补给主要是降水，属雨水补给型。年平均降水量为 1475.40 毫米，比多年平均值少 82.50 毫米，最多为 1932.10 毫米（1992 年），最少为 938.50 毫米（1991 年）。除桃江干流外，全县集雨面积 10 平方千米以上的支流总长 76.45 千米。大小河流组成庞大的灌溉网，河网密度 38.42 千米 / 平方千米。年平均天然径流量 23.82 亿立方米，其中县内流域产水量为 15.41 亿立方米，县外流入的过境水量 8.41 亿立方米。水质为重碳酸型低矿化淡水，各主要河流水域水质物理性质良好。地下水可分松散岩类孔隙水、裂隙溶洞水和基岩裂隙水 3 种。主要温泉有临塘乡的汤湖温泉、程龙镇的豆头温泉、夹湖乡的花树温泉、桃江乡的杨梅坑温泉和东坑管委会的金莲温泉。水温最高的为汤湖温泉 62～74℃。

第二节　人口　人民生活

一、人口民族

1990 年，第四次全国人口普查，全县总户数 55721 户，总人口 263094 人，其中男 132438 人、女 130656 人。全县有汉族 262273 人、畲族 784 人、回族 8 人、苗族 4 人、壮族 5 人、满族 7 人、侗族 8 人、瑶族 2 人、土家族 3 人。2000 年，第五次全国人口普查，全县总户数 72903 户，总人口 294164 人，其中男 147955 人、女 146209 人，非农业人口 49175 人。有 11 个民族，以汉族为主，少数民族中有畲族人聚居。全县共有 137 姓，主要姓氏有赖姓、叶姓、廖姓、钟姓、张姓、李姓、蔡姓、刘姓、林姓、唐姓、徐姓等。

二、人民生活

1986 年，县内全民所有制单位职工年平均工资 1002 元，城镇集体所有制单位职工年平均工资 662 元，农民人均纯收入 333 元，城镇居民和全县农民年末储蓄存款余额为 1877.6 万元。2000 年，县内国有企业单位职工年平均工资 6797 万元，城镇集体企业单位职工年平均工资 5998 元，其他所有制企业单位职工年平均工资 4731 元，农民人均纯收入 2270 元。城乡居民储蓄余额 6.9 亿元。

第三节　经济状况

一、经济综合

1986 年，完成生产总值 1.76 亿元；工农业总产值 1.15 亿元，工业总产值 0.6 亿元，农业总产值 0.55 亿元；财政收入 970.7 万元。2000 年，全县完成生产总值 9.16 亿元；工农业总产值 9.89 亿元，工业总产值 6.52 元，农业总产值 3.37 亿元；全社会固定资产投资总额 1.07 亿元；新增生产性固定资产 6978 万元；社会消费品零售总额 3.04 亿元；财政收入 9602 万元。

二、农业

1986年，全县共有耕地10817万公顷（其中水田9145公顷、旱地1672公顷），人均耕地0.04公顷。全县粮食亩产251千克，总产659015吨；柑橘215.6吨；农业总产值5451万元。农业产业结构逐步调整，促进粮食增产和农民增收。2000年，全县农业总产值达3.37亿元，粮食亩产369千克，总产70583吨；果园4426.26公顷，其中柑橘3339公顷，总产3662吨；全县桑园面积达15公顷，年产鲜茧320.7吨，产值550万元，桑园面积、蚕种饲养量、鲜茧总产量均居全市首位。2000年，共引进投资农业开发的外地客商45个，引进新品种35个，建立订单农业基地99个，面积2533公顷，其中20公顷以上集中连片的订单蔬菜基地6个，辐射农户2.1万户。

三、工业

1986年，全县工业总产值6009万元，其中重工业4835万元，轻工业1174万元。全县工业企业税利总额达1870万元，其中国营工业实现税利1230万元，城乡集体工业实现税利640万元。百元产值利税率达31.42%，国营工业人平实现税利3275元，人均工业产值9005元。2000年，全县工业企业69个，其中国有工业企业20个、城镇集体工业企业41个、其他工业企业8个。工业总产值29112.1万元，按所有制分，国有工业11457.6万元、集体工业7957.1万元、其他工业9697.4万元；按重、轻工业分，重工业19534.8万元、轻工业9577.3万元。全年累计用电总量达6638.96万千瓦时，其中工业用电量3879.11万千瓦时，实现工业增加值2.24亿元，工业产品产销率达96.57%。

四、个私经济

1986年，全县商业零售机构1107个，从业人员3860人（其中个体商业户687户，从业人员1375人）。2000年，全县个体工商户、私营企业发展到7471户，从业人员2.63万人，注册资本3.23亿元，其中注册资本100万元以上的私营企业有51户，个体私营经济上缴税收3970万元，占地方财政收入的51%。

第四节　社会事业

一、交通邮电

1986年，县境内公路里程567.96千米，其中干线公路133.35千米，县乡公路235.79千米，乡村公路198.82千米。公路密度平均每百平方千米达69千米。有客车43辆，年客运量159194人次，年客运周转量7434881万人千米；有货车207辆，年货运量5.28万吨，年货运周转量1003.11万吨千米。15年间，公路交通发展较快。1989年，从北京至珠海的105国道建成通车，从北向南穿越龙南县境68.61千米，日车流量达8千辆次。至2000年年底，县境内有国道公路1条、省道公路3条、县乡公路71条，总里程658.06千米，93.8%的县乡公路建成水泥路，96.6%行政村通了公路。全县拥有客车144车辆、2290座位，年客运量260万人次，年客运周转量12100万人千米；货车351辆、1593吨位，年货运量429万吨，年货运周转量1.34亿万吨千米。龙南至赣州、南昌、珠海、深圳、汕头、广州、惠州、中山、东莞、河源、韶关、南雄等地均有往返始发班车。水运方面，1986年，全县有机动船13艘，479吨位。水运货运量4万吨，水运周转量727.64万吨千米。此后，航运体制改革，水运均为民营，有18户个体船运户，以机动木船为主，手动木船为辅，大多为龙南港至全南龙下的短途运输，年旅客运输量1.5万人次，年货运输量7万吨。

京九铁路从信丰县小江进入龙南县，至关西程岭青云山隧道出入定南县，穿越龙南县境内28.3千米，经过东坑管委会、里仁镇、关西镇，沿线有人口 2.6 万人。龙南境内京九线有桥梁 17 座、全长约 1 千米；有隧道 15 个，总长约 10 千米，其中雷公山隧道全长 3678 米，是京九线上第二长隧道。京九线在龙南设有龙南站、关西站 2 个车站，龙南站距龙南县城 10 千米，紧靠 105 国道。该站属客货站，设计日客流量 400 人，货运量 30 万吨，占地面积 23.4 公顷；关西站距关西镇政府 3 千米，属客站，设计日客流量 100 人，占地 10.8 公顷。京九铁路龙南段于 1992 年 11 月 20 日开始勘探设计，1993 年 4 月 1 日开工建设。1996 年 9 月 2 日，京九铁路全线竣工，首列客运火车（九江—深圳）经过龙南站。1999 年，京九铁路龙南段复线工程竣工，年底通车。

1987 年，全县设有 1 个邮电局、2 个支局、11 个邮电所。邮政线路 28 条，总长 1304 千米；全部行政村通邮。电话总机 21 部（其中长途 1 台、市话 5 台），单机 496 部（其中农话 303 部），电话线路 262 杆程千米；实际使用长途电话线 15 条，其中载波线路 11 条；通电话的村民委员会 2 个。有线电报电路 1 条，载波 1 条。邮电业务收入 421672 万元。1990 年，全县基本完成县城千门纵横制自动电话设备的安装调试。1991 年，县邮电局 HJ－04 型纵横制“长、市、农”三合一千门自动电话交换机正式开通。1992 年 12 月 9 日，该县正式开通无线寻呼业务。1995 年 9 月 16 日，开通手机电话移动通讯业务。1995—1996 年，该县 12 个程控电话交换点先后架通光缆 145.34 千米，全部实现传输数字化。1997 年，市话电缆增至 12800 对。2000 年，拥有 10 万门程控电话交换网络，安装电话 22495 部，另有移动电话 6387 部。

二、教育科技

1987 年，龙南县为赣州地区首先普及小学教育县、江西省首批普及小学教育县。1997 年，达到“实验教学普及县”国家验收标准。1999 年，达到“普及九年制义务教育”国家验收标准。2000 年，全县有完中 2 所，在校学生 4059 人；职业中专 1 所，学生 1037 人；农村初中 16 所，学生 11997 人；小学 192 所，学生 31268 人；幼儿园 230 所，幼儿 9618 人。有中小学教师 2826 人，其中中学高级教师 42 人、中学一级教师 199 人、中学二级教师 151 人、中学三级教师 71 人，小学高级教师 364 人、小学一级教师 869 人、小学二级教师 210 人。2000 年，被高等学校录取 315 人，录取率为 57.9%。驻县学校龙南师范，1997 年升格为正县级单位，招生范围由原来的龙南县、定南县、全南县、安远县、信丰县和寻乌县 6 县，扩展到与龙南相邻的广东省几个县，2000 年在校学生 1997 名。1986 年，县内具有中级职称的科技人员 32 人、农民技术员 171 人。2000 年年底，县内各类专业技术职称人员 3084 人，其中副高级职称 82 人、中级职称 773 人、初级职称 1921 人、农民技术员 308 人。有科技示范基地 108 个，有各类科技示范户、专业户 3627 户。实施科技计划累计 261 项，其中国家级科技计划 1 项、省级科技计划 13 项、市级科技计划 30 项、县级科技计划 213 项；累计引进推广科技成果 75 项。发挥经济效益和社会效益比较明显的科技项目主要有国家级“火炬科技计划”项目钇基重稀土硅铁镁合金研究与开发，省级“星火科技计划”项目稀土原地浸矿新工艺技术和袋装香菇开发新技术等，地区（市）级“星火科技计划”项目有吨粮田开发和低产竹林改造等。

三、文化艺术

1987 年，在全国首届“农村科技电影汇映月”中，杨村、南亨电影院（队）获得中央六部委表彰、奖励。1997 年，里仁乡文化站、渡江乡文化站被评为江西省“百强文化站”。1997 年 1 月 15 日，县文化馆遭火灾烧毁；当年 8 月 1 日，投资 200 万元的县文化大厦在文化馆旧址破土动工，翌年建成使用。1998 年，成立“龙吟诗社”，有社员近百人。县文学艺术界联合会于 1987 年成立，下辖文学、美术、书法、摄影、戏剧、音乐舞蹈、民间文学 7 个协会，有会员 290 人。1987—2000 年，全县业余作者在省级以上报刊、电台、电视台发表文艺作品 100 余篇。

四、卫生体育

1986年，县城有县人民医院、中医院、防疫站、医药公司、商业系统职工卫生所、镇医院等卫生单位，各乡（镇、场）有卫生院，村级设有医疗所或个体行医的医疗站，卫生机构43个，其中医院门诊部（所）19个；卫生技术人员558人，平均每千人口的卫生技术人员数由1953年的0.35人上升为2.2人；设有病床333张，平均每千人口的病床数由1953年的0.24张上升为1.34张；卫生系统的建筑面积由1953年的2100平方米上升为25104平方米；县人民医院危重病人抢救成功率达88.29%。

2000年，县卫生局辖有6个县属医疗卫生单位，即县人民医院、中医院、卫生防疫站、妇幼保健站、药品检验所、皮肤病性病防治所；15个乡（镇、场）有卫生院，其中中心卫生院3个；15个卫生法规监督站。全系统在职人员614人，其中卫生技术人员503人，占职工总数81.92%；获副高级职称15人、中级职称113人，初级职称375人；有大专以上学历者102人，中专（高中）学历者183人。全县医疗单位有病床357张，其中县城275张、农村82张。有乡村卫生所145所，乡村卫生员306人，个体医生39人。

1991年，省人民政府授予龙南县“体育先进县”称号。全县有中小学体育教师60余名；有篮球、排球、田径等裁判员40多名。1993年，成立龙南县体育总会，先后成立老年人体育协会、钓鱼协会、围棋协会、乒乓球协会、象棋协会、足球协会和篮球协会等单项体育协会；同时，建立基层老年人体育网络。体育设施逐渐完善，拥有占地3.33公顷的中心运动场。1999年，县人民政府荣获全省全民健身运动会“最佳组织奖”、县体育运动委员会荣获“优秀组织奖”。县老年人体育协会多次被评为全省先进单位。

五、广播电视

1986年，有县、乡（镇、场）广播站18个、广播喇叭7120个。1991年，增开无线调频广播。1992年，无线调频广播由上年300只增至3500只。1995年4月，经江西省广播电视厅批准，龙南县广播站改名为龙南人民广播电台。2000年，县台及乡（镇、场）广播站共18个，广播喇叭10600个。1991年建立有线电视站，有线电视用户1700多户；1992年发展至2500多户。1999年，实施“村村通广播电视”工程。至2000年年底，全县建乡（镇）广播电视站17座、村有线电视站63个，全县覆盖率达100%。全县有线电视用户28600户，其中县城8100户、农村20500户。1999年，龙南县广播电视局荣获江西省县（市）广播电视事业建设先进单位。

第十章 全南县

全南县素有“江西南大门”之称。这里民风淳朴、客家习俗犹存。境内满目苍翠，碧水长流，空气清新，环境优美。全南县是全省重点林业县，省级生态示范县，江南生态新城。全南“高山”牌蔬菜享誉粤港市场。

	1986年	2000年
总人口（万人）	16.52	17.97
总面积（万公顷）	15.06	15.06
生产总值(亿元)	1.03	8.27
财政收入（亿元）	0.08	0.62
城乡居民储蓄存款余额（亿元）	0.21	4.32

图 39－10－1　1986 年和 2000 年全南县主要指标比较情况

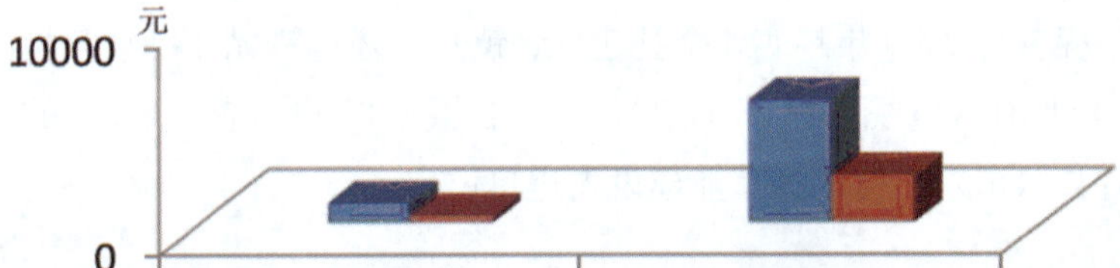

	1986年	2000年
在岗职工平均工资	980.00	5932.00
农民人均纯收入	371.76	2303.00

图 39－10－2　1986 年和 2000 年全南县主要人均收入指标

第一节 地理环境

一、位置面积

全南县位于赣州最南端，地处北纬 24°34′～25°8′，东经 114°10′～114°52′。东界龙南，南靠广东省连平县、翁源县，西接广东省始兴县，北连广东省南雄县，北东毗邻信丰县。东西长 77.9 千米，南北宽 49.9 千米，总面积 1505.66 平方千米。县人民政府驻城厢镇，距赣州市中心城区 191 千米，距广州市

273 千米。

二、建置沿革

秦始皇三十三年（214）置南壄县，全南属之。三国吴嘉禾五年（236），分庐陵郡置庐陵南部都尉，析南野地置南安县，全南属之。晋太康元年（280），改南安县为南康县，全南属之。唐永淳元年（682），分南康县东南地置南安县。唐天宝元年（742），改南安县为信丰县，并在县南部地置虔南镇（今龙南县及全南南片），为全南建置之始。全南属信丰县地。后梁贞明四年（918），改虔南镇为虔南场。南唐保大十一年（953），以虔南场置龙南县，至此，全南南片属龙南县，北片属信丰县。清光绪二十九年（1903），析龙南、信丰县地置虔南厅，隶赣州府，为全南建县级政权之始。民国 2 年（1913），统一全国县制，改虔南厅为虔南县。因地处虔州之南而名虔南，为赣南最年轻的县。1957 年，虔南县改名为全南县。

三、行政区划

1986 年，全南县设城厢、大吉山 2 个镇，金龙、木金、小慕、中寨、南迳、乌桕坝、大庄、寨下、龙源坝、竹山、陂头、社迳、上江、龙下等 14 个乡，112 个村民委员会，11 个居民委员会，1146 个村民小组。

2000 年，设城厢、金龙、大吉山、南迳、陂头 5 个镇，木金、小慕、中寨、大庄、乌柏坝、寨下、龙源坝、竹山、社迳、上江、龙下等 11 个乡，有 108 个村委会，9 个居委会，1159 个村民小组。

四、自然资源

土地资源 全南县地势西南高、东北低，中部山地崛起，把县境分成南北两片。县内山地面积占总面积的 44.14%，丘陵占总面积的 38.22%，平原及水域面积占 17.64%。2000 年，全南县有耕地面积 1.08 万公顷。

森林资源 林业用地面积 13.33 公顷，森林面积 11.93 公顷，活立木蓄积量 509.42 立方米，森林覆盖率为 80.1%。林木种类有 111 科 682 种，保存有樟、楠、檫、稠、竹柏、黄檀等珍稀树种 20 余种。林木中以阔叶类树居多，其次为松杉、元竹等。

动植物资源 野生动物资源较丰富，有山鹿、野猪、刺猬、黄麂、苏门羚、穿山甲、松鼠、老鹰、猴面鹰、鹇、龙头鱼、大鲵、眼镜蛇及青蛙、蝴蝶等数百种。有野生油料植物、茶果、药用植物数百种。

水资源 境内水资源充足，水能理论蕴藏量 3.6 万千瓦，可开发 2.5 万千瓦，至 2000 年年底已开发 1.5 万千瓦。还有南迳热水、茅山新桥温泉、金龙乌泥坑金龟墩 3 处地下矿泉，水温 22℃～65℃。

矿产资源 境内矿产资源丰富，除放射性金属铀外，有钨、锡、锰、锆、稀土、煤、石灰石、瓷土等 20 余种，尤以大吉山钨矿储量大、品位高、质地优驰名中外。瓷土储量较大。

五、气象水文

全南县属中亚热带季风型气候。境内气候温和，四季分明，无霜期长，夏无酷热，冬少严寒，雨量充沛，日照偏少。年平均气温 18.6℃，极端最高气温 38.6℃，极端最低气温－7.9℃，平均日照时数 1690 小时，年均降雨量 1695 毫米，无霜期 287 天。县内风向随季节变化，全年最多为西南偏南风。1986—2000 年，县域气候变化趋温和，强对流天气和洪涝、干旱及温度危害的频率减少，灾害程度减弱，个别或局部灾害气候时有发生。由于地形分布，全县构成桃江、黄田江两条水系，有大小河流 142 条，流域总面积 1650.15 平方千米。桃江为县内主要干流，属桃江水系上游河段。桃江发源于赣粤交界的饭池嶂东麓，自西向东流经茅山、大庄、乌柏坝、南迳、城厢、金龙等乡（镇）绕经龙南折回县北龙下乡，在上江汇合黄田江水流经信丰、赣县注入贡水。黄田江是县内一级支流，发源于雪峰山北麓，自西向东流经寨下上窖村，进入广东下窖村折回县境，再经龙源坝、竹山、陂头、社迳，在上江口注入桃江。

第二节　人口　人民生活

一、人口民族

1986 年，全南县总人口 165194 人，其中女 81189 人，非农业人口 40298 人；2000 年，总人口 179660 人，其中女 87885 人，非农业人口 47420 人。1986—2000 年，累计增加 14466 人，平均每年增加 1033 人。

全南县居民中有汉族、瑶族、畲族、蒙古族、回族、苗族、壮族、满族、黎族、彝族、侗族、毛南族、土家族、仫佬族等 14 个民族，其中汉族占全县总人口的 99.4%，畲族占 0.25%，瑶族占 0.21%，有全省唯一的瑶族聚居地 2 处，竹山乡有 1 个瑶族行政村，龙源坝乡有 1 个瑶族村民小组。

全南县居民共有 197 个姓，人数最多的姓是李姓、钟姓、黄姓、陈姓、谭姓、曾姓、刘姓，其次为缪姓、袁姓、郭姓、谌姓、何姓、温姓、曹姓、邱姓，其中李姓、钟姓、黄姓、陈姓四姓人数都在 1 万人以上。境内少数民族畲族为蓝姓，瑶族有王姓、赵姓、邓姓、邵姓。

二、人民生活

1986 年，农民人均纯收入为 371.76 元，农村储蓄存款总额 414.8 万元，在岗职工平均工资 980 元，城镇居民储蓄存款额 1644 万元。2000 年，农民人均纯收入为 2303 元，比 1986 年增长 5.19 倍；农村储蓄存款 1118 万元，比 1986 年增长 1.7 倍；在岗职工平均工资 5932 元，比 1986 年增长 5.05 倍。彩电、冰箱、空调、摩托车、手机及住宅电视普及城乡普通百姓家庭。

第三节　经济状况

一、经济综合

1986 年，全县生产总值 10273 万元，其中第一产业 4182 万元、第二产业 4769 万元、第三产业 1322 万元。2000 年，实现生产总值 82704 万元，比 1986 年增长 7.05 倍，第一产业 31057 万元、第二产业 26272 万元、第三产业 25375 万元，分别比 1986 年增长 6.43 倍、5.51 倍和 18.19 倍。

二、农业

全南县是传统农业县，以往长期片面强调“以粮为纲”，忽视多种经营，种植结构单一，农业产值一直在低位徘徊，农民收入难以提高。1985 年，中共中央、国务院发出《关于进一步活跃农村经济的十项政策》，有效推动农村经济新一轮的改革发展。1986—2000 年，全南在巩固粮食生产的基础上，积极引导农村进行产业结构调整，尤其是 20 世纪 90 年代之后，充分利用当地气候及区位优势，大力发展见效快、收益好的商品蔬菜、蚕桑、瓜果、山羊等种养产业。同时，通过实施国家粮食自给工程项目，不断改善农业生产条件，推广新品种、新技术，促进农业持续发展。1998 年，全县商品蔬菜面积达 4093 公顷，产值超亿元，农民人均从中增收 425 元。当年，全南县被地委、行署授予农业产业化先进县，农业产业化结构调整、农产品流通全地区第一名。2000 年，全县蔬菜面积达 5866 公顷，实现产值 1.32 亿元。自 1998 年，商品蔬菜产值连续三年超本级粮食产值。全南高山蔬菜也被国家工商总局批准注册“高山牌”。蚕桑是全南县的又一大产业，自 1984 年引入种桑养蚕后，规模迅速扩大，1989 年被省政府列入第一期蚕桑工程重点县。1992年全县桑园面积达1169公顷，创历史最高水平，后至1996年均保持在660公顷以上。1997年之后，因茧丝市场疲软，蚕桑生产步入低谷，2000年全县桑园仅存340公顷。全南西瓜以皮薄、味甜、汁多颇受广州市场消费者青睐。1992—1993年，县委、县政府连续举办两届“西瓜节”，提高全南的知名度，西瓜种植范围也主要从北线扩到中南线，西瓜也成为全南运至广东的大宗农特产品。1996年开始，县号召农户和机关大办果园，种植脐橙、椪柑，2000年，全县果园面积达3266公顷，果业成为农村的又一项支柱产业。1995年，全南县决定充分利用县域草场资源，大力发展山羊养殖，先后从江西萍乡、崇义等地购进优质种养1320头，分散在中南部农户养殖，2000年繁殖至10999头，成为农民增收的另一条途径。2000年，全县农业实现总产值44367万元，农民人均纯收入2303元。

三、工业

1986年，全县有采矿、冶炼、机械、建材、化工、稀土、造船、五金、陶瓷、造纸、印刷、食品、纺织、缫丝、藤木加工及粮油、豆制品加工等工业企业60个，其中国营16个、县属集体工业企业20个、乡镇企业22个、其他2个，实现工业产值4269.5万元。20世纪80年代末至90年代前期，县经贸委陆续新办钨制品厂、矿泉水厂；县二轻局新办胶合板厂、防火刨花板厂、隆顺人造板制品有限公司、孔雀竹制品有限公司、华宝建材有限公司；县乡镇企业管理局新办缫丝厂、丝绸厂、制丝二厂。1988年，全县创办稀土矿企业15个（县办1个、省属企业办1个、乡办7个、村办6个）。1990年，为发展壮大稀土生产，县政府将原集体预算外企业县稀土矿、稀土冶炼厂转为国营预算外企业。1990年之后，多数企业亏损。为扭转被动局面，县经贸委对下属国有企业实行经营者经济利益与责任目标挂钩的考核制度。1993年，由于稀土产品滞销跌价，稀土企业停产。1994年实行经济责任制后，县国营工业企业完成工业产值4501万元，比上年增长6.8%，实现税利477.7万元，亏损面减少71%。1996年，因市场疲软、资金紧张，工业产品原煤、钨砂、水泥等大量积压，大部分企业无法正常生产，县造纸厂也按照国务院有关环保规定而关停。1997年下半年开始，县加快国有企业改制力度，实行股份合作、股份制、租赁承包、产权转让等。2000年末，全系统15家企业完成转制，实现工业总产值12585.6万元，上缴税金233万元，实现利润62.2万元，在岗员工平均工资3025元。

县集体工业中，二轻工业企业面对日趋竞争激烈的市场，1992—2000年，先后有黎木竹藤器厂、五金厂、服装厂等多家企业依法通过破产、资产兼并重组等形式退出市场，对县胶合板厂、防火刨花板厂、隆顺人造板制品有限公司等重点企业实行租赁经营。2000年4月，通过招商引资引进广东番禺百得火机实业有限公司到县投资建厂，租赁华宝铝型厂闲置厂房生产取得较好经济效益，当年实现产值4066万元，提供税收113.5万元。乡镇集体工业中，多为小木竹加工厂、砖瓦厂、蜜饯厂、陶瓷厂等，规模小、资金少、工艺水平和科技含量低，均转为个体经营。县乡镇企业管理局直属的缫丝厂、木竹工艺厂、丝绸厂、制丝二厂等企业，县缫丝厂曾被列为省三大重点缫丝企业之一，生产的“梅花”牌白厂丝1995年被广东商检局认定为出口免检商品。1995年之后，由于受蚕丝绸行情下滑影响，原料不足，加之经营管理方面出现问题，相关企业先后关停租赁。1997年之后，全县企业改革不断深化。至2000年，全县163家国有、集体企业已转制141家，转制面达86.5%。转制后企业普遍产销两旺，工业生产持续平稳增长。当年，全县规模以上工业企业完成工业总产值25548.7万元。比上年同期增长39.5%，其中县属企业19316.2万元，增长35.5%。

四、个私经济

1986年，全南县有城乡个体工商户1086户、从业1473人，自有资金199.3万元，总产值808.2万元，主要从事采掘、制造、修理及交通运输、商贸服务等。1994年，为加快全县个体私营经济的发展，县委、县政府在全县三级干部会上对有突出贡献的个体私营业主给予表彰，各乡（镇）还签订发展个体私营经济目标管理责任状，列入年度目标管理考评。县工商局下属分局（所、站）长也签订年度个体私营经济发展目标管理责任状。到年底，超额完成地区工商局和县委、县政府制定的新增500户任务。1996年，是全县个私经济发展的又一个高峰年，个私户、从业人员、注册资金分别比上年增长18%、29.6%和38.2%。出现2家注册资金50万元以上的私营企业，使个私企业上规模、上档次，打破个私经济长期“小打小闹”局面。1998年，县委、县政府出台《关于掀起个体私营经济新一轮大发展的决定》，把个体私营经济的发展列入各乡（镇、场）主要工作目标，县级领导班子成员与重点私营企业挂钩扶持，促使其上规模、上水平、增效率，并将收费监督卡发放到全体私营企业，以保护其合法权益。是年，出现年纳税超过100万元的1家，超过50万元的2家。2000年，按照省政府《关于进一步加快全省个体私营经济发展的决定》和赣州市工商局《关于积极引导、扶持个体经济发展与强化监管工作的意见》，狠抓贯彻落实，促进健康发展。全县有个体工商户4387户，私营企业93家，从业人员10438人，注册资金5306万元。个体私营经济实现社会总产值2.4亿万元，销售总额3亿元，税收1400万元。

第四节　社会事业

一、交通邮电

1986年，全南县境内的289.76千米省、县、乡道路中，多数是早期建设的砂石公路，弯多坡陡，路面狭小，通行能力较差。1991年，把“以路兴县”作为发展县域经济的战略重点来抓。1995年10月开始，动工修建京珠赣粤高速公路连接线全南段45千米二级公路，总投资9000余万元，于1999年9月竣工通车。之后，省际出口公路陂头镇上屋场至排楼下3.4万千米、县城至吊栏寨一期9.6千米二级公路、县城至木金乡等一批公路也相继建成通车。2000年，全县公路通车总里程342.82千米，其中省道82.75千米、县道169.58千米、乡道90.49千米，交通状况明显改善。年末全县有机动车770辆，其中营运汽车217辆，有跨省线路11条23班次，跨县线路2条23班次。每月均有至广州、深圳、东莞、珠海、兴宁、韶关、始兴、翁源、赣州中心城区、龙南及县内各乡（镇）客班车，往返十分便捷。

1986年，全南县城区只有磁式人工电话交换机500门，乡（镇）自办总机、长途电话只有10多条。1989—2000年，邮电通信事业进入快速发展时期。1991年7月，开通县城1000门纵横制机电式自动电话。1992年年底，县城开通无线寻呼系统，同时又与赣州地区邮电局联合建设5400门程控电话和480路微波传移支线，于1994年11月20日建成投入使用，出县长途电话电路增长30倍。陆续开通各乡（镇）小程控电话，架设县城至大吉山、茅山、上江、龙下的光缆线路130多千米，全县四通八达的通信网络基本建成。1995年年底，县城移动电话基站建成，顺利开通第一代移动电话。1998年12月，开通第二代数字化移动电话，中心乡（镇）基站也陆续建成开通，县局还开通数字、汉字兼容无线寻呼系统机分组数据交换网，5400门程控电话开通后，电话用户猛增。1998年11月，再次扩容5000门。住宅电话、BP机、移动电话用户在城乡逐步普及。1998年9月，邮电正式分营。邮政除办好传统业务函件、包裹、汇总、报刊发行外，重点经营邮政储蓄、特快专递业务，并陆续开办邮政礼仪、邮购、直递、代办保险、代收费等新业务。电信新开办互联网上网、无线寻呼、查询天气、报时、音乐等特服业务。1998年6月，县移动通信公司成立。1999年12月，中国联通分公司全南经营部开业。

二、教育科技

1986—2000 年，全南县教育事业有长足的发展，教学设施、普及程度、教学质量、师资队伍等均有稳步提高。1995 年，“实验教学普及县”通过省教育委员会的考核。1996 年，“两基”工作通过省人民政府的评估验收，1998 年顺利通过地区复查。15 年间，全县共投入资金 2720 万元，兴建教学楼 8.5 万平方米，改造学校危房 7.8 万平方米；投资 2496 万元，兴建教职工住宅 150 套，计 1.65 万平方米；投资 742.5 万元，为学校购置电脑等电教仪器设备；投资 28.4 万元，为各中小学添置图书资料 29 万册。至 2000 年，全县中小学校舍立体工程基本实现砖木或砖混化。教学质量稳步提高，高考、中考录取率逐年上升。1995 年，初中学生参加全国化学、物理知识竞赛分别获得一、二、三等奖。2000 年，全南县有科学技术学会 6 个，乡（镇）科普协会 18 个，有专业技术人员 2332 人，其中高级职称 42 人、中级 673 人、初级 1617 人。1986—2000 年，全南县大力推行“科技兴县”战略，每年都有针对性地开展一系列科技推广活动，并注重发挥民间科技组织在市场经济中的作用。1986—2000 年，全南县列入国家、省、市科技项目 65 个，获市、县表彰科研成果 41 个。1991 年，金龙镇被评为全省重点科技示范乡（镇），陂头镇农民何五秀因科学种桑养蚕成绩突出，被评为全国青年星火带头人。

三、文化艺术

2000 年，全南县有采茶剧团 1 个，放映单位 15 个，影剧院（礼堂）9 座，图书馆、文化馆各 1 个，少儿业余艺术团 1 个。乡（镇）文化站 10 个，卡拉 OK 厅、歌舞厅遍及城乡。1986—2000 年，县文化艺术工作立足基层，面向农村，丰富和活跃城乡人民的业余文化生活。仅 2000 年，县采茶剧团共演出 206 场，其中农村 144 场，观众达 16.5 万人次。县乡放映电影 5432 场，观众达 194 万人次。县图书馆坚持每年数次为消防、武警官兵免费送书上门。1986—2000 年，全南县的文艺创作，戏曲表演、美术、书法、摄影作品等荣获国家部委、省、市各种奖项及参展 30 多次。1999 年，县采茶剧团编排的瑶族舞蹈《花棍舞》代表江西省赴拉萨参加全国第六届少数民族传统体育运动会开幕式，并获表演三等奖。由谭石生创作的小型采茶戏《豆腐哥、豆腐嫂》获江西省第五届“玉茗花”戏剧节剧目二等奖，并在全国部分省、市农村题材小戏调演中获文化部专家的好评。

四、卫生体育

1986—2000 年，全县医疗卫生系统推行一系列改革措施，基础设施建设和医疗条件有较大改善。各医疗单位实行全员聘任制，工资收入与工作业绩、质量挂钩，拉开分配档次。部分医疗机构还试行以入股方式进行产权制度改善。其间，采取多种形式集资，对基础设施、职工住房、医疗设备进行扩建、改造、更新。累计投入资金 1058 万元，兴建县医院、中医院等县直单位及乡（镇）中心卫生院门诊、综合大楼 10965 平方米，兴建职工住宅 8971 平方米；筹资 143 万元，改造乡（镇）卫生院危房 4120 平方米；投资 194.41 万元购置美国 PK1200“专家”型全身 CT、体外振波碎石机、彩色经颅多普勒血流仪、红外线乳腺诊断仪、B 超仪等一批医疗新设备。1997 年，县人民医院经江西省卫生厅评定为国家二级甲等医院。逐步试行乡村卫生组织一体化，有计划进行农村改水改厕工作，城乡居民的健康水平得到提高。2000 年，全南县有医疗卫生机构 26 个，其中医院 6 所、卫生院 15 所，有床位 556 张。有卫生技术人员 507 人，其中高级职称 6 人、中级职称 83 人。1986—2000 年，全县举办各种运动会 180 次，参赛运动员达 22800 人次。老年体育十分活跃。2000 年，县体协会员有 358 人。1998 年，全南县老年门球队在全地区门球比赛中获第一名；同年，代表地区参加在广东韶关的“三省五市”老年门球赛又获金牌。1986—2000 年，县业余体校累计向省、市（地区）体校输送 7 名优秀学员。各中小学校参加省、市（地区）青少年运动会、中学生运动会和全民运动会获金牌 25 枚、银牌 12 枚、铜牌

17 枚。1986 年 3 月，女运动员廖丽英在全国春季竞走比赛（吉安赛区）10000 米项目中获金牌。2000 年，县城有体育中心 1 个，面积 42624 平方米，内设 400 米标准田径场、足球场、灯光球场、游泳场各 1 个。全县共有篮球场 147 个、排球场 20 个、足球场 2 个，有 200 至 400 米跑道田径场 5 个、门球场 3 个、乒乓球桌 50 张。

五、广播电视

1989 年以前，全县仅有 1 台功率为 30 瓦的调频广播发射机，信号也只能覆盖县城及附近乡（镇）。1994 年，县广播站通过 854 台中波发射广播节目，实现有线、调频、无线同时传转。1996 年 11 月，改装 300 瓦调频发射机后，信号覆盖全县所有乡（镇）。1997 年 1 月，县广播站升格县广播电台。2000 年，县广播电台有《经济大观园》《芳草园》《天龙山之声》等 13 个自办节目，每天播音 3 次共 9 小时。1990 年，全县有电视差转台 60 座，总功率 307 瓦，有卫星地面接收站 10 座，有各种电视机 1.5 万台、电视人口覆盖率达 90%以上，电视人口覆盖率和电视机人均拥有量 2 项指标居全省、全地区前列。1991 年，开始筹建有线电视台。1992 年，县城开通 7 套电视节目和一套自办录像节目。2000 年，全县有地面卫星接收站 127 个，其中县级站 1 个、乡级站 17 个、村级站 55 个、村小组站 54 个，全县所有乡镇和行政村均开通广播电视。全县有线电视用户达 2.54 万户，入户率达 50%，居全省入户率前列。"村村通"工程分别于 2000 年 5 月、10 月顺利通过市级检查验收和省级免检验收。广播电视系统光缆传输网改造工程 2000 年在建设之中。

第十一章 定南县

定南县是"中国蜜梨之乡"，是全国生猪养殖大县。县内以稀土和钨为重点的矿产资源分布广、品种多、储量大、质量优。胜仙面、云台山毛尖茶、客家酸菜王、豆叶干、客家酸酒鸭等客家名品享誉海内外。定南客家文化、堪舆文化、神仙文化、岭南文化交相辉映，自然景观、生态景观、人文景观相得益彰，是赣粤边际旅游休闲目的地。

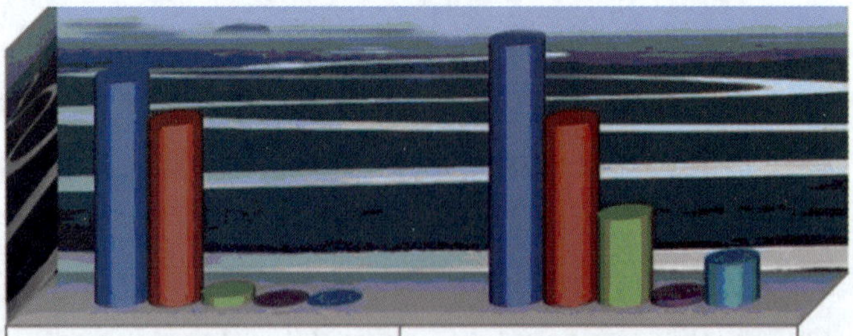

	1986年	2000年
总人口（万人）	16.28	18.98
总面积（万公顷）	13.19	13.19
生产总值(亿元)	0.72	6.30
财政收入（亿元）	0.06	0.53
城乡居民储蓄存款余额（亿元）	0.07	3.05

图 39－11－1 1986 年和 2000 年定南县主要指标比较情况

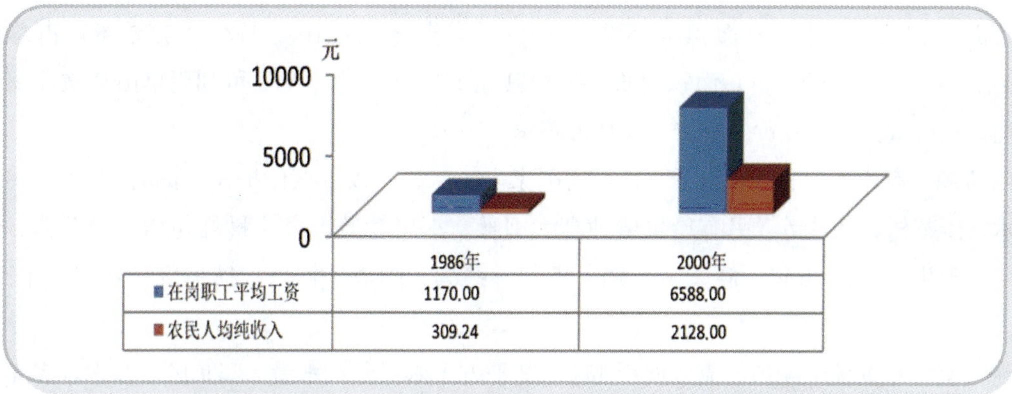

图 39－11－2 1986 年和 2000 年定南县主要人均收入指标

第一节 地理环境

一、位置面积

定南县地处北纬 24°32′～25°05′，东经 114°46′～115°23′，位于京九铁路江西境内最南段，是江西南大门，1997 年被国家命名为“中国蜜梨之乡”。东邻安远县、寻乌县，南接广东省河源，西连龙南县，北靠信丰县。总面积 1318.72 平方千米，约合 13.19 万公顷，其中耕地 0.86 万公顷、林地 10.56 万公顷、其他 1.77 公顷。县人民政府驻历市镇，北距赣州市中心城区 150 千米。

二、建置沿革

汉高祖六年（前 201），定南分属豫章郡之南壄、雩都两县地。三国吴嘉禾五年（236），定南分属南部都尉之雩都、南安两县地。南梁大同十年（544）定南分属南康郡之南康、安远两县地。隋开皇九年（589），改南康郡为虔州，并安远入雩都，定南复为南康、雩都两县地。唐永淳元年（682），南康县分置南安县，定南分属南安、雩都两县地；唐天宝元年（742），南安改称信丰县；贞元四年（788），雩都县复分置安远县，定南分属信丰、安远两县地。南唐保大十一年（953），以信丰县之虔南场置龙南县，定南分属信丰、安远、龙南三县地。明隆庆三年（1569），析信丰、龙南、安远三县部分地设立定南县，隶赣州府，为定南建县之始。因其地处江西最南端，扼赣、粤咽喉，“岭表之所谓长治久安实赖其地”，故名定南。清乾隆三十八年（1773），定南改县为厅，为赣州分防府定南厅。民国 2 年（1913），统一全国县制，废厅复县，相沿至今。1949 年 8 月 22 日解放。县人民政府驻历市镇。

三、行政区划

1986 年，全县设有历市、岿美山 2 个镇，下历、老城、三亨、天花、九曲、龙塘、鹅公、镇田、柱石、车步、月子、龙头、迳脑 13 个乡，150 个村委会。1987 年，村委会增至 151 个。1989 年，撤并下历和三亨 2 个乡后，全县乡（镇）数减至 13 个。1993 年，老城、月子、天花撤乡设镇。1995 年，龙塘撤乡设镇，县城设立城东、城南、城西、城北 4 个居委会。1998 年，分别在老城、岿美山、龙塘、天花 4 个镇增设 4 个居委会。1999 年，设立城区街道办事处。至 2000 年年底，全县辖历市、岿美山、老城、天花、龙塘、月子 6 个镇，九曲、鹅公、镇田、柱石、车步、龙头、迳脑 7 个乡，城区街道办事处 1 个，151 个村委会，5 个居委会。

四、自然资源

土地资源 2000年，土地总面积1318.72平方千米，其中山地丘陵1123平方千米，占总面积的85.16%；耕地85.01平方千米，总面积的6.45%；其他110.71平方千米。可利用草山草坡面积达5.33万公顷，理论载畜量为3.5万黄牛单位。森林覆盖率67.84%。

动植物资源 有木本植物114科569种，属国家一、二、三级重点保护树种的有18种，主要有水杉、观光木、野茶树、杜仲等。另有珍贵树种高大闽楠、深山含笑、壳斗科红勾栲、丝栗栲、小叶辛树、喜树等。野生动物有豪猪、麂子、水獭、猫豹、鹧鸪、画眉、竹鸡、猫头鹰、鹌鹑、禾燕、鳖、穿山甲等。

水资源 有大小河流244条，流域面积1318.72平方千米，年产水量22.79亿立方米，多年平均水能理论蕴藏量9.67万千瓦，可供开发量3.86万千瓦。2000年，建成水电站13个，装机容量1.68万千瓦，占可开发量的44%。县境内地下水资源比较丰富，占水资源总量的1/3。

矿产资源 金属矿产主要有钨、稀土、钛铁、铅锌、方铅矿、镍铬矿等。其中，岿美山钨砂优质闻名于世，蕴藏黑钨矿1000万吨、白钨矿170万吨。非金属矿产主要有石墨矿、石灰石、基性辉长石、玄武岩、石棉矿、钾长石、瓷土、萤石矿等。

五、气象水文

定南县地处中亚热带季风湿润气候华南气候区，以丘陵和中低山地形为主，土地肥沃，光照雨水充足，冬夏寒暑差距不大，年平均气温19℃，极端最高气温37.9℃、最低气温－4.1℃，无霜期近300天。年平均降雨量1562.9毫米，年平均风速1.9米/秒。

县内两大水系中，赣江水系未建立水文站，无实测水文资料。东江水系在九曲河上游的胜前建有水文站，集雨面积684平方千米。年平均径流量每秒22.8立方米，平均水位221.13米。

第二节 人口 人民生活

一、人口民族

1986年，全县总人口162753人，15132户。2000年，全县总人口189841人，50149户。至2000年，净增29235人，20495户，年均增加1949人，1366户。据第五次人口普查统计结果，全县有畲族、蒙古族、苗族、回族、壮族、满族、藏族、彝族、维吾尔族、土族、朝鲜族、布依族、侗族、瑶族等少数民族人口222人。县内聚居地主要姓氏有黄姓、谢姓、赖姓、李姓、钟姓等67姓。

二、人民生活

2000年，县内农民人均纯收入2128元，是1986年309.24元的6.88倍；在岗职工平均工资6588元，是1986年1170元的5.63倍。收入的增加以及国家扩大内需政策的出台，刺激了消费。2000年，全县社会消费品零售总额2.19亿元，人均1156元，是1985年人均176.02元的6.6倍；消费方式由生存型转向发展型，吃穿用明显变化，结构优化，恩格尔系数逐年下降。消费层次较高的住房、医保、教育娱乐、交通通信、旅游及服务项目支出迅速提高。电视普及率达80%，大型家具、摩托、冰箱、空调、洗衣机等高档耐用消费品已进入普通家庭。城镇居民住房配套，装修豪华；农民人均住房面积达18平方米，其中砖混结构住房面积达25%。城乡居民人均储蓄存款1604元，是1985年的6.4倍。以开发式扶贫以及政府和社会共献爱心的救助方式，加快贫困人口的减少。

第三节 经济状况

一、经济综合

全县生产总值由1985年的7057万元，增加到2000年62999万元（一产25550万元、二产14408万元，三产23041万元），年均递增15.7%，第三产业值增长迅速。工农业总产值由1985年的9089万元，增加到2000年81257万元（工业42984万元、农业38273万元），年均递增15.7%。县级财政收入由1985年的475万元，增加到2000年5313万元，年均递增17.5%。固定资产投资由1985年的319万元，增加到2000年12600万元（其中非国有投资3602万元），年均递增27.8%。

二、农业

至2000年，全县种植水稻13121.73公顷，亩产313千克，总产量61579吨。果园面积为6303.47公顷，是1986年184.2公顷的34.22倍；水果产量12424吨，是1986年564.1吨的22.02倍；全县蔬菜种植面积为3845.93公顷，是1986年934.33公顷的4.12倍。1997年8月，定南县被中国特产之乡推荐暨宣传活动组织委员会授予“中国蜜梨之乡”称号。2000年，全县蜜梨种植面积达3246.67公顷，产量3000吨，分别是1986年的446.8倍和29.5倍。畜牧业、渔业迅速发展，改变在农业总产值中比例很小的状况。2000年，牧业产值为16258万元，是1986年1217万元的13.36倍，牧业产值在农业总产值中的比例也由1986年的22%上升到2000年的42.5%；渔业产值为3949万元，是1986年148万元的26.68倍，渔业产值在农业总产值中的比例由1986年的2.7%上升到2000年的10.3%。

三、工业

工业经济随着改革力度的不断加大，克服“产品滞销”“市场疲软”“经济转型”的阵痛，通过调整产业结构和产品结构，使工业布局日趋合理，运行态势逐渐好转，全县工业总体上保持稳定增长的态势。1986年，全县共有15户工业企业，累计实现工业总产值2451万元。到2000年，经过产权制度改革和结构调整，工业经济运行质量和效益明显提高，列入重点调度的12户限额工业企业发挥生力军的作用，累计实现工业总产值12593万元。

招商引资工作从1991年起实现零的突破，至2000年年底，县内共有外资企业5家，内联企业80家，15年实际利用外资4026万美元，外资企业出口总额1496万美元。

四、个私经济

1986年，全县私营、个体工业以竹木、铁器、针织、成衣、建材、食品等加工居多，且多属家庭作坊、小门店形式。全县有个体工商户、私营企业1510户，从业人员1895人，注册资金1992万元。随着国有、集体工业企业改革的不断深入，县政府相继出台扶持、鼓励私营、个体经济发展的优惠政策，在经营范围、方式、从业人员、注册资金等方面予以放宽，私营、个体工业企业门类、品类、规模等随着增多或扩大。1994年，个人投资兴建野生植物综合加工厂。1995年，企业转制，矿山机械制造、砖瓦烧制等原集体工业企业成为私有企业。此外，矿产品加工、农副产品加工、家私、餐饮、住宿等私营或个体企业（厂）兴起。

至2000年，定南县私营、个体工业门类齐全、品种繁多，初步形成农产品初级加工体系、竹木初级加工系列、采矿系列、纺织、服务业等系列。全县共有个体工商户、私营企业2603户，从业人员8124人，注册资金6565万元，完成税金1683万元。

第四节 社会事业

一、交通邮电

1995年，京九铁路在定南县接轨通车、并设立三级客货站。全县干线公路得到全面改造，新建、改建路基里程达到366.9千米，专用公路12条，长91.4千米。修通县道公路4条，长71.9千米；乡道公路8条，长57.7千米。新建乡村公路83条，总长236.67千米。1998年以后三年的公路大决战，修通小定、定广等二级水泥公路主干道80千米、二级路面27千米。1986—2000年共建成水泥路123.8千米。1986年，开通直拨赣州用户号码半自动电话业务，开始开办邮政储蓄业务。1994年，在赣州地区率先引进F-150型5000门程控电话交换设备，实现固定通信交换程控化、传输数字化。1998年，邮电系统全面引进市场竞争机制，打破独家垄断。先是电信、邮政分开，而后移动从电信分出，各企业的业务量不断增加，数字数据、计算机互联网、公众多媒体业务发展迅速，通信传输能力大大提高，定南县走进现代通信时代。至2000年年底，全县基本达到乡乡通移动，村村有电话，人均拥有电话量居全市前茅，互联网已开通。

二、教育科技

1986—2000年，教育结构在调整中完善，政府与社会投资逐年加大，校舍改扩建与时俱进，农村中小学消灭一、二类危房，1996年成为全国第三批“两基”达标县，1999年县实验小学开启“公办民助”新体制，素质教育得到推进。15年累计输送普通大中专学生2589人，其中大专以上1028人。在职教育成为干部职工提高自身素质的一条重要途径。1986—2000年，完成一系列工农业生产中与当地资源密切相关的省、地级“星火计划”课题。创造发明和技术革新呈现好势头，有36项科技成果通过县以上技术鉴定，其中有8项获市（地区）科技进步奖，有10项技术申报国家专利，欧阳渤、张小平编写的《定南蜜梨栽培技术》被选入赣南农科普丛书中《落叶果树栽培技术》一书。

三、文化艺术

文化战线出现百花齐放、推陈出新的局面。从电影、录像、采茶剧的繁荣到差转电视、闭路电视的普及，以及歌舞厅、演唱会、读者俱乐部、网吧的兴起，人们的文化需求档次不断提升。文化市场健康繁荣，文物保护意识增强，节日活动丰富多彩，琴棋书画、教学比赛蔚然成风。党报党刊发行量以及当地新闻信息在地市以上报刊广播电视传播数量逐年增加。新编《定南县志》历经几年努力，于1991年出版发行。

四、卫生体育

全县卫生工作坚持“预防为主”的方针，计划免疫成为达标县。1985年，全县有各级卫生机构24所，医护人员347人。至2000年，全县共有3个县直医疗机构、4个县直卫生单位、13个乡级卫生院、184个村级卫生所、77个个体诊所。医疗基础设施不断完善，各类传染病和地方病得到有效控制，病床数由1986年的201张增长到2000年的413张。1985年，县体育运动委员会有专职干部2人，三级裁判37人，等级运动员72人。1994年，县体育运动委员会归口县文化教育局管理。2000年，县老年人协会划归定南县体育运动委员会。1986—2000年，全县建有篮球场42个，排球场42个，田径场1个，老年体育和群众体育发展迅速，竞技体育有所突破，获市（地）级以上各类比赛奖牌16枚。

五、广播电视

广播电视事业迅猛发展，通过全面实施“村村通”工程，全县广播入户率、有线电视覆盖率不断提升。1991 年 11 月，定南县城有线电视正式开通，可收转中央一台、中央二台、江西台、云南台、贵州台等 6 套节目。至 2000 年，全县有 86 个行政村建立有线电视站，143 个村开通有线电视，有线电视开通率达 94.7%。

第十二章　兴国县

兴国县是著名的将军县、模范县、烈士县、“山歌之乡”。兴国山川秀丽，文化悠久，人才辈出。兴国意志刚强，不畏强暴，富有光荣的革命传统。早在南宋时期，兴国就曾是民族英雄文天祥从事抗元斗争活动的地区之一。在土地革命战争时期，又曾是毛泽东、朱德等老一辈无产阶级革命家从事革命活动的重要地区。在战火纷飞的艰苦岁月里，兴国人民为中国的革命事业做出重大贡献和巨大牺牲，全县 23 万人口，前后参军参战 8 万多人，为革命献身的英烈 2.3 万多人，涌现 56 位开国将军，将星璀璨，创造许多可歌可泣的英雄事迹。

	1986年	2000年
总人口（万人）	56.75	65.88
总面积（万公顷）	32.09	32.09
生产总值(亿元)	1.91	16.07
财政收入（亿元）	0.11	1.26
城乡居民储蓄存款余额（亿元）	0.47	8.93

图 39－12－1　1986 年和 2000 年兴国县主要指标比较情况

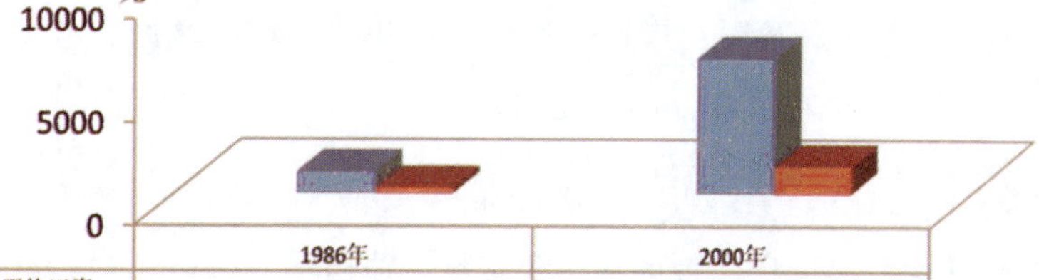

	1986年	2000年
在岗职工平均工资	1074	6610
农民人均纯收入	283	1358

图 39－12－2　1986 年和 2000 年兴国县主要人均收入指标

第一节 地理环境

一、位置面积

兴国县位于赣州东北部，地处北纬26°03′～26°41′，东经115°01′～115°51′。东邻宁都、东南接于都县，南连赣县，西毗万安县、泰和县，北靠吉安县、永丰县；东西长84千米，南北宽71.5千米，总面积3209.33平方千米。京九铁路纵贯县境南北，319国道横穿东西，交会于县城。县人民政府驻潋江镇，北距省会南昌355千米，西南距赣州市中心城区82千米。

二、建置沿革

三国吴嘉禾五年（236），分庐陵郡置南部都尉，析赣县潋江镇七乡地置平阳县，属扬州庐陵南部都尉，为兴国建置之始。西晋太康元年（280），改平阳县为平固县；西晋太康三年（282），罢南部都尉置南康郡，县属扬州南康郡；西晋元康元年（291），分扬州地置江州都督府，县属江州南康郡。南宋永初元年（420），改郡为国，县属江州南康国。隋开皇九年（589），平固并入赣县，改赣县为南康县，县属洪州虔州南康县；隋大业三年（607），复改虔州为南康郡，改南康县为赣县，属洪州总管府南康郡赣县。北宋太平兴国七年（982），从赣县析潋江镇等七乡，加上庐陵、泰和部分地置兴国县，以太平兴国年号名县，兴国县名始于此，县治潋江镇，属江南西路虔州；南宋建炎四年（1130），合并江南东西路为江南路，县属江南路虔州；南宋绍兴元年（1131），江南路复分东、西路，县属江南西路虔州；南宋绍兴二十三年（1153），改虔州为赣州，县属江南西路赣州。元世祖至元十三年（1276），县属江西行中书省赣州；元贞元年（1295），改赣州为路。元至正二十五年（1365），改赣州路为府，县属江西行中书省赣州府；明洪武九年（1376），改行中书省为承宣布政使司，县属江西布政使司赣州府。清沿明建置。民国时期，兴国先后属赣南道、江西第八行政区。苏维埃时期，先后分设胜利县、杨殷县，兴国县和胜利县属赣南省苏维埃政府，杨殷县属江西省苏维埃政府。1949年8月8日兴国县解放，属赣州专区。县人民政府驻潋江镇。

三、行政区划

1986年，全县辖潋江镇、陈也镇2个镇和五里亭、长冈、鼎龙、良村、城冈、南坑、枫边、贺堂、崇贤、方太、高兴、茶园、均村、永丰、隆坪、埠头、龙口、社富、留龙、杰村、江背、东村、兴莲、樟木、古龙冈、梅窖、兴江27个乡。1988年12月，撤销江背乡，建立江背镇。1993年12月，撤销梅窖乡建立梅窖镇。1994年8月，撤销古龙冈乡、良村乡、高兴乡，建立古龙冈镇、良村镇、高兴镇。1997年6月，撤销龙口乡建立龙口镇。2000年2月，撤销五里亭乡并入潋江镇；年底，全县辖濂江、江背、陈也、古龙岗、梅窖、高兴、良村、龙口8个镇，兴江、樟木、东村、兴莲、杰村、留龙、社富、埠头、隆坪、永丰、均村、茶园、崇贤、贺堂、枫边、南坑、城冈、方太、鼎龙、长冈20个乡，372个行政村、6个居委会；蕉坑、均福山、龙山、圆岭、雄冈5个国有林场。

四、自然资源

森林资源 森林结构由用材林、防护林、薪炭林、特用林、经济林和竹林构成。2000年，全县林业用地23.46万公顷，森林覆盖率72.5%。森林活立木蓄积量299.66万立方米。县内有松、杉、枫、柏、栎、樟、榕等树种384种，有楠木、银杏、福建柏等稀有名木。木本油料有油茶、油桐、山苍子、乌桕柏等，以油茶为大宗，全县总面积6.67万公顷，茶油最高年产量568万吨。野生药材有金银花、麦冬、玄胡、地黄、白勺等358种。野生果蔬有山楂、猕猴桃、栗子、香菇、木耳、竹笋等数十种。

动物资源 毛裘类野生动物主要有山羊、山鹿、山牛、麂、野兔、野猪、狼、狐狸、水獭、豪猪、鼠、黄鼬数十种。野生飞禽主要有野鸡、竹鸡、麻雀、斑鸠、白鹭、乌鸦、啄木鸟、翠鸟、画眉、喜鹊、燕子等数十种。野生药用动物主要有蜈蚣、蝉、白蜡虫、蜜蜂、蟾蜍、龟、鳖、金环蛇、银环蛇、五步蛇、蕲蛇、穿山甲等数十种。

水资源 雨水充沛，平均年降水量 1504 毫米，径流丰富，年最大径流量 48.95 亿立方米。全县水能蕴藏量约 9.2 万千瓦。2000 年，全县小水电站 128 座，总装机容量 19850 千瓦。

矿产资源 县内有一定储量矿产 25 种，矿床矿化点 160 余处。金属矿产有钨矿、金矿、稀土矿、铅矿、锌矿、铍矿（又名绿柱石）、铁矿、钽铌矿等。非金属矿有萤石、硅石、石灰石、高岭土、白云石、钾长石、软玉矿体、黄冈岩。其他非金属矿产有水晶、水洲石矿以及大量砖瓦黏土和泥沙。能源矿产有煤炭、泥炭（又称泥煤）和矿泉水等。

五、气象水文

1986—2000 年，年平均气温为 18.9℃。年极度最高气温 39.9℃（1988 年 7 月 18 日）。年极度最低气温为-6.3℃（1991 年 12 月 9 日）。1989 年 7 月 27 日至 31 日连续 5 日平均气温小于 21.5℃，这是中华人民共和国成立后兴国县出现的第一次 7 月低温。1997 年整个夏季，天气凉爽，从未出现日平均气温大于等于 30℃、日最高气温大于 35℃的酷热天气，为历史所罕见。1986—2000 年，年平均无霜期 282 天，最短年（1988 年）247 天，最长年（1994 年）325 天。初霜日最早为 1992 年 11 月 10 日，最晚为 1995 年 1 月 5 日。终霜日最早为 1990 年 1 月 14 日，最晚为 1988 年 3 月 9 日。现霜日最多年（1986 年）为 30 天，最少为 1991 年仅有 7 天。县境内光照充足。1986—2000 年，年平均日照 1634.3 小时，日照率 37%。最多年（1999 年）1957.7 小时，最少年（1997 年）1354.2 小时。

1986—2000 年，年平均降水量为 1529.1 毫米，年产水量 49.2 亿立方米。年平均雨日（30.1 毫米）的天数为 155 天。降水量的年际变化较大，最大值的 1997 年为 2284.5 毫米，最小值为 1986 年仅 973.9 毫米；降水量最多月份为 1992 年 3 月达 504.6 毫米，最少月份为 1992 年 10 月仅 0.3 毫米。一日最大降水量为 153.3 毫米（1996 年 3 月 2 日）。县境每年均有数次日降水量大于 50 毫米以上暴雨，1990 年暴雨日达 10 次，但 1989 年仅出现 1 次。暴雨最大量为 1996 年 8 月 2 日的 153.3 毫米。平均每年雷暴日数为 62 天，大多在 3 至 9 月出现，有时伴有冰雹。

兴国县境内水文观测站有潋水中游的东村涉水支流的隆坪站。东村站集水面积 579 平方千米，主河长 55 千米。隆坪站集水面积 12.8 平方千米，主河长 6.94 千米。

1986—2000 年，按县境内水文资料计算，年平均径流量深 826 毫米，最大值为 1384 毫米（1997 年），最小值为 387 毫米（1986 年）。15 年间平均总流量为 26.54 亿立方米，最大值为 43.33 亿立方米，最小值为 12.47 亿立方米。县境多雨区的东部和北部，径流系数较大，东村站流域总面积占全县流域面积的 18%，15 年年平均径流总为 6.15 亿立方米，占全县平均径流总量 26.54 亿立方米的 23.2%。在年内分配上不均匀，15 年平均，4—6 月降水量占全年降水量的 45.6%，而径流量为 12.37 亿立方米，却占全年总径流量的 46.6%，其中东村站 4—6 月降水总量占全年的 48%。在植被较差，水土流失还未全部控制的花岗岩风化区域，对水分的含蓄、地下水补给及回归河流水量，要比植被好的地区大为减少。东村站流域径流量系数为 0.67，隆坪站流域径流量系数为 0.51，15 年内全县径流系数为 0.54。

第二节 人口 人民生活

一、人口民族

1990 年，第四次全国人口普查，全县 59.53 万总人口中，有汉族 58.9 万人，占 98.94%。少数民族人口6289人，占1.06%。9个少数民族人口中，畲族6210人，满族31人，壮族19人，回族17人，苗族5人，瑶族3人，蒙古族2人，高山族、拉祜族各1人。

2000年，全县总人口658844人，其中农业人口589126人。全县有少数民族6000余人，主要是世居的畲族。

二、人民生活

1986年，全县居民消费水平人均288.81元。其中，农业居民人均消费277.93元，非农业居民人均消费421.18元。当年全县非农业居民4.28万人；全县居民人均总收入404.84元，其中从集体统一经营得到收入人均11.84元，家庭经营收入人均353.01元，其他非生产性收入39.99元，全年人均纯收入282.77元。2000年，全县贫困人口减至3万人，全县在岗职工平均工资6610元，城镇居民人均收入2698元，农民人均纯收入1358元。居住条件大大改善，生活质量明显提高，消费观念发生较大的转变，彩电、冰箱、空调、洗衣机、摩托车、电脑、移动电话、微波炉等进入平常百姓家。

第三节 经济状况

一、经济综合

全县生产总值由1986年的19058万元增长到2000年的160658万元，增长7.43倍；农业总产值由1986年的16780万元增长到2000年的133610万元，增长近7倍；工业总产值由1986年的7825万元增长到2000年的123200万元，增长14.74倍；社会消费品零售总额由1986年的11636万元增长到2000年的48000万元，增长3倍多；财政总收入由1986年的1093万元增长2000年的12644万元，增长10.57倍；城乡居民储蓄存款余额由1986年的4702万元增长到2000年的89267万元，增长近18倍。

二、农业

1986年，兴国县有耕地面积31845万公顷，其中水田2.85万公顷，旱地3345公顷；全县人均耕地0.056公顷，每个农村劳动力负担耕地0.153公顷。同年，全县遭受严重旱灾，粮食播种面积（含复种）5.79万公顷，粮食总产量1.25亿千克，人均占有粮食220千克。1998年，全县顺利完成农民第二轮土地承包，并将承包期延长为30年。粮食连年丰产，果业基地发展迅速，烟叶生产推动一部分烟叶种植大户致富；家畜家禽空前发展。2000年，全县农产品有粮食20万吨，油料8100吨，烤烟660吨，肉类6.3万吨，家禽出笼1130万羽（其中仅兴国灰鹅就达807万羽），水产品1.13万吨。大力开展植树造林和保护森林，改善林相，水土流失进一步得到控制。水土流失面积由20世纪80年代初的18.93万公顷，减至2000年的7.2万公顷。2000年，全县森林覆盖率达72.5%。

三、工业

1986—2000年，全县加大国有（营）企业改革力度及股份合作制的步伐。1986年，全县工业总产值达7825.2万元，比1985年增加1331.9万元，增长20.51%；企业税利达1102.4万元，比1985年增加152.8万元，增长16.1%；1986年，全县有乡镇办企业133家、村办企业544家、合作办企业174家。至2000年，全县34家国有中、小型企业基本完成改制转制工作。改制后，形成企业经济成分形式多元结构的局面；个私经济有较大发展，提高非公有制经济在县内经济总值的比重和财政收入中的份额。2000年，全县工业企业初步形成冶金、机械、建材、化工、食品等五大系列11个门类，其中卷烟、食品、建材、矿产品成为兴国工业经济的四大支柱，并创出“客家牌”卷烟，“潋江牌”白砂糖，“雅风”“百丈泉”系列食品，“国兴”“赣兴”水泥等一批知名度较高的工业品牌。

四、个私经济

兴国县个体劳动者协会于1986年4月在县城召开第二次会员代表大会，选举产生第二届理事会。全县有个体工商户4040户，从业人员4759人，占全县人口总数的0.84%。县个协组织全县个体工商户开展以文明生产、文明经营、热情服务、遵纪守法为主要内容的创文明个体户竞赛活动，全县个体户营业额达2602万元，上缴国家税金224.09万元。

2000年，全县私营企业113家，个体工商户6360户，实现个私经济税收3471万元，非公有制经济产值占国内生产总值的比重为62%。2000年，优化投资发展环境，制定40余条优惠政策和8条“保姆式”服务措施。

第四节　社会事业

一、交通邮电

1986年，全县通车公路里程1153千米，各乡（镇、场）均通公路。1987年4月，在县境内319国道铺筑3千米的油路，结束县内无油路的历史。1990年，全县通车公路为1602千米，全县370个行政村有260个村通公路，占总村数的70.27%，所有公路均为沙石路面。“九五”期间，重修纵横县境东西的319国道，拓宽省道兴江线。1991年后投资6670万元，修通卡脖子公路244.43千米。1995年、1999年，县委、县政府两次作出《关于加快公路建设步伐的决定》，基本上改变县内公路等级低、路况差、通行能力小、抗灾能力弱的状况。2000年，县乡公路实现上等级和油（砼）路化；实现100%的行政村通公路，全县公路总里程达1700千米，基本形成以县城为中心的四通八达的公路运输网。

党中央、国务院关怀兴国革命老区，京九铁路在泰和拐弯经过兴国。兴国段北起高兴镇老营盘村，途经高兴镇的上密、墩丘、长迳、高兴、新圩、小春、山塘、文溪村；五里亭乡的联群、下渡村；埠头乡的大禾、桐溪、西霞、廖溪、龙砂村；龙口镇的文院、中岭、丰溪、留村、龙口、睦埠村等4个乡22个村，总长47.93千米。设兴国、龙口、高兴、营盘上4个站。

1986年，全县共有电话机396部，均为共电式电话，大部分为乡（镇）以上机关企事业单位安装的办公电话，家庭电话几乎为零，而且很多村委会没有电话。1991年，交换机总容量达1560门，其中局营790门、乡（镇）310门、其他460门，安装电话665部。1994年8月10日，开始安装6000门DMS100/200程控交换机。10月30日，6000门程控电话割接开通成功；11月25日，兴国经于都雩山至赣州地区的480路数字微波系统开通，兴国县交换程控化、传输数字化的“两化”建设如期实现。1994年5月1日，陈也镇第一个开通小程控交换机。年底，建成农话本地网，实现29个乡（镇）电话交换程控化。1996年9月，市话程控交换机扩容9000门，达到15000门。全县固定电话号码由6位升至7位。1996年，全县行政村通电话率为23%。2000年，全县共实现农话扩容5000线，市话扩容至2.2万门，全县370个村委会均通程控电话。全县电话交换机容量达53080门，其中市话2.2万门、农话31080门，新增电话12285部，全县电话用户达31744户，其中市话15325户、农话16419户。

二、教育科技

1986—2000年，教育资金投入成倍增加。在实行九年义务教育的基础上，逐年扩大普通高中招生名额。2000年，全县普通高中招生达1300余人，输送高等院校学生达700余人。基础教育、职业教育、成人教育进一步加强，适龄少年儿童入学率和中小学在校学生巩固率提高，扫盲工作和普及实验教学均通过省、市验收合格。1986—2000年，实施和推广各类科技项目百余项，获得县以上各种科技奖励的成果146项（其中获地级以上奖励39项）。

三、文化艺术

围绕文化扶贫、送戏下乡开展工作。兴国山歌得到继承和发扬光大，县里投入人力、物力和财力举办多次“重阳山歌会”，组建山歌队下乡入村进行演唱，配合政策进行宣传。戏剧创作获得飞跃发展，《山歌情》成为江西省第一个获得全国“五个一”工程奖的戏剧作品，并获曹禺戏剧奖、文华大奖。故事、散文等各类文艺创作空前活跃。

四、卫生体育

医疗卫生事业不断进步，有效控制各种传染病和地方病的发生，县人民医院、县中医院分别创全国二级甲等医院和全国二级甲等中医院。2000 年，实现千人口卫生技术人员 1.7 人，病床 0.9 张。卫生院、卫生所遍布全县各乡（镇），医疗条件得到改善。人口出生率为 11.2‰，自然增长率为 8‰。

1986 年 3 月，兴国县体育运动委员会从县教育局分出，单独设立。兴国县少儿业余体育学校设于县体育运动委员会，隶属于县体育运动委员会管理。2000 年在职工作人员 13 人，其中一级教练员 2 人、二级教练员 7 人。

五、广播电视

1986 年 8 月开始，县内先后建起 3 个卫星地面接收站。同年 11 月 13 日兴国微波站建成开通，主要传送江西电视台信号。2000 年 9 月 20 日，投资 15 万元的县广播电视台 300 瓦立体声调频发射机安装启用；12 月 12 日，投资 45 万元的羊山 300 瓦调频广播电视发射站建成试运行，该塔高 42 米。2000 年，全县电视广播人口覆盖率分别达 90％和 88％。

第十三章　宁都县

宁都县是客家祖地，“中国客家民俗文化之乡”，享有“文乡诗国”之誉。自宋至清，中榜进士 125 人，居赣南之首；宁都县是中央苏区核心县份，爆发过震惊中外的“宁都起义”，中共苏区中央局、中革军委、少共国际师等在这里诞生；宁都为赣江源头，生态环境优美。境内物产富饶，有“纵使三年两不收，仍有米谷下赣州”之说，素称“赣南粮仓”。

	1986年	2000年
总人口（万人）	58.90	69.61
总面积（万公顷）	40.55	40.55
生产总值(亿元)	2.83	21.62
财政收入（万元）	863.00	10347.60
城乡居民储蓄存款余额（亿元）	0.68	12.92

图 39－13－1　1986 年和 2000 年宁都县主要指标比较情况

	1986年	2000年
■在岗职工平均工资	1120	6184
■农民人均纯收入	271	1330

图 39－13－2　1986 年和 2000 年宁都县主要人均收入指标

第一节　地理环境

一、位置面积

宁都县位于赣州北部。地处北纬 26°05′～27°08′，东经 115°40′～116°17′。东与广昌县、石城县交界，南与瑞金市、于都县为邻，西与兴国县、永丰县相连，北与乐安县、宜黄县、南丰县接壤。南北长 117.2 千米，东西宽 61 千米，总面积 4055.09 平方千米，居赣南之首。县人民政府驻梅江镇，距省会南昌市 324 千米，距赣州市中心城区 162 千米。

二、建置沿革

汉高祖六年（前 201），置雩都县，隶庐陵郡，宁都属之。三国吴嘉禾五年（236），分庐陵郡立南部都尉，治雩都，析雩都县东北陂阳乡白鹿营置阳都县，为宁都建置之始。西晋太康元年（280），改阳都为宁都，以安宁之意名县名。西晋太康三年（282），改南部都尉为南康郡，宁都隶之。南宋大明五年（461），析宁都虔化屯置虔化县，以县西五里有石状如虎，虎为凶物，改为虔，故名虔化县，隶南康国。隋开皇九年（589），虔化并入宁都。改南康郡为虔州；隋开皇十三年（593），陂阳县（今石城县西）并入宁都；隋开皇十八年（598），改宁都县为虔化县。南唐保大十一年（953），析虔化之石城场置石城县。南宋绍兴二十三年（1153），改虔化为宁都，宁都属赣州。元元贞元年（1295），升宁都县为州，辖石城县，属赣州路。元至正二十五年（1365），改赣州府为路，改宁都州为宁都县。清乾隆十九年（1754），升宁都县为直隶州，辖瑞金、石城 2 县。民国 2 年（1913），宁都复改为县，属赣南道。民国 23 年（1934），属江西省第十二行政区，专署驻地；民国 24 年（1935），属江西省第八行政区。苏维埃时期，先后分为宁都、彭湃两县和博生、洛口、长胜三县。1949 年 8 月 29 日宁都解放。1949 年 7 月，设立宁都分区，宁都属之。1952 年 8 月，撤销宁都分区，并入赣州专区，宁都县属之。县人民政府驻梅江镇。

三、行政区划

1986 年，全县辖 1 个镇、25 个乡，有 345 个村委会、2 个居委会、3461 个村民小组。2000 年年底，全县辖 26 个乡（镇），即梅江、青塘、长胜、黄陂、固村、赖村、石上、东山坝、洛口、小布 10 个镇，刘坑、竹笮、田头、黄石、对坊、固厚、田埠、会同、湛田、安福、员布、东韶、肖田、钓峰、蔡江、大沽 16 个乡，有 347 个村委会、19 个居委会、3839 个村民小组。

四、自然资源

土地资源 土地总面积40.55万公顷。2000年，有耕地4.6万公顷，其中水田3.73万公顷，以种植水稻为主，是全国商品粮生产基地县。山地土壤有红壤、石灰岩土、紫色土、山地黄壤、山地草甸土5个土类、8个亚类，共31.75万公顷。

植物资源 野生药用植物235种，主要有绵茵陈、金银花、黄栀子等；野生木本油料植物30多种，主要有油茶、山鸡椒、黄樟等；以松、杉、竹为主的木本植物90多种，较珍贵的有30多种，有国家一级保护植物水杉、秃杉，国家二级保护植物银杏、香果树等。

动物资源 野生动物有300余种，鸟类有喜鹊、鹧鸪、八哥、杜鹃等，兽类有狐狸、野兔、山羊、麂子等，鱼类有鳖、鳝、河鲤、娃娃鱼等20多种，虫类有斑蝥、蜈蚣、水蛭、蟾蜍等，蛇类有金环蛇、银环蛇、眼镜蛇、黑眉锦蛇、乌梢蛇等。境内有国家保护动物白鹤、穿山甲、水獭、猫头鹰、白鹇等。

水资源 境内河流纵横，水系发达，共有大小河流683条，总长2757千米。主要干流为梅江、琴江、青塘河。河流落差大，水流急，水利资源丰富，全县水能资源蕴藏量17.83万千瓦，可开发量7.12万千瓦。

矿产资源 矿藏有钨、铁矿石、铀、煤、石灰石、硫黄、绿柱石、萤石、钾长石、大理石、云母、高岭土、石英石、花岗岩、稀土、陶土等30余种，已探明储量并开发利用的有11种。

五、气象水文

宁都县地处低纬度，全境属亚热带季风性湿润气候，四季分明，气候温和，冬无严寒，无霜期长，日照充足，雨量充沛。植物四季常青，农业复种指数高。1986—2000年，境内多年平均气温18.5℃，极端最高气温39.3℃，极端最低气温—7.5℃；多年平均降水量1836.3毫米；年平均日照时数1800.26小时。梅江是境内主要径流，年平均水位在183～184米之间。最高水位出现于1984年6月1日，达189.26米；年平均流量约77.5立方米秒，1986年最小，仅41.2立方米秒；1997年最大，达126立方米秒。

第二节 人口 人民生活

一、人口民族

1986年，全县人口总户数116964户，总人口589032人，其中农业户数101859户，农业人口532141人，总人口中男303453人、女285579人。人口密度为每平方千米145人。人口自然增长率7.50‰，人口出生率为12.96‰。2000年，全县总户数175847户，总人口696065人，其中男355927人、女340138人，农业人口601014人。自然增长率为6.60‰，人口出生率为10.66‰。

县内主要为汉族，少数民族仅占极小部分。1986年，全县少数民族有回族5人、壮族13人、苗族3人、土家族1人、布依族1人。1987年1月，县内雷、蓝两姓共334户，1678人恢复为畲族。2000年，县内少数民族以畲族为主，其次有壮族、土家族、朝鲜族、苗族、傣族、彝族、布依族。县内有130多个姓氏，人口100人以上的有120个，1000人以上的66个。主要姓氏有李姓、曾姓、黄姓、陈姓、廖姓、彭姓、刘姓、温姓、谢姓、赖姓、郭姓、张姓、何姓、罗姓、萧姓、胡姓、宋姓。

二、人民生活

1986年，县内在岗职工平均工资1120元，农民人均纯收入271元。2000年，分别达到6184元、

1330元。城乡居民储蓄存款余额2000年年末达12.92亿元。随着收入的提高，消费水平上新台阶。吃由单纯的解决温饱转为讲究科学营养；衣着告别遮体御寒的时代，开始讲究质地款式；住房由土坯房、砖木结构的老式几大间向砖混结构的套房发展，讲究宽敞舒适。2000年，城乡居民人均住房面积分别达到15平方米和20平方米；自行车仍是人们最为方便的交通工具，摩托车进入普通家庭成为代步的主要工具，2000年，农村有25%的农户购买摩托车；城乡居民的高档耐用消费品拥有量大幅度提高，电视机、冰箱、洗衣机、住宅电话遍及寻常百姓家。2000年，全县99%农户购买电视机，26%农户装上电话。

第三节　经济状况

一、经济综合

全县生产总值由1986年的28336万元提高到2000年的216153万元，工农业总产值由1986年的17457万元提高到2000年的173458万元，社会消费商品零售总额由1986年的11026万元提高到2000年的54907万元，财政收入由1986年的863万元提高到2000年的10347.6万元，并连年实现年度财政收支平衡。

二、农业

全县农业总产值由1986年的12936万元提高到2000年的134471万元。大宗农产品产量持续增长，粮食经济作物比基本达到5∶5，初步形成粮食、西瓜、水果、蔬菜、烟草、白莲、茶叶、席草、黄鸡生产和相应的农副产品加工等产业群，开始由分散经营的传统农业转向农业产业化经营。黄鸡已实现产、加、销一条龙生产，其产值2000年达到2.3亿元。草席产量占全国的1/20，是全省最大的草席生产基地。粮食生产连年丰收，并获"'七五'全国第一批商品粮基地建设先进县"称号。畜牧水产增长较快，特种养殖业有突破性发展，畜牧水产业产值占农业总产值的比重2000年已达42.5%。林业、水土保持等工作成绩显著，分别荣获"全国林业工作站建设合格县""'八五'全国农村能源综合建设先进县"称号。农业生产条件得到改善，农业机械拥有量逐年增加，2000年，全县农业机械总动力达92197千瓦。

三、工业

1986年，全县工业企业总数173个，其中全民企业27家、集体企业146家，生产总产值4521万元。至2000年，全县有工业企业105家，其中全民企业37家、集体企业68家，生产总产值38987万元，实现利税1394万元。工业整体素质有所提高，国有工业亏损势头得到遏制。建材、机械、化工、制鞋、食品加工等支柱产业逐步形成，2000年食品工业产值占工业总产值的47.8%。外向型企业规模逐步扩大。

四、个私经济

1986年，省人民政府制定《关于保护城乡个体工商户合法权益的暂行规定》，县内个体工商企业开始缓慢发展。1988年，全县有个体工商户4425户（家），私营企业18家，从业人员10806，注册资金6546万元。至2000年，全县有个体工商户6739户（家），其中个体工商户6492户，私营企业247家，从业人员21790人，注册资金22559万元，营业额47200万元，上缴利税3225万元。

第四节 社会事业

一、交通邮电

1986—2000年，新修油路88.7千米，实现县通省、县通市油路化；架设石上大桥、城南大桥、阳都大桥等大型公路桥梁10余座；昌厦一级公路竣工通车；修建水泥路183千米，在全市（地区）率先基本实现县乡公路水泥化。邮电通讯事业飞速发展，6000门程控电话和480路数字微波工程竣工，县内邮电通讯实现交换程控化，传输数字化；村村通电话工程成绩显著，2000年电话进村率达到75%；无线寻呼发射覆盖全县并实现市内联网；移动电话、国际互联网正式开通。

二、教育科技

教育工作以实现“两基”为目标。县内中小学校基本实现校舍“土改砖”、校园“六配套”，新建三中、三小两所学校，26个乡（镇）中学、中心小学实验教学“三配套”（教学仪器、文体器材、图书资料），全县实验教学达省级“普及县”要求。1986—2000年，全县中小学学生在各学科竞赛中获国家级奖项140余人次，为各类大中专院校输送学生累计达11332人；宁都中学高考录取人数连续9年在全市（地区）夺魁，并获“江西省优秀重点中学”称号。“两基”工作1997年通过省验收和国家教育委员会的抽查，顺利达标，被评为“全国扫盲工作先进单位”“国家贫困地区义务教育工程先进县”。1986—2000年，“科技兴县”战略得到全面实施，全县累计实施各类科技计划项目264项。2000年，全县26个乡镇有科技示范户17543户。

三、文化艺术

20世纪80年代起，引进外资1400多万元，先后新（改）建县图书馆大楼、新华书店大楼、翠岗电影院、翠微园和县体育场宣传长廊。1986年，选送选手参加地区业余舞蹈会演，获优秀节目一等奖1个、创作奖2个、表演奖2个。同年，举办首届“翠微之光”摄影作品展，展出作品100幅。1987年，县内有文化馆1个、图书馆1座、博物馆1个、采茶歌舞剧团1个、影剧院管理中心和24个乡镇文化站。同年，赣南文艺学校开办宁都采茶戏班，开创全地区县级剧团在专业艺校开办地方戏教学班的先河。1987—1990年，县剧团排演现代戏《捉迷藏》、传统戏《张驼子招亲》等，在县内外巡回演出，演出458场，观众21.25万人次。1988年，举办县首届农民戏剧节。1998年，中央电视台《金土地》栏目报道洛口镇文化站活跃农村文化市场的专题采访。2000年，县剧团送戏下乡499场，观众达46万多人。同年冬，举办翠微艺苑黄石砚精品展，展出新刻墨砚100多方。1986—2000年，县内作者在市（地区）以上报刊、电台、电视台、展览会发表和演播及展出的各类文艺作品1000余件（其中长篇小说4部、中篇小说25部），电视剧《宁都兵暴》《静静的鸡笼山》由中央电视台拍摄并播出。

四、卫生体育

1986年，宁都县有中、西医医疗机构400多个。1995年，县人民医院、县妇幼保健所被卫生部授予“爱婴医院”称号。2000年医疗机构发展至700多个，其中县级医院2个，中心卫生院5个，乡（镇）卫生院20个，以及县防疫站、妇保所、结防所、皮防所等，有各类卫生技术人员1204人，病床总数1047张；设立乡村卫生所590余个，有乡村医生838人。县、乡、村三级医疗保健网络逐步完善。医疗防疫质量进一步巩固提高，有效控制各种地方病和传染病的发生。医疗卫生条件有较大改善，有15个卫生院进行危房改造，新建门诊楼、住院部，县医院住院部及门诊大楼、县中医院大楼、防疫大楼等相继建成。县人民医院、县中医分别晋升二级甲等医院、二级甲等中医医院，成为市内首家达标上等级的县级医院，黄陂、长胜两个中心卫生院晋升为一级甲等医院，还荣获“全国农村中医工作先进县”称号。体育竞技水平逐年提高，全民健身运动深入开展，全县有26个乡（镇）农民体协，老年、前卫、金融、邮电、教工6个行业体协，钓鱼、足球、棋类、信鸽、龙舟、乒乓球、门球7个单项协会，组织群众开展各类健身活动。

五、广播电视

广播电视事业快速发展，成立宁都电视台；县城及部分乡（镇）开通有线电视；县内广播电视实现共缆传输；全县347个行政村已通广播电视，基本实现村村通广播电视，广播电视的人口覆盖率分别达89%、94%。

第十四章 于都县

于都建县至2000年有2211年的历史，历史上曾长期为赣南政治、经济、文化、交通中心和军事要地，古有“六县之母”之称。于都县是老苏区，是中央红军长征集结地和出发地，在中国革命史上具有重要地位。于都县是百万人口大县，区位优越，资源丰富，文化底蕴深厚，被文化部命名为“唢呐之乡”。

	1986年	2000年
总人口（万人）	68.70	83.81
总面积（万公顷）	28.95	28.95
生产总值(亿元)	2.60	18.31
财政收入（亿元）	0.11	1.25
城乡居民储蓄存款余额（亿元）	0.44	11.50

图 39－14－1　1986年和2000年于都县主要指标比较情况

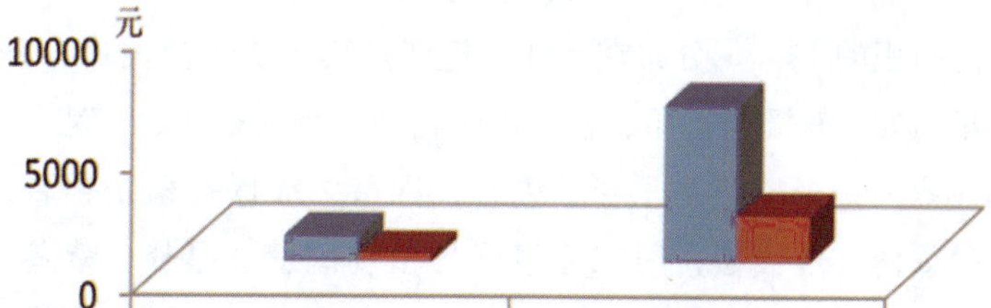

	1986年	2000年
在岗职工平均工资	1074	6482
农民人均纯收入	326	1928

图 39－14－2　1986年和2000年于都县主要人均收入指标

第一节 地理环境

一、位置面积

于都县位于赣州东部，贡水中游。东邻瑞金市和会昌县，南连会昌县，西接赣县，北毗兴国县和宁都县。地处北纬 25°35′48″ ～26°20′53″，东经 115°11′～115°49′51″。县境南北长 83.25 千米，东西宽 63.33 千米，总面积 2895.47 平方千米，其中山地面积占 74%。县人民政府驻贡江镇，距赣州市中心城区 65 千米，距省会南昌市 422 千米。

二、建置沿革

春秋战国时期，于都先后属楚、吴、越、楚。秦始皇二十六年（前 221），全国为三十六郡，于都属九江郡。汉高祖六年（前 201）建县，以北有雩山为雩都县，治所设东溪南面（今贡江镇古田），辖地约为今宁都、石城、安远、瑞金、会昌、寻乌，故有“六县之母”之称。三国吴嘉禾五年（236），析雩都县东北部的白鹿营置阳都县（今宁都县）；后又析阳都的陂阳置陂阳县（今石城县）；南梁大同十年（544），析雩都县南乡置安远县；唐天祐元年（904），升雩都县象湖镇为瑞金监（后改瑞金县）；北宋太平兴国七年（982），析雩都九洲镇置会昌县；明万历四年（1576），析安远县十五堡建长宁县（今寻乌县）。自三国吴嘉禾五年（236）至南朝梁承圣元年（552），庐陵南部都慰、南康郡、南康国治所均设在雩都灌婴旧垒（今于都县城）。苏区时期，雩都境域先后分设雩都、胜利、登贤、瑞西、兴胜、雩西等县，中共赣南省委和省苏维埃政府驻雩都县城。1949 年 8 月 13 日，雩都解放。1957 年 6 月，雩都县改名为于都县，县人民政府驻贡江镇。于都县解放前属赣州专署，解放初期属宁都专署，1952 年 8 月起属赣州公署、赣州地区，1999 年 7 月至 2000 年属赣州市。

三、行政区划

1986 年，于都县辖桥头、葛坳、银坑、马安、曲洋、汾坑、仙下、高龙、岭背、车溪、段屋、宽田、沙心、梓山、西郊、罗坳、黄麟、罗江、新陂、利村、于阳、禾丰、小溪、祁禄山、靖石等 25 个乡和贡江、铁山垅、盘古山等 3 个镇。有村民委员会 402 个、村民小组 4975 个；城镇居民委员会 14 个，居民小组 86 个。2000 年，全县辖桥头、葛坳、马安、曲洋、汾坑、仙下、高龙、车溪、段屋、宽田、沙心、黄麟、罗江、新陂、利村、于阳、小溪、靖石 18 个乡和贡江、银坑、岭背、梓山、罗坳、禾丰、祁禄山、铁山垅、盘古山 9 个镇，402 个行政村、4984 个村民小组，22 个居委会、159 个居民小组。

四、自然资源

土地资源 地貌以低山、丘陵、盆地为主。县域山地面积 214043.33 公顷，约占总面积的 74%。河谷堆积平原约占总面积的 11%，分布在贡江、梅江及其主要支流两岸，处于盆地中部。海拔 200 米以下的葛坳、桥头至马安、车溪至段屋、盘古山等盆地，水利条件好，是主要产粮区。

植物资源 有国家一级保护植物水杉、秃杉；国家二级保护植物银杏、杜仲、香果树、伯乐树、野茶树、观光木、鹅掌树、金钱松；国家三级保护植物闽楠、厚朴、紫茎、黄连、银钟花、天竺桂、沉水樟、半枫荷、白桂木、八角莲、黄山木兰、红花木莲；省级保护植物红楠、楠木、木连、竹柏、玉兰、香桦、黄杨、黄檀、水青冈、青钱柳、青皮木、三尖杉、石碌含笑。2000 年尚存 100 年以上古树 141 棵，其中古樟 60 棵、古榕 59 棵、古枫 22 棵。

动物资源 有国家一级保护动物黑鹿、白鹤、豹；国家二级保护动物穿山甲、水灵猫、水獭、豺狼、白鹇、锦鸡、鸳鸯、鹦鹉、花田鸡、猫头鹰、猴头鹰、大鲵；国家三级保护动物棘胸蛙；省级保护动物黄鼬、豹猫、杜鹃、伯劳、燕子、灰喜鹊、寿带鸟、黑枕黄鹂、红咀相思鸟、尖吻蝮。

水资源 境内河流总长1283千米，江河水面约10800公顷。平均天然水量137.07亿立方米，其中内河川径流量25.07亿立方米。水能理论蕴藏量191231千瓦，年发电量167517万千瓦时，平均理论水能密度为66.1千瓦/平方千米。贡水、梅江、濂江水能蕴藏量大，资源充足。

矿产资源 有金属矿钨、锡、铅、锌、钼、铋、银、金、铜、铁、锰、稀土、铌、钽、铀；非金属矿石灰岩、高岭土、耐火黏土、磷、滑石、透闪石、重晶石、花岗石、大理石、膨润土、石英砂、铸造砂、砖瓦黏土、可燃性矿产煤。

五、气象水文

年平均降水量1660.8毫米，比多年平均值偏多137.8毫米。由于降水分配不均，入汛早，2月、3月份平均降水量137.5毫米、183.2毫米，这两个月降水量占年降水量19%，比多年平均值分别偏多34.7毫米、13.6毫米；进入汛期（4—6月）降水量只有683.5毫米，占年降水量41%，比多年平均值尚差8.0毫米。入夏后，特别7月、8月降水量严重偏多，月降水量分别为188.1毫米、213.5毫米，两个月雨量占年降水量24%，比多年平均值分别偏多83.4毫米、95.3毫米。入秋后干旱少雨，1月、9月至12月总降水量只有253.4毫米，占年降水量15%，比多年平均值偏少81.0毫米。平均蒸发量1423.7毫米，比多年平均值偏少250.6毫米。1月最少，只有55.8毫米，而后随着时间的推移，逐月增多，7月到高峰值，月蒸发量214.1毫米，峰后逐月又减少，到12月降至60.6毫米，和1月相比反多7.4毫米。

第二节 人口 人民生活

一、人口民族

1986年，全县人口总户数127842户，总人口686958人，其中非农业人口65259人，总人口中男350783人、女336175人。2000年，全县人口总户数190651户，总人口838107人，其中非农业人口107850人，总人口中男435751人、女402356人。县内人口主要为汉族，少数民族以畲族为主，其次有蒙古族、苗族、回族、彝族、藏族、壮族、维吾尔族、满族、朝鲜族、土家族、布依族、瑶族、侗族、高山族、佤族、白族、土族、仡佬族、达斡尔族。县内有姓氏229个（单姓氏227个、复姓2个），人口较多的姓氏有刘姓、谢姓、肖姓、李姓、钟姓、陈姓、王姓、张姓、曾姓、黄姓、丁姓、郭姓、赖姓、杨姓、林姓、朱姓、邱（丘）姓。

二、人民生活

1986—2000年，全县投入扶贫资金25597万元，按照“三个为主”（以支持贫困乡、村、户为主，以支持与解决温饱直接相关的种植业、养殖业、加工业项目为主，以支持开发项目配套、继建为主）的原则，重点投放到农村水、电、路、教育、卫生等基础设施建设项目和片区综合开发治理项目，使大批贫困人口脱贫致富。全县农民人均纯收入由1986年的326元提高到2000年的1928元。建立城乡居民最低生活保障制度，增加城镇中低工薪阶层的收入，城乡居民安居乐业。城乡居民储蓄存款余额由1986年的4376万元增加到2000年的115024万元。反映居民生活的住房条件有较大改善，城镇人均居住面积达到10.07平方米，县城居民住房成套率达到67%。随着收入的提高，人民的生活水平及消费观念有了较大的转变，彩电、冰箱、空调、洗衣机、摩托车、计算机、移动电话已进入寻常百姓家庭，人民生活向小康迈进。

第三节 经济状况

一、经济综合

生产总值由1986年25958万元增长到2000年的183148万元，固定资产投资总值由1986年的650万元增长到2000年的9678万元，工农业总产值由1986年的19927万元增长到2000年的93744万元，社会消费品零售总额由1986年的12949万元增长到2000年的65923万元，财政收入由1986年的1063万元增长到2000年的12485万元。

二、农业

农业和农村经济得到全面发展，农业总产值由1986年的14650万元增长到2000年的65797万元。农村产业结构调整取得较大进展，由分散经营的传统农业向农业产业化方向迈进。粮食生产连年丰收，油菜生产1989年起多次获得国务院和江西省人民政府的表彰。畜牧水产产值增长较快，特种养殖业有突破性发展，屏山牧场作为龙头企业已初具规模。林业水保工作成绩显著，提前实现基本消灭宜林荒山的目标。水利工程增加102项，其中水库增加15座，旱涝保收面积增加2666.67公顷。城乡电网改造顺利进行，相继完成梅江电网并网、旱塘35千伏输变电站、罗坳变电站等电力项目。

三、工业

工业总产值由1986年的5277万元增长到2000年的27947万元。发展壮大机电、建材、食品、矿产品加工等一批支柱产业，东方红水泥厂成为全省最大的县级机立窑水泥生产企业，于都齿轮箱厂成为全国第三大摩托车车齿轮生产企业，“贡江”牌水泥和“旺”牌摩托车齿轮多次被评为江西省优质产品。同时，开发一批新产品，如花生奶、GY蛋白粉、消声器、潜水泵、烟花鞭炮、电动机等。全县35千伏线路达到125.5千米，10千伏线路达到1230千米，行政村通电率95%。重点建设工程——渔滃埠水利枢纽工程1995年10月开工，1999年12月竣工并网发电，完成工程总投资6188万元。

四、个私经济

1987年12月，于都县个体劳动者第三次代表大会暨先进表彰大会召开，选举产生本届理事会成员23名，通过致全县个体劳动者的倡议书。年底，会员增加到6812名。1995年，全县个体会员13625户，从业人员46844人；团体会员211户，从业人员10783人。1996年4月，于都县个体私营经济协会召开第六次代表大会，选举产生本届理事会成员31名。12月，县委、县政府印发《于都县个协工作职责、内设机构和人员编制方案》，明确个协工作职责，有3个内设机构，人员编制9名。当年开展“公平交易守信年”、“户户讲道德、店店无假货”、“优质优惠服务周”、“巾帼建功”、争当“青年岗位能手”、“青年文明号”集体的竞赛。2000年，结合职业道德教育开展“户户讲道德、店店无假货”和“光彩服务周”活动，引导会员为社会公益事业多做贡献。

第四节 社会事业

一、交通邮电

完成国道319线和323线及224线省道的油路改造，打通盘古山至安远的通道，并铺设县城至盘古山的油路。至2000年，全县70%的县乡道路通油（砼）路，96%的行政村通公路，全县通车里程达以1003.8千米。重点工程建设——长征大桥于1995年10月26日开工，1997年5月1日竣工，大桥全长

607.14 米，南北引道长 2786 米，桥面净宽 12+2×1.5 人行道，总投资 1952 万元，中共中央总书记、国家主席江泽民考察赣南时为大桥题写桥名“于都长征大桥”。

1992 年 6 月开通县内自动电话，同年 9 月开通长途自动电话，1994 年实现由县城电话交换程控化向所有乡（镇）交换程控化的转变，1995 年，在县城建成开通自动无线寻呼发射站，随后在银坑、丰田、盘古山、黄麟、禾丰、仙下、葛坳、段屋新建无线寻呼同播发射点。1996 年，开通分且交换数据网。1997 年，开通互联网。1998 年，开通数字数据网。1998 年，实行邮政、电信分营。1999 年，移动通信业务从电信业务中分离出来组建移动通信公司。2000 年，全县固定电话用户达 4.2 万、移动电话用户达 1.38 万户。邮政先后开办商业信函、特快专递、代发广告、礼仪信函、礼仪电报、礼仪专递、鲜花礼仪、中邮专送广告等新业务。2000 年，函件出口量 111.63 万件，包件出口量 1.50 万件，汇票出口 3.60 万张 3936.44 万元，进口汇票 23.18 万张 19557.58 万元，邮政储蓄年末余额 18631.64 万元，报纸发行量 509.79 万份，杂志发行量 19.73 万份，分拣封发平常函件进口 68.13 万件、出口 76.91 万件，给据函件进口 31.36 万件、出口 35.30 万件。

二、教育科技

1986 年，县内直属学校有于都中学、城效中学、银坑中学、仙下中学、宽田中学、水头中学、梓山中学、利村中学、禾丰中学、三门中学、县职业技术学校、县教师进修学校。1992 年 8 月，城关小学从贡江镇划归县教育局直属学校。1999 年，全县设有完中 13 所（含职业高中 6 所）、初中 32 所（含职为初中 2 所）、小学 487 所（含教学点 121 个）、幼儿园（含学前班）213 所、成人中等专业学校（教师进修学校）1 所。2000 年，全系统在职人员 6571 人，县教育委员会机关在职人员 66 人，教育服务公司 56 人。中学在校学生 39129 人，小学在校学生 91016 人。1986—2000 年，全县共向大专院校输送新生 5012 人，适龄少年儿童入学率和中小学在校学生巩固率提高较快，扫盲工作和普及实验教学均通过验收。1986—2000 年，全县实施和推广各类科技项目 117 项，获得县级以上各种科技奖励的科技成果 138 项，其中获地级以上奖励 34 项。

三、文化艺术

1986 年，各乡（镇）均设有民办公助文化站，负责当地群众文化活动的组织、宣传和辅导工作。至 1992 年，每个文化站都办有图书室、阅览室、游艺室、电影录像队，共有藏书 3.1 万册，设备总值 39 万多元，活动场所增加到 7278 平方米，已建村级文化室 380 个，村办农民业余学校 110 个，盘古山镇、银坑镇、桥头乡文化站被省委宣传部、省文化厅定为一级站，利村、罗江、黄麟乡文化站定为二级站。1993 年后，全县着重抓好乡镇文化站的硬件建设，新添文化活动楼 3 栋（新陂、盘古山、银坑 3 个文化站）。总面积 1200 平方米，设有图书室、阅览室、歌舞厅、游艺室。1997 年全县农村圩镇共办起“光彩报廊”30 余座，长 2500 余米。全县农村有藏书 99687 册。办起“万册农民图书馆”4 个（盘古山、银坑、新陂、段屋），村级图书室 200 余个；全县有文化专业户 2486 户，其中唢呐户 1700 余人，业余剧团 23 个，有采茶戏、灯彩、木偶、于都古文、舞蹈等。至 2000 年，乡镇文化站固定文化活动阵地增加到 11800 平方米。全县有 266 个文化经营网点，各类文化户 2486 户，具有文化经营网点 281 家（县城 194 家、农村 87 家），基本形成以县直文化单位为龙头，乡镇文化站为枢纽，村级文化室为基础，各类文化户为补充的四级文化网络。文化事业围绕文化扶贫、送戏下乡、送科技图书下乡做了大量工作，1995 年县文化馆创办百报长廊，受到国家、省、地有关部门及领导的高度赞扬，文化工作 1991 年受到全国表彰。

四、卫生体育

1986 年，全县有县人民医院、中医院、卫生防疫站、皮肤病防治所、妇幼保健所、药品检验所、结核病防治所和26所乡（镇）卫生院。1990年1月，在县人民医院设立县公费医疗门诊部。1996年12月，机构改革后，有县人民医院、中医院、防疫站、皮防所、妇保所、药检所、结防所、卫生技术培训学校和28所乡（镇）卫生院。2000年，全县有乡级以上医疗卫生机构52个，其中县级综合医院2所，中医院1所，乡（镇）卫生院27所，防疫站、皮防所、妇保所、药检所、结防所、卫生技术培训学校各1所，厂矿企业及其他部门医疗机构16所。有村卫生所402个，个体开业诊所67所。医疗卫生机构在职人员1346人，其中卫生系统1104人，厂矿企业及其他部门医疗机构242人；在岗乡村医生680人，个体医生67人，家庭接生员335人。

1986—1992年，举办学生、职工、老年人等不同层次的运动会124次，参赛人数35330人次，有3人达到国家二级运动员标准，64人达到国家三级运动员标准，176人达到国家少年级运动员标准。比赛活动中，县体育运动委员会举行67次，参赛人数28520人次；全县教育系统举行13次，参赛人数3514人次；其他系统、体协举行44次，参赛人数5816人次。1993—1997年，举办各种运动会156次，参赛人数61255人次，有10人达到国家二级运动员标准，86人达到国家三级运动员标准，225人达到国家少年级运动员标准。比赛活动中，县体育运动委员会举办88次，参赛人数42879人次；县教育委员会25次，参赛人数6126人次。其他乡（镇）、系统、行业及单项体育协会43次，参赛人数12250人次。比赛项目主要有田径、球类、棋牌类、武术、龙舟等。1998—2000年，有6人达到国家二级运动员标准，58人达到国家三级运动同标准，179人达到国家少年级运动员标准。1995年9月30日，举行于都县第三届运动会，共有28个乡（镇）、系统计1012人次参加比赛，设立篮球、乒乓球、门球、田径、举重5个比赛项目，历时4天，贡江、宽田、禾丰分别获乡（镇）组团体总分前三名；教育委员会、财税、农业分别获系统组团体总分前三名。2000年6月，举行“电信杯”迎新世纪环城跑暨第五届全民健身周启动仪式，近千人参加活动。

五、广播电视

1986年，全县通广播村149个，共有入户喇叭18110只。县广播站广播宣传开设以新闻为主体的自办节目，有《于都新闻》《对农村广播》《理论与实践》《学知识》《生活之友》等，自办节目稿件5917篇。1990年9月，在祁禄山开展“一线多用”广播多功能试点获得成功，利用有线广播线路既通广播又通电话，还能双向对话，该镇广播站成为全县第一个村村通广播、机房设备齐全、广播多功能的达标乡（镇）广播站。12月，县广播站在县城北丘屋山安装的100瓦调频广播正式开播，全县有22个乡（镇）可收到调频信号，县至乡（镇）广播得到恢复和发展。2000年1月，广播电视多路微波传输系统在雩山顶建成开通，传输含省、地、县节目在内的12套电视和2套广播节目（中央、省），覆盖全县农村和集镇。乡（镇）所在地和集镇都安装调频接收喇叭。年底，全县共建起农村调频广播发送基站23个，拥有大小调频喇叭3200多只。

1986年9月，盘古山钨矿自筹资金建起于都县第一座卫星地面电视接收站，收转中央一套、中央二套电视节目。1987年，县广播站在县城北丘屋山建起卫星地面电视接收站，并于10月1日正式开通收转，县城和邻近农村观众可收看到中央一台和江西台两套节目。1989年，筹集资金2.81万元，安装接收机、发射天线、稳压电源等设备，于10月1日开始收转中央二台节目，至此，县城及邻近观众同时可收看到三套电视节目。1996年，县城有线电视站改造成提升系统网络，开通中央电视台四套加密电视，共有16套节目。有线电视节目制作设备有摄像机7台，字幕机1台，特技机1台，编辑机2台。2000年，县有线电视台具备采摄、编制、播控、现场录制、现场转播和录播提示等多功能体系。拥有采访摄像设备8套、编辑系统3套、提示录系统1套、播控设备1套、监视器18个、游字播放系统1套。县城区网有线电视终端用户8518户。全县144个村建起有线电视小网。电视终端用户16330户，乡（镇）有线电视传输8～12套节目。村级有线电视传输6～10套节目，中央一套、江西卫视一套为必转节目。

第十五章 瑞金市

瑞金是闻名中外的红色故都、“共和国摇篮”、中央红军长征出发地，苏区时期党中央驻地、中华苏维埃中央政府诞生地、苏区精神和党的群众路线主要形成地。地处千里赣江之源、原中央苏区核心区，境内有赣江源（国家级）自然保护区，是全国规模最大、影响最广的革命传统教育名城，也是赣南东部新兴城市。

	1986年	2000年
总人口（万人）	48.24	58.64
总面积（万公顷）	24.50	24.50
生产总值(亿元)	1.64	17.13
财政收入（亿元）	0.09	1.15
城乡居民储蓄存款余额（亿元）	0.25	11.26

图39-15-1 1986年和2000年瑞金市主要指标比较情况

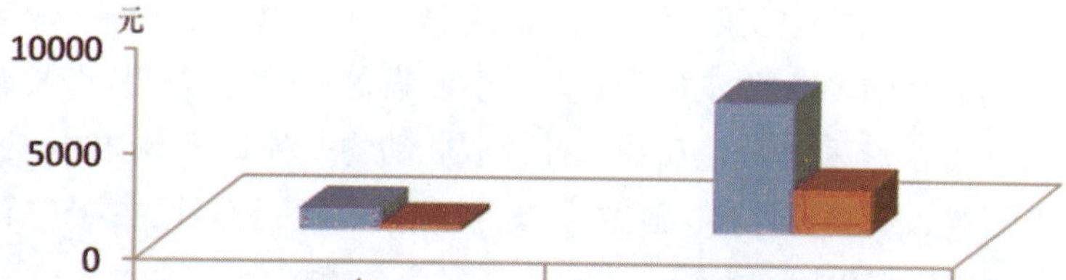

	1986年	2000年
在岗职工平均工资	1044	6281
农民人均纯收入	285	2134

图39-15-2 1986年和2000年瑞金市主要人均收入指标

第一节 地理环境

一、位置面积

瑞金市位于江西省东南，东界福建省长汀县，西连于都县，南邻会昌县，北接宁都县，东北毗石城县，为赣闽粤三省通衢，323 国道、319 国道、206 国道起始或交汇于市区，赣龙铁路纵贯市境。地处北纬 25°30′～26°20′，东经 115°42′～116°22′。市境东西宽约 65 千米、南北约 90 千米。总面积 2450.37 平方千米，市人民政府驻象湖镇，距省会南昌市 398 千米，距赣州市中心城区 143 千米。

二、建置沿革

汉高祖六年（前 201），置雩都县，瑞金属之。唐天祐元年（904），析雩都县象湖镇淘金场置瑞金监，因“掘地得金，金为瑞”而名。南唐保大十一年（953），以瑞金监为县，为瑞金建县之始，属江南西道昭信军。元大德元年（1297），赣州路置会昌州，领瑞金县。元至正二十五年（1365），改赣州路为府，辖瑞金县，清乾隆十九年（1754），置宁都直隶州，辖瑞金县。民国 2 年（1913），瑞金属赣南道。民国 15 年（1926），瑞金划归江西省第六行政区。民国 20 年（1931）11 月，中华苏维埃共和国临时中央政府成立，建都瑞金，辖江西、粤赣、赣南、闽浙赣、闽赣、湘鄂赣、湘赣、湘鄂西、鄂豫皖等省。瑞金县为中华苏维埃共和国中央直属县。民国 24 年（1935）4 月，瑞金县属江西省第八行政区。1949 年 8 月 23 日瑞金解放。1951 年 6 月，瑞金属宁都专区。1952 年 8 月，撤销宁都分区，瑞金属赣州专区。1994 年 5 月 18 日，撤销瑞金县，设立瑞金市。1999 年 2 月 14 日，江西省人民政府批准瑞金市为直辖市，由赣州地区代管。

三、行政区划

1986 年，瑞金县辖象湖镇、国营日东营林林场和瑞林、壬田、九堡、沙洲坝、谢坊、武阳、下坝、大柏地、冈面、日东、叶坪、合龙、黄柏、万田、云石山、泽覃、拔英等 17 个乡，有 270 个村（居）委会，3701 个村（居）民小组。2000 年，全市辖象湖、壬田、沙洲坝、九堡、武阳、谢坊、瑞林等 7 镇和叶坪、日东、合龙、泽覃、云石山、拔英、冈面、万田、下坝、丁陂、大柏地、黄柏等 12 乡，有 271 个村委会、8 个居委会，3692 个村（居）民小组。

四、自然资源

土地资源 土地总面积 24.50 万公顷，其中耕地面积 2.41 万公顷，山地面积 19.44 万公顷。境内土地分为水田土壤、旱地土壤、山地土壤 3 个地类，山地以红壤为主。

植物资源 有野生植物 83 科 341 种，可分为用材、经济、观赏植物等 3 类。用材林主要有杉、松、竹各种阔叶林木，经济林主要有油茶、油桐、棕、板栗、桃、李及药用植物等。

动物资源 境内野生哺乳动物有豺、狗熊、小熊猫等 40 余种，爬行动物有蛇、龟、鳖等 150 种，鱼类有青、草、鲢、鳙等 27 种，两栖动物 7 种，节肢动物 5 种，软体动物 4 种，环节动物有蚯蚓、水蛭等，野生禽类有野鸡、斑鸠、竹鸡、画眉、鹰、杜鹃等近百种，昆虫 130 余种。被列为国家保护动物的有云豹、黄腹角雉、穿山甲、水獭、猫头鹰、猴鹰、蟒蛇等 10 多种。

水资源 境内总蓄水量 19085.4 万立方米，水能蕴藏量 93.33 万千瓦，可开发能量 2.39 万千瓦。境内蓄水工程星罗棋布，建有中小型水库 76 座，塘、坝、陂、堰 3874 座。境内地下水丰富，日常量可达 44.72 万立方米。

矿产资源 有 13 类 26 种矿藏。石灰岩、白云岩、萤石、金为主要矿种。钽铌矿、矿泉水、钨、锡、银、铁、锰、黏土、无烟煤、磷、腐肥等为次要矿种。铀、稀土为稀有矿种。已探明储量的矿种有金矿、银矿、白云岩矿、石灰岩矿、高岭土、稀土矿等 19 种。

五、气象水文

瑞金市属亚热带季风湿润气候，四季分明，年平均气温 18.9℃，全年日照时数 1838.2 小时，极端最高气温 39℃，极端最低气温—6.5℃，全年平均降雨量 1710 毫米，无霜期 269 天。

境内水域属贡江水系。全市河溪 252 条，总流程 1850.6 千米，河网密度为每平方千米 0.76 千米，除拔英乡境内的两条小溪注入福建濯田河外，其余水域均注贡江。主要河流有绵江、九堡河、万田河和梅江。地下水蕴藏丰富，日产量可达44.72万立方米，年产量达1.6亿立方米。

第二节　人口　人民生活

一、人口民族

2000年年末，常住人口132275户，总人口586368人，其中非农业人口83898人，人口密度为每平方千米239人；汉族人口584794人，少数民族有畲族、蒙古族、回族、藏族、苗族、壮族、侗族、白族、朝鲜族、维吾尔族、土族、傣族、彝族、布依族、满族、土家族、景颇族、瑶族、高山族等，共1574人。

2000年人口普查时，全市有213姓，其中人口在10000万人以上的有刘姓、钟姓、杨姓、陈姓、谢姓、朱姓、曾姓、赖姓、李姓、黄姓、邹姓等姓氏；人口在5000～10000人的姓氏有张姓、王姓、罗姓、梁姓、郭姓、胡姓、邓姓、宋姓、袁姓；人口在3000～5000人的姓氏有廖姓、周姓、丁姓、许姓、邱姓。刘姓、钟姓、杨姓三姓合计人口在17万以上。少数民族畲族雷姓、蓝姓两姓合计人口1312人。

二、人民生活

城乡居民生活水平逐步提高。贫困人口由1987年的14169户70475人，下降至2000年的3810户16951人，贫困人口人均收入增至1112元。2000年，在岗职工平均工资为6281元，农民人均纯收入2134元。城乡居民人均居住面积分别达9.5平方米和14平方米。人均消费支出1121.72元。彩电、冰箱、VCD、摩托车、电话等高档消费品逐渐进入普通家庭。平均每百户拥有自行车120辆，摩托车25辆，黑白、彩色电视机116台，大型家具42套。居民储蓄存款余额达112597万元。

第三节　经济状况

一、经济综合

1986年，城乡分布集贸市场26个，拥有商业机构3272个、从业人员6815人，饮食服务机构808个、从业人员1637人，社会商品零售总额8993万元。2000年，瑞金市城乡集贸市场发展至40个，商贸系统从业人员25522人，其中个体私营业者24415人。国有及国有控股商贸机构购进商品总额4007.1万元，销售总额4866.7万元。社会消费品零售总额达74886万元。

二、农业

以种植业为主，且以水稻为大宗，其次为红薯、大豆。1985年，国家取消农副产品统购统销和派购制度，农业从计划经济步入市场经济轨道。1996年，市委、市政府实施“山上再造，兴果富民”政策，发展脐橙、蜜橘、奈李等优质水果。同时，引进人才和技术，发展水产养殖业，人工养殖鳗鱼，出口烤鳗创汇。1997年，全市农村完成第二轮土地承包，完善农民家庭联产承包生产责任制。在不改变土地所有权和农民自愿、有偿及互惠互利的原则下，允许土地经营权流通和转让，开展农业产业化经营。

1986年，全县粮食作物播种面积34489公顷（其中水稻29395.53公顷），总产量11.73万吨（水稻11.29万吨）；主要经济作物播种面积6174.27公顷（其中甘蔗3002.87公顷、油菜1523.8公顷），总产量118330.96吨（甘蔗113723吨、油菜籽1003吨）；生猪饲养量23975头，出栏115866头，禽类饲养量1589100只，出笼878700只；产鲜鱼2353.9吨；果物种植240公顷，产鲜果689吨。2000年，粮食作物播种面积32191.4公顷（其中水稻26228.87公顷），总产量15.24万吨（水稻13.92万吨）；主要经济作物播种面积11530.8公顷（其中甘蔗1232.2公顷、花生2868.73公顷、荸荠608.67公顷、油菜6480.13公顷、白莲341.07公顷），总产量97242吨（其中甘蔗74684吨、花生6451吨、荸荠10245吨、油菜籽5626吨、白莲236吨），生猪饲养量331516头，出栏200125头；禽类饲养量6879800羽，出笼5022400羽，鲜鱼产量8664吨（其中鳗鱼1580吨）；果物种植4701.2公顷，产鲜果13353吨。

1988年，林业用地面积175725公顷，其中有林地94687公顷、疏林地19735公顷、灌木林地208公顷、造林未成林地7558公顷、无林地53537公顷，林木蓄积量280.2万立方米。1991年8月，林业部确定瑞金为长江流域防护林示范试点，并提出十年绿化瑞金的目标。1986—2000年，瑞金市（县）人工植树造林65601公顷，飞播造林64047公顷。2000年，全市果园面积4701公顷，主要有板栗、柑橘、脐橙、桃、李、枣等，产鲜果13353吨；茶园面积74.8公顷，产茶叶13吨。

三、工业

现代工业起步于20世纪60年代，80年代初具规模，并形成国营、集体两大工业体系。20世纪90年代，民营工业成为地方工业的生力军。至2000年，瑞金市工业基本形成以建材水泥为龙头、食品制药为主导的资源型加工工业体系。拥有电力、建材、水泥、五金、机械、造纸、印刷、化工、制糖、制药、电线电缆等数十种产业300多种产品，创部（省）优产品30余种。

2000年，全市工业企业从业人员23412人，工业总产值达99889.2万元，固定资产达17185万元。主要有采矿、选矿、电力、制糖、制药、机械修造、建材、五金、陶瓷、化工、染织、服装、皮革、造纸、藤具、工艺、花炮、塑料制品、竹木加工和食品等20多个门类300多种产品。

四、个私经济

瑞金个体私营企业出现于1984年。是年，全县有个体私营企业637家，从业人员841人，实现总收入161.9万元，创产值157万元，创税8.2万元。随着计划经济加快向市场经济转轨，个私经济蓬勃发展。1995年起，瑞金市加快乡村集体企业改革步伐，将企业推向市场，并把部分高投入、低产出、高消耗、低效益的企业拍卖给私人经营，逐步出现汇峰矿产品、闽赣钢材制品等一批私营企业有限责任公司。2000年，个体企业8543家，从业人员27494人，实现总产值9.99亿元；私营企业769家，从业人员6176人，实现总产值3.51亿元。

第四节　社会事业

一、交通邮电

1986年，境内公路总长1010.98千米。323国道、319国道、206国道在境内交汇，各乡镇均通公路。20世纪末期，交通现代化进程明显加快。至2000年，3条国道瑞金段改造工程基本完成，319国道建成高等级公路、323国道改建成二级砼路、206国道二级油路工程基本建成，市乡干线已砼（油）路化。境内公路总长1711.69千米，其中国道、省道144.05千米，市干道339.74千米，乡道264.9千米，村道963千米；主要公路桥梁190座，总长2925.88米；拥有载客汽车322辆5100座，载货汽车309辆，特种车辆16辆，农用车440辆，微型车42辆，摩托车15312辆，货船28艘，全年货运量127.5万吨，货运周转量15963.3万吨千米，客运量314.5万人次，客运周转量29400.7万人千米。赣龙铁路瑞金段开工兴建。

1986年，县邮电局下设邮电所11个、邮政所3个，有职工194人。境内邮路168千米，全年办理邮件330万件。1991年10月，市话自动系统工程割接开通。至1994年，实现瑞金长途传输数字化，市话交换程控化。1995年，全市农村电话亦采用程控自动设备，结束“摇把子”时代，全市电话程控化工程告竣。1996年，市话安装纵横自动交换机总容量达27912门。拥有长途线路243路，本地网300

路，数字数据电路30路。1998年，邮电分营，成立瑞金市邮政局、瑞金市电信局，城区增设1个邮政支局，下设14个邮政所，2个邮政代办所和13个电信所，有职工201人。2000年，市邮政局拥有员工91人，当年发行报纸334865份、期刊173664份，函件出口1302792件、进口710411件，包件进口15056件、出口15204件；市电信局拥有职工227人，程控电话装机容量60480门，年末用户57905户，其中农村电话40000门；1999年6月，市移动通信公司从电信局拆出后，当年开通“神州行”业务；至年末，“全球通”“神州行”移动电话用户达4501户。2000年，开通“1860”“1861”客户热线；至年末，手机用户达6181户。

二、教育科技

1986年，瑞金县共有初级中学38所，在校生14125人，高级中学6所，在校生2366人，中学专任教师1053人；小学723所，在校生72873人，教职工3041人；公办幼儿园1所，在园幼儿406人，教职工19人，民办幼儿园21所，在园幼儿918人；职业中学2所，在校生787人，教职工55人；成人中等专业学校1所，在校生46人；适龄儿童入学率95.1%，向大中专学校输送学生327人。20世纪90年代，投入巨资改善教学条件、兴建校舍。2000年，设普通中学34所，其中高中6所、初中28所，在校学生33183人，教职工5412人，其中专职教师1651人；小学231所，在校生54825人，教职人员3312人；师范学校1所，在校生1032人，教职员工92人；农业职业学校3所，其中高级1所、初级2所，在校生3458人，教职工206人；幼儿园118所，在园幼儿8506人，教职人员314人。1986—2000年，全市教育累计投资达2.8亿元。1986年，瑞金县设立科研机构5个，科技服务站25个，拥有各类专业技术人员672人，其中获中级职称者44人。20世纪80年代末至90年代初，瑞金组织实施省级重点科技项目2项、地级18项，组织实施科研、示范、推广项目26项（其中获部级奖励2项、省级奖9项、地区级奖39项、县级奖120项）。1991—2000年，加大科技投入，开展科研活动，有170项科技成果获市以上奖励。2000年，拥有各类专业技术人员5002人，其中取得高级职称89人、中级1187人。

三、文化艺术

1986年，瑞金县设立文化艺术机构10个，文化场所8处。1989年，开始举办“红都之春”艺术节，此后每年举办一届，由单一的音乐会演变成音乐、舞蹈、戏曲等多种文艺形式。同时，开展文艺作品展览、商品展销等综合性文化经贸活动，参与者每年达数万人。2000年，瑞金市拥有文化馆1个、剧团1个、电影公司1个、电影放映队30个、图书馆1个，文化专业人员163人，各乡（镇）设立文化站，民间成立各类业余文化团体24个，人员421人。主要设施有文化馆、图书馆、新华书店、影剧院、工人文化宫。市新华书店年销售收入达300万元。2000年，放映电影4695场，观众达318万人次。市图书馆藏书12万册。

四、卫生体育

2000年，瑞金市有医药卫生机构36个，其中市直属机构9个、乡（镇）卫生院18个，设病床812张，医护人员939人，其中获正、副高级技术职称医护人员31人，中级142人，初级439人，无职称327人，平均每千人口中有医务人员1.2人。瑞金市人民医院被卫生部确定为二等甲级医院，规模宏大，设备齐全，配备有彩色B超机、CT机等现代诊视设备。瑞金市人民医院、市中医院隶属江西中医学院定点教学基地。改革开放后，农村医疗卫生事业稳步发展，个体私营医药事业进一步扩充。2000年，全市拥有农村卫生所244个，城镇诊疗所93个；全市完成各种疫苗接种114119人次。

1986—1987年，瑞金县体育运动委员会与县文教局合署办公，1988年从教育局析出。1986年，创办少儿业余体育学校。1995年5月，国务院颁布实施《全民健身计划纲要》后，各机关、厂矿、学校、乡（镇）陆续兴建一批篮、排球和小运动场。2000年年底，全市拥有体育场所269个，其中体育馆1

座、运动场1个、小运动场160个、训练房1个、水泥篮球场94个、游泳池1个、灯光球场5个（4个带看台）、门球场4个、气排球场2个，场地面积24.81万平方米，人均体育场地面积0.41平方米。1986—2000年，举办各种全市性体育比赛83次。

五、广播电视

2000年，瑞金市广播电视系统从业人员155人，拥有录像放映厅15个，录像放映队32个。城乡拥有广播电台1个，广播站19个，广播人口覆盖率87%。全市有电视台8座（其中差转台5座），电视卫星接收站1座，乡村电视站260个。瑞金人民广播电台、瑞金电视台信号覆盖瑞金全境及周边县区，瑞金有线电视台可同时播发21个频道。全市电视人口覆盖率93%，其中有线电视普及率60%。

第十六章　会昌县

会昌县是鱼米之乡，江西省商品粮基地，林业部速生丰产林基地，全省烟叶生产大县，中国米粉之乡，是江西通往沿海地区的东南门户，素有“东南闽粤作咽喉”之称。这里山灵水秀，物产丰富，民风淳朴，人文荟萃，被毛泽东誉为“风景这边独好”。

	1986年	2000年
总人口（万人）	33.54	41.76
总面积（万公顷）	27.09	27.10
生产总值(亿元)	1.08	10.63
财政收入（亿元）	0.12	1.19
城乡居民储蓄存款余额（亿元）	0.18	4.31

图39-16-1　1986年和2000年会昌县主要指标比较情况

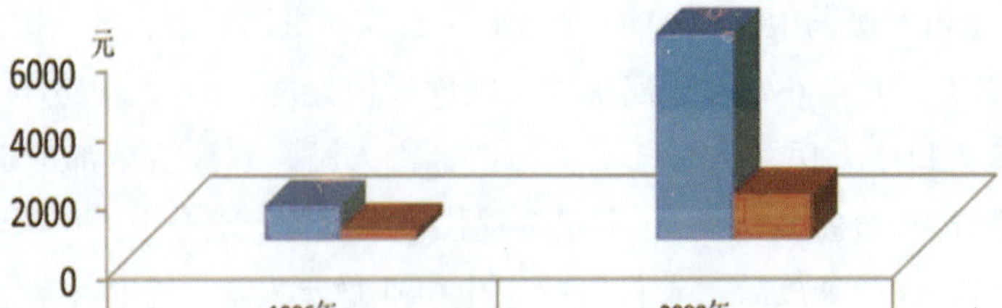

	1986年	2000年
在岗职工平均工资	998	5960
农民人均纯收入	325	1332

图39-16-2　1986年和2000年会昌县主要人均收入指标

第一节　地理环境

一、位置面积

会昌县位于赣州东南部，武夷山余脉西麓，南岭余脉北端，赣江一级支流贡江上游；地处北纬25°09′～25°55′，东经115°29′～116°02′。东南邻福建省武平县，南接寻乌县，西南毗安远县，西北连于都县，东北交瑞金市。东西距56千米，南北长85千米，总面积2709.9平方千米。县人民政府驻湘江镇东街11号，距赣州市中心城区148千米，距南昌市495千米。

二、建置沿革

汉高祖六年（前201），置雩都县，会昌属之。北宋太平兴国七年（982），析于都县东南六乡置会昌县。时逢镇人凿井，得砖十二块，上有篆文“会昌”两字，因此以会昌名县。县治九州镇（今湘江镇）。南宋绍定四年（1231），升会昌县为军，南宋咸淳五年（1269）复为县。元大德元年（1297），升会昌县为州，辖瑞金县，属赣州路。明洪武二年（1369）改赣州路为府，会昌复为县。苏维埃时期，会昌境域先后分设会昌县、西江县、门岭县。1934年5月，西江县划为苏维埃中央直属县。民国21年（1932），会昌县属江西省第十二行政区。民国24年（1935），会昌县属江西省第八行政区。1949年8月22日会昌县解放，会昌县属赣州分区。1949年9月，会昌县属宁都分区。1952年8月，撤销宁都分区，会昌县属赣州专区。1954年6月，撤销赣州专区，会昌县属赣南行政公署。1964年赣南行政公署改为赣州地区革命委员会，1978年改为赣州地区行政公署，会昌均属之。1999年7月撤销赣州地区行政公署，改为赣州市人民政府，会昌县隶属赣州市。

三、行政区划

1986年，全县辖筠门岭、长岭、清溪、周田、右水、高排、晓龙、麻州、文武坝、富城、中村、站塘、永隆、洞头、珠兰、庄口、白鹅、庄埠、西江、小密、凤凰岽乡21个乡和湘江镇1个镇，279个村委会、8个居委会、3202个村民小组。1987年，全县设21个乡1个镇、278个村委会、8个居委会、3189个村民小组。1989年1月，西江、筠门岭撤乡建镇，全县设19个乡3个镇。村委会、居委会未变，村民小组增至3224个。1995年10月，庄口、麻州、周田撤乡建镇。1997年3月，文武坝撤乡建镇。2000年，全县辖湘江、筠门岭、西江、周田、麻州、庄口、文武坝7个镇，长岭、清溪、右水、高排、晓龙、珠兰、洞头、中村、站塘、永隆、富城、小密、凤凰岽、庄埠、白鹅15个乡，277个村委会，6个居委会，3202个村民小组。

四、自然资源

土地资源　全县土地面积27.09万公顷。其中林地面积20.93万公顷，占全县土地面积的77.26%；耕地面积2.39万公顷，占全县土地面积8.82%；草地、沼地、沙地等未利用土地面积1.62万公顷，占全县土地面积5.98%。

动植物资源　2000年，境内有树种82科472种，地带性植物6种。珍稀植物有国家保护植物银杏、南方红豆杉、水杉、天竺桂、油杉、樟树、楠木和省保护植物突托蜡梅、竹柏、桂花、玉兰、肉桂、豹皮樟、榧树、阿丁枫等。尚存100年以上古树92棵。野生动物有500余种。珍稀动物主要有国家保护动物云豹、黑鹿、水鹿、虎纹蛙、穿山甲、蛇雕、白鹇、草鸮和省重点保护动物赤麂、鼬獾、黄鼬、灰胸竹鸡、环颈雉、鹧鸪、眼镜王蛇、眼镜蛇、灰鼠蛇、银环蛇、果子狸、黄麂、鹰嘴龟等。

水资源　县内溪流纵横，有大小河流319条，总长1726千米。水域面积7363.63公顷，年均流量

43.3立方米/秒，年均地表径流量21.98亿立方米。全县水能蕴藏量17.9万千瓦，可开发利用发电量2.18亿千瓦时。平均水能密度65.8千瓦/平方千米，可供开发量3.7万千瓦。地下水资源遍布全县，有矿泉、温泉18处可供开发利用。全县日产地下水98.35万吨，年产水量3.59亿吨。已开发利用地下水1.4万吨，年利用地下水500万吨。

矿产资源 金属矿有锡、铜、金、稀土、铁、铋、钼、锑、锰、钴、铅、钨、锌、钛等，其中清溪乡的锡矿储量最大达10万吨，平均品位0.84%。已开发利用的有锡、钨、稀土、铜等。非金属矿有石灰石、岩盐、萤石、石膏矿、陶土、花岗石、无烟煤等，其中周田镇的岩盐储量最大达21.4亿吨，文武坝、筠门岭的萤石矿储量260万吨，西江、小密的石灰石绵延几十里。已开发利用的有石灰石、岩盐、萤石、石膏矿、陶土、无烟煤等。

五、气象水文

会昌县属中亚热带季风湿润气候区，一般表现为春早阴雨绵，常有寒潮袭；夏长无酷暑，先涝后转旱；秋爽少降水，寒露多秋寒；冬长三月余，干冷少冻雪。1986—2000年，年平均气温19.3℃，比历年平均气温高0.2℃。极端最高气温39.3℃，出现在1989年7月21日。极端最低气温—7℃，出现在1999年12月23日。

少雨年与多雨年界限较为分明。1991年为少雨年，降水量最少，比历年均值少三成多，汛期总雨量仅399.9毫米，汛期不汛。后几年为多雨年，暴雨频繁，造成多次洪涝灾害。1992年3月25—28日，连降暴雨，月雨量突破历史极值，造成罕见旱汛。1994年12月2日、8日暴雨记录，月降雨量218.1毫米，突破历史极值。

第二节 人口 人民生活

一、人口民族

1986年年初，全县总户数61822户，总人口335366人，其中女性163977人，城镇人口32506人。人口密度124人/平方千米。1990年7月1日，第四次全国人口普查时点，全县有73913户，总人口363027人，其中城镇人口89380人。人口密度134人/平方千米。2000年11月1日，第五次全国人口普查时点，全县有95505户，总人口388115人，其中城镇人口66851人。人口密度143人/平方千米。2000年年末，全县总户数98680户，总人口417552人，其中女性203056人，城镇人口48354人。人口密度154人/平方千米。1986—2000年，全县净增人口82186人，其中男性43107人、女性39079人。

1986年年初，全县共有7个民族。其中汉族人口332013人，占全县总人口的99%；少数民族人口3353人，占全县总人口1%。2000年，全县共有20个民族。其中汉族人口384304人，占全县人口99.01%。

1985年，会昌县有113个姓氏。至1998年9月，会昌有232个姓氏。全县有18个姓氏的人口超过5000人。其中5000～10000人的姓氏有吴姓、许姓、赖姓、邹姓、胡姓、何姓、郭姓、谢姓、黄姓、罗姓等；10000人以上姓氏有刘姓、曾姓、萧姓、王姓、钟姓、张姓、陈姓、李姓等。

二、人民生活

农村人均纯收入1986年325元，2000年1332元。在岗职工年平均工资1986年998元，2000年5960元。社会消费品零售总额1986年7149万元，2000年44335万元。

1986年职工养老保险由各系统统筹，1987年转为县统筹。机关事业单位职工实行公费医疗。1993年开展农村社会养老保险，1998年开始实施城镇居民最低生活保障制度，8月实施下岗职工基本生活保障制度。1999 年 9 月实施农村居民最低生活保障制度。2000 年全县养老保险参保 9614 人，发放养老金 1098.29 万元；城镇居民最低生活保障 812 人，8.76 万元；下岗职工基本生活保障 717 人，231 万元；职工公费医疗支出 226 万元。

第三节　经济状况

一、经济综合

1986—2000 年，全县经济持续、快速增长，1986 年，会昌县实现生产总值 10763 万元，工农业总产值 12520 万元，其中农业总产值 9092 万元、工业总产值 3428 万元。2000 年，会昌县实现生产总值 106322 万元，比 1986 年增长 8.88 倍，年均增长 17.77%。工农业总产值 120372 万元，增长 8.61 倍，年均增长 17.14%，其中农业总产值 77002 万元，增长 7.47 倍，年均增长 16.49%；工业总产值 43370 万元，增长 11.65 倍，年均增长 18.48%。1986 年，财政收入 1215 万元，2000 年 11902 万元，增长 8.8 倍，年均增长 7.12%。1986 年，固定资产投资 654 万元，2000 年 8625 万元，增长 12.19 倍，年均增长 19.51%。1986 年，银行业各项存款余额 269 万元，贷款余额 7183 万元，城乡居民储蓄存款余额 1783 万元，2000 年，银行业各项存款余额 43129 万元，贷款余额 41239 万元，城乡居民储蓄存款余额 43129 万元。

二、农业

会昌县是山区农业县，历来以种植粮食作物为主。粮食作物主要有水稻、小麦、大麦、玉米、高粱、甘薯、大豆、蚕豆、绿豆、红光豆。经济作物有花生、油菜籽、芝麻、甘蔗、烟叶、莲子、果用瓜、药材、荸荠、蔬菜、雪莲果等。水果主要有脐橙、柑橘、桃、李等。粮食总产量 1986 年 101796 吨，2000 年 162757 万吨。烟叶总产量 1986 年 24.3 吨，2000 年 1181 吨。1991 年，开始实施“兴果富民”政策，经逐年发展，2000 年脐橙种植 7605 公顷，总产量 8282 吨。

会昌县是赣南重点林区，也是林业部速生丰产林基地县。1986 年，有林地 14.73 万公顷，森林覆盖率 40.9%。2000 年有林地 21.79 万公顷，森林覆盖率 78.9%。主要乔木有马尾松、杉木、枫树、酸枣、樟树、泡桐、紫树、油茶、黄端木等，竹类有黄竹、桂竹、楠竹、旺竹和小杂竹等。

家禽家畜饲养主要以猪、牛、羊，以及鸡、鸭、鹅为主。生猪产量 1986 年 49847 头，2000 年 21.5 万头。牛 1986 年年末存栏 31602 头，2000 年 45247 头。

水产有鱼类 13 科 34 种，以养殖青鱼、草鱼、鲢鱼、鳙鱼为主。全县总水面 7364 公顷，有各类型水库 53 座，可供养鱼水面 3933 公顷。大小鱼塘 4050 口，养鱼水面 1967 公顷，稻田养鱼面积 28736 公顷，总产量 1986 年 1360 吨，2000 年 8321 吨。

三、工业

20 世纪 80 年代，会昌工业初具规模，形成国营、集体两大工业体系。20 世纪 90 年代民营工业崛起，并迅速成为县地方工业主力军。其间，大部分企业进行企业产权制度和职工身份两种置换。1986 年，工业有采矿、电力、砖瓦、水泥、造船、印刷、化肥、松香、制糖、制药、农机、汽车维配、转鼓、铸件、酿酒、糕点、豆类食品、藤器、陶瓷、造纸、制线、缝纫、橡塑、木材加工、自来水、饲料加工、粮食加工等。2000 年，工业门类涉及矿产、建材、食品加工、化工、电力、机械、酿酒、印刷、服装加工、制药、机电、电子等 10 余种工业产业。重点发展矿产和食品加工产业，江西米粉被评为江西省免检产品，是江西省重点保护产品，远销英国、美国等 20 多个国家和中国香港地区。1986 年，全县有工业企业 112 家，从业人员 4981 人，实现工业总产值 4044 万元。2000 年，全县有规模以上工业企业 56 家，从业人员 2933 人，实现工业总产值 43370 万元。

四、个私经济

1986 年起，会昌县对个私经济实施“四轮驱动，多轨运行，分类指导，放手发展”的措施，带领农民奔小康。1991 年以后，县制定优惠政策，大力扶持、鼓励乡镇集体、私营、个体企业和“三资”企业上规模、上档次、增效益，提高经济实力和管理水平。1996 年起，乡镇集体企业采取出租、兼并、拍卖等形式全面实行产权改革，个体私营经济蓬勃发展，遍及工业、商业、交通运输、建筑、食品加工、林竹加工、水利电力、机械制造、服装鞋帽、种植养殖、餐饮服务等各个行业。1986 年，全县有集体企业 68 家、私营企业 6 家、个体企业 86 家，从业人数 8500 人，总产值 1221 万元。2000 年，全县个私经济增至 6877 家，其中个体私营企业 6633 家，占 96.45%；“三资”企业 12 家。从业人数 18559 人，占全县农业总劳动力 8.3%。实现总产值 78126 万元，成为县国民经济新的增长点。

五、新产品开发

1986—2000 年，会昌县新产品开发主要有“汉仙岩”牌锡精矿、碘盐、“金牛”牌 GZGP 普通转鼓、跳汰筛、四面伸展绷平干燥机、划槽、微型水轮发电机组、纤维板、耐火材料系列制品、“神龙”牌 NFG-Ⅱ型防水隔热粉、PP 编织袋、“银河”牌天那水、磁疗暖脚器、“五丰”牌银丝米粉、“汉仙”牌银光米粉、“高富”牌江西米粉、“太平”牌麦饭石酱油、特酿辣酱、多味鲜辣椒、“天禄”牌金瓜糕、“天禄”牌赛参宝、“枣花”牌酸枣糕、38°岚酒、鹧鸪宴酒、保春酿、“会昌”牌八宝惊风散、灵通打药酒等。

第四节 社会事业

一、交通邮电

1986 年年初，路经县境国道 2 条、省道 2 条，总长 172.06 千米，国省道桥梁 39 座，县乡公路 3 条 98 千米、乡村公路 20 条 168.9 千米、其他公路 111 条 326.32 千米。全县有公路 138 条 765.58 千米，均是沙石路面。至 2000 年，323 国道、省道建成二级标准四车道混凝土路面。206 国道改线降坡，建成柏油路面及部分混凝土路面。县乡道基本建成混凝土路面。新开县乡公路 4 条（含开通省际断头公路），有公路桥梁（不含乡村公路）85 座，其中国道桥梁 34 座、省道桥梁 17 座、县道桥梁 34 座。全县 98.4%的行政村通公路。全县有客车 51 辆，客运量 170 万人次，周转量 8000 万人千米，货车 136 辆（不含中拖、手拖），货运量 80 万吨，周转量 5000 万吨千米。船舶 11 艘 955 吨位，人员渡口 32 个，渡船 31 只，渡工 39 人。

1986 年 1 月，开通会昌至赣州 JE-12B 型高十二路载波电话，长话电路净增 5 条，实现长途电话半自动拨号。1992 年 9 月，开通 1000 门长市农三合一纵横制市内自动电话，县城至乡（镇）中继电路实现半自动拨号，长途电话进入国内、国际自动网。1994 年 8 月，模拟移动通信基站建成并正式开通；11 月，相继开通加拿大 DMS-100/200 型程控电话 5400 门，480 路微波传输和 BP 机无线寻呼，实现市内交换程控化；12 月，BP 机与全地区实行同播联网。县至各乡（镇）实现数字传输。1997 年，数字移动通信基站投入使用。至 2000 年年底，自办邮路 5 条，总长 629 千米，投递路线 48 条总长 960 千米。有信箱（筒）23 个、邮政储蓄网点 13 处。长途业务电路 490 路，市话交换机总容量 10520 门，中继电路 3480 对，电缆 320 皮长千米，装机用户 9837 户。农话交换机总容量 15824 门，传输点 32 个，光缆长度 536 千米，装机用户 6590 户，公用电话 502 部，全县有 233 个行政村通电话。“全球通”用户 4400 余户，神州行用户 1400 余户，移动通信覆盖率 50%。

二、教育科技

1986年起，会昌县基础教育实行“县、乡、村三级办学，县、乡两级管理，以县为主”的办学管理体制。1993年2月后，逐步改变政府包揽办学，形成“以县、乡、村办学为主，社会力量积极参与办学”的良好格局。2000年，参加学历培训教师1755人，其中498人获中师学历、551人获大专学历、247人获本科学历、541人其他未获得学历。全县小学专任教师学历合格率提高到90.9%，初中专任教师学历合格率提高到80.4%。1986年，全县幼儿园47个，在园幼儿1909人；2000年，增加到196个，在园幼儿6276人。会昌县幼儿园达到“市示范性幼儿园”一级一类标准。1997年3月，县普及中小学实验教学工作通过省级评估验收。1998年10月，县普及九年义务教育工作通过省级评估验收。1998年，在全县各学校推行素质教育。1986—2000年，全县向大专院校输送新生1257名。1996年10月，会昌县扫除青壮年文盲工作通过省级评估验收。至2000年，全县扫除青壮年文盲36111人，非盲率98.9%。1986—2000年，通过电视师范教育和高等教育自学考试，有1082人获大专以上学历，407人获中师学历。1986年，全县教育经费345万元；2000年，增至2369万元。学生人均教育经费由1986年的49.93元增至2000年的373元。1995年，完成主体校舍土改砖，全县校舍基本消灭危房。1996—2000年，全县投入校建资金2713.51万元，新建、改建校舍7.08万平方米，基本改变校舍少缺状况。

1989年冬，开始实施“科技兴县”发展战略。至2000年，全县累计投入科技经费105.95万元，组织实施各类科技计划项目236项次（县级191项、市级27项、省级18项）。完成或取得阶段性成果项目212项次，完成率89.8%。科技成果有36项获县级奖、13项获市级奖、5项获省级奖、4项获国家奖。1986—2000年，全县累计专利申请公开量23件，其中发明专利4件、实用新型专利11件，外观设计专利8项。1995年3月，县食品厂赛多宝金瓜糕产品在江西省“新专利、新产品、新成果”博览会上获金奖。1996年4月，多功能恒温暖脚器参加江西省“科技新成果、新产品交易会”获金奖；同年9月，会昌“银光”牌米粉丝、酸枣糕在全国“星火计划”十周年成果展参展。1998年“江西米粉”系列产品在“中国星火新产品”成果展获“埃及金字塔金奖”。

三、文化艺术

1986—2000年，文化形成“国家、集体、个体并存和以个体经营为主要形式”的新格局。至2000年年底，全县有歌厅15家，舞厅9家，VCD出租、零售门点20个，书摊22个，书屋13家，各种娱乐室28个。民间灯彩、舞蹈、演艺深受农民群众欢迎。西江镇坝子村3个农民业余戏团，从1998年起至2000年一直活跃在闽粤赣边界地区，每年各团演出都在300场以上。1990年9月，县首次举办综合性群众节目“岚山金秋艺术节”，活动项目8个，1200余人参加，接纳观众5万人次。此后，每隔一年举办一次，至2000年，共举办4次。1988年9月，县图书馆建成，面积1264平方米，馆藏图书5300余册。1999年，该图书馆拆除，另择新址重建。2000年，馆藏图书74000余册，其中古籍1200余册。

1986—2000年，电影受电视与录像放映的激烈竞争和挑战，观众上座率连年下降，发行与放映收入逐年减少。

县博物馆馆藏文物2355件，其中一级文物3件、二级文物12件、三级文物215件。有省级文物保护单位3处、县级文物保护单位17处。县博物馆参与对会昌山、汉仙岩、会寻安中心县委旧址等文物景观的开发利用，每年接待游客10万余人次。

四、卫生体育

1988年，在县人民医院、县中医院先后实行院长承包和目标管理责任制；同年，全县19个乡镇卫生院和两所中心卫生院实行县、乡两级管理，以乡为主的管理体制。1995年，乡镇村两级医疗机构中实施一体化管理。1998 年 9 月，会昌县医疗单位分配制度改革经验在全地区推广。2000 年 5 月，全县医疗卫生单位全面推行全员聘用合同制为主要内容的人事制度改革。2000 年，县乡医疗机构有 28 个，工矿企业、学校设有卫生所 240 个，乡镇个体诊所 34 个。全县病床总数 365 张，比 1986 年增加 36 张。有医务人员 684 人，比 1986 年增加 113 人。其中卫生技术人员 564 人，增加 123 人。1986 年初，投入 71.5 万余元，兴建占地 47.2 公顷、建筑面积 2854 平方米、总造价 110 余万元的会昌体育馆，1992 年 9 月投入使用。1986—2000 年，全县先后建成 200 米以上跑道田径场 9 个、篮球场 60 个，排球场 5 个，门球场 8 个，乒乓球室 97 个，游泳池 1 个。1989—1998 年，参加赣州地区运动会 4 次，会昌县运动员共获金牌 13 枚、银牌 20 枚、铜牌 38 枚。1986—2000 年，先后向省体校、体工大队、大专院校体育系输送人才 14 人。

五、广播电视

1989 年，建成 100 兆调频广播。1995 年，又改建为 300 兆调频发射台，广播覆盖面 65%以上。2000 年，全县有调频广播的乡镇 14 个，安装调频音箱 220 只。电视差转台由 1986 年的 9 座发展到 52 座。卫星地面接收站从无到有，计 90 座。有线电视网络 108 个，其中村级 87 个。终端用户 2.73 万户，其中县城 5200 户、厂矿 6050 户、农村 1.6 万户。户装卫星地面接收设施 310 个，实现村村通广播电视。2000 年，被江西省计划委员会、广播电视厅评为“村村通先进单位”。

第十七章　寻乌县

寻乌县是土地革命时期中央苏区革命根据地之一。1930 年 5 月，毛泽东在寻乌开展著名的“寻乌调查”，做了详细的《寻乌调查》笔录，并写下《反对本本主义》一文，首次提出“没有调查，没有发言权”的著名论断，寻乌由此成为中国共产党实事求是思想路线的发祥地。寻乌是东江发源地，源头位于三标乡桠髻钵山南侧。这里有着柑橘种植得天独厚的气候和土壤条件，盛产蜜橘、脐橙，是“中国蜜橘之乡”、中国脐橙出口基地县。境内稀土资源丰富，素有“稀土王国”之称。

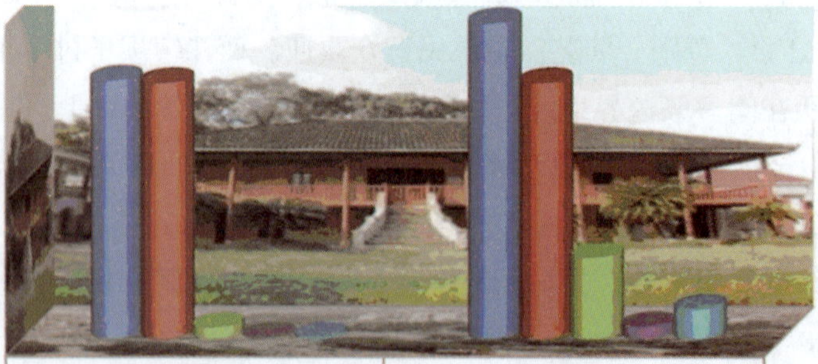

	1986年	2000年
总人口（万人）	23.46	28.66
总面积（万公顷）	23.23	23.23
生产总值(亿元)	1.26	7.42
财政收入（亿元）	0.10	1.14
城乡居民储蓄存款余额（亿元）	0.13	2.75

图 39－17－1　1986 年和 2000 年寻乌县主要指标比较情况

	1986年	2000年
在岗职工平均工资	990.00	5658.00
农民人均纯收入	306.00	1295.00
居民人均储蓄存款余额	57.25	958.91

图 39－17－2　1986 年和 2000 年寻乌县主要人均收入指标

第一节　地理环境

一、位置面积

寻乌县位于赣州东南，赣闽粤三省交界处。东邻福建省武平县和广东省平远县，西毗安远县、定南县，南界广东省兴宁县、龙川县，北与会昌县接壤。地处北纬 24°30′40″～25°12′10″，东经 115°21′22″～115°54′25″。县境南北长 78 千米、东西宽 61 千米，总面积 2322.94 平方千米。县人民政府驻长宁镇，距省会南昌市 578 千米，距赣州市中心城区 246 千米。

二、建置沿革

南朝梁大同十年（544），析于都县置安远县，寻邬属之。明万历四年（1576），析安远县十五堡置长宁县，取长宁久安之义，属赣州府。民国 3 年（1914），为避四川省同名的长宁县，改县名为寻邬，以寻邬水命名。苏维埃时期，寻邬县境先后设立蕉平寻县、寻安县，属粤赣省。民国 21 年（1932），寻邬县属江西省第十三行政区。民国 24 年（1935），寻邬县属江西省第四行政区。1949 年 8 月，寻邬县属宁都分区。1952 年 8 月，撤销宁都分区，寻邬属赣州分区。1949 年 8 月 27 日寻邬解放。1957 年，改寻邬县为寻乌县。

三、行政区划

1986 年，全县辖有 18 个乡（镇）、场。1988 年 11 月，桂竹帽垦殖场改为桂竹帽镇。1989 年，增设河角乡。2000 年 1 月，长安乡并入三标乡、剑溪乡并入吉潭镇、河角乡并入晨光镇、岑峰乡并入丹溪乡。年底，全县辖长宁镇、留车镇、桂竹帽镇、晨光镇、吉潭镇、澄江镇、南桥镇 7 个镇，文峰乡、项山乡、罗珊乡、水源乡、三标乡、菖蒲乡、龙廷乡、丹溪乡 8 个乡，179 个村民委员会，4 个居委会。

四、自然资源

土地资源　水稻土分布全县各乡（镇），适宜种水稻。红壤土分布于境内低山、丘陵区，宜种果木。潮土、紫色土为旱作土壤。1986 年，全县耕地 14221.73 公顷，2000 年 16623.46 公顷，人均耕地 0.06 公顷，劳动力人均 0.1 公顷。

植物资源　境内保存着第三纪遗留下来的古第三纪植物区系和古第三型的森林植被，是江西珍贵树种较多的地区，其中项山乡北部有一片典型的中亚热带绿阔叶林。全县属国家一级树种有南方红豆杉、银杏，二级树种有观光木、半枫荷、花榈木、榉树、苦梓、香樟、杜仲、闽南、红豆树、黄连等草木藤本植物，三级树种有金手狗、八角莲、马蹄香、草珊瑚、金豆、马戟天、柳杉等。属江西珍贵稀有濒危树种有三尖杉、青钩栲、柏乐树、紫树、金豆等。

动物资源 县域内野生动物种隶属19目45种，动物区系属于东洋界华中区，动物种类和数量较丰富。两栖动物属Ⅱ目4科8种，有肥螈、中华蟾蜍、中国雨蛙、虎纹蛙等；爬行动物属Ⅲ目10科19种，有平胸龟、鳖、丽棘蜥、多疣壁虎、石龙子、北草蜥、蟒蛇等；鸟类属Ⅺ目23科68种，有鸬鹚、游隼、燕隼、中华鹧鸪等；兽类属Ⅵ目13科23种，有猕猴、穿山甲、华南兔、隐纹花松鼠、中华竹鼠等；虫类有紫胶虫、白腊虫等。

旅游资源 寻乌县主要旅游自然景点有青龙岩、云盖岽、仙羊岩、仙华堂、万安石、东江源等，其中青龙岩为寻乌风景之最。

水资源 县境处于闽粤赣交界的分水岭地区，地势较高，是各水系的发源地，三标乡桠髻钵山为东江源头。寻乌水流进东江，引入香港。项山水汇入韩江，南下澄海。罗塘水流向赣江，北上长江。全县水资源总量为21.32亿立方米，理论蕴藏量12.5万千瓦，可开发量9万千瓦。人均占水量7439立方米。

矿产资源 境内已发现的矿种有钨、铜、铅、锌、稀土、钽铌、铁、钴、金、煤、石煤、泥炭、石灰石、水晶、硫铁矿、铀等。

五、气象水文

寻乌县气候温暖湿润、雨量充沛、冬无严冬、夏无酷暑。1986—2000年，年平均气温为19.1℃。1988年、1996年平均气温最低为18.7℃。月平均气温最高值出现在5—9月，最低值出现在12—2月。1986—2000年，平均风速为1.3米/秒。1994年4月8日，出现26米/秒大风。1986—2000年，年均日照为1684.6小时。3月平均日照最少，为72.3小时；7月平均日照最多，为218.1小时。1986—2000年，年均无霜期291天。1993年最少，为254天；2000年最多，为337天。

1986—1990年，寻乌河年平均流量为35.1立方米/秒，年最大流量（洪水）为1310立方米/秒，出现在1990年；年最小流量（枯水）为1.35立方米/秒，出现在1987年。1986—2000年，全县年降水量平均值为1599.6毫米。1997年2062.1毫米为最高年份；1991年959.5毫米为最低年份（比大旱的1963年少69毫米）。1993年9月6日出现最大日降水量，为181.4毫米；1989年5月出现最大月降水量，为544毫米。1986—2000年，全县年平均蒸发量为1186.2毫米。

第二节 人口 人民生活

一、人口民族

1986年，全县人口234573人，44405户，人口密度为101人/平方千米。2000年，全县人口286565人，69786户，人口密度为123人/平方千米。境内居民有汉族、畲族、壮族、蒙古族、回族、藏族、维吾尔族、苗族、彝族、布依族、朝鲜族、满族、侗族、瑶族、土家族、佤族、达斡尔族17个民族，历来是汉族人口聚居地，少数民族以畲族人口最多。全县共有170余姓，人口数量较多的姓氏有刘姓、陈姓、谢姓、王姓、李姓、潘姓等。

二、人民生活

实行家庭经营承包责任制后，农民在承包地上连年获得丰收。进入20世纪90年代，县内柑橘种植得到大发展，农民收入有较大增长。1986年，农民人均年纯收入306元，1990年640元，1995年

1466元，2000年1295元。城镇居民中，非职工居民收入来源于运输、商业、外出务工等，职工收入主要来源于工资。1986年，在岗全民职工人均年工资1002元，集体职工人均年工资945元；1990元，在岗全民职工1640元，集体职工1328元；1995年，全民职工3487元，集体职工2872元；2000年，全民职工5845元，集体职工4261元。

全县城乡居民储蓄存款余额：1986年1342.97万元，人均57.25元；1990年4556万元，人均108.17元；1995年15190万元，人均570.39元；2000年27479万元，人均958.91元。

全县社会消费品零售总额和人均消费数：1986年5456万元，人均232.60元；1990年7401万元，人均262.61元；1995年17172万元，人均644.81元；2000年31505万元，人均1099.40元。主要消费于食品、衣着、家居用品、住房等。

第三节　经济状况

一、经济综合

1986—2000年，全县生产总值年平均增加4395万元，年均递增34.75%。2000年，全县生产总值74177万元，其中第一产业增加值32405万元、第二产业增加值12619万元、第三产业增加值29153万元。1986年，全县农民人均纯收入只有306元。2000年增加至1295元，是1986年的4.23倍。2000年，全县社会消费品零售额达31505万元，是1986年的5.77倍。2000年，全县财政收入1.14亿元，是1986年的11.4倍，财政支出10332万元。1986年，全县税收525.5万元。2000年，全县税收2395.6万元，其中国税收入872.6万元、地税收入1523万元。

二、农业

粮食生产大面积推广杂交水稻、吨粮田建设、塑盘育秧、抛秧、中稻再生利用等新技术。同时，开展以果茶、生猪、水产和无公害蔬菜为主导产业的农业产业化建设，参与农业产业化建设的农户达1.2万户。20世纪80年代以来，投入大量人力、物力和财力开发果业。2000年，全县果业种植0.89万公顷，其中柑橘0.64万公顷，年产水果5万吨，产值5661万元，蜜橘和脐橙因其果色金黄、皮薄肉嫩、汁多无核、味美香甜而驰名中外。1996年，寻乌县被国务院发展研究中心农村发展研究部、中国农学会特产经济专业委员会、中国特产报社命名为“中国蜜橘之乡”。2000年，寻乌县被农业部、外经贸部确定为“中国脐橙出口基地县”。

1994年，经省、地抽查验收，“消灭荒山、绿化寻乌”达标合格。1995—2000年，全县人工植树5.04万公顷、飞播造林4.78万公顷、封山育林7.07万公顷、基地造林0.57万公顷，投入资金1148.2万元，投劳75.58万工日。2000年，全县农业总产值31365万元，其中种植业16475万元、牧业12095万元、渔业2795万元。

三、工业

全县工业企业由注重完成产量产值任务向提升经济效益转变，国有（营）、集体工业企业通过改革出现新机，非国有（营）工业企业不断兴起，形成新的工业发展格局。2000年，全县国有企业16家，职工1978人，工业总产值33305万元，比1986年增长542%。1996—2000年，乡镇企业稳定在1200个左右。2000年，乡镇企业从业人员达7420人。1991年，寻乌开办第一个中外合资企业——寻乌县长利制衣有限责任公司。至2000年，共引资兴办77家企业，主要为小水电、建材、冶金等行业。

四、个私经济

1986—2000年，寻乌县多数国有（营）、集体工业企业缺乏适应市场经济的生产经营，大部分走向转制或依法破产之路，个私工业经济日益兴旺，形成新的工业发展格局。1986 年，有个私工业企业 759 个，产值 1450 万元，从业 1095 人。1996 年，有个私工业企业 993 家，产值 11866 万元，从业人员 3758 人。2000 年，有个私工业企业 1069 家，产值 17488 万元，从业 4197 人。

1986 年，寻乌商贸各业遵循社会主义市场体制，逐步实行改革开放，国营、供销、合作商店逐渐淡出市场，个私商业迅猛发展，全县商业呈现繁荣景象。1986 年，有个体商户 945 家，零售额 999.5 万元，从业 1372 人。1993 年，有个私商户 1390 家，销售金额 1791 万元，从业人员 3167 人。2000 年，有个私商业经济体（店）2194 个，销售金额 21790 万元，从业人员 5995 人。

第四节　社会事业

一、交通邮电

1986—2000 年，全县新建公路 82 条 394.22 千米，改造、改建公路 15 条 166.04 千米，新建、改建公路桥梁 64 座长 2139.55 米。2000 年，全县公路 132 条，总长 942.51 千米。国道 206 线（烟台—汕头）从会昌县盘古村进入寻乌县，经澄江镇、吉潭镇、县城区、南桥镇，由南桥镇冠州村牛埃石出县境进入广东省平远县，县境长 66.782 千米，为二级公路。省道寻信线（寻乌—信丰）境内长 26.24 千米，为二级公路。县道 17 条 294.58 千米，大部分为四级泥结碎石路面和三级混凝土路面。乡道 11 条 71.95 千米，村道 99 条 473.74 千米。2000 年，全县大型客、货车 270 辆，小型客、货车 280 辆，摩托车 12660 辆，客运量 70.1 万人次，周转量 4646 万人千米，货运周转量 6400 万吨千米。

1998 年 9 月实行邮政、电信分营。1986—2000 年，全县邮递从 58 万件增至 610 万件，邮电业务总量从 430 万元发展到 1004 万元，电信线路由木杆改为水泥杆架电缆再发展为铺设光缆。1986 年 10 月开办邮政储蓄业务，2000 年 4 月开办上海特快汇款。1986 年，报刊发行 13453 份，2000 年 5256 份；1986 年，杂志期刊发行 20750 份，2000 年 6533 份。1986 年，报刊流转额 22.71 万元，2000 年 11.36 万元。2000 年，市话用户 9025 户、农村电话用户 7698 户。

二、教育科技

1986—2000 年，寻乌县九年义务教育和扫除青壮年文盲工作全面展开。学校危房得到控制，中小学土木结构主体校舍改造基本完成，经省、市（地）验收合格成为“实验教学普及县”，基本扫除青壮年文盲。2000 年，全县有公办幼儿园 1 所、城乡私立幼儿园 179 所，附设学前班 170 个，在园幼儿 5751 人；完小 164 所、村小学 60 所，学生 30419 人；普通初中 22 所，学生 13631 人；普通完中 1 所，学生 1601 人。职业学校 4 所，普通中学附设职业班 2 个，职业初中学生 376 人，职业高中学生 623 人。全县有县办科研机构 4 个，乡（镇）科技推广机构 15 个，科技示范户 3050 户。全县专业技术人员 3055 人。1986—2000 年，共获国家及省部级科技成果奖 13 项、国家专利 3 项、省级科技奖 31 项、市（地）级科技进步奖 52 项。

三、卫生体育

1986—2000 年，全县地甲病得到控制，疟疾、麻风病基本消灭，丝虫病绝迹。2000 年，全县有县级医疗机构 2 个，乡（镇）医疗机构 16 个，村卫生所 215 所，个体诊所 22 家，医药公司药品零售网点 23 个，卫生技术人员 425 人，病床 348 张。县内群众性体育活动的方式多为节日竞赛、居民晨晚练，项目五花八门，参加者以老年人为活跃。竞技体育不断有好成绩，1991 年，寻乌县一队员入选赣州地区代表队，参加全省中学生田径运动会获 2 枚金牌、3 枚银牌；1996 年、1998 年，寻乌县中学代表队分别获赣州地区重点中学篮球赛第二名、第一名；2000 年，全省少儿田径比赛，寻乌县一队员获 2 枚金牌。体育设施多集中在学校，缺少公众体育场馆。1986—2000 年，为大专院校输送体育人才 86 人，培养二级运动员 37 人、三级运动员 266 人。

四、文化艺术

寻乌县文化市场形成于 20 世纪 80 年代中期，其间，出现第一家桌球、电子游戏室、歌舞厅、音像制品店。20 世纪 90 年代，各类文化经营项目从县城到乡（镇）相继涌现，文化市场走向繁荣。至 2000 年，全县有各类文化项目经营户 108 家，其中文化娱乐项目 53 家，音像制品 15 家，包装印刷 12 家，个体书店 6 家，网吧 13 家，其他项目 9 家。传统剧种为采茶戏，群众性文艺演出常以节日庆典、集会、会演等形式举行，比赛和展览是县内开展文化活动的主要形式。县革命历史纪念馆收藏革命文物和历史文物 300 余件，其中一级文物 2 件，二级文物 10 件，三级文物 58 件。寻乌调查旧址和上甲古窑址为省级重点文物保护单位。党的实事求是思想路线发源地——毛泽东寻乌调查旧址年均接待约 2.5 万人次。

五、广播电视

1986—2000 年，寻乌县广播电视事业呈现有线广播朝调频广播、无线电视朝有线电视发展的特点。县有线电视网始建于 1991 年，用户 200 多户，至 2000 年年底，发展到 4600 多户。1996 年，全县 19 个乡（镇）建起有线电视站。1999 年，实施广播电视“村村通”工程，有线电视网遍布县、乡、村。2000 年，村级有线电视站（室）达 219 个。有线电视网星罗棋布使调频广播发展缓慢，2000 年，县广播电台节目人口覆盖率仅为 17.61%。

第十八章　石城县

石城县是千里赣江的源头，是享誉全国的“中国白莲之乡”、“中国烟叶之乡”、“中国灯彩艺术之乡”和“中国民间文化艺术之乡”。这里是客家文化的发祥地，是客家先民南迁的重要中转站；这里是中央苏区全红县，是中央红军长征的重要出发地。

	1986年	2000年
总人口（万人）	22.96	29.11
总面积（万公顷）	15.83	15.83
生产总值(亿元)	0.75	8.58
财政收入（亿元）	0.04	0.52
城乡居民储蓄存款余额（亿元）	0.33	5.58

图 39－18－1　1986 年和 2000 年石城县主要指标比较情况

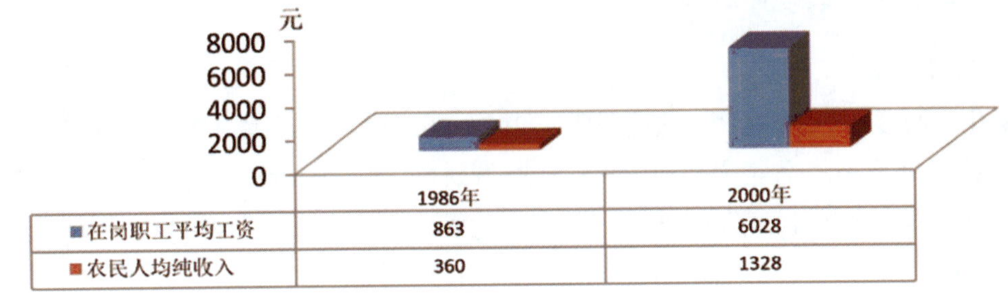

图 39-18-2　1986 年和 2000 年石城县主要人均收入指标

第一节　地理环境

一、位置面积

石城县位于赣州东北部，东邻福建省宁化县，南抵福建省长汀县及江西省瑞金市，西毗宁都县，北靠广昌县，地处北纬 25°57′47″～26°36′13″，东经 116°05′46″～116°38′03″，南北长 71.8 千米，东西宽 53.7 千米，全县总面积 1582.56 平方千米。县人民政府驻琴江镇，距赣州市中心城区 220 千米，距省会南昌市 330 千米。

二、建置沿革

三国吴嘉禾五年（236），析于都东北地置揭阳县，石城为揭阳县地。晋太康五年（284），揭阳易名陂阳。隋开皇十三年（593），于陂阳县设石城场，以“山多石，耸峙如城”而名，仍属陂阳。同年，陂阳并入宁都。隋开皇十八年（598），改宁都县为虔化县。南唐保大十一年（953），析虔化县石城场置石城县，为石城县建县之始，隶属江南西道昭信军。清乾隆十九年（1754），宁都升为直隶州，石城由赣州府属改隶宁都州。苏维埃时期，为中央直属县，曾改隶福建省苏维埃政府，曾设太雷县。民国 24 年（1935），属江西省第八行政区。1949 年 9 月 30 日石城解放，石城县属宁都分区，1952 年 8 月，宁都分区并入赣州分区，石城隶属赣州分区。县人民政府驻琴江镇。

三、行政区划

1986 年，全县辖琴江镇 1 个镇和木兰、高田、岩岭、小松、丰山、小别、观下、屏山、珠坑、大由、横江、小姑、龙岗、洋地乡 14 个乡。1989 年 3 月，小松、屏山、横江撤乡建镇。1996 年，高田撤乡建镇。2000 年，全县辖琴江、小松、屏山、横江、高田 5 个镇，木兰、长天、丰山、岩岭、洋地、小姑、珠坑、龙岗、大由、观下 10 个乡，140 个村委会，8 个居委会，1878 个村民小组。

四、自然资源

土地资源　县域总面积 1582.56 平方千米。1986 年，总耕地面积 15913.27 公顷，其中水田 14628.87 公顷、旱地 1284.4 公顷。2000 年，总耕地面积 14920.07 公顷，农业人均耕地 0.059 公顷，比 1986 年减少总耕地面积 991.19 公顷、农业人均耕地 0.017 公顷。2000 年，全县有森林面积达 12 万公顷，森林覆盖率 66.7%。

动植物资源　境内有各类树种 260 余科、550 余种，有南方红豆杉、臭椿、三尖杉、银杏、青钱柳、香榧、紫楠等稀有珍贵树种；有标本药草138种，主要有金银花、枳壳、扣青皮等；野生水果主要有杨梅、山楂、山柿等。珍稀动物有獭、豹、羚羊、蟒蛇、穿山甲、虎纹蛙等100余种

水资源 境域地处贡江二级支流中、上游区，属赣江水系，全县有大小溪河180多条，县内大小河道除西北罗溪、白家礤河流入宁都梅江，南部水庙溪、沿江河、上洞溪流入瑞金市绵江河外，其余均汇入县内主河道——琴江河。琴江河发源于金华山，自北向南走向，境内全长90.4千米，控制流域面积1469平方千米，多年平均流量为51.4立方米/秒，县境内支流密布，主要支流有岩岭河、大琴河、石田河、罗陂河、横江河、秋溪河等。

矿产资源 境内已探明的地下矿产有钽、铌、钨、锡、铁、稀土、萤石等20余种，其中储量较大的有钽、铌、钨、锡。

五、气象水文

石城县属亚热带季风温湿气候，雨量充沛、光照充足、四季分明。但受季节影响，降雨天气温差较大，而形成水、旱、酷热等灾害性天气。全年日照大约在1900小时左右，年平均温度18.9℃，7月为最热月，平均气温28.5℃，最冷为1月，平均气温7.6℃。1986—2000年，石城县境内年均自然降水量为1780毫米，年降水量最大值为2750.5毫米，出现在1997年，最小值为1253.2毫米，出现在1986年。汛期（4—6月）平均降水量为774毫米，降水量最大值为1308.4毫米，出现在1994年，最小值为465.6毫米，出现在1991年。日降水量最大值为322毫米，出现在1994年5月2日。

第二节 人口 人民生活

一、人口民族

1986年，全县总户数44798户，总人口229619人，其中农业人口207394人、非农业人口22225人。至2000年，全县总户数达69492户，总人口291113人，其中男性150320人，非农业人口38824人。全县人口以汉族为主，占总数的99%以上；还有畲族、回族、苗族、壮族、布依族、满族、白族等少数民族。2000年，全县有98个姓氏，其中以陈姓、黄姓、温姓、刘姓、赖姓、李姓、邓姓、熊姓、潘姓、廖姓、郑姓、周姓、杨姓、罗姓、张姓、吴姓、许姓、曾姓、徐姓等姓氏人口居多。

二、人民生活

1986—2000年，采取调整产业结构、扶贫开发、改善农业基础设施等一系列富民增收措施，城乡居民生活水平逐年提高，农民人均纯收入由1986年的360元提高到2000年的1328元，城乡居民储蓄存款余额由1986年的3269万元增长至2000年的55774万元，在岗职工平均工资由1986年的863元增长至2000年的6028元。2000年，全县城镇人均住房面积超过10平方米。城乡居民最低生活保障制度得到完善，受益面不断扩大，2000年全县受益率达35%。彩电、摩托车、洗衣机、电话进入乡村平常百姓家庭。

第三节 经济状况

一、经济综合

1986—2000年，全县经济发展速度加快，全县生产总值由1986年的7526万元增至2000年的85775万元，固定资产投资总值由1986年的531万元增加至2000年的11030万元，工农业总产值由1986年的18475万元增长到2000年的69528万元。财政收入从1986年的350万元增长到2000年的5232万元。全

县社会消费品零售总额由1986年的3982万元增长到2000年的20012万元。

二、农业

农业总产值由1986年的15977万元增长到2000年的34431万元。农村产业结构调整不断得到优化，逐渐由分散型经营的传统农业转向以“烟、莲、果”为主导增收的支柱产业。其中粮食总产量由1986年的65469吨增至2000年的234094吨，白莲产量由1986年的1112吨增长至2000年的2461吨，烟叶面积由1986年的22.67公顷增长到2000年204.8公顷，连续15年保持全省第一，多次受到省、市表彰。畜牧业发展稳固，养殖大户和养殖品种不断增加和优化，全县生猪年内存栏数由1986年的67051头增长到2000年的124538头；果业面积不断壮大，其中油脂总产量就由1986年的300吨增长到2000年的825吨。2000年，全县有蓄水工程4255座，总蓄水量达5266.8立方米，修复小（二）型水库48处，有效灌溉面积增长至1.13万公顷，旱涝保收面积增长至9.33万公顷；城乡电网改造工作进展顺利，形成以35千伏线路为网架，10千伏线路覆盖全县15个乡（镇）140个行政村的电网。

三、工业

石城县工业经过多年发展，至20世纪80年代，逐渐形成有一定规模的电力、农机、化工、建材、食品、制药、机械修造等工业体系，出现乡（镇）工业、联户办工业等多种经济成分的工业格局。1986年，全县国有和集体工业企业只有71家（含县办、二轻、街道、乡办），村及村以下工业企业279家，工业总产值仅有2751万元，占工农业总产值的14.7%，占社会总产值的23%。20世纪90年代，逐渐做大做强做优机械制造、交通运输设备制造、金属制品和粮食加工等产业，矿山机械和南金纸畅销海内外。2000年，全县有国有企业16家（其中中央企业1家）、集体企业20家、乡（镇）企业（主要是个私企业）1744家、股份合作2家、私营企业16家。全县工业总产值为43478万元（其中中央企业3199万元），占工农业总产值的55.8%，占社会总产值的23%。

四、个私经济

1986年，全县个私经济以竹木、藤棕、草科、铁器、铜锡、香烛、针织、成衣、建材、食品等加工居多，且多属家庭作坊、小门店形式。全县有个私工商户2321户，从业人员3903人，拥有资产287.8万元。1988年，兴起南金纸加工和小水电开发。1993年，个人投资兴建保健茶厂。1994年，企业转制，矿山机械制造、纺织器材生产、白莲食品加工、砖瓦烧制等原集体工业企业成为私有企业。此外，竹席、文具、香扇、烟花爆竹、造纸等私营或个体企业（厂）兴起。至2000年，全县有个私企业3473家，从业人员5354人，拥有资产5882万元，完成税金1447万元。

第四节　社会事业

一、交通邮电

交通事业有较大发展，交通运输、仓储能力值以每年7%幅度增长。至2000年，全面完成2条国道和1条省道油砼路改造及县、乡水泥公路的改造，实现80%的县、乡道路通油砼路，90%的行政村通公路的目标；公路通车里程达818.52千米，营运车辆745辆，公路客运165.7万元，公路货运年完成161.4万吨，客运用车量9113.5万人千米，货运量10760.1万吨千米。邮电通讯事业得到长足发展。2000年，全县完成邮电业务金额500万多元，人均用邮量1.8件。全县固定电话和移动用户总数达2.5万户，其中固定电话用户达2万多门，移动电话超过0.5万户。

二、教育科技

1986年，全县有幼儿园7所，其中公办1所、民办6所。2000年增加至47所，其中民办46所。

在园儿童由1986年的671人增加到2000年的2384人；小学129所，在校学生35133人；中学规模迅速扩大至20所，在校学生18374人。1986—2000年，全县投入校舍建设资金4000余万元，新建、改造校舍面积13万平方米，适龄儿童入学率达99.9%。初中适龄人口入学率达98.2%，中考成绩稳居全市（地区）中等水平，高考录取率连续多年名列全地区前5名。全县科技工作通过实施科技兴县战略后，实施和推广科技项目多达130项。至2000年，全县获科技成果奖36项，其中省级4项、市级12项。

三、文化艺术

文化市场繁荣，多次获省“社会文化先进县”称号，被文化部领导评价为“人口小县，文化大县”。地方特色民间艺术有石城灯会（灯彩）、石城砚制作技艺、石城手工造纸（横江重纸）、石城王润生毛笔制作技艺等。1986年，大型灯彩戏《花灯仙子》在江西省首届《庐山之夏》文化艺术博览会上演出，并应文化部邀请进京献演，1992年江西省文化厅授予石城“灯彩之乡”称号。

四、卫生体育

1986—2000年间，县卫生系统增设县红十字会办公室、结核病防治所、卫生培训站、卫生劳动服务公司、血浆站等机构；县人民医院、中医院分别升格为正科级事业单位；县妇幼保健所、县结核病防治所、县红会办分别升格为副科级事业单位；全县卫生系统在职人员由1986年的486人增加到2000年的629人，增长29.42%；病床数由1986年的195张增加到2000年的393张，增长101.54%；固定资产总值由1986年的207.7万元增加到2000年的1301.1万元，增长526.43%。县结核病防治所被卫生部评为全国结防工作先进单位，县人民医院被江西省卫生厅批准为二级甲等医院。至2000年，全县卫生系统有市级文明单位4个、县级文明单位7个。

1986—2000年，县内群众体育蓬勃发展，全县体育人口达10万人左右。1986年起，石城县积极开展以篮球、乒乓球、羽毛球、田径、射击、自行车、棋类为主要内容的体育竞赛项目，多次在国家、省、市（地）级的大赛中获奖，尤其是1994年，石城县体育代表团在参加赣州地区第三届运动会中，获得金牌总数和团体总分第五名的好成绩。1986—2000年，全县向省、市（地）级运动队输送14名优秀体育人才。

五、广播电视

实施“村村通”工程，92个行政村1063个村民小组开通新架线或恢复广播，全县广播入户率由1986年的20.2‰增至1989年的50.1‰。至2000年，全县新建乡（镇）级有线电视网13个，村级网69个，有线电视用户1.5万户，电视人口覆盖率达79.3%。

第十九章　赣州市黄金开发区

赣州市黄金开发区（以下简称“开发区”）成立于1990年，是赣州中心城区的工业新区，工业发展速度较快，形成以冶金、建材、电子、食品、机械、纸制品等工业门类为主的工业生产体系。开发区享有国家、省发展高新技术产业的优惠政策，兼顾旅游、房地产业及其他产业的发展，经济实力逐年增强，是全省最有影响力的工业园区之一。

第一节　地理环境与人口

一、位置面积

赣州市黄金开发区位于章江河畔，东北靠章贡区水南镇、沙石镇、湖边镇，西南面接南康市潭口镇、凤岗镇、三江乡以及赣县王母渡镇，紧邻赣州市（今章贡区）老城区，占地119.87平方千米。区管委会驻黄金岭。

二、管理开发范围

2000年8月10日，黄金开发区管委会与章贡区政府完成蟠龙镇、黄金岭街道办事处的事权交接，与南康市人民政府完成潭东镇的事权交接，正式接管2个镇1个办。2000年12月，黄金开发区管理开发范围包括蟠龙镇、潭东镇、黄金岭街道办事处、市畜牧研究所，有33个村委会，6个居委会，577个村民小组。

三、气象

开发区地势平坦，平均海拔130米，最高点在蟠龙桃芫村大窝子海拔167.1米，最低点在黄金岭街道办事处杨梅渡口，海拔95.5米，西高东低。属副热带东亚季风气候区，四季分明、气候温和、雨量充沛、光照充足，年平均气温19.8℃，1月份平均气温8.3℃，7月份平均气温29.9℃，无霜期为285天，年平均日照时数1888小时，年平均相对湿度为76%；年均降水量1300～1500毫米，年平均蒸发量为1157.6毫米，降水在时间分布上，3至6月系丰水期，约占全年降水量的55%，11月至翌年元月降水量最少，为枯水期，占全年降水量9.5%，其余各月则为水平期；冬季多北风，夏季多南风，年均风速1.9米/秒，风速秋冬季偏大，春夏季偏小。平均每4年降雪一次。灾害性天气有暴雨、寒潮、偶有冰雹，水旱灾为主要自然灾害。

四、人口

2000年，开发区总人口21849户，总人口85020人，其中农业户17951户69885人，平均每户3.89人，占82.2%；非农业户3898户15135人，平均每户3.88人，占总人口的17.8%。男性42953人，占总人口的50.52%；女性42067人，占总人口的49.48%。农村劳动力30699人，占农业人口的43.93%。农民人均纯收入为1822元。

第二节　经济状况

一、经济综合

2000年，实现生产总值13814万元，其中第一产业3995万元、第二产业8616万元、第三产业1203万元；工业总产值43802万元，工业销售收入41525万元。工业开发初具规模，已基本形成冶金、建材、电子、食品、机械、纸制品等工业门类为主的工业生产体系。农村经济逐步向商品经济转化，实现农业总产值5874.5万元。

二、农业

农业以种植水稻为主，兼种花生、豆类、红薯、瓜类、油菜、甘蔗等经济作物；畜牧业以养猪、鸡、鸭为主；鱼类主要有草鱼、鳙鱼、鲢鱼、鲤鱼、鲫鱼、鳊鱼六大类；果业主要有柑橘、柚子、李子等。

三、工业

开发区以发展工业特别是高新技术产业为主，区内建成赣州黄金岭经济开发区和赣南高新技术产业开发区两个省级开发区，占地1000公顷的市级赣南工业园在建。1990—1999年，黄金岭经济开发区共引进项目33个。1993—1999年，赣南高新技术产业开发区引进项目18个；2000年，黄金开发区成立以后，当年引进项目46个，其中内资项目43个、外资项目3个。

第三节　规划建设

一、区域规划

开发区既是赣州城区产业开发、经济发展最具活力的区域，又是未来赣州城区的重要组成部分。开发区以发展工业为主，兼顾旅游、房地产业及其他产业的开发。逐步从以劳动密集型工业为主向以技术密集型高科技产业为主转化。开发区集工业、商业、旅游、科技、生活为一体，是具有完善的城市基础设施的现代化新型城区。开发建设集中在黄金岭工业区、高新技术产业区、蟠龙镇区及潭东镇区4个组团内，沿105国道和赣丰公路展开布局，其余则是属散落各处的农村居民点，已开发建设总用地面积为470.92公顷（不含农村居住点），建成区总人口约3.85万人。布局包括工业区、居住区、仓储区、游乐区、商业区和管理区。

1990—1999年，黄金岭经济开发区开发土地总面积502.6公顷，其中开发耕地82公顷、开发园地65.67公顷、开发林地26.67公顷、建设用地占用328.26公顷。2000年5月成立黄金开发区后，开发区的土地开发及建设步伐明显加快。2000年，黄金开发区开发土地总面积88.33公顷，其中开发耕地8公顷、开发园地9.33公顷、开发林地3.33公顷、建设用地占用67.67公顷。同时，采取“谁开发，谁受益”的政策，鼓励农民开发利用荒山、荒坡、废弃地和滩地。

结合国民经济和社会发展需要，按照土地主导用途的不同，划分为耕地用地区、园地区、林业用地区、牧业用地区、城镇建设用地区、村镇建设用地区、独立工矿用地区、水产业用地区等8个一级区。对耕地用地区又划分为基本农田区、一般农田区及城镇建设用地区中自然景观保护区3个二级区。

1990—1999年，黄金岭经济开发区每年建设用地以13.33公顷的数量递增。2000年5月成立黄金开发区至年底，开发区建设用地增加80公顷，耕地、园地、居民点及工矿用地、交通用地等土地利用结构进行适当的调整。

二、基础设施

供水　水资源较丰富，生产及生活用水以章江水作水源，水量有保障。1991年9月，江西省计划委员会批准赣州市第二水厂（黄金岭水厂）立项建设，规模为5万吨/日，工程总投资2000万元。1995年6月，黄金岭水厂开通供水，占地面积3.78万平方米。2000年，在规划区东侧沙石镇内兴建赣州市第三水厂，设计规模10万吨/日，主要供章江新区、沙河镇、沙石镇用水。两座水厂供水规模15万吨/日。

供电　1992年10月，110千伏黄金变电站建成投运，占地面积1.53万平方米。1995年7月，安装主变2台，总容量4万千伏安，升压为110千伏变电站。1999年3月筹建潭东变电站，位于南康市潭东镇，占地面积约3.78万平方米。1999年12月投运。潭东变电站为220千伏，主变容量为1×12万千伏安，设计容量为2×15万千伏安，电源来自省电网，通过万安到虎岗220千伏双回输电线路输入电力至潭东220千伏变电站。2000年，区内年总用电量4200万千瓦时，其中工农业用电量3000万千瓦时、第三产业及其他用电量400万千瓦时、居民生活用电量800万千瓦时。黄金开发区内一次送电电压为220千伏，二次送电电压为110千伏，均采用现式结线式。高压配电电压为10千伏，高压配电网架采用双回环网、开环运行。送电线网均采用架空线路，配电线路采用直埋电敷设方式，架空和地埋线路均沿规划道路的东侧或南侧敷设区内，变电站与赣州城区电网形成环形供电网络，能保证区内生产及生活用电。境内有两条线路南黄线—龙黄线。南黄线1995年7月建成投运，110千伏线路，来自南河水力发电厂，终于黄金变电站，由南湖线破口接入，全长46.4千米，导线LGJ－185，地线GJ－35。龙黄线1995年12月建成投运，110千伏线路，起自龙潭水电站，终于黄金变电站，全长96.03千米，导线LGJ－185，地线GJ－35，为龙潭水电站外送工程，起输送调峰电力作用。

三、环境保护

黄金岭工业区和高新技术产业区绝大部分工业企业属于基本无污染的一类工业，区内环境本底质量良好。1990—2000年，赣州市（地区）环保局不定期对黄金开发区的水质、大气、噪声进行监测。对超标的单位实行限期治理和征收超标排污费。严格执行“三同时”（防治污染设施与主体工程同时设计、同时施工、同时投入使用）的规定，控制污染源的产业。加强境内绿化，增加绿地面积，建立道路绿化带及境内公路防护林带，区内绿化覆盖率达到35％。2000年与1990年相比，开发区工业产值成倍增长，而工业废水和废气的万元产值排放量大幅度下降。

第四节　招商引资

一、优惠政策

开发区享有国家、省发展高新技术产业方面的一系列政策，逐步形成税收、水电、服务、土地等较为完善的优惠政策体系。

1990年8月，在优惠政策上基本执行省、地、市制定的鼓励外商投资的一系列优惠政策。针对港、澳、台商投资较多的情况，12月制定《关于港、澳、台胞等外商来开发区投资的优惠政策》。1992年，出台《赣州市经济技术开发区招商引资优惠办法》。1993年8月，江西省人民政府在确认开发区为省级开发区的评估过程中，明确开发区的优惠政策，原则上可参照省政府对昌九工业走廊优惠政策执行，并按有关规定实行备案制度。1994年，赣州黄金岭经济开发区印发《关于实行招商引资奖励的决定》，对购地和买房的客商给予特别的优惠政策。1995年11月，赣州市（今章贡区）人民政府颁发《赣州市经济开发区优惠政策》，从税收、土地、经营、劳动用工、投资保护等方面作了较为系统、全面的规定；12月，赣州市（今章贡区）人民政府颁发《关于鼓励开发建设金坪工业村的若干规定》。1996年，地委、行署颁发《关于加快赣南高新技术产业发展的若干决定》，确定以发展高新技术产业为主的发展定位，并给予一系列发展高新技术产业相配套的政策、措施，高新区按照《国务院关于批准国家高新技术产业开发区有关政策规定的通知》和《江西省人民政府关于印发南昌高新技术开发区有关政策的通知》的要求，制定该区域的优惠政策。1997年，赣州地区供电局为黄金岭开发区架设“黄开”专用线，开发区的供电质量和供电可靠性有较大提高，计划用电特别是用电量大的企业得到特殊的优惠。同年9月，赣州市（今章贡区）人民政府批复《关于要求批复黄金岭经济开发区优惠办法的请示》。

2000年5月，黄金开发区成立，根据中共赣州市委、赣州市人民政府赋予的权限和开发区的定位，黄金开发区在享有原2个省级开发区的优惠政策基础上，重新制定相应的招商引资政策，进一步放宽优惠政策。

二、招商成果

围绕主攻工业的工作目标，侧重于工业项目的引进，逐步形成以食品、生物、新材料、纺织、饲料等工业门类为主的工业群体。同时，针对底子薄、基础设施落后的情况，充分利用招商引资进行基础设施建设，发展生产，逐步形成以建材、蔬菜水果水产、家具、汽车等四大专业性交易市场为龙头的市场群体。

1995年10月，创业工业集团创业工业城奠基，公司设10家工业企业，占地14660平方米，总投资2000万元；1997年，黄金岭经济开发区确立“内资打基础、外资上水平、重力招内商，尽力招外商”的招商思路；同年，引进香港客商刘春光投资建设赣南建材大市场。1998年，建材大市场破土动工，建成面积6700平方米，续建面积16880平方米，总投资8000万元。2000年11月，该市场正式投入运营；1999年，高新技术产业开发区引进赣南果业股份有限公司；同年，赣南果业成为赣南首家上市公司。1999年年底，引进北京汇源果汁，在高新区落户设立分厂；1990—1999年，黄金岭经济开发区引进项目33个，引进外资1080.7万美元，引进内资11132万元。1993—1999年，赣南高新技术产业开发区引进项目18个，引进外资803万美元，引进内资7890万元；2000年，黄金开发区成立以后，加大招商引资力度。当年引进项目46个，其中内资项目43个、外资项目3个，实际引进外资316万美元，引进内资9478万元。

第五节 社会事业

一、道路交通

区内城市道路主要建于黄金岭工业区，高新技术产业区，蟠龙、潭东2个镇镇区，城市道路体系尚不完善，无广场及社会停车场，主干道——黄金大道（开发区段）全长1240米，于1990年开辟，1994年拓宽改建。道路红线宽60米，其中车行道宽15米，分车带2条，宽各2米，沥青路面。1995年命名为黄金大道。金岭大道全长900米，道路红线宽40米，于1990年开辟，混凝土路面。金坪工业大道全长720米，宽24米，于1996年8月动工兴建，同年11月投入使用，混凝土路面。金坪中路全长446米，宽12米，于1996年10月动工兴建，1997年2月投入使用，为混凝土路面。蟠龙大道全长650米，道路红线宽40米，于1996年7月动工兴建，1997年8月投入使用，为混凝土路面。

二、教育科技

开发区内建有完中1所、初中2所、小学30所（其中初小1所），适龄儿童入学率为100%，巩固率为92%。幼儿园、托儿所和学前班52所，入园率达92%。青壮年扫盲率达89%。有中学教师381人，其中高级职称教师10人、中教一级46人、中教二级124人、中教三级23人、其他178人；小学教师429人，其中高级职称教师64人、小教一级230人、小教二级56人、其他99人。1986—2000年，赣州市（地区）畜牧研究所共完成研究课题65项。1989年，增加饲料、兽药、保健食品、果品加工、食品加工、塑料包装的研究和生产。主要产品有在全省畜牧业有较大影响的赣州白猪；多次获奖的保健食品“对康”牌“神童津”“常青宝”，“科明”牌“SOD”酒、“SOD”胶囊、复合氨基酸酚；“华康”牌板鸭、豆奶、活性水、粒粒橙等食品，“华利”牌猪、鸡、鸭、鱼四大系列饲料60多个品种，“华益”牌兽药用针、片、粉剂，“赣康”牌系列蚕药。

三、文化卫生

开发区有蟠龙文化中心站和潭东、黄金岭办事处文化站，定期组织各村村民参加读书活动或送书下乡，各文化站普遍建立图书室、活动室、电视室。民间文艺有古文，是赣县、南康农村流传的一种民间艺术，有200多年的历史。该种曲艺与莲花落相似，演唱者均为盲艺人，集演员、乐师于一身，用赣州方言演唱。内容以颂扬行善积德为主，后发展到演唱短篇民间传奇故事。灯彩种类有跳蚤灯和鲤鱼灯。民间音乐吹打乐有100多个曲牌，分喜庆音乐、出行音乐。开发区内有文艺活动场所45处，综合性文化市场网点33家。建有乡镇卫生院2所，村级卫生所（室）和各类医疗门诊点89个；有医务人员198人，其中副主任医师1人、主治医师10人、医师25人。有线电视站7座，有线电视覆盖率80%。

赣州市志（1986-2000）

名志

第四十篇

人　物

赣南山川秀丽、人杰地灵、名人辈出、志士云集。在推动社会发展和文明进步的漫长历史进程中，勤劳智慧的赣州人民同其他炎黄子孙一样，描绘了一幅幅气壮山河的壮丽画卷，谱写了一曲曲情憾天地的高亢诗篇，涌现出一个个青史永铸的著名人物。尤其是现当代更是孕育出众多为中华民族独立和解放暨社会主义革命与建设作出卓越贡献的红军和新四军将士、革命烈士、爱国志士、党政军精英、先进模范人物、社会各界拔尖人才等。其中有些人士已辞世，其英名和业绩将永存世间；更多的人依然在为祖国的繁荣和强盛而呕心沥血、砥砺奋进。

人物传共收录 341 名，其中红军和新四军将士 311 名，为改革开放和现代化建设暨保护人民生命财产、保障社会安全而英勇献身的英烈人物 10 名，先进模范人物 3 名，享受国务院特殊津贴专家或正高级专业技术职务者 3 名，知名人士 14 名；人物简介共收录 73 名，其中军队高级将领 65 名，省部级领导干部 8 名；人物表共收录 1056 名，其中老红军 306 名，曾任地（厅）师以上实职人员 102 名（其中赣州籍在赣州工作人员 13 名，赣州籍在辖区外工作人员 89 名），劳动模范 275 名（其中全国劳模 22 名、全国“五一”劳动奖章获得者 20 名、省劳模 233 名），享受国家院特殊津贴专家 59 人，享受省政府特殊津贴专家 28 人，正高级专业技术职务者 286 名（其中赣州籍和客籍在赣州工作人员 210 名、赣州籍在辖区外工作人员 76 名）。

第一章　人物传

人物传依次收录已故老红军和新四军老战士 311 名，为改革开放和现代化建设暨保护人民生命财产及保障社会安全而英勇献身的英烈人物 10 名，各类先进模范人物 3 名，享受国务院特殊津贴暨正高级专业技术职务者 3 名，知名人士 14 名。立传人物的排列以出生年月为序。

第一节　红军和新四军将士

丁良祥（1897—1987）　曾用名丁永卿，于都县禾丰镇黄田村人。1932 年参加中国工农红军，1937 年 6 月加入中国共产党。土地革命战争时期，任中央运输队队长，毛泽东担架班班长，西北办事处文书。参加了二万五千里长征。抗日战争时期，任陕甘宁边区政府文印科长。1945 年被评为陕甘宁边区模范工作者，受到边区的通令嘉奖。解放战争时期，任西北军政委员会文书科长。中华人民共和国成立后，任国务院秘书厅文书科鉴印，是中国人民政治协商会议第五次全国委员会委员。1971 年离职休养，1987 年 7 月 26 日因病在北京逝世。

王奇庆（1897—1988）　赣县吉埠镇吉埠村人。出生贫苦农民家庭，仅受了几年启蒙教育。1929 年参加苏区革命工作，任乡苏维埃农会主席、政府主席，翌年 4 月加入中国共产党。1931 年 4 月组织、带领本乡 80 多名青年参加工农红军，任组长。在用自制长矛、大刀与敌人作战中，缴获国民党军队一支“汉阳造”枪，立了一大功。腿部负伤康复后调入红军总司令部任管理员、管理排排长，参加了中央苏区二至五次反“围剿”战斗和二万五千里长征。从瑞金到延安，长期跟随毛泽东、朱德、周恩来等中央首长，负责生活和安全保卫。“七七”卢沟桥事变后，任延安留守兵团供给部管理科科长，参加了延安整风和边区大生产运动。解放战争时期，随部队进军东北，任第四野战军后勤部总务处、秘书处副处长，参加了辽沈、平津和解放武汉、挺进大西南、解放海南岛等战役，多次立功受奖。1955 年被授予中校军衔，荣获三级八一勋章、三级独立自由勋章、三级解放勋章，1988 年获二级红星功勋荣誉章，享受副军职待遇。1988 年 6 月在武汉逝世。

陈必达（1898—1986）　寻乌县留车镇庄干村人。1927 年 11 月，由中共寻乌县支委古柏介绍参加革命。1928 年寻乌“三二五”暴动中，参与指挥留车方向武装暴动。1929 年加入中国共产党。1928—1934 年，历任红军二十一纵队排长、寻乌模范大队大队长、红五十团第一营第三连连长、闽粤赣赤卫队支队长、红三十五军军部特务营长、寻乌县军事部部长、粤赣军区司令部副官长。红军长征时，陈必达奉命留守地方，所在队伍被国民党军队打散，藏身于难民中。1935 年 3 月，在瑞金麻地被抓捕并押往寻乌，途中在难友的掩护下逃脱，此后，经安远至信丰寻找组织。1937 年冬，在大余池江秘密交通站，见到赣南特委书记杨尚奎、信康（信丰、南康）县委书记刘建华等，接受建立信丰—安远—寻乌秘密交通站的任务，开展地下工作。1938 年春，秘密回到寻乌，寻访失散的革命党人，筹集资金、购买枪支，组建寻乌抗日游击支队。后被叛徒告密，遭反动武装追捕，复返至信丰。1938 年 9 月，在信丰金鸡再次被俘，狱中他大义凛然，痛斥国民党政府破坏国共合作、破坏抗日的行径，关押三天后，拟将其押送赣州处置，其妻李家英闻知，乘探监之机，捎带棕绳，助其越狱，当晚，他挣脱脚枷，跳窗乘夜色逃走。此后辗转于信丰、会昌、瑞金等地做零工隐蔽，再次与组织失去联系。1949 年 8 月，寻乌解放，陈必达与妻闻讯，旋即返寻，由中共寻乌县委书记李子良介绍重新安排工作。1950 年后，历任留车区副区长、寻乌县农协副主席、宁都专区土产公司和木材公司经理、寻乌县人民政府副县长。1952 年 9 月重新入党。1954 年 6 月，寻乌召开中华人民共和国成立后第一届人民代表大会，陈必达被选举为县长，同年8月就任，此后五届，连选连任，直至1964年9月。“文化大革命”中，陈必达受到冲击，在一次批斗中，遭造反派野蛮推搡，跌断右腿股骨，导致终身残疾。1964年9月，陈必达因年事已高，只保留县委副书记、县政协副主席职务。1966年4月退休，1980年10月改办离休，享受副地（厅）级政治、生活待遇。1986年6月10日病故。

李时进（1898—1988）　宁都县东山坝乡石湖村背村小组人。1928年12月参加中国工农红军，1930年12月加入中国共产党，参加了五次反“围剿”、二万五千里长征和百团大战。历任中国工农红军第四军二十七团团部通讯员、班长，红军第三军团四师班长、排长，红军第五军团通讯排长、防空员，红军大学学员，红四军二十八团一连连长，抗大三分校一大队学员，八路军一二九师决死纵队八团一连连长，八路军一二九师第八军分区独立营营长，八路军总后勤部兵站押车副官，晋冀鲁豫边区机关生产合作社经理，江西省赣西南行政公署招待所所长等职。抗大三分校毕业生，抗日战争中，曾立大功一次、小功数次。1951年退休，1981年改为离休，1988年8月1日在南昌病逝。

古才仁（1900—1987）　原名彩英，寻乌县晨光镇岭背村人。1931年参加中国工农红军，1934年加入中国共产党。1931年1月后，历任红一军团二师四团班长、排长。1934年10月，跟随中央主力红军长征。1936年3月，在陕西红一军团随营学校政治队学习一年。1937年3月，任河北晋察冀军区政治部政治指导员。1939年1月，任晋察冀军区司令部独立营教导员兼党总支书记。1940年3月，任晋察冀军区教导团政治处党总支书记兼组织股长。1942年1月，任晋察冀三分区游击军政治部组织科长。1943年8月，在陕西联防司令部后勤部任新成商店经理、纸烟厂厂长。1945年12月，调山西兴县贸易公司任行政秘书，口泉煤矿主任，离石粮站站长、指导员。1949年5月，调西安军管会任人事科长。1949年11月，调中国人民银行甘肃省分行任中国、交通两行监委。1950年8月，任中国人民银行甘肃省分行人事科副科长、党总支书记。1961年调回寻乌县，同年2月至1965年8月，任县人民政府副县长。1964年10月至1980年12月，任县政协副主席。古才仁任副县长期间，分管政法和林业，以昂扬的革命热情和高度的政治责任感投身工作，他深入基层，开展调查研究，主持制订维护社会治安的防范措施，制订森林保护公约和发展规划，为全县社会稳定、林业生产的发展做出贡献。1966年，古才仁经组织批准离职休养，享受副地（厅）级政治、生活待遇。1987年9月15日逝世。

萧文正（1900—1987）　会昌县庄口镇大排村人，出身贫苦农家。1932年4月参加革命工作，并加入中国共产党。1934年4月参加中国工农红军，任战士、副班长、班长，同年10月参加二万五千里长征。抗战时期，任东进支队干训队事务长，鲁梁军区后勤部炸药厂股员。1941年至全国解放，一直在冀鲁豫军区，先后任军区后勤部被服厂股长、军区陆军中学学员、军区后勤部副股长、卫生部股长。1952年转业，任广州市电力局党委副书记、广东省电力工业局监委副书记、党委副书记。1970年11月离休，享受副地（厅）级政治、生活待遇。1987年病逝。

朱开铨（1901—1993）　字秉衡，瑞金市合龙乡松山村人。1928年8月加入中国共产党。土地革命战争时期，先后任合龙乡苏维埃政府财经委员、中共云集区委书记、区苏维埃政府主席，长胜县苏维埃政府主席，中央土地人民委员会委员，中央政府主席团巡视员，粤赣省土地部长等职，参加了二万五千里长征。曾任遵义县土地人民委员会主任委员，红三军团十二团地方工作组主任。到达陕北后，任陕甘省苏维埃政府主席，省政府党团书记，陕甘宁省苏维埃政府副主席，省政府党团书记。抗日战争时期，任陕甘宁边区政府巡视团主任，建设厅副厅长。解放战争时期，任甘肃省陇东专署专员，中原人民政府荣管处处长。中华人民共和国成立后，回到赣南，先后任宁都分区督察专员公署专员、江西省人民政府民政厅厅长、江西省高级人民法院院长、江西省政协副主席。1985年离休，享受正部级待遇。著有《回忆查田运动》《关于遵义县革命委员会》《合龙歼灭战》《朱开铨回忆录》《关于瑞金党史的回忆》等。1993年逝世。

韩秀山（1902—1990） 又名韩逢琅，赣县吉埠镇白枧村人，出生于贫苦农民家庭。1933年5月参加中国工农红军，次年5月加入中国共产党。土地革命时期，任红三军团第十三团一营一连战士、班长，一一五师六八六团炊事班长。参加了第四、五次反“围剿”战斗和二万五千里长征，在长征路上，腿部被敌机炸伤。抗日战争时期，任一一五师六八六团上士，师后勤部皮鞋厂副厂长、厂长，三四三旅事务长、黄河支队出纳股长，野战军医院供给股长，参加了平型关战斗。解放战争时期，任鲁中军区后勤部材料股长，山东军区汽车修理厂、牙刷厂、肥皂厂经理，华东军区后勤部工人队队长，参加了解放上海的战斗。1946年立特等功一次、二等功一次，获得特等功奖牌一枚。1947年，在山东枣庄战役中，部队被敌军围困，他奋不顾身，手提炸药包，冲向敌军的碉堡，为部队炸开一条通道，使部队安全转移，在该次战斗中再次获特等功一次。中华人民共和国成立后转业，历任上犹、崇义粮店主任，大余县粮食局副局长、局长，县人民政府副县长，中共大余县监察委员会书记，大余县政协副主席。1990年1月28日病逝。

丁万森（1903—1991） 于都县新陂乡移陂村堆子脑人。1927年6月参加革命工作，1929年编入中国工农红军第四军，1934年加入中国共产党，参加了二万五千里长征、抗日战争、解放战争。曾任红一军团副排长，一方面军副连长，八路军一一五师战士。在战斗中负伤致残，享受二等残废军人待遇。1983年改办离休，享受地（厅）级政治、生活待遇。1991年1月因病在山东省诸城县逝世。

袁　渊（1903—1992） 原名袁焕卿、袁章斐，南康县（今南康市）西华乡桥口村人，16岁就外出到南安府当学徒、店员。1925年起从事工运活动，曾任南康县店员工会委员。1931年3月参加中国工农红军，任红四方面军四军十师保卫连战士、班长，同年8月加入中国共产党。1932年1月至1933年9月，先后任红四方面军四军十师保卫连排长、副连长，警卫连连长、警卫营营长，参加了第二至五次反“围剿”。1934年11月任四川省天全、芦山独立团团长，次年5月调任十一师作战科科长，11月任红四军作战科副科长。参加了二万五千里长征，曾三过草地。在长征途中，他指挥有力、作战勇敢，被誉为“袁老虎”。“七七”卢沟桥事变后，任一二九师三八五旅七七〇团参谋长，次年8月任三八五旅七团团长。其间，袁渊率部参加了陕甘宁边区的反顽战斗和部队整训生产等工作。1945年8月，袁渊带领一个教导团开赴东北，同年10月，任冀东十二旅旅长、冀东军十四分区司令员、东北野战军第九纵队参谋长。1947年任四十六军参谋长，在这期间，袁渊率部参加了对敌夏季、秋冬季攻势暨辽沈战役和平津战役。从1949年2月起，先后任第四野战军上干队队长、军大六团团长、军大湖南分校副校长。1952年9月任马列学院第一分院军事教研室主任，1953年9月任第二高级步校代校长，1955年5月任政治学院副教育长兼队列部部长。1955年被授予少将军衔和二级八一勋章、二级独立勋章、一级解放勋章。1964年1月离职休养。“文化大革命”中，曾受到林彪、江青反革命集团的残酷迫害，被非法批斗关押，身心受到严重摧残，1969年被迫迁出北京，1975年落实政策回北京。1982年6月被定为正兵团职待遇，1988年7月荣获中国人民解放军一级红星功勋荣誉章。1992年8月18日于北京病逝。

刘存智（1903—1994） 宁都县田头乡田头村人。1931年5月参加中国工农红军，参加了二万五千里长征。土地革命战争和抗日战争时期，曾任战士、班长等职。1943年在延安医院工作，1944—1952年在医院休养。1952年6月退伍返乡务农。1993年9月改办离休，享受副地（厅）级政治、生活待遇。1994年9月于宁都病逝。

肖克清（1903—1994） 宁都县会同乡会同村人。1932年6月参加革命，同年6月加入中国共产党，参加了二万五千里长征。历任战士、班长、司务长、副官。1950年后退伍还乡。1992年改为离休，享受副地级政治生活待遇。1994年7月24日在宁都病逝。

邓生义（1903—1995） 宁都县田头镇渡头村人。1933年3月参加革命，参加了二万五千里长征。历任红军三军团一营一连战士、炊事员，长征途中负伤。1950年退伍回家务农。1993年改办离休，享受副地（厅）级政治、生活待遇。1995 年 7 月 21 日在宁都病逝。

张德顺（1903—1993） 石城县珠坑乡人。1932 年参加中国工农红军，1934 年加入中国共产党。曾任江西省委招待所所长。1993 年逝世。

周克刚（1904—1994） 于都县贡江镇秀山村人。1931 年 7 月参加中国工农红军，1935 年 9 月加入中国共产党。土地革命战争时期，任红二十军团战士，三军团六师班长，六八六团一营班长，参加了二万五千里长征。抗日战争时期，任八路军一一五师卫生部事务长，黄河支队卫生部事务长，黄河支队供给部科员，三分区干校供给员。解放战争时期，任平原大队供给股股长，军官学校学员。1952 年 2 月复员回乡后，享受二等乙级残废军人待遇。1994 年因病逝世。

郭隆煌（1904—1995） 会昌县白鹅乡白鹅村人。贫农家庭出身，二等乙级残疾军人。14—24 岁时在家砍柴、放牛、耕田。1932 年 5 月在赤鹅区岭脑参加中国工农红军，先后任红一军团二师五团二营四连战士、班长，1934 年 10 月参加二万五千里长征，1935 年 6 月在毛尔盖战斗中负伤。抗日战争时期任八路军一一五师五团后勤部管理员。1947 年在山东任司务长，同年 9 月加入中国共产党，1948 年在延安后勤供给处任保管员。1949 年在南昌招待所休养，1951 年 8 月复员回乡，1958 年 8 月至 1962 年 12 月任白鹅大队岭脑生产队队长。1992 年 12 月改为离休，1993 年 2 月经江西省委组织部批准享受副地（厅）级政治、生活待遇。1995 年病逝。

李有胜（1904—1997） 曾用名李友胜，于都县罗江乡上溪村人。1933 年 5 月参加中国工农红军。1934 年 5 月加入中国共产党。土地革命战争时期，任红一方面军一五一师四团二营四连班长、副排长，机枪连副连长。参加了二万五千里长征。抗日战争时期，任八路军一一五师四团连长、团供给处副处长、处长。参加了平型关战斗。解放战争时期，任三十八军后勤部军需科科长、粮秣科科长。中华人民共和国成立后，任中南有色金属局江西分局宁都管理处主任、新华场场长、大埠分场场长。1958 年离休回乡后，任生产队护林员、生产队长，两次出席过省农业先进代表会议。享受副地（厅）级政治、生活待遇。1997 年 1 月 8 日因病逝世。

宋家贵（1904—1998） 宁都县对坊乡上村人。1931 年 6 月加入中国共产党，1932 年 4 月参加当地游击队，1933 年 3 月参加中国工农红军，参加了二万五千里长征，曾任红一方面军一师六连班长、八路军三五九旅卫生部管理员。1950 年 7 月退休回乡，先后任村党支部书记、青塘水泥厂工人、黄石乡光荣敬老院院长。1992 年改为离休，享受副地（厅）级政治、生活待遇。1998 年 5 月 12 日在宁都病逝。

杨尚奎（1905—1986） 原名杨尚魁，出生于兴国县江背镇水沟村桂竹坑的贫苦农家。1928 年参加农民协会，任本村农民协会会长兼赤卫队队长，参加了兴国暴动。1929 年 9 月加入中国共产党，先后任中共江背乡支部书记，乡赤卫大队政治委员。1931 年任中共兴国县委秘书，1932 年任中共宁都县委宣传部部长，1933 年 5 月调任中共胜利县委书记，同年 12 月调任石城县委书记，不久出席中共江西省第二次代表大会，并当选为省委委员。1934 年 5 月，任中共江西省委宣传部部长，9 月，任中共赣南省委委员、宣传部部长。主力红军长征后，杨尚奎奉命留守中央根据地开展游击斗争。1934 年 12 月任中共赣粤边特委副书记，1935 年 1 月任中共赣粤边特委书记。项英、陈毅率领新四军北上抗日后，杨尚奎任中共赣南特委书记，继续留在赣粤边坚持斗争。1939 年 12 月，杨尚奎参加中共广东省委在韶关召开的第五次执委会议，当选为中共七大代表。1941 年 9 月任中共中央组织部科长，参与中共七大代表资格审查工作。1942 年 9 月入中央党校学习并任支部书记，参加延安整风运动，写出《赣粤边三年游击战争及国共合作简历》一文。1945 年 4 月参加中国共产党第七次全国代表大会。抗日战争胜利后奔赴东北，先后任永吉地委副书记兼敦化县委书记、吉林省副书记兼永吉中心县委书记、中共吉南地委书记兼军分区政治委员和中央吉林省委常委、组织部长、秘书长。1949 年 4 月南下回到江西，任中共江西省委副书记兼赣西南区党委书记，在赣西南开展剿匪斗争，指挥了攻打翠微峰战斗。1952 年起，任中共江西省委书记、第一书记，政协江西省委员会主席，中共中央中南局委员、华东局书记处书记。1973年起，任江西省革命委员会副主任、中共江西省委书记、政协江西省委员会主席、江西省人大常委会主任。是中共七大、八大代表，第五届全国人大常委会委员，在中共十二次全国代表大会上，当选为中央顾问委员会委员，1986年7月7日于南昌病逝。

罗孟文（1905—1988） 赣县南塘镇清溪村人。1926年秋加入当地农民协会，1929年12月加入中国共产党，1930年被选为清溪乡苏维埃政府主席，1932年调任中共赣县茅店区委书记兼管储潭工委工作，1934年1月参加中华苏维埃第二次全国代表大会，1934年9月至1935年3月兼任红军独立第十三团政治委员。1934年10月主力红军长征后，奉命在杨赣地区领导游击战争。1934年12月至1935年3月任赣南军区第一作战分区（后称“杨赣军分区”）政治委员，1938年12月至1939年1月任中共吉安中心县委书记，1940年1月到达延安在中央党校学习，1945年11月至1946年5月任中共永吉地委委员、蛟河县委书记兼组织部部长、县保安团政治委员，1946年5月至7月任中共蛟河县委副书记兼县保安团副政治委员（至同年9月），同年9月至1947年2月任中共蛟河县工委书记兼县保安团政治委员（至1946年10月），1946年10月至1947年2月任蛟河县警卫团政治委员，1947年2月至1949年3月调任中共吉林省委组织部副部长。1949年4月任吉林省南下干部大队副政治委员兼政治部主任，7月抵达江西南昌，7—11月任江西赣州专员公署专员，8—9月任江西赣州地区军事管制委员会副主任，1949年10—11月任中共赣州地委副书记，同年12月至1950年11月任中共赣西南区委第二副书记兼组织部部长，1951年7月调任中共江西省委组织部副部长，1952年3月至1955年7月任中共江西省委纪委副书记，1953年1月至1967年1月任中共江西省委常务委员、组织部部长（至1955年9月），1953年10月至11月任江西省党群战线党组书记，1955年11月至1967年1月任中共江西省监察委员会书记，1976年10月至1978年6月任中共江西省委统战办公室主任，1978年2月至1983年4月任江西省第四届政协副主席，1978年6月至1983年4月任中共江西省委统战部部长，1979年12月至1983年4月当选为江西省第五届人大常委会副主任，1983年退居二线。是第五届全国政协委员。1988年1月7日因病在南昌逝世。著有反敌特题材的小说《赣江的红片与白片》。

刘向阳（1905—1987） 又名刘石养，会昌县珠兰乡龙车村人。1934年3月参加中国工农红军，任红一军团战士，同年10月参加二万五千里长征。1935年9月在甘肃环县山梁城与国民党马步芳、胡宗南部作战时先后4次负伤，左上臂和两大腿分别中弹，失去行走能力，在战场上掉队，后被当地老百姓救护，经组织批准安排在甘肃环县小南沟公社李上山大队劳动。1973年回到原籍珠兰，1987年逝世。

方志奇（1905—1988） 湖南省平江县龙门乡邓花园村人，出生于贫农家庭。1927年5月在湖南省平江县黄金洞参加革命义勇队，同年8月加入中国共产党，9月任湘赣游击队副小队长。1930年调红军第三军团第五军三师九团机枪连任通讯员，后任九团团部通讯班长。1931年2月任机枪连排长，同年11月调红五军政治队学习。1932年2月任九团二连政治指导员，同年10月任团政治部党总支书记，11月进入第三军团总政治部训练队学习并任队长。1933年3月调红军闽中独立团任政委，同年7月任第七军团十九师五十七团政委。1935年2月进入工农红军大学学习并任政治科长，同年11月调赣南军区第二军分区任政治部主任兼独立二十四团政委等职。1936年4月，方志奇随部队开往前线，在信丰小江与全南龙下交界的金盆山，部队被敌军包围，因寡不敌众，激战失利，方志奇负伤不能行走，被群众收留在地方养伤，后与组织失去联系。中华人民共和国成立后，方志奇于1949年10月重新参加革命工作，1952年再次加入中国共产党。1949—1951年，方志奇任全南第六区人武部大队长。1951年2月参加土改工作队，同年10月任全南县人民政府卫生科科长。1954年3月至7月任中共大吉山矿区委书记。1956年12月至1964年7月任县人民委员会副县长。1964年7月至1975年12月任县政协副主席。1975年12月退休。1988年2月8日病逝。

张洪亮（1905—1989） 于都县罗坳镇下坪村人。1929年参加中国工农红军，同年加入中国共产党，参加了二万五千里长征。历任红军总部通讯员、陕北总部新兵连司务长、总部炮兵团司务长、东北民主联军卫生部科长、东北军区后勤第一兵站科长、四野兵站医院科长、燃料处一分库主任（上校）等职。1989年4月因病逝世。

刘树林（1905—1990） 宁都县黄陂乌迳人。1934年参加革命，1935年加入中国共产党，参加了二万五千里长征。历任红军战士、班长、排长、连长，八路军革命后勤部管理员，中国人民解放军山东军区生产队队长。1950年转业回地方工作，历任县粮食局直属库主任和固厚、青塘、石上、黄陂粮管所所长等职。1964年退休，1980年改为离休，享受副地（厅）级政治、生活待遇。1990年8月27日逝世。

廖　清（1905—1992） 宁都县东山坝乡溪边村人。1934年4月参加中国工农红军，同年11月加入中国共产党，参加了二万五千里长征。历任红一军团班长、排长，延安供给部汽车队司机，卫生部管理员，纺织厂工人，宁都县坪田大队农会主任，石上供销合作社主任，东山坝供销合作社主任。1964年退休，1980年改办离休。1989年8月经江西省委组织部批准享受副地（厅）级政治、生活待遇。1992年12月于宁都病逝。

汤振莲（1905—1993） 原名吴泽芳，出生于兴国县长冈乡大塘村的贫农家庭。1929年2月参加革命，随后加入中国共产党。土地革命战争时期，历任红军游击队战士、班长、排长、连长，中共上社区委宣传部部长、军事部部长，中央工作团副主任，中央军委西江县补充师政治指导员，少共国际师连政治指导员、营政治教导员，一军团干部教导营干事，中央政府土地部农牧科科长。参加了中央苏区一至五次反“围剿”。1934年10月随中央主力红军长征，到达陕北后，历任陕甘宁边区特委群众工作部部长、中央政府国民经济部农牧科科长、建设厅代厅长兼农牧科科长。抗日战争时期，历任陕甘宁边区政府巡视团主任、中共鄂豫皖省委组织部副科长、中共全椒县委书记兼县大队政治委员、合肥县军事部部长兼县独立营政治委员、中共天长县委书记兼县总队独立团政治委员，淮南区东南支队司令部政治委员、办事处主任，中共六合县委书记。解放战争时期，历任华东局淮阴工作团副主任，鲁中三地委组织部部长兼支前司令部政治委员，华东荣军学校九分校政治委员，山东渤海军区政治部组织部部长，南下干部总队政治部主任。1993年2月于南京逝世。

邱会魁（1905—1993） 兴国县高兴镇长迳村人。1930年参加中国工农红军，同年加入中国共产党。土地革命战争时期历任兴国模范师排长和红三军团六师十六团连长、五师十五团营长、十四团管理处主任、十三团连长、独立师司令部参谋，参加了中央苏区第一至五次反“围剿”和二万五千里长征。1938年3月，邱会魁受命到蔚县组建察南游击支队（又称“邱支队”），成立之初只有百余人，在战斗中不断壮大，到1940年扩大到4个大队共800余人。察南游击支队神出鬼没，日寇进山扫荡时，他们一方面保护群众转移，一方面从敌人屁股后面伏击敌人，消灭其有生力量，再加上和三五九旅常来常往、突击战斗，使南山根据地日益发展、巩固。解放战争时期，任吉林军区和龙支队支队长、延边军分区副司令员、二十五旅副旅长、吉东军分区副司令员、吉林军区副参谋长兼警备司令、中共吉林省委军事部部长。1955年被授予少将军衔，荣获二级八一勋章、二级独立自由勋章、二级解放勋章，1988年荣获一级红星功勋荣誉章。是中国人民政治协商会议第五届全国委员会委员。1993年于沈阳逝世。

邓玉明（1906—1987） 曾用名邓书荣，宁都县田头镇渡头村人。1933年参加革命，同年加入中国共产党，参加了二万五千里长征。历任红三军团四师十一团七连战士、班长、侦察员，中央后勤部一部管理员、科员和禁烟督察局所长，盐业公司副经理，山东粮食局科员，河南许昌税务局副局长，湖北省黄陂县工商局副科长，宁都专员公署事务秘书，赣州地区糖果烟酒专卖公司副经理，南昌市糖果烟酒专卖公司人事科长等职。1957年退休，1980年改为离休。1987年12月10日于宁都逝世。

刘德辉（1906—1989）　于都县段屋乡围上村人。1931年参加中国工农红军，1934年4月加入中国共产党，参加了二万五千里长征。历任战士、班长、排长、副连长、连长，四纵队教导大队大队长，四纵队旅直二科科长，四兵团十三军教导大队大队长，兴国县大队大队长，兴国县人民武装部部长等职。1954年离职休养，1989年9月6日因病逝世。

王瑞生（1906—1989）　宁都县刘坑乡老溪村人。1933年参加革命，同年加入中国共产党，1934年参加中国工农红军。土地革命战争时期，任老溪乡文书、党支部书记和红军连队文书，参加了二万五千里长征。1935年转入地方工作，任甘肃华池县政府土地部副部长、民政科副科长和延安粮食局真武洞粮站站长，1940年后任河北冀南银行三分行科长、太行山二专署银行和陇东银行西华池办事处主任，1950年后任宁都吴村、安福、会同、石上等粮管所所长。1963年退休，1980年改办离休。1989年于宁都病逝。

王光洪（1906—1993）　于都县车溪乡小汾村人。1929年12月参加地方革命工作，1930年10月参加中国工农红军，1942年2月加入中国共产党。土地革命战争时期，任乡代表，红六九团二营三连战士，军委管理连文书，参加了二万五千里长征。抗日战争时期，任摩托学校管理员，抗日军政大学五大队管理员，军事工业局科员，联防司令部后勤部总务科科长。解放战争时期，曾被国民党军队抓去，逃回延安，在组织部教导大队任职，随解放军南下。中华人民共和国成立后，任赣南区党委总务科科长，于都县建设科科长兼县政府秘书、县交通科科长、县工交局局长。县养路段党支部书记。1967年7月退休回家，后改离休，享受副地（厅）级政治、生活待遇。1993年6月10日因病逝世。

李士才（1906—1994）　原名李仕才，出生于兴国县均福山。1930年春贺堂山区成立乡苏维埃政府时，李士才担任村苏维埃政府主席、少先队政治指导员，同年加入中国共产党。1934年2月参加中国工农红军，历任红军第二补充师干部队支部书记、红三军团第五师十五团团部政治指导员、十三团连政治指导员，红军第二师政治部组织科干事，参加了中央苏区第五次反“围剿”。1934年10月随中央主力红军二万五千里长征。抗日战争时期，入延安抗日军政大学学习，后任八路军一一五师三四三旅六八五团营政治教导员和晋西独立支队政治部组织科科长、第二团政治处主任及晋冀鲁豫军区教导三旅八团政治委员。解放战争时期，任晋冀鲁豫野战军第七纵队二十旅副政治委员、第一纵队十九旅政治委员，鄂豫军区第一军分区司令员，江西军区政治部组织部部长。1955年被授予少将军衔，荣获三级八一勋章、二级独立自由勋章、一级解放勋章，1988年，荣获一级红星功勋荣誉章。1994年3月8日于广州逝世。

朱　坤（1906—1994）　于都县桥头乡朱屋村人。1928年参加革命工作，1933年10月加入中国共产党。土地革命战争时期，任红军战士、班长、排长，营部医院管理员、管理科副科长，延安保安处侦察员、副支队长。参加了二万五千里长征。抗日战争时期，任新四军团长，宜阳分区参谋长。解放战争时期，任东北四野警卫团副团长。中华人民共和国成立后，任于都县人民政府副县长、赣州地区林垦处副处长。1994年10月10日，因病逝世。

罗兆吉（1906—1995）　石城县观下乡人。1932年参加红军，同年加入中国共产党，次年参加二万五千里长征，1938年抗日军政大学毕业后分配冀东抗日前线任连长，1945年赴东北押送投降的侵华日军时被流弹击中负重伤，后辗转接受治疗。伤愈后，转邯郸市地方工作。1953年，申请并经组织批准回乡务农。1995年4月逝世。

魏善成（1907—1986）　安远县孔田镇人，出生于一个贫苦农民家庭。5岁丧父，8岁母亲病故，由叔父抚养，小学毕业后在孔田太平圩中药店当学徒。学徒期间，为党组织在药店开展革命活动站岗放哨。1929年1月30日，毛泽东、朱德率领红四军到达孔田圩，他奉命侦察安远、信丰、定南交界一带的敌情，获得国民党从龙南、定南等地调集军队准备合击红四军的情报，连忙赶回孔田圩向党组织汇报，为红四军安全转移做出贡献。1929 年 8 月加入中国共产党，历任乡苏维埃政府主席、农民赤卫队队长、红军四纵队政治部宣传科科长、福建省苏维埃政府科长和处长、中央贸易局福建分局经理、赣南省于都县苏维埃政府财经处主任、赣南红军二支队司令部没收委员会主任等职务。抗日战争时期，历任新四军二支队政治部战地服务团团员和书记、二支队司令部副官、三军团军需处主任、新四军六师十六旅苏南地区财经委员会副主任、新四军浙东纵队司令部供给部部长等职务。解放战争时期，历任华东野战军一纵队供给部副部长、一纵队总兵站站长、师供给部政委、华东军政大学供给部部长等职务。从部队转业到地方工作后，先后担任福建省南平地区行署副专员、福建省高级人民法院副院长等职务，从福建省物资厅离职休养。1986 年 6 月 25 日在福州病逝。

张华诚（1907—1986）　宁都县小布镇韶坊村人。1934 年 7 月参加革命，1936 年 1 月加入中国共产党，参加了二万五千里长征。历任班长、排长、连长、军分区保卫股长、科长、团长、团政委、延北独立支队支队长。1952 年 8 月经总后勤部党委批准为正师级，1955 年被授予上校军衔，同年 5 月荣获三级八一勋章，二级独立自由勋章、二级解放勋章各 1 枚。1956 年转业到青海石油管理局任监委书记，1958 年任银川石油勘探局党委副书记兼工会主席，1966 年任石油勘探指挥部监委副书记，1971 年任长庆油田第三分指挥部副政委，1982 年 8 月离职休养。1986 年 2 月 14 日于银川病逝。

钟　平（1907—1987）　兴国县崇贤乡贺堂村大源林村小组人。1926 年参加革命，在家乡秘密组织农会，从事农民运动。1927 年参加赣西南、赣南革命活动，先后任乡军事委员、赤卫队排长等职。1930 年加入共青团，次年加入中国共产党。1931 年起历任中共兴国县崇贤区委巡视员、副书记、书记、中共崇贤中心区委书记。1933 年 8 月，中共杨殷县委和县苏维埃政府在兴国均村正式成立，钟平担任县委书记。1934 年 10 月，钟平从中央红军学校毕业后担任红五军团十三师地方工作科科长，同年 10 月随中央主力红军长征，三过雪山草地，历尽艰辛，历任中共丹巴县革时渣区区委书记、道孚中心县委书记、川康省委工作队支部书记、红三十一军地方工作部部长、红四方面军党校支部书记、中央党校高级一班第一支部书记。红军突破乌江后，担任中共团溪县委书记兼团溪革命委员会主任。红一、四方面军会师后，钟平被派往环境恶劣的藏区甘孜州丹巴县革什扎区担任区委书记，奉命创建新苏区。西安事变后，受党中央派遣，返回赣粤边区开展抗日救亡统一战线工作。在极其困难和复杂的斗争环境中，粉碎国民党军的多次“清剿”。1940 年回延安，任中央党校整风学习小组组长。1945 年当选为中国共产党第七次全国代表大会代表，并任南方代表团江西代表组组长。抗日战争胜利后，历任辽北省西安地委书记兼军分区政治委员和中共松江省委组织部副部长、代理部长。1949 年，任第四野战军南下工作团第一团政治委员。中华人民共和国成立后，历任衡阳铁路局党委副书记兼政治部主任，重工业部化工局副局长、党组书记，化学工业部部长助理、党组成员，江西省科学委员会主任、党组书记，中共江西省第六届委员会候补委员，中国人民政治协商会议江西省第四届委员会副主席、党组成员。1987 年 11 月 26 日病逝于北京。

丁龙飞（1907—1990）　原名祖通，1907 年 7 月生于兴国县兴莲乡南桥村一贫农家庭。1932 年加入中国共产党，1934 年 1 月参加中国工农红军。土地革命战争时期，历任红一军团工兵连战士、独立一师十三团一连排长。参加了中央苏区第四、五次反“围剿”和红军二万五千里长征。抗日战争时期，历任平西邓华支队三十三大队一连连长、挺进军七团一连连长和副营长、十一分区七团特务连连长、晋察冀军区十一分区四十四团副团长、二纵队二旅二十团团长。解放战争时期，历任华北一、六分区独立团团长和华北补训兵团一旅三团团长、第二野战军后勤交警团团长。1963 年 10 月，离休（副军职）。青年时代投身革命的丁龙飞参加过著名的铁厂、涞水、百团、沁河等战斗（战役），亲自指挥过许多战斗。他作战英勇、指挥果断，多次在战斗中负伤，屡立战功并受嘉奖，经受了长期革命斗争的考验。1990 年 6 月 15 日于南昌逝世。

李林泉（1907—1991） 宁都县东韶乡汉口村人。1932 年 2 月参加革命，1933 年加入中国共产党。土地革命时，任宜黄县保卫队战士、瑞金国家政治保卫队班长、红军二十四师七一团三营七连排长、湘南游击支队四大队班长。抗日战争和解放战争时期，任江西上犹、崇义两县中心区组织部长、新四军红北旅四大队排长和政治指导员、新四军独立四团特派员、安徽省第四军分区政治部三十四旅政治部保卫科长、华东军区直属医院政治处主任。中华人民共和国成立后，参加过抗美援朝。1953 年转业到地方工作后，历任安徽淮南矿务局校校长、淮北市委党校校长。1956 年退休，1961 年受聘为宁都县东韶农业中学名誉校长，1974 年受聘为宁都中学校长，1980 年改为离休，享受副地（厅）级政治、生活待遇。1991 年 6 月于宁都逝世。

陈东斗（1907—1993） 于都县梓山镇合和村人。1933 年 6 月参加中国工农红军，1936 年 6 月加入中国共产党。土地革命战争时期，任红军学校、干部学校炊事员，参加了二万五千里长征。抗日战争时期，任陕北干部学校给养员、事务长，豫西三旅管理员，山东三旅炸弹工厂管理员，山东南头镇抗大学校会计。解放战争时期，任山东荣军医院管理员，1947 年后在山东省军区荣管局休养。中华人民共和国成立后，于 1950 年 3 月从山东复员回乡，曾任山塘乡党支部书记兼乡长、生产队保管、出纳等职，1973 年后在家休养。1993 年，因病逝世。

曹德连（1907—1995） 曾用名曹远山，南康市龙回乡人。1930 年 3 月参加龙回农民武装暴动，并任暴动大队长，同年 8 月参加中国工农红军，10 月加入中国共产党，参加了二万五千里长征。土地革命战争时期，任中国工农红军第二十二军二十六纵队三大队战士、班长、宣传分队长和师特务连政治指导员、红四军电话大队政治指导员、红一军团二师五团三连连长兼政治指导员、红一军团侦察队长兼政治指导员、团政治处副总支书记、陕北红军三十军二六二团政治委员。抗日战争时期，任一二九师炮兵营教导员、警备一三团营教导员和营长、警备一团副政委。解放战争时期，任冀察热辽军区第三十旅副政治委员兼政治部主任、东北野战军第八纵队二十三师代政委、冀察辽军区十九分区政治委员兼分区独立四师政治委员、四野十五兵团政治部组织部副部长、代部长。1955 年被授予少将军衔，获二级八一勋章、二级独立勋章、一级解放勋章，1988 年 7 月被授予一级红星荣誉勋章，曾当选为中国人民政治协商会议第五届全国委员会委员。1995 年 6 月于沈阳病逝。

罗贵波（1907—1995） 曾用名李文华、罗心夷，南康市潭口镇人。1925 年 7 月毕业于江西省立第二师范学校，1926 年 4 月参加革命，1927 年 1 月加入中国共产党。在土地革命战争时期，先后组织领导南康潭口农民武装暴动、安远县农民武装暴动、赣县农民武装暴动。其间，担任中共大庾矿区工委书记和安远县委书记、县游击队队长兼政委及赣县县委书记、县游击队队长兼政委，红二十二军第三纵队政委、红三十五军政委、中共赣南行委委员。1930 年 1 月，率红三十五军和赣南部分县党组织平息分裂红军、反对毛泽东的“信丰事件”，率部参加了红军第一、二次反“围剿”。1934 年 10 月参加二万五千里长征，任中共红军干部团三营政委、红军上级干部队队长兼政委、红军教导师政治部主任，率部担负中央领导机关及遵义会议的警卫任务，率领先遣部队完成抢渡金沙江绞平渡口和抢占江对岸敌军江防阵地的任务，并参加了攻占通安洲的战斗。抗日战争时期，先后担任晋西北区党委副书记兼军事部部长、统战部部长、八路军一二〇师民运部部长、三五八旅政委、晋西新军政委。1942 年年底任晋绥军区第八军区司令员兼政委、第八地委书记。解放战争时期，任中共吕梁区党委书记、军区政委、中共晋中区党委书记、军区司令员兼政委、太原警备司令、中国人民解放军第七军政委。率部先后参加了汾孝战役、临汾战役、晋中战役和太原战役。1950 年 1 月，任中共中央驻越共中央联络代表、中国驻越南顾问团团长。1953 年 9 月，被越南共产党中央委员会和越南民主共和国政府授予“胡志明金质勋章”。1954 年 9 月，任中华人民共和国驻越南首任特命全权大使。1958 年 1 月，任外交部副部长、部党委副书记。1978 年 12 月至 1983 年 5 月，任山西省省长、中共山西省委第二书记。曾任第六届、第七届、第八届、第十二届、第十三届全国人民代表大会代表，第十四届全国人民代表大会特邀代表，当选为第八届中央委员会候补委员、中央委员。1995 年 11 月病逝于北京。

李桂英（1907—1997） 女，寻乌县三标乡长安村人。1929 年参加革命，1930 年加入中国共产主义青年团，1931 年参加红军，1933 年 9 月由中国共产主义青年团团员转为中国共产党党员。土地革命战争时期，李桂英任会昌县委妇女部长、粤赣省委妇女部副部长，曾在毛泽东的亲自指导下开展工作，半个月扩大红军 150 人，被中华苏维埃共和国临时中央政府授予“扩红模范”称号。1934 年参加中央红军二万五千里长征，任中央卫生部运输连政治指导员，是随中央红军长征的 30 名女红军之一。1935 年春，中央红军到云南扎西，李桂英留在云南打游击战，后任红军川滇黔游击队司令部政治处政治指导员、川滇黔游击队政治处副主任等职。抗日战争时期，李桂英任新四军服务团妇女分队队长、新四军服务团地方工作团分队长、新四军教导总队八队队长、皖南特委妇女部部长。“皖南事变”中，她与部队一起坚持战斗 4 个月，辗转千里，突破敌人包围，把一大笔党的经费安全送到苏北盐城新四军军部，受到刘少奇、陈毅的称赞。回到新四军后，任新四军一师政治部妇委会书记、新四军一师后勤部总支书记、新四军一师军工部政治指导员、苏浙军区直属队总支书记等职。解放战争时期，任华东军区军工部政治协理员、关东疗养院总支书记、华东军区卫生部直属政治处副主任、华东军区后勤部军需政治部组织科科长。1946 年荣立二等功，被授予二等模范。中华人民共和国成立后，被授予中华人民共和国二级八一勋章、三级独立自由勋章和三级解放勋章。1955 年转业到地方后，任卫生部青岛疗养院副院长。1962 年，中央军委决定将红军时期的女干部重新收回部队，她主动将全部复员费 6000 元作为党费上缴，受到总政治部的表彰。1988 年，被授予中国人民解放军二级红星功勋荣誉章。李桂英严于律己、宽以待人、以身作则、艰苦奋斗，始终保持和发扬党的光荣传统，体现出一个老共产党员的优秀品质。1997 年 2 月 10 日于南京病逝。

谢国仪（1907—2000） 1907 年 10 月出生于兴国县永丰乡西江村。从青少年时期就积极投身革命运动，1928 年 2 月参加赣南农民暴动，1930 年 9 月参加中国工农红军。土地革命战争时期，曾任红四军特务营班长、兴国县西江赤卫队队长、红三军团第六师十六团连长和第四师十一团连长及军委警卫营营长。参加了中央苏区一至五次反“围剿”和二万五千里长征。1934 年 8 月在第五次反“围剿”老营盘高地的一次激战中，谢国仪所在连百余人仅剩 9 人，他在多次受伤且极其艰苦复杂的战争环境中英勇善战，多次带领全连战士同几倍于红军的敌人浴血奋战，坚决阻击敌人，出色地完成掩护部队转移的任务。红军开始二万五千里时因他身负重伤，组织上决定让他回家疗养，但他以顽强的毅力抠出伤口的弹片，拄着拐杖坚持行军，终于赶上后卫部队。长征途中，在 2 次攻占遵义城的激烈战斗中，他敢于拼杀，坚持战斗。抗日战争时期，历任中国人民抗日军政大学第二分校直属支队支队长、晋察冀军区第四军分区五团副团长和团长、雁北军区第五军分区广灵县区队长。1939 年 10 月任副团长期间，他积极组织部队进行军事训练，并多次带领小分队出其不意袭击敌伪据点，受到上级表扬。解放战争时期，历任冀中军区第十军分区副司令员、司令员及河北省天津军分区司令员。他参加了平津等重大战役，带领部属顽强作战，牵制敌人兵力，配合主力部队反攻，取得战争的胜利。1964 年被授予少将军衔，荣获二级八一勋章、二级独立自由勋章、二级解放勋章，1988 年荣获一级红星功勋荣誉章。2000 年 5 月 24 日于山西太原逝世。

康金生（1908—1986） 宁都县黄陂镇大湖村人。1929 年 1 月参加革命，1932 年 2 月加入中国共产党，参加了二万五千里长征。历任红一军团通讯连班长、红军总部特分团排长、三五九旅七八团三营十一连连长、四十五军一三四师三团一营营长、广西百色县大队大队长。1952 年转业后，任宁都黄陂区委书记等职。1966 年 7 月退休，1980 年改为离休。1986 年 3 月 7 日于宁都病逝。

李和森（1908—1986） 宁都县大沽乡仙山下人。1930 年 6 月参加革命，1932 年 7 月加入中国共产党，参加了二万五千里长征。历任红十二军三十六师一〇七团班长及排长、江西省军区保卫局排长、山西军区后勤部游击队连长、东北解放军四十四军警卫营副营长、军部粮食科科长等职。1951 年后任宁都县刘家坊乡政府乡长、大沽公社党委副书记等职。1963 年 7 月退休，1980 年改为离休。1986 年 5 月 13 日于宁都县病逝。

江昌池（1908—1986） 于都县葛坳乡塘泥村人。1931 年冬参加中国工农红军，1932 年加入中国共产党，参加了二万五千里长征和抗日战争、解放战争。中华人民共和国成立后，曾任中央被服厂党委书记。1986 年因病在湖北省逝世。

杜世明（1908—1989） 1908 年 9 月 12 日出生，安远县欣山镇丰熟村人。1927 年 10 月参加革命，1928 年 5 月加入中国共产主义青年团，1931 年 5 月加入中国共产党。在土地革命时期，先后在安远暴动队、安远游击大队、红军二十三纵队、红二十二军六十四师一九〇团、红四军十一师、红一军团二师五团担任红军战士、司号员、警卫连长等职，参加了中央苏区第一至第五次反“围剿”，随中央红军进行二万五千里长征。抗日战争爆发后，随部队奔赴抗日第一线，于 1937 年 9 月参加平型关战役，同年 11 月任八路军一一五师六八五团二大队通讯主任。1940 年，任八路军一一五师教二旅四团二营营长。1943 年，进入陕甘宁边区抗日军政大学学习，毕业后调任辽北军区三科科长、独立五支队参谋长。抗日战争胜利后，历任辽吉军区后勤部警卫营营长、辎重大队副大队长。1947 年先后任辽吉军区白城子办事处处长、后勤部警卫营营长。1948 年，先后任中国人民解放军第四十四军一三一师五十八团一营营长、师教导大队副大队长。参加了辽沈战役、平津战役和广州战役。1955 年被中央军委授予三级八一勋章、三级独立自由勋章、三级解放勋章和中校军衔。中华人民共和国成立后，任广东省普宁县人民武装部部长，1954 年任普宁县兵役局局长，1955 年 11 月离职休养。1958 年 7 月回原籍定居。1964 年 3 月正式退休，1985 年 10 月被批准享受副地（厅）级政治、生活待遇。1989 年 1 月 11 日，逝世。

邓庆来（1908—1991） 于都县沙心乡新圩村人。1932 年 4 月参加中国工农红军，1933 年 3 月加入中国共产党。土地革命战争时期，任中央干部团事务长，三五九旅卫生部供给科科员。参加了二万五千里长征。抗日战争时期，任延安兵站医院事务长，延安兵站医院合作社主任，三五九旅生产科科员，中国医科大学生产科科员。解放战争时期，任晋察冀边区卫生部商店经理，冀中军区第三后方医院总务科科长。中华人民共和国成立后，任唐山人民制药厂经理、中国医药公司唐山支公司经理、唐山市饮食服务公司党委书记。1967 年离职休养，回于都定居。1991 年，因病逝世。

曾广华（1908—1992） 于都县银坑镇琵琶村人。1932 年加入中国共产党，1933 年 6 月参加中国工农红军，参加了二万五千里长征。土地革命战争时期，任游击队班长和红一军一团一营一连司号兵、排长、给养员。抗日战争时期，任八路军排长。解放战争时期，任排长。在战斗中 4 次中弹负重伤，中华人民共和国成立后，被评为三等甲级残废军人。1951 年 11 月，回乡从事农业生产。三等残疾，享受残疾军人定期补助。1992 年 11 月病逝。

王中仁（1908—1992） 原名王贤选，章贡区水西乡水西村人。1927 年参加革命，次年 7 月加入中国共产党。历任中共赣州东郊区委水西小组组长、赣县东郊木船工会主任、赣县木船工会和江西木船工会委员长等职。积极给中央苏区购运食盐、布匹等紧缺物货，为打破国民党对中央苏区的经济封锁做出贡献。1933 年当选为中央苦力运输工会委员长，1934 年 2 月当选为中华苏维埃共和国中央执行委员会委员。在中央红军主力实行战略转移时，如期完成中共中央分局交给他的架设浮桥、处理红军不便运走的笨重物资和安置几位中央领导人的家属等任务。为掩护毛泽覃夫人贺怡和她的父母、女儿以及刘伯坚的儿子，把他们从会昌转移到赣州，安排隐蔽在水西历时 3 年，直到抗日战争爆发，国共合作，贺怡重新回到部队。红军主力长征后，在赣州担任中共地下联络员。1937—1938 年，任新四军池江办事处赣州联络站站长、新四军第一支队副官主任。1939 年、1940 年，先后任中共万安县委书记、万泰遂中心县委书记。1941 年被国民党逮捕，关押在泰和马家洲集中营达 4 年之久，从此与组织失去联系。中华人民共和国成立后，重新参加革命，历任赣州支前委员会采购股长、市总工会劳保部副部长、市搬运公司经理、市劳动局和城建局副局长、通天岩农场场长、黄金试验农场和市鱼种场副场长等职。“文化大革命”期间，横遭诬陷与迫害，1984 年恢复名誉。1992 年病逝。

万咸林（1908—1993）　宁都县钓峰乡下湾村人。1933 年 6 月参加革命，1935 年 10 月加入中国共产党，参加了二万五千里长征。土地革命战争时期，曾任红一方面军干部团战士、二师二连连长。抗日战争时期，任陕西警备旅三团电台管理员，陕北联防留守处和山西晋绥司令部副官等职。解放战争时期，任晋南办事处会计学校股长、一二〇师科长、西北野战军二军西安办事处管理科长等职。1955 年被国防部授予少校军衔。1957 年离职休养，1961 年退休回家乡宁都，1980 年改办离休，享受副地（厅）级政治、生活待遇。曾荣获三级八一勋章、三级独立自由勋章、三级解放勋章和二级红星功勋荣誉章。1993 年 6 月于宁都逝世。

曾北斗（1908—1993）　于都县梓山镇潭头村人。1929 年参加革命工作，1933 年参加中国工农红军，1935 年 5 月加入中国共产党。土地革命战争时期，任红军战士、班长，参加了二万五千里长征和抗日战争。解放战争时期，任东北三十六旅旅部鞋厂厂长，东北冀察辽热供给部商店主任，四野六分部仓库主任。1951 年转业后，任江西省百货公司任储运科副科长、科长，江西省煤建公司副经理，工农干部学校学员，江西省石油批发部副经理，江西省石油经营管理处副处长，江西省石油公司副经理。1966 年 10 月离职休养，住南昌市南站干休所。1993 年 12 月 23 日因病逝世。

黄文明（1908—1995）　兴国县埠头乡西霞村人。1927 年 12 月加入共青团，1930 年加入中国共产党。1933 年 5 月参加中国工农红军。土地革命战争时期，历任乡苏维埃政府主席、兴国县城区国民经济部部长和红三军团六师十七团一营二连文书、团部技术书记及第五师政治部干事、十三团一连政治指导员等职，参加了五次反“围剿”和二万五千里长征。抗日战争时期，任察哈尔省蔚县游击支队政治教导员、独立师直属总队总支书记、一分区政治部组织科科长、第二团政治委员。1938 年年底至 1943 年 3 月，任晋察冀军区二团政治委员，先后参加了平型关战役和百团大战，以及雁宿崖、黄土岭等战斗。1943 年 3 月，黄文明调任晋察冀军区完县县委书记兼支队政治委员。解放战争时期，历任晋察冀军区第三军分区政治委员、第三纵队九旅政治委员和华北军区第二兵团三纵队八旅政治委员及第一野战军十九兵团六十三军一八八师政治委员、十九兵团政治部组织部部长等职。1949 年，随十九兵团执行解放大西北任务，参加太原、宁夏战役，为中国人民的解放事业做出重要贡献。1951 年 2 月，黄文明赴朝参战，参与组织指挥第五次战役和 1953 年夏季攻势作战以及西海岸反敌登陆作战的防御阵地建设。1955 年，黄文明被授予少将军衔，荣获三级八一勋章、二级独立自由勋章、一级解放勋章。1957 年 2 月，入中国人民解放军政治学院学习。1960 年 11 月 5 日，中国第一枚地对空火箭试验成功，记下他的卓著功勋，受到党和国家领导人的高度赞扬。1988 年，荣获一级红星功勋荣誉章。是中国共产党第九、十届中央委员会候补委员。1995 年 9 月 27 日于北京逝世。著有《战火留下的记忆》。

李德辉（1908—1996）　曾用名李咸宗，于都县宽田乡寨面村人。1933 年 1 月参加革命工作，1934 年 1 月参加中国工农红军，1937 年 1 月加入中国共产党。土地革命战争时期，任地方赤卫队战士、于都补充师独立团战士。1934 年 10 月红军主力长征后，随留守部队坚持南方三年游击战争。抗日战争时期，任新四军一师二团一连班长、事务长，三营营部供给员，二团供给部出纳员，三师后勤部干事、同仁公司股长。解放战争时期，任三师后勤部被服厂总务科长，六师师部军械科科长。中华人民共和国成立后，转业至宁都专署工作，后任于都县宽田区委书记、省委党校学员、县委组织部部长、赣南化工厂工会主席。1962 年 8 月离休，住于都县城，享受副地（厅）级干部政治、生活待遇。1996 年 9

月 14 日因病逝世。

梅成章（1908—1996） 寻乌县龙廷乡兰田村人。在古柏的启发下参加革命活动，1928 年 3 月 25 日晚上，参加寻乌农民暴动，加入龙廷赤卫队。1930 年 2 月加入中国共产主义青年团，同年 6 月任红三军直属交通队班长、排长。1931 年 3 月，加入中国共产党，同年冬，调红三军直属特务连任二排排长。1933 年 1 月，任红三军九师二十七团五连连长，同年 12 月任红三军一师二团八连指导员。1930—1933 年，参加了中央苏区第一至五次反“围剿”，历经大小战斗百余次，先后 2 次负伤。1934 年 10 月随中央红军参加二万五千里长征。到达陕北后，率部参加了直罗镇战役和吴起镇战斗。1936 年 5 月，入红军大学学习，并任红大第三科二连连长。学习期满后，于 1937 年 1 月调任红军教导师二团一营教导员、党总支书记。1937 年 8 月，调任八路军总部警卫团九连指导员。1938 年 1 月，任晋察冀军区第二军分区四团一营教导员，后任四团政治处组织股股长。1939 年 9 月，任第二军分区政治部组织干部科科长。1940 年 1 月，任滹沱河于南地区队政委，兼太东支队政委、太东地区中心县委书记。1941 年 10 月，调冀中军区二十四团任政委。他参加了著名的百团大战，被晋察冀军区授予“模范干部”称号。解放战争时期，历任晋察冀野战军第二纵队六十八团政委、察哈尔军区政治部组织部部长、察哈尔军区第六军分区政委兼政治部主任、晋察冀野战军第六纵队政委、晋察冀野战军补训兵团第三旅政委等职，率部转战华北，参加了察绥、保定等战役。1955 年，被中央军委授予大校军衔，荣获二级八一勋章、二级独立自由勋章、二级解放勋章。1988 年，他荣获二级红星功勋荣誉章，享受正军级离休干部待遇。1996 年 4 月 18 日病逝。

刘金山（1908—1999） 赣县田村镇红卫村人。1929 年春，参加农民赤卫队，11 月，参加中国工农红军，1932 年加入中国共产党。土地革命战争时，他参加了中央苏区二至五次反“围剿”战斗。参加过攻打赣州、福建漳州、广东水口等战役，累立战功。1934 年 10 月红军长征后，他跟随耿飚、杨成武的红一军团第四团，从江西于都河边开始二万五千里的艰难跋涉，突破敌人四道封锁线、血战湘江，突破乌江，占领遵义，四渡赤水、巧渡金沙江，一直打到川西的大渡河边，与连长廖大珠和 20 位战友，从安顺场的大渡河边创下一昼夜奔跑 120 千米的纪录，参加飞夺泸定桥的战斗，是 22 位飞渡勇士之一，也是 5 个已知姓名的勇士之一。长征结束后，他又随红军改编成的八路军 115 帅到山西抗日前线，经历数十次与日军的激烈战斗。抗日战争期间，任晋察冀三分区二团营长。1938 年，进入抗日军政大学学习，结业后，任晋察冀三支队支队长。参加了平型关战役、百团大战、反五一“大扫荡”。尤其在 1939 年的黄土岭战斗中，他冲锋陷阵，英勇杀敌，不畏生死，在一次与日军的白刃搏斗时腹部中弹，肠子裸露在外，被战友抬下火线后，经加拿大籍大夫白求恩手术救治才得以幸存，手术中缝进他体内的羊肠也一直保留至他身故。在此战中“名将之花”——阿部规秀中将被击毙，是中国抗战后首次在战场上毙敌军中将。1942 年，他进入延安中央党校学习。之后调任八路军东北辽南分区团长、司令员，参加了辽沈战役。后任中国人民解放军一六八师副师长，率军南下，参加平津战役。1955 年，被授予大校军衔，荣获二级八一勋章、二级独立自由勋章、二级解放勋章。1988 年，获二级红星功勋荣誉章。1999 年病逝。

孙继锋（1909—1986） 别名鹏化，乳名万泰，安远县欣山镇人。1931 年 4 月参加革命工作，担任乡苏维埃政府文书。1932 年 1 月参加中国工农红军，1933 年 5 月加入中国共产党。1934 年 10 月随红一方面军进行二万五千里长征，历任红军师卫生队战士、文书、技术书记。长征途中，他不顾个人安危，积极抢救伤病员。抗日战争时期，先后任八路军一一五师六八六团的营文书、团组织干事，曾经到延安抗日军政大学、中央党校学习和工作。解放战争时期，历任吉林军区政治部组织科科长、后方医院政委、军区卫生部政治部主任、十纵队卫生部政委、四十七军后勤部政治处副主任，参加了辽沈、平津、渡江等战役和湘西剿匪战斗，屡立战功。1950 年 2 月，从部队转业到地方工作，先后担任湖南省辰溪县委书记、黔阳地委组织部副部长、纪律检查委员会副书记、地委监察组组长等职务。1986 年 6 月 19 日于湖南省怀化市病逝。

郭志伟（1909—1987） 别号“豆豉”，宁都县黄石镇竹园村人。1930 年参加革命，1931 年加入中国共产党。土地革命时期，任苏区赤卫队大队长、红军战士、班长、党支部书记。抗日战争时期，任新四军排长、连长、营长、团参谋长。解放战争时期，任副参谋长、军械处长、师长。中华人民共和国成立后任水利电力部长江流域规划办公室三峡指挥部指挥长、政治部副主任。1987 年于武汉逝世。

杨先福（1909—1987） 会昌县小密乡半迳村人。1931 年 9 月参加游击队，1933 年 4 月参加少共国际师，1934 年 4 月编入红五军团，历任战士、班长、排长，同年 10 月参加了二万五千里长征。1935 年 9 月在陕西作战时负伤，成为一等乙级伤残。1936 年，在红军被服厂当工人，同年 6 月加入中国共产党。1937 年，被安排在后方医院养伤。1938 年，任延安教导旅西安组组长。1950 年 1 月从第一兵团后勤部退伍回乡，曾任初级社、高级社社长，村代表、村委委员，大队（村）党支部书记，多次被评为积极分子和模范党员，出席过省、地、县优抚对象积极分子表彰大会，多次当选为县、乡人民代表。杨先福回乡后一直保持老红军的本色。他热爱集体，热爱劳动，每年捡野粪 2500 公斤以上倒入集体的田里。他热爱国家，大公无私，一次从公路边拾得两只从车上掉下的小猪，他步行几十里把小猪送到当时的国营西江食品厂。他自力更生，艰苦奋斗，从未向组织伸手。1965 年春，他家不慎失火，房子烧了一半，他用换工方法换回砖、瓦、木料，自己动手重建家园，没有向政府要一分钱补助。

余凤龙（1909—1990） 宁都县小布镇小布村人。1932 年参加革命，1933 年加入中国共产党。参加了二万五千里长征。历任通讯员、班长、股长、滨海后勤军工厂二中站站长、利华烟草公司营业主任、山东烟草公司济南烟厂经理、南京物资储备处副处长、江苏省专卖公司副经理、苏州税务学校主任、南京市专卖公司经理、江苏省采购储运经理、江苏省商业干部学校副校长、顾问等职。1982 年离休，1990 年于南京逝世。

钟志照（1909—1991） 瑞金市叶坪乡腰布人。1933 年 5 月参加中国工农红军，1934 年 6 月加入中国共产党。土地革命战争时期，任红一军团三师九团班长、红九军团二十二师九团三营连长。参加了二万五千里长征。抗日战争时期，任八路军一二〇师七一八团一营营长。解放战争时期，任晋绥六分区十九团团长、甘肃军区酒泉军分区副司令员。中华人民共和国成立后，任铁道公安二十二师副师长、公安二师师长。1955 年，被授予大校军衔，荣获三级八一勋章、三级独立自由勋章、二级解放勋章。1982 年享受副军级待遇，1991 年 7 月逝世。

宋志霖（1909—1992） 四川省阆中县人。1932 年 5 月参加革命工作，1933 年加入中国共产党。土地革命战争时期，曾任阆中县农民协会组长、游击队副队长、石淮乡苏维埃自卫队副队长。1933 年 11 月在红四方面军川陕省委党校学习，任支书、大队长。1934 年 6 月后任四川章明县一区区委书记、宝兴县委组织部长、县委书记。1936 年 9 月参加二万五千里长征，随后入延安中央党校学习。1937 年 9 月至 1945 年 10 月留中央党校工作，先后任教员、班主任、总务处长等职。1945 年 10 月任沈阳市博道区委书记，后任科左旗（县）委书记、县大队政委、南下大队副队长。中华人民共和国成立后，先后任江西省南昌专署副专员、专员，江西省财政厅副厅长，赣南区党委副书记、书记处书记，赣南行政公署主任，赣州地委副书记、专署专员。曾任第四届全国人大代表，中共江西省委候补委员、委员，江西省人大代表，江西省政协常委等职。1992 年 1 月于赣州病逝。

曾国林（1909—1998） 宁都县田头镇田头村人。1932 年参加革命，1935 年 11 月加入中国共产党，参加了二万五千里长征。历任红一军团二团三营七连炊事班长、八路军一一五师六八团司务长、三师七旅给养合作社主任、供给部军需科科长、中国医科大学药学院总务科科长、卫生部长春生物制品研究所总务科长、办公室主任。1967 年离休，享受副地（厅）级政治、生活待遇。1998 年 10 月 25

日于赣州病逝。

卢来发（1909—1998）　安远县凤山乡石口村人。1929 年 1 月参加革命，任安远独立团通讯员。2 月，彭德怀率红军解放安远县城后，被编入红三军团五十六团三营九连。1930 年 3 月加入中国共产主义青年团，同年 11 月加入中国共产党。参加了保卫中央苏区、粉碎国民党军队一至五次“围剿”的战斗，在黎川战斗中负伤。1934 年参加红军二万五千里长征，中途在贵州头部负伤，在直罗镇战斗中脚部负伤。到达陕北后，在瓦窑堡红军医院养伤，伤愈后参加红军东征战斗。东渡黄河后，所在部队与中央红军总部特务团合编，担负保卫党中央的光荣任务。在石楼战役中，在带领 1 个连和游击队阻击敌人 2 个团进攻的同时，牵制敌人 4 个团的兵力，使党中央和红军总部顺利转移。1936 年 8 月先后担任红十五军团骑兵团政委和红七十八师三团总支书记、政治处主任，1937 年任八路军一一五师三四四旅六八八团三营副营长，后来到延安抗日军政大学学习。1938 年 5 月任晋察冀军区二分区五团三营营长和副团长。1940 年初任游击一支队支队长兼政委，率领部队参加的百团大战，破坏日军运输线，胜利完成任务。1942 年 2 月至 1945 年 5 月，在延安中央党校学习。抗日战争胜利后，奉命进入东北解放区工作，先后担任东北德惠保安总队总队长、二十三旅六十九团团长、吉辽军区警卫团团长、十纵队二十九师八十六团团长、四十七军一四〇师副师长，参加了巩固和壮大东北解放区的战斗以及辽沈、平津、渡江战役和湘西剿匪战斗。1959 年 9 月战伤复发，退出现役。1962 年 3 月，离职休养。荣获二级八一勋章、二级独立自由勋章、二级解放勋章和二级红星功勋荣誉章。1998 年 1 月 3 日，因病在武汉逝世。

王永辉（1910—1991）　会昌县周田镇下营村人。1931 年参加地方游击队，当年 11 月编入红独立三师七团七营。1932 年 12 月加入中国共产党。参加了中央苏区第五次反“围剿”广昌战斗，后随主力红军参加二万五千里长征。长征途中编入红四方面军第三十二军，到达陕北后调延安保卫团工作，为保卫党中央、毛泽东尽心尽责。解放战争开始后被编入第一野战军第四军十师，任指导员。1952 年 12 月从第十师转业，任甘肃省和政县监委书记。离休后享受地（厅）级待遇。

肖长清（1910—1986）　宁都县会同乡南坑雾头村人。1927 年参加革命，1933 年加入中国共产党，参加了二万五千里长征。历任战士、副班长、排长、陈云副主席警卫员、华东军区警卫营排长、连长、四八团副官和副官主任、粮食大队副大队长、宁都五区区长、县公安大队大队长兼指导员、江西省公安司令部砖瓦厂厂长、江西省建工局第四砖瓦厂厂长、中南建工局第四公司招待所所长、江西省建工局第二公司材料科科长、江西省建工局农场场长。1962 年退休，1980 年改为离休。1986 年 1 月 21 日于宁都逝世。

郭生金（1910—1986）　宁都县黄石镇人。1931 年参加革命，1933 年 1 月加入中国共产党，参加了二万五千里长征。中华人民共和国成立后，历任广西百色地委委员、百色专区粮食局局长。1986 年 3 月 3 日逝世。

钟大贵（1910—1987）　于都县黄麟乡上关村人。1933 年 9 月参加中国工农红军。土地革命战争时期，任西江县补充团战士、中央政府三中队战士、三军团四师二营一连战士，参加了二万五千里长征。抗日战争时期，任八路军六八六团二营一连班长。1938 年 6 月负伤致残（三等乙级），1943 年 3 月退伍安置在陕西省种地，1950 年 10 月回乡，1987 年 11 月因病逝世。

黄思沛（1910—1988）　曾用名黄宾，宁都县竹笮乡九塘村人。1930 年参加中国工农红军，1931 年加入中国共产党。土地革命战争时期，任红八军第四师连长、红八军团第二十六师六十一团营长、红一军团随营学校连长、第一师特务队队长，参加了二万五千里长征。抗日战争时期，任新四军游击支队大队长、第六支队三总队参谋长兼第八团团长、豫皖苏边区保卫司令部参谋长、第四师六旅长兼参谋长。解放战争时期，任东北民主联军第三纵七师副师长、辽北军区参谋长。1955 年，被授予少将军衔。1988 年，在大连病逝。

宋升云（1910—1988）　会昌县西江镇石门村莲塘石下人，出身贫农家庭。1930 年 5 月参加革命，任区游击队队长。1931 年 10 月参加中国工农红军，同月加入中国共产主义青年团，1932 年 5 月加入中国共产党。土地革命战争时期，任红军战士、彭德怀的警卫员，参加了中央苏区历次反“围剿”战斗。在二万五千里长征途中，参加了突破乌江、四渡赤水等著名战斗。抗日战争时期，历任排长、侦察科员、区队长、政治指导员、中队长、营长、教导大队长、副团长、团长等职，参加了百团大战等重要战斗。解放战争时期，参加了济南战役、平津战役、临汾战役以及解放大西南等重大战役。在数十次重大战斗中，他身先士卒，英勇顽强，在异常艰苦的环境和十分困难的条件下，完成作战任务。在解放绵阳战斗中，宋升云被敌军的手榴弹炸伤头部，险些牺牲。1955 年，荣获中华人民共和国二级八一勋章、二级独立自由勋章、二级解放勋章、并被授予上校军衔。1964 年，离职休养。1982 年 9 月，经组织批准享受副军职待遇。1988 年 7 月，被中央军委授予中国人民解放军二级红星功勋荣誉章。1989 年 10 月，中国人民解放军成立 50 周年之际，四川绵阳广电中心以当年宋升云率领的第一七八师五三四团和兄弟部队五三八团一起解放绵阳的战斗经历为题材，拍摄了电视片《奔涌铁流，扫荡余孽》，在绵阳地区播放，深受观众欢迎。

赖　华（1910—1989）　会昌县庄口镇龙化村人。1931 年 9 月，彭德怀率领的红三军团来到会昌洛口（今庄口镇），发动群众打土豪、分田地，开展土地革命斗争。饱受封建剥削压迫的赖华，如遇亲人，迅即投入到红军的怀抱，成为红三军团的一名战士。在红三军团，他因头脑灵活，机智勇敢，每次都出色地完成任务。1932 年 7 月他被选调到红一军团保卫局受训，后被任命为侦察员。从此以后，他长期在军事、保卫部门从事军事侦察、政治保卫工作。1934 年 10 月参加了二万五千里长征，1935 年 1 月在贵州加入中国共产党。到达陕北后，1936 年 12 月起先后在红军总指挥部政治部保卫科任侦察员、后勤部兵站部政治处及后方医院任特派员、留守兵团保卫科任科员。参加了抗大三期、八期学习，并任指导员。抗日战争结束后，1945 年 10 月起先后任吉安军区后勤部政治部保卫科长、军工部政治部党委办公室主任。1948 年 10 月，任沈阳市公安局南市区分局治安科长。1949 年 8 月，随第四野战军南下至广州，先后任广州市公安局西山分局、三元分局局长，黄埔区委书记兼公安局长，广州市公安局科长。1957 年 8 月任广州珠江区委书记兼区长，9 月起任广州市民政局副局长兼党委副书记。1983 年离职休养，享受地（厅）级待遇。

孙辉明（1910—1989）　于都县小溪乡藤桥村人。1929 年 2 月参加中国工农红军，1932 年 10 月加入中国共产党。土地革命战争时期，任三纵队战士、黎川十师机枪连班长，红一军团二师侦察排班长，参加了二万五千里长征。抗日战争时期，任八路军一一五师一〇五团骑兵连连长、一〇五团四大队副营长、七旅侦察科科长、七旅作战科科长、新四军三师师部教育副官、三师侦通大队副大队长、三师特务团二营营长。解放战争时期，任三师作战科科长、东北七纵二十一师六十三团副团长、四十四军一三二师三九六团团长、天津解放团团长。中华人民共和国成立后，历任广东省物资厅副厅长、党委书记，广东省物资局革委会主任，广东省储备物资管理局局长、党委书记。1981 年 3 月离职休养，1989 年 12 月 8 日因病在广州逝世。

李　挺（1910—1990）　原名雷贵朋，畲族，兴国县崇贤乡大龙村源头山人。1926 年投身革命工作，在家乡组织农民协会，1927 年加入中国共产党。1928 年 5 月 10 日，领导崇贤暴动并取得胜利。崇贤农民暴动后，随即参加吉安东固工农红军，任七纵队宣传员，并筹建游击支队和兵工厂。1928 年秋至 1931 年春，受党组织委派在南京、上海、武汉等地做党的地下兵运工作，先后任上海闸北区、南市区兵运书记。1930 年 7 月，曾策划一次未遂的国民党某部兵变。1930 年年底，调武汉任汉口区兵运区委副书记。后被叛徒出卖，于 1931 年春被国民党逮捕入狱。在狱中坚持与敌人斗争达 6 年之久。1937

年8月出狱后，入延安抗日军政大学总校学习。结业后，任抗大总校干事、股长、科长。1940年10月，入中共北方局党校学习，学习结束留校任组织科科长。尔后，在日寇占领区任抗日游击支队支队长、团政治处主任，中共晋北县委书记，坚持敌后抗日斗争。解放战争时期，在根据地任五十五团政治委员、民主建国军师政治部主任和八十二团政治委员、桐柏军区卫生部政治委员。1950年，参加抗美援朝战争，任五十师政治部主任。回国后，任军委大连疗养院政治委员、军委总财务部财务学校政治委员和卫生部中医研究院党委副书记、副院长、纪委书记、常委、副部级顾问。1990年5月25日，病逝于北京。

钟国琴（1910—1990）　出生于兴国县埠头乡垓上村迎福坝贫苦农民家庭。1929年3月参加中国工农红军，同年4月加入中国共产党。土地革命战争时期，历任红四军特务营战士、班长、排长和红军补充团、红三军团六师十七团班长及红一方面军总部兵站副官、站长，参加了中央苏区一至五次反“围剿”。1934年10月，跟随中央主力红军参加二万五千里长征。长征途中，参与血战湘江、抢渡大渡河。抗日战争时期，先后任红一军二师管理科科长、八路军一一五师三四三旅六八五团三营七连连长、抗大四期一大队分队区队长、八路军一一五师独立旅三团副团长兼参谋长和苏北新四军军部特务营长暨七师三十二团、五十八团团长。参加了平型关等战役，战场上他不怕牺牲、英勇善战，一次又一次打败日本鬼子的疯狂进攻，为抗日战争的胜利立下不可磨灭的功勋。解放战争时期，历任豫皖苏军区四分区司令员、安徽省警备旅旅长兼皖西剿匪总部副司令员。1990年于安徽合肥病逝。

肖华友（1910—1991）　兴国县南坑乡富兴村人。1929年加入中国共产主义青年团，同年参加中国工农红军，1932年由共青团转入中国共产党。土地革命战争时期，历任地方游击队中队副队长、红五军团十三军特务连政治指导员和红三军三师八团特派员、师特派员、军团部副特派员。参加了中央苏区第一至第五次反“围剿”。1934年10月，随中央主力红军参加了二万五千里长征。抗日战争时期，先后任八路军一二零师七一八团特派员、陕北红军警备一团特派员、绥德警备司令部锄奸科科长、联防军政治部锄奸部副部长。解放战争时期，参加了解放西南的多次战役、战斗，在四川任国民党起义部队七十九军军事代表。著有《军法工作的发展过程》《罗炳辉将军事迹》《贵州老木也战斗（长征战斗）》。1991年4月于云南昆明病逝。

肖臣传（1910—1991）　宁都县赖村镇新民村人。1934年2月参加革命，1937年12月加入中国共产党，参加了二万五千里长征。历任战士、八路军总司令部管理排长、管理股长、直属供给处副主任。1946年转业到地方工作，先后任冀南银行所属光华房产公司木厂经理、公司副经理。中华人民共和国成立后，任中国人民银行总行决务处房产科副科长、科长、总务处副处长和中央监委驻总行监察组监察员、参事室副主任等职。1982年，离职休养，1991年2月15日于北京逝世。

吴吉清（1910—1992）　原名吴接传，会昌县周田镇霞族村人。1930年初参加中国工农红军，1934年11月加入中国共产党。1930—1936年，在中央警卫班任毛泽东警卫员。长征前夕，曾陪同毛泽东先后到会昌、于都开展调查研究。1934年10月，跟随毛泽东参加二万五千里长征，为保卫毛泽东做出特殊的贡献。到达延安后，先后任国民经济部科长，中央机关合作社主任，延安永丰栈经理，中央财政大队科长等职。历尽千辛万苦调运布匹、药品、食盐，为粉碎国民党反动派对延安的封锁，做出重要的贡献。1943年，大儿子身患重症，他因工作忙无暇顾及，毛泽东亲自过问，但由于条件艰苦，缺医少药，痛失爱子。1945年，吴吉清转业到内蒙古工作，曾任自治区贸易部副部长、商业局局长、商业厅厅长、生产建设兵团指挥部副主任等职，为内蒙古财贸工作的创立和发展，呕心沥血，建立不可磨灭的功绩。1984年，经组织批准离职休养，享受副省级待遇。著有《在毛泽东身边的日子里》一书，在全国发行。

方　坤（1910—1992）　于都县岭背镇太阴山村人。1929年6月参加中国工农红军，1930年10月加入中国共产党。土地革命战争时期，任战士、班长、管理员，参加了中央苏区革命根据地一至五次反“围剿”和二万五千里长征。抗日战争时期，任陆军总部平西三十三大队二营教导员、延安抗大总校第一大队学员。解放战争时期，历任哈尔滨保安纵队二大队政治处主任、松江军区九团政治主任、哈尔滨分区组织科科长、巴彦县纵队队长、通河县纵队队长、双城县大队副大队长、一面坡医院院长、第六兵站医院院长、三十三后方医院院长、坪石疗养院政委。中华人民共和国成立后，历任广东省清远县武装部政委、揭阳县武装部政委。1965 年离职休养，享受副军级待遇。1992 年 7 月于赣州病逝。

张家荣（1910—1992）　于都县银坑镇松山村人。1932 年 7 月参加中国工农红军，1936 年 7 月加入中国共产党。土地革命战争时期，任红军补充师战士、少共国际师战士，参加了二万五千里长征。抗日战争时期，任八路军一一五师工兵连司务长、三五八旅政治部司务长。解放战争时期，任绥远军区家属队副队长。中华人民共和国成立后，任北京市故宫博物院工程队主任、山西临汾发电厂行政科科长、临汾钢铁公司福利科指导员。离职休养后迁居赣州，1992 年因病逝世。

周克全（1910—1992）　于都县曲洋乡小源村人。1932 年参加中国工农红军，同年 10 月加入中国共产党。参加了二万五千里长征和抗日战争、解放战争、抗美援朝。历任红军医院管理员、管理股长、总务科长和第一野战军医院院长、陆军二五医院副院长。1955 年离职休养，1992 年因病逝世。

黄金山（1910—1994）　曾用名黄宜胜，宁都县赖村镇水西村人。1931 年 2 月参加中国工农红军，同年 4 月加入中国共产党。参加了二万五千里长征。土地革命时期，历任红一军团三师九团班长、排长。抗日战争时期，任宁武支队副队长、一二〇师七一四团副团长。解放战争时期，任南下干部大队队长、东北一纵队团长、吉林军区经建部部长、长春解放团团长、锦州军区警卫团团长。中华人民共和国成立后，任赣州地区百货公司经理、江西省文化用品处处长等职。1961 年 12 月退休，1980 年改为离休，享受副地（厅）级政治、生活待遇。1994 年 7 月于宁都逝世。

郭金生（1910—1994）　曾用名郭二发，于都县车溪乡车头村人。1931 年 9 月参加中国工农红军，1947 年在东北加入中国共产党。土地革命战争时期，任红一军团一师二团二营五连战士。参加了二万五千里长征。抗日战争时期，任八路军警卫团战士。解放战争时期，任抗日军政大学学员，第四野战军五分部军库保管员。1950 年 4 月请假回家未归部队，参加土地改革和社会主义建设。1957 年恢复党籍。1994 年 12 月 5 日因病逝世。

宋正才（1910—1995）　宁都县田头镇村头宋屋小组人。1930 年参加革命，曾任苏区地方裁判部部长。参加了二万五千里长征，随中国工农红军北上抗日。正师职离休。1995 年 1 月于西安市干休所病逝。

廖星辉（1910—1996）　会昌县白鹅乡狮子村人。1934 年 3 月参加中国工农红军，1936 年 6 月加入中国共产党。入伍后，历任战士、通信员、班长，供给部见习科员，修械所所长，骑兵团供给主任。1942 年参加抗日军政大学学习。解放战争时期，任某旅供给处长、冀热察军区办事处主任、补训团参谋长。1955 年，荣获中华人民共和国三级八一勋章、三级独立自由勋章、三级解放勋章，并被授予中校军衔。1978 年 10 月离休，享受地（厅）级政治、生活待遇。1988 年 7 月，被中央军委授予中国人民解放军二级红星功勋荣誉章。

钱益民（1910—1997）　名家瑄，又名益明，出生于信丰县大阿镇贫苦农民家庭。1929 年 2 月加入中国共产党。1930 年 3 月任中共西河行动委员会技术书记（秘书），同年 4 月参加新组建的中国工农红军第二十六纵队，配合红四军攻克信丰县城，活捉国民党信丰县长吴兆丰，参加了中央苏区第一至第五次反“围剿”和二万五千里长征。抗日战争时期，先后于 1937 年 9 月任八路军一二九师保卫部锄奸科科长、1938 年 7 月任中央军委总政治部锄奸部副部长兼一科科长并兼军法处副处长，1942 年任中央军委总政治部保卫部部长，同年 5 月兼任陕甘宁晋绥联防军政治部保卫部部长，1945 年当选为中国共产党第七次代表大会候补代表。解放战争时期，钱益民从1946年4月起先后任北平军事调停部中共联络官、沈阳军事调停部第二十一小组中共副组长，1947年8月任东北民主联军总政治部保卫部长，1948年1月任中国人民解放军东北野战军政治部保卫部部长，1949年1月任中国人民解放军第四野战军政治部保卫部部长，1949年5月兼任由中原军区同南下的第四野战军合组的华中军区政治部保卫部部长。先后参加了著名的三下江南、四保临江、三战四平和辽沈、平津、渡江等战役战斗。1953年3月，兼任最高人民法院中南分院办公室主任兼刑事审判庭庭长。1955年2月，任湖北省高级人民法院院长。1959年2月，任中共湖北省委工业交通部副部长。1962年6月，任湖北省计划委员会副主任，专管军事工业，不久兼任第二汽车制造厂筹备处副主任。“文化大革命”时期遭受迫害，直到1975年才恢复工作。1975年3月，任湖北省政法办公室主任。1978年3月调回部队工作，任国务院和中央军委国防工业办公室副主任。1985年6月，经中央军委批准离职休养，享受大军区副职政治、生活待遇。1997年11月18日于广州病逝。

钟发宗（1910—1997）　出生于兴国县长冈乡榔木村的贫苦农民家庭。1928年9月参加农民协会和秘密赤卫军，1929年9月参加中国工农红军，1930年加入中国共产主义青年团，1932年9月转入中国共产党。土地革命战争时期，历任红三军第七师二十团排长、江西省少先队总队长、江西军区政治部青年部部长和第四军分区政治部主任及中共兴国县委军事部部长、游击队队长。参加了中央苏区第一至第五次反“围剿”，坚持了南方三年游击战争。抗日战争时期，历任中共浙西特委军事部部长、浙江特委军事部部长、吴兴县委组织部部长，新四军第六师十八旅五十一团政治委员，浙东纵队第三支队政治委员，金萧支队政治部主任、政治委员。参加了苏南反“清剿”、浙东三次“反顽”战役。1942年在任金萧支队政治部主任期间，他带领部队发动群众扩大武装，开辟萧山至金华铁路两侧地区的革命根据地，建立4个县的武装政权，为开辟、巩固、发展浙东和浙西的抗日根据地做出积极贡献。解放战争时期，历任华东野战军第一纵队三师八团政治委员、豫皖苏军区第二军分区副政治委员、河南军区淮阳军分区副政治委员。参加了泰安、莱芜、孟良崮、枣庄、淮海以及出击豫皖苏等战役战斗。1946年，在鲁南平崮战斗中因战绩突出而受到华东野战军一纵队通令嘉奖。曾任中国人民政治协商会议浙江省第四届委员会常务委员。为培养部队基层干部、为部队和国防后备力量建设奉献了毕生精力。1955年被授予少将军衔，荣获二级八一勋章、二级独立自由勋章、二级解放勋章，1988年荣获一级红星功勋荣誉章。1997年12月10日于杭州逝世。

谢万泮（1910—1999）　于都县葛坳乡龙井村人。1930年参加地方革命工作，1931年5月加入中国共产党，1933年参加中国工农红军。土地革命战争时期，任红九军团战士，四方面军警备一团战士。参加了二万五千里长征。抗日战争时期，任八路军连队司务长。解放战争时期，任第八纵队四十五军管理员。中华人民共和国成立后，任两广工作队队员，百色军分区供给处管理员，百色军分区后勤处管理股股长。1952年8月转业至地方，任广西全州县民政科科长，全州县民政局局长，全州县服务局局长，全州县商业局局长，全州县监委副书记。1968年11月离休回于都县，1999年3月12日因病逝世。

谢应来（1910—1999）　于都县葛坳乡小庄村人。1930年参加中国工农红军，1933年4月加入中国共产党。土地革命战争时期，任红三军八师二十四团担架连战士，赤卫队、暴动队队长，红五军团政治部保卫局战士，国家政治保卫局保卫队战士，二十八军三团特派员。参加了中央革命根据地一至五次反“围剿”，随红一方面军长征。抗日战争时期，任胶东军区锄奸科科长。解放战争时期，任新编九十四师行政科长。战争年代，共被授予各种模范、先进称号10余次。1955年被授予二级八一勋章、三级独立自由勋章、三级解放勋章。离休后，住江苏省徐州军分区第一干休所。1999年12月因病逝世。

郭道熹（1910—1999） 会昌县西江镇石门村人，出身贫苦农家。1929 年 7 月参加石门游击队。1930 年 1 月参加中国工农红军，历任红十二军特务团战士、红十五军侦察连侦察员、红一军团骑兵团骑兵。1937 年 7 月加入中国共产党。中央苏区第五次反“围剿”失败后，郭道熹所在的红一军团组建长征先遣队，随中央军委一同撤离中央苏区进行长征。郭道熹在先遣队中参与部队粮草的筹集工作，长征途中先遣队克服常人难以想象的困难，为中央军委、红一军团征集粮草。1935 年 10 月到达陕北后，参加了直罗镇战役。抗日战争时期，郭道熹编入八路军一一五师司令部供给部，从事后勤保障工作，随后参加了平型关战役。1939 年 2 月随八路军一一五师东进支队进入山东发展抗日根据地，1945 年 9 月开始在鲁南军区供给部工作，参加过孟良崮战役和淮海战役的后勤保障工作。1955 年，荣获中华人民共和国三级八一勋章、三级独立自由勋章、三级解放勋章，并被授予少校军衔。1963 年离职休养。

朱金养（1911—1994） 会昌县文武坝镇联丰村黄珠坑人。1931 年 2 月参加赤少队、赤卫队，同年 11 月加入中国共产主义青年团。1932 年 4 月参加中国工农红军，先后任红独立二师五团三营八连战士、少共国际师四十三团战士、红一军团十五师四十五团团部警卫员。参加过中央苏区第四、五次反“围剿”。遵义会议后，编入红一军团二师四团三营九连先后任战士、机枪班长。1935 年 3 月在抢渡金沙江战斗的一次激战中朱金养腿受了伤。1935 年 9 月参加突破天险腊子口战斗，1935 年 10 月 18 日参加陕北吴起镇战斗，1936 年 12 月加入中国共产党。抗日战争时期，先后在八路军一一五师任机枪班班长，晋察冀军区电话员、电话班长、排长，通讯班班长、排长，通讯连副连长、连长，通讯队长等职。解放战争时期，在晋察冀军区担任通讯连长、队长之职。中华人民共和国成立后，曾在华北军区干部休养团休养，1955 年转业至河北涿县供养院。1959 年退休，1978 年 6 月改为离休，1989 年 7 月经批准享受地（厅）级待遇。1992 年 9 月，被中央军委授予中国人民解放军二级红星功勋荣誉章。

彭金高（1911—1994） 会昌县西江镇红星村人，贫农出身。1933 年参加中国工农红军，1935 年 8 月加入中国共产党。在二万五千里长征中，他先后任红军班长、机枪排排长。抗日战争时期，历任八路军一一五师三四三旅六八五团机枪连连长、副营长，新四军三师七旅十九团营长，淮海军分区四支队参谋长、副支队长、代支队长，十旅二十八团团长。解放战争时期，任东北二纵六师团长、师参谋长、副师长，解放军三十九军一一七师副师长等职。1950 年 10 月，率部入朝鲜作战，参加了第一至第五次战役，1952 年巩固阵地作战、秋季战术性反击和朝鲜西海岸反登陆防御等重大战役。1951 年 2 月遭敌机空袭，左腿中弹负伤，荣获抗美援朝勋章。回国后，任中国人民解放军某师师长、解放军某学校副校长等职。1955 年 8 月，荣获中华人民共和国三级八一勋章、二级独立自由勋章、二级解放勋章，并被授予大校军衔。1966 年离休，享受副军职待遇。1988 年 7 月，被中央军委授予中国人民解放军二级红星功勋荣誉章。

张少贵（1911—1994） 女，生于四川省旺苍县一个贫农家庭，14 岁给人做童养媳，饱尝了人间辛酸。1931 年 5 月，她毅然冲破封建传统思想的束缚，参加红军，投身革命，成为红军引导医院的一名卫生员。随后担任班长、排长，并随四方面军参加了二万五千里长征。长征途中随四方面军 2 次过草地，受尽艰难困苦。部队到达甘肃东渡黄河险些被匪军马步芳部杀害。1936 年调八路军总供给部被服厂当工人。1939 年到八路军工读学校学习，提高文化水平。其间，加入中国共产党。1941 年后被分派到八路军安河、交口贸易公司任营业员。解放战争时期，1947 年随部队转移到山西工作。由于艰苦的战争环境，她的身体受到严重摧残。1948 年，组织安排她在延安养病直到全国解放。1950 年，随丈夫罗绍光（长征老红军）在陕西宝鸡某幼儿园工作，1970 年 5 月随丈夫退休回到会昌。1992 年 12 月经中共赣州地委组织部批准离休，1993 年 2 月，经中共江西省委组织部批准享受副地（厅）级政治、生活待遇。

王永庆（1911—1988） 会昌县珠兰乡怀仁村人，出身贫苦农民家庭。1930 年投身革命，1931 年加入中国共产主义青年团，1932 年 9 月参加中国工农红军，1933 年 9 月加入中国共产党。土地革命时期，任乡苏维埃政府主席。参加红军后历任战士、班长、排长、连副指导员。参加了中央苏区的数次反“围剿”斗争。在二万五千里长征中，任前卫团突击队员，参加了著名的血战湘江、抢渡乌江、飞夺泸定桥和突破天险腊子口等战斗，屡建战功。尤其在飞夺泸定桥战斗中，他作为攻桥突击队员，冒着敌人的枪林弹雨，在铁索链上与敌人展开殊死搏斗，和战友一道出色完成任务。抗日战争时期，历任政治指导员、十八集团军政治部组织部巡视员、晋察冀鲁豫军工部教导员等职，参加了平型关大战、百团大战和粉碎日寇的“六路围攻”等战役。解放战争时期，历任太行五分区合作总社总监委，旅留守处、供给处政委，暂编团首席代表等职。参加了淮海、渡江等重大战役。特别是在收编和改造旧军队的工作中，他担任团首席代表，严格执行党的政策，只身一人，冒着生命危险做艰苦细致的团结教育工作，取得显著成绩，被西南军区授予“模范政治工作者”称号，受到通报表彰。中华人民共和国成立后，历任师后勤处政委、十五军安乐办事处政委、团政委、武汉市兵役局副政委、武汉市人民武装部副政委等职。1951 年赴朝作战，参加了“五次战役”。回国以后，他经常深入基层调查研究，为部队和民兵建设呕心沥血，忘我工作，卓有成效地完成各项工作任务。1955 年，荣获中华人民共和国三级八一勋章、三级独立自由勋章、三级解放勋章，并被授予上校军衔。1982 年离休，享受正师职待遇。

罗辉君（1911—1986） 曾用名罗会军，宁都县蔡江乡虎坑尾人。1931 年 8 月参加革命，1934 年 6 月加入中国共产党。参加了二万五千里长征。1942 年因作战勇敢，受到 2 次登报嘉奖。历任排长、副大队长、团参谋长、副团长、空军场站站长、浙江省教育厅副厅长等职。1986 年病逝。

张光华（1911—1986） 宁都县固厚乡小洋旻村勾刀咀人。1931 年参加革命工作，1932 年转入中国工农红军，1933 年 4 月加入中国共产党，参加了二万五千里长征。历任班长、排长、指导员、团政委、师政委、冀鲁豫军区政治部组织部长，随营学校政委兼军官教导团政委、第二野战军第 17 军政治部组织部长。中华人民共和国成立后，任中国人民解放军师政治委员兼军分区政治委员、西南军区干部处任免处处长、南京总高级步兵学校干部部部长、安徽省政协委员等职，行政 8 级正军职干部。1955 年 9 月被授予少将军衔，战争年代曾立过 2 次战功，多次负伤，被定为二等甲级残废军人。在冀鲁豫军区随营学校任政委兼军官教导团政委时，因成绩好而受到司令员刘伯承及政委邓小平的通令嘉奖。1986 年 10 月 10 日于济南病逝。著有《红军的女儿》《攻打腊子口》。

黄灵森（1911—1987） 宁都县赖村镇水西村人。1931 年参加革命，1936 年加入中国共产党，参加了二万五千里长征。历任红一军团班长、排长、八路军连长、新四军科长、山东荣军学校大队长、铁道纵队科长。中华人民共和国成立后，任宁都专区税务局局长、江西省农业厅水产品科科长。1966 年退休回宁都。1980 年改为离休，享受副地（厅）级政治、生活待遇，1987 年 3 月 25 日于宁都逝世。

邓　明（1911—1988） 宁都县长胜镇中江欧底村人。1930 年 3 月参加革命，1932 年 5 月加入中国共产党，参加了二万五千里长征。历任班长、排长、连长、师后勤部管理科长、财务科长、志愿军后勤部兵站站长。转业到地方后曾任萍乡市兵役局局长、南昌市百货公司副经理等职。1988 年 7 月于南昌逝世。

罗亦经（1911—1991） 赣县南塘镇清溪村人，出生农民家庭。读过四年私塾，1928 年参加革命，任苏维埃少年先锋队队长。1930 年加入共产主义青年团，次年加入中国共产党，1932 年参加中国工农红军。土地革命时期，任红一方面军没收委员会会计，红一军团没收委员会干事，红军前敌总指挥部供给部财政科科长。经历过五次反“围剿”，参加了二万五千里长征。抗日战争时期，1938 年任八路军供给部财政部长，晋东北军区繁（寺）、代（县）、应县中心县委书记。1942 年在延安中央党校学习。1945 年任晋察冀军区第二军分区定襄支队政治委员、第二军分区政治部组织科科长。解放战争时期，任晋察冀军区政治部组织部部长，第二十兵团十六军政治部组织部长、军政治部副主任，参加了平津战役。1955年，授予少将军衔。1964年，任中国人民解放军军事检察院副检察长。1979年，任工程兵政治部顾问、铁道兵顾问，中华人民共和国最高人民检察院副检察长。曾当选为第三届全国人民代表大会代表，荣获二级八一勋章、二级独立自由勋章、二级解放勋章。1988年，荣获一级红星功勋荣誉章。长期以来，罗亦经南征北战，戎马一生，为党、为人民、为军队建设做出突出贡献，于1991年8月4日在北京逝世。

李树彬（1911—1992）　原名书彬，兴国县樟木乡塘埠村人。青少年时向往革命，1928年7月加入中国共产党，同年11月参加樟木山区农民暴动，任红军游击队军需官。随后，历任于北特区少共区委组织部部长、书记，少共胜利县、宜黄县委书记，少共乐安中心县委书记。1933年入瑞金中央党校学习，后任红一方面军四十五团总支书记、红一方面军政治部巡视员、后方医院政治委员。参加过江西大脑寨战斗、中央苏区第五次反“围剿”和直罗镇战役。抗日战争时期，历任军委兵站部办事处处长兼政治委员、陕甘宁晋绥五省联防军兵部副政治委员。解放战争时期，任野战军第一纵队保安部部长、东北军区军需部第四局政治委员、中南军区军需政治部副主任。在东北参加过“三下江南”“四保临江”“四平保卫战”等战役战斗。每次战斗，他都不怕牺牲、冲锋在前、英勇善战、顽强拼搏。中华人民共和国成立后，历任中南军区生产部政治委员、驻武汉办事处副主任和武汉市兵役局局长。荣获二级八一勋章、二级独立自由勋章、二级解放勋章，正军职。1992年1月22日于湖北武汉逝世。

彭忠山（1911—1992）　又名彭良佐，赣县江口镇优良村黄竹坞人。1930年，参加地方暴动队，白天打土豪劣绅，晚上站岗放哨，与国民党民团进行尖锐斗争，保卫苏区红色政权。1933年3月，参加中国工农红军，次年1月，加入中国共产党。先后任红军工人师六十七团一营一连通讯员，六十七团卫生队通讯员、二十三师侦察连班长、彭杨学校政治连学员、八军团二十三师六十七团二营六连政治指导员，三军团教导营三连连长，干部团训干队学员，三十军直属机关党总支书记，二六四团党总支书记、组织干事，参加了中央苏区第五次反“围剿”作战和二万五千里长征。抗日战争时期，任八路军留守兵团警三团组织干事，警三团二营教导员、教导队长、特务连长，警三团一营营长，警一旅旅部特务营副营长。解放战争时期，任辽西二十一分区保安团副团长，教导大队大队长、团长，十九兵团六十五军一九五师五八三团团长、政委，六十五军后勤部政委，参加了保卫延安、解放太原及新保安等重大战役。中华人民共和国成立后，任天水步校物保部部长。1955年授大校军衔，荣获二级八一勋章、三级独立自由勋章、二级解放勋章。1988年荣获二级红星功勋荣誉章，享受行政10级，副军职待遇。1992年9月，因病在赣州逝世。

陈士法（1911—1992）　会昌县珠兰乡龙车村人，出身贫苦家庭。1933年9月加入中国共产党，10月参加中国工农红军。土地革命战争时期，参加了保卫中央苏区的第四、第五次反“围剿”斗争。1934年10月，随中央红军主力参加二万五千里长征。抗日战争时期，先在八路军一一五师随营学校任区队长、副政治指导员、政治指导员、教导大队大队长，参加了著名的平型关歼灭战，胜利完成伏击任务。随后，开赴河北阜平、曲阳地区开展敌后游击战争。他广泛发动群众参军参战，扩大队伍任务超额1倍以上，受到上级嘉奖，被提拔为师特务营营长。1941年10月，日伪顽纠集7万人马对沂蒙山区进行大规模“扫荡”。他率领全营官兵，克服重重困难，机智巧妙地与敌人周旋，掩护数千人的领导机关转移，时间达70余天，出色地完成保卫领导机关的重任，取得反“扫荡”的胜利而立功受奖。12月，他调任教导二旅四团副团长。1942年精兵简政后，他被派往地方，担任临沭独立营营长。因成绩突出，调任鲁南军分区三分区参谋长。1945年7月，改任二十三团副团长，到任后即奉命率2个营配合兄弟部队围歼阎村伪顽某部，激战5天大获全胜，充分显示其卓越的军事指挥才能。解放战争时期，先后担任团长、师参谋长、华东野战军第三纵队第八师副师长兼参谋长、中国人民解放军第二十二军六十五师长等职。1950 年，他前往舟山担任海防任务，1952 年 6 月赴朝鲜实习。1955 年 8 月，荣获中华人民共和国二级八一勋章、二级独立自由勋章、一级解放勋章，并被授予少将军衔。1988 年 7 月，被中央军委授予中国人民解放军一级红星功勋荣誉章。1978 年 5 月离休后，他继续关心党和国家以及军队的建设，严格要求自己，保持革命晚节，受到部队官兵和人民群众的爱戴和尊敬。

黄长娇（1911—1993）　女，赣县田村镇人，出生在贫农家庭。1929 年参加革命，1932 年加入中国共产党。1931 年，组织上将她从赣县苏区调苏区江西省委机关工作，担任苏区江西省委妇女运动委员会委员。常因工作突出，被时任省委书记的李富春夸为“妇女工作的模范”。1934 年 1 月 20 日，任苏区江西省总工会女工部长的黄长娇，以工人身份被选为出席在瑞金召开的中华苏维埃共和国第二次全国代表大会的代表，当选为中华苏维埃共和国中央执行委员会委员和中央工农检察人民委员部委员。会后，留在中央工农检察部工作。1934 年 10 月红军离开瑞金开始长征，时因黄长娇已怀孕，总部决定叫她留下打游击。1935 年年初，国民党对瑞金、宁都、会昌、于都苏区进行残酷的“围剿”与烧杀，到处一片白色恐怖。黄长娇和战友们坚持在深山密林中战斗，靠野菜、树叶充饥。黄长娇在率部转移突围时，打散后与组织失去联系，后被游击队救起。抗日战争爆发第二年，黄长娇化名黄水香，一直隐蔽到 1949 年 8 月瑞金解放。瑞金解放的当天，一直秘密在当地坚持地下斗争的黄长娇、刘辉山等一批同志分别公开身份，找到县委、县政府领导，并把保存和收缴的枪支、证件、文件上交给组织，重新恢复工作。1955 年 5 月，黄长娇当选为瑞金县人民政府副县长。1963 年 7 月及 1966 年 2 月分别当选为瑞金县第三、四届政协副主席。“文化大革命”期间蒙冤受屈。1980 年 12 月，70 岁高龄的黄长娇继续当选为瑞金县第五届政协副主席，1985 年离休。几十年来，她为瑞金的社会主义革命和社会主义建设，为党、为人民孜孜不倦地忘我工作，做出突出贡献。她一生艰苦朴素，勤俭节约，淡泊名利，为官几十年，一直租住县房产公司的公产房。黄长娇于 1993 年在瑞金逝世。

曾传桴（1911—1993）　于都县宽田乡山下村人。1933 年春加入中国共产党，1934 年参加中国工农红军，参加了二万五千里长征、抗日战争、解放战争。历任排长、供给员、粮秣股副股长、供给主任、处长、科长、后勤部部长等职。1981 年离职休养。1993 年 1 月 2 日因病逝世。

廖声和（1911—1995）　石城县大由乡人。1930 年 2 月参加红军，1936 年加入中国共产党。参加了二万五千里长征，抗日战争和解放战争，曾任电台台长、财政科长。中华人民共和国成立后，任江西省军区文化学校审计科科长。1956 年离休，1985 年 5 月起享受副地（厅）级政治、生活待遇，1995 年 11 月逝世。

李林秀（1911—1997）　石城县珠坑乡人。1930 年 6 月参加中国工农红军，1931 年任红一军团政治部保卫处保卫员，曾任卫生员、通讯员。1934 年 10 月，随中央红军二万五千里长征。1936 年 7 月，加入中国共产党。历任青年干事、指导员、游击队政委、团教导员、营政委、支队政委、团政委、团长。中华人民共和国成立后，历任团长、主任、厂长、处长。1973 年任湖南省民政局副局长，1980 年任湖南省民政厅副厅长。1985 年离休，1997 年 5 月逝世。

邱丁波（1911—1998）　又名丁波，于都县沙心乡高屋村人。1933 年 1 月加入中国共产主义青年团，同年 5 月参加中国工农红军，1936 年 12 月由共青团转入中国共产党。土地革命战争时期，任红九军团卫生部卫生员，参加了二万五千里长征。抗日战争时期，任延安抗大总校卫生处护士长，延安总贸易公司卫生所所长。解放战争时期，任西北第一野战医院三所八连连长，并立大功 1 次。中华人民共和国成立后，任包头钢铁公司卫生处科长，第十七冶金建设公司医院院长、卫生处处长、工会副主席。1982 年离职休养，1998 年 6 月 23 日因病在马鞍山市逝世。

曾保堂（1912—1989）　曾保堂，又名泽禅，出生于信丰县嘉定镇一个农民家庭。1928 年 2 月 22 日，参加由中共信丰县委举行的信丰县农民武装暴动。1930 年 11 月，中国工农红军第三十五军在信丰成立，加入该军编入第三〇八团任司号员，参加了中央苏区第二至第五次反“围剿”和二万五千里长征。1935 年 9 月 12 日，被任命为陕甘支队第一纵队第五大队连长。1936 年 1 月，被任命为中国人民抗日先锋军红一军团第一师第三团团长；同年 2 月下旬，红军开始渡黄河东征，因伤病在后方医院治疗刚愈的曾保堂多次要求归队。“七七事变”爆发后，调任八路军一一五师独立团第一营营长，跟随一一五师首长开辟晋察冀边区抗日根据地。1937 年 9 月，参加平型关战斗。平型关战斗结束后，受命担任晋察冀杨支队独立团营长；同年 11 月，被调任晋察冀军区第一分区第一团第一营营长；同年 12 月，调任晋察冀军区第二分区第四团副团长。1942 年 2 月，在抗大第二分校学习后任晋察冀军区第四分区第三十五团团长。抗日战争胜利后，于 1945 年 9 月调任晋察冀军区（后改称“晋察冀野战军、华北军区”）第一纵队第一旅副旅长。1947 年 1 月，任该军区第三纵队第九旅旅长；同年 4 月，任该军区第四纵队第十二旅旅长。1948 年初，曾保堂所部改为华北野战军第二兵团第四纵队第十二旅；同年 11 月 29 日，参加平津战役，率领的第十二旅阻击敌军有功，受到中央军委通令嘉奖。1949 年初曾保堂旅改称第十九兵团第六十四军第一九二师并任师长；同年 4 月参加了太原战役；同年 5 月，入华北军大高干班学习，1950 年 11 月，入南京军事学院高级科第三班学习。1955 年，被授予中国人民解放军少将军衔，荣获二级八一勋章、二级独立自由勋章和一级解放勋章。1964 年 4 月，曾保堂离职休养。1985 年起，享受副兵团职待遇。1988 年 8 月被授予一级红星功勋荣誉章，1989 年 10 月 2 日病逝。

康志强（1912—1986）　兴国县方太乡方太村人。1930 年参加中国工农红军，1931 年加入中国共产主义青年团，同年加入中国共产党。土地革命战争时期，历任红一军团第四军十二师三十五团排长、连长，红一军团第二师四团连政治指导员、一师一团政治委员，红一军团政治部组织科科长、随营学校政治大队大队长，参加了中央苏区第一至第五次反“围剿”，1934 年 10 月随中央主力红军二万五千里长征。抗日战争时期，历任八路军一一五师三四四旅六八九团政治处主任、团政治委员，新编第一旅政治部主任，三四四旅政治委员，新四军第四师九旅政治委员兼淮北第四军区政治委员和中共淮北地委书记。参加了大小数十次战役战斗，在平型关战役中，康志强带领所属部队英勇奋战，始终将日寇压在伏击圈内，战斗整整持续一天，击毁敌人全部辎重车辆，缴获大批枪支弹药，打破日寇“不可战胜”的神话。随后，他领导和发展邳县、睢宁、铜山抗日民主根据地。1950 年 4 月，中国人民解放军海军成立。1953 年 2 月，毛泽东首次视察人民海军舰艇部队。毛泽东乘“长江”舰沿江而下，亲临“南昌”舰视察，康志强陪同毛泽东视察并看望全舰海军将士。康志强为中华人民共和国建设一支强大的海军做出重大贡献。1955 年被授予中将军衔，荣获二级八一勋章、一级独立自由勋章、一级解放勋章。他是中国共产党第十二次全国代表大会代表，1986 年 12 月于北京病逝。

郭森林（1912—1987）　曾用名郭志忠，宁都县对坊乡营上村人。1932 年参加革命，1933 年 3 月加入中国共产党，参加了二万五千里长征。历任班长、连长、副官、营长、校长等职。离休前任庐山人民武装部部长，1987 年于庐山病逝。

徐　颖（1912—1990）　原名许景荣，石城县小松镇人。1927 年参加贺龙领导下的农工服务队。1929 年参加中国工农红军，参加了二万五千里长征。1930 年加入共青团，同年冬奉命在石城开展工作，在小松蜀口村以教书为掩护，协助当地组建苏维埃政权和游击队。1931 年春前往广昌驿前参战；同年夏，任石田乡特派员；同年冬，加入中国共产党，随即调任石城县苏维埃政府军事部部长，后调补充师直属队任特派员。随后，到国家政治保卫局学习，结业后分至总司令部直属队任特派员办事处技术书记。长征时任特派员干事，后调教导队。“西安事变”后，改名张金彪，奉命前往山西盂县决死队任政治教官，后任盂县公安局局长。1938 年率领警察及决死队去崞县山区隐蔽转移，转入晋冀军区四分区。1939 年任四分区特派员、代理保卫科长；冬，入抗大二分校学习。结业后留校任直属特派员、代理保卫科长。1943 年夏，于河北往唐县鳌鱼山时与日军遭遇，战斗惨烈，大部分伤亡，余者跳崖。徐颖跳崖时身负重伤，在打扫战场时被救。1944年年底，被护送至延安治病，康复后到晋察冀军区驻延安办事处任行政秘书。1945年冬，调张家口华北军区政治保卫部一科任副科长。1945年夏，任军区卫生部总医院副政委，接着调任陆军总医院政委。1966年，因旧伤复发离休。1990年6月病逝于北京。

郭永清（1912—1990）　于都县罗坳镇黄坳村人。1930年7月参加中国工农红军，1931年9月加入中国共产党。土地革命战争时期，任赣南独立营（团）战士，独立三团一连副班长、班长，三军团七军二十师六十团一连班长、副排长、排长，总政治部和九军团政治部给养员、司务长，九军团司令部四科科长。参加了二万五千里长征。抗日战争时期，任八路军三五九旅七一八团团部副官处长，警备一旅四科科长。解放战争时期，任东北民主联军三十旅供给部部长，东北野战军八纵队供给部部长。1964年4月晋升为大校，1965年10月离职休养，1990年6月23日因病在北京逝世。

刘　健（1912—1991）　于都县宽田乡龙泉村人。1929年参加中国工农红军，1932年加入中国共产党，参加了二万五千里长征。历任红一方面军战士、班长、排长，保卫局第一科科员，陕甘宁边区政府建设厅采购员，延安供销处商店主任，冀热辽驻哈尔滨市办事处主任，东北亚洲皮毛庄营业科长，经理，沈阳市军管会接收工作主任，粮食公司副经理，木材公司副经理、顾问。1985年离职休养，1991年3月因病逝世。

郭明友（1912—1992）　宁都县黄石乡王元丘村人。1933年参加中国工农红军，1935年加入中国共产党，参加了二万五千里长征。土地革命战争时期，任腊子口旅部老二团警卫排副排长。抗日战争时期，任一一五师六八五团排长、新四军三师后方医院看护主任。解放战争时期，任山东省阳县荣军大队副科长。中华人民共和国成立后，任宁都县委副科长、石上区区长、宁都县人民政府副县长等职。1962年8月退休，1980年改办离休，1989年8月经江西省委组织部批准享受副地（厅）级政治、生活待遇。1992年2月于宁都病逝。

朱子伟（1912—1993）　于都县葛坳乡桐溪村人。1932年1月参加革命工作，1934年4月参加中国工农红军，1944年加入中国共产党。土地革命战争时期，任地方联络员、三军团第四师十二团三营营部传达兵，参加了二万五千里长征。抗日战争时期，任八路军一一五师六六〇团三营营部通信班长、排长。解放战争时期，任解放军四十八师行政科科长。中华人民共和国成立后，任四川省名山县兵役局局长。1957年7月，任四川省荥经县人民法院院长。1962年5月离休回乡，住银坑镇。1993年1月6日，因病逝世。

沈训阳（1912—1994）　崇义县上堡乡良和村人。1931年参加中国工农红军，1938年加入中国共产党。1931—1949年，先后在永丰红军团、山西三十五旅任战士，山西、河北休养连任排长，陕西延安团结工厂和难民工厂当工人，延安绥德宝鸡邮电局邮电班工作。1950年回崇义，任过埠区联社主任。1953年，先后任过埠粮管所、县粮食局所长、副局长。1957年，任江西省工农学校学员。1959年任宁都县拖拉机站站长，1961年任宁都县总工会主席，1966年离休，1986年，起享受副地（厅）级政治、生活待遇。1994年2月，病逝。

钟国楚（1912—1996）　兴国县埠头乡垓上村人。1930年春加入共青团，同年5月参加中国工农红军，8月由团转入中国共产党。历任兴国县龙沙区游击连支部书记，中共福建省泰宁县溪口区委书记、泰宁县委组织部部长、闽赣军区独立十八团政治委员、闽西南军区独立八团副政治委员兼政治处主任。先后参加中央苏区反“围剿”战争和闽赣边三年游击战争。抗日战争时期，历任新四军第二支队三团政治处主任、政治部组织科科长、四团政治委员，新四军第六师十六旅代政治委员、旅长，苏浙军区第一军分区司令员，苏中军区第二军分区司令员。是新四军第一次党代表大会代表。解放战争时期，历任华中野战军第六师十六旅旅长，华东野战军特种兵纵队参谋长、第六纵队十八师师长，第三野战军二十六军副军长。他率部参加过淮海、渡江、淞沪等重大战役。淮海战役中，他指挥机智果断，率部参加了围歼黄百韬兵团和阻击李延年兵团北援的战斗，出色完成任务。中华人民共和国成立后，任起义兵团四十七军军事代表。1955 年，被授予少将军衔，荣获二级八一勋章、一级独立自由勋章、一级解放勋章。1988 年，被授予一级红星功勋荣誉章，是中国共产党第九次全国代表大会代表，第四届、五届全国人民代表大会代表。曾任中共江苏省委书记、省人大常委会副主任。1996 年 4 月 30 日于南京逝世。

丁荣昌（1912—1996） 于都县新陂乡中墩村人。1931 年参加工农红军，同年加入中国共产主义青年团，1932 年加入中国共产党。土地革命战争时期，任江西军区卫生部管理员、管理科科长和红三团高级裁判所裁判员、三十二军第九十四师政治部组织科科长、二八二团政治委员，参加了二万五千里长征。抗日战争时期，任八路军留守兵团政治部巡视团主任、锄奸部部长。解放战争时期，任中原军区第二军分区政治部主任、太岳军区二十四旅政治部主任、太岳军区第一军分区政治部主任、河南军区洛阳军分区副政治委员、第二野战军十四军四十一师政治委员。中华人民共和国成立后，历任昆明市公安局局长、云南省公安厅副厅长、云南省公安总队总队长。1955 年被授予少将军衔。1996 年 10 月 25 日因病逝世。

曾宪辉（1912—1997） 于都县桥头乡江背村人。1928 年加入中国共产主义青年团，1930 年由团转入中国共产党，1934 年 5 月参加中国工农红军。土地革命战争时期，任共青团仙下区委书记、共青团曲洋区委书记、少共胜利县委少先队长、红军少共国际师政治部民运科长、红二师政治部没收委员会主任。参加了钟圣楼、朱学玖领导的桥头农民反对苛捐杂税的武装斗争，国民党军队在桥头实行“三光”政策时，日夜在山上领导青年同反动势力做斗争，参加了二万五千里长征。抗日战争时期，任八路军一一五师团政治处民运股长，山东抗日部队鲁西支队政治委员，鲁西军区第二军分区政治委员，冀鲁豫军区武装部长。解放战争时期，任解放军第七修道队政治部民运科长，黄河指挥部司令员，江西省贵溪军分区司令员。中华人民共和国成立后，历任贵州省政府监察委员会主任、贵州省人民检察院检察长、贵州省科教办公室副主任，1980 年当选为贵州省人大常委会副主任。1997 年 2 月 23 日，因病逝世。

曾八庆（1912—1997） 会昌县珠兰乡下照村人。8 岁放牛，13 岁学撑船，少年曾八庆即挑起家庭生活的担子，1932 年红军来到会昌，曾八庆随父亲一起报名参加红军。入伍后，历任战士、班长、排长、副连长、连长，荣军学校书记、校长等职。参加了反“围剿”战斗，长征途中的四渡赤水战斗、吴起镇战斗，抗日战争时期的东渡黄河作战、平型关战斗、黄土岭战斗、团山战斗等数百次大小战斗。在战斗中先后负伤 8 次，其中 1938 年 4 月在河北易县团山攻击战中身负重任，成为二等甲级残疾。曾八庆身经百战，出生入死，多次荣立战功、多次被评为作战模范。1956 年退休，后改为离休，享受副地（厅）级政治、生活待遇。1988 年，被中央军委授予二级红星功勋荣誉章。

邹　辉（1912—1998） 宁都县梅江镇西厢村人。1932 年 4 月参加革命，1936 年加入中国共产党，参加了二万五千里长征。土地革命时期，任红八军二十一师、第三军十三团重机枪连通讯员和直属一军团师部手枪排，军部教导队，红五军团二连班长、连长。抗日战争时期，任北阜平县城南庄游击队副大队长、十一团营长、晋察冀三分区二十团一营营长和一分区二十团三营、一分区四支队营长、支队长。解放战争时期，任晋察冀军区十旅、华北补训兵团三旅十五团、一旅三团大队长、副团长、团长，二野第一野战医院、宁都专区医院院长，专署科长，赣南疗养院主任、队长。1961 年 10 月退休，1980 年改为离休，享受副地（厅）级政治、生活待遇。1998 年 8 月 19 日于宁都逝世。

周　彬（1912—1999） 兴国县古龙冈大企村人。1929 年 2 月加入共青团，1930 年 1 月加入共产党，1930 年 5 月参加中国工农红军。土地革命战争时期，历任红军后方医院政治指导员、红三军团五师十三团九连政治指导员、红一方面军骑兵团政治处主任兼特派员，独立师特派员、团政治委员等。

第三次反“围剿”战斗中身负重伤，但他以顽强的意志走完二万五千里长征。抗日战争时期，历任中国人民抗日军政大学学员队政治指导员、校政治部保卫科科长、五分校保卫部部长兼苏北军区保卫部部长。参加了著名的平型关大战、百团大战、苏北抗击日寇九路“围剿”和“五一”反扫荡等战役。解放战争时期，他奉命赴东北工作，先后任吉江军区党委委员、保卫部部长和东北人民解放军第十二纵队政治部副主任、第四野战军第四十九军政治部副主任兼天津警备区政治部主任。在开辟东北根据地的斗争中，他率部与国民党军进行不屈不挠的斗争，参加了“二战四平”“三下江南”“四保临江”以及著名的秀水河子战斗。领导了西满剿匪斗争。辽沈战役中，参加了长春围困战，并代表东北野战军接受长春守敌投诚。在攻打沈阳的战斗中，他英勇果敢，带领部队率先攻入沈阳，并代表东北野战军接受沈阳守敌投降。辽沈战役后，他随东北野战军入关，参加了平津、湘西等战役战斗。在湘西剿匪中，他依靠党、地方政府和人民群众，消除匪患，为巩固人民政权立下功勋。电影、电视剧《湘西剿匪记》反映了他的战斗事迹。中华人民共和国成立后，历任最高人民法院党组委员、人事处处长兼公安处处长。在民航总局工作期间，他组织接收“两航”起义的机组人员和飞机，为新中国民航事业奠定基础。1955 年被授予少将军衔，荣获二级八一勋章，1988 年荣获一级红星功勋荣誉章，是中国人民政治协商会议第五届全国委员会委员。1999 年 6 月 6 日于北京逝世。

曾　征（1912—2000）　寻乌县菖蒲乡五丰村人，1929 年参加中国工农红军，次年加入中国共产主义青年团，1933 年 8 月加入中国共产党。土地革命战争时期，任红三十五军排长、瑞金红军特科学校排长、红三军团第五师十五团二营五连连长、红一方面军补充营营长、陕北宜川独立营营长、红二十九军第二五六团代团长、红二方面军第六师参谋长，参加了中央苏区五次反“围剿”，随红一方面军干部团参加二万五千里长征。抗日战争时期，任八路军一二零师三五八旅七一六团参谋长、第三支队支队长、独立一团副团长、独二旅五团团长、晋绥九团参谋长、三十六团参谋长、偏清支队支队长。参加了百团大战及伏击、袭击和反“扫荡”作战。解放战争时期，任晋绥九团团长、晋绥军区十一分区参谋长、第六分区参谋长和第十二旅副旅长兼参谋长、第一野战军第七军二十师副师长。参加了绥远战役、太原战役、扶眉战役、陇东追击战、陕南陇南作战，参加了保卫陕甘宁边区和解放大西北的多次重要作战。中华人民共和国成立后，曾任青海省体育运动委员会主任。1955 年被授予空军少将军衔和二级八一勋章、二级独立自由勋章、二级解放勋章，1988 年被授予一级红星功勋荣誉章。2000 年 6 月 1 日于西安病逝。

李鸿宾（1912—2000）　曾用名李文华，宁都县东山坝城源村人。1930 年参加革命，1933 年 2 月加入中国共产党，参加了二万五千里长征。历任团政委、上海警备区政治部组织部部长、干部部长、后勤部政委、政治部副主任，副军级离休干部。2000 年 11 月 15 日逝世。

赖如波（1912—2000）　1912 年 6 月出生，安远县车头镇水西村人。1931 年 1 月加入中国共产党，1933 年 12 月参加红军游击队，1934 年到中央红军特科（工程兵）学校学习，1935 年毕业后分配在中央军委工兵营二排二班任副班长。长征途中，他所在的工兵营逢山开路、遇水搭桥，先后架设过乌江桥、金沙江桥、土城桥等大小桥梁，保障红军的胜利开进。1936—1941 年，先后任中央军委工兵营二排副排长、八路军一一五师工兵营副连长和副营长，参加了平型关战斗。1942—1945 年，先后在八路军一一五师教四旅抗大分校、延安抗大二分校四队学习，并参加整风运动。抗日战争胜利后，任冀东军区十二分区六十一团副团长兼参谋长，1947 年任冀东军区十二分区独立团副团长，1948 年任补训师九团团长。中华人民共和国成立初，任广西边防保卫局作战科长。1952—1960 年，曾任赣州市人民武装部代理部长。1965 年被批准离职休养，进入江西省军区赣州干休所，先后担任赣州干休所党委委员、支部书记。是二等甲级残废军人，为党和人民做出突出贡献，荣获二级八一勋章、二级独立自由勋章、二级解放勋章和二级红星功勋荣誉章。2000 年 8 月 17 日于赣州病逝。

刘世洪（1913—1986） 出生于兴国县鼎龙乡石源村的贫苦农家。1928 年 5 月加入共青团，1930 年 2 月参加中国工农红军，1934 年 6 月转入中国共产党。土地革命战争时期，任红一军团警卫连战士、班长，红一军团第二师四团六连政治指导员。参加了中央苏区一至五次反“围剿”和二万五千里长征。1938 年春任八路军前敌政治部直属分队政治指导员，同年 7 月任八路军总部通讯营政治指导员、政治教导员。1939 年 11 月入中共北方局党校学习。1942 年 2 月任冀中军区十六团政治处副主任。解放战争时期任冀鲁豫军区卫生部副政治委员兼政治部主任。后任华北军区独立第二旅政治部主任。中华人民共和国成立后，曾任湖南省第五届人大常委会副主任等职。1964 年晋升为少将军衔，荣获八一勋章、独立自由勋章、解放勋章。“文化大革命”期间，刘世洪作为军代表担任中共山西省委副书记兼中共太原市委书记。1986 年 4 月 23 日于山西省太原市逝世。

曾庆桢（1913—1986） 宁都县湛田乡长乐村人。1934 年 1 月参加革命，1936 年 6 月加入中国共产党，参加了二万五千里长征。历任战士、班长、排长、八路军连长、营长、副团长、团长、副部长、师长等职，离休时为副军级，1986 年病逝。

黄 霖（1913—1987） 于都县贡江镇城内人。1929 年 7 月参加中国工农红军，1933 年加入中国共产党。土地革命战争时期，任红军第二十军勤务员，四军军部特务营一连战士，少共区委书记，少共国际师十五师排长，一军团司令部警卫排警卫员，参加了二万五千里长征。抗日战争时期，任晋察冀军区司令部无线电队八分队报务员，第一分区无线电队分队长，冀中军区第十、八、七军区司令部无线电队区队长，晋察冀军区第四军分区司令部无线电队区队长。解放战争时期，任军区司令部三种直属区队部队长。中华人民共和国成立后，任天津中国进出口公司电讯科科长，广州进出口公司业务室副主任，广州港务局股长、副科长。1982 年 12 月离职休养，1987 年因病在广州市逝世。

黄松林（1913—1989） 安远县新园乡黄背村人，出身贫苦农民家庭。1929 年 11 月参加中国工农红军，1931 年加入中国共产主义青年团，1933 年 8 月加入中国共产党。土地革命战争时期，他先后担任战士、电话员、通讯班长、排长等职务，参加了中央苏区第一次至第五次反“围剿”，随中央红军进行二万五千里长征。抗日战争时期，他历任晋察冀边区一师司令部通讯连连长、三科科员、管理员等职务，参加了痛击日寇的“百团大战”。抗日战争胜利后，他历任晋察军区第十三军分区司令部三科科长、独立第四旅三科科长、晋中军区第一军分区司令部三科科长等职务。中华人民共和国成立后，他从部队转业到地方工作，先后担任广州市税务局第五分局副局长、北区分局副局长、保卫科副科长，广州市财政局监察室主任。1974 年 8 月退休回原籍定居，1980 年 12 月改办离休，1984 年被批准享受副地（厅）级政治、生活待遇。1989 年 2 月于安远病逝。

段德彰（1913—1999） 于都县车溪乡坳背村人。1931 年 7 月加入中国共产主义青年团，1932 年 12 月参加中国工农红军，1933 年 3 月加入中国共产党。土地革命战争时期，任安塘乡团支部书记兼乡苏维埃政府秘书、少共车头区委宣传部部长、瑞金红军学校学员、红军特科学校政治教员和政治指导员、红一方面军教导师政治部宣传科长、政卫团没收委员会主任、总卫生部政治部干事、干部团一营二连政治教员、红军大学炮兵科政治教员、陕甘支队教导营政治教员、红军大学三科二营政治委员和团政治委员，参加了中央苏区第四、五次反“围剿”和二万五千里长征及土城战斗。抗日战争时期，任西锋镇办事处主任（中共西锋县工委书记）、陇东特务统战部部长、陇东地委书记。出席了中国共产党第七次全国代表大会，大会结束后被调往闽赣地区干部大队任政治委员。解放战争时期，任朝阳地委书记、冀东十四分区专员、冀察热辽军区后勤部政治部主任、东北野战军第九纵队副政治委员兼政治部主任、第四野战军四十六军副政治委员，参加了辽沈、平津、衡宝等战役。1955 年被授予少将军衔，是中国共产党第九、十、十一次全国代表大会代表。1985 年 8 月离职休养，1999 年 1 月逝世。

彭世峰（1913—1991） 宁都县刘坑乡杨梅村人。1930 年 9 月参加革命，1935 年 5 月加入中国共产党，参加了二万五千里长征。历任团长、十二兵团军政干校大队长、军区文化学校主任、军政干校处长、干部文化学校副校长等职。1970 年离休，为副军级干部。1991 年 5 月 15 日病逝。

肖英和（1913—1993） 于都县仙下乡三贯村人。1932 年 10 月参加中国工农红军，1935 年 10 月加入中国共产党。土地革命战争时期，任红军战士、警卫员、班长，参加了二万五千里长征。抗日战争时期，任八路军一一五师特务营一连政治指导员、师教导队学员、师特务营营部组织干事、山东分局高级党校学员、山东军区通讯营政治教导员、山东滨海荣军教养院政治委员。解放战争时期，任华东党校一队学员，十二、十三野战医院政治处主任，华东三野卫生部药材供应处政治委员。中华人民共和国成立后，曾任江苏省常熟县人民武装部部长。1993 年 12 月 13 日因病逝世。

曾祥辉（1913—1995） 石城县大由乡人。1931 年参加革命，同年加入共青团，1935 年转为中国共产党党员，1932 年 10 月于瑞金参加中国工农红军，先后参加了五次反“围剿”和二万五千里长征，亲历乌江、赤水、大渡河、贵州遵义、陕北直罗镇等著名战斗。抗日战争期间，参加了山西安边堡、洪德城、碛口镇等阻击战。解放战争期间，参加了东北剿匪及辽沈、平津战役。在部队长期从事思想政治工作，多次受到上级嘉奖。在东北安图县工作时，不顾个人安危，打入虎穴，以其雄辩的口才和胆略，收降土匪 300 余名，受到军区嘉奖。历任战士、通讯员、班长、排长、连指导员、教导员、团长、政委、师政治部主任等职。中华人民共和国成立后，他不居功自傲，始终保持艰苦奋斗的优良作风。1958 年 12 月转业在湖南省株洲冶炼厂任党委副书记期间，密切联系群众，严于律己、宽以待人，为该厂的建设发展做出贡献。他关心党和国家大事，热心参加革命传统教育活动，常以自己经历教育青少年健康成长。1995 年 3 月 30 日于南昌逝世。

谢特山（1913—1996） 1913 年 10 月出生在兴国县永丰乡西江村的一户贫农家庭。他年幼父母病故，成为孤儿，很小就外出当木工学徒。1928 年年底参加兴国暴动，在斗争中参加少先队，1930 年加入青年工会和工人纠察队，1932 年参加中国工农红军，同年 5 月加入中国共产主义青年团，1933 年 5 月加入中国共产党。土地革命战争时期，先后任红五军团十四军供给处通信员，十三军军部、红五军团司令部译电员，红军总司令部二局译电员，参加了中央苏区四至五次反“围剿”和二万五千里长征。在红五军团从事机要工作期间，虽身染疾病，却克服种种困难，坚持横渡金沙江、大渡河，顺利完成各种任务。抗日战争时期，任延安抗大总校二大队学员、三大队一中队政治指导员，晋察冀抗大二分校二大队十中队政治指导员、特科大队特派员、二分校三团二大队政治教导员，晋察冀第一军分区第二十九团总支书记、晋绥军区二十七团营政治教导员。1940 年，随抗大二分校三团挺进烽火连天的冀中平原，在极其复杂艰苦的条件下，为冀中平原培养大批基层政工干部。8 月，在抗大特科期间，由于政治教育效果明显，他受到上级多次表扬，并在军区政治工作会议上荣获“模范干部”奖章。解放战争时期，任晋绥军区独立第二旅二十七团政治处副主任、第二旅政治处主任、二十一团政治委员。参加了绥包、集宁、清漳、宜川、兰州等战役战斗。在长期的革命斗争中，他不怕艰难困苦，身经百战、作战勇敢，率领所部出色地完成党交给的任务。中华人民共和国成立后，曾在南京军事学院速成系学习。1981 年 4 月离休。1996 年 4 月 22 日于北京逝世。

温连生（1913—1991） 宁都县田头镇白沙人。1932 年 2 月参加革命，同年加入中国共产党，参加了二万五千里长征。土地革命战争时期，历任红一军团补充师红三军团六师排长、连长、红军中央干部团科员。抗日战争时期，任八路军总部特务团营长、山东纵队供给部股长、科长、兵二总厂股长。解放战争时期，任山东省营沂县工商局局长。中华人民共和国成立后，任山东省财政厅监察处和人事处副处长、党委副书记。1962 年，任山东北镇师范专科学校党委书记，山东财政学院副院长，山东矿业学院副院长、顾问等职。1991 年 9 月于山东泰安市医院病逝。

周毅胜（1913—1994） 上犹县平富乡人。1933 年参加中国工农红军，在第四、第五次反“围剿”

中出生入死、作战英勇，被选送部队卫生学校学习，成为一名部队医生。跟随部队参加二万五千里长征。到陕北后，奉命组建延安干部休（疗）养所。1938 年，任延安枣园卫生所所长、医务主任兼毛泽东的保健医生，同时负责刘少奇、朱德、周恩来的保健工作。1942 年，任吕梁军区卫生部副部长兼军区国际和平医院第七分院院长。1949 年，任中国人民解放军卫生部医务主任、第七高级步兵学校卫生部长、西北军区卫生部医政处处长。1952 年调任北京中南海警卫局保健处处长，再次兼任毛泽东的保健医生。1955 年任卫生部干部司副司长，后任卫生部政治部主任、党委书记、第五届全国政协委员。1994 年逝世。

黄运昌（1913—1986）　原名黄运沧，出生于兴国县兴莲乡睦田村的贫农家庭。1928 年 12 月参加革命活动，1929 年参加中国工农红军，随后加入中国共产党。土地革命战争时期，历任红军大队长、排长、连长。参加了中央苏区第一至第五次反“围剿”。1932 年 7 月初，红一军团一部控制梅岭关隘后，粤军即由韶关、信丰兼程赶赴南雄，企图与北面国民党军合击红军。毛泽东与红一方面军首长决定集中一、三、五 3 个军团，同时消灭由南雄出动和进抵乌迳之粤军。在红五军团一师一团三连任班长的黄运昌率领战士和大部队率先在水口圩上游渡河，河水到了肩上，黄运昌不会游泳差一点被淹死。等他们赶到时，前方战友们已经与敌第四师激烈交战，黄运昌和战友们击溃敌人的 2 个团。1934 年 10 月，随中央主力红军二万五千里长征。抗日战争时期，先后任八路军三五九旅七一八团参谋、副参谋长、参谋长，关中分区司令部一科科长、分区保安纵队副队长、队长，延安联防司令部教育科科长。解放战争时期，任晋绥军区八分区十五团团长、三分区司令部参谋长、吕梁军区离石军分区司令员，南下第四梯队司令员。1986 年 6 月 15 日在长春逝世。

肖春先（1913—1988）　于都县宽田乡山下村人。1930 年 9 月参加革命工作，1932 年参加中国工农红军，同年 5 月加入中国共产党。历任排长、连长、营长、团长、师长、铁道兵副司令员等职。土地革命战争时期，参加了打土豪、分田地、反迷信和反封建的斗争，转战于闽山赣水之间，参加了保卫中央革命根据地的反“围剿”斗争和二万五千里长征。抗日战争时期，坚决执行上级作战意图，机警果敢地指挥战斗，为巩固和发展抗日根据地做出贡献。解放战争时期，多次率部参加战斗，辽沈战役中带领部队奋力抢修吉林松花江大桥，并向长春前进抢修，有力支援解放长春的战役。1949 年率部入关，抢修津浦铁路，使野战军得以迅速运送过江，其后南下抢修粤汉铁路，为追歼国民党残部创造了条件。曾四次身负重伤。中华人民共和国成立后，在抗美援朝战争中，指挥部队进行反轰炸抢修，保卫钢铁运输战线畅通，出色完成任务。回国后，参加了黎湛、鹰厦、包兰、湘黔等铁路建设。荣获三级八一勋章、二级独立自由勋章、二级解放勋章。1978 年当选为中国人民政治协商会议第五届全国委员会委员。1982 年离职休养。1988 年 9 月 18 日因病逝世。

赖观海（1913—1993）　石城县洋地乡人。1932 年参加中国工农红军，同年加入中国共产党。曾任连指导员、文书，1934 年随军二万五千里长征。历任干事、科长、主任、部长、市委书记、省委监委、驻省粮食厅监察组长、秘书长、副主席、副市长、政协江西省第四届常委。1981 年离休。1993 年 12 月逝世。

邓文斌（1913—1993）　于都县梓山镇瓦松村人。1930 年 9 月参加革命工作，1931 年 3 月加入中国共产主义青年团，1934 年 9 月参加中国工农红军，1936 年 3 月由共青团转入中国共产党。土地革命时期，任游击队班长，新兵补充师一团团部通信员，中央总供给部警卫连班长。参加了二万五千里长征。抗日战争时期，任陕甘宁边区警备一旅新兵连政治指导员，警备三团二营政治指导员，北上干部大队队长。解放战争时期，任东北松江军区卫生部二院协理员、军区十九医院一所政治指导员、四野卫生部第二医院医营处副科长。1955 年 1 月，离职休养。1984 年 12 月起享受副地（厅）级政治、生活待遇。1993 年 5 月 19 日，因病逝世。

肖　斌（1913—1994）　曾用名肖文恒，于都县仙下乡人。1931年5月参加中国工农红军，同年6月加入中国共产党。土地革命战争时期，任红三军团六师二十团战士、班长、排长，红四方面军三十军司令部联络队长。参加了二万五千里长征。抗日战争时期，任新四军四旅十一团供给处股长。解放战争时期，任华东军区军械部保管处副主任、分区被服厂厂长。中华人民共和国成立后，任安徽省来安、全椒等县人民银行行长、经理，淮南市某工厂党委组织部长，淮南市人民银行行长。1978年起任淮南市政协副主席，1982年12月离职休养。1994年2月21日因病逝世。

陈光堂（1913—1995）　曾用名陈光陀，于都县贡江镇蔬菜场村人。1934年4月参加中国工农红军，1935年4月加入中国共产党。土地革命战争时期，任红军第一军第一团机枪连战士，参加了二万五千里长征。抗日战争时期，任河北抗日大学学员，八路军六团机枪连排长。解放战争时期，任陕西金边湾教导处管理员。1946年因伤致残复员安置在山西省离石县农村。中华人民共和国成立后，评为三等乙级残废军人。1950年7月回乡后，任于都中学、城关小学、芦山初中炊事员。1974年3月退休，后改离休。享受副地（厅）级政治、生活待遇。1995年7月18日因病在于都逝世。

彭太保（1913—1995）　曾用名彭箕芙，别名黄太福、刘志伊，于都县仙下乡高兴村人。1933年6月参加中国工农红军，1938年6月加入中国共产党。土地革命战争时期，任红军战士、看护员。1934年10月参加二万五千里长征，在湖南宜章桥作战负伤，在广东坪石金鸡寨李顺乃窑厂做党的地下工作。抗日战争时期，在湖南郴州做党的地下工作，1938年4月任新四军办事处炊事员，1939年3月任共产党办的牖智书店店员，同年9月任桂阳元善小学校工，1941年在桂阳负责接待，掩护过往中共地下党员。解放战争时期，在桂阳极乐和郴县华塘开伙店，作为地下联络站掩护革命活动。中华人民共和国成立后，任湖南省郴县华塘区中队队长、华塘区工商联办事处主任，桂阳县食品公司业务员，桂阳县莲塘供销社党支部副书记，桂阳县商业局加工厂厂长，桂阳县城车堂食品站主任，桂阳县商业局工会主席、党总支副书记，桂阳县食品公司副经理，桂阳县商业局局长、党总支副书记。1983年1月任桂阳县政协副主席。1986年离职休养，1995年1月因病逝世。

彭　辉（1913—1996）　于都县仙下乡莲塘村人。1931年12月参加中国工农红军。1934年12月加入中国共产党。土地革命战争时期，任红独立团战士，三军团教导营迫击炮连战士，警卫营防空排防空员，警卫营班长，抗大第三科特科团机关连学习组长，中央教导师特科团工炮连工兵排长。参加了二万五千里长征。抗日战争时期，任八路军一二九师三八五旅七七〇团三营机枪连副连长、连长，警卫团四连连长，独立五营营部重机枪连教员，合水县武装大队大队长。解放战争时期，任合水县警卫队队长。1947年1月因病在合水休养，同年7月复员。中华人民共和国成立后，于1951年12月回乡，享受二等乙级残废军人待遇，曾任高级社、煤炭厂党支部书记。1996年3月4日，因病逝世。

葛接调（1913—1996）　于都县葛坳乡人。1929年11月参加中国工农红军，1931年6月加入中国共产党。土地革命战争时期，任葛坳游击队队长、福建省汀州市少年先锋队队长、延安前敌后勤部残废连连长。参加了二万五千里长征。抗日战争时期，任十八集团军总供给部被服科科长，山西太行山抗大总校一大队五队学员，延安中央党校学员。解放战争时期，任东北民主联军西满军区供给部副部长，东北民主联军嫩江军区供给部部长，东北行政委员会财委会军需处经理部主任，东部军需部一局副局长。中华人民共和国成立后，任东北人民政府财政部被服局局长。1955年9月被授予大校军衔，1964年11月离职养休，1980年3月起享受正军职待遇。1996年7月，因病逝世。

曾祥云（1913—1998）　曾用名曾昭佑，宁都县竹笮乡松湖村人。1929年参加革命，1930年加入中国共产主义青年团，1933年8月加入中国共产党，参加了二万五千里长征。土地革命战争时期，历任中央军委电话总队班长、排长、红一方面军通讯连党支部书记。抗日战争和解放战争时期，任八路军总卫生部管理科指导员、一二〇师医院政治协理员、卫生部特派员、特务团保卫股长、独立三旅政治部保卫科长、卫生部政委等职。中华人民共和国成立后，历任甘肃省武威专区公安处副处长、天水专区公安处处长和政委、甘肃省人事局劳动就业委员会调配处处长、省引工程局公安处处长、武都行署副专员。1985 年 12 月在赣州干休所离休，1998 年 3 月 18 日在赣州病逝。

杨基明（1913—1999） 原名杨世桂，瑞金市武阳镇杨屋前人。1929 年 10 月加入中国共产主义青年团，同年 11 月参加中国工农红军，1935 年 9 月加入中国共产党。土地革命战争时期，任红九军团班长、排长、连指导员，参加了二万五千里长征。抗日战争时期，任八路军一二〇师连指导员、营教导员，三五九旅南下支队组织科长、部长。解放战争时期，任山西新军敢死纵队六团政委，晋冀鲁豫军区政委，第二野战军五兵团十七军五十一师政治部主任、师政委。中华人民共和国成立后，任南京军事学院高级系主任、院政治部组织部部长、院务部政委，南京高级陆军学校顾问。1955 年被授予大校军衔，荣获三级八一勋章、二级独立自由勋章、二级解放勋章。1999 年逝世。

吴　兴（1913—1987） 会昌县周田镇霞族村人。出身贫农家庭，12 岁跟人学竹匠。1930 年 3 月在会昌盘古隘参加中国工农红军，在红四军第二纵队任战士。1932 年 4 月在红四军特务营一连任传令兵，后参加了东征福建漳州、南雄、水口战斗等，同年 6 月加入中国共产党。1934 年 10 参加二万五千里长征。长征中，任红一军团政治部警卫班班长，随部掩护中央军委纵队渡过乌江天险，参加了打击国民党军吴奇伟部的战斗。抗战时期，历任旅政治部长、师政委等职。中华人民共和国成立后，历任公安十二师政委、中央建筑工程部洛阳工程局政委、解放军第五步学校政委、江西省交通厅副厅长等职。1955 年，荣获中华人民共和国三级八一勋章、二级独立自由勋章、二级解放勋章，并被授予大校军衔。

刘昌标（1913—1995） 会昌县白鹅乡中心村人。14 岁就到白鹅钨矿当矿工，1934 年 5 月投身革命，同年 8 月加入中国共产党，参加了二万五千里长征。入伍后任战士、工农连班长、副班长、指导员。抗日战争时期，为阻击日本侵略军的进攻，参与实施炸毁、破坏铁路的行动，两次都获得成功，受到全军通报嘉奖。在百团大战中光荣负伤，后转入后方医院，任医院教导员。抗战结束，参加荣校学习，后调任北岳军区第二健康大队副政委。中华人民共和国成立后，任北京公安总队二团政治处副主任兼组织股长。不久，随第四野战军南下，任广州市公安总队三团后勤处主任、总队后勤部副部长。1955 年，荣获中华人民共和国三级八一勋章、三级独立自由勋章、三级解放勋章，并授予少校军衔。1958 年转业，任江西省科学技术委员会处长、庐山植物园所长。1970 年 3 月离休，享受副地（厅）级政治、生活待遇。离休后，关心下一代的成长，在永修县对机关干部、青少学生进行革命传统教育，成绩突出，曾在《江西日报》上报道。

曾庆栋（1913—1996） 宁都县湛田乡吉富村人。1933 年 5 月参加革命，1936 年 6 月加入中国共产党。中央红军长征后，坚持南方游击战，历任二支队侦察连班长、新四军特务团排长、苏中新华交通大队副连长、杨支司令部副官、宿凤加大队连长、皖北警一旅一团副营长。1958 年退休，1980 年改为离休，享受副地（厅）级政治、生活待遇。1988 年荣获二级红星勋章。1996 年 3 月 12 日于宁都病逝。

王能坤（1913—1989） 会昌县西江镇饼坵村人。八九岁起就给地主放牛，16 岁参加地方游击队，后转入红军部队，任战士、班长、排长。1934 年 10 月跟随毛泽东参加二万五千里长征，担任警卫班长、排长，从事保卫毛泽东等中央领导安全工作。1939 年参加抗大学习，1940 年调往抗日前线，在八路军一二〇师三五九旅八团任连长、营长，参加了抗击日本侵略军的数十次战斗。解放战争时期，曾在某工兵团任参谋长。1952 年转业到地方工厂工作。1955 年后，任某煤炭干部学校副校长。1972 年，任四川省民政厅办公室主任。离休后，享受副地（厅）级政治、生活待遇。

何　岳（1913—1992） 又名何接昌、何寿山，会昌县筠门岭镇州场村人。1930 年，毛泽东、朱德领导的红四军抵达会昌周田，何岳即在家乡参加儿童团、赤少队、赤卫队，并担任过儿童团长、赤少队长。在赤卫队期间，和其他赤卫队员一道，经常为部队运送子弹、粮食，抬担架、救伤员。加入红军部队后，历任班长、红军总兵站医院看护长、司药，1934 年 10 月参加了二万五千里长征。到达陕北后，在八路军卫生学校学习，学习结束被分配到新四军工作，直到抗日战争结束。先后任新四军第四师医生、卫生队长，旅部军医处长、卫生部副部长，师部后方医院副院长、卫生部医政处长、分区卫生部长。解放战争时期，任华中军区第二野战医院、第二后方医院医务院长，第二野战军卫生部医保科长兼伤俘医院院长。中华人民共和国成立后，转业地方后，曾任安徽省委宣传部卫生处长，安徽省卫生厅副厅长兼省血防办公室主任。1983 年离休，享受地（厅）级政治、生活待遇。

曾振仁（1913—1999）　原名曾信成，又名鲁义，石城县大由乡人。1928 年参加革命，1932 年 1 月加入中国共产主义青年团，1933 年 7 月由团员转为中国共产党党员。土地革命战争时期，历任大由乡苏维埃政府文书，区政府裁判部书记、副部长、部长。1934 年 5 月参加中国工农红军，历任连部文书、班长。参加了二万五千里长征和江西驿前、湖南古彼、贵州遵义、甘肃华家岭等大小数十次战斗，2 次负伤。后转入西路军，在敌众我寡、殊死残酷的战斗中，英勇善战、突出重围。1937 年 5 月，任新疆迪化新兵营一大队班长、支部副书记。抗日战争时期，历任陕西安塞军委二局分总支组织干事，军委二局政治处组织股副股长、股长，军委二局三处政治助理员，军委二局局务处行政秘书科科长、行政科科长、处部政治助理员。解放战争时期，历任军委二局行政处副处长、政委。1982 年 8 月，离职休养（正军职）。1955 年被授予大校军衔，荣获三级八一勋章、二级独立自由勋章、二级解放勋章。1988 年被中央军委授予中国人民解放军二级红星功勋荣誉章。1999 年 1 月 5 日在北京病逝。

丁　盛（1913—1999）　于都县罗江乡上溪村人。1930 年参加中国工农红军，1932 年由共青团转入中国共产党。土地革命战争时期，任班长、连政治指导员、红二十八军组织科科长、二团政治委员，参加了二万五千里长征。抗日战争时期，任八路军一二〇师三五八旅政治部助理员、科长，挺进军七团政治委员，晋察冀教导二旅一团政治委员，热辽纵队二十七旅旅长。解放战争初期，任二十四师师长，四十五军一三五师师长。1955 年被授予少将军衔，是第四届全国人民代表大会代表，中国共产党第七次全国代表大会代表，中国共产党第九、十届中央委员会委员。1999 年去世。

张英辉（1913—2000）　出生于兴国县长冈乡的一户贫苦农家。1928 年参加农民协会，1930 年参加中国工农红军，1932 年加入共青团，1935 年转入中国共产党。土地革命战争时期，历任红四军政治部保卫队勤务员、南路军独立团班长、红七军军部电话员、红三军团五师电话班班长，参加了中央苏区一至五次反“围剿”和二万五千里长征。1936 年在瓦窑堡进入红军大学步兵科学习，毕业后曾任中央军委译电员、中央军委四局管理员、红一军团一师三团四连政治指导员。抗日战争时期，任晋察军区一分区一团三营十连连长兼政治指导员、三营营长，易县支队支队长，冀中军区二十四团团长。抗日战争全面爆发后，张英辉一再要求上前线。1939 年 10 月中旬，时任十连连长的张英辉率部参加了摩天岭战斗，仅用 2 个多小时就取胜，俘虏伪军 100 多名，缴获战马 70 多匹和大量枪支弹药；同年 11 月，张英辉任一团三营营长，率部参加雁宿崖伏击战和黄土岭战斗，数千日寇大部分被歼，被称为“名将之花”的日寇中将阿部规秀被炸死。1940 年秋，张英辉参加了著名的“百团大战”。1941 年，担任特务营营长。解放战争时期，历任晋察冀军区三纵八旅二十三团团长、七旅副旅长、八旅旅长，十九兵团一八七师师长。1947 年 10 月，率二十三团参加石家庄战役，指挥全团指战员英勇顽强地与敌人拼搏，为解放石家庄立下显著战功。总结大会上，纵队首长郑维山、胡耀邦授予他率领的二十三团“大功团”荣誉称号，并授予“能功能守、英勇顽强”锦旗一面。曾担任电影《解放石家庄》军事顾问。在抗美援朝战争中，张英辉所属部队英勇作战，完成多次重大战斗任务，受到志愿军总部的高度评价和通令嘉奖。1955 年被授予少将军衔，荣获三级八一勋章、二级独立自由勋章、二级解放勋章，

1988 年荣获一级红星功勋荣誉章。2000 年 10 月于北京病逝。

陈吉明（1913—1990）　石城县横江镇人。1932 年 4 月参加红军，1936 年加入中国共产党。参加了二万五千里长征，参加过土地革命战争、抗日战争和解放战争。先后任战士、通讯员、班长、中队副队长、支队通讯参谋、科长。1952 年从山东省营南县调回石城县，先后任小松供销社主任、县油脂公司经理、县委工交部部长、县工会主席、副县长、县革委会副主任等职。1966 年 3 月退休，1983 年改离休，1990 年 9 月逝世。

陈　光（1914—1986）　原名胡德辉，瑞金市壬田青龙人。1930 年参加中国工农红军，同年加入中国共产主义青年团，1931 年 4 月转为中国共产党。土地革命战争时期，先后任少共壬田区委书记、红十三军地方工作科科长、红五军团政治部科长、中共西康省丹坝县委副书记。参加了二万五千里长征。抗日战争时期，任中央马列学院科长、中共皖南特委委员兼泾县县委书记。1940 年起，任苏皖区党委丹北中心县委书记、苏北区党委委员兼京沪路北特委书记、新四军第六师五十一团政委和保安司令部政委。1943 年，调任淮南区党委组织部长、淮南区津浦路东地委书记兼新四军二师四旅政委、淮南区津浦军分区政委。1945 年，任苏南区党委副书记。解放战争时期，任中共中央华中分局第二地委书记、山东青州市委书记、扬州军管会主任、苏南区镇江地委书记、苏南区党委常委、组织部长兼纪委书记。中华人民共和国成立后，任江苏省委组织部部长、纪委书记，中共中央华东局组织部副部长兼华东局纪委副书记，中共江苏省委副书记、省委书记处书记、省委常务书记。当选为第一、二届全国人大代表。1978 年 4 月，任民政部常务副部长、党组副书记，1982 年任民政部顾问。1983 年 5 月，于全国政协六届一次会议当选为政协常务委员。1986 年逝世。

俞增林（1914—1986）　兴国县崇贤乡霞光村人。世代务农，生活贫困，却从小聪明伶俐。青少年时受到共产党的革命进步思想教育，从小立志参加革命。1931 年 4 月参加中国工农红军，1932 年 10 月加入中国共产党。土地革命战争时期，历任兴国县独立团二连班长、红一军团二师五团机枪连排长、红一军团司令部防空连副连长、红一军团随营学校五队队长。参加了中央苏区第四、五次反"围剿"，1934 年 10 月，跟随中央主力红军参加举世闻名的二万五千里长征。抗日战争时期，历任苏鲁豫支队四大队一营营长、八路军一一五师教导旅三团团长、苏北盐埠军分区司令部参谋处处长。解放战争时期，先后任山东省胶东军区北海军分区参谋长、苏南军区松江军分区副司令员，参加了平型关和苏北东埯、曹甸及山东潍县、龙口、烟台等战斗。1986 年 12 月 29 日病逝于南昌。

袁继发（1914—1986）　于都县小溪乡人。1932 年 1 月参加中国工农红军，1936 年 8 月加入中国共产党。土地革命战争时期，任江西红军独立三师战士，参加了二万五千里长征。抗日战争时期，曾任热河独立三旅政治教导员。1976 年 8 月离职休养，享受副军职待遇。1986 年 2 月因病在武汉逝世。

李人伟（1914—1986）　会昌县西江镇西源村人。1933 年 6 月参加少共国际师，1934 年编入红一军二师五团，任战士、班长，参加了二万五千里长征。1936 年，在甘肃清阳的一次战斗中受伤，子弹从他的左手肱骨穿过，使他的整只手瘫痪，为二等乙级伤残。随后，安排在陕西某部队医院养伤。因伤势过重，无法继续上前线作战，遂于 1939 年 1 月退伍，安排在当地参加农业生产。中华人民共和国成立后，才回到老家西江。

胡德胜（1914—1987）　宁都县黄陂镇鹅公村人。1933 年 10 月参加革命，1934 年 10 月加入中国共产党，参加了二万五千里长征。历任班长、排长、科员、股长、副处长、主任、科长、吉安军分区后勤部部长等职。1964 年离休，离休时为副师级。1987 年于吉安病逝。

徐　端（1914—1988）　宁都县黄陂镇大湖村人。1929 年参加中国共产主义青年团，1931 年参加中国工农红军，1934 年由团员转为中共党员，参加了二万五千里长征。历任班长、侦察队长、副官、陕甘省保卫局保安队长、八路军连长、陕甘宁边区政府发行科员、新四军大队长、营长、旅作战科长、副团长、华东一纵司令部二科科长、福建晋江军分区司令部参谋长、福建省公路修建指挥部永安工程处处长和神州市手工业联社副主任、市民政局副局长、市政协常委等职。1988 年于福州逝世。

罗有荣（1914—1989） 宁都县东山坝镇大布上徐观村人。1931 年 9 月加入中国共产主义青年团，1932 年当选为苏维埃代表，1933 年参加中国工农红军，1935 年转入中国共产党。土地革命战争时期，历任红一方面军红一军团一师副班长、班长、副排长，红军大学区队长、副队长。红二师连政治指导员等职。参加了中央革命根据地一至五次反“围剿”和二万五千里长征。抗日战争时期，历任八路军一一五师三四三旅六八五团三营书记，团联络股股长，苏鲁豫支队四大队政治处主任。华中新四军三师七旅二十一团政治委员，淮海军分区第四支队政治委员。华中新四军三师二十八团政委等职。参加了平型关、广阳、淮阴、清江等著名战役和战斗。在平型关战役中，带领部队逼退敌人数十里，缴获敌人一大批军械物资，夺取了战斗胜利。1939 年奉上级命令，负责改造一支土匪武装。经过几个月艰苦细致地工作，把这支匪气十足的武装改造成革命军队。解放战争时期，历任东北包吉军区三分区副司令员、辽吉军区保二旅政委、辽吉军区独立二师政委、第四野战军四十四军三一三师政委等职。1947 年奉命带领部队攻打四平，他身先士卒，身负重伤，仍坚持战斗直至胜利。1948 年 6 月，在辽沈战役中，率部参加了锦州、辽西战斗。部队进关后，在平津战役中，又率部参加塘沽、天津战役。1949 年 4 月，奉命率部南下，参加广州战役。随后，又配合友邻部队参加解放海南岛战斗。在攻打万山群岛战斗中，经过三个月艰苦海战，解放大小 48 个岛屿，取得重大胜利，受到第四野战军首长的通令嘉奖。中华人民共和国成立后，历任广州市公安总队政治委员、武汉市公安总队政委、武汉军区公安军政委、湖北公安总队第二政委。1962 年晋升为少将。荣获过中华人民共和国三级八一勋章，二级独立自由勋章，二级解放勋章，1965 年离职休养，1982 年经中央军委批准，享受副兵团职务待遇。1988 年授予中国人民解放军一级红星功勋荣誉章。1989 年 2 月 26 日，在湖北省襄樊市逝世。

张其榜（1914—1989） 于都县祁禄山镇上岭岗人。1931 年参加中国工农红军，1934 年 5 月加入中国共产党。土地革命战争时期，任中央军委卫生学校学员、五军团卫生部一所政治指导员兼党支部书记，参加了二万五千里长征。抗日战争时期，任八路军炮兵团卫生队队长、总部制药厂厂长、太行一分区卫生处一所所长、一分区卫生处副处长。解放战争时期，任太行四分区卫生处处长，九纵队二十五旅卫生处处长，豫西分区卫生处处长，解放军十五军四十三师卫生处处长，十五军卫生部副部长。中华人民共和国成立后，任云南省昆明市卫生局局长，云南省卫生厅副厅长、党组副书记、党委书记，云南医学院院长兼党委书记，云南省顾问委员会委员。1989 年 7 月，因病逝世。

温先星（1914—1990） 石城县横江镇人。1932 年 3 月参加中国工农红军，1935 年 11 月加入中国共产党，参加了中央苏区第三、四、五次反“围剿”和二万五千里长征。在红一军团任班长、排长。抗日战争时期，参加了震惊中外的平型关大战、百团大战和解放南乐、东平、阳谷等地的攻坚战以及频繁的反扫荡游击战，并率部参加阻击国民党李仙洲部北上封锁解放区的战斗。在极其残酷的斗争中，身先士卒、勇往直前、战功卓著，为抗日战争的胜利做出突出贡献，先后担任连长、营长、团长等职。解放战争时期，率部参加了平汉、平原、平津、临汾、晋中、太原、扶眉、宝鸡、秦岭等重大战役以及解放大西北、进军大西南的多次战役和战斗，并最先率师进军成都。历任旅长、分区副司令员、第十八兵团第六十军一七八师副师长、师长等职。中华人民共和国成立后，组织了川西剿匪作战，积极开展民族工作，稳定边远地区局势，巩固新生人民政权，出色完成各项任务，受到上级的奖励和表彰。温先星在近 60 年的戎马生涯中，为军队建设贡献毕生精力，是第四次、第五次全国人民代表大会代表。1955 年，荣获三级八一勋章、二级独立自由勋章、二级解放勋章。1961 年，由大校晋升为少将军衔。1979 年离休，1988 年荣获一级红星功勋荣誉章。1990 年 10 月 9 日于成都军区总医院病逝。

张　浩（1914—1991） 于都县梓山镇张军村人。1931 年 8 月参加中国工农红军，1933 年 8 月加入中国共产党。土地革命战争时期，任红二十一军六十一师战士，参加了中央革命根据地二至五次反“围剿”和二万五千里长征。抗日战争和解放战争时期，任班长、排长、连政治指导员、政治教导员、团政治委员。中华人民共和国成立后，任浙江省温州地区中级人民法院院长。1991 年 11 月 13 日因病逝世。

邓存伦（1914—1991） 出生于兴国县长冈乡仁田村一户贫农家庭。1928 年，15 岁的邓存伦在三叔邓道培带领下参加了乡农民协会，同年冬参加了兴国暴动。1929 年参加打土豪、分田地斗争。1930 年 4 月参加兴国县地方武装独立团，同年 10 月随三叔邓道培一起奔赴吉安东固镇参加中国工农红军第二十军，后调任赣西红军独立师当班长、排长。土地革命战争时期，历任红三军团第五师十五团二连政治指导员、红三军团卫生部政治指导员等，参加了中央苏区第一至第五次反“围剿”和二万五千里长征。抗日战争时期，入延安中央党校和马列主义学院学习，毕业后历任八路军一一五师三四四旅六八七团任政治处主任、冀鲁豫军区政治部组织部部长、第七军分区政治委员、第一军分区政治委员兼地委书记。解放战争时期，任晋冀鲁豫军区一纵队一旅政治委员、军委卫生部第四野战军医院总支部书记、军委直属政治部俱乐部主任、第四野战军后勤部政治部主任等职。中华人民共和国成立后，先后任西南区盐务局局长、国家物资部副部长、中共内蒙古自治区委员会书记、铁道部副部长和党组副书记、全国政协常委。邓存伦为京九铁路特意拐弯经过兴国起到特殊作用。早在 20 世纪 80 年代他就高瞻远瞩提出京九铁路建设，是中国第一个提出京九铁路构想者。1984 年，时任全国政协常委、国家铁道部副部长的邓存伦就在全国政协会议上提出提案：“将北京至九江铁道延长到香港九龙，并力争在 1997 年 7 月 1 日香港回归祖国时全线贯通。”1991 年，京九铁路正式成为国家重点建设项目。1991 年 3 月 16 日于北京逝世。

黄作珍（1914—1991） 宁都县长胜镇长胜村人。1930 年加入中国共产主义青年团，1932 年转入中国共产党，同年参加中国工农红军。土地革命战争时期，任宁都县少先队队长、红一军团第二师四团排长和连政治指导员、第一师政治部组织科干事、师供给部政治委员。参加了中央苏区二至五次反“围剿”和二万五千里长征。在湘江之战、四渡赤水、强渡乌江、飞夺泸定桥、突破腊子口等战斗中，多次执行先头任务，英勇作战、冲锋在前。抗日战争时期，任八路军一一五师独立团组织干事、晋察冀军区第十军分区一团政治处组织股长、第三军分区二团政治处主任、中国人民抗日军政大学第二大队政治处主任，先后参加了平型关、东西太洋和上下平阳等战斗。解放战争时期，任晋察冀军区陆军军官学校第二大队政治委员、军政干部学校政治部组织部部长、华北军政大学政治部部长。中华人民共和国成立后，曾任北京卫戍区政治委员、中共北京市委书记。1955 年被授予少将军衔，是中国共产党第七次全国人民代表大会代表，第九、十、十一届中央候补委员。1991 年 1 月于北京病逝。

谢继友（1914—1992） 兴国县高兴镇文溪村人。1929 年 10 月参加中国工农红军，1931 年 10 月由团转入中国共产党。土地革命战争时期，先后任红军二十五纵队战士、红三军团七师班长和宣传员、于都县独立营一连政治委员、江西军区政治部收发科科长、少共国际师一团一营营长、红八军团二十三师六十八团政治委员、红军中央干部团政治教员、红三军四师十二团一营政治教导员等职，参加了中央苏区一至五次反“围剿”和二次攻打长沙、吉安战斗。1934 年随中央主力红军长征。抗日战争时期，任八路军卫生部休养所政治指导员、延安后勤政治部教育干事和协理员、冀中八分区政治部组织科科长、冀中二十三团政治委员、三十三区队政治委员，冀中八分区政治部主任、副政治委员。解放战争时期，任冀中七纵队十九旅政治委员，华北二五师副政治委员、政治委员。1941—1945 年，他率部进入冀中抗日战场，在艰难复杂的斗争环境中身先士卒、英勇奋战，多次粉碎日寇对冀中地区的“扫荡”。1942 年“五一”反“扫荡”战斗中，战功显著，荣获冀中军区“五一”奖章一枚，1955 年被授予二级八一勋章、二级独立自由勋章、二级解放勋章，1988 年 8 月被授予二级红星功勋荣誉章，

1988年被提为副兵团职待遇。1992年于沈阳逝世。

谢正浩（1914—1992） 于都县马安乡西汾村人。1930年参加革命工作，1931年参加中国工农红军，1932年5月加入中国共产主义青年团，同年10月转入中国共产党。土地革命战争时期，任红一军团第三军九师二十六团战士、班长、排长、连指导员和第一师二团连长、红一军团防空大队副大队长，参加了中央苏区第四、五次反“围剿”和二万五千里长征。抗日战争时期，任八路军一二九师司令部作战参谋、股长、副科长、侦察科科长、作战科科长，延安军政学院、军事学院、中共中央党校学员，陕甘宁晋绥联防军新编第四旅司令部作教科科长。参加了七亘村马山、神头村和响堂铺、香城固等战斗及百团大战。解放战争时期，任陕甘宁晋绥联防军新编第四旅七七一团参谋长、西北野战军第六纵队司令部作战科科长、教导旅副参谋长和参谋长及第一野战军六军十六师参谋长。参加了野台山、延安保卫战、青化、羊马河、蟠龙、沙家店、宜川、瓦子街、西安、兰州等战役。中华人民共和国成立后，曾任全国铁道公安部队参谋长。1960年从海军学院毕业，1961年晋升为少将军衔，并荣获二级八一勋章、二级独立自由勋章、二级解放勋章，是第六届全国人民代表大会代表。1992年9月9日于上海逝世。

欧阳竟（1914—1992） 出生于兴国县鼎龙乡一贫苦农家。1931年加入共青团，同年10月参加中国工农红军，1932年加入中国共产党。土地革命战争时期，先在中国工农红军卫生学校军医班学习。毕业后，任红五军团十三师三十七团医生、红一军团二师六团医生、第一后方医院五所医生、第二后方医院医务主任，参加了中央苏区第四、五次反“围剿”和二万五千里长征。红军长征到达遵义后大量减员，被调至二师六团医务所当所长。过草地时调到四十五团当医生。1936年延长县实行医院大整编，调至瓦窑堡刚刚复建的红军卫生学校当教员。不久，军委卫生部部长姜齐贤又将他调到抗日军政大学卫生科任科长。1938年冬，军委成立边区医院，从抗日军政大学调到陕甘宁边区医院当首任院长。1940年，出任陕甘宁边区政府卫生处第一任处长。他积极倡导采取“中、西医疗结合”的办法，领导建立起医校、医专、门诊部和住院部几十个事业单位和医疗机构。1944年，中组部为培养第一批高级医疗骨干及高级卫生管理人才，专门从老红军医务工作者中挑选出一批干部进入延安中国医科大学高级研究班深造，欧阳竟被挑选上，进入正规化系统的专业知识学习。毕业后，调任陕甘宁边区卫生部部长兼医院院长。日本投降后，东北急需大批干部，欧阳竟轻装上阵，行至张家口遇到国民党军队的封锁，便折回晋察冀，被任命为晋察冀军区白求恩国际和平医院院长，不久他又被调到第一后方医院当院长。解放战争时期，欧阳竟被任命为冀晋军区卫生部部长、察哈尔军区卫生部部长、党委书记兼卫生厅厅长。1952年，任华北行政区文教局副局长、卫生局局长兼党组书记。1954年，任卫生部乡村医疗预防司司长、卫生防疫司司长、药政局局长、中医研究院党委副书记，卫生部办公厅主任、党组成员兼机关党委副书记、卫生部咨询委员会主任委员（副部级）。是中华医学会副会长、名誉顾问，中国红十字会常务理事，《新中国预防学历史经验》《中国医学通史》编审委员会副主任。1992年11月8日，在北京逝世。

李佐玉（1914—1992） 出生于兴国县鼎龙乡麦鹅村。14岁时，李佐玉参加了鼎龙农民暴动，1932年加入共青团，同年参加中国工农红军，1934年加入中国共产党。土地革命战争时期，历任红一军团保卫局侦察部侦察员和第一师一团副特派员，红军学校政治部副特派员。1934年参加过攻打福建沙县战斗、广东省龙川县和连平县的突击战，参加了中央苏区第四、五次反“围剿”战争中的广昌、永丰战斗，同年10月，随中央主力红军长征。抗日战争时期，历任中央军委第四后方医院特派员、通信学校特派员，八路军一二〇师大青山骑兵支队政治部锄奸科科长和三团代政治委员、晋绥军区骑兵支队一团政治委员、绥远军区骑兵支队一团政治委员、绥远军区骑兵旅副政治委员。解放战争时期，任绥远军区骑兵旅政治委员、骑兵第一师政治委员。在抗日战争和解放战争的十余年间，李佐玉曾率一支精锐部队战斗在内蒙古大青山一带，参与指挥二元井、蒙古塞、摩天岭等战斗，与日寇和国民党军进行殊死斗争。1942—1943 年，主力部队撤出大青山游击根据地之后，李佐玉仍然留下坚持战斗。经过长期艰苦卓绝的斗争，终于将盘踞在大青山一带作恶多端的郭长清匪部彻底歼灭。李佐玉不忘故土，20 世纪 80 年代他回乡休养时，四处奔波、上下活动，筹集资金，组织修路、通电、植树造林。同时，带头养猪做示范，扶助乡亲们从事种养，带领乡亲脱贫致富。60 多年革命生涯，李佐玉出生入死，驰骋疆场，战倭寇、剿顽匪，7 次负伤。1955 年被授予少将军衔，荣获二级八一勋章、二级独立自由勋章、二级解放勋章，1988 年荣获一级红星功勋荣誉章。1992 年 8 月 4 日于太原逝世。

曾日章（1914—1992）　宁都县东山坝小源尹岗塅村人。1930 年 6 月参加革命，1936 年 11 月加入中国共产党，参加了二万五千里长征。历任旅参谋长、师参谋长、副师长等职，离休时为副军级。1992 年 6 月 1 日于湖南长沙陆军医院病逝。

谢方草（1914—1993）　曾用名谢芳草、谢英，于都县桥头乡水背村人。1928 年参加儿童团，1933 年参加中国工农红军，加入了中国共产党。土地革命战争时期，任模范少先队队员，红五军三十八团班长，十三师三十九团文书，二七三团文书，参加了二万五千里长征。抗日战争时期，任前敌总供给部会计、科长，决死一纵队财政科长、太岳军区后勤部审计科长、十三旅供给处政治委员。解放战争时期，任豫西六分区供给处政治委员、十三军三十九师供应处处长。中华人民共和国成立后，任云南省思茅专署副专员、专员，云南省农业厅副厅长，云南省检察院副检察长、党组副书记，云南省高级人民法院副院长、省检察院副检察长。1983 年离职休养。1993 年 12 月 11 日因病逝世。

陈节贤（1914—1993）　于都县宽田乡仙马迳村人。1927 年参加革命工作，后参加中国工农红军，加入中国共产党。参加了二万五千里长征、抗日战争、解放战争。历任战士、班长、排长、甘肃省合水县供销合作社经理等职，1993 年 1 月 27 日，因病逝世。

马　平（1914—1993）　赣县石芫乡泉湖村人。1931 年参加中国工农红军，1932 年加入中国共产党。历任班长、排长、股长、处长、西北军区后勤部运输部政委、第一汽车拖拉机修理学校校长，总后供应部、财务物资部副部长，解放军总后勤部油料部副部长等职。1955 年授予大校军衔。战争年代，他参加了中央革命根据地第三、四、五次反“围剿”斗争和二万五千里长征，参加了平型关、解放兰州等重大战役。中华人民共和国成立后，他长期担任部队物资、油料部门的领导职务，为保障部队作战的胜利和训练任务的完成，为部队物资油料工作的现代化建设贡献了自己的力量。1993 年 11 月逝世。

肖家福（1914—1994）　上犹县社溪镇黄塘村人。初小文化程度，中共党员。1931 年参加中国工农红军，参加了二万五千里长征，曾任营管理员。1950 年，从部队退伍回乡务农，积极参加社会主义建设，多次在家乡各中小学、机关单位讲述红军长征故事，对后代进行革命传统教育。20 世纪 80 年代担任过社溪公社敬老院院长，为家乡的敬老事业发挥余热，勤恳工作。1994 年病逝。

巫金辉（1914—1994）　南康市赤土乡杏花村人。1929 年参加中国工农红军，1930 年加入中国共产主义青年团，1932 年转为中国共产党，1934 年参加二万五千里长征。土地革命战争时期，任红一军团第一师炮兵连排长、连长。抗日战争时期，任八路军总部特务团炮兵营代营长、八路军一一五师三四三旅六八六团副营长、冀中军区司令部作战科科长、第一军分区二十三团团长、胶东军区第十三团团长、独立团团长。解放战争时期，任胶东军区特务团团长、华东野战军榴弹团团长，后备兵团第一师副师长、第二野战军特种兵纵队参谋长。1964 年晋升为少将军衔，荣获二级八一勋章、二级独立自由勋章和二级解放勋章，1988 年 7 月荣获一级红星功勋荣誉章。1994 年 11 月于沈阳病逝。

李晋权（1914—1995）　于都县银坑镇上排村人。1932 年加入中国共产主义青年团，1933 年 7 月参加中国工农红军，1934 年 5 月由团转入中国共产党。土地革命战争时期，任红八军团三连战士、红军学校学员、独立师副排长，参加了二万五千里长征。抗日战争时期，任山西独立师事务长、独立师营部副官。1946 年 9 月在保定负伤致残。1949 年 9 月随南下部队退伍回乡，享受二等甲级残废军人待遇。后享受副地（厅）级政治、生活待遇。1995 年 5 月 11 日，因病逝世。

杨　卓（1914—1995）　原名杨德牙，兴国县永丰乡蕉溪村人，1914 年出生于贫苦农家。1931 年，参加中国工农红军，1932 年加入中国共产主义青年团，1935 年转入中国共产党。土地革命战争时期，历任红三军团六师十八团排长、四师十一团连政治指导员、红一军团一师三十团特派员。参加了中央苏区第三、四、五次反“围剿”。1932 年 2 月，参加了攻打赣州的战斗。1933 年 6 月，参加了福建将乐、顺昌、沙县等战斗。长征中的湘江之战，杨卓所在的红六师和十八团奉命掩护红九军团渡江，同国民党湘军四个师展开血战。敌我力量悬殊，杨卓和战友冲进敌阵，顽强拼杀，激战三天三夜，全团只剩三四百人，他所在排只剩 7 人。抗日战争时期，历任晋察冀军区一军分区政治部锄奸科科长、二十五团政治委员，晋察冀军区政治部保卫部部长。解放战争时期，任张家口卫戍区政治部副主任、华北野战军第二纵队政治部保卫部部长、华北军区第三兵团政治部保卫部部长。中华人民共和国成立后，杨卓将军先后出任公安部政治部保卫部部长、总参警备部干部部第一副部长。1955 年被授予大校军衔，1961 年晋升为少将军衔，荣获二级八一勋章、二级独立自由勋章、二级解放勋章。1988 年荣获一级红星功勋荣誉章，是中国人民政治协商会议第五届全国委员会委员。1995 年 2 月 2 日于北京病逝。

肖大鹏（1914—1996）　宁都县赖村镇人。1933 年 1 月加入中国共产主义青年团，1933 年 2 月参加中国工农红军，1935 年 7 月加入中国共产党，参加了二万五千里长征。历任江西九军团战士和政治侦察员、三十二军军部特派干事、平西挺进军三十四大队机要股长、冀察军区军政干部学校政治专员、涿鹿县大队副政委。1955 年被授予上校军衔，1962 年 11 月晋升为大校军衔。曾荣获三级八一勋章、三级独立自由勋章、二级解放勋章，并获得二级红星功勋荣誉章。1981 年 4 月离职休养（副军职），1996 年 9 月 7 日于天津病逝。

范镇平（1914—1996）　于都县梓山镇山峰村人。1932 年 3 月加入中国共产主义青年团，同年 5 月参加中国工农红军，1935 年 12 月由团转入中国共产党。土地革命战争时期，任少共国际师战士、中央警卫团三营九连警卫员、中央军委休养干部连给养员、延长医院四所司务长、中央军委管理局管理员、摩托学校学员。参加了二万五千里长征。抗日战争时期，任八路军总部干事、晋察冀军区司令部科长，参加了百团大战和反扫荡战役。解放战争时期，负责后勤转运物资工作，任兵站部辎重营长、大队长、处长。中华人民共和国成立后，曾任国防工办副主任。1982 年 5 月离职休养，1996 年 5 月 3 日因病在北京逝世。

黄宜泉（全）（1914—1997）　宁都县赖村镇水西村人。1932 年 10 月参加革命，1950 年加入中国共产党，参加了二万五千里长征。历任红十二军团卫生部护士、干部队卫生员、陕甘宁边区卫生所班长、独立营护士长、独立二团、警卫一团一营医生。1954 年退伍回宁都，任赖村卫生院院长、宁都县人民医院医师。1961 年退休，1980 年改为离休，享受副地（厅）级政治、生活待遇。1997 年 2 月 13 日于宁都病逝。

邓经伟（1914—1998）　又名经纬，兴国县龙口镇芦溪村人。1930 年加入共青团，1933 年参加中国工农红军，同年由团转入中国共产党。土地革命战争时期，任红一军团第一师二团通信班班长、师宣传队队长、第一团连政治指导员。参加了中央苏区第四、五次反“围剿”和二万五千里长征。抗日战争时期，任晋察冀军第一军分区一团俱乐团主任、营政治教导员、团总支书记、第一区队副政治委员、第二十五团政治委员。1945 年 5 月 7 日，日军 900 余人进占河北易县后迅速建立大龙华据点，企图切断八路军的南北交通。时任营政治教导员的邓经伟等分头率队向大龙华夹击，速战速决，全歼大龙华日军 400 余人，缴获数十卷重要军事机密文件。解放战争时期，任晋察冀军区第四旅政治部主任、第一军分区政治部主任。1964 年，邓经伟晋升为少将军衔，荣获二级八一勋章、二级独立自由勋章、二级解放勋章，1988 年荣获一级红星功勋荣誉章。1998 年 5 月，邓经伟于石家庄逝世。

王良如（1914—1999） 江西省赣县南塘镇田南村人。1930 年 4 月，参加苏维埃赤卫队，任区队长，1932 年 8 月参加中国工农红军，1936 年 8 月加入中国共产党。土地革命时期，任红一方面军一军团警卫连警卫员，一方面军保卫局保卫队班长，九军团保卫队排长，三十军二八二团二连副连长、连长。参加了第三、四、五次反“围剿”和二万五千里长征。长征途中，作战勇敢机智，战绩显著，多次受到上级表扬。抗日战争时期，任一二〇师三五九旅七一八团二连副连长，警一旅一团一营营长，延安抗大学员队长、七分校队长，冀东十四分区五十四团副团长。解放战争时期，任冀东十四分区支队长、党委书记、冀东十四分区十五团团长、冀东教导团团长，十九师副参谋长，参加了辽沈战役和平津战役。中华人民共和国成立后，参加抗美援朝，任师参谋长。在朝鲜战场上，多次立功，受到上级领导和朝鲜人民的表彰。回国后，于 1954 年入南京军事学院学习四年。1970 年 5 月离职休养。行政 11 级，享受副军职待遇。1955 年，被授予上校军衔，荣获三级八一勋章、三级独立自由勋章和三级解放勋章。1959 年中华人民共和国十周年大庆，被选为中国人民解放军观礼代表团代表，在首都天安门参加国庆观礼。1988 年被授予二级红星功勋荣誉章，同年 11 月获得全军先进离休干部光荣称号。1999 年 3 月 9 日，王良如在赣州病逝。

黄　平（1914—2000） 南康市唐江镇人。1937 年 3 月，参加项英、陈毅领导的赣南油山游击队，1939 年 9 月加入中国共产党。历任新四军一支队二团五连战士、班长、副排长，新四军旅教导队学员、四团五连副指导员、苏北盐东纵队第二中队指导员、抗大九分校学员，苏北独立团三连副连长、连长，历任南康县人民政府八区、十二区政府区长，南康县人民法院副院长、院长，南康县人民检察院副检察长、中共南康县委副书记兼副县长、赣州行署民政处副处长、赣州农副站教导员等职，1975 年离职休养。在条件恶劣的三年南方游击战争中，他坚持极其艰苦的赣粤边斗争，经受了严峻考验。抗日战争爆发后，他随新四军开赴前线，转战大江南北，参加强攻东湾日军据点、解放扬中、东进苏中、黄桥决战、长兴战役、围城战役、天目山 3 次反顽战役等数十次战斗。3 次负伤，为二等乙级革命伤残军人。解放战争时期，他又参加苏中七战七捷、淮海战役和渡江战役。中华人民共和国成立后，他担任党和政府各级不同职务。离职休养后，继续发扬党的优良传统和作风，多次为革命老区建设捐款捐物。2000 年 1 月 27 日于赣州病逝。

萧仁光（1914—2000） 会昌县西江镇大田村人，出身贫农家庭。1929 年 12 月加入中国共产主义青年团，1934 年 3 月加入中国共产党。1933 年 3 月参加乡模范少先队，任队长，5 月调江西军区第三作战分区教导队学习，10 月参加红军补充师，后被编入红一军团二师五团三营任战士、班长、排长、副连长，1934 年 10 月参加长征。长征中参加了吴起镇战斗，光荣负伤。在师部卫生队治疗后，参加直罗镇战斗又负伤。1936 年夏在山西下三角战斗中再次负伤，7 月伤愈归队，调红军军政大学第三期学习。西安事变后，被分配到前线总司令部工作。后因周恩来去西安谈判途中遭敌军袭击，奉调回延安担任保卫工作。1938 年任陕甘宁边区财政部副部长兼边区银行行长曹菊如（中华人民共和国成立后中国人民银行第一任行长）的警卫员。1939 年后任边区银行发行库券务科库定员、陇东分行出纳科副科长、随军银行出纳科长。1946 年随军接管甘肃平凉专区人民银行，任该行人事科长。中华人民共和国成立后，转业到地方银行工作，任宁夏固原回族自治州人民银行行长兼财政局长、商业局长。1952 年，调回甘肃平凉专区人民银行任人事科长。1955 年回江西，任人民银行江西省分行监察专员。1958 年调任弋阳县人民银行行长，1963 年改任中共弋阳县委监察委员会副书记。1975 年 12 月退休，1982 年改为离休，享受副地（厅）级政治、生活待遇。萧仁光在几十年的革命生涯中大部分时间从事金融、保卫工作，在延安边区银行工作期间，曾冒着枪林弹雨保护边区银行的财产（大部分是金银），受到总行的表彰和奖励。

李占元（1914—1993） 会昌县西江镇背坑村人。1932年参加当地游击队，1933年5月参加中国工农红军，在红一军团任战士，在攻打筷子山时受伤，成为二等乙级残废军人，1934年10月参加长征，在红一军团保卫局保卫队。“一打遵义”后，编入红一军团司令部警卫连。1935年8月任红一军团司令部警卫连防空2排6班战士。到达陕北后任红一军团政治部警卫排步枪班战士。1936年调军政学校。1937年11月调任八路军独立师排长、副连长、连长。1938年11月任河北省保定一分区连长、副连长、副官主任。1939年2月任察哈尔省八路军独立团副团长。1939年5月任河北省保定一分区2团连长。1945年5月任察哈尔军区后勤部材料科副科长。1951年6月任察哈尔省荣军学院学习组长。1951年12月在中南军区武汉休养。1952年7月从中南军区转业回家。1992年12月批准改办离休，1993年2月经江西省委组织部批准享受副地（厅）级政治、生活待遇。

陈美福（1914—2000） 原名陈湘友，兴国县社富乡稠村村人。15岁时加入中国共产主义青年团，担任儿童团长，积极配合游击队同“靖卫团”作斗争。1931年7月在中央苏区第三次反“围剿”中，陈美福组织20多人参加中国工农红军。1932年，由共青团转入中国共产党。土地革命战争时期，任红二军第三十四师一一一团排长和中央军委警卫营连长、副营长、警卫团副团长及参加了中央苏区第三、五次反“围剿”和二万五千里长征。长征途中，陈美福屡历险境。抢渡乌江战斗中，所乘坐的竹筏被敌人炮弹打散，落入冰冷湍急的水中，他背着枪弹，冒着敌人的炮火奋勇泅渡，还救护着一位伤员游到对岸。在飞夺泸定桥战斗中，他和战友们冒着敌人的炮火，咬紧牙关，靠两手两腿一抓一接、一伸一屈攀缘过桥，当到达彼岸时，双手都已脱皮流血，却也顾不上包扎，端起枪，越过敌人在桥头设置的屏障，继续向前冲锋。过雪山时，被小雪崩埋过一次，他奋力爬起来，抖去身上的雪，又追赶部队。抗日战争时期，任八路军留守兵团警备第五团参谋长、警备第一旅三团参谋长，陕甘宁晋绥联防军司令员作战科科长。解放战争时期，任东进干部纵队直属支队支队长、旅大警官学校教育长、旅大市公安总队总队长。中华人民共和国成立后，任旅大市公安总队司令员。1955年被授予少将军衔，荣获二级八一勋章、二级独立自由勋章、二级解放勋章，1988年荣获一级红星功勋荣誉章。2000年12月，病逝于河北。

陈昌奉（1915—1986） 宁都县田头镇琵琶村人。1929年2月参加革命，1931年加入中国共产主义青年团，1936年3月加入中国共产党。土地革命战争时期，历任战士、班长、指导员、毛泽东的勤务员和警卫员。参加了二万五千里长征。抗日战争时期，任陕北公安处警卫员训练班主任、延安公安局科长、公安分局局长等职。1946年5月17日，毛泽东亲笔为其题词“努力工作、忠实于人民、祝你胜利”。解放战争时期，任山东省公安局治安科副科长、教导团副团长、济南市公安局六分局局长。先后2次荣立二等功。中华人民共和国成立后，任山东公安总队副总队长、江西武警总队总队长，中共江西省委常委、省委书记等职务。1964年被授予大校军衔。发表回忆录20余万字，其中《跟随毛泽东长征》一书于1958年由人民出版社出版。1986年12月13日于武汉病逝。

严　全（1915—1987） 于都县禾丰镇东光村人。1932年参加中国工农红军，加入了中国共产党，参加了二万五千里长征、抗日战争、解放战争。中华人民共和国成立后，曾任河南省洛阳市二轻工业经理部主任。1987年4月5日因病逝世。

罗　林（1915—1988） 原名罗忠贤，石城县小别乡人。1933年2月加入共青团，5月参加中国工农红军，12月加入中国共产党。参加了区乡苏维埃政府创建工作和二万五千里长征，历任少共国际师工兵连战士、班长、排长等职。抗日战争时期，参加过大小数十次战争，英勇果断，多次受表扬。先后任陕甘宁保安司令部教导连排长、连长，晋东南抗大一分校三营八队队长，鲁西军区警卫团参谋、副营长、营长。解放战争时期，任吉林省永吉公安大队长、公安局长兼保安团副团长、吉林军区二四旅七二团营长、副团长，吉林军区五团团长。中华人民共和国成立后，历任石城县县长和县委书记、赣州地区地委委员、地质勘探大队大队长、中南勘探公司副经理、中南地质局人事处及干部处处长、地质部中南干部学校校长、湖北省地质局党委副书记兼副局长、河南省地质局第一矿产公司（两块牌子、一套机构）党委副书记兼政治部主任、云南七〇三四矿“四清”工作团团长、江西地质局副局长等职。1982 年 12 月离职休养。1988 年 1 月 7 日于南昌逝世。

温玉成（1915—1989） 出生于兴国县长冈乡长冈村农家。1929 年加入青年团，1930 年参加中国工农红军，1932 年转入中国共产党。土地革命战争时期，任警卫营干事，独立第十二团总支书记、红五军团骑兵团政治委员，参加了中央苏区第一至五次反“围剿”和二万五千里长征。抗日战争时期，任中国人民抗日军政大学区队长、新四军第六师十八旅旅长兼政治委员，苏中军区第一军分区司令员。抗日战争胜利后，奉命赴东北任松江军区司令员兼政治委员。在黑龙江省哈尔滨东南的阿城接收几支地方保安队，编成东北民主联军独立二师，任师长。后调任东北野战军第一四五师师长、第四十一军副军长。1948 年 12 月，率部参加天津战役，指挥三十四师避开敌人暗堡，利用护城河冰层未破的有利时机，从开阔地带展开冲锋，爬过冰河向河堤两岸发展，突入城内，夺取敌军城南阵地，俘敌三十四师 4000 多人。温玉成历经抗美援朝中第一至五次战役中无数次战斗，直到把“联合国军”赶到三八线以南、朝鲜停战协定签订后的 1953 年 7 月才奉调回国，被人们称为“全程参战的军长”。为朝鲜人民的解放事业和世界和平立下了不朽功勋。温玉成因此也荣膺“中国人民志愿军十大虎将”的称誉。1955 年被授予中将军衔，荣获八一勋章、独立自由勋章、解放勋章，是中国共产党第七次、第九次全国代表大会代表，第九届中央委员会委员。1989 年 10 月 29 日于南京逝世。

魏洪亮（1915—1990） 兴国江背镇养源村人。1930 年加入中国共产主义青年团，同年参加中国工农红军，1931 年转入中国共产党。土地革命战争时期，任彭杨步兵学校政治营连政治指导员、红一军团政治部巡视员、无线电队政治委员、第一师十三团总支书记、团政治委员，参加了中央苏区一至五次反“围剿”，1934 年 10 月随中央主力红军长征。抗日战争时期，任冀中军区第三十三大队政治委员、第二十三团团长、第九军分区政治委员、司令员。任第九军分区司令员时，以领导地道战而著名。根据地军民创造的地道战术，把骄横的日寇打得落花流水。魏洪亮是个地道战术专家。1945 年 1 月 13 日，美军驻延安观察组成员艾斯杜伦上尉来九分区考察，由魏洪亮接待。考察中，日军发现美军观察员到了九分区，悄悄将九分区包围。情急中，魏洪亮将杜林上尉带入地道。魏洪亮在地道里用电台调集部队反包围。同时，指挥警卫部队利用射击孔与敌周旋。战斗持续到傍晚，日军伤亡大半，夺路而逃。杜伦上尉竖起大拇指称赞说：“OK，你是了不起的地道司令。”这一天的地道战中，魏洪亮保护了一个陌生的美国军人，而他仅 8 个月的儿子不幸在地道里窒息而死。解放战争时期，任冀中军区独立第八旅旅长、第二野战军十八军五十四师师长、赣东军区政治部主任。1955 年被授予少将军衔，荣获二级八一勋章、一级独立自由勋章、一级解放勋章，1988 年荣获一级红星功勋荣誉章。1990 年于广州逝世。

李金福（1915—1990） 曾用名李金如，宁都县赖村乡蒙坊村人。1931 年参加革命，1932 年加入中国共产主义青年团，1939 年加入中国共产党，参加了二万五千里长征。土地革命时期，任红一军团战士、警卫员、副班长、班长。抗日战争时期，任八路军老三师一八五团连长，新四军后方医院管理员、行政主任。解放战争时期，任十二纵队卫生队队长。1947 年因负伤休养。1955 年转入地方工作，先后在益林食品公司、江苏阜宁人民医院、县商业局、化肥厂、酱油厂等单位工作，任过副厂长、厂长职务。1966 年退休回宁都，1980 年改为离休，享受副地（厅）级政治、生活待遇。1990 年 3 月 17 日于宁都逝世。

游好扬（1915—1991） 赣县吉埠镇大溪村人。1930 年 6 月参加中国工农红军，1933 年加入中国共产主义青年团，1935 年由共青团员转为中国共产党党员。土地革命战争时期，任红三军团警卫排副排长，红一军团保卫局警卫排排长，参加了中央苏区一至五次反“围剿”作战和二万五千里长征，担负保卫中央首长安全重任。抗日战争时期，任八路军一一五师特务团副连长，一二〇师三五八旅七一六团连长、营长、副团长。解放战争时期，任晋绥野战军三五八旅七一六团团长，第一野战军一军副师长、师长，参加了宜川、西府、陇东、扶眉等战役，屡立战功。中华人民共和国成立后，入南京军事学院学习。1953 年参加抗美援朝，在艰苦卓绝的斗争中，不怕牺牲，英勇善战，坚持在战斗第一线，参加了 1953 年春季反登陆战役准备和夏季进攻战役，夺取一个又一个战役的胜利。荣获朝鲜民主主义人民共和国二级国旗勋章、一级自由独立勋章。曾当选为中国人民政治协商会议第五届委员会委员，中国共产党第九次全国代表大会代表。1955 年被授予少将军衔，荣获三级八一勋章、二级独立自由勋章、二级解放勋章，1988 年荣获一级红星功勋荣誉章。1991 年 7 月 30 日，在沈阳病逝。

张广炳（1915—1991）　于都县沙心乡人。1933 年参加中国工农红军，加入了中国共产党，参加了二万五千里长征和抗日战争、解放战争。1991 年 7 月，因病逝世。

彭寿生（1915—1993）　出生于信丰县大阿镇贫苦农民家庭。1930 年 4 月 11 日参加中国工农红军。1931 年加入中国共产主义青年团，1933 年转入中国共产党。先后在红军第三十五军第三〇七团任书记，红军独立第三师任宣传队长和在粤赣军区政治部及红军第二十二师政治部、司令部担任技术书记。1933 年 6 月组建红二十二师，彭寿生被调至该师任技术书记。1934 年 9 月底，彭寿生兼任红二十二师司令部书记（秘书）。长征期间，彭寿生历任红九军司令部政治指导员、侦察参谋等职，参加了第二次攻打遵义、抢占娄山关、老木孔战斗、攻打瓢儿井和宣威、东川等一系列战斗。抗日战争时期，历任第八路军第一二〇师作战部参谋、冀热察挺进军司令部作战科长、第十一支队副参谋长兼大队长、第七团参谋长、晋察冀军区第十三军分区参谋长、冀热辽军区参谋长。解放战争时期，历任晋察冀军区第二野战军副参谋长、冀热辽军区副参谋长和参谋长、东北民主联军第九纵队参谋长、冀东军区副司令员兼参谋长、冀东前线指挥所司令员兼党委书记、渤海军区第九军分区司令员兼参谋长、唐山警备区司令员、华北军区独立第二一〇师师长、第二十兵团第六十七军二一〇师师长。1948 年率领部队参加著名的辽沈战役和平津战役。1955 年被授予少将军衔，荣获三级八一勋章、一级独立自由勋章、一级解放勋章。1964 年经中央军委批准，彭寿生离职休养，1985 年享受副兵团职待遇，1988 年 8 月被授予一级红星功勋荣誉章。离休后撰写了《告别苏区，踏上征途》《九军团长征散记》《〈铁拳报〉的创办》《峥嵘岁月——忆红二十二师长征离开赣南苏区》等回忆录。1993 年 6 月 19 日 10 时 15 分于赣州逝世。

张　仁（1915—1993）　曾用名张启隆、张飞龙、张华龙，赣县大田乡大田村鸭子园人。1915 年出生于贫苦的农民家庭，读了二年私塾，1931 年 8 月参加革命，同年加入共产主义青年团，后转为中国共产党党员，任乡少共书记、乡苏维埃政府土地委员。1932 年参加中国工农红军，任红三军团战士，负伤后，当文书，参加了中央苏区第四、五次反“围剿”作战和二万五千里长征。到达延安后，历任兵工二厂特派员、政委，延长油厂科长、分厂主任，军委直属支队二大队副大队长。解放战争时期，任东北总供给部政治处主任，总后勤部牡丹江办事处主任，军需部四局局长。中华人民共和国成立后，任中南轻工业局纺织局局长，纺织工业部基建局副局长，石油工业部设计管理局局长、基建司司长，规划设计院副院长、顾问。指导与参加多处油田建设，为国家发展石油生产做出贡献，是第五届全国政协委员。1982 年离休，享受副部长级待遇。1993 年 7 月 22 日，在北京逝世。

邓少云（1915—1993）　崇义县人。1929 年 8 月参加中国工农红军，同年 11 月加入新民主主义青年团，1931 年加入中国共产党，参加了二万五千里长征。土地革命战争时期，先后任班长、排长、政治指导员、国家保卫局侦察员。1937 年，担任周恩来随从副官。抗日战争时期，任总部特务团总书记、冀中军区保卫部副部长、三五九旅保卫科长、鄂南区党委社会部部长、鄂东区党委社会部长兼公安局长。解放战争时期，任中原军区保卫部部长兼公安总局局长、突围二纵队保卫部部长、南下十二纵队保卫部部长、江汉军区保卫部部长兼公安局局长。中华人民共和国成立后，先后任湖北省社会部副部长、省公安厅副厅长兼省检察署副检察长、中央公安部长江公安局局长。1954 年 8 月后，任长江航务管理局副局长兼长江航运公安局局长、党委副书记。1964 年，任交通部视察员。“文化大革命”期间受冲击。1972 年恢复工作，任长江航务管理局副局长。1978 年任顾问，是第六届全国政协委员。1993 年 9 月于武汉逝世。

严庆堤（1915—1993）　瑞金市象湖镇河背街人。1934 年参加中国工农红军，1935 年加入中国共产党。土地革命战争时期，任红一军团第二师二团排长、连政治指导员，参加了二万五千里长征。抗日战争时期，任八路军一一五师三四三旅六八五团政治处组织股干事、晋察冀军区第四军分区独立营政治教导员、第七大队政治委员、军分区政治部组织科科长。解放战争时期，任晋察冀军区教导师第三团政治委员、察哈尔军区独立四旅政治委员、华北军区第六纵队十八旅政治委员、第二十兵团六十八军二〇四师政治委员。1952 年 10 月和 1953 年 1 月，由朝鲜民主主义人民共和国最高人民会议授予二级自由独立勋章和二级国旗勋章。1955 年被授予少将军衔，曾荣获三级八一勋章、二级独立自由勋章、一级解放勋章，是中国共产党第七、九次全国代表大会代表。1993 年逝世。

黄彦明（1915—1994）　宁都县赖村围足村人。1934 年 8 月参加革命，1935 年 11 月加入中国共产党，参加了二万五千里长征。曾任中国科学院北京科学技术学校总务处主任。1994 年 4 月 9 日逝世。

谭年高（1915—1994）　于都县葛坳乡杨梅村人。1933 年 5 月参加中国工农红军，1936 年 2 月加入中国共产党。土地革命战争时期，任红一方面军九军团四师十二团一营战士，军团工兵连通讯员，陕甘宁边区一方面军四师十二团三营班长，参加了二万五千里长征。抗日战争和解放战争时期，任八路军一一五师六六团特务连排长、鲁西黄河支队一团连长、山东湖西巨野县大队副队长、湖西六分区教导旅十一团连长、陕甘宁边区教导旅十一团连长、教导旅教导大队中队长、教导旅一团副营长、一野六军十六师四十六团营长。1970 年 3 月离职休养，享受正师级干部政治、生活待遇。1994 年 1 月 4 日，因病逝世。

温　伟（1915—1996）　宁都县小布镇高田村人。1932 年 11 月参加中国工农红军，1937 年加入中国共产党。历任战士、梅山区交通站交通员、新四军军部三科通讯员、四团一营三连排长、苏北盐阜粮食管理处科员、华东银行盐城办事处出纳和股长、苏北军区政治部行政副官、苏南军区教导旅管理科长、江西抚州军分区政治部管理科长、七二医院第三所所长、于都县人民银行行长兼书记。1964 年 8 月退休，1980 年改为离休，享受副地（厅）级政治、生活待遇。1996 年 10 月 11 日于宁都逝世。

袁以辉（1915—1998）　赣县人。1931 年 2 月加入共青团，同年 6 月参加中国工农红军，1932 年 6 月转入共产党。土地革命战争时期，曾在通信学校司号连任班长，后入中央军委通信学校无线电训练班第 9 期学习无线电，随军长征，先后在军委无线电营一分队任见习报务员，一军团二师、一军团部电台任报务员。到达陕北后，先后在军委电台二分队、红十五军团七十三师、七十五师及军团电台任报务员，在七十四师电台任队长。抗日战争时期，在军委电台二分队任报务主任、队长。解放战争时期，在东北民主联军总部五台任队长。中华人民共和国成立后，任东北电管局技术局副局长。退休后居江西赣州干休所离职休养。著有《盼望零点到来》《红色电台长征记》等。1998 年逝世。

黄朝天（1915—1987）　原名黄朝钿，陈毅给他改名黄朝天，1915 年 10 月生，兴国县东村乡坝子村人。10 岁时迫于生计学做篾工，1929 年 2 月参加儿童团从事革命活动，同年 8 月参加地方游击队第二十六纵队，1930 年加入中国共产主义青年团。1931 年担任陈毅的警卫员，1932 年 11 月，在瑞金红军学校工兵专业学习，被评为模范学员，结业后留校工作，1933 年加入中国共产党，参加了中央苏区第一至第五次反“围剿”和二万五千里长征。长征时，担任红军干部团特科营工兵连副连长。抗日战争时期，先后任八路军留守处科长、陕甘宁边区警备四团参谋长、陕甘宁边区警备七团团长，并奉命开赴河南前线抗日，参加了荆门、当阳等战斗。后任河南省军区第四军分区参谋长。解放战争时期，历任中原军区第一纵队二旅参谋长、鄂西北军分区参谋长、第二野战军三纵队八旅参谋长、第三野战军二十五军五十八师副师长和师长等。参加了淮海战役，参与指挥渡江战役中的溧阳战斗，还参加了上海战役。1950 年 11 月赴朝参战，参加了第二次、第五次战役和华川阻击战，多次受到嘉奖。1955 年 9 月被授予少将军衔，荣获二级八一勋章、二级独立自由勋章、一级解放勋章。还被朝鲜民主主义人民共和国授予二级国旗勋章。他先后当选为中共江苏省委常委，江苏省政协常委、副主席，是第四届、第五届全国人民代表大会代表。著有《党啊！我的母亲》。1987 年于南京逝世。

曾广珍（1915—1987）　出生于兴国崇贤乡崇义村的贫农家庭。1930 年参加中国工农红军，1932 年加入中国共产主义青年团，1934 年转入中国共产党。土地革命战争时期，历任红军战士、警卫员，中央教导师排长兼党总支委员，中央总部特务团十连连长，参加了中央苏区第一至第五次反“围剿”。1934 年 10 月随中央主力红军长征。抗日战争时期，任晋察军区侦通科科长、十四分区十六团副团长。解放战争时期，任晋冀区十四分区十六团团长。1945 年 9 月 23 日，连续收复顺义、蓟县的十六团战士乘胜前进，在他指挥下全歼香河敌伪军，俘敌 300 余人，香河县城获得第一次解放。1946 年 1 月 9 日，国民党第 11 战区行辕主任孙仲连纠集 3 个军、3 个保安团以及日军残部 800 多人，疯狂向古北口进犯。接任务后，他率部立即投入战斗，最终迫使敌军滞阻在董各庄、新歼岭一线。12 日晨，敌人再度出动万余兵力，在 5 架飞机的空中掩护下发起更猛烈的进攻。面对十倍于己的敌人，他毫不退缩，下令向敌人发起猛烈攻击，连续打退敌军 8 次冲锋。中午时分，好几个山头被敌军占领。他把共产党员和连排干部组成“敢死队”，向敌军占领的山头逐个发起轮番冲击，在友邻部队晋冀纵队 1 旅的支援配合下，十六团战士以钢铁意志和视死如归的英勇气概，经过殊死搏斗，终于夺取战地制高点。增援部队的冀晋纵队二旅及时赶到，十六团如虎添翼，两路夹攻之下，孙仲连的部队再也无力反击。这已是 14 日拂晓，停火协定开始生效。这一仗，解放军毙敌 1500 余人，仅伤亡 100 余人。曾广珍在战争年代出生入死、屡立战功，为中国人民的解放事业和社会主义建设事业做出贡献。1987 年 5 月 27 日于沈阳逝世。

谢凤山（1915—1988）　瑞金市瑞林镇元田村人。1915 年 12 月出生，1930 年 3 月加入中国共产主义青年团，1933 年 2 月参加中国工农红军，同年加入中国共产党。土地革命战争时期，任红四师十二团战士、连指导员，参加了二万五千里长征。抗日战争时期，任八路军一一五师六八团组织股长、团政治处副主任、主任，游击大队政治委员、鲁南游击支队政治委员、滨海游击大队政治委员。解放战争时期，任一一五师六八团政治部主任、通化保安政治部副主任、辽宁一军分区司令员。1955 年被授予大校军衔，荣获三级八一勋章、二级独立自由勋章、二级解放勋章。1988 年 5 月于洛阳逝世。

杨顺清（1915—1990）　崇义县扬眉镇人。1931 年 8 月参加中国工农红军，1981 年离休，1990 年 1 月 26 日因病逝世，终年 75 岁。1931 年 8 月至 1941 年，历任红军游击队独立团司号员，红军独立十二师司号员，红六军团十八师五十二团三营司号班长、司号长，二十六军团教导员，八路军随营军官学校司号长，一二九师特务团三连连长，八路军前方总部后勤第一科副科长等职。1945 年 7 月至 10 月因负伤与部队失去联系。1949 年 8 月，任崇义大队一连连长。1935 年，抢渡乌江，荣立大功 1 次。在湘鄂、川黔独立师松桃战斗中，荣立大功 1 次。抗日战争中，荣立大功 1 次。

谢志坚（1915—1992）　于都县岭背镇禾溪埠村人。1928 年 10 月参加中国工农红军，参加了二万五千里长征。历任红军通信兵、司号兵、特务兵、看护员、警卫员、代理青年干事。抗日战争和解放战争时期均在甘肃省养病。1954 年回于都县，任县贸易公司保管员。1965 年 10 月退休，1983 年 2 月改离休，享受副地（厅）级政治、生活待遇。1992 年 10 月 26 日，因病逝世。

邹日晴（1915—1996）　于都县宽田乡龙泉村人。1930 年 3 月参加革命工作，1934 年初参加中国工农红军，同年 7 月加入中国共产主义青年团，12 月转入中国共产党。土地革命战争时期，任西江县政府秘书，列宁小学教员，红一方面军五师战士、通讯员、师部宣传员，红一方面军五师十三团五连班长、排长、青年干事、连政治指导员，参加了农民暴动赤卫队和中央革命根据地二至五次反“围剿”，参加了二万五千里长征和遵义战役、直罗镇战役。抗日战争时期，任抗日军政大学学员，八路军一一五师敌工部、民运部干事、保卫部邮信员、敌工股长，三十三旅保卫干事，营政治教导员，团政治部副主任兼党总支书记。参加了冀南馆陶阻击战，山东邹县田黄、平邑、郯城之战，平泉东南小寺沟阻击战，郭权子围歼战，并多次立功受奖。解放战争时期，任热河纵队三旅七团政治委员，冀察热辽军干校高干队队长，热河独立六师政治部主任，四十八军一六一师副政治委员兼政治部主任。参加了辽沈战役中的绥中、兴城攻坚战，塔山、高桥阻击战，平津战役中的平西追击战。1955 年 9 月被授予大校军衔并荣获三级八一勋章、二级独立自由勋章、二级解放勋章，1982 年 7 月离职休养（正军职），1988 年荣获中国人民解放军二级红星功勋荣誉章。1996 年 7 月 5 日，因病在赣州市逝世。

徐锦堂（1915—1996）　于都县罗坳镇茅坪村人。1934 年 8 月参加中国工农红军，1941 年 1 月加入中国共产党。土地革命战争时期，任红三军团四师十团战士、班长。参加了二万五千里长征。抗日战争时期，任八路军六八六团通讯员、通讯排长、副连长，抗日军政大学学员。解放战争时期，任渤海纵队营长，三十三军二九六团参谋长。中华人民共和国成立后，曾在华东军政大学学习。1971 年 9 月离休回江西，住赣州军分区干休所。1996 年 10 月 31 日，因病逝世。

吴东生（1915—1990）　会昌县中村乡洋光村文水阁人。初中文化，1931 年 9 月参加中国工农红军，1932 年 6 月加入中国共产主义青年团，1933 年 8 月加入中国共产党。入伍后，先后在红一方面军总司令部任战士，红军总供给部任特务员、班长，参加过中央苏区数次反“围剿”战斗。1934 年月 10 月参加长征，历经湘江战役等战役。到达陕北后，先后任西北军保卫队排长、延安中央警卫营连长、八路军山西办事处警卫连长、联防军卫生部管理员等职，长期在中央警卫团任职，为保卫党中央、保卫毛泽东尽心尽职。解放战争时期，参加了著名的四平保卫战。先后担任辽吉军区后勤部股长、辽北军区后勤部军械科长、东北军区炮兵军马场场长等职。1952 年 7 月转业，在钢铁工业战线奋斗 20 余年，为祖国的钢铁工业发展贡献毕生的精力。先后在鞍山钢铁公司任经济警察大队大队长，酒泉钢铁公司任经济警察大队大队长，新余钢铁公司任民警大队大队长、指导员及基建办公室主任等职。1975 年退休，后改为离休，享受副地（厅）级政治、生活待遇。

陈国辉（1915—2000）　会昌县文武坝镇林苏村人。1930 年加入中国共产主义青年团，1931 年参加中国工农红军，1933 年转为中共党员。历任红一军团二师五团二营通信员、警卫员、班长、排长、连长，八路军一一五师三四三旅六八五团警卫营营长，新四军二师五旅十三团参谋长，第四野战军四十四军一三二师团参谋长、师卫生部部长，中山县县大队大队长，独立团团长，第四高级步兵学校二大队情报队长，第六步兵学校一大队大队长，娄底市双峰县兵役局局长、县人民武装部部长等职。离休后在湖南省军区东湖干休所休养，享受正师职待遇。1955 年 8 月，荣获中华人民共和国三级八一勋章、三级独立自由勋章、三级解放勋章，并被授予中校军衔，1962 年晋升为上校军衔，1988 年 7 月被中央军委授予中国人民解放军二级红星功勋荣誉章。

胡　飞（1915—1991）　会昌县庄埠乡庄埠村井头小组人。1931 年 11 月参加中国工农红军，1933 年加入中国共产党。历任排长、管理员、指导员、教导员、团长等职。中华人民共和国成立后任解放军总后勤部运输处副处长、处长，企业部副部长兼“五七”劳动学校校长等职。1955 年，荣获中华人民共和国三级八一勋章、三级独立自由勋章、三级解放勋章，并被授予中校军衔。1991 年离休，享受副军职待遇。

刁　辉（1915—1998）　上犹县平富乡人。1929 年参加革命，1930 年加入共产主义青年团，1932 年 6 月转为中国共产党党员，参加了二万五千里长征。历任红军警卫员、班长、指导员、军团政治部巡视员，陕甘宁独立三团政委、三五八旅直属队政治处主任、淮安独立司政委、二纵四师十一团政委、四野三十九军后勤部政委等职。中华人民共和国成立后，历任民航局华北办事处副政委兼民航机械总厂政委、第一、第二机械工业部四局二二一厂党委书记兼厂长、四三二厂党委书记兼厂长、一三二厂党委书记兼厂长、三机部零一三基地领导小组组长兼党委书记，湖南省国防工办副主任兼三机局局长、党委书记，第三机械工业部党组成员、副部长。1950 年入朝作战，参加了第一次至第五次战役。1950 年 11 月的云山战役，三十九军指战员一举歼灭守敌 2000 余人，建立志愿军入朝首战胜利的功勋，这跟后勤供应的有力保障密不可分。第一次战役后，抗美援朝志愿军遇到夜间不能生火的新问题。后勤部采用 1936 年西路军在祁连山时吃炒面的办法，让机关加工一些样品送到部队，大受欢迎，仅仅 20 多天，首批 200 万公斤炒面就送到了前线。第五次战役三十九军配置在西线，将美陆一师阻于北汉江以北，使其不得西援。后勤部努力改进运输，加紧准备粮弹、汽油等物资。为克服南进 300 里无粮区的困难，刁辉建议各部队自带 5 天干粮，并派人同沿途兵站联系，再准备 5 天干粮，他建议多物色组织一些司机，及时抢修缴获的汽车，以供应部队的粮弹，保障了这次战役取得胜利。1982 年离职休养，1998 年逝世。

张　凤（1915—1998）　曾用名张耀福，于都县葛坳乡龙井村人。1929 年参加儿童团，1930 年加入中国共产主义青年团，1933 年 5 月参加中国工农红军，1935 年 1 月由团转入中国共产党。土地革命战争时期，任乡共青团支部书记兼少先队副队长，村小学教员，区赤卫营战士，红五军团十三师四十二团一营二连战士、文书，红一军团二师五团一营二连文书、二营六连文书、五团二大队班长、团参谋，军团供给部会计训练队学员，军团供给部军需科科员，参加了二万五千里长征。抗日战争时期，任八路军一一五师师直供给处会计，一一五师供给部出纳科长，山东军区后勤部财政科长。解放战争时期，任山东第八师供给处处长，华东野战军三纵队供给部副部长，第三野战军第二十二军供给部长，浙江省宁波市军事管制委员会财经部副部长兼市财政局长。中华人民共和国成立后，任浙江省宁波专区税务局局长、地委委员，杭州市财政局局长，浙江省财政厅副厅长。1982 年离职休养，1998 年 12 月因病逝世。

邓清河（1915—1999）　于都县沙心乡高屋村人。1930 年 3 月参加游击队，后编入中国工农红军，1931 年 1 月加入中国共产主义青年团，1933 年 10 月转入中国共产党，参加了二万五千里长征和抗日战争、解放战争。历任游击队员、县少先队参谋长、连副政治指导员、政治指导员、抗日军政大学政治指导员、组织干事、组织科员、八路军后方留守处总分支书记、游纵政治处股长、新七团政治处副主任、二师六旅十六团政治处主任、七师五十五团政治委员、七纵二十一师政治部主任、二十五军七十四师政治委员、赴越军事顾问助理、华东军区后勤卫生部副政治委员兼主任、二十七军政治部主任、浙江省冶金工业厅厅长、浙江省工交政治部副主任、浙江省革委会生产指挥组副组长，浙江省计划委员会副主任、党组成员，浙江省政府顾问（副省级）。1999 年 3 月 29 日因病逝世。

刘德胜（1915—2000）　曾用名刘斯元，宁都县刘坑乡人。1929 年参加革命，1932 年由共青团转为共产党员，参加了二万五千里长征。曾任湖北省司法厅劳改局副局长。副师级离休。2000 年 8 月 7 日于武汉市逝世。

曾长柏（1915—2000）　宁都县长胜镇黄柏塘村人。1930 年参加革命，1933 年 3 月加入中国共产党，参加了二万五千里长征。2000 年 5 月 15 日于沈阳军区陆军总医院逝世。

刘仁生（1915—2000）　宁都县梅江镇人。1933 年 8 月参加革命，1945 年 8 月加入中国共产党，参加了二万五千里长征。历任看护员、战斗员、肖华支队通讯班长、邓克明警卫员、鲁西教三旅警卫营十一连副排长、鲁西八分区通讯排长。1961 年 3 月退休，1980 年改为离休，享受副地（厅）级政治、生活待遇。2000 年 12 月 29 日于宁都县逝世。

钟贤文（1915—2000） 于都县仙下乡富坑村人。1932 年 5 月参加中国工农红军，同年加入中国共产主义青年团，1933 年 6 月转入中国共产党。土地革命战争时期，任江西补充师战士，九军团三师九团三连战士、班长。1934 年 3 月，负伤住瑞金红军医院，10 月参加二万五千里长征。任红军总司令部通信连班长、排长，到陕北后任红军大学学员、第一团区队长、中队长。抗日战争时期，任山西青年抗敌决死第二纵队三团营长、团参谋长，八路军一一五师晋西独立支队第一团作战参谋，滨海军区教导第二旅四团副营长、营长，沂河支队三大队大队长，滨海军区第二十四团团长，警备第十一旅二十二团团长。解放战争时期，任滨海军区第一军分区司令部参谋主任，华东军政大学大队长，渤海军区军政学校校长，华东野战军渤海纵队第七师副师长兼参谋长，第三野战军二十八军八十二师师长。1964 年被授予少将军衔，1983 年离职休养，2000 年逝世。

王裕澡（1915—2000） 于都县马安乡大螺村人。1933 年 5 月参加中国工农红军，1934 年加入中国共产党。土地革命战争时期，任红五军团担架队战士、炊事员，参加了二万五千里长征。抗日战争爆发后，任鲁北支队二分区一营营部给养员，鲁北支队事务长。1943 年复员，在山东省平邑县做生意、耕田。中华人民共和国成立后，于 1954 年 2 月由山东省平邑县介绍回乡，享受副地（厅）级政治、生活待遇。2000 年 9 月逝世。

邱家模（1916—1986） 宁都县湛田乡井源村人。1931 年参加革命，1934 年由团转入中国共产党，参加了二万五千里长征。先后在乡苏维埃政府、红军、八路军、解放军部队中工作。1950 年转入地方工作，先后供职于广州市人民银行、农业银行、市五金交电公司、中国银行珠江分行，离休前任广州市人民银行书记。1986 年于广州逝世。

李玉恒（1916—1986） 于都县宽田乡枫树村人。1931 年 5 月参加中国工农红军，1935 年 12 月加入中国共产党，参加了二万五千里长征和抗日战争、解放战争，两次负伤。历任战士、印刷工人、通讯员、班长、排长、连长、营长、作战科长、团长、师参谋长。1986 年 3 月 7 日因病在赣州市逝世。

陈光明（1916—1987） 于都县宽田乡仙马迳村人。1931 年 1 月参加中国工农红军，1935 年加入中国共产党。土地革命战争时期，任红一军团二十分队通讯员，政治保卫员兼特派员，参加了二万五千里长征。抗日战争时期，在毛泽东身边工作。解放战争时期，在四十五军工作。中华人民共和国成立后，曾任湖北省老河口市纪检专职委员。1987 年 11 月，因病逝世。

曾广初（1916—1988） 别名漾明，出生于兴国县崇贤乡崇胜村的一户贫苦农家。青少年时便具有勤劳朴实、勇于拼搏的精神，接受中国共产党的进步思想，立志革命。1931 年 12 月加入中国共产主义青年团，1932 年 8 月参加中国工农红军，1935 年 8 月加入中国共产党。土地革命战争时期，任红九军团宣传队分队长、中队长。在艰苦的环境中，为了革命战争的胜利，积极做好部队宣传鼓动工作和瓦解敌军工作。参加了中央苏区第四、五次反“围剿”。1934 年 10 月，随中央主力红军参加了二万五千里长征。抗日战争时期，任八路军一二〇师机要科译电员、副科长，为部队的通讯联络和作战命令的传达做出贡献。解放战争时期，历任冀中军区九军分区七十四团、七十九团政治委员，二〇三师后勤部政治委员。每次战斗，他都身先士卒、英勇善战、不怕牺牲，为人民的解放事业立下不朽功勋。1982 年 7 月离休，1988 年荣获二级红星功勋荣誉章。1988 年 9 月，病逝于济南。

谢登鸿（1916—1988） 于都县桥头乡固石村人。1929 年 10 月参加革命工作，1932 年加入中国共产党，1933 年 4 月参加中国工农红军。土地革命战争时期，任少共国际师四十五团三营九连排长，三营书记、卫生长，二十九军卫生所医生、所长，参加了二万五千里长征。抗日战争时期，任八路军警备二团卫生队队长，三八五旅医院外科主治医生，中国延安医科大学学员。解放战争时期，任陕甘宁陇东分区医院院长、国际第四和平医院院长、四纵三旅卫生部部长、四军医院院长。1971 年 10 月离职休养，1987 年 9 月提为副军职。1988 年 1 月因病在广州逝世。

伍生亭（1916—1989）　于都县沙心乡沙心村人。1932 年 5 月参加中国工农红军，1942 年 2 月加入中国共产党。土地革命战争时期，任红一方面军一军团三师司令部战士，参加了二万五千里长征。抗日战争时期，任八路军一一五师政治部警卫员，江苏东进支队通信班长，东进支队二营五连排长，教五旅十三团连长，二十三团副营长。解放战争时期，任二师五团营长，东北警训一师八团副团长。中华人民共和国成立后，任湖南省衡阳县兵役局局长、人武部部长。1964 年 7 月离职休养，1988 年 9 月享受正师职干部待遇。1989 年 2 月 14 日，因病在于都逝世。

黄喜福（1916—1989）　宁都县湛田李村人。1933 年参加革命，1935 年脱离红军，1937 年 5 月，在河北重新加入革命队伍。历任八路军战士、护理员、担架员、通讯员、被服员、副排长、九纵后勤部科员。1952 年转业回宁都，先后任纺织厂保管、食品站收购员、供销社营业员、生资公司保管。1966 年退休，1980 年改为离休，1989 年于宁都病逝。

易长青（1916—1990）　于都县梓山镇张军村人。1932 年 8 月参加中国工农红军，1933 年加入中国共产党。土地革命战争时期，任红一军团政治部民运战士，工兵连政治指导员，炮兵连政治指导员，延安独立营政委，参加了二万五千里长征。抗日战争时期，任八路军三五八旅警备七团一营政治教导员，留守兵团政治部组织部副科长，中央党校二部学员。解放战争时期，任湖北独立团政委，独一旅三团政治部主任，三团政委。中华人民共和国成立后，曾任山西省气象局政委兼党委书记。1979 年离职休养（副军职），1990 年 5 月因病在山西省太原市逝世。

钟学林（1916—1991）　瑞金市叶坪瑞星人。1932 年 8 月参加中国工农红军，1933 年 2 月加入中国共产党。土地革命战争时期，任红一军团少共模范团战士、排长、副连长，红一军团二连政治指导员，参加了二万五千里长征。抗日战争时期，任山西汀襄支队政治教导员，东北抗日挺进纵队五支队宣传组织股股长和政治部副主任、冀鲁豫军区八分区三四三旅七团政治处主任、冀鲁豫军区骑兵营政委。解放战争时期，任冀鲁豫军区第一纵队一旅二团政委、十六军后勤部政委。1955 年被授予大校军衔，荣获二级八一勋章、二级独立自由勋章、二级解放勋章。1991 年逝世。

赖庆同（1916—1991）　崇义县麟潭乡人。1931 年参加中国工农红军，1944 年 11 月加入中国共产党。1931—1966 年，曾任红军三军团十五团司号员、延安边区财政厅被服厂工人、冀热被服厂工务科长、东北长春地下工作员、合江佳木斯桦南县公安队指导员、合江佳木斯桦南县大队指导员、荣军生产管理处被服厂车间主任、崇义武装部参谋、崇义县公安队指导员、县手工业联社、化工厂副主任、拖拉机站支部书记。抗日时期，参加了平型关等战役。1945 年，日军投降后，党中央作出“关于建立巩固的东北根据地”的决策，他响应号召，随部队奔赴东北。1947 年，他被分配到黑龙江省桦南县，任县大队一连政治指导员。当时，黑龙江一带长期受到曾投靠日军，后又任国民党地下军中将军长孙荣久的骚扰。在解放军严厉打击下，孙匪屡屡脱逃。一天晚上，孙匪伙同其副官趁黑钻进马家街。赖庆同得到情报后，马上带人去抓。当发现孙匪在一个窑洞里时，赖庆同与带来的 11 人立即把窑洞包围，并机警的大喊：一排包围后山，二排警戒路口，三排看管好车辆。双方对射一阵后，赖庆同又高喊：把炮架起来，向窑里开炮。接着投出 2 颗手榴弹，把窑门炸坏。这时，孙匪只好缴械投降。1947 年 5 月，原合江省军区授予其“战斗英雄”称号，东北民主联军司令部、政治部授予其英雄奖章和证书。1966 年离休，1991 年 1 月 2 日因病逝世。

黄经琛（1916—1991）　宁都县黄石乡大雅坪村人。1932 年参加中国工农红军。1933 年加入中国共产主义青年团。1934 年转入中国共产党。土地革命战争时期，任国家政治保卫局保卫大队副排长、红军学校第三团教员，参加了第四、五次中央苏区反“围剿”和二万五千里长征。抗日战争时期，任中国人民抗日军政大学队长兼军事教员、抗大第一分校营长、军事总教员，直属大队长、参谋长和胶东军区司令部作战科科长、参谋处处长。解放战争时期，任山东军区第六师参谋长，华东野战军第九纵队二十五师副师长、第三野战军三十三军副参谋长、淞沪警备司令部参谋处处长，参加了济南、淮海、渡江等战役。1955 年被授予少将军衔。1991 年 6 月病逝。

王冠英（1916—1992）　于都县车溪乡小汾村人。1932 年 7 月参加中国工农红军，1936 年 4 月加入中国共产党，参加了二万五千里长征。土地革命战争时期，任红五军团十三师班长。抗日战争时期，任八路军卫生学校给养员、中国医科大学事务长。解放战争时期，任华北军区白求恩医科大学管理员。中华人民共和国成立后，任于都县工商科副科长、梓山区委书记、县纱布公司经理、县商业局党总支书记、县供销合作社监事会副主任。1965 年退休，1979 年改离休，享受副地（厅）级政治、生活待遇。1992 年 10 月逝世。

杨志宏（1916—1993）　曾用名杨荣祜，瑞金市沙洲坝人。1931 年加入中国共产主义青年团，1932 年参加中国工农红军，1934 年加入中国共产党。土地革命战争时期，任瑞金游击第一支队勤务员、中国工农红军学校勤务员、彭杨步兵学校青年队学员、中央军委一局二科科员、红四方面军第九、三十、三十一军军部科员。参加了二万五千里长征。抗日战争时期，任八路军一二九师师部参谋、八路军前方总司令部股长、延安中央军委一局科长、中共中央秘书处科长。解放战争时期，任晋冀鲁豫新闻处政治委员。中华人民共和国成立后，任中国科学院化学研究所副所长和顾问。1955 年被授予大校军衔，荣获二级八一勋章、二级独立自由勋章、二级解放勋章。1993 年逝世。

卢文新（1916—1993）　宁都县洛口镇南岭村人。1930 年加入中国共产主义青年团，1934 年 8 月加入中国共产党，同年 10 月参加中国工农红军。土地革命战争时期，历任江西省军区独立第二团营政治指导员、湘赣游击队分队长和政治指导员，坚持了南方三年游击战争。抗日战争时期，历任新四军第一支队二团政治处秘书、新四军政治部巡视员、江北指挥部政治部组织股股长、新四军第二师直属政治处副主任、主任。解放战争时期，历任东北民主联军吉东军区政治部组织部部长、辽吉军区政治部组织部副部长和部长、东北军区警卫师政治部主任、第四野战军四十三军一二八师副政治委员兼政治部主任。1961 年晋升为少将军衔，是中国共产党第十二次代表大会代表，1988 年被授予中国人民解放军一级红星功勋荣誉章。1993 年 1 月 29 日于湖南长沙逝世。

万盛林（1916—1993）　宁都县钓峰乡下湾村人。1932 年参加中国工农红军，1933 年加入中国共产党，参加了二万五千里长征。土地革命战争和抗日战争时期，历任勤务员、通讯员、中央军委一局警卫排排长、二局警卫连连长等职。解放战争时期，任关中分区仕县民兵教练。中华人民共和国成立后，回乡参加土地改革，历任大沽乡政府农会主席、乡长、总支书记，黄陂公社、大沽公社党委副书记职务。1963 年退休，1980 年改为离休，1989 年 8 月，经江西省委组织部批准享受副地（厅）级政治、生活待遇。1993 年 6 月于宁都病逝。

童国贵（1916—1994）　信丰县新田镇百石村人，祖籍江西省赣县。1932 年 3 月，童国贵从家乡信丰县百石跑到赣县韩坊，参加在那里活动的南康游击队，1933 年加入中国共产党，参加中央苏区第四次、第五次反“围剿”。第五次反“围剿”开始后，童国贵调到红八军团第二十一师第六十团任排长、副连长、连政治指导员。1934 年 10 月，中央红军主力开始长征。长征到达陕北后，童国贵任陕甘宁独立师第三团连长。1937 年“七七”卢沟桥事变后，童国贵历任八路军留守兵团警备七团连长、中国人民抗日军政大学军事教员。1937 年 11 月调八路军一二九师随营学校任军事教员，随师首长刘伯承、徐向前赴晋冀鲁豫地区创建新的抗日根据地。1942 年，童国贵调任太行军区第一军分区第三十团团长，参加了百团大战。抗日战争胜利后，童国贵于 1945 年下半年任晋冀鲁豫野战军第三纵队第九旅第二十六团团长，1948年5月任中原野战军第三纵队第九旅旅长，1949年2月任中国人民解放军第二野战军第十一军第三十三师师长。1951年4月，率部参加抗美援朝战争，与敌人进行大小数十次战斗，歼灭大量敌人。1955年，童国贵从朝鲜回国。1955年，童国贵被授予少将军衔，荣获二级八一勋章、二级独立自由勋章、二级解放勋章，1988年8月荣获一级功勋荣誉章，是中华人民共和国第四届全国人民代表大会代表、中国共产党第十一次全国代表大会代表。1994年，童国贵以副兵团职离休。离休后撰写回忆录，已发表的有《回忆红二十一军的历史片断》。1994年10月30日于长沙逝世。

张声煌（1916—1994）　于都县祁禄山镇井前村人。1931年参加中国工农红军，1937年5月加入中国共产党，参加了中央革命根据地反“围剿”和长征、抗日战争、解放战争。在战斗中两次负伤。历任班长、看护长、医生、所长、股长、科长、医院院长、卫生处长。1965年离职休养，迁居南昌市南站干休所。1994年8月5日因病逝世。

康　林（1916—1995）　于都县新陂乡觉村村人。1932年3月参加中国工农红军，同年9月加入中国共产主义青年团，1933年9月转为中国共产党党员。土地革命战争时期，任广东省南雄县游击队队员、赣南游击队特务员。参加了中央根据地一至五次反“围剿”，后跟随陈毅坚持赣粤边游击战争。抗日战争时期，任新四军第一支队二团连副指导员兼支部书记、第一支队教导大队队长、新四军第一师三旅七团营长、苏中军区第四军分区警卫团参谋长和副团长。指挥部队进行艰苦卓绝的反“清乡”斗争。解放战争时期，任华东野战军二十四军七十二师师长，参加了苏中“七战七捷”，枣庄攻坚战，鲁南、莱芜、孟良崮、淮南、渡江及解放长山列岛等一系列战役、战斗。赴朝鲜作战中，参加了上甘岭防御战和其他战役战斗。1961年晋升为少将军衔，荣获三级八一勋章、二级独立自由勋章和一级解放勋章，是中国共产党第九、十、十一届中央委员会候补委员，1988年被授予中国人民解放军一级红星功勋荣誉章。1995年7月9日于北京病逝。

谢廷顺（1916—1995）　于都县车溪乡桃坑村人。1931年8月参加中国工农红军，1936年12月加入中国共产党。土地革命战争时期，任红三军八师勤务员、新编一四师卫生员、九军团电话员。参加了二万五千里长征。抗日战争时期，任八路军二十九军陆军学校学员、延安三局电话队学员、二十九军警备二团副排长、新四军电话队机师。解放战争时期，任电话队队长、豫皖苏区军话局副局长。在淮海战役中荣立二等功。中华人民共和国成立后，任河南省荥阳县邮电局副局长、江西省宁都县邮电局副局长、江西工农干部学校学员、江西省邮电学校副校长。1970年下放上高县，1975年8月在上高退休，1978年返回省邮电学校，1981年改办离休，住南昌市。1995年11月10日，因病逝世。

王俊飞（1916—1998）　原名王石金，参加红军后改名王锦辉，中共党员，会昌县周田镇寨下村东田小组人。1930年8月参加革命，在地方游击队工作。1932年7月调江西军区第三作战分区总指挥部任通讯员，1932年10月在福建上杭加入中国共产党。1933年调红九军团第22师72团任班长。长征中编入干部团三营八连二排五班。1935年1月在贵州土城战斗中负伤。一直带病坚持到扎西，由于伤情加重，遗留于威信县水田乡木鱼沟，养伤治疗3个多月，无法与红军部队取得联系，最后定居以勒镇毛坝村黄沙庄。在毛坝村期间，一直躬耕务农。1953年再次加入中国共产党，先后在毛坝村任过初级社社长、高级社社长。1998年3月19日，王俊飞在家中逝世。

陈廖进（1916—1991）　会昌县麻州镇王家山村鸭舌岽小组人。1929年年仅18岁的陈廖进参加当地游击队，1933年参加中国工农红军，长征前在红一军团一师一团一营三连机枪班任战士。1934年10月参加长征，长征途中先后4次负伤，曾与4个国民党兵拼刺刀，奋勇刺杀2个敌人。1935年5月20日，红军部队通过四川大凉山彝海时彝族人围抢机枪，为保护机枪，陈廖进左腿膝盖负伤，无法行走，营长孙继先将自己的马让给陈廖进骑行70多里，到达大渡河边，陈廖进因伤不能随部队前行，被寄养在擦罗乡小堡子（今楠垭村）伍姓家中养伤，并改名伍耀曾。一年后伤愈，陈廖进无法与红军部队联系上，只好在当地帮人做工，1938 年与当地农家女莫明珍结婚成家，先后生育六儿一女。中华人民共和国成立后，陈廖进才恢复原姓名。

刘文峰（1916—1989） 原名于金生，会昌县庄口镇上芦村墩脑屯人。1933 年参加中国工农红军，长征时任红三军团连部通讯员。1934 年 12 月随部长征突破湘江时身负重伤，掉队落居广西资源县中峰乡枫木村于家田屯。

刘　华（1916—1996） 寻乌县文峰乡长布村人，幼时双亲亡故。1931 年 1 月参加中国工农红军，同年 7 月加入共产主义青年团，1932 年 5 月由团转党。土地革命战争时期，先后任红军独立三师战士、江西第二兵站医院护士班长、红一方面军三军团五师卫生部护士长、中央军委卫生学院学员。参加了二万五千里长征。到达陕北后，刘华一直工作在陕甘宁边区，先后在中央军委卫生部第二后方医院、中央军委军事学院卫生科、中央军委三局卫生科任司药和医生。参加了 1936 年春的红军东征（战斗中脑部受重伤）和陕甘宁边区大生产运动、1946 年延安保卫战，跟随中央机关转战陕北各地。在残酷的战争环境中，他不顾个人安危，积极救护伤员，克服重重困难，学习医疗卫生知识，从一名孤儿成为一名红军战士，从一名普通战士成长为一名部队医生。中华人民共和国成立后，他转入地方医院工作。1953 年 11 月任天津邮电医院副院长，1955 年 10 月任天津第一中心医院副院长，1957 年 10 月任天津市长征医院院长、党总支书记。“文化大革命”中受到冲击和不公正待遇。1980 年 5 月任天津市和平区人大常委会副主任，1983 年 12 月离职休养。1996 年 5 月 13 日病逝。

钟云元（1916—1997） 出生于兴国潋江镇睦敬村一户贫苦农民家庭。青少年时期就接受了中国工农红军的进步思想教育，1928 年参加革命活动，曾任兴国县学徒工会副主席、龙口游击队情报员。1933 年 6 月参加中国工农红军，同年 7 月加入中国共产党。土地革命战争时期，参加了中央苏区第四、五次反“围剿”。1934 年 10 月随中央主力红军长征。历任红军战士、班长，红三军团四师十一团三营排长，红四师陕甘支队支队长，红军总卫生部政治指导员、卫生学校政治委员，耿镇支队队长。抗日战争时期，历任晋察冀军医政治部科长、团长、团政治委员。解放战争时期，先后任纵队师长、师政治委员。钟云元戎马生涯数十载，南征北战，渡湘江，爬雪山，过草地，历尽艰辛，却始终英勇无畏，为中华民族的独立自由和中国人民的解放事业立下不朽功勋。1997 年 10 月 7 日病逝于天津。

李金明（1916—1997） 宁都县黄陂镇大湖村人。1933 年 4 月 5 日参加革命，1935 年 10 月加入中国共产党。红军长征后，留守南方参加游击斗争。历任红军十四师司令部电话总队电话员、二十四师司令部梅山游击队通讯员、卫生处管理股长、休养所所长等职。1952 年转业回乡，先后任安福粮管所所长、安福区委副书记、梅江粮管所所长、县粮食局直属库副主任等职。1966 年退休，1980 年改为离休，享受副地（厅）级政治、生活待遇。1997 年 3 月 10 日于宁都逝世。

刘　伟（1916—1998） 原名伟儒，兴国县埠头乡渣江村人。青少年时代热心革命工作，当儿童团长。1931 年 5 月参加中国工农红军，同年加入中国共产党。土地革命战争时期，历任红三军团五师十五团排长，红军总兵站第三大站警通队长，中央军委总供给部青年干事，野战军直属队特派员。参加了中央苏区第三、四、五次反“围剿”，在宜黄战斗中负伤，1934 年 10 月随中央主力红军长征。抗日战争与解放战争时期，历任八路军一一五师团特派员、晋西支队锄奸科科长和教导二旅科长、山东滨海行政公署公安局局长、滨海区警备旅政治委员、华东野战军警备旅政治委员、第三野战军三纵队九师政治委员、第九兵团二十六军副政治委员兼政治部主任。率部参加了鲁南、孟良崮、淮海、渡江、上海、杭州等战役战斗。在解放战争中，为维护部队的纪律，保守部队的机密，在一次上级命令的转移中，还在襁褓里的二儿子刘志刚满月被活活捂死。中华人民共和国成立后，历任公安部局长和部党组成员、地质部部长助理，国家建委技术局局长、三机部副部长、二机部副部长和党组副书记、部长、党组书记。他牵挂家乡建设，为家乡建设出谋划策，以实际行动回报乡梓。1955 年开始，参与国家的原子能工业建设达20余年。1964年10月第一颗原子弹爆炸、1967年第一颗氢弹爆炸都倾注了他的心血和智慧。由于速度快、质量好，打破了苏美两霸的核垄断，增强了国力，增长了中国人民的民族自信心和自豪感。是中国共产党第八、九、十、十一次全国代表大会代表，中共第九、十、十一届中央委员会委员，第六、七届全国人民代表大会常务委员会委员。1998年1月，刘伟病逝于北京。

陈珷瑜（1916—1998）　曾用名陈标五、陈翠营、陈武玉，石城县屏山镇人。1932年春参加少先队，不久加入共青团，1933年11月在瑞金叶坪参加中国工农红军，1936年4月加入中国共产党。参加了二万五千里长征。历任宣传员、测绘员、班长、团见习参谋、支队通讯参谋、作战参谋、测绘参谋、侦察参谋、县武工队长。抗战胜利后，先后任营长、团参谋长、副团长。1947年12月入华北军政大学学习。1949年1月结业后留校任干部总队第三队副大队长，4月任青年纵队第五大队大队长。1951年3月调任华北第二高级步校政治干校三大队大队长，1952年4月入南京高级步校学习。1981年4月离休。1998年1月病逝。

杨俊生（1916—1998）　瑞金市合龙下吴坊人。1932年加入中国共产主义青年团，1934年参加中国工农红军。1935年加入中国共产党。土地革命战争时期，任红一军团第二师二团连指导员，参加了二万五千里长征。抗日战争时期，任八路军一一五师五支队营教导员、冀鲁豫军区第八军分区七团政治委员兼团长、晋冀鲁豫军区第一纵队一旅旅长、第二野战军十六军参谋长。参加了平型关大战和阳泉破袭战、潘溪渡夺炮、奇袭八公桥、夜袭清丰、血战南乐、光复东平、激战阳谷、围攻曹县、巧夺汤阴等战斗。解放战争时期，参加了平汉战役、集宁保卫战、鲁西南战役、高山铺战斗、淮海战役等。中华人民共和国成立后，领导剿匪作战。1955年被授予少将军衔。嗣后，曾任中共北京市委书记。荣获三级八一勋章、二级独立自由勋章、一级解放勋章。任政协第六届全国委员会委员，中国共产党第九、十、十一届候补中央委员，当选为中国共产党第十二次全国代表大会代表。1998年病故于北京。

刘长发（1916—1988）　会昌县文武坝镇湘东村李坊寨人。1931年红军到会昌后，刘长发参加赤少队。1932年，15岁的他加入中国工农红军，在特务队任通信员。1933年1月选送到红军护训队学习护理技能。同年6月加入中国共产主义青年团。7月分配到兵站医院任看护员。从此，他长期在部队从事医疗护理工作，参加了二万五千里长征，1936年6月加入中国共产党。先后任看护员、卫生员、看护班长、看护长、医助、医生、卫生所长、卫生队长等。1941年3月至1943年6月在晋察冀边区白求恩军区学校学习两年多时间。中华人民共和国成立后，又在高级步兵学校、中南空军第二文化干校学习文化知识。1960年后，任青岛疗养院院长。1972年7月起因体弱多病在青岛疗养院休息，1982年11月离休。1984年8月，经核工业部党委批准享受司局级待遇。1955年8月，荣获中华人民共和国三级八一勋章、三级独立自由勋章、三级解放勋章，并被授予少校军衔。

罗先发（1916—2000）　会昌县高排乡高排村人。出身贫农家庭。青少年时期，他目睹刘义长领导的晓龙农民武装暴动，深受鼓舞。1932年5月，16岁的罗先发毅然投身革命，自愿加入红军，随后，参加了中央苏区数次反“围剿”斗争和二万五千里长征，1936年9月加入中国共产党。1932年5月至1942年12月，罗先发曾在少共国际师四十四团、红一军团二师四团团部、八路军一一五师供给部任警卫员、通信员、副班长、班长、保管员等职。1942年12月，先后在冀察热辽军区特务第一团、东北民主联军十二纵一三五师四十四团任管理员。1949年5月调任两广工作队队员，1958年8月转业地方，先后担任广西冶金矿山机械厂行政科长，维都林场党支部书记，广西林业物资公司桂林仓库主任。1982年6月离休，享受地（厅）级政治、生活待遇。

曾昭林（1916—1988）　又名曾刘仔，会昌县文武坝镇彭迳村人。1930年冬，彭德怀领导的红军解放会昌，15岁的曾家独苗曾昭林毅然加入赤少队，接着加入中国共产主义青年团。1932年2月曾昭林被吸收到游击队并担任通信员，开始了他的戎马生涯。1933年7月游击队编入红军教导师三团二营，曾昭林任四连通信员兼青年干事。整训2个月后编入红一军团二师六团，先后任战士、警卫员、警卫班长，参加了二万五千里长征。长征前夕，其父也加入红军参加长征，长征途中不幸牺牲。失去了双亲的曾昭林，一心跟着红军干革命。1934年11月，他光荣地转为中国共产党党员。抗日战争开始后，在八路军一一五师先后任排长、指导员、组织干事、营教导员。随后到苏北新四军三师任某营营长。解放战争初期，在东北民主联军第六纵队某团任参谋长，1948年初任某团副团长，代团长、师参谋处长。1956—1957年，参加海军军事学院高级速成班学习，1968年任山东烟台地区革委会常委。1982年7月离休，享受正军职待遇。曾昭林身经百战，出生入死，7次负伤。右手两指被炸断，右股骨被炸裂，成为三等甲级残疾。1955年，荣获中华人民共和国三级八一勋章、二级独立自由勋章、二级解放勋章。1956年4月，被授予大校军衔。

汪复三（1916—1995）　会昌县周田镇下营村人。1931年12月参加中国工农红军，1934年4月加入中国共产党。土地革命战争时期，历任江西独立三师通信员、福建三师教导队学员、少共国际师班长、红五军团十五师副排长，1934年10月参加了二万五千里长征。长征途中任排长，在甘肃古城川战斗中光荣负伤，由组织寄放在老百姓家养伤。西安事变后，伤愈后主动归队，历任陕西二十八军第三团副连长、指导员，八路军一一五师某连指导员，晋察冀平西分区九团营长，延安党校学员。后调任东北辽西军区阜新县大队参谋长，在山西近平、平鲁，东北阜新等地开辟抗日根据地，抗击日本侵略军，出色地完成党交给的各项工作和战斗任务。解放战争时期，历任辽西军区阜新支队副支队长、路西支队二大队大队长、辽西军区二十五团参谋长、第四野战军四十九军一六二师四八五团副团长等职。1955年8月，荣获中华人民共和国三级八一勋章、三级独立自由勋章、三级解放勋章，并被授予上校军衔，1960年到南京军事学院学习，1988年7月，被中央军委授予中国人民解放军一级红星功勋荣誉章。1979年3月离职休养。

丁良高（1916—1998）　于都县新陂乡中塅村人。1931年参加革命工作，后编入中国工农红军，1936年加入中国共产党。土地革命战争时期，任游击队战士，红军总卫生部医院卫生员，红军战士、测绘员、见习参谋。参加了二万五千里长征。抗日战争时期，任热河赤峰市三十旅科长。解放战争时期，任热河省冀察热辽军区司令部参谋，乌丹二十二军分区司令部科长，热河赤峰县支队队长，冀察热辽军区警卫团参谋长。参加了解放天津的战斗。中华人民共和国成立后，任中南钨矿警卫团团长，赣州冶金机械厂厂长，中南钨矿局行政处处长，南昌冶金机械厂厂长，南昌钢铁厂副厂长，南昌冶金设计院副院长，南昌六〇三厂党委副书记、革委会副主任，华东交通大学工会主席。1978年2月离职休养，1998年2月因病逝世。

杨玉华（1916—1998）　于都县葛坳乡人。1931年参加中国工农红军，1939年8月加入中国共产党。土地革命战争时期，任红军战士、班长，参加了二万五千里长征。抗日战争时期，任八路军机务员、排长、干事，在一一五师六六六团参加了平型关战斗，并受到团长杨勇的荣誉奖励。解放战争时期，任参谋、队长。中华人民共和国成立后，转业至地方工作任科长、武汉电信工区主任，1955年任河南省新乡市邮电局局长、党委书记，1970年任国营七六〇厂党委书记，1979年任新乡市邮电局局长、党委书记。1983年离职休养，1998年5月5日因病逝世。

赖芳源（1916—1999）　于都县银坑镇银坑村人。1932年10月参加中国工农红军，1939年10月加入中国共产党，参加了二万五千里长征和抗日战争，曾任红军战士、抗大干部团科员。解放战争时转业地方，任热河省建西县粮食局局长。中华人民共和国成立后，任江西省抚州专区粮食局副局长，吉安专区粮食局局长，江西省粮食厅监察室主任，江西省粮食厅科员、副主任，江西省粮食厅党委副书记，四机部国营九九九厂党委书记。1979年离职休养，1999年3月2日因病在景德镇逝世。

刘友光（1917—1988）　于都县段屋乡严岗村人。1932年5月参加中国工农红军，1933年加入中国共产主义青年团，1936 年 4 月转入中国共产党。土地革命战争时期，任红二十二军六十四团通讯员、五师十三团通讯班长、红军通信学校学员，参加了二万五千里长征。抗日战争时期，任八路军电台报务员、一一五师三四三旅六八五团电台队长、教导第五旅电台区队长兼通信队队长、滨海军区电台区队长兼军区司令部通信科科长。解放战争时期，任辽东军区司令部通信科副科长、东北保安纵队三科科长、东北民主联军独立一师参谋主任、辽南军区政治部主任、东北野战军四十一军一五四师政治部主任。率部参加了辽沈、平津等战役，是第五届全国人民代表大会代表。1988 年 10 月 26 日于北京病逝。

赖尊柳（1917—1988）　于都县银坑镇人。1931 年 7 月参加中国工农红军，1938 年 10 月加入中国共产党。土地革命战争时期，任红军战士、卫生班长、医助，参加了二万五千里长征。抗日战争时期，任八路军总部卫生所医生，太行军分区卫生长、卫生队长。解放战争时期，任太行独立旅三十四团卫生队队长、十五军卫生部二所所长。中华人民共和国成立后，任宜宾专员公署卫生科科长、宜宾地区卫生局副局长、中共宜宾地委宣传部顾问。1983 年离职休养，1988 年 5 月 1 日因病在宜宾地区第二人民医院逝世。

郑三生（1917—1990）　石城县小松镇人。1931 年 2 月参加中国工农红军，1932 年 4 月加入中国共产主义青年团，1934 年 10 月加入中国共产党。土地革命战争时期，参加了中央苏区第四、第五次反“围剿”和二万五千里长征。长征途中，历任红军独立团通讯员、青年干事及指导员职务。红军到达陕北后，随部队两渡黄河。抗日战争时期，率部深入敌后，参加了平型关大战、黄土岭歼灭战和狼牙山血战等数十次战役。先后在晋察冀一分区一团任副政治教导员、政治教导员、副营长、营长、团参谋长、团长职务。解放战争时期，率部参加了绥远、正太、保定、清风等著名战役。在清风店战役中，所率团被华北军区授予“大功团”称号。历任晋察冀野战军第二纵队第四旅第十团团长、华北野战军第二兵团第二十二旅参谋长、六十五军第一九三师师长职务。抗美援朝战争中，率部参加第五次战役和开城保卫战。1955 年被授予少将军衔，荣获三级八一勋章、二级独立自由勋章、二级解放勋章。1988 年被授予一级红星功勋荣誉章，是第九至第十二届全国人民代表大会代表，并被选为中共第九届、十届、十一届候补中央委员和十二届中央委员。1984 年离职休养，1990 年 1 月 11 日于北京逝世。

温盛林（1917—1990）　宁都县大沽乡大沽村人。1932 年 6 月参加革命，1933 年加入中国共产党，参加了二万五千里长征。历任过班长、中央军委一局警卫排长、二局警卫连长、关中分区兵教练等职。1949 年请假回家，参加当地土改，历任大沽乡农会主席、乡长、党总支书记和青塘钢铁厂营长、支部书记及王布公社、大沽公社党委副书记。1963 年退休，1980 年改为离休，享受副地级政治生活待遇。1990 年 10 月 24 日于大沽逝世。

袁生理（1917—1990）　曾用名袁财生，宁都县会同乡街上村人。1933 年参加革命，1936 年加入中国共产党，参加了二万五千里长征。历任通讯员、架线员、班长、管理员、指导员、团副官主任、团供给处长、师供给部长、后勤部长、军区后勤部工程队队长、中央建筑工程部东北二公司副经理和安徽省建筑公司经理、建筑厅副厅长、轻工业党组副书记、副厅长等职。1990 年 10 月于合肥病逝。

谢友才（1917—1990）　原名谢彝财，宁都县青塘镇人。1934 年 6 月参加革命，1935 年 7 月加入中国共产党，参加了二万五千里长征。历任排长、连长、团参谋长、副团长、团长、旅参谋长、华东财经公安总队副总队长、上海警备区离休办公室主任等职。1969 年离休，正军级待遇。1990 年于上海逝世。

刘英桂（1917—1990）　于都县银坑镇冷水村人。1932 年 5 月参加中国工农红军，1934 年 8 月加入中国共产党。土地革命战争时期，任红军总医院看护学校学员，红军第一兵站医院看护班长，中央军委卫生部卫生员，中央卫生部卫生所司药，参加了二万五千里长征。抗日战争和解放战争时期，任抗大卫生科司药，太行山前总卫生部材料科司药，太行山医训班学员，太行山制药所所长，太行山军工部医务所副所长，陕甘宁办区高等法院医务所医生。中华人民共和国成立后，任陕北行政公署卫生处医政科长、于都县卫生科科长、江西省卫生厅药政科副科长、江西第五康复医院院长、江西省卫生厅药政局副局长、江西省医药器材公司领导小组组长、江西省卫生厅副厅长。1983 年 10 月离职休养（正厅），1990 年 8 月 30 日因病在南昌逝世。

袁光宇（1917—1991） 出生于兴国县崇贤乡霞光村一户贫苦农民家庭。青少年时积极参加革命活动，1930 年 9 月参加中国工农红军，随后加入中国共产党。土地革命战争时期，被编入湘赣苏区红二十军当战士、通信员。后被编入王震领导的湘赣红独立师（红六军团前身），当上扛着枪的卫生员和护士。无论是五次反“围剿”，还是二万五千里长征，他都挎着枪在硝烟弥漫的战场上救护无数战友的生命。抗日战争时期，历任八路军一二〇师三五九旅七一八团卫生队队长、陕甘宁边区留守兵团卫生部医生、政治指导员，八路军一二九师三八五旅卫生部医务主任、卫生队长。解放战争时期，历任延安中央医院高级研究班医生和手术队队长、第一野战军二军四师、二军卫生部部长。1983 年离休。1991 年 8 月于北京逝世。

江拥辉（1917—1991） 瑞金市叶坪乡黄沙村人。1931 年加入中国共产主义青年团，1933 年参加中国工农红军，1935 年加入中国共产党。土地革命战争时期，任红一军团保卫局科员，第二师四团特派员、师特派干事。参加了二万五千里长征。抗日战争时期，任八路军一一五师保卫部巡视员、三四三旅六八六团营政治干事和营政治教导员、鲁南支队六团副政治委员、第五旅十三团政治处主任和十四团政治委员及山东滨海军区十三团营政治教导员、营长、团长。解放战争时期，任东北民主联军第一纵队一师二团团长、副师长、师长，第四野战军三十八军一一二师师长、军参谋长。1946 年年初，率部挺进东北战场，在秀水河战役中，指挥部队歼灭国民党军 1 个团、4 个营和 1 个炮兵连，受到中央军委和民主联军总部的嘉奖。抗美援朝战争中，参加指挥第一、二、三、四次战役和“三八”线防御战。在第二次战役中，率部穿插迂回，指挥德川之战和龙源里、松骨峰激战，大获全胜，受到志愿军司令员彭德怀的嘉奖，誉三十八军为“万岁军”，并荣获朝鲜民主主义人民共和国二级国旗勋章。回国后，毛泽东表扬三十八军是“胜利之军”。1955 年被授予少将军衔，曾荣获二级八一勋章、二级独立自由勋章、一级解放勋章，中国共产党第九、十、十一、十二届中央委员。1991 年逝世。

张国华（1917—1991） 宁都县固厚乡上坎村大富塅人。1933 年 5 月参加革命，1936 年加入中国共产党，参加了二万五千里长征，历任战士、看护员、班长、主治医师、卫生所长、卫生处长等职。1991 年 1 月逝世。

张国华（1917—1992） 宁都县会同乡鹧鸪村人。1933 年 4 月参加中国工农红军，1934 年 1 月加入中国共产党，参加了二万五千里长征。土地革命战争时期，任红一方面军通讯员、军医处看护班长。抗日战争时期，任一二〇师营卫生员、平西挺进军游击支部司令部护士长、第五所所长、延安军工局教育旅抗大卫生部护士长、中央党校第四部代卫生队长。解放战争时期，先后任晋冀鲁豫军区卫生部野战医院分院和华北军区卫生部分院院长。1955 年 1 月退休，1980 年改办离休，1989 年 8 月经江西省委组织部批准享受副地（厅）级政治、生活待遇。1992 年 5 月于宁都病逝。

曹光琳（1917—1994） 南康市龙回乡石子岭村人。1930 年参加革命，1932 年参加中国工农红军，同年加入中国共产主义青年团，1933 年加入中国共产党。参军后，历任红军二十一军团六十二师政治部宣传员，第一八六团青年干事，红三军团第四师第二十团、第十一团青年干事，红军后方政治部青年干事，红十三军团政治部青年干事、青年部长，红十五军团第七十三师第二一七团政治委员，八路军一一五师三四四旅六八七团教导员、团组织股长；三四四旅独立团政治处主任，八路军野战政治部青年科长，八路军总部特务团政治委员，八路军卫生部政治部主任，八路军冀中警备旅政治部主任、晋绥军区八分区政治部副主任、主任，晋绥军区八分区副政治委员，晋绥军区独立第七旅政治委员，第一野战军第一军第三师政治委员。曹光琳参加革命后，戎马生涯几十年，参加了二万五千里长征，以及中央苏区第四、五次反“围剿”和平型关大战、百团大战等240余次战役，为祖国的解放事业做出突出贡献。1955年9月被授予少将军衔，荣获二级八一勋章、二级独立自由勋章、一级解放勋章。1961年任国防部第五研究院副政委，1954年任第七机械工业部副部长，1986年离职休养。1994年7月22日于北京病逝。

廖作庭（1917—1996）　会昌县文武坝镇小坝村人。大学文化。1933年4月参加中国工农红军，在红三军团炮兵营任通信员，1934年7月加入中国共产党，参加了二万五千里长征。1935年在野战医院任护士，1936年被派往红军卫生学校学习1年。此后，组织上安排他一直在部队从医。他先后任关中特区政府军事部卫生所司药，延安八路军总医院司药。1940年起他在延安中国医科大学军医第17期学习5年。毕业分配在第一野战军第六后方医院二所任所长、院医务科长。中华人民共和国成立后，继续在部队从医，先后任西北军区陆军第十一医院副院长、第七医院副院长。1958年转业到甘肃省人民医院任第一副院长（副地级）。1983年11月离休，享受地（厅）级政治、生活待遇。

廖作庭是红军培养的军医，长期从事医疗救护工作。在战火纷飞的战场，他冒着生命危险抢救伤病员，经他救治的伤员超过2400名，为中国人民的解放事业做出贡献，延安时曾被授予高级知识分子称号。中华人民共和国成立后，在医疗行业担任领导职务，保持和发扬老红军的优良传统和作风。在八路军军医院，他曾经与国际主义战士、印度著名医生柯棣华共事多年。他撰写的《柯棣华在中国》被编入《延安回忆录》一书中。1955年，荣获中华人民共和国三级八一勋章、三级独立自由勋章、三级解放勋章，并被授予少校军衔。

吴庆发（1917—2000）　会昌县右水乡下石示村人，出身贫农家庭。1932年5月，不满15岁的吴庆发即投身革命，加入中国工农红军，1936年1月在陕北瓦窑堡光荣加入中国共产党。入伍后，吴庆发先后任红一方面军通信员、通信班长，八路军一一五师排长，平西挺进军连长、副营长、营长、副团长，吕梁军区独立四旅营长，二军补训团参谋长。1952年转业到地方工作，任新疆乌鲁木齐六道湾煤矿党委书记。1965年退休，1979年改为离休，享受副地（厅）级政治、生活待遇。

在革命战争年代，吴庆发在历次战斗中出生入死，屡建战功。土地革命战争时期，参加了中央苏区的第四、第五次反“围剿”和举世闻名的二万五千里长征。在保卫延安战斗中，他勇敢顽强，不怕牺牲，冲锋在前，为保卫毛泽东、保卫党中央光荣负伤，失去右腿。解放大西北之后，他随西北野战军第2纵队359旅挺进新疆，为新疆的建设事业特别是煤矿事业做出重要贡献，多次受到王震、耿飚等领导的嘉奖。

王恩甲（1917—1987）　会昌县西江镇河背村人，出身农民家庭。1933年6月参加中国工农红军，1934年10月参加二万五千里长征，1936年2月加入中国共产党。历任战士、班长、排长、连长，步兵学校学员队副队长、队长，河北沧县军分区管理科科长等职，参加过平型关战役、石门战役、保北战役、天津战役等多次战役战斗，作战勇敢，不怕牺牲，曾两次光荣负伤，圆满完成了战斗任务。1953年8月因工作成绩显著，荣立三等功一次。1957年7月，北京军区授予王恩甲中华人民共和国三级八一勋章、三级独立勋章、三级解放勋章。1960年7月，转业到地质部水文所任办公室副主任、主任。转业后他事业心强，工作积极，任劳任怨，尽心尽责地为科研人员做好服务工作，受到同事们的好评。1965年因病退休，1980年改为离休。王恩甲退休后，在海淀区甘家口街道办事处任过党委委员、阜南党支部书记、阜南居委会主任等职，积极带领群众抗震救灾，建立生产点，热心为居民服务，深受广大群众拥护，先后当选为海淀区第二届党员代表大会代表、海淀区第二届党委委员，北京市四次党员代表大会代表，海淀区第六届、第七届人民代表大会代表。

吴达明（1917—1994） 赣县南塘镇犁源村人。1932 年 11 月参加中国工农红军，1933 年 5 月由共青团员转为中共党员。土地革命战争时期，任当地乡苏维埃政府少先队大队长、少共支部书记，少共国际连政委。在工农红军中，历任班长、侦察参谋、机要员、机要科长等职，参加了中央苏区四、五次反“围剿”作战和二万五千里长征。抗日战争时期，任八路军一二〇师营教导员、组织股长（总支书记）、团政治部主任、团政委。1951 年 10 月至 1954 年 8 月，在南京军事学院政治系学习。1960 年被授予大校军衔，荣获二级八一勋章、二级独立自由勋章、二级解放勋章，1988 年荣获二级红星功勋荣誉章。1994 年逝世。

林英才（1917—1995） 出生于安远车头乡（今车头镇）黄陂村的贫苦农民家庭。1931 年 4 月参加中国工农红军，1934 年 10 月随中央红军进行二万五千里长征。1936 年受训于延安红军通讯学校。1937 年任八路军驻西安办事处电台台长。1946 年任北平军调会电台台长，后来跟随刘邓大军挺进大别山。1955 年，荣获三级八一勋章、三级独立自由勋章、三级解放勋章。1995 年 1 月于沈阳逝世。

曾雍雅（1917—1995） 于都县梓山镇固院人。1930 年 11 月参加游击队，1931 年 11 月参加中国工农红军，1932 年 2 月加入中国共产主义青年团，同年 5 月转入中国共产党。土地革命战争时期，任红三军七师政治部宣传队分队长、一军团政治部宣传队分队长、一军团保卫局政治指导员。参加了中央革命根据地第三、四、五次反“围剿”。1934 年 10 月随中央红军主力长征后，任红一军团政治部巡视团青年巡视组组长、二师五团连长、军团工兵连政治指导员、一军团政治部敌工干事。抗日战争时期，任八路军一一五师独立团政治处敌工股股长、晋察冀军区第一分区敌工科科长、广灵县县长兼中共广灵县委书记、晋察冀军区第一分区游击三支队支队长兼政治委员、第三十四团政治委员、第三区队区队长、第二十五团政治委员、冀东军区第十四军分区副司令员兼参谋长、司令员兼第十一旅旅长。解放战争时期，任冀东军区第十旅旅长、独立第十二旅旅长兼政治委员、东北民主联军第九纵队二十五师师长兼党委书记、第四野战军四十六军一三六师师长兼党委书记。指挥和参加了冀东攻克武清、通县、昌黎等战斗，还参加了杨仗子及攻克朝阳战斗，辽沈战役中率师插入敌纵深阻击锦州北援之敌，还参加了锦州攻坚战和解放营口、平津战役和渡江、衡宝、湘南、湘西剿匪等战役。指挥和参加了抗美援朝三八线西部防御战，荣获朝鲜一级独立自由勋章。1955 年被授予少将军衔和三级八一勋章、二级独立自由勋章、一级解放勋章。1957 年入高等军工学院学习，毕业后曾任西藏自治区革命委员会主任。是中国共产党第九届中央委员会委员，中国人民政治协商会议第五届全国委员会委员。1995 年 3 月 15 日病逝。

谢有法（1917—1995） 兴国县长冈乡秀水村人。1932 年加入共青团，1936 年转入中国共产党。1933 年 6 月，参加中国工农红军。土地革命战争时期，任红三军团六师十六团二连文书，军委直属后方政治部宣传队分队长、红军总政治部组织科统计干事。1934 年第五次反“围剿”时，谢有法在福建沙县作战中脚被打伤住进医院。家乡派人要接他回来，他死活不肯；同年 10 月，听到红军要离开中央苏区的消息，便不顾医生劝阻，执意带伤踏上长征路。遵义会议后，被分配在红一方面军干部休养连当文书。抗日战争时期，任八路军政治部组织部干事、晋南军政干部学校政治处主任、山东纵队政治部组织部部长、山东军区政治部组织部副部长和部长等职。解放战争时期，任新四军山东军区政治部组织部副部长、津浦前线指挥部政治部主任、山东军区政治部组织部部长、华东野战军东线兵团政治部主任、第三野战军九兵团政治部主任。1958 年 1 月，谢有法调任哈尔滨军事工程学院任政治委员。在任职的 1958—1966 年间，谢有法与院长陈赓配合默契，治校有方，充分调动全体教职员工的积极性，使教学任务得以顺利完成。至 1966 年，学校共培养本科学生 1084 人，为国防科技“两弹一星”事业，为军队现代化和地方经济建设培养一大批科技精英。后任中共中央基本建设委员会政治部主任、沈阳军区副政治委员、政治学院政治委员和顾问。1955 年被授予中将军衔，荣获三级八一勋章、二级独立自由勋章、一级解放勋章，1988 年荣获一级红星功勋荣誉章。1995 年逝世。

黄金生（1917—1996） 曾用名黄庆森，于都县银坑镇松山村人。1917 年出生，1931 年加入中国共产主义青年团，1932 年 10 月参加中国工农红军。1935 年加入中国共产党，参加了二万五千里长征和抗日战争、解放战争，历任红军看护员、警备一团二营副指导员、热河平泉县支队二大队政治教导员、六十五军一九五师卫生处政治委员。1965 年正师职离休，住石家庄市总参通信部休干所。1996 年，因病逝世。

黄玉昆（1917—1997） 出生于兴国县潋江镇瑶冈垴一贫民家庭。年仅 12 岁就参加革命工作，1929 年加入共青团，1935 年 2 月转为中国共产党。1929 年秋，任兴国县城区儿童团团长、少共城区委宣传科科长、青年工人模范营排长。1933 年 2 月，随青年工人模范营集体参加中国工农红军，当过文书、秘书等，参加了中央苏区四至五次反“围剿”和二万五千里长征。抗日战争时期，历任八路军一一五师六八六团政治处秘书、连政治指导员、军政干校和特务营政治教导员。他随部队东渡黄河，开赴山西抗日前线，参加了平型关战斗、汾漓公路“三战三捷”战斗。1942 年 6 月起，历任一一五师政治部组织部直工科科长，第十三团代政治委员、党总支书记、营政治教导员，山东滨海第一军分区政治部副主任、第三军分区政治部主任。解放战争时期，任东北挺进纵队第四支队副政治委员兼政治部主任、第七纵队十九旅副政治委员、第一纵队三师副政治委员兼政治部主任。率部参加了“四平保卫战”“东北夏季攻势”“东北秋季攻势”等战役。1948 年 8 月，任第三十八军一一二师政治委员，率部参加了辽沈战役。后挥师入关，参加平津战役。1980 年 9 月，被全国人大常委会任命为最高人民法院特别法庭副庭长，参与依法组织和审判林彪、江青反革命集团 10 名主犯。1955 年被授予少将军衔，荣获三级八一勋章、二级独立自由勋章、一级解放勋章，1988 年荣获一级红星功勋荣誉章，是第六、七届全国人民代表大会常务委员会委员，全国人大法律委员会、代表资格审查委员会委员。黄玉昆关心家乡建设，特别是为争取京九铁路途经兴国作出很大努力。1997 年 8 月 12 日于北京逝世。

钟　华（1917—1997） 曾用名钟玉相、钟文光，于都县新陂乡群联村人。1929 年秋参加革命工作，1930 年 5 月由共产主义青年团转入中国共产党，同年 6 月参加中国工农红军。土地革命战争时期，任儿童团团长、书记、红军独立团战士、独立师排长，红一方面军第四军十师文书，中央军委十部教导团学员，中央军委总卫生部军医学校学员。参加了二万五千里长征。到达陕北延安后，任中国医科大学学员，总卫生部第二、四军医院医政科长，红军大学卫生部部长。抗日战争时期，任八路军留守兵团司令部第一河防司令部卫生部部长兼骑兵师卫生部部长，河南竹沟司令部卫生部部长，李先念所属支队、纵队、师、旅卫生部部长。解放战争时期，任中原军区第一、二纵队卫生部部长。中华人民共和国成立后，任中央防疫总队总队长，长春市卫生局局长，马列学校学员，中央交通部工业卫生局局长，柴达木工委农垦局局长兼青年农场党委书记，河南省政法学院副校长、党的核心领导小组组长。1982 年起任江西省九江地区行署顾问，1985 年任江西省委顾问委员会委员。1997 年 12 月 25 日因病逝世。

杨　煜（1917—1998） 曾用名杨凤坤，宁都县长胜镇羊角山人。1933 年 5 月参加中国工农红军，1934 年加入中国共产党，参加了二万五千里长征。1998 年 6 月 12 日逝世。

黄银保（1917—1999） 宁都县竹笮乡鹅婆村人。1933 年 4 月参加革命，1936 年 12 月加入中国共产党，参加了二万五千里长征。历任儿童团长、通讯员、警卫员、副班长、班长、管理员、十六军毡帽厂副厂长、军后勤部直工科副科长。1954 年转业地方工作，先后任山东省河泽县粮食局局长、荷泽市人民医院院长。1966 年退休，1980 年改为离休，享受副地（厅）级政治、生活待遇。1999 年 1 月于宁都病逝。

朱挺仕（1917—1999） 于都县梓山镇大陂村人。1931 年 8 月参加中国工农红军，1932 年 8 月加入中国共产主义青年团，1936年由共青团转入中国共产党。土地革命战争时期，任红三军九师二十七团勤务员、卫生员，一军团一师二团卫生队调剂员、司药、医助，中央红军卫生学校学员。抗日战争时期，任八路军（十八集团军）总部卫生处医生，总部野战医院所长、医务科科长，晋察冀鲁豫南军区卫生部医务科科长，冀南军区四分区卫生处处长，冀鲁豫军区卫生部保健科科长。解放战争时期，任冀南军区白求恩国际和平医院院长，晋冀鲁豫十四纵队卫生部副部长，华北军区七十军卫生部部长。中华人民共和国成立后，任中国人民解放军第一军医大学（驻天津）临床学院院长，后勤学院高级班学员。1955年被授予上校军衔和三级八一勋章、三级独立自由勋章、二级解放勋章，1960年晋升为大校军衔，1988年被授予二级红星勋章，1981年离职休养。1999年12月22日，因病在北京逝世。

曾庆良（1917—1996） 于都县铁山垅镇大庄村人。1931年9月在仁风圩参加中国工农红军，1932年加入中国共产主义青年团，1933年转入中国共产党。土地革命战争时期，在红军独立二、三师、二十一军、三军团五师担任过战士、通讯员、宣传员、译电员、报务员。1934年长征中任四方面军电台台长。抗日战争时期，任军委电台队长、军委三局股长、三局无线电科副科长、陕甘宁边区留守兵团司令部通信科科长兼无线电中队长、五省联防军司令部通信科副科长。解放战争时期，任晋绥野战军司令部通信科科长、西北军区通信学校校长、西北军区司令部通信处副处长、通信处政治委员。1961年晋升为少将军衔，1982年离职休养，1996年逝世。

赖振骅（1918—1986） 出生于崇义县过埠乡水石村一个贫苦农民家庭。1931年9月参加中国工农红军，1932年2月加入中国共产党。他从少年时代起，就投身于中国人民的解放事业，1983年离休，1986年8月22日病逝于武汉。土地革命时期历任排长、连长、营长、师特务大队队长等职，参加了中央苏区、湘鄂西革命根据地历次反“围剿”和二万五千里长征。在艰苦的战争环境里，不怕牺牲，英勇善战，出色地完成了各项战斗任务，多次受到上级的通报表扬。1933年，在江西梅花岭战斗中，他冲锋在前，浴血奋战，被授予“模范党员”称号。抗日战争时期历任营长、旅侦察科副科长等职。解放战争时期历任团参谋长、团长等职，参加了辽沈和平津战役，在攻克锦州的战斗中，他身先士卒，带领全团率先攻入锦州，战绩显著，受到东北野战军的通令嘉奖。解放初期历任郑州铁路军运处副处长、交通部部长，他努力学习马列主义、毛泽东思想，刻苦钻研业务，工作兢兢业业，任劳任怨。他长期做铁路军事运输工作。团结铁路工人，模范执行政策，为铁路军事运输工作做出出色贡献。在军区工作期间，他经常深入基层，调查研究，为部队和民兵建设贡献了力量。

赖振骅在长期的革命战争中，为中国人民的解放事业南征北战，出生入死，多次负伤，曾荣获二级八一勋章、三级独立自由勋章、二级解放勋章。离休以后一直关心党和国家的大事，关心军队建设，积极参加政治学习和党的生活，几次担任干休所老干部党支部书记，以普通党员要求自己，全心全意为人民服务。

杜伦才（1918—1987） 出生于安远县欣山镇修田村一个贫苦农民家庭。7岁入学，8岁因父亲病故辍学，10岁给地主放牛，11岁拜师学竹编，1932年4月参加中国工农红军，编入红一军团五师十三团九连当战士，1933年调入十三团当通讯员，1934年10月随中央红军进行二万五千里长征，1937年4月加入中国共产党。在土地革命、抗日战争、解放战争时期，他出生入死、南征北战，历任战士、班长、排长、连长、团参谋、营长、团长、铁道兵第六师副师长和第十一师师长等职务。1987年1月26日于北京病逝。

邹堂寿（1918—1995） 会昌县文武坝镇白石村人，贫农家庭出身。1934年4月参加中国工农红军，1936年10月加入中国共产党。入伍后历任红一军团一师三团团部通信员、副班长、班长、排长，八路军一一五师六八五团副连长，八路军一一五师教导五旅副连长、连长、副营长、营长，第四野战军四十军一一八师某团副团长、一二〇师三六〇团团长。1951年转业到地方工作，先后任南昌321厂基建科科长、江西机器厂厂长、一机部行政司基建处副处长、无锡机床厂党委书记、中共无锡市委工业部副部长。1960 年离职养病，1983 年离休，享受地（厅）级政治、生活待遇。是无锡市政协第七、第八届委员。

邹堂寿在几十年的烽火岁月里，经历了二万五千里长征的艰难困苦，参加了抗击日本侵略军的平型关大战及敌后游击战争，参加了解放战争中的四平、辽沈、平津、中南解放及解放海南战役。在解放海南战斗中光荣负伤，肺部被打穿，为中国革命的胜利做出贡献。

欧阳章（1918—1992） 会昌县文武坝镇文武坝村人。1931 年 12 月参加中国工农红军，1934 年 2 月加入中国共产党。在红军队伍里先后任红独立三师五团战士、红二十一军军部公务员、红三军团五师团政治处宣传员、师政治部保卫员，参加了中央苏区的数次反“围剿”战斗，1934 年 10 月参加二万五千里长征。抗日战争时期，任陕北第三后方医院政治处青年干事，西北保卫局科员，陕北中央附属医院政治处特派员、后勤政治部保卫科科员，八路军一二九师保卫部科员、师特务团特派员、旅保卫科副科长。1942—1945 年在延安中央党校学习。解放战争时期，任太行六纵队十八旅五十三团政治处主任、二野十二军三十六师一〇七团政委。1949 年冬，随二野参加解放大西南。解放重庆后任重庆市公安局 12 分局局长、市公安局二处处长。1954 年转业，参加兰州炼油厂的筹建工作，后任石油一厂党委第二书记、书记。1974 年 11 月参加援外，并担任专家组长，被派往阿尔巴尼亚巴尔什炼油厂。1977 年 7 月回国后任辽宁省抚顺市纪委常务书记。1983 年 3 月离休，享受地（厅）级政治、生活待遇。

王德坤（1918—1986） 会昌县西江镇堌脑村人，贫农家庭出身，小时候在家放牛。1934 年 7 月参加中国工农红军，任机枪班战士、营部通信员，参加了二万五千里长征。到达陕北后，任军政部警卫连战士，八路军一二〇师通讯营班长，三五八旅供给部管理员、站长、指导员。1938 年 5 月加入中国共产党。参加了抗日战争和解放战争。1954 年参加吉林军区政治部干部学校学习。1955 年，任吉林长白县兵役局科长，长白县人武部副部长、部长。1965 年转业，任吉林航空俱乐部主任。1970 年回到家乡赣南，任赣南印刷厂党委副书记、革委会副主任。1978 年离休，享受副地厅级待遇。1955 年，荣获中华人民共和国三级八一勋章、三级独立自由勋章、三级解放勋章。

谢镗忠（1918—1989） 赣县南塘镇大都村人。少年时，在村念私塾，喜爱文艺，酷爱唱歌，拉二胡。1931 年 4 月参加中国工农红军，1933 年 5 月加入中国共产党。土地革命战争时期，任红九军团第三师七、八团指导员、教导员、团政治处俱乐部主任，红四方面军第三十二军教导队代政治委员，第九十六师政治部宣传科长。参加了中央苏区第二至五次反“围剿”作战和二万五千里长征。抗日战争时期，1937 年进入抗大学习，后任八路军第一二〇师三五九旅七一八团政治处宣传股股长、副主任、主任，陕甘宁边区留守兵团警备第一旅一团政治处主任、政委兼党委书记。参加了保卫黄河、延安、陕甘宁边区的战斗。解放战争时期，率部队到东北，任冀热辽军区第三十旅政治委员，冀热辽军区独立第十六、十七旅政治委员，独立第一师政治委员，东北野战军第十一纵队三十一师政治委员，第四野战军四十八军一四二师政治委员，参加了辽沈、平津战役。曾当选为第五届全国人民代表大会代表。1955 年被授予少将军衔，荣获二级八一勋章、二级独立自由勋章、一级解放勋章，1988 年荣获一级红星功勋荣誉章。1989 年 12 月 27 日，因病在武汉逝世。

陈　熙（1918—1990） 兴国县兴莲乡官田村人，出生于一户家境贫苦的农民家庭。1931 年加入中国共产主义青年团，任少共莲塘区委组织部部长。1934 年参加中国工农红军，同年转入中国共产党。土地革命战争时期，历任连政治指导员、团政治处青年干事、师政治部宣传员、红五军团政治处技术书记和文化科科长、红三十军政治部秘书长。参加了中央苏区第五次反“围剿”。1934 年 10 月随中央主力红军长征，长征途中，先后参加了广西虎秦岭战斗、贵州土城战斗、甘肃高台、石窝和红柳园子等战斗。后随红军西路军余部进入新疆。1938 年 3 月，经组织派遣首批进入新疆航空队学习飞行，经过 4 年的刻苦学习，成为部队自己培养的第一批飞行骨干。1942 年 7 月，新疆军阀盛世才撕毁协议，将航空队员全部打入监狱。航空队队员不为盛世才的淫威所屈服，进行有理、有利、有节的斗争。为尽快取得与外界的联系，在黑夜里，陈熙曾 3 次踩着战友搭成的人梯翻墙而出，与苏联驻新疆领事馆联系，反映飞行队遭到关押监禁的真实情况。消息很快传到各地，引起中共的抗议和社会舆论的谴责，使盛世才的暴行有所收敛。通过党中央营救，陈熙于 1946 年 6 月回到延安。解放战争时期，陈熙奉命到东北创建中共第一所航空学校，任飞行大队政治教导员、大队政治委员、大队长。在创建航校工作中，他率先垂范，出色地完成任务。中华人民共和国成立后，奉命参与组建空军第三航空学校，并任校长。陈熙为中国人民解放军空军培养大批过硬的飞行员和中、高级指挥人才，为人民空军建设做出贡献。1955 年被授予少将军衔，荣获二级八一勋章、二级独立自由勋章、二级解放勋章，1988 年荣获一级红星功勋荣誉章，是第六届全国人民代表大会代表。1990 年于北京病逝。

袁厚榜（1918—1990）　宁都县田头镇琵琶村人。1932 年参加革命，1956 年 6 月加入中国共产党，参加了二万五千里长征。历任战士、看护员、班长、司务长、供给员、野战医院供管股长、志愿军军需股长、河南南阳专署民政局副局长等职。1990 年 5 月 20 日于南阳逝世。

邓子华（1918—1997）　原名良海，兴国县埠头乡旺口村人。1931 年，年仅 13 岁的邓子华担任儿童团团长，1933 年 2 月参加中国工农红军，1936 年 1 月由共青团转入中国共产党。土地革命战争时期，先后任红三军团营部通讯员、四师十二团卫生队看护员，参加过中央苏区第五次反“围剿”，1934 年 10 月随部队参加了二万五千里长征。1935 年 11 月后，任陕北红军特务团卫生员、延安医科大学学员，刻苦学习医疗技术。抗日战争时期，任中央军委总卫生部医政科科员、延安中央总卫生处门诊部医生、陕北公学卫生科科长、延安中央医院医生，主要负责中央领导的医疗保健工作。其间，周恩来一次手臂受伤，邓子华受组织安排担任周恩来的主治医生，为周恩来医疗和护理，受到周恩来赞赏。1941 年初，任重庆八路军办事处医生，同时担任办事处、南方局、《新华日报》和曾家岩等处革命同志的医疗保健工作。1945 年 12 月入延安中央党校学习，1946 年 6 月毕业后，历任中央军委卫生部手术队医生、河北平山西柏坡中央军委门诊部和中央工委门诊部副主任、北京香山及中南海中央门诊部主任，一直负责中央领导的医疗保健工作。中华人民共和国成立后，历任江西省人民医院副院长、江西第五预备役医院院长和政治委员、江西医学院秘书室主任、江西省卫生厅秘书室主任、江西中医学院院长和党委书记、庐山革命委员会副主任和党委副书记、江西省卫生厅党组副书记和副厅长。1983 年当选为第六届全国人民代表大会代表，1991 年被中央组织部授予老干部先进个人并出席表彰大会。1997 年 11 月 9 日，病逝于南昌。

肖　勇（1918—1997）　于都县仙下乡三贯村人。1931 年加入中国共产主义青年团，1932 年 4 月参加中国工农红军，1933 年 6 月由共青团转入中国共产党。土地革命战争时期，任少年先锋队大队长，红五军团十四师通信连战士、特务连战士，三营七连战士。参加了中央革命根据地第三、四、五次反“围剿”和长征。长征途中在西康一带的战斗中右腿负伤，留在川南游击队养伤。伤愈后参加当地游击队，任游击队支队和第四大队战士、副班长。抗日战争时期，任新四军一支队二团一营一连班长、排长、政治指导员，一支队二团一营政治教导员，苏区军区第一分区特务三团团部党总支书记。参加了新丰车站、延陵、九里、黄桥及句容等战斗，头部受过重伤。解放战争时期，任警卫团政治处副主任，华东第三野战军二十九军八十六师后勤处政治委员。参加了“七战七捷”、质城保卫战、渡江战斗和解放福州、厦门等战斗。1955 年被授予中校军衔，并荣获八一、解放、独立自由等勋章。1961 年转业，任上海市电子管厂党委书记。1964 年离职休养，住上海市。1997 年 11 月 8 日，因病逝世。

张生辉（1918—1998）　安远县蔡坊乡人，家境贫寒，自幼以放牛为生。在土地革命时期，参加中国共产主义少年先锋队，1927 年任儿童团团长，带领儿童积极投入打土豪分田地、建立苏维埃政权的革命斗争，1928年任共青团支部书记，1931年11月参加工农红军，在军委总队医院当看护员，1932年4月加入中国共产党。1933年1月到军委卫生学校学习。1934年10月起先后任军委总供给部医院医生、红五军三十九团卫生队队长、红四方面军九十一师卫生部医生。同年随中央红军进行二万五千里长征。1937年8月任八路军一二九师七七一团卫生队医生。1942年5月任冀南军区卫生部卫生主任。解放战争时期，参加了淮海战役。1947年8月任第二野战军十纵队卫生部副部长，1948年9月任中原军区卫生部医政处处长。1952年12月进入中南军区高级干部文化速成班学习。1955年，被中央军委授予二级八一勋章、二级独立自由勋章、二级解放勋章。1959年3月起，先后任湖北省卫生厅副厅长和党组成员。1978年5月任湖北省卫生局顾问，1983年5月被批准离职休养。1998年9月30日于武昌病逝。

康一民（1918—1999） 出生于兴国县东村乡澄江村一户贫苦农民家庭。1929年参加儿童团，任儿童团团长、少先队队长，1930年加入共青团，后任乡团支部书记，1931年被东村区儿童大会选为全苏区儿童代表大会代表。1933年，参加中国工农红军，在红三军团直属警备连任战士、通信员、青年干事。参加了中央苏区第五次反“围剿”广昌保卫战和高虎脑战斗。1934年9月，调中央军委总司令部机要科从事译电工作，同年10月随同中央主力红军长征。中央红军到达陕北后，任陕甘宁前敌总司令部机要科译电股股长，后任中央军委机要科译电员，1935年12月加入中国共产党。1937年8月，康一民被派往南京八路军办事处从事机要工作，后迁往武汉八路军办事处，先后任股长、组长，出色地完成各项重要任务。1938年8月奉命赴香港，在党的秘密机关从事机要和联络工作，冒着生命危险保护党的秘密机关领导和同志们的安全，为支援内地抗日斗争做出贡献。1941年年底香港被日军占领后，康一民撤至东江抗日根据地，帮助东江纵队建立与中央的电台联络工作，后调重庆八路军办事处做机要工作。1945年3月入延安中央党校二部学习。1946年3月在山东聊城参加土地改革。1948年6月到河北省平山县西柏坡，在中央书记处办公处任秘书兼周恩来机要秘书。中华人民共和国成立后，任中共中央办公厅机要室副主任。1961年，在所谓“秘密录音事件”中受牵连。“文化大革命”期间，受到林彪、江青反革命集团的迫害，被批斗审查达8年之久，并被送往江西进贤中共中央办公厅五七干校强制劳动，身心受到严重摧残。1977年12月，任中国人民银行行政司副司长。1979年1月被调回中央办公厅任秘书局副局长。1980年3月，中央办公厅为康一民彻底平反并恢复名誉，同年9月被任命为中央办公厅副主任兼中央办公厅秘书局局长。1982年4月兼任中央保密委员会副主任，1983年任第六届全国政协委员。1999年8月23日于北京病逝。

杨　力（1918—1999） 瑞金市象湖镇绵水村人。1931年参加中国工农红军，1932年加入中国共产主义青年团，1933年转入中国共产党。土地革命战争时期，任红一军团第一师一团三连排长，前敌总部特务团连长。参加了二万五千里长征。抗日战争时期，任晋察冀军区第四军分区济南大队第二支队队长，第四军分区第八大队参谋长、灵平大队大队长、特务团代参谋长兼特务营营长，第九地区队、第八地区队参谋长，冀热辽军区独立第十三旅参谋长，冀热察军区教导大队大队长，热西军分区副司令员，冀热辽独立第七师参谋长、副师长，第四野战军四十六军一五九师副师长。中华人民共和国成立后，任中国人民解放军海军第一航空学校副校长、校长。荣获三级八一勋章、二级独立自由勋章、二级解放勋章。1961年被授予少将军衔，当选为第六届全国人民代表大会代表。1999年病逝。

蔡　和（1918—1999） 曾用名蔡长寿，于都县贡江镇黄金村人。1933年5月参加中国工农红军，1935年5月加入中国共产党。土地革命战争时期，任红军补充团战士，红九军团战士，红九军团卫生部部长张汝南警卫员。参加了二万五千里长征。抗日战争时期，任八路军一二〇师司令部贺龙警卫员，晋察冀边区党委彭真警卫员，平西司令部萧克警卫员，抗大二分校学员，延安地方党校学员，冀热察军区七团二营副营长、营长。解放战争时期，任晋察冀地方团副团长，冀中青县大队大队长，华北六纵队独立营副营长，华北七纵队五十五团一营营长。中华人民共和国成立后，任于都县人民法院副院长，县人民政府副县长、县长，赣南五金公司经理，于都县委副书记、第二书记。1966 年 2 月离职休养，享受副地（厅）级政治、生活待遇。1999 年 12 月 18 日，因病逝世。

李贻树（1918—2000） 出生于兴国县兴莲乡睦田村的贫苦农家。幼时丧父母，跟着叔父过着贫困日子，少年时参加儿童团、少先队。红军到来后读书两年。14 岁时便为红军送信至宜黄、乐安等地，1933 年参加中国工农红军，1936 年 3 月加入中国共产党。土地革命战争时期，历任红军战士、班长、排长，参加了中央苏区第四、五次反“围剿”，1934 年 10 月随中央主力红军长征。抗日战争时期，任八路军一一五师六八五团连政治指导员，苏鲁豫支队四大队组织干事、政治教导员。他参加过水口、湘江、土城等多次战斗。他作战勇敢，不怕牺牲，在土城战斗中负伤，负伤后不下火线，表现了大无畏的精神。抗日战争时期，他在部队被选为中共七大代表，随后赴延安入军政学院、中央党校学习，出席了中共第七次全国代表大会。解放战争时期，历任东北嫩江军分区支队政治处主任、副政治委员，嫩江军分区骑兵团政治委员，嫩江军分区政治部组织科科长、干部科科长，嫩江军分区警卫团政治处主任。后随军南下。1949 年 8 月任兴国县人民政府县长，1952 年 12 月任中共兴国县委书记。他经常深入基层调查研究，关心群众疾苦，深受群众拥戴。1954 年 6 月任赣南行署副主任。1958 年 1 月兼任中共兴国县委书记。1960 年 7 月后，任中共赣南区党委副书记、中共赣州地委副书记、赣州地区纪律检查委员会书记，是中国人民政治协商会议江西省第四届委员会委员。著有《农业生产中的几个辩证关系》。2000 年 9 月，病逝于赣州。

廖志山（1919—1988） 瑞金市壬田镇长胜村人。1932 年 9 月参加中国工农红军，1935 年 6 月加入中国共产党。土地革命战争时期，任红一军团卫生部医院看护员、一师一团三营、一营通讯员、卫生员、青年干事。参加了二万五千里长征。抗日战争时期，任抗日军政大学卫生处司药主任、药材科长。解放战争时期，任中南军区卫生部药材处处长。中华人民共和国成立后，任中央军委卫生部药材局副局长、军事医学科学院毒物药物研究所副所长和政治委员、军事医学科学院副院长兼院务部部长。1960 年被授予大校军衔，荣获三级八一勋章、二级独立自由勋章、二级解放勋章。1988 年 8 月逝世。

游　忠（1919—1990） 宁都县小布镇小布村人。1934 年 5 月参加革命，1936 年 7 月加入中国共产党，参加了二万五千里长征。历任战士、班长、供给员、股长、副处长、科长、局长、兵站站长、空军后勤学校班主任、部长等职。1990 年于济南逝世。

欧阳锦萍（1919—1991） 于都县新陂乡群联村人。1932 年 3 月参加中国工农红军，1937 年加入中国共产党。土地革命战争时期，任红一军二师勤务员，一军团卫生部学员，参加了二万五千里长征。抗日战争时期，任八路军一一五师司令部卫生所医助、训练队队员，卫生部医务科科员，鲁中南军区医院直属所所长，中南军区教导大队学员。中华人民共和国成立后，任鲁中南军区直属医院医务主任、华东军区第二防疫大队主治医生、于都县人民医院医生、于都县卫生防疫站站长。1975 年 1 月退休，1980 年 12 月改离休。1991 年 1 月 22 日，因病逝世。

许逸萍（1919—1992） 本姓徐，石城县洋地乡人。1933 年 2 月加入中国共青团，1934 年 5 月加入中国工农红军，参加了中央苏区第五次反“围剿”和二万五千里长征，1936 年 10 月加入中国共产党。解放战争期间，参加了盐城、邵北、盐南、益西等战斗和“七战七捷”的涟水保卫战及济南、淮海、渡口、上海等战役战斗，作战英勇，不怕牺牲，为中国人民的解放事业做出卓越贡献。历任战士、指导员、特派员、教导员、团政委、师政治部主任。他坚定贯彻执行党中央和中央军委的路线、方针、政策，深入实际，调查研究，为装甲兵部队的建立、发展、壮大和培养干部日夜操劳，花费大量心血，为装甲兵部队革命化、现代化、正规化建设做出重大贡献。先后荣获三级八一勋章、三级独立自由勋章、二级解放勋章和二级红星功勋荣誉章。1992 年 7 月 5 日于北京逝世。

刘绍军（1919—1993） 石城县横江镇人。1934年4月参加中国工农红军，1936年加入中国共产党，参加了二万五千里长征。历任警卫员、侦察员、班长、排长、副处长、团供给处主任。1951年调川东第六步兵学校，历任股长、科长、党委委员。1952年8月转业至地方工作，1964年任四川省政协学习办主任，后改任四川省政协政治处顾问、省政协委员。1983年离休。1993年逝世。

曹　昌（1919—1995） 又名曹人道，会昌县筠门岭镇黄埔村人，初中文化。1933年1月参加工农红军，在国家保卫局特务队任队员，1936年6月加入中国共产党。1934年10月参加长征，担任李富春、蔡畅的警卫员。到达陕北后，于1936年在中央党校学习，毕业后分配到陕甘宁省独立一团工作。1937—1939年，先后在延安通讯学校、中央卫生学校任政治指导员。1941年，参加中央党校四十一期学习。1941—1945年，任八路军一二〇师特务团一营政治教导员。1947—1949年，任晋中十五团三营教导员、十五团政治处主任。1957年6月转业，任河南洛阳水泥厂党委书记、平顶山水泥厂党委书记。1975年起任郑州铝厂纪委书记，1983年12月离休，享受地师级待遇。曹昌戎马生涯几十年，参加过抗战时期的山西马坊坑洞、开府据点攻坚战；解放战争时期的晋中牛家窑歼灭阎锡山七十师的战斗，太行狼坡山攻坚战，太原攻坚战；抗美援朝中的朝鲜自逸里第五次战役，为中国人民和朝鲜人民的解放事业做出贡献。1953年，被朝鲜民主主义人民共和国授予二级国旗勋章、二级独立自由勋章，1955年，荣获中华人民共和国三级八一勋章、三级独立自由勋章、三级解放勋章，并被授予中校军衔。

邓振华（1920—1989） 曾用名张正和，宁都县长胜镇欧底村人。1932年加入中国共产主义青年团，1933年参加中国工农红军，1935年加入中国共产党，参加了二万五千里长征。历任班长、通讯员、浮梁军区保卫部特派员、统战部股长，江西永丰县委组织部长，广东省仁化县委副书记兼组织部长、县委书记，韶关市委监委副书记等职。1989年4月18日逝世。

谢德泉（1920—1990） 曾用名谢东生，宁都县田埠乡洋坑村人。1933年5月参加革命，1939年9月加入中国共产党，参加了二万五千里长征。历任青年干事、通讯员、副连长、军事教员、中队长、副团长兼政委、师副参谋长、副师长、军委装甲兵工程学院系主任等职务。1990年于广州病逝。

郭　诚（1921—1993） 曾用名郭承煌，宁都县黄石镇人。1933年2月参加革命，1937年7月加入中国共产党，参加了二万五千里长征。1993年5月逝世。

李明山（1922—1998） 出生于大余县新城镇白田埠村一个贫苦农民家庭。1937年参加红军游击队，曾在大余池江的小汾、帽子峰和信丰的油山、南康的浮石，广东的南雄等地进行游击活动。1937年8月，赣粤边党组织和红军游击队与国民党地方政府谈判后，随红军游击队下山在池江结集。1938年2月参加改编中国国民革命军陆军新编第四军第一支队，随军北上抗日，同年加入中国共产党，先后在新四军一支队任卫生员、新四军一师二旅任医生、新四军六师十六旅任指导员兼连长。参加了天目山战役、黄桥战役等重大战役。1945年7月，在一次战斗中负重伤，转入后方治疗。经全力抢救，落下终生伤残（先是特级甲等伤残，经医治休养后评为二级甲等伤残）。1947年出院后，不顾伤残，继续为革命工作，在华东第十四荣誉军人学校任组织干事、组织科长等职。中华人民共和国成立后，曾赴朝鲜平壤救治志愿军伤员，被评为优秀工作者。1955年，从部队转入吉林省新站结核病医院任党委书记兼院长（副师级）。1962年，李明山自动放弃晋升吉林省卫生厅副厅长职务机会，离职返回家乡休养。1978年改为离休，享受副地级政治、生活待遇。1998年11月15日于大余逝世。

廖德云（1923—1986） 原名廖德仁，宁都县梅江镇人。1934年参加革命。1935年12月加入中国共产党，参加了二万五千里长征。历任班长、出纳、股长、山东军区兵站仓库主任、华东军区二运直属分站站长等职，转业地方后任辽宁省鞍山市粮食局科长。1986年5月于鞍山逝世。

傅振军（1925—1999） 原名傅振仁，宁都县会同乡人。1932年3月参加革命，1936年加入中国共产党，参加了二万五千里长征。中华人民共和国成立后，曾任上海市轻工业局党委副书记、副局长。

1999 年 6 月逝世。

第二节　革命烈士

江九龙生（1947—1996）　会昌县凤凰岽乡人。1965 年起，他一直在林业系统工作，1992 年初开始担任凤凰岽营林林场护林员。平时巡山，他总是带上一些饼干作午餐充饥，渴了就喝泉水。林区的群众见他这样辛苦，常常邀请他到家里吃饭，都被他婉言谢绝。他说："吃了人家的，就不好做护林工作了"。江九龙生是一个"护林包公"，不讲情面，执法如山。有一年，由于受到冻雨灾害的影响，林区林木破坏严重。江九龙生管护的山林有几棵大松树连根翻倒。几个村民想方设法要把林木据为私有，都遭到他的拒绝。1996 年 3 月 24 日深夜 12 点，他在巡山时发现 2 个人正用板车转移盗伐的林木。他立即跑上前去制止，当面清点数量。查出尚未转移的赃物，并按有关规定作出处理。偷树人让江九龙生的亲戚出面调解，并塞给江九龙生 200 元钱要求私了，江九龙生当即扔下钱，气愤地说："这是违法的事，怎能私了！"他担任护林员 4 年多，7 次拒收钱物，金额 1000 多元；查处偷盗林木案件 82 起。江九龙生巡山护林得罪了不少人。少数被他处罚过的人扬言："迟早有一天要干掉江九龙生！"有的则通过毁坏他家种的蔬菜进行报复。妻子流着泪求他："不要再做这个得罪人的护林员了！"为防不测，林场领导也多次想调换他的岗位。但都没有动摇他的护林决心。他说："怕死就不当护林员！我就是要守住这片林！"1996 年 3 月 27 日晚上 10 点多，江九龙生在护林点兰斜山制止不法分子盗砍国有林时，遭到歹徒的围攻和毒打。他在与歹徒的英勇搏斗中终因寡不敌众，被残酷杀害。《中国林业报》、《江西日报》、《赣南日报》、江西人民广播电台分别刊播他为保护国家森林壮烈牺牲的事迹。中共会昌县委、县人民政府作出在全县开展向江九龙生学习活动的决定。1997 年 6 月 26 日，经省政府批准，江九龙生被追认为革命烈士。

李　芳（1951—1987）　赣县南塘镇澄籍村人。家庭贫寒，念书不多，在家务农，任生产队记分员。1987 年 6 月 28 日，天下大雨，山洪暴发，村边河堤危在旦夕，为使百姓的庄稼不受损失，村委会紧急组织广大村民抢修河堤，李芳听到消息，积极主动参加抢修，挖土、挑土样样争先，重活、脏活事事带头。下午 5 时，雨越下越大，河水猛涨。此刻，桥溪村禾仓组的谢九长生参加小学升学考试回家，在过溪河的木桥时，因雨大桥滑，一脚踩空，掉入急流中，众人吓得目瞪口呆，不知所措。正在抢修河堤的李芳见此情景，不顾个人安危，纵身一跳，奋力抢救落水学生。由于水流湍急，李芳不识水性，几个浪头打来，双双被无情的洪水吞噬。李芳献出了年仅 36 岁的生命。为弘扬他奋不顾身、勇于救人的大无畏精神，澄籍村委会向上级政府写出英雄事迹报告，经江西省人民政府审核，于 1987 年 11 月 17 日批准李芳为革命烈士，赣县人民政府于 1987 年 12 月 14 日颁发"革命烈士证明书"。

林志华（1953—1994）　原籍广东省丰顺县，出生于寻乌县长宁镇河东。1968 年毕业于寻乌中学，1972 年 12 月参加中国人民解放军。在部队任班长，受过连队嘉奖 2 次，团部通报表扬 1 次。1975 年 2 月加入中国共产党。1977 年 6 月退伍，分配到寻乌县公安局，先后在桂竹帽、晨光、石排（县稀土公司）、城关派出所工作，历任民警、副所长、所长、指导员、党支部书记。受过赣州行署公安处的表彰。1994 年 1 月，被授予三级警督警衔。1994 年 11 月 1 日晚 11 时 30 分，林志华带领 3 名民警和 2 名治安队员，前往该县文峰乡田背村月形村民小组缉捕罪犯。罪犯在家将事先备好的炸药绑在身上，见公安人员渐近，逃跑无望，立刻拉动雷管。林志华为制止罪犯行凶、保护战友的安全，勇敢扑向歹徒，壮烈牺牲。同年 11 月 4 日，寻乌县委、县政府隆重举行林志华追悼大会，追授林志华为"优秀共产党员""模范公安民警"称号，并作出向林志华学习的决定。同年 11 月 16 日，中共赣州地委追授林志华"优秀共产党员"称号，赣州行署公安处作出《关于在全区公安干警中开展向林志华学习的决定》。1995

年 1 月，民政部追认林志华为革命烈士，公安部追授林志华为公安战线二级英雄模范。

卢和忠（1959—1990） 南康市唐江镇卢屋村人。1988 年 12 月加入中国共产党，1980 年 12 月参加革命工作，分配在南康县沙溪公社（现十八塘乡）任团干，1984 年 5 月调大坪乡任司法员，1987 年 1 月调朱坊乡任司法员，1988 年 12 月调南康县公安局凤岗派出所任干警。卢和忠参加工作后，无论在做青年工作，还是司法工作，都能干一行、爱一行、钻一行，兢兢业业、任劳任怨。调公安系统工作后，认真履行人民警察的职责。在侦破案件、抓捕罪犯、制止械斗、调解纠纷等方面都出色地完成任务，深得领导和当地群众的好评。1990 年 7 月 20 日，南康县凤岗派出所接到群众报案：三江乡寨岭村寨下组发生一起水利纠纷，该组村民申某私自违背承包合同，不准村民在其承包的山塘内放水灌田，并带上三支鸟铳、两支梭镖、茶杯茶瓶等物守在塘基上，扬言“谁上来就打死谁”。村里群众义愤填膺、摩拳擦掌，要与申大干一场，一场血腥械斗一触即发。接到任务后，卢和忠不顾几夜巡逻的疲劳，立即赶赴寨下组开展工作，两次派人叫申回家协商解决纠纷，但申一意孤行、执意不从。卢和忠更加意识到事态严重，不顾村干部的再三劝说解释，执意要上山塘当面做申的思想工作。就在快到山塘时，卢和忠对走在前面的村妇女主任说：“前边危险，我走前边”，说完就赶在她的前边。离申昌增还有十多米时，卢和忠挥臂对申说：“我是派出所的，来帮助你们解决问题，有什么事好商量，不能开铳……”话未说完，灭绝人性的申犯竟然端起鸟铳扣动扳机。卢和忠为党和人民的事业献出了自己年轻的生命，年仅 31 岁。卢和忠牺牲后，民政部批准其为革命烈士，江西省公安厅追记其一等功。

叶兴友（1960—1992） 兴国县东村乡潭背村农民，共青团员。1992 年 5 月 8 日上午，叶兴友在长冈水库边赶莳自己的责任田，同组村民李荣秀的小孩郭芳清和郭桂香兄妹在水库边玩耍，郭芳清不慎跌入水库，妹妹惊慌呼救，惊动了叶兴友和郭芳清的母亲李荣秀。先到达的李荣秀跳进水中和儿子抱成一团，在深水中挣扎着，情况十分危急。叶兴友不顾自己不识水性，跳入水中，用肩膀把他们顶出水面，使母子俩得救，自己却沉入水底，献出了年轻的生命。叶兴友生前还曾奋力救过双手瘫痪不慎掉入粪池的叶树林老人。1982 年 7 月，国营园岭场和澄江村交界处发生山林火灾，他闻讯奔赴火场，奋力灭火 8 个多小时，山火扑灭了，自己却晕倒山地，被群众抬回家。又有一次，同村叶俊德住房失火，叶兴友架起梯子爬上屋顶切断火路。因烟火熏得睁不开双眼，连人带梯摔下来。他不顾伤痛，再次爬上屋顶，直到把火扑灭。同时，他还赡养和照顾过叶宗志、钟川明、叶树林和赖生华 4 位孤寡老人，使他们老有所养、老有所靠。在担任村组干部期间，工作认真负责、大公无私，受到广大村民的信任和好评。叶兴友见义勇为英勇献身后，当地群众为他举行隆重的追悼会，兴国县委、县政府、县人武部发出《关于在全县开展向叶兴友同志学习活动的决定》。同年 8 月 11 日，江西省人民政府批准其为革命烈士。

李　伟（1969—1988） 赣县阳埠乡新联村茶芫人，初中文化，共青团员。17 岁初中毕业，在校期间，他勤奋好学，尊师守纪，拾金不昧，学习成绩优良，与同学和邻里的关系处理得很好，不计较个人得失，经常帮助困难户和残疾老人挑水、扫地，助人为乐。李伟抱着保卫祖国的志向，积极报名参军，于 1987 年 11 月光荣入伍，在中国人民解放军 32412 部队通信连当士兵，次年 5 月加入共产主义青年团。在部队训练时，严格要求自己，从不叫苦怕累，积极主动完成各项任务，自觉遵守部队的纪律，尊重领导、团结战友，深受领导和战友的喜爱。1988 年 12 月 4 日，在副班长的带领下，他与几个战友开挖国防通信光缆线路沟，下午回连队途中，突然一位放牛娃跑来高叫：“解放军叔叔，快去救人!”李伟等人冲向出事地点一看，是一位骑自行车的农民，连车带人倒在马路中间，伤势很重，几位战友正在将跌倒的农民抬往路边时，忽然迎面开来一辆方向盘失灵的十轮大卡车，眼看战友和农民即将被大卡车撞倒，说时迟、那时快，李伟奋力将战友和农民推开，战友和农民得救了，而李伟却献出了年轻的生命，时年 19 岁。1988 年 12 月 16 日，李伟被中国人民解放军总政治部批准为革命烈士。

张建忠（1969—1989） 龙南县桃江乡人，1986年加入民兵组织。1988年成为县民兵应急分队的首批队员。1989年5月，连降暴雨，桃江河水陡涨。22日凌晨，桃江乡窑头村横跨河面130多米长的铁索桥距水面只有尺把距离，面临多年未遇洪水的严重威胁。县人武部组织民兵抗洪抢险，张建忠和应急分队的战友们赶到桥头，在暴风雨中拆拉桥板。张建忠拉了一趟又一趟，当他拉着第五车桥板刚到桥的中段时，一声巨响，铁索断裂，桥面猛地向一侧倾斜。眨眼间，张建忠等10人被抛进滚滚的洪流中，其他9人游上了岸，张建忠却被洪水卷走，献出了宝贵的生命。为表彰他的英雄事迹，1989年12月2日，中共江西省委、江西省人民政府、江西省军区作出决定，追授张建忠为“雷锋式民兵”和革命烈士。

陈红招（1978—1993） 女，崇义县杰坝乡黄沙村人。1993年1月31日11时，该村珠玉坑小组的一块集体幼杉林发生火灾。正在吃午饭的陈红招听到呼救声，立即丢下碗筷，带上扑火工具，第一个跑到山上，投入紧张的扑火战斗。在扑火过程中，陈红招表现英勇，衣服皮肉虽被荆棘顽石划破，鲜血直流，但她全然不顾，始终冲在最前头。由于风大火猛，烈火将她和参加救火的钟达洋包围。突然，一团大火卷着浓烟向钟达洋袭去。在这危急时刻，陈红招不顾个人安危，奋力冲上前去，将钟达洋推出火海。钟达洋得救了，而陈红招却被烈火吞噬，献出了年轻宝贵的生命。1993年11月19日，江西省人民政府批准陈红招为革命烈士。

叶华林（1978—1998） 出生于定南县鹅公乡塘唇村倒流水村民小组一农民家中。1994年，16岁的叶华林初中毕业后回乡务农。1997年9月，叶华林从广东厂家打工请假回乡报名参军，通过初检、复检和政审关，从小就向往军旅生活的叶华林终于如愿以偿，成为一名光荣的解放军战士。1998年7、8月间，湖北、江西等地发生特大洪灾，叶华林随部队赶赴抢险第一线。7月12日，叶华林战斗在湖北省嘉鱼县簰洲大堤上，堤下不停地吐泡泡，小如碗、大如盘，这是翻砂鼓水坍塌的信号。叶华林和战友率先跳入水中，潜到水下，抱着沙袋投到鼓泡处。半个小时过去，1000多袋砂石投下去，鼓泡仍在继续。负责排险的地方技术人员怀疑是靠江一侧的排水管道出现泄漏。刚上堤还未喘过气来的叶华林听后，自告奋勇找连长要求下去看看，没等同意，他就“扑通”一声跳入激流中。地方技术员依据叶华林提供的情况，及时采取措施，制服管涌。同年8月1日20时20分，牌洲民院突然溃口，堤下100平方千米、2666.67公顷耕地顿成泽国，29个村庄、5.3万名群众的生命财产危在旦夕。叶华林所在营官兵奉命前往抢险。一到目的地，叶华林就跳下水，在林中寻找被水冲散的群众。他听见背后不远处传来一个孩童的呼救声，便立即循声游过去，原来是一个八岁左右的小女孩在一堆漂浮的稻草中挣扎。叶华林扑上去营救，经过二十多分钟与洪水的搏斗，将小女孩送到一棵树上。就在叶华林准备再去救人时，一排巨浪涌来，头部撞在树上，随即被汹涌的洪水卷走，夺去了他刚满20周岁的年轻生命。1998年8月9日，广州军区给在抗洪抢险中英勇献身的叶华林追记一等功。湖北省军区同时决定批准叶华林为革命烈士，并追认其为中共正式党员，号召全体官兵向叶华林学习。

蓝善星（1982—1998） 畲族，大余县黄龙镇大合村人。1998年4月5日上午9时左右，大合村民钟际斌带着10岁的侄儿钟凤龙到河对岸祭祖扫墓。当行至横跨章江河的一座木桥时，由于连日暴雨，又值峡口电站开闸放水，致使河水湍急、水位暴涨，走在前面的钟凤龙忽感一阵头晕目眩，在桥中央站立不稳，左右摇摆几下后不慎掉入江中，顺江水而下。顿时，“救命啊！”“有人落水啦！”的呼救声、惊叫声响彻两岸。此时，正在木桥下游百米开外河滩上看书的黄龙中学初二（4）班学生蓝善星听到呼救声，抬头一看，只见江中漂下一人，他不顾自己不熟水性，便一头扎入江中，一把抓住落水儿童，奋力托起。他的同学钟洁也一同跳入江中救人。就在他们将落水儿童托起向岸边送时，一个巨浪又把蓝善星与落水儿童冲散。当随后赶到的村民把落水儿童钟凤龙救上岸时，蓝善星却被江水远远冲走，献出了自己年轻的宝贵生命。1998年4月，蓝善星被大余县委宣传部、团县委和县少年儿童工作委员会等部门授予“舍己救人好学生”“见义勇为好少年”称号；5月，被团县委追认为共青团员；11月，经江西省人民政府批准，蓝善星被追认为革命烈士。

第三节 先进模范

刘和寿（1925—1995） 于都县梓山镇人。1949年8月会昌刚解放，即在晓龙乡晓龙村任民兵分队队长。1949年10月正式参加工作，1952年8月加入中国共产党。先后任晓龙乡民兵队长、乡长、乡党支部书记。1958年任高排公社副社长。1959年11月至1969年12月任高排公社、高排区人武部部长。解放初期，各地匪患猖獗。晓龙乡地处会昌西南边陲，与于都、安远毗邻，土匪出没无常，扰乱社会治安，民无宁日。当时担任民兵队队长的刘和寿，带领民兵积极配合县公安大队、县剿匪部队，参加了第一次剿匪行动。1950—1963年，刘和寿带领民兵共抓获土匪、特务23人，缴获长短枪13支，为肃清会昌南部匪患做出突出贡献，被省、地、县三级授予“剿匪模范”光荣称号。在担任社、区人武部部长期间，他认真贯彻毛泽东“大办民兵师”“民兵工作要做到组织落实、政治落实、军事落实”的要求，创造性地开展民兵工作，使高排的民兵、武装工作成为全县、全区乃至全省的一面红旗。1966年9月，赣州军分区在高排公社召开全区民兵工作现场会，总结推广高排的先进经验。刘和寿本人也于1964年1月出席江西省第二次民兵代表大会，受到大会的表彰；同年7月，江西省军区授予他“治安模范”荣誉称号；同年，福州军区授予他“民兵英雄人物”光荣称号。1970年1月至1975年1月刘和寿任于都县化工厂厂长、党支部书记，被选为县委委员。后分别在县自来水厂和县汽车修配厂工作。1981年7月任县劳动局副局长。1995年去世。

陈维生（1952—1998） 信丰县人，中共党员。1970—1980年在江西赣南水泥厂工作。1981年，调大余县食品厂工作。1984年，任食品厂副厂长。1985年，任厂长。1991年，任牡丹亭旅游食品工业总公司总经理。自任县食品厂厂长以来，陈维生团结带领全厂职工，群策群力，以创新求实、开拓进取的精神，深化企业改革，以市场为导向，积极开发新产品，在改进传统食品生产工艺的基础上，形成了一套选料严格、配料精细、加工科学、风味独特的“牡丹亭”牌旅游食品生产工艺，以多味花生为主的“牡丹亭”牌系列食品畅销全国各地，远销海外。“牡丹亭”牌多味花生产品，1989年获《江西省优质产品证书》，1990年获第二届北京国际博览会银奖、中国首届轻工产品博览会银奖、中国食品工业协会十年成就展优秀新产品奖和全国名优特新评选最受消费者欢迎产品奖，1991年获上海市场优秀食品消费者奖，1992年“牡丹亭”商标被评为江西省著名商标。产品产量由1984年的400余吨逐年增长，1990年产量突破4000吨，1995年突破6000吨，企业年产值由几十万元的小厂发展成为产值突破1000万元、销售突破2000万元、税利突破400万元的工业集团企业。牡丹亭旅游食品工业总公司不仅是县企业创利税首户，而且在全省同行业中首屈一指，成为全省旅游食品的骨干企业。1989年，大余县食品厂晋升为省级先进企业。1989—1991年连续三年被赣州地区行署命名为“最佳企业”。1990年，被江西省精神文明建设委员会表彰为“江西省优质服务先进单位”。1991年，被江西省人民政府授予“改革先进企业”称号。多年被评为全省“双增双节”劳动竞赛优胜企业。陈维生个人历年被省、市、县评为先进工作者、优秀共产党、优秀企业家、明星厂长、优秀厂长等称号，1990年获全国“五一劳动奖章”。1992年获江西省“五一劳动奖章”，被评为全国优秀经营管理者。1993年被评为江西省劳动模范。1995年被评为全国劳动模范，并赴京出席中共中央、国务院召开的全国劳动模范表彰大会。1998年，陈维生任大余县食品一厂厂长。1998年11月17日，因病去世。

温端生（1953—1995） 1953年出生，石城县琴江镇人。1972年8月入伍。1974年6月加入中国共产党。1979年9月毕业于解放军第一军医大学，分配在福州军区总医院骨科工作。1987年4月，任南京军区福州总医院骨科主治医师。曾立三等功1次，被评为优秀共产党员及先进工作者各1次，获嘉奖6次。1994年12月晋升为骨科副主任医师。自从医以来，经他治愈的骨外伤病人达4000多人，他与战友一起创造“八指断离八小时全部再接成活”的全国纪录，首创“采用食指、中指背侧带蒂血管皮瓣现造拇指”并获成功。由于医技精湛，不少患者被他从死神那里夺回。为答谢救命之恩，以送礼来了却心愿，均被他婉言谢绝。更有甚者，以高薪聘请，并许以房屋，但他却全不为所动，保持了一名军医的崇高品质。温端生长期从事骨科专业，以脊椎外科、显微外伤为研究方向，刻苦钻研，先后发表《类风湿髋关节的人工髋关节置换术后远期随访分析》等论文21篇。1995年3月5日凌晨，温端生因心脏病突发，猝然逝世，时年42岁。新闻媒体将这一消息及时予以报道。1995年11月8日和18日，中央电视台晚间黄金时段分别以《闪光的人生》和《走近好人——一座雕像的诞生》为题，介绍了他的事迹；同年11月25日，《赣南日报》头版头条刊载由南京军区作出的《广泛开展向温端生学习活动的决定》，并以“红土地的骄傲”通栏标题再次报道他的事迹。

第四节 享受国务院特殊津贴专家或正高级专业技术职务者

黄玉兰（1916—1993） 男，大余县黄龙镇灵潭村人。早年丧父，家境贫困，入学读书费用靠伯父资助。后考入南昌中正医学院，1943年毕业后留校任教。1949年5月，黄玉兰参加革命工作。1960年参加中国人民解放军，1979年4月加入中国共产党。1949—1957年，先后在中南军区华中医学院、第四军医学院、第六军医大学、第七军医大学任讲师、副教授。1957年调入北京解放军三〇二医院，先后任科主任、主任医师、专家组组长和中国人民解放军军医进修学院教授、硕士生导师。曾受聘担任中国人民解放军医学科学技术委员会委员、总后勤部高级技术职称评审委员会委员、全军传染病专业组副组长。是《解放军医学》杂志、《人民军医》杂志、《中华实验和临床病毒学》杂志编委及中国农村医学函授院兼职教授。他从事医学教学和临床工作近50年，对细菌性痢疾、病毒性肝炎、疟疾、伤寒、流行性脑脊髓膜炎、流行性出血热等传染病的诊治及疑难病症的确诊和抢救有着十分丰富的经验。从1960年起经常参加对军内外高级干部及外宾的会诊，并多年负责总政治部主任肖华的保健，几乎到过全国各省会诊病人。先后主编《细菌性痢疾》《传染病学》《实用临床传染病学》等书；参加合编及审订《儿科学》《医疗护理技术操作常规》《临床疾病诊断依据治疗好转标准》等书，发表大量的医学论文，数次获得科研成果奖，为传染病学的发展做出突出贡献。1990年被总后勤部政治部授予黄玉兰为有突出贡献的专家，享受国务院颁发的政府特殊津贴。黄玉兰一生热爱祖国、自强不息、光明磊落，即使在政治运动中受审和下放劳动的逆境中，仍坚定共产主义信仰，从1961—1979年，先后写了6次入党申请书，终于在中共十一届三中全会以后得以平反，加入了中国共产党。1993年10月，黄玉兰病逝于北京。

陆剑尘（1909—1990） 章贡区人。年少时体弱多病，于是立志学医。1936年毕业于上海中国医学院中医系，曾在上海名中医朱鹤皋、徐小圃、丁仲英、顾谓川、祝味菊、王仲奇、夏应堂等人门下学习。毕业后回乡，以中医为业。1954年在赣州市立医院任中医师。1955年任赣州市人民政府卫生科副科长，不久调赣州市公费医疗门诊部任副主任。1958年入中央委办的南京中医院中医研究教学班进修。此后，历任赣南中医药研究所副所长、赣南人民医院中医科主任。1980年12月，晋升为中医主任医师。先后被选为中华全国中医学会江西分会理事、中华全国中医学会赣州分会名誉会长、赣州市中医药学会主席、江西中医学院中医函授赣南辅导站站长、赣州地区科学技术协会委员，历任赣州市政协第二至七届委员、江西省第五届人民代表大会代表和赣州市人民代表大会代表。1990年病逝。

陆剑尘有较深厚的中医理论知识。从医50多年来，积累了丰富的临床经验，擅长中医内、儿、妇科。他治疗内科杂症和调理虚劳痼疾，善于把握脾肾两大器官，把调理脾肾作为治疗的重要环节。著有《痢疾概论》《临床集锦》《湿温病综述》《再生障碍性贫血病重症医案记》，并主编《赣南中医秘验方汇编》《赣南草医秘验方》《赣南中药炮制汇编》《赣南药用植物志》《陆剑尘临床经验选》《陆剑尘医案》（已选入由北京出版社出版的《中国现代名中医医案精华》）。他的生平、学术贡献被选入《中国当代中医名人志》。

黄有馨（1915—1987）　女，石城县龙岗乡人。1938 年，毕业于浙江大学农化系。最初在四川大学农学院、原中央工业实验所、江苏省镇江女子职业中学等处任教和从事科技工作。1953 年，调华东农科所土壤肥料系，从事土壤微生物研究，对固氮微生物的固氮效率及其对小麦、棉花的增产效应进行深入钻研，尤其对苏北滨海盐土中好气性固氮菌的研究取得许多有科学价值的资料，在苏北滨海盐土的改良利用中起到积极的作用，受到江苏省人民政府的嘉奖。20 世纪 60 年代初，她负责筹建同位素示踪研究室，并开始对放射性同位素示踪技术的研究。经过 3 年的刻苦钻研和辛勤工作，建起华东第一个先进的同位素示踪技术研究室。开展放射性同位素 32P、14C 示踪技术对水稻的高产栽培经验进行研究和总结，取得宝贵的资料，使原子能这一尖端技术应用于全国的农业科研领域，并取得可喜的进展。20 世纪 70 年代，主持研究、推广根瘤菌苗圃法，为当时江苏紫云英北移和提高绿肥产量起到积极的作用，为此获 1978 年江苏省科学大会奖。晚年，她不顾年迈仍继续主持江苏省和农业部重点科研项目，开展固氮蓝藻方面的研究。其稻壳吸附剂蓝藻放养利用研究成果在国际水稻土会议上进行学术交流，受到国内外同行的赞誉，获得江苏省微生物学会优秀论文奖。黄有馨在半个多世纪的教学、科研工作中，历任助教、副工程师、研究室主任、研究员等职务，为发展中国的现代农业和培养当代农业科技人才付出毕生的精力，取得巨大成就。1956 年加入中国民主同盟，任民盟江苏省农科院支部委员。1961 年加入中国共产党，曾任所在党支部委员，并当选为江苏省第二届、第三届人大代表和省妇联委员，被江苏省人民政府授予“三八红旗手”称号。1987 年病逝。

第五节　知名人士

陈国屏（1891—1987）　字襄平，别名正礼，石城县屏山镇人。6 岁入私塾就读，共 10 多年。少年即有从军救国之志，先后入江西陆军小学、陆军速成学校、武昌陆军第二预备学校、保定军校五期、陆军军需学校等研习军事。1911 年在陆军小学就读期间，参加了辛亥革命。1913 年参加讨袁之役，再试锋芒。1917 年保定军校结业返回江西，在第六师见习；同年秋，赴粤入赖世璜军追随孙中山护法。其后，讨龙济光、逐莫荣新、驱陆荣廷，参加北伐，进击北洋军阀杨如轩与杨池生部，历任营长、团长、师长、警备司令等职。1930—1934 年，任宁都、瑞金、石城、广昌 4 县党政委员会主任委员。嗣后，任第八行政区督察专员。抗日战争期间，任萍乡煤矿管理处处长时，雷厉风行整顿矿风纪律，当年就使该矿转亏为盈，其经济管理才能初现端倪。后调任国家钨业管理局赣南分处处长，当时开采钨矿的生产机构全国仅有赣南、湖南及广东 3 处，而以赣南分处最具规模。在他领导下，赣南分处 10 年之内发展为 14 个事务所，矿区遍及 14 个县，员工数千。在日军侵略势力威胁下仍奋力生产，每年产钨万吨，完成争取外汇任务，成为中国抗战期间深受国际重视的矿业，为战时军需做出重大贡献。1949 年赴香港，后赴台湾。1987 年 9 月 7 日，在台北中华医院辞世。

路易·艾黎（1898—1987）　新西兰人。著名作家、教育家和社会活动家。1927 年来到中国，在中国生活整整 60 年，为中国的民族革命战争、社会主义革命和建设事业奋斗一生。他为赣州工业发展做了大量工作，取得显著成绩。

抗日战争爆发后，为增强抗战经济力量，当时在中国的路易·艾黎、埃德加·斯诺和爱国民主人士胡愈之、陈翰生等人，于1937年11月发起组织中国工业合作设计委员会，推举路易·艾黎为召集人。次年8月5日，他们在武汉正式成立中国工业合作协会（以下简称“工合”），由路易·艾黎出任技术顾问，负责协会的组织工作。接着，成立国共两党和爱国民主人士组成的理事会，并积极开展工作。1938年9月，路易·艾黎到赣州筹组工合东南区办事处。到赣州的次日就开始调查工作。参观赣州的织袜、机器等行业的手工业生产，又到营角上了解造船及航运情况。当时，赣州的工业基本上是手工操作，生产基础很薄弱，日用工业品奇缺。他认为必须发展机器、造船、造纸、纺织等行业的生产，以满足抗日军民需要。为发展工合事业，他前往浙江，将一个因遭日军“扫荡”而倒闭的机器厂设备，组织民工用手推小车运到赣州，并从上海招来一批熟练工人，作为机器生产的技术骨干。还召集一批国际友人、爱国华侨、大学生来到赣州，帮助发展机器生产。经过3个月的筹备，1939年初，工合东南区办事处在赣州正式成立，由艾黎兼任办事处主任。办事处管理赣、粤、闽、浙、皖等5个省的700多个工业生产合作社，有8000多名社员。至1940年上半年，由于他的努力和中国共产党人的帮助，赣州城内的工厂由原来的几家猛增到54家，赣州工业发生质的飞跃。1940年，为扩大工合事业的影响，路易·艾黎离开赣州，去重庆、武汉等地考察。1942年10月离开武汉前往延安，在延安住近两个星期，并办起工合事务所，受到毛泽东等中共领导人的接见。从延安回到武汉不久，艾黎就被国民党武汉卫戍司令部拘留，软禁在卫戍司令部的一个接待室里。消息传到重庆，行政院打电报到武汉，说明艾黎是行政院的顾问，要求给予保护。不久艾黎恢复自由。抗战胜利后，艾黎回到新西兰。1952年3月，亚洲及太平洋区域和平会议在北京召开，艾黎应邀参加会议，会后留居北京。1952年，艾黎第二次来到赣州，之后于1957年、1968年各到赣州一次。1979年带着翻译、医生、摄影记者又来到赣州，在赣州市内一些活动过的地方摄影留念。1987年病逝于北京。

周邦道（1898—1991）　字庆光，号龙雾山樵，瑞金市黄柏乡直坑村人。16岁考取宁都县立中学，后转学省立第九中学，21岁考取国立南京高等师范学校，毕业后在河南四师任教。回省后，先后担任江西二师、省立八中、南昌乡师校务主任及省立宁都中学校长等职。1923年，与刘惟甫等集资创办绵江中学，兼任董事长。1930年夏，国民政府举行第一届高等考试，周邦道获第一名，被誉为民国状元。接着任教育部编审、督学等职。其间，主编第一部《中国教育年鉴》《中国人口数目考》，主办《中国教育视导》《当代教育文献》等书刊，由中华书局出版发行。1945年6月，周邦道主持国家考试院工作，兼江西省教育厅厅长和国立中正大学教授等职。1949年，赴台湾省担任省立农学院（中兴大学）教授，兼任测量学校、东海大学教授，后任中国医学院副院长、代理院长。晚年崇信佛教，历任台湾佛教联体机构慈光图书馆董事长及佛学研究所所长等职，沉潜于经史典籍，精研百家名著。生前编著出版《中华大典·宗教》和佛学、道学等著作32种。周邦道一生素食布衣、俭而好施、严于律己、处世谦和、谨言慎行。1991年，病故于台湾。

刘财昆（1903—1987）　女，龙南县安基山人。20世纪30年代三南游击队在龙南开展革命活动时，其夫是红军游击队交通员，1945年牺牲。她继承夫志任交通员，积极支持游击队活动，从县城购买食盐、电池、药品等物资转运给游击队。中华人民共和国成立以后，积极响应人民政府号召，努力生产，支援社会主义建设。山区缺少耕牛，她一人养牛10多头，在生产劳动中做出了突出贡献。1964年，被江西省人民委员会授予“养牛模范”称号；同年，当选为第三届全国人民代表大会代表，出席在北京召开的全国人民代表大会，参会期间受到毛泽东等中央领导的接见。1987年去世。

游牧民（1904—1991）　原名国鑫，号铁铮，石城县琴江镇人。8岁入学，15岁考入宁都省立第九中学。1923年春，投奔赣军独立军赖世璜部谋职。同年冬，因赣军奉命筹备北伐，培训提前结业。1926年，随赖世璜的国民革命军第十四军北伐，参加了收复崇仁、乐安、临川等地。民国16年冬，军长赖世璜被害，十四军被改编，于是报考南京军校。入军校不久，即被选入军事杂志社，参与编辑发行工作，自此转入军事科学研究达 6 年之久。抗日战争胜利后，先后担任江西保安警察第五、第七总队总队长，民国 37 年（1948）调回江西保安部队，任第五团团长，后改任陆军第十三师三十八团团长。民国 38 年（1949 年 9 月 30 日止）升任五十六师少将副师长。1949 年 9 月，请假赴台湾，在台中定居。1953 年春，入台中地方法院工作。1957 年退役。1960 年秋，应考调入台湾高等法院，从事文书档案整理工作。此后，先后 4 次调换机构，又从事法律工作达 25 年之久，直至 1978 年，以高等法院简任主管之职退休。1991 年 7 月 27 日病逝。

钟兆麟（1905—1989） 别号舞天，南康市潭东乡人。幼时随父在私塾读书。1918 年春，考入南康县潭口乡高等小学。1921 年秋，考入江西省立第二师范学校。1926 年秋，考入南京国立东南大学。1927 年 3 月，转学至国立第四中山大学。不久，蒋介石背叛革命，学校不安宁，于是回南昌第二小学任教。1928 年复学于南京国立中央大学文学院时，慷慨解囊资助北上找中共组织的共产党员罗贵波等人。他刻苦学习，在此后的一二年中，利用课余时间，翻译《文化进化论》《社会变动论》，并在上海世界书局出版。1931 年夏毕业，任江西省立第三中学教员。“九一八”事变后，于教学之余，偕同师生参加抗日救国宣传活动，向学生介绍进步刊物。期间，在校刊上常发表论著，先后翻译《社会思想史大纲》和《哲学方法概论》等书。1937 年夏，任江西龙南师范学校校长，任职 5 年，获省教育厅传令嘉奖。1942 年夏，辞职居家撰写《历史哲学概论》稿。后任国立中正大学赣县分校讲师。1945 年秋日本投降后，出任南康县立中学校长，致力办学，亲自填写南康中学校歌，勉励学生博学知识、继往开来、正己达人，还经常亲自对全校师生进行学科讲座，聘请经济学家、教授郭大力来校讲学。1946 年 8 月，调江西省立赣县中学任校长，直至赣州解放。中华人民共和国成立后，钟兆麟任省立赣州中学副校长。1953 年，被选为赣州市人民政府副市长，分管文教卫生，工作极端认真负责。1957 年，调任南昌师专副校长。1958 年南昌师专改为江西教育学院，钟兆麟任副院长。1961 年 9 月，调任赣南师范学院副院长，兼任赣州地区社会科学联合会副主任。1962 年起，历任赣州市政协第四、五、六、七届副主席。1964 年，撰写《逻辑学要义》，由江西人民出版社出版；同年 8 月，继任赣南师范专科学校（原赣南师范学院）副校长。1975 年离休后，仍任江西省政协委员、赣州市政协副主席。1989 年病逝。

李友秀（1905—1997） 女，兴国县潋江镇五里亭村人，生于 1905 年，中共党员。她家境贫寒，早年参加土地革命，任乡妇女主任。中华人民共和国成立后，任村贫雇农主席团主席、乡妇女主任。土地改革结束后，她刻苦学习文化、生产知识，积极组织互助组，发展农业生产。1953 年春，在县内首先建立五里亭乡李友秀初级农业生产合作社，带头走农业合作化道路。她以身作则带领群众积极参加生产劳动，推广农业生产新技术，获“全国劳动模范”称号；同年 9 月，参加中国人民第三届赴朝慰问团，慰问中国人民志愿军和朝鲜人民军。1954 年，李友秀当选为第一届全国人民代表大会代表；同年 9 月，赴北京出席第一届全国人民代表大会第一次会议，受到毛泽东接见。此后，连续当选为第二、三、四、五届全国人民代表大会代表。1955 年 8 月，参加中国妇女代表团出席在瑞士召开的世界母亲大会。1956 年当选为中共八大代表；同年 6 月，赴北京出席中国共产党第八次全国代表大会。1958 年出席全国妇女建设社会主义积极分子代表会议；同年 8 月，被转为国家干部，先后任城关人民公社社长、兴国县人民委员会副县长、五里亭人民公社社长、县贫下中农协会副主席、县革命纪念馆副主任，中共兴国县第四至第八届委员会委员、第八届委员会常委，县革命委员会副主任等职，是中共江西省第六次代表大会代表，江西省第五届人民代表大会代表及省五届人大常务委员会委员。1978 年 9 月，出席中国妇女第四次全国代表大会，并当选为全国妇联第四届执行委员会委员。1997 年 7 月病逝。

魏　晋（1908—1987） 又名魏运织，章贡区荷包塘人。1926 年，加入中国共产主义青年团。1932 年，在上海参加左翼作家联盟。1933 年 3 月，受“左联”委派再赴日本，恢复“左联”东京组织的活动，就读于日本国立东京高师，与任白戈、张香山等人组织东流文艺社，任主编，出版《东流》《杂文》《东京诗歌》等抗日救国宣传刊物。1937 年回国，同年 9 月至次年 7 月，在江西省保安司令部政训处工作，先后任宣传科少校科员、组训科少校科员兼政训大队教官，编写《日本侵略中国史》，并参与编写《抗日士兵读物》。1940 年 2 月回赣州，先后任抗建通讯社编辑、《新赣南报》主笔。“皖南事变”后，因抵制刊载反共宣传文章而离职，被国民党赣南当局以共产党嫌疑分子逮捕。交保释放后，曾任国民党军事委员会资源委员会钨业管理处赣南分处第八事务所（在上犹县）事务员、信丰县政府教育科代科长。1945 年 8 月起，历任赣南广慈博爱院总干事、副院长、院长，兼合作工厂厂长、牙刷厂厂长、赣州救火会理事长、赣州新闻记者协会理事长等职。1946 年起，任赣县参议会参议员。1947 年 8 月起，任赣州防护团理事长。1949 年 4 月，创办《大赣报晚刊》，任总编辑。1949 年 8 月 9 日，驻赣州城内的国民党党政军警机关人员全部惶恐奔逃，赣州城处于“真空”状态。中共赣州地下组织致函魏晋，要他会同地方人士，发动由商会领导的赣州防护团维持地方秩序。魏晋挺身而出，于当天邀集赣州知名人士陈锐、张广鸿、钟兆麟、晏任周、熊永祥和江西省钨锡矿业有限公司代表高烃等开会商讨护城事宜，并亲任防护团总指挥，使赣州城在“真空”期间电厂照常供电、商店照常营业，社会秩序安定，人民生命财产得以保障。同年 8 月 14 日，中国人民解放军到达赣州，魏晋亲率赣州各界人士欢迎解放军进城。中华人民共和国成立后，魏晋于 1949—1950 年继续担任赣南广慈博爱院院长兼牙刷厂经理。1955 年起，改任江西省人民政府参事室参事。是江西省政协第五届委员、中国作家协会江西分会会员。1987 年 2 月于南昌病逝。

释印慈（1908—1993）　佛教徒。俗名王家祥，宁都县蔡江乡人。幼时读私塾。1927 年在青塘祇园寺拜师出家，1930 年在赣州光孝寺受戒。中年时云游赣、浙名山寺庙，曾在南昌承恩寺、赣州寿量寺、宁都祇园寺、兴国千僧寺、石城宝福寺、杭州菖蒲寺等寺庙任住寺。中华人民共和国成立后，于 1956 年入中国佛教学院学习两年半，结业后回宁都任青莲寺、海莲寺住持。是中国佛教学会常务理事、第四届江西省政协委员，四至六届县政协常委，三届、五届县人大代表。1993 年 9 月，在宁都永宁寺圆寂。

陈独清（1909—1990）　南康市太窝乡太窝村人，生于信奉天主教的家庭。1934 年毕业于江西天主教神哲学院。1935 年被祝圣为神甫。后在南康县、宁都县天主教堂任小学教员、校长、本堂神甫和赣州教区小修道院任副院长、副主教等职。中华人民共和国成立后，任南康县太和里天主堂神甫、天主教爱国会主委。1955 年任赣州市天主堂神甫、天主教爱国会副主委。1958 年被选圣为天主教赣州教区主教，任江西省天主教爱国会副主委。1980 年任中国天主教主教团成员、中国天主教爱国会常委、中国天主教教务委员会常委。1981 年任江西省暨南昌市、赣州市天主教爱国会主委和江西省天主教教务委员会主任、天主教江西教区主教。

陈独清坚持反帝爱国立场，是江西省天主教反帝爱国运动及其爱国组织的发起人和创始人之一，也是江西省天主教独立自主自办教会、自选自圣最早的一位天主教徒。他团结天主教人士毅然摆脱帝国主义势力对天主教的控制，赞成并坚持“中国天主教独立自主自办教会”的方针，为推动江西省天主教信教群众走独立自主、自办教会的道路和抵制国外教会敌对势力的渗透暨协助党和政府贯彻宗教信仰自由政策做了大量的工作，在江西省和全国天主教界享有较高威望，受到各界爱国人士的尊重和全省天主教界人士的爱戴。陈独清积极参加国家政治生活和社会活动。自 1953 年以来，担任南康县人大代表、政协委员；1955 年以来，任赣州市政协常委、人大代表；还历任省政协一、二、三、四届委员，五、六届常委。他积极参加由政协组织的学习视察活动，认真了解情况，督促政策落实，向党和政府提出建议及意见。陈独清为人忠诚老实、正直无私、谦虚谨慎，处事公正、平易近人。几十年来，为江西省天主教爱国会和独立自主自办教会的事业鞠躬尽瘁。1990 年 8 月于赣州病逝。

广化和尚（1924—1996） 俗姓彭，名华元，南康市潭东镇人。自幼聪颖，有神童之誉。18岁毕业于江西省立赣县中学，投笔从戎，开始军旅生涯。1949年去台湾。此后专心学佛，为其部队中首位公开学佛的军官。1957年退役后，投台中慈善寺律航上人出家，次年应聘为台湾佛学院讲师。1959年，于台北十普寺受三坛大戒，受戒之后专持戒律，勤修净土。是年于台东创办佛教莲社。1960年，回慈善寺任住持，3年后交卸寺务，专心办学。先在新竹灵隐佛学院任教务主任。1962年，学院搬到台中南普陀改名为南普陀佛学院。1963年，创建雾峰护国寺。后来又先后受聘任南投碧山岩寺南光佛学院、台中慈明佛学院教务主任。1974年，受邀于台北创办东山佛学院。1980年，再任南普陀佛学院教务主任。1984年，受请为台北汐止白云寺住持，并任净律寺佛学院教务主任。1988年，任南普陀寺住持、南普陀佛学院院长，又接任屏东普济寺住持。1993年，从俗家儿子彭长光处获悉江西南康县决定重建南山生佛寺后，先后募集、捐助资金260多万元，使生佛寺顺利建成。1996年，领导南普陀佛学院举办为期半年的三坛大戒，一偿如法传戒的夙愿；同年6月7日坐化于南普陀寺方丈室。南山生佛寺建有舍利塔和广化纪念堂。广化数十年来专于僧伽教育，在中国戒学史上奠立了不朽地位。其著述甚丰，关于净土思想方面有记录《佛说观无量寿佛经讲记》、讲解《佛说观无量寿佛经》、讲解《阿弥陀经要解》、编辑《律航法师遗著》和《李济华居士遗著》等；关于戒学律仪方面有《戒学浅读》《五戒相经笺要集注》《沙弥律仪要略集注》《四分律比丘戒本讲义》《梵纲经菩萨戒本讲义》等。

高潮峰（1929—1995） 安远县欣山镇人，国家二级舞台美术设计师，中国舞台美术学会常务理事，江西省舞台美术学会副会长，中国戏剧家协会会员，江西省歌舞团离休干部。1949年9月参加工作，从事舞台美术设计40余年，爱岗敬业，精益求精，曾经被评为省文艺界乙等劳动模范，作品数十次获得省级以上奖励。1995年10月1日，因病在北京逝世。

凌加冰（1935—2000） 原名家斌，字霄志，号小余，赣县韩坊乡人。湖北大学工业经济专科毕业，经济师。曾任测量技术员，中学教师，技术档案管理员，银行信贷员、股长、副科长，全国城市信用社书画家协会湖南分会筹委会秘书长。

凌加冰壮年立志，勤学书法，自学成才。先后在长沙工艺美术专科学校、无锡书法艺术专科学校书法研究班、中国书画艺术大学书法系、中国书画函授大学国画专业进修，并从师书法名家彭飞、李立学书法和金石，主攻篆书，兼作隶、行、草书。用笔浑厚、刚柔相济，苍劲古朴、畅逸俊秀，点画圆润，行笔流利。尤以篆书形象独特。“诗、书、画、印、文”全面发展，一举成名。获得“世界艺术名人”“世界铜奖艺术家”称号。业内人士称之为“大器晚成，硕果累累”的书篆家。凌加冰有诸多作品入选在“中国中青年书法家”“中国民族文化博览会”“中国民主建国会”“海内外书画名家”参展。书画作品曾赴美国、泰国、日本等国，以及中国香港、台湾地区展出。并在“笔悟杯”“秦俑杯”“龙舟杯”“精英杯”书画大赛获三等奖1个、一等奖2个、特别奖1个。传略载入《中外当代书画艺术家大辞典》《国际现代书法集》《新世纪中国诗书画印大观》等典籍。凌加冰先后兼任过中国书画家协会常务副主席、中国书画艺术大学书法系教授、世界书画协会常务理事、舒同书法研究会顾问、当代神游书画家协会名誉顾问。2000年11月24日，因病在长沙辞世。

邵炎崇（1940—1994） 会昌县周田镇新圩村人。1959年，于江西煤矿学院采矿系毕业后留校任教。1961年9月，在丰城矿务局任技术员。1968年11月，在丰城矿务局建新矿历任副矿长、矿长。1983年5月，任丰城矿务局副局长，并兼任坪湖矿矿长。1984年2月任矿务局总工程师兼副局长。1989年晋升为高级工程师。担任建新矿矿长期间，带领全矿职工依靠科学技术，狠抓采区设计改革和生产环节改造，使一个30万吨设计能力的矿井产煤63万吨。1977年，该矿被煤炭工业部授予“全国煤炭工业学大庆赶开滦先进单位”“全国煤炭系统大庆式企业”等荣誉称号。同时，主持完成了该矿由30万吨扩建到60万吨、洗煤厂由60万吨扩建到90万吨处理能力等各项任务，并主持一次组装成功的国产综采机，为实现机械化矿井打下坚实基础。1984年，该矿获江西省煤炭科技进步一等奖。1983年5月，出任矿长不久，坪湖矿发生重大瓦斯爆炸事故。他敢于负责，采取积极措施，果断处理事故，救出受难工人，尽快恢复生产，受到江西省煤炭工业厅的表扬和奖励暨广大职工的称赞。任丰城矿务局总工程师期间，主管全局的生产技术管理等工作。他积极推进全局技术关，完善全局主要矿井瓦斯抽放系统、电子计算机瓦斯监测系统；同时，组织科技人员和北京煤机厂共同研制三软支架，先在坪湖矿试用，再在全局推广，全局采煤机械化程度达42%，为全局的安全生产和年年超产做出突出贡献，被江西省煤炭工业厅评为机械化积极分子。1994年5月8日煤矿发生瓦斯爆炸，邵炎崇奔赴事故现场组织抢救，不幸以身殉职。

第二章 人物简介

人物简介依次收录军队高级将领65名，省部级领导干部8名。人物排列以生年为序。

第一节 解放军将领

刘守仁 又名刘世洺，1907年出生，赣县田村镇龙下村人。1934年4月参加中国工农红军，1932年7月加入中国共产党，参加了二万五千里长征和抗美援朝。历任兴国县龙口乡苏维埃主席、兴国县游击队排长、八路军留守处粮车科科长、东北民主联军后勤部军需处长等职。荣获二级八一勋章、二级独立自由勋章、二级解放勋章、二级红星功勋荣誉章。

黄家祥 曾用名黄家守，1910年出生，宁都县赖村镇围足村歧上组人。1933年6月在宁都参加革命，同年加入中国共产党，参加了二万五千里长征。1934年4月起，历任中央红军八军团三十九团三营九连四班班长、三十一军三十九团三营九连一排排长等职。1964年3月正师级离休，享受副军级待遇。

曾思玉 原名曾世裕，1911年3月出生，信丰县嘉定镇人，1927年2月参加革命，1930年12月加入中国共产主义青年团，1931年11月转入中国共产党，1930年8月参加中国工农红军，参加了中央苏区五次反“围剿”和二万五千里长征。1942年冬任冀鲁豫军区第八军分区司令员，参加了平型关战役。1955年，被授予中将军衔，荣获二级八一勋章、一级独立勋章、一级解放勋章；荣获朝鲜民主主义人民共和国一级国旗勋章、一级独立自由勋章、二级独立自由勋章；1967年7月起先后任、中共湖北省委书记、湖北省革命委员会主任、长江葛洲坝工程第一任指挥长。1983年离休。曾被选为中共第九、十、十一届中央委员会委员，第三、四、五届全国人民代表大会代表。1988年7月荣获一级红星功勋荣誉章。

钟辉昆 1911年出生，宁都县刘坑乡雪竹人。1934年加入中国共产党，同年参加中国工农红军，参加了二万五千里长征。历任红三军团补充三师三团连长、八路军一二〇师三五九旅七十七团连政治指导员、冀察热挺进军第三六支队政治处主任平北军分区司令员、冀中军区第十二军分区司令员、冀察热军区热西军分区司令员、第四野战军一六八师师长等职，少将军衔。

胡德利 1912年3月出生，安远县鹤子镇坳下村人，1929年5月参加革命工作，1932年加入中国共产党，1929年参加红军，参加了二万五千里长征。历任红一军团骑兵团排长、八路军一一五师骑兵团营长、察北军分区副司令、骑兵三师师长。1971年1月离职休养，1987年1月被批准享受副兵团级政治、生活待遇。1988年荣获二级“红星”功勋荣誉章。大校军衔。

顾玉平 1912年出生，瑞金市泽覃乡人。1933年8月参加红军，1935年5月加入中国共产党，参加了二万五千里长征。历任红军副班长、侦察连侦察员。曾任周恩来的警卫员、八路军一二九师师部电台报务员、中原十三纵队电台中队长、六十一军通讯科长、川北军区通讯科长等职。1970 年离休。享受副军职待遇。

刘安荣 1912 年出生，石城县横江镇人。1932 年 4 月参加中国工农红军，1934 年 10 月参加二万五千里长征，1935 年加入中国共产党。历任总部野战军医院三所政治指导员，太行平顺兵站医院代政委，冀鲁豫军区卫生部政治处主任、医院部野战医院政委、政治部干部科长等职。1955 年 9 月授予上校军衔。1960 年 8 月离休，享受副军职待遇。

许 诚 1913 年出生，宁都县长胜镇青树村人。1929 年参加中国工农红军，1932 年加入中国共产党。参加了二万五千里长征。历任红三军团第二师师部通讯班长、第十师三十团团长、八路军一二九师三〇五旅七六九团营长等职。1964 年晋升为少将军衔。

徐光华 又名徐祥享，1913 年出生，赣县湖江镇古田村人。1932 年加入中国共产党，1934 年 2 月参加中国工农红军，参加了红军二万五千里长征。曾任少共国际师宣传干事等职。1955 年被授予少将军衔，荣获二级八一勋章、二级独立勋章、二级解放勋章。1965 年离休。

兴 中 原名赖庆尧，1913 年出生，崇义县麟潭乡人。1932 年参加中国工农红军，1936 年加入中国共产党，参加了二万五千里长征。历任红一军团第一师三团班长、晋察冀三分区十大队一营营长、晋察冀一分区三团一营营长、晋察冀一分区十九团团长等职。少将军衔。1983 年以副兵团职离休。1988 年 7 月获一级红星功勋荣誉章。

熊光焰 1913 年 8 月出生，石城县大由乡人。1934 年参加中国工农红军，同年 10 月加入中国共产党，参加了二万五千里长征。先后担任班长、排长、连指导员、营教导员、晋察冀军区三分区骑兵团政委、教导旅副团长、四野作战科副科长、十一师三十三团副团长等职。1981 年 8 月离休。

钟 辉 1914 年出生，瑞金市黄柏乡人。1932 年参加中国工农红军，1933 年加入中国共产党，历任中国人民志愿军炮兵指挥所政治委员，驻苏维埃社会主义共和国联盟大使馆武官。1955 年被授予少将军衔。荣获二级八一勋章、二级独立自由勋章、二级解放勋章。当选为中国共产党第七次全国代表大会代表。

郑旭煜 1914 年出生，曾用名郑秀煜，瑞金市武阳镇人。1932 年参加中国工农红军，1933 年转入中国共产党。曾任北京市纠察总队政治委员。曾荣获三级八一勋章、二级独立自由勋章、二级解放勋章。1961 年被授予少将军衔。

钟发生 1914 年出生，瑞金市云石山乡人。1934 年参加中国工农红军，1935 年加入中国共产党。荣获三级八一勋章，二级独立自由勋章，二级解放勋章。1961 年被授予少将军衔。

黄志勇 1914 年生于崇义县过埠乡高垄村农民家庭。1930 年加入中国共产党，1930 年参加崇义地方暴动，参加了二万五千里长征。历任中共湖南省委委员等职。1955 年被授予中将军衔，获二级八一勋章、一级独立自由勋章、一级解放勋章。曾出席中共第七次、第九次全国代表大会并被选为第九届中央候补委员。

谢家祥 1914 年出生，瑞金市武阳镇人。1933 年参加中国工农红军，1934 年加入中国共产党，参加了二万五千里长征。1955 年被授予少将军衔。荣获三级八一勋章、二级独立自由勋章、一级解放勋章。是中国共产党第九、十届中央委员。

黄华龙 1914 年 9 月出生，石城县屏山镇人。1930 年 8 月参加中国工农红军，1931 年加入中国共产党，1934 年参加二万五千里长征。历任通讯员、班长、排长、连长、连指导员、延安总后机关政治部巡视员、山东纵队十二团政治处主任、团政委，华东军区司令部运输处副政委等职。中华人民共和国成立后，历任军医大学副政委、上海运输学校政委、军事医学科学院副政委。1981 年离休，享受正军级待遇。

刘义荣 1915年出生，于都县银坑镇周庆村人。1929年参加中国工农红军，1936年加入中国共产党。历任东北四野四十八军一四三师四二九团团长、军委炮兵二十一师参谋长、南京军事学院学员等职。1982年离职休养。

叶荫庭 1915年7月出生，于都县靖石乡黄沙村人。1931年1月参加中国工农红军，1934年加入中国共产党。历任锦州文化速成中学学员、北京后勤学院高级班班主任兼支部书记等职。1955年被授予少将军衔，荣获二级八一勋章、二级独立自由勋章、二级解放勋章。

黄经耀 1915年8月出生，于都县葛坳乡桐溪村人。1931年参加中国工农红军，1935年加入中国共产党。参加了二万五千里长征。少将军衔。1984年，离职休养（行政八级）。荣获三级八一勋章、二级独立自由勋章、二级解放勋章、朝鲜二级独立自由勋章、一级红星功勋荣誉章。是第四届全国人民代表大会代表，中国共产党第十一次全国代表大会代表。

余光茂 别名余律，1915年出生于崇义县金坑乡长岭下农民家庭。1930年投身革命，历任志愿军师长、军副参谋长，参加了第二、第五次战役。1955年被授予少将军衔。是第四、五届全国人民代表大会代表。1983年5月离休。

宋玉琳 1915年12月出生，会昌县西江镇莲石村人。1931年随红军游击队编入工农红军第13师，1932年加入中国共产党。荣获中华人民共和国三级八一勋章、二级独立自由勋章、一级解放勋章，并被授予少将军衔，是中国人民政治协商会议第四、第五届全国委员会委员。1988年7月，被中央军委授予中国人民解放军一级红星功勋荣誉章。

邹新民 会昌县文武坝镇文武坝村人。1934年4月参加中国工农红军，参加了二万五千里长征。历任志愿军速成中学校长，总政政治学院速成系副大队长，长春防化学院副院长等职。荣获中华人民共和国三级八一勋章、二级独立自由勋章、二级解放勋章，并被授予大校军衔。1982年7月离休，享受正军职待遇。1988年7月，被中央军委授予中国人民解放军二级红星功勋荣誉章。

张耀祠 1916年2月出生，于都县葛坳乡石灶村人。1931年参加革命工作，1933年参加中国工农红军，1935年加入中国共产党。历任中共中央办公厅副主任等职。少将军衔，荣获三级八一勋章、三级独立自由勋章、二级解放勋章、一级红星功勋荣誉章。是第四届全国人民代表大会代表，中国共产党第九、第十、第十一次全国代表大会代表，中国共产党第十一届中央委员会候补委员。

刘有恒 1916年出生，赣县南塘镇小溪村人。1931年9月参加中国工农红军，1933年3月加入中国共产党。曾任内蒙古自治区革委会委员，享受副军职待遇。1955年被授予中国人民解放军上校军衔。荣获三级八一勋章，二级独立自由勋章，三级解放勋章。1988年荣获二级红星功勋荣誉章。

林　钦 原名宁采华。1916年出生，宁都县小布镇树陂人。1929年7月参加革命，1934年7月加入中国共产党，参加了二万五千里长征。中华人民共和国成立后，副军级离休。

谢振华 1916年出生于崇义县上堡乡梅甲村农民家庭。1930年参加革命，1932年加入中国共产党，参加了二万五千里长征。少将军衔。中共第十届全国代表大会，选为中央候补委员。中共第十二届全国代表大会，选为中央委员。1985年9月中共全国代表会议，被选为中央顾问委员会委员。

易子美 又名易存懿，1916年出生，赣县白鹭乡龙头村人。1929年参加中国工农红军，1936年加入中国共产党。曾任卫生部副部长职。行政11级，副军职待遇。1955年被授予上校军衔。荣获三级八一勋章，三级独立自由勋章，三级解放勋章，以及淮海战役勋章，抗美援朝勋章。1988年荣获二级红星功勋荣誉章。

曾凡有 1916年出生，宁都县湛田乡坳下村人。1930年参加中国工农红军，1933年加入中国共产党。1961年晋升为少将军衔。

王辉明 1916年5月出生，于都县岭背镇兰龙村人。1932年9月在桥头参加中国工农红军，1935年加入中国共产党，参加了二万五千里长征。历任李德（共产国际派来的军事顾问）警卫员、军委通信连警卫、红军援西军供给部政治委员赖勤的警卫员等职。大校军衔。1982年5月离休（正军职）。

赖达元 1916年12月出生。石城县洋地乡人。1933年10月加入共青团，1934年4月参加中国工农红军，12月加入中国共产党，参加了二万五千里长征。历任连指导员、团政委、旅政委、民航总局副政委等职。1961年8月被授予少将军衔。1979年10月任江苏省南京市革委会副主任。1985年春任中共江苏省委顾问委员会委员。1990年5月离休。

黄　萍 1917年4月出生，大余县南安镇人。1930年参加工农红军，1936年加入中国共产党。1964年7月由大校晋升为少将军衔。是中国人民政治协商会议第五届全国委员会委员。1982年10月离休。荣获二级八一勋章、二级独立自由勋章、二级解放勋章，1988年7月被中央军委授予中国人民解放军一级红星功勋荣誉章。

方　槐 原名赖芳槐，1917年10月出生，于都县银坑镇银坑村人。1929年参加革命工作，1932年参加中国工农红军，1933年加入中国共产党。曾任中国人民航空公司经理。少将军衔。获二级八一勋章、二级独立自由勋章、二级解放勋章各1枚。1983年5月离职休养（正兵团职），1988年被授予中国人民解放军一级红星功勋荣誉章。

陈运春 1917年2月出生。兴国县潋江镇坝南村人。1930年6月参加中国工农红军，随后加入中国共产党，参加了二万五千里长征。历任红军班长、排长、警通连连长、军部参谋、绥德警备司令部科长、晋察热辽军区二十七旅参谋长等职。1984年4月离休。

杨思禄 1917年12月出生，于都县葛坳乡曲洋村人。1933年参加中国工农红军，同年由共青团转入中国共产党。少将军衔，是第四、五届全国人民代表大会代表，中国共产党第九次全国代表大会代表。

黄正仁 1917年出生，赣县湖江镇横江村人。1930年12月参加革命，1936年加入中国共产党，参加了二万五千里长征。历任湖江游击队勤务员、辽东公安总队司令部参谋长、辽宁营口市人民武装部部长等职。1955年被授予中国人民解放军上校军衔，离休时享受副军职待遇。

杨家华 1917年出生，瑞金市象湖镇人。1933年参加中国工农红军，同年加入中国共产党。1955年被授予大校军衔。荣获三级八一勋章，二级独立自由勋章，二级解放勋章。

何凤山 1917年9月出生，瑞金市日东乡人。1932年9月参加中国工农红军，1934年加入中国共产党。1953年1月，被朝鲜民主主义人民共和国最高人民会议授予二级国旗勋章。1955年被授予大校军衔，荣获三级八一勋章、二级独立自由勋章、二级解放勋章。

刘继德 原名刘时绥，1917年10月出生，于都县银坑镇冷水村人。1933年参加中国工农红军，1936年加入中国共产党。历任成都川西行署空军医院副院长、解放军第七军医大学第三附属医院院长等职，1978年8月起任第三军医大学顾问（副军职）。1983年12月离职休养。

朱耀华 1917年11月出生，瑞金市壬田镇人。1930年2月参加中国工农红军，1933年转入中国共产党。1955年被授予少将军衔。荣获三级八一勋章，二级独立自由勋章，二级解放勋章。当选为第六届全国人民代表大会代表，中国共产党第九次全国代表大会代表。

萧泽泉 1918年10月出生，会昌县西江镇大田村人。1934年8月参加中国工农红军，1983年离休，享受正军职待遇。1955年8月，荣获中华人民共和国三级八一勋章、二级独立自由勋章、二级解放勋章，并被授予大校军衔。1988年7月，被中央军委授予中国人民解放军二级红星功勋荣誉章。

刘锦平 1918年出生，瑞金市九堡镇人。1932年参加中国工农红军，1933年加入中国共产党。曾任中国民用航空总局政治委员。1955年被授予少将军衔。

孔德维 曾用名孔令游，1918 年出生，宁都县会同乡源里村人。1933 年 9 月参加中国工农红军。1938 年 4 月加入中国共产党，参加了二万五千里长征。副军级离休。

伍生荣 1918 年 2 月生，石城县珠坑乡人。1932 年参加乡苏维埃政府工作，同年加入青年团。1934 年参加中国工农红军，同年 11 月加入中国共产党，参加了二万五千里长征。历任排长、连长、营长、副团长、团参谋长、团长、师参谋长，青海省委书记，青海省人大常委会副主任等职。1964 年 4 月被授予少将军衔。

钟珠瑞 1918 年 10 月出生，于都县桥头乡中石村人。1933 年 2 月参加中国工农红军，同年加入中国共产党。荣获三级八一勋章、三级解放勋章。1969 年离职休养，1982 年享受正师职干部待遇。1987 年 8 月起享受副军职干部待遇。1988 年被中央军委授予中国人民解放军二级红星勋章。

钟良树 1918 年出生，于都县马安乡贡布村人。1932 年 1 月加入中国共产主义青年团，1933 年 3 月参加中国工农红军，1934 年加入中国共产党，参加了二万五千里长征。历任红五军团十三师班长、一二九师青年科长、六纵队政治部组织科长、一零零团主任、团政治委员。中华人民共和国成立后，参加了抗美援朝。

谢　华 曾用名谢芳源，1918 年 12 月出生，于都县桥头乡朱屋村人。1930 年 5 月参加中国工农红军，1935 年 1 月加入中国共产党，参加了抗美援朝。1982 年 9 月离职休养（正军职）。

王　屏 原名李世宾。1919 年出生，兴国县埠头乡凤冈村人。1934 年加入中国共产党。1955 年被授予少将军衔。荣获三级八一勋章、二级独立自由勋章、二级解放勋章。1988 年荣获一级红星功勋荣誉章。是中国人民政治协商会议第六、七届全国委员会委员。

郑文甫 原名郑文浦，1919 年 11 月出生，于都县马安乡溪背村人。1932 年参加中国工农红军，1935 年加入中国共产党。1985 年离职休养。

曾绍东 1920 年出生，赣县三溪乡三溪村人。1934 年参加中国工农红军，次年加入中国共产党，参加了二万五千里长征。历任中共中央保卫局特务队队长、八路军陕甘宁留守兵团骑兵旅中队长等职。曾获三级八一勋章、三级独立自由勋章、二级解放勋章。1988 年荣获二级红星功勋荣誉章。

陈意生 1926 年 12 月出生，石城县人，中共党员。1949 年 9 月参加工作，正军级离休干部。历任第三军医大学病理学教研室助教，第三军医大学专家组成员、病理学教研室讲师、副教授、教授、硕士生及博士生导师，第三军医大学第一附属医院病理科副主任、主任医师，全军病理学专业委员会副主任委员、顾问，医学教育指导委员会病理学专业委员会副主任委员。

邓福堂 1932 年 8 月出生，石城县小松镇人，大学本科文化，中共党员。1949 年 9 月参加工作，1953 年 7 月加入中国共产党。曾任第五军区学院军医、主治军医、副主任军医、主任军医。1993 年 3 月起，为宁夏军区干休所副军级离休干部。

孔庚星 1933 年出生，石城县屏山镇人，祖籍珠坑乡。1990 年授予少将军衔。1949 年 9 月参加中国人民解放军。1975 年调入广州军医高等专科学校，任药学系副主任、主任。1980 年任中国人民解放军第一军医大学教授。获军队科技进步三等奖 4 次，四等奖 3 次。发表学术论文 20 多篇，出版专著 3 部。

谢名苞 1942 年 8 月出生，兴国县长冈乡塘石村人。1962 年加入中国共产党。历任中央军委炮兵装备技术研究所研究室副主任、国防科学技术工业委员会计划部总工程师、中国人民解放军总装备部综合计划部部长（正军级）、中国载人航天工程办公室主任。谢名苞参与载人航天工程初期论证、组织工作，是载人航天工程四次无人飞行试验和“神舟”五号载人飞行任务的具体组织领导者之一。1997 年 8 月，被授予少将军衔。

谢　彬 女，原籍江西省兴国县茶园乡河背村，1943 年出生于山东省潍县（今潍坊市）。1962 年参加中国人民解放军，1969 年加入中国共产党，1999 年被授予少将军衔，是电视剧《基石》《后盾》策划、编剧。

陈友西 1943年5月出生，兴国县潋江镇坝南村人。1962年参加工作，同年加入中国共产党。曾任总参保健处副处长、总参卫生专业技术高级职务评审委员会副主任委员。主任医师、技术四级（同正军职）、文职二级（同少将军衔）。曾负责杨尚昆主席以及耿飚、张震、刘华清、杨勇、伍修权、李达、杨成武等中央领导的医疗保健工作。在全国性医学杂志发表刊登论文10余篇。获全军科学研究成果二等奖。

黄　新 1944年2月生于新四军军部，南康市龙回镇人，研究生学历。中国人民解放军空军副政治委员，空军中将军衔。中国国际战略学会高级顾问、中国书法家协会会员、中国楹联学会理事。参加了云南老山地区对越自卫还击作战。2000年7月，其诗词和书法作品分获世界华人艺术展金、银奖，并被文化部文化艺术人才中心和中国文学艺术界联合会艺术指导委员会授予“世界华人杰出艺术家”荣誉称号。

蔡世民 1944年出生，兴国县社富乡社富村人，大学文化，中共党员。1967年7月参加工作。1970年4月起，在中国人民解放军南京外语学院工作。1999年4月，晋升为少将军衔。

严江枫 1945年4月出生，1966年毕业于哈尔滨工学院，1969年在沈阳军区第三局训练大队学习，1997年任中国驻朝鲜共和国大使馆武官，晋升副军职少将军衔。

曾晓安 1946年8月出生，兴国县东村乡齐心村人，1965年12月入党，大学文化。1998年，被授予少将军衔。

卢江林 笔名江林，1948年5月出生，安远县凤山乡石口村人，中共党员，大学文化。湖北省作家协会会员，中国作家协会会员，中国电视艺术家协会会员，少将军衔。

陈　峰 1950年出生，宁都县梅江镇土围村人，1968年高中毕业回乡，1969年应征入伍福州军区部队，1971年加入中国共产党。曾派在杭州大学外语系学习。后调中国驻英国大使馆工作近10年、中国驻联合国武官5年、并担任中国驻联合国军事代表团团长。任南京中国国际关系学院院长，少将军衔。

刘鼎禄 1950年11月出生，赣县茅店镇义源村人。1969年冬入伍，中国人民解放军广州军区疗养院副院长、主任医师，南方医科大学教学医院教授，文职军官三级、专业技术五级，享受副军职待遇和国务院特殊津贴，属国家医学专业人才库有突出贡献人才之一。先后获得军队科技进步奖二等奖2项、三等奖4项，四等奖7项，其中康复医学器械系列的研制，获联合国发明创新奖。

陈　勇 1952年6月出生，兴国县南坑乡富兴村人。1962年12月加入中国共产党，少将军衔。主持和参与《机械化步兵部（分）队系列战术教材》《陆军战役学》等多项全军军事科学研究课题的研究工作；获军事科研一等奖、军队教学成果一等奖、军队科技进步二等奖等奖项20余项。

温凯宾 宁都县田头镇璜坊村人。1954年10月出生。中共党员。1999年7月，晋升武警少将警衔。

第二节　省部级干部

邓　飞 原名邓富连。1913年1月出生，兴国县长冈乡塘石村人。1930年2月参加中国工农红军，随后加入中国共产党，参加了二万五千里长征。历任东北野战军第六纵队政治部主任、南昌市市长、全国供销合作总社副主任、中共广东省委常委、财贸部部长、中南局财经委员会第一副主任，粮食部副部长。曾三次负伤，被评为二等甲级残废。中国人民政治协商会议第五、六届全国委员会委员。

刘明辉 1914年11月出生，石城县横江镇人。1932年加入中国共产党，1933年参加中国工农红军。1934年10月参加长征，历任营特派员，团特派员，重庆市公安局长兼市检察长，云南省副省长兼公安厅长，云南省委书记处书记、代省长，云南省革委会副主任、省委副书记、省委第二书记、政法委书记、省长，云南省人大常委会主任。

刘重桂 1915年11月出生，于都县禾丰镇黄塅村人。1933年5月参加中国工农红军，1934年12月转入中国共产党。历任驻越南大使馆武官兼专家组长，广西壮族自治区革委会副主任，广西壮族自治区党委副书记、书记、第二书记。大校军衔。荣获三级八一勋章、二级独立自由勋章、二级解放勋章、二级红星功勋章。是中国共产党十一届中央委员会候补委员。

曾汉周 1917年6月出生，曾用名曾汀州，瑞金市沙洲坝镇人。1934年2月参加中国工农红军，1936年9月加入中国共产党。历任最高人民法院办公厅主任，中央政法五机关党委副书记，最高人民法院刑事审判庭庭长，最高人民法院副院长，审判林彪、江青反革命集团特别法庭副庭长、第一审判长、最高人民法院党组副书记。当选为中国共产党第八次全国代表大会代表。

钟　枫 1917年12月出生，瑞金市九堡镇人。1932年参加中国工农红军，次年加入中国共产党。历任广西壮族自治区党委常委、自治区人民政府副主席兼政法办主任，广西百色地区革委会副主任、副书记，广西桂林市委书记，革委会主任，广西壮族自治区党委统战部部长、政协副主席，广西壮族自治区第五、六届人大常委会副主任、党组副书记、自治区政法委书记等职。

刘锡荣 1942年5月出生于上海，瑞金市象湖镇人，抗日将领刘英后裔，后经中共地下党组织疏导，随母、姐转移至南京。历任中共温州市委常委、市委秘书长，温州市政府市长，中共浙江省委常委、温州市委副书记、市长，中共浙江省常委、温州市委书记，中共浙江省委常委、纪律检查委员会书记，中共浙江省委常委、浙江省政府副省长，浙江省委副书记、省纪委书记、中共中央纪律检查委员会副书记。

钟起煌 1943年9月出生，于都县银坑镇银坑村人，1972年11月加入中国共产党。历任江西陶瓷工业公司副科长、景德镇市建国瓷厂党委书记兼厂长、轻工业部陶瓷研究所所长、中共景德镇市委副书记、江西省轻工业厅党组副书记、副厅长、中共九江市委副书记、九江市人民政府市长、中共九江市委书记。1992年3月任中共江西省委常委、宣传部部长，1995年8月任中共江西省委副书记。

王太华 1945年10月出生，兴国县埠头乡埠头村人，1973年6月加入中国共产党。1968年12月在江西生产建设兵团锻炼。历任赣州市第三中学副校长，赣州市教育学校副校长，中共赣州市委常委、宣传部长，赣州地区行署副专员，中共江西省委常委、宣传部部长，中共安徽省委常委、合肥市委书记，安徽省人民政府副省长、代省长、省长，中共安徽省委书记。是中国共产党第十四、十五届中央委员会候补委员，第八届全国人民代表大会代表。

第三章 人物表

人物表依次收录老红军306名，曾任地厅（师）级以上实职人员102名（其中，赣州籍在赣州工作人员13名、赣州籍在辖区外工作人员89名），劳动模范275名（其中全国劳模22名、全国“五一劳动奖章”获得者20名、省劳模233名），享受国务院或省政府特殊津贴专家87名（其中，享受国贴者59名、享受省贴者28名），正高级专业技术职务人员286名（其中赣州籍和客籍在赣州人员210名、赣州籍在辖区外工作人员76名）。人物排列老红军、地厅（师）级以上实职人员按生年为序，先进模范、正高级职称者和国贴省贴享受者以获批时间先后为序。

第一节 老红军

赣州籍老红军一览表

表40-3-1

姓名	性别	生卒年	籍贯	入伍(参加革命)时间	入党时间	曾任主要职务
余大清	男	1897—	江西省赣县	1933年	—	红三军团手枪连班长
郑富贵	男	1897—	江西省赣县	1927年	1928年	山西省灵丘县红军敬老院院长
张和春	男	1900—	江西省宁都县	1934年	1939年	重庆市革委会副主任
曾荣山	男	1900—	江西省赣县	1931年	—	热河省税务局总务股股长
刘南贵	男	1900—	江西省赣县	1926年	1972年	北京水泥制品厂干部
刘福兴	男	1901—	江西省瑞金市	1932年	1938年	辽宁省昌图县八面城粮库主任
吴大胜	男	1901—	江西省瑞金市	1934年	1935年	东海船队后勤部司令部管理处长
邱长胜	男	1901—	江西省会昌县	—	—	—
赖金坤	男	1903—	江西省会昌县	—	—	陕西省西安市新安人民医院院长
刘成义	男	1903—	江西省会昌县	—	—	红军战士
张德顺	男	1903—1993	江西省石城县	1932年	1934年	江西省委招待所所长
刘玉明	男	1904—1992	江西省瑞金市	1932年	1957年	瑞金叶坪国营商店营业员
魏湖南	男	1904—1990	江西省石城县	1931年	1950年	因身体不适按正连待遇供养
钟富山	男	1904—	江西省瑞金市	1928年	1929年	中国人民银行四川分行科长
谢贵山	男	1904—	江西省瑞金市	1931年	1934年	—
江耀辉	男	1905—1994	江西省瑞金市	1930年	1936年	广东省汕头地委党校校长
张春佐	男	1905—	江西省宁都县	1933年	—	广州市建设局供应科科长
朱名清	男	1905—	江西省瑞金市	1934年	1936年	冀察热辽省军区生产科长
郭昌先	男	1905—	江西省瑞金市	1933年	1932年	广东省对外贸易运输公司科长
谢山	男	1905—	江西省瑞金市	1931年	1932年	—
陈龙标	男	1905—	江西省会昌县	—	—	—
钟其焕	男	1906—	江西省瑞金市	1934年	1940年	总参三部管理科副科长
刘启明	男	1906—	江西省石城县	1932年	1932年	湖南省长沙市人民武装部副部长
丁春元	男	1906—	江西省赣县	1932年	—	红军某部连长

续表 40-3-1

姓 名	性别	生卒年	籍 贯	入伍(参加革命)时间	入党时间	曾任主要职务
张起元	男	1906—	江西省会昌县	—	—	河南省商业厅副厅长
曾辉文	男	1907—	江西省宁都县	1932 年	1936 年	贵州省安顺地区纺织品公司副经理
邱永桂	男	1907—	江西省瑞金市	1930 年	1930 年	团供给部部长
曾志刚	男	1907—	江西省会昌县	—	—	二机部北京地毯厂党委书记
李远沛	男	1908—	江西省宁都县	1929 年	1931 年	江西省军区第五康复医院政委
刘辉山	男	1908—	江西省瑞金市	1929 年	1930 年	瑞金县人民政府县长
吴香生	男	1908—	江西省瑞金市	1933 年	1938 年	湖南省醴陵市粮食局主任
陈振山	男	1908—	江西省瑞金市	1930 年	—	东北军区后勤第三办事处营房处副处长
张志辉	男	1908—	江西省瑞金市	1931 年	1931 年	江西省物资局局长
钟连山	男	1908—	江西省瑞金市	1929 年	1937 年	广东省农机研究所副所长
曾 炳	男	1908—	江西省瑞金市	1934 年	1935 年	河南省民政厅处长
廖金山	男	1908—	江西省瑞金市	1933 年	1934 年	广州市文化用品供应站经理
谢北水	男	1908—	江西省赣县	1930 年	—	广州市化工厂副厂长
汪友三	男	1908—	江西省会昌县	—	—	辽宁鞍山钢铁公司监委书记
赖金池	男	1909—	江西省宁都县	1931 年	—	江西省国营蚕桑综合垦殖场场长
宁秀锦	男	1909—	江西省宁都县	1933 年	—	第四野战军补训二师师部管理科科长
张功喜	男	1909—	江西省瑞金市	1931 年	1931 年	武汉市花纱布公司秘书科长
唐绍良	男	1909—	江西省瑞金市	1932 年	1935 年	供给部股长
黄运吉	男	1909—	江西省瑞金市	1933 年	1937 年	江西省物资局财务处副处长
谢占生	男	1909—	江西省瑞金市	1934 年	1935 年	九江市兵役局局长
赖智明	男	1909—	江西省瑞金市	1929 年	1929 年	辽宁省军区财务部部长
彭志明	男	1909—	江西省会昌县	—	—	山西太原工学院革委会主任
黄绍生	男	1909—1987	江西省宁都县	1932 年	1933 年	黑龙江省体育运动委员会器材处副处长
曾从其	男	1909—1994	江西省瑞金市	1929 年	1933 年	中央警卫团连长
赖戈克	男	1909—1988	江西省石城县	1933 年	1936 年	—
邹方迪	男	1910—1987	江西省瑞金市	1931 年	1932 年	杭州市民政局副局长
王海明	男	1910—1992	江西省石城县	1929 年	1932 年	湖北省黄石市卫生局党委书记
何德才	男	1910—	江西省宁都县	1932 年	1934 年	四川省交通厅劳动工资处处长
危秀英	女	1910—	江西省瑞金市	1930 年	1932 年	广东省农垦厅副厅长、党组副书记
杨水山	男	1910—	江西省瑞金市	1934 年	1936 年	交通部第四航务工程局工会主席
翁明夫	男	1910—	江西省瑞金市	1930 年	1933 年	广西柳州市委监委第一书记
黄嘉柱	男	1910—	江西省瑞金市	1930 年	1936 年	江苏省科学技术委员会处长
叶增鹤	男	1910—	江西省赣县	1932 年	1955 年	甘肃通渭县百货公司副经理
易 成	男	1910—	江西省赣县	1921 年	—	红三军团六师十三团营总支书记
丁良友	男	1910—	江西省赣县	1934 年	—	南京市七七二厂副厂长

续表 40－3－1

姓 名	性别	生卒年	籍 贯	入伍(参加革命)时间	入党时间	曾任主要职务
李长春	男	1910—	江西省赣县	—	—	第一机械工业部自动化所办公室负责人
陈 协	男	1910—	江西省赣县	—	—	—
傅正光	男	1910—	江西省会昌县	—	—	新疆某生产建设兵团团长
温忠清	男	1910—	江西省会昌县	1932 年	—	江西吉安地区副专员
王家有	男	1910—1996	江西省宁都县	1933 年	1936 年	江西省蚕桑场副场长
丁 山	男	1911—	江西省兴国县	1930 年	1932 年	南京市人民检察院检察长
肖清友	男	1911—	江西省宁都县	1933 年	1934 年	云南省农垦局招待所党支部书记
胡桂林	男	1911—	江西省赣县	1928 年	1933 年	山东淄博市兵役局局长
钟华忠	男	1911—	江西省赣县	1929 年	1931 年	成都市卫生防疫站站长
袁洪辉	男	1911—	江西省于都县	1927 年	1930 年	—
张清圣	男	1911—	江西省会昌县	1932 年	1934 年	—
萧林钦	男	1911—	江西省会昌县	—	1934 年	江西省军区营房管理处材料科副科长
钟铨铭	男	1911—	江西省会昌县	1930 年	1930 年	江西省政府招待所所长
朱科还	男	1911—	江西省瑞金市	1929 年	1931 年	—
刘光华	男	1911—	江西省瑞金市	1930 年	1931 年	湖南军区干部学校干部处处长
欧阳华	男	1911—	江西省瑞金市	1931 年	1932 年	桂林冷冻厂副厂长
钟新廉	男	1911—	江西省瑞金市	1934 年	1934 年	宁都县人民武装部部长
钟德炳	男	1911—	江西省瑞金市	1932 年	1933 年	长江航运公司经理
胡金彪	男	1911—	江西省瑞金市	1933 年	1932 年	江西氨厂副厂长
徐贤波	男	1911—	江西省瑞金市	1930 年	1930 年	甘肃省水利厅“双学”办公室主任
刘金珍	男	1911—	江西省赣县	1930 年	1931 年	红七军五师十五团副连长
赖周柱	男	1911—	江西省赣县	1931 年	1934 年	红三军团排长
黄祥仁	男	1911—	江西省会昌县	—	—	湖北宜昌地区林业公司负责人
罗光新	男	1911—1992	江西省瑞金市	1929 年	1932 年	赣州地区宁都师范校务办公室主任
廖石田	男	1911—1986	江西省石城县	1929 年	1932 年	新疆军区十一医院物资处副处长
刘 斌	男	1912—1997	江西省瑞金市	1933 年	1934 年	赣州地区南康县人民政府县长
杨兴辉	男	1912—1998	江西省瑞金市	1931 年	1933 年	赣州地区瑞金县贸易公司经理
林忠仁	男	1912—1996	江西省瑞金市	1931 年	1934 年	赣州地区瑞金县象湖镇党委书记
魏学义	男	1912—1993	江西省石城县	1929 年	1933 年	—
刘 达	男	1912—	江西省宁都县	1930 年	1932 年	—
龚有礼	男	1912—	江西省宁都县	1933 年	1934 年	江西省供销合作社食品处副处长
温长圣(盛)	男	1912—	江西省宁都县	1934 年	1946 年	山东蒙仁县革委会副主任
陈绍林	男	1912—	江西省赣县	1932 年	1932 年	—
陈泽祥	男	1912—	江西省赣县	1928 年	1929 年	河南省新乡市政府监察局局长
钟春山	男	1912—	江西省瑞金市	1930 年	1930 年	南京干部文化学校副政治委员

续表 40－3－1

姓 名	性别	生卒年	籍 贯	入伍(参加革命)时间	入党时间	曾任主要职务
朱凤山	男	1912—	江西省瑞金市	1930 年	1935 年	四川省建筑工程局组织部长
刘 辉	男	1912—	江西省瑞金市	1931 年	1927 年	哈尔滨市道里区区长
刘芝禄	男	1912—	江西省瑞金市	1932 年	1933 年	—
刘新堂	男	1912—	江西省瑞金市	1933 年	1935 年	赣南师院总务处处长
刘德佑	男	1912—	江西省瑞金市	1932 年	—	某部师政委
李 明	男	1912—	江西省瑞金市	1931 年	1933 年	某部参谋长
李和生	男	1912—	江西省瑞金市	1931 年	1938 年	某部排长
杨 山	男	1912—	江西省瑞金市	1933 年	1934 年	海南省益阳县武装部长
黄嘉柱	男	1912—	江西省石城县	1932 年	—	—
刘德胜	男	1912—	江西省赣县	1932 年	—	—
谢守忠	男	1912—	江西省赣县	1933 年	—	赣州粮食局副股长
林延辉	男	1912—	江西省会昌县	—	—	贵州省贵阳市民坝公社党委书记
肖长桃	男	1912—	江西省宁都县	1929 年	1932 年	—
温凤山	男	1912—	江西省宁都县	1931 年	—	—
李学南	男	1913—	江西省宁都县	1933 年	1933 年	—
黄赞琦	男	1913—	江西省宁都县	1933 年	1934 年	广东惠阳地区财贸办公室副主任
李应生	男	1913—	江西省宁都县	1931 年	1936 年	黑龙江省克山农场副场长
宋正古	男	1913—	江西省宁都县	1934 年	1934 年	—
周克柳	男	1913—	江西省于都县	1929 年	1933 年	—
刘金华	男	1913—	江西省瑞金市	1934 年	1936 年	江西氨厂副厂长
李 辛	男	1913—	江西省瑞金市	1930 年	1935 年	广州市越秀区人大常委会副主任
杨人波	男	1913—	江西省瑞金市	1931 年	1939 年	—
吴达生	男	1913—	江西省瑞金市	1931 年	1936 年	—
邹年发	男	1913—	江西省瑞金市	1933 年	1934 年	辽阳市副市长
陈育洪	男	1913—	江西省瑞金市	1933 年	1933 年	瑞金县瑞林国营商店经理
钟志雄	男	1913—	江西省瑞金市	1933 年	1935 年	中国科学院遗传研究所党委副书记
钟远潭	男	1913—	江西省瑞金市	1932 年	1933 年	军械仓库主任
钟枝棋	男	1913—	江西省瑞金市	1933 年	1936 年	—
钟益山	男	1913—	江西省瑞金市	1931 年	1933 年	山西公安纵队第一团副团长
钟道山	男	1913—	江西省瑞金市	1933 年	1935 年	广东省湛江地区水产公司经理
袁应山	男	1913—	江西省瑞金市	1933 年	—	红军战士
袁耐冬	男	1913—	江西省瑞金市	1932 年	1957 年	湖北省公安厅劳改局副局长
刘家祁	男	1913—	江西省瑞金市	—	—	瑞金县人事监察局局长

续表 40－3－1

姓 名	性别	生卒年	籍 贯	入伍(参加革命)时间	入党时间	曾任主要职务
谢朝元	男	1913—	江西省赣县	1933 年	—	四川省建三公司副科长
钟惟仁	男	1913—	江西省赣县	1932 年	—	赣县南塘卫生院院长
曾本津	男	1913—1992	江西省瑞金市	1932 年	1935 年	广东省紫金县兵役局政委
赖忠辉	男	1913—1995	江西省瑞金市	1930 年	1933 年	瑞金县农业局畜牧兽医站站长
刘绳裙	男	1914—1993	江西省瑞金市	1933 年	1935 年	云南省畜牧兽医科研所所长
陈 光	男	1914—1986	江西省瑞金市	1930 年	1931 年	民政部副部长
熊德祥	男	1914—1993	江西省石城县	1932 年	1936 年	赣州地区瑞金县人民政府副县长
赖凤仪	男	1914—1990	江西省石城县	1931 年	1934 年	广东省广州市物资局办公室主任
黄满祥	男	1914—1987	江西省瑞金市	1934 年	1936 年	安徽省合肥机械工业局仓库主任
王太钧	男	1914—	江西省兴国县	1932 年	1934 年	河南省计划生育委员会办公室主任
邓吟章	男	1914—	江西省宁都县	1929 年	1933 年	贵州仁怀县商业局副局长
郭佳仁	男	1914—	江西省宁都县	1931 年	1936 年	西北财政部后勤处处长
邹云生	男	1914—	江西省宁都县	1932 年	1935 年	—
张云峰	男	1914—	江西省宁都县	1931 年	1931 年	—
李开生	男	1914—	江西省宁都县	1934 年	1937 年	—
李必明	男	1914—	江西省宁都县	1930 年	1936 年	—
温启育	男	1914—	江西省宁都县	1930 年	1934 年	—
温新民	男	1914—	江西省宁都县	1934 年	1935 年	广州市旅游公司副经理
潘怀志	男	1914—	江西省赣县	1933 年	1935 年	—
刘光庭	男	1914—	江西省赣县		1936 年	南昌铁路上饶电务段段长
刘达迎	男	1914—	江西省赣县	1931 年	1933 年	一机部电器科学研究院处长、党总支书记
钟先朋	男	1914—	江西省赣县	1931 年	1935 年	甘肃省工人疗养院院长
杨步金	男	1914—	江西省瑞金市	1932 年	1935 年	—
王汝申	男	1914—	江西省瑞金市	1933 年	1937 年	瑞金县下坝乡副乡长
邓良珍	男	1914—	江西省瑞金市	1933 年	1935 年	—
刘伯生	男	1914—	江西省瑞金市	1932 年	1932 年	辽宁省标准计量局副局长
刘建斌	男	1914—	江西省瑞金市	1932 年	1936 年	武汉国营四七一厂监委副书记
刘德胜	男	1914—	江西省瑞金市	1933 年	1936 年	江西萍乡钢铁厂党委副书记
李 静	男	1914—	江西省瑞金市	1931 年	1931 年	江西省标准计量局顾问
李友林	男	1914—	江西省瑞金市	1930 年	1931 年	中国科学院综合考察委员会领导小组长
邹明山	男	1914—	江西省瑞金市	1933 年	1938 年	—
张宝珊	男	1914—	江西省瑞金市	1932 年	1935 年	—
钟子山	男	1914—	江西省瑞金市	1934 年	—	中共中央办公厅中直管理局
赖佐芳	男	1914—	江西省石城县	1931 年	1934 年	—

续表 40－3－1

姓　名	性别	生卒年	籍　贯	入伍(参加革命)时间	入党时间	曾任主要职务
刘　福	男	1914—	江西省赣县	1930 年	1933 年	广州铁路局株洲医院院长、广州铁路局卫生处副处长
黄生福	男	1914—	江西省赣县	1931 年	—	—
曾绍光	男	1914—	江西省赣县	1929 年	—	中国民航局处长
钟士林	男	1914—	江西省会昌县	—	—	—
陈良谈	男	1914—	江西省会昌县	—	—	—
李德平	男	1914—	江西省宁都县	1934 年	1935 年	福建省三明地委组织部副部长
钟金辉	男	1915—1986	江西省瑞金市	1931 年	1936 年	吉林省沈阳煤矿设计院党委书记
刘云辉	男	1915—	江西省兴国县	1932 年	1932 年	—
王道金	男	1915—	江西省兴国县	1930 年	1935 年	中共遵义地委副书记
俞占鳌	男	1915—	江西省大余县	1932 年	1933 年	国家电力部机动车辆管理局局长
巫金彪	男	1915—	江西省宁都县	1933 年	1935 年	—
赖兆兴	男	1915—	江西省宁都县	1933 年	1936 年	旅大公安总队后勤处副处长
温太林	男	1915—	江西省宁都县	1930 年	1937 年	承德市医药公司党支部书记
林崇珍	男	1915—	江西省宁都县	1933 年	1936 年	湖北省鄂城县民政局局长
张子华	男	1915—	江西省宁都县	1929 年	1933 年	中共昆明市委视察员
刘东志	男	1915—	江西省于都县	1931 年	1936 年	—
钟光殿	男	1915—	江西省于都县	1930 年	1934 年	总后勤部营房管理部副部长
胡　辉	男	1915—	江西省赣县	1933 年	1936 年	广东省湛江市卫生局局长
胡定伦	男	1915—	江西省赣县	1934 年	1936 年	广州市政协常委、副秘书长
潘发良	男	1915—	江西省赣县	1933 年	1933 年	中国科学院仪器厂副厂长
朱彩林	男	1915—	江西省瑞金市	1933 年	1936 年	某部卫生处处长
刘秀珠	男	1915—	江西省瑞金市	1930 年	1934 年	湖南省宜昌县人民武装部部长
刘星云	男	1915—	江西省瑞金市	1932 年	1936 年	—
李德有	男	1915—	江西省瑞金市	1930 年	1936 年	赣州地区百货公司党委书记
杨干英	男	1915—	江西省瑞金市	1932 年	1934 年	安徽省蚌埠市政协副主席
杨仁照	男	1915—	江西省瑞金市	1933 年	1934 年	于都县人民武装部部长
杨保山	男	1915—	江西省瑞金市	1930 年	1936 年	广东省茶叶进出口公司经理
杨衍宗	男	1915—	江西省瑞金市	1932 年	1935 年	上海铁路局顾问
杨荣基	男	1915—	江西省瑞金市	1932 年	1957 年	瑞金饭店经理
杨桂生	男	1915—	江西省瑞金市	1934 年	1936 年	湖北省卫生厅厅长
张　亮	男	1915—	江西省瑞金市	1931 年	1936 年	上海第一医学院副院长
周庆彬	男	1915—	江西省瑞金市	1932 年	1936 年	安徽合肥自行车二厂副厂长
黄兴南	男	1915—	江西省瑞金市	1932 年	1934 年	杭州市轴承厂党委副书记
谢　云	男	1915—	江西省瑞金市	1932 年	1934 年	北京市第六建筑工程公司顾问
宋太针	男	1915—	江西省瑞金市	—	—	—
蔡启鸿	男	1915—	江西省石城县	1930 年	—	西路军西征失败，后定居宁夏

续表 40-3-1

姓 名	性别	生卒年	籍 贯	入伍(参加革命)时间	入党时间	曾任主要职务
罗 昆	男	1915—	江西省赣县	1936 年	—	大余饭店经理
钟蔚作	男	1915—	江西省赣县	1931 年	1934 年	中共资(兴)汝(城)桂(东)中心县委委员
郭志明	男	1915—	江西省会昌县	—	—	—
郭仁华	男	1915—	江西省赣县	1932 年	—	—
张来发	男	1915—	江西省石城县	1932 年	1933 年	新疆七一棉纺织总厂副厂长
刘明高	男	1916—	江西省赣县	1932 年	1936 年	湖南省水利水电职工疗养院业务院长
李步兴	男	1916—	江西省赣县	1932 年	1941 年	新疆轻工业厅供销处处长
王功贵	男	1916—	江西省兴国县	1931 年	1932 年	广东省建设委员会副主任
黄作峰	男	1916—	江西省宁都县	1931 年	1934 年	辽宁省凤城县人民武装部部长、政委
郭志明	男	1916—	江西省宁都县	1931 年	1936 年	北京市国防体协人事主任
高焕达	男	1916—	江西省宁都县	1932 年	1936 年	湖北肿瘤医院党委副书记
李 湘	男	1916—	江西省宁都县	1934 年	1936 年	广西壮族自治区桂林市人大常委会副主任
宋事深	男	1916—	江西省宁都县	1932 年	1937 年	辽宁省铁岭县政协副主席
崔传芸	男	1916—	江西省宁都县	1930 年	1934 年	农牧渔业部农机局局长
吴 磷	男	1916—	江西省宁都县	1932 年	—	江苏省清江县机械厂党委书记
毛洪祥	男	1916—	江西省瑞金市	1930 年	1932 年	—
谢 华	男	1916—	江西省瑞金市	1930 年	1931 年	—
钟 明	男	1916—	江西省于都县	1933 年	1936 年	黑龙江省松花江市民政局局长
唐进新	男	1916—	江西省安远县	1931 年	1935 年	中共安远县委副书记
朱镇中	男	1916—	江西省瑞金市	1932 年	1938 年	—
刘良栋	男	1916—	江西省瑞金市	1933 年	1935 年	解放军二一一中心医院院长
刘洪辉	男	1916—	江西省瑞金市	1932 年	1936 年	军事医学院药理毒理研究所副所长
许长庚	男	1916—	江西省瑞金市	1934 年	1936 年	广西军区副政委
苏蕴山	男	1916—	江西省瑞金市	1932 年	1934 年	浙江省机械工业厅副厅长
杨庆堂	男	1916—	江西省瑞金市	1931 年	1933 年	兰州医学院副院长
杨志庭	男	1916—	江西省瑞金市	1929 年	1934 年	成都电讯工程学院党委副书记
钟仁辉	男	1916—	江西省瑞金市	1933 年	1934 年	国营第三一八厂党委书记
钟清才	男	1916—	江西省瑞金市	1930 年	1936 年	赣州市人民医院院长
郭昌波	男	1916—	江西省瑞金市	1930 年	1934 年	重庆邮电学院党委书记
谢 华	男	1916—	江西省瑞金市	1930 年	1931 年	总后勤部卫生部顾问
谢有才	男	1916—	江西省瑞金市	1931 年	—	瑞金县交通局副局长
赖观水	男	1916—	江西省石城县	1932 年	1932 年	国家档案局办公室主任
胡 辉	男	1916—	江西省赣县	1933 年	—	广东湛江市卫生局局长
林 钦	男	1916—	江西省宁都县	1929 年	1934 年	—
肖 锐	男	1917—	江西省宁都县	1931 年	1936 年	—
曾 治	男	1917—	江西省宁都县	1931 年	1932 年	—
黄锡满	男	1917—	江西省宁都县	1930 年	1933 年	江西工学院办公室副主任

续表 40-3-1

姓 名	性别	生卒年	籍 贯	入伍(参加革命)时间	入党时间	曾任主要职务
罗定南	男	1917—	江西省宁都县	1933 年	1933 年	—
何 勇	男	1917—	江西省宁都县	1934 年	1941 年	广西壮族自治区桂林市人民医院院长
吴永华	男	1917—	江西省宁都县	1931 年	1938 年	甘肃平凉地区公路总段副主任
陈祖江	男	1917—	江西省于都县	1933 年	1934 年	北京卫戍区副参谋长
吴豫彬	男	1917—	江西省赣县	1933 年	1937 年	贵州省邮电管理局副局长
温宗学	男	1917—	江西省石城县	1932 年	1932 年	四川成都铁路局党委副书记兼纪检书记
朱 旭	男	1917—	江西省赣县	1930 年	1936 年	—
曾玉辉	男	1917—	江西省瑞金市	1933 年	1936 年	—
朱位汉	男	1917—	江西省瑞金市	1931 年	1937 年	军事医学院研究所顾问
朱跃华	男	1917—	江西省瑞金市	1930 年	1933 年	—
李荣彩	男	1917—	江西省瑞金市	1933 年	1935 年	—
杨洪生	男	1917—	江西省瑞金市	1934 年	1935 年	瑞金县税务局副局长
杨德生	男	1917—	江西省瑞金市	1932 年	1932 年	—
沈金辉	男	1917—	江西省瑞金市	1933 年	—	瑞金市日东邮电所话务员
张步兴	男	1917—	江西省瑞金市	1933 年	1935 年	—
罗兴芳	男	1917—	江西省瑞金市	1932 年	1933 年	黑龙江省牡丹江市第一人民医院院长
钟同寅	男	1917—	江西省瑞金市	1933 年	1935 年	瑞金县人民医院院长
袁 崑	男	1917—	江西省瑞金市	1930 年	1932 年	重庆市大渡口区人大常委会主任
刘家珠	男	1917—	江西省瑞金市	—	—	—
刘全生	男	1917—	江西省石城县	1931 年	—	—
钟隆炳	男	1917—	江西省赣县	1931 年	—	赣州商业局书记
谢毓衡	男	1917—	江西省赣县	1932 年	—	邢台地区公安局长
曾 房	男	1917—	江西省赣县	1930 年	—	吉安地区税务局科长
谢理洪	男	1917—	江西省赣县	1931 年	1938 年	—
宋朝生	男	1917—	江西省会昌县	—	—	贵州省贵阳市民政局局长
钟明江	男	1917—	江西省赣县	1931 年	—	—
王恩卿	男	1917—	江西省赣县	1931 年	—	总后勤部 109 医院政委
赖 平	男	1917—1996	江西省石城县	1931 年	1935 年	国家计划委员会化工局第一副局长
林贞祥	男	1918—1996	江西省宁都县	1931 年	—	—
王木贵	男	1918—	江西省会昌县	1932 年	1939 年	国防部第十研究院十九研究所管理处副处长
潘云山	男	1918—	江西省赣县	1933 年	1937 年	—
胡运光	男	1918—	江西省赣县	1934 年	1936 年	江西省泰和县人民武装部部长
彭桂生	男	1918—	江西省赣县	1932 年	1935 年	河北省委办公厅秘书处处长
潘本先	男	1918—	江西省宁都县	1933 年	1938 年	铁道部陕西宝鸡工程机械厂厂长
黄华炳	男	1918—	江西省于都县	1933 年	1936 年	—
邹 顺	男	1918—	江西省于都县	1932 年	1936 年	总后七医大附二院院长
刘 均	男	1918—	江西省瑞金市	1933 年	1936 年	—

续表 40-3-1

姓 名	性别	生卒年	籍 贯	入伍(参加革命)时间	入党时间	曾任主要职务
杨国凡	男	1918—	江西省瑞金市	1934 年	1936 年	化学工业部顾问
范远仪	男	1918—	江西省瑞金市	1933 年	1936 年	交通部第一公路勘察设计院党委副书记
胡 炜	男	1918—	江西省瑞金市	1931 年	1934 年	—
赖传珠	男	1918—	江西省瑞金市	1933 年	1933 年	云南省气象局局长
廖喜根	男	1918—	江西省石城县	1932 年	1935 年	山东省菏泽地区荣军疗养院院长
解理红	男	1918—	江西省赣县	1931 年	—	—
李云辉	男	1918—	江西省赣县	1933 年	—	—
陈 彪	男	1918—	江西省赣县	1932 年	—	—
张生荣	男	1919—	江西省于都县	1931 年	1936 年	—
曾宗汉	男	1919—	江西省宁都县	1933 年	1937 年	空军北京医院政委
谭方(芳)	男	1919—	江西省宁都县	1933 年	1938 年	武汉冶金医学专科学校校长
胡 炜	男	1919—	江西省瑞金市	1931 年	1934 年	—
钟树义	男	1919—	江西省会昌县	1933 年	1936 年	—
邓光洪	男	1919—	江西省瑞金市	1934 年	1944 年	—
刘伯华	男	1919—	江西省瑞金市	1934 年	1936 年	河南省信阳地区卫生局局长
刘福来	男	1919—	江西省瑞金市	1931 年	1940 年	安徽省芜湖市卫生局局长
赖胜宏	男	1919—	江西省瑞金市	1931 年	1934 年	山东省商业厅副厅长
黄光忠	男	1920—	江西省石城县	1932 年	1935 年	湖北省武汉市物资局政治处主任
刘绳州	男	1921—	江西省瑞金市	1933 年	1934 年	—
邱子山	男	1922—	江西省瑞金市	1932 年	1935 年	—
赖日山	男	—	江西省宁都县	1932 年	—	—
傅应和	男	—	江西省宁都县	1932 年	—	江西省政协秘书科长
温 衡	男	—	江西省宁都县	1932 年	—	河南省郑州地区物资局局长
温志林	男	—	江西省宁都县	1932 年	—	解放军总政治部卫生科科长
柯帮森	男	—	江西省宁都县	1933 年	—	山西某运输队队长
何德萍	男	—	江西省宁都县	1932 年	—	—
张树英	男	—	江西省宁都县	1933 年	—	山东省单县中兴区区长
李光华	男	—	江西省宁都县	1932 年	—	—
李上珍	男	—	江西省宁都县	1932 年	—	黑龙江省鸡西矿务局局长
刘思明	男	—	江西省宁都县	1933 年	—	—
王能河	男	—	江西省会昌县	1933 年	1936 年	交通部汽车运输总公司党委书记
池道生	男	—	江西省会昌县	1933 年	1938 年	江苏省常州市人大常委会副主任
吴清昌	男	—	江西省会昌县	1933 年	1934 年	赣南航运处主任
江仁发	男	—	江西省会昌县	1934 年	1938 年	会昌县民政局干事
刘江萍	男	—	江西省赣县	1932 年	1934 年	—

第二节 曾任地厅（师）级以上实职人员

一、赣州籍在赣州工作人员

1986—2000年赣州籍在赣州工作任地厅（师）级以上实职人员一览表

表 40-3-2

姓 名	籍 贯	生卒年	工作单位及职务	任职时间
黄振泉	江西省寻乌县	1930—	赣南师范学院院长	—
李道贱	江西省全南县	1938—	赣州市政协副主席	—
黄庆梅	江西省大余县	1938—	江西理工大学党委书记	1984年1月
池达康	江西省会昌县	1938—	—	1993年12月
胡国铤	江西省上犹县	1940—	赣州市政协主席	1999年6月
赖禧彬	江西省大余县	1945—	中共赣州市委常委、政法委书记	1995年8月
彭诗光	江西省赣县	1946—	赣州市人民检察院党组书记、检察长	1998年2月
潘其乐	江西省寻乌县	1948—	赣州市政协副主席	1999年6月
钟祖恩	江西省南康市	1948—	赣州市副市长	1999年7月
刁德连	江西省上犹县	1949—	赣州市人大常委会副主任	1999年6月
尹礼山	江西省于都县	1950—	赣州地区行署副专员、党组成员 赣州市政府副市长、党组成员	1996年4月 1999年7月
胡长林	江西省瑞金市	1950—	中共赣州市委副书记	1999年6月至1999年12月
谢亦森	江西省宁都县	1955—	赣州市委常委、宣传部长	1999年6月

二、赣州籍在辖区外工作人员

1986—2000年赣州籍在辖区外工作任地厅（师）级以上实职人员一览表

表 40-3-3

姓 名	籍 贯	生卒年	工作单位及职务	任职时间
陈 德	江西省崇义县	1917—	湖南衡阳市人武部部长（师级）	—
钟 铃	江西省崇义县	1918—	第四军医大学教研室主任（师级）	—
钟圣清	江西省兴国县	1926—	青海省省科学技术协会主席、党组书记	—
吕明常	江西省大余县	1926—	中国社会科学院民族研究所党委书记	—
徐文泽	江西省定南县	1931—	广东省中山市人大常委会主任	—
朱钦滂	江西省南康市	1932—	—	—
吴渊龙	江西省赣县	1933—	吉安行政公署副专员	1989年9月
曾文华	江西省会昌县	1933—	解放军兰州疗养院院长、书记（师职）	1988年6月
卢运栋	江西省章贡区	1934—	湖北省人大常委会常委	—
曾隆江	江西省赣县	1934—	海军四二五医院副院长	—
刘绍龙	江西省赣县	1934—	江西师范大学校长	—
李立彬	江西省南康市	1935—	中国人民解放军总参谋部装甲兵部直属政治处主任	—
饶盛椿	江西省大余县	1935—	中国民航飞行学院党委书记	—

续表 40-3-3

姓 名	籍 贯	生卒年	工作单位及职务	任职时间
李配武	江西省大余县	1935—	广东省交通厅厅长	—
许自伦	江西省大余县	1936—	中国社会经济决策咨询中心广西分中心主任	1993 年
朱新雄	江西省南康市	1936—	总政直工部编研室副主任(正师、大校)	—
郑 武	江西省大余县	1936—	—	—
廖攸华	江西省大余县	1937—	武汉市人大常委会法制委员会主任委员	—
潘定兴	江西省兴国县	1937—	江西省人民政府办公厅党组成员、纪检组长	—
王文才	江西省南康市	1938—	江西工业大学党委书记	1988 年 7 月
叶 春	江西省兴国县	1938—	省人大常委会教育文化委员会副主任	—
古远富	江西省兴国县	1938—	—	—
罗盛槐	江西省南康市	1938—	江西省农科院党委书记	1984 年 4 月
邬正生	江西省会昌县	1938—	空军政治部研究员(正师职)	1992 年 2 月
吴济根	江西省赣县	1938—	江西省人大宜春地区工委党组副书记、副主任	1996 年 4 月
古显银	江西省寻乌县	1939—	广东进口商品检验局局长	1993 年 6 月
黄 勇	江西省赣县	1940—	珠江电影制片公司党委书记、总经理	1993 年 4 月
何小江	江西省上犹县	1940—	南昌大学副校长	1986 年 9 月
谢科夏	江西省大余县	1940—	—	1990 年 9 月
卢联灿	江西省安远县	1940—	江西省建设厅厅长	—
胡 斌	江西省兴国县	1941—	—	—
刘辉炳	江西省瑞金市	1941—	建设部建筑设计院党委书记兼常务副院长	—
彭崑生	江西省兴国县	1941—	江西省委常委、农工委书记、省农办党组书记	1996 年 11 月
周庭祥	江西省大余县	1942—	景德镇市人大常委会主任	—
赵先邦	江西省兴国县	1942—	—	—
温发星	江西省赣县	1942—	江西省人大常委会外事华侨民族宗教工作委员会主任	1991 年
钟隆惠	江西省赣县	1942—	江西省委老干部局副局长	1993 年
严能礼	江西省寻乌县	1943—	江西省鹰潭市检察院检察长	1999 年 1 月
朱开杨	江西省赣县	1943—	江西省人大常委会法制工作委员会主任	1998 年
王德意	江西省南康市	1944—	中国人民革命军事博物馆管理处政治协理员、大校军衔	—
肖 雨(女)	江西省兴国县	1944—	海军直九工程办公室副主任,大校军衔	1996 年 12 月
黄庆来	江西省兴国县	1944—	江西省人大常委会环境资源委员会副主任,省纪律检查委员会委员	1995 年 8 月
陈金生	江西省瑞金市	1944—	江西省林业厅副厅长	1996 年 10 月
王文昌	江西省会昌县	1945—	北京军事科学院外军部研究员(正师职)	1997 年
阳士堤	江西省南康市	1946—	江西省农业厅副厅长	1996 年 2 月
朱开茗	江西省赣县	1947—	贵州省水利厅党组书记、厅长	1998 年 9 月
钟万伯	江西省赣县	1947—	—	1996 年 12 月
丁耀民	江西省宁都县	1948—	中共浙江省丽水市委书记	—
郭惠芳	江西省南康市	1948—	江西省旅游局副局长	1998 年
赵恩洪	江西省寻乌县	1949—	江西省抚州市检察院检察长	1999 年 7 月

续表 40-3-3

姓 名	籍 贯	生卒年	工作单位及职务	任职时间
吴胜平	江西省赣县	1949—	总参谋部军事杂志社社长	1996 年 7 月
李舒连	江西省上犹县	1950—	华东理工大学副校长	1993 年 8 月
钟清华	江西省兴国县	1950—	—	2000 年 6 月
沈运煊	江西省瑞金市	1951—	鹰潭市委常委、余江县委书记	—
周逸钧	江西省兴国县	1951—	中国人民解放军第一八四医院院长，南京军区科学技术委员会委员，大校军衔	1996 年 7 月
肖天连	江西省赣县	1951—	萍乡市委常委、常务副市长	1997 年 11 月
张鲁西	江西省兴国县	1951—	国防科工委后勤部华东办事处党委书记	1996 年
赵燕清	江西省兴国县	1951—	武警部队一二六师副政治委员，大校军衔	1997 年 10 月
赵 宏	江西省兴国县	1953—	全国工商联法律部部长、联络部部长	1990 年
李志民	江西省瑞金市	1951—	空军工程设计研究局局长	1988 年 4 月
赖建安	江西省瑞金市	1951—	武警江西总队副总队长	1996 年 1 月
朱秉发	江西省瑞金市	1952—	江西省供销合作社党组书记、主任	1996 年 4 月
孙家玉	江西省瑞金市	1953—	南昌钢铁有限责任公司党委副书记、纪委书记	—
谢秀琦	江西省兴国县	1953—	新余市委常委、组织部长	1997 年 11 月
毛京明	江西省兴国县	1953—	—	1995 年
吕向群	江西省兴国县	1954—	空军后勤部规划局副局长，大校军衔	—
郭声琨	江西省兴国县	1954—	国有重点大型企业监事会主席	2000 年 6 月
谢 斌	江西省崇义县	1955—	江西省国家保密局局长	2000 年 11 月
邝小平	江西省寻乌县	1956—	江西省萍乡市委副书记	2000 年 8 月
沙云松	江西省宁都县	1958—	—	—
邓盛平	江西省瑞金市	1959—	江西省统计局副局长	2000 年 5 月
丁武将	江西省兴国县	1960—	国家信息产业部国防信息研究中心主任	—
谢芳森	江西省兴国县	1961—	中国工商银行江西省分行党组书记、行长	—
曾庆红(女)	江西省兴国县	1962—	共青团江西省委副书记	1998 年
陈晓春	江西省安远县	1963—	中国铝业公司矿产资源部主任	—
古越仁	江西省寻乌县	1963—	中共北京市纪律检查委员会政策法规室主任	1998 年 8 月
赖春林	江西省赣县	1966—	—	1996 年
阙贵善	江西省兴国县	1936—	江西省人民检察院检察长、党组书记	1993 年 2 月
王 飚	江西省南康市	1943—	江西省人民政府秘书长	1995 年 10 月
宁千芳	江西省宁都县	1943—	福建省纪委正厅级监察专员	1995 年 10 月
李东江	江西省宁都县	1953—	南昌陆军学院副政委(正师职)、纪委书记	2000 年 1 月
宋家镗	江西省宁都县	1948—	宜春市委常委	2000 年 8 月
黄 政	江西省南康市	—	江西省商品检验局局长	—
袁源汉	江西省南康市	—	湖南省财政厅厅长	—
朱隆超	江西省南康市	—	湖南省石油公司经理兼党委书记	—
董世曹	江西省南康市	—	云南省民航局局长	—
明克诚	江西省南康市	—	安徽省教育厅厅长	—
朱贤辉	江西省南康市	—	长沙国防科工大炮兵学院院长、教授(正师级)	—
叶桂生	江西省安远县	—	广西桂林空军学院政治部主任	—

第三节 先进模范

一、全国劳模（先进工作者）

表 40-3-4 1986—2000 年赣州市获全国劳动模范（全国先进工作者）荣誉称号人员一览表

姓名	性别	民族	出生时间	籍贯	学历	政治面貌	单位及职务	时间、荣誉
彭良三	男	汉族	1938—	江西省南康市	初中	中共党员	崇义县检察院检察长	1988 年全国模范检察长
刘经耀	男	汉族	1936—	江西省寻乌县	大学专科	中共党员	寻乌县稀土工业公司经理	1989 年全国劳动模范
余根密	男	汉族	1940—	福建省福州市	初中	中共党员	华东地勘局二四六大队十分队安装队长	1989 年全国劳动模范
林祥群	男	汉族	1956—	福建省龙岩市	高中	中共党员	大余县民族羽绒制品厂厂长	1989 年全国劳动模范
张选忠	男	汉族	1957—	江西省南康市	初中	中共党员	西华山钨矿风钻工	1989 年全国劳动模范
刘法桢	女	汉族	1933—	江西省章贡区	初中	中共党员	赣州地区计划生育委员会主任	1989 年全国先进工作者
秦自莲	女	汉族	1942—	江西省章贡区	初中	中共党员	赣州市环卫处清洁队长	1989 年全国先进工作者
邓经铿	男	汉族	1949—	江西省兴国县	初中	中共党员	兴国县龙口乡水保站站长	1989 年全国先进工作者
罗林妹	男	汉族	1940—	江西省安远县	小学	中共党员	安远县新园乡乌石村农民	1995 年全国劳动模范
陈雪峰	男	汉族	1949—	江西省南康市	中专	中共党员	江西齿轮箱总厂工人	1995 年全国劳动模范
陈维生	男	汉族	1952—	江西省信丰县	高中	中共党员	大余县食品厂总经理	1995 年全国劳动模范
王兴城	男	汉族	1957—	江西省会昌县	高中	中共党员	盘古山钨矿采矿队长	1995 年全国劳动模范
陈嘉珍	男	汉族	—	—	—	中共党员	中国铁道建筑总公司京九铁路赣州指挥部总指挥	1995 年全国先进工作者
刘世锦	男	汉族	1937—	江西省兴国县	高中	中共党员	兴国县公安局局长	1995 年全国公安系统英雄模范
肖平华	女	汉族	1945—	江西省章贡区		中共党员	赣州市"三八"粮油食品店主任	1995 年全国劳动模范
林列如	男	汉族	1944—	广东省揭阳市		中共党员	崇义县看守所所长	1995 年全国先进工作者
邓宜煋	男	汉族	1948—	江西省兴国县	小学	群众	兴国县龙口镇中岭村农民	2000 年全国劳动模范
罗义华	男	汉族	1959—	江西省于都县	初中	群众	于都齿轮箱厂工人	2000 年全国劳动模范
黄正瑞	男	汉族	1962—	江西省全南县	高中	群众	全南县木金乡合头村农民	2000 年全国劳动模范
邹　毅	男	汉族	1971—	江西省丰城市	大学专科	中共党员	赣州汽车运输总公司驾驶员	2000 年全国劳动模范
陈来生	男	汉族	1946—	江西省于都县	中专	中共党员	宁都县老区建设委员会办公室主任	2000 年全国先进工作者
郭荣英	女	汉族	1959—	江西省章贡区	初中	中共党员	赣州市市政工程管理处班长	2000 年全国先进工作者

二、全国"五一劳动奖章"获得者（同时授予省劳模）

表 40-3-5 1986—2000 年赣州市全国"五一劳动奖章"获得者一览表

姓　名	性别	民族	生卒年	籍贯	学历	政治面貌	单位及职务	评选时间
卢圣苑	男	汉族	1929—	江西省章贡区	初中肄业	中共党员	赣州市旅社经理	1986 年
钟时珩	男	汉族	1934—	福建省	初中	群众	赣州冶金机械厂技师	1987 年
刘海燕	女	汉族	1949—	江西省兴国县	初中	中共党员	兴国工农兵饭店主任	1987 年
姚海江	男	汉族	1959—	江西省章贡区	高中	中共党员	赣州钨钼材料厂工人	1987 年
汪全英	女	汉族	1943—	江西省章贡区	高小	中共党员	赣州市蔬菜公司卫府里门市部主任	1988 年

续表 40-3-5

姓　名	性别	民族	生卒年	籍贯	学历	政治面貌	单位及职务	评选时间
陈乌九	男	汉族	1942—	福建省南安市	大学本科	中共党员	赣江造纸厂厂长	1990 年
姚　平	女	汉族	1953—	安徽省桐城市	大学	中共党员	赣州市红旗二校校长	1990 年
张朝光	男	汉族	1955—	江西省信丰县	初中	中共党员	赣南大桥煤矿工人	1990 年
曾宪民	男	汉族	1947—	江西省章贡区	初中	中共党员	赣州钴钨公司工人	1991 年
廖辛凤	女	汉族	1951—	江西省章贡区	初小	中共党员	赣南纺织漂染总厂工人	1991 年
熊大和	男	汉族	1952—	江西省萍乡市	博士	中共党员	赣州冶金研究所高级工程师	1991 年
王水长	男	汉族	1947—	江西省南昌市	大学专科	中共党员	赣州钴钨公司工会主席	1992 年
赖贤福	男	汉族	1957—	江西省南康市	初小	中共党员	西华山钨矿风钻工	1992 年
华兴周	男	汉族	1936—	江西省万年县	大学本科	中共党员	赣州地区畜牧研究所所长	1993 年
李懋奎	男	汉族	1945—	四川省内江市	大学本科	中共党员	江西荡坪钨矿矿长	1993 年
简荣兰	女	汉族	1961—	广东省兴宁市	—	中共党员	崇义县公路段养路队队长	1995 年
谢世平	男	汉族	1943—	江西省信丰县	大学专科	中共党员	江西东方红实业股份有限公司经理	1996 年
邓先滨	男	汉族	—	—	—	群众	赣州地区汽运公司工人	1996 年
蒋　盛	男	汉族	1964—	江西省于都县	高中	中共党员	盘古山钨矿工人	1997 年
胡淑华	女	汉族	1946—	江西省南昌市	大学专科	中共党员	赣州市创业工业集团公司总经理	1999 年

三、省劳模（先进工作者）

表 40-3-6　1986—2000 年赣州市获江西省劳动模范（先进工作者）荣誉称号人员一览表

姓　名	性别	民族	生卒年	籍贯	学历	政治面貌	单位及职务	时间、荣誉
曾兴南	男	汉族	1937—	江西省兴国县	中专	中共党员	兴国县人民政府县长	1986 年江西省林业模范（享受省劳模待遇）
孙传标	男	汉族	1937—	江西省安远县	大学本科	中共党员	安远县人民政府县长	1986 年江西省林业模范（享受省劳模待遇）
黄名曜	男	汉族	1938—	江西省南丰县	大学本科	中共党员	全南县人民政府副县长	1986 年江西省林业模范（享受省劳模待遇）
赖地福	男	汉族	1944—	江西省于都县	大学本科	中共党员	于都县人民政府县长	1986 年江西省林业模范（享受省劳模待遇）
王登云	男	汉族	1927—	山东省菏泽市	高中	中共党员	赣州地区中级人民法院法医	1987 年省劳动模范
曾福庆	男	汉族	1937—	江西省上犹县	初中	中共党员	上犹县公安局调研员	1987 年省劳动模范
辛垂亮	男	汉族	1947—	江西省南康市	高中	中共党员	上犹县东山镇政府司法助理员	1987 年省劳动模范
黄邦军	男	汉族	1953—	江西省信丰县	初中	中共党员	信丰县嘉定镇游洲村民兵连长	1989 年全省民兵预备役先进工作者（享受省劳模待遇）
杜进春	男	汉族	1956—	江西省安远县	研究生	中共党员	安远县天心镇党委书记	1989 年全省民兵预备役先进工作者（享受省劳模待遇）
华有祥	男	汉族	1942—	江西省宁都县	高中	中共党员	宁都县人武部政委	1989 年全省民兵预备役先进工作者（享受省劳模待遇）
卢生福	男	汉族	1954—	江西省寻乌县	初中	中共党员	寻乌县澄江镇汶口村民兵连连长	1989 年全省民兵预备役先进工作者（享受省劳模待遇）

续表 40－3－6

姓　名	性别	民族	生卒年	籍贯	学历	政治面貌	单位及职务	时间、荣誉
肖东生	男	汉族	1956—	江西省南康市	高中	群众	南康市唐江镇人民政府	1989 年全省民兵预备役先进工作者（享受省劳模待遇）
肖立新	男	汉族	1958—	江西省于都县	大学本科	中共党员	于都县仙下乡政府人武部部长	1989 年全省民兵预备役先进工作者（享受省劳模待遇）
白东胜	男	汉族	1965—	广东省和平县	初中	群众	岿美山钨矿机修厂民兵排排长	1989 年全省民兵预备役先进工作者（享受省劳模待遇）
何来昌	男	汉族	1929—	江西省会昌县	初中	中共党员	会昌县筠门岭镇洲场村农民	1990 年省劳动模范
罗怀盛	男	汉族	1929—	广东省兴宁市	中专	中共党员	赣州公路分局总工程师	1990 年省劳动模范
潘开祥	男	汉族	1932—	江西省寻乌县	小学	中共党员	寻乌县工商银行副行长	1990 年省劳动模范
吴翘翀	男	汉族	1932—	江西省南昌市	初中	中共党员	赣州地区果杂品公司科长	1990 年省劳动模范
钟炎才	男	汉族	1932—	江西省定南县	小学	群众	定南县历市镇砂头村钟屋村民小组农民	1990 年省劳动模范
廖本亿	男	汉族	1933—	江西省赣县	小学	群众	赣县韩坊乡水口村大塘坳村民小组农民	1990 年省劳动模范
缪作姝	男	汉族	1936—	江西省全南县	初中	中共党员	全南县小叶岽林场护林员	1990 年省劳动模范
许兰英	女	汉族	1936—	江西省南康市	初中	中共党员	南康县蓉江粮油管理所保管员	1990 年省劳动模范
方锡福	男	汉族	1936—	江西省赣县	大学本科	中共党员	赣县沙地卫生院院长	1990 年省劳动模范
廖光普	男	汉族	1937—	江西省龙南县	小学	群众	龙南县东江乡中和村农民	1990 年省劳动模范
钟效根	男	汉族	1937—	江西省兴国县	初中	中共党员	兴国县埠头乡垓上村党支部书记	1990 年省劳动模范
潘其安	男	汉族	1937—	江西省寻乌县	小学	中共党员	赣州地区汽车运输公司——三车队副队长	1990 年省劳动模范
郑爵群	男	汉族	1937—	江西省宁都县	初中	群众	宁都县刘坑乡庵边村梅花果园	1990 年省劳动模范
肖光荣	男	汉族	1937—	江西省于都县	初中	中共党员	于都县梓山乡梓山村园艺场场长	1990 年省劳动模范
严洪寿	男	汉族	1938—	江西省于都县	小学	中共党员	于都县罗坳乡农机站站长	1990 年省劳动模范
黄才沛	男	汉族	1938—	江西省宁都县	初中	中共党员	宁都县走马陂工程管委会主任	1990 年省劳动模范
洪顺意	女	汉族	1938—	福建省晋江市	中专	中共党员	大余县气象站工程师	1990 年省劳动模范
陈谱生	男	汉族	1938—	江西省宁都县	小学	群众	宁都县民政局殡管所副所长	1990 年省劳动模范
陈治强	男	汉族	1938—	江西省寻乌县	中专	中共党员	国营八一综合垦殖场场长	1990 年省劳动模范
许运椿	男	汉族	1938—	江西省瑞金市	高中	中共党员	江西省地质矿产局赣南地质调查大队大队长	1990 年省劳动模范
张绍泉	男	汉族	1939—	江西省全南县	小学	群众	全南县酿酒厂工人	1990 年省劳动模范
甘国文	男	汉族	1940—	江西省崇义县	高小	群众	崇义县关田乡下关村村主任	1990 年省劳动模范
余世作	男	汉族	1940—	江西省上犹县	初中	群众	上犹县梅水乡园村九曲茶场厂长	1990 年省劳动模范
胡敦廉	男	汉族	1941—	江西省章贡区	小学	中共党员	赣州虔东工业公司总经理	1990 年省劳动模范
唐基凤	男	汉族	1941—	湖南省东安县	小学	中共党员	江西气体压缩机厂工人	1990 年省劳动模范
钱树标	男	汉族	1941—	江西省信丰县	中专	中共党员	信丰县大阿水泥厂厂长	1990 年省劳动模范
赖香凯	男	汉族	1941—	江西省上犹县	中专	中共党员	荡萍钨矿工人	1990 年省劳动模范
邹逸贤	男	汉族	1942—	江西省寻乌县	初小	中共党员	寻乌县澄江镇北亭村党支部书记	1990 年省劳动模范

续表 40－3－6

姓 名	性别	民族	生卒年	籍贯	学历	政治面貌	单位及职务	时间、荣誉
严能礼	男	汉族	1943—	江西省寻乌县	大学专科	中共党员	寻乌县检察院检察长	1990 年省劳动模范
严能礼	男	汉族	1943—	江西省寻乌县	大学专科	中共党员	寻乌县税务局局长	1990 年省劳动模范
曾繁俊	男	汉族	1944—	江西省于都县	中专	中共党员	于都县马安乡水电管理站站长	1990 年省劳动模范
陈有根	男	汉族	1944—	江西省石城县	高中	中共党员	石城县岩岭乡党委书记	1990 年省劳动模范
周作礼	男	汉族	1946—	江西省崇义县	初中	群众	崇义县古亭镇蔬菜场农民	1990 年省劳动模范
陈其义	男	汉族	1946—	江西省赣县	初中	群众	赣县五云良种鸡厂农民	1990 年省劳动模范
王志荣	男	汉族	1946—	江西省南康市	小学	群众	南康县蓉江镇西门村个协主任	1990 年省劳动模范
钟月成	男	汉族	1946—	江西省定南县	大学专科	中共党员	定南县公安局局长	1990 年省劳动模范
李佑麟	男	汉族	1947—	江西省石城县	高中	中共党员	石城县小松镇造纸厂厂长	1990 年省劳动模范
崔道云	男	汉族	1947—	江西省宁都县	初中	中共党员	宁都县长胜镇长胜村第五组农民	1990 年省劳动模范
汪光基	男	汉族	1948—	江西省兴国县	初中	中共党员	兴国县埠头乡廖溪村元二村民小组农民	1990 年省劳动模范
钟兆财	男	汉族	1948—	江西省崇义县	小学	中共党员	崇义县淘锡坑钨矿值班长	1990 年省劳动模范
杨桂玉	女	汉族	1948—	江西省章贡区	初中	群众	赣州市物资回收供应公司西津路收购店主任	1990 年省劳动模范
陈炳之	男	汉族	1948—	江西省寻乌县	大学专科	中共党员	寻乌县小水电公司狮子峰电站站长	1990 年省劳动模范
魏永新	男	汉族	1949—	江西省定南县	初中	中共党员	定南县龙塘乡龙塘村农民	1990 年省劳动模范
曾习宁	男	汉族	1949—	江西省宁都县	高中	中共党员	宁都县刘坑乡机制砖瓦厂农民	1990 年省劳动模范
宋春发	男	汉族	1949—	江西省会昌县	初中	中共党员	会昌县西江镇佐陂用材林场场长	1990 年省劳动模范
卢传峰	男	汉族	1949—	江西省安远县	小学	中共党员	安远县新龙乡坪岗村大树岽村民小组农民	1990 年省劳动模范
肖从宏	男	汉族	1949—	江西省瑞金市	大学专科	中共党员	瑞金五金厂厂长	1990 年省劳动模范
刘名镇	男	汉族	1950—	江西省宁都县	中专	中共党员	宁都县长胜镇农技站农技员	1990 年省劳动模范
廖为正	男	汉族	1950—	江西省南康市	高中	中共党员	赣州供电局班长	1990 年省劳动模范
杨瑞英	女	汉族	1950—	江西省章贡区	小学	中共党员	赣南纺织漂染总厂挡车工	1990 年省劳动模范
廖令显	男	汉族	1950—	江西省石城县	小学	群众	石城县小松镇罗源村下村村民小组农民	1990 年省劳动模范
刘宗祯	男	汉族	1951—	江西省上犹县	高中	中共党员	上犹县五指峰山珍罐头厂厂长	1990 年省劳动模范
肖兴明	男	汉族	1951—	江西省安远县	中专	群众	安远县粮油加工厂厂长	1990 年省劳动模范
肖文立	男	汉族	1951—	江西省于都县	大学专科	群众	江西赣南东方红水泥厂化验室主任	1990 年省劳动模范
杨二秀	女	汉族	1952—	江西省南康市	初小	中共党员	赣南卷烟厂工人	1990 年省劳动模范
钟生针	男	汉族	1952—	江西省南康市	大学专科	中共党员	南康市龙华乡双江村书记	1990 年省劳动模范
杨旭星	男	汉族	1953—	江西省瑞金市	大专	群众	瑞金县沙洲坝乡沙洲坝村党支部书记	1990 年省劳动模范
王德禄	男	汉族	1953—	江西省南康市	初中	中共党员	赣州地区邮电局投递员	1990 年省劳动模范
黄通博	男	汉族	1953—	江西省上犹县	高中	中共党员	上犹县水泥厂厂长	1990 年省劳动模范
王与胜	男	汉族	1953—	江西省龙南县	初中	中共党员	龙南县玉岩乡井岗村农民	1990 年省劳动模范
邓增玖	男	汉族	1954—	江西省章贡区	高中	中共党员	赣州市湖边乡人民政府水保员	1990 年省劳动模范
邱彩光	男	汉族	1954—	江西省信丰县	初中	中共党员	信丰县汽车修配厂班长	1990 年省劳动模范

续表 40－3－6

姓 名	性别	民族	生卒年	籍贯	学历	政治面貌	单位及职务	时间、荣誉
谢 峰	男	汉族	1955—	江西省大余县	初中	群众	大余县池江乡团口村农民	1990 年省劳动模范
陈正中	男	汉族	1957—	江西省全南县	高中	中共党员	全南县木金乡增坊村农民	1990 年省劳动模范
曾庆抗	男	汉族	1959—	江西省兴国县	大学专科	中共党员	兴国糖厂班长	1990 年省劳动模范
钟月明	男	汉族	1966—	江西省龙南县	大学本科	群众	龙南县稀土矿技术副科长	1990 年省劳动模范
陈小燕	女	汉族	1971—	江西省赣县	初中	群众	赣县五云乡千丈村 东坑村民小组农民	1990 年省劳动模范
黄 政	男	汉族	—	江西省大余县	高中	中共党员	大余县第二冶金化工厂副厂长	1990 年省劳动模范
江列牙	男	汉族	1935—	江西省上高县	小学	中共党员	江西长城企业集团太和林场工人	1995 年省劳动模范
刘祖清	男	汉族	1936—	江西省章贡区	初小	中共党员	赣州有色冶金机械厂工人	1995 年省劳动模范
范群鹤	男	汉族	1936—	江西省新建县	高中	中共党员	赣州市殡葬管理所所长	1995 年省劳动模范
温勋琦	男	汉族	1936—	江西省宁都县	农函大	中共党员	宁都县田头王坊村村支书	1995 年省劳动模范
袁加财	男	汉族	1937—	江西省大余县	小学	群众	大余县赤石乡分水坳村农民	1995 年省劳动模范
訾玉泉	男	汉族	1940—	河北省涿州市	大学本科	中共党员	赣州钴钨有限责任公司董事长	1995 年省劳动模范
钟社福	男	汉族	1941—	江西省全南县	小学	群众	全南县水泥厂工人	1995 年省劳动模范
吴玉平	男	汉族	1942—	广东省兴宁市	初中	群众	安远县鹤仔乡鹤仔村农民	1995 年省劳动模范
刘德跃	男	汉族	1943—	江西省龙南县	中专	中共党员	龙南县龙南镇建筑工程公司经理	1995 年省劳动模范
许毓惠	男	汉族	1944—	江西省南康市	初中	中共党员	南康县横市镇外回村村支书	1995 年省劳动模范
雷泽德	男	汉族	1944—	江西省于都县	初中	群众	于都县沙心乡高屋村农民	1995 年省劳动模范
夏海光	男	汉族	1944—	江西省信丰县	初小	中共党员	信丰县小江水泥厂厂长	1995 年省劳动模范
王太元	男	汉族	1945—	江西省兴国县	初中	中共党员	兴国县埠头乡农民	1995 年省劳动模范
赖荣茂	男	汉族	1945—	江西省赣县	高小	中共党员	赣县沙地食品厂厂长	1995 年省劳动模范
欧寿发	男	汉族	1945—	江西省会昌县	中专	中共党员	会昌县文武坝乡下半岭村村支书	1995 年省劳动模范
陈子光	男	汉族	1946—	广东省朝阳县	大学本科	中共党员	江西气压机厂厂长	1995 年省劳动模范
李均绵	男	汉族	1946—	江西省南康市	初中	群众	江西第一制糖厂工人	1995 年省劳动模范
叶庭富	男	汉族	1946—	江西省崇义县	初中	中共党员	崇义县木材厂工人	1995 年省劳动模范
熊文祥	男	汉族	1946—	江西省丰城市	大学本科	中共党员	赣州酒厂厂长	1995 年省劳动模范
夏栋祥	男	汉族	1946—	江西省吉安市	大学本科	中共党员	赣州地区南河水电实业 总公司总经理	1995 年省劳动模范
童仕富	男	汉族	1946—	江西省宁都县	小学	中共党员	宁都县邮电局洛口邮电所营业员	1995 年省劳动模范
王华丽	男	汉族	1948—	江西省南康市	大学专科	中共党员	南康县蓉江镇东门村村主任	1995 年省劳动模范
李仲良	男	汉族	1949—	江苏省无锡市	大学本科	中共党员	赣南卷烟厂厂长	1995 年省劳动模范
何英华	男	汉族	1950—	江西省石城县	高中	中共党员	宁都县水泥厂工人	1995 年省劳动模范
王启明	男	汉族	1950—	江西省宁都县	大学专科	中共党员	宁都县造纸厂厂长	1995 年省劳动模范
胡良玲	男	汉族	1950—	江西省上犹县	高中	中共党员	上犹县东山镇南河一村村支书	1995 年省劳动模范
蒋立群	男	汉族	1950—	江西省信丰县	大学专科	中共党员	赣丰饲料公司经理	1995 年省劳动模范
任 伟	男	汉族	1950—	江西省于都县	小学	群众	于都县贡江镇白口村农技员	1995 年省劳动模范
陈孝荣	男	汉族	1951—	江西省南康市	高小	中共党员	南康县平田乡木塘村农民	1995 年省劳动模范

续表 40－3－6

姓 名	性别	民族	生卒年	籍贯	学历	政治面貌	单位及职务	时间、荣誉
潘恩树	男	汉族	1951—	江苏省扬州市	大学专科	中共党员	赣州南方有色冶金工业公司经理	1995 年省劳动模范
赖裕彬	男	汉族	1952—	江西省瑞金市	初中	群众	赣州地区商业储运公司司机	1995 年省劳动模范
丁克昌	男	汉族	1953—	江西省于都县	中专	中共党员	于都县小溪乡农经站站长	1995 年省劳动模范
邹良明	男	汉族	1953—	江西省宁都县	高中	中共党员	宁都县梅江镇北门村村主任	1995 年省劳动模范
刘元舜	男	汉族	1953—	江西省章贡区	高中	中共党员	赣州市章江水轮泵站站长	1995 年省劳动模范
施崇友	男	汉族	1953—	江西省信丰县	初中	群众	信丰县同益乡游州村农民	1995 年省劳动模范
钟家棚	男	汉族	1953—	江西省兴国县	初中	中共党员	赣州铝厂工人	1995 年省劳动模范
陈杨盛	男	汉族	1953—	江西省于都县	初中	群众	于都县台胞台属联谊钨矿矿长	1995 年省劳动模范
吕亚友	男	汉族	1953—	广东省五华县	初中	中共党员	赣州公路分局安远公路段养路队长	1995 年省劳动模范
赖日添	男	汉族	1953—	江西省定南县	初中	中共党员	定南县历市镇井坑村村支书	1995 年省劳动模范
黄国贵	男	汉族	1953—	江西省章贡区	中专	中共党员	赣州地区汽运总公司工人	1995 年省劳动模范
黄云彪	男	汉族	1954—	江西省石城县	初中	群众	石城县兴达纸制品厂厂长	1995 年省劳动模范
林万增	男	汉族	1954—	江西省南康市	初中	中共党员	南康县龙回乡仓下村农民	1995 年省劳动模范
郭京平	男	汉族	1955—	江西省上犹县	中专	中共党员	上犹县蓄电池厂技改办主任	1995 年省劳动模范
廖忠华	男	汉族	1955—	江西省崇义县	高中	中共党员	崇义县铅厂镇铅厂村村支书	1995 年省劳动模范
黄泽兰	男	汉族	1955—	江西省崇义县	初中	中共党员	崇义县淘锡坑钨矿矿长	1995 年省劳动模范
温新根	男	汉族	1955—	江西省寻乌县	高中	中共党员	寻乌县文峰乡杨梅村村支书	1995 年省劳动模范
谭洪己	男	汉族	1956—	江西省全南县	大学专科	中共党员	全南县南迳镇农技站站长	1995 年省劳动模范
谢志明	男	汉族	195—	江西省龙南县	高中	群众	龙南县临塘乡临江村农民	1995 年省劳动模范
张万洲	男	汉族	1957—	江西省章贡区	高中	中共党员	赣州市南外街道办事处白云村村支书	1995 年省劳动模范
李寿堂	男	汉族	1957—	福建省上杭县	高中	中共党员	会昌县精制米食品公司工人	1995 年省劳动模范
冯显林	男	汉族	1957—	江西省定南县	初中	群众	安远县大凤野鸡原种场工人	1995 年省劳动模范
庄立嗣	男	汉族	1957—	广东省揭西县	大学专科	中共党员	中国银行赣州地区分行行长	1995 年省劳动模范
谢绍恢	男	汉族	1957—	江西省赣县	高中	中共党员	赣县茅店乡洋塘村村主任	1995 年省劳动模范
曾小清	男	汉族	1957—	江西省龙南县	初中	中共党员	龙南县稀土矿工人	1995 年省劳动模范
朱秀英	女	汉族	1960—	江西省兴国县	初中	群众	兴国县五里亭乡洪门村个体户	1995 年省劳动模范
聂晓珍	女	汉族	1963—	江西省赣县	高中	中共党员	赣县商业综合贸易公司营业员	1995 年省劳动模范
廖方红	男	汉族	1963—	江西省宁都县	大学专科	中共党员	赣南方大饲料厂厂长	1995 年省劳动模范
刘财发	男	汉族	1965—	江西省章贡区	高中	中共党员	赣南大桥煤矿工人	1995 年省劳动模范
郑桃芳	男	汉族	1970—	江西省石城县	初中	群众	石城县琴江镇西外村农民	1995 年省劳动模范
程长发	男	汉族	1970—	江西省瑞金市	初中	群众	瑞金市第二建筑工程公司经理	1995 年省劳动模范
邹 洁	男	汉族	1971—	江西省信丰县	大学专科	中共党员	信丰县大阿中学代课教师	1995 年省劳动模范
谢达彬	男	汉族	1972—	江西省兴国县	初中	群众	赣南摩擦材料厂工人	1995 年省劳动模范
周玄发	男	汉族	—	江西省兴国县	大学专科	中共党员	赣南卷烟厂兴国分厂厂长	1995 年省劳动模范
黄德锦	男	汉族	—	江西省大余县	高中	中共党员	大余县第二冶金化工厂厂长	1995 年省劳动模范
胡法生	男	汉族	1938—	江苏省盐城市	大学专科	中共党员	赣州市城建局局长	1995 年省先进工作者

续表 40-3-6

姓 名	性别	民族	生卒年	籍贯	学历	政治面貌	单位及职务	时间、荣誉
袁 征	男	汉族	1938—	江西省信丰县	大学本科	中共党员	赣南师范学院教师	1995 年省先进工作者
邱琼华	女	汉族	1940—	江西省大余县	大学本科	中共党员	大余县人民医院主治医师	1995 年省先进工作者
廖云翰	男	汉族	1946—	广东省兴宁市	大学本科	群众	安远县第一中学教师	1995 年省先进工作者
张曼君	女	汉族	1953—	江西省章贡区	大学本科	中共党员	赣南采茶剧团演员	1995 年省先进工作者
刘毓球	男	汉族	1958—	江西省南康市	大学本科	中共党员	南康县中学教师	1995 年省先进工作者
肖贵禄	男	汉族	1962—	江西省寻乌县	中专	中共党员	寻乌县公安局民警	1995 年省先进工作者
刘吉华	男	汉族	1953—	江西省章贡区	高中	中共党员	赣州市华通企业集团公司总经理	1998 年全国优秀乡镇厂长(经理、董事长)(享受省劳模待遇)
周少龙	男	汉族	1962—	江西省南康市	大学本科	群众	南康市宏龙矿业有限公司总经理	1998 年全国优秀乡镇厂长(经理、董事长)(享受省劳模待遇)
龚 斌	男	汉族	1964—	河南省临颍县	大学专科	中共党员	赣州虔东稀土集团股份有限总经理	1998 年全国优秀乡镇厂长(经理、董事长)(享受省劳模待遇)
丁二秀	女	汉族	1925—	江西省于都县	文盲	群众	于都县利村乡回垅村农民	2000 年省劳动模范
古石明	男	汉族	1943—	江西省定南县	小学	中共党员	定南县柱石乡白沙村书记	2000 年省劳动模范
涂礼淦	男	汉族	1943—	江西省全南县	高中	群众	全南县小慕乡涂屋村农民	2000 年省劳动模范
刘春生	男	汉族	1945—	江西省宁都县	初中	中共党员	宁都县刘坑乡罗家村支部书记	2000 年省劳动模范
刘达荃	男	汉族	1946—	江西省赣县	小学	群众	赣县小健煤矿工人	2000 年省劳动模范
刘事芳	男	汉族	1946—	江西省南康市	初中	群众	南康市金鸡镇金鸡村农民	2000 年省劳动模范
赵少俊	男	汉族	1948—	江西省宁都县	中专	中共党员	宁都县粮油工业公司工程师	2000 年省劳动模范
袁石发	男	汉族	1949—	江西省于都县	初中	群众	于都县仙下乡富坑脐橙场场长	2000 年省劳动模范
罗乃纲	男	汉族	1949—	江西省于都县	大学专科	中共党员	于都县汽车运输公司工程师	2000 年省劳动模范
朱清能	男	汉族	1951—	江西省信丰县	大学本科	群众	信丰县长安园艺场场长	2000 年省劳动模范
谢朗明	男	汉族	1951—	江西省龙南县	高中	群众	龙南县恒泰实业有限公司总经理	2000 年省劳动模范
冯幸平	男	汉族	1952—	江西省章贡区	硕士研究生	中共党员	江西江铃齿轮股份有限公司总经理	2000 年省劳动模范
兰远顺	男	畲族	1952—	江西省龙南县	初中	中共党员	龙南县远顺木制工艺品厂厂长	2000 年省劳动模范
王加楷	男	汉族	1952—	江西省章贡区	初中	中共党员	赣州市第三建筑工程公司工人	2000 年省劳动模范
刘延松	男	汉族	1952—	江西省兴国县	大学专科	中共党员	兴国县金莹氟业有限责任公司总经理	2000 年省劳动模范
钟书纯	男	汉族	1953—	江西省大余县	高中	中共党员	大余县梅关镇新华村农民	2000 年省劳动模范
康遇庆	男	汉族	1953—	江西省信丰县	高中	群众	信丰县庆丰食用菌服务公司经理	2000 年省劳动模范
周新民	男	汉族	1953—	江西省赣县	小学	群众	赣县南塘镇南塘村农民	2000 年省劳动模范
卢和通	男	汉族	1954—	江西省南康市	大学专科	群众	南康市唐江镇九驳桥村农民	2000 年省劳动模范
刘世金	男	汉族	1954—	江西省赣县	初中	中共党员	赣南建筑工程总公司班长	2000 年省劳动模范
温国贤	男	汉	1955—	江西省寻乌县	高中	中共党员	寻乌县文峰乡岗背村党支部书记	2000 年省劳动模范
肖芳麟	男	汉族	1955—	江西省信丰县	高中	中共党员	于都县祁禄山林场护林队队长	2000 年省劳动模范
容才华	男	汉族	1955—	江西省章贡区	初中	群众	赣州市航运公司班长	2000 年省劳动模范
周日高	男	汉族	1956—	江西省宁都县	初中	群众	宁都县日高包装品厂厂长	2000 年省劳动模范

续表 40－3－6

姓　名	性别	民族	生卒年	籍贯	学历	政治面貌	单位及职务	时间、荣誉
谢隆兴	男	汉族	1956—	江西省安远县	初中	中共党员	安远县镇岗乡罗山村书记	2000 年省劳动模范
谢善生	男	汉族	1957—	江西省赣县	初中	中共党员	赣县田村镇社大村书记	2000 年省劳动模范
胡庭贞	女	汉族	1958—	江西省章贡区	高中	中共党员	赣州饭店总经理	2000 年省劳动模范
骆赣英	女	汉族	1958—	江西省上犹县	初中	中共党员	赣州供电局变电站站长	2000 年省劳动模范
刘林祥	男	汉族	1958—	江西省兴国县	初中	群众	兴国县潋江镇洪门村农民	2000 年省劳动模范
黄清波	男	汉族	1958—	江西省于都县	高中	群众	于都县盘古茶厂厂长	2000 年省劳动模范
曾　杰	男	汉族	1958—	江西省章贡区	初中	群众	章贡区黄金岭街道办事处金星村农民	2000 年省劳动模范
方永珑	男	汉族	1959—	江西省章贡区	高中	群众	赣州市邮政局投递员	2000 年省劳动模范
谭诗鸿	男	汉族	1960—	江西省赣县	中专	中共党员	赣县王母渡镇浓口村农民	2000 年省劳动模范
胡庭芳	男	汉族	1961—	江西省章贡区	高中	中共党员	章贡区湖边镇湖边村主任	2000 年省劳动模范
骆传辉	男	汉族	1961—	江西省寻乌县	小学	中共党员	寻乌县化工厂车间副主任	2000 年省劳动模范
庄彩云	女	汉族	1961—	江西省兴国县	本科	中共党员	工行赣州市章江支行主任	2000 年省劳动模范
李天翘	女	汉族	1962—	广东省兴宁市	大学专科	中共党员	章贡区粮油商业公司三八粮店主任	2000 年省劳动模范
刘小林	男	汉族	1962—	江西省兴国县	高中	群众	兴国县梦里香食品厂厂长	2000 年省劳动模范
龚先洪	男	汉族	1963—	江西省兴国县	初中	中共党员	兴国县埠头乡程水村农民	2000 年省劳动模范
温永有	男	汉族	1964—	江西省石城县	高中	中共党员	石城县高田镇湖坑村书记	2000 年省劳动模范
吴光珠	男	汉族	1964—	江西省信丰县	初中	群众	信丰县制糖厂工人	2000 年省劳动模范
吴小华	男	汉族	1965—	江西省崇义县	高中	中共党员	崇义县龙勾乡庙前村农民	2000 年省劳动模范
郭先贵	男	汉族	1965—	江西省于都县	初中	中共党员	铁山垅钨矿工人	2000 年省劳动模范
邹光庆	女	汉族	1966—	江西省瑞金市	大专	中共党员	赣州汽车运输总公司班长	2000 年省劳动模范
胡瑞平	男	汉族	1966—	江西省宁都县	中专	中共党员	宁都县赖村脐橙有限责任公司总经理	2000 年省劳动模范
陈　伟	男	汉族	1966—	江西省安远县	大学专科	中共党员	安远县重石乡罗坑村农民	2000 年省劳动模范
罗东发	男	汉族	1967—	江西省于都县	初中	群众	于都县马安乡良种猪扩繁场场长	2000 年省劳动模范
李启全	男	汉族	1967—	江西省上犹县	大学专科	群众	上犹县人造板厂厂长	2000 年省劳动模范
张天云	男	汉族	1967—	江西省石城县	高中	群众	石城县观下乡睦富村农民	2000 年省劳动模范
刘文娥	女	汉族	1967—	江西省寻乌县	初中	群众	寻乌县吉潭镇古丰村农民	2000 年省劳动模范
彭志坚	男	汉族	1968—	江西省宁都县	大学专科	群众	宁都县惠大立体生态农庄总经理	2000 年省劳动模范
黎明福	男	汉族	1972—	江西省南康市	高中	中共党员	南康市龙回镇坪沙村农民	2000 年省劳动模范
钟全钰	男	汉族	1975—	江西省信丰县	初中	群众	信丰县小河镇大江村农民	2000 年省劳动模范
黄玉中	男	汉族	1945—	江西省赣县	中专	中共党员	赣州市科技情报研究所农艺师	2000 年省先进工作者
万桂莲	女	汉族	1946—	江西省瑞金市	大学专科	中共党员	瑞金市妇幼保健院院长	2000 年省先进工作者
陈国瑞	男	汉族	1946—	江西省宁都县	大学专科	中共党员	宁都中学校长	2000 年省先进工作者
林万英	女	汉族	1950—	江西省南康市	中师	中共党员	南康市实验小学教师	2000 年省先进工作者
蔡启辉	男	汉族	1951—	江西省章贡区	初中	中共党员	赣州市市容环境卫生管理处工人	2000 年省先进工作者
刘智天	男	汉族	1951—	江西省大余县	大学专科	中共党员	大余县物资局局长	2000 年省先进工作者

续表 40-3-6

姓　名	性别	民族	生卒年	籍贯	学历	政治面貌	单位及职务	时间、荣誉
邱瑞兰	女	汉族	1952—	江西省瑞金市	初中	群众	南方工业学校工人	2000年省先进工作者
赖继东	男	汉族	1952—	江西省于都县	大学专科	中共党员	于都县人民政府驻沪办事处主任	2000年省先进工作者
肖日鹏	男	汉族	1957—	江西省龙南县	大学本科	中共党员	赣州公路分局信丰公路段段长	2000年省先进工作者
李作夫	男	汉族	1957—	江西省定南县	中专	中共党员	定南县交通局局长	2000年省先进工作者
刘联娣	女	汉族	1957—	江西省全南县	中专	中共党员	全南县大庄乡分水村小学教师	2000年省先进工作者
阮皇金	女	汉族	1959—	江西省南康市	初中	中共党员	南康市市容环境卫生管理处队长	2000年省先进工作者
李日胜	男	汉族	1962—	江西省龙南县	大学本科	中共党员	龙南国家税务局局长	2000年省先进工作者
殷小霞	女	汉族	1963—	安徽省枞阳县	中专	中共党员	大余县人民医院护士长	2000年省先进工作者
李仲锴	男	汉族	1963—	江西省章贡区	大学本科	中共党员	赣州市第七中学校长	2000年省先进工作者
赖　峰	男	汉族	1963—	江西省石城县	大学本科	中共党员	石城县结核病防治所所长	2000年省先进工作者
罗礼生	男	汉族	1963—	江西省兴国县	大学本科	中共党员	兴国县人民医院院长	2000年省先进工作者
方世才	男	汉族	1965—	江西省上犹县	大学本科	中共党员	上犹县经贸委副主任	2000年省先进工作者
黄圣勇	男	汉族	1966—	江西省南康市	大学本科	群众	崇义县计划生育服务站站长	2000年省先进工作者
廖月莲	女	汉族	1966—	江西省龙南县	大学本科	中共党员	龙南中学教师	2000年省先进工作者
王根生	男	汉族	1969—	江西省兴国县	大学本科	群众	兴国县枫边乡山下小学教师	2000年省先进工作者
张静兰	女	汉族	1970—	广东省兴宁市	大学专科	中共党员	安远县欣山中心小学校长	2000年省先进工作者
王隽彦	女	汉族	1979—	江西省信丰县	大学本科	中共党员	赣州市公安局交警支队直属大队警察	2000年省先进工作者
吕端胜	男	汉族	1958—	江西省兴国县	硕士研究生	中共党员	南康市人民检察院检察长	2000年省先进工作者

第四节　享受国务院、省政府特殊津贴专家

一、国务院特殊津贴享受者

表 40-3-7

1986—2000年赣州市享受国务院特殊津贴专家一览表

姓　名	工作单位及职务（职称）	批准部门	批准时间
伍仁山	赣州市农业局高级农艺师	国务院	1991年
陈逢彩	赣州市柑橘研究所高级农艺师	国务院	1991年
黄世焕	四川泸州天然气化工（集团）公司高级工程师	国务院	1992年
尹拙夫	寻乌稀土公司高级工程师	国务院	1992年
张瑞祥	赣州市农科所研究员	国务院	1992年
陈早阳	赣州市钨钼材料厂厂长	国务院	1992年
张长根	南方冶金学院副院长、教授	国务院	1992年
杨衍洪	南方冶金学院教授	国务院	1992年
刘石俊	赣州地区林科所黑荆树实验林场场长、高级工程师	国务院	1992年
肖凯杰	赣州地区林科所研究室主任、教授级高级工程师	国务院	1992年
袁　征	赣南师范学院历史系副主任、教授	国务院	1992年

续表 40-3-7

姓 名	工作单位及职务(职称)	批准部门	批准时间年
范德汉	南康市皮肤病防治所党支部书记、所长、副主任医师	国务院	1992 年
罗晓航	赣州市群众艺术馆研究员	国务院	1992 年
罗天祯	赣南农药厂高级工程师	国务院	1993 年
李文锋	赣南水轮机厂高级工程师	国务院	1993 年
邹瑞通	章贡区经贸委工程师	国务院	1993 年
华兴周	赣州市科协高级工程师	国务院	1993 年
陈荣德	崇义县农用车制造厂高级工程师	国务院	1993 年
龚志明	江西江铃齿轮股份有限公司副厂长、高级工程师	国务院	1993 年
罗亨清	信丰化肥厂高级工程师	国务院	1993 年
徐大宏	赣州市柑橘研究所高级农艺师	国务院	1993 年
孙寿南	赣州市肿瘤医院副院长、主任医师	国务院	1993 年
张连惠	赣州市立医院主任医师	国务院	1993 年
廖洪发	赣州市建筑设计研究院高级工程师	国务院	1993 年
吴树勋	章贡区经贸委高级工程师	国务院	1993 年
李鉴洵	信丰化肥厂高级工程师	国务院	1993 年
简根源	赣州市林科所教授级高级工程师	国务院	1993 年
罗旋文	赣州市群众艺术馆研究馆员	国务院	1993 年
周书文	赣州地区文联副主席、研究员	国务院	1993 年
舒 龙	赣州电视台专业作家、国家一级编剧	国务院	1993 年
罗文正	赣州地区水利水电勘测设计院院长	国务院	1993 年
谢信孚	江西齿轮股份有限公司副总经理、教授级高级工程师	国务院	1993 年
李爱华	赣州地区植保站副站长、高级农艺师	国务院	1993 年
张名铸	赣南农药厂厂长、总工程师	国务院	1993 年
谢运祯	宁都县组合机床厂副厂长、总工程师	国务院	1993 年
曾 静	宁都县农业局高级农艺师	国务院	1994 年
丘星初	赣州市环保局农艺师	国务院	1994 年
熊文祥	赣南果业股份有限公司高级工程师	国务院	1994 年
汤振武	江西气体压缩机有限公司总工程师、高级工程师	国务院	1994 年
陈子光	章贡区人大常委会调研员、高级工程师	国务院	1994 年
江世昌	赣州市规划局工程师	国务院	1994 年
黄贵纲	江门市金博机械有限公司高级工程师	国务院	1994 年
王天回	江西气体压缩机厂高级工程师	国务院	1994 年
许先达	赣州发电设备成套制造有限公司董事长、高级工程师	国务院	1994 年
钟宗淳	赣州市农业局农业技术推广研究员	国务院	1994 年
黄玉英	赣南文艺学校校长、一级演员	国务院	1994 年
李传柄	兴国县平川中学党支部书记兼校长	国务院	1994 年
谢金水	赣州市农科所农业技术推广研究员	国务院	1995 年
王志远	赣州一中校长、中学高级教师	国务院	1995 年
刘国海	南康中学高级教师	国务院	1996 年

续表 40－3－7

姓　名	工作单位及职务(职称)	批准部门	批准时间年
廖家槐	赣州市农业局农业技术推广研究员	国务院	1996 年
王玉璈	兴国县水土保持局高级工程师	国务院	1997 年
赖斯逵	江西气体压缩机厂高级工程师	国务院	1997 年
谢其本	赣州市农业局高级农艺师	国务院	1997 年
周昌涵	兴国县水土保持办主任、高级农艺师	国务院	1997 年
谭蓉江	赣州市煤气公司书记经理、高级工程师	国务院	1999 年
谢永悌	赣州市帝龙生物制品厂高级农艺师	国务院	1999 年
郭裕茂	崇义中学高级教师	国务院	1999 年
王建中	赣州市人民医院副院长、主任医师	国务院	1999 年

二、省政府特殊津贴享受者

1986—2000 年赣州市享受省政府特殊津贴专家一览表

表 40－3－8

姓　名	工作单位及职务(职称)	批准部门	批准时间年
林祥群	大余中大公司经济师	江西省人民政府	1992 年
江　波	赣县人民医院副主任	江西省人民政府	1992 年
王地宝	赣南水泥厂高级工程师	江西省人民政府	1993 年
赖剑锋	赣州市柑橘研究书记农业技术推广员	江西省人民政府	1993 年
郭义星	赣州市水轮泵站经济师	江西省人民政府	1993 年
夏侯龙钧	章贡区种子管理站高级农艺师	江西省人民政府	1994 年
丘星初	赣州市环保局农艺师	江西省人民政府	1994 年
杨小林	赣州市农业局农业推广研究员	江西省人民政府	1994 年
郭才仁	南康市畜牧水产局畜牧兽医师	江西省人民政府	1994 年
杨祥华	赣州市社联副主席、高级工程师	江西省人民政府	1994 年
龙长生	赣州市体校一级教练	江西省人民政府	1994 年
黄玉英	赣南文艺学校校长、一级演员	江西省人民政府	1994 年
伍学荣	江西环境工程职业学院干事、工程师	江西省人民政府	1994 年
曾传美	赣州市卫生局副局长、副主任医师	江西省人民政府	1994 年
舒　龙	赣州电视台编剧、一级编剧	江西省人民政府	1994 年
胡法生	赣州市自来水公司高级工程师	江西省人民政府	1994 年
周志平	赣南建筑工程总公司高级工程师	江西省人民政府	1994 年
黄玉中	赣州市科技情报所科室主任、高级农艺师	江西省人民政府	1994 年
薛耀怀	赣州市农业局高级工程师	江西省人民政府	1994 年
刘玉山	安远县水产科学研究所所长	江西省人民政府	1994 年
杨书敏	赣南采茶歌舞剧团导演、一级编导	江西省人民政府	1998 年
郭宏文	赣州市农业局科长、推广研究员	江西省人民政府	1999 年

续表 40-3-8

姓　名	工作单位及职务(职称)	批准部门	批准时间年
陈忠民	赣州市规划局副高职称	江西省人民政府	1999 年
黄云芳	赣州市第三中学调研员、高级教师	江西省人民政府	1999 年
古祖亮	安远县果业局副局长、高级农艺师	江西省人民政府	2000 年
冯幸平	江西江铃齿轮股份有限公司董事长、高级经济师	江西省人民政府	2000 年
吴　翔	赣州市体校高级教练	江西省人民政府	2000 年
陈宗炫	兴国县平川中学校长	江西省人民政府	2000 年

第五节　正高级专业技术职务者

一、赣州籍暨客籍在赣州工作人员

1986—2000 年赣州籍暨客籍在赣州工作人员获正高级专业技术职务者一览表

表 40-3-9

姓　名	籍　贯	工作单位	专业技术职称	职称评定时间
张连惠	河北省宁津县	赣州市第一人民医院	主任医师	1987 年 12 月
张嗣佑	江西省章贡区	赣州市中医院	主任医师	1987 年 12 月
周济海	江西省永修县	赣南医学院	教　授、主任医师	1987 年 12 月
罗启祯	福建省兴汀县	赣南医学院	教　授、主任医师	1987 年 12 月
刘　钧	江西省于都县	赣州地区人民医院外科	主任医师	1987 年 12 月
李咸珠	江西省于都县	赣南医学院	教　授、主任医师	1988 年 2 月
吴宣成	江西省于都县	赣南医学院	教　授、主任医师	1988 年 2 月
童競亚	安徽省	赣南医学院	教　授	1988 年 2 月
张启兴	江西省兴国县	赣南医学院	教　授	1988 年 2 月
张志渊	江西省余干县	赣南医学院	教　授	1988 年 2 月
陈大用	浙江省桐乡县	赣南医学院	教　授、主任医师	1988 年 2 月
林仁通	浙江省桐乡县	赣南医学院	教　授	1988 年 2 月
刘经平	浙江省桐乡县	赣南医学院	教　授	1988 年 2 月
康芳芬	—	赣州地区皮肤病研究所	主任医师	1988 年 4 月
朱其慧	江西省章贡区	赣州市第一人民医院	主任医师	1988 年 6 月
刘良训	江西省信丰县	信丰县卫生学校	主任医师	1988 年 6 月
王联亿	江西省于都县	赣州地区人民医院	主任药师	1988 年 6 月
刘　钧	—	赣州地区人民医院	主任医师	1988 年 6 月
张　美	—	赣州地区人民医院	主任医师	1988 年 6 月
黄维松	—	赣州地区妇保院	主任医师	1988 年 6 月
李　爽	—	赣州地区人民医院	主任医师	1988 年 6 月

续表 40－3－9

姓　名	籍　贯	工作单位	专业技术职称	职称评定时间
胡作儒	—	赣州地区人民医院	主任医师	1988 年 6 月
丘万洪	—	赣州地区人民医院	主任医师	1988 年 6 月
郭立寰	—	赣州地区人民医院	主任医师	1988 年 6 月
陈子林	—	赣州地区人民医院	主任医师	1988 年 6 月
黄存金	—	赣州卫校	主任医师	1988 年 6 月
雷惠宁	—	赣州地区人民医院	主任医师	1988 年 6 月
王书鹏	—	赣州市律师事务所	一级律师	1988 年 6 月
李家驹	—	赣州市第一人民医院	主任医师	1988 年 6 月
熊德玉	江西省南昌市	赣州市光影公司	主任技师	1989 年 2 月
邓毅达	江西省新余县	赣南医学院	教　授	1989 年 12 月
刘国本	赣县王母渡镇	赣县人民医院	主任医师	1989 年 12 月
李满苗	—	南方冶金学院	教　授	1991 年 12 月
李中林	—	南方冶金学院	教　授	1992 年 7 月
郭国瑞	江西省清江县	赣南师范学院	教　授	1993 年 6 月
夏为炜	—	南方冶金学院	教　授	1993 年 6 月
郭照垣	江西省大余县	赣州市人民医院肿瘤科	主任医师	1993 年 6 月
戴朝玮	—	赣州地区人民医院	主任医师	1993 年 6 月
周书文	—	赣州地区文学创作室	研究员	1993 年 6 月
何侠宝	浙江省	赣南医学院	教　授	1993 年 8 月
董　大	江西省南康市	赣南医学院	教　授	1993 年 8 月
鲁　璠	安徽省合肥市	赣州市第一人民医院	主任医师	1993 年 9 月
王永如	—	南方冶金学院	教授级高级工程师	1994 年 7 月
彭毓钧	江西省吉安市	赣州市妇幼保健所	主任医师	1995 年
陈方荣	江西省鄱阳县	赣南医学院	教　授	1995 年 4 月
吴国宏	江西省于都县	赣南医学院	教　授	1995 年 4 月
杨敬格	福建省仙游县	赣南医学院	教　授	1995 年 4 月
唐兰茂	江西省安远县	赣南医学院	教　授	1995 年 4 月
林　恬	江西省于都县	赣南医学院	教　授	1995 年 4 月
康登保	江西省南康市	赣南医学院附属医院	教　授、主任医师	1995 年 4 月
陈发熙	江西省兴国县	赣南医学院附属医院	教　授	1995 年 4 月
陈尚福	江西省章贡区	赣南医学院附属医院	教　授	1995 年 4 月
钟淑民	江西省于都县	赣南医学院附属医院	教　授	1995 年 4 月
温　白	浙江省金华市	赣南医学院附属医院	教　授	1995 年 4 月
程启鹏	江西省龙南县	赣南医学院附属医院	教　授	1995 年 4 月

续表 40－3－9

姓　名	籍　贯	工作单位	专业技术职称	职称评定时间
钟标元	广东省梅县	赣南医学院附属医院	主任医师	1995 年 4 月
方先佩	浙江省平阳县	南康市中医院	主任中医师	1995 年 4 月
孙寿南	江西省于都县	赣州地区中西医结合医院	主任医师	1995 年 4 月
池树万	—	赣州地区人民医院	主任医师	1995 年 4 月
胡惠容	—	赣州地区人民医院	主任医师	1995 年 4 月
肖齐仕	—	赣州地区人民医院	主任医师	1995 年 4 月
范永乐	—	赣州地区人民医院	主任医师	1995 年 4 月
刘若兰	—	赣州地区章江医院	主任医师	1995 年 4 月
钟启声	—	赣州地区结防所	主任医师	1995 年 4 月
张瑞祥	—	赣州市农科所	研究员	1995 年 4 月
钟元茂	江西省上犹县	赣南医学院附属医院	主任医师	1995 年 4 月
黄　河	江西省上犹县	赣州市人民医院	主任医师	1995 年 4 月
张友生	江西省宜春市	赣州市第一人民医院	主任医师	1995 年 9 月
李坊泉	江西省南康市	赣州市第一人民医院	主任医师	1995 年 9 月
刘立芬	江西省兴国县	赣州市第一人民医院	主任中医师	1995 年 9 月
张曼君	—	赣南采茶剧团	一级演员	1995 年 11 月
黄玉英	—	赣南采茶剧团	一级演员	1995 年 11 月
陈家铭	江西省章贡区	赣南医学院附院	副教授	1996 年
奚　三	江西省南康市	南康市一医院	主任医师	1996 年 4 月
李　筠	江西省于都县	赣南日报社摄影部	主任记者	1996 年 4 月
叶之中	江西省章贡区	赣州市人民医院	主任医师	1996 年 4 月
胡玉英	—	赣州地区人民医院	主任医师	1996 年 4 月
廖建贤	—	赣州地区人民医院	主任医师	1996 年 4 月
康芳蔚	—	赣州地区人民医院	主任医师	1996 年 4 月
吴正明	—	石城县人民医院	主任医师	1996 年 4 月
冯蔚芙	—	赣州市立医院	主任医师	1996 年 4 月
李东林	—	南方冶金学院	教　授	1996 年 5 月
王彬森	—	南方冶金学院	教　授	1996 年 5 月
肖庭英	湖北省	赣南医学院	教　授	1996 年 6 月
连其深	福建省	赣南医学院	教　授	1996 年 6 月
黄林邦	江西省崇义县	赣南医学院	教　授	1996 年 6 月
夏万鹏	江西省南昌市	赣南医学院附属医院	教　授、主任医师	1996 年 6 月
曹正椿	江西省南昌市	赣南医学院附属医院	教　授、主任医师	1996 年 6 月
曾兴煦	江西省赣县	赣南医学院附属医院	主任医师	1996 年 6 月

续表 40－3－9

姓 名	籍 贯	工作单位	专业技术职称	职称评定时间
罗素兰	—	赣州地区群众艺术馆	研究馆员	1996 年 6 月
阳裕禄	江西省上犹县	赣南师院中文系	教授	1996 年 6 月
刘仁杰	江西省上犹县	赣南师院教育系	教授	1996 年 6 月
孙庆伟	江西省于都县	赣南医学院	教 授	1997 年 6 月
张 帆	湖南省	赣南医学院	教 授	1997 年 6 月
张衡波	江西省赣县	赣南医学院附属医院	主任医师	1997 年 6 月
钟盛琨	江西省南康市	南康市一医院	主任医师	1997 年 6 月
谢英亮	江西省定南县	江西理工大学经济管理学院	教 授	1997 年 6 月
邓佐国	—	南方冶金学院	教 授	1997 年 6 月
陈显勇	—	南方冶金学院	教 授	1997 年 6 月
滕清安	—	南方冶金学院	教 授	1997 年 6 月
蒋传辉	—	南方冶金学院	教 授	1997 年 6 月
张流生	—	南方冶金学院	教 授	1997 年 6 月
易源源	—	南方冶金学院	教 授	1997 年 6 月
谢炳清	—	南方冶金学院	教 授	1997 年 6 月
谢永豪	—	南方冶金学院	教 授	1997 年 6 月
刘 军	—	南方冶金学院	教 授	1997 年 6 月
钟日宣	—	赣州地区卫生局	主任医师	1997 年 6 月
范国元	—	赣州地区卫生局	主任医师	1997 年 6 月
高品旗	—	赣州地区卫生局	主任医师	1997 年 6 月
蔡叙章	—	赣县人民医院	主任医师	1997 年 6 月
宋传声	—	赣州市第一人民医院	主任医师	1997 年 6 月
何发仁	—	赣州市第一人民医院	主任医师	1997 年 6 月
刘延江	—	赣州地区卫生局	主任医师	1997 年 6 月
赖章盛	—	南方冶金学院	教 授	1997 年 7 月
陈锦蕙	—	赣南日报	高级编辑	1997 年 7 月
谢 彬	—	赣州电视台	高级编辑	1997 年 7 月
肖桃芳	江西省吉安市	赣南师范学院	教 授	1997 年 8 月
朱昌彻	江西省南康市	赣南师范学院	教 授	1997 年 8 月
廖正本	江西省宁都县	赣南师院	教 授	1997 年 9 月
刘志成	江西省南康市	南康市一医院	主任医师	1998 年 8 月
蔡济民	—	赣州地区卫生局	主任医师	1998 年 8 月
黄桂英	—	赣州地区卫生局	主任医师	1998 年 8 月
熊以树	—	赣州地区防疫站	主任医师	1998 年 8 月

续表 40-3-9

姓 名	籍 贯	工作单位	专业技术职称	职称评定时间
谭萍贞	—	赣州地区卫生局	主任中医师	1998 年 8 月
邱常达	—	宁都县人民医院	主任医师	1998 年 8 月
吴国湖	—	石城县人民医院	主任医师	1998 年 8 月
潘 洁	江西省赣县	赣南医学院附属医院	教 授、主任医师	1998 年 9 月
辜宝祥	江西省章贡区	赣南医学院附属医院	主任医师	1998 年 9 月
朱开仁	江西省南康市	赣南医学院附属医院	主任医师	1998 年 9 月
叶 军	江西省赣县	赣南医学院附属医院	主任医师	1998 年 9 月
唐敏康	—	南方冶金学院	教 授	1998 年 9 月
涂建平	—	南方冶金学院	教 授	1998 年 9 月
彭会清	—	南方冶金学院	教 授	1998 年 9 月
柳瑞清	—	南方冶金学院	教 授	1998 年 9 月
何赣生	—	南方冶金学院	教 授	1998 年 9 月
郭年琴	—	南方冶金学院	教 授	1998 年 9 月
翁志洪	—	南方冶金学院	教 授	1998 年 9 月
李钟侠	—	南方冶金学院	教 授	1998 年 9 月
黄学良	—	南方冶金学院	教 授	1998 年 9 月
林 愉	—	南方冶金学院	教 授	1998 年 9 月
曾青云	—	南方冶金学院	教 授	1998 年 9 月
戴盛优	—	南方冶金学院	教 授	1998 年 9 月
陈本孝	—	南方冶金学院	教 授	1998 年 9 月
刘 政	—	南方冶金学院	教 授	1998 年 9 月
刘飞飞	—	南方冶金学院	教 授	1998 年 9 月
黄诗结	江西省崇义县	崇义县地方志办公室	编 审	1998 年 9 月
宋方钦	江西省会昌县	赣南师院	教 授	1998 年 12 月
杨书敏	—	赣州地区文化局	一级导演	1998 年 12 月
黄敬辉	—	赣州地区文化局	一级编剧	1998 年 12 月
温何根	—	赣州地区文化局	研究馆员	1998 年 12 月
杨和发	—	赣南日报社	高级编辑	1999 年 3 月
李 平	—	南方冶金学院	教 授	1999 年 5 月
黄万抚	—	南方冶金学院	教 授	1999 年 7 月
刘小生	—	南方冶金学院	教 授	1999 年 7 月
龚福忠	—	南方冶金学院	教 授	1999 年 7 月
张和仕	—	南方冶金学院	研究员	1999 年 7 月
李先芬	—	赣州电视台	高级编辑	1999 年 7 月
林多贤	福建省	赣南师范学院	教 授	1999 年 8 月

续表 40－3－9

姓 名	籍 贯	工作单位	专业技术职称	职称评定时间
林晓平	江西省赣县	赣南师范学院	教 授	1999 年 8 月
刘世群	江西省寻乌县	赣南师范学院	教 授	1999 年 8 月
朱元国	江西省信丰县	赣南师范学院	教 授	1999 年 8 月
曾庆云	江西省信丰县	赣南师范学院	教 授	1999 年 8 月
段 新	江西省章贡区	赣南师范学院	教 授	1999 年 8 月
李承道	河南省溪县	赣南师范学院	教 授	1999 年 8 月
阳贻禄	江西省章贡区	赣南师范学院	教 授	1999 年 8 月
李梅生	湖北省通山县	赣南医学院附属医院	教 授、主任医师	1999 年 9 月
陈文棠	江西省于都县	赣南医学院	教 授	1999 年 9 月
赖承照	江西省信丰县	赣南医学院	教 授	1999 年 9 月
张丽雯	江苏省	赣南医学院附属医院	主任医师	1999 年 9 月
何 侃	浙江省镇海县	赣南医学院	主任医师	1999 年 9 月
王煜兴	江西省横峰县	赣南医学院附属医院	教 授	1999 年 9 月
卢冬初	—	宁都县人民医院	主任医师	1999 年 9 月
魏鸿琮	—	赣州市人民医院	主任医师	1999 年 9 月
龙静霞	—	赣州市人民医院	主任医师	1999 年 9 月
谢大樟	江西省瑞金市	瑞金市人民医院	主任医师	1999 年 9 月
李坊华	—	赣州市防疫站	主任医师	1999 年 9 月
刘炯文	—	赣州市人民医院	主任医师	1999 年 9 月
谢邦熙	—	赣县人民医院	主任医师	1999 年 9 月
钟 亮	—	赣州市人民医院	主任医师	1999 年 9 月
蒋叔凯	—	赣州市人民医院	主任医师	1999 年 9 月
吴建椿	—	赣州市人民医院	主任医师	1999 年 9 月
熊方根	—	赣州市立医院	主任医师	1999 年 9 月
林明煌	—	赣州市立医院	主任医师	1999 年 9 月
关 喆	—	赣州市妇保院	主任医师	1999 年 9 月
龚美德	—	赣州市人民医院	主任中医师	1999 年 9 月
金孝信	—	362 医院	主任中医师	1999 年 9 月
王应权	—	赣州市九连山林场	主任中医师	1999 年 9 月
刘敬树	江西省上犹县	上犹县人民医院	主任医师	1999 年 9 月
谢大樟	江西省瑞金市	瑞金市人民医院	主任医师	1999 年 9 月
邱廷省	—	南方冶金学院	教 授	2000 年 11 月
周 源	—	南方冶金学院	教 授	2000 年 11 月
江梅青	—	南方冶金学院	教 授、主任医师	2000 年 11 月

续表 40－3－9

姓　名	籍　贯	工作单位	专业技术职称	职称评定时间
饶运章	—	南方冶金学院	教　授	2000年11月
万林生	—	南方冶金学院	教　授	2000年11月
许伦辉	—	南方冶金学院	教　授	2000年11月
谭鹊珍	—	南方冶金学院	教　授	2000年11月
胡生西	—	南方冶金学院	教　授	2000年11月
张建中	—	南方冶金学院	教　授	2000年11月
杨　斌	—	南方冶金学院	教　授	2000年11月
肖长清	—	赣州市人民医院	主任医师	2000年11月
伍崇旭	—	赣州市人民医院	主任医师	2000年11月
卢　涛	—	赣州市立医院	主任医师	2000年11月
李发彬	江西省兴国县	兴国县人民医院	主任医师	2000年11月
王立新	章贡区沙石镇	赣县人民医院	主任医师	2000年11月
刘龙江	—	兴国县疾控中心	主任技师	2000年11月
温和瑞	江西省宁都县	赣南师范学院	教　授	2000年12月
赵宝椿	江西省寻乌县	赣南师范学院	教　授	2000年12月
罗　勇	江西省南康市	赣南师范学院客家研究中心	教　授	2000年12月
谢一彪	江西省南康市	赣南师范学院	教　授	2000年12月
黄谟军	江西省南康市	赣南师范学院中文系	教　授	2000年12月

二、赣州籍在辖区外工作人员

表 40－3－10　　1986—2000年赣州籍在辖区外工作人员获正高级专业技术职务者一览表

姓　名	籍　贯	工作单位	专业技术职称	职称评定时间
陈孝福	江西省寻乌县	广东省佛山大学	教　授	1986年
叶介夫	江西省大余县	天津市塘沽区职工中等专业学校	研究员	1987年
曾宪林	江西省兴国县	北京中国矿业大学	教　授	1987年
杨兰才	江西省瑞金市	解放军太原医院	主任医师	1987年
杨衍松	江西省瑞金市	湖南师范大学	教　授	1987年
凌贤才	江西省定南县	中国人民解放军空军大连疗养院	主任医师	1987年
卢俊忠	江西省大余县	中共中央党校	教　授	1987年
钟春香	江西省大余县	湖北武汉华中科技大学图像识别与人工智能研究所	教　授	1987年
钟正培	江西省大余县	湖北省武汉市第五人民医院	主任医师	1988年
谢名湖	江西省大余县	浙江大学能源工程系	教　授	1988年
邹范湘	江西省瑞金市	中国水力发电工程学会	教授级高级工程师	1988年
黄英金	江西省上犹县	江西农大农学系	教　授	1988年
王泽南	江西省会昌县	重庆市第一律师事务所	一级律师	1988年

续表 40-3-10

姓 名	籍 贯	工作单位	专业技术职称	职称评定时间
罗才勇	江西省大余县	北京大学第一医院核医学科	教授、主任医师	1988 年
文玲英	江西省大余县	陕西省西安市第四军医大学口腔系	教 授	1988 年
叶光华	江西省大余县	甘肃省兰州医学院第一附属医院外科	教授、主任医师	1988 年
罗振华	江西省大余县	华南理工大学	教 授	1989 年
许醇文	江西省大余县	深圳市罗湖生物工程开发中心	教 授	1989 年
钟鸣天	江西省定南县	湖北省博物馆	研究员	1989 年
黄历仕	江西省大余县	云南省昆明市船舶医院	主任医师	1991 年
张永健	江西省大余县	湖南中南大学冶金系	教 授	1991 年
黄志民	江西省定南县	美国纽约市花园城商学院	教 授	1992 年
陈声波	江西省安远县	江西医学院一附院肿瘤	主任医师	1992 年
杨国栋	江西省大余县	中国农业出版社编辑部	编 审	1992 年
卢和平	江西省大余县	复旦大学化学系	教 授	1992 年
蓝秀英	江西省大余县	江西财经管理干部学院	教 授	1992 年
康成龙	江西省大余县	萍乡市上栗区人民医院	主任医师	1992 年
廖道生	江西省会昌县	江西医学院第二附属医院	主任医师	1992 年
王一之	江西省章贡区	民族出版社汉文编辑室	编 审	1992 年
陈智良	江西省大余县	江西农业大学	教 授	1992 年
刘立炜	江西省瑞金市	广州市儿童医院	主任医师	1992 年
杨衍权	江西省瑞金市	广州中山大学数学系	教 授	1992 年
杨荣鑑	江西省瑞金市	南昌大学中德研究院	教 授	1993 年
钟守楠	江西省上犹县	华中理工大学	教 授	1993 年
刘轮鑫	江西省上犹县	南昌大学	教 授	1993 年
刘浩龙	江西省大余县	中国地质科学院矿产资源研究所	研究员	1993 年
张 骅	江西省上犹县	广州市中医院	主任医师	1993 年
张升棣	江西省上犹县	景德镇陶瓷研究所	教 授	1993 年
廖忠钰	江西省上犹县	南昌师院	教 授	1993 年
李化茂	江西省大余县	井冈山师范学院物理系	教 授	1993 年
赖忠平	江西省安远县	中国科学院青海盐湖研究所	研究员	1994 年
魏明海	江西省安远县	中山大学管理学院	教 授	1994 年
谢宝瑞	江西省大余县	河南矿冶学院	教 授	1994 年
陈彩镳	江西省安远县	江西省肺科医院	主任医师	1995 年
林应三	江西省大余县	中国科学院电子所	研究员	1995 年
邹兴民	江西省大余县	中国人民解放军福州军区医院	主任医师	1995 年
邱政贤	江西省大余县	宜春医学院	教授、主任医师	1995 年

续表 40－3－10

姓　名	籍　贯	工作单位	专业技术职称	职称评定时间
谢世健	江西省瑞金市	江西农业大学纪委书记、经贸学院	教　授	1995 年
赖家清	江西省上犹县	上海交大教育学院	教　授	1995 年
谢　敏	江西省上犹县	江西医学院二附院	教　授	1995 年
谢善涛	江西省上犹县	中共江西省委党校	教　授	1995 年
邓康耀	江西省大余县	上海交通大学内燃机科研所	教　授	1995 年
钟名一	江西省大余县	中国残疾人联合会华夏时报社	主任记者	1995 年
李日邦	江西省定南县	中国科学院地理科学与资源研究所	研究员	1996 年
吴仁钰	江西省大余县	湖北武汉大学	教　授	1996 年
李承才	江西省大余县	《法制日报》驻江西记者站	主任记者	1996 年
钟北京	江西省瑞金市	清华大学	教　授	1996 年
刘红宁	江西省宁都县	江西省中医学院	教　授	1996 年
袁克忠	江西省上犹县	江西农大	教　授	1996 年
谢元态	江西省上犹县	江西农大	教　授	1996 年
薛瑞录	江西省大余县	国家档案局中国第一历史档案馆编研部	研究员	1996 年
谢英亮	江西省定南县	江西理工大学经济管理学院	教　授	1997 年
古金海	江西省安远县	江西省人民医院	主任医师	1997 年
魏春娥	江西省安远县	北京邮电大学	研究员	1997 年
谭云山	江西省大余县	上海复旦大学附属中山医院病理科	教　授、主任医师	1997 年
谢传胜	江西省大余县	华北电力大学工商管理学院（河北保定）	教　授	1998 年
黄梅林	江西省大余县	江西省中医药研究所	研究员	1998 年
胡竹菁	江西省会昌县	江西师大心理研究所	教　授	1998 年
陈红征（女）	江西省信丰县	浙江大学	教　授	1999 年
欧阳如添	江西省安远县	云南省人民广播电台	主任编辑	1999 年
张锦育	江西省上犹县	长沙陆军学院	教授	1999 年
张均欧	江西省上犹县	暨南大学	教授	1999 年
叶挺松	江西省安远县	长春科技大学	教　授	2000 年
黎少华	江西省定南县	中华全国供销合作总社培训中心、中国经销商学院、北京成功智业营[illegible]	教　授	2000 年
温世扬	江西省大余县	武汉大学法学院	教授	2000 年
汪　斌	江西省会昌县	厦门市仙岳医院	主任医师	2000 年

赣州市志
(1986-2000)

名志

附　录

中共赣州地委　赣州地区行署
关于呈送《赣州地区经济体制改革试验区实施方案》的报告

赣地发〔1988〕2号

中共江西省委、省人民政府：

现将我区关于经济体制改革试验区实施方案随文呈报，请审示。

1988年2月22日

赣州地区经济体制改革试验区实施方案

一、指导思想

1. 以党的十三大精神和省委、省政府〔1987〕26号文件为指导，进一步解放思想，从赣南的实际出发，在搞活企业，培育市场和经济调控方面，大胆探索，积极进取。凡是有利于生产力发展，有利于人民生活改善的各种做法，都允许大胆试验，大胆变通。

2. 坚持改革开放，以改革促开放，促开发。加快基础设施建设，改善经济发展条件和投资环境，以粤闽和港澳市场为主要导向，积极调整农业产业和工业产品结构，使全区经济逐渐转向外向型经济。

3. 办好经济体制改革试验区，除依靠我区自身不懈努力外，建议省增加对赣南的资金投入，并向中央申请对赣南实行国家计划单列，每年给予一定资金投入，以尽快改善能源、交通等基础设施落后的状况，增强经济实力，加快经济发展。

二、搞活企业

1. 所有企业都应按照所有权与经营权分离的原则，依据不同情况，继续完善和发展企业承包、租赁制、股份制等责任制形式。无论实行哪种经营责任制，都要运用法律手段，以契约形式确定国家与企业之间，企业所有者与企业经营者之间的责、权、利关系；都要坚定不移地、大胆地、普遍地引入竞争机制，运用招标的办法选拔企业经营者和确定企业经营目标；都要推行厂长（经理）负责制，认真贯彻三个条例，理顺党、政、工三者关系。

2. 提倡企业之间承包或实行资产有偿转让，允许企业兼并。小型国营企业产权可以有偿转让给集体或个人。

3. 深化企业内部配套改革，把竞争机制、风险机制、激励机制大胆引入企业。对各级管理人员实行聘任制，对工人实行劳动组合制，允许企业职工内部待业，积极推行“厂内银行”和“满负荷工作法”。所有企业都要由生产经营型逐步转化为工贸结合的经营型。

4. 企业在深化改革的同时，要把加强企业管理与推进技术进步结合起来，增强企业后劲，积极引进先进技术和设备。

5. 选择少数企业进行降低所得税率，改税前还贷为税后还贷等超前性试点，在有条件的大中型企业进行股份制试点。

三、改革计划、投资、物资、外贸体制

1. 改革计划体制。逐渐缩小指令性计划，实行以指导性计划为主，市场调节为主。除粮油、木材和指令性调拨的食糖以外，区内生产的其他产品，都逐渐实行市场调节，或指导性计划。

2. 改革投资体制。建立基本建设基金，实行项目招标。成立地区投资公司，筹集并搞活建设资金，提高投资效益。

3. 改革物资体制。除国家加强管理的专卖物资外，其他物资均放开，实行市场调节，合理设置物资机构，完善钢材市场，搞活生产资料流通。

4. 改革外贸体制。在坚持逐步实现政企分开、工贸结合，进出结合和代理制的前提下，逐步建立一套有利于出口，抑制进口，减少财政补贴的外贸调节体系。

在外贸企业推行承包经营责任制和经理负责制。

组建地区外贸进出口公司。设立处级海关，商检和动植物检疫机构。

四、调整经济结构

全区经济要以本地资源为依托。以现有工农业为基础，按照以粤闽和港澳市场为主要导向的要求，逐步转向外向型经济。

工业要通过挖掘现有企业潜力，重点加强薄弱环节的投资，实行改组、改造与调整，以调整促发展。要贯彻“大、中、小并举，以中小为主；国营、集体、个体并举，以集体和个体为主；地、县、乡并举，以乡办为主”的原则，突出重点，搞好项目建设，建立多支柱工业体系，增强经济实力。充分发挥制糖、卷烟、造纸、有色金属、稀土、森工等行业优势，扩大生产规模，提高产品档次，组建企业集团，加速产业结构的优化。

农业要走综合经济发展的路子，改变传统的小农经济生产方式，实行社会化商品生产方式，形成大农业和创汇农业的基础。要努力发展粮食生产，选择若干个生产条件好，粮田成片面积大，便于机械化耕作的县、乡建立商品粮生产基地。大力发展经济作物和土特产品生产，发展畜牧水产养殖业，开发山林资源，为国内外市场提供数量更多、质量更优的产品。

五、大力发展乡镇企业

1. 发展乡镇企业，是办好试验区，加速赣南经济发展的必由之路。要坚决实行政企分开，彻底改变企业是乡（镇）政府附属物的状况，使其真正做到自主经营，自负盈亏。积极推行承包、租赁、股份制等多种形式的经营责任制，大胆引入竞争机制，敢于启用一大批善于搞商品经济的能人。

2. 坚持大发展的方针。既要根据资源优势，发展开发性农林企业和劳动密集型企业，又要以市场为导向，鼓励创办无资源的企业。现有企业要积极向外向型经济发展，扩大出口创汇；推进工贸合营、城乡联合、内外联营、上下联办等多形式的联合。

3. 进一步放宽政策。（1）除国家规定限制经营和限制出口的商品外，其他项目乡镇企业均可经营。（2）对新办乡镇工业企业，二年内减免产品税（增值税）、营业税，三年内减免所得税，五年内减免能源交通重点建设基金；对原有乡镇工业企业，实行增长利润减半征收所得税。（3）在物价方面，除国家供应主要原材料，又属国家定价的应执行国家定价外，其余产品价格均放开，由企业自定。从事饮食、服务、修理、理发等第三产业的收费价格，也由企业自定。（4）乡镇企业生产的外贸产品，允许跨地、跨省联合经营出口。

4. 每年从地区党政机关、事业单位选派一批中青年优秀干部到乡（镇）任职，帮助发展乡镇企业。

鼓励机关、企事业、科研单位职工承包、租赁、创办乡镇企业。中央、省、地属厂（矿）都要与乡镇企业挂钩，在资金、技术、人才和管理上给予支持。

六、鼓励和积极支持城乡个体经济、私营和合作经济的发展

1. 在以公有制为主体前提下，把继续发展多种经济成分，发展个体、私营和合作经济作为加快我区经济发展，办好试验区的一个重要方面来抓。

2. 个体经济和私营、合作经济可以一业为主、多项兼营，也可以工贸结合、农贸结合，自购自销，批零兼营。私人可以办工商业、饮食业、服务业、修理业、运输业、建筑业和其他行业，也可办科技、文化、医疗、体育、信息咨询和金融等社会事业和福利事业。

3. 国家机关、企事业单位职工（包括离退休人员）可以留职停薪从事个体、私人和合作经营的工商企业，企事业单位干部职工可向股份制企业投资入股。

4. 支持并鼓励农村剩余劳力在自己解决口粮的情况下进城开店办厂。从事各种修理服务行业及其他行业。也允许农村建筑队进城包工。同时，允许并欢迎外地人员到我区城乡从事各项私人经营。

5. 允许并鼓励个体和私营经营者互相联合，实行规模经营。私人企业可以视生产需要临时或长期雇佣工人。

6. 个体户和私营企业可承包、租赁或购买全民和集体所有制小型工业企业和商业零售门点，可以到全民和集体所有制企业投资入股，按股分红。

7. 对个体商贩要坚持依法纳税、合理征税，恢复在销售环节交纳营业税，批发环节不再代扣。

七、进一步搞活流通

1. 鉴于我区位于东南沿海腹地、毗邻闽粤特区市场的特点，搞活流通是近期发展经济的突破口。要进一步打破轻商、抑商的陈腐观念，强化流通手段、开拓流通渠道、繁荣市场。要加快国合商业的体制改革，在国营大中型商业企业推行承包经营责任制，小型商业企业除实行改、转、租外，可以有步骤地把产权拍卖给集体、个人经营。

供销社要在“尽快民办”上下功夫，真正办成农民集体所有制的合作商业。

2. 不断扩大流通领域的横向经济联合，建立跨地区和跨所有制的联合体和综合商社，进一步发展各类贸易中心、批发市场、专业市场、二次商品市场，搞活城乡流通。

3. 搞活边境贸易。边际县要充分利用毗邻粤闽的特殊环境，从实际出发，建立多层次、多功能的边际贸易市场，特别要建立有特色的边际贸易集镇，对限制进口的二十四种商品经批准后允许企业经营。

4. 放宽物价政策。在保持物价总水平相对稳定、保证人民生活必需品和农业生产资料价格相对稳定的情况下，其他价格要逐渐放开，以活对活。在地、县财力允许的条件下可以自行确定生活补贴标准。

八、促进横向经济联合的发展

1. 鼓励企业不受地区、部门、行业和所有制的限制，通过联合投资、相互参股等多种方式，促进人才、资金、技术、资源等各种生产要素合理流动重新组合。以大中型企业为骨干，以优质名牌产品为龙头，积极发展企业群体或企业集团。条件成熟的，可以实行计划单列。

2. 加快对外开放的步伐。地区的企业、资源（包括农业资源、水利资源、矿产资源）实行全方位开放，吸引外地的资金、人才、设备。开发形式可以承包、租赁、联营、独资等。对前来合作者在税收、利润等方面给予优惠，不惜让利。外商投资、合资、合作企业可以由外商按国际管理惯例直接管理。

3. 为推动横向联合的发展，在北京、上海、广州、深圳、厦门、海南岛等设立办事处。

九、深化金融体制改革

1. 开办资金市场。即银行同业拆借市场、票据市场、短期债券市场。

2. 开办外汇拆借市场。允许企业自有外汇与外区、外省自由调剂使用和有偿转让。

3. 金融机构多样化。筹建交通银行赣州支行，隶属广州；成立融资公司，进一步发展股份制的城市信用社；建立和发展非银行金融机构，如信托投资公司、房地产公司、银企财团等。

4. 在地、县（市）支行推行企业化试点，实行行长任期目标责任制。储蓄所要大力推行承包经营责任制，在省下达的"信贷差额"计划内，允许多存多贷，多存超过省行下达考核数的部分资金可以作为固定资产贷款。

十、进一步完善市场体系

1. 在办好消费品市场、生产资料市场和资金市场基础上，积极开办劳务市场，为求职人员和用人单位服务。搞活用工制度，促进劳动力的合理流动，为加快经济发展调动各方面的积极性。

2. 大力开拓科技市场。鼓励大专院校、科研机构、企业、事业单位的科技人员进入市场，参加各种形式的技术开发、技术引进、技术转让、技术服务、技术入股活动。组织各种形式的科研。生产联合体及区域性的技术交流、人才交流，加快技术商品化。

3. 加快赣州市和全区住房制度改革步伐，创造条件开办房地产市场。积极开展房产的买卖、租赁与调换交易，逐步实现住宅商品化，允许企业和个人从事房地产经营。

十一、改革分配方式

1. 在以按劳分配为主体的前提下，大胆采用其他分配方式。对风险补偿、股金分红、雇用劳动所带来的非劳动收入，只要是合法的，均予保护，鼓励一部分人先富起来，鼓励一部分科技人员和干部通过向社会提供有益服务先富起来。

2. 积极推行企业工资总额与经济效益挂钩，实行计件工资和定额工资制。经济效益好的企业，经主管部门、税务部门审定，其奖金可以增加，并免征奖金税。对具备实行计件工资条件的企业，按其实行计件工资范围的职工计算计件工资，可超过标准工资的50%，并计入成本。

3. 以企业经营成果（包括资产增值）作为奖罚经营者的主要依据，对超额完成经营合同、效益高的企业经营者实行重奖。

4. 允许党政机关、事业单位干部、职工（领导干部除外）在业余时间为社会提供服务获得第二份收入，或者经过批准留职停薪自谋他业。

5. 允许离退休人员应聘去外单位服务，受聘后，其报酬双方商定，原单位离退休金照发。

十二、扩大县、市的经济管理权限

全区18个县、市均作为综合经济体制改革试验县、市。原地区一级的计划管理、技改项目审批、物价管理、物资协作、对外贸易等方面的管理权限原则上放给县、市。财政方面，进一步完善包干体制，实行包死基数，鼓励增收政策。粮食方面，实行粮油购销包干和粮食财务包干。

十三、加快中心城市和小城镇建设

1. 加快赣州市城市基础设施建设，改善投资环境，实行全方位开放，引进外资和先进技术，扩大优势企业的产品规模，增强其经济实力。组织、引导市属企业向县、镇企业辐射经济和技术，实行低层次的固定资产转让，进一步发挥其中心城市的作用，争取在若干年内使其工农业总产值和城市人口达到中等城市的规模。

2. 确定宁都、瑞金、龙南、大余、南康县作为小区域经济发展中心，采取措施，促使其发挥对闽、粤和周围县、乡搞活经济的基地和中心作用，争取这些县近期内工业产值超亿元，县城人口达到小城市规模。

3. 各县有计划地选择若干个乡向城镇化管理发展，采取有效措施加快建设，使这些乡镇工业产值超千万元。

十四、转变政府管理职能

1. 政府管理职能由过去的直接管理为主转变为间接管理为主，搞好规划、协调、服务和监督。政府与企业的关系是契约关系。各级经济和综合部门都要从本地实际出发，凡是有利于生产力发展、有利于群众生活提高的都要大力支持，敢于变通、敢于松动。

2. 在赣州市、崇义县进行政府机构改革试点，探索实行简政放权、政企分开、搞活企业的路子，为其他县提供经验。

十五、加强精神文明建设

1. 各级党委和政府要加强对改革的领导，切实做好改革中的思想政治工作，及时分析情况，发现问题，解决问题，保证试验区改革健康发展。

2. 在创办试验区的总体布局上，要以经济建设为中心，坚定不移地进行经济体制改革和政治体制改革，加强精神文明建设，并使这几个方面互相配合、互相促进。

3. 发展教育、科技、新闻、文化、卫生、体育等各项事业，提高全区人民群众的文化素质，增强体质，以加强经济建设的后劲。

4. 在改革、开放、搞活中进行坚持四项基本原则、反对资产阶级自由化的正面教育，保证经济建设的社会主义方向，用共同理想动员和团结全区人民，提高思想道德素质，发扬社会主义道德风尚。

5. 进一步解放思想，加速观念更新。要在改革开放中增强全区人民群众的责任感和紧迫感，形成一种人人为办好改革试验区争做贡献的风气，在改革中提高人民群众的凝聚力和心理承受能力。

1988 年 2 月 22 日

中共赣州地委　赣州地区行署
关于大力发展乡镇企业的决定

赣地发〔1988〕3 号

大力发展乡镇企业，是我区深化农村改革、办好经济体制改革试验区的重要内容；是加速资源开发，发展商品生产，尽快把资源优势转化为经济优势的战略突破口；是改变老区贫困面貌，实现富县、富乡、富民的希望所在和潜力所在。为了形成大气候，促进大发展，特作如下决定：

一、必须继续坚持大发展的方针。目前，我区乡镇企业虽有一定的基础，但和全国、全省相比，还很落后。因此，近几年内每年要力求达到百分之四十至五十的递增幅度，基础低的县、乡（镇）还要力求达到百分之六十至七十、甚至翻番。全区力争到一九九〇年，乡镇企业总产值达到十八亿至二十亿元；乡镇工业总产值达到十亿至十二亿元的目标。同时，要坚持以提高经济效益为中心，追求有效益的速度，改变重产值，轻效益；重产量，轻质量的偏向，努力实现产值、税利、财政收入的同步增长。

二、实行“两路并行，四轮驱动”。发展乡镇企业必须坚持实行集体、个体两路并行，乡、村、联户、户办四轮齐转，使之互为促进，互为补充。当前，在国家投资有限的情况下，尤要放开手脚，大力发展户办、联户办企业，发展庭院经济。要求通过两三年的努力，使全区“两户”的总产值占乡镇企业总产值的百分之六十以上。县（市）、乡（镇）、村都要根据本地的实际情况，制订发展乡镇企业的长远规划和中短期计划。广泛开展创建“亿元县”、“千万元乡”和消灭“空白村”的活动，力争到一九九〇年全区有三至四个“亿元县”，三十至五十个“千万元乡”和二百至三百个“百万元村”，一千个“十万元户”。

三、拓宽发展思路。我区有丰富的地表、地下资源，这个优势必须紧紧抓住，充分利用。从全区来讲，要下气力抓好以罐头、板鸭、蜜饯、腐竹为重点的食品工业；以水泥、砖瓦、大理石、陶瓷为重点的建材工业；以“三板”、家具、雕刻、竹编为重点的竹木加工业；以稀土、钨、锡为重点的矿产品开发和加工业；以乡村建筑队为骨干的建筑业等五大行业。争取在一两年内，产值分别上亿元，成为乡镇企业的支柱产业，并围绕名、优、特、新、稀产品的开发，建设一批出口创汇的生产基地和企业。各地都要敢于冲破“三就地”、“四为”的旧的传统观念束缚，敢于跻身于国际经济大循环之中，牢牢把握市场这个导向，确定自己发展的主攻方向。资源较为丰富的乡（镇）村，要瞄准市场的需求，进行资源的系列开发，建立一乡一业、一村一品为主的经济格局；资源相对匮乏的乡（镇）、村，要重视技术和信息作用，积极发展“三来一补”企业，兴办无资源工业；赣州市和县城近郊乡（镇）、村，要从满足城市工业和城市人民生活需要出发，大办各种类型的加工业和第三产业；毗邻粤、闽的县、乡（镇）、村，要以粤闽市场需求为导向办企业、上项目，积极把自己的产品成批量的打进粤闽市场。总之，要本着因地制宜，扬长避短，发挥优势的原则，能上什么项目，就上什么项目，能搞什么产品，就搞什么产品，做到农、林、牧、副、渔，工、商、运、建、服，多业并举，综合发展。

四、创造宽松、适宜的发展环境。要使我区乡镇企业有一个更大的发展，必须从政策和管理上进一步放开搞活。

1. 要把乡镇企业放到与其他国民经济部门同等重要的地位，给予一视同仁的待遇。尤其要采取坚决措施，切实保护联户、户办企业的合法权益。在目前“双轨并存”的情况下，凡仍有计划分配的物资，如统配钢材和区内生产的木材、食糖、煤炭等紧缺物资，每年应切出一块，专项安排给乡镇企业。并从今年开始，每年安排给乡镇企业50万美元的外汇指标，用于进口紧缺的原材料。

2. 乡镇企业的基本建筑和技术改造，从今年起不计入国家建设规模，项目的审批程序和手续要予以简化。属于农行贷款，投资额度在一百万元以下的项目，由县（市）乡镇企业管理局审批；一百万元以上的项目，由地区乡镇企业管理局审批，分别报同级计、经委备案。属于其他行贷款的项目，可由地、县（市）乡镇企业管理局会同地、县（市）计、经委审批。

3. 乡镇企业的经营范围，除国务院明令禁止开办和经营的产品、项目外，应予放开。过去地区所作规定，与此精神不符的应即行废止。乡镇企业的产品和服务收费，除由国家供应平价原材料、国家收购的产品必须执行国家定价外，允许自行定价，随行就市。

4. 在乡镇企业的冠名登记上，要敢于灵活变通。允许乡办、村办和联户办，甚至户办的生产企业标县（市）级乃至地区级企业名称，允许乡镇企业挂靠国营企业从事生产经营活动。

5. 对乡镇企业的贷款和收款，可以参照国营工商企业的规定办理，不要千篇一律的搞“春贷秋收”。

6. 要坚决实行政企脱钩，赋予乡镇企业充分的自主权。从今年起，乡镇企业的税后利润，乡（镇）村提留不得超过百分之二十，并应逐年减少。少数需要超过的，须经县（市）乡镇企业管理局审查，县（市）人民政府批准。但不得超过百分之三十。对不听招呼，仍然超调的要坚决清退，违者要进行批评、教育，对极少数性质特别严重的要进行组织处理。为此，要大力整顿乡（镇）事业干部编制，精简乡（镇）事业人员。今后必须坚决实行谁开口设乡（镇）事业人员，由谁负担全部的人员经费的办法，不得向乡镇企业转嫁负担。此外，还要坚决制止不合理的收费和摊派，切实减轻企业的负担。

五、推进横向经济联合。乡镇企业要面向区内外，瞄准大中型企业，盯住大专院校和科研单位，通过各种途径和办法，全方位、多形式地开展横向经济联合，引进发展所需的资金、技术和人才。当前，要按“互惠互利”的原则着重抓好城乡联合、厂乡挂钩。要求每个地、县（市）属国营企业和中央、省驻地、县（市）企业都应与一个乡镇企业挂钩，实行“四帮一带一培”，即帮技术、帮设备、帮资金、帮管理，大厂带小厂，培训技术和管理人才，为乡镇企业提供信息，扩散产品，指导管理。挂钩时间一般要在三年以上，并要签订合同。各大专院校和科研单位也要采取定点挂钩的办法，扩散技术成果，代培各类人才，为乡镇企业的大发展做出应有的贡献。

六、搞活流通。国合商业和外贸部门要充分发挥主渠道作用，千方百计扶持乡镇企业的发展，主动为乡镇企业当“代理商”、“中间商”和经销人，帮助搞好产品推销和原材料供应。要在搞活近距离流通的同时，尽力扩大远距离流通，减少同类同质同价产品的区外调入。乡镇企业自身也要切实加强购销网络和购销队伍的建设，强化购销手段。为了搞活流通，对乡镇企业购销人员可以实行更特殊、灵活的政策措施和管理办法，并允许乡镇企业到国营工商企业重金聘请购销人员，以适应搞活乡镇企业购销的需要。

七、尽力增加乡镇企业的投入。没有投入就没有产出。增加对乡镇企业的投入，是我区乡镇企业能否实现大发展的关键问题，务必引起各级党政的高度重视，采取地方财政多挤一点，各级银行多贷一点，农民群众多集一点等多种办法积极加以解决。

1. 新办乡镇企业都必须实行以资带劳、带资入股的办法，允许按股分红。现有企业生产周转金发生困难的，也要动员职工筹集资金解决一部分不足，以缓解金融部门的资金压力。

2. 各级农业银行和农村信用社要积极筹措资金，尽力满足乡镇企业贷款的需要。今年，地区农业银行要确保安排三千万元乡镇企业专项贷款资金。以后还要按每年递增百分之十左右的幅度，扩大乡镇企业的贷款规模。要建立信贷资金市场，开展资金拆借。人民银行和其他专业银行要积极开展交叉信贷，搞活资金的横向融通，培植乡镇企业的发展后劲。同时，要允许乡镇企业发行股票，允许农民集体或个人在农行的指导下，开办金融服务社。

3. 中央和省安排给我区的老建及扶贫资金，今后要采取各种办法，尽可能多地用于可以富乡、富民的乡镇企业项目。

4. 对乡镇企业按政策减免的税收，可以转作专户储存，转作生产发展基金，参加生产周转。由当地税务部门监督使用。乡镇企业当年新增的税收，可由当地财政部门适当返回一部分给企业作生产发展基金。企业的税后利润要按百分之四十的比例，提取生产发展基金。

5. 地方财政要建立乡镇企业发展基金。今年地区财政先按一百万元，各县（市）财政先按不低于十万元的额度筹集发展基金。主要用于贷款贴息或生产周转金。分别由地、县（市）乡镇企业管理局掌握支配，财政部门监督使用。今后还要按每年递增百分之二十至三十的幅度，增加发展基金额度。各乡（镇）也应在当年财政包干超收收入分成中划出百分之三十作发展基金，由乡（镇）企业办公室掌握用于发展乡镇企业。

八、积极解决乡镇企业的人才问题。要放活科技人员的管理，支持和鼓励在职和离退休的各类科技人员和管理人才到乡镇企业去担任实职或兼职，也可以去承担课题研究，决策咨询，短期帮助工作。企业应付给他们第二份报酬。要重视发挥农村各类人才的作用，鼓励农村能工巧匠和管理人才出来办厂经商，搞承包、租赁。要加强人才培训，地、县（市）要采取分别在地区农校和县委党校定点办班的办法，建立乡镇企业人才培训中心，争取在两三年内，将分管乡镇企业的乡（镇）长、乡企办主任和骨干企业的厂长（经理）轮训一次。此外，各县（市）还要选送人员到与外省结对子的县（市）的乡镇企业去跟班学习。

九、把发展乡镇企业与集镇建设紧密结合起来。现代化的过程就是城市化的过程。各县（市）要根据现有集镇的特点、地理位置、历史文化状况、商品经济发展水平，按照农村工业化的要求进行全面规划，合理配置生产力诸要素。要实行更优惠的开放办法，吸引农民自理口粮到集镇落户，务工经商办服务业。对这类离土经营的农民，有关部门要给予“三优先”，即对自理口粮到集镇办企业的，公安、工商行政管理部门优先办理落户及登记、发照手续；所需场地及水电，有关部门应积极创造条件，优先给予解决；金融部门要放宽对他们的贷款政策，适当缩小自有资金的比例，优先给予贷款。这些农民还可以根据需要自行聘请临时工或招收学徒工。在离土经营者的土地转包问题上，他们仍要求保留承包权或要求长期转让的，都应允许和支持。

十、深化企业改革。所有乡、村办企业都要引进竞争机制，采取招标的办法，实行集体或个人承包、租赁经营。在此基础上，全面实行厂长（经理）负责制，使他们处于中心地位，行使充分的生产指挥、经营管理权，享受应有的待遇。经营有方的应当给予奖励甚至重奖。厂长（经理）以下干部可由企业自行聘任。条件具备的乡、村要积极推进企业兼并机制。新办企业要大力发展股份制。目前经营不善，濒临破产的企业可以组织拍卖。

与此同时，要进一步按“三整顿”的要求，加强乡镇企业的基础工作。严格财务管理，改进分配办法，全面推行标准计量、质量管理，搞好产品创优。要求全区今后每年都有三至五个甚至更多的产品获得省或省以上优质产品称号。

十一、健全乡镇企业管理网络。要把乡镇企业管理机构作为国民经济的一个重要管理部门，选派干部，充实力量。今年地区准备在组织干部力量转移的过程中，适当增加县（市）乡镇企业管理局的编制，并选派一批技术干部到县（市）乡镇企业管理局工作，动员一大批干部到乡镇企业受聘承包。对此，地委、行署将作出专门规定。各县（市）也应选派一批干部加强乡（镇）企业办公室的力量。各行政村要建立、健全乡镇企业服务站，目前可按二至三人的编制配备。地、县（市）乡（镇）三级都要在力所能及的范围内，改善所属乡镇企业管理部门的工作和生活条件。

十二、切实加强对乡镇企业的领导。要把乡镇企业的发展，列入各级党政的重要议事日程，定期研究，及时部署，实行目标管理，抓好乡镇企业的规划、指导、协调、服务。各县（市）委、人民政府要以足够的力量和时间抓乡镇企业，各乡（镇）党委、人民政府要以主要的力量和时间抓乡镇企业。每年初，各县（市）委、人民政府要向地委、行署签订发展乡镇企业责任状，下年初进行评比考核，组织人事部门应当把乡镇企业发展快慢，作为考核干部政绩的主要内容之一。乡镇企业上不去的县乡干部，不能提拔、晋级。

领导就是服务。党政各部门都要把搞好对乡镇企业的服务当作自己义不容辞的职责，都要结合老建、扶贫，与一个乡（镇）的乡镇企业挂起钩来，具体帮助办好一至两个企业（项目）。需要特别指出的是，要把扶持乡镇企业工作做得好坏，列为考核地、县（市）经济和监督部门工作的一个内容。这些部门要把乡镇企业当作工口企业和预算内企业一样，主动提供服务，为之排忧解难。

为了加强乡镇企业发展的战略筹划，地区确定成立“发展乡镇企业咨询团”，把有经验的老干部、科技人员和各方面的有识之士组织起来，由地委、行署发给证书，不定期地到县（市）乡镇企业进行考察论证和决策咨询，有的还可以接受乡镇企业的聘请当兼职顾问。

1988 年 2 月 28 日

（此件发至乡、镇、场）

中共赣州地委　赣州地区行署
关于确保实现“十年绿化赣南”的决定

赣地发〔1990〕21 号

地委、行署于一九八四年冬作出了“十年绿化赣南”的决定。自一九八五年开始实施至今，共完成人工造林、飞机播种造林、荒山封育成林 902.29 万亩。从一九八四至一九八九年，全区共减少荒山 675.7 万亩；增加有林地 572.67 万亩；提高森林覆盖率 6.76 个百分点。绿化速度和效果是有目共睹的。所以取得这么大的成绩，主要是奋斗目标明确，各级领导重视，广泛发动了群众，认真落实政策，强化责任管理，建立了严格的检查验收和奖惩制度等。但是，我们的步子迈得还不够大，发展很不平衡。从一九九一至一九九四年，全区还有 722 万亩的荒山有待绿化，后四年的工作量，比前六年实际完成的工作量还要多。为了动员全区各级党政领导和干部群众坚定信心，排难而进，确保如期实现“十年绿化赣南”的宏伟目标，特作如下决定：

一、增强绿化赣南的紧迫感和责任感

江泽民总书记和李鹏总理深刻指出：“植树造林，绿化祖国，是造福千秋万代的大事，对于加快国民经济的发展，改善生态环境，促进精神文明建设，都具有十分重要的意义。”赣南山地面积是大头，山区乡、村和人口是大头，这是最基本的区情。这种特定的自然、社会条件，决定了赣南经济要振兴，人民要致富，潜力在山，希望在山。同时，森林是生态系统的主体，抓造林绿化也就是抓农业、抓水利。所以抓治山造林，就抓到了农业的根本，抓到了经济的根本，抓到了治穷致富的根本。

但是，我区至今森林资源下降，荒山面积大，水土流失严重，生态环境失调，造成水旱灾害频繁，粮食产量低而不稳，人民生产、生活仍较困难。因此，加速造林绿化，是刻不容缓的历史使命。“十年绿化赣南”，已经到了决战阶段，各级党政领导，必须以对人民高度负责的精神，以实际行动贯彻、落实《中共中央关于加强党同人民群众联系的决定》，“不管东南西北风，咬定荒山不放松”，以焦裕禄同志为榜样，急群众之所急，解群众之所难，多办实事，大搞造林绿化，致富当代，造福子孙。

二、加强领导，真抓实干

“十年绿化赣南”的目标能否如期实现，关键在于各级党政的重视和真抓实干。县（市）委书记和县（市）长、乡（镇）党委书记和乡（镇）长，要挂帅出征，投身大干。真正做到：亲自调查研究，亲自部署、决策，亲自发动、组织群众，亲自检查督促，亲自解决重大问题，亲自办好造林绿化点。为加强林业的领导，各县（市）都要有一名主管林业的副县（市）长，并配备一名专职林业县（市）长助理。各乡（镇）也要有一名主管林业的副乡（镇）长，并配备一名林业乡（镇）长助理。

地、县、乡三级，都要高质量、高标准地办好领导干部造林绿化点，真正起到示范带头作用。凡县（市）、乡（镇）领导干部绿化点达不到规定面积和质量要求的，不能评为林业先进单位。各级党、政、军等各套领导班子成员，每年都要亲自带头参加林业劳动 5 天以上。由地、县（市）绿化委员会发给林业劳动手册，进行登记，年终检查、公布。

各县（市）和乡（镇）要认真、科学地制订造林绿化规划，由人大作出决议，坚决实施。县、乡村都要签订任期造林绿化和保护森林的目标责任状。全面完成责任目标的，给予通报表扬和奖励。对连续三年全面完成了目标任务，提前或如期达到绿化标准的，给县（市）有功人员晋升一级工资。对于在造林绿化事业中，无私奉献，成绩特别突出，做出了重大贡献的，可树碑纪念。一年没有全面完成责任目标的，要点名通报批评；连续二年没有全面完成责任目标的，给予“黄牌”警告，并责令其作出书面检讨，不提工资，追回当年奖金；连续三年没有全面完成责任目标，或使森林遭受严重破坏的，按照组织程序，给予就地免职，三年内不予调动。

要加强地、县（市）绿化委员会的领导，由县（市）党政主要领导任主任。建立健全绿化委员会的办事机构。地区绿化办定编 3 人，县（市）绿化办定编 2 人。编委要批给编制，财政要解决经费。

三、实行全社会办林业、全民搞绿化

江泽民总书记和李鹏总理指出：“要充分发动群众，实行全社会办林业，全民搞绿化。”各级党政都要围绕绿化赣南的要求，采用各种形式，广泛开展宣传，对广大干部、群众进行一次再教育、再发动、再鼓劲，积极开展学先进、赶先进、“我为绿化做贡献”的活动。为增强人们造林绿化的意识，赣州市和有条件的县城，今年内要在醒目的地方建立永久性的“植树节徽”。今后新制的产品商标、广告中尽可能要设计有树木的标志，在全区上下形成“造林绿化、人人有责”、“护林光荣，毁林可耻”的新风尚。

煤炭、冶金、林化、造纸、火柴、木材加工等用材大户，要按国家规定提足用好造林专用资金，尽快建立自己的原料林基地。从一九九一年起，对于态度消极，仍不建基地者，林业部门可以少供或不供木材。交通、公路部门要采取有力措施，在一九九四年以前，把主要公路干线全部绿化起来。城建部门要在现有的基础上提高城、镇的绿化水平。要求到一九九四年达到人平3平方米的公共绿化地和30%的绿化覆盖率。赣州市要把峰山森林公园的建设摆到重要议事日程，加快建设步伐。各县也要积极创造条件建起森林公园。所有机关、学校、厂矿企业、事业单位、群众团体，解放军、武警部队等，都要积极与国营和集体林场挂钩，实行有偿投资，合作造林。也可以向集体租山造林，建立起自己的“绿色企业”。同时鼓励区内外个人独资、合资，或租赁开发荒山，兴办“绿色企业”。在城镇，要全面实行义务植树登记卡制度，把适龄人数和任务落实到每一个单位和居委会，严格检查验收。不能直接参加义务植树的单位和个人可“以钱代劳”，按每人每年4元的标准交绿化费。在农村，要把义务植树的任务落实到户，以乡或村为单位，统一组织到乡村林场完成义务植树任务。

四、实行劳动积累造林，大搞造林绿化的群众运动

我区农村劳力资源丰富，必须充分利用这一有利条件，大搞劳动积累造林。要求每个农村劳动力每年参加劳动积累造林10天以上。积劳造林要以乡、村林场为基点，统一规划、集中连片，大搞群众运动，限期完成。对积劳造林的投工，要认真地逐户登记，发给凭证，待林木收益时，按劳分成，保证兑现，以取信于民。

五、狠抓封山育林，搞好开源节能工作

要继续贯彻“以封山育林为主，封、造、管、改相结合”的方针。要全面规划，因地制宜地划定全封山、半封山和轮封山。对飞播造林、封山绿化、水土流失等山场，一定要进行严格的全封，下狠心“死封”五年以上。要建立健全县（市）封山育林指挥部和乡村护林组织，建立一支坚强有力的护林队伍。专职护林员由县（市）政府统一发给工作证和标志，由县（市）林业局办理人身保险。要支持护林员的工作，明确护林员的职责，落实护林员报酬。要采取民办公助的办法，落实护林经费。公助的护林经费由林业、水保、水利等部门共同筹集。要发动群众建立健全严格的护林乡规民约。凡是由群众自己制定的、行之有效的乡规民约，要给予支持。

对烧砖瓦、稀土灼烧、提炼松香、食品加工、食堂餐饮等烧柴的“柴老虎”和城镇居民，限期在今年内改烧柴为烧煤。各级政府和职能部门要加强检查，逾期不改的要追究单位领导和户主的责任，并处以罚款。煤炭部门要积极组织煤炭供应，由财政按规定适当补贴，方便群众。农村要在今年内达到90%以上的农户有节柴灶，并大力推广沼气。

六、进一步强化林政资源管理

要严格森林的限额采伐，任何形式的采伐都要纳入限额管理，采伐要做到有证、有设计、有检查、有验收，任何单位或个人都不准无证采伐。凡超限额采伐的首先要追究县、乡党政领导的责任。

严禁无证收购、无证运输和无证销售木材及其成品、半成品和柴炭，违者，除没收其产品外，并给予其价格2倍的罚款。对违章运输的驾驶员，要严肃查处。开矿、采石，要切实保护森林，违者按《中华人民共和国森林法》查处。产材县的木材，以县为单位，由林业一家进山收购，允许供销社经营小材小料。其他单位加工、基建和生产用材，统一由林业部门组织供应。非产材县，允许供销社和个体工商户经营木材零售业务，所需木材从本县（市）林业部门批发，按照在本县（市）指定的地点销售。违者没收其全部木材。不准私人倒卖和跨县（市）贩运木材。各县（市）对木材市场要进行整顿清理，对不具备经营木材条件的一律吊销执照。未经林业、工商部门核准发照的木竹加工单位和个体工商户，坚决予以取缔。

要切实做好森林火灾的预防和扑救工作。加强森林防火知识的普及宣传教育。增加森林防火必要的资金投入。林区炼山造林等生产用火，必须报县级以上人民政府或其授权的单位批准。对擅自用火者，不论酿成火灾与否，都要严肃查处。

森林病虫害防治要实行“预防为主，综合治理”的方针。做到群防群治。

要认真执行《中华人民共和国森林法》，实行以法治林，坚决制止乱砍滥伐。公、检、法要对毁林案件及时查处，严厉打击。哪一级出问题，就追究哪一级的责任。

七、稳定和落实林业政策

要在继续贯彻执行中央林业“二十五条”、“三·五”指示和中发〔1987〕20号文件和省地有关文件精神的基础上，认真做到：1. 继续坚持“国家、集体、个人一齐上”的林业生产方针，鼓励有能力的个人承包开发荒山和经营好现有的承包山林；鼓励农户经营好自留山和责任山，办好“小五园”，发展庭园经济。2. 继续贯彻执行“谁造谁有，合作共有”的林业政策，保护林业专业户、重点户和各种联合体的合法权益。3. 林业公安的经费，按省公安厅、财政厅等五家〔1987〕赣林公字1号文件办理。4. 巩固林业“三定”成果，稳定山林权属，依法保护国营、集体的山权、林权和经营权。任何单位和个人都不得以任何借口侵占和破坏。5. 划给农民的“两山”，限期造林种果，在一九九二年以前仍不造林种果的，收归集体经营。6. 对于劳动积累造林，以乡或村为单位，实行山权不变，联合造林，林场管理，林权共有，比例分成，投劳者得大头的政策。7. 由县（市）林业部门统一计划安排的国营、集体、个人生产的林木种子和苗木，自产自用的，凭县林业部门证明，一律不征收农业特产税。

八、认真抓好科技兴林

要建立和健全林业科技推广体系，做到县有林业技术推广站，乡有林业工作站，村有林业员。要重视现有林业科技成果的推广应用，全面实行育苗、造林、抚育及病虫害防治等林业技术承包。对县以上机关或单位下去承包的技术人员，户口和工资关系仍留在原单位，享受原单位职工同等的待遇。凡愿意留职停薪进行技术承包的科技人员，应予以支持，期满后回原单位工作。各县（市）林业局、国营林场可从林业“两金”中提取一定资金，用于林业科教。森工企业可根据有关文件规定，按销售总额提取技术开发基金，用于企业技术改造和新产品开发及职工岗位培训。要积极开展成人教育，搞好干部和工人岗位培训，不断提高职工素质和企业管理水平。

九、大力发展乡村林场和国营林场，办好“绿色企业”

各级领导要有远见卓识，充分认识乡村林场在农村经济发展中的战略地位。在自愿互利的基础上，积极发展多层次、多形式、多种经济成分合作的林场，可以国家、集体、个人之间联合办场，也可以跨地区、跨行业联合办场。各级领导干部的造林绿化点要率先办起林场来，做到“基地办林场、林场管基地”。要对乡村林场实行重予轻取，让利扶持的优惠政策。要尊重林场的自主权，正确处理山权所有者、投资投劳者、经营管理者的利益分配关系。对现有乡村林场的经营体制，承包责任，内部管理，分配关系，产业结构等方面进行一次检查、整顿，发现问题及时解决，力求巩固提高。为了切实抓好林场建设，各县（市）政府要从国营林业事业单位，抽调一批林业职工，下到基层协助乡村筹建林场，也可以到乡村林场任职。户口、工资、劳保福利等保留在原单位。任职期满回单位工作。各级林业部门干部下农村蹲点，主要是抓好乡村林场和国营林场的建设。各机关要积极与乡、村挂钩，协助办好绿化点和抓好乡村林场建设。

要坚决落实国家对国营林场的优惠政策。林场要在巩固提高的同时，积极与乡村集体联合造林或租山造林，不断扩大国营林场的阵地，使我区林场建设出现一个全新的局面。

十、广辟资金来源，多渠道、多形式、多层次筹建林业发展资金

一是从农业发展基金中安排10%；二是老建和扶贫资金中安排一定比例；三是地、县生产木材和经营木材的森工企业所得税（或上缴利润），以一九八六年为基数，确定一个合理的定额上交数，增长部分，全部留给林业主管部门作为育林基金，并按有关规定分配；四是从乡、村集体生产木材的林价中，预扣30%的造林更新费；五是县、乡对乱砍滥伐、违章运输、无证贩卖等所有的罚没款作为育林基金；六是发放林业债券，实行集资造林。以上资金由林业部门掌握，分级筹集，分组使用，财政监督，全部用于造林绿化。

要加强林业资金的管理，按规定收好、管好林业资金，严禁挤占挪用，否则，追究领导责任。以上决定，各级党政和有关部门，都要认真研究，联系本地区、本部门的实际，制订实施细则狠抓落实。本决定的实施，由地、县（市）绿化委员会、农经委和林业局检查督促。

1990年6月28日

中共赣州地委　赣州地区行署
关于加快工业经济发展的决定

赣地发〔1993〕4号

为了使我区工业实现超常规发展，以促进全区国民经济上新台阶，根据党的十四大精神和省委、省政府对赣南经济体制改革试验区的要求，结合我区实际，特作如下决定：

一、全区上下必须增强加快工业发展的紧迫感，明确发展目标

1. 建国以来，我区工业逐步得到发展，特别是改革开放以来，1992年，全区实现工业总产值59.7亿元（含中央、省属及村以下工业产值），比1978年增长308%，比建国初期增长138倍，工业总产值占工农业总产值53%，工业企业提供的税利约占全区财政收入的65%。工业经济的发展对全区国民经济的发展，发挥了重要的作用。随着经济体制改革的逐步深化，我区工业经济发展过程中的一些矛盾逐渐显露，原有的支柱产业、优势行业相继遇到困难。工业设备陈旧，全区预算内工业企业绝大部分是五六十年代设备，达到八十年代技术水平的不足10%；产品老化，全区98%的企业其主导产品仍为第一代产品，缺乏竞争力。全区预算内工业企业实现的利润1988年为8315万元，至1992年下降为3576万元，工业经济面临严峻的形势。

2. 党的十四大提出要建立社会主义市场经济体制，对我区的工业发展提出了新的要求。今年我国将要重返关贸总协定，这既给我们带来新的发展机遇，同时也向我们提出了新的挑战；1995年京九铁路全线开通，更加给我区工业发展创造了有利条件，我们必须抓住机遇增强紧迫感和危机感，大力发展工业。要提高对加快工业发展重要意义的认识，树立“强工富县”的观念，充分认识到赣南经济要发展，要赶上和超过全国全省的经济发展水平，在加强农业基础地位的同时，要采取切实可行的措施，把我区工业经济提高到一个新的水平。

3. 1993年全区工交生产总的目标是乡及乡以上工业总产值比上年增长18%；工业产品销售率达到95%以上；预算内工业企业实现利税比上年增长10%，扭亏15%，力争20%，产成品资金占用比去年底下降8%；工业资金利税率达到12%。在“八五”期间实现：全区工业总产值（含中央、省属和村以下）占工农业总产值的比例提高到60%；乡及乡以上工业总产值达56—60亿元，各县（市）工业总产值都要超亿元；5个以上的企业产值上亿元；10个以上的企业税利上千万元，同时使全区预算内工业企业实现利税超历史最好水平。

二、深化企业改革，加快转换企业经营机制步伐

4. 继续完善企业承包经营责任制和内部经济责任制。完善的重点要放在承包方和承包期上，要坚持以全员承包为主的承包，承包期三至五年，防止承包经营中的短期行为。要深化企业内部劳动、人事、分配制度的改革，形成职工能进能出、干部能上能下、收入能高能低、企业能生能死的机制。

5. 在工业企业中加快股份制试点的改革。每个县（市）乡（镇）都要选择一批有条件的企业进行股份制试点，积极稳妥的发展和推行股份制。各县（市）可选择一些经济效益好的企业易地发行股票。

6. 积极鼓励支持有条件的企业联合、组建企业集团，逐步改变我区企业的组织结构。拍卖一部分小型国有企业。只要是小型的，不论盈利、亏损企业，都可以拍卖，卖给国内的股份公司、私营企业和外商，但对有形资产和无形资产要合理作价，债权债务要清理兑现，确保国家资产不受损失。工人原则上由买方接收安置，不再保留其原来的身份和待遇。对长期亏损、扭亏无望的小型企业还可实行租赁或兼并。每个县（市）和地直部门都要搞一至二个无主管企业和“国有私营”的试点。

7. 进一步强化企业内部管理。要吸收、借鉴国外的先进管理经验和管理方式，坚持从严治厂，强化企业各项基础管理。加强现场管理，企业要向内看、练内功、挖内潜，努力降低成本，提高产品质量，切实提高经济效益。企业要面向市场，强化促销工作，用好、用活、用足促销政策。

三、转变政府职能，简政放权，优化企业外部环境

8. 各级党委和政府要认真学习贯彻落实好《企业法》和《全民所有制工业企业转移经营机制条例》，把企业的十四项经营自主权不折不扣地还给企业。政府有关部门要对《企业法》和《条例》的实施情况进行监督，对截留企业权力的部门和人员要批评教育，严重侵犯企业权利的要追究法律责任。

9. 今后政府对企业只管法人代表、承包合同和资产保值增值指标。各级党政有关部门要转换职能，特别是工商、税务、财政、审计、监察、公安、银行等部门要切实为企业搞好服务工作。要坚决制止“三乱”（乱罚款、乱收费、乱摊派）。

10. 除国务院规定的财政、税收、物价及审计、质量、安全检查外，严格控制对企业进行其他检查、评比活动，让企业集中精力搞好生产经营。

11. 为了提高工业企业自我改造、自我发展的能力，增强企业后劲，要制定各项优惠政策，对企业可实行税利包干，对微利和亏损企业实行一厂一策，提高企业留利水平。

四、制定优惠政策，大量引进人才

12. 增强“科技兴赣”的意识，形成尊重知识、尊重人才的良好风气，实行更加灵活的办法和更加优惠的政策，招贤纳才，引进和稳定现有人才队伍为振兴赣南服务。各级党委和政府要重视和关心经济管理人员和科技人员，逐步改善他们的工作、生活条件。

13. 对发展我区工业经济、推进技术进步、扭亏增盈工作有突出贡献的人员和企业经营好、取得显著经济效益的经营者要给予重奖。

五、依靠技术进步，搞好产业结构调整，增加投入，扩大工业规模

14. 各县（市）要根据国家产业政策和行署制定的《全区工业结构调整方案》，结合实际，制定县（市）工业结构调整方案，把现有产品结构、产业结构、技术结构、企业组织结构调整好。要加快培育、形成、发展本县（市）的支柱产业、拳头产品。大力发展高技术含量、高附加值、高市场容量、高创汇、高效益、低能耗、低物耗的产品，改变我区产品落后的面貌。

15. 加快技术改造步伐，举全区之力争取上一批大中型项目，重塑和培育我区新的支柱产业，重点支持一批优势行业、重点企业，形成一批对经济发展具有举足轻重作用的支柱产业。

16. 地、县（市）各级财政和银行要采取必要的倾斜政策，增加对工业的投入。要坚持财政、银行、信托贷款、发放债券、股份制、租赁企业、引进外资和社会捐资等多渠道筹集资金的办法，建立国家、企业、个人、外资等相结合的投资体系。地、县（市）都要建立技术改造基金和技术开发基金，基金的来源由同级财政安排，列入年度支出预算。地区财政从 1993 年起，每年预算安排技改资金在 1992 年的基数上，逐年有所增加。各县（市）财政每年安排的数额不少于当年可用财力的 3%；每年应从地县（市）财政可用财力中安排 3‰用于支持新产品开发、新技术推广。

17. 地、县（市）要加强对项目的管理，缩短建设周期，及时达产达标；要提高资金使用效率，加速资金周转。

六、坚持改革开放，大力发展乡镇企业和集体、个体企业，搞好招商引资，大力兴办三资企业

18. 地、县（市）要积极引进外资。多引进科技含量高、劳力密集型、外资比例大的项目，特别要多引进一些独资企业。要挑选一批效益较好、管理水平较高、有吸引力的企业，积极组织对外招商活动，引进外资嫁接改造。要切实改善投资软硬环境，狠抓基础设施建设。要简化三资企业的审批手续，按照国际惯例加强对三资企业的管理。

19. 大力发展外向型经济。各级政府、工业管理部门要积极协助区内有条件的企业或企业集团，申报自营进出口权。鼓励、支持有条件的企业在国外设立分公司或开办合资企业，开展国际化经营。

20. 大力发展乡镇工业，走农业工业化道路。要千方百计加大技术和资金投入，各县（市）要把发展乡镇企业作为农村经济工作的重点来抓，乡镇干部要集中50%的力量抓乡镇企业。要加速发展集体工业和个体企业，实行多种经济成分共同发展，不同经济成分自愿联合经营的形式，促进我区经济更好更快地发展。

七、进一步加强对工业经济的领导

21. 各县（市）党政主要领导在抓好全面工作的同时，要高度重视抓工业，工业经济工作要纳入党委和政府的重要议事日程，各县（市）党委应明确一名副书记或常委分管工业。

22. 各县（市）委常委每季至少召开一次会议，专题研究工业工作。要强化政府工业部门的协调功能，赋予职能部门研究、协调有关工业发展重大事项的职权。今后各级党政搞中心工作，一般不要抽调工业管理部门的人员，以免分散抓工业经济工作的力量。

23. 加强企业的领导班子建设，中小型企业的厂长和书记原则上由一人担任。要进一步解放思想，大胆选拔年富力强、德才兼备、懂管理、会经营的人员到工业管理部门和企业任职，提高工业部门人员素质。

24. 要坚持两个文明一起抓，进一步发挥企业党组织的政治核心作用，坚持和完善厂长负责制，全心全意依靠工人阶级，充分发挥工人阶级的主人翁作用。加强思想政治工作，在工业企业中大力开展以“双增双节”为主要内容的社会主义劳动竞赛，促进工业经济稳定、协调发展。

25. 坚持每年召开一次全区工业经济工作大会，总结经验，表彰先进。

各县（市）要结合本地实际，参照此决定，制定相应的实施意见。

1993年1月16日

中共赣州地委　赣州地区行署
关于“兴果富民”的决定

赣地发〔1993〕13号

各县（市）委、人民政府，地委各部门，地直各单位：

大力发展果业，是我区实现“在山上再造一个高效益赣南”的主体工程，也是农民致富奔小康的重要途径。我区山多田少，发展果业具有得天独厚的土壤和气候条件，是全省、全国柑橘生产的重要基地。1982年以来，全区果业有了较大发展，取得了明显开发效益，涌现了一批种果致富的先进典型。实践证明：发展果业既是一条适合赣南山区经济发展的路子，又是富民的一大支柱产业。为了更好地实施“兴果富民”战略，确保全区广大农村在本世纪末达到小康水平，特作如下决定：

一、明确果业发展目标

按照地委、行署提出的“在山上再造一个高效益赣南”的要求，全区果业生产计划，从今年起至1997年，每年要以新增20万亩的速度发展，五年内新增果园面积达到100万亩。其中脐橙38万亩，甜柚25万亩，柑橘12万亩，落叶果25万亩。到2000年，全区果业新增产值达到20.2亿元，加上原有果园和林木的收入，山上的产值将可超过田里的产值。各县（市）要根据上述任务，结合本地实际，因地制宜，制定开发规划，搞好作业设计，真正把任务落实到乡村组户和山场地块。

二、拓宽“兴果富民”的路子

发展果业的路子，要因地制宜，不拘形式，灵活多样。当前要以户或联户开发经营为主，经营方式可采取：(1) 统一规划，统一整地，统一种植，合股、分户或个人承包经营。(2) 统一规划，分户整地、种植、管理、经营。(3) 充分发挥青年、妇女、民兵的优势，大力营造青年、妇女、民兵果园。(4) 积极引进外资，大力发展独资、合资果园。(5) 对现有国有、集体果园，因管理不善、经营不力造成亏损的，允许承包、转让、拍卖给本地农户、外地果农或外商经营。(6) 鼓励农户搞好房前屋后种植，大力发展庭院果园。

三、落实果业开发政策

要继续贯彻落实地委、行署《关于大力发展“果业工程”的实施方案》和赣行发〔1988〕32号文件及其他有关政策规定，并在实践中不断完善。通过落实各项政策，调动广大群众大办果业的积极性，促进果业的大发展。农村山林权属承包到户后，对那些想种果无地开发，而有地又无力开发的农户，各地要在农民自愿互利的基础上，允许采取山地使用权调换、转让、租赁和入股等形式开发果业。对宜果山地，包括原已开发，但难以发挥效益的宜果低丘缓坡地，各地要在统一规划的基础上组织开发，任何单位和个人都不得以任何借口阻碍开发种果。在果业开发的规划区内，需要清山砍伐的林木，当地林业部门要免收林业“两金”，从快从简办理有关手续。

四、实行苗木“专育专营”，切实加强苗木管理

苗木是果业生产的基础，是果业成败的关键。为确保苗木质量，各地要坚决执行国家农业部〔1990〕13号令的精神，实行苗木“统一管理，归口专营，建档追踪，长期负责”的经营办法。

1. 育苗计划由果业部门统一下达，定点专育。凡不具备条件和未分配育苗任务的，不得擅自育苗和强行果业部门安排育苗。除果业技术部门外，任何单位和个人不得与育苗户签订育苗及苗木销售合同，各级领导干部不得利用职权育苗和经营苗木。

2. 苗木接穗要由果业部门统一组织供应，育苗户不得擅自随意采穗，凡是非统一组织供应接穗的苗木一律不得出圃销售，各地要建立“接穗供应登记卡”制度，搞好追踪调查。

3. 严格执行“三证”（育苗许可证、检疫证、出圃证）育苗制度。“三证”应由果业部门从严掌握，统一发放，加强管理。无“三证”的任何单位和个人不得生产和销售果苗。

4. 加强苗木检疫工作。地区果业领导小组增补赣州军分区、地区纪委、监察、公安部门参加。必要时，抽调专人组成苗木执法队伍，运用法律手段管理苗木，严厉打击非法无证育苗和经营病假劣苗木行为，切实保护果农利益。

5. 苗木供应由果业部门统一组织调运、调剂。区内外调苗需经地区果业局签发调运证，到指定地点取苗。严禁无证调苗，违者，除取消扶助资金、没收苗木外，还应追究单位领导和有关人员的责任。

五、自力更生，多渠道筹资兴果

要坚持自力更生的方针，主要依靠经营者自己投劳、投肥、投资，并拓宽投资渠道积极筹集资金，增加投入。从1993年起，连续五年每年由地区财政拨款50万元建立果业发展基金，由地区果业局掌握使用。各县（市）财政也要安排相应资金建立果业发展基金。地区农行每年要安排5000万元以上作为果业开发专项贷款；老建扶贫资金每年要有50%以上用于果茶开发；林业、农业、水利、水保以及国家投入农业开发的其他资金，都要向果业倾斜，增加果业开发的投入。国家投入的果业发展资金，地县（市）果业局及有关单位要认真做好项目的调查论证工作，加强项目资金管理，建立“技术论证、统一调度、领导审批”的制度。做到投入一批，成园一批。要不断完善股份合作制，大力发展股份制果园。各级党政机关、企事业单位和干部职工要继续与乡（镇）村以及林果场挂钩集资入股办果园。

六、建立健全管理机构，强化服务体系建设

为确保全区果业工程的顺利实施，各县（市）要从实际出发，调整充实果业领导小组，成立果业局，局为正科级行政建制，负责本地果业行政管理和果业的产前、产中、产后服务工作。果园面积比较大的乡（镇）要成立果业技术服务站，配备 2—3 名技术干部，开展果业技术服务工作。地区果业局增设事业编制 12 名，并成立果树植保植检站。各县（市）果业局也要相应成立类似机构。各级党委、政府要为果业部门开展工作创造必要条件，财政部门要提供必要的经费。

要切实加强果业服务体系建设。各级果业部门要有一支精干、高效、务实、懂业务的技术队伍，并保持人员的相对稳定。要建立县（市）、乡（镇）、村、场四级果业技术推广网络，进一步完善推广服务体系。要重视加强果品加工、流通工作，努力拓宽果品销售渠道，建立果品期货、批发市场，鼓励农民“南征北战”跑推销，搞活果品流通市场。

七、实施“科技兴果”战略，努力创办“三高”果园

全面提高果业开发经济效益，必须依靠科技进步，增加科技投入。根据我区实际，尤其要抓好以下六个方面的工作：

一是要科学建园。要运用遥感成果，选择坡度在 25 度以下适宜种果的优区、特优区建园。要积极采用等高缓坡梯田竹节沟整地，大力推广“三大一篓（大穴、大肥、大苗、营养篓假值），一次成园”的先进技术，防止水土流失，确保种植质量，为建设高产、稳产果园打下基础。

二是要大力推广保花保果新技术。合理整形修剪，科学施肥用水，努力提高果树单产和水果品质，确保果园增收。

三是要采取有效措施，防止柑橘检疫性病虫的侵入和蔓延。

四是要加强技术培训，全面提高经营者的业务技术素质。重点培训村、场及专业户、重点户技术人员，做到凡果园面积 50 亩以上的村和果园场有专职技术员。

五是要引导经营者因地制宜积极开展多种经营，全面实行果园套种经济作物，提高果园利用率和产出率；大力饲养畜禽，搞好果园养殖，走果牧结合的路子。

六是要在抓好新建果园的同时，采取措施加强老果园管理与改造，积极创办“高产、高质、高效”三高果园，全面提高我区果业的经营效益。

八、切实加强“兴果富民”的领导

加快兴果步伐，提高果业经济效益，关键在于加强领导。各级党政要把实施“兴果富民”战略列入重要议事日程和干事日程。建立严格的目标管理责任制，层层签订“兴果富民”责任状，并列入领导班子政绩考核的重要内容。从 1993 年起，地委、行署对完成当年果业责任状任务的前 3 个县（市）给予通报表扬，分别发给锦旗、奖金 10000 元。对未完成当年果业责任状任务的县（市），取消行署目标管理评比资格，并对党政一把手、分管领导以及果业局长，第一年全区通报批评，第二年黄牌警告，第三年就地免职。各级领导要切实转变作风，深入基层调查研究，抓样板、树典型，帮助果农解决问题，真抓实干办果业。从今年起到 1997 年，全区县（市）、乡（镇）、村、组要组织开展“赛数量、赛质量、赛效益”和创建人平一亩果、人平果业收入 2000 元的果业生产竞赛活动。各级党政一把手和分管领导都要抓好一个果业奔小康示范村组，以点带面，推动果业生产的发展。地、县（市）各机关单位，要结合抓好“小康示范村”活动，帮助所在村、组开发果园。各级政法部门要切实保护果农及果园承包者的合法权益，对无视法纪，侵犯果农权益，破坏果业生产的行为，要依法严肃处理，各行各业要积极支持配合果业工程建设，在人、财、物和技术等方面搞好优质配套服务，为实施“兴果富民”战略做出应有贡献。

1993 年 6 月 12 日

中共赣州地委　赣州地区行署
关于加快我区小城镇建设的决定

赣地发〔1994〕3号

各县（市）委、人民政府，地委各部门，地直各单位：

近几年来，我区小城镇建设有了较大发展。京九铁路的建设，给我区经济发展带来了新的机遇。为大力促进我区小城镇及农民街的建设，充分发挥小城镇在农村经济建设及社会发展中的作用，加快农村奔小康的步伐，特作如下决定：

一、抓紧调整完善小城镇建设规划

1. 小城镇建设必须遵循“统一规划、分步实施、因地制宜、综合开发、布局合理、配套建设、依靠群众、快速推进”的原则。正确处理小城镇建设与农村经济发展的关系，在全区尽快形成以城市为依托，小城镇为联结点，乡村为辐射面，农工贸相结合、层次合理，具有我区特色的新的城镇经济带。

2. 县城镇、非县城建制镇、乡村集镇和独立的工矿区，都属小城镇建设范围。小城镇建设应着重抓好经济、文化和基础设施建设，三个方面同时推进，协调发展。在巩固完善现有样板集镇、试点集镇建设的基础上，重点在“四沿”（沿铁路、沿国道、省道、沿江、沿边际）线上，加快建成一批具有特色、布局合理、功能齐全、市场繁荣、文明卫生、环境优美、经济实力雄厚的小城镇，成为县乡（镇）村一定区域的经济、文化、教育、科技、信息、服务中心。

3. 紧紧抓住规划这个“龙头”，用规划指导建设。全区所有小城镇都要按现代化、城市化的方向和社会化大生产的方针进行规划、建设和发展。各级政府要重新确定各小城镇所处的地位与作用、发展方向与规模。各级建设行政主管部门要积极发挥小城镇规划、建设、管理的职能作用。未编制总体规划的城镇，要抓紧编制，已编制总体规划的要根据当地经济和社会发展情况，结合国土整治进一步完善原总体规划，及时调整小城镇建设的规划范围和布局。总体规划一经批准，必须严格执行，不得随意变更。

4. 要重视各功能小区的规划，合理布局，分期分步配套建设。各城镇要重视做好水电、路、邮电、集贸市场和公厕等基础设施的专业规划，依据地理位置和国家重点工程建设，合理确定商贸服务区、乡镇工业区、居民住宅区、文化教育区、风景旅游区（点）和城镇绿化带（点）的布局，城镇整体规划设计要达到服务功能齐全，服务体系完整、服务手段多样、设施配套的要求。

5. 小城镇建设必须与经济建设同步发展。各级政府要结合铁路等重点工程建设的拆（搬）迁和移民，强化集镇农民新村的规划建设与管理，城镇居民小区和农民新村的建设，要相对集中，既要考虑现实条件，体现地方特色，又要通盘考虑、着眼未来，适度超前规划，提高建设起点，加快我区城镇居民住宅和社会主义新农村建设的步伐。

二、强化管理，提高效率

6. 要强化小城镇规划建设用地管理。凡城镇规划区内的建设用地，应由当地政府或建设（规划）部门提出用地计划，由计划、土管部门列专项指标下达。按规定尽快办理用地手续。要把乡（镇）工业小区建设与小城镇建设有机地结合起来。在建设布局上应提倡向空间发展，尽量不占或少占耕地。

7. 小城镇的生产性建筑、市政公用设施及居民住宅建设，必须采用国家统一设计的通用标准图集，在规划区内新建、扩建、改建房屋和从事其他建设活动，建设主管部门要主动提供快速优质服务，并按国家法律规定尽快办理规划用地划拨和房屋准建手续。

三、多渠道筹措建设资金

8. 小城镇建设资金的来源，必须贯彻“人民城镇人民建”的方针和坚持“谁投资、谁所有，谁经营、谁受益，民建公助，多方集资”的原则。各地各部门应根据生产发展的需要，尽可能增加对小城镇建设资金的投入。

各县（市）财政统一收取的城镇建设维护税，应专项用于小城镇基础设施建设；

在集镇规划区开征的城镇市政公用设施配套费、地下水资源费、环境卫生费、公用设施有偿使用费等，应集中用于城镇基础设施的建设和维修（护）；

国有土地使用权的出让、转让和城镇房地产综合开发经营收取的受益金和增值费，各级政府应更多地投入到小城镇建设中去；

要采取国家投入、单位和个人资助的办法，广泛吸收社会资金，加快建立“小城镇建设专项发展基金”；

要引入市场经济的机制，把集镇“福利型”公用事业推向市场，放宽政策，放开经营，有偿服务。实行以水养水，以电养电，以路养路，以桥养桥，以邮电养邮电，以市场养市场的自我发展机制；

要采用股份制、租赁制、合资经营和公有私营、个体经营的形式，制定优惠政策，大力招商引资，鼓励先富裕起来的农民到小城镇兴办“农民城、农民街”和承包各种公益事业；

各级建设行政主管部门，要积极筹办以规划、管理、开发、经营和服务为一体的小城镇建设社会化服务体系，把社会效益与经济效益紧密结合起来。

四、进一步落实优惠政策，鼓励农民和城市工矿人员，进入集镇办实业

9. 要依托现有小城镇工业基础，大力发展乡（镇）办企业。引导农民进入小城镇投资建厂、经商务工和开办社会服务事业，要把小城镇建设与乡镇企业和市场建设有机地结合起来，省、地、县际边界市场可实行以变对变，以活对活的以商“活”镇政策。

凡经办理批准手续进入小城镇落户的外引人员，公安部门凭办理批准手续给予落户，工商部门应发给营业执照，银行应给予开户，其他有关部门应热情支持给予方便。

10. 各级政府要组织城市剩余专业技术人员向小城镇合理流动，热情支持在职的科技人员、经济管理人员、离退休人员到小城镇参加各项建设事业，可专职亦可兼职，待遇可从优，兼职的可领取酬金。住房、户口可保留在城市，其配偶子女可随带，也可以在原城市就业、上学。今后大专院校毕业生分配，要采取倾斜政策，有计划地分配一部分素质较高的应届毕业生到小城镇工作，培养和造就一支适应城镇现代化要求的建设和管理队伍。

五、重视搞好环境保护

11. 小城镇建设要注意体现民族风格和地方特色，任何驻镇单位和个人，都应按照规划的要求搞好镇容镇貌，维护公共秩序，爱护公共卫生。对具有历史意义和革命纪念意义的文化艺术、文物古迹、风景名胜、古代建筑和古树名木应予保护。

12. 小城镇新建、改建、扩建各类工业性建设，必须严格遵守国家环保法，接受环保部门的监督检查，对“三废”严重的地方工业项目，要按照国家有关规定逐步进行治理或转产，防止新的工业污染，保护和改善生态环境。

13. 小城镇集镇绿化工作要与城镇建设、环境建设同步协调发展，纳入小城镇整体规划中。要加强宣传教育，增强绿化意识，实行责任制管理，动员全社会的力量参与小城镇绿化建设。绿化布局要合理，形式要多样，要注意保护城镇水面，搞好小公园、小游园建设，扩大绿化覆盖率，实现城镇绿化达标。

六、加强小城镇建设的领导

14. 抓小城镇建设，就是抓个体私营经济的发展，就是抓市场建设。各县（市）人民政府要切实把小城镇建设列入议事日程，纳入农村经济建设的总体规划和县、乡（镇）长任期工作目标，并作为任期政绩的一项重要考核内容。各级建设行政主管部门要转变职能更新观念，按发展科学规律办事，实行规划、设计、用地、施工、质监、环保“一条龙”管理，寓服务于管理中，努力提高管理水平。

15. 地、县（市）要分别成立由行署和县（市）领导牵头，由地区和县（市）建设局等有关部门参加小城镇建设发展协调组织，切实加强对小城镇建设的领导。各乡（镇）要搞好小城镇规划建设管理机构的建设，有关部门应通力协作，把集镇建设管理干部和技术业务人员充实起来。

16. 凡符合撤乡建镇条件的乡政府驻地和“四沿”线上的集镇应尽快实行镇领导村的管理体制。已具备建镇条件的国有农、林、牧、垦殖场所在地，亦可成立建制镇，并逐步扩大建制镇的管理权限。各县（市）政府有关部门派驻在建制镇的办事机构和单位，一般要实行“双重领导，以镇为主”的管理体制。

1994 年 1 月 22 日

中共赣州地委　赣州地区行署
关于加快猪—沼—果工程建设的决定

赣地发〔1996〕1 号

猪—沼—果工程，是我区农民群众在发展农村经济中的一大创举，是农村能源和农业产业的一场伟大革命，它对带动养殖业和种植业等相关产业的发展，保护森林资源，防止水土流失，建立生态农业，改变农村卫生面貌，解放农村妇女，推动农村经济全面发展和精神文明建设，都有着十分重要的意义和巨大的促进作用。近几年来，全区各地积极探索，大力推进，使这一工程初具规模，形成了特色，取得了良好的生态效益、经济效益和社会效益。为了进一步加快猪—沼—果工程建设步伐，促进全区广大农村在本世纪末实现小康，特作如下决定：

一、明确目标任务

按照把赣南建成全国最大的脐橙、甜柚生产基地和生态农业区的总体要求，从现在抓起，到 2010 年，全区要有 70%以上的农户达到猪—沼—果工程“121 目标”，即：户平 1 个池，人平 2 头猪，人平 1 亩果。到“九五”期末，全区果业面积达到 400 万亩，兴建沼气池 70 万个，生猪出栏 800 万头。其中，1996 年新增果业面积 30 万亩，达到 280 万亩；新建沼气池 10 万个，达到 16 万个；生猪出栏 550 万头，力争 630 万头。1996 年全区要有 200 个行政村实现“121”目标，到“九五”期末实现这一目标的行政村要有 1000 个以上。各县（市）要根据上述任务要求，结合本地实际，制订规划，把任务分解到基层，落实到户到人。在全面规划的基础上，要突出重点，树立典型，各级领导和部门挂钩的小康示范点、村建点、扶贫点以及条件和基础较好的村、组，要争取先行一步。

二、优化发展模式

猪—沼—果工程是以沼气为纽带，联动生猪、果业等相关产业共同发展的生态农业、立体农业模式。猪、沼、果三者是一个有机的整体，必须综合考虑，系统抓好，形成良性循环。实施工程建设，要突出重点，以沼气为中心，加快建池速度。要坚持建池标准，提高建池质量，努力做到建一个成一个。在猪—沼—果工程中，生猪、果业应是广义的，除发展生猪外，还可以发展其他养殖业；除发展果业外，也还可以发展经济林、毛竹林、茶叶、渔业、蔬菜、甘蔗、粮食等等。各地一定要坚持从实际出发，因地制宜，适合什么就发展什么，使猪—沼—果工程的内涵更丰富、效益更好。

三、多方筹措资金

坚持自力更生的方针，主要依靠农民群众自己投工投资、搞好果园养猪和套种、以短养长等办法来解决资金投入问题。在此基础上，多渠道筹集资金，增加投入。（1）从 1996 年起，连续 5 年每年由地区财政拨款 50 万元用作猪—沼—果工程奖励资金，各县（市）财政也要安排相应奖励资金。地区财政每年安排的畜牧发展基金、果业发展基金、沼气池建设专项经费等延续至“九五”期末；屠宰税

50%用于扶持生猪生产、农业特产税5%用于果业技改、在木材和煤炭销售中向购方征收农村能源发展基金等政策坚持不变，并保证及时足额到位。(2) 各级金融部门要积极支持猪—沼—果工程建设，在贷款规模上给予倾斜，地区农行、信用社每年继续安排5000万元以上作为果业开发专项贷款，还要安排一定的贷款扶持生猪生产和沼气池建设。(3) 老建扶贫发展资金每年要有50%以上用于果茶开发，以工代赈、水保、林业等方面的资金以及国家投入农业开发的其他资金，都要向猪—沼—果工程倾斜。(4) 用好赣中南农业开发、红壤开发、粮食项目等资金，国际农发基金安排的沼气项目要组织实施好，并继续引进和利用外资以及区外资金，以加大资金投入。(5) 积极推行股份合作制，继续发动干部职工集资兴办果园，鼓励干部职工个人办果园，并配套发展养殖业。(6) 办好农村合作基金会，充分发挥其资金调剂作用。各项资金要捆绑使用，保证重点，发挥出更大的效益。

四、加大科技投入

增加科技投入，是加快猪—沼—果工程建设的关键。要继续大力推广"三大一篓"(大穴、大肥、大苗、营养篓假植)、一次成园，"三保一防"(保水、保土、保肥、防护林) 等先进技术和保花保果新技术，确保种植质量。采取有效措施，防止柑橘检疫性病虫的侵入和蔓延。大力推广科学养猪"四化"(母猪良种化、公猪瘦肉型化、杂交一代化、配种人工授精化)，"四改"(改单一饲料为配混饲料、改熟喂为生喂、改吊架子育肥为一条龙育肥，改放养为圈养)，"一早"(仔猪提早补料)，"两防"(防病、防虫) 等适用技术；搞好生猪杂交优势利用，实现二元杂交或三元杂交。全面开展仔猪窝边注射和市场、社会生猪补针注射工作，进一步加强生猪的疫病防检。大力普及强回流沼气池，推广平板式沼气灶台、电子点火装置和搅拌出料器。要加强对沼液的综合利用和机理的研究试验，不断扩大应用范围，使其发挥更大作用。加大科技投入，人员素质是基础，要继续抓好技术培训工作。各级都要办班，培训养猪专业大户、果业大户以及生猪人工授精配种技术员、果技员、沼气技工等，全面提高他们的技术水平。

五、加强组织领导

猪—沼—果工程是我区发展农村经济和特色农业的重中之重，是广大农民致富奔小康的重要途径，必须切实加强领导，精心组织，常抓不懈，务求实效。为了切实加强对工程建设的组织领导，决定成立地区猪—沼—果工程建设指挥部，各县(市)也要成立相应的机构。县(市)委、政府的一把手是当地实施猪—沼—果工程的主要领导者，要建立领导分工负责的责任制，一级抓一级，一级对一级负责。各级领导要经常深入基层，抓好一个以上"猪—沼—果""121"目标的示范村，以点带面，并重视研究工程建设中出现的新情况、新问题，采取针对性措施，及时加以解决。要把实施猪—沼—果工程的成效作为干部政绩考核的重要内容，每年都要进行一次考评验收，考评及奖罚办法另行拟订。各有关部门要以支持实施工程建设为己任，密切配合，提供优质服务，出台一些扶持政策措施，该放的权一定要放，该给的支持必须给足，确保"121"目标如期实现。

附：1. 全区生猪出栏规划表

2. 全区果业发展规划表

3. 全区沼气池建设和行政村实施"121"目标规划表

1996年1月23日

表 1

全区生猪出栏规划表

县(市)别	1996 年(万头)	2000 年(万头)	2010 年(万头)	1996 年肉类总产量(吨)
总 计	520.00	800.00	1000.00	499998
赣州市	14.10	21.30	26.50	13157
赣 县	36.60	56.00	68.10	30986
南 康	51.40	78.80	101.00	49982
信 丰	52.30	80.10	102.00	47500
大 余	15.50	24.10	30.20	15050
上 犹	19.20	30.10	37.60	18582
崇 义	13.00	19.40	25.30	9920
安 远	19.30	29.60	37.60	25827
龙 南	20.10	31.10	37.70	16312
定 南	13.00	20.20	25.30	10237
全 南	11.10	17.20	21.70	12562
宁 都	46.70	71.80	88.40	45468
于 都	54.60	83.60	105.00	45156
兴 国	46.20	71.20	89.10	52928
瑞 金	38.80	59.80	73.90	39050
会 昌	28.50	44.20	55.10	19331
寻 乌	19.50	30.40	37.70	26234
石 城	20.10	31.10	37.80	21716

表 2

全区果业发展规划表

县(市)别	果业面积(万亩)			水果产量(万吨)		低产园改造(万亩)	
	总面积	“九五”期间新建果园面积	1996 年新建果园计划面积	1996 年产量	2000 年产量	“九五”期间低改总面积	1996 年年底低改面积
总 计	400.00	150.00	30.00	48.00	250.00	25.00	5.00
赣州市	6.95	2.50	0.50	0.70	4.50	0.50	0.10
赣 县	24.64	10.00	2.00	2.30	14.60	1.50	0.30
南 康	33.14	12.50	2.50	3.20	20.60	2.00	0.40
信 丰	32.26	10.00	2.00	7.40	22.30	2.00	0.40
大 余	14.79	7.50	1.50	1.20	7.30	1.50	0.30
上 犹	15.10	7.50	1.50	1.40	7.60	1.50	0.30
崇 义	9.44	2.50	0.50	0.90	6.90	1.00	0.20
安 远	25.90	10.00	2.00	6.30	15.90	1.50	0.30
龙 南	14.10	5.00	1.00	1.40	9.10	1.50	0.30
定 南	18.07	7.50	1.50	1.70	10.60	1.00	0.20
全 南	8.32	2.50	0.50	1.40	5.80	1.00	0.20

续表 2

县(市)别	果业面积(万亩)			水果产量(万吨)		低产园改造(万亩)	
	总面积	“九五”期间新建果园面积	1996 年新建果园计划面积	1996 年产量	2000 年产量	“九五”期间低改总面积	1996 年年底低改面积
宁　都	38.14	10.00	2.00	5.00	28.10	2.00	0.40
于　都	41.58	15.00	3.00	5.60	26.60	2.00	0.40
兴　国	31.35	12.50	2.50	1.80	18.90	1.50	0.30
瑞　金	26.35	12.50	2.50	2.90	13.90	1.50	0.30
会　昌	17.90	5.00	1.00	1.20	12.90	1.00	0.20
寻　乌	32.20	15.00	3.00	2.90	17.20	1.00	0.20
石　城	9.77	2.50	0.50	0.70	7.20	1.00	0.20

表 3

全区沼气池建设和行政村实现“121”目标规划表

县(市)别	1996 年任务数(万池)	“九五”期末累计任务数(万池)	2010 年累计任务数(万池)	1996 年“121”工程任务数(村)	九五期末“121”工程目标任务数(村)
总　计	10.00	70.00	100.00	200.00	1000.00
赣州市	0.30	1.90	3.00	5.00	25.00
赣　县	0.40	5.00	7.00	15.00	75.00
南　康	0.90	6.90	10.00	20.00	100.00
信　丰	0.90	6.50	10.00	21.00	100.00
大　余	0.40	2.30	3.00	6.00	30.00
上　犹	0.30	2.60	4.00	8.00	40.00
崇　义	0.30	1.80	3.00	4.00	25.00
安　远	0.40	2.80	4.00	8.00	40.00
龙　南	0.30	2.50	4.00	8.00	40.00
定　南	0.30	1.60	3.00	5.00	25.00
全　南	0.30	1.50	2.00	4.00	25.00
宁　都	1.00	6.40	9.00	21.00	100.00
于　都	0.90	7.30	10.00	18.00	90.00
兴　国	0.50	6.50	9.00	16.00	80.00
瑞　金	0.50	5.00	7.00	13.00	65.00
会　昌	1.00	4.00	5.00	12.00	60.00
寻　乌	1.00	3.00	4.00	10.00	50.00
石　城	0.30	2.40	3.00	6.00	30.00

中共赣州地委　赣州地区行署
关于加快全区公路建设的决定

赣地发〔1998〕16号

公路是我区城乡交通的主体，也是直接影响我区经济发展的重要因素。为贯彻落实好中央、国务院关于加快交通等基础设施建设的重大决策，进一步加快我区公路建设，促进赣南经济的发展，特作如下决定：

一、充分认识公路建设的重要性和紧迫性

我区的公路建设经过几个五年计划的努力，取得了较大的成绩，全区公路通车里程达16538公里，实现了地至县通油路、乡乡通公路、94.2%的行政村通公路，基本形成了以赣州为中心，以105、323、319、206四条国道为主骨架、地县乡村相连接的公路交通网络，通达能力明显增强。但由于我区公路基础差、底子薄、起点低、欠账多，加上建设资金相对短缺，使得目前的公路状态仍存在等级低、路况差、通行能力小的问题。我区公路中目前还没有高速公路和一、二级汽车专用路，等级公路所占比重小，路面技术等级低；全区365个乡（镇），仅141个乡（镇）通了油（砼）路，占乡（镇）总数的38.6%，在占全区通车总里程84%的地方管养公路中，等外路多、路基窄、线型差、通行能力小、抗灾能力弱。因此，全区上下必须统一认识，加强领导，明确目标，落实责任，精心组织，大干快上，采取切实有力的措施，加快公路建设步伐。

二、今后三年的奋斗目标和主要任务

从今年起至本世纪末，全区加快公路建设三年决战的目标是：完成改建国、省道500公里，使我区境内国道和地至县（市）公路基本达到二级公路标准，确保县与县之间有一条三级公路标准以上的连接线，省际出口路达三级以上标准；县至乡公路实现等级化，新建县道油（砼）路1000公里，基本实现县至乡通油（砼）路，98%以上的村通公路；力争在2000年启动赣粤高速公路赣州至定南（野猪塘）段142公里建设工程。

今后三年我区公路建设的主要任务：一是加快全区路网主骨架的建设。力争三年内完成105、206、319、323四条国道组成的“井”字公路主骨架建设。二是加快省际出口路和经济线路的建设与改造。重点是加快与京九铁路相连接的东西向区间公路的改造，完成龙小线、安定线的新建砼路、油路任务。力争完成赣丰线、信雄线、古高线、金筠线等10条省际出口路和经济线路的改造。三是加快县县通油路和部分示范圩镇建设工程步伐，努力完成安远—信丰、定南—汶龙—大稳、上犹—三门坑等11条线路的改造。四是加快县乡公路的改造和建设。重点是提高技术等级和建设高级、次高级路面，并着力解决断头路的连通建设。各县（市）每年必须完成新建15—30公里县乡油（砼）路，力争到2000年全区县乡基本通油（砼）路；新建乡村公路1800公里，实现绝大部分行政村通公路。

三、投入分担，积极筹措公路建设资金

今后三年全区公路建设，省养公路将分别以5亿元、7亿元、10亿元的投资幅度发展，三年共计500公里改造任务，投入22亿元；县乡公路按300公里、300公里、400公里的建设速度推进，约需投入资金4亿元；新建乡村公路1800公里，投入约2.7亿元。以上几项投资共计28.7亿元。我们要在积极争取国家、省支持的同时，加大地方自筹能力，要多层次、多渠道落实公路建设资金。

一是要抓住国家加大基础设施建设的有利时机，争取交通部、省交通厅加大对我区公路建设的投入。县乡公路建设要充分利用好国家以工代赈、部扶贫等资金。同时，省交通厅将提高补助标准为：水泥路面宽6米以上不少于8万元/公里，4.5米—6米不少于7万元/公里，3.5米—4.5米不少于6万元/公里，油路均按5万元/公里；按计划接通部分县与县之间断头路和独立大桥建设适当提高补助；同时，地区交通局也将对县乡油（砼）路建设予以适当补助。

二是广泛宣传，发动和依靠群众，用好用足国家关于公路建设的法规、政策。本着省养公路“公办民助”、县乡公路“民办公助”的资金分担原则，国省道以省投资为主，地方负责征地拆迁和路基土石方工程；县乡公路建设资金可依据民工建勤、车辆建勤、捐（集）资修路等政策，具体筹资办法由各县（市）人大或政府根据《公路法》和国务院《关于民工建勤养护和修建地方道路的指示》研究制定并执行。所筹资金必须建立专户、专项管理，并做到专款专用。

三是交通部门要千方百计挤出资金用于县乡油（砼）路建设，县（市）交通部门征收的拖拉机、简易机动车重建金附加费应主要用于县乡油（砼）建设。各县（市）财政要安排资金用于本县（市）油（砼）路建设。

四是努力创造条件，吸引国内外金融机构、外商、侨胞来我区投资公路建设。

五是各行各业、各部门都要为公路建设出力。地、县（市）、乡（镇）各级政府要广泛宣传，鼓励单位、个人捐（集）资修路。

四、狠抓公路建设措施落实和工程质量管理

实现三年公路建设目标，任务十分艰巨，各级党政必须坚持“人民交通人民办、办好交通为人民”的方针，认真贯彻国务院制定的“统筹规划、条块结合、分层负责、联合建设”、“全民动员、经济补偿、政策扶助、各方支持”的方针，调动一切积极因素，切实把公路建设由部门行为转变为政府行为、社会行为。

首先，按分级负责的原则落实建设措施。国省道由省、县两级联合建设，以省投资为主，县、乡两级政府按照补贴4万元/公里的标准包干完成征地、拆迁项目；县至乡的公路建设由县、乡两级负责，以乡为主组织实施，乡至村的公路建设由乡、村两级负责，以村为主组织实施，根据县管、县办、群养的原则，县、乡公路建设的征地拆迁由县、乡、村负责完成；公路建设涉及的电力、电讯杆（线）及水利设施等，由其各自所属单位、部门负责按期搬迁；公安、交警部门负责维护施工地段的治安、交通秩序，确保安全、畅通。

其次，要强化工程建设管理。要切实加强领导，组成得力的班子，加强调度指挥，并经常深入现场，及时发现和处理问题；要严格履行基本建设程序，坚持和完善工程招标制、项目监理制和合同管理制，积极推行项目责任制，进一步完善“政府监督、社会监理、企业自检”三级质量保证体系，对不合格的路段、项目要坚决返工。为确保工程质量，各级政府要组织有关部门进行认真的检查验收。对完成任务好、成绩突出的要给予奖励；对任务完成差、质量不合格的要通报批评，对失职者要追究行政责任。

第三，建养并重。要全面加强公路养护和路政管理，现有省养公路由公路部门负责养护，县乡公路县道由乡负责养护，乡村公路由村负责养护，交通部门负责技术指导和检查监督。

五、加强组织领导和部门协调

各级党委、政府的领导，特别是主要领导，要提高对公路建设重要性、紧迫性的认识，切实加强组织领导。地委、行署已成立赣州地区公路建设领导小组，负责全区公路建设的组织领导、宣传发动、规划审查、协调管理等工作。各县（市）及有关乡（镇）也要相应成立指挥机构，主要领导要亲自挂帅，每个建设项目必须有一名县级领导担任总指挥，协调处理工程建设过程中的有关问题。各级交通、公路、计划、财政、金融、土管、水利、电力、邮电、城建、公安、交警等部门要密切配合、大力协调，形成全区上下重视、部门协调的好局面。各级组织、人事部门要在公路建设工作中，培养、考验、考核干部，对领导公路建设取得突出成绩的干部予以提拔重用。要层层建立责任制，并强化考核手段。地、县（市）交通部门和公路部门要制订好公路建设的实施方案，当好参谋，抓好落实工作。

1998 年 8 月 6 日

赣州市人民政府批转 市稀土开发利用领导小组关于进一步 加强全市稀土开采经营管理的意见的通知

赣市府发〔1999〕21 号

各县（市、区）人民政府，市政府有关部门：

市稀土开发利用领导小组《关于进一步加强全市稀土开采经营管理的意见》已经市政府第八次常务会议研究通过，现批转给你们，请认真贯彻执行。

1999 年 12 月 7 日

关于进一步加强全市稀土开采经营管理的意见

市政府：

离子型稀土是我市的优势矿产资源，经过十几年的发展，稀土工业已成为我市的一项重要产业。但是，近年来由于矿山生产规模过大，稀土产量失控，造成产品供大于求，资源浪费、环境污染、税费流失等问题严重，稀土行业经济效益低下。

为认真贯彻落实中央人口、资源、环境工作座谈会议以及中央领导同志对稀土产业的一系列重要指示精神，进一步加强稀土开采经营管理，实现对稀土资源的统一规划、合理开采、综合利用和有效保护，结合我市实际，提出如下意见：

一、坚持依法办矿，实现统一有序开采

1. 根据国土资源部《关于对稀土等八种矿产暂停颁发采矿许可证的通知》（国土资发〔1999〕104 号文）精神，从现在起至 2000 年年底以前一律不审批和颁发新的稀土采矿许可证。

2. 认真做好稀土矿山的治理整顿工作。结合矿业秩序治理整顿工作，对现有的稀土矿山重新审核。根据目前我市稀土生产的现状，有下列情况之一的予以取缔、停产整顿或依法吊销采矿许可证：

（1）无采矿许可证的所有矿山企业及开采点；

（2）无测试手段和资源利用考核措施，池浸工艺回采率低于 70%，选冶回收率低于 72%，资源浪费严重的；

（3）生产规模小（池浸年产混合氧化稀土 10 吨以下，原地浸矿年产 25 吨以下），无地质资料、资源不清的；

（4）未经环保、水保部门批准或矿山设施、尾沙设施达不到环、水保要求的；

（5）证照不全，不能按照国家规定足额缴纳税费的；

(6) 布局不合理或不在市、县、区政府规划开采区内开采的；

(7) 有采矿许可证的矿山企业连续歇业六个月以上未办理有关歇业手续的；

(8) 非法转让采矿权的；

(9) 不具备法律法规所规定的其他办矿条件的。

今后，各县（市）稀土矿山统一由县（市）稀土经营公司或县（市）政府指定单位申办采矿许可证，各县（市）原则上只保留一个采矿权人。

3. 积极推广原地浸矿工艺，凡适合原地浸矿工艺的矿区，不准使用池浸工艺。对暂不适合原地浸矿工艺的矿区，严格控制计划产量。稀土矿山企业要积极探索资源回收率高的采选工艺，努力提高资源利用水平，有效保护生态环境。

二、坚持计划开采，实行问题控制

1. 根据市场需求，制定全市稀土年度生产计划，实行以销定产，以产定矿。全市稀土年度生产计划、生产矿山数由市稀土办会同市计委、市地矿局提出具体意见，报市稀土领导小组审批后，纳入全市国民经济和社会发展计划。各稀土资源县（市）政府将计划分解到各矿山企业，按计划组织生产，严格控制矿山生产规模。因市场需求变化，确需增加计划产量的，各县（市）政府向市稀土办提出调整计划申请，经市稀土领导小组审批后，由市计委、市稀土办、市地矿局下达调整计划。每半年由市稀土领导小组牵头组织有关部门对稀土生产计划执行情况进行检查，对超计划生产的，有关部门不得办理出库准运手续，经营单位不得收购，违法销售的将没收其销售收益，并酌情扣减下一年度的计划指标。2000 年全市稀土产量控制在 3000 吨，矿山数控制在 100 个以内，生产计划另行下达。

2. 从 2000 年开始，全市实行"稀土生产计划配额卡"制度，"稀土生产计划配额卡"是稀土矿山生产、销售产品的有效凭证之一，由市稀土办统一印制和管理。各县（市）稀土主管部门按照每年分配的稀土原矿生产计划到市稀土办统一领取相应额度的"稀土生产计划配额卡"，并发放到各生产矿山企业。"稀土生产计划配额卡"实施细则另行制定。

3. 稀土生产企业应建立、健全财务管理制度，建立生产台账，自觉接受有关部门的监督检查。未依法建立财务管理制度、生产台账或财务管理混乱、拒绝有关部门监督检查的，扣减直至取消下一年度的生产计划，并依照有关法律、法规给予严厉处罚。

三、坚持统一经营，建立有序、规范的稀土矿产品市场

对稀土产业进行规范的公司制改组。对 1997 年省政府指定的八家稀土经营单位的经营状况进行考核，对经营乏力、资不抵债的指定经营单位，报省政府注销其经营资格，对其他的指定经营单位进行清产核资，界定产权。以赣州冶金研究所为龙头企业联合清理后保留的稀土经营单位，同时吸纳部分骨干矿山、冶炼、加工单位以及有经济实力的私营企业，组建产、销、科、贸一体化、国家控股、投资主体多元化、具有公司法人治理结构的南方稀土有限责任公司。对南方稀土有限责任公司实行经营垄断、债转股，贷款贴息、加速折旧、加大新产品开发费提取等政策扶持。南方稀土有限责任公司对全市混合氧化稀土实行统一经营。该公司挂牌经营后，全市范围内稀土矿山生产的混合稀土产品必须全部由南方稀土有限责任公司经销，其他任何单位和个人不得收购经营混合稀土。南方稀土有限责任公司要积极运用资本营运、技术创新、市场开拓等手段以及垄断经营的优势，实现低成本的扩张，向国内大企业靠拢，成为我市矿业经济的支柱和国内、国际市场的主要竞争力量。

四、加强监督管理，打击违法经营活动

1. 在全市对稀土原矿实行统一灼烧、统一混批、集中入库制度。各县（市）指定一至二家稀土灼烧单位，市政府指定赣州有色冶金研究所为全市的稀土混批单位，其他非指定单位和个人不得进行稀土的灼烧和混批。灼烧、混批单位加工稀土，必须查验采矿许可证、稀土生产计划配额卡等相关凭证，不得加工无合法手续的稀土，否则取消其加工资格。稀土加工单位要建立完善的稀土出入库登记制度，积极协助配合矿产品稽查部门的检查工作。

2. 严格执行矿产品准运证制度。稀土原矿从产地外运，必须挂采矿许可证、生产计划配额卡到地质矿产主管部门办理矿产品准运手续，对非法运销的一律予以没收，并可依法处以矿产品价值50%以下的罚款。稀土外销，由矿产品稽查部门查验有关票证，票证不全或货证不符的一律不准外销。各级矿产品稽查部门，要抓好源头管理，加大执法力度，严厉打击矿产品非法经销活动。

五、坚持统一税费，维护国家和地方财政利益

严格执行国家稀土税收政策，统一制定全市稀土规费标准。稀土有关税费统一由南方稀土有限责任公司各县（市）分公司上缴，计划内部分按月足款缴纳给当地有关部门，对超计划部分的稀土税费统一上缴市财税部门。对偷漏税费的稀土矿山、经营企业，必须足额补征，并依法予以处罚。各级人民政府要支持征收管理部门依法征收税费和查处偷漏税费的违法行为。对于不能及时缴纳各种税费的矿山应责令其停止生产直到吊销采矿许可证和营业执照。

六、加强领导，明确职责，搞好协调，强化稀土管理

稀土开采经营管理涉及面广、政策性强，各级政府和有关部门要统一思想，提高认识，抓住当前有利时机，把稀土开采经营管理工作落到实处。各有关职能部门要在市政府的统一领导下，明确职责，加强配合，协调行动。市稀土领导小组全面负责全市稀土产业政策制定、宏观调控、计划产量审批等重大问题决策；市稀土办具体负责稀土产量计划、开采、经营、冶炼、加工等环节整顿的综合协调工作，指导稀土产品应用开发；市地矿局负责稀土开采秩序整顿，并会同工商、税务等部门加强对稀土原矿运销环节的监督管理；环保、水保、土地、公安、劳动等职能部门要依据国家有关法律、法规，各司其职，严格执法，强化对稀土开采经营的监督管理。各有关县（市）政府要加强对稀土管理的领导，结合本地实际，制定具体的实施办法，采取有效措施，认真抓好稀土开采经营管理工作，切实加强对稀土资源的规划、开发、保护和合理利用，变资源优势为经济优势，为促进全市经济发展做出贡献。

以上意见如无不妥，请批转各地各部门贯彻执行。

赣州市稀土开发利用领导小组

1999年12月6日

中共赣州市委　赣州市人民政府
关于大力发展旅游经济的决定

赣市发〔2000〕14号

各县（市、区）委、人民政府，市委各部门，市直各单位：

为进一步加快旅游事业的发展，尽快将我市丰富的旅游资源优势转化为经济优势，促进全市经济全面发展和社会进步，根据省委、省政府《关于加快旅游业发展的决定》（赣发〔2000〕1号）文件精神，结合我市实际，特作如下决定：

一、实施“旅游旺市”战略，确立旅游业的产业地位

1. 学习和贯彻邓小平的旅游经济思想。今年3月出版的《邓小平论旅游》是我国旅游业的立业之本和发展之纲。小平同志指出："旅游事业大有文章可做，要突出地搞，加快地搞"。学习《邓小平论旅游》，关键是要解放思想，更新观念，以改革开放为动力，以市场为导向，真正把旅游业当作经济产业来办。

2. 确立旅游业的产业地位。旅游业以其特有的优势成为当今世界第一大产业，发展势头迅猛。党中央、国务院审时度势，将旅游业列为国民经济新的增长点来发展。省委、省政府高度重视，决定把旅游业作为全省国民经济新的技术产业来培育。各级党委、政府要从经济发展和社会进步的战略高度出发，解放思想，把握机遇，按照市场经济运行规律，运用市场经济的方法，坚持可持续发展的原则，像重视农业、工业那样重视旅游业，掀起发展旅游业的新高潮。

3. 明确旅游业的发展目标。发展速度做到"两个高于"，即高于我市国民经济增长速度，高于全省旅游业增长速度。"十五"计划期间，各项主要旅游指标年均增长幅度确保15%，力争20%。到2005年，旅游业总收入占全市GDP的比重8%以上，使旅游业成为我市国民经济新兴的支柱产业。通过10—20年的努力，把我市建设成为粤闽港澳台的"旅游胜地"。

二、实施"精品名牌"战略，科学合理地搞好旅游规划

1. 制订旅游发展规划。要在深入调查研究、科学论证、集思广益的基础上，抓紧制订我市旅游发展总体规划，使我市旅游开发建设科学合理有序。各有关部门要把旅游业纳入本行业的发展计划，各县（市、区）要根据全市总体规划和当地实际，制订相应的区域规划、景区景点规划，并严格按照规划进行开发建设。

2. 创建"中国优秀旅游城市"。为改善城市的旅游业发展环境，增强城市的现代旅游功能，树立良好的旅游城市形象，创建有吸引力的旅游品牌，要积极开展创建"中国优秀旅游城市"活动。要抓紧制订实施方案，根据实施方案的基本要求和量化指标，市政府与市直有关单位和县（市、区）签订责任状，并抓紧落实，限期完成，力争在2002年使我市跻身"中国优秀旅游城市"行列。

3. 开发"四个旅游名牌"。根据我市旅游资源情况，当前要重点开发"四个旅游名牌"：（1）宋城文化（宋城博物馆）——赣州；（2）红色故都（共和国摇篮、长征出发地）——瑞金；（3）客家摇篮（客家发祥地）——赣南；（4）东江源头（三百山）——安远。这些品牌是我市当前独具特色的、在海内外享有盛誉的旅游精品。但目前尚未很好开发，要抓紧策划包装、开发利用。另外，根据我市有山有水有温泉的特点，可组织开发生态、度假、休闲、保健等旅游。

4. 建设"四个旅游区"。我市地域辽阔，旅游资源分布广泛。当前，要重点建设好"四个旅游区"：（1）中部（即章贡区）旅游区；（2）东部（以瑞金为中心，包括宁都、会昌等县）旅游区；（3）西部（包括上犹、崇义、大余县）旅游区；（4）南部（包括龙南、安远等县）旅游区。以上旅游区中的9个县（市、区），各有1个省级风景名胜区，要选择条件较好的积极开展申报国家级风景名胜区的工作。

5. 推出"四条旅游线路"。根据目前我市旅游资源、交通状况、客源市场等情况，要重点推出"四条旅游线路"：（1）粤、港、澳—安远三百山（或龙南）—赣州旅游线；（2）闽、台—瑞金（宁都、会昌、于都、兴国）—赣州旅游线；（3）韶关—大余（崇义、上犹）—赣州旅游线；（4）京、沪、昌—赣州—瑞金（宁都、会昌、于都、兴国）旅游线。在具体接待过程中，要根据游客的需求，灵活安排好旅游线路。

三、采取"走出去、请进来"方法，积极开拓旅游客源市场

1. 加强旅游宣传促销力度。各级党委、政府要把旅游宣传作为对内、对外宣传的重要组成部分，各相关部门要通力协作。报刊、电视、广播等新闻单位要把旅游宣传纳入年度工作计划，加大旅游“炒作”力度，刊登、播放旅游方面的知识和文章，以提高全民旅游意识，形成旅游氛围。旅游管理部门要认真进行国际、国内旅游市场细分和宣传，明确市场开发目标和任务，积极组织旅游企业参加海内外促销，尽早参加海外旅游预订国际互联网。各旅游景区、旅行社要统一服从旅游部门的整体形象促销安排。

2. “走出去”进行宣传促销。目前我市旅游市场开发的总体目标是：海内外旅游市场开发并举，重点开发国内旅游市场，大力开拓海外旅游市场。国内旅游市场主要在粤、闽等沿海经济发达地区和京、沪等大城市，海外旅游市场主要在港、澳、台和东南亚。要主动“走出去”，到主要客源市场去宣传促销。同时，也要注重开拓本市客源市场，在本市范围内搞好各种形式的旅游宣传促销，利用节假日，以优惠的价格，良好的服务，周到的工作，掀起“赣州人游赣州”的热潮。

3. “请进来”进行宣传促销。根据我市旅游品牌情况，要利用中华苏维埃共和国成立周年纪念、二万五千里长征胜利周年纪念、苏东坡来赣州依画题诗《虔州八境》周年纪念、召开客属恳谈会、联谊会或研讨会等机会，举办各种旅游节庆活动，把客人“请进来”，进行旅游宣传促销。

4. 加强旅游区域协作。旅游活动的区域性非常明显，加强旅游区域协作，相互都有利。要充分利用闽粤赣十三地市协作区，特别是龙岩、梅州、赣州“小三边”协作区关系，积极开展旅游区域协作。还要同我市周边的吉安、郴州、韶关、河源等地市开展旅游区域协作。共同宣传促销、共同制订线路、相互政策优惠。

5. 动员全社会都来开展旅游宣传促销工作。市直各部门、各单位都要关心、支持旅游业，积极开展旅游促销工作，把赣州的人气搞旺。要充分发挥旅游业在宣传促销中的市场主体作用，对旅行社、旅游景区招徕客人进行目标考核，并作为旅行社年检和旅游景区质量等级管理的一项重要内容。今年开始，从景点门票收入中提取5%，由旅游管理部门对各部门、各单位、旅行社和旅游景区的招徕游客工作进行奖励。

四、实行“谁投资、谁受益”原则，多渠道筹集旅游开发资金

1. 增加政府对旅游业的引导性投入。政府要加大对旅游业的引导性投入，要像对农业、工业那样，摆在同等重要的位置。从2000年起市财政每年安排一定的旅游发展专项经费，并视财力状况逐年有所增加。旅游资源丰富的县（市、区）也要加大对旅游业的引导性投入力度。政府引导性投入的资金，主要用于旅游规划、宣传促销、基础设施建设。为鼓励开发旅游项目，各县（市、区）应出台各项优惠政策。

2. 发动部门为旅游业投入。在统一规划的基础上，鼓励部门开发旅游项目，由部门想办法筹集资金进行开发建设。财政、计划、城建、旅游、林业、文化、宗教等部门，要积极主动向中央和省争取有关旅游开发方面的资金。银行贷款要向有开发价值的旅游项目倾斜，向效益较好的旅游项目贷款，市中小企业信用担保中心可给予担保。根据省政府加快发展旅游业而作出的专项决定精神，加强旅游发展专项使用费的征收和管理，有关单位要按照“取之于旅游，用之于旅游”的原则，提高思想认识，加强征管力度。

3. 鼓励个体私营业主和外商向旅游业投资。坚持“谁投资、谁受益”的原则，采取各项优惠政策，吸引多种经济成分参与旅游业的开发建设。凡投资旅游项目的国内投资者，可享受外商投资的优惠政策。各地要组织人员准备好一批有较高经济效益的旅游开发项目，以吸引国内外的投资者。

4. 加快旅游基础设施建设。计划部门要将旅游基础设施建设项目列入年度计划。公路、交通、邮电、供电等部门要优先安排重点景区的交通、通讯、电力等基础设施建设，力争做到重点景区在哪里，公路、通讯、水电也配套到哪里。景区内的公路建设可享受县乡公路的补贴政策。铁路、民航部门要提高旅游客运能力，优先解决旅游团队的车票和机票，并积极创造条件争取早日开通赣州至深圳的旅游专列。

5. 抓好旅游商品开发。对旅游商品的生产和销售要实行鼓励政策。市经贸、科技、旅游、食品、轻工等部门要加强旅游商品的规划、研制和生产，推出一批具有我市地方特色的集纪念性、观赏性、实用性为一体的旅游用品、纪念品和工艺品。要在旅游重点城镇和景区建立旅游商品街或旅游购物中心，逐步形成旅游商品销售网络。

五、实施“政府主导型”战略，加强对旅游业的领导和管理

1. 实施“政府主导型”战略。旅游业是综合性产业，是系统工程，必须实施“政府主导型”战略，举全市之力发展旅游产业，使之成为我市的又一特色经济。各级党委、政府要建立目标管理责任制，把各项工作落到实处。

2. 成立市旅游工作领导小组。为加强对旅游工作的领导，决定成立市旅游工作领导小组，与市创建“中国优秀旅游城市”领导小组两块牌子、一套机构，由市政府市长任领导小组组长，市委、市人大、市政府、市政协分管领导任副组长，有关部门主要领导为成员。领导小组下设办公室，办公室设在市旅游局。领导小组负责统筹研究、协调解决旅游业发展中的重大问题。

3. 加深旅游行政机构队伍建设。市旅游局是市政府主管全市旅游行业的行政职能部门，要依法加强对全市旅游业的行业管理。市旅游局机关编制人员经费及事业经费列入市财政预算。要加强旅游人才培训，提高旅游队伍整体素质。要理顺旅游景区的管理体制，以保证旅游景区的工作健康快速发展。

4. 强化旅游行业管理。要认真贯彻执行国务院颁布的《旅行社管理条例》、《导游人员管理条例》和省人大颁布的《江西省旅游管理条例》，并制定《赣州市旅游业管理实施办法》，大力整顿旅游市场，加强经常性检查、监督和指导，严肃查处违法经营、无证导游、无序竞争行为，逐步建立优胜劣汰机制。加强旅游治安管理和安全防范，严厉打击侵害游客人身、财产安全的违法犯罪活动，保障旅游者和旅游企业合法权益，促进全市旅游业的健康发展的轨道运行。

2000 年 7 月 31 日

赣州市人民政府
关于开展续修赣州市志工作的通知

赣市府字〔2001〕31 号

各县（市、区）人民政府，市政府各部门，市属、驻市各单位：

根据省人民政府《关于开展续修地（市）、县（市）两级地方志工作的通知》（赣府字〔2000〕112 号）精神，结合我市实际，现就续修《赣州市志（1986—2000）》工作通知如下：

一、指导思想和编纂原则

续修《赣州市志（1986—2000）》，必须坚持以马列主义、毛泽东思想、邓小平理论和江泽民同志“三个代表”重要思想为指导，坚持实事求是的思想路线，贯彻存真求实的方针，运用现代科学理论和方法，全面、真实、准确地反映志书断限内全市自然和社会的历史与现状，重点记载全市改革开放和社会主义现代化建设的历史进程和伟大成就。即继承《赣州地区志》的体例、结构，又要有所创新，突出时代特征和地方特色，力求做到思想性、科学性和资料性的有机统一，使续志真正起到资政、教化、存史的独特作用。

二、编纂体例与要求

《赣州市志（1986—2000）》采用述、记、志、传、图、表、录等体裁，以志为主，诸体并用。设篇、章、节、目4个层次，横排纵叙，目为实体。既记载志书断限内全市自然和社会的历史与现状，又对《赣州地区志》进行必要的补遗。在确保志书质量的同时，将志书篇幅（字数）控制在150万字以内。

三、编纂任务与步骤

续修《赣州市志（1986—2000）》工作时间跨度长，涉及面广，任务十分繁重，是“十五”期间我市必须完成的一项文化建设工程。为确保在2004年年底前完成续修《赣州市志（1986—2000）》工作任务，必须做到有组织、有计划、有步骤地开展工作。

（一）召开全市续修《赣州市志（1986—2000）》工作会议，系统地总结我市首届修志工作的经验，就续修志书工作作出全面部署。此项工作于2001年4月前完成。

（二）举办修志人员培训班，全面系统地讲授续修志书业务知识和方法，切实提高修志人员的方志理论水平和编纂能力，以确保志书的质量。此项工作于2001年6月前完成。

（三）确定篇目，迅速开展专业志编写工作。各地、各单位修志人员应根据各自所承担的任务，协同市地方志办公室确定篇目，开展收集、整理资料工作，并于6月开始撰稿。初稿经本单位讨论、修改、领导审阅后，打印10份并加盖公章，报送市地方志办公室。此项工作于2001年年底前结束。

（四）分纂、总纂和评审。在各单位提供的初稿基础上，编纂班子进行篇章节目的分纂，尔后主编进行总纂，再召开评稿会对总纂稿进行评审。根据评审意见进行修改，形成送审稿。此项工作于2003年6月底前结束。

（五）送审、修改、定稿和出版。将送审稿分送省地方志编委会和市委、市政府审查。根据审查意见作进一步修改，按照有关程序定稿并出版。此项工作于2004年年底前结束。

（六）我市18个县（市、区）的续志工作，除章贡区编纂1996—2000年综合年鉴外，其余17个县（市）一律续修地方志。

四、组织领导

“党委领导，政府主持，修志机构组织实施”，既是修志的工作体制，又是修志工作的成功经验。为确保《赣州市志（1986—2000）》续修工作任务的顺利完成，各县（市、区）、各部门和单位要切实加强领导，保证续修工作顺利进行。

（一）要把此项工作纳入本部门（单位）的重要议事日程，认真履行职责，按时完成任务。

（二）要指定一名领导分管续志工作，选派政治素质好、写作能力和事业心强的工作人员组成编纂班子，积极开展工作，并将分管领导、编写人员的姓名、电话于4月15日前书面报送市志办，以便联系工作。

（三）为了保证续志工作的顺利进行，各地、各部门（单位）一定要按照赣府字〔2000〕112号文件要求，做到“一纳入”（把修志工作纳入经济社会发展计划和政府的任务中），“五到位”（领导到位、机构到位、经费到位、队伍到位、条件到位），切实帮助解决修志工作中存在的困难和出现的问题。

2001年3月16日

中国地方志指导小组办公室文件
关于公布入选“中国志书精品工程”志书的通知

中指办字〔2018〕83 号

各省（自治区、直辖市）地方志编委会（办公室）、新疆生产建设兵团志办公室，军委党史军史办：

根据国务院办公厅印发的《全国地方志事业发展规划纲要（2015—2020 年）》和中国地方志指导小组办公室《关于实施“中国志书精品工程”的通知》（中指办〔2015〕70 号），经逐级上报、评审和中国志书精品工程学术委员会评选、专家匿名投票、公示，现公布入选“中国志书精品工程”志书：

《赣州市志（1986—2000）》

编纂单位：赣州市地方志编纂委员会　赣州市地方志办公室

主　　修：曾文明

总　　纂：陈昌保　谢芳桂

希望各单位学习先进，高度重视志书质量建设，为后世留下堪存堪鉴之记述，编修出史实全面、客观、真实，经得起当代和历史检验的高质量志书。

中国地方志指导小组办公室

2018 年 7 月 30 日

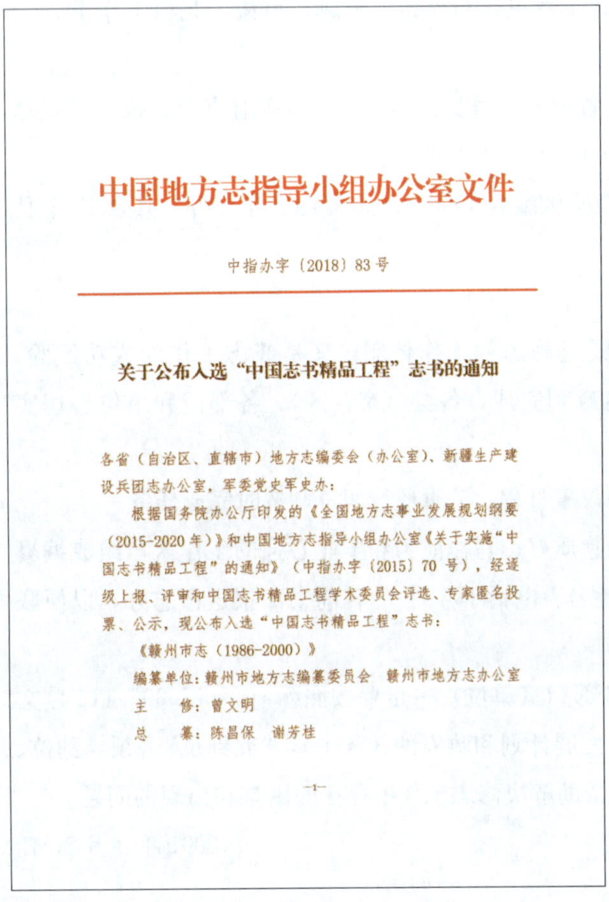
中国地方志指导小组办公室文件

中指办字〔2018〕83 号

关于公布入选“中国志书精品工程”志书的通知

各省（自治区、直辖市）地方志编委会（办公室）、新疆生产建设兵团志办公室，军委党史军史办：

根据国务院办公厅印发的《全国地方志事业发展规划纲要（2015-2020 年）》和中国地方志指导小组办公室《关于实施“中国志书精品工程”的通知》（中指办字〔2015〕70 号），经逐级上报、评审和中国志书精品工程学术委员会评选、专家匿名投票、公示，现公布入选“中国志书精品工程”志书：

《赣州市志（1986-2000）》

编纂单位：赣州市地方志编纂委员会　赣州市地方志办公室

主　　修：曾文明

总　　纂：陈昌保　谢芳桂

—1—

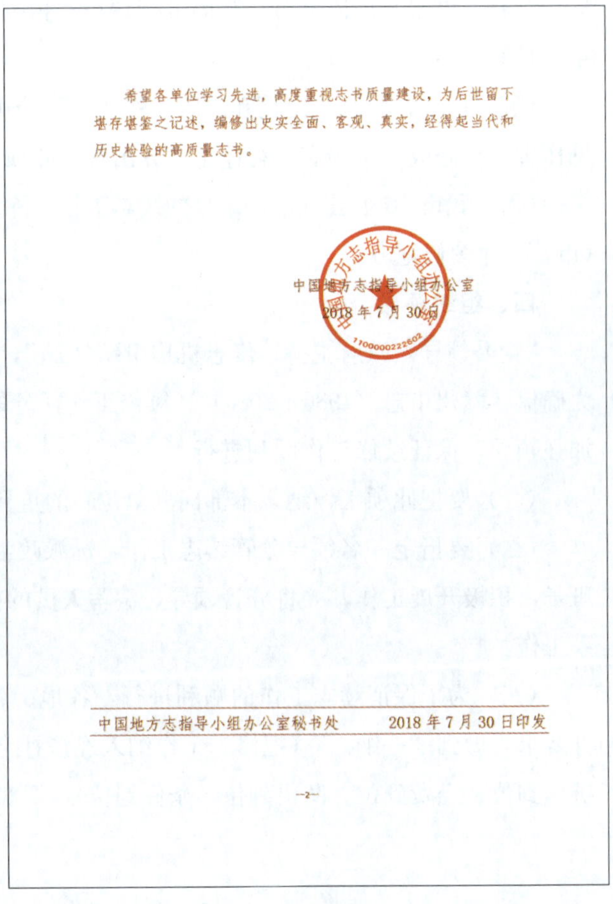
希望各单位学习先进，高度重视志书质量建设，为后世留下堪存堪鉴之记述，编修出史实全面、客观、真实，经得起当代和历史检验的高质量志书。

中国地方志指导小组办公室

2018 年 7 月 30 日

中国地方志指导小组办公室秘书处　　2018 年 7 月 30 日印发

—2—

赣州市志（1986-2000）

索 引

说　明

1. 本志索引为主题索引，采用主题分析法编制。

2. 全部标引词按首字的汉语拼音音序排列，首字相同按第二字音序排列，以此类推。标引词后的阿拉伯数字表示内容所在的页码。

3. 序、概述、大事记、人物、附录、编后记等均不选入索引。

A

B

D

E

F

G

H

I

J

K

L

M

N

R

S

T

Y

Z

后 记

《赣州市志（1986—2000）》（以下简称《赣州市志》）的编纂经历了3个阶段。第一阶段为2001年至2012年，这一阶段由谢芳桂同志负责；第二阶段为2013年3月至2016年4月，第三阶段为2016年5月至2019年4月，二、三阶段由陈昌保同志负责。

一

第一阶段。2001—2012年，完成成立机构、动员部署、拟订篇目、培训人员、收集资料、开展试写、分工纂稿等各项工作。

组织领导。江西省人民政府《关于开展续修地（市）县（市）两级地方志工作的通知》（赣府字〔2000〕112号）通知下发后，赣州市迅速启动《赣州市志》的编纂工作。2001年2月，市政府印发《关于赣州地区地方志编纂委员会更名和人员调整的通知》，原赣州地区地方志编纂委员会更名为赣州市地方志编纂委员会，编委会由市财政局、市计委、市教育局、市文化局、市民政局、市档案局、市委宣传部、市林业局、市农业局、市统计局、市保密局等15个相关部门组成，市长任主任委员。3月14日召开市地方志编纂委员会第一次全体会议，研究二轮修志工作。3月16日市政府印发《关于开展续修〈赣州市志〉工作的通知》，全面启动市、县两级志书续修工作。3月22—23日召开全市续修地方志工作会议，全面动员、部署续修市、县（市）两级志书的工作，《赣州市志》开始编纂。

拟制篇目。《赣州市志》本着“坚持志书体例，突出时代特色，反映地方特点”和“继承和发展前志中的主要类目，归并前志中分解过细的类目，创立前志中未设的类目”的原则，既继承《赣州地区志》的体例结构、又根据实际需要进行必要的创新，按照“事以类聚、类为一志”的体例要求，拟订市志篇目。2001年3月，形成篇目初稿，采用中篇体式。2002年6月，对篇目进行修订，设29篇141章。2005年3月，根据收集的材料，再次对篇目进行调整、完善，设31篇181章［含大事记、县（市、区）概况等］。

培训人员。2001年6—10月，分别举办续修《赣州市志》编纂人员培训班和续修县（市、区）志编纂人员培训班，对市属（驻市）各单位、各县（市、区）及其部门（单位）续志编撰人员进行地方志业务培训。培训内容分为“篇目设计和编纂时应注意的问题”“大事记在志书中的运用”“资料的收集整理和运用”“志书的志体文体与文风”“图表数据在志书中的运用”“续志人物编纂应注意的问题”等几个专题。由市地方志办编辑人员授课，共办培训班10余期，培训修志人员280多人次。

收集资料。根据《赣州市志》基本篇目和编写分工，市直、驻市140余个部门、单位，落实续志编写人员，从2002年开始，开展部门（单位）资料收集、整理和部门（单位）专（分）志编纂工作。

市地方志办安排谢芳桂、郑廷祯、张声濂、王之玮、迟宪平、赖建明、徐文菁、曾康到各部门、单位协调、指导，与承编单位商定篇目，督促收集资料，指导部门志撰写，及时解决编写中遇到的困难和问题；同时，对已完成的部门（单位）专（分）志稿及时收集、汇总，形成《赣州市志》编纂资料。部门（单位）专志稿撰写和《赣州市志》资料征集工作至2005年基本结束。

分工纂稿。2004年，按照编纂人员分工，选择重点篇章进行试写，并对试写稿进行评议、交流，以达成共识、统一标准；同时，对试写稿的史实进行核实、补充，为全面进入志稿分纂做准备。2005年5月，志书分纂正式开始。组织开展“续志编纂月”活动，实行续志分纂月量化考核。采取先易后难、先简后繁，先出成果、后克难关的方法，编纂人员选择自己较为熟悉的部门志稿进行分纂；分纂志稿完成后，送主编审阅；主编审改后，送部门征求意见，将修改意见反馈给编辑人员再作修改完善。当年完成13个篇或章节。2006—2008年加大续志分纂力度，在兼顾市本级年鉴（一年一鉴）编纂、10多部县（市）续志审稿的同时，强化市本级续志编纂工作，三轮驱动，实行严格的《续志编纂奖惩制度》，奖勤罚懒，一月一考核，每年保证4个月的续志编纂专用时间。三年分别完稿50章130万字、52章100万字、12章，累计完成续志分纂稿130章，占全书181章的72%。2009—2012年，共完稿14章。至2012年，完成分纂稿144章，约260万字（未打印汇总），约占全书原篇目设计总章数的80%。至2012年年底，参与编纂的人员有谢芳桂、廖伟东、朱俊、郑廷祯、王之玮、迟宪平、赖建明、徐文菁、曾康、张声濂、王宇、李向东、赖芳等。

二

第二阶段。2013年3月至2016年4月，完成剩余分纂任务，打印校对，汇总成册，调整篇目，增补内容，总纂统稿，完成内三审、外三审工作。

完成剩余分纂任务。2013年3月，将2001年以来的分纂稿第一次全部打印，并汇总、装订成册，对照原设计的篇目查清完成情况和未完成情况，找出问题、分析原因，抓紧完成剩余的任务。首先是调整分纂任务分工，加大编纂力度；其次是建立“化整为零”的精细化管理制度，以章为单位进行交稿验收，强化责任担当。至8月，志书分纂稿的剩余章节基本完成，计41章146万字。9月，请示省地方志办主任梅宏，委派副主任周慧到赣州指导，对志稿是否成书作出初步判断，指明下一步的方向。9—12月，一边组织分纂人员，对2001年以来的各自承担的分纂稿进行全面校稿和章内统稿；一边根据省地方志办领导的意见和客观情况，调整篇目，增加篇章节内容100余万字。至年底，《赣州市志》分纂稿初步合成，形成初稿，共32篇185章，508.9万字。

总纂统稿。2014年续志工作进入总纂阶段。2月28日，市地方志办印发《赣州市志总纂计划》，成立总纂小组，陈昌保负责总纂，郑廷祯、王之玮、迟宪平等分别承担分类总纂任务。至8月，形成了《赣州市志》总纂第一稿。由于体量大、时间紧、经验不足等原因，这一次分类总纂只完成对志稿的初步校对、统一名称、初步删减重复等工作。针对第一次总纂中存在的问题，9月又第二次成立分类总纂小组，陈昌保负责总纂并拟订凡例，徐井生、廖伟东、朱俊、郑廷祯、赖建明、徐文菁等再次进行分类总纂，迟宪平执笔概述。通过反复修改，至2014年12月，形成《赣州市志》总纂第二稿，共33篇、181章、400余万字。这次修改对篇目调整、结构优化，内容增减、逻辑理顺，消除重复、更正错误，统一风格、严格志体等做了大量的工作，形成比较成熟的总纂稿，为送审打下了扎实基础。

为严把政治关、史实关、体例关、文字关，2015年1月，市政府办公厅印发《关于对〈赣州市志（初审稿）〉进行审核的通知》，要求各县（市、区）、市直（驻市）部门单位再次对《赣州市志》的相关内容进行审核并提出修改意见。市地方志办对各部门、单位提出的意见进行认真整理、吸收，并对《赣州市志》进行修改、完善。在此基础上，总纂一支笔再次对全书特别是对篇、章、节、目进行统揽、调整、修改、润色。至2015年3月，形成了《赣州市志》总纂第三稿（即送审稿）。送审稿共4册31篇175章800节，395.4万字，表格591张。

初审。2015年4月9日收到省地方志办批复，同意对《赣州市志》进行初审。按照省地方志办的要求，4月中旬至6月底，由保密、档案、历史、法律、经济、军事等部门单位和其他有关方面的专家、领导组成的初审小组，对志稿进行评审。6月30日，召开《赣州市志》初审会，与会人员对志稿给予了充分肯定，并提出了许多中肯的修改意见。市地方志办根据修改意见，及时对志稿进行修改，特别是对篇目设置、风格统一、表格取舍等作了3次较大的修改，其中赖建明负责图片收集制作，8月上旬形成复审稿。该稿内容更加全面，记述更为精炼，史实更加准确，风格更为统一，质量有较大提升。《赣州市志》复审稿，共26篇173章782节，共400余万字，有图片123张、表格390张。

复审。2015年8月13日，省地方志办组织专家对《赣州市志》进行复审。2015年11月11日至12日，省地方志办在赣州召开复审会。与会专家在给予高度评价的同时，也提出修改意见，特别是指出：篇目设置比较陈旧，应作一些调整。市地方志办根据修改意见进行认真修改和补充、完善。为确保质量，在修改过程中共修改8次，八易其稿，于2016年2月底修改到位，形成终审验收稿。该稿共38篇206章937节358.8万字，照片123幅，文中插图2张，表格380张。该稿篇目设置更为科学，结构更为合理，内容更加完整，行文更为简洁流畅，质量有进一步的提升。

终审验收。2016年3月8日，市地方志编纂委员会根据国务院《地方志工作条例》和《江西省实施〈地方志工作条例〉办法》规定，批复同意对《赣州市志》进行终审验收。验收组专家依照中国地方志指导小组《地方志书质量规定》《关于第二轮地方志书编纂的若干意见》以及《江西省第二轮地方志书审查验收规程》等有关文件的规定，对《赣州市志》进行了全面审查、验收。2016年4月19日，市地方志编纂委员会召开验收会，会议认为：《赣州市志》达到了国家和省有关志书质量的要求，同意出版，同时也提出了一些修改意见。市地方志办根据验收意见，对《赣州市志》进行精雕细琢地修改、完善，共修改5次，形成《赣州市志》终审稿。该稿共38篇204章，另加概述、大事记、附录，共约350万字。

三

第三阶段，2016年4月至2019年4月，打造“中国志书精品工程”、出版发行阶段。

省地方志办公室认为，《赣州市志》经过反复认真修改，质量较优，可以代表江西省申报“中国志书精品工程”，以填补江西空白。2016年4月，省地方志办推荐上报《赣州市志》参加“中国志书精品工程”评选。为使《赣州市志》达到“中国志书精品工程”的质量要求，省地方志办组织专家对其进行精评细改，并于2016年5月19日在赣州市安远县召开“江西省‘中国志书精品工程’《赣州市志》专家评审会”。根据评审会的意见，市地方志办对志稿进一步认真修改，形成《赣州市志》精品工程申报第一稿。5月31日，将志稿发送各县（市、区）地方志办审校。6月12—14日，在赣州召开“中国志书精品工程《赣州市志》审校会”，各县（市、区）地方志办主任集中审校。根据审校会的意见，再一次精细修改，7月上旬形成《赣州市志》精品工程申报第二稿，即“中国志书精品工程”申报稿。该稿共38篇，208章，1142节，另加概述、大事记、附录等，约400万字的篇幅。

2016年7月20日，将《赣州市志》精品工程申报稿呈送中国地方志指导小组办公室（以下简称“中指办”）初审。9月18—21日，中指办在北京召开《赣州市志》精品工程初审会，冀祥德、刘玉宏、邱新立、陈旭、齐家璐、梅森、王铁鹏、颜小忠、梅中英、陈效、程方勇等领导和专家出席会议并提出初审意见；市地方志办陈昌保、徐井生出席会议，听取初审意见。2016年9月下旬至11月中旬，根据“精品工程”初审会意见，陈昌保、徐井生对志稿进行认真全面修改，三易其稿。重点是调整篇目，增写篇下序和章下序，消除交叉重复，规范表述，增加二名法等。

2016年11月中旬至2017年2月，陈昌保、廖伟东、徐井生、朱俊、赖建明、徐文菁对志书进行全面审核，以确保差错率小于0.5‱。总纂陈昌保对每一篇提出要求并进行验收，廖伟东负责8篇，徐井生负责10篇，朱俊负责8篇，赖建明负责8篇，徐文菁负责4篇及附录。王宇、杨欢、杨慧敏、谭春凤、曾锐对志稿部分内容作校对。

2017年2月下旬，形成修改四稿，即“中国志书精品工程”《赣州市志》复审稿，并报中国地方志指导小组办公室复审。6月2日，中指组办组织王铁鹏、齐家璐、王晖、刘益龄、周慧等专家复审，进一步提出修改意见。6月中旬，陈昌保、徐井生根据专家复审意见，逐条落实，如调优结构、增加重要内容、补设节下目、压缩多余层次等。在此过程中，北京市地方志办原主任王铁鹏、省地方志办副主任周慧亲自动手进行指导、修改。2017年8月完成复审后的修改，形成“中国志书精品工程”《赣州市志》终审稿，并报中国地方志指导小组终审。10月11日，中国地方志指导小组组织专家终审，经专家匿名评审，《赣州市志》原则上通过精品评审，并提出了进一步修改意见。11月，陈昌保、徐井生根据专家终审意见，对志稿作了进一步修改、润色。

2018年元月形成“中国志书精品工程”终审改正稿，并上报中国地方志指导小组，终审专家对志稿进行了复核。其中，中国地方志指导小组秘书长、办公室主任冀祥德亲自审核并提出了最终修改意见，陈效对政法部分相关内容进行审核。3月，陈昌保、徐井生、赖建明根据冀祥德秘书长的修改意见对志稿进行了认真修改。4月，将修改后的志稿寄中国地方志指导小组再次审核。6月25日，经“中国志书精品工程”学术委员会匿名投票，《赣州市志》入选“中国志书精品工程”，并开始进行为期一周的全国公示。7月30日，中指办印发《关于公布入选“中国志书精品工程”志书的通知》，《赣州市志》正式入选“中国志书精品工程”。

2018年9月，将《赣州市志》送方志出版社出版。方志出版社张大伟、李沛、王娜等认真进行了三审三校。根据方志出版社提出的意见，市地志办陈昌保、廖伟东、徐井生、赖建明、徐文菁、赖芳、曹虹、王志辉、周俊等对志稿进行精心修改，并由徐井生、周俊具体落实。

《赣州市志》编纂时跨十几年，历经千辛万苦，最终成功入选“中国志书精品工程”。我们的深切感受是：

领导关心，保障有力。赣州市委、市政府高度重视《赣州市志》编纂工作，认真贯彻落实《国务院地方志工作条例》和《江西省实施地方志工作条例办法》，坚持党委领导、政府主持、地方志机构组织实施的地方志工作体制，把地方志工作纳入到地方经济社会发展规划之中，及时解决地方志工作实际问题，为《赣州市志》的编纂提供了坚强保证。

遵循规律，科学管理。遵循规律是确保志书质量的前提。《赣州市志》篇目设计、资料收集及长编、分工纂稿、总纂统稿等各个环节，严格遵循编纂规律，为志稿质量打下扎实的基础。科学管理是确保进度和质量的有效保证，也是遵循规律必然要求。编纂《赣州市志》的科学管理中，一方面强化责任担当，明确每一个人每周的任务，日积月累，汇集成志；另一方面，对每一环节的每一个人的任务落实，实施精细化管理。

敬业奉献，勤奋刻苦。《赣州市志》是全体编纂者智慧和汗水的结晶。全体编纂人员以高度的责任感和使命感，不计名利，不计得失，甘于奉献；坚持时间服从质量，始终把打造精品志书作为目标追求，殚精竭虑，辛勤耕耘，字斟句酌，推敲打磨，精雕细琢，终于玉成。

上级指导，各界鼎力。《赣州市志》编纂得到省地方志办领导、专家的大力支持和悉心指导。刘斌、周慧、杨志华、刘柏修、罗炳根、赖功赣、涂小福等多次到赣州召开市志编纂座谈会，对市志编纂进行评点、指导，提出具体修改意见。省地方志办主任梅宏始终关心、支持《赣州市志》的编纂，使《赣州市志》编纂进度明显加快、市志质量明显提升。为把《赣州市志》打造成中国志书精品，中国地方志指导小组秘书长、中指办主任冀祥德高屋建瓴给予指导并始终给予关心、支持；中国地方志指导小组办公室和方志出版社的领导、专家给予了精心指导和帮助，对志书提出了许多宝贵的意见建议，使志书质量得到了极大的提高，确保达到国家精品的标准。

《赣州市志》在编纂过程中，得到市直（驻市）各部门、单位和各县（市、区）的鼎力支持，特别是市委办公厅、市政府办公厅和市财政局给予了极大的支持和帮助。

赣州市地方志办公室

（执笔：陈昌保　资料：徐井生　郑廷祯）

2018 年 12 月于赣州市市政中心

2001年3月23日，赣州市续修地方志工作会暨《赣州市志(1986—2000)》编纂启动会召开。图为县(市、区)地方志办主任与市地方志办全体人员合影

（赣州市地方志办公室提供）

2013年3月21日，赣州市地方志办公室主任会暨《赣州市志(1986—2000)》编纂第二阶段启动会召开。图为全体与会人员合影

（赣州市地方志办公室提供）

2015年6月30日，赣州市地方志编纂委员会组织、召开《赣州市志(1986—2000)》初审评审会。图为初审会现场

（赣州市地方志办公室提供）

2015年11月12日，江西省地方志编纂委员会办公室组织、召开《赣州市志（1986—2000）》复审会。图为全体与会人员合影

（赣州市地方志办公室提供）

2016年4月19日，赣州市地方志编纂委员会组织、召开《赣州市志（1986—2000）》验收会。图为全体与会人员合影

（赣州市地方志办公室提供）

2016年5月19日，江西省地方志编纂委员会办公室在安远县组织、召开江西省“中国志书精品工程”《赣州市志（1986—2000）》专家评审会。图为专家评审会现场

（赣州市地方志办公室提供）

中国地方志指导小组办公室在北京组织、召开了3次(即初审、复审、终审)“中国志书精品工程”《赣州市志(1986—2000)》评审会。图为2016年9月21日在北京召开的初审会现场

(赣州市地方志办公室提供)

赣州市地方志办公室精品志书《赣州市志(1986—2000)》清样校稿人员合影(2019年8月26日于上犹)

2014年5月7日，中共中央委员、中国地方志指导小组组长、中国社会科学院院长王伟光在赣州召开江西省地方志工作座谈会，中共江西省委常委、赣州市委书记史文清出席并主持会议。图为全体参会人员合影

第一排左起：李向东　杨沂柳　俞定珍　丁绍清　梅　宏　李富强　王伟光　史文清　裴长洪　周　慧　陈昌保　李玉娜　黄亚玲

第二排左起：杨志华　徐文菁　郭国胜　徐井生　黄　河　黄福生　刘后魁　况建军　谢晓亮　戴和君　郑廷祯　朱　俊　迟宪平

第三排左起：赖芳　易劭宜　曾源锋　王之玮　刘盛春　黄萌　倪贵清　邱新民　胡东汉　杨溢　赖建明　黄霖　管宝禄　刘善泳

（赣州市地方志办公室提供）